E 3817

24/4/88

£27.60

ELIHU BURRITT LIBRARY
CENTRAL CONNECTICUT STATE UNIVERSITY
NEW BRITAIN, CONNECTICUT 06050

GRAN DICCIONARIO DE SINÓNIMOS Y ANTÓNIMOS

GRAN DICCIONARIO DE SINÓNIMOS Y ANTÓNIMOS

Equivalencias e ideas afines
Americanismos, regionalismos y localismos
Extranjerismos, neologismos y tecnicismos
Argot, dialectalismos y jergas populares

ESPASA-CALPE
MADRID-1987

ES PROPIEDAD
© Espasa-Calpe, S. A., Madrid, 1987

Impreso en España
Printed in Spain

Depósito legal: M. 24.273-1987
ISBN: 84-239-5919-8

Talleres gráficos de la Editorial Espasa-Calpe, S. A.
Carretera de Irún, Km. 12,200. 28049 MADRID

PRÓLOGO

El *Diccionario de la Lengua* de la Real Academia Española define como sinónimos a los «vocablos o expresiones que tienen una misma o muy parecida significación» y sinonimia como «una figura retórica que consiste en usar adrede voces sinónimas o de significado semejante, para amplificar o reforzar la expresión de un concepto». Escribe Barcia que «la sinonimia es la ciencia del idioma, la filosofía del uso, una filosofía que podrá estar en todos los entendimientos, pero que no tiene una fórmula clara en ningún libro. La demostración puesta en lugar de la duda; la regla puesta en lugar del ocaso; lo distinto puesto en lugar de lo confuso, eso es lo que debe hacer la sinonimia».

La misión de la sinonimia, como figura de dicción, es dotar al lenguaje de variedad y riqueza. Un ejemplo dará una idea clara de lo expuesto: *acometer* significa embestir con ímpetu y ardimiento, y *arremeter,* acometer con ímpetu y con furia, y, sin embargo, el que *acomete* lleva su plan y el que *arremete* no ha pensado en nada; se *acomete* a un enemigo y se *arremete* a un ladrón. Por eso, como observa Capmany, esta supuesta igualdad no abraza toda la extensión y valor de su significado, pues sólo consiste en una idea principal, que todas representan indefinida y latamente. *Acabar* y *concluir* son voces sinónimas porque ambas contienen la idea de terminar una cosa, pero se distinguen por ciertas modificaciones; *acabar* viene a significar que, bien o mal, ha terminado una operación, por lo común, de corta duración: *acabó el trabajo de hoy, y seguirá mañana hasta que concluya enteramente la obra.* Por tanto, el verbo *concluir* y el nombre *conclusión* tienen mayor extensión en su significado que el de *acabar; concluir* y *conclusión* se usan para denotar que la obra emprendida ha terminado, completado y perfeccionado del todo. *Se concluyó el palacio* quiere decir que se ha hecho enteramente con todas las obras parciales que le integran; de lo contrario no se diría *que se había concluido,* sino *que se había parado* o *interrumpido.*

Cuando hablamos de sinonimia no estamos refiriéndonos a palabras con significados idénticos (la sinonimia absoluta se da en muy contadas ocasiones), sino a aquellas que en un determinado contexto pueden sustituir a otras. Se designa como sinónimas a las palabras que representan una misma idea principal, pero diversificadas por otras ideas accesorias. Las palabras *verdade-*

ro, *verídico* y *veraz* son sinónimas en cuanto a la idea general de verdad, pero se diferencian por la variedad de matices con que cada una la modifica. Hablando con exactitud, diríamos que un hecho es *verdadero,* que una relación es *verídica* y que un historiador es *veraz,* pero no podríamos usar indistintamente de ellas para calificar cualquiera de estas acepciones.

Decíamos antes que la sinonimia absoluta o de completa identidad es relativamente rara. Como señala Gili Gaya «la lingüística histórica demuestra que la competencia entre sinónimos se resuelve, o bien con la desaparición de las que se sienten como sobrantes, o bien con la especialización en significados o matices de distinto ámbito y en muchos casos con el confinamiento de algunas voces concurrentes a un área geográfica o social determinada». Por ello, la utilidad de un diccionario de sinónimos no es tanto la de indicar las palabras con significados idénticos, sino la de proporcionar al lector aquellas que, en un contexto lexicográfico concreto, pueden ser reemplazadas por otras sin alterar su significado y la de ayudarle a localizar aquellas que expresan una idea con un matiz específico y que, aun sabiendo que existen, no es capaz de recordar en un momento determinado.

✶✶✶✶✶

Dos procedimientos se han revelado como habituales para confeccionar los diccionarios de sinónimos. Uno de ellos se conoce como *sinonimia explicada*. Su objetivo es señalar los contextos de utilización de cada sinónimo. El segundo consiste en exponer, debajo de cada palabra que se seleccione como voz madre, una serie de vocablos o ideas afines, agrupadas por acepciones. De ambos modelos existe abundante y meritoria bibliografía en castellano. El primero, que en casos específicos aporta indudables aciertos, topa necesariamente con una importante limitación en cuanto a su contenido y con la imprecisión e indiferenciación en cuanto a la posible utilización del vocabulario y sus distintas acepciones. Al segundo se le ha acusado de asistemático y poco científico. Y efectivamente esto es así cuando su contenido se limita a la mera enumeración de un determinado número de conceptos, sin una elaboración que especifique, de alguna manera, los contextos en los que la utilización alternativa es posible.

Una vía intermedia ensayada ya por varios autores, intenta conjugar ambos métodos, ofreciendo un análisis de una parte del material inventariado y una enumeración clasificada en el resto de los casos.

La Editorial Espasa-Calpe, con el objetivo prioritario, común en todas sus publicaciones, de buscar la mayor utilidad para el lector, ha optado por un método de trabajo que intenta armonizar las ventajas de los ya practicados, aprovechando sus valiosas experiencias, sin perjuicio de ninguna de sus virtudes. Su empeño en esta obra ha sido proporcionar al escritor y al estudioso, un repertorio de palabras abundante, prácticamente exhaustivo, con un tratamiento que permite identificar en cada caso el valor preciso y exacto de cada idea. La riqueza del vocabulario de la lengua castellana y su inmensa variedad de matices quedan con esta fórmula al alcance de todas las personas interesadas en profundizar en el conocimiento de nuestro idioma y en el perfeccionamiento del uso de sus términos.

El ámbito del GRAN DICCIONARIO DE SINÓNIMOS Y ANTÓNIMOS es abarcador. Ninguna de las áreas (geográficas, dialectales, científicas, técnicas...) han dejado de ser tratadas. Además del caudal léxico de la lengua, cuya fuente básica, no exclusiva, es el autorizado repertorio del *Diccionario de la Lengua* de la Real Academia Española, se ha realizado un esfuerzo sistemático para completarlo con los americanismos, regionalismos, localismos, extranjerismos, neologismos, tecnicismos, jergas populares, palabras con determinante, locuciones, perífrasis y frases, voces anticuadas y desusadas, etc. A este respecto, se hace preciso señalar la valiosa experiencia de la Editorial Espasa-Calpe y la competencia de su personal técnico, adquiridas ambas en la elaboración de la variada gama de diccionarios tanto de información general, como en los de lingüística y de otras áreas que integran su catálogo.

A pesar de la considerable extensión del diccionario, se ha evitado sistemáticamente la inclusión de palabras de fácil y lógica derivación, pero que no tienen uso en castellano, ni figuran habitualmente en los diccionarios de la lengua. Se ha pretendido con ello, por una parte, no prestar carta de naturaleza a una serie de palabras que lingüísticamente podrían considerarse incorrectas y, por otra, eludir la posibilidad de confundir al lector, poniendo a su disposición términos de dudosa utilidad.

Para la disposición gráfica de la información se han seguido los siguientes criterios:

a) Una serie de palabras, que alcanzan el número de 40.000, actúan como voces madre o cabezas de grupo. Tipográficamente van impresas en letra negrita de caja baja.

b) Debajo de cada una de las cabezas de grupo, aparecen los sinónimos e ideas afines agrupados en tres bloques:
— Voces de uso general.
— Tecnicismos e ideas específicas.
— Americanismos, variaciones dialécticas, localismos, extranjerismos, etc.

Todas estas voces tienen entradas independientes, en las que figura su propio grupo sinonímico o la indicación de la cabeza de grupo que les corresponde. Una importante innovación, que estimamos de indudable utilidad, es que, precediendo a todas las palabras de cada grupo sinonímico, aparece un guarismo que indica el número de sinónimos que contiene en su propia entrada. De este modo se advierte al lector de la importancia del bloque informativo y sobre la conveniencia de una nueva consulta o le evita la molestia si ésta fuera a resultar infructuosa.

c) Por último, en letra cursiva y precedidos del signo ◁, figuran los antónimos. De la misma manera que en el caso de los sinónimos, cada cita va precedida de un guarismo que indica el número de voces que contiene la entrada respectiva.

sinónimo
1 equisignificativo
4 equivalente
18 parecido
11 semejante(s)
2 ◁*antónimo*

semejante(s)
20 afín
14 análogo
4 equivalente
4 homólogo
11 idéntico
2 isomorfo
10 parejo
11 pariente
6 parigual
12 vecino(s)
4 guares
5 ◁*desemejante*

equivalente
15 igual
18 parecido
10 parejo
11 semejante(s)
5 ◁*desemejante*

antónimo
15 contrario
10 opuesto
4 ◁*sinónimo*

Un trabajo de esta índole no se puede dar por concluido. Es necesario un permanente esfuerzo de renovación y una constante vigilancia a las últimas innovaciones. En eso estamos. Por el momento nos daremos por satisfechos si este GRAN DICCIONARIO DE SINÓNIMOS Y ANTÓNIMOS, en cuya confección hemos puesto nuestro mejor empeño, significa algún avance en la abundante bibliografía sobre esta temática y cumple los objetivos para los que fue concebido, que no son otros que los de servir al lector con sobriedad y eficacia.

EL EDITOR.

GRAN DICCIONARIO
DE
SINÓNIMOS Y ANTÓNIMOS

ababa
2 ababol
1 amapola

ababol
2 ababa
1 amapola

abacá
3 cabuya

abacería
17 comercio
4 comestibles
4 despensa
12 puesto
8 abarrote
11 almacén
11 bodega
12 cajón
10 colmado
5 ultramarinos

abacero
1 abarrotero
14 comerciante
1 pulpero
5 tendero

abacial
2 abadengo

ábaco
1 numerador
6 tabla(s)
1 tablero

3 tanteador
16 artesa

abacorar
8 achuchar
10 acaparar
15 acosar
12 hostigar
18 perseguir

abad
6 capellán
1 mitrado
4 rector
9 sacerdote
8 superior
10 cura

abada
2 bada
2 rinoceronte

abadejo
5 bacalao
2 cantárida
2 reyezuelo

abadengo
1 abacial
8 abadía

abadesa
3 superiora

abadía
2 abadengo

1 abadiato
3 cartuja
8 convento
13 iglesia
5 monasterio
3 priorato
9 residencia

abadiato
8 abadía

abajadero
9 bajada
2 costanera
7 cuesta
5 declive
19 pendiente
4 rampa
6 repecho
3 costanilla

abajado
16 modesto

abajamiento
3 minoración
7 rebaja
21 ◁*elevación*
23 ◁*aumento*

abajar
35 bajar(se)
5 descalificar(se)

abajarse
35 bajar

46 humillar(se)
39 rebajar(se)
5 ◁*ensalzar(se)*
30 ◁*subir(se)*

abajeño
2 meridional
1 sureño

abajo
2 ayuso
40 bajo(s)
4 debajo
⇨boca abajo
10 ◁*arriba*
2 ◁*encima*

abalado
7 ahuecado
3 esponjado
4 removido
8 fofo
30 ◁*duro*

abalanzar(se)
12 arremeter(se)
42 arrojar(se)
19 atacar(se)
6 embestir
5 equilibrar(se)
6 equiparar(se)
30 igualar(se)
8 impeler
53 lanzar(se)
7 nivelar

abalar

abalar
20 precipitar(se)
2 promediar
13 proyectar
6 rasar
18 acometer
42 arrojarse
15 bolearse
13 desplomar
58 echarse
10 impulsar
1 jitar
58 tirar
21 ◁*contener(se)*
3 ◁*desnivelar*

abalar
40 agitar(se)
9 esponjar(se)
17 remover
31 sacudir(se)
3 tremolar
9 zarandear(se)
25 ahuecar

abalaustrado
2 balaustrado

abaldonadamente
1 pérfidamente
1 ruinmente
1 sañudamente
1 vilmente
2 ◁*noblemente*

abaldonamiento
15 humillación
32 ◁*atrevimiento*

abaldonar(se)
21 afrentar(se)
12 agraviar
12 amostazar(se)
8 aplebeyar(se)
40 avergonzar(se)
12 denigrar
29 envilecer(se)
46 humillar(se)
16 injuriar
33 ofender(se)
16 infamar
2 ◁*dignificar(se)*
8 ◁*enaltecer*
4 ◁*ennoblecer(se)*

abaleadura
1 abaleo
19 limpieza
4 selección

abalear
8 escoger
6 seleccionar
64 separar(se)
4 triar
1 balear

abaleo
3 abaleadura

abalizamiento
15 demarcación
11 indicación
1 marcación
8 orientación
1 señalización

abalizar
18 amojonar
24 marcar(se)
46 señalar(se)
⇨poner balizas

abalorio
6 cuchufleta
17 cuenta
2 cuentecilla
2 lentejuela
2 oropel
2 quincalla
1 rocalla

abaluartar
1 abastionar
11 amurallar(se)
11 defender
18 fortificar
9 reforzar

aballar(se)
59 abatir(se)
22 amortiguar(se)
35 bajar(se)
18 esfumar(se)
59 mover(se)
18 transportar(se)
⇨ahuecar la tierra

aballestar
20 atirantar(se)
11 distender(se)
3 tensar
2 tesar
58 tirar
32 ◁*aflojar(se)*

abanar
40 atizar(se)
34 avivar(se)
8 escoger
3 reavivar
6 seleccionar
4 tamizar

abandalizar(se)
6 abanderizarse

abanderado
2 confaloniero
1 portaestandarte
1 señalero
10 alférez

abanderamiento
4 enganche
2 matriculación
13 registro
5 ◁*licenciamiento*

abanderar
19 acoger(se)
16 cobijar(se)
42 proteger(se)
7 matricular

abanderizador
1 faccionario
8 insurrecto
11 provocador

abanderizarse
3 desavenir
21 enemistar(se)
12 insurreccionar(se)
4 reclutar
64 separar(se)
20 sublevar(se)
3 ◁*disciplinarse*
7 ◁*obedecer*

abandonada
2 dejada

abandonado
6 abúlico
1 desabrigado
6 desahuciado
11 desaliñado
7 desamparado
8 desastrado
4 desidioso
9 desvalido
9 indefenso
3 inerme
11 negligente
16 solo
15 adán
19 apático
13 dejado
5 desaseado
9 descuidado
13 perezoso
13 sucio
23 ◁*arreglado*
15 ◁*compuesto*
25 ◁*diligente*
7 ◁*laborioso*

abandonador
1 absentista
5 apóstata
1 desamparador
2 desertor
9 inhospitalario
3 tránsfuga
6 fugitivo
10 ◁*leal*
19 ◁*firme*

abandonamiento
30 abandono

abandonar(se)
25 apasionar(se)
7 arregostarse
32 arrinconar(se)
42 arrojar(se)
9 arrumbar(se)
41 ceder(se)
17 confiar(se)
43 dejar(se)
11 desamparar
3 desasear
4 desasistir
11 desatender
14 descansar
4 deshabitar
6 desistir
2 despoblar

15 dormir(se)
8 renunciar
9 apoltronarse
⇨dejar en la estacada
⇨dejar plantado
⇨volver la espalda
4 ◁*alhajar*
55 ◁*amparar(se)*
11 ◁*conservar*
35 ◁*ocupar(se)*
42 ◁*proteger(se)*
5 ◁*repintarse*

abandonismo
30 abandono

abandonista
7 abandonador

abandono
1 abandonamiento
7 abjuración
25 aislamiento
6 defección
5 dejación
14 dejadez
2 desabrigo
6 desaliño
16 desánimo
7 desatención
15 descuido
7 deserción
7 desgobierno
3 deslealtad
3 desvalimiento
11 flojedad
10 huida
2 indefensión
15 indolencia
11 negligencia
4 orfandad
6 renuncia
6 soledad
4 suelta
12 cesión
5 desamparo
⇨cerrarse todas las puertas
⇨dar esquinazo
⇨dejar en la estacada
⇨dejar plantado
18 ◁*compostura*
22 ◁*cuidado*
16 ◁*diligencia*

abaneo
1 abaniqueo

abangar(se)
15 alabear(se)
14 encorvar(se)
44 torcer(se)

abanicar(se)
16 airear(se)
2 orear
7 refrescar(se)
6 abanar
19 soplar

abanico
1 abanillo
1 abano
11 cabria
1 flabelo
1 paipái
1 paipay
3 perantón
14 perico
1 soplador
1 soplillo
3 ventalle
1 flabelicornio
6 baleo
12 calaña
1 panca
2 pericón

abanillo
16 abanico

abaniqueo
1 abaneo

abano
16 abanico

abanto
12 alelado
27 aturdido
5 espantadizo
1 alimoche
5 buitre
1 atolondrado
5 atontado
9 receloso
18 torpe
7 ◁*despabilado*
21 ◁*avispado*

abarajar
49 detener(se)
50 parar(se)

abaratamiento
5 baratura
4 depreciación
2 desvaloración
3 desvalorización
1 devaluación
6 liquidación
7 rebaja
5 saldo
9 baja
11 ganga
6 ◁*encarecimiento*
11 ◁*subida*

abaratar(se)
35 bajar(se)
4 baratear
3 depreciar
12 despreciar
3 desvalorar
1 devaluar
36 liquidar(se)
7 malbaratar
3 malvender
39 rebajar(se)
5 saldar
15 ◁*encanecer*
12 ◁*encarecer(se)*

abarca
2 almadreña
3 zueco

abarcado
9 asido

abarcador
1 compresivo
1 contentivo
◁*excluyente*

abarcadura
15 asimiento

abarcamiento
15 asimiento
2 brazado

abarcar
17 abrazar
44 ceñir(se)
4 circundar
5 constar
21 contener(se)
7 empollar(se)
6 englobar
9 implicar
13 incluir
26 incorporar(se)
35 ocupar(se)
38 rodear(se)
10 acaparar
17 comprender
26 ◁*excluir(se)*

abarcuzar
45 anhelar

abarloar
22 acercar(se)
38 arrimar(se)
4 barloar
4 conectar
74 juntar(se)
39 atracar
64 ◁*separar(se)*

abarquillado
5 alabeado
8 combado
8 corvo
7 curvado
1 deformado
◁*enderezado*
24 ◁*derecho*

abarquillamiento
5 alabeo
18 curvatura
13 deformación
3 pandeo
5 torcedura
4 ◁*enderezamiento*

abarquillar(se)
15 alabear(se)
20 combar(se)
12 curvar(se)
13 deformar
5 pandear(se)
22 retorcer(se)
44 torcer(se)
24 ◁*enderezar(se)*

abarracar
16 acampar

abarraganamiento
11 amontonamiento
30 asunto(s)
5 concubinato
15 amancebamiento
11 lío

abarraganarse
39 liar(se)
10 amancebarse
42 amontonarse
12 conchabar
9 entenderse
74 juntarse
⇨casarse por detrás de la Iglesia

abarrajar(se)
7 abarrar
23 atropellar(se)
6 demoler
17 derribar(se)
52 destruir(se)
23 encanallar(se)
29 envilecer(se)
34 escapar(se)
11 empujar
19 huir
⇨caer de bruces
⇨pasar con violencia
5 ◁construir
4 ◁ennoblecer(se)

abarramiento
18 arrojamiento

abarrancadero
5 escollera
14 atolladero

abarrancar
5 embarrancar
7 encallar
1 varar

abarrancarse
7 atollar(se)

abarrar
12 abarrajar(se)
58 echar(se)
53 lanzar(se)
11 expulsar
10 impulsar
58 tirar
⇨arrojar con violencia
15 ◁retener(se)

abarrer
15 barrer
2 escobar
3 escobillar

abarrotado
18 atestado
5 henchido
6 saturado
10 colmado
14 lleno
4 ◁deshabitado
11 ◁desocupado
16 ◁vacío

abarrotamiento
2 apretura
3 congestión
5 inundación
5 plenitud
4 saturación
12 ◁escasez
13 ◁falta
6 ◁soledad

abarrotar(se)
65 apretar(se)
22 atestar(se)
30 atiborrar(se)
5 colmar
1 embarrotar
33 llenar(se)
17 saturar(se)
50 cargar
2 monopolizar
⇨cargar hasta los topes
32 ◁aflojar(se)
14 ◁vaciar(se)

abarrote
4 comestibles
2 quincalla
3 viandas
10 abacería
11 almacén
12 cacharro
10 colmado
9 tienda

abarrotero
4 abacero

abarrotes
10 abacería

abasia
6 invalidez
7 parálisis

pes

abastanza
28 abundancia

abastar
11 abastecer(se)
9 bastar(se)

abastardar(se)
11 bastardear(se)
9 degenerar
6 emponzoñar
11 ◁depurar(se)

abastecedor
3 proveedor
2 suministrador
1 municionero
1 abastero

abastecer(se)
2 abastar
4 aprovisionar
6 avituallar(se)
1 bastimentar
10 dotar(se)
5 equipar
22 proveer(se)
18 suministrar(se)
11 surtir
11 fardar
2 tapequearse

abastecimiento
8 abasto
1 bastimento
8 provisión
3 racionamiento
7 suministro
1 surtimiento

abastero
4 abastecedor

abastionar
5 abaluartar

abasto
6 abastecimiento
28 abundancia
2 avituallamiento
1 bastimento
8 provisión
7 suministro
14 copia
9 mercado

abatanado
3 apelmazado
11 curtido
5 magullado
3 vapuleado
6 maltratado

abatanar
40 batir(se)
11 machacar
5 magullar(se)
7 tundir
7 apelmazarse
9 desgastarse
24 golpear
8 maltratar

abatatar
45 apocar(se)
37 turbar(se)
32 ◁exaltar(se)

abate
14 eclesiástico
5 presbítero
9 sacerdote
1 tonsurado
10 cura

abatí
3 maíz
2 mijo
2 panizo
2 zara

abatida
4 atrincheramiento
41 defensa
8 parapeto
7 fortificación

abatidero
10 cauce

18 canal
5 conducto

abatido
6 agotado
16 apesadumbrado
40 bajo(s)
1 consternado
9 decaído
8 desalentado
5 desanimado
1 desfallecido
1 desvalorado
1 desvirtuado
6 extenuado
11 fatigado
7 humillado
5 inane
5 postrado
20 abyecto
26 despreciable
23 ruin
12 vil
2 ◁ *entonado*
22 ◁ *noble*

abatimiento
9 abyección
8 acobardamiento
5 acoquinamiento
16 agobio
16 agotamiento
4 amilanamiento
7 aniquilamiento
10 anonadamiento
14 aplanamiento
13 bajeza
16 debilidad
7 desaliento
16 desánimo
4 descaecimiento
11 desconsuelo
6 descorazona-
   miento
13 desfallecimiento
8 desolación
12 encogimiento
15 humillación
2 inanición
8 languidez
8 postración
11 vileza
29 apocamiento
31 ◁ *animación*

13 ◁ *nobleza*
◁ *estar en forma*

abatir(se)
8 aballar(se)
13 abismar(se)
40 acobardar(se)
3 acocear
51 afligir(se)
27 agobiar(se)
32 agotar(se)
41 allanar(se)
29 amilanar(se)
12 anonadar(se)
34 apenar(se)
12 aplanar(se)
45 aplastar(se)
45 apocar(se)
42 arruinar(se)
15 asolar
18 aterrar(se)
40 avergonzar(se)
35 bajar(se)
8 cachifollar(se)
11 consternar(se)
17 debilitar
23 degradar(se)
14 deprimir(se)
17 derivar
17 derribar(se)
9 derrocar
10 derrotar
6 derruir
18 derrumbar(se)
26 desalentar(se)
1 desalmenar
25 desanimar(se)
16 desbaratar
6 desmantelar
7 desmoralizar(se)
8 despeñar(se)
52 destruir(se)
46 dominar(se)
8 enaltecer
15 extenuar(se)
46 humillar(se)
30 hundir(se)
43 inclinar(se)
12 languidecer
7 pisotear
21 postrar(se)
39 rebajar(se)
5 sojuzgar

17 tumbar(se)
40 acobardarse
40 amedrentar
29 aniquilar
42 arruinarse
62 caer
3 sobajar
12 vilipendiar
⇨ *echar por tierra*
53 ◁ *levantar(se)*

abdicación
30 abandono
4 dimisión
6 renuncia
2 renunciamiento
8 resignación
8 transmisión
12 cesión
5 ◁ *aceptación*

abdicar
22 abandonar(se)
41 ceder(se)
9 declinar
10 deponer
6 desistir
15 dimitir
8 renunciar
22 resignar(se)
14 cesar
17 ◁ *aceptar*

abdomen
11 barriga
4 panza
8 tripa(s)
5 mondongo
2 andorga
4 bandullo
6 vientre

abdominal
2 ventral

abducción
24 apartamiento
32 argumento

abecé
7 abecedario

18 método

abecedario
2 abecé
2 alifato
4 cartilla
4 catón
1 cristus
1 silabario
9 alfabeto

abeja
2 abejarrón
2 abejón
2 abejorro
1 abejuela

abejar
6 abejera
4 colmena

abejarrón
4 abeja
2 abejorro

abejaruco
1 abejero
7 cotilla
7 noticioso
10 correveidile
6 chismoso
12 ◁ *discreto*

abejera
2 abejar
4 colmena
2 colmenar
3 cidronela
3 melisa
2 toronjil

abejero
5 abejaruco

abejón
2 abejorro
5 zángano

abejorreo
1 mosconeo
2 zumbido
9 rumor

abejorro
2 abejarrón
2 abejón

abejuela
4 abeja

abeldar
3 beldar

abellacado
10 agranujado
10 canalla
8 granuja
12 malvado
9 perverso
9 pervertido
6 sinvergüenza
23 ruin
7 truhán
12 vil
15 villano
22 ◁*noble*

abellacarse
2 abribonarse
4 apicararse
2 avillanarse
23 degradar(se)
7 desmoralizar(se)
23 encanallar(se)
18 enviciar(se)
29 envilecer(se)
20 pervertir(se)
39 rebajar(se)
4 ◁*ennoblecer(se)*

abenuz
2 ébano

aberración
2 descarrío
12 desvío
28 engaño(s)
6 extravío
6 ofuscación
6 tozudez
12 cabezonería
8 equivocación
7 error
13 yerro
16 ◁*acierto*

7 ◁*naturalidad*

aberrante
5 antinatural

abertura
1 abrimiento
7 apertura
23 boca
7 boquete
7 brecha
8 comienzo
3 dehiscencia
1 destapadura
11 franqueza
6 grieta
3 inauguración
5 iniciación
10 lisura
3 ojal
7 quebradura
10 ranura
6 rendija
3 resquebrajadura
9 resquicio
7 ensenada
37 agujero
5 hendidura
9 hoz
6 raja
11 sencillez

abestiado
35 bravío

abéstola
9 aguijada
7 puya
13 pica
9 pincho

abete
4 abeto

abetinote
4 brea
3 pez
6 resina
6 caucho
13 goma

abeto
1 abete
1 picea

1 pinabete
1 sapino

abetunado
1 bituminado
3 bituminoso
6 embetunado
⇨pringado o teñido con betún

abetunar
7 embetunar

abiertamente
10 claramente
2 explícitamente
1 francamente
4 manifiestamente
1 obviamente
2 paladinamente
1 patentemente
3 sencillamente
1 sinceramente
⇨a la luz del sol
⇨a las claras
⇨con el corazón en la mano
⇨de corazón
⇨lisa y llanamente
⇨sin reservas
⇨sin tapujos
8 ◁*ocultamente*
1 ◁*subrepticiamente*

abierto
4 agrietado
28 claro
6 cortado
1 cuarteado
7 desembarazado
11 dilatado
3 hendido
3 horadado
15 indudable
13 ingenuo
18 libre
20 natural
18 patente
16 quebrado
7 raso
2 resquebrajado

14 sincero
9 campechano
12 despejado
16 franco
10 liso
21 llano
5 rajado
6 roto
27 ◁*cerrado*
2 ◁*envarado*
8 ◁*intacto*
32 ◁*oscuro*
8 ◁*tortuoso*

abigarrado
14 confuso
8 chillón
8 embrollado
8 estridente
7 heterogéneo
8 mezclado
3 ◁*homogéneo*

abigarramiento
6 disparidad
4 estridencia
19 confusión
19 desorden
15 embrollo
18 enredo
11 lío
8 maraña
12 mezcla
4 ◁*homogeneidad*

abigarrar
54 confundir(se)
8 desarreglar(se)
7 enmarañar
2 entremezclar
2 intrincar
31 mezclar(se)
26 trastornar(se)
37 turbar(se)
⇨mezclar sin concierto
64 ◁*separar(se)*

abigeato
1 cuatrerismo
4 rapiña
8 robo

abigeo
8 cuatrero

abigotado
3 bigotudo

abirritante
2 paliativo
4 sedante
◁ *irritativo*

abirritar
36 aplacar(se)
21 atenuar(se)
4 lenificar
21 mitigar(se)
63 ◁ *irritar(se)*

abisal
3 abismal
10 infernal

abismado
29 absorto
8 ensimismado
17 escondido
5 meditabundo
6 recóndito
15 reservado
1 sumergido
3 sumido
9 ◁ *despreocupado*
11 ◁ *manifiesto*

abismal
2 abisal
1 simado
8 profundo
11 ◁ *elevado*

abismar(se)
59 abatir(se)
25 abstraer(se)
9 cavilar
16 concentrar(se)
54 confundir(se)
5 embebecerse
15 ensimismar(se)
30 hundir(se)
11 meditar
5 naufragar
1 soliloquiar

16 sumergir(se)
8 sumir(se)
12 ◁ *emerger*

abismo
2 desgalgadero
8 despeñadero
3 inmensidad
4 precipicio
6 profundidad
6 sima
4 sumidero
9 tajo
16 vacío
3 báratro
12 infierno
2 orco
3 tártaro
4 averno
19 barranco

abitaque
3 bita

abitar
25 amarrar(se)
16 anclar
12 anudar(se)
52 asegurar(se)
39 liar(se)
61 atar
  ◁ *desamarrar*
17 ◁ *desatar(se)*

abitón
17 atadero

abjurable
6 erróneo
9 falaz
2 insincero
21 ◁ *auténtico*

abjuración
30 abandono
3 deslealtad
6 felonía
6 renuncia
6 retractación
10 apostasía
7 traición

9 ◁ *bautismo*

abjurador
1 abjurante
10 desleal
10 felón
21 falso
10 traidor
19 ◁ *firme*

abjurante
5 abjurador

abjurar
22 abandonar(se)
11 desdecir(se)
10 renegar
2 traicionar
5 apostatar
7 retractarse
↪ donde dije digo, digo Diego
14 ◁ *bautizarse*

ablación
7 amputación
6 extirpación
8 mutilación
28 separación
3 supresión
1 ◁ *injerto*

ablandamiento
1 amortiguación
30 blandura
2 dulcificación
6 mitigación
13 moderación
5 ◁ *endurecimiento*

ablandar(se)
32 aflojar(se)
21 amansar(se)
3 amollentar
36 aplacar(se)
26 blandear(se)
44 calmar(se)
13 conmover(se)
17 derretir(se)
    desenfadar
2 desenojar

14 doblegar(se)
18 domar(se)
6 domeñar
17 dulcificar(se)
4 edulcorar
2 emblandecer(se)
16 emocionar(se)
7 enternecer(se)
8 humanizar(se)
3 laxar
4 lenificar
4 lentecer(se)
3 molificar(se)
2 mullir
15 paliar
6 reblandecer(se)
39 suavizar(se)
3 emolir
20 atemperar
30 templar
18 ◁ *endurecer(se)*
67 ◁ *enfadar(se)*
27 ◁ *enojar(se)*
2 ◁ *mineralizar*

ablandativo
4 emoliente

ablande
2 rodaje

ablandecer(se)
26 blandear(se)

ablepsia
15 ceguedad

ablución
24 baño(s)
8 lavado
2 lavamanos
2 lavatorio
9 bautismo
11 purificación

ablusado
2 abolsado
7 ahuecado
23 grande
9 ◁ *ceñido*
19 ◁ *estrecho*

abnegación
23 altruismo
25 celo(s)
14 desinterés
7 filantropía
13 generosidad
2 renunciamiento
6 sacrificio
6 ◁ egoísmo

abnegado
4 benefactor
8 bienhechor
45 bueno
9 filántropo
18 generoso
7 ◁ egoísta
19 ◁ mezquino

abobado
12 alelado
17 enajenado
1 entontecido
1 atolondrado
5 atontado
75 bobo
16 distraído
7 estúpido
12 mentecato
16 ◁ inteligente
16 ◁ listo

abobar(se)
12 alelar(se)
30 atontar(se)
4 embobar(se)
30 enajenar(se)
7 entontecer(se)
20 entorpecer(se)
20 marear(se)
5 obsesionar(se)
8 perturbar
⇨llenar la cabeza de humo
⇨llenar la cabeza de pájaros
9 ◁ despabilar(se)
1 ◁ espabilar

abocado
3 destinado

abocar(se)
22 acercar(se)
14 amorrar(se)
23 aproximar(se)
12 avistar(se)
5 conferenciar
6 embrocar
1 transvasar
79 unir(se)
7 verter
13 conversar
11 pactar
79 unirse
64 ◁ separar(se)

abocardado
5 abocinado
2 acampanado
2 atrompetado

abocardar
2 aboquillar

abocelar
4 abocinar

abocetado
1 bosquejado
2 esbozado
6 iniciado
1 insinuado

abocetar
8 bosquejar
5 diseñar
4 esbozar
3 esquematizar
15 insinuar(se)
19 perfilar(se)
2 pintarrajear
4 rasguñar
⇨tomar apuntes

abocinado
2 acampanado
1 ampliado
2 atrompetado
1 campaniforme
2 ensanchado
19 ◁ estrecho

abocinar
1 abocelar
1 acampanar

12 ampliar(se)
14 ensanchar(se)
32 ◁ estrechar(se)

abochornado
5 avergonzado
13 confundido
14 confuso
2 ruborizado
7 sofocado
2 sonrojado
17 acalorado
14 corrido
⇨con el rabo entre las piernas
⇨con las orejas gachas
⇨más corrido que una mona
13 ◁ impávido

abochornar(se)
17 abroncar(SE)
21 afrentar(se)
40 avergonzar(se)
18 encaramar(se)
46 humillar(se)
15 ruborizar(se)
5 soflamar
23 sofocar(se)
9 sonrojar(se)
10 ajotar
34 correr
16 chafar
31 doblar
15 ruborizarse
9 sonrojarse
◁ quedarse tan ancho

abofetear
40 atizar(se)
1 moquetear
38 pegar(se)
24 golpear
3 sopapear
⇨cruzar el rostro
⇨sentar la mano

abogacía
2 jurisprudencia

abogaderas
32 argumentos
2 razones

abogadillo
5 huisache

abogado
1 causídico
10 consejero
12 defensor
3 intercesor
5 letrado
6 mediador
6 jurisconsulto
2 jurisperito
7 jurista
4 legista
5 leguleyo
7 licenciado
5 picapleitos
3 vocero
⇨abogado del diablo
⇨asesor jurídico
⇨defensor de causas pobres

abogador
12 defensor
3 intercesor
6 mediador
13 ◁ acusador

abogaducho
5 leguleyo

abogar
63 apoyar(se)
8 asesorar(se)
11 defender
2 dictaminar
5 discriminar
12 interceder
16 mediar
5 propugnar
42 proteger(se)
⇨hablar en favor
1 ◁ desproteger

abolengo
6 alcurnia
14 ascendencia
5 genealogía
8 herencia
13 origen
9 patrimonio

1 prosapia
11 cuna
6 estirpe
16 linaje
⇨árbol genealógico
⇨sangre azul

abolición
6 anulación
5 cancelación
3 casación
3 derogación
17 disolución
5 prohibición
7 ◁*autorización*
8 ◁*reposición*
5 ◁*validez*
3 ◁*vigencia*

abolido
6 cancelado
15 nulo
6 revocado

abolir(se)
28 anular(se)
18 borrar
6 cancelar
24 extinguir(se)
2 invalidar
11 prohibir(se)
5 rescindir
34 retirar(se)
13 suprimir
9 abrogar
6 derogar
10 eliminar
9 revocar
42 arruinarse
58 quitar
5 ◁*instituir*
19 ◁*casar*

abolsado
3 ablusado
26 arrugado

abolsamiento
13 ampolla

abollado
6 aplastado
3 chafado

10 ◁*liso*

abolladura
1 abollonadura
27 bollo(s)
7 boya
37 golpe

abollar
14 hender
11 machacar
24 golpear
10 hollar
12 ◁*aplanar(se)*

abollonadura
4 abolladura

abollonar
3 bollar

abombado
7 ahuecado
8 combado
7 curvado
10 ◁*liso*

abombamiento
9 abultamiento
1 ahuecamiento
26 hinchazón
15 bulto

abombar(se)
21 abultar(se)
15 alabear(se)
18 arquear(se)
2 asordar
17 atolondrar(se)
74 aturdir(se)
20 combar(se)
12 curvar(se)
2 ensordecer
19 inflar(se)
37 turbar(se)
9 bufar
⇨levantar jaqueca
7 ◁*nivelar*

abominable
9 aborrecible
25 atroz

4 condenable
9 deplorable
3 detestable
1 espantable
6 execrable
8 incalificable
5 lamentable
5 odioso
10 ominoso
2 repudiable
21 repugnante
5 repulsivo
7 vitando
6 vituperable
9 asqueroso
18 ◁*admirable*
18 ◁*amable*

abominación
16 asco
11 aversión
7 execración
18 horror
5 repulsión
32 aborrecimiento
9 espanto
5 pánico

abominar(se)
22 aborrecer(se)
22 condenar(se)
4 detestar
11 execrar
7 odiar(se)
4 profanar
21 repudiar(se)
13 rechazar
52 ◁*amar(se)*

abonado
15 aplomado
2 apuntado
17 arriesgado
18 audaz
2 avalado
6 bienquisto
6 fiable
5 garantizado
9 honorable
4 inscrito
10 intrépido
1 respaldado

1 suscrito
⇨digno de crédito

abonador
6 fiador

abonamiento
12 abono
7 bonificación

abonanzar(se)
54 aclarar(se)
44 calmar(se)
16 despejar(se)
21 serenar(se)
9 ◁*aborrascar(se)*
2 ◁*enfoscar*

abonar(se)
15 acreditar(se)
22 afianzar(se)
64 apuntar(se)
52 asegurar(se)
6 avalar
6 bonificar(se)
17 certificar
27 cumplir(se)
4 fecundizar
4 fertilizar(se)
11 inscribir
1 majadear
49 mejorar(se)
34 pagar(se)
20 reformar(se)
5 respaldar
12 responder
9 restaurar
11 salpicar(se)
44 satisfacer(se)
7 subscribir(se)
6 adatar
50 asentar
4 engrasar
6 palmar
⇨dar de alta

abonaré
12 abono
1 acreditación
4 pagaré
17 ◁*cargo*

abono
  2 abonamiento
  5 estiércol
  1 fertilizante
  7 fianza
  19 garantía
  20 seguridad
  3 suscripción
  6 enmiendas
  3 fiemo
  20 inscripción
  ⇨pase de libre circulación

aboquillar
  1 abocardar
  2 chaflanar

abordable
  7 asequible
  3 sociable
  5 tratable
  24 abierto
  21 llano
  12 sencillo
  13 ◁*inaccesible*
  8 ◁*inasequible*

abordaje
  10 asalto

abordar
  15 afrontar
  23 aproximar(se)
  12 chocar
  31 sacudir(se)
  39 tocar(se)
  9 topar(se)
  16 aportar
  18 acometer
  39 atracar
  79 unirse
  ⇨ceñirse al asunto
  ⇨ir al grano

abordarse
  10 aconchar

aborigen
  4 autóctono
  6 indígena
  6 nativo
  20 natural
  7 originario
  3 oriundo
  3 vernáculo
  ⇨natural de
  6 ◁*extranjero*

aborrascar(se)
  35 atormentar(se)
  51 cubrir(se)
  10 encapotar(se)
  10 ennegrecerse
  16 nublar(se)
  5 oscurecer(se)
  50 cargar
  24 revolver
  5 ◁*abonanzar(se)*

aborrecer(se)
  8 abominar(se)
  1 desamar
  12 despreciar
  4 detestar
  87 fastidiar(se)
  1 malquerer
  7 odiar(se)
  10 renegar
  16 reprobar
  1 tediar
  16 hastiar
  ⇨hacerle a uno la cruz
  ⇨mirar con malos ojos
  ⇨no poder tragar a uno
  ⇨no poder ver a uno ni pintado
  ⇨no ser santo de su devoción
  ⇨tener atravesado a
  ⇨tener entre ceja y ceja
  ⇨tener entre ojos
  ⇨tener monomanía de
  ⇨tomar a uno entre dientes
  ⇨tomarla con uno
  52 ◁*amar(se)*
  22 ◁*apreciar(se)*
  24 ◁*estimar(se)*

aborrecible
  17 abominable
  4 condenable
  6 execrable
  13 infame
  7 insufrible
  5 odioso
  21 repugnante
  11 antipático
  26 despreciable
  18 ◁*amable*
  6 ◁*simpático*

aborrecido
  6 exasperado
  3 ◁*deseado*

aborrecimiento
  1 aerofobia
  11 aversión
  1 claustrofobia
  6 desafecto
  4 desamor(se)
  8 desprecio
  6 enemiga
  7 execración
  6 fobia
  7 malquerencia
  3 misantropía
  3 misoginia
  9 rabia
  7 rencor
  5 repulsión
  7 saña
  2 xenofobia
  8 abominación
  13 animadversión
  21 animosidad
  23 antipatía
  4 despecho
  13 encono
  20 fila
  14 hincha
  10 inquina
  23 manía
  20 odio
  9 ojeriza
  13 tema
  8 tirria
  ⇨mala voluntad
  13 ◁*aprecio*
  15 ◁*cariño*

abortamiento
  7 aborto

abortante
  4 abortivo

abortar
  64 estropear(se)
  24 frustrar(se)
  8 malograr
  1 malparir
  59 mover(se)
  4 despachurrar
  7 fracasar
  ⇨destripar el cuento
  27 ◁*cumplir(se)*
  25 ◁*realizar(se)*
  22 ◁*alcanzar*

abortivo
  1 abortante
  3 anticonceptivo
  1 estrógeno
  1 impeditivo
  1 ◁*fructificante*

aborto
  1 abortamiento
  4 engendro
  6 frustración
  4 malogro
  1 malparto
  4 monstruo
  5 fracaso
  8 ◁*éxito*

aborujar
  18 arrebujar(se)
  5 emburujar(se)

abotagado
  4 abotargado
  1 embotijado
  19 hinchado

abotagamiento
  6 abotargamiento
  1 embotijamiento
  26 hinchazón
  8 inflación
  7 inflamación
  ◁*desinflamiento*

abotagarse
  6 engordar
  7 entontecer(se)

38 hinchar(se)
19 inflamar(se)
19 inflar(se)
4 abotargarse
12 alelarse
30 atontarse

abotargado
3 abotagado
4 turgente
6 voluminoso
9 rechoncho

abotargamiento
5 abotagamiento
6 acorchamiento
4 hinchamiento
5 somnolencia
7 sopor
3 lerdera

abotargarse
8 abotagarse
5 acorcharse
21 adormecer(se)
10 transponer(se)

abotonador
3 calzador

abotonar
6 abrochar(se)
19 atacar(se)
44 ceñir(se)
39 fijar(se)
14 sujetar

abovedado
5 alabeado
8 arqueado
8 combado
7 curvado
7 curvo

abovedar
51 cubrir(se)
1 embovedar
18 ◁ arquear(se)

abra
25 abertura
6 grieta
3 resquebrajadura
7 bahía
7 ensenada
6 rada
5 hendidura
10 puerto
6 raja

abracadabra
4 conjuro
9 hechicería
13 magia
2 sortilegio

abracadabrante
3 dantesco
15 espeluznante
14 horrible
11 horripilante
38 ◁ agradable

abrasado
1 combusto
3 estuoso
3 quemado

abrasador
1 agostador
30 ardiente
2 flamígero
3 llameante
3 urente
5 candente
4 ígneo
4 quemante
4 ◁ helador

abrasamiento
9 combustión
5 incineración

abrasar(se)
11 achicharrar(se)
15 agostar(se)
25 apasionar(se)
23 arder
24 asar(se)
40 avergonzar(se)
23 enardecer(se)
3 incendiar
4 incinerar(se)
18 marchitar(se)
30 quemar(se)
15 ruborizar(se)
9 sonrojar(se)
23 tostar(se)
15 consumir
⇨ dejar en ascuas
⇨ reducir a pavesas
15 ◁ apagar(se)
18 ◁ enfriar(se)
11 ◁ helar

abrasivo
45 áspero
1 esmerilador
1 pulimentador
5 lija

abrazadera
18 brazo
1 cuchillero
5 corchete
12 llave

abrazador
2 seguidor

abrazar
17 aceptar
19 admitir
18 adoptar
65 apretar(se)
44 ceñir(se)
21 contener(se)
32 envolver(se)
32 estrechar(se)
5 estrujar
13 incluir
38 rodear(se)
42 seguir(se)
13 enlazar
14 abarcar
⇨ constar de
⇨ convertirse a
⇨ someterse a
9 ◁ desenlazar(se)

abrazo
1 amplexo
16. apretón
2 apretujón
4 estrujón
13 lazo
8 saludo
8 ◁ despedida

abrecartas
4 abridor

abrelatas
4 abridor

abrevadero
6 barreño
4 camellón
6 pila
7 pilón
9 tina
10 aguadero
2 aguaje

abrevar
7 regar
9 remojar(se)
19 saciar(se)
17 saturar(se)
33 beber
⇨ dar de beber

abrevarse
33 beber

abreviación
13 acortamiento
18 brevedad
8 cercenamiento
11 resumen
7 ◁ prórroga

abreviado
1 aligerado
2 compendiado
8 parvo
1 quintaesenciado
8 reducido
10 resumido
2 simplificado
1 sintetizado
21 corto
17 escaso

abreviamiento
18 brevedad

abreviar
22 acelerar(se)
16 acortar(se)
16 apresurar(se)
5 compendiar
52 reducir(se)
6 resumir
2 sincopar
5 sintetizar
5 cifrar
20 aligerar
⇨cortar por lo sano
⇨saltar a la torera
35 ◁*alargar(se)*
59 ◁*aumentar(se)*
3 ◁*pormenorizar*
9 ◁*retardar(se)*

abreviatura
4 inicial
2 monograma
1 sigla
10 signo(s)
9 cifra
1 crismón
4 lábaro
5 tilde
3 vírgula

abribonarse
29 envilecer(se)
13 malear(se)

abridero
4 abridor

abridor
1 abrecartas
1 abrelatas
1 abridero
12 llave
  ◁*oclusivo*

abrigado
6 arrebujado
4 envuelto

abrigar(se)
4 amantar
55 amparar(se)

14 arrebozar(se)
18 arrebujar(se)
15 arropar(se)
34 auxiliar(se)
38 calentar(se)
16 cobijar(se)
51 cubrir(se)
9 embozar(se)
39 liar(se)
42 proteger(se)
47 recoger(se)
12 resguardar(se)
22 tapar(se)
11 ◁*desamparar*
11 ◁*desnudar(se)*
13 ◁*destapar(se)*

abrigo
14 albergue
30 amparo
13 antro
7 asilo
1 carric
8 caverna
7 cobijo
13 cubil
41 defensa
6 gabardina
8 garita
6 gruta
10 guarida
6 hospitalidad
5 levita
5 madriguera
8 parapeto
5 pelliza
13 protección
10 refugio
9 resguardo
8 retiro
6 tabardo
3 zamarra
10 capote
37 agujero
10 gabán
1 macferlán
1 paletó
15 saco
6 sobretodo
30 ◁*abandono*
2 ◁*indefensión*
5 ◁*desamparo*

abriles
10 año(s)

abrillantado
6 embetunado

abrillantador
1 bruñidor
2 lustrador(a)
2 pulidor

abrillantar
7 aluciar(se)
12 bruñir(se)
2 ciclar
8 enaltecer
7 enlucir
5 ensalzar(se)
5 esplender
4 iluminar
16 lucir(se)
12 lustrar(se)
1 pulimentar
39 pulir(se)
6 refulgir
⇨dejar como los chorros del oro
17 ◁*deslucir(se)*
3 ◁*empavonar*
39 ◁*rebajar(se)*

abrimiento
25 abertura

abrir(se)
54 aclarar(se)
10 agrietar(se)
19 agujerear
23 cascar(se)
11 clarear(se)
16 desahogar(se)
7 descarriar(se)
13 descubrir
1 desencaminarse
11 desnudar(se)
16 despejar(se)
13 destapar(se)
3 destaponar
11 distender(se)
21 dividir(se)
9 empezar(se)
10 estallar

21 extraviar(se)
14 hender
4 horadar
5 inaugurar
31 iniciar(se)
21 partir
6 rasgar
22 revelar(se)
17 reventar(se)
21 serenar(se)
13 sincerar(se)
2 taladrar
10 comenzar
18 cuartear
29 desviarse
36 rajar
12 ◁*acertar*
35 ◁*aislar(se)*
13 ◁*angostar(se)*
38 ◁*atascar(se)*
37 ◁*cerrar(se)*
25 ◁*encaminar(se)*
10 ◁*encapotar(se)*
16 ◁*nublar(se)*
47 ◁*romper(se)*

abrochar(se)
5 abotonar
44 ceñir(se)
37 cerrar(se)
39 fijar(se)
79 unir(se)
14 sujetar
3 ◁*desabrochar*
7 ◁*despechugar(se)*

abrogar
15 abolir(se)
6 cancelar
6 emular
2 invalidar
34 retirar(se)
13 suprimir
6 derogar
10 eliminar
9 revocar
10 ◁*instaurar*
19 ◁*restablecer(se)*

abrojo
3 cardo
1 tríbulo

15 dificultad
10 obstáculo

abroncar(se)
17 abochornar(se)
5 abuchear
28 aburrir(se)
4 amohinar
40 avergonzar(se)
24 desazonar(se)
20 disgustar(se)
67 enfadar(se)
27 enojar(se)
60 excitar(se)
87 fastidiar(se)
6 gritar
10 insultar
114 molestar(se)
5 silbar
22 reñir
16 reprender
8 ◁elogiar
9 ◁felicitar(se)

abroquelar(se)
4 adargar(se)
55 amparar(se)
16 cobijar(se)
51 cubrir(se)
11 defenderse
12 escudar(se)
15 guarecer(se)
11 parapetar(se)
42 proteger(se)
12 resguardar(se)

abrótano
2 boja
1 cipresillo

abrumado
5 agobiado
6 agotado
2 apabullado
8 apenado
14 atareado
1 cohibido
4 derrengado
11 fatigado
4 oprimido
16 triste
7 ◁descansado
8 ◁contento

abrumador
1 agobiador
8 agotador
1 atosigante
2 opresor
15 molesto
31 pesado
12 ◁cómodo
1 ◁confortante

abrumamiento
14 aplanamiento

abrumar(se)
28 aburrir(se)
27 acongojar(se)
27 agobiar(se)
32 agotar(se)
12 anonadar(se)
12 apesadumbrar(se)
12 aplanar(se)
9 atarear(se)
18 atosigar(se)
74 aturdir(se)
3 cohibir
5 colmar
54 confundir(se)
11 consternar(se)
87 fastidiar(se)
44 incomodar(se)
52 matar(se)
1 mimbrar
114 molestar(se)
4 recargar
16 hastiar
5 incordiar
10 oprimir
⇨dar la lata
⇨dejar para el arrastre
⇨dejar sin resuello
⇨poner los nervios de punta
⇨poner una losa de plomo
42 ◁aliviar(se)

abruptez
8 acantilado
22 aspereza

abrupto
45 áspero
1 breñoso

15 cerril
1 despeñado
 difícil
30 duro
16 escabroso
6 escarpado
9 fragoso
13 inaccesible
7 infranqueable
11 intrincado
6 montaraz
16 quebrado
22 rudo
19 salvaje
4 ◁practicable
19 ◁suave

abrutado
5 lerdo
3 zamacuco
10 zopenco
⇨incapaz de Sacramentos
12 ◁despejado

absceso
2 ántrax
1 fungosidad
2 furúnculo
4 úlcera
8 apostema
3 forúnculo
2 lipoma
5 bubón
12 cáncer
13 clavo
4 empeine
5 flemón
2 fungo
9 grano
6 llaga
5 panadizo
4 postilla
6 pústula
27 tumor
⇨mal blanco
⇨raíz de divieso

absenta
2 absintio
2 ajenjo

absentismo
30 abandono
22 ausencia

absentista
7 abandonador

ábside
13 bóveda
2 girola
5 giroscopio

absintio
2 absenta
2 ajenjo

absolución
18 gracia(s)
6 liberación
7 misericordia
6 perdón
7 remisión
5 condonación
6 exculpación
11 exención
10 indulgencia
10 indulto
6 redención
12 ◁condena

absolutamente
4 plenamente
3 rematadamente

absolutismo
4 autocracia
5 cesarismo
9 despotismo
8 dictadura
7 dominación
1 omnipotencia
13 rigor
4 tiranía
4 totalitarismo
21 arbitrariedad
15 capricho

absolutista
8 déspota
3 dictador
11 imperioso
2 tirano

absoluto

13 ◁ *liberal*
3 ◁ *tolerante*

absoluto
6 absorbente
25 arbitrario
9 autoritario
7 categórico
8 cortante
6 definitivo
3 despótico
21 dominante
5 ilimitado
11 imperioso
1 incondicionado
8 incondicional
7 independiente
9 tajante
6 total
16 único
10 voluntarioso

2 omnímodo
16 solo
13 dogmático

⇨como quiera que sea
⇨de todo en todo
⇨de todo por todo
⇨de todos modos y más
⇨en redondo
⇨por fas o por nefas
⇨sin distinción

7 ◁ *condescen-
diente*
12 ◁ *flexible*
6 ◁ *relativo*
11 ◁ *comprensivo*

absolutorio
4 eximente

1 ◁ *condenatorio*

absolver
9 descargar
6 exculpar
6 eximir
53 levantar(se)
9 perdonar
39 rebajar(se)
4 rehabilitar(se)
34 liberar(se)
⇨declarar inocente

⇨despedir libre
⇨soltar de nuevo

22 ◁ *condenar(se)*
9 ◁ *inculpar*

absorbente
4 arrollador
5 avasallador
21 dominante
5 embebedor
5 interesante
35 atractivo

10 ◁ *desagradable*
6 ◁ *repelente*

absorber
13 aspirar
48 atraer(se)
13 cautivar
13 chupar
26 disipar(se)
1 embabiar
20 embeber(se)
18 empapar(se)
1 emparar
20 engullir(se)
32 gastar(se)
30 secar(se)
15 consumir
6 dilapidar
13 hechizar
5 reclamar
6 sorber
31 tragar
⇨sorber el seso

5 ◁ *expeler*

absorberse
25 abstraer(se)

absorbimiento
10 absorción

absorción
1 absorbimiento
3 embebimiento
2 empapamiento
1 enaguachamiento
1 enjugación
6 filtración
1 imbibición
1 impregnación

2 permeabilidad
1 resorción

absorto
8 abismado
6 admirado
12 alelado
4 asombrado
15 atónito
5 cautivado
8 concentrado
6 embelesado
17 enajenado
9 encantado
8 ensimismado
7 estupefacto
4 extático
5 maravillado
5 meditabundo
4 pasmado
8 patitieso
5 pensativo
3 petrificado
6 preocupado
12 suspenso
14 abstraído
4 boquiabierto
16 distraído
5 patidifuso
6 turulato
⇨en la luna
⇨en las musarañas
⇨en las nubes

abstemio
9 aguado
6 frugal
11 privado
8 sobrio
1 enófobo
13 sereno

3 ◁ *dipsómano*
3 ◁ *bebedor*

abstención
6 contención
10 dieta
4 inhibición
9 privación
6 renuncia
6 sacrificio

12 ayuno
⇨ponerse a ración

abstencionista
1 aislacionista
10 indiferente
3 neutral
10 pasivo

26 ◁ *activo*
6 ◁ *secuaz*
6 ◁ *interesado*

abstenerse
49 callar(se)
21 contener(se)
10 inhibir(se)
23 privar(se)
23 refrenar(se)
8 renunciar
14 sacrificar(se)
⇨hacerse el distraído
⇨hacerse el loco

abstergente
3 antiséptico
4 desinfectante
3 detergente
3 limpiador

◁ *contaminador*

absterger
3 aljofifar
3 desinfectar
7 purificar
50 limpiar

abstersión
3 desinfección
8 lavado
19 limpieza
1 riego
11 purificación

abstinencia
11 colación
6 continencia
10 dieta
4 frugalidad
3 inedia
13 moderación
3 parvedad

9 privación
6 sobriedad
12 ayuno
⇨a pan y agua
⇨per istam
10 ◁*exceso*

abstinente
14 comedido
6 frugal
8 moderado
8 sobrio
17 templado

abstracción
11 adoración
1 conceptualización
12 contemplación(es)
16 distracción
1 embausamiento
2 embebecimiento
2 embelesamiento
9 enajenamiento
1 enfrascamiento
4 idealización
8 meditación
4 ◁*concreción*
◁*particularización*

abstracto
7 abstruso
13 complejo
3 genérico
15 ideal
14 indeterminado
6 neutro
16 vago
9 ◁*concreto*
20 ◁*simple*

abstraer(se)
13 abismar(se)
19 absorberse
12 adorar(se)
24 argumentar(se)
26 atisbar(se)
9 cavilar
16 concentrar(se)
24 distraer(se)
1 embabiarse
20 embelesar(se)

30 enajenar(se)
11 enfrascar(se)
15 ensimismar(se)
26 excluir(se)
3 idealizar
11 meditar
47 recoger(se)
9 reconcentrar(se)
64 separar(se)
⇨estar en Babia
⇨estar en la luna
⇨pensar en las musarañas
⇨prescindir de
14 ◁*concretar(se)*
2 ◁*espabilarse*

abstraído
8 abismado
29 absorto
8 concentrado
1 embausado
9 embebido
6 embelesado
17 enajenado
6 enfrascado
8 ensimismado
5 meditabundo
5 pensativo
6 preocupado
16 distraído
1 embabiado

abstruso
7 abstracto difícil
8 inasequible
17 incomprensible
16 oculto
32 oscuro
8 profundo
28 ◁*claro*
12 ◁*obvio*

absuelto
18 libre
2 perdonado
2 redimido
1 remitido
1 condonado
1 exculpado
4 ◁*condenado*

absurdo
4 asnada
18 asno
38 aturdimiento
22 ausencia
8 bestia
18 bruto
8 bufonada
14 burdo
16 distracción
5 divagación
7 enormidad
19 extravagancia
7 galimatías
15 ganso
5 ilógico
6 imbécil
7 incoherencia
10 incoherente
5 inconsecuencia
7 inconsecuente
1 inepcia
11 ingenuidad
13 ingenuo
14 inocente
7 irracional
13 ligereza
15 necedad(es)
4 negado
15 nulo
9 palurdo
10 papanatas
2 sinrazón
42 tontería(s)
5 utopía
3 antinomia
1 logomaquia
22 barbaridad
75 bobo
3 chocarrería
7 estúpido
9 extravagante
8 idiota
8 inepto
14 locura
8 patochada
28 ridículo
6 simpleza
18 tonto
18 torpe
10 zopenco
⇨sin sentido
27 ◁*posible(s)*

15 ◁*razonable*

abubilla
1 upupa

abuchear
17 abroncar(SE)
14 chillar(se)
3 patalear
10 patear
5 silbar
6 ◁*ovacionar*

abucheo
2 broncazo
6 choteo
8 desaprobación
4 pita
5 silba
1 siseo
6 guasa
⇨pataleo o pateo
3 ◁*ovación*

abuela
4 nana
1 vieja
3 yaya

abuelastro
12 abuelo(s)

abuelo(s)
1 abuelastro
20 antecesor
6 antepasado
1 bisabuelo
22 viejo
33 anciano
13 ascendiente
36 cabello
12 carroza
9 mocho
7 retablo
2 yayo
5 ◁*descendiente*
10 ◁*joven*

abulia
12 aburrimiento
5 dejación

abúlico

7 desgana
14 desinterés
18 inacción
15 indiferencia
1 indiferentismo
9 insensibilidad
6 pasividad
3 nirvana
15 fastidio
⇨falta de voluntad
10 ◁*entretenimiento*
17 ◁*actividad*

abúlico
19 abandonado
1 desganado
11 insensible
8 lánguido
19 apático
13 dejado
26 ◁*activo*
25 ◁*diligente*
4 ◁*dinámico*

abultado
3 barrigón
3 cebado
10 desmesurado
21 exagerado
14 imponente
2 mofletes papazos
6 voluminoso
19 cipote
19 gordo
6 ◁*enjuto*
10 ◁*liso*

abultamiento
4 abombamiento
4 ganglio
4 hinchamiento
3 hipertrofia
5 juanete
1 variz
6 verruga
4 edema
4 hipérbole

abultar(se)
17 acentuar(se)
23 acrecentar(se)

6 acriminar
20 agrandar(se)
2 amplificar
59 aumentar(se)
19 cebar(se)
4 desorbitar
29 dilatar(se)
12 encarecer(se)
6 engordar
9 engrandecer
6 enquistarse
14 ensanchar(se)
8 exagerar
3 fantasear
38 hinchar(se)
19 inflar(se)
16 ponderar
4 hiperbolizar
13 abombar(se)
14 ◁*adelgazar(se)*
21 ◁*alisar(se)*
4 ◁*deshinchar(se)*
19 ◁*disminuir(se)*
9 ◁*menospreciar*
5 ◁*minusvalorar*

abundancia
1 abastanza
15 acopio
14 afluencia
2 agolpamiento
9 caudal
17 colmo
2 copiosidad
18 demasía
5 exageración
10 exceso
8 exuberancia
5 fecundidad
5 fertilidad
1 quilla
4 hartura
1 innumerabilidad
9 lujuria
25 muchedumbre
2 nubada
4 opulencia
13 plaga
8 plétora
8 profusión
8 raudal
10 riqueza
8 saciedad

14 copia
16 multitud
19 ◁*austeridad*
12 ◁*escasez*

abundante
32 ancho
10 considerable
6 copioso
7 cuantioso
17 desahogado
3 desbordante
11 espantoso
7 grávido
18 importante
7 inagotable
7 innumerable
2 lujuriante
8 numeroso
7 nutrido
4 opíparo
8 opulento
8 parvo
7 pingüe
7 profuso
10 respetable
5 ubérrimo
16 vicioso
20 amplio
10 colmado
18 cumplido
9 choto
18 generoso
14 pródigo
14 rico
4 ◁*algo*
10 ◁*contado*
11 ◁*exiguo*
23 ◁*mísero*
8 ◁*parco*
22 ◁*raro*
17 ◁*escaso*
26 ◁*miserable*
18 ◁*pobre*
11 ◁*raquítico*
28 ◁*ridículo*

abundantemente
7 cumplidamente
⇨granel (a)

abundar
9 afluir
9 bastar(se)

5 colmar
7 cundir
33 exceder(se)
6 hormiguear
8 pulular
8 rebosar
6 redundar
11 sobrar(se)
2 sobreabundar
⇨exceder en
⇨hervir en
⇨nadar en la abundancia
◁*escasear*
12 ◁*faltar*

abundosa
4 tetuda

abundoso
8 opulento

abur
9 adiós
3 chao
8 agur

aburar
17 abrasar(se)
15 agostar(se)
30 quemar(se)

aburguesado
11 acaudalado
18 burgués
5 pudiente
2 ◁*proletario*

aburguesamiento
4 burguesía
4 enriquecimiento
4 opulencia
5 ◁*indigencia*
15 ◁*dificultad*

aburguesar
3 adocenar(se)
8 alienar(se)

aburguesarse
47 establecer(se)

aburrarse
9 embrutecer(se)

aburrido
16 cansado
1 desganado
3 hastiado
4 inapetente
8 malhumorado
1 tedioso
12 harto
⇨como una ostra
23 ◁*animado*
9 ◁*entretenido*

aburridor
1 aturdidor
9 insulso
10 monótono
8 cargante
42 fastidioso
7 latoso
15 molesto
38 ◁*agradable*
30 ◁*divertido*
6 ◁*simpático*

aburrimiento
11 cansancio
7 desgana
3 esplín
4 hartura
7 hastío
5 inapetencia
15 indiferencia
5 ostracismo
5 tedio
16 disgusto
15 fastidio
⇨desdén por todo
16 ◁*diversión*
10 ◁*entretenimiento*
15 ◁*interés*

aburrir(se)
17 abroncar(SE)
28 abrumar(se)
27 agobiar(se)
12 amolar
8 apesgar(se)

13 apestar(se)
41 cansar(se)
67 enfadar(se)
1 estomagar
87 fastidiar(se)
37 fatigar(se)
63 irritar(se)
9 jeringar
114 molestar(se)
30 secar(se)
3 cantaletear
50 cargar
10 empalagar
45 hartar
16 hastiar
14 importunar
5 incordiar
13 jorobar
⇨pasar de
⇨tener a uno hasta el moño
⇨tener a uno hasta las narices
⇨tener a uno negro
8 ◁*amenizar*
27 ◁*bromear(se)*
7 ◁*contentar(se)*
9 ◁*deleitar*
32 ◁*divertir(se)*
26 ◁*entretener(se)*
28 ◁*esparcir(se)*
14 ◁*explayar(se)*
17 ◁*gozar*
18 ◁*holgar(se)*
14 ◁*refocilar(se)*
18 ◁*regocijar(se)*
◁*interesarse en*

abusador
3 carero
7 explotador
11 gorrón
3 ◁*respetuoso*

abusar
47 aprovechar(se)
23 atropellar(se)
22 deshonrar(se)
43 engañar(se)
8 engatusar
3 extralimitarse
10 forzar
12 seducir

11 embaucar
33 excederse
12 propasarse
58 tirar
9 violar
⇨alzarse con el santo y la limosna
⇨pasar por encima
⇨tomar la mano
21 ◁*contener(se)*
31 ◁*moderar(se)*
21 ◁*reprimir(se)*

abusivo
5 desmedido
10 desmesurado
21 exagerado
13 excesivo
7 inmoderado
12 enorme
⇨fuera de razón
16 ◁*justo*

abuso
10 atentado
4 cabildada
9 despotismo
5 exageración
10 exceso
13 exigencia
12 injusticia
2 principada
9 alcaldada
21 arbitrariedad
14 atropello
4 extralimitación
13 ◁*moderación*

abusón
7 abusivo
9 aprovechado
1 aprovechón
7 explotador
4 exigente
11 gorrón
14 ◁*comedido*
8 ◁*moderado*
7 ◁*considerado*

abyección
25 abatimiento   s
13 bajeza

13 degradación
6 envilecimiento
15 humillación
10 ignominia
7 indignidad
11 vileza
5 servilismo
13 ◁*nobleza*

abyecto
40 bajo(s)
7 degenerado
4 degradado
7 ignominioso
13 infame
4 lamerón
34 malo
5 odioso
2 perruno
2 pésimo
2 prostituido
21 repugnante
11 cobista
26 despreciable
4 lameculos
8 rastrero
23 ruin
12 servil
13 sucio
12 vil
45 ◁*bueno*
22 ◁*noble*

acá
1 aquende
6 aquí
2 próximamente
⇨al lado
3 ◁*allá*

acabado
11 acabamiento
6 agotado
2 concluido
3 consumado
9 consumido
11 destruido
7 esmerado
1 firmado
12 ga tado
2 malparado

9 perfecto
13 pulido
7 rematado
4 terminado
22 viejo
1 finiquitado
⇨roto sin compostura
⇨usado en demasía
5 ◁*inconcluso*
22 ◁*útil*

acaballar
7 cabalgar

acabamiento
18 acabado
12 conclusión
11 cumplimiento
6 desenlace
6 ejecución
16 final
11 muerte
10 solución
9 terminación
14 término

acabañar
32 aposentar(se)

acabar(se)
11 afinar
11 agonizar
15 agostar(se)
32 agotar(se)
25 amoldar(se)
50 apurar(se)
4 boquear
12 caducar
37 cerrar(se)
22 comer
12 completar
14 concluir
6 confeccionar
6 consumar
11 coronar
27 cumplir(se)
19 ejecutar(se)
6 exterminar
24 extinguir(se)
4 fenecer
28 finalizar(se)
8 firmar

32 gastar(se)
36 liquidar(se)
25 morir(se)
50 parar(se)
48 pasar(se)
13 perecer
22 perfeccionar(se)
5 periclitar
12 prescribir
39 pulir(se)
2 redondear
7 rematar
7 terminar
6 ultimar
9 zanjar
29 aniquilar
14 cesar
15 consumir
15 decaer
14 expirar
9 fallecer
8 finiquitar
⇨dar el golpe de gracia
⇨dar fin
⇨dar la puntilla
⇨dar las boqueadas
⇨hincar el pico
⇨irse al otro mundo
⇨salir de las últimas
9 ◁*empezar(se)*
31 ◁*iniciar(se)*
6 ◁*principiar*
10 ◁*comenzar*
5 ◁*emprender*

acabildar
48 asociar(se)
2 congregar
49 reunir(se)
⇨ponerse de acuerdo

acabóse
10 desastre
6 desenlace
25 ruina(s)
⇨punto final
⇨último extremo

acabronado
encabronado
8 cabrío

acacia
2 espino
1 robinia
1 tengue

academia
7 certamen
15 escuela
8 instituto
12 junta
2 parvulario
12 consejo
8 colegio
19 reunión

académico
16 correcto
13 culto
9 elegante
5 escolar
3 normativo
13 pulido
3 purista
3 universitario
9 atildado
9 ◁*vulgar*

acaecer
17 acontecer
9 advenir
6 ocurrir
48 pasar(se)
25 realizar(se)
5 sobrevenir
13 suceder
⇨tener lugar

acaecimiento
8 acaecer
15 acontecimiento(s)
4 advenimiento
24 hecho(s)
10 ocurrencia
6 realización
13 suceso(s)
17 caso
6 sucedido
13 tema

acajoiba
3 anacardo

acajú
3 anacardo
3 cedro

acalmar
36 aplacar(se)

acalorado
7 agitado
23 animado
3 asfixiante
6 bochornoso
10 descompuesto
1 embalado
2 enardecido
6 entusiasmado
5 exaltado
8 febril
12 impetuoso
1 soliviantado
13 violento
11 abochornado
9 rechoncho
⇨perdidos los estribos
⇨sin freno

acaloramiento
1 acaloro
31 animación
22 ardor
13 arrebato
3 encendimiento
6 entusiasmo
26 exaltación
1 febrilidad
5 fogosidad
6 impetuosidad
5 soflama
6 sofocación
2 sofoco
12 vehemencia
33 agitación
12 excitación
7 prendimiento
26 ◁*calma*

acalorar(se)
40 agitar(se)
14 alentar(se)
61 animar(se)
20 apremiar(se)
24 asar(se)

acaramelado

34 avivar(se)
1 calorarse
23 enardecer(se)
1 enfebrescer
17 entusiasmar(se)
28 estimular(se)
60 excitar(se)
8 fomentar
3 incendiar
19 inflamar(se)
63 irritar(se)
52 matar(se)
23 sofocar(se)
10 asolear
23 encender
⇨dar prisa
⇨ponerse a cien
⇨ponerse a tono
15 ◁apagar(se)
44 ◁calmar(se)
18 ◁enfriar(se)
7 ◁refrescar(se)

acaloro
17 acaloramiento

acallar(se)
21 adormecer(se)
36 aplacar(se)
15 aquietar(se)
44 calmar(se)
1 callantar
49 callar(se)
27 conformar(se)
21 contener(se)
44 satisfacer(se)
21 serenar(se)
24 sosegar(se)
21 tranquilizar(se)
32 ◁exaltar(se)

acamar
17 acostar(se)
43 inclinar(se)
3 recostar
14 reposar(se)
15 tender(se)
17 tumbar(se)
⇨meter en la cama

acampada
2 camping

acampanado
3 abocardado
2 atrompetado

acampanar
4 abocinar

acampar
1 abarracar
9 acantonar(se)
27 colocar(se)
14 descansar
47 establecer(se)
13 estacionar(se)
39 fijar(se)
18 instalar(se)
7 localizarse
13 radicar(se)
2 vivaquear

acanalado
6 acanillado
6 alechugado
7 buido
3 estriado

acanalar
2 estriar(se)
8 rayar

acanallado
32 bellaco
5 bribón
3 denigrado
7 encanallado
9 pervertido
1 presidiable
26 despreciable
7 soez
11 ◁digno
22 ◁noble

acanallarse
23 degradar(se)
1 embribonarse
1 enchularse
29 envilecer(se)
20 pervertir(se)
1 achulaparse
⇨darse a la carrera
⇨darse a la vida
⇨meterse en el rollo

4 ◁ennoblecer(se)

acandilado
30 ardiente

acanillado
4 acanalado
1 canillado
3 estriado
2 rayado
2 surcado
2 cebrado

acantilado
15 abismo
2 abruptez
6 cortado
1 escarpadura
4 precipicio
17 salto
verticalidad
⇨cortado a plomo

acantilar
1 dragar
5 embarrancar
1 varar
3 ◁zarpar

acantonamiento
3 campamento
4 localización
5 posición
2 vivac
10 cantón
19 plaza
10 puerto

acantonar(se)
1 abarracar
16 acampar
9 ahilar(se)
2 cantonar
17 distribuir(se)
14 emplazar(se)
47 establecer(se)
7 localizar
2 vivaquear

acañonado
12 angosto

acaparador
7 egoísta
9 especulador
3 estraperlista
1 monopolista

acaparamiento
12 abuso
15 acopio
5 acumulación
3 agio
4 almacenamiento
11 amontonamiento
1 centralización
12 especulación
3 monopolio
1 requisamiento
4 retención

acaparar
18 acumular(se)
15 almacenar(se)
6 centralizar
19 especular
3 estraperlear
3 requisar
15 retener(se)
14 abarcar
17 forrar
2 monopolizar
31 ◁entregar(se)
42 ◁soltar(se)

acaponado
29 afeminado

acaramelado
8 azucarado
4 dulzón
15 enamorado(s)
7 galante
9 melifluo
4 meloso
6 obsequioso
9 rendido
5 solícito
14 tierno
5 untuoso
3 pringoso
18 ◁amargo
6 ◁esquivo

acaramelar(se)
52 amar(se)
9 azucarar(se)
37 enamorar(se)
8 encariñarse
15 engolosinar(se)
3 garrapiñar
9 endulzar
13 galantear
21 ◁ *amargar(se)*
20 ◁ *agriar*

acardenalado
6 amoratado

acarear
23 arrostrar

acariciador
7 grato
6 lagotero
9 melifluo
4 meloso
14 tierno
11 zalamero
19 suave
21 ◁ *seco*
23 ◁ *agrio*
21 ◁ *adusto*

acariciar
17 abrazar
9 agasajar
12 ambicionar
8 arrullar(se)
8 besar(se)
14 desear
12 halagar
11 palpar(se)
17 rozar(se)
39 tocar(se)
18 adular
11 lisonjear
6 mimar
15 pelotear
⇨hacer carantoñas
⇨hacer fiestas
⇨hacer la rosca
⇨mirar con buenos ojos
⇨mirar con ojos tiernos

ácaro
8 garrapata

acarrarse
74 juntarse
79 unirse
⇨resguardarse del sol

acarrear
8 aballar(se)
36 conducir(se)
43 llevar(se)
7 ocasionar
39 originar(se)
12 portar(se)
47 producir(se)
20 proporcionar(se)
6 suscitar
5 traer
18 transportar(se)
5 portear
43 ◁ *dejar(se)*

acarreo
1 camionaje
6 conducción
2 corretaje
5 flete
5 transporte(s)
6 traslación
9 traslado

acartonado
4 amojamado
6 enjuto
4 momificado
16 tieso
11 apergaminado
11 ◁ *lozano*
18 ◁ *fresco*

acartonamiento
2 acecinamiento
6 amojamamiento

acartonar(se)
5 acecinarse
9 ahilar(se)
12 amojamar(se)
11 apergaminar(se)
1 avellanarse
2 momificarse

30 secar(se)

acasamatado
9 amurallado
5 fortificado
9 vallado

acaso
16 azar
12 casualidad
1 posiblemente
1 probablemente
1 quizá
2 quizás
13 fortuna
7 hado
⇨lo aleatorio
⇨lo fortuito
⇨tal vez

acatable
10 aceptable
7 admisible
10 respetable
26 ◁ *despreciable*

acatador
5 observante
3 ◁ *conculcador*
2 ◁ *incestuoso*
3 ◁ *inobservante*

acatamiento
1 incondicionalidad
6 obediencia
13 respeto(s)
3 sometimiento
8 sumisión
3 supeditación
7 veneración
10 reverencia
6 ◁ *desobediencia*

acatar
17 aceptar
7 obedecer
8 respetar
7 reverenciar
4 venerar
◁ *desacatar*
7 ◁ *desobedecer*

acatarrado
7 constipado
7 enfriado
1 griposo
3 resfriado

acatarrar
1 constipar
18 enfriar(se)
1 resfriar

acatarrarse
16 airear(se)
18 enfriar(se)
2 resfriarse

acato
6 obediencia
3 observancia
6 ◁ *desobediencia*

acaudalado
9 creso
3 millonario
1 nabab
8 opulento
15 poderoso
8 potentado
5 pudiente
1 ricachón
10 adinerado
12 forrado
14 rico
18 ◁ *pobre*

acaudalar
18 acumular(se)
1 adinerarse
9 atesorar
15 enriquecerse

acaudillar
4 abanderar
5 capitanear
36 conducir(se)
56 dirigir(se)
48 disponer(se)
2 encabezar
9 guiar
1 liderar
17 mandar

⇨estar al frente

accedente
11 benévolo
7 condescendiente
12 cortés
10 deferente
6 obsequioso
3 respetuoso
3 consentidor
27 ◁cerrado
10 ◁incorrecto
9 ◁intransigente

acceder
17 aceptar
19 adherir(se)
23 aproximar(se)
22 autorizar(se)
41 ceder(se)
7 conceder
9 condescender
27 conformar(se)
17 consentir
37 llegar(se)
25 permitir(se)
14 plegar(se)
22 resignar(se)
40 someter(se)
3 suscribir
7 transigir
22 alcanzar
15 convenir
32 entrar
⇨deponer las exigencias
⇨disponer de
⇨estar de acuerdo
10 ◁rehusar(se)
27 ◁negarse
22 ◁oponerse

accesibilidad
18 ataque
3 ◁inaccesibilidad

accesible
6 abordable
4 alcanzable
7 asequible
9 cercano
9 comprensible

7 cordial
7 inteligible
13 próximo
24 abierto
16 franco
21 llano
12 sencillo
⇨a mano
1 ◁inalcanzable
17 ◁altivo

accesión
17 acceso
24 ayuntamiento
28 conformidad
9 consentimiento
10 cópula

accésit
1 añadido
9 compensación
1 exaequo
7 galardón
18 honor
8 premio
1 singularización
18 gratificación
7 recompensa

acceso
4 acercamiento
15 acometida
13 acortamiento
6 aproximación
18 ataque
24 ayuntamiento
5 carretera
10 cópula
23 entrada
10 indisposición
3 recargo
2 vial
26 camino
10 enfermedad
2 recaída
12 senda
7 vereda

accesorio
14 accidental
14 adjunto
24 aledaño(s)

13 anejo
19 anexo
34 auxiliar(se)
3 circunstancial
3 conexo
13 dependiente
3 episódico
7 episodio
3 hijuela
2 prescindible
6 secundario
11 zarandaja(s)
11 complemento
7 repuesto
⇨de pasada
⇨de paso
⇨pieza de recambio
9 ◁esencial
6 ◁fundamental

accidentado
16 abrupto
7 agitado
19 atacado
17 borrascoso
19 caído
14 complicado
18 desigual
difícil
14 dificultoso
8 enrevesado
16 escabroso
6 escarpado
12 irregular
5 montañoso
12 montuoso
4 movido
4 pintoresco
4 tumbado
6 variado
12 desmayado
7 peliagudo
21 ◁llano

accidental
2 adventicio
10 casual
5 contingente
7 eventual
15 exterior
5 extrínseco
5 fortuito

8 impensado
6 incidental
6 interino
3 parásito
4 provisional
6 secundario
3 volandero
◁esecial
6 ◁fundamental
11 ◁permanente

accidentarse
11 dañar(se)
19 indisponer(se)
13 ◁curarse

accidente
21 alteración
28 aventura(s)
4 característica
3 catástrofe
12 choque
15 desmayo
4 desventura
9 detalle
12 incidente
10 indisposición
14 lesión
23 montaña
15 movimiento
7 peculiaridad
6 percance
5 peripecia
10 prominencia
15 propiedad
5 síntoma
1 sopitipando
13 suceso(s)
6 vértigo
20 apariencia
14 atropello
16 cima
8 congoja
10 contratiempo
17 desgracia
6 infortunio
7 loma
10 obstáculo
9 patatús
9 síncope
6 soponcio
15 ◁esencia

acción
22 ardor
13 arrebato
27 batalla
25 celo(s)
4 conducta
6 deber
11 empresas
9 encuentro
6 entusiasmo
5 explotación
6 fabricación
8 gesta
7 hazaña(s)
24 hecho(s)
12 industria
9 iniciativa
6 intervención
9 maquinación
15 movimiento
22 negocio(s)
11 obligación
17 ocupación
12 oficio
11 operación
19 paso(s)
17 práctica
4 proeza
11 profesión
22 trabajo(s)
14 acto
16 función
17 actividad
49 energía
19 intriga
13 labor
13 maniobra
23 obra
9 resultado
6 tarea
⇨bono del Tesoro
⇨manera de tratar
⇨tratamiento de alguna cosa
18 ◁*inacción*
16 ◁*pasión*

accionar
2 gesticular
10 manejar
5 manipular
59 mover(se)
5 manotear

accionista
3 beneficiario
2 capitalista
1 comanditario
2 cooperante
3 rentista
15 asociado
6 interesado
8 socio

acebo
2 agrifolio
2 aquifolio

acebuche
1 olivo
2 oleastro
⇨olivo silvestre

acecido
3 acezo
1 estertor
3 jadeo

acecinado
5 acartonado
4 amojamado
1 avellanado
4 momificado
21 seco
11 apergaminado

acecinamiento
2 acartonamiento
6 amojamamiento

acecinar
9 ahumar(se)
7 cecinar
30 secar(se)
13 curar
10 salar

acecinarse
9 acartonar(se)
12 amojamar(se)
11 apergaminar(se)

acechador
1 acechón
1 avizorador
9 centinela
8 confidente
8 vigía
7 espía

acechante
5 apostado

acechar
10 aguardar(se)
3 amaitinar
19 apostar(se)
5 atalayar
26 atisbar(se)
12 avistar(se)
5 avizorar(se)
19 brujulear
6 escudriñar
17 husmear
19 observar
9 chapar
4 esperar
5 espiar
12 tantear
11 vigilar
⇨permanecer al socaire

aceche
3 acije
3 alcaparrosa

acecho
18 asechanza
7 atisbo
6 garlito

acechón
6 acechador

acedado
17 ácido

acedar
5 acidular(se)
20 avinagrar(se)
24 desazonar(se)
20 disgustar(se)
67 enfadar(se)
87 fastidiar(se)
44 incomodar(se)
9 jeringar
114 molestar(se)
20 agriar

13 jorobar
⇨poner los nervios de punta
⇨poner nervioso

acedarse
64 apuntar(se)
20 avinagrar(se)
18 atufar

acedera
1 agrilla
2 vinagrera

acederaque
5 cinamomo

acederilla
7 aleluya

acedia
2 platija

acedía
10 acidez
5 agrura
2 vinagrera
22 aspereza
9 ◁*dulzura*
11 ◁*suavidad*

acedo
4 acidulado
45 áspero
5 avinagrado
3 ceñudo
9 desapacible
17 ácido
23 agrio

acefalismo
7 desgobierno
2 irresponsabilidad

acéfalo
3 decapitado
4 descabalado
2 descabezado
2 guillotinado
1 lamelibranquio

aceitado
2 engrasado
2 untado

aceitar
1 enaceitar
2 lubricar
1 olear
39 suavizar(se)
4 engrasar
1 ◁*desengrasar*
7 ◁*resecar(se)*

aceite
1 aceitón
2 alpechín
10 grasa
1 oleaza
4 óleo
1 olio
2 oleína
⇨balsa de aceite

aceiteras
3 vinagreras

aceitón
8 aceite

aceitoso
1 grasiento
6 graso
1 lubricado
3 oleaginoso
5 oleoso
5 untuoso
1 oleario

aceituna
2 oliva

aceitunado
1 aceitunil
5 verdoso

aceitunil
2 aceitunado

acelajado
5 anubado
9 anubarrado

aceleración
2 aceleramiento
8 celeridad
9 incremento
12 prontitud
7 rapidez

aceleradamente
6 activamente
5 aprisa

acelerado
5 raudo
10 veloz
19 rápido

acelerador
2 ciclotrón

aceleramiento
5 aceleración
12 apresuramiento

acelerar(se)
12 abreviar
8 activar
24 adelantar(se)
42 aliviar(se)
20 apremiar(se)
16 apresurar(se)
65 apretar(se)
50 apurar(se)
34 avivar(se)
27 despachar(se)
28 estimular(se)
4 expedir
26 incrementar(se)
20 precipitar(se)
4 urgir
15 volar
20 aligerar
21 arrear
20 aviar
⇨apretar el acelerador
⇨dar prisa
⇨dar rapidez
20 ◁*entorpecer(se)*
10 ◁*frenar*
9 ◁*retardar(se)*

acelga
4 armuelle
6 bledo

acémila
8 mula
9 mulo

acemilar
8 caballar

acemilería
11 caballeriza

acemilero
5 arriero
1 mulatero
6 mulero

acemita
3 acemite

acemite
1 acemita
3 salvado
10 harina

acendrado
2 decantado
27 delicado
5 depurado
10 ejemplar
12 exquisito
4 inmaculado
11 limpio
2 purificado
21 puro
⇨sin tacha
⇨sin un pero

acendramiento
1 aquilatamiento
5 decantación
2 depuración
19 limpieza
11 purificación

acendrar(se)
10 acrisolar
11 decantar(se)
11 depurar(se)
3 encendrar
22 perfeccionar(se)
7 purificar
11 refinar(se)
50 limpiar

1 ◁*impurificar(se)*

acento
1 acentuación
5 deje
7 dejo
2 entonación
8 tonillo
5 tilde
3 vírgula
17 espíritu
13 tono

acentuación
9 acento

acentuado
28 claro
21 exagerado
11 manifiesto
5 marcado
3 reforzado
4 tónico
11 enfático
◁*atónico*
2 ◁*átono*

acentuar(se)
21 abultar(se)
63 apoyar(se)
14 atildar(se)
59 aumentar(se)
27 destacar(se)
5 enfatizar
26 incrementar(se)
24 marcar(se)
12 realzar(se)
7 recalcar
4 remarcar
9 resaltar
1 subrayar
11 insistir
⇨hacer hincapié
⇨poner acentos
4 ◁*difuminar(se)*
19 ◁*disminuir(se)*

aceña
4 azud
3 espadaña
1 molino

acepción
16 sentido
8 significación
11 significado
12 designación

acepillar
21 alisar(se)
47 brillar
3 cepillar
1 desempolvar
3 escobillar
14 frotar(se)
39 pulir(se)
8 raspar
50 limpiar

aceptable
7 admisible
4 aprobado
14 apto
19 común
7 mediano
6 mediocre
4 pasable
5 pasadero
6 suficiente
7 tolerable
12 ◁*suspenso*
8 ◁*inepto*

aceptación
8 admisión
11 aplauso(s)
27 aprobación
11 asentimiento
17 boga
4 ◁*recusación*

aceptado
3 admitido
14 corriente
7 dado
24 hecho(s)
4 ◁*inhabilitado*

aceptador
2 destinatario
2 receptor

aceptar
22 acceder
19 admitir

43 afirmar(se)
18 aplaudir
23 aprobar(se)
20 comprometer(se)
6 confesar
8 conocer
17 consentir
25 obligar(se)
8 recibir
47 recoger(se)
40 someter(se)
6 soportar
8 tolerar
44 tomar(se)
⇨estar por
27 ◁*negar(se)*
13 ◁*rechazar*

acepto
3 admitido
38 agradable
6 bienquisto
2 recibido
⇨bien visto

acequia
4 cacera
2 caz
1 cequeta
1 cuérnago
2 regata
4 reguera
2 reguero
1 riego
2 sangradera
1 alfagra
4 azarbe
18 canal
2 cequia
6 zanja

acequiar
6 canalizar

acera
2 enlosado
2 paramento
7 pavimento
1 salvacoches
7 andén
4 bordillo
7 orilla

7 vereda

aceración
8 acería

acerado
24 acerbo
3 afilado
7 buido
8 cortante
30 duro
9 incisivo
2 intencionado
5 ofensivo
8 penetrante
3 punzante
9 tajante
25 agudo
9 resistente
10 sagaz
17 templado

acerar(se)
9 afilar(se)
4 agudizar(se)
14 aguzar(se)
18 endurecer(se)
13 fortalecer(se)
18 fortificar
5 robustecer
11 vigorizar
30 templar
⇨entrenar los músculos

acerbamente
10 acremente

acerbidad
6 acritud
5 agrura
16 amargura
9 rudeza
22 aspereza
14 ◁*amabilidad*
11 ◁*liberalidad*

acerbo
45 áspero
2 astringente
27 austero
18 cruel
9 desabrido

10 desagradable
9 desapacible
7 despiadado
7 doloroso
30 duro
10 impío
8 implacable
9 intransigente
5 picante
22 rudo
13 violento
11 virulento
17 ácido
15 acre
23 agrio
18 amargo
9 huraño
17 riguroso
20 severo
5 ◁*tratable*
19 ◁*suave*

acerca de
8 sobre
⇨atinente a
⇨con respecto a
⇨en lo tocante a
⇨en relación a
⇨por lo que toca a
⇨referente a
⇨referido a
⇨respecto de

acercamiento
6 aproximación
15 arrimo
19 unión
19 reunión
2 ◁*distanciamiento*
28 ◁*separación*

acercar(se)
6 abarloar
13 abocar(se)
12 abordar
17 acostar(se)
7 adosar
40 aplicar(se)
2 apropincuarse
23 aproximar(se)
38 arrimar(se)

avecinar(se)
15 avecinar(se)
4 barloar
74 juntar(se)
37 llegar(se)
31 relacionar(se)
11 rondar
17 rozar(se)
79 unir(se)
7 vincular
3 yuxtaponer
12 tantear
⇨poner en relación
⇨tomar contacto
38 ◁*alejar(se)*
32 ◁*arrinconar(se)*
30 ◁*ausentar(se)*
6 ◁*desfilar*
38 ◁*alejarse*
16 ◁*desechar*

acería
1 aceración
6 crisol
3 factoría
9 forja
4 fundición
1 siderurgia
6 taller
⇨alto horno

acerico
2 acerillo
2 aceruelo
3 alfiletero

acerillo
3 acerico
3 alfiletero

acero
19 brío
7 hierro(s)
16 hoja
1 tizona
7 aleación
40 ánimo
13 denuedo
12 esfuerzo
7 espada
5 puñal
21 resolución

acerola
1 azarolla

acerrar
40 asir(se)

acérrimo
17 tenaz
5 vigoroso
10 voluntarioso
22 fuerte
⇨muy acre

acertadamente
1 convenientemente
1 oportunamente
1 pertinentemente
⇨a cuento
⇨al caso
⇨al pelo

acertado
4 adecuado
12 apropiado
5 concordante
15 conveniente
6 oportuno
6 pertinente
4 ◁*desacertado*

acertajo
12 acertijo

acertamiento
16 acierto

acertar
22 adivinar
6 atinar
6 descifrar
13 descubrir
23 encontrar(se)
7 enfocar
22 hallar(se)
9 topar(se)
15 convenir
⇨dar en el blanco
⇨dar en el clavo
⇨dar en la diana
20 ◁*equivocar(se)*
9 ◁*errar*

acertijo
1 acertajo
8 adivinanza
3 calambur
4 enigma
2 jeroglífico
1 logogrifo
5 misterio
2 ovillejo
12 pasatiempo
3 quisicosa
1 rompecabezas
19 secreto

aceruelo
3 acerico
6 albarda

acervo
5 acumulación
8 aglomeración
11 conjunto
6 cultura
11 cúmulo
5 disponibilidad
12 masa
5 pertenencia
15 propiedad
9 tradición
14 colección
12 montón
19 reunión

acescencia
10 acidez
5 agrura

acético
5 avinagrado
17 ácido
23 agrio

acetificación
3 acidificación

acetificarse
20 avinagrar(se)

acetileno
38 alumbrado

acetoso
17 ácido

acetre
2 caldero
5 perol

acezar
3 carlear
3 jadear

acezo
3 acecido
1 estertor
3 jadeo

aciago
10 desafortunado
11 desventurado
6 funesto
10 infausto
14 infortunado
4 malhadado
3 nefasto
16 triste
16 desdichado
14 desgraciado
12 infeliz
17 siniestro
⇨de mal agüero
⇨de mal augurio
⇨de mala sombra

acial
1 badal

acíbar
7 aloe
6 amargor

acibarado
18 amargo

acibarar
21 amargar(se)
34 apenar(se)
12 apesadumbrar(se)
50 apurar(se)
35 atormentar(se)
6 desilusionar
14 entristecer(se)
87 fastidiar(se)
23 mortificar(se)
37 turbar(se)
16 chafar

aciberar

9 ◁*endulzar*

aciberar
7 moler
5 pulverizar
9 triturar

acicalado
23 arreglado
9 aseado
15 compuesto
5 emperejilado
11 limpio
12 pulcro
6 peripuesto
11 pintiparado
⇨hecho un brazo de mar
⇨hecho un pollo pera
9 ◁*descuidado*
13 ◁*sucio*

acicalamiento
18 aseo
6 embellecimiento
19 limpieza
2 maquillaje
7 pulcritud
20 arreglo
30 ◁*abandono*
14 ◁*dejadez*
14 ◁*suciedad*

acicalar(se)
21 adornar
14 afeitar(se)
8 afiligranar
11 afinar
14 aguzar(se)
8 alcorzar(se)
4 alhajar
12 aliñar(se)
21 alisar(se)
7 aluciar(se)
17 apuntalar(se)
83 arreglar(se)
17 asear(se)
22 ataviar(se)
14 atildar(se)
12 bruñir(se)
7 empaquetar
5 emperejilar

12 emperifollar(se)
2 endomingarse
17 engalanar(se)
16 guarnecer(se)
2 librear(se)
6 maquillarse
5 ornamentar
19 perfilar(se)
2 perlar
39 pulir(se)
5 repintarse
18 zafar(se)
28 aderezar
83 arreglarse
21 arriscar
14 atusar
34 componer
50 limpiar
23 pintar
⇨ponerse de tiros largos
37 ◁*descomponer(se)*

acicate
16 aguijón
10 aliciente
15 espejuelo(s)
6 espuela
10 estímulo
6 incentivo
14 incitación
1 motivación
9 señuelo

acicatear
15 acuciar
22 aguijonear(se)
61 animar(se)
8 fomentar
15 inducir
25 ◁*desanimar(se)*
9 ◁*disuadir(se)*

acidez
4 acedía
5 acerbidad
2 acescencia
10 acrimonia
6 acritud
5 agrura
2 hiperclorhidria
1 agriera

8 mordacidad
⇨ardor de estómago

acidia
7 desgana
11 desidia
11 flojedad
11 galbana
7 laxitud
11 negligencia
12 pereza
16 ◁*diligencia*

acidificación
1 acetificación
1 acidulación
2 avinagramiento
1 ◁*edulcoración*

acidificar(se)
13 acedar
5 acidular(se)
20 agriar
57 picar
4 ◁*edulcorar*
39 ◁*suavizar(se)*

ácido
1 acedado
7 acedo
24 acerbo
1 acetoso
4 acidulado
7 agresivo
1 agridulce
1 agrillo
5 avinagrado
10 desagradable
5 fermentar
5 picante
3 acetico
15 acre
23 agrio
18 amargo
5 mordiente
2 ◁*hidrato*

acidulación
3 acidificación

acidulado
7 acedo
7 agriado

17 ácido
23 agrio

acidular(se)
13 acedar
4 acidificar(se)
21 amargar(se)
3 revenirse
20 agriar
39 ◁*suavizar(se)*

acierto
1 acertamiento
12 casualidad
10 coincidencia
7 cordura
18 habilidad
16 prudencia
5 pulso
3 puntería
8 tacto
8 tiento(s)
5 tino
6 destreza
8 éxito
13 fortuna
17 suerte
⇨buena mano
8 ◁*torpeza*

acije
2 aceche
3 alcaparrosa
2 caparrosa

acimboga
2 azamboa

acimentarse
32 apocontar(se)

acimut
15 derrota
16 dirección
15 rumbo
7 trayectoria

acinesia
6 entumecimiento
9 inmovilidad
8 reposo
15 ◁*movimiento*

ación
6 correa
2 estribera
5 estribo

acirate
15 caballón
3 linde
7 loma
12 senda

acitara
1 citara
3 pretil
6 pared

aclamación
11 aplauso(s)
27 aprobación
16 delirio
6 entusiasmo
10 frenesí
9 glorificación
1 ole
3 ovación
10 palma(s)
2 vítor
29 alabanza
12 homenaje
8 ◁abucheo
4 ◁pita
4 ◁rechifla

aclamar
18 aplaudir
48 atraer(se)
6 conferir
9 confirmar(se)
13 designar(se)
9 engrandecer
5 ensalzar(se)
32 exaltar(se)
8 glorificar
13 loar(se)
6 magnificar
16 nombrar
6 ovacionar
6 premiar
14 proclamar(se)
1 saludar
4 vitorear
33 llamar

5 reclamar
39 ◁rebajar(se)
3 ◁rechiflar(se)
14 ◁cesar
13 ◁pitar

aclaración
12 demostración
3 desembrollo
1 enlucidación
6 enmienda(s)
5 especificación
10 explicación
11 indicación
10 información
2 justificación
2 puntualización

aclarar(se)
5 abonanzar(se)
35 abrir(se)
10 acrisolar
20 alumbrar(se)
21 amanecer
8 asesorar(se)
44 calmar(se)
11 clarear(se)
9 clarificar
8 comentar(se)
11 decantar(se)
11 declarar
8 definir
10 demostrar
6 descifrar
13 descubrir
5 desembrollar
4 desenmarañar
11 desenredar
4 desenvolver(se)
10 deslindar
2 desovillar
16 despejar(se)
6 dilucidar
9 diluir(se)
26 disipar(se)
5 elucidar
2 enjuagar
2 enralecer
6 escampar(se)
5 esclarecer
7 espaciar(se)
20 evidenciar
34 explicar(se)

4 iluminar
21 ilustrar(se)
26 informar(se)
11 instruir
15 lavar(se)
11 manifestar
49 mejorar(se)
5 patentizar
1 regletear
23 sentar(se)
21 serenar(se)
8 glosar
4 guachapear
⇨hacer luz
⇨poner en claro
⇨poner los puntos sobre las íes
3 ◁agrumar(se)
5 ◁congestionar(se)
5 ◁desdibujar(se)
6 ◁embarullar
10 ◁ennegrecer
7 ◁ensombrecer(se)
16 ◁nublar(se)
41 ◁ocultar(se)
5 ◁oscurecer(se)
6 ◁simular
6 ◁tergiversar
9 ◁trabucar(se)
26 ◁trastornar(se)
5 ◁trovar
5 ◁empañar(se)

aclarativo
3 aclaratorio

aclaratorio
1 aclarativo
2 definitorio
2 explicativo
14 ◁confuso
8 ◁lioso

aclimatación
13 acomodo
4 arraigo
2 connaturalización

aclimatar(se)
55 acomodar(se)
31 acostumbrar(se)
3 acriollarse

4 adaptar(se)
3 ambientar(se)
28 arraigar(se)
5 connaturalizarse
17 habituar(se)
6 naturalizar(se)
31 acostumbrarse
3 aplatanarse
1 ◁deshabituar(se)

aclocar
12 arrellanar(se)
1 enclocar
4 repantigarse

aclocarse
12 arrellanar(se)

acmé
1 algidez
10 apogeo
3 cúspide
9 esplendor
17 ápice
6 ◁decadencia

acné
1 granulación
6 eczema
5 espinilla
9 grano

acobardado
19 abatido
7 amedrentado
2 intimidado
9 pusilánime
13 ◁resuelto

acobardamiento
5 acoquinamiento
15 desmayo
6 intimidación
6 pusilanimidad
14 cobardía
19 miedo
18 temor
10 timidez
21 ◁audacia
12 ◁valentía

acobardar

40 ◁*ánimo*

acobardar(se)
59 abatir(se)
7 acollonar(se)
20 acoquinar(se)
17 acorralar
24 achicar(se)
6 ahuevar
29 amilanar(se)
45 apocar(se)
17 arredrar(se)
58 asustar(se)
36 atemorizar(se)
18 aterrar(se)
6 atortolar
13 cagar(se)
26 desalentar(se)
25 desanimar(se)
11 descorazonar(se)
1 encadarse
29 encoger(se)
24 espantar(se)
11 helar
23 imponer(se)
8 intimidar(se)
8 sumir(se)

6 acojonar
12 achantarse
40 amedrentar
3 amorrongarse
10 apolismar
39 arrugar
4 atorcazar
34 correr
5 encasquillar
33 llamar
4 pichar(se)

⇨cortar el resuello
⇨meter miedo
⇨sembrar espanto

21 ◁*atrever(se)*
7 ◁*envalentonar(se)*

acoceamiento
25 abatimiento
15 humillación
10 insulto
33 ◁*consideración(es)*
4 ◁*ensalzamiento*

29 ◁*alabanza*

acocear
59 abatir(se)
7 ultrajar
⇨dar o tirar coces

acocullado
45 borracho

acodalar
9 acodar(se)

acodar(se)
1 acodalar
39 aguantar(se)
61 animar(se)
63 apoyar(se)
17 apuntalar(se)
1 cerchar
1 ensarmentar
25 sostener(se)
17 tumbar(se)

acodo
1 ataquiza
1 codadura
4 codal
2 mugrón
2 provena
4 sarmiento

acogedor
32 afable
38 agradable
12 cómodo
18 amable
18 generoso

6 ◁*insociable*
17 ◁*intratable*
22 ◁*rudo*

acoger
17 aceptar
19 admitir
1 amadrigar
55 amparar(se)
5 asilar
32 atender(se)
16 cobijar(se)
14 favorecer
15 guarecer(se)

42 proteger(se)
8 recibir
47 recoger(se)
13 refugiar(se)
⇨abrir los brazos
⇨dar acceso
⇨dar palabra
⇨ponerse en cobro
⇨tomar amparo
⇨tomar asilo

11 ◁*desamparar*
12 ◁*repeler*
13 ◁*rechazar*

acogerse
55 amparar(se)
38 arrimar(se)
3 hospitalizar(se)
3 recurrir
13 refugiar(se)
10 retraerse

acogida
5 aceptación
1 acogimiento
8 admisión
27 afabilidad
14 amabilidad
10 amenidad
20 cortesía
6 hospitalidad
6 recepción
2 recibimiento
8 saludo

4 ◁*despido*
12 ◁*exclusión*
6 ◁*rechazo*

acogido
9 adoptivo
6 ahijado
7 asilado
4 refugiado

acogimiento
11 acogida

acogotado
23 mísero

acogotar
20 acoquinar(se)
32 arrinconar(se)

58 asustar(se)
11 atrapar(se)
11 dañar(se)
17 derribar(se)
6 domeñar
46 dominar(se)
15 herir
52 matar(se)
40 vencer(se)

6 acojonar
40 amedrentar
14 sujetar
⇨sujetar con dureza

acohombrar
3 aporcar
51 cubrir(se)
14 enterrar(se)

acojinar
3 enguatar

acojonado
17 cobarde

acojonar
40 acobardar(se)
15 acogotar
20 acoquinar(se)
17 arredrar(se)
36 atemorizar(se)
40 amedrentar

acojonarse
45 apocar(se)
13 cagar(se)
26 desalentar(se)
29 encoger(se)
12 achantarse

acojono
7 zozobra
29 apocamiento
14 cobardía
14 pavor
18 temor
9 terror

acolar
59 ajustar(se)
15 combinar
74 juntar(se)

79 unir(se)

acolchado
2 almohadillado
1 enguatado
3 mullido
2 revestido
2 tapizado
42 blando
12 forrado
30 ◁ *duro*

acolchar
1 almohadillar
3 enguatar
2 mullir
3 tapizar
18 ◁ *endurecer(se)*

acolchonar
3 enguatar

acólito
10 acompañante
3 adlátere
17 asistente(s)
34 auxiliar(se)
16 clérigo
7 compañero(s)
4 cómplice
1 continuador
1 monacillo
1 monaguillo
6 sacristán
2 seguidor
1 seise
15 ayudante
7 compadre
8 compinche
2 monago
⇨ad látere

acollar
3 aporcar
16 cobijar(se)

acollarar
3 enjaezar
16 guarnecer(se)
7 uncir

acollonamiento
5 acoquinamiento

29 apocamiento

acollonar(se)
40 acobardar(se)
20 acoquinar(se)
29 amilanar(se)
45 apocar(se)
58 asustar(se)
36 atemorizar(se)
40 amedrentar

acometedor
7 agresivo
14 arrojado
7 decidido
4 dinámico
5 emprendedor
12 impetuoso
9 impulsivo
4 pendenciero
13 resuelto
13 violento
33 ◁ *apocado*

acometer
14 abalanzar(se)
12 abordar
16 agredir(se)
12 arremeter(se)
11 asaltar(se)
19 atacar(se)
6 embestir
5 intentar
4 irrumpir
53 lanzar(se)
23 proponer(se)
29 saltar(se)
20 violentar(se)
21 atorar
5 emprender
12 hostigar
⇨embestir con ímpetu

acometida
1 abordaje
9 agresión
5 arremetida
10 asalto
18 ataque
4 atraco
6 embate
9 embestida

7 embocadura
13 enlace
2 hostigamiento
5 iniciación
16 inicio
8 empalme
⇨toma de aguas

acometido
19 atacado

acometimiento
9 agresión
10 algarada
24 carga
16 diversión
1 embestidura
6 invasión
4 irrupción
3 ofensiva
17 algazara

acometividad
4 agresividad
2 belicismo
11 decisión
5 provocación
21 violencia
3 ◁ *pacifismo*

acomodabilidad
5 elasticidad

acomodable
4 adaptable

acomodación
11 ajuste
10 combinación
18 compostura
2 emparejadura
20 arreglo

acomodadizo
7 acomodaticio
4 amoldable
3 conformista
5 contemporizador
9 dúctil
8 elástico
3 sociable
4 transigente

6 complaciente

acomodado
4 adecuado
4 ajustado
12 apropiado
14 apto
23 arreglado
18 burgués
15 conveniente
4 hacendado
6 oportuno
15 poderoso
5 pudiente
3 rentista
3 situado
10 adinerado
14 rico
3 ◁ *inadecuado*

acomodamiento
13 acomodo
21 acuerdo(s)
11 ajuste
11 comodidad
9 compensación
11 composición
6 conciliación
1 confortabilidad
11 convenio(s)
10 transacción
20 arreglo
19 conveniencia
⇨quedar o estar a gusto
8 ◁ *desacuerdo*
12 ◁ *inconveniencia*

acomodar(se)
17 aceptar
13 aclimatar(se)
4 acompasar
37 acordar(se)
21 adaptar(se)
12 adecuar(se)
59 ajustar(se)
8 alienar(se)
14 amañar(se)
25 amoldar(se)
40 aplicar(se)
32 aposentar(se)
17 aprestar(se)
51 apropiar(se)

acomodaticio

7 armonizar
28 arraigar(se)
83 arreglar(se)
12 arrellanar(se)
9 atenerse
41 avenir(se)
10 bandear(se)
27 colocar(se)
16 concertar(se)
10 conciliar
27 conformar(se)
8 conjuntar
5 connaturalizarse
19 desordenar(se)
15 dormir(se)
47 establecer(se)
18 instalar(se)
3 normalizar
24 ordenar(se)
35 poner(se)
15 reconciliar(se)
8 reglar(se)
3 repentizar
22 resignar(se)
18 situar(se)
42 soltar(se)
40 someter(se)
7 transigir

3 aplatanarse
17 arranchar
50 asentar
20 atemperar
34 componer
8 contemporizar
15 convenir
24 emplear

39 ◁*alterar(se)*
5 ◁*desajustar(se)*
87 ◁*fastidiar(se)*

acomodaticio
4 comodón
3 conformista
9 dúctil
8 elástico
4 transigente
4 pancista
⇨poca sangre

acomodo
21 acuerdo(s)
17 cargo

11 colocación
1 habitáculo
17 ocupación
12 oficio
12 puesto
10 vivienda
20 arreglo
19 conveniencia
22 destino
16 empleo
13 labor

acompañamiento
20 accesorio
6 comparsa
6 coro
4 cortejo
2 entremeses
3 escolta
25 guarnición(es)
4 séquito
14 sostén
11 complemento
18 armonía
7 comitiva
9 compañía
7 corro
25 ◁*aislamiento*
6 ◁*soledad*

acompañanta
8 carabina
3 dueña
6 celestina
⇨dama de honor
⇨señorita de compañía

acompañante
3 adlátere
7 compañero(a)
3 contertulio
2 lazarillo
3 rodrigón
6 satélite
20 agregado
18 acólito
8 camarada
7 compadre

acompañar
25 agregar(se)
24 añadir(se)

48 asociar(se)
36 conducir(se)
2 corear
4 escoltar
74 juntar(se)
1 reconducir
42 seguir(se)
79 unir(se)
8 cortejar
⇨caminar con
⇨hacer cortejo
⇨hacer el camino con
⇨ir con
⇨ir de acuerdo
⇨marchar juntos
⇨ser compañero de camino
⇨ser del séquito

acompasado
11 lento
3 medido
9 mesurado
1 métrico
10 pausado
17 regular(se)
1 rítmico
5 isócrono
12 ◁*irregular*

acompasamiento
8 cadencia

acompasar
55 acomodar(se)
12 adecuar(se)
59 ajustar(se)
30 igualar(se)

acomplejado
12 desequilibrado
5 disminuido
8 maniático
18 retraído
7 temeroso
5 ◁*juicioso*

acomplejar(se)
19 disminuir(se)
10 retraerse
15 ◁*afrontar*

aconchabamiento
8 compadrazgo

aconchar
12 abordarse
17 acostar(se)
61 animar(se)
38 arrimar(se)
11 defender
29 encogerse
12 escudar(se)
8 impeler
11 parapetar(se)
42 proteger(se)

acondicionado
3 adaptado
4 adecuado
23 arreglado
13 dispuesto
13 preparado
⇨a propósito

acondicionador
15 calefacción

acondicionamiento
5 acomodación
8 adaptación
2 adecuación
20 arreglo
10 ◁*desarreglo*
8 ◁*desorganización*

acondicionar
21 adaptar(se)
12 adecuar(se)
25 amoldar(se)
83 arreglar(se)
48 disponer(se)
24 ordenar(se)
48 preparar(se)
20 reformar(se)
8 ◁*desarreglar(se)*

acongojado
12 afligido
8 apenado
16 apesadumbrado
6 contrito
8 entristecido

8 quejoso
16 triste
9 turbado
7 dolorido
8 tembloroso

acongojante
6 abrumador
8 agotador
30 duro
2 entristecedor
1 fatigante
8 opresivo
15 molesto
4 ◁*sedante*
36 ◁*alegre*

acongojar(se)
28 abrumar(se)
9 acorar
17 acuitar
51 afligir(se)
40 agitar(se)
28 ahogar(se)
20 angustiar(se)
34 apenar(se)
12 apesadumbrar(se)
5 apesarar(se)
50 apurar(se)
6 aquejar
6 aspar(se)
58 asustar(se)
36 atemorizar(se)
18 aterrar(se)
35 atormentar(se)
6 atribular(se)
11 consternar(se)
7 contristar(se)
6 desconsolar(se)
14 entristecer(se)
37 fatigar(se)
8 torturar(se)
10 oprimir
⇨meter el corazón en un puño
⇨poner un nudo en garganta
61 ◁*animar(se)*

acónito
5 anapelo
1 pardal

2 matalobos
⇨uva lupina
⇨uva verga

aconsejable
15 conveniente
6 favorable
6 indicado
3 recomendable
6 ventajoso
3 ◁*inadecuado*
4 ◁*perjudicial*

aconsejado
25 avisado
7 cuerdo
12 discreto
13 prudente
12 reflexivo
21 avispado
13 ◁*irreflexivo*

aconsejar(se)
15 adiestrar(se)
23 advertir
8 aleccionar(se)
14 alentar(se)
20 alumbrar(se)
30 amonestar(se)
61 animar(se)
8 asesorar(se)
33 avisar(se)
36 conducir(se)
8 consultar(se)
16 corregir(se)
56 dirigir(se)
9 entrenar(se)
12 exhortar
9 guiar
17 incitar(se)
11 indicar
6 influir
16 inspirar(se)
1 insuflar
2 moralizar
27 orientar(se)
7 predicar
24 prevenir(se)
5 recomendar
6 sermonear
4 sugerir
3 ◁*desaconsejar*
9 ◁*desorientar(se)*

acontecer
8 acaecer
9 advenir
27 aparecer(se)
27 cumplir(se)
63 dar(se)
4 irrumpir
37 llegar(se)
6 ocurrir
26 ofrecer(se)
48 pasar(se)
47 producir(se)
25 realizar(se)
5 sobrevenir
13 suceder
7 surgir
6 verificarse
⇨tener lugar

acontecimiento(s)
34 accidente
28 aventura(s)
7 biografía
12 circunstancia
7 evento
24 hecho(s)
12 incidente
10 ocurrencia
6 realización
13 suceso(s)
5 verificación
17 caso
7 coyuntura
10 acaecimiento
6 sucedido

acopiar
18 acumular(se)
15 aglomerar(se)
15 almacenar(se)
4 allegar(se)
42 amontonar(se)
9 atesorar
74 juntar(se)
49 reunir(se)
10 acaparar
4 ◁*desperdigar(se)*

acopio
11 acaparamiento
5 acumulación
4 almacenamiento

1 allegamiento
11 conjunto
3 monopolio
8 provisión
6 tesoro
3 stock
5 apaño
14 colección
10 cosecha
29 depósito
12 montón
5 recolección

acoplable
3 aplicable
3 graduable
3 hermanable

acoplado
3 adaptado
4 encajado
10 ◁*separado*

acopladura
22 acoplamiento

acoplamiento
1 acopladura
11 ajuste
3 apareamiento
12 articulación
2 compenetración
10 comprensión
4 embrague
14 encaje
4 enganche
1 engastadura
4 engaste
4 engranaje
13 enlace
1 enlazamiento
2 ensambladura
1 incrustación
6 montaje
2 taracea
19 unión
8 conexión
8 enchufe
8 engarce

acoplar(se)
21 agrupar(se)
59 ajustar(se)

acople

17 anexar(se)
16 aparear(se)
23 aproximar(se)
17 articular(se)
15 combinar
8 compaginar(se)
17 comprenderse
4 conectar
5 conexionar
6 embragar
24 encajar(se)
19 enganchar(se)
4 ensamblar
5 imbricar
74 juntar(se)
37 ligar(se)
38 pegar(se)
49 reunir(se)
5 soldar
3 taracear
79 unir(se)
7 vincular
13 enlazar
61 atar
19 casar
6 compenetrarse
79 unirse

4 ◁desembragar
25 ◁desunir(se)

acople
11 ajuste
8 empalme

acoquinado
19 caído
33 apocado
17 cobarde

acoquinamiento
2 acollonamiento
1 amedrentamiento
12 encogimiento
19 miedo
10 timidez

21 ◁audacia
12 ◁valentía

acoquinar(se)
40 acobardar(se)
15 acogotar

7 acollonar(se)
24 achicar(se)
29 amilanar(se)
45 apocar(se)
17 arredrar(se)
36 atemorizar(se)
18 aterrar(se)
6 atortolar
13 cagar(se)
18 derrumbar(se)
26 desalentar(se)
11 descorazonar(se)
29 encoger(se)
11 horripilar(se)
8 intimidar(se)
6 acojonar
12 achantarse
40 amedrentar

21 ◁tranquilizar(se)

acorar
28 abrumar(se)
27 acongojar(se)
51 afligir(se)
58 asustar(se)
24 desazonar(se)
12 desfallecer
11 desmedrar(se)
14 entristecer(se)
5 enfermarse

acorazado
15 acerado
3 blindado
4 fortalecido
5 fortificado
9 potente
3 reforzado
22 fuerte

42 ◁blando
12 ◁frágil
14 ◁débil

acorazar(se)
11 amurallar(se)
6 blindar
19 desentender(se)
18 endurecer(se)
18 fortificar
1 inmunizar
10 insensibilizar(se)
42 proteger(se)

9 reforzar
17 revestir(se)

acorazonado
1 cordiforme

acorchado
3 corcho
5 correoso
11 insensible
21 seco

8 ◁jugoso

acorchamiento
5 abotagamiento
6 abotargamiento
2 embotamiento
1 encalladura
5 endurecimiento
6 entumecimiento

3 ◁sensibilidad

acorchar
9 anestesiar(se)
10 insensibilizar(se)

acorcharse
15 agostar(se)
8 embotar(se)
1 evanecerse
30 secar(se)

4 abotargarse

acordada
9 comprobación
2 documento
3 justificante
20 orden

acordado
3 congruente
3 justificado
7 lógico

acordanza
21 acuerdo(s)
1 asonancia
7 consonancia
9 evocación
5 melodía
16 memoria(s)
14 precisión

9 recuerdo(s)
4 reminiscencia
11 compás
18 armonía
12 concordia
14 pacto

acordar(se)
55 acomodar(se)
18 adoptar
7 adunar
11 afinar
59 ajustar(se)
18 aliar(se)
7 armonizar
13 compadecer(se)
16 concertar(se)
10 conciliar
9 confirmar(se)
11 contratar(se)
8 coordinar
27 decidir(se)
34 determinar(se)
48 disponer(se)
5 estipular
6 evocar
9 hermanar(se)
30 igualar(se)
19 quedar(se)
15 reconciliar(se)
6 recordar
5 rememorar
16 resolver(se)
4 concordar
19 casar
34 componer
12 conchabar
15 convenir
11 pactar
1 sonajero

▷caer en la cuenta
▷hacer memoria
▷venir a la cabeza

22 ◁disputar(se)
11 ◁olvidar(se)

acorde
3 armónico
3 concorde
11 conforme
3 consonante
1 cónsono

1 coordinadamente
9 juntos
⇨ al unísono
⇨ a la vez
⇨ a tono
⇨ de acuerdo
⇨ en consonancia
5 ◁ *disconforme*
5 ◁ *discordante*
3 ◁ *separadamente*

acordelar
16 acotar
9 circunscribir
19 medir(se)
46 señalar(se)

acordeón
1 bandoneón
2 filarmónico

acordonado
12 atado

acordonamiento
6 alineación
9 cerco
8 coto
15 demarcación
19 límite

acordonar
16 acotar
59 ajustar(se)
18 amojonar
44 ceñir(se)
12 cercar
9 circunscribir
11 encerrar
32 envolver(se)
27 limitar(se)
38 rodear(se)
6 alinear
14 sujetar
⇨ cubrir la carrera
⇨ señalar el campo

acornar
4 acornear
3 cornear

acornear
2 acornar
3 cornear

2 encornar
6 empuntar

acorralamiento
2 acotamiento
12 encierro
19 rodeo
4 redil
29 ◁ *comunicación(es)*
4 ◁ *suelta*

acorralar
40 acobardar(se)
14 acordonar
16 acotar
35 aislar(se)
2 amajadar
18 amenazar(se)
6 arredilar
32 arrinconar(se)
58 asustar(se)
2 atenazar
12 cercar
9 circunscribir
54 confundir(se)
5 embotellar(se)
1 encorralar
8 intimidar(se)
38 rodear(se)

acorrer
16 acudir
55 amparar(se)
34 auxiliar(se)
45 ayudar(se)
12 escudar(se)
42 proteger(se)
47 recoger(se)
13 refugiar(se)
21 socorrer(se)
11 ◁ *desamparar*
4 ◁ *desasistir*

acortado
9 sucinto
7 ◁ *prolongado*

acortamiento
4 abreviación
1 achique
4 aminoración

14 compendio
1 curtación
16 disminución
12 encogimiento
6 merma
8 mutilación
9 reducción
1 simplificación
4 truncamiento
56 corte
3 ◁ *alargamiento*

acortar(se)
12 abreviar
24 achicar(se)
14 aminorar(se)
12 amputar
5 compendiar
16 contraer(se)
8 decrecer
19 disminuir(se)
29 encoger(se)
2 mermar
8 mutilar
52 reducir(se)
6 resumir
3 simplificar
9 truncar
57 cortar
35 ◁ *alargar(se)*
12 ◁ *ampliar(se)*
29 ◁ *dilatar(se)*
5 ◁ *eternizar(se)*
51 ◁ *extender(se)*

acorullar
15 bogar

acosador
1 asediador
2 hostigador
1 sitiador

acosamiento
9 acometimiento
6 acoso
14 apuro(s)
6 estrechamiento
35 fatiga(s)
2 hostigamiento
1 importunación
18 molestia(s)

6 persecución
7 vejación
12 enojo
17 inquietud

acosar
17 acorralar
50 apurar(se)
32 estrechar(se)
37 fatigar(se)
114 molestar(se)
18 acometer
12 hostigar
14 importunar
5 incordiar
13 jorobar
18 perseguir
⇨ derribar reses
⇨ hacer correr al caballo
⇨ no dejar ni a sol ni a sombra
⇨ pisar los talones

acoso
12 acosamiento
2 atosigamiento
12 batida
11 caza
4 ojeo
14 aprieto

acostado
11 echado
2 supino
6 tendido
4 tumbado
5 yacente
1 ◁ *vertical*

acostamiento
37 apoyo
15 arrimo
14 sostén

acostar(se)
7 acamar
22 acercar(se)
10 aconchar
23 aproximar(se)
38 arrimar(se)
4 barloar
58 echar(se)

acostumbrado

4 encamar(se)
51 extender(se)
14 reposar(se)
34 retirar(se)
15 tender(se)
17 tumbar(se)
8 yacer
58 echarse
53 ◁*levantarse*

acostumbrado
11 avezado
14 corriente
6 cotidiano
9 familiar
7 frecuente
6 habituado
10 habitual
11 normal
22 ordinario
14 tradicional
7 usual

⇨corriente y moliente
⇨de todos los días

1 ◁*inusual*

**acostumbra-
miento**
habituación

acostumbrar(se)
13 aclimatar(se)
21 adaptar(se)
1 aquerenciarse
7 arregostarse
6 asenderear
15 avezar(se)
20 coger
5 connaturalizarse
10 cursar
19 curtir(se)
29 educar(se)
1 encallecerse
18 endurecer(se)
37 enseñar(se)
4 estilar(se)
2 familiarizarse
9 foguear(se)
17 habituar(se)
33 hacer(se)
43 inclinar(se)
8 menudear

7 practicar
48 preparar(se)
5 soler
42 soltar(se)
17 habituarse
8 usar

3 ◁*desacostum-
brar(se)*
1 ◁*desavezar(se)*
1 ◁*deshabituar(se)*

acotación
2 acotamiento
19 advertencia
4 apuntamiento
10 apunte
6 cota
4 escolio
8 glosa
24 nota
5 paréntesis
27 señal

acotado
1 amojonado
6 colindante
8 coto
9 lindante
4 vedado
12 cercado
18 ◁*libre*
24 ◁*abierto*

acotamiento
4 acorralamiento
10 acotación

acotar
17 aceptar
19 admitir
18 amojonar
52 asegurar(se)
22 atestiguar(se)
12 cercar
9 circunscribir
11 delimitar
5 destinar
15 elegir(se)
39 fijar(se)
27 limitar(se)
3 prensar
25 referir(se)

46 señalar(se)
5 testificar

acoyundar
74 juntar(se)
7 uncir

acoyuntar
6 colaborar
74 juntar(se)
49 reunir(se)

acracia
4 anarquismo
13 anarquía

ácrata
3 libertario
2 librepensador
2 nihilista
5 anarquista

acre
24 acerbo
45 áspero
9 desabrido
10 desagradable
10 descompuesto
15 destemplado
9 incisivo
8 irritante
4 mortificante
5 picante
3 urente
17 ácido
23 agrio
3 corrosivo

acrecencia
22 acrecentamiento
23 aumento

acrecentamiento
2 acrecencia
4 acrecimiento
2 agrandamiento
4 amplificación
10 añadidura
6 auge
6 crecimiento
12 desarrollo
8 dilatación

7 enaltecimiento
10 exceso
26 hinchazón
9 incremento
1 mayoridad
10 mejora
4 multiplicación
1 plusvalía
5 progresión
1 recrudescencia
12 ribete(s)
4 superación
23 aumento
16 ◁*disminución*

acrecentar(se)
21 abultar(se)
11 acrecer
18 acumular(se)
20 agrandar(se)
14 agravar(se)
58 alzar(se)
12 ampliar(se)
24 añadir(se)
26 arañar(se)
59 aumentar(se)
30 crecer(se)
15 desarrollar
38 elevar(se)
9 engrandecer
5 engrosar
51 extender(se)
26 incrementar(se)
49 mejorar(se)
4 multiplicar
8 redoblar
9 reforzar
30 subir(se)
19 ◁*disminuir(se)*

acrecer
23 acrecentar(se)
20 agrandar(se)
59 aumentar(se)
30 crecer(se)
15 desarrollar
29 dilatar(se)
9 engrandecer
5 engrosar
14 ensanchar(se)
51 extender(se)
6 recrecer
14 ◁*aminorar(se)*

19 ◁*disminuir(se)*
2 ◁*mermar*

acrecimiento
22 acrecentamiento
26 adición
4 agravación
7 alza

acreditación
3 abonaré

acreditado
14 afamado
10 apreciado
2 avalado
6 bienquisto
3 celebrado
9 célebre
11 conocido
16 famoso
5 garantizado
9 popular
8 renombrado
14 reputado
⇨bien considerado

acreditar(se)
26 abonar(se)
3 afamar
52 asegurar(se)
22 atestiguar(se)
6 avalar
3 bienquistar
27 calificar(se)
9 confirmar(se)
10 demostrar
19 garantizar(se)
15 justificar(se)
7 popularizar(se)
19 probar
10 reputar(se)
⇨sumarse a la opinión

acreditativo
4 probatorio

acreedor
11 digno
2 merecedor
1 ◁*deudor*

acremente
1 acerbamente
1 agriamente
1 amargamente
3 ásperamente
4 desabridamente
5 secamente
⇨con ira contenida
⇨con las de Caín
⇨con retintín
⇨con segunda intención
1 ◁*suavemente*

acribar
9 aflorar
11 cribar
7 acribillar

acribillar
3 acribar
19 agujerear
11 cribar
15 herir
114 molestar(se)
12 hostigar
57 picar

acriminación
10 culpa
7 denuncia
27 acusación
8 ◁*descargo*

acriminar
21 abultar(se)
13 acusar
8 exagerar
10 imputar
4 hiperbolizar
4 criminar

acrimonia
10 acidez
6 acritud
5 agrura
5 brusquedad
4 causticidad
10 desabrimiento
7 malignidad
4 virulencia
22 aspereza

8 mordacidad
11 ◁*suavidad*

acriollarse
13 aclimatar(se)
21 adaptar(se)
17 habituarse

acrisolado
1 alambicado
1 aquilatado
2 decantado
5 depurado
4 ◁*adulterado*
8 ◁*mezclado*

acrisolar
8 acendrar(se)
54 aclarar(se)
50 apurar(se)
16 aquilatar(se)
11 decantar(se)
11 depurar(se)
16 filtrar(se)
19 probar
7 purificar
11 refinar(se)
1 ◁*impurificar(se)*

acristianar
14 bautizar
3 cristianar

acritud
5 acerbidad
10 acidez
10 acrimonia
5 agrura
13 rigor
22 aspereza

acrobacia
1 acrobatismo
7 cabriola
1 equilibrismo
4 pirueta
10 tumba
1 volatines
6 títere
9 trepa
5 voltereta

acróbata
3 equilibrista
4 saltabanco
3 saltimbanqui
1 titiritero
5 volatinero
5 gimnasta
4 maromero

acrobatismo
9 acrobacia

acrofobia
6 vértigo
9 mareo

acromático
30 blanco
19 negro
⇨sin color
4 ◁*coloreado*

acromatismo
1 descolorimiento
2 palidez
15 sombra

acromegalia
1 elefancía
2 elefantiasis
3 gigantismo

acrópolis
4 ciudadela
7 fortificación

acrostolio
2 espolón
5 tajamar
⇨mascarón de proa

acrótera
3 pedestal

acroterio
2 murete
3 pretil

acta
21 acuerdo(s)
14 certificación

actante

3 certificado
16 memoria(s)
10 relato(s)
20 relación

actante
19 actor
6 protagonista

actea
2 cimicaria
1 yezgo

actinia
anémona

actitud
31 ademán
46 aire(s)
18 compostura
4 conducta
5 continente
11 gesto(s)
11 plante
8 porte
5 posición
11 postura
6 talante
20 apariencia
39 aspecto
23 disposición
8 intención
16 pinta

activamente
2 aceleradamente
celosamente
2 precipitadamente
6 prontamente
4 rápidamente
2 vivamente
◁ *pasivamente*

activar
22 acelerar(se)
16 apresurar(se)
60 excitar(se)
59 mover(se)
9 movilizar(se)
11 empujar
10 impulsar
⇨ no cejar

50 ◁ *parar(se)*

actividad
42 acción
12 agilidad
8 celeridad
8 dinamismo
7 eficacia
15 movimiento
1 nerviosismo
17 ocupación
8 presteza
8 proceso
11 profesión
12 prontitud
7 rapidez
8 velocidad
1 veras
14 acto
16 diligencia
16 ◁ *pasión*
6 ◁ *pasividad*

activista
8 amotinador
3 impulsor
3 militante
11 provocador
2 seguidor

activo
5 acucioso
11 afanoso
18 ágil
4 apresurado
14 atareado
13 celoso
7 despabilado
25 diligente
4 dinámico
9 eficaz
3 eficiente
9 enérgico
7 laborioso
23 ligero
15 poderoso
14 presto
5 raudo
5 solícito
5 trabajador
1 trafagón
10 veloz
28 vivo

21 avispado
25 pronto
19 rápido
⇨ como el azogue
10 ◁ *pasivo*
13 ◁ *parado*

acto
42 acción
7 episodio
6 escena
24 hecho(s)
15 movimiento
10 período
8 proceso
13 suceso(s)
7 jornada
8 cuadro
26 parte
6 sucedido
6 tanda
8 trance

actor
10 artista
4 comediante
14 cómico
6 demandante
7 ejecutante
7 farandulero
13 farsante
5 figurante
11 histrión
6 intérprete
10 máscara
5 querellante
8 representante
2 actante
6 protagonista
13 acusador
22 figura
5 figurón
11 galán

actriz
1 comedianta
1 cómica
7 ejecutante
1 farandulera
1 figuranta
1 histrionisa

6 intérprete
10 máscara
1 trágica

actuación
42 acción
4 conducta
6 intervención
21 proceder
14 acto
16 diligencia
15 auto

actual
1 coetáneo
6 contemporáneo
8 efectivo
8 existente
17 presente(s)
10 real
6 moderno
⇨ a la última
⇨ de ahora
⇨ de moda
2 ◁ *inactual*
3 ◁ *potencial*
9 ◁ *pasado*

actualidad
14 ahora
17 boga
1 coetaneidad
1 contemporaneidad
4 fecha
3 hogaño
3 moda
19 novedad
14 oportunidad
17 presente(s)
10 sazón
7 coyuntura
⇨ el día de hoy
7 ◁ *antaño*

actualizar
3 modernizar
13 renovar
1 aggiornamento
⇨ lavar la cara

⇨poner al día

actualmente
14 ahora
3 hogaño
4 hoy
1 presentemente
2 realmente
1 verdaderamente
⇨al presente
⇨en este momento
◁en el pasado

actuante
19 actor
9 autor
6 ejecutor
5 hacedor
6 intérprete

actuar
34 afanar(se)
36 conducir(se)
56 dirigir(se)
16 efectuar(se)
19 ejecutar(se)
4 ejercer
11 elaborar(se)
33 hacer(se)
5 intentar
8 interpretar
12 portar(se)
21 proceder
29 representar(se)
6 intervenir
16 trabajar
9 ◁abstenerse
10 ◁inhibir(se)

actuario
4 asesor
10 consejero
8 experto
4 técnico

acuadrillar
19 agavillar
7 apandillar
4 atropar(se)
5 capitanear
74 juntar(se)
4 presidir

acuarela
1 aguada
1 aguazo

acuarelista
10 pintor
4 retratista

acuario
5 criadero
1 pecera
7 vivero
29 depósito

acuartelamiento
7 acantonamiento
40 alojamiento
11 cuartel

acuartelar
1 abarracar
9 acantonar(se)
22 alojar(se)
17 distribuir(se)
13 estacionar(se)
18 instalar(se)
7 localizar
24 ordenar(se)
9 recluir(se)

acuartelarse
2 vivaquear

acuático
4 pantanoso

acuatizaje
2 amaraje
◁despegue

acubllar
17 acorralar
2 apriscar
6 arredilar
11 encerrar
10 encuadrar
47 recoger(se)

acucia
32 anhelo
12 apresuramiento
4 presura
10 prisa
7 solicitud
12 vehemencia
16 diligencia
28 ansia
14 deseo

acuciamiento
18 apremio

acuciar
5 acicatear
22 aguijonear(se)
16 apresurar(se)
50 apurar(se)
9 espolear
28 estimular(se)
60 excitar(se)
8 impeler
17 incitar(se)
11 intranquilizar(se)
23 pinchar(se)
17 preocupar(se)
8 solicitar
18 perseguir
⇨dar prisa
36 ◁aplacar(se)

acucioso
26 activo
25 diligente
4 presuroso
5 solícito
19 rápido

acuclillarse
9 acurrucarse

acuchillado
8 conocedor
8 ducho
23 experimentado
8 experto

acuchillar(se)
7 apuñalar
35 bajar(se)
4 derrengar
17 derribar(se)
1 deslomar
2 estoquear
14 hender
15 herir
8 lesionar(se)
52 matar(se)
9 zarandear(se)
5 asesinar
57 cortar
24 golpear

acudir
9 acorrer
9 apelar
20 asistir(se)
34 auxiliar(se)
45 ayudar(se)
5 contestar
12 escudar(se)
46 ir(se)
37 llegar(se)
6 objetar
33 presentar(se)
42 proteger(se)
3 recurrir
21 socorrer(se)
53 marchar
11 replicar
30 ◁ausentar(se)

acueducto
6 conducción
5 conducto

ácueo
5 acuoso

acuerdo(s)
20 alianza
14 avenencia
6 concordancia
28 conformidad
6 connivencia
9 consentimiento
12 contrato
12 convención
11 convenio(s)
5 dictamen
7 plataforma
6 sensatez
10 transacción
19 unión
12 consejo
14 determinación
18 armonía
15 juicio

acuidad
  14 pacto
  21 resolución
  ▷ buena inteligencia
   8 ◁ *desacuerdo*
   9 ◁ *discrepancia*

acuidad
  23 agudeza
  14 finura
   9 intensidad
  11 penetración
   8 sutileza

acuitamiento
   8 cuita
  45 pesar(se)

acuitar
  27 acongojar(se)
   9 acorar
  51 afligir(se)
  34 apenar(se)
  12 apesadumbrar(se)
  65 apretar(se)
  50 apurar(se)
   2 atarazar
   6 atribular(se)
   7 contristar(se)
   2 cuitar(se)
  25 desanimar(se)
  32 estrechar(se)
   3 tarazar
  ▷ cortar el resuello
  ▷ meter el corazón en un puño
  ▷ quitar las ilusiones
  12 ◁ *consolar(se)*
  21 ◁ *tranquilizar(se)*

ácula
   2 ahogaviejas
   1 quijones

acular
  38 arrimar(se)
  32 arrinconar(se)
  25 obligar(se)
   4 recular
  ▷ volver atrás

acullá
   3 allá
   5 allende

   7 allí
   4 ◁ *acá*
   6 ◁ *aquí*

acuminoso
   9 intenso
  25 agudo
  14 ◁ *débil*

acumulación
  13 acervo
  15 acopio
  11 amontonamiento
   2 hacinamiento
  12 montón

acumulado
   6 congestivo
   6 depositado

acumulador
   1 condensador
   6 pila
  15 batería

acumulamiento
   9 apelotonamiento

acumular(se)
   9 acopiar(se)
  23 acrecentar(se)
  15 aglomerar(se)
  15 almacenar(se)
   4 allegar(se)
  42 amontonar(se)
  16 anublar(se)
  24 añadir(se)
   9 apelotonar(se)
   6 apilar
   9 atesorar
  59 aumentar(se)
   7 hacinar(se)
  74 juntar(se)
  22 reservar(se)
  49 reunir(se)
   4 conglomerar
   1 cumular
  12 ◁ *disgregar(se)*
  28 ◁ *esparcir(se)*

acunar
   8 arrullar(se)
   1 brezar

   1 encunar
   4 brizar
   3 cunar
   2 cunear

acuñación
   2 grabación
   3 sellado
   1 troquelado

acuñar
  20 atarugar(se)
  40 batir(se)
   1 cuñar
  12 embutir
   3 estampar
   1 falcar
  12 grabar
   8 imprimir
   7 recalcar
   1 troquelar
  14 calzar
  12 sellar

acuosidad
   2 aguaza

acuoso
   1 ácueo
   6 empapado
   6 húmedo
   5 mojado
   2 licuado

acure
   2 cobaya
   1 cuí
   1 acutí
   3 cuy
  ▷ conejillo de Indias

acurrucado
   3 agachado
  14 encogido
   2 contraído
  ▷ en cuclillas
   4 ◁ *erguido*
  12 ◁ *estirado*

acurrucar(se)
   1 acuclillarse
  24 agacharse

   7 agarbarse
   9 apelotonar(se)
  65 apretar(se)
  31 doblarse
  29 encogerse
   5 ovillar(se)
  47 recoger(se)
  14 ◁ *ensanchar(se)*
  20 ◁ *estirar(se)*

acusable
   4 denunciable

acusación
   3 acriminación
   1 canutazo
   5 capítulo
  17 cargo
   5 delación
   7 denuncia
   5 fiscal
  11 improperio
   5 imputación
     incriminación
   2 inculpación
  10 insidia
   8 insinuación
  12 queja
   3 recargo
   3 requisitoria
   2 revelación
   7 tacha
   5 tilde
  12 achaque
   5 chivatazo
  12 querella
   7 recriminación
  36 reprensión
  15 reproche
   8 soplo
  41 ◁ *defensa*
   6 ◁ *disculpa*
   6 ◁ *exculpación*

acusado
  19 atacado
   2 calumniado
   1 delatado
   3 denigrado
   1 denunciado
   3 difamado
   4 inculpado

3 procesado
4 reo
⇨en entredicho
acusador
11 calumniador
8 delator
3 detractor
6 difamador
5 fiscal
8 fuelle
1 inculpador
7 acusica
5 acusón
19 chivato
8 denunciante
5 maldiciente
7 soplón
12 ◁*defensor*

acusar
6 achacar
7 culpar(se)
10 imputar
9 inculpar
18 notar
10 reprochar(se)
8 tachar
11 vituperar
3 chivarse
16 reprender
⇨hacer cargos
⇨hacer responsable
⇨llevar a los tribunales
11 ◁*defender*
8 ◁*disculpar*

acusarse
22 condenar(se)
10 ◁*alegar*

acusatorio
1 condenatorio

acusica
8 delator
13 acusador
5 acusón
19 chivato
8 denunciante
5 sapo

7 soplón
acuso
8 admisión
acusón
8 fuelle
7 acusica
19 chivato
8 denunciante
7 soplón

acústica
12 resonancia
17 sonido

acústico
2 auditivo
1 resonar
8 sonoro

acutí
5 acure

achacable
3 aplicable
1 asignable
3 atribuible
1 endosable
3 imputable

achacado
2 atribuído

achacar
40 aplicar(se)
33 atribuir(se)
7 culpar(se)
10 imputar
25 referir(se)
7 vincular
11 ◁*defender*
19 ◁*desvincular(se)*
8 ◁*disculpar*

achacosidad
4 cacoquimia

achacoso
1 achaquiento
6 cacoquimio
15 enfermizo
5 mórbido

1 renqueante
11 birria
12 carroza
14 débil
12 doliente
10 enclenque
5 ñoño
6 ◁*marchoso*
18 ◁*sano*

achaflanar
5 achatar
2 arromar
2 chaflanar
2 despalmar
2 enromar

achantado
4 acobardado
33 ◁*atrevido*
8 ◁*crecido*

achantar
8 intimidar(se)

achantarse
20 acoquinar(se)
15 agazapar(se)
39 aguantar(se)
36 atemorizar(se)
13 disimularse
10 esconderse
9 jeringarse
15 retener(se)
8 sumir(se)
40 acobardarse
6 acojonarse
40 amedrentar
7 ◁*envalento-
    nar(se)*

achaparrado
4 apaisado
4 repolludo
1 zamborrotudo
9 rechoncho
33 ◁*alto(s)*

achaque
6 disculpa
8 dolencia

8 excusa
10 indisposición
3 morbidez
10 motivo(s)
17 ocasión
5 pretexto(s)
6 alifafe
14 causa
10 enfermedad
9 maleza
1 ◁*salud*

achaquiento
11 achacoso

acharado
27 aturdido

acharar(se)
74 aturdir(se)
40 avergonzar(se)
12 azarar(se)
14 azorar(se)
54 confundir(se)

achares
25 celo(s)

acharolado
3 charolado
6 embetunado

acharolar
4 charolar

achatado
6 aplastado
4 pachaco
11 romo
6 ◁*perfilado*

achatamiento
7 aplastamiento
3 bajura

achatar
5 achaflanar
45 aplastar(se)
2 desnarigar
10 despuntar
8 embotar(se)
9 ◁*afilar(se)*

achicado
3 aniñado
14 confuso
2 tamañito

achicador
10 cuchara
5 cucharón

achicamiento
29 apocamiento

achicar(se)
12 abreviar
40 acobardar(se)
20 acoquinar(se)
16 acortar(se)
12 amenguar
29 amilanar(se)
14 aminorar(se)
45 apocar(se)
74 aturdir(se)
35 bajar(se)
8 baldear
16 contraer(se)
3 desvalorar
19 disminuir(se)
19 empequeñecer(se)
29 encoger(se)
4 enjalbegar
2 jamurar
3 menguar
2 mermar
39 rebajar(se)
52 reducir(se)
⇨sacar agua
20 ◁*agrandar(se)*
12 ◁*ampliar(se)*
59 ◁*aumentar(se)*
7 ◁*envalentonar(se)*
6 ◁*inundar(se)*

achicoria
1 chicoria
1 camarroya

achicharrado
3 quemado

achicharrante
30 ardiente
4 tórrido

8 abrasador
25 caliente
1 ◁*refrigerante*

achicharrar(se)
17 abrasar(se)
28 abrumar(se)
23 arder
24 asar(se)
5 asurar(se)
38 calentar(se)
11 chamuscar
114 molestar(se)
30 quemar(se)
23 tostar(se)
14 importunar
18 ◁*enfriar(se)*
7 ◁*refrescar(se)*

achiguarse
15 alabear(se)

achiote
2 achote
2 bija

achique
13 acortamiento

achispado
7 curado
5 chispo
36 alegre
45 borracho
7 copetón
14 ebrio
11 jalisco
7 jarcio
2 punteado
3 sarazo
2 suruco
2 zarazón

achispar(se)
5 ajumarse
25 amarrar(se)
64 apuntar(se)
37 embriagar(se)
6 empiparse
23 emborracharse
37 embriagarse
7 empericarse

⇨ponerse piripi
21 ◁*serenar(se)*

achocar
32 arrinconar(se)
42 arrojar(se)
9 atesorar
15 herir

acholar
29 amilanar(se)
40 avergonzar(se)
34 correr

achote
2 achiote
2 bija

achubascarse
10 encapotar(se)
7 ensombrecer(se)
16 nublar(se)
50 cargar

achuchado
10 aperreado

achuchar
19 acariciar(se)
17 acorralar
45 aplastar(se)
7 apretujar
8 besar(se)
3 besuquear
5 estrujar
11 empujar

achuchón
9 embestida
4 estrujón
7 manoseo
6 empellón
7 empujón

achulado
1 avalentado
avalentonado

achulaparse
29 envilecer(se)

achularse
4 apicararse
8 aplebeyar(se)

ad hoc
⇨a propósito
⇨ex profeso

ad libitum
⇨a capricho
⇨a gusto
⇨a placer
⇨a voluntad

adagio
7 apotegma
9 dicho
9 máxima
7 proverbio
6 refrán
15 sentencia(s)

adalid
8 arráez
5 cabecilla
5 caudillo
12 defensor
9 jefe
7 líder
5 protector
11 guía ·
38 cabeza

adamado
9 amadamado
6 amaricado
5 amariconado
9 elegante
16 fino
7 galante
11 sutil
5 untuoso
29 afeminado
18 gracioso
8 maricón

adamadura
53 amor

adamantino
15 acerado
3 diamantino

30 duro
9 inquebrantable
6 ◁*maleable*
42 ◁*blando*

adamar(se)
4 afeminarse
52 amar(se)
8 requebrar
1 amariconarse
8 cortejar
12 flirtear
13 galantear
➪hacer la corte
➪pelar la pava
➪tirar los tejos

adamismo
1 adanismo
1 desnudismo
1 nudismo
6 ◁*vestido*

adán
11 desaliñado
2 desarreglado
8 desastrado
6 harapiento
6 marrano
11 negligente
7 puerco
19 apático
12 cochino
13 dejado
5 desaseado
9 descuidado
9 guarro
6 roto
13 sucio
9 ◁*elegante*
11 ◁*limpio*

adanismo
3 adamismo

adaptabilidad
3 ductilidad
5 elasticidad

adaptable
1 acomodable
4 amoldable

9 dúctil
6 complaciente
26 ◁*rígido*

adaptación
3 aclimatación
5 acomodación
13 acomodo
11 ajuste
20 apropiación
2 conformación
8 transformación
13 aplicación

adaptado
6 acondicionado
2 acoplado
13 endurecido

adaptar(se)
13 aclimatar(se)
55 acomodar(se)
8 acondicionar
3 acriollarse
12 adecuar(se)
59 ajustar(se)
41 allanar(se)
25 amoldar(se)
40 aplicar(se)
51 apropiar(se)
28 arraigar(se)
2 coaptar
27 conformar(se)
17 habituar(se)
6 naturalizar(se)
35 poner(se)
8 reglar(se)
42 soltar(se)
31 acostumbrarse
20 atemperar
8 contemporizar
11 ◁*desarraigar(se)*

adaraja
3 dentellón
7 diente
1 endeja
2 enjarje

adarce
1 alhurreca
6 costra(s)

adarga
16 broquel
7 escudo

adargar(se)
10 abroquelar(se)
11 defender
12 escudar(se)
42 proteger(se)
13 ◁*descubrirse*

adarme
14 insignificancia
10 mezquindad
18 migaja(s)
10 nadería(s)
11 nimiedad
3 parvedad
1 pellizco
12 pequeñez
13 poco

adarvar
74 aturdir(se)
19 pasmar(se)
22 sorprender(se)

adarve
41 defensa
5 foso
6 muro
13 protección
6 trinchera
6 zanja

adatar
26 abonar(se)
4 adeudar
3 datar
2 debitar
3 fechar
50 cargar

adaza
2 alcandía
2 melca
2 sorgo
2 zahína

adecentamiento
18 aseo
5 esmero

19 limpieza
19 ◁*desorden*
14 ◁*suciedad*

adecentar(se)
17 asear(se)
24 ordenar(se)
50 limpiar
19 ◁*desordenar(se)*
16 ◁*ensuciar(se)*

adecnotomía
3 adenología

adecuación
4 acondicionamiento
7 idoneidad

adecuadamente
40 bien(es)

adecuado
14 apto
15 conveniente
6 oportuno
7 lógico
7 ◁*impropio*

adecuar(se)
55 acomodar(se)
4 acompasar
8 acondicionar
21 adaptar(se)
59 ajustar(se)
36 apañar(se)
51 apropiar(se)
83 arreglar(se)
8 conjuntar
30 igualar(se)
20 proporcionar(se)
15 convenir
8 ◁*desarreglar(se)*
4 ◁*desigualar(se)*

adefagia
9 voracidad

adefera
15 baldosa

adefesio
8 calandrajo
5 despropósito
6 dislate
16 disparate
3 espantajo
6 esperpento
19 extravagancia
3 hazmerreír
10 mamarracho
6 ridiculez
11 birria
14 facha

adehala
12 contra
8 cerda
18 gratificación
11 propina

adelantadamente
14 anticipadamente

adelantado
33 atrevido
18 audaz
17 excelente
11 imprudente
7 osado
7 precoz
8 superior
11 temerario
3 ◁retrasado

adelantamiento
12 anticipación
5 anticipo
6 evolución
6 medro
10 mejora
3 mejoramiento
19 paso(s)
6 perfección
7 perfecciona-
   miento
5 progresión
12 progreso
2 rebasamiento
17 salto
4 superación
23 aumento
1 aventajamiento

3 consecución
9 etapa
14 ventaja
6 ◁retraso
8 ◁retroceso

adelantar(se)
22 acelerar(se)
38 andar
26 anticipar(se)
16 apresurar(se)
10 ascender
59 aumentar(se)
9 avanzar
20 aventajar(se)
30 crecer(se)
15 desarrollar
33 exceder(se)
11 florecer
4 madrugar
49 mejorar(se)
22 perfeccionar(se)
9 preceder
24 prevenir(se)
8 prever
5 progresar
12 propasar(se)
2 sobreganar
3 sobrepasar
↪ganar terreno
↪tomar la delantera
13 ◁aplazar(se)
17 ◁atrasar(se)
17 ◁demorar(se)
8 ◁diferir
29 ◁dilatar(se)
9 ◁retardar(se)
17 ◁retrasar(se)
12 ◁retroceder

adelante
3 avante
17 ◁atrás

adelanto
19 adelantamiento
11 avance

adelfa
3 baladre
2 hojaranzo
↪laurel rosa

adelgazamiento
7 delgadez
3 desmedro
1 desnutrición
   ◁engrosamiento
   ◁robustecimiento

adelgazar(se)
9 ahilar(se)
11 apergaminar(se)
9 clarificar
11 depurar(se)
1 desnutrir(se)
2 desvaír(se)
12 discurrir
19 enflaquecer(se)
6 enjugarse
2 enmagrecer
7 purificar
3 sutilizar(se)
↪quedarse en los puros
   huesos
54 ◁confundir(se)
6 ◁engordar

adema
4 ademe

ademán
32 afectación
6 alcocarra
4 alharaca
9 ceño
1 coquito
7 esguince
1 figurería
3 finta
9 garabato
11 gesto(s)
2 guiño
1 jeribeque
30 manera(s)
2 marro
3 mímica
2 modales
5 mohín
1 momo
3 monería
4 mueca(s)
16 muestra(s)
2 pantomima
8 porte

5 quiebro
5 respingo
18 seña(s)
2 tic
16 actitud
9 coco
4 visaje

ademanes
4 amoricones
30 manera(s)
18 aspaviento

ademar
22 afianzar(se)
2 entibar
4 estribar

además
15 amén
8 asimismo
3 conjuntamente
3 igualmente
3 también
↪a más de
↪aparte de
↪por lo demás
↪por supuesto

ademe
1 adema
3 entibo
8 puntal
9 madero

adenia
3 adenología

adenología
1 adenotomía
1 adenia
4 ganglio

adenoso
1 glanduloso

adentrar(se)
12 penetrar(se)
5 profundizar
32 entrar
48 ◁salir(se)

adentro(s)
9 conciencia
2 dentro
7 intimidad
37 alma
11 coleto
14 fondo
11 interior
16 ◁*afuera(s)*
15 ◁*exterior*

adepto
17 adicto
11 afiliado
3 correligionario
13 discípulo
8 incondicional
6 iniciado
10 leal
3 sectario
2 seguidor
5 simpatizante
6 sometido
15 asociado
10 adherente
11 partidario
9 ◁*adversario*
10 ◁*enemigo*

aderezado
15 compuesto
1 condimentado
5 emperejilado
10 acicalado
13 ◁*dejado*
5 ◁*desaseado*

aderezar
14 abrillantar(se)
39 acicalar(se)
16 adobar
21 adornar
14 afeitar(se)
12 aliñar(se)
3 almizclar
36 apañar(se)
17 aprestar(se)
22 ataviar(se)
3 cepillar
6 condimentar
56 dirigir(se)

48 disponer(se)
25 encaminar(se)
24 enderezar(se)
9 guiar
5 guisar
10 hermosear
48 preparar(se)
5 remendar
9 restaurar
13 sazonar
9 zurcir
21 arriscar
34 componer
50 limpiar
21 reparar
29 ◁*desviar(se)*

aderezo(s)
6 adobo
9 arreo(s)
3 arrequives
24 avío(s)
3 condimento
14 prevención
8 salsa
21 adorno
12 alhaja
15 aparejo
25 atavío
23 disposición
6 guisado

adestrar
15 adiestrar(se)
5 ejercitar
37 enseñar(se)
11 instruir

adeudado
10 alcanzado

adeudar
6 deber
8 entrampar(se)
50 cargar
⇨cargar en cuenta

adeudarse
39 empeñar(se)
2 encalillarse

adeudo
17 cargo
7 deuda
12 ◁*abono*

adherencia
21 adhesión
8 cohesión
8 consistencia
4 contextura
31 contorno(s)
2 encolamiento
1 enviscamiento
6 estructura
2 glutinosidad
7 parche
1 pegadura
3 pegajosidad
3 soldadura
3 textura
19 unión
7 untuosidad
3 ventosa
4 viscosidad
8 conexión
6 frontera
10 ◁*rotura*
28 ◁*separación*

adherente
14 adjunto
19 anexo
3 conexo
3 glutinoso
11 unido
10 vinculado
15 asociado
14 adepto
11 partidario
6 pegajoso

adherido
2 inserto
9 junto
7 ligado
10 pegado
1 ◁*desunido*
10 ◁*separado*
14 ◁*suelto*

adherir(se)
22 acceder
9 aglutinar

17 anexar(se)
48 asociar(se)
9 atenerse
4 conectar
3 conglutinar
17 consentir
4 encolar
39 fijar(se)
8 firmar
11 inscribir
38 pegar(se)
5 soldar
2 solidarizar(se)
7 subscribir(se)
79 unir(se)
7 vincular
7 sisar

adhesión
21 afección
26 afecto
4 afiliación
30 amistad
10 apego
27 aprobación
8 cohesión
28 conformidad
9 consenso
9 consentimiento
10 deferencia
7 devoción
6 entusiasmo
11 fanatismo
10 fidelidad
4 partidismo
7 sectarismo
7 solidaridad
20 adherencia
28 asociación
12 concordia
6 ◁*desafecto*
13 ◁*desunión*
6 ◁*desvinculación*
9 ◁*discrepancia*
10 ◁*enemistad*

adhesivo
4 calcomanía
6 cohesivo
4 esparadrapo
21 cola
13 goma

adiamantado
4 adamantino
3 diamantino
30 duro
9 resistente
42 ◁blando
5 ◁quebradizo

adiar
11 citar
8 convocar
14 emplazar(se)
15 convenir
⇨fijar día
⇨señalar día

adición
4 acrecimiento
14 adjunto
1 agestión
7 agregación
12 anexión
19 anexo
1 añadición
10 añadidura
14 apéndice
2 coletilla
9 incremento
3 monta
7 parche
6 pegote
6 postizo
3 remiendo
12 ribete(s)
4 suma
3 yuxtaposición
4 aditamento
23 aumento
11 complemento
6 suplemento
28 asociación
4 implemento
16 ◁disminución
4 ◁resta

adicional
20 accesorio
1 añadido
6 secundario
1 sobrepuesto
1 sumado
6 ◁fundamental
12 ◁principal

adicionar
25 agregar(se)
24 añadir(se)
59 aumentar(se)
26 incrementar(se)
21 sumar(se)
19 ◁disminuir(se)
10 ◁restar

adicto
26 afecto
5 aficionado
9 aplicado
27 delicado
13 dependiente
12 devoto
6 enviciado
17 fiel
8 incondicional
10 leal
3 sectario
6 secuaz
2 seguidor
5 simpatizante
14 adepto
24 amigo
11 partidario
10 ◁desleal
10 ◁enemigo

adiestrado
7 educado
4 entrenado
8 instruido
13 preparado
13 ◁inexperto
6 ◁profano

adiestrador
5 cuidador
12 educador
3 entrenador
7 instructor

adiestramiento
13 educación
4 enseñanza
27 instrucción(es)
12 ◁ignorancia

adiestrar
4 adestrar
8 aleccionar(se)
7 amaestrar
7 baquetear
5 ejercitar
25 encaminar(se)
24 enderezar(se)
37 enseñar(se)
9 entrenar(se)
9 guiar
8 industriar(se)
11 instruir
7 practicar
⇨poner a punto
⇨poner en forma

adiestrarse
9 foguear(se)
7 practicar

adinerado
5 magnate
3 millonario
8 opulento
15 poderoso
8 potentado
5 pudiente
13 armado
12 forrado
14 rico
⇨con el riñón bien cubierto
19 ◁arruinado
18 ◁pobre

adinerarse
4 acaudalar

adiós
3 chao
3 abur
8 agur
⇨a más ver
⇨buenos días
⇨con Dios
⇨hasta la vista
⇨hasta luego
⇨hasta más ver
◁hola

adipocira
8 jabón

adiposidad
7 gordura
10 grasa
7 ◁delgadez

adiposo
1 grasoso
19 gordo
7 ◁magro
11 ◁delgado

aditamento
26 adición
14 apéndice
4 aposición
11 complemento

adivina
10 bruja

adivinación
12 acertijo
16 acierto
8 adivinanza
9 augurio
18 auspicio(s)
4 horóscopo
4 oráculo
10 predicción
14 presentimiento
9 previsión
6 pronóstico
5 vaticinio

adivinador
20 adivino
9 agorero
8 arúspice

adivinadora
2 pitonisa
4 sibila

adivinaja
8 adivinanza

adivinamiento
18 auspicio(s)

adivinanza
12 acertijo
3 calambur
2 charada
4 enigma
2 ovillejo
3 quisicosa
1 rompecabezas
1 adivinaja

adivinar
12 acertar
7 agorar
1 antedecir
39 anunciar(se)
10 augurar(se)
6 auspiciar
19 brujulear
14 columbrar
8 conjeturar
6 descifrar
13 descubrir
8 interpretar
8 predecir
6 presagiar
3 presentir
8 prever
5 profetizar
4 pronosticar
5 vaticinar
17 comprender
19 ver
⇨ echar las cartas

adivinarse
6 traslucir(se)

adivinatorio
1 augural
1 presagioso
1 profético

adivino
3 adivinador
9 agorero
8 arúspice
3 astrólogo
6 augur
10 bruja

7 brujo
6 clarividente
29 hechicero(a)
4 iluminado
4 nigromante
4 oráculo
2 pitonisa
1 provicero
4 sibila
5 vate
3 vaticinador
2 vidente
6 aurúspice

adjetivación
12 apostilla
10 calificación

adjetivar(se)
27 calificar(se)
5 motejar
33 llamar

adjetivo
14 accidental
14 adjunto
14 particular
6 secundario
4 aposición
12 atributo
2 dictado
1 predicativo
6 epíteto
9 ◁ esencial

adjudicación
15 donación
6 entrega
12 cesión
10 ◁ denegación

adjudicar(se)
40 aplicar(se)
24 apoderar(se)
51 apropiar(se)
9 asumir
33 atribuir(se)
41 ceder(se)
7 conceder
6 conferir
24 conseguir(se)

63 dar(se)
3 detentar
17 distribuir(se)
6 donar
6 impartir
7 otorgar
5 posesionar(se)
21 repartir(se)
15 retener(se)
16 transmitir(se)
19 quedarse
⇨ tomar por sí
58 ◁ quitar

adjudicatario
3 beneficiario
3 concesionario
16 agraciado

adjunción
7 agregación
10 añadidura
11 complemento
16 ◁ disminución
4 ◁ resta

adjuntar(se)
19 acompañar
48 asociar(se)
7 enviar
79 unir(se)

adjunto
10 acompañante
9 aplicado
34 auxiliar(se)
13 dependiente
9 junto
10 pegado
11 unido
4 aditamento
9 adjetivo
20 agregado
15 asociado
5 colaborador
18 acólito
8 socio
10 ◁ separado

adjutor
34 auxiliar(se)
4 coadjutor

15 ayudante

adlátere
10 acompañante
6 satélite
18 acólito

adminicular
34 auxiliar(se)
45 ayudar(se)

adminículo(s)
22 aparato
24 avío(s)
35 medio(s)
23 objeto(s)
4 pertrecho(s)
5 preventivo
10 utensilio(s)
15 aparejo
24 auxilio
29 ayuda

administración
16 dirección
2 gerencia
10 gestión
11 gobierno
1 intendencia
1 mayordomía
4 regencia
7 régimen
9 tutela

administrado
1 dirigido
1 gobernado
1 regido

administrador
9 apoderado
12 director
6 dirigente(s)
4 gerente
5 gobernador
2 mayordomo
5 pagador
4 rector
2 regente
4 intendente

administrar
40 aplicar(se)
24 apoderar(se)

administrativo

36 conducir(se)
6 conferir
22 cuidar(se)
63 dar(se)
56 dirigir(se)
48 disponer(se)
10 gobernar
10 manejar
8 propinar
22 proveer(se)
2 regentar
15 regir(se)
18 suministrar(se)
11 vigilar

administrativo
5 burócrata
5 comisionado
8 empleado(s)
5 funcionario
7 secretario

admirable
8 apreciable
12 asombroso
10 considerable
1 deslumbrante
14 encantador
8 estimable
17 excelente
4 fascinante
11 maravilloso
4 mirífico
34 notable(s)
7 pasmoso
9 sorprendente
7 supremo
8 estupendo
14 extraordinario
9 fetén
11 magnífico
2 ◁*pésimo*
26 ◁*despreciable*

admiración
7 deslumbramiento
1 embarazadura
9 enajenamiento
14 encanto
6 entusiasmo
4 estupefacción
3 estupor
16 éxtasis
6 extrañeza
8 fascinación
5 majestad
8 maravilla
19 novedad
11 pasmo
5 portento
6 prodigio
7 sorpresa
15 asombro
8 ◁*desprecio*

admirado
7 estupefacto
6 fascinado
4 pasmado
12 suspenso
4 boquiabierto
6 turulato

admirador
12 devoto
2 seguidor
14 adepto
14 hincha
7 ◁*hostil*
10 ◁*enemigo*

admirar(se)
23 aprobar(se)
31 asombrar(se)
32 atender(se)
17 atolondrar(se)
74 aturdir(se)
13 considerar(se)
12 chocar
18 deslumbrar(se)
8 elogiar
4 embobar(se)
15 encantar(se)
5 ensalzar(se)
24 espantar(se)
4 extasiar(se)
18 extrañar(se)
22 fascinar(se)
13 loar(se)
16 maravillar(se)
19 pasmar(se)
7 reverenciar
12 sobrecoger(se)

22 sorprender(se)
15 suspender
19 ver
12 ◁*despreciar*

admisible
10 aceptable
4 aprobado
45 bueno
9 plausible
1 recibible
9 válido
5 verosímil

admisión
5 aceptación
1 acogimiento
1 acuso
23 entrada
6 recepción
2 recibimiento
8 recibo
5 tolerancia

admitido
4 aceptado
5 permitido
2 recibido
3 ◁*rechazado*

admitir
17 abrazar
17 aceptar
19 acoger(se)
18 adoptar
23 aprobar(se)
7 conceder
17 consentir
1 deferir
25 permitir(se)
8 recibir
22 reconocer
12 sufrir
7 suponer
8 tolerar
44 tomar(se)
↪abrir las puertas
↪dar audiencia
↪dar por supuesto
↪poner el visto bueno
11 ◁*prohibir(se)*
22 ◁*oponerse*

13 ◁*rechazar*

admonición
19 advertencia
8 apercibimiento
3 chillería
6 exhortación
34 aviso
12 consejo
26 amonestación
10 filípica
7 reconvención
7 recriminación
13 regaño
17 reprimenda
11 riña
13 sermón
29 ◁*alabanza*

adobado
3 aliñado
2 sazonado
6 guisado
13 ◁*crudo*

adobar
21 adornar
12 aliñar(se)
36 apañar(se)
83 arreglar(se)
22 ataviar(se)
12 completar
6 condimentar
19 curtir(se)
5 guisar
2 marinar
5 remendar
3 salpimentar
13 sazonar
28 aderezar
34 componer
13 curar

adobe
9 ladrillo

adobo
13 aderezo(s)
6 afeite(s)
11 aliño
16 caldo
3 condimento

adorar

8 salsa

adocenado
16 alienado
19 común
4 extrañado
18 insignificante
22 ordinario
8 ramplón
11 trivial
9 vulgar
4 ◁ selecto

adocenamiento
4 chabacanería
1 medianidad
2 mediocridad
6 ordinariez
4 ramplonería
7 vulgaridad
3 vulgarización
5 ◁ originalidad
6 ◁ personalidad

adocenar(se)
27 conformar(se)
27 limitar(se)
9 vulgarizar(se)
27 ◁ destacar(se)
16 ◁ superar(se)

adoctrinar
15 adiestrar(se)
9 entrenar(se)
11 instruir
48 preparar(se)
⇨ hacer proselitismo

adolecer
3 carecer
3 necesitar
9 penar
12 sufrir
5 padecer
⇨ no disponer de

adolescencia
6 juventud
2 mocedad
1 muchachez
4 pubertad
1 pubescencia

adolescente
6 imberbe
1 pubescente
1 veinteañero
7 zagal
6 efebo
18 chico
10 joven
17 mozo

adolorado
3 adolorido
8 apenado
16 apesadumbrado

adolorido
12 afligido
8 apenado
12 doliente
36 ◁ alegre

adonde
1 donde

adonis
38 bello
12 hermoso

adopción
1 adrogación
4 afiliación
1 arrogación
1 prohijamiento

adoptado
6 ahijado
18 allegado

adoptador
1 adoptante
1 prohijador
4 padrino

adoptante
3 adoptador

adoptar
17 abrazar
17 aceptar
19 acoger(se)
37 acordar(se)
19 admitir

1 adrogar
55 amparar(se)
23 aprobar(se)
11 arrogar(se)
48 asociar(se)
45 ayudar(se)
14 favorecer
7 practicar
1 prohijar
42 proteger(se)
42 seguir(se)
21 sumar(se)
44 tomar(se)

adoptivo
4 acogido
1 adrogado
11 afiliado
2 amparado
4 aprobado
1 arrogado
1 ayudado
3 favorecido
12 protegido

adoquín
18 bruto
19 ignorante
5 losa
22 rudo
22 burro
11 cabezota
9 ladrillo
22 necio
8 tarugo
18 torpe
10 zopenco
10 zote
5 zulú

adoquinado
7 pavimento
7 solado

adoquinar
8 empedrar
6 enlosar
3 entarugar
7 pavimentar

adorable
8 delicioso
14 encantador

12 exquisito
9 perfecto
9 sugestivo
3 venerable
18 amable
11 magnífico
⇨ guay del Paraguay
3 ◁ detestable
21 ◁ repugnante
26 ◁ despreciable

adoración
53 amor
7 apasionamiento
7 devoción
3 dilección
26 exaltación
16 éxtasis
11 fanatismo
11 fervor
7 idolatría
16 pasión
15 cariño

adorado
10 amado
12 ídolo

adorador
4 admirador
34 apasionado
12 devoto
15 enamorado(s)
6 entusiasta
10 fanático
17 fiel
7 idólatra
22 amante

adorante
4 cultor

adorar
52 amar(se)
24 estimar(se)
2 fanatizar(se)
24 honrar(se)
2 idolatrar
4 orar
21 postrar(se)
2 prosternar(se)
31 querer(se)

7 reverenciar
5 rezar
4 venerar
22 ◁*deshonrar(se)*
12 ◁*despreciar*

adormecedor
1 mitigante
4 narcótico
8 soporífero
5 hipnótico
4 ◁*excitante*

adormecer(se)
12 acallar(se)
3 adormilarse
1 adormitarse
7 amodorrar(se)
9 anestesiar(se)
8 arrullar(se)
14 cabecear
44 calmar(se)
15 dormir(se)
9 entumecer(se)
2 envararse
6 hipnotizar
10 insensibilizar(se)
21 mitigar(se)
7 sedar(se)
24 sosegar(se)
10 transponer(se)
6 aletargar
4 abotargarse
34 ◁*avivar(se)*
4 ◁*desentumecer*
2 ◁*espabilarse*

adormecido
3 aletargado
0 amodorrado
9 arrecido

adormecimiento
3 aletargamiento
9 amodorramiento
22 anestesia
15 cabezada
5 somnolencia
7 sopor
12 sueño
3 ◁*desentumeci-
   miento*

adormilado
3 amodorrado

adormilarse
21 adormecer(se)
7 amodorrar(se)
10 transponer(se)

adormir
8 arrullar(se)

adormitarse
21 adormecer(se)

adornado
22 cuidado
9 elegante
7 embutido
5 emperejilado
2 estofado
5 incrustado
5 labrado
4 recamado
1 repujado
1 taraceado
10 acicalado
9 atildado
20 bordado
7 emperifollado
6 peripuesto
11 pintiparado

adornamiento
5 hermoseamiento

adornar
39 acicalar(se)
14 afeitar(se)
8 alcorzar(se)
22 ataviar(se)
1 bastir
5 decorar
14 embellecer(se)
12 embutir
12 emperifollar(se)
17 engalanar(se)
16 guarnecer(se)
6 incrustar
6 ornar
3 paramentar
2 recamar
1 repujar
3 taracear

28 aderezar
34 componer
9 estofar
1 exornar
11 ◁*desnudar(se)*
11 ◁*despojar*

adornarse
7 aparatar(se)
2 librear(se)
4 arrebolar(se)
14 atusar

adorno(s)
13 aderezo(s)
6 afeite(s)
11 aliño
9 arreo(s)
18 compostura
5 decoración
25 guarnición(es)
1 guarnimiento
7 ornamento
8 ornato(s)
2 paramento
4 perifollo(s)
13 tocado
7 realce
13 andarivel
9 arreos
25 atavío
15 cuchilla
6 efeleoflo
9 fausto
23 gala

adosar
22 acercar(se)
63 apoyar(se)
22 aproximar(se)
38 arrimar(se)
27 colocar(se)
74 juntar(se)
5 respaldar

adquiridor
3 adquisidor

adquirir
10 adueñarse
51 apropiar(se)
9 cazar

20 coger
24 conseguir(se)
16 contraer(se)
40 ganar(se)
3 lograr
8 obtener
8 recibir
44 tomar(se)
22 alcanzar
9 comprar
4 pescar
10 procurarse
↪alzarse con
63 ◁*dar(se)*
11 ◁*vender*

adquisición
9 captación
6 compra
9 descubrimiento
9 dote
9 ganancia(s)
5 hallazgo
8 herencia
15 interés
6 recuperación
11 renta(s)
10 botín
7 conquista
18 gratificación
8 jornal
3 logro
8 lucro
8 provecho
16 regalo
9 sueldo
10 toma
14 ventaja
↪mala pieza

adquisidor
1 adquiridor
3 comprador
2 tomador

adra
16 alternación

adragante
1 tragacanto
1 alquitira

2 granévano

adral
1 tablar
2 tapial
10 baranda
6 zarzo

adrede
8 aposta
2 deliberadamente
8 expresamente
2 intencionadamente
⇨a propósito
⇨con conocimiento de causa
⇨con mala idea
⇨con mala leche
⇨ex profeso

adrogación
4 adopción

adrogado
9 adoptivo

adrogar
18 adoptar

adscribir
4 adjuntar(se)
25 agregar(se)
33 atribuir(se)
7 vincular
19 ◁desvincular(se)

adscripción
12 anexión

adscrito
19 anexo

aduana
2 aforo
1 alcaicería
1 fielato
8 puerta(s)
9 resguardo
1 tarazana
3 zona
6 frontera

10 puerto
13 registro

aduar
2 aldehuela
3 poblacho
6 villorrio

adúcar
2 atanquía

aducción
7 alegación

aducir
10 alegar
24 añadir(se)
19 argüir
24 argumentar(se)
11 citar
3 mencionar
33 presentar(se)
11 razonar

adueñarse
24 apoderar(se)
51 apropiar(se)
11 conquistar
46 dominar(se)
5 enseñorear(se)
40 ganar(se)
35 ocupar(se)
16 adquirir
16 apandar
⇨alzarse con
38 ◁perder(se)

adulación
21 agasajo
7 blandicia
7 camelo
3 candonga
27 carantoña(s)
15 embeleco(s)
9 garatusa(s)
15 halago(s)
1 incensada
8 lagotería
1 lametón
10 lisonja(s)
10 mimo(s)
7 pelotilla(s)

9 zalamería(s)
29 alabanza
12 coba
4 incienso
8 jabón
8 pata

adulador
3 alabancero
3 carantoñero
4 cortesano
2 embelecador
8 halagador
6 lagotero
3 lisonjeador
9 lisonjero
9 melifluo
4 meloso
3 mimoso
6 obsequioso
1 panegirista
1 roncero
11 zalamero
3 adulón
11 barbero
9 cepillo
11 cobista
4 lameculos
2 lavacara
2 pelotillero
6 tiralevitas
3 vocero

adular
19 acariciar(se)
9 agasajar
3 embelecar
4 enjabonar
12 halagar
7 incensar
7 planchar(se)
1 roncear
8 requebrar
11 lisonjear
6 mimar
28 sacar
10 sobar
⇨dar coba
⇨dar jabón
⇨hacer la barba
⇨hacer la rosca
⇨hacer zalemas

adulón
6 camelador
24 adulador
12 servil

adúltera
1 gorrera

adulterable
3 corruptible

adulteración
28 engaño(s)
7 falsificación
1 mixtificación
9 fraude

adulterado
4 falsificado
5 fraudulento
3 imitado
21 falso
10 ◁real
21 ◁auténtico

adulterador
3 falsificador
5 fraudulento
1 mixtificador
◁legitimador

adulterar
20 complicar(se)
9 defraudar
12 envenenar(se)
12 falsear
4 falsificar
5 sofisticar
13 viciar(se)
7 ◁purificar
8 ◁sanear

adulterino
9 bastardo
4 falsificado
2 mixtificado
21 falso

adulterio
1 encornudamiento
9 infidelidad

adúltero

15 amancebamiento

adúltero
2 amancebado
1 gorrera
11 infiel
1 malmaridada
1 malmaridado
⇨que pone cuernos

adulto
13 completo
8 crecido
5 mayor
3 medrado
9 perfecto
8 representativo
18 cumplido
23 grande
17 mozo
14 ◁*incompleto*
14 ◁*pequeño*

adunar
37 acordar(se)
15 aunar(se)
16 concertar(se)
2 congregar
74 juntar(se)
8 unificar
79 unir(se)
64 ◁*separar(se)*

adunco
5 alabeado
8 arqueado
8 combado
8 corvo
7 curvo
12 torcido

adustez
3 malhumor
27 ◁*afabilidad*
6 ◁*sociabilidad*

adustión
9 combustión
1 encausto

adusto
30 ardiente
21 arisco
45 áspero
27 austero
6 cetrino
9 desabrido
6 insociable
12 melancólico
3 quemado
18 retraído
21 seco
20 serio
3 tostado
23 agrio
1 misógino
12 amarrado
6 esquivo
8 hosco
9 huraño
26 rígido
20 severo
32 ◁*afable*
24 ◁*abierto*
18 ◁*amable*

advenedizo
10 ajeno
3 entremetido
6 extranjero
6 forastero
6 intruso
1 meteco
7 pegadizo
9 entrometido
10 importuno
9 trepa

advenimiento
8 aparición
4 arribo
2 llegada
2 venida

advenir
17 acontecer
27 aparecer(se)
41 avenir(se)
37 llegar(se)
11 manifestarse
6 ocurrir
13 suceder

7 surgir
19 venir(se)

adventicio
14 accidental
10 casual

adverar
52 asegurar(se)
22 atestiguar(se)
6 avalar
17 certificar
9 confirmar(se)
5 testificar
5 testimoniar

adverbio
13 partícula

adversario
9 antagonista
13 competidor
8 contendiente
2 contradictor
15 contrario
8 contrincante
1 opugnador
6 rival
10 enemigo
2 ◁*aliado*
5 ◁*simpatizante*
24 ◁*amigo*

adversativo
1 disyuntivo

adversidad
34 accidente
10 desastre
1 desventura
10 fatalidad
6 infelicidad
19 revés
12 tropiezo
12 contrariedad
10 contratiempo
7 desdicha
17 desgracia
6 infortunio
6 malaventura
⇨de tumbo en tumbo
⇨mala cara

⇨mala pata
⇨mala racha
⇨mala suerte
⇨mala ventura
⇨sino fatal
13 ◁*fortuna*

adversidades
10 calvario

adverso
4 antípoda
1 contrapuesto
15 contrario
8 desfavorable
11 encontrado
7 hostil
2 nubloso
10 opuesto
8 refractario
10 enemigo

advertencia
14 admonición
2 codazo
6 exhortación
11 indicación
10 información
24 nota
12 observación
9 opinión
12 precaución
14 prevención
5 prólogo
1 ultílogo
34 aviso
12 consejo
26 amonestación
10 propósito
5 propuesta
13 sermón
⇨nota preliminar

advertido
25 avisado
7 despabilado
8 ducho
2 enseñado
12 espabilado
8 experto
7 prevenido
1 sermoneado

10 despierto
16 listo
13 preparado
10 sagaz
⇨con los ojos bien abiertos
⇨con los pies de plomo
19 ◁*ignorante*
7 ◁*inadvertido*
13 ◁*inexperto*

advertir
28 aconsejar(se)
8 aleccionar(se)
30 amonestar(se)
20 anotar(se)
33 avisar(se)
37 enseñar(se)
11 indicar
26 informar(se)
11 instruir
18 notar
19 observar
7 percatarse
24 prevenir(se)
46 señalar(se)
21 reparar
16 reprender
⇨caer en
⇨dar aviso
⇨dar con el codo
⇨darse cuenta
⇨levantar la caza
⇨pisar por debajo de la mesa
⇨tirar de la manga
43 ◁*engañar(se)*
41 ◁*ocultar(se)*

adyacente
24 aledaño(s)
13 anejo
19 anexo
9 cercano
10 contiguo
7 inmediato
9 lindante
10 pegado
13 próximo
11 unido
12 vecino(s)
2 yuxtapuesto

4 medianero
7 ladero
⇨pared por medio

aedo
8 bardo
9 poeta
4 rapsoda
3 trovador
5 vate

aeración
1 oxigenación
3 ventilación

aéreo
7 espiritual
10 leve
11 sutil
6 vaporoso
2 volátil
31 ◁*pesado*

aerodeslizador
1 hovercraft

aerodinámico
6 alargado
10 esbelto
16 fino
15 airoso
9 ◁*chato*
31 ◁*pesado*

aeródromo
3 aeropuerto

aerofobia
32 aborrecimiento

aerógrafo
1 pulverizador
2 spray

aerolito
1 astrolito
8 bólido
7 escudo
7 exhalación
2 meteorito
13 piedra
2 uranolito

aeronauta
3 comandante
1 cosmonauta
3 observador
6 piloto
4 aviador

aeronáutica
3 aerostación
7 aviación
⇨navegación aérea

aeronave
2 aeroplano
1 aerostato
3 autogiro
2 bimotor
2 biplano
11 caza
8 cohete
1 cosmonave
2 dirigible
1 helicóptero
1 hidroavión
1 trimotor
1 triplano
2 zepelín
19 avión
9 globo
⇨globo cautivo

aeroplano
17 aeronave
19 avión

aeropuerto
1 aeródromo
⇨base aérea
⇨campo de aviación

aerosol
3 pulverización
1 pulverizador
2 spray
1 vaporización
12 suspensión

aerostación
3 aeronáutica
7 aviación

⇨navegación aérea

aerostática
7 aviación

aerostato
17 aeronave

aeróstato
2 dirigible
19 avión
9 globo

afabilidad
26 afecto
21 agasajo
14 amabilidad
10 amenidad
30 amistad
12 benevolencia
21 benignidad
30 blandura
6 civilidad
8 condescendencia
17 confianza
12 cordialidad
20 cortesía
9 dulzura
11 efusión
4 expresividad
4 familiaridad
11 franqueza
11 gentileza
18 gracia(s)
28 humanidad(es)
7 jovialidad
5 llaneza
3 obsequiosidad
6 sociabilidad
4 urbanidad
4 campechanía
1 ◁*adustez*
22 ◁*aspereza*

afable
6 abordable
5 afectivo
22 ameno
26 apacible
11 benévolo
30 benigno
7 condescendiente

afamado

7 cordial
12 cortés
8 efusivo
10 expresivo
9 familiar
17 gentil
14 jovial
6 obsequioso
8 placentero
3 sociable
4 urbano
42 blando
12 afectuoso
18 amable
24 amigo
17 atento
9 campechano
13 cariñoso
19 dulce
16 franco
18 gracioso
21 llano
12 sencillo
6 simpático
19 suave

afamado
13 acreditado
6 admirado
9 célebre
11 conocido
16 famoso
15 glorioso
13 ilustre
8 ínclito
11 insigne
9 popular
7 prestigioso
8 renombrado
14 reputado
7 considerado
6 ◁desconocido

afamar
15 acreditar(se)
21 ilustrar(se)
5 prestigiar
14 ◁calumniar(se)

afán
32 anhelo
7 apasionamiento
7 apetencia
13 aspiración
21 audacia
8 riesgo(s)
22 trabajo(s)
12 vehemencia
16 voluntad
17 actividad
28 ansia
14 deseo
12 esfuerzo
7 ◁desaliento
7 ◁desgana

afanado
3 ajetreado
14 atareado
2 envolatado

afanar(se)
12 abreviar
15 actuar
8 aperrear(se)
3 atrafagar(se)
azacanarse
10 bregar
2 descornar
2 desojarse
27 despachar(se)
25 esforzar(se)
7 esmerar(se)
54 hurtar(se)
29 pelear(se)
16 pillar(se)
14 demandar
16 apandar
4 apensionar(se)
5 cinchar
4 destutanar(se)
39 empeñarse
25 esforzarse
50 limpiar
58 quitar
14 robar
7 sisar
19 soplar
10 sustraer
16 trabajar
⇨dejarse los sesos
⇨echar el bofe
⇨echar la hiel
⇨no levantar cabeza
⇨sudar la gota gorda
⇨trabajar como un negro

afane
6 sustracción

afanoso
4 anhelante
6 anheloso
11 ansioso
8 deseoso
25 diligente
5 esforzado
11 penoso
5 trabajador
8 trabajoso
12 vehemente
10 voluntarioso
16 ◁vago

afeamiento
7 protesta
6 ◁embellecimiento

afear
19 censurar
29 envilecer(se)
19 manchar(se)
5 motejar
16 reprobar
10 reprochar(se)
8 tachar
11 vituperar
16 reprender
⇨echar en cara
65 ◁alabar(se)
14 ◁embellecer(se)

afección
26 afecto
21 alteración
30 amistad
53 amor
9 anormalidad
10 apego
13 aprecio
2 compatibilidad
15 decaimiento
8 dolencia
10 indisposición
1 morbosidad
10 tendencia(s)
6 ternura
16 afición
14 atracción
15 cariño
23 disposición
10 enfermedad
18 inclinación
24 simpatía
23 ◁antipatía
20 ◁odio

afeccionar(se)
10 aficionar(se)
52 amar(se)
17 apetecer
43 inclinarse
23 interesar(se)
31 querer(se)
4 simpatizar
⇨tender hacia

afectación
6 amaneramiento
33 artificio
5 beatería
27 carantoña(s)
15 ceremonia
4 contoneo
1 dandismo
18 disimulo
8 empaque
3 esnobismo
26 estudio
19 extravagancia
10 fingimiento
1 gomosería
11 jactancia
3 mojigatería
12 ostentación
8 patarata
6 pedantería
10 postín
12 presunción
1 prosopopeya
3 rebuscamiento
1 repulgo
4 suficiencia
4 tiesura
18 aspaviento
7 doblez
11 ficción

7 melindre
7 petulancia
⇨aire de suficiencia
7 ◁*naturalidad*

afectado
12 afligido
7 agitado
1 aquejado
17 artificioso
1 aspaventoso
17 beato
3 carantoñero
7 ceremonioso
9 cursi
1 dandi
5 dañado
1 empaquetado
1 enternecido
4 esnob
3 estudiado
12 fingido
8 forzado
5 gomoso
4 innatural
9 inquieto
12 melancólico
4 mojigato
2 molestado
9 ostentoso
4 pedante
10 petulante
3 prosopopéyico
8 rebuscado
4 redicho
4 referido
6 relacionado
6 relamido
1 repulgado
10 amanerado
14 asentado
12 doliente
7 dolorido
9 extravagante
7 hipócrita
12 jactancioso
6 melindroso
7 postinero
9 presumido
13 presuntuoso
10 ◁*liso*
12 ◁*sencillo*

afectar(se)
51 afligir(se)
25 agregar(se)
17 anexar(se)
24 añadir(se)
34 apenar(se)
8 concernir
13 conmover(se)
13 disimular
16 emocionar(se)
10 fingir
13 impresionar(se)
28 inquietar(se)
23 interesar(se)
29 jactar(se)
8 llorar
7 vincular
50 asentar
8 atañer
⇨referirse a
⇨relacionarse con
⇨tocar a

afectividad
5 emotividad
16 sentimiento

afectivo
32 afable
27 amoroso
17 cálido
10 expresivo
8 impresionable

afecto
21 afección
30 amistad
53 amor
1 añadido
7 apasionamiento
10 apego
10 apreciado
15 asimiento
7 estimado
4 incorporado
15 interés
15 rendimiento
5 simpatizante
11 unido
16 voluntad
20 agregado
14 adepto

16 afición
15 cariño
18 inclinación
11 partidario
14 querido
24 simpatía
8 socio
⇨sujeto a
   ◁*odiado*
7 ◁*rencor*
10 ◁*separado*
10 ◁*enemigo*
20 ◁*odio*

afectuosamente
13 amorosamente

afectuosidad
53 amor
21 benignidad

afectuoso
32 afable
4 amistoso
27 amoroso
7 caritativo
7 cordial
8 efusivo
3 entrañable
18 amable
13 cariñoso
15 primordial
4 servicial
6 simpático
8 ◁*hosco*

afeitada
4 afeitado
1 afeitamiento
3 rasurado

afeitado
3 barbihecho
2 barbirrapado
1 descañonado
3 rasurado

afeitador
11 barbero

afeitamiento
3 afeitada

afeitar(se)
39 acicalar(se)
17 apuntalar(se)
1 desbarbar
1 descañonar
10 hermosear
5 raer
5 rapar
3 rasurar
17 recortar(se)
3 trasquilar
28 aderezar
34 componer
6 chambear
5 esquilar

afeite(s)
13 aderezo(s)
6 adobo
18 compostura
13 tocado
21 adorno
13 andarivel

afelpado
6 aterciopelado
2 felpudo
4 lanoso
6 peludo
1 velloso
6 velludo

afeminación
32 afectación
1 amujeramiento
7 comineria
20 delicadeza
16 desánimo
3 enervamiento
5 molicie
1 muñequeria

afeminado
1 acaponado
11 adamado
3 ahembrado
6 amaricado
5 amariconado
5 amujerado
5 barbilindo
1 cacorro
1 carininfo
2 cazolero

afeminamiento

1 cocinilla
2 cominero
1 enerve
1 fileno
6 homosexual
7 mariquita
9 muñeco
1 ninfo
6 pisaverde
42 blando
7 bragazas
8 lindo
7 marica
8 maricón
10 pato
3 sarasa
4 sodomita
19 suave
⇨de la acera de enfrente
2 ◁*viril*
14 ◁*macho*

afeminamiento
5 molicie

afeminar
1 ahembrarse
3 amollentar
17 debilitar
6 reblandecer(se)

afeminarse
10 adamar(se)

aféresis
3 apócope
2 elisión
3 supresión
2 sinalefa

aferrado
9 asido

aferramiento
15 asimiento

aferrar(se)
22 afianzar(se)
35 agarrar(se)
25 amarrar(se)
16 anclar
6 arrizar

52 asegurar(se)
40 asir(se)
11 atrapar(se)
20 coger
7 embrazar
3 entercarse
39 empeñarse
28 obstinarse
31 prender
2 tarascarse
⇨cerrarse a la banda
⇨insistir en
⇨no admitir discusión
⇨no cejar
⇨no dar el brazo a torcer

afervorar
9 enfervorizar(se)

affaire
30 asunto(s)
22 negocio(s)

affiche
13 cartel
1 cartelera
6 panel
10 rótulo

afianzado
12 amarrado

afianzamiento
3 amarre
19 garantía
19 afirmación
6 fijación

afianzar(se)
26 abonar(se)
3 ademar
20 aferrar(se)
43 afirmar(se)
35 agarrar(se)
25 amarrar(se)
17 apuntalar(se)
52 asegurar(se)
40 asir(se)
6 avalar
4 barretear
3 caucionar

15 consolidar(se)
8 estabilizar(se)
12 fiar(se)
19 garantizar(se)
12 responder
2 roborar
14 calzar
14 sujetar
⇨dar fianza
10 ◁*desasir(se)*

afición
13 afán
26 afecto
18 ahínco
53 amor
10 apego
13 empeño
10 entretenimiento
12 pasatiempo
10 propensión
10 tendencia(s)
16 voluntad
1 hobby
15 cariño
12 gusto
18 inclinación
24 simpatía
15 ◁*indiferencia*
23 ◁*antipatía*

aficionado
4 admirador
4 apegado
14 inclinado
11 propenso
2 seguidor
10 ◁*indiferente*

aficionar(se)
25 apasionar(se)
7 arregostarse
13 emperrar(se)
2 empicarse
37 enamorar(se)
15 engolosinar(se)
18 enviciar(se)
9 prendar(se)
4 simpatizar
39 empeñarse

afijo
17 apuesto
15 fijo
1 infijo
9 junto
3 pospuesto
1 interfijo
1 prefijo
1 sufijo

afilada
4 afiladura

afiladera
4 afiladura

afilado
8 cortante
3 punzante
9 tajante

afilador
4 amolador
1 vaciador

afiladura
1 afilada
1 afiladera
1 afinamiento
1 vaciado

afilar(se)
10 acerar(se)
14 adelgazar(se)
11 afinar
14 aguzar(se)
3 ahusar(se)
12 amolar
64 apuntar(se)
3 desembotar
3 sutilizar(se)
5 ◁*achatar*

afiliación
21 adhesión
4 adopción
4 alistamiento
4 encuadre

afiliado
17 adicto
26 afecto
4 congregante

3 correligionario
6 iniciado
3 sectario
2 seguidor
15 asociado
18 acólito
14 adepto
11 partidario

afiliar(se)
19 acoger(se)
19 admitir
17 alistar(se)
64 apuntar(se)
48 asociar(se)
4 colegiarse
2 congregar
6 fichar
26 incorporar(se)
5 ingresar
31 iniciar(se)
11 inscribir
12 integrar(se)
74 juntar(se)
9 militar
9 profesar
1 prohijar
79 unir(se)
32 entrar

afiligranar
39 acicalar(se)
11 afinar
4 agraciar
14 embellecer(se)
10 hermosear
22 perfeccionar(se)
39 pulir(se)
28 aderezar

afilón
4 chaira

afín
15 adyacente
2 agnado
18 allegado
14 análogo
2 asonante
9 cercano
1 cognado
3 consonante

10 contiguo
5 descendiente
5 deudo
7 inmediato
18 parecido
11 pariente
13 próximo
6 relacionado
11 semejante(s)
8 similar
13 ascendiente
7 ladero
5 ◁desemejante
3 ◁lejano

afinación
12 acorde(s)
1 afinadura
11 ajuste
7 consonancia
2 diapasón
2 entonación
19 punto(s)
7 temple
8 tiento(s)
13 tono

afinado
5 depurado
13 pulido
19 suave
11 ◁basto
22 ◁ordinario

afinador
2 templador

afinadura
10 afinación

afinamiento
4 afiladura

afinar
53 acabar(se)
37 acordar(se)
16 entonar(se)
7 esmerar(se)
49 mejorar(se)
22 perfeccionar(se)
39 pulir(se)
7 purificar

3 sutilizar(se)
30 templar
2 ◁desafinar

afincado
6 residente

afincamiento
7 radiación

afincar
5 enraizar(se)

afincarse
4 empadronarse
47 establecer(se)
39 fijar(se)
7 localizarse

afinidad
20 alianza
10 analogía
6 aproximación
28 conformidad
7 consanguinidad
5 correlación
9 encadenamiento
4 engranaje
18 parecido
7 parentesco
17 proximidad(es)
6 semejanza
9 similitud
8 conexión
20 relación
14 atracción
24 simpatía
4 ◁disimilitud
10 ◁diversidad
23 ◁antipatía

afirmación
4 afianzamiento
1 afirmativa
7 alegación
5 aserción
3 aserto
4 aseveración
8 confirmación
3 dogma
3 enunciado
19 garantía

7 protesta
20 prueba
3 tesis
3 testificación
6 testimonio
3 versión
7 declaración
5 enunciación
11 juramento
5 ◁interrogación
2 ◁negación

afirmado
14 asentado

afirmar(se)
17 aceptar
22 afianzar(se)
59 ajustar(se)
63 apoyar(se)
23 aprobar(se)
17 apuntalar(se)
64 apuntar(se)
52 asegurar(se)
8 asentir
7 aseverar
22 atestiguar(se)
1 atinconar
20 atirantar(se)
2 atizonar
6 avalar
4 barretear
14 basar(se)
14 cabecear
17 certificar
8 cimentar(se)
6 confesar
9 confirmar(se)
15 consolidar(se)
14 decir
11 declarar
2 dogmatizar
4 estribar
34 explicar(se)
31 exponer(se)
18 fortificar
19 garantizar(se)
20 hablar
11 manifestar
28 mantener(se)
9 postular
14 proclamar(se)
20 ratificar(se)

afirmativa

7 rectificar
9 reforzar
3 reiterar
25 sostener(se)
5 testificar
12 sellar
10 ◁denegar
6 ◁desmentir
27 ◁negar(se)
7 ◁retractarse

afirmativa
19 afirmación

afirmativamente
2 sí

aflechado
1 asaeteado

aflicción
25 abatimiento
1 afligimiento
11 agonía
14 ahogo
16 amargura
8 añoranza
24 carga
5 consternación
8 cuita
11 desconsuelo
1 desespero
8 desolación
1 desplacer
13 dolor
14 duelo
2 engurrio
6 entristecimiento
5 escozor
8 flagelo
3 hipocondría
1 luto
22 melancolía
1 mesticia
5 mohína
3 morriña
9 mortificación
2 murria
3 pesadumbre
45 pesar(se)
15 quebranto
16 sentimiento

6 sinsabor
6 soledad
9 tortura
7 traspaso
10 tribulación
2 zangarriana
30 angustia
13 clavo
8 congoja
12 contrariedad
12 desazón
11 enfado
29 pena
12 sufrimiento
20 tormento
13 tristeza
⇨pasión de ánimo
38 ◁alegría(s)

aflictivo
18 amargo

aflicto
12 afligido

afligido
3 adolorido
1 aflicto
6 amarrido
6 angustiado
8 apenado
16 apesadumbrado
7 aquejoso
6 contrito
3 desolado
10 inconsolable
9 quejumbroso
16 triste

afligimiento
48 aflicción

afligir(se)
59 abatir(se)
27 acongojar(se)
9 acorar
17 acuitar
21 afectar(se)
19 agujerear
28 ahogar(se)
21 amargar(se)
20 angustiar(se)

25 apasionar(se)
34 apenar(se)
12 apesadumbrar(se)
5 apesarar(se)
9 aprensar
65 apretar(se)
6 aquejar
15 arrepentir(se)
6 atenacear(se)
35 atormentar(se)
6 atribular(se)
26 castigar(se)
11 consternar(se)
14 contrariar(se)
7 contristar(se)
24 desazonar(se)
6 desconsolar(se)
6 desesperar(se)
14 desolar(se)
22 doler(se)
2 encuitarse
2 enlutar(se)
3 enmantar(se)
27 enojar(se)
7 ensombrecer(se)
14 entristecer(se)
15 herir
15 lamentar(se)
114 molestar(se)
23 mortificar(se)
17 preocupar(se)
9 roer(se)
30 sentir(se)
62 caer
15 consumir
3 enflatarse
14 importunar
⇨clamar a Dios
⇨cubrirse el corazón
⇨darse a Dios

aflojado
10 relajado

aflojamiento
2 atonía
30 blandura
16 debilidad
15 decaimiento
7 dejo
16 desánimo
3 desasimiento
1 desatadura

4 descaecimiento
1 desceñidura
1 deshinchamiento
2 desmadejamiento
17 disolución
3 enervamiento
5 flaccidez
12 flaqueza
11 flojedad
12 flojera
1 laxación
7 laxitud
1 relajamiento
13 relajo

aflojar(se)
30 ablandar(se)
9 amainar
4 amollar
22 amortiguar(se)
26 blandear(se)
41 ceder(se)
7 cejar
17 debilitar
17 debilitarse
43 dejar(se)
25 desanimar(se)
3 desanudar
17 desatar(se)
2 descaecer
5 desceñir(se)
4 deshinchar(se)
1 desmadejar
2 destensar
19 disminuir(se)
11 distender(se)
8 enervar(se)
31 entregar(se)
17 flaquear
9 flojear
60 largar(se)
3 laxar
38 perder(se)
19 relajar(se)
42 soltar(se)
10 arriar
14 cesar
5 ◁aballestar
65 ◁apretar(se)
59 ◁aumentar(se)
5 ◁congestionar(se)
6 ◁encepar
5 ◁encorsetar

5 ◁*espachurrar*
6 ◁*presionar*
2 ◁*tesar*

aflorar
3 acribar
27 aparecer(se)
9 asomar(se)
10 brotar
17 cerner(se)
1 exultar
4 manar
10 orillar
7 surgir
8 ◁*desaparecer*

afluencia
28 abundancia
2 aforo
8 aglomeración
12 concurrencia
14 concurso
7 facundia
25 muchedumbre
5 mucho
9 musa(s)
16 cantidad
14 copia
9 gentío
16 multitud
⇨abundancia dad

afluente
1 confluente
1 desembocado

afluir
16 acudir
15 aglomerar(se)
16 concurrir
1 confluir
6 desaguar
4 desembocar
49 reunir(se)
14 vaciar(se)
7 verter

aflujo
14 afluencia

afogarar(se)
17 abrasar(se)
24 asar(se)

5 asurar(se)
38 calentar(se)
6 cocer(se)
18 dorar(se)
1 rehogar
23 tostar(se)

afollar
2 plagar
25 ahuecar
2 avejigarse
19 soplar

afollarse
25 ahuecar
2 avejigarse

afondar
⇨irse a fondo
⇨irse a pique

afonía
2 carraspera
2 enronquecimiento
1 ronquez
4 ronquera

afónico
2 áfono
21 callado
6 ronco
7 mudo

áfono
4 afónico
21 callado

aforador
1 forero

aforar
22 apreciar(se)
11 calcular
1 cubicar
34 determinar(se)
24 estimar(se)
4 justipreciar
19 medir(se)
8 tasar
2 valuar

aforismo(s)
6 adagio
23 agudeza
7 apotegma

8 axioma
9 dicho
18 fórmula
9 máxima
4 paremiología
14 pensamiento
17 precepto(s)
7 proverbio
6 refrán
27 regla(s)
15 sentencia(s)
⇨doctrina breve

aforístico
3 gnómico

aforo
6 contenido
14 capacidad

aforrar(se)
15 abrigar(se)
43 alimentar(se)
15 arropar(se)
30 atiborrar(se)
2 enguantar
87 fastidiar(se)
17 reventar(se)
17 forrar
45 hartar

afortunadamente
1 alegremente
1 dichosamente
1 discretamente
2 espléndidamente
1 felizmente
1 prósperamente
1 ventajosamente
1 venturosamente
⇨a derechas
⇨a Dios gracias
⇨con buena estrella
⇨con el pie derecho
⇨gracias a Dios
⇨por dicha
⇨por fortuna
◁*desgraciada-
mente*

afortunado
6 próspero
1 suertoso

4 venturoso
2 lechoso
16 agraciado
24 derecho
12 dichoso
9 fausto
11 feliz
5 potroso
2 suertudo
⇨con suerte
⇨que tiene chorra
⇨que tiene potra
14 ◁*desgraciado*

afrancesado
1 galicista
1 agabachado

afrecho
3 salvado
3 jachi

afrenillar
61 atar

afrenta
21 agravio
1 descuerno
16 deshonor
9 deshonra
8 desprecio
6 escarnio
10 ignominia
17 injuria
10 insulto
5 ludibrio
14 ofensa
10 oprobio
5 soflama
10 ultraje
7 vejación
7 vilipendio
7 zaherimiento
103 burla
12 infamia
6 mofa
17 vergüenza

afrentado
2 agraviado
1 injuriado

afrentar

1 insultado
5 vituperado
6 ◁ensalzado
◁venerado

afrentar
11 abaldonar(se)
17 abochornar(se)
12 agraviar
40 avergonzar(se)
80 burlar(se)
14 denostar
22 deshonrar(se)
12 despreciar
8 escarnecer
16 injuriar
10 insultar
6 mofar(se)
33 ofender(se)
1 oprobiar
5 soflamar
7 ultrajar
5 vejar
16 infamar
6 mofarse
12 vilipendiar
6 zaherir
65 ◁alabar(se)

afrentoso
1 avergonzante
6 infamante

afrodisiaco
4 afrodisíaco

afrodisíaco
1 afrodisiaco
3 enervante
6 estimulante
4 excitante

afrontado
4 arrostrado

afrontamiento
17 arrostramiento

afrontar
23 arrostrar
6 carear
7 comparar(se)

11 confrontar
8 desafiar(se)
15 enfrentar(se)
31 iniciar(se)
22 oponer(se)
18 provocar
25 resistir(se)
5 emprender
21 reparar
⇨dar el pecho
⇨dar la cara
⇨hacer frente
10 ◁eludir
34 ◁escapar(se)

afta
8 paco

afuera(s)
4 alfoz
  alrededores
3 andurrial
7 arrabal
15 barrio
8 campo
3 ensanche
1 exteriormente
4 extramuros
1 extrarradio
3 fuera
  proximidades
2 suburbio
19 cercanías
31 contornos
6 inmediaciones
7 ◁adentro(s)
15 ◁centro

afufar
8 desaparecer
34 escapar(se)
18 esfumarse
  fugarse
19 huir
60 largarse
7 pirárselas
⇨deslizarse furtivamente

afusión
24 baño(s)
4 ducha

2 remojón

agá
9 jefe
8 oficial

agabachado
2 afrancesado

agachadiza
1 agazapada
1 escondida
1 oculta
2 rayuelo
2 sorda
1 agachona

agachado
1 agazapado
14 encogido
1 gacho
2 ◁erecto
4 ◁erguido

agachar(se)
9 acurrucarse
7 agarbarse
19 agavillar
15 agazapar(se)
7 amagar(se)
14 amorrar(se)
35 bajar(se)
58 echar(se)
29 encogerse
2 enyugar
10 esconderse
46 humillar(se)
43 inclinar(se)
43 inclinarse
41 ocultar(se)
40 someter(se)
12 achantarse
70 apartarse
4 atejonarse
31 doblar
4 ñangotar(se)
34 retirarse
58 ◁alzar(se)
18 ◁encaramar(se)
24 ◁enderezar(se)
53 ◁levantar(se)
53 ◁levantarse

agachona
6 agachadiza

agalbanado
1 galbanoso

agáloco
7 aloe
1 calambac

agalla(s)
4 agallón
2 amígdala
3 angina
21 audacia
1 branquia
13 corazón
7 redaño(s)
24 valor
32 atrevimiento
⇨de pelo en pecho
⇨echado «para alante»
⇨sangre fría
⇨tener bien puestos los calzones

agallón
13 agalla(s)
17 cuenta
7 abalorio
27 tumor

agalludo
27 animoso
9 varonil

ágape
13 banquete
10 convite
7 festín
9 invitación
2 merendola
23 comida
7 comilona
3 merienda

agarbarse
9 acurrucarse
24 agacharse
1 agarbillarse
31 doblarse
29 encogerse

14 encorvarse
43 inclinarse

agarbillar
19 agavillar

agarbillarse
7 agarbarse

agarena
10 mora

agareno
9 árabe
1 ismaelita
9 mahometano
3 musulmán
5 sarraceno
8 islamita
8 moro

agárico
5 garzo

agarrada
12 colisión
5 jollín
11 pendencia
18 porfía
79 alboroto
11 altercado
20 contienda
18 disputa
8 engarce
24 follón
11 pelea
11 riña
13 trapatiesta
⇨la de San Quintín
⇨una de «pópulo bárbaro»

agarradera(s)
30 amparo
6 áncora
30 recurso(s)
8 valimiento
42 cabo
16 favor
10 influencia
4 padrino

agarradero
5 aldaba(s)
3 aldabón
7 asa
5 asidero
3 barandal
4 falleba
2 picaporte
3 tirador
2 barandilla
5 mango

agarrado
16 apretado
9 asido
9 cicatero
5 cogido
13 sujeto
34 avaro
6 interesado
10 judío
19 mezquino
26 miserable
14 roña
19 roñoso
1 soriano
12 tacaño
⇨asido a
⇨clavado a
⇨cogido a
⇨sujeto a

agarrador
10 agarradero
5 asidero

agarrar(se)
20 aferrar(se)
22 afianzar(se)
15 agazapar(se)
36 apañar(se)
3 apercollar
24 apoderar(se)
28 arraigar(se)
40 asir(se)
1 atrampar
11 atrapar(se)
20 coger
24 conseguir(se)
7 embrazar
19 enganchar(se)
1 engarfiar

8 entrampar(se)
1 entrampillar
3 entrecoger(se)
2 garrafiñar
3 lograr
29 pelear(se)
6 pellizcar(se)
16 pillar(se)
19 tener(se)
35 trabar(se)
9 chapar
20 enzarzarse
31 prender
14 sujetar
2 tarascarse
⇨asirse a un clavo ardiendo
⇨asirse a un pelo
⇨hacer presa
42 ◁soltar(se)

agarro
15 asimiento

agarrochar
1 garrochear
57 picar

agarrotado
2 paralizado
4 yerto
26 rígido
14 ◁suelto

agarrotamiento
16 agobio
2 envaramiento
6 rigidez
2 ◁distensión

agarrotar
59 ajustar(se)
10 ajusticiar
65 apretar(se)
12 comprimir(se)
19 ejecutar(se)
5 estrangular
26 inmovilizar(se)
61 atar
10 oprimir
⇨dar garrote vil

agarrotarse
9 entumecer(se)
6 fosilizarse
1 gripar

agasajado
1 halagado
1 obsequiado
8 regalado

agasajador
3 congratulatorio

agasajante
8 donante

agasajar
12 halagar
4 homenajear
14 obsequiar(se)
22 regalar(se)
3 visitar
14 festejar
11 lisonjear
6 mimar
⇨bailar el agua
12 ◁despreciar

agasajo
6 alboroque
47 atención(es)
25 beneficio(s)
15 ceremonia
10 convite
4 cortejo
20 cortesía
20 delicadeza
9 fineza
15 halago(s)
3 obsequiosidad
17 presente(s)
2 rendibú
15 rendimiento
22 servicio(s)
1 visita
16 favor
20 fiesta
12 homenaje
7 obsequio
11 propina

ágata
4 alaqueca
1 prasma

agatizarse

1 sardónice
4 cornalina
1 crisoprasa
1 ónice

agatizarse
12 bruñir(se)
39 pulir(se)

agavanzo
5 escaramujo
3 galabardera
1 gavanzo
2 zarzaperruna
1 tapaculos

agave
4 pita

agavillar
6 acuadrillar
9 acurrucarse
24 agacharse
1 agarbillar
7 apandillar
13 atrincherar(se)
4 atropar(se)
5 capitanear
24 clavar(se)
29 encogerse
1 engavillar
10 esconderse
74 juntar(se)
39 liar(se)
37 ligar(se)
41 ocultar(se)
38 pegar(se)
61 atar
⇨ hacerse fuerte

agazapada
6 agachadiza

agazapado
3 agachado

agazapar(se)
9 acurrucarse
24 agachar(se)
24 agacharse
35 agarrar(se)
13 atrincherar(se)

20 coger
29 encoger(se)
10 esconderse
41 ocultar(se)
12 achantarse
43 arrastrar
4 atejonarse
31 prender
14 sujetar

agencia
9 administración
17 cargo
8 delegación
3 oficina
12 oficio
7 solicitud
2 sucursal
16 diligencia
10 despacho
16 empleo

agenciar(se)
19 brujulear
24 buscar(se)
6 componérselas
24 conseguir(se)
5 diligenciar
48 disponer(se)
5 intentar
3 lograr
8 obtener
10 organizar
48 preparar(se)
10 procurar
20 proporcionar(se)
8 solicitar
16 adquirir
22 alcanzar

agenciárselas
36 apañar(se)

agenda
2 dietario
3 memorándum

agenesia
4 esterilidad
6 impotencia
5 ◁ fecundidad

agente
9 apoderado
1 comisionario
4 comisionista
5 delegado
8 emisario
8 empleado(s)
2 factótum
2 fautor
4 gerente
10 intermediario
6 mandatario
6 mediador
6 negociador
8 oficial
7 secretario
5 tercero
1 testaferro
15 corredor
7 espía
21 cola
10 correveidile
4 intendente
16 policía
⇨ brazo derecho
⇨ hombre de confianza
⇨ hombre de paja
⇨ rombre de confianza

agerasia
14 ancianidad

agestado
3 encarado(s)
1 malencarado
11 descarado
⇨ de buena cara
⇨ de mala cara

agestión
26 adición

aggiornamento
5 actualizar

agibílibus
18 habilidad
12 industria
19 conveniencia
10 manejo

agible
27 posible(s)

4 factible
5 hacedero

agigantado
7 descomunal
7 sobresaliente
12 enorme

agigantar
20 agrandar(se)
59 aumentar(se)
5 engrosar
8 exagerar
38 hinchar(se)
4 hiperbolizar
19 ◁ empequeñecer(se)

ágil
26 activo
9 alerta
15 arriscado
7 desembarazado
3 deslizante
14 diestro
25 diligente
9 enérgico
4 expedito
5 furtivo
23 ligero
11 sutil
28 vivo
1 zarandillo
16 listo
25 pronto
19 rápido
19 suave
11 ◁ lento
31 ◁ pesado
18 ◁ torpe

agilidad
5 elasticidad
13 ligereza
3 listeza
12 prontitud
7 rapidez
4 sutilidad
8 velocidad
23 viveza
16 diligencia

17 actividad
6 destreza
49 energía
10 ◁*lentitud*
8 ◁*torpeza*

agilizar
13 facilitar

agio
4 agiotaje
25 beneficio(s)
12 especulación

agiotador
5 agiotista
9 especulador

agiotaje
12 abuso
3 agio
12 especulación
19 cambio

agiotista
4 acaparador
9 especulador
3 estraperlista
5 logrero
4 traficante

agitación
bazuqueo
16 brega
1 caceo
2 concusión
15 convulsión
35 fatiga(s)
11 furia
8 intranquilidad
15 movimiento
5 oleada
6 oscilación
3 palpitación
8 perturbación
1 pulsación
3 revoloteo
4 revuelo
7 sacudida
9 temblor
2 trajín
3 traqueteo

1 trasteo
11 trastorno
9 tropel
11 turbación
3 vibración
15 revolución
80 bulla
18 bullicio
14 conmoción
2 danza
17 inquietud
19 intriga
7 zarandeo

agitado
1 conmovido
3 convulso
4 desasosegado
9 inquieto
8 intranquilo
8 tembloroso
3 trémulo

agitador
4 amotinado
8 amotinador
10 faccioso
3 instigador
3 insurgente
7 líder
2 maquis
8 perturbador
3 propagandista
11 provocador
1 reformador
13 revoltoso
7 revolucionario
7 sedicioso
14 rebelde

agitar(se)
25 acalorar(se)
27 acongojar(se)
19 airar(se)
39 alterar(se)
40 batir(se)
7 bazuquear(se)
26 blandear(se)
9 blandir
10 bullir
11 cimbrear(se)
13 conmover(se)

2 corcovar
16 emocionar(se)
16 encrespar(se)
1 espiritar(se)
60 excitar(se)
7 flotar
7 hervir
6 hormiguear
28 inquietar(se)
11 intranquilizar(se)
17 menear(se)
59 mover(se)
8 perturbar
8 pulular
2 rebullir
17 remover
31 sacudir(se)
2 solmenar
3 tremolar
37 turbar(se)
20 violentar(se)
9 zarandear(se)
24 revolver
44 ◁*calmar(se)*
18 ◁*holgar(se)*

aglobado
6 bamboche

aglomeración
15 acopio
5 acumulación
11 amontonamiento
2 hacinamiento
12 masa
25 muchedumbre
6 turba
9 gentío

aglomerado
5 conglomerado

aglomerar(se)
9 acopiar(se)
18 acumular(se)
9 afluir
21 agrupar(se)
15 almacenar(se)
42 amontonar(se)
6 apilar
8 arracimar(se)
15 combinar

7 hacinar(se)
74 juntar(se)
49 reunir(se)
79 unir(se)
4 conglomerar
25 ◁*desunir(se)*
64 ◁*separar(se)*

aglutinación
4 conglutinación
12 masa
19 unión
19 reunión

aglutinado
1 amasado
3 encolado
3 fijado
2 juntado
10 pegado
11 unido

aglutinante
6 cohesivo
13 goma

aglutinar
19 adherir(se)
8 amasar(se)
48 asociar(se)
3 conglutinar
4 encolar
74 juntar(se)
38 pegar(se)
49 reunir(se)
79 unir(se)

agnación
17 afinidad
7 consanguinidad
7 parentesco

agnado
3 consanguíneo
11 pariente

agnición
1 anagnórisis

agnominación
1 aliteración
2 paranomasia

1 paronomasia

agnosticismo
7 impiedad

agnóstico
6 ateo
8 descreído
10 impío
9 incrédulo
5 irreligioso

agnusdéi
2 maravedí
3 relicario
4 moneda

agobiado
10 abrumado
5 ahogado
8 asendereado
5 desesperado
5 ocupado

agobiador
6 abrumador

agobiante
4 desesperante
11 incordio
7 sobrehumano

agobiar(se)
59 abatir(se)
28 abrumar(se)
28 aburrir(se)
32 agotar(se)
28 ahogar(se)
16 anegar(se)
20 angustiar(se)
12 apesadumbrar(se)
8 apesgar(se)
9 aprensar
18 atosigar(se)
41 cansar(se)
6 encocorar
14 encorvar(se)
87 fastidiar(se)
37 fatigar(se)
9 gravitar
43 inclinar(se)
5 lastrar
52 matar(se)

114 molestar(se)
45 pesar(se)
3 putear
30 rendir(se)
23 sofocar(se)
16 hastiar
10 oprimir
16 ◁*despejar(se)*
1 ◁*despreocupar(se)*

agobio
25 abatimiento
12 aburrimiento
16 agotamiento
11 cansancio
35 fatiga(s)
7 hastío
18 molestia(s)
10 opresión
3 pesadumbre
45 pesar(se)
6 sofocación
2 sofoco
30 angustia
29 pena
11 peso
12 sufrimiento
17 ◁*alivio*

agolpamiento
28 abundancia
12 hervidero

agolpar(se)
42 amontonar(se)
16 concurrir
7 hacinar(se)
31 mezclar(se)

agonía
13 afán
32 anhelo
6 desenlace
13 dolor
6 extremidad
3 pesadumbre
30 angustia
28 ansia
8 congoja
29 pena

agónico
2 agonizante

agonizante
1 agónico
3 moribundo
7 ◁*rozagante*

agonizar
53 acabar(se)
24 extinguir(se)
28 finalizar(se)
114 molestar(se)
25 morir(se)
13 perecer
12 sufrir
7 terminar
14 importunar
5 padecer
⇨pasarlas canutas

agora
27 asamblea

ágora
7 anfiteatro
27 asamblea
2 congregación
14 parlamento
19 plaza
19 reunión

agorafobia
25 aislamiento

agorar
39 anunciar(se)
10 augurar(se)
8 predecir
5 profetizar
4 pronosticar
5 vaticinar
1 ominar

agorería
9 augurio
7 brujería

agorero
3 adivinador
20 adivino
6 augur

3 derrotista
5 mago
4 profeta
5 pronosticador
8 sibilino
⇨echador de cartas

agorgojarse
1 gorgojarse

agostado
3 marchito
21 seco
6 ◁*empapado*
5 ◁*encharcado*

agostador
8 abrasador

agostamiento
3 resecación

agostar(se)
17 abrasar(se)
3 aburar
53 acabar(se)
5 acorcharse
6 alheñar(se)
9 amustiar(se)
15 asolar
24 extinguir(se)
12 languidecer
18 marchitar(se)
3 mustiar
30 quemar(se)
30 secar(se)
15 consumir
15 decaer
18 ◁*empapar(se)*
4 ◁*enaguazar*
4 ◁*encharcar(se)*

agosto
10 cosecha
5 recolección
⇨buen negocio

agotado
16 cansado
9 exhausto
7 maciento
3 marchito

14 débil
16 flaco

agotador
6 abrumador
7 acongojante
5 cansador
16 difícil
30 duro
5 fatigoso
9 ímprobo
31 pesado

agotamiento
11 cansancio
9 consunción
16 debilidad
5 debilitación
7 desgana
5 enflaquecimiento
3 envejecimiento
7 extenuación
35 fatiga(s)
6 finalización
6 impotencia
1 marchitez
7 penuria
8 postración
9 terminación
⇨baja forma

agotar(se)
59 abatir(se)
28 abrumar(se)
19 absorber
53 acabar(se)
27 agobiar(se)
50 apurar(se)
41 cansar(se)
14 concluir
6 consumar
17 debilitar
8 depauperar(se)
4 derrengar
12 desfallecer
6 desfondar(se)
39 deshacer(se)
52 destruir(se)
8 enervar(se)
6 esquilmar
15 extenuar(se)
24 extinguir(se)
37 fatigar(se)

32 gastar(se)
18 marchitar(se)
10 prodigar(se)
30 rendir(se)
30 secar(se)
7 terminar
42 arruinarse
15 consumir
12 empobrecerse
4 fatalizar
13 ◁*fortalecer(se)*
33 ◁*llenar(se)*

agovía
3 alborga
5 alpargata

agracejo
7 agraz
3 alarguez
5 arlo
1 bérbero

agraciada
12 cañón

agraciado
38 agradable
3 bellido
7 chispeante
7 donairoso
12 hermoso
3 premiado
7 saleroso
14 afortunado
18 amable
8 bonito
9 chichón
9 chistoso
18 gracioso
18 guapo
8 lindo
2 suertudo

agraciamiento
5 hermoseamiento

agraciar
19 beneficiar(se)
10 hermosear
49 mejorar(se)
6 premiar

10 ◁*afear*

agradable
6 absorbente
9 adorable
32 afable
22 ameno
15 apetitoso
18 atrayente
45 bueno
6 cautivador
1 cautivante
12 cómodo
12 deleitable
11 deleitoso
27 delicado
8 delicioso
2 embriagador
14 encantador
1 engolosinador
7 grato
7 gustoso
29 hechicero(a)
5 interesante
10 leal
9 lisonjero
5 picante
8 placentero
16 risueño
5 sabroso
6 satisfactorio
7 seductor
5 tratable
12 afectuoso
36 alegre
18 amable
35 atractivo
6 complaciente
9 entretenido
18 gracioso
6 simpático
10 ◁*desagradable*

agradar
19 absorber
8 amenizar
39 arrebatar(se)
48 atraer(se)
13 cautivar
5 complacer
7 congratular(se)
7 contentar(se)
9 deleitar

32 divertir(se)
20 embelesar(se)
37 embriagar(se)
15 encantar(se)
15 engolosinar(se)
26 entretener(se)
23 interesar(se)
30 placer
18 regocijar(se)
44 satisfacer(se)
12 seducir
4 simpatizar
27 alegrar(se)
13 hechizar
11 lisonjear
57 picar
⇨caer de pie
⇨caer en gracia
⇨hacer tilín
⇨tener ángel

10 ◁*desagradar*

agradecer
9 gratificar
6 premiar
22 reconocer
⇨dar las gracias

agradecido
1 obligado

agradecimiento
4 gratitud
12 reconocimiento
⇨acción de gracias

agrado
3 agradecimiento
38 alegría(s)
10 amenidad
11 antojo
6 complacencia
8 delicia
16 diversión
11 hechizo
30 placer
5 regusto
20 satisfacción
6 sugestión
8 contento
12 gusto

agramar
10 majar
31 sacudir(se)
7 tundir
24 golpear

agramiza
1 cañamiza

agrandamiento
22 acrecentamiento
8 engrandecimiento

agrandar(se)
21 abultar(se)
23 acrecentar(se)
11 acrecer
6 agigantar(se)
12 ampliar(se)
24 añadir(se)
59 aumentar(se)
15 desarrollar
29 dilatar(se)
2 engrandar
9 engrandecer
14 ensanchar(se)
20 estirar(se)
3 expandir
51 extender(se)
38 hinchar(se)
26 incrementar(se)
4 multiplicar
21 sumar(se)

24 ◁*achicar(se)*
14 ◁*aminorar(se)*
19 ◁*disminuir(se)*
19 ◁*empequeñecer(se)*
32 ◁*estrechar(se)*

agranujado
11 abellacado
32 bellaco
1 canallita
12 delincuente
7 encanallado
8 granuja
4 granuloso
19 golfo
9 perillán
7 truhán

agrario
3 agrimensor
10 perito
1 rural
17 campesino

agravación
4 acrecimiento
6 crecida
9 refuerzo
23 aumento

agravamiento
16 agotamiento
4 agravación
6 decadencia
5 empeoramiento
2 recaída
17 ◁*alivio*
6 ◁*mejoría*
9 ◁*refuerzo*

agravar
23 acrecentar(se)
11 acrecer
59 aumentar(se)
18 empeorar(se)
1 engravecer
4 gravar
23 imponer(se)
16 ponderar
4 recargar
9 reforzar
50 cargar
10 oprimir
⇨aumentar el peso
⇨hacer más gravoso
49 ◁*mejorar(se)*
20 ◁*aligerar*

agraviado
4 afrentado
8 quejoso

agraviante
6 insultante
5 ofensivo

agraviar
21 afrentar(se)
14 calumniar(se)

11 dañar(se)
14 denostar
22 deshonrar(se)
16 injuriar
10 insultar
114 molestar(se)
33 ofender(se)
5 perjudicar(se)
20 resentirse
7 ultrajar

agraviarse
30 sentir(se)
57 picar

agravio
21 afrenta
17 cargo
9 denuesto
16 deshonor
9 deshonra
11 herida
5 imputación
17 injuria
12 injusticia
10 insidia
10 insulto
4 malevolencia
18 molestia(s)
14 ofensa
12 queja
2 sinrazón
10 ultraje
27 acusación
11 calumnia
9 daño
10 perjuicio

agravioso
7 injurioso
6 insultante

agraz
4 agracejo
4 agrazón
16 amargura
2 sinrazón
6 sinsabor
12 desazón
16 disgusto

agrazar
21 amargar(se)
24 desazonar(se)
20 disgustar(se)
2 insidiar
20 agriar

agrazón
7 agraz
12 desazón
16 disgusto
11 enfado

agrecillo
5 arlo

agredir(se)
12 arremeter(se)
42 arrojar(se)
11 asaltar(se)
19 atacar(se)
37 cerrar(se)
6 embestir
15 herir
8 hostilizar
18 acometer
16 atentar
39 atracar
6 barajustar
32 entrar
24 golpear
⇨abalanzarse contra
⇨caer sobre uno

agregación
12 anexión
19 anexo
10 añadidura
14 apéndice
2 incorporación
4 aditamento
11 complemento

agregado
4 adherido
14 adjunto
26 afecto
13 anejo
19 anexo
1 añadido
14 apéndice
3 cóctel

10 combinación
15 compuesto
2 juntado
10 pegado
11 unido
2 yuxtapuesto
15 asociado
5 colaborador
11 complemento
10 adherente
12 mezcla
9 seguido
1 ◁desvinculado

agregar(se)
19 acompañar
5 adicionar
4 adjuntar(se)
4 adscribir
21 afectar(se)
17 anexar(se)
7 anexionar(se)
24 añadir(se)
48 asociar(se)
59 aumentar(se)
15 combinar
6 complementar(se)
4 encolar
26 incorporar(se)
26 incrementar(se)
74 juntar(se)
31 mezclar(se)
4 multiplicar
38 pegar(se)
21 sumar(se)
2 suplementar
79 unir(se)
7 vincular
9 zurcir
19 ◁disminuir(se)
10 ◁restar
58 ◁quitar

agremiación
1 sindicación
28 asociación
19 reunión
12 ◁escisión

agremiado
15 asociado

agremiar(se)
48 asociar(se)
16 concentrar(se)
3 confederar
49 reunir(se)
6 sindicar(se)
79 unir(se)
3 ◁escindir
64 ◁separar(se)

agresión
15 acometida
4 acorralamiento
10 asalto
18 ataque
4 atraco
9 embestida
5 provocación
21 violencia
37 golpe

agresividad
5 acometividad
4 belicosidad
4 combatividad
4 militarismo

agresivo
8 cáustico
5 mordaz
9 procaz
11 provocador
3 punzante
⇨con mala leche
⇨de mala intención

agresor
10 acometedor
3 asaltante
3 atacante
4 pendenciero
11 provocador
22 bravucón
8 flamenco
7 matón
12 ◁defensor

agreste
16 abrupto
45 áspero
9 bucólico
8 campestre
3 inadecuado
7 incivil
14 inculto
12 montuoso
4 pastoral
22 rudo
1 rural
10 silvestre
17 campesino
21 grosero
17 rústico
19 salvaje
10 tosco

agrete
7 agraz
23 agrio

agriado
4 acidulado
5 alterado
1 arrequesonado
6 cortado
10 descompuesto
12 deteriorado
17 ácido

agriamente
10 acremente

agriar(se)
13 acedar
4 acidificar(se)
5 acidular(se)
5 agrazar
39 alterar(se)
64 apuntar(se)
4 arrequesonarse
20 avinagrar(se)
3 caseificar(se)
12 envenenar(se)
16 exacerbar(se)
15 exasperar(se)
5 fermentar
3 revenirse
44 torcer(se)
27 volver(se)
57 cortar
8 ◁acaramelar(se)

agriaz
5 cinamomo

agrícola
4 agrario
1 agronómico
1 rural
4 ◁urbano

agricultor
3 agrícola
5 colono
6 cultivador
6 granjero
4 hortelano
1 horticultor
2 plantador
17 campesino
7 labrador
13 labriego
6 payés
17 rústico

agricultura
1 agronomía
⇨trabajos agrícolas

agridulce
17 ácido

agriera
10 acidez

agrietado
9 cascado
7 rasgadura
2 resquebrajado
5 rajado

agrietamiento
6 grieta
6 rendija
6 raja

agrietar(se)
35 abrir(se)
6 arietar(se)
14 hender
1 hendir
4 resquebrajar
18 cuartear
6 pispar
36 rajar
2 trizar

⇨abrir fisuras

agrifolio
2 acebo
2 aquifolio

agrilla
2 acedera

agrillo
17 ácido

agrimensor
3 medidor
1 topógrafo
⇨perito catastral

agrio
7 acedo
24 acerbo
4 acidulado
2 agrete
45 áspero
5 avinagrado
9 desabrido
10 desagradable
9 desapacible
1 desarmónico
4 desentonado
5 esquinado
5 hiriente
5 picante
3 punzante
2 zahareño

17 ácido
15 acre
25 agudo
12 frágil
5 quebradizo
6 irritable
19 ◁suave

agripnia
6 desvelo
4 insomnio
9 nerviosismo

agrisado
4 grisáceo
2 gríseo

agro
8 campo
8 tierra

agronomía
2 agricultura

agronómico
3 agrícola

agror
5 agrura

agrumar(se)
8 cuajar
11 espesar(se)
9 solidificar(se)
54 ◁aclarar(se)

agrupación
27 asamblea
11 bloque
8 clan
9 comunidad
6 estructura
12 hermandad
12 junta
4 orquesta
8 rondalla
7 gremio
2 mutualidad
28 asociación
7 cofradía
19 reunión
16 sociedad
7 trabazón

agrupado
5 gremial

agrupamiento
15 grupo
19 reunión
16 sociedad
1 ◁disociación

agrupar(se)
30 acoplar(se)
15 aglomerar(se)
9 aglutinar
42 amontonar(se)
19 amotinar(se)
7 apandillar
5 apeñuscar(se)
6 apilar
21 apiñar(se)

7 arremolinar(se)
48 asociar(se)
6 centralizar
2 congregar
8 conjuntar
3 estructurar
74 juntar(se)
5 mancomunar(se)
49 reunir(se)
3 seriar
79 unir(se)
4 conglomerar
25 ◁desunir(se)
12 ◁disgregar(se)
64 ◁separar(se)

agrura
10 acrimonia
6 acritud
1 agror
6 hiel
10 resentimiento

agua(s)
9 cristal
26 juego(s)
3 linfa
2 líquido
9 matiz
5 caldas
17 lluvia
⇨húmedo elemento

aguacero
3 cellisca
3 chaparrada
6 chubasco
2 nubada
2 nubarrada
1 oraje
12 temporal
2 torva
1 turbión
6 chaparrón
5 diluvio
7 llovizna
17 lluvia

aguacil
24 alguacil

aguachar
3 aguachinar

aguachinar
1 aguachar
12 aguar(se)
18 empapar(se)
4 ◁desecar

aguachirle
4 aguapié
10 baladí
16 caldo

aguada
2 acuarela

aguaderas
17 angarilla(s)
2 artolas
9 armazón

aguadero
3 aguador
10 azacán
1 manguero
6 pila
7 pilón
9 tina
2 tinaja
7 abrevadero
2 aguaje
29 depósito

aguado
12 calado
8 desvaído
1 difuminado
5 disminuido
6 empapado
19 estropeado
6 húmedo
5 mojado
10 fastidiado

aguador
10 azacán
10 aguadero
29 ayuda

aguaducho
22 bebedero

aguafiestas
3 ceñudo
2 derramasolaces

agudeza

2 malpensado
3 pesimista
1 regañón
8 cascarrabias
5 gruñón
⇨perro del hortelano
5 ◁optimista

aguafuerte
7 grabado
⇨ácido nítrico

aguaitacaimán
10 cagón

aguaje
7 abrevadero
10 aguadero

aguamala
2 aguamar
2 medusa
⇨pulmón marino

aguamanil
1 aguamanos
9 lavabo
6 pila
16 artesa
7 palangana

aguamanos
5 aguamanil

aguamar
3 aguamala
2 medusa

aguamarina
3 berilo

aguamiel
2 hidromiel

aguanieve(s)
16 aguzanieves

aguanoso
6 húmedo

aguantable
7 admisible
3 llevadero
4 pasable
5 pasadero
5 soportable
7 tolerable

aguantar(se)
9 acodar(se)
16 aparear(se)
8 apechugar
23 arrostrar
49 callar(se)
13 comportar(se)
27 conformar(se)
6 conllevar
21 contener(se)
9 experimentar
43 llevar(se)
28 mantener(se)
48 pasar(se)
9 penar
25 permitir(se)
23 refrenar(se)
21 reprimir(se)
22 resignar(se)
25 resistir(se)
14 sacrificar(se)
4 sobrellevar
6 soportar
25 sostener(se)
12 sufrir
10 sustentar
8 tolerar
40 vencer(se)
12 achantarse
5 padecer
⇨armarse de paciencia
⇨estar en el banco de la paciencia
⇨llevar la cruz
⇨morderse los puños
⇨ofrecer la otra mejilla
⇨tener correa
⇨tragar saliva
⇨tragarse el orgullo
10 ◁clamar

aguante
9 imperturbabilidad
12 paciencia
17 resistencia

5 tolerancia
9 cuajo
49 energía
12 flema
12 sufrimiento
7 vigor
⇨fortaleza de alma
⇨sangre fría

aguapié
3 aguachirle
1 agüetas
5 casca
5 torcedura

aguar
12 disolver(se)
20 entorpecer(se)
64 estropear(se)
24 frustrar(se)
20 interrumpir(se)
2 merar
114 molestar(se)
8 perturbar
37 turbar(se)
16 chafar
5 incordiar
4 joder

aguardar
17 demorar(se)
8 diferir
9 permanecer
4 prorrogar
3 tardar
17 acechar
18 cuartear
4 esperar
⇨dar tiempo
⇨estar de plantón
6 ◁desesperar(se)
53 ◁marchar

aguardiente
1 cazalla
2 ojén
18 amargo
16 caña

aguarrás
⇨aceite de trementina

aguatocha
22 bomba

aguaturma
2 tupinambo
4 cotufa
⇨pataca de caña

aguaviento
6 chubasco
6 chaparrón
7 llovizna

aguavilla
1 gayuba

aguaza
1 acuosidad
2 líquido

aguazal
3 estero
3 fachinal

aguazo
2 acuarela

aguazul
12 barrilla

aguda
5 pizpireta

agudamente
1 filosóficamente
2 fuertemente
1 ingeniosamente
3 intensamente
1 perspicazmente
1 sutilmente
2 vivamente

agudez
8 gracejo

agudeza
10 chiste
1 dicacidad
9 dicho
7 frase
18 gracia(s)
18 habilidad

agudización

15 ingenio
1 ingeniosidad
13 ligereza
10 ocurrencia
11 penetración
8 presteza
7 proverbio
6 refrán
6 sagacidad
8 sutileza
7 talento
8 velocidad
9 vivacidad
23 viveza
24 arte
4 perspicacia
⇨buena sombra

11 ◁*ingenuidad*
6 ◁*simpleza*

agudización
1 enconamiento
1 recaimiento

6 ◁*mejoría*

agudizar(se)
10 acerar(se)
14 agravar(se)
14 aguzar(se)
5 enfatizar

39 ◁*suavizar(se)*

agudo
15 acerado
24 acerbo
3 afilado
5 aguzado
28 claro
18 cruel
1 empuntado
14 ingenioso
2 intencionado
23 ligero
8 penetrante
6 perspicaz
5 picante
14 presto
3 puntiagudo
3 punzante
11 sutil
10 veloz
28 vivo

7 acentuado
1 oxítono
19 recto
11 delgado
10 sagaz
10 travieso

10 ◁*obtuso*

agüero
24 anuncio(s)
9 augurio
15 indicio(s)
10 predicción
3 premonición
11 presagio
6 pronóstico
10 signo(s)
6 sospecha
6 suspicacia
5 vaticinio

34 aviso
27 señal

aguerrido
13 acostumbrado
11 avezado
10 baqueteado
10 belicoso
37 bravo
8 ducho
7 ejercitado
4 entrenado
23 experimentado
1 fogueado
6 habituado
3 veterano

9 ◁*bisoño*
7 ◁*novato*

aguerrir(se)
19 curtir(se)
5 ejercitar
9 entrenar(se)
9 foguear(se)
17 habituar(se)

9 ◁*entumecer(se)*

agüetas
4 aguapié

aguijada
1 aijada
3 arrejada

3 béstola
10 estímulo
3 limpiadera
1 llamadera
2 rejada
10 vara
13 pica

aguijadura
1 aguijonada
2 aguijonamiento
6 aguijonazo
14 incitación
1 punzadura

aguijar(se)
22 aguijonear(se)
38 andar
20 apremiar(se)
65 apretar(se)
12 avispar(se)
13 azuzar(se)
9 espolear
11 fustigar
23 pinchar(se)
21 arrear
7 chucear
20 instigar

aguijón
9 acicate
10 aliciente
14 espina
10 estímulo
6 incentivo
14 incitación
3 incitativo
16 pasión
7 puya
1 rejo
9 rejón
14 dardo
17 inquietud
9 pincho
11 púa
20 tormento

aguijonada
5 aguijadura

aguijonamiento
5 aguijadura
10 estímulo

aguijonar
22 aguijonear(se)
65 apretar(se)

aguijonazo
10 estímulo
6 incentivo
4 pinchazo
2 punzada
4 puyazo
6 picadura

7 ◁*desaliento*

aguijoneamiento
14 impulso
5 provocación

aguijonear(se)
12 aguijar(se)
2 aguijonar
1 aguizgar
14 alentar(se)
40 atizar(se)
1 atondar
35 atormentar(se)
12 avispar(se)
34 avivar(se)
13 azuzar(se)
23 enardecer(se)
9 espolear
28 estimular(se)
11 fustigar
17 incitar(se)
1 picanear
23 pinchar(se)
18 provocar
3 punzar
21 arrear
10 arriar
57 picar

águila
1 aguilucho
1 guaraguao
11 rapaz
4 rapiña
17 estafador
4 petardista
11 sablista

aguileño
4 aquilino
8 corvo

7 curvo
3 ganchudo
12 torcido
9 ◁chato

aguilón
8 puntal
5 traviesa
9 madero
5 poste

aguilucho
7 águila

aguinaldo
8 dádiva
18 gratificación
11 propina
7 recompensa
16 regalo
8 sobre

aguizgar
22 aguijonear(se)

aguja
1 agujuela
13 alfiler
1 almarada
1 atador
2 brocheta
1 broqueta
4 codal
12 desvío
1 espadilla
3 espiga
5 ganchillo
5 hondón
6 horquilla
3 manecilla
1 minutero
6 pasador
1 punterol
2 punzón
2 riel
7 saeta
2 saetilla
1 torreta
15 brújula
3 capitel
11 compás
18 chucho

13 pica
9 pincho
11 púa

agujereado
12 calado

agujerear
35 abrir(se)
51 afligir(se)
42 atravesar(se)
16 barrenar
25 calar(se)
7 cavar
14 desolar(se)
15 herir
4 horadar
1 ojalar
1 ojetear
5 perforar
2 taladrar
7 trepar
3 escariar
2 fresar
7 acribillar
57 picar
12 traspasar

agujero
25 abertura
4 barreno
23 boca
7 boquete
7 brecha
1 bufarda
9 cala
2 clavera
1 cotona
2 encajadura
23 entrada
1 escobén
3 gatera
1 groera
2 horado
19 hueco
1 hura
1 hurera
1 huronera
2 lobera
3 ojal
14 ojo(s)
5 orificio
1 piquera

3 poro
13 portillo
8 pozo
2 puntada
2 ratonera
22 salida(s)
2 taladro
1 trepado
1 buraco
3 foramen
10 hoyo
7 ojete
6 roto

agujeta(s)
3 botijuela
15 cinta
6 correa
2 dolores
1 hormiguillo
7 picazón

agujetero
1 alfilerero
3 alfiletero
2 cañuto

agujuela
29 aguja

agur
9 adiós
3 chao
3 abur
⇨hasta la vista
⇨hasta luego
⇨hasta pronto
⇨id con Dios
⇨ve con Dios

agusanado
1 vermiforme
4 putrefacto

agustino
14 fraile
13 monje

agutí
1 cavia
2 cobaya
5 acure

⇨conejillo de Indias

aguzadera
2 asperón

aguzado
3 afilado
8 penetrante
3 puntiagudo
11 sutil
25 agudo
9 ◁chato
11 ◁romo

aguzadura
25 arado

aguzanieves
1 aguanieve(s)
1 andarríos
1 apuranieves
2 caudatrémula
1 chirivía
3 doradillo
1 lavandera
2 motolita
8 nevatilla
2 nevereta
1 pezpita
1 pizpita
1 pizpitillo
⇨pajarita de las nieves
⇨pajarito de las nieves

aguzar
14 adelgazar(se)
9 afilar(se)
11 afinar
4 agudizar(se)
22 aguijonear(se)
59 aumentar(se)
34 avivar(se)
9 despabilar(se)
28 estimular(se)
60 excitar(se)
17 incitar(se)
7 repasar
20 aligerar
⇨sacar punta

ahajar
39 ajar(se)

ahebrado
7 fibroso
1 hebroso
1 hilado

ahechadura
3 barcia
3 granza

ahelear
21 amargar(se)

ahembrado
9 amadamado
6 amaricado
29 afeminado

ahembrarse
4 afeminar

aherrojamiento
7 dominación
8 encarcelamiento
7 esclavitud
18 ◁*libertad*

aherrojar
13 avasallar(se)
6 domeñar
46 dominar(se)
24 encadenar(se)
7 esclavizar
4 esposar
5 subyugar
61 atar
10 oprimir
14 sujetar
⇨poner grillos
42 ◁*soltar(se)*
34 ◁*liberar(se)*

aherrumbrar(se)
3 enmohecerse
1 herrumbrarse
3 oxidarse
⇨tomarse de orín

ahí
3 allá
7 allí
6 aquí

8 cerca
7 inmediato
13 próximo
3 entonces
⇨al lado
⇨en ese momento
⇨poco más o menos

ahidalgado
20 caballeroso
12 hidalgo
5 señor
22 noble

ahigadado
5 esforzado
7 osado
9 valiente
⇨de pelo en pecho
⇨echado para adelante

ahijado
4 acogido
2 adoptado
1 apadrinado
13 brote
6 retoño
12 protegido

ahijar
19 acoger(se)
18 adoptar
11 apadrinar
21 asignar(se)
33 atribuir(se)
14 engendrar
10 imputar
3 procrear
1 prohijar
42 proteger(se)
7 retoñar

ahilado
1 filiforme
11 apergaminado

ahilar
9 acantonar(se)
14 adelgazar(se)
11 apergaminar(se)
9 desmayar(se)

1 espiritar(se)
1 madrear(se)
3 sutilizar(se)
6 alinear
⇨poner en fila

ahilarse
9 acartonar(se)
14 adelgazar(se)
11 apergaminar(se)

ahincado
14 ardoroso
25 diligente
9 eficaz
8 empeñado
5 esforzado
7 insistente
12 vehemente
10 voluntarioso

ahincar(se)
18 aporrear(se)
16 apresurar(se)
65 apretar(se)
5 diligenciar
39 empeñar(se)
25 esforzar(se)
32 estrechar(se)
11 instar
16 obcecar(se)
39 empeñarse
25 esforzarse
11 insistir
28 obstinarse
◁*dejarlo estar*

ahínco
13 afán
12 apresuramiento
22 ardor
13 empeño
6 entusiasmo
11 fervor
13 firmeza
7 insistencia
5 tesón
12 vehemencia
16 voluntad
16 diligencia
28 ansia
12 esfuerzo

⇨a destajo
⇨con empeño
⇨de día y de noche
⇨sin levantar la cabeza
15 ◁*descuido*

ahinojarse
13 arrodillarse

ahitado
10 morado

ahitamiento
2 tupía

ahitar(se)
18 amojonar
5 apiparse
5 arborecer
10 deslindar
17 empachar(se)
18 empapar(se)
10 empapuzar(se)
87 fastidiar(se)
20 henchir(se)
38 hinchar(se)
3 indigestarse
19 nutrir(se)
19 saciar(se)
44 satisfacer(se)
17 saturar(se)
46 señalar(se)
3 apochincharse
5 tacar(se)
30 atiborrarse
39 atracar
5 embaular
10 empalagar
45 hartar
16 hastiar
⇨llenar la andorga

ahíto
8 aburrido
2 atafea
16 cansado
2 empachado
12 empacho
2 entripado
2 indigestión
6 indigesto
7 saciado

12 harto
10 fastidiado
14 lleno
10 repleto

ahocinarse
13 angostar(se)
65 apretar(se)
24 encajar(se)

ahogadero
3 asfixiante

ahogado
10 abrumado
5 agobiado
16 apretado
1 asfixiado
7 sofocado
17 ◁*desahogado*
18 ◁*libre*

ahogador
1 estrangulador
1 sofocador

ahogamiento
16 agobio
14 ahogo
2 ahoguío
32 anhelo
2 aniego
1 atraganto
15 bochorno
2 estrangulación
6 inmersión
4 naufragio
10 opresión
6 sofocación
2 sofoco
15 asfixia
3 asma
3 disnea

ahogar(se)
27 acongojar(se)
51 afligir(se)
10 agarrotar
27 agobiar(se)
15 ahorcar(se)
2 amedrantar
22 amortiguar(se)

16 anegar(se)
8 añusgar(se)
15 apagar(se)
65 apretar(se)
50 apurar(se)
42 arruinar(se)
6 asfixiar(se)
58 asustar(se)
4 encharcar(se)
5 estrangular
24 extinguir(se)
37 fatigar(se)
6 inundar(se)
38 perder(se)
15 retener(se)
23 sofocar(se)
16 sumergir(se)
10 zambullir(se)
40 amedrentar
10 oprimir

ahogaviejas
2 ácula
1 quijones

ahogo
14 apuro(s)
10 estrechez
35 fatiga(s)
5 indigencia
18 necesidad
10 opresión
7 penuria
2 sofoco
30 angustia
14 aprieto
8 congoja
17 miseria
⇨a la cuarta pregunta
⇨pasarlas canutas

ahogos
27 bollo(s)

ahoguío
16 ahogamiento
15 asfixia

ahondamiento
12 desarrollo
11 penetración
11 avance

6 ◁*superficialidad*

ahondar
7 cavar
17 descender
7 escarbar
6 escudriñar
10 inquirir
5 interrogar
12 investigar
12 penetrar(se)
5 profundizar
6 sondar
9 sondear
3 zahondar(se)
11 insistir
57 picar
⇨abrir hoyos
⇨entrar en materia
⇨sacar tierra

ahora
8 actualmente
4 hoy
1 mientras
1 ahorita
⇨al presente
⇨el día de hoy
⇨en el momento
⇨en el tiempo presente
⇨en este mismo instante
⇨en estos instantes
⇨en estos momentos
⇨en la actualidad
⇨entre tanto
⇨hoy en día

ahorcado
5 ahogado
2 ajusticiado
3 colgado
4 condenado
4 suspendido

ahorcamiento
4 linchamiento

ahorcar(se)
10 agarrotar
28 ahogar(se)
10 ajusticiar
6 asfixiar(se)

16 colgar(se)
43 dejar(se)
6 desistir
5 estrangular
1 guindar
20 interrumpir(se)
52 matar(se)
3 pender
15 suspender
8 degollar

ahorita
14 ahora

ahormar(se)
25 amoldar(se)
27 conformar(se)
4 convencer
⇨poner en razón

ahorquillarse
10 bifurcar(se)

ahorrador
27 austero
13 económico
6 frugal
4 usurero
11 ◁*gastador*
14 ◁*pródigo*

ahorrar
8 economizar
2 entalegar
6 evitar
16 excusar(se)
44 guardar(se)
15 libertar(se)
9 manumitir(se)
10 prescindir
22 reservar(se)
10 escatimar
⇨pasar por alto
32 ◁*gastar(se)*
9 ◁*derrochar*
6 ◁*dilapidar*

ahorrativo
9 aprovechado

ahorro(s)
12 avaricia
7 conservación

ahucheo

9 economía(s)
1 hurtadineros
2 ladronera
10 mezquindad
13 parsimonia
3 peculio
15 reserva(s)
6 tesoro
1 trapillo
7 alcancía
6 calcetín
9 cepillo
9 cepo
16 gato
6 hucha
8 olla
⇨caja de ahorros

ahucheo
103 burla

ahuecado
2 ensanchado
3 esponjado
9 inflado
3 mullido
4 repolludo
20 amplio
19 hinchado

ahuecador
2 miriñaque
3 polisón

ahuecamiento
4 abombamiento

ahuecar(se)
4 afollar
4 afollarse
12 ampliar(se)
26 blandear(se)
6 engreírse
14 ensanchar(se)
9 esponjar(se)
38 hinchar(se)
9 infatuarse
19 inflar(se)
2 mullir
48 salir(se)
7 abalar
6 envanecerse

11 fardar
46 irse
60 largarse
53 marchar
17 pavonearse
⇨ahuecar el ala
⇨irse con viento fresco
⇨largarse con viento fresco
⇨tomar las de Villadiego
44 ◁ceñir(se)
4 ◁deshinchar(se)

ahuevar
40 acobardar(se)
58 asustar(se)
36 atemorizar(se)
9 aovar
15 insinuarse
⇨poner huevos

ahuizote
13 agüero
7 brujería
5 fatigoso
4 incordiante
7 pelma
1 ajolote
6 maleficio
31 pesado

ahumado
7 curado
6 ennegrecido
12 manchado
28 ◁claro

ahumar(se)
5 acecinar
7 cecinar
2 emborrachar
37 embriagar(se)
10 ennegrecer
3 fumigar
3 sahumar
16 corromper
6 humear

ahusado
3 afilado
5 aguzado

6 alargado
3 puntiagudo
9 ◁chato
21 ◁corto

ahusar(se)
9 afilar(se)
11 afinar
14 aguzar(se)
5 ◁engrosar

ahuyentar
42 arrojar(se)
58 asustar(se)
58 echar(se)
24 espantar(se)
18 evadir(se)
60 largar(se)
5 rehuir
34 escaparse
11 expulsar
fugarse
19 huir
⇨meter el susto en el cuerpo
48 ◁atraer(se)

aijada
9 aguijada

ailanto
1 maque
⇨árbol del cielo

aína
2 cómodamente
2 fácilmente
14 presto
3 sencillamente
19 rápido
⇨al instante
⇨por poco

airadamente
3 ásperamente

airado
14 ardoroso
6 encolerizado
5 enfurecido
6 exasperado

9 furibundo
8 furioso
12 irregular
13 rabioso
16 vicioso
13 violento
5 cabreado
8 enojado
11 iracundo
17 irritado
13 lascivo
⇨como una fiera
⇨hecho un tigre
⇨hecho una fiera
13 ◁tranquilo

airamiento
22 irritación
16 disgusto
11 enfado
26 ◁calma

airampo
14 cacto

airar(se)
40 agitar(se)
39 alterar(se)
9 desasosegar(se)
4 emberrenchinar(se)
8 embravecer(se)
4 encohetar(se)
6 encolerizar
67 enfadar(se)
22 enfurecer(se)
27 enojar(se)
2 enrabiar
15 exasperar(se)
60 excitar(se)
63 irritar(se)
20 violentar(se)
40 cabrearse
7 empavar
4 enfollonar
5 rabiar
21 ◁tranquilizar(se)

aire(s)
2 aireación
1 aireo

9 ambiente
1 aparencia
9 apostura
7 aria
7 atmósfera
1 aventamiento
10 canción
12 cielo
14 corriente
3 efluvio
20 engreimiento
4 espacio
3 éter
14 expresión
15 exterior
8 fuelle
12 garbo
18 gracia(s)
5 melodía
3 oreo
11 plante
8 porte
5 presión
1 rarefacción
11 respiración
8 tiro
7 tonada
14 vanidad
3 ventilación
3 ventosa
20 viento(s)
14 aura
39 aspecto
18 cara
9 desplante
4 farde
22 figura
15 gallardía
7 manga
18 orgullo
7 petulancia
12 primor
7 soberbia
8 soplo

aireación
3 oreo
3 ventilación
◁ *enrarecimiento*

aireado
1 oreado
7 ventilado

◁ *enrarecido*

airear(se)
5 abanicar(se)
3 acatarrarse
3 constiparse
5 enarbolar
18 enfriar(se)
31 exponer(se)
11 manifestar
26 ofrecer(se)
2 orear
1 oxigenar
3 oxigenarse
7 purificar
30 secar(se)
9 ventilar
28 aventar
14 publicar

airecillo
5 brisa
14 aura

aireo
46 aire(s)

airón
2 penacho
11 pluma

airoso
17 apuesto
31 arrogante
34 brillante
9 elegante
10 esbelto
1 exitoso
9 garboso
17 gentil
5 lucido
7 triunfante
2 vencedor
13 cuadrado
11 galán
17 gallardo
18 gracioso
4 ◁ *fracasado*

aislacionista
4 abstencionista

aisladamente
4 apartadamente

aislado
5 desierto
11 retirado
8 señero
10 separado
16 solitario
16 solo

aislador
2 aislante

aislamiento
30 abandono
1 agorafobia
24 apartamiento
2 ascetismo
1 boicot
5 destierro
7 encerrona
12 encierro
10 estrechez
12 exclusión
10 guarida
2 incomunicación
3 misantropía
1 monólogo
4 orfandad
4 reclusión
2 recogimiento
1 retiramiento
8 retiro
12 retraimiento
3 secesión
28 separación
6 soledad
1 soliloquio
9 clausura
6 ◁ *liberación*
19 ◁ *unión*

aislante
1 aislador
1 interceptor
1 ◁ *comunicante*

aislar(se)
22 abandonar(se)
14 acordonar
17 acorralar

38 alejar(se)
13 analizar(se)
70 apartar(se)
32 arrinconar(se)
16 atrancar(se)
15 bloquear
5 boicotear
4 clausurar
7 confinar
11 desamparar
4 desasistir
25 desunir(se)
11 encerrar
14 enterrar(se)
26 excluir(se)
11 exiliar(se)
18 extrañar(se)
4 incomunicar
9 recluir(se)
47 recoger(se)
34 retirar(se)
10 retraerse
64 separar(se)
11 soterrar(se)
34 retirarse
⇨ echar del mundo
⇨ enterrarse en vida
⇨ hacer el vacío
⇨ ir a la suya
⇨ meterse en su concha
⇨ quedar de non
⇨ venderse caro
35 ◁ *abrirse*
18 ◁ *comunicar(se)*
7 ◁ *hacinar(se)*
34 ◁ *liberar(se)*

ajado
5 lacio
7 raído
9 pocho
12 ◁ *nuevo*

ajamiento
31 arruga
2 decoloración
6 desaliño
9 desfloración
4 desgaste
4 deslustre
9 deterioro
7 manoseo

3 marchitamiento
5 pliegue
1 raboseada
1 sobajamiento
1 sobajeo
19 sobo
8 soba

ajamonada
7 jamona

ajamonarse
6 engordar
5 engrosar
14 ◁adelgazar(se)

ajar(se)
1 ahajar
8 amancillar
9 amustiar(se)
2 apañuscar
10 avejentar(se)
40 avergonzar(se)
13 cagar(se)
3 desaliñar
17 deslucir(se)
30 deteriorar(se)
1 enlaciar
8 envejecer
64 estropear(se)
32 gastar(se)
46 humillar(se)
9 macerar(se)
7 mancillar(se)
7 manosear
18 marchitar(se)
3 mustiar
48 pasar(se)
2 percutir
41 quebrar(se)
1 rabosear
7 resecar(se)
17 rozar(se)
1 tazar
5 vejar
39 arrugar
16 chafar
4 desflorar
16 desgraciar
10 hollar
4 luir
5 machucar

8 maltratar
3 sobajar
10 sobar
9 violar
83 ◁arreglar(se)
5 ◁ensalzar(se)

ajarafe
3 altozano
6 ático
9 azotea
2 terrado
6 meseta

ajardinar
10 cultivar
⇨poner jardines

ajaspajas
13 bulbo

ajebe
4 alumbre
2 enjebe
6 jebe

ajedrea
1 hisopillo
1 jedrea
⇨tomillo real

ajedrez
2 escaques

ajedrezado
2 cuadrícula

ajenabe
3 jenabe
1 mostaza

ajenjo
2 absenta
2 absintio

ajeno
8 desconocedor
10 diferente
10 distinto
4 diverso
10 exento
18 extraño

19 ignorante
7 impropio
10 indiferente
18 libre
15 ◁igual

ajero
9 buhonero
2 bulboso

ajetreado
3 afanado
7 agitado
5 ocupado
13 ◁tranquilo

ajetrear(se)
38 andar
8 aperrear(se)
7 baquetear
3 bazucar
10 bregar
37 fatigar(se)
1 zarandar
9 zarandear(se)
41 cansarse
24 revolver
7 traquetear
⇨echar el bofe
⇨llevar la lengua fuera

ajetreo
2 baqueteo
15 movimiento
1 reventadero
2 trajín
3 traqueteo
24 follón
7 zarandeo
⇨idas y venidas

ají
1 chiltipiquín
2 guindilla
6 pimiento
4 chile

ajiaceite
1 alioli

ajilimójili
6 adobo
11 aliño

5 requisito
8 sabor
7 salero
10 singularidad

ajimez
4 ventanal
12 balcón

ajo
3 cebollino
3 chalote
9 denuesto
5 palabrota
1 puerro
11 juramento
19 taco

ajoaceite
1 ajolio
1 alioli
2 mayonesa

ajobo
24 carga
35 fatiga(s)
18 molestia(s)
22 trabajo(s)
12 esfuerzo

ajolio
3 ajoaceite

ajolote
8 ahuizote

ajonjera
⇨cardo ajonjero
⇨cepa caballo

ajonjo
3 cardo

ajonjolí
38 alegría(s)
1 sésamo

ajorca
10 argolla
11 brazalete
2 pulsera
26 cadena

ajotar
- 17 abochornar(se)
- 4 afeminar
- 40 avergonzar(se)
- 12 despreciar
- 9 menospreciar
- 114 molestar(se)
- 9 sonrojar(se)
- 15 acosar
- 11 desdeñar
- 12 hostigar

ajote
- 1 escordio

ajuar
- 8 atalaje
- 8 belez
- 3 canastilla
- 9 equipo
- 2 menaje
- 2 mobiliario
- 1 moblaje
- 1 mueblaje

ajuarar
- 10 amueblar

ajumado
- 45 borracho
- 11 jalisco

ajumarse
- 9 achisparse
- 23 emborracharse
- 37 embriagarse
- ⇨ ponerse alegre
- ⇨ ponerse piripi
- 21 ◁ serenar(se)

ajustable
- 3 graduable

ajustadamente
- 40 bien(es)
- 7 cabalmente

ajustado
- 22 preciso
- 19 recto
- 16 justo
- ⇨ como pintado

ajustador
- 4 corsé
- 1 chupetín
- 5 faja
- 1 justillo
- 9 mecánico
- 2 operario
- 2 tontillo
- 8 armador
- 3 jubón

ajustar(se)
- 4 acolar
- 55 acomodar(se)
- 4 acompasar
- 30 acoplar(se)
- 37 acordar(se)
- 14 acordonar
- 21 adaptar(se)
- 12 adecuar(se)
- 43 afirmar(se)
- 10 agarrotar
- 25 amoldar(se)
- 16 aparear(se)
- 51 apropiar(se)
- 83 arreglar(se)
- 19 atacar(se)
- 9 atenerse
- 41 avenir(se)
- 3 capitular
- 9 circunscribir
- 2 coaptar
- 8 coincidir
- 13 compadecer(se)
- 8 compaginar(se)
- 5 compasar
- 16 concertar(se)
- 10 conciliar
- 36 conducir(se)
- 27 conformar(se)
- 11 contratar(se)
- 12 embutir
- 24 encajar(se)
- 5 encorsetar
- 6 entallar
- 6 homologar
- 30 igualar(se)
- 36 liquidar(se)
- 30 montar(se)
- 24 ordeñar
- 19 quedar(se)
- 15 reconciliar(se)
- 8 reglar(se)

- 17 regular(se)
- 5 saldar
- 40 someter(se)
- 14 sujetarse
- 6 tipificar
- 4 concordar
- 6 asalariar
- 50 asentar
- 61 atar
- 20 atemperar
- 19 casar
- 15 convenir
- 9 entenderse
- 6 fajar
- 11 pactar
- 5 ◁ desajustar(se)
- 5 ◁ desceñir(se)

ajuste
- 2 acople
- 21 acuerdo(s)
- 3 apareamiento
- 6 conciliación
- 12 contrato
- 11 convenio(s)
- 8 exactitud
- 14 precisión
- 10 trato
- 20 arreglo
- 14 pacto

ajusticiado
- 5 ahorcado
- 4 ejecutado

ajusticiamiento
- 7 eliminación
- 3 fusilamiento
- 4 linchamiento

ajusticiar
- 10 agarrotar
- 15 ahorcar(se)
- 19 ejecutar(se)
- 36 liquidar(se)
- 52 matar(se)
- 7 rematar
- 3 guillotinar
- 7 fusilar
- ⇨ cumplir la sentencia
- ⇨ llevar a la silla eléctrica

ala(s)
- 5 aleta
- 1 alirón
- 1 alón
- 19 brío
- 1 élitro
- 20 engreimiento
- 5 flanco
- 3 grumo
- 5 hélice
- 2 remo
- 2 tejaroz
- 24 valor
- 41 banda
- 15 lado
- 8 alero
- 40 ánimo
- 32 atrevimiento
- 6 cornisa
- 20 fila
- 18 hilera
- 7 osadía

alabable
- 3 loable
- 10 meritorio

alabado
- 4 aplaudido
- 6 ensalzado
- 3 glorificado
- 5 ◁ vituperado

alabamiento
- 29 alabanza

alabancero
- 6 lagotero
- 9 lisonjero
- 24 adulador

alabancioso
- 3 apologístico
- 7 cacareador
- 5 ◁ vilipendioso

alabanza
- 12 aclamación
- 1 alabamiento
- 7 aleluya
- 8 apología
- 27 aprobación

alabar

1 asteísmo
10 celebración
5 congratulación
20 cortesía
5 ditirambo
9 elogio
7 enaltecimiento
7 encomio
1 epicedio
1 epiceyo
9 glorificación
18 honor
4 jubileo
8 lauro
10 lisonja(s)
6 loa
5 loor
3 ovación
1 plausibilidad
7 panegírico
20 adulación
5 cogollo
18 cumplido
4 incienso
18 ◁*ataque*
8 ◁*desaprobación*

alabar(se)

9 agasajar
18 aplaudir
4 apologizar
23 aprobar(se)
10 bendecir
19 blasonar
10 bombear(se)
15 cacarear
21 cantar
10 celebrar
7 congratular(se)
11 decantar(se)
9 deificar
8 elogiar
8 enaltecer
15 encanecer
18 encaramar(se)
12 encarecer(se)
7 encomiar
23 encumbrar(se)
5 ensalzar(se)
32 exaltar(se)
9 felicitar(se)
8 glorificar
12 halagar

38 hinchar(se)
1 honrar
7 incensar
29 jactar(se)
7 jalear(se)
13 loar(se)
6 magnificar
6 ovacionar
17 pavonear(se)
13 preciar(se)
7 preconizar
5 solemnizar
1 trasloar
8 vanagloriarse
4 vitorear
8 requebrar
18 adular
9 alardear
6 envanecerse
17 gloriar
11 lisonjear
11 pregonar
16 presumir
⇨andar en palmas
⇨dar bombo
⇨dar jabón
⇨darse charol
⇨darse importancia
⇨decir mil bienes
⇨faltar las palabras
⇨hacerse lenguas
⇨levantar hasta las nubes
⇨llevar las palmitas
⇨llevar uno la gala
⇨poner en los cuernos de la luna
⇨poner por las nubes
⇨poner sobre las estrellas

10 ◁*afear*
14 ◁*atildar(se)*
12 ◁*baldonar*
12 ◁*blasfemar*
16 ◁*corregir(se)*
14 ◁*denostar*
6 ◁*deplorar*
8 ◁*desaprobar*
4 ◁*desollar*
4 ◁*detractar*
10 ◁*ennegrecer*
11 ◁*fustigar*
3 ◁*guasear(se)*

16 ◁*injuriar*
10 ◁*insultar*
33 ◁*ofender(se)*
39 ◁*rebajar(se)*
8 ◁*recriminar*
16 ◁*reprobar*
10 ◁*reprochar(se)*
6 ◁*sermonear*
11 ◁*vituperar*
11 ◁*ciscar*
11 ◁*colear*
13 ◁*chorrear*
7 ◁*desparpajar*
10 ◁*despellejar*
13 ◁*desplomar*
7 ◁*difamar*
16 ◁*infamar*
8 ◁*murmurar*
12 ◁*regañar*

alabarda

7 lanza
9 rejón
13 pica

alabardero

4 lancero

a la bartola

1 descansadamente
2 descuidadamente
2 despreocupadamente
1 negligentemente
2 tranquilamente
⇨sin cuidado

alabastrado

3 alabastrino
5 traslúcido

alabastrino

2 alabastrado
10 transparente
5 traslúcido

alabastro

2 espato
1 mármol
4 yeso

álabe

1 estora
6 teja

1 eslora
4 leva
1 levador
1 sobarbo
7 diente
⇨rama combada

alabeado

6 adunco
8 arqueado
1 comboso
7 curvo
6 combo

alabear(se)

3 abangar(se)
7 abarquillar(se)
1 achiguarse
18 arquear(se)
12 bornear
20 combar(se)
12 curvar(se)
13 deformar
14 encorvar(se)
5 pandear(se)
44 torcer(se)
13 abombar(se)
16 apandar
31 doblar
24 ◁*enderezar(se)*

alabeo

6 arqueamiento
4 comba
6 curva
3 pandeo
7 gamba

a la birlonga

4 desabridamente
2 descuidadamente
11 desocupado
9 despreocupado
⇨al descuido
⇨a la que salta
⇨con desaliño

alacena

33 armario
4 despensa
1 fresquera

alargar

4 hornacina
1 taca
2 esternón
22 pecho

alaco
7 crápula
4 harapo
5 perdido
7 trapo
16 vicioso
2 zarrio
3 guiñapo
8 trasto

alacrán
2 asilla
1 escorpión
1 esecilla
3 pejesapo

alacridad
31 animación
13 ligereza
8 presteza
12 prontitud
7 rapidez
⇨ visto y no visto

alache
3 aladroque
5 anchoa
2 lacha
8 boquerón

a la chita ca-
llando
⇨ bajo mano
16 ◁ abiertamente

aladar
36 cabello

aladierna
2 alitierno
4 mesto

aladierno
2 alitierno
4 mesto
2 sanguino

alado
6 alígero
23 ligero
5 raudo
10 veloz
19 rápido

aladro
25 arado

aladroque
5 anchoa
4 alache
8 boquerón

alajú
3 alfajor

alamar
5 cairel
5 fleco
3 ojal
4 presilla
21 adorno

alambicado
4 acrisolado

alambicamiento
8 retórica

alambicar(se)
6 alquitarar
16 aquilatar(se)
7 destilar
41 examinar(se)
4 quintaesenciar
5 sofisticar
3 sutilizar(se)

alambique
1 alcatara
1 alquitara
2 serpentín
2 destilador

alambrada
3 alambrera

alambrado
9 alambre
3 alambrera

alambrar
12 cercar

alambre
2 alambrado
3 alambrera
13 cable
3 doradillo
1 enrejado
8 filigrana
9 hilo
12 red
⇨ espino artificial

alambrera
1 alambrada
2 alambrado
1 enrejado

alameda
4 arboleda
8 parque
9 bosque

alamín
24 alguacil
9 arquitecto

álamo
4 chopo

alampar
45 anhelar
13 ansiar

alancear
1 alanzar
10 asaetear(se)
15 herir
3 rejonear
1 saetear
6 zaherir

alanzar
6 alancear

alaqueca
1 alaqueque
2 corniola
2 restañasangre
4 cornalina

alaqueque
4 alaqueca

alar
8 alero

alárabe
9 árabe

alarde
11 jactancia
12 ostentación
9 revista
1 visita
23 gala

alardeante
9 rumboso

alardear
65 alabar(se)
29 jactar(se)
34 pagar(se)
1 pomponearse
13 preciar(se)
8 vanagloriarse
17 pavonearse
23 pintar
12 ufanar

alargado
4 aerodinámico
4 ahusado
32 ancho
4 apaisado
1 oblongo
7 prolongado

alargador
3 dilatador

alargamiento
8 dilatación
3 estiramiento
7 prórroga
13 ◁ acortamiento
9 ◁ reducción

alargar(se)
38 alejar(se)
1 alongar
12 ampliar(se)

alarguez

7 aparar
70 apartar(se)
24 argumentar(se)
59 aumentar(se)
41 ceder(se)
63 dar(se)
43 dejar(se)
15 desarrollar
1 desencoger
29 desviar(se)
8 diferir
29 dilatar(se)
8 durar
20 estirar(se)
5 eternizar(se)
51 extender(se)
37 llegar(se)
7 prolongar
9 retardar(se)
38 rodear(se)
48 salir(se)
42 soltar(se)
30 subir(se)
11 vivir
7 continuar
33 excederse
11 sobresalir
58 tirar
12 traspasar
◁dar largas
16 ◁acortar(se)
10 ◁cercenar

alarguez
4 agracejo
5 arlo
1 aspálato

alarida
79 alboroto
80 bulla

alarido
5 baladro
9 bramido
11 clamor
1 clamoreo
6 chillido
7 grito
1 rugido
◁voz estentórea

alarifadgo
2 albañilería

alarife
1 albañil
9 arquitecto

alarma
8 intranquilidad
9 nerviosismo
14 prevención
8 sobresalto
14 aprensión
9 espanto
17 inquietud
19 miedo
14 pavor
4 susto
18 temor
9 terror

alarmado
9 inquieto

alarmante
3 alarmista
6 inquietante
8 perturbador
9 ◁calmante

alarmar(se)
39 alterar(se)
20 angustiar(se)
58 asustar(se)
36 atemorizar(se)
18 aterrar(se)
16 emocionar(se)
24 espantar(se)
11 horripilar(se)
28 inquietar(se)
11 intranquilizar(se)
17 preocupar(se)
11 sobresaltar(se)
40 amedrentar
◁cortar el resuello
◁meter el corazón en un puño
◁quitar el hipo
◁tener el alma en vilo

alarmista
1 bulero
3 insidioso

1 trapalón

alaroz
10 biombo

alazán
2 anaranjado
3 canela
3 potro
6 rojizo
2 vinoso
1 yegua
27 caballo

alazor
7 azafrán
1 cárcamo
1 romín

alba
21 amanecer
6 aurora
3 madrugada
3 orto
◁crepúsculo matutino
◁despuntar el día
◁primeras luces
8 ◁ocaso

albacara
9 alcázar

albacea
3 cabezalero
2 fiduciario
1 legatario

albacora
6 breva
2 higo

albalá
5 albarán

albañal
1 albañar
5 albollón
5 cloaca
2 colector
2 coluvie
4 sumidero
10 alcantarilla

8 atarjea
9 desagüe
4 vertedero

albañar
10 albañal

albañil
2 alarife

albañilería
1 alarifadgo
23 obra

albaquía
3 remanente
16 residuo
9 resto
31 sobra(s)

albar
30 blanco
14 blanquecino

albarán
1 albalá
24 anuncio(s)
13 cartel
3 marbete
16 muestra(s)

albarcoque
5 albaricoque

albarda
2 aceruelo
1 albardela
3 albardilla
11 basto
2 enjalma
15 aparejo

albardado
5 rebozado

albardán
15 ganso
23 bufón
5 payaso
9 perillán
7 truhán

albardar
1 embardar
1 enalbardar
1 enjalmar
5 rebozar

albardela
6 albarda

albardilla
6 albarda
6 caballete
15 caballón

albarejo
3 candeal

albarico
3 candeal

albaricoque
1 albarcoque
1 albercoque
1 albérchigo
14 albergue
5 prisco

albaricoquero
1 albarillo
1 alberchiguero
3 alberguero
2 damasco

albarillo
4 albaricoquero

albariza
3 albufera

albarrada
3 horma
6 pared

albarrán
17 pastor

albarranilla
9 cebolla

albarraz
3 estafisagria

albayalde
2 cerusa

albear
7 alborear
18 blanquear

albedrío
11 arbitrio
11 decisión
16 voluntad
12 gusto

albéitar
1 veterinario

alberca
1 alberque
12 balsa
8 charca
9 estanque
8 pozo
14 acequia

albercoque
5 albaricoque

albérchigo
5 prisco

alberchiguero
4 albaricoquero

albergada
40 alojamiento

albergado
7 asilado
6 pensionista

albergar(se)
19 acoger(se)
22 alojar(se)
55 amparar(se)
32 aposentar(se)
5 asilar
16 cobijar(se)
10 hospedar(se)
18 instalar(se)
8 recibir
11 vivir
10 hospedarse

2 ◁desalojar(se)
32 ◁mudar(se)
48 ◁salir(se)

albergue
40 alojamiento
30 amparo
7 cobijo
10 guarida
15 hospedaje
4 mesón
5 parador
8 posada
10 refugio
8 venta
31 aposento
11 fonda
6 hostería
9 pensión

alberguero
7 anfitrión
3 mesonero
4 posadero

albero
19 arena
14 blanquecino
5 cenicero

alberque
6 alberca

albicie
7 blancura

albina
3 albufera

albino
3 albuginoso
3 blancuzco
14 blanquecino

albo
30 blanco

albollón
10 albañal
1 arbollón
5 cloaca
1 desaguadero
10 alcantarilla

albor
7 alba
3 alborada
5 albura
21 amanecer
6 aurora
3 blancor
7 blancura
8 comienzo
2 infancia
16 inicio
6 juventud
6 niñez
9 preludio
19 principio(s)
9 pureza
⇨primera época

alborada
16 albor
9 alboreada
21 amanecer

albórbola
80 bulla

alboreada
7 alba
16 albor
3 alborada
21 amanecer
6 aurora
3 madrugada
2 maitinada
⇨crepúsculo matutino
⇨primeras luces

alborear
21 amanecer
11 clarear(se)
2 albear
⇨apuntar el alba
⇨quebrar el alba
⇨rayar el alba
⇨romper el alba
15 ◁anochecer
5 ◁oscurecer(se)

alborecer
21 amanecer

albores
3 prehistoria

alborga
  2 agovía
  5 alpargata
  2 esparteña

albornoz
  2 balín
  3 chilaba
  5 manto
 10 capote
 21 capa

alboronía
  1 boronía

alboroque
 21 agasajo
  3 botijuela
  2 corrobra
  2 hoque
  2 robla
  2 robra

alborotado
 27 aturdido
 13 irreflexivo
 23 ligero
  8 precipitado
  1 atolondrado
 ⇨cabeza a pájaros

alborotador
  6 baladrero
 25 bullicioso
  6 buscarruidos
 10 jaranero
  5 ladrador
  7 levantisco
  7 revolucionario
  2 leonero
  5 ◁*furtivo*

alborotar(se)
  2 alborozar
  2 cascabelear
  1 embochinchar
  1 embullar
 16 encrespar(se)
 22 enfurecer(se)
  1 escarabajear
 60 excitar(se)
  2 farrear
  6 jacarear
 53 levantar(se)
  1 parrandear
  8 perturbar
 17 remover
 16 resolver(se)
 15 soliviantar(se)
 20 sublevar(se)
  3 trapalear
 26 trastornar(se)
  2 tumultuar
  1 zahorar
 21 arriscar
 15 encolerizarse
 ⇨arder la casa
 ⇨echarlo a chacota
 ⇨haber una de todos los diablos
 ⇨hacer temblar la casa
 ⇨hundirse el mundo
 ⇨meter voces
 30 ◁*apaciguar(se)*
 21 ◁*tranquilizar(se)*

alboroto
  2 alarida
 10 algarada
  8 aquelarre
 22 asonada
 10 barbulla
 18 batahola
 26 broma
 13 bullanga
 12 cisco
  2 chivateo
  9 estrépito
  5 estruendo
  6 fandango(s)
  7 galimatías
  1 gazapina
  3 greguería
  2 herrería
  3 hilaridad
  5 jácara
  5 jollín
  1 lelilí
  2 mareta
  5 pandemónium
 11 pendencia
  8 perturbación
  3 rebumbio
 14 revuelta
 11 reyerta
  2 rifirrafe
  8 sobresalto
  2 tararira
  1 tracamundana
  7 tremolina
  9 turbulencia
  2 vocinglería
  9 zalagarda
  5 zarabanda
  3 zaragata
  7 zozobra
  3 zurriburri
 15 revolución
 21 algarabía
 17 algazara
 11 altercado
  9 balumba
 13 barahúnda
 16 bochinche
 80 bulla
 18 bullicio
 19 confusión
 20 contienda
 10 culebra
 19 desorden
 18 disputa
  9 disturbio
 15 embrollo
  4 escandalera
 10 escándalo
  8 fideo
 24 follón
 12 gresca
  5 guirigay
 17 inquietud
 15 jaleo
 15 jarana
  9 laberinto
 13 marimorena
  9 mitote
 11 motín
  1 pandemonium
 14 pelotera
 11 riña
  5 tiberio
 13 trapatiesta
  7 trifulca
 13 tumulto
  5 zambra
  4 zipizape
 ⇨tole tole

alborozado
 23 animado
 12 regocijado
 36 alegre
  5 jubiloso
 20 ◁*serio*
 16 ◁*triste*
 10 ◁*mustio*

alborozar
 31 alborotar(se)
 27 alegrar(se)

alborozarse
 18 regocijar(se)

alborozo
 38 alegría(s)
  3 carcajada
  6 entusiasmo
 17 gozo
  9 júbilo
  6 optimismo
 30 placer
 11 regocijo
  3 risa
  8 contento

albriciar
 33 avisar(se)

albricias
 38 alegría(s)
  2 enhorabuena
  1 felicitaciones
  9 júbilo
  8 nueva(s)
  1 parabienes
 11 regocijo
 20 satisfacción
  8 contento
  8 dádiva
 13 noticia
  8 nuevas
 16 regalo
  2 ◁*pésame*
 13 ◁*tristeza*

albufera
  1 albariza
  1 albina

10 laguna

albugíneo
30 blanco

albuginoso
3 albino
3 blancuzco
14 blanquecino

álbum
4 cuaderno
3 libreta
4 libro
1 porfolio
1 portafolio

albumen
1 fécula

albúmina
2 clara

albuminoide
4 caseína

albuminoideo
3 proteico
2 proteínico

albumoide
1 plasma

albur
16 azar
12 casualidad
8 contingencia(s)
8 eventualidad
14 dardo
3 retruécano
22 destino
13 fortuna
6 infundios
15 mentiras
⇨breca

albura
16 albor
3 blancor
7 blancura
2 clara
1 sámago

alcabala
24 carga
12 censo
9 gabela
9 impuesto
11 tributo

alcabalero
5 cobrador
1 sacamantas

alcacer
7 cebada

alcacil
7 alcachofa

alcachofa
1 alcacil
1 alcarchofa
1 monilla
7 pera
2 alcaucil
28 bofetada
3 guantada

alcadafe
4 lebrillo

alcahueta
2 cobertera
12 corredera
2 chismosa
1 embelecadora
1 encandiladora
2 encubridora
1 enflautadora
1 enredadora
1 soplona
3 tercera
4 trotaconventos
6 celestina
4 leva
4 proxeneta
10 comadre

alcahuetazgo
10 alcahuetería

alcahuete
1 alcamonías
1 echacuervos
1 enflautador
5 tercero
15 corredor
4 algebrista
10 correveidile
8 rufián

alcahuetear
1 echacorvear
3 enflautar
1 rufianear
4 sonsacar
2 terciar
⇨captar voluntades
⇨zurcir voluntades

alcahuetería
1 alcahuetazgo
9 captación
1 echacorvería
1 entremetimiento
2 lenocinio
5 prostitución
1 proxenetismo
3 tercería
4 trata
12 rufianería

alcaicería
10 aduana

alcaide
4 cancerbero
1 carcelero
1 castellano
7 guardián
20 vigilante

alcaldada
12 abuso
4 cabildada
9 desafuero
10 exceso
3 tropelía
21 arbitrariedad
14 atropello
4 extralimitación
3 polacada

alcalde
6 baile
3 corregidor
6 juez
10 alférez

alcaldía
3 bailía
5 distrito

álcali
1 amoníaco
3 sosa
21 base
3 hidróxido

alcaloide
1 dormitivo
4 somnífero
8 soporífero
5 hipnótico

alcaller
3 alfarería
9 alfarero
10 ceramista

alcamonías
8 alcahuete

alcance(s)
12 atraso(s)
6 disparo(s)
25 efecto(s)
7 eficacia
10 entendimiento
12 gravedad
haberes
17 importancia
18 inteligencia
13 interpretación
5 obtención
6 persecución
3 relevancia
6 repercusión
5 saldo
4 seguimiento
8 significación
11 significado
8 sutileza
7 talento
3 trascendencia
7 trayectoria
34 aviso
14 capacidad

alcancía

3 consecución
18 distancia
11 peso
19 reunión

alcancía
2 ladronera
2 vidriola
9 cepillo
9 cepo
8 guaca
6 hucha
⇨olla ciega

alcandía
4 adaza
5 daza

alcanfor
1 canfor
1 canfora

alcantarilla
10 albañal
5 albollón
5 cloaca
2 colector
2 coluvie
4 sumidero
8 atarjea
9 desagüe
2 imbornal
4 vertedero

alcanzable
7 asequible
27 posible(s)
4 factible
5 hacedero

alcanzado
1 adeudado
3 aprehendido
5 cogido
4 comprendido
2 conseguido
12 descubierto
2 entrampado
6 extenuado
9 falto
2 inventado
4 logrado

7 necesitado
1 obtenido
1 sobrepasado
13 tocado
13 sujeto
11 entendido
17 escaso
3 ◁*sobrado*

alcanzar
11 atrapar(se)
9 cazar
20 coger
24 conseguir(se)
63 dar(se)
13 descubrir
11 inventar
3 lograr
37 llegar(se)
4 merecer
8 merendar(se)
8 obtener
12 penetrar(se)
16 resolver(se)
14 saber
3 sobrepasar
39 tocar(se)
44 tomar(se)
21 arriscar
17 comprender
9 entender
⇨dar alcance
6 ◁*desistir*
38 ◁*perder(se)*

alcaparra
2 caparra
1 tápara

alcaparrosa
2 aceche
3 acije
2 caparrosa

alcaraván
1 zancuda

alcarceña
3 yero

alcarchofa
7 alcachofa

alcarraza
5 cántaro
2 rallo

alcarria
5 ajarafe
4 altiplanicie
3 altozano
1 ventorrero
7 loma
6 meseta

alcatara
4 alambique

alcatifa
1 pañete
1 tapete
13 alfombra
7 tapiz
⇨camino de mesa

alcatraz
1 sarrillo
12 aro

alcaucil
7 alcachofa
2 arcacil

alcaudón
1 caudón
1 desollador
1 picagrega
8 verdugo
⇨picaza chillona

alcayata
13 candileja(s)
2 clavija
8 armador
13 clavo
3 escarpia

alcazaba
9 alcázar
8 castillo
11 fortaleza
10 mansión
1 palacio

alcázar
1 albacara
5 alcazaba
8 castillo
6 castro
4 ciudadela
11 fortaleza
1 palacio
7 fortificación
⇨plaza fuerte

alcazuz
1 orozuz
2 paloduz
3 regaliz

alce
6 anta
4 cuadrúpedo

alción
⇨martín pescador

alcista
11 bolsista
9 especulador
4 financiero

alcoba
22 cámara(s)
31 aposento
25 cuarto
2 dormitorio
8 habitación
13 pieza
3 recámara

alcocarra
11 gesto(s)
1 momo
4 mueca(s)
9 coco
6 mofa
4 visaje

alcohol
1 antimonio
galena
⇨espíritu de vino

alcohólico
9 embriagado

3 dipsómano
8 beodo
45 borracho
13 ◁sereno

alcoholímetro
4 areómetro

alcoholismo
1 dipsomanía
40 borrachera
16 embriaguez
▷delírium tremens

alcoholizado
45 borracho

alconcilla
4 arrebol

alcor
1 alcudia
2 aljarafe
3 altozano
13 cerro
10 colina
13 collado
6 montículo
7 loma
6 otero
23 ◁depresión

alcorán
1 corán

alcorce
10 atajo

alcornoque
18 bruto
3 carrasca
4 encina
1 machero
4 mesto
7 estúpido
22 necio
8 tarugo
18 torpe
10 zopenco
10 zote
5 zulú

▷incapaz de Sacramento
16 ◁inteligente
25 ◁agudo

alcorque
1 socava
6 zanja

alcorzar(se)
39 acicalar(se)
21 adornar
17 asear(se)
16 atajar(se)
19 perfilar(se)
39 pulir(se)
16 desechar
50 limpiar
16 ◁ensuciar(se)
38 ◁rodear(se)

alcotán
3 esmerejón

alcotana
2 zapapico
3 piocha

alcrebite
5 azufre

alcudia
9 alcor

alcurnia
14 ascendencia
5 genealogía
1 prosapia
11 raza
6 estirpe
16 linaje

alcuzcuz
1 cuzcuz

aldaba(s)
3 aldabón
30 amparo
6 áncora
8 balda
4 llamador

aldabada
7 aldabonazo

aldabilla
3 colanilla

aldabón
10 agarradero
5 aldaba(s)
4 llamador

aldabonazo
1 aldabada
6 golpazo
5 llamada
34 aviso
15 revolución
37 golpe
▷suceso imprevisto

aldea
2 aldehuela
1 aldeorrio
6 burgo
21 lugar
1 pueblecito
6 caserío
3 lugarejo
17 pueblo
6 villorrio

aldeaniego
12 aldeano

aldeano
1 aldeaniego
2 lugareño
1 pardal
6 pueblerino
17 campesino
7 grullo
7 labrador
13 labriego
11 paleto
11 patán
6 payés
17 rústico
12 ◁ciudadano

aldehuela
3 aduar
9 aldea

aldeorrio
9 aldea

ale
5 cerveza

aleación
4 fundición
7 fusión
1 religa
8 amalgama
28 asociación
22 liga
12 mezcla

alear
14 amalgamar(se)
15 fundir(se)
8 fusionar(se)
37 ligar(se)
31 mezclar(se)
1 religar
9 ◁desintegrar
25 ◁desunir(se)
64 ◁separar(se)

aleatorio
6 aventurado
18 azaroso
10 casual
16 incierto

aleccionado
25 avisado

aleccionador
3 entrenador

aleccionante
3 moralizante

aleccionar
28 aconsejar(se)
15 adiestrar(se)
7 amaestrar
61 animar(se)
5 ejercitar
37 enseñar(se)
11 instruir
7 jalear(se)

alece
8 boquerón

aleche
5 anchoa

alechugado
4 acanalado
6 doblado
2 escarolado
2 plegado
7 rizado
9 planchado
10 ◁liso

alechugar
7 rizar(se)

aledaño(s)
20 accesorio
15 adyacente
   alrededores
19 anexo
19 cercanía(s)
9 cercano
6 colindante
5 confín
3 confinante
10 contiguo
15 exterior
7 inmediato
9 junto
7 limítrofe
9 lindante
4 periferia
17 proximidad(es)
13 próximo
6 rayano
14 término
12 vecino(s)
19 límite
19 cercanías
7 ladero

alegación
1 aducción
12 cita
6 disculpa
15 discurso
11 exposición
14 fundamento(s)
5 pretexto(s)

alegar
8 aducir
11 citar

11 defenderse
8 disculpar
31 exponer(se)
10 fundamentar(se)
7 invocar
2 pretextar
28 sacar
⇨apoyarse en
13 ◁acusarse

alegato
1 apoyatura
41 defensa
6 disculpa
14 fundamento(s)
5 pretexto(s)

alegoría
4 apólogo
6 arma(s)
11 blasón
   caracteres
7 comparación
14 emblema
6 enseña
11 fábula
2 iconografía
1 iconología
20 imagen
19 insignia(s)
9 leyenda
3 metáfora
5 mito
1 mitología
5 personificación
1 prosopopeya
10 romance(s)
10 signo(s)
13 símbolo
12 atributo
4 parábola
12 alusión
11 ficción
22 figura

alegórico
1 emblemático
3 simbólico
2 figurativo
10 ◁real

alegorista
3 alegorizador

alegorizador
1 alegorista
1 iconógrafo
1 mitólogo

alegorizar
10 fingir
31 imaginar(se)
5 simbolizar

alegranza
38 alegría(s)

alegrar(se)
30 agradar
2 alborozar
42 aliviar(se)
61 animar(se)
5 beatificar
47 brillar
6 caldear(se)
5 complacer
5 complacerse
7 congratular(se)
9 deleitar
32 divertir(se)
14 embellecer(se)
15 empinar(se)
26 entretener(se)
17 entusiasmar(se)
9 felicitar(se)
17 gozar
10 hermosear
18 holgar(se)
23 recrear(se)
18 regocijar(se)
44 satisfacer(se)
15 solazar(se)
7 disfrutar
17 gloriar
10 ◁afear
21 ◁amargar(se)
3 ◁amurriarse
34 ◁apenar(se)
12 ◁apesadumbrar(se)
13 ◁compadecer(se)
7 ◁contristar(se)
6 ◁deplorar
14 ◁deprimir(se)
24 ◁desazonar(se)
14 ◁desolar(se)
20 ◁disgustar(se)

6 ◁enfurruñarse
7 ◁ensombrecer(se)
14 ◁entristecer(se)
9 ◁indignar(se)

alegre
4 alborozado
1 alegrete
23 animado
15 bromista
2 derramasolaces
1 esparcido
11 festivo
9 gozoso
5 jacarero
10 jaranero
10 jocoso
3 jocundo
14 jovial
11 lozano
14 radiante
12 regocijado
1 ristolero
16 risueño
15 satisfecho
2 temulento
12 ufano
4 vivaracho
12 achispado
38 alumbrado
8 cariacontecido
8 contento
9 chistoso
30 divertido
18 gracioso
5 jubiloso
5 optimista
8 pajarero
13 pieza
8 rufián
⇨cara de pascua
⇨gente alegre
8 ◁aburrido
3 ◁pesimista
8 ◁sobrio
16 ◁triste

alegremente
15 afortunadamente

alegrete
36 alegre

alegría(s)
14 agrado
6 alacridad
10 alborozo
1 alegranza
7 aleluya
31 animación
26 broma
11 bureo
12 desenfado
7 dicha
16 diversión
6 entusiasmo
5 esparcimiento
26 exaltación
9 felicidad
1 godeo
17 gozo
3 hilaridad
6 incontinencia
7 jovialidad
9 júbilo
26 juego(s)
6 optimismo
30 placer
12 prodigalidad
11 regocijo
1 regolaje
3 risa
20 satisfacción
4 travesura
1 zapateta
79 alboroto
17 algazara
8 contento
20 fiesta
7 regodeo
⇨buen humor
⇨buen temple
13 ◁*tristeza*

alejado
6 aislado
15 apartado
5 lejos
1 ◁*céntrico*
9 ◁*cercano*

alejamiento
2 distanciamiento
1 reconditez
28 separación

6 ◁*aproximación*

alejar(se)
22 abandonar(se)
35 aislar(se)
35 alargar(se)
70 apartar(se)
9 arrumbar(se)
30 ausentar(se)
19 conjurar(se)
10 desasir(se)
25 desunir(se)
29 desviar(se)
19 desvincular(se)
12 disolver(se)
5 distanciar
24 distraer(se)
8 divagar
21 dividir(se)
30 enajenar(se)
6 evitar
26 excluir(se)
10 inhibir(se)
34 retirar(se)
10 retraerse
38 rodear(se)
31 sacudir(se)
48 salir(se)
64 separar(se)
40 amedrentar
28 aventar
11 desdeñar
46 irse
53 marchar
18 mosquear
13 rechazar
⇨dar de lado
⇨perderse de vista
22 ◁*acercar(se)*
19 ◁*admitir*
4 ◁*allegar(se)*
15 ◁*avecinar(se)*
4 ◁*barloar*
5 ◁*colindar*
3 ◁*compadrear*
13 ◁*incluir*
4 ◁*tutear(se)*

alelado
27 aturdido
13 confundido
2 desconcertado
1 enmortecido

7 estupefacto
4 ofuscado
4 pasmado
5 atontado
12 desmayado
7 embobado
6 turulato
⇨sin saber qué decir
13 ◁*sereno*

alelamiento
38 aturdimiento
5 entontecimiento
19 confusión
18 ◁*inteligencia*

alelar(se)
11 abobar(se)
8 abotagarse
30 atontar(se)
74 aturdir(se)
14 desquiciar(se)
9 embrutecer(se)
12 jubilar(se)
26 trastornar(se)
30 atontarse
54 confundirse
5 empamparse
3 encalamocar
2 ◁*espabilarse*

aleluya
1 acederilla
38 alegría(s)
12 copla
26 exaltación
9 júbilo
11 regocijo
8 contento

alemán
5 boche
4 germano

alemana
1 alemanda

alemanda
1 alemana

alentadamente
6 briosamente

alentado
27 animoso
17 bizarro
37 bravo
9 brioso
5 esforzado
10 incansable
8 robusto
18 sano
5 vigoroso
9 valeroso
9 valiente
⇨echado para adelante
⇨en forma
17 ◁*cobarde*
14 ◁*débil*
16 ◁*enfermo*

alentar(se)
61 animar(se)
6 confortar(se)
12 consolar(se)
9 espolear
28 estimular(se)
60 excitar(se)
12 exhortar
17 incitar(se)
2 melificar(se)
14 reanimar(se)
3 reavivar
7 reconfortar(se)
8 respirar
11 imitar
25 ◁*desanimar(se)*
6 ◁*desilusionar*

alepín
⇨tela de lana

alerce
1 lárice

alergia
2 hipersensibilidad
8 reaccion
6 rechazo

alero
21 ala(s)
1 alar
2 chaperón
1 guardabarros

alerta

2 tejaroz
6 cornisa
2 saledizo
5 tabique

alerta
12 alarma
1 avizor
14 presto
20 vigilante
34 aviso
13 dispuesto
16 listo
13 preparado
25 pronto
5 ◁*desprevenido*

alertado
31 arrogante

alertar
33 avisar(se)
48 preparar(se)
7 ◁*descuidar*

alerto
18 ágil
17 cuidadoso
20 vigilante
19 rápido
4 ◁*despistado*
16 ◁*distraído*

alesna
2 lezna

aleta
21 ala(s)
5 flanco
7 pala
2 remo
8 costado

aletada
1 aletazo

aletargado
3 adormecido
3 amodorrado
2 letárgico
10 ◁*despierto*

aletargamiento
7 adormecimiento
8 letargo
5 somnolencia
31 ◁*animación*

aletargante
5 opio

aletargar(se)
21 adormecer(se)
7 amodorrar(se)
30 atontar(se)
1 embeleñar
30 enajenar(se)
2 narcotizar
34 ◁*avivar(se)*
9 ◁*despabilar(se)*
2 ◁*espabilarse*

aletazo
1 aletada

aletear
6 alear

aleto
2 halieto
2 pigargo
3 quebrantahuesos

aleve
8 alevoso
10 desleal
10 felón
11 infiel
7 pérfido
2 traicionero
10 traidor

alevosía
3 deslealtad
6 felonía
9 infidelidad
5 ingratitud
5 perfidia
7 traición

alevoso
7 aleve
10 desleal
10 felón

11 infiel
7 pérfido
24 follón
9 ingrato
10 traidor

alexifármaco
5 antídoto
4 contraveneno

alfabetizar
29 educar(se)
37 enseñar(se)
11 instruir
↳ordenar alfabéticamente
3 ◁*ignorar*

alfabeto
7 abecedario
2 alifato
19 ignorante
7 iletrado
14 inculto
1 silabario
22 burro
10 zopenco
10 zote

alfagra
14 acequia

alfaguara
1 fontana
13 fuente
13 manantial

alfaharero
9 alfarero
10 ceramista

alfajeme
11 barbero

alfajor
1 alajú
6 daga
5 puñal

alfalfa
1 mielga

alfanje
1 cimitarra
3 espadón
6 chafarote
7 espada
3 sable

alfaque
17 banco
10 escollo

alfaqueque
8 correo
1 liberador
2 manumisor
6 redentor

alfaquí
10 consejero
5 doctor
1 faquí
1 legislador
15 sabio

alfar
3 alfarería

alfarería
9 cerámica
3 alcaller
1 alfar

alfarero
2 alfaharero
3 barrero
1 cantarero
1 lañador
2 ollero
1 pilero
3 alcaller
2 botijero
10 ceramista

alfayate
3 sastre

alféizar
1 capialzado
5 derrame
3 rebajamiento
1 rebajo
21 vuelta

alfeñique
  6 afeite(s)
  18 compostura
  27 delicado
  1 escuerzado
  14 débil
  11 delgado
  13 dengue
  10 enclenque
  5 escuchimizado
  16 flaco
  23 flojo
  17 pasta
  11 raquítico
  3 remilgo
  22 ◁*fuerte*

alférez
  4 abanderado
  6 enseña
  4 lugarteniente
  4 alcalde
  4 concejal
  4 fulano
  1 mantenedor
  5 mengano
  4 padrino
  4 zutano

alficoz
  2 cohombro

alfiler
  15 broche
  1 enfaldador
  3 espetón
  4 fíbula
  4 fijador
  1 fistol
  4 imperdible
  3 prendedor
  4 prendero
  4 zanca
  29 aguja
  6 joya
  3 topo

alfilerazo
  4 pinchazo
  2 punzada
  7 chacota
  10 indirecta

  6 picadura
  9 ◁*elogio*
  29 ◁*alabanza*

alfilerero
  3 agujetero

alfiletero
  3 acerico
  2 acerillo
  3 agujetero

alfócigo
  1 pistacho

alfombra
  1 almofalla
  1 entapizada
  3 estera
  3 esterilla
  2 felpudo
  1 moqueta
  19 paso(s)
  1 redor
  1 tapete
  1 veralca
  1 zofra
  5 alcatifa
  7 tapiz

alfombrilla
  3 estera
  2 felpudo
  6 baleo

alfóncigo
  1 alfónsigo
  1 alhócigo
  1 pistacho

alfónsigo
  3 alfóncigo

alforfón
  1 alforjón
  1 fajol
  ⇨trigo sarraceno

alforja
  4 bolso
  9 capacho
  3 cojinete

  4 comestibles
  2 duna
  3 macuto
  1 médano
  7 mochila
  3 provisiones
  3 talego
  6 víveres
  9 zurrón
  44 bolsa
  15 maleta
  6 talega

alforjas
  2 árguenas

alforjón
  3 alforfón

alforza
  6 cicatriz
  4 costurón
  4 jareta
  5 pliegue

alfoz
  7 arrabal
  15 barrio
  5 distrito
  14 término

alga
  2 liquen
  1 sargazo
  3 talofita

algaba
  9 bosque
  4 selva

algaida
  2 duna
  1 médano

algalia
  1 ambarina
  1 civeto
  3 catéter
  5 sonda

algar
  8 caverna
  13 cubil

  12 cueva
  6 espelunca
  6 gruta

algara
  4 avanzada
  19 combate
  13 depredación
  6 excursión
  11 penetración

algarabía
  10 algarada
  7 galimatías
  10 gritería
  10 jolgorio
  14 revuelta
  79 alboroto
  17 algazara
  80 bulla
  18 bullicio
  19 confusión
  18 enredo
  24 follón
  4 gringo
  15 jaleo
  9 juerga
  11 lío
  11 motín
  13 trapatiesta
  7 trifulca
  13 tumulto
  8 vocerío

algarada
  2 algarrada
  22 asonada
  11 clamor
  5 estropicio
  14 revuelta
  79 alboroto
  11 motín
  6 saqueo
  13 trapatiesta
  13 tumulto

algarrada
  12 encierro
  3 novillada

algarroba
  2 alverjón
  6 arveja

algazara

1 arvejana
1 arvejera
1 arvejona
1 garroba
1 garrofa
1 garrubia
2 veza

algazara
38 alegría(s)
4 boruca
10 gritería
7 griterío
10 jolgorio
5 zarabanda

79 alboroto
21 algarabía
80 bulla
18 bullicio
8 contento
9 gazuza
12 gresca
13 trapatiesta
13 tumulto
8 vocerío
5 zambra

9 ◁*tranquilidad*
13 ◁*tristeza*

algazul
12 barrilla

álgebra
⇨cálculo algebraico

algebrista
4 curandero
2 ensalmador
5 componedor
4 compositor

algente
6 álgido

algidez
5 acmé

álgido
1 algente
  frígida
14 glacial
16 helado

4 helador
25 frío
17 ◁*cálido*
8 ◁*abrasador*
25 ◁*caliente*

algo
18 migaja(s)
1 pellizco
12 pequeñez
7 pizca
5 ◁*mucho*
29 ◁*abundante*

algodón
18 bala
7 borra
9 hilo
1 tamo
7 tejido
12 tela
4 empeine
6 guata

algodonado
2 blandujo
2 felpudo
6 peludo
6 velludo
5 cotudo
23 flojo

algodonar
3 enguatar
24 rellenar(se)
9 estofar

algodonoso
6 algodonado
4 lanoso
1 velloso

algorín
3 troj
1 troje
1 truja

algoritmia
1 aritmética

algorítmico
3 aritmético

algoritmo
2 guarismo

alguacil
1 abrazador
2 agarrador
1 aguacil
2 alamín
1 alguacilillo
1 comisario
2 esbirro
5 funcionario
1 galafate
1 guro
2 ministril
1 ministrillo
3 ministro
2 posta
6 satélite
3 sayón
1 verguer
1 verguero
5 corchete
27 agente
7 grullo
8 mandado
4 papagayo
6 polizonte

alguacilillo
24 alguacil

alguaquida
2 luquete
3 pajuela

alguaza
5 gozne

alguien
1 algún
4 alguno

algún
2 alguien

alguno
2 alguien
22 cierto
11 determinado
3 uno

algunos
22 ciertos
11 determinados

3 unos
12 varios

alhaja
13 aderezo(s)
18 compostura
4 perifollo(s)
1 presea
6 reliquia
4 relumbrón
21 adorno
6 joya
⇨buena persona
⇨lleno de cualidades
⇨lleno de virtudes
⇨mala persona

alhajar
39 acicalar(se)
5 decorar
17 engalanar(se)
2 enjoyar
22 ◁*abandonar(se)*

alhajero
3 cajita
5 cofre
4 joyero

alhámega
1 alharma
2 gamarza
1 harma

alhandal
1 coloquíntida

alharaca
10 jolgorio
17 algazara
18 aspaviento
80 bulla
8 ◁*mesura*
7 ◁*sosiego*

alharma
2 gamarza

alheña
2 ligustro
2 rolla
3 tizón

alheñar(se)
15 agostar(se)
9 amustiar(se)
16 anublar(se)
1 arroyarse
9 manumitir(se)
15 decaer

alhócigo
3 alfóncigo

alhoja
4 copetuda
9 alondra

alhóndiga
2 almudín
6 lonja
3 pósito
29 depósito
9 mercado

alhorre
7 erupción
1 meconio
3 pez
14 excremento

alhucema
2 espliego

alhurreca
2 adarce

aliacán
3 ictericia

aliacanado
6 bilioso

aliado
24 amigo
8 socio

aliaga
2 aulaga

alianza
21 acuerdo(s)
17 afinidad
30 amistad
21 anillo

5 coalición
4 confederación
7 consanguinidad
8 matrimonio
7 parentesco
19 unión
8 conexión
7 federación
12 aro
28 asociación
8 casamiento
9 compañía
13 lazo
22 liga
14 pacto
16 sociedad

aliar(se)
37 acordar(se)
27 amistar(se)
48 asociar(se)
15 aunar(se)
8 coincidir
7 coligar(se)
3 confederar
6 confederarse
14 federar(se)
37 ligar(se)
26 remitir(se)
79 unir(se)
4 concordar
11 pactar
79 unirse
25 ◁desunir(se)
64 ◁separar(se)

aliara
3 cuerna

alias
16 chapa
4 remoquete
4 sobrenombre
8 apodo
12 mote

alibí
3 coartada
41 defensa
8 excusa
20 ◁prueba

aliblanca
11 desidia
7 modorra
⇨paloma torcaz

alible
6 alimenticio
3 nutritivo

alicaído
9 decaído
6 deprimido
8 desalentado
5 desanimado
3 descentrado
5 descorazonado
3 desesperanzado
4 desilusionado
8 entristecido
4 inapetente
12 melancólico
7 misántropo
9 rendido
16 triste
8 tronado
19 arruinado
14 débil

alicantina
14 añagaza
14 ardid
18 argucia
47 astucia
5 treta
13 ◁nobleza
12 ◁sinceridad
6 ◁verdad

alicatado
15 baldosa

alicatar
1 azulejar
2 embaldosar
15 recubrir(se)
17 revestir(se)

alicates
1 tenacillas
8 compinche
8 socio
2 tenaza

aliciente
9 acicate
16 aguijón
14 encanto
15 espejuelo(s)
10 estímulo
6 imán
6 incentivo
14 incitación
9 señuelo
35 atractivo

alícuota
1 compensadora
2 proporcional
⇨a prorrata

alidada
4 mira
1 mirilla
27 regla(s)
2 visor

alienación
8 demencia
12 cesión

alienado
12 chiflado
12 desequilibrado
3 desplazado
17 enajenado
4 extrañado
7 orate
10 perturbado
13 tocado
8 vesánico
17 demente
8 ido
20 loco
6 majareta
⇨como una cabra
⇨como una regadera
⇨fuera de sí
6 ◁sensato

alienante
5 opio

alienar(se)
2 aburguesar
55 acomodar(se)

alienígena

30 atontar(se)
6 donar
30 enajenar(se)
4 transferir
9 enloquecer
11 vender
◁ concienciar
9 ◁ comprar

alienígena
6 forastero
10 advenedizo

alienígeno
3 apátrida
6 extranjero
18 extraño
6 forastero
10 gitano
6 vagabundo
10 judío

alienista
frenópata
4 psiquiatra

aliento
21 audacia
16 bizarría
3 espiración
7 exhalación
12 garbo
5 hálito
14 impulso
1 inhalación
13 inspiración
2 olfato
11 respiración
3 resuello
5 vaho
24 valor
16 voluntad
40 ánimo
13 denuedo
12 esfuerzo
8 soplo
7 vigor

alifafe
21 afección
10 defectos
8 dolencia
10 indisposición
6 lacra
12 achaque

alifara
10 convite

alifato
7 abecedario
9 alfabeto

aligación
1 aligamiento
2 ligazón
19 unión
7 trabazón

aligamiento
4 aligación

aligar(se)
15 aunar(se)
74 juntar(se)
35 trabar(se)
79 unir(se)
12 ◁ disgregar(se)
64 ◁ separar(se)

aligator
4 cocodrilo

aligerado
10 abreviado

aligeramiento
17 alivio
9 descarga
16 disminución
3 ◁ alargamiento
6 ◁ crecimiento

aligerar(se)
12 abreviar
22 acelerar(se)
8 activar
14 aguzar(se)
5 alijar
42 aliviar(se)
16 apresurar(se)
50 apurar(se)
21 atenuar(se)
34 avivar(se)
44 calmar(se)
9 descargar
19 disminuir(se)
7 exonerar
54 hurtar(se)
31 moderar(se)
52 reducir(se)
39 suavizar(se)
14 robar
30 templar
14 ◁ agravar(se)
19 ◁ atacar(se)
5 ◁ lastrar
9 ◁ retardar(se)
3 ◁ tardar

alígero
5 alado
8 instantáneo
23 ligero
12 súbito
10 veloz
19 rápido

aligonero
8 almez

aligustre
3 alheña
2 ligustro

alijar
9 descargar
11 desembarazar(se)
1 desembarcar
1 transbordar
20 aligerar

alijo
5 contrabando
2 defraudación
2 escamoteo
4 estraperlo
4 barcaza
3 lanchón
2 matute

alimaña
16 animal
8 bestia
1 sabandija
13 bicho
1 fiera
⇨ ser repulsivo y dañino

alimañero
4 cazador
2 lobero

alimentación
3 ingestión
5 manutención
7 nutrición
2 sustento
23 comida
1 ◁ desnutrición
6 ◁ hambre

alimentado
7 nutrido

alimentador
8 almo
feeder

alimentar(se)
9 aforrar(se)
7 amamantar(se)
30 apaciguar(se)
4 aprovisionar
17 apuntalar(se)
22 atestar(se)
30 atiborrar(se)
1 atiparse
6 avituallar(se)
34 avivar(se)
19 cebar(se)
22 comer
11 conservar
14 criar
2 desayunarse
9 devorar
12 embutir
1 empapuciar
2 empapujar
10 empapuzar(se)
8 fomentar
1 glotonear
17 incitar(se)
28 mantener(se)
19 nutrir(se)
22 proveer(se)
24 rellenar(se)
4 saborearse

alistar

19 soplarse
25 sostener(se)
18 suministrar(se)
10 sustentar
15 zampar(se)
6 lactar
30 atiborrarse
4 manyar
31 tragar
⇨echar un bocado
⇨echarse al coleto
⇨hacer algo por la vida
⇨hacer pico
⇨matar el hambre
◁ *desnutrir(se)*

alimenticio
2 alible
1 alimentoso
1 cibal
3 nutritivo
5 substancioso
1 vitaminado

alimento
21 agasajo
7 bocadillo
11 colación
3 comestible
9 fomento
3 maná
1 manducatoria
4 manjar
1 mantención
5 manutención
2 mascada
5 mesa
6 pábulo
5 papas
14 porción
2 posta
7 refrigerio
14 sostén
8 subsistencia
2 sustento
3 vianda
2 viático
1 victo
12 bocado
23 comida
4 mercurio
4 piscolabis

5 pitanza
6 plato
4 puchero
8 ración
3 refresco
27 tajada
5 tentempié
3 yantar

alimentoso
6 alimenticio

álimo
4 armuelle
4 marismo
4 orzaga
2 salgada
3 salgadera

alimoche
9 abanto

alimón
3 conjuntamente
⇨a dúo
⇨a la vez
◁ *individualmente*

alindado
38 bello

alineación
2 alineamiento
11 formación
1 jalonamiento
9 ordenación
4 trazado
20 fila
19 ◁ *desorden*

alineamiento
6 alineación
18 hilera

alinear
9 ahilar(se)
18 amojonar
28 formar(se)
4 jalonar
⇨poner en fila
⇨poner en hilera

aliñado
3 adobado
9 aseado
5 presentable

aliñar
39 acicalar(se)
16 adobar
21 adornar
36 apañar(se)
83 arreglar(se)
22 ataviar(se)
6 condimentar
1 maquillar
13 sazonar
28 aderezar
34 componer
50 limpiar
8 ◁ *desarreglar(se)*

aliño
13 aderezo(s)
6 adobo
6 ajilimójili
18 aseo
18 compostura
3 condimento
6 ingrediente
19 limpieza
7 pulcritud
1 salpimentación
20 arreglo

alioli
1 ajiaceite

alirón
21 ala(s)

alisado
6 desbaste

alisal
4 aliso

alisar(se)
9 acepillar
39 acicalar(se)
4 aliso
41 allanar(se)
12 aplanar(se)
5 atezar(se)

2 azemar(se)
4 bachear
12 bruñir(se)
1 desarrugar
6 desrizar
1 fratasar
4 lijar
12 lustrar(se)
7 planchar(se)
1 pulimentar
39 pulir(se)
6 rasar
2 tersar
50 asentar
8 costear
21 ◁ *abultar(se)*

aliseda
4 aliso

aliso
1 alisal
21 alisar(se)
1 aliseda
2 arraclán

alistado
7 anotado

alistamiento
4 afiliación
4 enganche
1 enrolamiento
4 reclutamiento
16 ◁ *licencia*
9 ◁ *baja*

alistar(se)
19 afiliar(se)
20 anotar(se)
10 aparejar
64 apuntar(se)
48 disponer(se)
19 enganchar(se)
5 enrolar(se)
11 inscribir
2 listar
9 militar
9 movilizar(se)
48 preparar(se)
24 prevenir(se)
4 reclutar

aliteración

7 matricular
5 aprontar
20 aviar
18 ◁*borrarse*
10 ◁*licenciar(se)*
◁*darse de baja*

aliteración
2 paranomasia

alitierno
2 aladierna
3 aladierno

aliviadero
1 sobradero
9 desagüe
4 vertedero

aliviado
3 aplacado

aliviamiento
17 alivio

alivianar
42 aliviar(se)

aliviar(se)
22 acelerar(se)
14 alentar(se)
1 alivianar
21 amansar(se)
14 aminorar(se)
61 animar(se)
36 aplacar(se)
45 ayudar(se)
44 calmar(se)
6 confortar(se)
12 consolar(se)
13 curarse
16 desahogar(se)
9 descargar
4 descongestionar
19 disminuir(se)
24 distraer(se)
26 entretener(se)
4 lenificar
49 mejorar(se)
21 mitigar(se)
31 moderar(se)

11 olvidar(se)
15 paliar
19 recobrar(se)
7 reconfortar(se)
10 remediar(se)
27 reponer(se)
8 respirar
14 sanar(se)
39 suavizar(se)
6 temperar
21 tranquilizar(se)
27 alegrar(se)
20 aligerar
16 apandar
13 curar
9 endulzar
19 recobrarse
30 templar
28 ◁*abrumar(se)*
14 ◁*agravar(se)*
12 ◁*apesadumbrar(se)*
5 ◁*enfermar*
114 ◁*molestar(se)*

alivio
1 aliviamiento
11 aplacamiento
13 bálsamo
2 confortación
2 confortamiento
7 consuelo
21 desahogo
14 descanso
16 diversión
1 epítima
6 mejoría
6 mitigación
2 quitapesares
7 refrigerio
5 regazo
6 lenitivo
⇨paño de lágrimas

aljaba
2 carcaj

aljama
2 judería
1 mezquita
2 morería
2 sinagoga

aljarafe
9 alcor
4 altiplanicie

aljez
4 yeso

aljezar
1 yesal

aljezón
1 yesón

aljibe
4 cisterna
1 petrolero
8 pozo
3 tanque
13 fuente
13 manantial
4 vertedero

aljófar
2 perla

aljofifa
5 bayeta
3 chapololo

aljofifar
4 absterger
7 aluciar(se)
8 baldear

aljuba
3 juba
⇨gabán morisco

alma
7 adentro(s)
20 aliento
1 ánima
10 comprensión
9 conciencia
10 entendimiento
16 entraña(s)
14 habitante
8 imaginación
7 individuo
8 instinto
18 inteligencia
2 introversión

1 manes
16 memoria(s)
4 persona
4 psique
1 psiquis
9 reflexión
3 sensibilidad
16 sentimiento
10 ser
14 sustancia
23 viveza
16 voluntad
10 capote
40 ánimo
11 coleto
49 energía
12 esfuerzo
17 espíritu
11 interior
15 juicio
22 pecho
⇨lo íntimo
⇨principio vital
⇨soplo de Dios

almacén
1 dock
3 factoría
4 nave
22 negocio(s)
3 pósito
10 abacería
13 boliche
29 depósito
2 pulpería
6 taller
9 tienda

almacenamiento
15 acopio
5 acumulación
8 provisión
15 reserva(s)
3 ◁*repartimiento*

almacenar(se)
9 acopiar(se)
18 acumular(se)
agiotar
15 aglomerar(se)
42 amontonar(se)
21 apiñar(se)

9 atesorar
44 guardar(se)
74 juntar(se)
47 recoger(se)
22 reservar(se)
15 retener(se)
49 reunir(se)
10 acaparar
12 ◁disgregar(se)

almacenista
5 tendero

almáciga
6 semillero
7 vivero
2 mástique

almácigo
2 charneca
2 lentisco

almádana
6 combo

almádena
1 marra
5 mango

almadía
5 armadía
12 balsa

almadraba
9 cerco
12 red
⇨lugar para pescar

almadraque
14 almohada

almadreña
3 zueco
⇨zapato de madera

almagrar
7 mancillar(se)
46 señalar(se)
8 tachar
16 infamar

almagre
16 marca
1 mazarrón
27 señal
⇨ocre rojo

almanaque
12 calendario
6 efemérides
5 repertorio
5 recordatorio
⇨repertorio de efemérides

almarada
29 aguja

almario
33 armario

almarjal
1 armajal
1 armajo
1 barrillar
2 marjal

almarjo
12 barrilla

almastigado
2 resinoso

almazara
aceitería
1 molino
4 prensa

almea
8 bailarina
3 espicanardo

almecina
8 almez

almecino
8 almez

almeja
1 chirla
1 mejillón

almena
17 atalaya

almenado
9 amurallado
10 baluarte

almenar
11 amurallar(se)
18 fortificar

almenara
12 fuego
7 hoguera

almendra
1 almendruco
2 alloza
1 arzolla

almendrado
⇨pasta de almendra con azúcar
⇨pasta de almendra con miel

almendral
3 almendro

almendrero
3 almendro

almendro
1 almendral
1 almendrero
3 allozo

almendruco
1 arzolla

almete
40 armadura
11 casco
13 protección
1 yelmo

almez
1 aligonero
1 almecina
1 almecino
1 almezo
2 latón
1 latonero

1 lironero
1 lodoño

almezo
8 almez

almiar
2 henil
3 pajar

almíbar
3 jarabe
4 ante

almibarado
1 amabilísimo
4 dulzón
8 halagüeño
9 melifluo
4 meloso
5 untuoso
19 dulce
12 empalagoso
19 suave
21 ◁seco

almibarar(se)
9 azucarar(se)
16 camelar(se)
8 engatusar
1 enlabiar
1 lagotear
11 embaucar

almidón
8 apresto
1 dextrina
10 harina

almidonado
16 tieso
9 planchado
26 rígido
42 ◁blando
26 ◁arrugado

almijar
5 lagar

almilla
1 corpiño
3 jubón

alminar
2 minarete
8 torre

almirez
1 mortero

almizcate
⇨patio cerrado

almizclar
5 aromatizar
1 odorizar
4 perfumar

almizcle
5 aroma
7 perfume
1 berrenchín
19 berrinche
⇨grasa de ave

almo
2 alimentador
17 beato
3 benéfico
2 criador
17 excelente
3 venerable
1 vivificador
21 santo

almocafre
12 azada
8 azadilla
2 escabuche
1 escardera
2 escardilla
9 garabato
2 zarcillo

almocarbe
3 artesón

almofalla
13 alfombra

almófar
40 armadura

almogama
1 redel

almohada
3 acerico
1 almadraque
2 almohadón
12 cabecera
6 cabezal
1 cabezalejo
4 cojín
4 colchoneta
2 cuadrante
3 edredón
8 plumazo
9 respaldo
1 traspuntín
5 almohadilla

almohadado
2 almohadillado

almohadilla
14 almohada
3 canutero
4 cojín
3 compresa
3 polisón

almohadillado
7 acolchado
1 almohadado

almohadillar
4 acolchar

almohadón
4 cojín
9 respaldo

almojarife
4 recaudador

almoneda
5 compraventa
3 licitación
5 puja
2 subasta

almoraduj
3 mejorana
2 sampsuco
1 sarilla

almorrana
1 hemorroide

⇨flujo de sangre

almorrón
9 atajadero
15 caballón

almorta
2 alverjón
1 arvejón
1 cicercha
1 guaja
2 guija
3 tito
10 muela
⇨diente de muerto

almorzar
22 comer

almotacén
1 almotacenazgo
17 fiel
2 mayordomo
1 motacén
6 tasador
1 zabazoque
13 contraste

almotacenazgo
7 almotacén

almudín
6 lonja
29 depósito

almuecín
1 almuédano
1 almuedén
6 imán

almuédano
3 muecín

almuedén
3 almuecín

almuerzo
23 comida
3 desayuno
5 tentempié

almunia
8 granja
7 heredad
3 predio
13 alquería
5 huerta
4 masía
8 torre

alnado
2 entenado
2 hijastro

aloa
9 alondra

alocado
3 atronado
6 calvatrueno
3 destinado
1 loquesco
1 saltabardales
1 tabardillo
5 tolondro
9 descuidado
4 despistado
17 ◁cuidadoso
6 ◁sensato

alocar
3 bilocar(se)

alocución
9 arenga
15 discurso
4 perorata
7 razonamiento
5 soflama

alodial
10 exento
8 inmune
18 libre

alodio
15 donación
7 heredad
6 legado
9 patrimonio
5 posesiones

aloe
2 acíbar
2 agáloco

2 áloe
2 azabara
1 lináloe
2 zabila
⇨olivastro de Rodas

áloe
7 aloe
2 azabara

alófono
17 sonido

alojado
3 huésped
5 incrustado

alojamiento
7 acantonamiento
1 albergada
14 albergue
6 apartamento
1 aposentamiento
9 barraca
6 blocao
22 cámara(s)
1 camareta
5 caserna
11 cobertizo
7 cobijo
12 cuadra
11 cuartel
1 cuartelillo
8 domicilio
7 estancia
15 hospedaje
3 morada
7 pabellón
7 piso
8 posada
5 posición
12 puesto
1 quintana
8 rancho
10 real
2 reales
9 residencia
4 tabernáculo
1 toldería
1 vivaque
10 vivienda
31 aposento
10 cantón
15 casa
5 fortín
22 fuerte
8 habitación
9 tienda

alojar(se)
1 abarracar
9 acuartelar
11 albergar(se)
13 anidar(se)
32 aposentar(se)
2 cantonar
16 cobijar(se)
27 colocar(se)
23 estar(se)
11 habitar
10 hospedar(se)
18 instalar(se)
31 introducir(se)
49 meter(se)
3 morar
50 parar(se)
14 posar(se)
11 residir
2 vivaquear
11 vivir
18 apear(se)
17 arranchar
2 ◁ *desalojar(se)*
11 ◁ *expulsar*

alojería
22 bebedero

alón
21 ala(s)

alondra
2 alhoja
1 aloa
1 aloya
3 caladre
1 carabinera
4 cogujada
4 copetuda
3 terrera
3 tojo

alongar
35 alargar(se)

alopecia
1 alopicia
7 calvicie
3 peladera
2 pelona
1 pelonía

alopicia
5 alopecia

aloque
8 encarnado
18 rojo
3 rubí
3 tinto

alosa
3 sábalo

alotar
6 arrizar

aloya
9 alondra

alpaca
5 llama
1 vicuña
8 paco
⇨metal blanco

alpargata
2 agovía
3 alborga
1 alpargate
2 esparteña
3 sandalia(s)

alpargate
5 alpargata

alpargatería
2 zapatería

alpechín
1 jámila
1 tinaco

alpes
1 alpestre
3 alpino

alpestre
2 alpes

alpinista
1 escalador
4 excursionista
2 montañero
2 montañés
5 trepador

alpino
6 escarpado
5 montañoso
6 montaraz

alpiste
14 planta
5 semilla
9 grano

alquequenje
1 vejiguilla
⇨vejiga de perro

alquería
6 finca
8 granja
4 masada
1 masería
7 posesión
1 villoría
7 almunia
6 casal
5 cortijo
12 hacienda
4 masía
8 torre
⇨casa de campo

alquermes
3 electuario
2 licor

alquilado
3 realquilado

alquilador
16 arrendador
4 inquilino

alquilamiento
5 alquiler

alquilar(se)
32 aposentar(se)
19 especular
4 rentar
11 arrendar
4 subarrendar
12 traspasar
2 ◁*desalquilar*

alquiler
1 alquilamiento
12 arrendamiento
7 arriendo
1 locación
2 mesada

alquimia
1 química
1 crisopeya
⇨ciencia oculta

alquitara
4 alambique

alquitarar
11 afinar
7 alambicar(se)
11 depurar(se)
7 destilar
4 quintaesenciar
3 sutilizar(se)

alquitira
3 adragante

alquitrán
2 betún
4 brea
3 pez
6 resina
2 zopisa
⇨betún de Judea
⇨brea líquida
⇨pez griega

alquitranar
4 calafatear
7 embetunar
3 embrear

alrededor(es)
16 afuera(s)
24 aledaño(s)

9 ambiente
16 aproximadamente
7 arrabal
8 cerca
19 cercanía(s)
2 cintura
5 circuito
4 circunvalación
31 contorno(s)
16 corona
5 derredor
4 extramuros
1 extrarradio
16 marca
7 orla
4 periferia
8 perímetro
    proximidades
6 recinto
9 ronda(s)
2 hinterland
7 periplo
19 cercanías
10 cinturón
18 círculo
31 contornos
6 inmediaciones
⇨a la redonda
⇨cerca de
⇨en redor
⇨en torno
⇨en torno a

alta
5 ingreso
3 suscripción
20 inscripción
9 ◁*baja*

altabaquillo
4 correhuela
3 saucillo
⇨sanguinaria mayor

altanería
11 altivez
11 desdén
8 desprecio
20 engreimiento
5 envanecimiento
5 imperio
14 menosprecio
12 presunción

3 prosa
14 vanidad
26 arrogancia
18 orgullo
7 soberbia
13 ◁*aprecio*
10 ◁*humildad*
11 ◁*modestia*

altanero
31 arrogante
8 desdeñoso
5 despreciativo
2 encastillado
1 envirotado
9 fachendoso
11 imperioso
1 inabordable
12 marcial
10 petulante
17 altivo
28 engreído
17 gallardo
19 orgulloso
17 soberbio
13 ◁*humilde*
16 ◁*modesto*

altar
1 altarejo
1 antealtar
1 ara
1 graderío
4 hornacina
1 presbiterio
2 sagrario
4 tabernáculo
1 trasaltar
4 peana
7 retablo

altarejo
11 altar

altarreina
4 milenrama
2 milhojas
⇨artemisa bastarda
⇨hierba meona

altavoz
2 amplificador
13 bocina

1 megáfono

altea
1 malvavisco

altear(se)
27 destacar(se)
38 elevar(se)
33 exceder(se)
23 pronunciar(se)
11 sobresalir

alter ego
5 par
18 parecido
11 semejante(s)
⇨otro yo
10 ◁*diferente*

alterable
10 mudable
7 variable
12 versátil
15 ◁*fijo*
13 ◁*inalterable*

alteración
12 alarma
10 algarada
22 asonada
7 falsificación
8 intranquilidad
4 modificación
11 mudanza
9 nerviosismo
8 perturbación
8 sobresalto
11 trastorno
10 variación
79 alboroto
19 cambio
14 conmoción
11 enfado
12 excitación
17 inquietud
11 motín
7 sublevación
13 tumulto
2 ◁*permanencia*

alterado
5 cambiado
10 descompuesto

2 desfigurado
7 desordenado
10 revuelto

alterar(se)
40 agitar(se)
19 airar(se)
17 alarmar(se)
11 bastardear(se)
13 conmover(se)
11 consternar(se)
37 descomponer(se)
19 desconcertar(se)
5 desnaturalizar
16 emocionar(se)
16 encrespar(se)
9 entumecer(se)
12 estremecer(se)
60 excitar(se)
5 fermentar
13 impresionar(se)
3 inmutarse
28 inquietar(se)
11 intranquilizar(se)
11 invertir
14 modificar(se)
32 mudar(se)
8 perturbar
17 remover
4 replantear
11 sobresaltar(se)
23 sofocar(se)
5 transfigurar
16 transformar(se)
7 transmutar(se)
6 trastocar(se)
26 trastornar(se)
37 turbar(se)
11 variar(se)
46 cambiar
6 encabritarse
4 palidecer
24 revolver
9 ◁*permanecer*

altercación
12 cisco
4 controversia
5 debate
10 desavenencia
2 galleo
5 jollín
11 pendencia
18 porfía
2 repique
11 reyerta
15 agarrada
11 altercado
35 bronca
20 contienda
13 discusión
18 disputa
12 gresca
15 jaleo
14 pelotera
12 querella
12 quimera
11 riña
⇨dimes y diretes

altercado
4 controversia
5 debate
10 desavenencia
5 polémica
15 agarrada
35 bronca
13 discusión
18 disputa
15 jaleo
14 pelotera
11 riña

altercar
12 discutir
22 disputar(se)
13 porfiar
22 reñir

alternación
1 adra
9 alternativa(s)
2 ciclo
2 periodicidad
5 reciprocidad
4 remolino
9 repetición
7 ritmo
2 rotación
10 rueda(s)
1 tandeo
3 vicisitud
6 tanda
3 turno
8 vez
21 vuelta

alternador
5 generador

alternancia
5 sucesión
9 superposición

alternar(se)
8 codear(se)
18 comunicar(se)
2 convivir
14 emparejar(se)
6 fraternizar
37 ligar(se)
3 permutar
10 reemplazar(se)
31 relacionar(se)
23 relevar(se)
4 saltear
13 sucederse
35 tratar(se)
3 turnar(se)
46 cambiar
12 flirtear
4 rolar
19 trocar

alternativa(s)
8 altibajo(s)
2 azares
2 dilema
3 disyuntiva
8 elección
7 opción
13 suceso(s)
13 fortuna

alternativo
2 alterno
2 rotatorio

alterno
2 alternativo
⇨uno sí y otro no
11 ◁*continuo*

alteza
35 altura(s)
1 celsitud
21 elevación
6 excelencia
3 excelsitud
4 sublimidad

altibajo(s)
9 alternativa(s)
1 avatares
3 desigualdad
6 fragosidad
12 montuoso
21 accidentado
⇨luces y sombras

altilocuente
7 altisonante
5 engolado
8 grandilocuente
10 petulante
16 pomposo
11 solemne
13 ◁*humilde*
8 ◁*sobrio*
12 ◁*sencillo*

altillo
6 alcarria
3 altozano
1 cerrillo
13 cerro
13 desván
6 montículo
6 otero

altiplanicie
5 ajarafe
6 alcarria
2 aljarafe
6 meseta

altísimo
8 dios
5 hacedor
5 sumo
7 supremo

altisonancia
3 cacofonía
4 grandilocuencia

altisonante
11 altísono
5 engolado

altísono

- 8 grandilocuente
- 19 hueco
- 16 pomposo
- 7 rimbombante
- 19 hinchado
- 20 ◁ natural

altísono

- 7 altisonante
- 5 campanudo
- 11 elevado
- 5 engolado
- 8 grandilocuente
- 16 pomposo
- 3 prosopopéyico
- 7 rimbombante
- 11 enfático
- 19 hinchado
- ➪ de alto coturno

altitonante

- 11 altísono
- 6 atronador
- 3 tonante
- 21 ◁ callado
- 5 ◁ silencioso

altitud

- 35 altura(s)
- 21 elevación
- 18 eminencia
- 13 pico
- 13 monte
- 16 cima
- 26 punta

altivez

- 11 desdén
- 8 desprecio
- 1 elación
- 20 engreimiento
- 5 envanecimiento
- 5 imperio
- 4 suficiencia
- 13 altanería
- 26 arrogancia
- 18 orgullo
- 7 soberbia
- 13 ◁ aprecio
- 10 ◁ humildad

altivo

- 3 almidonado
- 15 altanero
- 31 arrogante
- 17 bizarro
- 8 desdeñoso
- 2 despectivo
- 5 despreciativo
- 2 encastillado
- 4 encopetado
- 4 encrestado
- 1 espetado
- 11 imperioso
- 19 orgulloso
- 11 pintiparado
- 17 soberbio
- ➪ de cuello duro
- ➪ don Rodrigo en la horca

alto(s)

- 7 altillo
- 3 altozano
- 35 altura(s)
- 1 aumentado
- 13 cerro
- 8 crecido
- 14 detención(es) difícil
- 21 dominante
- 21 elevación
- 11 elevado
- 13 eminente
- 5 encumbrado
- 6 escala
- 2 espigado
- 17 excelente
- 8 inasequible
- 9 levantado
- 11 parada
- 10 prominencia
- 3 prominente
- 8 superior
- 4 talludo
- 7 tardío
- 10 valioso
- 25 agudo
- 10 caro
- 5 costoso
- 9 cucho
- 9 etapa
- 23 grande
- 7 loma

- 12 montón

altor

- 35 altura(s)

altozano

- 9 alcor
- 7 altillo
- 13 cerro

altramuz

- 1 lupino
- 9 chocho

altruismo

- 7 abnegación
- 1 acogimiento
- 11 beneficencia
- 25 beneficio(s)
- 12 benevolencia
- 12 caridad
- 25 celo(s)
- 4 civismo
- 14 desinterés
- 13 desprendimiento
- 7 filantropía
- 13 generosidad
- 3 graciosidad
- 2 hidalguía
- 4 holocausto
- 6 hospitalidad
- 28 humanidad(es)
- 11 liberalidad
- 6 limosna
- 9 piedad
- 5 quijotada
- 2 quijotismo
- 6 sacrificio
- 6 ◁ egoísmo
- 1 ◁ sordidez

altruista

- 6 desprendido
- 13 liberal
- 2 mecenas
- 5 dadivoso
- 7 ◁ egoísta
- 2 ◁ metalizado

altura(s)

- 6 alteza
- 33 alto(s)

- 1 altor
- 6 alzada
- 3 cenit
- 12 cielo
- 16 corona
- 6 cresta
- 3 cúspide
- 1 descuello
- 3 edén
- 21 elevación
- 18 eminencia
- 7 empíreo
- 1 encaramadura
- 8 encumbramiento
- 1 esbeltez
- 6 excelencia
- 5 firmamento
- 1 gigantez
- 6 paraíso
- 13 pico
- 1 picota
- 2 proceridad
- 7 remate
- 11 talla
- 11 viso(s)
- 7 altitud
- 1 peralto
- 17 ápice
- 16 cima
- 12 culminación
- 14 cumbre
- 4 puna
- 9 superioridad
- 17 ◁ anchura
- 13 ◁ bajeza
- 3 ◁ bajura

alubia

- 2 faba
- 1 fisán
- 8 fréjol(es)
- 1 frísol
- 3 haba
- 2 habichuela
- 4 judía
- 1 judihuela
- 1 leca
- 1 bajoca

aluciar(se)

- 14 abrillantar(se)
- 39 acicalar(se)

3 aljofifar
47 brillar
12 bruñir(se)
12 lustrar(se)
39 pulir(se)

alucinación
2 alucinamiento
15 ceguedad
7 deslumbramiento
28 engaño(s)
11 ilusión
6 ofuscación
6 pesadilla
9 seducción

10 ceguera
10 visión

7 ◁*realidad*
8 ◁*serenidad*

alucinado
15 atónito
2 cegado
13 confundido
4 drogado
9 engañado
10 fanático
4 ofuscado

7 ◁*equilibrado*

13 ◁*sereno*

alucinamiento
10 alucinación
19 confusión

alucinante
10 emocionante
16 fantástico
14 imponente

12 ◁*sencillo*

alucinar(se)
21 cegar(se)
7 confiscación
54 confundir(se)
11 delirar
18 deslumbrar(se)
20 embeber(se)
20 embelesar(se)
3 enflautar
43 engañar(se)
22 fascinar(se)

16 ofuscar(se)
12 seducir
18 transportar(se)
54 confundirse
4 desvariar
11 embaucar

3 ◁*deshechizar*
21 ◁*serenar(se)*

alucinógeno
5 estupefaciente
17 droga

alucón
5 autillo
4 cárabo

alud
1 argayo
1 avalancha
3 derrumbamiento
14 desbordamiento
13 desprendimiento
1 lurte

⇨caída estrepitosa

aludido
3 susodicho

aludir
64 apuntar(se)
11 citar
15 insinuar(se)
3 mencionar
35 ocupar(se)
1 personalizar
25 referir(se)
4 sugerir

⇨tirar a ventana señala
⇨tirar con bala

49 ◁*callar(se)*
8 ◁*omitir*

alumbrado
1 acetileno
6 antorcha
5 bombilla
capuchina
2 carburo
11 desocupado
4 espejo
10 fanático

3 faro
2 farolillo
1 fogaril
2 iluminación
4 iluminado
4 lamparilla
1 lampión
4 linterna
luminarias
1 luminotecnia
8 luz
5 llama
2 mechero
4 quinqué
1 reflector
2 reverbero
1 tea
1 velón
7 candelero
7 alucinado
7 bujía
5 candelabro
2 electricidad
8 farol
7 gas
9 hacha
7 hoguera
1 mariposa
13 vela

⇨arco voltaico

alumbramiento
9 desembarazo
2 parto

3 ◁*óbito*

alumbrar(se)
54 aclarar(se)
28 aconsejar(se)
47 brillar
9 clarificar
17 crear
1 desentenebrecer
22 encandilar(se)
14 engendrar
37 enseñar(se)
4 iluminar
21 ilustrar(se)
31 iniciar(se)
11 instruir
2 parir
1 aluzar

23 emborracharse
23 encender

⇨dar a luz
⇨dar luz
⇨exhibir el dinero

15 ◁*apagar(se)*

alumbre
1 alumbrera
2 enjebe
6 jebe

⇨sulfato de alúmina

alumbrera
4 alumbre

alúmina
4 aluminio

aluminato
4 aluminio

aluminio
4 alumbre
1 alúmina
1 aluminato
1 aluminita

aluminita
4 aluminio

alumno
5 colegial
13 discípulo
4 educando
5 escolar
4 estudiante
7 oyente
6 párvulo
2 seguidor

alunado
6 lunático
2 venático

alunizaje
2 alunizar

alunizar
1 alunizaje
37 llegar(se)

alusión
- 8 bombazo
- 12 cita
- 11 indicación
- 8 insinuación
- 7 mención
- 2 puntada
- 5 quillotro
- 2 reticencia
- 2 vareta
- 21 referencia
- 10 indirecta
- 26 punta

alusivo
- 7 atinente
- 1 insinuativo
- 4 reticente
- 6 referente

alustrar
- 47 brillar
- 12 lustrar(se)

aluvión
- 1 chorroborro
- 14 desbordamiento
- 5 inundación
- 12 masa
- 25 muchedumbre
- 4 tromba
- 16 avenida
- 16 cantidad
- 9 enjambre
- 16 multitud

aluzar
- 20 alumbrar(se)

álveo
- 10 cauce
- 4 cuérrago
- 19 madre
- 11 lecho

alveolo
- 3 alvéolo
- 8 cavidad
- 4 celdilla
- 21 elevación
- 6 encarecimiento
- 19 hueco
- 3 poro
- 11 subida
- 23 aumento
- ⇨ baile ecuatoriano
- ⇨ lecho del río
- 10 ◁ abaratamiento
- 9 ◁ bajada

alvéolo
- 11 alveolo
- 4 celdilla
- 8 concavidad

alverja
- 6 arveja

alverjana
- 2 ervilla

alverjón
- 9 algarroba
- 8 almorta

alvino
- 8 evacuación

alza
- 22 acrecentamiento
- 4 acrecimiento
- 21 elevación
- 6 encarecimiento
- 5 puja
- 11 subida
- 23 aumento
- 9 ◁ bajada
- 9 ◁ baja

alzacuello
- 9 apelación
- 3 corbatín
- 9 cuello
- 3 estatura
- 30 recurso(s)
- 1 sobrecuello
- 11 talla

alzada
- 35 altura(s)
- 9 apelación
- 3 estatura
- 30 recurso(s)
- 3 respingona
- 11 talla

alzado
- 11 ajuste
- 8 fachada
- 2 frontal
- 11 precio
- 14 ebrio
- 28 engreído
- 14 rebelde
- 17 rústico
- 17 soberbio
- 6 sublevado
- 10 tosco

alzamiento
- 1 insurgencia
- 7 levantamiento
- 10 pronunciamiento
- 5 puja
- 9 sedición
- 15 revolución
- 11 motín
- 14 pelotera
- 11 rebelión

alzapié
- 7 banqueta
- 7 banquillo
- 3 taburete

alzapiés
- 7 banqueta
- 3 taburete

alzaprima
- 6 cuña
- 6 palanca
- 16 gato

alzaprimar
- 34 avivar(se)
- 13 conmover(se)
- 4 convencer
- 27 decidir(se)
- 17 incitar(se)

alzar(se)
- 23 acrecentar(se)
- 19 amotinar(se)
- 9 apelar
- 6 arregazar
- 12 aupar(se)
- 14 barajar
- 26 blandear(se)
- 9 blandir
- 17 cerner(se)
- 5 construir
- 9 edificar(se)
- 38 elevar(se)
- 12 emerger
- 15 empinar(se)
- 18 encaramar(se)
- 12 encarecer(se)
- 23 encumbrar(se)
- 24 enderezar(se)
- 6 engreírse
- 8 erguir(se)
- 6 erigir
- 25 fundar(se)
- 54 hurtar(se)
- 10 insubordinar(se)
- 12 insurreccionar(se)
- 4 izar(se)
- 53 levantar(se)
- 13 loar(se)
- 5 mantear
- 30 montar(se)
- 23 pronunciar(se)
- 23 rebelar(se)
- 11 remontar(se)
- 9 resaltar
- 25 resistir(se)
- 48 salir(se)
- 9 señorear
- 4 sofaldar
- 15 soliviantar(se)
- 30 subir(se)
- 20 sublevar(se)
- 7 surgir
- 22 botar
- 23 emborracharse
- 7 empericarse
- 9 escamotear
- 43 llevarse
- 58 quitar
- 23 rebelarse
- 14 robar
- 11 sobresalir
- 24 ◁ agachar(se)
- 45 ◁ apocar(se)
- 17 ◁ derribar(se)
- 18 ◁ derrumbar(se)
- 17 ◁ descender
- 39 ◁ rebajar(se)
- 43 ◁ arrastrar

62 ◁caer

allá
7 allí
⇨al otro lado
⇨más lejos
4 ◁acá

allanado
6 resignado

allanamiento
9 inspección
6 invasión
13 registro

allanar(se)
59 abatir(se)
21 adaptar(se)
21 alisar(se)
25 amoldar(se)
11 apisonar
12 aplanar(se)
45 aplastar(se)
15 aquietar(se)
16 arrasar(se)
83 arreglar(se)
1 atablar
41 avenir(se)
27 conformar(se)
17 derribar(se)
4 enrasar
7 explanar
13 facilitar
30 igualar(se)
7 nivelar
9 pacificar(se)
25 permitir(se)
7 planchar(se)
20 prestar(se)
24 rellenar(se)
22 resignar(se)
16 resolver(se)
23 sentar(se)
40 someter(se)
14 sujetarse
16 superar(se)
7 transigir
40 vencer(se)
9 zanjar
83 arreglarse
50 asentar

14 sujetar
⇨forzar la entrada
42 ◁amontonar(se)
8 ◁desarreglar(se)
4 ◁desigualar(se)
17 ◁obstaculizar
11 ◁prohibir(se)
20 ◁sublevar(se)
23 ◁rebelarse

allegado
2 adoptado
6 ahijado
34 auxiliar(se)
9 cercano
3 consanguíneo
5 deudo
9 familiar
7 inmediato
10 leal
8 paniaguado
11 parcial
11 pariente
13 próximo
6 secuaz
5 simpatizante
7 ladero
11 partidario
⇨a mano

allegamiento
15 acopio

allegar(se)
23 aproximar(se)
7 arrebañar
12 cercar
10 acaparar
38 ◁alejar(se)
28 ◁esparcir(se)

allende
3 allá
5 lejos
⇨al otro lado
⇨de la otra parte
⇨del lado de allá
1 ◁aquende

allí
3 allá
5 allende

5 lejos
3 entonces
⇨a aquel lugar
⇨en aquel lugar
⇨en tal ocasión
6 ◁aquí

alloza
3 almendra
3 allozo

allozo
3 almendro
1 almendruco
2 alloza

ama
1 aya
1 cinzaya
3 dueña
1 nodriza
1 patrona
1 propietaria
1 pupilera
2 rollona
4 señorita
1 trotona
6 celestina
5 niñera

amabilidad
27 afabilidad
26 afecto
14 agrado
10 amenidad
47 atención(es)
12 benevolencia
6 complacencia
12 cordialidad
2 cortesanía
20 cortesía
11 gentileza
4 urbanidad
11 sencillez
24 simpatía

amabilísimo
9 almibarado

amable
32 afable
38 agradable

11 benévolo
7 cordial
12 cortés
14 encantador
16 risueño
3 sociable
9 sugestivo
5 tratable
12 afectuoso
17 atento
13 cariñoso
6 complaciente
18 gracioso
15 primordial
12 sencillo
6 simpático
17 ◁abominable
9 ◁aborrecible

amablemente
19 atentamente

amacollar
3 macollar

amadamado
3 ahembrado
6 amaricado
5 amariconado
5 amujerado
1 castrón
5 remilgado
4 repipi
1 zape
29 afeminado
9 ◁varonil
2 ◁viril
10 ◁machote

amado
2 adorado
10 apreciado
5 dilecto
4 ensoñado
7 estimado
1 idolatrado
12 ídolo
3 predilecto
10 caro
14 querido
◁odiado

amador
9 adorador
15 enamorado(s)
7 idólatra
22 amante
7 cortejador
11 galán

amadrigar
19 acoger(se)

amaestrado
7 doméstico

amaestramiento
15 aprendizaje

amaestrar
15 adiestrar(se)
8 aleccionar(se)
18 domar(se)
5 domesticar
5 ejercitar
37 enseñar(se)
11 instruir

amagar(se)
24 agacharse
18 amenazar(se)
13 atrincherar(se)
8 conminar
10 esconderse
41 ocultar(se)
⇨lanzar en falso

amago
31 ademán
7 conato
3 conminación
15 indicio(s)
14 intento
5 síntoma
19 amenaza
23 disposición
8 intención
27 señal

amainar
32 aflojar(se)
44 calmar(se)
41 ceder(se)
17 debilitar

19 disminuir(se)
17 flaquear
31 moderar(se)
14 plegar(se)
⇨recoger velas
59 ◁aumentar(se)
16 ◁encrespar(se)
26 ◁incrementar(se)

amaine
11 aplacamiento

amaitinar
26 atisbar(se)
17 acechar
5 espiar

amajadar
17 acorralar
6 arredilar

amajanar
16 acotar
18 amojonar
1 contraseñar
11 delimitar
24 marcar(se)
46 señalar(se)

amalgama
10 combinación
11 conjunto
1 malgama
12 masa
10 mezcolanza
7 aleación
12 mezcla
19 reunión

amalgamado
16 amasijo

amalgamar(se)
6 alear
5 amasadura
8 amasar(se)
17 anexar(se)
4 azogar(se)
15 combinar
8 conjuntar
25 desunir(se)
15 fundir(se)

8 fusionar(se)
31 mezclar(se)
79 unir(se)
24 revolver
64 ◁separar(se)

amamantamiento
2 lactancia
7 nutrición
8 cría
1 ◁destete

amamantar
43 alimentar(se)
2 atetar
14 criar
19 nutrir(se)
6 lactar
⇨dar de mamar
⇨dar el pecho

amancebado
6 adúltero
24 amigo

amancebamiento
5 abarraganamiento
30 amistad
11 amontonamiento
15 arrimo
30 asunto(s)
1 barraganería
5 concubinato
14 conversación
5 fornicación
5 prostitución
5 apaño
20 arreglo
7 contubernio
11 lío

amancebarse
16 amigar(se)
arrejuntarse
38 arrimar(se)
11 enrollar(se)
74 juntar(se)
4 machihembrar
8 subsistir
7 abarraganarse
17 arranchar

24 emplear

amancillar
10 afear
39 ajar(se)
17 deslucir(se)
5 deslustrar
64 estropear(se)
7 mancillar(se)
19 manchar(se)
5 empañar(se)
83 ◁arreglar(se)

amanear
61 atar
7 manear(se)

amanecer
54 aclarar(se)
7 alba
16 albor
3 alborada
7 alborear
1 alborecer
2 amanecida
6 aurora
11 clarear(se)
1 clarecer
5 esclarecer
3 madrugada
2 maitinada
1 mañanita
3 orto
⇨apuntar el día
⇨despuntar el día
⇨entre luces
⇨rayar el día
⇨rayar la aurora
⇨romper el día
15 ◁anochecer
3 ◁atardecer
5 ◁crepúsculo

amanecida
21 amanecer
6 aurora

amaneciente
1 crepusculino
4 incipiente
1 matinal
4 matutino

amar

2 ◁*nocturno*

amanerado
5 amujerado
1 ensayado
3 estudiado
5 pretencioso
8 rebuscado
5 remilgado
3 teatral
44 afectado
29 afeminado
14 asentado
20 ◁*natural*
14 ◁*macho*

amaneramiento
32 afectación
1 pretenciosidad
3 rebuscamiento
2 teatralidad
3 remilgo
11 sencillez
7 ◁*naturalidad*

amanillar
10 agarrotar
25 amarrar(se)
24 encadenar(se)
4 esposar
4 maniatar
61 atar

amansado
2 domesticado
8 sumiso
7 manso

amansador
4 desbravador

amansamiento
3 pacificación

amansar(se)
30 ablandar(se)
42 aliviar(se)
30 apaciguar(se)
36 aplacar(se)
15 aquietar(se)

44 calmar(se)
1 desbravar
2 desbravecer
2 desembravecer
1 desencrespar
18 domar(se)
6 domeñar
5 domesticar
17 dulcificar(se)
29 educar(se)
21 mitigar(se)
9 pacificar(se)
24 sosegar(se)
21 tranquilizar(se)
4 jinetear
4 soguear
8 ◁*embravecer(se)*
60 ◁*excitar(se)*

amantar
15 abrigar(se)
15 arropar(se)
51 cubrir(se)
22 tapar(se)
13 ◁*destapar(se)*

amante
9 adorador
6 amador
7 amiga
1 amiguito
27 amoroso
34 apasionado
5 barragana
12 caluroso
7 coima
16 cristiano
6 entusiasta
7 galante
7 idólatra
5 querida
15 sensible
14 tierno
12 afectuoso
19 china
11 galán
9 manceba
14 querido
⇨bien amado

3 ◁*desapasionado*
25 ◁*frío*

amanuense
5 copista
2 escribano
5 escribiente
1 memorialista
2 pendolista
7 secretario

amañado
7 apócrifo
15 compuesto
1 falseado
4 falsificado
3 sofisticado
9 ◁*perfecto*
21 ◁*auténtico*

amañar(se)
55 acomodar(se)
25 amoldar(se)
2 apañárselas
83 arreglar(se)
4 arreglárselas
8 cabildear
6 distorsionar
12 falsear
4 falsificar
3 lograr
6 muñir
34 componer
⇨darse maña

amaño
33 artificio
12 cita
10 combinación
4 componenda
6 estratagema
18 habilidad
11 indicación
8 insinuación
4 tejemaneje
7 truco
21 referencia
5 apaño
14 ardid
18 argucia
20 arreglo
47 astucia
15 cábala
10 indirecta
19 intriga

11 maña
10 trampa
15 traza
5 treta
5 triquiñuela

amaños
47 astucia

amapola
2 ababol

amar(se)
8 acaramelar(se)
10 adamar(se)
12 adorar(se)
8 afeccionar(se)
9 amartelar(se)
25 apasionar(se)
4 apegarse
22 apreciar(se)
8 arrullar(se)
6 babosear
2 bienquerer
16 camelar(se)
11 conquistar
1 chalar
4 chalarse
3 chochear
11 declararse
37 enamorar(se)
16 encaprichar(se)
24 estimar(se)
3 flechar
2 idolatrar
14 obsequiar(se)
31 querer(se)
1 quillotrar
1 reamar
11 requerir
11 rondar
3 ruar
12 seducir
8 solicitar
8 cortejar
14 festejar
12 flirtear
13 galantear
8 piropear
⇨comerse con los ojos
⇨derretirse por
⇨hacer el cadete
⇨hacer la corte

amaraje

⇨mirar con buenos ojos
⇨mirarse en
⇨morirse por
⇨pagarse de
⇨pasear la calle
⇨pelar la pava
⇨prendarse de
⇨querer bien
⇨ser el ojo derecho de
⇨suspirar por
⇨tener puestos los sentidos en
8 ◁*abominar(se)*
22 ◁*aborrecer(se)*
4 ◁*detestar*
11 ◁*execrar*
7 ◁*odiar(se)*
10 ◁*renegar*

amaraje
1 amerizaje
6 descenso
◁*despegue*

amaranto
14 borla(s)
⇨flor de amor

amarar
1 amerizar
17 descender
14 posar(se)
10 ◁*ascender*

amarescente
18 amargo

amargado
4 dolido
7 misántropo
16 triste

amargamente
10 acremente

amargar(se)
11 acibarar(se)
5 acidular(se)
51 afligir(se)
5 agrazar
1 ahelear
1 amargujear

34 apenar(se)
12 apesadumbrar(se)
5 apesarar(se)
35 atormentar(se)
11 consternar(se)
7 contristar(se)
14 entristecer(se)
2 helear
1 rehelear
20 disgustarse
8 ◁*acaramelar(se)*
12 ◁*consolar(se)*
4 ◁*edulcorar*
3 ◁*garrapiñar*
27 ◁*alegrar(se)*
9 ◁*endulzar*

amargazón
6 amargor
16 amargura

amargo
24 acerbo
1 acibarado
1 aflictivo
1 amarescente
1 amargoso
45 áspero
9 desabrido
10 desagradable
7 doloroso
11 penoso
16 triste
17 ácido
15 acre
23 agrio
4 aguardiente
7 mate
15 molesto
36 ◁*alegre*
19 ◁*dulce*

amargón
⇨diente de león

amargor
2 acíbar
2 amargazón
16 amargura
1 amaritud
1 hámago
6 hiel

amargoso
18 amargo

amarguera
1 matabuey

amargujear
21 amargar(se)

amargura
2 amargazón
6 amargor
11 desconsuelo
9 desengaño
13 dolor
3 pesadumbre
45 pesar(se)
1 quillotranza
6 sinsabor
10 tribulación
48 aflicción
16 disgusto
29 pena
12 sufrimiento
20 tormento
13 tristeza
38 ◁*alegría(s)*
9 ◁*dulzura*
30 ◁*placer*

amaricado
11 adamado
3 ahembrado
9 amadamado
5 amariconado
5 amujerado
29 afeminado
9 ◁*varonil*

amariconado
11 adamado
9 amadamado
6 amaricado
15 cabrito
29 afeminado

amariconarse
10 adamar(se)

amarillear
1 amarillecer
12 languidecer

34 ◁*avivar(se)*
47 ◁*brillar*

amarillecer
2 amarillear

amarillento
23 amarillo
3 ambarino
9 ceroso
6 cetrino
4 overo
2 luan

amarillez
2 palidez

amarillo
6 amarillento
3 ambarino
2 anaranjado
9 áureo
1 azafranado
2 bácara
2 bácaris
6 bilioso
1 cobrizo
6 dorado
3 esclarea
2 gualdo
1 jaldado
1 jalde
2 leonado
1 limonado
3 maro
4 ocre
4 pajizo
8 pálido
1 rubianco
5 rubio
⇨plátano maduro

amarinar
2 marinar

amaritud
6 amargor

amaro
2 bácara
3 maro

amaromar
25 amarrar(se)

amarra
19 atadura
13 cable
1 cordaje
6 correa
14 cuerda
2 liana
4 maroma
2 soga
26 cadena

amarraco
3 garbanzo

amarradero
10 argolla
5 pilar
5 poste

amarrado
1 afianzado
5 asegurado
12 atado
7 ligado
3 encadenado
13 sujeto
21 adusto
34 avaro
26 rígido
20 severo
12 tacaño
⇨envuelto en trapos
14 ◁suelto

amarradura
19 atadura

amarrar
22 afianzar(se)
1 amaromar
83 arreglar(se)
52 asegurar(se)
16 concertar(se)
48 disponer(se)
8 empalmar
24 encadenar(se)
1 encorrear
1 engarrotar
2 enmaromar
39 liar(se)
37 ligar(se)
48 preparar(se)
79 unir(se)
2 encordonar
13 enlazar
2 ensogar
9 achisparse
61 atar
15 convenir
23 emborracharse
11 empatar
11 pactar
14 sujetar
17 ◁desatar(se)
42 ◁soltar(se)

amarras
30 amparo
6 áncora

amarre
4 afianzamiento
1 atraque
7 ligadura

amarrido
10 abrumado
12 afligido
8 apenado
2 marrido
12 melancólico
16 triste

amarteladamente
13 amorosamente

amartelado
12 acaramelado
4 derretido
15 enamorado(s)

amartelamiento
8 idilio

amartelar(se)
52 amar(se)
11 atocinar(se)
37 enamorar(se)
8 encariñarse
8 cortejar
12 flirtear
13 galantear
⇨pelar la pava
◁desenamorarse

amartillar
5 martillar
1 martillear
30 montar(se)
30 armar
24 golpear

a más de
8 asimismo
3 conjuntamente
⇨en exceso
⇨encima de

amasadera
2 cuezo
2 mezcladora
16 artesa

amasadijo
16 amasijo

amasado
6 aglutinado

amasadura
14 amalgamar(se)
1 amasamiento
1 masar
31 mezclar(se)
16 amasijo

amasamiento
5 amasadura

amasar(se)
9 aglutinar
14 amalgamar(se)
42 amontonar(se)
9 atesorar
2 fedegar
1 heñir
31 mezclar(se)
10 sobar

amasijo
1 amalgamado
1 amasadijo
5 amasadura
5 conglomerado
11 convenio(s)
12 masa
3 mixtura
10 revoltijo
9 tropel
19 unión
19 confusión
7 contubernio
11 lío
12 mezcla
14 pacto
⇨mezcla compacta

amateur
2 diletante

amatorio
27 amoroso
5 sexual

amaurosis
2 oscurecimiento
10 ceguera

amauta
15 sabio
22 noble

amazacotado
10 compacto
14 confuso
7 desordenado
6 indigesto
13 informe
12 deforme
21 grosero
31 pesado
10 repleto

amazona
5 caballista
4 cazadora
2 guerrera
1 rejoneadora
⇨mujer a caballo
⇨mujer varonil

ambages
9 cubierta
38 rodear(se)

ámbar
2 azabache
1 cárabe
6 resina

ambarina
4 algalia

ambarino
6 amarillento
8 desvaído
8 pálido
22 ◁*fuerte*

ambición
13 afán
32 anhelo
7 apetencia
20 apetito
22 ardor
13 aspiración
12 avaricia
4 esperanza
16 pasión
10 pretensión
28 ansia
8 codicia
14 deseo
2 ◁*desesperanza*
7 ◁*desgana*

ambicionado
7 codiciado
3 deseado

ambicionar
45 anhelar
13 ansiar
17 apetecer
13 aspirar
1 avariciar
5 codiciar
14 desear
6 envidiar
14 pretender
4 esperar
18 perseguir
⇨ir a lo suyo
6 ◁*desesperar(se)*
12 ◁*despreciar*
11 ◁*desdeñar*

ambicioso
11 afanoso
6 anheloso
11 ansioso
7 avaricioso
37 bravo
9 codicioso
8 deseoso
7 egoísta
2 envidioso
8 insaciable
4 intrigante
8 ◁*desdeñoso*

ambidextro
1 maniego

ambientar(se)
13 aclimatar(se)
10 encuadrar
1 enmarcar
18 ◁*extrañar(se)*

ambiente
34 alrededor(es)
1 amistades
9 cercano
4 circundante
13 próximo
12 vecino(s)
7 ámbito
4 entorno
⇨círculo social

ambigú
8 café
4 restaurante
6 bar
7 cantina
8 taberna

ambigüedad
3 calambur
8 equívoco
9 indeterminación
10 oscuridad
19 rodeo
7 tergiversación
6 anfibología
3 dilogía
3 retruécano
19 confusión
⇨doble sentido
⇨juego de palabras
10 ◁*claridad*
14 ◁*precisión*

ambiguo
14 confuso
6 dudoso
8 equívoco
16 incierto
14 indeterminado
8 mezclado
32 oscuro
9 turbio
7 anfibológico

ámbito
1 combés
31 contorno(s)
4 espacio
8 perímetro
6 superficie
9 clausura
4 entorno

amblar
1 anquear

ambo
11 conjunto
4 traje

amboceptor
1 anticuerpo
2 suero

ambos
1 entrambos
⇨los dos
⇨uno y otro

ambrosía
3 elixir
2 licor
4 néctar
⇨licor divino
⇨manjar de dioses

ambulancia
5 enfermería
7 hospital
7 vehículo

ambulante
1 ambulativo
1 andarín
3 apátrida
6 extranjero
6 forastero
10 gitano
4 nómada
3 trashumante
6 vagabundo
4 vagamundo
⇨hombre de paso
20 ◁*natural*
10 ◁*quieto*
2 ◁*sedentario*

ambular
38 andar

ambulativo
11 ambulante

ambulatorio
10 consulta
3 sanatorio

amedrantar
28 ahogar(se)
8 intimidar(se)

amedrentado
4 acobardado
7 corito
9 mandria
12 culero
5 falluto
5 gallina
7 pichón
13 ◁*impávido*

amedrentamiento
5 acoquinamiento

amedrentar(se)
59 abatir(se)
40 acobardar(se)
15 acogotar
7 acollonar(se)
20 acoquinar(se)
28 ahogar(se)

17 alarmar(se)
38 alejar(se)
29 amilanar(se)
45 apocar(se)
17 arredrar(se)
58 asustar(se)
36 atemorizar(se)
18 aterrar(se)
17 atolondrar(se)
6 atortolar
14 azorar(se)
13 cagar(se)
26 desalentar(se)
11 descorazonar(se)
39 deshacer(se)
24 espantar(se)
23 imponer(se)
8 intimidar(se)
31 sacudir(se)
12 sobrecoger(se)
11 sobresaltar(se)
11 temer
20 zurrar(se)
6 acojonar
12 achantarse
3 amorrongarse
10 apolismar
39 arrugar
34 correr
5 encasquillar
33 llamar
⇨hacer huir
⇨poner en fuga
61 ◁animar(se)
7 ◁envalentonar(se)

amelcochar
8 condensar
37 enamorar(se)
1 enamoriscarse
8 encariñarse
11 espesar(se)
⇨afectar complacencia
⇨fingir agrado

amelga
8 campo
1 emelga
9 era
5 faja
2 sembradío
3 sembrado
6 semillero
7 vivero
8 trozo

amelgar
7 arar
2 roturar
3 surcar

amelo
1 estrellada

amén
21 acuerdo(s)
9 además
18 aquiescencia
28 conformidad
5 transigencia
⇨a más
⇨así sea
⇨de acuerdo
⇨en un decir Jesús
⇨en un instante
⇨en un momento
⇨no hay más que hablar
⇨no se diga más
⇨punto en boca
⇨punto final

amenaza
19 advertencia
10 amago
8 apercibimiento
9 ceño
3 conminación
3 espantajo
3 finta
4 inminencia
6 intimidación
9 maldición
5 provocación
6 reto
1 ultimátum
34 aviso
26 amonestación
21 bravata
16 caña
11 juramento
4 peligro

amenazador
1 amenazante
3 ceñudo
1 conminativo
6 conminatorio
6 inquietante
5 peligroso
8 torvo
22 bravucón
15 fanfarrón

amenazante
9 amenazador

amenazar
23 advertir
7 amagar(se)
30 amonestar(se)
24 apercibir(se)
1 apostárselas
3 bravear
8 conminar
5 gallear
28 inquietar(se)
8 intimidar(se)
1 jurárselas
18 provocar
46 señalar(se)
5 ladrar
⇨echar fieros
⇨enseñar las uñas
⇨enseñar los dientes
⇨estar a punto

amenguar
21 afrentar(se)
14 aminorar(se)
12 baldonar
22 deshonrar(se)
19 disminuir(se)
19 empequeñecer(se)
3 menguar
12 menoscabar
2 mermar
39 rebajar(se)
16 infamar
59 ◁aumentar(se)
5 ◁ensalzar(se)

amenidad
27 afabilidad
9 deleite
16 diversión
14 encanto
18 gracia(s)
11 hechizo
15 ingenio
6 sugestión
8 sutileza
35 atractivo

amenizar
48 atraer(se)
9 deleitar
32 divertir(se)
15 encantar(se)
26 entretener(se)
13 ingeniar(se)
5 picardear
3 salpimentar
28 ◁aburrir(se)

ameno
38 agradable
38 bello
7 chispeante
12 deleitable
8 delicioso
5 emotivo
14 encantador
3 espectacular
4 evocador
9 florido
5 frondoso
7 grato
12 hermoso
14 ingenioso
4 inspirado
8 placentero
14 precioso
2 sugerente
35 atractivo
30 divertido
9 entretenido
18 gracioso
8 ◁aburrido
10 ◁desagradable
18 ◁feo

amenorrea
2 opilación

ameos
2 ami

amerengado
9 cursi
4 dulzón

10 amanerado
9 ◁*varonil*

americana
9 chaqueta
10 gabán
3 jubón
15 saco

amerizaje
2 amaraje

amerizar
3 amarar

ametrallado
4 bombardeo

ametralladora
2 metralleta

ametrallar(se)
7 acribillar
20 disparar

ametropía
1 astigmatismo
2 hipermetropía
1 miopía

ami
1 ameos
1 fistra

amianto
4 asbesto

amiga
5 barragana
7 coima
5 querida
22 amante
10 comadre
16 guayaba
9 manceba

amigabilidad
30 amistad

amigable
13 accesible
32 afable
4 amistoso

24 abierto
10 ◁*desagradable*

amigacho
24 amigo

amigar(se)
27 amistar(se)
42 amontonar(se)
4 apegarse
7 armonizar
41 avenir(se)
8 conminar
7 contentar(se)
11 enrollar(se)
16 mediar
15 reconciliar(se)
31 relacionar(se)
4 tutear(se)
79 unir(se)
7 abarraganarse
10 amancebarse
42 amontonarse
24 ◁*desazonar(se)*
25 ◁*desunir(se)*
21 ◁*dividir(se)*
21 ◁*enemistar(se)*
19 ◁*indisponer(se)*

amígdala
13 agalla(s)
1 tonsila

amigdalitis
3 angina

amigo
17 adicto
26 afecto
5 aficionado
2 aliado
2 amancebado
1 amigacho
1 amigote
4 apegado
7 compañero(s)
12 devoto
4 encariñado
14 inclinado
8 incondicional
9 inseparable
10 leal

5 quillotro
22 amante
8 camarada
22 liga
19 mano
11 partidario
14 querido
⇨*alter ego*
⇨*planta bulbosa*
10 ◁*enemigo*

amigote
24 amigo

amiguismo
13 parcialidad

amiguito
22 amante

amiláceo
⇨*que contiene almidón*

amilanado
2 intimidado
7 temeroso
30 tímido
17 cobarde
12 miedoso
18 ◁*audaz*
9 ◁*valiente*

amilanamiento
25 abatimiento
6 caimiento
12 encogimiento
14 cobardía

amilanar(se)
59 abatir(se)
40 acobardar(se)
7 acollonar(se)
20 acoquinar(se)
24 achicar(se)
45 apocar(se)
17 arredrar(se)
58 asustar(se)
36 atemorizar(se)
18 derrumbar(se)
26 desalentar(se)

25 desanimar(se)
39 deshacer(se)
7 desmoralizar(se)
29 encoger(se)
11 horripilar(se)
11 horrorizar(se)
30 hundir(se)
23 imponer(se)
8 intimidar(se)
3 acholar
40 amedrentar
3 amorrongarse
10 apolismar
39 arrugar
4 atorcazar
8 azorrillar(se)
8 fruncir
4 pichar(se)
21 ◁*atrever(se)*

amillaramiento
2 asentamiento
3 catastro
15 contribución
9 evaluación
6 reparto

aminoración
13 acortamiento
4 amortiguamiento
3 desgravación
16 disminución

aminoramiento
7 rebaja

aminorar
16 acortar(se)
24 achicar(se)
22 amortiguar(se)
45 apocar(se)
21 atenuar(se)
12 consolar(se)
19 disminuir(se)
3 menguar
2 mermar
8 minorar
21 mitigar(se)
15 paliar
7 reconfortar(se)
52 reducir(se)
20 ◁*agrandar(se)*

59 ◁*aumentar(se)*

amistad
21 adhesión
26 afecto
1 amigabilidad
53 amor
10 apego
13 aprecio
8 compadrazgo
3 compañerismo
1 conexiones
17 confianza
1 confraternidad
7 devoción
9 fineza
12 hermandad
7 intimidad
8 lealtad
1 metimiento
10 propensión
10 trato
8 valimiento
9 camaradería
13 parcialidad
16 afición
18 armonía
15 cariño
16 favor
12 gusto
18 inclinación
14 merced
24 simpatía
10 ◁*enemistad*

amistades
9 ambiente

amistar(se)
10 aficionar(se)
18 aliar(se)
16 amigar(se)
4 apegarse
22 apreciar(se)
41 avenir(se)
1 compadrar
5 conexionarse
8 encariñarse
32 estrechar(se)
2 familiarizar
2 familiarizarse
8 gustar

8 gustarse
6 intimar
15 reconciliar(se)
4 simpatizar
35 tratar(se)
↪comer en la misma mesa
↪comer en un mismo plato
↪estar a partir un piñón
↪partir peras
↪ser dos en uno
↪ser uña y carne
↪tener mano
7 ◁*embregarse*
21 ◁*enemistar(se)*
12 ◁*regañar*

amistoso
13 accesible
32 afable
4 amigable
24 abierto
10 ◁*desagradable*
8 ◁*hosco*

amnistía
8 borradura
18 gracia(s)
10 olvido
6 perdón
7 remisión
11 absolución
10 indulto

amnistiar
11 absolver
2 condonar
10 dispensar
10 indultar
9 perdonar
9 ◁*inculpar*
5 ◁*sentenciar*

amo
5 cabecilla
5 caudillo
7 dueño
9 jefe
1 micado
11 patrono

3 poseedor
12 principal
1 propietario
5 señor
10 soberano
8 superior
2 tirano
38 cabeza
19 patrón

amoblar
10 amueblar

amodorrado
3 adormecido
1 adormilado
27 aturdido
14 ◁*vivaz*

amodorramiento
7 adormecimiento
3 aletargamiento
8 letargo
5 somnolencia
1 soñarrera
3 soñolencia
7 sopor
2 coma
7 modorra
26 ◁*exaltación*

amodorrar(se)
21 adormecer(se)
3 adormilarse
15 dormir(se)
6 aletargar
3 trasponer
9 ◁*despabilar(se)*
16 ◁*despejar(se)*
3 ◁*despertar(se)*
32 ◁*exaltar(se)*

amohinado
7 disgustado

amohinar
10 desagradar
67 enfadar(se)
27 enojar(se)
44 incomodar(se)
44 ◁*calmar(se)*

amohinarse
3 amurriarse
14 entristecer(se)
8 trinar

amojamado
5 acartonado
4 esquelético
4 momificado
21 seco
17 ◁*grueso*
11 ◁*lozano*
18 ◁*fresco*

amojamamiento
2 acartonamiento
2 acecinamiento
7 delgadez
3 enjutez
1 magrez
7 sequedad

amojamar(se)
9 acartonar(se)
5 acecinar
5 acecinarse
14 adelgazar(se)
11 apergaminar(se)
19 curtir(se)
19 enflaquecer(se)
1 magrecer
30 secar(se)
   ◁*afofar(se)*
6 ◁*engordar*

amojonado
6 acotado

amojonamiento
2 asentamiento
7 delimitación
6 señalamiento
28 separación

amojonar
31 ahitar(se)
6 amajanar
3 amelgar
1 barrar
37 cerrar(se)
9 circunscribir
4 clausurar

amolado

8 definir
11 delimitar
10 deslindar
2 estacar
39 fijar(se)
27 limitar(se)
1 mojonar
9 restringir
7 terminar
3 vallar
50 asentar
35 ◁*abrir(se)*

amolado
10 inoportuno
2 moledor
19 arruinado
14 desgraciado

amolador
6 incómodo
8 cargante
42 fastidioso
31 pesado
38 ◁*agradable*
30 ◁*divertido*

amolar
28 aburrir(se)
9 afilar(se)
14 aguzar(se)
41 cansar(se)
27 enojar(se)
87 fastidiar(se)
44 incomodar(se)
114 molestar(se)
14 vaciar(se)
16 hastiar
⇨dar filo
⇨hacer la pascua
8 ◁*embotar(se)*
1 ◁*mellar*

amoldable
9 acomodadizo
7 acomodaticio
3 conformista
6 complaciente
4 ◁*inadaptable*
6 ◁*incómodo*

amoldado
18 acabado
13 completo
9 perfecto
6 perfilado
22 preciso
12 exacto

amoldar(se)
53 acabar(se)
55 acomodar(se)
8 acondicionar
21 adaptar(se)
4 ahormar(se)
59 ajustar(se)
41 allanar(se)
14 amañar(se)
9 atenerse
41 avenir(se)
44 ceñir(se)
9 circunscribir
8 coincidir
12 completar
27 conformar(se)
19 perfilar(se)
14 plegar(se)
40 someter(se)
14 sujetarse
7 transigir
20 atemperar
⇨poner en razón
◁*desacomo-dar(se)*
23 ◁*rebelar(se)*

amollar
22 abandonar(se)
32 aflojar(se)
41 ceder(se)
6 desistir
11 ◁*insistir*

amollentar
30 ablandar(se)
4 afeminar
17 debilitar

amondongado
8 blandengue
2 desmadejado
19 gordo
10 tosco

amonedar
12 acuñar
16 emitir
1 monedear
1 troquelar

amonestación
14 admonición
19 advertencia
8 apercibimiento
16 censura
5 dictamen
6 exhortación
27 instrucción(es)
12 lección
1 monición
7 prédica
4 recomendación
9 reflexión
25 reparo(s)
7 represión
6 reto
34 aviso
12 consejo
16 galleta
15 juicio
5 recordatorio
13 regaño
17 reprimenda
15 reproche
13 sermón
11 toque
⇨publicidad de enlace matrimonial

amonestado
25 avisado

amonestar(se)
28 aconsejar(se)
23 advertir
22 aguijonear(se)
18 amenazar(se)
24 apercibir(se)
33 avisar(se)
8 catequizar
16 corregir(se)
2 dictaminar
12 exhortar
17 incitar(se)
5 increpar
11 instruir
2 moralizar
18 notar
7 predicar
5 recomendar
5 reconvenir
6 recordar
8 recriminar
16 reprobar
10 reprochar(se)
11 requerir
6 sermonear
18 apear(se)
13 chorrear
12 regañar
22 reñir
16 reprender
2 salmorear

amoníaco
4 álcali

amontonada-mente
11 atropelladamente

amontonado
6 congestivo
10 denso

amontonamiento
5 abarraganamiento
11 acaparamiento
5 acumulación
8 aglomeración
9 apelotonamiento
4 concreción
5 concubinato
8 densidad
9 fárrago
15 amancebamiento
10 batuque

amontonar(se)
9 acopiar(se)
18 acumular(se)
15 aglomerar(se)
4 agolpar(se)
21 agrupar(se)
15 almacenar(se)
4 allegar(se)
8 amasar(se)
16 amigar(se)
20 amoscar(se)

11 apalear(se)
4 aparvar
9 apelotonar(se)
5 apeñuscar(se)
6 apilar
21 apiñar(se)
26 arañar(se)
  arrejuntarse
7 arremolinar(se)
38 arrimar(se)
9 atesorar
1 centonar
1 coacervar
1 conglobar
5 cosechar
5 emburujar(se)
6 encolerizar
67 enfadar(se)
27 enojar(se)
11 enrollar(se)
1 entongar
44 guardar(se)
7 hacinar(se)
63 irritar(se)
74 juntar(se)
4 machihembrar
47 recoger(se)
49 reunir(se)
3 arrumar
7 abarraganarse
17 arranchar
2 tigiciar
41 ◁allanar(se)
  ◁desenfadar
28 ◁esparcir(se)
64 ◁separar(se)

amor
1 adamadura
21 adhesión
11 adoración
26 afecto
2 afectuosidad
30 amistad
10 apego
15 asimiento
47 atención(es)
2 bienquerer
30 blandura
12 caridad
1 carnalidad
25 celo(s)
9 ceño

13 corazón
12 cordialidad
22 cuidado
9 deleite
20 delicadeza
4 derretimiento
11 deshonestidad
3 dilección
3 erotismo
1 erotomanía
5 esmero
7 filantropía
7 idolatría
15 interés
7 intimidad
11 jactancia
9 lujuria
5 llama
1 ninfomanía
16 pasión
6 pedantería
1 perdición
9 piedad
5 predilección
9 querencia
31 querer(se)
16 sentimiento
1 sexualidad
11 suavidad
4 suficiencia
7 vanagloria
16 afición
15 capricho
15 cariño
8 galanteo
18 orgullo
7 soberbia
⇨amor propio
18 ◁repugnancia
20 ◁odio

amoragar
24 asar(se)

amoral
14 inmoral
10 indecente

amoralidad
1 amoralismo
12 inmoralidad

amoralismo
2 amoralidad

amoratado
1 acardenalado
2 cárdeno
3 congestionado
3 lívido
2 violáceo
10 morado

amordazamiento
12 bocanada

amordazar
1 enmordazar
10 forzar
25 obligar(se)
6 silenciar(se)
20 violentar(se)
16 abusar
8 ◁respetar

amorfia
9 anormalidad
11 imperfección
4 monstruosidad
24 ◁belleza

amorfo
1 desganado
9 disforme
13 informe
12 irregular
19 apático
12 deforme

amoricones
3 ademanes
1 gesticulaciones
1 manifestaciones
18 seña(s)

amorío
7 camelo
19 compromiso
4 cortejo
5 chicoleo
1 chichisbeo
6 devaneo
7 enamoramiento
4 festejo

5 flete
4 flirteo
1 garzonía
2 noviazgo
5 quillotro
4 relaciones
10 romance(s)
9 seducción
15 coquetería
9 filo
8 galanteo
8 ligue

amorosamente
1 afectuosamente
1 amarteladamente
1 cariciosamente
1 cariñosamente
1 cordialmente
1 enamoradamente
1 entrañablemente
1 filialmente
2 galantemente
1 rendidamente
1 simpáticamente
2 tiernamente
⇨con los brazos abiertos
◁odiosamente

amoroso
5 afectivo
2 amatorio
26 apacible
9 baboso
5 boquirrubio
7 cordial
4 derretido
12 devoto
3 encelado
3 entrañable
2 erótico
1 erotómano
1 filantrópico
16 fino
7 idólatra
9 inseparable
1 pasional
14 tierno
3 tórtolo
42 blando
12 afectuoso
22 amante

amorrar

13 cariñoso
12 chalado
9 chocho
19 suave
5 tenorio
7 ◁*agresivo*
9 ◁*desapacible*
30 ◁*duro*
5 ◁*odioso*

amorrar(se)
13 abocar(se)
24 agachar(se)
24 agacharse
3 amurriarse
35 bajar(se)
8 besar(se)
3 besuquear
49 callar(se)
2 enmudecer
43 inclinar(se)
43 inclinarse
49 callarse
⇨obstinarse en no hablar
⇨pegar los labios

amorrongarse
40 acobardarse
40 amedrentar
29 amilanarse
21 ◁*atrever(se)*

amortajar
51 cubrir(se)
32 envolver(se)

amortecido
14 débil

amortiguación
5 ablandamiento

amortiguado
11 sordo
7 mate

amortiguador
13 ballesta
11 muelle

12 suspensión

amortiguamiento
4 aminoración
13 moderación
9 reducción
12 suspensión
2 ◁*agudización*

amortiguar(se)
8 aballar(se)
32 aflojar(se)
28 ahogar(se)
12 amenguar
14 aminorar(se)
30 apaciguar(se)
15 apagar(se)
36 aplacar(se)
21 atenuar(se)
44 calmar(se)
17 debilitar
15 dormir(se)
4 edulcorar
8 minorar
21 mitigar(se)
31 moderar(se)
15 paliar
39 suavizar(se)
15 suspender
20 atemperar
9 endulzar
65 ◁*apretar(se)*
59 ◁*aumentar(se)*
34 ◁*avivar(se)*
60 ◁*excitar(se)*

amortización
12 abono
5 extinción
6 liquidación
17 pago(s)
7 ◁*deuda*

amortizar
36 liquidar(se)
15 recuperar(se)
10 redimir
7 vincular
⇨cubrir gastos

amorugarse
49 callar(se)

amoscado
4 dolido
7 escamado
5 mosqueado
8 resentido
5 suspicaz
15 molesto
6 ◁*sosegado*
13 ◁*tranquilo*

amoscar(se)
40 cabrear(se)
11 chamuscar
23 enardecer(se)
22 enfurecer(se)
12 escamar(se)
10 escocer(se)
33 ofender(se)
20 resentirse
30 sentir(se)
42 amontonarse
12 amostazarse
18 atufar
40 cabrearse
15 encolerizarse
67 enfadarse
27 enojarse
63 irritarse
18 mosquear
57 picar

amostazado
5 carilargo

amostazamiento
1 atufamiento
10 cabreo
11 enfado
7 ◁*sosiego*
26 ◁*calma*

amostazar(se)
11 abaldonar(se)
20 amoscar(se)
11 atocinar(se)
6 encolerizar
67 enfadar(se)
6 enfurruñarse
27 enojar(se)
12 escamar(se)
63 irritar(se)
20 sublevar(se)

14 atusar
57 picar

amotinado
13 revoltoso
11 alzado
14 rebelde
6 sublevado

amotinador
5 activista
15 agitador
1 concitador
2 excitador
8 perturbador
3 propagandista
11 provocador
14 rebelde

amotinar(se)
21 agrupar(se)
58 alzar(se)
3 concitar
6 desencadenar(se)
17 incitar(se)
10 insubordinar(se)
12 insurreccionar(se)
53 levantar(se)
23 pronunciar(se)
23 rebelar(se)
49 reunir(se)
1 revolucionar
15 soliviantar(se)
20 sublevar(se)
2 tumultuar
⇨echarse a la calle
⇨echarse al monte

amover
28 anular(se)
9 derrocar
59 mover(se)
9 revocar
27 ◁*colocar(se)*
8 ◁*triunfar*

amparado
9 adoptivo
7 asilado
19 ◁*abandonado*
4 ◁*desheredado*
9 ◁*indefenso*

amparador
3 avalista
8 bienhechor
12 defensor
2 favorecedor
6 fiador
2 mecenas
2 patrocinador
11 patrono
5 protector
1 recomendante
6 tutelar
3 valedor
17 abogado
4 padrino
⇨paño de lágrimas

amparar(se)
10 abogar
15 abrigar(se)
10 abroquelar(se)
19 acoger(se)
19 acompañar
9 acorrer
18 adoptar
11 albergar(se)
11 apadrinar
63 apoyar(se)
38 arrimar(se)
5 asilar
32 atender(se)
34 auxiliar(se)
6 avalar
45 ayudar(se)
6 blindar
16 cobijar(se)
11 conservar
11 defender
4 escoltar
12 escudar(se)
14 favorecer
8 fomentar
44 guardar(se)
15 guarecer(se)
28 mantener(se)
11 patrocinar
9 preservar(se)
5 primar
5 propugnar
42 proteger(se)
5 recomendar
13 refugiar(se)
12 resguardar(se)
5 respaldar
10 retraerse
6 salvaguardar
22 salvar(se)
21 socorrer(se)
25 sostener(se)
4 subvenir
10 sustentar
6 tutelar
29 valer(se)
7 vindicar
25 mirar
⇨mirar por
⇨sacar las castañas del fuego
⇨valer por
22 ◁*abandonar(se)*
11 ◁*desamparar*
4 ◁*desasistir*
11 ◁*desatender*

amparo
1 acogimiento
4 adopción
8 agarradera(s)
10 agarradero
5 aldaba(s)
9 amarras
3 antemural
37 apoyo
15 arrimo
7 asilo
41 defensa
8 égida
9 guarda
7 intercesión
7 pabellón
6 palanca
8 patrocinio
5 presidio
13 protección
4 recomendación
10 refugio
5 regazo
6 salvaguardia
9 socorro
14 sostén
8 valimiento
32 abrigo
24 auxilio
29 ayuda
16 favor
30 ◁*abandono*

amper
1 amperio

amperímetro
3 galvanómetro
4 indicador
3 medidor
3 voltímetro

amperio
1 amper

amplexo
6 abrazo

ampliación
3 ahondamiento
3 alargamiento
8 engrandecimiento
2 ensanchamiento
9 ◁*reducción*

ampliado
5 abocinado
5 ◁*compendioso*
9 ◁*concreto*
5 ◁*condensado*
8 ◁*parvo*
3 ◁*sinóptico*
13 ◁*sumario*

ampliadora
2 amplificador

ampliamente
1 considerablemente
3 copiosamente
7 cumplidamente
1 grandemente
6 largamente
1 pródigamente
5 sobradamente
7 generosamente
⇨a montones
⇨con creces
⇨con derroche
⇨en abundancia
⇨sin límites
⇨sin restricciones
⇨sin tope
◁*avaramente*
1 ◁*escasamente*

ampliar
23 acrecentar(se)
35 alargar(se)
2 amplificar
59 aumentar(se)
12 completar
15 desarrollar
29 dilatar(se)
9 engrandecer
14 ensanchar(se)
8 exagerar
51 extender(se)
5 profundizar
32 ◁*estrechar(se)*
52 ◁*reducir(se)*

ampliatorio
5 complementario

amplificación
22 acrecentamiento
12 desarrollo
8 engrandecimiento
23 aumento

amplificador
1 ampliadora
1 aumentador

amplificar
12 ampliar(se)
3 parafrasear

amplio
3 ampón
32 ancho
2 anchuroso
13 completo
6 copioso
12 desarrollado
11 dilatado
6 espacioso
21 exagerado
8 extenso
3 sobrado
6 suficiente
5 vasto
8 profundo

amplitud

29 abundante
16 capaz
24 follón
18 generoso
23 grande
11 holgado
19 ◁ *estrecho*
17 ◁ *escaso*
19 ◁ *mezquino*

amplitud
28 abundancia
17 anchura
8 dilatación
4 espaciosidad
23 extensión
13 generosidad
6 profundidad
2 vastedad
14 capacidad
12 ◁ *escasez*
10 ◁ *estrechez*

ampo
7 blancura
⇨ copo de nieve

ampolla
1 abolsamiento
2 ampolleta
9 botella
5 recipiente
4 vejiga
1 vesícula
2 cantárida
1 flictena
44 bolsa
10 burbuja
13 pompa
27 tumor
27 vasija

ampolleta
13 ampolla
⇨ reloj de arena

ampón
7 ahuecado
4 repolludo
20 amplio

ampulosidad
5 exageración
1 rimbombancia
4 hipérbole
7 ◁ *naturalidad*
11 ◁ *sencillez*

ampuloso
3 ampón
21 exagerado
2 facundo
16 pomposo
5 pretencioso
3 prosopopéyico
5 redundante
11 enfático
21 grave
19 hinchado
13 presuntuoso
3 ◁ *escueto*
20 ◁ *natural*

amputación
5 ablación
8 cercenamiento
5 disección
8 mutilación
9 tajo
4 truncamiento
56 corte

amputado
2 cercenado
6 cortado
7 mutilado
1 rebanado
2 seccionado
16 ◁ *entero*
8 ◁ *intacto*

amputar
10 cercenar
5 decapitar
1 descabezar
2 desgajar
2 guadañar
8 mutilar
5 segar
64 separar(se)
9 truncar
3 guillotinar

57 cortar
58 quitar

amueblar
21 adornar
1 ajuarar
4 alhajar
1 amoblar
1 moblar
1 mueblar
5 ornamentar
6 averiarse
64 estropearse
⇨ poner casa

amugronar
1 ataquizar
⇨ acodar la vid

amujerado
9 amadamado
6 amaricado
5 mujeril
29 afeminado
10 amanerado

amujeramiento
8 afeminación

amuleto
4 abracadabra
1 candorga
3 fetiche
1 filacteria
1 grisgrís
3 higa
3 mascota
2 medalla
3 nómina
6 reliquia
1 talismán
5 guayaca

amura
6 estrechamiento
42 cabo

amurallado
2 almenado
1 atrincherado
1 bastionado
8 defendido

5 encerrado
3 encintado
5 fortificado
1 mantelado
12 cercado

amurallar(se)
5 abaluartar
10 acorazar(se)
2 almenar
13 atrincherar(se)
11 barrear(se)
6 blindar
12 cercar
11 defender
11 encerrar
18 fortificar
1 murar

amurriarse
4 amohinarse
14 amorrar(se)
14 entristecer(se)
27 ◁ *alegrar(se)*

amustiar(se)
15 agostar(se)
39 ajar(se)
6 alheñar(se)
2 amarillear
64 estropear(se)
12 languidecer
lozanear
18 marchitar(se)
5 revivir

anacardo
1 acajoiba
2 acajú
1 caoba

anacoluto
5 inconsecuencia

anaconda
13 serpiente

anacoreta
7 asceta
4 cenobita
5 eremita
3 ermitaño
13 monje

16 solitario

anacrónico
1 descolocado
3 desplazado
7 equivocado
3 improcedente
10 ◁*actual*
6 ◁*oportuno*

anacronismo
9 antigualla

ánade
1 anadino
1 anadón
3 ánsar
1 cisne
15 ganso
2 oca
10 pato

anadino
7 ánade

anadipsia
7 sed

anadón
7 ánade

anafe
3 cocina
4 hornillo
3 infernillo
1 infiernillo

anafilaxia
3 alergia
1 anafilaxis
2 hipersensibilidad

anafilaxis
3 anafilaxia

anáfora
1 epanáfora
9 repetición
22 figura

anagnórisis
1 agnición

anagrama
1 fecal
5 inversión
1 perineal
1 rectal
5 transposición

anal
3 anual

analectas
7 antología
4 crestomatía
7 florilegio

analepsia
2 fortalecimiento
2 reconstituyente
 tonificante
1 ◁*debilitamiento*

anales
8 comentarios
5 crónicas
5 fastos
20 historias
16 memoria(s)
10 relato(s)

analfabetismo
12 ignorancia
13 incultura
2 ineducación
7 rusticidad
15 ◁*ilustración*
11 ◁*sabiduría*

analfabeto
15 berzas
19 ignorante
7 iletrado
14 inculto
9 palurdo
22 burro
11 paleto
10 zopenco
10 zote

analgesia
22 anestesia

analgésico
9 calmante
2 paliativo

4 sedante
7 ◁*doloroso*

análisis
7 comparación
6 descomposición
26 estudio
12 examen
12 observación
7 partición
28 separación
15 distinción
6 ◁*síntesis*

analítico
4 metódico
5 ordenado
4 razonado

analizable
9 comprensible

analizador
2 calculadora
2 computador

analizar
35 aislar(se)
25 averiguar(se)
7 comparar(se)
13 considerar(se)
37 descomponer(se)
8 detallar
35 distinguir(se)
11 estudiar
41 examinar(se)
5 individualizar
19 observar
21 partir
64 separar(se)
5 ◁*sintetizar*

analogía
17 afinidad
28 conformidad
5 correlación
8 correspondencia
10 maridaje
18 parecido
6 semejanza
9 similitud
20 relación

19 conveniencia
3 ◁*desemejanza*
11 ◁*diferencia*
4 ◁*disimilitud*

análogo
6 aproximado
11 conforme
3 consonante
4 correlativo
7 correspondiente
4 equivalente
15 igual
18 parecido
10 parejo
11 semejante(s)
8 similar
4 sinónimo
5 gemelo
5 hermano
5 ◁*disconforme*
10 ◁*distinto*

anamorfosis
10 aberración
5 deformidad
19 confusión

ananás
3 piña

anapelo
5 acónito
1 pardal
2 matalobos
⇨uva lupina
⇨uva verga

anaquel
10 aparador
33 armario
8 balda
2 compartimiento
23 entrada
6 entrepaño
3 ménsula
4 plúteo
1 poyo
3 repisa
6 tabla(s)
7 andén

anaquelería

7 departamento
10 estante
2 vasar

anaquelería
3 sobrado
9 armazón

anaranjado
4 aloque
10 naranja(s)

anarquía
2 acracia
4 anarquismo
18 barullo
6 desconcierto
7 desgobierno
13 ilegalidad
8 perturbación
11 trastorno
15 revolución
19 confusión
19 desorden
5 guirigay
8 orgía
15 ◁disciplina

anárquico
14 confuso
3 libertario
7 revolucionario
14 suelto
6 ◁disciplinado
4 ◁metódico

anarquismo
2 acracia
3 terrorismo
15 revolución
13 anarquía
1 ◁estatismo
3 ◁pacifismo

anarquista
15 agitador
1 anarquizante
3 libertario
8 perturbador
4 ácrata

anarquizante
5 anarquista

anastomosis
29 comunicación(es)
13 enlace
19 unión
28 ◁separación

anástrofe
5 inversión
2 hipérbaton
⇨inversión o violencia de las palabras

anatema
16 censura
7 estigma
2 excomunión
7 execración
5 imprecación
9 maldición
7 reprobación

anatematizado
5 excomulgado

anatematizar
3 excomulgar

anatomía
2 fisiología
1 organografía
1 organología
1 somatología

anatómico
1 anatomista
4 cirujano
3 disecador
2 disector
3 preparador
1 vivisector

anatomista
6 anatómico

anca
2 cadera
3 cuadril
6 culata
5 flanco

3 grupa
2 pernil

ancas
18 nalga(s)
11 cacha
8 canco
25 cuarto

ancestral
1 atávico

ancianidad
1 agerasia
17 antigüedad
10 caducidad
8 caduquez
1 chochera
5 decrepitud
3 envejecimiento
5 longevidad
7 senectud
9 vejez
4 vetustez
6 chochez
⇨edad avanzada
⇨edad provecta
6 ◁juventud

anciano
12 abuelo(s)
18 acabado
5 acartonado
3 avejentado
21 caduco
4 calamocano
7 cano
27 carantoña(s)
1 carraco
4 centenario
1 clueco
1 cotorrón
2 decano
10 decrépito
2 grandevo
3 longevo
5 machucho
3 nonagenario
1 octogenario
2 ochentón
5 provecto
1 quintañón

22 viejo
4 antañón
3 carcamal
12 carroza
9 chocho
5 matusalén
7 retablo
11 senil
3 vejestorio
1 vejete
8 vetusto
10 ◁joven
11 ◁pipiolo

ancla
1 ancora
1 arganeo
1 ferro
3 galga
1 mojel
1 potala
9 rejón
1 rezón
1 rizón
4 sacho
1 serviola

ancladero
3 dársena
3 embarcadero
8 fondeadero
7 bahía
19 golfo
10 puerto

anclado
1 ancoraje
1 varadura

anclaje
8 fondeadero
4 fondeo

anclar
20 aferrar(se)
1 ancorar
1 arrejerar
1 engalgar
1 entalingar
47 establecer(se)
39 fijar(se)
7 fondear

2 garrar
7 surgir
5 espiar
7 garrear
57 picar
⇨dar fondo
⇨echar anclas
⇨echar el ancla

ancón
12 balsa
6 codo
3 rincón
1 sinclinal
3 vaguada
6 entrante

ancora
11 ancla

áncora
8 agarradera(s)
5 aldaba(s)
9 amarras
30 amparo
13 protección
24 auxilio

ancoraje
2 anclado

ancorar
16 anclar

ancheta
7 alijo
25 beneficio(s)
9 ganancia(s)
3 mercadería
22 negocio(s)
4 pacotilla
8 provecho
14 ventaja

ancho
6 alargado
9 amplitud
3 ampón
1 anchuelo
17 anchura
2 anchuroso
4 apaisado

17 desahogado
7 desembarazado
12 desenvuelto
2 desparramado
1 desplegado
11 dilatado
6 espacioso
12 estirado
10 exento
9 extendido
8 extenso
1 latitudinal
9 laxo
18 libre
7 orondo
15 satisfecho
3 sobrado
12 ufano
5 vasto
24 abierto
29 abundante
20 amplio
11 holgado
19 orgulloso
14 rico
19 ◁ *estrecho*

anchoa
3 aladroque
1 aleche
1 anchova
4 alache
8 boquerón

anchor
17 anchura

anchova
5 anchoa

anchuelo
32 ancho

anchura
9 amplitud
32 ancho
1 anchor
21 desahogo
2 ensanchamiento
3 ensanche
4 espacio
4 espaciosidad

23 extensión
6 holgura
3 latitud
18 libertad
8 tiro
5 vuelo
14 capacidad
18 distancia
13 soltura
35 ◁ *altura(s)*
7 ◁ *delgadez*
10 ◁ *estrechez*

anchuroso
8 extenso
20 amplio
2 ◁ *limitado*

andada
28 aventura(s)
13 hábito
17 huella

andaderas
15 andador
14 sostén
29 ayuda
2 carretilla

andado
3 ajado
19 común
11 conocido
14 corriente
12 gastado
3 hollado
22 ordinario
14 pasajero
1 pisado
5 trillado
10 usado
9 vulgar

andador
11 ambulante
10 andante
2 andariego
1 andarín
1 andorrero
1 circulante
1 despernado
6 montaraz

4 peatón
8 peón
1 ruante
1 tragaleguas
4 transeúnte
3 viandante
1 zanqueador

andadura
3 andada
5 caminata
3 recorrido
2 trayecto
9 etapa
3 ◁ *inactividad*

andamiada
1 andamiaje
11 andamio

andamiaje
2 andamiada

andamio
2 andamiada
1 andamiaje
40 armadura
2 castillejo
6 estructura
1 guardafuego
2 guindola
3 maderamen
7 plataforma
6 tablado
9 armazón

andanada
3 catilinaria
1 claridades
9 descarga
6 disparo(s)
2 felpa
7 metido
1 repasata
8 rociada
1 salva
10 filípica
7 rapapolvo
7 reconvención
5 regañina
36 represión
17 reprimenda

andancia

11 riña

andancia
15 indolencia
13 suceso(s)
6 vagancia
13 fortuna
17 suerte

andaniño
5 pollera

andante
28 aventura(s)
5 caminante
7 correría
8 errante
2 errátil
11 lance
5 peripecia
13 suceso(s)
6 vagabundo
10 viaje
2 ◁sedentario

andanza
8 ajetreo
28 aventura(s)
7 correría
6 escena
11 lance
19 paso(s)
5 peripecia
13 suceso(s)
10 viaje

andar
24 adelantar(se)
12 aguijar(se)
13 ajetrear(se)
1 amblar
1 ambular
1 apeonar
16 atajar(se)
  atrochar
5 caminar
2 ciar
19 circular
12 discurrir
8 divagar
46 ir(se)
9 ladear(se)
37 llegar(se)

48 pasar(se)
10 patear
1 pernear
9 recorrer
4 reptar
38 rodear(se)
3 ruar
1 serpear
1 talonear
8 trajinar
6 transitar
26 trasladar(se)
5 trotar
19 venir(se)
7 deambular
9 errar
53 marchar
2 rumbear
4 vagar
3 vaguear
⇨alargar el paso
⇨andar a gatas
49 ◁detener(se)
50 ◁parar(se)

andariega
7 andorrera

andariego
15 andador
13 andarivel

andarín
1 trotamundos

andarina
2 golondrina

andarivel
6 afeite(s)
2 andariego
12 balsa
23 barrera
10 batea
7 callejero
9 cerco
13 complicación
1 blondin
21 adorno
28 antepecho
18 enredo
3 tecle

andarríos
16 aguzanieves

andas
17 angarilla(s)
2 árguenas
4 camilla
2 palanquín
5 parihuelas
2 solio
⇨silla de la reina
⇨silla de la Reina
⇨silla gestatoria

andel
4 rodada
7 carril

andén
15 cinta
3 encintado
11 muelle
15 corredor
8 acera
7 apeadero
6 bancal

andolina
2 golondrina

andorga
11 barriga
6 vientre

andorrera
1 andariega
2 callejera
1 chistosa
1 entremetida
6 celestina
10 comadre
10 correveidile

andorrero
15 andador

andosco
14 borrego

andrajo
1 arambel
13 argamandel
1 arrapo

8 calandrajo
3 colgajo
1 descosedura
3 descosido
7 desgarrón
1 estraza
2 gualdrapa
4 harapo
1 jerapellina
9 jirón
1 mangajo
5 pingajo
12 pingo
3 remiendo
1 trapajo
7 trapo
3 zarria
7 cangalla
3 guiñapo
6 piltrafa
13 regaño
3 siete

andrajos
2 tilinches

andrajoso
18 astroso
4 corcusido
10 derrotado
3 desarrapado
2 descamisado
3 descosido
10 desharrapado
1 gualdrapero
2 guiñapiento
6 harapiento
1 haraposo
1 maltrapillo
1 piltrafoso
3 pingajoso
1 zancajiento
16 distraído
6 roto
6 zarrapastroso
23 ◁arreglado
9 ◁aseado

andriana
17 bota

androceo
1 estambres
1 verticilo

andrógino
9 ambiguo
3 bisexual
8 equívoco
2 hermafrodita
28 ◁*claro*
2 ◁*viril*

androide
1 autómata
9 muñeco
2 robot

andrómina
15 embeleco(s)
28 engaño(s)
10 falsedad
3 fullería
10 impostura
11 trama
18 argucia
19 embuste
18 enredo
15 mentira
10 paparrucha
10 patraña

androsemo
1 castellar
1 enea
1 todabuena
1 todasana
1 totora
16 caña

andurrial
21 lugar
10 paraje
14 sitio

andurriales
10 paraje

anea
8 bambú
1 enea
16 caña

anécdota
15 acontecimiento(s)
14 atribución(es)
9 chascarrillo
10 chiste
24 hecho(s)
20 historia
7 historieta
11 lance
13 suceso(s)
20 relación
10 acaecimiento
16 cuento
19 intriga
6 sucedido

anecdótico
6 incidental

anegadizo
40 bajo(s)
6 empapado
5 encharcado
21 ◁*seco*

anegado
5 encharcado
4 pantanoso

anegar(se)
28 abrumar(se)
27 agobiar(se)
28 ahogar(se)
34 apenar(se)
2 embalsar(se)
4 encharcar(se)
30 hundir(se)
6 inundar(se)
114 molestar(se)
5 naufragar
16 sumergir(se)
5 zozobrar
⇨ir a pique
⇨irse a pique

anejar
17 anexar(se)
7 anexionar(se)

anejo
19 anexo
1 añadido
8 añoso
13 dependiente
4 rancio
11 unido
22 viejo
10 vinculado
20 agregado
15 asociado
33 antiguo
8 vetusto
⇨de solera
1 ◁*desvinculado*
4 ◁*huevo*
10 ◁*joven*

aneldo
2 eneldo

anélido
4 gusano
2 sanguijuela

anemia
⇨disminución de hematíes
⇨empobrecimiento de la sangre

anémico
1 desnutrido
4 inapetente
8 lánguido
8 pálido
14 débil
23 flojo
5 ◁*vigoroso*
22 ◁*fuerte*

anemona
1 actinia
⇨ortiga de mar

anestesia
6 acorchamiento
7 adormecimiento
1 anodinia
1 atontamiento
1 carosis
2 cataplexia
1 cloroformización
9 enajenamiento
1 eterización
2 hipnosis
7 hipnotismo
6 impasibilidad
4 inconsciencia
15 indiferencia
9 insensibilidad
8 letargo
7 parálisis
7 sopor
1 analgesia
6 narcosis
3 nirvana
12 sueño

anestesiar(se)
2 acorchar
21 adormecer(se)
30 atontar(se)
8 embotar(se)
10 insensibilizar(se)
2 narcotizar
30 secar(se)
1 cloroformizar
1 eterizar

anestésico
1 cloral
1 cloroformo
2 cocaína
3 éter
6 morfina
1 novocaína
4 heroína

aneto
2 eneldo

aneurisma
8 dilatación
23 aumento
27 tumor

anexar
30 acoplar(se)
19 adherir(se)
4 adjuntar(se)
4 adscribir
25 agregar(se)
14 amalgamar(se)
2 anejar
7 anexionar(se)
5 apeñuscar(se)
48 asociar(se)
25 desunir(se)

anexión

6 englobar
26 incorporar(se)
74 juntar(se)
79 unir(se)
7 vincular
13 enlazar
64 ◁*separar(se)*

anexión
22 acoplamiento
21 adhesión
1 adscripción
7 agregación
1 conglobación
13 enlace
2 incorporación
19 unión
7 vínculo
8 amalgama
11 conjunción
28 asociación

6 ◁*desvinculación*

anexionar(se)
5 adicionar
25 agregar(se)
2 anejar
17 anexar(se)
24 añadir(se)
21 sumar(se)
79 unir(se)

8 ◁*disociar(se)*
64 ◁*separar(se)*

anexo
20 accesorio
14 adjunto
1 adscrito
15 adyacente
26 afecto
24 aledaño(s)
13 anejo
14 apéndice
13 dependiente
3 hijuela
12 inherente
9 inseparable
5 pertenencia
5 requisito
11 unido
10 vinculado
11 zarandaja(s)

20 agregado
7 rama

anfetaminas
17 droga

anfibio
2 anuro
2 ápodo
4 batracio
1 larva
1 submarino
2 urodelo

anfibología
12 ambigüedad
15 duda
8 equívoco
10 oscuridad
19 confusión
⇨doble sentido

anfibológico
9 ambiguo
14 confuso
1 dilógico
6 dudoso
8 equívoco
4 fluctuante
32 oscuro

anficción
5 delegado
1 diputado
6 mandatario
8 representante

anficcionía
27 asamblea
28 asociación

anfiteatro
8 circo
2 coliseo
1 palco
4 teatro
6 tendido
1 tribuna
9 grada

anfitrión
1 convidador
1 convidante

3 huésped
1 invitador
1 invitante
1 lúculo
5 pagano

ánfora
5 bombona
5 cántaro
3 jarra
3 jarrón
3 urna
27 vasija

anfractuosidad
23 depresión
3 desigualdad
5 escabrosidad
6 fragosidad
7 quebradura
6 sinuosidad
7 surco
22 aspereza

anfractuoso
16 abrupto
45 áspero
4 depresivo
18 desigual
9 fragoso
16 quebrado
8 sinuoso
8 tortuoso
12 torcido

angarillas
3 aguaderas
2 árguenas
2 artolas
1 basterna
1 caltrizas
4 camilla
2 cibiaca
47 establecer(se)
39 fijar(se)
7 hamaca
1 jamugas
2 palanquín
5 parihuelas
1 toldillo
1 trosas
2 árgana

5 litera

ángaro
3 pira
6 fogata
7 hoguera

ángel
3 arcángel
7 dominación
2 querube
1 querubín
2 serafín
1 trono
17 espíritu
14 mensajero
⇨espíritu celeste
⇨mensajero de Dios

8 ◁*lucifer*
8 ◁*demonio*
14 ◁*diablo*

angelical
1 angélico
12 bendito
6 candoroso
7 casto
8 etéreo
6 impecable
13 ingenuo
4 inmaculado
14 inocente
21 puro
1 seráfico
14 tierno
1 arcangélico
22 cándido

9 ◁*perverso*

angélico
14 angelical

angelito
22 niño

ángelus
15 anochecer
3 atardecer
5 crepúsculo
12 oración

angina
13 agalla(s)
1 amigdalitis
1 esquinancia

angla
42 cabo

anglicano
16 cristiano
6 protestante

anglicismo
6 barbarismo

angloamericano
2 norteamericano
1 estadounidense
2 yanqui

anglosajón
2 inglés

angostar(se)
3 ahocinarse
65 apretar(se)
44 ceñir(se)
5 emboscar(se)
13 encajonar(se)
6 encañonar(se)
4 enfoscarse
32 estrechar(se)
41 quebrar(se)
52 reducir(se)
35 ◁*abrir(se)*
16 ◁*desahogar(se)*
14 ◁*ensanchar(se)*

angostillo
24 calle
5 calleja
8 callejón

angosto
1 acañonado
5 ahogado
4 ajustado
16 apretado
9 ceñido
1 embocado
1 encallejonado
2 enfoscado

19 estrecho
16 quebrado
8 reducido
17 riguroso

angostura
12 cañón
1 embocadero
1 enfoscadero
10 estrechez
1 estrechura
17 pasaje
13 portillo
2 quebrada
8 callejón
8 desfiladero
17 garganta
9 hoz
10 puerto

angra
7 ensenada
6 rada

anguila
1 angula

angula
1 anguila

angulemas
1 carantamaulas
27 carantoña(s)
1 carocas
15 embeleco(s)
1 gaterías
15 halago(s)
10 mimo(s)
10 zalemas
8 arrumaco

ángulo
6 ancón
6 codo
1 comisura
4 chaflán
1 esconce
4 esquina
1 esquinazo
4 horqueta
3 recodo
3 recoveco

3 rincón
1 rinconada
1 sucucho
4 torno
3 zigzag
9 arista
10 cantón
18 inclinación
26 punta

angulosidad
22 aspereza

anguloso
2 aristado
45 áspero

angurria
1 estranguria

angustia
11 agonía
9 ansiedad
5 arcada(s)
11 desconsuelo
8 desesperación
2 desesperanza
13 dolor
18 horror
10 incertidumbre
10 indecisión
8 intranquilidad
9 malestar
9 náusea(s)
10 opresión
3 pesadumbre
45 pesar(se)
7 reconcomio
3 remordimiento
7 traspaso
10 tribulación
6 vértigo
7 zozobra
48 aflicción
28 ansia
8 congoja
9 espanto
17 inquietud
29 pena
20 tormento
13 tristeza
1 ◁*euforia*

angustiado
10 acongojado
11 ansioso
4 desazonado
6 preocupado
7 temeroso
16 triste
11 ◁*calmoso*
6 ◁*sosegado*

angustiar(se)
27 acongojar(se)
9 acorar
17 acuitar
51 afligir(se)
27 agobiar(se)
17 alarmar(se)
34 apenar(se)
12 apesadumbrar(se)
9 aprensar
65 apretar(se)
6 aquejar
6 atribular(se)
2 concomer(se)
7 contristar(se)
3 enmantar(se)
14 entristecer(se)
23 mortificar(se)
3 punzar
6 reconcomer(se)
8 torturar(se)
61 ◁*animar(se)*
12 ◁*consolar(se)*
21 ◁*tranquilizar(se)*

angustioso
10 acongojado
12 afligido
11 ansioso
8 apenado
16 apesadumbrado
10 apremiante
13 atormentado
3 desconsolado
5 desesperado
3 desesperanzado
8 entristecido
3 horrorizado
10 indeciso
9 inquieto
2 marrido
11 penoso
3 pesaroso

anhelado

3 reconcomido
2 remordido
16 triste
7 dolorido
5 espantado

anhelado
7 codiciado

anhelante
11 afanoso
11 ansioso
9 codicioso
8 deseoso
6 ◁*abúlico*
13 ◁*tranquilo*

anhelar
1 abarcuzar
19 acariciar(se)
15 acuciar
10 aficionar(se)
2 alampar
12 ambicionar
13 ansiar
17 apetecer
13 aspirar
5 codiciar
15 consumirse
14 desear
4 despepitar(se)
6 desvivirse
2 empicarse
6 envidiar
4 exhalarse
5 lampar(se)
26 parecer(se)
6 pirrarse
14 pretender
31 querer(se)
8 respirar
17 reventar(se)
4 suspirar
14 demandar
5 expeler
4 esperar
⇨alargarse los dientes
⇨aspirar a
⇨beber los aires
⇨beber los vientos
⇨comerse con los ojos
⇨devorar con los ojos
⇨echar el ojo
⇨hacerse la boca agua
⇨hipar por
⇨llenar el ojo
⇨morirse por
⇨no ver la hora
⇨penar por
⇨pirrarse por
⇨poner los dientes largos
⇨ponerse los dientes largos
27 ◁*conformar(se)*
12 ◁*despreciar*
11 ◁*desdeñar*

anhelo
9 acucia
13 afán
13 ambición
11 antojo
7 apetencia
20 apetito
1 ardicia
22 ardor
13 aspiración
14 avidez
8 concupiscencia
13 empeño
4 esperanza
9 lujuria
16 pasión
7 pío
10 pretensión
10 propensión
2 pujo
1 regosto
11 respiración
7 sed
6 talante
12 vehemencia
16 voluntad
28 ansia
8 codicia
8 congoja
14 deseo
11 gana
23 manía
⇨sueño dorado
7 ◁*desgana*
7 ◁*hastío*

anheloso
11 afanoso
11 ansioso
15 ávido
9 codicioso
7 ganoso
11 ambicioso

anidar(se)
15 abrigar(se)
19 acoger(se)
32 aposentar(se)
11 encerrar
47 establecer(se)
7 existir
44 guardar(se)
11 habitar
22 hallar(se)
3 morar
11 residir
11 vivir
22 alojarse

aniego
16 ahogamiento
15 asfixia

anilina
2 colorante
2 tinte
2 tintura

anilla
17 atadero
11 grillete(s)
5 balsón

anillo
13 arete
10 argolla
1 armella
9 cerco
1 colgadera
16 corona
5 eslabón
5 gaveta
2 llavero
9 manija
1 montadura
14 ojo(s)
1 servilletero
1 tumbaga
1 virola
4 hembrilla
4 abrazadera
12 aro
18 círculo
5 collar
2 sortija

ánima
37 alma

animación
42 acción
14 afluencia
6 alacridad
10 alborozo
38 alegría(s)
1 cachupinada
2 colorido
12 concurrencia
4 expresividad
4 festejo
8 gesticulación
17 gozo
7 jugo
15 movimiento
3 rebumbio
10 vida
9 vivacidad
23 viveza
5 sonoridad
17 actividad
33 agitación
17 algazara
80 bulla
18 bullicio
33 calor
3 chipén
12 excitación
20 fiesta
19 ruido
6 tertulia
⇨genio alegre
25 ◁*abatimiento*
12 ◁*aburrimiento*

animado
7 agitado
4 alborozado
6 álgido
27 animoso
18 audaz

5 concurrido
7 decidido
5 esforzado
6 excitado
4 expedito
4 movido
7 osado
1 reanimado
13 resuelto
11 temerario
1 tranquilizado
14 vivaz
17 acalorado
13 dispuesto
30 divertido
17 gallardo
15 indómito
9 valiente

animador
10 artista
14 cómico
4 locutor
4 presentador

animadversión
6 desafecto
10 enemistad
7 malquerencia
14 prevención
7 rencor
21 animosidad
23 antipatía
20 fila
10 inquina
9 ojeriza
10 resentimiento
8 tirria
⇨ mala voluntad
30 ◁ amistad
24 ◁ simpatía

animal
6 alimaña
8 bestia
6 bestialidad
15 brutalidad
18 bruto
12 caballería
19 ignorante
7 iletrado
9 mulo
21 grosero
14 macho
10 rocín
18 torpe
10 zafio
10 zopenco
10 zote

animalada
4 asnada
1 borricada
15 brutalidad
8 grosería
34 porquería

animales
1 fauna

animalillo
6 alimaña
3 bestezuela
3 musaraña

animalucho
4 bicharraco

animar(se)
25 acalorar(se)
5 acicatear
9 acodar(se)
10 aconchar
28 aconsejar(se)
15 afrontar
22 aguijonear(se)
8 aleccionar(se)
14 alentar(se)
42 aliviar(se)
18 aplaudir
23 arriesgar(se)
23 arrostrar
1 arrutaldarse
21 atrever(se)
6 avalorar
34 avivar(se)
3 baladronar
3 baladronear
3 bravear
6 caldear(se)
38 calentar(se)
6 confortar(se)
12 consolar(se)
30 crecer(se)
27 decidir(se)
1 desacobardar(se)
8 desafiar(se)
7 electrizar
23 enardecer(se)
9 enfervorizar(se)
16 entonar(se)
7 envalentonar(se)
25 esforzar(se)
9 espolear
28 estimular(se)
60 excitar(se)
12 exhortar
6 fanfarronear
1 fervorar
13 fortalecer(se)
18 fortificar
7 guapear
11 habitar
17 incitar(se)
19 inflamar(se)
5 infundir
1 inyectar(se)
7 jalear(se)
6 jaranear
53 levantar(se)
3 morar
14 reanimar(se)
23 recrear(se)
9 reforzar
10 vivificar(se)
11 vivir
1 letificar
27 alegrar(se)
11 empujar
9 encampanarse
22 ◁ abandonar(se)
59 ◁ abatir(se)
28 ◁ aburrir(se)
27 ◁ acongojar(se)
29 ◁ amilanar(se)
20 ◁ angustiar(se)
12 ◁ anonadar(se)
14 ◁ deprimir(se)
18 ◁ derrumbar(se)
26 ◁ desalentar(se)
25 ◁ desanimar(se)
11 ◁ descorazo-
  nar(se)
9 ◁ disuadir(se)
17 ◁ flaquear
12 ◁ languidecer
29 ◁ aniquilar
2 ◁ desembullar

anímico
7 espiritual
3 místico
2 psíquico
11 interior
2 ◁ corporal
23 ◁ material(es)

ánimo
11 acero
5 acometividad
20 aliento
22 ardor
28 arresto(s)
8 braveza
19 bravura
19 brío
17 confianza
13 coraje
13 corazón
10 designio
6 heroicidad
2 heroísmo
4 impavidez
6 moral
14 pensamiento
12 pereza
12 valentía
24 valor
16 voluntad
17 actividad
37 alma
19 ardimiento
22 arranque
18 arrojo
32 atrevimiento
13 denuedo
49 energía
12 esfuerzo
17 espíritu
17 fuerza
10 guapeza
8 intención
11 interior
7 osadía
22 pecho
10 propósito
21 resolución
⇨ fortaleza de ánimo
25 ◁ abatimiento
8 ◁ acobardamiento
4 ◁ atrabilis

animosamente

23 ◁*depresión*
7 ◁*desaliento*
16 ◁*desánimo*
11 ◁*desconsuelo*
3 ◁*hipocondría*
6 ◁*intimidación*
8 ◁*languidez*
8 ◁*postración*
14 ◁*cobardía*

animosamente
6 briosamente

animosidad
31 animación
11 aversión
2 confortación
2 confortamiento
6 desafecto
10 enemistad
7 malquerencia
14 prevención
7 rencor
24 valor

13 animadversión
40 ánimo
23 antipatía
12 esfuerzo
20 fila
14 hincha
10 inquina
9 ojeriza
10 resentimiento
8 tirria
⇨mala voluntad
30 ◁*amistad*
18 ◁*inclinación*

animoso
2 agalludo
15 aplomado
9 arrestado
33 atrevido
18 audaz
10 belicoso
37 bravo
7 decidido
12 denodado
11 determinado
9 enérgico
1 épico
5 esforzado

3 hazañoso
5 heroico
13 impávido
1 indomable
10 intrépido
7 osado
13 resuelto
11 temerario
13 alentado
5 ardido
22 fuerte
17 gallardo
17 templado
9 valiente
6 ◁*vacilante*
17 ◁*cobarde*

aniñado
6 infantil
9 pueril
2 nano
9 ◁*adulto*

aniquilación
7 aniquilamiento
1 asolación
4 demolición
10 desastre
16 destrucción
3 masacre
11 muerte
4 estrago
7 ◁*conservación*
10 ◁*vida*

aniquilado
8 destrozado
19 arruinado

aniquilador
2 arrasador
2 asolador
6 demoledor
2 exterminador
4 ◁*constructivo*
2 ◁*edificante*

aniquilamiento
25 abatimiento
9 aniquilación
10 anonadamiento

14 aplanamiento
16 destrucción
3 masacre
11 muerte

aniquilar(se)
59 abatir(se)
53 acabar(se)
12 anonadar(se)
12 aplanar(se)
45 apocar(se)
16 arrasar(se)
42 arruinar(se)
6 demoler
17 derribar(se)
6 derruir
16 desbaratar
52 destruir(se)
5 devastar
9 devorar
19 disminuir(se)
19 enflaquecer(se)
5 erradicar
6 exterminar
46 humillar(se)
2 masacrar
21 postrar(se)
13 suprimir
40 vencer(se)
42 arruinarse
15 consumir
8 finiquitar
⇨dar cabo de
⇨hacer polvo
61 ◁*animar(se)*
11 ◁*conservar*
5 ◁*construir*

anís
1 anisado
1 anisete
1 badiana
1 matafalúa
1 matalahúga
1 matalahúva
2 ojén

anisado
7 anís

anisete
7 anís

aniversario
15 acontecimiento(s)
10 celebración
6 conmemoración
2 cumpleaños
1 onomástica
21 santo

ano
1 sieso
19 recto
7 ojete
⇨ojo del culo

anochecer
4 ángelus
1 anochecida
3 atardecer
5 crepúsculo
7 ensombrecer(se)
3 entenebrecerse
8 ocaso
3 oraciones
5 oscurecer(se)
1 vísperas
⇨apagarse el día
⇨caer la tarde
⇨caída de la tarde
⇨entre luces
⇨la fresca
21 ◁*amanecer*

anochecida
15 anochecer

anodinia
22 anestesia

anodino
2 desangelado
5 incoloro
8 ineficaz
4 inodoro
18 insignificante
7 insípido
9 insustancial
4 sedante
14 desgraciado
⇨ni chicha ni limonada
4 ◁*excitante*
5 ◁*interesante*

anomalía
25 ruina(s)
9 anormalidad
5 deformidad
3 desigualdad
2 excentricidad
19 extravagancia
7 incoherencia
6 irregularidad
5 originalidad
18 rareza(s)
6 ridiculez

anómalo
29 anormal
18 desigual
11 desusado
5 estrambótico
7 excéntrico
18 extraño
8 insólito
12 irregular
18 original
22 raro
13 singular
9 extravagante
28 ridículo
17 ◁regular(se)
9 ◁vulgar

anona
42 tontería(s)
1 chirimoya
1 guanábano
2 bobalicón
6 simpleza
18 tonto
18 torpe

anonadado
12 desmayado

anonadamiento
25 abatimiento
7 aniquilamiento
15 decaimiento
7 desaliento
6 descorazonamiento
16 destrucción
10 hundimiento
6 impotencia
8 postración

anonadar(se)
59 abatir(se)
28 abrumar(se)
45 aplastar(se)
42 arruinar(se)
26 desalentar(se)
25 desanimar(se)
11 descorazonar(se)
52 destruir(se)
30 hundir(se)
21 postrar(se)
29 aniquilar
15 decaer
5 ◁construir

anónimo
18 carta
6 desconocido
8 enigmático
4 ignorado
3 incógnito
6 misiva
10 misterioso
19 secreto
11 ◁manifiesto

anorak
8 impermeable
3 zamarra

anorexia
7 desgana
5 inapetencia

anoria
3 nora

anormal
7 aborto
13 anómalo
9 avieso
2 contranatural
7 defectuoso
11 fenomenal
8 imposible
9 inaudito
9 inconcebible
11 increíble
6 inverosímil
12 irregular
13 mágico
10 monstruoso
2 morboso
2 neurasténico
1 neurótico
7 orate
3 paradójico
7 prodigioso
8 quimérico
7 sobrehumano
6 sobrenatural
13 violento
12 chalado
12 deforme
11 ficción
8 ido
20 loco
5 ◁juicioso
17 ◁regular(se)

anormalidad
21 afección
3 amorfia
10 anomalía
3 arritmia
4 asimetría
10 excepción
3 gigantismo
6 irregularidad
18 rareza(s)

anotación
10 acotación
6 acta
4 ampliación
12 apostilla
10 apunte
2 brevete
8 comentario
5 decreto
3 exégesis
10 explicación
8 glosa
1 interlineado
13 interpretación
5 llamada
8 minuta
24 nota
12 observación
19 plan
25 reparo(s)
4 sugerencia
49 asiento
8 borrador
6 clave
20 inscripción
13 registro
27 señal
13 sucio

anotado
1 alistado
2 apuntado
2 controlado
2 empadronado
4 inscrito
1 matriculado
1 registrado

anotador
9 apuntador

anotar
16 acotar
17 alistar(se)
12 ampliar(se)
6 apostillar
64 apuntar(se)
11 citar
8 comentar(se)
4 empadronar
1 escoliar
9 escribir
11 inscribir
8 interpretar
3 marginar
18 notar
19 observar
5 refrendar
26 registrar(se)
7 matricular
50 asentar
8 glosar

anovulatorio
3 contraceptivo

anquear
1 amblar

anquilosado
6 atrofiado
6 impedido
4 paralítico
21 seco

anquilosamiento
- 4 atrofia
- 1 baldadura
- 6 invalidez
- 7 parálisis
- 13 ◁*ligereza*
- 14 ◁*movilidad*

anquilosar(se)
- 7 atrofiar(se)
- 10 baldar(se)
- 49 detener(se)
- 8 envejecer
- 14 estancar(se)
- 6 fosilizarse
- 26 inmovilizar(se)
- 16 paralizar(se)
- 3 petrificar
- 30 secar(se)

anquilosis
- 5 estancamiento
- 8 inercia
- 9 inmovilidad
- 7 parálisis
- 17 ◁*actividad*

anquilostomiasis
- ⇨anemia de los mineros

ánsar
- 7 ánade
- 15 ganso
- 10 pato

ansarón
- 3 ánsar

ansia
- 13 afán
- 12 alarma
- 13 ambición
- 32 anhelo
- 9 ansiedad
- 20 apetito
- 12 avaricia
- 5 dentera
- 10 desasosiego
- 10 incertidumbre
- 8 intranquilidad
- 12 perplejidad
- 4 presura
- 2 pujo
- 7 sed
- 6 sospecha
- 7 zozobra
- 33 agitación
- 30 angustia
- 8 codicia
- 8 congoja
- 12 desazón
- 14 deseo
- 6 hambre
- 17 inquietud
- 10 pelota
- 11 preocupación
- 18 temor
- 5 ◁*despreocupación*
- 5 ◁*inapetencia*

ansiado
- 7 codiciado

ansiar
- 2 alampar
- 12 ambicionar
- 45 anhelar
- 17 apetecer
- 13 aspirar
- 5 codiciar
- 14 desear
- 31 querer(se)
- 4 suspirar
- ⇨echar el ojo
- ⇨irse los ojos tras
- ⇨írsele los ojos tras
- ⇨suspirar por
- 1 ◁*despreocupar(se)*
- 21 ◁*tranquilizar(se)*

ansiedad
- 10 desasosiego
- 8 intranquilidad
- 7 zozobra
- 30 angustia
- 28 ansia
- 8 congoja
- 12 desazón
- 17 inquietud
- 11 preocupación

ansioso
- 5 acucioso
- 4 anhelante
- 6 anheloso
- 15 ávido
- 9 codicioso
- 1 desalado
- 8 deseoso
- 7 ganoso
- 12 vehemente
- 11 ambicioso
- 6 goloso

anta
- 3 antílope
- 2 danta
- 4 gamo
- 1 tapir
- 4 ante
- 4 búfalo

antagónico
- 13 competidor
- 7 discrepante
- 10 opuesto
- 11 ◁*semejante(s)*
- 24 ◁*amigo*

antagonismo
- 12 conflicto
- 3 contrapartida
- 6 contraposición
- 7 disconformidad
- 9 discrepancia
- 6 disparidad
- 10 enemistad
- 23 lucha
- 11 oposición
- 5 rivalidad
- 10 contradicción
- 12 contrariedad

antagonista
- 9 adversario
- 13 competidor
- 15 contrario
- 8 contrincante
- 7 discrepante
- 4 oponente
- 7 opositor
- 6 rival
- 10 enemigo
- 7 ◁*compañero(s)*
- 24 ◁*amigo*

antañada
- 9 antigualla

antañazo
- 14 antiguamente

antaño
- 14 antiguamente
- 4 hoy
- ⇨años ha
- ⇨en otra época
- ⇨en otro tiempo
- ⇨en tiempos lejanos
- ⇨en tiempos pasados
- 14 ◁*ahora*
- 3 ◁*hogaño*

antañón
- 22 viejo
- 33 anciano
- 33 antiguo
- 8 vetusto
- 12 ◁*nuevo*
- 10 ◁*joven*

antara
- 4 ardilla
- 3 flauta
- 2 siringa

antártico
- 3 austral
- 2 meridional
- 2 sur

ante
- 2 almíbar
- 17 bizcocho
- ⇨delante de
- ⇨en presencia de
- 3 ◁*tras*

antealtar
- 11 altar

antecámara
- 4 antesala
- 2 recibimiento
- 11 compás
- ⇨sala de espera

antecedencia
13 anterioridad

antecedente
25 anterior
2 anunciante
1 avisador
12 circunstancia
10 dato
13 informe
9 precedente
4 precursor
4 preexistente
21 referencia
13 noticia
2 ◁ *consiguiente*
12 ◁ *ignorancia*
7 ◁ *posterior*
5 ◁ *siguiente*

antecedentemente
15 anteriormente

antecedentes
6 historial
1 background
⇨ currículum vitae

anteceder
9 preceder
2 preexistir

antecesor
12 abuelo(s)
6 antedicho
6 antepasado
2 antepuesto
25 anterior
6 delantero
1 engendrador
1 genitor
2 mayores
10 padre
10 padres
9 precedente
4 precursor
5 predecesor
1 preinserto
2 primero
2 prístino
1 procreador

2 sobredicho
13 ascendiente

anteco
4 antípoda
1 antiscio

antedecir
22 adivinar

antedicho
1 augurado
9 dicho
5 mencionado
4 nombrado
1 profetizado
2 sobredicho

antediluvial
6 antediluviano

antediluviano
1 antediluvial
3 antiquísimo
5 inmemorial
3 prehistórico
10 primitivo
7 remoto

antelación
13 anterioridad
12 anticipación
3 precedencia
9 preferencia
6 prelación
3 prioridad

antemano (de)
15 anteriormente
6 antes
14 anticipadamente
2 prematuramente
2 previamente
7 temprano
⇨ con tiempo
⇨ en cierne
⇨ por adelantado
⇨ por si la moscas

antemural
41 defensa
11 fortaleza
25 reparo(s)

antemuro
10 baluarte
4 falsabraga

anteojo(s)
4 binoculares
5 binóculo
3 catalejo
15 espejuelo(s)
3 gafas
2 largomira
18 lente(s)
7 luneta
microscopio
1 monóculo
3 prismáticos
1 quevedos
1 refractor
2 telescopio
3 antiparras
5 gemelo
7 gemelos
10 impertinentes

anteón
3 bardana
2 cadillo
3 lampazo

antepasado
12 abuelo(s)
20 antecesor
2 mayores
10 padres
3 progenitor
13 ascendiente

antepasados
14 ascendencia

antepecho
3 acitara
2 acroterio
2 balaustrado
2 balín
2 barandaje
1 barandel
3 barbacana
1 batayola
4 brocal
1 guardalado
2 macolla
1 mampuesto

3 mesilla
2 murete
8 parapeto
3 pasamano
4 plúteo
3 pretil
1 rastel
25 reparo(s)
6 trinchera
7 valla
13 andarivel
4 balaustre
10 baranda
2 barandilla
12 cercado
6 pared

anteponer
20 aventajar(se)
35 distinguir(se)
24 honrar(se)
4 preferir
2 preponer
46 señalar(se)
46 ◁ *humillar(se)*
4 ◁ *posponer*

anteposición
9 superposición

anteproyecto
11 antecedente
19 plan
9 preliminar
13 sumario
11 avance
8 borrador

antepuerta
1 guardapuerta
1 contrapuerta

antepuesto
20 antecesor
25 anterior

antera
1 cierna

anterior
11 antecedente
6 antedicho

anterioridad

2 antepuesto
6 delantero
3 lejano
5 mencionado
9 precedente
2 preconcebido
4 precursor
5 predecesor
9 preliminar
1 premiso
3 pretérito
4 previo
2 primero
2 primigenio
4 prior
1 prologal
7 remoto
2 sobredicho
3 susodicho
4 antañón
33 antiguo
9 pasado
15 primordial

1 ◁*consecuente*
3 ◁*pospuesto*
7 ◁*posterior*
6 ◁*moderno*

anterioridad
1 antecedencia
6 antelación
12 anticipación
8 delantera
13 origen
10 preámbulo
3 precedencia
10 predicción
1 preexistencia
6 prelación
9 previsión
19 principio(s)
3 prioridad

anteriormente
1 antecedentemente
6 antes
10 arriba
1 delante
2 precedentemente
1 primariamente
3 primeramente
2 primero

2 primitivamente
6 primo
2 principalmente
2 recientemente
7 temprano
⇨de antemano
⇨por adelantado

antes
15 anteriormente
2 precedentemente
3 primeramente
2 primitivamente
⇨de antemano
⇨por adelantado
◁*después*

antesala
4 antecámara
1 hall
4 recibidor
6 vestíbulo

antibiótico
1 penicilina
1 sulfamida

anticarro
1 antitanque

anticatólico
5 ateísmo
6 ateo

anticipación
2 adelanto
6 antelación
13 anterioridad
5 anticipo
8 delantera
9 iniciativa
1 madrugón
1 precocidad
1 prolepsis
8 sujeción
19 adelantamiento
11 preocupación

anticipadamente
1 adelantadamente
1 preliminarmente
2 prematuramente

1 prevenidamente
1 preventivamente
2 previamente
3 primeramente
1 tempranamente
1 tempranito
7 temprano
⇨con tiempo
⇨de antemano
⇨por adelantado
⇨por anticipado

anticipado
25 anterior
5 aventajado
7 precoz
14 ◁*atrasado*
7 ◁*posterior*

anticipar(se)
24 adelantar(se)
6 anteponer(se)
9 avanzar
20 aventajar(se)
40 ganar(se)
4 madrugar
1 mañanear
9 preceder
4 preferir
2 preludiar
20 prestar(se)
16 prometer(se)
4 sobrepujar
⇨conceder crédito
⇨curarse en salud
⇨dar a cuenta
⇨dar primero
⇨ganar la acción
⇨ganar la mano
⇨ganar por la mano
⇨jugar en antuvión
⇨levantarse con estrellas
⇨tomar la delantera
⇨tomar o coger la delantera
17 ◁*retrasar(se)*

anticipo
12 anticipación
19 adelantamiento
11 avance
9 préstamo

27 señal

anticoncepcional
3 anticonceptivo
1 contraconceptivo
8 píldora

anticonceptivo
4 abortivo
3 anticoncepcional
3 contraceptivo

anticonstitucional
1 antirreglamentario
5 ilegal
9 ilegítimo
12 injusto

anticristiano
5 ateísmo
6 ateo

anticuado
11 desusado
1 obsoleto
4 rancio
3 trasnochado
8 vetusto

anticuar(se)
1 antiguar
1 antiguarse
1 añejar
1 añejarse
1 arranciarse
2 desusar
8 envejecer
8 envejecerse
2 trasnochar
5 empolvar
⇨pasar de moda
⇨perderse la cuenta

anticuerpo
2 amboceptor

antideportivo
10 incorrecto
11 parcial

antídoto
2 antitóxico
12 contra

2 revulsivo
4 contraveneno
4 triaca

antiestético
6 repelente
5 repulsivo
18 feo
12 ◁ *hermoso*

antifaz
5 careta
10 máscara
2 mascarilla

antifebril
2 febrífugo
2 antipirético
1 antitérmico

antífona
17 pasaje
1 versículo

antifonario
6 breviario

antigualla
1 anacronismo
1 antañada
4 estafermo
6 fiambre
2 ranciedad
5 refrito
3 muérgano
12 carroza
8 trasto

antiguamente
1 antañazo
7 antaño
6 antes
⇨ ab aeterno
⇨ ab initio
⇨ ab ovo
⇨ de antiguo
⇨ desde que el mundo es mundo
⇨ en el año de la nanita
⇨ en otro tiempo
⇨ en tiempo de los godos
⇨ en tiempo de Maricastaña
⇨ en tiempo del rey que rabió
⇨ yendo y viniendo días

antiguar
12 anticuar(se)

antiguarse
12 anticuar(se)

antigüedad
14 ancianidad
14 antiguamente
1 decanato
3 envejecimiento
3 escalafón
1 paleolítico
3 prehistoria
6 prelación
9 vejez
4 vetustez
⇨ edad antigua
⇨ edad de las cavernas
⇨ larga data
⇨ los antiguos
⇨ tiempo inmemorial
⇨ tiempos heroicos
⇨ tiempos primitivos

antigüedades
10 arqueología

antiguo
6 antediluviano
5 anticuado
2 añejo
15 arcaico
7 cano
2 decano
11 desusado
4 engolillado
2 fósil
5 inmemorial
3 inveterado
3 lejano
3 pretérito
2 primero
10 primitivo
2 prístino
5 provecto
4 rancio
7 remoto
4 solariego
14 tradicional
3 trasnochado
22 viejo
33 anciano
12 carroza
14 envejecido
9 pasado
7 retablo
8 vetusto
⇨ chapado a la antigua
⇨ del tiempo de Noé
⇨ más viejo que el andar a pie
⇨ más viejo que la sarna
5 ◁ *reciente*
10 ◁ *joven*

antihigiénico
14 nocivo
13 sucio
18 ◁ *sano*

antílope
6 anta
3 gacela
5 gamuza

antimilitarismo
3 pacifismo

antimonio
1 estibio

antimonita
1 estibina

antimoral
12 deshonesto
7 desmoralizado
14 inmoral

antinatural
1 aberrante
2 contranatural
11 ficticio
3 sofisticado
21 falso
21 ◁ *auténtico*

antinomia
6 contraposición
10 contradicción
13 contraste
10 ◁ *coincidencia*

antipara
10 biombo
2 cancel
5 celosía
6 cortina
2 polaina

antiparras
20 anteojo(s)
3 gafas
18 lente(s)

antipatía
16 asco
11 aversión
10 desafección
6 desafecto
12 desagrado
10 enemistad
2 envidia
11 hostilidad
5 incompatibilidad
14 menosprecio
11 oposición
7 rencor
18 repugnancia
5 repulsión
32 aborrecimiento
13 animadversión
21 animosidad
20 fila
14 hincha
23 manía
20 odio
10 resentimiento
8 tirria
53 ◁ *amor*
16 ◁ *afición*
24 ◁ *simpatía*

antipáticamente
3 ásperamente

antipático
9 aborrecible
8 aguafiestas

antipatizar

6 cenizo
5 enojoso
5 odioso
23 agrio
21 adusto
8 cargante
8 chocante
9 huraño
15 molesto
11 ◁*pluma*
3 ◁*sociable*
18 ◁*amable*
6 ◁*simpático*

antipatizar
114 molestar(se)
7 odiar(se)
12 repeler
4 ◁*simpatizar*

antipendio
6 cortina
6 flámula
8 velo
7 tapiz

antipirético
3 antifebril
2 febrífugo

antipocar
19 restablecer(se)
3 revalidar

antípoda
3 contradictorio
15 contrario
12 enfrentado
10 opuesto
8 ◁*similar*

antipútrido
3 antiséptico

antiquísimo
6 antediluviano
5 inmemorial
3 prehistórico

antiquismo
1 arcaísmo

antirreglamentario
4 anticonstitucional

antirreligioso
5 ateísmo
6 ateo
10 impío

antiscio
2 anteco

antisemitismo
2 racismo
racista

antisepsia
3 desinfección
3 esterilización

antiséptico
1 antipútrido
4 aséptico
4 desinfectante

antisifilítico
4 calomelanos

antitanque
1 anticarro

antitérmico
3 antifebril

antítesis
12 antagonismo
6 contraposición
3 desemejanza
1 detonancia
5 incompatibilidad
11 oposición
13 contraste

antitético
9 adversario
3 antagónico
4 antípoda
2 antónimo
3 contradictorio
15 contrario
11 encontrado
5 incompatible

10 opuesto
3 paradójico
1 pugnante
21 repugnante
11 ◁*semejante(s)*

antitóxico
5 antídoto
4 contraveneno

antitoxina
9 bacteriología

antojadizo
12 caprichoso
2 caprichudo
13 inconstante
10 mudable
6 veleidoso
10 voluble
12 versátil
⇨mal educado
19 ◁*firme*

antojar(se)
17 apetecer
14 desear
16 encaprichar(se)
8 encariñarse
20 figurar(se)
31 imaginar(se)
31 pensar(se)
29 representar(se)
23 sospechar(se)
7 suponer
11 temerse
⇨tener la mosca en la oreja
22 ◁*aborrecer(se)*

antojo
13 afán
14 agrado
10 humorada
11 ilusión
5 lunar
4 monomanía
7 pío
15 capricho
14 deseo
18 fantasía

12 gusto

antología
3 analectas
1 centón
4 crestomatía
4 selección
3 selectas
7 florilegio
14 colección

antónimo
15 contrario
10 opuesto
4 ◁*sinónimo*

antonomasia
1 paradigmático
2 sinécdoque
⇨como ejemplo
⇨por excelencia

antorcha
2 hachón
6 resplandor
1 tea
11 guía
9 hacha
13 norte

antorchero
7 candelero
17 araña

ántrax
1 carbunco
27 tumor

antro
1 catacumba
8 caverna
5 cloaca
6 covacha
2 cubículo
13 cubil
12 cueva
6 escondrijo
6 gruta
10 guarida
5 madriguera
7 mazmorra

anunciación

10 alcantarilla

antropofagia
11 barbarie
1 canibalismo
11 ferocidad

antropófago
20 bárbaro
6 bestial
1 caníbal
18 cruel
13 feroz
4 monstruo
6 sanguinario
19 salvaje

antropoide
2 antropomorfo
1 antropopiteco
3 cuadrúmano
2 chimpancé
2 gorila
2 primate

antropomorfo
6 antropoide
17 humano

antropopiteco
6 antropoide

antruejada
103 burla

antruejo
103 burla

anual
1 anal
1 anuo
4 añal

anualidad
10 emolumentos
haberes
10 honorarios
8 importe
15 interés
11 renta(s)
9 pensión
9 sueldo

anuario
2 agenda
5 almanaque
12 calendario
2 cronología

anubado
2 acelajado
9 anubarrado
1 anublado
3 encapotado
1 nuboso
12 ◁*despejado*

anubarrado
2 acelajado
1 chubascoso
2 empañado
3 encapotado
3 neblinoso
7 nublado
2 nubloso
3 oscurecido
3 tormentoso

anubarse
16 anublar(se)

anublado
5 anubado

anublar(se)
18 acumular(se)
4 achubascarse
6 alheñar(se)
1 anubarse
10 encapotar(se)
2 encelajarse
1 encirrarse
2 enfoscar
4 enfoscarse
10 marchitar(se)
3 mustiar
16 nublar(se)
41 ocultar(se)
5 oscurecer(se)
50 cargar
5 empañar(se)
16 ◁*despejar(se)*

anublo
4 roya
3 tizón

anudar(se)
6 abitar
25 amarrar(se)
1 añudar
1 ennudecer
74 juntar(se)
37 ligar(se)
3 proseguir
79 unir(se)
7 continuar
13 enlazar
61 atar
2 reanudar
17 ◁*desatar(se)*
8 ◁*desligar(se)*
42 ◁*soltar(se)*

anuencia
21 adhesión
27 aprobación
18 aquiescencia
11 asentimiento
7 autorización
7 beneplácito
6 complacencia
9 concesión
8 condescendencia
9 consentimiento
16 licencia
1 permisión
7 permiso
5 tolerancia
4 venia
8 ◁*desaprobación*

anuente
2 aprobatorio
6 favorable
3 tolerante
15 ◁*contrario*
10 ◁*opuesto*

anulable
1 cancelable
1 invalidable
2 revocable
15 ◁*fijo*
4 ◁*irrevocable*

anulación
6 abolición
7 eliminación

14 nulidad
3 prescripción
10 rescisión
3 supresión
8 ◁*confirmación*
◁*con validación*

anulado
6 cancelado
5 desaparecido
3 inutilizado
15 nulo
6 revocado

anular(se)
15 abolir(se)
4 amover
18 borrar
6 cancelar
5 compensar
5 desapoderar
2 desautorizar
39 deshacer(se)
20 desvanecer(se)
46 humillar(se)
3 incapacitar
3 inhabilitar
2 invalidar
5 neutralizar
3 postergarse
39 rebajar(se)
11 redondo
52 reducir(se)
5 rescindir
10 retraerse
13 suprimir
8 tachar
9 abrogar
6 derogar
10 eliminar
9 revocar
6 contrarrestar
9 inutilizar
22 ◁*autorizar(se)*
9 ◁*confirmar(se)*
2 ◁*convalidar(se)*
6 ◁*puntuar*
19 ◁*casar*

anunciación
24 anuncio(s)
2 revelación

anunciado
14 señalado

anunciador
6 augur
4 profeta
5 pronosticador
3 vaticinador

anunciante
11 antecedente
4 presentador

anunciar(se)
22 adivinar
23 advertir
7 agorar
10 augurar(se)
33 avisar(se)
20 barruntar(se)
15 cacarear
5 comadrear
18 comunicar(se)
11 declarar
13 descubrir
29 difundir(se)
23 divulgar(se)
16 emitir
34 explicar(se)
7 expresar
39 fijar(se)
3 formular
26 informar(se)
5 insertar
11 manifestar
8 noticiar
9 notificar
15 participar
8 predecir
6 presagiar
24 prevenir(se)
8 prever
14 proclamar(se)
4 pronosticar
3 relatar
22 revelar(se)
16 transmitir(se)
5 vaticinar
11 denotar
11 pregonar
14 publicar
⇨dar a conocer

⇨hacer saber
49 ◁*callar(se)*
41 ◁*ocultar(se)*

anuncio(s)
19 advertencia
12 alarma
9 augurio
10 bando
13 cartel
6 confidencia
13 informe
7 mención
10 predicción
11 presagio
14 prevención
3 proclama
5 profecía
20 programa
6 pronóstico
4 publicidad
7 reclamo
6 reparto
5 vaticinio
34 aviso
41 banda
16 cuento
13 noticia
5 notificación

anuo
3 anual

anuro
6 anfibio
4 batracio

anverso
15 faz
6 frente
7 haz
18 cara

anzuelo
10 aliciente
1 arponcillo
15 cebo
7 encerrona
28 engaño(s)
6 incentivo
15 interés

6 arpón
35 atractivo
16 gancho
1 hamo
10 trampa

añada
10 año(s)

añadición
26 adición

añadido
6 postizo

añadidura
22 acrecentamiento
26 adición
7 agregación
4 ampliación
1 rebose
12 ribete(s)
4 aditamento
23 aumento
11 complemento
11 propina

añadir(se)
19 acompañar
23 acrecentar(se)
18 acumular(se)
5 adicionar
8 aducir
21 afectar(se)
20 agrandar(se)
25 agregar(se)
12 ampliar(se)
2 amplificar
7 anexionar(se)
59 aumentar(se)
24 clavar(se)
16 colgar(se)
6 complementar(se)
12 completar
26 incorporar(se)
26 incrementar(se)
12 integrar(se)
74 juntar(se)
6 sobreponer(se)
21 sumar(se)
50 cargar
19 ◁*disminuir(se)*

2 ◁*mermar*
10 ◁*restar*
64 ◁*separar(se)*
15 ◁*substraer(se)*
10 ◁*eliminar*

añagaza
33 artificio
15 cebo
3 coartada
28 engaño(s)
15 espejuelo(s)
2 papilla
7 reclamo
9 señuelo
14 ardid
18 argucia
13 artimaña
47 astucia
10 trampa
5 treta

añal
3 anual
1 añino
3 añojo
2 cadañero

añalejo
4 cartilla
4 cuadernillo
5 cuartilla
2 epacta
5 gallofa

añascar
9 acopiar(se)
18 acumular(se)
9 embrollar
74 juntar(se)
47 recoger(se)
49 reunir(se)

añasco
7 desbarajuste
19 confusión
15 embrollo
18 enredo
15 jaleo
11 lío

añejar
12 anticuar(se)

añejarse
12 anticuar(se)

añejo
4 rancio
⇨ de solera

añicos
12 cisco
1 fosfatina
7 triza(s)
12 cacho
8 fragmento
13 pedazo
13 pieza
6 polvo
8 trozo

añil
5 azulado
3 índigo
6 azulejo

añino
4 añal

año(s)
1 abriles
6 anales
1 añada
2 estaciones
1 navidades
3 primaveras
1 témporas
13 tiempo
9 barba
12 hierba

añojal
14 barbecho

añojo
4 añal
3 becerro
14 borrego

añorante
16 apesadumbrado
4 evocador
2 nostálgico
16 triste
3 ◁ desmemoriado

5 ◁ olvidadizo

añoranza
9 evocación
8 meditación
22 melancolía
3 morriña
6 nostalgia
9 recuerdo(s)
1 rememoración
4 saudade
10 ◁ olvido

añoso
3 longevo
22 viejo
33 anciano
33 antiguo
11 senil
8 vetusto
⇨ entrado en años
⇨ entrado en días
12 ◁ nuevo
5 ◁ reciente

añudar
12 anudar(se)

añusgar(se)
28 ahogar(se)
11 atragantar(se)
6 enfurruñarse
40 cabrearse
20 disgustarse
67 enfadarse
27 enojarse
18 mosquear

aojadora
6 maga

aojamiento
1 aojo
⇨ mal de ojo

aojar
42 atravesar(se)
22 encandilar(se)
22 fascinar(se)
8 malograr
16 desgraciar

8 embrujar
13 hechizar
10 salar
⇨ echar mal de ojo

aojo
2 aojamiento

aorta
7 arteria

aovar
6 ahuevar
45 aplastar(se)
40 avergonzar(se)
54 confundir(se)
5 estrujar
1 ovar
35 poner(se)
34 correr
16 chafar

apabilar
74 aturdir(se)

apabullado
10 abrumado
6 aplastado

apabullar
45 aplastar(se)
18 aporrear(se)
4 golear
23 sentar(se)
2 ranear
7 ripiar

apabullo
7 aplastamiento
7 cate

apacentamiento
1 pacedura
9 pasto

apacentar
1 apastar
29 educar(se)
37 enseñar(se)
44 guardar(se)
2 herbajar
11 instruir

3 pacer
1 pastar
2 ramonear
2 trashumar
9 pastorear
11 vigilar
⇨ dar pasto

apacibilidad
27 afabilidad
11 aplacamiento
21 benignidad
7 blancura
14 bonanza
27 bondad
20 delicadeza
15 docilidad
2 dulcedumbre
9 dulzura
10 humildad
7 mansedumbre
13 moderación
12 paciencia
10 paz
8 serenidad
11 suavidad
9 tranquilidad
26 calma

apacible
32 afable
38 agradable
22 ameno
30 benigno
16 bonancible
bonazo
31 bondadoso
16 correcto
27 delicado
16 fino
14 jovial
11 muelle
8 pacato
6 pacífico
8 placentero
7 plácido
10 quieto
10 reposado
6 satisfactorio
6 sosegado
13 tranquilo
18 amable

apaciblemente

18 bonachón
19 dulce
7 manso
19 suave

4 ◁*encrespado*
13 ◁*revoltoso*

apaciblemente
8 blandamente

8 ◁*bruscamente*

apaciguado
7 descansado

apaciguador
5 conciliador

3 ◁*instigador*

apaciguamiento
13 moderación
3 pacificación
2 reconciliación

6 ◁*enfurecimiento*
12 ◁*excitación*

apaciguar(se)
43 alimentar(se)
21 amansar(se)
22 amortiguar(se)
15 apagar(se)
36 aplacar(se)
15 aquietar(se)
44 calmar(se)
21 contener(se)
2 desenojar
2 desenzarzar(se)
2 despartir
15 dormir(se)
17 dulcificar(se)
18 enfriar(se)
10 frenar
21 mitigar(se)
9 pacificar(se)
15 paliar
6 remansar(se)
14 reportar(se)
21 reprimir(se)
7 sedar(se)
11 sedimentar(se)
21 serenar(se)
24 sosegar(se)
39 suavizar(se)

6 temperar
21 tranquilizar(se)
9 endulzar
⇨poner en paz

8 ◁*embravecer(se)*
16 ◁*emocionar(se)*
22 ◁*enfurecer(se)*
28 ◁*inquietar(se)*
11 ◁*intranquilizar(se)*

apache
9 bandido
4 gangster
  gángster
7 maleante
7 malhechor
18 chulo
13 ladrón
6 salteador
16 vago

apachico
15 bulto
11 lío

apachurrar(se)
7 apelmazar(se)
11 apisonar
45 aplastar(se)
65 apretar(se)
·2 compactar
12 comprimir(se)
11 machacar
7 tupir

apadrinado
6 ahijado

apadrinamiento
5 padrinazgo

apadrinar
19 acoger(se)
55 amparar(se)
6 auspiciar
6 avalar
16 cobijar(se)
11 defender
12 legalizar
1 legitimar
11 patrocinar

1 prohijar
42 proteger(se)
11 ◁*desamparar*

apagado
40 bajo(s)
1 extinto
3 moribundo
5 mortecino
7 tenue
14 débil

apagador
3 apagavelas
2 matacandelas

apagamiento
4 apagón
9 consunción
5 extinción

apagar(se)
28 ahogar(se)
22 amortiguar(se)
30 apaciguar(se)
36 aplacar(se)
17 debilitar
7 descolorar
26 disipar(se)
24 extinguir(se)
52 matar(se)
21 mitigar(se)
16 obscurecer(se)
39 rebajar(se)
21 reprimir(se)
23 sofocar(se)

17 ◁*abrasar(se)*
25 ◁*acalorar(se)*
34 ◁*avivar(se)*
47 ◁*brillar*
3 ◁*espejear*
4 ◁*iluminar*
16 ◁*lucir(se)*
23 ◁*encender*
31 ◁*prender*

apagavelas
2 apagador
3 cortafuego
1 matafuego

apagón
7 cese
5 extinción

10 interrupción
10 oscuridad

2 ◁*iluminación*

apaisado
6 alargado
32 ancho
8 horizontal
7 prolongado

33 ◁*alto(s)*
1 ◁*vertical*

apaisar
7 nivelar

apalabrar
83 arreglar(se)
16 concertar(se)
19 quedar(se)
35 tratar(se)
15 convenir
11 pactar
⇨dar palabra
⇨dar señal

apalancar
53 levantar(se)
59 mover(se)

apaleado
5 aporreado

apaleamiento
1 golpeadura
33 paliza(s)
2 apaleo
8 tunda

17 ◁*caricia*

apalear
18 acumular(se)
42 amontonar(se)
18 aporrear(se)
1 palear
31 sacudir(se)
5 varear
28 aventar
33 beber
24 golpear
6 trasegar
⇨echar tragos

apaleo
  4 apaleamiento
  4 trilla

apandar
  34 afanar(se)
  15 alabear(se)
  42 aliviar(se)
  36 apañar(se)
  11 atrapar(se)
  1 carmenar
  20 combar(se)
  24 distraer(se)
  14 encorvarse
  54 hurtar(se)
  6 pellizcar(se)
  16 pillar(se)
  44 torcer(se)
  9 escamotear
  43 llevarse
  20 ◁*estirar(se)*

apandillar
  4 acabildar
  21 agrupar(se)
  21 apiñar(se)
  8 arracimar(se)
  48 asociar(se)
  2 congregar
  4 reclutar

apañado
  14 diestro
  8 experto
  17 hábil
  1 habilidoso
  4 mañoso
  8 ◁*inepto*
  18 ◁*torpe*

apañar(se)
  15 abrigar(se)
  12 adecuar(se)
  16 adobar
  21 adornar
  35 agarrar(se)
  1 agenciárselas
  12 aliñar(se)
  2 apañuscar
  3 apedazar(se)
  15 arropar(se)
  17 asear(se)
  40 asir(se)
  22 ataviar(se)
  10 bandear(se)
  8 cabildear
  20 coger
  27 colocar(se)
  6 componérselas
  9 despabilar(se)
  5 emperejilar
  44 guardar(se)
  54 hurtar(se)
  8 industriar(se)
  13 ingeniar(se)
  18 instalar(se)
  20 reformar(se)
  5 remendar
  44 tomar(se)
  9 zurcir
  28 aderezar
  16 apandar
  83 arreglarse
  34 componer
  9 escamotear
  21 reparar

apañárselas
  14 amañar(se)
  8 industriar(se)

apaño
  21 acuerdo(s)
  3 remiendo
  15 amancebamiento
  20 arreglo
  4 chapuza

apañuscar
  39 ajar(se)
  36 apañar(se)

aparador
  5 cómoda
  2 cristalero
  2 trinchante
  2 trinchero
  2 vitrina
  5 ábaco
  3 escaparate
  8 estantería
  2 obrador
  6 taller

aparar
  35 alargar(se)
  10 aparejar
  48 disponer(se)
  48 preparar(se)
  47 recoger(se)
  44 tomar(se)
  22 alcanzar

aparatar(se)
  39 acicalar(se)
  21 adornarse
  10 aparejarse
  48 disponer(se)
  5 emperejilarse
  17 engalanar(se)
  48 preparar(se)

aparato
  33 artificio
  7 atuendo
  6 dirigente(s)
  1 ejecutiva
  5 exageración
  5 fasto
  16 grandeza
  15 ingenio
  12 instrumento(s)
  11 magnificencia
  11 máquina
  12 ostentación
  11 plante
  12 ponderación
  8 solemnidad
  20 apariencia
  12 boato
  9 desplante
  10 fantasma
  13 lujo
  13 pompa
  10 visión

aparatoso
  3 dramático
  5 lujoso
  5 llamativo
  16 pomposo
  7 sobrecogedor
  11 magnífico
  8 ◁*sobrio*
  12 ◁*sencillo*

aparcamiento
  5 estacionamiento
  11 parada
  9 ubicación

aparcar
  27 colocar(se)
  48 disponer(se)
  13 estacionar(se)
  18 instalar(se)
  10 organizar

aparcería
  7 arriendo

aparcero
  1 comunero

apareamiento
  24 ayuntamiento
  10 cópula
  7 emparejamiento

aparear(se)
  30 acoplar(se)
  39 aguantar(se)
  59 ajustar(se)
  10 aparejar
  5 ayuntar(se)
  5 compensar
  58 echar(se)
  14 emparejar(se)
  5 equilibrar(se)
  6 equiparar(se)
  18 generar
  30 igualar(se)
  74 juntar(se)
  7 nivelar
  79 unir(se)
  11 empatar

aparecer(se)
  17 acontecer
  9 advenir
  9 aflorar
  64 apuntar(se)
  10 brotar
  5 constar
  12 emerger
  9 empezar(se)
  23 encontrar(se)
  23 estar(se)
  11 exhibir(se)

aparecido

22 hallar(se)
11 manifestarse
35 mostrar(se)
26 parecer(se)
3 personarse
33 presentar(se)
6 prorrumpir
11 resultar
48 salir(se)
7 surgir
19 venir(se)
62 caer
6 egresar
⇨dejarse ver
30 ◁ausentar(se)
8 ◁desaparecer
30 ◁hundir(se)
41 ◁ocultar(se)

aparecido
8 aparición
6 milagro
11 presentación
2 redivivo
8 espectro
10 fantasma
5 hermano
10 visión

aparejado
14 apto
6 idóneo
13 dispuesto

aparejador
9 arquitecto

aparejar
7 aparar
16 aparear(se)
24 apercibir(se)
17 aprestar(se)
48 disponer(se)
48 preparar(se)
24 prevenir(se)
2 imprimar
5 aprontar
20 aviar

aparejarse
7 aparatar(se)

aparejo
6 albarda
8 apresto
9 arreo(s)
24 avío(s)
7 herramientas
2 impedimenta
1 instrumental
15 medida
4 pertrecho(s)
1 polispasto
11 preparación
2 imprimación
1 polipasto
9 arreos
23 disposición

aparejos
25 guarnición(es)
4 jarcia

aparencia
46 aire(s)

aparentar
21 afectar(se)
24 disfrazar(se)
13 disimular
7 enmascarar
20 figurar(se)
10 fingir
26 parecer(se)
18 semejar(se)
6 simular
1 teatralizar
34 componer
⇨hacer la comedia
⇨hacer la muestra
⇨querer y no poder
⇨vivir para fuera
41 ◁ocultar(se)

aparente
15 conveniente
3 disfrazado
4 enmascarado
14 evidente
1 ficto
12 fingido
13 impresionante
11 manifiesto
6 oportuno
18 patente
6 postizo
1 resultón
5 simulado
8 supuesto
13 visible
44 afectado
1 disimulado
8 ◁invisible

aparición
10 explicación
16 manifestación
6 milagro
11 presentación
8 aparecido
8 espectro
10 fantasma
10 visión

apariencia
46 aire(s)
9 conjetura
18 disimulo
15 exterior
36 forma(s)
11 plante
1 probabilidad
10 simulación
1 sobrehaz
2 verosimilitud
17 línea
12 achaque
39 aspecto
15 fama
11 ficción
22 figura
16 pinta
14 reputación
7 tipo
15 traza

aparragarse
5 arborecer

apartadamente
1 aisladamente
3 allá
5 lejos
3 separadamente

apartadero
1 apartadijo
7 apartadizo
19 desviación
12 desvío
7 apeadero

apartadijo
5 apartadero

apartadizo
6 anacoreta
4 cenobita
7 misántropo
11 retirado
16 solitario
6 esquivo
9 huraño

apartado
6 aislado
5 capítulo
7 distante
17 escondido
3 lejano
16 oculto
7 remoto
11 retirado
8 señero
16 solitario
7 jornada
10 sección
1 disimulado
26 parte
30 título

apartamento
40 alojamiento
24 apartamiento
10 buhardilla
26 estudio
7 piso
10 vivienda

apartamiento
2 abducción
25 aislamiento
3 alejamiento
6 apartamento
16 arrancadura
16 bifurcación
5 corrimiento
6 defección
19 desviación
5 dispersión

7 divergencia
26 estudio
12 exclusión
13 expulsión
7 piso
1 remoción
8 retiro
3 secesión
28 separación
6 soledad
10 vivienda
9 clausura
18 distancia
3 receso

apartar(se)
22 abandonar(se)
24 agachar(se)
35 aislar(se)
35 alargar(se)
38 alejar(se)
17 arredrar(se)
32 arrinconar(se)
9 arrumbar(se)
15 barrer
43 dejar(se)
3 desaconsejar
25 desanimar(se)
2 desarrimar(se)
1 desatraer
1 desbandarse
7 descarriar(se)
8 descartar
11 desembarazar(se)
19 desentender(se)
10 desestimar(se)
11 desgarrar(se)
8 desligar(se)
9 desobstruir
21 despedir(se)
10 despegar(se)
26 desprender(se)
27 destacar(se)
25 desunir(se)
29 desviar(se)
5 distanciar
24 distraer(se)
9 disuadir(se)
4 divergir
21 dividir(se)
15 elegir(se)
30 enajenar(se)
8 escoger

7 espaciar(se)
6 evitar
54 hurtar(se)
4 incomunicar
10 inhibir(se)
12 jubilar(se)
3 marginar
7 obviar
8 recusar
5 rehuir
12 relegar(se)
17 remover
34 retirar(se)
10 retraerse
31 sacudir(se)
7 segregar(se)
6 seleccionar
64 separar(se)
42 soltar(se)
18 apear(se)
34 correr
16 desechar
8 desligarse
8 despintar
11 expulsar
18 mosquear
58 quitar
13 rechazar
28 sacar
10 sustraer
22 ◁*acercar(se)*
9 ◁*encauzar*
43 ◁*inclinar(se)*

aparte
1 divergentemente
3 parágrafo
1 párrafo
3 separadamente
⇨con exclusión
⇨con omisión
⇨con preterición
⇨párrafo aparte
⇨por separado

aparvadera
6 rastrillo

aparvar
42 amontonar(se)
1 emparvar
74 juntar(se)

49 reunir(se)

apasionadamente
1 perdidamente

apasionado
27 amoroso
30 ardiente
14 ardoroso
12 caluroso
9 ciego
5 delirante
10 desenfrenado
7 desordenado
17 enajenado
15 enamorado(s)
6 entusiasmado
6 entusiasta
10 fanático
8 febril
13 frenético
8 furioso
1 indomable
1 indominable
1 intemperado
4 irresistible
13 libertino
1 paroxístico
3 sectario
2 transportado
12 vehemente
13 violento
11 virulento
2 volcánico
22 amante
10 colérico
14 ebrio
17 irritado
20 loco
10 patético

apasionamiento
11 adoración
13 afán
26 afecto
8 chifladura
11 fanatismo
7 idolatría
4 partidismo
3 ◁*deportividad*

apasionante
5 delirante
10 emocionante

9 enloquecedor
4 excitante
6 palpitante
1 trastornador
5 conmovedor
10 patético

apasionar(se)
22 abandonar(se)
17 abrasar(se)
10 aficionar(se)
51 afligir(se)
52 amar(se)
35 atormentar(se)
63 dar(se)
15 engolosinar(se)
31 entregar(se)
17 entusiasmar(se)
32 exaltar(se)
60 excitar(se)
2 fanatizar(se)
19 inflamar(se)
23 interesar(se)
34 pagar(se)
3 palpitar
9 prendar(se)
8 propender
30 quemar(se)
2 recocerse
1 rehervir(se)
17 reventar(se)
1 transtornar(se)
◁*desapasionar(se)*
12 ◁*desinteresar(se)*

apastar
13 apacentar

apatía
30 abandono
14 dejadez
7 desgana
11 desidia
6 impasibilidad
3 inactividad
5 inapetencia
10 incuria
15 indiferencia
15 indolencia
8 inercia
9 insensibilidad
5 molicie

apático

11 cachaza
26 calma
12 flema
8 pachorra
32 ◁*anhelo*
11 ◁*fervor*
12 ◁*esfuerzo*

apático
19 abandonado
6 abúlico
6 amorfo
11 calmoso
1 desganado
4 desidioso
10 gandul
14 glacial
7 impasible
4 inapetente
10 indiferente
11 negligente
4 perdulario
8 remolón
15 adán
13 dejado
10 displicente
19 flemático
15 indolente

apátrida
7 alienígeno
11 ambulante
5 paria

apatusco
13 aderezo(s)
11 aliño
9 arreo(s)
9 detalle
12 instrumento(s)
10 utensilio(s)
22 útil
7 abalorio
21 adorno

apeadero
40 alojamiento
5 apartadero
11 parada
5 paradero
5 parador
10 vivienda

8 estación

apealar
61 atar

apear(se)
30 amonestar(se)
70 apartar(se)
35 bajar(se)
16 corregir(se)
3 descabalgar
17 descender
12 desmontar(se)
29 desviar(se)
9 disuadir(se)
10 frenar
16 superar(se)
40 vencer(se)
22 alojarse
14 calzar
10 hospedarse
16 reprender
14 sujetar
30 ◁*subir(se)*
7 ◁*empericarse*

apechugar
17 aceptar
19 admitir
39 aguantar(se)
2 apencar
27 conformar(se)
25 resistir(se)
11 empujar
31 tragar
13 ◁*rechazar*

apedazar(se)
36 apañar(se)
9 despedazar
7 remedar

apedreado
2 apedreo
8 pedrea

apedreamiento
2 apedreo
1 lapidar
8 pedrea

apedrear(se)
3 cantear
1 granizar

1 lapidar

apedreo
2 apedreado
3 apedreamiento

apegado
5 aficionado
7 ligado
11 unido
14 adepto
15 ◁*apartado*
8 ◁*desviado*

apegarse
10 aficionar(se)
52 amar(se)
16 amigar(se)
4 simpatizar
21 ◁*enemistar(se)*
7 ◁*odiar(se)*

apego
21 afección
26 afecto
30 amistad
15 asimiento
15 interés
10 tendencia(s)
16 afición
15 cariño
18 inclinación
24 simpatía
5 ◁*desapego*
14 ◁*desinterés*
23 ◁*antipatía*

apelación
6 alzada
3 casación
10 consulta
1 interposición
5 llamada
6 reclamación
30 recurso(s)
4 revisión
11 remedio

apelante
4 recurrente

apelar
16 acudir
58 alzar(se)
14 apellidar(se)
18 interponer(se)
1 recaer
3 recurrir
25 referir(se)
6 suplicar
33 llamar
6 ◁*desistir*

apelarse
14 apellidar(se)

apelativo
1 patronímico
4 sobrenombre
5 alias
6 epíteto
12 mote
16 nombre

apelmazado
10 compacto
10 denso
31 pesado
23 ◁*ligero*
42 ◁*blando*

apelmazar
9 apachurrar(se)
65 apretar(se)
2 compactar
12 comprimir(se)
11 machacar
7 tupir
16 chafar

apelmazarse
8 abatanar

apelotonado
10 denso

apelotonamiento
1 acumulamiento
11 amontonamiento
4 apiñamiento
5 atascamiento
12 concurrencia

12 masa
25 muchedumbre
15 torbellino
9 tropel

apelotonar(se)
18 acumular(se)
9 acurrucarse
42 amontonar(se)
21 apiñar(se)
14 arrebozar(se)
38 atascar(se)
30 atiborrar(se)
16 concurrir
1 cuajaleche
64 ◁*separar(se)*

apellidar(se)
10 aludir(se)
9 apelar
9 apelarse
14 bautizar
8 convocar
14 decirse
8 denominar
13 designar(se)
3 mencionar
16 nombrar
49 reunir(se)
6 titular
33 llamar

apellido
11 clamor
1 convocación
7 grito
5 llamada
4 sobrenombre
5 alias
12 alusión
8 apodo
12 mote
16 nombre

apenado
6 amarrido
6 contrito
10 inconsolable
12 melancólico
5 mohíno
16 triste
7 dolorido

10 mustio

apenar(se)
59 abatir(se)
28 abrumar(se)
11 acibarar(se)
27 acongojar(se)
17 acuitar
21 afectar(se)
51 afligir(se)
21 amargar(se)
3 amurriarse
16 anegar(se)
20 angustiar(se)
12 apesadumbrar(se)
5 apesarar(se)
6 atenacear(se)
35 atormentar(se)
6 atribular(se)
2 compungir(se)
14 contrariar(se)
7 contristar(se)
6 desconsolar(se)
6 desesperar(se)
14 desolar(se)
2 encuitarse
2 enlutar(se)
14 entristecer(se)
8 torturar(se)

3 enflatarse
⇨atravesársele a uno un nudo en la garganta
⇨cubrírsele el corazón
⇨hacerse un nudo en garganta
⇨partirse el corazón
⇨partírsele a uno el alma
⇨pasar las penas del purgatorio
27 ◁*alegrar(se)*

apenas
dificultosamente
penosamente
1 trabajosamente
3 únicamente
⇨al punto que
⇨casi no
⇨con dificultad
⇨luego que
⇨tan pronto como

⇨tan sólo

apencar
8 apechugar
50 cargar

apéndice
26 adición
14 adjunto
13 anejo
19 anexo
1 añadido
10 añadidura
8 continuación
6 extremidad
6 prolongación
3 rabo
20 agregado
6 suplemento
21 cola
11 propina

apensionar(se)
34 afanar(se)
12 apesadumbrar(se)
7 contristar(se)
14 entristecer(se)
27 ◁*alegrar(se)*

apeñuscar(se)
18 acumular(se)
21 agrupar(se)
42 amontonar(se)
17 anexar(se)
21 apiñar(se)

apeo
37 apoyo
5 soporte
14 sostén
4 sustentáculo

apeonar
38 andar

aperador
4 capataz
5 encargado
1 mayoral

aperar
10 dotar(se)
3 municionar

18 suministrar(se)

apercibido
19 atentamente
16 listo

apercibimiento
14 admonición
19 advertencia
5 citación
10 emplazamiento
5 requerimiento
34 aviso
12 consejo
26 amonestación

apercibir(se)
23 advertir
18 amenazar(se)
30 amonestar(se)
10 aparejar
17 aprestar(se)
33 avisar(se)
11 citar
8 conminar
13 descubrir
3 discernir
48 disponer(se)
35 distinguir(se)
14 emplazar(se)
6 entrever
34 explicar(se)
18 notar
19 observar
16 percibir
48 preparar(se)
24 prevenir(se)
11 requerir
21 reparar
19 ver
⇨darse cuenta
41 ◁*ocultar(se)*

apercollar
35 agarrar(se)
40 asir(se)
61 atar
17 ◁*desatar(se)*
42 ◁*soltar(se)*

apergaminado
5 acartonado
2 aceitunado

apergaminar

2 ahilado
4 amojamado
6 enjuto
7 magro
4 momificado
1 sarmentado
21 seco
18 chucho
11 delgado

apergaminar(se)
9 acartonar(se)
5 acecinarse
14 adelgazar(se)
9 ahilar(se)
12 amojamar(se)
8 envejecer
2 momificarse
30 secar(se)

apergollar
2 apersogar
29 apresar(se)
10 encarcelar(se)
61 atar

aperitivo
6 estimulante
6 entrante
10 entremés
4 piscolabis
8 tapa
5 tentempié

apero
6 arnés(es)
7 herramienta
12 instrumento(s)
2 majada
5 trebejo
22 útil
15 aparejo

aperos
25 guarnición(es)
23 material(es)

aperreado
16 cansado
30 duro
11 fatigado
5 fatigoso

11 penoso
2 trabajado
8 trabajoso
1 achuchado
2 jodido
15 molesto
12 ◁*cómodo*
42 ◁*blando*

aperrear(se)
34 afanar(se)
13 ajetrear(se)
41 cansar(se)
13 emperrar(se)
37 fatigar(se)
52 matar(se)
114 molestar(se)
28 obstinarse

aperreo
3 trote

apersogar
4 apergollar
61 atar

apertura
25 abertura
8 comienzo
3 estreno
3 inauguración
19 principio(s)
⇨levantar el cierre
⇨levantar el telón

apesadumbrado
19 abatido
10 acongojado
3 adolorado
12 afligido
22 angustioso
4 añorante
14 arrepentido
7 disgustado
10 inconsolable
7 lagrimoso
12 melancólico
5 mohíno
3 pesaroso
9 taciturno
16 triste
19 negro

apesadumbrar(se)
51 afligir(se)
21 amargar(se)
34 apenar(se)
15 arrepentir(se)
6 atribular(se)
7 contristar(se)
37 descomponer(se)
22 doler(se)
14 entristecer(se)
4 apensionar(se)
27 ◁*alegrar(se)*

apesarado
6 atrito

apesarar(se)
27 acongojar(se)
51 afligir(se)
21 amargar(se)
34 apenar(se)
15 arrepentir(se)

apesgar(se)
28 aburrir(se)
27 agobiar(se)
41 cansar(se)
87 fastidiar(se)
37 fatigar(se)
114 molestar(se)
17 reventar(se)
5 incordiar

apestado
12 corrompido
15 hediondo
13 infecto
5 insalubre
6 maloliente
8 pestilente

apestar
28 aburrir(se)
11 contagiar
6 emponzoñar
12 envenenar(se)
87 fastidiar(se)
5 heder
7 infectar
7 inficionar(se)
1 maloler
13 viciar(se)

16 corromper
16 hastiar
⇨oler mal
8 ◁*sanear*
13 ◁*curar*

apestillar
29 apresar(se)
40 asir(se)

apestoso
6 apestado
5 fétido
15 hediondo
13 infecto
10 inoportuno
7 insufrible
6 maloliente
8 pestilente
42 fastidioso
15 molesto

apetecedor
3 apetecible

apetecer
30 agradar
12 ambicionar
45 anhelar
13 ansiar
12 antojar(se)
5 codiciar
14 desear
8 gustar
31 querer(se)
⇨abrir las ganas de comer
⇨clarearse de hambre
⇨despertar el apetito
⇨hacerse la boca agua
⇨ladrar el estómago
⇨no tener para un diente
⇨picar los talones
⇨tener el estómago desfallecido
12 ◁*despreciar*

apetecible
1 apetecedor
2 codiciable
3 envidiable

10 ◁*desagradable*
9 ◁*soso*

apetecido
7 codiciado

apetencia
13 afán
13 ambición
32 anhelo
20 apetito
13 aspiración
14 avidez
9 voracidad

apetito
7 apetencia
1 caninez
3 glotonería
4 gula
2 inanición
3 inedia
18 necesidad
1 polifagia
9 voracidad
28 ansia
3 carpanta
14 deseo
11 gana
9 gazuza
12 gusto
6 hambre
18 inclinación
11 remedio
3 tragaderas
↪hambre canina
7 ◁*desgana*
5 ◁*inapetencia*

apetitoso
38 agradable
6 aperitivo
3 apetecible
18 atrayente
12 deleitable
27 delicado
8 delicioso
7 gustoso
6 incitante
8 regalado
5 sabroso
7 seductor

14 rico
↪de rechupete
↪entrar por los ojos
10 ◁*desagradable*
34 ◁*malo*

apiadar(se)
30 ablandar(se)
13 compadecer(se)
3 condoler(se)
22 doler(se)
2 emblandecer(se)
8 humanizar(se)
↪arrancarse el corazón
↪arrancársele las entrañas
↪rezumar caridad
↪tener compasión
↪tener misericordia
5 ◁*ensañar(se)*

apicararse
2 achularse
23 encanallarse(se)
1 engranujarse
4 engolfarse

ápice
35 altura(s)
1 apículo
6 extremidad
20 extremo
10 gota(s)
4 nada
11 nimiedad
9 nonada
13 pico
1 pitón
13 poco
7 remate
5 vértice
16 cima
14 cumbre
19 chispa
26 punta

apículo
17 ápice

apicultura
8 cría

apilar
21 agrupar(se)
42 amontonar(se)
1 empilar
74 juntar(se)
49 reunir(se)
1 apilonar

apilonar
6 apilar

apiñado
10 denso

apiñamiento
9 apelotonamiento
8 densidad
3 piña
15 grupo

apiñar(se)
21 agrupar(se)
15 almacenar(se)
42 amontonar(se)
7 apandillar
9 apelotonar(se)
5 apeñuscar(se)
65 apretar(se)
7 apretujar
7 apretujarse
7 arremolinar(se)
38 arrimar(se)
16 concentrar(se)
2 congregar
2 enracimarse
32 estrechar(se)
74 juntar(se)
49 reunir(se)
↪formar grupo
↪hacer corro
12 ◁*disgregar(se)*
64 ◁*separar(se)*

apio
1 panul
6 ranúnculo

apiolar
12 comprimir(se)
6 ensartar
52 matar(se)
15 retener(se)

5 asesinar
31 prender
14 sujetar

apiparse
19 saciar(se)
30 atiborrarse
39 atracar
45 hartar
↪tocarse la comida con los dedos

apisonadora
2 aplanadora
6 compresor

apisonar
41 allanar(se)
9 apachurrar(se)
45 aplastar(se)
65 apretar(se)
4 azocar(se)
1 entupir
2 laminar
2 pisonear
7 planchar(se)
1 repisar
4 despachurrar

aplacado
1 aliviado
7 calmado
1 desenojado

aplacador
9 calmante
1 concordador
2 mitigador
2 paliativo
1 propiciador
3 sedativo

aplacamiento
17 alivio
1 amalne
4 atenuación
13 bálsamo
2 mareta
6 mitigación
13 moderación
1 propiciación
1 quedamiento

aplacar

   7 remisión
   3 sedación

aplacar(se)
   4 abirritar
 30 ablandar(se)
   1 acalmar
 12 acallar(se)
 42 aliviar(se)
 21 amansar(se)
 22 amortiguar(se)
 30 apaciguar(se)
 15 apagar(se)
 21 atenuar(se)
 44 calmar(se)
 41 ceder(se)
   1 desatufarse
   2 desbravecer
   1 desempacarse
   1 desencapotar
   1 desenconarse
   2 desenfadarse
 15 dormir(se)
   8 humanizar(se)
   7 mesurar(se)
 21 mitigar(se)
 31 moderar(se)
   9 pacificar(se)
 10 propiciar(se)
 14 rehacer(se)
 26 remitir(se)
 44 satisfacer(se)
   7 sedar(se)
 24 sosegar(se)
 39 suavizar(se)
 21 tranquilizar(se)
 30 templar
 15 ◁*acuciar*
 59 ◁*aumentar(se)*
 11 ◁*intranquilizar(se)*
 63 ◁*irritar(se)*

aplacible
 22 ameno
   7 grato
   7 gustoso
   8 placentero
 10 ◁*desagradable*
   6 ◁*repelente*

aplacimiento
 10 amenidad
   6 complacencia

   8 delicia
 12 gusto
 16 ◁*descontento*

aplanado
   6 aplastado
 12 desmayado
 21 llano

aplanadora
   2 apisonadora
   1 niveladora

aplanamiento
 25 abatimiento
   1 abrumamiento
   7 aniquilamiento
   5 debilitación
   1 debilitamiento
 15 decaimiento
   7 desaliento
   4 descaecimiento
   2 desistimiento
   7 extenuación
   1 inanidad
   8 postración
 ⇨sin fuerzas
 ⇨sin ganas para nada

aplanar
 59 abatir(se)
 28 abrumar(se)
 41 allanar(se)
 11 apisonar
 45 aplastar(se)
 17 debilitar
 26 desalentar(se)
   6 desilusionar
 15 extenuar(se)
 30 igualar(se)
 21 postrar(se)
 29 aniquilar
 61 ◁*animar(se)*

aplastado
   3 achatado
   2 apabullado
   3 aplanado
   9 chato
   1 remachado
 11 romo

aplastamiento
   2 achatamiento
   5 achuchón
   2 apabullo
   1 despachurro
   3 plasta
 12 torta
   4 remache

aplastante
   4 concluyente

aplastar(se)
 59 abatir(se)
 28 abrumar(se)
   5 achatar
   8 achuchar
 41 allanar(se)
 12 anonadar(se)
   9 apachurrar(se)
 11 apisonar
 12 aplanar(se)
 16 arrasar(se)
   1 atortujar
 40 avergonzar(se)
 12 comprimir(se)
 54 confundir(se)
   1 despichar
   5 destripar
   4 epatar
   5 espachurrar
   5 estrujar
 46 humillar(se)
 11 machacar
   7 moler
   7 pisotear
   3 prensar
   5 pulverizar
   6 remachar
 17 reventar(se)
   1 roblonar
   9 triturar
   8 triunfar
 40 vencer(se)
   9 aovar
   6 apabullar
 50 asentar
 16 chafar
   4 despachurrar
 10 hollar
 14 pisar
   2 tacanear

 ⇨dejar apabullado
 ⇨dejar avergonzado
 ⇨dejar cortado
 ⇨dejar para el arrastre
 ⇨dejar sin resuello
 ⇨reducir al silencio
   2 ◁*mullir*

aplatanarse
 13 aclimatar(se)
 55 acomodar(se)
 28 arraigar(se)

aplaudido
   3 alabado
   3 celebrado
   1 felicitado
   1 ovacionado
     ◁*pitado*
   3 ◁*rechazado*

aplaudir
 19 aclamar
 65 alabar(se)
 61 animar(se)
 23 aprobar(se)
 10 celebrar
   6 cumplimentar
   8 elogiar
   7 encomiar
 28 estimular(se)
   9 felicitar(se)
   8 glorificar
 13 loar(se)
   6 ovacionar
   2 palmear
   1 palmotear
   4 vitorear
 14 festejar
 ⇨poner por las nubes
   5 ◁*abuchear*
   5 ◁*silbar*
 16 ◁*reprender*

aplauso(s)
 12 aclamación
 27 aprobación
   9 elogio
   7 encomio
   6 loa
   3 ovación
 10 palma(s)

1 palmoteo
2 vítor
7 panegírico
29 alabanza
8 ◁abucheo
36 ◁reprensión

aplazable
2 prorrogable
6 ◁inminente

aplazado
1 demorado
3 diferido
19 pendiente
8 ◁adelantado
3 ◁anticipado

aplazamiento
8 demora
5 dilación
10 mora
2 moratoria
7 prórroga
5 retardo
6 retraso
6 tardanza
12 suspensión
8 postergación

aplazar
11 citar
8 convocar
17 demorar(se)
8 diferir
14 emplazar(se)
4 posponer
4 prorrogar
11 requerir
9 retardar(se)
17 retrasar(se)
15 suspender
33 llamar
3 postergar
24 ◁adelantar(se)
27 ◁cumplir(se)

aplebeyar(se)
11 abaldonar(se)
10 abellacarse

2 achularse
4 apicararse
2 avillanarse
29 envilecer(se)
46 humillar(se)
16 ensuciarse

aplicable
3 acoplable
4 adaptable
3 aprovechable
    ◁inaplicable

aplicación
5 acomodación
13 afán
47 atención(es)
6 concentración
22 cuidado
5 esmero
26 estudio
6 perseverancia
1 sobreposición
9 superposición
5 tesón
16 diligencia
16 función

aplicado
11 afanoso
9 aprovechado
8 concentrado
17 cuidadoso
25 diligente
7 esmerado
5 estudioso
3 perseverante
17 atento
9 ◁descuidado

aplicar(se)
22 acercar(se)
55 acomodar(se)
6 achacar
21 adaptar(se)
22 adjudicar(se)
16 administrar(se)
27 aprender(se)
51 apropiar(se)
47 aprovechar(se)
38 arrimar(se)
11 arrogar(se)

21 asignar(se)
40 atizar(se)
33 atribuir(se)
22 cuidar(se)
63 dar(se)
20 dedicar(se)
13 designar(se)
5 destinar
11 enfrascar(se)
7 esmerar(se)
3 especializarse
11 estudiar
23 imponer(se)
10 imputar
6 infligir
13 ingeniar(se)
35 ocupar(se)
10 perseverar
35 poner(se)
25 referir(se)
6 sobreponer(se)
1 superponer
3 yuxtaponer
24 emplear
8 usar
25 ◁desunir(se)
3 ◁vaguear

aplique
8 lámpara
10 pantalla
13 aplicación
21 adorno
13 pieza

aplomado
4 ajustado
7 cuerdo
5 juicioso
12 maduro
21 objetivo
3 plomizo
5 ponderado
13 prudente
12 reflexivo
6 sensato
16 sesudo
13 tranquilo
19 recto
7 ecuánime
13 sereno

aplomar
40 avergonzar(se)
5 lastrar
34 correr
⇨actuar zafiamente
⇨obrar sin pericia

aplomo
19 circunspección
12 gravedad
20 seguridad
8 serenidad

apocado
4 acobardado
3 acoquinado
3 achicado
6 angustiado
6 apagado
3 calcillas
5 colegial
9 consumido
7 corito
3 doctrino
14 encogido
9 falto
7 humillado
9 mandria
13 menguado
1 parapoco
3 premioso
10 remiso
18 retraído
7 timorato
11 vergonzoso
30 tímido
5 asustado
17 cobarde
21 corto
14 cuitado
12 infeliz
5 ñoño
2 pobrete
9 pusilánime
⇨corto de genio
⇨poquita cosa
10 ◁acometedor
33 ◁atrevido
13 ◁resuelto

apocalipsis
17 calamidad
5 cataclismo

apocalíptico

10 desastre

apocalíptico
4 abracadabrante
9 enloquecedor
11 espantoso
8 terrorífico

apocamiento
25 abatimiento
2 acollonamiento
5 acoquinamiento
1 achicamiento
1 atamiento
38 aturdimiento
23 depresión
7 desaliento
12 empacho
12 encogimiento
12 flaqueza
15 humillación
5 irresolución
8 languidez
13 poquedad
6 pusilanimidad
12 retraimiento
11 turbación
11 cortedad
19 embarazo
6 acojono
14 cobardía
56 corte
4 susto
18 temor
10 timidez
7 vacilación
17 vergüenza
⇨bajeza de ánimo
24 ◁*valor*

apocar(se)
59 abatir(se)
40 acobardar(se)
7 acollonar(se)
20 acoquinar(se)
16 acortar(se)
24 achicar(se)
12 amenguar
29 amilanar(se)
14 aminorar(se)
17 arredrar(se)
58 asustar(se)

20 atarugar(se)
74 aturdir(se)
40 avergonzar(se)
14 deprimir(se)
10 desestimar(se)
19 disminuir(se)
15 embarazar(se)
29 encoger(se)
29 encogerse
32 estrechar(se)
8 fruncirse
46 humillar(se)
27 limitar(se)
3 menguar
2 mermar
8 minorar
39 rebajar(se)
52 reducir(se)
37 turbar(se)
2 abatatar
40 acobardarse
6 acojonarse
40 amedrentar
29 amilanarse
29 aniquilar
8 azorrillar(se)
10 castrar
57 cortar
8 fruncir
58 ◁*alzar(se)*
59 ◁*aumentar(se)*
5 ◁*ensalzar(se)*

apocopar
16 contraer(se)
52 reducir(se)
13 suprimir
12 ◁*ampliar(se)*

apócope
2 elisión
3 supresión
1 metaplasmo

apócrifo
16 fabuloso
4 falsificado
12 fingido
2 inventado
8 supuesto
5 amañado
21 falso

21 ◁*auténtico*

apochincharse
31 ahitar(se)
19 saciar(se)
45 hartar

apodar
14 bautizar
16 nombrar

apoderado
10 administrador
5 encargado
6 mandatario
1 poderhabiente
3 procurador
8 representante
4 tutor
17 abogado
8 mandado

apoderamiento
5 expugnación
17 ocupación

apoderar(se)
22 adjudicar(se)
16 administrar(se)
10 adueñarse
35 agarrar(se)
51 apropiar(se)
11 atrapar(se)
33 atribuir(se)
22 autorizar(se)
20 coger
6 conferir
11 conquistar
46 dominar(se)
5 enseñorear(se)
5 facultar
54 hurtar(se)
8 merendar(se)
35 ocupar(se)
44 tomar(se)
4 usurpar
58 quitar
14 robar
⇨dar poder
5 ◁*desapoderar*

apodíctico
5 convincente
11 incontrovertible

10 innegable
3 demostrativo
⇨sin lugar a dudas

apodo
1 cognomento
1 malnombre
4 remoquete
1 seudónimo
4 sobrenombre
5 alias
12 mote
4 motete

ápodo
6 anfibio
4 batracio

apodo
16 chapa

apófisis
18 eminencia
6 extremidad
11 resalte
13 saliente

apogeo
6 auge
1 coronamiento
6 crecimiento
9 esplendor
9 glorificación
11 magnificencia
5 plenitud
23 aumento
17 ápice
12 culminación
3 ◁*apagamiento*
6 ◁*decadencia*
6 ◁*descenso*

apógrafo
8 calco

apolillado
4 carcomido
2 minado
7 raído
1 rateado
5 roído

13 podrido

apolillamiento
9 deterioro

apolillar(se)
3 carcomerse
30 deteriorar(se)
64 estropearse
57 picar
13 ◁*renovar*

apolíneo
17 apuesto
12 hermoso
9 perfecto
18 ◁*feo*

apolismar
2 apoquinarse
2 contusionar
5 magullar(se)
2 ociar
40 acobardarse
40 amedrentar
29 amilanarse
8 holgazanear
3 vaguear
⇨quedarse raquítico

apologético
5 laudatorio

apología
41 defensa
9 elogio
7 encomio
2 justificación
6 loa
12 ponderación
7 panegírico
29 alabanza
9 ◁*vituperio*

apologístico
2 alabancioso
2 ensalzador
1 ponderativo
3 ◁*crítico*

apologizar
65 alabar(se)
8 elogiar
13 loar(se)
16 ponderar
19 ◁*censurar*
12 ◁*denigrar*

apólogo
11 fábula
4 parábola
16 cuento
11 ficción

apoltronado
19 abandonado
15 acomodado
4 arrellanado
18 burgués
4 comodón
2 repantigado
2 sedentario
13 dejado
13 perezoso

apoltronamiento
30 abandono
14 dejadez
8 inercia
16 ◁*diligencia*

apoltronarse
22 abandonar(se)
43 dejar(se)
2 deslomarse
58 echar(se)
1 emperezarse
1 repantingarse
17 tumbar(se)
3 vegetar
3 vaguear

apoplejía
3 congestión

apoquinar
34 pagar(se)
44 satisfacer(se)

apoquinarse
10 apolismar

aporcar
2 acollar
51 cubrir(se)
17 revestir(se)

aporrarse
18 aporrear(se)

aporreado
1 apaleado
14 atareado
2 trabajado
2 tundido
4 zurrado
11 ◁*desocupado*
5 ◁*mimado*

aporreamiento
5 solfa
8 soba

aporrear
14 ahincar(se)
11 apalear(se)
1 aporrarse
38 calentar(se)
11 machacar
114 molestar(se)
38 pegar(se)
31 sacudir(se)
7 tundir
20 zurrar(se)
7 abofetear
6 apabullar
24 golpear
14 importunar
3 sopapear
⇨dar leña
⇨guisar el aporreado

aporreo
13 afán
11 cansancio
33 paliza(s)
8 tunda
13 zurra
17 ◁*caricia*
12 ◁*holganza*

aportación
4 cuota
11 tributo

7 participación
4 ◁*inhibición*

aportar
12 abordar
8 aducir
10 alegar
6 arribar
17 causar
11 citar
36 conducir(se)
10 contribuir
63 dar(se)
9 guiar
37 llegar(se)
43 llevar(se)
7 ocasionar
39 originar(se)
47 producir(se)
20 proporcionar(se)

aposentamiento
40 alojamiento

aposentar(se)
1 acabañar
1 acimentarse
55 acomodar(se)
9 agasajar
11 albergar(se)
22 alojar(se)
6 alquilar(se)
10 amueblar
13 anidar(se)
1 avecindar(se)
1 domiciliar
4 domiciliarse
47 establecer(se)
11 habitar
10 hospedar(se)
18 instalar(se)
3 morar
35 ocupar(se)
50 parar(se)
14 posar(se)
1 ranchear
11 residir
23 sentar(se)
11 vivir
22 alojarse
11 arrendar
⇨sentar el real

aposento
⇨ tener casa abierta
⇨ tomar asiento
⇨ tomar casa

aposento
24 apartamiento
22 cámara(s)
1 caserón
8 caverna
13 cubil
12 cueva
8 domicilio
8 edificio
7 estancia
8 garito
10 guarida
1 habitáculo
12 hogar
5 hotel
10 mansión
3 morada
16 nido
1 palacio
5 paradero
13 población
10 refugio
3 rincón
10 villa
10 vivienda
7 apeadero
15 casa
25 cuarto
8 habitación
13 pieza
4 sala
4 salón

aposición
12 calificativo
4 aditamento
9 adjetivo
6 epíteto

apósito
3 compresa
1 hilas
6 venda
1 vendaje
11 remedio
9 tópico

aposta
11 adrede
1 apostadamente
2 deliberadamente
2 intencionadamente
1 premeditadamente
⇨ de intento
⇨ de propósito

apostadamente
8 aposta

apostadero
11 emboscada
4 escondite
12 puesto

apostado
1 acechante
1 camuflado
17 escondido
16 oculto
20 vigilante
12 ◁ descubierto

apostante
13 competidor
2 retador
6 rival

apostar(se)
64 apuntar(se)
23 arriesgar(se)
18 aventurar(se)
27 colocar(se)
5 emboscar(se)
1 envidar
47 establecer(se)
12 fiar(se)
18 instalar(se)
14 jugar
35 poner(se)
18 situar(se)
17 acechar
19 casar
7 competir
15 convenir
11 pactar
3 rivalizar

apostárselas
18 amenazar(se)

apostasía
30 abandono
7 abjuración
7 deserción
3 deslealtad
1 irreligión
1 renegamiento
6 renuncia
1 renuncio
7 repudio
6 retractación
10 ◁ fidelidad
5 ◁ ortodoxia

apóstata
2 desertor
1 elche
2 perjuro
1 relapso
1 renegado

apostatar
7 abjurar
12 convertir(se)
1 descatolizar
2 descreer
10 renegar

apostema
11 herida
3 nacencia
2 postema
2 supuración
22 absceso
6 llaga
3 pus
27 tumor

apostilla
10 acotación
26 adición
8 comentario
8 glosa
24 nota
12 observación
1 postila
4 sugerencia
21 referencia
27 anotación
3 posdata
4 postilla

apostillar
16 acotar
20 anotar(se)
8 comentar(se)
3 marginar
1 postilar
8 glosar

apóstol
1 apostolizador
1 catequista
13 discípulo
1 divulgador
3 evangelista
2 evangelizador
3 misionero
3 predicador
1 propagador
3 propagandista
vulgarizador
14 mensajero

apostolado
24 anuncio(s)
4 enseñanza
5 misión
4 predicación

apostólico
6 católico

apostolizador
12 apóstol

apostolizar
8 catequizar
4 evangelizar
7 predicar

apostrofar
13 acusar
6 achacar
1 impropiar
1 invectivar
8 recriminar
11 denunciar
⇨ echar en cara

apóstrofe
3 catilinaria
2 dicterio
5 imprecación

5 invectiva
27 acusación

apóstrofo
10 signo(s)
9 acento
5 tilde

apostura
46 aire(s)
6 elegancia
12 garbo
11 gentileza
11 plante
26 arrogancia
22 figura
15 gallardía
7 tipo

apoteca
2 farmacia

apotegma
6 adagio
15 aforismo(s)
23 agudeza
9 dicho
7 proverbio
6 refrán
15 sentencia(s)

apoteósico
5 delirante
7 triunfante
5 jubiloso
1 ◁*deslucido*
13 ◁*humilde*

apoteosis
2 deificación
4 ensalzamiento
26 exaltación
9 glorificación

apoyado
8 defendido
3 fundado

5 retrepado

apoyar(se)
10 abogar
17 acentuar(se)
9 acodar(se)
7 adosar
43 afirmar(se)
14 alentar(se)
55 amparar(se)
17 apuntalar(se)
38 arrimar(se)
20 asistir(se)
22 autorizar(se)
34 auxiliar(se)
6 avalar
45 ayudar(se)
14 basar(se)
16 colgar(se)
9 confirmar(se)
4 corroborar
11 defender
14 descansar
3 encabalgar
6 escorar
estantalar
4 estribar
14 favorecer
12 fiar(se)
7 financiar
10 fundamentar(se)
25 fundar(se)
9 gravitar
18 hincar(se)
6 influir
28 mantener(se)
11 patrocinar
45 pesar(se)
5 primar
19 probar
10 propiciar(se)
42 proteger(se)
8 reafirmar(se)
3 reclinar(se)
3 recostar
3 recostarse
3 refirmar
5 respaldar
5 respaldarse
1 retreparse
7 secundar
25 sostener(se)
21 sumar(se)

19 tener(se)
29 valer(se)
5 cifrar
50 asentar
50 cargar
58 echarse
4 palanquear
26 ◁*desalentar(se)*
8 ◁*desaprobar*
6 ◁*desmentir*
64 ◁*separar(se)*

apoyatura
5 alegato

apoyo
30 amparo
4 apeo
6 arbotante
15 arrimo
11 basa
10 cimiento
5 colgadero
10 columna
3 consola
3 credencia
6 cuña
41 defensa
1 escora
6 horquilla
6 palomilla
8 patrocinio
13 pie
5 pilar
3 pilastra
1 poyo
13 protección
8 puntal
3 repisa
9 socorro
5 soporte
14 sostén
4 sustentáculo
10 contrafuerte
12 suspensión
28 antepecho
9 armazón
49 asiento
24 auxilio
29 ayuda
16 favor
19 taco

8 tarugo

apreciable
10 considerable
8 estimable
18 importante
34 notable(s)
5 perceptible
4 ponderable
10 respetable
23 grande
26 ◁*despreciable*

apreciación
13 aprecio
1 avalúo
10 calificación
33 consideración(es)
15 crédito
5 dictamen
7 estima
2 estimativa
9 evaluación
12 honra
17 importancia
15 interés
1 merecimiento
1 mérito
3 monta
9 opinión
1 plusvalía
11 precio
13 respeto(s)
8 tasación
7 tomo
8 valimiento
24 valor
15 fama
15 juicio

apreciado
10 amado
6 bienquisto
5 calificado
20 distinguido
7 estimado
3 preciado
14 reputado
4 respetado
7 considerado
14 querido

apreciar(se)
- 52 amar(se)
- 27 amistar(se)
- 27 calificar(se)
- 13 considerar(se)
- 34 determinar(se)
- 35 distinguir(se)
- 24 estimar(se)
- 7 evaluar
- 4 justipreciar
- 11 juzgar
- 16 percibir
- 13 preciar(se)
- 10 reputar(se)
- 4 saborear
- 8 tasar
- 6 valorar
- 2 valuar
- ⇨hacer caso
- ⇨mirar con buenos Ojos
- ⇨mirar con buenos ojos
- ⇨tener en aprecio
- ⇨tener en cuenta
- 22 ◁*aborrecer(se)*
- 10 ◁*desestimar(se)*

aprecio
- 26 afecto
- 25 apreciación
- 47 atención(es)
- 6 bienquerencia
- 33 consideración(es)
- 15 crédito
- 7 estima
- 10 estimación
- 9 evaluación
- 13 respeto(s)
- 8 tasación
- 3 valoración
- 15 cariño
- 9 ◁*descrédito*
- 3 ◁*desestimación*
- 32 ◁*aborrecimiento*

aprehender
- 29 apresar(se)
- 17 asimilar(se)
- 40 asir(se)
- 11 atrapar(se)
- 9 capturar
- 20 coger
- 8 concebir
- 35 distinguir(se)
- 31 imaginar(se)
- 16 percibir
- 3 prensar
- 47 recoger(se)
- 8 rodar
- 19 aprisionar
- 17 comprender
- 9 entender
- 31 prender
- 10 ◁*desasir(se)*
- 42 ◁*soltar(se)*
- 34 ◁*liberar(se)*

aprehendido
- 18 alcanzado
- 11 apresado
- 9 asido

aprehensión
- 6 percepción

aprehensor
- 8 apresador

apremiante
- 4 coactivo
- 4 ejecutivo
- 3 inaplazable
- 13 indispensable
- 6 inevitable
- 4 inexcusable
- 7 insistente
- 9 perentorio
- 3 premioso
- 2 urgente

apremiar
- 25 acalorar(se)
- 22 acelerar(se)
- 15 acuciar
- 11 agonizar
- 12 aguijar(se)
- 65 apretar(se)
- 50 apurar(se)
- 18 atosigar(se)
- 6 competer
- 28 estimular(se)
- 32 estrechar(se)
- 9 exigir
- 17 incitar(se)
- 11 instar
- 25 obligar(se)
- 4 urgir
- 10 oprimir
- ⇨comerse los pies
- ⇨dar prisa
- ⇨estar de prisa
- 21 ◁*tranquilizar(se)*

apremio
- 9 acucia
- 1 acuciamiento
- 5 aguijadura
- 12 apresuramiento
- 14 apuro(s)
- 2 atosigamiento
- 13 exigencia
- 4 inminencia
- 18 necesidad
- 11 obligación
- 4 perentoriedad
- 9 precipitación
- 14 precisión
- 3 premura
- 4 presura
- 10 prisa
- 5 urgencia
- 14 aprieto

aprender(se)
- 40 aplicar(se)
- 17 asimilar(se)
- 10 cultivar
- 10 cursar
- 22 disputar(se)
- 29 educar(se)
- 5 embebecerse
- 7 empollar(se)
- 11 estudiar
- 28 formar(se)
- 12 grabar
- 21 ilustrar(se)
- 23 imponer(se)
- 10 mamar(se)
- 48 pasar(se)
- 12 penetrar(se)
- 7 practicar
- 48 preparar(se)
- 5 profundizar
- 7 repasar
- 5 ejercitarse
- 11 instruirse
- ⇨apretar el codo
- ⇨hincar el codo
- ⇨quebrarse los ojos
- ⇨quemarse las cejas
- ⇨quemarse las pestañas
- 3 ◁*ignorar*
- 11 ◁*olvidar(se)*

aprendiz
- 8 alumno
- 1 arrastrante
- 3 aspirante
- 4 catecúmeno
- 1 condiscípulo
- 13 discípulo
- 4 educando
- 5 escolar
- 4 estudiante
- 13 inexperto
- 1 mayorista
- 1 menorista
- 10 meritorio
- 1 minimista
- 6 neófito
- 1 normalista
- 5 novicio
- 12 nuevo
- 7 oyente
- 4 pasante
- 4 practicante
- 5 principiante
- 14 adepto
- 3 bozal
- 19 chivato
- 4 tirón

aprendizaje
- 1 amaestramiento
- 3 arrastre
- 1 ejercitamiento
- 26 estudio
- 15 ilustración
- 27 instrucción(es)
- 12 lección
- 1 lucubración
- 3 nociones
- 3 noviciado
- 2 pasantía
- 17 práctica
- 1 tirocinio
- 13 aplicación
- 5 experiencia

aprensar
- 51 afligir(se)
- 27 agobiar(se)

20 angustiar(se)
11 machacar
2 pistar
3 prensar
5 sojuzgar
10 oprimir
7 supeditar

aprensión
20 delicadeza
10 desconfianza
6 figuración
8 miramiento
9 opinión
19 pendiente
25 reparo(s)
18 repugnancia
6 sospecha
10 escrúpulo
19 miedo
11 recelo
18 temor
17 vergüenza

aprensionarse
13 impresionar(se)
17 preocupar(se)

aprensivo
27 delicado
8 desconfiado
13 escrupuloso
3 reparón
7 temeroso
11 vergonzoso
30 tímido
7 dengoso
13 dengue
12 miedoso
10 mirado
9 receloso

apresado
3 aprehendido
2 capturado
5 enredado
2 esposado
7 ligado
1 maniatado
4 prisionero
2 secuestrado

13 sujeto
8 prendido
⇨entre rejas

apresador
1 aprehensor
1 captor
1 capturador
2 lacero
20 vigilante
4 detective
19 guardia
16 policía

apresamiento
1 aprehensión
6 captura
1 entrecogedura
4 redada
8 secuestro
14 aprensión
7 prendimiento
17 prisión
⇨caer en el garlito
⇨caer en la trampa
⇨quedar en la red

apresar
3 apercollar
2 apestillar
21 arrestar(se)
40 asir(se)
11 atrapar(se)
9 capturar
13 cautivar
9 cazar
20 coger
49 detener(se)
10 encarcelar(se)
11 encerrar
2 encobrar
3 entrecoger(se)
33 haber(es)
5 lazar
8 secuestrar
13 enlazar
9 apiolar
17 aprehender
19 aprisionar
61 atar
7 copar

9 chapar
7 enchiquerar
31 prender
⇨echar el guante
⇨echar mano
⇨hacer presa
15 ◁libertar(se)
42 ◁soltar(se)

aprestar(se)
55 acomodar(se)
10 aparejar
24 apercibir(se)
83 arreglar(se)
6 artillar
48 disponer(se)
5 equipar
10 organizar
48 preparar(se)
24 prevenir(se)
6 remangar(se)
28 aderezar
20 aviar
⇨liar el petate
⇨preparar los bártulos

apresto
3 almidón
22 aparato
1 bartuleo
11 preparación
2 preparativo
14 prevención
21 cola
23 disposición
9 ◁imprevisión

apresuración
12 apresuramiento

apresurado
26 activo
10 veloz
28 vivo
19 rápido
11 ◁tardo

apresuramiento
5 aceleración
2 aceleramiento
1 apresuración

13 ligereza
3 premura
8 presteza
10 prisa
12 prontitud
7 rapidez
8 velocidad
⇨como las balas
⇨con alas en los pies

apresurar(se)
12 abreviar
22 acelerar(se)
8 activar
15 acuciar
24 adelantar(se)
50 apurar(se)
34 avivar(se)
59 mover(se)
20 precipitar(se)
5 trotar
15 volar
20 aligerar
20 aviar
4 festinar
⇨dar prisa
⇨darse prisa
49 ◁detener(se)
24 ◁sosegar(se)
3 ◁tardar

apretadamente
1 escasamente
7 estrechamente
1 mezquinamente
2 miserablemente
2 pobremente
1 ramplonamente
1 recalcadamente
1 reducidamente
⇨sin lo preciso

apretado
18 agarrado
20 apurado
14 arduo
17 arriesgado
9 cicatero
difícil
19 estrecho
5 peligroso
34 avaro

apretador

19 mezquino
26 miserable
7 peliagudo
14 roña
19 roñoso
23 ruin
12 tacaño
24 ◁*fácil*
18 ◁*generoso*

apretador
4 constrictor

apretadura
16 apretón

apretamiento
16 apretón
10 opresión

apretar(se)
11 abarrotar(se)
17 abrazar
22 acelerar(se)
8 activar
17 acuitar
9 acurrucarse
8 achuchar
51 afligir(se)
10 agarrotar
12 aguijar(se)
2 aguijonar
22 aguijonear(se)
14 ahincar(se)
3 ahocinarse
28 ahogar(se)
13 angostar(se)
20 angustiar(se)
9 apachurrar(se)
7 apelmazar(se)
21 apiñar(se)
11 apisonar
20 apremiar(se)
7 apretujar
50 apurar(se)
7 arreciar
11 astringir(se)
19 atacar(se)
35 atormentar(se)
4 azocar(se)
44 ceñir(se)
12 comprimir(se)
7 constreñir

1 cuajaleche
12 embutir
4 empuñar
13 encajonar(se)
5 encorsetar
11 espesar(se)
9 espolear
28 estimular(se)
5 estrangular
32 estrechar(se)
5 estrujar
60 excitar(se)
7 exprimir
10 forzar
17 incitar(se)
4 inculcar
11 instar
25 obligar(se)
2 pisonear
2 pistar
3 prensar
6 presionar
7 tupir
13 enlazar
15 acosar
16 chafar
5 chamarrear
11 empujar
12 hostigar
14 importunar
10 oprimir
18 perseguir
8 trincar
32 ◁*aflojar(se)*
22 ◁*amortiguar(se)*
14 ◁*ensanchar(se)*
9 ◁*flojear*
42 ◁*soltar(se)*
24 ◁*sosegar(se)*

apretón
7 aplastamiento
1 apretadura
2 apretamiento
2 apretujón
2 apretura
4 astricción
1 astringencia
1 estrujadura
4 estrujón
3 magullamiento
8 molienda
10 opresión

1 prensadura
5 presión
3 tensión
14 aprieto

apretujar
8 achuchar
21 apiñar(se)
65 apretar(se)
8 arracimar(se)
12 comprimir(se)
7 hacinar(se)
16 chafar

apretujarse
21 apiñar(se)
8 arracimar(se)

apretujón
6 abrazo
16 apretón

apretura
16 apretón
3 tensión
2 ◁*distensión*

aprieto
6 acoso
14 ahogo
16 apretón
14 apuro(s)
19 compromiso
12 conflicto
2 dilema
18 necesidad
4 presura
10 prisa
14 reventón
17 brete
15 dificultad
8 trance

aprimar
11 afinar
1 intensar
22 perfeccionar(se)

apriorismo
1 apriorístico
1 trascendentalismo

apriorístico
2 apriorismo

aprisa
2 aceleradamente
1 deprisa
4 rápidamente
25 pronto
19 rápido

apriscar
6 acubilar
6 arredilar

aprisco
2 boíl
4 boyera
4 chiquero
2 encerradero
2 majada
2 ovil
4 redil

aprisionamiento
28 arresto(s)
3 capción
8 encarcelamiento
7 prendimiento

aprisionar
29 apresar(se)
40 asir(se)
9 capturar
13 cautivar
20 coger
21 contener(se)
49 detener(se)
24 encadenar(se)
10 encarcelar(se)
11 encerrar
15 retener(se)
8 rodar
17 aprehender
61 atar
7 enchiquerar
4 enrejar
31 prender
14 sujetar
⇨meter en la trena
17 ◁*desatar(se)*
15 ◁*libertar(se)*
42 ◁*soltar(se)*

aproar
56 dirigir(se)
5 embocar
2 enfilar

aprobación
5 accesión
5 aceptación
1 acogimiento
21 adhesión
8 admisión
15 amén
15 anuencia
11 aplauso(s)
18 aquiescencia
11 asenso
11 asentimiento
7 autorización
7 beneplácito
17 boga
28 conformidad
9 consenso
9 consentimiento
15 crédito
1 permisión
7 permiso
3 plácet
8 sanción
3 visado
29 alabanza
15 fama
⇨visto bueno
⇨voto de confianza
8 ◁desaprobación

aprobado
14 apto
4 capacitado
6 idóneo
16 capaz
12 ◁suspenso

aprobador
4 confirmador

aprobar
26 abonar(se)
22 acceder
17 aceptar
15 acreditar(se)
19 admitir
43 afirmar(se)
65 alabar(se)
18 aplaudir
22 autorizar(se)
6 avalar
41 avenir(se)
3 canonizar
17 certificar
17 consentir
48 pasar(se)
25 permitir(se)
20 ratificar(se)
22 reconocer
6 sancionar
5 visar
⇨dar la razón
⇨dar por bueno
⇨tener aceptación
2 ◁desautorizar
27 ◁negar(se)
15 ◁suspender

aprobatorio
7 gustoso
9 plausible
7 ◁discrepante
1 ◁negador

aproches
42 acción
6 aproximación
18 ataque
19 combate
9 encuentro
23 lucha
11 avance

aprontar
48 disponer(se)
31 entregar(se)
48 preparar(se)
24 prevenir(se)
20 aviar

apropiación
8 admisión
22 adquisición
2 arañamiento
5 arrebatamiento
2 arrebatiña
4 asunción
6 conciso
7 confiscación
1 detentación
7 incautación
1 interceptación
9 privación
3 rapacidad
1 rebatiña
6 recepción
4 retención
7 substracción
6 usurpación
7 conquista
6 presa

apropiado
4 adecuado
4 ajustado
15 conveniente
16 correcto
13 decente
12 discreto
6 oportuno
6 pertinente
6 referente
16 justo
13 propio
⇨en su sitio
2 ◁inapropiado

apropiador
11 rapaz
2 tomador
1 usurpador
13 ladrón
1 ◁cedente
1 ◁dador

apropiar(se)
19 absorber
55 acomodar(se)
21 adaptar(se)
12 adecuar(se)
22 adjudicar(se)
10 adueñarse
59 ajustar(se)
40 aplicar(se)
24 apoderar(se)
29 apresar(se)
5 arramblar
11 arrogar(se)
17 asimilar(se)
40 asir(se)
9 asumir
33 atribuir(se)
14 captar
9 capturar
20 coger
13 chupar
11 despojar
3 detentar
4 detraer
espigar
54 hurtar(se)
8 incautar(se)
8 obtener
35 ocupar(se)
16 pringar(se)
2 rebañar
19 recobrar(se)
47 recoger(se)
3 requisar
4 sangrar
44 tomar(se)
14 untar(se)
4 usurpar
10 acaparar
16 adquirir
22 alcanzar
16 apandar
48 arrancar
8 birlar
9 escamotear
58 quitar
14 robar
43 ◁dejar(se)

apropincuarse
22 acercar(se)
17 rozar(se)

aprovechable
3 aplicable
2 servible
5 utilizable
5 ◁inaprovechable

aprovechado
4 ahorrador
1 ahorrativo
9 aplicado
25 diligente
5 estudioso
2 ganguero
7 laborioso

aprovechador

22 útil
4 ventajista

aprovechador
1 aprovechante
1 interesal
2 positivista
1 proficiente
2 utilitario
6 interesado

aprovechamiento
4 asimilación

aprovechante
6 aprovechador

aprovechar(se)
4 agradecer
40 aplicar(se)
19 beneficiar(se)
6 bonificar(se)
13 chupar
20 dedicar(se)
5 estrujar
6 explotar
5 fructificar
17 gozar
23 interesar(se)
3 lograr
16 lucir(se)
7 lucrar(se)
20 prestar(se)
5 prevaler(se)
47 producir(se)
3 redituar
30 rendir(se)
22 servir(se)
1 usufructuar
6 utilizar
29 valer(se)
3 vendimiar
16 abusar
7 disfrutar
8 usar
⇨arrimar el ascua a su sardina
⇨asir la ocasión por el cogote
⇨coger la ocasión por los cabellos
⇨chupar del bote

⇨hacer a todo
⇨hacer su agosto
⇨hacer su negocio
⇨llevar el agua a su molino
⇨no perder ripio
⇨sacar partido
⇨sacar raja
⇨sacar tajada
⇨ser una viña
⇨servirse de
⇨tener cuenta
⇨valerse de

3 ◁desaprovechar(se)
38 ◁perder(se)

aprovecharle
3 disponible
1 explotable
10 positivo
15 sensible
1 servidero
22 útil
5 utilizable
2 valedero

aprovechón
6 abusón

aprovisionador
3 proveedor

aprovisionamiento
4 catering
⇨feeder road

aprovisionar
11 abastecer(se)
6 avituallar(se)
22 proveer(se)
11 surtir

aprovisionarse
2 tapequearse

aproximación
17 acceso
4 acercamiento
17 afinidad
7 aproches
8 ida

3 yuxtaposición
3 ◁alejamiento

aproximadamente
7 aína
2 casi
2 próximamente
⇨a corta distancia
⇨al pie de
⇨al tanteo
⇨alrededor de
⇨a ojo de buen cubero
⇨cerca de
⇨cerca le anda
⇨con escasa diferencia
⇨plus minusve
⇨poco más o menos
⇨por ahí
⇨por poco

aproximado
14 análogo
6 inexacto
11 infiel
7 informal
18 parecido
21 grosero
45 ◁bueno
16 ◁cabal
9 ◁estricto
4 ◁matemático
3 ◁numérico
11 ◁pintiparado
20 ◁severo

aproximar(se)
13 abocar(se)
12 abordar
22 acceder
22 acercar(se)
30 acoplar(se)
17 acostar(se)
7 adosar
4 allegar(se)
63 apoyar(se)
38 arrimar(se)
6 atinar
15 avecinar(se)
1 avecindar(se)
1 extrapolar
74 juntar(se)
15 reconciliar(se)

17 rozar(se)
18 semejar(se)
39 atracar
12 tantear
⇨andarle cerca
⇨marrarle por poco
38 ◁alejar(se)
30 ◁enajenar(se)
21 ◁enemistar(se)

aproximativo
5 macarrónico

áptero
1 inalado

aptitud
17 competencia
1 elegibilidad
18 habilidad
4 habilitación
7 idoneidad
18 inteligencia
10 posibilidad(es)
3 potencial
4 suficiencia
7 talento
3 vocación
14 capacidad
23 disposición
21 genio
18 inclinación
11 maña
15 traza
⇨buena madera
⇨hallarse en disposición de
⇨ser hombre para
4 ◁incompetencia
4 ◁inhabilidad

apto
3 aparejado
4 aprobado
5 calificado
4 capacitado
17 hábil
6 idóneo
10 perito
5 proporcionado
6 suficiente

16 capaz
11 competente
13 dispuesto
⇨digno de
⇨marido para
12 ◁*suspenso*

apuesta
1 envidada
2 envite
26 juego(s)
6 jugada
11 postura
8 puerta(s)
2 puesta
5 traviesa

apuesto
23 arreglado
31 arrogante
4 ataviado
17 bizarro
4 engalanado
9 garboso
12 garrido
17 gentil
6 marchoso
16 adornado
15 airoso
7 emperifollado
11 galán
17 gallardo
⇨como un tren
⇨don Juan
⇨tío bueno
2 ◁*desarreglado*
6 ◁*zarrapastroso*

apuntación
3 matrícula

apuntado
14 abonado
7 anotado

apuntador
1 anotador
6 asentador
5 comentarista
1 escoliasta
1 insinuador
1 puntador

2 traspunte
4 consueta
7 soplón

apuntalar(se)
39 acicalar(se)
9 acodar(se)
21 adornar
14 afeitar(se)
22 afianzar(se)
43 afirmar(se)
43 alimentar(se)
63 apoyar(se)
52 asegurar(se)
5 baraustar
15 consolidar(se)
4 empentar
2 entibar
6 escorar
7 rejuvenecer(se)
25 sostener(se)
⇨reponer fuerzas

apuntamiento
10 acotación
8 minuta
24 nota
49 asiento

apuntar(se)
26 abonar(se)
13 acedarse
9 afilar(se)
19 afiliar(se)
43 afirmar(se)
14 aguzar(se)
17 alistar(se)
10 aludir(se)
20 anotar(se)
27 aparecer(se)
19 apostar(se)
7 asestar(se)
9 asomar(se)
20 avinagrar(se)
10 brotar
16 concertar(se)
5 decretar
2 desglosar
56 dirigir(se)
6 encañonar(se)
6 encarar
7 enfocar

37 enseñar(se)
4 esbozar
2 escorzar
9 facturar
6 fichar
26 incorporar(se)
11 indicar
5 ingresar
11 inscribir
15 insinuar(se)
14 jugar
11 manifestarse
3 marginar
9 militar
35 mostrar(se)
15 nacer
18 notar
39 originar(se)
19 perfilar(se)
9 profesar
23 proponer(se)
2 puntear
8 rayar
26 registrar(se)
5 respaldar
17 rozar(se)
48 salir(se)
23 sentar(se)
46 señalar(se)
4 sugerir
7 surgir
20 agriar
7 matricular
9 achisparse
50 asentar
18 atufar
15 convenir
6 chequear
1 entallecerse
32 entrar
19 soplar

apunte
9 apuntador
5 croquis
6 diseño
5 esbozo
3 golfante
24 nota
2 traspunte
9 perillán
33 pícaro
7 soplón

apuntillar
2 arrematar

apuñalar
14 acuchillar(se)
1 apuñalear
15 herir
23 pinchar(se)
7 acribillar
3 mechar(se)
⇨coser a puñaladas

apuñalear
7 apuñalar

apuñar
40 asir(se)

apurado
22 angustioso
14 arduo
5 cesante
difícil
14 dificultoso
5 esmirriado
5 hambriento
6 indigente
7 necesitado
5 paria
5 peligroso
22 preciso
6 vagabundo
12 exacto
26 miserable
7 peliagudo
18 pobre
⇨al minuto
⇨con lo puesto
⇨sin blanca

apuranieves
16 aguzanieves

apurar(se)
53 acabar(se)
22 acelerar(se)
11 acibarar(se)
27 acongojar(se)
10 acrisolar
15 acuciar
17 acuitar
32 agotar(se)

apuro

28 ahogar(se)
20 apremiar(se)
16 apresurar(se)
65 apretar(se)
16 aquilatar(se)
7 arrebañar
9 atornillar
18 atosigar(se)
6 atribular(se)
25 averiguar(se)
9 clarificar
14 concluir
15 consumirse
11 depurar(se)
24 desazonar(se)
3 desentrañar
4 divinizar
1 extremar
16 filtrar(se)
8 glorificar
11 indagar
11 instar
12 investigar
114 molestar(se)
7 purificar
4 quintaesenciar
11 razonar
7 santificar(se)
13 sazonar
5 sublimar
1 sublimizar
12 sufrir
4 urgir
15 acosar
20 aligerar
33 beber
50 limpiar
5 padecer
⇨hasta la última gota
⇨meter el corazón en un puño
⇨meter prisa
⇨poner en claro
12 ◁*consolar(se)*
3 ◁*desperdiciar(se)*
1 ◁*impurificar(se)*
3 ◁*tardar*

apuro(s)
27 bollo(s)
19 compromiso
12 conflicto
18 necesidad

1 tramojo
5 urgencia
48 aflicción
30 angustia
14 aprieto
6 jamón
6 tragedia
⇨con la soga al cuello
⇨con un puñal en el pecho
⇨de vida o muerte

aquejado
44 afectado

aquejamiento
35 fatiga(s)
20 incomodidad
10 opresión
48 aflicción
8 congoja
17 inquietud

aquejar
27 acongojar(se)
51 afligir(se)
37 fatigar(se)
44 incomodar(se)
28 inquietar(se)
10 oprimir

aquejoso
10 acongojado
12 afligido
11 fatigado
6 incómodo
9 inquieto
4 oprimido
2 quejicoso

aquel
16 gancho

aquelarre
4 alharaca
18 batahola
7 conciliábulo
5 estruendo
80 bulla
19 confusión
7 corro
19 ruido

aquende
4 acá
5 ◁*allende*

aquerenciarse
31 acostumbrar(se)

aquí
4 acá
7 inmediato
9 junto
⇨al lado
⇨en eso
⇨en esto

aquiescencia
5 aceptación
21 acuerdo(s)
21 adhesión
15 amén
15 anuencia
27 aprobación
11 asenso
11 asentimiento
7 autorización
7 beneplácito
8 confirmación
28 conformidad
9 consentimiento
7 permiso
3 refrendo
4 venia
16 voluntad
⇨visto bueno

aquietamiento
3 pacificación

aquietar(se)
12 acallar(se)
41 allanar(se)
21 amansar(se)
30 apaciguar(se)
44 calmar(se)
18 holgar(se)
26 inmovilizar(se)
9 pacificar(se)
6 remansar(se)
14 reposar(se)
44 satisfacer(se)
21 serenar(se)
24 sosegar(se)

21 tranquilizar(se)
⇨relajar los nervios
7 ◁*electrizar*
60 ◁*excitar(se)*
11 ◁*intranquilizar(se)*
53 ◁*lanzar(se)*

aquifolio
2 acebo
2 agrifolio

aquilatado
4 acrisolado

aquilatamiento
5 acendramiento

aquilatar(se)
10 acrisolar
7 alambicar(se)
13 analizar(se)
22 apreciar(se)
50 apurar(se)
25 averiguar(se)
9 clarificar
9 comprobar
4 contrastar
41 examinar(se)
12 graduar(se)
19 probar
7 purificar
22 reconocer
8 tasar
6 verificar

aquilea
4 milenrama

aquilino
5 aguileño
1 corvino
5 encorvado
5 jorobado

aquilón
4 cierzo
13 norte

aquistar(se)
11 conquistar
24 conseguir(se)

40 ganar(se)
8 obtener
16 adquirir

ara
11 altar

árabe
7 agareno
1 alárabe
1 arábigo
1 arabio
9 mahometano
1 muslime
3 musulmán
8 islamita
8 moro

arábigo
9 árabe

arabio
9 árabe

arabismo
6 barbarismo

arácnido
17 araña

arácnidos
4 artrópodos

arada
1 aradura

arado
9 aguijada
1 aguzadura
1 aladro
5 barzón
2 camba
2 clavijero
1 charrúa
1 enrejada
1 esteva
1 estevón
1 forcate
1 formón
9 garabato
2 gavilán
1 golde
7 hierro(s)

1 mancera
2 pescuño
2 reja
5 timón
1 vertedera
1 vilorta
9 yugo
13 cama
11 ganga

arador
17 campesino
7 labrador
13 labriego

aradura
1 arada

aragonés
19 mano

arambel
25 andrajo

arana
3 agio
2 chantaje
28 engaño(s)
6 estratagema
2 martingala
9 señuelo
9 cepo
19 embuste
7 estafa
22 liga
5 petardo
10 trampa

arancel
9 impuesto
17 ley
10 norma
2 tarifa
9 tasa
3 valoración
24 derecho

arancelario
3 contributivo

arandela
21 anillo
4 babero

16 corona
1 herrón
5 platillo
2 volandera

aranero
5 agiotista
1 aranoso
1 cepista
1 chantajista
12 embaucador
2 embelecador
10 engañador
15 embustero
11 enredador
17 estafador
4 petardista
6 tramposo

arangorri
3 escorpina

aranoso
12 aranero

aranzada
15 medida

araña
4 alacrán
2 antorchero
1 arácnido
3 arador
1 arañuela
2 arraclán
10 candil
1 escorpión
8 lámpara
1 sangredo
1 tarántula
2 tejedora
2 uña
7 candelero
5 candelabro
9 capulina
6 pito

arañamiento
20 apropiación
12 arañazo

arañar(se)
9 acopiar(se)
23 acrecentar(se)

4 allegar(se)
42 amontonar(se)
6 arpar
1 aruñar
2 carpir
11 desgarrar(se)
7 escarbar
1 gatuñar
15 herir
8 hilar
6 hormiguear
74 juntar(se)
11 rascar(se)
6 rasgar
4 rasguñar
8 raspar
8 rayar
47 recoger(se)
4 recopilar
2 garranchar
12 gatear
2 rasmillar
9 tejer
3 zarpear

arañazo
2 arañamiento
2 araño
6 arpadura
1 escarbadura
6 frotamiento
1 garfada
7 rasgadura
4 rasguño
4 retintín
3 uñada
2 zarpazo
10 indirecta

arañero
35 bravío

araño
12 arañazo
6 arpadura

arañón
5 ciruelo

arañuela
17 araña

arañuelo
8 garrapata

arar
  3 amelgar
  2 barbechar
  5 binar
  10 cultivar
  2 roturar
  2 huachar
  9 labrar

arate
  5 rutina
  42 tontería(s)
  14 pesadez

arbitraje
  1 arbitramento
  1 arbitramiento
  11 arbitrio
  19 compromiso
  11 decisión
  5 dictamen
  3 laudo
  7 peritaje
  15 sentencia(s)
  5 veredicto
  15 juicio

arbitral
  25 arbitrario

arbitramento
  11 arbitraje

arbitramiento
  11 arbitraje

arbitrar(se)
  20 comprometer(se)
  27 decidir(se)
  6 homologar
  2 intermediar
  18 interponer(se)
  1 laudar
  16 mediar
  31 moderar(se)
  10 procurar
  23 proponer(se)
  16 resolver(se)
  6 intervenir
  5 sentenciar

arbitrariedad
  11 antojo
  4 cabildada
  9 despotismo
  13 exigencia
  1 gustazo
  13 ilegalidad
  8 inconstancia
  6 iniquidad
  12 injusticia
  13 ligereza
  10 pretensión
  2 principada
  2 pucherazo
  2 sinrazón
  4 tiranía
  13 parcialidad
  9 alcaldada
  14 atropello
  15 capricho
  12 gusto
  23 manía

arbitrario
  51 absurdo
  7 abusivo
  1 arbitral
  1 arbitrativo
  9 autoritario
  12 caprichoso
  2 caprichudo
  3 despótico
  11 fútil
  5 ilegal
  3 improcedente
  9 inconsistente
  7 inicuo
  1 injustificado
  12 injusto
  2 inmotivado
  10 inoportuno
  6 insostenible
  1 insubsistente
  9 pueril
  5 temoso
  4 tiránico
  6 veleidoso
  10 voluble
  10 voluntarioso

arbitrativo
  25 arbitrario

arbitrio
  24 carga
  6 exacción
  20 facultad
  9 gabela
  9 impuesto
  35 medio(s)
  43 poder(es)
  30 recurso(s)
  11 tributo
  26 autoridad
  24 derecho

arbitro
  6 juez
  6 mediador
  6 tasador
  5 tercero
  5 componedor

árbitro
  4 amigable
  2 dictaminador
  10 intermediario
  6 juez
  6 mediador
  2 regulador
  5 componedor

árbol
  1 arbolejo
  1 arbolete
  1 arbolillo
  1 arbolito
  3 arbusto
  10 eje
  4 mata
  14 palo
  10 asta

arbolado
  4 arboleda
  1 arboledo
  5 jardín
  10 macizo
  8 parque
  2 plantel
  2 soto
  7 vivero
  9 bosque
  4 selva

arboladura
  4 jarcia
  2 mesana

arbolar
  9 blandir
  5 enarbolar
  4 izar(se)
  2 ondear
  6 encabritarse

arboleda
  3 alameda
  10 arbolado
  2 soto
  6 floresta

arboledo
  10 arbolado

arbolejo
  9 árbol

arbolete
  9 árbol

arbolillo
  9 árbol

arbolito
  9 árbol

arbollón
  5 albollón

arborecer
  31 ahitar(se)
  1 aparragarse
  16 guarnecer(se)
  28 plantar(se)
  8 poblar(se)

arborescente
  1 arbustivo
  1 dendroideo

arbotante
  37 apoyo
  10 eje
  14 palo
  14 sostén
  10 contrafuerte
  ⇨arco botarete

arbustivo
  2 arborescente

arbusto
4 mata
1 matojo
7 bejuco

arca
4 arcón
4 bargueño
5 cofre
12 baúl
33 caja
12 cajón
15 maleta

arcabuz
2 escopeta
4 trabuco

arcacil
2 alcaucil
⇨ alcachofa silvestre

arcada
7 arco
1 arquería
13 bóveda
6 claustro
⇨ danza de arcos

arcadas
30 angustia

arcaduz
8 caño
2 fístula
11 cangilón
5 conducto
3 tubo

arcaico
6 antediluviano
5 anticuado
2 añejo
8 añoso
11 desusado
1 medieval
3 prehistórico
10 primitivo
4 rancio
14 tradicional
22 viejo

33 anciano
33 antiguo
9 pasado
8 vetusto

arcaísmo
1 antiquismo

arcángel
10 ángel
17 espíritu
14 mensajero

arcangélico
14 angelical

arcano
4 enigma
8 enigmático
12 impenetrable
5 misterio
10 misterioso
16 oculto
6 recóndito
15 reservado
19 secreto

arcediano
1 archidiácono

arcén
32 borde
4 brocal
12 margen
7 orilla

arcilla
2 asperón
3 caolín
3 marga
8 tierra
16 barro

arcilloso
7 arenoso
2 gredoso
2 terroso

arco
6 arbotante
13 bóveda
1 cimbra

6 curva
18 curvatura
19 rodeo
12 aro

arcón
7 arca
5 cómoda
12 baúl
33 caja

arcosa
3 arenisca

archa
15 cuchilla

archicofradía
27 asamblea
2 congregación
7 cofradía

archidiácono
1 arcediano

archiepiscopal
2 arzobispal

archipiélago
6 islas
3 piélago

archivado
6 cancelado

archivador
1 clasificador
2 legajo
5 archivo

archivar
11 conservar
9 custodiar
1 encarpetar
6 fichar
44 guardar(se)
◁ desarchivar

archivero
3 bibliotecario
3 catalogador

archivo
1 cartulario
1 cedulario
5 protocolo
6 conservador
13 registro

ardalear
1 encalvecer
2 ralear

árdea
2 charadrio

ardentía
22 ardor
3 fosforescencia
2 refracción
1 reverberación

arder
17 abrasar(se)
3 aburar
11 achicharrar(se)
24 asar(se)
11 calcinar(se)
5 carbonizar(se)
6 cocer(se)
2 crepitar
11 chamuscar
1 chicharrar
22 doler(se)
2 escaldar
10 escocer(se)
2 freír
7 hervir
30 quemar(se)
23 tostar(se)
23 encender
31 prender
58 tirar

ardeviejas
2 aulaga

ardicia
32 anhelo

ardid
24 amaño
14 añagaza
33 artificio
6 cubilete

ardid

ardido

ardido
28 engaño(s)
1 magaña
1 manganilla
7 zancadilla
13 artimaña
47 astucia
6 mafia
11 maña
10 trampa
5 treta

ardido
3 abrasado
27 animoso
3 quemado
8 enojado
17 irritado

ardiente
1 acandilado
26 activo
4 achicharrante
34 apasionado
14 ardoroso
25 bullicioso
1 comburente
9 eficaz
6 encendido
1 férvido
14 ferviente
8 fervoroso
9 fogoso
4 hirviente
3 humeante
5 incandescente
7 incendiario
9 inflamado
1 inflamativo
5 quemador
4 tórrido
3 urente
12 vehemente
13 violento
28 vivo
12 voraz
8 abrasador
25 caliente
5 candente
4 quemante
6 ◁*apagado*
3 ◁*desapasionado*
10 ◁*frito*

16 ◁*helado*

ardilla
1 petigrís
2 esquirol
9 perillán
11 pillo

ardimiento
13 ampolla
22 ardor
21 audacia
19 brío
3 cremación
1 chamusco
6 chamusquina
10 intrepidez
1 mechazo
8 quema
2 quemazón
2 socarra
9 temeridad
12 valentía
24 valor
13 denuedo
7 osadía
3 quemadura
7 vigor
14 ◁*cobardía*

ardite
6 bledo
8 comino
2 maravedí
2 ochavo
6 pimiento
6 pito

ardor
10 acidez
13 afán
32 anhelo
4 ardentía
26 brillo
7 eficacia
6 entusiasmo
26 exaltación
5 fogosidad
10 hervor
16 pasión
6 resplandor
24 valor

12 vehemencia
9 vivacidad
23 viveza
17 actividad
28 ansia
18 arrojo
33 calor
13 denuedo
14 deseo
7 ◁*frialdad*
2 ◁*tibieza*

ardoroso
26 activo
34 apasionado
30 ardiente
9 eficaz
6 encendido
6 entusiasta
8 fervoroso
9 fogoso
1 hervoroso
8 ilusionado
12 impetuoso
12 vehemente
5 vigoroso
4 quemante
6 ◁*apagado*
12 ◁*tibio*

arduo
16 apretado
20 apurado
35 bravío
difícil
14 dificultoso
11 elevado
16 escabroso
5 escampado
5 espinoso
9 fragoso
11 intrincado
5 peligroso
11 penoso
7 peliagudo
12 ◁*despejado*
24 ◁*fácil*
21 ◁*llano*
12 ◁*sencillo*

área
31 contorno(s)
15 demarcación

21 dominio
9 era
4 espacio

arel
10 cedazo
7 criba

arelar
11 cribar
1 espulgar

arena
3 albero
7 anfiteatro
8 campo
5 desierto
2 duna
4 grava
9 liza
5 palenque
3 polvillo
4 redondel
5 ruedo
1 sablón
1 sábulo
10 sílice
4 teatro
9 grano
10 pista
19 plaza
6 polvo

arenáceo
7 arenoso

arenal
2 dunas
4 playa
7 ribera
7 orilla

arenga
5 alocución
15 discurso
12 oración
4 peroración
4 perorata
7 prédica
5 soflama
6 habla
13 sermón

arengar
17 incitar(se)
7 predicar
6 sermonear
5 soflamar
6 ◁*silenciar(se)*

arenilla
11 cálculo
1 recebo
1 salitre

arenillero
1 salvadera

arenisca
1 arcosa
2 asperón
5 escoria

arenisco
7 arenoso

arenoso
1 arenáceo
1 arenisco
3 pedregoso
1 polvoriento
1 polvoroso
2 pulverulento
1 sabuloso

areola
21 anillo
18 círculo

aréola
11 aureola
10 halo

areómetro
1 alcoholímetro
1 densímetro
1 oleómetro
1 pesalicores

arete
4 abridor
1 arillo
1 bezote
5 brinquiño
2 broquelillo

2 calabacilla
2 candado
1 nariguera
1 orejera
19 pendiente
2 perendengue
2 verduguillo
12 aro

arfar
14 cabecear

argadillo
3 devanadera
2 huso

argado
26 broma
16 disparate
4 travesura
103 burla
12 chasco

argalia
4 algalia
3 catéter
5 sonda

argamandel
8 calandrajo
5 cemento
5 conglomerado
9 forja
4 harapo
3 mazacote
1 mortero
5 pingajo
10 revoltijo
25 andrajo
3 guiñapo
11 lío
12 mezcla

argamasa
1 argamasón
1 calcina
1 casquijo
5 cemento
9 forja
3 garujo
3 mazacote
1 mortero

3 nuégado
1 pece
1 pellada
1 pilada
10 revoltijo
5 alcatifa
16 amasijo
19 confusión
11 lío

argamasón
17 argamasa

árgana
11 cabria
17 cabrestante

árganas
17 angarilla(s)

arganeo
11 ancla

árgano
11 cabria

argavieso
1 turbión
23 borrasca
⇨manga de agua

argayo
7 alud

argentado
1 plateado

argentar
47 brillar
1 platear

argénteo
34 brillante

argentería
8 ornato(s)
3 platería
23 gala

argentino
30 blanco
14 blanquecino

1 plateado

argento
2 plata

argolla
4 ajorca
21 anillo
5 asidero
11 brazalete
4 dogal
2 gargantilla
4 manilla
12 aro
5 collar
2 sortija

argos
3 observador
20 vigilante
50 astuto
17 atento

argot
5 caló
8 jerga
5 jerigonza
7 germanía
5 lunfardo

argucia
12 ambigüedad
14 añagaza
4 componenda
4 contrasentido
3 distingo
8 escapatoria
5 evasiva
1 ingeniosidad
8 minucia
8 retórica
5 sofisma
8 sutileza
7 tergiversación
8 tiro
3 dilogía
1 paralogismo
15 mentira
10 trampa

argüe
17 cabrestante

árguenas
17 angarilla(s)
15 alforja

argüidor
3 crítico
7 discrepante
2 disputador
5 polemista
7 ◁condescendiente
4 ◁pacifista

argüir
13 acusar
24 argumentar(se)
18 contradecir(se)
7 deducir
13 descubrir
12 discutir
22 disputar(se)
34 explicar(se)
9 impugnar
11 indicar
27 inferir(se)
35 mostrar(se)
6 objetar
14 pretender
19 probar
11 razonar
7 refutar
11 replicar
▷echar en cara

argumentación
8 análisis
2 apriorismo
12 conclusión
11 consecuencia
12 demostración
1 dicotomía
15 discurso
3 distingo
12 especulación
1 inferencia
20 prueba
7 razonamiento
8 sutileza
3 tesis
1 tricotomía
6 síntesis
18 disputa

15 juicio
17 razón

argumentador
4 dialéctico

argumentar
25 abstraer(se)
13 analizar(se)
19 argüir
10 colegir(se)
18 contradecir(se)
7 deducir
8 definir
10 demostrar
2 discrepar
12 discutir
35 distinguir(se)
1 ergotizar
9 impugnar
27 inferir(se)
6 objetar
23 proponer(se)
11 razonar
52 reducir(se)
7 refutar
6 resumir
22 retorcer(se)
5 sintetizar
11 replicar
▷atar cabos

argumento
2 abducción
19 argumentación
30 asunto(s)
10 canción
14 canto
12 conclusión
5 considerando
12 demostración
1 epiquerema
5 guión
11 índice
15 indicio(s)
14 materia
5 melodía
1 períoca
4 premisa
20 prueba
5 raciocinio
7 razonamiento
rejacar

11 resumen
3 romanza
2 sorites
13 sumario
3 tesis
7 tonada
2 visto
1 entimema
6 silogismo
11 trama
17 razón
27 señal

argumentos
33 consideración(es)
2 abogaderas

argumentoso
14 ingenioso
5 solícito

aria
46 aire(s)
10 canción
14 canto
5 melodía
3 romanza
7 tonada
16 solo

aricar
7 arar
3 arrejacar

aridez
4 esterilidad
7 sequedad

árido
11 baldío
2 desértico
7 desolador
10 estéril
4 incultivable
21 seco
11 ◁lozano

arietar(se)
10 agrietar(se)
40 batir(se)
2 desmoronar(se)
52 destruir(se)

30 hundir(se)
9 impugnar

ariete
2 carnero
1 murueco
9 madero

arijo
1 cultivable
1 laborable
2 sembradío

arillo
13 arete

arimez
9 refuerzo
3 resalto
14 sostén
6 cornisa

ario
2 indoeuropeo
2 indogermánico
1 jafético

arísaro
10 candil
1 candilillo
1 frailillos
1 rabiacana

arisco
17 agreste
45 áspero
9 autoritario
35 bravío
12 brusco
15 cerril
15 contrario
16 descontento
30 duro
4 impaciente
8 indócil
6 insociable
17 intratable
8 malhumorado
6 montaraz
22 rudo
21 adusto
6 esquivo

armajo

****
5 gruñón
8 hosco
9 huraño
19 ◁ *suave*

arisnegro
1 arisprieto

arisprieto
1 arisnegro

arista
19 ángulo
32 borde
21 elevación
4 esquina
3 intersección
13 saliente
17 línea
3 raspa
9 filo

aristado
2 anguloso
1 aristoso
11 ◁ *romo*

aristarco
3 crítico
7 independiente
5 juicioso
11 entendido

aristocracia
10 casta
5 genealogía
13 nobleza
11 raza
17 clase
16 linaje
14 mundo
⇨ gran mundo
⇨ sangre azul

aristócrata
12 hidalgo
2 patricio
5 señor
3 señorón
22 noble
30 título

aristocrático
27 delicado
20 distinguido
9 elegante
1 encastado
16 fino
4 linajudo
2 patricio
2 señoril
22 noble
⇨ alto copete
⇨ de sangre azul
⇨ sangre azul

aristoso
2 aristado

aritmética
1 algoritmia

aritmético
1 algorítmico
2 calculista
4 matemático

arjorán
3 ciclamor

arlequín
7 burlón
23 bufón
18 gracioso
28 ridículo

arlequinada
26 broma
8 bufonada
4 carnavalada
2 payasada

arlo
1 agrecillo
3 alarguez
1 bérbero
9 escuadra
⇨ flota de guerra

arma(s)
40 armadura
1 armamento
6 arnés(es)
11 blasón

41 defensa
7 escudo

armada
10 columna
3 convoy
9 escuadra
1 escuadrilla
3 flota

armadía
2 almadía
7 armadijo
2 zatara
9 armazón
10 trampa

armadija
7 armadijo
10 trampa

armadijo
2 armadija
1 esplique
9 armazón
9 cepo
13 lazo
12 red
10 trampa

armadillo
13 armado
2 cachicamo

armado
7 acorazado
5 bardado
3 blindado
10 adinerado
2 armadillo
17 bagre
13 dispuesto
12 forrado
14 obstinado
15 porfiado
13 preparado
14 rico
9 terco

armador
9 ajustador
3 corsario

5 pirata
5 alcayata
5 chaleco
3 escarpia
16 gancho
3 jubón

armadura
4 almete
1 almófar
6 arma(s)
6 arnés(es)
8 barda
7 brazal
1 camisote
1 canillada
8 caparazón
1 capizana
4 codal
4 cofia
1 cofradra
3 coraza
4 cornamenta
6 cota
1 cubrenuca
9 escama
4 escotadura
2 espaldar
1 espinillera
6 esqueleto
6 estructura
4 gola
1 gramalla
1 guantelete
1 loriga
1 lorigón
1 manopla
1 mentonera
7 montura
1 pancera
1 panoplia
4 peto
1 plaquín
1 sobreveste
2 tonelete
1 trabada
1 yelmo
9 armazón

armajal
4 almarjal

armajo
4 almarjal

armamento
6 arma(s)

armar(se)
5 amartillar
6 artillar
20 atirantar(se)
41 avenir(se)
17 causar
48 disponer(se)
1 embrochalar
1 encabriar
3 encofrar
28 formar(se)
13 fraguar
1 jabalconar
53 levantar(se)
30 montar(se)
59 mover(se)
10 organizar
48 preparar(se)
8 promover
25 realizar(se)
1 riostrar
13 suceder
20 aviar
34 componer
27 negarse
28 plantarse
22 proveerse
⇨armar casa
⇨tener lugar
⇨tomar o empuñar las armas
39 ◁*deshacer(se)*
12 ◁*desmontar(se)*
3 ◁*despiezar*
3 ◁*desarmar*

armario
1 almario
15 anaquel
10 aparador
8 balda
4 bargueño
6 bufete
1 cajonera
1 camarín
11 casilla
1 casillero
5 cómoda
3 credencia

1 chinero
6 entredós
6 escritorio
1 fichero
5 gaveta
1 juguetero
4 plúteo
1 rinconera
3 ropero
1 taca
1 taquillón
2 trinchante
2 trinchero
2 vitrina
7 alacena
5 archivo
12 cajón
3 escaparate
10 estante
8 estantería
4 musiquero

armatoste
6 artefacto
12 artilugio
7 atuendo
6 cachivache
9 armazón
3 tareco
8 trasto

armazón
40 armadura
2 bastidor
3 entramado
6 esqueleto
6 estructura
7 montura
12 atributo
2 anaquelería
8 estantería

armella
4 hembrilla

armería
1 guadarnés

armígero
15 batallador
10 belicoso
35 bravío

1 desafiador
7 guerrero
4 pendenciero

armilla
5 astrágalo
1 tondino

armiñado
30 blanco

armiñar
18 blanquear

armiño
1 albo
30 blanco
4 inmaculado
14 inocente
11 limpio
21 puro
22 cándido

armisticio
11 convenio(s)
10 paz
2 reconciliación
6 tregua
14 pacto
14 parlamento
⇨abatir las armas
⇨suspensión de hostilidades
⇨suspensión de hostilidades

armón
2 avantrén
12 carroza

armonía
12 acorde(s)
21 acuerdo(s)
30 amistad
8 cadencia
6 concordancia
28 conformidad
7 consonancia
12 cordialidad
14 equilibrio
1 estética
4 harmonía

10 maridaje
10 paz
8 concierto
5 sonoridad
12 concordia
6 simetría
24 simpatía

armónico
38 agradable
12 armonioso
avenido
7 ◁*discrepante*

armonio
5 órgano

armonioso
38 agradable
3 arpado
6 cadencioso
1 concentuoso
2 conceptuoso
1 concino
7 equilibrado
7 grato
7 gustoso
7 melodioso
5 musical
5 simétrico

armonización
14 avenencia
6 concordancia
8 concierto
10 ◁*desavenencia*

armonizar
37 acordar(se)
16 amigar(se)
41 avenir(se)
16 concertar(se)
1 condecir
11 pactar
⇨poner de acuerdo
2 ◁*discordar*
1 ◁*disonar*
◁*distordar*

armonizarse
13 compadecer(se)

armuelle
4 marismo
4 orzaga
2 salgada
3 salgadera

arna
⇨vaso o capirote de colmena

arnacho
3 gatuña

arnasca
16 artesa

arnés(es)
7 apero
40 armadura
6 arma(s)
25 guarnición(es)
guarniciones
9 arreos

árnica
17 alivio
14 descanso
8 reposo
9 tranquilidad
⇨tabaco de montaña

aro
21 anillo
13 arete
10 argolla
9 cerco
5 eslabón
3 juguete
2 alcatraz
1 jarillo
1 jaro
1 tragontina
15 sello
2 sortija

aroma
13 bálsamo
15 esencia
6 fragancia
7 perfume
⇨buen olor

aromado
5 aromático
5 bienoliente

aromar
5 aromatizar

aromático
4 balsámico
5 bienoliente
3 fragante
3 odorífero
4 oloroso
5 ◁*fétido*
15 ◁*hediondo*
5 ◁*mefítico*
5 ◁*pestífero*

aromatizado
5 bienoliente

aromatizador
3 esenciero
1 pebetero
3 perfumador
5 pomo
1 pulverizador

aromatizar
3 almizclar
1 aromar
1 embalsamar
1 odorar
4 perfumar

arpa
3 cítara
3 laúd
8 lira

arpado
12 armonioso
7 grato
7 melodioso

arpadura
12 arañazo
2 araño
6 cicatriz
2 desgarradura
7 rasgadura
4 rasguño

arpar
26 arañar(se)
11 desgarrar(se)
6 rasgar
4 rasguñar
33 llenarse
2 plagarse

arpegio
8 cadencia
24 nota
18 armonía

arpía
7 basilisco
10 bruja
1 diablesa
11 furia
1 insidiosa
1 malvada
1 pérfida

arpillera
1 harpillera
2 yute
15 saco

arpón
11 ancla
1 bichero
2 fisga
4 garfio
1 tridente
2 cloque

arponcillo
12 anzuelo

arqueado
5 abovedado
6 adunco
5 alabeado
8 corvo
7 curvo
3 ganchudo
13 retorcido
12 torcido

arqueamiento
4 comba
2 combadura
18 curvatura
1 escorzamiento
5 torcedura
11 inflexión

arquear(se)
15 alabear(se)
6 basquear
1 cimbrar(se)
20 combar(se)
12 curvar(se)
1 enarcar(se)
14 encorvar(se)
1 escarzar(se)
5 flexionar(se)
1 gambear(se)
19 medir(se)
22 retorcer(se)
44 torcer(se)
13 abombar(se)
31 doblar
⇨dar arcadas
⇨tener náuseas
2 ◁*abovedar*

arqueo
4 constatación
12 reconocimiento
4 recuento
5 desplazamiento
3 tonelaje
13 registro

arqueología
1 antigüedades
1 asiriología
celtismo
9 cerámica
1 egiptología
2 iconografía
4 indumentaria
1 numismática
1 paleografía
3 prehistoria

arqueológico
5 anticuado
11 desusado
4 rancio
14 tradicional
33 antiguo

arquería
5 arcada(s)

arquero
1 asaetador
3 guardameta
4 portero

arqueta
33 caja

arquetipo
3 dechado
10 ejemplar
10 ejemplo
15 modelo
12 paradigma
6 prototipo

arquibanco
17 banco

arquiepiscopal
2 arzobispal

arquitecto
2 alamín
2 alarife
1 albañil
1 aparejador
2 constructor
1 edificador
⇨maestro de obras
⇨primer Hacedor
⇨principio Supremo

arquitectura
9 construcción
4 edificación

arquitrabe
6 viga
3 capitel
6 cornisa

arrabal
16 afuera(s)
4 alfoz
   alrededores
15 barrio
1 pedanías
2 suburbio
19 cercanías

arrabalero
1 arrabalesco
22 ordinario
4 populachero
11 descarado
21 grosero
7 ◁ educado
12 ◁ exquisito

arrabalesco
5 arrabalero

arracada
13 arete
3 colgante
19 pendiente
2 zarcillo

arracadas
13 arete
19 pendiente
2 zarcillo

arracimar(se)
15 aglomerar(se)
7 apandillar
7 apretujar
7 apretujarse
14 arrebozar(se)
2 congregar
19 enganchar(se)
31 prender

arraclán
4 aliso
17 araña

arráez
9 adalid
1 arrayar
1 arraz
2 capitán
5 caudillo
9 jefe
11 guía
19 patrón

arraigado
3 inveterado
33 antiguo

arraigar(se)
13 aclimatar(se)
55 acomodar(se)
21 adaptar(se)
4 afincarse
35 agarrar(se)
40 asir(se)
15 avecinar(se)
8 avecindar(se)
3 barbar
20 coger
6 encepar
5 enraizar(se)
8 estabilizar(se)
47 establecer(se)
39 fijar(se)
11 habitar
18 instalar(se)
11 prevalecer
13 radicar(se)
11 residir
3 aplatanarse
50 asentar
31 prender
⇨echar raíces
11 ◁ desarraigar(se)
26 ◁ desprender(se)
5 ◁ erradicar

arraigo
15 crédito
1 radicación
7 seriedad
4 solvencia
12 ◁ inseguridad
3 ◁ transitoriedad

arralar
2 ralear

arramblar
74 juntar(se)
47 recoger(se)
49 reunir(se)
5 saquear
43 arrastrar

arrancada
21 partida

arrancado
1 depilado
1 descepado
1 descuajado
1 desplantado
2 destroncado
1 erradicado
1 extirpado
1 extraído
4 removido
19 arruinado
3 empobrecido
18 pobre
⇨sacado de cuajo
⇨sacado de raíz

arrancadura
3 avulsión
2 depilación
1 desacoplamiento
2 desarraigo
1 descuaje
2 descuajo
1 desgaje
1 desplantación
1 destronque
5 erradicación
6 extirpación
6 extracción
1 mesadura
1 remoción
28 separación
22 arranque

arrancamiento
16 arrancadura
7 eliminación
6 extracción
1 remoción
2 ◁ permanencia

arrancapinos
40 bajo(s)

arrancar(se)
51 apropiar(se)
39 arrebatar(se)
11 desarraigar(se)
1 descepar
1 descuajar
2 desempotrar
11 desencajar(se)
1 desenterrar
6 desfilar
2 desgajar

arrastrar

10 despegar(se)
1 desraizar
5 erradicar
6 extirpar
5 extraer
2 garrafiñar
31 iniciar(se)
53 levantar(se)
3 mesar
39 originar(se)
21 partir
24 prevenir(se)
21 proceder
8 provenir
2 roturar
48 salir(se)
64 separar(se)
13 suprimir
4 usurpar
2 depilar
2 descerrajar
2 desclavar
17 arranchar
42 arruinarse
10 comenzar
12 empobrecerse
19 huir
53 marchar
25 morirse
58 quitar
34 retirarse
28 sacar
⇨dar principio
⇨privar de
⇨quedarse sin blanca
⇨sacar de raíz
⇨tomar origen
49 ◁*detener(se)*
5 ◁*enraizar(se)*

arranciarse
12 anticuar(se)

arranchar
55 acomodar(se)
29 apresar(se)
39 arrebatar(se)
17 demorar(se)
7 esclavizar
3 tardar
22 alojarse
10 amancebarse

42 amontonarse
17 aprehender
19 aprisionar
48 arrancar
8 holgazanear
58 quitar
3 vaguear
⇨buscar negros
⇨perseguir negros

arranque
13 arrebato
19 brío
8 comienzo
11 decisión
9 dicho
18 gracia(s)
14 impulso
16 inicio
10 ocurrencia
13 origen
10 preámbulo
19 principio(s)
6 pujanza
9 rapto
22 salida(s)
13 arrechucho
15 capricho
18 fantasía
10 ímpetu
25 pronto
⇨punto de partida

arranquera
25 ruina(s)
17 miseria
10 pobreza

arrapar
39 arrebatar(se)

arrapiezo
5 cachorro
9 chaval
3 chicuelo
4 harapo
3 mocoso
11 rapaz
25 andrajo
18 chico
11 chiquillo
3 guiñapo

9 muchacho
22 niño
14 pequeño

arrapo
25 andrajo

arras
9 dote
19 garantía
13 prenda
27 señal

arrasador
4 aniquilador
5 iconoclasta

arrasamiento
4 demolición

arrasar
41 allanar(se)
12 aplanar(se)
45 aplastar(se)
42 arruinar(se)
15 asolar
6 derruir
6 desmantelar
52 destruir(se)
5 devastar
4 enrasar
30 igualar(se)
7 nivelar
6 rasar
7 talar
⇨dejar como la palma de la mano
⇨no dejar piedra sobre piedra
28 ◁*plantar(se)*
5 ◁*reconstruir*

arrastradera
1 rastrera
⇨ala del trinquete

arrastrado
10 aperreado
5 aporreado
1 bazuqueado
5 bribón
8 desastrado

14 dificultoso
30 duro
5 fatigoso
8 granuja
23 mísero
8 tunante
2 jodido
26 miserable
33 pícaro
11 pillo
18 pobre
24 ◁*fácil*

arrastramiento
3 arrastre
1 estirajón
2 remolque
3 tensión
1 tiramiento
1 tracción
1 zaleo
4 tirón

arrastrante
26 aprendiz

arrastrar(se)
12 acarrear
15 agazapar(se)
5 arramblar
48 atraer(se)
35 bajar(se)
15 barrer
17 causar
36 conducir(se)
4 convencer
29 envilecer(se)
46 humillar(se)
8 impeler
43 inclinarse
4 izar(se)
43 llevar(se)
25 obligar(se)
39 originar(se)
14 persuadir(se)
2 prosternar(se)
39 rebajar(se)
2 remolcar
12 repeler
4 reptar
9 revolcar(se)
12 seducir

3 sirgar
15 tender(se)
18 transportar(se)
5 atoar
12 gatear
18 jalar
58 tirar
3 tironear
⇨barrer el suelo
⇨besar el pie
⇨besar el suelo
⇨lamer el culo
⇨lamer el pie
⇨llevar de la barba
⇨llevar por los cabellos
⇨tirarse por el suelo
58 ◁alzar(se)
8 ◁erguir(se)
53 ◁levantar(se)
15 ◁volar
11 ◁empujar

arrastre
7 acarreo
6 conducción
5 transporte(s)

arratonado
4 carcomido
5 roído

arrayán
10 macizo
1 mirto
1 murta
1 guayabito

arrayar
8 arráez

arraz
8 arráez

arreada
4 reclutamiento
⇨robo de ganado

arrear(se)
22 acelerar(se)
21 adornar
12 aguijar(se)

22 aguijonear(se)
22 ataviar(se)
40 atizar(se)
23 cascar(se)
63 dar(se)
17 engalanar(se)
20 engullir(se)
11 fustigar
10 hermosear
38 pegar(se)
7 tundir
10 arriar
24 golpear
6 mimar
31 tragar
⇨contar las costillas
⇨sacudir el polvo
⇨tundir las costillas

arrebañaderas
3 rebañaderas

arrebañaduras
1 escurridoras
3 raeduras
5 recortes
11 restos
31 sobra(s)

arrebañar
50 apurar(se)
39 arrebatar(se)
74 juntar(se)
2 rebañar
47 recoger(se)
14 untar(se)
58 quitar

arrebatado
4 arrebolado
5 colorado
6 encendido
5 enfurecido
1 furente
9 furibundo
12 impetuoso
11 inconsiderado
8 precipitado
2 ruborizado
10 veloz
13 violento
10 colérico

21 grosero
11 iracundo

arrebatador
38 agradable
8 delicioso
12 exquisito
2 incitador
7 seductor

arrebatamiento
22 ardor
8 embeleso
14 impulso
9 seducción
14 atracción
15 ◁indiferencia

arrebatar(se)
30 agradar
1 arrapar
7 arrebañar
11 arrobar(se)
48 atraer(se)
13 cautivar
20 coger
11 conquistar
6 chañar
2 desbocarse
6 desposeer
20 embelesar(se)
37 embriagar(se)
30 enajenar(se)
15 encantar(se)
6 encocorarse
22 enfurecer(se)
32 exaltar(se)
2 garrafiñar
3 imantar
9 indignar(se)
16 maravillar(se)
3 raptar
12 seducir
10 sugestionar(se)
15 suspender
44 tomar(se)
48 arrancar
17 arranchar
15 encolerizarse
13 hechizar
63 irritarse
43 llevarse

58 quitar
⇨ponerse más cabreado que una mona
⇨ponerse por las nubes
⇨tocar el cielo con la mano
63 ◁dar(se)
43 ◁dejar(se)
12 ◁repeler
21 ◁tranquilizar(se)
6 ◁devolver

arrebatiña
20 apropiación
4 cachaña

arrebato
5 arrebatamiento
10 arrobamiento
8 furor
1 pasavolante
9 rapto
22 salida(s)
5 transporte(s)
21 violencia
22 arranque
13 arrechucho
11 cólera
9 ira
25 pronto

arrebatoso
15 arrebatado
12 brusco
9 impulsivo
10 colérico
13 ◁prudente
30 ◁tímido

arrebol
1 alconcilla
1 arrebolada
1 carmín
1 colorete

arrebolada
4 arrebol

arrebolado
15 arrebatado
5 avergonzado

9 azorado
6 encendido
27 ◁*desvergonzado*

arrebolar(se)
21 adornarse
22 ataviar(se)
13 conmover(se)
28 inquietar(se)

arrebozar(se)
15 abrigar(se)
9 apelotonar(se)
8 arracimar(se)
18 arrebujar(se)
15 arropar(se)
24 disfrazar(se)
9 embozar(se)
31 encubrir(se)
7 enmascarar
10 esconder
41 ocultar(se)
74 juntarse

arrebujadamente
2 confusamente
1 embozadamente
1 imprecisamente
⇨sin claridad

arrebujado
2 abrigado
1 arropado
1 embozado
8 encubierto
17 escondido
6 tapado
12 ◁*descubierto*
1 ◁*destapado*

arrebujar(se)
15 abrigar(se)
14 arrebozar(se)
40 asir(se)
51 cubrir(se)
9 embozar(se)
5 emburujar(se)
32 envolver(se)
39 liar(se)
7 manosear
1 reburujar
22 tapar(se)

39 arrugar
18 enredar
24 revolver
10 sobar
4 ◁*desenvolver(se)*
13 ◁*destapar(se)*

arreciar
65 apretar(se)
59 aumentar(se)
30 crecer(se)
18 empeorar(se)
13 fortalecer(se)
26 incrementar(se)
8 redoblar

arrecido
3 adormecido
6 baldado
5 embotado
1 entorpecido
3 entumecido
6 impedido
4 paralítico
3 tullido
19 hinchado

arrecife
8 acantilado
40 bajo(s)
17 banco
1 caribdis
5 cayo
1 escila
2 isleta
1 islote
1 sirte
10 escollo
26 punta

arrecirse
38 calentar(se)
6 entremeterse
9 entumecer(se)
12 traspasarse
16 congelarse
20 entorpecerse
11 helarse

arrecho
27 animoso
14 cerdo

7 decidido
5 esforzado
7 puerco
13 resuelto
10 rijoso
16 sensual
10 cachondo
9 enfadado
8 enojado
17 irritado
15 molesto

arrechucho
13 arrebato
18 ataque
10 crisis
5 empeoramiento
4 flechazo
14 impulso
22 salida(s)
22 arranque
25 pronto
⇨amor súbito
⇨sentir el flechazo
⇨simpatía súbita

arredilar
17 acorralar
2 amajadar
2 apriscar
11 encerrar
44 guardar(se)
47 recoger(se)

arredomado
50 astuto

arredrado
3 plasta
11 huevón

arredramiento
16 desánimo

arredrar(se)
40 acobardar(se)
20 acoquinar(se)
29 amilanar(se)
70 apartar(se)
45 apocar(se)
58 asustar(se)
36 atemorizar(se)

26 desalentar(se)
25 desanimar(se)
11 helar
11 horripilar(se)
11 horrorizar(se)
2 retraer
64 separar(se)
6 acojonar
40 amedrentar
4 atorcazar
21 ◁*atrever(se)*
30 ◁*crecer(se)*
27 ◁*decidir(se)*

arredro
17 atrás
3 detrás
⇨a la espalda
⇨a la zaga
⇨a los talones

arregazar
58 alzar(se)
4 arremangar(se)
47 recoger(se)
1 regacear
1 regazar
6 remangar(se)

arreglado
4 aderezado
12 armonioso
4 ataviado
1 compaginado
15 compuesto
17 cuidadoso
6 disciplinado
7 equilibrado
3 estructurado
1 gobernoso
8 graduado
4 metódico
8 moderado
7 morigerado
5 ordenado
5 proporcionado
4 razonado
2 regulado
5 simétrico
2 sistematizado
9 concertado
14 asentado

arreglador

13 dispuesto
7 ◁*desordenado*

arreglador
7 reparador

arreglar(se)
39 acicalar(se)
55 acomodar(se)
8 acondicionar
12 adecuar(se)
16 adobar
3 adocenar(se)
21 adornar
59 ajustar(se)
12 aliñar(se)
41 allanar(se)
14 amañar(se)
25 amarrar(se)
8 apalabrar
36 apañar(se)
17 aprestar(se)
4 arreglárselas
22 ataviar(se)
14 atildar(se)
41 avenir(se)
4 bachear
8 cabildear
3 carenar
26 castigar(se)
4 clasificar
15 combinar
6 componérselas
16 concertar(se)
10 conciliar
14 concretar(se)
8 condicionar
27 conformar(se)
7 contentar(se)
8 coordinar
27 decidir(se)
5 desembrollar
11 desenredar
48 disponer(se)
14 embellecer(se)
8 enmendar
1 enquiciar(se)
39 fijar(se)
9 gestionar
8 industriar(se)
13 ingeniar(se)
6 maquillarse
1 metodizar(se)

14 modificar(se)
6 muñir
24 ordenar(se)
10 organizar
19 perfilar(se)
4 pergeñar
35 poner(se)
48 preparar(se)
24 prevenir(se)
4 recomponer
9 recorrer
20 reformar(se)
17 regular(se)
5 regularizar(se)
5 remendar
5 retocar
8 sanear
5 solucionar
4 solventar
2 trucar
9 zanjar
28 aderezar
20 aviar
14 capar
19 casar
10 castrar
34 componer
6 empastar
24 emplear
2 encuendar
4 guachapear
21 reparar
10 salar
9 tejer
⇨poner de acuerdo
39 ◁*ajar(se)*
8 ◁*amancillar*
6 ◁*averiar(se)*
11 ◁*dañar(se)*
    ◁*desacomo-
    dar(se)*
8 ◁*desarreglar(se)*
16 ◁*desbaratar*
37 ◁*descompo-
    ner(se)*
14 ◁*desquiciar(se)*
30 ◁*deteriorar(se)*
5 ◁*escachifollar(se)*
64 ◁*estropear(se)*
13 ◁*malear(se)*
47 ◁*romper(se)*
44 ◁*torcer(se)*
50 ◁*cargar*

2 ◁*desacotejar*
3 ◁*desconchabar*
9 ◁*inutilizar*

arreglárselas
14 amañar(se)
83 arreglar(se)
10 bandear(se)
11 desenredar

arreglo
16 acierto
13 acomodo
21 acuerdo(s)
11 ajuste
14 avenencia
4 componenda
18 compostura
12 contrato
11 convenio(s)
4 coordinación
20 orden
27 regla(s)
7 ritmo
10 solución
10 transacción
8 concierto
15 amancebamiento
10 conspiración
18 método
14 pacto

arregostarse
22 abandonar(se)
10 aficionar(se)
15 engolosinar(se)
18 enviciar(se)
31 acostumbrarse
17 habituarse
⇨tomarle gusto

arregosto
30 abandono
12 costumbre
13 hábito
10 tendencia(s)
16 afición
12 gusto

arrejacar
2 aricar
1 descostrar

47 romper(se)

arrejaco
2 arrejaque

arrejada
9 aguijada
3 béstola
3 limpiadera

arrejaque
1 arrejaco
2 vencejo

arrejerar
16 anclar

arrelingarse
39 acicalar(se)
5 emperejilarse
12 emperifollar(se)

arrellanado
12 cómodo
1 repanchigado
2 repantigado
5 retrepado
6 ◁*incómodo*

arrellanar(se)
3 aclocar
3 aclocarse
55 acomodar(se)
1 arrepanchigarse
6 empanturrar(se)
22 regalar(se)
1 repanchigarse
4 repantigarse
1 retreparse
23 sentar(se)
9 apoltronarse
4 dingarse

arremangada
3 respingona

arremangado
17 arriesgado
2 arrufaldado
2 remangado

arremangar(se)
6 arregazar
1 enfaldar

6 remangar(se)
21 arriscar

arremango
31 arruga

arrematar
1 apuntillar
7 rematar

arremeter
14 abalanzar(se)
16 agredir(se)
11 asaltar(se)
19 atacar(se)
12 chocar
1 disonar
6 embestir
9 estrellar(se)
18 acometer
42 arrojarse
5 emprender
⇨cerrar contra
70 ◁apartar(se)
49 ◁detener(se)

arremetida
15 acometida
9 agresión
18 ataque
12 choque
9 embestida

arremolinar(se)
21 agrupar(se)
21 apiñar(se)
8 arracimar(se)
16 concurrir
42 amontonarse
74 juntarse

arremuesco
8 arrumaco

arrendación
12 arrendamiento

arrendador
2 alquilador
1 aparcero
1 arrendante
9 arrendatario

11 casero
1 coarrendador
5 colono
6 cultivador
1 herbajero
1 huebrero
4 inquilino
1 locador
3 ocupante
3 rentero
1 terrajero
2 locatario

arrendajo
3 grajo

arrendamiento
5 alquiler
1 arrendación
7 arriendo
1 camaraje
1 colonato
12 contrato
2 corretaje
5 flete
2 inquilinato
1 locación
2 subarriendo
7 traspaso

arrendante
16 arrendador

arrendar
6 alquilar(se)
41 ceder(se)
27 volver(se)
16 adquirir
2 fletar
9 labrar
7 regresar
8 retornar
4 subarrendar
12 traspasar
⇨tomar una dirección

arrendatario
1 aparcero
11 casero
1 coarrendatario
5 colono
6 cultivador

4 inquilino
1 quintero
3 rentero
2 locatario

arrenquín
5 arriero
1 carretero
11 incordio
7 pelma
15 ayudante
31 pesado
9 servidor
⇨criado (-da)

arreo(s)
13 aderezo(s)
9 apatusco
8 atalaje
   guarniciones
2 jaeces
21 adorno
15 aparejo
3 arzón
25 atavío

arrepanchigarse
12 arrellanar(se)

arrepentido
12 afligido
8 apenado
16 apesadumbrado
6 atrito
7 compungido
13 confundido
6 contrito
2 lamentoso
1 lloroso
6 penitente
3 pesaroso
3 reconcomido
16 sentido
5 suplicante
6 ◁impenitente
5 ◁impertérrito
11 ◁insensible

arrepentimiento
5 atrición
6 compunción
2 contrición

5 contrición
13 dolor
1 escarabajeo
11 penitencia
3 pesadumbre
45 pesar(se)
14 posar(se)
7 reconcomio
3 remordimiento
16 sentimiento
48 aflicción
⇨acto de contrición
⇨golpe de pecho
⇨gusano de la conciencia
⇨voz de la conciencia

arrepentir(se)
51 afligir(se)
12 apesadumbrar(se)
5 apesarar(se)
2 compungir(se)
5 corroer
6 deplorar
22 doler(se)
15 lamentar(se)
8 llorar
6 reconcomer(se)
30 sentir(se)
⇨acusar la conciencia
⇨escarabajear la conciencia
⇨llorar con lágrimas de sangre
⇨morderse las manos
11 ◁persistir

arrepistar
11 machacar
7 moler

arrepticio
9 endemoniado
2 espiritado
8 hechizado
7 poseso

arrequesonado
7 agriado

arrequesonarse
8 cuajarse
44 torcer(se)

arrequifes

20 agriar
57 cortar

arrequifes
5 ringorrangos

arrequive
15 boquilla

arrequives
13 aderezo(s)
4 perifollo(s)
25 atavío

arrestado
14 arrojado
18 audaz
6 cautivo
4 detenido
2 encarcelado
5 encerrado
1 enchiquerado
10 intrépido
3 recluido

arrestar(se)
29 apresar(se)
23 arriesgar(se)
9 capturar
13 cautivar
27 decidir(se)
49 detener(se)
34 determinar(se)
7 encanarse
10 encarcelar(se)
11 encerrar
5 enjaular
4 incomunicar
9 recluir(se)
17 aprehender
7 enchiquerar
5 enchironar
31 prender
⇨meter en chirona
⇨poner a la sombra
⇨reducir a prisión
15 ◁*libertar(se)*

arresto(s)
3 aherrojamiento
11 apresamiento
4 aprisionamiento

21 audacia
16 bizarría
6 captura
13 coraje
13 corrección
11 decisión
14 detención(es)
8 encarcelamiento
12 encierro
7 enjundia
10 estímulo
10 intrepidez
4 reclusión
12 valentía
24 valor
14 determinación
40 ánimo
18 arrojo
32 atrevimiento
17 castigo
15 gallardía
7 osadía
7 prendimiento
17 prisión
21 resolución
18 ◁*libertad*
14 ◁*cobardía*
10 ◁*timidez*

arria
2 recua

arriar
32 aflojar(se)
22 aguijonear(se)
1 arroyar
35 bajar(se)
17 descender
6 inundar(se)
60 largar(se)
47 recoger(se)
42 soltar(se)
21 arrear

arriate
2 ayuso
10 calzada
5 celosía
1 enrejado
10 macizo
19 paso(s)
5 terraza

26 camino
3 encañado
12 senda

arriba
⇨a lo alto
⇨boca arriba
⇨de abajo arriba
⇨de arriba abajo
⇨desde lo alto
⇨en alto
⇨en la parte alta
⇨en lo alto
⇨hacia lo alto
⇨por encima

arribada
1 arribaje
4 arribo
4 bordada
2 llegada
2 recalada

arribaje
5 arribada

arribar
12 abordar
37 llegar(se)
5 recalar
27 reponer(se)
19 venir(se)
19 recobrarse

arribazón
28 abundancia
14 afluencia
10 corrida
8 profusión
12 ◁*escasez*

arribista
3 oportunista
10 advenedizo
11 ambicioso
8 ◁*moderado*

arribo
4 advenimiento
5 arribada
4 fondeo
3 inmigración

arricés
15 broche

arriendo
5 alquiler
1 aparcería
12 arrendamiento
4 cultivo
2 inquilinato
2 subarriendo
7 traspaso

arriero
3 carrero
1 carretero
2 trajinante
1 trajinero
4 ave

arriesgadamente
26 atrevidamente

arriesgado
15 arriscado
14 arrojado
33 atrevido
18 audaz
6 aventurado
16 escabroso
6 escarpado
5 expuesto
5 fortuito
11 imprudente
16 incierto
7 osado
5 peligroso
16 quebrado
13 resuelto
11 temerario
3 arremangado
7 ◁*precavido*
21 ◁*llano*
9 ◁*pusilánime*

arriesgar(se)
15 afrontar
61 animar(se)
19 apostar(se)
21 arrestar(se)
42 atravesar(se)
21 atrever(se)
18 aventurar(se)

9 capturar
20 comprometer(se)
27 decidir(se)
31 exponer(se)
14 jugar
5 osar
5 peligrar
14 sacrificar(se)
9 tambalear(se)
21 arriscar
⇨alea jacta est
⇨descubrir el cuerpo
⇨pasar la mar
40 ◁*acobardar(se)*
6 ◁*desistir*
11 ◁*temer*

arrimadero
15 arrimo
6 atracadero

arrimadizo
3 arrimón

arrimar(se)
22 abandonar(se)
6 abarloar
22 acercar(se)
19 acoger(se)
10 aconchar
17 acostar(se)
5 acular
7 adosar
55 amparar(se)
21 apiñar(se)
40 aplicar(se)
63 apoyar(se)
23 aproximar(se)
32 arrinconar(se)
7 asestar(se)
9 atenerse
40 atizar(se)
4 barloar
27 colocar(se)
63 dar(se)
4 estribar
6 gorronear
74 juntar(se)
37 llegar(se)
10 orillar
38 pegar(se)
10 prescindir

79 unir(se)
3 arrumar
10 amancebarse
42 amontonarse
39 atracar
38 pegarse
⇨dejar a mano
⇨dejar a un lado
64 ◁*separar(se)*

arrimo
30 amparo
10 apego
37 apoyo
2 arrimadero
4 báculo
8 patrocinio
13 protección
8 puntal
14 sostén
10 tendencia(s)
16 afición
24 auxilio
29 ayuda
16 favor
18 inclinación
5 ◁*desamparo*

arrimón
1 arrimadizo
⇨estar a la fisga
⇨estar en acecho

arrinconado
19 abandonado
6 aislado
3 alejado
15 apartado
2 desatendido
2 desdeñado
5 despreciado
7 distante
2 menospreciado
9 olvidado
4 postergado
11 retirado
16 solo
13 dejado
9 ◁*cercano*
13 ◁*próximo*

arrinconamiento
8 celda
4 cenobio
12 cueva
6 escondrijo
2 recogimiento
8 retiro
3 rincón
5 yacija
6 claustro

arrinconar(se)
22 abandonar(se)
15 acogotar
17 acorralar
5 acular
4 achocar
35 aislar(se)
70 apartar(se)
38 arrimar(se)
9 arrumbar(se)
43 dejar(se)
12 despreciar
5 desterrar(se)
14 enterrar(se)
10 esconderse
32 estrechar(se)
1 exilarse
11 exiliar(se)
12 jubilar(se)
11 olvidar(se)
47 recoger(se)
12 relegar(se)
17 remover
34 retirar(se)
10 retraerse
3 arrumar
35 aislarse
16 desechar
3 postergar
34 retirarse
⇨meterse bajo siete estados de tierra
22 ◁*acercar(se)*
11 ◁*exhibir(se)*
48 ◁*salir(se)*

arriscado
16 abrupto
18 ágil
14 arrojado
33 atrevido
18 audaz

12 desenvuelto
7 despabilado
6 escarpado
7 osado
13 resuelto
2 rocoso
11 temerario
13 dispuesto
17 gallardo
16 listo

arriscar(se)
39 acicalar(se)
31 alborotar(se)
23 arriesgar(se)
42 arrojar(se)
22 ataviar(se)
18 aventurar(se)
8 despeñar(se)
48 disponer(se)
16 encrespar(se)
22 enfurecer(se)
6 engreírse
31 exponer(se)
37 llegar(se)
5 osar
6 remangar(se)
16 resolver(se)
28 aderezar
22 alcanzar
4 arremangarse
6 envanecerse
⇨creerse algo o alguien
49 ◁*callar(se)*
16 ◁*precaver(se)*

arritmia
9 anormalidad
1 intermitencia
10 variación
3 ◁*regularidad*

arrizar
20 aferrar(se)
1 alotar
52 asegurar(se)
16 colgar(se)
61 atar
⇨tomar rizos

arroaz
5 delfín
3 tonina

arrobado

⇨puerco marino

arrobado
- 15 arrebatado
- 1 embebecido
- 6 embelesado
- 17 enajenado
- 15 enamorado(s)
- 9 encantado
- 6 entusiasmado
- 6 entusiasta
- 9 extasiado
- 14 radiante
- 8 contento

⇨fuera de sí

arrobamiento
- 6 arrobo
- 3 embebimiento
- 8 embeleso
- 4 émbolo
- 14 enajenación
- 6 entusiasmo
- 16 éxtasis
- 11 fervor
- 9 rapto
- 5 transporte(s)

arrobar(se)
- 39 arrebatar(se)
- 48 atraer(se)
- 38 elevar(se)
- 20 embelesar(se)
- 30 enajenar(se)
- 15 encantar(se)
- 5 extasiar(se)
- 18 transportar(se)

⇨ponerse fuera de sí

arrobo
- 15 embeleco(s)
- 8 embeleso
- 6 entusiasmo
- 16 éxtasis
- 11 fervor
- 9 rapto

arrocabe
- 40 armadura
- 2 bastidor
- 3 maderamen
- 21 adorno

- 9 armazón

arrodillada
- 5 arrodillamiento

arrodillado
- 1 orante
- 5 postrado
- 2 ◁erecto
- 4 ◁erguido

arrodilladura
- 5 arrodillamiento

arrodillamiento
- 1 arrodillada
- 1 arrodilladura
- 3 genuflexión
- 8 postración
- 2 rodillazo

arrodillarse
- 12 adorar(se)
- 1 ahinojarse
- 18 hincar(se)
- 46 humillar(se)
- 43 inclinarse
- 21 postrar(se)
- 2 prosternar(se)
- 4 venerar

⇨caer de rodillas
⇨doblar la rodilla
⇨hincar la rodilla
⇨ponerse de hinojos
⇨ponerse de rodillas

arrodrigonar
- 2 rodrigar

arrogación
- 20 apropiación

arrogado
- 9 adoptivo

arrogamiento
- 6 usurpación

arrogancia
- 11 altivez
- 9 apostura
- 16 bizarría

- 11 desdén
- 8 desprecio
- 12 dureza
- 20 engreimiento
- 2 envaramiento
- 2 galleo
- 5 imperio
- 11 insolencia
- 11 jactancia
- 7 majeza
- 12 presunción
- 3 prosa
- 5 respingo
- 12 valentía
- 24 valor
- 13 altanería
- 8 chulería
- 9 desplante
- 14 facha
- 15 gallardía
- 7 impertinencia
- 18 orgullo
- 7 soberbia
- 10 ◁humildad
- 11 ◁sencillez

arrogante
- 1 alertado
- 15 altanero
- 17 apuesto
- 17 bizarro
- 1 desdeñador
- 8 desdeñoso
- 2 despectivo
- 5 despreciativo
- 30 duro
- 2 envarado
- 2 fachoso
- 5 imperio
- 14 majo
- 7 rozagante
- 16 tieso
- 15 airoso
- 17 altivo
- 18 chulo
- 28 engreído
- 17 gallardo
- 8 gallito
- 10 impertinente
- 12 jactancioso
- 14 macho
- 19 orgulloso
- 13 presuntuoso

- 17 soberbio
- 9 valeroso
- 9 valiente
- 13 ◁humilde

arrogar(se)
- 18 adoptar
- 40 aplicar(se)
- 51 apropiar(se)
- 9 asumir
- 33 atribuir(se)
- 13 designar(se)
- 44 guardar(se)
- 1 prohijar
- 46 señalar(se)

arrojado
- 9 arrestado
- 17 arriesgado
- 15 arriscado
- 33 atrevido
- 18 audaz
- 11 imprudente
- 9 inconsciente
- 11 inconsiderado
- 10 intrépido
- 7 osado
- 13 resuelto
- 11 temerario
- 20 loco
- 9 valiente
- 6 ◁sensato
- 17 ◁cobarde

arrojamiento
- 1 abarramiento
- 4 botadura
- 2 defenestración
- 5 dispersión
- 1 echamiento
- 1 echazón
- 3 efluvio
- 3 emanación
- 13 expulsión
- 3 impulsión
- 9 irradiación
- 11 lance
- 8 lanzamiento
- 1 proyección
- 8 tiro
- 2 voladura
- 5 echada

2 eyaculación

arrojar(se)
14 abalanzar(se)
4 achocar
16 agredir(se)
12 ahuyentar
12 arremeter(se)
19 atacar(se)
21 atrever(se)
23 atropellar(se)
2 defenestrar
10 derramar
21 despedir(se)
8 despeñar(se)
58 echar(se)
6 escupir
4 exhalar
6 fulminar
53 lanzar(se)
20 precipitar(se)
13 proyectar
3 regurgitar
11 resultar
42 soltar(se)
4 torpedear
18 acometer
28 aventar
22 botar
7 chantar
16 desechar
20 disparar
11 empujar
11 expulsar
3 jondear
13 rechazar
15 sembrar
2 suelear
58 tirar
9 vomitar
5 ◁*asilar*

arrojo
22 ardor
5 arrebatamiento
28 arresto(s)
18 arrojamiento
21 audacia
25 celo(s)
13 coraje
6 entusiasmo
3 impulsión
10 intrepidez

9 temeridad
12 valentía
24 valor
9 vivacidad
32 atrevimiento
13 denuedo
7 osadía
21 resolución
14 ◁*cobardía*

arrollable
2 enrollable

arrollado
5 enrollado

arrollador
5 esforzado
1 indomable
4 irresistible
6 pujante
30 ◁*tímido*

arrollamiento
14 atropello

arrollar
23 atropellar(se)
40 batir(se)
24 destrozar(se)
52 destruir(se)
11 enrollar(se)
32 envolver(se)
40 vencer(se)
⇨llevarse por delante

arromar
5 achaflanar
5 achatar

arropado
6 arrebujado

arropar(se)
15 abrigar(se)
9 aforrar(se)
4 amantar
36 apañar(se)
14 arrebozar(se)
16 cobijar(se)
51 cubrir(se)
9 embozar(se)

3 enmantar(se)
32 envolver(se)
39 liar(se)
22 tapar(se)
13 ◁*descubrir*
11 ◁*desnudar(se)*
13 ◁*destapar(se)*

arrope
5 mosto

arropea
11 grillete(s)
7 traba
3 freno
7 trabazón
4 trabón

arropía
1 melcocha

arroscar
5 roscar

arrostrado
1 afrontado
1 desafiado
12 enfrentado
6 retardado

arrostramiento
1 afrontamiento
11 aguante
19 bravura
6 correa
4 desafío
8 desprecio
13 firmeza
5 indocilidad
8 obstrucción
11 oposición
8 reacción
14 rebeldía
17 resistencia
6 reto
8 riesgo(s)
11 entereza
8 repulsa

arrostrar
1 acarear
15 afrontar

39 aguantar(se)
4 apegarse
3 bravear
8 desafiar(se)
12 despreciar
15 enfrentar(se)
9 impugnar
43 inclinarse
6 rebatir
25 resistir(se)
2 retar
13 impedir
23 rebelarse
13 rechazar
24 revolver
⇨dar la cara
⇨enseñar los dientes
⇨hacer cara
⇨hacer frente
⇨poner el pecho
⇨salir al encuentro
6 ◁*desistir*
44 ◁*guardar(se)*

arrostrarse
21 atrever(se)

arroyada
1 arroyadero
6 crecida
14 desbordamiento
4 hendedura
7 hondura
5 inundación
7 surco
16 avenida
56 corte
9 valle

arroyadero
10 arroyada

arroyar
10 arriar

arroyarse
6 alheñar(se)

arroyo
10 calzada
24 calle
7 cano

arroz

1 regajal
2 regato
1 rivera
7 torrente
3 torrentera
3 riachuelo
10 toma
⇨vena de agua

arroz
3 casulla
2 paella
1 palay

arrufaldado
9 levantado
3 arremangado

arrufaldarse
61 animar(se)

arrufar
8 embravecer(se)
27 enojarse
63 irritarse

arruga
1 arremango
27 bollo(s)
9 ceño
5 cogido
10 contracción
2 dobladura
1 doblamiento
12 encogimiento
28 engaño(s)
4 estría
1 frunce
8 fuelle
1 lorza
3 magullamiento
2 papo
5 pliegue
3 plisado
10 ranura
5 remango
5 repliegue
1 ruga
7 surco
6 tabla(s)
44 bolsa
9 buche
7 estafa

16 raya
3 rizo
3 rugosidad
9 timo
⇨pata de gallo

arrugado
2 abolsado
4 acurrucado
3 ajado
2 aviejado
1 buchón
6 doblado
1 encarrujado
14 encogido
1 engurruñado
2 escarolado
3 estriado
5 magullado
3 marchito
2 plegado
3 plisado
2 ranurado
2 rayado
2 remangado
7 rizado
1 rugoso
2 surcado
1 tableado
3 arremangado
2 contraído
18 chucho
7 fruncido
12 ◁ estirado
3 ◁ terso

arrugar(se)
39 ajar(se)
18 arrebujar(se)
4 arremangar(se)
7 atrofiar(se)
16 contraer(se)
1 desplanchar(se)
52 destruir(se)
5 emburujar(se)
6 encañonar(se)
29 encoger(se)
1 engurruñar(se)
8 envejecer
3 escarolar(se)
2 estriar(se)
87 fastidiar(se)
5 magullar(se)

18 marchitar(se)
114 molestar(se)
14 plegar(se)
8 rayar
6 remangar(se)
8 replegar(se)
7 rizar(se)
1 rugar(se)
3 surcar
1 tablear(se)
1 tronzar(se)
40 acobardarse
40 amedrentar
29 amilanarse
4 atorcazar
50 cargar
16 chafar
31 doblar
4 encarrujar(se)
8 fruncir
4 luir
21 ◁ alisar(se)
20 ◁ estirar(se)

arrugia
30 placer
2 yacimiento
⇨mina de oro

arruinado
19 abatido
2 aniquilado
1 asolado
2 demolido
5 desmantelado
1 desplomado
11 destruido
2 devastado
12 hundido
6 indigente
3 insolvente
5 mendigo
4 menesteroso
23 mísero
5 pordiosero
5 talado
8 tronado
15 arrancado
3 empobrecido

arruinar(se)
59 abatir(se)
15 abolir(se)

28 ahogar(se)
12 anonadar(se)
16 arrasar(se)
15 asolar
6 demoler
17 derribar(se)
6 derruir
18 derrumbar(se)
16 desbaratar
6 desmantelar
14 desolar(se)
52 destruir(se)
5 devastar
12 disolver(se)
6 esquilmar
30 hundir(se)
5 minar
13 perecer
41 quebrar(se)
7 talar
29 aniquilar
48 arrancar
13 desplomar
12 empobrecerse
9 fallar
7 fracasar
4 mendigar
4 pordiosear
4 tronar
⇨hacer polvo
⇨hacer volar
⇨ir Cabeza abajo
⇨no hallar piedra sobre piedra
⇨pedir limosna
⇨quedar sin blanca
⇨quedarse sin blanca
⇨reducir a cenizas
⇨reducir a escombros
5 ◁ construir
15 ◁ enriquecer(se)
15 ◁ enriquecerse

arrullador
38 agradable
2 susurrante
19 suave
7 ◁ ruidoso

arrullar
21 adormecer(se)
1 adormir

1 cantalear
37 enamorar(se)
22 encandilar(se)
1 madrigalizar
1 zurear
8 piropear

arrullo
3 bisbiseo
1 cantarcillo
14 canto
5 gorjeo
2 susurro
⇨canción de cuna

arrumaco
1 arremuesco
27 carantoña(s)
17 caricia
1 ciquiricata
4 cucamona
9 garatusa(s)
8 lagotería
3 zorrocloco

arrumacos
9 angulemas
27 carantoña(s)
3 ayuyuyes
3 malunacas

arrumaje
24 carga

arrumar
42 amontonar(se)
38 arrimar(se)
32 arrinconar(se)

arrumbamiento
8 desprecio

arrumbar
70 apartar(se)
32 arrinconar(se)
8 arrollar
12 despreciar
34 retirar(se)
11 desdeñar
16 desechar
⇨dejar por inservible
⇨llevar al desván

arsáfraga
1 berrera

arsenal
11 conjunto
11 cúmulo
8 parque
4 polvorín
11 almacén
16 cantidad
14 copia
29 depósito
12 montón

arsénico
2 ponzoña
3 veneno

arta
3 llantén

artanica
2 pamporcino

arte
33 artificio
20 facultad
18 habilidad
12 industria
13 inspiración
10 maestría
12 oficio
17 práctica
3 prontuario
7 talento
4 técnica
17 actividad
16 afición
47 astucia
15 coquetería
6 destreza
15 disciplina
23 disposición
21 genio
13 lazo
11 maña
12 primor
12 red
⇨sin arte ni parte

artefacto
22 aparato
7 armatoste

12 artilugio
15 ingenio
4 mamotreto
11 máquina

artejo
12 articulación
5 juntura
1 nudillo
13 artículo

arteramente
2 sucusumucu

arteria
24 calle
5 carretera
26 camino
5 conducto
10 pista
13 vaso
21 vía

artería
24 amaño
11 emboscada
28 engaño(s)
3 falsía
14 ardid
47 astucia
7 traición
10 trampa
5 treta
5 triquiñuela

artero
32 bellaco
7 despabilado
14 diestro
12 espabilado
16 fino
10 gitano
17 hábil
4 mañoso
1 martagón
1 matrero
1 maulero
8 socarrón
11 sutil
50 astuto
16 charlatán
21 falso

9 ladino
7 lagarto
9 perillán
10 sagaz
5 sapo
16 taimado
10 traidor
6 tramposo
22 ◁ *noble*

artesa
3 amasadera
1 arnasca
3 artesón
3 barcal
10 batea
3 camella
2 cuezo
1 dornajo
1 duerna
1 duerno
4 gamella
1 masera
1 tolla
5 ábaco
18 canal
9 canoa

artesano
7 artífice
2 menestral
6 obrero
5 trabajador

artesón
1 almocarbe
2 artesonado
1 casetón

artesonado
13 bóveda
9 techo

ártico
2 boreal
1 bóreo
2 hiperbóreo
4 norteño
3 septentrional
13 norte
3 ◁ *antártico*
2 ◁ *meridional*

articulación
- 4 artejo
- 3 chueca
- 13 enlace
- 26 juego(s)
- 5 juntura
- 1 nudillo
- 9 pronunciación
- 1 sínfisis
- 19 unión
- 7 vínculo
- 7 coyuntura
- 1 sinartrosis

articular
- 16 concertar(se)
- 14 decir
- 22 disputar(se)
- 16 emitir
- 4 enunciar
- 31 exponer(se)
- 7 expresar
- 20 hablar
- 74 juntar(se)
- 5 mascullar
- 2 modular
- 4 proferir
- 23 pronunciar(se)
- 35 trabar(se)
- 79 unir(se)
- 13 enlazar
- 22 reñir
- 49 ◁*callar(se)*
- 25 ◁*desunir(se)*

articulista
- 1 editorialista
- 6 periodista

artículo
- 15 apartado
- 4 artejo
- 14 escrito
- 14 indeterminado
- 1 nudillo
- 14 determinación
- 10 determinante
- 6 recensión
- 4 reseña
- 16 división
- 5 opúsculo
- 30 título

⇨artículo de fe

artífice
- 4 artesano
- 10 artista
- 9 autor
- 17 creador
- 6 ejecutor
- 6 obrero
- 2 operario

artificial
- 17 aparente
- 17 artificioso
- 15 compuesto
- 5 contrahecho
- 6 convencional
- 3 disfrazado
- 7 engañoso
- 1 fabricado
- 4 falsificado
- 10 fallo
- 11 ficticio
- 12 fingido
- 6 ilusorio
- 3 imitado
- 4 innatural
- 7 pegadizo
- 6 postizo
- 1 prestado
- 8 quimérico
- 5 simulado
- 1 sofístico
- 1 trucado
- 21 falso

⇨de bullarengue
⇨de quita y pon
- 10 ◁*real*

artificiero
- 3 pirotécnico

artificio
- 32 afectación
- 6 amaneramiento
- 24 amaño
- 10 artería
- 12 artilugio
- 18 asechanza
- 9 baruca
- 8 cautela
- 18 compostura
- 28 engaño(s)
- 26 estudio
- 10 falsedad
- 7 falsificación
- 10 fingimiento
- 18 habilidad
- 9 imitación
- 12 industria
- 15 ingenio
- 2 mónita
- 3 recoveco
- 1 socaliña
- 8 sutileza
- 4 tinglado
- 1 trampantojo
- 7 truco
- 14 ardid
- 24 arte
- 13 artimaña
- 47 astucia
- 6 destreza
- 7 doblez
- 18 enredo
- 5 treta

artificioso
- 12 cauteloso
- 14 complicado
- 1 delusorio
- 7 doble
- 7 engañoso
- 3 estudiado
- 12 fingido
- 1 habilidoso
- 13 industrioso
- 14 ingenioso
- 8 rebuscado
- 44 afectado
- 10 amanerado
- 24 artero
- 50 astuto
- 1 disimulado
- 16 taimado
- 7 ◁*espontáneo*
- 20 ◁*natural*

artigar
- 1 desbocar
- 47 romper(se)
- 2 roturar

artilugio
- 22 aparato
- 7 armatoste
- 6 artefacto
- 33 artificio
- 28 engaño(s)
- 15 ingenio
- 11 máquina
- 6 mecanismo
- 13 artimaña
- 18 enredo
- 10 trampa
- 5 treta

artillar
- 17 aprestar(se)
- 1 atalajar
- 48 disponer(se)
- 1 encureñar
- 5 equipar
- 30 armar
- 6 ◁*desmantelar*
- 3 ◁*desarmar*

artillería
⇨arte tormentaria

artimaña
- 24 amaño
- 33 artificio
- 18 disimulo
- 11 emboscada
- 28 engaño(s)
- 8 tiro
- 14 ardid
- 47 astucia
- 11 ficción
- 19 intriga
- 13 maniobra
- 10 trampa
- 5 treta

artista
- 19 actor
- 4 artesano
- 7 artífice
- 9 autor
- 4 comediante
- 17 creador
- 7 ejecutante
- 4 escultor
- 10 pintor
- 5 virtuoso

arto
- 1 cambronera

artolas
3 aguaderas
17 angarilla(s)

artritis
5 endurecimiento
7 inflamación

artrópodos
1 arácnidos
2 crustáceos
5 insectos
1 invertebrados

arugas
3 expillo
2 magarza
2 matricaria

aruñar
26 arañar(se)

arúspice
3 adivinador
20 adivino
7 brujo
2 grafólogo
13 mágico
5 mago
5 pronosticador
2 vidente

aruspicina
12 adivinación
7 brujería
13 magia
1 videncia

arveja
9 algarroba
1 alverja
2 ervilla
2 veza
1 vicia
2 guisante

arvejana
9 algarroba

arvejera
9 algarroba

arvejón
8 almorta

arvejona
9 algarroba

arzobispal
1 archiepiscopal
1 arquiepiscopal

arzobispo
3 metropolitano
4 prelado

arzolla
1 almendruco

arzón
6 albarda
9 arreo(s)
15 cabezada

as
9 campeón
3 ganador
2 primero
1 triunfador
2 vencedor
4 ◁*perdedor*

asa
10 agarradero
5 asidero
4 cogedero
4 empuñadura
7 jugo
6 resina
5 mango

asacar
13 acusar
6 achacar
12 discurrir
10 fingir
10 imputar
11 inventar
2 pretextar
6 simular
28 sacar

asado
2 churrasco

asador
3 espetón
2 parrilla
8 varilla

asadura
17 apatía
3 bofes
16 entraña(s)
2 lechecillas
3 vísceras
8 pachorra

asaetador
3 arquero

asaeteado
1 aflechado

asaetear
6 alancear
20 disgustar(se)
67 enfadar(se)
3 flechar
114 molestar(se)
3 rejonear
7 acribillar
14 importunar
5 incordiar
58 tirar

asafétida
⇨asa fétida
⇨estiércol del diablo

asalariado
1 asoldado
1 mercenario
6 obrero
6 pagado
2 proletario
9 servidor
11 sirviente
⇨a sueldo
⇨criado (-da)

asalariar
59 ajustar(se)
1 asoldadar
1 asoldar
11 contratar(se)
34 pagar(se)

12 conchabar

asaltado
19 atacado
1 invadido

asaltante
8 agresor
3 atacante
6 salteador
12 ◁*defensor*

asaltar
12 abordar
16 acudir
12 arremeter(se)
19 atacar(se)
6 embestir
6 ocurrir
4 saltear
5 sobrevenir
22 sorprender(se)
18 acometer
39 atracar

asalto
1 abordaje
15 acometida
9 acometimiento
9 agresión
5 arremetida
4 atraco
9 embestida
4 irrupción
10 congreso
2 duma

asamblea
8 aglomeración
1 agora
16 agrupación
2 anfictionía
11 asistencia
24 ayuntamiento
22 cámara(s)
5 comicio(s)
1 conclave
2 congregación
12 convención
10 dieta
2 diputación
3 estamento

asambleísta

12 junta
25 muchedumbre
9 tropel
4 concilio
7 conferencia
10 congreso
2 duma
5 mitin
7 corro
56 corte
16 multitud
19 reunión
1 senado

asambleísta
4 congresista
3 senador

asar(se)
17 abrasar(se)
25 acalorar(se)
11 achicharrar(se)
8 afogarar(se)
1 amoragar
23 arder
5 asurar(se)
6 cocer(se)
18 dorar(se)
1 emparrillar(se)
23 enardecer(se)
2 enhornar
87 fastidiar(se)
4 hornear
114 molestar(se)
2 rustir
2 soasar
23 tostar(se)
3 turrar(se)
18 atufar
23 encender
14 importunar
1 perdigar
1 sobreasar

ásaro
⇨oreja de fraile

asaz
5 mucho
6 suficiente
12 harto
7 baste

4 muy

asazmente
6 bastantemente

asbesto
2 aislante
1 amianto
3 incombustible
8 refractario

ascalonia
3 chalote
1 escaloña

áscar
5 ejército

áscari
4 infante
5 soldado

ascendencia
6 alcurnia
6 antepasados
9 árbol
6 crecimiento
5 imperio
13 origen
6 predominio
1 prosapia
5 tronco
17 nacimiento
11 cuna
6 estirpe
10 influencia
16 linaje
13 ◁descendencia

ascendente
11 elevado
8 empinado
5 enhiesto
6 escarpado
2 ◁descendente

ascender
24 adelantar(se)
38 elevar(se)
11 importar
49 mejorar(se)
30 montar(se)

5 progresar
8 promover
30 subir(se)
21 sumar(se)
17 ◁descender
39 ◁rebajar(se)

ascendiente
20 antecesor
6 antepasado
4 ascendente
15 crédito
4 influjo
43 poder(es)
6 predominio
3 progenitor
8 valimiento
10 vara
26 autoridad
10 influencia
7 prestigio

ascensión
4 ascenso
4 asunción
21 elevación
6 escalada
26 exaltación
11 subida

ascenso
2 adelanto
3 escalafón
10 mejora
4 promoción

ascensor
1 montacargas

asceta
6 anacoreta
4 cenobita
5 eremita
3 ermitaño
8 parco
8 sobrio
16 solitario
16 ◁vicioso

ascética
1 yoga

ascetismo
25 aislamiento
19 austeridad
5 ◁epicureísmo

asco
8 ascosidad
1 asquerosidad
11 aversión
3 brasa
12 empacho
7 empalago
7 hastío
5 inapetencia
9 náusea(s)
18 repugnancia
5 repulsión
8 saciedad
3 tizón
32 aborrecimiento
7 grima
3 vómito
12 ◁gusto

ascosidad
1 asquerosidad
20 basura
5 detritos
10 inmundicia
2 podre
11 podredumbre
34 porquería
14 suciedad

ascua
3 brasa

aseadamente
4 limpiamente

aseado
3 aliñado
4 ataviado
15 compuesto
17 cuidadoso
15 curioso
4 engalanado
11 limpio
12 pulcro
10 acicalado

asear(se)
39 acicalar(se)
3 adecentar(se)

21 adornar
8 alcorzar(se)
12 aliñar(se)
36 apañar(se)
22 ataviar(se)
14 atildar(se)
8 baldear
17 engalanar(se)
15 lavar(se)
8 sanear
34 componer
5 desmanchar
5 engalibar
50 limpiar
16 ◁ensuciar(se)

asechanza
3 acecho
33 artificio
1 asecho
9 celada
11 emboscada
28 engaño(s)
6 estratagema
6 garlito
10 insidia
9 maquinación
5 perfidia
7 sorpresa
7 zancadilla
14 atracción
19 intriga
13 lazo
7 traición
10 trampa

asechar
5 avizorar(se)
2 insidiar
17 acechar
5 espiar
1 trasechar
⇨armar celada
⇨armar trampa
⇨tender redes

asecho
18 asechanza

asedar
39 suavizar(se)

asediado
6 rodeado

asediador
3 acosador

asediar
8 asechar
15 bloquear
41 cansar(se)
12 cercar
87 fastidiar(se)
114 molestar(se)
4 sitiar
17 acechar
15 acosar
14 importunar

asedio
6 bloqueo
9 cerco
7 insistencia
18 molestia(s)
14 sitio
5 importunidad

asegurado
5 engomado
15 fijo
5 garantizado
12 amarrado
14 asentado

aseguramiento
6 salvaguardia

asegurar(se)
6 abitar
26 abonar(se)
16 acotar
15 acreditar(se)
7 adverar
20 aferrar(se)
22 afianzar(se)
43 afirmar(se)
25 amarrar(se)
17 apuntalar(se)
6 arrizar
7 aseverar
22 atestar(se)
20 atirantar(se)
2 atizonar
16 atrancar(se)
6 avalar
4 barretear
44 calmar(se)
2 cerciorar
17 certificar
9 comprobar
9 confirmar(se)
15 consolidar(se)
51 cubrir(se)
14 decir
11 declarar
2 dogmatizar
4 engrapar
47 establecer(se)
39 fijar(se)
19 garantizar(se)
44 guardar(se)
26 inmovilizar(se)
7 juramentar(se)
10 jurar
11 manifestar
9 preservar(se)
24 prevenir(se)
16 prometer(se)
20 ratificar(se)
8 reafirmar(se)
6 remachar
12 responder
22 salvar(se)
25 sostener(se)
5 testificar
21 tranquilizar(se)
50 asentar
7 atrincar
14 calzar
11 vigilar
11 ◁intranquilizar(se)
6 ◁reconcomer(se)
42 ◁soltar(se)
7 ◁dudar

asemejar(se)
17 asimilar(se)
6 equiparar(se)
2 heredar
2 homogeneizar
4 parangonar
26 parecer(se)
18 semejar(se)
⇨correr parejas con
⇨inclinarse a
⇨salir a
⇨tener un aire a
⇨tirar a
5 ◁diferenciar(se)

asendereado
5 agobiado
16 cansado
8 ducho
8 experto
11 fatigado
17 hábil
3 maltrecho
12 práctico

asenderear
31 acostumbrar(se)
19 curtir(se)
9 experimentar senderar
20 aviar
18 perseguir

asenso
27 aprobación
11 asentimiento
28 conformidad
9 consenso
9 consentimiento
15 crédito
9 creencia
14 fe
1 permisión
7 permiso
⇨visto bueno

asentaderas
2 bullarengue
5 culo
1 mapamundi
18 nalga(s)
1 nalgatorio
5 posaderas
3 tras
5 trasero
19 asiento

asentadillas
1 horcajadas

asentado
1 afirmado
4 ajustado

asentador

- 5 asegurado
- 3 colocado
- 7 equilibrado
- 8 estable
- 1 establecido
- 15 fijo
- 5 juicioso
- 11 permanente
- 12 puesto
- 6 sensato
- 44 afectado
- 10 amanerado

asentador
- 1 contratista
- 1 mayorista
- 4 negociante
- 2 tratante
- 14 comerciante
- 1 tamborilete
- 1 ◁*minorista*

asentadura
- 12 empacho
- 2 indigestión

asentamiento
- 14 sitio
- 49 asiento
- 12 ◁*marcha*

asentar(se)
- 26 abonar(se)
- 55 acomodar(se)
- 21 afectar(se)
- 43 afirmar(se)
- 59 ajustar(se)
- 21 alisar(se)
- 41 allanar(se)
- 18 amojonar
- 20 anotar(se)
- 11 apisonar
- 12 aplanar(se)
- 45 aplastar(se)
- 63 apoyar(se)
- 64 apuntar(se)
- 28 arraigar(se)
- 52 asegurar(se)
- 3 asolapar
- 15 asolar
- 14 basar(se)
- 8 cimentar(se)
- 27 colocar(se)
- 17 crear
- 14 descansar
- 4 empadronar
- 47 establecer(se)
- 13 estacionar(se)
- 14 estancar(se)
- 39 fijar(se)
- 13 fortalecer(se)
- 10 fundamentar(se)
- 25 fundar(se)
- 11 inscribir
- 18 notar
- 7 planchar(se)
- 28 plantar(se)
- 35 poner(se)
- 14 posar(se)
- 3 presuponer
- 26 registrar(se)
- 14 reposar(se)
- 11 sedimentar(se)
- 23 sentar(se)
- 18 situar(se)
- 15 convenir
- 11 pactar
- 12 ubicar

⇨tomar asiento

- ◁*descolocar(se)*
- 2 ◁*trashumar*
- 53 ◁*marchar*
- 58 ◁*quitar*

asentimiento
- 21 adhesión
- 8 admisión
- 15 anuencia
- 27 aprobación
- 18 aquiescencia
- 11 asenso
- 8 confirmación
- 9 consentimiento
- 7 permiso
- 4 venia
- 16 voluntad

asentir
- 19 admitir
- 43 afirmar(se)
- 23 aprobar(se)
- 41 avenir(se)
- 27 conformar(se)
- 17 consentir
- 25 permitir(se)
- 15 convenir
- 8 ◁*desaprobar*
- 27 ◁*negar(se)*
- 13 ◁*impedir*

aseñorado
- 20 caballeroso
- 20 distinguido
- 4 encopetado
- 12 hidalgo
- 4 linajudo
- 2 señoril
- 22 noble

aseo
- 13 aderezo(s)
- 6 afeite(s)
- 11 aliño
- 9 apostura
- 24 baño(s)
- 18 compostura
- 22 cuidado
- 7 curiosidad
- 5 esmero
- 11 gentileza
- 9 lavabo
- 19 limpieza
- 1 mundicia
- 7 pulcritud
- 22 servicio(s)
- 4 tocador
- 21 adorno
- 7 toilette

asepsia
- 3 desinfección
- 4 higiene
- 11 purificación
- 14 ◁*suciedad*

aséptico
- 3 antiséptico
- 4 desinfectante
- 1 desinsectante
- 3 neutral
- 13 ◁*sucio*

asequible
- 13 accesible
- 4 alcanzable
- 1 exequible
- 27 posible(s)
- 3 realizable
- 4 factible
- 5 hacedero
- 8 ◁*imposible*
- 8 ◁*inasequible*

aserción
- 3 aserto
- 4 aseveración
- 8 confirmación
- 19 garantía
- 19 afirmación

aserradero
- 10 serrería

aserto
- 5 aserción
- 12 definición
- 19 afirmación

asesinado
- 11 aventado

asesinar
- 10 ajusticiar
- 52 matar(se)
- 10 eliminar
- 5 peinar
- 30 templar

asesinato
- 10 atentado
- 1 conyugicidio
- 8 crimen
- 3 homicidio
- 2 filicidio
- 2 fratricidio
- 2 infanticidio
- 1 parricidio
- 3 regicidio

asesino
- 8 criminal
- 3 homicida
- 3 matador

asesor
- 10 consejero
- 3 consultivo

asesoramiento
4 monitor
2 consiliario

asesoramiento
12 consejo

asesorar(se)
10 abogar
54 aclarar(se)
28 aconsejar(se)
18 comunicar(se)
8 consultar(se)
23 proponer(se)
5 recomendar
4 sugerir

asesoría
10 consulta
10 información

asestar
64 apuntar(se)
5 baraustar
9 descargar
56 dirigir(se)
6 encarar
31 sacudir(se)
24 golpear

aseveración
5 aserción
14 fe
6 testimonio
19 afirmación

aseverador
4 confirmador

aseverar
43 afirmar(se)
52 asegurar(se)
6 avalar
9 confirmar(se)
19 garantizar(se)
20 ratificar(se)
8 reafirmar(se)

asexual
9 ambiguo
14 indeterminado

asfaltado
7 solado

asfaltar
3 alquitranar
7 pavimentar

asfalto
6 empedrado
7 pavimento

asfixia
16 agobio
16 ahogamiento
14 ahogo
2 ahoguío
32 anhelo
2 aniego
15 bochorno
2 estrangulación
6 inmersión
7 mordaza
10 opresión
6 sofocación
2 sofoco
3 asma
3 disnea

asfixiado
5 ahogado

asfixiante
1 ahogadero
2 irrespirable
8 opresivo

asfixiar(se)
28 ahogar(se)
15 ahorcar(se)
2 encarcavinar
5 estrangular
23 sofocar(se)
10 oprimir
3 ◁ oxigenarse

asfódelo
2 gamón

así
2 como
1 mismamente
3 precisamente
⇨ al punto que
⇨ así como
⇨ así que

⇨ de cualquier suerte
⇨ de esta forma
⇨ de esta manera
⇨ de esta suerte
⇨ de tal forma
⇨ de tal manera
⇨ de todos modos
⇨ no de otra forma o manera
⇨ no de otro modo
⇨ tan luego como

asicar
87 fastidiar(se)
44 incomodar(se)
114 molestar(se)
12 hostigar

asidero
10 agarradero
7 asa
17 ocasión
1 prensil
5 pretexto(s)

asido
1 abarcado
1 aferrado
18 agarrado
3 aprehendido
11 apresado
5 cogido
1 enganchado
1 engarfiado
6 preso

asidor
2 manillar

asiduamente
4 constantemente
4 continuamente
2 incesantemente
4 siempre

asiduidad
12 costumbre
6 perseverancia
13 aplicación
22 ◁ ausencia
13 ◁ falta

asiduo
13 acostumbrado
26 afecto
5 aficionado
9 aplicado
6 consuetudinario
3 contertulio
7 frecuente
10 habitual
14 inclinado
3 perseverante
7 persistente
11 puntual
7 constante
11 continuo
3 parroquiano
6 ◁ desafecto
3 ◁ desaplicado
5 ◁ discontinuo

asiento
4 apuntamiento
17 banco
7 banqueta
3 camón
2 camoncillo
8 cátedra
8 confidente
7 cordura
5 diván
8 domicilio
2 escabel
7 estabilidad
2 estrado
14 fundamento(s)
11 localidad
21 lugar
7 luneta
2 meridiana
1 otomana
2 permanencia
7 poltrona
16 prudencia
1 reclinatorio
9 residencia
7 sede
6 sensatez
5 sillón
2 sitial
14 sitio
1 sola
9 solidez
2 solio

asignable

3 taburete
2 tresillo
1 triclinio
21 base
2 sofá
27 anotación
9 butaca
4 canapé
6 escaño
9 grada
15 juicio
5 litera
7 madurez
2 mecedora
10 poso
16 sedimento
8 silla

asignable
5 achacable

asignación
9 concesión
12 consignación
33 haber(es)
  haberes
10 honorarios
4 orfandad
10 remuneración
11 renta(s)
7 retribución
1 viudedad
6 soldada
16 cantidad
9 estipendio
18 gratificación
8 jornal
21 partida
9 pensión
9 sueldo

asignar(se)
21 afectar(se)
11 ahijar(se)
40 aplicar(se)
33 atribuir(se)
7 conceder
6 conferir
63 dar(se)
20 dedicar(se)
13 designar(se)
5 destinar

34 determinar(se)
17 distribuir(se)
10 dotar(se)
39 fijar(se)
9 gratificar
6 impartir
16 nombrar
34 pagar(se)
2 pensionar
21 repartir(se)
46 señalar(se)

asignatura
14 materia
2 texto
22 trabajo(s)
15 disciplina

asilado
4 acogido
2 albergado
2 amparado
3 recluido
9 recogido
8 huérfano
12 protegido

asilar
19 acoger(se)
11 albergar(se)
55 amparar(se)
9 recluir(se)
47 recoger(se)
42 ◁arrojar(se)
11 ◁desamparar

asilo
14 albergue
30 amparo
2 orfanato
13 protección
1 recepto
10 refugio
1 orfelinato

asilla
4 alacrán
20 botón

asimetría
10 anomalía
9 anormalidad

5 deformidad
1 disimetría

asimiento
1 abarcadura
2 abarcamiento
21 adhesión
26 afecto
1 aferramiento
1 agarro
10 apego
1 aprehensión
11 apresamiento
1 cogedura
4 enganche
9 garabato
1 garfiada
5 presión
6 presa

asimilable
1 digerible
8 provechoso
4 reconfortante
4 ◁perjudicial

asimilación
1 aprovechamiento
3 digestión
7 nutrición
8 provecho

asimilado
9 aprovechado
1 digerido
7 nutrido

asimilar(se)
27 aprender(se)
51 apropiar(se)
14 asemejar(se)
14 captar
7 comparar(se)
6 descifrar
2 digerir
6 equiparar(se)
30 igualar(se)
26 parecer(se)
31 relacionar(se)
18 semejar(se)
17 aprehender
17 comprender

9 entender
4 ◁desigualar(se)
5 ◁diferenciar(se)

asimismo
3 igualmente
3 también

⇨de esta forma
⇨de esta manera
⇨de este modo
⇨de la misma forma
⇨de la misma manera
⇨del mismo modo

asir(se)
1 acerrar
20 aferrar(se)
22 afianzar(se)
35 agarrar(se)
36 apañar(se)
3 apercollar
2 apestillar
29 apresar(se)
51 apropiar(se)
1 apuñar
28 arraigar(se)
18 arrebujar(se)
2 atenazar
11 atrapar(se)
20 coger
10 contender
4 empuñar
19 enganchar(se)
1 engarabatar
1 engarrar
5 enraizar(se)
29 pelear(se)
6 pellizcar(se)
16 pillar(se)
19 tener(se)
44 tomar(se)
35 trabar(se)
22 alcanzar
17 aprehender
19 aprisionar
9 chapar
4 pepenar
4 pescar
31 prender
22 reñir
14 sujetar
26 ◁desprender(se)

42 ◁*soltar(se)*

asiriología
10 arqueología

asistencia
37 apoyo
4 colaboración
8 cooperación
1 montepío
17 presente(s)
13 protección
9 socorro
17 asistentes
24 auxilio
29 ayuda
16 favor

asistenta
3 domestica
6 fregona
6 maritornes
⇨criado (-da)

asistente(s)
27 asamblea
11 asistencia
8 auditorio
34 auxiliar(se)
3 circunstantes
12 concurrencia
3 espectadores
17 presente(s)
2 suplente
5 colaborador
1 machacante
5 ordenanza
15 ayudante
17 mozo
12 público
9 servidor
⇨criado (-da)

asistir(se)
16 acudir
63 apoyar(se)
34 auxiliar(se)
45 ayudar(se)
7 coadyuvar
6 colaborar
16 concurrir
10 contribuir

13 cooperar
22 cuidar(se)
4 escuchar
14 favorecer
6 presenciar
33 presentar(se)
13 refugiar(se)
7 secundar
21 socorrer(se)
13 curar
11 vigilar
22 ◁*abandonar(se)*
23 ◁*agudeza*
4 ◁*desasistir*
20 ◁*entorpecer(se)*
12 ◁*faltar*
◁*estar ausente*

asma
10 opresión
15 asfixia
3 disnea

asmático
4 anhelante
1 carrasposo
4 jadeante
1 tosigoso

asna
4 burra

asnacho
1 asnallo
3 gatuña

asnada
51 absurdo
5 animalada
8 asnería
30 bobería

asnal
1 asnino
6 bestial
1 borrical
1 borriqueño
24 brutal
1 jumental

asnalmente
1 borricalmente

asnallo
2 asnacho

asnería
4 asnada
1 borricada
16 estupidez
12 ignorancia
4 imbecilidad
15 necedad(es)
42 tontería(s)
11 burrada

asnilla
6 caballete
8 puntal
5 soporte
14 sostén

asnino
6 asnal

asno
11 borrico
3 garañón
1 guarán
6 imbécil
4 jumento
1 onagro
2 piñón
8 pollino
3 rozno
4 rucio
9 buche
22 burro
7 estúpido
8 idiota
10 rocín
6 rucho
18 tonto
18 torpe

asobinarse
32 envolver(se)
5 ovillar(se)

asociación
16 agrupación
20 alianza
2 anfictionía
3 ateneo
5 coalición
9 comunidad

9 confabulación
3 consorcio
11 entidad
7 institución
2 mancomunidad
3 mesnada
19 unión
19 cuerpo
7 federación
7 gremio
2 mutualidad
2 sindicato
7 cofradía
9 compañía
15 corporación
15 grupo
22 liga
8 pandilla
30 partido
19 reunión
16 sociedad
10 ◁*separado*

asociado
14 adjunto
11 afiliado
1 agremiado
1 ateneísta
2 coligado
7 compañero(s)
2 consocio
1 federado
1 liceísta
1 mancomunado
3 cofrade
3 colega
3 confederado
14 adepto
14 miembro

asociar(se)
4 acabildar
19 acompañar
19 adherir(se)
4 adjuntar(se)
18 adoptar
19 afiliar(se)
9 aglutinar
  agrega
25 agregar(se)
6 agremiar(se)
21 agrupar(se)

asociativo

18 aliar(se)
17 anexar(se)
7 apandillar
15 aunar(se)
7 coligar(se)
6 confederarse
14 emparejar(se)
9 engarzar
5 entroncar
14 federar(se)
9 hermanar(se)
5 imbricar
26 incorporar(se)
74 juntar(se)
37 ligar(se)
5 mancomunar(se)
9 maridar
31 relacionar(se)
49 reunir(se)
6 sindicar(se)
2 solidarizar(se)
35 trabar(se)
7 uncir
8 unificar
79 unir(se)
7 vincular
7 vincularse
13 enlazar
61 atar
12 conchabar
10 conjugar
79 unirse
8 ◁*desligar(se)*
25 ◁*desunir(se)*
64 ◁*separar(se)*

asociativo
4 federal

asolación
9 aniquilación

asolado
19 arruinado

asolador
4 aniquilador
6 demoledor

asolapar
27 colocar(se)
51 cubrir(se)

50 asentar

asolar
13 abismar(se)
15 agostar(se)
16 arrasar(se)
42 arruinar(se)
6 desmantelar
14 desolar(se)
52 destruir(se)
5 devastar
14 posar(se)
13 radicar(se)
5 saquear
11 sedimentar(se)
7 talar
1 yermar
50 asentar

asoldadar
6 asalariar

asoldado
9 asalariado

asoldar
6 asalariar

asoleado
18 desmañado
22 rudo
4 soleado
18 torpe

asolear(se)
25 acalorar(se)
9 broncear(se)
19 curtir(se)
9 foguear(se)
14 pasear(se)
4 solear
4 torrar(se)
23 tostar(se)
7 deambular
16 trabajar

asolvar
20 atarugar(se)
38 atascar(se)

asomar(se)
9 aflorar
64 apuntar(se)
10 brotar

9 empezar(se)
6 indiciar
35 mostrar(se)
6 principiar
7 surgir
41 ◁*ocultar(se)*
15 ◁*decaer*

asombradizo
19 asustadizo
5 espantadizo
4 huidizo
7 temeroso
7 susceptible

asombrado
29 absorto
15 atónito
7 estupefacto
4 pasmado
7 ◁*impasible*
10 ◁*indiferente*

asombrar(se)
25 admirar(se)
58 asustar(se)
17 atolondrar(se)
74 aturdir(se)
54 confundir(se)
13 conmover(se)
19 desconcertar(se)
19 desconcertarse
3 despatarrar(se)
15 embarazar(se)
7 encanarse
2 entenebrecer
3 entenebrecerse
4 epatar
24 espantar(se)
18 extrañar(se)
22 fascinar(se)
11 helar
16 maravillar(se)
5 oscurecer(se)
19 pasmar(se)
12 sobrecoger(se)
22 sorprender(se)
15 suspender
37 turbar(se)

asombro
18 admiración
3 alelamiento

38 aturdimiento
6 desconcierto
4 estupefacción
3 estupor
6 extrañeza
8 fascinación
8 maravilla
11 pasmo
7 sorpresa
11 turbación
14 conmoción
9 espanto
4 susto
6 ◁*impasibilidad*
15 ◁*indiferencia*

asombroso
18 admirable
5 estupefaciente
11 fenomenal
13 mágico
11 maravilloso
9 milagroso
10 portentoso
7 prodigioso
7 sobrehumano
9 sorprendente
8 estupendo
14 extraordinario

asomo
10 amago
7 atisbo
11 barrunto
9 conjetura
15 indicio(s)
12 presunción
6 sospecha
8 supuesto
27 señal

asomos
12 ribete(s)
13 salientes

asonada
10 algarada
2 asonante
13 bullanga
8 correspondencia
2 equiparación
18 parecido

8 perturbación
10 pronunciamiento
14 revuelta
2 rima
9 sedición
6 semejanza
9 similitud
20 relación
15 revolución
2 similicadencia
79 alboroto
9 alzamiento
19 desorden
11 motín
7 sublevación
13 tumulto
2 ◁disonancia

asonancia
2 rima

asonante
20 afín
22 asonada

asordar
5 atronar(se)
13 abombar(se)

aspa
2 aspador
12 cruz
3 equis
1 sotuer
10 asta
6 cuernos

aspador
2 huso
6 aspa

aspálato
3 alarguez

aspar(se)
27 acongojar(se)
24 clavar(se)
7 crucificar
21 cruzar(se)
8 torturar(se)
5 padecer

19 ◁acariciar(se)
12 ◁consolar(se)

aspaventar
58 asustar(se)
36 atemorizar(se)
24 espantar(se)
8 intimidar(se)

aspaventero
21 exagerado
2 gesticulante
12 vehemente
8 ◁moderado
25 ◁frío

aspaventoso
44 afectado

aspaviento(s)
3 ademanes
32 afectación
4 alharaca
4 alharacas
27 carantoña(s)
12 demostración
1 demostraciones
1 embazadura
20 extremos
8 gesticulación
11 gesto(s)
2 hazañería
2 pasmarota
1 pasmarotada
10 zalemas
20 fiesta
9 mitote

aspecto
46 aire(s)
7 cariz
18 compostura
1 coranvobis
5 derrotero
8 empaque
6 envoltura
9 estampa
15 exterior
3 exterioridad
8 fachada
5 fase
10 físico

3 materialidad
9 matiz
26 parecer(se)
1 pergeño
3 perspectiva
14 planta
8 porte
13 presencia
20 representación
4 semblante
6 semejanza
6 talante
2 tinte
11 viso(s)
8 vista
5 vitola
16 actitud
21 adorno
20 apariencia
18 cara
8 catadura
14 facha
22 figura
9 pelaje
16 pinta

ásperamente
10 acremente
11 bravamente
5 secamente
8 ◁blandamente

asperarteria
1 tráquea

asperear
20 avinagrar(se)

aspereza
2 abruptez
10 acidez
6 acritud
1 angulosidad
1 asperura
5 brusquedad
9 ceño
10 desabrimiento
3 desigualdad
12 dureza
1 erizamiento
5 escabrosidad
6 fragosidad
6 hosquedad

6 inclemencia
1 insuavidad
6 rigidez
13 rigor
9 rudeza
10 tosquedad
14 roña
3 rugosidad
30 ◁blandura

aspergeado
6 salpicado

asperger
4 asperjar(se)
10 derramar
7 regar
4 rociar

asperges
5 aspersión
1 aspersorio
2 rociadura
3 hisopo

asperilla
⇨hierba de las siete sangrías

asperjar(se)
4 asperger
1 hisopear
4 rociar
11 salpicar(se)

áspero
4 abrasivo
16 abrupto
7 acedo
24 acerbo
17 agreste
9 anfractuoso
21 arisco
27 austero
5 avinagrado
35 bravío
37 bravo
10 bronco
12 brusco
14 burdo
9 desabrido
9 desapacible

18 desigual
7 distante
30 duro
5 enriscado
16 escabroso
5 esquinado
9 estricto
3 granujiento
4 granuloso
13 inaccesible
9 inhospitalario
17 intratable
5 montañoso
6 ronco
22 rudo
21 seco

15 acre
23 agrio
18 amargo
21 adusto
13 crudo
10 erizado
6 esquivo
10 hirsuto
8 hosco
9 ingrato
31 pesado
17 riguroso
6 rucho

9 ◁*bucólico*
45 ◁*bueno*
27 ◁*delicado*
10 ◁*dócil*
8 ◁*efusivo*
8 ◁*humanitario*
3 ◁*sedoso*
3 ◁*sérico*
11 ◁*delgado*

asperón
1 aguzadera
1 melodreña

aspérrimo
45 áspero

aspersión
4 asperges
4 ducha
2 rociadura
7 salpicadura(s)
7 llovizna

7 ◁*sequedad*

aspersor
3 rociador

aspersorio
4 asperges

asperura
22 aspereza

áspid
13 serpiente
3 víbora
10 culebra

aspillera
5 buhedera
2 saetera
6 tronera

aspiración
10 absorción
13 ambición
32 anhelo
7 apetencia
10 designio
4 esperanza
1 inhalación
13 inspiración
10 pretensión
15 proyecto
14 deseo
10 propósito
12 sueño

aspirador
22 aparato
1 aspiradora

aspiradora
2 aspirador

aspirante
3 candidato
2 solicitante
4 pretendiente

aspirar
19 absorber
6 alear
12 ambicionar

45 anhelar
17 apetecer
48 atraer(se)
14 desear
2 inhalar
16 inspirar(se)
14 pretender
31 querer(se)
8 respirar
4 suspirar
6 ◁*desistir*
4 ◁*exhalar*
8 ◁*renunciar*

aspirina
3 analgésico
9 calmante
4 sedante

asqueado
13 podrido

asquear
10 desagradar
12 repeler
2 repugnar
48 ◁*atraer(se)*

asquerosidad
16 asco

asqueroso
8 inmundo
3 nauseabundo
7 puerco
6 repelente
21 repugnante
5 repulsivo
12 cochino
9 guarro
13 sucio
11 ◁*limpio*

asta
3 alabarda
8 fuste
7 lanza
9 mástil
14 palo
9 rejón
6 aspa
12 cacho

6 cuerno
13 pica

astado
3 bovino
2 cornúpeta
3 enastado
3 toro
8 cornudo
4 ◁*afeitado*
◁*despitorrado*

astas
4 cornamenta

astazo
7 cantazo
1 linternazo

asteísmo
29 alabanza

astenia
11 cansancio
5 cansera
16 debilidad
15 decaimiento
11 flojedad
12 flojera
7 laxitud
1 pachuchez
11 ◁*fortaleza*
13 ◁*tono*

asterisco
9 estrella
1 estrellita
10 signo(s)
5 tilde
27 señal

astero
4 lancero

asteroide
6 planeta

astigmatismo
10 aberración

astil
7 asa
5 mango

astilla
2 dobladura
4 esquirla
13 partícula
1 rancajo
12 cacho
8 fragmento

astillar(se)
1 dolar
6 fragmentar
47 romper(se)
5 esquilar

astillero
2 atarazana
1 carraca

astrágalo
5 chita
1 taquín
1 tragacanto
2 armilla
4 taba

astral
2 sideral
1 sidéreo
7 tala

astreñir
11 astringir(se)

astricción
27 austero
5 desecación
1 estreñimiento
3 restricción

astringencia
16 apretón

astringente
24 acerbo
27 austero
4 ◁*vomitorio*

astringir(se)
65 apretar(se)
1 astreñir
1 astriñir
27 conformar(se)
7 constreñir
16 contraer(se)
32 estrechar(se)
25 obligar(se)
9 restringir
14 sujetar
9 trancar

astriñir
11 astringir(se)

astro
7 aerolito
1 asteroide
2 constelación
9 estrella
6 lucero
2 luminar
2 nebulosa
6 planeta
6 satélite
7 sol
7 cometa
⇨actor famoso
⇨actriz famosa

astrofísica
4 astronomía
2 cosmografía

astrolabio
1 atacir

astrolito
7 aerolito

astrología
1 estrellería
13 magia
2 ocultismo
15 cábala

astrológico
3 astrólogo

astrólogo
1 astrológico
1 judiciario
4 matemático

astronauta
1 cosmonauta

astronáutica
1 cosmonáutica

astronave
8 cohete
1 cosmonave
⇨nave espacial

astronomía
2 astrofísica
2 cosmografía
2 uranografía
1 uranometría

astronómico
1 cosmográfico
7 cuantioso
11 elevado
13 excesivo

astrónomo
1 cosmógrafo
2 uranografía

astroso
10 desafortunado
11 desaliñado
8 desastrado
5 desastroso
4 gafe
6 harapiento
10 infausto
3 pingajoso
20 abyecto
18 andrajoso
5 desaseado
14 desgraciado
26 despreciable
26 miserable
13 sucio
12 vil
6 zarrapastroso
⇨hecho un Cristo
17 ◁*cuidadoso*
9 ◁*elegante*
11 ◁*limpio*

astucia
5 alicantina
24 amaños
14 añagaza
10 artería
33 artificio
3 biblia
1 camándula
8 cautela
5 cazurrería
18 disimulo
28 engaño(s)
3 fullería
9 gatada
18 habilidad
1 jesuitismo
2 lilaila
4 maquiavelismo
5 marrullería
2 maulería
2 mónita
2 papilla
5 perfidia
10 picardía
14 política
1 ratimago
8 refinamiento
6 sagacidad
1 solercia
1 solería
8 sutileza
1 taima
1 taimería
7 traspaso
1 zangamanga
6 zorrería
10 alcahuetería
14 ardid
24 arte
13 artimaña
4 carlanca
2 cuquería
12 hipocresía
11 maña
4 socarronería
9 trepa
5 treta
5 triquiñuela
11 ◁*ingenuidad*
8 ◁*torpeza*

astucioso
50 astuto

astuta
- 4 circe
- 5 gatuna

astuto
- 1 arredomado
- 17 artificioso
- 1 astucioso
- 25 avisado
- 5 bribón
- 6 cachicán
- 2 candongo
- 1 coscón
- 2 culebrón
- 8 chusco
- 14 diestro
- 5 galopín
- 1 guitarrón
- 17 hábil
- 11 malicioso
- 7 marrajo
- 9 marrullero
- 1 pardal
- 1 peje
- 19 punto(s)
- 1 sátrapa
- 2 socarra
- 8 socarrón
- 11 sutil
- 8 tortuoso
- 2 truchimán
- 3 zamacuco
- 1 zamarro
- 1 zorrero
- 24 artero
- 3 caimán
- 8 conchudo
- 10 cuco
- 14 diablo
- 9 ladino
- 5 lija
- 16 listo
- 5 macuco
- 8 manero
- 9 perillán
- 33 pícaro
- 11 púa
- 10 sagaz
- 6 saltón
- 16 taimado
- 10 travieso
- 5 zorro
- ↪buena pieza
- ↪mosquita muerta
- ↪toro corrido
- 13 ◁*ingenuo*
- 22 ◁*cándido*
- 12 ◁*sencillo*
- 18 ◁*torpe*

asueto
- 14 descanso
- 5 esparcimiento
- 12 holganza
- 2 inanición
- 15 recreo
- 1 satis
- 5 vacación
- 20 fiesta

asumir
- 17 aceptar
- 22 adjudicar(se)
- 19 admitir
- 51 apropiar(se)
- 11 arrogar(se)
- 24 conseguir(se)
- 8 obtener
- 2 responsabilizarse
- 22 alcanzar
- 43 ◁*dejar(se)*
- 6 ◁*delegar*

asunción
- 5 aceptación
- 8 admisión
- 21 elevación
- 26 exaltación

asuntillo
- 7 camarón

asunto(s)
- 32 argumento
- 47 atención(es)
- 9 atenciones
- 6 contenido
- 15 cuestión
- 11 empresa
- 12 especulación
- 6 esquema
- 7 expediente
- 11 índice
- 14 materia
- 22 negocio(s)
- 12 paño
- 14 particular
- 14 pensamiento
- 20 programa
- 15 proyecto
- 13 sumario
- 3 tesis
- 10 transacción
- 10 trato
- 8 venta
- 11 trama
- 15 amancebamiento
- 14 fondo
- 9 grano
- 10 propósito
- 6 tarea
- 13 tema
- 9 tópico

asurar(se)
- 17 abrasar(se)
- 24 asar(se)
- 38 calentar(se)
- 11 requemar(se)
- 4 torrar(se)

asurcano
- 9 cercano
- 6 colindante
- 10 contiguo
- 7 inmediato
- 9 lindante
- 13 próximo
- 12 vecino(s)

asustadizo
- 12 aprensivo
- 5 asombradizo
- 2 azarado
- 8 desconfiado
- 4 despavorido
- 8 entelerido
- 5 espantadizo
- 8 impresionable
- 6 medroso
- 8 meticuloso
- 1 pávido
- 1 temedor
- 7 temeroso
- 7 timorato
- 30 tímido
- 17 cobarde
- 12 miedoso
- 9 pusilánime
- 9 receloso
- 9 ◁*valeroso*

asustado
- 4 despavorido
- 6 transido
- 33 apocado
- 21 avispado
- 12 miedoso

asustar(se)
- 40 acobardar(se)
- 15 acogotar
- 7 acollonar(se)
- 27 acongojar(se)
- 20 acoquinar(se)
- 9 acorar
- 17 acorralar
- 28 ahogar(se)
- 6 ahuevar
- 12 ahuyentar
- 17 alarmar(se)
- 29 amilanar(se)
- 45 apocar(se)
- 17 arredrar(se)
- 4 aspaventar
- 36 atemorizar(se)
- 18 aterrar(se)
- 4 aterrorizar(se)
- 12 azarar(se)
- 14 azorar(se)
- 2 despavorir(se)
- 12 escamar(se)
- 24 espantar(se)
- 9 espeluznar(se)
- 12 estremecer(se)
- 11 horripilar(se)
- 11 horrorizar(se)
- 23 imponer(se)
- 13 impresionar(se)
- 8 intimidar(se)
- 5 recatar(se)
- 14 recelar(se)
- 1 remosquear(se)
- 12 sobrecoger(se)
- 11 sobresaltar(se)
- 8 temblar
- 11 temer
- 1 terrecer
- 40 amedrentar
- ↪atravesarse un nudo en la garganta

⇨ciscarse de miedo
⇨estar con el alma en un hilo
⇨írsele la sangre a los talones
⇨morirse de miedo
⇨no llegar la camisa al cuerpo
⇨no quedar gota de sangre en el cuerpo
⇨no saber dónde meterse
⇨ponerse los pelos de punta
⇨quedarse yerto
⇨temblar la barba
⇨temblar las carnes
61 ◁*animar(se)*
7 ◁*envalentonar(se)*

atabal
1 atabalero
1 tamborcillo
2 tamboril
3 timbal
1 tímpano
10 tambor

atabalero
6 atabal

atablar
41 allanar(se)

atacado
1 acometido
2 asaltado
  avariento
9 cicatero
1 embestido
14 encogido
4 irresoluto
30 tímido
21 accidentado
12 desmayado
10 judío
19 mezquino
26 miserable
19 roñoso
23 ruin
12 tacaño

4 usurero
⇨de la virgen del puño
⇨sin sentido
6 ◁*desprendido*
5 ◁*mundano*

atacador
5 baqueta

atacante
8 agresor
3 asaltante
8 atracador

atacar
12 abordar
6 abrochar(se)
16 agredir(se)
59 ajustar(se)
65 apretar(se)
12 arremeter(se)
11 asaltar(se)
22 atestar(se)
30 atiborrar(se)
18 contradecir(se)
10 criticar
6 embestir
32 estrechar(se)
9 impugnar
31 iniciar(se)
7 refutar
7 tupir
18 acometer
61 atar
11 ◁*defender*
6 ◁*desistir*
12 ◁*retroceder*
20 ◁*aligerar*

atacir
1 astrolabio

ataderas
3 atapiernas
22 liga
14 macho

atadero
1 abitón
5 aldaba(s)
3 anilla
10 argolla

5 atadijo
19 atadura
5 balduque
1 cáncamo
8 impedimento
6 pasador
19 embarazo
8 sujeción
7 boya
16 gancho
22 liga
10 obstáculo
4 trabón

atadijo
17 atadero
12 atado
5 balduque
9 paquete
11 lío

atado
1 acordonado
5 atadijo
2 esposado
7 ligado
6 medroso
3 encadenado
13 sujeto
30 tímido
12 amarrado
33 apocado
9 pusilánime
⇨cajetilla de cigarrillos
18 ◁*libre*
14 ◁*suelto*

atador
29 aguja

atadura
1 amarradura
3 amarre
10 cópula
1 doga
13 enlace
5 lacería
1 ligación
7 ligadura
4 presilla
2 trenzadera

19 unión
1 vilera
9 yugo
8 empalme
8 sujeción
13 lazo
21 nudo
3 torzal
3 trinca
6 ◁*desenlace*
13 ◁*desunión*

atafagar(se)
74 aturdir(se)
2 avahar(se)
3 encalabrinar(se)
2 encarcavinar
6 encocorar
114 molestar(se)
23 sofocar(se)
18 atufar
14 importunar
5 incordiar

atafea
12 empacho
9 hartazgo

ataguía
1 encajonado
9 dique

ataharre
2 baticola
8 cincha
1 sotacola
41 banda
3 ataja

ataja
12 delincuente
5 ataharre
6 fugitivo

atajadero
4 acirate
2 almorrón
1 atochada
15 caballón
4 camellón
2 cembo

atajadizo

2 lindón
6 lomo
7 cantero

atajadizo
13 acortamiento
8 barda
3 bardal
1 encañizada
9 tapia

atajar(se)
12 abreviar
16 acortar(se)
8 alcorzar(se)
1 atochar
40 avergonzar(se)
21 contener(se)
49 detener(se)
21 dividir(se)
20 interrumpir(se)
16 paralizar(se)
50 parar(se)
2 sesgar

34 correr
57 cortar
16 desechar
⇨ir a campo traviesa

atajo
1 alcorce
3 hijuela
1 vericueto

3 hatajo
2 recua
12 senda
5 trocha
6 variante
7 vereda
⇨camino de cabras

atalajar
6 artillar

atalaje
8 ajuar
1 atelaje
9 equipo
  guarniciones
2 jaeces
2 menaje
8 tiro

9 arreos

atalantar(se)
74 aturdir(se)

atalaya
1 almena
9 centinela
21 elevación
18 eminencia
5 escucha
3 faro
8 garita
3 garitón
3 observador
10 prominencia
1 roqueta
8 vigía
11 viso(s)
12 balcón
7 mirador
6 otero
8 torre

atalayar
5 avizorar(se)
19 observar
17 acechar
5 espiar
11 vigilar

atalayero
9 centinela

atamán
5 cosaco

atamiento
29 apocamiento

atanco
15 dificultad

atanquía
1 adúcar
1 cadarzo

atañer
10 aludir(se)
8 concernir
13 corresponder
11 importar
6 incumbir

8 pertenecer
1 respectar
39 tocar(se)

atapiernas
3 ataderas
22 liga
14 macho

ataque
17 acceso
34 accidente
15 acometida
9 acometimiento
9 agresión
5 arremetida
10 asalto
19 combate
9 embestida
23 lucha
3 ofensiva
11 pendencia
5 polémica
11 altercado
10 cubrimiento
18 disputa
9 patatús
6 soponcio
41 ◁ defensa

ataquiza
6 acodo

ataquizar
2 amugronar

atar(se)
6 abitar
30 acoplar(se)
1 afrenillar
10 agarrotar
19 agavillar
11 aherrojar
59 ajustar(se)
2 amanear
6 amanillar
25 amarrar(se)
12 anudar(se)
1 apealar
3 apercollar
2 apersogar
29 apresar(se)
6 arrizar

48 asociar(se)
19 atacar(se)
38 atascar(se)
2 atraillar
5 atramparse
44 ceñir(se)
3 clavetear
15 embarazar(se)
8 empalmar
24 encadenar(se)
7 encordelar
2 enmaromar
1 envilortar
2 estacar
1 herretear
74 juntar(se)
1 lacear
5 lazar
39 liar(se)
37 ligar(se)
2 mancornar
4 maniatar
38 pegar(se)
1 precintar
49 reunir(se)
35 trabar(se)
7 uncir
79 unir(se)
7 vendar
7 vincularse

2 encordonar
13 enlazar
2 ensogar
4 apergollar
9 apiolar
19 aprisionar
11 arrendar
7 atrincar
11 empatar
7 manear(se)
2 pialar
8 trincar
⇨estar con el cuello
⇨verse negro

17 ◁ desatar(se)
9 ◁ desenlazar(se)
11 ◁ desenredar
8 ◁ desligar(se)
42 ◁ soltar(se)

atarantado
27 aturdido
25 bullicioso

14 confuso
16 distraído
10 travieso
7 ◁*cuerdo*
6 ◁*sensato*

atarantamiento
38 aturdimiento

atarantarse
1 atontolinarse
74 aturdir(se)
2 espabilarse
30 atontarse

ataraxia
7 frialdad
6 impasibilidad
4 impavidez
3 ◁*sensibilidad*

atarazana
9 arsenal
2 astillero

atarazar
3 dentellear
6 rasgar

atardecer
5 crepúsculo
1 tarde
1 véspero
21 ◁*amanecer*

atareado
10 abrumado
26 activo
3 afanado
11 afanoso
7 agitado
3 ajetreado
10 aperreado
20 apurado
1 atosigado
25 diligente
1 engolfado
5 trabajador
5 ocupado
⇨sin tiempo para rasca
18 ◁*libre*

atarear(se)
28 abrumar(se)
25 acalorar(se)
34 afanar(se)
27 agobiar(se)
13 ajetrear(se)
3 atrafagar(se)
11 enfrascar(se)
4 engolfar(se)
35 ocupar(se)
6 ◁*desocupar(se)*
3 ◁*vaguear*

atarjea
10 albañal
10 alcantarilla
3 canalillo
7 canalón
5 conducto
29 depósito
3 encañado
1 encañonado

atarraga
1 olivarda

atarragar
24 clavar(se)
3 clavetear
19 saciar(se)
45 hartar
⇨ponerse como el quico
⇨ponerse las botas

atarrajar
9 atornillar

atarugamiento
9 hartazgo
5 plenitud
19 confusión
10 timidez
16 ◁*vacío*
32 ◁*atrevimiento*

atarugar(se)
12 acuñar
31 ahitar(se)
45 apocar(se)
2 asolvar
38 atascar(se)

22 atestar(se)
11 atragantar(se)
74 aturdir(se)
49 callar(se)
37 cerrar(se)
5 colmar
4 entripar(se)
33 llenar(se)
11 obstruir
5 obturar
24 rellenar(se)
3 repletar
19 saciar(se)
22 tapar(se)
39 atracar

atasajar
7 cecinar

atascadero
3 lodazal
15 dificultad

atascamiento
14 apuro(s)
14 detención(es)
2 sofoco
11 atasco
15 dificultad
13 ◁*soltura*

atascar(se)
2 asolvar
20 atarugar(se)
7 atollar(se)
11 atragantar(se)
16 atrancar(se)
7 aturar(se)
5 azolvar
21 cegar(se)
37 cerrar(se)
5 congestionar(se)
49 detener(se)
15 embarazar(se)
5 embarrancar
5 embotellar(se)
15 empantanar(se)
1 empozar(se)
7 encallar
6 enquistarse
14 estancar(se)
11 obstruir

5 obturar
8 ocluir
1 sonrodarse
22 tapar(se)
35 trabar(se)
3 encuartar(se)
61 atar
30 atontarse
21 atorar
5 encasquillar
5 enchivarse
13 impedir
4 peludear(se)
35 ◁*abrir(se)*
4 ◁*desatascar(se)*
4 ◁*descongestionar*
11 ◁*desembarazar(se)*
2 ◁*desembrozar(se)*

atasco
1 atranco
7 desbarajuste
2 embotellamiento
8 obstrucción
15 dificultad
15 embrollo
18 enredo
24 follón
16 galleta
15 jaleo
11 lío

ataúd
3 urna
33 caja
12 cajón
3 féretro

ataujía
1 damasquinado
7 embutido

ataviado
9 elegante
4 engalanado
1 enjaezado
16 adornado
8 ◁*desastrado*

ataviar(se)
39 acicalar(se)
16 adobar

atávico

21 adornar
12 aliñar(se)
1 ancestral
36 apañar(se)
83 arreglar(se)
17 asear(se)
14 atildar(se)
14 embellecer(se)
5 emperejilar
12 emperifollar(se)
17 engalanar(se)
3 paramentar
35 poner(se)
28 aderezar
21 arrear
4 arrebolar(se)
21 arriscar
14 atusar
34 componer
5 engalibar

atávico
1 ancestral

atavío(s)
6 acicalamiento
13 aderezo(s)
9 arreo(s)
3 arrequives
7 atuendo
24 avío(s)
18 compostura
9 equipo
4 indumentaria
7 ornamento
8 ornato(s)
2 oropeles
2 paramento
4 perifollo(s)
5 quillotro
13 ropaje
7 sayo
1 traeres

21 adorno
5 apaño
6 efeleoflo
23 gala
4 traje
6 vestido

atavismo
12 costumbre

ataxia
6 irregularidad
⇨desarreglo nervioso
⇨desorden nervioso
⇨perturbación nerviosa

ateísmo
2 anticatólico
2 anticristiano
3 antirreligioso
4 irreligiosidad
⇨desprovisto de creencias

atejonarse
24 agacharse
15 agazapar(se)
58 alzar(se)
29 encogerse

atelaje
8 atalaje

atelana
5 diálogo
5 jácara
6 loa
6 mojiganga
19 paso(s)
3 sainete
10 entremés

atembado
27 aturdido
14 confuso
7 embobado
12 ◁espabilado

atemorizado
18 azaroso
8 entelerido
11 vergonzoso

atemorizar(se)
40 acobardar(se)
7 acollonar(se)
27 acongojar(se)
20 acoquinar(se)
6 ahuevar
17 alarmar(se)
29 amilanar(se)
45 apocar(se)

17 arredrar(se)
4 aspaventar
58 asustar(se)
18 aterrar(se)
4 aterrorizar(se)
6 atortolar
12 azarar(se)
26 desalentar(se)
3 despatarrar(se)
29 encoger(se)
16 encrespar(se)
12 escamar(se)
24 espantar(se)
9 espeluznar(se)
11 horripilar(se)
11 horrorizar(se)
8 intimidar(se)
11 sobresaltar(se)
20 zurrar(se)
6 acojonar
12 achantarse
40 amedrentar
⇨hacerse un nudo en la garganta
⇨meter en un puño
⇨morir de miedo
⇨no llegarle la camisa al cuerpo
⇨no tenerlas todas consigo
⇨quitar el hipo
 ◁engallar(se)
7 ◁envalentonar(se)

atemperar(se)
30 ablandar(se)
55 acomodar(se)
21 adaptar(se)
59 ajustar(se)
25 amoldar(se)
22 amortiguar(se)
44 ceñir(se)
17 dulcificar(se)
49 mejorar(se)
21 mitigar(se)
31 moderar(se)
15 paliar
39 suavizar(se)
8 contemporizar
13 curar
9 endulzar
33 hacerse

30 templar
⇨andar con componendas
⇨quitar hierro

atenacear(se)
51 afligir(se)
34 apenar(se)
2 atenazar
6 martirizar(se)
114 molestar(se)
8 torturar(se)
19 ◁acariciar(se)
42 ◁soltar(se)

atenazar
25 amarrar(se)
14 sujetar
42 ◁soltar(se)

atención(es)
10 absorción
21 agasajo
14 amabilidad
53 amor
8 análisis
13 aprecio
30 asunto(s)
22 averiguación
11 beneficencia
25 beneficio(s)
17 caricia
19 circunspección
33 consideración(es)
2 cortesanía
20 cortesía
22 cuidado
7 curiosidad
10 deferencia
20 delicadeza
13 educación
5 esmero
12 examen
11 galantería
8 meditación
8 miramiento
22 negocio(s)
2 ocupaciones
14 ojo(s)
12 ponderación
2 quehaceres
9 reflexión

13 respeto(s)
7 solicitud
3 tensión
22 trabajo(s)
4 urbanidad
7 vigilancia
13 aplicación
34 aviso
16 diligencia
40 ánimo
18 cumplido
10 escrúpulo
16 favor
7 obsequio
⇨ojo avizor

7 ◁*desatención*
16 ◁*distracción*
6 ◁*inadvertencia*

atenciones
30 asunto(s)
15 ceremonias
22 negocio(s)
1 obligaciones
2 ocupaciones
2 quehaceres
13 respeto(s)
22 trabajo(s)
18 cumplido

atender(se)
19 acoger(se)
23 advertir
9 agasajar
10 aguardar(se)
5 atalayar
13 considerar(se)
13 contemplar(se)
22 cuidar(se)
27 cumplir(se)
4 escuchar
39 fijar(se)
19 observar
7 oír
10 procurar
44 satisfacer(se)
27 velar(se)
17 acechar
13 curar
11 curiosear
4 esperar
5 espiar

25 mirar
11 vigilar
⇨abrir los ojos
⇨aguzar los oídos
⇨estar a la mira
⇨estar pendiente de
⇨ocuparse de
⇨prestar atención
⇨tener en cuenta
⇨tener puestos los cinco sentidos
⇨tomar en consideración
22 ◁*abandonar(se)*
◁*desacatar*

atendible
18 importante
34 notable(s)
8 chocante
18 ◁*insignificante*

atendido
1 escuchado
17 atento
7 considerado
10 mirado

ateneísta
15 asociado

ateneo
5 casino
28 asociación
16 sociedad

atenerse
55 acomodar(se)
19 adherir(se)
59 ajustar(se)
25 amoldar(se)
38 arrimar(se)
44 ceñir(se)
27 limitar(se)
26 remitir(se)
14 sujetarse

atentado
9 asesinato
8 circunspecto
8 crimen

7 cuerdo
8 delito
12 discreto
3 homicidio
8 moderado
13 prudente
37 golpe

atentamente
9 alerta
1 amablemente
2 apercibido
1 correctamente
1 cortesanamente
1 cortésmente
7 cumplidamente
1 delicadamente
2 galantemente
1 obsequiosamente
1 respetuosamente
1 servicialmente
1 solícitamente
1 urbanamente
17 atento
13 dispuesto
25 pronto
⇨con los cinco sentidos
⇨con mil ojos
1 ◁*descortésmente*
1 ◁*incorrectamente*
◁*irrespetuosamente*

atentar(se)
16 agredir(se)
19 atacar(se)
80 burlar(se)
21 contener(se)
8 contravenir
1 delinquir
9 infringir
31 moderar(se)
11 palpar(se)
21 reprimir(se)
23 tentar(se)
6 transgredir
40 vencer(se)
20 violentar(se)
14 vulnerar
9 violar
27 ◁*cumplir(se)*
8 ◁*respetar*

atento
32 afable
14 comedido
12 cortés
7 educado
16 fino
7 galante
6 obsequioso
3 respetuoso
5 solícito
12 afectuoso
18 amable
4 atendido
6 complaciente
7 considerado
13 dispuesto
13 preparado
4 servicial

atenuación
5 debilitación
16 disminución
1 paliación
5 suavización
23 ◁*aumento*

atenuante
2 paliativo
5 propicio
6 lenitivo
◁*agravante*

atenuar(se)
4 abirritar
14 adelgazar(se)
12 amenguar
14 aminorar(se)
22 amortiguar(se)
36 aplacar(se)
17 debilitar
19 disminuir(se)
19 empequeñecer(se)
52 matar(se)
3 menguar
8 minorar
21 mitigar(se)
31 moderar(se)
15 paliar
10 propiciar(se)
39 rebajar(se)
19 relajar(se)

ateo

39 suavizar(se)
3 sutilizar(se)
20 aligerar
59 ◁*aumentar(se)*
13 ◁*fortalecer(se)*
18 ◁*fortificar*

ateo
5 agnóstico
2 anticatólico
2 anticristiano
3 antirreligioso
9 incrédulo
⇨desprovisto de fe
2 ◁*creyente*

ateperetarse
17 atolondrarse
30 atontarse
2 ◁*espabilarse*

aterciopelado
6 afelpado
3 algodonoso
4 lanoso
5 lanudo
1 velloso
6 velludo

aterecerse
11 aterirse

atericiarse
5 biliar

aterido
3 congelado
2 friolero
16 helado
4 pasmado
7 ◁*sofocado*

aterimiento
11 enfriamiento
2 helamiento
11 pasmo
2 ◁*sofoco*

aterir(se)
1 aterecerse
4 encanijarse

18 enfriar(se)
19 pasmar(se)
12 sobrecoger(se)
3 emparamarse
11 helarse
⇨pasmarse de frío
⇨quedar hecho un carámbano
⇨quedar hecho un sorbete
⇨quedarse helado
38 ◁*calentar(se)*

aterrado
5 aterrorizado

aterrador
3 alucinante
9 enloquecedor
11 espantoso
15 espeluznante
14 horrible
1 hórrido
11 horripilante
4 horrísono
13 impresionante
7 pavoroso
8 perturbador
10 temible
14 terrible
1 terrífico
8 terrorífico
8 tremebundo
12 tremendo
5 turbador

aterrajar
9 atornillar
5 roscar

aterraje
4 aterrizaje

aterrar(se)
59 abatir(se)
40 acobardar(se)
27 acongojar(se)
20 acoquinar(se)
17 alarmar(se)
58 asustar(se)
36 atemorizar(se)
6 aterrizar

4 aterrorizar(se)
17 derribar(se)
24 espantar(se)
9 espeluznar(se)
11 horripilar(se)
11 horrorizar(se)
23 imponer(se)
21 postrar(se)
40 amedrentar
⇨dar en tierra con
61 ◁*animar(se)*

aterrizaje
1 aterraje
6 descenso
2 llegada
2 planeo
◁*despegue*

aterrizar
18 aterrar(se)
35 bajar(se)
17 descender
11 planear
⇨tomar suelo
⇨tomar tierra

aterrorizado
1 aterrado
4 despavorido
3 horrorizado
1 sobrecogido
12 miedoso
23 ◁*animado*
9 ◁*valiente*

aterrorizar(se)
36 atemorizar(se)
18 aterrar(se)
24 espantar(se)
11 temer

atesar
20 atirantar(se)
46 irse
60 largarse
53 marchar
5 requintar
37 ◁*llegar(se)*

atesoramiento
11 acaparamiento
15 acopio

4 almacenamiento
12 ◁*prodigalidad*
10 ◁*pobreza*

atesorar
18 acumular(se)
11 ahorrar(se)
15 almacenar(se)
8 amasar(se)
42 amontonar(se)
8 economizar
11 encerrar
2 entalegar
44 guardar(se)
32 ◁*gastar(se)*
6 ◁*dilapidar*

atestación
7 alegación
5 dictamen
3 testificación
6 testimonio

atestado
5 abarrotado
10 atiborrado
8 cabezudo
5 henchido
3 inapelable
13 informe
7 testarudo
6 testimonio
8 tozudo
10 colmado
14 lleno
10 repleto
9 terco
⇨de bote en bote
⇨erre que erre
⇨escrito testimonial
⇨hasta los topes
⇨sin caber ni un alfiler
9 ◁*exhausto*
16 ◁*vacío*

atestados
1 testimoniales

atestamiento
5 henchimiento

atestar(se)
11 abarrotar(se)
43 alimentar(se)
5 apiparse
52 asegurar(se)
19 atacar(se)
20 atarugar(se)
22 atestiguar(se)
30 atiborrar(se)
1 atochar
5 colmar
12 comprimir(se)
12 embutir
20 henchir(se)
33 llenar(se)
24 rellenar(se)
3 repletar
4 taquear
5 testificar
5 testimoniar
39 atracar
6 atucunar
⇨ponerse como el quico
14 ◁*vaciar(se)*

atestiguación
11 proclamación

atestiguar
26 abonar(se)
16 acotar
7 adverar
43 afirmar(se)
22 atestar(se)
2 autentificar
2 cerciorar
17 certificar
5 contestar
11 declarar
10 demostrar
10 deponer
12 legalizar
1 legitimar
6 preguntar(se)
19 probar
5 refrendar
1 repreguntar
5 rubricar
5 testificar
5 testimoniar
5 visar

atetar
7 amamantar(se)

⇨dar la teta

atezado
1 azabachado
4 bronceado
3 endrino
6 ennegrecido
3 moreno
32 oscuro
1 pizmiento
3 quemado
3 tostado
19 negro

atezar(se)
21 alisar(se)
1 denegrir
12 lustrar(se)
2 tersar
8 tiznar(se)

atiborrado
18 atestado
13 completo
7 nutrido
11 pleno
10 pletórico
12 relleno
7 saciado
6 saturado
12 harto
14 lleno

atiborrar(se)
11 abarrotar(se)
9 aforrar(se)
31 ahitar(se)
43 alimentar(se)
5 apiparse
19 atacar(se)
22 atestar(se)
5 colmar
18 empapar(se)
10 empapuzar(se)
20 henchir(se)
38 hinchar(se)
33 llenar(se)
24 rellenar(se)
19 saciar(se)
17 saturar(se)
4 taquear
5 tacar(se)

2 atibunar
39 atracar
6 atucunar
17 forrar
45 hartar
19 soplar
⇨ponerse como el chico del esquilador
⇨ponerse como el quico
14 ◁*vaciar(se)*

atibunar
30 atiborrar(se)
45 hartar

aticismo
23 agudeza
20 delicadeza
15 ingenio
10 ◁*tosquedad*

ático
7 altillo
10 buhardilla
13 desván
6 irónico
4 trastero
25 agudo
40 ◁*bajo(s)*
2 ◁*sótano*

atierre
3 desmoronamiento
5 escombros
10 hundimiento

atiesar
20 atirantar(se)
2 entiesar
2 retesar
2 tesar
30 templar
4 ◁*destemplar(se)*
39 ◁*arrugar*

atijara
17 comercio
3 mercancía
14 merced
11 propina

7 recompensa

atila
20 bárbaro
18 cruel
10 destructor
7 guerrero
2 huno
17 ◁*humano*
18 ◁*generoso*

atildado
15 curioso
9 elegante
6 impecable
12 pulcro
6 peripuesto
19 taco
⇨al detalle
⇨hecho un brazo de mar
⇨hecho un figurín
18 ◁*astroso*
17 ◁*calamidad*

atildamiento
6 elegancia
19 limpieza
7 pulcritud
20 arreglo
14 ◁*dejadez*
14 ◁*suciedad*

atildar
17 acentuar(se)
39 acicalar(se)
21 adornar
83 arreglar(se)
17 asear(se)
22 ataviar(se)
19 censurar
10 criticar
5 emperejilar
8 tachar
5 tildar
34 componer
50 limpiar
⇨poner tildes
65 ◁*alabar(se)*
8 ◁*desarreglar(se)*

atinar

16 ◁*ensuciar(se)*

atinar
12 acertar
22 adivinar
6 descifrar
23 encontrar(se)
22 hallar(se)
⇨dar con

atíncar
3 bórax

atinconar
43 afirmar(se)

atinente
2 perteneciente
6 pertinente
5 tocante
6 referente
⇨referido a
⇨relativo a
⇨tocante a

atingente
4 concerniente
6 relativo
5 tocante

atiparse
43 alimentar(se)

atirantado
20 atirantar(se)

atirantar(se)
5 aballestar
43 afirmar(se)
52 asegurar(se)
5 atiesar(se)
1 atirantado
9 cazar
20 complicar(se)
2 entesar
2 entiesar
51 extender(se)
2 retesar
3 tensar
11 vigorizar
2 tesar
30 armar

5 atesar
64 estropearse
5 requintar
30 templar
⇨poner tirante
22 ◁*alojar(se)*
2 ◁*destensar*
19 ◁*relajar(se)*

atiriciarse
5 biliar

atisba
17 atalaya
8 vigía

atisbadura
7 atisbo

atisbar(se)
25 abstraer(se)
3 amaitinar
22 apreciar(se)
5 avizorar(se)
6 divisar
6 indiciar
19 observar
7 ojear
5 otear
2 jurgucear
5 pajarear
17 acechar
5 balconear
4 coquear
2 cufiar
9 chapar
7 esculcar
5 espiar
3 ispear
25 mirar
3 obenquiar
6 ochar
9 pastorear
2 tlachar
5 ventear
11 vigilar

atisbo
1 atisbadura
11 barrunto
15 indicio(s)
12 presunción
6 sospecha
9 vislumbre

27 señal

atizador
20 barra
3 espetón
2 hurgonero
14 palo
10 vara

atizar(se)
8 activar
22 aguijonear(se)
40 aplicar(se)
38 arrimar(se)
34 avivar(se)
4 batanear
23 cascar(se)
4 contundir
63 dar(se)
9 despabilar(se)
23 enardecer(se)
20 engullir(se)
4 enjaretar
31 entregar(se)
28 estimular(se)
60 excitar(se)
8 fomentar
1 hurgonear
17 incitar(se)
38 pegar(se)
8 propinar
14 reanimar(se)
17 remover
31 sacudir(se)
5 vapulear
5 espetar
6 abanar
7 abofetear
21 arrear
8 deglutir
23 encender
3 felpear
24 golpear
6 humear
13 hurgar
6 jorungar
18 mosquear
31 tragar
44 ◁*calmar(se)*

atizonar
43 afirmar(se)
52 asegurar(se)

atlante
1 telamón

atlántico
2 marítimo
2 oceánico

atlas
18 carta
6 mapa
1 mapamundi
2 planisferio

atleta
6 combatiente
5 forzudo
1 gladiador
2 hércules
2 hombracho
1 hombrachón
4 jayán
5 luchador
4 musculoso
2 púgil
2 sansón
3 toro
15 corredor
5 gimnasta
1 nadador
3 saltador
4 mallo
4 roble
23 ◁*flojo*

atlético
8 corpulento
5 forzudo
4 musculoso
22 fuerte
10 ◁*enclenque*

atletismo
2 deporte
1 gimnasia

atmósfera
46 aire(s)
9 ambiente
12 cielo
4 clima
5 firmamento
1 endosfera

1 estratosfera

atmosférico
7 atmósfera

atoar
2 remolcar
3 sirgar
1 toar
43 arrastrar
58 tirar

atocinado
3 barrigón
1 barrigudo
2 cebón
1 gordiflón
2 gordinflas
17 grueso
7 gordinflón
19 gordo

atocinar(se)
9 amartelar(se)
2 descuartizar
37 enamorar(se)
6 engordar
12 amostazarse
5 asesinar
40 cabrearse
63 irritarse
18 mosquear
⇨hacer grasas
⇨ponerse como un cerdo

atocha
1 atochón
1 esparto

atochada
15 caballón

atochar
22 atestar(se)

atochón
2 atocha

atole
6 baile
3 jarabe

3 gachas

atolón
4 bajío
6 isla

atolondradamente
11 atropelladamente

atolondrado
27 aturdido

atolondramiento
38 aturdimiento

atolondrar(se)
25 admirar(se)
30 atontar(se)
23 atropellar(se)
74 aturdir(se)
9 aturullar(se)
9 embrutecer(se)
39 liar(se)
16 ofuscar(se)
20 precipitar(se)
26 trastornar(se)
5 elementar(se)
13 abombar(se)
40 amedrentar
2 ateperetarse
18 atufar
2 azurumbarse
57 cortar
1 ◁espabilar

atolladal
14 atolladero

atolladero
2 abarrancadero
14 apuro(s)
2 atascadero
1 atolladal
6 fandango(s)
5 fangal
2 paular
1 tolladar
2 trampal
19 embarazo
3 lodazal
14 aprieto
11 atasco

15 dificultad

atollar(se)
3 abarrancarse
38 atascar(se)
16 atrancar(se)
5 embarrancar
15 empantanar(se)
8 entrampar(se)

atómico
3 bolígrafo

atomización
6 desintegración
16 destrucción
12 escisión
3 pulverización
1 fisión

atomizar
9 desintegrar
21 dividir(se)
5 pulverizar

átomo
3 miaja
13 partícula
7 pizca

atondar
22 aguijonear(se)

atonía
22 aflojamiento
7 marasmo

atónito
4 asombrado
7 estupefacto
5 maravillado
4 pasmado
9 sorprendido
16 triste
12 suspenso
7 alucinado
8 cariacontecido
5 espantado
5 patidifuso
6 turulato
⇨como quien ve visiones

⇨con la boca abierta
⇨sin poder hablar
4 ◁desinteresado
4 ◁despistado

átono
1 inacentuado
14 débil

atontadamente
2 imprudentemente
1 indiscretamente
1 inoportunamente
2 irreflexivamente
1 neciamente
1 tontamente
⇨a tontas y a locas
⇨sin causa ni fundamento

atontado
4 pasmado
1 semidormido
7 embobado
12 mentecato
22 necio
16 ◁inteligente
21 ◁avispado

atontamiento
38 aturdimiento

atontar(se)
11 abobar(se)
8 abotagarse
12 alelar(se)
8 alienar(se)
9 anestesiar(se)
38 atascar(se)
17 atolondrar(se)
74 aturdir(se)
15 bolear(se)
11 delirar
18 deslumbrar(se)
9 desmayar(se)
20 embeber(se)
20 embelesar(se)
37 embriagar(se)
9 embrutecer(se)
7 entontecer(se)
10 insensibilizar(se)

atontolinarse

20 marear(se)
16 ofuscar(se)
20 precipitar(se)
10 transponer(se)
6 aletargar
5 elementar(se)
4 atarantarse
2 ateperetarse
18 atufar
11 embaucar
4 peludear(se)
⇨sorber el seso

3 ◁*despertar(se)*
1 ◁*espabilar*

atontolinarse
4 atarantarse

atoramiento
38 aturdimiento
8 obstrucción

atorar(se)
20 atarugar(se)
38 atascar(se)
7 atollar(se)
11 atragantar(se)
7 aturar(se)
5 azolvar
21 cegar(se)
49 detener(se)
15 empantanar(se)
7 encallar
16 enfangar(se)
19 enganchar(se)
11 obstruir
50 parar(se)
22 tapar(se)
7 tupir
18 acometer
5 emprender
5 enchivarse
4 peludear(se)

atorcazar
40 acobardar(se)
29 amilanar(se)
17 arredrar(se)
39 arrugar
7 ◁*envalento-
nar(se)*

atormentado
12 afligido
6 amarrido
8 apenado
6 contrito
8 destrozado
1 flébil
10 lóbrego
1 lloroso
4 martirizado
7 misántropo
4 tétrico
3 tristón
14 cuitado

atormentador
6 martirizador

atormentar(se)
9 aborrascar(se)
11 acibarar(se)
27 acongojar(se)
51 afligir(se)
10 agarrotar
22 aguijonear(se)
21 amargar(se)
25 apasionar(se)
34 apenar(se)
65 apretar(se)
2 atarazar
6 atribular(se)
2 cuitar(se)
6 deplorar
6 desconsolar(se)
14 desolar(se)
9 despedazar
24 destrozar(se)
20 disgustar(se)
22 doler(se)
27 enojar(se)
3 enrodar
10 escocer(se)
28 inquietar(se)
6 martirizar(se)
114 molestar(se)
2 recocerse
6 reconcomer(se)
2 remorder
11 requemar(se)
9 roer(se)
3 tarazar
8 torturar(se)
15 consumir

⇨dar tormento
21 ◁*tranquilizar(se)*

atornillar
50 apurar(se)
1 atarrajar
2 aterrajar
18 atosigar(se)
1 avellanar
3 enroscar
1 entornillar
114 molestar(se)
11 insistir

atoro
14 apuro(s)
14 aprieto
11 atasco

atorrante
27 holgazán
6 vagabundo
19 golfo
16 vago

atortolamiento
38 aturdimiento

atortolar
40 acobardar(se)
20 acoquinar(se)
36 atemorizar(se)
74 aturdir(se)
54 confundir(se)
40 amedrentar

7 ◁*envalento-
nar(se)*

atortujar
45 aplastar(se)

atosigado
14 atareado

atosigamiento
6 acoso
11 cansancio
10 ◁*paz*
9 ◁*tranquilidad*

atosigante
6 abrumador

atosigar(se)
28 abrumar(se)
27 agobiar(se)
20 apremiar(se)
50 apurar(se)
9 atornillar
41 cansar(se)
6 emponzoñar
12 envenenar(se)
25 esforzar(se)
60 excitar(se)
37 fatigar(se)
4 intoxicar
114 molestar(se)
5 hamaquear
14 importunar
10 oprimir
⇨dar prisa
⇨no dejar en paz

atrabajado
1 azacanado
1 azacaneado
8 forzado
4 innatural
13 sobado
8 trabajoso

atrabancar
8 arrollar
23 atropellar(se)
29 saltar(se)

atrabiliario
7 acedo
18 airado
2 atrabilioso
6 bilioso
1 currinche
15 destemplado
8 malhumorado
12 melancólico
3 pesimista
21 adusto
10 colérico
2 irascible
6 irritable
17 irritado

atrabilioso
14 atrabiliario
6 bilioso

atrabilis
- 11 humor
- 3 malhumor
- 22 melancolía
- 11 cólera
- 38 ◁ *alegría(s)*
- 40 ◁ *ánimo*

atracadero
- 3 amarradero
- 6 ancladero
- 2 arrimadero
- 8 fondeadero
- 11 muelle
- 1 desembarcadero

atracado
- 18 agarrado
- 9 cicatero
- 19 hinchado
- 5 jipato
- 19 mezquino
- 26 rígido
- 20 severo
- 12 tacaño
- 6 ◁ *desprendido*
- 11 ◁ *comprensivo*

atracador
- 8 agresor
- 3 asaltante
- 3 atacante
- 9 bandido
- 1 bandolero
- 11 caco
- 13 ladrón
- 6 salteador

atracar(se)
- 6 abarloar
- 12 abordar
- 16 agredir(se)
- 31 ahitar(se)
- 5 apiparse
- 23 aproximar(se)
- 38 arrimar(se)
- 11 asaltar(se)
- 19 atacar(se)
- 20 atarugar(se)
- 22 atestar(se)
- 30 atiborrar(se)
- 5 colmarse
- 5 emboscar(se)
- 17 empachar(se)
- 20 henchir(se)
- 38 hinchar(se)
- 37 llegar(se)
- 29 pelear(se)
- 24 rellenar(se)
- 19 saciar(se)
- 4 saltear
- 5 saquear
- 20 zurrar(se)
- 30 atiborrarse
- 6 atucunar
- 24 golpear
- 45 hartar
- 33 llenarse
- 38 pegarse
- 22 reñir
- 79 unirse
- ⇨ ponerse como el chico del esquilador
- ⇨ ponerse como el quico
- ⇨ ponerse las botas

atracción
- 17 afinidad
- 9 captación
- 8 cohesión
- 12 cordialidad
- 11 efusión
- 6 espectáculo
- 12 gravedad
- 2 gravitación
- 6 imán
- 6 llamamiento
- 6 sugestión
- 20 adherencia
- 35 atractivo
- 24 simpatía
- 5 ◁ *repulsión*
- 23 ◁ *antipatía*

atracciones
- 18 feria

atraco
- 9 despojo
- 4 rapiña
- 19 amenaza
- 8 robo

atracón
- 9 hartazgo
- 2 hartazón
- 2 mascada
- 3 repleción
- 7 comilona
- 4 panzada

atractivo
- 38 agradable
- 10 aliciente
- 12 anzuelo
- 18 atrayente
- 2 cancamusa
- 15 cebo
- 8 embeleso
- 14 encantador
- 14 encanto
- 8 fascinación
- 4 gachón
- 1 gachonería
- 9 garabato
- 3 gitanería
- 10 gitano
- 18 gracia(s)
- 15 halago(s)
- 8 halagüeño
- 29 hechicero(a)
- 11 hechizo
- 6 incentivo
- 15 interés
- 5 interesante
- 5 llamativo
- 13 magia
- 11 pluma
- 5 quillotro
- 7 reclamo
- 9 reducción
- 1 retrechero
- 7 seductor
- 36 alegre
- 14 atracción
- 15 coquetería
- 16 gancho
- 21 ◁ *repugnante*

atraer(se)
- 19 absorber
- 12 acarrear
- 19 aclamar
- 30 agradar
- 8 amenizar
- 39 arrebatar(se)
- 11 arrobar(se)
- 13 aspirar
- 9 asumir
- 5 brindar
- 14 captar
- 17 causar
- 13 cautivar
- 19 cebar(se)
- 10 conciliar
- 11 conquistar
- 13 chupar
- 9 deleitar
- 20 embeber(se)
- 3 encabestrar
- 15 encantar(se)
- 19 enganchar(se)
- 15 engolosinar(se)
- 40 ganar(se)
- 6 hipnotizar
- 13 ilusionar(se)
- 15 inducir
- 23 interesar(se)
- 4 magnetizar(se)
- 10 motivar
- 7 ocasionar
- 39 originar(se)
- 18 provocar
- 12 seducir
- 8 solicitar
- 43 arrastrar
- 13 granjear
- 7 halar
- 13 hechizar
- 18 jalar
- 33 llamar
- 58 tirar
- 3 tironear
- 12 ◁ *ahuyentar*
- 3 ◁ *asquear*
- 10 ◁ *desagradar*
- 2 ◁ *destorrentar*
- 13 ◁ *rechazar*

atrafagar(se)
- 34 afanar(se)
- 37 fatigar(se)
- 41 cansarse

atragantar(se)
- 20 atarugar(se)
- 38 atascar(se)
- 5 obturar

atraganto

50 parar(se)
37 turbar(se)
21 atorar
57 cortar
⇨no comprender
⇨no entender
⇨quedarse sin habla

atraganto
16 ahogamiento

atraído
5 cautivado
6 fascinado

atraillar
46 dominar(se)
61 atar

atramento
19 negro

atrampar
35 agarrar(se)

atramparse
21 cegar(se)
37 cerrar(se)
22 tapar(se)
8 taponar(se)
28 obstinarse

atrancado
27 cerrado

atrancar(se)
52 asegurar(se)
38 atascar(se)
7 atollar(se)
21 cegar(se)
37 cerrar(se)
11 encerrarse
11 obstruir
5 obturar
8 ocluir
12 resguardar(se)
22 tapar(se)
1 tranquear
35 aislarse
39 empeñarse
28 obstinarse
9 trancar

4 ◁desatascar(se)

atranco
15 dificultad

atrapada
4 cogida

atrapado
18 agarrado
18 alcanzado
9 asido
    ◁soltado

atrapar
35 agarrar(se)
24 apoderar(se)
20 coger
24 conseguir(se)
16 contraer(se)
43 engañar(se)
8 engatusar
3 lograr
16 pillar(se)
22 alcanzar
4 pescar
42 ◁soltar(se)

atraque
3 amarre

atrás
4 abajo
15 anteriormente
6 antes
3 detrás
5 lejos
1 pos
1 redro
3 tras
8 sobre
⇨al revés
⇨a la cola
⇨a las espaldas
⇨a la zaga
⇨a posteriori
⇨a raíz de
⇨de reata
⇨en pos
1 ◁adelante
    ◁después

atrasado
18 alcanzado
5 anticuado
8 empeñado
2 entrampado
3 pospuesto
4 postergado
7 posterior
4 rancio
6 redrojo
1 redruejo
7 rutinario
7 tardío
22 viejo
9 pasado
10 ◁actual

atrasar(se)
17 demorar(se)
8 diferir
29 dilatar(se)
4 posponer
7 prolongar
12 relegar(se)
9 retardar(se)
17 retrasar(se)
12 retroceder
1 retrotraer
8 rezagar(se)
1 trasconejarse
3 postergar
⇨perder facultades
⇨perder terreno
24 ◁adelantar(se)
6 ◁anteponer(se)

atraso
28 alcance(s)
4 anquilosamiento
3 débito
8 demora
7 deuda
5 dilación
12 ignorancia
13 incultura
3 mentecatez
2 retardación
5 retardo
6 retraso

atravesado
9 avieso
34 malo

5 mestizo
9 perverso
10 transparente
1 trasfijo

atravesar(se)
19 agujerear
23 arriesgar(se)
16 barrenar
25 calar(se)
19 circular
21 cruzar(se)
6 desfilar
4 empalar
1 endemoniar
9 engarzar
4 enjaretar
6 ensartar
6 entremeterse
16 filtrar(se)
14 hender
18 hincar(se)
4 horadar
18 interponer(se)
6 ocurrir
48 pasar(se)
5 perforar
33 presentar(se)
9 recorrer
22 salvar(se)
3 surcar
7 surgir
2 terciar
10 transponer(se)
1 travesar
3 vadear
3 enclavar
3 enhebrar
5 espetar
9 aojar
8 embrujar
13 hechizar
6 intervenir
12 traspasar
3 trasponer
⇨atragantársele uno

atrayente
38 agradable
15 apetitoso
12 deleitable
5 embebedor
4 embrujador

14 encantador	1 ciegamente	2 trafalmejas	2 mobiliario
4 fascinante	1 desaforadamente	12 ufano	
7 grato	1 descaradamente	18 cara	**atribución**
8 halagüeño	2 despreocupada-	11 descarado	9 concesión
5 interesante	mente	18 descocado	15 donación
5 llamativo	2 imprudentemente	27 desvergonzado	1 facultades
18 original	2 intrépidamente	7 entrador	13 origen
7 seductor	1 osadamente	18 fresco	poderes
6 tentador	1 temerariamente	19 jeta	5 pretexto(s)
5 hipnótico	1 valerosamente	9 valiente	6 señalamiento
35 atractivo	2 valientemente	12 ◁*cauteloso*	4 suposición
6 garrudo	1 vigorosamente	16 ◁*correcto*	13 aplicación
4 llenador	⇨a ciegas	6 ◁*vacilante*	18 asignación
10 ◁*ominoso*	⇨a muerte o a vida		12 atributo
	⇨a Roma por todo	**atrevimiento**	27 acusación
atreguado	⇨a todo trance	21 ala(s)	14 causa
6 lunático	⇨a tontas y a locas	4 aplomo	6 epíteto
	⇨a ultranza	28 arresto(s)	
atreguar	⇨a viva fuerza	21 audacia	**atribuible**
⇨dar treguas	⇨de rondón	8 avilantez	5 achacable
	⇨echarlo todo a rodar	16 bizarría	3 aplicable
atrever(se)	⇨por zancas o por ba-	19 brío	3 imputable
23 arriesgar(se)	rrancas	11 decisión	4 ◁*disculpable*
23 arrostrarse	⇨salga lo que saliere	18 demasía	
18 aventurar(se)	⇨salga pez o salga rana	3 descoco	**atribuído**
5 avilantarse	⇨sin encomendarse a	13 desenvoltura	1 achacado
30 crecer(se)	Dios ni al diablo	11 insolencia	1 imputado
27 decidir(se)		10 intrepidez	
3 descararse	◁*cobardemente*	9 irreflexión	**atribuir(se)**
34 determinar(se)		9 temeridad	26 abonar(se)
4 insolentarse	**atrevido**	7 tupé	6 achacar
53 lanzar(se)	14 abonado	12 valentía	22 adjudicar(se)
5 osar	9 arrestado	24 valor	4 adscribir
16 resolver(se)	17 arriesgado	14 determinación	11 ahijar(se)
42 arrojarse	15 arriscado	18 arrojo	40 aplicar(se)
⇨faltar al respeto	14 arrojado	22 barbaridad	24 apoderar(se)
⇨no ponérsele nada por	18 audaz	11 cacha	51 apropiar(se)
delante	9 barbián	7 copete	11 arrogar(se)
⇨pasar el Rubicón	10 bragado	10 descaro	9 asacar
⇨probar fortuna	7 decidido	8 desfachatez	21 asignar(se)
⇨quemar las naves	12 denodado	2 desvergüenza	27 calificar(se)
⇨ser hombre para algu-	9 despreocupado	10 empuje	16 colgar(se)
na cosa	11 determinado	17 espíritu	7 conceder
⇨subirse a las barbas	5 emprendedor	11 frescura	6 conferir
⇨tener cara para hacer	1 gallote	10 guapeza	14 consagrar(se)
17 ◁*arredrar(se)*	11 imprudente	7 osadía	63 dar(se)
40 ◁*acobardarse*	11 insolente	21 resolución	10 imputar
	10 intrépido	3 ◁*comedimiento*	9 inculpar
atrevidamente	7 osado		7 otorgar
1 arriesgadamente	2 resoluto	**atrezzo**	4 reivindicar
1 audazmente	13 resuelto	4 enseres	7 suponer
	11 sacudido	9 equipo	50 cargar
	14 suelto		
	11 temerario		

atribulado

5 reclamar
⇨cargar el muerto
⇨colgar el milagro
⇨echar el muerto
⇨echar el sambenito
⇨echar la culpa
⇨hacer cargo

atribulado
7 compungido
16 triste

atribular(se)
27 acongojar(se)
51 afligir(se)
20 angustiar(se)
34 apenar(se)
35 atormentar(se)
14 desolar(se)
21 ◁*tranquilizar(se)*

atributivo
6 calificador

atributo
21 calidad
16 cualidad
14 emblema
16 marca
15 propiedad
10 signo(s)
13 símbolo
9 adjetivo
2 modificador
9 armazón
4 peana
27 señal

atrición
18 arrepentimiento
6 compunción
13 dolor
3 remordimiento
18 temor

atril
5 facistol

atrincar
52 asegurar(se)
2 encobrar
61 atar

39 empeñarse
28 obstinarse
14 sujetar
8 trincar

atrincherado
9 amurallado

atrincheramiento
41 defensa
8 parapeto
9 resguardo
7 fortificación
5 ◁*desamparo*

atrincherar(se)
19 agavillar
15 agazapar(se)
7 amagar(se)
11 amurallar(se)
11 barrear(se)
51 cubrir(se)
11 defenderse
6 empavesar
18 fortificar
11 parapetar(se)
42 proteger(se)

atrio
11 cobertizo
2 columnata
3 conserjería
23 entrada
1 estragal
1 exedra
12 galería
1 hastiales
6 lonja
3 marquesina
2 pérgola
1 peristilo
2 porche
6 portal
2 portalada
8 pórtico
2 propileo
8 recibo
1 soportales
3 zaguán
1 zaguanete
6 claustro
11 compás

4 recibidor

atrito
1 apesarado
14 arrepentido
4 dolido
3 reconcomido
2 remordido
7 temeroso

atrocidad
13 crueldad
18 demasía
7 enormidad
10 exceso
10 imprudencia
5 inhumanidad
15 necedad(es)
6 salvajada
9 temeridad
22 barbaridad
11 burrada

atrofia
4 anquilosamiento
9 consunción
2 distrofia
6 raquitismo

atrofiado
4 anquilosado
14 canijo
5 disminuido
7 encanijado
2 paralizado
11 raquítico
18 ◁*ágil*
12 ◁*desarrollado*

atrofiar(se)
13 anquilosar(se)
15 consumirse
49 detener(se)
4 encanijarse
30 secar(se)
39 arrugar
64 estropearse

atrompetado
3 abocardado
2 acampanado

atronado
9 alocado
3 insensato
1 atolondrado
5 ◁*juicioso*

atronador
8 estridente
9 estruendoso
9 fragoso
4 resonante
7 ruidoso
8 sonoro
21 ◁*callado*
5 ◁*silencioso*

atronamiento
38 aturdimiento

atronar(se)
2 asordar
74 aturdir(se)
2 ensordecer
1 resonar
3 retumbar

atropar(se)
6 acuadrillar
19 agavillar
74 juntar(se)
49 reunir(se)

atropelladamente
1 amontonada-
 mente
1 atolondradamente
2 confusamente
1 desordenada-
 mente
1 distraídamente
2 irreflexivamente
2 precipitadamente
⇨a borbotones
⇨a lo que salga
⇨de prisa y corriendo
⇨en tropel
 ◁*pausadamente*

atropellado
14 arrojado
27 aturdido
3 derribado

1 empujado
1 fargallón
9 frívolo
3 hollado
9 inconsciente
13 irreflexivo
23 ligero
8 precipitado
1 atolondrado
16 distraído
9 pasado
9 ◁*ileso*
10 ◁*pausado*

atropellamiento
38 aturdimiento
9 barrabasada

atropellar(se)
12 abarrajar(se)
12 agraviar
42 arrojar(se)
8 arrollar
3 atrabancar
74 aturdir(se)
13 avasallar(se)
16 barrenar
8 conculcar
17 derribar(se)
33 ofender(se)
4 pechar
20 precipitar(se)
7 ultrajar
5 vejar
16 abusar
17 atolondrarse
11 empujar
10 hollar
10 impulsar
10 oprimir
9 violar
⇨pasar por encima

atropello
12 abuso
34 accidente
1 arrollamiento
3 gamberrada
13 ilegalidad
12 injusticia
3 tropelía
10 ultraje

7 vejación
7 violación
21 violencia
9 alcaldada
21 arbitrariedad
13 ◁*respeto(s)*

atroz
18 aterrador
20 bárbaro
6 bestial
18 cruel
7 descomunal
5 desmedido
10 desmesurado
4 engendro
11 espantoso
13 feroz
17 fiero
10 gigantesco
14 horrible
11 horripilante
10 impío
9 inaudito
8 inhumano
10 monstruoso
6 repelente
21 repugnante
6 sanguinario
21 grave
12 enorme
18 feo
19 salvaje

atrozmente
7 bárbaramente

atucunar
22 atestar(se)
30 atiborrar(se)
5 colmar
20 henchir(se)
39 atracar
45 hartar

atuendo
22 aparato
12 ostentación
7 vestimenta
25 atavío
12 boato

13 pompa
6 vestido

atufamiento
3 amostazamiento

atufar(se)
13 acedarse
64 apuntar(se)
24 asar(se)
10 atafagar(se)
74 aturdir(se)
20 avinagrar(se)
21 cantar
22 ensoberbecer(se)
44 incomodar(se)
114 molestar(se)
20 amoscarse
17 atolondrarse
30 atontarse
20 disgustarse
67 enfadarse
27 enojarse
63 irritarse
17 pavonearse

atufo
2 avinagramiento
20 incomodidad
22 irritación
18 molestia(s)
16 disgusto
11 enfado
12 enojo

atujar
13 azuzar(se)
6 encolerizar
67 enfadar(se)
27 enojar(se)
17 incitar(se)
63 irritar(se)
1 atular

atular
7 atujar

atún
3 tonina
8 bonito

atunara
3 almadraba

atunera
3 almadraba

aturar(se)
38 atascar(se)
21 cegar(se)
5 embotellar(se)
11 obstruir
5 obturar
22 tapar(se)
21 atorar
4 ◁*desatascar(se)*

aturdido
3 abombado
1 acharado
3 achicado
14 atropellado
12 botarate
13 confundido
14 confuso
1 contribulado
11 imprudente
7 inadvertido
7 inconsecuente
11 inconsiderado
13 irreflexivo
23 ligero
6 mareado
8 patitieso
8 precipitado
2 tamañito
5 tolondro
1 traspuesto
9 turbado
1 zolocho
5 atarantado
1 atolondrado
5 atontado
19 bombo
16 distraído
12 ◁*espabilado*

aturdidor
7 aburridor

aturdimiento
1 atarantamiento
1 atolondramiento
1 atontamiento
2 atoramiento
1 atortolamiento

aturdir

1 atronamiento
2 atropellamiento
2 aturullamiento
6 azoramiento
15 ceguedad
1 confundimiento
5 consternación
1 conturbación
10 desasosiego
7 desatención
6 desconcierto
5 desorientación
16 distracción
1 embriague
12 empacho
4 estupefacción
10 imprudencia
4 inconsciencia
2 inconsideración
9 irreflexión
13 ligereza
6 ofuscación
8 perturbación
9 precipitación
1 sofocón
11 turbación

19 confusión
14 conmoción
19 desorden
9 síncope
10 timidez
8 torpeza
17 vergüenza

aturdir(se)
28 abrumar(se)
5 acharar(se)
24 achicar(se)
3 adarvar
25 admirar(se)
12 alelar(se)
39 alterar(se)
1 apabilar
45 apocar(se)
31 asombrar(se)
10 atafagar(se)
1 atalantar(se)
  atarantar(se)
20 atarugar(se)
17 atolondrar(se)
30 atontar(se)
6 atortolar
11 atragantar(se)

6 atribular(se)
5 atronar(se)
23 atropellar(se)
  aturrullar(se)
9 aturullar(se)
12 azarar(se)
4 azogar(se)
14 azorar(se)
15 bolear(se)
14 cabecear
2 carpir
7 confiscación
54 confundir(se)
11 consternar(se)
11 delirar
5 demudar(se)
26 desalentar(se)
9 desasosegar(se)
19 desconcertar(se)
11 desencajar(se)
18 deslumbrar(se)
9 desorientar(se)
14 desquiciar(se)
15 embarazar(se)
2 embarbascar(se)
37 embriagar(se)
3 empacar(se)
30 enajenar(se)
3 encalabrinar(se)
3 entrecoger(se)
1 enturdecer(se)
16 maravillar(se)
20 marear(se)
16 ofuscar(se)
19 pasmar(se)
38 perder(se)
8 perturbar
20 precipitar(se)
5 rebotar(se)
22 sorprender(se)
26 trastornar(se)
37 turbar(se)

13 abombar(se)
4 atarantarse
18 atufar
2 azurumbarse
3 encalamocar

⇨apagar los fuegos
⇨estar fuera de sí
⇨no saber lo que se pesca
⇨sacar el tino
⇨volver loco
⇨volver tarumba

21 ◁atrever(se)
21 ◁serenar(se)

aturquesado
5 azulado

aturullado
9 lelo
23 ligero
7 tarambana
17 demente

aturullamiento
38 aturdimiento
8 demencia

aturullar(se)
17 atolondrar(se)
74 aturdir(se)
19 desconcertar(se)
11 desencajar(se)
18 deslumbrar(se)
20 marear(se)
20 precipitar(se)
37 turbar(se)
4 peludear(se)
21 ◁serenar(se)

atusar(se)
39 acicalar(se)
21 adornarse
22 ataviar(se)
5 emperejilarse
12 emperifollar(se)
30 igualar(se)
17 recortar(se)
12 amostazarse
34 componer
67 enfadarse
5 esquilar
18 mosquear
22 pelar
2 tusar

auca
15 ganso

audacia
4 aplomo
28 arresto(s)
8 avilantez
13 coraje
10 imprudencia
14 impudor
11 insolencia
10 intrepidez
11 jactancia
12 presunción
9 temeridad
12 valentía
24 valor
18 arrojo
32 atrevimiento
21 bravata
10 descaro
8 desfachatez
2 desvergüenza
14 locura
7 osadía
3 ◁comedimiento
14 ◁cobardía
10 ◁timidez

audaz
9 arrestado
17 arriesgado
14 arrojado
33 atrevido
7 decidido
11 imprudente
10 intrépido
13 irreflexivo
7 osado
13 resuelto
11 temerario
6 sinvergüenza
11 descarado
27 desvergonzado
19 firme
12 jactancioso
13 presuntuoso
9 valiente

audazmente
26 atrevidamente

audible
2 auditivo
1 escuchable
1 oíble

audición
5 escucha
4 lectura

1 oída
1 oído
6 sesión
17 sonido
3 auscultación
8 concierto
7 audiencia

audiencia
9 audición
5 distrito
2 entrevista
2 juzgado
6 recepción
2 tribunal
4 sala

auditivo
3 acústico
3 audible

auditor
2 informante
6 juez
7 oyente

auditorio
12 concurrencia
14 concurso
7 oyentes
7 corro
12 público
1 senado
⇨sala de conciertos
⇨sala de conferencias

auge
21 elevación
9 esplendor
9 incremento
23 aumento
12 culminación
13 fortuna
6 ◁decadencia
16 ◁disminución

augur
20 adivino
9 agorero
13 mágico
5 mago

5 pronosticador
9 sacerdote

augurado
6 antedicho

augural
3 adivinatorio

augurar
22 adivinar
7 agorar
6 auspiciar
8 predecir
6 presagiar
5 profetizar
4 pronosticar
5 vaticinar
⇨desear felicidad
⇨echar las cartas
11 ◁maldecir

augurio
12 adivinación
2 agorería
13 agüero
10 predicción
11 presagio
1 presciencia
5 profecía
6 pronóstico
5 vaticinio

augusto
3 esplendente
9 honorable
6 majestuoso
10 respetable
2 reverenciable
3 venerable
26 ◁despreciable

aula
8 cátedra
1 paraninfo
17 clase
4 sala

aulaga
1 aliaga
1 ardeviejas

áulico
1 burocratizado
4 cortesano
8 oficial
2 palaciego
11 ◁privado

aullador
6 baladrero
5 ladrador

aullar
1 baladrear
8 bramar
6 gritar
6 gruñir
1 rugir
2 ulular
5 ladrar
3 maullar
5 roncar

aullido
1 aúllo
5 baladro
5 brama
9 bramido
4 gruñido
2 ladrido
5 ronquido
1 rugido

aúllo
8 aullido

aumentado
33 alto(s)
8 ◁reducido
6 ◁sintético
6 ◁trasquilado

aumentador
2 amplificador

aumentar(se)
21 abultar(se)
17 acentuar(se)
23 acrecentar(se)
11 acrecer
18 acumular(se)
24 adelantar(se)
5 adicionar

6 agigantar(se)
20 agrandar(se)
14 agravar(se)
25 agregar(se)
14 aguzar(se)
35 alargar(se)
12 ampliar(se)
2 amplificar
24 añadir(se)
7 arreciar
6 complementar(se)
30 crecer(se)
7 cundir
15 desarrollar
4 desenvolver(se)
29 dilatar(se)
38 elevar(se)
15 encanecer
11 enconar
2 engrandar
9 engrandecer
5 engrosar
14 ensanchar(se)
8 exagerar
51 extender(se)
9 germinar
38 hinchar(se)
26 incrementar(se)
3 intensificar
53 levantar(se)
6 magnificar
49 mejorar(se)
4 multiplicar
8 poblar(se)
3 potenciar
11 prevalecer
6 pujar
8 pulular
4 recargar
6 recrecer
8 redoblar
4 reduplicar
9 reforzar
1 sobrealzar
30 subir(se)
21 sumar(se)
7 medrar
⇨tomar cuerpo
⇨tomar vuelo
12 ◁abreviar
24 ◁achicar(se)
32 ◁aflojar(se)
9 ◁amainar

aumento

12 ◁*amenguar*
14 ◁*aminorar(se)*
22 ◁*amortiguar(se)*
36 ◁*aplacar(se)*
45 ◁*apocar(se)*
21 ◁*atenuar(se)*
35 ◁*bajar(se)*
41 ◁*ceder(se)*
9 ◁*declinar*
8 ◁*decrecer*
17 ◁*descender*
3 ◁*desgravar*
9 ◁*diluir(se)*
19 ◁*disminuir(se)*
19 ◁*empequeñecer(se)*
29 ◁*encoger(se)*
6 ◁*esquilmar*
8 ◁*minorar*
4 ◁*parcelar*
52 ◁*reducir(se)*
19 ◁*relajar(se)*
10 ◁*restar*
15 ◁*decaer*
10 ◁*escatimar*

aumento

2 acrecencia
22 acrecentamiento
2 adelanto
26 adición
4 ampliación
4 ascenso
7 bonificación
1 creces
6 crecimiento
1 cremento
8 engrandecimiento
5 exageración
23 extensión
9 incremento
1 medra
6 medro
10 mejora
3 mejoramiento
4 multiplicación
12 ribete(s)
19 adelantamiento
11 avance
3 posdata
2 ◁*abajamiento*
6 ◁*empequeñecimiento*

aun
2 todavía

aún
2 todavía

aunar(se)
7 adunar
18 aliar(se)
4 aligar(se)
48 asociar(se)
2 coaligar
15 combinar
16 concertar(se)
8 coordinar
14 federar(se)
26 incorporar(se)
74 juntar(se)
37 ligar(se)
9 maridar
31 mezclar(se)
79 unir(se)
25 ◁*desunir(se)*
64 ◁*separar(se)*

aunque
1 mas
7 pero
⇨bien que
⇨no obstante
⇨si bien
⇨sin embargo

aupar(se)
58 alzar(se)
8 enaltecer
18 encaramar(se)
23 encumbrar(se)
5 ensalzar(se)
8 glorificar
53 levantar(se)
30 montar(se)
30 subir(se)
1 upar
35 ◁*bajar(se)*
9 ◁*menospreciar*

aura
5 aceptación
2 airecillo
11 aplauso(s)
5 brisa
8 popularidad
7 renombre
3 ventalle
3 vientecillo
20 viento(s)
4 céfiro
15 fama
16 favor
7 orilla
⇨buen nombre
◁*impopularidad*

áureo
23 amarillo
34 brillante
7 culminante
6 dorado
12 principal
11 resplandeciente
7 rutilante
1 rútilo
2 nimbo
6 ◁*apagado*

aureola
2 aréola
12 celebridad
16 corona
2 diadema
26 gloria
10 halo
1 laureola
8 popularidad
7 renombre
15 fama
2 nimbo

aureolar
11 coronar
5 prestigiar

áurico
9 áureo

auricular
13 bocina
11 casco
1 micrófono
2 receptor

auriga
4 automedonte
2 cochero
9 conductor
2 faetonte

aurívoro
34 avaro

aurora
7 alba
21 amanecer
2 amanecida
⇨crepúsculo matutino
⇨despuntar la aurora
⇨romper la aurora

auroral
4 incipiente

aurúspice
20 adivino
9 agorero
13 mágico
5 mago
5 pronosticador
2 vidente

auscultación
12 examen
4 exploración
12 reconocimiento

auscultar(se)
4 escuchar
41 examinar(se)
13 explorar
19 observar
7 oír
22 reconocer

ausencia
30 abandono
3 alejamiento
8 añoranza
10 defecto
7 desaparición
7 deserción
5 destierro
5 eclipse
12 emigración
1 expatriación
13 falta
10 huida
3 morriña
6 nostalgia

8 omisión
9 privación
10 retirada
28 separación
6 soledad
16 vacío
21 partida
⇨pasión de ánimo
2 ◁*permanencia*

ausentado
5 ausente

ausentar(se)
22 abandonar(se)
70 apartar(se)
  desavecindarse
15 eclipsar(se)
18 evadir(se)
5 expatriar(se)
42 faltar
4 fenecer
1 guillarse
25 morir(se)
32 mudar(se)
64 separar(se)
38 alejarse
7 escabullirse
34 escaparse
46 irse
60 largarse
53 marchar
⇨alzar velas
⇨caer en falta
⇨dar el plantón
⇨estar ausente
⇨hacer novillos
⇨hacer rabona
⇨no poner los pies
⇨quitarse de en medio
⇨tomar el pendingue
⇨tomar el portante
⇨tomar la puerta
22 ◁*acercar(se)*
27 ◁*aparecer(se)*
15 ◁*nacer*
33 ◁*presentar(se)*
19 ◁*quedarse*

ausente
1 ausentado
2 desertor

4 desterrado
2 expatriado
5 perdido

auspiciar
22 adivinar
11 apadrinar
10 augurar(se)
14 favorecer
11 patrocinar
7 preconizar

auspicio(s)
12 adivinación
1 adivinamiento
13 agüero
30 amparo
9 augurio
5 buenaventura
15 indicio(s)
8 patrocinio
1 patronaje
11 presagio
5 profecía
6 pronóstico
13 protección
6 salvaguardia
2 señales
24 auxilio
29 ayuda
16 favor

austeramente
7 estrechamente

austeridad
2 ascetismo
6 continencia
12 dureza
12 gravedad
15 humillación
7 misticismo
13 moderación
9 mortificación
11 penitencia
6 rigidez
13 rigor
1 rigorismo
1 rigurosidad
7 seriedad
5 severidad
6 sobriedad
6 templanza

22 aspereza
10 pobreza
28 ◁*abundancia*
30 ◁*blandura*
13 ◁*ligereza*

austero
24 acerbo
7 asceta
45 áspero
2 astringente
4 cenobita
5 continente
11 digno
30 duro
3 filósofo
6 inexorable
3 místico
6 penitente
3 puritano
12 reflexivo
10 reposado
11 retirado
1 rigorista
20 serio
8 sobrio
16 solitario
23 agrio
21 grave
21 adusto
16 justo
26 rígido
17 riguroso
20 severo

austral
3 antártico
2 meridional
2 sur
3 ◁*septentrional*

austro
3 noto
3 ostro

autarcía
16 bienestar
1 euforia
20 satisfacción
8 serenidad
9 tranquilidad

autarquía
4 autocracia
1 autosuficiencia
5 cesarismo
8 dictadura

autárquico
3 autónomo

autenticación
5 autenticidad

autenticidad
1 autenticación
7 autorización
9 certeza
1 legitimidad
20 seguridad
10 ◁*falsedad*

auténtico
13 acreditado
4 autorizado
6 castizo
3 certificado
22 cierto
4 confirmado
3 fidedigno
10 genuino
11 incontestable
10 innegable
3 justificado
1 legalizado
9 legítimo
11 notorio
18 original
10 positivo
4 probado
21 puro
10 real
25 seguro
11 verdadero
16 ◁*incierto*
21 ◁*falso*

autentificación
14 certificación

autentificar
22 atestiguar(se)
17 certificar

autillo
2 alucón
4 cárabo
1 oto
1 úlula
1 zumaya

auto
6 acta
2 documento
9 escritura
7 expediente
24 hecho(s)
20 representación
7 vehículo
14 acto
7 actuación
9 automóvil
10 carro
14 causa
10 coche
13 pieza
⇨drama sacramental

autobiografía
16 memoria(s)
9 diario

autobús
4 góndola
4 ómnibus
3 trolebús
3 autocarril
9 automóvil
4 borugo
11 colectivo
6 guagua

autocar
4 ómnibus
1 pullman

autocarril
1 automotor
8 autobús
6 guagua

autoclave
18 caldera
3 desinfección
3 esterilización
3 esterilizador

autocracia
9 despotismo
8 dictadura
4 tiranía
4 totalitarismo
3 ◁democracia
18 ◁libertad

autócrata
3 dictador

autóctono
8 aborigen
6 indígena
20 natural
7 originario
1 ◁foráneo

autodetermina-
ción
3 democracia
12 independencia
18 libertad

autogiro
17 aeronave
1 helicóptero
19 avión

autógrafo
18 carta
14 escrito
10 firma
5 rúbrica
2 hológrafo

automación
4 cibernética

autómata
11 máquina

automática
4 cibernética
2 metralleta
7 navaja

automático
8 impensado
6 imperecedero
9 inconsciente
7 indeliberado

6 involuntario
5 maquinal

automatizar
6 industrializar
2 mecanizar
1 motorizar

automedonte
4 auriga
2 cochero
9 conductor
2 faetonte

automotor
3 autocarril

automóvil
2 taxi
2 taxímetro
1 tractor
8 carruaje
15 auto
8 autobús
4 camión
10 carro
10 coche

automovilista
1 camionero
9 conductor
2 chófer
2 motorista
1 taxista

autonomía
2 emancipación
6 franquicia
12 independencia
18 libertad

autonomismo
4 regionalismo

autonomista
1 regionalista

autónomo
1 autárquico
7 independiente
10 soberano
6 ◁sometido

autopista
10 calzada
5 carretera
10 pista

autopsia
5 disección
1 necropsia

autópsido
34 brillante

autor
10 artista
2 causante
17 creador
11 factor
4 inventor
6 literato
10 padre
1 pigmalión
⇨hombre de letras

autoridad
22 aparato
15 crédito
5 delegado
7 dominación
21 dominio
20 facultad
14 fe
6 figuración
2 gobernante
5 imperio
4 influjo
10 jurisdicción
1 magistratura
12 ostentación
43 poder(es)
10 poderío
4 potestad
8 representante
10 vara
27 agente
13 ascendiente
9 fausto
10 influencia
6 mando
13 pompa
⇨fuerzas vivas

autoridades
34 notable(s)

autoritaria
4 marimandona

autoritario
6 absorbente
25 arbitrario
8 déspota
3 despótico
3 dictador
9 imperativo
11 imperioso
2 tirano
6 mandón
1 ◁democrático

autoritarismo
5 cesarismo
3 fascismo

autorización
18 gracia(s)
18 libertad
16 licencia
1 permisión
7 permiso
4 venia
⇨carta blanca

autorizado
5 legal
4 respetado
9 válido
7 considerado

autorizar
26 abonar(se)
22 acceder
15 acreditar(se)
24 apoderar(se)
23 aprobar(se)
6 avalar
27 calificar(se)
1 capacitar
4 comisionar
9 comprobar
7 conceder
9 confirmar(se)
17 consentir
6 delegar
5 facultar
6 homologar
12 legalizar

1 legitimar
25 permitir(se)
5 respaldar
8 tolerar
⇨dar poder
10 ◁*denegar*
8 ◁*desaprobar*
2 ◁*desautorizar*
11 ◁*prohibir(se)*

autosuficiencia
4 autarquía

autovía
10 calzada
5 carretera
10 pista

autumnal
1 otoñal

auxiliado
4 becario

auxiliador
8 bienhechor

auxiliar(se)
15 abrigar(se)
19 acoger(se)
19 acompañar
9 acorrer
16 acudir
2 adminicular
55 amparar(se)
63 apoyar(se)
20 asistir(se)
45 ayudar(se)
7 coadyuvar
14 descansar
13 discípulo
2 edecán
14 favorecer
23 relevar(se)
10 remediar(se)
7 secundar
21 socorrer(se)
6 subvencionar
4 subvenir
3 sufragar
2 suplente
20 agregado

15 ayudante
19 chivato
⇨arrimar el hombro
⇨echar un capote
⇨echar una mano
⇨ser el brazo derecho
⇨ser pies y manos
⇨socorrer la plaza
⇨tender la mano
⇨tomarse el trabajo

auxilio
20 alianza
30 amparo
37 apoyo
11 asistencia
4 ayudantía
12 caridad
4 colaboración
14 concurso
8 cooperación
15 donación
6 limosna
9 mediación
13 protección
5 reciprocidad
9 refuerzo
10 refugio
9 socorro
7 subsidio
5 subvención
6 sufragio
28 asociación
29 ayuda
16 favor

avahar(se)
10 atafagar(se)
38 calentar(se)

avaharar(se)
38 calentar(se)

aval
10 firma
19 garantía

avalado
14 abonado
13 acreditado

avalancha
7 alud

avalar
15 acreditar(se)
63 apoyar(se)
9 confirmar(se)
19 garantizar(se)
20 ratificar(se)
5 respaldar
2 ◁*desconfiar*
14 ◁*recelar(se)*

avalentado
2 achulado

avalista
6 fiador
3 garante
3 garantizador

avalorar
1 avaluar
7 evaluar
49 mejorar(se)
8 tasar
6 valorar
3 valorizar

avaluar
6 avalorar

avalúo
25 apreciación

avance
2 adelanto
12 anticipación
5 anticipo
8 delantera
14 impulso
12 marcha
12 progreso
10 botín
8 robo
6 saqueo
14 ventaja

avanecerse
5 acorcharse

avante
1 adelante
⇨en cabeza
⇨rompiendo marcha

avantrén
2 armón
1 carriño

avanzada
5 algara
1 descubierta
5 vanguardia
⇨van guardia

avanzadilla
8 pelotón
5 fortín

avanzado
8 adelantado
33 atrevido
1 pionero
4 progresista
4 explorador
◁ inmovilista
5 ◁ reaccionario
6 ◁ último

avanzar
24 adelantar(se)
26 anticipar(se)
19 atacar(se)
6 embestir
33 exceder(se)
49 mejorar(se)
5 progresar
18 acometer
6 prosperar

avaricia
20 ahorro(s)
13 ambición
14 avidez
6 egoísmo
10 mezquindad
10 ruindad
1 sordidez
6 tacañería
6 cicatería
8 codicia
17 miseria
3 usura
13 ◁ desprendi-
miento

avariciar
12 ambicionar

avaricioso
15 ávido
9 codicioso
11 rapaz
11 tiñoso
11 ambicioso
34 avaro
2 tenaza

avariosis
2 sífilis

avaro
18 agarrado
4 apegado
1 aurívoro
7 avaricioso
avariento
15 ávido
9 cicatero
1 codiciador
9 codicioso
5 concupiscente
7 egoísta
1 endurador
1 estíptico
19 estrecho
8 lioso
1 manicorto
1 matatías
11 rapaz
15 sórdido
8 verdugo
12 amarrado
11 ambicioso
11 cuna
11 cutre
6 interesado
14 maceta
19 mezquino
26 miserable
14 roña
19 roñoso
23 ruin
12 tacaño
4 usurero
⇨cena a oscuras
4 ◁ desinteresado
6 ◁ desprendido
33 ◁ apocado
10 ◁ derrochador
18 ◁ generoso

avasallado
8 sumiso
4 supeditado
5 vejado

avasallador
4 arrollador
8 déspota
4 dictatorial
4 dominador
11 imperioso

avasallar
11 aherrojar
23 atropellar(se)
46 dominar(se)
7 esclavizar
46 humillar(se)
30 rendir(se)
9 señorear
5 sojuzgar
40 someter(se)
5 subyugar
9 tiranizar
7 ultrajar
14 sujetar

avatares
8 altibajo(s)

ave
5 arriero
2 avechucho
2 pajarraco
9 pájaro

avecilla
9 pájaro

avecinar(se)
22 acercar(se)
23 aproximar(se)
28 arraigar(se)
1 avecindar(se)
4 domiciliarse
4 empadronarse
47 establecer(se)
7 localizarse
11 residir
⇨abrir casa
⇨estar a punto
⇨ser inminente

32 ◁ mudar(se)
38 ◁ alejarse

avecindado
4 domiciliado
14 habitante

avecindar
32 aposentar(se)

avecindarse
32 aposentar(se)
28 arraigar(se)
15 avecinar(se)
47 establecer(se)
39 fijar(se)
18 instalar(se)
13 radicar(se)
11 residir

avechucho
2 pajarraco
4 ave

avejentado
2 aviejado
33 anciano
14 envejecido
4 ◁ fortalecido

avejentar(se)
39 ajar(se)
1 aviejar
15 encanecer
8 envejecer
8 envejecerse
18 marchitar(se)
1 encarrozar
64 estropearse
7 ◁ rejuvenecer(se)

avejigarse
4 afollarse
9 bufar

avellanado
6 acecinado

avellanador
14 barrena

avellanar
9 atornillar

avellanarse
9 acartonar(se)

avellano
1 nochizo

avena
1 ballueca
2 egílope
1 morisco
3 zampoña
⇒trigo montesino

avenamiento
8 desangramiento
7 drenaje

avenar
6 canalizar
36 conducir(se)
6 desaguar

avenencia
21 acuerdo(s)
30 amistad
9 armisticio
2 compenetración
6 conciliación
28 conformidad
11 convenio(s)
10 paz
10 transacción
6 tregua
19 unión
8 concierto
18 armonía
20 arreglo
8 ◁*desacuerdo*
7 ◁*disconformidad*
9 ◁*discrepancia*
10 ◁*enemistad*

avenida
14 afluencia
10 aluvión
3 bulevar
12 concurrencia
6 crecida
5 derrame

14 desbordamiento
5 inundación
4 llena
6 paseo
6 riada
10 arroyada
9 gentío
13 noticia
8 nuevas
21 vía

avenir(se)
55 acomodar(se)
9 advenir
59 ajustar(se)
41 allanar(se)
16 amigar(se)
27 amistar(se)
25 amoldar(se)
23 aprobar(se)
7 armonizar
83 arreglar(se)
8 asentir
41 ceder(se)
8 claudicar
3 coexistir
16 concertar(se)
27 conformar(se)
1 confraternar
2 confraternizar
51 extender(se)
9 hermanar(se)
6 humanar(se)
20 prestar(se)
22 resignar(se)
4 simpatizar
40 someter(se)
13 suceder
79 unir(se)
4 concordar
30 armar
34 componer
6 congeniar
15 convenir
⇒dar su brazo a torcer
⇒estar de acuerdo
⇒ir a uno
⇒ponerse de acuerdo
8 ◁*desarreglar(se)*

aventado
17 arriesgado
1 asesinado

33 atrevido
18 audaz
3 desaplicado
1 desbravado
1 masacrado
7 osado
13 perezoso
16 vago
⇒sin aroma

aventador
4 bieldo
1 mosqueador
10 palma(s)
2 ventilador
16 abanico
2 pericón

aventajado
8 adelantado
9 aplicado
15 conveniente
5 propicio
6 ventajoso
4 ◁*perjudicial*
3 ◁*retrasado*

aventajamiento
19 adelantamiento

aventajar(se)
24 adelantar(se)
6 anteponer(se)
26 anticipar(se)
15 eclipsar(se)
33 exceder(se)
40 ganar(se)
48 pasar(se)
9 preceder
4 preferir
3 sobreexceder
2 sobreganar
16 superar(se)
40 vencer(se)
5 requintar
4 sobrepujar
11 sobresalir
⇒ganar terreno
⇒ir en cabeza
⇒marchar al frente
⇒tomar la delantera

4 ◁*posponer*
17 ◁*retrasar(se)*

aventamiento
46 aire(s)

aventar(se)
16 airear(se)
11 apalear(se)
42 arrojar(se)
3 beldar
2 bieldar
8 desaparecer
15 eclipsar(se)
58 echar(se)
5 esquivarse
8 impeler
2 orear
4 refrigerar
48 salir(se)
9 ventilar
38 alejarse
34 escaparse
11 expulsar
19 huir
60 largarse
53 marchar
7 pirárselas
34 retirarse
58 tirar
5 ventear
⇒limpiar el café
⇒poner pies en polvorosa
⇒tomar las de
⇒tomar las de Villadiego
19 ◁*quedarse*

aventura(s)
34 accidente
15 acontecimiento(s)
9 andanza
16 azar
12 casualidad
8 contingencia(s)
7 correría
6 devaneo
11 empresa
7 episodio
7 evento
5 flirt
7 hazaña(s)

aventurado

12 incidente
11 lance
5 novela
10 ocurrencia
8 riesgo(s)
13 suceso(s)
5 tranco
7 coyuntura
7 jornada
10 acaecimiento
20 amorío
7 aviación
19 intriga
8 ligue
4 peligro

aventurado
4 aleatorio
17 arriesgado
18 azaroso
5 expuesto
5 fortuito
5 peligroso

aventurar(se)
19 apostar(se)
23 arriesgar(se)
21 atrever(se)
20 comprometer(se)
27 decidir(se)
31 exponer(se)
15 insinuar(se)
53 lanzar(se)
5 osar
5 peligrar
19 probar
4 sugerir
23 tentar(se)

21 arriscar
5 emprender

aventurero
10 bohemio
1 cazadotes
9 inquieto
3 ligón
7 maleante
7 malhechor
1 trotamundos
4 explorador
7 jornalero
↪de secano

↪fuera de estación
↪obrero eventual

average
4 media
2 promedio

avergonzado
2 pudibundo
4 pudoroso
5 ruboroso
1 verecundo
11 vergonzoso

avergonzante
2 afrentoso

avergonzar(se)
11 abaldonar(se)
59 abatir(se)
17 abochornar(se)
17 abrasar(se)
17 abroncar(SE)
5 acharar(se)
21 afrentar(se)
39 ajar(se)
45 aplastar(se)
16 atajar(se)
12 azarar(se)
14 azorar(se)
54 confundir(se)
1 embermejarse
17 empachar(se)
18 encaramar(se)
46 humillar(se)
15 ruborizar(se)
5 soflamar
23 sofocar(se)
9 sonrojar(se)

3 acholar
10 ajotar
9 aovar
34 correr
16 chafar
31 doblar
23 encender

↪atravesársele un nudo en la garganta
↪bajar los ojos
↪caerse la cara de vergüenza
↪ir con el rabo entre las piernas

↪no saber dónde meterse
↪no saber dónde mirar
↪ponerse de mil colores
↪quedar pegado a la pared
↪salir los colores al rostro
↪subirse el pavo

3 ◁*enorgullecerse*
9 ◁*alardear*
16 ◁*presumir*

avería
34 accidente
5 desperfecto
9 deterioro
4 detrimento
11 menoscabo
6 percance
10 rotura
9 daño
7 desdicha
17 desgracia
10 perjuicio

↪gasto extraordinario

averiado
3 mocato

3 ◁*mejorado*

averiar(se)
10 amueblar
11 dañar(se)
30 deteriorar(se)
50 parar(se)
47 romper(se)

9 inutilizar

83 ◁*arreglar(se)*
34 ◁*componer*

averiguable
1 deducible
27 posible(s)
6 soluble

9 ◁*indescifrable*

averiguación
3 acecho
47 atención(es)
16 busca

búsqueda
1 criticismo
7 curiosidad
4 encuesta
2 escrutinio
2 escudriñamiento
12 examen
4 exploración
5 fisgoneo
8 indagación
10 información
8 investigación
5 pesquisa
12 reconocimiento
1 sondeo
1 sonsacamiento
5 tanteo
7 vigilancia

averiguado
15 curioso
14 evidente
9 histórico
11 notorio

9 entrometido

averiguador
8 investigador

averiguar
17 ahondar(se)
16 aquilatar(se)
7 bucear
24 buscar(se)
9 catar
7 escarbar
6 escrutar
6 escudriñar
41 examinar(se)
13 explorar
17 husmear
11 indagar
10 inquirir
2 oliscar
7 olisquear
4 perquirir
6 rebuscar
9 sondear
17 acechar
11 curiosear
11 enterar
7 esculcar
5 pesquisar

12 tantear
5 ventear

averío
3 bandada

averno
13 antro
3 báratro
12 infierno
⇨fuego eterno

aversión
6 enemiga
11 hostilidad
11 oposición
14 prevención
7 rencor
18 repugnancia
5 repulsión
32 aborrecimiento
21 animosidad
23 antipatía
20 odio
24 ◁*simpatía*

aves
2 volatería

avestruz
2 casuario
1 ñandú

avetado
2 veteado

avetarda
2 avutarda

avezado
9 cursado
11 curtido
14 diestro
8 ducho
2 encallecido
13 endurecido
23 experimentado
17 hábil
24 hecho(s)
1 mostrado
3 veterano
7 ◁*novato*

12 ◁*inhábil*

avezar(se)
31 acostumbrar(se)
19 curtir(se)
1 encallecerse
18 endurecer(se)
37 enseñar(se)
9 experimentar
9 foguear(se)
17 habituar(se)
33 hacer(se)
43 inclinar(se)
31 acostumbrarse
17 habituarse
⇨hacerse a algo

aviación
3 aeronáutica
3 aerostación
1 aerostática
28 aventura(s)
8 galanteo
9 juerga
8 orgía

aviador
5 aeronauta
1 bombardero
3 observador
6 piloto

aviamiento
20 avinagrar(se)

aviar(se)
22 acelerar(se)
17 alistar(se)
10 aparejar
17 aprestar(se)
16 apresurar(se)
83 arreglar(se)
34 avivar(se)
27 despachar(se)
48 disponer(se)
5 pertrechar(se)
48 preparar(se)
20 prestar(se)
24 prevenir(se)
22 proveer(se)
18 suministrar(se)
5 aprontar

30 armar
34 componer
8 costear
⇨hacer préstamos

8 ◁*desarreglar(se)*
11 ◁*desnudar(se)*
9 ◁*retardar(se)*

avícola
2 avicultura

avicultura
1 avícola
⇨granja avícola

avidez
13 afán
13 ambición
32 anhelo
7 apetencia
12 avaricia
8 concupiscencia
3 glotonería
1 insaciabilidad
7 sed
9 voracidad
28 ansia
8 codicia
14 deseo
6 hambre

14 ◁*desinterés*
13 ◁*desprendimiento*
15 ◁*indiferencia*
8 ◁*saciedad*

ávido
11 afanoso
4 anhelante
6 anheloso
11 ansioso
7 avaricioso
9 codicioso
5 concupiscente
8 deseoso
11 glotón
5 hambriento
8 insaciable
12 voraz
11 ambicioso
5 tragón
11 tripero

4 ◁*desinteresado*

aviejado
11 achacoso
3 avejentado
10 ◁*joven*

aviejar
10 avejentar(se)

aviejarse
15 encanecer
8 envejecer

aviento
4 bieldo

avieso
6 atravesado
8 desviado
34 malo
5 odioso
9 perverso
21 repugnante
13 retorcido
17 siniestro
12 torcido

45 ◁*bueno*

avilantarse
21 atrever(se)
3 descararse
1 desvergonzarse
4 insolentarse
5 osar

avilantez
21 audacia
10 imprudencia
11 insolencia
32 atrevimiento
10 descaro
8 desfachatez
2 desvergüenza
7 osadía

avillanado
4 abrutado
40 bajo(s)
7 maleante
22 ordinario
9 vulgar

avillanarse

19 golfo
33 pícaro

avillanarse
10 abellacarse
8 aplebeyar(se)

avinagradamente
8 bruscamente

avinagrado
7 acedo
45 áspero
17 ácido
15 acre
23 agrio

avinagramiento
3 acidificación
7 atufo

avinagrar(se)
13 acedar
13 acedarse
1 asperear
7 atuendo
1 aviamiento
2 envinagrar
16 exacerbar(se)
15 exasperar(se)
14 prevención
8 provisión
17 pudrir(se)
3 revenirse
44 torcer(se)
27 volver(se)
1 acetificarse
20 agriar
18 atufar
40 cabrearse
63 irritarse

avío(s)
13 aderezo(s)
10 adminículo(s)
8 apresto
7 atuendo
12 bagaje
1 bastimento
4 enseres
9 equipo
7 herramienta

1 menesteres
11 preparación
14 prevención
8 provisión
4 recado
7 suministro
6 trebejos
10 utensilio(s)
7 vestimenta
6 víveres
15 aparejo
25 atavío
9 préstamo
8 silla
10 trasto

avión
17 aeronave
2 aeroplano
3 aeróstato
22 aparato
3 autogiro
1 avioneta
2 bimotor
2 biplano
11 caza
18 desmañado
2 dirigible
1 helicóptero
1 hidroavión
1 hidroplano
1 monoplano
2 zepelín
18 torpe
9 zonzo
⇨trimotor, etc

avioneta
19 avión

avisado
14 advertido
1 aleccionado
1 amonestado
2 candongo
12 cauteloso
14 diestro
12 discreto
1 enjuiciado
3 informado
1 notificado
7 precavido

7 prevenido
4 previsor
13 prudente
5 redomado
3 zascandil
50 astuto
10 despierto
9 ladino
16 listo
8 manco
10 sagaz
⇨no tener un pelo de tonto
⇨saber más que Lepe
⇨ser una lanza

avisador
4 llamador

avisar(se)
28 aconsejar(se)
23 advertir
1 albriciar
2 alertar
30 amonestar(se)
39 anunciar(se)
24 apercibir(se)
11 citar
18 comunicar(se)
7 expresar
11 indicar
26 informar(se)
31 iniciar(se)
11 instruir
6 intimar
8 noticiar
9 notificar
19 observar
27 orientar(se)
15 participar
24 prevenir(se)
11 requerir
22 revelar(se)
10 delatar
11 denunciar
13 pitar
14 publicar
22 reñir
⇨dar con el codo
⇨levantar la caza
⇨llamar la atención
⇨poner al corriente

⇨poner sobre aviso
43 ◁engañar(se)
41 ◁ocultar(se)

aviso
19 advertencia
28 alcance(s)
18 carta
29 comunicación(es)
6 confidencia
22 cuidado
5 dictamen
12 discreción
11 indicación
15 indicio(s)
1 inferencia
13 informe
16 manifestación
6 mensaje
8 nueva(s)
12 observación
12 precaución
14 prevención
16 prudencia
4 repaso
2 revelación
6 testimonio
12 consejo
7 participación
26 amonestación
10 chisme
11 ficción
15 juicio
13 noticia
8 nuevas
26 parte
9 rumor
27 señal

avispa
3 avispón
5 insecto

avispado
25 avisado
6 clarividente
7 despabilado
12 espabilado
16 fino
2 penetrador
8 penetrante
6 perspicaz

11 sutil
2 talentoso
4 vivaracho
14 vivaz
28 vivo
25 agudo
50 astuto
5 asustado
10 despierto
5 espantado
16 listo
10 sagaz
6 saltón
1 ◁*atolondrado*
18 ◁*torpe*

avispar(se)
12 aguijar(se)
22 aguijonear(se)
34 avivar(se)
9 desasosegar(se)
9 despabilar(se)
3 despertar(se)
10 despuntar
28 estimular(se)
60 excitar(se)
28 inquietar(se)
2 travesear
⇨aguzar el ingenio
15 ◁*aquietar(se)*
74 ◁*aturdir(se)*

avispero
9 celada
11 emboscada
18 enredo
8 maraña
10 trampa

avispón
2 avispa
1 crabón
5 moscardón

avistar(se)
13 abocar(se)
23 advertir
5 avizorar(se)
13 descubrir
6 divisar
4 entrevistarse
16 percibir

49 reunir(se)
17 acechar
22 alcanzar
19 ver
⇨echar la vista encima

avituallamiento
8 abasto
8 provisión

avituallar(se)
11 abastecer(se)
43 alimentar(se)
4 aprovisionar
1 guarnir
22 proveer(se)
18 suministrar(se)

avivamiento
3 desentumecimiento
6 espuela

avivar(se)
25 acalorar(se)
22 acelerar(se)
8 activar
22 aguijonear(se)
14 aguzar(se)
43 alimentar(se)
5 alzaprimar
61 animar(se)
16 apresurar(se)
40 atizar(se)
13 azuzar(se)
47 brillar
38 calentar(se)
3 desembotar
9 despabilar(se)
23 enardecer(se)
11 enconar
2 entesar
20 enzarzar(se)
1 espabilar
60 excitar(se)
8 fomentar
18 fortificar
14 reanimar(se)
3 reavivar
5 recrudecer(se)
10 vivificar(se)
6 abanar

20 aligerar
20 aviar
2 despercudir
23 encender
10 impulsar
2 ◁*amarillear*
22 ◁*amortiguar(se)*
15 ◁*apagar(se)*
25 ◁*desanimar(se)*
49 ◁*detener(se)*
17 ◁*dulcificar(se)*
18 ◁*enfriar(se)*
10 ◁*frenar*
9 ◁*retardar(se)*
6 ◁*aletargar*

avizor
9 alerta

avizorador
6 acechador

avizorar
26 atisbar(se)
19 observar
17 acechar
5 espiar
11 vigilar

avocastro
12 adefesio
4 monstruo
18 feo
18 horrendo

avucasta
2 avutarda

avulsión
2 descuajo
1 desraizamiento
6 extirpación

avutarda
1 avetarda
1 avucasta

awning
3 marquesina
9 toldo

axila
8 concavidad
9 encuentro

2 enjuta
2 sobaco

axioma
15 aforismo(s)
7 apotegma
9 máxima
19 principio(s)
7 proposición
7 proverbio
15 sentencia(s)
6 verdad

axiomático
14 evidente
11 incontrovertible
11 incuestionable
11 indiscutible
1 indubitable
6 irrebatible
10 palmario
⇨sin vuelta de hoja

axón
9 nervio

aya
12 ama

ayeador
6 bejín

ayear
10 hipar

ayer
15 anteriormente
6 antes
2 recientemente
⇨no ha mucho
⇨tiempo pasado

ayermar(se)
2 barbechar
1 ensilvecerse

ayo
10 consejero
2 dómine
12 educador
1 institutor
7 instructor

ayuda

13 maestro
3 orientador
6 pedagogo
5 preceptor
5 profesor
11 guía

ayuda
30 amparo
37 apoyo
11 asistencia
4 colaboración
8 compadrazgo
4 concomitancia
12 concurrencia
14 concurso
15 contribución
8 cooperación
41 defensa
3 irrigación
9 mediación
7 óbolo
13 protección
5 reciprocidad
9 refuerzo
22 servicio(s)
9 socorro
5 subvención
6 sufragio
2 enema
28 asociación
24 auxilio
16 favor
4 lavativa
9 servidor
⇨ayuda de cámara
⇨criado (-da)

ayudado
9 adoptivo

ayudante
14 adjunto
17 asistente(s)
34 auxiliar(se)
1 cirineo
4 coadjutor
1 coadyuvante
1 coagente
1 conllevador
1 cooperador
13 discípulo

2 edecán
2 fautor
20 agregado
5 colaborador
19 chivato

ayudantía
11 asistencia
8 cooperación
2 pasantía
16 empleo
16 ◁*dirección*

ayudar(se)
19 acompañar
9 acorrer
16 acudir
2 adminicular
18 adoptar
42 aliviar(se)
55 amparar(se)
63 apoyar(se)
20 asistir(se)
34 auxiliar(se)
4 becar
7 coadyuvar
6 colaborar
1 concomitar
16 concurrir
6 conllevar
10 contribuir
13 cooperar
11 defender
14 favorecer
11 indicar
6 influir
7 operar
11 patrocinar
42 proteger(se)
18 provocar
9 reforzar
10 remediar(se)
7 secundar
21 socorrer(se)
25 sostener(se)
6 subvencionar
4 subvenir
3 sufragar
29 valer(se)
8 costear
8 hombrear
⇨arrimar el hombro

⇨dar la mano
⇨echar un capote
⇨hacer el caldo gordo
⇨ir a una
⇨parir a medias
⇨socorrer la plaza
22 ◁*abandonar(se)*
13 ◁*chupar*
43 ◁*dejar(se)*
4 ◁*desasistir*
13 ◁*dificultar(se)*
17 ◁*empachar(se)*
6 ◁*empecer*

ayuga
2 mirabel
3 pinillo

ayunador
6 frugal
6 penitente
8 sobrio
6 ◁*comedor*

ayunar
9 abstenerse
23 mortificar(se)
23 privar(se)
15 retener(se)

ayunas (en)
19 ignorante
12 ayuno
⇨con el estómago vacío
⇨de bostezo en bostezo
⇨en claro
⇨sin comer
⇨sin desayunar

ayuno
12 abstinencia
8 desconocedor
10 dieta
19 ignorante
7 inadvertido
3 inedia
9 mortificación
11 penitencia
9 privación
11 privado
⇨en ayunas
⇨sin comer

ayuntamiento
9 aldea
3 apareamiento
27 asamblea
22 cámara(s)
4 ciudad
6 coito
9 comunidad
5 concejo
10 cópula
12 junta
2 mancomunidad
1 municipalidad
7 municipio
1 principalía
3 regimiento
2 república
10 villa
10 congreso
12 consejo
6 cabildo
6 consistorio
10 cubrimiento
17 pueblo
19 reunión

ayuntar(se)
16 aparear(se)
51 cubrir(se)
14 emparejar(se)
14 engendrar
5 preñar

ayuso
4 abajo
1 yuso

ayuyuyes
10 lisonja(s)
10 mimo(s)
8 arrumaco

azabachado
10 atezado

azabache
⇨ambar negro
⇨lignito negro

azabara
2 áloe
2 zabila

azacán
- 3 aguador
- 25 diligente
- 10 incansable
- 7 laborioso
- 4 siervo
- 5 trabajador
- 1 yunque
- 29 ayuda
- 22 burro
- ⇨criado (-da)

azacanado
- 6 atrabajado

azacaneado
- 6 atrabajado

azacaneo
- 7 zarandeo

azada
- 7 almocafre
- 4 azadón
- 3 batidera
- 1 binador
- 1 escarbador
- 9 garabato
- 1 jada
- 3 ligón
- 1 raedera
- 9 rastro
- 2 zapapico
- 6 escarda

azadilla
- 7 almocafre
- 1 dolabela
- 2 escabuche
- 2 escardadera
- 2 escardilla
- 1 feseta
- 2 picaza
- 4 sacho

azadón
- 12 azada
- 3 batidera
- 4 coa
- 6 chope

azafata
- 6 camarera
- 3 dueña
- 4 institutriz
- 15 criada
- 9 meretriz
- 14 prostituta
- ⇨señora de compañía
- ⇨señorita de compañía

azafate
- 10 batea
- 2 canastillo

azafrán
- 3 alazor
- brin
- 1 cártamo
- 2 croco
- 1 espartillo
- 8 hebra
- 17 color

azafranado
- 23 amarillo

azagador
- 19 paso(s)
- 26 camino
- 12 senda
- 7 vereda

azagaya
- 6 azcona
- 7 flecha
- 7 lanza
- 4 venablo
- 14 dardo

azalea
- 1 rosadelfa

azamboa
- 1 cidrato
- 1 zamboa

azanca
- 14 corriente
- 5 mina
- 5 venero
- 13 fuente
- 13 manantial

azaque
- 15 contribución
- 11 tributo

azar
- 11 acaso
- 34 accidente
- 28 aventura(s)
- 12 casualidad
- 8 contingencia(s)
- 8 eventualidad
- 10 fatalidad
- 8 riesgo(s)
- 7 ventura
- 11 albur
- 4 bamba
- 14 chamba
- 8 chiripa
- 22 destino
- 13 fortuna
- 17 suerte
- 9 ◁certeza
- 20 ◁seguridad

azarado
- 19 asustadizo
- 9 azorado

azarar(se)
- 5 acharar(se)
- 58 asustar(se)
- 74 aturdir(se)
- 14 azorar(se)
- 4 conturbar(se)
- 24 frustrar(se)
- 8 malograrse
- 37 turbar(se)
- 16 desgraciar
- 7 fracasar

azarbe
- 10 cauce
- 14 acequia
- 18 canal
- 3 canalillo

azarcón
- 1 minio

azares
- 9 alternativa(s)
- 4 imponderables

azarolla
- 1 acerola

azaroso
- 15 aciago
- 4 aleatorio
- 17 arriesgado
- 3 atemorizado
- 27 aturdido
- 6 aventurado
- 9 azorado
- 10 casual
- 5 expuesto
- 18 fatal
- 5 fortuito
- 6 funesto
- 10 infausto
- 3 nefasto
- 5 peligroso
- 7 temeroso
- 9 turbado
- 17 siniestro
- ◁sin riesgo

azcona
- 2 astil
- 5 azagaya
- 7 flecha
- 7 lanza
- 4 venablo
- 14 dardo

azemar(se)
- 21 alisar(se)
- 23 sentar(se)

azoato
- 1 nitrato

azocar(se)
- 11 apisonar
- 65 apretar(se)
- 35 trabar(se)
- 7 tupir

ázoe
- 1 nitrógeno

azófar
- 2 latón

azofeifa
- 2 azufaifa

azofra
- 4 prestación

azogado
14 cuitado

azogar(se)
14 amalgamar(se)
74 aturdir(se)
7 repasar
4 mercurio

azogue
1 chinateado
8 amalgama
2 hidrargirio
4 mercurio
▷argento vivo

azoico
1 nítrico

azolvar
38 atascar(se)
11 obstruir
7 tupir
21 atorar
14 cesar

azor
3 esmerejón
2 milano

azorado
4 acobardado
27 aturdido
5 avergonzado
2 azarado
13 confundido
4 pasmado
30 tímido
33 apocado
7 tartamudo
18 ◁audaz
13 ◁sereno

azoramiento
9 rubor
5 sonrojo
29 apocamiento
14 cobardía
18 temor
10 timidez
9 ◁tranquilidad
12 ◁valentía
26 ◁calma

azorar(se)
5 acharar(se)
58 asustar(se)
74 aturdir(se)
40 avergonzar(se)
12 azarar(se)
4 conturbar(se)
19 desconcertar(se)
63 irritar(se)
11 sobresaltar(se)
11 temer
37 turbar(se)
40 amedrentar
5 incordiar

azoro
38 aturdimiento
6 azoramiento
5 duende
10 fantasma

azorrillar
9 acurrucarse
45 apocar(se)
46 dominar(se)
29 encogerse
5 ovillar(se)
40 vencer(se)
29 amilanarse
▷cortarse la leche

azotacalles
9 bodoque
1 trotamundos
6 vagabundo
16 vago

azotado
6 abigarrado
10 baqueteado
14 confuso
6 disciplinado
5 golpeado
1 palmeado
11 sacudido
1 vapulado
3 vapuleado
4 zurrado

azotaina
3 azotamiento
1 azotazo
1 azotina
2 baqueteo
9 bolina
1 disciplinazo
1 lampreo
4 limpia
8 salsa
1 sotana
1 vapulación
4 vapuleo
2 vápulo
1 verberación
26 azote
21 capa
13 zurra

azotamiento
7 flagelación
33 paliza(s)
4 vapuleo
17 ◁caricia

azotar(se)
7 baquetear
40 batir(se)
38 calentar(se)
26 castigar(se)
11 cimbrear(se)
chapotear
12 chocar
3 disciplinar
18 encaramar(se)
8 flagelar(se)
11 fustigar
15 herir
1 latiguear
23 mortificar(se)
2 palmear
38 pegar(se)
1 pencar
1 petar
31 sacudir(se)
1 vapular
5 vapulear
1 verberar
20 zurrar(se)
18 cuartear
4 cujear
23 encender
3 estusar
14 festejar
12 fregar
24 golpear
12 hostigar
18 mosquear
2 sanjuanear
▷arrimar candela
▷medir el bálago
▷medir las costillas
▷poner como un Cristo
▷romper los huesos
▷sacudir el bálago
▷zurrar la badana

azotazo
17 azotaina

azote
17 calamidad
5 canelón
7 cantazo
10 desastre
4 epidemia
8 flagelo
4 fusta
2 nalgada
14 palo
2 penca
13 plaga
2 plomada
2 vápulo
8 verdugo
5 latigazo
48 aflicción
17 castigo
7 cuarta
9 cuesco
18 chucho
17 desgracia
15 disciplina
37 golpe
8 látigo
29 pena
3 pescozón

azotea
5 ajarafe
7 plataforma
3 solana

azotes
- 4 tejado
- 2 terrado
- 5 terraza
- 38 cabeza
- 7 mirador
- 5 testa

azotes
- 17 azotaina

azotina
- 17 azotaina

azúcar
- 3 caramelo
- 9 dulzura
- 2 glucosa
- 1 sacarina
- 1 sacarosa
- 5 confite
- 19 dulce

azucarado
- 12 acaramelado
- 32 afable
- 9 almibarado
- 4 meloso
- 1 sacarino
- 5 untuoso
- 42 blando
- 19 dulce

azucarar(se)
- 8 acaramelar(se)
- 6 almibarar(se)
- 17 dulcificar(se)
- 1 melar
- 2 melificar(se)
- 1 sacarificar
- 13 sazonar
- 39 suavizar(se)
- 9 endulzar
- 21 ◁amargar(se)

azucarillo
- 3 esponjado
- 1 bolado
- 2 panal

azucena
- 2 lirio

azud
- 2 azuda
- 3 noria
- 1 zuda
- 6 presa

azuda
- 4 azud
- 3 noria

azuela
- 9 hacha

azufaifa
- 1 azofeifa
  yuyuba

azufaifo
- 2 azufaifa
- 1 guinjo
- 1 guínjol
- 1 yugula

azufrado
- 1 azufroso
- 1 sulfhídrico
- 1 sulfuroso

azufrar
- 5 azufre
- 3 sahumar
- 1 sulfatar
- 10 sulfurar(se)

azufre
- 1 alcrebite
- 2 pirita
- 1 solfatara
- 1 sulfatara
- ⇨piedra azufre

azufroso
- 3 azufrado

azul
- 3 añil
- 3 azulino
- 1 azur
- 1 cobalto
- 3 endrino
- 5 garzo
- 3 índigo
- 6 marino
- 2 opalino
- 1 pavonado
- 2 zarco

azulado
- 11 azul
- 2 azulenco
- 1 azulete
- 3 azulino
- 5 garzo

azulejar
- 4 alicatar

azulejo
- 5 abejaruco
- 3 añil
- 15 baldosa
- 19 chispa
- 9 ladrillo
- 1 morcella

azulenco
- 5 azulado
- 5 garzo

azulete
- 5 azulado

azulino
- 11 azul
- 5 azulado
- 5 garzo

azúmbar
- 6 estoraque

azumbrado
- 45 borracho

azur
- 11 azul

azurita
- 1 malaquita

azurumbarse
- 74 aturdir(se)
- 17 atolondrarse

azuzamiento
- 10 estímulo

azuzar
- 8 achuchar
- 12 aguijar(se)
- 34 avivar(se)
- 23 enardecer(se)
- 1 enviscar
- 5 enzurizar
- 9 espolear
- 28 estimular(se)
- 60 excitar(se)
- 17 incitar(se)
- 63 irritar(se)
- 23 pinchar(se)
- 20 instigar
- 21 ◁contener(se)
- 21 ◁tranquilizar(se)

B

baba
- 3 babaza
- 6 escupitajo
- 1 espumajo
- 11 humor
- 2 saliva
- 7 salivazo
- 1 tialina
- 7 espumarajo

babador
- 4 babero

babanca
- 11 incapaz
- 9 lelo
- 14 babieca
- 75 bobo
- 20 loco
- 12 mentecato
- 18 tonto

babaslibias
- ⇨Juan Lanas

babaza
- 8 baba
- 5 babosa
- 1 limazo

babeador
- 2 babera
- 4 babero
- 2 pechero

babear
- 6 babosear
- 3 chochear
- 1 desbabar
- 1 ensalivar
- 6 escupir
- 2 espumajear
- 1 insalivar
- 3 salivar

babel
- 18 barullo
- 7 desbarajuste
- 6 desconcierto
- 5 leonera
- 1 pandemonio
- 12 perplejidad
- 8 perturbación
- 13 barahúnda
- 8 caos
- 19 confusión
- 19 desorden
- 24 follón
- 11 lío
- ⇨merienda de negros

babera
- 4 babero
- 3 babeador

babero
- 2 babera
- 2 delantal
- 2 pechero

- 1 servilleta

Babia (estar en)
- 24 distraer(se)
- 15 ensimismar(se)
- 9 errar
- ⇨estar en el Limbo
- ⇨estar en las Batuecas
- ⇨meter la pata
- ⇨no dar en el clavo
- ⇨pensar en las musarañas
- ⇨tocar el violón

babichas
- 16 residuos
- 11 restos
- 31 sobra(s)

babieca
- 9 inseguro
- 10 papanatas
- 1 tontaina
- 2 bobalicón
- 75 bobo
- 6 bombero
- 14 débil
- 7 estúpido
- 23 flojo
- 8 idiota
- 12 majadero
- 11 memo
- 20 simple
- 18 tonto

babilónico
- 1 deslumbrante
- 12 espléndido
- 10 fastuoso
- 11 grandioso
- 5 lujoso
- 11 maravilloso
- 9 ostentoso

babilla
- 1 muslo
- 14 miembro
- 8 pata

babiney
- 3 lodazal
- 13 barrizal

babor
- 1 izquierda
- 8 costado

babosa
- 3 babaza
- 1 limaza
- 3 parásito
- 1 limaco
- 5 molusco

babosada
- 16 disparate
- 42 tontería(s)
- 14 locura

babosear

babosear
8 babear
2 espumajear
3 salivar
4 desvariar
⇨caérsele la baba
⇨obsequiar a la mujer

babosería
5 decrepitud

baboso
9 almibarado
3 budión
4 dulzón
4 enamoradizo
6 obsequioso
4 repipi
10 rijoso
14 tierno
12 empalagoso

babucha
2 abarca
5 alpargata
4 chancleta
2 chanclo
4 chinela
3 zapatilla
2 chapín

baby
5 bebé

baca
3 capota
1 portaequipajes
9 techo

bacalao
3 abadejo
2 cardillo
1 curadillo
2 pejepalo
2 pezpalo

bacan
15 acomodado
9 garboso
9 presumido
14 rico
18 ◁pobre

bacanal
7 festín
2 holgorio
10 jolgorio
4 saturnal
12 francachela
9 juerga
8 orgía

bacante
1 descocada
1 impúdica
2 libertina
1 ménade
1 voluptuosa
1 cachonda
◁recatada

bácara
2 amaro
3 esclarea

bácaris
23 amarillo
3 maro

bacía
27 vasija

bacilo
1 bacteria
4 microbio
1 micrococo
3 virus
1 microorganismo

bacín
1 bacineta
1 bacinica
2 dompedro
3 dondiego
14 perico
3 tito
5 bacinilla
7 beque
7 orinal

bacinada
10 inmundicia
4 orín
14 excremento
34 porquería

bacinero
2 limosnero
2 santero

bacineta
9 bacín

bacinete
11 casco
1 pelvis

bacinica
9 bacín

bacinilla
3 dondiego
14 perico
7 beque
9 loro
7 orinal

background
11 antecedentes

bacon
2 panceta
torrezno

bacteria
5 bacilo

bacteriología
1 antitoxina
1 bacterioterapia
4 cultivo
1 estafilococia
1 estreptococia
1 microbiología
1 toxina
2 vacunación
4 virulencia

bacteriológico
1 microbiológico

bacterioterapia
quimioterapia

báculo
15 arrimo
3 cayado
14 palo
20 bastón

bachata
10 jolgorio
12 francachela
9 juerga
8 parranda

bache
23 depresión
7 giba
19 hueco
10 hundimiento
2 socavón
37 agujero
15 dificultad
10 hoyo
6 zanja

bachear
21 alisar(se)
83 arreglar(se)
15 recubrir(se)
24 rellenar(se)

bachicha
1 italiano
2 pitillo
16 residuo
31 sobra(s)
3 colilla
10 poso

bachiller
3 diplomado
4 docto
8 experto
8 graduado
4 pedante
11 entendido
13 hablador
10 impertinente
7 licenciado
14 metomentodo
12 ◁discreto
13 ◁prudente

bachillerada
5 bachillería

bachillería
6 pedantería
42 tontería(s)
1 bachillerada

7 impertinencia
6 simpleza
12 ◁*discreción*
16 ◁*prudencia*

bada
2 abada
2 rinoceronte

badajada
2 clarinada
5 despropósito
16 disparate
14 idiotez
8 inoportunidad
7 majadería
10 memez
15 necedad(es)
9 sandez
42 tontería(s)
2 bobada
6 simpleza

badajear
5 comadrear
4 cotillear
4 cotorrear
1 charlatanear
4 chismorrear
7 disparatar
6 charlar
8 murmurar
⇨hablar por los codos

badajo
3 colgante
3 espiga
5 lengua
13 hablador
22 necio

badal
1 acial

badallar
13 aspirar
4 boquear
3 bostezar
16 inspirar(se)
⇨abrir la boca

badana
17 cuero
4 pellejo

9 piel
13 perezoso

badea
2 cohombro
7 insípido
11 melón
2 sandía
23 flojo
4 pepino
9 soso

badén
9 bache
10 cauce
23 depresión
6 ondulación
6 zanja

badiana
7 anís

badil
6 badila
7 pala
3 recogedor
10 cuchara
9 paleta

badila
1 hurgón
2 hurgonero
7 pala
3 recogedor
5 badil
9 paleta

badilejo
3 llana

badulaque
9 abobado
6 afeite(s)
13 irreflexivo
1 atolondrado
5 atontado
14 babieca
75 bobo
15 embustero
7 estúpido
10 mentiroso
18 tonto

baffle
3 altavoz

baga
5 gárgola
2 ronzal
2 soga
6 vaina

bagaje
14 acompañamiento
1 bastimento
12 caballería
6 equipaje
2 impedimenta
8 impedimento
3 macuto
7 mochila
9 paquete
15 batería
15 maleta
15 saco

bagasa
17 ramera

bagatela
1 bujería
6 chuchería
4 friolera
6 frivolidad
6 futesa
10 futilidad
14 insignificancia
9 menudencia
8 minucia
10 nadería(s)
11 nimiedad
9 niñería
8 puerilidad
42 tontería(s)
5 tilde
9 baratija
19 cipote
25 fruslería
17 miseria

bagatelas
11 zarandaja(s)

bagazo
4 pellejo
9 piel

16 residuo
8 cáscara
8 corteza

bagre
12 espabilado
4 lampiño
10 monstruoso
7 zorra
11 antipático
8 cargante
7 estúpido
18 feo
18 horrendo
16 listo
12 mentecato
9 meretriz
15 molesto
31 pesado
13 puta
17 ramera
18 tonto

bagual
35 bravío
7 incivil
15 indómito

bagunza
10 camorra
11 reyerta
11 riña

baharí
1 tagarote

bahía
9 cala
10 refugio
32 abrigo
7 ensenada
6 rada
9 abra
19 golfo

bahorrina
20 basura
6 desperdicio
14 excremento
34 porquería
14 suciedad

bahúno

bahúno
1 bajuno
4 lamerón
8 rastrero
23 ruin
12 servil
7 soez
12 vil

baila
2 perca
2 raño
▷trucha de mar

bailable
6 baile
8 bailete
5 ballet

bailador
5 bailarín

bailar
1 bailotear
8 berrear
5 cabriolar
5 cabriolarse
2 danzar
3 desgoznar(se)
1 desplantarse
2 gambetear
59 mover(se)
1 polcar
8 retozar
1 tanguear
4 trenzar
1 valsar
2 zapatear
▷mover el esqueleto

bailarín
1 bailador
1 danzador
7 danzante
2 danzarín
3 saltarín

bailarina
2 almea
3 bayadera
1 chaconera
1 danzadora

7 danzante
2 danzarina
1 saltarina
1 zarabandista

baile
3 bailable
8 bailete
1 bailoteo
5 ballet
1 saltación
2 danza

bailete
3 bailable
5 ballet
15 demarcación
2 diputación
7 municipio
2 pantomima
9 territorio
2 danza

bailía
2 alcaldía
2 diputación
7 municipio

bailotear
16 bailar

bailoteo
6 baile

baja
4 depreciación
6 descenso
3 desestimación
8 desprecio
2 desvaloración
16 disminución
15 mengua
15 quebranto
9 pérdida

bajá
1 pachá

bajada
8 abajadero
13 bajeza
7 cuesta

5 declinación
5 declive
1 descendimiento
6 descenso
8 ocaso
19 pendiente
11 ◁subida

bajador
4 aguardiente

bajamar
4 reflujo
1 ◁pleamar

bajar(se)
3 abajarse
8 aballar(se)
11 abaratar(se)
59 abatir(se)
14 acuchillar(se)
24 achicar(se)
24 agachar(se)
24 agacharse
14 amorrar(se)
6 aterrizar
9 declinar
8 decrecer
3 depreciar
3 descabalgar
17 descender
12 desmontar(se)
12 despreciar
3 desvalorar
2 desvalorizar
19 disminuir(se)
46 humillar(se)
43 inclinar(se)
43 inclinarse
3 menguar
39 rebajar(se)
52 reducir(se)
15 tender(se)
2 abajar
18 apear(se)
10 arriar
62 caer
15 decaer
2 decurrir
58 ◁alzar(se)
10 ◁ascender
59 ◁aumentar(se)

12 ◁aupar(se)
15 ◁empinar(se)
18 ◁encaramar(se)
23 ◁encumbrar(se)
7 ◁engarabitar(se)
6 ◁escalar
53 ◁levantar(se)
◁revalorizar
3 ◁revolotear
4 ◁sofaldar
30 ◁subir(se)
7 ◁trepar

bajareque
25 cabaña

bajear
13 explorar
15 inducir
10 inquirir
8 rastrear
10 sugestionar(se)
2 vahar

bajel
9 barco
6 buque
4 nave
5 navío
5 nao
21 embarcación

bajete
40 bajo(s)

bajeza
25 abatimiento
9 abyección
6 envilecimiento
15 humillación
10 hundimiento
7 indignidad
13 poquedad
3 rebajamiento
10 ruindad
11 vileza
14 cobardía
5 servilismo
10 timidez

bajía
13 seno
9 señuelo

bajío
2 atolón
40 bajo(s)
10 escollo
2 rompiente

bajista
5 agiotista
11 bolsista
9 especulador

bajito
2 paturro

bajo(s)
6 apagado
1 arrancapinos
1 bajete
4 debajo
8 descolorido
18 desmañado
4 diminuto
1 entresuelo
5 gorgojo
13 humilde
10 indigno
6 inferior
6 innoble
2 menino
6 menudo
5 mortecino
1 personilla
3 plebeyo
2 renacuajo
11 trivial
1 zancajo
21 grave
20 abyecto
33 apocado
5 chaparro
18 chico
26 despreciable
7 enaguas
4 lameculos
21 llano
14 pequeño
1 petizo
6 retaco
23 ruin
12 servil
7 soez
6 tachuela
6 títere
12 vil
⇨corto de talla
33 ◁*alto(s)*
2 ◁*encima*
9 ◁*intenso*
28 ◁*vivo*

bajoca
10 alubia

bajón
6 descenso
16 disminución
6 merma
2 piporro
23 ◁*aumento*

bajorrelieve
1 entretalla
1 entretalladura

bajuno
7 bahúno

bajura
2 achatamiento
14 aplanamiento
6 profundidad
21 ◁*elevación*
14 ◁*cumbre*

bala
3 almendra
2 balín
9 bodoque
8 cohete
7 dado
9 explosivo
13 fardo
5 munición
4 paca
2 posta
6 proyectil
7 tarambana
8 tiro
22 bomba
15 bulto
10 pelota
2 pepinillo
19 taco

balaca
17 baladronada
9 fanfarronada
21 bravata

balada
4 balata
8 cántico
3 cantilena
9 evocación
8 poema
7 tonada

baladí
3 aguachirle
3 epidérmico
18 insignificante
9 insustancial
9 nimio
9 pueril
6 superficial
11 trivial
26 despreciable
⇨de poca monta

baladre
3 adelfa
2 hojaranzo
⇨laurel rosa

baladrear
10 aullar

baladrero
8 alborotador
2 aullador
3 bramador
8 chillón
1 gritador
1 voceador

baladro
8 alarido
8 aullido
5 brama
6 chillido
7 grito

baladrón
2 farfantón
7 flotante
8 jácaro
1 matamoros
5 matasiete
22 bravucón
16 charlatán
18 chulo
15 fanfarrón
18 guapo
7 matón
4 perdonavidas

baladronada
5 alarde
16 bizarría
1 blasonería
5 bravuconada
10 fanfarria
9 fanfarronada
2 farfantonada
5 jácara
11 jactancia
5 bravuconería
21 bravata
6 charlatanería
8 chulería
9 desplante
4 farde
15 gallardía
10 guapeza

baladronadas
frijol(es)

baladronar
61 animar(se)
19 blasonar
7 envalentonar(se)

baladronear
61 animar(se)
19 blasonar
7 guapear

bálago
1 balaguero
9 broza
3 espuma
8 paja

balaguero
4 bálago

balance
12 balanceo
9 comprobación

balancear

2 cómputo
14 equilibrio
12 inseguridad
15 movimiento
6 vaivén
6 arqueo

balancear(se)
5 abanicar(se)
13 bambolear(se)
10 bandear(se)
9 blandir
14 cabecear
11 columpiar(se)
5 compensar
3 contonear(se)
6 contrapesar
5 equilibrar(se)
30 igualar(se)
14 mecer(se)
17 menear(se)
59 mover(se)
8 ondular(se)
6 oscilar
6 maromear
11 vacilar

balanceo
1 abaniqueo
8 balance
1 columpiamiento
4 contoneo
9 fluctuación
12 meneo
15 movimiento
6 oscilación
2 parpadeo
6 vaivén
6 cabeceo
7 vacilación

balancín
5 balanza
4 contrapeso
7 hamaca
8 tiento(s)
2 travesaño
5 traviesa
4 columpio
2 mecedora

balandra
6 balandro

21 embarcación

balandrán
7 alba
4 esclavina
13 hábito
2 palio
1 sotana
⇨vestidura talar

balandro
2 balandra
6 batel
chalupa
8 lancha
2 yate
6 falúa

balandrón
8 jácaro
15 fanfarrón

bálano
3 glande

balanza
5 báscula
2 romana
8 balancín
4 columpio
11 peso

balar
4 balitar
8 berrear
1 gamitar
6 gemir

balas
5 munición

balasto
4 grava
4 guijo

balata
6 balada
10 canción
8 poema
7 tonada

balate
32 borde
1 lindazo
3 linde
12 margen
7 orilla

balaustrada
3 acitara
2 acroterio
2 barandaje
3 barandal
3 barbacana
4 brocal
2 macolla
3 mesilla
3 pasamano
3 pretil
28 antepecho
4 balaustre
12 balcón
10 baranda
2 barandilla
3 mazorca

balaustrado
1 abalaustrado
28 antepecho

balaustre
16 balaustrada
3 llana
palustre
28 antepecho

balay
10 batea
10 cedazo
10 cesta
13 cesto
6 plato

balazo
6 disparo(s)
11 herida
8 tiro
⇨golpe de bala

balazos
6 tiroteo

balbucear
8 balbucir
1 barbotear

3 chapurrear
7 farfullar
6 tartajear
3 tartamudear

balbuceo
1 chapurreo
1 farfulla
2 silabeo

balbucir
6 balbucear
1 barbotear
1 barbullar
7 farfullar
2 mascujar
5 mascullar
6 tartajear
3 tartamudear

balcón
16 balaustrada
1 balconcillo
12 galería
1 miranda
3 pasamano
5 terraza
4 ventanal
15 corredor
10 baranda
2 barandilla
8 farol
7 mirador

balconcillo
12 balcón

balconear
26 atisbar(se)
19 observar
12 flirtear
25 mirar
⇨pelar la pava

balda
15 anaquel
6 entrepaño
3 ménsula
4 plúteo
3 repisa
5 soporte
6 tabla(s)

baldado
10 estante
5 contrahecho
6 impedido
9 inmóvil
4 inválido
4 paralítico
3 tullido

baldadura
4 anquilosamiento

baldaquín
2 baldaquino
9 cubierta
2 dosel
3 marquesina
7 pabellón
2 palio
1 ciborio

baldaquino
7 baldaquín
2 dosel

baldar(se)
13 anquilosar(se)
4 herniarse
7 imposibilitar(se)
11 machacar
16 paralizar(se)
4 tullir
7 tundir
41 cansarse
24 golpear
13 impedir

balde
5 cubeta
5 recipiente
1 cacimba
7 cubo
6 pozal

baldear
24 achicar(se)
3 aljofifar
17 asear(se)
1 fregotear
2 jamurar
7 regar
12 fregar
50 limpiar

baldeo
18 aseo
1 fregoteo
19 limpieza
1 riego

baldíamente
1 estérilmente
1 inútilmente
1 ociosamente
1 vanamente
⇨en balde

baldío
6 árido
10 estéril
14 inculto
2 inmotivado
10 innecesario
13 ocioso
21 vano
16 inútil
16 vago
8 yermo
⇨sin fundamento
6 ◁fértil

baldo
6 baldado
1 desfallecido
10 fallo
6 impedido

baldón
21 afrenta
9 borrón
13 degradación
16 deshonor
9 deshonra
7 estigma
17 injuria
13 mancha
10 oprobio
10 ultraje
12 infamia
4 motete

baldonar
21 afrentar(se)
23 degradar(se)
22 deshonrar(se)
16 injuriar
10 insultar
7 mancillar(se)
19 manchar(se)
5 motejar
33 ofender(se)
7 ultrajar
16 infamar
12 vilipendiar
65 ◁alabar(se)

baldosa
1 adefera
1 adobe
1 alicatado
3 baldosín
9 cerámica
1 ceramita
5 losa
3 mayólica
6 mosaico
1 rasilla
6 teja
2 tesela
6 azulejo
9 ladrillo
11 solera

baldosín
1 loseta
6 mosaico
15 baldosa

baldragas
17 alicaído
8 calzonazos
4 impotente
11 incapaz
7 bragazas
14 débil
23 flojo

balduque
5 atadijo
15 cinta
12 ribete(s)
2 tramilla
3 trencilla

balear
5 abalear

baleo
3 alfombrilla
3 esterilla
2 felpudo
5 ruedo
16 abanico
6 tiroteo

balería
1 municiones

balero
3 juguete
13 boliche

balido
berrido
1 gamito

balín
18 bala
1 metralla

balista
1 catapulta
1 petraria

balitar
4 balar
8 berrear
1 gamitar
1 gamitir

baliza
11 ancla
12 hito
11 indicación
16 marca
4 reguera
2 rejera
7 boya
7 mojón
27 señal

balizar
4 abalizar

balneario
1 balneoterápico
24 baño(s)
2 termas
5 caldas

balneoterápico
4 balneario

balón
7 esfera
8 pelotón
5 recipiente
31 bola
10 pelota

balonazo
3 pelotazo

baloncesto
1 basket
1 basketball

balonvolea
1 voleyball

balota
1 bolilla
7 esfera
31 bola

balotada
12 brinco
7 cabriola
17 salto

balotar
2 dictaminar
15 elegir(se)
1 papeletear
9 votar

balsa
6 alberca
2 almadía
8 charca
9 estanque
1 guarés
1 jangada
10 laguna
1 maderada
4 poza
1 zata
14 acequia
13 andarivel

balsamera
3 esenciero
6 frasco

3 perfumador
5 pomo
2 tarro

balsámico
5 aromático
3 fragante
6 perfumado
2 suavizante
10 ◁ *apestoso*

balsamina
1 miramelindos
21 adorno

balsamita
3 berro
2 jaramago

bálsamo
17 alivio
13 barniz
9 calmante
7 consuelo
15 esencia
3 gomorresina
17 medicina
1 oleorresina
7 perfume
6 resina
13 goma
9 medicamento
11 remedio

balsón
3 anilla
5 barzón
3 fati
8 fofo
19 gordo
16 ◁ *flaco*

balsopeto
44 bolsa

balsoso
42 blando
8 fofo
30 ◁ *duro*

baluarte
2 almenado
30 amparo

2 antemuro
3 barbacana
1 bastión
41 defensa
3 garitón
8 parapeto
13 protección
7 fortificación

balumba
7 ciempiés
13 fardo
79 alboroto
15 bulto
8 caos
19 confusión
19 desorden
11 lío
19 ruido

ballena
2 ballenato
3 cachalote
4 cetáceo
1 narval

ballenato
4 ballena
3 cachalote

ballesta
3 amortiguador
2 astil
8 corva
7 flecha
11 muelle
6 pasador
2 repullo
7 saeta
1 saetín
4 venablo
3 virote
14 dardo
12 suspensión

ballestera
25 abertura
2 bodoquera
2 estribera
2 saetera
6 tronera

ballestería
7 cacería

ballestero
3 saetero
3 sagitario

ballestilla
1 fleme
8 balancín

ballet
3 bailable
6 baile
8 bailete
1 coreografía
2 danza

ballueca
5 avena

bamba
16 azar
6 baile
2 tocón
4 moneda

bambalear(se)
13 bambolear(se)

bambalina
4 colgadura
6 cortina
7 lienzo
1 telón

bambarria
7 lienzo
75 bobo
12 mentecato
18 tonto
⇨acierto casual

bambazo
8 balance
12 balanceo
4 bordada
15 cabezada
1 socollada
2 tumbo

bamboche
1 aglobado
4 apaisado
7 orondo

10 abultado
7 gordinflón
9 rechoncho

bamboleante
4 pendular
4 tambaleante

bambolear(se)
19 balancear(se)
1 bambalear(se)
14 cabecear
11 columpiar(se)
14 mecer(se)
6 oscilar
9 tambalear(se)
5 jarearse
11 vacilar
⇨dar traspiés
⇨perder el equilibrio
15 ◁*aquietar(se)*
5 ◁*equilibrar(se)*

bamboleo
1 bandeo
1 mecedura
6 oscilación
6 cabeceo
8 ◁*quietud*

bambolla
22 aparato
8 empaque
10 fanfarria
26 hinchazón
12 ostentación
12 presunción
8 solemnidad
14 vanidad
3 fanfarronería
20 apariencia
12 boato
8 chulería
9 desplante
9 fausto
13 pompa
12 ◁*ponderación*
10 ◁*recato*

bambú
3 anea
3 bengala

1 cañaduz
3 carrizo
1 mimbre
4 papiro
7 bejuco
16 caña

banal
10 anodino
3 epidérmico
7 insípido
9 insustancial
6 superficial
11 trivial
⇨falto de interés
8 ◁*profundo*

banalidad
10 futilidad
11 nimiedad
3 trivialidad
7 vulgaridad
15 ◁*interés*
5 ◁*originalidad*

banana
1 cambur
1 plátano
2 banano

banano
3 banana
4 habano

banasta
2 banasto
3 canastilla
2 canastillo
6 canasto
10 cesta
     cestillo
13 cesto
1 cuévano

banastero
3 cestero

banasto
8 banasta
2 quilco

banca
17 banco
3 gradilla
3 taburete
1 valores
49 asiento
44 bolsa
6 escaño
9 grada
12 hacienda

bancal
6 tabla(s)
1 tapete
6 terraplén
7 andén
19 barranco
9 grada

bancario
1 bursátil
4 financiero
1 mercantil
9 banca

bancarrota
10 desastre
4 fiasco
10 hundimiento
7 quiebra
25 ruina(s)
5 fracaso

banco
1 arquibanco
7 banqueta
2 camoncillo
1 cardumen
2 escabel
1 poyo
7 sede
2 sitial
2 solio
3 taburete
1 trono
49 asiento
9 banca
44 bolsa
6 escaño
9 grada
8 silla

banda
3 bandolera
32 borde
7 brazal
11 brazalete
8 cenefa
8 cincha
2 cincho
4 corbata
4 cuadrilla
2 charanga
4 estola
18 facción(es)
5 faja
1 friso
2 humeral
19 insignia(s)
1 lienza
17 lista
1 manípulo
12 margen
7 orla
4 orquesta
1 tirajo
8 tropa
6 venda
3 zona
3 bandada
8 camada
8 condecoración
8 costado
15 lado
8 manada
10 baranda
10 cinturón
15 grupo
13 lazo
8 pandilla
21 partida
11 tira
12 trena
3 túrdiga

bandada
1 averío
10 bando
41 banda

bandazo
12 balanceo
4 bamboleo
15 cabezada
6 oscilación

bandear

2 tumbo
10 variación

bandear(se)
55 acomodar(se)
36 apañar(se)
4 arreglárselas
19 balancear(se)
11 columpiar(se)
10 gobernarse
13 ingeniar(se)
14 mecer(se)
15 regir(se)
29 valer(se)

bandeja
2 azafate
10 batea
2 patena
1 platel
1 salva
1 salvilla
1 vasera
5 escudilla
13 fuente
4 lebrillo
6 plato

bandeo
4 bamboleo

bandera
3 banderín
 banderola
11 blasón
2 confalón
5 distintivo
7 divisa
14 emblema
1 empavesado
6 enseña
4 estandarte
4 gallardete
3 gaya
5 guión
19 insignia(s)
4 oriflama
7 pabellón
5 pendón
13 símbolo
5 trofeo
11 guía
4 lábaro

27 señal

bandería
10 bando
18 facción(es)
8 taifa
13 parcialidad
8 pandilla
21 partida

banderilla
28 engaño(s)
1 garapullo
7 puya
4 remoquete
2 vareta
14 dardo
10 entremés
7 estafa
2 palitroque
5 petardo
2 rehilete
6 sablazo
8 tapa

banderillear
1 parear

banderín
22 bandera
6 flámula
19 insignia(s)

banderizo
6 alborotado
10 faccioso
9 fogoso
11 parcial
7 revolucionario

bandidaje
3 bandolerismo

bandido
1 bandolero
10 canalla
6 malandrín
7 malhechor
4 secuestrador
8 cuatrero
13 ladrón
8 rufián

6 salteador

bando
6 bandería
1 cedulón
5 edicto
18 facción(es)
7 mandato
20 orden
3 proclama
13 parcialidad
21 partida
30 partido

bandola
1 bandolín
5 bandolina
3 bandurria
3 laúd

bandolera
3 correaje
3 tahalí
41 banda

bandolerismo
1 bandidaje
1 criminalidad
1 delincuencia
2 ◁legalidad
8 ◁rectitud

bandolero
9 bandido

bandolín
4 bandola

bandolina
3 bandurria
5 cosmético
4 fijador
1 mandolina
13 goma

bandoneón
2 acordeón

bandullo
11 barriga
4 panza
7 abdomen

6 vientre

bandurria
4 bandola
5 bandolina
5 guitarra

banquero
8 accionista
11 bolsista
3 cambista
2 cuentacorrentista
2 obligacionista

banqueta
3 alzapiés
3 gradilla
3 taburete
49 asiento
9 banca
6 escaño
9 grada

banquete
8 ágape
21 agasajo
7 banquillo
10 convite
7 festín
8 gaudeamus
1 tragantona
7 comilona
3 cuchipanda
20 fiesta
12 francachela
3 guateque
8 orgía

banquetear
10 celebrar
10 convidar
12 invitar
4 ◁ayunar

banquillo
17 banco
3 gradilla
1 palco
3 taburete
49 asiento
6 escaño
9 grada

bañador
22 servicio(s)
3 sumersión
9 tina
2 tintura
4 tocador
16 artesa
4 balneario
5 caldas
21 capa
7 toilette
1 bikini
12 calzón
1 maillot
1 slip
2 taparrabos

bañar(se)
3 cromar
4 chapuzar(se)
5 duchar(se)
3 galvanizar
10 humedecer(se)
10 impregnar(se)
6 inundar(se)
2 irrigar
15 lavar(se)
21 mojar(se)
4 nadar
7 regar
9 remojar(se)
11 salpicar(se)
16 sumergir(se)
50 limpiar

bañera
2 bañero
24 baño(s)
6 barreño
6 pila
9 tina
16 artesa

bañero
5 cuidador
1 socorrista

baño(s)
6 ablución
3 afusión
6 bañera
2 bañero
6 barreño
4 ducha
6 inmersión
9 lavabo
1 maniluvio
1 natación
1 pediluvio
1 perfusión
6 pila
2 remojón

bao
9 barrote
2 cofa
2 travesaño
6 viga

baptisterio
1 bautisterio
⇨pila bautismal

baque
10 batacazo
12 choque
6 encontronazo
37 golpe

baqueta
4 palillo
2 palote
3 junquillo
19 taco
8 varilla

baquetazo
38 caída

baqueteado
13 acostumbrado
12 aguerrido
11 avezado
9 cursado
8 ducho
4 entrenado
23 experimentado
8 experto
6 habituado
12 práctico
13 ◁inexperto
7 ◁novato

baquetear
26 castigar(se)
5 ejercitar
87 fastidiar(se)
44 incomodar(se)
114 molestar(se)
24 golpear
7 traquetear
30 ◁agradar

baquetearse
9 foguear(se)

baqueteo
8 ajetreo
17 azotaina

baquía
16 conocimiento
17 práctica
5 experiencia

baquiano
11 avezado
9 cursado
8 ducho
4 entrenado
23 experimentado
8 experto
10 perito
8 versado
12 práctico

báquico
2 vinoso
7 orgiástico

baquio
1 pariambo
2 periambo

bar
8 café
4 mesón
1 pub
7 club
10 colmado
8 taberna

baraca
14 bendición

barahúnda
18 batahola
7 desbarajuste
2 holgorio
10 jolgorio
9 tropel
79 alboroto
21 algarabía
18 bullicio
8 caos
19 confusión
19 desorden
11 lío
19 ruido

baraja
18 cartas
2 naipe(s)

barajar
58 alzar(se)
54 confundir(se)
10 contender
9 embrollar
2 entremezclar
53 levantar(se)
31 mezclar(se)
29 pelear(se)
16 resolver(se)
26 trastornar(se)
4 altercar
57 cortar
4 encartar
24 revolver
5 ◁desembrollar

barajas
11 reyerta
11 altercado
20 contienda
18 disputa
11 pelea
11 riña

barajón
2 raqueta

barajustar
16 agredir(se)
11 asaltar(se)
19 atacar(se)
18 acometer

baranda

5 emprender
19 huir

baranda
1 barandado
3 barandal
20 barra
32 borde
3 pasamanos
41 banda
4 adral
28 antepecho
2 barandilla
1 comulgatorio

barandado
10 baranda

barandaje
16 balaustrada
28 antepecho

barandal
10 agarradero
16 balaustrada
10 baranda

barandel
28 antepecho

barandilla
20 barra
10 baranda

barata
5 baratura
2 envite
11 lance
4 mohatra
8 venta
12 barato
19 cambio
3 cucaracha
5 trueque

baratear
11 abaratar(se)
1 descontar
3 malvender
6 regatear
12 ◁encarecer(se)

baratería
28 engaño(s)
2 martingala
4 mohatra
9 fraude
5 trueque

baratero
7 engañoso
5 matasiete
2 regatero
3 regatón
5 valentón
22 bravucón
15 embustero
8 rufián

baratija
1 bujería
6 cuchufleta
6 chuchería
1 espantavillanos
4 friolera
2 perendengue
42 tontería(s)
19 bagatela
25 fruslería

baratillero
4 prendero
3 ropavejero
1 saldista
2 trapero

baratillo
14 insignificancia
3 zoco
⇨mercería pequeña

barato
7 asequible
9 barata
13 económico
6 módico
5 rebajado
1 saldado
24 fácil
11 ganga
12 sencillo
⇨de ocasión
⇨de poco precio
⇨de poco valor

◁*difícil*
8 ◁*inasequible*
10 ◁*caro*

báratro
15 abismo
12 infierno
4 averno

baratura
4 depreciación
7 rebaja
5 saldo
9 baratija
11 ganga
6 ◁*encarecimiento*

baraúnda
13 barahúnda

baraustar
17 apuntalar(se)
7 asestar(se)
29 desviar(se)
56 dirigir(se)
46 señalar(se)

barba
3 patilla
7 pelo
1 pelluzgón
1 sotabarba
7 pera
5 barbilla
17 chiva
9 mosca
4 perilla

barbacana
6 muro
2 saetera
6 tronera

barbacoa
11 andamio
1 enrejado
4 tinglado
9 andas
9 armazón
6 zarzo
⇨fogón rústico

barbada
3 abadejo
1 quijada

barbado
6 barbudo
27 cabrón

barbaja
1 escorzonera

barbar
⇨criar abejas
⇨echar barbas
⇨echar raíces

bárbaramente
1 atrozmente
1 bestialmente
1 brutalmente
1 cruelmente
2 ferozmente
1 inhumanamente
1 salvajemente
1 ◁*dulcemente*
1 ◁*suavemente*

barbaridad
5 animalada
11 atrocidad
11 barbarie
6 bestialidad
15 brutalidad
7 ciempiés
13 crueldad
18 demasía
10 desatino
2 desbarro
3 desmán
6 dislate
16 disparate
7 enormidad
16 estupidez
5 exageración
11 ferocidad
5 inhumanidad
15 necedad(es)
6 salvajada
4 salvajismo
9 temeridad

barbarie
11 atrocidad
6 bestialidad

barbas
15 brutalidad
13 crueldad
11 ferocidad
10 fiereza
12 ignorancia
13 incultura
5 inhumanidad
7 rusticidad
4 salvajismo
28 ◁humanidad(es)

barbarismo
1 anglicismo
1 arabismo
2 extranjerismo
2 galicismo
1 helenismo
3 solecismo

barbarizar
2 desatinar
2 desbarrar
7 disparatar

bárbaro
17 arriesgado
14 arrojado
25 atroz
6 bestial
15 cerril
18 cruel
5 esforzado
6 extranjero
13 feroz
17 fiero
19 ignorante
14 inculto
8 inhumano
22 rudo
6 sanguinario
11 temerario
21 grosero
17 rústico
19 salvaje
10 tosco
7 ◁educado
13 ◁prudente

barbarroja
2 barbitaheño

barbas
10 año(s)

barbasco
1 vejuco

barbear
12 halagar
18 adular
11 lisonjear
1 pelotillear
⇨hacer la rosca

barbechar
7 arar
9 labrar

barbechera
14 barbecho

barbecho
1 añojal
1 barbechera
3 calvero
5 desierto
1 eriazo
2 escajo
1 estepa
1 huebra
1 lleco
1 palomera
2 rastrojo
4 erial
6 páramo
8 yermo

barbería
1 peluquería

barbero
1 afeitador
1 alfajeme
2 desuellacaras
1 fígaro
1 peluquero
4 rapabarbas
2 rapador
1 rapista
1 vellera
24 aduladuor
2 pelotillero

barbeta
9 baboso
11 badulaque

22 necio
18 tonto
16 ◁listo

barbián
17 arriesgado
15 arriscado
33 atrevido
17 bizarro
7 decidido
12 desenvuelto
11 galán
17 gallardo
9 valiente
8 ◁pacato
17 ◁cobarde

barbicerrado
6 barbudo

barbiespeso
5 barbón
6 barbudo

barbihecho
4 afeitado
2 barbirrapado
3 rasurado

barbijo
3 barboquejo

barbilampiño
1 carilampiño
1 desbarbado
6 imberbe
4 lampiño
1 rapagón

barbilindo
1 barbilucio
1 damisela
1 galancete
7 mariquita
29 afeminado

barbilucio
5 barbilindo

barbiluengo
5 barbón
6 barbudo

barbilla
1 mentón
9 barba
15 chivo
9 mosca
4 perilla

barbiquejo
3 barboquejo
26 cadena

barbirrapado
4 afeitado
3 barbihecho

barbirroja
2 barbitaheño

barbitaheño
1 barbarroja
1 barbirroja

barbitúrico
4 narcótico
4 somnífero
5 hipnótico

barbo
3 carpa

barbón
2 barbiespeso
2 barbiluengo
2 barboso
6 barbudo
⇨macho cabrío

barboquejo
2 barbiquejo
1 barbuquejo
1 barbijo

barboso
5 barbón
6 barbudo

barbotar
6 balbucear
8 balbucir
1 barbotear
1 barbullar
7 farfullar

barbotear

2 mascujar
5 mascullar
4 musitar

barbotear
8 barbotar

barbudo
2 barbado
1 barbicerrado
2 barbiespeso
2 barbiluengo
5 barbón
2 barboso

barbulla
18 batahola
3 chillería
10 gritería
9 tropel
3 vocería
17 algazara
13 barahúnda
19 confusión
19 desorden
19 ruido

barbullar
8 barbotar

barbuquejo
3 barboquejo

barca
2 barquichuelo
5 barquilla
6 batel
34 bote
4 caique
3 chalana
chalupa
2 gabarra
8 lancha
1 yola
4 barcaza
9 canoa
21 embarcación
3 lanchón

barcal
1 dornajo
16 artesa

12 cajón

barcarola
10 canción
8 cántico

barcaza
7 alijo
1 barcón
2 gabarra
3 lanchón

barcia
2 ahechadura
9 desecho
6 desperdicio

barco
6 buque
4 nave
5 navío
1 paquebote
3 vapor
2 velero
2 yate
6 bajel
5 nao

barcón
4 barcaza

barda
40 armadura
3 bardal
2 espino
2 ramaje
1 sebe
3 seto
9 vallado
12 cercado

bardado
7 acorazado
3 blindado
8 defendido
13 armado
12 protegido

bardal
5 atajadizo
8 barda
23 barrera

bardana
3 anteón
2 cadillo
3 lampazo

bardo
5 aedo
2 coplero
5 juglar
9 poeta
4 rapsoda
3 recitador
3 trovador
5 vate

bardón
27 cabrón

baremo
11 cálculo
17 cuenta
6 escala
6 tabla(s)

bargaining
10 transacción

bargueño
7 arca
33 armario
5 cómoda
4 mueble

baritel
2 cabestrante
2 malacate
17 cabrestante

baritina
1 hepatita

barítono
7 cantante
6 cantor

barjuleta
badaza
6 equipaje
3 macuto
7 mochila
15 alforja
44 bolsa
9 bolsón

15 saco

barloa
13 cable
3 calabrote

barloar
6 abarloar
22 acercar(se)
17 acostar(se)
38 arrimar(se)
38 ◁*alejar(se)*

barloventar
2 barloventear

barloventear
1 barloventar
1 sobreventar
◁*sotaventarse*

barniz
6 afeite(s)
24 baño(s)
3 charol
2 encáustico
4 esmalte
2 laca
7 lustre
1 maque
1 pavón
13 pintura
2 tintura
1 vidriado
2 imprimación

barnizar
4 charolar
1 embarnizar
4 encerar
4 esmaltar
1 lacar
2 tintar
1 vidriar
2 imprimar
2 maquear
23 pintar

barógrafo
2 barómetro

barómetro
1 barógrafo
11 índice

barquero
4 batelero
3 marinero
2 remero
5 timonel

barquichuela
14 barca

barquichuelo
10 batea
14 barca

barquilla
9 cabina
13 cesto
10 molde
6 tabla(s)
14 barca

barquillo
5 broa
4 canutillo
2 oblea
16 galleta

barquín
8 barquino

barquinazo
10 batacazo
6 porrazo
7 quiebra
25 ruina(s)
2 trastazo
2 tumbo
6 vaivén
2 vuelco
5 fracaso

barquino
1 barquín
17 bota
10 cuba
17 cuero
5 estómago
5 odre
2 tinaja
27 vasija

barra
3 alzaprima
2 barreta

1 barrón
9 barrote
1 cibica
1 cuadradillo
10 eje
7 hierro(s)
3 lingote
6 palanca
9 rejón
2 riel
1 tocho
5 tranca
10 vara
2 barandilla
7 carril
3 mostrador
6 tirante
8 varilla

barrabasada
2 atropellamiento
6 chiquillada
10 desatino
5 despropósito
6 dislate
16 disparate
4 travesura
14 atropello
22 barbaridad

barraca
14 albergue
2 barracón
3 caseta
11 casilla
3 chabola
8 choza
10 refugio
10 vivienda
11 almacén

barracón
9 barraca
8 granero

barragán
4 chaquetón
6 gabardina
5 pelliza
6 tabardo
12 tela
3 zamarra

32 abrigo
10 capote

barragana
7 amiga
5 querida
22 amante
6 concubina
9 manceba

barraganería
15 amancebamiento

barranca
8 despeñadero
19 barranco

barranco
2 barranca
10 cauce
1 descolgadero
8 despeñadero
8 impedimento
4 precipicio
2 quebrada
5 rambla
1 ramblazo
1 rehoyo
6 sima
3 torrentera
19 embarazo
11 arroyo
14 atolladero
6 bancal
15 dificultad
7 orilla
6 talud

barranquera
10 cauce

barrar
4 embarrar

barrear(se)
22 afianzar(se)
11 amurallar(se)
52 asegurar(se)
13 atrincherar(se)
4 barretear
1 bastionar
18 borrar

12 cercar
37 cerrar(se)
18 fortificar
14 sujetar

barredera
1 escoba
1 escobajo
1 escobón

barredura
4 barrido

barreduras
20 basuras
9 despojos
5 escombros
10 inmundicias
16 residuos
11 restos
11 desperdicio

barrena
1 avellanador
4 berbiquí
4 broca
6 cincel
2 escariador
1 escobina
2 escoplo
4 fresa
2 lezna
2 punzón
2 sacabocados
2 taladro
1 trépano
5 chicharra

barrenador
3 barrenero

barrenar
19 agujerear
42 atravesar(se)
23 atropellar(se)
25 calar(se)
16 desbaratar
4 horadar
9 infringir
8 malograr
3 punzar
2 taladrar

barrenero

6 transgredir
4 trepanar
2 fresar
10 hollar
13 impedir
9 violar

barrenero
1 barrenador
1 barrenista
2 dinamitero

barrenista
3 barrenero

barreno
8 cohete
1 dinamita
9 explosivo
5 petardo

barreño
3 jofaina
5 odre
2 terrizo
2 tinaja
16 artesa
27 vasija

barrer
70 apartar(se)
8 arrollar
1 barrisquear
3 cepillar
11 desembarazar(se)
21 despedir(se)
16 despejar(se)
16 dispersar(se)
2 escobar
3 escobillar
6 purgar
43 arrastrar
11 expulsar
50 limpiar
⇨dar una escobada
16 ◁ensuciar(se)

barrera
30 amparo
7 asilo
9 atajadero

8 barda
3 bardal
8 cerca
7 empalizada
1 espaldón
4 estacada
8 impedimento
6 muro
11 oposición
8 parapeto
10 refugio
2 reja
3 seto
9 tapia
7 valla
9 vallado
3 verja
28 antepecho
10 obstáculo
9 tablas

barrero
9 alfarero
23 barrera
13 barrizal

barreta
20 barra
9 barrote

barretear
22 afianzar(se)
43 afirmar(se)
52 asegurar(se)
4 embarrar

barretina
5 birretina

barriada
15 barrio

barrica
3 garrafón
5 odre
5 tonel
15 barril

barricada
23 barrera
41 defensa
6 muro

8 parapeto
25 reparo(s)
7 tala

barrido
6 acicalamiento
1 barredura
19 limpieza
20 arreglo

barriga
3 convexidad
18 curvatura
4 panza
1 sorra
8 tripa(s)
7 abdomen
5 mondongo
2 andorga
4 bandullo
12 baúl
6 vientre

barrigón
8 atocinado
1 panzudo
10 abultado

barrigudo
9 rechoncho

barril
4 barrica
  bocoy
17 bota
2 candiota
1 carral
11 casco
10 castaña
10 cuba
5 cubeta
1 cuñete
10 pipa
1 pipote
9 tina
5 tonel
21 nudo

barrilera
12 barrilla

barrilla
1 aguazul
1 algazul

1 almarjo
1 botija
1 carambillo
10 caramillo
2 jijallo
4 marismo
3 mazacote
1 natrón
1 salicor
3 sosa

barrillar
4 almarjal

barrio
4 alfoz
7 arrabal
1 barriada
4 ciudadela
12 cuadra
11 cuartel
5 distrito
3 ensanche
4 extramuros
1 extrarradio
1 intramuros
2 judería
2 morería
2 suburbio
4 manzana

barrisco (a)
⇨a barullo
⇨a montones
⇨a puñados
⇨en conjunto
⇨sin distinción

barrisquear
15 barrer

barrito
berrido

barrizal
3 barrero
11 cenagal
5 ciénaga
4 champán
1 chapatal
6 fandango(s)
5 fangal
1 lamedal

basar

  2 leganal
  1 tembladal
  2 tremedal
  3 lodazal
16 barro

barro
  6 búcaro
  3 cazcarria
  9 cerámica
  7 fango
  2 gres
  5 légamo
  5 limo
  5 lodo
  2 loza
  3 pecina
  1 reboño
  5 tarquín
  3 terracota
  8 cieno
  8 horrura
  8 robo

barroco
  5 charro
  3 desbordante
  5 estrambótico
13 excesivo
16 pomposo
  7 profuso
  3 recargado
  3 ribereño
  3 conceptista
  1 culteranista
  1 churrigueresco
  1 manierista
  1 plateresco
  2 preciosista
  1 rococó
12 ◁*sencillo*

barrón
20 barra

barroquismo
  9 abigarramiento
  8 aglomeración
  5 exageración
  8 exuberancia
  5 pomposidad
  8 profusión

11 ◁*sencillez*

barrote
20 barra
  2 barreta
  3 larguero
14 palo
  2 travesaño
10 vara
10 cerrojo
  2 palitroque
  8 varilla

barrumbada
  9 fanfarronada
11 jactancia
  9 desplante
  7 petulancia

barruntar(se)
39 anunciar(se)
14 columbrar
  8 conjeturar
17 husmear
15 inducir
27 inferir(se)
  4 intuir
  4 maliciar
18 oler(se)
  7 olfatear
  8 predecir
  3 presentir
  3 presuponer
  8 prever
46 señalar(se)
23 sospechar(se)
  7 suponer
  8 vislumbrar
16 presumir
  2 ◁*desconocer*
  3 ◁*ignorar*

barrunto
  7 atisbo
  9 conjetura
10 corazonada
15 indicio(s)
14 presentimiento
12 presunción
  6 sospecha
  4 suposición
  9 vislumbre

13 noticia
27 señal

bartolina
12 calabozo
17 prisión
12 trena

bartulear
  9 cavilar
⇨devanarse los sesos

bartuleo
  8 apresto

bártulos
  6 cachivaches
25 efecto(s)
  4 enseres
  6 equipajes
23 objeto(s)
  6 trebejos
10 utensilio(s)
  4 útiles
15 bulto
10 chisme
15 maleta
10 trasto

baruca
33 artificio
  8 impedimento
  4 tejemaneje
  7 truco
18 argucia
15 embrollo
18 enredo
10 obstáculo
10 trampa

barullo
10 algarada
  2 liorna
10 mezcolanza
10 revoltijo
  6 revoltillo
14 revuelta
  3 zurriburri
79 alboroto
21 algarabía
13 barahúnda
19 confusión

19 desorden
10 escándalo
24 follón
15 jaleo
12 mezcla
19 ruido
13 tumulto

barzón
12 coyunda
  5 ociosidad
  6 vagancia
  3 arzón
⇨mediana del arado

barzonear
12 callejear
  3 gandulear
12 vagabundear
  4 vagar

basa
37 apoyo
  9 basamento
10 cimiento
14 fundamento(s)
  5 neto
  3 pedestal
  2 plinto
  1 rehundido
  1 torés
  3 zócalo
21 base

basado
  3 fundado

basalto
  3 roca

basamento
37 apoyo
11 basa
10 cimiento
14 fundamento(s)
  3 pedestal
  2 plinto
14 sostén
  3 zócalo
21 base

basar(se)
43 afirmar(se)
63 apoyar(se)

basáride

 8 cimentar(se)
15 consolidar(se)
14 descansar
 4 estribar
10 fundamentar(se)
25 fundar(se)
 9 gravitar
18 hincar(se)
19 probar
11 residir
 5 cifrar
50 asentar

basáride
 1 cacomiztle

basca
 5 arcada(s)
 1 hipo
 9 náusea(s)
28 ansia
12 desazón
17 inquietud
⇨mala gana
⇨vuelta de estómago

bascosidad
 1 asquerosidad
10 inmundicia
34 porquería
14 suciedad
⇨palabra soez

bascoso
 9 asqueroso
 5 desaseado
10 indecente
 7 soez
13 sucio
⇨boca negra
⇨mal hablado
11 ◁ *limpio*

báscula
 5 balanza
 4 contrapeso
 1 tragaperras
 2 romana
11 peso

basculante
 6 vacilante

bascular
11 cimbrear(se)
 3 contonear(se)
 8 campanear

base
 4 álcali
37 apoyo
11 basa
10 cimiento
14 fundamento(s)
 9 hondo
 5 hondón
17 ley
13 origen
 3 pedestal
13 pie
19 principio(s)
 8 raíz
 5 soporte
14 sostén
 3 zócalo
 3 hidróxido
49 asiento
14 fondo
 8 pata
 4 peana

básico
12 elemental
 9 esencial
 6 fundamental
15 primordial
20 ◁ *accesorio*

basílica
 9 alcázar
 2 catedral
 8 edificio
13 iglesia
 1 palacio
 5 templo
⇨casa real

basilisco
10 bruja
11 furia
 2 régulo
 1 século
 1 trasgo
 7 arpía

⇨monstruo, animal fabuloso

basket
 2 baloncesto

basketball
 2 baloncesto

basquear
10 hipar
 1 nausear
 9 vomitar
⇨sufrir arcadas
⇨tener arcadas
⇨tener náuseas

basquilla
 2 basquiña

basquiña
 1 basquilla
 7 saya

basta
 5 hilván
 1 bastilla
 5 dobladillo

bastaje
 3 cargador
12 ganapán
 4 soguilla
⇨mozo de cuerda

bastante
 1 congruo
15 conveniente
 5 pasadero
 5 proporcionado
 6 saturado
 3 sobrado
 6 suficiente
 5 asaz
12 harto
16 capaz
⇨lo indispensable
⇨lo justo
12 ◁ *insuficiente*
17 ◁ *escaso*

bastantemente
 1 asazmente
 1 capazmente
 1 congruamente
 1 saturadamente
 5 sobradamente
 1 suficientemente

bastar(se)
 2 abastar
14 abundar
37 llegar(se)
33 llenar(se)
22 alcanzar
 1 bastear
⇨no faltar ni sobrar
⇨ser proporcionado
⇨ser suficiente
 ◁ *escasear*

bastarda
 9 bastardo

bastardear(se)
 3 abastardar(se)
 7 adulterar
39 alterar(se)
 9 degenerar
23 degradar(se)
 5 depravar
 5 desnaturalizar
18 enviciar(se)
29 envilecer(se)
13 viciar(se)
16 corromper
 7 ◁ *purificar*
50 ◁ *limpiar*

bastardelo
 1 minutario

bastardía
 6 hibridación

bastardilla
 2 cursiva
 2 itálica

bastardo
 4 adulterino
40 bajo(s)
 1 bastarda

6 espurio
9 ilegítimo
13 infame
20 natural
21 falso
12 vil

baste
6 albarda
3 basta
2 enjalma
6 estructura
5 hilván
9 armazón
8 silla

bastear
9 bastar(se)

bastedad
8 grosería

basterna
17 angarilla(s)

bastero
1 guarnicionero

basteza
8 grosería
1 grosura
6 ordinariez
7 rusticidad
10 tosquedad
4 zafiedad
22 aspereza
14 ◁finura

bastidor
2 chasis
9 armazón

bastilla
3 basta

bastimentar
11 abastecer(se)

bastimento
6 abastecimiento

bastión
10 baluarte

bastionado
9 amurallado

bastionar
11 barrear(se)

bastir
11 abastecer(se)

basto
14 burdo
1 indelicado
2 ineducado
22 ordinario
5 vasto
21 grosero
11 patán
17 rústico
10 tosco
10 zafio
⇨palo de la baraja

bastón
37 apoyo
15 arrimo
4 báculo
3 bengala
10 bordón
3 cachava
1 cayada
3 cayado
3 clava
3 estaca
3 garrota
8 macana
2 muleta
2 muletilla
14 palo
2 rotén
14 sostén
8 tiento(s)
10 vara
14 garrote

bastonazo
3 estacazo
6 porrazo
7 varapalo
10 garrotazo

2 trancazo
7 varazo

bastoncillo
4 batuta

bastonear
1 bordonear
5 varear

bastonera
1 bastonero
1 paragüera

bastonero
2 bastonera

basura
7 barreduras
13 bazofia
10 canalla
9 desechos
9 despojos
5 escombros
5 estiércol
13 impureza
10 inmundicia
7 maleante
7 malhechor
11 restos
31 sobra(s)
3 cochambre
6 desperdicio
14 excremento
6 mugre
34 porquería
16 sedimento
14 suciedad

basuras
7 barreduras

basurero
10 albañal
1 estercolero
1 jamerdana
3 letrina
5 muladar
5 pocilga
3 sentina
3 zahúrda
4 vertedero

⇨corral de vacas
⇨pozo negro

bata
5 albornoz
1 andriana
3 batín
1 guardapolvo
2 peinador
2 quimono
1 umbela
7 caracol
6 sobretodo
⇨salto de cama

batacazo
9 barquinazo
5 costalada
3 costalazo
4 morrada
5 porrada
2 trastazo
10 tumba
2 zarpazo
37 golpe
3 pechugón

batahola
5 estruendo
10 gritería
7 griterío
10 jolgorio
79 alboroto
21 algarabía
13 barahúnda
80 bulla
18 bullicio
10 escándalo
24 follón
5 guirigay
15 jaleo
15 jarana
9 juerga
19 ruido
5 tiberio
13 tumulto
7 ◁silencio

batalla
42 acción
9 acometimiento
10 asalto

batallador

19 combate
12 conflicto
2 cruzada
12 choque
4 degollina
9 encuentro
5 escaramuza
6 estratagema
18 facción(es)
1 harca
11 hostilidad
6 invasión
5 justa
10 lid
23 lucha
1 naumaquia
3 ofensiva
4 torneo
3 zafarrancho
9 zalagarda
20 contienda
4 estrago
11 pelea
⇨golpe de mano
10 ◁*paz*
6 ◁*tregua*

batallador
10 belicoso
1 beligerante
1 campeador
6 combatiente
1 escaramuzador
1 esgrimidor
1 estratega
1 guerreador
1 guerreante
7 guerrero
1 guerrillero
4 pendenciero
5 soldado
1 táctico
3 montonero
6 ◁*pacífico*
17 ◁*cobarde*

batallar
10 bregar
19 combatir
10 contender
14 debatir(se)
22 disputar(se)
3 guerrear
8 hostilizar
12 lidiar
29 pelear(se)
3 querellar(se)
4 altercar
6 luchar
13 porfiar
22 reñir
⇨presentar batalla
⇨romper las hostilidades

batallón
3 escuadrón
⇨unidad táctica

batallones
4 brigada

batanar
40 batir(se)

batanear
40 atizar(se)
38 pegar(se)
31 sacudir(se)
24 golpear

batata
1 boniato
10 papanatas
11 vergonzoso
11 cortedad
5 pantorrilla
33 apocado
18 camote
22 necio
6 patata
9 pusilánime
10 timidez
2 tobillo
17 vergüenza

batayola
28 antepecho

batch
5 lote

batea
2 azafate
2 barquichuelo
2 contenedor
1 dornajo
3 vagón
16 artesa
11 bandeja
4 camión
2 plata
⇨piedra de lavar

bateaguas
4 vierteaguas

batear
14 bautizar
3 cristianar
5 machucar

batel
34 bote
3 chalana
8 lancha
6 piragua
14 barca
1 tilo

batelero
4 barquero
3 lanchero
2 remero
5 timonel

batería
3 acumulador
2 batallón
7 brecha
12 cañón
11 conjunto
9 escuadra
3 escuadrón
11 formación
6 pila
12 cacharro
8 cazo
20 fila
15 grupo
18 hilera
7 impertinencia

batiborrillo
14 baturrillo

batiburrillo
4 conmistión
10 embarullamiento
10 mezcolanza
4 pepitoria
10 revoltijo
12 mezcla

baticola
1 grupera
5 ataharre

batida
6 acoso
 búsqueda
11 caza
9 cerco
4 exploración
33 paliza(s)
6 persecución
12 reconocimiento
4 seguimiento
6 somanta
8 tunda
13 zurra

batidera
12 azada
8 azadilla
4 azadón

batido
12 andado
11 conocido
6 frecuentado
3 hollado
3 recorrido
2 transitado
5 trillado
3 atole
6 ◁*desconocido*

batidor
1 escarmenador
1 escarpidor
3 observador
4 explorador
11 guía
1 reconocedor
1 carmenador

batidora
1 licuadora
2 mezcladora

batiente
9 cerco
8 puerta(s)
3 ventana
5 marco

batifondo
13 barahúnda
19 confusión
12 gresca

batín
5 albornoz
10 bata
⇨salto de cama

batintín
4 gongo

batir(se)
8 abatanar
12 acuñar
40 agitar(se)
6 arietar(se)
8 arrollar
40 azotar(se)
16 batallar
24 buscar(se)
19 curtir(se)
10 derrotar
39 deshacer(se)
24 destrozar(se)
52 destruir(se)
5 entrechocar
13 explorar
3 guerrear
15 herir
46 humillar(se)
10 inspeccionar
5 martillar
7 ojear
29 pelear(se)
2 percutir
8 rastrear
47 recoger(se)
22 reconocer
9 recorrer
26 registrar(se)
31 sacudir(se)
5 sojuzgar
40 vencer(se)
3 desarmar

15 bogar
7 copar
11 denunciar
24 golpear
6 luchar
3 mechar(se)
22 reñir
⇨aclarar la ropa

bato
3 cateto
14 inculto
9 palurdo
12 mentecato
11 paleto
11 patán
17 rústico
18 tonto
10 zafio

batojar
5 varear

batracio
6 anfibio
2 anuro
2 ápodo
2 urodelo

batuda
12 brinco
17 huella
9 rastro

batuecas (estar en las)
⇨estar en Babia

batuque
8 aglomeración
11 amontonamiento
9 apelotonamiento
79 alboroto
21 algarabía
13 barahúnda
19 confusión
24 follón
19 ruido
10 tambor

baturrillo
1 batiborrillo
3 cóctel

5 ensalada
9 fárrago
10 mezcolanza
2 popurrí
10 revoltijo
6 revoltillo
16 amasijo
14 colección
19 confusión
19 desorden
7 frangollo
12 mezcla

batuta
1 bastoncillo
16 dirección
6 mando
8 varilla

baúl
7 arca
4 arcón
10 bujeta
2 catricofre
3 cestón
5 cofre
6 equipaje
3 valija
15 bulto
7 maletón
14 mundo
8 petaca

baulero
8 cajero

bauprés
8 bausán
14 palo
5 botalón

bausán
1 bausano
27 holgazán
2 ineducado
22 rudo
75 bobo
13 perezoso
16 vago
10 zafio

bausano
8 bausán

bautismo
6 ablución
bateo
1 bautizo
19 carácter
1 cristianismo
9 infusión
1 sacramento
⇨agua de socorro
⇨nombre de pila

bautisterio
2 baptisterio

bautizado
4 adulterado
9 aguado
4 catecúmeno
5 mojado
6 neófito
1 sacramentado
21 ◁*puro*
21 ◁*seco*

bautizar
12 aguar(se)
14 apellidar(se)
2 apodar
1 crismar
3 cristianar
8 denominar
18 empapar(se)
2 merar
21 mojar(se)
5 motejar
5 nominar
2 acristianar
3 batear
⇨sacar de pila

bautizarse
12 convertir(se)
7 ◁*abjurar*

bautizo
9 bautismo

bauza
15 leña
9 madero

baya
1 matacandiles

bayadera
bayadera
- 8 bailarina
- 2 danzarina
- ▷cantora india

bayarte
- 17 angarilla(s)
- 2 cibiaca
- 1 parihuela

bayeta
- 1 boquín
- 1 lanilla
- 7 trapo
- 1 espontex
- 2 aljofifa

bayo
- fríjol
- 4 ataúd
- 27 caballo
- 3 féretro

bayoneta
- 5 machete
- 1 peinilla
- 3 terciado
- ▷arma blanca

bayoya
- 1 folión
- 21 algarabía
- 13 barahúnda

bayusco
- 8 furioso
- 10 colérico

baza
- 5 tanto
- 21 partida

bazar
- 17 comercio
- 6 lonja
- 4 tendejón
- 18 feria
- 9 mercado
- 9 tienda

bazo
- 3 moreno
- 4 hígado
- 1 pajarilla

bazofia
- 1 asquerosidad
- 3 bodrio
- 2 comistrajo
- 9 desechos
- 4 guisote
- 12 heces
- 5 mondas
- 2 potaje
- 8 rancho
- 31 sobra(s)
- 11 desperdicio
- 34 porquería
- 14 suciedad

bazucar
- 13 ajetrear(se)
- 7 bazuquear(se)
- 4 bejuquear

bazuqueado
- 16 arrastrado

bazuquear(se)
- 40 agitar(se)
- 3 bazucar
- 17 menear(se)
- 31 sacudir(se)
- 1 zabucar
- 24 revolver
- 7 traquetear
- 15 ◁aquietar(se)
- 50 ◁parar(se)

be
- 2 balido

beata
- beguina
- 1 devota
- 14 ferviente
- 1 fervorosa
- 4 religiosa
- 1 santa
- 3 venerable

beatería
- afectación
- 1 devotería

- 1 santería
- 2 santuronería
- 12 hipocresía
- 9 ◁piedad
- 12 ◁sinceridad

beatificación
- 2 canonización
- 1 santificación

beatificar
- 12 adorar(se)
- 3 canonizar
- 7 reverenciar
- 7 santificar(se)
- 4 venerar

beatífico
- 17 beato
- 25 bienaventurado
- 3 venerable
- 21 santo

beatitud
- 16 bienaventuranza
- 7 dicha
- 9 felicidad
- 2 santidad
- 20 satisfacción
- ▷gloria eterna
- 8 ◁pecado
- 7 ◁desdicha
- 7 ◁maldad

beato
- 19 asustadizo
- 25 bienaventurado
- 12 devoto
- 5 gazmoño
- 4 mojigato
- 9 piadoso
- 9 religioso
- 5 santurrón
- 15 satisfecho
- 3 venerable
- 8 contento
- 12 dichoso
- 11 feliz
- 7 hipócrita
- 16 justo
- 21 santo

- ▷biblia mozárabe
- 14 ◁desgraciado

bebé
- 1 baby
- 1 nene
- 2 rorro
- 22 niño
- ▷vaso de chicha

bebecina
- 40 borrachera
- 12 curda
- 16 embriaguez
- 14 melopea
- 27 tajada

bebedero
- 1 alojería
- 3 botillería
- 8 café
- 1 cervecería
- 2 heladería
- 4 mesón
- 6 pila
- 5 pilar
- 7 pilón
- 1 sidrería
- 5 venero
- 7 abrevadero
- 1 aguaducho
- 6 bar
- 3 bebedor
- 7 cantina
- 11 caramanchel
- 7 club
- 13 fuente
- 13 manantial
- 1 pulquería
- 8 taberna

bebedizo
- 22 bebedero
- 5 cocimiento
- 8 filtro
- 17 medicina
- 4 narcótico
- 6 pócima
- 5 potable
- 3 veneno
- 15 bebida
- 7 brebaje

bebedor
22 bebedero
8 beodo
45 borracho
6 ◁ *abstemio*

beber
6 abrevarse
19 absorber
11 apalear(se)
1 beborrotear
1 copear(se)
1 chisguetear
1 chumar
1 escanciarse
8 gustar
4 ingerir
4 libar
1 pimplar
7 refrescar(se)
4 saborear
19 soplarse
15 bogar
13 chingar
6 fajar
19 soplar
6 sorber
31 tragar
8 trincar
⇨ atizar la lámpara
⇨ echar la espuela
⇨ echar un trago
⇨ echarse a pechos
⇨ echarse al coleto
⇨ empinar el codo
⇨ encharcar la lámpara
⇨ humeceder el gañote
⇨ matar la sed
⇨ tener buen saque

bebestible
22 bebedero
1 bebible
5 potable

bebible
3 bebestible

bebida
16 caldo
3 consumición
3 elixir
7 jugo
8 julepe
2 licor
2 líquido
4 néctar
4 poción
2 vino
1 zumo
8 agua
7 brebaje
18 fresco
3 refresco

bebistrajo
3 cóctel
10 combinación
1 combinado
9 explosivo
2 pistraje
1 pistraque
4 mejunje

beborrotear
33 beber

beca
1 chía
4 embozo
19 insignia(s)
5 subvención
29 ayuda
19 plaza
7 prebenda

becada
1 coalla
6 chocha
2 gallineta
2 pitorra
⇨ gallina sorda

becado
4 becario

becar
45 ayudar(se)
2 pensionar
42 proteger(se)
3 sufragar

becario
1 auxiliado
1 becado
5 colegial
1 pensionado

becerra
6 dragón

becerrada
10 corrida
3 novillada
2 tienta
2 lidia

becerro
3 añojo
4 libro
5 novillo

becoquín
7 papalina

becoquino
1 ceriflor

beche
27 cabrón

bedel
5 celador
5 conserje
5 ordenanza
4 portero

bedelía
3 conserjería
3 portería

beduino
9 árabe
20 bárbaro berberisco
11 desaforado
7 incivil
14 inculto
2 marroquí
4 nómada
1 saharaui
2 tuareg

befa
3 chufla
7 chunga
4 chungueo
11 desdén
8 desprecio
6 escarnio
8 grosería
10 insulto
6 irrisión
5 ludibrio
4 rechifla
103 burla
14 cachondeo
6 mofa
8 pitorreo

befar(se)
80 burlar(se)
12 despreciar
8 escarnecer
1 guasear(se)
10 insultar
6 mofar(se)
3 pitorrearse
3 rechiflar(se)
1 cachondear
3 chunguearse
11 desdeñar
1 pitorrear
⇨ tomar por el pito del sereno
65 ◁ *alabar(se)*

behetría
18 barullo
10 comarca
15 demarcación
9 feudo
13 población
8 señorío
19 confusión
19 desorden

beige
4 ocre

bejín
1 ayeador
4 enojadizo
1 gimoteador
4 llorón
6 irritable
⇨ pedo de lobo

bejuco
1 cambute
1 cambutera
2 carey
1 guaniquí
1 maracure
6 aguinaldo
7 mate

bejuquear
11 apalear(se)
3 bazucar
31 sacudir(se)
5 varear

bejuquillo
1 ipecacuana
26 cadena

belcho
3 canadillo
⇨hierba de las coyunturas
⇨uva de mar

beldad
24 belleza
8 hermosura
2 venustidad
7 gamba
10 guapeza
2 guapura
4 lindeza
⇨mujer guapa
⇨mujer muy bella
⇨tía buena

beldar
1 abeldar
64 separar(se)
28 aventar

belén
17 nacimiento
79 alboroto
80 bulla
19 confusión
19 desorden
15 embrollo
18 enredo
11 lío
13 marimorena
13 trapatiesta
13 tumulto
2 zapatiesta

belérico
1 mirabolano
⇨avellana índica

belez
8 ajuar
8 botijo
1 cántara
3 cantarillo
5 cántaro
2 menaje
2 tinaja
27 vasija

belfo
5 hocico
4 labios
6 morro

belfos
19 jeta

belicismo
5 acometividad
4 militarismo

bélico
10 belicoso

belicosidad
4 agresividad
3 beligerancia
4 combatividad
1 marcialidad
3 ◁pacifismo

belicoso
10 acometedor
7 agresivo
6 armígero
15 batallador
1 bélico
6 combatiente
7 guerrero
12 marcial
4 pendenciero
1 pugnaz
6 ◁pacífico

beligerancia
17 importancia
7 participación
26 parte

beligerante
8 contendiente

belitre
33 pícaro
11 pillo
23 ruin
12 vil

belting
8 transmisión

belvedere
7 mirador

bella
3 hermosa
5 querida
22 amante
9 manceba

bellaco
40 bajo(s)
5 bergante
9 depravado
10 desleal
17 hábil
15 maligno
34 malo
12 malvado
1 pardal
9 perverso
8 socarrón
11 sutil
8 tunante
9 tuno
25 agudo
50 astuto
19 chivato
26 despreciable
13 lascivo
10 lujurioso
33 pícaro
11 pillo
8 rufián
23 ruin
10 sagaz
16 taimado
10 traidor
9 valeroso
9 valiente
12 vil
15 villano
5 zorro

bellaquear
5 picardear
1 pillear
2 truhanear
6 encabritarse
25 resistirse
⇨hacerse el tonto

belleza
10 beldad
26 brillo
20 delicadeza
1 divinidad
14 encanto
9 esplendor
14 finura
18 gracia(s)
3 graciosidad
8 hermosura
2 lindura
11 magnificencia
3 morbidez
6 perfección
6 preciosidad
9 seducción
4 sublimidad
1 venustez
2 venustidad
35 atractivo
15 gallardía
2 guapura
4 lindeza
12 primor
3 ◁fealdad

bellido
38 bello
12 hermoso
16 agraciado

bello
2 adonis
38 agradable

- 1 alindado
- 27 delicado
- 8 delicioso
- 9 elegante
- 11 elevado
- 14 encantador
- 1 escultural
- 12 espléndido
- 12 exquisito
- 10 fastuoso
- 16 fino
- 13 garzón
- 17 gentil
- 2 guapetón
- 12 hermoso
- 15 jarifo
- 6 majestuoso
- 14 majo
- 4 narciso
- 9 peregrino
- 6 pimpollo
- 8 placentero
- 14 precioso
- 12 pulcro
- 21 puro
- 2 serafín
- 2 venusto
- 16 agraciado
- 8 bonito
- 11 galán
- 18 guapo
- 8 lindo
- 22 noble
- 13 sereno
- ⇨bien encarado
- ⇨bien parecido

bellota
- 14 borla(s)

bellote
- 13 clavo

bellotera
- 1 montanera

bembo
- 2 bezo
- 3 bozal

bemol
- 24 nota

bemolado
- 42 blando

bencina
- 15 esencia
- 6 gasolina
- 4 carburante

bendecir
- 65 alabar(se)
- 14 consagrar(se)
- 9 engrandecer
- 5 ensalzar(se)
- 3 exorcizar
- 6 magnificar
- 9 perdonar
- 15 reconciliar(se)
- ⇨dar gracias
- ⇨imponer las manos

bendición
- 28 abundancia
- 27 aprobación
- 17 colmo
- 5 congratulación
- 1 exorcismo
- 18 gracia(s)
- 7 prosperidad
- 10 signo(s)
- 3 consagración
- 1 baraca
- 4 benedícite
- 16 favor
- 13 fortuna
- ⇨imposición de manos
- 12 ◁escasez
- 9 ◁maldición
- 6 ◁infortunio

bendito
- 17 beato
- 25 bienaventurado
- 10 ejemplar
- 13 humilde
- 16 modesto
- 3 venerable
- 12 dichoso
- 11 feliz
- 16 justo
- 21 santo
- 12 sencillo

- ⇨corto de alcances

benedícite
- 14 bendición
- 8 cántico
- 16 licencia
- 7 permiso

benedictino
- 2 cisterciense
- 14 fraile
- 13 monje
- 2 trapense

benefactor
- 5 abnegado
- 8 bienhechor
- 9 filántropo
- 8 humanitario

beneficencia
- 47 atención(es)
- 12 benevolencia
- 12 caridad
- 7 filantropía
- 9 fineza
- 28 humanidad(es)
- 6 limosna
- 22 servicio(s)
- 24 auxilio
- 16 favor
- 14 merced

beneficiado
- 8 canónigo
- 3 donatario
- 5 enriquecido
- 2 gananciosos
- 4 ◁perjudicado

beneficiar(se)
- 4 agraciar
- 47 aprovechar(se)
- 10 bendecir
- 6 bonificar(se)
- 7 conceder
- 22 cuidar(se)
- 10 cultivar
- 10 dispensar
- 14 favorecer
- 49 mejorar(se)
- 7 otorgar
- 22 servir(se)
- 6 utilizar
- ⇨hacer bien
- ⇨hacer buenos oficios
- ⇨hacer la olla gorda
- ⇨sacar astilla
- ⇨sacar tajada
- 11 ◁dañar(se)
- 3 ◁desaprovechar(se)
- 4 ◁diezmar
- 5 ◁perjudicar(se)
- 5 ◁empañar(se)

beneficiario
- 8 accionista
- 3 adjudicatario
- 5 usuario

beneficio(s)
- 21 agasajo
- 3 agio
- 8 ancheta
- 47 atención(es)
- 40 bien(es)
- 20 cortesía
- 15 donación
- 9 fineza
- 10 fruto
- 9 ganancia(s)
- 18 gracia(s)
- 6 limosna
- 7 ofrenda
- 6 privilegio
- 12 producto
- 15 rendimiento
- 22 servicio(s)
- 9 socorro
- 8 taquilla
- 8 utilidad
- 11 don
- 16 favor
- 14 merced
- 8 provecho
- 14 ventaja

beneficioso
- 3 benéfico
- 6 favorable
- 6 fructuoso
- 3 lucrativo
- 10 productivo
- 8 provechoso

benéfico
8 almo
6 beneficioso
16 risueño
4 ◁*patógeno*
8 ◁*trágico*

benemérito
13 acreditado
11 digno
8 estimable
9 honorable
2 merecedor
10 meritorio
2 ◁*desacreditado*
10 ◁*indigno*

beneplácito
5 aceptación
27 aprobación
11 asentimiento
7 autorización
9 consentimiento
7 permiso
4 venia
8 ◁*desaprobación*
3 ◁*negativa*

benevolencia
27 afabilidad
27 bondad
10 clemencia
3 dilección
13 generosidad
11 liberalidad
4 magnanimidad
4 munificencia
5 predilección
10 indulgencia
24 simpatía
⇨buena voluntad

benevolente
31 bondadoso
7 condescendiente
10 deferente
12 flexible
11 comprensivo
6 ◁*encolerizado*

benévolo
26 apacible
30 benigno
31 bondadoso
5 clemente
8 indulgente
13 liberal
5 magnánimo
12 afectuoso
6 complaciente
18 generoso
17 templado

bengala
8 bambú
20 bastón
4 fósforo

benignidad
27 afabilidad
2 afectuosidad
23 altruismo
12 benevolencia
27 bondad
10 clemencia
8 compasión
6 complacencia
20 delicadeza
14 desinterés
15 docilidad
2 dulcedumbre
9 dulzura
3 equidad
13 generosidad
11 liberalidad
4 magnanimidad
4 probidad
6 templanza
10 indulgencia
19 apacibilidad
12 ◁*dureza*
6 ◁*inclemencia*
7 ◁*maldad*

benigno
32 afable
26 apacible
11 benévolo
4 bienintencionado
31 bondadoso
5 clemente
10 compasivo
5 conciliador
6 favorable
1 fraternal
17 humano
8 indulgente
13 liberal
5 magnánimo
6 paternal
9 piadoso
7 pío
5 propicio
18 sano
13 tranquilo
42 blando
12 afectuoso
6 complaciente
19 dulce
18 generoso
7 manso
13 sereno
19 suave
17 templado
13 trapatiesta
30 ◁*duro*
13 ◁*crudo*

benjamín
10 cuba
6 último
8 enchufe
7 menor
7 peque
14 pequeño

beocio
5 lerdo
75 bobo
7 estúpido
12 mentecato
18 tonto
⇨de pocas luces

beodo
bebido
9 embriagado
6 peludo
14 perico
5 rubio
45 borracho
6 cocido
14 ebrio

beotismo
30 bobería
15 brutalidad
16 estupidez
8 grosería
14 idiotez
3 mentecatez
8 torpeza

beque
2 dompedro
3 dondiego
14 perico
9 bacín
5 bacinilla
7 orinal
⇨vaso de noche

berberecho
2 verderol
4 verderón

berberís
5 arlo

bérbero
4 agracejo

berbiquí
4 broca
4 fresa
2 sacabocados
2 taladro

bercero
2 verdulero

bereber
berberisco
3 cabileño
1 rifeño
1 saharahui
2 tuareg
8 moro

berebere
3 cabileño

berenjena
20 incomodidad
18 molestia(s)
14 pesadez

berenjenal
18 barullo
10 camorra

79 alboroto
19 confusión
19 desorden
18 enredo
24 follón
15 jaleo
11 lío
8 maraña
11 riña
13 trapatiesta
13 tumulto

bergamota
4 lima
7 pera

bergante
9 bandido
5 bribón
6 sinvergüenza
33 pícaro
11 pillo

beriberi
3 escorbuto

berilo
1 aguamarina
1 esmeralda
1 topacio

berlina
1 cupé
5 pértiga
7 rollizo
5 tronco
3 vagón
4 percha
10 coche
7 departamento
⇨palo derecho

bermejo
3 bermellón
8 encarnado
6 rojizo
3 rufo
3 taheño

bermellón
1 cinabrio
8 encarnado

2 ropo

bernegal
3 cantarillo
1 crátera
4 taza
2 tinaja
13 vaso

berrear
14 chillar(se)
67 enfadar(se)
27 enojar(se)
6 gritar
63 irritar(se)
5 vociferar
5 rabiar
⇨cantar desaforadamente

berrenchín
5 almizcle

berrendo
12 manchado
3 tordo

berrera
1 arsáfraga

berrinche
5 almizcle
13 coraje
4 desilusión
9 rabia
3 rabieta
6 sofocación
2 sofoco
2 vaharada
5 vaho
1 berrenchín
15 chivo
16 disgusto
18 disputa
11 enfado
12 enojo
6 morro
11 pelea
11 riña
5 tufo

berro
2 balsamita
7 mastuerzo

⇨balsamita mayor

berroche
18 barullo
79 alboroto
19 desorden

berrueco
2 tolmo
27 tumor

berza
38 alegría(s)
1 brécol
1 brecolera
3 col
1 coliflor
10 colina
7 dicha
1 lombarda
1 nabicol
6 optimismo
4 repollo
20 satisfacción
8 contento
8 potra
17 suerte

berzas
9 analfabeto

besalamano
5 esquela
24 nota
8 volante

besamanos
8 acatamiento
15 ceremonia
8 saludo
10 ◁desacato
7 ◁descortesía

besamel
1 besamela

besamela
1 besamel

besar(se)
19 acariciar(se)
8 achuchar

14 amorrar(se)
1 besucar
3 besuquear
17 rozar(se)
39 tocar(se)
3 hocicar

besico
5 beso

besito
27 bollo(s)
2 brioche
4 merengue
12 torta

beso
1 besico
17 caricia
5 contacto
1 ósculo
13 pico

bestezuela
3 animalillo
4 bicharraco
13 bicho

bestia
6 alimaña
16 animal
20 bárbaro
6 bestial
18 bruto
19 ignorante
13 bicho
10 zafio

bestial
16 animal
24 brutal
18 cruel
13 feroz
7 irracional
3 sádico

bestialidad
5 animalada
15 brutalidad
13 crueldad
11 irracionalidad
22 barbaridad

bestialmente

⇨perversión sexual

bestialmente
7 bárbaramente

bestión
24 cabalgadura
6 bicha

béstola
9 aguijada
3 limpiadera
2 rejada

besucar
8 besar(se)

besugo
2 besuguete
2 pagel
7 estúpido
12 majadero
16 ◁*inteligente*

besuguete
4 besugo
2 pagel

besuquear
8 achuchar
14 amorrar(se)
8 besar(se)

besuqueo
10 filete

betarraga
1 remolacha

betatrón
2 ciclotrón

betel
2 buyo

betún
8 alquitrán
2 neme

betunero
3 limpiabotas
16 bolero

bezo
3 belfo
4 labio

bezote
13 arete

bezudo
hocicón

biaba
15 derrota
33 paliza(s)
26 amonestación
28 bofetada
9 pérdida
4 puñetazo
36 represión
8 soba
6 somanta
13 zurra

bias
1 polarización

biberón
1 botellín
7 chupete
1 tetero

biblia
47 astucia
11 maña
⇨sagrada Escritura

bibliografía
7 catálogo
17 lista
20 relación

biblioteca
1 hemeroteca
3 librería
5 archivo
10 estante
8 estantería

bibliotecario
2 archivero
1 bibliotecónomo
5 cuidador

bibliotecónomo
3 bibliotecario

bicerra
10 cabra

bici
3 bicicleta

bicicleta
1 bici
1 tándem
1 triciclo

bicoca
14 insignificancia
10 nadería(s)
12 pequeñez
19 bagatela
5 canonjía
2 capirotazo
6 casquete
11 chollo
25 fruslería
11 ganga
37 golpe
4 momio
4 solideo

bicoquete
13 bonete
7 papalina

bicha
2 bestión
13 bicho
10 culebra
3 estatuilla
⇨ficha de dominó
⇨figurilla de mujer

bicharraco
1 animalucho
3 bestezuela
3 malévolo
9 perverso
45 ◁*bueno*
22 ◁*noble*

bichear
13 explorar

17 acechar
7 ◁*descuidar*

bichero
2 cloque

bicho
16 animal
3 bestezuela
8 bestia
4 bicharraco
34 malo
7 pérfido
9 perverso
6 bicha
4 chamaco
4 despecho
13 encono
9 muchacho
22 niño

bichoronga
10 nadería(s)
25 fruslería
14 prostituta
13 puta
17 ramera

bid
8 oferta

bidé
5 cubeta
9 lavabo

bidón
5 recipiente
15 barril
9 envase
12 lata

biela
2 cruceta
10 eje
4 émbolo
2 manivela

bielda
3 gario

bieldar
3 beldar

28 aventar

bieldo
6 aventador
1 aviento
1 bielgo
6 horquilla

bielgo
4 bieldo

bien(es)
6 acertadamente
13 acervo
1 adecuadamente
2 ajustadamente
25 beneficio(s)
7 buenamente
14 capital
9 caudal
2 expolio
33 haber(es)
7 heredad
8 herencia
1 intereses
35 medio(s)
9 patrimonio
3 peculio
2 perfectamente
5 pertenencias
10 poderío
5 posesiones
   posibilidades
27 posible(s)
30 recurso(s)
11 renta(s)
10 riqueza
4 suma
4 teatro
11 vivir
44 bolsa
5 bolsillo
6 calcetín
11 cartera
13 dinero
16 favor
14 fondo
13 fortuna
16 gato
12 hacienda
14 merced
8 ◁carencia
21 ◁mal

7 ◁penuria
9 ◁daño
10 ◁perjuicio
10 ◁pobreza

bienandanza
38 alegría(s)
7 dicha
9 felicidad
6 optimismo
8 contento
2 chorra
13 fortuna
8 potra
17 suerte
17 ◁desgracia
13 ◁tristeza

bienaventurado
4 beatífico
17 beato
12 bendito
45 bueno
7 cordial
2 esperanzado
8 ilusionado
13 ingenuo
14 inocente
3 inocentón
16 modesto
15 satisfecho
3 venerable
14 afortunado
36 alegre
18 bonachón
22 cándido
8 contento
12 dichoso
11 feliz
9 incauto
16 justo
5 optimista
21 santo
12 sencillo
11 ◁malicioso
6 ◁réprobo
14 ◁desgraciado
12 ◁infeliz

bienaventuranza
9 bienandanza
16 bienestar

7 dicha
9 felicidad
26 gloria
4 inmortalidad
10 paz
7 prosperidad
3 salvación
2 santidad
8 serenidad
9 tranquilidad
13 fortuna
↪gloria eterna
↪vida eterna
↪vida paradisíaca
8 ◁condenación

bienestar
28 abundancia
9 bienandanza
11 comodidad
1 confort
7 dicha
9 felicidad
10 paz
30 placer
10 riqueza
8 serenidad
9 tranquilidad
7 ventura
19 conveniencia
13 fortuna
16 regalo
17 suerte
4 ◁desventura
12 ◁escasez
9 ◁malestar
7 ◁desdicha
6 ◁infortunio

bienhablado
14 comedido
13 prudente
21 ◁grosero

bienhechor
15 amparador
1 auxiliador
4 benefactor
2 favorecedor
9 filántropo
5 protector

6 tutelar
17 abogado
7 ◁malhechor

bienintencionado
8 bienhechor
5 virtuoso
19 recto
16 justo
12 ◁injusto
12 ◁malvado

bienllegada
9 bienvenida

bienmandado
10 dócil
3 obediente
8 sumiso
5 cordero
3 ◁díscolo

bienoliente
2 aromado
5 aromático
1 aromatizado
3 fragante
6 perfumado
6 ◁maloliente

bienquerencia
26 afecto
13 aprecio
15 cariño
18 inclinación
24 simpatía
↪buena voluntad

bienquerer
52 amar(se)
53 amor

bienquistar
22 apreciar(se)
31 querer(se)
8 respetar
12 ◁despreciar

bienquisto
10 apreciado
7 estimado

bienvenida

14 reputado
4 respetado
7 considerado
14 querido
1 ◁desestimado
5 ◁despreciado

bienvenida
1 acogimiento
1 bienllegada
8 ofrecimiento
4 parabién
1 salva
7 panegírico
8 saludo
⇨buena acogida
⇨llegada feliz

bife
4 bistec
2 escaldadura
10 filete
6 rozadura
28 bofetada
3 guantada

bífido
2 arborescente
3 dividido
3 hendido
2 ramificado
8 rasgado
30 partido

bifurcación
5 apartadero
24 apartamiento
1 bivio
12 cruz
1 cuadrivio
7 derivación
12 desvío
7 divergencia
12 escisión
7 ramal
4 ramificación
3 rosa
2 trivio
1 by(pass
8 cruce
16 división

1 ◁confluencia

bifurcado
6 bífido
2 ramificado
1 triforme
11 ◁unido

bifurcar(se)
1 ahorquillarse
21 cruzar(se)
4 divergir
21 dividir(se)
3 escindir
7 ramificar(se)
64 separar(se)
29 desviarse
64 separarse
8 ◁unificar

bígamo
1 bínubo

bigardía
18 disimulo
10 fingimiento
103 burla
12 chasco
12 hipocresía

bigardo
12 desenvuelto
27 holgazán
6 licencioso
16 vicioso
16 vago

bigote
1 mostacho
7 bozo

bigotera
2 puntera
11 compás

bigotudo
1 abigotado
1 enmostachado
1 mostachudo
4 ◁afeitado
1 ◁depilado

6 ◁imberbe

bigudí
3 rizador
5 rulo

bija
2 achiote
2 achote

bijorria
17 calamidad
18 molestia(s)

bikini
5 bañador

bilabial
2 labial

bilateral
7 doble
4 simultáneo
1 sinalagmático

biliar
1 atericiarse
1 atiriciarse
1 enhielar
2 helear
1 rehelear

biliosidad
3 ictericia
3 malhumor
1 tiricia
23 antipatía
24 ◁simpatía

bilioso
1 aliacanado
14 atrabiliario
2 atrabilioso
3 ictérico
10 colérico
6 irritable
32 ◁afable

bilis
10 acrimonia
16 amargura
4 atrabilis

10 desabrimiento
16 desánimo
6 hiel
11 humor
3 pesimismo
22 aspereza
10 cabreo
11 cólera
12 enojo
29 pena
13 tristeza
⇨mal humor

bilocar(se)
1 alocar
3 chiflar
9 enloquecer

billa
11 bloque

billarda
7 tala

billete
3 bono
18 carta
5 esquela
24 nota
17 pago(s)
2 tarjeta
1 ticket
13 boleto
7 cédula
8 volante

billetera
4 billetero

billetero
1 billetera
5 guitarra
3 monedero
2 tarjetero

billing
17 cuenta
6 facturación

bímano
17 humano

bimba
 8 gigante
 1 hongo
 22 bomba
 40 borrachera
 12 curda
 4 chistera
 4 mallo
 14 melopea
 11 mona
 9 sombrero

bimotor
 17 aeronave
 19 avión

bina
 2 renda

binador
 12 azada

binar
 7 arar
 7 cavar
 1 edrar
 1 rendar
 31 doblar

binarismo
 1 dicotomía

binoculares
 20 anteojo(s)
 3 gafas
 3 prismáticos
 7 gemelos

binóculo
 20 anteojo(s)
 3 gafas
 18 lente(s)
 3 prismáticos
 1 quevedos

bínubo
 1 bígamo

binza
 5 película
 5 telilla
 3 fárfara

biografía
 15 acontecimiento(s)
 10 carrera
 7 hazaña(s)
 24 hecho(s)
 1 semblanza
 13 suceso(s)
 10 vida

biombo
 1 alaroz
 5 antipara
 2 bastidor
 2 cancel
 2 mampara
 10 pantalla
 3 persiana
 10 transparente
 2 visera
 8 volante

biopsia
 5 disección
 6 extracción
 56 corte

bióxido
 1 deutóxido

bípedo
 17 humano

biplano
 17 aeronave
 19 avión

birimbao
 ⇨gaita gallega

biringo
 10 desnudo
 ⇨perro chino

birlar
 11 despojar
 6 desposeer
 54 hurtar(se)
 52 matar(se)
 58 quitar
 14 robar
 19 soplar

birlesco
 13 ladrón
 8 rufián

birlocha
 2 milocha
 1 papalote
 7 cometa

birreta
 13 bonete
 3 montera

birrete
 5 birretina
 13 bonete
 10 gorro
 4 solideo

birretina
 1 barretina
 4 birrete
 10 gorra
 6 casquete
 10 gorro

birria
 12 adefesio
 10 mamarracho
 15 capricho
 14 facha
 42 fastidioso
 23 manía
 15 molesto
 13 obstinación
 31 pesado
 6 zarrapastroso
 ⇨carne de borrego

birrioso
 8 escuálido
 10 enclenque
 17 ◁excelente
 11 ◁fenomenal

bis
 2 dos
 9 repetición
 6 segundo
 ⇨segunda vez

bisabuelo
 12 abuelo(s)

bisagra
 5 charnela
 1 fija
 1 gonce
 5 gozne
 3 pernio

bisalto
 3 tirabeque

bisar
 3 reiterar
 15 repetir(se)

bisbisar
 8 balbucir
 4 bisbisear
 5 cuchichear
 7 farfullar
 5 mascullar
 4 musitar
 4 susurrar
 8 barbotar
 8 murmurar
 4 refunfuñar

bisbisear
 6 balbucear
 5 mascullar
 4 musitar
 4 susurrar
 14 ◁chillar(se)
 6 ◁vocear

bisbiseo
 6 arrullo
 3 murmullo
 3 tole

biscotte
 5 tostada

bisecar
 21 dividir(se)
 21 partir

bisel
 19 ángulo
 32 borde
 4 chaflán

bisemanal

bisemanal
1 ochava
56 corte
9 filo

bisemanal
2 quincenal

bisexual
4 andrógino
2 hermafrodita
2 travestido

bisojo
7 bizco
3 estrábico
1 estrabón

bisonte
1 cíbolo
▷toro mejicano

bisoñé
4 cobertura
6 peluca

bisoñez
6 inexperiencia
9 chapetonada
4 ◁curtimiento

bisoño
13 inexperto
7 novato
4 novel
5 novicio
12 nuevo
5 soldado
26 aprendiz
3 bozal
11 pipiolo
13 ◁maestro
3 ◁veterano
33 ◁antiguo

bisté
4 bistec
3 chuleta
10 filete

bistec
3 bisté
10 filete

2 solomillo
6 bife

bisturí
2 lanceta
15 cuchillo

bisulco
1 fisípedo

bisunto
3 ajado
1 grasiento
13 sobado
13 sucio

bisutería
10 buhonería
2 joyería
1 orfebrería
3 platería

bisutero
9 buhonero
9 lapidario

bit
1 bite
▷dígito binario

bita
1 abitaque
3 amarradero
5 poste

bitácora
15 brújula
10 chisme
18 enredo

bite
2 bit

bitoque
5 cloaca
4 sumidero
12 llave
5 conducto
4 grifo

bituminado
4 abetunado

bituminoso
4 abetunado
3 oleaginoso
1 petrolífero

biunivocidad
5 reciprocidad

biunívoco
4 mutuo

bivio
16 bifurcación

biza
8 bonito

bizantinismo
8 corrupción
7 crápula
6 decadencia
8 depravación

bizantino
18 insignificante
10 leve
6 menudo
8 desdeñable
26 despreciable
14 pequeño
▷sin importancia

bizarramente
11 bravamente

bizarría
28 arresto(s)
19 bravura
4 dadivosidad
10 esplendidez
9 esplendor
12 garbo
13 generosidad
10 intrepidez
2 leonería
11 plante
24 valor
26 arrogancia
13 denuedo

12 esfuerzo
15 gallardía
10 ímpetu
6 ◁tacañería
14 ◁cobardía
18 ◁temor

bizarro
17 apuesto
31 arrogante
18 audaz
37 bravo
12 denodado
5 esforzado
12 espléndido
9 garboso
10 intrépido
1 león
7 osado
11 galán
17 gallardo
18 generoso
9 valeroso
9 valiente
▷sin miedo
17 ◁cobarde
12 ◁tacaño

bizaza
44 bolsa

bizcar
1 bizcornear
1 embizcarse
1 guiñar
44 torcer(se)
27 volver(se)
▷extraviar los ojos
▷mirar contra el Gobierno
▷poner los ojos en blanco
▷quebrarse unq.los ojo
▷trabar la vista

bizco
3 bisojo
1 bizcorneado
bizcuerno
3 estrábico
1 ojituerto
reparado

bizcocho
2 trasojado

bizcocho
2 balín
1 bizcotela
27 bollo(s)
2 brioche
5 broa
2 loza
7 plantilla
3 porcelana
12 torta
4 yeso
4 ante
17 cobarde
16 galleta
7 melindre
12 miedoso
9 pusilánime
4 vulva

bizcochos
2 grafioles

bizcorneado
7 bizco

bizcornear
10 bizcar

bizcotela
17 bizcocho

bizma
5 cataplasma
1 emplastado
6 pegote

biznaga
1 dauco
1 gingidio

blanca
13 dinero

blanco
2 albar
3 albino
1 albo
1 albugíneo
3 argentino
1 armiñado
1 cande

7 cano
1 diana
4 enlucido
8 finalidad
12 hito
7 intermedio
2 lactescente
11 limpio
7 lúcido
8 meta
3 nacarado
1 nevado
5 níveo
21 objetivo
23 objeto(s)
8 pálido
2 perlino
14 término
2 lechoso
22 cándido

⇨espacio interlineal
⇨leche con café
19 ◁ negro

blancor
16 albor
5 albura
7 blancura

blancote
14 blanquecino

blancura
1 albicie
16 albor
5 albura
2 ampo
3 blancor
6 candor
3 nieve

blancuzco
3 albino
3 albuginoso
14 blanquecino
3 ◁ tostado

blanda
13 cama
11 lecho

blandamente
1 apaciblemente
1 dulcemente
1 esponjosamente
1 levemente
1 muellemente
1 mullidamente
1 suavemente
2 tiernamente
3 ◁ ásperamente

blandear(se)
30 ablandar(se)
1 ablandecer(se)
32 aflojar(se)
40 agitar(se)
58 alzar(se)
9 blandir
41 ceder(se)
5 complacer
5 enarbolar
1 enllentecer
1 enmollecer
7 enternecer(se)
4 lentecer(se)
9 macerar(se)
1 maznar
3 molificar(se)
1 mollear(se)
59 mover(se)
2 mullir
6 reblandecer(se)
19 relajar(se)
1 relentecer
3 revenirse
25 ahuecar
8 contemporizar
10 sobar
18 ◁ endurecer(se)
25 ◁ resistir(se)

blandengue
26 apacible
8 calzonazos
1 cobardón
6 pacífico
7 timorato
30 tímido
18 bonachón
14 débil
33 ◁ atrevido
7 ◁ decidido

2 ◁ viril
9 ◁ valiente

blandicia
6 decadencia
20 delicadeza
15 halago(s)
5 molicie
20 adulación
29 alabanza
12 coba

blandir
40 agitar(se)
58 alzar(se)
18 amenazar(se)
5 arbolar
19 balancear(se)
26 blandear(se)
5 enarbolar
53 levantar(se)
59 mover(se)

blando
38 agradable
26 apacible
19 asustadizo
1 bemolado
30 benigno
8 blandengue
2 blandujo
1 blanduzco
1 boquimuelle
1 chozno
9 dúctil
8 elástico
5 esponjoso
6 fláccido
1 flexuoso
2 fonje
8 fuelle
9 inconsistente
8 lene
10 leve
12 maduro
6 maleable
4 mole
1 mollar
1 mollejón
5 mórbido
1 papandujo
1 pultáceo
4 repipi

blandón

14 tierno
1 zorollo
1 palatalizado
5 rubio
29 afeminado
17 cobarde
19 dulce
23 flojo
8 fofo
6 pastoso
13 sereno
19 suave
17 templado
10 ◁*compacto*
9 ◁*desapacible*
14 ◁*macho*

blandón
3 hachero
2 hachón
7 candelero
5 candelabro
9 hacha

blandujo
6 algodonado
42 blando

blandura
30 abandono
27 afabilidad
21 benignidad
7 blandicia
1 blanquete
5 cataplasma
16 debilidad
9 deleite
20 delicadeza
3 ductilidad
9 dulzura
5 elasticidad
7 emplasto
5 flaccidez
11 flojedad
3 inconsistencia
15 indolencia
4 lenidad
10 lentitud
5 maleabilidad
7 mansedumbre
5 molicie

3 morbidez
11 suavidad
6 templanza
6 ternura
12 flema
7 madurez
16 regalo
8 requiebro
12 ◁*dureza*
11 ◁*fortaleza*
17 ◁*resistencia*
22 ◁*aspereza*

blanduzco
42 blando

blanqueación
9 blanqueo

blanqueador
1 emblanquecedor
1 encalador
2 enjalbegador
1 enyesador

blanqueadura
9 blanqueo

blanqueamiento
9 blanqueo

blanquear
2 blanquecer
47 brillar
27 destacar(se)
2 emblanquecer
1 empuchar
4 encalar
4 enjabonar
4 enjalbegar
7 enlucir
4 enyesar
4 jabonar
15 lavar(se)
12 lustrar(se)
1 nevar
8 relucir
2 albear
1 armiñar
50 limpiar

blanquecer
9 demacrar(se)

18 blanquear

blanquecino
2 albar
3 albero
3 albino
3 argentino
1 blancote
3 blancuzco
1 blanquinoso
7 cano
2 lactescente
3 nacarado
5 níveo
2 perlino
1 plateado
4 rucio

blanqueo
1 blanqueación
1 blanqueadura
1 blanqueamiento
1 blanquición
1 emblanqueci-
  miento
1 enjalbegamiento
4 enlucido
1 enyesamiento
1 jalbegue

blanquete
30 blandura

blanquición
9 blanqueo

blanquillo
2 durazno
4 huevo
8 cáscara

blanquinoso
14 blanquecino

blanquizal
3 gredal

blasfemable
6 execrable
6 vituperable

blasfemador
10 blasfemo

blasfemante
10 blasfemo

blasfemar
11 execrar
10 jurar
1 pesiar
10 renegar
11 vituperar
11 maldecir
⇨decir palabrotas
⇨echar juramentos
⇨echar pestes
⇨echar sapos y culebras
⇨jurar en hebreo
⇨tener la lengua de un
  carretero
65 ◁*alabar(se)*
5 ◁*ensalzar(se)*
4 ◁*orar*

blasfemia
7 execración
8 grosería
5 imprecación
17 injuria
10 irreverencia
9 maldición
5 palabrota
5 reniego
13 terno
10 ultraje
9 vituperio
13 voto
11 juramento
19 taco
⇨palabra gruesa

blasfemo
1 blasfemador
1 blasfemante
12 blasfemar
1 execrador
1 imprecador
4 irreverente
1 juramentoso
5 malhablado
1 renegador
5 maldiciente

blasón
6 arma(s)
1 armería

7 divisa
14 emblema
7 escudo
1 heráldica
19 insignia(s)
9 leyenda
4 remoquete
5 timbre
12 mote

blasonado
12 aristocrático
13 ilustre
22 noble
3 ◁plebeyo

blasonador
12 bocón
7 cacareador
5 pretencioso
12 baladrón
7 bocazas
15 fanfarrón
13 hablador
9 presumido
13 presuntuoso

blasonar
4 acolar
7 adosar
65 alabar(se)
3 baladronar
3 baladronear
15 cacarear
6 divisar
6 fanfarronear
1 flordelisar
29 jactar(se)
24 marcar(se)
3 orlar
3 timbrar
8 vanagloriarse
50 cargar
17 gloriar
17 pavonearse
16 presumir
⇨hacer ostentación

blasonería
17 baladronada

bledo
6 ardite
4 armuelle
8 comino
3 higa
6 pimiento
6 pito

blenorragia
1 blenorrea
2 gonococia
4 purgaciones
⇨gota militar

blenorrea
4 blenorragia

blinda
2 bastidor
6 viga

blindado
7 acorazado
5 bardado
13 armado

blindaje
3 coraza
41 defensa
9 plancha
13 protección

blindar
10 acorazar(se)
11 amurallar(se)
11 defender
18 fortificar
42 proteger(se)
9 chapar

blister
13 ampolla

bloc
4 cuadernillo
4 cuaderno
3 libreta
19 taco

blocao
8 garita
3 garitón
3 reducto
6 trinchera

7 fortificación
5 fortín

block
6 bloqueo

blof
28 engaño(s)
11 ficción

blonda
14 encaje

blondin
13 andarivel

blondo
5 rubio

bloom
6 desbaste
2 lupia

bloque
16 agrupación
5 coalición
8 edificio
6 finca
12 masa
6 pila
1 billa
16 cantidad
22 liga
4 manzana
12 montón

bloquear
35 aislar(se)
10 asediar(se)
44 ceñir(se)
12 cercar
37 cerrar(se)
3 circunvalar
16 congelar(se)
11 encerrar
32 estrechar(se)
4 incomunicar
26 inmovilizar(se)
38 rodear(se)
4 sitiar
57 cortar
⇨poner cerco

bloqueo
25 aislamiento
10 asalto
6 asedio
9 cerco
4 circunvalación
14 sitio

bluf
10 falsedad
11 jactancia
20 apariencia
21 bravata
8 farol
10 ◁humildad
4 ◁veracidad

blusa
1 blusón
6 camisa
1 marinera
7 túnica
1 canesú
7 caracol
3 chambra
9 chaqueta

blusón
8 blusa

boa
9 bastardo
9 piel
11 pluma
13 serpiente

boalaje
boalar

board
16 dirección
⇨consejo de administración

boarda
10 buhardilla

boardilla
10 buhardilla

boato
7 derroche
7 deslumbramiento

bobada

1 fastuosidad
12 ostentación
10 postín
10 riqueza
15 rumbo
9 suntuosidad
4 percha
9 fausto
13 lujo
13 pompa
10 ◁humildad
10 ◁pobreza
11 ◁sencillez

bobada
30 bobería
11 sencillez

bobalicón
7 anona
75 bobo

bobaliconería
15 necedad(es)
4 panfilismo
42 tontería(s)

bobear
9 tontear
2 lesear

bobería
4 asnada
1 botaratada
6 dislate
16 disparate
16 estupidez
4 fantochada
9 fatuidad
1 gansada
1 gedeonada
14 idiotez
7 majadería
1 memada
10 memez
1 mentecatada
1 mentecatería
3 mentecatez
15 necedad(es)
2 ñoñez
9 sandez
1 simplería

5 sosería
6 tontada
42 tontería(s)
1 tontuna
4 vaciedad
14 vanidad
2 bobada
17 desgracia
8 patochada
6 simpleza
23 ◁agudeza
15 ◁ingenio

bobina
3 devanadera
3 carrete

bobo
12 alelado
18 asno
27 aturdido
7 babanca
11 badulaque
5 bambarria
8 bausán
6 beocio
9 bodoque
1 bolonio
5 boquirrubio
11 borrico
12 botarate
22 creído
6 fantoche
8 fatuo
15 ganso
10 gaznápiro
1 gedeón
19 ignorante
6 imbécil
13 ingenuo
14 inocente
10 inoportuno
9 lelo
1 mameluco
1 metepatas
2 mochuelo
9 palurdo
10 papanatas
4 pasmado
1 pasmón
7 patoso
6 primo
22 rudo

9 sandio
1 sansirolé
1 simplicio
2 simplón
16 vacío
6 vacuo
10 zoquete
5 atontado
14 babieca
4 bamba
14 bolo
44 bolsa
22 burro
19 cipote
4 crestón
19 chorizo
1 chupador
14 desgraciado
7 estúpido
8 idiota
12 majadero
11 memo
12 mentecato
10 mogollón
7 mudo
22 necio
5 ñoño
10 obtuso
8 pazguato
4 pistola
17 rústico
20 simple
9 soso
8 tarugo
18 tonto
5 zanahoria
10 zopenco
⇨juego de la mona
⇨reloj de bolsillo
⇨sauce llorón

boca
25 abertura
1 bocacha
1 bocaza
7 embocadura
23 entrada
1 fauces
5 hocico
19 hueco
1 molino
5 orificio
13 pico

8 sabor
5 sabroso
22 salida(s)
5 tarasca
1 tragadero
37 agujero
33 caja
10 entremés
12 gusto
19 jeta
8 tapa
3 tragaderas

bocací
1 bucarán

bocacha
23 boca

bocadillo
5 emparedado
4 medianoche
1 platilla
4 sandwich
2 bocata
25 fruslería
7 melindre

bocado
3 dentellada
1 dentellado
7 embocadura
3 mordedura
1 mordisco
1 muerdo
2 posta
1 tarazón
35 alimento
12 cacho
3 freno
19 taco

bocana
18 canal

bocanada
1 amordazamiento
1 boqueada
3 bostezo
2 buchada
3 dentellada
3 fumarada

bodijo

3 mordedura
5 beso
12 bocado
9 buche
5 fumada
5 sorbo

bocanegra
5 malhablado

bocarda
4 trabuco

bocata
7 bocadillo
5 emparedado

bocatero
7 bocazas
15 fanfarrón
12 jactancioso

bocaza
9 parlanchín

bocazas
9 blasonador
12 bocón
7 cacareador
14 gárrulo
3 bocatero
13 hablador
9 parlanchín

bocel
4 moldura
9 cepillo

boceras
9 parlanchín

boceto
10 apunte
9 borrón
7 bosquejo
5 croquis
6 esbozo
20 programa
15 proyecto

bocina
3 altavoz
2 caracola

2 claxon
7 pabellón
4 portavoz
1 tornavoz
3 trompeta
4 auricular
3 cerbatana
6 cuerno
3 trompa
1 trompetilla
⇨cuerno de madera

bocio
5 cantimplora
8 coto
3 hipertrofia
2 papo
9 buche
4 papera
27 tumor

bocón
2 hocicudo
3 jetudo
1 morrudo
7 bocazas
16 charlatán
15 fanfarrón
13 hablador
5 maldiciente
13 murmurador
9 parlanchín
9 presumido
4 trabuco

bocudo
3 jetudo

bocha
18 bala
31 bola
13 boliche
14 bolo
44 bolsa
38 cabeza
4 chola
5 testa

boche
8 desaire
2 alemán
13 boliche

10 hoyo
8 repulsa

bochinche
22 asonada
6 baile
18 barullo
79 alboroto
35 bronca
10 chisme
9 disturbio
18 enredo
20 fiesta
24 follón
15 jaleo
13 marimorena
2 pulpería
8 taberna
13 trapatiesta
13 tumulto

bochorno
14 ahogo
1 calima
10 colina
3 resistero
9 rubor
5 soflama
6 sofocación
1 sofocamiento
2 sofoco
5 sonrojo
15 asfixia
33 calor
3 canícula
12 desazón
17 vergüenza
8 ◁*languidez*
8 ◁*desfachatez*
2 ◁*desvergüenza*
25 ◁*frío*

bochornoso
14 ardoroso
3 asfixiante
9 caliginoso
7 escandaloso
4 tórrido
11 vergonzoso
4 ◁*helador*
25 ◁*frío*

boda
1 bodijo
2 connubio
3 consorcio
12 coyunda
4 desposorio
4 desposorios
13 enlace
8 matrimonio
7 nupcias
1 sacramento
19 unión
7 vínculo
2 himeneo
2 bodorrio
8 casamiento
5 casorio
4 esponsales
⇨luna de miel

1 ◁*divorcio*

bode
27 cabrón
⇨macho cabrío

bodega
6 bodegón
22 cámara(s)
4 despensa
6 silo
3 troj
10 abacería
11 almacén
2 cillero
29 depósito
8 granero
9 tienda

bodegón
13 pintura
11 bodega
8 cuadro
5 figón
8 taberna
⇨casa de comidas

bodeguero
2 cillero

bodijo
18 boda

bodón

bodón
1 buhedo

bodoque
3 burujo
26 hinchazón
3 mazacote
75 bobo
31 bola
22 necio
10 pelota
20 simple
18 tonto

bodoquera
5 ballestera
3 cerbatana

bodorrio
18 boda
5 casorio

bodrio
13 bazofia
11 birria
11 mierda

bofe
6 asadura
1 chofe
5 pulmón

bofes
6 asadura

bofetada
4 bofetón
7 cachete
7 cate
1 cosque
3 chuleta
5 lapo
3 mamporro
7 metido
4 mojicón
1 moquete
19 revés
8 sopapo
6 soplamocos
1 tabanazo
1 tapaboca
1 tincazo

1 toba
1 tornavirón
12 torta
7 tortazo
3 trompazo
16 galleta
3 guantada
5 guantazo
4 manotazo
4 papirotazo
3 pescozón
2 puñada

bofetón
8 sopapo
28 bofetada
7 cachetón
5 guantazo

bofia
16 policía

boga
5 aceptación
6 auge
1 ciadura
1 chapoteo
9 felicidad
26 gloria
3 moda
1 paleteo
8 popularidad
7 prosperidad
1 remadura
1 singa
3 singladura
15 fama
13 fortuna
6 picadura
14 reputación

bogar
1 acorullar
40 batir(se)
2 ciar
1 proejar
1 remar
3 sirgar
33 beber
9 chapar
3 desnatar
7 halar

4 navegar
3 paletear
57 picar
3 singar
6 sorber
16 ◁ *anclar*

bogavante
1 lubigante

bohardilla
10 buhardilla

bohemia
14 dejadez
15 descuido
3 gitanería
6 vagancia
17 miseria
20 ◁ *orden*
3 ◁ *regularidad*

bohemio
10 artista
7 desordenado
9 despreocupado
8 errante
10 gitano
1 húngaro
18 libre
6 vagabundo
4 vagamundo
3 pasota

bohío
25 cabaña
7 cobijo
3 chabola
8 choza

bohordo
2 astil
3 jabalina
7 lanza
14 palo
10 vara
4 venablo
14 dardo

boicot
25 aislamiento

boicotear
35 aislar(se)
5 coaccionar
23 privar(se)
52 reducir(se)
⇨dejar solo

boicoteo
5 boicotear

boíl
7 aprisco
4 boyera

boina
10 gorra
6 casquete
10 gorro
4 solideo

boira
7 niebla

boj
1 boje

boja
2 abrótano
2 guardarropa

bojar
4 bojear

boje
1 boj

bojear
1 bojar
8 costear
4 navegar
⇨ir en cabotaje

bojeo
5 circuito
31 contorno(s)
8 perímetro

bojiganga
1 faráudula
12 farsa
1 gangarilla
4 jábega

1 pipirijaina
2 ponchera
4 redada
14 bolo
⇨compañía de la legua

bol
2 ponchera
4 tazón
⇨rúbrica lémnica

bola
4 agallón
18 bala
5 balón
3 burujo
17 cuenta
28 engaño(s)
7 esfera
8 esférico
1 pelote
8 píldora
7 rebaño
5 rulo
11 talla
4 hipérbole
14 bolo
18 bulo
80 bulla
5 canica
7 cometa
19 embuste
18 fantasía
9 globo
9 grano
15 mentira
10 paparrucha
10 pelota
1 tamal
7 trola
13 tumulto
⇨gallina sin cola
⇨juego de la argolla

bolada
10 chiste
9 encuentro
28 engaño(s)
8 golosina
10 ocurrencia
14 oportunidad
19 dulce

7 estafa
13 fortuna
17 suerte
10 trampa
⇨tirada de billar

bolado
3 azucarillo

bolaga
1 timeleácea
1 torvisco

bolas
2 rodamiento

bolchevique
3 comunista

bolcheviquismo
1 bolchevismo
4 comunismo
5 marxismo
4 ◁capitalismo

bolchevismo
3 bolcheviquismo

boldo
9 infusión
3 tisana

boleada
19 limpieza
7 reprobación
12 suspenso
⇨partida de caza

boleador
3 limpiabotas
19 chorizo
13 ladrón
8 mangante

bolear(se)
14 abalanzar(se)
42 arrojar(se)
74 aturdir(se)
40 avergonzar(se)
10 deponer
7 embetunar
8 intimidar(se)

15 suspender
12 achantarse
30 atontarse
50 limpiar
13 rechazar
⇨arrojar las boleadoras
⇨enredar a uno
⇨envolver a uno

bolera
13 boliche

bolero
6 baile
2 chaquetilla
1 guayabera
3 limpiabotas
1 torera
13 boliche
40 borrachera
8 cuatrero
12 curda
14 melopea
10 mentiroso
6 merluza
6 salteador
27 tajada
⇨esperanzas baldías
⇨ilusiones vanas

boleta
10 billete
4 boletín
2 cheque
23 entrada
9 invitación
1 libramiento
3 libranza
4 pagaré
5 papeleta
7 pase
1 talón
13 boleto
7 cédula
4 multa
5 notificación
8 volante
⇨letra de cambio

boletín
19 circular
4 gaceta

9 revista
17 boleta

boleto
10 billete
12 contrato
6 cupón
23 entrada
7 pase
9 resguardo
3 tiquet
17 boleta
19 embuste
15 mentira
7 trola
7 vale
8 volante

boliche
5 boche
1 bolera
7 horno
4 jábega
4 judía
8 morralla
11 almacén
10 alubia
16 bolero
29 depósito
5 figón
12 red
8 taberna

bólido
7 aerolito
1 asteroide
7 escudo
7 exhalación
2 meteorito
13 piedra
2 uranolito
⇨automóvil de carreras

bolígrafo
7 lápiz
11 pluma
1 atómico

bolilla
3 balota

bolillo
5 baqueta
27 bollo(s)

bolina

3 devanadera
4 palillo
2 panecillo
3 carrete
8 idiota
12 majadero
22 necio
9 porra

bolina
5 estruendo
5 sonda
79 alboroto
17 algazara
6 bolinche
80 bulla
10 escándalo
19 ruido
8 vocerío

bolinche
9 bolina
2 bolita
6 tabuco
5 canica
7 cantina
8 taberna

bolisa
1 pavesa

bolita
4 glóbulo
6 perdigón

bolito
17 bota

bolo
5 balón
9 bodoque
8 esférico
75 bobo
31 bola
45 borracho
14 ebrio
11 memo
22 necio
10 pelota
11 peso
5 recordatorio
18 tonto

⇨ tarjeta de bautizo

bolonio
75 bobo

bolsa
1 balsopeto
17 banco
8 barjuleta
bienes
1 bizaza
2 bolsilla
4 bolso
5 burjaca
1 cabás
14 capital
9 caudal
1 cica
1 cotización
1 escarcela
14 estuche
1 fardel
7 funda
7 giba
1 landre
6 lonja
3 macuto
7 mochila
3 monedero
2 morral
5 pezón
5 posesiones
27 posible(s)
1 sacocha
2 tarjetero
4 vademécum
1 zaina
1 zamarrico
9 zurrón
15 alforja
75 bobo
5 bolsillo
4 cartapacio
11 cartera
13 dinero
3 faltriquera
16 gato
15 saco
6 talega
18 tonto

bolsear
9 defraudar
43 engañar(se)

54 hurtar(se)
10 estafar
4 limosnear
12 mangar
4 mendigar
4 mentir
17 pedir
14 robar
⇨ dar calabazas

bolsero
3 tesorero

bolsilla
44 bolsa
5 bolsillo

bolsillo
2 bolsilla
1 saquillo
44 bolsa
3 faltriquera
5 pocha

bolsista
8 accionista
3 alcista
3 bajista
5 banquero
3 cambista
7 contador
2 cuentacorrentista
1 genovés
2 obligacionista
1 zurupeto
15 corredor

bolso
15 alforja
44 bolsa
9 bolsón
15 saco

bolsón
8 barjuleta
4 bolso
7 cuenca
23 depresión
10 laguna
11 cartera
10 hoyo
11 memo

18 tonto

bollar
1 abollonar
1 marchamar
12 sellar

bollo
13 complicación
3 magdalena
2 panecillo
1 pastelillo
4 roscón
1 sobada
13 sobado
12 torta
3 tortada
1 tortita
5 tostada
4 abolladura
14 ahogos
14 apuros
17 bizcocho
7 coca
5 coño
24 follón
5 guantazo
8 jornal
11 lío
10 paga
10 piropo
4 puñetazo
8 requiebro
12 rosca
4 vulva

bollón
20 botón
2 broquelillo
13 clavo

bomba
1 aguatocha
1 bombillo
5 granada
4 jeringa
6 proyectil
1 sacabuche
7 candelero
19 bombo
40 borrachera
10 burbuja

7 cometa
10 cuchara
5 cucharón
12 curda
4 fanal
9 globo
4 melena
14 melopea
4 moneda
2 pepinillo
4 pepino
13 pompa

bombachos
3 pantalón

bombarda
12 cañón
1 lombarda
21 embarcación
⇨registro del órgano

bombardear
10 bombear(se)
1 cañonear
52 destruir(se)
8 hostilizar
5 martillar
7 planchar(se)
12 hostigar
11 insistir

bombardeo
1 ametrallado
4 cañoneo
12 fuego
6 graneado

bombardero
4 aviador

bombasí
2 fustán

bombazo
8 estallido
5 estruendo
8 explosión
2 voladura
12 alusión
10 indirecta
3 zambombazo

⇨noticia sensacional

bombear
65 alabar(se)
8 bombardear(se)
8 elogiar
7 encomiar
12 halagar
13 loar(se)
18 adular
⇨dar coba
⇨hacer la pelota
⇨hacer la rosca

bombeo
11 barriga
4 comba
3 convexidad
3 pandeo

bombero
1 matafuegos
7 espía
14 babieca
10 enemigo
11 memo
18 tonto

bombilla
8 lámpara
3 cánula
10 cuchara
5 cucharón
1 tubito

bombillo
22 bomba

bombín
10 gorro

bombo
6 atabal
27 aturdido
12 corrompido
9 elogio
7 encomio
5 exageración
10 lisonja(s)
6 loa
3 timbal
20 adulación

22 bomba
12 coba
10 pelota
13 podrido
12 rosca
9 soso
10 tambor
9 zonzo
⇨sombrero de copa

bombón
3 caramelo
11 colación
1 chocolatín
3 chocolatina
19 dulce
2 infernáculo
⇨mujer cañón
⇨mujer guapa
⇨tía buena

bombona
9 botella
5 cubeta
6 redoma
5 garrafa
27 vasija

bombonera
3 cajita
5 cofre
3 cofrecito
1 confitera
4 escriño
14 estuche

bonachón
26 apacible
bonazo
31 bondadoso
3 buenazo
8 confiado
8 crédulo
16 cristiano
10 dócil
6 favorable
6 pacífico
7 raso
42 blando
18 amable
22 cándido
7 manso

12 sencillo
⇨alma de Dios
⇨pobre diablo

13 ◁*inflexible*

bonaerense
1 porteño

bonancible
26 apacible
30 benigno
1 bonanzoso
45 bueno
28 claro
8 delicioso
1 estrellado
6 favorable
12 hermoso
7 raso
13 tranquilo
42 blando
12 despejado
7 manso
13 sereno
19 suave

bonanza
38 alegría(s)
30 blandura
2 callada
10 claridad
7 dicha
2 escampada
1 euforia
9 felicidad
6 optimismo
7 prosperidad
8 serenidad
11 suavidad
9 tranquilidad
26 calma
11 ◁*tempestad*
7 ◁*desdicha*

bonanzoso
31 bondadoso

bond
3 bono
11 obligación

bondad

bondad
- 7 abnegación
- 27 afabilidad
- 14 amabilidad
- 12 benevolencia
- 21 benignidad
- 30 blandura
- 12 caridad
- 10 clemencia
- 8 compasión
- 13 corazón
- 12 cordialidad
- 15 docilidad
- 9 dulzura
- 13 generosidad
- 28 humanidad(es)
- 4 magnanimidad
- 7 mansedumbre
- 7 misericordia
- 9 piedad
- 4 probidad
- 3 sensibilidad
- 11 suavidad
- 6 ternura
- 5 tolerancia
- 10 virtud
- 10 indulgencia
- 19 apacibilidad
- 7 ◁maldad

bondadoso
- 5 abnegado
- 32 afable
- 10 ángel
- 26 apacible
- 5 benevolente
- 11 benévolo
- 30 benigno
- 7 caritativo
- 5 clemente
- 10 compasivo
- 7 cordial
- 10 dócil
- 9 filántropo
- 8 humanitario
- 8 indulgente
- 5 magnánimo
- 9 misericordioso
- 9 piadoso
- 7 pío
- 5 probo
- 15 sensible
- 14 tierno

- 3 tolerante
- 5 virtuoso
- 42 blando
- 18 amable
- 5 cordero
- 19 dulce
- 18 generoso
- 7 manso
- 19 suave
- 34 ◁malo

bonete
- 2 bicoquete
- 2 birreta
- 4 birrete
- 1 bonetón
- 7 cachucha
- 6 capelo
- 1 capillejo
- 3 montera
- 4 moña
- 7 papalina
- 3 redecilla
- 10 gorro
- 9 sombrero

bonetero
- 2 evónimo

bonetón
- 13 bonete

bongo
- 7 esquife
- 8 lancha
- 9 canoa
- 10 tambor

boniato
- 13 batata

bonicamente
- 8 bonitamente

bonificación
- 2 abonamiento
- 12 abono
- 25 beneficio(s)
- 9 ganancia(s)
- 10 mejora
- 7 rebaja

- 8 provecho

bonificar
- 26 abonar(se)
- 47 aprovechar(se)
- 19 beneficiar(se)
- 1 descontar
- 49 mejorar(se)
- 39 rebajar(se)

bonina
- ⇨manzanilla loca

bonitamente
- 1 bonicamente
- 2 despacio
- 1 diestramente
- 1 mañosamente
- 2 tranquilamente
- ⇨con disimulo
- ⇨con maña
- ⇨con tiento
- ◁torpemente

bonito
- 38 bello
- 1 biza
- 6 cantor
- 12 hermoso
- 2 atún
- 9 chichón
- 18 gracioso
- 8 lindo
- 18 ◁feo

bono
- 10 billete
- 6 cupón
- 2 bond

boñiga
- 4 bosta

boom
- 6 auge
- 13 expansión

booster
- 6 compresor

boqueada
- 4 boquear

boquear
- 24 extinguir(se)
- 4 fenecer
- 25 morir(se)
- 14 expirar

boquera
- 25 abertura
- 3 ventana

boquerón
- 3 aladroque
- 1 alece
- 5 anchoa
- 1 haleche
- 2 lacha
- 19 paso(s)
- 6 cortada
- 10 puerto

boquete
- 25 abertura
- 13 angostura
- 7 brecha
- 7 embocadura
- 5 orificio
- 10 rotura
- 37 agujero

boquiabierto
- 29 absorto
- 6 admirado
- 17 enajenado
- 8 patitieso

boquiblando
- 9 parlanchín

boquilla
- 25 abertura
- 7 brecha
- 4 brocal
- 7 embocadura
- 2 mechero
- 5 orificio
- 10 ranura
- 1 arrequive
- 37 agujero
- 5 gratis
- 11 hablilla
- 6 raja
- 9 rumor

⇨de balde
⇨sin pagar

boquimuelle
9 parlanchín

boquín
5 bayeta

boquirroto
9 indiscreto

boquirrubio
6 candoroso
13 inexperto
14 inocente
22 cándido
9 parlanchín

bórax
1 atíncar
1 borraj
⇨sal blanca

borbollar
1 borbollear
1 borbollonear
2 borboritar
3 borbotar
2 borbotear
1 brollar
7 hervir

borbollear
7 borbollar

borbolleo
1 borbor
3 borboteo

borbollón
4 borbotón

borbollonear
7 borbollar

borbor
2 borbolleo

borboritar
7 borbollar
3 borbotar

borborito
4 borbotón

borbotar
7 borbollar
1 brollar
48 salir(se)

borboteante
7 efervescente
4 hirviente

borbotear
7 borbollar
7 hervir

borboteo
2 borbolleo
4 ebullición
9 efervescencia

borbotón
1 borbollón
1 borborito
10 hervor
10 burbuja

borceguí
17 bota
1 botito
29 calzado
10 botín

borcellar
32 borde
9 filo

borda
25 cabaña
8 choza
3 estela
13 corral
⇨estela marina

bordada
12 balanceo
6 bandazo
5 bordo
15 cabezada

bordado
8 abasto
1 bordadura

1 bricho
12 calado
7 embutido
14 encaje
4 entorchado
6 entredós
1 escamada
1 estofo
1 filetón
5 labrado
1 lomillo
1 pasamanería
3 pasillo
4 recamado
1 recamo
16 adornado
15 cuchilla
13 labor

bordador
1 embutidor
1 festoneador
1 recamador

bordadura
20 bordado

bordar
21 adornar
1 embastar
14 embellecer(se)
12 embutir
2 festonear
24 marcar(se)
19 perfilar(se)
39 pulir(se)
2 recamar
4 ribetear
7 trepar
9 estofar
9 labrar

borde
4 arcén
5 balate
9 bastardo
10 canalla
5 cancho
14 canto
1 carel
4 chaflán
20 extremo
10 filete

3 franja
9 hilo
1 hirma
9 ilegítimo
4 labio
3 linde
12 margen
1 orladura
3 rebaba
2 reborde
3 resalto
13 saliente
1 tiesta
1 vera
1 veril
28 vivo
9 arista
19 límite
5 marco
6 sinvergüenza
9 filo
7 orilla

bordear
3 cantear
3 circunvalar
10 orillar
3 orlar
38 rodear(se)
1 zigzaguear
46 cambiar
3 revirar(se)
5 virar
⇨dar bordadas
⇨hurtar el viento

bordillo
32 borde
3 encintado
2 reborde
7 orilla

bordo
4 bordada
32 borde
8 costado
15 lado
⇨reparo de césped

bordón
2 bordoncillo
2 muletilla

bordoncillo

6 último	**borne**	**borrachera**	1 alcoholizado
5 verso	5 contacto	4 alcoholismo	9 azorado
20 bastón	20 extremo	beodez	1 azumbrado
6 benjamín	16 final	1 borrachez	6 bacante
6 estribillo	4 horizonte	3 cogorza	bebido
7 menor	3 linde	7 crápula	1 borrachín
3 zurriago	8 conexión	17 cuquillo	4 calamocano
⇨cuerda de tripa	19 límite	1 chalina	1 caneco
		1 dipsomanía	4 catavinos
bordoncillo	**bornear**	5 ditirambo	10 cuba
10 bordón	15 alabear(se)	10 ebriedad	7 curado
2 muletilla	20 combar(se)	1 emborracha-	5 chispo
	12 curvar(se)	miento	1 dipsomaníaco
bordonear	48 disponer(se)	1 humera	1 ditirámbico
4 vagar	8 girar	1 juma	9 embriagado
	9 ladear(se)	3 jumera	3 espita
bordoneo	59 mover(se)	5 jurel	1 estilbón
12 acorde(s)	32 mudar(se)	3 loba	18 giro
1 rasgueo	44 torcer(se)	4 llorona	3 mamado
17 sonido	5 retranquear	4 moña	2 mosquito
	9 labrar	7 papalina	5 odre
bordonero	24 revolver	1 pea	6 peludo
6 vagabundo		5 pítima	4 pellejo
	borneo	1 sacramento	2 peneque
boreal	5 alabeo	1 temulencia	14 perico
1 nórdico	2 combadura	5 tranca	1 potado
3 septentrional	18 curvatura	2 turca	2 temulento
	5 torcedura	3 zamacuco	1 tumbacuartillos
bóreas	7 doblez	7 zorra	12 achispado
2 matacabras	6 ◁*alineación*	16 bolero	36 alegre
⇨viento nórdico		22 bomba	38 alumbrado
	bornizo	12 curda	8 beodo
bóreo	6 vástago	16 embriaguez	14 bolo
6 ártico		6 lobo	12 curda
	borona	9 manta	14 ebrio
borla(s)	3 maíz	14 melopea	11 mona
5 alamar	18 migaja(s)	6 merluza	9 pasado
2 amaranto	2 mijo	11 mona	13 podrido
1 bellota		5 perra	⇨a medios pelos
1 borlón	**boronía**	4 tablón	⇨hecho una uva
4 cadejo	1 alboronía	27 tajada	⇨moros van, moros
5 cairel		⇨delirium tremens	vienen
4 canutillo	**borra**		
1 cañutillo	16 hez	**borrachez**	**borrachuela**
1 flocadura	2 lana	40 borrachera	12 cizaña
1 gusanillo	1 vello		7 cominillo
1 madroño	6 pelusa	**borrachín**	
rapacejo	10 poso	45 borracho	**borrado**
3 tachón	16 sedimento		7 tachado
⇨flor de amor	⇨crin vegetal	**borracho**	
		1 acocullado	**borrador**
borlón	**borracha**	3 ahumado	7 boceto
14 borla(s)	17 bota	2 ajumado	5 croquis
		4 alcohólico	

5 esbozo
12 paño
15 proyecto
7 trapo
13 goma
10 machote

borradura
1 dele
10 laguna
7 tachadura
3 tachón
1 testación
1 tildón
2 trazo
16 raya

borraj
3 bórax

borrajear
2 borronear
4 emborronar
3 garabatear
2 garrapatear
2 rasguear

borrajo
4 rescoldo

borrar
9 arrumbar(se)
11 barrear(se)
1 decolorar
39 deshacer(se)
20 desvanecer(se)
15 eclipsar(se)
18 esfumar(se)
20 evaporar(se)
8 raspar
8 rayar
13 suprimir
8 tachar
4 testar
5 tildar
8 despintar
58 quitar
⇨dar de baja
⇨pasar la esponja

borrarse
26 disipar(se)
18 esfumar(se)

62 caer
17 ◁alistar(se)
32 ◁entrar

borrasca
3 argavieso
28 aventura(s)
16 azar
8 braveza
2 cerrazón
1 colla
7 galerna
6 inclemencia
1 procela
5 ráfaga
8 riesgo(s)
11 tempestad
12 temporal
3 tifón
15 torbellino
4 tromba
1 tronada
1 turbión
21 bravata
11 huracán
4 peligro
9 tormenta
⇨carencia de mineral
26 ◁calma

borrascoso
7 agitado
2 crapuloso
10 desenfrenado
5 deshecho
7 desordenado
8 inclemente
13 libertino
6 licencioso
2 proceloso
9 tempestuoso
3 tormentoso
16 vicioso
7 orgiástico
11 iracundo
17 irritado
13 lascivo
17 riguroso
26 ◁apacible
7 ◁calmado
21 ◁puro

borrega
4 oveja

borregada
9 ganado
1 corderaje

borrego
1 andosco
3 añojo
31 bondadoso
1 borro
31 bola
3 consentidor
5 cordero
8 cornudo
11 memo
15 mentira
22 necio
2 ternasco
18 tonto
7 trola

borregos
3 cabrilla

borreguil
8 adocenado
3 gregario
9 vulgar
3 ◁individual

borrica
4 burra

borricada
5 animalada

borrical
6 asnal

borricalmente
1 asnalmente

borrico
asnillo
18 asno
2 borriquillo
19 ignorante
4 jumento
3 rozno
4 rucio

22 rudo
22 burro
21 corto
22 necio

borrina
11 calina

borriqueño
6 asnal

borriquillo
11 borrico
9 buche

borro
14 borrego

borrón
12 baldón
2 chafarrinada
10 defecto
11 imperfección
8 mácula
13 mancha
7 tacha
7 tachadura
3 tizón

borronear
5 borrajear
4 emborronar

borrosidad
10 oscuridad
3 opacidad
19 confusión
10 ◁claridad
14 ◁precisión

borroso
14 confuso
2 deleble
1 gastable
7 ininteligible
9 nebuloso
32 oscuro
6 vacilante
22 ◁preciso
13 ◁visible

boruca
13 bullanga
17 algazara
80 bulla
18 bullicio

borugo
4 ómnibus
4 paca
8 autobús
6 guagua

borujo
12 dureza
3 grumo
1 gurullo
◁ *esponjamiento*

borusca
1 seroja

boscaje
9 bosque

boscosidad
5 escabrosidad
6 espesura
6 fragosidad
1 selvatiquez

boscoso
1 carrascoso
1 enselvado
2 nemoroso
6 selvático
1 selvoso
2 silvático
1 silvoso

bosque
2 algaba
1 boscaje
6 espesura
1 frondosidad
2 manigua
8 parque
6 floresta
2 catinga
4 selva

bosquecillo
2 soto

bosquejado
4 abocetado

bosquejar
9 abocetar
8 delinear
48 disponer(se)
4 esbozar
3 esquematizar
11 planear
48 preparar(se)
13 proyectar

bosquejo
7 boceto
5 croquis
5 esbozo
6 esquema
19 plan
2 planificación
15 proyecto

bosta
1 boñiga
5 estiércol frez
11 mierda

bostezar
3 bostezo
2 espirar
16 inspirar(se)

bostezo
1 casmodia
3 espiración
13 inspiración

bota
1 bolito
1 borracha
1 botina
8 calco
2 calcorro
10 cuba
2 chanclo
1 jervilla
4 pellejo
1 servilla
5 tonel
1 zapato
4 borceguí
4 escarpín
4 zapatón
⇨ vasija de cuero
⇨ vuelta del pantalón

botaagua
2 aislante
4 moldura

botadero
10 atajo
4 grifo
12 senda
2 vado
7 vereda

botado
12 botarate
13 económico
6 resignado
12 barato
18 descocado
27 desvergonzado
13 dispuesto
6 malgastador
9 manirroto
11 memo
22 necio

botador
6 palanca
6 malgastador
9 manirroto
14 pródigo
4 ◁ *ahorrador*

botadura
1 bautizo
4 deslizamiento
8 lanzamiento
1 resbalamiento

botafumeiro
8 lagotería
20 adulación
12 coba
5 servilismo

botalón
3 bauprés
4 botavara
3 estaca
7 empujón
5 poste

botamen
2 pipería

botana
6 cicatriz
5 odre
7 parche
4 pellejo
3 remiendo
1 trasegador
3 bebedor
10 entremés
8 tapa
6 vaina

botánica
1 fitografía
2 flora
1 herbolaria
1 herborización
1 vegetal
1 fitología

botánico
1 botanista
1 fitógrafo
2 herbario
2 herbolario
8 parque

botanista
5 botánico

botar
58 alzar(se)
42 arrojar(se)
4 brincar
21 despedir(se)
58 echar(se)
15 empinar(se)
21 extraviar(se)
53 lanzar(se)
53 levantarse
38 perder(se)
5 rebotar(se)
9 resaltar
3 resurtir
29 saltar(se)
11 surtir
17 tumbar(se)

42 arrojarse
6 despilfarrar
6 dilapidar
58 echarse
58 tirar

botaratada
30 bobería

botarate
6 alborotado
27 aturdido
13 irreflexivo
23 ligero
8 precipitado
2 tararira
1 atolondrado
10 derrochador
6 malgastador
9 manirroto
▷cabeza loca
▷sin juicio

4 ◁*ahorrador*
5 ◁*juicioso*
6 ◁*sensato*
21 ◁*grave*

botarel
10 contrafuerte

botarga
12 calzón
1 dominguillo
8 embuchado
6 vestido

botas
▷breca

botavara
1 cangreja
14 palo
5 botalón
9 verga

bote
2 balandra
6 batel
12 brinco
7 cachucha
4 cárabo
1 cimba

3 chalana
chalupa
1 chinchorro
1 dorna
7 esquife
4 góndola
14 impulso
8 lancha
1 lugre
5 odre
1 patache
6 piragua
4 pirueta
1 rebotadura
3 rebote
17 salto
2 tarro
2 tumbo
1 urca
6 falúa
16 artesa
14 barca
12 calabozo
9 canoa
21 cárcel
1 garrapiñera
17 prisión
27 vasija

botella
13 ampolla
11 casco
6 frasco
6 redoma
5 canonjía
11 chollo
4 damajuana
5 garrafa
9 sinecura

botellín
3 biberón

botería
2 pipería

botica
1 droguería
2 farmacia

boticario
2 droguero
4 farmacéutico

botija
8 botijo

botijero
9 alfarero
10 ceramista

botijo
2 alcarraza
1 botija
3 cantarillo
5 cántaro
1 pirulo
1 porrón
2 piporro
27 vasija

botijuela
6 agujeta(s)
6 alboroque
11 propina

botillería
2 heladería
3 repostería
4 restaurante

botín
17 bota
9 despojo
9 despojos
5 trofeo
11 avance
4 borceguí
6 calcetín
6 presa
2 triunfo
4 zapatón

botina
17 bota

botiquín
4 dispensario
14 estuche

botito
17 bota

boto
22 rudo
10 obtuso

11 romo
18 torpe
10 zafio
17 ◁*hábil*
25 ◁*agudo*

botón
4 alacrán
2 asilla
6 automático
1 botonadura
15 broche
13 brote
1 chatón
5 gema
1 hornilla
19 insignia(s)
4 llamador
1 pitón
2 punzón
2 renuevo
6 yema
8 capullo
5 gemelo
6 polizonte
7 recriminación
15 reproche

botonadura
20 botón

botones
1 groom
11 sirviente

bóveda
3 ábside
7 arco
2 cascarón
10 cópula
3 cripta
4 cúpula
3 domo
1 embovedado
1 luneto
7 pabellón
21 vuelta
▷media naranja
▷medio punto

bóvido
1 rumiante

bovino
- 2 boyal
- 1 bueyuno
- 2 vacuno

boxeador
- 5 luchador
- 2 púgil

boxear
- 6 bracear

boxeo
- 19 combate
- 23 lucha
- 1 pugilato

boya
- 11 ancla
- 9 baliza
- 1 calima
- 11 indicación
- 2 rejera
- 4 abolladura
- 27 señal

boyada
- 7 rebaño

boyal
- 3 bovino
- 2 vacuno

boyante
- 15 acomodado
- 10 fastuoso
- 15 poderoso
- 8 potentado
- 6 próspero
- 14 afortunado
- 11 feliz
- 14 rico
- ⇨viento en popa
- 10 ◁desafortunado
- 12 ◁infeliz
- 18 ◁pobre

boyar
- 7 flotar
- 24 frustrar(se)
- 1 remar
- 1 sobrenadar

- 15 bogar
- 9 fallar
- 30 ◁hundir(se)

boyazo
- 10 buey

boyera
- 2 boíl
- 1 boyeriza
- 6 establo
- 13 corral

boyeriza
- 4 boyera

boyero
- 17 pastor

boza
- 42 cabo

bozal
- 9 bisoño
- 7 bozo
- 19 negro

bozo
- 14 cabestro
- 1 flojel
- 1 pelillo
- 1 vello
- 3 bozal
- 13 lazo
- 6 pelusa

brabucón
- 4 escarramanado

brabuconería
- 10 fanfarria

bracear
- 1 boxear
- 4 nadar
- 25 esforzarse
- 6 luchar
- 16 trabajar
- ⇨obtener provechos ilícitos

bracera
- 7 brazal

braceral
- 7 brazal

bracero
- 1 albañil
- 6 obrero
- 8 peón
- 2 proletario
- 5 trabajador
- 7 jornalero
- 7 labrador

bracio
- 18 brazo

braco
- 1 desnarigado
- 1 perdiguero
- 11 romo

bráctea
- 16 hoja
- 1 hojilla
- 4 hojuela

braga
- 5 calza
- 12 calzón
- 2 metedor
- 3 pantalón

bragado
- 27 animoso
- 33 atrevido
- 7 decidido
- 9 enérgico
- 16 entero
- 6 malintencionado
- 13 resuelto
- 2 cebrado
- 9 valiente
- ⇨echado para adelante
- 10 ◁indeciso
- 42 ◁blando
- 17 ◁cobarde

bragadura
- 1 entrepierna
- 1 ingle

- ⇨cruz de los calzones

bragas
- 5 calzas
- 12 calzón
- 12 culero

bragazas
- 8 calzonazos
- 11 incapaz
- 10 pasivo
- 29 afeminado
- 14 débil
- 23 flojo
- 15 indolente

braguero
- 2 reductor
- 4 sujetador
- 4 suspensorio

bragueta
- 25 abertura
- 4 hendedura
- 5 orificio
- 1 trampilla
- 10 trampa

braguetero
- 12 deshonesto
- 16 sensual
- 13 lascivo
- 14 salido
- 6 ◁púdico

brahmán
- 1 brahmín

brahmanismo
- 1 budismo
- 2 hinduismo

brahmín
- 1 brahmán

brainstorming
- 1 intelección
- ⇨búsqueda de ideas
- ⇨pensar en grupo

brama
- 5 baladro
- 25 celo(s)

bravo

1 gamitido
7 grito
3 ronca

bramador
8 chillón
4 rugiente
2 vociferante
21 ◁*callado*

bramante
4 cordelejo
1 cordeta
3 cordón
1 cordoncillo
2 guindaleta
9 hilo
2 tramilla
3 cabuya
4 cordel
8 guita

bramar
10 aullar
14 chillar(se)
6 gritar
2 mugir
5 vociferar
9 bufar
5 roncar
4 tronar

bramido
8 aullido
8 bufido
6 chillido
5 estruendo
6 fragor
2 mugido
1 rugido
1 ululato
9 rumor

bramuras
17 fieros
21 bravata

brand
6 etiqueta
16 marca

brandal
42 cabo

branquia
13 agalla(s)

braña
3 prado

brasa
1 ascua
1 lengüeta
4 rescoldo

braserillo
17 calentador
2 escalfador
5 estufilla
3 incensario

brasero
17 calentador
3 calientapiés
1 chubesqui
4 chufeta
3 escalfeta
5 estufilla
12 fuego
12 hogar
5 salamandra
7 sol
1 tortuga
7 estufa
6 fogata
7 hoguera

bravamente
3 ásperamente
1 bizarramente
19 bravura
2 decididamente
1 denodadamente
2 esforzadamente
2 ferozmente
2 fieramente
1 incansablemente
2 intrépidamente
2 valientemente
◁*cobardemente*
◁*desanimadamente*
◁*tímidamente*

bravata
17 baladronada
8 braveza

4 bravosidad
5 bravuconada
4 desafío
9 fanfarronada
2 farfantonada
1 farfantonería
11 jactancia
2 leonería
7 majeza
5 provocación
5 bravuconería
19 amenaza
23 borrasca
16 caña
8 chulería
9 desplante
10 guapeza
10 humos
9 tormenta

bravatas
2 bramuras
frijol(es)

braveador
22 bravucón

bravear
18 amenazar(se)
8 desafiar(se)
18 provocar

braveza
21 audacia
16 bizarría
19 bravura
10 fiereza
9 temeridad
12 valentía
10 ímpetu
21 resolución

bravío
1 abestiado
17 agreste
1 arañero
45 áspero
37 bravo
2 cerrero
15 cerril
18 cruel
1 chúcaro

16 escabroso
6 escarpado
1 feroce
13 feroz
17 fiero
9 fragoso
5 furo
14 inculto
1 indomable
2 indoméstico
4 jíbaro
6 montaraz
5 montés
1 recrecido
1 saltero
10 silvestre
2 zahareño
3 bagual
3 bozal
9 cimarrón
21 falso
15 indómito
3 redomón
17 rústico
19 salvaje
10 traidor
6 ◁*fértil*
42 ◁*blando*
7 ◁*manso*
19 ◁*suave*

bravo
17 agreste
6 alborotado
27 animoso
45 áspero
33 atrevido
18 audaz
17 bizarro
7 decidido
1 embravecido
6 escarpado
5 esforzado
9 fragoso
12 impetuoso
14 inculto
10 intrépido
10 jaque
14 majo
4 pendenciero
2 resoluto
13 resuelto
5 tumultuoso

bravonel

5 valentón
13 violento
11 ambicioso
5 cabreado
13 crudo
18 chulo
9 enfadado
8 enojado
18 guapo
17 irritado
7 matón
4 perdonavidas
19 salvaje
6 trapacero
9 valeroso
9 valiente
17 ◁cobarde
19 ◁suave

bravonel
22 bravucón

bravosidad
8 braveza
12 garbo
11 gentileza
15 gallardía

bravote
22 bravucón

bravucón
1 braveador
1 bravonel
1 bravote
1 espadachín
2 farfantón
2 guapetón
10 jaque
14 majo
5 matasiete
4 pendenciero
1 rajabroqueles
2 tragahombres
12 baladrón
18 chulo
15 fanfarrón
6 fardón
18 guapo
13 hablador
12 jactancioso
7 matón

4 perdonavidas
9 pincho
9 ◁mesurado

bravuconada
17 baladronada
1 chulada
9 fanfarronada
1 valentonada
21 bravata
11 ◁cortedad
14 ◁cobardía

bravuconear
5 gallear

bravuconería
17 baladronada
9 fanfarronada
2 matonismo
21 bravata
16 caña

bravura
21 audacia
6 bestialidad
16 bizarría
8 braveza
13 coraje
10 corazonada
13 crueldad
11 ferocidad
10 fiereza
5 indocilidad
10 intrepidez
4 salvajismo
12 valentía
24 valor
40 ánimo
32 atrevimiento
21 bravata
12 esfuerzo
21 resolución
28 ◁humanidad(es)
14 ◁cobardía
10 ◁timidez

brazada
2 brazado

brazado
2 abarcamiento

16 cantidad

brazal
1 bracera
1 braceral
11 brazalete
1 embrazadura
1 cerreta
3 orenga
4 percha

brazalete
4 ajorca
10 argolla
7 brazal
1 carcax
2 esclava
4 manilla
1 muñequera
2 pulsera
1 puñete
1 temblante
12 aro

brazo
37 apoyo
12 articulación
1 bracio
3 estamento
6 extremidad
43 poder(es)
13 protección
5 protector
2 remo
3 valedor
24 valor
24 auxilio
29 ayuda
17 clase
12 esfuerzo
17 fuerza
14 miembro
7 rama

brea
8 alquitrán
1 colofonia
2 zopisa
13 dinero

break
2 furgoneta

brear
11 chasquear
114 molestar(se)
5 zumbar
8 maltratar

brebaje
7 bebistrajo
2 pistraje
6 pócima
15 bebida
6 enjuague
9 medicamento
5 potingue

breca
pajel
11 albur
17 botas

brécol
15 berza

brecolera
15 berza

brecha
25 abertura
7 boquete
7 quebradura
10 rotura
9 fisura
37 agujero
6 raja

brega
13 afán
8 ajetreo
5 escaramuza
10 faena
35 fatiga(s)
2 forcejeo
23 lucha
11 pendencia
8 pugna
11 reyerta
22 trabajo(s)
2 trajín
33 agitación
20 contienda
2 lidia

bregar
11 riña
10 ◁*paz*
9 ◁*tranquilidad*

bregar
34 afanar(se)
13 ajetrear(se)
16 batallar
10 contender
6 forcejear
12 lidiar
25 esforzarse
6 luchar
22 reñir
16 trabajar
15 ◁*aquietar(se)*
41 ◁*ceder(se)*
50 ◁*parar(se)*
3 ◁*vaguear*

breña
5 escabrosidad
6 fragosidad
1 matojo
7 quebradura
3 zarza
9 maleza
3 matorral

breñoso
16 abrupto

breque
8 celda
3 vagón
12 calabozo
10 coche
17 prisión

brescar
10 castrar

bretaña
3 jacinto

brete
14 apuro(s)
8 celda
19 compromiso
12 conflicto
12 encierro
3 toril

14 aprieto
12 calabozo
21 cárcel
9 cepo
20 contienda
15 dificultad
18 disputa
18 enredo
1 porfía
17 prisión
8 trance

breva
2 albacora
8 cigarro
4 habano
2 higo
21 puro
⇨ dulce de crema

breval
3 higuera

breve
3 buleto
21 caduco
5 compendioso
6 conciso
10 deleznable
7 efímero
3 escueto
8 instantáneo
1 jaculatorio
6 lacónico
2 limitado
7 momentáneo
14 pasajero
7 perecedero
1 pontificio
6 precario
8 reducido
2 rescripto
9 sucinto
13 sumario
12 temporal
7 transitorio
3 volandero
12 frágil
21 corto
6 fugitivo
14 pequeño
14 ◁*duradero*

9 ◁*eterno*
8 ◁*extenso*
12 ◁*largo*
23 ◁*grande*

brevedad
4 abreviación
1 abreviamiento
10 caducidad
4 concisión
10 estrechez
3 fugacidad
1 instantaneidad
8 intervalo
4 laconismo
13 ligereza
7 limitación
12 pequeñez
1 precariedad
12 prontitud
17 proximidad(es)
8 temporalidad
3 transitoriedad
11 cortedad

brevemente
1 fugazmente
1 instantáneamente
1 momentáneamente
13 poco
1 prestamente
4 rápidamente
⇨ a vuelta de cabeza
⇨ de la noche a la mañana
⇨ en dos palabras
⇨ en menos que canta un gallo
⇨ en un abrir y cerrar de ojos
⇨ en un credo
⇨ en un decir Jesús
⇨ en volandas

brevete
1 membrete
27 anotación

breviario
1 antifonario
14 compendio

2 epítome
1 horario
4 libro
5 memorial

brezar
6 acunar

brezo
2 brizo
1 camita
1 moisés
1 urce
11 cuna

briaga
14 cuerda
4 maroma
4 cordel

brial
3 faldón
1 guardapiés
1 tapapiés
2 tonelete
6 vestido

briba
6 holgazanería
6 picaresca
6 vagancia

bribón
32 bellaco
10 canalla
8 granuja
9 tuno
33 pícaro

bribona
2 tunanta

bribonada
1 galopinada
5 pillada
5 trastada
8 canallada

bribonear
5 picardear

bribonería

bribonería
7 hampa

bricolage
20 arreglo

bricho
20 bordado

brida
5 bribón
6 correa
1 cucarda
10 rienda(s)
2 ronzal
11 guía

bridón
27 caballo

briefing
13 informe instrucciones
13 sumario

brigada
1 batallones
6 hueste
3 regimientos
8 tropa

brigadier
8 oficial

brillador
34 brillante

brillante
18 admirable
1 argénteo
1 autópsido
1 brillador
4 cegador
4 centelleante
1 corusco
7 chispeante
1 deslumbrante
1 espejado
3 esplendente
12 espléndido
8 esplendoroso
8 flamante
8 fulgurante
1 laqueado
5 lucido
7 lúcido
1 lucidor
1 luciente
1 lucio
5 luminoso
7 lustroso
8 nítido
14 radiante
9 reluciente
11 resplandeciente
7 rutilante
7 sobresaliente
3 terso
2 fulgente
2 fúlgido
6 coruscante
11 magnífico
6 ◁apagado
2 ◁pésimo

brillantemente
4 constantemente
1 deslumbrantemente
1 lucidamente
1 lustrosamente
1 pulidamente

brillantez
26 brillo

brillar
7 aluciar(se)
20 alumbrar(se)
2 alustrar
2 argentar
34 avivar(se)
12 bruñir(se)
1 calandrar
9 centellear
2 ciclar
1 cintilar
4 chispear
4 descollar
18 deslumbrar(se)
18 dorar(se)
7 enlucir
1 enlustrecer
7 esmerar(se)
3 espejear
20 figurar(se)
2 fosforecer
1 fosforescer
1 fucilar
11 fulgurar
4 iluminar
5 irradiar
16 lucir(se)
4 llamear
1 platear
1 pulimentar
39 pulir(se)
9 radiar
4 reflejar
2 refractar
8 relucir
5 relumbrar
10 resplandecer
6 rielar
5 rutilar
2 satinar
2 titilar
2 tornasolar
5 coruscar
6 refulgir
27 alegrar(se)
3 desempañar(se)
3 relampaguear
11 sobresalir
15 ◁apagar(se)

brillo
13 barniz
1 brillantez
3 centelleo
3 charol
4 esmalte
15 espejuelo(s)
9 esplendor
3 fosforescencia
3 fulgor
26 gloria
2 lentejuela
6 lucero
9 lucimiento
7 lustre
6 notoriedad
2 oropel
3 pátina
1 refulgencia
6 resplandor
1 tersidad
3 tersura
11 viso(s)
9 vivacidad
23 viveza
7 realce
15 fama
9 ◁descrédito
3 ◁incógnito
10 ◁oscuridad
3 ◁opacidad

brincada
3 corcovo
17 salto

brincador
1 saltante
3 saltarín
3 saltimbanqui
5 volatinero
3 saltador
7 acróbata

brincar
8 retozar
29 saltar(se)
2 triscar
22 botar

brinco
3 balotada
3 batuda
34 bote
7 cabriola
3 corcovo
14 impulso
4 pirueta
3 rebote
17 salto
5 tranco
4 volatín
6 gambeta

brindar
10 convidar
20 dedicar(se)
12 invitar
26 ofrecer(se)
16 prometer(se)

brindarse
20 prestar(se)

brindis
10 convite
9 dedicación
3 dedicatoria
9 invitación
8 ofrecimiento
10 promesa

brinquiño
3 caramelo
3 marrón
9 bombón
19 dulce
17 pasta

brío
11 acero
21 ala(s)
9 garra
15 potencia
6 pujanza
5 pulmón
7 redaño(s)
12 valentía
24 valor
23 viveza
40 ánimo
19 ardimiento
22 arranque
32 atrevimiento
13 denuedo
10 empuje
12 esfuerzo
17 espíritu
15 gallardía
11 ◁cachaza

brioche
4 besito
17 bizcocho

briol
1 briolín
1 cargadera
14 palo

briolín
3 briol

brionia
1 nueza

briosamente
1 alentadamente
1 animosamente
2 decididamente
2 esforzadamente
1 impetuosamente
1 resueltamente

brioso
17 apuesto
33 atrevido
37 bravo
7 decidido
12 denodado
9 enérgico
5 esforzado
12 marcial
2 viril
6 ◁vacilante
17 ◁cobarde
14 ◁débil

brisa
2 airecillo
3 ventalle
3 vientecillo
14 aura
4 céfiro

briscado
5 brocado

brisera
3 parabrisas

británico
2 inglés

britano
1 británico

brizar
11 columpiar(se)
14 mecer(se)
2 cunear
⇨mover con vaivén

brizna
4 algo
8 filamento
8 hebra
9 hilo

1 pavesa
11 pluma
13 poco
7 llovizna
7 sirimiri
⇨casi nada
⇨un algo
⇨un hilillo
⇨un poco
⇨una pajuela

brizo
5 brezo
11 cuna

broa
7 bahía
7 ensenada
9 abra
17 bizcocho
16 galleta

broca
14 barrena
2 taladro
3 carrete
13 clavo

brocado
1 briscado
4 brocatel
2 brochado
1 guadamecí
20 bordado

brocal
4 arcén
23 boca
15 boquilla
32 borde

brocatel
2 cáñamo
2 damasco
1 mármol
5 seda

brocear(se)
7 malbaratarse
64 estropearse
⇨echarse a perder

brocha
1 escobilla
1 pincel
1 sedera

brochado
1 oro
2 plata

broche
1 arricés
20 botón
2 coscoja
3 charretera
4 fíbula
6 hebilla
1 hebillón
4 imperdible
1 labrada
6 pasador
3 patilla
1 prendedero
3 prendedor
5 corchete
7 gemelos

brocheta
1 broqueta
29 aguja

broker
⇨contratador naval

brollar
3 borbotar

broma
1 bromazo
8 bufonada
2 burleta
2 camama
7 camelo
3 candonga
2 caraba
4 carnavalada
10 chiste
3 chufla
7 chunga
16 diversión
18 gracia(s)
1 momo
3 musaraña

bromazo

10 pega
2 zumba
103 burla
7 chacota
12 chasco
20 fiesta
12 gresca
6 guasa
3 inocentada
15 jarana
6 mofa
1 ◁*veras*

bromazo
26 broma

bromear(se)
5 abuchear
4 brear
2 bufonear(se)
80 burlar(se)
2 cachondearse
2 coñearse
2 chacotear(se)
8 chancearse
11 chasquear
1 chufletear
1 chungarse
32 divertir(se)
3 guasear(se)
6 juguetear
6 mofar(se)
3 pitorrearse
3 rechiflar(se)
18 regocijar(se)
1 reír(se)
7 ridiculizar
2 truhanear
5 zumbar
80 burlarse
13 chingar
3 chunguearse
6 mofarse
8 regodear
28 ◁*aburrir(se)*

bromista
7 burlón
1 coñón
2 chacotero
2 chafalditero
4 chancero
3 chungón

4 guasón
5 jacarero
10 jaranero
2 mofante
2 zumbón
23 bufón
10 cachondo
8 pajarero
5 payaso

bronca
2 broncazo
3 bronquina
6 chamusquina
1 guajira
3 pelazga
11 pendencia
18 porfía
7 protesta
11 reyerta
3 zaragata
15 revolución
15 agarrada
79 alboroto
11 altercado
20 contienda
18 disputa
24 follón
12 gresca
15 jarana
13 marimorena
20 odio
14 pelotera
12 querella
12 quimera
13 regaño
36 represión
17 reprimenda
11 riña
8 tirria
13 trapatiesta
7 trifulca
13 tumulto
4 zipizape
⇨de pópulo bárbaro
⇨la de Dios es Cristo
53 ◁*amor*
10 ◁*paz*
9 ◁*tranquilidad*
29 ◁*alabanza*

broncamente
8 bruscamente

broncazo
8 abucheo
35 bronca

bronce
3 metal
7 aleación

bronceado
10 atezado
3 moreno
3 quemado
3 tostado
8 ◁*pálido*

broncear(se)
19 curtir(se)
18 dorar(se)
23 tostar(se)
10 asolear
7 traquetear
⇨armar estrépito
⇨ponerse moreno
⇨tomar el sol

bronco
45 áspero
11 basto
1 brozno
12 brusco
30 duro
5 quebradizo
9 cimarrón
15 indómito
19 salvaje
10 tosco
42 ◁*blando*
19 ◁*suave*

bronquear
12 regañar
22 reñir
16 reprender

bronquina
11 pendencia
35 bronca
11 riña

bronquio
6 bronquios

bronquiolo
6 bronquios

bronquios
1 bronquio
1 bronquiolo
5 pulmón
1 tráquea
17 garganta
⇨vesícula aérea

broquel
2 adarga
30 amparo
4 brocal
1 clípeo
41 defensa
8 égida
7 escudo
1 luna
2 pavés
3 pretil
13 protección
1 rodancho
1 rodela
2 salvaguarda
6 salvaguardia
1 tarja

broquelillo
13 arete
3 bollón

broqueta
2 brocheta

brotar
27 aparecer(se)
12 emerger
9 germinar
53 levantarse
4 manar
11 manifestarse
15 nacer
48 salir(se)
7 surgir
11 surtir
8 ◁*desaparecer*
25 ◁*morir(se)*

brote
8 aparición
20 botón

7 eclosión
16 manifestación
10 ocurrencia
5 pezón
6 pimpollo
2 renuevo
6 retoño
7 tallo
6 yema
7 rama
7 ramo

broza
9 desechos
9 despojos
8 hojarasca
16 hojas
1 matojos
11 restos
11 desperdicio
9 maleza
7 rama

broznamente
3 ásperamente

brozno
10 bronco

brucero
1 pincelero

bruces (de)
2 prono

bruja
1 adivina
2 encantadora
4 hechicera
6 maga
1 nigromántica
9 meretriz
5 pedigüeño
14 prostituta
17 ramera
11 sablista

brujería
2 agorería
8 aquelarre
4 aruspicina

9 encantamiento
8 filtro
11 hechizo
9 maldición

brujo
20 adivino
12 embaucador
14 encantador
29 hechicero(a)
5 mago
1 nigromántico
1 jorguín

brújula
3 acecho
3 calamita
2 cuadrante
1 chapitel
1 declinatorio
9 estilo
4 mira
7 saeta
8 vista
11 compás
29 aguja
3 bitácora
⇨aguja de marear
⇨aguja imantada
⇨pinta del naipe

brujulear
22 adivinar
8 conjeturar
9 declinar
13 descubrir
1 imanar
3 imantar
1 maestralizar
24 marcar(se)
46 señalar(se)
12 vagabundear
11 variar(se)
5 zascandilear
17 acechar
9 errar
20 instigar
10 intrigar(se)
4 vagar
⇨estar de juerga
⇨pasárselo bomba

bruma
2 brumal
1 brumazón
3 neblina
7 niebla
10 oscuridad
8 velo
15 sombra

brumal
11 brumoso
7 calinoso

brumazón
7 bruma

brumoso
14 confuso
 difícil
17 incomprensible
3 neblinoso
9 nebuloso
21 obscuro
32 oscuro
13 sombrío
4 tétrico
5 velado
7 enmarañado
12 ◁*despejado*

bruno
3 moreno
21 obscuro
19 negro

bruñido
13 pulido

bruñidor
3 abrillantador

bruñidora
1 bruñido
1 bruñimiento
3 charolado
9 lucimiento
3 pulimento

bruñimiento
5 bruñidora

bruñir(se)
14 abrillantar(se)
39 acicalar(se)

2 agatizarse
7 aluciar(se)
4 charolar
7 enlucir
87 fastidiar(se)
16 lucir(se)
12 lustrar(se)
114 molestar(se)
39 pulir(se)
8 costear

bruscamente
1 avinagradamente
1 broncamente
1 desapaciblemente
1 descortésmente
1 destempladamente
2 duramente
1 groseramente
1 rudamente
1 ◁*discretamente*
1 ◁*suavemente*

brusco
45 áspero
10 bronco
9 desapacible
 descortés
15 destemplado
9 imprevisto
5 repentino
22 rudo
12 súbito
13 violento
1 jusbarba
21 grosero
19 ◁*suave*

brusquedad
7 descortesía
8 desprecio
9 destemplanza
21 violencia
22 aspereza
14 ◁*finura*
11 ◁*suavidad*
24 ◁*simpatía*

brutal
5 avinagrado
20 bárbaro

brutalidad

10 beduino
7 cafre
16 colosal
7 despiadado
8 déspota
30 duro
15 formidable
17 humano
7 incivil
14 inculto
2 indoméstico
8 inhumano
6 insociable
17 intratable
7 irracional
2 vándalo
13 violento

12 enorme
8 estupendo
21 grosero
19 salvaje
17 soberbio

6 ◁*ínfimo*

brutalidad
11 barbarie
24 brutal
1 bruteza
13 crueldad
11 ferocidad
10 fiereza
12 ignorancia
13 incultura
7 insociabilidad
7 liviandad
9 rudeza
6 salvajada
4 salvajismo
2 vandalismo
22 barbaridad

28 ◁*humanidad(es)*
7 ◁*mansedumbre*
11 ◁*sabiduría*

brutalmente
7 bárbaramente

bruteza
15 brutalidad

bruto
8 bestia
3 cateto

10 desenfrenado
7 estólido
19 ignorante
11 incapaz
14 inculto
7 irracional
5 mostrenco
22 rudo
16 vicioso
21 grosero
13 lascivo
22 necio
11 patán
17 rústico
10 tosco
10 zafio

7 ◁*educado*
8 ◁*moderado*
15 ◁*sabio*

bruza
4 buba
1 cancón
3 espantajo
2 papón
3 raspador
1 tumorcillo
9 cepillo
9 coco
4 postilla
27 tumor

bu
1 cancón
9 coco

búa
4 buba
5 bubón

buba
2 búa
5 bubón
↻tumor blanco
↻tumor inguinal

bubas
4 buba

bubón
2 búa
4 buba

22 absceso
6 llaga
27 tumor

bucal
1 estomático
2 labial
2 oral

bucanero
3 corsario
3 corso
1 cosario
5 filibustero
1 normando
5 pirata

bucarán
1 bocací

bucardo
15 cabrito
27 cabrón

búcaro
5 arcilla
8 botijo
7 florero
3 jarrón
27 vasija
13 vaso

bucear
13 explorar
12 investigar
4 nadar
3 somorgujar(se)
16 sumergir(se)
10 zambullir(se)
12 tantear

bucéfalo
11 incapaz
22 rudo
7 estúpido

buceo
6 descenso
6 inmersión
3 sumersión
1 ◁*flotación*

bucle
2 caracolillo
19 compromiso
1 sortijilla
4 tirabuzón
8 cruce
3 rizo

bucles
36 cabello

buco
28 engaño(s)
2 morueco
27 cabrón
6 infundio
15 mentira

bucólica
1 campesina
8 campestre
2 égloga
4 pastoral
5 pastoril

bucólico
38 agradable
17 agreste
8 campestre
1 eglógico
4 pastoral
5 pastoril
1 virgiliano
19 dulce
19 suave

45 ◁*áspero*
30 ◁*duro*
4 ◁*urbano*

buchada
12 bocanada
5 sorbo

buche
12 bocanada
2 borriquillo
5 estómago
2 papo
7 bocio
19 golfo
4 pillete

9 sombrero
5 sorbo

buchete
⇨mejilla hinchada

buchinche
8 café

buchón
26 arrugado

budín
17 bizcocho

budión
9 baboso
8 doncella
⇨gallito del rey

budismo
2 brahmanismo

budista
7 lama

buenamente
40 bien(es)
2 cómodamente
2 fácilmente
6 naturalmente
3 requetebién
3 sencillamente
1 voluntariamente

buenamoza
3 ictericia

buenaventura
12 adivinación
18 auspicio(s)
5 profecía
6 pronóstico
⇨buena suerte

buenazo
26 apacible
4 contentadizo
18 bonachón

buenísimo
3 repeche

bueno
32 afable
38 agradable
11 benévolo
8 bienhechor
31 bondadoso
7 caritativo
10 compasivo
15 conveniente
8 crédulo
20 distinguido
11 elevado
7 escogido
9 estricto
17 excelente
6 favorable
7 gustoso
12 honesto
17 humano
8 indulgente
14 inocente
3 óptimo
9 piadoso
8 provechoso
5 sabroso
9 saludable
18 sano
15 sensible
2 servible
14 tierno
22 útil
5 utilizable
6 ventajoso
5 virtuoso
18 bonachón
22 cándido
11 comprensivo
30 divertido
12 exacto
11 feliz
23 grande
16 justo
11 magnífico
17 riguroso
4 servicial
20 simple
6 ◁aproximado
45 ◁áspero
8 ◁desconfiado
3 ◁malévolo

34 ◁malo
12 ◁malvado
4 ◁perjudicial
2 ◁pésimo

buera
6 llaga
4 postilla
⇨grano en la boca

buey
1 boyazo
14 cabestro
3 castrado
1 cotral
1 cutral
27 cabrón
8 cornudo
2 dineral
7 manso
⇨montón de dinero

bueyuno
3 bovino

bufa
26 broma
7 chacota
7 chanza
6 mofa

búfalo
6 anta
2 bisonte
1 carabao
3 toro

bufanda
1 cubrecuello
1 pasamontañas
1 tapabocas
26 punta

bufar
8 bramar
6 gruñir
2 resoplar
8 trinar
13 abombar(se)
2 avejigarse
4 refunfuñar
5 rezongar

19 soplar

bufarda
37 agujero

bufet
6 comedor
10 convite
4 restaurante
6 bar
3 merienda
3 refresco

bufete
4 bargueño
2 buró
6 escritorio
5 mesa
3 oficina
10 despacho

buffer
3 amortiguador
7 tope

bufido
3 rabieta
1 rebufe
2 refunfuño
3 resoplido
1 sofión
2 soplido
19 berrinche
5 regañina
29 ◁alabanza

bufo
4 animador
7 burlesco
4 caricato
2 clown
14 cómico
5 chirigotero
5 chocarrero
11 histrión
23 bufón
9 extravagante
18 gracioso
4 grotesco
5 payaso
28 ridículo
3 risible

bufón

20 ◁*serio*
21 ◁*grave*

bufón
5 albardán
15 bromista
9 buhonero
7 burlón
2 coplero
4 chancero
5 chocarrero
2 chufletero
1 chunguero
5 escarnecedor
13 farsante
3 hazmerreír
5 jacarero
10 jocoso
5 juglar
3 revólver
1 trovero
4 caradura
9 chistoso
8 gracejo
18 gracioso
5 retozón
7 truhán

bufonada
19 extravagancia
4 facecia
12 farsa
7 jocosidad
6 mojiganga
1 momo
103 burla
3 chocarrería

bufonear(se)
27 bromear(se)
80 burlar(se)

bugle
1 tuba
6 cuerno

buglosa
1 lenguaza

buharda
10 buhardilla

buhardilla
6 apartamento
1 boarda
1 boardilla
1 buharda
13 desván
26 estudio
3 gatera
2 guardilla
3 sotabanco
6 zaquizamí

buharro
2 corneja

buhedera
3 aspillera
2 saetera
1 saetía
6 tronera
37 agujero

buhedo
1 bodón

búho
2 mochuelo
2 noctámbulo
1 noctívago
18 retraído
8 hosco
9 huraño
7 lechuza
24 ◁*abierto*

buhonería
4 bisutería
1 bujería
6 chuchería
9 menudencia
2 oropeles
8 patarata
2 quincalla
19 bagatela
9 baratija
25 fruslería

buhonero
2 ajero
11 ambulante
8 baratero
2 bisutero
4 feriante
2 gorgotero
4 mercader
2 quincallero
5 mercachifle

buido
4 acanalado
3 afilado
5 aguzado
3 estriado
8 penetrante
3 punzante
11 sutil
11 ◁*romo*

building
9 construcción
8 edificio

buitre
9 abanto
1 cóndor
1 gallinazo
3 quebrantahuesos
1 zopilote

buitrón
1 butrino
2 butrón

bujarrón
8 maricón
4 sodomita

bujería
10 buhonería

bujeta
5 cofre
3 cofrecito
4 escriño
3 esenciero
14 estuche
3 perfumador
4 poma
5 pomo
1 pulverizador
33 caja

bujía
2 candela
7 cera

5 cirio
1 platino
7 candelero
5 candelabro
13 vela

bula
25 beneficio(s)
27 breve
3 buleto
9 concesión
11 constitución
2 documento
4 encíclica
10 excepción
3 exequátur
18 gracia(s)
1 impetra
6 privilegio
2 rescripto
11 exención
16 favor
15 sello
⇨motu proprio

bulario
⇨colección de bulas
⇨serie de bulas

bulbo
1 ajaspajas
5 babosa
3 binza
5 cancho
9 cebolla
3 cebollino
9 cuello
3 chalote
1 escalona
26 hinchazón
2 porreta
38 cabeza
18 camote

bulboso
2 ajero
1 cebolludo
10 ◁*liso*

bulero
3 alarmista

buleto
27 breve
17 bula
⇨documento pontificio

bulevar
6 paseo
9 ronda(s)
16 avenida

bulimia
6 hambre
⇨hambre canina

bulkcarrier
1 granelero

bulo
7 camelo
28 engaño(s)
1 especiota
10 falsedad
7 filfa
9 murmuración
 notición
1 tendenciosidad
31 bola
16 caña
10 chisme
19 embuste
6 infundio
15 mentira
10 pamema
10 paparrucha
10 patraña
7 trola
6 ◁verdad

bulto
18 bala
13 fardo
26 hinchazón
4 paca
10 tamaño
9 volumen
12 baúl
44 bolsa
33 caja
4 cartapacio
5 flemón
9 grano
15 maleta

27 tumor
2 vade

bultos
12 bártulos
6 equipaje

bulla
2 alarida
1 albórbola
8 aquelarre
10 barbulla
18 batahola
4 boruca
1 bullaje
13 bullanga
1 cascarada
12 cisco
1 chacarrachaca
3 chillería
2 chivateo
1 embullo
9 estrépito
5 estruendo
6 fandango(s)
1 ginebra
3 greguería
8 grita
10 gritería
1 guasanga
3 hilaridad
3 hollín
1 jabardillo
5 jácara
10 jolgorio
5 jollín
1 lelilí
1 lililí
2 liorna
2 rebujina
1 rebullicio
3 rebumbio
2 rifirrafe
1 rumantela
1 salchucho
4 trápala
8 trapisonda
7 tremolina
3 trulla
9 turbulencia
3 vocería
1 vocinglera
1 vorahúnda
1 zacapela

1 zahora
9 zalagarda
5 zarabanda
3 zaragata
3 zurriburri
79 alboroto
21 algarabía
17 algazara
13 barahúnda
16 bochinche
31 bola
18 bullicio
19 confusión
20 contienda
19 desorden
4 escandalera
10 escándalo
24 follón
9 gazuza
12 gresca
5 guirigay
15 jaleo
15 jarana
9 mitote
8 parranda
19 ruido
9 rumor
2 samotana
3 suiza
5 tiberio
13 trapatiesta
13 tumulto
8 vocerío
5 zambra
8 ◁quietud
7 ◁silencio
9 ◁tranquilidad

bullaje
80 bulla

bullanga
22 asonada
6 chamusquina
11 pendencia
2 rebujina
14 revuelta
3 zaragata
80 bulla
19 desorden
12 gresca
15 jaleo
11 motín

7 trifulca
4 zipizape

bullanguear
6 jacarear

bullanguero
7 agitado
1 fiestero
3 juerguista
4 pendenciero
13 revoltoso
5 ◁silencioso
13 ◁tranquilo

bullarengue
9 asentaderas
6 postizo

bulldozer
4 excavadora
2 topadora

bullebulle
9 alocado
27 aturdido
1 catasalsas
15 curioso
3 entremetido
9 inquieto
13 irreflexivo
4 rayo
13 revoltoso
4 vivaracho
28 vivo
6 fisgón
10 travieso

bullente
7 efervescente

bullicio
31 animación
3 castañuela
9 estrépito
6 fandango(s)
10 gritería
10 jolgorio
8 tiento(s)
3 vocería
21 algarabía
80 bulla

bullicioso

3 chipén
4 escandalera
15 jarana
9 laberinto
19 ruido
9 rumor
5 tiberio
7 ◁*silencio*

bullicioso
7 agitado
15 agitador
8 alborotador
2 argadillo
13 bullebulle
4 desasosegado
11 estrepitoso
9 estruendoso
11 festivo
1 hormigueante
9 inquieto
10 jaranero
3 juerguista
5 juguetón
4 removido
13 revoltoso
7 ruidoso
7 sedicioso
1 tabardillo
2 trafalmejas
5 trepidante
14 vivaz
28 vivo
3 zaragatero
36 alegre
6 ◁*apagado*
11 ◁*calmoso*
5 ◁*silencioso*
16 ◁*triste*

bullidor
18 ágil
14 vivaz
10 despierto
6 ◁*apagado*

bullir
40 agitar(se)
4 burbujear
1 gusanear
7 hervir
6 hormiguear

17 menear(se)
8 pulular
17 removerse
2 verbenear
24 revolver
15 ◁*aquietar(se)*
44 ◁*calmar(se)*

bundear
58 echar(se)
11 expulsar

bundle
13 fardo

bundling
⇨facturación global

bunker
3 reducto
10 refugio
6 silo

buñuelo
12 adefesio
   chapucería
   chapuz
16 disparate
1 frisuelo
4 hojuela
1 juncada
1 plepa
11 birria
4 chapuza

buque
9 barco
4 nave
5 navío
6 bajel
5 nao
⇨marco de la puerta

buraco
37 agujero

burato
3 cendal
10 transparente
2 tul
8 velo

5 mantilla

burbuja
13 ampolla
1 giste
1 gorgor
   jabonadura
4 vejiga
22 bomba
6 campanilla
7 espumarajo
4 moño
13 pompa

burbujeante
7 efervescente
1 espumeante
2 espumoso

burbujear
10 bullir
2 espumar
1 gorgotear
7 hervir

burbujeo
3 espuma
1 gorgor
7 espumarajo
13 pompa

burdégano
9 mulo
14 macho

burdel
7 garaje
8 mancebía

burdo
45 áspero
11 basto
3 cate o
11 incapaz
14 inculto
2 ineducado
1 isidro
22 ordinario
21 grosero
11 paleto
17 rústico

18 torpe
10 tosco
10 zafio
12 ◁*cortés*

bureo
38 alegría(s)
6 baile
26 broma
13 bullanga
16 distracción
16 diversión
10 entretenimiento
5 esparcimiento
10 jolgorio
8 solaz
20 fiesta

burga
1 terma
13 manantial

burgo
9 aldea
7 arrabal
3 poblacho
10 villa
17 pueblo
6 villorrio

burgués
15 acomodado
15 amo
23 arreglado
12 ciudadano
7 dueño
8 empleado(s)
5 funcionario
14 habitante
9 jefe
8 opulento
15 poderoso
1 propietario
5 pudiente
1 quirite
3 rentista
4 urbano
19 patrón
14 rico
18 ◁*pobre*
17 ◁*rústico*

burguesía
1 burocracia
3 democracia
1 mesocracia
8 plebe

buriel
2 leonado
6 rojizo

buril
6 cincel
1 graneador
2 punzón
5 mordiente
29 aguja

burilar
3 cincelar
4 esculpir
12 grabar
1 granear
11 inscribir
11 morder
2 puntear
8 tallar

burjaca
3 garniel
1 guarniel
3 macuto
15 alforja
44 bolsa

burla
8 abucheo
1 ahucheo
6 alcocarra
1 antruejada
1 antruejo
15 befa
5 bigardía
16 brega
26 broma
1 bromazo
4 bufa
2 burleta
1 buzcorona
2 camama
7 camelo
3 candonga
2 caraba

1 carena
4 carnavalada
4 cencerrada
16 corona
6 cuchufleta
1 culebrazo
7 chafaldita
1 chanada
1 chanzoneta
7 chirigota
10 chiste
3 chueca
1 chufa
4 chufeta
7 chunga
3 chuscada
8 desprecio
28 engaño(s)
1 epigrama
6 escarnio
1 fayanca
2 fisga
8 grita
1 gustazo
3 higa
2 humazo
9 imitación
2 inri
6 irrisión
1 jaquimazo
3 juguete
1 ladrillejo
1 libramiento
5 ludibrio
8 macana
1 mamola
1 mamona
1 matraca
3 maza
7 mecha
1 mimesis
1 mofadura
6 mojiganga
1 momo
3 morisqueta
4 mueca(s)
3 musaraña
2 novatada
12 pánfilo
1 parchazo
10 pega
1 pegata
10 picardía

4 pulla
4 rechifla
2 relente
4 remedo
6 ridiculez
8 sarcasmo
5 sátira
8 tiro
1 vaya
3 virote
7 zaherimiento
2 zumba
35 bronca
6 cachada
14 cachondeo
8 cantaleta
2 coña
10 culebra
7 chacota
7 chanza
12 chasco
8 fideo
20 fiesta
9 fraude
16 galleta
6 guasa
3 inocentada
7 ironía
2 jonja
6 mofa
6 morro
8 picón
8 pitorreo
7 ◁seriedad
1 ◁veras
6 ◁verdad

burlado
9 engañado
2 escarnecido

burlador
15 bromista
7 burlón
1 candonguero
2 chacotero
2 chafalditero
4 chancero
2 chufletero
7 disoluto
2 donjuán
1 embromador
5 escarnecedor

4 guasón
5 jacarero
13 libertino
6 licencioso
1 mofador
2 mofante
7 seductor
4 violador
2 zumbón
8 pajarero

burlar(se)
21 afrentar(se)
15 befar(se)
4 brear
27 bromear(se)
2 bufonear(se)
40 cabrear(se)
2 cachondearse
4 caricaturizar
2 coñearse
2 chacotear(se)
5 chancear
8 chancearse
11 chasquear
1 chufar
1 deludir
5 desairar
22 deshonrar(se)
3 driblar
10 eludir
4 embromar
2 engaitar
43 engañar(se)
8 engatusar
34 escapar(se)
8 escarnecer
6 evitar
24 frustrar(se)
2 gorjear
1 iludir
3 ironizar
14 jugar
39 liar(se)
8 malograr
5 mantear
20 marear(se)
6 mixtificar
3 pitorrearse
28 plantar(se)
19 quedar(se)
3 recochinearse
3 rechiflar(se)

burlería

19 relajar(se)
7 ridiculizar
3 torear
20 violentar(se)
4 volcar
3 enclavar
7 remedar
16 atentar
8 chalanear
10 chotear
11 embaucar
4 enchilar
10 estafar
3 farsear
5 hamaquear
12 hostigar
3 juanear
12 mangar
6 mofarse
8 regodear
5 roncar
4 soguear
2 titear(se)
9 violar
⇨dar grita
⇨dar la castaña
⇨dar la mamola
⇨dársela a uno
⇨dejar con un palmo de narices
⇨echar a chacota
⇨jugar al santo mocarro
⇨pegársela a uno
⇨poner en solfa
⇨poner o dejar en berlina
⇨poner o dejar en ridículo
⇨quedarse con uno
⇨sacar la lengua
⇨tomar el pelo

burlería
103 burla

burlesco
4 chancero
11 festivo
5 jacarero
10 jocoso
9 chistoso
9 entretenido

28 ridículo
20 ◁*serio*
21 ◁*grave*

burleta
26 broma
103 burla

burlete
1 fieltro
12 relleno
12 ribete(s)
1 tapadura
11 tira

burlón
15 bromista
4 chancero
4 guasón
6 irónico
5 sarcástico
2 zumbón
20 ◁*serio*

buró
6 bufete
6 escritorio

burocracia
1 tecnocracia

burócrata
5 administrativo
5 cagatintas
5 funcionario
8 oficial
3 oficinista

burocrático
5 administrativo
11 lento
7 moroso
1 oficinesco
19 ◁*rápido*

burocratizado
4 áulico

burra
1 asna
1 borrica

1 jumenta
1 pollina

burrada
10 desatino
6 dislate
16 disparate
16 estupidez
14 idiotez
12 masa
10 memez
15 necedad(es)
42 tontería(s)
22 barbaridad
16 cantidad

burro
18 asno
11 borrico
3 garañón
1 hecho
19 ignorante
14 inculto
4 jumento
1 onagro
2 piñón
8 pollino
4 rucio
2 ruche
22 rudo
13 violento
13 adoquín
9 alfabeto
21 corto
22 necio
6 rucho
19 salvaje
18 tonto
18 torpe
1 ◁*civilizado*
15 ◁*sabio*
16 ◁*listo*

bursátil
4 bancario

burujo
9 bodoque
3 borujo
1 gurullo

burujón
2 tumefacción

15 bulto
9 chichón
10 ◁*lisura*

bus
4 ómnibus
3 trolebús
11 colectivo

busca
22 averiguación
12 batida
1 buscada
búsqueda
3 cacheo
17 demanda
2 escudriñamiento
12 examen
4 exploración
8 indagación
8 investigación
5 pesquisa
12 presunción
2 rastreo
1 rebusca
13 registro

buscada
16 busca

buscado
6 perseguido

buscador
5 buscón
5 examinador
2 perseguidor
1 pesquisidor
1 rebuscador
5 registrador
4 explorador
8 investigador

buscapiés
1 rapapiés
2 carretilla

buscar
25 averiguar(se)
40 batir(se)
2 cachear(se)
6 escudriñar

41 examinar(se)
13 explorar
11 indagar
10 inquirir
12 investigar
4 perquirir
2 rastrar
8 rastrear
6 rebuscar
26 registrar(se)
8 solicitar
14 demandar
7 esculcar
4 mendigar
18 perseguir
5 pesquisar
5 reclamar
⇨andar a caza de
⇨dar tras uno
⇨ir al encuentro
6 ◁*desistir*
23 ◁*encontrar(se)*

buscarruidos
8 alborotador
10 jaranero
3 juerguista
2 parrandista
4 pendenciero
11 provocador

buscavidas
26 activo
5 apañado
13 bullebulle
7 cotilla
15 curioso
25 diligente
3 entremetido
1 hormiga
5 trabajador
6 fisgón

buscón
3 estraperlista
2 socaliñero
17 estafador
6 ratero
5 timador

buscona
2 juche
14 prostituta

13 puta
17 ramera

busilis
30 asunto(s)
15 duda
12 hito
7 incógnita
1 intríngulis
6 quid
19 secreto
13 clavo
15 dificultad
14 hueso
21 nudo
11 toque
⇨punto álgido
⇨punto principal
⇨punto sensible

business
22 negocio(s)

busto
6 escultura
2 tórax
2 torso
22 pecho

butaca
1 dormilona
30 duro
11 localidad
7 luneta
5 regazo
5 sillón
14 sitio
49 asiento
8 silla

butacón
7 poltrona
5 sillón

butano
10 combustible

buten (de)
17 excelente
8 estupendo
⇨de chipén
⇨de lo bueno
⇨de lo elegido

⇨de lo mejor
⇨de primera

butifarra
8 embuchado
7 embutido
2 morcilla
⇨mandil de cuero

butifarras
12 calzón

butiondo
15 hediondo
7 injurioso

butrino
2 buitrón

butrón
2 buitrón
8 robo

buyo
1 betel
⇨mixtura vegetal

buz
4 labio
1 ósculo
5 beso

buzamiento
11 echado

búzano
3 buzo

buzcorona
103 burla

buzo
1 búzano
1 somorgujador
1 zambullidor

buzón
25 averiguar(se)
40 batir(se)
2 cachear(se)
6 escudriñar
41 examinar(se)
13 explorar
12 investigar
5 orificio

4 perquirir
10 ranura
2 rastrar
8 rastrear
26 registrar(se)
8 solicitar
4 sumidero
1 surtidero
14 demandar
37 agujero
33 caja
5 conducto
9 desagüe
7 esculcar
5 hendidura
2 imbornal
4 mendigar
18 perseguir
5 reclamar
8 tapa
7 tapón
⇨andar a caza de
⇨dar tras uno
⇨dar vueltas
⇨hacerse el encontradizo
⇨ir al encuentro
⇨irse a ojeo
⇨orificio para echar las cartas
⇨sacar de debajo de la tierra
22 ◁*abandonar(se)*
6 ◁*desistir*

buzonera
4 sumidero
18 canal
5 conducto
9 desagüe

buzzer
1 vibrador

by
16 bifurcación

by-pass
19 desviación
12 desvío

byte
1 octeto

C

cabal
18 acabado
15 acomodado
4 ajustado
13 completo
16 entero
14 honrado
14 íntegro
1 llenero
9 perfecto
5 proporcionado
11 puntual
9 concertado
19 recto
18 cumplido
12 exacto
16 justo
6 ◁*aproximado*
4 ◁*deshonrado*
14 ◁*incompleto*
7 ◁*informal*

cábala
33 artificio
9 complot
9 conjetura
6 conjura
2 conjuración
6 cubilete
9 maquinación
2 ocultismo
5 superstición
4 suposición
11 trama
10 conspiración
3 conventículo
19 intriga
⇨magia negra

cabalgada
2 galopada
12 marcha
pasitrote
3 trote
1 trotonería
10 viaje

cabalgador
17 caballero
12 hidalgo
3 jinete
2 jockey

cabalgadura
18 asno
8 bestia
12 caballería
4 cuadrúpedo
3 cuartago
2 guindaleta
2 haberío
3 jaca
5 jaco
7 montura
9 mulo
3 potro
1 rocinante
2 solípedo
2 trotón
2 tusón
1 yegua
2 bestión
2 corcel
27 caballo
7 jamelgo
6 matalón
11 penco
10 rocín

cabalgamiento
3 encabalgamiento
1 hipermetría

cabalgar
1 acaballar
51 cubrir(se)
3 encabalgar
1 galopar
30 montar(se)
11 remontar(se)
5 trotar

cabalgata
4 carnavalada
1 carnavalesca
6 comparsa
5 desfile
11 parada
7 procesión

cabalista
29 hechicero(a)

cabalmente
2 ajustadamente
2 exactamente
5 justamente
2 perfectamente
3 precisamente
⇨en punto
⇨por filo

caballa
5 escombro
1 sarda

caballar
1 acemilar
1 caballuno
2 ecuestre
2 equino
3 hípico
1 rocinal
1 yeguar
2 yegüerizo

caballazo
15 acometida
6 encontronazo
5 regañina
17 reprimenda

caballejo
7 jamelgo

caballeresco
9 adalid
7 educado

16 fino
7 galante
5 heroico
4 paladín
18 cumplido
9 valeroso
9 valiente
11 ◁*basto*
◁*descortés*
21 ◁*grosero*

caballerete
8 fatuo
5 gomoso
1 mozalbete
2 petimetre
10 petulante
6 pisaverde
14 currutaco
9 presumido

caballería
18 asno
12 bagaje
8 bestia
24 cabalgadura
4 cuadrúpedo
2 haberío
7 montura
9 mulo
4 rucio
2 solípedo
27 caballo
14 macho

caballeriza
1 acemilería
11 cobertizo
12 cuadra
6 establo
1 estala
1 regalada
1 yuntería
1 presepio
13 corral
56 corte
6 pesebre

caballero
9 adalid
4 altruista
4 cabalgador

11 digno
20 distinguido
7 educado
17 fiel
12 hidalgo
9 honorable
3 jinete
10 leal
1 montado
5 señor
6 aristócrata
18 generoso
22 noble
▷de fiar
21 ◁*grosero*

caballerosamente
altruistamente
1 hidalgamente
2 lealmente
2 noblemente
1 señorialmente
7 generosamente
1 ◁*groseramente*

caballerosidad
23 altruismo
12 caridad
4 civismo
14 desinterés
10 fidelidad
7 filantropía
13 generosidad
3 graciosidad
2 hidalguía
28 humanidad(es)
8 lealtad
11 liberalidad
4 longanimidad
4 magnanimidad
13 nobleza
9 piedad
2 quijotismo
8 señorío
24 valor
10 indulgencia
◁*bellaquería*
3 ◁*deslealtad*
8 ◁*grosería*

caballeroso
5 abnegado
4 altruista

31 bondadoso
9 caballeresco
7 caritativo
4 desinteresado
17 fiel
9 filántropo
12 hidalgo
8 humanitario
8 indulgente
10 leal
13 liberal
5 magnánimo
1 quijotesco
6 romántico
5 señor
18 generoso
22 noble
▷bien nacido
18 ◁*agarrado*
10 ◁*desleal*
3 ◁*plebeyo*
21 ◁*grosero*

caballeta
4 saltamontes

caballete
3 albardilla
15 caballón
3 camella
4 camellón
1 lomera
1 mojinete

caballista
4 cabalgador
17 caballero
3 jinete
2 jockey
8 cuatrero

caballito(s)
4 carrusel
1 libélula
1 tiovivo
18 feria

caballo
7 alazán
1 bridón
12 caballería

4 cuadrúpedo
3 cuartago
1 chalate
1 frisón
1 gurrufero
5 jaco
2 palafrén
1 percherón
1 petiso
3 potro
1 rocino
1 ruano
2 trotón
2 tusón
2 corcel
4 bayo
7 coca
17 droga
4 heroína
7 jamelgo
6 matalón
11 penco
10 rocín
▷medida de carga

caballón
4 acirate
3 albardilla
2 almorrón
9 atajadero
6 caballete
3 camella
4 camellón
2 cembo
2 gleba
2 lindón
3 loba
6 lomo
3 resalto
7 surco
7 cantero

caballuno
8 caballar

cabaña
1 bajareque
9 barraca
4 bohío
5 borda
1 cabañuela
4 cabreriza

1 candelecho
1 caney
1 cansí
8 chamizo
8 choza
1 chozo
1 chozuela
8 garita
2 gayola
1 huta
1 jacal
3 pajar
8 rancho
6 tabuco
9 toldo
6 tugurio
2 visera
7 chacra
4 quilombo

cabañal
11 cobertizo
26 camino

cabañero
1 cabañil

cabañil
1 cabañero

cabañuela
25 cabaña

cabás
44 bolsa

cabe
1 aún
⇨cerca de
⇨junto a

cabeceamiento
12 balanceo
6 cabeceo

cabecear
21 adormecer(se)
43 afirmar(se)
1 arfar
8 asentir
74 aturdir(se)
19 balancear(se)

15 dormir(se)
43 inclinarse
20 marear(se)
59 mover(se)
27 negar(se)
6 picotear
⇨asomar la cabeza
⇨dar cabezadas

cabeceo
12 balanceo
2 cabeceamiento
15 cabezada
6 oscilación
3 traqueteo
6 vaivén

cabecera
14 almohada
2 almohadón
6 cabezal
14 encabezamiento
16 inicio
9 preferencia
9 preliminar
3 presidencia
19 principio(s)
5 prólogo
⇨lugar de honor
⇨sitio de honor

cabeciancho
11 cabezota

cabecilla
5 caudillo
12 director
6 dirigente(s)
9 jefe
7 líder
5 ◁subordinado

cabellejo
36 cabello

cabellera
4 pelambrera
6 peluca
36 cabello
4 melena

cabello
12 abuelo(s)
1 aladar

1 añadido
2 bisoñé
1 cabellejo
1 cabelluelo
5 cairel
5 coleta
2 flequillo
2 guedeja
8 hebras
1 mechones
7 pelo
8 pelotón
6 peluca
2 peluquín
6 postizo
1 remesón
2 rodete
1 simpa
4 tirabuzón
1 trenza
7 tupé
4 vedeja
3 vedija
6 bucle
4 cabellera
7 coca
7 copete
3 greña
8 maraña
4 melena
4 moño
3 rizo
5 tufo

cabelludo
6 greñudo
4 melenudo
6 peludo
10 pelado
10 pelón
9 ◁calvo

cabelluelo
36 cabello

caber
20 coger
21 contener(se)
13 corresponder
33 hacer(se)
15 participar

8 pertenecer
39 tocar(se)
22 alcanzar
32 entrar
⇨ser posible
⇨tener lugar

cabestrante
3 baritel
17 cabrestante

cabestrear
1 ramalear

cabestrillo
14 cabestro
1 cadenita
1 charpa
6 estructura
14 sostén
6 venda
1 vendaje
9 armazón

cabestro
6 brida
3 castrado
14 cuerda
4 dogal
1 eunuco
  guarniciones
1 julo
7 ramal
2 ronzal
3 bozal
7 bozo
2 camal
9 jáquima
7 manso

cabete
2 herrete

cabeza
9 azotea
5 cabecilla
7 cabezón
2 cabezuela
1 calamorra
1 cap
14 capital
11 casco

cabezada

13 cerebro
12 director
2 faraute
14 habitante
7 individuo
18 inteligencia
9 jefe
5 mitra
1 molondra
4 persona
1 res
13 seso
8 superior
7 talento
3 testera
11 cabezota
11 cacumen
6 calabaza
15 caletre
7 coca
4 chola
4 cholla
15 juicio
8 mollera
1 morra
6 morro
3 sesera
5 testa
2 testuz
4 tiesto

cabezada
7 adormecimiento
10 cabezazo
2 calabazada
1 calabazazo
2 frontalera
1 mocha
10 rienda(s)
3 arzón
6 cabeceo
2 calamorrada
18 inclinación
9 jáquima
2 quijera
10 reverencia
8 saludo

cabezal
14 almohada
12 cabecera
1 colchoncillo
4 colchoneta

3 larguero
2 travesaño

cabezalejo
14 almohada

cabezalero
3 albacea dativo
2 testamentario

cabezazo
15 cabezada
2 calabazada
1 calamorrazo
1 molondrón
4 morrada
2 testarada
3 testarazo
1 topetada
3 topetazo
2 calamorrada

cabezo
9 alcor
13 cerro
10 colina
18 eminencia
1 montecillo
10 prominencia
16 cima
14 cumbre

cabezón
8 cabezudo
3 escote
1 macrocéfalo
7 testarudo
8 tozudo
11 cabezota
9 terco
7 ◁condescendiente
12 ◁flexible

cabezonería
10 aberración
11 constancia
5 contumacia
7 empecinamiento
4 emperramiento
6 intransigencia

5 obcecación
18 porfía
7 testarudez
6 tozudez
13 obstinación
10 tenacidad

cabezorro
11 cabezota

cabezota
1 cabeciancho
7 cabezón
1 cabezorro
8 cabezudo
8 incorregible
7 testarudo
8 tozudo
14 obstinado
15 porfiado
9 terco
⇨cabeza de tarro
12 ◁flexible

cabezudo
7 cabezón
2 renacuajo
8 tozudo
11 cabezota
14 obstinado
15 porfiado
9 terco
⇨cría de rana
12 ◁flexible

cabezuela
1 soma
1 zoma

cabida
2 aforo
1 cabimiento
4 espacio
4 espaciosidad
23 extensión
8 porte
6 superficie
5 desplazamiento
3 tonelaje
6 arqueo
14 capacidad

cabila
8 clan
7 logia
4 tribu
3 gens

cabildada
51 absurdo
2 pucherazo
9 alcaldada
9 chanchullo

cabildear
14 amañar(se)
36 apañar(se)
83 arreglar(se)
1 caciquear
31 encubrir(se)
9 gestionar
10 procurar
8 mangonear

cabildeo
7 conciliábulo
10 gestión
10 conspiración

cabildero
1 conspirador
4 chanchullero
8 liante
10 correveidile
7 ◁ecuánime

cabildo
24 ayuntamiento
5 capítulo
9 comunidad
5 concejo
12 junta
6 sesión

cabileño
berberisco
beréber
1 berebere

cabilla
20 barra
2 clavija
8 varilla

cabillo
1 peciolo
1 pecíolo
1 pedúnculo
5 pezón
2 rabillo

cabimiento
11 cabida

cabina
1 ascensor
5 barquilla
22 cámara(s)
1 camarote
5 cuartucho
7 dependencia
7 estancia
3 locutorio
3 ropero

cabizbajo
19 abatido
12 afligido
27 aturdido
12 melancólico
16 triste
1 cabizcaído
7 ◁*eufórico*

cabizcaído
6 cabizbajo

cable
9 alambre
2 barloa
4 braga
3 calabrote
14 cuerda
2 estrenque
2 estrinque
1 filástica
2 guindaleza
4 jarcia
4 maroma
4 sirga
42 cabo

cabo
8 agarradera(s)
1 angla
1 boza

1 brandal
13 cable
2 cajeta
3 calabrote
2 cáñamo
9 ceroso
14 cuerda
2 estrinque
6 extremidad
20 extremo
1 filástica
16 final
2 guindaleza
4 jarcia
5 lengua
21 lugar
4 maroma
1 merlín
9 militar
5 pezón
1 piola
1 precinta
1 promontorio
2 rabiza
3 rabo
7 remate
1 sardinel
14 sitio
5 soldado
14 término
26 cadena
15 lado
19 límite
9 chicote
1 escota
5 mango
26 parte
26 punta

cabos
29 calzado

cabotaje
1 crucero
2 navegación
5 tráfico
5 travesía

cabra
1 bicerra
1 ceaja
4 chito
1 hirco

1 pudú
1 rumiante
27 cabrón
3 íbice
2 tentemozo
2 trípode

cabreado
18 airado
37 bravo
10 colérico
8 enojado
11 iracundo

cabreamiento
9 escama
11 recelo

cabreante
5 enojoso
10 provocativo

cabrear(se)
19 airar(se)
20 amoscar(se)
8 añusgar(se)
11 atocinar(se)
20 avinagrar(se)
4 brincar
80 burlar(se)
10 desagradar
4 emberrenchinar(se)
8 embravecer(se)
23 enardecer(se)
6 encolerizar
11 enconar
10 encorajinar(se)
67 enfadar(se)
22 enfurecer(se)
43 engañar(se)
27 enojar(se)
12 escarnar(se)
16 exacerbar(se)
32 exaltar(se)
15 exasperar(se)
60 excitar(se)
9 indignar(se)
63 irritar(se)
9 jeringar
33 ofender(se)
18 provocar

30 quemar(se)
14 recelar(se)
20 resentirse
29 saltar(se)
10 sulfurar(se)
8 trinar
2 triscar
5 enchivarse
4 enfollonar
5 esquivar
18 mosquear
⇨hurtar el bulto
44 ◁*calmar(se)*
6 ◁*soportar*
21 ◁*tranquilizar(se)*

cabreo
15 bilis
12 desagrado
8 desesperación
5 exasperación
5 indignación
22 irritación
3 malhumor
13 chinche
11 enfado
9 ira
26 ◁*calma*
8 ◁*contento*

cabrería
4 cabreriza
3 lechería
13 corral

cabreriza
3 cabrería
4 chiquero
1 chivetero
13 corral

cabrerizo
3 cabrero
7 cabruno
4 ovejero

cabrero
3 cabrerizo
1 cabritero
17 pastor

cabrestante
1 argüe
3 baritel
2 cabestrante
11 cabria
2 espeque
3 grúa
3 guardainfante
2 huso
10 macizo
2 malacate
1 manuella
8 peón
1 súcula
4 torno
1 virador
2 árgana
4 calandria

cabria
4 aguilón
1 árgano
3 grúa
1 machina
2 molinete
1 titán
4 torno
16 abanico
2 árgana
17 cabrestante
5 trucha

cabrilla
14 borregos
6 caballete
1 rojeces

cabrillear
4 reverberar
6 rielar

cabrio
1 contrapar

cabrío
2 acabronado
2 cabrituno
7 cabruno
2 caprario
2 caprino
7 rebaño
27 cabrón

2 caprípedo

cabriola
34 bote
12 brinco
4 corcova
2 corveta
4 pirueta
17 salto
5 voltereta

cabriolar
4 brincar
6 piruetear
29 saltar(se)
3 voltear
22 botar

cabriolarse
16 bailar

cabriolé
10 coche
⇨silla volante

cabriolear
4 caracolear

cabritera
5 machete

cabritero
3 cabrero

cabrito
5 amariconado
2 bucardo
1 cabronzuelo
7 caloyo
10 canalla
3 malévolo
6 malintencionado
7 mariquita
7 pérfido
1 primal
1 segallo
19 chivato
15 chivo
9 choto
2 ternasco

cabrituno
7 cabruno

8 cabrío

cabro
22 amante
27 cabrón
9 muchacho
4 sodomita

cabrón
2 barbado
1 bardón
1 beche
2 bode
2 bucardo
10 buey
10 canalla
1 cegajo
11 consentido
1 igüedo
11 inconveniente
1 irasco
3 malévolo
6 malintencionado
34 malo
7 pérfido
4 perjudicial
9 perverso
4 cabro
5 buco
8 cabrío
3 consentidor
8 cornudo
19 chivato
15 chivo
9 choto
⇨macho cabrío

cabronada
3 adulterio
9 deshonra
28 engaño(s)
10 faena
6 judiada
5 jugarreta
8 trapisonda
5 trastada
4 vejamen
8 canallada
12 infamia
⇨mala pasada

cabronzuelo
15 cabrito

cabruno
3 cabrerizo
2 cabrituno
2 caprario
2 caprino
1 chotuno
8 cabrío
2 caprípedo

cabuya
10 bramante
4 pita
1 abacá

caca
14 excremento
11 mierda
34 porquería
14 suciedad

cacahuate
2 cacahuete

cacahuete
1 cacahuate
3 maní

cacao
1 guayaquil
1 soconusco
1 teobroma
3 chocolate
⇨manteca de cacao

cacaraña
9 garabato

cacareador
2 alabancioso
1 cuentero
1 exagerador
7 bocazas
12 jactancioso
7 postinero
10 vanidoso

cacarear
65 alabar(se)
39 anunciar(se)
21 cantar
1 cloquear
4 cotillear

8 exagerar
29 jactar(se)
2 molar
16 ponderar
29 propagar(se)
4 propalar
8 vanagloriarse
6 charlar
6 envanecerse
11 fardar

cacareo
1 cloqueo
3 cotilleo
6 charlatanería
4 palabrería

cacarizo
2 chachacuate

cacatúa
1 fea
11 cotorra
9 loro
4 papagayo
1 ridícula
1 ◁guapa

cacaxtle
9 armazón

caceo
33 agitación

cacera
2 febrera
14 acequia
18 canal
6 zanja

cacería
1 ballestería
11 caza
2 cinegética
  palomería
3 montería
1 cetrería
21 partida

cacerola
7 pote

12 cacharro
8 cazo
8 olla
4 puchero

cacicada
12 abuso
4 cabildada
12 injusticia
10 opresión
9 alcaldada
3 ◁equidad
17 ◁igualdad

cacillo
5 cucharón

cacimba
5 balde

cacique
15 amo
5 caudillo
8 déspota
4 dominador
7 dueño
9 jefe
1 oligarca
5 señor
2 tirano

caciquear
8 cabildear

caciquismo
9 despotismo
4 tiranía
10 influencia

cacle
29 calzado
4 chinela
3 sandalia(s)
1 zapato

caco
4 irresoluto
1 irresuelto
30 tímido
33 apocado
21 corto
19 chorizo

13 ladrón
8 mangante
9 pusilánime
6 ratero
2 sacre
33 ◁atrevido
5 ◁lanzado

cacofonía
2 altisonancia
3 discordancia
2 disonancia

cacofónico
5 discordante
9 disonante

cacomiztle
1 basáride

cacoquimia
1 achacosidad
1 caquexia
8 depravación
⇨malos humores

cacoquimio
11 achacoso
27 aturdido
15 enfermizo
8 entristecido
16 triste
2 valetudinario

cacorro
29 afeminado

cactáceo
3 cácteo

cácteo
1 cactáceo
14 cacto
5 cactus

cacto
1 airampo
5 cactus
1 cardón
1 cardona
3 chumbera
1 garambullo
2 nopal

7 pala
1 palera
2 penca
1 quisca
1 quisco
2 tuna
2 tunera

cactus
14 cacto
3 chumbera
7 pala
2 tuna
6 chumbo

cacumen
23 agudeza
15 ingenio
11 penetración
7 talento
38 cabeza
19 chispa
4 fósforo
12 meollo
8 mollera
4 perspicacia
3 sesera
11 ◁cortedad

cacha
6 ancas
6 culata
16 chapa
28 engaño(s)
18 nalga(s)
2 remos
32 atrevimiento
7 estafa
5 mango
4 moneda
7 osadía

cachada
103 burla
1 cachazo
7 coca
2 cornada
6 guasa
3 inocentada

cachalote
4 ballena
2 ballenato

cachaña

4 cetáceo

cachaña
2 arrebatiña
18 molestia(s)
7 impertinencia
9 loro

cachar
21 partir
4 trocear
57 cortar
36 rajar

cacharrero
10 ceramista

cacharro
6 artefacto
12 bártulos
5 cacerola
3 cachirulo
6 cachivache
7 chirimbolo
4 mamotreto
5 trebejo
10 utensilio(s)
10 chisme
8 trasto

cacharros
8 abarrote
15 batería

cachava
4 báculo
3 cayado
20 bastón

cachaza
17 apatía
11 concha
10 lentitud
13 parsimonia
3 posma
7 sosiego
9 tranquilidad
26 calma
9 cuajo
12 flema
8 pachorra
19 ◁*brío*

cachazas
10 gandul

cachazo
6 cachada

cachazudo
11 calmoso
11 lento
12 pánfilo
3 parsimonioso
3 posma
11 tardo
13 tranquilo
19 flemático
6 pachorrudo
9 ◁*brioso*
25 ◁*diligente*
7 ◁*nervioso*
19 ◁*rápido*

cachear
26 registrar(se)
13 hurgar

cachemir
1 cachemira
1 casimir

cachemira
2 cachemir

cacheo
16 busca
12 reconocimiento
13 registro

cachet
6 elegancia
6 personalidad
15 distinción
12 gusto
15 sello
10 ◁*tosquedad*

cachete
1 cachetito
17 caricia
5 carrillo
28 bofetada
5 coscorrón

3 guantada
4 manotazo

cachetero
7 cachete
1 descabellador
6 puntilla
1 puntillero

cachetito
7 cachete

cachetón
4 bofetón
7 cachete
11 descarado
27 desvergonzado
28 engreído
19 orgulloso
6 simpático

cachicamo
1 quirquincho
2 armadillo

cachicán
4 capataz
14 diestro
17 hábil
4 mañoso
1 mayoral
50 astuto

cachifollar(se)
59 abatir(se)
54 confundir(se)
11 chasquear
17 deslucir(se)
5 escachifollar(se)
64 estropear(se)
46 humillar(se)
83 ◁*arreglar(se)*

cachillada
3 lechigada
1 ventregada

cachimba
10 pipa
2 faifa
2 quitra

cachimbo
40 bajo(s)
10 pipa
27 agente
19 guardia
8 rastrero
12 vil

cachiporra
3 clava
3 estaca
3 maza
14 palo
13 clavo
9 porra

cachiporrazo
3 estacazo
6 porrazo
1 palazo
7 varazo

cachirulo
1 catite
2 sombrerete
12 cacharro

cachito
14 anécdota
9 chascarrillo
9 leyenda

cachivache
6 artefacto
12 cacharro
15 embustero
16 inútil
28 ridículo
8 trasto

cachivaches
12 bártulos
2 tanate
3 matataes
2 ñañacas

cacho
14 porción
10 asta
6 astilla
6 cuerno

16 división
14 fracción
8 fragmento
26 parte
13 pedazo
8 ración
27 tajada
8 trozo

cachonda
6 bacante

cachondear
15 befar(se)

cachondearse
27 bromear(se)
80 burlar(se)

cachondeo
15 befa
6 choteo
7 chunga
16 diversión
10 jolgorio
5 zarabanda
103 burla
12 francachela
6 guasa
8 jacapucayo
15 jarana
9 juerga
8 pitorreo
5 zambra

cachondez
9 lujuria
1 libídine
⇨apetito venéreo

cachondo
23 animado
8 incontinente
9 libidinoso
16 sensual
2 calentorro
30 divertido
9 entretenido
18 gracioso
10 lujurioso
14 salido
8 ◁aburrido

7 ◁casto
21 ◁puro
3 ◁tristón
19 ◁flemático

cachorrillo
1 pistolete

cachorro
1 cachorrillo
12 hijo
1 perrito
8 cría
7 hijuelo

cachos
9 añicos

cachú
3 catecú

cachucha
34 bote
10 gorra
1 gorrete
8 lancha
7 papalina
10 gorro
9 sombrero

cachudo
1 mañero
9 ladino

cachuela
1 molleja

cachunde
3 catecú

cachupín
1 gachupín

cachupinada
31 animación

cada
⇨cada cual
⇨cada quisque
⇨cada uno

cadalso
1 degolladero
6 horca
3 suplicio
6 tablado
3 patíbulo

cadañero
3 anual
4 añal

cadarzo
2 atanquía

cadáver
4 cenizas
9 despojos
4 difunto
1 fallecido
6 fiambre
1 momia
11 muerto
11 restos
1 vampiro
3 occiso
⇨cuerpo muerto

cadavérico
3 demudado
10 descompuesto
2 desfigurado
1 insepulto
3 lívido
3 macabro
8 pálido
15 sórdido
17 siniestro

cadejo
6 madeja
15 embrollo
11 lío
8 maraña

cadena
2 barbiquejo
2 bejuquillo
8 cabestrillo
1 cadeneta
1 caramilleras
1 catenaria
1 cautiverio

8 continuación
2 cordillera
7 dependencia
9 encadenamiento
13 enlace
7 esclavitud
2 estrenque
  gramallera
11 grillete(s)
2 leontina
7 ligadura
1 llares
1 mallete
5 sucesión
1 tiradera
3 encadenado
8 sujeción
3 cremallera
22 serie

cadencia
1 acompasamiento
28 conformidad
7 consonancia
15 medida
15 movimiento
7 ritmo
18 armonía
⇨curva descendente
7 ◁disconformidad
2 ◁disonancia

cadencioso
12 armonioso
3 cadente
1 melódico
7 melodioso
1 rítmico
8 acompasado

cadeneta
26 cadena

cadenita
8 cabestrillo

cadente
6 cadencioso
11 decadente
6 ruinoso

cadera

cadera
6 anca
3 cuadril

cadetada
6 chiquillada
9 irreflexión
13 ligereza
9 niñería
8 puerilidad

cadete
8 alumno
5 escolar
4 estudiante
26 aprendiz

8 ◁*experto*

cadí
2 caíd
6 juez
2 magistrado

cadillo
3 anteón
3 bardana

cado
10 guarida
5 madriguera

cadoce
1 gobio

cadozo
3 remanso
4 remolino
8 olla

caducamente
1 débilmente
1 senilmente

2 ◁*fuertemente*
  ◁*juvenilmente*

caducante
11 decadente

caducar
53 acabar(se)
3 chochear
9 declinar

8 envejecer
24 extinguir(se)
28 finalizar(se)
5 periclitar
12 prescribir
7 terminar
42 arruinarse
15 decaer

9 ◁*empezar(se)*
13 ◁*fortalecer(se)*
31 ◁*iniciar(se)*

caduceo
14 emblema
13 símbolo

caducidad
11 acabamiento
11 cumplimiento
15 decaimiento
5 decrepitud
5 extinción
8 ocaso
3 prescripción
14 término
6 chochez

caduco
6 agotado
2 añejo
27 breve
11 decadente
10 decrépito
7 efímero
7 fugaz
12 gastado
4 impotente
9 lelo
14 pasajero
7 perecedero
6 precario
22 viejo
33 anciano
19 arruinado
12 carroza
21 corto
9 chocho
16 inútil
5 matusalén

14 ◁*duradero*
6 ◁*iniciado*
  ◁*juvenil*

10 ◁*pletórico*

caduquez
14 ancianidad
10 caducidad
9 consunción
6 decadencia
5 decrepitud
9 vejez
1 chochería
6 chochez

6 ◁*juventud*
17 ◁*fuerza*

caedizo
1 colgadizo
8 despeñadero
4 precipicio
1 precipite
2 saledizo

caedura
38 caída
4 desplome
25 ruina(s)
5 fracaso

caer(se)
59 abatir(se)
8 acaecer
51 afligir(se)
27 aparecer(se)
35 bajar(se)
18 borrarse
7 cometer
13 corresponder
63 dar(se)
17 debilitarse
17 derribar(se)
18 derrumbar(se)
8 desaparecer
2 descaecer
9 descargar
17 descender
6 desconsolar(se)
9 desmayar(se)
2 desmoronar(se)
8 despeñar(se)
26 desprender(se)
20 desvanecer(se)
19 disminuir(se)
4 escornarse

30 hundir(se)
2 incidir
6 incurrir
46 ir(se)
37 llegar(se)
8 minorarse
25 morir(se)
38 perder(se)
13 perecer
8 pertenecer
33 presentar(se)
39 rebajar(se)
8 resbalar(se)
8 rodar
23 sentar(se)
5 sobrevenir
8 sucumbir
39 tocar(se)
19 venir(se)
15 decaer
13 desplomar
7 fracasar

⇨besar el suelo
⇨caer a plomo
⇨dar de
⇨dar de bruces
⇨faltarle a uno el suelo
⇨medir el suelo
⇨perder el equilibrio
⇨romperse las narices
⇨venir a tierra
⇨venir sobre
⇨venirse abajo

58 ◁*alzar(se)*
10 ◁*ascender*
15 ◁*consolidar(se)*
8 ◁*erguir(se)*
53 ◁*levantar(se)*
25 ◁*sostener(se)*

café
1 buchinche
2 cafetería
1 cafetín
1 cafetucho
2 caracolillo
3 haba
1 recuelo
3 moca

cafería
9 aldea
3 poblacho

5 cortijo

cafetalista
4 cafetero

cafetera
6 artefacto
6 cachivache
4 estafermo
5 molinillo
1 tostador
12 cacharro
10 tambor
8 trasto

cafetería
8 café
2 snack-bar

cafetero
1 cafetalista
3 camarero
5 echador
17 mozo

cafetín
8 café

cafetucho
8 café

cafre
20 bárbaro
8 bestia
18 bruto
18 cruel
19 salvaje
5 zulú
⇨animal de bellota

cagaaceite
11 charla

cagachín
1 cagarropa

cagada
8 evacuación

cagado
1 achantado
6 medroso

17 cobarde
5 gallina
12 miedoso
9 pusilánime
9 ◁*valiente*

cagafierro
5 escoria

cagalera
11 diarrea
18 temor
9 terror

cagar(se)
20 acoquinar(se)
39 ajar(se)
11 defecar(se)
10 deponer
1 descomer
16 ensuciar(se)
17 evacuar
40 acobardarse
6 acojonarse
12 achantarse
40 amedrentar
11 ciscar
⇨hacer de vientre

cagarria
3 colmenilla

cagarropa
1 cagachín

cagarruta
1 sirle
14 excremento

cagatintas
5 burócrata
13 dependiente
5 escribiente
4 chupatintas
3 oficinista

cagón
1 achantado
19 asustadizo
6 cagado
6 medroso
30 tímido

1 aguaitacaimán
17 cobarde
1 cotorro
23 flojo
12 miedoso
10 ◁*bragado*

cagueta
17 cobarde

caíd
3 cadí
6 juez

caída
9 bajada
4 baque
1 baquetazo
9 barquinazo
10 batacazo
6 caimiento
5 costalada
3 costalazo
2 culada
10 culpa
6 decadencia
5 declinación
5 declive
2 defenestración
3 derrumbamiento
1 derrumbe
6 descenso
12 desliz
3 desmoronamiento
1 despeñamiento
1 despeño
4 desplome
13 desprendimiento
13 falta
10 hundimiento
8 ocaso
8 pecado
5 porrada
6 porrazo
2 prolapso
11 revolcón
2 revuelco
25 ruina(s)
15 rumbo
2 tabalada
1 talegazo
17 desgracia
5 fracaso

4 ◁*ascenso*
9 ◁*construcción*
8 ◁*éxito*

caído
19 abandonado
19 abatido
4 acobardado
3 acoquinado
5 amilanado
4 degradado
4 derrengado
1 desfallecido
1 desmalazado
1 desmazalado
4 fracasado
1 laso
7 maciento
11 muerto
5 postrado
9 rendido
6 vencido
14 débil
23 flojo
23 ◁*animado*
27 ◁*animoso*
5 ◁*esforzado*
9 ◁*levantado*
4 ◁*victorioso*
19 ◁*firme*
22 ◁*fuerte*

caimán
4 cocodrilo
4 saurio
50 astuto

caimiento
8 acobardamiento
4 amilanamiento
38 caída
2 derrengamiento
4 descaecimiento
13 desfallecimiento

caín
1 cainita
1 fratricida
34 malo

cainita
3 caín

caique
- 9 barco
- 34 bote
- 7 esquife
- 14 barca

cairel
- 4 cofia
- 5 fleco
- 25 guarnición(es)
- 6 peluca
- 6 casquete

caja
- 7 arca
- 4 arcón
- 1 arqueta
- 6 bombonera
- 10 bujeta
- 2 cajeta
- 2 catricofre
- 10 cesta
- 5 cofre
- 4 escriño
- 14 estuche
- 8 jaula
- 4 joyero
- 1 pagaduría
- 1 portamanteo
- 1 sombrerera
- 2 tabaquera
- 1 tambarillo
- 6 tumbón
- 3 urna
- 3 valija
- 4 ataúd
- 12 baúl
- 12 cajón
- 11 cangilón
- 9 cepillo
- 9 cepo
- 3 féretro
- 6 hucha
- 15 maleta
- 2 maletín
- 9 manta
- 10 tambor

cajero
- 10 administrador
- 3 arquero
- 1 baulero
- 5 cobrador
- 1 cofrero
- 6 maletero
- 5 pagador
- 3 tesorero

cajeta
- 42 cabo
- 33 caja

cajetilla
- 6 envoltura
- 14 estuche
- 9 paquete

cajista
- 6 impresor

cajita
- 3 alhajero
- 6 bombonera
- 4 polvera

cajón
- 11 casilla
- 8 garita
- 5 gaveta
- 2 naveta
- 10 abacería
- 4 ataúd
- 33 caja
- 9 canoa
- 8 desfiladero
- 3 féretro
- 9 tienda
- 9 valle

cajoncillo
- 5 gaveta

cajonera
- 33 armario

cal
- 5 arcilla
- 1 calcio
- 2 calcita
- 1 caleña
- 5 caliza
- 5 cemento
- 3 creta
- 3 dolomía
- 2 dolomita
- 2 espato
- 4 greda
- 2 pucelana
- 1 puzol
- 1 talco
- 2 tiza
- 4 yeso
- ⇨piedra de cal

cala
- 6 ancón
- 4 caleta
- 2 perforación
- 2 supositorio
- 2 taladro
- 7 bahía
- 7 ensenada
- 5 sonda
- 9 abra

calaba
- 2 calambuco
- ⇨árbol de María

calabacear
- 3 catear
- 1 escabechar
- 16 reprobar
- 9 revolcar(se)
- 15 suspender
- 50 cargar
- ⇨dar calabazas
- 23 ◁ *aprobar(se)*

calabacero
- 1 jícaro

calabacilla
- 13 arete
- 2 cohombrillo

calabacín
- 3 calabacino

calabacino
- 1 calabacín
- 1 calabazo
- 6 calabaza

calabaza
- 3 calabacino
- 2 cucurbitáceas
- 1 chayote
- 5 flotador
- 38 cabeza
- 4 jupa

calabazada
- 15 cabezada
- 10 cabezazo

calabazazo
- 15 cabezada

calabazo
- 3 calabacino

calabobos
- 3 cernidillo
- 2 garúa
- 7 llovizna
- 4 orvallo
- 7 sirimiri

calabozo
- 34 bote
- 8 celda
- 3 ergástula
- 7 mazmorra
- 14 prevención
- 21 cárcel
- 15 cuchillo
- 13 chinche
- 6 daga
- 4 faca
- 17 prisión
- ⇨sala de banderas

calabrote
- 2 barloa
- 13 cable
- 42 cabo

calada
- 12 chupada

calado
- 1 agujereado
- 6 atravesado
- 11 conocido
- 12 descubierto
- 1 desenmascarado
- 14 encaje
- 3 galón

3 horadado
1 perforado
1 randa
20 bordado
13 labor

caladre
4 copetuda
3 terrera
9 alondra

calafate
1 calafateador
2 carpintero

calafateado
3 calafateo

calafateador
2 calafate

calafateadura
3 calafateo

calafatear
37 cerrar(se)
11 obstruir
22 tapar(se)
8 taponar(se)

calafateo
1 calafateado
1 calafateadura
1 calafatería

calafatería
3 calafateo

calafetear
3 carenar

calaíta
1 turquesa

calalú
2 jaboncillo

calamar
1 chipirón
2 jibia
3 sepia
11 choco

calambac
2 agáloco

calambre
10 contracción
3 espasmo
1 garrampa
4 rampa
7 sacudida

calambuco
2 calaba
⇨árbol de María

calambur
12 acertijo
8 adivinanza
12 ambigüedad

calamidad
20 adversidad
5 cataclismo
3 catástrofe
10 desastre
18 desmañado
4 epidemia
13 plaga
20 prueba
3 terremoto
26 azote
12 contrariedad
7 desdicha
17 desgracia
4 estrago
6 infortunio
12 inhábil
18 torpe
13 ◁fortuna
2 ◁victoria

calamilleras
1 llares

calamita
6 imán
2 magnetita
15 brújula

calamitoso
15 aciago
5 desastroso
6 funesto

14 infortunado
4 perjudicial
16 desdichado
14 desgraciado
12 infeliz
6 ◁beneficioso

cálamo
1 cálanis
3 flauta
11 pluma
16 caña

calamocano
21 caduco
10 decrépito
45 borracho
9 chocho

calamoco
5 canelón
1 pinganello

calamorra
38 cabeza

calamorrada
15 cabezada
10 cabezazo

calamorrazo
10 cabezazo

calandrajo
12 adefesio
2 gualdrapa
4 harapo
9 jirón
5 pingajo
12 pingo
7 trapo
28 ridículo

calandrar
47 brillar

calandria
9 alondra
13 perezoso
16 vago
⇨coche de punto

cálanis
5 cálamo

calaña
21 calidad
18 especie
36 forma(s)
12 índole
16 muestra(s)
20 naturaleza
11 raza
16 abanico
17 categoría
22 figura
15 modelo
19 patrón

calar(se)
22 adivinar
19 agujerear
42 atravesar(se)
16 barrenar
8 calera
8 conocer
9 coser
13 descubrir
1 desenmascarar
18 empapar(se)
14 hender
4 horadar
10 humedecer(se)
21 mojar(se)
12 penetrar(se)
5 perforar
16 sumergir(se)
10 zambullir(se)
17 comprender
57 cortar
13 chorrear
3 enchumbar
9 entender
36 rajar

calasancio
2 escolapio

calavera
2 cráneo
7 crápula
2 donjuán
13 libertino
5 perdido
2 perdis

calaverada

calaverada
6 tronera
16 vicioso
5 mujeriego
⇨don Juan

calaverada
5 trastada
4 travesura
79 alboroto
9 juerga

calavernario
2 osario

calcado
4 estereotipado

calcáneo
1 zancajo

calcañal
1 carcañal
1 talón

calcañar
1 talón
8 garrón

calcar
10 copiar
3 fotocopiar
4 plagiar
20 reproducir(se)
7 remedar
7 fusilar
11 imitar

calce
5 calza
6 cuña

calcedonia
1 carniola
1 nicle
10 sílice

cálceo
29 calzado

calceta
1 calcetón
1 calcilla

5 calza
8 elástico
4 media
5 pantorrilla
20 bordado
6 calcetín
4 escarpín
⇨labor de punto

calcetín
20 ahorro(s)
   bienes
10 calceta
5 calza
4 media
10 botín

calcetón
10 calceta

calcificación
2 osificación
3 soldadura
3 ◁descalcificación

calcificar(se)
2 mineralizar
1 osificar
5 soldar
1 ◁descalcificar

calcilla
10 calceta

calcillas
12 calzón
33 apocado
5 calzones

calcina
9 hormigón

calcinación
1 calcinamiento
1 cochura
3 cremación
5 incineración
2 tostación
3 tostado
1 tostadura
1 tueste

calcinamiento
8 calcinación

calcinante
4 inflamatorio

calcinar(se)
23 arder
24 asar(se)
5 carbonizar(se)
4 incinerar(se)
30 quemar(se)
11 requemar(se)
2 rustir
4 socarrar(se)
4 torrar(se)
23 tostar(se)
3 turrar(se)

calcinero
3 calero

calcio
17 cal

calcita
17 cal
5 caliza

calco
1 apógrafo
2 facsímil
9 imitación
3 plagio
10 reproducción
14 copia
⇨papel carbón
⇨papel de seda

calcografía
8 caligrafía

calcomanía
5 adhesivo
9 estampa
10 reproducción
14 copia

calcorro
17 bota
29 calzado

calculable
computable
7 ◁incalculable

calculador
8 cauto
4 intrigante
13 prudente
11 ambicioso
6 interesado
18 ◁generoso

calculadora
1 ordenadora
1 sumadora

calcular
2 computar
8 conjeturar
9 contar
8 creer
7 deducir
11 meditar
3 premeditar
8 prever
15 reflexionar
7 suponer
1 suputar

calculista
3 aritmético
3 computista

cálculo
2 cómputo
4 concreción
9 conjetura
17 cuenta
10 deducción
1 premeditación
9 previsión
4 suposición
1 suputación
1 litiasis
⇨mal de piedra

calda
9 calentamiento

caldas
24 baño(s)
2 termas

calentar

8 agua
4 balneario
⇨baños termales

caldeado
25 caliente

caldeamiento
9 calentamiento

caldear(se)
61 animar(se)
38 calentar(se)
4 entibiar(se)
27 alegrar(se)
30 templar
⇨dar calor

caldeo
9 calentamiento

caldera
2 acetre
2 caldero
6 calderón
17 calentador
7 fogón
5 generador
1 inyector
1 negra
1 perola
5 recipiente
1 taceta
3 termo
9 tina
5 tino
22 bomba
14 fondo
5 perol
27 vasija

calderero
2 calefactor
1 embutidera
1 fogonero

calderilla
4 numerario
14 suelto
5 perra
⇨moneda suelta

caldero
18 caldera
5 perol

calderón
1 floreo
5 corchete
1 fermata
12 llave
12 suspensión

caldibache
16 caldo

caldibaldo
16 caldo

caldo
13 aderezo(s)
6 adobo
3 aguachirle
1 caldibache
1 caldibaldo
2 calducho
3 gelatina
1 moje
8 salsa
2 sopa
1 sopicaldo
14 substancia
5 unto
6 cocido
17 pasta
⇨suspensión acuosa

caldoso
1 caldudo
8 jugoso
5 acuoso
21 ◁seco

calducho
16 caldo
3 lavaza

caldudo
3 caldoso

calé
8 gitana

calecer(se)
38 calentar(se)

calefacción
1 acondicionador
14 brasero
9 calentamiento
3 calientapiés
3 calorífero
5 chimenea
1 chubesqui
4 chufeta
7 fogón
12 hogar
7 horno
2 radiador
5 salamandra
33 calor
7 estufa

calefactor
3 calderero
2 radiador

calembé
12 calzón

calendar
3 datar
3 fechar
⇨señalar fecha

calendario
2 agenda
5 almanaque
4 anuario
5 añalejo
4 cartilla
6 efemérides
5 fastos
6 pronóstico
5 repertorio
2 epacta
1 lunario
19 taco

calentado
1 caldeado
17 templado
7 ◁enfriado

calentador
4 braserillo
14 brasero

15 calefacción
3 calientapiés
3 calorífero
4 camilla
2 copilla
3 chofeta
4 chufeta
2 escalfador
3 escalfeta
5 estufilla
2 radiador
5 salamandra
7 sol
1 tortuga
7 estufa

calentamiento
1 calda
1 caldeamiento
1 caldeo
15 calefacción
2 escaldadura
9 fomento
11 preparación
1 recalentamiento
12 excitación

calentar(se)
17 abochornar(se)
15 abrigar(se)
11 achicharrar(se)
8 afogarar(se)
61 animar(se)
18 aporrear(se)
5 asurar(se)
2 avahar(se)
1 avaharar(se)
34 avivar(se)
40 azotar(se)
6 caldear(se)
1 calecer(se)
6 cocer(se)
23 enardecer(se)
9 enfervorizar(se)
4 entibiar(se)
16 entonar(se)
1 escalecer(se)
32 exaltar(se)
60 excitar(se)
63 irritar(se)
23 tostar(se)
23 encender
67 enfadarse

calentito

24 golpear
63 irritarse
30 templar
⇨asarse vivo
⇨coger calor
⇨echar bombas
⇨freírse de calor
⇨ponerse a cien
⇨ponerse cachondo
⇨sentir calor
11 ◁*aterir(se)*
18 ◁*enfriar(se)*
11 ◁*helar*
4 ◁*refrigerar*
3 ◁*emparamarse*

calentito
25 caliente

calentorro
10 cachondo
13 lascivo

calentura
4 ardentía
22 ardor
1 calenturón
1 causón
2 enardecimiento
3 encendimiento
26 exaltación
12 fuego
3 temperatura
17 acaloramiento
12 excitación
10 fiebre
7 prendimiento

calenturiento
5 delirante
1 febrático
4 febricitante
8 febril

calenturón
13 calentura

caleña
17 cal

calera
1 barquichuela
25 calar(se)

6 cantera
chalupa
7 esquife
7 horno
1 tobar
14 barca

calero
1 calcinero
1 encalador
2 enjalbegador

calesa
8 carruaje
1 calesín

calesín
2 calesa

caleta
9 cala
6 regolfo
7 ensenada
19 golfo

caletre
16 acierto
6 discernimiento
15 ingenio
9 mente
2 pesquis
7 talento
5 tino
38 cabeza
11 cacumen
4 fósforo
11 interior
8 magín
12 meollo
8 mollera
3 sesera

calibración
15 medida
12 reconocimiento

calibrar
19 medir(se)
⇨dar el calibre

calibre
17 anchura
1 diámetro

10 dimensión
6 envergadura
3 formato
8 grosor
17 importancia
11 talla
10 tamaño
3 trascendencia

calicanto
1 mampostería

calicata
9 cata

calidad
19 carácter
10 casta
16 cualidad
6 estofa
17 importancia
12 jaez
11 laya
7 lustre
3 metal
20 naturaleza
13 nobleza
9 ralea
20 aptitud
12 calaña
17 clase
23 disposición
21 genio
16 linaje
1 pedigrí
9 pelaje
30 título

calidez
4 ardentía
22 ardor
15 bochorno
12 fuego
33 calor
6 fogaje

cálido
5 afectivo
4 amigable
30 ardiente
14 ardoroso
9 caliginoso
7 calinoso

12 caluroso
4 canicular
7 cordial
3 entrañable
4 sofocante
4 tórrido
2 tropical
8 abrasador
12 afectuoso
25 caliente
5 candente

calientapiés
14 brasero
15 calefacción
17 calentador

caliente
30 ardiente
1 caldeado
1 calentito
17 cálido
9 caliginoso
7 calinoso
12 caluroso
4 canicular
1 estuante
3 estuoso
5 exaltado
6 excitado
9 fogoso
5 reñido
18 rojo
4 sofocante
4 tórrido
2 tropical
28 vivo
8 abrasador
17 acalorado
5 candente
4 ígneo
3 rusiente
14 salido
25 ◁*frío*

califa
13 emperador

calificación
6 apelativo
19 carácter
1 caracterismo

calma

12 circunstancia
1 cualificación
4 cuantía
24 nota
7 particularidad
7 puntuación
6 epíteto

calificadamente
2 como
1 cualificadamente
⇨en abstracto
⇨en calidad de

calificado
4 autorizado
1 cualificado
16 capaz
11 competente
11 entendido

calificador
1 atributivo
1 calificante
12 calificativo
7 característico
1 cualitativo
9 adjetivo

calificante
6 calificador

calificar(se)
15 acreditar(se)
3 adjetivar(se)
22 apreciar(se)
33 atribuir(se)
22 autorizar(se)
14 bautizar
8 caracterizar(se)
4 clasificar
5 conceptuar(se)
13 considerar(se)
1 cualificar
11 declarar
8 definir
5 diagnosticar
4 diputar(se)
4 ennoblecer(se)
5 fiscalizar
12 graduar(se)
16 nombrar

5 nominar
6 puntuar
5 tildar
33 llamar
⇨pasar la licenciatura
⇨tener por
⇨tenerse por
14 ◁*desacreditar(se)*
5 ◁*descalificar(se)*
2 ◁*desconceptuar(se)*

calificativo
10 insulto
24 nota
9 adjetivo
4 aposición
12 atributo
2 dictado
5 alias
8 apodo
6 epíteto
12 mote
16 nombre
30 título

cáliga
29 calzado

calígine
7 bruma
1 caliginidad
1 calima
11 calina
2 fosca
1 nebulosidad
7 niebla
10 oscuridad
3 tenebrosidad
3 ◁*diafanidad*

caliginidad
9 calígine

caliginoso
6 bochornoso
11 brumoso
7 calinoso
12 caluroso
10 denso
3 neblinoso
1 nuboso

32 oscuro
6 tenebroso

caligrafía
1 calcografía
1 calografía
9 escritura
1 grafología
1 paleografía
11 pluma
1 plumada
21 algarabía

caligrafiar
14 atildar(se)
5 borrajear
2 borronear
9 escribir
3 garabatear
1 puntar
2 rasguear
5 tildar
23 trazar(se)
3 plumear

caligráfico
2 ológrafo

calígrafo
1 dactilógrafo
2 escribano
2 grafólogo
2 mecanógrafo
1 ortógrafo
1 paleógrafo
2 pendolista
11 pluma
1 plumista

calima
11 calina

calimoso
7 calinoso

calina
15 bochorno
1 borrina
7 bruma
1 calima
1 cejo
2 fosca
7 niebla

2 vulturno
9 calígine
33 calor
3 canícula

calinoso
6 bochornoso
2 brumal
1 brumoso
1 calimoso
4 canicular
3 neblinoso
1 vulturnoso

cáliz
13 copa
13 vaso

caliza
17 cal
2 calcita
3 dolomía
2 dolomita
⇨espato de Islandia

calma
17 apatía
30 blandura
14 bonanza
2 callada
3 cesación
2 escampada
6 impasibilidad
9 inmovilidad
1 jolito
10 lentitud
13 parsimonia
10 paz
8 quietud
8 reposo
8 serenidad
7 sosiego
9 tranquilidad
12 suspensión
19 apacibilidad
11 cachaza
12 flema
8 pachorra
17 pasta
⇨balsa de aceite
⇨calma chicha
⇨sangre fría

calmado

8 ◁intranquilidad
7 ◁rapidez

calmado
26 apacible
3 aplacado
8 calmo
11 fatigado
6 sosegado
25 caliente
3 sudoroso

calmante
3 analgésico
13 bálsamo
1 linimento
4 narcótico
2 paliativo
4 sedante
3 sedativo
2 untura
6 lenitivo

calmar(se)
30 ablandar(se)
5 abonanzar(se)
12 acallar(se)
54 aclarar(se)
21 adormecer(se)
42 aliviar(se)
9 amainar
21 amansar(se)
22 amortiguar(se)
30 apaciguar(se)
15 apagar(se)
36 aplacar(se)
15 aquietar(se)
52 asegurar(se)
12 consolar(se)
16 despejar(se)
17 dulcificar(se)
1 encalmar(se)
18 enfriar(se)
10 frenar
10 insensibilizar(se)
4 lenificar
52 matar(se)
7 mesurar(se)
21 mitigar(se)
31 moderar(se)
9 pacificar(se)
15 paliar
10 propiciar(se)

52 reducir(se)
6 remansar(se)
14 reportar(se)
21 reprimir(se)
7 sedar(se)
21 serenar(se)
24 sosegar(se)
39 suavizar(se)
6 temperar
21 tranquilizar(se)
20 aligerar
14 cesar
9 endulzar
30 templar
25 ◁acalorar(se)
40 ◁atizar(se)
10 ◁bullir
40 ◁cabrear(se)
4 ◁destemplar(se)
8 ◁embravecer(se)
23 ◁enardecer(se)
10 ◁encorajinar(se)
16 ◁encrespar(se)
6 ◁enfurruñarse
15 ◁exasperar(se)
60 ◁excitar(se)
11 ◁intranquilizar(se)
15 ◁soliviantar(se)
10 ◁vivificar(se)
6 ◁encabritarse

calmo
26 apacible
2 aridez
10 reposado
6 soledad
6 sosegado
4 erial
6 páramo
8 yermo

calmoso
9 cachazudo
7 impasible
11 lento
3 parsimonioso
3 posma
11 tardo
1 vilordo
19 apático
19 flemático

15 indolente
13 perezoso
26 ◁activo
7 ◁nervioso
19 ◁rápido

caló
5 argot
1 jacarandana
8 jerga
5 jerigonza
7 germanía

calografia
8 caligrafía

calomel
4 calomelanos

calomelanos
1 antisifilítico
1 calomel
5 purgante
1 vermífugo

calor
21 agasajo
31 animación
4 ardentía
22 ardor
15 bochorno
6 calidez
11 calina
1 calorina
9 combustión
1 chajuán
3 encendimiento
6 entusiasmo
2 estuosidad
11 fervor
12 fuego
2 incandescencia
9 irradiación
5 llama
16 pasión
2 quemazón
3 resistero
7 sol
12 vehemencia
9 vivacidad
23 viveza
2 vulturno

17 acaloramiento
17 actividad
49 energía
6 fogaje
7 hoguera
6 lirismo
⇨buena acogida
25 ◁frío

calorarse
25 acalorar(se)

calorífero
15 calefacción
17 calentador
2 radiador

calorífico
30 ardiente
3 estuoso
25 caliente
25 ◁frío

calorífugo
3 incombustible

calorina
33 calor

caloroso
12 caluroso

caloyo
15 cabrito
2 quinto
8 recluta
5 soldado
5 bebé
5 cordero
22 niño

caltrizas
17 angarilla(s)

calumnia
21 agravio
11 denigración
10 desacato
6 difamación
7 falacia
10 falsedad
10 impostura

5 imputación
7 maledicencia
1 mendacidad
27 acusación
12 ◁*honra*
6 ◁*verdad*

calumniado
10 acusado
5 vituperado

calumniador
6 difamador
10 impostor
1 infamador
5 mendaz
1 sicofanta
1 sicofante
5 maldiciente
10 mentiroso
13 murmurador
⇨lengua de víbora
⇨mala lengua

calumniar
6 achacar
11 ahijar(se)
14 desacreditar(se)
22 deshonrar(se)
23 imponer(se)
10 imputar
53 levantar(se)
1 malsinar
7 difamar
45 hartar
16 infamar
⇨colgar el milagro
⇨colgar el sambenito
⇨echar las cargas
3 ◁*afamar*

calumnioso
1 denigrativo
1 difamatorio
6 infamante
1 infamatorio
4 oprobioso

caluroso
23 animado
30 ardiente

17 cálido
1 caloroso
13 celoso
2 enardecido
6 entusiasta
9 inflamado
12 vehemente
28 vivo
25 caliente
25 pronto
6 ◁*apagado*
5 ◁*desanimado*
25 ◁*frío*

caluyo
6 baile
3 zapateado

calva
6 calvatrueno
7 calvicie
2 clara
28 claro
1 decalvación
2 depilación
12 despejado

calvario
1 adversidades
2 dolores
1 gólgota
7 martirio
2 penalidades
22 trabajo(s)
29 pena
12 sufrimiento
⇨vía crucis
⇨vía Crucis

calvatrueno
9 alocado
3 atronado
10 calavera
7 crápula
2 perdis
4 perdulario

calvero
7 calva
1 calvijar
1 calvitar

calvete
6 glabro
9 calvo

calvez
7 calvicie

calvicie
7 calva
1 calvez
3 peladera
2 pelona
5 alopecia
6 pelada
2 tiña

calvijar
3 calvero

calvinismo
1 presbiterianismo
3 protestantismo
8 reforma

calvinista
1 hugonote
6 protestante
1 reformista

calvitar
3 calvero

calvo
2 calvete
6 glabro
4 lampiño
3 mondo
1 recalvastro
9 mocho
3 motilón
10 pelado
10 pelón

calza
2 calce
6 cuña
4 media
6 calcetín
1 empaste

calzada
2 asfalto
3 autopista

3 autovía
1 carrendera
5 carretera
7 pavimento
3 rúa
26 camino
10 pista
⇨camino real

calzado
3 alborga
2 almadreña
5 alpargata
11 andamio
7 babucha
17 bota
1 botito
1 cálceo
2 calcorro
1 cáliga
3 corcho
1 coturno
6 chancla
2 chanclo
4 chinela
1 guarache
1 madreña
2 pantufla
3 sandalia(s)
1 zapata
3 zapatilla
1 zapato
3 zueco
4 borceguí
42 cabo
4 cacle
2 chapín
4 escarpín
13 prenda

calzador
1 abotonador
1 sacabotas
1 tirabotas

calzar(se)
12 acuñar
22 afianzar(se)
52 asegurar(se)
22 deshonrar(se)
8 embotar(se)
1 enchancletar(se)

1 falcar
35 poner(se)
35 trabar(se)
18 apear(se)
6 empastar
9 violar
⇨lograr un cargo

calzas
4 bragas
1 leotardos
4 pantalones
5 calzones

calzón
4 bragas
4 butifarras
3 calcillas
1 calembé
5 calzas
4 calzoncillos
1 follosas
1 pampanilla
3 pantalón
1 taparrabo
1 leona
⇨guiso de cerdo

calzonazos
1 achantado
1 calzorras
1 cobardica
7 condescendiente
4 poltrón
7 bragazas
6 gurrumino
9 pusilánime

calzoncillos
12 calzón
4 suspensorio
2 zaragüelles
5 calzones

calzones
4 braga
3 calcillas
12 calzón
4 calzoncillos
4 pantalones

calzorras
8 calzonazos

callada
3 mutis
7 silencio

calladamente
1 callandito
1 implícitamente
1 mudamente
6 quedo
7 secretamente
2 sigilosamente
6 silenciosamente
3 sordamente
1 tácitamente
⇨a cencerros tapados
⇨a la sorda
⇨como el convidado de piedra
⇨de callada
⇨sin chistar
⇨sin chistar ni mustar
⇨sin decir ni tus ni mus
⇨sin decir oxte ni moxte

callado
4 afónico
2 cazurro
27 cerrado
12 discreto
2 insonoro
8 intacto
9 olvidado
1 omiso
3 omitido
15 reservado
19 secreto
3 sigiloso
1 silenciario
5 silencioso
2 silente
2 sobreentendido
1 sobrentendido
11 sordo
5 tácito
9 taciturno
7 mudo
13 ◁hablador

callamiento
3 enmudecimiento

callampa
1 hongo
2 oreja

2 seta
⇨sombrero de fieltro

callana
6 crisol
5 escoria
4 tiesto
27 vasija

callandito
17 calladamente

callantar
12a callar(se)

callao
2 guija

callar(se)
9 abstenerse
12 acallar(se)
39 aguantar(se)
6 amordazar
14 amorrar(se)
1 amorugarse
9 arrumbar(se)
16 atajar(se)
20 atarugar(se)
31 encubrir(se)
2 enmudecer
26 excluir(se)
41 ocultar(se)
11 olvidar(se)
8 omitir
48 pasar(se)
22 reservar(se)
29 saltar(se)
1 sigilar
6 silenciar(se)
1 sobrentender
12 sufrir
8 sumir(se)
13 suprimir
57 cortar
⇨correr la cortina
⇨dar la callada por respuesta
⇨dejar en el tintero
⇨echar un candado a los labios
⇨echar un velo sobre
⇨guardar la boca

⇨guardarse para sí
⇨imponer silencio
⇨no chistar
⇨no decir esta boca es mía
⇨no decir malo ni bueno
⇨no despegar la boca
⇨no salir de uno
⇨pasar en silencio
⇨pasar por alto
⇨pegar la boca a la pared
⇨pegársele la lengua al paladar
⇨poner candado a la boca
⇨poner punto en boca
⇨ponerse el dedo en la boca
⇨quedarse con en el pecho
⇨sellar el labio
⇨ser un sepulcro
⇨tapar la boca

10 ◁aludir(se)
6 ◁confesar
4 ◁cotillear
1 ◁charlatanear
3 ◁discretear
3 ◁exteriorizar
20 ◁hablar
11 ◁manifestar
35 ◁mostrar(se)
15 ◁participar
29 ◁propagar(se)
4 ◁propalar
5 ◁retransmitir
6 ◁vocear

3 ◁chivarse

calle
3 angostillo
7 arteria
3 bulevar
10 carrera
12 corredera
6 coso
1 costana
1 cuchillería
2 frontal
3 pasadizo
17 pasaje

6 paseo
5 rambla
9 ronda(s)
3 rúa
5 travesía
2 vial
2 zacatín
11 arroyo
16 avenida
8 callejón
3 costanilla
21 vía
⇨vía pública

calleja
3 angostillo
24 calle
2 callejuela
2 callizo
8 callejón

callejeador
4 corretón

callejear
1 bordonear
5 caminar
1 cantonear
1 cascalear
1 gallofear
14 pasear(se)
3 pendonear
1 pindonguear
3 ruar
12 vagabundear
7 deambular
4 vagar

callejeo
1 correteo
1 paseata
3 vagabundeo

callejera
7 andorrera
3 pindonga

callejero
6 mapa
5 mendigo
2 placero
17 plano

6 vagabundo
11 guía
16 vago

callejón
3 angostillo
5 calleja
2 callejuela
2 callizo
3 pasadizo
11 privado
4 congosto
⇨casa de vecindad

callejuela
5 calleja
8 callejón

callista
1 pedicuro

callizo
5 calleja
8 callejón

callo
1 callosidad
12 dureza
2 espolón
2 friera
6 grieta
1 sabañón
⇨doblón de vaca
⇨ojo de gallo

callonca
10 castaña

callosidad
8 callo

cama
5 camastro
2 camba
3 camón
5 catre
1 degolladura
7 hamaca
3 tálamo
5 yacija
17 garganta

11 lecho
5 litera
3 piltra
8 sobre

camada
11 conjunto
4 cuadrilla
3 lechigada
41 banda
8 cría
11 lecho
8 pandilla
22 serie

camafeo
2 medalla
1 medallón
6 joya

camal
14 cabestro
4 matadero

camaleón
4 adaptable
1 iguana
7 lagarto
12 versátil
19 ◁firme

camama
26 broma
103 burla

camamila
3 camomila

camándula
47 astucia

camandulear
4 cotillear
4 cotorrear
1 chismear
15 pelotear
⇨dar coba
⇨dar jabón
⇨hacer la rosca

camandulería
12 hipocresía

camandulero
32 bellaco
12 embaucador
12 fingido
3 lisonjeador
5 santurrón
11 cobista
15 embustero
17 estafador
21 falso
7 hipócrita
10 pelota
1 rezandero
6 tiralevitas
7 truhán
12 versátil
12 ◁honesto
14 ◁sincero

cámara(s)
40 alojamiento
27 asamblea
24 ayuntamiento
9 cabina
1 tomavistas
10 congreso
7 alcoba
31 aposento
11 bodega
2 cilla
2 cillero
56 corte
25 cuarto
11 diarrea
8 granero
8 habitación
2 neumático
14 parlamento
4 sala
4 salón
1 senado

camarada
1 coafiliado
7 compañero(s)
15 igual
3 cofrade
3 colega
24 amigo

camaradería

7 compadre
22 liga
18 ◁*desigual*
10 ◁*enemigo*

camaradería
30 amistad
2 compadrería
3 compañerismo
17 confianza
5 fraternidad
10 trato
20 relación
12 concordia
3 juntiña
10 ◁*enemistad*

camaraje
12 arrendamiento

camaranchón
10 buhardilla
13 desván
6 tabuco
6 tugurio

camarera
8 azafata
10 chacha
6 muchacha
15 criada
8 doncella
14 sirvienta

camarero
4 cafetero
2 menino
11 sirviente

camareta
40 alojamiento

camarico
7 ofrenda
17 presente(s)
3 primicias
20 amorío
18 enredo

camarilla
7 conciliábulo

3 conventículo
12 rosca

camarín
33 armario

camarón
2 esquila
2 quisquilla
1 asuntillo
11 chollo
11 ganga
18 gratificación
11 propina

camarote
9 cabina

camarroya
2 achicoria

camastro
5 catre
5 yacija
5 jergón
8 petate
3 piltra

camastrón
15 camandulero
4 jesuita
9 marrullero
1 disimulado
7 hipócrita
16 taimado
14 ◁*sincero*

camba
25 arado
13 cama

cambalache
10 manejo
5 trapicheo

cámbaro
⇨*cangrejo de mar*

cambiable
3 alterable
3 convertible
1 metamorfoseable

5 modificable
10 mudable
7 variable
15 ◁*fijo*
16 ◁*inmutable*

cambiado
10 diferente
10 distinto
1 modificado
5 trastocado
6 variado
15 ◁*fijo*
11 ◁*permanente*

cambiador
3 cambista
3 guardagujas

cambiante
7 flotante
16 incierto
9 inconsistente
10 indeciso
11 inestable
11 infiel
10 mudable
9 tornadizo
12 versátil
16 ◁*inmutable*
8 ◁*nítido*

cambiar(se)
39 alterar(se)
11 bordear
4 canjear
7 casaca
3 conmutar
12 convertir(se)
3 chamar
20 desfigurar(se)
24 disfrazar(se)
6 distorsionar
3 diversificar
6 embragar
12 emigrar
6 evolucionar
4 inmigrar
8 innovar
4 intercambiar
11 invertir
14 modificar(se)

32 mudar(se)
3 permutar
52 reducir(se)
20 reformar(se)
23 relevar(se)
17 remover
5 remudar
13 renovar
5 retocar
8 substituir
44 torcer(se)
5 transfigurar
16 transformar(se)
7 transmutar(se)
26 trasladar(se)
5 trasplantar(se)
11 variar(se)
5 metamorfosear
23 alternar
6 chambear
46 irse
60 largarse
53 marchar
19 trocar
⇨*cambiar de aires*
⇨*liar los bártulos*
13 ◁*estacionar(se)*

cambiavía
3 guardagujas

cambímbora
2 azabache
2 tarro
37 agujero
12 cacharro
10 hoyo
27 vasija

cambio
21 alteración
2 canje
10 crisis
3 innovación
11 mudanza
3 permuta
8 perturbación
8 reforma
5 renovación
14 revuelta
8 transformación
1 transustanciación

camomila

  9 traslado
 10 variación
  5 metamorfosis
 15 revolución
 18 feria
  5 trueque
 21 vuelta

cambista
  5 banquero
 11 bolsista
  2 cambiador

cambrón
  2 espino
  3 zarza

cambronera
  1 arto

cambucho
  6 canasto
 10 cesta
  6 cuchitril
  7 funda
  6 tabuco
  6 tugurio
  8 forro

cambur
  3 banana

cambute
  7 bejuco

cambutera
  7 bejuco

camelador
  1 camelista
  8 halagador
  2 galanteador
  3 adulón
 11 cobista
  6 tiralevitas
 20 ◁*natural*
 14 ◁*sincero*

camelar(se)
  6 almibarar(se)
 52 amar(se)
 14 captar

 37 enamorar(se)
 43 engañar(se)
  8 engatusar
  4 jabonar
  8 requebrar
 18 adular
 10 estafar
 14 festejar
 13 galantear
 11 lisonjear
 15 pelotear
  8 piropear
 ⇨dar coba

camelista
  6 camelador

camelo
 26 broma
  8 macana
  9 zalamería(s)
 20 adulación
 20 amorío
 18 bulo
 103 burla

camella
  6 caballete
 15 caballón
 16 artesa

camello
  1 dromedario
  1 rumiante
  4 traficante

camellón
  9 atajadero
  6 caballete
 15 caballón
  7 abrevadero

camero
  5 carretera
 26 camino
 12 senda
 ⇨cama de matrimonio

camilo
  2 agonizante
 16 clérigo

camilla
 17 angarilla(s)
  5 mesa
  5 parihuelas
 13 cama

caminada
  5 caminata

caminante
  1 andarín
  3 paseante
  4 peatón
  3 viajero
  3 viandante
  5 ◁*estático*
  2 ◁*sedentario*

caminar
 38 andar
 14 pasear(se)
 26 trasladar(se)
  5 trotar
  4 vagar
 14 ◁*descansar*
 49 ◁*detener(se)*

caminata
  1 caminada
  6 excursión
 12 marcha
  6 paseo
  3 recorrido
 11 ◁*parada*
  8 ◁*quietud*

camino
  3 bulevar
 24 calle
  5 carretera
  7 cuesta
 36 forma(s)
 30 manera(s)
  6 paseo
 11 procedimiento
  3 recorrido
  9 ronda(s)
  5 travesía
  2 trayecto
 10 viaje
 10 atajo
 16 avenida

 18 cancha
  7 carril
 13 pica
  9 picada
 10 pista
 10 ruta
 12 senda
 11 tira
  5 trocha
  7 vereda
 21 vía

camión
 10 batea
  8 móvil
  4 volquete
  9 automóvil

camionaje
  7 acarreo

camionero
  5 automovilista

camioneta
  2 furgoneta

camisa
  1 camisón
  5 jersey
  1 niki
  7 polo
  7 túnica
  7 saya

camisola
  3 ropilla

camisón
  6 camisa

camisote
 40 armadura

camita
  5 brezo

camomila
  1 camamila
  2 manzanilla
  1 margarita

camón
9 armazón
49 asiento
13 cama

camoncillo
17 banco
49 asiento

camorra
11 pendencia
11 altercado
35 bronca
18 disputa
6 mafia
13 marimorena
11 pelea
14 pelotera
11 riña
⇨cosa Nostra

camorrero
6 camorrista

camorrista
1 camorrero
2 peleón
4 pendenciero
7 reñidor
22 bravucón
18 chulo
13 ◁*tranquilo*

camote
32 bellaco
3 bono
5 bribón
13 bulbo
9 cardenal
9 cebolla
2 moradura
5 querida
1 verdugón
5 pantorrilla
22 amante
13 batata
31 bola
7 estúpido
15 mentira
2 tobillo
18 tonto

7 trola

camotillo
3 cúrcuma

campamento
7 acantonamiento
2 reales
2 vivac

campana
2 campano
8 campo
3 carillón
4 cascabel
7 cencerro
1 changarro
11 empresa
2 esquila
8 expedición
23 extensión
2 gong
2 sonería
5 timbre
1 campanero
6 floripondio
6 fisgón
6 llanura
1 sonajero

campanada
1 campanillazo
9 descubrimiento
9 encuentro
5 hallazgo
7 sorpresa
1 timbrazo
1 tintineo

campanear
3 bascular
3 contonear(se)
19 observar
6 oscilar
5 espiar
25 mirar
11 vigilar
⇨echar a correr

campaneo
4 contoneo
2 rebato

2 repique

campanería
3 carillón

campanero
18 campana

campaniforme
5 abocinado

campanilla
13 ampolla
4 galillo
10 gallo
1 gorgorita
10 burbuja
3 úvula

campanillazo
7 campanada

campano
18 campana
7 cencerro

campante
15 satisfecho
12 ufano
36 alegre
8 contento
18 fresco
16 ◁*descontento*

campanudo
7 altisonante
4 redicho
7 retumbante
7 rimbombante
19 hinchado
8 ◁*sobrio*

campánula
2 farolillo
⇨besico de monja

campaña
14 intento

campar
11 sobresalir

campeador
15 batallador

campechana
7 hamaca
7 zorra
9 meretriz
13 puta
17 ramera

campechanía
38 alegría(s)
11 franqueza
7 jovialidad
6 sociabilidad
23 ◁*antipatía*

campechano
14 jovial
24 abierto
36 alegre
17 campesino
16 franco
13 labriego
10 liso
21 llano
12 sencillo
4 ◁*encopetado*
3 ◁*tristón*

campeón
9 adalid
5 as
5 caudillo
12 defensor
9 jefe
4 paladín
2 sostenedor
2 vencedor
38 cabeza

campeonato
10 celebración
7 certamen
8 destacado
18 importante
10 lid
23 lucha
5 mucho
20 contienda

campero
8 campestre
3 trote
17 campesino
⇨diestro en el campo
⇨ducho en el campo

campesina
5 bucólica

campesino
4 agrario
14 burdo
    campal
8 campestre
2 lugareño
1 rural
12 agricultor
12 aldeano
9 campechano
3 destripaterrones
21 grosero
7 labrador
11 paleto
9 pardillo
11 patán
17 rústico
7 vale
10 ◁*refinado*
4 ◁*urbano*

campestre
17 agreste
5 bucólica
9 bucólico
5 pastoril
10 silvestre
5 campero
17 campesino
17 rústico

campillo
22 salida(s)

camping
1 acampada
3 campamento

campiña
8 campo
4 ejido
8 tierra

3 vega
21 llano
9 valle

campista
4 excursionista
2 montañero
1 naturista
⇨arrendador de minas
⇨partidario de minas

campo
4 cultivos
4 ejido
3 prado
3 sembrados
3 viña
6 campiña
9 huerto
9 pasto

camposanto
4 cementerio
2 necrópolis

camueso
9 bodoque
19 ignorante
4 leño
1 manzano
13 alcornoque
22 necio
8 tarugo
18 torpe
17 ◁*hábil*

camuflable
4 simulable

camuflado
5 apostado

camuflar
24 disfrazar(se)
13 disimular
31 encubrir(se)
41 ocultar(se)
13 ◁*descubrir*
23 ◁*encontrar(se)*

camuñas
9 coco

can
7 perro
2 canecillo
2 modillón
18 círculo
18 chucho
13 peña
19 reunión
6 tertulia

canadillo
3 belcho
⇨hierba de las coyunturas
⇨uva marina

canal
1 bocana
    cañar
3 cañaveral
3 cañería
    cañizal
8 caño
10 cauce
2 caz
19 estrecho
4 estría
4 reguera
14 acequia
7 canalón
9 canoa
5 conducto
14 chamba
3 tubo
6 zanja

canaladura
4 moldura
10 ranura

canalera
6 zanja

canalillo
8 atarjea
4 azarbe
7 hijuelo

canalización
3 traída

canalizar
1 acequiar
56 dirigir(se)

1 encanalar
6 encañonar(se)
9 encauzar
27 orientar(se)

canalón
5 canelón
8 caño
10 ranura
1 tubería
11 cangilón
9 desagüe
17 pasta

canalla
5 bribón
8 gentuza
8 granuja
1 marranalla
4 populacho
6 sinvergüenza
6 chusma
11 pillo
23 ruin
12 vil

canallada
6 alevosía
4 bribonada
10 faena
6 felonía
10 ruindad
2 truhanería
11 vileza
12 cabronada
7 ◁*honradez*
13 ◁*nobleza*

canallesco
9 perverso

canallita
10 agranujado

canana
2 cartuchera
8 ceñidor
2 esposas
5 jugarreta
4 manillas
3 pistolera
7 bocio

canapé
10 cinturón
4 papera
11 putada
⇨camisa de fuerza
⇨mala pasada

canapé
2 tresillo
2 sofá
49 asiento
2 vetevé

canario
12 espléndido
9 rumboso
2 silbato
18 generoso
6 pito
12 ◁*tacaño*

canasta
8 banasta
6 canasto
10 cesta
13 cesto

canastero
3 cestero

canastilla
8 ajuar
9 equipo
⇨tienda de ropas

canastillo
2 azafate
8 banasta

canasto
8 banasta
4 canasta
10 cesta
7 cambucho
2 joro
2 tumbía

cáncamo
17 atadero

cancamusa
3 candonga
8 engañifa

cancanear
9 errar
6 tartajear
3 tartamudear
7 traquetear
7 trepidar
4 vagar
6 vibrar
⇨bailar el cancán

cáncano
2 piojo

cancel
10 biombo
2 mampara

cancela
3 verja

cancelable
3 anulable

cancelación
6 abolición
7 contraorden
14 nulidad
10 rescisión
4 revocación

cancelado
3 abolido
5 anulado
1 archivado
3 derogado
4 inhabilitado
6 revocado
4 ◁*vigente*

cancelar
15 abolir(se)
28 anular(se)
5 archivar
36 liquidar(se)
5 saldar
6 derogar
31 ◁*iniciar(se)*
4 ◁*promulgar*

cancelario
1 maestrescuela

⇨rector de la universidad

cáncer
10 degeneración
2 neoplasia
22 absceso
1 carcinoma
1 cefaloma
3 corrosivo
3 epitelioma
1 noma
10 obstáculo
4 peligro
1 sarcoma
27 tumor

cancerbero
5 conserje
7 guardián
9 intransigente
20 severo
12 ◁*flexible*

canceriforme
3 canceroso

cancerología
1 oncología

canceroso
cancerado
1 canceriforme
1 tumoroso

cancilla
1 portilla
1 portillera
8 puerta(s)

canciller
1 chanciller

cancillería
1 consulado
3 curia
1 chancillería
2 embajada
1 legación
20 representación

canción
7 aria
21 cantar

3 cantilena
1 cantinela
12 copla
5 letrilla
3 romanza
7 tonada
⇨asunto obsesivo
⇨historia reiterada

cancioncilla
3 cuplé

canco
6 ancas
8 botijo
4 glúteos
18 nalga(s)
14 maceta
8 olla
4 tiesto
27 vasija

cancón
2 bu

cancha
8 campo
1 frontón
5 experiencia
26 camino
12 cercado
13 corral
29 depósito
5 descargadero
6 destreza
4 empeine
4 explanada
2 hipódromo
1 palometas
4 redil
2 sarna
12 senda
⇨maíz tostado
⇨terreno de juego

canchal
4 pedregal
3 pedriza
3 peñascal

cancho
14 canto
10 emolumento

13 piedra
10 paga
⇨plátano verde

candado
17 cerradura
10 cerrojo

cande
30 blanco

candeal
1 albarejo
1 albarico
1 ceburro

candela
5 cirio
13 vela

candelabro
10 candil
1 centellero
1 flamero
8 lámpara
7 candelero

candelecho
25 cabaña

candelero
2 antorchero
1 cirial
3 hachero
3 palmatoria
22 bomba
7 bujía
5 candelabro

candelizo
2 carámbano

candente
10 actual
6 central
5 incandescente
4 ígneo
3 rusiente

candidato
3 aspirante
2 solicitante

4 pretendiente

candidez
6 candor
6 inexperiencia
11 ingenuidad
14 inocencia
11 sencillez
13 ◁malicia
10 ◁picardía

cándido
14 angelical
7 armiño
25 bienaventurado
30 blanco
5 boquirrubio
45 bueno
8 confiado
16 cristiano
11 iluso
6 infantil
13 ingenuo
14 inocente
10 papanatas
6 primo
9 pueril
14 sincero
7 tragaldabas
18 bonachón
9 incauto
9 pardillo
10 pato
20 simple
50 ◁astuto

candil
13 candileja(s)
2 farolillo
8 lámpara
4 lamparilla
4 linterna
4 quinqué
17 araña
5 candelabro
4 fanal
8 farol

candileja(s)
10 candil
2 farolillo
6 focos

8 lámpara
4 lamparilla
2 luces
4 neguilla
4 proscenio
4 quinqué
5 alcayata
4 fanal
10 fantasma
8 farol

candilillo
4 arísaro

candinga
14 baturrillo
5 cansera
7 majadería
8 chanfaina
8 demonio
14 diablo
18 enredo

candiota
10 pipa
15 barril

candonga
2 cancamusa
8 engañifa
12 chasco

candongo
25 avisado
50 astuto

candonguero
21 burlador

candor
11 franqueza
11 ingenuidad
14 inocencia
7 naturalidad
8 simplicidad
11 sencillez
13 ◁malicia
6 ◁retorcimiento

candorga
12 amuleto

candoroso
13 inexperto
13 ingenuo
21 puro
5 veraz
12 sencillo
20 simple
13 ◁retorcido
50 ◁astuto

canear
15 encanecer

canecillo
2 modillón
8 can

caneco
45 borracho

canela
8 exquisitez
14 finura
3 especia

canelero
2 canelo

canelo
1 canelero
⇨árbol de la canela

canelón
2 calamoco
2 carámbano
1 cerrión
7 canalón
17 pasta

canelones
17 pasta

canesú
8 blusa

caney
25 cabaña

canfor
2 alcanfor

canfora
  2 alcanfor

cangalla
  3 carreta
  5 escoria
  25 andrajo
  10 carro
  17 cobarde
  9 pusilánime
  ⇨ganga mineral

cangar
  11 obstruir

cangilón
  5 arcaduz
  9 bache
  33 caja
  7 canalón
  9 canoa
  7 carril
  2 carrilera
  10 hoyo
  10 tambor
  6 zanja
  ⇨paso estrecho

cangle
  9 cepo
  17 prisión
  5 yuca

cangreja
  4 botavara

cangrejada
  6 felonía
  42 tontería(s)
  7 traición

cangrejo
  5 bribón
  4 cárabo
  10 felón
  6 homosexual
  9 pervertido
  75 bobo
  22 necio
  11 raquítico
  20 simple
  10 traidor

canguelo
  14 cobardía
  19 miedo
  14 pavor
  18 temor
  9 terror

canguis
  19 miedo

caníbal
  8 antropófago

canibalismo
  3 antropofagia

canica
  8 tiro
  31 bola
  17 chiva
  5 fifí
  12 pepa

canícula
  15 bochorno
  1 calima
  11 calina

canicular
  3 asfixiante
  6 bochornoso
  4 sofocante
  25 caliente

cánido
  7 perro
  6 lobo
  5 zorro

canijo
  6 atrofiado
  6 desmirriado
  7 encanijado
  6 enteco
  6 redrojo
  4 sietemesino
  10 enclenque
  5 escuchimizado
  4 farruto
  14 ñango
  4 raque
  11 raquítico

  6 retaco
  4 sute

canilla
  5 pantorrilla
  2 bobina
  3 carrete
  17 fuerza
  4 grifo
  2 tobillo
  7 vigor
  ⇨vendedor de periódicos

canillada
  40 armadura

canillado
  6 acanillado

canillera
  25 abatimiento
  15 decaimiento
  1 espinillera
  12 flojera
  1 tembleque
  9 espanto
  5 pánico
  18 temor

caninez
  20 apetito

canino
  2 colmillo
  2 perruno
  ⇨diente columelar

canje
  3 permuta
  19 cambio

canjeable
  5 permutable

canjear
  3 permutar
  2 sustituir
  46 cambiar
  19 trocar

cano
  14 blanquecino
  1 canoso
  5 níveo
  11 arroyo
  18 canal
  5 conducto
  ⇨brazo de río

canoa
  34 bote
  7 esquife
  6 falúa
  16 artesa
  12 cajón
  18 canal
  11 cangilón
  5 comedero
  6 pesebre

canon(es)
  5 alquiler
  7 arriendo
  12 censo
  15 contribución
  18 fórmula
  9 impuesto
  5 módulo
  10 norma
  17 precepto(s)
  27 regla(s)
  3 royalty
  15 modelo
  ⇨derecho canónico

canónico
  4 adecuado
  11 conforme
  17 regular(se)
  16 justo
  12 ◁*irregular*

canónigo
  4 beneficiado
  2 chantre
  1 deán
  4 doctoral
  8 magistral
  1 prebendado
  2 irascible

6 irritable

canonización
2 beatificación
1 santificación
8 ◁condenación

canonizar
23 aprobar(se)
5 beatificar
7 santificar(se)

canonjía
9 botella
13 bicoca
11 ganga
10 mogollón
7 prebenda

canoro
12 armonioso
7 melodioso
8 sonoro
2 ◁inarmónico

canoso
7 cano

cansado
8 aburrido
6 agotado
13 ahíto
10 aperreado
6 árido
8 asendereado
9 cascado
10 derrotado
9 exhausto
5 fatigoso
0 lánguido
7 molido
9 rendido
12 harto
12 desmayado
14 obstinado
7 ◁descansado
7 ◁desembarazado

cansador
8 aburrido
8 agotador
2 debilitante

5 fatigoso
15 molesto
◁tonificante

cansancio
12 aburrimiento
16 agobio
16 agotamiento
5 cansera
16 debilidad
35 fatiga(s)
7 hastío
10 lasitud
1 molimiento
5 tedio
15 fastidio
20 ◁aliento
15 ◁interés
23 ◁viveza

cansar(se)
28 aburrir(se)
27 agobiar(se)
32 agotar(se)
13 ajetrear(se)
12 amolar
8 apesgar(se)
10 asediar(se)
18 atosigar(se)
3 atrafagar(se)
10 baldar(se)
4 derrengar
12 desfallecer
6 desfondar(se)
67 enfadar(se)
15 extenuar(se)
87 fastidiar(se)
37 fatigar(se)
4 herniarse
44 incomodar(se)
63 irritar(se)
9 jeringar
12 languidecer
11 machacar
10 majar
10 mamar(se)
52 matar(se)
7 moler
114 molestar(se)
30 rendir(se)
17 reventar(se)
2 chajuanarse

6 desguanzar
9 estofar
45 hartar
16 hastiar
14 importunar
13 jorobar
5 machucar
2 odiosear
⇨estar hasta las narices
⇨no poder más
16 ◁entonar(se)
26 ◁entretener(se)

cansera
16 agotamiento
35 fatiga(s)
18 molestia(s)
5 importunidad
⇨tiempo perdido

cansí
25 cabaña

cantada
1 cantata
12 desvío
8 equivocación
7 error

cantador
7 cantante
6 cantor

cantal
6 cantera
7 glera

cantalear
8 arrullar(se)

cantaleta
7 chunga
103 burla
1 coplilla
7 chanza
6 estribillo
6 guasa
13 regaño
17 reprimenda

cantaletear
28 aburrir(se)
87 fastidiar(se)

44 incomodar(se)

cantante
40 bajo(s)
2 barítono
2 cantador
6 cantor
1 soprano
3 tenor
1 tiple

cantar
65 alabar(se)
6 balada
10 canción
14 canto
1 canturrear
10 celebrar
6 confesar
12 copla
2 corear
13 descubrir
8 elogiar
7 encomiar
16 entonar(se)
22 revelar(se)
1 salmodiar
1 tararear
7 tonada
1 trova
18 atufar
3 serenata
⇨oler mal
41 ◁ocultar(se)

cántara
8 belez

cantarcillo
6 arrullo

cantarero
9 alfarero

cantárida
3 abadejo
13 ampolla

cantarillo
8 belez
5 bernegal
8 botijo

cántaro
2 alcarraza
6 ánfora
8 belez
8 botijo
5 jarro

cantata
4 cantada

cantazo
3 pedrada
5 latigazo
26 azote
10 garrotazo
5 sorbo
13 trago
7 varazo

cante
1 debla
7 saeta

cantear
3 apedrear(se)
11 bordear
10 encuadrar

cantera
3 canchal
2 cantal
3 cascajar
7 glera
3 pedrera
3 pedriza

cantero
4 cincelador
1 picapedrero
6 tabla(s)
8 cuadro
2 obrador
7 parcela
6 taller

cántico
6 balada
2 barcarola
4 himno
4 nana
2 salmo
4 tedéum

5 villancico
4 benedícite

cantidad
28 abundancia
12 bastante
4 cuantía
1 cuantidad
2 dosis
15 medida
5 mucho
14 porción
13 rigor
4 suficiencia
5 tanto
6 unidad
12 harto
4 muy
26 parte
26 punta

cantilena
6 balada
10 canción
5 disco

cantillos
9 cazuela

cantimplora
6 frasco
7 bocio
5 garrafa
4 papera
27 vasija

cantina
6 bar
11 bodega
11 fonda
8 taberna
6 tasca
27 vasija
13 vaso

cantinela
10 canción

cantizal
3 canchal
1 cantorral

canto
32 borde
10 canción
21 cantar
2 canturreo
4 esquina
5 gorgorito
4 guijarro
12 margen
3 pedrusco
13 piedra
3 tarareo
3 vocalización
1 lacrimal
7 orilla

cantón
1 cantonada
15 demarcación
4 esquina
10 país
2 región
9 territorio
5 fortín
22 fuerte
7 loma
6 otero

cantonada
10 cantón

cantonar
9 acantonar(se)
22 alojar(se)

cantonear
12 callejear

cantonera
1 rinconera

cantor
2 cantador
7 cantante
4 rapsoda
8 bonito
5 cuenco
12 sencillo

cantorral
2 cantizal

canturrear
21 cantar

canturreo
14 canto
8 cantaleta

cánula
5 bombilla
8 canuto
4 jeringa

canutazo
27 acusación

canutero
3 acerico
3 alfiletero
5 almohadilla

canutillo
2 cuentecilla
7 abalorio
21 adorno
3 tubo

canuto
1 cañita
1 porro
3 cánula
6 sorbete
3 tubo
⇨mango de la pluma
⇨ministro evangélico
⇨pastor protestante

caña
3 anea
8 bambú
5 cálamo
1 cañuela
5 cerveza
2 cisca
28 engaño(s)
5 bravuconería
19 amenaza
7 bejuco
21 bravata
18 bulo
11 ficción
4 moneda

5 sorbo
13 trago

cañada
17 colada
5 hondonada
3 vaguada
4 cordel
5 dobladillo
21 vía

cañaduz
8 bambú

cañal
3 cañaveral

cañamazo
5 coleta

cañamiza
1 agramiza

cáñamo
4 brocatel
4 hachís

cañavera
3 carrizo

cañaveral
1 cañal
1 cañedo
1 cañizar

cañedo
3 cañaveral

cañería
1 tubería
18 canal
5 conducto

cañero
3 fontanero

cañete
3 carrizo

cañí
8 gitana
10 gitano

8 flamenco

cañita
8 canuto

cañizar
3 cañaveral

caño
5 arcaduz
9 cilindro
9 chorro
5 gárgola
18 canal
7 canalón
5 conducto
3 tubo

cañón
1 agraciada
4 bella
4 bombarda
1 culebrina
3 hermosa
1 mortero
8 desfiladero
17 garganta
7 murga
9 valle
⇨cañón sin retroceso
⇨tronco de árbol

cañonazo
8 bombazo
2 chupinazo
9 descarga
8 tiro
4 soborno
⇨noticia bomba

cañonear
8 bombardear(se)

cañoneo
4 bombardeo
6 cañonazo
9 descarga
6 disparo(s)

cañota
1 millaca

cañudo
33 atrevido
18 audaz
7 osado
9 valiente
9 ◁*pusilánime*

cañuela
16 caña

cañutillo
14 borla(s)

cañuto
3 agujetero
3 cerbatana

caoba
3 anacardo

caolín
5 arcilla
9 cerámica
4 greda

caos
6 desconcierto
8 desorganización
13 anarquía
19 confusión
19 desorden
15 embrollo
18 enredo
11 lío
5 ◁*coherencia*

caótico
4 anárquico
5 enredado
10 incoherente
8 lioso
6 trastornado
9 turbio
28 ◁*claro*
5 ◁*ordenado*

cap
38 cabeza

capa
24 baño(s)
2 capisayo

1 capotillo
4 encubridor
2 manteo
5 manto
7 pelo
4 recubrimiento
2 revestimiento
2 toga
1 tonga
1 tongada
10 capote
8 filón
17 azotaina
4 estrato
19 mano
9 pelaje
13 prenda
4 veta
13 zurra

capacidad
2 aforo
11 cabida
17 competencia
6 contenido
23 extensión
7 idoneidad
18 inteligencia
4 suficiencia
7 talento
9 volumen
5 desplazamiento
3 tonelaje
20 aptitud
23 disposición
10 ◁*incapacidad*
10 ◁*ineptitud*

capacitación
15 aprendizaje
11 formación
15 ilustración
27 instrucción(es)
11 preparación
10 ◁*ineptitud*

capacitado
14 diestro
8 experto
11 competente
13 preparado

capacitar

  2 ◁*incapacitado*
 16 ◁*inútil*

capacitar
 22 autorizar(se)
  5 ◁*descalificar(se)*
  7 ◁*imposibilitar(se)*
  3 ◁*incapacitar*

capacitarse
 20 embeber(se)

capacho
  2 capazo
 13 cesto
  5 espuerta
  2 sera
  4 serón
 21 cárcel
 10 gorro
 17 prisión
  9 sombrero

capar
 12 amenguar
 14 aminorar(se)
 83 arreglar(se)
 10 cercenar
 19 disminuir(se)
  8 mutilar
 17 recortar(se)
 10 castrar
 34 componer
 57 cortar
  1 encentar
  8 podar
 ▷faltar a clase
 ▷hacer novillos

caparazón
 11 concha
  9 cubierta
 12 envoltorio
  6 esqueleto
  2 osamenta
  1 telliz
  8 cáscara
  8 corteza

caparra
  2 alcaparra

  8 garrapata

caparro
 11 choco

caparrosa
  3 acije
  3 alcaparrosa

capataz
  3 aperador
  5 encargado
  1 mayoral
 20 vigilante

capaz
 14 apto
 11 avezado
  5 calificado
  6 espacioso
 23 experimentado
  8 experto
  8 extenso
  6 idóneo
 27 posible(s)
  6 suficiente
 20 amplio
 11 competente
 11 entendido
  4 factible
 23 grande
  5 hacedero
  8 ◁*imposible*
 11 ◁*incapaz*
  8 ◁*reducido*
  8 ◁*inepto*

capazmente
  6 bastantemente

capazo
  9 capacho
  5 espuerta

capción
  4 aprisionamiento
  9 captación
  6 captura

capcioso
 17 artificioso
  7 engañoso

  3 insidioso
 28 ◁*claro*
 20 ◁*natural*

capear
  5 capotear
 11 defenderse
  5 sortear
  3 torear
  5 esquivar
 ▷faltar a clase
 ▷hacer novillos

capelo
 16 clérigo
  1 píleo
  9 sacerdote
  7 capirote
 10 cura
  2 muceta

capellada
  2 puntera

capellán
  6 abad
 16 clérigo
 17 cuquillo
 14 eclesiástico
  5 presbítero
  9 sacerdote

capero
  1 cuelgacapas
  1 perchero
  4 percha

caperucha
  7 capirote

caperuza
  2 capucha
  7 capirote

capialzado
  5 alféizar

capibara
  1 capiguara
  1 carpincho
  1 chigüiro

  6 inverso

capigorrón
 15 inactivo
 13 ocioso
  6 vagabundo
 16 inútil

capiguara
  4 capibara

capilar
  1 pilífero
  1 venoso
 36 cabello

capilaridad
  6 ascensión
 21 elevación

capilla
  2 capucha
  3 ermita
 13 iglesia
  3 oratorio

capillejo
 13 bonete

capillo
  1 rocadero

capirotada
 ▷dulce de pasas
 ▷fosa común

capirotazo
 13 bicoca
  4 papirotazo

capirote
  6 capelo
  1 caperucha
  2 caperuza
  3 capota
  9 cubierta
 10 gorro
  2 muceta

capisayo
 10 capote
 21 capa

capiscol
  2 chantre
  2 sochantre

capital
  bienes
  9 caudal
  9 esencial
  6 fundamental
  haberes
  9 patrimonio
  12 principal
  10 riqueza
  5 saldo
  13 dinero
  14 fondo
  13 fortuna
  15 primordial
  ⇨cabeza de distrito
  14 ◁*accidental*

capitalismo
  1 industrialismo
  1 librecambio
  1 plutocracia
  8 lucro
  1 ◁*socialismo*

capitalista
  8 accionista
  2 empresario
  3 ◁*comunista*

capitalización
  4 financiación

capitalizar
  4 acaudalar
  18 acumular(se)
  2 congregar
  49 reunir(se)

capitán
  8 oficial
  ⇨jefe de la compañía

capitanear
  10 acaudillar
  1 comandar
  36 conducir(se)
  56 dirigir(se)

  9 guiar

capitanía
  15 demarcación
  10 jurisdicción
  11 guía
  6 mando
  8 ◁*acatamiento*

capitel
  1 chapitel
  7 remate
  5 ábaco

capitolio
  1 palacio
  14 parlamento

capitón
  8 cabezudo
  9 liza
  2 matajudío
  5 mújol

capitonear
  4 acolchar
  17 forrar

capitulación
  11 ajuste
  6 conciliación
  11 convenio(s)
  6 entrega
  4 rendición
  12 cesión
  14 pacto

capitular
  59 ajustar(se)
  30 rendir(se)
  15 convenir

capítulo
  15 apartado
  7 episodio
  12 lección
  27 acusación
  6 cabildo

capizana
  40 armadura

capó
  9 cubierta
  8 tapa

capolar
  6 trinchar

capón
  14 pollo
  5 lebrón
  7 coca

caporal
  4 capataz
  5 encargado
  7 responsable
  6 picadura
  2 tabaco

capota
  9 cubierta
  6 tejadillo
  8 tapa

capote
  2 capisayo
  2 manteo
  33 paliza(s)
  6 tabardo
  1 trenca
  32 abrigo
  21 capa
  5 poncho
  8 tunda
  4 veta

capotear
  7 capear
  10 eludir
  18 evadir(se)
  3 torear
  5 esquivar

capotillo
  21 capa

caprario
  7 cabruno
  8 cabrío

capricho
  11 antojo
  10 humorada
  12 injusticia
  9 querencia
  22 salida(s)
  3 tropelía
  16 voluntad
  22 arranque
  14 atropello
  11 birria
  14 deseo
  18 fantasía
  12 gusto
  23 manía
  19 mono
  5 ◁*repulsión*

caprichoso
  8 antojadizo
  25 arbitrario
  11 gratuito
  3 improcedente
  1 injustificado
  2 inmotivado
  10 mudable
  9 tornadizo
  21 vano
  6 veleidoso
  10 voluble
  7 ◁*constante*

caprichudo
  8 antojadizo
  25 arbitrario

caprino
  7 cabruno
  8 cabrío

caprípedo
  7 cabruno
  8 cabrío

cápsula
  5 cartucho
  14 estuche
  5 gragea
  3 pastilla
  8 píldora
  33 caja

captación
22 adquisición
3 capción
18 inteligencia
13 interpretación
9 seducción
3 sintonización
8 cohecho
10 alcahuetería
14 atracción

captar
24 conseguir(se)
8 engatusar
22 fascinar(se)
40 ganar(se)
3 lograr
8 obtener
16 percibir
47 recoger(se)
12 seducir

17 aprehender
17 comprender
9 entender
13 granjear
13 hechizar

12 ◁*repeler*

captarse
40 ganar(se)

captor
8 apresador

captura
11 apresamiento
28 arresto(s)
3 capción
11 caza
14 detención(es)

6 presa

capturado
11 apresado
13 copa

capturador
8 apresador

capturar
29 apresar(se)
21 arrestar(se)

23 arriesgar(se)
13 cautivar
49 detener(se)
34 determinar(se)
17 aprehender
19 aprisionar
31 prender

34 ◁*liberar(se)*

capucha
2 caperuza
2 capuz

capuchino
4 volatín
7 cometa

⇨café con leche
⇨fruta pequeña

capulina
4 cereza
1 holgazana
17 araña
9 meretriz
14 prostituta
13 puta
17 ramera

⇨buena vida
⇨fruto del capulí

capullo
20 botón
13 brote
6 cápsula
6 envoltura
7 falo
3 glande
6 pimpollo
2 prepucio

capuz
2 capucha
3 cogulla

caquéctico
3 descarnado
4 esquelético
4 ocre
2 pardo
21 seco
5 verdoso

16 flaco
17 ◁*grueso*

caquexia
4 cacoquimia

cara
4 anverso
33 atrevido
2 facies
8 fachada
15 faz
11 fisonomía
6 frente
7 haz
17 plano
12 rostro
4 semblante
6 superficie
8 catadura
2 jeme
19 jeta
8 palmito
2 tiña
4 visaje

caraba
26 broma
103 burla

carabao
4 búfalo

cárabe
3 ámbar

carabela
4 nave
2 corbeta
6 falúa
5 nao

carabina
2 escopeta
7 fusil
4 institutriz
5 mosquetón
4 cocktail
8 doncella

⇨dama de compañía
⇨mezcla de licores

carabinera
9 alondra

carabinero
1 fusilero
5 soldado
20 vigilante
19 guardia

cárabo
2 alucón
5 autillo
34 bote
10 cangrejo

caracol
2 caracola
11 concha
10 bata
8 blusa
3 chambra
8 onda
3 rizo

caracola
13 bocina
7 caracol

caracolear
1 cabriolear
8 girar
29 saltar(se)
3 voltear

caracoleo
7 cabriola
18 giro
17 salto
2 corcoveta
5 voltereta

¡caracoles!
1 ¡caramba!
1 ¡caray!
1 ¡carajo!

caracolillo
8 café
6 bucle

carácter
16 condición
15 exterior

13 firmeza
6 idiosincrasia
12 índole
9 inflexibilidad
30 manera(s)
6 personalidad
6 rigidez
5 severidad
4 temperamento
7 temple
16 voluntad
20 apariencia
39 aspecto
49 energía
11 entereza
21 genio
⇨ modo de ser

caracterismo
10 calificación

característica
7 particularidad
7 peculiaridad
15 propiedad
10 singularidad

característico
6 calificador
4 inconfundible
6 peculiar
8 representativo
9 significativo
4 típico
13 propio

caracterización
14 determinación
7 realce

caracterizado
10 respetable

caracterizar(se)
27 calificar(se)
34 determinar(se)
24 disfrazar(se)
24 marcar(se)
46 señalar(se)
13 significarse
11 singularizar(se)
⇨ hacerse notar

caradura
18 demasía
6 gamberro
27 desvergonzado
11 pillo

¡carajo!
3 ¡caracoles!

caramanchel
22 bebedero
11 cobertizo
6 cuchitril
5 merendero
6 tabuco
6 tejadillo
6 tugurio
5 figón
2 saledizo
8 taberna
6 tasca

¡caramba!
3 ¡caracoles!

carámbano
1 candelizo
5 canelón

carambillo
12 barrilla

carambola
16 azar
12 casualidad
11 albur
8 chiripa
13 fortuna
17 suerte

caramelo
8 golosina
5 confite
19 dulce

caramilleras
26 cadena

caramillo
1 flautín
2 jijallo
1 sisallo

1 tarrico
3 zampoña
10 chisme
19 embuste
18 enredo
11 lío
13 salado

carantamaulas
9 angulemas

carantoña(s)
32 afectación
9 angulemas
   cardiopatía
17 caricia
1 coquito
4 cucamonas
1 endocarditis
9 garatusa(s)
15 halago(s)
8 lagotería
10 lisonja(s)
   miocarditis
8 patarata
1 pericarditis
9 ronceria
9 zalamería(s)
10 zalemas
3 zorrocloco
20 adulación
33 anciano
8 arrumaco
18 aspaviento
3 malunacas

carantoñero
7 pamplinero
24 adulador
44 afectado

carasol
4 solario

carátula
10 máscara

caravana
8 expedición
25 muchedumbre
10 reverencia

¡caray!
3 ¡caracoles!

carbohidrato
2 glucosa

carbón
3 coque
1 hulla
1 lignito
6 turba
2 cijo

carboncillo
12 cisco
5 grafito
7 lápiz

carbonizado
3 quemado

carbonizar(se)
23 arder
11 calcinar(se)
11 chamuscar
30 quemar(se)
23 tostar(se)

carbono
5 grafito

carbunclo
3 rubí

carbunco
2 ántrax

carburante
3 bencina
6 gasolina
3 hidrocarburo
49 energía

carburo
3 hidrocarburo
38 alumbrado

carca
4 engolillado
5 reaccionario
3 ultra
4 ultramontano

carcaj

  6 conservador
  8 godo

carcaj
  1 aljaba
  3 goldre

carcajada
  10 alborozo
  3 risa
  1 risotada
  6 ◁ *gemido*

carcajearse
  3 reir(se)

carcamal
  17 cuero
  22 viejo
  33 anciano

cárcamo
  3 alazor

carcañal
  2 calcañal

cárcava
  10 cauce
  6 huesa
  9 hoz

carcax
  11 brazalete

cárcel
  34 bote
  9 capacho
  7 galera
  3 goldre
  8 jaula
  7 mazmorra
  4 nevera
  4 penal
  4 penitenciaría
  5 presidio
  4 reclusión
  2 reja
  4 trullo
  17 brete
  12 calabozo
  13 chinche

  9 chipa
  7 chirona
  3 jeruza
  17 prisión
  2 tlalpiloya

carcelario
  2 celular

carcelero
  5 alcaide

carcinoma
  12 cáncer

carcoma
  8 gasto
  3 termes

carcomer
  5 corroer
  9 roer(se)
  57 picar

carcomerse
  4 apolillar(se)

carcomido
  6 apolillado
  2 arratonado
  7 corroído
  5 roído

cardamina
  7 mastuerzo

cardar
  5 peinar

cardelina
  4 jilguero

cardenal
  14 lesión
  2 moradura
  2 moretón
  4 prelado
  1 purpurado
  8 roncha
  7 equimosis
  18 camote
  37 golpe

cardencha
  3 cardo

cardenillo
  7 herrumbre
  1 verdín
  7 lama
  5 moho

cárdeno
  6 amoratado
  10 morado

cardillo
  8 cigarro
  5 tagarnina

cardinal
  14 capital
  9 esencial
  6 fundamental
  15 primordial
  20 ◁ *accesorio*

cardo
  4 abrojo
  1 ajonjo
  1 cardencha

cardón
  14 cacto

cardona
  14 cacto

cardume
  8 manada

cardumen
  17 banco

carear
  2 compulsar
  11 confrontar
  6 encarar
  15 enfrentar(se)
  4 parangonar
  8 cotejar

carecer
  12 faltar

  ⇨ estar falto
  ⇨ no tener
  11 ◁ *sobrar(se)*

carel
  32 borde

carena
  103 burla

carenar
  83 arreglar(se)
  1 calafetear
  21 reparar

carencia
  12 escasez
  13 falta
  12 insuficiencia
  10 laguna
  7 penuria
  9 privación
  16 vacío
  5 déficit
  28 ◁ *abundancia*
  31 ◁ *sobra(s)*

carente
  4 cojo
  4 desheredado
  10 desnudo
  3 desprovisto
  9 exhausto
  9 falto
  12 insuficiente
  5 minusválido
  6 perfectible
  11 privado
  17 escaso
  8 huérfano
  18 pobre
  6 ◁ *saturado*

careo
  6 cotejo
  3 encaramiento
  2 entrevista
  8 investigación
  9 ◁ *discrepancia*
  28 ◁ *separación*

carero
3 abusador
9 especulador
17 estafador
8 ◁baratero
2 ◁regatero

carestía
13 falta
7 penuria
10 pobreza

careta
3 antifaz
3 carilla
6 disfraz
10 máscara
2 mascarilla

carey
11 concha
1 tortuga

carga
15 acometida
5 arremetida
1 arrumaje
17 cargo
12 censo
15 contribución
22 cuidado
9 embestida
13 fardo
5 flete
9 gabela
7 gravamen
7 hipoteca
8 imposición
9 impuesto
5 lastre
18 molestia(s)
11 obligación
9 servidumbre
11 tributo
15 bulto
22 pecho
11 peso
2 recua

cargadera
3 briol

cargado
3 cegajoso
7 grávido
7 nublado
8 opresivo
5 plagado
8 plúmbeo
11 preñado
12 suspenso
14 ebrio
12 jalado
7 ◁ventilado

cargador
2 carguero
2 estibador
5 forzudo

cargancia
8 lipidia
14 pesadez

cargante
10 inoportuno
10 insoportable
8 irritante
13 chinche
42 fastidioso
15 molesto
31 pesado
7 secante
7 ◁tolerable

cargar(se)
11 abarrotar(se)
9 aborrascar(se)
28 aburrir(se)
6 achacar
4 achubascarse
4 adeudar
14 agravar(se)
16 anublar(se)
24 añadir(se)
8 apechugar
2 apencar
63 apoyar(se)
12 arremeter(se)
19 atacar(se)
33 atribuir(se)
19 blasonar
7 calabacear
3 catear

5 colmar
17 confiar(se)
51 cubrir(se)
14 descansar
39 deshacer(se)
6 embestir
27 enojar(se)
64 estropear(se)
9 facturar
87 fastidiar(se)
4 gravar
9 gravitar
5 heder
23 imponer(se)
10 impregnar(se)
10 imputar
9 inculpar
63 irritar(se)
5 lastrar
114 molestar(se)
16 nublar(se)
45 pesar(se)
16 reprobar
47 romper(se)
15 suspender
6 adatar
39 arrugar
8 hombrear
14 importunar
9 inutilizar
8 usar
42 ◁aliviar(se)
83 ◁arreglar(se)
14 ◁vaciar(se)
20 ◁aligerar

cargo
2 adeudo
4 cometido
22 cuidado
11 custodia
13 falta
13 grado
18 honor
5 imputación
11 obligación
12 puesto
16 función
27 acusación
22 destino
16 dignidad
16 empleo

19 plaza
7 recriminación

carguero
6 buque
21 embarcación

cariacontecido
8 apenado
14 arrepentido
40 bajo(s)
5 mohíno
6 preocupado
16 triste
9 turbado
36 alegre
8 ◁contento
5 ◁jubiloso

cariado
12 deteriorado
3 horadado
3 ulcerado

carialegre
16 risueño

cariar(se)
5 corroer
5 corroerse
4 horadarse
57 picar

caribdis
11 arrecife

caricato
15 bufo
13 farsante
4 parodista
5 payaso

caricatura
5 parodia
4 ridiculización

caricaturizar
13 deformar
20 desfigurar(se)
7 ridiculizar
80 burlarse

caricia
6 abrazo
21 agasajo
47 atención(es)
27 carantoña(s)
5 contacto
4 cucamona
9 garatusa(s)
15 halago(s)
10 lisonja(s)
10 mimo(s)
11 roce
5 terneza
10 zalema

8 arrumaco
5 beso
15 cariño
12 coba

7 ◁*desatención*

caricias
10 filete

cariciosamente
13 amorosamente

caridad
25 celo(s)
8 compasión
13 desprendimiento
7 filantropía
13 generosidad
28 humanidad(es)
11 liberalidad
6 limosna
7 misericordia
9 piedad
9 socorro
29 ayuda

5 ◁*inhumanidad*
6 ◁*tacañería*

caridelantero
11 descarado
9 entrometido

caries
3 tizón
6 picadura

carilampiño
5 barbilampiño

carilargo
1 amostazado
7 disgustado
9 enfadado
8 enojado
17 irritado

carilimpio
11 insolente
11 descarado
27 desvergonzado

carilla
5 careta
7 página
5 plana

carillón
1 campanería
2 sonería
1 carrillón

carininfo
29 afeminado

cariñito
17 caricia
15 cariño

cariño
26 afecto
30 amistad
53 amor
10 apego
17 caricia
15 halago(s)
10 mimo(s)
5 predilección
17 presente(s)
3 proclividad
9 querencia
9 recuerdo(s)
18 inclinación
7 obsequio
16 regalo

4 ◁*desamor(se)*
10 ◁*enemistad*

cariñosamente
13 amorosamente

cariñoso
32 afable
27 amoroso
7 cordial
12 cortés
8 efusivo
15 enamorado(s)
10 expresivo
4 maternal
2 querendón
14 tierno
12 afectuoso
18 amable
15 primordial

7 ◁*distante*
8 ◁*malhumorado*

cariocinesis
8 transformación
16 división

carisma
8 dispensa
18 gracia(s)
6 personalidad
35 atractivo
11 don

7 ◁*vulgaridad*

caritativo
10 compasivo
4 desinteresado
6 desprendido
17 humano
13 liberal
9 misericordioso
18 generoso

8 ◁*inhumano*
12 ◁*tacaño*

cariz
46 aire(s)
6 evolución
18 giro
8 orientación
39 aspecto
16 pinta
15 traza

carlanca
10 argolla
11 grillete(s)
12 aro
5 collar

carlancas
47 astucia

carlancón
2 cazurro
15 reservado
50 astuto
33 pícaro

carlear
2 acezar
45 anhelar
3 jadear

carlinga
9 cabina
19 hueco

carlismo
5 conservadurismo
1 tradicionalismo

1 ◁*progresismo*

carlista
2 requeté
4 tradicionalista

carlota
2 sanabria
5 zanahoria

carmelita
14 fraile
11 monja
13 monje
2 terciario

carmen
5 jardín

carmenador
8 batidor

carmenar
16 apandar

carmesí
5 colorado
2 escarlata
2 fucsia

carretera

  6 grana
18 rojo

carmín
  4 arrebol

carnación
  1 carnadura

carnada
14 añagaza
  2 carnaza
15 cebo
10 trampa

carnadura
  1 carnación

carnaje
  6 cecina

carnal
  6 genésico

carnalidad
53 amor

carnaval
  6 mascarada

carnavalada
  4 arlequinada
26 broma
  6 cabalgata
103 burla

carnavalesca
  6 cabalgata

carnaza
  4 carnada
15 cebo

carne
  2 chicha
  2 churrasco
  2 pulpa
19 cuerpo

carnero
  3 ariete
  2 morueco

carnicería
10 destrozo
  7 hecatombe
  4 matanza
  6 mortandad
  3 pesa
  1 tocinería
  3 casquería
  2 tercena

carniola
  3 calcedonia

carniseco
16 flaco

carnosidad
  4 carúncula
  7 gordura
  6 verruga

carnoso
  3 pulposo

caro
33 alto(s)
10 amado
10 gravoso
  8 inasequible
  8 oneroso
  7 prohibitivo
  6 ruinoso
10 valioso
  5 costoso
13 salado
  3 ◁*comprable*
13 ◁*económico*
  6 ◁*módico*
  5 ◁*pagadero*
  3 ◁*tirado*
12 ◁*barato*

carocas
  9 angulemas

carosis
22 anestesia

carota
17 desahogado
  6 tronera
  6 fregón

carozo
  9 cuesco
14 hueso
12 pepa

carpa
  1 barbo
  8 circo
  7 pabellón

carpanta
20 apetito
  9 gazuza
  6 hambre

carpe
  2 ojaranzo

carpeta
11 cartera

carpincho
  4 capibara

carpintero
  2 calafate
  2 ebanista

carpir
26 arañar(se)
74 aturdir(se)

carraca
  2 astillero

carraco
33 anciano

carral
15 barril

carraón
  3 escanda

carrasca
  1 chaparra
  4 encina
13 alcornoque

carrascoso
  7 boscoso

carraspear
  1 destoserse
  1 toser

carraspeo
  5 ronquido
  1 tos

carraspera
  4 afonía
  4 ronquera

carrasposo
  4 asmático

carrasqueño
45 áspero

carrendera
10 calzada

carrera
  7 biografía
24 calle
15 ejercicio
  2 galopada
  2 licenciatura
17 ocupación
  7 peritaje
  2 regata
  7 trayectoria
  2 rally

carrero
  5 arriero
  1 carretero
  9 conductor

carreta
  7 cangalla
10 carro
11 chancha

carrete
  2 bobina
  7 dados
10 rollo

carretera
  3 autopista
  3 autovía
10 calzada

carretero

10 pista
21 vía

carretero
3 carrero

carretilla
2 carretón
4 volquete

carretón
2 carretilla
10 carro

carric
32 abrigo

carricoche
2 calesa
2 carromato
8 carruaje
10 carro
10 coche

carril
2 riel
4 rodada
4 rodera
7 surco
11 cangilón
2 carrilera
21 vía

carrilada
4 rodada
4 rodera

carrilera
11 cangilón
7 carril

carrillo
1 buchete
2 mejilla
2 moflete
1 mollete
1 pómulo

carrillón
3 carillón

carriño
2 avantrén

carrizo
1 cañavera
1 cañete
2 cisca

carro
3 carreta
2 carretón
2 carromato
7 galera
8 carruaje
15 auto
9 automóvil
10 coche
9 pasado
13 podrido

carrocería
2 chasis
9 armazón

carromato
5 carricoche
10 carro

carroña
11 cadáver
11 podredumbre
9 resto
6 desperdicio

carroñero
6 depredador

carroso
5 sospechoso
⇨poco de fiar
6 ◁*fiable*

carroza
12 abuelo(s)
11 achacoso
2 armón
2 furgón
22 viejo
33 anciano
33 antiguo
14 envejecido

9 pasado
11 senil
8 vetusto
⇨coche fúnebre
1 ◁*niñato*
10 ◁*joven*

carruaje
2 calesa
5 carricoche
3 faetón
1 landó
2 ténder
9 automóvil
10 carro
10 coche

carrucha
3 polea

carrusel
4 caballito(s)
15 ejercicio
8 exhibición
1 tiovivo

carry
7 acarreo
3 arrastre

carta
8 anónimo
3 besalamano
10 billete
11 constitución
14 escrito
5 esquela
leyes
6 mapa
6 mensaje
6 misiva
2 naipe(s)
17 plano
5 pliego
1 postal
7 cédula
10 despacho
⇨cuatro letras
⇨ordenamiento jurídico

cartabón
19 ángulo
9 escuadra

1 prisma
27 regla(s)
5 marco

cartaginense
2 cartaginés

cartaginés
1 cartaginense
1 púnico

cártama
3 alazor
1 romí
4 papagayo
⇨azafrán bastardo

cártamo
7 azafrán

cartapacio
4 cuaderno
44 bolsa
15 bulto
2 vade

cartas
2 baraja

cartel
24 anuncio(s)
10 bando
5 edicto
7 letrero
7 nombradía
2 pasquín
3 proclama
11 publicación
7 renombre
34 aviso
15 fama
20 inscripción
10 rótulo

cartelera
4 affiche

carter
⇨depósito de aceite

cartera
1 carpeta
2 desempeño

15 ejercicio
5 guitarra
8 ministerio
3 monedero
2 portamonedas
1 portapliegos
16 función
4 billetero
2 vade

carterista
19 chorizo
13 ladrón
8 mangante
6 ratero

cartero
3 distribuidor
1 portacartas
1 repartidor
14 mensajero

cartesiano
3 desapasionado
14 evidente
4 metódico
7 lógico
19 recto
13 sereno
14 ◁*confuso*

cartílago
1 ternilla

cartilla
4 catón
4 cuaderno
3 libreta
1 silabario

cartografía
7 geografía

cartón
1 cartulina
6 papelón
2 tarjeta
1 tarjetón
9 ficha

cartuchera
7 fornitura

12 canana

cartucho
18 bala
2 cucurucho
6 proyectil
44 bolsa
3 tubo

cartuja
8 convento
5 monasterio
6 claustro

cartulario
5 archivo

cartulina
5 cartón

carúncula
3 carnosidad
6 cresta
1 lobanillo
1 quiste

carvajal
2 robledal

carvallo
4 roble

casa
11 casilla
8 domicilio
2 escaque
12 familia
10 firma
12 hogar
2 lar
10 mansión
3 morada
9 residencia
10 vivienda
9 compañía
8 habitación
16 linaje
16 sociedad

casaca
32 mudar(se)
5 pelliza

6 tabardo
6 uniforme
27 volver(se)
46 cambiar
10 capote

casación
6 abolición
9 apelación
30 recurso(s)

casado
6 consorte
3 cónyuge
3 desposado
3 esposo
4 marido
11 unido
10 vinculado
3 ◁*célibe*
3 ◁*soltero*

casal
8 granja
13 alquería
6 caserío
12 hacienda
4 masía
8 torre

casamata
5 caserna

casamiento
18 boda
2 connubio
13 enlace
8 matrimonio
7 nupcias
19 unión
5 casorio
⇨conjunto de dulces

casanova
18 audaz
5 mujeriego
5 tenorio
30 ◁*tímido*

casar(se)
30 acoplar(se)
37 acordar(se)

59 ajustar(se)
19 apostar(se)
15 combinar
5 desposar(se)
14 emparejar(se)
24 encajar(se)
74 juntar(se)
9 maridar
79 unir(se)
8 enchuchar(se)
13 enlazar
13 alquería
6 caserío
15 convenir
3 injertar
11 pactar
⇨llevar al altar
15 ◁*abolir(se)*
28 ◁*anular(se)*
6 ◁*divorciar(se)*
9 ◁*abrogar*

casca
11 curtido
4 hollejo
8 cáscara
8 corteza
12 rosca

cascabel
18 campana
3 sonaja
6 campanilla
3 úvula

cascabelada
1 cascabeleo
4 cencerrada
5 estruendo
79 alboroto
10 escándalo
7 ◁*silencio*
26 ◁*calma*

cascabelear
31 alborotar(se)
15 engolosinar(se)

cascabeleo
5 cascabelada

cascabelero
1 sonajero

cascaciruelas
26 despreciable
16 inútil

cascada
3 catarata
9 chorro
1 gastada
⇨ salto de agua

cascado
4 agrietado
3 ajado
16 cansado
12 gastado
3 marchito
16 quebrado
22 viejo
14 débil
6 roto
12 ◁ nuevo
22 ◁ fuerte

cascadura
3 charloteo
6 grieta
6 rendija
10 rotura
7 parloteo
6 raja
12 ◁ discreción
6 ◁ integridad

cascajar
7 glera
1 guijarral
4 pedregal

cascajo
6 cascote
10 decrépito
4 guijo
8 fragment

cascajoso
3 pedregoso

cascalear
12 callejear

cascanueces
1 rompenueces

cascar(se)
35 abrir(se)
40 atizar(se)
2 charlotear
6 garlar
14 hender
11 machacar
10 majar
38 pegar(se)
29 quebrantar(se)
41 quebrar(se)
47 romper(se)
5 vapulear
20 zurrar(se)
21 arrear
5 cháchara
6 charlar
2 escachar
5 fracturar
24 golpear
2 masturbarse
6 parlotear
36 rajar

cáscara
8 caparazón
5 casca
2 cascarón
11 concha
9 cubierta
3 raspa
8 corteza
6 vaina

cascarada
80 bulla

cáscaras
6 ostra(s)

cascarazo
5 latigazo
26 azote
5 guantazo
4 manotazo
4 puñetazo
5 sorbo
13 trago

cascarilla
4 hollejo

cascarón
13 bóveda
8 cáscara

cascarrabias
8 aguafiestas
5 excitable
3 tufillas
6 irritable
1 pulguillas
6 quisquilloso
6 rascado
7 susceptible
11 ◁ comprensivo
19 ◁ flemático

cascarria
3 cazcarria

casco
2 bacinete
9 botella
2 cráneo
3 pezuña
7 suelo
2 uña
1 yelmo
38 cabeza
13 copa
9 envase
13 vaso

cascote
14 canto
4 cascajo
5 escombro
4 esquirla
4 guijo
8 fragmento

cascotes
4 zafra

caseificar(se)
14 coagular(se)
8 cuajar
20 agriar

caseína
1 albuminoide
5 leche
1 proteína

9 cuajo

casera
6 concubina
9 manceba
⇨ ama de casa

caserío
9 aldea
6 burgo
15 casa
6 casal
3 lugarejo
6 villorrio

caserna
10 baluarte
6 blocao
1 casamata
11 cuartel
5 fortín

casero
16 arrendador
9 arrendatario
5 colono
7 doméstico
7 dueño
9 familiar
4 inquilino
1 propietario
6 cliente
5 hornero
3 parroquiano

caserón
31 aposento

caseta
9 barraca
11 casilla
3 stand

casetón
3 artesón

cash flow
⇨ flujo monetario
⇨ movimiento de tesorería

casi
16 aproximadamente
1 cuasi

casilla
9 cabina
3 caseta
2 compartimiento
8 chamizo
2 encasillado
2 escaque
8 garita
15 casa
16 división
10 estante
⇨apartado de Correos

casillero
33 armario

casimir
2 cachemir

casing
1 entubado

casino
3 ateneo
28 asociación
18 círculo
7 club
16 sociedad

casiterita
1 estaño

casmodia
3 bostezo

caso
15 acontecimiento(s)
30 asunto(s)
16 azar
12 casualidad
12 circunstancia
15 cuestión
12 incidente
11 lance
17 ocasión
10 ocurrencia
5 peripecia
8 proceso
13 suceso(s)
13 sumario
7 coyuntura
10 acaecimiento
13 tema

casorio
18 boda
4 desposorio
8 matrimonio
2 bodorrio
8 casamiento

caspa
6 costra(s)
9 escama

caspera
1 lendrera
2 peine

casquear
1 piafar
⇨dividir en gajos

casquería
9 despojos
1 tripería
8 carnicería

casquetada
9 barrabasada
4 calaverada
3 gamberrada
10 ◁*formalidad*

casquete
5 birretina
4 boina
5 cairel
6 coito
3 toca
13 bicoca

casquijo
17 argamasa

casquillo
5 cartucho
7 hierro(s)
4 abrazadera

14 cobardía
8 forro
1 herradura
5 mango
6 vaina

casquivana
24 fácil

casquivano
9 alocado
27 aturdido
13 irreflexivo
23 ligero
⇨ligero de cascos
⇨mala cabeza
10 ◁*formal*
16 ◁*sesudo*
7 ◁*consciente*

cassette
2 magnetofón
⇨cinta compacta

casta
6 alcurnia
21 calidad
10 generación
8 progenie
1 prosapia
9 ralea
11 raza
17 clase
6 estirpe
16 linaje

castaña
1 callonca
2 candela
4 chasquido
1 morrazo
2 trastazo
15 barril
40 borrachera
5 coscorrón
4 damajuana
37 golpe

castañeta
3 castañuela

castañetazo
8 estallido
5 estampido

castañetear
5 entrechocar
2 temblequear

castañeteo
7 tiritona

castaño
3 marrón
2 pardo
1 zaino

castañuela
1 castañeta
4 palillo
4 crótalo

castellano
5 alcaide

castellar
1 todabuena

casticidad
3 casticismo
9 pureza

casticismo
2 casticidad
2 purismo
1 tipismo

casticista
3 purista

castidad
6 continencia
10 decencia
9 decoro
11 honestidad
5 pudor
9 pureza
5 virginidad
10 virtud
17 vergüenza
13 ◁*impureza*
9 ◁*lujuria*

castigable
2 punible

castigado
- 4 ejecutado
- 5 plagado

castigador
- 18 audaz
- 6 ejecutor
- 4 enamoradizo
- 7 seductor
- 8 verdugo
- 7 conquistador
- 30 ◁*tímido*

castigar(se)
- 51 afligir(se)
- 14 aminorar(se)
- 83 arreglar(se)
- 40 azotar(se)
- 7 baquetear
- 22 condenar(se)
- 16 corregir(se)
- 4 diezmar
- 19 disminuir(se)
- 37 enamorar(se)
- 8 enmendar
- 2 escarmentar
- 5 expedientar
- 23 mortificar(se)
- 38 pegar(se)
- 9 penar
- 21 reprimir(se)
- 6 sancionar
- 2 talionar
- 4 cujear
- 32 entrar
- 13 galantear
- 24 golpear
- 12 hostigar
- ⇨moler a palos
- ⇨tundir las costillas
- 12 ◁*halagar*
- 6 ◁*premiar*

castigo
- 21 afrenta
- 28 arresto(s)
- 12 condena
- 7 confiscación
- 13 corrección
- 7 correctivo
- 5 destierro
- 2 excomunión
- 1 inhabilitación
- 14 ofensa
- 11 pasada
- 1 punición
- 7 represión
- 8 sanción
- 4 multa
- 29 pena
- 17 prisión
- 8 ◁*premio*

castillejo
- 11 andamio
- 9 armazón

castillo
- 5 alcazaba
- 9 alcázar
- 4 ciudadela
- 6 cota
- 11 fortaleza
- 4 torreón
- 5 fortín
- 8 torre

castiza
- 4 maja

castizo
- 16 correcto
- 9 popular
- 21 puro
- 4 típico
- 14 tradicional
- 2 cuarterón
- ◁*atípico*
- 13 ◁*culto*
- 8 ◁*impuro*

casto
- 5 continente
- 12 honesto
- 11 limpio
- 2 pudibundo
- 6 púdico
- 21 puro
- 5 virtuoso
- 17 ◁*impúdico*

castración
- 3 infibulación

castrado
- 10 buey
- 14 cabestro
- 1 eunuco

castrador
- 3 esterilizador

castrar
- 45 apocar(se)
- 83 arreglar(se)
- 9 catar
- 17 debilitar
- 4 esterilizar
- 14 capar
- 34 componer
- 57 cortar
- 8 podar
- ⇨extirpar los órganos sexuales

castrense
- 2 miliciano
- 9 militar

castro
- 8 castillo
- 4 peñasco
- 10 real
- 14 sitio
- 5 fortín
- 22 fuerte

castrón
- 9 amadamado

casual
- 14 accidental
- 2 adventicio
- 4 aleatorio
- 5 contingente
- 4 esporádico
- 7 eventual
- 5 fortuito
- 8 impensado
- 9 imprevisto
- 10 inopinado
- 9 ◁*esencial*

casualidad
- 11 acaso
- 34 accidente
- 16 azar
- 8 contingencia(s)
- 8 eventualidad
- 9 imprevisto
- 7 ventura
- 11 albur
- 17 caso
- 14 chamba
- 8 chiripa
- 17 suerte
- 9 ◁*previsión*
- 17 ◁*desgracia*

casuario
- 2 avestruz
- 1 ñandú

casulla
- 5 manto
- 1 sobrepelliz
- 7 túnica

cata
- 1 degustación
- 20 prueba
- 1 calicata
- 6 cobertor
- 14 colección
- 1 excavación
- 6 hucha
- 9 manta
- 4 papagayo

catabre
- 1 catauro

cataclismo
- 3 catástrofe
- 10 desastre
- 7 hecatombe
- 17 desgracia
- 17 siniestro

catacumba
- 13 antro

catador
- 4 catavinos
- 1 degustador
- 8 experto
- 10 perito

3 enólogo

catadura
11 gesto(s)
5 plantón
16 rasgo(s)
4 semblante
39 aspecto
18 cara
14 facha
16 pinta

catafalco
4 túmulo

catalejo
20 anteojo(s)
3 prismáticos
7 gemelos

catalepsia
2 cataplexia
9 inmovilidad
9 insensibilidad
⇨muerte aparente

catálisis
5 aceleración
8 reacción
8 transformación

catalizador
2 enzima
2 fermento

catalogación
6 clasificación
9 ordenación
19 ◁desorden

catalogador
2 archivero
3 ordenador
5 registrador

catalogar
3 seriar

catálogo
6 clasificación
11 índice
5 inventario

6 tabla(s)
5 taxonomía
8 cuadro
13 registro

catana
5 machete
37 golpe
3 sable
20 tormento

cataplasma
7 emplasto
18 molestia(s)
3 sinapismo
6 embrocación
4 emoliente

cataplexia
22 anestesia
4 catalepsia

catapulta
2 balista

catar
2 degustar
41 examinar(se)
8 gustar
19 observar
2 paladear
19 probar
4 saborear
25 mirar
19 ver

catarata
4 cascada
3 opacidad
⇨salto de agua

catarro
7 constipado
3 resfriado
1 tos

catarsis
8 evacuación
19 limpieza
5 purga
11 purificación

14 ◁suciedad

catártico
5 purga
7 laxante

catasalsas
13 bullebulle

catastro
12 censo
5 estadística
5 padrón

catástrofe
5 cataclismo
10 desastre
7 hecatombe

catastrófico
15 aciago
10 adverso
8 calamitoso
21 grave
14 desgraciado
14 ◁afortunado

catauro
1 catabre

catavinos
5 catador
3 enólogo
45 borracho
7 mojón

cate
2 apabullo
7 cachete
3 mamporro
4 mojicón
12 suspenso
28 bofetada
37 golpe
4 ◁aprobado
17 ◁caricia

cateado
12 suspenso

catear
15 suspender
50 cargar
⇨dar calabazas

catecismo
3 catequesis

catecú
1 cachú
1 cachunde
1 cato

catecúmeno
3 aspirante
13 discípulo
6 neófito
9 prosélito
10 ◁enemigo

cátedra
4 asignatura
4 aula
14 materia
2 sitial
49 asiento
6 bancal
17 clase
15 disciplina

catedral
1 seo
5 templo

catedrático
5 doctor
12 educador

categoría
11 abstracción
16 condición
15 esencia
18 especie
17 importancia
20 naturaleza
5 posición
8 rango
2 standing
12 calaña
17 clase
16 dignidad
16 división

categóricamente

19 género
10 jerarquía
16 linaje
⇨parte de la oración

categóricamente
3 redondamente
5 secamente

categórico
4 concluyente
10 decisivo
11 imperioso
3 inapelable
14 inequívoco
6 terminante
27 absoluto
6 ◁*relativo*
6 ◁*vacilante*

catenaria
26 cadena

catequesis
1 catecismo
27 instrucción(es)
4 predicación
◁*descristianización*

catequista
12 apóstol

catequizar
5 adoctrinar
11 conquistar
4 convencer
37 enseñar(se)
4 evangelizar
11 instruir
14 persuadir(se)
7 predicar

caterético
1 escarótico

catering
6 abastecimiento
2 aprovisionamiento
1 matalotaje
8 provisión

caterpillar
2 oruga

caterva
9 fárrago
8 infinidad
25 muchedumbre
9 tropel
12 montón
16 multitud
5 sinnúmero

catete
8 demonio
14 diablo
2 puches

catéter
4 algalia
3 argalia
5 sonda

cateto
2 lugareño
11 paleto
17 rústico

catilinaria
5 apóstrofe
16 andanada
10 filípica

catinga
7 fetidez
3 hedor

catite
3 cachirulo

cato
3 catecú

católico
1 apostólico
23 arreglado
16 cristiano
5 ordenado
2 romano
18 sano
2 ◁*desarreglado*

catón
7 abecedario
4 cartilla
11 censor
1 silabario

catre
5 camastro
7 hamaca
5 yacija
13 cama
5 litera

catricofre
12 baúl
33 caja

caucarse
5 enranciar(se)
64 estropearse
⇨caerse el pelo
⇨tomar mal sabor

cauce
4 álveo
1 barranquera
3 cárcava
4 cuérrago
19 madre
11 procedimiento
5 rambla
3 vaguada
5 conducto
11 lecho

caución
12 abono
8 cautela
7 fianza
19 garantía
14 prevención
20 seguridad

caucionar
15 acreditar(se)
22 afianzar(se)
19 garantizar(se)

caucho
3 hule
5 leche
13 goma

3 llanta
2 neumático
⇨manta impermeable

caudal
28 abundancia
bienes
14 capital
9 patrimonio
27 posible(s)
16 cantidad
14 copia
13 dinero
12 hacienda
12 ◁*escasez*
7 ◁*penuria*

caudatrémula
16 aguzanieves
8 nevatilla

caudillaje
6 conducción
5 jefatura
43 poder(es)
26 autoridad
6 mando
4 ◁*inferioridad*
3 ◁*sometimiento*

caudillo
9 conductor
9 jefe
11 guía
9 cacique
11 gaucho

caudón
5 alcaudón

cauro
3 nornoroeste

causa
8 doctrina
14 fundamento(s)
11 germen
8 litigio
10 motivo(s)
8 móvil
13 origen

5 pleito
19 principio(s)
8 proceso
13 fuente
17 razón
5 tentempié

causal
14 fundamento(s)
10 motivo(s)
19 principio(s)
20 relación

causante
9 autor
3 motor

causar
12 acarrear
63 dar(se)
34 determinar(se)
14 engendrar
33 hacer(se)
17 incitar(se)
5 infundir
10 motivar
8 obrar
7 ocasionar
39 originar(se)
47 producir(se)
18 provocar
6 redundar
6 suscitar
⇨dar lugar
⇨dar pie
13 ◁*impedir*

causear
6 picotear
40 vencer(se)
⇨tomar el aperitivo

causídico
17 abogado

causón
13 calentura

causticar
5 corroer
63 irritar(se)
30 quemar(se)

causticidad
10 acrimonia
8 sarcasmo
7 ironía
8 mordacidad

cáustico
4 abrasivo
9 incisivo
6 irónico
5 mordaz
3 punzante
9 satírico
3 corrosivo
4 quemante
31 ◁*bondadoso*
14 ◁*inocente*

cautela
19 circunspección
10 desconfianza
12 precaución
16 prudencia
15 reserva(s)
8 sutileza
47 astucia
11 maña
1 ◁*atolondramiento*
11 ◁*ingenuidad*

cauteloso
17 artificioso
25 avisado
8 desconfiado
5 furtivo
7 precavido
13 prudente
5 redomado
15 reservado
3 sigiloso
5 solapado
6 lobo
8 retobado
33 ◁*atrevido*

cauterización
1 escarificación
1 restaño
10 cura

cauterizar
5 cicatrizar
5 restañar
13 curar

cautivado
6 embelesado
9 encantado
6 fascinado
9 ganado
7 seducido
2 ◁*desengañado*

cautivador
38 agradable
14 encantador
9 enloquecedor
29 hechicero(a)
5 interesante
7 seductor

cautivante
38 agradable

cautivar
29 apresar(se)
48 atraer(se)
18 domar(se)
46 dominar(se)
24 encadenar(se)
10 encarcelar(se)
7 esclavizar
40 ganar(se)
12 seducir
5 sojuzgar
40 someter(se)
19 aprisionar
31 prender
34 ◁*liberar(se)*
13 ◁*rechazar*

cautiverio
26 cadena

cautivo
9 arrestado
7 esclavo
5 presidiario
6 preso
4 prisionero
4 siervo

cauto
8 circunspecto
17 hábil
7 precavido
7 prevenido
4 previsor
13 prudente
50 astuto
10 sagaz
5 ◁*desprevenido*

cavador
6 cultivador
2 excavador
7 labrador

cavar
19 agujerear
17 ahondar(se)
4 horadar
11 meditar
31 pensar(se)
5 profundizar
15 reflexionar

cávea
8 jaula

caverna
5 algar
13 antro
6 covacha
3 cripta
12 cueva
6 gruta
10 guarida
2 horado

cavernario
11 troglodita

cavernícola
11 troglodita

cavernidad
3 cavernosidad

cavernosidad
1 cavernidad
5 oquedad
6 profundidad
6 ◁*superficie*

cavernoso
17 escondido
5 lúgubre
16 oculto
6 recóndito
15 sórdido
17 siniestro
11 ◁*manifiesto*

cavia
4 agutí

cavidad
25 abertura
7 brecha
8 concavidad
19 hueco
13 seno
16 vacío
37 agujero
5 hendidura

cavilación
3 quebradero

cavilar
13 abismar(se)
25 abstraer(se)
12 discurrir
15 ensimismar(se)
11 meditar
31 pensar(se)
9 reconcentrar(se)
15 reflexionar
7 rumiar

cavilosidad
9 conjetura
12 especulación
8 prejuicio
14 aprensión
11 recelo
17 ◁*confianza*

caviloso
5 meditabundo
2 pensador
7 soñador
5 suspicaz
7 temeroso
25 ◁*seguro*

cayada
20 bastón

cayado
4 báculo
3 cachava
20 bastón

cayo
11 arrecife
20 barra
2 isleta
4 peñasco
10 escollo

cayuco
1 dolicocéfalo
19 ignorante
22 rudo
18 torpe
16 ◁*listo*

caz
14 acequia
18 canal

caza
3 acecho
6 acoso
1 aprehensión
12 batida
   búsqueda
6 captura
4 ojeo
6 persecución
1 venación
1 cetrería
17 prisión

cazado
4 pescado

cazador
2 alimañero
2 lobero
1 paradislero
3 trampero

cazadora
5 pelliza
3 zamarra

4 americana
9 chaqueta

cazadotes
12 aventurero

cazalla
4 aguardiente

cazar
29 apresar(se)
20 atirantar(se)
24 conseguir(se)
5 lazar
16 pillar(se)
22 sorprender(se)
16 adquirir
22 alcanzar
4 pescar

cazatorpedero
1 contratorpedero

cazcarria
1 cascarria
1 zarrapastra
2 zarpa

cazo
9 cazuela
5 cucharón
14 miembro
8 olla
5 pene
5 perol
4 puchero
6 tachuela

cazolero
2 cominero
29 afeminado

cazoleta
10 pipa

cazoletero
2 cominero

cazón
1 nioto
2 tollo
⇨perro marino

cazonal
4 fiasco
15 embrollo
18 enredo
11 lío
9 ◁*ganancia(s)*

cazuela
7 anfiteatro
5 cacerola
4 gallinero
10 general
1 tartera
1 cantillos
1 chinata
6 guisado
⇨olla podrida

cazurrería
8 cautela
15 reserva(s)
8 sigilo
47 astucia
4 socarronería
11 ◁*franqueza*
6 ◁*sociabilidad*

cazurro
21 callado
4 carlancón

ceaja
10 cabra

ceba
15 cebo
3 engorde

cebada
1 alcacer
1 farro
1 granoto
1 hordiate
2 ladilla
2 malta
1 riza

cebado
7 nutrido
10 abultado
19 gordo

cebadura
15 cebo
3 engorde

cebar(se)
21 abultar(se)
43 alimentar(se)
48 atraer(se)
14 criar
48 disponer(se)
8 encarnizar(se)
6 engordar
5 ensañar(se)
8 fomentar
12 halagar
2 sainar
1 sobrealimentar
9 fallar
10 impulsar
6 marrar
31 prender
⇨preparar el mate
14 ◁*adelgazar(se)*

cebedeo
7 enamoramiento
20 amorío

cebo
10 aliciente
18 asechanza
4 carnada
2 carnaza
2 ceba
2 cebadura
3 engorde
9 fomento
1 güeldo
6 incentivo
6 pábulo
9 señuelo
6 tentación
35 atractivo
9 pasto

cebolla
1 albarranilla
3 binza
13 bulbo
1 cebolleta
3 cebollino
1 cebollón

1 ceborrincha
1 escalonia
2 porreta

cebolleta
9 cebolla

cebollino
7 ajo
13 bulbo
9 cebolla

cebollón
9 cebolla

cebolludo
2 bulboso

cebón
8 atocinado
10 gorrino

ceborrincha
9 cebolla

cebra
1 zebra

cebrado
6 acanillado
10 bragado

ceburro
3 candeal

ceceante
1 ceceoso
1 zopas

cecear
1 zacear

ceceo
9 pronunciación

ceceoso
2 ceceante

cecial
1 pescada

cecina
6 adobo
1 carnaje
1 chacina
1 pernicote
1 salazón
4 tasajo

cecinar
5 acecinar
16 adobar
9 ahumar(se)
1 atasajar
1 salpresar
13 curar
3 manir

ceda
8 cerda

cedazo
2 arel
2 cernedero
1 cernera
1 cernidero
7 criba
3 harnero
1 juera
5 tamiz
1 triguero
21 vano

cedente
3 otorgante
4 ◁*apropiador*

ceder(se)
22 abandonar(se)
9 abdicar
22 acceder
22 adjudicar(se)
32 aflojar(se)
35 alargar(se)
9 amainar
14 aminorar(se)
4 amollar
36 aplacar(se)
41 avenir(se)
26 blandear(se)
7 cejar
8 claudicar
63 dar(se)
43 dejar(se)

17 derretir(se)
11 desamparar
6 desistir
2 destensar
19 disminuir(se)
14 doblegar(se)
10 dotar(se)
17 dulcificar(se)
8 endosar
31 entregar(se)
17 flaquear
9 flojear
46 humillar(se)
3 menguar
7 obedecer
14 plegar(se)
40 someter(se)
4 transferir
7 transigir
16 transmitir(se)
11 arrendar
14 cesar
2 transar
12 traspasar
59 ◁*aumentar(se)*
10 ◁*bregar*
13 ◁*emperrar(se)*
8 ◁*encarnizar(se)*
28 ◁*obstinar(se)*
6 ◁*presionar*
44 ◁*tomar(se)*
11 ◁*insistir*

cedido
3 realquilado
5 vendido

cedoaria
3 cúrcuma

cedro
2 acajú
1 alerce
3 sabina

cédula
2 documento
17 papel(es)
5 papeleta
3 pergamino
5 rúbrica
10 despacho

cedulario

9 ficha

cedulario
5 archivo

cedulón
10 bando

cefalalgia
1 cefalea
1 cefalopatía

cefalea
2 cefalalgia

céfalo
1 lubina
2 róbalo

cefaloma
12 cáncer

cefalopatía
2 cefalalgia

cefalópodo
4 calamar
1 pulpo
3 sepia
5 molusco

céfiro
5 brisa
4 poniente
20 viento(s)
14 aura

cegado
9 ciego
7 alucinado

cegador
34 brillante
1 deslumbrante
9 reluciente
5 turbador

cegajo
27 cabrón

cegajoso
10 cargado
9 ciego
5 vidrioso

cegar(se)
17 alucinar(se)
38 atascar(se)
5 atramparse
16 atrancar(se)
7 aturar(se)
37 cerrar(se)
18 deslumbrar(se)
7 encastillarse
16 obcecar(se)
11 obstruir
5 obturar
16 ofuscar(se)
24 rellenar(se)
22 tapar(se)
8 taponar(se)
21 atorar
39 empeñarse
13 impedir
3 ◁ *desatrancar*
6 ◁ *desistir*

cegatón
1 miope

ceguedad
10 alucinación
3 catarata
9 desacierto
7 deslumbramiento
5 exasperación
6 extravío
1 glaucoma
1 invidencia
5 obcecación
2 obscurecimiento
4 ofuscamiento
1 tracoma
1 ablepsia
10 ceguera
13 obstinación
10 ◁ *claridad*
8 ◁ *vista*

ceguera
10 alucinación
2 amaurosis

15 ceguedad
7 empecinamiento
4 emperramiento
1 invidencia
5 obcecación
10 obscuridad
6 ofuscación
9 chaladura

ceja
1 cejuela
1 entrecejo
1 sobreceja
1 somontano

cejador
19 asustadizo
5 espantadizo

cejar
22 abandonar(se)
32 aflojar(se)
41 ceder(se)
17 flaquear
4 recular
8 replegar(se)
12 retroceder
9 ◁ *avanzar*
11 ◁ *machacar*
11 ◁ *insistir*

cejijunto
3 ceñudo

cejo
11 calina

cejuela
4 ceja

celada
18 asechanza
11 casco
11 emboscada
7 encerrona
28 engaño(s)
1 yelmo
9 cepo
9 fraude
10 trampa

celador
9 centinela
7 guardián

20 vigilante
4 bedel
3 subalterno

celaje
24 anuncio(s)
8 comienzo
11 presagio
19 principio(s)
8 espectro
7 nube
15 sombra

celar
22 cuidar(se)
13 disimular
31 encubrir(se)
41 ocultar(se)
22 tapar(se)
27 velar(se)
11 vigilar
17 ◁ *confiar(se)*
13 ◁ *descubrir*
7 ◁ *descuidar*

celda
9 arrinconamiento
4 celdilla
5 célula
12 encierro
7 mazmorra
5 breque
17 brete
12 calabozo

celdilla
3 alvéolo
11 casilla
8 celda
4 hornacina

celebérrimo
7 egregio

celebración
6 aniversario
8 campeonato
6 efemérides
4 festejo
16 festividad
7 perpetuación
11 regocijo

29 alabanza
23 gala
5 recordatorio

celebrado
13 acreditado
4 aplaudido
11 insigne

celebrador
2 enaltecedor

celebrante
4 oficiante

celebrar
65 alabar(se)
18 aplaudir
4 conmemorar
8 elogiar
12 encarecer(se)
7 encomiar
5 ensalzar(se)
5 solemnizar
14 festejar
⇨decir misa
12 ◁*despreciar*

célebre
14 afamado
11 conocido
9 eximio
16 famoso
15 glorioso
11 insigne
9 popular
8 renombrado
14 reputado
6 ◁*desconocido*

celebridad
11 aureola
33 consideración(es)
26 gloria
18 honor
12 honra
6 notoriedad
7 personaje
8 popularidad
7 renombre
15 fama
16 nombre

7 prestigio

celentéreo
1 escifozoo
1 espongiario
2 medusa
2 pólipo

celeridad
1 festinación
8 presteza
12 prontitud
7 rapidez
8 velocidad
9 vivacidad
16 diligencia
17 actividad
3 ◁*inactividad*
10 ◁*lentitud*

celeste
11 azul
14 celestial
1 célico
5 divino
7 empíreo

celestial
38 agradable
5 arrebatador
25 bienaventurado
5 celeste
8 delicioso
5 divino
7 empíreo
14 encantador
17 excelente
11 maravilloso
1 paradisiaco
4 paradisíaco
9 perfecto
17 soberbio
2 ◁*pésimo*

celestina
2 encubridora
3 tercera
4 trotaconventos
1 zurcevoluntades
4 proxeneta
15 alcahueta

celestinaje
7 intercesión
9 mediación

celíaco
2 intestinal
2 ventral

celibato
1 soltería

célibe
3 soltero
17 mozo
9 muchacho

célico
5 celeste

celinda
3 jeringuilla

celo(s)
7 abnegación
13 afán
18 ahínco
23 altruismo
53 amor
22 ardor
5 brama
12 caridad
22 cuidado
9 dedicación
15 duda
6 entusiasmo
2 envidia
5 esmero
10 formalidad
7 laboriosidad
5 rivalidad
6 sospecha
2 verriondez
7 vigilancia
16 diligencia
1 achares
2 guararey
6 pelusa
11 recelo
17 ◁*confianza*
7 ◁*frialdad*
15 ◁*indiferencia*

celosía
1 enrejado
3 entramado
3 persiana
2 rejilla
3 encañado

celoso
11 afanoso
8 ahincado
14 ardoroso
17 cuidadoso
25 diligente
6 dudoso
6 entusiasta
2 envidioso
7 esmerado
6 rival
5 suspicaz
9 receloso
⇨arma de fuego
8 ◁*confiado*
9 ◁*descuidado*

celsitud
6 alteza

celta
4 celtíbero

celtíbero
1 celta
2 español
2 hispano
1 ibero

célula
3 átomo
8 cavidad
8 celda
13 seno
11 elemento

celular
1 carcelario
1 penitenciario

celuloide
5 cine
1 nitrocelulosa
7 plástico

cellisca
12 temporal
13 aguacero
9 tormenta
14 ◁*bonanza*

cembo
9 atajadero
15 caballón

cementerio
2 camposanto
1 fosal
1 rauda
2 necrópolis

cemento
17 argamasa
5 caliza
3 dolomía
4 pegamento
2 pucelana

cena
2 meriendacena
23 comida

cenáculo
18 círculo
19 reunión

cenador
4 emparrado
12 galería
7 glorieta
1 lonjeta
4 quiosco
1 veranda

cenagal
5 ciénaga
4 charco
5 fangal
1 humedal
2 leganal
6 pantano
2 paular
2 trampal
2 tremedal
3 lodazal
13 barrizal

cenagoso
1 fangoso
2 lodoso
4 pantanoso
9 turbio
21 ◁*seco*

cenar
22 comer

cenceño
6 enjuto
5 chupado
11 delgado
5 escuchimizado
16 flaco
19 ◁*gordo*

cencerrada
1 esquilada
79 alboroto
80 bulla
19 ruido

cencerrear
chapotear
1 escandalizar
2 percutir
24 golpear
6 ◁*silenciar(se)*

cencerro
2 campano
cencerrillas
1 changarra
2 esquila
2 zumba
3 bozal
6 campanilla

cendal
5 burato
7 gasa
2 humeral

cenefa
32 borde
14 canto
31 contorno(s)
2 festón
12 ribete(s)

28 vivo
21 adorno
20 bordado
15 ◁*centro*

cenia
2 azuda
3 noria

cenicero
3 albero
2 buitrón
1 cenizal
1 escorial
5 platillo

cenicienta
1 desdeñada
1 despreciada
6 fregona
◁*estimada*

ceniciento
6 cenizo
2 cinéreo

cenicilla
2 oídio

cenit
1 mediodía
6 perfección
12 culminación
23 ◁*depresión*

ceniza
3 hollín
2 oídio
1 pavesa
16 residuo

cenizal
5 cenicero

cenizas
11 cadáver

cenizo
2 ceniciento
1 ceñiglo
4 gafe
2 malasombra

2 cinéreo
⇨berza de pastor

cenobio
3 cartuja
8 convento
5 monasterio
6 claustro

cenobita
6 anacoreta
7 asceta
27 austero
3 ermitaño

cenojil
22 liga

censal
12 censo

censar
4 empadronar

censo
24 carga
1 censal
12 contrato
15 contribución
5 diezmo
3 empadrona-
   miento
7 gravamen
9 impuesto
3 matrícula
5 padrón
11 tributo
13 registro

censor
4 catón
2 corrector
5 criticón
2 dictaminador
5 examinador
3 interventor
2 magistrado
2 malpensado
1 reprobador
1 reventador
13 murmurador

censura
- 8 análisis
- 7 anatema
- 12 condena
- 10 crítica
- 8 desaprobación
- 12 examen
- 10 insidia
- 9 inspección
- 7 maledicencia
- 9 murmuración
- 25 reparo(s)
- 7 reprobación
- 9 vituperio
- 11 calumnia
- 15 juicio
- 15 reproche
- 9 ◁*elogio*

censurable
- 3 criticable
- 5 pecaminoso
- 4 reprensible
- 4 reprobable
- 5 reprochable
- 4 ◁*encomiable*
- 4 ◁*laudable*

censurado
- 7 cruzado
- 4 despellejado
- 6 ◁*ensalzado*
- 4 ◁*galardonado*

censurador
- 5 criticón

censurar
- 10 afear
- 14 atildar(se)
- 22 condenar(se)
- 11 controlar
- 10 criticar
- 14 denostar
- 8 desaprobar
- 5 expedientar
- 11 fustigar
- 9 impugnar
- 18 notar
- 10 patear
- 16 reprobar
- 6 satirizar
- 11 vituperar
- 5 ladrar
- 4 criminar
- 8 murmurar
- 16 reprender
- 4 ◁*apologizar*
- 7 ◁*galardonar*
- 6 ◁*ovacionar*

centavo
- 5 céntimo

centella
- 8 cohete
- 7 exhalación
- 4 rayo
- 19 chispa

centelleante
- 34 brillante
- 8 flamante
- 14 radiante
- 11 resplandeciente

centellear
- 47 brillar
- 4 chispear
- 2 fosforecer
- 11 fulgurar
- 5 irradiar
- 4 llamear
- 8 relucir
- 5 relumbrar
- 10 resplandecer
- 15 ◁*apagar(se)*

centelleo
- 26 brillo
- 9 vislumbre
- 11 viso(s)

centellero
- 5 candelabro

centena
- 2 centenar
- 1 ciento

centenar
- 2 centena
- 4 centenario

centenario
- 2 centenar
- 2 centuria
- 6 conmemoración
- 8 secular

centeno
- 12 cereal(es)

centésimo
- 5 céntimo

céntimo
- 1 centavo
- 1 centésimo
- 3 chavo
- 2 ochavo
- 4 moneda

centinela
- 1 atalayero
- 5 escucha
- 1 imaginaria
- 5 plantón
- 5 soldado
- 8 vigía
- 19 guardia
- 13 sereno
- 13 vela

centinodia
- 4 correhuela
- 3 saucillo
- ➪sanguinaria mayor

centolla
- 10 cangrejo
- 1 centollo
- 2 marisco

centollo
- 3 centolla

centón
- 7 antología

centonar
- 42 amontonar(se)

centrado
- 6 central

central
- 1 centrado
- 1 céntrico
- 1 concéntrico
- 35 medio(s)
- 8 moderado
- 4 medianero

centralización
- 11 acaparamiento

centralizar
- 21 agrupar(se)
- 16 concentrar(se)
- 2 promediar
- 9 reconcentrar(se)
- 49 reunir(se)
- 8 unificar
- 25 ◁*desunir(se)*
- 64 ◁*separar(se)*

centrar
- 2 equidistar
- 3 ◁*descentrar*

céntrico
- 6 central
- 3 ◁*alejado*
- 7 ◁*suburbano*

centrista
- 13 liberal
- 5 ◁*extremista*

centro
- 13 corazón
- 10 eje
- 6 foco
- 21 lugar
- 35 medio(s)
- 2 mitad
- 4 núcleo
- 23 objeto(s)
- 19 punto(s)
- 14 sitio
- 6 yema
- 11 interior
- 7 saya
- 4 traje

centuria
- 4 centenario
- 5 siglo

cénzalo
2 mosquito

ceñido
12 angosto
5 circunscrito
6 comprimido
19 estrecho
22 preciso
12 prieto
8 reducido
4 restringido
9 sucinto
3 ◁*ablusado*
10 ◁*exento*

ceñidor
3 braguero
6 correa
4 corsé
5 faja
1 fajín
2 talabarte
12 canana
10 cinturón

ceñiglo
6 cenizo

ceñir(se)
5 abotonar
17 abrazar
12 abreviar
6 abrochar(se)
14 acordonar
25 amoldar(se)
13 angostar(se)
65 apretar(se)
9 atenerse
15 bloquear
12 cercar
9 circunscribir
9 circunscribirse
5 compendiar
12 comprimir(se)
14 concretar(se)
7 constreñir
21 contener(se)
4 contornear
16 contraer(se)
11 coronar
7 embrazar
5 encorsetar
6 entallar
32 envolver(se)
32 estrechar(se)
6 flanquear
27 limitar(se)
31 moderar(se)
47 recoger(se)
52 reducir(se)
26 remitir(se)
9 restringir
38 rodear(se)
14 abarcar
61 atar
20 atemperar
5 cinchar
17 comprender
6 fajar
8 fruncir
10 oprimir
32 ◁*aflojar(se)*
5 ◁*desceñir(se)*
4 ◁*desenvolver(se)*
64 ◁*separar(se)*

ceño
7 cariz
9 cerco
14 expresión
11 gesto(s)
16 manifestación
1 sobrecejo
10 capote
12 aro
39 aspecto

ceñudo
1 cejijunto
8 torvo
8 hosco

ceo
10 gallo

cepa
10 casta
1 cepón
13 origen
2 parra
2 parriza
2 parrón
19 principio(s)
8 raíz
11 raza
5 tronco
16 linaje

cepillado
5 decapado

cepilladura
6 escarda

cepillar
9 acepillar
15 barrer
28 aderezar

cepillo
3 brocha
10 bruza
1 cerdamen
1 escobilla
3 tolva
24 adulador
9 cepo
10 pelota
12 servil

cepista
12 aranero

cepo
12 anzuelo
14 añagaza
18 asechanza
9 celada
11 emboscada
3 tolva
9 cepillo
13 lazo
10 trampa

cepón
11 cepa

ceporro
10 gaznápiro
22 necio

ceprén
6 palanca

cequeta
14 acequia

cequia
14 acequia
4 azarbe

cera
13 barniz
1 cerón
1 cerote
2 cerumen
3 pulimento
7 bujía
1 cerillo

cerámica
3 alfarería
5 arcilla
3 caolín
2 gres
2 loza
3 porcelana
3 terracota
2 terrazo
16 barro

ceramista
2 alfaharero
9 alfarero
3 barrero
1 cacharrero
1 jarrero
2 ollero
1 pichelero
1 tinajero
3 alcaller
2 botijero

ceramita
15 baldosa

cerapez
9 ceroso

cerasta
1 cerastes
1 hemorroo

cerastes
2 cerasta

cerbatana
13 bocina
2 bodoquera

2 cañuto

cerca
7 empalizada
3 seto
9 tapia
7 valla
9 vallado
12 cercado
◁a corta distancia
◁poco más o menos
5 ◁*lejos*

cercado
8 cerca
9 cerramiento
31 contorno(s)
8 coto
2 dehesa
4 ejido
6 recinto
4 vedado
18 cancha
5 cierro
13 corral
9 huerto

cercamiento
9 cerramiento

cercanía(s)
17 acceso
16 afuera(s)
24 aledaño(s)
34 alrededor(es)
alrededores
7 arrabal
1 confinidad
2 contigüidad
31 contorno(s)
5 derredor
3 inmediación
17 proximidad(es)
9 similitud
19 unión
8 vecindad
31 contornos
5 gotera
6 inmediaciones
18 ◁*distancia*

cercano
15 adyacente
20 afín
24 aledaño(s)
10 contiguo
7 inmediato
7 limítrofe
18 parecido
13 próximo
11 semejante(s)
5 ◁*desemejante*
3 ◁*lejano*

cercar
1 alambrar
11 amurallar(se)
10 asediar(se)
44 ceñir(se)
37 cerrar(se)
4 circundar
3 empalizar
11 encerrar
38 rodear(se)
4 sitiar
6 tapiar
3 vallar
35 ◁*abrir(se)*

cercenado
5 amputado
5 talado

cercenadura
5 recorte

cercenamiento
4 abreviación
13 acortamiento
7 amputación
7 cortadura
8 mutilación
9 reducción
3 supresión
56 corte
4 ◁*ampliación*
23 ◁*aumento*

cercenar
12 abreviar
16 acortar(se)
2 chapodar
4 desmochar

19 disminuir(se)
27 limitar(se)
17 recortar(se)
52 reducir(se)
9 restringir
13 suprimir
35 ◁*alargar(se)*
12 ◁*ampliar(se)*

cerciorar
52 asegurar(se)
22 atestiguar(se)

cerciorarse
9 comprobar

cerco
6 asedio
2 corrillo
8 perímetro
19 rodeo
14 sitio
4 circunferencia
18 círculo
7 corro
21 vuelta

cerchar
9 acodar(se)

cerda
1 ceda
15 indicio(s)
5 seda
4 adehala
18 gratificación
10 pista
11 propina
27 señal

cerdamen
9 cepillo

cerdito
2 cochinillo

cerdo
1 cocho
1 cuino
10 gorrino
11 maleducado
6 maloliente

6 marrano
1 porcachón
7 puerco
4 tocino
12 cochino
5 desaseado
21 grosero
9 guarro
13 sucio
11 ◁*limpio*

cerdoso
2 porcuno

cerduno
1 porcino
2 porcuno

cereal(es)
3 alforfón
3 arroz
5 avena
7 cebada
1 centeno
3 gramínácea
3 maíz
2 mies
1 rubión
2 trigo
3 gachas
9 grano

cerebelo
13 seso
5 encéfalo

cerebral
4 encefálico
4 mental
16 sesudo
4 ◁*emocional*
15 ◁*torbellino*

cerebro
10 entendimiento
15 ingenio
18 inteligencia
9 mente
6 sensatez
13 seso
7 talento
5 encéfalo

38 cabeza
14 capacidad
15 juicio
12 meollo
17 razón

cerebroespinal
4 encefálico

cerecilla
2 guindilla

ceremonia
31 ademán
22 aparato
7 ceremonial
20 cortesía
13 culto
36 forma(s)
1 honores
30 manera(s)
3 rito
8 solemnidad
12 boato
9 fausto
13 pompa
10 reverencia
8 saludo

ceremonial
15 ceremonia
13 culto
6 etiqueta
5 protocolo
5 requisito
3 rito
9 ritual

ceremonioso
17 artificioso
3 formalista
9 ritual
11 solemne
44 afectado
10 amanerado
28 engreído
20 ◁*natural*
9 ◁*campechano*
12 ◁*sencillo*

céreo
1 cerífero
2 encáustico

3 encerado

cereza
1 gayera
3 guinda
1 tomatillo
9 capulina

cerífero
3 céreo

ceriflor
1 becoquino

cerilla
6 mixto
3 pajuela
4 fósforo

cerillo
7 cera

cernada
1 nixquesa

cernedero
10 cedazo
7 criba

cernedor
10 cedazo
5 colador
7 criba
5 tamiz

cerner(se)
11 afinar
9 aflorar
58 alzar(se)
6 cernir
20 colar(se)
11 cribar
11 depurar(se)
12 discutir
38 elevar(se)
11 estudiar
41 examinar(se)
16 filtrar(se)
19 observar
48 pasar(se)
11 remontar(se)
64 separar(se)
5 sublimarse

4 tamizar
35 ◁*bajar(se)*
17 ◁*descender*

cernera
10 cedazo

cernícalo
18 bruto
19 ignorante
1 mochete
22 rudo
10 zopenco

cernidero
10 cedazo

cernidillo
5 calabobos
7 llovizna
17 lluvia

cernido
10 harina

cernir
17 cerner(se)
20 colar(se)
11 cribar
16 filtrar(se)
11 embaucar
4 mentir

cero
7 inexistencia
4 nada
4 roscón

cerón
7 cera

ceroso
6 amarillento
1 cerapez
8 pálido
42 cabo
9 espanto
19 miedo
5 pánico
18 temor
3 torzal
10 ◁*denso*

cerote
7 cera

cerquillo
16 corona
2 flequillo
18 círculo

cerrado
1 atrancado
21 callado
8 cerca
2 clausurado
7 cubierto
difícil
3 encapotado
5 encerrado
4 hermético
17 incomprensible
1 lacrado
4 negado
7 nublado
3 obstruido
16 oculto
32 oscuro
3 sellado
5 silencioso
1 tabicado
9 taciturno
1 tapiado
7 valla
9 vallado
12 cercado
3 nublo
10 obtuso
18 torpe
28 ◁*claro*
6 ◁*comunicativo*
17 ◁*hábil*
24 ◁*abierto*
12 ◁*despejado*

cerradura
5 aldaba(s)
20 barra
2 candado
1 cerraja
9 cerramiento
5 cierre
16 chapa
7 escudo
4 falleba

4 fijador
6 pasador
1 pechil
2 pestillo
2 rodete
10 cerrojo
6 rastrillo
4 trinquete

cerraja
17 cerradura

cerrajero
4 artesano
6 herrero

cerramiento
1 cercamiento
1 cerrojazo
5 cierre
8 impedimento
8 obstrucción
1 oclusión
2 taponamiento
17 cerradura
7 tapón

cerrar(se)
53 acabar(se)
16 agredir(se)
18 amojonar
20 atarugar(se)
38 atascar(se)
5 atramparse
16 atrancar(se)
11 barrear(se)
15 bloquear
4 calafatear
21 cegar(se)
12 cercar
5 cicatrizar
4 clausurar
22 condenar(se)
16 empecinar(se)
10 encapotar(se)
10 ennegrecer
11 espesar(se)
28 finalizar(se)
1 lacrar
16 obscurecer(se)
11 obstruir
5 obturar
14 plegar(se)

5 restañar
2 tabicar
22 tapar(se)
6 tapiar
7 terminar
6 ultimar
3 vallar
31 doblar
12 sellar
9 trancar
35 ◁*abrir(se)*
13 ◁*destapar(se)*
3 ◁*destaponar*
51 ◁*extender(se)*
5 ◁*inaugurar*

cerrazón
7 empecinamiento
23 borrasca

cerrero
35 bravío
15 cerril

cerreta
7 brazal

cerril
21 arisco
35 bravío
8 cabezo
2 cerrero
16 escabroso
4 huidizo
1 indomable
1 indomado
6 montaraz
21 grosero
9 huraño
15 indómito
17 rústico
19 salvaje
10 tosco
12 ◁*cortés*
7 ◁*manso*

cerrillo
7 altillo

cerrión
5 canelón

cerro
9 alcor
7 altillo
33 alto(s)
3 altozano
8 cabezo
10 colina
13 collado
18 eminencia
23 montaña
13 monte
7 loma
6 otero
3 topo

cerrojazo
9 cerramiento

cerrojillo
1 herreruelo

cerrojo
5 aldaba(s)
20 barra
2 candado
16 chapa
4 falleba
4 fijador
6 pasador
2 pestillo
5 tranca
17 cerradura

certamen
6 concentración
14 concurso
11 exposición
16 muestra(s)
11 oposición
5 polémica
18 disputa

certeneja
6 embalse
6 pantano
10 hoyo

certero
22 cierto
14 diestro
6 enterado
17 hábil

2 sabedor
25 seguro
11 verdadero

certeza
5 autenticidad
5 certidumbre
5 convencimiento
5 convicción
5 evidencia
8 exactitud
9 persuasión
20 seguridad
6 verdad
15 ◁*duda*

certidumbre
9 certeza
5 evidencia
14 fe
3 infalibilidad
20 seguridad

certificación
18 atestado
1 autentificación
3 certificado
12 cita
14 fe
4 legalización
2 legitimación
18 patente
20 prueba
1 refrendación
3 testificación
7 epígrafe
6 lema
21 partida

certificado
6 acta
14 certificación
21 auténtico

certificador
3 declarante
2 notario
3 testigo

certificar
43 afirmar(se)
52 asegurar(se)

ceruma

  7 aseverar
  2 autentificar
  6 avalar
  5 contestar
  19 garantizar(se)
  12 legalizar
  1 legitimar
  19 probar
  8 recusar
  12 responder
  5 rubricar
  8 tachar
  5 visar
  ⇨dar fe
  ⇨hacer constar

ceruma
  5 cuartilla

cerumen
  7 cera
  1 secreción

cerusa
  1 albayalde
  ⇨blanco de plomo

cerval
  1 cervino
  1 cervuno
  1 cervario

cervario
  3 cerval

cervática
  1 langostín

cervecería
  22 bebedero

cerveza
  1 ale
  7 cebada
  2 chicha
  3 penalty
  16 caña

cervicabra
  3 íbice

cérvido
  3 corzo

cerviguillo
  8 cerviz
  2 pestorejo

cervino
  3 cerval

cerviz
  2 cerviguillo
  5 cogote
  3 colodrillo
    dogolladero
  4 gollete
  1 nuca
  2 pescuezo
  2 pestorejo

cervuno
  3 cerval

cesación
  12 suspensión
  26 calma

cesado
  4 despedido

cesante
  4 expulsado
  4 suspendido
  13 parado
  16 vago
  ⇨sin oficio

cesantía
  6 desacomodo
  4 destitución
  18 inacción

cesar
  53 acabar(se)
  32 aflojar(se)
  9 amainar
  44 calmar(se)
  41 ceder(se)
  7 cejar
  14 concluir
  28 finalizar(se)
  20 interrumpir(se)

  48 pasar(se)
  48 salir(se)
  15 suspender
  7 terminar
  1 vacar
  9 ◁*empezar(se)*
  3 ◁*intensificar*

césar
  13 emperador
  2 kaiser
  6 monarca

cesar
  8 emplumar

cesarismo
  4 autocracia
  2 autoritarismo
  9 despotismo
  8 dictadura
  4 tiranía

cese
  14 detención(es)
  4 dimisión
  13 expulsión
  7 huelga
  10 interrupción
  9 pausa
  8 reposo

cesión
  30 abandono
  2 alienación
  7 arriendo
  5 compraventa
  15 donación
  14 enajenación
  1 endoso
  6 entrega
  8 herencia
  6 renuncia
  7 traspaso
  9 préstamo

cesionario
  1 cesonario
  2 receptor
  1 recipiendario
    ◁*cesionista*

cesonario
  3 cesionario

césped
  2 gallón
  4 parterre
  3 pradera
  3 prado
  1 tepe
  7 champa
  12 hierba
  6 mogote

cesta
  8 banasta
  3 canastilla
  6 canasto
  1 cestilla
  13 cesto
  3 cestón
  1 cofín
  5 espuerta
  2 tortera
  6 talega

cestero
  1 banastero
  1 canastero
  1 mimbrero

cestilla
  10 cesta

cesto
  8 banasta
  5 barquilla
  4 canasta
  9 capacho
  10 cesta
  5 espuerta
  5 balay
  9 chipa
  6 hurón
  2 joro
  5 mara
  2 quilco
  2 tumbía

cestón
  10 cesta
  12 baúl
  4 gavión

cesura
  10 interrupción
  9 pausa

ciclotrón

   8 reposo
   1 hemistiquio
  56 corte

cetáceo
   4 ballena
   3 cachalote
   5 delfín
   1 marsopa

cetrería
   2 halconería

cetrino
   6 amarillento
   3 lívido
   8 malhumorado
  12 melancólico
   5 verdoso
  21 adusto

cetro
  16 corona
  21 dominio
   5 imperio
   5 preeminencia
   2 reinado
   6 mando
   9 superioridad

ciaboga
  19 cambio
  13 maniobra
  21 vuelta

ciadura
  17 boga

cianea
   3 lapislázuli
   2 lazulita

cianocroia
   4 cianosis

cianodermia
   4 cianosis

cianosis
   1 cianocroia
   1 cianodermia
   3 lividez

  15 asfixia

cianuro
   1 prusiato

ciar
  38 andar
  15 bogar

ciática
   1 neuritis
   2 neuralgia

cibal
   6 alimenticio

cibernética
   1 automación
   3 automática
   3 control
   1 robótica

cibiaca
  17 angarilla(s)
   3 bayarte

cibica
  20 barra

cíbolo
   2 bisonte

ciborio
   7 baldaquín

cica
  44 bolsa

cicatear
   8 economizar
  52 reducir(se)
   8 tasar
   6 ◁dilapidar

cicatería
  12 avaricia
  10 mezquindad
   4 roñería
  10 ruindad
   6 tacañería
   3 coñetería

cicatero
  18 agarrado
  34 avaro
  10 judío
  19 mezquino
  26 miserable
  19 roñoso
  23 ruin
  12 tacaño
  ⇨de la virgen del puño
   6 ◁desprendido
  18 ◁generoso

cicatriz
   4 costurón
   6 chirlo
  11 herida
  17 huella
  16 marca
  27 señal

cicatrización
   3 cauterización
   4 curación

cicatrizante
   5 curativo
   1 encarnativo

cicatrizar
  18 borrar
  37 cerrar(se)
  11 olvidar(se)
   1 suturar
  13 curar

cicércula
   8 almorta
   3 tito
  10 muela

cicercha
   8 almorta

ciclamino
   2 pamporcino

ciclamor
  ⇨algarrobo loco
  ⇨árbol de Judas
  ⇨arbol del amor

ciclar
  14 abrillantar(se)
  47 brillar

cíclico
   8 gradual
   4 metódico
   4 recurrente
   7 constante
  10 periódico
   5 ◁repentino

ciclo
  16 alternación
  10 período

cicloide
  18 curvatura

ciclón
   3 tifón
   4 tornado
  10 vendaval
  11 huracán
   9 tormenta
   2 ventarrón

cíclope
   5 forzudo
   8 gigante
   8 robusto
   1 titán

ciclópeo
  16 colosal
   8 hercúleo
   5 monumental
  12 enorme
  14 ◁pequeño

ciclostilo
   1 copiadora
   2 multicopista

ciclotimia
  23 depresión
  11 trastorno

ciclotrón
   1 acelerador
   1 betatrón

cicuta
4 alcaloide
2 tóxico
3 veneno
4 ◁*contraveneno*

cid
12 aguerrido
12 denodado
5 esforzado
5 heroico
9 valeroso
17 ◁*cobarde*

cidrato
2 azamboa

cidro
3 limonero
3 toronja

cidronela
6 abejera
3 melisa
2 toronjil

ciegamente
26 atrevidamente

ciego
2 cegado
4 deslumbrado
17 empecinado
8 empeñado
1 invidente
13 obcecado
1 obturado
4 ofuscado
7 alucinado
6 ◁*clarividente*

cielito
12 cielo

cielo
35 altura(s)
7 atmósfera
16 bienaventuranza
3 edén
7 empíreo
3 éter
5 firmamento
26 gloria
2 olimpo
6 paraíso
15 cariño
1 cielito
12 ◁*infierno*

ciempiés
10 desatino
5 despropósito
16 disparate
4 engendro
1 escolopendra
22 barbaridad
8 patochada

ciénaga
11 cenagal
4 charco
6 pantano
3 lodazal
13 barrizal

ciencia
16 conocimiento
4 erudición
20 facultad
18 habilidad
10 maestría
14 saber
11 sabiduría
5 sapiencia
4 técnica
5 experiencia
15 disciplina
7 rama
12 ◁*ignorancia*

cieno
7 fango
5 légamo
5 limo
5 lodo
5 tarquín
16 barro
7 lama
8 robo

científico
3 cultural
21 genio
8 investigador

ciento
2 centena

cierna
1 antera

cierre
2 candado
9 cerramiento
4 falleba
2 pestillo
17 cerradura

cierro
9 cubierta
9 tapia
9 vallado
12 cercado
8 sobre

ciertamente
4 efectivamente

cierto
28 claro
12 elemental
14 evidente
4 inatacable
16 incierto
10 incorrecto
11 incuestionable
11 indiscutible
14 inequívoco
10 irrefutable
11 manifiesto
12 obvio
7 palpable
18 patente
10 real
25 seguro
4 tangible
11 verdadero
2 verídico
13 visible
21 falso
21 llano
32 ◁*oscuro*

ciervo
6 venado

cierzo
2 aquilón
2 bóreas
1 septentrión
13 norte
2 ◁*austro*
2 ◁*sur*

cifosis
4 corcova

cifra
2 guarismo
2 monograma
3 número
1 sigla
10 signo(s)
4 suma
9 abreviatura
16 cantidad
6 clave

cifrar
12 abreviar
63 apoyar(se)
14 basar(se)
5 compendiar
6 resumir

cigala
2 crustáceo
1 langostín
3 langostino
7 camarón

cigarra
5 chicharra

cigarral
9 huerto

cigarrillo
8 cigarro
2 pitillo
2 faso

cigarro
6 breva
3 cigarrillo
4 habano
2 pitillo
21 puro

2 veguero
3 colilla
5 tagarnina

cigarrón
4 saltamontes

cigüeña
3 cigüeñal
2 manivela
2 manubrio
3 organillo
2 vagoneta

cigüeñal
5 cigüeña
10 eje
8 transmisión

cija
12 cuadra
3 pajar
8 granero

cijo
5 carbón
12 cisco

cilicio
5 contrición
9 mortificación
11 penitencia
3 suplicio
26 cadena
15 disciplina
20 tormento

cilindrada
1 embolada
15 potencia
14 capacidad

cilindrar
12 comprimir(se)
2 laminar

cilindro
8 caño
2 rodillo
5 rulo
4 chistera

3 organillo
10 rollo
3 tubo
⇨piano portátil
⇨sombrero de copa

cilla
22 cámara(s)
6 silo

cillero
1 bodeguero
2 mayordomo

cima
10 apogeo
16 corona
6 cresta
3 cúspide
13 pico
3 pináculo
7 remate
9 terminación
14 término
29 aguja
13 copa
14 cumbre
9 filo
19 mono
26 punta

cimarrón
35 bravío
10 bronco
6 clandestino
19 secreto
10 silvestre
21 grosero
17 rústico
19 salvaje
10 zafio
7 ◁doméstico
7 ◁educado

cimba
34 bote

címbalo
5 platillos
6 campanilla

címbara
2 rozón

cimbel
9 señuelo
4 cordel

cimborrio
4 cúpula
8 torre

cimbra
7 arco

cimbrar(se)
18 arquear(se)

cimbreante
5 vibrante

cimbrear(se)
40 agitar(se)
40 azotar(se)
3 bascular
12 curvar(se)
31 doblarse
5 flexionar(se)
6 oscilar
44 torcer(se)
31 doblar
6 vibrar

cimbria
1 formaleta

cimbrón
5 calambre
13 dolor
7 estremecimiento
2 punzada
7 sacudida
6 escalofrío
4 tirón

cimentación
9 basamento
21 base
49 asiento
19 firme

cimentar(se)
43 afirmar(se)
14 basar(se)
13 encajonar(se)
10 fundamentar(se)

25 fundar(se)
9 gravitar
5 instituir
50 asentar

cimera
2 penacho
11 plumas
7 remate
21 adorno

cimero
7 sobresaliente

cimicaria
2 actea
1 yezgo

cimiento
11 basa
4 cimentación
14 fundamento(s)
13 origen
19 principio(s)
8 raíz
1 recalzo
21 base
14 causa
19 firme
7 ◁remate

cimitarra
5 alfanje

cinabrio
3 bermellón

cinamomo
1 acederaque
7 agraz
3 canela rosariera
3 mirra

cincel
5 buril
1 cortadera
2 escoplo
9 estilo
1 gubia
2 punzón

cincelado
7 entalladura

cincelador
4 escultor
3 grabador
1 repujador
4 tallista

cincelar
4 esculpir
12 grabar
8 tallar

cinco
5 posaderas
2 quinto
5 trasero

cincoenrama
1 quinquefolio

cincha
2 cincho
6 correa
5 faja
8 sujeción
4 mestizaje
12 mezcla
⇨ a disgusto
⇨ de mal grado

cinchar
34 afanar(se)
44 ceñir(se)
39 empeñarse
6 fajar
16 trabajar
42 ◁ soltar(se)

cincho
8 cincha
41 banda

cine
2 cinema
1 cinematógrafo
15 cinta
2 film
5 película

cinegética
11 caza
3 montería

cinegético
1 venatorio

cinema
5 cine
2 cinematografía

cinemática
7 mecánica

cinematografía
5 cine
2 cinema

cinematógrafo
5 cine

cinéreo
2 ceniciento
6 cenizo

cíngaro
5 caló
10 gitano

cíngulo
10 cinturón

cínico
6 cretino
11 insolente
9 procaz
4 caradura
27 desvergonzado
3 frescales
14 ◁ comedido

cínife
2 mosquito

cinismo
11 concha
17 cuero
3 descoco
10 impudicia
14 impudor
7 procacidad
5 sarcástico

9 satírico
10 descaro
8 desfachatez
2 desvergüenza
21 falso
28 ◁ claro
3 ◁ comedimiento
3 ◁ respetuoso

cinoglosa
1 lapilla
1 viniebla

cinquina
1 quinterno

cinta
3 barboquejo
1 escarapela
1 espiguilla
5 faja
2 film
3 galga
7 orla
5 película
12 ribete(s)
2 trenzadera
41 banda
6 cornisa
6 daga
5 puñal
11 tira

cintarazo
6 sablazo

cintilar
47 brillar

cinto
2 cintura
10 cinturón
10 culebra
12 culero

cintra
7 arco
6 codo

cintura
5 talle
4 cinto

cinturón
8 ceñidor
8 cincha
1 cíngulo
6 correa
3 tahalí
2 talabarte
1 ventrera
12 canana
4 cinto
12 culero

cinzaya
12 ama

ciñuela
5 granada

cipariso
1 ciprés

cipo
12 hito
7 mojón
13 pedazo
5 poste
2 sipo
8 trozo

cipote
10 abultado
19 bagatela
75 bobo
11 chiquillo
12 deforme
25 fruslería
19 gordo
11 memo
14 miembro
7 mojón
9 muchacho
9 obeso
5 pene
4 pilluelo
12 polla
9 porra
9 rechoncho
18 tonto
9 zonzo
16 ◁ flaco

ciprés
1 cipariso

cipresillo
2 abrótano

ciquiricata
8 arrumaco

circe
2 astuta
1 embustera
1 engañosa
1 traidora
17 ◁fiel
◁ingenua

circo
7 anfiteatro
19 arena
3 carpa
2 coliseo
6 espectáculo
8 exhibición
2 hemiciclo
10 pista

circón
⇨jacinto de Ceilán

circuir
4 circundar
38 rodear(se)

circuito
31 contorno(s)
6 recinto
3 bojeo
18 círculo
21 vuelta

circulación
29 comunicación(es)
15 movimiento
19 paso(s)
5 tráfico
7 tránsito
5 desplazamiento

circulante
15 andador

circular
38 andar
42 atravesar(se)

21 cruzar(se)
7 curvado
7 curvo
29 difundir(se)
3 expandirse
5 franquear
59 mover(se)
48 pasar(se)
14 pasear(se)
29 propagar(se)
9 recorrer
11 redondo
22 salvar(se)
34 aviso
7 deambular
13 noticia
5 notificación
49 ◁detener(se)
50 ◁parar(se)

círculo
3 ateneo
5 casino
15 centro
9 cerco
5 circuito
31 contorno(s)
18 facción(es)
7 órbita
8 perímetro
4 redondel
10 rueda(s)
4 circunferencia
12 aro
7 club
7 corro
30 partido
16 sociedad

circuncisión
5 ablación
8 cercenamiento
8 mutilación
10 sección
56 corte

circunciso
11 hebreo
4 israelita
9 mahometano
3 musulmán

10 judío
8 moro

circundante
2 envolvente
15 exterior
6 externo
4 periférico
3 ◁alejado

circundar
11 bordear
2 circuir
3 circunvalar
38 rodear(se)

circunferencia
31 contorno(s)
6 curva
18 curvatura
4 periferia

circunloquio
19 desviación
6 digresión
5 divagación
18 giro
8 insinuación
2 perífrasis
10 preámbulo
8 retórica
38 rodear(se)
19 rodeo
12 alusión
10 indirecta
4 ◁concisión
4 ◁laconismo

circunloquios
2 sanguarañas

circunnavegación
7 periplo

circunscribir
59 ajustar(se)
25 amoldar(se)
44 ceñir(se)
14 concretar(se)
47 establecer(se)
39 fijar(se)
27 limitar(se)

52 reducir(se)
9 restringir
12 ◁ampliar(se)

circunscribirse
44 ceñir(se)

circunscripción
15 barrio
15 demarcación
5 distrito
7 municipio
9 territorio
3 zona
2 provincia

circunscrito
9 ceñido
1 constreñido
4 envuelto
8 reducido
6 rodeado
24 ◁abierto

circunspección
4 aplomo
47 atención(es)
8 cautela
18 compostura
7 cordura
10 deferencia
12 discreción
12 gravedad
15 medida
8 mesura
8 miramiento
5 parquedad
16 prudencia
10 recato
15 reserva(s)
6 sensatez
7 seriedad
13 seso
8 tiento(s)

circunspecto
14 advertido
12 discreto
9 mesurado
8 moderado
13 prudente
15 reservado

circunstancia

circunstancia
20 serio
21 grave
9 ◁ *alocado*
11 ◁ *imprudente*
9 ◁ *indiscreto*

circunstancia
34 accidente
12 casualidad
10 coincidencia
16 condición
18 estado
8 eventualidad
11 factor
7 particularidad
4 pormenor
5 requisito
13 situación
7 coyuntura

circunstanciado
1 desmenuzado
7 detallado
4 especificado
2 pormenorizado
3 ◁ *escueto*

circunstancial
20 accesorio
3 coyuntural
7 momentáneo

circunstante
6 espectador

circunstantes
5 concurrentes
17 presente(s)
17 asistentes

circunvalación
34 alrededor(es)
6 bloqueo
6 variante
21 vuelta

circunvalar
12 cercar
4 circundar
38 rodear(se)

circunvecino
9 cercano
6 colindante
10 contiguo
7 inmediato
13 próximo
3 ◁ *alejado*
7 ◁ *remoto*

circunvolución
9 protuberancia
7 relieve
19 rodeo
13 saliente
6 sinuosidad
21 vuelta

cirial
7 candelero

cirineo
15 ayudante

cirio
2 candela
10 desastre
79 alboroto
7 bujía
13 vela

cirro
14 apéndice
2 zarcillo
7 nube
27 tumor
⇨ rabos de gallo

ciruelo
1 arañón
3 endrino
1 pruno
22 necio
18 torpe

cirugía
11 operación

cirujano
15 médico
4 operador
4 matasanos

1 sacapotras

cisca
3 carrizo
16 caña

ciscar
40 avergonzar(se)
13 cagar(se)
11 defecar(se)
5 emporcar
67 enfadar(se)
27 enojar(se)
16 ensuciar(se)
114 molestar(se)
22 reñir
16 reprender
15 ruborizarse
30 ◁ *agradar*
65 ◁ *alabar(se)*

ciscarse
11 defecar(se)

cisco
3 carboncillo
3 orujo
11 pendencia
3 polvillo
79 alboroto
11 altercado
18 bullicio
24 follón
11 lío
14 pelotera
8 picón
4 zipizape
10 ◁ *paz*
9 ◁ *tranquilidad*

cisma
10 desavenencia
13 desunión
12 discordia
7 disensión
12 escisión
12 rompimiento
3 secesión
28 separación
4 ruptura
6 ◁ *unidad*

12 ◁ *concordia*

cismático
11 heresiarca

cisne
7 ánade

cisterciense
4 benedictino
2 trapense

cisterna
8 pozo
3 tanque
7 aljibe
29 depósito

cisticercosis
1 ladrería

cisura
6 incisión
3 lóbulo
10 rotura

cita
5 alegato
5 citación
7 convocatoria
9 encuentro
2 entrevista
8 invocación
5 llamada
7 mención
24 nota
6 testimonio
12 alusión
19 reunión

citación
8 apercibimiento
12 cita
7 convocatoria
10 emplazamiento
6 llamamiento

citado
4 convocado
8 emplazado
5 mencionado
3 susodicho

citar
10 alegar
10 aludir(se)
33 avisar(se)
8 convocar
14 emplazar(se)
7 invocar
3 mencionar
16 nombrar
9 notificar
25 referir(se)
33 llamar

6 ◁*silenciar(se)*

citara
3 acitara

cítara
1 cítola
5 guitarra
3 laúd

citarse
1 sonajero

cítola
3 cítara

citoplasma
2 clara

ciudad
11 localidad
13 población
4 urbe
10 villa

ciudadanía
6 mayoría
12 nación
9 vulgo

ciudadano
2 cívico
11 civil
4 domiciliado
14 habitante
3 metropolitano
4 municipal
20 natural
3 oriundo
6 poblador
6 residente

4 urbano
12 vecino(s)

ciudadanos
7 municipio
12 nación
13 población
8 vecindad

ciudadela
2 acrópolis
9 alcázar
15 barrio
8 castillo

civeta
2 mangosta

civeto
4 algalia

cívico
12 ciudadano
11 civil

civil
32 afable
12 ciudadano
2 cívico
12 cortés
5 laico
7 paisano
10 político
4 social
4 urbano
17 atento
7 considerado

7 ◁*incivil*
9 ◁*militar*
1 ◁*rural*
10 ◁*zafio*

civilidad
4 civismo
20 cortesía
13 educación
2 patriotismo
6 sociabilidad
4 urbanidad

civilización
2 adelanto
6 cultura

13 educación
27 instrucción(es)
6 perfección
12 progreso
11 ◁*barbarie*
6 ◁*retraso*

civilizado
13 culto
22 ◁*rudo*
6 ◁*vandálico*
22 ◁*burro*

civilizar
3 desasnar
21 ilustrar(se)

civismo
23 altruismo
20 caballerosidad
6 civilidad
5 nacionalismo

cizalla
2 tijera

cizaña
2 borrachuela
9 broza
12 discordia
7 disensión
10 enemistad
1 joyo
2 rabillo
7 cominillo
9 daño
13 discusión
10 perjuicio
12 querella
12 ◁*concordia*

cizañar
7 encizañar
21 enemistar(se)
4 malquistar

cizañero
6 chismoso

clac
⇨sombrero de muelles

clacota
7 divieso
3 forúnculo

clamar
22 doler(se)
4 exclamar
6 gritar
6 implorar
15 lamentar(se)
16 quejar(se)
9 rogar
6 suplicar
17 pedir
⇨dar voces
39 ◁*aguantar(se)*

clámide
5 manto
2 toga

clamor
5 estruendo
6 fragor
6 gemido
5 gimoteo
7 griterío
7 grito
5 lamentación
12 queja
80 bulla
19 ruido
8 vocerío
7 ◁*silencio*

clamoreo
8 alarido

clamoroso
8 chillón
9 deslumbrador
4 gritón
11 manifiesto
4 relumbrante
3 vocinglero
21 ◁*callado*

clamp
7 mordaza
4 abrazadera

clan
16 agrupación
3 etnia
12 familia
3 secta
4 tribu
41 banda
28 asociación
8 pandilla

clandestinamente
7 secretamente

clandestino
8 encubierto
5 furtivo
16 oculto
19 secreto
6 subrepticio
6 prohibido
18 ◁*patente*
12 ◁*público*

clanga
3 planga

claque
3 tifus

clara
1 albúmina
1 citoplasma
6 ◁*yema*

claraboya
1 lucera
2 lucerna

claramente
16 abiertamente
28 claro
1 lúcidamente
1 luminosamente
4 manifiestamente
1 notoriamente
2 paladinamente
1 palmariamente
3 rotundamente
1 visiblemente
◁*enrevesadamente*

8 ◁*ocultamente*

clarear(se)
35 abrirse
54 aclarar(se)
7 alborear
21 amanecer
6 escampar(se)
4 transparentar(se)
6 traslucir(se)
1 trasparentarse
58 quitar
15 ◁*anochecer*
5 ◁*oscurecer(se)*

clarecer
21 amanecer

clarete
28 claro

claridad
26 brillo
3 diafanidad
11 franqueza
6 limpidez
5 lucidez
7 luminosidad
1 perspicuidad
6 resplandor
12 sinceridad
5 transparencia
10 ◁*oscuridad*
1 ◁*turbidez*
19 ◁*confusión*

claridades
16 andanada

clarificación
5 decantación

clarificar
54 aclarar(se)
20 alumbrar(se)
11 defecar(se)
11 depurar(se)
35 distinguir(se)
4 iluminar
7 purificar
11 sedimentar(se)
50 limpiar

10 ◁*enturbiar(se)*
5 ◁*oscurecer(se)*

clarificativo
3 esclarecedor
7 lúcido
5 luminoso
22 preciso
14 ◁*confuso*

clarín
3 trompeta

clarinada
12 badajada
4 trompetazo

clarinazo
5 llamada
4 trompetazo
11 toque

clarinete
3 requinto

clarión
2 tiza
4 yeso
6 gis

clarividencia
6 discernimiento
4 intuición
5 lucidez
11 penetración
6 sagacidad
7 talento
4 perspicacia
5 ◁*obcecación*

clarividente
4 inspirado
7 lúcido
8 penetrante
6 perspicaz
25 agudo
10 sagaz
27 ◁*cerrado*
11 ◁*insensible*
13 ◁*obcecado*
18 ◁*torpe*

claro
30 blanco
34 brillante
1 clarete
11 conocido
4 cristalino
5 diáfano
7 esclarecido
14 evidente
16 famoso
13 ilustre
15 indudable
11 insigne
7 intermedio
8 intervalo
6 límpido
11 limpio
5 luminoso
11 manifiesto
12 obvio
18 patente
6 perspicaz
14 reputado
14 sincero
10 transparente
25 agudo
24 abierto
16 franco
10 sagaz
7 ◁*borroso*
32 ◁*oscuro*
8 ◁*tortuoso*
18 ◁*torpe*

claroscuro
6 contraposición
19 confusión
13 contraste
10 ◁*claridad*

clase
4 asignatura
4 aula
19 carácter
16 condición
18 especie
12 familia
12 índole
2 intensión
12 lección
20 naturaleza
20 orden

11 raza
3 verbo
17 categoría
19 género
10 jerarquía
7 tipo

clases
2 menas

clasicismo
6 perfección
9 pureza
9 tradición
3 ◁ *innovación*

clásico
11 conocido
8 renombrado
14 reputado
33 antiguo
14 asentado
6 ◁ *moderno*

clasificación
7 catálogo
2 encasillado
11 índice
9 ordenación
28 separación
5 taxonomía

clasificador
3 archivador

clasificar
83 arreglar(se)
8 coordinar
24 ordenar(se)
64 separar(se)

claudicación
7 cese
2 cojera
4 rendición
6 renuncia
8 resignación
3 sometimiento
8 sumisión
7 ◁ *insistencia*
11 ◁ *motín*

11 ◁ *rebelión*

claudicante
8 calzonazos
4 cojo
3 derrotista
12 flexible
3 tolerante
42 blando
30 ◁ *duro*
7 ◁ *insistente*
6 ◁ *intolerante*

claudicar
41 avenir(se)
41 ceder(se)
5 cojear
17 flaquear
8 renunciar
40 someter(se)
7 transigir
7 retractarse
11 ◁ *insistir*

claustro
12 galería
12 junta
2 porche
1 profesorado
9 clausura
15 corredor

claustrofobia
32 aborrecimiento

cláusula
16 condición
4 estipulación
7 frase
12 oración
7 proposición
13 artículo
1 rema
23 disposición
9 periodo

clausura
25 aislamiento
24 apartamiento
31 contorno(s)
5 monasterio

10 retirada
8 retiro
9 terminación
7 ámbito
6 claustro

clausurado
27 cerrado
4 hermético

clausurar
35 aislar(se)
18 amojonar
37 cerrar(se)
28 finalizar(se)
5 ◁ *inaugurar*

clava
6 cachiporra
5 mara
9 porra

clavado
15 fijo
11 pintiparado

clavar(se)
19 agavillar
24 añadir(se)
6 aspar(se)
3 clavetear
14 enterrar(se)
20 entrometer(se)
39 fijar(se)
18 hincar(se)
30 hundir(se)
6 incrustar
11 infiltrar(se)
5 insertar
31 introducir(se)
5 martillar
49 meter(se)
6 remachar
1 tachonar
3 enclavar
6 atarragar
11 empatar
14 sujetar
2 ◁ *desclavar*

clavario
2 llavero

clave
2 clavicordio
15 esencia
6 quid
19 secreto
9 cifra
12 llave

clavel
1 clavellina

clavellina
1 clavel

clavera
1 mojonera
37 agujero

clavero
2 clavijero
2 llavero
4 percha
4 espetera

clavetear
24 clavar(se)
61 atar
6 atarragar

clavicordio
2 espineta
6 clave

clavícula
1 islilla

clavija
10 eje
8 sujeción

clavijero
25 arado
4 clavero

clavillo
3 chincheta

clavo
8 callo
13 dolor
12 dureza

claxon

claxon
- 2 tornillo
- 8 filón
- 22 absceso
- 9 daño
- 29 pena
- 10 perjuicio
- 26 punta
- 12 sufrimiento
- 6 tachuela
- 4 veta

claxon
- 13 bocina
- 6 pito

clearing
- 9 compensación

clemátide
- ⇨hierba de los lazarosos
- ⇨hierba de los pordioseros

clemencia
- 21 benignidad
- 8 compasión
- 4 magnanimidad
- 7 misericordia
- 9 piedad
- 7 remisión
- 11 absolución
- 10 indulgencia
- 10 indulto
- 14 merced
- 13 ◁*crueldad*
- 6 ◁*inclemencia*
- 13 ◁*rigor*

clemente
- 30 benigno
- 8 indulgente
- 9 misericordioso
- 9 piadoso
- 5 propicio
- 8 ◁*inclemente*
- 17 ◁*riguroso*

cleptómano
- 13 ladrón

clerical
- 2 levítico

clérigo
- 5 abate
- 6 capellán
- 4 coadjutor
- 1 confesor
- 14 eclesiástico
- 14 fraile
- 5 mosén
- 10 padre
- 2 párroco
- 5 presbítero
- 4 prior
- 4 rector
- 9 religioso
- 9 sacerdote
- 1 tonsurado
- 10 cura

cliché
- 4 clisé

cliente
- 15 asiduo
- 11 casero
- 3 comprador
- 3 consumidor
- 5 usuario
- 3 parroquiano

clientela
- 12 concurrencia
- 4 parroquia
- 12 público

clima
- 9 ambiente
- 7 atmósfera
- 35 medio(s)
- 3 temperatura

climaterio
- 1 amenorrea
- 5 declive
- 4 menopausia
- 4 ◁*pubertad*
- 27 ◁*regla(s)*

clímax
- 5 orgasmo

- 11 gradación

clínica
- 2 consultorio
- 4 dispensario
- 7 hospital
- 3 sanatorio
- ⇨centro asistencial

clípeo
- 16 broquel

clisé
- 1 cliché
- 3 negativo
- 6 placa
- 14 copia
- 10 ◁*positivo*

cloaca
- 10 albañal
- 4 sumidero
- 10 alcantarilla
- 4 vertedero
- ⇨pozo negro

cloque
- 1 bichero
- 6 arpón

cloquear
- 15 cacarear

cloqueo
- 4 cacareo

cloral
- 7 anestésico

clorhidrato
- 1 cloruro
- 1 muriato

clorofila
- 2 colorante
- 1 pigmento
- 2 tinte

cloroformización
- 22 anestesia

cloroformizar
- 9 anestesiar(se)

cloroformo
- 7 anestésico

cloruro
- 2 clorhidrato

clown
- 15 bufo
- 5 payaso

club
- 22 bebedero
- 28 asociación
- 6 bar
- 18 círculo
- 13 peña
- 16 sociedad
- 6 tertulia

clueca
- 1 llueca

clueco
- 33 anciano

cluster
- 3 agrupamiento

coa
- 12 azada
- 4 azadón
- 1 azuela
- 5 pan

coacción
- 18 apremio
- 6 coerción
- 3 conminación
- 8 imposición
- 6 intimidación
- 5 presión
- 21 violencia
- 19 amenaza
- 17 fuerza
- 18 ◁*libertad*

coaccionar
- 5 boicotear
- 8 coartar

8 compeler
2 chantajear
6 presionar

coacervar
42 amontonar(se)

coactivo
10 apremiante
5 coercitivo
6 conminatorio
5 constrictivo

coadjutor
3 adjutor
16 clérigo
14 eclesiástico
15 ayudante

coadyuvante
15 ayudante

coadyuvar
20 asistir(se)
34 auxiliar(se)
45 ayudar(se)
6 colaborar
10 contribuir
13 cooperar
7 secundar
4 ◁desasistir

coafiliado
8 camarada

coagente
15 ayudante

coagulación
4 conglutinación

coagulado
15 espeso

coagular(se)
3 caseificar(se)
8 condensar
16 congelar(se)
1 cuajaleche
8 cuajar
18 endurecer(se)
1 engrumecerse
11 espesar(se)

11 helar
9 solidificar(se)
57 cortar
1 ◁licuarse

coágulo
3 cuajarón
3 grumo
9 cuajo

coalición
20 alianza
4 confederación
19 unión
7 federación
22 liga

coaligar
15 aunar(se)
3 confederar

coalla
6 chocha

coaptar
21 adaptar(se)
59 ajustar(se)

coarrendador
16 arrendador

coarrendatario
9 arrendatario

coartación
2 cohibición
6 intimidación
7 limitación
3 restricción
18 ◁libertad
16 ◁licencia
7 ◁permiso

coartada
41 defensa
6 disculpa
8 excusa

coartado
5 coercitivo
5 condicionado

coartar
5 coaccionar
8 coercer
3 cohibir
21 contener(se)
27 limitar(se)
23 refrenar(se)
9 restringir
14 sujetar
28 ◁estimular(se)

coatí
1 cuatí

coautor
4 cómplice

coba
7 blandicia
4 botafumeiro
17 caricia
5 ditirambo
15 halago(s)
10 lisonja(s)
4 mimetismo
20 adulación
19 bombo
8 jabón
12 rosca
5 servilismo

cobalto
11 azul

cobarde
3 acoquinado
1 achantado
14 encogido
4 irresoluto
6 medroso
1 acojonado
30 tímido
33 apocado
17 bizcocho
10 cagón
1 cagueta
21 corto
5 mantilla
12 miedoso
6 mínimo
10 morado
9 pusilánime

7 ◁decidido
9 ◁valiente

cobardía
30 abandono
8 acobardamiento
4 amilanamiento
5 dejación
5 llamada
6 pusilanimidad
29 apocamiento
11 cortedad
6 acojono
5 canguelo
8 casquillo
19 miedo
18 temor
10 timidez
16 ◁bizarría
11 ◁decisión
24 ◁valor

cobardica
8 calzonazos

cobardón
8 blandengue
6 ◁envalentonado
3 ◁jaquetón
8 ◁terne

cobaya
4 agutí
⇨conejillo de Indias

cobertera
9 cubierta
15 alcahueta

cobertizo
25 cabaña
9 cubierta
2 hangar
3 marquesina
2 porche
2 soportal
3 techado
6 tejadillo
1 tejavana
11 almacén
2 saledizo

cobertor
- 4 cobertura
- 3 colcha
- 3 edredón
- 8 frazada
- 9 cata
- 9 manta

cobertura
- 2 bisoñé
- 9 cubierta
- 2 revestimiento
- 6 cobertor

cobija
- 3 colcha
- 17 cuero
- 3 edredón
- 8 frazada
- 9 piel
- 3 reducto
- 10 refugio
- 3 techado
- 9 techo
- 8 velo
- 17 cobarde
- 9 manta
- 9 pusilánime

cobijar(se)
- 4 abanderar
- 15 abrigar(se)
- 10 abroquelar(se)
- 19 acoger(se)
- 2 acollar
- 11 albergar(se)
- 22 alojar(se)
- 55 amparar(se)
- 11 apadrinar
- 15 arropar(se)
- 51 cubrir(se)
- 9 embozar(se)
- 15 guarecer(se)
- 10 hospedar(se)
- 13 refugiar(se)
- 22 tapar(se)
- 11 ◁*desamparar*
- 13 ◁*destapar(se)*

cobijo
- 14 albergue
- 40 alojamiento
- 4 bohío
- 15 hospedaje
- 6 hospitalidad
- 5 regazo
- 32 abrigo

cobista
- 15 camandulero
- 6 camelador
- 6 lagotero
- 20 abyecto
- 24 adulador
- 4 guataca
- 3 manyoreta
- 8 ñangotado
- 10 pelota
- 5 sacón
- 12 servil

cobol
- ⇨lenguaje de programación común

cobra
- 12 coyunda
- 13 serpiente

cobrable
- 1 cobradero
- 1 exigible
- 1 recaudable
- ◁*incobrable*

cobradero
- 3 cobrable

cobrador
- 2 alcabalero
- 8 cajero
- 2 habilitado
- 1 peajero
- 4 recaudador

cobranza
- 2 cobro
- 1 embolsamiento
- 6 exacción
- 6 percepción
- 4 recaudación
- 3 venganza
- 5 ◁*desembolso*
- 17 ◁*pago(s)*

cobrar(se)
- 2 devengar
- 1 embolsar
- 9 exigir
- 43 llevar(se)
- 16 percibir
- 14 reanimar(se)
- 4 recaudar
- 8 recibir
- 19 recobrar(se)
- 4 recolectar
- 15 recuperar(se)
- 5 reembolsarse
- 7 reintegrar(se)
- 11 resarcir(se)
- 5 vengar(se)
- 16 adquirir
- 17 pedir
- 5 reclamar
- ⇨ser agredido
- 26 ◁*abonar(se)*
- 34 ◁*pagar(se)*
- 42 ◁*soltar(se)*

cobrizo
- 23 amarillo

cobro
- 6 cobranza
- 4 recaudación
- 17 ◁*pago(s)*
- 5 ◁*reembolso*
- 10 ◁*paga*

coca
- 3 capón
- 2 cocacola
- 2 cocaína
- 2 pepsicola
- 27 caballo
- 38 cabeza
- 4 heroína

cocacola
- 7 coca
- 21 cola

cocaína
- 7 anestésico
- 7 coca

cocción
- 1 cocedura
- 5 cocimiento
- 1 cochura
- 5 guiso

cóccix
- 2 coxis

cocedura
- 4 cocción

cocer(se)
- 8 afogarar(se)
- 23 arder
- 24 asar(se)
- 38 calentar(se)
- 2 enhornar
- 10 mamar(se)

cocido
- 1 cocinado
- 7 pote
- 8 beodo
- 6 guisado
- 8 olla
- 4 puchero
- 13 ◁*crudo*

cocimiento
- 10 bebedizo
- 4 cocción
- 9 infusión
- 6 pócima
- 3 tisana

cocina
- 7 fogón
- 1 gastronomía
- 3 infernillo

cocinado
- 6 cocido

cocinar
- 16 adobar
- 12 aliñar(se)
- 6 condimentar
- 20 entrometer(se)
- 5 guisar
- 16 tramar(se)
- 28 aderezar

cocinero
3 guisandero
7 ranchero

cocinilla
29 afeminado

cocktail
8 carabina
11 colación
1 combinado
10 convite

coco
2 bu
1 camuñas
11 gesto(s)
2 papón
5 tarasca
8 arrumaco
10 fantasma
6 guagua
8 pata

cocó
2 percal

cocodrilo
1 aligator
4 saurio
1 yacaré
3 caimán

cócora
5 enojoso
2 pelmazo
42 fastidioso
10 impertinente
15 molesto
31 pesado

cocote
5 cogote

cocotero
2 palmera
9 coco
⇨palma indiana

cóctel
14 baturrillo
7 bebistrajo

20 agregado

cochambre
20 basura
34 porquería
14 suciedad
18 ◁aseo
19 ◁limpieza

cochambroso
2 percochoso

coche
2 cabriolé
11 máquina
3 vagón
7 vehículo
8 carruaje
15 auto
9 automóvil
10 carro
12 carroza

cochecito
2 fotingo

cochera
7 garaje

cochero
4 auriga
4 automedonte

cochevía
4 cogujada
1 copada
3 galerita
3 totovía

cochina
4 marrana

cochinada
5 guarrada
13 impureza
2 porcada
14 suciedad

cochinería
9 indecencia

cochinilla
6 grana
1 milpiés
1 porqueta
⇨cochinilla de humedad
⇨gusano de San Antón

cochinillo
1 cerdito
1 lechón

cochino
14 cerdo
11 desaliñado
8 desastrado
10 gorrino
6 maloliente
6 marrano
7 puerco
4 tocino
9 asqueroso
5 desaseado
9 guarro
13 sucio
11 ◁limpio
12 ◁pulcro

cochiquera
1 cochitril
6 cuchitril
4 chiquero
5 pocilga
2 porqueriza
6 tugurio

cochitril
6 cochiquera

cocho
14 cerdo

cochura
4 cocción

coda
26 adición
5 epílogo
16 final
21 cola
6 estribillo

codadura
6 acodo

codal
6 acodo
40 armadura
4 sarmiento
29 aguja

codaste
11 casco
21 embarcación

codazo
19 advertencia
37 golpe

codear(se)
5 frecuentar
31 relacionar(se)
35 tratar(se)
23 alternar
11 empujar
24 golpear
13 rechazar

codera
4 maroma
7 parche
3 remiendo
6 rozadura
13 pieza

codeso
7 borne
2 piorno

códice
4 código
3 manuscrito

codicia
13 afán
13 ambición
32 anhelo
12 avaricia
14 avidez
6 egoísmo
10 mezquindad
14 deseo
14 ◁desinterés
13 ◁desprendimiento

codiciable

codiciable
- 3 apetecible
- 3 envidiable

codiciado
- 2 ambicionado
- 1 anhelado
- 1 ansiado
- 1 apetecido
- 3 deseado
- 3 soñado
- 1 suspirado
- 5 ◁*despreciado*

codiciador
- 34 avaro

codiciar
- 12 ambicionar
- 45 anhelar
- 13 ansiar
- 14 desear
- 14 pretender

codicioso
- 4 anhelante
- 6 anheloso
- 11 ansioso
- 7 avaricioso
- 15 ávido
- 8 deseoso
- 7 egoísta
- 11 ambicioso
- 19 mezquino
- 6 ◁*desprendido*

codificación
- 3 agrupamiento
- 2 catalogación
- 5 compilación
- 5 inventario
- 1 recogida
- 3 recopilación
- 1 sistematización
- 8 ◁*desorganización*

código
- 2 códice
- 5 compilación
- 3 recopilación
- 7 reglamento

codo
- 19 ángulo
- 12 articulación
- 4 esquina
- 26 juego(s)
- 22 trabajo(s)
- 7 coyuntura

coeficiente
- 11 factor

coercer
- 8 coartar
- 3 cohibir
- 7 constreñir
- 21 contener(se)
- 27 limitar(se)
- 23 refrenar(se)
- 9 restringir
- 14 sujetar
- 15 ◁*libertar(se)*
- 25 ◁*permitir(se)*

coerción
- 9 coacción
- 6 intimidación
- 11 obligación
- 1 refrenamiento
- 3 restricción
- 8 sujeción
- 18 ◁*libertad*

coercitivo
- 4 coactivo
- 2 coartado
- 6 contenido
- 1 refrenado
- 1 represivo
- 18 ◁*libre*

coetaneidad
- 13 actualidad

coetáneo
- 6 contemporáneo
- 33 ◁*antiguo*

coexistencia
- 4 cohabitación
- 4 concomitancia
- 5 convivencia
- 10 entendimiento
- 1 simbiosis
- 10 ◁*desavenencia*
- 11 ◁*hostilidad*

coexistente
- 4 simultáneo

coexistir
- 41 avenir(se)
- 2 convivir
- 9 entenderse

cofa
- 4 bao
- 4 gavia

cofia
- 4 birrete
- 1 gorrilla
- 13 tocado
- 12 red

cofín
- 10 cesta

cofrade
- 4 congregante
- 15 asociado
- 8 camarada

cofradía
- 16 agrupación
- 2 congregación
- 12 hermandad
- 7 gremio
- 2 sindicato
- 28 asociación
- 16 sociedad

cofradra
- 40 armadura

cofre
- 7 arca
- 12 baúl
- 33 caja
- 7 maletón
- 14 mundo

cofrecillo
- 4 joyero

cofrecito
- 6 bombonera
- 10 bujeta
- 5 gaveta

cofrero
- 8 cajero

cogedero
- 7 asa
- 8 ceñidor
- 2 manivela
- 5 mango

cogedor
- 4 librador
- 6 rastrillo

cogedura
- 15 asimiento

coger
- 22 adivinar
- 35 agarrar(se)
- 40 asir(se)
- 11 atrapar(se)
- 11 caber
- 21 contener(se)
- 5 cosechar
- 13 descubrir
- 37 llegar(se)
- 16 pillar(se)
- 4 recolectar
- 22 sorprender(se)
- 44 tomar(se)
- 14 abarcar
- 31 acostumbrarse
- 22 alcanzar
- 6 congeniar
- 17 habituarse
- 4 pescar
- 31 prender
- 15 ◁*libertar(se)*
- 42 ◁*soltar(se)*

cogerse
- 22 servir(se)

cogida
- 1 atrapada

15 agarrada
10 cosecha
5 recolección
4 ◁suelta

cogido
18 agarrado
18 alcanzado
31 arruga
9 asido
4 pescado

cogienda
4 alistamiento
4 reclutamiento
4 leva
10 cosecha

cogitabundo
5 meditabundo
5 pensativo
12 reflexivo
13 ◁irreflexivo

cogitación
8 meditación

cogitar
9 cavilar
13 contemplar(se)
11 enfrascar(se)
31 pensar(se)

cognado
20 afín

cognición
16 conocimiento

cognomento
7 renombre

cognoscible
13 accesible
9 comprensible
7 inteligible
5 ◁incognoscible
17 ◁incomprensible

cogollo
15 centro
4 núcleo

29 alabanza
18 cumplido
11 interior

cogorza
10 ebriedad
40 borrachera
16 embriaguez

cogote
8 cerviz
1 cocote
1 nuca
1 occipucio
2 testuz

cogotudo
3 bigotudo
22 creído
3 influyente
15 poderoso
17 altivo
28 engreído

cogujada
3 galerita
3 totovía
1 tova
9 alondra

cogulla
2 capucha
2 capuz
2 cucurucho

cohabitación
5 coexistencia
5 convivencia
10 cópula
7 contubernio

cohabitar
14 engendrar
1 folgar
18 generar
17 gozar
1 lujuriar

cohechar
9 comprar
16 corromper
7 sobornar

cohecho
9 captación
9 coacción
8 corrupción
2 forzamiento
5 unto
8 dádiva
16 regalo
4 soborno

coherencia
8 cohesión
4 concomitancia
5 congruencia
8 consistencia
8 conexión
6 ◁incongruencia
8 ◁caos

coherente
12 acorde(s)
3 congruente
9 racional
15 razonable
7 lógico
7 ◁desacorde
7 ◁incongruente

cohesión
21 adhesión
5 coherencia
5 congruencia
8 consistencia
13 enlace
19 unión
20 adherencia
14 atracción
3 ◁inconsistencia

cohesivo
5 adhesivo
2 aglutinante
3 congruente
4 ilativo
4 viscoso
7 lógico
7 ◁incoherencia
9 ◁inconsistente

cohete
17 aeronave
3 astronave

18 bala
4 barreno
4 centella
3 cuy
5 petardo
2 sacaniguas

cohetero
3 pirotécnico

cohetes
2 pirotecnia

cohibición
4 coartación
8 cohibimiento

cohibido
10 abrumado

cohibimiento
2 cohibición
6 intimidación
1 refreno
1 sujección
29 apocamiento
11 cortedad
10 timidez
17 vergüenza
10 ◁estímulo
32 ◁atrevimiento
2 ◁desvergüenza

cohibir
28 abrumar(se)
8 coartar
8 coercer

cohobo
1 ciervo

cohombrillo
2 calabacilla
⇨pepino del diablo

cohombro
1 alficoz
1 elaterio

cohonestar
3 colorear
8 disculpar

24 disfrazar(se)
13 disimular
31 encubrir(se)
1 honestar

coi
1 coy
7 hamaca

coila
10 falsedad
19 embuste
15 mentira

coima
7 amiga
5 barragana
6 concubina
8 dádiva
9 manceba
14 prostituta
7 recompensa

coincidencia
16 acierto
12 circunstancia
12 concurrencia
9 identidad
17 igualdad
5 simultaneidad
11 conjunción
7 coyuntura
6 sincronía
24 simpatía
3 ◁antinomia

coincidente
2 compatible
5 concordante
2 corroborante
9 identificado
4 simultáneo
11 unido
4 sincrónico
4 ◁divergente

coincidir
59 ajustar(se)
25 amoldar(se)
3 coexistir
16 concurrir

13 corresponder
24 encajar(se)
4 concordar
15 convenir
4 ◁contrastar
4 ◁divergir

coito
24 ayuntamiento
10 cópula
12 coyunda
5 fornicación
6 casquete
6 polvo

cojear
6 adolecer
1 renquear
20 equivocarse
9 errar
9 fallar

cojera
7 claudicación
5 deformidad

cojijoso
1 quejica
7 susceptible
5 ◁sufrido

cojín
14 almohada
6 cabezal
4 colchoneta
5 almohadilla

cojinete
6 palomilla
15 alforja
6 talega

cojo
13 carente
9 falto
1 paticojo
2 renco

cojón
14 miembro

cojones
8 genital(es)
7 redaño(s)
12 valentía
24 valor
2 tlalayote
17 vergüenza

cojonudo
11 macanudo

cok
3 coque

col
15 berza
1 coliflor
4 repollo

cola
5 adhesivo
14 apéndice
2 cocacola
6 culata
6 extremidad
20 extremo
16 final
4 pegamento
2 pepsicola
2 rabillo
3 rabo
9 terminación
27 agente
11 chollo
20 fila
13 goma
22 liga
5 pene
6 polizonte
26 punta
9 sinecura
38 ◁cabeza

colaboración
15 contribución
8 cooperación
24 auxilio
29 ayuda

colaboracionista
2 aliado
5 vendido

10 traidor
17 ◁fiel
10 ◁leal

colaborador
14 adjunto
17 asistente(s)
4 cómplice
20 agregado
15 ayudante

colaborar
34 auxiliar(se)
45 ayudar(se)
16 concurrir
10 contribuir
13 cooperar
15 participar

colación
6 aperitivo
6 cotejo
15 donación
6 entrega
7 refrigerio
9 bombón
4 cocktail
5 confite
3 chocolatina
4 piscolabis
5 tentempié

colacionar
11 confrontar
31 relacionar(se)
8 cotejar

colada
5 destilación
4 exudación
6 filtración
9 infiltración
1 lavandería
19 paso(s)
1 tizona
8 desfiladero
8 equivocación
7 error
7 espada
3 gachas
17 garganta
1 poleadas

2 puches
8 ropa
3 sable

coladero
10 cedazo
5 colador
2 embudo
8 filtro
11 gastador
5 tamiz
2 maría
10 derrochador
⇨asignatura fácil

colado
15 enamorado(s)

colador
4 cernedor
4 escurridor
7 manilargo
9 coladero
9 manirroto

coladura
9 desacierto
6 filtración
4 indiscreción
16 residuo
31 sobra(s)
7 error
9 ◁certeza

colagogo
7 aloe
1 depurador
4 depurativo
5 purgante

colambre
5 odre
4 pellejo

colanilla
1 aldabilla
2 pestillo
2 picaporte

colapso
15 desmayo

colar(se)
23 aprobar(se)
17 cerner(se)
6 cernir
11 cribar
15 deslizar(se)
7 destilar
8 encestar
20 equivocar(se)
15 escurrir(se)
2 exudar
16 filtrar(se)
11 infiltrar(se)
15 lavar(se)
48 pasar(se)
11 refinar(se)
4 rezumar
4 tamizar
4 transpirar
18 blanquear
32 entrar

colateral
15 adyacente
9 familiar
7 lateral
11 pariente
6 secundario
10 ◁directo

colayo
1 pimpido

colcha
3 edredón
2 sobrecama
6 cobertor

colchar
4 acolchar
29 pelear(se)
22 reñir

colchón
4 colchoneta
2 márfega
5 jergón
10 tambor

colchoncillo
6 cabezal

colchoneta
14 almohada
6 cabezal
4 cojín
4 colchón

colear
17 derribar(se)
37 enamorar(se)
44 incomodar(se)
114 molestar(se)
1 rabear
6 repercutir
16 reprobar
8 cortejar
12 hostigar
16 reprender
58 tirar
65 ◁alabar(se)

colección
15 acopio
7 antología
4 colecta
5 compilación
11 conjunto
2 muestrario
3 recopilación
5 repertorio
4 surtido
7 florilegio
9 cata
15 grupo
6 ramillete
22 serie

coleccionar
4 recopilar

colecta
2 cuestación
4 recaudación
3 suscripción
5 recolección

colectar
18 acumular(se)
4 allegar(se)
47 recoger(se)
21 repartir(se)
49 reunir(se)

32 ◁gastar(se)
15 ◁consumir

colectividad
9 comunidad
11 conjunto
7 esfera
18 estado
14 habitantes
28 humanidad(es)
2 pluralidad
13 población
17 clase
15 grupo
17 pueblo
16 sociedad
1 ◁individualidad

colectivismo
3 indivisión

colectivo
19 común
3 estatal
10 general
4 social
19 cuerpo
7 gremio
2 sindicato
28 asociación
8 autobús
3 bus
15 grupo
14 ◁particular

colector
10 albañal
10 alcantarilla

colega
7 compañero(s)
5 tronco
8 camarada

colegiado
11 afiliado
1 compartido
4 inscrito
2 sindicado
16 ◁único

colegial
8 alumno
4 educando
5 escolar
4 estudiante
26 aprendiz

colegiarse
19 afiliar(se)
11 inscribirse
49 reunir(se)
6 sindicar(se)
64 ◁separarse

colegiata
13 iglesia
5 templo

colegio
8 academia
9 comunidad
15 escuela
8 instituto
3 liceo
19 cuerpo
15 corporación
16 sociedad

colegir(se)
24 argumentar(se)
14 concluir
7 deducir
27 inferir(se)
74 juntar(se)
6 raciocinar
11 razonar
11 resultar
42 seguir(se)
28 sacar

cólera
13 arrebato
4 atrabilis
15 bilis
13 coraje
5 exasperación
11 furia
9 rabia
12 enojo
9 ira
13 pica
2 viaraza

colérico
18 airado
15 arrebatado
1 emberrenchinado
9 furibundo
8 furioso
13 rabioso
12 tibio
5 cabreado
8 enojado
17 irritado
7 ◁calmado
7 ◁ecuánime

coleta
1 trenza
1 cañamazo
21 cola
3 mahón
4 mechón

coletazo
1 rabotada

coletilla
26 adición
10 añadidura

coleto
7 adentro(s)
9 conciencia
9 mente
14 pensamiento
19 cuerpo
37 alma
10 descaro
8 desfachatez
2 desvergüenza
11 interior
8 mollera

colgadera
21 anillo

colgadero
1 colgador
4 garfio
4 percha
3 escarpia
16 gancho

colgadizo
5 caedizo

colgado
5 ahorcado
4 morfinómano
12 suspenso

colgador
5 colgadero

colgadura
6 cortina
3 cortinaje
1 estor
7 tapiz

colgajo
5 arlo
1 horco
5 ristra

colgante
4 arracada
5 badajo
19 pendiente

colgar(se)
6 achacar
15 ahorcar(se)
24 añadir(se)
63 apoyar(se)
6 arrizar
33 atribuir(se)
19 enganchar(se)
5 estrangular
10 imputar
9 inculpar
3 pender
16 reprobar
17 retrasar(se)
9 revolcar(se)
15 suspender
5 remolonear
◁descolgar(se)

colibrí
1 picaflor
2 resucitado
1 tomineja
⇨pájaro mosca

cólica
7 cólico

colicano
1 rabicano

cólico
18 ataque
1 cólica
2 entripado
2 retortijón
1 torzón
11 diarrea
3 torozón

colicuación
4 derretimiento
17 disolución
6 licuación
4 licuefacción
3 ◁condensación

colicuante
5 fundente

coliche
6 baile
4 festejo
3 guateque
9 juerga

coliflor
3 col

coligado
15 asociado
3 confederado

coligamiento
19 unión

coligar(se)
18 aliar(se)
48 asociar(se)
6 confederarse
14 federar(se)
7 vincularse
79 unirse
10 ◁desasir(se)
8 ◁desligarse

colilla
8 cigarro
6 bachicha
4 chacuaco

colimación
6 alineación
16 dirección
8 orientación

colina
9 alcor
3 altozano
35 altura(s)
8 cabezo
13 cerro
13 collado
6 cota
18 eminencia
7 loma
6 otero

colindante
24 aledaño(s)
10 contiguo
2 fronterizo
7 limítrofe
9 lindante
13 próximo
7 ◁*distante*

colindar
27 limitar(se)
6 lindar
8 rayar
17 rozar(se)
39 tocar(se)
38 ◁*alejar(se)*
◁*distar*
64 ◁*separar(se)*

colirio
10 gota(s)
4 lavativa

coliseo
7 anfiteatro
8 circo

colisión
19 combate
12 conflicto

12 choque
6 encontronazo
9 encuentro
6 enfrentamiento
23 lucha
11 oposición
8 pugna
6 topada
3 topetazo
11 riña

colisionar
12 chocar

colitis
12 corredera
1 enteritis
14 currutaco
10 churria
11 diarrea
1 ◁*estreñimiento*

colmado
5 abarrotado
18 atestado
2 coloniales
13 completo
29 abundante
11 almacén
5 figón
14 lleno
9 tienda
5 ultramarinos
16 ◁*vacío*

colmar
11 abarrotar(se)
22 atestar(se)
30 atiborrar(se)
33 llenar(se)
17 saturar(se)
9 ◁*defraudar*
14 ◁*vaciar(se)*

colmarse
39 atracar

colmena
2 abejar
2 colmenar
3 corcho

2 panal

colmenar
6 abejera
4 colmena

colmenilla
1 cagarria
1 crespilla
1 morilla

colmillo
3 canino
⇨diente columelar

colmilludo
3 dentudo

colmo
28 abundancia
14 bendición
4 desiderata
3 disloque
10 exceso
4 finibusterre
9 florecimiento
3 guinda
5 leche
6 perfección
5 plenitud
6 puntilla
3 repleción
31 sobra(s)
7 superabundancia
8 superfluidad
11 complemento

colo
24 baño(s)
13 barniz
1 mogate
21 capa

colocación
17 cargo
17 ocupación
5 posición
11 postura
12 puesto
13 situación
16 actitud
22 destino

23 disposición
16 empleo
19 plaza
10 ◁*desarreglo*
4 ◁*despido*

colocado
4 morfinómano
4 plantado
14 asentado

colocar(se)
16 acampar
55 acomodar(se)
7 adosar
22 alojar(se)
36 apañar(se)
5 aparcar
19 apostar(se)
3 asolapar
5 destinar
48 disponer(se)
15 enchufar(se)
47 establecer(se)
13 estacionar(se)
18 instalar(se)
11 invertir
7 localizar
35 ocupar(se)
27 orientar(se)
28 plantar(se)
35 poner(se)
18 situar(se)
5 retranquear
7 empericarse
24 emplear
16 trabajar
12 ubicar
4 ◁*amover*
8 ◁*desarreglar(se)*
◁*descolocar(se)*
21 ◁*despedir(se)*

colocasia
⇨haba de Egipto

colocutor
3 interlocutor

colocho
22 servicio(s)
4 tirabuzón

colodrillo
  2 viruta
  16 favor
  3 rizo

colodrillo
  5 cogote
  1 nuca
  1 occipucio

colofón
  12 conclusión
  16 final
  7 remate
  14 cumbre
  8 ◁*comienzo*

colofonia
  4 brea

coloidal
  5 disuelto
  1 emulsionado
  7 gelatinoso
  16 ◁*sólido*

coloide
  17 disolución
  5 emulsión
  2 líquido
  16 ◁*sólido*

colon
  6 intestino(s)
  19 recto

colonato
  12 arrendamiento

colonia
  15 esencia
  3 loción
  7 perfume
  2 provincia
  ⇨territorio ultramarino

colonial
  5 ultramarino(s)

coloniales
  5 ultramarino(s)
  10 colmado

colonialismo
  7 dependencia
  5 imperialismo
  10 opresión
  7 conquista
  2 ◁*emancipación*
  12 ◁*independencia*

colonialista
  7 explotador
  5 imperialista
  2 opresor
  7 conquistador
  5 ◁*libertador*
  4 ◁*nacionalista*

colonización
  5 imperialismo
  6 repoblación

colonizador
  5 imperialista
  6 poblador
  7 conquistador

colonizar
  12 emigrar

colono
  16 arrendador
  11 casero
  3 rentero
  14 comerciante
  5 tendero

coloquíntida
  1 alhandal

coloquio
  14 conversación
  11 charla
  5 diálogo
  2 entrevista
  8 plática
  7 conferencia
  14 parlamento

color
  7 azafrán
  2 colorido
  5 gama
  3 irisación
  9 matiz
  10 motivo(s)
  17 ocasión
  1 pigmento
  13 pintura
  5 pretexto(s)
  4 semblante
  2 tinte
  3 tonalidad
  11 viso(s)
  39 aspecto
  3 especia
  13 tono

coloración
  3 cromatismo
  5 ◁*desencajamiento*

colorado
  5 carmesí
  8 encarnado
  6 grana
  18 rojo
  3 rubicundo
  3 ◁*lívido*
  8 ◁*pálido*

colorante
  3 anilina
  3 clorofila

colorar
  4 teñir
  5 ◁*empalidecer*

coloreado
  2 pigmentado
  4 pintado
  4 teñido
  3 tinto
  ◁*decolorado*
  5 ◁*incoloro*

colorear
  6 cohonestar
  4 teñir
  23 pintar

colores
  9 rubor

colorete
  4 arrebol

colorido
  31 animación
  17 color

colorín
  4 jilguero

colorismo
  8 sabor

colorista
  7 plástico

colosal
  24 brutal
  4 ciclópeo
  10 considerable
  17 excelente
  11 fenomenal
  15 formidable
  14 garrafal
  10 gigantesco
  11 grandioso
  9 inmenso
  4 mastodonte
  10 monstruoso
  7 titánico
  12 enorme
  23 grande
  5 mamerro

colpa
  3 sosa
  2 lejía

coludo
  10 inoportuno
  1 rabudo
  15 molesto

columbrar
  20 barruntar(se)
  8 conjeturar
  7 deducir
  35 distinguir(se)
  6 divisar
  6 entrever
  6 escudriñar
  31 imaginar(se)

columna
- 4 intuir
- 5 otear
- 23 sospechar(se)
- 7 suponer
- 8 vislumbrar
- 19 ver
- 3 ◁ignorar

columna
- 37 apoyo
- 2 espinazo
- 12 hito
- 5 pilar
- 3 pilastra
- 5 soporte
- 14 sostén
- 6 cipo
- 7 mojón
- 5 poste

columnación
- 2 columnata

columnata
- 1 columnación
- 8 pórtico

columnilla
- 3 estalactita
- 3 jamba

columpiamiento
- 12 balanceo

columpiar(se)
- 19 balancear(se)
- 13 bambolear(se)
- 10 bandear(se)
- 14 mecer(se)
- 8 ondular(se)
- 6 oscilar
- 6 maromear
- 6 acunar
- 7 fornicar
- 11 vacilar

columpio
- 5 balanza
- 3 trapecio
- 8 balancín
- 2 mecedora

coluvie
- 10 albañal
- 10 alcantarilla

colla
- 23 borrasca

collado
- 9 alcor
- 3 altozano
- 35 altura(s)
- 8 cabezo
- 13 cerro
- 10 colina
- 6 cota
- 18 eminencia
- 6 montículo
- 19 paso(s)
- 7 loma
- 6 otero
- 10 puerto

collar
- 1 collarejo
- 1 collarín
- 2 gargantilla
- 26 cadena
- 12 aro

collarejo
- 5 collar

collarín
- 5 collar

colleja
- 1 verdezuela
- 4 verdura
- 3 pescozón

coma
- 9 amodorramiento
- 8 letargo

comadre
- 7 amiga
- 5 comadrona
- 1 confidenta
- 2 matrona
- 2 partera
- 4 trotaconventos
- 1 vecina
- 6 celestina
- 15 alcahueta
- 8 garrapata

comadrear
- 7 alcahuetear
- 7 camandulear
- 4 cotillear
- 4 chismorrear
- 8 murmurar

comadreja
- 1 mustela
- 4 señorita

comadreo
- 11 charla
- 5 chismorreo
- 16 cuento
- 5 cháchara
- 11 hablilla
- 12 ◁discreción
- 7 ◁silencio

comadrón
- 2 ginecólogo
- 2 partero
- 4 tocólogo

comadrona
- 2 matrona
- 2 partera
- 10 comadre
- 2 faculta
- 2 madama

comalia
- 2 hidropesía
- 22 melancolía
- 3 morriña
- 2 zangarriana
- 16 disgusto
- 13 tristeza

comandancia
- 4 capitanía
- 5 distrito
- 10 jurisdicción
- 16 división

comandante
- 5 aeronauta
- 6 piloto
- 4 aviador

comandar
- 5 capitanear

comanditario
- 8 accionista

comarca
- 7 circunscripción
- 31 contorno(s)
- 5 distrito
- 21 lugar
- 10 país
- 10 paraje
- 2 región
- 14 sitio
- 9 territorio
- 30 partido

comarcal
- 1 jurisdiccional
- 1 regional
- 2 territorial

comarcano
- 10 contiguo
- 7 inmediato
- 7 limítrofe
- 13 próximo

comatoso
- 9 inerte
- 3 moribundo
- 21 grave

comba
- 5 alabeo
- 6 arqueamiento
- 14 cuerda
- 18 curvatura

combado
- 5 abarquillado
- 3 abombado
- 5 abovedado
- 6 adunco
- 8 corvo
- 7 curvo
- 6 globular
- 12 torcido

combadura

combadura
6 arqueamiento
5 borneo

combar(se)
7 abarquillar(se)
15 alabear(se)
18 arquear(se)
12 bornear
12 curvar(se)
13 deformar
31 doblarse
14 encorvar(se)
14 encorvarse
5 flexionar(se)
8 ondular(se)
5 pandear(se)
22 retorcer(se)
44 torcer(se)
13 abombar(se)
16 apandar
31 doblar
24 ◁*enderezar(se)*

combate
42 acción
5 algara
18 ataque
12 conflicto
7 correría
2 cruzada
12 choque
6 enfrentamiento
5 escaramuza
10 lid
9 liza
23 lucha
2 rebato
7 refriega
14 sitio
4 torneo
13 fregado
11 pelea
11 riña

combatible
5 discutible
2 disputable
2 impugnable
15 ◁*indudable*
◁*irrefragable*
10 ◁*irrefutable*

combatiente
15 batallador
1 beligerante
7 guerrero
1 lidiador
5 luchador
5 soldado

combatir
19 atacar(se)
16 batallar
10 contender
18 contradecir(se)
5 controvertir
15 enfrentar(se)
3 guerrear
8 hostilizar
9 impugnar
12 lidiar
29 pelear(se)
7 refutar
4 sitiar
6 luchar
22 oponerse
18 perseguir
13 rechazar
22 reñir
11 replicar
11 ◁*defender*

combatividad
5 acometividad
4 agresividad
23 lucha
10 tenacidad
6 ◁*pasividad*
10 ◁*paz*
9 ◁*tranquilidad*

combativo
7 agresivo
15 batallador
5 luchador
6 peleador
4 pendenciero
5 polemista
4 ◁*amistoso*
6 ◁*pacífico*

combés
7 ámbito

combina
9 chanchullo

combinación
22 acoplamiento
6 concordancia
9 construcción
6 montaje
19 plan
19 unión
9 armazón
23 disposición
7 enaguas
13 maniobra

combinado
4 cocktail

combinar
30 acoplar(se)
25 agregar(se)
8 compaginar(se)
16 concertar(se)
8 conjuntar
8 coordinar
9 hermanar(se)
74 juntar(se)
6 maquinar
31 mezclar(se)
11 planear
13 proyectar
79 unir(se)
19 casar
34 componer
37 ◁*descomponer(se)*
9 ◁*desintegrar*

combo
5 alabeado
1 almádana
7 mazo
5 trompada
8 martillo
4 puñetazo

comboso
5 alabeado

comburente
30 ardiente

combustible
3 alcohol
1 butano
6 gasolina
1 inflamable
1 petróleo
1 propano
1 ustible
15 leña
↪gas natural
↪gas oil
3 ◁*incombustible*

combustión
2 abrasamiento
15 calefacción
3 ignición
5 incineración
5 llama
8 quema
19 chispa
49 energía
7 hoguera

combusto
3 abrasado

comedero
6 comedor
3 comestible
5 merendero
2 refectorio
9 canoa

comedia
33 artificio
8 bufonada
1 comedieta
4 drama
28 engaño(s)
12 farsa
10 fingimiento
2 pantomima
19 paso(s)
2 sketch
4 teatro
103 burla
18 enredo
10 entremés
12 hipocresía
2 payasada

comedianta
9 actriz

comediante
19 actor
10 artista
7 farandulero
13 farsante

comedido
8 circunspecto
12 cortés
12 discreto
1 inhibido
9 mesurado
8 moderado
13 prudente
1 reprimido
17 atento
6 complaciente
7 considerado
9 entrometido
14 metomentodo
4 servicial

comedieta
16 comedia

comedimiento
13 moderación
11 modestia
13 parsimonia
21 ◁ *audacia*
11 ◁ *insolencia*
32 ◁ *atrevimiento*
12 ◁ *cinismo*
4 ◁ *extralimitación*

comediógrafo
9 autor
3 dramaturgo
6 literato

comedirse
19 medir(se)
23 refrenar(se)

comedón
5 espinilla

comedor
11 glotón
5 merendero
2 refectorio
1 salita
5 comedero
4 salón

comején
3 termes

comendador
17 caballero
20 distinguido
9 honorable

comensal
3 huésped
5 invitado

comentador
5 comentarista
6 intérprete

comentar(se)
54 aclarar(se)
20 anotar(se)
6 apostillar
34 explicar(se)
21 ilustrar(se)
8 interpretar
3 parafrasear
8 glosar

comentario
10 aclaración
8 apología
4 crítica
10 explicación
8 glosa
15 ilustración
24 nota
5 paráfrasis

comentarios
6 anales

comentarista
2 comentador
1 charlista
2 disertador
6 intérprete
4 locutor

comento
3 exégesis
10 explicación
8 glosa
13 interpretación
19 embuste
15 mentira
10 patraña

comenzar
35 abrir(se)
9 empezar(se)
6 entablar
5 inaugurar
5 incoar
31 iniciar(se)
39 originar(se)
38 pegar(se)
6 principiar
5 emprender
53 ◁ *acabar(se)*
7 ◁ *terminar*

comer
53 acabar(se)
1 cenar
5 corroer
1 desayunar
9 devorar
20 engullir(se)
5 erosionar
10 escocer(se)
32 gastar(se)
6 limar
9 roer(se)
15 zampar(se)
15 consumir
9 derrochar
6 despilfarrar
6 dilapidar
5 embaular
9 jamar
8 manducar
57 picar
31 tragar
3 yantar
9 ◁ *abstenerse*

comercial
1 mercante
1 mercantil

comercializar
11 comerciar
17 distribuir(se)
1 mercantilizar

comerciante
5 colono
4 comisionista
1 consignatario
13 dependiente
10 intermediario
1 mayorista
4 mercader
1 merchante
1 minorista
4 negociante
4 traficante
2 tratante
7 vendedor
5 mercachifle

comerciar
19 especular
2 exportar
11 importar
2 mercar
5 negociar
35 tratar(se)
9 comprar
2 mercadear
3 traficar
4 trapichear
11 vender

comercio
6 bazar
6 compra
12 especulación
7 establecimiento
4 expendeduría
1 exportación
4 importación
3 negociación
22 negocio(s)
3 permuta
2 subasta
5 tráfico
10 transacción
10 trato
8 venta
11 almacén
9 tienda

comestible
4 manjar

comestibles

35 alimento
5 comedero

comestibles
5 ultramarino(s)
10 abacería
8 abarrote
15 alforja

cometa
2 milocha
1 pájara
4 pandero
31 bola
22 bomba
⇨ estrella de rabo
⇨ pájaro bitango

cometer
17 confiar(se)
19 ejecutar(se)
6 encomendar
33 hacer(se)
6 incurrir
3 perpetrar
62 caer

cometido
6 deber
6 encargo
5 misión
11 obligación

comezón
32 anhelo
10 desasosiego
1 hormiguillo
7 picazón
5 picor
2 rascazón
5 prurito
28 ansia
14 deseo
17 inquietud

cómic
7 historieta

cómica
9 actriz

comicidad
15 ingenio
7 jocosidad

comicio(s)
27 asamblea
8 elección
1 elecciones
6 sufragio
13 voto

cómico
19 actor
10 artista
15 bufo
8 chusco
11 festivo
5 figurante
2 hilarante
11 histrión
6 intérprete
10 jocoso
10 cachondo
9 chistoso
30 divertido
18 gracioso
8 ◁ aburrido
20 ◁ serio
8 ◁ trágico

comida
8 ágape
3 almuerzo
13 banquete
11 colación
7 festín
3 maná
5 manutención
7 refrigerio
2 sustento
3 vianda
35 alimento
2 cena
7 comilona
2 condumio
3 desayuno
3 manduca
4 mercurio
3 merienda
4 piscolabis
5 pitanza
5 refección

5 tentempié

comidilla
9 murmuración

comido
9 consumido

comienzo
5 iniciación
16 inicio
13 origen
19 principio(s)
21 base
17 nacimiento
14 causa
13 fuente
16 ◁ final
8 ◁ meta

comilón
7 tragaldabas
12 voraz
4 zampón
5 tragón
11 tripero
14 ◁ comedido
6 ◁ frugal
8 ◁ parco

comilona
8 ágape
6 atracón
13 banquete
7 festín
8 gaudeamus
23 comida
12 francachela

cominería
14 insignificancia
9 menudencia
8 minucia
10 nadería(s)
4 ñoñería
1 pijotada
25 fruslería

cominero
2 cazolero
1 cazoletero

cominillo
2 borrachuela
12 cizaña
2 rabillo
10 escrúpulo
17 inquietud
11 recelo
7 vacilación

comino
6 ardite
6 bledo
3 condimento
14 insignificancia
8 minucia
12 pequeñez
3 especia
6 pito

comisario
24 alguacil

comisión
27 asamblea
4 cometido
4 comité
8 delegación
6 encargo
12 encomienda(s)
12 junta
7 mandato
6 mensaje
5 misión
2 porcentaje
4 prima
12 consejo
7 participación
24 derecho
6 tarea

comisionado
9 apoderado
4 comisionista
5 delegado
10 enviado
8 representante
◁ representado

comisionar
22 autorizar(se)
6 delegar
5 facultar

6 habilitar

comisionario
27 agente

comisionista
5 comisionado
3 concesionario
27 agente
14 comerciante

comiso
7 confiscación
4 decomiso

comistrajo
13 bazofia
4 guisote

comisura
19 ángulo

comité
16 comisión
8 delegación
12 junta
19 reunión

comitente
9 autor
6 ejecutor
12 principal
5 ◁*delegado*

comitiva
14 acompañamiento
6 comparsa
4 cortejo
3 escolta
4 séquito
56 corte
10 reverencia

cómitre
2 capitán
6 castigador
2 contramaestre
6 martirizador

como
16 así
4 calificadamente

cómoda
4 arcón
33 armario
1 comodín
1 chiffonier
2 guardarropa

cómodamente
7 aína
7 buenamente

comodidad
25 beneficio(s)
16 bienestar
8 facilidad
6 holgura
15 interés
17 ocasión
14 oportunidad
30 placer
8 utilidad
16 regalo
14 ventaja
20 ◁*incomodidad*
8 ◁*inoportunidad*

comodín
5 cómoda

cómodo
4 adecuado
15 conveniente
6 favorable
11 muelle
6 oportuno
8 placentero
8 regalado
6 ventajoso
24 fácil
4 factible
11 holgado
20 simple
8 ◁*desfavorable*
6 ◁*incómodo*
10 ◁*inoportuno*

comodón
7 acomodaticio
9 apoltronado
6 enviciado
3 marqués

compacidad
4 aglutinación
8 consistencia
8 densidad
2 espesor
◁*esponjosidad*
◁*porosidad*

compactar
9 apachurrar(se)
7 apelmazar(se)

compactibilidad
8 densidad

compacto
9 amazacotado
16 apretado
10 denso
15 espeso
12 impenetrable
10 macizo
16 sólido
2 tupido
19 firme
31 pesado
1 ◁*poroso*
5 ◁*quebradizo*
8 ◁*fofo*

compadecer(se)
37 acordar(se)
59 ajustar(se)
12 apiadar(se)
7 armonizarse
8 compaginar(se)
3 condoler(se)
27 conformar(se)
7 contristar(se)
6 deplorar
22 doler(se)
15 lamentar(se)
27 ◁*alegrar(se)*

compadraje
8 compadrazgo

compadrar
27 amistar(se)

compadrazgo
1 aconchabamiento
1 compadraje

4 componenda
9 confabulación
7 vínculo
8 concierto
9 chanchullo
6 enjuague

compadre
7 compañero(s)
8 camarada
1 compadrito
18 chulo
15 fanfarrón
7 matón
4 padrino

compadrear
17 confiar(se)
6 intimar
31 relacionar(se)
38 ◁*alejarse*

compadrería
30 amistad
9 camaradería
5 ◁*rivalidad*

compadrito
7 compadre

compaginación
9 ordenación

compaginado
23 arreglado

compaginar(se)
30 acoplar(se)
59 ajustar(se)
7 armonizar
15 combinar
13 compadecer(se)
10 conciliar
27 conformar(se)
17 distribuir(se)
2 ◁*discordar*

compaña
12 hato

compañerismo
30 amistad
8 compadrazgo

9 camaradería

compañero(s)
3 cónyuge
3 colega
8 camarada
8 compinche
19 mano
3 pareja
8 socio

compañía
14 acompañamiento
6 comparsa
2 congregación
4 cortejo
5 elenco
4 séquito
15 casa
16 sociedad

comparable
3 equiparable
3 hermanable
5 paralelo
18 parecido
8 similar

comparación
26 alegoría
8 análisis
2 parangón
9 paridad
2 símil
6 recensión
5 comparendo

comparado
3 equiparado

comparador
1 confrontante
1 cotejador

comparar(se)
17 asimilar(se)
2 compulsar
11 confrontar
6 equiparar(se)
4 parangonar
31 relacionar(se)
8 cotejar

comparecencia
13 presencia
11 presentación

comparecer
16 acudir
3 personarse
33 presentar(se)
30 ◁ausentar(se)
8 ◁desaparecer

comparendo
7 comparación
2 confrontación
2 entrevista
7 conferencia
7 audiencia

comparsa
14 acompañamiento
4 cortejo
10 extra
5 figurante
4 séquito
7 comitiva

compartido
4 colegiado

compartimentar
9 desmenuzar
6 fraccionar
12 graduar(se)
21 partir

compartimento
6 sector
13 pieza

compartimiento
15 anaquel
11 casilla

compartir
34 auxiliar(se)
6 colaborar
17 distribuir(se)
21 dividir(se)
15 participar
21 partir
21 repartir(se)

compás
2 bigotera
1 falsaescuadra
1 falsarregla
15 medida
10 norma
7 pauta
27 regla(s)
7 ritmo
1 tiralíneas
15 brújula
29 aguja

compasar
4 acompasar
59 ajustar(se)
48 disponer(se)
19 medir(se)
20 proporcionar(se)

compasión
12 caridad
10 clemencia
6 compunción
4 condolencia
6 lástima
7 misericordia
9 piedad
6 ternura
13 ◁crueldad
9 ◁inflexibilidad

compasivo
30 benigno
31 bondadoso
45 bueno
7 caritativo
8 humanitario
17 humano
8 indulgente
9 misericordioso
9 piadoso
7 pío
13 ◁piedra

compatibilidad
21 afección
11 conjunción

compatibilizar
10 conjugar

compatible
7 coincidente
11 conforme
3 ◁intolerable
10 ◁opuesto

compatriota
2 conciudadano
1 connacional

compatriotas
4 grey

compeler
20 apremiar(se)
5 coaccionar
7 constreñir
28 estimular(se)
10 forzar
17 incitar(se)
25 obligar(se)
10 impulsar

compendiado
10 abreviado
9 sucinto

compendiar
12 abreviar
4 extractar
4 recapitular
52 reducir(se)
6 resumir
12 ◁ampliar(se)

compendio
2 epítome
6 esquema
6 extracto
14 fundamento(s)
lecciones
6 manual
19 principio(s)
3 prontuario
3 recopilación
11 resumen
14 rudimento(s)
3 sinopsis
13 sumario
11 elemento

compendioso
10 abreviado
6 conciso

complejo

8 reducido
10 resumido
9 sucinto
1 ◁ *ampliado*

compenetración
22 acoplamiento
14 avenencia

compenetrarse
8 coincidir
10 identificar(se)
12 penetrar(se)
17 comprender
9 entender
9 entenderse

compensable
1 compensatorio
4 remediable
1 resarcible

2 ◁ *irreparable*

compensación
9 accésit
13 acomodamiento
3 contrapartida
3 empate
4 indemnización
6 recuperación
5 represalia
1 clearing
1 countervailing

compensado
5 simétrico

compensadora
3 alícuota

compensar
6 contrapesar
5 equilibrar(se)
9 indemnizar
8 recompensar
11 resarcir(se)

2 ◁ *descompensar(se)*

compensatorio
3 compensable

competencia
7 certamen
12 concurrencia
14 concurso
21 dominio
2 emulación
18 habilidad
7 idoneidad
3 incumbencia
10 jurisdicción
43 poder(es)
5 rivalidad
4 suficiencia
20 aptitud
26 autoridad
14 capacidad
23 disposición
18 disputa

4 ◁ *incompetencia*

competente
4 adecuado
14 apto
15 conveniente
14 diestro
17 hábil
6 idóneo
6 oportuno
6 suficiente
16 capaz
11 entendido
17 templado

3 ◁ *inadecuado*
8 ◁ *incompetente*
10 ◁ *inoportuno*

competer
8 concernir
13 corresponder
6 incumbir
8 pertenecer
39 tocar(se)
8 atañer

competición
14 concurso
5 justa
9 liza
4 olimpiada
2 regata
2 rally

competido
3 disputado

competidor
9 adversario
3 antagónico
9 antagonista
3 apostante
4 concursante
15 contrario
8 contrincante
8 émulo
4 examinando
4 oponente
10 participante
6 rival
1 outsider

competir
10 contender
6 emular
30 igualar(se)
38 pegar(se)
7 pugnar
13 porfiar
3 rivalizar

compilación
7 codificación
3 recopilación
5 repertorio
7 florilegio
14 colección

compilar
4 recopilar
49 reunir(se)

compinche
17 adicto
4 alicates
7 compañero(s)
4 cómplice
6 secuaz
2 seguidor
8 camarada
11 partidario

10 ◁ *enemigo*

complacencia
14 agrado
38 alegría(s)
30 placer
20 satisfacción
8 contento
12 gusto

12 ◁ *desagrado*
13 ◁ *tristeza*

complacer
30 agradar
7 contentar(se)
8 gustar
44 satisfacer(se)
27 alegrar(se)

10 ◁ *desagradar*

complacerse
17 gozar
27 alegrar(se)
17 gloriar

complacido
9 gozoso
16 risueño
15 satisfecho
8 contento

complaciente
11 benévolo
14 comedido
7 condescendiente
8 indulgente
3 tolerante
4 servicial

13 ◁ *inflexible*

complejidad
13 complicación
10 diversidad
8 filigrana
3 rebuscamiento
10 variación
5 variedad

5 ◁ *elementalidad*
8 ◁ *simplicidad*

complejo
10 combinación
14 complicado
difícil
5 enredado

complementar

  8 enrevesado
  5 espinoso
 11 intrincado
  4 múltiple
  1 trauma
  2 urbanización
 12 vario

  7 enmarañado
 ⇨conjunto residencial

  3 ◁*uno*
 12 ◁*sencillo*

complementar(se)
 25 agregar(se)
 24 añadir(se)
 59 aumentar(se)
 12 completar
 22 perfeccionar(se)
  2 suplementar

 52 ◁*reducir(se)*
 10 ◁*restar*

complementario
 20 accesorio
  5 adicional
  1 ampliatorio
 10 extra
  4 suplementario

  6 ◁*fundamental*
 12 ◁*principal*

complemento
 26 adición
  1 añadido
 14 apéndice
 17 colmo
 11 cumplimiento
  6 integridad
  6 perfección
  5 plenitud
  7 remate
  4 aditamento
  6 suplemento

completamente
  7 cumplidamente
  5 enteramente
  3 íntegramente
  4 plenamente
  3 totalmente

    ◁*parcialmente*

completar
 53 acabar(se)
 16 adobar
 25 amoldar(se)
 12 ampliar(se)
 24 añadir(se)
  6 complementar(se)
  1 cuajaleche
 28 finalizar(se)
 12 integrar(se)
 22 perfeccionar(se)
 21 sumar(se)
  7 terminar

  4 ◁*desparejar(se)*

completarse
  4 madurar

completivo
 18 acabado
  5 complementario
  9 perfecto

completo
 10 atiborrado
 16 cabal
  3 consumado
 16 entero
  3 indiviso
 14 íntegro
 11 pleno
  6 saturado
  4 terminado
  6 total
 18 cumplido
  3 desayuno
 14 lleno

 14 ◁*incompleto*
 11 ◁*parcial*

complexión
 11 constitución
  6 estructura
 20 naturaleza
  5 organismo
  4 temperamento
 22 figura

complicación
  5 agravamiento
  6 complejidad
  5 empeoramiento

 10 estorbo
 12 tropiezo
  5 variedad
 19 confusión
 15 dificultad
 15 embrollo
 18 enredo
 24 follón
 11 lío
 10 obstáculo

complicado
 17 artificioso
 13 complejo
 18 desigual
 16 difícil
  8 embrollado
  8 enrevesado
  9 florido
  5 implicado
 11 intrincado
  5 laberíntico
  8 lioso
  8 rebuscado
 21 accidentado
  7 peliagudo

 12 ◁*elemental*
  9 ◁*embrionario*
 16 ◁*modesto*
  8 ◁*sobrio*

complicar(se)
  7 adulterar
 14 agravar(se)
 20 atirantar(se)
 54 confundir(se)
 13 dificultar(se)
  6 embarullar
  9 embrollar
 18 empeorar(se)
 16 enfangar(se)
  7 enmarañar
  6 enrarecer
  2 enrevesar
 20 entorpecer(se)
 28 estorbar(se)
 39 liar(se)
 31 mezclar(se)
 17 obstaculizar
  9 encampanar(se)
  3 enfrijolarse
 18 enredar

  5 ◁*desembrollar*
  3 ◁*simplificar*

cómplice
  1 coautor
  6 secuaz
  2 sicario
  5 colaborador

complicidad
  2 encubrimiento

complot
  9 confabulación
  6 conjura
  9 maquinación
 11 trama
 10 conspiración
  7 contubernio
 19 intriga
 13 maniobra
  9 pastel

componedor
  5 árbitro
  5 conciliador
  6 mediador
  3 pacificador
  4 compositor

componenda
 10 transacción
 10 trato
 20 arreglo
  9 chanchullo

componente
 11 factor
  6 ingrediente
  4 integrante
 14 materia

componentes
  6 equipaje
  9 equipo

componer(se)
 39 acicalar(se)
 55 acomodar(se)
 21 adornar
 83 arreglar(se)
 22 ataviar(se)

41 avenir(se)
5 constar
7 constituir
16 corregir(se)
12 emperifollar(se)
17 engalanar(se)
9 escribir
28 formar(se)
33 hacer(se)
6 maquillarse
10 organizar
19 perfilar(se)
15 reconciliar(se)
7 rectificar
5 redactar
5 remendar
9 restaurar
9 zurcir

28 aderezar
30 armar
14 atusar
14 capar
10 castrar
8 embrujar
13 hechizar
23 pintar
21 reparar
9 tejer

⇨poner a bien

37 ◁ *descomponer(se)*
64 ◁ *estropear(se)*

componérselas
16 agenciar(se)
36 apañar(se)
83 arreglar(se)
11 desenredar
8 industriar(se)
13 ingeniar(se)

componible
4 adaptable
3 realizable
1 reparable

2 ◁ *irreparable*

comportamiento
4 conducta
7 pauta
17 práctica
21 proceder

comportar(se)
12 acarrear
39 aguantar(se)
36 conducir(se)
6 conllevar
8 obrar
12 portar(se)
21 proceder
6 soportar
12 sufrir
8 tolerar
5 traer

composición
11 constitución
4 drama
13 ensayo
6 estructura
5 novela
2 partitura
8 poema
2 sinfonía
3 textura
22 trabajo(s)
23 obra

6 ◁ *descomposición*

composite price
⇨precio unificado

compositor
7 músico
4 algebrista
5 componedor
2 traumatólogo

compostura
21 acuerdo(s)
4 adulteración
11 ajuste
11 aliño
19 circunspección
11 convenio(s)
10 decencia
9 decoro
7 falsificación
11 modestia
10 recato
3 remiendo
12 reparación
10 transacción
10 trato

21 adorno
20 arreglo
14 pacto

◁ *descompostura*
10 ◁ *descaro*

compota
2 almíbar
19 dulce
4 jalea
8 mermelada

compra
22 adquisición
17 comercio
4 importación
1 purchasing
4 conchabo
4 soborno

8 ◁ *venta*

comprable
7 asequible
3 corruptible
3 sobornable

10 ◁ *incorruptible*
14 ◁ *íntegro*

10 ◁ *caro*

comprador
3 adquisidor
5 usuario
6 cliente

comprar
11 comerciar
2 mercar
14 untar(se)
3 cohechar
16 adquirir
12 conchabar
16 corromper
7 sobornar
19 trocar

11 ◁ *vender*

compraventa
4 almoneda
17 comercio
3 permuta

5 tráfico
19 cambio

comprender
17 abrazar
22 adivinar
44 ceñir(se)
14 columbrar
8 concebir
21 contener(se)
3 discernir
11 encerrar
6 englobar
13 incluir
4 intuir
12 penetrar(se)
38 rodear(se)
8 vislumbrar
14 abarcar
6 compenetrarse
9 entender

26 ◁ *excluir(se)*

comprenderse
30 acoplar(se)

comprendido
5 implicado
1 incluso
1 interpretado
11 entendido

10 ◁ *ajeno*
4 ◁ *exceptuado*

comprensibilidad
10 claridad
8 facilidad
1 inteligibilidad

15 ◁ *dificultad*

comprensible
1 analizable
28 claro
3 cognoscible
1 escudriñable
14 evidente
7 inteligible
12 obvio
4 penetrable
5 perceptible

12 ◁ *impenetrable*

comprensión

7 ◁*ininteligible*
32 ◁*oscuro*

comprensión
6 discernimiento
10 entendimiento
4 inclusión
18 inteligencia
13 interpretación
4 intuición
11 penetración
5 tolerancia
15 juicio
4 perspicacia
12 ◁*exclusión*

comprensivo
7 acomodaticio
4 amistoso
5 benevolente
11 benévolo
  computación
8 indulgente
16 inteligente
6 perspicaz
4 transigente
25 agudo
  epilogismo
6 ◁*intolerante*
18 ◁*torpe*

compresa
8 algodón
6 apósito
5 almohadilla

compresión
4 estrujón
5 presión
3 tensión
2 sinéresis

compresivo
2 abarcador

compreso
16 apretado
6 comprimido
15 espeso
1 estrujado
2 prensado

14 ◁*suelto*

compresor
2 apisonadora
9 cilindro
4 émbolo
4 prensa
2 rodillo
4 torno

comprimido
16 apretado
9 ceñido
1 estrechado
5 gragea
3 pastilla
4 tableta
14 ◁*suelto*

comprimir(se)
11 apisonar
65 apretar(se)
7 apretujar
44 ceñir(se)
21 contener(se)
32 estrechar(se)
5 estrujar
7 exprimir
3 prensar
23 refrenar(se)
21 reprimir(se)
10 oprimir
42 ◁*arrojar(se)*
42 ◁*soltar(se)*

comprobable
1 confirmable
4 demostrable
1 examinable
4 explicable
2 verificable

comprobación
4 acordada
8 balance
4 constatación
2 cronometraje
12 demostración
20 prueba
4 revisión
3 check
13 contraste

comprobado
5 demostrado
9 histórico
4 homologado
8 ◁*supuesto*

comprobador
7 contador
1 controlador
4 inspector

comprobante
6 cupón
3 justificante
8 recibo

comprobar
13 analizar(se)
52 asegurar(se)
2 cerciorarse
2 compulsar
9 confirmar(se)
4 constatar
41 examinar(se)
6 verificar
8 cotejar

comprometer(se)
17 aceptar
13 arbitrar(se)
23 arriesgar(se)
18 aventurar(se)
11 contratar(se)
14 desacreditar(se)
22 deshonrar(se)
7 encargarse
1 ennoviarse
31 exponer(se)
2 halconear
37 ligar(se)
21 mojar(se)
25 obligar(se)
26 ofrecer(se)
16 pringar(se)
16 prometer(se)
2 responsabilizarse
7 fornicar
19 ◁*desentender(se)*

comprometido
5 espinoso
5 expuesto

5 implicado
5 peligroso
21 grave

compromisario
3 votante

compromiso
21 acuerdo(s)
11 ajuste
14 apuro(s)
11 convenio(s)
6 deber
11 obligación
13 problema
8 riesgo(s)
19 embarazo
20 amorío
14 aprieto
17 brete
6 bucle
15 dificultad
4 esponsales
1 jodienda
14 pacto
3 rizo
8 trance

compuerta
1 tablacho

compuesto
23 arreglado
4 ataviado
8 circunspecto
1 combinado
13 complejo
11 composición
9 mesurado
10 mezcolanza
3 mixtura
4 múltiple
20 serio
6 variado
10 acicalado
16 adornado
12 mezcla
2 ◁*desarreglado*
10 ◁*descompuesto*

compulsación
6 cotejo
5 evidencia

comunista

12 examen
20 prueba

compulsar
11 confrontar
8 cotejar

compulsión
18 apremio
13 exigencia
7 mandato
20 orden

compulsivo
10 apremiante
6 forzoso
5 obligatorio
2 ◁*voluntario*

compunción
18 arrepentimiento
2 contricción
13 dolor
45 pesar(se)
16 sentimiento
29 pena

compungido
14 arrepentido
2 atribulado
6 contrito
1 lloroso
3 pesaroso
16 triste
8 cariacontecido
15 ◁*satisfecho*
36 ◁*alegre*

compungir(se)
34 apenar(se)
15 arrepentir(se)

computador
2 analizador
3 computista

computadora
2 calculadora
3 ordenador
1 procesadora

computar
11 calcular
9 contar

computista
2 calculista
2 computador
5 contable

cómputo
11 cálculo
17 cuenta

comulgatorio
10 baranda

común
4 comunal
14 corriente
12 excusado
7 frecuente
10 general
4 glúteos
10 habitual
18 nalga(s)
22 ordinario
5 posaderas
9 retrete
22 servicio(s)
6 universal
7 usual
9 vulgar
6 water
11 colectivo
21 grosero
10 zafio
12 ◁*especial*
1 ◁*inusual*
14 ◁*particular*
10 ◁*refinado*

comunal
10 general
4 social
11 colectivo
12 público
11 ◁*privado*

comunero
1 aparcero

comunicable
7 asequible
3 sociable

18 amable
11 ◁*antipático*

comunicación(es)
3 anastomosis
6 circulación
8 correos
8 correspondencia
14 escrito
12 oficio
17 pasaje
1 periodismo
3 ponencia
7 propagación
3 radiotelefonía
3 retransmisión
11 roce
2 saluda
3 semiótica
2 suplicatorio
2 telecomunicación
3 telefonazo
1 teléfonos
1 telégrafos
8 transmisión
5 transporte(s)
9 tratamiento
10 trato
34 aviso
20 relación
13 noticia
5 notificación
27 señal
4 ◁*acorralamiento*

comunicado
4 encíclica
6 mensaje
12 oficio
5 notificación
26 parte

comunicante
3 ponente
2 ◁*aislante*

comunicar(se)
39 anunciar(se)
33 avisar(se)
11 contagiar
29 difundir(se)
6 impartir

26 informar(se)
5 infundir
9 notificar
15 participar
38 pegar(se)
31 relacionar(se)
5 retransmitir
13 significar
3 telegrafiar
16 transmitir(se)
23 alternar
13 conversar
11 enterar
22 ◁*condenar(se)*

comunicativo
13 accesible
4 expansivo
10 expresivo
3 sociable
5 tratable
24 abierto
15 ◁*reservado*
9 ◁*huraño*

comunidad
16 agrupación
8 convento
20 orden
9 paridad
9 similitud
28 asociación
15 corporación
15 grupo
16 sociedad

comunión
2 nuestramo

comunismo
2 leninismo
2 maoísmo
5 marxismo
1 stalinismo
4 ◁*capitalismo*

comunista
1 bolchevique
2 marxista
1 soviético
2 ◁*capitalista*

comunitario
4 municipal
11 colectivo

cona
7 guerrero
5 soldado

conato
10 amago
10 designio
13 empeño
14 intento
3 tentativa
12 esfuerzo
10 propósito

concatenación
9 encadenamiento
24 encadenar(se)
3 eslabonamiento
5 sucesión
79 unir(se)
7 vincular
2 epanástrofe
9 ◁*desenlazar(se)*

concavidad
3 alvéolo
8 cavidad
4 celdilla
5 hondón
19 hueco
5 oquedad
13 seno
16 vacío

cóncavo
6 saltón

concebible
5 coherente
9 legítimo
20 natural
27 posible(s)
8 ◁*imposible*
9 ◁*inconcebible*

concebimiento
3 maternidad

concebir
31 imaginar(se)
12 penetrar(se)

31 pensar(se)
16 percibir
13 proyectar
22 alcanzar
17 comprender
9 entender

conceder
17 aceptar
19 admitir
8 asentir
6 conferir
63 dar(se)
7 otorgar
15 convenir

concederse
24 conseguir(se)
25 permitir(se)

concejal
3 edil
1 munícipe
4 regidor
10 alférez

concejo
24 ayuntamiento
9 comunidad
7 municipio
6 cabildo
15 corporación

concento
8 cadencia
14 canto
18 armonía

concentración
7 certamen
3 ensimismamiento
1 polarización
2 recogimiento
13 aplicación
5 mitin
2 ◁*diáspora*

concentrado
6 aglutinado
21 arisco
6 cabizbajo

21 callado
5 condensado
6 insociable
6 lacónico
1 solidificado
1 ◁*diluido*
4 ◁*locuaz*

concentrar(se)
13 abismar(se)
25 abstraer(se)
9 aglutinar
6 agremiar(se)
21 apiñar(se)
6 centralizar
8 condensar
8 converger
15 ensimismar(se)
3 especializarse
11 meditar
2 polarizar
14 posar(se)
9 reconcentrar(se)
49 reunir(se)
11 sedimentar(se)
10 ◁*derramar*
4 ◁*descongestionar*
4 ◁*desperdigar(se)*
4 ◁*superabundar*

concéntrico
6 central

concentuoso
12 armonioso

concepción
10 generación
3 maternidad

conceptible
4 concebible
6 creíble
1 imaginable
8 ◁*imposible*

conceptista
15 barroco
5 culterano
2 preciosista
12 ◁*sencillo*

conceptivo
5 fecundo
3 feraz
12 ◁*sencillo*

concepto
23 agudeza
7 estima
19 idea
4 noción
9 opinión
14 pensamiento
15 sentencia(s)
15 juicio

conceptualización
11 abstracción

conceptuar(se)
27 calificar(se)
8 conocer
24 estimar(se)
11 juzgar
10 reputar(se)

conceptuoso
difícil
8 rebuscado
21 ◁*llano*

concernencia
3 incumbencia
10 procedencia
14 ◁*desinterés*

concerniente
3 atingente
6 relativo
5 tocante
6 referente

concernir
21 afectar(se)
6 competer
13 corresponder
14 depender
11 importar
23 interesar(se)
8 pertenecer
8 atañer

concertado
  3 acordado
 23 arreglado
 16 cabal
  1 establecido
  3 estipulado
  8 peón
  7 jornalero
 11 sirviente
  ⇨criado (-da)

concertador
  5 conciliador

concertar(se)
 55 acomodar(se)
 37 acordar(se)
 59 ajustar(se)
 25 amarrar(se)
  8 apalabrar
  7 armonizar
 83 arreglar(se)
 10 conciliar
 36 conducir(se)
 14 emplazar(se)
 24 ordenar(se)
  4 concordar
 34 componer
 12 conchabar
 15 convenir
 11 pactar

concertista
  7 músico
  5 pianista

concesión
  3 adjudicación
 15 donación
 18 gracia(s)
 16 licencia
  7 permiso
  6 privilegio
 18 asignación
  2 epítrope
 14 merced

concesionario
  4 comisionista
 10 intermediario
 27 agente

◁ *adjudicador*

concia
  6 veda

conciencia
 16 conocimiento
  4 consciencia
  6 discernimiento
 10 entendimiento
  6 percepción
  3 yo
 13 sujeto
 37 alma
 11 interior
  4 ◁ *inconsciencia*

concienzudo
  9 aplicado
 13 escrupuloso
  8 meticuloso
 12 reflexivo
 13 ◁ *irreflexivo*
 10 ◁ *zafio*

concierto
 21 acuerdo(s)
  9 audición
  6 concordancia
 11 convenio(s)
 20 orden
  2 recital
 18 armonía
 14 pacto
 19 ◁ *desorden*
 18 ◁ *disputa*

conciliábulo
  2 corrillo
  9 maquinación
  3 camarilla
  8 conseja
 10 conspiración
 19 intriga
  2 sinagoga

conciliación
 14 avenencia
 28 conformidad
 12 cordialidad
 18 armonía

 20 arreglo
 12 concordia
 10 ◁ *desavenencia*
 12 ◁ *discordia*

conciliador
  1 apaciguador
  1 concertador
  6 mediador
  2 moderador
  3 pacificador
  8 ◁ *aguafiestas*

conciliar
 59 ajustar(se)
  7 armonizar
 48 atraer(se)
 16 concertar(se)
 40 ganar(se)
  3 lograr
  4 concordar
 22 alcanzar
 13 granjear
 10 procurarse

concilio
 27 asamblea
 12 junta
 10 congreso
 19 reunión

concino
 12 armonioso

concisión
 18 brevedad
  4 laconismo
  5 parquedad
  6 sobriedad
  5 ◁ *prolijidad*

conciso
 27 breve
  3 escueto
  6 lacónico
  8 parco
  9 sucinto
 21 corto
  2 ◁ *pormenorizado*

concitador
  8 amotinador

concitar
 60 excitar(se)
 17 incitar(se)
 20 instigar

conciudadano
  2 compatriota
  7 paisano
  6 ◁ *forastero*

conclave
 27 asamblea

cónclave
  6 consistorio
 14 parlamento
 19 reunión

concluido
 18 acabado
  5 sanseacabó
  5 ◁ *inconcluso*

concluir
 53 acabar(se)
 32 agotar(se)
 50 apurar(se)
 27 decidir(se)
  7 deducir
 34 determinar(se)
 28 finalizar(se)
 32 gastar(se)
 27 inferir(se)
 11 razonar
  7 rematar
 16 resolver(se)
  7 terminar
 15 consumir
 11 ◁ *conservar*
  9 ◁ *empezar(se)*

conclusión
  4 colofón
 11 consecuencia
 11 decisión
 10 deducción
  5 epílogo
  1 paralipómeno
  7 remate
  9 terminación
 14 término
 21 resolución

conclusivo

9 resultado

conclusivo
6 terminante

concluyente
1 aplastante
11 indiscutible
6 irrebatible
6 terminante
9 ◁ambiguo
6 ◁vacilante

concomer
1 reconcomer(se)
3 escoscar

concomerse
1 recomer(se)
3 repudrir(se)

concomitancia
5 coexistencia
5 coherencia
5 simultaneidad
20 relación
28 ◁separación

concomitante
5 concurrente
1 coordinado
6 relacionado
10 vinculado
15 asociado

concomitar
45 ayudar(se)

concordador
6 aplacador

concordancia
21 acuerdo(s)
28 conformidad
8 correspondencia
19 unión
8 concierto
28 asociación

concordante
3 armónico
5 coherente

7 coincidente
2 compatible
3 conexo
15 ◁contrario

concordar
16 concertar(se)
8 fusionar(se)
35 trabar(se)
79 unir(se)

concordato
21 acuerdo(s)
6 tratado
14 pacto

concorde
12 acorde(s)
3 armónico
11 conforme
5 ◁discordante

concordia
21 acuerdo(s)
11 ajuste
3 compañerismo
9 consenso
11 convenio(s)
5 fraternidad
18 inteligencia
5 reciprocidad
19 unión
9 camaradería
18 armonía
14 pacto
12 ◁discordia

concreción
5 acumulación
11 amontonamiento
11 cálculo
13 piedra

concretar(se)
12 abreviar
83 arreglar(se)
9 atenerse
44 ceñir(se)
9 circunscribir
8 definir
7 formalizar
5 individualizar

27 limitar(se)
4 plasmar
15 precisar
4 puntualizar
52 reducir(se)
6 resumir
25 ◁abstraer(se)
12 ◁ampliar(se)
51 ◁extender(se)
7 ◁generalizar

concretizar
4 plasmar

concreto
10 abreviado
11 determinado
4 especificado
8 existente
10 positivo
22 preciso
10 real
10 resumido
9 sucinto
1 ◁ampliado
7 ◁impreciso
21 ◁falso

concubina
5 barragana
5 querida
1 quillotra
22 amante
19 china
9 manceba

concubinato
11 amontonamiento
30 asunto(s)
15 amancebamiento
20 arreglo
11 lío

conculcación
15 infracción

conculcador
8 infractor
4 violador
4 vulnerador
1 ◁acatador
5 ◁observante

conculcar
23 atropellar(se)
8 escarnecer
9 infringir
7 pisotear
29 quebrantar(se)
10 hollar
14 pisar
29 saltarse

concupiscencia
13 afán
13 ambición
14 avidez
3 erotismo
10 sensualidad
8 codicia
14 deseo
4 salidismo
6 ◁continencia
4 ◁frigidez

concupiscente
15 ávido
8 incontinente
11 obsceno
16 sensual
34 avaro

concurrencia
14 afluencia
11 asistencia
8 auditorio
10 coincidencia
1 convergencia
6 enfrentamiento
3 espectadores
11 oposición
7 oyentes
5 rivalidad
17 asistentes
12 público

concurrente
5 concomitante
3 expositor
10 participante
17 presente(s)
4 simultáneo

concurrentes
3 circunstantes

concurrido
23 animado
6 frecuentado
14 pasajero
3 populoso
2 verbenero

concurrir
4 agolpar(se)
7 arremolinar(se)
34 auxiliar(se)
45 ayudar(se)
7 coadyuvar
8 coincidir
8 converger
13 cooperar
63 dar(se)
15 enfrentar(se)
6 ocurrir
33 presentar(se)
49 reunir(se)
7 competir
74 juntarse
3 rivalizar

concursante
3 aspirante
13 competidor
7 opositor
10 participante
5 ◁*ausente*

concursar
16 acudir
3 opositar
33 presentar(se)
7 competir
30 ◁*ausentar(se)*

concurso
14 afluencia
11 asistencia
7 certamen
6 competición
12 concurrencia
8 cooperación
11 oposición
20 prueba
4 torneo
17 asistentes
24 auxilio
29 ayuda

18 disputa
12 público

concusión
6 exacción
33 agitación

concha
8 caparazón
1 valva
11 cachaza
8 cáscara
12 cinismo
5 coño
8 corteza
9 chocho
10 descaro
8 pachorra
4 vulva

conchabanza
9 confabulación
6 connivencia
7 contemporización
10 maridaje
4 politiqueo
8 conseja
10 conspiración
7 contubernio
9 chanchullo
6 enjuague
9 pastel

conchabar(se)
37 acordar(se)
16 concertar(se)
8 confabular(se)
6 convoyar(se)
7 abarraganarse
6 asalariar
9 comprar
8 conspirar
8 contemporizar
24 emplear
11 vender

conchabo
6 compra
22 trabajo(s)
8 venta
13 labor

concho
20 extremo
16 final
16 residuo
2 taxi
6 benjamín
10 poso
26 punta
16 sedimento
⇨coche de alquiler
⇨hijo menor
35 ◁*medio(s)*
2 ◁*mitad*
◁*primogénito*

conchudo
8 empeñado
8 granuja
7 testarudo
6 sinvergüenza
50 astuto
14 obstinado
11 pillo
9 terco
9 ◁*pusilánime*

condado
10 comarca
8 señorío
9 territorio

conde
22 noble
30 título
3 ◁*plebeyo*

condecir
7 armonizar

condecoración
12 cruz
16 chapa
18 honor
2 medalla
5 trofeo
41 banda
14 chamba
15 distinción

condecorado
20 distinguido
14 honrado

4 laureado
3 ◁*denigrado*

condecorar
35 distinguir(se)
4 homenajear
24 honrar(se)
6 premiar
12 ◁*denigrar*

condena
7 correctivo
10 crítica
5 dictamen
10 fallo
12 justicia
11 penitencia
8 sanción
15 sentencia(s)
9 vituperio
8 escarmiento
17 castigo
4 multa
6 ◁*perdón*
11 ◁*absolución*

condenable
17 abominable
9 aborrecible
9 deplorable
2 punible

condenación
16 censura
8 desaprobación
8 sanción
9 vituperio
1 damnación
12 infierno
17 castigo
29 pena
26 ◁*gloria*

condenado
5 ahorcado
5 excomulgado
2 precito
6 réprobo
6 ◁*absuelto*

condenar(se)
8 abominar(se)
13 acusarse

26 castigar(se)
19 censurar
37 cerrar(se)
7 culpar(se)
1 damnar
6 deplorar
8 desaprobar
67 enfadar(se)
4 incomunicar
63 irritar(se)
1 penalizar
9 penar
16 reprobar
6 sancionar
2 tabicar
6 tapiar
11 vituperar
11 maldecir
5 sentenciar
35 ◁abrir(se)
23 ◁aprobar(se)
18 ◁comunicar(se)
6 ◁premiar

condenatorio
1 acusatorio
1 ◁absolutorio

condensación
8 densidad
10 denso
4 laconismo
4 ◁colicuación

condensado
1 aglomerado
8 concentrado
10 denso
8 reducido
10 resumido
1 ◁ampliado
10 ◁fluido

condensador
3 acumulador
5 ◁fundente

condensar
14 coagular(se)
5 compendiar
16 concentrar(se)
8 cuajar

11 espesar(se)
52 reducir(se)
6 resumir
9 solidificar(se)
12 ◁ampliar(se)
6 ◁limar

condensarse
1 cuajaleche
11 espesar(se)

condescendencia
7 beneplácito
12 benevolencia
6 complacencia
10 deferencia
20 delicadeza
7 permiso
5 tolerancia
5 transigencia
2 ◁intolerancia
6 ◁intransigencia
4 ◁malevolencia
4 ◁zafiedad

condescender
22 acceder
17 consentir
4 dignar(se)
17 dulcificar(se)
7 otorgar
22 resignar(se)
8 tolerar
7 transigir
2 transar
16 ◁empecinar(se)

condescendiente
5 benevolente
10 deferente
27 delicado
1 permisivo
3 tolerante
4 transigente
6 complaciente
9 ◁intransigente
3 ◁malévolo
10 ◁zafio

condestable
5 caudillo
4 dignatario

10 general
30 título

condición
21 calidad
19 carácter
9 cláusula
18 estado
4 estipulación
12 índole
20 natural
20 naturaleza
5 posición
5 requisito
15 reserva(s)
3 restricción
13 situación
17 categoría
17 clase
21 genio

condicionado
2 coartado
3 estipulado
3 fijado
2 limitado
8 reducido
◁inconcreto

condicional
12 especial
14 particular
13 singular
8 supuesto
19 ◁firme

condicionar
8 acondicionar
83 arreglar(se)
14 depender
5 estipular
10 organizar
3 subordinar(se)
15 convenir
7 supeditar

condigno
15 acomodado
5 proporcionado
16 justo
10 ◁indigno

cóndilo
4 apófisis
18 eminencia

condimentado
4 aderezado

condimentar
16 adobar
12 aliñar(se)
3 salpimentar
13 sazonar
28 aderezar
10 salar

condimento
13 aderezo(s)
6 adobo
11 aliño

condiscípulo
26 aprendiz

condolencia
8 compasión
4 conmiseración
6 lástima
2 pésame

condoler(se)
12 apiadar(se)
13 compadecer(se)
22 doler(se)

condominio
4 copropiedad
3 indivisión
7 participación

condómino
1 condueño

condón
2 preservativo
13 goma

condonación
7 amnistía
8 dispensa
7 remisión
11 absolución
10 indulto

17 ◁*castigo*

condonado
6 absuelto

condonar
9 perdonar
26 remitir(se)

cóndor
5 buitre

condotiero
5 cabecilla
9 jefe
1 mercenario

condrila
2 ajonjera
6 juncal

conducción
7 acarreo
9 administración
16 dirección
11 gobierno
5 transporte(s)
10 manejo

conducir(se)
12 acarrear
10 acaudillar
19 acompañar
28 aconsejar(se)
15 actuar
16 administrar(se)
59 ajustar(se)
3 avenar
5 capitanear
13 comportar(se)
16 concertar(se)
56 dirigir(se)
3 encabestrar
25 encaminar(se)
9 encauzar
10 gobernar
9 guiar
43 llevar(se)
10 manejar
27 orientar(se)
48 pasar(se)
14 pasear(se)
12 portar(se)

21 proceder
15 regir(se)
5 traer
18 transportar(se)
4 tripular
16 aportar
43 arrastrar
8 costear
17 mandar
5 portear
58 tirar

conducta
4 comportamiento
7 pauta
21 proceder
10 táctica

conductibilidad
8 transmisión

conducto
37 buzón
3 cañería
8 caño
1 tubería
3 tubo

conductor
4 auriga
3 carrero
2 chófer
1 maquinista
5 mentor
6 piloto
5 timonel
3 transmisor
11 guía

condueño
1 condómino

condumio
23 comida
5 pitanza

conduplicación
2 epanástrofe

conectado
3 enchufado

conectar
1 contactar
31 relacionar(se)
79 unir(se)
13 enlazar

coneja
3 cuila

conejal
3 conejera

conejar
1 vivar

conejera
1 conejal
4 gazapera
5 madriguera

conejo
2 cobaya
15 embeleco(s)
28 engaño(s)
9 gazapo
4 liebre
5 coño
9 chocho
4 detective
6 polizonte
10 trampa
2 vagina

conexión
5 coherencia
8 correspondencia
13 enlace
3 sintonización
19 unión
8 empalme
20 relación
7 trabazón

conexionado
7 emparentado

conexionar
4 conectar
8 coordinar
39 tocar(se)
35 trabar(se)
13 enlazar

64 ◁*separar(se)*

conexionarse
27 amistar(se)

conexiones
30 amistad

conexo
7 ligado
11 unido
10 vinculado
9 ◁*inconexo*
10 ◁*separado*

confabulación
9 complot
4 componenda
11 conchabanza
6 conjura
6 connivencia
9 maquinación
10 conspiración
7 contubernio
19 intriga

confabular(se)
19 conjurar(se)
6 convoyar(se)
6 maquinar
16 tramar(se)
12 conchabar
8 conspirar
10 intrigar(se)

confalón
22 bandera
5 gonfalón

confaloniero
4 abanderado
2 gonfalonero

confección
6 elaboración
13 hechura

confeccionar
53 acabar(se)
11 elaborar(se)
11 fabricar
33 hacer(se)

confederación

48 preparar(se)
7 terminar

confederación
20 alianza
19 unión
7 federación
22 liga

confederado
2 aliado
2 coligado
11 unido
3 ◁autónomo

confederar
18 aliar(se)
2 coaligar
14 federar(se)

confederarse
18 aliar(se)
48 asociar(se)
7 coligar(se)
14 federar(se)
37 ligar(se)
79 unir(se)

conferencia
7 coloquio
14 conversación
11 charla
15 discurso
3 disertación
12 lección
13 sermón

conferenciante
1 charlista
5 orador
3 ponente

conferenciar
13 abocar(se)
8 consultar(se)
6 departir
6 parlamentar
13 conversar

conferir
22 adjudicar(se)
21 asignar(se)

33 atribuir(se)
7 conceder
63 dar(se)
7 otorgar
5 ◁rescindir
58 ◁quitar

confesable
2 declarable
11 limpio
3 revelable
1 ◁inadmisible
34 ◁malo

confesar
19 admitir
43 afirmar(se)
11 declarar
11 manifestar
20 ratificar(se)
22 reconocer
49 ◁callar(se)

confesión
13 expansión
11 penitencia
11 profesión

confesiones
2 autobiografía

confeso
3 converso
4 donado
9 lego

confesonario
9 cabina
3 locutorio

confesor
16 clérigo

confiado
9 despreocupado
8 fatuo
3 fiado
13 ingenuo
22 cándido
9 incauto
9 presumido
12 sencillo

7 ◁precavido
13 ◁retorcido

confianza
20 aliento
9 creencia
4 esperanza
4 familiaridad
9 fatuidad
14 fe
11 franqueza
7 intimidad
5 llaneza
7 naturalidad
12 presunción
3 privanza
20 seguridad
8 valimiento
40 ánimo
11 sencillez
7 vigor
6 ◁amaneramiento
16 ◁debilidad
12 ◁inseguridad

confianzudo
8 confiado
8 crédulo
12 desenvuelto
9 campechano
6 ◁vacilante

confiar(se)
22 abandonar(se)
7 cometer
3 compadrear
14 descansar
7 encargar
6 encomendar
31 entregar(se)
14 explayar(se)
12 fiar(se)
13 ilusionar(se)
16 prometer(se)
5 recomendar
40 someter(se)
50 cargar
4 esperar
34 liberar(se)
7 ◁celar
7 ◁decepcionar(se)
2 ◁desconfiar

5 ◁desesperanzar(se)
12 ◁escamar(se)
4 ◁maliciar
6 ◁reconcomer(se)
23 ◁sospechar(se)
11 ◁temer
7 ◁dudar

confidencia
24 anuncio(s)
4 discreteo
13 expansión
34 aviso
5 chivatazo
5 parrafada

confidencial
15 reservado
19 secreto
11 ◁manifiesto
12 ◁público

confidenta
10 comadre

confidente
4 cómplice
5 diván
6 secuaz
7 espía
27 agente
9 butaca
7 compadre
19 chivato

configuración
6 estructura
36 forma(s)
23 disposición
22 figura

configurar(se)
27 conformar(se)
7 constituir
5 construir
20 figurar(se)
28 formar(se)
20 proporcionar(se)
13 ◁deformar
20 ◁desfigurar(se)

confin
4 horizonte

confín
1 divisoria
3 linde
14 término
6 frontera
19 límite
8 ◁*comienzo*
35 ◁*medio(s)*

confinación
7 confinamiento

confinado
11 echado
5 encerrado

confinamiento
1 confinación
5 destierro
12 encierro
6 extrañamiento
5 presidio
4 reclusión
2 relegación

confinante
24 aledaño(s)
7 limítrofe
7 lindero

confinar
5 desterrar(se)
11 encerrar
18 extrañar(se)
27 limitar(se)
6 lindar
9 recluir(se)
39 tocar(se)

confinidad
19 cercanía(s)

confirmable
5 comprobable

confirmación
18 aquiescencia
11 asentimiento
5 aserción
4 constatación
4 legalización
20 prueba
2 revalidación
19 afirmación
6 ◁*anulación*
3 ◁*contrapartida*
9 ◁*hipótesis*

confirmado
5 demostrado
4 fortalecido
4 homologado
21 auténtico

confirmador
1 aprobador
1 aseverador
2 corroborante
1 ratificador
◁*denegador*

confirmar(se)
7 aseverar
22 atestiguar(se)
2 convalidar(se)
4 corroborar
10 demostrar
19 probar
20 ratificar(se)
8 reafirmar(se)
3 revalidar
28 ◁*anular(se)*

confirmatorio
1 corroborativo
1 ratificatorio
◁*denegatorio*

confiscación
17 alucinar(se)
74 aturdir(se)
4 decomiso
7 incautación
16 ofuscar(se)
4 retención
37 turbar(se)
3 ◁*enorgullecerse*
17 ◁*pavonearse*

confiscado
4 despojado

confiscar
2 decomisar
6 extorsionar
8 incautar(se)
23 privar(se)
3 requisar
8 secuestrar

confite
7 azúcar
3 caramelo
11 colación
8 golosina
19 dulce

confitera
6 bombonera

confitería
2 pastelería

confitero
4 dulcero
6 repostero
5 hornero

confitura
6 yema
4 chancaca
19 dulce
8 mermelada

conflagración
23 lucha
11 pelea

conflictivo
6 resbaladizo

conflicto
12 antagonismo
14 apuro(s)
27 batalla
12 colisión
19 combate
8 desacuerdo
10 desavenencia
23 lucha
14 aprieto
17 brete
15 dificultad
16 disgusto

confluencia
8 cruce
16 ◁*bifurcación*

confluente
2 afluente

confluir
9 afluir

conformación
8 adaptación
13 hechura
13 ◁*deformación*

conformado
5 sufrido

conformar(se)
12 acallar(se)
22 acceder
55 acomodar(se)
21 adaptar(se)
3 adocenar(se)
39 aguantar(se)
4 ahormar(se)
59 ajustar(se)
41 allanar(se)
25 amoldar(se)
8 apechugar
83 arreglar(se)
8 asentir
11 astringir(se)
41 avenir(se)
13 compadecer(se)
8 compaginar(se)
6 configurar(se)
16 cuadrar(se)
20 figurar(se)
6 humanar(se)
9 maridar
20 prestar(se)
31 querer(se)
22 resignar(se)
14 sacrificar(se)
12 sufrir
45 ◁*anhelar*
13 ◁*deformar*
20 ◁*desfigurar(se)*

conforme
12 acorde(s)
14 análogo

conformidad

4 canónico
2 compatible
3 concorde
15 conveniente
30 duro
24 hecho(s)
9 identificado
6 resignado
4 transigente
7 ◁ *desacorde*
4 ◁ *escindido*

conformidad
5 accesión
21 acuerdo(s)
21 adhesión
17 afinidad
15 amén
10 analogía
27 aprobación
18 aquiescencia
11 asenso
14 avenencia
8 cadencia
6 conciliación
6 concordancia
4 estoicismo
9 identidad
10 maridaje
14 oportunidad
18 parecido
3 plácet
15 proporción
8 resignación
6 semejanza
6 unidad
20 relación
18 armonía
19 conveniencia
6 simetría
12 sufrimiento
7 ◁ *contraorden*
11 ◁ *diferencia*
7 ◁ *incoherencia*

conformista
9 acomodadizo
7 acomodaticio
4 amoldable
4 ◁ *inadaptable*

confort
16 bienestar

confortabilidad
13 acomodamiento

confortable
8 placentero

confortación
17 alivio
21 animosidad

confortamiento
17 alivio
21 animosidad

confortante
1 mitón
6 ◁ *abrumador*

confortar(se)
14 alentar(se)
42 aliviar(se)
61 animar(se)
12 consolar(se)
13 fortalecer(se)
14 reanimar(se)

conforte
14 descanso

confraternar
41 avenir(se)

confraternidad
30 amistad

confraternización
12 hermandad

confraternizar
41 avenir(se)
6 fraternizar

confrontación
3 encaro
5 comparendo

confrontante
2 comparador

confrontar
15 afrontar
6 carear

3 colacionar
7 comparar(se)
2 compulsar
6 encarar
6 equiparar(se)
6 homologar
6 lindar
19 medir(se)
8 cotejar

confundido
12 alelado
14 arrepentido
27 aturdido
9 azorado
14 confuso
3 chafado
7 extraviado
6 fundido
5 trastocado
11 abochornado
7 alucinado
14 corrido
4 despistado

confundimiento
38 aturdimiento

confundir(se)
9 abigarrar
13 abismar(se)
28 abrumar(se)
17 acorralar
5 acharar(se)
12 alelar(se)
17 alucinar(se)
45 aplastar(se)
31 asombrar(se)
6 atortolar
74 aturdir(se)
40 avergonzar(se)
14 barajar
8 cachifollar(se)
20 complicar(se)
18 contradecir(se)
8 desarreglar(se)
19 desconcertar(se)
18 deslumbrar(se)
19 desordenar(se)
7 despistar
6 embarullar
9 embrollar
5 engalletar(se)

43 engañar(se)
7 enmarañar
21 extraviar(se)
46 humillar(se)
10 identificar(se)
3 involucrar
39 liar(se)
31 mezclar(se)
16 obscurecer(se)
16 ofuscar(se)
38 perder(se)
6 petaquear(se)
3 rebujar(se)
22 retorcer(se)
23 sentar(se)
6 tergiversar
9 trabucar(se)
26 trastornar(se)
5 trovar
3 nortear(se)
9 aovar
34 correr
16 chafar
3 encalamocar
4 enguaralar
2 enmantequillarse
7 manear(se)
22 pelar
2 ranear
7 ripiar
14 ◁ *adelgazar(se)*
8 ◁ *definir*
5 ◁ *elucidar*
4 ◁ *iluminar*

confusamente
4 arrebujadamente
11 atropelladamente

confusión
25 abatimiento
2 alucinamiento
38 aturdimiento
15 bochorno
10 combinación
7 desbarajuste
8 desorganización
7 fusión
15 humillación
4 ofuscamiento
8 amalgama
19 desorden

8 equivocación
7 error
8 fideo
16 galleta
8 maraña
12 mezcla
17 vergüenza
20 ◁satisfacción
18 ◁orgullo

confuso
12 alelado
9 ambiguo
27 aturdido
5 avergonzado
13 confundido
7 desordenado
6 dudoso
8 equívoco
32 oscuro
10 revuelto
7 temeroso
9 turbado
11 abochornado
7 enmarañado
28 ◁claro
14 ◁inequívoco

confutar
9 impugnar
6 rebatir
7 refutar

congelación
3 aterimiento
11 enfriamiento
2 helamiento
1 hibernación
9 ◁calentamiento
7 ◁fusión

congelado
1 aterido
7 enfriado
6 gélido

congelador
2 congelante
4 nevera
2 chiller

congelante
3 congelador
4 helador
17 ◁calentador

congelar(se)
7 arrecirse
15 bloquear
14 coagular(se)
5 crujir
1 cuajaleche
8 cuajar
49 detener(se)
18 enfriar(se)
9 entumecer(se)
10 frenar
11 helar
50 parar(se)
19 pasmar(se)
7 refrescar(se)
4 refrigerar
9 solidificar(se)

congeniar
41 avenir(se)
20 coger
6 fraternizar
4 simpatizar
46 irse
⇨hacer buenas migas

congénito
5 connatural
7 innato
1 natal
  ◁adquirido

congerie
5 enumeración

congestión
5 acumulación
1 apoplejía
4 saturación

congestionado
3 obstruido
3 tumefacto
19 hinchado
18 ◁libre

congestionar(se)
18 acumular(se)
9 afluir

38 atascar(se)
38 hinchar(se)
19 inflamar(se)
54 ◁aclarar(se)
32 ◁aflojar(se)
4 ◁descongestionar

congestivo
2 acumulado
2 amontonado
16 apretado
1 hacinado
4 sofocante
14 lleno
16 ◁vacío
17 ◁escaso

conglobación
12 anexión

conglobar
42 amontonar(se)

conglomeración
8 aglomeración
4 aglutinación
2 ◁disgregación
28 ◁separación

conglomerado
1 aglomerado
6 aglutinado
5 cemento
8 amalgama
16 amasijo
2 ◁disgregación
28 ◁separación

conglomerar
18 acumular(se)
15 aglomerar(se)
21 agrupar(se)
79 unir(se)

conglutinación
21 adhesión
1 coagulación
4 pegamento
19 unión
  ◁aclaramiento
13 ◁desunión

conglutinar
19 adherir(se)
38 pegar(se)
79 unir(se)

congo
14 cerdo
2 pernil
7 puerco
3 regordete
4 tocino
12 cochino
9 rechoncho
⇨fémur del cerdo
⇨pata trasera

congoja
16 agobio
11 desconsuelo
15 desmayo
35 fatiga(s)
48 aflicción
30 angustia
9 síncope
13 tristeza
38 ◁alegría(s)
17 ◁fuerza
7 ◁vigor

congosto
12 cañón
19 barranco
6 cortada
8 desfiladero

congraciamiento
17 afinidad
30 amistad
4 predisposición
24 simpatía
12 ◁desagrado
23 ◁antipatía

congraciarse
11 conquistar
1 quistarse

congratulación
2 enhorabuena
1 exultación
8 felicitación

congratular

4 parabién
3 pláceme

congratular(se)
30 agradar
65 alabar(se)
18 aplaudir
23 aprobar(se)
9 felicitar(se)
27 alegrar(se)
16 ◁*reprobar*

congratulatorio
1 agasajador
1 cumplimentero
1 gratulatorio
21 ◁*grosero*

congregación
12 hermandad
7 cofradía

congregante
15 asociado
3 cofrade
14 adepto
14 miembro

congregar
74 juntar(se)
49 reunir(se)

congresista
2 asambleísta
5 delegado
3 procurador
3 senador

congreso
10 asalto
27 asamblea
22 cámara(s)
12 junta
2 simposio
8 seminario
56 corte
14 parlamento
19 reunión
1 senado

congrua
11 pasada

congruamente
6 bastantemente

congruencia
5 coherencia
3 ilación
14 oportunidad
20 relación
19 conveniencia
6 ◁*incongruencia*
8 ◁*inoportunidad*

congruente
3 acordado
5 coherente
6 cohesivo
7 ◁*incongruente*

congruo
12 bastante

conífera
4 abeto
1 ciprés
3 pino

conjetura
9 augurio
9 hipótesis
14 presentimiento
2 presuposición
1 presupuesto
5 profecía
4 suposición
8 supuesto
14 aprensión

conjeturado
14 señalado

conjetural
3 presunto
8 supuesto

conjeturar
10 augurar(se)
8 creer
20 figurar(se)
31 imaginar(se)
3 presentir
5 profetizar
7 suponer

16 presumir

conjeturarse
6 traslucir(se)

conjugación
4 coordinación
7 fusión
2 unificación
28 ◁*separación*

conjugar
7 armonizar
48 asociar(se)
1 compatibilizar
8 coordinar
22 disputar(se)
29 pelear(se)
31 relacionar(se)
79 unir(se)
13 enlazar
22 reñir
25 ◁*desunir(se)*
64 ◁*separar(se)*

conjunción
3 armonización
10 coincidencia
2 compatibilidad
13 enlace
5 nexo
19 unión
14 vinculación
1 funtivo
4 operador
1 relacionante
28 asociación
13 ◁*desunión*
5 ◁*incompatibilidad*

conjuntamente
1 simultáneamente
⇨a la vez
⇨mano a mano

conjuntar
55 acomodar(se)
12 adecuar(se)
21 agrupar(se)
2 congregar
49 mejorar(se)

38 pegar(se)
49 reunir(se)
79 unir(se)
17 ◁*deslucir(se)*

conjuntiva
3 membrana
21 capa

conjunto
13 acervo
9 junto
4 suma
2 todo
3 totalidad
11 unido
14 copia
3 hatajo
12 montón
4 traje
6 vestido
10 ◁*separado*

conjura
9 complot
9 confabulación
2 conjuración
9 maquinación
10 conspiración
19 intriga

conjuración
6 conjura
15 cábala

conjurador
4 exorcista
29 hechicero(a)
5 mago
1 milagrero

conjurar(se)
38 alejar(se)
7 coligar(se)
8 confabular(se)
49 detener(se)
6 evitar
6 evocar
3 exorcizar
13 fraguar
6 implorar
11 instar

7 juramentar(se)
6 maquinar
16 precaver(se)
9 rogar
6 suplicar
16 tramar(se)
8 conspirar
13 impedir
17 pedir

conjuro
4 abracadabra
9 encantamiento
9 hechicería
11 hechizo

conllevador
15 ayudante

conllevar
12 acarrear
39 aguantar(se)
9 implicar
6 soportar
12 sufrir
8 tolerar

conmemoración
6 aniversario
4 centenario
4 festejo
16 festividad
6 milenario
5 recordatorio

conmemorar
6 evocar
3 memorar
6 recordar
5 rememorar

conmemorativo
2 rememorativo

conminación
10 amago
9 coacción
19 amenaza

conminar
7 amagar(se)
18 amenazar(se)

16 amigar(se)
24 apercibir(se)
6 intimar
8 intimidar(se)
24 ordenar(se)
4 simpatizar

conminativo
9 amenazador

conminatorio
9 amenazador
4 coactivo
3 despótico
1 intimidante
9 perentorio
4 exigente
13 ◁*liberal*
2 ◁*voluntario*

conmiseración
8 compasión
6 lástima
7 misericordia
9 piedad
13 ◁*rigor*

conmistión
6 batiburrillo
3 mixtura
7 pisto
12 mezcla
8 ◁*simplicidad*

conmoción
10 batacazo
12 choque
10 emoción
7 levantamiento
7 sacudida
11 turbación
4 edema
15 revolución
15 asombro
9 disturbio
37 golpe
11 rebelión
4 susto
13 tumulto

conmocionar
16 emocionar(se)
4 subvertir

conmoración
1 expolición

conmovedor
10 emocionante
5 emotivo
2 enternecedor
5 tocante
10 patético

conmover(se)
40 agitar(se)
31 asombrar(se)
16 emocionar(se)
7 enternecer(se)
17 entusiasmar(se)
12 estremecer(se)
13 impresionar(se)
3 inmutarse
59 mover(se)
31 sacudir(se)
30 sentir(se)
37 turbar(se)
4 arrebolar(se)

conmovido
7 agitado

conmuta
4 conmutación

conmutación
3 permuta
19 cambio
1 conmuta
5 trueque

conmutador
6 central
4 cortocircuito
12 llave
7 pera

conmutar
3 permutar
46 cambiar
19 trocar

connacional
2 compatriota

connatural
3 congénito
3 ingénito
1 nato
20 natural
13 propio
◁*adquirido*
7 ◁*impropio*

connaturalización
3 aclimatación
12 costumbre
6 ◁*extrañeza*

connaturalizarse
13 aclimatar(se)
55 acomodar(se)
31 acostumbrarse
17 habituarse
33 hacerse
18 ◁*extrañar(se)*

connivencia
21 acuerdo(s)
11 conchabanza
9 confabulación
11 convenio(s)
7 contubernio
14 pacto

connotación
17 afinidad
7 parentesco
20 relación
28 ◁*separación*

connotado
3 connotación
6 conspicuo
34 notable(s)
7 parentesco

connotar
6 evocar
7 expresar
4 sugerir

connubio
18 boda
8 casamiento

conocedor

conocedor
11 avezado
6 enterado
23 experimentado
8 experto
3 informado
10 perito
2 sabedor
8 versado
19 ◁ *ignorante*

conocer
5 frecuentar
18 notar
7 percatarse
16 percibir
14 saber
35 tratar(se)
17 comprender
9 entender
2 ◁ *desconocer*
3 ◁ *ignorar*

conocido
13 acreditado
7 compañero(s)
20 distinguido
16 famoso
34 notable(s)
11 pariente
2 prestigiado
7 prestigioso
8 renombrado
20 relación
24 amigo
4 ◁ *ignorado*

conocimiento
12 ciencia
1 cognición
4 consciencia
6 discernimiento
10 entendimiento
4 erudición
1 intelección
18 inteligencia
5 lucidez
16 prudencia
14 saber
11 sabiduría
6 sensatez
2 epistemología

3 gnoseología
17 razón
3 ◁ *desconocimiento*
8 ◁ *insensatez*

conquiliología
1 malacología

conquista
22 adquisición
20 apropiación
4 colonialismo
5 expugnación
5 flete
17 ocupación
10 toma

conquistable
3 dominable
8 ◁ *inexpugnable*

conquistado
3 convencido
3 engatusado
9 ganado
1 invadido
3 rechazado
5 ocupado
1 ◁ *repudiado*

conquistador
15 batallador
3 casanova
3 colonizador
4 descubridor
3 ocupante
7 seductor
5 tenorio
6 ◁ *vencido*

conquistar
24 apoderar(se)
6 arribar
48 atraer(se)
11 atrapar(se)
2 congraciarse
4 invadir
37 llegar(se)
35 ocupar(se)
12 seducir

44 tomar(se)
22 alcanzar

consagración
14 bendición
9 dedicación
3 dedicatoria

consagrado
4 dedicado
6 ofrecido
4 ofrendado
4 ungido

consagrar(se)
21 afectar(se)
33 atribuir(se)
10 bendecir
20 dedicar(se)
9 deificar
5 destinar
4 divinizar
35 ocupar(se)
26 ofrecer(se)
27 orientar(se)
4 predestinar
16 prometer(se)
2 sacralizar
7 santificar(se)

consanguíneo
18 allegado
5 deudo
9 familiar
10 ◁ *ajeno*

consanguinidad
17 afinidad
3 agnación
20 alianza
3 entronque
5 fraternidad
7 parentesco
20 relación

consciencia
9 conciencia
16 conocimiento
2 subconsciencia
6 subconsciente
7 ◁ *hipnotismo*

consciente
8 conocedor
17 cuidadoso
13 escrupuloso
7 lúcido
9 recuerdo(s)
15 sabio
10 despierto
1 ◁ *dormido*
9 ◁ *descuidado*

consecución
28 alcance(s)
5 obtención
3 logro

consecuencia
12 conclusión
10 deducción
7 derivación
6 desenlace
25 efecto(s)
3 ilación
1 inferencia
5 resulta
3 secuela
20 relación
9 resultado

consecuencias
7 salpicadura(s)

consecuente
6 deducido
25 ◁ *anterior*
7 ◁ *inconsecuente*

consecutivo
7 inmediato
5 siguiente
25 ◁ *anterior*

conseguido
18 acabado
4 logrado

conseguir(se)
22 adjudicar(se)
35 agarrar(se)
16 agenciar(se)
5 aquistar(se)

9 asumir
11 atrapar(se)
14 captar
9 cazar
20 coger
7 concederse
3 lograr
37 llegar(se)
43 llevar(se)
4 merecer
8 obtener
7 otorgarse
43 poder(es)
10 propiciar(se)
4 recabar
39 tocar(se)
16 adquirir
22 alcanzar
13 granjear
28 sacar
38 ◁*perder(se)*

conseja
7 conciliábulo
11 conchabanza
9 confabulación
11 fábula
16 cuento
19 embuste
15 mentira
10 patraña

consejero
8 accionista
12 director
12 educador
13 maestro
5 mentor
3 orientador
? consiliario
11 guía
3 copartícipe
8 socio

consejo
14 admonición
19 advertencia
8 apercibimiento
27 asamblea
1 asesoramiento
5 dictamen
6 exhortación

12 junta
9 opinión
26 parecer(se)
4 recomendación
34 aviso

consenso
21 acuerdo(s)
15 anuencia
27 aprobación
18 aquiescencia
11 asenso
7 beneplácito
9 consentimiento
11 convenio(s)
14 pacto

consentido
4 autorizado
1 contemplado
4 ilícito
5 legal
5 lícito
6 malacostumbrado
9 malcriado
5 mimado
5 permitido
2 tirano
7 tolerable
5 ◁*ilegal*

consentidor
8 calzonazos
27 cabrón
8 cornudo

consentimiento
15 anuencia
27 aprobación
18 aquiescencia
7 autorización
7 beneplácito
16 licencia
7 permiso
4 venia
⇨visto bueno
7 ◁*desautorización*

consentir
22 acceder
17 aceptar
19 adherir(se)

19 admitir
8 asentir
22 autorizar(se)
9 condescender
8 creer
18 enviciar(se)
4 malcriar
48 pasar(se)
25 permitir(se)
12 sufrir
3 suscribir
8 tolerar
13 viciar(se)
6 mimar
11 ◁*prohibir(se)*

conserje
4 cancerbero
9 guarda
4 bedel
19 guardia
4 portero

conserjería
24 atrio
2 bedelía
3 portería

conserva
2 encurtido
6 fiambre
1 salazón
4 jalea

conservación
20 ahorro(s)
2 criogenia
11 custodia
3 mantenimiento
5 manutención
5 preservación
8 subsistencia
9 ◁*aniquilación*

conservado
7 fosilizado
17 ◁*enajenado*

conservador
6 carca
5 reaccionario

5 archivo
3 derechista
9 mocho
13 registro
4 ◁*progresista*

conservadurismo
1 derechismo
1 inmovilismo
13 moderación
20 orden
8 reacción
 ◁*izquierdismo*
13 ◁*anarquía*

conservar
43 alimentar(se)
22 cuidar(se)
26 entretener(se)
44 guardar(se)
28 mantener(se)
8 perpetuar(se)
9 preservar(se)
7 prolongar
42 seguir(se)
10 sustentar
7 continuar

conservarse
4 latir
22 reservar(se)

conservas
3 ahumado
4 congelación
1 conservería
1 saladero
1 salazón

conservatorio
15 escuela
7 estufa
2 invernáculo
3 invernadero

conservería
5 conservas

considerable
16 colosal
7 cuantioso
15 formidable

considerablemente
18 importante
8 numeroso
6 voluminoso
21 grave
29 abundante
12 enorme
23 grande
17 ◁ escaso
14 ◁ pequeño

considerablemente
15 ampliamente

consideración(es)
25 apreciación
13 aprecio
32 argumentos
47 atención(es)
12 celebridad
12 contemplación(es)
20 cortesía
10 deferencia
7 estima
10 estimación
26 estudio
12 examen
18 honor
12 honra
17 importancia
8 meditación
8 miramiento
10 motivo(s)
7 nombradía
12 observación
14 pensamientos
12 ponderación
8 popularidad
5 predicamento
2 razones
9 reflexión
7 relieve
13 respeto(s)
8 tiento(s)
7 tomo
4 urbanidad
10 valía
14 reputación
3 ◁ acoceamiento
7 ◁ descortesía
7 ◁ vejación

considerado
12 cortés
10 deferente
7 educado
3 respetuoso
4 atendido
17 atento
10 mirado
◁ descortés

considerando
1 resultando
15 sentencia(s)
21 base
17 razón
21 resolución

considerar(se)
32 atender(se)
27 calificar(se)
5 conceptuar(se)
24 estimar(se)
11 estudiar
41 examinar(se)
11 juzgar
11 meditar
19 observar
31 pensar(se)
15 reflexionar
8 respetar
6 valorar
3 ◁ ignorar

consigna
4 contraseña
6 equipajes
7 frase
20 orden
1 slogan
29 depósito
6 lema
27 señal

consignación
7 donativo
6 entrega
2 envio
8 expedición
33 haber(es)
8 dádiva
29 depósito

10 paga
11 propina
27 señal
8 taberna
6 tasca

consignado
6 depositado

consignar
2 depositar
5 destinar
31 entregar(se)
7 enviar

consignatario
14 comerciante

consiguiente
6 deducido
4 ulterior
11 ◁ antecedente

consiliario
10 consejero
⇨ consejero espiritual

consistencia
5 coherencia
12 duración
12 dureza
7 estabilidad
2 permanencia
17 resistencia
9 solidez
7 trabazón
3 ◁ fragilidad
2 ◁ inestabilidad

consistente
10 denso
30 duro
19 firme
9 resistente
42 ◁ blando
14 ◁ débil

consistir
5 constar
4 estribar

consistorio
24 ayuntamiento
5 concejo
3 cónclave
7 municipio
15 corporación
19 reunión

consocio
5 copropietario
15 asociado

consola
10 aparador
5 mesa
10 estante

consolación
17 alivio
13 bálsamo
7 consuelo
21 desahogo
10 refugio
11 remedio
11 ◁ desconsuelo

consolar(se)
14 alentar(se)
42 aliviar(se)
14 aminorar(se)
61 animar(se)
44 calmar(se)
6 confortar(se)
16 desahogar(se)
4 desfogar(se)
13 fortalecer(se)
14 reanimar(se)
39 suavizar(se)
21 tranquilizar(se)
17 ◁ acuitar
21 ◁ amargar(se)
20 ◁ angustiar(se)
6 ◁ aspar(se)
25 ◁ desanimar(se)

consólida
2 consuelda

consolidado
15 fijo
16 sólido

consolidar(se)
22 afianzar(se)
43 afirmar(se)
17 apuntalar(se)
52 asegurar(se)
14 basar(se)
1 cuajaleche
8 estabilizar(se)
47 establecer(se)
39 fijar(se)
13 fortalecer(se)
18 fortificar
26 inmovilizar(se)
8 reafirmar(se)
9 reforzar
2 solidar

62 ◁*caer*
9 ◁*fallar*

consomé
16 caldo
6 extracto
7 jugo

consonancia
4 coordinación
14 equilibrio
15 proporción
14 vinculación
20 relación
2 similicadencia
18 armonía

consonante
12 acorde(s)
3 armónico
5 marginal

consonar
7 armonizar
2 rimar
18 semejar(se)
2 ◁*disentir*

cónsono
12 acorde(s)

consorcio
28 asociación
9 compañía
16 sociedad

consorte
7 compañero(s)
3 cónyuge
2 esposo/a
4 marido
3 mujer
2 partícipe

conspicuo
16 famoso
13 ilustre
11 insigne
34 notable(s)
8 renombrado
14 reputado
6 ◁*desconocido*

conspiración
9 complot
7 conciliábulo
11 conchabanza
9 confabulación
6 conjura
6 connivencia
9 maquinación
20 arreglo
19 intriga
9 pastel

conspirador
4 cabildero

conspirar
8 confabular(se)
19 conjurar(se)
6 maquinar
16 tramar(se)
12 conchabar
39 empeñarse
25 esforzarse
10 intrigar(se)

constancia
9 certeza
14 certificación
13 empeño
8 exactitud
13 firmeza
5 obcecación
6 perseverancia
5 tesón
6 testimonio

12 cabezonería
10 tenacidad

constante
14 duradero
3 perseverante
7 persistente
7 prolongado
17 tenaz
19 firme
13 pieza
7 ◁*efímero*

constantemente
4 asiduamente
5 brillantemente
3 perpetuamente
4 siempre

constar
27 aparecer(se)
2 consistir
23 estar(se)
7 existir
34 componer

constatación
9 comprobación
8 confirmación
6 cotejo
12 examen
11 ◁*diferencia*

constatar
9 comprobar
20 evidenciar
11 manifestar
5 patentizar

constelación
13 astro
3 galaxia

consternación
38 aturdimiento
7 ensombrecimiento
18 horror
10 tribulación
48 aflicción

consternado
19 abatido

consternar(se)
59 abatir(se)
28 abrumar(se)
27 acongojar(se)
51 afligir(se)
39 alterar(se)
21 amargar(se)
74 aturdir(se)
4 conturbar(se)
6 desesperar(se)
14 desolar(se)
14 entristecer(se)
7 ◁*envalentonar(se)*

constipado
4 acatarrado
3 catarro
11 enfriamiento
3 fluxión
11 pasmo
3 resfriado
3 romadizo

constipar
3 acatarrar

constiparse
16 airear(se)
18 enfriar(se)
2 resfriarse

constitución
4 contextura
5 estatuto
6 estructura
36 forma(s)
leyes
20 naturaleza
5 ordenamiento
19 principio(s)
4 temperamento
6 complexión
5 ordenanza

constitucional
7 legislativo
4 ◁*anticonstitucional*

constituido
24 hecho(s)

constituir

constituir
6 erigir
47 establecer(se)
28 formar(se)
25 fundar(se)
5 instituir
12 integrar(se)
34 componer

constitutivo
5 adicional
4 integrante
26 parte

constituyente
4 componente
7 legislativo
5 organizador
5 ◁*ilegal*

constreñido
5 circunscrito

constreñimiento
18 apremio
9 coacción
6 coerción
21 violencia

constreñir
20 apremiar(se)
44 ceñir(se)
10 forzar
8 impeler
23 imponer(se)
25 obligar(se)
10 oprimir

constreñirse
31 moderar(se)
52 reducir(se)
26 remitir(se)

constricción
12 encogimiento
10 estrechez

constrictiva
3 fricativa

constrictivo
4 coactivo
6 compresor

6 forzoso
9 imperativo
5 obligatorio
2 ◁*voluntario*

constrictor
6 abrumador
1 apretador
5 constrictivo
2 opresor
1 ◁*liberador*

constringente
4 constrictor

construcción
2 arquitectura
10 combinación
4 edificación
8 edificio
10 erección
10 fábrica
6 montaje
2 sintaxis
2 building
38 ◁*caída*
16 ◁*destrucción*

constructivo
17 creador
2 edificante
10 positivo
8 provechoso
3 ◁*negativo*

constructor
9 arquitecto
5 hacedor
6 ◁*demoledor*

construir
9 edificar(se)
6 erigir
11 fabricar
25 fundar(se)
53 levantar(se)
52 ◁*destruir(se)*

consubstancial
15 igual
7 innato

12 exacto
13 propio
10 ◁*distinto*

consuelda
1 consólida
2 suelda

consuelo
38 alegría(s)
17 alivio
14 descanso
17 gozo
9 júbilo
6 lenitivo
⇨dinero sobrante
35 ◁*fatiga(s)*
13 ◁*tristeza*

consueta
9 apuntador
7 subsidios
6 sufragios
⇨hombre de la concha

consuetudinario
13 acostumbrado
7 frecuente
10 habitual
22 ordinario
14 tradicional
7 usual
9 ◁*infrecuente*
1 ◁*inusual*

cónsul
8 emisario

consulado
6 cancillería

consulta
2 ambulatorio
2 consultorio
2 deliberación
5 dictamen
26 estudio
12 examen
9 opinión
26 parecer(se)
7 conferencia

12 consejo

consultar(se)
28 aconsejar(se)
8 asesorar(se)
5 conferenciar
9 deliberar
11 estudiar
41 examinar(se)
⇨celebrar consultas

consulting
1 consultor

consultivo
4 asesor
10 consejero
3 informativo

consultor
4 asesor

consultorio
5 clínica
10 consulta

consumación
11 acabamiento
16 agotamiento
5 extinción
16 final
9 terminación
16 ◁*inicio*

consumado
18 acabado
13 completo
8 integral

consumar
53 acabar(se)
32 agotar(se)
27 cumplir(se)
24 extinguir(se)
28 finalizar(se)
7 terminar
9 ◁*empezar(se)*
31 ◁*iniciar(se)*

consumarse
16 efectuar(se)

consumición
9 consunción
8 gasto
15 bebida

consumida
12 chupada

consumido
6 apagado
  bebido
1 comido
1 derrochado
1 dilapidado
6 extenuado
1 extinguido
7 macilento
16 flaco
16 ◁entero

consumidor
5 usuario
6 cliente
3 parroquiano

consumir
53 acabar(se)
51 afligir(se)
32 agotar(se)
35 atormentar(se)
4 conturbar(se)
24 desazonar(se)
9 desgastar
52 destruir(se)
7 exprimir
32 gastar(se)
16 sumergir(se)
7 terminar
37 turbar(se)
10 zambullir(se)
8 usar

consumirse
45 anhelar
7 atrofiar(se)
3 menguar
11 requemar(se)

consumo
8 gasto
2 input

consunción
16 agotamiento
3 consumición
4 desgaste
16 destrucción
5 enflaquecimiento
7 extenuación
8 gasto
1 stress
1 tabes

consuntivo
5 cansador
2 extenuante
1 fatigante
2 restaurador

consustancial
12 inherente
6 inmanente

contabilidad
1 digrafia

contable
7 contador
1 enumerable
1 finito
1 numerable
3 tenedor

contactar
4 conectar

contacto
7 borne
17 caricia
4 cortocircuito
2 interface
5 beso

contado
11 determinado
2 enumerado
4 especificado
1 numerado
13 poco
22 raro
14 señalado
17 escaso
⇨a toca teja
⇨en el acto

14 ◁indeterminado
29 ◁abundante

contador
11 bolsista
3 comprobador
4 cuentarrevoluciones
1 electrómetro
3 medidor
3 voltímetro
5 contable

contagiado
6 contaminado
5 infectado
16 enfermo

contagiar
9 contaminar
6 emponzoñar
51 extender(se)
7 infectar
12 infestar
7 inficionar(se)
3 inocular
13 malear(se)
38 pegar(se)
20 pervertir(se)
29 propagar(se)

contagio
5 contaminación
2 enviciamiento
8 infección
2 infestación
3 perversión

contagioso
8 infeccioso
7 pegadizo
2 descontentadizo

container
2 contenedor
29 depósito

contaminación
5 contagio
8 corrupción
5 humareda
8 infección

8 polución
11 ◁purificación

contaminado
4 adulterado
3 contagiado
12 corrompido
8 impuro
5 infectado
13 sucio
11 ◁limpio

contaminar
11 contagiar
6 emponzoñar
23 encanallar(se)
12 envenenar(se)
7 infectar
7 inficionar(se)
13 malear(se)
38 pegar(se)
20 pervertir(se)

contar
2 computar
4 enumerar
3 historiar
10 narrar
3 novelar
1 numerar
25 referir(se)
3 relatar
19 tener(se)

contemplación(es)
11 abstracción
25 apreciación
33 consideración(es)
6 espectáculo
12 especulación
12 examen
8 meditación
10 mimo(s)
3 mirada
8 miramiento
12 observación
10 visión

contemplado
01 consentido

contemplar(se)
22 apreciar(se)
32 atender(se)

contemplativo

4 cogitar
13 considerar(se)
41 examinar(se)
4 malcriar
11 meditar
19 observar
25 permitir(se)
6 presenciar
6 mimar
25 mirar
19 ver

contemplativo
27 holgazán
15 inactivo

contemporaneidad
13 actualidad

contemporáneo
10 actual
1 coetáneo
3 hodierno
17 presente(s)
4 simultáneo
4 sincrónico

contemporización
5 aceptación
13 acomodo
21 acuerdo(s)
11 conchabanza
9 confabulación
9 consentimiento
6 pasteleo

contemporizador
7 condescendiente
12 flexible
4 transigente
6 complaciente
11 comprensivo
13 ◁*inflexible*
20 ◁*severo*

contemporizar
55 acomodar(se)
21 adaptar(se)
17 consentir
1 pastelear
12 conchabar

18 cuartear
↪hacerse a la idea
↪hacerse a todo

contención
8 abstención
21 dominio
3 frenazo
7 represión
4 retención
10 rienda(s)
11 ◁*efusión*
12 ◁*vehemencia*

contencioso
2 contradictor
5 discutible
2 disputador
3 litigante
5 polemista
11 ◁*indiscutible*

contender
16 batallar
14 debatir(se)
12 discutir
22 disputar(se)
12 lidiar
29 pelear(se)
7 competir
20 enzarzarse
6 luchar
3 rivalizar

contendiente
9 adversario
1 beligerante
6 combatiente
15 contrario
1 crítico
6 demandante
5 luchador
3 pleiteante

contenedor
10 batea
2 container

contener(se)
17 abrazar
9 abstenerse

39 aguantar(se)
44 ceñir(se)
49 detener(se)
46 dominar(se)
11 encerrar
13 incluir
19 medir(se)
7 mesurar(se)
20 reformar(se)
23 refrenar(se)
21 reprimir(se)
21 serenar(se)
6 sobreponer(se)
40 vencer(se)
20 violentar(se)
14 abarcar
16 atentar
17 comprender
4 prudenciar
14 ◁*abalanzar(se)*
6 ◁*despotricar*
6 ◁*embestir*
20 ◁*precipitar(se)*
16 ◁*abusar*

contenido
2 aforo
30 asunto(s)
5 coercitivo
7 enjundia
14 capacidad
21 vuelta

contentadizo
3 buenazo
12 flexible
6 resignado
15 satisfecho
◁*inconformista*
26 ◁*rígido*

contentamiento
14 agrado
10 alborozo
38 alegría(s)
6 complacencia
16 diversión
9 júbilo
20 satisfacción
8 contento
13 ◁*tristeza*

contentar
30 agradar
16 amigar(se)
5 complacer
32 divertir(se)
26 entretener(se)
15 reconciliar(se)
44 satisfacer(se)
28 ◁*aburrir(se)*
10 ◁*desagradar*

contentarse
83 arreglar(se)
9 felicitar(se)
52 reducir(se)

contentivo
2 abarcador

contento
4 complacido
9 encantado
9 gozoso
15 satisfecho
36 alegre
30 divertido
5 jubiloso
8 rufián
8 ◁*aburrido*
2 ◁*insatisfecho*
16 ◁*triste*

contera
3 regatón

contertulio
1 tertuliano
24 amigo
3 parroquiano
5 ◁*ausente*
18 ◁*extraño*

contestable
4 controvertible
5 discutible
2 impugnable
3 refutable
11 ◁*incontestable*

contestación
1 inconformismo
14 rebeldía

réplica 6
respuesta 5

contestar
6 rebatir
8 recusar
12 responder
13 rechazar
11 replicar

contestatario
16 descontento

contestón
8 picón
4 repelón
8 retobado

contexto
10 distribución

contextura
6 estructura
12 organización
8 sistema
7 trabazón

contienda
10 camorra
12 cisco
19 combate
5 contencioso
7 disensión
3 guerra
10 lid
23 lucha
5 pleito
8 pugna
5 rivalidad
17 brete
35 bronca
18 disputa
24 follón
12 gresca
15 jarana
11 pelea
11 riña
13 trapatiesta
10 ◁*paz*

contigüidad
19 cercanía(s)
2 tangencia

contiguo
24 aledaño(s)
13 anejo
2 fronterizo
7 inmediato
9 junto
7 limítrofe
4 paredaño
10 pegado
11 unido
12 vecino(s)
10 ◁*separado*

continencia
9 castidad
21 dominio
13 moderación
9 pureza
6 sobriedad
6 templanza

continental
11 interior
15 ◁*exterior*

continente
27 austero
7 casto
8 empaque
3 inclusivo
16 actitud

contingencia(s)
34 accidente
8 eventualidad
4 imponderables
6 percance
10 posibilidad(es)
1 probabilidad
8 riesgo(s)
17 desgracia
5 ◁*improbabilidad*

contingente
14 accidental
10 casual
10 distribución
7 eventual
8 probable

continua
3 fricativa

continuación
3 alargamiento
2 continuidad
12 duración
5 perennidad
2 permanencia
6 prolongación
7 prórroga
2 prosecución

continuado
7 prolongado
5 rumoroso

continuador
18 acólito

continuamente
1 inagotablemente
2 incesantemente
1 ininterrumpida-
mente
↪de continuo
◁*discontinua-
mente*

continuar
35 alargar(se)
8 durar
9 permanecer
7 prolongar
4 prorrogar
3 proseguir
42 seguir(se)

continuidad
8 continuación
8 fijeza
3 ◁*desajuste*
14 ◁*detención(es)*

continuo
14 duradero
17 empecinado
8 empeñado
6 incesante
7 persistente
7 prolongado
17 tenaz
7 constante
14 corrido
6 ininterrumpido
9 terco
27 ◁*breve*
5 ◁*discontinuo*

contonear(se)
3 bascular
17 menear(se)
8 campanear

contoneo
32 afectación
12 balanceo
3 campaneo
6 gambeta

contornear
44 ceñir(se)
12 cercar
9 circunscribir
38 rodear(se)

contorno
16 afuera(s)
alrededores
5 área
11 aureola
8 cenefa
5 circuito
10 comarca
5 derredor
36 forma(s)
5 perfil
4 periferia
8 perímetro
proximidades
6 recinto
2 rededor
5 ruedo
5 silueta
20 adherencia
7 ámbito
3 bojeo
4 circunferencia
9 clausura
6 frontera
19 límite
12 cercado
19 cercanías
18 círculo
22 figura
6 inmediaciones
2 nimbo

21 vuelta

contornos
16 afuera(s)
34 alrededor(es)
19 cercanía(s)
4 extramuros
17 proximidad(es)
8 vecindad
5 gotera

contorsión
4 pirueta
6 retorcimiento
5 torcedura

contorsionarse
6 piruetear

contorsionista
11 histrión
3 saltimbanqui

contra
6 enfrentamiento
10 estorbo
11 oposición
30 recurso(s)
4 adehala
5 antídoto
4 contraveneno
15 dificultad
10 obstáculo
11 remedio
4 triaca
2 yapa

contraaproches
1 contratrinchera

contraarmadura
1 falsaarmadura

contraatacar
11 reaccionar
12 responder
13 rechazar
12 ◁retroceder

contraataque
4 contestación
1 contragolpe

1 contraofensiva
5 respuesta
 ◁*defensiva*
8 ◁*retroceso*

contraaviso
7 contraorden

contrabajo
1 violón

contrabalancear
5 compensar
6 contrapesar
6 contrarrestar

contrabandista
2 matutero

contrabando
7 alijo
1 intérlope
2 matute
2 ñemeo
6 venado

contrabasa
3 pedestal

contracción
5 calambre
15 convulsión
2 crispación
16 disminución
12 encogimiento
3 espasmo
4 retracción
2 sinalefa
2 sinéresis
9 baja

contraceptivo
1 anovulatorio
3 anticoncepcional
3 anticonceptivo

contraconceptivo
3 anticoncepcional

contractilidad
16 disminución
7 limitación

15 mengua
6 ◁*crecimiento*

contractual
2 convenido
3 estipulado
6 tratado

contrachapado
3 encolado
1 tablero

contradecir(se)
19 argüir
24 argumentar(se)
19 atacar(se)
19 combatir
14 contrariar(se)
10 denegar
6 desmentir
9 impugnar
27 negar(se)
6 objetar
6 rebatir
7 refutar
12 repeler
25 resistir(se)
54 confundirse
20 equivocarse
13 rechazar
11 replicar
12 ◁*acertar*
8 ◁*asentir*

contradicción
8 desacuerdo
5 incompatibilidad
9 objeción
11 oposición
2 rebatimiento
1 refutación
3 antinomia
7 antítesis
2 paradoja
12 contrariedad

contradictor
9 adversario
5 contencioso

contradictorio
15 contrario
12 enfrentado

10 opuesto
11 ◁*idéntico*
8 ◁*similar*

contraer(se)
16 acortar(se)
24 achicar(se)
3 apocopar
11 astringir(se)
11 atrapar(se)
44 ceñir(se)
6 crispar(se)
19 empequeñe-
     cer(se)
29 encoger(se)
29 encogerse
32 estrechar(se)
27 limitar(se)
16 pillar(se)
52 reducir(se)
16 adquirir

contrafuerte
37 apoyo
6 arbotante
1 botarel
2 espolón
5 estribo
1 machón
5 pilar
8 puntal
9 refuerzo
4 reventazón

contragolpe
4 contraataque

contrahacer
7 adulterar
4 falsificar
7 remedar
11 imitar

contrahaz
19 revés

contrahecho
1 malhecho
5 chepa
12 deforme
7 giboso
5 jorobado

contraído
4 acurrucado
26 arrugado

contraindicado
1 desaconsejado
5 peligroso
4 perjudicial
6 prohibido
4 ◁*autorizado*

contraindicar
2 desautorizar
11 prohibir(se)
13 impedir
8 ◁*tolerar*

contraluz
10 halo
16 reflejo
2 nimbo

contramaestre
4 capataz
5 encargado

contramandato
7 contraorden

contramano (a)
1 contrapelo
1 contrariamente
10 opuesto
6 ◁*favorable*

contramuralla
4 falsabraga

contramuro
4 falsabraga

contranatural
29 anormal
5 antinatural

contraofensiva
4 contraataque

contraorden
6 abolición
6 anulación

5 cancelación
1 contramandato
10 rescisión
6 retractación
4 revocación
28 ◁*conformidad*
2 ◁*ratificación*

contrapar
1 cabrio

contrapartida
9 compensación
14 equilibrio
4 rectificación
8 ◁*confirmación*

contrapelo
⇨contramano (a)

contrapesar
5 compensar
3 contrabalancear
5 equilibrar(se)
30 igualar(se)
7 nivelar
6 rasar
3 ◁*desnivelar*

contrapeso
5 báscula
3 pesa
8 balancín
19 chorizo

contraponer
22 oponer(se)

contraposición
12 antagonismo
3 encaramiento
6 enfrentamiento
11 oposición
5 rivalidad
7 antítesis

contraproducente
15 contrario
8 desfavorable
14 nocivo
4 perjudicial
10 ◁*positivo*

6 ◁*ventajoso*

contrapuerta
2 antepuerta

contrapuesto
10 adverso

contrapuntear(se)
21 cantar
9 indignar(se)
33 ofender(se)
3 recitar
7 competir
3 rivalizar

contrapunto
14 acompañamiento
1 diafonía
◁*monodia*

contrariado
8 malhumorado

contrariamente
⇨contramano (a)

contrariar(se)
34 apenar(se)
18 contradecir(se)
24 desazonar(se)
13 dificultar(se)
20 disgustar(se)
67 enfadar(se)
6 enfurruñarse
27 enojar(se)
20 entorpecer(se)
87 fastidiar(se)
44 incomodar(se)
23 mortificar(se)
17 obstaculizar
22 oponerse
30 ◁*agradar*
13 ◁*facilitar*

contrariedad
8 decepción
10 estorbo
4 jareta
11 oposición
10 contradicción
10 contratiempo

12 desazón
4 despecho
15 dificultad
16 disgusto
10 obstáculo
6 vaina
14 ◁*agrado*
8 ◁*facilidad*

contrario
9 adversario
9 antagonista
12 antitético
13 competidor
3 contradictorio
8 contrincante
4 dañino
10 diferente
10 distinto
14 nocivo
10 opuesto
4 perjudicial
6 reverso
6 rival
10 enemigo
2 ◁*aliado*
6 ◁*beneficioso*
15 ◁*igual*
8 ◁*similar*

contrarréplica
2 rebatimiento
6 réplica
5 respuesta
14 ◁*avenencia*

contrarrestar
23 arrostrar
5 compensar
15 entrentar(se)
25 resistir(se)
7 copar
22 oponerse

contrarronda
⇨segunda ronda

contrasentido
51 absurdo
2 sinrazón
10 contradicción
7 error

contraseña
 8 consigna
 16 marca
 16 nombre
 21 santo

contraseñar
 6 amajanar

contrastar
 16 aquilatar(se)
 11 controlar
 19 medir(se)
 25 resistir(se)
 8 ◁ *coincidir*

contraste
 8 análisis
 9 comprobación
 3 desemejanza
 3 desigualdad
 11 diferencia
 1 disimilaridad
 6 disparidad
 12 examen
 11 oposición
 5 verificación
 7 antítesis
 7 almotacén
 3 marcador

contrata
 12 contrato

contratación
 9 mercado

contratar(se)
 37 acordar(se)
 59 ajustar(se)
 20 comprometer(se)
 3 escriturar
 5 estipular
 25 obligar(se)
 7 operar
 6 asalariar
 15 convenir
 11 pactar
 4 subarrendar

contratiempo
 34 accidente
 20 adversidad
 6 chubasco
 14 descalabro
 4 jareta
 6 percance
 12 contrariedad
 10 choclo
 17 desgracia
 11 penalidad

contratista
 6 asentador

contrato
 11 ajuste
 19 compromiso
 3 concordato
 1 contrata
 12 convención
 11 convenio(s)
 5 estatuto
 4 estipulación
 18 inteligencia
 10 transacción
 20 arreglo
 14 pacto

contratorpedero
 1 cazatorpedero

contratrinchera
 1 contraaproches

contravención
 15 infracción

contraveneno
 2 antitóxico
 12 contra
 5 antídoto
 4 triaca

contravenir
 8 conculcar
 7 desobedecer
 9 incumplir
 9 infringir
 29 quebrantar(se)
 6 transgredir
 14 vulnerar
 9 violar
 27 ◁ *cumplir(se)*

contraventana
 2 portezuela
 2 postigo
 1 puertaventana

contraventor
 5 desobediente
 8 infractor
 1 irresponsable
 4 violador
 14 rebelde

contrayente
 6 consorte
 3 desposado
 8 matrimonio
 3 ◁ *soltero*

contri
 15 centro
 13 corazón
 16 entraña(s)
 5 estómago
 1 molleja
 4 núcleo

contribución
 3 aportación
 7 arancel
 11 arbitrio
 13 canon(es)
 24 carga
 12 censo
 4 colaboración
 8 cooperación
 1 derrama
 9 impuesto
 7 subsidio
 9 tasa
 11 tributo
 29 ayuda
 22 pecho

contribuir
 20 asistir(se)
 34 auxiliar(se)
 45 ayudar(se)
 7 coadyuvar
 6 colaborar
 13 cooperar
 4 cotizar
 4 pechar
 4 subvenir
 3 tributar
 4 ◁ *desasistir*

contribulado
 27 aturdido

contributivo
 1 arancelario
 1 impositivo
 3 tributario
 10 ◁ *exento*

contribuyente
 2 cooperante
 14 imponente
 2 impositor
 5 pagador
 1 ◁ *depositario*

contricción
 18 arrepentimiento
 6 compunción

contrición
 6 compunción
 13 dolor
 45 pesar(se)
 3 remordimiento
 29 pena

contrincante
 9 adversario
 9 antagonista
 13 competidor
 8 émulo
 4 oponente
 7 opositor
 6 rival
 10 enemigo
 2 ◁ *aliado*
 7 ◁ *compañero(s)*
 24 ◁ *amigo*

contristar(se)
 51 afligir(se)
 34 apenar(se)
 12 apesadumbrar(se)
 13 compadecer(se)
 22 doler(se)
 14 entristecer(se)

4 apensionar(se)
27 ◁alegrar(se)

contrito
10 acongojado
12 afligido
8 apenado
14 arrepentido
13 atormentado
7 compungido
6 ◁impenitente

control
4 cibernética
6 intervención
9 tasa

controlado
7 anotado
11 dominado

controlador
3 comprobador

controlar
19 censurar
9 comprobar
4 contrastar
10 criticar
56 dirigir(se)
46 dominar(se)
41 examinar(se)
10 gobernar
10 inspeccionar
6 verificar
11 vigilar

controversia
5 debate
5 polémica
13 discusión
18 disputa

controversista
1 discutidor
3 litigante
5 polemista
3 ◁pacificador
5 ◁componedor

controvertible
3 debatible
6 dudoso

3 polémico
3 refutable
14 ◁evidente
15 ◁indudable

controvertido
3 polémico

controvertir
19 combatir
6 cuestionar
14 debatir(se)
12 discutir
22 disputar(se)

contubernio
4 cohabitación
11 conchabanza
9 confabulación
6 connivencia
5 fornicación
16 amasijo
10 conspiración

contumacia
14 rebeldía
6 terquedad
12 cabezonería
13 obstinación
10 tenacidad
15 ◁docilidad
6 ◁flexibilidad

contumaz
8 empeñado
9 pertinaz
17 tenaz
14 obstinado
15 porfiado
9 terco
15 ◁indolente

contumelioso
1 humillante
7 injurioso
4 ultrajante
8 ◁halagador

contundencia
5 convicción
9 persuasión

49 energía
17 fuerza
21 resolución
30 ◁blandura
16 ◁debilidad

contundente
4 concluyente
5 convincente
10 decisivo
1 golpeador
6 terminante

contundir
40 atizar(se)
5 magullar(se)
38 pegar(se)
24 golpear

conturbación
38 aturdimiento

conturbado
8 enloquecido

conturbador
6 intranquilizador

conturbar
28 inquietar(se)
11 intranquilizar(se)
8 perturbar
37 turbar(se)

conturbarse
12 azarar(se)
11 consternar(se)

contusión
4 magulladura
3 magullamiento
5 hematoma
37 golpe

contusionar
5 magullar(se)
10 apolismar

contuso
5 golpeado
1 lesionado
5 magullado

2 tundido
6 ◁indemne

conuco
8 campo
9 era
8 tierra

convalecer
49 mejorar(se)
19 recobrarse
15 recuperarse
18 ◁empeorar(se)

convaleciente
10 paciente
12 doliente
16 enfermo
18 ◁sano

convalidación
2 ratificación
2 revalidación
5 validez
6 ◁anulación
9 ◁pérdida

convalidar(se)
9 confirmar(se)
3 revalidar
28 ◁anular(se)

convencer
10 demostrar
8 intimidar(se)
14 persuadir(se)
19 probar

convencido
9 ganado
1 persuadido
1 sugestionado

convencimiento
9 certeza
5 convicción
5 evidencia
9 opinión
9 persuasión

convención
- 21 acuerdo(s)
- 27 asamblea
- 11 convenio(s)
- 18 inteligencia
- 7 jornadas
- 2 simposio
- 6 tratado
- 10 trato
- 10 congreso
- 20 arreglo
- 14 pacto
- 19 reunión
- 8 ◁*desacuerdo*

convencional
- 17 artificioso
- 19 común
- 11 normal
- 5 simulado
- 8 supuesto
- 21 falso
- 21 ◁*auténtico*
- 14 ◁*extraordinario*

convencionalismo
- 32 afectación
- 10 falsedad
- 10 simulación
- 20 apariencia
- 12 ◁*sinceridad*
- 6 ◁*verdad*

convenible
- 12 flexible
- 10 positivo
- 5 tratable
- 6 ventajoso
- 5 ◁*desobediente*

convenido
- 3 contractual
- 6 reglamentario

conveniencia
- 13 acomodo
- 21 acuerdo(s)
- 11 ajuste
- 25 beneficio(s)
- 11 colocación
- 28 conformidad
- 11 convenio(s)
- 5 correlación
- 8 correspondencia
- 20 cortesía
- 10 decencia
- 9 decoro
- 18 inteligencia
- 15 interés
- 4 urbanidad
- 8 utilidad
- 20 arreglo
- 14 pacto
- 8 provecho
- 4 ◁*zafiedad*

conveniente
- 15 acomodado
- 4 adecuado
- 4 ajustado
- 12 apropiado
- 6 beneficioso
- 3 concorde
- 11 conforme
- 7 correspondiente
- 12 cortés
- 13 decente
- 7 educado
- 6 idóneo
- 5 proporcionado
- 8 provechoso
- 22 útil
- 3 ◁*inadecuado*
- 11 ◁*maleducado*
- 4 ◁*perjudicial*

convenientemente
- 6 acertadamente

convenio(s)
- 21 acuerdo(s)
- 11 ajuste
- 19 compromiso
- 12 contrato
- 18 inteligencia
- 7 plataforma
- 6 tratado
- 10 trato
- 16 amasijo
- 20 arreglo
- 14 pacto

convenir
- 17 aceptar
- 37 acordar(se)
- 25 amarrar(se)
- 3 capitular
- 11 contratar(se)
- 13 corresponder
- 16 cuadrar(se)
- 24 encajar(se)
- 8 pertenecer
- 49 reunir(se)
- 19 casar
- 74 juntarse
- 11 pactar
- ⇨estar de acuerdo en
- ⇨quedar en

conventículo
- 2 corrillo
- 15 cábala
- 3 camarilla

convento
- 8 abadía
- 3 cartuja
- 4 cenobio
- 5 monasterio
- 3 noviciado
- 3 priorato
- 2 rápita
- ⇨partido judicial

conventual
- 3 monacal

convergencia
- 12 concurrencia

converger
- 8 coincidir
- 16 concentrar(se)
- 16 concurrir
- 56 dirigir(se)
- 23 encontrar(se)
- 43 inclinarse
- 27 orientar(se)
- 15 tender(se)

conversación
- 7 coloquio
- 11 charla
- 5 diálogo
- 15 discurso
- 2 entrevista
- 11 exposición
- 8 plática
- 7 conferencia
- 2 interviú
- 5 cháchara
- 3 garla
- 7 palique
- 5 parrafada
- 10 rollo

conversador
- 1 charlista
- 2 ext avertido
- 1 hablista
- 4 locuaz
- 3 perorante
- 9 parlanchín
- 21 ◁*callado*
- 5 ◁*introvertido*

conversar
- 18 comunicar(se)
- 5 conferenciar
- 6 departir
- 4 entrevistarse
- 20 hablar
- 5 platicar
- 6 charlar
- 6 parlotear
- 8 tallar
- ⇨echar una parrafada
- ⇨meter baza
- ⇨pegar la hebra
- ⇨traer a colación

conversión
- 7 abjuración
- 6 evolución
- 11 mudanza
- 7 mutación
- 6 retractación
- 8 transformación
- 2 epístrofe
- 5 metamorfosis
- 19 cambio
- 9 ◁*inmovilidad*

converso
- 4 catecúmeno
- 3 confeso
- 6 neófito

convertible
 6 cambiable
 4 mutable
 2 transformable
 15 ◁*fijo*

convertidor
 7 horno
 2 mezclador

convertir(se)
 7 abjurar
 14 bautizarse
 4 evangelizar
 32 mudar(se)
 50 parar(se)
 52 reducir(se)
 10 renegar
 7 transmutar(se)
 5 apostatar
 46 cambiar
 5 metamorfosear
 9 ◁*permanecer*

convexidad
 11 barriga
 4 bombeo
 18 curvatura

convicción
 5 convencimiento
 9 creencia
 15 ideal
 4 ideología
 9 persuasión

convicto
 3 confeso
 12 delincuente
 4 reo
 14 ◁*inocente*

convidada
 10 convite

convidado
 3 huésped
 5 invitado

convidador
 7 anfitrión

convidante
 7 anfitrión

convidar
 5 brindar
 17 incitar(se)
 15 inducir
 12 invitar
 59 mover(se)
 26 ofrecer(se)
 22 servir(se)
 10 impulsar
 ➪dar de beber
 ➪dar de comer

convincente
 4 concluyente
 10 decisivo
 2 persuasivo
 6 terminante
 3 suasorio

convite
 8 ágape
 1 alifara
 13 banquete
 11 colación
 1 convidada
 9 invitación
 9 ronda(s)
 4 cocktail
 3 guateque
 3 refresco

convivencia
 21 acuerdo(s)
 5 coexistencia
 4 cohabitación
 5 tolerancia
 20 relación
 8 ◁*desacuerdo*
 23 ◁*antipatía*

conviviente
 14 habitante

convivir
 3 coexistir
 23 alternar

convocación
 10 apellido

convocado
 4 citado
 4 nombrado
 2 requerido
 1 solicitado
 4 ◁*ignorado*

convocar
 11 citar
 14 emplazar(se)
 6 gritar
 5 traer
 6 vocear
 3 chistar
 33 llamar
 5 reclamar

convocatoria
 24 anuncio(s)
 12 cita
 5 citación
 5 decreto
 10 emplazamiento
 6 llamamiento
 34 aviso

convólvulo
 1 enredadera
 ➪gusano revoltón

convoy
 5 armada
 3 escolta
 8 expedición

convoyar(se)
 34 auxiliar(se)
 8 confabular(se)
 9 custodiar
 21 socorrer(se)
 4 subvenir
 12 conchabar

convulsión
 17 acceso
 10 algarada
 10 contracción
 3 espasmo
 7 marasmo
 3 palpitación
 7 sacudida
 3 seísmo
 9 temblor
 3 terremoto
 33 agitación
 11 motín
 11 rebelión
 9 síncope
 13 tumulto

convulsionar
 6 crispar(se)

convulsivo
 6 espasmódico

convulso
 7 agitado
 8 tembloroso
 3 trémulo
 13 ◁*tranquilo*

conyugal
 3 matrimonial
 3 nupcial

cónyuge
 6 consorte
 2 esposo/a
 ➪media naranja

cónyuges
 8 matrimonio

conyugicidio
 9 asesinato

coña
 6 choteo
 103 burla

coñearse
 27 bromear(se)
 80 burlar(se)

coñetería
 10 mezquindad
 6 tacañería
 6 cicatería
 13 ◁*generosidad*

coño
 27 bollo(s)
 11 concha

coñón
11 conejo
9 chocho
6 maco

coñón
15 bromista

cooperación
11 asistencia
4 ayudantía
4 colaboración
14 concurso
15 contribución
22 servicio(s)
24 auxilio
29 ayuda

cooperador
15 ayudante

cooperante
8 accionista
4 contribuyente

cooperar
34 auxiliar(se)
45 ayudar(se)
7 coadyuvar
6 colaborar
10 contribuir
14 favorecer
15 participar
7 secundar
21 socorrer(se)
6 subvencionar
3 sufragar
⇨arrimar el hombro
⇨echar una mano

cooperativa
4 economato
16 sociedad

cooperativo
5 gremial

cooptación
8 elección
12 designación

cooptar
16 concurrir
10 eje

4 espacio
6 optar
17 plano

coordinación
3 conjugación
7 consonancia
20 arreglo
7 trabazón

coordinadamente
12 acorde(s)

coordinado
5 concomitante

coordinador
5 organizador

coordinar
37 acordar(se)
83 arreglar(se)
15 aunar(se)
4 clasificar
16 concertar(se)
24 ordenar(se)
17 regular(se)
5 regularizar(se)

copa
33 alto(s)
3 bol
2 cáliz
2 capturado
4 cogujada
9 cristal
4 envuelto
3 galerita
4 prisionero
6 rodeado
3 totovía
26 punta
13 vaso
18 ◁*libre*

copada
4 cochevía

copar
5 arramblar
12 cercar
32 envolver(se)

38 rodear(se)
19 aprisionar
6 contrarrestar
⇨quedarse con todo

coparticipación
4 copropiedad
7 participación

copartícipe
10 consejero
5 solidario
8 socio

copear(se)
33 beber

copela
6 crisol
7 horno
2 mechero
5 quemador

copelación
7 fusión
28 separación
11 purificación

copero
3 escanciador

copete
5 chasca
2 flequillo
2 penacho
7 tupé
16 cima
14 cumbre
4 mechón

copetón
bebido
3 copetudo
12 achispado
36 alegre
17 cobarde
19 orgulloso
9 pusilánime
16 ◁*modesto*
13 ◁*sereno*
9 ◁*valiente*

copetuda
2 alhoja
3 caladre
3 terrera
9 alondra

copetudo
5 encumbrado
6 vacuo
10 vanidoso
13 ◁*humilde*

copia
28 abundancia
15 acopio
8 calco
3 fotocopia
9 imitación
3 plagio
8 profusión
4 remedo
10 reproducción
9 traslado
1 trasunto
1 xerocopia
16 multitud
8 parranda

copiador
5 copista

copiadora
2 ciclostilo

copiar
7 calcar
3 fotocopiar
4 plagiar
20 reproducir(se)
3 transcribir
26 trasladar(se)
1 xerocopiar
7 remedar
7 fusilar
11 imitar

copiloto
9 paquete

copilla
17 calentador
3 chofeta

copión
 2 mimético

copiosamente
 15 ampliamente
 7 cumplidamente
 ⇨granel (a)

copiosidad
 28 abundancia
 7 superabundancia

copioso
 10 considerable
 7 cuantioso
 8 numeroso
 7 nutrido
 29 abundante
 10 colmado
 17 ◁escaso

copista
 9 calígrafo
 1 copiador
 2 escribano
 5 escribiente
 4 pasante
 17 ◁creador

copla
 10 canción
 21 cantar
 14 canto
 2 estrofa
 6 fandango(s)
 1 malagueña
 1 petenera
 1 playera
 2 seguidilla
 6 soledad
 16 bolero
 3 tubo

coplero
 2 poetastro
 2 rimador

coplilla
 8 cantaleta

coplista
 9 poeta

copo
 3 coágulo
 3 grumo
 4 redada
 19 rodeo
 4 mechón
 2 nimbo
 7 nube
 3 rizo

copón
 2 cáliz
 13 copa
 7 manga
 3 nasa
 12 red

copropiedad
 9 comunidad
 3 condominio
 2 coparticipación
 7 participación
 3 ◁monopolio

copropietario
 1 condueño
 2 consocio
 3 consorcio
 10 participante
 5 solidario
 ◁exclusivista

copucha
 4 vejiga
 31 bola
 15 mentira

cópula
 3 apareamiento
 24 ayuntamiento
 4 cohabitación
 6 coito
 1 cubrición
 13 enlace
 5 fornicación
 19 unión
 ⇨verbo atributivo
 ⇨verbo universal

copular
 14 engendrar
 18 generar

 17 gozar
 5 preñar
 6 culear
 13 chingar

copyright
 15 propiedad

coque
 5 carbón
 1 cok
 1 hulla

coquear
 26 atisbar(se)
 13 azuzar(se)
 4 cuquear
 5 espiar

coqueta
 9 garatusa(s)
 5 pizpireta
 2 mica

coquetear
 9 tontear
 13 galantear
 2 miquear

coqueteo
 5 flirt
 4 flirteo
 2 ratimagueo
 15 coquetería

coquetería
 32 afectación
 4 coqueteo
 14 encanto
 20 engreimiento
 5 flirt
 18 gracia(s)
 10 picardía
 12 presunción
 10 pretensión
 14 vanidad
 24 arte
 8 galanteo
 12 gusto
 8 ligue
 12 primor

coquito
 27 carantoña(s)

cora
 ⇨malas hierbas

coraje
 19 bravura
 11 furia
 10 intrepidez
 22 irritación
 9 rabia
 12 valentía
 24 valor
 40 ánimo
 18 arrojo
 11 cólera
 12 enojo
 12 esfuerzo
 9 ira
 14 ◁cobardía

corajina
 3 rabieta

corajinoso
 2 corajudo

corajoso
 7 agresivo
 18 audaz
 12 brusco
 2 corajudo
 8 furioso
 13 resuelto
 13 violento
 28 vivo
 10 colérico
 11 iracundo
 13 ◁tranquilo
 30 ◁tímido

corajudo
 1 corajinoso
 10 corajoso

coral
 1 coralina
 6 coro
 1 orfeón

coralina
 3 coral

corambre
17 cuero
5 odre
4 pellejo

corán
1 alcorán

coranvobis
39 aspecto

coraza
40 armadura
4 blindaje
4 peto

corazón
53 amor
15 centro
16 entraña(s)
3 entretelas
5 hondón
4 núcleo
3 sensibilidad
16 sentimiento
24 valor

40 ánimo
15 cariño
12 esfuerzo
11 interior

corazonada
6 asadura
11 barrunto
14 impulso
13 inspiración
11 presagio
14 presentimiento
6 sospecha

22 arranque
10 ímpetu
25 pronto

corazoncillo
1 hipérico
↪hierba de San Juan

corbacho
8 látigo

corbata
3 corbatín

11 chollo
13 lazo
4 momio

corbatín
7 alzacuello
4 corbata
8 golilla

corbeta
4 carabela
21 embarcación

corbona
10 cesta

corcarse
16 corromper

corcel
24 cabalgadura
27 caballo

corcova
7 giba
1 cifosis
5 chepa
11 joroba

corcovado
5 contrahecho
3 cheposo
2 corcoveta
7 giboso
5 jorobado
3 jorobeta

corcovar
40 agitar(se)
29 saltar(se)

corcoveta
6 corcovado
5 jorobado

corcovo
12 brinco
17 salto
2 brincada

corcusido
11 costura
3 remiendo
4 chapuza
4 zurcido

corcusir
9 zurcir

corchea
24 nota

corchera
5 garrafa

corchete
2 ministril
3 sayón
12 llave
4 abrazadera
7 grullo

corcho
4 colmena
4 acorchado
8 fofo

cordaje
4 jarcia

cordal
9 puente

cordato
15 razonable
6 sensato

cordel
10 bramante
4 cordelejo
14 cuerda
8 guita

cordelejo
26 broma
2 zumba
7 chanza
12 chasco
7 ◁seriedad

cordera
4 oveja

corderaje
2 borregada

cordero
4 bienmandado
31 bondadoso
14 borrego
7 caloyo
2 ternasco

cordeta
10 bramante

cordial
32 afable
24 abierto
12 afectuoso
18 amable
13 cariñoso
16 franco
12 sencillo

10 ◁desagradable
15 ◁reservado

8 ◁hosco

cordialidad
27 afabilidad
14 amabilidad
53 amor
27 bondad
6 conciliación
20 cortesía
11 efusión
18 gracia(s)
28 humanidad(es)
6 sociabilidad
18 armonía
14 atracción

5 ◁desapego
5 ◁despego
11 ◁enfriamiento

cordialmente
13 amorosamente

cordiforme
1 acorazonado

cordillera
5 sierra
26 cadena

cordobán
4 badana
17 cuero
4 pellejo

cordobés
9 sombrero

cordón
10 bramante
8 filamento
5 fleco

cordoncillo
10 bramante

cordura
19 circunspección
12 discreción
10 formalidad
12 gravedad
16 prudencia
6 sensatez
13 seso

corea
⇨ baile de San Vito

corear
19 acompañar
21 cantar

coreo
1 troqueo

coreografía
2 danza

coriáceo
4 córneo
7 fibroso
13 inflexible
26 rígido

corifeo
12 director
9 jefe
11 guía

2 ◁ seguidor

corindón
3 berilo
1 esmeralda
1 zafiro

corista
6 comparsa
5 figurante
9 ◁ estrella

corito
7 amedrentado
10 desnudo
14 encogido
33 apocado
9 pusilánime
⇨ en cueros
⇨ en pelotas
33 ◁ atrevido
6 ◁ vestido

coriza
3 romadizo

cornac
naire

cornada
1 derrote
6 cachada

cornalina
6 ágata
4 alaqueca
2 corniola
2 restañasangre

cornamenta
3 cuerna
7 herramienta
10 asta
6 cuernos

córnea
2 esclerótica

cornear
2 acornar
2 empitonar

9 topar(se)

corneja
1 buharro
1 chova

cornejo
2 corno
4 durillo
1 sangüeño
2 sanguino
⇨ cerezo silvestre

córneo
4 coriáceo
30 duro
2 encallecido
13 endurecido
5 ◁ esponjoso
42 ◁ blando

córner
19 ángulo
4 esquina
3 rincón

cornezuelo
1 cornicabra

cornicabra
1 cornezuelo

cornijal
1 purificador

cornil
12 coyunda

corniola
4 alaqueca
4 cornalina

cornisa
21 ala(s)
4 arimez
3 arquitrabe
15 cinta
8 alero
5 tabique

cornisamiento
1 entablamiento

corno
5 cornejo
4 durillo

cornucopia
5 candelabro

cornudo
5 astado
14 borrego
10 buey
2 cornúpeta
3 enastado
27 cabrón
3 consentidor
6 orejón

cornúpeta
5 astado
8 cornudo

coro
14 acompañamiento
3 coral
1 escolanía
10 extra
3 nornoroeste
19 reunión

coroca
19 extravagancia
18 rareza(s)
23 manía

corola
1 periantio

corolario
12 definición
25 efecto(s)
6 repercusión
3 secuela

corona
11 aureola
2 coronilla
2 diadema
7 galardón
1 guirnalda
10 halo
5 imperio
1 lauréola

coronación
2 monarquía
8 premio
9 reino
2 tonsura
16 cima
14 cumbre
2 nimbo
7 recompensa

coronación
2 gablete
11 proclamación

coronado
4 laureado
4 ungido

coronamiento
10 apogeo

coronar
53 acabar(se)
6 arribar
2 aureolar(se)
44 ceñir(se)
1 culminar
27 cumplir(se)
28 finalizar(se)
37 llegar(se)
1 nimbar
7 terminar
22 alcanzar

coronilla
16 corona
2 tonsura

corota
6 cresta
2 escroto

coroza
1 rocadero

corpiño
2 almilla

corporación
27 asamblea
3 ateneo
24 ayuntamiento
12 colectividad

9 comunidad
2 diputación
11 entidad
8 instituto
12 junta
5 organismo
7 gremio
28 asociación
7 cofradía
8 colegio
16 sociedad

corporal
4 corpóreo
1 somático

corporativo
4 colegiado
2 comunitario
11 colectivo
14 ◁*particular*
11 ◁*privado*

corpóreo
2 corporal
23 material(es)
4 tangible
11 verdadero
15 ◁*incorpóreo*
13 ◁*inmaterial*

corporificar(se)
1 materializar(se)
25 realizar(se)

corpulencia
7 gordura
8 grosor
28 humanidad(es)
4 mole
4 obesidad
9 volumen
17 fuerza

corpulenta
5 sargenta

corpulento
8 gigante
17 grueso
8 recio
8 robusto

6 voluminoso
12 enorme
19 gordo
23 grande
6 ◁*enjuto*
11 ◁*delgado*
14 ◁*pequeño*

corpúsculo
5 nódulo

corral
7 apero
7 aprisco
1 corraliza
4 chiquero
12 encierro
6 establo
4 gallinero
2 majada
2 ovil
5 pocilga
3 toril
18 cancha
4 redil

corraliza
13 corral

correa
3 bandolera
4 correhuela
3 tahalí
10 cinturón
4 pretina
6 tirante

correaje
3 bandolera
7 fornitura
2 rendaje

correal
1 estezado

corrección
16 censura
18 compostura
20 cortesía
13 educación
2 modales
4 modificación

4 rectificación
5 retoque
4 urbanidad
1 epanortosis
19 cambio
17 castigo
17 reprimenda
4 ◁*zafiedad*
29 ◁*alabanza*

correccional
4 penitenciaría
17 prisión

correción
6 enmienda(s)

correctamente
19 atentamente

correctivo
12 condena
2 gemonías
9 merecido
11 penitencia
8 escarmiento
17 castigo
29 pena

correcto
9 académico
26 apacible
12 apropiado
6 castizo
12 cortés
5 cronométrico
6 debido
6 disciplinado
7 educado
16 fino
6 impecable
8 irreprochable
5 presentable
21 puro
18 cumplido
12 exacto
33 ◁*atrevido*

corrector
11 censor
6 impresor

corredera
10 ranura
2 riel
3 singladura
5 travesía
4 trotaconventos
6 celestina
5 colitis
15 alcahueta
7 carril
11 diarrea
2 rabión
⇨rápido de río

corredero
10 cauce
14 acequia
18 canal
2 hipódromo

corredizo
6 resbaladizo
14 suelto
23 flojo
19 ◁firme

corredor
5 arcada(s)
19 atleta
3 deportista
12 galería
17 pasaje
3 pasillo
2 pérgola
2 porche
8 pórtico
7 tránsito
2 túnel
1 viajante
27 agente
12 balcón
7 mirador

corredora
2 curiana

correduría
2 corretaje

corregible
4 remediable

8 ◁*incorregible*

corregido
23 arreglado
3 mejorado
2 perfeccionado
2 regenerado
4 retocado
7 ◁*defectuoso*
10 ◁*incorrecto*

corregidor
2 magistrado
4 regidor
4 alcalde

corregir(se)
30 amonestar(se)
26 castigar(se)
11 desdecir(se)
8 enmendar
5 increpar
31 moderar(se)
14 modificar(se)
20 reformar(se)
14 rehacer(se)
5 retocar
39 suavizar(se)
5 subsanar
18 apear(se)
22 reñir
16 reprender
30 templar
65 ◁*alabar(se)*

correhuela
3 altabaquillo
3 centinodia
6 correa
3 saucillo

correlación
8 correspondencia
20 orden
5 reciprocidad
5 sucesión
⇨relación entre variables

correlativo
7 correspondiente
2 recíproco
4 digestivo

7 laxante

correligionario
11 afiliado
12 devoto
14 adepto

correncia
1 correntía
11 diarrea
8 flujo
1 ◁*estreñimiento*

correntía
3 correncia

correntón
15 bromista
4 chancero
9 chistoso
30 divertido
20 ◁*serio*

correo
4 alfaqueque
8 correspondencia
8 emisario
3 estafeta
2 posta
16 diligencia
14 mensajero
19 rápido

correón
1 sopanda

correos
29 comunicación(es)

correoso
13 inflexible
6 pétreo
4 acorchado
26 rígido
4 zapatón

correr(se)
17 abochornar(se)
70 apartar(se)
16 atajar(se)
40 avergonzar(se)

5 caminar
54 confundir(se)
15 deslizar(se)
27 despachar(se)
34 escapar(se)
51 extender(se)
6 fluir
12 lidiar
48 pasar(se)
29 propagar(se)
4 propalarse
9 recorrer
8 resbalar(se)
8 retozar
23 sofocar(se)
2 transcurrir
2 viajar
40 acobardarse
15 acosar
3 acholar
40 amedrentar
9 aovar
5 aplomar
20 disparar
11 expulsar
1 eyacular
19 huir
18 perseguir
⇨dar caza
⇨salir pitando

correría
4 avanzada
28 aventura(s)
8 incursión
2 razzia
10 viaje
37 golpe
⇨guerra relámpago

correrla
16 desahogar(se)
32 divertir(se)
23 recrear(se)
2 regalar(se)
2 trasnochar
4 remoler

correspondencia
8 correo
2 posta
5 reciprocidad

10 trato
14 vinculación
 8 conexión
20 relación
26 parte

corresponder
11 caber
 8 coincidir
 6 competer
 8 concernir
 6 incumbir
11 inscribir
23 interesar(se)
 8 pertenecer
12 responder
39 tocar(se)
 8 atañer
62 caer
15 convenir

correspondiente
14 análogo
15 conveniente
 4 correlativo
 5 corresponsal
 4 ilativo
 5 paralelo
 3 respectivo

corresponsal
 7 correspondiente
10 enviado
 9 informador
 6 periodista
 8 representante

corretaje
16 comisión
 1 correduría

corretear
 8 retozar

correteo
 3 callejeo

corretón
 1 callejeador
 7 callejero
 3 paseante
 2 placero

15 ◁*inactivo*
10 ◁*quieto*

correveidile
 5 abejaruco
 8 alcahuete
 7 andorrera
 4 cabildero
 8 cuentista
 5 tercero
27 agente
 9 entrometido
14 mensajero
 2 sopero

corrida
 1 toreo
 4 arribazón
 2 eyaculación
12 francachela
 4 hilada
18 hilera
 9 juerga
 1 ringle
⇨afluencia de peces
⇨fiesta taurina

corrido
 5 avergonzado
11 avezado
13 confundido
 8 ducho
23 experimentado
10 romance(s)
 1 transcurrido
11 abochornado
11 continuo
 6 fugitivo
 5 huido
 6 ininterrumpido
 9 pasado
 9 seguido

corriente
 4 aceptado
10 actual
 3 admitido
19 común
11 curso
 3 hodierno
20 natural
22 ordinario

17 presente(s)
14 suelto
15 torbellino
 7 usual
24 fácil
 8 flujo
   ◁*difícil*
22 ◁*raro*
 9 ◁*pasado*

corrillo
 7 conciliábulo
 3 conventículo

corrimiento
 4 deslizamiento
12 empacho
 9 rubor
 5 sonrojo
17 vergüenza
 2 ◁*desvergüenza*

corro
 9 cerco
 5 circuito
10 rueda(s)
 5 chicharra
15 grupo
13 peña
19 reunión

corroborante
 7 coincidente
 4 confirmador
 6 ◁*dudoso*

corroborar
63 apoyar(se)
 9 confirmar(se)
20 ratificar(se)
 8 reafirmar(se)

corroborativo
 2 confirmatorio

corrobra
 6 alboroque
 2 robra

corroer
 3 carcomer
 4 cariar(se)

 9 desgastar
 9 roer(se)
15 consumir

corroerse
 4 cariar(se)
 3 repudrir(se)

corroído
12 afligido
 4 carcomido
 9 consumido
 4 desgastado
 8 entristecido
 2 minado
 5 roído

corromper
 9 ahumar(se)
 1 corcarse
 2 chinchar
 5 depravar
 5 enranciar(se)
 5 heder
44 incomodar(se)
21 mojar(se)
20 pervertir(se)
17 pudrir(se)
39 tocar(se)
14 untar(se)
 3 cohechar
57 picar
 7 sobornar
⇨echarse a perder

corromperse
 9 degenerar
 5 enranciar(se)
18 enviciar(se)
 6 gangrenar(se)
 7 golfear
38 perder(se)
 6 petaquear(se)
19 relajar(se)
 3 resabiar(se)

corrompible
 3 corruptible

corrompido
 6 apestado
 6 contaminado

7 degenerado
7 encanallado
7 extraviado
4 gangrenado
7 mohoso
10 relajado
6 tábido
19 bombo
4 chuco
4 putrefacto
16 ◁entero

corronguera
18 gracia(s)
24 simpatía

corroñoso
1 escamoso
1 rugoso

corrosal
7 anona

corrosión
9 deterioro
4 erosión

corrosivo
24 acerbo
8 cáustico
5 mordiente

corrupción
8 depravación
6 descomposición
8 perversidad
9 peste
4 putrefacción
8 cohecho
3 hedor
4 soborno

corruptela
8 corrupción

corruptible
1 adulterable
1 corrompible
3 sobornable
10 ◁incorruptible

corruptivo
1 corruptor

corruptor
1 corruptivo
2 ◁lustral

corrusco
2 currusco

corsario
6 bucanero
5 filibustero
5 pirata

corsé
9 ajustador
8 ceñidor
5 faja
14 sostén

corso
6 persecución
1 piratería
6 saqueo

corta
7 tala

cortacésped
2 segadora
1 tundidora

cortacircuito
1 fusible
2 interruptor
4 plomo
7 tapón

cortacorriente
4 conmutador
12 llave

cortada
19 paso(s)
9 rodaja
8 boquerón
4 congosto
8 desfiladero
27 tajada

cortadera
6 cincel

cortado
8 acantilado
7 agriado
5 amputado
4 serrado
5 talado
24 abierto

cortadura
25 abertura
6 grieta
6 incisión
10 sección
56 corte
5 hendidura
6 raja

cortafrío
2 tajadera

cortafuego
4 espacio
7 vereda
6 zanja

cortalápices
1 sacapuntas

cortante
15 acerado
3 afilado
12 brusco
9 incisivo
9 intransigente
9 tajante
6 terminante
25 agudo
12 ◁flexible
11 ◁romo

cortapapel
2 cortapapeles

cortapapeles
1 cortapapel
1 plegadera

cortapicos
3 tijereta

cortapisa
7 limitación
3 restricción
7 traba
15 dificultad
8 ◁facilidad

cortaplumas
6 puntilla
15 cuchillo
7 navaja
2 sambeta

cortar(se)
16 acortar(se)
14 acuchillar(se)
12 amputar
4 arrequesonarse
16 atajar(se)
11 atragantar(se)
14 barajar
15 bloquear
4 cachar
25 calar(se)
49 callar(se)
14 coagular(se)
8 cuajarse
5 decapitar
49 detener(se)
21 dividir(se)
6 embarullarse
17 empachar(se)
3 escarpar
14 hender
10 inhibir(se)
20 interrumpir(se)
3 mondar
25 morir(se)
16 paralizar(se)
21 partir
17 recortar(se)
7 resecar(se)
2 sajar
6 seccionar
5 segar
64 separar(se)
2 sincopar
3 surcar
15 suspender
6 tajar
7 talar
6 trinchar
9 truncar

corte

37 turbar(se)
20 agriar
3 guillotinar
17 atolondrarse
14 capar
10 castrar
6 chambear
5 esquilar
14 expirar
60 largarse
53 marchar
8 murmurar
8 podar
4 yugular
⇨hablar mal

corte(s)
5 ablación
14 acompañamiento
13 acortamiento
7 amputación
27 asamblea
3 biopsia
6 bisel
11 caballeriza
22 cámara(s)
8 cercenamiento
5 cesura
5 circuncisión
7 cortadura
4 cortejo
6 chirlo
12 empacho
5 fraccionamiento
4 fragmentación
4 fresado
2 hachazo
11 herida
6 incisión
4 inglete
4 inhibición
6 interferencia
10 interrupción
7 jabeque
2 muesca
8 mutilación
17 pago(s)
2 poda
4 resección
2 retajadura
7 retajo
14 sangría
4 séquito

22 servicio(s)
1 siega
9 tajo
22 trabajo(s)
11 turbación
2 vivisección

29 apocamiento
10 arroyada
10 sección
7 comitiva
12 chasco
6 entrante
9 estipendio
3 filazo
15 gallardía
14 parlamento
6 raja
13 soltura
7 tala
17 vergüenza

cortedad
6 azoramiento
18 brevedad
4 concisión
12 encogimiento
12 escasez
12 pequeñez
13 poquedad
29 apocamiento
19 embarazo
10 timidez
17 vergüenza
28 ◁ *abundancia*
32 ◁ *atrevimiento*

cortejado
1 festejado

cortejador
1 cortejante
1 festejante
2 galanteador
6 dragón
11 galán
7 novio
4 pretendiente
30 ◁ *tímido*

cortejante
7 cortejador

cortejar
37 enamorar(se)
37 ligar(se)
13 galantear
12 gatear
16 presumir
8 tallar
4 trapichear
⇨hacer la corte

cortejo
14 acompañamiento
4 séquito
7 comitiva
56 corte

cortes
27 asamblea
22 cámara(s)
10 congreso
14 parlamento

cortés
32 afable
20 caballeroso
14 comedido
7 cordial
16 correcto
16 fino
6 obsequioso
9 rendido
18 amable
17 atento
13 cariñoso
7 considerado
10 ◁ *desagradable*
 ◁ *descortés*
11 ◁ *maleducado*

cortesana
9 manceba
9 meretriz
14 prostituta
17 ramera

cortesanamente
19 atentamente

cortesanía
14 amabilidad
47 atención(es)

cortesano
4 áulico
2 palaciego
2 palatino
24 adulador

cortesía
27 afabilidad
14 amabilidad
47 atención(es)
15 ceremonia
12 cordialidad
13 corrección
13 educación
6 elegancia
6 etiqueta
14 finura
5 protocolo
4 urbanidad
10 zalema
18 cumplido
15 distinción
18 inclinación
7 obsequio
16 regalo
10 reverencia
8 saludo
7 ◁ *descortesía*
7 ◁ *frialdad*
5 ◁ *llaneza*

cortésmente
19 atentamente

corteza
11 concha
6 costra(s)
2 crústula
9 cubierta
6 envoltura
3 exterioridad
20 apariencia
8 cáscara
11 ◁ *interior*
12 ◁ *meollo*

cortezuela
2 crústula

cortijero
6 granjero

cortijo
 8 rancho
 13 alquería
 6 caserío
 4 masía
 8 torre

cortina
 4 colgadura
 3 cortinaje
 2 dosel
 1 estor
 3 visillo
 7 tapiz

cortinaje
 4 colgadura
 6 cortina
 1 telón

cortinilla
 3 visillo

corto
 10 abreviado
 40 bajo(s)
 27 breve
 6 conciso
 4 diminuto
 7 efímero
 11 exiguo
 7 fugaz
 12 insuficiente
 6 lacónico
 8 pacato
 9 sucinto
 13 sumario
 30 tímido
 33 apocado
 17 escaso
 19 mezquino
 26 miserable
 14 pequeño
 9 pusilánime
 11 raquítico

cortocircuito
 12 avería
 5 contacto
 7 falla
 7 fusión

cortometraje
 1 filmlet

cortón
 1 grillotalpa
 ⇨alacrán cebollero

coruscante
 34 brillante
 13 impresionante
 14 radiante
 7 refulgente
 11 resplandeciente
 7 rutilante

coruscar
 47 brillar
 10 resplandecer
 6 rielar
 5 rutilar
 2 titilar

corusco
 34 brillante

corva
 3 jarrete
 5 pantorrilla
 4 tarso
 7 guadaña
 9 hoz
 19 miedo
 14 pavor
 18 temor

corvadura
 3 encorvadura

corvejón
 3 jarrete
 ⇨cuervo marino

corveta
 7 cabriola
 6 gambeta

corvino
 4 aquilino

corvo
 8 arqueado
 8 combado
 7 curvado
 7 curvo
 6 doblado

 15 cuchillo
 4 faca
 5 puñal
 19 ◁recto

corzo
 1 cérvido
 4 gamo
 6 venado

cosa
 2 ente
 19 cuerpo

cosaco
 1 atamán
 18 cruel
 13 feroz
 5 soldado
 14 terrible
 45 ◁bueno
 27 ◁delicado

cosario
 6 bucanero

coscoja
 1 chaparra
 8 maraña

coscojal
 1 marañal

coscón
 50 astuto

coscorrón
 15 cabezada
 21 seco
 2 coscurro
 37 golpe
 7 mendrugo

coscurro
 5 coscorrón
 7 mendrugo

cosecha
 6 cobranza
 4 cogida
 4 colecta
 10 frutos

 7 pizca
 3 producción
 15 rendimiento
 1 siega
 1 vendimia
 5 recolección

cosechadora
 1 recolectora
 2 segadora

cosechar
 42 amontonar(se)
 20 coger
 47 recoger(se)
 4 recolectar
 3 vendimiar

coseno
 19 ángulo

coser
 25 calar(se)
 1 cusir
 1 hilvanar
 1 pespuntear
 4 ribetear
 1 sobrehilar
 9 zurcir
 3 desflecar
 9 labrar

cosicosa
 8 adivinanza
 4 enigma
 3 quisicosa

cosido
 11 costura

cosilla
 14 insignificancia

cosmético
 6 afeite(s)
 2 maquillaje
 13 pintura
 2 pomada
 2 tintura

cósmico
 1 galáctico
 6 universal

cosmografía
2 astrofísica
4 astronomía

cosmográfico
4 astronómico

cosmógrafo
2 astrónomo

cosmonauta
1 astronauta

cosmonáutica
1 astronáutica

cosmonave
3 astronave

cosmopolita
3 internacional
3 mundial
6 universal

cosmorama
5 panorama

cosmos
3 universo
14 mundo

coso
24 calle
6 paseo
8 desdeñable
26 despreciable
⇨plaza de toros
⇨ruedo taurino

cosorio
11 caco
13 ladrón
6 ratero

cospel
4 flan
3 tejo

cosque
28 bofetada

cosqui
5 coscorrón

cosquilleo
7 hormigueo
1 hormiguillo

costa
3 coste
2 costera
3 litoral
5 costo

costado
2 babor
1 estribor
5 flanco
12 margen
41 banda
15 lado
17 línea
7 orilla

costal
1 quilma
3 saca
15 saco

costalada
10 batacazo
3 costalazo
2 culada
2 trastazo
2 tumbo

costalazo
10 batacazo
38 caída
5 costalada

costalero
3 cargador
12 ganapán
8 peón
3 porteador
4 soguilla
17 mozo

costana
24 calle

costanera
8 abajadero
7 vertiente

costanero
2 costero
3 ribereño
5 marginal
11 ◁ *interior*

costanilla
8 abajadero
24 calle
6 repecho

costar
11 importar
7 suponer
2 totalizar
29 valer(se)
10 ◁ *restar*

costas
3 coste
8 importe
11 precio
5 costo

coste
11 precio
2 tarifa
24 valor

costear
26 abonar(se)
21 alisar(se)
12 bruñir(se)
36 conducir(se)
34 pagar(se)
3 sufragar
20 aviar
9 pastorear

costeño
2 costero
3 ribereño

costera
4 costa
7 cuesta

costero
2 costeño
3 ribereño
1 ◁ *terrestre*

costilla
3 chuleta
2 esposa
3 esposo
⇨media naranja

costillar
2 tórax
9 armazón
22 pecho

costo
4 costa
3 coste
11 precio
22 trabajo(s)
12 esfuerzo

costoso
3 carero
3 dispendioso
10 gravoso
10 caro
13 salado
12 ◁ *barato*

costra(s)
9 cubierta
2 encostradura
2 revestimiento
3 varicela
8 corteza
4 postilla

costumbre
9 estilo
13 hábito
3 moda
17 práctica
9 querencia
3 rito
5 rutina
9 tradición
4 usanza
9 uso
23 manía

11 vicio

costumbres
20 viento(s)

costumbrista
4 folklórico

costura
12 calado
1 cosido
2 embaste
14 encaje
5 hilván
2 jaretón
1 pespunte
2 sutura
2 vainica
20 bordado
4 zurcido

costurera
2 modistilla

costurero
3 sastre

costurón
6 cicatriz
11 herida
16 marca
27 señal

cosubia
5 manutención
2 sustento

cota
35 altura(s)
40 armadura
6 arnés(es)
21 elevación
7 altitud
16 cima

cotana
25 abertura
7 entalladura
2 muesca
14 ◁macho

cotarrera
7 cotilla
2 chismosa
2 habladora
2 ◁callada
◁discreta

cotejable
3 equiparable

cotejador
2 comparador

cotejar
7 comparar(se)
2 compulsar
11 confrontar
6 equiparar(se)
28 estimular(se)
60 excitar(se)
17 incitar(se)
4 parangonar

cotejo
4 careo
11 colación
4 compulsación
4 constatación
2 parangón
6 recensión

coterráneo
14 habitante
7 paisano

cotidiano
19 común
14 corriente
7 frecuente
10 habitual
22 ordinario
9 diario
9 ◁infrecuente
3 ◁inhabitual

cotiledón
16 hoja

cotilla
5 abejaruco
10 buscavidas
3 cotarrera
5 juzgamundos
3 maledicente
5 mirón
7 sacamuelas

cotillear
7 alcahuetear
5 comadrear
4 chismorrear
8 murmurar
49 ◁callar(se)

cotilleo
5 chismorreo
9 habladuría
9 murmuración
12 ◁discreción

cotillería
5 fisgoneo

cotillón
6 baile
2 danza
20 fiesta

cotización
44 bolsa

cotizado
3 deseable
3 deseado
18 importante
10 valioso

cotizar
26 abonar(se)
34 pagar(se)
21 repartir(se)
2 prorratear

coto
12 hito
11 postura
9 tasa
14 término
19 límite
7 bocio
7 mojón
4 papera

cotón
8 algodón
6 camisa
5 chaleco
3 jubón

cotona
37 agujero

cotoncillo
5 lona

cotorra
5 cacatúa
14 gárrulo
4 urraca
16 charlatán
3 guacamayo
13 hablador
6 lora
9 loro
4 papagayo
9 parlanchín
7 sacamuelas

cotorrear
9 badajear
7 camandulear
6 garlar
6 parlotear

cotorrera
16 charlatán

cotorro
10 cagón

cotorrón
33 anciano

cotral
10 buey

cotudo
6 algodonado
75 bobo
11 memo
22 necio
18 tonto
16 ◁listo

cotufa
- 3 aguaturma
- 13 dengue
- 7 melindre
- 4 palomita
- 5 ◁ sufrido

coturno
- 29 calzado

countervailing
- 9 compensación

covacha
- 13 antro
- 8 caverna
- 12 cueva
- 8 chamizo
- 9 chiribitil
- 5 leonera

covachuela
- 9 chiribitil
- 6 tabuco

coxa
- 2 cadera

coxal
- ⇨ hueso innominado

coxis
- 1 cóccix
- 2 rabadilla

coy
- 2 coi

coyunda
- 24 ayuntamiento
- 2 cobra
- 6 coito
- 1 cornil
- 4 desposorio
- 21 dominio
- 13 enlace
- 5 fornicación
- 8 matrimonio
- 19 unión
- 9 yugo
- 8 sujeción

coyuntura
- 12 articulación
- 12 circunstancia
- 10 coincidencia
- 5 juntura
- 17 ocasión
- 14 oportunidad
- 10 sazón

coyuntural
- 3 circunstancial
- 6 favorable
- 6 oportuno
- 4 ◁ perjudicial

coz
- 6 culata
- 7 patada
- 6 pisada

crabón
- 3 avispón

crack
- 6 bancarrota
- 10 hundimiento
- 7 quiebra
- 25 ruina(s)

cracker
- 2 destilador

cracking
- 5 destilación

craneal
- 4 encefálico

cráneo
- 10 calavera
- 11 casco

crápula
- 8 depravación
- 9 depravado
- 7 disoluto
- 8 libertinaje
- 13 libertino
- 16 vicioso
- 11 vicio
- 11 ◁ honestidad
- 12 ◁ honesto

crapuloso
- 17 borrascoso
- 7 orgiástico

crasis
- 10 contracción

crasitud
- 7 untuosidad

craso
- 15 espeso
- 1 grasiento
- 17 grueso
- 19 gordo
- 21 grosero
- 10 tosco
- 16 ◁ fino
- 10 ◁ refinado
- 11 ◁ delgado
- 16 ◁ flaco

crátera
- 5 bernegal

crayón
- 7 lápiz
- 2 tiza

creación
- 10 erección
- 7 establecimiento
- 11 formación
- 7 fundación
- 10 generación
- 5 implantación
- 7 invención
- 5 originalidad
- 3 producción
- 14 mundo

creador
- 9 autor
- 14 criar
- 8 dios
- 47 establecer(se)
- 1 fundador
- 25 fundar(se)
- 33 hacer(se)
- 4 iniciador
- 5 instituir
- 11 inventar
- 4 inventor
- 1 legitimar
- 47 producir(se)
- 5 productor
- 34 componer
- ⇨ el Altísimo
- ⇨ el Supremo Hacedor

crear
- 20 alumbrar(se)
- 14 criar
- 14 engendrar
- 6 erigir
- 47 establecer(se)
- 11 fabricar
- 28 formar(se)
- 25 fundar(se)
- 18 generar
- 31 imaginar(se)
- 7 implantar(se)
- 8 innovar
- 10 instaurar
- 5 instituir
- 47 producir(se)
- 3 repentizar
- 50 asentar
- 6 ◁ exterminar

crecer(se)
- 23 acrecentar(se)
- 11 acrecer
- 24 adelantar(se)
- 61 animar(se)
- 7 arreciar
- 21 atrever(se)
- 59 aumentar(se)
- 15 desarrollar
- 15 desarrollarse
- 14 desbordamiento
- 7 envalentonar(se)
- 1 espigarse
- 20 estirar(se)
- 1 granar
- 4 llena
- 4 madurar
- 4 multiplicar
- 8 poblar(se)
- 11 prevalecer
- 5 progresar
- 8 pulular
- 6 riada
- 30 subir(se)

4 tromba
16 avenida
7 medrar
6 prosperar
⇨aumento de nivel
⇨subida de nivel
17 ◁*arredrar(se)*
19 ◁*disminuir(se)*
19 ◁*empequeñecer-(se)*
17 ◁*retrasar(se)*

creces
23 aumento

crecida
4 agravación
5 inundación
6 riada
10 arroyada
16 avenida
2 lloglla

crecido
9 adulto
33 alto(s)
12 desarrollado
11 elevado
7 grandullón
18 importante
7 innumerable
4 talludo
1 ◁*achantado*

creciente
3 progresivo

crecimiento
12 desarrollo
9 incremento
6 medro
5 progresión
11 subida
23 aumento
16 ◁*disminución*

credencia
11 altar
10 aparador
5 mesa

credencial
7 diploma
8 nombramiento

crediticio
6 fiador
2 fiduciario
8 solvente
3 ◁*insolvente*

crédito
25 apreciación
13 aprecio
27 aprobación
4 arraigo
11 asenso
14 fe
26 gloria
8 popularidad
7 renombre
13 ascendiente
26 autoridad
15 fama
10 influencia
7 prestigio
14 reputación
9 ◁*descrédito*
6 ◁*desdoro*
5 ◁*insolvencia*

credulidad
5 estómago
11 ingenuidad

crédulo
45 bueno
4 confianzudo
9 engañado
13 ingenuo
10 papanatas
7 tragaldabas
18 bonachón
9 incauto
8 ◁*descreído*

creencia
11 asenso
17 confianza
5 convicción
14 fe
6 figuración
9 hipótesis
4 ideología
11 profesión
4 religión

creencias
2 mentalidad
20 viento(s)

creer
11 calcular
8 conjeturar
17 consentir
20 figurar(se)
11 juzgar
31 pensar(se)
7 suponer
4 esperar
2 ◁*descreer*
5 ◁*desesperanzar-(se)*

creerse
6 endiosar(se)
6 engreírse
20 estirar(se)
38 hinchar(se)
6 envanecerse
16 presumir

creíble
3 conceptible
9 plausible
27 posible(s)
8 probable
9 racional
5 verosímil

creído
10 ensoberbecido
16 fantástico
11 imperioso
11 inmodesto
7 olímpico
10 petulante
15 satisfecho
16 tieso
12 ufano
16 vacío
21 vano
75 bobo
6 cogotudo
6 enfundado
12 fantasioso
19 hinchado
12 jactancioso
2 piquetero
7 postinero
9 presumido
13 presuntuoso
10 vanidoso

crema
4 elite
4 flan
10 grasa
16 helado
5 leche
3 loción
3 nata
13 nobleza
6 pócima
2 pomada
1 diéresis
6 embrocación

cremación
8 calcinación
5 incineración
19 ardimiento

cremallera
26 cadena
1 rack
1 ziper

crematorio
5 incineración

cremento
23 aumento

crencha
16 raya

crepitación
4 restallido

crepitante
2 crujiente
3 chirriante

crepitar
23 arder
2 chisporrotear

crepuscular
2 vespertino

crepusculino
4 amaneciente

crepúsculo
4 ángelus
15 anochecer
3 atardecer
1 lubricán
2 puesta
21 ◁amanecer

creso
11 acaudalado
5 multimillonario
8 opulento
15 poderoso
8 potentado
11 holgado
4 maizudo
5 platudo
14 rico
10 ◁desharrapado

crespilla
3 colmenilla

crespón
7 gasa

cresta
35 altura(s)
4 carúncula
4 farallón
13 pico
16 cima
2 corota

crestomatía
3 analectas
7 antología
3 selectas
7 florilegio

crestón
4 farallón
75 bobo
7 estúpido
22 necio

creta
17 cal
5 caliza
4 greda

cretinismo
14 idiotez
7 bocio
18 ◁inteligencia

cretino
75 bobo
6 cínico
27 desvergonzado
7 estúpido
22 necio
18 tonto
16 ◁listo

creyente
17 fiel
9 religioso
6 ◁ateo
8 ◁descreído
9 ◁incrédulo

cría
8 criatura
3 lechigada
1 mozuela
6 niña
8 camada
6 estirpe
16 linaje
9 moza

criada
8 azafata
6 camarera
10 chacha
3 domestica
2 fregatriz
6 fregona
10 gata
6 muchacha
7 chica
19 china
8 doncella
6 maritornes
5 morronga
9 moza

▷criado (-da)

criadero
3 almáciga
5 mina
2 plantel
5 venero
7 vivero

criadilla
4 testículo
1 trufa
1 turma
6 patata

criado
9 asalariado
4 asistenta
17 asistente(s)
10 azacán
10 chacha
7 doméstico
7 esclavo
3 fámulo
3 lacayo
2 mandadera
2 mayordomo
2 paje
8 paniaguado
9 concertado
29 ayuda
15 criada
7 chica
8 mancebo
6 maritornes
1 menegilda
17 mozo
1 mucama
2 mucamo
9 servidor
14 sirvienta
11 sirviente
5 zanahoria

criador
8 almo
6 granjero

criados
22 servicio(s)
9 servidumbre

criamiento
9 crianza
5 renovación

crianza
3 amamantamiento
20 cortesía
13 educación
27 instrucción(es)
2 lactancia
30 manera(s)
26 modos
11 preparación
4 urbanidad
7 ◁descortesía
12 ◁ignorancia

criar
43 alimentar(se)
7 amamantar(se)
19 cebar(se)
17 crear
29 educar(se)
14 engendrar
37 enseñar(se)
28 formar(se)
11 instruir
19 nutrir(se)
39 originar(se)
48 preparar(se)
47 producir(se)
6 lactar

crías
13 descendencia
3 pollada

criatura
2 crío
13 hechura
17 humano
10 ser
18 chico
11 chiquillo
10 hombre
22 niño

criba
2 cernedero
1 cribo
3 diferenciación
3 harnero

4 selección
5 tamiz
2 zaranda

cribar
3 acribar
19 agujerear
17 cerner(se)
16 despejar(se)
5 diferenciar(se)
1 garbillar
6 seleccionar
64 separar(se)
4 tamizar
4 desgranar(se)
7 acribillar

cribo
7 criba

cric
16 gato
4 papagayo

crimen
9 asesinato
10 culpa
13 falta
7 fechoría
3 homicidio
15 infracción
4 transgresión
7 maldad

criminal
3 asesino
12 delincuente
15 facineroso
8 forajido
3 homicida
3 matador
2 uxoricida
4 victimario

criminalidad
3 bandolerismo

criminalista
1 penalista

criminar
6 acriminar
13 acusar

19 censurar
10 imputar

crinolina
1 linón
2 miriñaque

crío
8 criatura
18 chico

criogenia
4 congelación
7 conservación

cripta
13 bóveda
2 hipogeo
3 sibil

criptografía
9 cifra
6 clave

crique
5 amilanado
7 temeroso
17 cobarde
9 ◁*valiente*

crisálida
7 ninfa

crisis
7 mutación
8 riesgo(s)
17 salto
3 vicisitud
14 aprieto
17 brete
19 cambio
15 dificultad
4 peligro
8 trance

crismar
14 bautizar

crismón
9 abreviatura

crisol
8 acería
4 copela
4 fundición
7 horno
2 mufla
4 callana

crisopeya
3 alquimia

crisoprasa
6 ágata

crispación
10 contracción
6 enfurecimiento

crispadura
5 crispamiento

crispamiento
10 contracción
15 convulsión
1 crispadura
3 espasmo
7 sacudida
2 ◁*relajación*
7 ◁*sosiego*

crispar(se)
16 contraer(se)
1 convulsionar
29 encoger(se)
6 enrarecer
20 violentar(se)

cristal
1 drusa
4 espejo
1 luna
1 macla
1 vidrio
13 copa
4 jalea
8 mermelada
13 vaso

cristalera
3 vidriera

cristalería
22 servicio(s)

cristalero
10 aparador
1 vidriero

cristalino
28 claro
5 diáfano
6 límpido
10 transparente
9 ◁*turbio*

cristalización
4 concreción
1 cuajamiento
5 endurecimiento
2 solidificación
7 ◁*fusión*
4 ◁*licuefacción*

cristianar
14 bautizar
2 acristianar
3 batear

cristiandad
13 iglesia
5 ◁*gentilidad*

cristianismo
9 bautismo

cristiano
2 anglicano
6 bautizado
3 calvinista
6 católico
13 completo
3 evangelista
8 intacto
4 ortodoxo
6 protestante
2 romano
9 saludable
18 sano
22 amante
18 bonachón
22 cándido
14 querido
16 ◁*enfermo*

cristus
7 abecedario

criterio
7 cordura
6 discernimiento
10 norma
7 pauta
19 principio(s)
27 regla(s)
6 sensatez
15 juicio
⇨sentido común
 8 ◁*insensatez*

critica
8 comentario
8 desaprobación
7 despellejadura
11 filología

crítica
8 análisis
16 censura
2 detracción
12 examen
1 impugnación
9 murmuración
7 reprobación
9 vituperio
15 juicio
15 reproche
29 ◁*alabanza*

criticable
5 censurable
4 reprensible
5 reprochable

criticar
13 analizar(se)
19 censurar
4 chismorrear
41 examinar(se)
9 impugnar
11 juzgar
10 reprochar(se)
11 vituperar
8 murmurar
16 reprender

criticastro
5 criticón

criticismo
22 averiguación

critico
8 contendiente

crítico
4 argüidor
4 aristarco
5 juzgador
3 ◁*apologístico*

criticón
1 censurador
1 motejador
3 reparón
13 murmurador
1 tijera

croco
7 azafrán

croché
37 golpe

crochet
5 ganchillo
13 labor

croissant
27 bollo(s)

cromar
17 bañar(se)
1 niquelar
15 recubrir(se)

cromático
4 coloreado
1 diatónico
2 enarmónico
1 semicromático

cromatismo
1 coloración
3 pigmentación
17 color

cromo
9 estampa
7 grabado
6 lámina

crónica
6 anales
8 comentario
20 historia
24 nota
13 artículo

crónicas
6 anales

crónico
13 acostumbrado
10 habitual
3 inveterado
21 grave
4 ◁*esporádico*

cronista
8 cuentista
2 narrador

cronógrafo
2 cronómetro

cronología
4 anuario
8 égida

cronometraje
9 comprobación
1 medición

cronométrico
16 correcto
15 fijo
22 preciso
11 puntual
17 riguroso
6 ◁*inexacto*

cronómetro
1 cronógrafo
1 reloj

croqueta
10 frito
4 fritura

croquis
7 boceto
7 bosquejo
6 diseño
5 esbozo
8 borrador

crótalo
3 castañuela
5 platillo
10 culebra
⇨serpiente de cascabel

croza
4 báculo

cruce
16 bifurcación
1 confluencia
7 encrucijada
9 encuentro
1 entrecruzamiento
28 separación
8 empalme
6 bucle

crucería
4 moldura
21 adorno

crucero
4 cabotaje

cruceta
4 biela
12 cruz

crucificar
87 fastidiar(se)
44 incomodar(se)
2 masacrar
114 molestar(se)
14 sacrificar(se)
10 eliminar
14 importunar

crucifijo
12 cruz

crucifixión
9 padecimiento
6 sacrificio
3 suplicio
12 sufrimiento

crucigrama
12 pasatiempo

crudeza
10 desabrimiento
12 dureza
6 rigidez
13 rigor
9 rudeza
22 aspereza
30 ◁blandura

crudo
45 áspero
9 desabrido
10 desagradable
18 desmañado
15 destemplado
30 duro
4 inmaduro
22 rudo
14 tierno
9 verde
12 inhábil
17 riguroso
18 torpe
19 ◁suave

cruel
22 angustioso
20 bárbaro
24 brutal
7 despiadado
7 doloroso
30 duro
13 feroz
8 implacable
8 inhumano
10 insoportable
7 insufrible
4 lacerante
3 sádico
6 sanguinario
13 violento
13 crudo
17 riguroso
19 salvaje

crueldad
11 atrocidad
11 barbarie
15 brutalidad
6 crudeza
12 dureza
11 ferocidad

7 impiedad
5 inhumanidad
9 insensibilidad
13 rigor
2 sadismo
4 salvajismo
21 violencia
11 ◁suavidad

cruelmente
7 bárbaramente

cruento
9 sangriento
5 ◁incruento

crujía
12 galería

crujida
17 calamidad
35 fatiga(s)
22 trabajo(s)
11 penalidad

crujido
4 chirrido
4 restallido
17 sonido
19 ruido
2 traquido

crujiente
2 crepitante
1 restallante

crujir
2 chascar
4 rechinar
3 restallar
16 congelarse
11 helarse

crup
4 garrotillo

crustáceo
4 cigala
2 marisco

crustáceos
4 artrópodos

crústula
1 cortezuela
8 corteza

cruz
16 agobio
24 carga
2 cruceta
1 crucifijo
3 equis
7 galardón
2 medalla
3 suplicio
22 trabajo(s)
8 condecoración
4 lábaro
6 aspa

cruzada
27 batalla
19 combate

cruzado
6 atravesado
2 censurado
7 guerrero
5 luchador
3 oblicuo
7 tachado
12 torcido

cruzamiento
6 hibridación

cruzar(se)
6 aspar(se)
42 atravesar(se)
10 bendecir
10 bifurcar(se)
19 circular
6 desfilar
5 entrecruzar
2 entrelazar
20 entrometer(se)
12 inmiscuir(se)
18 interponer(se)
48 pasar(se)
10 patear
7 peregrinar
5 persignar(se)
3 procrear
4 santiguar(se)

5 signar(se)
10 transponer(se)
3 vadear
12 traspasar

cuaba
10 engañador
20 incomodidad
18 molestia(s)
15 fastidio
6 tramposo

cuácara
5 levita
8 blusa
9 chaqueta
3 jubón

cuaderna
3 orenga

cuadernillo
6 breviario
1 fascículo
5 pliego
19 mano

cuaderno
3 libreta
4 cartapacio
5 folleto
5 opúsculo

cuadra
4 boyera
11 caballeriza
3 cija
13 cubil
6 establo
13 corral
6 pesebre
4 recibidor
4 sala
6 vestíbulo
⇨grupo de edificios
⇨manzana de casas

cuadradillo
7 azúcar

cuadrado
16 cabal
11 casilla

cuadragenario

1 cuadrilátero
9 perfecto
5 marco
15 airoso
8 cuadro
12 exacto
17 gallardo
16 justo
10 obtuso
18 torpe
⇨segunda potencia
12 ◁*imperfecto*

cuadragenario
2 cuarentón

cuadrante
14 almohada
15 brújula

cuadrar(se)
30 agradar
27 conformar(se)
1 cuadricular
1 cuajaleche
8 cuajar
8 gustar
33 llenar(se)
30 placer
44 satisfacer(se)
23 sentar(se)
4 concordar
15 convenir
8 erguirse
28 plantarse
⇨elevar al cuadrado
⇨ponerse firme
10 ◁*desagradar*

cuadrícula
1 ajedrezado
13 cuadrado

cuadricular
16 cuadrar(se)

cuadriga
10 carro

cuadril
6 anca
2 cadera

3 grupa

cuadrilátero
1 tetrágono

cuadrilongo
1 rectángulo

cuadrilla
4 brigada
15 grupo
8 pandilla
21 partida

cuadrivio
16 bifurcación

cuadro
6 escena
6 espectáculo
7 lienzo
13 pintura
6 tabla(s)
14 acto
7 cantero
10 visión

cuadrúmana
11 mona

cuadrúmano
6 antropoide
2 primate
19 mono

cuadrúpedo
2 alce
24 cabalgadura
12 caballería
27 caballo

cuajada
1 requesón
1 yogur

cuajado
15 espeso
6 grumoso

cuajaleche
⇨amor de hortelano

cuajamiento
4 cristalización

cuajar
3 agrumar(se)
3 caseificar(se)
14 coagular(se)
8 condensar
16 congelar(se)
16 cuadrar(se)
13 fraguar
9 solidificar(se)

cuajarón
3 coágulo
3 grumo
12 masa
10 ◁*fluido*

cuajarse
4 arrequesonarse
18 endurecer(se)
57 cortar

cuajo
11 aguante
4 caseína
3 coágulo
31 bola
11 cachaza
26 calma
19 embuste
18 fantasía
14 locura

cualidad
19 carácter
12 circunstancia
16 condición
15 esencia
18 especie
12 índole
12 jaez
20 naturaleza
15 propiedad
9 ralea
3 tenor
12 atributo
39 aspecto
12 calaña
6 epíteto
9 pelaje

cualificación
10 calificación

cualificadamente
4 calificadamente

cualificado
5 calificado

cualificar
27 calificar(se)

cualitativo
6 calificador

cualquiera
5 robiñano

cuan
14 cuerda
chachalaca
4 soguilla

cuando
5 jácara
10 romance(s)

cuanta
1 cuanto
1 fotón

cuantía
10 calificación
17 importancia
8 importe
16 cantidad

cuantidad
16 cantidad

cuantioso
10 considerable
6 copioso
8 numeroso
15 poderoso
8 potentado
29 abundante
14 rico
17 ◁*escaso*
18 ◁*pobre*

cuantitativo
⇨ de cantidad

cuanto
2 cuanta

cuáquero
6 protestante

cuarentón
1 cuadragenario
12 maduro
10 ◁ *joven*

cuarentona
7 jamona

cuarta
8 garrocha
7 lanza
4 vergajo
26 azote
15 disciplina
8 látigo
13 pica

cuartago
24 cabalgadura
3 jaca
27 caballo

cuartana
4 paludismo

cuartanas
4 paludismo

cuartazos
42 blando
14 débil
9 descuidado
23 flojo
13 perezoso
9 ◁ *aseado*
22 ◁ *fuerte*

cuarteado
24 abierto

cuartear(se)
35 abrir(se)
35 abrirse

10 agrietar(se)
10 aguardar(se)
40 azotar(se)
6 desconchar(se)
21 dividir(se)
8 flagelar(se)
14 henderse
21 partir
4 resquebrajar
4 resquebrajarse
8 contemporizar
9 entenderse
4 esperar
36 rajar

cuartel
7 acantonamiento
3 acuartelamiento
17 alivio
15 barrio
14 descanso
5 distrito
18 gracia(s)
7 misericordia
9 piedad
6 respiro
⇨ juego del marro

cuartelada
1 cuartelazo
9 alzamiento
11 rebelión
7 sublevación
8 ◁ *acatamiento*
15 ◁ *disciplina*

cuartelazo
4 cuartelada

cuartelillo
40 alojamiento

cuarteo
7 contemporización
10 entendimiento
7 esguince
7 doblez
5 duplicidad

cuarterón
6 castizo
2 postigo

cuarteta
2 redondilla

cuartilla
1 ceruma
16 hoja
24 nota
17 papel(es)
1 trabadero

cuartillo
15 medida
14 capacidad

cuarto(s)
6 ancas
18 aseo
22 cámara(s)
3 cocina
6 comedor
7 estancia
1 extremidades
9 gabinete
8 manteca(s)
7 piso
10 vivienda
7 alcoba
31 aposento
9 chistoso
7 departamento
13 dinero
2 dormitorio
18 gracioso
8 guita
8 habitación
6 parné
17 pasta
13 pieza
4 sala

cuartucho
9 cabina
6 cuchitril
8 chamizo
5 leonera
6 zaquizamí

cuarzo
10 sílice

cuas
7 compañero(s)

24 amigo
8 camarada
⇨ gato de algalia

cuasi
2 casi

cuate
15 igual
11 semejante(s)
8 camarada
8 compinche
5 gemelo
1 mellizo
5 ◁ *desemejante*

cuatí
1 coatí

cuatrerismo
3 abigeato

cuatrero
1 abigeo
9 bandido
5 bribón
5 caballista
10 desleal
8 forajido
33 pícaro
10 traidor

cuba
bocoy
17 bota
10 pipa
3 tanque
9 tina
5 tonel
15 barril
6 benjamín
40 borrachera
⇨ hermano menor

cubero
10 engañador
17 estafador
5 timador

cubeta
5 balde
2 bidé

cubicación

5 bombona
15 barril
7 cubo

cubicación
1 medición
6 arqueo

cubicar
9 aforar

cubículo
13 antro
6 cuchitril

cubierta
2 ambages
2 cobertera
4 cobertura
12 envoltorio
5 pretexto(s)
10 simulación
5 tapadera
8 forro
8 tapa

cubierto
1 menú
8 minuta
3 tenedor
11 bandeja
10 cuchara
15 cuchillo
6 plato

cubil
14 albergue
5 algar
3 conejera
12 cueva
6 escondrijo
6 gruta
10 guarida
2 lobera
5 madriguera
16 nido
1 osera
2 ratonera
1 topera

cubilete
1 vasito

14 ardid
15 cábala
19 intriga
13 vaso
⇨sombrero de copa

cubiletear
6 trampear
10 intrigar(se)

cubileteo
19 intriga
10 manejo

cubismo
2 dadaísmo

cubo
5 balde
5 cubeta
28 engaño(s)
2 hexaedro
6 pozal
9 timo
⇨tercera potencia

cubrecama
2 sobrecama

cubrecorsé
3 chambra

cubrecuello
4 bufanda

cubrenuca
40 armadura

cubrición
10 cópula

cubrimiento
18 ataque
3 baca
3 capota
9 cubierta
18 disimulo
6 envoltura
8 ocultación
2 revestimiento
4 tejado

9 toldo

cubrir(se)
9 aborrascar(se)
2 abovedar
15 abrigar(se)
10 abroquelar(se)
3 acohombrar
4 amantar
2 amortajar
3 aporcar
18 arrebujar(se)
15 arropar(se)
52 asegurar(se)
3 asolapar
13 atrincherar(se)
5 ayuntar(se)
7 cabalgar
7 celar
16 cobijar(se)
24 disfrazar(se)
13 disimular
9 embozar(se)
2 encasquetarse
9 enfundar(se)
10 ennegrecer
10 esconder
8 fecundar
1 felpar(se)
10 fingir
3 galvanizar
5 imbricar
2 inseminar
30 montar(se)
16 nublar(se)
16 obscurecer(se)
41 ocultar(se)
11 parapetar(se)
5 preñar
5 rebozar
15 recubrir(se)
17 revestir(se)
22 tapar(se)
3 tapizar
39 tocar(se)
27 velar(se)
5 vestir
50 cargar
2 enjerir
7 fornicar
17 forrar
12 sellar
3 toldar(se)

4 ⊲*sofaldar*

cucada
2 guiño

cucalón
11 civil
15 curioso
7 paisano
9 entrometido

cucamona
17 caricia
15 halago(s)
8 lagotería
8 arrumaco

cucamonas
27 carantoña(s)
9 garatusa(s)
9 zalamería(s)

cucar
1 guiñar

cucaracha
9 barata
12 corredera
2 curiana

cucarachear
10 eludir
37 enamorar(se)
4 mariposear
6 rebuscar
26 registrar(se)
5 rehuir
13 galantear

cucarda
6 brida

cucarro
1 trompo
45 borracho
14 ebrio
4 peonza

cuclillo
17 cuquillo
10 cuco

cuco
  2 cuclillo
  4 gusano
  13 retorcido
  2 verme
  50 astuto
  8 bonito
  8 lindo
  19 mono
  33 pícaro
  11 pillo
  18 ◁*feo*

cucurbitácea
  4 pepino

cucurbitáceas
  1 dicotiledóneas
  6 calabaza

cucurucho
  5 cartucho
  3 cogulla

cuchara
  5 bombilla
  5 badil
  22 bomba
  5 cucharón
  13 ladrón
  7 llanto
  8 mangante
  9 paleta
  4 puchero
  6 ratero

cucharilla
  1 cucharita
  10 cuchara

cucharita
  2 cucharilla

cucharón
  5 bombilla
  1 cacillo
  22 bomba
  8 cazo
  10 cuchara

cuchichear
  4 bisbisear
  4 chismorrear

  1 sisear
  4 susurrar
  8 murmurar

cuchicheo
  4 discreteo

cuchilla
  5 alfanje
  4 bayoneta
  16 hoja
  5 machete
  2 tajadera
  1 tizona
  21 adorno
  20 bordado
  15 cuchillo
  14 cumbre
  7 espada
  13 labor
  7 loma
  6 meseta
  7 navaja

cuchillada
  6 chirlo
  7 jabeque
  3 machetazo
  3 navajazo
  4 trabón

cuchillería
  24 calle

cuchillero
  4 abrazadera

cuchillo
  4 bayoneta
  2 bisturí
  8 corvo
  2 lanceta
  5 machete
  1 sacabuche
  2 verduguillo
  12 calabozo
  4 cortaplumas
  15 cuchilla
  6 daga
  4 faca
  9 loro
  7 navaja

  5 puñal

cuchipanda
  13 banquete
  12 francachela
  8 jacapucayo

cuchitril
  5 cuartucho
  2 cubículo
  6 tabuco
  6 tugurio
  3 zahúrda
  6 zaquizamí

cucho
  33 alto(s)
  19 ángulo
  6 corcovado
  13 desván
  2 minino
  3 rincón
  6 entrante
  16 gato
  5 jorobado

cuchufleta
  26 broma
  7 chirigota
  7 abalorio
  9 baratija
  103 burla
  7 chanza

cuelgacapas
  3 capero

cuelmo
  1 tea

cuello
  7 alzacuello
  3 congestión
  4 esclavina
  6 estrechamiento
  3 gorguera
  2 pescuezo
  1 tirilla
  17 garganta
  8 golilla

cuenca
  8 cavidad
  8 concavidad
  5 oquedad
  9 vallado
  5 cuenco
  5 escudilla
  9 valle

cuenco
  6 cantor
  5 recipiente
  5 escudilla
  27 vasija
  13 vaso

cuenta
  4 agallón
  8 balance
  11 cálculo
  17 cargo
  2 cómputo
  22 cuidado
  10 explicación
  8 importe
  3 incumbencia
  3 monta
  10 motivo(s)
  11 obligación
  4 recuento
  20 satisfacción
  6 total
  9 grano
  17 razón

cuentacorrentista
  5 banquero
  11 bolsista

cuentagiros
  4 cuentarrevoluciones

cuentagotas
  2 dosificador
  2 gotero

cuentakilómetros
  2 taxímetro
  1 velocímetro

cuentapasos
  2 podómetro

cuentarrevoluciones
- 7 contador
- 1 cuentagiros
- 1 cuentavueltas
- 1 tacómetro

cuentavueltas
- 4 cuentarrevoluciones

cuentecilla
- 4 canutillo
- 7 abalorio

cuentecillo
- 10 chiste

cuentero
- 8 cuentista

cuentista
- 2 cronista
- 12 embaucador
- 2 narrador
- 3 relator
- 10 correveidile
- 6 chismoso
- 21 falso
- 10 mentiroso

cuento
- 4 apólogo
- 11 cálculo
- 2 cómputo
- 17 cuenta
- 11 fábula
- 9 habladuría
- 20 historia
- 9 murmuración
- 10 narración
- 17 pasaje
- 10 relato(s)
- 4 parábola
- 18 bulo
- 10 chisme
- 19 embuste
- 10 patraña

cuentos
- 14 decir

cuera
- 3 pantalón
- 2 polaina
- 17 azotaina
- 26 azote
- 8 látigo
- 6 somanta
- 13 zurra

cuerda
- 10 bramante
- 13 cable
- 4 maroma
- 15 potencia
- 7 ramal
- 1 reata
- 17 resistencia
- 4 sirga
- 2 soga
- 5 tralla
- 42 cabo
- 4 cordel
- 49 energía
- 8 guita

cuerdo
- 27 austero
- 16 cabal
- 5 juicioso
- 9 mesurado
- 8 moderado
- 13 prudente
- 6 sensato
- 7 ◁inmoderado
- 20 ◁loco

cuerna
- 1 aliara
- 4 cornamenta
- 3 trompa

cuérnago
- 14 acequia

cuerno
- 6 arma(s)
- 4 cornamenta
- 7 herramienta
- 10 asta
- 11 cacha
- 12 cacho

cuernos
- 4 cornamenta
- 6 aspa

cuero
- 3 corambre
- 10 desnudo
- 1 napa
- 5 odre
- 4 pellejo
- 9 piel
- 3 carcamal
- 12 cinismo
- 10 descaro
- 8 desfachatez
- 9 meretriz
- 14 prostituta
- 17 ramera
- 2 solterona
- 3 vejestorio
- ⇨como su madre lo hechó al mundo
- ⇨en pelotas

cuerpo
- 11 cadáver
- 4 carne
- 12 colectividad
- 9 comunidad
- 8 consistencia
- 8 densidad
- 11 entidad
- 2 espesor
- 3 grandor
- 8 grosor
- 17 grueso
- 23 objeto(s)
- 5 organismo
- 3 recopilación
- 10 tamaño
- 5 tronco
- 28 asociación
- 14 colección
- 15 corporación

cuérrago
- 4 álveo
- 10 cauce
- 19 madre
- 11 lecho

cuervo
- 3 grajo
- 1 mergánsar
- 1 mergo

cuesco
- 4 bufa
- 3 carozo
- 15 enamorado(s)
- 5 pedo
- 1 golpecito
- 14 hueso
- 6 interesado
- 4 manotazo
- 3 pescozón

cuesta
- 9 bajada
- 2 costera
- 5 declive
- 19 pendiente
- 4 rampa
- 6 repecho
- 11 subida

cuestación
- 4 colecta
- 4 recaudación

cuestión
- 30 asunto(s)
- 10 consulta
- 4 controversia
- 15 duda
- 5 interrogación
- 11 pendencia
- 5 polémica
- 6 pregunta
- 13 problema
- 19 punto(s)
- 11 reyerta
- 13 discusión
- 18 disputa
- 11 riña
- 13 tema

cuestionable
- 4 controvertible
- 5 discutible
- 6 dudoso
- 6 problemático
- 11 ◁incuestionable

cuestionar
5 controvertir
14 debatir(se)
12 discutir
22 disputar(se)
4 polemizar
22 reñir

cuestionario
12 examen
20 programa
1 sondeo
1 temario

cuestor
2 magistrado
2 postulante

cuete
10 filete
2 loncha
1 papillote
3 revólver
8 beodo
45 borracho
14 ebrio
4 pistola
3 rizo
13 ◁*sereno*

cueva
5 algar
13 antro
8 caverna
6 covacha
3 cripta
13 cubil
6 espelunca
6 gruta
10 guarida
2 sótano
2 subterráneo
11 bodega

cuévano
8 banasta

cuezo
3 amasadera
5 cuenco

cufiar
26 atisbar(se)

5 espiar

cufifo
4 calamocano
5 chispo
2 peneque
14 ebrio
13 ◁*sereno*

cuí
5 acure

cuico
6 chismoso
11 delgado
16 flaco
13 murmurador
14 ◁*comedido*
15 ◁*reservado*
19 ◁*gordo*

cuidado
47 atención(es)
24 carga
8 cautela
13 corrección
11 custodia
5 esmero
8 exactitud
8 intranquilidad
10 mimo(s)
22 negocio(s)
14 ojo(s)
12 precaución
7 pulcritud
7 solicitud
8 tiento(s)
22 trabajo(s)
7 vigilancia
7 zozobra
17 inquietud
19 miedo
12 primor
18 temor

cuidador
5 custodio
7 guardián
4 tutor
20 vigilante
6 conservador

cuidadoso
4 alerto
9 aplicado
23 arreglado
9 aseado
13 celoso
27 delicado
13 escrupuloso
17 fiel
5 hacendoso
4 maternal
4 metódico
11 prolijo
8 próvido
12 pulcro
5 solícito
7 consciente
12 exacto
9 ◁*alocado*
18 ◁*astroso*
7 ◁*patoso*

cuidar(se)
16 administrar(se)
40 aplicar(se)
20 asistir(se)
32 atender(se)
19 beneficiar(se)
7 celar
11 conservar
10 cultivar
11 desvelar(se)
7 esmerar(se)
44 guardar(se)
28 mantener(se)
17 preocupar(se)
9 preservar(se)
27 velar(se)
13 curar
25 mirar
11 vigilar
⇨mirar por
⇨velar por
3 ◁*desasear*
7 ◁*descuidar*
19 ◁*desentender(se)*
5 ◁*erosionar*
38 ◁*perder(se)*
2 ◁*supliciar*

cuije
5 bribón
8 tunante

7 espía
6 fisgón
11 pillo

cuila
1 coneja
1 cuya
⇨mujer fecunda

cuino
14 cerdo

cuita
22 cuidado
4 desventura
22 trabajo(s)
7 zozobra
48 aflicción
30 angustia
6 desperdicio
14 excremento

cuitado
12 afligido
6 angustiado
1 azogado
5 catre
11 desventurado
12 envoltorio
30 tímido
33 apocado
4 ataúd
13 cama
14 desgraciado
3 féretro
13 parado
8 sobre
33 ◁*atrevido*
13 ◁*tranquilo*
14 ◁*afortunado*

cuitar(se)
17 acuitar
35 atormentar(se)

cujear
40 azotar(se)
13 azuzar(se)
26 castigar(se)
60 excitar(se)

culada
10 batacazo
5 costalada

culantrillo
⇨cabellos de Venus

culata
3 coz
1 culatazo
3 trasera
21 cola
3 retaguardia
⇨zona posterior

culatazo
6 culata

culazo
3 culón

culear
10 bandear(se)
6 oscilar
12 retroceder
6 copular
7 fornicar
7 retractarse

culebra
26 broma
13 serpiente
4 crótalo
6 bicha
103 burla
4 cinto
10 cinturón
11 pelea
11 riña
⇨tromba de agua

culebrazo
103 burla

culebrear
2 viborear

culebreo
5 caracoleo
2 serpenteo
1 zigzagueo

culebrina
4 bombarda

culebrón
50 astuto
16 gato

culequera
11 comodidad
15 embeleco(s)
7 enamoramiento
16 éxtasis
12 pereza

culera
7 parche
3 remiendo
13 pieza

culero
7 amedrentado
4 bragas
5 pañal
4 rezagado
11 tardo
7 temeroso
4 cinto
10 cinturón
8 maricón
13 perezoso
9 pusilánime
4 sodomita
27 ◁*animoso*
9 ◁*aplicado*

culillo
5 impaciencia
10 prisa
17 inquietud
11 preocupación
8 ◁*pachorra*

culipandeo
19 confusión
19 desorden
10 escándalo

culminación
35 altura(s)
10 apogeo
6 auge
3 cenit

3 cúspide
4 desiderata
5 orgasmo
6 perfección
5 plenitud
6 puntilla
14 cumbre
8 éxito

culminante
21 dominante
11 elevado
13 eminente
12 principal
3 prominente
7 sobresaliente
8 superior

culminar
11 coronar

culo
4 pandero
6 pompis
5 posaderas
5 trasero
14 fondo

culón
1 culazo
1 nalgudo
2 protuberante
10 ◁*esbelto*

culpa
8 delito
15 descuido
12 desliz
13 falta
4 incumplimiento
15 infracción
8 omisión
8 pecado
7 error
13 yerro

culpable
1 incurso
2 nocente
4 victimario
⇨mea culpa
14 ◁*inocente*

culpación
2 inculpación

culpar(se)
6 acriminar
13 acusar
6 achacar
22 condenar(se)
10 imputar
9 inculpar
⇨echar la culpa
16 ◁*excusar(se)*

culteranista
15 barroco

culterano
11 ampuloso
4 pedante
1 gongorino
44 afectado
19 hinchado
12 ◁*sencillo*

cultivable
3 arijo

cultivado
25 arado
5 labrado
3 sembrado
8 ◁*yermo*

cultivador
16 arrendador
9 arrendatario
3 cavador
6 huertano
2 jardinero
12 agricultor

cultivar
7 arar
11 conservar
22 cuidar(se)
15 desarrollar
5 ejercitar
32 estrechar(se)
6 laborar
28 mantener(se)
7 practicar

9 labrar
43 ◁*dejar(se)*

cultivarse
11 estudiar

cultivo
6 cultura
3 laboreo
4 labranza
13 labor

cultivos
8 campo
9 huerto

culto
11 adoración
1 civilizado
3 cultivado
4 docto
7 educado
9 erudito
8 instruido
3 liturgia
15 sabio
7 veneración
12 homenaje
10 reverencia
⇨servicio divino
20 ◁*bárbaro*

cultor
9 adorador
1 adorante
2 santero
1 venerador

cultual
1 litúrgico
9 ritual

cultura
6 civilización
4 erudición
15 ilustración
27 instrucción(es)
14 saber
11 sabiduría
11 ◁*barbarie*
13 ◁*incultura*

cultural
3 científico
5 instructivo
3 pedagógico

cuma
10 comadre
7 madrina

cumbo
8 fatuo
3 vagón
22 necio
18 tonto
2 vagoneta
⇨sombrero de copa
⇨sombrero hongo

cumbre
35 altura(s)
8 cabezo
16 corona
3 cúspide
13 pico
4 teso
17 ápice
16 cima
15 cuchilla
12 culminación
9 filo
19 firme
19 mono
9 superioridad

cumbrera
1 parhilera

cumiche
6 benjamín

cumpleaños
6 aniversario
1 días

cumplidamente
2 abundantemente
15 ampliamente
7 cabalmente
3 copiosamente
5 enteramente
2 extensamente
6 largamente

cumplido
16 cabal
15 ceremonia
6 copioso
16 correcto
12 cortés
20 cortesía
7 educado
16 entero
8 extenso
16 fino
15 halago(s)
12 largo
29 abundante
18 amable
17 atento
5 cogollo
14 lleno
7 obsequio
11 ◁*maleducado*
21 ◁*corto*
17 ◁*escaso*

cumplidor
9 aplicado
25 diligente
5 esforzado
11 puntual
5 trabajador
12 exacto
3 ◁*desaplicado*
◁*impuntual*

cumplidos
47 atención(es)
9 atenciones

cumplimentar
27 cumplir(se)
16 efectuar(se)
19 ejecutar(se)
9 felicitar(se)
1 saludar
3 visitar

cumplimentero
3 congratulatorio

cumplimiento
11 acabamiento
15 ceremonia
12 conclusión
2 desempeño
6 finalización
9 guarda
15 halago(s)
10 lisonja(s)
3 observancia
9 terminación
18 cumplido
8 ◁*comienzo*
16 ◁*inicio*

cumplir(se)
26 abonar(se)
53 acabar(se)
5 acatar
17 acontecer
32 atender(se)
12 caducar
6 consumar
11 coronar
6 cumplimentar
16 efectuar(se)
19 ejecutar(se)
28 finalizar(se)
44 guardar(se)
10 licenciar(se)
33 llenar(se)
7 obedecer
19 observar
25 realizar(se)
44 satisfacer(se)
13 suceder
7 terminar
6 verificarse
8 despintar
14 expirar
13 ◁*aplazar(se)*
8 ◁*contravenir*
7 ◁*desobedecer*
9 ◁*empezar(se)*
12 ◁*faltar*
9 ◁*incumplir*
9 ◁*infringir*
29 ◁*quebrantar(se)*
6 ◁*transgredir*
14 ◁*vulnerar*
8 ◁*abortar*
16 ◁*atentar*
9 ◁*violar*

cumular
18 acumular(se)

cúmulo
13 acervo
5 acumulación
8 aglomeración
9 arsenal
11 conjunto
8 infinidad
25 muchedumbre
3 rimero
4 suma
12 montón
16 multitud

cuna
2 brizo
8 comienzo
12 familia
16 inicio
12 nación
13 origen
8 patria
19 principio(s)
1 prosapia
6 estirpe
16 linaje

cunar
12 acuñar
14 mecer(se)
6 acunar

cuncho
12 heces
10 poso
16 sedimento

cundir
15 desarrollarse
29 difundir(se)
29 dilatar(se)
51 extender(se)
4 multiplicarse
29 propagar(se)
⇨dar de sí

cunear
6 acunar
4 brizar

cuneta
18 canal
6 zanja

cuña
3 alzaprima
37 apoyo
2 calce
5 calza
2 falca
2 pescuño

cuñar
12 acuñar

cuñete
15 barril

cuño
10 matriz
1 troquel

cuota
4 cupo
14 porción
18 asignación
26 parte

cupé
9 berlina

cuplé
1 cancioncilla
12 copla
3 tonadilla

cupletista
1 tonadillera

cupo
4 cuota
15 proporción
3 racionamiento
8 ración

cupón
3 bono
3 comprobante
7 participación
13 boleto
7 vale
8 volante

cúpula
13 bóveda
3 domo

8 torre
⇨media naranja

cupulífero
1 fagáceo

cuquear
13 azuzar(se)
60 excitar(se)
17 incitar(se)
4 coquear

cuquería
47 astucia
11 maña

cuquillo
17 alivio
6 capellán
16 clérigo
2 cuclillo
4 curación
14 eclesiástico
1 medicación
5 ordenado
5 presbítero
7 régimen
9 sacerdote
2 terapéutica
9 tratamiento
40 borrachera
12 curda
14 melopea
27 tajada

cura
5 abate
6 capelo
3 cauterización
16 clérigo
14 eclesiástico
2 párroco
17 pastor
5 presbítero
9 sacerdote
4 vicario

curable
1 corregible
4 remediable
1 sanable
2 ◁incurable

curación
2 cicatrización
17 cuquillo
10 mejora
6 mejoría

curadillo
5 bacalao

curado
6 acecinado
3 adobado
11 curtido
21 seco
12 achispado
45 borracho
14 ebrio
14 ◁tierno
13 ◁sereno

curalotodo
3 panacea
1 sanalotodo

curandero
4 algebrista
6 chacarero
4 matasanos
1 tegua

curar
5 acecinar
16 adobar
32 atender(se)
3 convalecer
22 cuidar(se)
19 curtir(se)
49 mejorar(se)
14 sanar(se)
20 atemperar
23 emborracharse
37 embriagarse
11 vigilar
⇨poner cuidado

curare
3 veneno

curarse
42 aliviar(se)
19 restablecer(se)
2 ◁accidentarse

curasao
2 licor

curativo
4 balsámico
2 cicatrizante
6 favorable
1 restablecedor
9 saludable
4 ◁*perjudicial*

curca
7 giba
11 joroba

cúrcuma
1 camotillo
1 cedoaria
1 yuquilla

curcusilla
2 rabadilla

curda
17 cuquillo
3 jumera
5 pítima
2 turca
5 bebecina
16 bolero
22 bomba
40 borrachera
16 embriaguez
6 merluza
11 mona
27 tajada

cureña
9 armazón

curia
2 congregación
1 nunciatura
6 cancillería

curiana
1 corredora
3 cucaracha

curiosear
25 averiguar(se)
6 escudriñar

6 fisgonear
17 husmear
11 indagar
12 investigar
7 olisquear
23 pinchar(se)
5 espiar
7 fisgar
⇨meter las narices

curiosidad
18 aseo
47 atención(es)
22 averiguación
5 expectación
5 fisgoneo
6 interferencia
7 merodeo

curioso
9 aseado
8 destacado
7 esmerado
3 indagador
3 inquiridor
5 interesante
11 limpio
34 notable(s)
3 observador
12 pulcro
7 espía
9 entrometido
6 fisgón
9 indiscreto
8 investigador
13 ◁*sucio*

currículo
⇨currículum vitae

currículum vitae
11 antecedentes
1 currículo

currinche
14 atrabiliario

curro
16 tieso
12 ufano
18 chulo
9 pincho

9 presumido
9 ◁*descuidado*

currusco
1 corrusco
2 coscurro

currutaco
8 caballerete
3 dandy
9 figurín
5 gomoso
5 lechuguino
2 petimetre
6 pisaverde
5 colitis
14 débil
11 diarrea
16 enfermo
7 gordinflón
9 rechoncho
⇨pollo pera

cursado
11 avezado
11 curtido
14 diestro
8 ducho
23 experimentado
8 experto
17 hábil
10 perito
8 versado
13 ◁*inexperto*

cursar
31 acostumbrar(se)
5 diligenciar
7 enviar
11 estudiar
4 expedir
17 habituar(se)
42 seguir(se)
5 tramitar
17 mandar
⇨dar curso

cursi
5 chabacano
5 charro
8 chillón

10 inelegante
7 macarra
9 ostentoso
5 pretencioso
9 presumido
13 presuntuoso
16 ◁*modesto*

cursilería
32 afectación
10 fingimiento
8 grosería
4 ñoñería
6 ridiculez
3 remilgo
12 ◁*discreción*
6 ◁*elegancia*

cursillista
17 asistente(s)

cursillo
11 curso
4 enseñanza
26 estudio

cursiva
2 bastardilla
2 itálica

curso
6 circulación
14 corriente
5 difusión
16 dirección
7 divulgación
26 estudio
3 recorrido
6 tratado
26 camino
4 teoría
⇨año académico

curtación
13 acortamiento

curtido
10 atezado
11 avezado
4 bronceado
9 cursado
8 ducho

curtidor

7 ejercitado
23 experimentado
8 experto
3 moreno
3 tostado
8 versado
30 ◁*blanco*
13 ◁*inexperto*

curtidor
1 curtiente
2 peletero

curtiduría
1 peletería
1 pellejería
1 tenería
6 taller

curtiente
2 curtidor

curtimiento
12 costumbre
5 endurecimiento
17 práctica
5 experiencia
2 ◁*bisoñez*

curtir(se)
31 acostumbrar(se)
15 adiestrar(se)
16 adobar
5 aguerrir(se)
12 amojamar(se)
6 asenderear
15 avezar(se)
40 batir(se)
9 broncear(se)
5 ejercitar
18 endurecer(se)
17 habituar(se)
23 tostar(se)
28 aderezar
10 asolear
13 curar
5 emporcarse
16 ensuciarse
⇨poner moreno

curuca
7 lechuza

curuja
4 llorona

curva
5 alabeo
7 arco
3 flexura
3 jarrete
3 meandro
4 circunferencia

curvado
5 abarquillado
3 abombado
5 abovedado
19 circular
8 corvo
7 curvo
3 ganchudo

curvar(se)
7 abarquillar(se)
15 alabear(se)
18 arquear(se)
12 bornear
11 cimbrear(se)
20 combar(se)
14 encorvar(se)
5 flexionar(se)
8 ondular(se)
44 torcer(se)
13 abombar(se)
31 doblar
2 ◁*destorcer*
7 ◁*nivelar*

curvatura
5 alabeo
4 comba
8 concavidad
3 convexidad
3 encorvadura
1 escorzo
3 meandro
6 ondulación
3 recodo
14 revuelta
6 sinuosidad
6 torsión
1 cicloide
4 circunferencia
1 elipse

1 hipérbola
4 parábola
21 vuelta

curvo
8 arqueado
8 combado
7 curvado
2 estevado
1 patituerto
17 siniestro
3 zurdo
14 ◁*diestro*
19 ◁*recto*

cusca
4 corcova
7 giba
40 borrachera
16 embriaguez
11 joroba
9 meretriz
14 prostituta
17 ramera

cusir
9 coser

cúspide
16 cima
12 culminación
14 cumbre

custodia
7 conservación
22 cuidado
41 defensa
3 escolta
9 guarda
1 ostensorio
13 protección
9 resguardo
6 salvaguardia
7 vigilancia
⇨consigna de equipajes
3 ◁*desvalimiento*

custodiado
3 escoltado

custodiar
11 conservar
6 convoyar(se)

11 defender
4 escoltar
44 guardar(se)
28 mantener(se)
42 proteger(se)
27 velar(se)
11 vigilar
11 ◁*desamparar*
7 ◁*descuidar*

custodio
1 depositario
3 escolta
7 guardián
20 vigilante
6 conservador
9 ◁*descuidado*

cut off
2 clavija
4 cortocircuito
2 interruptor

cutáneo
1 dérmico
3 epidérmico
6 externo
11 ◁*interior*

cutara
4 chancleta
4 chinela

cúter
21 embarcación

cutí
1 terliz

cutícula
9 cubierta
5 película
4 pellejo
9 piel
2 epidermis

cutis
9 piel
2 dermis
2 epidermis

cuto

1 desdentado
5 mellado
1 tronchado
4 truncado

25 frío
8 manco

5 ◁*aguzado*

cutral

10 buey

cutre

18 agarrado
9 cicatero

34 avaro
19 mezquino
26 miserable
6 mugre
8 pringue
14 roña
19 roñoso
23 ruin
12 tacaño

6 ◁*desprendido*

18 ◁*generoso*

cuy

2 buscapiés
8 cohete

5 acure

cuya

3 cuila

cuzco

5 cachorro
2 cadillo
9 entrometido
7 giboso
6 goloso
5 jorobado
3 laminero
14 metomentodo

cuzcuz

1 alcuzcuz

czar

1 zar

CH

chabacanada
2 siutiquería
4 songa

chabacanería
7 adocenamiento
10 tosquedad
7 vulgaridad
4 zafiedad

chabacano
10 kitsch
7 macarra
22 ordinario
9 vulgar
21 grosero
27 ◁*delicado*
9 ◁*elegante*
16 ◁*fino*

chabola
9 barraca
4 bohío
8 choza

chaca
7 arco
9 puente

chacal
6 lobo

chacarero
7 brujo
4 curandero
6 granjero
12 agricultor
13 hablador
9 parlanchín

chacarrachaca
80 bulla

chacina
6 cecina

chacinería
3 pesa

chacó
4 ros

chaco
8 granja
4 plantación
7 chacra

chacolotear
1 chapalear
8 chapear
7 traquetear

chacoloteo
1 chapaleo
3 traqueteo

chacona
2 danza
   música

chaconera
8 bailarina

chacota
26 broma
6 cuchufleta
4 pulla
2 zumba
103 burla
7 chanza
8 fideo

chacotear(se)
27 bromear(se)
80 burlar(se)

chacotero
15 bromista
21 burlador

chacra
26 cabaña
8 granja
13 alquería
5 cortijo
3 chaco
4 masía
8 torre

chacuaco
5 chimenea
2 pitillo
3 colilla
11 romo

chacueco
5 contrahecho
12 deforme
12 torcido
◁*bien formado*

chacha
12 ama
6 camarera
4 institutriz
1 nodriza
4 señorita
15 criada
7 chica
5 niñera
14 sirvienta
2 tata

chachacuate
1 cacarizo
5 picado

chachalaquear
6 charlar
6 parlotear

chachapoyo
14 débil
23 flojo
15 indolente
22 ◁*fuerte*

cháchara
23 cascar(se)
14 conversación

chacharear

  2 parla
  7 palique
  7 parloteo

chacharear
  6 garlar

chafado
 19 abatido
  6 aplastado
 13 confundido

chafaldita
 26 broma
  6 cuchufleta
  4 pulla
  2 zumba
103 burla
  7 chacota
  7 chanza

chafalditero
 15 bromista
 21 burlador

chafalmejas
  2 pintamonas

chafallar
  2 chapucear

chafallón
  5 chapucero
 18 desmañado
  1 manazas
 18 torpe
 17 ◁*hábil*
  4 ◁*mañoso*

chafar
 17 abochornar(se)
 12 aguar(se)
 39 ajar(se)
  4 amohinar
 65 apretar(se)
  7 apretujar
 40 avergonzar(se)
 12 comprimir(se)
 54 confundir(se)
 17 deslucir(se)
 21 despedir(se)
 64 estropear(se)

  5 estrujar
 15 libertar(se)
 39 arrugar
 11 expulsar

chafarote
  5 alfanje
  3 espadón
  9 militar
 22 ordinario
 11 patán
  3 sable
 10 ◁*refinado*

chafarrinada
  9 borrón
  5 chafarrinón

chafarrinar
  5 emporcar

chafarrinón
  9 borrón
  2 chafarrinada
  1 churrete
  9 garabato
 13 mancha
 18 ◁*aseo*
  7 ◁*pulcritud*

chaflán
 19 ángulo
  6 bisel
 32 borde
  4 esquina

chaflanar
  2 aboquillar
  5 achaflanar

chagolla
 25 fruslería

chagrín
  1 tafilete

chaguala
  6 chancla
  4 chancleta
  1 chirla
 11 herida

chaira
  1 afilón
  1 cheira
  5 eslabón
  1 trinchete

chairman
  3 presidente

chajuán
 33 calor

chajuanarse
 37 fatigar(se)
 41 cansarse

chal
  2 echarpe
  4 estola
  2 manteleta
  2 mantón
  5 pañoleta

chala
  6 envoltura
 13 dinero
  6 parné
 17 pasta
  6 vaina

chalado
 12 alelado
 29 anormal
 34 apasionado
 12 chiflado
 15 enamorado(s)
 13 frenético
  9 lelo
  9 sonado
 13 tocado
 20 loco
  6 majareta
 ⇨mal de la cabeza
  7 ◁*cuerdo*

chaladura
 38 aturdimiento
  8 chifladura
  7 enamoramiento
 19 extravagancia
 15 necedad(es)
  9 seducción

  4 paranoia
 10 ceguera
 23 manía
  5 ◁*repulsión*
 15 ◁*juicio*

chalán
  9 buhonero
  4 traficante
  2 tratante
  7 vendedor
 14 comerciante

chalana
  6 batel
 34 bote
 14 barca

chalanear
 15 adiestrar(se)
 27 bromear(se)
 80 burlar(se)
  4 chamarilear
 18 domar(se)
  5 domesticar
 44 incomodar(se)
114 molestar(se)
 30 ◁*agradar*

chalaneo
  2 chalanería

chalanería
  1 chalaneo
  4 regateo

chalar
 52 amar(se)

chalarse
 52 amar(se)
  6 desvivirse
 26 trastornar(se)
  9 enloquecer

chalate
 27 caballo

chalé
  3 chalet
  5 hotel

6 quinta

chaleco
2 chomba
5 chupa
8 armador
4 cotón
3 chompa

chalequear
28 estorbar(se)
54 hurtar(se)
20 interrumpir(se)
12 mangar
14 robar

chalet
2 palacete
13 alquería
⇨casita de campo

chalina
40 borrachera

chalote
1 escaloña
⇨ajo chalote
⇨cebolla escalonia

chaludo
10 adinerado
14 rico
18 ◁*pobre*

challa
19 pendiente
2 pulsera
5 collar

chamaco
18 chico
3 guache
9 muchacho
22 niño

chamada
1 chámara
2 chamarasca

chamar
5 negociar
3 permutar
46 cambiar

chámara
2 chamada

chamarasca
2 chamada
15 leña

chamarilear
11 comerciar
3 chamar
8 chalanear
3 traficar

chamarileo
17 comercio
1 chalaneo

chamarilero
4 prendero
4 tahúr
4 traficante
7 engañapichanga

chamarrear
65 apretar(se)
67 enfadar(se)
5 estrujar
44 incomodar(se)
114 molestar(se)

chamba
16 azar
12 casualidad
19 insignia(s)
22 trabajo(s)
8 condecoración
18 canal
8 chiripa
22 destino
15 distinción
16 empleo
13 fortuna
8 potra
17 suerte
6 zanja

chambear
14 afeitar(se)
4 canjear
2 feriar
46 cambiar
57 cortar
19 trocar

chambergo
10 gabán

chamberinada
12 ostentación
13 lujo
11 ◁*sencillez*

chambón
3 chiripero

chambra
1 cubrecorsé
8 blusa
7 caracol

chamelico
12 adefesio
12 cacharro
8 trasto

chamizo
6 covacha
5 cuartucho
6 cuchitril
9 chiribitil
2 chiscón
6 tabuco
6 tugurio
6 zaquizamí

champa
2 gallón
4 pita
3 raigambre
8 raíz
1 tepe
8 césped
8 maraña

champán
2 espumoso
1 sidra
3 lodazal
13 barrizal

champañazo
20 fiesta

champiñón
2 seta

champú
1 gel

chamuchina
30 bobería
12 masa
15 necedad(es)
4 populacho
6 turba
6 chusma
6 simpleza

chamuscadura
6 chamusquina

chamuscar
17 abrasar(se)
5 carbonizar(se)
10 ennegrecer
3 incendiar
30 quemar(se)
11 requemar(se)
4 socarrar(se)
20 amoscarse
67 enfadarse
⇨tirar los precios
⇨vender barato

chamusco
19 ardimiento

chamusquina
13 bullanga
1 chamuscadura
2 resquemo
2 socarra
19 ardimiento
35 bronca

chanada
103 burla

chanca
6 chancla
1 zapato
12 achaque

chancaca

6 piltrafa
1 ◁salud

chancaca
4 confitura
4 úlcera
19 dulce
6 llaga

chancar
11 apalear(se)
2 chapucear
9 desmenuzar
7 moler
9 triturar
24 golpear
8 maltratar

chancear
27 bromear(se)
80 burlar(se)
4 embromar
19 quedarse
⇨tomar el pelo

chancearse
27 bromear(se)
80 burlar(se)
3 guasear(se)
7 ridiculizar
10 chotear
4 soguear
2 titear(se)
11 vacilar

chancero
15 bromista
7 burlón
4 guasón
18 gracioso

chanciller
1 canciller

chancillería
6 cancillería

chancla
29 calzado
4 chanca
3 sandalia(s)

3 zapatilla
4 chaguala
2 usuta

chancle
5 gomoso
5 lechuguino
2 petimetre

chancleta
7 babucha
3 sandalia(s)
2 cutara
4 chaguala

chanclo
2 almadreña
3 zueco

chancro
4 úlcera

chancha
1 bici
3 bicicleta
23 boca
3 carreta
1 desaliñada
1 desaseada
1 fauces
4 marrana
1 sucia
10 carro
8 cerda
4 ◁limpia

chanchullero
4 intrigante
8 lioso
7 maniobrero
10 mentiroso
14 ◁honrado

chanchullo
1 combina
10 combinación
11 conchabanza
9 confabulación
20 arreglo
15 chivo
6 enjuague

10 manejo
9 pastel

chane
8 ducho
23 experimentado
8 experto
13 ◁inexperto

chanfaina
7 candinga
11 chollo
16 empleo
18 enredo
11 ganga
11 lío
8 maraña
9 sueldo

chanflón
4 monstruo
12 deforme
21 grosero
10 tosco
10 zafio
7 ◁educado
◁bien formado

changa
32 bellaco
3 cargador
3 chuscada
22 negocio(s)
2 parla
9 perverso
7 retribución
10 trato
103 burla
5 cháchara
7 chanza
9 estipendio
7 parloteo
12 vil
⇨mozo de cordel

changarra
7 cencerro

changarro
18 campana

chango
12 espabilado
3 mico

50 astuto
16 listo
17 mozo
9 muchacho
22 niño
31 pesado
10 sagaz
18 torpe
⇨mono araña

changuita
9 manceba
9 meretriz
14 prostituta
17 ramera

chantaje
12 arana
12 rufianería

chantajear
18 amenazar(se)
5 coaccionar

chantajista
9 amenazador

chantar
11 apalear(se)
42 arrojar(se)
53 lanzar(se)
24 golpear
58 tirar
31 tragar
⇨echarse al coleto

chantillón
2 escantillón

chantre
2 capiscol
1 primicerio

chanza
26 broma
6 cuchufleta
7 mecha
2 zumba
103 burla
7 chacota
6 guasa

chanzoneta
103 burla

chañar
39 arrebatar(se)
24 destrozar(se)
52 destruir(se)
58 quitar
14 robar
▷hacer añicos
5 ◁*reconstruir*

chao
9 adiós
3 abur
8 agur

chapa
5 cierre
1 chapeta
5 distintivo
7 hierro(s)
2 hojalata
19 insignia(s)
2 medalla
4 roseta(s)
1 tape
8 condecoración
5 alias
8 apodo
17 cerradura
10 cerrojo
12 lata
12 mote

chapado
3 doradura

chapalear
3 chacolotear

chapaleo
1 chapoteo

chapar
35 agarrar(se)
29 apresar(se)
40 asir(se)
26 atisbar(se)
17 revestir(se)
17 acechar

17 forrar
25 mirar
16 trabajar
3 ◁*vaguear*

chaparra
3 carrasca

chaparrada
6 chubasco
13 aguacero
6 chaparrón

chaparrear
3 diluviar
1 jarrear

chaparro
40 bajo(s)
6 menudo
7 pequeñajo
14 pequeño
▷mata parda
33 ◁*alto(s)*
23 ◁*grande*

chaparrón
3 chaparrada
6 chubasco
4 tromba
13 aguacero
13 regaño
17 reprimenda

chapatal
13 barrizal

chape
5 babosa
5 coleta
1 trenza
1 limaco

chapeado
1 enchapado
3 plaqué

chapear
10 ascender
2 enchapar
49 mejorar(se)

9 chapar
8 degollar
7 medrar
6 prosperar
4 yugular
18 ◁*empeorar(se)*

chapecán
5 coleta
4 chape
5 ristra
8 sarta
1 trenza

chaperón
2 capucha
7 capirote

chapeta
16 chapa

chapetonada
2 bisoñez
6 chubasco
3 desmaña
7 erupción
2 impétigo
2 novatada
4 sarpullido
13 aguacero
8 torpeza
18 ◁*habilidad*

chapín
7 babucha
29 calzado

chapista
9 mecánico

chapitel
3 capitel

chapodar
1 desvastigar
8 podar

chapololo
5 bayeta
7 trapo
2 aljofifa

chapona
4 americana
9 chaqueta
15 saco

chapoteo
9 remojar(se)

chapucear
1 chafallar
4 frangollar

chapucero
4 chafallón
18 desmañado
1 frangollón
1 manazas
18 torpe
2 ◁*detallista*
1 ◁*habilidoso*
◁*perfeccionista*

chapurrear
6 balbucear
3 parlar
6 parlotear

chapurreo
3 balbuceo

chapuza
28 engaño(s)
10 trampa
▷arreglo de mírame y no me toques
▷arreglo provisional

chapuzar(se)
17 bañar(se)
3 somorgujar(se)
16 sumergir(se)
10 zambullir(se)

chapuzón
6 inmersión

chaqué
5 levita
4 traje

chaqueta
- 4 chaquetón
- 5 levita
- 1 rebeca
- 3 zamarra
- 4 americana
- 8 blusa
- 10 gabán
- 3 jubón
- 15 saco

chaquetero
- 2 desertor
- 10 desleal
- 3 oportunista
- 4 pancista
- 6 tiralevitas
- 17 ◁*fiel*

chaquetilla
- 16 bolero
- 3 jubón

chaquetón
- 8 barragán
- 2 pellica
- 3 zamarra
- 9 chaqueta

charabón
- 7 extraviado
- 5 perdido

charada
- 8 adivinanza
- 12 pasatiempo

charadrio
- 1 alcaraván
- 1 árdea

charanga
- 4 orquesta
- 7 murga

charca
- 4 charco
- 5 fangal
- 3 lagunajo
- 6 pantano
- 4 poza
- 3 remanso

- 2 tollo
- 3 lodazal

charco
- 11 cenagal
- 5 ciénaga
- 8 charca
- 4 pamba

charchuelear
- 4 cotillear
- 4 chismorrear
- 8 murmurar
- ⇨conversar a espaldas

charla
- 7 coloquio
- 14 conversación
- 5 diálogo
- 15 discurso
- 2 entrevista
- 7 conferencia
- 5 mitin
- 5 cháchara
- 3 garla
- 7 palique
- 7 parloteo

charlar
- 5 dialogar
- 6 garlar
- 20 hablar
- 13 conversar
- 6 parlotear
- 8 tallar

charlatán
- 1 cotorrera
- 1 churrullero
- 12 embaucador
- 10 engañador
- 13 farsante
- 10 impostor
- 1 parlador
- 14 perico
- 11 cotorra
- 15 embustero
- 13 hablador
- 9 ladino
- 10 mentiroso
- 9 parlanchín

- 7 sacamuelas
- 5 timador
- 21 ◁*callado*
- 12 ◁*discreto*
- 14 ◁*sincero*

charlatanear
- 6 charlar
- 49 ◁*callarse*

charlatanería
- 4 cacareo
- 6 fluidez
- 2 garrulería
- 4 labia
- 5 locuacidad
- 4 palabrería

charlista
- 3 conferenciante

charlotear
- 23 cascar(se)
- 20 hablar

charloteo
- 11 charla
- 5 cháchara
- 7 parloteo

charneca
- 2 almácigo
- 2 lentisco

charnela
- 12 articulación
- 5 bisagra
- 5 gozne
- 3 pernio
- 3 pivote

charneta
- 5 gozne

charol
- 13 barniz
- 26 brillo
- 7 lustre

charolado
- 2 acharolado
- 34 brillante

- 7 lustroso
- 7 ◁*mate*

charolar
- 14 abrillantar(se)
- 1 acharolar
- 10 barnizar
- 12 lustrar(se)
- 17 ◁*deslucir(se)*
- 5 ◁*deslustrar*

charpa
- 8 cabestrillo

charque
- 3 charqui

charqui
- 6 cecina
- 1 charque
- 4 tasajo

charrada
- 9 abigarramiento
- 8 granuja
- 7 malhechor
- 12 malvado
- 6 ordinariez
- 8 tunante
- 6 sinvergüenza
- 11 pillo
- ⇨punto filipino

charrán
- 11 pillo
- 6 pololo

charrasca
- 3 sable

charrería
- 9 charrada

charretera
- 15 broche
- 6 hebilla
- 1 hombrera

charro
- 15 barroco
- 9 cursi
- 10 inelegante

18 feo
7 ranchero

charrúa
25 arado

charter
⇨vuelo fletado
⇨vuelo no regular

chasca
1 ramulla
7 copete
4 frasca
8 maraña
4 mechón

chascada
18 gratificación
16 regalo

chascar
5 crujir
3 restallar

chascarrillo
14 anécdota
10 chiste
9 dicho
7 historieta
10 narración
3 cachito
6 gauchada
4 palla
2 paya

chasco
8 decepción
7 desencanto
9 desengaño
4 desilusión
28 engaño(s)
6 frustración
6 patinazo
2 ponche
103 burla
56 corte
16 galleta
9 timo
38 ◁*alegría(s)*
4 ◁*esperanza*

chasis
2 bastidor
2 carrocería

chasma
3 fajo
9 gavilla
7 haz

chasqueado
4 desilusionado
9 engañado
13 desairado

chasquear
80 burlar(se)
5 crujir
7 decepcionar(se)
4 desencantar
8 desengañar(se)
6 desilusionar
43 engañar(se)
24 frustrar(se)
3 restallar
11 embaucar
5 timar

chasquearse
24 frustrar(se)
3 paletear

chasquido
10 castaña
4 chirrido
7 palmada
19 ruido

chata
5 barragana
6 muchacha
5 querida
1 roma
22 amante
7 chica
9 manceba
9 moza
1 ◁*narigona*
  ◁*picuda*

chatarra
8 morralla

chato
6 amorfo
6 aplastado
6 mediocre
3 penalty
2 vino
19 mezquino
18 pobre
11 romo
13 vaso
5 ◁*aguzado*
8 ◁*destacado*

chatón
20 botón

chauvinismo
5 nacionalismo
3 patriotería
2 xenofobia

chauvinista
5 exaltado
10 fanático
4 patriotero

chaval
8 adolescente
2 chavea
2 quinceañero
11 rapaz
4 rapazuelo
18 chico
10 joven
17 mozo
9 muchacho
22 ◁*viejo*

chavalongo
3 tifus
7 modorra
14 pesadez

chavasca
15 leña

chavea
9 chaval
4 rapazuelo

chavo
5 céntimo

13 dinero
4 moneda

chayote
6 calabaza

checar
25 averiguar(se)
9 comprobar

check
9 comprobación
12 examen
12 reconocimiento

cheche
5 valentón
18 chulo
4 perdonavidas
13 ◁*humilde*

chef
2 cocinero

cheira
1 tranchete

chelfa
6 hembra
3 mujer
1 tía
10 ◁*hombre*

chelo
1 violoncelo

chemba
5 hocico
19 jeta

chepa
4 corcova
7 giba
11 joroba
15 maleta
8 petaca

cheposo
6 corcovado
7 giboso
5 jorobado

chepudo

chepudo
3 cheposo

cheque
25 efecto(s)
17 boleta

chequear
20 anotar(se)
64 apuntar(se)
9 comprobar
26 registrar(se)
6 verificar
8 cotejar

chequeo
12 examen
4 exploración
12 reconocimiento

chérchere
34 malo
18 feo
28 ridículo

cherna
5 mero

cherva
5 ricino

cheuque
2 avestruz
1 ñandú

cheviot
1 estambre
2 lana
7 tejido

chía
7 beca

chiba
7 mochila
2 morral
9 zurrón

chibado
3 maltrecho
16 enfermo
18 pobre

chica
6 muchacha
1 pequeña
15 criada
19 china
10 joven
9 moza
14 sirvienta
1 ◁vieja

chicada
8 puerilidad
42 tontería(s)

chicana
1 mejicana
18 argucia

chicarrón
33 alto(s)
8 hercúleo
1 muchachote
5 vigoroso
1 zagalón
22 fuerte
14 ◁débil
10 ◁enclenque

chicazo
6 chicarrón
2 marimacho

chicle
3 masticable
2 masticatorio
13 goma

chico
8 adolescente
2 crío
9 chaval
2 chavea
4 diminuto
12 hijo
6 menudo
2 quinceañero
11 rapaz
4 rapazuelo
13 chuzo
10 joven
19 mano

17 mozo
9 muchacho
22 niño
7 peque
14 pequeño
22 ◁viejo
33 ◁anciano

chicoleo
11 donaire
11 flor
11 galantería
10 zalema
10 piropo

chicoria
2 achicoria

chicote
21 puro
5 ristra
8 sarta
26 azote
15 bulto
42 cabo
9 chichón
8 látigo
22 serie

chicotear
9 despedazar
52 matar(se)
6 picotear
20 zurrar(se)
10 eliminar
10 sobar

chicuelo
13 arrapiezo
11 rapaz
3 huiriche

chicha
4 carne
1 músculo

chícharo
3 garbanzo

chicharra
1 cigarra

33 calor
7 corro
19 reunión
6 tertulia

chicharrar
23 arder

chicharrina
2 sofoco
15 asfixia
33 calor

chicharro
1 chicharrón
5 jurel
11 gorrón

chicharrón
3 chicharro

chiche
4 ataviado
12 cómodo
6 chuchería
4 teta
16 adornado
12 alhaja
24 fácil
25 fruslería
6 joya
5 mama
22 pecho
12 sencillo
9 ◁desatinado
6 ◁incómodo

chichisbeo
20 amorío

chicho
6 bucle
3 rizo

chichón
4 contusión
1 tolondrón
1 turumbón
5 hematoma
16 agraciado
8 bonito

24 fácil
8 lindo
12 sencillo

chichonera
10 gorra

chichorra
3 víscera

chiffonier
5 cómoda

chifla
3 chuela

chiflado
12 alelado
34 apasionado
15 enamorado(s)
9 lelo
1 prendado
9 sonado
13 tocado
12 chalado
8 ido
20 loco
6 majareta
⇨mal de la cabeza
7 ◁*cuerdo*
3 ◁*desapasionado*

chifladura
7 apasionamiento
7 empecinamiento
7 enamoramiento
5 obcecación
6 obsesión
15 capricho
23 manía
⇨idea fija
7 ◁*cordura*
4 ◁*desapasionamiento*

chiflar
16 ofuscar(se)
5 silbar
3 bilocar(se)

chiflarse
9 prendar(se)

9 enloquecer

chiflato
2 silbato

chiflido
3 silbido

chiflón
4 cascada
3 catarata
20 viento(s)
19 rápido

chigre
1 sidrería

chigüiro
4 capibara

chilaba
5 albornoz
5 manto
7 túnica

chile
4 ají
1 pimienta
16 cuento
15 mentira

chilpe
3 colgajo
16 hoja
9 jirón
5 pingajo
11 tira

chiltipiquín
4 ají

chillar(se)
5 abuchear
8 berrear
8 bramar
3 chirriar
3 graznar
6 gritar
1 rebuznar
4 rechinar
16 reprobar
6 sermonear

6 vocear
33 llamar
11 replicar
⇨dar voces
4 ◁*bisbisear*
4 ◁*susurrar*

chiller
3 congelador
1 enfriador

chillería
7 griterío
79 alboroto
21 algarabía
7 ◁*silencio*
26 ◁*calma*

chillido
8 aullido
7 grito
13 voz
35 bronca
5 regañina
36 represión

chillón
6 abigarrado
6 baladrero
3 bramador
6 clamoroso
9 cursi
4 gritón
2 guacalón
5 huacalón

chimenea
15 calefacción
7 fogón
12 hogar
7 horno
4 chacuaco

chimpancé
6 antropoide
19 mono

china
14 canto
9 cerámica

4 guijarro
1 lampatán
2 loza
10 naranja(s)
1 piedrecilla
3 porcelana
22 amante
6 concubina
15 criada
7 chica
10 joven
9 manceba
9 moza
5 niñera
4 peonza
14 sirvienta
3 trompa

chinata
9 cazuela

chinateado
5 azogue

chinchar
16 corromper
14 importunar

chinche
3 chincheta
4 incordiante
5 insecto
10 cabreo
12 calabozo
21 cárcel
8 cargante
7 chirona
11 enfado
10 enfadoso
12 enojo
15 molesto
31 pesado
38 ◁*agradable*
5 ◁*soportable*

chincheta
1 clavillo
13 chinche
6 tachuela

chinchín
2 garúa

chinchorrear

5 calabobos
7 llovizna
4 orvallo
7 sirimiri
1 sonajero

chinchorrear
7 gibar
9 jeringar
7 moler
23 mortificar(se)
17 reventar(se)
8 potrear

chinchorrería
18 molestia(s)
31 bola
16 cuento
10 chisme
7 impertinencia
15 mentira
10 patraña
7 trola

chinchorrero
7 insistente
8 cargante
13 chinche
6 chismoso
42 fastidioso
10 impertinente
15 molesto
31 pesado
12 ◁ *discreto*

chinchorro
34 bote

chiné
5 seda

chinela
7 babucha
29 calzado
4 cacle
2 cutara

chinero
33 armario

chingar
27 bromear(se)
2 desrabar

114 molestar(se)
33 beber
6 copular
3 chunguearse
23 emborracharse
37 embriagarse
9 errar
9 fallar
1 follar
7 fracasar
14 importunar

chip
1 microplaqueta

chipa
14 añagaza
13 cesto
28 engaño(s)
2 rodete
2 rosco
21 cárcel
7 chirona
10 rollo
10 trampa

chipén
31 animación
18 bullicio
11 macanudo

chipirón
4 calamar

chiqueo
15 halago(s)
10 mimo(s)
15 cariño

chiquero
7 aprisco
4 cabreriza
6 cochiquera
13 corral

chiquilla
6 niña

chiquillada
30 bobería
5 candidez
11 ingenuidad

10 nadería(s)
9 nonada
4 travesura

chiquillería
6 muchachada

chiquillo
8 criatura
9 chaval
11 rapaz
2 rorro
5 bebé
19 cipote
18 chico
17 mozo
9 muchacho
22 niño
7 peque

chiribita
1 margarita
19 chispa

chiribitil
10 buhardilla
6 covacha
2 covachuela
6 cuchitril
13 desván
3 sotabanco
6 tabuco
6 tugurio
6 zaquizamí
4 ◁ *salón*

chirigota
26 broma
6 cuchufleta
2 zumba
103 burla
7 chacota
7 chanza
6 guasa

chirigotero
15 bromista
7 burlón
4 guasón
4 ocurrente
2 zumbón
20 ◁ *serio*

21 ◁ *grave*

chirimbolo
6 cachivache
10 utensilio(s)
9 baratija
12 cacharro
10 chisme
25 fruslería
8 trasto

chirimía
8 gaita

chirimoya
7 anona

chiringuito
8 taberna

chiripa
16 azar
6 carambola
12 casualidad
14 oportunidad
14 chamba
13 fortuna
8 potra
17 suerte

chiripero
1 chambón
3 favorecido
14 afortunado
6 ◁ *cenizo*
4 ◁ *gafe*

chirivía
16 aguzanieves

chirla
2 almeja

chirlar
7 farfullar
6 gritar
6 vocear

chirlata
5 casino
8 garito
3 timba

chirle
8 aburrido
7 insípido
9 insulso
9 insustancial
10 monótono
1 sirle
2 sirria
9 soso
5 ◁*interesante*
5 ◁*sabroso*
9 ◁*entretenido*

chirlo
6 cicatriz
4 costurón
5 cuchillada
9 tajo
56 corte
27 tajada

chirona
12 encierro
4 penitenciaría
12 calabozo
21 cárcel
13 chinche
17 prisión
12 trena

chirriante
2 crepitante
2 crujiente
1 rechinante

chirriar
2 desafinar
3 graznar
4 rechinar

chirrichote
7 *estólido*
1 *estulto*
6 imbécil
9 lelo
7 *estúpido*
8 idiota
18 tonto
7 ◁*despabilado*
16 ◁*listo*

chirrido
5 crujido
4 chasquido
6 chillido
4 estridencia
7 ◁*silencio*
11 ◁*suavidad*

chirumen
8 imaginación
7 talento
11 cacumen
15 caletre
11 interior
8 magín

chiscón
8 chamizo
8 garita

chisgarabís
7 danzante
6 pisaverde
1 sacabuche
3 zascandil
6 mampucho
2 telebrejo

chisguetear
33 beber

chisme
6 cachivache
7 chirimbolo
9 murmuración
16 bochinche
12 cacharro
16 cuento
18 enredo
11 lío
10 patraña
8 trasto

chismear
7 camandulear

chismes
12 bártulos

chismorrear
5 comadrear
4 cotillear

39 liar(se)
8 murmurar

chismorreo
5 comadreo
9 habladuría
11 calumnia
10 chisme
11 hablilla
12 ◁*discreción*
6 ◁*verdad*

chismorrería
7 maledicencia

chismosa
3 cotarrera
15 alcahueta

chismoso
1 cizañero
8 cuentista
8 liante
18 chucho
11 enredador
13 murmurador

chispa
23 agudeza
26 brillo
4 centella
9 descarga
3 fulgor
18 gracia(s)
15 ingenio
7 luminosidad
11 penetración
12 pequeñez
4 rayo
3 relámpago
8 sutileza
17 ápice
6 azulejo
40 borrachera
12 curda
14 melopea
27 tajada

chispazo
1 chisporroteo

chispeante
3 burbujeante
14 ingenioso

4 ocurrente
25 agudo
30 divertido
18 gracioso
16 listo
9 ◁*soso*
18 ◁*tonto*

chispear
47 brillar
9 centellear
2 chisporrotear
9 radiar

chispo
bebido
12 achispado
8 beodo
45 borracho
14 ebrio

chisporrotear
2 crepitar
4 chispear

chisporroteo
1 chispazo

chisposo
9 jacarandoso

chisquero
3 encendedor
2 mechero

chistar
6 objetar
10 protestar
1 rechistar
49 ◁*callar(se)*

chiste
23 agudeza
26 broma
8 concepto
1 cuentecillo
9 chascarrillo
7 chirigota
3 chuscada
18 gracia(s)
10 ocurrencia
103 burla

chistera
- 9 cilindro
- 10 bimba
- 10 gorro
- 9 sombrero

chistosa
- 7 andorrera

chistoso
- 8 chusco
- 3 donoso
- 6 humorístico
- 14 ingenioso
- 4 ocurrente
- 25 agudo
- 25 cuarto
- 30 divertido
- 18 gracioso
- 8 ◁ *aburrido*
- 9 ◁ *soso*

chistu
- 3 flauta

chita
- 5 astrágalo
- 4 chito
- 26 juego(s)
- 3 tejo
- 3 redecilla

chiticalla
- 18 disimulo
- 15 reserva(s)
- 19 secreto
- 7 silencio
- 4 ◁ *revuelo*
- 79 ◁ *alboroto*

chito
- 1 chitón
- 1 tango
- 1 tarusa
- 7 mojón

chitón
- 4 chito

chiva
- 12 bártulos
- 7 mochila
- 6 trebejos
- 9 zurrón
- 9 barba
- 19 berrinche
- 40 borrachera
- 5 canica
- 6 cobertor
- 16 embriaguez
- 12 enojo
- 5 fifí
- 9 manta
- 12 pepa
- 4 perilla
- 6 pito
- 10 trasto

chivarse
- 13 acusar
- 10 delatar
- 11 denunciar
- 49 ◁ *callarse*

chivatada
- 7 denuncia

chivatazo
- 6 confidencia
- 5 delación
- 7 denuncia
- 27 acusación
- 8 soplo

chivateo
- 79 alboroto
- 80 bulla

chivato
- 34 auxiliar(se)
- 32 bellaco
- 8 confidente
- 8 delator
- 8 fuelle
- 4 malsín
- 13 acusador
- 7 acusica
- 5 acusón
- 26 aprendiz
- 15 ayudante
- 27 cabrón
- 15 chivo
- 8 denunciante
- 4 detector

- 23 ruin
- 7 soplón
- 12 vil
- ⇨ macho cabrio

chiveta
- 13 frenético

chivetero
- 4 cabreriza

chivo
- 3 colcha
- 9 barba
- 5 barbilla
- 19 berrinche
- 27 cabrón
- 9 chanchullo
- 16 disgusto
- 37 golpe
- 19 intriga
- 9 manta
- 10 paga
- 4 perilla
- 2 rodillazo
- 9 salario
- ⇨ macho cabrio

chocante
- 8 destacado
- 18 extraño
- 34 notable(s)
- 22 raro
- 13 singular
- 9 sorprendente
- 11 antipático
- 42 fastidioso
- 35 ◁ *medio(s)*
- 11 ◁ *normal*
- 6 ◁ *simpático*

chocar
- 25 admirar(se)
- 1 colisionar
- 19 combatir
- 22 disputar(se)
- 23 encontrar(se)
- 18 extrañar(se)
- 12 lidiar
- 29 pelear(se)
- 7 pugnar
- 22 sorprender(se)

- 9 topar(se)
- 10 tropezar(se)

chocarrería
- 51 absurdo
- 8 bufonada
- 4 songa

chocarrero
- 15 bufo
- 8 chuzón
- 9 impolítico
- 22 ordinario
- 23 bufón

choclo
- 14 apuro(s)
- 24 carga
- 2 chanclo
- 20 incomodidad
- 18 molestia(s)
- 6 percance
- 3 zueco
- 10 contratiempo
- 15 dificultad
- 3 mazorca
- 29 ◁ *ayuda*

choco
- 4 calamar
- 1 caparro
- 3 moreno
- 1 muñón
- 7 perro
- 3 tostado
- 1 tueco
- 1 tuerto
- 6 bucle
- 3 rizo
- 12 torcido

chocolate
- 5 cacao
- 9 bombón
- 3 chocolatina

chocolatín
- 9 bombón

chocolatina
- 11 colación

chorlo

9 bombón
3 chocolate

chocha
5 becada
1 coalla
1 chochaperdiz
2 gallineta
2 pitorra
⇨gallina sorda

chochaperdiz
6 chocha

chochear
12 caducar
8 envejecer
48 pasar(se)
7 ◁*rejuvenecer(se)*

chochera
14 ancianidad

chochería
8 caduquez

chochez
14 ancianidad
10 caducidad
8 caduquez
5 decrepitud
7 senectud
9 vejez

chocho
21 caduco
11 decadente
10 decrépito
22 viejo

11 conejo
5 coño
11 senil
2 vagina
8 vetusto

9 ◁*enérgico*
11 ◁*lozano*
10 ◁*joven*

chofe
3 bofe

chófer
9 conductor
6 piloto

chofeta
4 braserillo
2 copilla
3 escalfeta

choice
8 elección
4 selección

chola
8 bocha
38 cabeza
4 cholla
5 testa

cholo
5 mestizo
3 plebeyo
9 vulgar
17 cobarde
4 cholla
5 gallina
11 patán
17 rústico
10 ◁*refinado*
4 ◁*urbano*
9 ◁*valiente*

cholla
10 entendimiento
38 cabeza
4 chola
15 juicio

chollo
25 beneficio(s)
9 botella
4 corbata
6 verruga
8 filón
13 bicoca
7 camarón
21 cola
11 ganga
9 sinecura
14 ventaja
7 ◁*estafa*

9 ◁*timo*

chomba
5 jersey
5 chaleco

chompa
5 jersey
1 suéter
5 chaleco

chongo
1 muñón
2 palafrén
2 tocón
6 bucle
6 matalón
11 penco
3 rizo

chope
4 azadón
4 garfio
2 raño
5 trompada
3 guantada
4 puñetazo

chopo
1 álamo
2 escopeta
7 fusil
5 mosquetón

chopper
1 seccionador
1 seleccionador

choque
12 colisión
19 combate
6 encontronazo
12 impresión
10 lid
8 pugna
7 sorpresa
6 topada
5 trompada
4 tropezón
18 disputa
11 pelea

choquezuela
1 rótula

chordón
2 frambuesa

choreto
5 contrahecho
6 copioso
2 desvencijado
29 abundante
17 ◁*escaso*

chorizar
15 substraer(se)
10 sustraer

chorizo
11 caco
4 carterista
4 contrapeso
7 embutido
4 longaniza
5 ristra
5 salchichón
8 sarta
75 bobo
4 boleador
13 ladrón
8 mangante
12 mentecato
4 mulato
22 necio
19 negro
6 ratero
6 salame
22 serie
30 ◁*blanco*
◁*criollo*
16 ◁*listo*

chorlito
27 aturdido
12 botarate
9 lelo
16 distraído
9 pájaro
13 ◁*escrupuloso*
5 ◁*juicioso*

chorlo
1 turmalina

chorra
- 9 bienandanza
- 10 churria

chorreante
- 6 empapado
- 6 húmedo

chorrear
- 30 amonestar(se)
- 25 calar(se)
- 43 engañar(se)
- 6 fluir
- 7 gotear
- 21 mojar(se)
- 16 pringar(se)
- 7 verter
- 10 estafar
- 12 regañar
- 22 reñir
- 16 reprender
- 5 timar
- 65 ◁*alabar(se)*
- 30 ◁*secar(se)*

chorreo
- 4 despilfarro
- 6 goteo
- 13 regaño
- 36 represión
- 17 reprimenda
- 11 riña
- 29 ◁*alabanza*

chorrera
- 14 encaje
- 3 pechera
- 6 puntilla
- 21 adorno

chorrillo
- 9 chorro
- 9 buche
- 5 sorbo
- 13 trago

chorro
- 28 abundancia
- 8 caño
- 9 hilo
- 16 cantidad

- 14 copia
- 17 estafador
- 13 ladrón
- 16 multitud
- 5 timador

chorroborro
- 10 aluvión

chorva
- 6 muchacha
- 9 bombón
- 7 chica
- 10 joven
- 9 moza
- ⇨ mujer bandera
- ⇨ tía buena

chotacabras
- 1 engañapastores

chotear(se)
- 8 chancearse
- 7 popularizar(se)
- 8 retozar
- 9 vulgarizar(se)
- 8 desprestigiarse
- 80 burlarse
- 5 espiar
- 6 mofarse
- 4 reírse
- 11 vigilar

choteo
- 4 rechifla
- 2 zumba
- 103 burla
- 14 cachondeo
- 7 chanza
- 8 pitorreo

choto
- 15 cabrito
- 6 copioso
- 7 doméstico
- 2 ternero
- 29 abundante
- 27 cabrón
- 28 engreído
- 7 manso
- 19 orgulloso

- 17 ◁*escaso*
- 19 ◁*salvaje*

chotuno
- 8 cabrío

chova
- 2 corneja

chovinismo
- 3 patriotería

choza
- 9 barraca
- 4 bohío
- 5 borda
- 25 cabaña
- 3 chabola
- 8 chamizo
- 3 pajar
- 13 corral

chozno
- 1 tataranieto

chozo
- 25 cabaña

chozpar
- 4 brincar

chozuela
- 25 cabaña

chubasco
- 3 chaparrada
- 2 nubarrada
- 4 tromba
- 13 aguacero
- 10 contratiempo
- 6 chaparrón

chubascoso
- 9 anubarrado

chubasquear
- 16 pringar(se)
- 2 paramar

chubasquero
- 2 anorak
- 6 gabardina

- 8 impermeable

chubesqui
- 17 calentador

chúcaro
- 35 bravío

chucear
- 12 aguijar(se)
- 3 diluviar
- 43 engañar(se)
- 15 herir
- 57 picar
- 4 sablear
- ⇨ llover a cántaros
- 6 ◁*escampar(se)*

chuco
- 12 corrompido
- 45 borracho
- 14 ebrio
- 13 podrido
- 13 ◁*sereno*

chucha
- 12 pereza

chuchería
- 14 insignificancia
- 10 nadería(s)
- 42 tontería(s)
- 19 bagatela
- 9 baratija
- 25 fruslería

chuchinga
- 29 afeminado
- 7 marica
- 3 sarasa

chucho
- 7 estremecimiento
- 7 perro
- 29 aguja
- 11 apergaminado
- 26 arrugado
- 26 azote
- 8 can
- 6 chismoso
- 11 enredador

6 escalofrío
8 látigo
5 mama
19 miedo
26 miserable
22 pecho
9 pincho
12 tacaño
18 temor
15 ◁*reservado*
18 ◁*generoso*

chueca
12 articulación
2 tocón
103 burla

chuela
1 chifla
103 burla
8 pitorreo

chueta
10 judío

chufa
103 burla

chufar
80 burlar(se)

chufeta
14 brasero
15 calefacción
17 calentador
103 burla

chufla
15 befa
26 broma
11 pasada

chuflar
13 pitar

chufletear
27 bromear(se)

chufletero
15 bromista
3 juerguista

chuico
8 olla
5 perol

chulada
5 bravuconada

chulería
17 baladronada
15 bambolla
10 fanfarria
11 jactancia
7 majeza
12 rufianería
26 arrogancia
21 bravata

chuleta
3 bisté
28 bofetada
4 costilla

chulo
15 altanero
8 granuja
12 malvado
5 valentón
6 sinvergüenza
22 amante
7 compadre
8 estupendo
6 fardón
4 gavión
10 hombre
11 magnífico
7 matón
4 perdonavidas
7 pinche
14 querido
8 rufián
17 soberbio
16 ◁*modesto*

chumar
33 beber

chumbera
2 nopal
2 tunal
⇨higuera de Indias

chumbo
18 bala
5 cactus
6 disparo(s)
2 higo
6 proyectil
8 tiro

chuminadas
11 zarandaja(s)

chumo
7 insípido
9 insulso
9 insustancial
45 borracho
14 ebrio
9 soso
5 ◁*sabroso*
13 ◁*sereno*

chunga
26 broma
6 choteo
4 rechifla
2 zumba
103 burla
14 cachondeo
6 guasa
7 ◁*seriedad*

chungarse
27 bromear(se)

chungón
15 bromista
4 guasón
3 juerguista

chunguearse
15 befar(se)
27 bromear(se)
13 chingar

chungueo
26 broma
7 chunga
103 burla
6 guasa

chunguero
23 bufón

chupa
2 aljuba
3 juba
2 mojadura
5 chaleco
10 gabán

chupacirios
17 beato
2 meapilas
6 sacristán
5 santurrón
6 ◁*ateo*
9 ◁*incrédulo*

chupada
1 calada
1 consumida
1 chupetada
2 chupetón
2 enjuta
1 estrecha
1 flaca
4 lengüetada
4 succión
14 débil
24 fácil
12 sencillo
◁*difícil*
◁*rolliza*

chupado
5 cenceño
9 consumido
7 macilento
11 delgado
16 flaco

chupador
75 bobo

chupalamparas
6 sacristán
2 monago

chupandina
7 festín
11 ganga
17 suerte

chupar
19 absorber
47 aprovechar(se)

chuparse

20 embeber(se)
19 enflaquecer(se)
32 gastar(se)
2 lamer
4 libar
10 mamar(se)
22 servir(se)
3 succionar
6 utilizar
24 emplear
6 sorber
45 ◁*ayudar(se)*
6 ◁*escupir*

chuparse
19 enflaquecer(se)
3 relamer(se)

chupatintas
8 empleado(s)
3 oficinista
7 pinche
⇨empleado de banca

chupe
4 libación

chupeta
2 toldilla

chupetada
12 chupada

chupete
13 arete
4 arracada
3 biberón
19 pendiente
2 volantín
7 cometa
2 mamila

chupeteo
12 chupada

chupetín
9 ajustador

chupetón
12 chupada
4 mamada

chupinazo
6 disparo(s)
7 patada

chupón
5 mamón
3 parásito
7 secante

chupóptero
3 parásito

churra
2 ortega

churrasco
1 asado
4 carne

churre
10 grasa
10 churria
8 pringue

churrete
5 chafarrinón

churretoso
12 manchado
3 pringoso

churria
3 churre
28 engaño(s)
5 colitis
103 burla
8 chiripa
2 chorra

11 diarrea
6 mofa
8 pringue
17 suerte

churrigueresco
15 barroco

churro
9 porra

churrullero
16 charlatán

churumbel
1 gitanillo
5 bebé
22 niño

churumbeles
4 prole

churumen
18 inteligencia
38 cabeza

chuscada
10 chiste
103 burla
15 changa

chusco
27 bollo(s)
7 burlón
3 donoso
2 hilarante
9 chistoso
30 divertido
18 gracioso
33 pícaro
8 ◁*aburrido*
9 ◁*soso*

chusma
8 gentuza
25 muchedumbre

4 populacho
6 turba
3 zurriburri
9 gazuza

chut
1 puntapié
8 tiro

chutar
16 despejar(se)

chuto
30 tímido
3 despuntado
9 pusilánime
11 romo
5 ◁*aguzado*
33 ◁*atrevido*

chuzo
5 azagaya
2 carámbano
8 garrocha
13 pico
18 chico
7 enmarañado
8 látigo
17 lluvia
6 matalón
17 mozo
22 niño
11 penco
13 pica

chuzón
7 burlón
5 chocarrero
9 marrullero
5 solapado
50 astuto
9 ladino
16 taimado
5 zorro
10 ◁*leal*
20 ◁*serio*

D

dable
27 posible(s)
3 realizable
4 factible
5 hacedero
8 ◁imposible
2 ◁irrealizable

dacio
7 gravamen
8 imposición
11 tributo

dactilografía
2 mecanografía

dactilógrafo
9 calígrafo

dadaísmo
1 cubismo
1 surrealismo

dádiva
7 coima
15 donación
7 donativo
6 limosna
9 socorro
6 sufragio
11 don
16 regalo

dadivosidad
16 bizarría
12 garbo

13 generosidad
11 liberalidad

dadivoso
6 desprendido
12 espléndido
13 liberal
9 rumboso
18 generoso
19 ◁roñoso
12 ◁tacaño

dado
4 aceptado
3 admitido
4 donado
4 entregado
8 supuesto
2 hexaedro
7 cubo
◁quitado

dador
4 librador
4 ◁apropiador

dados
3 carrete

daga
3 alfajor
15 cinta
2 escarcina

1 gumía
12 calabozo
15 cuchillo

daguerrotipia
6 fotografía

daguerrotipo
6 fotografía

daifa
6 mujerzuela
5 preciosa
14 prostituta
13 puta
17 ramera

daltonismo
3 acromatismo

dalla
7 guadaña
9 hoz

dallador
2 segador

dallar
5 segar

dama
4 gamo
3 mujer
4 reina

6 señora

damajuana
9 botella
10 castaña
3 garrafón
5 garrafa

damasco
4 albaricoquero
4 brocatel

damasquinado
2 ataujía

damasquinar
6 incrustar

damisela
5 barbilindo

damnación
8 condenación

damnar
22 condenar(se)

damnificado
5 dañado
2 molestado
4 perjudicado
10 fastidiado
9 ◁ileso

damnificar
11 dañar(se)

dancing
6 baile
4 salón

dandi
44 afectado

dandismo
32 afectación

dandy
9 figurín
5 lechuguino
14 currutaco

dango
3 planga

danta
6 anta
1 tapir

dantesco
11 espantoso
10 infernal
14 terrible

danza
6 baile
5 ballet

danzador
5 bailarín

danzadora
8 bailarina

danzante
5 bailarín
6 chisgarabís
2 danzarín
6 superficial
3 zascandil
9 entrometido
14 metomentodo

danzar
16 bailar
4 brincar

danzarín
5 bailarín
7 danzante

danzarina
8 bailarina
3 bayadera

dañado
4 damnificado
2 desfigurado
3 malherido
7 oxidado
44 afectado

dañar(se)
2 accidentarse
1 damnificar
24 destrozar(se)
52 destruir(se)
28 estorbar(se)
64 estropear(se)
87 fastidiar(se)
13 malear(se)
114 molestar(se)
5 perjudicar(se)
⇨echar a perder
83 ◁*arreglar(se)*
19 ◁*beneficiar(se)*

dañino
34 malo
14 nocivo
4 perjudicial
4 pernicioso
6 ◁*beneficioso*

daño
16 destrucción
4 detrimento
13 dolor
21 mal
11 menoscabo
9 pérdida
10 perjuicio
2 pupa
12 sufrimiento
14 ◁*agrado*
25 ◁*beneficio(s)*
40 ◁*bien(es)*
30 ◁*placer*

dañoso
5 insalubre
4 lesivo
4 enconoso

dar(se)
12 acertar
17 acontecer
22 adivinar
22 adjudicar(se)
16 administrar(se)
35 alargar(se)
25 apasionar(se)
40 aplicar(se)
38 arrimar(se)
21 asignar(se)
6 atinar
40 atizar(se)
33 atribuir(se)
17 causar
41 ceder(se)
7 conceder
16 concurrir
6 conferir
8 conocer
17 derivar
56 dirigir(se)
10 dispensar
6 donar
58 echar(se)
16 efectuar(se)
6 encararse
31 entregar(se)
7 existir
13 facilitar
11 florecer
5 fructificar
33 haber(es)
6 impartir
14 obsequiar(se)
6 ocurrir
26 ofrecer(se)
27 orientar(se)
7 otorgar
38 pegar(se)
28 plantar(se)
35 poner(se)
33 presentar(se)
47 producir(se)
8 propinar
20 proporcionar(se)
25 realizar(se)
22 regalar(se)

26 registrar(se)
30 rendir(se)
4 rentar
14 saber
5 sobrevenir
13 suceder
9 topar(se)
14 untar(se)
19 venir(se)
16 aportar
22 alcanzar
21 arrear
62 caer
7 supeditar
⇨mirar a
39 ◁*arrebatar(se)*
23 ◁*privar(se)*
8 ◁*recibir*
16 ◁*adquirir*
17 ◁*pedir*
58 ◁*quitar*

dardo
16 aguijón
5 azagaya
6 azcona
13 ballesta
7 bohordo
7 flecha
4 remoquete
7 saeta
3 sagita
4 venablo
7 zaherimiento
11 albur
13 banderilla
8 mordacidad

dársena
6 ancladero
8 fondeadero
10 puerto

data
12 abono
4 fecha
33 haber(es)

data sheet
2 tarjeta
9 ficha

datar
26 abonar(se)
15 acreditar(se)
3 fechar

dátil
1 dedo
19 mano
2 zarpa

dato
15 acontecimiento(s)
30 asunto(s)
15 cuestión
2 documento
24 hecho(s)
24 nota
3 número
9 cifra
16 cantidad
13 noticia

dauco
5 zanahoria

daza
2 alcandía
3 maíz
2 melca
2 sorgo
2 zahína

de bóbilis, bóbilis
2 gratuitamente
5 gratis
⇨de balde
⇨de franco
⇨sin esfuerzo
⇨sin exposición
⇨sin trabajo

de facto
⇨de hecho
◁de iure
◁de jure

de jure
5 legal
⇨de derecho
⇨de iure
5 ◁ilegal

◁de facto

de una bolichada
⇨a la primera
⇨de un golpe
⇨de una vez

deambular
38 andar
12 callejear
19 circular
14 pasear(se)
3 pendonear
10 asolear
9 errar

deambulatorio
11 ambulante
2 girola
2 transitable

deán
8 canónigo

debacle
17 calamidad
3 catástrofe
10 desastre

debajo
4 abajo
40 bajo(s)
4 so
2 sub

debate
4 controversia
5 polémica
13 discusión
18 disputa
⇨mesa redonda

debatible
4 cuestionable
2 disputable
6 dudoso
22 ◁cierto
11 ◁incontrovertible
11 ◁indiscutible

debatido
3 polémico

debatir(se)
16 batallar
10 contender
5 controvertir
6 cuestionar
9 deliberar
12 discutir
22 disputar(se)
12 lidiar
17 menear(se)
4 polemizar
35 tratar(se)
7 dudar
6 regatear
11 vacilar

debe
2 adeudo
17 cargo
33 ◁haber(es)

debelación
2 vencimiento
8 sujeción
2 victoria
15 ◁derrota
4 ◁rendición

deber
13 exigencia
18 necesidad
11 obligación
⇨estar obligado
⇨haber de/que
⇨ser necesario

debido
4 adecuado
13 completo
15 conveniente
16 correcto
14 íntegro
8 necesario
34 ◁malo

débil
1 amortecido
7 condescendiente
3 debilitado
9 decaído
1 desfallecido
4 menesteroso
42 blando
6 complaciente
14 currutaco
10 enclenque
23 flojo
18 pobre
11 raquítico
19 suave
30 ◁duro
4 ◁fortalecido
8 ◁robusto
22 ◁fuerte
14 ◁rico

debilidad
30 blandura
6 complacencia
10 culpa
15 decaimiento
13 desfallecimiento
4 endeblez
13 falta
12 flaqueza
11 flojedad
12 flojera
6 menesterosidad
6 raquitismo
10 enfermedad
10 pobreza
11 vicio
⇨falta de arrestos
11 ◁fortaleza
13 ◁rigor
10 ◁riqueza
1 ◁salud

debilitación
16 agotamiento
14 aplanamiento
4 atenuación
2 atonía
4 desgaste
6 ◁rejuvenecimiento
3 ◁tonificación

debilitado
12 hundido
16 quebrado
14 débil

debilitamiento
16 debilidad
2 ◁*fortalecimiento*

debilitante
5 cansador
3 enervante

debilitar
59 abatir(se)
4 afeminar
32 aflojar(se)
32 agotar(se)
9 amainar
3 amollentar
22 amortiguar(se)
15 apagar(se)
12 aplanar(se)
21 atenuar(se)
11 desmedrar(se)
19 disminuir(se)
8 enervar(se)
30 hundir(se)
6 limar
39 rebajar(se)
10 castrar
16 ◁*entonar(se)*
3 ◁*potenciar*
9 ◁*reforzar*
7 ◁*rejuvenecer(se)*

debilitarse
32 aflojar(se)
9 declinar
8 depauperar(se)
12 desfallecer
15 extenuar(se)
12 languidecer
18 marchitar(se)
20 resentirse
62 caer
15 decaer

débilmente
2 caducamente

debilucho
10 enclenque
2 ◁*fortachón*

debitar
4 adeudar
6 deber

débito
12 atraso(s)
7 deuda
5 déficit

debla
2 cante

debocar
6 devolver
9 vomitar

debrocar
5 trasvasar

debut
3 estreno
11 presentación
3 primicia

debutar
6 estrenar
6 principiar

debute
9 elogio
29 alabanza

decadencia
38 caída
5 declive
5 decrepitud
6 descenso
10 hundimiento
8 ocaso
6 ◁*auge*

decadente
1 caducante
9 decaído
10 decrépito
7 degenerado
5 disminuido
9 inseguro
13 menguado
6 vencido
44 afectado
10 amanerado
23 flojo
15 ◁*poderoso*
18 ◁*sano*

28 ◁*vivo*
22 ◁*fuerte*
10 ◁*joven*

decaer
53 acabar(se)
15 agostar(se)
12 caducar
17 debilitarse
9 declinar
19 disminuir(se)
18 empeorar(se)
28 finalizar(se)
17 flaquear
30 hundir(se)
12 jubilar(se)
3 menguar
7 terminar
62 caer
64 estropearse
59 ◁*aumentar(se)*
9 ◁*empezar(se)*
13 ◁*fortalecer(se)*

decaído
19 abatido
17 alicaído
11 decadente
6 deprimido
5 desanimado
4 fortalecido
14 débil
4 lile
10 mustio
8 ◁*floreciente*

decaimiento
21 afección
22 aflojamiento
10 anonadamiento
14 aplanamiento
8 astenia
10 caducidad
16 debilidad
23 depresión
3 descalcificación
6 descenso
5 flaccidez
11 flojedad
15 quebranto
25 ruina(s)
3 mucepo

decalcificación
3 descalcificación

decalcificar
1 descalcificar

decalvación
7 calva

decanato
17 antigüedad

decano
33 anciano
33 antiguo

decantación
1 clarificación
1 sedimentación
28 separación
4 trasiego
3 trasvase
7 ◁*fusión*
19 ◁*unión*

decantado
11 acendrado
4 acrisolado

decantar(se)
8 acendrar(se)
17 aceptar
54 aclarar(se)
10 acrisolar
65 alabar(se)
9 asumir
27 decidir(se)
10 derramar
43 inclinarse
16 ponderar
4 propalar

decapado
1 cepillado
1 desincrustación
1 frotado
19 limpieza
5 raspadura

decapitación
8 cercenamiento
1 degollamiento
1 descabezamiento

decapitado
2 descabezado
2 destroncado
2 guillotinado

decapitar
12 amputar
52 matar(se)
57 cortar
8 degollar
4 yugular

decencia
18 aseo
18 compostura
9 decoro
3 ética
11 honestidad
19 limpieza
4 moralidad
13 nobleza
10 recato
16 dignidad
11 ◁deshonestidad
2 ◁desvergüenza
14 ◁suciedad

decente
9 aseado
15 conveniente
15 curioso
4 decoroso
11 digno
2 ético
12 honesto
11 limpio
6 moral
2 pudibundo
8 recatado
6 suficiente
22 noble
8 ◁indecoroso
10 ◁indigno
14 ◁inmoral
12 ◁insuficiente
13 ◁sucio

decenviro
2 magistrado

decepción
7 desencanto
9 desengaño
4 desilusión
28 engaño(s)
6 frustración
103 burla
12 chasco
9 timo

decepcionar(se)
11 chasquear
9 defraudar
26 desalentar(se)
11 descorazonar(se)
8 desengañar(se)
12 desfallecer
6 desilusionar
17 ◁confiar(se)
13 ◁ilusionar(se)

deceso
4 fallecimiento

decible
2 declarable

decideras
1 explicaderas
7 facundia
4 verborrea
6 ◁premiosidad

decididamente
11 bravamente
6 briosamente

decidido
23 animado
33 atrevido
18 audaz
5 emprendedor
5 lanzado
13 resuelto
9 valiente
6 ◁medroso
7 ◁timorato

decidir(se)
37 acordar(se)
5 alzaprimar
61 animar(se)
13 arbitrar(se)
21 arrestar(se)
23 arriesgar(se)
42 arrojar(se)
21 atrever(se)
14 concluir
11 decantar(se)
5 decretar
34 determinar(se)
2 dictaminar
6 dilucidar
48 disponer(se)
10 estatuir(se)
53 lanzar(se)
6 optar
5 osar
14 persuadir(se)
23 pronunciar(se)
31 querer(se)
6 remangar(se)
16 resolver(se)
9 fallar
17 ◁arredrar(se)
6 ◁fluctuar
4 ◁hesitar
7 ◁dudar
7 ◁titubear
11 ◁vacilar

décima
1 espinela

decimal
3 décimo
1 dezmeño
1 dezmero

décimas
10 fiebre

décimo
10 billete
3 decimal
7 participación

decir
43 afirmar(se)
52 asegurar(se)
9 dicho
4 enunciar
20 hablar
9 hipótesis
20 historias
11 manifestar
6 opinar
3 parlar
25 sostener(se)
8 supuesto
16 cuento
6 parlotear

decirse
14 apellidar(se)
6 rumorear(se)
1 sonajero

decisión
21 audacia
10 fallo
13 firmeza
15 sentencia(s)
12 valentía
24 valor
14 determinación
32 atrevimiento
11 entereza
7 osadía
21 resolución
14 ◁cobardía

decisivo
4 básico
4 cardinal
6 central
4 concluyente
6 definitivo
9 esencial
6 fundamental
1 resolutivo
10 determinante
27 absoluto
14 ◁accidental
6 ◁secundario

decisorio
3 dirimente

declamación
8 dicción
12 oración
1 recitación

declamador
3 recitador

declamar
3 recitar
29 representar(se)

declarable
- 3 confesable
- 1 decible

declaración
- 7 elucidación
- 10 explicación
- 11 exposición
- 11 manifiesto
- 11 proclamación
- 19 afirmación
- 5 enunciación

declarado
- 28 claro
- 9 concreto
- 14 evidente
- 11 manifiesto
- 11 notorio
- 12 obvio
- 5 ostensible
- 18 patente
- 6 ◁ dudoso
- 16 ◁ incierto

declarador
- 1 declarativo

declarante
- 3 certificador
- 2 informante
- 3 testigo

declarar
- 43 afirmar(se)
- 52 asegurar(se)
- 22 atestiguar(se)
- 14 decir
- 34 explicar(se)
- 31 exponer(se)
- 11 manifestar
- 16 resolver(se)
- 5 testificar
- 9 fallar
- ⇨ tomar partido

declararse
- 52 amar(se)

declarativo
- 1 declarador

declinación
- 6 decadencia
- 5 declive
- 6 descenso
- 8 ocaso
- 12 paradigma

declinante
- 2 disminuible

declinar
- 9 abstenerse
- 14 aminorar(se)
- 17 debilitarse
- 19 disminuir(se)
- 4 enunciar
- 3 menguar
- 10 rehusar(se)
- 8 renunciar
- 15 decaer
- 59 ◁ aumentar(se)
- 9 ◁ reforzarse

declinatorio
- 15 brújula

declive
- 9 bajada
- 7 cuesta
- 6 decadencia
- 19 pendiente
- 4 rampa
- 4 ◁ ascenso

decoloración
- 15 ajamiento
- 19 sobo

decolorar
- 3 desteñir

decomisar
- 6 confiscar
- 8 incautar(se)

decomiso
- 2 comiso
- 7 confiscación
- 5 requisa
- 10 toma

decoración
- 6 embellecimiento
- 5 hermoseamiento
- 7 ornamento
- 8 ornato(s)
- 21 adorno

decorado
- 4 ornamentación
- 2 tramoya

decorador
- 1 proyectista

decorar
- 21 adornar
- 14 embellecer(se)
- 10 hermosear
- 5 ornamentar
- 6 ornar
- 10 ◁ afear

decorativo
- 1 embellecedor
- 4 estético
- 1 ornamental
- 9 vistoso
- 35 atractivo

decoro
- 10 estimación
- 11 honestidad
- 18 honor
- 19 limpieza
- 13 nobleza
- 10 recato
- 2 respetabilidad
- 13 respeto(s)
- 16 dignidad
- 10 ◁ impudicia

decoroso
- 13 decente
- 11 digno
- 12 honesto
- 6 pundonoroso
- 18 ◁ feo

decrecer
- 3 abajarse
- 16 acortar(se)
- 14 adelgazar(se)
- 14 aminorar(se)
- 19 disminuir(se)
- 19 enflaquecer(se)
- 32 estrechar(se)
- 3 menguar
- 59 ◁ aumentar(se)
- 6 ◁ engordar

decrecimiento
- 6 menguante
- 11 menoscabo
- 9 reducción
- 21 ◁ elevación
- 8 ◁ engrandecimiento

decrepitar
- 2 chisporrotear

decrépito
- 11 achacoso
- 3 ajado
- 5 anticuado
- 21 caduco
- 11 decadente
- 19 estropeado
- 1 gotoso
- 22 viejo
- 14 débil
- 6 roto
- 12 ◁ nuevo
- 9 ◁ reluciente
- 18 ◁ sano
- 22 ◁ fuerte

decrepitud
- 1 babosería
- 6 decadencia
- 5 declive
- 10 hundimiento
- 6 chochez
- 10 ◁ apogeo
- 4 ◁ ascenso

decretal
- 3 epístola
- 13 interpretación

decretar
- 27 decidir(se)
- 34 determinar(se)

24 ordenar(se)
16 resolver(se)
17 mandar

decreto
5 dictamen
11 manifiesto
20 orden
21 resolución
⇨constitución papal

decúbito
8 horizontal

decumbente
5 yacente

decurrir
35 bajar(se)
17 descender
10 ◁ascender
30 ◁subir(se)

decurso
5 sucesión
2 texto
3 transcurso

dechado
10 ejemplo
16 muestra(s)
15 modelo

dedal
1 dedil
5 protector

dédalo
9 laberinto

dedicación
2 destinación
6 entrega
6 entusiasmo
17 ocupación
22 trabajo(s)
13 aplicación
18 asignación
3 consagración
16 empleo
7 ◁desgana

7 ◁paro

dedicado
4 consagrado
3 destinado
8 empleado(s)
1 utilizado

dedicar(se)
40 aplicar(se)
47 aprovechar(se)
21 asignar(se)
5 brindar
14 consagrar(se)
13 designar(se)
5 destinar
11 enfrascar(se)
31 entregar(se)
11 invertir
35 ocupar(se)
26 ofrecer(se)
7 ofrendar
16 prometer(se)
24 emplear
32 entrar
⇨trabajar en

dedicatoria
8 ofrecimiento
7 ofrenda
3 consagración

dedil
2 dedal

dedo
3 dátil

deducción
11 cálculo
12 conclusión
11 consecuencia
7 derivación
2 descuento
16 disminución
1 inferencia
7 rebaja
4 resta
6 síntesis

deducible
3 averiguable

deducido
1 consecuente
2 consiguiente
3 derivado
1 descontado
5 rebajado
1 restado

deducir
10 colegir(se)
14 concluir
1 descontar
19 disminuir(se)
27 inferir(se)
39 rebajar(se)
10 restar

deducirse
17 derivar
26 desprender(se)
15 nacer
11 resultar
42 seguir(se)

deductivo
4 metódico
4 razonado
7 lógico
5 ◁ilógico

defalcar
2 desfalcar

defecación
4 caca
2 deposición
1 deyección
2 excreción
12 heces
14 excremento
11 mierda
34 porquería

defecar(se)
13 cagar(se)
11 ciscarse
9 clarificar
9 descargar
1 descomer
16 ensuciar(se)
17 evacuar
2 zullarse

5 expeler
11 ciscar
2 ñipar

defección
30 abandono
7 deserción
7 escape
7 evasión
6 fuga
10 huida

defecto
8 carencia
7 deficiencia
13 falta
11 imperfección
4 maca
8 pecado
9 privación
7 tacha
5 tara
11 vicio
10 ◁exceso

defectos
6 alifafe

defectuoso
29 anormal
7 deficiente
6 fragmentario
12 imperfecto
14 incompleto
6 perfectible
4 tarado
5 ◁corregido

defedación
3 fealdad
24 ◁belleza

defender
55 amparar(se)
63 apoyar(se)
34 auxiliar(se)
8 disculpar
6 exculpar
16 excusar(se)
15 justificar(se)
9 preservar(se)
42 proteger(se)

defenderse

12 resguardar(se)
25 sostener(se)
11 ◁*desamparar*

defenderse
10 abroquelar(se)
10 alegar
13 atrincherar(se)
7 capear
12 escudar(se)
16 excusar(se)

defendible
4 disculpable
5 justificable
3 sustentable

4 ◁*denunciable*
6 ◁*insostenible*

defendido
9 amurallado
3 apoyado
7 cubierto
5 fortificado
5 garantizado
4 refugiado
3 resguardado
12 protegido

7 ◁*desamparado*
9 ◁*indefenso*

defenestración
18 arrojamiento
38 caída

defenestrar
42 arrojar(se)
3 destituir

defensa
4 abatida
6 adarve
5 alegato
3 alibí
30 amparo
3 antemural
8 apología
37 apoyo
6 arma(s)
4 atrincheramiento
10 baluarte
6 barricada

4 blindaje
16 broquel
3 coartada
11 custodia
6 disculpa
8 égida
7 escudo
6 hospitalidad
2 inmunización
8 parapeto
8 patrocinio
7 plastrón
5 preservación
13 protección
3 reducto
15 reserva(s)
9 resguardo
17 resistencia
20 seguridad
4 socaire
14 sostén
6 terraplén
6 trinchera
9 tutela
8 valimiento
3 valladar
32 abrigo
29 ayuda
19 guardia

18 ◁*ataque*
27 ◁*acusación*

defensor
3 abogador
9 adalid
15 amparador
9 campeón
3 garante
4 paladín
11 patrono
5 protector
4 salvador
4 tutor
3 valedor
17 abogado

8 ◁*agresor*
3 ◁*asaltante*
13 ◁*acusador*

deferencia
47 atención(es)
12 benevolencia

19 circunspección
6 complacencia
8 condescendencia
33 consideración(es)
20 cortesía
8 miramiento
13 respeto(s)
7 obsequio

1 ◁*desconsideración*
7 ◁*descortesía*

deferente
5 benevolente
8 circunspecto
7 condescendiente
12 cortés
6 obsequioso
3 respetuoso
17 atento
6 complaciente
7 considerado
10 mirado

6 ◁*desconsiderado*
◁*descortés*

deferir
19 admitir

deficiencia
10 defecto
13 falta
11 imperfección
12 insuficiencia
4 maca
7 tacha
5 tara

deficiente
7 defectuoso
9 falto
12 imperfecto
12 insuficiente
4 tarado
12 suspenso
⇨ no apto

déficit
8 carencia
3 débito
12 descubierto

7 deuda
13 falta

2 ◁*superávit*

deficitario
12 insuficiente

definible
5 determinable

6 ◁*indescriptible*

definición
3 aserto
8 axioma
4 constreñimiento
7 delimitación
5 especificación
17 ley
7 proposición
3 tesis

4 corolario
14 determinación
5 enunciación
4 teoría

definido
28 claro
9 concreto
1 delimitado
11 determinado
13 específico
14 evidente
14 inequívoco
12 obvio
20 simple

9 ◁*ambiguo*
14 ◁*indeterminado*
32 ◁*oscuro*

definir
54 aclarar(se)
14 concretar(se)
7 constreñir
11 delimitar
8 detallar
34 determinar(se)
6 especificar
34 explicar(se)

54 ◁*confundir(se)*
◁*indeterminar*

definitivo
4 concluyente
16 final
6 terminante
6 total
10 determinante
27 absoluto
6 ◁relativo

definitorio
3 aclaratorio
10 determinante

deflagración
14 reventón

deformable
3 alterable
1 distorsionable
1 metamórfico
5 modificable
10 mudable
4 mutable
13 ◁inalterable
16 ◁inmutable

deformación
5 alabeo
4 comba
4 desfiguración
1 disformación
18 disimulo
5 falseamiento
26 hinchazón
2 manipulación
1 plegamiento
6 retorcimiento
6 torsión
15 mentira
10 trampa
2 ◁conformación
6 ◁verdad

deformado
5 abarquillado

deformar
15 alabear(se)
20 combar(se)
20 desfigurar(se)
1 disformar

13 disimular
12 falsear
38 hinchar(se)
5 manipular
14 plegar(se)
22 retorcer(se)
44 torcer(se)
6 trampear
4 mentir
27 ◁conformar(se)

deforme
6 amorfo
2 desfigurado
13 desproporcionado
3 globoso
13 informe
8 macaco
13 retorcido
3 tullido
10 abultado
19 cipote
7 giboso
12 torcido

deformidad
2 cojera
3 desproporción
7 giba
26 hinchazón
5 tara

defraudación
7 alijo
16 distracción

defraudador
3 falsificador
4 sisador

defraudar
7 decepcionar(se)
6 desilusionar
43 engañar(se)
64 estropear(se)
87 fastidiar(se)
24 frustrar(se)
8 malograr
10 estafar
5 timar
13 ◁ilusionar(se)

defunción
22 ausencia
7 desaparición
13 falta
4 fallecimiento
11 muerte
3 óbito
17 ◁nacimiento

degeneración
8 corrupción
6 decadencia
5 declinación
5 declive
5 empeoramiento
2 encanallamiento
11 podredumbre
2 metástasis
12 cáncer
11 vicio
3 ◁mejoramiento

degenerado
29 anormal
12 corrompido
4 degradado
9 depravado
7 envilecido
4 tarado
16 vicioso
21 ◁puro
19 ◁recto

degenerar
16 corromperse
9 declinar
18 empeorar(se)
23 encanallar(se)
18 enviciar(se)
87 fastidiar(se)
9 podrir(se)
15 decaer
64 estropearse
49 ◁mejorar(se)

deglución
1 disfagia
3 ingestión

deglutir
22 comer
20 engullir(se)

4 ingerir
15 zampar(se)
40 atizarse
5 embaular
9 jamar
31 tragar
4 ◁ayunar

degolladero
5 cadalso

degolladura
13 cama

degollamiento
3 decapitación

degollar
15 ahorcar(se)
5 decapitar
52 matar(se)
10 eliminar
8 chapear
4 yugular
⇨cortar el cuello
⇨dar el golpe de gracia

degollina
27 batalla
7 hecatombe
4 matanza
6 mortandad

degradación
2 abajamiento
25 abatimiento
13 bajeza
6 decadencia
5 declive
10 degeneración
4 destitución
5 empeoramiento
2 encanallamiento
2 envilecimiento
6 envilecimiento
15 humillación
8 postergación
4 ◁ascenso
4 ◁ensalzamiento
10 ◁mejora

degradado
19 caído
7 degenerado
7 humillado
20 abyecto
4 ◁*galardonado*

degradante
3 envilecedor
4 humillante
6 infamante
2 ◁*ennoblecedor*

degradar(se)
59 abatir(se)
10 abellacarse
9 acanallarse
12 baldonar
11 bastardear(se)
14 deprimir(se)
17 descender
3 destituir
15 dimitir
19 disminuir(se)
23 encanallar(se)
18 enviciar(se)
29 envilecer(se)
7 exonerar
46 humillar(se)
30 hundir(se)
9 menospreciar
5 prostituir(se)
39 rebajar(se)
14 cesar
3 postergar
10 ◁*ascender*
5 ◁*ensalzar(se)*
7 ◁*galardonar*

degustación
9 cata

degustador
5 catador

degustar
9 catar
2 paladear

dehesa
8 coto
2 redonda

dehiscencia
7 apertura
8 estallido
22 salida(s)

deidad
8 dios
4 superhombre
3 tótem

deificación
4 apoteosis
4 divinización

deificar
65 alabar(se)
4 divinizar
6 endiosar(se)
5 ensalzar(se)
32 exaltar(se)
2 sacralizar
7 santificar(se)
⇨ poner por las nubes
⇨ subir a los altares
46 ◁*humillar(se)*

dejación
30 abandono
14 desinterés
6 desvinculación
6 renuncia
12 cesión

dejada
1 abandonada
5 tirada

dejadez
30 abandono
25 abatimiento
16 debilidad
15 descuido
11 desidia
12 flojera
10 incuria
15 indolencia
11 negligencia
12 pereza
6 vagancia
19 desorden
10 pobreza
14 suciedad
7 ◁*laboriosidad*
19 ◁*limpieza*

dejado
19 abandonado
17 calamidad
11 desaliñado
7 desordenado
11 negligente
15 adán
5 desaseado
9 descuidado
15 indolente
13 perezoso
13 sucio
16 vago
6 zarrapastroso
25 ◁*diligente*
5 ◁*trabajador*

dejamiento
11 negligencia

dejar(se)
22 abandonar(se)
17 aceptar
19 admitir
32 aflojar(se)
15 ahorcar(se)
35 alargar(se)
32 arrinconar(se)
41 ceder(se)
17 consentir
10 deponer
11 desamparar
4 desasistir
11 desatender
8 descartar
7 descuidar
19 desentender(se)
6 desistir
17 evacuar
5 legar
15 libertar(se)
11 librar
11 olvidar(se)
8 omitir
25 permitir(se)
20 prestar(se)
47 producir(se)
4 rentar
8 renunciar
21 repudiar(se)
22 resignar(se)
42 soltar(se)
4 testar
70 apartarse
9 apoltronarse
46 irse
60 largarse
34 liberar(se)
17 mandar
53 marchar
34 retirarse
⇨ pasar por alto
12 ◁*acarrear*
51 ◁*apropiar(se)*
39 ◁*arrebatar(se)*
9 ◁*asumir*
45 ◁*ayudar(se)*
10 ◁*cultivar*
6 ◁*encepar*
6 ◁*presionar*

dejativo
12 desmayado
23 flojo
13 perezoso
18 ◁*sano*

deje
7 dejo
5 regusto
9 acento
11 resabio
13 tono

dejillo
7 dejo
8 tonillo
9 acento

dejo
5 deje
9 recuerdo(s)
8 sabor
8 tonillo
9 acento
12 gusto
11 resabio

delación
7 denuncia
2 revelación

27 acusación
5 chivatazo
8 soplo

delantal
4 babero
1 mandil

delante
15 anteriormente

delantera
13 anterioridad
12 anticipación
8 fachada
6 frente
3 frontispicio
9 iniciativa
11 avance
22 pecho

delantero
25 anterior
6 frente
4 inicial
4 postillón
2 primero
12 principal
5 ◁trasero

delatado
10 acusado

delatar
13 acusar
33 avisar(se)
13 descubrir
20 evidenciar
11 manifestar
30 quemar(se)
22 revelar(se)
3 chivarse
11 denunciar
19 soplar
31 ◁encubrir(se)
41 ◁ocultar(se)

delator
8 fuelle
4 malsín
13 acusador
7 acusica

5 acusón
19 chivato
8 denunciante
7 soplón
4 ◁cómplice
4 ◁encubridor

delco
1 ruptor

dele
8 borradura

deleble
7 borroso
9 inseguro

delectación
30 placer

delectar
17 gozar

delegación
10 agencia
16 comisión
4 comité
4 filial
10 gestión
4 habilitación
7 mandato
5 misión

delegado
5 comisionado
5 encargado
8 representante
27 agente
⇨hombre de confianza

delegar
4 comisionar
7 encargar
6 encomendar
5 facultar
⇨hacer dejación
⇨hacer partícipe

deleitable
38 agradable
26 apacible
18 atrayente

11 deleitoso
8 delicioso
14 encantador
7 gustoso
8 placentero
7 seductor
35 atractivo
30 divertido
9 entretenido
21 ◁repugnante

deleitar
30 agradar
48 atraer(se)
13 cautivar
20 embelesar(se)
15 encantar(se)
22 fascinar(se)
8 gustar
30 placer
12 seducir
28 ◁aburrir(se)
2 ◁repugnar

deleitarse
14 refocilar(se)
22 regalar(se)
8 regodear

deleite
14 agrado
8 delicia
16 diversión
8 embeleso
14 encanto
30 placer
9 seducción
14 atracción
12 gusto
12 ◁aburrimiento
18 ◁repugnancia

deleitoso
38 agradable
12 deleitable
8 delicioso
1 fruitivo
7 idílico
8 regalado
16 risueño
16 sensual
16 vicioso

19 dulce
2 zorzalino

deletrear
23 pronunciar(se)

deleznable
3 desmenuzable
1 disgregable
6 escurridizo
9 inconsistente
34 malo
2 pésimo
6 resbaladizo
12 frágil
5 quebradizo
21 falso
45 ◁bueno
11 ◁verdadero

delfín
3 arroaz
3 heredero
2 sucesor
3 tonina
⇨puerco marino

delgadez
3 adelgazamiento
6 amojamamiento
3 enjutez
4 escualidez
1 magrez
12 pequeñez
6 raquitismo
2 ◁adiposidad
17 ◁anchura
7 ◁gordura
8 ◁grosor
4 ◁obesidad

delgado
27 delicado
6 enjuto
16 fino
7 magro
4 palillo
21 seco
7 tenue
5 escuchimizado
16 flaco
8 flamenco

delgaducho

19 suave
45 ◁ *áspero*
19 ◁ *gordo*

delgaducho
11 delgado

deliberación
10 consulta
8 elección

deliberadamente
11 adrede
8 aposta

deliberado
11 adrede
2 intencionado
1 intencional
2 preconcebido
2 premeditado
2 voluntario
⇨ a propósito

8 ◁ *impensado*
6 ◁ *involuntario*

deliberador
3 deliberante

deliberante
3 consultivo
1 deliberador
1 pensante

deliberar
13 analizar(se)
13 considerar(se)
14 debatir(se)
12 discutir
41 examinar(se)
11 meditar
31 pensar(se)
15 reflexionar
35 tratar(se)

delicadamente
19 atentamente

delicadeza
13 angostura
47 atención(es)
20 cortesía

22 cuidado
10 deferencia
9 detalle
9 dulzura
13 educación
5 escrupulosidad
5 esmero
10 estrechez
14 finura
8 miramiento
13 respeto(s)
3 sensibilidad
11 suavidad
2 susceptibilidad
6 ternura
4 urbanidad
12 primor

9 ◁ *amplitud*
1 ◁ *desconsideración*
7 ◁ *descortesía*
15 ◁ *descuido*
22 ◁ *aspereza*

delicado
12 angosto
17 arriesgado
12 cortés
17 cuidadoso
10 deferente
2 detallista
difícil
7 educado
15 enfermizo
13 escrupuloso
7 esmerado
19 estrecho
16 fino
7 gustoso
3 puntilloso
3 respetuoso
5 sabroso
15 sensible
14 tierno
17 atento
14 débil
11 delgado
19 dulce
10 mirado
6 quisquilloso
19 suave
7 susceptible
45 ◁ *áspero*

6 ◁ *desaborido*
6 ◁ *desconsiderado*
◁ *descortés*
20 ◁ *amplio*
9 ◁ *descuidado*
24 ◁ *fácil*
22 ◁ *fuerte*

delicia
14 agrado
9 deleite
17 goce
17 gozo
30 placer
20 satisfacción
12 gusto
16 regalo

12 ◁ *desagrado*
16 ◁ *disgusto*

delicioso
38 agradable
12 deleitable
11 deleitoso
9 gozoso
7 gustoso
8 placentero
5 sabroso
6 satisfactorio

6 ◁ *desaborido*
10 ◁ *desagradable*

delicuescente
5 fundente

delimitación
10 acotación
4 amojonamiento
12 definición
15 demarcación
3 deslinde
1 encuadramiento
7 limitación

delimitado
9 definido

delimitar
16 acotar
18 amojonar
12 cercar
8 definir

3 demarcar
10 deslindar
11 encerrar
10 encuadrar
27 limitar(se)
24 marcar(se)
3 vallar

delincuencia
3 bandolerismo

delincuente
9 bandido
1 bandolero
8 criminal
3 granuja
8 infractor
7 malhechor
6 preso
4 recluso
4 reo
5 transgresor
13 ladrón
11 pillo

delineación
2 escenografía

delinear
9 abocetar
8 bosquejar
14 dibujar(se)
5 diseñar
4 esbozar
3 modelar
8 rayar
23 trazar(se)

delinquir
16 atentar

deliquio
13 desfallecimiento
15 desmayo

delirante
34 apasionado
8 apasionante
3 apoteósico
4 calenturiento
6 entusiasmado

delirar
17 alucinar(se)
74 aturdir(se)

2 desatinar
2 desbarrar
7 disparatar
30 enajenar(se)
13 ilusionar(se)
30 atontarse
4 desvariar
⇨ decir tonterías
⇨ montar castillos en el aire
11 ◁razonar

delirio
10 alucinación
1 atontamiento
38 aturdimiento
10 desatino
5 despropósito
6 dislate
16 disparate
10 emoción
14 enajenación
6 entusiasmo
16 éxtasis
11 ilusión
13 desvarío
18 fantasía
14 locura
12 quimera
7 ◁cordura

delito
8 crimen
10 culpa
13 falta
15 infracción
8 pecado
2 quebrantamiento
4 transgresión
5 vulneración
3 ◁observancia

delta
2 desembocadura

deludir
80 burlar(se)

delusorio
17 artificioso

demacración
9 depauperación
3 lividez

demacrado
1 depauperado
8 descolorido
4 desmejorado
15 enfermizo
4 enflaquecido
3 lívido
7 macilento
8 pálido
11 delgado
8 ◁robusto
18 ◁sano
19 ◁gordo

demacrar(se)
14 adelgazar(se)
2 blanquecer
8 depauperar(se)
11 desmedrar(se)
5 desmejorar
5 empalidecer
19 enflaquecer(se)
2 enmagrecer
5 enfermarse
6 ◁engordar
49 ◁mejorar(se)
14 ◁sanar(se)

demagogo
4 jacobino
4 progresista

demanda
13 afán
16 busca
13 empeño
11 empresa
6 encargo
10 instancia
14 intento
1 pedido
8 petición
3 requisitoria
2 ruego
22 salida(s)
7 solicitud
6 súplica
22 trabajo(s)

10 despacho
12 esfuerzo

demandante
19 actor
8 contendiente
3 impetrador
3 litigante
5 querellante
4 recurrente

demandar
13 acusar
34 afanar(se)
11 instar
5 intentar
14 pretender
11 requerir
9 rogar
8 solicitar
6 suplicar
10 delatar
11 denunciar
39 empeñarse
25 esforzarse
17 pedir
7 ◁conceder
13 ◁rechazar

demarcación
5 abalizamiento
5 acordonamiento
5 área
8 bailete
8 behetría
4 capitanía
7 circunscripción
7 delimitación
5 distrito
10 jurisdicción
7 limitación
8 taifa
8 terreno
9 territorio
10 cantón

demarcar
8 definir
11 delimitar
10 deslindar

demás
9 además
1 etcétera

1 otro
4 restante
9 resto
6 sobrante

demasía
8 delito
7 derroche
9 desafuero
3 desmán
4 despilfarro
2 excedencia
10 exceso
13 falta
11 insolencia
8 perversidad
31 sobra(s)
8 superfluidad
32 atrevimiento
4 caradura
8 desfachatez
19 desorden
19 jeta
7 maldad
8 ◁carencia

demasiado
1 excesivamente
5 sobradamente
1 sobreabundantemente
⇨ en demasía

demencia
2 alienación
1 atontamiento
38 aturdimiento
2 aturullamiento
14 enajenación
6 enloquecimiento
5 vesania
14 locura
7 ◁cordura
15 ◁juicio

demente
12 alelado
16 alienado
27 aturdido
4 aturullado
12 chiflado
17 enajenado

demergido

demergido
  7 orate
  4 pasmado
  11 privado
  8 vesánico
  5 atontado
  8 ido
  20 loco
  ▷falto de seso
  ▷falto de un tornillo
  ▷mal de la cabeza
  ▷mal de la mollera
  7 ◁*cuerdo*
  6 ◁*sensato*

demergido
  19 abatido
  12 hundido

demérito
  8 carencia
  10 defecto
  6 desdoro
  4 desmerecimiento
  2 desprestigio
  13 falta
  11 imperfección

demisión
  25 abatimiento
  8 sumisión

democracia
  3 autodeterminación
  4 liberalismo
  18 libertad
  4 ◁*autarquía*
  4 ◁*autocracia*
  8 ◁*dictadura*
  4 ◁*tiranía*

demócrata
  1 democrático
  3 ◁*dictador*
  5 ◁*imperialista*

democrático
  1 demócrata

democristiano
  13 liberal

demodé
  5 anticuado
  4 rancio

demografía
  14 habitantes
  13 población
  1 populación

demoledor
  4 arrollador
  2 asolador
  5 catastrófico
  1 destructivo
  10 destructor
  2 exterminador
  2 ◁*constructor*
  2 ◁*edificante*
  7 ◁*reparador*

demoler
  16 arrasar(se)
  42 arruinar(se)
  15 asolar
  17 derribar(se)
  6 derruir
  52 destruir(se)

demolición
  1 arrasamiento
  5 derribo
  16 destrucción
  25 ruina(s)

demolido
  11 destruido
  19 arruinado

demoniaco
  3 demonial

demoníaco
  1 luciferino
  3 demonial

demonial
  1 demoniaco
  2 demoníaco
  9 endemoniado

demonio
  8 lucifer
  8 macaco
  15 maligno
  3 patillas
  6 satanás
  14 diablo
  8 pata
  5 pateta
  10 ◁*ángel*

demora
  10 aplazamiento
  12 atraso(s)
  5 dilación
  7 prórroga
  2 retardación
  5 retardo
  6 retraso
  6 tardanza
  2 ◁*adelanto*

demorable
  2 prorrogable

demorado
  3 aplazado
  4 ◁*sumarísimo*

demorar(se)
  10 aguardar(se)
  13 aplazar(se)
  17 atrasar(se)
  49 detener(se)
  8 diferir
  29 dilatar(se)
  50 parar(se)
  4 prorrogar
  9 retardar(se)
  17 retrasar(se)
  3 tardar
  17 arranchar
  2 mamonear
  14 pisar
  3 postergar
  24 ◁*adelantar(se)*

demostrable
  5 comprobable
  14 evidente
  4 explicable
  2 verificable
  7 ◁*inexplicable*

demostración
  32 argumento
  9 comprobación
  5 evidencia
  15 indicio(s)
  2 justificación
  16 manifestación
  16 muestra(s)
  12 ostentación
  20 prueba
  6 señalamiento
  17 razón
  27 señal

demostraciones
  18 aspaviento

demostrado
  3 comprobado
  4 confirmado
  1 evidenciado
  1 patentizado
  4 probado
  6 ◁*dudoso*
  5 ◁*hipotético*

demostrador
  4 verificador

demostrar
  24 argumentar(se)
  9 comprobar
  20 evidenciar
  11 indicar
  15 justificar(se)
  11 manifestar
  35 mostrar(se)
  19 probar
  11 razonar
  46 señalar(se)

demostrativo
  5 apodíctico
  4 probatorio
  10 determinante

demudación
  21 alteración
  2 palidez
  11 trastorno
  11 turbación
  10 variación

19 cambio
8 ◁*serenidad*
9 ◁*tranquilidad*

demudado
9 cadavérico
1 desemblantado
8 pálido

demudar(se)
74 aturdir(se) desemblantarse
11 desencajar(se)
20 desfigurar(se)
4 palidecer

demulcente
2 mitigador
4 emoliente
6 lenitivo
19 suave
30 ◁*duro*

dende
4 desde

dendroideo
2 arborescente

denegación
5 declinación
1 desestima
3 desestimación
2 negación
3 negativa
5 prohibición
6 rechazo
6 renuncia
7 repudio
8 repulsa
7 ◁*permiso*
19 ◁*afirmación*

denegado
3 rechazado
6 ◁*ofrecido*
4 ◁*ofrendado*

denegar
18 contradecir(se)
9 declinar

10 desestimar(se)
27 negar(se)
11 prohibir(se)
10 rehusar(se)
8 renunciar
21 repudiar(se)
6 vedar
13 rechazar
43 ◁*afirmar(se)*
7 ◁*otorgar*
25 ◁*permitir(se)*

denegrecer
10 ennegrecer

denegrir
5 atezar(se)

dengoso
12 aprensivo
2 denguero
7 pamplinero
5 remilgado
6 melindroso
5 ñoño
6 sucedido

dengue
12 aprensivo
30 blandura
4 esclavina
5 remilgado
42 tontería(s)
42 blando
14 débil
23 flojo
7 melindre
6 melindroso
3 remilgo
⇨mosca muerta
⇨poca cosa

denguear
1 remilgarse
1 repulir(se)

denguería
13 dengue

denguero
7 dengoso
6 melindroso

denigración
21 agravio
9 descrédito
6 desdoro
16 deshonor
2 desprestigio
6 difamación
17 injuria
10 insulto
14 ofensa
10 ultraje
7 vilipendio
29 ◁*alabanza*

denigrado
8 acanallado
10 acusado
1 insultado
3 ◁*condecorado*

denigrante
3 envilecedor
4 humillante
6 infamante
5 vilipendioso

denigrar
12 agraviar
14 calumniar(se)
14 desacreditar(se)
22 deshonrar(se)
16 injuriar
10 insultar
33 ofender(se)
7 ultrajar
8 desprestigiar
7 difamar
16 infamar
12 vilipendiar

denigrativo
5 calumnioso

denodadamente
11 bravamente

denodado
27 animoso
18 audaz
7 decidido
25 diligente

5 emprendedor
5 esforzado
4 expedito
10 intrépido
7 osado
13 resuelto
25 pronto
9 valiente
10 ◁*indeciso*
33 ◁*apocado*
17 ◁*cobarde*
9 ◁*pusilánime*

denominación
5 distintivo
6 etiqueta
8 apodo
12 designación
12 mote
16 nombre
10 rótulo
27 señal

denominar
14 apellidar(se)
14 bautizar
13 designar(se)
11 indicar
3 mencionar
16 nombrar
46 señalar(se)
33 llamar

denostar
12 agraviar
14 calumniar(se)
19 censurar
10 criticar
12 denigrar
16 injuriar
10 insultar
33 ofender(se)
16 reprobar
7 ultrajar
12 vilipendiar
⇨poner a parir
⇨poner como chupa de dómine
⇨poner verde
65 ◁*alabar(se)*
5 ◁*ensalzar(se)*

denotar
10 aludir(se)
39 anunciar(se)
20 evidenciar
7 expresar
11 indicar
11 manifestar
35 mostrar(se)
25 referir(se)
46 señalar(se)
13 significar
⇨ hacer patente

densidad
11 amontonamiento
9 apelotonamiento
4 apiñamiento
4 compacidad
1 compactibilidad
3 condensación
2 espesor
⇨ peso específico
6 ◁ *fluidez*

densificarse
11 espesar(se)

densímetro
4 areómetro

denso
2 amontonado
1 apelotonado
1 apiñado
10 compacto
3 condensación
15 espeso
9 intenso
8 plúmbeo
8 profundo
31 pesado
10 ◁ *fluido*
23 ◁ *ligero*
14 ◁ *suelto*
6 ◁ *superficial*

dentada
3 dentellada
1 mordisco

dentado
5 engranado
5 mellado
4 serrado

dental
1 dentario

dentar
3 endentecer

dentario
1 dental

dentejón
9 yugo

dentellada
2 dentada
3 mordedura
1 mordisco

dentellado
12 bocado

dentellear
2 atarazar
4 retemblar
2 temblequear

dentellón
2 dentículo
4 adaraja
7 diente

dentera
16 asco
2 envidia
18 repugnancia
5 repulsión
28 ansia

denticulado
45 áspero

dentículo
1 dientecillo
7 diente

dentífrico
⇨ pasta de dientes

dentina
1 marfil
7 diente

dentista
2 estomatólogo
2 odontólogo
7 sacamuelas

dentón
3 dentudo

dentro
7 adentro(s)
1 intramuros
3 ◁ *fuera*
5 ◁ *intemperie*

dentudo
1 colmilludo
1 dentón
1 dientudo
1 ◁ *desdentado*

denuedo
21 audacia
19 brío
11 decisión
10 intrepidez
12 valentía
24 valor
40 ánimo
18 arrojo
32 atrevimiento
12 esfuerzo
15 gallardía
7 osadía
21 resolución
16 ◁ *desánimo*
10 ◁ *indecisión*
14 ◁ *cobardía*

denuesto
21 agravio
2 dicterio
11 improperio
17 injuria
10 insulto
14 ofensa
10 ultraje
11 calumnia
12 infamia
29 ◁ *alabanza*

denuncia
1 chivatada
5 delación
5 requerimiento
27 acusación
5 chivatazo
4 multa
8 soplo

denunciable
1 acusable
5 achacable
3 atribuible
3 imputable
3 ◁ *defendible*

denunciado
10 acusado
3 ◁ *litigante*

denunciador
8 denunciante

denunciante
8 delator
1 denunciador
5 fiscal
13 acusador
7 acusica
5 acusón
19 chivato
7 soplón

denunciar
13 acusar
40 batir(se)
20 evidenciar
11 manifestar
35 mostrar(se)
19 probar
30 quemar(se)
46 señalar(se)
3 chivarse
10 delatar
19 soplar
31 ◁ *encubrir(se)*
41 ◁ *ocultar(se)*

deóntico
2 ético
6 moral

deontología
6 deber
3 ética

6 moral

departamento
15 anaquel
9 berlina
9 gabinete
6 sector
10 sección
25 cuarto
2 provincia

departir
5 conferenciar
4 entrevistarse
20 hablar
5 platicar
13 conversar
6 charlar

depauperación
16 debilidad
2 demacración
4 empobrecimiento
5 enflaquecimiento
7 extenuación
12 flojera
5 indigencia
6 menesterosidad
10 pobreza
11 ◁*fortaleza*
10 ◁*riqueza*

depauperado
9 demacrado

depauperar(se)
32 agotar(se)
17 debilitarse
9 demacrar(se)
19 enflaquecer(se)
15 extenuar(se)
42 arruinarse
12 empobrecerse
4 tronar
13 ◁*fortalecer(se)*
15 ◁*enriquecerse*

dependencia
19 atadura
7 ligadura
2 ligazón

6 subordinación
14 vinculación
20 relación
8 sujeción
12 ◁*independencia*
18 ◁*libertad*

depender
⇨estar a la orden
⇨estar atado
⇨estar bajo el dominio
⇨estar condicionado
⇨estar en contacto
⇨estar en relación
⇨estar ligado
⇨estar protegido por alguien
⇨estar subordinado
⇨estar sujeto
⇨estar unido
⇨estar vinculado
⇨quedar al arbitrio
⇨ser mantenido

dependiente
20 accesorio
17 adicto
14 adjunto
13 anejo
19 anexo
5 cagatintas
8 empleado(s)
5 subordinado
2 sufragáneo
3 tributario
14 comerciante
8 mancebo
3 subalterno
7 ◁*independiente*

depilación
16 arrancadura
7 calva

depilado
15 arrancado
3 ◁*bigotudo*

depilar
3 rasurar
48 arrancar

depilarse
6 maquillarse

deplorable
4 condenable
1 irremediable
5 lamentable
5 lastimoso
11 penoso
3 rechazable
4 reprobable
16 triste
12 infeliz
8 ◁*estimable*

deplorar
22 condenar(se)
22 doler(se)
14 entristecer(se)
15 lamentar(se)
16 reprobar
13 rechazar
65 ◁*alabar(se)*
27 ◁*alegrar(se)*

deponer
22 abandonar(se)
22 atestiguar(se)
11 declarar
43 dejar(se)
3 destituir
15 dimitir
20 interrumpir(se)
5 testificar
14 cesar
⇨prestar declaración

deportación
5 destierro
5 exilio
13 expulsión
4 extradición
6 extrañamiento
3 proscripción

deportar
5 desterrar(se)
11 exiliar(se)
4 extraditar
18 extrañar(se)
7 proscribir

11 expulsar

deporte
2 atletismo
1 sport

deportista
19 atleta
8 jugador
1 sportman

deportividad
13 corrección
1 deportivismo
13 nobleza
7 ◁*apasionamiento*

deportivismo
3 deportividad

deportivo
7 olímpico
2 ◁*antideportivo*

deposición
8 defecación
14 excremento

depositado
2 acumulado
8 confiado
1 consignado
4 entregado
3 fiado
1 guardado
7 ◁*flotante*
18 ◁*libre*
14 ◁*suelto*

depositante
2 impositor

depositar
4 consignar
2 desovar

depositario
5 custodio
4 ◁*contribuyente*

depositarse
14 posar(se)
14 reposar(se)

depósito
15 acopio
4 acuario
5 alhóndiga
2 almudín
9 arsenal
4 cisterna
8 consigna
12 consignación
9 estanque
3 factoría
7 fianza
4 gasolinera
2 gasómetro
6 maletero
8 parque
4 polvorín
15 reserva(s)
3 tanque
4 tenencia
3 tolva
2 container
3 stock
10 aguadero
11 almacén
8 atarjea
11 bodega
13 boliche
18 cancha
3 recámara

depravación
8 corrupción
1 corruptela
14 desenfreno
2 encanallamiento
6 envilecimiento
3 perversión
8 cohecho
4 soborno

depravado
5 bribón
10 desenfrenado
7 encanallado
8 granuja
15 maligno
7 pérfido

8 tunante
11 pillo
12 vil

depravar
11 bastardear(se)
13 malear(se)
20 pervertir(se)
13 viciar(se)
16 corromper

depravarse
19 relajar(se)

deprecación
8 ruego
6 súplica

deprecar
4 impetrar
6 implorar
11 instar
9 rogar
8 solicitar
6 suplicar
17 pedir
13 ◁*rechazar*

depreciación
10 abaratamiento
5 baratura
4 desmerecimiento
16 disminución

depreciar
11 abaratar(se)
39 rebajar(se)
⇨caer los precios

depredación
5 algara
10 asalto
4 avanzada
6 cabalgada
7 correría
1 malversación
7 pillaje
4 rapiña
1 sacomano
7 estafa
8 robo
15 saco

6 saqueo

depredador
16 animal
6 bestial
1 carroñero
4 saqueador
13 ladrón
19 salvaje

depredar
16 pillar(se)
5 saquear

depresión
25 abatimiento
9 bache
9 bajada
8 concavidad
15 decaimiento
5 declive
13 degradación
7 desaliento
16 desánimo
6 descenso
4 empobrecimiento
15 humillación
10 hundimiento
22 melancolía
5 oquedad
8 postración
25 ruina(s)
2 socavón
3 vaguada
37 agujero
8 postergación
13 tristeza
9 valle
38 ◁*alegría(s)*
4 ◁*enriquecimiento*
4 ◁*ensalzamiento*
11 ◁*subida*

depresivo
9 anfractuoso
1 depresor
1 deprimente
4 humillante

depresor
4 depresivo

deprimente
4 depresivo

deprimido
9 decaído
5 desanimado
7 humillado
12 melancólico
3 pesimista
8 cariacontecido
36 ◁*alegre*
8 ◁*contento*
5 ◁*optimista*

deprimir(se)
59 abatir(se)
4 amohinar
45 apocar(se)
23 degradar(se)
26 desalentar(se)
25 desanimar(se)
14 entristecer(se)
46 humillar(se)
21 postrar(se)
39 rebajar(se)
42 arruinarse
15 decaer
12 empobrecerse
3 postergar
5 ◁*ensalzar(se)*
27 ◁*alegrar(se)*
15 ◁*enriquecerse*

deprisa
19 rápido

depuesto
3 desautorizado

depuración
5 acendramiento
5 purga

depurado
11 acendrado
4 acrisolado
3 afinado
21 puro
5 saneado

depurador
4 depurativo

depurar
8 acendrar(se)
10 acrisolar

15 dimitir
16 filtrar(se)
49 mejorar(se)
22 perfeccionar(se)
6 purgar
7 purificar
14 cesar
11 expulsar
50 limpiar

depurativo
1 depurador
5 purgante
1 purificador
7 laxante

derecha
5 conservadurismo
1 ◁*izquierda*

derechamente
6 rectamente

derechero
15 conveniente
16 justo

derechismo
5 conservadurismo

derechista
14 tradicional
6 conservador
9 mocho

derecho
9 alternativa(s)
4 anverso
15 contribución
4 cuota
10 directo
4 erguido
9 gabela
7 haz
9 impuesto
12 justicia
11 legitimo
7 opción
10 posibilidad(es)
15 razonable
11 tributo
1 vertical

19 recto
14 afortunado
18 cara
12 dichoso
11 feliz
16 justo
17 razón
⇨de pie
3 ◁*indirecto*
12 ◁*injusto*
6 ◁*reverso*
4 ◁*tumbado*
14 ◁*desgraciado*

derechos
16 comisión
8 tasación

derechura
8 rectitud
5 ◁*oblicuidad*
3 ◁*zigzag*

derivación
16 bifurcación
11 consecuencia
10 deducción
3 estribación
7 ramal
4 ramificación
9 resultado

derivado
6 deducido
4 ilativo
7 procedente

derivar
59 abatir(se)
63 dar(se)
7 deducirse
56 dirigir(se)
11 emanar
25 encaminar(se)
9 encauzar
27 inferir(se)
31 iniciar(se)
43 llevar(se)
15 nacer
27 orientar(se)
39 originar(se)
21 proceder

11 resultar
42 seguir(se)
⇨cálculo infinitesimal

derivarse
17 descender
39 originar(se)
21 proceder
42 seguir(se)

dermatitis
1 dermitis
7 inflamación

dérmico
3 cutáneo

dermis
3 cutis
9 piel

dermitis
2 dermatitis

derogable
3 rescindible

derogación
6 abolición
14 nulidad
4 revocación
5 ◁*implantación*

derogado
6 cancelado
15 nulo
6 revocado

derogar
15 abolir(se)
28 anular(se)
6 cancelar
5 rescindir
13 suprimir
9 revocar
5 ◁*instituir*

derrama
4 prorrateo

derramamiento
8 desangramiento
11 efusión

derramar
4 asperger
4 desembocar
4 diseminar
23 divulgar(se)
28 esparcir(se)
21 repartir(se)
4 rociar
7 verter
14 publicar
⇨hacer saber
16 ◁*concentrar(se)*

derramarse
6 fluir
10 patear
7 rebasar
8 rebosar

derramasolaces
8 aguafiestas
36 alegre

derrame
5 declinación
5 declive
10 sesgo
18 inclinación
⇨acumulación de líquido

derramo
5 derrame
4 desparramo

derrapar
4 patinar
8 resbalar(se)

derredor
34 alrededor(es)
19 cercanía(s)
5 circuito
31 contorno(s)
17 proximidad(es)

derrelicto
30 abandono

derrengado
9 consumido
1 deslomado

derrengamiento

9 exhausto
3 tullido
4 ◁*fortalecido*
◁*recuperado*

derrengamiento
6 caimiento
15 rendimiento

derrengar
32 agotar(se)
41 cansar(se)
6 desriñonar(se)
37 fatigar(se)

derrengarse
15 extenuar(se)

derretido
3 amartelado
27 amoroso
6 fundido
9 hormigón

derretimiento
53 amor
4 colicuación
7 fusión
6 licuación

derretir(se)
30 ablandar(se)
41 ceder(se)
39 deshacer(se)
3 deshelar
6 desvivirse
16 emocionar(se)
37 enamorar(se)
23 enardecer(se)
7 enternecer(se)
4 fluidificar
15 fundir(se)
10 impacientar(se)
1 licuar
36 liquidar(se)
22 regalar(se)
7 transigir
⇨ponerse nervioso

derribado
14 atropellado
3 derruido
11 destruido

derribamiento
5 derribo

derribar(se)
42 arruinar(se)
6 demoler
10 deponer
18 derrumbar(se)
52 destruir(se)
15 dimitir
43 inclinar(se)
36 liquidar(se)
21 postrar(se)
17 tumbar(se)
62 caer
14 cesar
15 sembrar
58 tirar
⇨echar al suelo
⇨echar por tierra
⇨hacer caer
58 ◁*alzar(se)*

derribo
4 demolición
1 derribamiento
7 derrocamiento
16 destrucción
2 rocería

derrocamiento
9 complot
6 conjura
5 derribo
4 destitución
3 destronamiento
15 revolución
9 alzamiento
◁*readmisión*
8 ◁*reposición*

derrocar
6 demoler
10 deponer
17 derribar(se)
6 derruir
8 despeñar(se)
52 destruir(se)
15 dimitir
14 cesar
⇨lanzar pendiente abajo

derrochado
9 consumido

derrochador
12 botarate
8 despilfarrador
3 dilapidador
4 disipador
5 disparador
11 gastador
9 rumboso
9 coladero
9 manirroto
14 pródigo
4 ◁*ahorrador*
12 ◁*tacaño*

derrochar
26 disipar(se)
33 exceder(se)
48 pasar(se)
11 sobrar(se)
6 despilfarrar
6 dilapidar
20 disparar
7 malgastar
36 rajar

derroche
28 abundancia
4 despilfarro
2 dilapidación
10 exceso
13 generosidad
12 prodigalidad
14 copia
12 ◁*escasez*
8 ◁*mesura*
6 ◁*tacañería*

derrochón
10 derrochador

derrota
5 derrotero
2 desbarato
10 destrozo
16 dirección
8 orientación
15 rumbo
2 vencimiento

10 atajo
26 camino
5 fracaso
9 pérdida
10 ruta
12 senda
5 trocha
7 vereda

derrotado
6 agotado
16 cansado
8 desalentado
5 desanimado
8 desastrado
11 fatigado
6 harapiento
18 andrajoso
19 arruinado
18 pobre
9 ◁*atildado*
14 ◁*rico*

derrotar
59 abatir(se)
40 batir(se)
24 destrozar(se)
52 destruir(se)
40 ganar(se)
38 perder(se)
8 triunfar
40 vencer(se)
7 fracasar
⇨acabar con

derrote
2 cornada

derrotero
15 derrota
16 dirección
8 orientación
15 rumbo
10 ruta

derrotismo
25 abatimiento
16 desánimo
desmoralización
3 pesimismo
◁*triunfalismo*

derrotista
9 agorero
6 claudicante
7 desmoralizado

derrubio
1 deslave

derruido
3 derribado
8 destrozado
11 destruido
9 ◁levantado
  ◁reconstruido

derruir
59 abatir(se)
42 arruinar(se)
6 demoler
17 derribar(se)
58 tirar
⇨echar abajo
5 ◁construir
53 ◁levantar(se)

derrumbamiento
7 alud
38 caída
10 hundimiento

derrumbar(se)
59 abatir(se)
20 acoquinar(se)
42 arruinar(se)
6 demoler
17 derribar(se)
6 derruir
5 desencantarse
39 deshacer(se)
2 desmoronar(se)
30 hundir(se)
29 amilanarse
62 caer
13 desplomar
58 tirar
⇨echar abajo
58 ◁alzar(se)
61 ◁animar(se)

derrumbe
38 caída

derviche
13 monje

desaborido
9 desabrido
7 insípido
9 insulso
3 secatón
3 desaguado
9 soso
27 ◁delicado
8 ◁delicioso
12 ◁exquisito
7 ◁gustoso
8 ◁jugoso
4 ◁opíparo
4 ◁suculento
14 ◁rico

desabotonar
42 soltar(se)

desabotonarse
7 despechugar(se)

desabridamente
10 acremente
3 ásperamente
5 secamente
⇨a la birlonga

desabrido
45 áspero
6 desaborido
10 desagradable
7 insípido
9 insulso
22 rudo
13 violento
10 displicente
9 soso
7 ◁gustoso
19 ◁suave

desabrigado
19 abandonado
4 ◁envuelto

desabrigar
11 desamparar
1 desguarnecer

1 desproteger
13 destapar(se)
15 ◁abrigar(se)

desabrigo
30 abandono
4 orfandad

desabrimiento
10 acrimonia
15 bilis
6 crudeza
5 despego
9 destemplanza
4 esquivez
15 indiferencia
7 picazón
7 sequedad
22 aspereza

desabrochar
2 desatacar
5 desceñir(se)
42 soltar(se)
6 ◁abrochar(se)

desabrocharse
1 desalforjarse
7 despechugar(se)

desacato
7 desatención
7 descortesía
6 desobediencia
8 grosería
8 insubordinación
2 insumisión
10 irreverencia
14 rebeldía
2 sacrilegio
⇨falta de respeto

**desacertada-
mente**
21 mal

desacertado
9 desatinado
7 descabellado
6 erróneo
1 malaconsejado

desacertar
20 equivocar(se)
21 extraviar(se)
8 malograr
9 errar
6 marrar
22 ◁hallar(se)

desacierto
10 desatino
6 dislate
16 disparate
8 insensatez
15 necedad(es)
22 barbaridad
8 equivocación
7 error
8 torpeza

desacobardar(se)
61 animar(se)

desacomodado
5 cesante
7 descansado
11 desocupado
2 liberado
13 parado
⇨sin trabajo
◁en activo

desacomodo
3 cesantía
20 incomodidad
7 paro
10 tribulación
10 pobreza
11 preocupación
9 ◁tranquilidad

desaconsejado
4 contraindicado

desaconsejar
70 apartar(se)
2 desarrimar(se)
9 disuadir(se)

desacoplado
4 desmontado

desacoplamiento
16 arrancadura

desacoplar
2 desempotrar
3 despiezar
6 ◁ embragar
15 ◁ enchufar(se)

desacorde
3 contradictorio
15 contrario
3 desafinado
4 desentonado
15 destemplado
5 disconforme
5 discordante

desacostumbrado
18 extraño
8 insólito
1 inusual
9 peregrino
22 raro

desacostumbrar(se)
1 desavezar(se)
1 deshabituar(se)
2 desusar

desacotar
22 autorizar(se)
25 permitir(se)

desacotejar
8 desarreglar(se)
19 desordenar(se)

desacreditado
13 infame
10 malmirado
6 ◁ benemérito
8 ◁ solvente

desacreditar
14 calumniar(se)
20 comprometer(se)
12 denigrar
2 desconceptuar(se)
1 desopinar
29 envilecer(se)

12 menoscabar
3 sambenitar
4 descuerar
8 desprestigiar
7 difamar
16 infamar
22 pelar
36 rajar
8 ◁ enaltecer

desacuerdo
12 conflicto
10 desavenencia
13 desunión
12 discordia
6 enfrentamiento
11 oposición
10 contradicción
12 contrariedad
21 ◁ acuerdo(s)
6 ◁ concordancia
12 ◁ concordia

desadeudar
3 desentrampar(se)

desadormecer
4 desentumecer

desadvertido
7 inadvertido

desafección
6 desafecto
6 enemiga
7 malquerencia
9 rabia
13 animadversión
21 animosidad
23 antipatía
10 inquina
20 odio
8 tirria
53 ◁ amor
24 ◁ simpatía

desafecto
15 contrario
10 desafección
12 enfrentado
10 opuesto

23 antipatía
8 tirria

desafiado
4 arrostrado

desafiador
6 armígero

desafiante
2 retador

desafiar(se)
23 arrostrar
21 atrever(se)
15 enfrentar(se)
18 provocar
2 retar
7 competir
22 oponerse
3 rivalizar

desafilado
5 embotado
5 mellado

desafilar
8 embotar(se)

desafinación
5 destemple

desafinado
3 chirriante
15 destemplado
9 disonante
12 ◁ acorde(s)

desafinar
9 desentonar
4 destemplar(se)

desafio
17 competencia
14 duelo
6 enfrentamiento
11 oposición
5 provocación
6 reto
5 rivalidad

desafío
17 arrostramiento
6 intimidación

5 provocación
21 bravata

desaforadamente
26 atrevidamente

desaforado
5 desmedido
10 desmesurado
7 desordenado
8 enloquecido
4 extremado
16 fantástico
10 gigantesco
10 monstruoso
12 enorme
9 extravagante
20 loco
7 ◁ cuerdo
15 ◁ razonable
6 ◁ sensato

desafortunado
15 aciago
10 infausto
14 infortunado
2 malaventurado
3 nefasto
3 negativo
16 desdichado
14 desgraciado
13 putas
⇨ perro flaco
10 ◁ positivo

desafuero
12 abuso
3 desmán
10 exceso
6 incontinencia
3 tropelía
9 alcaldada
21 arbitrariedad
14 atropello
8 canallada

desagraciado
2 desangelado
1 deslucido
7 patoso
18 feo

desairado

18 ◁*gracioso*
13 ◁*salado*

desagradable
9 desapacible
5 enojoso
6 incómodo
8 irritante
21 repugnante
5 repulsivo
9 asqueroso
10 enfadoso
42 fastidioso
15 molesto
35 ◁*atractivo*

desagradar
40 cabrear(se)
20 disgustar(se)
67 enfadar(se)
27 enojar(se)
87 fastidiar(se)
44 incomodar(se)
63 irritar(se)
114 molestar(se)
2 repugnar
⇨dar asco

desagradecido
9 ingrato

desagradecimiento
5 ingratitud

desagrado
16 asco
20 incomodidad
22 irritación
18 molestia(s)
6 rechazo
18 repugnancia
5 repulsión
10 cabreo
16 disgusto
11 enfado
12 enojo
15 fastidio
53 ◁*amor*

desagraviar
9 indemnizar
11 resarcir(se)

21 reparar

desagravio
12 reparación
20 satisfacción

desagregar
19 desvincular(se)

desaguadero
5 albollón

desaguado
6 desaborido
7 insípido
9 insulso
5 ◁*sabroso*

desaguar
4 desembocar
26 disipar(se)
20 evaporar(se)
32 gastar(se)
7 verter
15 consumir

desagüe
10 albañal
3 aliviadero
37 buzón
4 buzonera
7 drenaje
5 gárgola
4 sumidero
10 alcantarilla
7 canalón

desaguisado
12 abuso
21 agravio
9 desacierto
10 desatino
6 dislate
16 disparate
8 insensatez
15 necedad(es)
21 arbitrariedad
14 atropello
22 barbaridad
8 equivocación
7 error
8 torpeza

13 yerro

desaherrojar
15 libertar(se)
42 soltar(se)

desahitarse
1 desempacharse

desahogado
3 carota
1 desentrampado
12 desenvuelto
6 espacioso
18 libre
3 sobrado
14 suelto
29 abundante
20 amplio
11 descarado
18 descocado
27 desvergonzado
3 frescales
18 fresco
11 holgado
19 jeta
14 rico
17 ◁*escaso*

desahogar(se)
35 abrirse
42 aliviar(se)
12 consolar(se)
6 correrla
4 desbloquear
4 desfogar(se)
6 despotricar
32 divertir(se)
3 espontanear(se)
1 expansionarse
14 explayar(se)
13 sincerar(se)
21 tranquilizar(se)
19 recobrarse
15 recuperarse
21 reparar
13 ◁*angostar(se)*
11 ◁*intranquilizar(se)*

desahogo
17 alivio
9 amplitud

7 consuelo
14 descanso
3 descoco
16 diversión
10 entretenimiento
4 espaciosidad
5 esparcimiento
6 holgura
4 horizontes
18 libertad
8 reposo
9 tranquilidad
32 atrevimiento
18 cara
10 descaro
8 desfachatez
2 desvergüenza
11 frescura
19 jeta

desahuciado
19 abandonado
4 desheredado
4 despedido
2 incurable
2 inoperable
3 moribundo

desahuciar
4 desencantar
8 desengañar(se)
6 desilusionar
21 despedir(se)
58 echar(se)
11 expulsar
⇨dar por incurable
⇨rescindir el contrato
13 ◁*ilusionar(se)*
◁*dar de alta*

desahucio
4 despido
13 expulsión
8 lanzamiento
5 desamparo
8 ◁*admisión*

desairadamente
3 ásperamente

desairado
2 burlado
3 chasqueado

desairar

2 desdeñado
1 desestimado
5 desgalichado
5 despreciado
  difícil
6 incómodo
2 menospreciado
11 penoso
4 plantado
15 molesto
⇨hecho una facha
10 ◁*apreciado*
24 ◁*fácil*

desairar
10 desestimar(se)
12 despreciar
9 menospreciar
11 desdeñar
⇨tener a menos
22 ◁*apreciar(se)*

desaire
5 boche
7 desatención
7 descortesía
11 desdén
8 desprecio
8 grosería
14 menosprecio
⇨falta de educación
13 ◁*aprecio*

desajustar
11 desencajar(se)
12 desmontar(se)
19 desvincular(se)
21 dividir(se)
64 separar(se)
79 ◁*unir(se)*

desajustarse
14 desquiciar(se)

desajuste
3 discontinuidad
3 discordancia
7 incoherencia

desalabanza
16 censura
8 desprecio

14 ofensa

desalabear
24 enderezar(se)

desalado
11 ansioso

desalbaldar
4 desaparejar

desalbardar
4 desaparejar
1 desenalbardar

desalentado
19 abatido
17 alicaído
10 derrotado
5 desanimado
4 desasosegado
7 desmoralizado
8 lánguido
12 desmayado
7 ◁*eufórico*

desalentador
5 desmoralizador
8 ◁*halagüeño*
6 ◁*incitante*

desalentar(se)
59 abatir(se)
40 acobardar(se)
20 acoquinar(se)
29 amilanar(se)
12 anonadar(se)
12 aplanar(se)
17 arredrar(se)
36 atemorizar(se)
7 decepcionar(se)
14 deprimir(se)
25 desanimar(se)
11 descorazonar(se)
8 desengañar(se)
5 desesperanzar(se)
12 desfallecer
4 deshinchar(se)
12 desinteresar(se)
7 desmoralizar(se)
19 desvincular(se)
17 flaquear

8 intimidar(se)
12 languidecer
40 acobardarse
6 acojonarse
40 amedrentar
2 desembullar

desalforjar
4 desaparejar

desalforjarse
3 desabrocharse

desalhajar
1 desamueblar

desaliento
25 abatimiento
16 desánimo
6 descorazona-
  miento
14 desinterés
10 hundimiento
8 postración
13 tristeza

desaliñada
11 chancha

desaliñado
19 abandonado
18 astroso
15 adán
12 cochino
13 dejado
5 desaseado
9 descuidado
7 guarango
2 maltraído
14 ñango
6 zarrapastroso
5 ◁*emperejilado*

desaliñar
39 ajar(se)
15 empantanar(se)
6 empandorgar
14 ◁*embellecer(se)*
4 ◁*empenachar*
12 ◁*emperifollar(se)*

desaliño
30 abandono
15 ajamiento
5 desaseo
3 desmano
4 escualidez
1 taperujo
6 ◁*embellecimiento*

desalmado
20 bárbaro
18 cruel
8 inhumano
15 maligno
12 malvado
7 pérfido
9 perverso
6 sanguinario

desalmenar
59 abatir(se)

desalojar
2 desalquilar
1 desaposentar

desalquilar
2 desalojar(se)
6 desocupar(se)
6 ◁*alquilar(se)*

desamar
22 aborrecer(se)

desambientado
6 inadaptado

desamigado
7 disgustado
5 reñido

desamor
15 indiferencia
32 aborrecimiento
18 distancia
20 odio
15 ◁*cariño*

desamparado
19 abandonado
9 desvalido
6 incomunicado

9 indefenso
16 solitario
14 guacho
8 huérfano
8 ◁*defendido*

desamparador
7 abandonador

desamparar
22 abandonar(se)
30 ausentar(se)
41 ceder(se)
43 dejar(se)
4 desasistir
11 desatender
19 desentender(se)
8 renunciar
46 irse
60 largarse
53 marchar

32 ◁*atender(se)*

desamparo
30 abandono
5 indigencia
6 menesterosidad
10 pobreza
21 vía

desamueblar
1 desalhajar

desanclar
3 zarpar

desancorar
3 zarpar

desandar
4 recular

desanderado
9 alocado
9 desatinado

desangelado
7 patoso
9 soso

desangrado
3 exangüe

desangramiento
2 anemia
2 avenamiento
2 derramamiento
16 disminución
4 empobrecimiento
14 sangría
1 vertimiento
9 pérdida
11 ◁*fortaleza*
23 ◁*aumento*
7 ◁*vigor*

desanidar
11 expulsar

desanimado
19 abandonado
6 cabizbajo
9 decaído
8 desalentado
7 desmoralizado
27 ◁*animoso*
18 ◁*audaz*

desanimar(se)
59 abatir(se)
40 acobardar(se)
17 acuitar
32 aflojar(se)
29 amilanar(se)
12 anonadar(se)
70 apartar(se)
17 arredrar(se)
14 deprimir(se)
26 desalentar(se)
11 descorazonar(se)
19 desentender(se)
12 desfallecer
4 deshinchar(se)
12 desinteresar(se)
7 desmoralizar(se)
19 desvincular(se)
9 disuadir(se)
14 entristecer(se)
17 flaquear
12 languidecer
21 postrar(se)
2 desembullar
4 ñangotar(se)
5 ◁*acicatear*

12 ◁*consolar(se)*
23 ◁*enardecer(se)*
16 ◁*entonar(se)*
7 ◁*envalentonar(se)*
28 ◁*estimular(se)*
14 ◁*reanimar(se)*
11 ◁*empujar*

desánimo
30 abandono
25 abatimiento
8 afeminación
22 aflojamiento
15 bilis
23 depresión
4 derrotismo
7 desaliento
11 desconsuelo
13 desfallecimiento
15 desmayo
8 languidez
7 laxitud
12 pereza
8 postración
15 quebranto
19 ◁*brío*
13 ◁*empeño*
13 ◁*denuedo*
12 ◁*esfuerzo*

desanudar
32 aflojar(se)
17 desatar(se)
8 desligar(se)
7 ◁*encordelar*

desapacible
45 áspero
15 destemplado
30 duro
6 gélido
6 incómodo
42 fastidioso
25 frío
15 molesto
17 riguroso
17 ◁*cálido*
42 ◁*blando*

desapaciblemente
8 bruscamente

desapadrinar
8 desaprobar

desaparear
4 desparejar(se)

desaparecer
30 ausentar(se)
10 esconderse
41 ocultar(se)
fugarse
19 huir
46 irse
60 largarse
53 marchar

desaparecido
5 anulado
12 gastado
11 muerto
9 olvidado
3 suprimido
28 ◁*vivo*

desaparejado
5 desmantelado

desaparejar
2 desalbardar
1 desalforjar
2 desenganchar
1 desensillar
3 ◁*enjaezar*

desaparición
22 ausencia
6 defunción
5 eclipse
2 evanescencia
8 fulminación
3 mutis
3 volatilización
7 ◁*eclosión*
6 ◁*emersión*
4 ◁*fénix*

desapasionada
frígida

desapasionadamente
5 justamente

desapasionado
6 cartesiano
21 objetivo
25 frío
30 ◁ardiente
12 ◁chiflado
6 ◁entusiasmado
5 ◁extremista
22 ◁amante

desapasionamiento
7 ecuanimidad
6 imparcialidad
15 indiferencia
12 justicia
3 ◁beligerancia
12 ◁excitación

desapegado
25 frío

desapegar
21 enemistar(se)

desapego
1 desentendimiento
14 desinterés
12 desvío
2 distanciamiento
7 frialdad
12 ◁cordialidad

desapercibido
19 abandonado
5 desprevenido
9 descuidado
4 despistado
7 ◁precavido

desapercibimiento
16 distracción
7 inopia

desapestar
3 desinfectar

desaplicado
27 holgazán
13 perezoso

16 vago
5 ◁trabajador

desaplomar
43 inclinar(se)

desapoderamiento
5 fogosidad
11 furia
1 iracundia
12 vehemencia
7 ◁frialdad
12 ◁paciencia
26 ◁calma

desapoderar
28 anular(se)
6 desposeer
34 retirar(se)
64 separar(se)
58 quitar
24 ◁apoderar(se)
6 ◁delegar

desapolillarse
24 distraer(se)
9 ventilarse

desaposentar
2 desalojar(se)

desapreciar
10 desestimar(se)

desaprender
11 olvidar(se)

desaprensivo
9 aprovechado
8 granuja
14 inmoral
9 procaz
6 sinvergüenza
4 caradura
6 cínico
13 sucio
14 ◁honrado
22 ◁noble

desaprobación
16 censura
12 condena
4 critica
12 exclusión
6 rechazo
9 vituperio
36 represión
15 reproche

desaprobar
19 censurar
22 condenar(se)
10 criticar
26 excluir(se)
10 reprochar(se)
11 vituperar
13 rechazar
16 reprender
65 ◁alabar(se)

desaprovechado
5 desperdiciado

desaprovechar
3 desperdiciar(se)
7 malbaratar
7 malgastar

desarbolado
5 desmantelado

desarbolar
6 desmantelar

desarmable
2 intercambiable

desarmado
9 indefenso
3 inerme
6 inofensivo

desarmar
14 desarticular
37 descomponer(se)
3 despiezar

desarme
4 desguace

desarmonía
3 discordancia
9 discrepancia

desarmónico
23 agrio

desarraigado
6 exiliado
5 paria

desarraigar(se)
11 exiliar(se)
24 extinguir(se)
6 extirpar
4 extraditar
18 extrañar(se)
52 matar(se)
6 seccionar
13 suprimir
48 arrancar
11 expulsar
58 quitar
5 ◁enraizar(se)

desarraigo
16 arrancadura
6 extirpación

desarrapado
18 andrajoso
4 huiliento
7 picúa
6 ◁peripuesto

desarreglado
10 perturbado
15 adán
17 ◁apuesto
6 ◁católico
15 ◁compuesto

desarreglar
54 confundir(se)
14 desarticular
37 descomponer(se)
19 desconcertar(se)
9 desorganizar
7 enmarañar
39 liar(se)
26 trastornar(se)
83 ◁arreglar(se)

desasosegado

24 ◁*ordenar(se)*

desarreglarse
10 enturbiar(se)

desarreglo
17 acceso
18 ataque
7 desbarajuste
6 desconcierto
8 desorganización
10 indisposición
19 confusión
10 enfermedad
11 lío
8 maraña

desarrendar
2 desalquilar

desarrevolver
11 desembarazar(se)
4 desenrollar
4 desenvolver(se)

desarrimar(se)
70 apartar(se)
64 separar(se)

desarrimo
30 abandono
3 desvalimiento

desarrollado
1
9 adulto
5 avanzado
9 boyante
8 crecido
2 *espigado*
12 maduro
3 progresivo
6 próspero
6 voluminoso
22 fuerte
14 rico
11 ◁*decadente*
8 ◁*reducido*
3 ◁*retrasado*
  ◁*senecto*
14 ◁*alfeñique*
11 ◁*raquítico*

desarrollar
23 acrecentar(se)
24 adelantar(se)
59 aumentar(se)
9 avanzar
30 crecer(se)
4 desenvolver(se)
5 desplegar
34 explicar(se)
31 exponer(se)
51 extender(se)
26 incrementar(se)
49 mejorar(se)
22 perfeccionar(se)
5 progresar
35 tratar(se)
19 ◁*disminuir(se)*
18 ◁*empeorar(se)*

desarrollarse
30 crecer(se)
7 cundir
20 estirar(se)
6 evolucionar
11 florecer
9 germinar
4 madurar
5 progresar
25 realizar(se)
7 medrar

desarrollo
22 acrecentamiento
2 adelanto
6 crecimiento
10 explicación
11 exposición
9 incremento
10 mejora
6 perfección
12 progreso
9 tratamiento
23 aumento
11 avance
16 ◁*disminución*
5 ◁*empeoramiento*

desarropar
11 desnudar(se)
13 destapar(se)

desarrugar
21 alisar(se)

desarrugarse
20 estirar(se)
7 planchar(se)

desarticulación
8 perturbación

desarticular
8 desarreglar(se)
16 desbaratar
37 descomponer(se)
11 desencajar(se)
39 deshacer(se)
9 desintegrar
12 desmontar(se)
7 desnucar(se)
30 deteriorar(se)
12 disgregar(se)
8 dislocar(se)
8 perturbar
3 desarmar
24 revolver

desarticularse
2 descuajaringarse

desartillar
3 desarmar

desaseada
11 chancha

desaseado
11 desaliñado
15 adán
9 descuidado
16 distraído
13 sucio

desasear
22 abandonar(se)
7 descuidarse
16 ensuciar(se)
22 ◁*cuidar(se)*
50 ◁*limpiar*

desaseo
30 abandono
6 desaliño
10 incuria
6 mugre

14 suciedad
22 ◁*cuidado*
19 ◁*limpieza*

desasimiento
22 aflojamiento
4 desligadura
13 generosidad

desasimilar
3 desaprovechar(se)
38 perder(se)
10 eliminar

desasir(se)
22 abandonar(se)
17 desatar(se)
12 desinteresar(se)
8 desligar(se)
26 desprender(se)
19 desvincular(se)
42 soltar(se)
38 alejarse
17 ◁*aprehender*

desasistencia
30 abandono
7 desatención
10 incuria
10 olvido
4 orfandad
5 desamparo
13 ◁*protección*
29 ◁*ayuda*

desasistir
22 abandonar(se)
11 desamparar
11 olvidar(se)
11 desdeñar
55 ◁*amparar(se)*
32 ◁*atender(se)*
45 ◁*ayudar(se)*

desasnar
2 civilizar
6 desbastar
11 instruir

desasosegado
7 agitado
8 desalentado

desasosegar

9 inquieto
9 turbado

◁ consolado
1 ◁ tranquilizado

desasosegar(se)
19 airar(se)
24 desazonar(se)
10 impacientar(se)
28 inquietar(se)
11 intranquilizar(se)
17 preocupar(se)
2 remorder
⇨ poner como un flan
⇨ poner nervioso

desasosiego
13 afán
32 anhelo
20 incomodidad
8 intranquilidad
9 malestar
9 nerviosismo
28 ansia
12 desazón
16 disgusto
17 inquietud

desastrado
6 harapiento
6 maloliente
18 andrajoso
14 desgraciado
26 miserable
3 pringoso
13 sucio
6 zarrapastroso
9 ◁ atildado

desastre
17 calamidad
6 caótico
5 cataclismo
3 catástrofe
7 desordenado
1 desorganizado
4 devastación
25 ruina(s)
8 caos
17 desgracia

desastroso
18 astroso
8 calamitoso
6 funesto
14 garrafal
14 desgraciado

desatacar
3 desabrochar
42 soltar(se)

desatado
1 desbocado
10 desenfrenado
5 lanzado
18 libre
14 suelto
14 ◁ comedido

desatadura
22 aflojamiento

desatar(se)
32 aflojar(se)
3 desanudar
10 desasir(se)
3 desbotonar
6 desencadenar(se)
9 desenlazar(se)
11 desenredar
39 deshacer(se)
8 desligar(se)
9 flojear
7 ocasionar
39 originar(se)
18 provocar
42 soltar(se)
6 suscitar
34 liberar(se)
6 ◁ abitar
25 ◁ amarrar(se)
12 ◁ anudar(se)
3 ◁ apercollar
7 ◁ empaquetar
4 ◁ esposar
19 ◁ aprisionar

desatascar(se)
3 desatrancar
9 desobstruir
13 destapar(se)
3 destaponar

desatención
6 descomedimiento
7 descortesía
15 descuido
14 desinterés
16 distracción
8 grosería
4 zafiedad
47 ◁ atención(es)

desatender
22 abandonar(se)
43 dejar(se)
7 descuidar
19 desentender(se)
10 desestimar(se)
12 desinteresar(se)
1 desoir
12 despreciar
9 menospreciar
11 olvidar(se)
⇨ pasar de
32 ◁ atender(se)

desatendido
14 arrinconado
9 desvalido

desatento
10 descomedido
descortés
4 desinteresado
11 inconsiderado
9 descuidado
16 distraído
21 grosero
11 patán
10 zafio

desaterrar
1 desescombrar

desatibar
1 desescombrar

desatiento
10 desasosiego
8 perturbación
8 sobresalto
9 ◁ tranquilidad

desatinado
51 absurdo
4 desacertado
7 descabellado
13 desproporcionado
12 disparatado
7 equivocado
6 errado
6 erróneo
20 loco

desatinar
3 barbarizar
11 delirar

desatino
51 absurdo
9 desacierto
5 despropósito
16 disparate
15 necedad(es)
22 barbaridad
8 equivocación
7 error
14 locura
13 yerro

desatorar
4 desatascar(se)

desatornillar
1 destornillar

desatraer
70 apartar(se)

desatrancar
4 desatascar(se)
2 desembrozar(se)
9 desobstruir
21 ◁ cegar(se)

desatufarse
36 aplacar(se)

desautorización
13 degradación
4 desapoderamiento
8 desaprobación
4 descalificación
4 desmentido
5 relegamiento
8 repulsa

7 ◁*estima*
2 ◁*rehabilitación*

desautorizado
1 depuesto
2 descalificado
2 destituido
6 ◁*bienquisto*

desautorizar
28 anular(se)
3 contraindicar
23 ◁*aprobar(se)*
22 ◁*autorizar(se)*
5 ◁*facultar*
6 ◁*sancionar*

desavenencia
12 conflicto
8 desacuerdo
13 desunión
7 disconformidad
12 discordia
4 disentimiento
6 enfrentamiento
23 lucha
11 oposición
8 pugna
21 ◁*acuerdo(s)*
12 ◁*concordia*

desavenido
4 escindido
6 inadaptado

desavenir
6 abanderizarse
21 enemistar(se)
19 indisponer(se)

desavenirse
23 encontrar(se)
22 reñir

desavezar
3 desacostumbrar(se)

desayunar
22 comer

desayunarse
43 alimentar(se)
1 almorzar

desayuno
3 almuerzo
13 completo
23 comida

desazón
12 desagrado
10 desasosiego
2 insipidez
8 intranquilidad
9 nerviosismo
3 pesadumbre
22 aspereza
12 contrariedad
16 disgusto
11 enfado
17 inquietud
6 vaina

desazonado
6 angustiado
8 intranquilo
6 mareado
16 triste

desazonar(se)
17 abroncar(SE)
13 acedar
9 acorar
51 afligir(se)
5 agrazar
12 apesadumbrar(se)
50 apurar(se)
14 contrariar(se)
9 desasosegar(se)
37 descomponer(se)
4 destemplar(se)
20 disgustar(se)
67 enfadar(se)
27 enojar(se)
87 fastidiar(se)
44 incomodar(se)
19 indisponer(se)
28 inquietar(se)
11 intranquilizar(se)
114 molestar(se)
30 quemar(se)
6 reconcomer(se)

15 consumir
⇨poner nervioso
30 ◁*agradar*
16 ◁*amigar(se)*
27 ◁*alegrar(se)*

desbabar
8 babear

desbalagar
6 desaguar

desbandada
7 deserción
1 desperdigamiento
5 dispersión
6 fuga
10 huida
28 separación

desbandarse
70 apartar(se)

desbarajustar
16 desbaratar
19 desordenar(se)
26 trastornar(se)

desbarajuste
18 barullo
6 desconcierto
8 desorganización
8 caos
19 confusión
19 desorden
11 lío

desbaratamiento
14 descalabro

desbaratar
42 arruinar(se)
8 desarreglar(se)
14 desarticular
37 descomponer(se)
39 deshacer(se)
52 destruir(se)
7 disparatar
64 estropear(se)
17 obstaculizar
11 obstruir
9 derrochar

6 despilfarrar
6 dilapidar
13 impedir
7 malgastar
⇨hacer locuras
13 ◁*facilitar*

desbarato
15 derrota
6 dislate

desbarbado
5 barbilampiño

desbarbar
14 afeitar(se)

desbarrar
7 disparatar
⇨hacer locuras

desbarro
11 irracionalidad
22 barbaridad

desbastar
1 descortezar
29 educar(se)
28 formar(se)
39 pulir(se)
11 refinar(se)
22 pelar

desbaste
1 alisado
6 civilización
13 educación
7 perfeccionamiento
13 pulido
5 suavización
10 ◁*tosquedad*

desbautizarse
15 encolerizarse

desbeber
4 orinar

desbloquear
35 abrir(se)
16 desahogar(se)

desbloqueo

25 permitir(se)
34 liberar(se)

desbloqueo
7 apertura
9 desembarazo
1 liberalización
8 ◁*impedimento*

desbocado
5 desatado

desbocar
3 artigar

desbocarse
39 arrebatar(se)
20 disparar

desbordado
4 inundado

desbordamiento(s)
28 abundancia
7 alud
10 aluvión
30 crecer(se)
14 desenfreno
1 desmadre
10 exceso
5 inundación
4 llena
6 riada
31 sobra(s)
10 arroyada
16 avenida
14 copia

desbordante
6 copioso
13 excesivo
29 abundante
17 ◁*escaso*

desbordarse
7 rebasar
8 rebosar

desbotonar
17 desatar(se)
5 deschuponar

2 desyemar

desbragado
2 descamisado
26 miserable

desbravado
11 aventado

desbravador
4 adiestrador
1 amansador
1 domador
1 domesticador

desbravar
21 amansar(se)

desbravecer
21 amansar(se)
36 aplacar(se)

desbriznar
9 desmenuzar

desbroce
1 desbrozo

desbrozar
4 socolar

desbrozo
1 desbroce

descabal
14 incompleto

descabalado
5 disminuido
13 menguado
7 mutilado
14 suelto
13 ◁*completo*

descabalar
5 desemparejar(se)

descabalgar
35 bajar(se)
12 desmontar(se)
18 apear(se)

descabellado
51 absurdo
4 desacertado
9 desatinado
13 desproporcionado
12 disparatado
7 irracional
20 loco
15 ◁*razonable*
6 ◁*sensato*

descabellador
4 cachetero

descabellamiento
16 disparate

descabello
7 remate

descabezado
5 acéfalo
3 decapitado

descabezamiento
3 decapitación

descabezar
12 amputar

descacharrante
2 regocijante

descacharrar
64 estropear(se)
47 romper(se)

descaderar
4 derrengar

descaecer
32 aflojar(se)
62 caer

descaecimiento
25 abatimiento
22 aflojamiento
14 aplanamiento
6 caimiento

descalabrar(se)
1 escalabrar
8 lesionar(se)

⇨romperse la crisma
⇨romperse las narices

descalabro
20 adversidad
15 derrota
1 desbaratamiento
2 fractura
11 herida
10 rotura
6 torsión
2 vencimiento
10 contratiempo
9 daño
17 desgracia
6 infortunio
9 pérdida
10 perjuicio

descalcificación
5 ablandamiento
15 decaimiento
4 reblandecimiento

descalcificar
1 decalcificar
3 ◁*calcificar(se)*

descalicharse
6 desconchar(se)

descalificación
6 anulación
7 desautorización
9 descrédito
6 incapacitación

descalificado
2 incapacitado
4 inhabilitado
13 ◁*acreditado*
16 ◁*capaz*

descalificar
26 excluir(se)
3 incapacitar
2 invalidar
39 rebajar(se)
2 abajar
19 ◁*admitir*

descalzarse
11 despojar

descalzo
10 desnudo
26 miserable
18 pobre

descamación
2 exfoliación
6 eczema

descaminado
5 descarriado
1 desencaminado
8 desviado
7 equivocado
6 errado
6 ◁*acertado*

descaminar
7 descarriar(se)

descaminarse
1 desencaminarse
21 extraviar(se)

descamino
11 distorsión
19 rodeo

descamisado
2 desbragado
18 andrajoso

descamisar
3 mondar
22 pelar

descampado
5 *escampado*
6 llanura
7 solar

descampar
6 escampar(se)

descansadamente
⇨a la bartola

descansado
26 apacible
1 apaciguado
1 reconfortado
10 reposado
6 sosegado
13 tranquilo
13 sereno
6 ◁*excitado*

descansar
22 abandonar(se)
63 apoyar(se)
34 auxiliar(se)
14 basar(se)
17 confiar(se)
15 dormir(se)
4 estribar
12 fiar(se)
9 gravitar
45 pesar(se)
7 reconfortar(se)
14 reposar(se)
8 yacer
50 cargar

descansillo
14 descanso
2 rellano
6 meseta

descanso
17 alivio
37 apoyo
1 conforte
7 consuelo
21 desahogo
3 descansillo
2 rellano
8 reposo
6 respiro
14 sostén
9 tranquilidad
9 ubicación
49 asiento
6 meseta
11 ◁*desconsuelo*

descantillar
1 descantonar

descantonar
1 descantillar

descañonado
4 afeitado

descañonar
14 afeitar(se)

descapotarse
21 serenar(se)

descaradamente
26 atrevidamente

descarado
33 atrevido
12 deslenguado
11 insolente
10 lúbrico
9 procaz
6 relamido
12 cochino
18 descocado
27 desvergonzado
10 indecente
10 pelado
8 ◁*recatado*

descararse
21 atrever(se)
5 avilantarse
1 descocarse

descarga
3 aligeramiento
6 cañonazo
4 cañoneo
5 desembarco
3 desgravación
6 disparo(s)
1 salva
16 andanada
19 chispa

descargadero
6 atracadero
8 fondeadero
11 muelle
7 andén
18 cancha

descargado
10 exento

descargador
6 costalero
3 esportillero
2 estibador

descargar
42 aliviar(se)
17 descender
21 mitigar(se)
31 moderar(se)
39 suavizar(se)
20 aligerar
62 caer
20 disparar
58 tirar

descargo
6 disculpa
8 excusa
7 inmunidad
5 licenciamiento
8 recibo
20 satisfacción
6 exculpación
11 exención
3 ◁*acriminación*

descarnado
7 magro
21 seco
11 delgado
12 ◁*desarrollado*
17 ◁*grueso*

descaro
11 concha
17 cuero
3 descoco
9 indecencia
11 insolencia
7 procacidad
32 atrevimiento
11 coleto
8 desfachatez
2 desvergüenza
13 ◁*moderación*
10 ◁*recato*

descarriado
5 desorientado
7 extraviado

descarriar

2 frustrado
16 vicioso
12 torcido
◁ *encauzado*
5 ◁ *virtuoso*

descarriar(se)
35 abrirse
70 apartar(se)
1 descaminar
29 desviar(se)
23 encanallar(se)
18 enviciar(se)
21 extraviar(se)
25 ◁ *encaminar(se)*
9 ◁ *encauzar*

descarrío
10 aberración
19 desviación

descartado
6 excluido

descartar
70 apartar(se)
43 dejar(se)
10 prescindir
13 suprimir
10 eliminar
16 desechar
58 quitar
⇨ dejar a un lado

descarte
12 exclusión

descartuchar
7 desvirgar
9 violar

descasado
1 divorciado
10 separado

descasarse
6 divorciar(se)

descascar
4 descascarar

descascarado
1 nacaro

descascarar
1 descascar
1 descortezar
64 separar(se)
22 pelar

descascarillar
6 desconchar(se)
3 mondar
22 pelar

descatolizar
5 apostatar

descaudalado
19 arruinado

descendencia
10 casta
8 continuación
14 fundamento(s)
12 hijos
13 origen
10 procedencia
4 prole
5 sucesión
1 sucesores
8 cría
6 estirpe
16 linaje
9 resultado
8 ◁ *meta*
14 ◁ *causa*

descendente
11 decadente
14 inclinado
4 ◁ *ascendente*
8 ◁ *horizontal*

descender
16 acortar(se)
14 aminorar(se)
35 bajar(se)
8 decrecer
23 degradar(se)
17 derivarse
19 disminuir(se)
19 empequeñecer(se)
32 estrechar(se)
25 fundar(se)
3 menguar
39 originar(se)
21 proceder
39 rebajar(se)
11 resultar
42 seguir(se)
62 caer
59 ◁ *aumentar(se)*
30 ◁ *subir(se)*

descendiente
20 afín
12 hijo
3 nieto
2 sucesor
6 vástago
12 ◁ *abuelo(s)*
5 ◁ *predecesor*

descendimiento
9 bajada
6 ◁ *escalada*

descenso
9 bajada
38 caída
6 decadencia
15 decaimiento
5 declinación
5 declive
11 ◁ *subida*

descentrado
17 alicaído
2 desfasado
6 inadaptado

descentralizar
3 descentrar
19 desvincular(se)
16 dispersar(se)
17 distribuir(se)
28 esparcir(se)
49 ◁ *reunir(se)*

descentrar
2 desplazar
29 desviar(se)

5 distanciar
79 ◁ *unir(se)*

desceñidura
22 aflojamiento

desceñir(se)
32 aflojar(se)
3 desabrochar
1 desliar
42 soltar(se)
59 ◁ *ajustar(se)*

descepado
15 arrancado

descepar
48 arrancar

descerrajar
48 arrancar
1 deschapar

descervigar
7 desnucar(se)

descifrable
7 inteligible
3 legible
8 ◁ *inescrutable*

descifrado
1 desciframiento

desciframiento
1 descifrado

descifrar
17 asimilar(se)
14 captar
3 desentrañar
12 penetrar(se)
17 comprender
9 entender

desclavar
5 extraer
48 arrancar
24 ◁ *clavar(se)*

descoagulante
5 fundente

descocada
6 bacante

descocado
33 atrevido
17 desahogado
12 desenvuelto
12 deshonesto
17 impúdico
11 insolente
8 irrespetuoso
17 liviano
9 procaz
7 raído
6 relamido
4 resbaloso
11 botado
11 descarado
9 desorejado
7 igualado
3 pechugón
4 sato
8 ◁ *recatado*

descocarse
3 descararse

descoco
9 indecencia
7 procacidad
10 descaro
10 ◁ *recato*

descogollar
2 desyemar

descolar
21 despedir(se)
15 dimitir
58 echar(se)
14 cesar

descolgadero
19 barranco

descolocado
4 anacrónico

descolorar
15 apagar(se)
3 desteñir
5 empalidecer

8 despintar
⇨ perder la color
⇨ volverse mate
⇨ volverse tenue

descolorido
40 bajo(s)
9 demacrado
8 desvaído
5 incoloro
7 macilento
8 pálido
7 fané
9 pocho

descolorimiento
3 acromatismo

descollamiento
4 descollar

descollante
8 estridente

descollar
27 destacar(se)
9 resaltar
35 distinguirse
11 sobresalir

descombrar
1 descombro
1 desescombrar

descombro
2 descombrar

descomedido
9 desatento
descortés
5 desmedido
10 desmesurado
13 desproporcionado
21 exagerado
5 inconmensurable
11 increíble
21 grosero
10 zafio

descomedimiento
7 desatención
7 descortesía

6 desmesura
9 destemplanza
9 rudeza
12 vehemencia

descomedirse
9 desentonar
12 propasar(se)

descomer
11 defecar(se)

descomodidad
20 incomodidad

descompaginar
19 desordenar(se)

descompás
3 desproporción

descompasado
29 anormal
10 descomedido
18 desigual
5 desmedido
21 exagerado
11 descarado
8 ◁ *moderado*
16 ◁ *justo*

descompensar(se)
7 desequilibrar(se)

descomponer(se)
39 alterar(se)
13 analizar(se)
12 apesadumbrar(se)
5 desajustar(se)
8 desarreglar(se)
14 desarticular
24 desazonar(se)
16 desbaratar
5 descoyuntar
11 desencajar(se)
39 deshacer(se)
9 desintegrar
12 desmontar(se)
19 desordenar(se)
6 despotricar
14 desquiciar(se)
4 destemplar(se)

52 destruir(se)
30 deteriorar(se)
12 disgregar(se)
8 dislocar(se)
5 enfermar
64 estropear(se)
87 fastidiar(se)
19 indisponer(se)
11 intranquilizar(se)
9 podrir(se)
17 pudrir(se)
47 romper(se)
3 desarmar
16 corromper
3 desconchabar
2 descotorrar
4 joder
13 jorobar
24 revolver
39 ◁ *acicalar(se)*
15 ◁ *combinar*
14 ◁ *sanar(se)*

descomposición
8 análisis
8 corrupción
6 desintegración
4 electrólisis
4 putrefacción
11 diarrea

descompuesto
7 agriado
5 alterado
9 cadavérico
4 desmontado
2 desvencijado
5 inaprovechable
15 acre
17 acalorado
13 podrido
4 putrefacto

**descomulga-
miento**
1 descomulgar

descomulgar
1 descomulga-
miento

descomunal
11 excepcional
16 fabuloso
8 gigante
10 gigantesco
10 monstruoso
14 extraordinario
17 soberbio
13 ◁*enano*
6 ◁*mínimo*

desconceptuar
14 desacreditar(se)
5 descalificar(se)

desconcertado
12 alelado
7 desmoralizado

desconcertante
12 asombroso
9 inaudito
8 inesperado
22 raro
   ◁*previsto*

desconcertar(se)
39 alterar(se)
31 asombrar(se)
74 aturdir(se)
9 aturullar(se)
14 azorar(se)
54 confundir(se)
8 desarreglar(se)
16 desbaratar
3 desconexionar
5 descoyuntar
9 desorganizar
14 desquiciar(se)
8 dislocar(se)
39 liar(se)
22 sorprender(se)
37 turbar(se)
⇨ponerse nervioso
⇨volverse loco
⇨volverse tarumba

desconcierto
6 azoramiento
8 desorganización
11 despiste
11 turbación

8 caos
19 confusión
8 ◁*serenidad*

desconchabar
8 desarreglar(se)
37 descomponer(se)
5 descoyuntar

desconchado
3 desportilladura
6 roto

desconchadura
3 desportilladura
1 rajadura
10 rotura

desconchar(se)
1 descalicharse
4 descascarillar(se)
12 disgregar(se)
6 escarapelar(se)
18 cuartear
29 saltarse

desconchón
3 desconchadura

desconectar
4 desembragar
3 desenchufar
25 desunir(se)
8 ◁*empalmar*

desconexión
13 desunión
12 escisión
7 ◁*trabazón*

desconexionado
8 estridente

desconexionar
19 desconcertar(se)
21 dividir(se)
64 separar(se)

desconfiado
12 aprensivo
12 cauteloso
8 cauto

7 escamado
13 escrupuloso
7 precavido
5 suspicaz
9 receloso
9 ◁*descuidado*

desconfianza
8 cautela
9 escama
12 precaución
6 sospecha
6 suspicacia
14 aprensión
10 escrúpulo
19 miedo
11 recelo
18 temor
15 ◁*descuido*

desconfiar
14 recelar(se)
23 sospechar(se)
17 ◁*confiar(se)*

desconformidad
7 incoherencia

descongelación
4 deshielo

descongelar
3 deshelar

descongestión
17 alivio
21 desahogo
5 ◁*atascamiento*

descongestionar
42 aliviar(se)
9 descargar
3 desinflamar(se)
19 disminuir(se)
38 ◁*atascar(se)*
16 ◁*concentrar(se)*
5 ◁*congestionar(se)*

descongestionarse
3 desinflamar(se)

desconocedor
9 bisoño
19 ignorante
14 inculto
13 inexperto
11 negligente
6 neófito
5 principiante
9 pardillo
6 ◁*enterado*
7 ◁*consciente*

desconocer
3 ignorar
⇨no saber

desconocido
8 anónimo
17 escondido
3 ignoto
16 incierto
3 incógnito
16 oculto

desconocimiento
12 ignorancia
7 incomprensión
7 inopia
4 ◁*erudición*
27 ◁*instrucción(es)*

desconsideración
7 descortesía
10 ◁*deferencia*
20 ◁*delicadeza*
8 ◁*tiento(s)*

desconsiderado
33 atrevido
18 bruto
6 gamberro
6 insultante
8 irrespetuoso
5 ofensivo
12 ◁*cortés*
6 ◁*modoso*

desconsiderar
46 humillar(se)
114 molestar(se)
33 ofender(se)

descrédito

8 maltratar
22 ◁apreciar(se)
13 ◁considerar(se)

desconsolada
3 magdalena

desconsolado
22 angustioso
10 inconsolable
16 triste

desconsolador
7 desolador
5 lamentable
11 penoso
36 ◁alegre
30 ◁divertido

desconsolar(se)
27 acongojar(se)
51 afligir(se)
34 apenar(se)
35 atormentar(se)
14 desolar(se)
62 caer

desconsuelo
25 abatimiento
16 amargura
7 desaliento
16 desánimo
13 desfallecimiento
10 opresión
45 pesar(se)
48 aflicción
30 angustia
29 pena
13 tristeza
38 ◁alegría(s)
6 ◁entusiasmo

descontado
6 deducido

descontaminación
19 limpieza
11 purificación

descontar
7 deducir

descontentadizo
3 contagioso
16 descontento

descontenta-
miento
10 desavenencia
10 enemistad

descontento
1 contestatario
12 desagrado
7 disgustado
11 furia
20 incomodidad
6 incómodo
22 irritación
9 objeción
7 protesta
12 queja
8 quejoso
9 rabia
16 disgusto
9 enfadado
11 enfado
17 irritado
11 ◁asentimiento

descontinuación
3 discontinuidad

desconversable
9 huraño

descoordinado
8 estridente

descorazonado
19 abatido
6 deprimido
7 desmoralizado
3 desolado
10 mustio
36 ◁alegre
5 ◁optimista

descorazonador
4 desconcertante
1 disuasor

descorazona-
miento
25 abatimiento
10 anonadamiento

7 desaliento
16 desánimo
8 languidez
10 lasitud

descorazonar(se)
40 acobardar(se)
20 acoquinar(se)
12 anonadar(se)
7 decepcionar(se)
26 desalentar(se)
25 desanimar(se)
12 desinteresar(se)
9 desmayar(se)
8 intimidar(se)
12 languidecer
40 amedrentar

descorchador
2 sacacorchos

descorchar
1 descorche
3 destaponar

descorche
2 descorchar

descornar
34 afanar(se)
4 escornarse

descornarse
4 escornarse

descortesía
7 desatención
6 descomedimiento
1 desconsideración
8 grosería
6 ordinariez
10 tosquedad
4 zafiedad
4 ◁urbanidad

descortésmente
8 bruscamente
19 ◁atentamente

descortezamiento
1 descortezar

descortezar
3 escoscar

descosedura
25 andrajo

descoser
4 deshilvanar

descosido
2 descuadernado
25 andrajo
18 andrajoso

descostillar
8 maltratar

descostrar
3 arrejacar

descotado
3 escotado

descotar
5 escotar

descote
3 escote

descotorrar
16 desbaratar
37 descomponer(se)

descoyuntamiento
13 deformación
1 dislocadura
4 luxación

descoyuntar
37 descomponer(se)
19 desconcertar(se)
7 desnucar(se)
8 dislocar(se)
3 desconchabar

descrédito
11 denigración
4 descalificación
6 desdoro
4 desmerecimiento
2 desreputación
10 ignominia
15 mengua

descreencia

11 menoscabo
2 sambenito
13 ◁*aprecio*
26 ◁*brillo*

descreencia
1 descreimiento

descreer
10 renegar
5 apostatar

descreído
5 agnóstico
6 ateo
7 burlón
3 escéptico
7 hereje
9 incrédulo
5 irreligioso
5 pagano
2 ◁*creyente*

descreimiento
1 descreencia

descrestar
43 engañar(se)
10 estafar
5 timar

descreste
28 engaño(s)
12 farsa
9 timo

describir
8 delinear
8 detallar
34 determinar(se)
14 dibujar(se)
6 especificar
34 explicar(se)
31 exponer(se)
8 rayar
23 trazar(se)
23 pintar

descripción
1 detallamiento
5 especificación

10 explicación
11 exposición

descriptivo
10 gráfico

descrismar
24 golpear

descrito
9 identificado

descuadernado
3 descosido
1 deshilvanado

descuajado
15 arrancado

descuajar
48 arrancar

descuajaringarse
14 desarticularse
1 desvencijarse

descuaje
16 arrancadura

descuajo
16 arrancadura
3 avulsión

descuartizado
3 despedazamiento
8 destrozado
12 escisión
4 troceado
4 truncamiento

descuartizamiento
10 destrozo

descuartizar
9 despedazar
24 destrozar(se)

descubierta
12 reconocimiento

descubierto
28 claro
1 destapado
7 deuda
11 encontrado
1 endeudamiento
14 evidente
2 hallado
2 inventado
11 manifiesto
12 obvio
5 déficit
⇨números rojos
16 ◁*oculto*

descubridor
4 inventor
7 conquistador
4 detector
8 investigador

descubrimiento
22 adquisición
7 campanada
3 detección
3 encaramiento
9 encuentro
5 exhumación
5 hallazgo
7 invención
2 revelación

descubrir
13 acusar
13 destapar(se)
23 encontrar(se)
20 evidenciar
22 hallar(se)
11 inventar
12 investigar
11 manifestar
22 revelar(se)
10 delatar
11 denunciar
⇨dar con
⇨tropezarse con

descubrirse
48 salir(se)
4 ◁*adargar(se)*

descuello
35 altura(s)

descuento
10 deducción
7 rebaja

descuerar
14 desacreditar(se)
4 desollar
10 despellejar
8 desprestigiar

descuerno
21 afrenta

descuidadamente
⇨a la bartola
⇨a la birlonga

descuidado
19 abandonado
11 desaliñado
3 desapercibido
4 desidioso
5 desprevenido
11 negligente
15 adán
13 dejado
5 desaseado
4 despistado
16 distraído
3 pasota
6 zarrapastroso
⇨hecho un asco
17 ◁*atento*

descuidar
22 abandonar(se)
43 dejar(se)
11 desatender
3 marginar
11 olvidar(se)
8 omitir
10 orillar

descuidarse
3 desasear
15 dormir(se)
9 ◁*entrenar(se)*
44 ◁*guardar(se)*

descuidero
11 caco
13 ladrón

    6 ratero

descuido
    30 abandono
    38 caída
    14 dejadez
    11 desidia
    12 desliz
    11 despiste
    16 distracción
    13 falta
    6 inadvertencia
    10 incuria
    11 negligencia
    10 olvido
    8 omisión
    1 pasotismo
    12 tropiezo
    22 ◁*cuidado*

descuitado
    9 despreocupado
    13 tranquilo

descular
    6 desfondar(se)

deschapar
    2 descerrajar

deschuponar
    2 chapodar
    3 desbotonar
    2 desyemar
    50 limpiar
    8 podar

desde
    1 dende
    1 desdende
    1 desque
    1 ende

desdecimiento
    18 arrepentimiento
    4 desmerecimiento
    4 rectificación

desdecir(se)
    7 abjurar
    16 corregir(se)
    12 chocar
    9 desentonar
    17 deslucir(se)
    36 rajar
    7 retractarse
    ⇨estar de más
    ⇨llamarse andana
    ⇨no pegar
    ⇨volverse atrás
    38 ◁*pegar(se)*

desdén
    11 altivez
    15 befa
    8 desaire
    8 desprecio
    4 esquivez
    15 indiferencia
    10 irreverencia
    14 menosprecio
    7 patada
    13 altanería
    26 arrogancia
    6 ◁*encarecimiento*

desdende
    4 desde

desdentado
    6 cuto
    3 ◁*dentudo*

desdeñable
    10 baladí
    6 coso
    11 fútil
    18 insignificante
    9 nimio
    11 trivial
    26 despreciable
    6 mínimo
    8 ◁*apreciable*
    11 ◁*digno*

desdeñada
    3 cenicienta

desdeñado
    14 arrinconado
    13 desairado

desdeñador
    31 arrogante

desdeñar
    9 arrumbar(se)
    15 befar(se)
    5 desairar
    4 desasistir
    12 despreciar
    19 empequeñecer(se)
    5 minusvalorar
    8 recusar
    21 repudiar(se)
    10 ajotar
    13 rechazar
    12 ◁*ambicionar*
    45 ◁*anhelar*
    7 ◁*encomiar*
    5 ◁*ensalzar(se)*
    6 ◁*envidiar*
    12 ◁*halagar*

desdeñoso
    15 altanero
    31 arrogante
    2 despectivo
    10 indiferente
    4 irreverente
    3 peyorativo
    17 altivo
    6 esquivo
    11 ◁*ambicioso*

desdevanar
    4 deshilar
    2 desovillar

desdibujar(se)
    20 desvanecer(se)
    4 difuminar(se)
    4 emborronar
    10 enturbiar(se)
    16 nublar(se)
    54 ◁*aclarar(se)*
    8 ◁*delinear*

desdicha
    20 adversidad
    12 avería
    17 calamidad
    4 desventura
    17 desgracia
    6 infortunio
    ⇨mala suerte
    13 ◁*fortuna*

desdichado
    15 aciago
    8 calamitoso
    10 desafortunado
    18 fatal
    10 infausto
    4 malhadado
    13 menguado
    23 mísero
    10 ominoso
    8 trágico
    14 desgraciado
    12 infeliz
    6 mabita
    26 miserable
    19 negro
    12 torcido

desdoblamiento
    3 estiramiento
    5 fraccionamiento
    4 fragmentación
    7 partición
    9 planchado

desdoblar
    5 desplegar
    4 duplicar(se)
    51 extender(se)
    31 doblar

desdoro
    12 baldón
    9 descrédito
    16 deshonor
    9 deshonra
    4 mancilla
    13 mancha

deseable
    4 cotizado
    3 envidiable
    7 grato
    10 ◁*indeseable*

deseado
    2 ambicionado
    7 codiciado

desear

14 querido
1 ◁ *aborrecido*
   ◁ *odiado*

desear
12 ambicionar
45 anhelar
13 ansiar
17 apetecer
5 codiciar
31 querer(se)

⇨ apasionarse por
⇨ aspirar a
⇨ beber los vientos por
⇨ pirrarse por
⇨ prendarse de
⇨ sorber el aire por
⇨ suspirar por
⇨ tener gana

22 ◁ *aborrecer(se)*
7 ◁ *odiar(se)*

desecación
4 deshidratación
3 oreo
5 saneamiento
1 secado
1 secamiento

1 ◁ *encharcamiento*

desecado
6 árido

4 ◁ *inundado*

desecador
7 secante

desecamiento
7 drenaje

desecar
3 deshidratarse
2 deshumedecer(se)
   drenar(se)
30 secar(se)

3 ◁ *aguachinar*
4 ◁ *enaguazar*

desechable
7 vitando

desechar
8 alcorzar(se)
70 apartar(se)
42 arrojar(se)
16 atajar(se)
10 deponer
10 desestimar(se)
15 dimitir
53 lanzar(se)
9 menospreciar
64 separar(se)
5 expeler
22 botar
14 cesar
11 expulsar
13 rechazar
58 tirar

22 ◁ *acercar(se)*
16 ◁ *nombrar*

desecho
5 escoria
4 estafermo
16 residuos
31 sobra(s)
2 zarrio
11 desperdicio
3 guiñapo
6 piltrafa
8 trasto

desechos
20 basura
13 bazofia
9 broza
5 detrito
8 morralla
31 sobra(s)
2 trastería
4 zafra

desellar
35 abrir(se)

desembarazado
7 descansado
11 desocupado
4 expedito
18 libre
10 reposado
14 suelto
12 despejado

desembarazar(se)
5 alijar
70 apartar(se)
15 barrer
3 desarrevolver
9 desobstruir
27 despachar(se)
16 despejar(se)
13 facilitar
48 salir(se)
18 zafar(se)
58 quitar

38 ◁ *atascar(se)*

desembarazo
12 desenfado
13 desenvoltura
8 desparpajo
3 espontaneidad
2 alumbramiento
14 mundo
2 parto
13 soltura
9 tablas

2 ◁ *envaramiento*

desembarcadero
6 atracadero

desembarcar
5 alijar

desembarco
10 asalto
9 descarga
1 desembarque
8 incursión
17 ocupación

11 ◁ *subida*

desembargo
7 levantamiento

desembarque
5 desembarco

desembarrancar
1 desencallar

desemblantado
3 demudado

desembocado
2 afluente

desembocadura
1 delta
2 ría

desembocar
9 afluir
10 derramar
6 desaguar
48 salir(se)

desembolsar
32 gastar(se)
34 pagar(se)

desembolso
4 cuota
3 dispendio
6 entrega
8 gasto
17 pago(s)

desembotar
9 afilar(se)
34 avivar(se)
3 despertar(se)

desembozo
10 claridad
1 desenmascaramiento
11 franqueza

6 ◁ *disfraz*
8 ◁ *ocultación*

desembragar
3 desconectar
1 desengranar
20 interrumpir(se)
64 separar(se)

30 ◁ *acoplar(se)*

desembrague
4 desembragar

desembravecer
21 amansar(se)
39 suavizar(se)

desembrollar
54 aclarar(se)
4 desenmarañar

11 desenredar
3 desentrañar
3 simplificar
20 ◁*complicar(se)*

desembrollo
10 aclaración
10 explicación
10 solución
19 ◁*confusión*

desembrozar(se)
1 desatorar
3 desatrancar
38 ◁*atascar(se)*

desembrujar
3 deshechizar

desembuchar
21 cantar
6 confesar
11 declarar

desembullar
26 desalentar(se)
25 desanimar(se)

desemejado
5 cambiado
2 desfigurado
10 diferente

desemejante
10 diferente
5 dispar
10 distinto
4 diverso
11 encontrado
20 ◁*afín*
9 ◁*cercano*
4 ◁*equivalente*
4 ◁*homólogo*
18 ◁*parecido*
11 ◁*pariente*
6 ◁*parigual*
11 ◁*semejante(s)*
8 ◁*similar*
12 ◁*vecino(s)*
6 ◁*cuate*

desemejanza
3 desigualdad
4 disimilitud
6 disparidad

desempacarse
36 aplacar(se)

desempachado
11 sacudido

desempacharse
1 desahitarse

desempañar(se)
14 abrillantar(se)
47 brillar
50 limpiar

desemparejar(se)
1 descabalar
4 desempatar
39 deshacer(se)
2 deshermanar
4 desparejar(se)
9 ◁*hermanar(se)*
30 ◁*igualar(se)*

desemparvar
3 trillar

desempatar
5 desemparejar(se)
4 desigualar(se)
3 desnivelar
21 dividir(se)

desempeñar
2 desendeudar
3 desentrampar(se)
17 evacuar
5 funcionar
9 profesar
10 redimir

desempeño
11 cumplimiento
11 cartera

desemperezar
3 desperezarse

desempleado
11 desocupado
13 parado

desempleo
3 desocupación
6 jubilación
7 paro

desempolvar
9 acepillar

desempotrar
2 desacoplar
48 arrancar

desenalbardar
2 desalbardar

desencadenado
10 desenfrenado

desencadenamiento
13 brote
8 estallido
22 arranque

desencadenar(se)
19 amotinar(se)
17 desatar(se)
31 iniciar(se)
39 originar(se)
47 producir(se)

desencajamiento
1 desencaje
6 dislocación
2 palidez
5 torcedura
9 espanto
22 ◁*acoplamiento*
1 ◁*coloración*

desencajar(se)
74 aturdir(se)
9 aturullar(se)
5 demudar(se)
5 desajustar(se)
14 desarticular
4 desatascar(se)
37 descomponer(se)

3 desgoznar(se)
14 desquiciar(se)
48 arrancar
21 ◁*serenar(se)*

desencaje
1 desencajonamiento

desencajonamiento
1 desencaje

desencallar
1 desembarrancar

desencaminado
5 descaminado

desencaminarse
2 descaminarse

desencantado
4 desilusionado
12 harto
8 ◁*hechizado*

desencantamiento
7 desencanto

desencantar
11 chasquear
8 desahuciar
8 desengañar(se)
3 deshechizar
20 ◁*embelesar(se)*
37 ◁*enamorar(se)*
22 ◁*fascinar(se)*

desencantarse
18 derrumbar(se)
12 desfallecer
24 frustrar(se)
45 hartar
16 hastiar

desencanto
12 aburrimiento
8 decepción
9 desengaño
4 desilusión
7 hastío

desencapotar

15 indiferencia
12 chasco

desencapotar
36 aplacar(se)

desencoger
35 alargar(se)

desencolar
10 despegar(se)
64 separar(se)

desenconarse
36 aplacar(se)

desencorvar
24 enderezar(se)
20 estirar(se)

desencrespar
21 amansar(se)

desenchuecar
1 desalabear
2 desencorvar
24 enderezar(se)

desenchufar
3 desconectar
5 extraer
28 sacar
6 ◁*ensartar*

desendeudar
6 desempeñar
3 desentrampar(se)

desendiosar
46 humillar(se)

desenfadado
12 desenvuelto
16 escabroso
4 guasón
9 jacarandoso
11 sacudido

desenfadarse
36 aplacar(se)
8 humanizar(se)
33 ◁*ofender(se)*

desenfado
3 descoco
9 desembarazo
13 desenvoltura
8 desparpajo
16 diversión
10 entretenimiento
7 jocosidad
15 recreo
10 descaro
2 desvergüenza
24 simpatía
⇨buen humor
5 ◁*pudor*
10 ◁*recato*
11 ◁*cortedad*
13 ◁*tristeza*

desenfrenado
5 desatado
1 desencadenado
4 desmandado
7 encanallado
7 envilecido
1 originado
1 producido
5 raudo
10 veloz
19 rápido
11 ◁*lento*
1 ◁*refrenado*

desenfrenarse
2 garzonear

desenfreno
8 depravación
14 desbordamiento
6 disipación
17 disolución
12 inmoralidad
5 intemperancia
18 libertad
8 libertinaje
16 licencia
7 liviandad
9 lujuria
10 escándalo
8 orgía
11 vicio
13 ◁*moderación*

26 ◁*modo*

desenfundar
1 desenvainar
28 sacar

desenganchar
4 desaparejar
42 soltar(se)

desengañado
4 desilusionado
4 dolido
5 ◁*cautivado*
3 ◁*engatusado*
6 ◁*fascinado*

desengañar(se)
11 chasquear
7 decepcionar(se)
8 desahuciar
26 desalentar(se)
4 desencantar
5 desesperanzar(se)
6 desilusionar
24 frustrar(se)
13 ◁*ilusionar(se)*

desengaño
16 amargura
8 decepción
7 desencanto
4 desilusión
14 desinterés
6 frustración
8 escarmiento
12 chasco
4 fajada
28 ◁*engaño(s)*

desengarzar
9 desintegrar

desengranar
4 desembragar

desengrasar
1 desgrasar
5 ◁*aceitar*

desengrase
1 desgrase
8 lavado

19 limpieza
6 enjuague

desengraso
3 postre
2 sobremesa

desenjalmar
4 desaparejar

desenjaular
15 libertar(se)

desenlace
12 conclusión
6 finalización
2 paralipómena
10 solución
9 terminación
21 resolución
16 ◁*inicio*

desenlazar(se)
17 desatar(se)
11 desenredar
1 deslazar
8 desligar(se)
19 desvincular(se)
11 librarse
16 resolver(se)
42 soltar(se)
5 solucionar
17 ◁*abrazar*

desenmarañar
54 aclarar(se)
5 desembrollar
11 desenredar
24 ordeñar

desenmascarado
12 calado

**desenmascara-
miento**
3 desembozo

desenmascarar
25 calar(se)

desenmohecerse
13 renovarse

desenojado
3 aplacado

desenojar
30 ablandar(se)
30 apaciguar(se)

desenredar
4 arreglárselas
6 componérselas
17 desatar(se)
5 desembrollar
9 desenlazar(se)
4 desenmarañar
8 desligar(se)
11 librar
42 soltar(se)
34 liberar(se)
⇨ salir de apuros

29 ◁ apresar(se)

desenrollable
4 extensible

desenrollar
3 desarrevolver
5 desplegar
2 destorcer
51 extender(se)

32 ◁ envolver(se)

desensillar
4 desaparejar

desensortijar
6 desrizar

desentender(se)
10 acorazar(se)
43 dejar(se)
11 desamparar
25 desanimar(se)
11 desatender
12 desinteresar(se)
3 ignorar
10 insensibilizar(se)
11 olvidar(se)
8 omitir
48 pasar(se)
10 prescindir
38 alejarse
70 apartarse

2 despercatarse
⇨ dejar colgado
⇨ dejar en la estacada
⇨ llamarse andana
⇨ pasar por alto

22 ◁ acercar(se)
20 ◁ comprometer(se)
22 ◁ cuidar(se)
6 ◁ desvivirse
8 ◁ encariñarse
11 ◁ enfrascar(se)

desentendido
11 insensible
11 sordo

desentendimiento
5 desapego

desentenebrecer
20 alumbrar(se)

desenterramiento
5 exhumación

desenterrar
1 exhumar

desentonado
10 diferente
7 discrepante
7 equivocado
13 violento
20 ◁ afín
18 ◁ amable

desentonar
2 desafinar
1 descocarse
2 descomedirse
11 desdecir(se)
17 deslucir(se)
4 destemplar(se)
48 pasar(se)
⇨ no pegar
⇨ sacar los pies del tiesto

38 ◁ pegar(se)

desentono
5 destemple

desentornillar
1 desatornillar

desentorpecer
4 desentumecer

desentrampado
17 desahogado

desentrampar(se)
1 desadeudar
6 desempeñar
2 desendeudar
1 ◁ pignorar

desentrañar
50 apurar(se)
6 descifrar
5 desembrollar

desentronizar
9 derrocar
3 destituir
2 destronar
11 expulsar

4 ◁ rehabilitar(se)
27 ◁ reponer(se)

desentumecer
1 desadormecer
3 reavivar
10 vivificar(se)
⇨ ponerse a tono

21 ◁ adormecer(se)

desentumecimiento
2 avivamiento
1 desperezo
2 reanimación

7 ◁ adormecimiento
8 ◁ letargo

desenvainar
2 desenfundar

desenvoltura
12 agilidad
3 descoco
9 desembarazo
12 desenfado
8 desparpajo

18 habilidad
10 impudicia
10 descaro
6 destreza
2 desvergüenza
14 mundo
9 tablas
⇨ falta de recato

5 ◁ pudor
8 ◁ torpeza

desenvolver
54 aclarar(se)
59 aumentar(se)
3 desarrevolver
15 desarrollar
18 ◁ arrebujar(se)
7 ◁ empaquetar

desenvuelto
18 ágil
7 desembarazado
5 desenfadado
14 diestro
21 dominante
17 hábil
17 impúdico
13 tranquilo
11 descarado
18 descocado
27 desvergonzado
⇨ seguro de sí

8 ◁ recatado
18 ◁ torpe

desenyuntar
25 desunir(se)
64 separar(se)

desenzarzar(se)
30 apaciguar(se)
11 desenredar

deseo
13 afán
13 ambición
32 anhelo
20 apetito
13 aspiración
12 avaricia

deseoso

7 enamoramiento
16 pasión
9 querencia
16 afición
28 ansia
8 codicia
11 gana
10 pelota
7 ◁*desgana*
20 ◁*odio*

deseoso
11 afanoso
4 anhelante
11 ansioso
15 ávido
9 codicioso
7 ganoso
4 sediento
11 ambicioso
12 ◁*harto*

desequilibrado
12 alelado
12 chiflado
18 desigual
2 desnivelado
1 majara
13 tocado
12 chalado
8 ido
20 loco
6 majareta
2 mochales
⇨fuera de sí
7 ◁*cuerdo*

desequilibrar(se)
2 descompensar(se)
4 desigualar(se)
3 desnivelar
30 enajenar(se)
9 tambalear(se)
9 enloquecer
11 vacilar

desequilibrio
3 desnivelación
6 psicopatía
3 ◁*empate*

7 ◁*ritmo*

deserción
30 abandono
22 ausencia
6 defección
6 desbandada
7 evasión
10 huida
10 apostasía

desertar
22 abandonar(se)
19 huir
60 largarse
⇨dejar plantado
⇨poner pies en polvorosa
⇨tomar las de

desértico
7 desolador
6 estepario
5 ◁*frondoso*

desertor
4 prófugo
1 tornillero

desescombrar
2 descombrar

deseslabonar
5 deslabonar(se)

desesperación
2 desesperanza
1 desespero
5 exasperación
5 impaciencia
22 irritación
10 cabreo
4 despecho
12 enojo

desesperado
5 agobiado
13 atormentado
7 desmoralizado
6 encolerizado
6 exasperado

6 ◁*sosegado*
5 ◁*optimista*

desesperante
3 agobiante
8 inaguantable
1 indignante
10 provocativo
7 ◁*admisible*
5 ◁*soportable*
7 ◁*tolerable*

desesperanza
8 desesperación
30 angustia
13 ◁*ambición*
11 ◁*ilusión*

desesperanzado
17 alicaído
22 angustioso
7 desmoralizado

desesperanzador
5 desmoralizador
7 desolador

desesperanzar(se)
26 desalentar(se)
2 desconfiar
8 desengañar(se)
6 desesperar(se)
7 desmoralizar(se)
17 ◁*confiar(se)*
8 ◁*creer*

desesperar(se)
51 afligir(se)
34 apenar(se)
11 consternar(se)
5 desesperanzar(se)
10 impacientar(se)
5 rabiar
10 ◁*aguardar(se)*
12 ◁*ambicionar*
13 ◁*ilusionar(se)*

desespero
8 desesperación

desestima
3 desestimación

desestimable
18 insignificante
10 irrisorio

desestimación
10 denegación
1 desestima
9 baja
13 ◁*aprecio*

desestimado
13 desairado
6 ◁*bienquisto*

desestimar
70 apartar(se)
10 denegar
12 despreciar
3 ignorar
9 menospreciar
5 minusvalorar
21 repudiar(se)
16 desechar
13 rechazar
⇨pasar por alto
24 ◁*estimar(se)*
14 ◁*saber*

desfachatez
17 cuero
12 cinismo
11 coleto
10 descaro
2 desvergüenza
11 frescura
19 jeta
⇨cara dura

desfalcar
1 defalcar
3 malversar

desfalco
6 queso

desfallecer
32 agotar(se)
17 debilitarse
7 decepcionar(se)
26 desalentar(se)

desgalgar

25 desanimar(se)
5 desencantarse
6 desilusionarse
9 desmayar(se)
37 fatigar(se)
17 flaquear
9 flojear
41 cansarse
13 ◁fortalecer(se)
13 ◁ilusionar(se)

desfallecido
5 desfalleciente

desfalleciente
6 agotado
1 desfallecido
14 débil
12 desmayado
16 enfermo
11 ◁lozano
7 ◁restablecido
22 ◁fuerte

desfallecimiento
16 agotamiento
11 cansancio
16 debilidad
8 decepción
7 desaliento
16 desánimo
7 desencanto
4 desilusión
15 desmayo
35 fatiga(s)
12 flojera
9 mareo
⇨pérdida de conocimiento
11 ◁fortaleza

desfasado
7 desacorde
3 descentrado

desfavorable
10 adverso
15 contrario
4 dañino
12 enfrentado
34 malo

3 negativo
4 perjudicial
10 enemigo
6 ◁beneficioso
45 ◁bueno
10 ◁positivo
24 ◁amigo

desfavorecer
5 perjudicar(se)

desfiguración
21 alteración
13 deformación
5 falseamiento
7 tergiversación

desfigurado
5 dañado
12 deforme
15 ◁igual
6 ◁indemne
16 ◁inmutable

desfigurar(se)
4 caricaturizar
13 deformar
5 demudar(se)
5 desnaturalizar
30 deteriorar(se)
24 disfrazar(se)
13 disimular
6 distorsionar
31 encubrir(se)
7 enmascarar
64 estropear(se)
10 fingir
32 mudar(se)
41 ocultar(se)
19 perfilar(se)
16 transformar(se)
27 velar(se)
46 cambiar
19 trocar
⇨perder la color
6 ◁configurar(se)
27 ◁conformar(se)

desfilachar
1 deshilachar

desfiladero
13 angostura
12 cañón
17 colada
19 estrecho
12 cajón
4 congosto
6 cortada
17 garganta

desfilar
42 atravesar(se)
21 cruzar(se)
48 pasar(se)
46 irse
60 largarse
53 marchar
22 ◁acercar(se)
19 ◁venir(se)

desfile
6 cabalgata
11 parada
7 pase
9 revista
18 hilera

desflecar
4 deshilar
2 destejer
64 separar(se)

desflemar
2 expectorar

desfloración
1 desfloramiento
1 desvirgamiento
5 iniciación
3 primicia
4 profanación
3 tropelía
7 violación
21 violencia
14 atropello
9 ◁castidad
5 ◁virginidad

desfloramiento
9 desfloración

desflorar
39 ajar(se)
7 fondear
10 forzar
7 desvirgar

desfogar(se)
12 consolar(se)
16 desahogar(se)
28 esparcir(se)
15 solazar(se)
12 ◁apesadumbrar(se)

desfogue
4 desfogar(se)

desfollonar
5 deschuponar

desfondar(se)
32 agotar(se)
41 cansar(se)
1 descular
12 desfallecer
9 desmayar(se)
37 fatigar(se)
13 ◁fortalecer(se)

desfruncir
5 desplegar

desgaire
3 desmano

desgajado
8 rasgado

desgajar
12 amputar
48 arrancar

desgaje
16 arrancadura

desgalgadero
15 abismo
7 glera

desgalgar(se)
8 despeñar(se)

desgalichado
5 desgarbado
18 desmañado
8 desvaído
2 larguirucho
13 desairado

desgana
12 aburrimiento
11 cansancio
7 hastío
5 inapetencia
5 tedio
2 anorexia
15 fastidio
31 ◁*animación*
20 ◁*apetito*
15 ◁*interés*

desganado
19 apático

desganar
9 disuadir(se)

desgañitarse
desgargantarse
4 despepitar(se)
1 enronquecer
6 gritar
6 vocear

desgarbado
5 desgalichado
13 desproporcionado
1 espingarda
2 larguirucho
4 grotesco
17 ◁*apuesto*
9 ◁*garboso*

desgaritar(se)
9 desorientar(se)

desgarrado
18 airado
8 rasgado
11 descarado

desgarrador
11 penoso

desgarradura
6 arpadura
11 herida

desgarramiento
10 destrozo

desgarrar(se)
35 abrir(se)
70 apartar(se)
6 arpar
2 descuartizar
9 despedazar
14 hender
46 ir(se)
6 rasgar
47 romper(se)
36 rajar
⇨hacer pedazos

desgarro
4 costurón
3 descoco
2 fardada
11 herida
9 intensidad
10 rotura
7 sinvergonzonería
21 bravata
10 descaro
8 desfachatez
2 desvergüenza
49 energía
8 esputo
7 expectoración
12 flema
17 fuerza
6 raja
3 siete
10 ◁*recato*

desgarrón
2 desgarradura
4 enganchón
1 guinchón
9 jirón
5 rasgón
25 andrajo
3 siete

desgastado
7 corroído
5 roído
13 sobado
16 enfermo

desgastar
5 corroer
52 destruir(se)
5 erosionar
32 gastar(se)
5 minar
11 morder
3 ratonar
9 roer(se)
15 consumir

desgastarse
8 abatanar

desgaste
5 debilitación
6 frotamiento
5 raspadura
9 uso
2 ◁*fortalecimiento*
17 ◁*resistencia*

desglosar
64 apuntar(se)
7 segregar(se)

desglose
3 desmembramiento
4 discriminación
2 segregación
19 ◁*reunión*

desgobierno
3 desajuste
10 desarreglo
7 desbarajuste
6 desconcierto
8 desorganización
8 caos
19 desorden

desgolletarse
35 abrir(se)
7 despechugar(se)
13 destapar(se)
◁*entaponar*

desgonzar
3 desgoznar(se)

desgoznar(se)
16 bailar
11 desencajar(se)
1 desgonzar

desgracia
34 accidente
20 adversidad
12 avería
17 calamidad
3 catástrofe
10 desastre
4 desventura
4 devastación
5 incendio
6 infelicidad
6 percance
25 ruina(s)
8 sal
10 contratiempo
7 desdicha
10 enfermedad
6 infortunio
13 ◁*fortuna*
17 ◁*suerte*

desgraciado
8 calamitoso
5 catastrófico
5 desastroso
11 desventurado
10 infausto
14 infortunado
18 insignificante
6 mediocre
16 desdichado
12 infeliz
2 pupas
13 salado
12 torcido
⇨pobre diablo
14 ◁*afortunado*

desgraciar(se)
2 accidentarse
39 ajar(se)
12 azarar(se)
17 deslucir(se)
64 estropear(se)

87 fastidiar(se)
24 frustrar(se)
2 gafar
15 herirse
8 lesionar(se)
8 malograr
52 matar(se)
43 poder(es)
4 ventosear(se)
9 aojar
⇨hacer fracasar

desgranar(se)
11 cribar
8 desparramarse
4 desperdigar(se)
12 disgregar(se)

desgrasar
1 desengrasar

desgrase
4 desengrase

desgravación
4 aminoración
9 descarga
7 rebaja
23 ◁ *aumento*

desgravar
14 aminorar(se)
2 condonar
7 deducir
59 ◁ *aumentar(se)*
13 ◁ *incluir*

desgreñado
3 desmelenado
4 despeinado

desgreñar
4 despeinar
7 enmarañar

desguace
1 desarme
1 desmontaje
1 despiece
2 inutilización

desguanzar
28 abrumar(se)
12 desfallecer
11 distender(se)
37 fatigar(se)
19 relajar(se)
41 cansarse
60 ◁ *excitar(se)*
13 ◁ *fortalecer(se)*

desguarnecer
4 desabrigar
6 ◁ *tutelar*

desguarnecido
5 desmantelado

desguatar
1 desmondongar
5 destripar

desguince
5 regate

deshabillé
2 peinador
10 bata

deshabitado
5 desierto
5 despoblado
16 vacío
8 yermo

deshabitar
14 desolar(se)
2 despoblar
14 vaciar(se)
53 marchar
33 ◁ *llenar(se)*
8 ◁ *poblar(se)*

deshabituar
3 desacostumbrar(se)
13 ◁ *aclimatar(se)*

deshacer(se)
32 agotar(se)
28 anular(se)
40 batir(se)
18 borrar
17 derretir(se)
18 derrumbar(se)
14 desarticular
17 desatar(se)
16 desbaratar
37 descomponer(se)
5 desemparejar(se)
5 deslabonar(se)
1 desleír
12 desmontar(se)
19 desordenar(se)
9 desorganizar
27 despachar(se)
2 destejer
2 destrenzar
24 destrozar(se)
52 destruir(se)
20 desvanecer(se)
12 disolver(se)
9 empezar(se)
3 emulsionar
19 enflaquecer(se)
64 estropear(se)
15 fundir(se)
31 iniciar(se)
47 romper(se)
13 suprimir
4 trocear
40 vencer(se)
3 desarmar
40 amedrentar
29 amilanarse
50 cargar
4 joder
⇨romper a

desharrapado
17 calamidad
6 harapiento
5 mendigo
4 menesteroso
6 vencido
15 adán
18 andrajoso
5 desaseado
18 pobre
6 roto
9 ◁ *creso*
9 ◁ *atildado*
14 ◁ *rico*

deshechizar
1 desembrujar
4 desencantar
3 exorcizar
17 ◁ *alucinar(se)*
4 ◁ *magnetizar(se)*

deshecho
17 borrascoso
11 destruido
5 disuelto
12 hundido
6 ruinoso

deshelar
17 derretir(se)
15 fundir(se)
1 licuar
9 ◁ *solidificar(se)*

desherbar
2 desyerbar
5 escardar
2 yuyuscar

desheredado
13 carente
6 desahuciado
11 privado
18 pobre
2 ◁ *amparado*
14 ◁ *rico*

desheredar
6 ilegitimar

deshermanar
5 desemparejar(se)
3 diversificar

deshidratación
9 consunción
1 deshumedecimiento
2 evaporación
3 resecación
10 ◁ *lozanía*

deshidratarse
4 desecar
20 evaporar(se)

deshielo

7 resecar(se)
10 ◁*humedecer(se)*

deshielo
1 descongelación
1 desleimiento
17 disolución
6 licuación
2 ◁*solidificación*

deshilachado
1 deshilado

deshilachar
4 deshilar

deshilado
1 deshilachado

deshilar
2 desdevanar
1 deshilachar
2 destejer
3 desflecar

deshilvanado
2 descuadernado

deshilvanar
1 descoser
9 desorganizar
25 desunir(se)
64 separar(se)

deshinchamiento
22 aflojamiento

deshinchar(se)
32 aflojar(se)
26 desalentar(se)
25 desanimar(se)
3 desinflamar(se)
21 ◁*abultar(se)*
20 ◁*henchir(se)*
25 ◁*ahuecar*

deshinflarse
18 enfriar(se)

deshollinador
1 limpiachimeneas

6 fisgón

deshonestidad
3 descoco
10 impudicia
14 impudor
8 lascivia
8 lubricidad
18 cara
10 descaro
8 desfachatez
2 desvergüenza
11 frescura
19 jeta
10 ◁*recato*

deshonesto
17 impúdico
10 lúbrico
34 malo
7 pérfido
9 perverso
6 cínico
11 descarado
18 descocado
27 desvergonzado
18 fresco
13 lascivo
23 ruin
8 ◁*recatado*

deshonor
21 afrenta
21 agravio
12 baldón
11 denigración
9 descrédito
6 desdoro
9 deshonra
10 ignominia
7 indignidad
4 mancilla
15 mengua
11 menoscabo
14 menosprecio
10 oprobio
10 ultraje
12 infamia
6 ◁*limpidez*

deshonra
21 afrenta
21 agravio

16 deshonor
10 ignominia
14 ofensa
10 oprobio
10 ultraje
7 vilipendio
17 vergüenza

deshonrabuenos
11 calumniador
5 maldiciente

deshonrado
5 desprestigiado
7 envilecido
7 humillado
3 profanado

deshonrar(se)
21 afrentar(se)
12 agraviar
12 amenguar
12 baldonar
80 burlar(se)
14 calumniar(se)
20 comprometer(se)
12 denigrar
29 envilecer(se)
46 humillar(se)
10 insultar
8 macular
7 mancillar(se)
19 manchar(se)
12 menoscabar
9 menospreciar
4 profanar
7 ultrajar
16 abusar
14 calzar
8 desprestigiar
7 desvirgar
12 ◁*adorar(se)*
35 ◁*distinguir(se)*
8 ◁*glorificar*
4 ◁*venerar*

deshonroso
7 ignominioso
11 vergonzoso
2 ◁*ennoblecedor*
6 ◁*honorario*

deshora
8 inoportunidad

deshumedecer(se)
4 desecar
30 secar(se)

deshumedecimiento
4 deshidratación

desiderata
17 colmo
1 desiderátum
8 petición
12 culminación

desiderátum
4 desiderata

desidia
12 abulia
14 dejadez
15 descuido
7 desgana
14 desinterés
6 holgazanería
5 inapetencia
10 incuria
11 negligencia
12 pereza
6 vagancia
7 ◁*laboriosidad*

desidioso
19 abandonado
9 inerte
19 apático
9 descuidado

desierto
4 deshabitado
5 despoblado
16 solitario
16 vacío
8 yermo

designación
4 acepción
2 cooptación
6 entronización
8 nombramiento

16 sentido
8 significación
11 significado
21 referencia
6 referente
8 denominación
16 nombre
30 título

designar(se)
14 apellidar(se)
11 arrogar(se)
14 bautizar
20 dedicar(se)
8 denominar
5 destinar
43 inclinar(se)
16 nombrar
5 nominar
27 orientar(se)
13 significar
5 simbolizar
11 denotar

designio
8 finalidad
8 meta
4 mira
21 objetivo
23 objeto(s)
19 plan
15 proyecto
8 intención
10 propósito

desigual
14 arduo
45 áspero
12 caprichoso
13 complejo
14 complicado
10 diferente
16 difícil
14 dificultoso
10 distinto
13 inconstante
5 montañoso
12 montuoso
10 mudable
16 quebrado
9 tornadizo
7 variable

10 voluble
21 accidentado
24 ◁ *fácil*
21 ◁ *llano*

desigualar
4 desempatar
7 desequilibrar(se)
3 desnivelar
4 desparejar(se)
12 ◁ *adecuar(se)*
41 ◁ *allanar(se)*
30 ◁ *igualar(se)*

desigualdad
11 diferencia
9 discrepancia
7 divergencia

desilusión
8 decepción
7 desencanto
9 desengaño
12 chasco

desilusionado
3 chasqueado
2 desencantado
2 desengañado
7 desmoralizado

desilusionar
11 acibarar(se)
12 aplanar(se)
11 chasquear
7 decepcionar(se)
9 defraudar
8 desengañar(se)
14 ◁ *alentar(se)*
18 ◁ *deslumbrar(se)*

desilusionarse
12 desfallecer

desincrustación
5 decapado

desinencia
1 flexivo
1 morfema
11 inflexión

desinente
1 perfectivo

desinfección
19 limpieza
3 asepsia
11 purificación

desinfectante
4 abstergente
3 antiséptico
4 aséptico
3 detergente

desinfectar
7 purificar
50 limpiar
⇨ eliminar los gérmenes

desinflamación
3 desinflamar(se)

desinflamar(se)
4 descongestionar
4 descongestionarse
4 deshinchar(se)

desinflar
14 vaciar(se)

desinhibido
10 relajado

desinsectación
4 desinsectar

desinsectante
4 aséptico

desinsectar
3 desinfectar
6 exterminar
3 fumigar
3 higienizar
9 ◁ *contaminar*
16 ◁ *corromper*

desintegración
5 atomización
6 descomposición
13 desunión

2 disgregación
8 reacción
16 división
7 ◁ *agregación*

desintegrar
4 desaparejar
14 desarticular
37 descomponer(se)
1 desengarzar
12 disgregar(se)
8 disociar(se)
9 podrir(se)
47 romper(se)
16 corromper
12 ◁ *integrar(se)*

desinterés
12 abulia
17 apatía
8 decepción
5 desapego
7 desencanto
9 desengaño
4 desilusión
5 despego
13 desprendimiento
13 generosidad
7 hastío
4 largueza
11 liberalidad
5 tedio
6 ◁ *tacañería*

desinteresado
6 desprendido
13 liberal
9 rumboso
18 generoso
12 ◁ *tacaño*

desinteresar(se)
26 desalentar(se)
25 desanimar(se)
10 desasir(se)
11 desatender
11 descorazonar(se)
19 desentender(se)
19 desvincular(se)
3 ignorar
48 pasar(se)

desistimiento
10 prescindir
45 hartar
16 hastiar
25 ◁*apasionar(se)*
20 ◁*embelesar(se)*
37 ◁*enamorar(se)*
9 ◁*enfervorizar(se)*
34 ◁*pagar(se)*
9 ◁*prendar(se)*

desistimiento
14 aplanamiento
6 renuncia

desistir
22 abandonar(se)
9 abdicar
41 ceder(se)
7 cejar
43 dejar(se)
8 renunciar

desjarretar
17 recortar(se)

desjuntar
5 deslabonar(se)

deslabonar(se)
1 deseslabonar
39 deshacer(se)
1 desjuntar
25 desunir(se)
64 separar(se)
74 ◁*juntar(se)*

deslavazado
5 lacio
42 blando
8 fofo
5 ◁*coherente*
5 ◁*vigoroso*

deslave
1 derrubio

deslazar
9 desenlazar(se)

desleal
7 aleve
32 bellaco
10 canalla
10 felón
11 infiel
7 pérfido
1 desagradecido
9 ingrato
26 miserable
10 traidor

deslealtad
9 infidelidad
5 ingratitud
7 traición

deslechar
24 ordeñar

desleimiento
4 deshielo

desleír
12 disolver(se)

deslenguado
33 atrevido
10 blasfemo
11 insolente
8 irrespetuoso
8 lenguaraz
5 malhablado
9 procaz
11 descarado
27 desvergonzado
1 taquero
↪boca negra
↪boca sucia
14 ◁*comedido*

desliar
5 desceñir(se)

desligadura
3 desasimiento
2 independización
6 liberación
28 separación
2 ◁*ligazón*
3 ◁*sometimiento*

desligar
11 absolver
3 desanudar
17 desatar(se)
9 desenlazar(se)
19 desvincular(se)
10 dispensar
34 liberar(se)
57 picar
37 ◁*ligar(se)*

desligarse
70 apartar(se)
34 liberar(se)
7 ◁*coligar(se)*
6 ◁*empelotarse*

deslindamiento
7 delimitación
3 deslinde

deslindar
54 aclarar(se)
9 clarificar
11 delimitar
3 demarcar
34 determinar(se)
35 distinguir(se)
5 esclarecer
6 especificar
4 iluminar
21 ilustrar(se)

deslinde
7 delimitación
2 deslindamiento
7 elucidación

desliz
10 culpa
15 descuido
13 falta
6 inadvertencia
5 lapsus
13 ligereza
8 pecado
2 resbalón
4 tropezón
8 equivocación
7 error
13 yerro
16 ◁*acierto*
22 ◁*cuidado*

deslizadero
4 tobogán

deslizamiento
4 botadura
5 corrimiento
5 labilidad
6 patinazo

deslizante
7 reptante
6 resbaladizo
4 resbaloso

deslizar(se)
15 escurrir(se)
31 introducir(se)
46 ir(se)
49 meter(se)
4 patinar
8 resbalar(se)
48 salir(se)
4 sobrevolar
10 tropezar(se)
20 colarse
34 correr
7 escabullirse
34 escaparse
12 gatear

deslomado
4 derrengado

deslomador
5 fatigoso

deslomar
14 acuchillar(se)

deslomarse
37 fatigar(se)
9 apoltronarse

deslucido
4 desagraciado
3 ◁*apoteósico*
12 ◁*garrido*
6 ◁*revocado*

deslucimiento
4 desmerecimiento
6 empequeñecimiento

deslucir(se)
39 ajar(se)
8 amancillar

8 cachifollar(se)
11 desdecir(se)
9 desentonar
5 deslustrar
15 eclipsar(se)
18 empeorar(se)
19 empequeñe-
cer(se)
7 mancillar(se)
18 marchitar(se)
12 menoscabar
4 profanar
16 chafar
16 desgraciar
5 empañar(se)
16 infamar
14 ◁*abrillantar(se)*
8 ◁*conjuntar*
4 ◁*charolar*

deslumbrado
2 encandilado
9 encantado
1 impresionado
9 sorprendido
10 ◁*imperturbable*
13 ◁*tranquilo*

deslumbrador
34 brillante
4 cegador
1 deslumbrante
2 despampanante
8 fulgurante
5 lujoso
14 radiante
7 refulgente
4 relumbrante
6 ◁*apagado*
32 ◁*oscuro*

deslumbramiento
18 admiración
10 alucinación
15 ceguedad
2 engolosinamiento
8 fascinación
6 ofuscación
12 boato

deslumbrante
9 deslumbrador

**deslumbrante-
mente**
5 brillantemente

deslumbrar(se)
25 admirar(se)
17 alucinar(se)
30 atontar(se)
74 aturdir(se)
9 aturullar(se)
47 brillar
13 cautivar
21 cegar(se)
54 confundir(se)
22 encandilar(se)
15 engolosinar(se)
17 entusiasmar(se)
22 fascinar(se)
13 ilusionar(se)
5 obnubilar(se)
16 ofuscar(se)
12 seducir
37 turbar(se)
6 ◁*desilusionar*

deslustrar
17 deslucir(se)
3 empavonar
1 envahecer
64 estropear(se)
5 empañar(se)

deslustre
6 desdoro
2 empañado
1 turbiedad
3 opacidad
26 ◁*brillo*
10 ◁*claridad*

desmadejado
4 amondongado
1 desmalazado

desmadejamiento
22 aflojamiento
15 desmayo

desmadejar
32 aflojar(se)

desmadrado
16 flaco

desmadre
14 desbordamiento

desmalazado
2 desmadejado

desmamar
1 destetar

desmamonar
5 deschuponar

desmán
18 demasía
9 desafuero
22 barbaridad

desmanchar
17 asear(se)
34 escaparse
19 huir
60 largarse
50 limpiar

desmandado
5 desobediente
7 discolo
8 indócil
14 rebelde

desmandarse
7 desobedecer
48 pasar(se)
16 abusar
33 excederse
12 propasarse
23 rebelarse

desmano
6 desaliño
1 desgaire
8 torpeza
22 ◁*cuidado*

desmantelado
1 desaparejado
1 desarbolado
1 desguarnecido
11 destruido
19 arruinado

20 ◁*agregado*

desmantelar
59 abatir(se)
16 arrasar(se)
15 asolar
1 desarbolar
52 destruir(se)
42 arruinarse
6 ◁*artillar*

desmaña
7 ineficacia
10 ineptitud
9 chapetonada

desmañado(s)
40 bajo(s)
17 calamidad
4 chafallón
5 chapucero
5 desgalichado
5 desgarbado
4 fuñique
15 ganso
11 incapaz
13 inexperto
15 maula
7 patoso
4 asoleado
19 avión
13 crudo
8 inepto
12 inhábil
18 torpe
9 ◁*garboso*
4 ◁*mañoso*

desmayado
3 aletargado
1 anonadado
3 aplanado
19 atacado
16 cansado
8 desalentado
5 desanimado
1 desfallecido
4 desinteresado
9 despreocupado
2 desvanecido
8 lánguido
2 ◁*entonado*

desmayar(se)
9 ahilar(se)
30 atontar(se)
11 descorazonar(se)
12 desfallecer
6 desfondar(se)
20 desvanecer(se)
17 flaquear
20 resentirse
62 caer

desmayo
10 anonadamiento
14 aplanamiento
1 colapso
7 desaliento
16 desánimo
4 desilusión
14 desinterés
2 desmadejamiento
4 desvanecimiento
8 languidez
9 mareo
9 patatús
9 síncope
6 soponcio
⇨mala gana

desmazalado
19 caído

desmedido
10 desmesurado
13 desproporcionado
21 exagerado
13 excesivo
10 monstruoso

desmedrado
6 redrojo
23 ruin

desmedrar(se)
9 acorar
14 adelgazar(se)
17 debilitar
9 demacrar(se)
5 desmejorar
30 deteriorar(se)
18 empeorar(se)
1 encanijar
19 enflaquecer(se)
64 estropearse
⇨ir a menos
6 ◁*engordar*
13 ◁*fortalecer(se)*

desmedro
3 adelgazamiento
9 deterioro
4 encanijamiento

desmejorado
9 demacrado
16 quebrado
5 pachucho
9 pocho

desmejorar
9 demacrar(se)
11 desmedrar(se)
18 empeorar(se)
4 encanijarse
3 reagravarse

desmejorarse
5 enfermar
19 indisponer(se)
21 postrar(se)
14 ◁*sanar(se)*

desmelenado
2 desgreñado
4 despeinado
6 greñudo

desmelenar
4 despeinar

desmembrado
8 destrozado

desmembra-miento
3 desglose
3 despedazamiento
16 división

desmembrar(se)
25 desunir(se)
12 disgregar(se)
8 disociar(se)
21 dividir(se)
7 segregar(se)
64 separar(se)

desmemoria
10 olvido

desmemoriado
5 olvidadizo
4 despistado
16 distraído
17 ◁*atento*

desmemoriarse
11 olvidar(se)

desmentida
4 desmentido

desmentido
7 desautorización
1 desmentida
1 mentís
2 tapada

desmentir
18 contradecir(se)
10 denegar
9 impugnar
27 negar(se)
6 objetar
7 refutar
43 ◁*afirmar(se)*
63 ◁*apoyar(se)*

desmenuzable
10 deleznable
2 friable
5 triturable

desmenuzado
4 circunstanciado

desmenuzamiento
4 picadillo

desmenuzar
4 compartimentar
1 desbriznar
1 desmigajar
21 dividir(se)
1 exfoliar
21 partir
64 separar(se)
9 triturar
57 picar
79 ◁*unir(se)*

desmerecimiento
7 demérito
4 depreciación
9 descrédito
2 deslucimiento
3 ◁*mejoramiento*
◁*revalorización*
7 ◁*prestigio*

desmesura
11 altivez
18 demasía
6 descomedimiento
5 exageración
10 exceso
5 intemperancia
15 ◁*medida*
13 ◁*respeto(s)*

desmesurado
33 atrevido
10 descomedido
descortés
5 desmedido
13 desproporcionado
21 exagerado
13 excesivo
11 insolente
10 monstruoso
11 descarado

desmigajar
9 desmenuzar

desmigar
5 migar

desmirriado
40 bajo(s)
14 canijo
6 enteco
11 delgado
16 flaco
7 pequeñajo
33 ◁*alto(s)*
19 ◁*gordo*

desmochado
5 talado

desmochadura
3 desmoche

desmochar
10 cercenar
17 recortar(se)
8 podar
4 socolar

desmoche
7 cortadura
1 desmochadura
7 tala

desmondongar
2 desguatar

desmontado
1 desacoplado
10 descompuesto
5 desmantelado
19 estropeado
23 ◁arreglado
◁reparado

desmontaje
4 desguace

desmontar(se)
14 desarticular
3 descabalgar
37 descomponer(se)
13 descubrir
3 despiezar
20 evidenciar
35 mostrar(se)
5 patentizar
3 desarmar
18 apear(se)
30 ◁subir(se)

desmonte
3 allanamiento
1 explanación
4 nivelación
6 terraplén

desmoñado
4 despeinado

desmoralizado
4 acobardado
3 derrotista
8 desalentado
5 desanimado
2 desconcertado
5 descorazonado
3 desesperanzado
6 ◁entusiasta

desmoralizador
1 desalentador
2 descorazonador
2 desesperanzador
1 desorientador
2 entristecedor

desmoralizar(se)
59 abatir(se)
10 abellacarse
29 amilanar(se)
26 desalentar(se)
25 desanimar(se)
5 desesperanzar(se)
4 ñangotar(se)

desmoronamiento
3 atierre
38 caída
10 hundimiento

desmoronar(se)
30 hundir(se)
62 caer

desmovilizar
10 licenciar(se)

desnarigado
3 braco

desnarigar
5 achatar
8 mutilar

desnatar
1 desgrasar
2 espumar
15 bogar

desnaturalizado
4 falsificado

desnaturalizar
39 alterar(se)
13 deformar
20 desfigurar(se)
12 falsear
20 pervertir(se)

desnivel
1 peralte
6 terraplén

desnivelación
2 desequilibrio
3 desigualdad
11 diferencia
15 ◁proporción

desnivelado
12 desequilibrado
12 torcido

desnivelar
7 desequilibrar(se)
4 desigualar(se)
19 desordenar(se)
24 ◁enderezar(se)

desnucar(se)
14 desarticular
1 descervigar
5 descoyuntar
1 destozolar
1 estozar
1 estozolar
41 quebrar(se)

desnudar(se)
35 abrirse
4 desabrigar
2 desarropar
11 despojar
6 desposeer
2 desvestir
13 sincerar(se)
6 empelotarse
3 empilucharse
3 encalatarse
58 quitar
15 ◁abrigar(se)
5 ◁vestirse

desnudez
1 desnudismo

4 ◁ornamentación

desnudismo
1 desnudez

desnudista
1 desnudismo

desnudo
13 carente
28 claro
3 desprovisto
1 desvestido
9 falto
11 manifiesto
12 obvio
18 patente
⇨en cueros
⇨en pelota
32 ◁oscuro

desnutrición
3 adelgazamiento
5 ◁alimentación

desnutrido
6 anémico

desnutrirse
14 adelgazar(se)

desobedecer
3 indisciplinarse
9 infringir
10 insubordinar(se)
22 oponerse
23 rebelarse
25 resistirse
9 violar
41 ◁ceder(se)
27 ◁cumplir(se)

desobediencia
10 desacato
6 indisciplina
8 insubordinación
14 rebeldía
17 resistencia
4 transgresión
8 ◁acatamiento

desobediente
8 indócil
3 insumiso
6 reluctante
5 renuente
14 rebelde

desobstruir
70 apartar(se)
4 desatascar(se)
1 desatorar
3 desatrancar
11 desembarazar(se)
1 desobturar
6 desocupar(se)
16 despejar(se)
58 quitar

desobturar
9 desobstruir

desocupación
3 desempleo
8 evacuación
7 paro

desocupado
4 expedito
15 inactivo
18 libre
13 ocioso
3 parásito
7 vacante
16 vacío
1 engendrado
38 alumbrado
1 parido
16 vago
5 ◁*trabajador*

desocupar
2 desalquilar
9 desobstruir
16 despejar(se)
17 evacuar
14 vaciar(se)
34 liberar(se)

desodorante
3 antiséptico
7 perfume

desoir
11 desatender

desojarse
34 afanar(se)
⇨es forzarse

desolación
30 abandono
45 pesar(se)
6 soledad
48 aflicción
30 angustia
5 desamparo
20 tormento
13 tristeza
38 ◁*alegría(s)*

desolado
12 afligido
5 descorazonado
4 inhabitable

desolador
6 árido
2 desértico
2 desesperanzador
7 doloroso
16 solitario
18 amargo
8 yermo
4 ◁*animador*
◁*consolador*
2 ◁*edificante*

desolar(se)
51 afligir(se)
19 agujerear
34 apenar(se)
42 arruinar(se)
15 asolar
6 atribular(se)
11 consternar(se)
6 desconsolar(se)
4 deshabitar
52 destruir(se)
5 devastar
14 entristecer(se)
27 ◁*alegrar(se)*

desolladero
4 matadero

desollador
5 alcaudón

desolladura
12 arañazo
7 despellejadura
11 herida
3 rasponazo
5 escoriación

desollar
10 criticar
11 vituperar
10 despellejar
8 murmurar
65 ◁*alabar(se)*

desopinar
14 desacreditar(se)

desorbitado
7 desquiciado
21 exagerado

desorbitar
21 abultar(se)
14 desquiciar(se)
8 exagerar
26 incrementar(se)

desorden
14 babel
7 desbarajuste
6 desconcierto
8 desorganización
6 fandango(s)
9 fárrago
10 mezcolanza
5 pandemónium
8 perturbación
6 revoltillo
15 revolución
79 alboroto
13 anarquía
8 caos
8 fideo
24 follón
16 galleta
15 jaleo
13 tumulto

desordenadamente
11 atropelladamente

desordenado
4 anárquico
6 caótico
14 confuso
10 desenfrenado
1 desorganizado
13 libertino
9 pervertido

desordenar(se)
55 acomodar(se)
14 barajar
54 confundir(se)
3 desbarajustar
1 descompaginar
37 descomponer(se)
39 deshacer(se)
3 desnivelar
9 desorganizar
14 desquiciar(se)
9 embrollar
10 enturbiar(se)
31 mezclar(se)
8 perturbar
26 trastornar(se)
37 turbar(se)
2 desacotejar
6 empandorgar
24 revolver
3 ◁*adecentar(se)*
3 ◁*normalizar*
7 ◁*reglamentar*
3 ◁*seriar*

desorejado
8 despilfarrador
75 bobo
10 derrochador
11 descarado
18 descocado
27 desvergonzado
6 malgastador
11 memo
22 necio
14 ◁*comedido*
8 ◁*recatado*

desorejar
  10 cercenar
  8 mutilar

desorganización
  10 desarreglo
  7 desbarajuste
  6 desconcierto
  7 desgobierno
  11 turbación
  8 caos
  19 confusión
  19 desorden
  4 ◁ acondiciona-
     miento
  7 ◁ codificación

desorganizado
  7 desordenado

desorganizar
  8 desarreglar(se)
  19 desconcertar(se)
  39 deshacer(se)
  4 deshilvanar
  19 desordenar(se)
  52 destruir(se)
  8 dislocar(se)
  37 turbar(se)
  24 revolver
  3 ◁ estructurar
  3 ◁ seriar

desorganizarse
  10 enturbiar(se)

desorientación
  38 aturdimiento
  11 despiste
  19 desviación
  28 engaño(s)
  9 pérdida

desorientado
  5 descarriado
  5 desprevenido
  8 desviado
  8 errante
  4 despistado

desorientador
  5 desmoralizador

desorientar(se)
  74 aturdir(se)
  1 desgaritar(se)
  7 despistar
  29 desviar(se)
  5 embejucar(se)
  43 engañar(se)
  21 extraviar(se)
  38 perder(se)
  3 nortear(se)
  28 ◁ aconsejar(se)

desosiego
  11 preocupación

desovar
  2 depositar
  35 poner(se)

desove
  1 freza

desovillar
  54 aclarar(se)
  2 desdevanar

despabiladeras
  1 despavesaderas

despabilado
  26 activo
  14 advertido
  15 arriscado
  24 artero
  21 avispado
  10 despierto
  13 dispuesto
  9 ◁ abanto
  7 ◁ chirrichote

despabiladura
  4 insomnio

despabilar(se)
  14 aguzar(se)
  36 apañar(se)
  20 apremiar(se)
  40 atizar(se)
  34 avivar(se)
  3 despertar(se)
  11 desvelar(se)
  2 despercudir

⇨ dar prisa
  15 ◁ dormir(se)
  9 ◁ entumecer(se)

despacio
  8 bonitamente
  6 quedo

despaciosidad
  10 lentitud
  3 morosidad
  6 premiosidad
  13 ◁ ligereza
  7 ◁ rapidez

despacioso
  7 tardío
  11 tardo

despachar(se)
  12 abreviar
  22 acelerar(se)
  34 afanar(se)
  11 desembarazar(se)
  39 deshacer(se)
  21 despedir(se)
  5 diligenciar
  58 echar(se)
  7 enviar
  4 expedir
  2 expender
  9 facturar
  11 librarse
  52 matar(se)
  26 remitir(se)
  21 repudiar(se)
  16 resolver(se)
  3 telegrafiar
  5 tramitar
  10 vendaval
  9 encampanar(se)
  20 aviar
  34 correr
  11 expulsar
  34 liberar(se)
  11 vender

⇨ darse prisa

despacho
  6 bufete
  17 cargo
  17 comercio
  7 establecimiento
  22 negocio(s)
  8 nombramiento
  3 oficina
  11 almacén
  9 tienda
  30 título

despachurrar
  45 aplastar(se)
  2 despanzurrar
  5 espachurrar
  17 reventar(se)

despachurrarse
  10 estallar

despachurro
  7 aplastamiento

despajo
  4 trilla

despalmar
  5 achaflanar
  1 espalmar

despampanante
  9 deslumbrador
  13 impresionante

despanzurrar
  5 destripar
  4 despachurrar

despareado
  4 desparejado

desparejado
  4 descabalado
  1 despareado
  2 desparejo
  14 suelto
  13 ◁ completo
  4 ◁ hermanado

desparejar(se)
  1 desaparear
  5 desemparejar(se)
  2 deshermanar
  4 desigualar(se)
  12 ◁ completar

desparejo

49 ◁*reunir(se)*

desparejo
10 diferente
5 dispar
15 ◁*igual*

desparpajar
6 despilfarrar
6 dilapidar
7 malgastar
22 reñir
16 reprender
⇨poner como un trapo
⇨poner verde
65 ◁*alabar(se)*

desparpajo
9 desembarazo
12 desenfado
13 desenvoltura
11 insolencia
32 atrevimiento
14 mundo
7 osadía
9 tablas
8 ◁*mesura*
11 ◁*cortedad*

desparramado
32 ancho
5 disuelto

desparramar
4 desperdigar(se)
4 diseminar
23 divulgar(se)
28 esparcir(se)
51 extender(se)
7 verter
11 pregonar
14 publicar

desparramarse
4 desgranar(se)

desparramo
2 derramo
7 desbarajuste
6 desconcierto
19 desorden

desparrancar(se)
3 despatarrar(se)

despartir
30 apaciguar(se)
35 distinguir(se)

desparvar
3 trillar

despatarrado
12 estirado
9 extendido
4 pasmado
9 sorprendido
4 tumbado
9 ◁*recogido*

despatarrar(se)
31 asombrar(se)
36 atemorizar(se)
1 desparrancar(se)

despavesaderas
1 despabiladeras

despavorido
3 horrorizado
7 temeroso
5 asustado
5 espantado
13 ◁*tranquilo*

despavorir(se)
58 asustar(se)

despectivo
8 desdeñoso
5 despreciativo

despecho
8 desesperación
32 aborrecimiento
13 bicho
12 contrariedad

despechugar(se)
1 desabotonarse
3 desabrocharse
13 descubrir
3 desgolletarse
5 escotarse

11 exhibir(se)
35 mostrar(se)
6 ◁*abrochar(se)*

despedazado
8 destrozado

despedazamiento
3 desmembramiento
10 destrozo
4 troceado
2 ◁*recomposición*

despedazar
3 apedazar(se)
35 atormentar(se)
2 descuartizar
11 desgarrar(se)
24 destrozar(se)
21 partir
29 quebrantar(se)
4 trocear
6 chicotear

despedazarse
9 estrellar(se)

despedida
9 adiós
7 cese
20 cortesía
4 despido
4 dimisión
13 expulsión
8 saludo
⇨rescisión del contrato
8 ◁*admisión*

despedido
1 cesado
6 desahuciado
2 destituido
4 expulsado
◁*readmitido*
2 ◁*rehabilitado*

despedir(se)
70 apartar(se)
42 arrojar(se)
15 barrer

27 despachar(se)
15 dimitir
58 echar(se)
8 emplumar
28 esparcir(se)
4 exhalar
53 lanzar(se)
60 largar(se)
10 licenciar(se)
6 pujar
1 saludar
42 soltar(se)
22 botar
14 cesar
16 chafar
11 expulsar
58 quitar
⇨decir adiós
2 ◁*inhalar*

despegado
14 glacial
10 indiferente
11 sacudido
6 esquivo
4 ◁*encariñado*
5 ◁*engomado*
12 ◁*empalagoso*

despegar(se)
70 apartar(se)
2 desencolar
26 desprender(se)
19 desvincular(se)
53 levantar(se)
48 salir(se)
64 separar(se)
48 arrancar
11 desdeñar
⇨levantar el vuelo

despego
10 desabrimiento
10 desafección
7 frialdad
2 tirantez
22 aspereza
12 ◁*cordialidad*

despeinado
2 desgreñado
3 desmelenado

1 desmoñado
2 despeluchado

despeinar
2 desgreñar
1 desmelenar
1 despeluznar
◁ revolver el pelo

despejado
32 ancho
28 claro
12 espabilado
6 espacioso
16 inteligente
11 limpio
20 amplio
10 despierto
16 listo
19 rápido
10 sagaz
13 sereno
19 ◁ *estrecho*
18 ◁ *torpe*

despejar(se)
35 abrir(se)
54 aclarar(se)
9 clarificar
1 chutar
11 desembarazar(se)
5 desembrollar
6 desocupar(se)
6 escampar(se)
5 esclarecer
14 vaciar(se)
34 liberar(se)
50 limpiar
58 tirar
◁ lanzar el balón
10 ◁ *encapotar(se)*
2 ◁ *encelajarse*
10 ◁ *ennegrecer*
16 ◁ *nublar(se)*

despejo
11 prestancia
13 soltura

despelotado
2 veringo

despelotarse
3 empilucharse

despeluchado
4 despeinado
4 despellejado

despeluchar
4 despeinar

despeluznar
4 despeinar

despellejado
2 censurado
2 despeluchado
5 vituperado
10 pelado

despellejadura
4 crítica
5 desolladura
1 escocido
9 murmuración
3 peladura
1 restregadura
5 escoriación
9 ◁ *elogio*

despellejamiento
10 crítica
5 desolladura
9 murmuración
3 peladura
1 refregón
6 rozadura
5 escoriación
9 ◁ *elogio*

despellejar
10 criticar
4 desollar
5 erosionar
2 escorchar
4 escoriar(se)
4 descuerar
8 murmurar
◁ poner a parir
◁ poner cual chupa de dómine
◁ poner verde

65 ◁ *alabar(se)*

despenar
5 desesperanzar(se)

despensa
8 provisión
10 abacería
7 alacena
11 bodega

despeñadero
15 abismo
5 caedizo
4 precipicio
17 salto
6 jabalcón
19 barranco
2 rodadero
2 zanjón

despeñado
16 abrupto

despeñamiento
38 caída

despeñar(se)
59 abatir(se)
42 arrojar(se)
9 derrocar
1 desgalgar(se)
53 lanzar(se)
20 precipitar(se)
21 arriscar
62 caer

despeño
38 caída

despepitante
13 salado

despepitar(se)
45 anhelar
5 desgañitarse
6 gritar
6 vocear

despercatarse
19 desentender(se)
1 despreocupar(se)

despercudir
34 avivar(se)
9 despabilar(se)

desperdiciado
1 desaprovechado
4 despilfarrado
2 malbaratado
2 malgastado
2 prodigado
◁ *ahorrado*

desperdiciar
3 desaprovechar(se)
6 despilfarrar
7 malgastar

desperdicio
20 basura
8 cuita
5 escoria
16 residuo
9 resto
31 sobra(s)

desperdicios
7 barreduras
13 bazofia
9 broza
9 desecho
9 despojo
5 detrito
10 inmundicia
2 limpiadura
16 miga(s)
18 migaja(s)
31 sobra(s)

desperdigado
5 disuelto

desperdigamiento
4 desperdigar(se)

desperdigar
8 desparramar
1 desperdigamiento
4 diseminar
16 dispersar(se)

desperdigarse
4 desgranar(se)

desperezarse
 1 desemperezar
 11 distender(se)
 1 esperezarse

desperezo
 3 bostezo

desperfecto
 12 avería
 10 defecto
 13 falta
 10 rotura
 7 tacha

desperfilar
 4 camuflar
 13 disimular

despernado
 15 andador

despertar(se)
 12 avispar(se)
 3 desembotar
 9 despabilar(se)
 7 ◁*amodorrar(se)*
 30 ◁*atontar(se)*
 15 ◁*dormir(se)*
 9 ◁*embrutecer(se)*
 7 ◁*hipnotismo*
 10 ◁*transponer(se)*
 6 ◁*narcosis*

despezar
 3 despiezar

despiadado
 18 cruel
 8 implacable
 6 inevitable
 6 inexorable
 8 inhumano
 3 sádico
 6 sanguinario

despichar
 45 aplastar(se)

despido
 7 cese
 4 dimisión

 13 expulsión
 10 rescisión

despiece
 3 despiezar

despierto
 14 advertido
 25 avisado
 7 despabilado
 12 espabilado
 17 hábil
 9 recuerdo(s)
 28 vivo
 12 despejado
 16 listo
 10 sagaz
 1 ◁*dormido*
 18 ◁*tonto*
 18 ◁*torpe*

despiezar
 2 desacoplar
 1 despezar
 3 desarmar
 30 ◁*montar(se)*

despilchado
 6 harapiento
 18 andrajoso

despilfarrado
 2 disipado
 2 malgastado
 5 perdido
 2 prodigado
  ◁*ahorrado*
 9 ◁*ganado*

despilfarrador
 7 manilargo
 10 derrochador
 9 desorejado
 5 gamonal
 18 generoso
 6 malgastador
 9 manirroto
 14 pródigo

despilfarrar
 3 desperdiciar(se)

 22 botar
 9 derrochar
 6 dilapidar
 7 malgastar
 36 rajar

despilfarro
 18 demasía
 7 derroche
 12 prodigalidad
 6 chorreo
 9 ◁*economía(s)*

despimpollar
 5 deschuponar

despintar
 70 apartar(se)
 18 borrar
 27 cumplir(se)
 7 descolorar
 25 realizar(se)
 34 retirar(se)
 6 verificarse
 58 quitar

despistado
 13 confundido
 5 desorientado
 7 extraviado
 5 perdido

despistar
 54 confundir(se)
 9 desorientar(se)
 24 distraer(se)
 43 engañar(se)
 20 equivocar(se)
 21 extraviar(se)
 38 perder(se)

despistarse
 29 desviar(se)
 38 perder(se)
 20 ◁*embeber(se)*

despiste
 24 apartamiento
 1 atolondramiento
 38 aturdimiento
 9 desacierto
 15 descuido

 5 desorientación
 16 distracción
 28 engaño(s)
 6 extravío
 19 confusión
 8 equivocación
 8 ◁*exactitud*
 12 ◁*precaución*

desplacer
 48 aflicción

desplanchar(se)
 39 arrugar

desplantación
 16 arrancadura

desplantado
 15 arrancado

desplantarse
 16 bailar

desplante
 46 aire(s)
 22 aparato
 17 baladronada
 15 bambolla
 4 barrumbada
 10 fanfarria
 3 rentoy
 26 arrogancia
 21 bravata

desplazado
 16 alienado
 4 anacrónico
 3 inmigrante

desplazamiento
 11 cabida
 6 circulación
 12 emigración
 6 arqueo
 14 capacidad

desplazar
 3 descentrar
 59 mover(se)

desplazarse
12 emigrar

desplegable
4 extensible

desplegado
32 ancho

desplegar
4 desdoblar
4 desenrollar
14 engendrar
51 extender(se)
47 producir(se)
11 ◁*enrollar(se)*

desplomado
19 arruinado

desplomar(se)
14 abalanzar(se)
18 derrumbar(se)
2 desmoronar(se)
30 hundir(se)
43 inclinarse
42 arruinarse
62 caer
29 desviarse
12 regañar
16 reprender
65 ◁*alabar(se)*
25 ◁*sostener(se)*

desplome
4 caedura
38 caída
10 hundimiento
1 dumping

desplumado
4 despojado

desplumar
23 privar(se)
22 pelar

despoblado
4 deshabitado
5 desierto
16 solitario
16 vacío

8 yermo

despoblar
22 abandonar(se)
4 deshabitar

despojado
1 confiscado
4 despellejado
1 desplumado
1 desposeído
2 ◁*devuelto*
  ◁*reintegrado*

despojar
1 descalzarse
11 desnudar(se)
6 desposeer
26 desprender(se)
1 destocarse
5 desvestirse
54 hurtar(se)
8 renunciar
34 retirar(se)
58 quitar
14 robar

despojarse
6 refalar(se)

despojo
1 desposeimiento
5 expropiación
7 pillaje
11 restos
31 sobra(s)
6 usurpación
11 desperdicio
6 presa
6 saqueo

despojos
7 barreduras
20 basura
9 broza
11 cadáver
10 botín
3 casquería

desportillado
2 desconchado
5 mellado

6 roto
8 ◁*intacto*

desportilladura
3 desconchadura
9 deterioro
1 melladura

desportillar
1 mellar
47 romper(se)

desposado
7 casado
3 contrayente
11 unido

desposar(se)
9 maridar
19 casar
⇨contraer matrimonio
⇨contraer nupcias

desposeer
26 desprender(se)
3 expropiar
54 hurtar(se)
8 renunciar
58 quitar
14 robar

desposeerse
desproveerse

desposeído
6 desposeer

desposeimiento
9 despojo

desposorio
18 boda
7 nupcias
8 casamiento
4 esponsales
1 ◁*soltería*

desposorios
18 boda

déspota
4 absolutista
9 autoritario
5 avasallador
24 brutal
3 dictador
2 opresor
2 tirano
9 cacique

despótico
7 abusivo
25 arbitrario
12 caprichoso

despotismo
11 absolutismo
12 abuso
4 autocracia
3 caciquismo
5 cesarismo
5 imperialismo
10 opresión
4 tiranía
21 arbitrariedad

despotricar
10 criticar
16 desahogar(se)
37 descomponer(se)
7 disparatar
10 insultar
33 ofender(se)
21 ◁*contener(se)*
8 ◁*elogiar*
21 ◁*reprimir(se)*

despreciable
19 abatido
9 aborrecible
8 acanallado
18 astroso
40 bajo(s)
10 baladí
32 bellaco
7 bizantino
2 cascaciruelas
6 coso
4 echacantos
10 indigno
13 infame
6 innoble

despreciada

18 insignificante
2 mangorrero
6 menudo
2 pelanas
3 rahez
7 vitando
20 abyecto
8 desdeñable
7 dominguejo
2 furrio
10 irrisorio
23 ruin

3 ◁*acatable*
18 ◁*admirable*
9 ◁*adorable*
8 ◁*apreciable*
6 ◁*augusto*
16 ◁*fabuloso*
10 ◁*valioso*

despreciada
3 cenicienta

despreciado
14 arrinconado
5 desprestigiado
6 excluido
9 olvidado
13 desairado

6 ◁*bienquisto*
7 ◁*codiciado*

despreciar
32 arrinconar(se)
9 arrumbar(se)
9 menospreciar
39 rebajar(se)
12 relegar(se)
3 subestimar
11 desdeñar

⇨dejar de lado
⇨mirar por encima del hombro
⇨tener a menos
⇨tener en poco
⇨tratar a zapatazos

22 ◁*apreciar(se)*

despreciativo
15 altanero
31 arrogante

2 despectivo
3 peyorativo
17 altivo

desprecio
9 arrinconamiento
1 arrumbamiento
8 desaire
7 descortesía
11 desdén
14 menosprecio
5 relegamiento
2 subestimación

13 ◁*aprecio*

desprender(se)
22 abandonar(se)
70 apartar(se)
7 deducirse
6 demoler
6 derruir
10 desasir(se)
8 desligar(se)
10 despegar(se)
11 despojar
6 desposeer
25 desunir(se)
19 desvincular(se)
4 exhalar
30 hundir(se)
15 inducir
27 inferir(se)
53 levantar(se)
18 oler(se)
8 renunciar
11 resultar
29 saltar(se)
42 seguir(se)
64 separar(se)
42 soltar(se)

desprendido
5 abnegado
4 desinteresado
4 entregado
13 liberal
9 rumboso
18 generoso

desprendimiento
23 altruismo
7 alud

38 caída
12 caridad
14 desinterés
10 esplendidez
11 franqueza
12 garbo
13 generosidad
4 largueza
11 liberalidad
15 rumbo
2 impersonalismo

12 ◁*avaricia*
14 ◁*avidez*
5 ◁*emotividad*
4 ◁*roñería*
10 ◁*ruindad*
8 ◁*codicia*

despreocupación
14 desinterés
6 desvinculación
9 tranquilidad
26 calma
8 pachorra

despreocupadamente
26 atrevidamente
⇨a la bartola

despreocupado
33 atrevido
10 bohemio
8 confiado
2 descuitado
10 imperturbable
11 insensible
13 tranquilo
12 desmayado
⇨a la birlonga

8 ◁*abismado*
6 ◁*enfrascado*
7 ◁*obseso*

despreocupar
10 insensibilizar(se)

27 ◁*agobiar(se)*
20 ◁*embelesar(se)*

despreocuparse
2 despercatarse

11 ◁*desvelar(se)*

desprestigiado
4 deshonrado
5 despreciado
3 difamado
2 impopular
1 mancillado

6 ◁*bienquisto*

desprestigiar
12 denigrar
14 desacreditar(se)
22 deshonrar(se)
5 prestigiar
7 ultrajar
7 difamar
22 pelar
12 vilipendiar

desprestigiarse
10 chotear

desprestigio
7 demérito
11 denigración

desprevención
15 descuido
9 imprevisión
8 omisión

desprevenido
3 desapercibido
5 desorientado
7 inadvertido
4 despistado
16 distraído

17 ◁*atento*

desproporción
5 deformidad
1 descompás
6 simetría

5 ◁*gálibo*

desproporcionado
9 desatinado
7 descabellado
10 descomedido
5 desgarbado

5 desmedido
10 desmesurado
9 disforme
9 disonante
2 larguirucho
10 monstruoso
7 titánico
12 deforme
4 lempo
11 ◁*digno*

despropósito(s)
10 desatino
6 dislate
16 disparate
22 barbaridad
14 locura

desproteger
4 desabrigar
10 ◁*abogar*

desproveimiento
6 desposeerse

desprovisto
13 carente
9 falto
1 sin

despuntado
4 chuto
10 obtuso
9 pocho

despuntar
4 descollar
27 destacar(se)
8 embotar(se)
9 empezar(se)
2 enromar
31 iniciar(se)
9 resaltar
10 comenzar
35 distinguirse
11 sobresalir
14 ◁*aguzar(se)*
7 ◁*terminar*

desque
4 desde

desquiciado
9 desatinado
2 desorbitado
21 exagerado
7 nervioso
10 perturbado
6 trastornado
9 turbado
14 ◁*comedido*
6 ◁*sosegado*

desquiciar(se)
5 desajustar(se)
37 descomponer(se)
19 desconcertar(se)
11 desencajar(se)
4 desorbitar
19 desordenar(se)
87 fastidiar(se)
47 romper(se)
12 alelarse
4 desvariar
9 enloquecer
64 estropearse
⇨irse de la cabeza
83 ◁*arreglarse*

desquitar
15 recuperar(se)
5 vengar(se)

desquitarse
11 resarcir(se)
5 vengar(se)
⇨tomar la revancha
⇨tomar satisfacción

desquite
6 recuperación
5 represalia
1 revancha
3 talión
3 venganza

desrabar
2 desrabotar
8 mutilar

desrabotar
2 desrabar
1 rabotear

desraizamiento
3 avulsión

desraizar
48 arrancar

desratización
3 desratizar

desratizar
6 exterminar
3 fumigar
50 limpiar

desreputación
9 descrédito
9 deshonra

desriñonar(se)
4 derrengar
15 extenuar(se)
37 fatigar(se)
7 moler
29 quebrantar(se)
30 rendir(se)
14 ◁*descansar*

desriscarse
20 precipitar(se)

desrizar
21 alisar(se)
11 desenredar
1 desensortijar
11 distender(se)
20 estirar(se)
51 extender(se)
8 ◁*ondular(se)*
7 ◁*rizar(se)*

destacado
14 afamado
9 célebre
13 eminente
13 ilustre
18 importante
2 pronunciado
13 saliente
7 sobresaliente
14 ◁*corriente*
6 ◁*desconocido*
18 ◁*insignificante*

destacamento
2 batallón
4 brigada
9 escuadra
25 guarnición(es)
8 pelotón
3 regimiento
9 compañía

destacar(se)
17 acentuar(se)
5 altear(se)
70 apartar(se)
4 descollar
10 despuntar
46 dominar(se)
15 encanecer
18 encaramar(se)
5 enfatizar
4 entrecomar
53 levantar(se)
16 lucir(se)
6 matizar
11 prevalecer
12 realzar(se)
7 recalcar
8 relucir
9 resaltar
10 resplandecer
29 saltar(se)
6 seleccionar
46 señalar(se)
9 señorear
11 singularizar(se)
18 blanquear
8 destellar
11 sobresalir
3 ◁*adocenar(se)*
14 ◁*enterrar(se)*

destapado
12 descubierto
6 ◁*arrebujado*
3 ◁*disfrazado*
5 ◁*encapuchado*
5 ◁*recubierto*

destapadura
25 abertura

destapar(se)
35 abrir(se)
4 desabrigar

destaponar

- 2 desarropar
- 4 desatascar(se)
- 13 descubrir
- 3 desgolletarse
- 3 destaponar
- 2 desvestir
- 23 encanallar(se)
- 20 evidenciar
- 11 manifestar
- 14 publicar
- ⇨darse a la vida
- 15 ◁*abrigar(se)*
- 4 ◁*amantar*
- 18 ◁*arrebujar(se)*
- 37 ◁*cerrar(se)*
- 16 ◁*cobijar(se)*
- 41 ◁*ocultar(se)*
- 27 ◁*velar(se)*

destaponar
- 35 abrir(se)
- 2 descorchar
- 13 destapar(se)
- 37 ◁*cerrar(se)*
- 8 ◁*taponar(se)*

destartalado
- 2 desvencijado

destejer
- 39 deshacer(se)
- 4 deshilar

destellante
- 9 reluciente

destellar
- 47 brillar
- 9 centellear
- 27 destacar(se)
- 14 refocilar(se)
- 5 relumbrar
- 2 titilar
- 35 distinguirse
- 11 sobresalir

destello
- 3 fluorescencia
- 3 lampo
- 5 ráfaga
- 16 reflejo
- 4 relumbrón

- 9 vislumbre
- 11 viso(s)

destempladamente
- 8 bruscamente

destemplado
- 14 atrabiliario
- 12 brusco
- 7 desacorde
- 3 desafinado
- 9 desapacible
- 9 disonante
- 8 estridente
- 4 febricitante
- 2 inarmónico
- 3 indispuesto
- 7 inmoderado
- 6 intemperante
- 5 ladrador
- 15 acre
- 13 crudo

destemplanza
- 21 alteración
- 10 desabrimiento
- 6 descomedimiento
- 5 destemple
- 6 inclemencia
- 5 intemperie
- 8 perturbación
- 13 rigor
- 22 aspereza
- 9 ◁*dulzura*

destemplar(se)
- 2 desafinar
- 24 desazonar(se)
- 37 descomponer(se)
- 9 desentonar

destemple
- 1 desafinación
- 1 desentono
- 9 destemplanza
- 10 indisposición
- 9 malestar

destensar
- 32 aflojar(se)
- 41 ceder(se)

destentar
- 9 disuadir(se)

desteñido
- 5 incoloro
- 4 pajizo

desteñir
- 1 decolorar
- 7 descolorar
- 5 empalidecer

desternillante
- 10 jocoso
- 13 salado

desternillarse
- 3 reir(se)

desterrado
- 5 ausente
- 11 echado
- 6 exiliado
- 4 refugiado

desterrar
- 6 deportar
- 11 exiliar(se)
- 4 extraditar
- 18 extrañar(se)
- 11 expulsar

desterrarse
- 32 arrinconar(se)
- 3 ◁*repatriar(se)*

desterronar
- 7 cavar
- 10 excavar
- 57 picar

destetar
- 1 desmamar

destete
- 1 destetar

destiempo (a)
- 6 extemporáneo
- 10 inoportuno
- 7 intempestivo

destierro
- 6 deportación
- 5 exilio
- 13 expulsión
- 4 extradición
- 6 extrañamiento

destilación
- 17 colada
- 1 destilería
- 6 goteo
- 5 instilación
- 1 cracking

destilador
- 4 alambique
- 1 cracker

destilar
- 7 alambicar(se)
- 6 alquitarar
- 20 colar(se)
- 15 escurrir(se)
- 2 exudar
- 16 filtrar(se)
- 7 gotear

destilería
- 5 destilación

destinación
- 9 dedicación
- 22 destino

destinado
- 1 abocado
- 9 alocado
- 4 dedicado

destinar
- 20 dedicar(se)
- 56 dirigir(se)
- 35 ocupar(se)
- 27 orientar(se)
- 24 emplear

destinatario
- 2 aceptador
- 2 receptor
- 1 ◁*remitente*

destino
16 azar
17 cargo
12 casualidad
11 colocación
2 destinación
8 finalidad
8 meta
17 ocupación
12 providencia
12 puesto
7 sino
22 trabajo(s)
14 determinación
14 chamba
23 disposición
16 empleo
13 fortuna
7 hado
14 hueso
19 plaza
17 suerte

destitución
3 cesantía
6 jubilación
5 licenciamiento
2 relevo

destituido
3 desautorizado
4 despedido

destituir
10 deponer
15 dimitir
14 cesar

destocarse
1 saludar

destorcer
4 desenrollar
24 enderezar(se)

destorlongado
9 manirroto
14 pródigo

destornillar
1 desatornillar

destorpar
10 afear
64 estropear(se)

destorrentar
12 ahuyentar
24 espantar(se)
48 ◁atraer(se)

destoserse
2 carraspear

destozolar
7 desnucar(se)

destrenzar
39 deshacer(se)
4 despeinar

destreza
18 habilidad
12 industria
10 maestría
6 pericia
18 cancha
11 maña
8 ◁torpeza

destripar
45 aplastar(se)
2 despanzurrar
5 estrujar
4 despachurrar
2 escachar

destripaterrones
3 labrantín
5 paria
17 campesino

destrizar(se)
47 romper(se)
9 estofar

destrón
2 lazarillo

destronamiento
7 derrocamiento
1 desposeimiento
13 expulsión

6 ◁entronización
8 ◁reposición

destronar
10 deponer
9 derrocar
16 ◁nombrar

destroncado
3 decapitado
15 arrancado

destronque
16 arrancadura

destroyer
10 destructor

destrozado
2 aniquilado
10 derrotado
1 desmembrado
1 despedazado
16 quebrado
6 vencido
5 descuartizado
6 roto
6 ◁indemne
12 ◁nuevo

destrozar(se)
8 arrollar
35 atormentar(se)
40 batir(se)
6 chañar
11 dañar(se)
10 derrotar
2 descuartizar
11 desgarrar(se)
39 deshacer(se)
9 despedazar
52 destruir(se)
5 devastar
30 hundir(se)
7 malbaratar
5 pulverizar
41 quebrar(se)
47 romper(se)
13 tronchar(se)
40 vencer(se)
9 derrochar
6 dilapidar

5 fracturar
7 malgastar

destrozo
1 descuartizamiento
1 desgarramiento
3 despedazamiento
16 destrucción
3 escabechina
2 fractura
3 masacre
6 mortandad
10 rotura
8 carnicería

destrucción
7 aniquilamiento
17 calamidad
5 cataclismo
3 catástrofe
4 demolición
5 derribo
10 destrozo
7 eliminación
6 exterminio
2 fractura
10 hundimiento
6 liquidación
1 quebramiento
10 rotura
25 ruina(s)
17 desgracia
9 ◁construcción

destructivo
6 demoledor

destructor
5 atila
6 demoledor
5 devastador
6 huracanado
5 iconoclasta
6 mortífero
4 suicida
12 voraz
1 destroyer
8 martillo

destruido
2 demolido
3 derribado

destruir

5 desaparecido
5 deshecho
5 desmantelado
1 eliminado
1 escacharrado
1 exterminado
3 suprimido
19 arruinado
6 roto
16 ◁*entero*
4 ◁*incólume*
6 ◁*indemne*
10 ◁*salvo*

destruir(se)
12 abarrajar(se)
59 abatir(se)
32 agotar(se)
12 anonadar(se)
6 arietar(se)
16 arrasar(se)
8 arrollar
42 arruinar(se)
15 asolar
40 batir(se)
8 bombardear(se)
6 chañar
11 dañar(se)
6 demoler
17 derribar(se)
9 derrocar
10 derrotar
16 desbaratar
37 descomponer(se)
9 desgastar
39 deshacer(se)
9 desintegrar
6 desmantelar
2 desmoronar(se)
14 desolar(se)
9 desorganizar
24 destrozar(se)
5 devastar
5 expoliar
6 exterminar
32 gastar(se)
30 hundir(se)
36 liquidar(se)
52 matar(se)
38 perder(se)
5 pulverizar
41 quebrar(se)
47 romper(se)

13 suprimir
7 talar
8 triunfar
13 tronchar(se)
10 eliminar
29 aniquilar
39 arrugar
42 arruinarse
15 consumir
5 empañar(se)
5 fracturar
58 tirar
⇨echar abajo
⇨no dejar piedra sobre piedra
5 ◁*construir*

destullecer
4 desentumecer

destusar
4 chismorrear
54 hurtar(se)
8 murmurar
14 robar

destutanar(se)
34 afanar(se)
1 escoñarse
39 empeñarse
⇨romperse la crisma

desubstanciado
3 deslavazado
11 memo
22 necio
18 tonto
18 torpe

desuellacaras
4 rapabarbas
11 barbero

desuncir
42 soltar(se)

desunido
9 inconexo
4 ◁*adherido*

desunión
25 aislamiento
3 alejamiento
24 apartamiento
8 desacuerdo
10 desavenencia
2 desconexión
6 desvinculación
7 disconformidad
9 discrepancia
7 divergencia
11 oposición
28 separación
16 división
21 ◁*acuerdo(s)*

desunir(se)
35 aislar(se)
38 alejar(se)
14 amalgamar(se)
17 anexar(se)
70 apartar(se)
3 desconectar
4 deshilvanar
5 deslabonar(se)
6 desmembrar(se)
26 desprender(se)
19 desvincular(se)
2 discrepar
12 disgregar(se)
8 disociar(se)
12 disolver(se)
21 dividir(se)
6 divorciar(se)
7 encizañar
21 enemistar(se)
15 enfrentar(se)
19 indisponer(se)
4 malquistar
64 separar(se)
2 desenyuntar
22 oponerse
6 ◁*alear*
16 ◁*amigar(se)*
6 ◁*centralizar*
8 ◁*empalmar*
14 ◁*emparejar(se)*
4 ◁*ensamblar*
5 ◁*entrecruzar*
9 ◁*hermanar(se)*
26 ◁*incorporar(se)*
37 ◁*ligar(se)*
4 ◁*concordar*

13 ◁*enlazar*
10 ◁*conjugar*

desusado
5 anticuado
5 desacostumbrado
18 extraño
9 infrecuente
3 inhabitual
8 inusitado
1 inusual
22 raro
13 singular
22 viejo
⇨pasado de moda
10 ◁*actual*
12 ◁*nuevo*

desusar
12 anticuar(se)
3 desacostumbrar(se)

desuso
10 olvido

desustanciado
9 zonzo

desvaído
9 aguado
3 ambarino
8 descolorido
5 desgalichado
5 desgarbado
8 pálido
7 tenue
19 suave
9 ◁*intenso*

desvaír(se)
14 adelgazar(se)
20 desvanecer(se)

desvalido
19 abandonado
7 desamparado
2 desatendido
9 indefenso
6 indigente
4 menesteroso
19 arruinado

9 descuidado
18 pobre
14 ◁*rico*

desvalijador
4 saqueador

desvalijamiento
15 saco

desvalijar
6 extorsionar

desvalimiento
30 abandono
2 desarrimo
4 orfandad
11 ◁*custodia*

desvaloración
10 abaratamiento
9 baja

desvalorado
19 abatido

desvalorar
11 abaratar(se)
24 achicar(se)
35 bajar(se)

desvalorización
10 abaratamiento
1 devaluación
8 inflación

desvalorizado
2 desvalorizarse

desvalorizar
35 bajar(se)
1 devaluar

desván
7 altillo
6 ático
10 buhardilla
4 camaranchón
9 chiribitil
1 guardillón
3 sobrado
3 sotabanco

4 trastero
9 cucho
3 jorón
2 tapanco
2 ventolín

desvanecer(se)
28 anular(se)
18 borrar
8 desaparecer
5 desdibujar(se)
39 deshacer(se)
9 desmayar(se)
4 difuminar(se)
26 disipar(se)
18 esfumar(se)
20 evaporar(se)
24 frustrar(se)
20 marear(se)
38 perder(se)
62 caer
  fugarse
19 huir
60 largarse
53 marchar
⇨ perder el sentido

desvanecido
12 desmayado
2 filoso

desvanecimiento
4 vahído
9 mareo
9 síncope
6 soponcio

desvariar
17 alucinar(se)
6 babosear
11 delirar
14 desquiciar(se)

desvarío
16 delirio
6 dislate
16 disparate
6 ensueño
16 éxtasis
11 ilusión
11 irracionalidad
4 monstruosidad

22 barbaridad
18 fantasía
14 locura
12 quimera
12 sueño

desvastigar
2 chapodar

desvedar
25 permitir(se)

desvelar(se)
22 cuidar(se)
9 despabilar(se)
4 escornarse
25 esforzar(se)
2 espabilarse
1 extremarse
28 inquietar(se)
17 preocupar(se)
11 vigilar
⇨ estar al tanto
⇨ perder el sueño
1 ◁*despreocupar(se)*
15 ◁*dormir(se)*

desvelo
3 agripnia
4 hombrada
4 insomnio
6 obsesión
2 quitasueño
11 preocupación
3 ◁*soñolencia*

desvencijado
10 descompuesto
1 destartalado

desvencijarse
2 descuajaringarse

desventaja
11 inconveniente
4 inferioridad
15 mengua
15 quebranto
10 obstáculo
29 ◁*ayuda*

desventura
20 adversidad
7 desdicha
17 desgracia
6 infortunio
13 ◁*fortuna*

desventurado
15 aciago
4 gafe
10 infausto
4 malhadado
23 mísero
10 ominoso
14 cuitado
14 desgraciado
12 infeliz
19 negro
18 pobre
6 ◁*próspero*

desvergonzado
33 atrevido
18 audaz
6 cretino
17 desahogado
12 desenvuelto
12 deshonesto
12 deslenguado
2 farotón
6 gamberro
17 impúdico
11 insolente
8 lenguaraz
17 liviano
5 malhablado
9 procaz
1 inverecundo
11 botado
7 cachetón
4 caradura
3 carilimpio
6 cínico
11 descarado
9 desorejado
18 fresco
7 igualado
10 pelado
4 vaquetón
4 ◁*arrebolado*
7 ◁*intachable*

desvergonzarse
5 avilantarse

desvergonzonería
19 jeta

desvergüenza
10 lisura
11 coleto

desvestido
10 desnudo

desvestir
11 desnudar(se)
13 destapar(se)

desvestirse
11 despojar
2 strip-tease
6 empelotarse
3 empilucharse
3 encalatarse

desviación
3 alejamiento
24 apartamiento
16 bifurcación
2 descarrío
5 desorientación
11 despiste
6 dislocación
2 distensión
16 distracción
5 evasiva
6 extravío
18 giro
4 luxación
19 rodeo
28 separación
5 torcedura
12 circunloquio
8 cruce
9 pérdida
4 ◁ acercamiento

desviado
5 descaminado
5 desorientado
7 equivocado
2 invertido

5 perdido
9 pervertido
4 viciado
12 torcido

desviar(se)
35 abrirse
35 alargar(se)
38 alejar(se)
5 baraustar
10 bifurcar(se)
7 descarriar(se)
3 descentrar
9 desorientar(se)
7 despistarse
24 distraer(se)
9 disuadir(se)
8 divagar
43 engañar(se)
21 extraviar(se)
43 inclinar(se)
38 perder(se)
38 rodear(se)
44 torcer(se)
13 tronchar(se)
38 alejarse
70 apartarse
18 apear(se)
13 desplomar
2 ñongotar(se)
64 separarse
5 virar
25 ◁ encaminar(se)
7 ◁ encarrilar
7 ◁ enfocar
9 ◁ espolear
28 ◁ aderezar

desvinculación
3 alejamiento
24 apartamiento
19 desviación
12 desvío
3 exoneración
28 separación
19 ◁ unión

desvinculado
9 inconexo
13 ◁ anejo
20 ◁ agregado

desvincular(se)
1 desagregar
5 desajustar(se)
26 desalentar(se)
25 desanimar(se)
10 desasir(se)
5 descentralizar
9 desenlazar(se)
12 desinteresar(se)
8 desligar(se)
10 despegar(se)
26 desprender(se)
25 desunir(se)
12 disolver(se)
21 dividir(se)
64 separar(se)
42 soltar(se)
38 alejarse
34 liberar(se)
64 separarse
6 ◁ achacar
4 ◁ adscribir
24 ◁ encadenar(se)
5 ◁ entroncar
40 ◁ someter(se)
7 ◁ vincularse

desvío(s)
10 aberración
5 apartadero
16 bifurcación
4 cantada
5 desapego
6 desvinculación
11 distorsión
38 rodear(se)
2 by-pass
29 aguja
8 equivocación
6 variante

desvirgamiento
9 desfloración

desvirgar
22 deshonrar(se)
1 estuprar
7 fondear
4 profanar
20 violentar(se)
4 desflorar
9 violar

8 ◁ respetar

desvirtuado
19 abatido

desvirtuar(se)
7 adulterar
64 estropear(se)
20 evaporar(se)
4 falsificar
38 perder(se)
16 transformar(se)
20 violentar(se)
16 corromper

desvivirse
4 chalarse
17 derretir(se)
6 pirrarse
39 empeñarse
25 esforzarse
16 trabajar
19 ◁ desentender(se)

desyemar
3 desbotonar
1 descogollar

desyerbar
3 desherbar
5 escardar

detall
9 detalle
8 venta

detallado
11 dilatado
7 farragoso
7 machacón
6 minucioso
2 pormenorizado
7 latoso
31 pesado

detallamiento
4 descripción

detallar
13 analizar(se)
8 definir
10 describir

6 especificar
8 menudear
10 narrar
3 pormenorizar
4 puntualizar

detalle
20 cortesía
23 extensión
9 fineza
8 galanura
4 pormenor
5 prolijidad
8 fragmento
7 parcela
26 parte

7 ◁*descortesía*
2 ◁*todo*

detallista
27 delicado
7 esmerado

5 ◁*chapucero*

detección
9 descubrimiento
4 localización
6 señalamiento

detectar
13 descubrir
7 localizar

detective
27 agente
11 conejo
8 investigador
16 policía

detector
4 descubridor
1 localizador
4 revelador
19 chivato

detención
33 alto(s)
11 apresamiento
28 arresto(s)
1 atranco
6 captura
22 cuidado

5 estacionamiento
10 interrupción
4 minuciosidad
11 parada
2 permanencia
5 prolijidad
11 atasco
7 prendimiento

2 ◁*continuidad*
6 ◁*liberación*
6 ◁*superficialidad*

detener(se)
13 anquilosar(se)
29 apresar(se)
21 arrestar(se)
16 atajar(se)
7 atrofiar(se)
9 capturar
16 congelar(se)
19 conjurar(se)
11 conservar
21 contener(se)
17 demorar(se)
15 empantanar(se)
24 encadenar(se)
7 encallar
16 enfangar(se)
20 entorpecer(se)
13 estacionar(se)
14 estancar(se)
23 estar(se)
28 estorbar(se)
39 fijar(se)
6 fosilizarse
10 frenar
44 guardar(se)
26 inmovilizar(se)
20 interrumpir(se)
5 neutralizar
16 paralizar(se)
50 parar(se)
9 permanecer
28 plantar(se)
19 quedar(se)
23 refrenar(se)
6 remansar(se)
15 retener(se)
8 rezagar(se)
15 suspender
3 tardar
9 truncar
2 abarajar

19 aprisionar
21 atorar
57 cortar
2 devisar
13 impedir
31 prender
16 ◁*apresurar(se)*
5 ◁*caminar*
19 ◁*circular*
7 ◁*continuar*
34 ◁*liberar(se)*

detenido
9 arrestado
5 estadizo
4 raptado
13 parado

3 ◁*transformado*

detentación
20 apropiación

detentar
22 adjudicar(se)
51 apropiar(se)
4 usurpar

detergente
4 desinfectante
3 limpiador
8 jabón

deteriorable
4 rompible

deterioración
9 deterioro

deteriorado
7 agriado
3 cariado
5 inservible
34 malo
2 malparado
5 mellado
7 mutilado
8 tronado
10 usado
22 viejo
16 enfermo

14 envejecido

deteriorar(se)
39 ajar(se)
4 apolillar(se)
6 averiar(se)
13 deformar
14 desarticular
37 descomponer(se)
20 desfigurar(se)
11 desmedrar(se)
19 disminuir(se)
18 empeorar(se)
2 enmalecer
8 envejecer
12 envenenar(se)
29 envilecer(se)
5 erosionar
64 estropear(se)
87 fastidiar(se)
32 gastar(se)
13 malear(se)
7 manosear
12 menoscabar
5 perjudicar(se)
20 pervertir(se)
17 pudrir(se)
47 romper(se)
5 empañar(se)
8 maltratar
10 sobar

⇨echar a perder
83 ◁*arreglar(se)*

deterioro
15 ajamiento
1 apollillamiento
12 avería
2 corrosión
4 deslustre
3 desmedro
5 desperfecto
10 rotura
9 daño

determinable
28 claro
9 concreto
1 definible
3 identificable
24 fácil
14 ◁*confuso*

determinación

◁ *difícil*

determinación
21 audacia
2 caracterización
11 decisión
7 delimitación
10 designio
5 especificación
10 intrepidez
14 precisión
6 señalamiento
24 valor
16 voluntad
13 artículo
18 arrojo
7 osadía
10 ◁ *indecisión*
9 ◁ *indeterminación*
14 ◁ *cobardía*

determinado
4 alguno
27 animoso
33 atrevido
9 concreto
10 contado
9 definido
4 explícito
10 formal
9 identificado
22 preciso
13 resuelto
5 ◁ *ilimitado*
5 ◁ *inclasificable*

determinados
4 algunos

determinante
7 categórico
4 concluyente
4 expreso
10 matriz
1 taxativo
6 terminante
13 artículo
3 demostrativo
1 posesivo

determinar(se)
37 acordar(se)
9 aforar

22 apreciar(se)
21 arrestar(se)
21 asignar(se)
21 atrever(se)
9 capturar
8 caracterizar(se)
17 causar
14 concluir
27 decidir(se)
5 decretar
8 definir
11 delimitar
10 describir
10 deslindar
5 diagnosticar
48 disponer(se)
10 encuadrar
6 especificar
7. evaluar
39 fijar(se)
27 limitar(se)
10 motivar
7 ocasionar
39 originar(se)
15 precisar
47 producir(se)
23 proponer(se)
31 querer(se)
16 resolver(se)
46 señalar(se)
6 suscitar

detersión
1 higienización
19 limpieza
11 purificación
14 ◁ *suciedad*

detersivo
3 detergente

detersorio
3 esméctico

detestable
17 abominable
10 maldito
5 odioso
9 ◁ *adorable*

detestación
11 aversión

detestar
8 abominar(se)
22 aborrecer(se)
11 execrar
7 odiar(se)
52 ◁ *amar(se)*

detienebuey
5 gatuna

detonación
8 estallido
5 estampido
5 estruendo
8 explosión
7 ◁ *silencio*

detonador
2 espoleta
4 gatillo

detonancia
7 antítesis

detonante
6 atronador
5 ensordecedor
4 resonante
5 ◁ *silencioso*

detonar
10 estallar
4 tronar

detorsión
6 torsión

detracción
10 crítica
7 substracción

detractar
14 calumniar(se)
12 denigrar
8 desprestigiar
16 infamar
65 ◁ *alabar(se)*

detractor
5 juzgador
5 vituperador

13 acusador
4 ◁ *turiferario*

detraer
51 apropiar(se)
10 restar
15 substraer(se)
10 sustraer

detrás
5 arredro
17 atrás
3 tras

detrimento
11 menoscabo
6 merma
9 daño
10 perjuicio

detrito
9 desechos
1 detritus
31 sobra(s)
11 desperdicio
14 excremento

detritos
8 ascosidad

detritus
5 detrito

detumescencia
1 desinflamación

deuda
2 adeudo
19 compromiso
3 débito
11 obligación
10 pasivo
5 déficit
⇨numeros rojos

deudo
20 afín
18 allegado
3 consanguíneo
9 familiar
11 pariente

deudor
2 entrampado
2 ◁ acreedor

deutóxido
1 bióxido

devaluación
3 desvalorización

devaluar
2 desvalorizar

devanadera
2 argadillo
2 bobina
10 bolillo

devanar
6 embrocar
4 encanillar
8 hilar

devaneo
30 asunto(s)
6 dislate
16 disparate
20 arreglo
22 barbaridad
14 locura

devastación
10 desastre
25 ruina(s)
17 desgracia
4 estrago

devastado
6 talado
19 arruinado

devastador
4 aniquilador
5 catastrófico
10 destructor
6 ruinoso
6 vandálico
4 ◁ constructivo

devastar
42 arruinar(se)
15 asolar
14 desolar(se)
24 destrozar(se)
52 destruir(se)

devengado
1 prescrito
6 vencido
14 corrido
14 ◁ corriente

devengar
16 percibir
19 cobrar

devengo
6 cobranza
9 ganancia(s)
2 vencimiento
2 ◁ adeudo

devenir
17 acontecer
10 futuro
6 ocurrir
48 pasar(se)
13 suceder
⇨ tener lugar

devisar
16 atajar(se)
49 detener(se)

devoción
10 apego
11 fervor
9 piedad
4 religiosidad
3 unción
16 afición
18 inclinación

devocionario
2 misal

devolución
6 rechazo
5 reembolso
5 reincorporación
3 reintegro
8 reposición
9 retorno
2 torna(s)
3 vómito
21 vuelta
3 ◁ ingestión

devolutivo
4 restituible

devolver
58 echar(se)
5 reembolsar
7 reintegrar(se)
7 regresar
7 restituir
9 vomitar

devorador
5 hambriento
8 insaciable
12 voraz
5 tragón
13 ◁ ahíto
7 ◁ saciado
12 ◁ harto

devorar
43 alimentar(se)
22 comer
20 engullir(se)
30 quemar(se)
2 tragonear
15 zampar(se)
29 aniquilar
5 embaular
9 jamar

devota
7 beata

devotamente
4 religiosamente

devoteria
5 beatería

devotería
5 beatería

devoto
17 adicto
5 aficionado
4 apegado
17 beato
3 correligionario
8 fervoroso
14 inclinado
9 piadoso
7 pío
6 secuaz
2 seguidor
11 partidario
7 ◁ opositor

devuelto
6 restituido
1 vomitado

dexteridad
6 destreza

dextrina
3 almidón

dextrosa
7 azúcar
2 glucosa

deyección
8 defecación

dezmeño
3 decimal

dezmero
3 decimal

día
7 jornada

diabetes
1 glucosuria

diablear
6 juguetear

diablejo
14 diablo
10 travieso

diablesa
7 arpía

diablesco
6 diabólico

diablillo
14 diablo
10 travieso

diablo
  belcebú
17 hábil
8 lucifer
4 luzbel
8 macaco
15 maligno
6 satanás
50 astuto
8 demonio
16 listo
8 pata
5 pateta
10 sagaz
⇨Pedro Botero
18 ◁*tonto*

diablura
6 chiquillada
7 herejía
4 travesura

diabólico
14 horrible
15 maligno
9 perverso
14 terrible
18 horrendo
17 siniestro

diacatolicón
1 diácono
5 purgante

diácono
2 diacatolicón

diadema
11 aureola
16 corona

diafanidad
10 claridad
7 luminosidad
9 pureza
3 ◁*opacidad*

diafano
28 claro
4 cristalino

5 luminoso
10 transparente
9 ◁*turbio*

diáfano
28 claro
4 cristalino
2 hialino
10 transparente
5 traslúcido

diafonía
2 contrapunto

diaforesis
5 sudor

diagnosis
8 análisis
10 calificación
12 examen

diagnosticación
3 diagnosis

diagnosticar
27 calificar(se)
8 definir
34 determinar(se)
6 especificar
46 señalar(se)

diagnóstico
4 radioscopia

diagonal
6 atravesado
3 oblicuo
6 sesgado
5 ◁*paralelo*

diagrafo
1 pantógrafo

diagrama
10 gráfico

dial
⇨disco graduado

dialéctica
5 lógica
7 pragmática

8 retórica
6 silogismo

dialéctico
1 ergotista
1 erístico
2 socrático
7 lógico

dialecto
6 habla

dialectólogo
6 lingüista

dialogador
1 dialogante
3 perorante
21 ◁*callado*

dialogante
2 dialogador

dialogar
6 departir
20 hablar
5 platicar
13 conversar
6 charlar

diálogo
7 atelana
7 coloquio
14 conversación
11 charla
8 plática

diamante
16 solitario

diamantino
4 adamantino
4 adiamantado
5 granítico

diámetro
10 calibre

diana
30 blanco

diapasón
1 monocordio
13 tono

diario
6 cotidiano
2 dietario
4 gaceta
10 habitual
16 hoja
4 listín
16 memoria(s)
7 usual
10 periódico
1 ◁*inusual*

diarios
4 prensa

diarrea
22 cámara(s)
12 corredera
6 descomposición
9 fárrago
5 colitis
3 cagalera
19 confusión
14 currutaco
8 flujo
8 maraña
13 soltura

diartrosis
12 articulación

días
2 cumpleaños

diáspora
2 diseminación
5 dispersión
6 ◁*concentración*

diaspro
2 jaspe

diastrofia
6 dislocación

diatesis
4 predisposición
13 voz

diatónico
2 enarmónico

diatriba
5 invectiva
1 libelo
5 sátira
7 ◁ *panegírico*

dibujado
4 ideográfico

dibujante
1 ilustrador
4 retratista

dibujar(se)
8 bosquejar
8 delinear
10 describir
4 esbozar
2 escorzar
3 esquematizar
20 figurar(se)
19 perfilar(se)
17 recortar(se)
4 replantear
4 retratar
3 tatuar
23 trazar(se)
23 pintar

dibujo
10 apunte
7 bosquejo
5 croquis
6 esquema
15 ilustración
13 pintura
8 retrato
19 mono
21 santo

dicacidad
23 agudeza

dicción
3 declamación
23 entrada
14 expresión
9 pronunciación
1 recitación

14 término
7 vocablo
13 voz

diccionario
1 enciclopedia
6 glosario
4 lexicón
5 repertorio
4 vocabulario

dicotiledóneas
2 cucurbitáceas

dicotomia
1 binarismo
3 dualidad
7 partición
16 división

dicotomía
19 argumentación

dicroico
1 tornasol

dictado
12 calificativo
9 adjetivo

dictador
1 autócrata
8 déspota
2 tirano
1 ◁ *demócrata*

dictadura
11 absolutismo
4 autarquía
4 autocracia
5 cesarismo
21 dominio
3 fascismo
5 férula
4 totalitarismo
3 ◁ *democracia*

dictafono
2 magnetófono

dictamen
13 informe
26 parecer(se)

15 sentencia(s)
5 veredicto
15 juicio

dictaminador
7 árbitro
11 censor

dictaminar
27 decidir(se)
16 resolver(se)

díctamo
1 orégano

dictar
4 expedir
16 inspirar(se)
4 promulgar
4 sugerir
10 sugestionar(se)

dictatorial
5 avasallador
21 dominante
6 ordenancista
4 totalitario

dicterio
10 insulto
5 invectiva
29 ◁ *alabanza*

dicha
9 felicidad
30 placer
7 prosperidad
7 ventura
8 contento
13 fortuna
12 gusto
16 ◁ *disgusto*
6 ◁ *infortunio*

dicharachero
15 bromista
4 ocurrente
9 chistoso
18 gracioso
13 hablador
9 parlanchín
21 ◁ *callado*

9 ◁ *soso*

dicho
15 aforismo(s)
7 apotegma
8 concepto
9 chascarrillo
10 chiste
10 ocurrencia
7 proverbio
6 refrán
15 sentencia(s)

dichosamente
15 afortunadamente

dichoso
9 encantado
5 enojoso
10 maldito
15 satisfecho
4 venturoso
14 afortunado
8 contento
24 derecho
42 fastidioso
11 feliz
15 molesto
5 potroso
14 ◁ *infortunado*
16 ◁ *triste*

didáctica
1 pedagogía

didáctico
2 educacional
5 educativo
4 formativo
4 ◁ *embrutecedor*

didelfo
1 marsupial

didimo
4 testículo

dielectrico
2 aislante

diente
3 dentellón
2 dentículo

dientecillo

2 dentina
11 resalte
4 adaraja
8 álabe
4 tuco

dientecillo
2 dentículo

dientudo
3 dentudo

diéresis
12 crema

diestramente
8 bonitamente

diestro
8 ducho
7 ejercitado
23 experimentado
8 experto
17 hábil
16 inteligente
3 matador
10 perito
3 torero
8 versado
50 astuto
24 derecho
11 entendido
10 sagaz
13 ◁*inexperto*
12 ◁*inhábil*
18 ◁*tonto*
18 ◁*torpe*
3 ◁*zurdo*

dieta
27 asamblea
33 haber(es)
6 honorario
12 junta
6 plus
7 régimen
7 retribución
12 ayuno
10 congreso
9 estipendio

dietario
2 agenda
9 diario

diezmar
26 castigar(se)
11 dañar(se)
5 perjudicar(se)
8 tasar
19 ◁*beneficiar(se)*

diezmo
15 contribución
9 gabela
9 impuesto
9 tasa
11 tributo

difamación
11 denigración
1 infamación
17 injuria
7 maledicencia
7 vilipendio
11 calumnia
29 ◁*alabanza*

difamado
10 acusado
5 desprestigiado
5 vituperado

difamador
11 calumniador
1 difamatorio
10 impostor
1 libelista
5 vituperador
13 acusador

difamar
14 calumniar(se)
12 denigrar
14 desacreditar(se)
16 injuriar
16 infamar
36 rajar
12 vilipendiar
65 ◁*alabar(se)*

difamatorio
6 difamador

diferencia
10 desavenencia
3 desemejanza
3 desigualdad
7 disconformidad
4 disentimiento
4 disimilitud
6 disparidad
6 enfrentamiento
11 oposición
4 resta
15 distinción

diferenciación
7 criba
3 diversificación
8 filtro

diferenciado
18 original
13 singular
14 ◁*corriente*
9 ◁*vulgar*

diferencial
10 diferente
8 transmisión

diferenciar
11 cribar
5 discriminar
8 disociar(se)
35 distinguir(se)
3 diversificar
4 ◁*parangonar*
11 ◁*empatar*

diferenciarse
8 diferir
43 llevar(se)
64 separar(se)
11 singularizar(se)
3 ◁*paralelar*

diferente
3 contradictorio
15 contrario
5 desemejante
18 desigual
5 disconforme
7 discrepante
5 dispar
10 distinto
12 enfrentado
10 opuesto
11 ◁*partidario*

diferido
3 aplazado
3 pospuesto
3 retrasado
3 ◁*anticipado*

diferimiento
10 aplazamiento
8 demora
12 suspensión
8 postergación
12 ◁*anticipación*
19 ◁*adelantamiento*

diferir
13 aplazar(se)
17 demorar(se)
5 diferenciar(se)
29 dilatar(se)
4 posponer
17 retrasar(se)
35 distinguirse
3 postergar
24 ◁*adelantar(se)*

difícil
8 agotador
14 arduo
14 complicado
14 dificultoso
30 duro
3 embarazoso
8 embrollado
8 enrevesado
5 fatigoso
8 imposible
13 inaccesible
11 intrincado
2 irrealizable
7 laborioso
11 penoso
8 trabajoso
27 ◁*posible(s)*
24 ◁*fácil*

dificultad
14 ahogo
14 apuro(s)
19 compromiso
12 conflicto
8 impedimento
11 inconveniente
13 problema
14 aprieto
14 atolladero
17 brete
12 contrariedad
10 escollo
6 jamón
10 obstáculo
29 pena
8 ◁*facilidad*
9 ◁*tranquilidad*

dificultar(se)
20 complicar(se)
14 contrariar(se)
15 embarazar(se)
6 empecer
6 enrarecer
20 entorpecer(se)
28 estorbar(se)
87 fastidiar(se)
5 obstar
11 obstruir
22 oponer(se)
15 retener(se)
13 impedir
45 ◁*ayudar(se)*
13 ◁*facilitar*
6 ◁*muñir*

dificultoso
20 apurado
14 arduo
16 arrastrado
18 desigual
16 difícil
4 entorpecedor
16 escabroso
5 espinoso
5 expuesto
7 laborioso
34 malo
8 trabajoso
21 grave
21 accidentado

difidencia
10 desconfianza

difonematismo
5 hiato

difteria
4 garrotillo
6 placas

difumar
4 difuminar(se)
18 esfumar(se)

difuminado
9 aguado

difuminador
1 difumino

difuminar(se)
5 desdibujar(se)
20 desvanecer(se)
2 difumar
18 esfumar(se)
17 ◁*acentuar(se)*
9 ◁*reforzar*

difumino
1 difuminador

difundido
2 divulgado
9 extendido
1 propalado
4 publicado
2 ◁*limitado*
19 ◁*secreto*

difundir(se)
39 anunciar(se)
19 circular
18 comunicar(se)
7 cundir
29 dilatar(se)
16 dispersar(se)
23 divulgar(se)
6 editar(se)
16 emitir
28 esparcir(se)
51 extender(se)
7 generalizar
18 generar

2 internacionalizar
5 irradiar
53 lanzar(se)
9 notificar
4 promulgar
29 propagar(se)
5 retransmitir
3 trascender
7 verter
9 vulgarizar(se)
14 publicar
15 sembrar
41 ◁*ocultar(se)*

difunto
5 ausente
1 el
11 muerto
3 occiso
28 ◁*vivo*

difusión
7 divulgación
3 efluvio
23 extensión
9 irradiación
7 propagación

difuso
11 dilatado
8 extenso
11 prolijo

difusora
4 emisora

digerible
3 asimilable

digerido
3 asimilado

digerir
17 asimilar(se)
23 sentar(se)

digestión
4 asimilación
1 eupepsia
2 dispepsia

digestivo
4 correlativo
1 digestónico
2 eupéptico
2 gástrico
6 ◁*indigesto*

digesto
5 compilación
3 recopilación
11 resumen

digestónico
4 digestivo

digestor
5 marmita

dignar(se)
22 acceder
9 condescender
31 querer(se)
22 servir(se)
27 ◁*negarse*

dignatario
5 delegado
10 enviado
5 funcionario
6 mandatario

dignidad
17 cargo
11 colocación
10 decencia
9 decoro
6 figuración
16 grandeza
12 gravedad
13 nobleza
5 predicamento
5 preeminencia
9 prerrogativa
12 puesto
7 seriedad
22 trabajo(s)
7 realce
16 empleo

dignificante
2 ennoblecedor

dignificar

dignificar
8 enaltecer
24 honrar(se)
39 ◁*rebajar(se)*

digno
2 acreedor
12 apropiado
15 conveniente
13 decente
4 decoroso
14 honrado
6 majestuoso
2 merecedor
5 proporcionado
11 solemne
22 noble
13 ◁*desproporcionado*
6 ◁*innoble*
10 ◁*indecente*

digrafia
1 contabilidad

digresión
1 disgresión
10 interrupción
10 preámbulo
38 rodear(se)
12 circunloquio
10 indirecta

dije
6 joya

dilaceración
1 dilacerarse

dilacerarse
1 dilaceración

dilación
8 demora
4 largas
2 moratoria
6 retraso
6 tardanza

dilapidación
7 derroche
12 prodigalidad

dilapidado
9 consumido

dilapidador
11 gastador
10 derrochador
14 pródigo

dilapidar
26 disipar(se)
7 malbaratar
22 botar
6 despilfarrar
20 disparar
7 malgastar

dilatable
4 extensible

dilatación
22 acrecentamiento
3 alargamiento
9 amplitud
3 aneurisma
2 ectasia
2 enfisema
13 expansión
4 varice

dilatadamente
3 latamente

dilatado
32 ancho
7 detallado
3 difuso
6 espacioso
8 extenso
12 largo
9 nimio
11 prolijo
5 vasto
24 abierto
20 amplio

dilatador
1 alargador
1 extensor
1 prolongador
◁*contráctil*

dilatar(se)
21 abultar(se)
11 acrecer

20 agrandar(se)
35 alargar(se)
12 ampliar(se)
13 aplazar(se)
17 atrasar(se)
59 aumentar(se)
7 cundir
17 demorar(se)
8 diferir
29 difundir(se)
14 ensanchar(se)
26 entretener(se)
7 espaciar(se)
20 estirar(se)
3 expandirse
14 explayar(se)
51 extender(se)
26 incrementar(se)
7 prolongar
29 propagar(se)
22 reservar(se)
9 retardar(se)
17 retrasar(se)
3 tardar
6 enchinchar
⇨entrar en dolores de parto
16 ◁*acortar(se)*
24 ◁*adelantar(se)*
19 ◁*disminuir(se)*
32 ◁*estrechar(se)*

dilatorias
4 largas

dilección
11 adoración
53 amor
12 benevolencia

dilecto
6 admirado
7 estimado
6 preferido venerado
14 querido
◁*malquisto*
◁*odiado*

dilema
9 alternativa(s)
3 disyuntiva

diletante
5 aficionado
1 amateur

diligencia
47 atención(es)
8 celeridad
25 celo(s)
8 correo
22 cuidado
5 esmero
15 interés
2 posta
8 presteza
11 procedimiento
12 prontitud
7 rapidez
7 solicitud
7 actuación
13 aplicación
17 actividad
15 ◁*descuido*
6 ◁*tardanza*

diligenciar
16 agenciar(se)
14 ahincar(se)
10 cursar
27 despachar(se)
9 gestionar

diligente
26 activo
5 acucioso
11 afanoso
18 ágil
8 ahincado
9 aplicado
9 aprovechado
14 atareado
10 azacán
10 buscavidas
13 celoso
6 cumplidor
12 denodado
6 expeditivo
5 hacendoso
7 laborioso
7 oficioso
14 presto
8 próvido
11 puntual

13 resuelto
5 solícito
28 vivo
7 empeñoso
16 listo
19 ◁abandonado
6 ◁abúlico
9 ◁cachazudo
3 ◁panoli
12 ◁tibio
13 ◁dejado
17 ◁haragán

dilogía
12 ambigüedad
8 equívoco
18 argucia

dilógico
7 anfibológico

dilucidación
7 elucidación

dilucidador
3 esclarecedor

dilucidar
54 aclarar(se)
9 clarificar
27 decidir(se)
5 esclarecer
34 explicar(se)
16 resolver(se)

diluente
8 solvente

diluido
5 disuelto
8 ◁concentrado

diluir(se)
54 aclarar(se)
14 aminorar(se)
1 desleír
13 disimular
12 disolver(se)
19 empequeñecer(se)
31 encubrir(se)
4 fluidificar

41 ocultar(se)
59 ◁aumentar(se)
11 ◁manifestar

diluviar
2 chaparrear
8 llover
7 chucear

diluvio
8 raudal
11 tempestad
13 aguacero
17 lluvia
9 tormenta

dimanar
39 originar(se)
21 proceder
8 provenir

dimanarse
11 emanar

dimatis
6 silogismo

dimensión
35 altura(s)
17 anchura
8 grosor
6 longitud
15 proporción
6 superficie
10 tamaño
9 volumen
6 magnitud
14 capacidad

dimensional
32 ancho
2 anchuroso

dimidiar
21 dividir(se)

diminuir
19 disminuir(se)

diminutivo
1 minimizado
5 rebajado

diminuto
13 enano
5 microscópico
4 minúsculo
14 pequeño
8 ◁gigante
12 ◁enorme

dimisión
30 abandono
7 abdicación
6 renuncia
10 retirada

dimisionario
5 cesante
1 renunciante
11 retirado
13 saliente
26 ◁activo
4 ◁vigente

dimisorias
7 permiso

dimitir
9 abdicar
23 degradar(se)
10 deponer
11 depurar(se)
17 derribar(se)
9 derrocar
21 despedir(se)
3 destituir
58 echar(se)
17 rémover
8 renunciar
22 resignar(se)
4 descolar
16 desechar
11 expulsar

dimorfismo
3 dualidad

dinámica
7 mecánica

dinámico
26 activo
9 enérgico
5 vigoroso

22 fuerte
10 ◁pasivo
14 ◁débil

dinamismo
12 agilidad
7 eficacia
7 laboriosidad
14 movilidad
15 movimiento
7 rapidez
7 solicitud
49 energía
30 ◁abandono
12 ◁abulia
3 ◁inactividad
10 ◁lentitud

dinamita
9 explosivo

dinamitar
10 estallar
2 explosionar
6 explotar
15 volar

dinamitero
7 cantero
2 minero

dinamo
5 generador
4 transformador

dinasta
10 soberano

dinastía
10 casta
12 familia
10 procedencia
6 estirpe
16 linaje

dinástico(s)
1 dinastismo
1 hereditario
2 monárquico
10 real
1 sucesorio
  ◁antidinástico

dinastismo

◁ *republicano*

dinastismo
5 dinástico

dineral
10 buey
1 doblonada

dinerario
4 monetario
4 numerario
1 pecuniario

dinerillo
13 dinero

dinero
4 brea
3 maní
9 patrimonio
3 peculio
27 posible(s)
10 riqueza
25 cuarto
8 guita
12 hacienda
9 mosca
6 parné
17 pasta
2 plata

dingarse
12 arrellanar(se)
14 explayar(se)
9 derrochar
6 despilfarrar

dingolondango
9 zalamería(s)

dinosaurio
1 dinosauro

dinosauro
1 dinosaurio

dintel
1 lintel

diñarla
25 morir(se)

14 expirar
25 morirse

diócesis
5 mitra
7 sede

diodo
2 válvula

dioptra
1 pínula

diorama
1 cosmorama
5 panorama
5 transparencia

dios
17 creador
3 deidad
9 eterno
1 omnipotente
1 omnisciente
4 salvador
5 señor
1 todopoderoso

diosa
4 hada

diploma
6 acta
18 carta
2 credencial
2 documento
8 nombramiento
10 despacho
30 título

diplomacia
18 disimulo
18 habilidad
6 malabarismo
5 mundología
10 táctica
8 tacto

diplomado
8 graduado
2 titulado
7 licenciado

diplomar(se)
12 graduar(se)
10 licenciar(se)

diplomático
8 emisario
2 plenipotenciario
10 político

diplomatura
2 licenciatura

dipsomanía
4 alcoholismo

dipsomaníaco
45 borracho

dipsómano
4 alcohólico
4 sediento
14 ebrio

diptero
5 insecto
2 mosquito

díptero
5 pulga

diputación
5 organismo
15 corporación

diputado
4 anfictión

diputar(se)
27 calificar(se)
11 juzgar
6 opinar
10 reputar(se)

dique
5 escollera
3 espigón
11 muelle
25 reparo(s)
3 freno
2 malecón
10 obstáculo
6 presa

10 toma

dirección
9 administración
11 curso
5 derrotero
8 domicilio
4 enseñanza
11 gobierno
3 itinerario
8 orientación
15 rumbo
16 sentido
18 seña(s)
7 trayectoria
12 consejo
11 guía
26 camino
10 ruta

directamente
6 rectamente

directiva
16 dirección
2 directriz

directivo
12 director
6 dirigente(s)
4 ejecutivo

directo
7 inmediato
20 natural
19 recto
24 abierto
24 derecho
16 franco
37 golpe
5 guantazo
4 puñetazo
9 seguido
8 ◁ *desviado*
1 ◁ *disimulado*
12 ◁ *torcido*

director
10 administrador
5 cabecilla
10 consejero
3 corifeo

3 directivo
9 jefe
11 patrono
8 pontífice
3 presidente
1 manager
38 cabeza
19 patrón
4 ◁lugarteniente

directorio
27 asamblea
17 lista
11 guía

directriz
2 directiva
10 normas

dirigente(s)
10 administrador
22 aparato
5 cabecilla
3 directivo
5 gobernador
9 jefe

dirigible
3 aeróstato
9 globo

dirigido
3 administrado

dirigir(se)
10 acaudillar
28 aconsejar(se)
15 actuar
15 adiestrar(se)
16 administrar(se)
3 aproar
64 apuntar(se)
7 asestar(se)
5 baraustar
6 canalizar
5 capitanear
36 conducir(se)
11 controlar
8 converger
8 coordinar
63 dar(se)
17 derivar

5 destinar
29 educar(se)
25 encaminar(se)
6 encañonar(se)
6 encarar
7 encarrilar
9 encauzar
24 enderezar(se)
7 enfocar
3 entubar
7 enviar
10 gobernar
9 guiar
46 ir(se)
37 llegar(se)
43 llevar(se)
10 manejar
3 mediatizar
24 ordeñar
27 orientar(se)
4 presidir
15 regir(se)
15 tender(se)
44 tomar(se)
26 trasladar(se)
28 aderezar
7 copar
20 disparar
46 irse
17 mandar
8 mangonear
53 marchar
5 roncar
⇨dar a
⇨dar en

dirimente
4 concluyente
10 decisivo
1 decisorio
7 ◁transitorio
6 ◁vacilante

dirimir
16 resolver(se)
9 zanjar

disamis
6 silogismo

discantar
19 extravagancia

8 patochada

discernimiento
7 clarividencia
5 lucidez
5 raciocinio
6 sensatez
15 juicio
4 perspicacia

discernir
24 apercibir(se)
17 comprender
9 entender

disciplina
4 asignatura
12 ciencia
7 cilicio
15 docilidad
6 guante
14 materia
6 obediencia
20 orden
13 rigor
8 sumisión
24 arte
26 azote
8 látigo
18 método
9 verga

disciplinado
27 austero
16 correcto
6 cumplidor
5 subordinado
8 sumiso
26 rígido
19 ◁abandonado
9 ◁indisciplinado
42 ◁blando
14 ◁rebelde

disciplinante
5 encapuchado

disciplinar
40 azotar(se)
29 educar(se)
8 flagelar(se)

disciplinarse
23 mortificar(se)
6 ◁abanderizarse

disciplinazo
17 azotaina

discípulo
8 alumno
12 apóstol
34 auxiliar(se)
4 catecúmeno
4 educando
2 epígono
5 escolar
4 estudiante
9 prosélito
2 seguidor
14 adepto
26 aprendiz
15 ayudante
3 ◁entrenador

disco
3 cantilena
2 monserga
3 rolde
10 rueda(s)
10 rollo

discoidal
19 circular
19 ◁recto

discolo
5 desobediente
9 indisciplinado
13 revoltoso
14 diablo
11 enredador
14 rebelde
10 travieso
10 ◁quieto

díscolo
4 inobediente
7 levantisco
2 revirado
4 ◁bienmandado

disconforme
9 adversario
15 contrario

disconformidad

7 discrepante
7 opositor
10 enemigo
2 ◁seguidor

disconformidad
12 antagonismo
10 desavenencia
13 desunión
11 diferencia
12 discordia
7 disensión
7 divergencia
8 ◁cadencia
8 ◁resignación

discontinuidad
3 desajuste
1 descontinuación
7 incoherencia

discontinuo
10 incoherente
9 inconexo
2 intermitente
1 interrumpido
1 interrupto

disconveniencia
12 inconveniencia

discordancia
3 cacofonía
3 desajuste
2 desarmonía

discordante
3 contradictorio
15 contrario
9 disonante
2 inarmónico
10 opuesto
8 ◁similar

discordar
2 disentir
12 falsear
7 ◁armonizar
8 ◁compaginar(se)

discordia
9 cisma
8 desacuerdo

10 desavenencia
13 desunión
11 diferencia
7 disconformidad
9 discrepancia
7 divergencia
12 escisión
28 separación
16 división
4 ruptura
21 ◁acuerdo(s)
12 ◁concordia

discrasia
7 nutrición

discreción
23 agudeza
19 circunspección
15 ingenio
8 mesura
13 moderación
16 prudencia
15 reserva(s)
6 sagacidad
19 secreto
6 sensatez
8 tiento(s)
5 tino
16 ◁estupidez
10 ◁imprudencia
8 ◁insensatez

discrecional
6 potestativo
2 prudencial

discrepancia
12 antagonismo
2 desarmonía
3 desigualdad
13 desunión
12 discordia
5 disidencia
7 divergencia
18 disputa
18 distancia
21 ◁acuerdo(s)
21 ◁adhesión
14 ◁avenencia
4 ◁careo

discrepante
3 antagónico
9 antagonista
4 argüidor
4 desentonado
10 diferente
5 disconforme
9 disonante
2 ◁aprobatorio
3 ◁armónico

discrepar
2 disentir
1 diverger

discretamente
15 afortunadamente
8 ◁bruscamente

discretear
5 cuchichear
6 rumorear(se)
1 secretear
49 ◁callar(se)

discreteo
6 confidencia
1 cuchicheo
1 oficiosidad
1 secreteo
12 ◁discreción
7 ◁silencio

discreto
8 circunspecto
14 ingenioso
9 mesurado
8 moderado
16 oculto
13 prudente
15 reservado
19 secreto
6 sensato
5 velado
25 agudo
10 sagaz
3 ◁insensato
7 ◁estúpido
9 ◁indiscreto

discriminación
24 apartamiento
11 diferencia

12 exclusión
15 distinción
17 ◁igualdad
4 ◁inclusión

discriminar
5 diferenciar(se)
5 distanciar
26 excluir(se)
7 segregar(se)
64 separar(se)
30 ◁igualar(se)
13 ◁incluir
31 ◁mezclar(se)

discromasia
9 piel

discromia
9 piel

disculpa
41 defensa
8 descargo
8 excusa
2 justificación
5 pretexto(s)
6 exculpación

disculpable
3 defendible
4 explicable
5 justificable
4 perdonable
2 ◁indefendible

disculpar
10 alegar
6 cohonestar
11 defender
13 disimular
15 justificar(se)
15 paliar
3 sobredorar
7 vindicar
13 ◁acusar
6 ◁achacar

disculparse
16 excusar(se)

discurrir
38 andar
11 calcular
9 cavilar
8 conjeturar
7 deducir
27 inferir(se)
46 ir(se)
11 meditar
31 pensar(se)
11 razonar
15 reflexionar
7 suponer

discursear
1 disertar
4 perorar

discurso
5 alegato
5 alocución
11 charla
3 diatriba
3 disertación
4 homilía
8 plática
7 prédica
5 soflama
3 transcurso
7 trayectoria
7 conferencia
5 mitin
26 amonestación
13 sermón

discusión
23 altercación
12 cizaña
4 controversia
15 cuestión
5 debate
10 lid
23 lucha
5 polémica
4 regateo
11 altercado
3 lidiadera
12 querella
12 rosca

discutible
4 controvertible
4 cuestionable

6 dudoso
2 opinable
6 problemático
11 ◁*indiscutible*

discutido
3 disputado
3 polémico

discutidor
3 controversista

discutir
13 analizar(se)
19 argüir
24 argumentar(se)
10 contender
5 controvertir
14 debatir(se)
22 disputar(se)
11 estudiar
41 examinar(se)
4 polemizar
11 razonar
35 tratar(se)

disecación
3 taxidermia

disecador
2 disector
2 embalsamador
4 taxidermista

disección
7 amputación
2 autopsia
3 biopsia
3 taxidermia
2 vivisección

disector
6 anatómico
3 disecador

disemia
12 ambigüedad

diseminación
2 diáspora
7 propagación

diseminado
5 disuelto
3 ◁*tachonado*

diseminar
8 desparramar
4 desperdigar(se)
28 esparcir(se)
21 repartir(se)

diseno
10 apunte
7 boceto
7 bosquejo
5 croquis
5 esbozo
15 proyecto

disensión
8 desacuerdo
10 desavenencia
7 disconformidad
12 discordia
4 disentimiento
11 altercado
20 contienda
21 ◁*acuerdo(s)*
12 ◁*concordia*

disenso
4 disentimiento

disenteria
7 cólico
11 diarrea

disentimiento
10 desavenencia
11 diferencia
7 disensión
1 disenso

disentir
2 discordar
2 discrepar
4 ◁*concordar*

diseñar
9 abocetar
8 delinear
10 plantear(se)
23 trazar(se)

2 tizar

diseño
10 apunte
5 croquis
36 forma(s)
19 plan
11 planteamiento
1 layout

disertación
15 discurso
12 lección
7 conferencia

disertador
5 comentarista
5 orador

disertar
2 discursear

disfagia
2 deglución

disfemismo
10 irreverencia
14 menosprecio

disforia
9 malestar
17 inquietud.

disformación
13 deformación

disformar
13 deformar

disforme
6 amorfo
13 desproporcionado
14 horrible
11 horripilante
12 irregular
10 monstruoso
12 deforme
18 feo
18 horrendo
17 ◁*regular(se)*
8 ◁*bonito*

disfraz

disfraz
3 antifaz
33 artificio
5 careta
18 disimulo
4 embozo
10 máscara

disfrazado
4 enmascarado
1 disimulado
2 travestido
12 ◁*descubierto*
1 ◁*destapado*

disfrazar(se)
15 aparentar
14 arrebozar(se)
4 camuflar
8 caracterizar(se)
7 celar
6 cohonestar
51 cubrir(se)
20 desfigurar(se)
5 desnaturalizar
13 disimular
18 dorar(se)
31 encubrir(se)
7 enmascarar
12 falsear
10 fingir
6 mixtificar
14 modificar(se)
41 ocultar(se)
17 revestir(se)
10 solapar(se)
22 tapar(se)
27 velar(se)
46 cambiar
19 trocar

disfrutador
5 epicúreo

disfrutar
17 gozar
28 mantener(se)
4 poseer
5 rapar
18 regocijar(se)
19 tener(se)
27 alegrar(se)

14 ◁*entristecer(se)*
5 ◁*padecer*

disfrute
4 fruición
17 goce
7 posesión
15 propiedad
4 tenencia
2 usufructo

disfuerzo
3 descoco
19 amenaza
21 bravata
10 descaro
2 desvergüenza
7 melindre
3 remilgo
10 ◁*recato*

disgregable
10 deleznable

disgregación
6 desintegración
4 electrólisis
2 ◁*conglomeración*
5 ◁*conglomerado*
9 ◁*encadenamiento*

disgregado
10 incoherente

disgregar(se)
14 desarticular
37 descomponer(se)
6 desconchar(se)
9 desintegrar
6 desmembrar(se)
8 desparramar
25 desunir(se)
8 disociar(se)
21 dividir(se)
28 esparcir(se)
21 repartir(se)
4 desgranar(se)
18 ◁*acumular(se)*
4 ◁*aligar(se)*
15 ◁*almacenar(se)*
21 ◁*apiñar(se)*

14 ◁*emparejar(se)*

disgresión
6 digresión

disgustado
1 amohinado
16 apesadumbrado
16 descontento
8 malhumorado
8 quejoso
8 resentido
9 enfadado
36 ◁*alegre*

disgustar(se)
17 abroncar(SE)
13 acedar
5 agrazar
21 amargar(se)
8 añusgar(se)
10 asaetear(se)
14 contrariar(se)
10 desagradar
24 desazonar(se)
7 encizañar
67 enfadar(se)
6 enfurruñarse
44 incomodar(se)
114 molestar(se)
20 resentirse
26 trastornar(se)
18 atufar
67 enfadarse
3 huericarse
27 ◁*alegrar(se)*

disgusto
16 amargura
16 asco
11 aversión
12 conflicto
10 desavenencia
11 diferencia
7 disensión
3 pesadumbre
18 repugnancia
12 contrariedad
15 chivo
11 enfado
12 enojo
29 pena

20 tormento
⇨mal humor
21 ◁*acuerdo(s)*
38 ◁*alegría(s)*
14 ◁*atracción*
12 ◁*concordia*

disidencia
9 cisma
8 desacuerdo
10 desavenencia
9 discrepancia
16 división
21 ◁*acuerdo(s)*

disidir
2 disentir

disimetría
4 asimetría

disímil
11 encontrado

disimilaridad
13 contraste

disimilitud
3 desemejanza
11 diferencia
6 disparidad
10 diversidad

disimulable
4 simulable

disimulación
3 enmascaramiento

disimulado
5 sapo

disimular
7 celar
20 desfigurar(se)
8 disculpar
24 disfrazar(se)
31 encubrir(se)
7 enmascarar
10 esconder
41 ocultar(se)
48 pasar(se)

25 permitir(se)
8 tolerar
27 velar(se)
⇨hacer la vista gorda

disimularse
12 achantarse

disimulo
6 diplomacia
6 disfraz
2 encubrimiento
3 enmascaramiento
10 fingimiento
8 ocultación
2 permisividad
4 tapujo
5 tolerancia
8 velo

7 eufemismo
10 indulgencia
4 interdicción
4 tabú

47 astucia
21 capa
7 doblez
⇨mano ancha

13 ◁*rigor*
5 ◁*severidad*

disipación
8 depravación
14 desenfreno
2 encanallamiento
8 libertinaje
16 licencia

11 vicio

disipado
4 despilfarrado
7 disoluto

disipador
11 gastador
7 manilargo
10 derrochador
9 manirroto

disipar(se)
19 absorber
54 aclarar(se)
15 apagar(se)

18 borrarse
9 clarificar
6 desaguar
8 desaparecer
20 desvanecer(se)
10 eliminarse
34 escapar(se)
5 esclarecer
18 esfumar(se)
20 evaporar(se)
32 gastar(se)
7 malbaratar
5 malrotar
38 perder(se)
16 resolver(se)

9 derrochar
6 despilfarrar
6 dilapidar
18 esfumarse
7 malgastar

9 ◁*permanecer*

dislate
10 desatino
2 desbarato
5 despropósito
16 disparate
22 barbaridad
14 locura

dislocación
5 desencajamiento
19 desviación
1 diastrofia
11 distorsión
14 lesión
5 torcedura

dislocadura
3 descoyuntamiento

dislocar(se)
14 desarticular
37 descomponer(se)
19 desconcertar(se)
6 descoyuntar
9 desorganizar
11 distender(se)
2 luxar
44 torcer(se)

disloque
17 colmo
6 perfección

7 remate
4 ◁*inferioridad*

disminución
4 aminoración
1 debilitamiento
6 decadencia
13 degradación
4 depreciación
6 descenso
9 deterioro
4 empobrecimiento
15 mengua
11 menoscabo
6 merma
3 minoración
13 moderación
8 mutilación
5 suavización
9 baja

23 ◁*aumento*

disminuible
1 declinante
1 encogible
  ◁*aumentable*

disminuido
14 encogido
4 inválido
7 mutilado
8 reducido
16 enfermo
  ◁*agrandado*
18 ◁*sano*

disminuir
14 aminorar(se)
21 atenuar(se)
35 bajar(se)
17 debilitar
23 degradar(se)
3 depreciar
17 descender
30 deteriorar(se)
19 empequeñe-
     cer(se)
12 empobrecer(se)
3 menguar
12 menoscabar
2 mermar
31 moderar(se)

8 mutilar
39 suavizar(se)
15 decaer
⇨poner paños calientes
⇨quitar hierro

59 ◁*aumentar(se)*

disminuirse
2 acomplejar(se)
62 caer

dismnesia
16 memoria(s)

disnea
35 fatiga(s)
15 asfixia
3 asma

disociación
4 electrólisis
3 ◁*agrupamiento*

disociar(se)
13 analizar(se)
9 desintegrar
6 desmembrar(se)
25 desunir(se)
5 diferenciar(se)
12 disgregar(se)
6 divorciar(se)
64 separar(se)
7 ◁*anexionar(se)*
5 ◁*sintetizar*

disoluble
6 soluble

disolución
3 alejamiento
3 coloide
14 desenfreno
13 desunión
6 desvinculación
6 disipación
2 disolvente
5 emulsión
9 infusión
8 libertinaje
16 licencia
8 precipitado

disoluta

2 relajación
28 separación
10 solución
7 vehículo
4 ruptura

disoluta
2 mesalina

disoluto
7 crápula
2 disipado
17 impúdico
13 libertino
6 licencioso
10 relajado
⇨punto filipino

disolvente
17 disolución
8 solvente

disolver(se)
12 aguar(se)
38 alejar(se)
42 arruinar(se)
16 desbaratar
39 deshacer(se)
1 desleír
25 desunir(se)
19 desvincular(se)
9 diluir(se)
3 emulsionar
47 romper(se)
64 separar(se)

disonancia
3 cacofonía
12 inconveniencia
22 ◁asonada
8 ◁cadencia

disonante
7 desacorde
13 desproporcionado
15 destemplado
5 disconforme
7 discrepante
2 inarmónico
8 chocante
2 descontentadizo
14 rebelde

disonar
12 arremeter(se)
7 ◁armonizar

disorexia
5 inapetencia

dispar
5 desemejante
18 desigual
10 diferente
    disirul
7 heterogéneo
8 ◁similar

disparador
4 gatillo
10 derrochador
6 malgastador
9 manirroto
14 pródigo

disparar(se)
2 ametrallar(se)
42 arrojar(se)
2 desbocarse
9 descargar
6 desmandarse
56 dirigir(se)
58 echar(se)
53 lanzar(se)
59 mover(se)
21 partir
2 rastrillar
34 correr
9 derrochar
6 dilapidar
    fugarse
19 huir
7 malgastar
58 tirar
⇨perder los estribos

disparatado
51 absurdo
9 desatinado
7 descabellado
5 ilógico
11 inconveniente
3 insensato
7 irracional
9 extravagante

42 fastidioso
10 impertinente
20 loco
15 molesto

disparatar
9 badajear
3 barbarizar
11 delirar
16 desbaratar
2 desbarrar
6 despotricar
9 tontear

disparate
51 absurdo
4 contrasentido
10 desatino
5 despropósito
6 dislate
7 enormidad
10 exceso
19 extravagancia
8 insensatez
4 monstruosidad
15 necedad(es)
13 desvarío
2 paradoja
11 burrada
10 contradicción
14 locura

disparidad
9 abigarramiento
12 antagonismo
3 desemejanza
11 diferencia
4 disimilitud
13 contraste

disparo(s)
9 descarga
4 detonación
8 estallido
5 estampido
8 tiro
6 tiroteo

dispatching
⇨centro distribuidor

dispendio
5 desembolso
6 entrega

8 gasto

dispendioso
8 oneroso
5 costoso
14 pródigo

dispensa
5 carisma
8 excusa
7 inmunidad
18 libertad
9 prerrogativa
5 condonación
6 exculpación
11 exención

dispensable
4 perdonable
9 ◁indefectible

dispensado
10 exento
6 horro
8 inmune
18 libre
16 franco

dispensador
8 donante

dispensar
11 absolver
7 conceder
63 dar(se)
9 descargar
16 excusar(se)
6 eximir
7 exonerar
11 librar
7 otorgar
9 perdonar

dispensario
2 botiquín
5 clínica
5 enfermería
7 hospital

dispepsia
3 digestión
2 indigestión

dispersar(se)
12 ahuyentar
42 arrojar(se)
15 barrer
5 descentralizar
8 desparramar
4 desperdigar(se)
29 difundir(se)
4 diseminar
28 esparcir(se)
1 espolvorear
51 extender(se)
5 irradiar
4 rociar
3 salpimentar
⇨hacer huir
⇨poner en fuga
6 ◁*muñir*

dispersión
24 apartamiento
18 arrojamiento
6 desbandada
2 diáspora
8 lanzamiento
7 ◁*emparejamiento*
3 ◁*ensimismamiento*

disperso
1 desperdigado
10 incoherente
3 ralo

display
20 representación
1 visualización

displicencia
15 indiferencia
9 ◁*garatusa(s)*

displicente
6 amorfo
9 desabrido
10 desagradable
9 desapacible
 descortés
19 apático
15 indolente
13 perezoso
16 taimado
16 vago

5 ◁*trabajador*

disponer(se)
10 acaudillar
8 acondicionar
37 acordar(se)
16 administrar(se)
16 agenciar(se)
17 alistar(se)
25 amarrar(se)
7 aparar
7 aparatar(se)
5 aparcar
10 aparejar
24 apercibir(se)
17 aprestar(se)
6 artillar
12 bornear
8 bosquejar
19 cebar(se)
27 colocar(se)
5 compasar
27 decidir(se)
34 determinar(se)
6 entablar
47 establecer(se)
17 gozar
6 habilitar
18 instalar(se)
7 legislar
30 montar(se)
24 ordeñar
10 organizar
7 otorgar
4 pergeñar
35 poner(se)
9 preceptuar
48 preparar(se)
24 prevenir(se)
22 proveer(se)
6 remangar(se)
16 resolver(se)
28 aderezar
5 aprontar
30 armar
20 aviar
17 mandar
12 ubicar
⇨estar a punto

disponibilidad
2 excedencia
3 existencias

33 haber(es)
30 recurso(s)
7 vacante

disponible
11 desocupado
18 libre
7 vacante

disposición
21 acuerdo(s)
3 agrupamiento
5 capacitación
11 colocación
11 decisión
9 desembarazo
6 estructura
18 habilidad
7 mandato
20 orden
17 precepto(s)
11 procedimiento
8 sistema
7 talento
10 tendencia(s)
14 determinación
20 aptitud
14 capacidad
12 gusto
18 inclinación
18 método
21 resolución
13 soltura

dispositivo
12 instrumento(s)
6 mecanismo

dispuesto
7 despabilado
17 hábil
6 idóneo
14 inclinado
14 ingenioso
16 inteligente
12 maduro
28 vivo
24 amigo
13 armado
10 despierto
6 interesado
13 preparado

4 ◁*desinteresado*
4 ◁*inmaduro*

disputa
19 combate
4 controversia
15 cuestión
8 desacuerdo
10 desavenencia
12 discordia
9 discrepancia
7 disensión
23 lucha
15 agarrada
11 altercado
17 brete
20 contienda
8 engarce
11 pelea
14 pelotera
12 rosca
7 trifulca
12 ◁*concordia*

disputable
3 combatible
3 debatible

disputado
1 competido
2 discutido
5 reñido
 ◁*indiscutido*

disputador
4 argüidor
5 contencioso

disputar(se)
27 aprender(se)
19 argüir
17 articular(se)
16 batallar
19 combatir
10 contender
5 controvertir
6 cuestionar
12 chocar
14 debatir(se)
2 discrepar
12 discutir
2 disentir

disquete

7 embregarse
12 lidiar
5 litigar
4 polemizar
4 altercar
10 conjugar
6 luchar
15 pelotear
13 porfiar
37 ◁*acordar(se)*

disquete
⇨floppy disk

disrette
5 disco

distancia
3 alejamiento
17 anchura
6 desafecto
4 desamor(se)
3 desemejanza
3 desigualdad
11 diferencia
9 discrepancia
7 frialdad
3 latitud
6 longitud
3 recorrido
28 separación
2 trayecto
26 camino
8 jalón
1 lejanía
7 trecho
19 ◁*cercanía(s)*

distanciado
14 atrasado
1 enemistado
4 rezagado
9 enfadado
4 ◁*amistoso*
◁*reconciliado*

distanciamiento
7 frialdad
18 distancia

distanciar
38 alejar(se)
70 apartar(se)

3 descentrar
5 discriminar
21 enemistar(se)

distanciarse
11 desdeñar

distante
3 alejado
15 apartado
45 áspero
7 hostil
3 lejano
10 separado
25 frío
9 ◁*cercano*
13 ◁*cariñoso*

distemia
1 tartamudez

distender(se)
5 aballestar
35 abrirse
32 aflojar(se)
3 desperezarse
6 desrizar
8 dislocar(se)
2 luxar
19 relajar(se)
13 sincerar(se)
44 torcer(se)
6 desguanzar

distendido
9 laxo

distensión
19 desviación
7 laxitud
3 ◁*agarrotamiento*
2 ◁*apretura*

disticoso
1 desganado
4 inapetente
5 ◁*hambriento*

distinción
8 análisis
20 cortesía

11 diferencia
4 discriminación
13 educación
3 especificidad
18 honor
2 medalla
13 nobleza
7 particularidad
9 prerrogativa
10 singularidad
8 condecoración
14 determinación
14 chamba
7 ◁*descortesía*

distingo
19 argumentación
6 réplica
18 argucia

distinguido
10 apreciado
12 aristocrático
7 aseñorado
45 bueno
17 caballero
3 comendador
3 condecorado
11 conocido
9 elegante
13 eminente
16 famoso
12 hidalgo
9 honorable
13 ilustre
34 notable(s)
12 principal
10 refinado
10 respetable
4 selecto
14 señalado

distinguir(se)
23 advertir
13 analizar(se)
6 anteponer(se)
24 apercibir(se)
22 apreciar(se)
24 argumentar(se)
9 clarificar
14 columbrar
4 condecorar

4 descollar
10 deslindar
2 despartir
10 despuntar
5 diferenciar(se)
8 diferir
6 divisar
7 galardonar
24 honrar(se)
10 identificar(se)
43 llevar(se)
24 marcar(se)
18 notar
19 observar
16 percibir
22 reconocer
9 resaltar
3 rifar
6 seleccionar
46 señalar(se)
64 separar(se)
11 singularizar(se)
17 aprehender
8 destellar
11 sobresalir
19 ver
22 ◁*deshonrar(se)*
2 ◁*homogeneizar*
30 ◁*igualar(se)*

distintivo
16 chapa
14 emblema
19 insignia(s)
16 marca
27 señal

distinto
28 claro
3 contradictorio
15 contrario
5 desemejante
18 desigual
10 diferente
5 neto
10 opuesto
22 preciso
13 visible
14 ◁*confuso*

distocia
2 parto

distorsión
2 descamino
2 descarrío
19 desviación
12 desvío
6 dislocación
20 incomodidad
4 luxación
18 molestia(s)
5 torcedura
15 fastidio
10 obstáculo
8 ◁*facilidad*

distorsionable
6 deformable

distorsionar
14 amañar(se)
20 desfigurar(se)
12 falsear
22 retorcer(se)
16 transformar(se)
46 cambiar
8 ◁*respetar*

distracción
2 defraudación
2 desapercibimiento
7 desatención
15 descuido
11 despiste
16 diversión
10 entretenimiento
6 espectáculo
6 inadvertencia
10 olvido
8 omisión
12 pasatiempo
15 recreo
7 estafa
8 robo
6 sustracción
47 ◁*atención(es)*

distraer(se)
25 abstraer(se)
38 alejar(se)
42 aliviar(se)
70 apartar(se)
2 desapolillarse
11 desatender

7 descuidar
7 despistar
29 desviar(se)
32 divertir(se)
5 embejucar(se)
26 entretener(se)
28 esparcir(se)
3 malversar
11 olvidar(se)
8 omitir
23 recrear(se)
18 regocijar(se)
16 apandar
5 empamparse
11 enrollarse
⇨Babia (estar en)
⇨pasar de largo
32 ◁*atender(se)*
20 ◁*embeber(se)*

distraídamente
11 atropelladamente

distraído
9 abobado
14 atropellado
27 aturdido
5 chorlito
5 desprevenido
5 olvidadizo
14 abstraído
18 andrajoso
5 atarantado
5 desaseado
4 despistado
9 entretenido
3 guatana
5 ocupado
9 pájaro
6 roto
4 ◁*alerto*
9 ◁*embebido*
6 ◁*enfrascado*
4 ◁*oteador*
17 ◁*atento*
6 ◁*peripuesto*

distribución
3 adjudicación
5 contingente
5 lote
7 partición

14 porción
6 reparto
18 asignación
1 contexto
4 entorno
26 parte

distribuible
3 partible

distribuidor
4 cartero
2 partidor
1 repartidor

distribuir(se)
9 acantonar(se)
9 acuartelar
22 adjudicar(se)
21 asignar(se)
3 comercializar
8 compaginar(se)
7 compartir
5 descentralizar
21 dividir(se)
2 dosificar
7 espaciar(se)
6 impartir
21 partir
2 racionar
8 ratear
21 repartir(se)
2 prorratear
2 ◁*monopolizar*

distributivo
7 equilibrado
4 equitativo
2 proporcional
18 ◁*desigual*
12 ◁*injusto*

distrito
7 circunscripción
10 comarca
15 demarcación
14 término
30 partido

distrofia
6 crecimiento
7 nutrición

disturbio
8 perturbación
14 revuelta
79 alboroto
11 altercado
16 bochinche
19 desorden
24 follón
11 motín
13 tumulto

disuadido
3 convencido

disuadir(se)
70 apartar(se)
3 desaconsejar
25 desanimar(se)
1 desganar
1 destentar
29 desviar(se)
28 estorbar(se)
18 apear(se)
⇨quitar de la cabeza
5 ◁*acicatear*
17 ◁*incitar(se)*

disuasor
2 descorazonador

disuasorio
3 inhibitorio

disuelto
5 deshecho
2 desparramado
1 desperdigado
1 diluido
1 diseminado
8 ◁*concentrado*

disuria
3 orina

disyunción
9 alternativa(s)
2 dilema
7 encrucijada
7 opción
⇨partícula exclusiva

disyuntiva
- 9 alternativa(s)
- 2 dilema
- 7 opción

disyuntivo
- 1 adversativo

disyuntor
- 2 interruptor

ditirámbico
- 45 borracho

ditirambo
- 9 elogio
- 7 encomio
- 10 lisonja(s)
- 4 hipérbole
- 12 coba
- 10 ◁*crítica*
- 7 ◁*frialdad*

diuresis
- 3 orina

diurno
- 1 matinal
- 2 ◁*nocturno*

diuturno
- 4 durable
- 14 duradero
- 3 longevo
- 7 ◁*fugaz*
- 7 ◁*transitorio*

divagación
- 6 generalidad
- 2 perífrasis
- 19 rodeo
- 3 vaguedad
- 12 circunloquio

divagar
- 4 mariposear
- 4 merodear
- 11 rondar
- 12 vagabundear
- 38 alejarse
- 29 desviarse

- 9 errar
- ⇨ andarse por las ramas

diván
- 8 confidente
- 2 tumbona
- 2 sofá
- 49 asiento
- 4 canapé

divergencia
- 8 desacuerdo
- 3 desajuste
- 3 desemejanza
- 3 desigualdad
- 11 diferencia
- 7 disconformidad
- 9 discrepancia
- 12 ◁*concordia*

divergente
- 15 contrario
- 8 desviado
- 5 discordante
- 10 separado
- 7 ◁*coincidente*
- ◁*convergente*

divergentemente
- 9 aparte

diverger
- 4 divergir

divergir
- 70 apartar(se)
- 10 bifurcar(se)
- 1 diverger
- 8 ◁*coincidir*

diversidad
- 6 complejidad
- 3 desemejanza
- 3 desigualdad
- 11 diferencia
- 4 heterogeneidad
- 2 multiplicidad
- 2 pluralidad
- 10 riqueza
- 5 variedad
- 15 distinción

- ◁*unicidad*

diversificación
- 3 diferenciación
- 10 variación
- 5 variedad
- 4 ◁*monotonía*

diversificar
- 5 diferenciar(se)
- 11 variar(se)
- 46 cambiar
- 9 ◁*permanecer*
- 42 ◁*seguir(se)*

diversión
- 38 alegría(s)
- 21 desahogo
- 16 distracción
- 10 entretenimiento
- 5 esparcimiento
- 4 farra
- 30 placer
- 15 recreo
- 2 refocilo
- 8 solaz
- 14 cachondeo
- 12 gusto
- 15 jarana
- 9 juerga
- 8 parranda
- 5 zambra
- 12 ◁*aburrimiento*

diverso
- 5 desemejante
- 18 desigual
- 10 diferente
- 10 distinto

diversohio
- 8 posada

divertido
- 22 ameno
- 23 animado
- 45 bueno
- 14 cómico
- 4 correntón
- 7 chispeante
- 8 chusco
- 12 deleitable

- 3 festero
- 16 festividad
- 9 florido
- 4 guasón
- 10 jocoso
- 14 jovial
- 8 jugoso
- 4 ocurrente
- 6 parrandero
- 8 placentero
- 2 recreativo
- 12 regocijado
- 7 saleroso
- 11 sandunguero
- 36 alegre
- 10 cachondo
- 8 contento
- 9 chistoso
- 18 gracioso
- 3 güero
- 28 ridículo
- 13 salado
- 7 ◁*aburridor*
- 4 ◁*amolador*
- 3 ◁*desconsolador*
- 6 ◁*estomagante*
- 7 ◁*farragoso*
- 8 ◁*plúmbeo*
- 5 ◁*puñetero*

divertir(se)
- 30 agradar
- 8 amenizar
- 27 bromear(se)
- 7 contentar(se)
- 6 correrla
- 16 desahogar(se)
- 24 distraer(se)
- 15 encantar(se)
- 26 entretener(se)
- 28 esparcir(se)
- 14 explayar(se)
- 2 farrear
- 17 gozar
- 18 holgar(se)
- 6 jaranear
- 2 juerguear
- 2 juerguearse
- 14 jugar
- 23 recrear(se)
- 14 refocilar(se)
- 22 regalar(se)
- 18 regocijar(se)

8 retozar
15 solazar(se)
27 alegrar(se)
3 picholear
4 remoler
28 ◁ aburrir(se)
87 ◁ fastidiar(se)
5 ◁ heder
10 ◁ empalagar

dividendo
9 ganancia(s)
8 lucro

dividido
6 bífido
4 escindido
30 partido
14 ◁ íntegro

dividir(se)
38 alejar(se)
70 apartar(se)
3 desconexionar
25 desunir(se)
19 desvincular(se)
17 distribuir(se)
21 enemistar(se)
3 escindir
6 fragmentar
19 indisponer(se)
4 malquistar
21 partir
41 quebrar(se)
7 ramificar(se)
21 repartir(se)
47 romper(se)
6 seccionar
64 separar(se)
57 cortar
2 prorratear
⇨hacer el cociente
16 ◁ amigar(se)

divieso
1 orzuelo
3 forúnculo
2 clacota
9 grano
3 maldita

2 puchiche
2 tlacote

divinidad
24 belleza
8 ◁ temporalidad

divinización
2 deificación
2 endiosamiento
9 glorificación
1 mitificación
15 ◁ humillación

divinizar
5 ensalzar(se)
32 exaltar(se)
8 glorificar
24 honrar(se)

divino
5 celeste
14 celestial
7 empíreo
10 inefable
4 infuso
8 ◁ secular

divisa
5 distintivo
14 emblema
16 marca
13 símbolo
6 lema
12 mote
27 señal

divisar
26 atisbar(se)
5 avizorar(se)
35 distinguir(se)
8 vislumbrar
22 alcanzar
19 ver

divisarse
1 entrelucir

divisible
3 partible
4 resoluble

división
10 desavenencia
3 desmembramiento
12 discordia
10 enemistad
6 enfrentamiento
4 fragmentación
7 partición
14 porción
1 segmentación
12 cacho
17 categoría
14 fracción
15 grupo
26 parte
13 pieza
27 tajada
30 ◁ amistad
12 ◁ concordia

divisor
2 submúltiplo

divisoria
5 confín

divorciado
2 descasado
3 ◁ nupcial

divorciar(se)
1 descasarse
25 desunir(se)
8 disociar(se)
21 repudiar(se)
64 separarse
⇨pedir la nulidad

divorcio
7 repudio
18 ◁ boda
7 ◁ nupcias

divulgación
24 anuncio(s)
5 difusión
23 extensión
7 propagación
3 propaganda
4 publicidad

7 reclamo

divulgado
4 difundido
4 publicado

divulgador
12 apóstol

divulgar(se)
39 anunciar(se)
10 derramar
8 desparramar
29 difundir(se)
28 esparcir(se)
51 extender(se)
7 generalizar
53 lanzar(se)
48 pasar(se)
3 perifonear
7 popularizar(se)
14 proclamar(se)
4 promulgar
29 propagar(se)
4 propalar
7 ramificar(se)
22 revelar(se)
9 vulgarizar(se)
11 pregonar
14 publicar
15 sembrar
⇨hacer público
⇨poner de manifiesto

dobladillo
3 basta
6 cañada
10 filete
4 jareta
2 jaretón

doblado
6 alechugado
8 corvo
13 retorcido
4 supeditado
26 arrugado
12 torcido
19 ◁ recto

dobladura
31 arruga

doblaje

6 astilla

doblaje
2 traducción
3 versión

doblamiento
31 arruga

doblar(se)
17 abochornar(se)
9 acurrucarse
24 agachar(se)
7 agarbarse
15 alabear(se)
18 arquear(se)
40 avergonzar(se)
5 binar
37 cerrar(se)
11 cimbrear(se)
20 combar(se)
12 curvar(se)
17 derribar(se)
4 desdoblar
14 encorvar(se)
5 flexionar(se)
9 ladear(se)
52 matar(se)
48 pasar(se)
14 plegar(se)
41 quebrar(se)
8 redoblar
11 remontar(se)
22 retorcer(se)
44 torcer(se)
39 arrugar
3 encorcovar
8 fruncir
2 quisnear
1 tirotear
12 traspasar
24 ◁*enderezar(se)*

doble
4 duplicado
12 fingido
9 repetición
13 retorcido
14 copia
1 disimulado
16 taimado
14 ◁*sincero*

doblegado
7 humillado

doblegar(se)
3 abajarse
30 ablandar(se)
5 acatar
22 acceder
17 aceptar
41 ceder(se)
17 flaquear
46 humillar(se)
14 plegar(se)
22 resignar(se)
40 someter(se)
7 supeditar
25 ◁*resistirse*

doblez
18 disimulo
10 falsedad
10 fingimiento
5 pliegue
10 simulación
5 cuarteo
12 hipocresía
12 ◁*sinceridad*

doblón
4 moneda

doblonada
2 dineral

doce
1 docena

docena
1 doce

docencia
4 enseñanza

docente
4 formativo
3 universitario

docetismo
1 gnosticismo

dócil
13 accesible
32 afable

6 disciplinado
3 obediente
5 subordinado
8 sumiso
5 tratable
18 bonachón
7 manso
19 suave
45 ◁*áspero*
9 ◁*huraño*
14 ◁*rebelde*

docilidad
21 benignidad
27 bondad
3 ductilidad
9 dulzura
3 gregarismo
10 humildad
5 maleabilidad
7 mansedumbre
6 obediencia
3 plasticidad
15 rendimiento
8 resignación
8 sumisión
19 apacibilidad
15 disciplina
5 ◁*contumacia*
17 ◁*resistencia*

docilitar
18 domar(se)
40 someter(se)

dock
11 almacén

docto
9 erudito
8 instruido
15 sabio
11 entendido

doctor
2 catedrático
4 cirujano
15 médico
5 profesor
4 matasanos

doctorado
8 graduado

doctoral
10 formal
16 pomposo
11 solemne
11 enfático
20 ◁*natural*
12 ◁*sencillo*

doctorarse
12 graduar(se)

doctorería
20 engreimiento
12 ostentación
12 presunción
14 ardid
10 trampa
11 ◁*sencillez*

doctrina
12 ciencia
4 erudición
14 saber
11 sabiduría
8 sistema
18 método
4 teoría
⇨conjunto de axiomas

doctrinal
3 científico
5 teórico
13 dogmático
7 ◁*informal*
12 ◁*práctico*

doctrinar
29 educar(se)

doctrinario
4 ideólogo
2 seguidor
5 simpatizante
11 partidario
9 ◁*adversario*
15 ◁*contrario*

doctrino
30 tímido

33 apocado
21 corto
18 ◁audaz

documentación
7 expediente
13 informe
21 partida

documentado
9 ilustrado
6 ◁indocumentado

documentar(se)
22 autorizar(se)
17 certificar
26 informar(se)
11 instruir
12 legalizar
1 legitimar
26 registrar(se)
11 enterar
⇨dar fe
⇨poner al corriente

documento
7 diploma
30 título

doga
19 atadura

dogal
10 argolla
14 cabestro
6 horca
7 ligadura

dogma
14 fe
4 religión
19 afirmación
5 ◁sofisma

dogmático
4 concluyente
3 doctrinal
12 impenetrable
11 imperioso
5 incognoscible
11 incuestionable

11 indiscutible
1 indubitable
10 misterioso
3 sectario
9 tajante
6 terminante
27 absoluto

dogmatizar
43 afirmar(se)
52 asegurar(se)

dogo
7 perro

dolabela
12 azada

dolar
4 astillar(se)

dólar
16 inicio
9 pausa
4 moneda

dolencia
17 acceso
10 indisposición
21 mal
9 padecimiento
12 achaque
13 arrechucho
9 daño
10 enfermedad
1 ◁salud

doler(se)
51 afligir(se)
12 apesadumbrar(se)
12 apiadar(se)
23 arder
15 arrepentir(se)
35 atormentar(se)
10 clamar
13 compadecer(se)
3 condoler(se)
7 contristar(se)
6 deplorar
10 escocer(se)
15 lamentar(se)
16 lastimar(se)

16 quejar(se)
30 sentir(se)
12 sufrir
5 padecer

dolicocéfalo
4 cayuco

dolido
12 afligido
3 amargado
2 desengañado
8 resentido
10 ◁indiferente
11 ◁insensible

doliente
11 achacoso
3 adolorido
3 convaleciente
5 jeremías
34 malo
4 sufriente
44 afectado
7 dolorido
16 enfermo
6 malucón
13 manido
4 mococoa

dolmen
3 menhir

dolo
28 engaño(s)
7 estafa
9 fraude
9 timo
10 trampa

dolomía
17 cal
5 caliza
5 cemento

dolomita
17 cal
5 caliza

dolor
10 calvario
11 desconsuelo

21 mal
45 pesar(se)
3 suplicio
9 tortura
48 aflicción
30 angustia
8 congoja
9 daño
29 pena
2 pupa
20 tormento

dolores
6 agujeta(s)
10 calvario

dolorido
12 afligido
6 angustiado
8 apenado
2 gemebundo
1 lloroso
9 quejumbroso
12 doliente
23 ◁animado
5 ◁sufrido

doloroso
4 lacerante
5 lamentable
5 lastimoso
11 penoso
1 pungente
28 vivo
25 agudo

doloso
7 engañoso

doma
1 domesticación

domado
4 adiestrado
3 amansado
2 domesticado
7 manso
14 ◁rebelde
19 ◁salvaje

domador
4 desbravador

domar

domar(se)
30 ablandar(se)
7 amaestrar
21 amansar(se)
13 cautivar
21 contener(se)
2 desembravecer
2 docilitar
6 domeñar
5 domesticar
46 dominar(se)
29 educar(se)
52 reducir(se)
21 reprimir(se)
40 someter(se)
5 subyugar
40 vencer(se)
8 chalanear
14 sujetar

dombo
3 domo

domeñable
3 dominable

domeñar
18 domar(se)
46 dominar(se)
52 reducir(se)
30 rendir(se)
40 someter(se)
14 sujetar

domestica
4 asistenta
15 criada
14 sirvienta
12 ◁*ama*

domesticación
1 doma

domesticado
3 amansado
4 domado
10 ◁*silvestre*

domesticador
4 desbravador

domesticar
7 amaestrar
21 amansar(se)

18 domar(se)
8 chalanear
4 soguear

domesticidad
7 mansedumbre

doméstico
11 casero
3 fámulo
3 lacayo
9 choto
9 servidor
11 sirviente
↪criado (-da)
35 ◁*bravío*
17 ◁*fiero*
6 ◁*montaraz*
9 ◁*cimarrón*

domestiquez
7 mansedumbre

domiciliado
2 avecindado
2 empadronado
1 establecido
6 residente
   ◁*mudado*
   ◁*trasladado*

domiciliar
32 aposentar(se)

domiciliarse
32 aposentar(se)
15 avecinar(se)
47 establecer(se)
11 habitar

domicilio
16 dirección
12 hogar
4 localización
9 residencia
18 seña(s)
9 ubicación
10 vivienda
15 casa

dominable
1 conquistable
1 domeñable

3 manejable
18 ◁*libre*
22 ◁*fuerte*
14 ◁*rebelde*

dominación
11 absolutismo
3 aherrojamiento
10 ángel
21 dominio
10 opresión
4 prepotencia
26 autoridad

dominado
2 controlado
1 esclavizado
7 extraviado
7 humillado
6 licencioso
4 oprimido
5 perdido
7 seducido
6 sometido
8 sumiso
16 vicioso
8 ◁*inmune*
18 ◁*libre*
5 ◁*virtuoso*
19 ◁*recto*
11 ◁*alzado*

dominador
5 avasallador
21 dominante
5 imperialista
9 cacique
5 ◁*emancipador*

dominancia
7 esclavitud

dominante
9 autoritario
4 básico
3 despótico
8 destacado
4 dictatorial
4 dominador
9 esencial
6 fundamental

6 intolerante
2 opresor
6 preponderante
12 principal
13 saliente
7 sobresaliente
1 sojuzgador
1 subyugador
2 tirano
12 jactancioso
19 orgulloso
9 presumido
17 soberbio
14 ◁*accidental*
16 ◁*modesto*
42 ◁*blando*

dominar(se)
59 abatir(se)
15 acogotar
10 adueñarse
11 aherrojar
24 apoderar(se)
2 atraillar
13 avasallar(se)
13 cautivar
21 contener(se)
11 controlar
10 despuntar
27 destacar(se)
18 domar(se)
6 domeñar
15 eclipsar(se)
10 forzar
10 frenar
40 ganar(se)
11 imperar
23 imponer(se)
8 merendar(se)
6 predominar
52 reducir(se)
23 refrenar(se)
6 reinar
30 rendir(se)
21 reprimir(se)
9 resaltar
14 saber
22 salvar(se)
9 señorear
21 serenar(se)
6 sobreponer(se)
23 sofocar(se)
5 sojuzgar

40 someter(se)
5 subyugar
16 superar(se)
9 tiranizar
40 vencer(se)
20 violentar(se)
8 azorrillar(se)
10 oprimir
11 sobresalir
14 sujetar
▷meter en cintura

dómine
11 ayo
12 educador

dominguejo
3 espantajo
1 espantapájaros
26 despreciable
12 infeliz
12 majadero
12 vil
▷pobre diablo

dominguero
2 dominical

dominguillo
4 botarga

dominical
1 dominguero
2 semanal

dominico
14 fraile

dominio
12 abuso
8 campo
9 coacción
6 contención
8 dictadura
7 dominación
5 imperio
10 opresión
5 pertenencia
43 poder(es)
7 posesión
4 potestad
15 propiedad

4 tiranía
9 yugo
7 ámbito
4 entorno
8 sujeción
3 freno
6 mando
9 superioridad
6 ◁subordinación

domo
4 cúpula
1 dombo
▷media naranja

dompedro
3 dondiego
7 orinal

don
15 donación
7 donativo
18 gracia(s)
18 habilidad
7 ofrenda
17 presente(s)
11 sabiduría
14 capacidad
8 dádiva
12 homenaje
16 regalo
8 ◁torpeza

dona
4 regala

donación
9 concesión
7 donativo
9 dote
18 gracia(s)
6 legado
6 limosna
3 manda
7 ofrenda
17 presente(s)
7 subsidio
5 subvención
8 dádiva
11 don
14 merced

16 regalo

donado
3 confeso
7 dado
9 lego
4 ofrendado

donador
4 oferente

donaire
23 agudeza
9 apostura
8 concepto
10 chiste
6 donosura
12 garbo
11 gentileza
18 gracia(s)
8 gracejo
13 soltura
▷buena planta

donairoso
10 esbelto
14 ingenioso
9 jacarandoso
7 saleroso
11 sandunguero
16 agraciado
17 gallardo

donante
1 agasajante
7 caritativo
6 desprendido
1 dispensador
2 limosnero
1 obsequiante
1 regalador
18 generoso
9 ◁cicatero
19 ◁mezquino
19 ◁roñoso

donar
7 conceder
63 dar(se)
10 dispensar
14 obsequiar(se)
25 permitir(se)

22 regalar(se)

donatario
4 beneficiado
3 favorecido
2 receptor
8 ◁donante

donativo
12 consignación
15 donación
7 óbolo
8 oferta
8 dádiva
11 don
4 erogación

doncel
13 garzón
6 efebo

doncella
6 camarera
6 muchacha
15 criada
7 chica
9 moza
5 panadizo
14 sirvienta
1 virgen

doncellez
9 pureza
5 virginidad

donde
1 adonde

dondiego
2 dompedro
5 bacinilla
7 orinal

donjuan
21 burlador
4 faldero
13 libertino
22 amante
7 conquistador
11 galán
5 mujeriego
5 tenorio

donjuán
21 burlador
10 calavera

donoso
4 ocurrente
9 chistoso
18 gracioso
9 ◁*soso*

donosura
11 donaire
8 galanura
12 garbo
8 sal
7 salero
10 guapeza

doparse
3 drogarse

doping
17 droga

doradillo
16 aguzanieves
9 alambre
8 nevatilla

dorado
23 amarillo
9 áureo
3 doradura
10 frito
2 gualdo
4 pajizo

doradura
24 baño(s)
1 chapado
6 dorado

dorar(se)
14 abrillantar(se)
8 afogarar(se)
47 brillar
9 broncear(se)
12 bruñir(se)
24 disfrazar(se)
13 disimular
17 dulcificar(se)
31 encubrir(se)

7 enmascarar
4 hornear
15 paliar
39 pulir(se)
3 sobredorar
39 suavizar(se)
23 tostar(se)
9 estofar

dorman
6 uniforme

dormida
7 jornada
7 alcoba
2 dormitorio
9 etapa
12 sueño

dormidera
4 soñera

dormido
3 durmiente
7 ◁*consciente*
10 ◁*despierto*

dormilón
1 lirón
1 marmota

dormilona
9 butaca

dormir(se)
22 abandonar(se)
55 acomodar(se)
21 adormecer(se)
7 amodorrar(se)
22 amortiguar(se)
30 apaciguar(se)
36 aplacar(se)
14 cabecear
14 descansar
7 descuidarse
2 dormitar
1 ensoñar
14 reposar(se)
24 sosegar(se)
8 yacer
9 ◁*despabilar(se)*
3 ◁*despertar(se)*

11 ◁*desvelar(se)*
3 ◁*intensificarse*

dormitar
15 dormir(se)
2 meucar

dormitivo
4 alcaloide

dormitorio
7 alcoba
3 recámara

dorna
21 embarcación

dornajo
16 artesa

dorsal
4 dorso
2 espaldar
1 lumbar
7 posterior
5 trasero

dorso
4 envés
6 espalda
6 lomo
6 reverso
4 ◁*anverso*
7 ◁*haz*
18 ◁*cara*

dos
4 bis
2 duo

dosel
2 baldaquino
2 palio

dosificación
2 dosis

dosificador
2 cuentagotas
2 gotero

dosificar
17 distribuir(se)
21 repartir(se)

dosis
1 dosificación
16 cantidad

dossier
7 expediente
13 informe
2 legajo

dotación
9 equipo
11 personal
1 tripulación
18 asignación

dotado
2 provisto

dotar(se)
11 abastecer(se)
3 aperar
21 asignar(se)
41 ceder(se)
7 conceder
6 donar
16 guarnecer(se)
14 obsequiar(se)
20 proporcionar(se)
22 regalar(se)

dote
9 concesión
16 cualidad
15 donación
6 excelencia
18 asignación
11 don
7 obsequio
13 prenda
16 regalo

dovela
13 piedra
2 sillar

dozer
2 topadora

dualidad

draconiano
18 cruel
20 severo

draft
7 boceto
5 croquis
5 esbozo
8 borrador

draga
1 dragador
3 pontón
4 barcaza
21 embarcación

dragador
4 draga

dragaminas
21 embarcación

dragar
3 acantilar

dragomán
6 intérprete
3 traductor
2 truchimán

dragón
1 becerra
1 dragoncillo
7 cortejador
11 galán
5 mujeriego
⇨ boca de dragón

dragoncillo
6 dragón

dragonear
8 cortejar
14 festejar
13 galantear

dragontea
17 calamidad
1 dramón
6 espectáculo
13 suceso(s)
1 zumillo

17 desgracia
6 tragedia
7 ◁ dicha
9 ◁ felicidad

drama
16 comedia
11 composición
1 dramón
7 odisea

dramático
6 aparatoso
3 espectacular
7 sobrecogedor

dramatismo
5 emotividad
5 patetismo
6 tragedia
15 ◁ indiferencia

dramatizar
16 emocionar(se)
8 exagerar
38 hinchar(se)
13 impresionar(se)
31 ◁ moderar(se)

dramaturgo
9 autor
3 comediógrafo
10 escritor

dramón
4 drama

drástico
5 contundente
9 enérgico
22 rudo
13 violento
14 ◁ débil

drenaje
2 avenamiento
3 avenar
1 desecamiento
4 desecar
30 secar(se)
14 vaciar(se)
9 desagüe

18 ◁ empapar(se)
4 ◁ retención
15 ◁ retener(se)

dressing
4 embalaje
6 envoltura

dríada
1 dríade
7 ninfa

dríade
2 dríada

driblar
80 burlar(se)
5 esquivar
6 regatear

dribling
5 regate

dril
7 tejido
12 tela

drill pipe
⇨ tubería de perforación

driver
9 conductor
⇨ rueda matriz

driza
14 cuerda
2 soga
42 cabo

droga
2 alucinógeno
6 ingrediente
1 marihuana
6 morfina
4 poción
9 señuelo
3 veneno
1 anfetaminas
35 atractivo
27 caballo
4 heroína

9 medicamento
4 mejunje
5 potingue
10 trampa
⇨ LSD

drogadicto
4 drogado
16 vicioso

drogado
2 drogadicto
5 intoxicado
4 morfinómano
7 alucinado

drogarse
1 doparse
19 enganchar(se)
23 pinchar(se)

droguería
2 botica

droguero
2 boticario
4 farmacéutico

dromedario
3 camello

drop legs
⇨ irrigador extensible

druida
9 sacerdote

druidismo
4 religión

drupa
10 fruto

drusa
9 cristal

druso
9 mahometano

dualidad
1 dimorfismo
1 dualismo

dualismo

    5 duplicidad

dualismo
    3 dualidad

dubitación
    15 duda

dubitativo
    6 dudoso
    5 perplejo
    6 vacilante
    7 ◁*decidido*
    25 ◁*seguro*

ducado
    4 moneda
    30 título

duce
    9 jefe

ductil
    7 acomodaticio
    7 condescendiente
    6 maleable
    4 transigente
    42 blando
    30 ◁*duro*
    13 ◁*inflexible*

dúctil
    9 acomodadizo
    7 acomodaticio
    4 adaptable
    12 flexible
    6 maleable
    7 malva
    5 moldeable
    7 plástico
    42 blando
    8 ◁*terne*

ductilidad
    2 adaptabilidad
    15 docilidad
    6 flexibilidad
    14 ◁*rebeldía*

ducha
    3 afusión
    5 aspersión

    24 baño(s)
    4 lavadero

duchar(se)
    17 bañar(se)
    15 lavar(se)
    21 mojar(se)
    7 regar
    9 remojar(se)

ducho
    11 avezado
    14 diestro
    23 experimentado
    8 experto
    17 hábil
    10 perito
    8 versado
    11 entendido
    7 ◁*novato*
    18 ◁*torpe*

duda
    16 asco
    15 cuestión
    10 desconfianza
    10 incertidumbre
    10 indecisión
    12 perplejidad
    13 problema
    25 reparo(s)
    18 repugnancia
    6 sospecha
    2 titubeo
    14 aprensión
    10 escrúpulo
    11 recelo
    7 vacilación

dudar
    2 desconfiar
    14 recelar(se)
    23 sospechar(se)
    4 hesitar
    7 titubear
    7 trepidar
    11 vacilar
    17 ◁*confiar(se)*
    27 ◁*decidir(se)*

dudoso
    3 dubitativo
    16 incierto

    9 inseguro
    4 irresoluto
    5 perplejo
    6 problemático

duela
    6 tabla(s)
    3 tablilla

duelo
    19 combate
    7 desafío
    11 desconsuelo
    13 dolor
    9 encuentro
    3 entierro
    2 exequias
    5 incineración
    11 lance
    45 pesar(se)
    2 velatorio
    48 aflicción
    29 pena
    13 tristeza
    38 ◁*alegría(s)*
    10 ◁*paz*

duende
    6 gnomo
    6 sugestión
    8 espectro
    17 espíritu
    10 fantasma

dueña
    5 acompañanta
    12 ama
    8 azafata

dueño
    15 amo
    18 burgués
    11 casero
    11 patrono
    5 señor
    9 cacique
    19 patrón

duermevela
    15 cabezada
    12 sueño

duerna
    16 artesa

duerno
    16 artesa

dueto
    1 dúo

dulce
    12 acaramelado
    32 afable
    38 agradable
    31 bondadoso
    3 caramelo
    4 confitura
    11 deleitoso
    8 delicioso
    10 dócil
    4 dulzón
    12 exquisito
    7 grato
    6 pacífico
    14 tierno
    42 blando
    9 bombón
    5 confite
    7 manso
    19 suave
    10 ◁*desagradable*
    2 ◁*irascible*

dulcedumbre
    21 benignidad
    19 apacibilidad

dulcemele
    1 salterio

dulcemente
    8 blandamente
    7 ◁*bárbaramente*

dulcero
    3 confitero
    4 pastelero
    6 goloso
    3 laminero

dulcificación
    5 ablandamiento
    6 endulzamiento

dulcificar(se)
30 ablandar(se)
21 amansar(se)
30 apaciguar(se)
9 azucarar(se)
44 calmar(se)
41 ceder(se)
9 condescender
18 dorar(se)
8 humanizar(se)
21 mitigar(se)
31 moderar(se)
15 paliar
24 sosegar(se)
39 suavizar(se)
7 transigir
20 atemperar
9 endulzar
34 ◁*avivar(se)*
28 ◁*plantarse*

dulero
17 pastor

dulzaina
8 gaita

dulzaino
4 dulzón

dulzarrón
4 dulzón

dulzón
44 afectado
8 cargante
1 dulzaino
12 empalagoso
7 ◁*insípido*
9 ◁*soso*

dulzonería
8 melifluidad

dulzor
9 dulzura

dulzura
27 afabilidad
30 blandura
27 bondad
15 docilidad

7 mansedumbre
1 melosidad
11 suavidad
6 ternura
7 untuosidad
13 ◁*rigor*
7 ◁*maldad*

duma
10 asalto
27 asamblea

dumper
4 volquete

dumping
4 desplome

duna
2 algaida
1 médano

dunas
4 arenal

duo
2 dos
1 dueto

dúo
1 dueto

duodeno
6 intestino(s)

duplex
⇨piso de doble planta

dúplica
4 duplicado

duplicación
4 duplicado

duplicado
1 dúplica
2 facsímil
10 reproducción
14 copia
18 ◁*original*
15 ◁*modelo*

duplicar(se)
4 desdoblar
8 redoblar
20 reproducir(se)
3 transcribir

duplicidad
18 disimulo
10 fingimiento
5 cuarteo
7 doblez
12 hipocresía
12 ◁*sinceridad*

duplo
7 doble

durable
3 diuturno
14 duradero
9 indeleble
8 indisoluble

duración
11 aguante
11 curso
2 eternidad
13 firmeza
1 infinitud
4 inmortalidad
5 perennidad
2 permanencia
3 persistencia
9 solidez
13 tiempo
3 transcurso
4 ◁*endeblez*

duradero
4 durable
9 eterno
3 inacabable
7 indefinido
2 inextinguible
5 inmemorial
5 inmortal
12 largo
10 perenne
7 persistente
7 prolongado
7 sempiterno
16 sólido

19 firme
7 ◁*efímero*
8 ◁*endeble*
7 ◁*perecedero*
21 ◁*corto*

duramente
3 ásperamente
8 bruscamente

durar
35 alargar(se)
5 eternizar(se)
51 extender(se)
48 pasar(se)
4 perdurar
11 persistir
7 prolongarse
8 subsistir

duraznillo
1 persicaria
⇨hierba pejiguera

durazno
2 melocotonero
2 pérsico

dureza
8 callo
1 callosidad
8 consistencia
7 estabilidad
6 inclemencia
17 resistencia
13 rigor
5 severidad
9 solidez
21 violencia
22 aspereza
⇨ojo de gallo
30 ◁*blandura*
3 ◁*fragilidad*

durillo
5 cornejo
2 corno
2 sanguiñuelo
⇨cerezo silvestre

durmiente
5 acostado
1 dormido

duro

- 5 yacente
- 10 ◁*despierto*

duro

- 8 agotador
- 45 áspero
- 10 compacto
- 11 conforme
- 4 consistente
- 18 cruel
- 7 despiadado
- 5 fatigoso
- 8 férreo
- 8 inclemente
- 8 inhumano
- 10 insoportable
- 10 paciente
- 11 penoso
- 6 pétreo
- 16 sólido
- 5 sufrido
- 17 tenaz
- 8 trabajoso
- 9 butaca
- 19 firme
- 22 fuerte
- 4 moneda
- 14 obstinado
- 15 porfiado
- 26 rígido
- 20 severo
- 8 silla
- 1 silleta
- 9 terco
- 42 ◁*blando*
- 12 ◁*frágil*
- 19 ◁*dulce*

E

ebanista
2 carpintero
1 mueblista

ébano
1 abenuz
1 ebenáceo

ebeje
6 aventador

ebenáceo
2 ébano

eborario
1 ebúrneo
1 marfileño

ebriedad
3 cogorza
3 jumera
6 tranca
40 borrachera
12 curda
16 embriaguez
14 melopea
6 merluza
11 mona
27 tajada

ebrio
bebido
10 cargado
7 curado

5 chispo
3 mamado
5 odre
4 pellejo
5 rubio
12 achispado
11 alzado
8 beodo
14 bolo
45 borracho
6 cocido
13 ◁*sereno*

ebullición
3 borboteo
4 burbujeo
9 efervescencia
10 hervor

ebúrneo
2 eborario

eccehomo
7 herido
5 magullado
6 maltratado
6 roto
22 ◁*cuidado*
5 ◁*mimado*

eccema
6 eczema

eclampsia
15 convulsión
3 espasmo

eclecticismo
5 acomodación
12 ambigüedad
6 conciliación
18 armonía
10 ◁*claridad*
13 ◁*parcialidad*

eclesiástico
6 abad
8 canónigo
6 capellán
16 clérigo
4 coadjutor
14 fraile
13 monje
5 mosén
10 padre
2 párroco
4 prior
4 rector
9 sacerdote
10 cura

eclipsar(se)
30 ausentar(se)
20 aventajar(se)
18 borrar
8 desaparecer
17 deslucir(se)
46 dominar(se)
64 estropear(se)
18 evadir(se)
33 exceder(se)

16 obscurecer(se)
28 aventar
7 escabullirse
19 huir
60 largarse
4 sobrepujar
19 ◁*quedarse*

eclipse
7 desaparición
7 evasión
10 huida
8 ocultación
2 oscurecimiento

eclosión
8 aparición
13 brote
8 comienzo
16 inicio
16 manifestación
17 nacimiento
4 surgimiento
7 ◁*desaparición*

eco
5 difusión
23 extensión
7 propagación
6 repercusión
12 resonancia
1 reverberación
17 sonido
19 ruido

economato

economato
2 cooperativa
7 establecimiento
2 mutualidad
9 tienda

economía(s)
20 ahorro(s)
12 escasez
10 estrechez
4 frugalidad
13 parsimonia
3 parvedad
9 tranquilidad
6 hucha
17 miseria
28 ◁*abundancia*
4 ◁*despilfarro*

económico
4 ahorrador
6 frugal
15 sórdido
3 tirado
34 avaro
12 barato
19 mezquino
10 mirado
26 miserable
14 roña
19 roñoso
12 tacaño
⇨de buen precio
10 ◁*caro*
10 ◁*derrochador*
18 ◁*generoso*

economizar
11 ahorrar(se)
3 cicatear
44 guardar(se)
28 mantener(se)
9 preservar(se)
22 reservar(se)
9 restringir
3 tacañear
32 ◁*gastar(se)*

ectasia
8 dilatación
13 expansión
10 ◁*contracción*

ecuación
17 igualdad

ecuánime
6 estoico
5 imparcial
5 juicioso
21 objetivo
10 paciente
5 sufrido
13 sereno
4 ◁*cabildero*
4 ◁*impaciente*
1 ◁*subjetivo*

ecuanimidad
4 desapasiona-
 miento
3 equidad
2 filosofía
6 imparcialidad
12 justicia
8 rectitud
11 entereza

ecuestre
3 hípico
⇨a caballo

ecuménico
6 universal

écuyere
6 amazona

eczema
4 acné
2 descamación
7 erupción
9 escamas
1 salpullido
4 sarpullido

echacantos
1 tiracantos
26 despreciable
8 rufián
23 ruin
8 ◁*estimable*
22 ◁*noble*

echacorvear
7 alcahuetear

echacorvería
10 alcahuetería

echacuervos
8 alcahuete

echada
18 arrojamiento
9 fanfarronada
11 jactancia
31 bola
15 mentira

echadillo
4 expósito

echado
2 confinado
4 desterrado
4 expulsado
4 extrañado
8 horizontal
17 plano
6 tendido
4 tumbado
1 yaciente
15 indolente
13 perezoso
3 ◁*admitido*
5 ◁*trabajador*
1 ◁*vertical*
11 ◁*alzado*
◁*de pie*

echador
4 cafetero
3 escanciador
28 engreído
15 fanfarrón
12 jactancioso

echamiento
18 arrojamiento

echar(se)
14 abalanzar(se)
7 abarrar
17 acostar(se)
9 acurrucarse
24 agacharse
12 ahuyentar
16 aparear(se)
63 apoyar(se)
42 arrojar(se)

7 confinar
8 conjeturar
63 dar(se)
14 decir
10 deponer
27 despachar(se)
21 despedir(se)
5 desterrar(se)
15 dimitir
29 encogerse
31 entregar(se)
6 escupir
26 excluir(se)
11 exiliar(se)
18 extrañar(se)
11 florecer
31 imaginar(se)
53 lanzar(se)
5 pasaportar
20 precipitar(se)
23 pronunciar(se)
13 proyectar
6 purgar
17 remover
12 repeler
21 repudiar(se)
31 sacudir(se)
22 servir(se)
7 suponer
15 tender(se)
17 tumbar(se)
9 apoltronarse
28 aventar
22 botar
8 deglutir
4 descolar
6 devolver
20 disparar
11 empujar
11 expulsar
8 holgazanear
50 limpiar
13 rechazar
58 tirar
31 tragar
9 vomitar
19 ◁*admitir*
53 ◁*levantarse*
4 ◁*repantigarse*

echarpe
5 chal
1 mantelete

echazón
18 arrojamiento

echona
3 falce
5 segur
7 guadaña
9 hoz

edad
12 duración
8 época
9 era
13 tiempo
9 periodo

edecán
34 auxiliar(se)
15 ayudante

edema
9 abultamiento
26 hinchazón
2 serosidad
14 conmoción

edén
35 altura(s)
12 cielo
6 paraíso
12 ◁*infierno*
4 ◁*averno*

edición
12 impresión
11 publicación

edicto
5 decreto
17 ley
7 mandato
20 orden
3 proclama

edículo
7 pabellón
3 relicario
4 tabernáculo
2 templete

edificación
9 construcción
8 edificio

10 fábrica
4 inmueble

edificador
9 arquitecto

edificante
10 ejemplar
2 modélico

edificar(se)
58 alzar(se)
5 construir
38 elevar(se)
9 enfervorizar(se)
53 levantar(se)
8 obrar
1 urbanizar
⇨dar ejemplo
6 ◁*demoler*
30 ◁*hundir(se)*

edificio
11 bloque
9 construcción
4 edificación
10 fábrica
4 inmueble
10 macizo
15 casa
23 obra

edil
2 magistrado
4 regidor
4 concejal

editado
4 publicado

editar(se)
29 difundir(se)
8 imprimir
53 lanzar(se)
14 publicar
58 tirar
⇨sacar a la luz

editor
6 impresor
1 librero

editorial
11 empresa
14 escrito
3 librería
13 artículo

editorialista
2 articulista

edrar
5 binar

edredón
3 colcha
9 cubierta
6 cobertor

educación
3 adiestramiento
4 apostolado
3 catequesis
13 corrección
20 cortesía
20 delicadeza
4 enseñanza
2 entrenamiento
4 evangelización
14 finura
11 formación
27 instrucción(es)
4 urbanidad
4 ◁*analfabetismo*
8 ◁*grosería*
13 ◁*incultura*
7 ◁*rusticidad*

educacional
3 didáctico
5 educativo

educado
16 correcto
12 cortés
2 enseñado
16 fino
9 ilustrado
8 instruido
17 atento
9 ◁*analfabeto*
19 ◁*ignorante*
14 ◁*inculto*
21 ◁*grosero*

educador
2 catedrático
2 dómine
2 enseñante
7 instructor
1 lector
13 maestro
4 oráculo
6 pedagogo
1 preceptista
5 preceptor
5 profesor
11 guía

educando
8 alumno
5 colegial
13 discípulo
4 estudiante

educar(se)
31 acostumbrar(se)
15 adiestrar(se)
11 afinar
4 alfabetizar
21 amansar(se)
13 apacentar
27 aprender(se)
14 criar
15 desarrollar
6 desbastar
56 dirigir(se)
3 disciplinar
1 doctrinar
18 domar(se)
5 ejercitar
25 encaminar(se)
9 encauzar
37 enseñar(se)
9 forja
28 formar(se)
9 guiar
21 ilustrar(se)
11 instruir
27 orientar(se)
22 perfeccionar(se)
39 pulir(se)
11 refinar(se)
4 ◁*malcriar*
20 ◁*pervertir(se)*
44 ◁*torcer(se)*
13 ◁*viciar(se)*
16 ◁*corromper*

educativo
- 4 constructivo
- 3 didáctico
- 4 formativo
- 5 instructivo
- 3 pedagógico
- 1 ◁*pervertidor*

educir
- 7 deducir
- 5 extraer
- 27 inferir(se)

edulcoración
- 6 endulzamiento
- 3 ◁*acidificación*

edulcorante
- 1 sacarina

edulcorar
- 30 ablandar(se)
- 22 amortiguar(se)
- 39 suavizar(se)
- 9 endulzar
- 21 ◁*amargar(se)*
- 18 ◁*endurecer(se)*

efebo
- 8 adolescente
- 2 doncel
- 3 guayabo
- 10 joven
- 8 mancebo
- 4 pibe
- 33 ◁*anciano*

efectismo
- 1 latiguillo

efectista
- 17 artificioso
- 7 refulgente
- 4 relumbrante
- 4 sensacionalista
- 1 snob

efectivamente
- 1 ciertamente
- 2 evidentemente
- 2 realmente

⇨ en efecto

efectividad
- 3 existencia
- 7 realidad
- 6 verdad

efectivo
- 1 metálico
- 21 objetivo
- 10 positivo
- 10 real
- 25 seguro
- 11 verdadero
- 13 dinero
- 12 práctico
- 21 ◁*falso*

efecto(s)
- 11 consecuencia
- 2 cheque
- 10 deducción
- 4 enseres
- 8 finalidad
- 5 inducción
- 1 inferencia
- 1 libramiento
- 3 mercadería
- 3 mercancía
- 8 meta
- 10 motivo(s)
- 16 muestra(s)
- 23 objeto(s)
- 4 pagaré
- 12 producto
- 5 resulta
- 3 secuela
- 1 talón
- 4 útiles
- 13 artículo
- 4 corolario
- 9 resultado
- 13 ◁*origen*
- 14 ◁*causa*

efectuador
- 7 ejecutante

efectuar(se)
- 15 actuar
- 6 consumarse
- 6 cumplimentar

- 27 cumplir(se)
- 63 dar(se)
- 19 ejecutar(se)
- 33 haber(es)
- 33 hacer(se)
- 3 perpetrarse
- 7 practicar
- 25 realizar(se)
- 6 verificarse

⇨ llevarse a cabo
- 9 ◁*incumplirse*
- 8 ◁*omitirse*

efeleoflo
- 30 asunto(s)
- 8 ornato(s)
- 21 adorno
- 5 apaño
- 20 arreglo
- 25 atavío

efemérides
- 15 acontecimiento(s)
- 10 celebración
- 4 fecha
- 24 hecho(s)
- 17 ocasión
- 13 suceso(s)

efervescencia
- 22 ardor
- 3 borboteo
- 4 ebullición
- 6 entusiasmo
- 10 hervor
- 15 movimiento
- 16 pasión
- 17 acaloramiento
- 33 agitación
- 7 ◁*frialdad*
- 9 ◁*tranquilidad*

efervescente
- 7 agitado
- 14 ardoroso
- 2 borboteante
- 1 bullente
- 25 bullicioso
- 4 entusiástico
- 17 acalorado
- 6 ◁*sosegado*

- 13 ◁*tranquilo*
- 25 ◁*frío*

eficacia
- 12 duración
- 1 eficiencia
- 5 validez
- 3 vigencia
- 49 energía
- 17 fuerza
- 7 vigor
- 7 ◁*ineficacia*
- 4 ◁*inutilidad*

eficaz
- 26 activo
- 14 duradero
- 3 eficiente
- 9 enérgico
- 8 perdurable
- 4 vigente
- 5 vigoroso
- 22 fuerte
- 16 inútil
- 15 ◁*inactivo*
- 8 ◁*ineficaz*

eficiencia
- 7 eficacia

eficiente
- 26 activo
- 9 eficaz
- 9 enérgico

efigie
- 5 estatua
- 3 fetiche
- 7 grabado
- 4 icono
- 12 ídolo
- 20 imagen
- 5 personificación
- 13 pintura
- 20 representación
- 8 retrato
- 4 simulacro
- 20 apariencia
- 22 figura

efímero
- 27 breve
- 7 fugaz

4 huidizo
7 momentáneo
14 pasajero
7 perecedero
21 corto
14 ◁*duradero*
9 ◁*eterno*
12 ◁*largo*
8 ◁*perdurable*
10 ◁*perenne*

efluvio
3 emanación
7 exhalación
9 irradiación

efod
1 superhumeral

efugio
5 evasiva
8 excusa
5 pretexto(s)
30 recurso(s)
19 rodeo
3 subterfugio

efusión
27 afabilidad
26 afecto
12 cordialidad
2 derramamiento
21 desahogo
13 expansión
9 intensidad
16 pasión
6 ternura
23 viveza
15 cariño
6 ◁*contención*
12 ◁*dureza*

efusividad
4 expresividad

efusivo
32 afable
34 apasionado
7 cordial
9 intenso
14 tierno
28 vivo

12 afectuoso
13 cariñoso
45 ◁*áspero*
 ◁*descastado*
30 ◁*duro*

égida
30 amparo
2 cronología
41 defensa
9 era
7 escudo
8 patrocinio
13 protección
9 periodo
 ◁*desasistido*
5 ◁*desamparo*

egílope
5 avena
1 rompesacos

egiptología
10 arqueología

égira
3 hégira

égloga
5 bucólica
4 pastoral

eglógico
9 bucólico

egocéntrico
2 ególatra
1 narcisista

egocentrismo
6 egoísmo
1 egotismo
10 ◁*humildad*

egoísmo
12 avaricia
2 egocentrismo
4 individualismo
5 ingratitud
9 voracidad
8 codicia

7 ◁*abnegación*
23 ◁*altruismo*
5 ◁*quijotada*
7 ◁*solidaridad*

egoísta
4 acaparador
9 codicioso
5 olvidadizo
11 ambicioso
34 avaro
6 interesado
4 pancista
5 ◁*abnegado*
4 ◁*altruista*
9 ◁*misericordioso*

ególatra
2 egocéntrico
6 interesado

egolatría
2 egocentrismo
6 egoísmo
4 individualismo
2 narcisismo

egotismo
2 egocentrismo

egregio
14 afamado
1 celebérrimo
9 célebre
16 famoso
13 ilustre
11 insigne
34 notable(s)
4 ◁*ignorado*
3 ◁*ignoto*
6 ◁*ínfimo*

egresar
27 aparecer(se)
32 gastar(se)
12 graduar(se)
10 licenciar(se)
48 salir(se)
7 surgir
32 ◁*entrar*

eje
20 alianza
9 árbol

15 centro
3 cigüeñal
5 coalición
14 fundamento(s)
2 manivela
4 núcleo
21 base
7 federación

ejecución
11 acabamiento
7 eliminación
7 embargo
3 fusilamiento
4 linchamiento
11 operación

ejecutable
27 posible(s)
4 practicable
24 fácil

ejecutado
2 ajusticiado
2 castigado
24 hecho(s)
1 realizado
 ◁*amnistiado*
1 ◁*indultado*
2 ◁*perdonado*

ejecutante
9 autor
1 efectuador
6 ejecutor
6 intérprete
7 músico
4 practicante
4 operador

ejecutar(se)
10 ajusticiar
27 cumplir(se)
16 efectuar(se)
33 hacer(se)
8 interpretar
36 liquidar(se)
52 matar(se)
7 obedecer
19 observar
3 perpetrar
25 realizar(se)

ejecutiva

ejecutiva
- 42 seguir(se)
- 10 eliminar
- 5 emprender
- 4 tronar
- ⇨dar curso legal
- ⇨llevar a cabo
- ⇨poner por obra
- ⇨proceder judicialmente

ejecutiva
- 22 aparato

ejecutivo
- 2 empresario
- 11 gobierno
- 43 poder(es)
- ⇨burócrata importante

ejecutor
- 5 actuante
- 7 artífice
- 6 castigador
- 3 comitente
- 7 ejecutante
- 12 instrumento(s)

ejecutoria
- 42 acción
- 7 diploma
- 24 hecho(s)
- 8 nombramiento
- 7 trayectoria
- 30 título

ejecutorio
- 10 positivo
- 10 real
- 11 verdadero
- 19 firme

ejemplar
- 3 dechado
- 10 ejemplo
- 2 modélico
- 16 muestra(s)
- 10 reproducción
- 14 copia
- 15 modelo
- 12 paradigma
- 19 patrón
- 6 prototipo

ejemplarizar
- 8 aleccionar(se)

ejemplificar
- 1 ejemplarizar

ejemplo
- 14 anécdota
- 12 cita
- 16 muestra(s)
- 2 texto
- 17 caso
- 26 autoridad
- 15 modelo
- 12 paradigma
- 19 patrón
- 6 prototipo

ejercer
- 15 actuar
- 5 ejercitar
- 7 practicar
- ⇨hacer uso

ejercicio
- 3 adiestramiento
- 5 caminata
- 10 carrera
- 2 entrenamiento
- 12 examen
- 6 excursión
- 27 instrucción(es)
- 12 marcha
- 6 paseo
- 17 práctica
- 20 prueba
- 9 uso
- 2 utilización
- 16 empleo
- 13 maniobra

ejercitado
- 12 aguerrido
- 11 curtido
- 14 diestro
- 8 experto
- 9 formado
- 13 industrioso
- 8 versado

ejercitamiento
- 15 aprendizaje

ejercitante
- 4 examinando

ejercitar
- 15 adiestrar(se)
- 29 educar(se)
- 9 entrenar(se)
- 28 formar(se)
- 7 practicar

ejercitarse
- 27 aprender(se)
- 12 jubilar(se)
- 7 practicar

ejército
- 6 hueste
- 4 milicia
- 8 tropa
- ⇨colectividad numerosa
- ⇨fuerzas armadas

ejido
- 8 campo
- 22 salida(s)
- 6 campiña
- 12 cercado

ejote
- 8 cáscara
- 6 vaina

el
- 4 difunto

elaboración
- 2 confección
- 6 fabricación
- 11 preparación
- 3 producción
- 6 realización
- 8 transformación

elaborado
- 22 cuidado
- 7 esmerado
- 4 retocado
- 3 sofisticado
- 13 preparado
- 5 ◁chapucero
- 5 ◁desgarbado
- 11 ◁negligente
- 9 ◁descuidado

elaborar(se)
- 15 actuar
- 6 confeccionar
- 11 fabricar
- 33 hacer(se)
- 6 industrializar
- 48 preparar(se)
- 47 producir(se)
- 25 realizar(se)
- 16 transformar(se)

elación
- 11 altivez

elasticidad
- 1 acomodabilidad
- 5 acomodación
- 2 adaptabilidad
- 6 flexibilidad
- 5 maleabilidad
- 8 ◁consistencia
- 12 ◁dureza
- 13 ◁firmeza
- 10 ◁tenacidad

elástico
- 7 acomodaticio
- 4 adaptable
- 4 extensible
- 12 flexible
- 6 maleable
- 5 modificable
- 5 moldeable
- 7 variable
- 30 ◁duro
- 13 ◁inflexible
- 17 ◁tenaz
- 19 ◁firme
- 26 ◁rígido

elaterio
- 2 cohombro

elche
- 5 apóstata

eléboro
- 1 vedegambre

elección
- 9 alternativa(s)
- 5 comicio(s)

2 deliberación
2 dilema
7 opción
4 selección
　tría
5 votación

elecciones
5 comicio(s)

electo
6 elegido
7 escogido
4 nombrado
3 seleccionado
1 votado
3 ◁*rechazado*
14 ◁*reputado*

elector
2 votador
3 votante
3 ◁*aspirante*
3 ◁*candidato*
4 ◁*pretendiente*

electoral
3 deliberante
1 plebiscitario
3 votante
9 ◁*autoritario*

electricidad
38 alumbrado
49 energía

eléctrico
1 electrógeno
1 galvánico

electrificar
7 electrizar

electrizar
61 animar(se)
1 electrificar
9 enfervorizar(se)
17 entusiasmar(se)
32 exaltar(se)
3 galvanizar
19 inflamar(se)
15 ◁*aquietar(se)*

21 ◁*tranquilizar(se)*
16 ◁*chafar*

electro
3 ámbar
1 cárabe
1 electrocardiograma
⇨oro Verde

electrocardiograma
4 electro

electrocutar
⇨ajusticiar en la silla eléctrica

eléctrodo
9 conductor
7 polo
2 terminal

electrógeno
2 eléctrico

electroimán
6 imán

electrólisis
6 descomposición
2 disgregación
1 disociación
2 galvanoplastia

electrómetro
7 contador

electrón
3 átomo
13 partícula
◁*positrón*

electuario
10 bebedizo
3 jarabe
6 pócima

elefancía
2 elefantiasis

elefancía
3 acromegalia

elefancia
2 elefantiasis
⇨mal de San Lázaro

elefanciasis
2 elefantiasis

elefante
1 proboscídeo
1 proboscidio

elefantiasis
1 elefanciasis
2 elefancia

elegancia
14 finura
11 gentileza
15 distinción
12 gusto
⇨buen tono
⇨figura retórica
6 ◁*cursilería*
8 ◁*grosería*
6 ◁*ordinariez*
9 ◁*rudeza*

elegante
20 distinguido
9 figurín
16 fino
3 galano
17 gentil
5 gomoso
5 lechuguino
2 petimetre
6 pisaverde
9 ◁*cursi*
22 ◁*ordinario*
22 ◁*rudo*

elegía
6 lírica

elegiaco
2 elegíaco
5 lamentable
6 lastimero
4 plañidero

16 triste
11 ◁*festivo*
9 ◁*gozoso*
36 ◁*alegre*

elegíaco
5 elegiaco
8 poético

elegibilidad
20 aptitud

elegido
5 electo
7 escogido
6 favorito
3 predilecto
6 preferido
4 selecto
　◁*desechado*
3 ◁*rechazado*
1 ◁*repudiado*

elegir(se)
16 acotar
18 adoptar
70 apartar(se)
4 balotar
4 entresacar
8 escoger
16 nombrar
6 optar
4 preferir
14 proclamar(se)
6 seleccionar
4 triar
9 votar
28 sacar
⇨poner los ojos
21 ◁*repudiar(se)*
13 ◁*rechazar*

elemental
13 accesible
4 básico
14 corriente
6 fundamental
1 naif
4 practicable
12 principal
9 vulgar

elementalidad
24 fácil
15 primordial
12 sencillo
20 simple
13 ◁*complejo*
14 ◁*complicado*
◁*difícil*
8 ◁*rebuscado*
6 ◁*secundario*

elementalidad
6 crudeza
8 facilidad
13 incultura
8 simplicidad
11 sencillez
6 ◁*complejidad*
15 ◁*dificultad*

elementar(se)
25 abstraer(se)
5 embebecerse
7 embobar(se)
17 atolondrarse
30 atontarse

elemento
3 átomo
4 componente
14 fundamento(s)
2 molécula
13 origen
19 principio(s)
19 cuerpo
13 sujeto
4 gachó
7 tipo
⇨punto filipino

elementos
14 compendio
23 material(es)

elenco
7 catálogo
17 lista
3 nómina
5 repertorio
4 rol

elepé
5 disco
 ◁*single*

elevación
22 acrecentamiento
35 altura(s)
10 arrobamiento
4 ascenso
13 collado
26 exaltación
3 excelsitud
16 éxtasis
16 grandeza
10 mejora
6 montículo
13 nobleza
13 pico
10 prominencia
5 puja
7 altitud
23 aumento
13 monte
16 cima
14 cumbre
16 dignidad
5 ◁*declinación*
3 ◁*decrecimiento*
16 ◁*disminución*
10 ◁*hundimiento*
3 ◁*rebajamiento*

elevadísimo
7 supremo

elevado
33 alto(s)
8 crecido
7 cuantioso
13 eminente
3 excelso
11 insigne
8 numeroso
3 prominente
13 saliente
5 sublime
22 noble
40 ◁*bajo(s)*
12 ◁*hundido*
6 ◁*innoble*
5 ◁*rebajado*
17 ◁*escaso*

elevador
1 ascensor
1 montacargas
4 transformador
⇨timón de profundidad

elevar(se)
23 acrecentar(se)
5 altear(se)
58 alzar(se)
11 arrobar(se)
10 ascender
59 aumentar(se)
17 cerner(se)
5 construir
9 edificar(se)
8 elogiar
15 empinar(se)
30 enajenar(se)
23 encumbrar(se)
9 engrandecerse
6 engreírse
4 ennoblecer(se)
22 ensoberbecer(se)
32 exaltar(se)
5 extasiar(se)
33 hacer(se)
4 izar(se)
53 lanzar(se)
53 levantar(se)
30 montar(se)
3 potenciarse
1 promocionar
8 promover
6 pujar
11 remontar(se)
30 subir(se)
21 sumar(se)
29 valer(se)
8 vanagloriarse
9 encampanar(se)
19 ◁*disminuir(se)*
30 ◁*hundir(se)*
39 ◁*rebajar(se)*

elfo
6 gnomo
21 genio

elidir
13 suprimir

eliminación
3 ajusticiamiento
6 ejecución
12 exclusión
13 expulsión
10 rescisión
3 supresión
11 exención
13 ◁*anejo*
10 ◁*añadidura*
24 ◁*carga*

eliminado
11 destruido

eliminar
10 ajusticiar
8 descartar
19 ejecutar(se)
26 excluir(se)
36 liquidar(se)
52 matar(se)
13 suprimir
5 expeler
58 quitar
⇨prescindir de
19 ◁*admitir*
17 ◁*anexar(se)*
24 ◁*añadir(se)*
35 ◁*poner(se)*

eliminarse
26 disipar(se)

elipse
18 curvatura

elíseo
12 cielo
3 edén
6 paraíso
12 ◁*infierno*
4 ◁*averno*

elisión
4 aféresis
3 apócope

elite
12 crema
4 selección
9 superioridad
⇨flor y nata

4 ◁*inferioridad*
6 ◁*chusma*
8 ◁*plebe*

élitro
21 ala(s)

elixir
5 ambrosía
2 licor
15 bebida

elocuencia
7 facundia
6 fluidez
4 oratoria
13 soltura

elocuente
10 expresivo
9 florido
7 literario
9 significativo
3 vívido

elogiable
4 encomiable
4 laudable
3 loable
9 plausible
3 recomendable
17 ◁*abominable*
3 ◁*criticable*
1 ◁*inadmisible*
6 ◁*vituperable*

elogiado
5 entronizado
5 ◁*vejado*

elogiar
65 alabar(se)
38 elevar(se)
8 enaltecer
12 encarecer(se)
7 encomiar
5 ensalzar(se)
13 loar(se)
16 ponderar
8 ◁*abominar(se)*
10 ◁*criticar*
39 ◁*rebajar(se)*

11 ◁*vituperar*

elogio
8 apología
7 enaltecimiento
6 encarecimiento
7 encomio
4 ensalzamiento
6 loa
12 ponderación
7 panegírico
29 alabanza
2 ◁*abajamiento*
10 ◁*crítica*
9 ◁*vituperio*

elogioso
5 laudatorio
3 ◁*peyorativo*

elucidación
10 aclaración
3 deslinde
1 dilucidación
5 especificación
10 explicación
7 declaración
6 exculpación

elucidar
54 aclarar(se)
10 deslindar
6 dilucidar
6 especificar
34 explicar(se)
54 ◁*confundir(se)*
16 ◁*obscurecer(se)*

eluctable
3 eludible
5 salvable
1 vencible
6 ◁*inevitable*

eludible
3 eluctable
10 indeseable
3 soslayable

eludir
1 escaquearse
6 evitar

5 rehuir
5 sortear
7 soslayar
10 sustraerse
5 esquivar
⇨hurtar el bulto
⇨pasar de largo
⇨pasar por alto
17 ◁*aceptar*
15 ◁*afrontar*
18 ◁*acometer*
◁*ocuparse de*

emaciado
9 demacrado
8 escuálido
7 macilento
16 flaco
8 ◁*robusto*
18 ◁*sano*
5 ◁*vigoroso*

emanación
5 difusión
3 efluvio
9 irradiación

emanar
3 dimanarse
16 emitir
3 expandir
5 irradiar
53 lanzar(se)
39 originar(se)
21 proceder
8 provenir
19 venir(se)
⇨nacer en
⇨tomar origen

emancipación
2 independización
6 liberación
7 ◁*dependencia*
7 ◁*esclavitud*
9 ◁*servidumbre*

emancipado
7 independiente
18 libre

emancipador
15 amparador
5 libertador
6 redentor
4 salvador
6 salvaguardia
4 ◁*dominador*
2 ◁*opresor*
2 ◁*tirano*

emancipar(se)
4 independizar(se)
15 libertar(se)
9 manumitir(se)
10 redimir
22 salvar(se)
7 ◁*esclavizar*
5 ◁*sojuzgar*
9 ◁*tiranizar*

embabiado
14 abstraído

embabiar
19 absorber

embabiarse
25 abstraer(se)

embadurnado
6 embetunado

embadurnar
7 embetunar
3 embrear

embaír
22 fascinar(se)
11 embaucar

embajada
5 misión
6 cancillería

embajador
8 emisario
10 enviado
6 legado
5 nuncio
2 plenipotenciario
8 mandado
14 mensajero

embalado
17 acalorado

embalaje
6 envoltura
13 fardo
2 dressing
3 jacket

embalar
7 empaquetar
32 envolver(se)

embaldosado
6 empedrado
7 pavimento
7 solado

embaldosar
4 alicatar
7 pavimentar

embalsamador
3 disecador
4 taxidermista

embalsamamiento
5 disección

embalsamar
5 aromatizar

embalsar(se)
16 anegar(se)
15 empantanar(se)

embalse
9 estanque
10 laguna
6 pantano
1 rebalsa
3 represa
3 certeneja

embanastar
8 encestar

embarazada
3 preñada

embarazadura
18 admiración

embarazar(se)
45 apocar(se)
31 asombrar(se)
38 atascar(se)
74 aturdir(se)
13 dificultar(se)
17 empachar(se)
20 entorpecer(se)
28 estorbar(se)
11 obstruir
37 turbar(se)
6 vedar
61 atar
11 empatar
13 impedir
7 manear(se)

embarazo
17 atadero
19 compromiso
10 estorbo
3 fetación
6 gestación
8 impedimento
18 molestia(s)
6 pantano
6 papelón
11 preñado
4 preñez
13 problema
11 turbación
29 apocamiento
11 cortedad
14 atolladero
19 barranco
10 obstáculo
10 timidez

embarazoso
16 difícil
6 incómodo
21 grave

embarbascar(se)
7 arar
74 aturdir(se)

embarcación
2 balandra
4 bombarda
2 carguero
2 codaste
1 cúter
1 dorna
4 draga
1 dragaminas
1 escampavía
1 escobén
1 escorchapín
2 junco
8 lancha
1 lugre
1 motonave
5 navío
4 trainera
4 transatlántico
6 bajel
2 corbeta
14 barca

embarcadero
6 ancladero
3 planchada
10 puerto

embarcar
4 navegar

embarco
11 embarque

embardar
4 albardar

embargar
8 secuestrar

embargo
7 confiscación
6 ejecución
7 incautación
2 indigestión
5 requisa
4 retención
8 secuestro

embarnizar
10 barnizar

embarque
28 aventura(s)
1 embarco
11 empresa
28 engaño(s)

6 envío
1 estiba
1 fletamento
5 ingreso
8 riesgo(s)
11 subida
10 despacho
5 ◁desembarco

embarrada
9 desacierto
16 disparate
16 estupidez
8 grosería
1 patanería
42 tontería(s)
7 error
8 patochada

embarrado
5 encharcado

embarrancar
38 atascar(se)
7 atollar(se)
15 empantanar(se)
7 encallar
1 varar

embarrar
1 barrar
4 barretear
4 encharcar(se)
2 enlodazar

embarrarse
16 enfangar(se)

embarrilado
4 envasado

embarrilar
14 enterrar(se)
36 liquidar(se)
52 matar(se)
5 asesinar

embarrotar
11 abarrotar(se)

embarullado
7 enmarañado

embarullador
5 chapucero
1 embrollón
3 farfullero
8 liante
8 lioso
13 revoltoso
3 zaragatero
1 zaragutero
15 embustero
11 enredador
10 travieso
3 ◁*esclarecedor*
13 ◁*tranquilo*

embarullamiento
1 atolondramiento
38 aturdimiento
6 batiburrillo
19 confusión
19 desorden
15 embrollo
10 escándalo
15 jaleo
12 mezcla
↪sin orden ni concierto
10 ◁*claridad*

embarullar
20 complicar(se)
54 confundir(se)
9 embrollar
7 enmarañar
39 liar(se)
18 enredar
54 ◁*aclarar(se)*
24 ◁*ordenar(se)*

embarullarse
20 precipitar(se)
57 cortar

embastar
13 bordar

embaste
11 costura
5 hilván

embate
15 acometida
9 acometimiento
9 agresión
10 asalto
18 ataque
9 embestida

embaucado
9 engañado
3 engatusado
8 hechizado
11 iluso

embaucador
12 aranero
7 brujo
15 camandulero
8 cuentista
10 engañador
9 falaz
13 farsante
10 impostor
16 charlatán
15 embustero
2 frasquitero
6 ñongo

embaucar
17 alucinar(se)
30 atontar(se)
6 cernir
2 embaír
4 embobar(se)
22 encandilar(se)
43 engañar(se)
8 engatusar
16 ofuscar(se)
10 estafar
5 timar

embaular
9 devorar
20 engullir(se)
15 zampar(se)
8 deglutir
31 tragar

embausado
14 abstraído

embausamiento
11 abstracción

embazadura
18 aspaviento

embebecer
20 embelesar(se)
21 mojar(se)

embebecerse
13 abismar(se)
27 aprender(se)
20 embeber(se)
15 ensimismar(se)
5 elementar(se)

embebecido
12 arrobado

embebecimiento
11 abstracción
8 embeleso

embebedor
6 absorbente
18 atrayente
4 embelesador
1 empapador
7 seductor
◁*expelente*
6 ◁*repelente*
5 ◁*repulsivo*
9 ◁*asqueroso*

embeber(se)
19 absorber
17 alucinar(se)
48 atraer(se)
1 capacitarse
13 chupar
5 embebecerse
20 embelesar(se)
7 embobar(se)
12 embutir
18 empapar(se)
24 encajar(se)
10 humedecer(se)
10 impregnar(se)
26 incorporar(se)
12 penetrar(se)
30 atontarse
11 instruirse
↪quedarse en Babia
↪quedarse pensando en las musarañas
7 ◁*despistarse*
24 ◁*distraer(se)*

embebido
29 absorto
6 empapado
6 enfrascado
8 ensimismado
9 extasiado
14 abstraído
7 alucinado
17 atento
8 ido
4 ◁*despistado*
16 ◁*distraído*

embebimiento
10 absorción
10 arrobamiento
1 impregnación

embecadura
2 enjuta

embejucar(se)
14 adelgazar(se)
9 desorientar(se)
7 despistar
24 distraer(se)
19 enflaquecer(se)
6 ◁*engordar*
◁*llamar la atención*

embelecador
12 aranero
24 adulador

embelecadora
15 alcahueta

embelecar
43 engañar(se)
8 engatusar
18 adular

embeleco(s)
9 angulemas
8 engañifa
28 engaño(s)
7 falacia
10 falsedad
5 mito
8 superchería
5 superstición

embeleñar

31 bola
11 conejo
16 cuento
19 embuste
15 mentira
9 timo
7 trola
6 ◁verdad

embeleñar
6 aletargar

embelesado
29 absorto
12 arrobado
5 cautivado
8 hechizado
7 seducido
14 abstraído

embelesador
5 embebedor
14 encantador
10 engañador
29 hechicero(a)

embelesamiento
11 abstracción
14 enajenación

embelesar(se)
25 abstraer(se)
30 agradar
17 alucinar(se)
39 arrebatar(se)
11 arrobar(se)
30 atontar(se)
13 cautivar
9 deleitar
2 embebecer
20 embeber(se)
30 enajenar(se)
3 enartar
3 encatusar
4 extasiar(se)
22 fascinar(se)
1 idiotizar
19 pasmar(se)
15 suspender
8 traquear

4 ◁desencantar
12 ◁desinteresar(se)

1 ◁despreocupar-(se)

embeleso
18 admiración
13 arrebato
2 embebecimiento
14 enajenación
3 estupor
16 éxtasis
8 furor
11 pasmo

embellecedor
5 decorativo

embellecer(se)
21 adornar
8 afiligranar
83 arreglar(se)
22 ataviar(se)
13 bordar
5 decorar
4 esmaltar
7 guapear
16 guarnecer(se)
10 hermosear
3 idealizar
6 ornar
27 alegrar(se)
⇨poner de tiros largos

10 ◁afear
3 ◁desaliñar
64 ◁estropear(se)

embellecido
3 favorecido

embellecimiento
6 acicalamiento
1 estilización
5 hermoseamiento
4 idealización
8 ornato(s)
21 adorno

1 ◁afeamiento
6 ◁desaliño

embermejarse
40 avergonzar(se)

emberrenchinado
10 colérico

emberrenchinar(se)
19 airar(se)
22 enfurecer(se)
40 cabrearse
67 enfadarse

embestida
15 acometida
5 achuchón
9 agresión
5 arremetida
10 asalto
18 ataque
24 carga
6 embate
4 fajada

embestido
19 atacado

embestidura
9 acometimiento

embestir
14 abalanzar(se)
16 agredir(se)
12 arremeter(se)
19 atacar(se)
53 lanzar(se)
18 acometer

21 ◁contener(se)
21 ◁reprimir(se)
15 ◁retener(se)

embetunado
4 abetunado
1 abrillantado
2 acharolado
1 embadurnado
3 encerado
1 pringado

embetunar
1 abetunar
14 abrillantar(se)
4 charolar
2 embadurnar
4 encerar
16 pringar(se)
14 untar(se)

embicar
1 orzar

embizcarse
10 bizcar

emblandecer(se)
30 ablandar(se)
12 apiadar(se)

emblanquecedor
4 blanqueador

emblanquecer
4 enjebar
18 blanquear

emblanquecimiento
9 blanqueo

emblema
26 alegoría
22 bandera
11 blasón
2 caduceo
5 distintivo
7 divisa
4 gallardete
12 ídolo
20 imagen
19 insignia(s)
13 símbolo
6 viñeta
12 atributo
22 figura

emblemático
3 alegórico

embobado
12 alelado
6 pasmarote
7 seducido
3 atembado
5 atontado
9 pájaro
3 susubano

embobar
11 abobar(se)
25 admirar(se)

12 seducir
11 embaucar

embobarse
20 embeber(se)
30 enajenar(se)
22 encandilar(se)
7 entontecer(se)
5 elementar(se)
5 empamparse
8 traquear

embocadero
13 angostura

embocado
12 angosto

embocadura
15 acometida
23 boca
7 boquete
15 boquilla
8 sabor
12 bocado
12 gusto

embocar
3 aproar
12 embuchar(se)
12 embutir
8 encestar
20 engullir(se)

embochinchar
31 alborotar(se)

embolada
3 cilindrada

émbolo
10 arrobamiento
4 biela
6 compresor
1 pistón

embolsamiento
6 cobranza

embolsar
19 cobrar

embolsarse
4 recaudar

emborrachamiento
40 borrachera

emborrachar
9 ahumar(se)
1 inebriar

emborracharse
9 achispar(se)
5 ajumarse
20 alumbrar(se)
58 alzar(se)
25 amarrar(se)
37 embriagar(se)
15 empinar(se)
6 empiparse
7 fondear
14 hender
2 jumarse
10 mamar(se)
8 tiznar(se)
13 curar
13 chingar
7 empericarse
4 enchaucharse
4 enguaralar
7 guayar
7 halar
22 pelar
31 prender
19 soplar

emborronar
5 borrajear
2 borronear
5 desdibujar(se)
2 garrapatear

emboscada
3 apostadero
10 artería
18 asechanza
5 avispero
9 celada
7 encerrona
10 insidia
9 zalagarda
13 artimaña
9 cepo

2 tlapegual

emboscado
2 francotirador

emboscar(se)
13 angostar(se)
19 apostar(se)
6 enquistarse
41 ocultar(se)
39 atracar

embotado
9 arrecido
2 desafilado
5 motolo
2 pompo
11 romo

embotamiento
6 acorchamiento
7 parálisis

embotar(se)
5 acorcharse
5 achatar
9 anestesiar(se)
1 desafilar
10 despuntar
8 enervar(se)
10 insensibilizar(se)
14 calzar
12 ◁*amolar*
6 ◁*indiciar*

embotellado
4 envasado

embotellamiento
4 envasado
11 atasco

embotellar(se)
17 acorralar
38 atascar(se)
7 aturar(se)
2 envasar
5 trasvasar

embotijado
3 abotagado

embotijamiento
5 abotagamiento

embovedado
13 bóveda

embovedar
2 abovedar

embozadamente
4 arrebujadamente

embozado
6 arrebujado

embozar(se)
15 abrigar(se)
14 arrebozar(se)
18 arrebujar(se)
15 arropar(se)
16 cobijar(se)
51 cubrir(se)
7 enmascarar
17 revestir(se)
22 tapar(se)

embozo
7 beca
6 disfraz
10 máscara
5 rebozo

embragado
5 engranado

embragar
30 acoplar(se)
4 conectar
5 conexionar
15 enchufar(se)
16 transmitir(se)
46 cambiar
2 ◁*desacoplar*
3 ◁*desconectar*

embrague
22 acoplamiento
14 encaje
19 unión
8 conexión
3 ◁*desajuste*

embravecer(se)
19 airar(se)
16 encrespar(se)
22 enfurecer(se)
3 arrufar
40 cabrearse
15 encolerizarse
67 enfadarse
63 irritarse
21 ◁*amansar(se)*
30 ◁*apaciguar(se)*
44 ◁*calmar(se)*

embravecido
37 bravo

embrazadura
7 brazal

embrazar
17 abrazar
35 agarrar(se)
11 atrapar(se)
44 ceñir(se)
25 sostener(se)
14 abarcar
14 sujetar
42 ◁*soltar(se)*
34 ◁*liberar(se)*

embrear
4 calafatear
2 embadurnar
14 untar(se)

embregarse
10 contender
16 corregir(se)
22 disputar(se)
29 pelear(se)
6 luchar
22 reñir
16 reprender
27 ◁*amistar(se)*
9 ◁*pacificar(se)*

embriagado
4 alcohólico
6 entusiasmado
7 eufórico
9 extasiado
8 beodo
45 borracho
6 gis
12 jalado
11 jalisco

embriagador
38 agradable
9 enloquecedor

embriagar(se)
9 achispar(se)
30 agradar
9 ahumar(se)
5 ajumarse
39 arrebatar(se)
30 atontar(se)
74 aturdir(se)
6 empiparse
30 enajenar(se)
1 encurdelarse
17 entusiasmar(se)
32 exaltar(se)
4 extasiar(se)
7 fondear
14 hender
1 inerbiarse
2 jumarse
10 mamar(se)
20 marear(se)
8 tiznar(se)
18 transportar(se)
9 achisparse
13 curar
13 chingar
23 emborracharse
7 empericarse
4 enchaucharse
4 enguaralar
9 enloquecer
7 guayar
7 halar
22 pelar
31 prender
19 soplar
↪coger una tajada
↪estar como una cuba
↪pescar una merluza

embriague
38 aturdimiento

embriaguez
13 arrebato
10 castaña
3 cogorza
9 enajenamiento
26 exaltación
16 éxtasis
5 jurel
2 melocotón
4 moña
1 pedal
40 borrachera
12 curda
14 melopea
11 mona
4 tablón
27 tajada

embribonarse
9 acanallarse

embriológico
9 embrionario

embrión
8 comienzo
6 feto
11 germen
4 huevo
16 inicio
1 machuelo
13 origen
3 óvulo
19 principio(s)
14 causa
16 ◁*final*

embrional
9 embrionario

embrionario
4 básico
12 elemental
1 embriológico
1 embrional
1 fetal
4 incipiente
4 novel
10 primitivo
5 rudimentario
14 ◁*complicado*
12 ◁*desarrollado*

3 ◁*veterano*

embrocación
5 cataplasma
12 crema
4 fricción
2 ungüento
5 unto
2 untura

embrocar
13 abocar(se)
3 devanar
5 trasvasar
14 vaciar(se)
7 verter
4 volcar
21 ◁*contener(se)*
33 ◁*llenar(se)*

embrochalar
30 armar

embrollado
14 complicado
14 confuso
7 desordenado
8 enrevesado
7 liado
21 obscuro
10 revuelto
7 enmarañado
28 ◁*claro*
12 ◁*sencillo*

embrollador
8 cuentista
1 farfallón
3 farfullero
6 farolero
8 liante
8 lioso
13 revoltoso
10 ◁*formal*
20 ◁*serio*

embrollar
54 confundir(se)
19 desordenar(se)
6 embarullar
7 enmarañar
20 entorpecer(se)

39 liar(se)
16 obscurecer(se)
18 enredar
24 revolver
54 ◁*aclarar(se)*
3 ◁*simplificar*

embrollarse
6 petaquear(se)
16 tramar(se)

embrollo
18 barullo
7 invención
10 revoltijo
31 bola
18 bulo
19 confusión
19 desorden
19 embuste
18 enredo
18 feria
24 follón
11 lío
8 maraña
15 mentira
7 trola
7 ◁*silencio*
6 ◁*verdad*

embrollón
11 embarullador
4 ◁*ilustrativo*

embromado
20 apurado
2 burlado
9 engañado
10 fastidiado

embromador
21 burlador

embromar
80 burlar(se)
5 chancear
3 guasear(se)
11 vacilar

embrujado
8 hechizado

embrujador
18 atrayente
4 fascinante
29 hechicero(a)
7 seductor
6 ◁*repelente*
21 ◁*repugnante*
9 ◁*vulgar*

embrujar
42 atravesar(se)
3 enartar
15 encantar(se)
22 fascinar(se)
9 aojar
34 componer
2 enyerbar
2 frijolizar

embrujo
9 encantamiento
8 fascinación
11 hechizo
2 sortilegio
6 maleficio
⇨mal de ojo

embrutar
9 embrutecer(se)

embrutecedor
1 entontecedor
1 obscurecedor
1 ofuscador
1 paralizante
28 ◁*claro*
3 ◁*didáctico*
12 ◁*educador*
7 ◁*instructor*

embrutecer(se)
1 aburrarse
1 embrutar
7 entontecer(se)
1 idiotizarse
12 alelarse
17 atolondrarse
30 atontarse
46 irse
3 ◁*despertar(se)*
2 ◁*espabilarse*

embuchado
16 apretado
7 embutido
4 encajado
2 enquistado
6 fiambre
5 incrustado
12 enojo
15 mentira
◁*sacado*
14 ◁*suelto*

embuchar(se)
5 embocar
12 embutir
1 engorrar
20 engullir(se)
38 hinchar(se)
31 introducir(se)
2 tragonear
15 zampar(se)
5 embaular
18 jalar
9 jamar
31 tragar
6 ◁*devolver*
28 ◁*sacar*

embudo
8 filtro
9 coladero

embullar
31 alborotar(se)

embullo
80 bulla

emburujar(se)
2 aborujar
42 amontonar(se)
18 arrebujar(se)
22 retorcer(se)
39 arrugar
20 ◁*estirar(se)*

embuste
7 brujería
28 engaño(s)
1 farfolla
12 farsa

7 filfa
6 pegote
11 talla
4 trápala
31 bola
18 bulo
16 cuento
18 enredo
15 grupo
6 infundio
15 mentira
18 orgullo
10 patraña
7 petulancia
7 trola
6 ◁*verdad*

embustera
4 circe

embustería
28 engaño(s)
7 falacia
10 falsedad
7 filfa
3 fullería
31 bola
15 mentira
10 patraña
7 trola
6 ◁*verdad*

embustero
11 badulaque
8 cuentista
12 embaucador
10 engañador
9 falaz
3 farfullero
13 farsante
5 infundioso
6 mulero
2 patrañero
2 trolero
16 bolero
7 fullero
7 hipócrita
10 mentiroso
14 ◁*sincero*

embustes
2 imprentas

embutidera
3 calderero

embutido
16 apretado
8 embuchado
4 encajado
2 enquistado
5 incrustado
7 metido
6 enfundado
◁ sacado
14 ◁ suelto
23 ◁ flojo

embutidor
3 bordador

embutir
59 ajustar(se)
65 apretar(se)
5 embocar
12 embuchar(se)
24 encajar(se)
20 engullir(se)
6 incrustar
4 ingerir
33 llenar(se)
49 meter(se)
15 zampar(se)
31 tragar
42 ◁ soltar(se)
14 ◁ vaciar(se)
6 ◁ devolver
28 ◁ sacar

embutirse
9 enfundar(se)

emelga
9 amelga

emenagogo
2 apio
2 perejil

emergencia
34 accidente
15 acontecimiento(s)
7 evento
18 necesidad
4 perentoriedad

3 premura
10 prisa
8 sobresalto
13 suceso(s)
5 urgencia
17 nacimiento
4 surgimiento
17 desgracia
6 sucedido
10 ◁ lentitud
13 ◁ parsimonia

emergente
7 flotante

emerger
58 alzar(se)
27 aparecer(se)
10 brotar
33 exceder(se)
9 germinar
4 manar
11 manifestar
15 nacer
39 originar(se)
9 resaltar
7 surgir
11 sobresalir
7 ◁ fondear
30 ◁ hundir(se)

emérito
1 pensionado
6 pensionista
11 retirado
5 jubilado
7 licenciado
26 ◁ activo

emersión
8 aparición
9 asomo
14 emergencia
16 manifestación
4 surgimiento
9 alzamiento
7 ◁ desaparición
10 ◁ hundimiento
8 ◁ ocultación

emético
1 vomitivo

emigración
22 ausencia
5 destierro
2 éxodo
6 extrañamiento
4 migración
5 ostracismo
1 peregrinación
7 tránsito
1 trashumancia
5 desplazamiento
19 cambio
21 partida
2 ◁ asentamiento
2 ◁ permanencia

emigrante
6 exiliado
2 expatriado
3 inmigrante
6 poblador

emigrar
30 ausentar(se)
1 colonizar
2 desplazarse
5 expatriar(se)
2 migrar
21 partir
8 poblar(se)
2 transmigrar
46 cambiar
46 irse
60 largarse
53 marchar
4 ◁ inmigrar
3 ◁ repatriar(se)
19 ◁ quedarse
7 ◁ regresar

emigratorio
2 migratorio

eminencia
35 altura(s)
13 cerro
10 colina
13 collado
21 elevación
6 excelencia
8 experto

18 importante
6 montículo
2 proceridad
10 prominencia
11 resalte
13 saliente
4 sublimidad
16 dignidad
7 loma
6 otero
9 superioridad
4 ◁ inferioridad
3 ◁ vaguada

eminente
33 alto(s)
9 célebre
20 distinguido
11 elevado
5 encumbrado
3 excelso
8 experto
13 ilustre
11 insigne
34 notable(s)
3 prominente
7 sobresaliente
8 superior
40 ◁ bajo(s)
6 ◁ ínfimo

emir
5 caudillo
9 jefe
7 líder
2 príncipe

emisario
1 cónsul
8 correo
3 diplomático
7 embajador
10 enviado
6 legado
8 representante
14 mensajero

emisión
5 radiodifusión
3 retransmisión

emisor
4 emisora
1 hablante

1 radio
3 transmisor
2 ◁receptor

emisora
1 difusora
4 emisor
3 transmisor
8 estación

emitir
12 acuñar
39 anunciar(se)
21 despedir(se)
29 difundir(se)
4 exhalar
7 expresar
53 lanzar(se)
11 manifestar
47 producir(se)
4 propalar
6 prorrumpir
9 radiar
2 televisar

11 expulsar
14 publicar

⇨dar curso legal

21 ◁contener(se)
41 ◁ocultar(se)

emoción
12 alarma
21 alteración
10 desasosiego
1 enternecimiento
26 exaltación
11 turbación

33 agitación
14 conmoción
17 inquietud
18 temor

9 ◁insensibilidad
6 ◁pasividad
9 ◁tranquilidad

26 ◁calma

emocional
8 humanitario
8 impresionable
15 sensible
4 sensitivo

3 ◁cerebral
30 ◁duro
11 ◁insensible

emocionante
3 alucinante
8 apasionante
7 escalofriante
13 impresionante
6 palpitante
5 sentimental
7 sobrecogedor
5 turbador

5 conmovedor
10 patético

emocionar(se)
30 ablandar(se)
21 afectar(se)
40 agitar(se)
17 alarmar(se)
39 alterar(se)
2 conmocionar
13 conmover(se)
17 derretir(se)
4 dramatizar
22 encandilar(se)
7 enternecer(se)
12 estremecer(se)
60 excitar(se)
28 inquietar(se)
37 turbar(se)
6 vibrar

30 ◁apaciguar(se)
24 ◁sosegar(se)
21 ◁tranquilizar(se)

emoliente
1 ablandativo
5 cataplasma
4 demulcente
6 lenitivo

◁endurecedor
4 ◁urticante

emolir
30 ablandar(se)
6 reblandecer(se)
39 suavizar(se)
18 ◁endurecer(se)
13 ◁fortalecer(se)

emolumento
4 cuota
2 gaje
   haberes
17 pago(s)
10 remuneración
6 soldada
18 gratificación
8 jornal
9 salario
9 sueldo

emolumentos
8 anualidad
33 haber(es)
10 honorarios
3 nómina
6 soldada
9 sueldo

emotividad
2 afectividad
8 compasión
1 enternecimiento
3 sensibilidad
2 sentimentalismo

8 ◁desprecio
13 ◁desprendimiento
12 ◁dureza
15 ◁indiferencia

emotivo
4 emocional
8 impresionable
15 sensible
1 sensiblero
14 tierno

   ◁descastado
10 ◁indiferente
8 ◁inhumano
25 ◁frío

empacar(se)
74 aturdir(se)
7 empaquetar
2 ensacar

empacón
6 contumaz
4 inobediente
13 obcecado

9 reacio
14 rebelde
9 terco
6 ◁disciplinado
10 ◁dócil

empachado
13 ahíto
12 harto

empachar(se)
31 ahitar(se)
40 avergonzar(se)
15 embarazar(se)
28 estorbar(se)
87 fastidiar(se)
3 indigestarse
114 molestar(se)

39 atracar
57 cortar
10 empalagar
39 empeñarse
45 hartar
12 hostigar
13 impedir
28 obstinarse

45 ◁ayudar(se)
7 ◁envalentonar(se)

empacho
7 empalago
12 encogimiento
10 estorbo
9 hartazgo
2 indigestión
18 molestia(s)
10 pega
11 turbación

56 corte
15 fastidio
10 obstáculo
17 vergüenza

32 ◁atrevimiento
29 ◁ayuda

empadronado
7 anotado
4 domiciliado

empadronamiento
12 censo
14 encabezamiento

5 padrón

empadronar
1 censar
2 encabezar
11 inscribir
50 asentar

empadronarse
4 afincarse
15 avecinar(se)
47 establecer(se)
13 radicar(se)

empajar
26 informar(se)
11 enterar
17 forrar
45 hartar
⇨ganar mucho dinero
⇨hacerse de oro

empalagar
28 aburrir(se)
31 ahitar(se)
17 empachar(se)
4 encharcar(se)
87 fastidiar(se)
1 indigestar
114 molestar(se)
17 saturar(se)
45 hartar
12 hostigar
32 ◁divertir(se)
23 ◁interesar(se)

empalago
16 asco
12 empacho
5 estragamiento
8 melifluidad
8 saciedad
7 untuosidad
15 fastidio

empalagoso
12 acaramelado
8 azucarado
4 dulzón
6 incómodo
6 indigesto
4 meloso

1 sobón
11 zalamero
8 cargante
42 fastidioso
15 molesto
31 pesado
4 ◁despegado
18 ◁amargo

empalamiento
7 arrecirse
4 empalar
2 envararse

empalar
42 atravesar(se)
6 ensartar
1 envarar
5 espetar

empalicador
11 zalamero
24 adulador
8 rastrero
12 servil
12 vil
11 ◁digno
◁ofendedor

empalidecer
3 desteñir
1 devaluar
12 empobrecer(se)
38 perder(se)
4 palidecer
1 ◁colorar
15 ◁enriquecer(se)
6 ◁valorar

empalizada
23 barrera
4 estacada
3 seto
9 tapia
7 valla
9 vallado
12 cercado

empalizar
12 cercar
6 tapiar

3 vallar

empalmar
5 conexionar
74 juntar(se)
37 ligar(se)
49 reunir(se)
79 unir(se)
7 vincular
13 enlazar
61 atar
3 ◁desconectar
25 ◁desunir(se)
64 ◁separar(se)

empalme
2 acople
10 combinación
8 correspondencia
14 encaje
1 ensamble
19 unión
14 vinculación
8 conexión
28 ◁separación

empalomado
6 muro
3 represa
6 presa

empamparse
24 distraer(se)
7 embobar(se)
21 extraviar(se)
38 perder(se)
12 alelarse
32 ◁atender(se)

empanada
2 croqueta
4 empanadilla
19 confusión
19 desorden
15 embrollo
18 enredo
24 follón
11 lío
8 ◁concierto

empanadilla
8 empanada
28 engaño(s)

6 ofuscación
10 pega
10 ◁claridad

empanado
5 rebozado

empandorgar
3 desaliñar
19 desordenar(se)
9 embrollar
7 enmarañar
39 liar(se)
18 enredar
9 ◁clarificar

empantanado
5 encharcado
4 pantanoso

empantanar(se)
38 atascar(se)
7 atollar(se)
3 desaliñar
49 detener(se)
2 embalsar(se)
4 encharcar(se)
14 estancar(se)
26 inmovilizar(se)
6 inundar(se)
39 liar(se)
5 obturar
50 parar(se)
8 taponar(se)
3 encuartar(se)
21 atorar
35 ◁abrir(se)
24 ◁ordenar(se)
30 ◁secar(se)

empanturrar(se)
31 ahitar(se)
12 arrellanar(se)
3 indigestarse
4 repantigarse
17 saturar(se)
45 hartar

empañado
9 anubarrado
4 deslustre

empañar
8 amancillar
16 anublar(se)
5 deslustrar
16 infamar
4 palidecer

empapado
2 chorreante
9 embebido
6 húmedo
1 impregnado
4 inundado
5 mojado
2 ◁*agostado*
6 ◁*enjuto*
21 ◁*seco*

empapador
5 embebedor

empapamiento
10 absorción
4 humedecimiento

empapar(se)
19 absorber
3 aguachinar
31 ahitar(se)
14 bautizar
25 calar(se)
20 embeber(se)
5 ensopar
10 humedecer(se)
3 imbuirse
10 impregnar(se)
5 migar
21 mojar(se)
12 penetrar(se)
9 remojar(se)
30 atiborrarse
3 enchumbar
33 llenarse
15 ◁*agostar(se)*
7 ◁*drenaje*
30 ◁*secar(se)*

empapelado
5 encausado

empapelar
32 envolver(se)
4 procesar

5 vestir
17 forrar
⇨formar causa
11 ◁*desnudar(se)*

empapuciar
43 alimentar(se)

empapujar
43 alimentar(se)
10 empapuzar(se)

empapuzado
7 saciado

empapuzar(se)
31 ahitar(se)
43 alimentar(se)
30 atiborrar(se)
2 empapujar
20 engullir(se)
38 hinchar(se)
19 nutrir(se)
19 saciar(se)
17 saturar(se)
45 hartar

empaque
5 continente
11 plante
8 porte
13 presencia
39 aspecto
8 catadura
22 figura
15 traza

empaquetado
44 afectado

empaquetar
39 acicalar(se)
2 embalar
3 empacar(se)
13 encajonar(se)
1 enfardar
32 envolver(se)
39 liar(se)
17 ◁*desatar(se)*
4 ◁*desenvolver(se)*

emparamarse
11 aterir(se)
9 entumecer(se)
11 helarse
38 ◁*calentar(se)*

emparar
19 absorber

emparedado
7 bocadillo
4 medianoche
4 recluso
4 sandwich
2 bocata

emparedar(se)
10 encarcelar(se)
11 encerrar
10 esconder
41 ocultar(se)
6 tapiar
3 vallar
19 aprisionar
13 ◁*descubrir*
34 ◁*liberar(se)*
28 ◁*sacar*

emparejadura
5 acomodación
7 emparejamiento

emparejamiento
3 apareamiento
24 ayuntamiento
2 emparejadura
1 emparejo
2 igualación
1 igualada
3 pareja
13 ◁*desunión*
5 ◁*dispersión*
28 ◁*separación*

emparejar(se)
16 aparear(se)
48 asociar(se)
5 ayuntar(se)
5 equilibrar(se)
30 igualar(se)
74 juntar(se)

37 ligar(se)
2 mancornar
7 nivelar
49 reunir(se)
79 unir(se)
4 concordar
23 alternar
19 casar
3 ◁*desnivelar*
25 ◁*desunir(se)*
12 ◁*disgregar(se)*
64 ◁*separar(se)*

emparejo
7 emparejamiento

emparentado
2 acoplado
1 conexionado
1 entroncado
6 relacionado
11 unido
10 vinculado
15 asociado
7 ◁*independiente*
10 ◁*separado*

emparentar(se)
8 empalmar
5 entroncar
31 relacionar(se)
13 enlazar
⇨forma parte de la misma familia
64 ◁*separar(se)*

emparrado
6 cenador
5 parral
2 pérgola
9 armazón

emparrillado
2 grating
9 armazón

emparrillar(se)
24 asar(se)

emparvar
4 aparvar

empastador
10 pintor

empastamiento
2 encuadernación

empastar
83 arreglar(se)
12 embutir
5 encuadernar
24 rellenar(se)
14 calzar
21 reparar
14 ◁*vaciar(se)*
58 ◁*quitar*
28 ◁*sacar*

empaste
17 pasta

empatado
8 impuro
12 manchado
2 untado
13 sucio
11 ◁*limpio*

empatar
25 amarrar(se)
24 clavar(se)
15 embarazar(se)
30 igualar(se)
74 juntar(se)
49 meter(se)
114 molestar(se)
15 suspender
79 unir(se)
61 atar
14 importunar
5 ◁*diferenciar(se)*
64 ◁*separar(se)*

empate
9 compensación
14 equilibrio
17 igualdad
2 ◁*desequilibrio*
11 ◁*diferencia*

empavar
19 airar(se)
67 enfadar(se)

27 enojar(se)
63 irritar(se)
37 turbar(se)
15 ruborizarse
9 sonrojarse
24 ◁*sosegar(se)*
21 ◁*tranquilizar(se)*

empavesado
22 bandera

empavesar
13 atrincherar(se)
11 defender
17 engalanar(se)
12 escudar(se)
18 fortificar
41 ocultar(se)
13 ◁*descubrir*
35 ◁*mostrar(se)*

empavonar
1 pavonar
16 pringar(se)
14 untar(se)

empavorecerse
9 espeluznar(se)

empecer
13 dificultar(se)
28 estorbar(se)
17 obstaculizar
5 obstar
5 perjudicar(se)
13 impedir
45 ◁*ayudar(se)*
13 ◁*cooperar*
13 ◁*facilitar*
2 ◁*posibilitar*

empecinado
9 ciego
8 empeñado
8 férreo
8 implacable
8 incorregible
11 melón
1 peguero
9 pertinaz
5 recalcitrante
5 temoso

7 testarudo
8 tozudo
10 voluntarioso
11 continuo
9 jachudo
15 porfiado
9 terco

empecinamiento
2 cerrazón
18 porfía
6 terquedad
7 testarudez
12 cabezonería
10 ceguera
13 obstinación
8 ◁*condescendencia*
7 ◁*razonamiento*

empecinar(se)
37 cerrar(se)
4 empegar
39 empeñar(se)
13 emperrar(se)
1 encabronarse
3 entecarse
16 obcecar(se)
5 obsesionar(se)
28 obstinar(se)
11 reaccionar
39 empeñarse
11 insistir
28 obstinarse
13 porfiar
2 taimarse
9 ◁*condescender*
11 ◁*razonar*

empedernido
18 cruel
7 despiadado
8 empeñado
8 implacable
13 inflexible
11 insensible
13 obcecado
14 obstinado

empedrado
10 calzada
3 embaldosado

9 entarimado
7 pavimento
7 solado
7 suelo

empedrar
4 adoquinar
2 asfaltar
5 colmar
6 enlosar
33 llenar(se)
7 pavimentar
2 plagar
24 rellenar(se)

empegar
16 empecinar(se)
1 empeguntar
24 marcar(se)
1 peguntar

empego
1 pegunta

empeguntar
4 empegar

empeine
4 dorso
13 pie
1 pubis
18 cancha

empelazgarse
10 contender
1 pendenciar
22 reñir
⇨ andar a la greña
9 ◁*pacificar(se)*

empelotarse
11 desnudar(se)
5 desvestirse
37 enamorar(se)
8 encariñarse
7 enmarañarse
18 enredarse
8 ◁*desligarse*

empeltre
10 añadidura
1 injerto

6 suplemento

empella
7 pala

empellada
6 empellón

empellar
6 embestir
17 incitar(se)
11 empujar

empellón
1 empellada
2 envite
14 impulso
1 rempujón
14 reventón
7 empujón

empenachar
21 adornar
8 emplumar
17 engalanar(se)
6 ornar
3 ◁desaliñar
◁descompostura

empentar
17 apuntalar(se)
17 incitar(se)
79 unir(se)
11 empujar

empeñado
3 disputado
17 empecinado
1 endeudado
2 entrampado
13 obcecado
5 reñido
17 acalorado
14 obstinado

empeñar(se)
4 adeudarse
34 afanar(se)
20 aferrar(se)
10 aficionar(se)
14 ahincar(se)
16 atrancar(se)

21 cegar(se)
6 desvivirse
17 empachar(se)
16 empecinar(se)
13 emperrar(se)
7 encastillarse
2 endeudarse
3 entecarse
8 entrampar(se)
16 obcecar(se)
25 obligar(se)
5 obsesionar(se)
28 obstinar(se)
10 perseverar
11 persistir
1 pignorar
35 trabar(se)
14 demandar
7 atrincar
5 cinchar
8 conspirar
4 destutanar(se)
24 emplear
6 empuntar
11 insistir
2 jatear
28 obstinarse
13 porfiar
2 retobear

empeño
13 afán
32 anhelo
14 intento
6 perseverancia
18 porfía
1 procura
6 terquedad
5 tesón
28 ansia
15 capricho
14 deseo
13 obstinación
10 tenacidad
16 ◁desánimo

empeñoso
26 activo
25 diligente
3 perseverante
14 presto
7 constante

19 firme
25 pronto
9 ◁descuidado

empeoramiento
5 agravamiento
13 complicación
10 degeneración
13 degradación
13 arrechucho
12 ◁desarrollo
8 ◁encumbramiento
6 ◁medro
10 ◁mejora

empeorar(se)
14 agravar(se)
7 arreciar
20 complicar(se)
5 corroer
9 declinar
9 degenerar
17 deslucir(se)
11 desmedrar(se)
5 desmejorar
30 deteriorar(se)
23 encanallar(se)
16 ensuciar(se)
29 envilecer(se)
9 flojear
19 manchar(se)
5 periclitar
16 corromper
15 decaer
3 ◁convalecer
15 ◁desarrollar
23 ◁encumbrar(se)
6 ◁engordar
15 ◁enriquecer(se)
6 ◁escalar
49 ◁mejorar(se)
22 ◁perfeccionar(se)
19 ◁recobrar(se)
15 ◁recuperar(se)
19 ◁restablecer(se)
14 ◁sanar(se)
8 ◁chapear

empequeñecer(se)
16 acortar(se)
24 achicar(se)

12 amenguar
14 aminorar(se)
21 atenuar(se)
16 contraer(se)
8 decrecer
17 descender
17 deslucir(se)
9 diluir(se)
19 disminuir(se)
46 humillar(se)
1 infravalorar
2 mermar
4 minimizar
39 rebajar(se)
17 recortar(se)
52 reducir(se)
11 desdeñar
6 ◁agigantar(se)
20 ◁agrandar(se)
12 ◁ampliar(se)
59 ◁aumentar(se)
30 ◁crecer(se)
26 ◁incrementar(se)

empequeñecimiento
10 contracción
2 deslucimiento
16 disminución
15 humillación
6 merma
9 reducción
6 ◁medro
23 ◁aumento

emperador
1 califa
3 césar
4 emir
3 faraón
2 kaiser
2 kan
6 monarca
1 negus
10 soberano
4 sultán
1 zar
5 mero
⇨gran mongol

emperatriz
4 reina

emperejilado
15 compuesto
9 elegante
3 galano
10 acicalado
7 emperifollado
11 ◁*desaliñado*
6 ◁*harapiento*

emperejilar
39 acicalar(se)
36 apañar(se)
22 ataviar(se)
14 atildar(se)
12 emperifollar(se)

emperejilarse
7 aparatar(se)
5 repintarse
3 arrelingarse
14 atusar

emperezarse
9 apoltronarse

empericarse
58 alzar(se)
27 colocar(se)
18 encaramar(se)
30 subir(se)

9 achisparse
23 emborracharse
37 embriagarse
35 ◁*bajar(se)*
18 ◁*apear(se)*

emperifollado
17 apuesto
5 emperejilado
14 majo
4 narciso
16 adornado
6 peripuesto
19 taco
3 ◁*escueto*

emperifollar(se)
39 acicalar(se)
21 adornar
22 ataviar(se)
5 emperejilar

17 engalanar(se)
1 engalonarse
4 recargar
5 repintarse
18 zafar(se)
3 arrelingarse
14 atusar
34 componer
10 ◁*afear*
3 ◁*desaliñar*

empero
7 pero
7 sino
⇨sin embargo

emperramiento
6 terquedad
12 cabezonería
10 ceguera
13 obstinación
7 ◁*abdicación*
7 ◁*razonamiento*

emperrar(se)
10 aficionar(se)
8 aperrear(se)
16 empecinar(se)
39 empeñar(se)
16 encaprichar(se)
16 obcecar(se)
28 obstinar(se)
39 empeñarse
11 insistir
28 obstinarse
13 porfiar
⇨tomar a pecho
22 ◁*abandonar(se)*
41 ◁*ceder(se)*
6 ◁*desistir*

empezar(se)
27 aparecer(se)
9 asomar(se)
31 iniciar(se)
15 nacer
39 originar(se)
38 pegar(se)
7 surgir
10 comenzar
5 emprender

53 ◁*acabar(se)*
24 ◁*extinguir(se)*
28 ◁*finalizar(se)*
25 ◁*morir(se)*
7 ◁*terminar*

empicarse
10 aficionar(se)
45 anhelar

empiema
8 apostema
22 absceso
6 pústula

empilar
6 apilar

empilucharse
11 desnudar(se)
1 despelotarse
5 desvestirse

empinada
5 empinadura

empinado
33 alto(s)
11 elevado
12 estirado
9 levantado
3 prominente
16 tieso
19 orgulloso
17 soberbio
40 ◁*bajo(s)*
16 ◁*modesto*
26 ◁*arrugado*

empinadura
1 empinada
3 empinamiento
5 encabritamiento
5 respingo
7 sacudida

empinamiento
21 elevación
8 encumbramiento
7 levantamiento

empinar(se)
58 alzar(se)
38 elevar(se)

6 empiparse
18 encaramar(se)
23 encumbrar(se)
24 enderezar(se)
8 erguir(se)
53 levantarse
27 alegrar(se)
33 beber
22 botar
23 emborracharse
6 encabritarse
8 erguirse
35 ◁*bajar(se)*
29 ◁*encoger(se)*

empingorotado
11 elevado
28 engreído
19 orgulloso
13 presuntuoso
17 soberbio
16 ◁*modesto*
12 ◁*sencillo*

empipada
8 saciedad

empiparse
1 entromparse
20 marear(se)
9 achisparse
23 emborracharse
37 embriagarse
⇨estar como una cuba

empíreo
35 altura(s)
14 celestial
12 cielo
5 divino
3 edén
6 paraíso
7 supremo
40 ◁*bajo(s)*
4 ◁*averno*

empírica
17 práctica

empírico
1 experimental
5 lírico

11 verdadero

empirista
4 materialista

empitonar
3 cornear
2 encornar

emplastado
3 bizma

emplastar
23 sentar(se)

emplasto
11 ajuste
5 cataplasma
4 componenda
7 parche
6 pasteleo
10 transacción
20 arreglo

emplazado
5 apostado
4 citado
4 convocado
4 encartado
2 instalado
2 requerido
1 ubicado
13 dispuesto

emplazamiento
5 citación
11 colocación
7 convocatoria
4 enclavamiento
4 instalación
1 intimación
7 mandato
5 posición
13 situación
23 disposición

emplazar(se)
9 acantonar(se)
6 adiar
24 apercibir(se)
13 aplazar(se)
11 citar

16 concertar(se)
8 convocar
10 imputar
7 localizar
25 obligar(se)
18 situar(se)
5 retranquear
4 encartar
33 llamar

empleado(s)
13 dependiente
5 encargado
5 funcionario
11 personal
7 plantilla
7 vendedor
4 chupatintas
3 oficinista

emplear(se)
55 acomodar(se)
18 adoptar
40 aplicar(se)
27 colocar(se)
13 chupar
20 dedicar(se)
5 destinar
15 enchufar(se)
32 gastar(se)
11 invertir
10 manejar
35 ocupar(se)
18 situar(se)
6 utilizar
29 valer(se)
10 amancebarse
83 arreglarse
12 conchabar
39 empeñarse
25 esforzarse
11 insistir
12 ubicar
8 usar
⇨servirse de

empleo
17 cargo
11 colocación
13 grado
17 importancia
6 menester

8 meta
17 ocupación
12 oficio
9 uso
2 utilización
16 función
14 chamba
22 destino
14 hueso
10 jerarquía
19 plaza

emplumar
21 despedir(se)
43 engañar(se)
20 zurrar(se)
14 cesar
10 estafar
11 expulsar
24 golpear
5 timar

empobrecer(se)
32 agotar(se)
42 arruinar(se)
8 depauperar(se)
14 deprimir(se)
19 disminuir(se)
5 empalidecer
2 enruinecer(se)
6 esquilmar
48 arrancar
42 arruinarse
15 decaer
⇨venir a menos
7 ◁lucrar(se)
49 ◁mejorar(se)
15 ◁enriquecerse

empobrecido
15 arrancado
19 arruinado
4 fotuto

empobrecimiento
9 depauperación
23 depresión
8 desangramiento
16 disminución

empolvar
12 anticuar(se)
34 escapar(se)

fugarse
19 huir
⇨pasar de moda

empolvarse
3 enarenarse
6 maquillarse

empolladura
1 empolle
26 estudio
12 lección

empollar(se)
27 aprender(se)
14 criar
3 encobar
2 incubar
14 abarcar
⇨aprender de memoria
⇨estudiar de memoria

empolle
3 empolladura

empollón
26 aprendiz
8 machetero

emponchado
6 dudoso
5 sospechoso
50 astuto
7 hipócrita
16 taimado

emponzoñado
13 infecto

emponzoñar
4 chismorrear
12 envenenar(se)
7 inficionar(se)
16 corromper
5 incordiar
8 murmurar

emporcar
1 chafarrinar
16 ensuciar(se)
8 macular
19 manchar(se)

emporcarse

16 corromper
50 ◁ *limpiar*

emporcarse
19 curtir(se)

empotrar
24 encajar(se)
49 meter(se)

empozar(se)
38 atascar(se)

emprendedor
26 activo
33 atrevido
18 audaz
7 decidido
13 resuelto
33 ◁ *apocado*

emprender
9 empezar(se)
31 iniciar(se)
18 acometer
21 atorar
⇨ poner en práctica
53 ◁ *acabar(se)*

empresa
42 acción
10 designio
12 industria
22 negocio(s)
19 plan
15 proyecto
22 trabajo(s)
9 compañía
23 obra
16 sociedad
6 tarea

empresario
2 capitalista
4 financiero

empréstito
9 préstamo

empretecer
10 ennegrecerse

emprimar
2 imprimir

empuchar
18 blanquear

empujado
14 atropellado

empujar
61 animar(se)
42 arrojar(se)
21 despedir(se)
58 echar(se)
60 excitar(se)
8 impeler
17 incitar(se)
53 lanzar(se)
4 pechar
10 impulsar
58 tirar
25 ◁ *desanimar(se)*

empuje
19 brío
13 coraje
11 decisión
13 empeño
43 poder(es)
5 tesón
6 vitalidad
49 energía
17 fuerza
21 resolución

empujón
2 adelanto
14 impulso
12 progreso
14 reventón
14 atropello
11 avance
6 empellón

empuntado
25 agudo

empuntar
4 acornear
39 empeñarse
46 irse
60 largarse

53 marchar
28 obstinarse

empuñadura
7 asa
2 puño
3 tirador
5 mango

empuñar
65 apretar(se)
40 asir(se)
20 coger
25 sostener(se)
42 ◁ *soltar(se)*

emulación
17 competencia
5 rivalidad

emular
7 comparar(se)
4 parodiar
7 remedar
7 competir
13 porfiar
3 rivalizar
41 ◁ *ceder(se)*
6 ◁ *desistir*

émulo
9 adversario
9 antagonista
13 competidor
8 contendiente
8 contrincante
7 opositor
6 rival
10 enemigo
7 ◁ *compañero(s)*
24 ◁ *amigo*
8 ◁ *camarada*

emulsión
3 coloide
17 disolución
3 mixtura
10 solución
12 mezcla

emulsionado
3 coloidal

emulsionante
3 lubricante

emulsionar
39 deshacer(se)
1 desleír
12 disolver(se)
31 ◁ *mezclar(se)*
79 ◁ *unir(se)*

emunción
2 excreción
1 secreción

emuntorio
1 evacuador
1 excretor
2 secretorio
5 conducto

enaceitar
5 aceitar

enagua
1 refajo
11 viso(s)
7 enaguas

enaguachamiento
10 absorción

enaguachar
3 aguachinar
4 enaguazar
4 encharcar(se)

enaguas
40 bajo(s)
10 combinación
3 enagua
3 fajo
1 refajo
24 follón
7 saya

enaguazar
15 empantanar(se)
4 encharcar(se)
14 estancar(se)
6 inundar(se)
15 ◁ *agostar(se)*
4 ◁ *desecar*

enajenable
3 vendible
4 ◁inalienable

enajenación
3 alelamiento
6 arrobo
1 atontamiento
8 demencia
2 embelesamiento
16 éxtasis
8 letargo
11 pasmo
1 pignoración
2 transferencia
7 traspaso
8 venta
9 chaladura
14 locura
7 ◁cordura

enajenado
12 alelado
3 aletargado
12 arrobado
7 estupefacto
4 extático
1 pignorado
1 traspasado
5 vendido
12 suspenso
1 atolondrado
5 atontado
4 boquiabierto
12 chalado
8 ido
20 loco
5 patidifuso
6 turulato
1 ◁conservado
7 ◁cuerdo

enajenamiento
11 abstracción
18 admiración
22 anestesia
10 arrobamiento
7 misticismo
6 ofuscación
5 vesania
12 suspensión

16 embriaguez

enajenar(se)
11 abobar(se)
9 abstenerse
25 abstraer(se)
8 alienar(se)
39 arrebatar(se)
11 arrobar(se)
11 delirar
7 desequilibrar(se)
38 elevar(se)
20 embelesar(se)
7 embobar(se)
37 embriagar(se)
15 ensimismar(se)
5 extasiar(se)
1 pignorar
23 privar(se)
8 renunciar
10 retraerse
4 transferir
10 vendaval
6 aletargar
38 alejarse
70 apartarse
12 traspasar
11 vender
⇨quedarse con la boca abierta
⇨quedarse de una pieza
⇨quedarse suspenso
⇨ver visiones
23 ◁aproximar(se)
15 ◁retener(se)

enalbardar
4 albardar

enaltecedor
1 celebrador
5 laudatorio
4 ◁humillante

enaltecer
65 alabar(se)
8 elogiar
5 ensalzar(se)
32 exaltar(se)
24 honrar(se)
⇨hacer la pelota
⇨hacer la rosca

⇨poner por las nubes
14 ◁desacreditar(se)
30 ◁hundir(se)
39 ◁rebajar(se)

enaltecido
14 honrado
3 ◁inutilizado
5 ◁vejado

enaltecimiento
22 acrecentamiento
9 elogio
8 engrandecimiento
9 glorificación
6 loa
5 loor
29 alabanza

enamoradamente
13 amorosamente

enamoradizo
9 baboso
6 castigador
7 entrador
2 noviero

enamorado(s)
10 amado
3 amartelado
27 amoroso
1 colado
3 encelado
1 flechado
9 rendido
7 seducido
2 galanteador
12 afectuoso
13 cariñoso
7 cortejador
9 cuesco
3 pareja
14 querido
10 ◁indiferente

enamorador
3 aspirante
7 cortejador
11 galán
4 pretendiente

enamoramiento
21 afección
26 afecto
53 amor
6 entusiasmo
4 flechazo
6 ternura
15 cariño
11 ◁aversión
11 ◁hostilidad
15 ◁indiferencia

enamorar(se)
8 acaramelar(se)
10 aficionar(se)
52 amar(se)
9 amartelar(se)
8 arrullar(se)
11 atocinar(se)
16 camelar(se)
26 castigar(se)
11 conquistar
17 derretir(se)
16 encaprichar(se)
8 encariñarse
7 enternecer(se)
3 flechar
23 interesar(se)
9 ladear(se)
37 ligar(se)
6 pirrarse
9 prendar(se)
12 seducir
9 tontear
8 requebrar
7 amelcochar
11 colear
8 cortejar
7 cucarachear
6 empelotarse
13 galantear
12 gatear
8 piropear
16 presumir
2 romancear
⇨echar flores
⇨poner los puntos
4 ◁desencantar
12 ◁desinteresar(se)

enamoriscarse
7 amelcochar

enanismo
7 deficiencia
3 exigüidad
9 menudencia
11 nimiedad
12 pequeñez
3 ◁*gigantismo*

enanito
6 gnomo

enano
40 bajo(s)
4 diminuto
5 gorgojo
6 ínfimo
2 liliputiense
6 menudo
5 microscópico
1 mirmidón
2 pigmeo
2 renacuajo
18 chico
14 pequeño
11 raquítico
33 ◁*alto(s)*
8 ◁*gigante*
12 ◁*enorme*

enarbolar
16 airear(se)
5 arbolar
9 blandir
1 enhestar
35 mostrar(se)
41 ◁*ocultar(se)*

enarcar(se)
18 arquear(se)

enardecedor
6 estimulante
4 excitante
6 incitante
6 inquietante
1 soliviantador
9 ◁*calmante*
 ◁*decepcionante*
 ◁*tranquilizador*

enardecer(se)
17 abrasar(se)
25 acalorar(se)

22 aguijonear(se)
20 amoscar(se)
61 animar(se)
24 asar(se)
40 atizar(se)
34 avivar(se)
13 azuzar(se)
40 cabrear(se)
17 derretir(se)
67 enfadar(se)
17 entusiasmar(se)
20 enzarzar(se)
28 estimular(se)
32 exaltar(se)
60 excitar(se)
17 incitar(se)
19 inflamar(se)
63 irritar(se)
18 provocar
23 encender
57 picar
44 ◁*calmar(se)*
25 ◁*desanimar(se)*
21 ◁*serenar(se)*

enardecido
12 caluroso
17 acalorado

enardecimiento
6 entusiasmo
13 calentura

enarenarse
5 empolvarse
1 espolvorearse
5 rebozarse

enarmónico
4 cromático
1 diatónico

enartar
20 embelesar(se)
8 embrujar
13 hechizar

enartrosis
12 articulación
13 enlace
26 juego(s)
12 junta

5 juntura

enastado
5 astado
2 cornúpeta
8 cornudo

encabalgamiento
1 hipermetría
2 cabalgamiento
9 armazón

encabalgar
63 apoyar(se)
7 cabalgar
1 encaballar

encaballar
3 encabalgar

encabestrar
48 atraer(se)
36 conducir(se)
18 enredar

encabezamiento
12 censo
8 comienzo
3 empadronamiento
6 exordio
16 inicio
15 introducción
17 lista
5 padrón
10 preámbulo
6 prefacio
19 principio(s)
5 prólogo
13 registro
30 título
4 ◁*colofón*
16 ◁*final*

encabezar
10 acaudillar
4 empadronar

encabriar
30 armar

encabritamiento
5 empinadura
3 empinamiento
5 respingo
7 sacudida
33 agitación
8 ◁*reposo*
9 ◁*tranquilidad*

encabritarse
39 alterar(se)
6 bellaquear
15 empinar(se)
1 engrifarse
60 excitar(se)
 ⇨ponerse nervioso
44 ◁*calmar(se)*
21 ◁*tranquilizar(se)*

encabronarse
16 empecinar(se)

encachado
17 bizarro
17 gentil
15 airoso
17 gallardo
9 valiente

encadarse
40 acobardar(se)

encadenado
12 atado
26 cadena
12 amarrado

encadenamiento
7 concatenación
13 enlace
3 eslabonamiento
19 unión
8 conexión
20 relación
8 engarce
17 prisión
7 trabazón
2 ◁*disgregación*
28 ◁*separación*

encadenar(se)
11 aherrojar
6 amanillar
25 amarrar(se)
29 apresar(se)
13 avasallar(se)
13 cautivar
7 concatenación
49 detener(se)
9 engarzar
7 esclavizar
1 eslabonar
4 esposar
26 inmovilizar(se)
25 referir(se)
31 relacionar(se)
15 retener(se)
35 trabar(se)
79 unir(se)
7 vincular
13 enlazar
19 aprisionar
61 atar
14 sujetar
19 ◁*desvincular(se)*
15 ◁*libertar(se)*
42 ◁*soltar(se)*

encajado
2 acoplado
8 embuchado
7 embutido
5 incrustado

encajadura
4 escopleadura
37 agujero

encajar(se)
30 acoplar(se)
3 ahocinarse
59 ajustar(se)
17 articular(se)
8 coincidir
20 embeber(se)
12 embutir
8 empalmar
2 empotrar
10 encuadrar
15 enchufar(se)
8 endilgar
8 endosar
4 enjaretar
4 ensamblar
31 entregar(se)
18 hincar(se)
6 incrustar
31 introducir(se)
49 meter(se)
5 espetar
19 casar
15 convenir
2 enzocar
5 ◁*desajustar(se)*
37 ◁*descomponer(se)*
11 ◁*desencajar(se)*

encaje
22 acoplamiento
11 ajuste
12 articulación
1 blonda
12 calado
4 enganche
4 engaste
4 engranaje
6 entredós
6 puntilla
1 randa
7 sol
20 bordado
8 enchufe

encajonado
2 ataguía

encajonar(se)
13 angostar(se)
65 apretar(se)
8 cimentar(se)
12 comprimir(se)
12 embutir
7 empaquetar
11 encerrar
32 estrechar(se)
31 introducir(se)
49 meter(se)
3 prensar
15 ◁*libertar(se)*

encalabrinar(se)
10 atafagar(se)
74 aturdir(se)
15 engolosinar(se)

encalado
4 encaladura

encalador
4 blanqueador

encaladura
1 encalado
2 encostradura
2 estucado
2 revoco

encalamocar
12 alelar(se)
74 aturdir(se)
54 confundir(se)

encalar
4 enjalbegar
7 enlucir
4 estucar
18 blanquear

encalatarse
11 desnudar(se)
5 desvestirse
42 arruinarse

encalillarse
4 adeudarse
8 entrampar(se)

encalmar(se)
44 calmar(se)

encalvecer
2 ardalear

encalladura
6 acorchamiento

encallar
38 atascar(se)
49 detener(se)
5 embarrancar
26 inmovilizar(se)
50 parar(se)
1 varar
21 atorar
9 ◁*avanzar*

encallecerse
18 endurecer(se)

encallecido
11 avezado
4 córneo

encallecimiento
3 esclerosis
2 osificación

encallejonado
12 angosto

encamar(se)
17 acostar(se)
15 tender(se)
17 tumbar(se)
8 yacer
53 ◁*levantarse*

encaminar(se)
15 adiestrar(se)
36 conducir(se)
17 derivar
56 dirigir(se)
29 educar(se)
6 encañonar(se)
7 encarrilar
9 encauzar
24 enderezar(se)
7 enfocar
9 guiar
46 ir(se)
37 llegar(se)
43 llevar(se)
24 ordeñar
27 orientar(se)
48 salir(se)
44 tomar(se)
26 trasladar(se)
8 enchuchar(se)
28 aderezar
46 irse
60 largarse
53 marchar
7 ◁*descarriar(se)*
29 ◁*desviar(se)*
19 ◁*venir(se)*
19 ◁*quedarse*

encampanar(se)
25 acalorar(se)
61 animar(se)

20 complicar(se)
27 despachar(se)
21 despedir(se)
38 elevar(se)
23 encumbrar(se)
32 exaltar(se)
39 liar(se)

encanado
1 enrejado

encanalar
6 canalizar

encanallado
17 abominable
8 acanallado
12 corrompido
7 envilecido
13 infame
23 ruin
12 vil
11 ◁digno
22 ◁noble

encanallamiento
13 degradación
6 envilecimiento

encanallar(se)
12 abarrajar(se)
10 abellacarse
4 apicararse
9 contaminar
9 degenerar
23 degradar(se)
7 descarriar(se)
13 destapar(se)
18 empeorar(se)
16 enfangar(se)
16 ensuciar(se)
10 enturbiar(se)
29 envilecer(se)
21 extraviar(se)
7 golfear
7 malbaratar
38 perder(se)
20 pervertir(se)
19 relajar(se)
16 corromper
4 engolfarse
4 fatalizar

encanarse
21 arrestar(se)
31 asombrar(se)
10 encarcelar(se)
19 pasmar(se)
22 sorprender(se)
⇨quedarse con la boca abierta
⇨quedarse de una pieza

encandecido
5 incandescente
5 candente

encandilado
4 deslumbrado
8 ilusionado

encandiladora
15 alcahueta

encandilar(se)
20 alumbrar(se)
8 arrullar(se)
18 deslumbrar(se)
7 embobar(se)
16 emocionar(se)
43 engañar(se)
8 engatusar
17 entusiasmar(se)
60 excitar(se)
22 fascinar(se)
13 ilusionar(se)
16 ofuscar(se)
12 seducir
10 sugestionar(se)
9 aojar
11 embaucar
23 encender
15 encolerizarse
67 enfadarse
63 irritarse
⇨ponerse a cien
⇨ponerse cachondo

encanecer
65 alabar(se)
59 aumentar(se)
10 avejentar(se)
2 aviejarse
1 canear
3 chochear

27 destacar(se)
8 elogiar
5 ensalzar(se)
8 envejecer
1 platear
30 subir(se)
⇨cargar la mano
⇨poner por las nubes
11 ◁abaratar(se)
12 ◁despreciar
7 ◁rejuvenecer(se)

encanijado
14 canijo
15 enfermizo
6 enjuto
11 delgado
10 enclenque
16 flaco
11 raquítico
18 ◁sano
5 ◁vigoroso
19 ◁gordo

encanijamiento
3 adelgazamiento
3 desmedro
5 enflaquecimiento
6 raquitismo
6 ◁vitalidad
17 ◁fuerza
7 ◁vigor

encanijar
11 desmedrar(se)

encanijarse
14 adelgazar(se)
5 desmejorar
19 enflaquecer(se)
11 aterirse
6 ◁engordar

encanillar
3 devanar
1 encañar
6 encañonar(se)
11 enrollar(se)

encantado
29 absorto
12 arrobado

5 cautivado
4 deslumbrado
6 fascinado
9 gozoso
8 hechizado
8 contento
12 dichoso

encantador
32 afable
38 agradable
18 atrayente
7 brujo
6 cautivador
7 cordial
4 embelesador
4 fascinante
29 hechicero(a)
5 mago
8 estupendo
11 magnífico
6 simpático
17 soberbio
21 ◁repugnante
9 ◁asqueroso

encantadora
10 bruja
8 gitana

encantamiento
6 arrobo
4 conjuro
8 embeleso
16 éxtasis
8 fascinación
8 filtro
11 hechizo
9 seducción
2 sortilegio

encantar(se)
25 admirar(se)
30 agradar
8 amenizar
39 arrebatar(se)
11 arrobar(se)
48 atraer(se)
5 complacer
9 deleitar
32 divertir(se)
22 fascinar(se)

8 gustar
6 hipnotizar
12 seducir
8 embrujar
13 hechizar
3 ◁asquear
10 ◁desagradar
2 ◁repugnar

encanto
18 admiración
10 aliciente
10 amenidad
24 belleza
9 deleite
8 fascinación
26 gloria
11 hechizo
8 hermosura
13 magia
6 preciosidad
4 glamour
35 atractivo
15 coquetería

encañado
10 arriate
5 celosía
8 atarjea

encañar
4 encanillar

encañizada
5 atajadizo

encañonado
8 atarjea

encañonar(se)
13 angostar(se)
64 apuntar(se)
56 dirigir(se)
25 encaminar(se)
9 encauzar
39 arrugar

encapirotado
5 encapuchado

encapotado
17 borrascoso
7 nublado

21 obscuro
28 ◁claro
12 ◁despejado

encapotamiento
3 enfurruñamiento
1 entoldamiento
7 nublado
11 enfado
7 ◁luminosidad

encapotar(se)
9 aborrascar(se)
4 achubascarse
16 anublar(se)
37 cerrar(se)
2 encelajarse
1 encelarse
4 enfoscarse
10 ennegrecerse
16 nublar(se)
16 obscurecer(se)
35 ◁abrirse
16 ◁despejar(se)

encaprichar(se)
52 amar(se)
12 antojar(se)
14 desear
13 emperrar(se)
37 enamorar(se)
8 encariñarse
3 entercarse
16 obcecar(se)
9 prendar(se)
8 propender
11 insistir
28 obstinarse
13 porfiar
⇨hacer hincapié
⇨meterse en cabeza
22 ◁aborrecer(se)
7 ◁cejar
8 ◁desistir

encapuchado
7 cubierto
1 disciplinante
1 encapirotado
8 encubierto
6 penitente

1 ◁destapado
16 ◁franco

encaracolado
4 ensortijado

encarado(s)
5 agestado
6 farruco
⇨vis à vis

encaramadura
35 altura(s)

encaramamiento
6 escalada

encaramar(se)
17 abochornar(se)
65 alabar(se)
58 alzar(se)
12 aupar(se)
40 avergonzar(se)
40 azotar(se)
27 destacar(se)
15 empinar(se)
53 levantarse
9 resaltar
7 trepar
20 zurrar(se)
7 empericarse
12 gatear
24 golpear
11 sobresalir
24 ◁agacharse
35 ◁bajar(se)

encaramiento
9 descubrimiento
3 desembozo
2 revelación
6 ◁disfraz
8 ◁ocultación

encarar
15 afrontar
64 apuntar(se)
11 confrontar
56 dirigir(se)
6 encañonar(se)
15 enfrentar(se)

encararse
63 dar(se)

encarcavinar
6 asfixiar(se)
10 atafagar(se)

encarcelado
9 arrestado
6 incomunicado

encarcelamiento
1 aprehensión
4 aprisionamiento
28 arresto(s)
14 detención(es)
12 encierro
3 internamiento
4 reclusión
17 prisión
2 ◁excarcelación
1 ◁liberalización
18 ◁libertad

encarcelar
29 apresar(se)
21 arrestar(se)
7 encanarse
11 encerrar
5 enjaular
17 aprehender
19 aprisionar
8 trincar
⇨meter en chirona
⇨meter en la trena
◁excarcelar
15 ◁libertar(se)

encarecedor
2 inflacionario

encarecer(se)
21 abultar(se)
65 alabar(se)
58 alzar(se)
10 celebrar
8 elogiar
7 encomiar
8 exagerar
12 interceder
16 mediar
16 ponderar

5 solemnizar
30 subir(se)
11 ◁abaratar(se)
4 ◁baratear

encarecimiento
7 alza
9 elogio
12 ponderación
11 subida
23 aumento
29 alabanza
11 ◁desdén
9 ◁baja

encargado
9 apoderado
5 comisionado
5 delegado
6 gestor
8 representante

encargar
17 confiar(se)
6 encomendar
24 prevenir(se)
5 recomendar
17 pedir
⇨hacer un pedido
⇨poner al frente

encargarse
20 comprometer(se)
6 laborar

encargo
4 cometido
16 comisión
12 encomienda(s)
7 mandato
1 pedido
4 recado

encariñado
5 aficionado
4 apegado
12 devoto
14 inclinado
◁descastado
4 ◁despegado
23 ◁agrio

encariñarse
8 acaramelar(se)
10 aficionar(se)
9 amartelar(se)
37 enamorar(se)
16 encaprichar(se)
23 interesar(se)
6 pirrarse
9 prendar(se)
19 ◁desentender(se)

encarnación
5 materialización

encarnado
5 colorado
2 fucsia
4 granate
7 malva
10 naranja(s)
18 rojo
3 rosa
6 teja

encarnadura
1 carnadura
1 imbricación

encarnar
29 representar(se)
5 simbolizar

encarnarse
11 prevalecer

encarnativo
2 cicatrizante

encarnizado
1 cruento
30 duro
8 implacable
13 inflexible
9 intenso
5 reñido
9 sangriento
15 porfiado
42 ◁blando
14 ◁débil
19 ◁suave

encarnizamiento
12 dureza
8 ensañamiento
11 ferocidad
7 insistencia
18 porfía
6 rigidez
13 rigor
30 ◁blandura
11 ◁suavidad

encarnizar(se)
19 cebar(se)
22 enfurecer(se)
5 ensañar(se)
11 insistir
63 irritarse
13 porfiar
41 ◁ceder(se)
6 ◁desistir

encaro
12 antagonismo
2 confrontación
11 oposición
11 ◁efusión

encarpetar
5 archivar

encarrilamiento
8 orientación

encarrilar
56 dirigir(se)
25 encaminar(se)
9 encauzar
24 enderezar(se)
9 guiar
10 motivar
27 orientar(se)
29 ◁desviar(se)

encarrozamiento
7 senectud

encarrozar
10 avejentar(se)

encarrujado
26 arrugado

encarrujar(se)
2 ensortijarse
22 retorcer(se)
39 arrugar
20 ◁estirar(se)

encartación
4 encartar

encartado
10 acusado
2 desertor
3 procesado
1 proscrito

encartar
14 barajar
5 empapelar
4 encausar
4 procesar

encarte
16 hoja
5 folleto

encartonamiento
2 encuadernación

encartonar
5 encuadernar

encasillado
11 casilla
6 clasificación

encasquetar
8 endilgar
8 endosar

encasquetarse
51 cubrir(se)

encasquillar
38 atascar(se)
1 herrar
40 acobardarse
40 amedrentar

encasquillarse
19 enganchar(se)

encastado
12 aristocrático

encastar
14 engendrar
18 generar
3 procrear
47 producir(se)

encastillado
15 altanero
17 altivo

encastillarse
21 cegar(se)
3 entercarse
16 obcecar(se)
39 empeñarse
11 insistir
28 obstinarse
13 porfiar

encastrado
5 engranado

encatusar
20 embelesar(se)
43 engañar(se)
8 engatusar

encausado
10 acusado
1 empapelado
4 encartado
4 inculpado
3 procesado
6 ◁*absuelto*

encausamiento
5 incoación

encausar
13 acusar
5 empapelar
4 procesar
4 encartar
11 ◁*absolver*

encáustico
7 cera
13 pintura

encausto
2 adustión

encauzamiento
4 estabilización
3 normalización
20 arreglo
6 ◁*extravío*
19 ◁*desorden*

encauzar
56 dirigir(se)
29 educar(se)
25 encaminar(se)
7 encarrilar
24 enderezar(se)
37 enseñar(se)
9 guiar
10 motivar
27 orientar(se)
70 ◁*apartar(se)*

encefálico
3 cerebral
1 cerebroespinal
1 craneal
1 meníngeo

encefalitis
1 frenología
1 meningitis

encéfalo
2 cerebelo
13 cerebro
1 sesada
13 seso
12 meollo

encelado
27 amoroso
15 enamorado(s)
4 verriondo

encelajarse
10 encapotar(se)
16 nublar(se)
16 ◁*despejar(se)*

encelarse
10 encapotar(se)

enceldar
11 encerrar
2 enclaustrar

15 ◁*libertar(se)*

encella
10 molde

encendajas
15 leña

encendedor
2 chisquero
1 esquero
2 mechero

encender(se)
25 acalorar(se)
20 alumbrar(se)
23 arder
24 asar(se)
40 atizar(se)
40 avergonzar(se)
34 avivar(se)
40 azotar(se)
23 enardecer(se)
22 encandilar(se)
2 enrojecer
17 entusiasmar(se)
32 exaltar(se)
60 excitar(se)
4 iluminar
3 incendiar
17 incitar(se)
19 inflamar(se)
16 lucir(se)
24 golpear
31 prender
15 ruborizarse
9 sonrojarse
15 ◁*apagar(se)*
24 ◁*extinguir(se)*
16 ◁*obscurecer(se)*
23 ◁*sofocar(se)*
24 ◁*sosegar(se)*

encendida
2 felpa
33 paliza(s)
6 somanta
8 tunda
13 zurra

encendido
30 ardiente
14 ardoroso

15 arrebatado
4 arrebolado
2 ignito
9 inflamado
12 ◁*melancólico*

encendimiento
17 acaloramiento
13 calentura
33 calor

encendrar
8 acendrar(se)
10 acrisolar
11 depurar(se)

encenizar
4 incinerar(se)

encentar
14 capar

encepar
17 abrazar
17 aceptar
28 arraigar(se)
11 atrapar(se)
20 coger
31 prender
32 ◁*aflojar(se)*
43 ◁*dejar(se)*
34 ◁*liberar(se)*

encerado
3 hule
8 impermeable
3 pizarra

encerar
7 embetunar
12 lustrar(se)
39 pulir(se)
14 untar(se)

encerradero
7 aprisco
4 tentadero

encerrado
2 confinado
16 oculto
4 prisionero

4 recluso
4 reo
18 ◁libre

encerrar
29 apresar(se)
21 arrestar(se)
21 contener(se)
10 encarcelar(se)
13 incluir
14 abarcar
17 aprehender
19 aprisionar
17 comprender
⇨meter en chirona
⇨poner a la sombra
◁excarcelar
15 ◁libertar(se)

encerrarse
16 atrancar(se)
47 recoger(se)
34 retirar(se)

encerrona
14 añagaza
9 celada
11 emboscada
12 encierro
28 engaño(s)
4 reclusión
10 trampa

encestar
12 acertar
20 colar(se)
10 derrotar
1 embanastar
5 embocar
43 engañar(se)
49 meter(se)
11 embaucar
40 ◁vencer(se)
9 ◁fallar

encíclica
19 circular
5 comunicado
6 mensaje
4 pastoral

enciclopedia
5 diccionario

enciclopédico
11 conjunto
10 general
6 total
6 universal
6 ◁fragmentario
14 ◁particular

encierro
24 apartamiento
8 celda
10 corrida
4 reclusión
2 recogimiento
8 retiro
6 soledad
12 calabozo
7 chirona
17 prisión
12 trena
3 trinca

encima
9 además
8 sobre

encina
3 carrasca
2 coscoja
1 chaparra
13 alcornoque

encinta
3 preñada

encintado
9 amurallado
7 andén
4 bordillo

encirrarse
16 anublar(se)

encizañar
25 desunir(se)
20 disgustar(se)
21 enemistar(se)
3 engrescar
20 enzarzar(se)

4 malquistar
18 enredar
9 ◁pacificar(se)

enclaustrado
18 retraído

enclaustramiento
10 retirada

enclaustrar
2 enceldar
9 recluir(se)

enclaustrarse
10 retraerse

enclavamiento
10 emplazamiento
4 localización
13 situación
9 ubicación

enclavar
42 atravesar(se)
80 burlar(se)
24 clavar(se)

enclave
5 colonia
10 comarca
9 territorio

enclenque
2 birrioso
14 canijo
15 enfermizo
6 enteco
4 movido
2 renacuajo
14 débil
5 escuchimizado
23 flojo
11 raquítico
18 ◁sano
22 ◁fuerte

enclocar
3 aclocar

encobar
7 empollar(se)
1 encovar

2 incubar

encobrar
29 apresar(se)
7 atrincar

encocorado
6 exasperado

encocorar
27 enojar(se)
87 fastidiar(se)
63 irritar(se)
114 molestar(se)
5 incordiar
13 jorobar
30 ◁agradar

encocorarse
39 arrebatar(se)

encofrado
3 maderamen
10 molde
2 revestimiento
7 tablazón
9 armazón

encofrar
2 moldear
15 recubrir(se)
30 armar

encoger(se)
10 aconchar
20 acoquinar(se)
16 acortar(se)
9 acurrucarse
24 achicar(se)
24 agachar(se)
7 agarbarse
19 agavillar
15 agazapar(se)
45 apocar(se)
36 atemorizar(se)
16 contraer(se)
6 crispar(se)
19 disminuir(se)
58 echar(se)
32 estrechar(se)
5 ovillar(se)
39 rebajar(se)

47 recoger(se)
52 reducir(se)
2 retraer
40 acobardarse
6 acojonarse
29 amilanarse
4 atejonarse
8 azorrillar(se)
6 fuñir
59 ◁*aumentar(se)*
15 ◁*empinar(se)*
14 ◁*ensanchar(se)*
7 ◁*envalentonar-(se)*

encogible
2 disminuible

encogido
4 acurrucado
3 agachado
19 atacado
7 corito
5 disminuido
8 pacato
11 penoso
11 vergonzoso
30 tímido
33 apocado
26 arrugado
17 cobarde
2 entumido
9 pusilánime
4 ◁*erguido*

encogimiento
8 acobardamiento
13 acortamiento
4 amilanamiento
2 constricción
10 contracción
16 disminución
6 estrechamiento
1 fruncimiento
9 reducción
4 retracción
11 cortedad
10 timidez
2 ◁*ensanchamiento*
23 ◁*aumento*
32 ◁*atrevimiento*

encohetar(se)
19 airar(se)
22 enfurecer(se)
15 encolerizarse
67 enfadarse

encolado
6 aglutinado
2 contrachapado
4 encoladura

encoladura
3 encolado
2 encolamiento
4 engrudo
4 pegamento

encolamiento
4 encoladura
20 adherencia

encolar
19 adherir(se)
9 aglutinar
25 agregar(se)
1 engomar

encolerizado
7 disgustado
11 energúmeno
13 violento
11 iracundo
2 irascible
17 irritado
5 ◁*benevolente*
8 ◁*calmo*

encolerizar
40 cabrear(se)
67 enfadar(se)
22 enfurecer(se)
63 irritar(se)
10 sulfurar(se)
⇨poner fuera de sí
30 ◁*agradar*

encolerizarse
31 alborotar(se)
20 amoscar(se)
39 arrebatar(se)
1 desbautizarse
8 embravecer(se)

22 encandilar(se)
4 encohetar(se)
10 encorajinar(se)
9 indignar(se)
6 reconcomer(se)
10 sulfurar(se)
5 enchivarse
2 estrilar
5 rabiar
3 tibiar(se)

encomendar
22 abandonar(se)
17 confiar(se)
7 encargar
31 entregar(se)
40 someter(se)
⇨poner al cargo

encomiable
5 elogiable
4 laudable
3 loable
4 ponderable
5 ◁*censurable*
3 ◁*criticable*

encomiado
6 ensalzado

encomiar
65 alabar(se)
8 elogiar
12 encarecer(se)
5 ensalzar(se)
13 loar(se)
16 ponderar
⇨poner por las nubes
14 ◁*denostar*
11 ◁*desdeñar*

encomiástico
5 laudatorio
7 panegírico
5 ◁*hiriente*
7 ◁*injurioso*
6 ◁*insultante*
5 ◁*ofensivo*

encomienda(s)
16 comisión
9 elogio

6 encargo
6 legado
5 mandamiento
7 mandato
16 memoria(s)
20 orden
13 protección
4 recado
9 recuerdo(s)
7 panegírico

encomio
8 apología
9 elogio
6 encarecimiento
4 ensalzamiento
6 loa
7 panegírico
29 alabanza
8 ◁*desprecio*

enconado
5 infectado
19 hinchado

enconamiento
2 agudización

enconar
59 aumentar(se)
34 avivar(se)
40 cabrear(se)
67 enfadar(se)
15 exasperar(se)
26 incrementar(se)
7 infectar
19 inflamar(se)
3 intensificar
63 irritar(se)
⇨sacar fuera de sí
14 ◁*sanar(se)*
24 ◁*sosegar(se)*
21 ◁*tranquilizar(se)*

enconarse
5 recrudecer(se)

encono
8 ensañamiento
11 furia
7 malquerencia

9 rabia
7 rencor
7 saña
32 aborrecimiento
13 animadversión
13 bicho
20 odio
9 ojeriza
10 resentimiento
8 tirria
53 ◁*amor*

enconoso
3 dañoso
3 llagado
6 malintencionado
3 ulcerado

encontrado
12 antitético
3 contradictorio
15 contrario
5 desemejante
18 desigual
1 disímil
10 distinto
12 enfrentado
2 hallado
10 opuesto
1 topado
8 ◁*similar*

encontrar(se)
12 acertar
27 aparecer(se)
6 atinar
8 converger
12 chocar
3 desavenirse
13 descubrir
2 discrepar
21 enemistar(se)
23 estar(se)
22 hallar(se)
11 inventar
7 localizar
13 radicar(se)
42 seguir(se)
9 topar(se)
10 tropezar(se)
67 enfadarse
28 sacar

12 ubicar
⇨dar con
24 ◁*buscar(se)*
4 ◁*camuflar*

encontrón
6 encontronazo

encontronazo
12 choque
1 encontrón
3 topetazo
2 topetón
3 trompazo
6 empellón

encopetado
5 empingorotado
10 ensoberbecido
28 engreído
17 soberbio
12 ◁*sencillo*

encopetar
53 levantar(se)

encorajinar(se)
1 enrabietarse
17 entusiasmar(se)
60 excitar(se)
19 inflamar(se)
10 sulfurar(se)
40 cabrearse
15 encolerizarse
67 enfadarse
63 irritarse
5 rabiar
44 ◁*calmar(se)*

encorcovar
22 retorcer(se)
44 torcer(se)
31 doblar
24 ◁*enderezar(se)*

encordar
7 encordelar

encordelar
25 amarrar(se)
1 encordar

39 liar(se)
37 ligar(se)
4 trenzar
61 atar
17 forrar
3 ◁*desanudar*
42 ◁*soltar(se)*

encordonar
25 amarrar(se)
61 atar

encornar
4 acornear
2 empitonar

encornudamiento
3 adulterio

encorquetarse
30 subir(se)
7 trepar

encorralar
17 acorralar

encorrear
25 amarrar(se)

encorsetar
59 ajustar(se)
65 apretar(se)
44 ceñir(se)
5 estrujar
6 fajar
32 ◁*aflojar(se)*
42 ◁*soltar(se)*

encorvado
6 corcovado
3 cheposo
1 chepudo
7 giboso
5 jorobado

encorvadura
5 alabeo
1 corvadura
5 torcedura

encorvar(se)
3 abangar(se)
7 agarbarse

27 agobiar(se)
15 alabear(se)
18 arquear(se)
20 combar(se)
12 curvar(se)
31 doblarse
44 torcer(se)
16 apandar
31 doblar
24 ◁*enderezar(se)*

encostradura
6 costra(s)
4 encaladura

encovar
3 encobar

encrespado
9 furibundo
8 furioso
6 greñudo
13 retorcido
26 ◁*apacible*

encrespadura
8 encrespamiento

encrespamiento
1 encrespadura
3 enmarañamiento
1 erizamiento
11 furia
22 irritación
3 malhumor
2 rizamiento
79 alboroto
10 ◁*lisura*

encrespar(se)
40 agitar(se)
31 alborotar(se)
39 alterar(se)
8 embravecer(se)
22 enfurecer(se)
7 enmarañar
2 ensortijar
1 erizarse
53 levantar(se)
22 retorcer(se)
7 rizar(se)
21 arriscar

67 enfadarse
63 irritarse
57 picar
⇨ ponerse feo
44 ◁ *calmar(se)*
21 ◁ *tranquilizar(se)*

encrestado
10 ensoberbecido
2 peleón
11 provocador
19 orgulloso
13 ◁ *humilde*
12 ◁ *sencillo*

encrucijada
9 alternativa(s)
16 bifurcación
2 dilema
3 intersección
14 oportunidad
5 travesía
8 cruce

encuadernación
1 empastamiento
1 encartonamiento

encuadernador
6 impresor

encuadernamiento
4 encuadre

encuadernar
9 coser
1 encartonar
1 enlomar
6 empastar
⇨ poner tapas

encuadramiento
7 delimitación

encuadrar
3 cantear
8 definir
11 delimitar
34 determinar(se)
24 encajar(se)

11 encerrar
2 esquinar
13 incluir
5 insertar
49 meter(se)

encuadre
4 afiliación
7 delimitación
1 encuadernamiento
2 recuadro

encuartar(se)
38 atascar(se)
15 empantanar(se)
18 enredarse

encubar
3 entonelar

encubiertamente
1 fraudulentamente
8 ocultamente
2 sigilosamente
2 taimadamente
16 ◁ *abiertamente*

encubierto
6 clandestino
12 fingido
5 fraudulento
16 oculto
5 simulado
5 solapado
6 tapado
21 falso
12 ◁ *descubierto*
14 ◁ *evidente*
5 ◁ *legal*

encubridor
8 alcahuete
4 cómplice
10 pantalla
5 tapadera

encubridora
6 celestina
15 alcahueta

encubrimiento
1 complicidad
8 ocultación

encubrir(se)
14 arrebozar(se)
8 cabildear
49 callar(se)
4 camuflar
7 celar
6 cohonestar
20 desfigurar(se)
9 diluir(se)
24 disfrazar(se)
13 disimular
18 dorar(se)
7 enmascarar
32 envolver(se)
10 esconder
10 fingir
41 ocultar(se)
8 omitir
15 paliar
5 recatar(se)
22 reservar(se)
17 revestir(se)
7 sepultar
10 solapar(se)
11 soterrar(se)
22 tapar(se)
27 velar(se)
4 frangollar
2 socapar
⇨ echar tierra
13 ◁ *descubrir*
22 ◁ *revelar(se)*
10 ◁ *delatar*
11 ◁ *denunciar*
14 ◁ *publicar*

encuendar
83 arreglar(se)
16 concertar(se)

encuentro
9 descubrimiento
6 encontronazo
6 enfrentamiento
5 hallazgo
7 invención
6 topada
4 tropezón

12 tropiezo
10 contradicción

encuerado
10 desnudo
9 desvalido
4 menesteroso
18 pobre

encuesta
22 averiguación
   búsqueda
8 indagación
5 pesquisa

encuevado
8 circunspecto
15 reservado
18 retraído
24 ◁ *abierto*

encuitarse
51 afligir(se)
34 apenar(se)

encumbrado
33 alto(s)
3 copetudo
13 eminente
14 honrado
9 levantado

encumbramiento
4 ascenso
9 elogio
26 exaltación
10 mejora
12 ponderación
12 progreso
7 realce
29 alabanza
8 ◁ *desprecio*
5 ◁ *empeoramiento*

encumbrar(se)
65 alabar(se)
58 alzar(se)
10 ascender
12 aupar(se)
38 elevar(se)
8 elogiar
15 empinar(se)

encunar

6 endiosar(se)
9 engrandecer
6 engreírse
32 exaltar(se)
24 honrar(se)
53 levantar(se)
49 mejorar(se)
16 ponderar
5 progresar
12 realzar(se)
11 remontar(se)
30 subir(se)
7 trepar
9 encampanar(se)
35 ◁bajar(se)
18 ◁empeorar(se)
9 ◁menospreciar

encunar
6 acunar

encurdelarse
37 embriagar(se)

encureñar
6 artillar

encurtido
4 conserva
2 envinagrar

encurtir
2 envinagrar

enchamarrar
9 embrollar
7 enmarañar
39 liar(se)
18 enredar
5 ◁esclarecer

enchancletar(se)
14 calzar

enchapado
2 chapeado

enchapar
9 chapar
8 chapear

encharcado
2 anegado
1 embarrado
2 empantanado
1 enfangado
4 inundado
2 ◁agostado
21 ◁seco

encharcamiento
5 encharcado

encharcar(se)
16 anegar(se)
15 empantanar(se)
6 inundar(se)
4 embarrar
15 ◁agostar(se)
30 ◁secar(se)

enchastar
16 ensuciar(se)
19 manchar(se)
50 ◁limpiar

enchaucharse
9 achisparse
23 emborracharse
37 embriagarse
⇨estar trompa

enchilar
80 burlar(se)
11 chasquear
6 encolerizar
63 irritar(se)

enchinarrar
4 adoquinar
8 empedrar
6 enlosar

enchinchar
13 aplazar(se)
29 dilatar(se)
67 enfadar(se)
87 fastidiar(se)
63 irritar(se)
13 jorobar

enchiquerado
9 arrestado

enchiquerar
29 apresar(se)
21 arrestar(se)
12 cercar
11 encerrar
38 rodear(se)
19 aprisionar
5 enchironar

enchironar
21 arrestar(se)
10 encarcelar(se)
11 encerrar
7 enchiquerar
⇨meter en la trena

enchivarse
38 atascar(se)
21 atorar
40 cabrearse
15 encolerizarse
67 enfadarse

enchuchar(se)
25 encaminar(se)
9 encauzar
27 orientar(se)
19 casar
46 irse
60 largarse
53 marchar
⇨contraer matrimonio

enchufado
1 conectado
4 enchufista
2 recomendado

enchufar(se)
27 colocar(se)
4 conectar
5 conexionar
6 embragar
24 encajar(se)
5 recomendar
35 trabar(se)
79 unir(se)
7 vincular
13 enlazar
24 emplear
67 enfadarse

63 irritarse
⇨alcanzar un empleo
⇨auxiliar con una recomendación
2 ◁desacoplar
3 ◁desenchufar

enchufe
22 acoplamiento
14 encaje
7 resorte
6 benjamín
5 contable
4 mamandurria
7 prebenda
9 sinecura

enchufista
3 enchufado
6 favorito
2 recomendado
12 protegido
9 ◁desvalido

enchularse
9 acanallarse

enchumbar
25 calar(se)
18 empapar(se)
21 mojar(se)
30 ◁secar(se)

ende
4 desde

endeble
27 delicado
6 enteco
7 magro
12 frágil
5 quebradizo
14 débil
11 delgado
23 flojo
16 ◁sólido
22 ◁fuerte
19 ◁gordo

endeblez
16 debilidad
20 delicadeza

3 fragilidad
3 inconsistencia
11 ◁*fortaleza*
17 ◁*resistencia*

endechadera
2 plañidera

endeja
4 adaraja

endémico
10 habitual
11 permanente
7 constante
6 ininterrumpido
2 ◁*ocasional*

endemoniado
9 endiablado
10 gigantesco
9 intenso
10 monstruoso
5 poseído
7 poseso
12 enorme
22 fuerte
23 grande

endemoniar
42 atravesar(se)

endentecer
1 dentar
15 nacer
47 romper(se)

enderezamiento
13 corrección
6 enmienda(s)
3 normalización
4 rectificación

enderezar(se)
15 adiestrar(se)
58 alzar(se)
16 corregir(se)
1 desalabear
2 desencorvar
2 destorcer
56 dirigir(se)
15 empinar(se)

25 encaminar(se)
7 encarrilar
9 encauzar
8 enmendar
26 incorporar(se)
53 levantar(se)
53 levantarse
24 ordeñar
27 orientar(se)
50 parar(se)
7 rectificar
20 reformar(se)
28 aderezar
6 alinear
3 desenchuecar
8 erguirse
7 ◁*abarquillar(se)*
24 ◁*agacharse*
15 ◁*alabear(se)*
35 ◁*bajar(se)*
20 ◁*combar(se)*
◁*desencaminar*
3 ◁*desnivelar*
14 ◁*encorvar(se)*
6 ◁*escorar*
5 ◁*pandear(se)*
31 ◁*doblar*
3 ◁*encorcovar*

endeudado
8 empeñado

endeudamiento
12 descubierto

endeudarse
8 entrampar(se)
39 empeñarse

endiablado
9 endemoniado
10 gigantesco
9 intenso
10 monstruoso
5 poseído
7 poseso
12 enorme
22 fuerte
23 grande

endilgar
24 encajar(se)
2 encasquetar

8 endosar
53 lanzar(se)
60 largar(se)
13 sincerar(se)
42 soltar(se)
⇨cantar las cuarenta

endino
10 indigno
10 maldito
9 perverso

endiosado
19 orgulloso

endiosamiento
4 divinización
18 orgullo

endiosar(se)
8 creerse
9 deificar
23 encumbrar(se)
6 engreírse
22 ensoberbecer(se)
53 levantarse
3 ◁*abajarse*
46 ◁*humillar(se)*

enditarse
2 endeudarse
8 entrampar(se)

endocarditis
27 carantoña(s)

endocrinia
1 endocrinología

endocrino
1 hormonal
2 secretorio

endocrinología
1 endocrinia

endomingarse
39 acicalar(se)
17 engalanar(se)

endosable
5 achacable

endosar
24 encajar(se)
2 encasquetar
8 endilgar
53 lanzar(se)
60 largar(se)
4 transferir
16 transmitir(se)
12 traspasar

endosfera
7 atmósfera

endoso
12 cesión

endriago
4 monstruo

endrino
10 atezado
11 azul
5 ciruelo

endulzamiento
3 apaciguamiento
4 atenuación
2 dulcificación
1 edulcoración
6 mitigación
5 suavización
4 ◁*acedía*
5 ◁*agrura*
3 ◁*intensificación*

endulzar
8 acaramelar(se)
30 apaciguar(se)
9 azucarar(se)
44 calmar(se)
17 dulcificar(se)
13 sazonar
24 sosegar(se)
39 suavizar(se)
20 atemperar
63 ◁*irritar(se)*

endurador
34 avaro

endurecer(se)
10 acerar(se)
10 acorazar(se)

endurecido

31 acostumbrar(se)
15 avezar(se)
14 coagular(se)
8 cuajarse
19 curtir(se)
1 encallecerse
13 fortalecer(se)
18 fortificar
13 fraguar
2 mineralizar
5 robustecerse
30 secar(se)
9 solidificar(se)
31 acostumbrarse
33 hacerse

30 ◁*ablandar(se)*
4 ◁*acolchar*
4 ◁*edulcorar*
7 ◁*enternecer(se)*
9 ◁*flojear*
8 ◁*humanizar(se)*
   ◁*inadaptarse*
3 ◁*laxar*
4 ◁*lentecer(se)*
6 ◁*reblandecer(se)*
3 ◁*emolir*

endurecido
13 acostumbrado
3 adaptado
11 avezado
30 duro
8 implacable
13 inflexible
8 recio
8 robusto
5 vigoroso
22 fuerte
9 resistente
26 rígido
20 severo

8 ◁*blandengue*
6 ◁*inadaptado*
11 ◁*comprensivo*

endurecimiento
6 acorchamiento
2 artritis
4 cristalización
4 curtimiento
3 esclerosis
5 ◁*ablandamiento*

enea
3 anea

enebro
1 grojo
1 nebro

enechado
4 expósito

eneldo
1 aneldo
1 aneto

enema
29 ayuda
4 lavativa

enemiga
10 enemistad
13 animadversión
20 fila
23 manía
20 odio
8 tirria
53 ◁*amor*
14 ◁*atracción*

enemigo
9 adversario
3 contradictorio
15 contrario
12 enfrentado
7 hostil
5 incompatible
7 opositor
10 opuesto
6 rival
6 bombero
24 ◁*amigo*

enemistad
12 antagonismo
10 desafección
5 desapego
2 distanciamiento
6 extrañeza
11 hostilidad
5 rivalidad
32 aborrecimiento
13 animadversión
20 odio

30 ◁*amistad*

enemistado
4 distanciado

enemistar(se)
6 abanderizarse
3 cizañar
1 desapegar
3 desavenir
25 desunir(se)
5 distanciar
21 dividir(se)
7 encizañar
23 encontrar(se)
15 enfrentar(se)
19 indisponer(se)
4 malquistarse
29 pelear(se)
12 regañar
22 reñir
24 revolver
3 rivalizar
↪estar de punta
↪estar de uñas

16 ◁*amigar(se)*
27 ◁*amistar(se)*
4 ◁*apegarse*
23 ◁*aproximar(se)*
9 ◁*hermanar(se)*
15 ◁*reconciliar(se)*

energético
6 alimenticio
2 fortalecedor
3 nutritivo
3 vigorizante
1 vitamínico
◁*debilitador*

energía
42 acción
12 agilidad
19 carácter
9 combustión
5 contundencia
14 cuerda
7 eficacia
9 garra
5 hálito
9 intensidad
43 poder(es)

10 poderío
15 potencia
4 prepotencia
12 prontitud
6 pujanza
5 pulmón
6 reciedumbre
7 redaño(s)
5 remango
17 resistencia
6 savia
10 vida
7 virilidad
7 virtualidad
10 virtud
9 vivacidad
5 mordiente
17 actividad
37 alma
40 ánimo
33 calor
4 carburante
10 combustible
18 desgarro
2 electricidad
10 empuje
11 entereza
17 fuerza
7 gas
10 ímpetu
9 nervio
11 peso
21 resolución
10 tenacidad
13 tono
7 vigor

7 ◁*ineficacia*
7 ◁*laxitud*
8 ◁*postración*

enérgico
26 activo
7 decidido
9 eficaz
3 eficiente
15 poderoso
13 resuelto
17 tenaz
5 vigoroso
22 fuerte

10 ◁*indeciso*
8 ◁*ineficaz*

14 ◁*débil*

energúmeno
6 bestial
18 bruto
9 endemoniado
9 endiablado
8 enloquecido
5 exaltado
13 feroz
13 frenético
7 poseso
20 loco
19 salvaje

enervador
3 enervante

enervamiento
8 afeminación
22 aflojamiento
5 flaccidez

enervante
2 debilitante
1 deprimente
1 enervador
2 ◁*fortalecedor*

enervar(se)
32 aflojar(se)
32 agotar(se)
17 debilitar
8 embotar(se)
67 enfadar(se)
22 enfurecer(se)
63 irritar(se)
21 postrar(se)
13 ◁*fortalecer(se)*

enerve
29 afeminado

enfadadizo
4 enojadizo

enfadado
3 ceñudo
7 disgustado
8 malhumorado
8 resentido
5 carilargo

10 fastidiado
4 grifo
17 irritado
6 tirante

enfadar(se)
17 abroncar(SE)
28 aburrir(se)
13 acedar
19 airar(se)
4 amohinar
42 amontonar(se)
20 amoscar(se)
12 amostazar(se)
8 añusgar(se)
10 asaetear(se)
8 berrear
40 cabrear(se)
38 calentar(se)
41 cansar(se)
22 condenar(se)
14 contrariar(se)
11 chamuscar
10 desagradar
24 desazonar(se)
20 disgustar(se)
4 emberrenchinar(se)
8 embravecer(se)
23 enardecer(se)
22 encandilar(se)
4 encohetar(se)
6 encolerizar
11 enconar
23 encontrar(se)
10 encorajinar(se)
16 encrespar(se)
15 enchufar(se)
8 enervar(se)
22 enfurecer(se)
27 enojar(se)
2 enrabiar
4 entripar(se)
16 exacerbar(se)
32 exaltar(se)
15 exasperar(se)
60 excitar(se)
87 fastidiar(se)
7 formalizar
5 heder
15 herir
44 incomodar(se)
9 indignar(se)
63 irritar(se)

9 jeringar
114 molestar(se)
33 ofender(se)
18 provocar
30 quemar(se)
20 sublevar(se)
8 trinar
18 atufar
7 atujar
14 atusar
11 ciscar
5 chamarrear
7 empavar
6 enchinchar
5 enchivarse
45 hartar
3 huericarse
14 importunar
12 regañar
22 reñir

enfado
12 aburrimiento
12 desagrado
3 exacerbación
7 hastío
22 irritación
18 molestia(s)
5 tedio
13 chinche
16 disgusto
12 enojo
15 fastidio

enfadoso
10 desagradable
6 estomagante
10 gravoso
15 hediondo
10 insoportable
8 trabajoso
13 chinche
6 fregón
5 gruñón
10 importuno

enfaenado
14 atareado
5 ocupado

enfajinar
28 estimular(se)
60 excitar(se)

enfaldador
13 alfiler

enfaldar
4 arremangar(se)

enfangado
5 encharcado

enfangar(se)
20 complicar(se)
49 detener(se)
4 embarrarse
23 encanallar(se)
2 enlodarse
18 enredarse
18 enviciar(se)
29 envilecer(se)
39 liar(se)
4 maliciarse
19 manchar(se)
50 parar(se)
20 pervertir(se)
21 atorar
16 ensuciarse

enfardar
7 empaquetar

énfasis
32 afectación
3 ampulosidad
15 ceremonia
8 empaque
7 realce
7 ◁*naturalidad*

enfático
11 ampuloso
5 campanudo
1 expletivo
4 pedante
16 pomposo
4 redicho
4 repipi
7 rimbombante
7 acentuado
2 realzado
44 afectado
20 ◁*natural*

enfatizar
17 acentuar(se)
4 agudizar(se)

27 destacar(se)
8 exagerar
9 resaltar
41 ◁ocultar(se)
5 ◁oscurecer(se)

enfebrecido
12 vehemente

enfebrescer
25 acalorar(se)

enfermar
6 adolecer
19 indisponer(se)
29 quebrantar(se)
⇨caer en çama
⇨caer enfermo
14 ◁sanar(se)

enfermarse
9 acorar
9 demacrar(se)

enfermedad
21 afección
8 dolencia
10 indisposición
21 mal
9 malestar
18 molestia(s)
9 padecimiento
12 achaque
13 arrechucho
9 maleza
1 ◁salud

enfermería
2 botiquín
5 clínica
4 dispensario
7 hospital
3 sanatorio

enfermizo
11 achacoso
6 cacoquimio
27 delicado
9 demacrado
7 encanijado
6 enteco
5 mórbido

3 patológico
12 frágil
10 enclenque
16 enfermo
5 escuchimizado
5 jipato
5 pachucho
9 pocho
16 ◁entero
8 ◁robusto
9 ◁saludable
18 ◁sano
18 ◁fresco

enfermo
11 achacoso
3 contagiado
4 desgastado
12 deteriorado
15 enfermizo
19 estropeado
3 indispuesto
2 malbaratado
34 malo
10 paciente
21 grave
44 afectado
14 currutaco
12 doliente
10 fastidiado
13 manido
18 ◁sano

enfervorizado
12 vehemente

enfervorizar(se)
1 afervorar
14 alentar(se)
61 animar(se)
9 edificar(se)
7 electrizar
17 entusiasmar(se)
7 envalentonar(se)
32 exaltar(se)
60 excitar(se)
12 ◁desinteresar(se)

enfeudación
3 vasallaje

enfeudar
1 feudar
1 infeudar
3 tributar

enfilar
3 aproar
7 enfocar

enfisema
8 dilatación
2 tumefacción

enfiteusis
12 cesión

enflaquecer(se)
14 adelgazar(se)
12 amojamar(se)
13 chupar
13 chuparse
8 decrecer
9 demacrar(se)
8 depauperar(se)
39 deshacer(se)
11 desmedrar(se)
5 embejucar(se)
4 encanijarse
15 extenuar(se)
12 languidecer
18 marchitar(se)
30 secar(se)
29 aniquilar
2 estrasijarse
18 jalar
⇨quedarse en los huesos
6 ◁engordar

enflaquecido
6 enjuto
21 seco
11 delgado
16 flaco

enflaquecimiento
16 agotamiento
9 consunción
9 depauperación
4 encanijamiento
6 raquitismo

enflatarse
51 afligir(se)
34 apenar(se)
14 entristecer(se)

enflautado
5 despropósito
6 dislate
16 disparate
5 engolado
11 enfático
13 ◁humilde

enflautador
8 alcahuete

enflautadora
15 alcahueta

enflautar
7 alcahuetear
17 alucinar(se)
22 fascinar(se)

enfocamiento
3 enfoque

enfocar
64 apuntar(se)
56 dirigir(se)
25 encaminar(se)
9 encauzar
2 enfilar
9 guiar
27 orientar(se)
29 ◁desviar(se)

enfollonar
19 airar(se)
40 cabrear(se)
6 encolerizar
63 irritar(se)

enfoque
3 encauzamiento
1 enfocamiento
8 orientación
◁desenfoque

enfoscadero
13 angostura

enfoscado
12 angosto
5 revoque

enfoscar
16 anublar(se)
9 revocar
5 ◁*abonanzar(se)*
21 ◁*serenar(se)*

enfoscarse
13 angostar(se)
16 anublar(se)
10 encapotar(se)
6 enfurruñarse

enfrascado
9 aplicado
14 atareado
4 dedicado
8 ensimismado
7 metido
3 sumido
9 ◁*despreocupado*
16 ◁*distraído*

enfrascamiento
11 abstracción

enfrascar(se)
25 abstraer(se)
40 aplicar(se)
9 atarear(se)
4 cogitar
20 dedicar(se)
31 entregar(se)
23 interesar(se)
49 meter(se)
35 ocupar(se)
⇨dedicarse en cuerpo y alma
⇨poner los cinco sentidos
19 ◁*desentender(se)*

enfrentado
4 antípoda
4 arrostrado
3 contradictorio
6 desafecto
8 desfavorable
10 diferente
11 encontrado
7 hostil
3 irreconciliable
10 opuesto
9 reacio
10 enemigo

enfrentados
⇨vis à vis

enfrentamiento
3 encaro
11 hostilidad
11 oposición
8 reacción
6 reto
5 rivalidad
14 ◁*avenencia*
11 ◁*efusión*

enfrentar(se)
12 abordar
15 afrontar
23 arrostrar
6 carear
19 combatir
16 concurrir
8 desafiar(se)
25 desunir(se)
6 encarar
21 enemistar(se)
22 oponer(se)
10 protestar
6 contrarrestar
22 oponerse
⇨plantar cara
10 ◁*eludir*
10 ◁*esconderse*

enfrente
10 adverso
1 frontero
10 opuesto
16 ◁*favor*

enfriado
3 congelado
4 distanciado
1 entibiado
16 helado
7 hostil
10 indiferente
1 refrigerado
4 ◁*amistoso*
2 ◁*calentado*
7 ◁*cordial*

enfriador
2 chiller

enfriamiento
3 catarro
7 constipado
7 desgana
4 desilusión
2 distanciamiento
7 frialdad
1 muermo
1 refrescamiento
1 refrigeramiento
3 resfriado
2 tibieza
4 ◁*acercamiento*
30 ◁*amistad*
9 ◁*calentamiento*
12 ◁*cordialidad*

enfriar(se)
3 acatarrarse
16 airear(se)
30 apaciguar(se)
11 aterir(se)
44 calmar(se)
3 constiparse
1 deshinflarse
11 helar
7 refrescar(se)
4 refrigerar
2 resfriarse
21 serenar(se)
24 sosegar(se)
3 acatarrar
11 aterirse
16 congelarse
11 helarse
30 templar
17 ◁*abrasar(se)*
25 ◁*acalorar(se)*
11 ◁*achicharrar(se)*
34 ◁*avivar(se)*
38 ◁*calentar(se)*

enfrijolarse
20 complicar(se)
18 enredarse
39 liar(se)

enfundado
22 creído
7 embutido
12 ufano
19 orgulloso
17 soberbio
10 vanidoso
13 ◁*humilde*

enfundar(se)
5 colmar
51 cubrir(se)
12 embutirse
2 enguantar
11 enrollar(se)
33 llenar(se)
35 poner(se)
22 tapar(se)
5 vestirse
58 ◁*quitar*

enfurecer(se)
19 airar(se)
31 alborotar(se)
39 arrebatar(se)
4 emberrenchinar(se)
8 embravecer(se)
8 encarnizar(se)
4 encohetar(se)
6 encolerizar
16 encrespar(se)
8 enervar(se)
6 enfurruñarse
27 enojar(se)
15 exasperar(se)
63 irritar(se)
114 molestar(se)
20 amoscarse
21 arriscar
40 cabrearse
67 enfadarse
2 estilar
63 irritarse
5 rabiar

enfurecido
18 airado
15 arrebatado
9 furibundo

enfurecimiento
8 furioso
5 poseído

enfurecimiento
13 arrebato
2 crispación
5 exasperación
11 furia
22 irritación
17 acaloramiento
13 ◁*moderación*
3 ◁*pacificación*
7 ◁*sosiego*

enfurruñamiento
10 cabreo
16 disgusto
11 enfado

enfurruñarse
14 contrariar(se)
4 enfoscarse
1 enfurruscarse
114 molestar(se)
12 amostazarse
20 disgustarse
44 ◁*calmar(se)*
27 ◁*alegrar(se)*

enfurruscarse
6 enfurruñarse

engaitar
80 burlar(se)
15 engolosinar(se)

engalanado
17 apuesto
9 aseado
4 ataviado
4 recamado

engalanar(se)
39 acicalar(se)
21 adornar
4 alhajar
7 aparatar(se)
17 asear(se)
22 ataviar(se)
6 empavesar
4 empenachar
12 emperifollar(se)

2 endomingarse
5 ornamentar
18 zafar(se)
28 aderezar
21 arrear
34 componer
2 engatillar

engalgar
16 anclar

engalibar
39 acicalar(se)
21 adornar
17 asear(se)
22 ataviar(se)
6 ornar

engalonarse
12 emperifollar(se)

engallado
6 envalentonado

engalletar(se)
18 enredarse
39 liar(se)
54 confundirse
9 errar
⇨hacerse un follón

enganchado
9 asido

enganchar(se)
30 acoplar(se)
35 agarrar(se)
17 alistar(se)
8 arracimar(se)
48 atraer(se)
14 captar
16 colgar(se)
3 drogarse
5 encasquillarse
5 enrolar(se)
20 interrumpir(se)
4 reclutar
12 seducir
15 suspender
35 trabar(se)
7 uncir
21 atorar

31 prender

enganche
4 alistamiento
4 cogida
8 recluta
4 leva
5 ◁*licenciamiento*

enganchón
7 desgarrón
9 deterioro
3 siete
4 tirón

engañabobos
10 engañador

engañado
2 burlado
8 crédulo
3 chasqueado
4 embaucado
4 embromado
6 errado
13 ingenuo
1 mentido
1 timado

engañador
21 burlador
12 embaucador
4 embelesador
1 engañabobos
2 follonero
8 liante
16 charlatán
7 fullero
6 tramposo
6 trapacero

engañapastores
1 chotacabras

engañapichanga
9 buhonero
4 chamarilero
8 engañifa
7 filfa
2 maulería
7 estafa
9 timo

engañar(se)
17 alucinar(se)
11 atrapar(se)
80 burlar(se)
40 cabrear(se)
16 camelar(se)
11 chasquear
9 defraudar
9 desorientar(se)
7 despistar
3 embelecar
8 emplumar
22 encandilar(se)
3 encatusar
8 encestar
8 engatusar
22 fascinar(se)
39 liar(se)
6 mixtificar
11 morder
1 pegársela
30 quemar(se)
12 seducir
2 socaliñar
5 trapacear
1 trufar
2 entompeatar
16 abusar
11 bolsear
54 confundirse
13 chorrear
7 chucear
3 descrestar
29 desviarse
11 embaucar
20 equivocarse
10 estafar
3 juanear
4 mentir
2 poruñear
5 timar
⇨dar el pego
⇨dar gato por liebre
⇨meter un bolo

23 ◁*advertir*
33 ◁*avisar(se)*
8 ◁*desengañar(se)*

engañifa
2 cancamusa
3 candonga
15 embeleco(s)
10 impostura

engarabitar(se)
1 engarbarse
9 entumecer(se)
1 entumirse
6 escalar
30 subir(se)
7 trepar
20 entorpecerse
35 ◁bajar(se)
4 ◁reptar

engarbarse
7 engarabitar(se)

engarce
9 encadenamiento
13 enlace
3 eslabonamiento
7 vínculo
8 conexión
15 agarrada
18 disputa
11 riña

engarfiado
9 asido

engarfiar
35 agarrar(se)

engarra
15 agarrada
35 bronca
11 riña
7 trifulca

engarrar
40 asir(se)

engarrotar
25 amarrar(se)

engarzar
48 asociar(se)
4 conectar
5 conexionar
24 encadenar(se)
2 ensortijar
7 rizar(se)
79 unir(se)
7 vincular
13 enlazar

5 marrullería
8 superchería
7 engañapichanga
7 estafa

engaño(s)
14 añagaza
31 arruga
9 celada
5 desorientación
15 embeleco(s)
10 picardía
7 truco
13 banderilla
5 buco
103 burla
11 cacha
16 caña
11 conejo
19 confusión
7 cubo
4 chapuza
12 chasco
8 equivocación
7 estafa
8 forro
9 fraude
2 imprentas
6 mafia
15 mentira
2 pernos
9 timo
10 trampa
5 treta
9 ◁desengaño
6 ◁verdad

engañosa
4 circe

engañoso
1 doloso
9 falaz
5 fraudulento
6 ilusorio
11 irreal
21 falso
10 mentiroso
11 ◁verdadero

engarabatar
40 asir(se)

64 ◁separar(se)

engastadura
22 acoplamiento

engastar
18 hincar(se)
30 montar(se)

engaste
9 cerco
7 montura
8 sujeción
8 engarce

engatado
3 engatusado

engatillar
17 engalanar(se)
2 enjoyar

engatusado
4 embaucado
9 engañado
1 engatado
2 ◁desengañado
9 ◁incrédulo

engatusador
4 superchero

engatusamiento
4 entruchado

engatusar
80 burlar(se)
16 camelar(se)
11 chasquear
3 embelecar
43 engañar(se)
11 embaucar
10 estafar
5 timar

engavillar
19 agavillar

engendrado
11 desocupado

engendrador
20 antecesor

engendramiento
10 generación
3 maternidad

engendrar
5 ayuntar(se)
5 cohabitar
17 crear
8 fecundar
33 hacer(se)
10 motivar
7 ocasionar
39 originar(se)
3 procrear
47 producir(se)
20 reproducir(se)
8 yacer
6 copular
7 fornicar

engendro
7 aborto
6 feto
18 horror
4 monstruo

engerido
17 alicaído
5 desanimado
8 entristecido
16 triste

englobar
17 abrazar
21 contener(se)
32 envolver(se)
13 incluir
14 abarcar
17 comprender

engodo
4 carnada
15 cebo

engolado
11 ampuloso
8 fatuo
4 pedante
11 solemne

engolamiento

11 enfático
13 ◁*humilde*
12 ◁*sencillo*

engolamiento
32 afectación
5 envanecimiento
6 pedantería
12 presunción
1 prosopopeya
8 solemnidad
5 énfasis
5 ◁*llaneza*
4 ◁*campechanía*
11 ◁*sencillez*

engolfado
14 atareado

engolfar(se)
4 apicararse
9 atarear(se)
23 encanallar(se)
8 subsistir

engolillado
5 anticuado
6 carca
4 rancio
9 pasado
12 ◁*nuevo*
6 ◁*moderno*

engolondrinar
6 envanecer(se)

engolosinador
38 agradable

engolosinamiento
7 deslumbramiento
8 fascinación

engolosinar(se)
8 acaramelar(se)
10 aficionar(se)
30 agradar
25 apasionar(se)
7 arregostarse
48 atraer(se)
2 cascabelear

18 deslumbrar(se)
3 encalabrinar(se)
2 engaitar
18 enviciar(se)
22 fascinar(se)
23 interesar(se)
12 seducir
12 ◁*repeler*

engolletar(se)
6 engreírse
6 envanecerse

engomado
5 asegurado
1 engrudado
7 pegadizo
10 pegado
13 sujeto
  ◁*desencolado*
4 ◁*despegado*

engomar
4 encolar

engordar
19 cebar(se)
14 criar
49 mejorar(se)
5 progresar
15 enriquecerse
6 prosperar
18 ◁*empeorar(se)*

engorde
2 ceba
2 cebadura
7 nutrición
3 ◁*adelgazamiento*

engorgonar
9 derrochar
6 despilfarrar

engorrar
12 embuchar(se)

engorro
11 inconveniente
11 incordio
18 molestia(s)

15 dificultad
10 obstáculo

engorroso
5 enojoso
5 fatigoso
8 trabajoso
8 cargante
42 fastidioso
31 pesado
28 ◁*claro*
24 ◁*fácil*

engranado
4 ajustado
3 dentado
1 embragado
1 encastrado
1 ensamblado
  ◁*desconectado*
14 ◁*suelto*

engranaje
22 acoplamiento
17 afinidad
14 encaje
26 juego(s)

engrandar
20 agrandar(se)
59 aumentar(se)

engrandecedor
2 ennoblecedor

engrandecer
23 acrecentar(se)
11 acrecer
20 agrandar(se)
12 ampliar(se)
59 aumentar(se)
8 enaltecer
23 encumbrar(se)
32 exaltar(se)
49 mejorar(se)
19 ◁*disminuir(se)*
39 ◁*rebajar(se)*

engrandecerse
38 elevar(se)

engrandecimiento
22 acrecentamiento
2 agrandamiento

4 ampliación
7 enaltecimiento
8 encumbramiento
26 exaltación
10 mejora
23 aumento
3 ◁*decrecimiento*

engranujarse
4 apicararse

engrapar
52 asegurar(se)
9 coser
4 grapar
74 juntar(se)
42 ◁*soltar(se)*

engrasado
2 aceitado
2 untado

engrasamiento
4 engrase

engrasar
26 abonar(se)
5 aceitar
1 lubrificar
14 untar(se)

engrase
1 engrasamiento
13 mancha
5 unto
8 pringue
4 ◁*desengrase*

engravecer
14 agravar(se)

engreído
15 altanero
31 arrogante
7 ceremonioso
5 empingorotado
4 encopetado
9 fachendoso
11 inmodesto
7 olímpico
10 petulante
11 soplado

12 ufano
16 vacío
21 vano
11 alzado
7 cachetón
6 cogotudo
9 choto
5 echador
5 figurón
4 grifo
19 hinchado
12 jactancioso
19 orgulloso
9 presumido
13 presuntuoso
5 puposo
2 quiquirito
10 vanidoso

engreimiento
46 aire(s)
21 ala(s)
11 altivez
6 entronización
17 importancia
8 inflación
7 ínfulas
11 jactancia
12 presunción
10 pretensión
9 toldo
7 vanagloria
14 vanidad
5 doctorería
13 altanería
26 arrogancia
15 coquetería
10 humos
18 orgullo
7 petulancia

engreírse
58 alzar(se)
8 creerse
23 encumbrar(se)
3 enorgullecerse
22 ensoberbecer(se)
1 entronarse

engrescar
7 encizañar
20 enzarzar(se)

1 guizgar

engrifarse
6 encabritarse

engringarse
1 extranjerizarse

engrosar
23 acrecentar(se)
11 acrecer
59 aumentar(se)
15 desarrollar
26 incrementar(se)
19 ◁ disminuir(se)

engrosarse
11 espesar(se)

engrudado
5 engomado

engrudo
4 encoladura
2 gacheta
4 gorullo
2 masilla

engruesar
6 engordar
5 engrosar

engrumecerse
14 coagular(se)

engrupidor
9 falaz
16 bolero
15 embustero
21 falso
7 fullero
10 mentiroso
5 ◁ veraz

engualdrapar
3 enjaezar

enguantar
15 abrigar(se)
9 enfundar(se)

enguaralar
39 liar(se)
54 confundirse
23 emborracharse
37 embriagarse

enguatado
7 acolchado

enguatar
1 acojinar
1 acolchonar
1 guatear

engubiar
46 dominar(se)
8 empedrar
40 vencer(se)

enguirnaldar
21 adornar

engullir(se)
19 absorber
40 atizar(se)
22 comer
9 devorar
5 embocar
12 embuchar(se)
12 embutir
10 empapuzar(se)
36 liquidar(se)
15 zampar(se)
21 arrear
8 deglutir
5 embaular
18 jalar
9 jamar
8 manducar
6 manguear
2 tambar
31 tragar

engunfiado
8 aburrido
1 tedioso

engurrio
22 melancolía
13 tristeza

engurruñado
26 arrugado

engurruñar(se)
39 arrugar

enharinado
5 rebozado

enharinar
5 rebozar
5 empañar(se)

enhebrar
42 atravesar(se)
6 ensartar
48 pasar(se)

enhestar
5 enarbolar

enhielar
5 biliar

enhiesto
2 erecto
4 erguido
9 levantado
16 tieso
11 alzado
4 ◁ tumbado

enhorabuena
8 felicitación
4 parabién

enhoramala
8 desaprobación
7 protesta
16 disgusto
11 enfado
2 ◁ enhorabuena
8 ◁ felicitación

enhornar
24 asar(se)
6 cocer(se)

enigma
9 arcano
7 incógnita
5 misterio
19 secreto

enigmático
8 anónimo
9 arcano
4 esfinge
17 incomprensible
8 inescrutable
7 inexplicable
21 obscuro
19 secreto

enjabonar
18 adular
50 limpiar
15 pelotear
▷hacer la rosca

enjaezado
4 ataviado

enjaezar
3 acollarar
1 engualdrapar
2 jaezar
4 ◁*desaparejar*

enjalbegado
5 revoque
2 repello

enjalbegador
4 blanqueador
3 calero

enjalbegamiento
9 blanqueo

enjalbegar
4 encalar
7 enlucir
4 enyesar
18 blanquear

enjalma
6 albarda
7 baste

enjalmar
4 albardar

enjambrar
4 multiplicar

enjambre
11 conjunto
12 familia
12 masa
8 tropa
41 banda
16 cantidad
15 grupo
12 montón
16 multitud

enjambrillo
1 escamocho
9 enjambre

enjaminado
23 arreglado
4 ataviado

enjaretado
1 enrejado
2 rejilla

enjaretar
40 atizar(se)
24 encajar(se)
8 endilgar
8 endosar

enjarje
3 dentellón
4 adaraja

enjaular
11 encerrar
19 aprisionar
5 enchironar
8 trincar
▷meter en la trena

enjebar
2 emblanquecer
4 encalar
4 enjalbegar
18 blanquear

enjebe
3 ajebe
4 alumbre

enjerir
51 cubrir(se)
22 tapar(se)

enjerto
1 injerto

enjoyado
15 jarifo

enjoyar
4 alhajar
2 engatillar

enjuagadientes
3 enjuagatorio

enjuagar
54 aclarar(se)
50 limpiar

enjuagatorio
1 enjuagadientes
2 gárgara
6 enjuague

enjuague
11 conchabanza
1 gargarismo
6 pasteleo
9 chanchullo
19 intriga
5 trapicheo

enjugación
10 absorción

enjugador
7 secante

enjugar
6 cancelar
5 compensar
28 finalizar(se)
36 liquidar(se)
30 secar(se)
7 terminar
9 ◁*empezar(se)*

enjugarse
14 adelgazar(se)

enjuiciado
25 avisado

enjuiciador
6 juez

enjuiciamiento
10 estimación
5 incoación

enjuiciar
13 analizar(se)
4 encausar
24 estimar(se)
11 estudiar
41 examinar(se)
5 incoar
11 instruir
11 juzgar
4 procesar

enjundia
6 contenido
15 interés
14 sustancia
17 actividad
49 energía
17 fuerza
7 vigor
14 ◁*insignificancia*

enjundioso
9 esencial
9 impulsivo
12 principal
6 pujante
5 substancioso
5 vigoroso
6 ◁*secundario*

enjuta
1 embecadura
2 sobaco

enjutez
7 delgadez
12 flaqueza
7 sequedad

enjuto
6 enteco
16 fino
7 magro
21 seco
11 delgado

enmarañar

16 flaco
5 ◁*mojado*
19 ◁*gordo*

enlabiar
6 almibarar(se)

enlace
22 acoplamiento
18 boda
10 combinación
2 ligazón
8 matrimonio
5 nexo
7 nupcias
19 unión
14 vinculación
8 conexión
28 asociación
8 engarce
7 trabazón
28 ◁*separación*

enlaciar
39 ajar(se)

enlatado
4 envasado

enlatar
2 envasar

enlazamiento
22 acoplamiento

enlazar
30 acoplar(se)
48 asociar(se)
15 combinar
4 conectar
5 conexionar
5 emparentar(se)
9 engarzar
37 ligar(se)
35 trabar(se)
79 unir(se)
7 vincular
61 atar
19 casar
25 ◁*desunir(se)*

enlegamar
2 entarquinar

enlodar
2 enlodazar
8 macular

enlodarse
16 enfangar(se)

enlodazar
2 enlodar
4 embarrar

enlomar
5 encuadernar

enloquecedor
5 arrebatador
6 cautivador
2 embriagador
15 espeluznante
11 horripilante
13 impresionante
8 perturbador
7 seductor
14 terrible
◁*confortador*
18 ◁*amable*
35 ◁*atractivo*
19 ◁*suave*

enloquecer
4 chalarse
3 chiflarse
12 jubilar(se)
6 trastocar(se)
26 trastornar(se)
⇨perder el juicio
⇨perder el seso
⇨volverse loco
⇨volverse majareta

enloquecido
1 conturbado
12 chiflado
1 grillado
7 orate
6 trastornado
12 chalado
8 ido
20 loco

7 ◁*cuerdo*
6 ◁*sensato*

enloquecimiento
8 chifladura
26 exaltación
10 frenesí
11 trastorno
9 chaladura
14 locura
13 ◁*moderación*
6 ◁*sensatez*

enlosado
7 pavimento
8 acera

enlosar
4 adoquinar
8 empedrar
3 enchinarrar
3 entarugar
1 losar
7 pavimentar

enlucidación
10 aclaración

enlucido
30 blanco
9 blanqueo
5 revoque
2 repello

enlucir
14 abrillantar(se)
12 bruñir(se)
4 encalar
4 enjalbegar
4 estucar
39 pulir(se)
18 blanquear

enlustrecer
47 brillar

enlutar(se)
51 afligir(se)
34 apenar(se)

enllentecer
26 blandear(se)

enmaderación
2 entibación

enmadrarse
8 encariñarse

enmagrecer
14 adelgazar(se)
9 demacrar(se)

enmalecer
30 deteriorar(se)
64 estropear(se)

enmallarse
2 mallar

enmantar(se)
51 afligir(se)
20 angustiar(se)
15 arropar(se)

enmantequillarse
18 enredarse
54 confundirse

enmarañado
6 caótico
1 embarullado
8 embrollado
5 laberíntico
13 chuzo
10 erizado
10 hirsuto
14 ◁*evidente*
24 ◁*fácil*

enmarañamiento
8 encrespamiento
7 tergiversación
24 follón

enmarañar
54 confundir(se)
2 desgreñar
9 embrollar
16 encrespar(se)
39 liar(se)
18 enredar
24 revolver

enmarañarse
6 empelotarse

enmarcar
10 encuadrar

enmaromar
25 amarrar(se)
61 atar

enmascarable
4 simulable

enmascarado
3 asaltante
9 bandido
1 bandolero
6 salteador

enmascaramiento
6 disfraz
1 disimulación
2 encubrimiento
1 ◁*descubierta*

enmascarar
24 disfrazar(se)
13 disimular
9 embozar(se)
31 encubrir(se)
41 ocultar(se)
22 tapar(se)
27 velar(se)
11 ◁*manifestar*

enmendar
83 arreglar(se)
16 corregir(se)
9 indemnizar
7 rectificar
20 reformar(se)
11 resarcir(se)
5 subsanar
21 reparar

enmienda(s)
12 abono
1 correción
4 rectificación
8 reforma
12 reparación
20 arreglo

enmohecer
11 florecer
1 mohecer

enmohecerse
4 aherrumbrar(se)
1 enrobinarse

enmohecido
1 humedecido
7 oxidado

enmohecimiento
9 florecimiento
1 oxidación
1 verdín

enmollecer
26 blandear(se)

enmordazar
6 amordazar

enmortecido
12 alelado

enmostachado
3 bigotudo

enmudecer
49 callarse
⇨cerrar la boca

enmudecimiento
1 callamiento
2 mudez
4 afonía
5 ◁*locuacidad*
17 ◁*sonido*

ennegrecer
37 cerrar(se)
51 cubrir(se)
1 denegrecer
12 denigrar
7 ensombrecer(se)
19 manchar(se)
1 negrecer
16 nublar(se)
5 oscurecer(se)
16 infamar
54 ◁*aclarar(se)*

65 ◁*alabar(se)*
16 ◁*despejar(se)*

ennegrecerse
9 aborrascar(se)
10 encapotar(se)
16 nublar(se)
1 empretecer

ennegrecido
3 moreno
3 oscurecido
3 quemado
2 renegrido
3 tostado
19 negro
30 ◁*blanco*
8 ◁*pálido*

ennegrecimiento
7 ensombrecimiento

ennoblecedor
1 dignificante
1 engrandecedor
3 ◁*degradante*
2 ◁*deshonroso*

ennoblecer(se)
27 calificar(se)
38 elevar(se)
5 esclarecer
24 honrar(se)
11 ◁*abaldonar(se)*
12 ◁*abarrajar(se)*
10 ◁*abellacarse*
9 ◁*acanallarse*

ennoviarse
20 comprometer(se)

ennudecer
12 anudar(se)

enófobo
6 abstemio

enojadizo
1 enfadadizo
8 furioso
10 colérico
11 iracundo

8 ◁*calmo*
13 ◁*tranquilo*

enojado
18 airado
5 picado
12 tibio
5 ardido
5 cabreado
9 enfadado
4 grifo
15 molesto

enojar(se)
20 amoscar(se)
8 añusgar(se)
35 atormentar(se)
8 berrear
40 cabrear(se)
24 desazonar(se)
6 encolerizar
67 enfadar(se)
22 enfurecer(se)
16 exacerbar(se)
32 exaltar(se)
15 exasperar(se)
60 excitar(se)
87 fastidiar(se)
7 formalizar
9 indignar(se)
63 irritar(se)
114 molestar(se)
4 rechinar
20 resentirse
20 sublevar(se)
10 sulfurar(se)
8 trinar
3 arrufar
18 atufar
⇨poner fuera de sus casillas
⇨sacar de quicio
30 ◁*agradar*
8 ◁*humanizar(se)*

enojo
5 exasperación
11 furia
22 irritación
18 molestia(s)
22 trabajo(s)
10 cabreo

11 cólera
13 chinche
11 enfado
15 fastidio
9 ira
29 pena
14 ◁agrado

enojoso
10 desagradable
4 mortificante
2 cabreante
42 fastidioso
15 molesto
17 ◁liviano
35 ◁atractivo

enólogo
5 catador
4 catavinos
7 mojón

enorgullecer
12 halagar

enorgullecerse
6 engreírse
22 ensoberbecer(se)
24 honrar(se)
40 ◁avergonzar(se)
7 ◁confiscación

enorme
6 bestial
24 brutal
16 colosal
5 desmedido
10 desmesurado
20 extremo
10 gigantesco
5 inconmensurable
8 infinito
9 inmenso
10 monstruoso
19 suave
6 ◁mínimo

enormidad
11 atrocidad
5 despropósito
22 barbaridad

16 cantidad
14 copia
14 locura
12 montón

enquesarse
54 hurtar(se)
12 mangar
14 robar

enquiciar(se)
83 arreglar(se)

enquistado
8 embuchado
7 embutido

enquistarse
21 abultar(se)
38 atascar(se)
5 emboscar(se)
6 incrustarse
7 infectarse
19 inflamar(se)
48 ◁salir(se)

enrabiar
67 enfadar(se)
27 enojar(se)

enrabietarse
10 encorajinar(se)

enracimarse
21 apiñar(se)
8 arracimar(se)

enraizar(se)
1 afincar
28 arraigar(se)
8 estabilizar(se)
7 implantar(se)
18 situar(se)
11 ◁desarraigar(se)
48 ◁arrancar

enralecer
54 aclarar(se)
7 espaciar(se)

enramada
2 ramaje

enramar
2 horquetear

enranciar(se)
16 corromperse
9 podrir(se)
2 ranciar(se)
4 caucarse
16 corromper

enrarecer
20 complicar(se)
13 dificultar(se)
7 enmarañar
2 enrevesar
1 rarificar
1 rarefacer
3 ◁simplificar

enrasar
41 allanar(se)
30 igualar(se)
7 nivelar
6 rasar
7 ◁rebasar

enrase
3 allanamiento
14 aplanamiento
4 nivelación

enredadera
2 convólvulo

enredado
11 apresado
6 caótico
13 complejo
5 laberíntico
8 lioso

enredador
8 liante
8 lioso
4 movido
13 revoltoso
1 trapisondista
6 chismoso
18 chucho
15 embustero
11 huracán
10 mentiroso

10 travieso
13 ◁tranquilo

enredadora
15 alcahueta

enredar
18 arrebujar(se)
20 complicar(se)
6 embarullar
9 embrollar
3 encabestrar
7 encizañar
7 enmarañar
5 entrecruzar
31 mezclar(se)
6 tergiversar
9 trabucar(se)
5 trapacear
3 trapalear.
26 trastornar(se)
5 zascandilear
6 empandorgar
4 enchamarrar
9 tejer
24 ◁ordeñar

enredarse
16 enfangar(se)
5 engalletar(se)
39 liar(se)
3 encuartar(se)
6 empelotarse
3 enfrijolarse
2 enmantequillarse
7 manear(se)
31 prender
9 tejer

enredo
30 asunto(s)
13 complicación
11 trama
20 amorío
20 arreglo
16 bochinche
17 brete
103 burla
19 confusión
15 embrollo
19 embuste

enrejada

7 estafa
16 galleta
8 ligue
11 lío
8 maraña
15 mentira
9 timo

enrejada
25 arado

enrejado
1 enverjado

enrejar
7 arar
13 bordar
9 zurcir
19 aprisionar

enrevesado
13 complejo
14 complicado
14 confuso
16 difícil
8 embrollado
11 intrincado
7 liado
7 enmarañado
28 ◁claro
20 ◁simple

enrevesar
20 complicar(se)
6 enrarecer

enriquecer(se)
4 acaudalar
6 avalorar
6 engordar
9 engrandecer
47 establecer(se)
4 fecundizar
11 florecer
7 lucrar(se)
49 mejorar(se)
50 parar(se)
22 perfeccionar(se)
5 progresar
22 tapar(se)
17 forrar
6 prosperar

42 ◁arruinar(se)
9 ◁declinar
8 ◁depauperar(se)
14 ◁deprimir(se)
5 ◁empalidecer
18 ◁empeorar(se)
12 ◁empobrecer(se)
6 ◁esquilmar

enriquecido
4 beneficiado
8 floreciente
3 situado
12 forrado
14 rico
19 ◁arruinado
18 ◁pobre

enriquecimiento
16 bienestar
6 crecimiento
12 desarrollo
10 riqueza
9 ◁pérdida
10 ◁pobreza

enriscado
16 abrupto
45 áspero
16 escabroso
12 montuoso
4 peñascoso
21 ◁llano

enrizado
7 rizado
6 bucle

enrobinarse
3 enmohecerse

enrodar
35 atormentar(se)
8 torturar(se)
⇨dar suplicio

enrodrigonar
2 rodrigar

enrojecer
15 ruborizar(se)

23 encender

enrojecimiento
6 azoramiento
6 rojez
9 rubor
17 acaloramiento
10 timidez
17 vergüenza
32 ◁atrevimiento
10 ◁descaro

enrolamiento
4 alistamiento

enrolar(se)
17 alistar(se)
19 enganchar(se)
11 inscribir
4 reclutar
7 matricular

enrollable
1 enroscable
1 plegable
26 ◁rígido

enrollado
1 arrollado
1 enroscado
7 rizado
1 roleo
1 voluta

enrollar(se)
16 amigar(se)
8 arrollar
24 distraer(se)
4 encanillar
9 enfundar(se)
32 envolver(se)
39 liar(se)
5 roscar
10 amancebarse
42 amontonarse
5 ◁desplegar

enromar
5 achaflanar
10 despuntar

enronquecer
5 desgañitarse

enronquecimiento
4 afonía
4 ronquera

enroscable
2 enrollable

enroscado
5 enrollado

enroscar
9 atornillar
8 hilar
5 roscar

enrostrar
12 regañar
16 reprender

enruinecer(se)
29 envilecer(se)
12 empobrecerse

ensacar
3 empacar(se)
7 empaquetar

ensaimada
27 bollo(s)

ensalada
14 baturrillo
1 lechuga
10 mezcolanza
10 revoltijo
3 macedonia

ensaladera
13 fuente

ensalivar
8 babear

ensalmado
8 hechizado

ensalmador
29 hechicero(a)
4 algebrista

ensalmar
14 sanar(se)
13 curar

ensalmo
9 hechicería
11 hechizo

ensalzado
3 alabado
4 aplaudido
1 encomiado
5 entronizado
5 exaltado
14 honrado
2 ◁censurado
7 ◁humillado

ensalzador
3 apologístico
1 glorificador
5 ◁juzgamundos
5 ◁vituperador

ensalzamiento
4 apoteosis
9 elogio
7 encomio
9 glorificación
3 ◁acoceamiento
13 ◁degradación
23 ◁depresión

ensalzar(se)
8 elogiar
8 enaltecer
7 encomiar
32 exaltar(se)
13 loar(se)
46 ◁humillar(se)
11 ◁desdeñar

ensamblado
5 engranado

ensambladura
22 acoplamiento
1 ensamblaje

ensamblaje
2 ensambladura

ensamblar
30 acoplar(se)
17 articular(se)
24 encajar(se)
79 unir(se)
25 ◁desunir(se)

ensamble
8 empalme

ensanchado
5 abocinado
7 ahuecado

ensanchamiento
4 ampliación
17 anchura
12 ◁encogimiento

ensanchar(se)
4 abocinar
21 abultar(se)
11 acrecer
20 agrandar(se)
12 ampliar(se)
59 aumentar(se)
29 dilatar(se)
9 engrandecer
6 engreírse
22 ensoberbecer(se)
51 extender(se)
38 hinchar(se)
25 ahuecar
9 ◁acurrucarse
29 ◁encoger(se)
32 ◁estrechar(se)

ensanche
16 afuera(s)
17 anchura
15 barrio

ensañamiento
13 crueldad
7 encarnizamiento
11 ferocidad
9 inflexibilidad
13 rigor
7 saña
21 violencia
22 aspereza
30 ◁blandura

ensañar(se)
19 cebar(se)
8 encarnizar(se)
3 recochinearse

ensarmentar
9 acodar(se)

ensartar
42 atravesar(se)
4 empalar
31 introducir(se)
49 meter(se)
3 enhebrar
9 apiolar
3 ◁desenchufar

ensayado
10 amanerado

ensayar
9 experimentar
19 probar
8 pulsar
22 reconocer
9 sondear
12 tantear
⇨dar un toque

ensayista
9 autor
5 comentarista
10 escritor
8 investigador

ensayo
12 examen
6 experimento
14 intento
20 prueba
12 reconocimiento
1 sondeo
5 tanteo
3 tentativa
22 trabajo(s)
13 artículo
5 experiencia
9 cata
5 opúsculo

enseguida
6 inmediatamente
6 prontamente
4 rápidamente
2 seguidamente

enselvado
7 boscoso

ensemble
11 conjunto

ensenada
4 caleta
8 fondeadero
32 abrigo
7 bahía
6 rada
9 abra
19 golfo

enseña
26 alegoría
22 bandera
5 gonfalón
19 insignia(s)
5 pendón
10 alférez

enseñado
14 advertido
7 educado

enseñante
12 educador
7 instructor

enseñanza
3 adiestramiento
1 docencia
15 ilustración
27 instrucción(es)

enseñar(se)
31 acostumbrar(se)
4 adestrar
15 adiestrar(se)
5 adoctrinar
23 advertir
8 aleccionar(se)
4 alfabetizar
20 alumbrar(se)
7 amaestrar
13 apacentar
64 apuntar(se)

enseñorear

15 avezar(se)
8 catequizar
14 criar
29 educar(se)
9 encauzar
11 exhibir(se)
34 explicar(se)
31 exponer(se)
21 ilustrar(se)
23 imponer(se)
11 indicar
31 iniciar(se)
11 instruir
35 mostrar(se)
26 ofrecer(se)
9 ostentar
2 pontificar
48 preparar(se)
33 presentar(se)
46 señalar(se)
4 sofaldar

31 acostumbrarse
17 habituarse
33 hacerse
8 traquear

10 ◁esconder

enseñorear(se)
10 adueñarse
24 apoderar(se)
35 ocupar(se)
5 posesionar(se)
42 ◁soltar(se)

enser
7 herramienta

enseres
12 bártulos
10 utensilio(s)
4 útiles
10 trasto

ensilvecerse
2 ayermar(se)

ensillar
13 avasallar(se)
87 fastidiar(se)
114 molestar(se)
5 incordiar

ensimismado
8 abismado
29 absorto
9 embebido
6 enfrascado
9 extasiado
9 recogido
6 recoleto
14 abstraído

ensimismamiento
6 concentración
2 embelesamiento
2 recogimiento
5 ◁dispersión

ensimismar(se)
13 abismar(se)
25 abstraer(se)
9 cavilar
16 concentrar(se)
5 embebecerse
30 enajenar(se)
1 ensoñar
5 extasiar(se)
11 meditar
47 recoger(se)
9 reconcentrar(se)

↪Babia (estar en)
↪quedarse traspuesto

ensoberbecer(se)
38 elevar(se)
6 endiosar(se)
6 engreírse
3 enorgullecerse
14 ensanchar(se)
6 entoldar(se)
16 entonar(se)
9 esponjar(se)
20 estirar(se)
38 hinchar(se)
9 infatuarse
19 inflar(se)
18 atufar
6 envanecerse
11 fardar
17 pavonearse
16 presumir
12 ufanar

↪darse pisto
↪darse pote

46 ◁humillar(se)

ensoberbecido
15 altanero
22 creído
5 empingorotado
12 estirado
8 fatuo
12 ufano
17 altivo
15 fanfarrón
19 orgulloso
17 soberbio
13 ◁humilde

ensoberbecimiento
9 fatuidad
8 inflación
12 presunción
10 pretensión
20 satisfacción

ensogar
25 amarrar(se)
61 atar

ensombrecer(se)
4 achubascarse
51 afligir(se)
2 entenebrecer
14 entristecer(se)
16 nublar(se)
16 obscurecer(se)
5 oscurecer(se)
54 ◁aclarar(se)
27 ◁alegrar(se)

ensombrecimiento
7 celaje
5 consternación
1 ennegrecimiento
22 melancolía
2 obscurecimiento
11 turbación
48 aflicción
38 ◁alegría(s)

ensoñación
6 ensueño

ensoñado
7 abstracto
4 figurado
1 idealizado
8 utópico
23 ◁material(es)
10 ◁real

ensoñador
7 soñador

ensoñar
15 ensimismar(se)

ensopar
18 empapar(se)
21 mojar(se)
1 sopear
1 sopetear

↪poner hecho una sopa
30 ◁secar(se)

ensordecedor
4 estentóreo
11 estrepitoso
8 estridente
9 estruendoso
7 ruidoso
5 ◁silencioso

ensordecer
5 atronar(se)
13 abombar(se)

ensortijado
1 encaracolado
2 ondulado
7 rizado
1 voltizo
5 ◁lacio
10 ◁liso

ensortijar
16 encrespar(se)
7 rizar(se)

ensortijarse
4 encarrujar(se)

ensuciar(se)
8 aplebeyar(se)
13 cagar(se)

19 curtir(se)
11 defecar(se)
5 emporcar
23 encanallar(se)
16 enfangar(se)
1 enturbecer
10 enturbiar(se)
29 envilecer(se)
17 evacuar
1 impurificar(se)
13 malear(se)
4 maliciar
19 manchar(se)
▷hacer de vientre
14 ◁*atildar(se)*

ensueño
1 ensoñación
11 ilusión
8 maravilla
5 portento
6 prodigio
18 fantasía

entablado
9 entarimado
5 tarima
1 tribuna

entabladura
7 tablazón

entablamiento
1 cornisamiento

entablar
48 disponer(se)
31 iniciar(se)
48 preparar(se)
18 acometer
10 comenzar
5 emprender

entable
11 empresa
22 negocio(s)

entablillar
3 escayolar
7 vendar

entalamadura
9 toldo

entalegar
11 ahorrar(se)
9 atesorar

entalingar
16 anclar

entalladura
1 cincelado
3 entalle
4 escotadura
1 esculpido
2 muesca
9 tajo
1 tallado

entallar
59 ajustar(se)
44 ceñir(se)
3 cincelar
4 esculpir
12 grabar
8 tallar

entalle
7 entalladura
6 ranúnculo
6 raja

entallecer
9 guiar

entallecerse
64 apuntar(se)

entaparar
41 ocultar(se)
27 velar(se)

entapizada
13 alfombra

entarimado
6 empedrado
3 entablado
2 estrado
6 mosaico
1 parqué
7 plataforma
7 solado
3 tabladillo
7 tablazón

entarimar
6 entablar

entarquinar
26 abonar(se)
1 enlegamar

entarugar
8 empedrar
6 enlosar
7 pavimentar

éntasis
8 fuste

ente
10 ser
2 noúmeno

entecarse
16 empecinar(se)
39 empeñarse
28 obstinarse
6 ◁*desistir*

enteco
14 canijo
15 enfermizo
5 esmirriado
14 débil
10 enclenque
▷poca cosa
5 ◁*vigoroso*
22 ◁*fuerte*

entelequia
18 fantasía

entelerido
3 atemorizado
4 aterido
7 enfriado
6 enteco
16 helado
14 débil
5 espantado
16 flaco

entena
9 verga

entenado
2 alnado
2 hijastro

entender
7 deducir
3 discernir
27 inferir(se)
11 juzgar
12 penetrar(se)
31 pensar(se)
22 alcanzar
6 compenetrarse
17 comprender

entenderse
59 ajustar(se)
3 coexistir
7 abarraganarse
6 compenetrarse
18 cuartear

entendido
4 adiestrado
11 avezado
8 conocedor
14 diestro
4 docto
23 experimentado
8 experto
17 hábil
10 perito
15 sabio
17 templado
13 ◁*inexperto*

entendimiento
28 alcance(s)
10 comprensión
6 discernimiento
4 intelecto
18 inteligencia
11 penetración
7 talento
14 capacidad
12 meollo
8 mollera

entenebrecer
31 asombrar(se)
7 ensombrecer(se)

entenebrecerse
15 anochecer
31 asombrar(se)
16 obscurecer(se)

entenebrecido
10 lóbrego

entente
21 acuerdo(s)
10 entendimiento
14 pacto

enterado
8 conocedor
9 impuesto
3 informado
8 instruido
2 sabedor
7 consciente
8 ◁*desconocedor*

enteramente
7 cabalmente
5 completamente
3 íntegramente
3 totalmente
▷del todo
　◁*parcialmente*

enterar
26 informar(se)
11 instruir
11 manifestar
49 mejorar(se)
8 noticiar
14 sanar(se)
14 publicar
19 recobrarse
15 recuperarse
▷dar a conocer
▷hacer saber

enterarse
25 averiguar(se)
6 empajar
11 indagar
26 informar(se)
12 penetrar(se)
7 percatarse
8 rastrear

14 saber

entercarse
20 aferrar(se)
16 encaprichar(se)
7 encastillarse

entereza
11 aguante
7 ecuanimidad
13 firmeza
11 fortaleza
5 hombría
9 inflexibilidad
6 integridad
8 rectitud
13 rigor
14 determinación
22 aspereza
30 ◁*blandura*
6 ◁*pusilanimidad*

enteritis
5 colitis

enterizo
16 entero

enternecedor
5 conmovedor
10 patético

enternecer(se)
30 ablandar(se)
13 conmover(se)
17 derretir(se)
16 emocionar(se)
37 enamorar(se)
▷caerse la baba
▷ponerse tierno
18 ◁*endurecer(se)*

enternecido
44 afectado

enternecimiento
10 emoción

entero
45 bueno
16 cabal
13 completo

1 incorrupto
8 intacto
14 íntegro
8 robusto
18 sano
19 recto
7 constante
18 cumplido
7 ecuánime
12 exacto
19 firme
22 fuerte
16 justo
12 ◁*corrompido*
15 ◁*enfermizo*
14 ◁*incompleto*
13 ◁*inconstante*
6 ◁*inexacto*

enterrado
6 aislado
3 alejado
7 cubierto
17 escondido
16 oculto
11 retirado
1 sepultado
12 ◁*descubierto*
17 ◁*presente(s)*

enterrador
1 sepulturero
2 zacateca

enterramiento
3 entierro
1 inhumación
3 sepelio
5 sepultura
8 fosa

enterrar(se)
3 acohombrar
35 aislar(se)
32 arrinconar(se)
24 clavar(se)
18 hincar(se)
2 inhumar
41 ocultar(se)
11 olvidar(se)
10 prescindir
12 relegar(se)

2 sepelir
7 sepultar
11 soterrar(se)
4 embarrilar
1 ◁*desenterrar*
27 ◁*destacar(se)*

entesar
20 atirantar(se)
34 avivar(se)

entibación
1 enmaderación
3 maderamen

entibar
3 ademar
17 apuntalar(se)

entibiado
7 enfriado

entibiar(se)
6 caldear(se)
38 calentar(se)
31 moderar(se)
30 templar

entibo
4 ademe
5 estribo
6 marero

entidad
11 empresa
2 ente
10 firma
17 importancia
10 ser
14 sustancia
29 valer(se)
24 valor
9 compañía
15 corporación
16 sociedad

entierro
5 enterramiento
1 inhumación
3 sepelio

entiesar
5 atiesar(se)
20 atirantar(se)

entimema
32 argumento

entintar
4 teñir

entoldado
11 cobertizo
9 cubierta
2 palio
4 parasol
1 sombrajo
9 toldo
3 tendal

entoldamiento
4 encapotamiento

entoldar(se)
6 engreírse
22 ensoberbecer(se)
15 recubrir(se)
17 revestir(se)
6 envanecerse
3 toldar(se)

entompeatar
43 engañar(se)
11 embaucar

entonación
10 afinación
9 acento

entonado
4 fortalecido
7 matizado
19 ◁*abatido*
16 ◁*helado*
7 ◁*molido*
12 ◁*desmayado*

entonar(se)
11 afinar
14 alentar(se)
61 animar(se)
38 calentar(se)
21 cantar
6 engreírse
22 ensoberbecer(se)
25 esforzar(se)
32 exaltar(se)

13 fortalecer(se)
3 recitar
5 robustecer
3 tarareo
11 vigorizar
3 vocalización
6 envanecerse
41 ◁*cansar(se)*
17 ◁*debilitar*
25 ◁*desanimar(se)*
46 ◁*humillar(se)*

entonces
10 ahí
⇨dado que
⇨en aquel momento

entonelar
1 encubar
2 envasar
1 tempanar

entongar
42 amontonar(se)

entontecedor
4 embrutecedor

entontecer(se)
11 abobar(se)
8 abotagarse
30 atontar(se)
7 embobar(se)
9 embrutecer(se)
30 atontarse
2 ◁*espabilarse*

entontecido
9 abobado

entontecimiento
4 anquilosamiento
1 atontamiento
14 idiotez
4 imbecilidad
13 incultura
7 ◁*cordura*
18 ◁*inteligencia*

entorchado
5 fleco
3 galón

2 jarretera
21 adorno

entornar
1 entreabrir

entornillar
9 atornillar

entorno
9 ambiente
10 distribución
21 dominio
7 ámbito

entorpecedor
14 dificultoso
10 inoportuno
8 cargante
15 molesto
◁*facilitador*

entorpecer(se)
11 abobar(se)
28 abrumar(se)
12 aguar(se)
7 arrecirse
20 complicar(se)
14 contrariar(se)
49 detener(se)
13 dificultar(se)
15 embarazar(se)
9 embrollar
7 engarabitar(se)
28 estorbar(se)
87 fastidiar(se)
4 interceptar
114 molestar(se)
16 paralizar(se)
9 retardar(se)
17 retrasar(se)
8 rezagar(se)
13 impedir
22 ◁*acelerar(se)*
20 ◁*asistir(se)*
13 ◁*facilitar*

entorpecido
9 arrecido

entorpecimiento
10 estorbo
5 retardo

entrada
25 abertura
17 acceso
5 aceptación
11 acogida
8 admisión
10 billete
23 boca
8 comienzo
17 confianza
5 ingreso
16 inicio
15 introducción
4 intrusión
4 irrupción
13 origen
13 portillo
8 puerta(s)
6 recepción
10 trato
20 relación
13 boleto
10 entremés
4 piscolabis
22 ◁*salida(s)*

entrado
3 inmigrante

entrador
27 animoso
33 atrevido
9 brioso
4 enamoradizo
6 intruso
6 mariposón
9 entrometido

entramado
6 estructura
9 armazón
12 red

entrambos
3 ambo

entrampado
1 deudor
1 hipotecado
2 ◁*acreedor*
17 ◁*desahogado*

entrampar(se)
4 adeudar
35 agarrar(se)
7 atollar(se)
39 empeñar(se)
2 endeudarse
39 empeñarse
2 encalillarse
2 enditarse
3 ◁*desentrampar-(se)*

entrampillar
35 agarrar(se)

entrante
6 aperitivo
8 concavidad
23 depresión
4 escopleadura
2 muesca
56 corte
13 ◁*saliente*

entraña(s)
26 afecto
6 asadura
19 carácter
15 centro
8 compasión
16 condición
13 corazón
15 esencia
12 índole
20 naturaleza
4 núcleo
13 seno
9 señuelo
5 mondongo
37 alma
11 interior

entrañable
9 cercano
11 íntimo
13 próximo
10 ◁*indiferente*

entrañablemente
13 amorosamente

entrañar
21 contener(se)
9 implicar
⇨llevar aparejado

entrañudo
30 duro
8 empedernido

entrar(se)
22 acceder
3 adentrar(se)
18 adoptar
19 afiliar(se)
16 agredir(se)
64 apuntar(se)
19 atacar(se)
11 caber
26 castigar(se)
20 dedicar(se)
9 empezar(se)
11 importar
26 incorporar(se)
5 ingresar
31 iniciar(se)
4 inmigrar
12 integrar(se)
6 internar(se)
31 introducir(se)
4 irrumpir
49 meter(se)
48 pasar(se)
38 pegar(se)
12 penetrar(se)
5 recalar
42 seguir(se)
20 zurrar(se)
18 acometer
20 colarse
10 comenzar
33 hacerse
18 ◁*borrarse*
48 ◁*salir(se)*
7 ◁*terminar*
6 ◁*egresar*

entreabrir
1 entornar

entreacto
3 interludio
7 intermedio

entrecejo
4 ceja

entrecerrar
1 entornar
1 entreabrir
35 ◁*abrir(se)*

entrecogedura
11 apresamiento

entrecoger(se)
35 agarrar(se)
74 aturdir(se)
14 sujetar

entrecomar
27 destacar(se)
1 entrecomillar
9 resaltar
1 subrayar
3 ◁*ignorar*

entrecomillar
4 entrecomar

entrecortado
2 intermitente
12 irregular
6 vacilante
7 tartamudo

entrecot
10 filete

entrecruzamiento
8 cruce

entrecruzar
3 entretejer
48 pasar(se)
35 trabar(se)
18 enredar
9 tejer
2 ◁*destejer*
25 ◁*desunir(se)*

entrecruzarse
10 solapar(se)

entrechocar
40 batir(se)
2 castañetear
12 chocar
2 percutir
24 golpear

entredicho
5 prohibición
7 reprobación
2 veto

entredós
33 armario
5 cómoda
10 filete
4 mueble
20 bordado
11 tira

entrefilete
8 comentario
14 suelto
13 noticia

entreforro
3 entretela

entrega
3 adjudicación
15 donación
17 pago(s)
10 remuneración
7 retribución
8 transmisión

entregado
7 dado
6 depositado
6 desprendido
4 ofrendado

entregar(se)
32 aflojar(se)
40 atizar(se)
41 ceder(se)
7 conceder
4 consignar
63 dar(se)
20 dedicar(se)
58 echar(se)
24 encajar(se)

6 encomendar
8 endosar
11 enfrascar(se)
13 facilitar
9 facturar
60 largar(se)
26 ofrecer(se)
33 presentar(se)
10 procurar
20 proporcionar(se)
5 reembolsar
30 rendir(se)
14 sacrificar(se)
22 servir(se)
40 someter(se)
8 sucumbir
18 suministrar(se)
16 transmitir(se)
5 aprontar
12 traspasar
10 ◁*acaparar*
58 ◁*quitar*

entregerir
31 mezclar(se)

entrelazar
21 cruzar(se)
9 tejer

entreliño
24 calle

entrelucir
6 divisarse

entremés
6 aperitivo
7 atelana
23 boca
16 comedia
23 entrada
12 farsa
3 sainete
13 banderilla
10 botana
8 tapa

entremeses
14 acompañamiento

entremeterse
7 arrecirse
42 atravesar(se)

2 entremezclar
20 entrometer(se)
12 interceder
38 pegar(se)

entremetida
7 andorrera

entremetido
13 bullebulle
10 buscavidas
10 advenedizo

entremetimiento
10 alcahuetería

entremezclado
5 promiscuo

entremezcla-miento
6 promiscuidad

entremezclar
6 entremeterse
31 mezclar(se)

entrenado
4 adiestrado
12 aguerrido
10 baqueteado
9 baquiano

entrenador
1 aleccionador
7 instructor
3 preparador
13 ◁*discípulo*

entrenamiento
13 educación
15 ejercicio

entrenar(se)
28 aconsejar(se)
15 adiestrar(se)
5 adoctrinar
5 aguerrir(se)
5 ejercitar
7 ensayar
9 foguear(se)
48 preparar(se)

8 traquear
7 ◁*descuidarse*

entreoír
7 oír

entrepaño
15 anaquel
8 balda
3 librería
7 lienzo
6 muro
10 estante

entrepierna
3 bragadura

entrepiso
7 altillo
1 entreplanta

entreplanta
2 entrepiso

entrerrenglonar
1 interlinear

entresacar
15 elegir(se)
8 escoger
6 picotear
6 seleccionar

entresijo
3 entretela
5 hondón
5 misterio
15 reserva(s)
19 secreto

entresuelo
40 bajo(s)

entretalla
2 bajorrelieve

entretalladura
2 bajorrelieve

entretanto
2 ínterin
1 mientras

entretejer
7 entreverar
16 tramar(se)
5 urdir

entretela
1 entreforro
5 entresijo
8 forro

entretelas
13 corazón

entretener(se)
30 agradar
42 aliviar(se)
8 amenizar
11 conservar
7 contentar(se)
8 diferir
29 dilatar(se)
24 distraer(se)
32 divertir(se)
28 esparcir(se)
14 explayar(se)
44 guardar(se)
18 holgar(se)
14 jugar
28 mantener(se)
23 recrear(se)
14 refocilar(se)
18 regocijar(se)
15 solazar(se)
27 alegrar(se)
3 picholear
3 postergar
28 ◁*aburrir(se)*
41 ◁*cansar(se)*

entretenida
5 barragana
5 querida
8 ligue
9 manceba

entretenido
38 agradable
22 ameno
7 burlesco
12 deleitable
2 recreativo
12 regocijado

entretenimiento

10 cachondo
16 distraído
5 ocupado
8 ◁*aburrido*
8 ◁*chirle*
15 ◁*jarifo*
10 ◁*monótono*
5 ◁*plomífero*
7 ◁*rutinario*
6 ◁*saturado*
8 ◁*soporífero*
1 ◁*tedioso*

entretenimiento
16 distracción
16 diversión
5 esparcimiento
10 jolgorio
30 placer
15 recreo
5 refocile
11 regocijo
8 solaz
12 gusto
12 ◁*aburrimiento*

entretiempo
1 otoño
3 primavera

entrever
22 adivinar
8 conjeturar
31 imaginar(se)
3 presentir
23 sospechar(se)
8 vislumbrar

entreverado
5 promiscuo

entreverar
3 entretejer
5 insertar
4 intercalar
3 interpolar
18 interponer(se)
31 mezclar(se)
7 vincular

entrevero
6 promiscuidad

11 altercado
12 mezcla
11 riña

entrevista
2 interviú
7 audiencia

entrevistar
1 interviuvar
3 visitar

entrevistarse
12 avistar(se)
6 departir
6 parlamentar
13 conversar

entripado
13 ahíto
7 cólico

entripar(se)
20 atarugar(se)
67 enfadar(se)
63 irritar(se)
21 mojar(se)

entristecedor
7 acongojante
5 desmoralizador

entristecer(se)
11 acibarar(se)
27 acongojar(se)
9 acorar
51 afligir(se)
21 amargar(se)
4 amohinarse
20 angustiar(se)
34 apenar(se)
12 apesadumbrar(se)
7 contristar(se)
14 deprimir(se)
7 ensombrecer(se)
27 ◁*alegrar(se)*

entristecido
10 acongojado
17 alicaído
22 angustioso
6 cacoquimio

7 corroído
12 hundido
10 inconsolable
5 engerido

entristecimiento
25 abatimiento
16 amargura
5 lamentación
22 melancolía
29 pena
13 tristeza
7 ◁*consuelo*
9 ◁*júbilo*

entrometer(se)
24 clavar(se)
7 cocinar
21 cruzar(se)
6 entremeterse
11 infiltrar(se)
11 injerir
11 injerirse
12 inmiscuir(se)
18 interponer(se)
31 introducir(se)
49 meter(se)
31 mezclar(se)
2 montantear
5 zascandilear
6 intervenir
8 mangonear
38 pegarse
⇨meter las narices

entrometido
14 comedido
8 cuzco
10 inoportuno
6 intruso
6 sacristán
3 zascandil
10 correveidile
6 fisgón
9 indiscreto

entrometimiento
4 espionaje
5 fisgoneo
2 injerencia
7 intercesión

4 intromisión
4 intrusión

entromparse
6 empiparse

entrón
17 arriesgado
18 audaz
10 intrépido
9 entrometido
14 metomentodo

entronarse
6 engreírse

entroncado
7 emparentado

entroncamiento
3 entronque

entroncar
48 asociar(se)
5 emparentar(se)
37 ligar(se)
31 relacionar(se)
7 vincularse
19 ◁*desvincular(se)*

entronización
20 engreimiento
4 instalación
3 instauración
7 veneración
12 designación
18 orgullo
4 ◁*destitución*
3 ◁*destronamiento*

entronizado
11 elevado
1 elogiado
1 implantado
2 instalado
3 situado
◁*desalojado*

entronque
7 consanguinidad
2 filiación
7 parentesco

entruchado
9 complot
1 engatusamiento
5 estancamiento
11 trama
6 ◁*verdad*

entubado
1 casing

entubar
2 acanalar
6 canalizar
56 dirigir(se)
11 ◁*obstruir*

entuerto
21 agravio
12 baldón
17 injuria
14 ofensa
10 ultraje
8 equivocación
7 error
13 yerro

entumecer(se)
21 adormecer(se)
10 agarrotarse
39 alterar(se)
7 arrecirse
16 congelar(se)
7 engarabitar(se)
16 paralizar(se)
3 emparamarse
5 ◁*aguerrir(se)*
9 ◁*despabilar(se)*

entumecido
9 arrecido
2 envarado
16 helado

entumecimiento
1 hemiplejía
9 insensibilidad
8 letargo
7 parálisis
7 sopor
8 torpeza
7 ◁*vigor*

entumido
14 encogido
30 tímido

entumirse
7 engarabitar(se)

entupir
11 apisonar

enturbecer
16 ensuciar(se)

enturbiar(se)
8 desarreglar(se)
5 desdibujar(se)
19 desordenar(se)
9 desorganizarse
23 encanallar(se)
16 ensuciar(se)
29 envilecer(se)
5 oscurecer(se)
16 resolver(se)
5 empañar(se)
9 ◁*clarificar*
3 ◁*irisar*

enturdecer(se)
74 aturdir(se)

entusiasmado
14 ardoroso
5 delirante
9 embriagado
7 eufórico
5 exaltado
15 satisfecho
6 ◁*apagado*
3 ◁*desapasionado*
25 ◁*frío*

entusiasmar(se)
25 acalorar(se)
25 apasionar(se)
13 conmover(se)
18 deslumbrar(se)
7 electrizar
23 enardecer(se)
22 encandilar(se)
10 encorajinar(se)
9 enfervorizar(se)
60 excitar(se)

19 inflamar(se)
6 pirrarse
27 alegrar(se)
37 embriagarse
23 encender
◁*desapasionar(se)*

entusiasmo
13 arrebato
10 emoción
2 enardecimiento
11 fervor
10 frenesí
16 pasión
14 ◁*desinterés*

entusiasta
34 apasionado
12 devoto
10 fanático
8 incondicional
2 seguidor
11 partidario

entusiástico
7 agitado
6 entusiasmado
9 fogoso
12 vehemente
6 ◁*gélido*
25 ◁*frío*

enucleación
6 extirpación

enumerable
5 contable

enumeración
2 catalogación
2 cómputo
5 inventario
4 recuento
1 congerie

enumerado
10 contado
4 especificado

enumerar
9 contar
6 especificar

2 listar
1 numerar

enunciación
10 explicación
11 exposición
1 formulación
19 afirmación
7 declaración

enunciado
11 exposición
14 expresión
5 enunciación

enunciar
17 articular(se)
14 decir
9 declinar
20 hablar

envahecer
5 deslustrar

envainar
13 perecer
8 sucumbir

envalentonado
33 atrevido
1 engallado
13 resuelto
22 bravucón
15 fanfarrón
4 perdonavidas
1 ◁*cobardón*
30 ◁*tímido*
33 ◁*apocado*

envalentonar(se)
61 animar(se)
3 baladronar
30 crecer(se)
9 enfervorizar(se)
6 fanfarronear
25 esforzarse
11 fardar
40 ◁*acobardar(se)*
24 ◁*achicar(se)*
58 ◁*asustar(se)*
36 ◁*atemorizar(se)*

envanecer

6 ◁*atortolar*
11 ◁*consternar(se)*
25 ◁*desanimar(se)*
17 ◁*empachar(se)*
29 ◁*encoger(se)*
11 ◁*horripilar(se)*
12 ◁*achantarse*
4 ◁*atorcazar*

envanecer(se)

65 alabar(se)
8 creerse
1 engolondrinar
6 engreírse
22 ensoberbecer(se)
5 ventear
46 ◁*humillar(se)*

envanecido

6 pagado
11 soplado
12 ufano

envanecimiento

11 insolencia
12 presunción
26 arrogancia
18 orgullo
7 soberbia
10 ◁*humildad*
10 ◁*timidez*

envarado

3 entumecido
26 rígido

envaramiento

6 entumecimiento
6 rigidez

envarar

4 empalar

envararse

21 adormecer(se)
3 empalamiento

envasado

1 embarrilado
1 embotellado
2 embotellamiento

1 enlatado

envasar

5 embotellar(se)
1 enlatar

envase

34 bote
9 botella
11 casco
14 estuche
5 recipiente
33 caja
12 lata
8 sobre
10 tambor

envejecer

39 ajar(se)
11 apergaminar(se)
10 avejentar(se)
2 aviejarse
30 deteriorar(se)
64 estropearse
⇨peinar canas
⇨volverse carroza
7 ◁*rejuvenecer(se)*

envejecerse

12 anticuar(se)
10 avejentar(se)

envejecido

18 acabado
3 ajado
5 anticuado
3 avejentado
21 caduco
12 deteriorado
2 enmohecido
19 estropeado
2 inactual
22 viejo
12 carroza
9 pasado
7 retablo
8 vetusto
12 ◁*nuevo*
10 ◁*joven*

envejecimiento

16 agotamiento
14 ancianidad

17 antigüedad
6 ◁*rejuvenecimiento*

envenenado

7 injurioso
5 intoxicado
2 letal
5 mordaz
3 venenoso
30 ◁*benigno*
6 ◁*inofensivo*

envenenamiento

5 contaminación
10 enemistad
1 inficionamiento
5 inoculación
1 intoxicación
8 transmisión
9 daño
10 resentimiento

envenenar(se)

7 adulterar
13 apestar(se)
18 atosigar(se)
9 contaminar
30 deteriorar(se)
6 emponzoñar
11 enconar
64 estropear(se)
7 infectar
7 inficionar(se)
4 intoxicar
20 agriar

enverdecer

4 reverdecer

envergadura

35 altura(s)
9 amplitud
17 anchura
23 extensión
17 importancia
3 relevancia

envergue

42 cabo
3 rizo

enverjado

3 verja

envés

4 dorso
6 espalda
6 reverso
5 verso
7 ◁*haz*

enviado

12 apóstol
7 embajador
8 emisario
3 misionero
5 nuncio
22 ordinario
5 recadero
8 mandado
14 mensajero
13 propio

enviar

27 despachar(se)
4 expedir
2 exportar
9 facturar
48 pasar(se)
26 remitir(se)
17 mandar

enviciado

4 comodón
6 habituado
13 libertino
9 perverso
2 resabiado
16 vicioso
21 ◁*puro*
5 ◁*virtuoso*

enviciamiento

5 contagio
13 degradación

enviciar(se)

10 abellacarse
10 aficionar(se)
7 arregostarse
11 bastardear(se)
17 consentir
16 corromperse

9 degenerar
23 degradar(se)
7 descarriar(se)
16 enfangar(se)
15 engolosinar(se)
7 golfear
7 inficionar(se)
13 malear(se)
7 mancillar(se)
38 perder(se)
3 resabiar(se)
64 estropearse
7 ◁purificarse

envidada
8 apuesta

envidar
19 apostar(se)

envidia
25 celo(s)
1 envidieta

envidiable
3 apetecible
2 codiciable
3 deseable

envidiar
12 ambicionar
45 anhelar
13 ansiar
17 apetecer
5 codiciar
14 desear
11 ◁desdeñar

envidieta
2 envidia

envidioso
13 celoso
11 ambicioso

envido
2 envite

envigado
3 maderamen

envilecedor
3 degradante
4 denigrante
1 pervertidor
  ◁moralizador
5 ◁virtuoso

envilecer(se)
11 abaldonar(se)
12 abarrajar(se)
10 abellacarse
9 acanallarse
10 afear
8 aplebeyar(se)
11 bastardear(se)
23 degradar(se)
14 desacreditar(se)
22 deshonrar(se)
30 deteriorar(se)
18 empeorar(se)
23 encanallar(se)
16 enfangar(se)
2 enruinecer(se)
16 ensuciar(se)
10 enturbiar(se)
21 extraviar(se)
4 maliciarse
19 manchar(se)
20 pervertir(se)
5 prostituir(se)
19 relajar(se)
13 viciar(se)
43 arrastrar
16 corromper
4 fatalizar

envilecido
11 abellacado
16 arrastrado
7 avillanado
9 depravado
4 deshonrado
2 prostituido
20 abyecto
  ◁ennoblecido
5 ◁virtuoso

envilecimiento
10 degeneración
13 degradación
10 hundimiento
7 indignidad
5 prostitución
11 vileza
10 ◁virtud
11 ◁purificación

envilortar
61 atar

envinagrar
20 avinagrar(se)
1 encurtir

envio
12 consignación
6 facturación

envío
6 encargo
8 expedición
6 mensaje
1 pedido
2 remesa
7 remisión

envirotado
15 altanero

enviscamiento
20 adherencia

enviscar
13 azuzar(se)

envite
8 apuesta
6 jugada

envolatado
3 afanado
14 atareado

envoltorio
8 caparazón
9 cubierta
13 fardo
7 funda
9 paquete
3 jacket
14 cuitado
11 lío
5 lulo
2 maitu
4 motete
3 tacuil

envoltura
9 cubierta
4 embalaje
14 estuche
9 piel
8 cáscara
8 corteza

envolvedor
2 envolvente

envolvente
4 circundante
1 envolvedor

envolver(se)
17 abrazar
14 acordonar
2 amortajar
18 arrebujar(se)
8 arrollar
15 arropar(se)
2 asobinarse
44 ceñir(se)
12 cercar
13 disimular
2 embalar
5 empapelar
7 empaquetar
31 encubrir(se)
6 englobar
11 enrollar(se)
6 flanquear
9 implicar
3 involucrar
39 liar(se)
41 ocultar(se)
5 rebozar
17 revestir(se)
38 rodear(se)
7 suponer
22 tapar(se)
27 velar(se)
5 vestir
7 copar
5 empañar(se)
6 fajar
17 forrar
4 ◁desenrollar

14 ◁*publicar*

envolvimiento
19 rodeo

envuelto
2 abrigado
6 arrebujado
5 enrollado
5 rebozado
1 ◁*desabrigado*

enyerbar
8 embrujar
13 hechizar

enyesador
4 blanqueador

enyesamiento
9 blanqueo

enyesar
4 enjalbegar
3 escayolar
7 vendar
18 blanquear

enyugar
2 acoyundar
7 uncir
64 ◁*separar(se)*

enzarzada
4 atrincheramiento

enzarzar(se)
35 agarrar(se)
34 avivar(se)
13 azuzar(se)
19 combatir
3 concitar
10 contender
23 enardecer(se)
7 encizañar
3 engrescar
5 enzurizar
60 excitar(se)
17 incitar(se)
39 liar(se)
4 malquistar
29 pelear(se)

16 tramar(se)
13 hurgar
6 luchar
22 reñir
⇨poner a mal
24 ◁*sosegar(se)*

enzima
2 catalizador
2 fermento

enzocar
24 encajar(se)
49 meter(se)

enzurizar
13 azuzar(se)
20 enzarzar(se)
19 indisponer(se)
4 malquistar
12 hostigar

eón
2 eternidad
8 infinito
1 infinitud

epacta
5 añalejo
12 calendario

epanáfora
9 repetición

epanástrofe
7 concatenación
1 conduplicación

epanortosis
13 corrección

epatar
45 aplastar(se)
31 asombrar(se)
46 humillar(se)
16 maravillar(se)

épica
7 epopeya
10 narración
10 relato(s)
10 romance(s)

3 saga

epicedio
29 alabanza

epiceno
19 común

epicentro
15 centro
6 foco
4 núcleo

epiceyo
29 alabanza

épico
27 animoso

epicureísmo
11 comodidad
8 refinamiento
10 sensualidad
1 sibaritismo
5 voluptuosidad
2 ◁*ascetismo*
19 ◁*austeridad*

epicúreo
1 disfrutador
1 gozador
9 gozoso
16 sensual
3 voluptuoso
7 ◁*asceta*

epidemia
17 calamidad
8 flagelo
8 infección
26 azote

epidémico
3 contagioso
6 infeccioso
2 morboso
5 pestífero
8 pestilente

epidérmico
3 cutáneo
15 exterior

6 superficial
8 ◁*profundo*

epidermis
3 cutis
9 piel

epifanía
11 adoración
7 ofrenda
6 aguinaldo

epigastrio
5 estómago
2 ombligo
7 abdomen

epiglotis
3 laringe

epígono
13 discípulo
2 seguidor

epígrafe
14 encabezamiento
7 letrero
3 parágrafo
20 inscripción
6 lema
10 rótulo
30 título

epigrama
103 burla

epigramático
8 poético

epilepsia
17 acceso
18 ataque
3 espasmo
9 síncope

epílogo
14 compendio
12 conclusión
2 paralipómena
5 recapitulación
11 resumen

epiplón
2 mesenterio
1 peritoneo

epiquerema
32 argumento

episódico
18 extraño
12 irregular
22 raro
14 ◁corriente

episodio
28 aventura(s)
5 capítulo
24 hecho(s)
12 incidente
13 suceso(s)
10 acaecimiento
26 parte

epispástico
2 revulsivo
3 rubefaciente

epistemología
16 conocimiento
3 gnoseología

epístola
18 carta
6 mensaje
6 misiva

epístrofe
9 conversión
9 repetición

epitafio
3 dedicatoria
9 leyenda
20 inscripción

epitelio
2 epidermis

epitelioma
12 cáncer
27 tumor

epítema
17 alivio
7 consuelo

epíteto
6 apelativo
10 calificación
12 calificativo
9 adjetivo
4 aposición
2 modificador

epítima
17 alivio

epítome
14 compendio
11 resumen

epítrope
9 concesión
1 permisión

epoca
7 momento
5 siglo
6 temporada
13 tiempo

época
12 circunstancia
5 edad
9 era
7 momento
6 temporada
13 tiempo
8 estación
9 periodo

epónimo
20 representación
13 símbolo

epopeya
6 balada
8 gesta
6 heroicidad
9 leyenda
8 poema
4 proeza
3 saga
12 ◁pequeñez

7 ◁vulgaridad

equidad
7 ecuanimidad
6 imparcialidad
8 rectitud

equidistancia
5 paralelismo

equidistante
7 mediano
3 neutral
5 paralelo
5 simétrico

equidistar
1 centrar
16 mediar
3 ◁descentrar

equilibrado
3 armónico
9 mesurado
1 nivelado
5 ponderado
13 prudente
6 sensato
7 ecuánime
12 ◁desequilibrado
3 ◁insensato

equilibrar(se)
19 balancear(se)
5 compensar
30 igualar(se)
7 nivelar
6 contrarrestar

equilibrio
8 balance
7 consonancia
3 contrapartida
3 empate
4 estabilización
17 igualdad
12 independencia
2 neutralización
5 objetividad
12 ponderación
8 quietud
7 ritmo

18 armonía
6 simetría

equilibrioso
2 picajoso
7 susceptible

equilibrismo
9 acrobacia

equilibrista
5 malabarista
5 volatinero
7 acróbata

equimosis
9 cardenal
14 lesión
4 magulladura
2 moradura
8 roncha
2 patacón
4 tefe

equino
8 caballar
3 hípico

equipaje
4 componentes
9 equipo
13 fardos
1 tripulación
15 bulto
15 maleta

equipajes
12 bártulos
8 consigna

equipar
11 abastecer(se)
17 aprestar(se)
4 aprovisionar
18 suministrar(se)
11 surtir

equiparable
5 comparable
1 cotejable
1 parangonable
16 ◁único

equiparación
22 asonada
5 equivalencia

equiparado
1 comparado
9 identificado
7 igualado
18 ◁desigual

equiparar(se)
14 asemejar(se)
17 asimilar(se)
7 comparar(se)
11 confrontar
30 igualar(se)
8 cotejar

equipo
8 ajuar
24 avío(s)
4 componentes
4 indumentaria
4 integrantes
7 plantilla
1 vestuario
25 atavío
8 ropa

equis
12 cruz
6 aspa
5 mengano

equisignificativo
4 sinónimo

equitación
1 hípica

equitativamente
5 justamente

equitativo
5 imparcial
19 recto
7 ecuánime
16 justo

equivalencia
8 correspondencia
2 equiparación

17 igualdad
5 paralelismo
6 semejanza
3 ◁desigualdad

equivalente
15 igual
18 parecido
10 parejo
11 semejante(s)
5 ◁desemejante

equivaler
3 paralelar

equivocación
9 desacierto
12 desvío
9 gazapo
7 error
16 gato
12 mote
10 pelón
13 yerro

equivocado
4 anacrónico
9 desatinado
5 descaminado
4 desentonado
8 desviado
6 erróneo
6 inexacto

equivocar(se)
5 cojear
18 contradecir(se)
5 desacertar
2 desbarrar
7 despistar
43 engañar(se)
21 extraviar(se)
4 patinar
8 resbalar(se)
5 pajarear
20 colarse
9 errar
9 fallar
6 marrar
22 pelar
14 pisar
4 ponchar

36 rajar
⇨meter la pata
⇨no dar una en el clavo

equivoco
21 falso

equívoco
9 ambiguo
6 dudoso
32 oscuro
5 sospechoso
6 anfibología
7 anfibológico
3 dilogía
3 retruécano

era
9 amelga
5 área
5 edad
8 égida
8 época
3 hégira
5 siglo
3 conuco
9 etapa

eral
3 becerro
2 ternero
1 torillo

erario
3 fisco
6 tesoro

érebo
12 infierno

erección
9 construcción
10 creación
3 empinamiento
4 enderezamiento
7 fundación
7 institución
7 levantamiento
6 rigidez
4 tiesura
9 alzamiento
4 ◁demolición

erecto
5 enhiesto
4 erguido
3 ◁agachado
2 ◁arrodillado
7 ◁giboso

eremita
6 anacoreta
7 asceta
3 ermitaño
10 santón
16 solitario

ergástula
7 galera
7 mazmorra
12 calabozo

ergotismo
6 silogismo

ergotista
4 dialéctico

ergotizar
24 argumentar(se)

erguido
5 enhiesto
2 erecto
16 tieso
26 rígido
14 ◁encogido

erguimiento
4 enderezamiento
9 alzamiento

erguir(se)
58 alzar(se)
16 cuadrar(se)
15 empinar(se)
24 enderezar(se)
53 levantar(se)
53 levantarse
50 parar(se)
3 ◁abajarse
62 ◁caer

erial
 5 desierto
 30 placer
 6 páramo
 8 yermo

eriazo
 14 barbecho

erigir
 58 alzar(se)
 5 construir
 17 crear
 25 fundar(se)
 5 instituir
 53 levantar(se)
 6 ◁demoler

erío
 2 gándara

erístico
 4 dialéctico

eritema
 1 sabañón

eritematoso
 4 eruptivo

eritrocito
 2 hematíe

erizado
 14 arduo
 45 áspero
 7 cubierto
 difícil
 5 plagado
 6 salpicado
 10 colmado
 4 grifo
 14 lleno
 17 riguroso
 16 ◁vacío
 24 ◁fácil

erizamiento
 7 levantamiento

erizarse
 16 encrespar(se)

erizo
 17 intratable

ermita
 4 capilla
 3 oratorio
 4 santuario

ermitaño
 6 anacoreta
 4 cenobita
 5 eremita

erogación
 3 dispendio
 7 donativo
 8 gasto
 8 dádiva

erogar
 17 causar
 7 ocasionar

erosión
 2 corrosión
 4 desgaste
 9 deterioro
 9 rozamiento

erosionar
 9 desgastar
 30 deteriorar(se)
 64 estropear(se)
 15 herir
 10 despellejar
 5 ◁construir
 22 ◁cuidar(se)
 21 ◁reparar

erotema
 5 interrogación

erótica
 24 fácil

erótico
 27 amoroso
 16 sensual

erotismo
 53 amor
 8 concupiscencia

 10 picardía

erotomanía
 53 amor

erotómano
 27 amoroso

errabundo
 8 errante
 4 giróvago
 3 trashumante

erradicación
 9 aniquilación
 6 anulación
 4 arrancamiento
 1 exterminación
 6 exterminio
 4 ◁arraigo
 17 ◁resistencia

erradicado
 15 arrancado

erradicar
 18 borrar
 6 extirpar
 10 eliminar
 29 aniquilar
 48 arrancar
 28 ◁arraigar(se)
 9 ◁permanecer

errado
 9 desatinado
 5 descaminado
 9 engañado
 6 erróneo
 1 irrazonable
 4 marrado

errante
 5 desorientado
 3 errabundo
 1 errático
 4 nómada
 7 titubeante
 6 vacilante
 6 vagabundo
 4 vagamundo
 2 ◁sedentario

 25 ◁seguro
 19 ◁firme

errar
 5 desacertar
 13 chingar
 7 deambular
 20 equivocarse
 9 fallar
 6 marrar
 14 pisar
 36 rajar
 4 vagar

errata
 8 equivocación
 7 error

errático
 8 errante

errátil
 16 incierto
 7 variable

erróneo
 4 desacertado
 7 equivocado
 6 errado
 6 inexacto
 21 falso
 15 mentira
 11 ◁verdadero

error
 9 desacierto
 10 falsedad
 3 inexactitud
 19 confusión
 8 equivocación
 15 mentira
 13 yerro
 6 ◁verdad

eructar
 1 regoldar
 1 regüeldar

eructo
 11 flatulencia
 1 regüeldo

erudición
16 conocimiento
15 ilustración
27 instrucción(es)
11 sabiduría
3 ◁*desconocimiento*
12 ◁*ignorancia*
13 ◁*incultura*

erudito
11 avezado
4 docto
23 experimentado
8 experto
17 hábil
9 ilustrado
8 instruido
15 sabio
16 capaz
13 ◁*inexperto*

eruginoso
2 enmohecido

erupción
4 alhorre
2 impétigo
3 urticaria
2 usagre
3 varicela
6 eczema
9 chapetonada

eruptivo
1 eritematoso
9 explosivo
4 inflamatorio
2 volcánico

ervilla
1 alverjana
6 arveja

esbarar
8 resbalar(se)

esbatimentar
1 sombrear
23 pintar

esbatimento
13 pintura
15 sombra

esbeltez
35 altura(s)

esbelto
7 donairoso
9 elegante
6 enteco
16 fino
7 magro
15 airoso
11 delgado
16 flaco
17 gallardo
⇨bien plantado
17 ◁*grueso*

esbirro
24 alguacil
2 sicario

esbozado
4 abocetado
4 esquemático

esbozar
64 apuntar(se)
8 bosquejar
15 insinuar(se)
19 perfilar(se)

esbozarse
19 perfilar(se)

esbozo
10 apunte
7 boceto
7 bosquejo
5 croquis
15 proyecto

escabechar
7 calabacear

escabechina
10 destrozo
6 mortandad
4 estrago

escabel
1 escañuelo
6 escaño

escabrosidad
8 anfractuosidad
4 boscosidad
7 breña
2 sicalipsis
22 aspereza

escabroso
45 áspero
5 desenfadado
18 desigual
    difícil
14 dificultoso
30 duro
6 escarpado
9 fragoso
17 grueso
11 inconveniente
18 libre
12 montuoso
16 quebrado
9 verde
21 grosero
17 riguroso
24 ◁*fácil*
21 ◁*llano*

escabuche
7 almocafre
8 azadilla

escabullimiento
10 huida

escabullir
5 sortear

escabullirse
8 desaparecer
38 perder(se)
34 escaparse
18 esfumarse
60 largarse
22 pelar
⇨escurrir el bulto

escachar
23 cascar(se)
5 destripar

escacharrado
11 destruido

escachifollar(se)
8 cachifollar(se)
11 chasquear
64 estropear(se)
87 fastidiar(se)
24 frustrar(se)
83 ◁*arreglar(se)*
8 ◁*obtener*
22 ◁*alcanzar*

escafandrista
3 buzo

escafoides
⇨hueso navicular

escajo
4 erial
8 yermo

escala
33 alto(s)
4 baremo
5 gama
15 medida
11 gradación
18 hilera

escalabrar
4 descalabrar(se)

escalada
6 ascensión
4 ascenso
1 encaramamiento
1 escalamiento
1 escalo
12 progreso
1 ◁*descendimiento*

escalador
2 montañero

escalafón
17 antigüedad
4 ascenso
11 gradación

escalamiento
6 escalada

escálamo
1 escalmo

escalar
10 ascender
49 mejorar(se)
5 progresar
30 subir(se)
7 trepar
6 magnitud
35 ◁bajar(se)
18 ◁empeorar(se)

escaldadura
9 calentamiento
6 bife

escaldar
23 arder
21 mojar(se)

escalecer(se)
38 calentar(se)

escalfador
4 braserillo
17 calentador

escalfeta
14 brasero
17 calentador
3 chofeta

escalinata
9 grada

escalmo
1 escalamo

escalo
6 escalada

escalofriante
10 emocionante
11 espantoso
4 excitante
14 horrible
6 inquietante
10 temible

14 terrible
◁tranquilizador

escalofrío
5 dentera
7 estremecimiento
9 repeluzno
1 temblequeo
3 tiritera
18 chucho

escalón
2 peldaño
9 etapa
9 grada
26 parte

escalona
13 bulbo

escalonado
8 gradual
7 paulatino

escalonar
12 graduar(se)

escalonia
9 cebolla

escaloña
3 chalote

escalope
10 filete

escalpelo
2 bisturí
3 escarpelo

escalplo
15 cuchilla

escalla
3 escanda

escama
40 armadura
2 cabreamiento
2 caspa
10 desconfianza
12 precaución

7 solapo
6 sospecha
6 suspicacia
11 recelo

escamada
20 bordado

escamado
8 desconfiado
3 escarmentado
11 malicioso
5 mosqueado
7 precavido
7 temeroso
6 quisquilloso
25 ◁seguro
9 ◁incauto

escamar(se)
20 amoscar(se)
12 amostazar(se)
40 cabrear(se)
2 desconfiar
1 escamonearse
4 escoriar(se)
4 maliciar
14 recelar(se)
2 sollisparse
23 sospechar(se)
⇨olerse algo turbio
⇨tener suspicacia
17 ◁confiar(se)

escamas
6 eczema

escamocho
2 enjambrillo

escamón
8 desconfiado
5 suspicaz
9 receloso

escamondar
2 escamujar
8 podar

escamonearse
12 escamar(se)

escamoso
7 escamado

escamoteador
7 fullero
6 tramposo

escamotear
58 alzar(se)
36 apañar(se)
51 apropiar(se)
4 sangrar
15 substraer(se)
44 tomar(se)
16 apandar
58 quitar
7 sisar

escamoteo
7 alijo
6 malabarismo

escampada
14 bonanza
26 calma

escampado
28 claro
3 descampado
11 limpio
7 raso
12 despejado
7 ◁cubierto

escampar(se)
54 aclarar(se)
11 clarear(se)
1 descampar
16 despejar(se)
21 serenar(se)
58 quitar
7 ◁chucear

escampavía
21 embarcación

escamujar
2 escamondar
8 podar

escanciador
1 copero
1 escanciano

escanciano

5 echador

escanciano
3 escanciador

escanciarse
33 beber

escanda
1 carraón
1 escalla
1 espelta

escandalera
79 alboroto
80 bulla
18 bullicio
10 escándalo

escandalizar
4 cencerrear

escándalo
14 desenfreno
10 gritería
79 alboroto
13 barahúnda
10 descaro
2 desvergüenza
4 escandalera
24 follón
9 laberinto
13 tumulto
7 ◁silencio

escandaloso
6 bochornoso
9 explosivo
4 gritón
9 inaudito
7 incendiario
4 sensacionalista
15 sórdido

escandallar
6 sondar

escandallo
5 sonda

escandinavo
4 norteño

escandir
19 medir(se)

escantillar
19 medir(se)

escantillón
1 chantillón
1 ságoma

escaño
17 banco
7 banqueta
7 banquillo
2 escabel
49 asiento
9 banca

escañuelo
2 escabel

escapada
4 espantada
6 fuga

escapado
6 fugitivo

escapar(se)
12 abarrajar(se)
12 ahuyentar
30 ausentar(se)
80 burlar(se)
15 deslizar(se)
26 disipar(se)
15 escurrir(se)
18 evadir(se)
6 fluir
7 fumar(se)
38 perder(se)
1 pirarse
15 volar
5 volatilizar
18 zafar(se)
2 grillarse
8 afufar
28 aventar
34 correr
5 desmanchar
5 empolvar
7 escabullirse
fugarse

19 huir
60 largarse
34 liberar(se)
22 pelar
23 pintar
6 refalar(se)
⇨darse el bote
⇨darse el piro
⇨salir por pies

escaparate
10 aparador
33 armario
2 vitrina

escapatoria
7 evasión
5 evasiva
8 excusa
6 fuga
10 huida
12 marcha
22 salida(s)
3 subterfugio

escape
6 defección
6 fuga
10 huida
6 liberación
13 portillo
4 quite
5 regate
3 ◁obturador

escápula
2 omóplato

escapulario
5 distintivo
19 insignia(s)
2 medalla

escaque
11 casilla
15 casa

escaquearse
10 eludir

escaques
1 ajedrez

escara
6 costra(s)
4 postilla
6 pústula

escarabajear
31 alborotar(se)

escarabajeo
18 arrepentimiento

escaramujo
3 galabardera
1 gavanzo
7 percebe
2 zarzaperruna
⇨mosqueta silvestre

escaramuza
27 batalla
16 brega
19 combate
8 pedrea
7 refriega

escaramuzador
15 batallador

escarapela
15 cinta

escarapelar(se)
18 amenazar(se)
6 desconchar(se)
11 horripilar(se)
11 horrorizar(se)
8 intimidar(se)
22 reñir

escarbador
12 azada

escarbadura
12 arañazo

escarbar
26 arañar(se)
25 averiguar(se)
24 buscar(se)
10 inquirir
11 rascar(se)
8 rastrear

13 hurgar

escarcela
44 bolsa

escarcina
6 daga
7 espada

escarcha
2 rocío
3 rosada
1 helada

escarda
12 azada
1 cepilladura
1 desbroce
1 escardado
19 limpieza
14 revuelta

escardadera
7 almocafre
8 azadilla

escardado
6 escarda

escardar
3 desherbar
2 desyerbar
1 escardillar
2 sallar
24 revolver

escardera
7 almocafre

escardilla
7 almocafre
8 azadilla

escardillar
5 escardar

escardillo
4 sacho

escariador
1 fresadora
2 taladro

escariar
19 agujerear
4 horadar
2 rimar

escarificación
2 escarificar

escarificar
2 roturar
9 labrar

escarlador
7 navaja

escarlata
5 carmesí
18 rojo

escarmenador
8 batidor

escarmentado
7 escamado
5 mosqueado
9 receloso

escarmentar
26 castigar(se)
9 penar

escarmiento
19 advertencia
7 correctivo
9 desengaño
11 pasada
1 penalización
34 aviso
17 castigo
29 pena
8 ◁premio

escarnecedor
21 burlador
4 vejatorio
5 vilipendioso
23 bufón
8 martillo

escarnecer
21 afrentar(se)
15 befar(se)

80 burlar(se)
8 conculcar
7 pisotear
5 vejar
10 hollar
6 zaherir

escarnecido
2 burlado
3 profanado

escarnio
21 afrenta
21 agravio
15 befa
5 ludibrio
103 burla
6 mofa
29 ◁alabanza

escarolado
6 alechugado
26 arrugado

escarolar(se)
15 lavar(se)
39 arrugar
50 limpiar

escarótico
1 caterético

escarpado
16 abrupto
18 desigual
9 fragoso
12 montuoso
4 peñascoso
16 quebrado
21 ◁llano

escarpadura
8 acantilado

escarpar
8 raspar
57 cortar
50 limpiar

escarpelo
2 bisturí
2 escalpelo

3 raspador

escarpia
5 alcayata
8 armador
16 gancho

escarpidor
8 batidor

escarpín
17 bota
10 calceta
29 calzado
4 media

escarramán
6 baile

escarramanado
1 brabucón
5 valentón
15 fanfarrón
12 jactancioso
30 ◁tímido

escarzar(se)
18 arquear(se)

escasamente
9 apretadamente
15 ◁ampliamente

escasez
8 carencia
3 exigüidad
12 insuficiencia
10 mezquindad
3 parvedad
7 penuria
13 poquedad
5 roñosería
6 tacañería
17 miseria
10 pobreza
14 roña
28 ◁abundancia
10 ◁riqueza

escaso
16 apretado
13 carente

escatimar

11 exiguo
14 incompleto
12 insuficiente
2 limitado
4 menesteroso
8 parvo
13 poco
34 avaro
21 corto
21 falso
19 mezquino
26 miserable
18 pobre
19 roñoso
12 tacaño
6 ◁*desprendido*
29 ◁*abundante*
14 ◁*rico*

escatimar
16 acortar(se)
12 amenguar
10 cercenar
19 disminuir(se)
39 rebajar(se)
52 reducir(se)
2 roñosear
3 tacañear
58 quitar
8 regodear
59 ◁*aumentar(se)*

escatología
1 teología

escatológico
1 estercolizo
1 fecal
1 teologal
1 teológico
7 ◁*terrenal*

escayolar
2 entablillar
4 enyesar
26 inmovilizar(se)

escena
9 andanza
2 escenario
4 proscenio
2 sketch

14 acto
8 cuadro

escenario
6 escena
9 tablas

escenificar
15 actuar
33 presentar(se)
29 representar(se)

escenografía
5 decoración
1 delineación

escepticismo
5 nihilismo
2 volterianismo

escéptico
8 descreído
10 impío
9 incrédulo

escifozoo
4 celentéreo

escila
11 arrecife

escindido
2 desavenido
3 dividido
2 seccionado
10 separado
11 ◁*conforme*
11 ◁*unido*

escindir
10 bifurcar(se)
21 dividir(se)
6 seccionar
6 ◁*agremiar(se)*

escirro
27 tumor

escisión
9 cisma
7 cortadura
10 desavenencia

2 desconexión
13 desunión
6 desvinculación
12 discordia
12 rompimiento
28 separación
1 fisión
18 desgarro
4 ruptura
20 ◁*alianza*

esclarea
23 amarillo
2 bácara
3 maro

esclarecedor
3 aclaratorio
1 dilucidador
2 explicativo
8 ◁*lioso*
21 ◁*obscuro*

esclarecer
54 aclarar(se)
6 dilucidar
4 ennoblecer(se)
4 iluminar
21 ilustrar(se)
12 ◁*denigrar*
16 ◁*obscurecer(se)*

esclarecido
8 destacado
3 excelso
16 famoso
13 ilustre
11 insigne
34 notable(s)
7 preclaro

esclarecimiento
10 aclaración
12 demostración
10 explicación
2 puntualización
13 ◁*complicación*
19 ◁*confusión*

esclava
11 brazalete
1 odalisca

esclavina
6 balandrán
9 cuello
2 manteleta
13 dengue

esclavitud
1 dominancia
21 dominio
10 opresión
9 servidumbre
3 sometimiento
9 yugo
8 sujeción

esclavizado
11 dominado

esclavizar
11 aherrojar
13 avasallar(se)
13 cautivar
24 encadenar(se)
9 tiranizar
17 arranchar
10 oprimir
5 ◁*emancipar(se)*

esclavo
6 cautivo
11 dominado
4 prisionero
4 siervo
6 sometido
3 subyugado
2 ilota
18 ◁*libre*

esclerosis
12 dureza
2 encallecimiento
5 endurecimiento
5 ◁*ablandamiento*

escleroso
7 fibroso

esclerótica
1 córnea
3 membrana

esclusa
2 tajadera

escoba
3 barredera

escobajo
3 barredera

escobar
3 abarrer
15 barrer

escobén
21 embarcación

escobera
2 retama

escobilla
9 cepillo

escobillar
3 abarrer
9 acepillar
15 barrer

escobillón
9 cepillo

escobina
14 barrena

escobón
1 escoba

escocedor
4 urticante

escocedura
5 escoriación

escocer(se)
20 amoscar(se)
23 arder
22 comer
22 doler(se)
4 escoriar(se)
114 molestar(se)
11 requemar(se)
20 resentirse
30 sentir(se)
57 picar

escocia
1 nacela
6 sima

escocido
7 despellejadura

escocimiento
7 resquemor

escoda
2 trinchante

escoger
15 elegir(se)
4 entresacar
2 florear
6 optar
6 picotear
6 seleccionar
4 triar
◁decidirse por

escogido
45 bueno
5 electo
6 elegido
9 florido
10 granado
4 privilegiado
4 selecto

escolanía
6 coro

escolapia
11 monja

escolapio
1 calasancio
14 fraile

escolar
8 alumno
5 colegial
13 discípulo
4 educando
4 estudiante
13 ◁maestro
5 ◁profesor

escolaridad
11 curso

escolasticismo
1 tomismo

escoliar
20 anotar(se)

escoliasta
9 apuntador

escolio
10 acotación
8 glosa
12 margen
5 paráfrasis

escolopendra
7 ciempiés

escolta
14 acompañamiento
3 convoy
11 custodia

escoltado
1 custodiado
1 vigilado
12 protegido
19 ◁abandonado
16 ◁solo

escoltar
19 acompañar
55 amparar(se)
9 custodiar
42 seguir(se)

escollera
2 abarrancadero
11 muelle
3 rompeolas
9 dique
2 malecón

escollo
11 arrecife
4 bajío
4 farallón
1 médano
8 riesgo(s)
12 tropiezo
15 dificultad
10 obstáculo

4 peligro
16 raya

escombrar
1 desescombrar

escombro
6 cascote
9 desecho
5 escoria
9 resto
4 zafra

escombros
3 atierre
7 barreduras
20 basura
25 ruina(s)
4 zafra

esconce
19 ángulo

esconder
21 contener(se)
13 disimular
11 encerrar
31 encubrir(se)
13 incluir
41 ocultar(se)
5 recatar(se)
22 tapar(se)
27 velar(se)
17 comprender
37 ◁enseñar(se)

esconderse
24 agachar(se)
19 agavillar
15 agazapar(se)
7 amagar(se)
32 arrinconar(se)
8 desaparecer
15 guarecer(se)
47 recoger(se)
13 refugiar(se)
12 achantarse
15 ◁enfrentar(se)

escondida
6 agachadiza

escondido
8 abismado
15 apartado
5 apostado
6 arrebujado
6 cavernoso
6 desconocido
7 enterrado
5 furtivo
9 hondo
8 invisible
9 larvado
16 oculto
6 recóndito
18 retraído
19 secreto
5 velado
10 latente

escondite
6 escondrijo
10 guarida
5 madriguera
10 refugio

escondrijo
13 antro
9 arrinconamiento
13 cubil
4 escondite
5 madriguera
19 secreto

escoñarse
4 destutanar(se)

escopeta
2 arcabuz
8 carabina

escopladura
4 escopleadura

escopleadura
2 encajadura
1 escopladura
2 muesca
18 canal

escoplo
14 barrena
6 cincel

escora
37 apoyo

escorado
14 inclinado
1 ladeado
19 ◁*recto*

escorar
63 apoyar(se)
17 apuntalar(se)
43 inclinarse
9 ladear(se)
25 sostener(se)
44 torcer(se)
24 ◁*enderezar(se)*

escorbuto
1 beriberi
1 loanda
3 pelagra

escorchapín
21 embarcación

escorchar
4 desollar
10 despellejar

escordio
1 ajote

escoria
1 cagafierro
9 desecho
16 hez
3 lava
9 resto

escoriación
5 desolladura
7 despellejadura
4 erosión
1 escocedura
3 lamparón

escorial
1 grasero

escoriar(se)
12 escamar(se)
10 escocer(se)

10 despellejar
22 pelar

escornarse
2 descornarse
11 desvelar(se)
62 caer
25 esforzarse
14 ◁*descansar*
8 ◁*holgazanear*

escorpena
3 escorpina
1 rescaza
⇨diablo marino

escorpina
1 arangorri
1 escorpión
1 rascacio

escorpión
4 alacrán

escorroso
10 gritería
17 algazara
80 bulla

escorzamiento
6 arqueamiento

escorzar
64 apuntar(se)
14 dibujar(se)

escorzo
18 curvatura

escorzón
3 escuerzo
5 sapo

escorzonera
1 barbaja

escoscar
2 concomer(se)
1 descortezar
50 limpiar

escota
42 cabo

escotado
1 descotado
24 abierto
11 holgado
27 ◁*cerrado*

escotadura
25 abertura
3 escote
4 hendedura
2 muesca

escotar
1 descotar
35 poner(se)
20 proporcionar(se)
8 ratear
2 prorratear

escotarse
7 despechugar(se)

escote
1 derrama
1 descote
4 prorrateo

escotilla
13 portillo
7 lumbrera
10 trampa

escozor
2 quemazón
7 reconcomio
7 rencor
7 resquemor
10 resentimiento

escriba
2 escribano

escribanía
6 escritorio

escribano
1 escriba
3 oficinista

escribiente
5 copista
2 mecanógrafo
4 pasante
7 secretario
4 chupatintas

escribir
10 caligrafiar
10 copiar
2 garrapatear
2 mecanografiar
5 redactar
3 transcribir
1 estenografiar
1 taquigrafiar
34 componer

escriño
6 bombonera
10 bujeta
5 gaveta
33 caja

escrito
10 apunte
18 carta
29 comunicación(es)
2 documento
4 libro
6 mensaje
5 palimpsesto
5 papeleta
2 texto
13 artículo
8 borrador
7 cédula
14 copia
8 volante

escritor
9 autor
3 comediógrafo
3 dramaturgo
4 ensayista
3 filósofo
1 historiador
2 novelista
9 poeta
2 polígrafo
2 prosista

escritorio
6 bufete
2 buró
1 escribanía
3 oficina
2 pupitre
10 despacho

escritura
2 criptografía
1 dactilografía
14 escrito
1 ideografía
2 mecanografía
1 ortografía
1 taquigrafía
22 trabajo(s)
23 obra

escriturar
11 contratar(se)
11 inscribir
12 legalizar
5 ◁rescindir

escrófula
4 ganglio
3 linfa

escroto
44 bolsa
15 saco

escrúpulo
47 atención(es)
20 delicadeza
5 escozor
8 miramiento
7 reconcomio
25 reparo(s)
7 resquemor
14 aprensión
7 cominillo
11 recelo

escrúpulos
25 reparo(s)
2 tiquismiquis

escrupulosidad
20 delicadeza
5 esmero

10 fidelidad
10 formalidad
7 pulcritud

escrupuloso
12 aprensivo
4 concienzudo
17 cuidadoso
27 delicado
22 preciso
11 puntual
7 temeroso
17 atento
12 exacto
16 justo
12 miedoso
10 mirado
9 receloso
33 ◁atrevido
9 ◁descuidado
10 ◁zafio

escrutador
11 censor
1 escrutiñador
8 investigador

escrutar
25 averiguar(se)
9 comprobar
41 examinar(se)
13 explorar
11 indagar
12 investigar

escrutinio
2 cómputo
4 recuento

escrutiñador
3 escrutador

escuadra
5 arlo
5 armada
5 cartabón
7 destacamento
3 flota
4 inglete
11 patrulla
27 regla(s)
15 batería

escuadrar
2 lampear

escuadrilla
5 armada

escuadrón
2 batallón
11 patrulla
15 batería

escualidez
7 delgadez
6 desaliño
7 extenuación
14 suciedad
18 ◁aseo
6 ◁robustez

escuálido
2 birrioso
6 enteco
5 esmirriado
7 magro
11 delgado
5 escuchimizado
16 flaco
⇨poca cosa
19 ◁gordo

escualo
2 tiburón

escucha
17 atalaya
9 audición
9 centinela
7 oyente
8 vigía

escuchable
3 audible

escuchado
4 atendido

escuchar
32 atender(se)
7 oír
⇨poner la oreja
⇨prestar oído

escuchimizado
14 canijo
5 cenceño
1 debilucho
15 enfermizo
11 raquítico
8 ◁robusto
22 ◁fuerte

escudar(se)
10 abroquelar(se)
10 aconchar
9 acorrer
16 acudir
4 adargar(se)
55 amparar(se)
11 defenderse
6 empavesar
42 proteger(se)
12 resguardar(se)

escuderear
19 acompañar

escudero
2 paje

escuderón
5 matasiete
15 fanfarrón
4 perdonavidas
13 ◁humilde

escudete
3 nenúfar

escudilla
9 cazuela
8 cazo
13 fuente
6 plato
6 tachuela

escudo
2 adarga
30 amparo
16 broquel
41 defensa
2 pavés
13 protección
10 rueda(s)

escudriñable
9 comprensible

escudriñamiento
22 averiguación
16 busca

escudriñar
25 averiguar(se)
24 buscar(se)
6 escrutar
10 inquirir
12 investigar
25 mirar

escuela
8 academia
14 corriente
8 doctrina
9 estilo
2 gimnasio
18 habilidad
8 instituto
3 liceo
9 opinión
8 sistema
5 experiencia
8 colegio
18 método
9 tablas
⇨grupo escolar

escuerzado
14 alfeñique

escuerzo
2 escorzón
6 maco
5 sapo

escueto
6 conciso
10 desnudo
9 estricto
11 ◁ampuloso
7 ◁emperifollado

escuintle
18 chico
9 muchacho

esculcar
26 atisbar(se)
25 averiguar(se)
24 buscar(se)
37 buzón
2 cachear(se)
26 registrar(se)
17 acechar

esculpido
7 entalladura

esculpir
3 cincelar
12 grabar
3 modelar
8 tallar

escultor
4 cincelador
3 grabador
2 imaginero
4 tallista

escultura
4 busto
5 estatua
20 imagen
2 monumento
11 talla
22 figura

escultural
38 bello

esculturar
4 esculpir

escuna
4 goleta

escupidera
7 novio

escupir
42 arrojar(se)
21 despedir(se)
58 echar(se)
1 esputar
2 expectorar
53 lanzar(se)

escupitajo
10 gallo
14 pollo
7 salivazo
8 esputo
12 flema
6 moco

escurreplatos
1 escurridera
4 escurridor

escurridera
2 escurreplatos

escurridizo
10 deleznable
3 inaprensible
7 lábil
6 resbaladizo
4 resbaloso
2 luido

escurrido
5 avergonzado
14 corrido

escurridor
10 cedazo
5 colador
2 escurreplatos
2 secadero

escurridoras
5 arrebañaduras

escurriduras
16 residuos
6 sobrantes
31 sobra(s)

escurrir(se)
20 colar(se)
15 deslizar(se)
7 destilar
34 escapar(se)
7 gotear
60 largar(se)
8 resbalar(se)
30 secar(se)
13 chorrear
7 escabullirse

18 esfumarse
19 huir
60 largarse
4 luir

esecilla
4 alacrán

esencia
5 aroma
19 carácter
5 colonia
16 cualidad
2 ente
2 inherencia
2 intensión
20 naturaleza
7 perfume
10 ser
14 sustancia
2 noúmeno
37 alma
14 fondo
12 meollo
34 ◁*accidente*

esencial
4 básico
3 constitutivo
6 fundamental
6 inmanente
7 innato
7 intrínseco
12 principal
3 sustancial
13 propio
14 ◁*accidental*
6 ◁*secundario*

esencialidad
16 entraña(s)
3 existencia
14 fundamento(s)
14 substancia
21 base
12 meollo
17 razón
6 ◁*superficialidad*
3 ◁*trivialidad*

esenciero
5 aromatizador
5 balsamera

10 bujeta

esfera
12 cielo
5 firmamento
31 bola
18 círculo
17 clase
9 globo
15 grupo

esférico
1 esferoidal
3 globoso
6 globular
3 globuloso
11 redondo
31 bola
14 bolo
10 pelota

esferita
4 glóbulo

esferoidal
8 esférico

esferoide
7 esfera

esfigmo
5 pulso

esfinge
8 enigmático
5 misterio
4 monstruo
15 reserva(s)
5 ◁*sabido*
24 ◁*abierto*

esfínter
4 ano
7 ojete

esforzadamente
11 bravamente
6 briosamente

esforzado
27 animoso
33 atrevido

17 bizarro
12 denodado
9 valiente
17 ◁*cobarde*

esforzar(se)
34 afanar(se)
14 ahincar(se)
61 animar(se)
18 atosigar(se)
6 bracear
10 bregar
11 desvelar(se)
6 desvivirse
16 entonar(se)
7 envalentonar(se)
4 escornarse
5 intentar
53 levantar(se)
29 pelear(se)
10 procurar
7 pugnar
31 querer(se)
14 demandar
8 conspirar
24 emplear
7 guayar
4 puyar
⇨echar el bofe
⇨ir de cráneo
6 ◁*desistir*

esfuerzo
13 afán
18 ahínco
22 ardor
19 brío
7 conato
14 impulso
14 intento
3 tentativa
40 ánimo
5 costo
13 denuedo
7 vigor
16 ◁*desánimo*

esfumado
5 mortecino

esfumar(se)
8 aballar(se)
18 borrar

18 borrarse
20 desvanecer(se)
2 difumar
4 difuminar(se)
26 disipar(se)
15 escurrir(se)
20 evaporar(se)
60 largar(se)
15 volar
8 afufar
7 escabullirse
 fugarse
23 pintar
6 refalar(se)

esgrafiar
5 decorar
9 estofar

esgrimidor
15 batallador

esgrimir
19 argüir
9 blandir
2 florear
6 objetar
6 utilizar
8 usar
⇨servirse de

esgrimista
17 estafador
11 sablista

esguince
31 ademán
14 lesión
5 quiebro
5 regate
5 torcedura
5 cuarteo
6 gambeta

eslabón
21 anillo
11 grillete(s)
12 hito
9 etapa
26 parte

eslabonamiento
7 concatenación
9 encadenamiento

eslabonar
8 engarce

eslabonar
24 encadenar(se)

eslogan
8 consigna
7 frase

eslora
8 álabe

esmaltar
21 adornar
14 embellecer(se)
10 hermosear
21 ilustrar(se)

esmalte
13 barniz
26 brillo
2 laca
13 pintura

esméctico
1 detersorio
3 limpiador
1 purificador

esmerado
13 celoso
2 detallista
13 escrupuloso
4 metódico
6 minucioso
9 primoroso
14 pródigo
19 ◁*abandonado*
5 ◁*chapucero*

esmeralda
3 corindón

esmerar(se)
34 afanar(se)
11 afinar
40 aplicar(se)
47 brillar
22 cuidar(se)
17 preocupar(se)
25 mirar

esmerejón
1 alcotán
2 azor
2 milano

esmerilado
7 mate

esmerilador
4 abrasivo

esmerilar
14 frotar(se)
1 pulimentar

esmero
25 celo(s)
22 cuidado
5 escrupulosidad
7 solicitud
12 primor
15 ◁*descuido*

esmirriado
6 enteco
8 escuálido
6 hético
4 sietemesino
11 raquítico

esmorecer
12 desfallecer

esnob
9 cursi
2 petimetre
44 afectado
9 presumido
12 ◁*sencillo*

esnobismo
32 afectación
5 originalidad
2 snobismo

esotérico
8 enigmático
17 incomprensible
10 misterioso
19 secreto
6 ◁*exotérico*

esoterismo
8 ocultación
15 reserva(s)

espabilado
14 advertido
16 inteligente
15 sabio
28 vivo
24 artero
21 avispado
17 bagre
11 chango
12 despejado
10 despierto
11 púa
2 teruteru
27 ◁*aturdido*
15 ◁*ganso*
6 ◁*infantil*
14 ◁*inocente*
3 ◁*atembado*
6 ◁*gil*
12 ◁*infeliz*

espabilar
34 avivar(se)
11 ◁*abobar(se)*
17 ◁*atolondrar(se)*
30 ◁*atontar(se)*

espabilarse
11 desvelar(se)
4 atarantarse
25 ◁*abstraer(se)*
21 ◁*adormecer(se)*
12 ◁*alelar(se)*
9 ◁*embrutecer(se)*
7 ◁*entontecer(se)*
6 ◁*aletargar*
2 ◁*ateperetarse*

espacial
5 celeste
2 cósmico
2 sideral
3 astral
7 ◁*terrenal*

espaciar(se)
54 aclarar(se)
70 apartar(se)

29 dilatar(se)
17 distribuir(se)
2 enralecer
51 extender(se)
21 repartir(se)
7 ◁*hacinar(se)*
74 ◁*juntar(se)*

espacio
8 campo
21 dominio
35 medio(s)
7 parcela

espaciosidad
9 amplitud
17 anchura
11 cabida
21 desahogo

espacioso
11 dilatado
8 extenso
5 vasto
20 amplio
16 capaz
11 holgado
8 ◁*reducido*

espachurrar
45 aplastar(se)
12 comprimir(se)
11 machacar
47 romper(se)
4 despachurrar
32 ◁*aflojar(se)*
42 ◁*soltar(se)*

espada
11 acero
5 alfanje
17 colada
1 estoque
1 florete
1 tizona
3 sable

espadachín
22 bravucón

espadaña
3 aceña
1 gladio

2 gladiolo

espadilla
29 aguja

espadón
5 alfanje
6 chafarote
8 machetero

espadrapo
4 esparadrapo

espagueti
4 macarrón

espaguetis
17 pasta

espalda
3 costillar
4 dorso
4 envés
2 espinazo
6 lomo
6 reverso
18 ◁*cara*

espaldar
40 armadura
5 dorsal

espaldera
9 respaldo

espaldilla
2 omóplato

espaldón
23 barrera

espalmar
2 despalmar

espantable
11 espantoso

espantada
30 abandono
2 escapada
6 fuga
10 huida

2 ◁*permanencia*

espantadizo
9 abanto
5 asombradizo
19 asustadizo
2 cejador
8 pajarero

espantado
22 angustioso
15 atónito
4 despavorido
8 entelerido
2 tarantulado

espantajo
6 fantoche
6 pelele
14 facha

espantapájaros
7 dominguejo

espantar(se)
40 acobardar(se)
25 admirar(se)
12 ahuyentar
17 alarmar(se)
31 asombrar(se)
4 aspaventar
58 asustar(se)
18 aterrar(se)
4 aterrorizar(se)
11 horrorizar(se)
28 inquietar(se)
60 largar(se)
16 maravillar(se)
7 ojear
19 pasmar(se)
12 sobrecoger(se)
11 temer
40 acobardarse
40 amedrentar
2 destorrentar
↪hacer huir
↪quedarse turulato
21 ◁*tranquilizar(se)*

espantavillanos
9 baratija

espanto
12 alarma
18 horror
8 sobresalto
7 sorpresa
15 asombro
19 miedo
14 pavor
4 susto
18 temor
9 ◁*tranquilidad*

espantoso
18 admirable
15 formidable
10 gigantesco
16 horroroso
11 increíble
10 monstruoso
7 pasmoso
7 pavoroso
14 terrible
29 abundante
12 enorme

español
4 celtíbero
8 godo

esparadrapo
5 adhesivo
1 espadrapo
1 tafetán
11 tira

esparaván
2 gavilán

esparceta
1 pipirigallo

esparcido
36 alegre

esparcimiento
16 diversión
10 entretenimiento
12 pasatiempo
15 recreo
8 solaz
12 ◁*aburrimiento*

22 ◁*trabajo(s)*

esparcir(se)
10 derramar
5 descentralizar
4 desfogar(se)
8 desparramar
21 despedir(se)
4 desperdigar(se)
29 difundir(se)
4 diseminar
12 disgregar(se)
16 dispersar(se)
24 distraer(se)
32 divertir(se)
23 divulgar(se)
26 entretener(se)
14 explayar(se)
51 extender(se)
5 irradiar
14 jugar
2 polvorear
10 prodigar(se)
29 propagar(se)
4 propalar
23 recrear(se)
4 rociar
11 salpicar(se)
15 solazar(se)
14 publicar
15 sembrar
28 ◁*aburrir(se)*
18 ◁*acumular(se)*
4 ◁*allegar(se)*
41 ◁*ocultar(se)*

esparteña
3 alborga
5 alpargata

espartillo
7 azafrán

esparto
2 atocha

esparvel
2 gavilán

espasmo
10 contracción
15 convulsión
7 sacudida

espasmódico
- 7 agitado
- 12 asombroso
- 1 convulsivo
- 1 estremecido
- 7 pasmoso
- 8 tembloroso
- 2 ◁*tranquilizante*

espata
- 3 bráctea
- 6 envoltura

espato
- 3 alabastro
- 17 cal

espátula
- 4 paletilla
- 2 rasera
- 9 paleta

espatulomancia
- 12 adivinación

especia
- 3 canela
- 8 comino
- 1 pimentón

especial
- 8 destacado especifico
- 3 individual
- 5 interesante
- 34 notable(s)
- 3 privativo
- 13 singular
- 16 único
- 2 realzado
- 16 solo
- 6 exclusivo
- 13 propio
- 10 ◁*general*

especialidad
- 4 asignatura
- 16 cualidad
- 14 materia
- 17 ocupación
- 7 particularidad
- 15 propiedad
- 10 singularidad

especialista
- 4 ingeniero
- 10 perito
- 2 tratadista
- 9 ◁*lego*
- 6 ◁*profano*

especialización
- 7 peritaje

especializarse
- 40 aplicar(se)
- 16 concentrar(se)
- 48 preparar(se)

especialmente
- 3 mayormente

especiar
- 13 sazonar

especie
- 30 asunto(s)
- 12 circunstancia
- 21 dominio
- 24 hecho(s)
- 22 negocio(s)
- 13 suceso(s)
- 13 voz
- 17 caso
- 10 acaecimiento
- 20 apariencia
- 17 categoría
- 17 clase
- 17 color
- 15 fama
- 15 grupo
- 13 noticia
- 8 nuevas
- 15 sombra

especificación
- 12 definición
- 10 explicación
- 1 pormenorización
- 14 determinación
- 15 distinción
- 5 ◁*generalización*

especificado
- 7 detallado
- 2 enumerado
- 1 explicado
- 22 preciso
- 7 ◁*abstracto*
- 7 ◁*indefinido*

especificar
- 11 delimitar
- 8 detallar
- 34 determinar(se)
- 4 enumerar
- 3 pormenorizar
- 15 precisar
- 6 ◁*resumir*

especificidad
- 10 excepción
- 7 peculiaridad
- 15 distinción

específico
- 9 definido
- 12 especial
- 7 innato
- 12 local
- 17 medicina
- 14 particular
- 6 peculiar
- 11 personal
- 8 representativo
- 4 típico
- 3 vernáculo
- 9 medicamento
- 13 propio
- 6 ◁*neutro*

espécimen
- 7 tipo

especioso
- 17 aparente
- 17 artificioso
- 7 engañoso
- 9 falaz
- 21 falso
- 10 mentiroso
- 11 ◁*verdadero*

especiota
- 18 bulo

espectacular
- 6 aparatoso
- 3 dramático
- 10 fastuoso
- 8 ◁*moderado*

espectáculo
- 12 contemplación(es)
- 8 exhibición
- 16 muestra(s)
- 20 representación
- 16 función
- 10 visión

espectador
- 17 asistente(s)
- 1 circunstante
- 12 concurrencia
- 5 mirón
- 17 presente(s)
- 12 público

espectadores
- 12 concurrencia
- 17 asistentes
- 12 público

espectral
- 18 aterrador
- 3 fantasmagórico
- 3 fantasmal
- 10 misterioso
- 8 terrorífico
- 7 ◁*palpable*

espectro
- 8 aparición
- 8 imaginación
- 12 presunción
- 4 suposición
- 5 duende
- 10 fantasma
- 29 pena
- 10 visión

especulación
- 25 beneficio(s)
- 12 contemplación(es)
- 10 deducción
- 9 ganancia(s)
- 8 imaginación

5 inducción
8 meditación
31 pensar(se)
9 reflexión
4 suposición
8 lucro
8 provecho

especulador
4 acaparador
2 agiotador
5 agiotista
3 alcista
3 bajista
3 carero
2 inflacionario
5 logrero
4 revendedor

especular
6 alquilar(se)
13 analizar(se)
11 comerciar
7 deducir
11 estudiar
41 examinar(se)
31 imaginar(se)
27 inferir(se)
11 invertir
11 meditar
5 negociar
19 observar
31 pensar(se)
2 realquilar
15 reflexionar
7 suponer
9 comprar
3 traficar
11 vender

especulativo
4 ideólogo
9 intelectual

espejado
34 brillante

espejear
11 fulgurar
16 lucir(se)
6 refulgir
15 ◁*apagar(se)*

16 ◁*obscurecer(se)*

espejeo
16 reflejo

espejismo
8 imaginación
18 fantasía

espejo
3 dechado
10 ejemplo
1 luna
15 modelo

espejuelo(s)
9 acicate
10 aliciente
20 anteojo(s)
14 añagaza
26 brillo
15 cebo
28 engaño(s)
3 gafas
18 lente(s)
   selenita
14 ardid
10 trampa
⇨yeso lenticular

espeleología
⇨exploración de grutas

espelta
3 escanda

espelunca
5 algar
8 caverna
12 cueva
6 gruta
5 oquedad
37 agujero

espeluznante
4 abracadabrante
18 aterrador
9 enloquecedor
14 horrible
16 horroroso
14 imponente

7 pavoroso
7 sobrecogedor
10 temible
14 terrible
8 terrorífico
8 torvo
8 tremebundo
12 tremendo
18 horrendo

espeluznar(se)
58 asustar(se)
36 atemorizar(se)
18 aterrar(se)
1 empavorecerse
12 estremecer(se)
11 horripilar(se)
11 horrorizar(se)
⇨tener escalofríos

espeluzno
9 terror

espeque
6 palanca
4 leva

espera
18 inacción
7 intermedio
4 largas
11 parada
7 prórroga

esperanza
17 confianza
5 expectación
11 ilusión
3 perspectiva

esperanzado
25 bienaventurado
8 ilusionado
7 ◁*desmoralizado*

esperar
10 aguardar(se)
32 atender(se)
17 confiar(se)
8 creer

esperezarse
3 desperezarse

esperma
1 lefa
2 semen

espermafito
1 fanerógamo

espermatocito
4 espermatozoide

espermatorrea
5 gonorrea

espermatozoario
4 espermatozoide

espermatozoide
1 espermatocito
1 espermatozoario
1 espermatozoo
11 germen

espermatozoo
4 espermatozoide

esperpento
12 adefesio
3 espantajo
5 jácara
5 sátira
11 birria
14 facha

espesado
15 espeso
6 pastoso

espesar(se)
3 agrumar(se)
65 apretar(se)
37 cerrar(se)
14 coagular(se)
8 condensar
8 condensarse
1 cuajaleche
1 densificarse
5 engrosarse
7 amelcochar
9 ◁*diluir(se)*
4 ◁*fluidificar*

espeso
- 1 aglomerado
- 16 apretado
- 27 cerrado
- 1 coagulado
- 5 condensado
- 2 cuajado
- 17 grueso
- 10 macizo
- 9 procaz
- 8 recio
- 2 tupido
- 19 gordo
- 21 grosero
- 17 rústico
- 10 zafio
- 27 ◁*delicado*
- 16 ◁*fino*
- 24 ◁*abierto*

espesor
- 17 anchura
- 8 grosor

espesura
- 4 boscosidad
- 1 frondosidad
- 5 vergel
- 9 bosque
- 9 maleza
- 4 selva

espetado
- 17 altivo

espetar
- 40 atizar(se)
- 42 atravesar(se)
- 14 decir
- 24 encajar(se)
- 60 largar(se)

espetera
- 6 disculpa
- 8 excusa
- 5 pretexto(s)
- 4 clavero

espetón
- 13 alfiler
- 3 asador
- 5 atizador

espía
- 6 acechador
- 8 confidente
- 15 curioso
- 9 informador
- 27 agente
- 5 contable
- 5 cuije

espiantar(se)
- 54 hurtar(se)
- 46 irse
- 60 largarse
- 53 marchar
- 14 robar

espiar
- 26 atisbar(se)
- 10 inspeccionar
- 17 acechar
- 7 fisgar
- 11 vigilar

espibia
- 1 espibión
- 1 estibia

espibión
- 3 espibia

espicanardo
- 2 almea
- 1 azúmbar
- 6 estoraque

espicharla
- 25 morir(se)

espiga
- 5 badajo
- 2 mies
- 29 aguja

espigado
- 33 alto(s)
- 12 desarrollado
- 9 ◁*rechoncho*

espigarse
- 30 crecer(se)

espigón
- 9 dique
- 2 malecón
- 3 mazorca

espiguilla
- ⇨hierba de punta

espina
- 16 aguijón
- 22 cuidado
- 10 desconfianza
- 13 dolor
- 8 intranquilidad
- 45 pesar(se)
- 6 sospecha
- 30 angustia
- 10 escrúpulo
- 17 inquietud
- 29 pena
- 9 pincho
- 11 recelo
- 12 sufrimiento
- 30 ◁*placer*

espinazo
- 6 espalda
- 6 lomo

espinela
- 1 décima

espineta
- 2 clavicordio
- 1 monacordio

espingarda
- 5 desgarbado

espinilla
- 4 acné
- 1 comedón
- 1 tibia
- 8 suche
- 2 tobillo

espinillera
- 40 armadura

espino
- 2 cambrón
- ⇨níspero silvestre

espinoso
- 14 arduo
- 5 comprometido
- 27 delicado
  difícil
- 14 dificultoso
- 24 ◁*fácil*
- 12 ◁*sencillo*

espión
- 11 zalamero
- 24 adulador

espionaje
- 3 acecho
- 6 entrometimiento
- 5 fisgoneo
- 7 vigilancia

espiración
- 7 exhalación
- 13 expulsión
- 6 suspiro
- 13 ◁*inspiración*

espiral
- 1 helicoide
- 9 incremento
- 5 progresión
- 23 aumento
- 16 ◁*disminución*

espirar
- 3 bostezar
- 8 respirar

espiritado
- 4 arrepticio
- 5 poseído

espiritar(se)
- 9 ahilar(se)

espiritismo
- 2 ocultismo

espiritista
- 1 médium
- 2 pitonisa
- 4 visionario

espíritu
19 brío
19 carácter
11 decisión
15 esencia
4 intelecto
18 inteligencia
14 pensamiento
19 principio(s)
5 raciocinio
14 substancia
14 sustancia
24 valor
5 duende
37 alma
40 ánimo
11 entereza
21 resolución

espiritual
5 aéreo
4 anímico
15 incorpóreo
13 inmaterial
8 invisible
4 mental
2 psíquico
5 ◁*laico*

espiritualidad
3 platonismo
8 ◁*temporalidad*

espiritualizar
3 teologizar

espirituoso
2 licor

espiroqueta
5 bacilo
1 bacteria
11 germen
4 microbio

espita
8 canuto
12 llave
4 grifo

esplendente
34 brillante
8 esplendoroso

9 reluciente
6 ◁*apagado*

esplender
14 abrillantar(se)
5 relumbrar
10 resplandecer
6 rielar
6 refulgir

espléndidamente
15 afortunadamente
6 largamente

esplendidez
13 desprendimiento
5 fasto
13 generosidad
4 largueza
11 liberalidad
11 magnificencia
12 prodigalidad
10 riqueza
15 rumbo
9 suntuosidad
10 ◁*mezquindad*
6 ◁*tacañería*

espléndido
6 desprendido
13 liberal
11 maravilloso
9 rumboso
3 sobrado
7 suntuoso
8 estupendo
18 generoso
11 magnífico
14 pródigo
14 rico
17 soberbio
2 ◁*pésimo*
12 ◁*tacaño*

esplendor
26 brillo
8 encumbramiento
26 gloria
17 importancia
7 lustre
13 nobleza
6 resplandor

16 dignidad
15 fama

esplendoroso
34 brillante
3 esplendente
10 fastuoso
8 floreciente
5 lujoso
7 lustroso
5 principesco
9 regio

esplenitis
3 bazo

espliego
1 alhucema
2 lavanda

esplín
12 aburrimiento
7 hastío
5 tedio
10 ◁*entretenimiento*

esplique
7 armadijo

espoleamiento
10 estímulo

espolear
15 acuciar
12 aguijar(se)
32 exaltar(se)
60 excitar(se)
17 incitar(se)
59 mover(se)
11 empujar
10 impulsar
57 picar
29 ◁*desviar(se)*
15 ◁*retener(se)*

espoleta
2 detonador
6 horquilla

espolín
2 jugadera
3 lanzadera

espolinar
9 tejer

espolique
3 lacayo
⇨mozo de espuelas

espolón
12 rostro
26 punta

espolvoreado
4 jaspeado
6 salpicado

espolvorear
2 polvorear

espolvorearse
3 enarenarse

espongiario
4 celentéreo

esponjado
4 abalado
7 ahuecado
7 orondo

esponjar(se)
6 engreírse
22 ensoberbecer(se)
38 hinchar(se)
19 inflar(se)
2 mullir
25 ahuecar
6 envanecerse
46 ◁*humillar(se)*

esponjosamente
8 blandamente

esponjoso
2 fonje
19 hueco
1 poroso
42 blando
8 fofo
4 ◁*córneo*

esponsales
- 18 boda
- 19 compromiso
- 4 desposorio
- 7 nupcias

espontanear(se)
- 16 desahogar(se)
- 14 explayar(se)
- 22 revelar(se)

espontaneidad
- 9 desembarazo
- 7 naturalidad
- 12 sinceridad
- 12 ◁ *precaución*

espontáneo
- 6 automático
- 9 inconsciente
- 7 indeliberado
- 18 libre
- 5 maquinal
- 20 natural
- 2 voluntario
- 8 ◁ *forzado*

espontex
- 5 bayeta

espontón
- 7 lanza

espora
- 1 esporo

esporádico
- 6 aislado
- 7 eventual
- 2 ocasional
- 14 suelto
- 7 ◁ *constante*

esporo
- 1 espora

esportilla
- 5 espuerta

esportillero
- 3 descargador
- 3 faquín

- 12 ganapán

esposa
- 6 señora
- 4 costilla

esposado
- 11 apresado
- 12 atado

esposar
- 11 aherrojar
- 24 encadenar(se)
- 26 inmovilizar(se)
- 14 sujetar
- 17 ◁ *desatar(se)*
- 34 ◁ *liberar(se)*

esposas
- 11 grillete(s)
- 12 canana

esposo
- 3 cónyuge
- 4 costilla
- ⇨ media naranja

esposo/a
- 6 consorte
- 3 cónyuge

espray
- 1 pulverizador

esprit
- 18 gracia(s)
- 19 chispa

espuela
- 9 acicate
- 16 aguijón
- 2 avivamiento
- 10 estímulo
- 6 incentivo
- ⇨ consólida real

espueleado
- 11 avezado
- 23 experimentado
- 8 experto

- 13 ◁ *inexperto*

espuerta
- 2 capazo
- 13 cesto
- 1 esportilla
- 2 sera
- 4 serón

espulgar
- 2 arelar

espuma
- 4 bálago
- 4 burbujeo
- 1 giste

espumajear
- 8 babear
- 6 babosear

espumajo
- 8 baba

espumar
- 4 burbujear
- 3 desnatar

espumarajear
- 3 salivar

espumarajo
- 6 escupitajo
- 10 gallo
- 6 gargajo
- 14 pollo
- 7 salivazo
- 8 esputo
- 12 flema

espumeante
- 3 burbujeante

espumero
- 2 salina

espumoso
- 3 burbujeante
- 4 champán

espundia
- 2 elefancia

- 6 astilla
- 11 púa

espurio
- 4 adulterado
- 9 bastardo
- 32 borde
- 9 ilegítimo
- 20 natural
- 21 falso

esputar
- 6 escupir

esputo
- 6 escupitajo
- 10 gallo
- 6 gargajo
- 14 pollo
- 7 salivazo
- 18 desgarro
- 7 espumarajo
- 7 expectoración

esquejar
- 5 trasplantar(se)

esqueje
- 13 brote
- 6 pimpollo
- 7 tallo

esquela
- 10 billete
- 9 invitación
- 6 misiva
- 24 nota
- 2 saluda

esquelético
- 4 amojamado
- 7 caquéctico
- 2 huesudo
- 16 flaco

esqueleto
- 7 bosquejo
- 5 croquis
- 5 esbozo
- 14 espina
- 1 organigrama
- 2 osamenta

esquema
  7 bosquejo
 14 compendio
  5 croquis
  5 esbozo
 11 resumen
  3 sinopsis

esquemático
 10 abreviado
  2 esbozado
  2 simplificado
  6 sintético
  7 ◁ detallado

esquematizar
  5 compendiar
  4 extractar
  6 resumir

esquero
  3 encendedor

esquí
  1 patín
  1 ski
  6 tabla(s)

esquife
 34 bote
  4 caique
  8 calera
  8 lancha
  6 piragua
  4 bongo
  9 canoa

esquila
 18 campana
  7 cencerro

esquilada
  4 cencerrada

esquilado
  6 trasquilado

esquilar
 14 afeitar(se)
  3 trasquilar
  7 tundir
 14 atusar

 57 cortar

esquilmado
 10 estéril

esquilmar
 32 agotar(se)
 42 arruinar(se)
 19 disminuir(se)
 12 empobrecer(se)
  6 explotar
  3 menguar
 59 ◁ aumentar(se)
 15 ◁ enriquecer(se)

esquina
 19 ángulo
 32 borde
  4 chaflán
  3 recodo

esquinado
 45 áspero
 18 cruel
    difícil
 17 intratable
 17 riguroso
 13 ◁ accesible

esquinancia
  3 angina

esquinar
 10 encuadrar
 43 inclinar(se)

esquinazo
  5 plantón

esquirla
  6 cascote
  6 astilla
 14 fracción
  8 fragmento

esquirol
  4 ardilla
  1 rompehuelgas
  2 ◁ huelguista

esquisto
  3 marga
  3 pizarra

esquivar
 40 cabrear(se)
 10 eludir
  6 evitar
 10 rehusar(se)
 ⇨hurtar el bulto
 15 ◁ afrontar

esquivez
 10 desabrimiento
 11 desdén
  5 despego
 22 aspereza
 11 ◁ franqueza
 24 ◁ simpatía

esquivo
 45 áspero
  8 desdeñoso
  4 despegado
 17 intratable
  7 misántropo
  9 huraño
  3 ◁ sociable

estabilidad
  4 arraigo
  8 consistencia
 12 duración
 13 firmeza
  2 permanencia
  3 raigambre
  9 solidez
  3 ◁ fragilidad
  2 ◁ inestabilidad

estabilización
 14 equilibrio
  7 limitación
  3 normalización
  3 freno
  1 ◁ liberalización

estabilizado
  2 estacionario
  1 inmovilizado
 10 quieto
  8 ◁ móvil

estabilizador
  5 giroscopio

estabilizar(se)
 22 afianzar(se)
 28 arraigar(se)
 15 consolidar(se)
  5 enraizar(se)
 47 establecer(se)
 39 fijar(se)
 19 garantizar(se)

estable
  6 definitivo
 14 duradero
 15 fijo
 13 inalterable
  7 inconmovible
  9 invariable
 11 permanente
  7 constante

establecer(se)
  2 aburguesarse
 16 acampar
  9 acantonar(se)
 55 acomodar(se)
  4 afincarse
 16 anclar
 17 angarilla(s)
 13 anidar(se)
 32 aposentar(se)
 19 apostar(se)
 28 arraigar(se)
 52 asegurar(se)
 15 avecinar(se)
  8 avecindar(se)
 27 colocar(se)
 15 consolidar(se)
  7 constituir
  5 construir
 17 creador
 17 crear
 48 disponer(se)
  4 domiciliarse
  4 empadronarse
  8 estabilizar(se)
 10 estatuir(se)
 39 fijar(se)
 28 formar(se)
 25 fundar(se)
 11 habitar
 33 hacer(se)
  7 implantar(se)
 18 instalar(se)
 10 instaurar

establecido

  5 instituir
  7 legislar
24 ordenar(se)
24 ordeñar
10 organizar
  7 otorgar
35 poner(se)
13 radicar(se)
  7 reglamentar
11 residir

50 asentar
15 enriquecerse
17 mandar

establecido
  5 entronizado

establecimiento
  6 bazar
17 comercio
10 creación
  7 fundación
  7 institución
11 almacén
  9 tienda

establemente
  7 fijamente

establo
11 caballeriza
12 cuadra
13 cubil
  5 pocilga
13 corral
  6 pesebre

estaca
14 palo
  5 tranca
14 garrote

estacada
23 barrera
  7 empalizada
  5 palenque
  7 valla

estacar
18 amojonar
61 atar

estacazo
  7 varapalo
10 garrotazo
  2 trancazo

estación
33 alto(s)
14 detención(es)
  8 época
11 parada
  5 paradero
  6 temporada
13 tiempo
  7 apeadero

estacionamiento
  3 aparcamiento
11 colocación
14 detención(es)
19 punto(s)
  2 parking
12 ◁*marcha*

estacionar(se)
16 acampar
  9 acuartelar
  5 aparcar
27 colocar(se)
49 detener(se)
14 estancar(se)
26 inmovilizar(se)
50 parar(se)
35 poner(se)
18 situar(se)
50 asentar
46 ◁*cambiar*

estacionario
  3 estabilizado
  5 estadizo

estaciones
10 año(s)
  9 viacrucis

estacha
13 cable
14 cuerda
  4 maroma
42 cabo

estadía
  7 estancia
  2 permanencia

estadio
  8 campo
  5 circuito
  8 terreno

estadista
10 político

estadística
11 cálculo
  3 catastro
12 censo
  2 cómputo
  5 padrón

estadizo
  4 detenido
  2 enmohecido
  2 estacionario
  6 florecido
  4 rancio

estado
  9 administración
21 calidad
19 carácter
12 circunstancia
16 condición
11 curso
  5 fase
11 gobierno
12 nación
10 país
19 punto(s)
13 situación
  4 temperamento
14 término
  6 complexión
39 aspecto
23 disposición
  9 etapa

estadounidense
  3 angloamericano

estafa
31 arruga
  8 engañifa
28 engaño(s)

11 cacha
  9 fraude
  5 petardo
  9 timo

estafador
  7 águila
12 aranero
  5 buscón
15 camandulero
  3 carero
  9 chorro
  7 explotador
15 facineroso
  9 falaz
  3 cubero
  2 esgrimista
  7 fullero
  3 jaranista
  8 mangante
10 muela
  6 tramposo
  7 truhán

estafadora
  1 mechera

estafar
80 burlar(se)
  9 defraudar
43 engañar(se)
11 morder
30 quemar(se)
  6 trampear
13 chorrear
13 granjear
  5 timar
⇨dar el pego

estafermo
  9 antigualla
  8 cafetera
  9 desecho
  9 pandorga

estafeta
  8 correo
10 enviado
14 mensajero

estafilococia
  9 bacteriología

estafilococo
5 bacilo

estafisagria
1 albarraz
1 taminia
⇨hierba piojenta

estala
11 caballeriza

estalactita
2 carámbano
2 columnilla
4 concreción

estalinismo
5 marxismo

estalinista
18 rojo

estallar
35 abrirse
4 despachurrarse
2 detonar
31 iniciar(se)
39 originar(se)
6 prorrumpir
3 retumbar
17 reventar(se)
47 romper(se)
⇨dar un estallido

estallido
8 aparición
2 castañetazo
4 detonación
5 estampido
8 explosión
4 irrupción
4 surgimiento
3 zambombazo

estambre
3 cheviot

estambres
2 androceo

estamento
18 brazo

19 cuerpo
17 clase

estameña
2 sarga

estampa
3 cromo
7 grabado
20 imagen
6 lámina
4 litografía
6 viñeta
39 aspecto
22 figura
21 santo

estampado
2 veteado

estampar
8 imprimir
11 inscribir
24 marcar(se)

estampida
10 huida

estampido
2 castañetazo
4 detonación
8 estallido
8 explosión
3 zambombazo

estampilla
1 estampillado
5 timbre
15 sello

estampillado
3 estampilla

estampillar
24 marcar(se)
12 sellar

estancado
13 parado

estancamiento
4 anquilosis
4 entruchado

4 impasse
11 parada
7 parálisis
9 ◁*infiltración*

estancar(se)
13 anquilosar(se)
38 atascar(se)
49 detener(se)
15 empantanar(se)
4 enaguazar
13 estacionar(se)
26 inmovilizar(se)
11 obstruirse
5 obturarse
16 paralizar(se)
50 parar(se)
15 retener(se)
50 asentar
59 ◁*mover(se)*

estancia
2 estadía
2 permanencia
1 silva
7 alcoba
31 aposento
25 cuarto
8 habitación

estanciero
4 ganadero
4 hacendado
7 ranchero

estanco
8 impermeable
1 tabaquería

estandarizado
4 homologado
7 tipificado

estandarizar
2 homogeneizar
30 igualar(se)

estandarte
22 bandera
7 divisa
5 pendón

27 señal

estanque
6 alberca
4 cisterna
6 embalse
6 pantano
2 piscina
3 represa
7 aljibe
29 depósito
6 presa

estante
15 anaquel
33 armario
8 balda
5 biblioteca
11 casilla
3 consola
6 entrepaño
5 gaveta
6 tabla(s)
8 estantería

estantería
15 anaquel
10 aparador
33 armario
5 gaveta
3 repisa
2 trinchante
9 armazón
10 estante

estantigua
10 mamarracho
10 fantasma

estañar
5 soldar

estaño
1 casiterita

estar(se)
38 andar
27 aparecer(se)
5 constar
4 costar
49 detener(se)
23 encontrar(se)

estatal

7 existir
11 habitar
22 hallar(se)
9 permanecer
19 quedar(se)
13 radicar(se)
11 residir
30 sentir(se)
10 ser
29 valer(se)
11 vivir
22 alojarse
19 quedarse
12 ubicar
46 ◁ *irse*

estatal
2 gubernamental
1 gubernativo
8 oficial
11 ◁ *privado*

estatalizar
5 nacionalizar(se)

estático
15 fijo
9 inmóvil
16 inmutable
10 quieto
13 parado

estatificar
5 nacionalizar(se)

estatismo
6 inmovilización
4 ◁ *anarquismo*

estatua
13 efigie
6 escultura
20 imagen
11 talla
22 figura

estatuido
9 preceptivo

estatuilla
5 figurilla
3 terracota

6 bicha

estatuir(se)
27 decidir(se)
5 decretar
47 establecer(se)
25 fundar(se)
10 instaurar
5 instituirse
7 legislar
24 ordenar(se)
9 preceptuar
17 mandar
6 ◁ *derogar*

estatura
35 altura(s)
6 alzada
11 talla

estatuto
5 decreto
17 ley
7 reglamento
5 ordenanza
23 disposición

estay
2 obenque
42 cabo

este
2 oriente
3 orto
8 levante

estearina
10 grasa
13 vela

esteatita
2 jaboncillo

estela
5 borda
17 huella
2 lápida

estelar
9 estrella

estelión
3 salamanquesa

estenografiar
9 escribir

estenógrafo
1 taquígrafo

estenosis
10 estrechez

estentóreo
11 estrepitoso
8 estridente
9 estruendoso
7 ruidoso
5 ◁ *silencioso*

estepa
14 barbecho

estepario
2 desértico
10 estéril
21 seco
19 mezquino
18 pobre
8 yermo
5 ◁ *fecundo*

estera
3 alfombrilla
2 felpudo
1 limpiabarros

estercar
1 estercolar

estercolar
26 abonar(se)

estercolero
5 muladar

estercolizo
4 escatológico

estereografía
3 perspectiva

estereotipado
1 calcado
15 fijo
9 invariable
5 repetido
7 ◁ *espontáneo*
18 ◁ *original*
21 ◁ *auténtico*

estereotipia
2 fotograbado

estéril
6 agotado
6 árido
4 aséptico
1 esquilmado
5 improductivo
8 ineficaz
3 infecundo
6 infructuoso
16 inútil
8 yermo
14 ◁ *rico*

esterilidad
2 agenesia
2 aridez
4 frigidez
5 improductividad
5 ◁ *fecundidad*
5 ◁ *fertilidad*

esterilización
2 antisepsia
4 autoclave
7 fumigación
5 ◁ *inoculación*

esterilizador
1 castrador
4 cirujano
1 purificador

esterilizar
3 desinfectar
4 desinsectar
7 purificar
10 castrar

estérilmente
5 baldíamente

esterilla
2 felpudo
13 alfombra
6 baleo

esternón
2 xifoides
7 alacena

estero
2 aguazal
8 charca
10 laguna

estertor
11 agonía

estética
18 armonía

estético
5 decorativo
12 exquisito
12 hermoso
9 primoroso
6 ◁repelente
18 ◁feo

estetoscopio
1 fonendoscopio

esteva
25 arado

estevado
7 curvo
1 zambo

estevón
25 arado

estezado
1 corceal

estiaje
16 disminución
6 menguante
10 retirada
1 sequía
23 ◁aumento

estiba
11 embarque

estibador
3 cargador
3 descargador

estibia
3 espibia

estibina
1 antimonita

estibio
1 antimonio

estiércol
12 abono
20 basura
2 sirria
14 excremento
3 fiemo

estigma
21 afrenta
12 baldón
17 huella
16 marca
7 tacha
27 señal
15 traza

estigmatizar
3 teologizar

estilar(se)
31 acostumbrar(se)
7 practicar
43 llevarse
8 usar

estilbón
45 borracho

estilete
2 punzón
26 punta

estilismo
2 purismo

estilista
5 clásico
10 escritor
3 purista

estilística
3 poética

estilización
6 embellecimiento

estilizado
27 delicado
9 elegante
10 esbelto
16 fino
9 garboso
22 ◁ordinario

estilizar
11 afinar
8 bosquejar
3 simplificar
3 sutilizar(se)

estilo
19 carácter
12 costumbre
36 forma(s)
30 manera(s)
3 moda
26 modo
6 personalidad
9 uso
21 genio

estilográfica
11 pluma

estilla
21 avispado
16 listo
33 pícaro

estima
25 apreciación
13 aprecio
8 concepto
33 consideración(es)
10 estimación
18 honor
7 puntuación

7 ◁desautorización

estimable
8 apreciable
3 recomendable
8 superior
7 supremo
10 valioso
8 estupendo
11 magnífico
17 soberbio
2 ◁desestimable

estimación
18 admiración
13 aprecio
33 consideración(es)
2 enjuiciamiento
7 estima
9 evaluación
15 interés
7 peritaje
13 respeto(s)
3 valoración

estimado
26 afecto
10 amado
10 apreciado
6 bienquisto
5 dilecto
9 popular
4 valorado
5 ◁vituperado

estimador
6 tasador

estimar(se)
12 adorar(se)
9 aforar
52 amar(se)
22 apreciar(se)
5 conceptuar(se)
13 considerar(se)
9 enjuiciar
7 evaluar
20 figurar(se)
4 justipreciar
11 juzgar
6 opinar
1 peritar

estimativa

13 preciar(se)
5 primar
31 querer(se)
10 reputar(se)
7 suponer
8 tasar
19 tener(se)
6 valorar
16 presumir
⇨mirar con buenos ojos
22 ◁aborrecer(se)
11 ◁desatender
10 ◁desestimar(se)

estimativa
25 apreciación
8 instinto

estimulado
4 galardonado

estimulante
4 afrodisíaco
6 aperitivo
5 enardecedor
4 excitante
2 letificante
6 tentador
31 ◁pesado

estimular(se)
25 acalorar(se)
22 acelerar(se)
15 acuciar
22 aguijonear(se)
14 aguzar(se)
14 alentar(se)
61 animar(se)
18 aplaudir
20 apremiar(se)
65 apretar(se)
40 atizar(se)
13 azuzar(se)
8 compeler
23 enardecer(se)
9 espolear
60 excitar(se)
8 impeler
17 incitar(se)
15 inducir
59 mover(se)
9 movilizar(se)

23 pinchar(se)
18 provocar
8 cotejar
2 enfajinar
10 impulsar
20 instigar
57 picar
8 ◁coartar
25 ◁desanimar(se)

estímulo
2 aguijonamiento
18 apremio
28 arresto(s)
1 azuzamiento
1 espoleamiento
6 incentivo
14 incitación
9 persuasión
9 señuelo
10 tenacidad

estío
1 verano

estipendio
10 dieta
10 honorarios
18 asignación
6 soldada
56 corte
15 changa
8 jornal
9 salario
9 sueldo

estíptico
34 avaro

estipulación
9 cláusula
16 condición
12 contrato
14 pacto

estipulado
5 condicionado
3 contractual
9 concertado

estipular
37 acordar(se)
16 concertar(se)

35 tratar(se)
15 convenir
11 pactar

estirado
32 ancho
5 despatarrado
8 empinado
10 ensoberbecido
12 marcial
5 sílfide
11 soplado
5 tenso
4 teso
16 tieso
4 yerto
6 tirante
4 ◁acurrucado
26 ◁arrugado

estirajón
8 arrastramiento

estiramiento
3 alargamiento
5 desdoblamiento
6 pedantería
5 ◁llaneza
2 ◁rizamiento

estirar(se)
20 agrandar(se)
35 alargar(se)
30 crecer(se)
8 creerse
15 desarrollarse
2 desencorvar
6 desrizar
29 dilatar(se)
6 engreírse
22 ensoberbecer(se)
51 extender(se)
3 mesar
7 planchar(se)
7 prolongar
3 tensar
2 tesar
6 envanecerse
30 templar
58 tirar
16 ◁acortar(se)

5 ◁emburujar(se)

estirpe
6 alcurnia
14 ascendencia
8 raíz
5 tronco
8 cría
16 linaje

estival
1 veraniego

estocada
2 estoqueo
1 hurgonazo

estocafís
2 pejepalo

estofa
21 calidad
16 condición
11 laya
9 ralea
12 calaña
17 clase

estofado
3 condimento
5 guiso

estofar
21 adornar
3 algodonar
13 bordar
41 cansar(se)
2 destrizar(se)
18 dorar(se)
2 esgrafiar
3 desflecar
8 maltratar

estofo
20 bordado

estoicismo
28 conformidad
6 impasibilidad
15 indiferencia
5 tolerancia
◁inconformidad

9 ◁ *nerviosismo*

estoico
7 impasible
10 imperturbable
10 indiferente
11 insensible
19 firme
13 sereno

estola
5 chal
1 manípulo
41 banda
4 bufanda

estolidez
42 tontería(s)

estólido
6 imbécil
75 bobo
7 estúpido
8 idiota
11 memo
22 necio
18 tonto
16 ◁ *listo*

estomacal
2 eupéptico
2 gástrico

estomagante
5 cansador
6 indigesto
11 antipático
8 cargante
10 enfadoso
15 molesto
22 ◁ *ameno*
6 ◁ *oportuno*
30 ◁ *divertido*

estomagar
28 aburrir(se)

estómago
2 credulidad
3 epigastrio

9 buche
3 tragaderas
⇨ buena fe

estomático
3 bucal

estomatitis
7 inflamación

estomatología
1 odontología

estomatólogo
3 dentista
2 odontólogo

estopar
24 rellenar(se)
22 tapar(se)

estoque
7 espada

estoqueador
3 matador
3 torero

estoquear
52 matar(se)
23 pinchar(se)

estoqueo
2 estocada
4 pinchazo

estor
6 cortina

estora
8 álabe

estoraque
1 azúmbar
3 espicanardo
12 inhábil
10 rollo
18 tonto
⇨ discurso plúmbeo

estorbar(se)
20 complicar(se)
11 dañar(se)
49 detener(se)
13 dificultar(se)
9 disuadir(se)
15 embarazar(se)
17 empachar(se)
6 empecer
20 entorpecer(se)
87 fastidiar(se)
10 inhibir(se)
4 interceptar
20 interrumpir(se)
114 molestar(se)
27 negar(se)
17 obstaculizar
5 obstar
11 obstruir
7 obviar
22 oponer(se)
16 paralizar(se)
50 parar(se)
11 prohibir(se)
41 quebrar(se)
6 vedar
5 chalequear
13 impedir
58 quitar
13 ◁ *facilitar*
25 ◁ *permitir(se)*

estorbo
2 entorpecimiento
8 impedimento
18 molestia(s)
7 óbice
2 obstaculización
17 resistencia
19 embarazo
15 dificultad
15 fastidio
10 obstáculo
29 ◁ *ayuda*

estornudar
4 exhalar
5 expeler

estornudo
3 espasmo
7 exhalación

estozar
7 desnucar(se)

estozolar
7 desnucar(se)

estrábico
3 bisojo
7 bizco
2 vereco

estrabón
3 bisojo

estrado
9 entarimado
5 tarima

estrafalario
5 estrambótico
22 raro
13 singular
9 extravagante
11 ◁ *normal*

estragal
24 atrio

estragamiento
12 empacho
7 empalago
4 hartura
18 molestia(s)
14 pesadez

estrago
10 destrozo
4 devastación
3 escabechina
4 matanza

estrambote
1 añadido
6 estribillo

estrambótico
4 estrafalario
7 excéntrico
22 raro
13 singular
9 extravagante

estrangulación
11 ◁*normal*

estrangulación
16 ahogamiento
15 asfixia

estrangulador
2 ahogador

estrangular
28 ahogar(se)
15 ahorcar(se)
7 constreñir
23 sofocar(se)
4 yugular

estranguria
1 angurria

estrapalucio
5 estropicio

estraperlear
19 especular
5 negociar
16 abusar

estraperlista
4 acaparador
5 agiotista
5 buscón

estraperlo
12 especulación
9 chanchullo
7 estafa
9 fraude
7 ◁*honradez*
2 ◁*legalidad*

estrasijarse
14 adelgazar(se)
19 enflaquecer(se)

estratagema
18 asechanza
9 celada
28 engaño(s)
14 ardid
13 artimaña
10 trampa

estratega
15 batallador

estrategia
10 táctica
13 maniobra

estratégico
18 importante
13 indispensable
10 valioso
6 ◁*secundario*

estratificación
11 gradación

estrato
5 faja
21 capa
17 clase
15 grupo

estratosfera
7 atmósfera

estraza
25 andrajo

estrecha
12 chupada

estrechado
6 comprimido

estrechamente
1 austeramente
2 fuertemente
3 intensamente
2 miserablemente
5 mucho
2 pobremente
4 muy

estrechamiento
12 acosamiento
2 amura
9 cuello
12 encogimiento
4 gollete
17 garganta

estrechar(se)
17 abrazar
17 acorralar
17 acuitar
14 ahincar(se)
27 amistar(se)
13 angostar(se)
21 apiñar(se)
45 apocar(se)
20 apremiar(se)
65 apretar(se)
32 arrinconar(se)
11 astringir(se)
19 atacar(se)
15 bloquear
44 ceñir(se)
12 comprimir(se)
16 contraer(se)
10 cultivar
8 decrecer
17 descender
13 encajonar(se)
29 encoger(se)
10 forzar
8 impeler
27 limitar(se)
25 obligar(se)
52 reducir(se)
15 acosar
8 fruncir
4 ◁*abocinar*
20 ◁*agrandar(se)*
12 ◁*ampliar(se)*
29 ◁*dilatar(se)*
14 ◁*ensanchar(se)*

estrechez
13 angostura
14 apuro(s)
2 constricción
12 escasez
5 indigencia
18 necesidad
7 penuria
14 aprieto
17 miseria
10 pobreza
10 ◁*riqueza*

estrecho
4 ajustado
12 angosto

16 apretado
12 cañón
9 ceñido
9 cicatero
9 estricto
2 foz
3 istmo
5 lengua
19 paso(s)
8 reducido
8 desfiladero
12 exacto
17 garganta
16 justo
19 mezquino
19 roñoso
12 tacaño
32 ◁*ancho*
6 ◁*desprendido*
20 ◁*amplio*

estrechón
1 socollada

estrechura
13 angostura

estregar
2 refregar

estregón
4 fricción
6 frotamiento

estrella
1 asteroide
16 azar
6 lucero
6 planeta
7 sino
7 cometa
22 destino
13 fortuna
7 hado

estrellada
1 amelo

estrellado
16 bonancible

estrellar(se)
12 arremeter(se)
9 despedazarse

24 frustrar(se)
8 malograrse
41 quebrar(se)
47 romper(se)
9 fallar
7 fracasar
⇨hacerse añicos

estrellería
4 astrología

estrellita
5 asterisco

estrellón
12 choque
9 encuentro

estremecedor
3 alarmante
18 aterrador
5 emotivo
7 escalofriante
36 ◁ *alegre*

estremecer(se)
39 alterar(se)
58 asustar(se)
2 castañetear
13 conmover(se)
16 emocionar(se)
9 espeluznar(se)
11 horripilar(se)
3 palpitar
8 temblar
4 tiritar
37 turbar(se)
⇨tener escalofríos

estremecido
6 espasmódico

estremecimiento
4 pálpito
9 temblor
7 tiritona
7 cimbrón
18 chucho
6 escalofrío
2 socollón

estrenar
35 abrir(se)
2 debutar

9 empezar(se)
5 inaugurar
31 iniciar(se)
10 comenzar

estreno
7 apertura
3 debut
3 inauguración

estrenque
13 cable
26 cadena

estreñido
8 prendido

estreñimiento
15 dificultad
11 ◁ *diarrea*

estreñir
9 trancar

estrépito
22 aparato
5 estruendo
5 fasto
6 fragor
7 griterío
12 ostentación
24 follón
13 pompa
19 ruido
7 ◁ *silencio*

estrepitoso
13 completo
9 estruendoso
10 fastuoso
4 fragoroso
9 ostentoso
16 pomposo
10 rotundo
7 ruidoso
11 solemne
6 total
27 absoluto
5 ◁ *silencioso*

estreptococia
9 bacteriología

estría
2 muesca
10 ranura
7 surco
5 hendidura

estriado
4 acanalado
2 ranurado
2 rayado
10 ◁ *liso*

estriar(se)
2 acanalar
39 arrugar

estribación
7 derivación
5 estribo
7 ramal

estribar
63 apoyar(se)
14 basar(se)
2 consistir
14 descansar

estribera
3 ación
5 ballestera

estribillo
2 muletilla
1 tranquillo
5 coda
2 estrambote
2 jarcha
8 cantaleta

estribo
37 apoyo
3 entibo
14 fundamento(s)
14 sostén
10 contrafuerte

estribor
8 costado

estricto
45 áspero
17 fiel

13 inflexible
22 preciso
12 exacto
16 justo
26 rígido
17 riguroso
20 severo
6 ◁ *aproximado*
11 ◁ *comprensivo*

estridencia
5 brusquedad
9 destemplanza
4 trompetazo
19 ruido
20 ◁ *delicadeza*
11 ◁ *suavidad*

estridente
9 desapacible
1 descollante
1 desconexionado
1 descoordinado
15 destemplado
11 estrepitoso
9 estruendoso
15 molesto
12 ◁ *armonioso*

estrige
7 lechuza

estrilar
22 enfurecer(se)
15 encolerizarse

estrilo
9 rabia
6 sospecha
11 enfado
12 enojo
11 recelo
18 temor

estrinque
13 cable
42 cabo

estro
13 inspiración
8 lira

estrofa

3 numen
8 poesía

estrofa
12 copla
2 seguidilla

estrógeno
1 hormona

estropajear
50 limpiar

estropajo
1 fregajo
2 rascador
3 mascón
1 pellingajo

estropeado
9 aguado
10 decrépito
4 desmontado
5 inservible
34 malo
3 maltrecho
5 mellado
7 mutilado
7 oxidado
8 rasgado
6 rozado
4 tarado
8 tronado
10 usado
22 viejo

16 enfermo
14 envejecido
7 fané
6 roto

estropear(se)
12 aguar(se)
39 ajar(se)
8 amancillar
9 amustiar(se)
4 apolillar(se)
20 atirantar(se)
7 atrofiar(se)
10 avejentar(se)
8 cachifollar(se)
11 dañar(se)

9 defraudar
9 degenerar
16 desbaratar
2 descacharrar
37 descomponer(se)
20 desfigurar(se)
39 deshacer(se)
5 deslustrar
11 desmedrar(se)
14 desquiciar(se)
2 destorpar
8 desvirtuar(se)
30 deteriorar(se)
15 eclipsar(se)
2 enmalecer
8 envejecer
12 envenenar(se)
18 enviciar(se)
5 erosionar
5 escachifollar(se)
9 flojear
24 frustrar(se)
6 gangrenar(se)
32 gastar(se)
5 lisiar(se)
7 malbaratar
13 malear(se)
8 malograr
8 mutilar
48 pasar(se)
38 perder(se)
5 periclitar
5 perjudicar(se)
20 pervertir(se)
17 pudrir(se)
47 romper(se)
44 torcer(se)
14 vulnerar
5 zozobrar
8 abortar
3 brocear(se)
50 cargar
4 caucarse
16 chafar
15 decaer
16 desgraciar
9 inutilizar
8 maltratar
10 sobar
9 trancar
⇨hacer fracasar

14 ◁*embellecer(se)*
83 ◁*arreglarse*

estropicio
10 algarada
1 estrapalucio
12 rompimiento
10 rotura
4 zambardo

estructura
16 agrupación
12 organización
8 sistema
9 armazón
23 disposición
12 paradigma

estructurado
23 arreglado
5 ordenado
4 orgánico

estructural
3 constitutivo
6 ◁*amorfo*

estructurar
21 agrupar(se)
24 ordenar(se)
10 organizar
9 ◁*desorganizar*

estruendo
8 estallido
5 estampido
9 estrépito
6 fragor
19 ruido

estruendoso
6 atronador
25 bullicioso
5 ensordecedor
4 estentóreo
11 estrepitoso
8 estridente
7 retumbante
8 sonoro
3 tonante

estrujado
5 compreso

estrujadura
16 apretón

estrujamiento
12 abuso
16 apretón
5 explotación
5 presión
22 ◁*aflojamiento*
1 ◁*relajamiento*

estrujar
65 apretar(se)
7 exprimir
3 prensar
10 oprimir
⇨sacar hasta los tuétanos

estrujón
16 apretón
4 compresión
2 prensado
5 presión
22 ◁*aflojamiento*

estuante
25 caliente

estuario
3 fiordo
2 ría
19 golfo

estucado
4 encaladura
6 revocado

estucar
4 encalar
4 enjalbegar
7 enlucir
18 blanquear

estuche
6 bombonera
2 botiquín
10 bujeta
3 cajetilla
6 cápsula
6 envoltura
7 funda
4 joyero
3 pistolera
7 plumero

4 polvera
  44 bolsa
  33 caja
   9 envase

estudiado
  17 artificioso
   5 simulado
  44 afectado
  20 ◁ *natural*
   5 ◁ *veraz*

estudiantado
  15 escuela
   2 gimnasio
   8 colegio

estudiante
   8 alumno
   5 colegial
  13 discípulo
   5 escolar

estudiantina
   9 ronda(s)
   8 rondalla
   2 tuna

estudiar
  13 analizar(se)
  27 aprender(se)
  24 buscar(se)
  10 cultivarse
  10 cursar
  41 examinar(se)
  28 formar(se)
  12 investigar
  19 observar
  48 preparar(se)
  11 instruirse

estudio
  32 afectación
   8 análisis
   6 apartamento
  15 aprendizaje
   6 bufete
  10 buhardilla
  16 busca
  18 compostura
   4 cultivo
   3 disertación

  13 ensayo
  12 examen
  11 formación
  27 instrucción(es)
   8 investigación
   4 libro
   2 monografía
  12 observación
   3 oficina
  11 preparación
   6 tratado
  13 artículo
  10 despacho
  23 obra
   5 opúsculo
   6 taller

estudioso
   9 aplicado
   9 aprovechado
   2 empollón
   8 machetero
   6 tirante

estufa
  14 brasero
  17 calentador
   4 conservatorio
   2 radiador
   5 salamandra
   7 sol
   3 invernadero

estufilla
   4 braserillo
  14 brasero
  17 calentador
   4 hornillo
   2 manguito

estulticia
  15 necedad(es)
   9 rudeza

estulto
   7 chirrichote

estuosidad
   1 insolación
  33 calor

estuoso
   3 abrasado
   3 calorífico

  25 caliente

estupefacción
  18 admiración
   3 estupor
  11 pasmo
  15 asombro

estupefaciente
   2 alucinógeno
   7 anestésico
   4 narcótico
   8 soporífero
  17 droga

estupefacto
   6 admirado
  15 atónito
   5 maravillado
   4 pasmado
   9 sorprendido
   5 patidifuso
   6 turulato
   5 ◁ *impertérrito*

estupendo
  18 admirable
  11 maravilloso
  10 portentoso
   7 prodigioso
   8 superior
   7 supremo
  11 magnífico
  17 soberbio
   2 ◁ *pésimo*

estupidez
   8 asnería
   7 beotismo
  30 bobería
   9 fatuidad
  15 necedad(es)
   6 parida
   5 pavada
   9 rudeza
   9 sandez
  42 tontería(s)
   4 ñanguería
  22 barbaridad
  11 burrada
   8 embarrada

   2 opería
   6 simpleza
  12 ◁ *discreción*

estúpido
   6 imbécil
  13 alcornoque
  75 bobo
   4 crestón
   8 idiota
  11 memo
  18 tonto
  16 ◁ *listo*

estupor
   4 estupefacción
  11 pasmo
  15 asombro

estuprador
   4 violador

estuprar
   9 violar

esturión
   2 marón
   2 sollo

estusar
  40 azotar(se)
  24 golpear
  22 pelar

esvarar
   8 resbalar(se)

etapa
  33 alto(s)
  12 circunstancia
  14 detención(es)
   8 época
   9 era
   5 fase
   7 momento
  11 parada
   8 jalón

etcétera
   6 demás

éter
46 aire(s)
7 anestésico
12 cielo

etéreo
33 alto(s)
11 elevado
9 inconsistente
11 insigne
5 sublime
11 sutil
6 vaporoso
2 volátil

eterización
22 anestesia

eterizar
9 anestesiar(se)

eternidad
12 duración
3 eón
3 ◁*transitoriedad*

eternizar(se)
35 alargar(se)
8 durar
1 inmortalizar
8 perpetuar(se)
7 prolongarse
16 ◁*acortar(se)*

eterno
6 eviterno
6 imperecedero
5 inmortal
5 interminable
10 perenne
13 perpetuo
7 constante
11 continuo
6 ininterrumpido
1 ◁*interrupto*

ética
4 conducta
6 moral
10 norma
2 ◁*amoralidad*
12 ◁*inmoralidad*

ético
13 decente
2 deóntico

etimología
13 origen
19 principio(s)
8 raíz

etiología
10 motivo(s)
14 causa

etiqueta
15 ceremonia
5 fasto
16 marca
20 inscripción
13 pompa
10 rótulo

etnia
8 clan
4 tribu
17 pueblo

étnico
3 gentilicio
1 racial

etnografía
1 etnología

etnología
1 etnografía

etopeya
4 descripción

etusa
▷cicuta menor

eucaristía
2 nuestramo

eufemismo
6 disfraz
18 disimulo
4 sugerencia
4 tapujo
4 tabú
21 capa
10 indirecta

eufonía
18 armonía

eufónico
12 armonioso

euforia
14 bonanza
30 ◁*angustia*

eufórico
27 animoso
9 embriagado
5 exultante
6 rebosante
12 vehemente
36 alegre
11 feliz
17 ◁*alicaído*
8 ◁*desalentado*
16 ◁*triste*

eunuco
3 castrado

eupepsia
3 digestión

eupéptico
2 estomacal
4 digestivo

eusquera
3 vasco

eutiquianismo
1 monofisismo

eutrapélico
9 chistoso
18 gracioso
8 ◁*aburrido*

evacuación
30 abandono
8 defecación
3 desocupación
5 destierro
1 deyección
5 exilio
6 extrañamiento
1 cagada

evacuador
4 emuntorio

evacuar
22 abandonar(se)
13 cagar(se)
11 defecar(se)
43 dejar(se)
10 deponer
6 desempeñar
6 desocupar(se)
5 extraer
1 mear
4 orinar
25 realizar(se)
34 retirar(se)
28 sacar
▷hacer de vientre
▷hacer pis
▷llevar a cabo
▷ocuparse en

evacuatorio
9 retrete
22 servicio(s)

evadido
18 libre
1 soslayado

evadir(se)
12 ahuyentar
30 ausentar(se)
5 capotear
6 desertar
15 eclipsar(se)
10 eludir
34 escapar(se)
5 rehuir
15 substraer(se)
18 zafar(se)
7 escabullirse
5 esquivar
fugarse
19 huir
5 jarearse
60 largarse
7 pirárselas

evaluación
5 amillaramiento
25 apreciación
13 aprecio
10 estimación
24 nota
7 peritaje
9 tasa
8 tasación
3 valoración

evaluar
22 apreciar(se)
11 calcular
34 determinar(se)
24 estimar(se)
4 justipreciar
8 tasar
6 valorar

evanecerse
5 acorcharse

evanescencia
7 desaparición
17 disolución

evangelista
12 apóstol
16 cristiano
6 protestante

evangelización
4 apostolado
5 difusión
7 divulgación
4 predicación

evangelizador
12 apóstol
3 misionero

evangelizar
3 apostolizar
8 catequizar
12 convertir(se)
7 predicar

evaporación
4 deshidratación
3 volatilización

evaporar(se)
18 borrar
6 desaguar

3 deshidratarse
20 desvanecer(se)
8 desvirtuar(se)
26 disipar(se)
18 esfumar(se)
6 gasificar
60 largar(se)
5 volatilizar
5 volatilizarse
18 zafar(se)
7 escabullirse
18 esfumarse
fugarse
19 huir
60 largarse
7 pirárselas

evaporización
3 volatilización

evasión
7 deserción
18 disimulo
2 encubrimiento
6 fuga
10 huida
1 ocultamiento
6 sustracción

evasiva
6 disculpa
8 excusa
5 pretexto(s)
19 rodeo
3 subterfugio

evasivo
9 ambiguo
14 confuso
4 huidizo
4 reticente
15 ◁indudable
10 ◁rotundo

evento
15 acontecimiento(s)
12 circunstancia
24 hecho(s)
11 lance
13 suceso(s)
17 caso
3 ocurrido

eventración
4 hernia

eventual
14 accidental
18 azaroso
10 casual
5 contingente
4 esporádico
5 fortuito
6 incidental
11 ◁permanente

eventualidad
16 azar
12 casualidad
12 circunstancia
8 contingencia(s)
12 incidente
10 posibilidad(es)
8 temporalidad
11 albur

eventualidades
4 imponderables

evidencia
9 certeza
5 certidumbre
5 convencimiento
5 convicción
20 seguridad
15 ◁duda

evidenciado
5 demostrado

evidenciar
54 aclarar(se)
4 constatar
10 demostrar
13 descubrir
12 desmontar(se)
13 destapar(se)
15 justificar(se)
11 manifestar
35 mostrar(se)
5 patentizar
4 plasmar
19 probar
4 reflejar
29 representar(se)

22 revelar(se)
6 verificar
11 denotar
10 delatar
11 denunciar
11 pregonar

evidenciarse
11 resultar
48 salir(se)

evidente
22 cierto
28 claro
11 incuestionable
11 indiscutible
1 indubitable
15 indudable
6 irrebatible
11 manifiesto
12 obvio
10 palmario
18 patente
10 positivo
4 tangible
5 averiguado
6 ◁dudoso
21 ◁falso

evidentemente
4 efectivamente
2 sí

evitable
3 excusable
1 pronosticable
4 remediable
6 ◁inevitable
25 ◁seguro

evitación
22 ausencia
8 cautela
7 evasión
8 excusa
5 pretexto(s)
16 prudencia
9 ◁imprevisión
13 ◁presencia

evitar
10 eludir
7 obviar

5 rehuir
5 sortear
7 soslayar
5 esquivar
15 ◁afrontar

eviterno
9 eterno
6 imperecedero
5 inmortal
8 perdurable
13 perpetuo
7 sempiterno

evo
12 duración

evocación
13 acordanza
8 añoranza
6 balada
17 huella
16 memoria(s)
7 mención
9 recuerdo(s)
3 remembranza
4 reminiscencia

evocador
4 alusivo
2 rememorativo
11 semejante(s)
9 sugestivo

evocar
19 conjurar(se)
7 invocar
6 recordar
2 remembrar
⇨hacer memoria
⇨traer a colación

evolución
12 desarrollo
11 mudanza
12 progreso
8 transformación
19 cambio
13 maniobra

evolucionar
15 desarrollarse
1 maniobrar

32 mudar(se)
5 progresar
16 transformar(se)
46 cambiar

evolucionismo
2 materialismo
1 transformismo

evolutivo
2 escalonado
7 paulatino
3 progresivo
16 ◁inmutable
13 ◁parado

evónimo
1 bonetero
1 husera

exabrupto
8 bufido
9 destemplanza
8 grosería
3 resoplido
3 tarascada
21 violencia
11 enfado
13 ◁corrección
20 ◁delicadeza

exacción
24 carga
2 concusión
9 impuesto
11 tributo
4 multa
22 pecho

exacerbación
5 exasperación
11 fanatismo
11 enfado

exacerbamiento
12 excitación

exacerbar(se)
14 agravar(se)
20 avinagrar(se)
40 cabrear(se)

6 encolerizar
11 enconar
67 enfadar(se)
27 enojar(se)
15 exasperar(se)
87 fastidiar(se)
63 irritar(se)
114 molestar(se)
5 recrudecer(se)
20 agriar
⇨poner frenético
⇨poner fuera de sí
⇨sacar de sus casillas
15 ◁paliar
21 ◁tranquilizar(se)

exactamente
7 cabalmente
5 justamente

exactitud
22 cuidado
5 esmero
10 fidelidad
1 justeza
14 precisión
4 puntualidad
3 regularidad
13 rigor
15 ◁descuido

exacto
22 cierto
16 correcto
17 cuidadoso
13 escrupuloso
7 esmerado
17 fiel
6 minucioso
22 preciso
11 puntual
11 verdadero
16 justo
17 riguroso
6 ◁inexacto
9 ◁descuidado

exactor
4 recaudador
1 requisador

exaequo
9 accésit

exageración
6 encarecimiento
10 exceso
1 extremosidad
12 ponderación
4 hipérbole

exagerado
7 abusivo
11 ampuloso
3 aspaventero
10 descomedido
6 descompasado
5 desmedido
10 desmesurado
2 desorbitado
7 desquiciado
4 extremado
20 extremo
1 extremoso
5 gestero
7 inmoderado
5 leonino
4 pantagruélico
7 prohibitivo
13 rabioso
7 acentuado
10 abultado
20 amplio

exagerador
7 cacareador

exagerar
21 abultar(se)
4 desorbitar
12 encarecer(se)
38 hinchar(se)
19 inflar(se)
48 pasar(se)
16 ponderar
⇨sacar de quicio

exaltación
11 adoración
38 alegría(s)
7 aleluya
4 apoteosis
22 ardor
6 ascensión
4 asunción
21 elevación

10 emoción
8 encumbramiento
8 engrandecimiento
6 enloquecimiento
11 fanatismo
10 frenesí
10 hervor
9 intensidad
9 júbilo
6 lírica
5 orgasmo
6 paroxismo
17 acaloramiento
13 calentura
16 embriaguez
12 excitación
15 fama
10 fiebre
9 ◁*amodorra-
 miento*
2 ◁*gemonías*

exaltado
34 apasionado
30 ardiente
6 entusiasta
10 fanático
10 radical
9 ◁*mesurado*

exaltar(se)
19 aclamar
65 alabar(se)
25 apasionar(se)
39 arrebatar(se)
38 calentar(se)
9 deificar
4 divinizar
7 electrizar
38 elevar(se)
37 embriagar(se)
8 enaltecer
23 enardecer(se)
7 encomiar
23 encumbrar(se)
9 enfervorizar(se)
9 engrandecer
5 ensalzar(se)
16 entonar(se)
9 espolear
60 excitar(se)
8 glorificar
19 inflamar(se)

6 ovacionar
23 relevar(se)
5 sublimar
9 encampanar(se)
40 cabrearse
23 encender
67 enfadarse
27 enojarse
63 irritarse
12 ◁*acallar(se)*
7 ◁*amodorrar(se)*
12 ◁*denigrar*
7 ◁*mesurar(se)*
39 ◁*rebajar(se)*
21 ◁*serenar(se)*
2 ◁*abatatar*

examen
8 análisis
 búsqueda
14 concurso
15 ejercicio
2 escrutinio
4 exploración
8 indagación
9 inspección
8 investigación
11 oposición
20 prueba
12 reconocimiento

examinable
5 comprobable

examinador
8 buscador
11 censor
5 juzgador
4 verificador
8 investigador
4 ◁*examinando*

examinando
13 competidor
1 ejercitante
4 estudiante
7 opositor
5 ◁*examinador*

examinar(se)
7 alambicar(se)
13 analizar(se)

16 aquilatar(se)
6 auscultar(se)
25 averiguar(se)
24 buscar(se)
37 buzón
9 catar
17 cerner(se)
7 comparar(se)
9 comprobar
13 considerar(se)
8 consultar(se)
13 contemplar(se)
11 controlar
10 criticar
9 deliberar
12 discutir
9 enjuiciar
6 escrutar
19 especular
11 estudiar
10 excavar
13 explorar
4 hojear
11 indagar
10 inquirir
10 inspeccionar
12 investigar
19 observar
16 ponderar
8 pulsar
22 reconocer
7 repasar
7 rumiar
35 tratar(se)
9 ventilar
25 mirar
12 tantear
11 vigilar
⇨atender a

exangüe
1 desangrado
3 exánime
5 postrado

exánime
1 desfallecido
3 exangüe
12 desmayado
22 ◁*fuerte*

exantema
2 impétigo

exasperación
3 exacerbación
11 furia
22 irritación
10 cabreo
11 cólera

exasperado
1 aborrecido
5 desesperado
1 encocorado
11 iracundo
17 irritado
6 sublevado
10 ◁*paciente*
6 ◁*sosegado*

exasperante
4 desesperante
2 excitador
1 indignante
11 provocador
9 ◁*calmante*
 ◁*consolador*

exasperar(se)
19 airar(se)
20 avinagrar(se)
11 enconar
22 enfurecer(se)
27 enojar(se)
16 exacerbar(se)
63 irritar(se)
10 sulfurar(se)
20 agriar
40 cabrearse
67 enfadarse
27 enojarse
63 irritarse
⇨poner fuera de sí
44 ◁*calmar(se)*

excarcelación
5 licenciamiento
4 suelta
17 ◁*prisión*

excavación
9 cata

excavador
3 cavador
3 perforador

excavadora
4 draga
2 perforadora
2 bulldozer
⇨ pala mecánica

excavar
17 ahondar(se)
7 cavar
7 escarbar
41 examinar(se)
10 inquirir
12 investigar
5 minar
8 rastrear
9 sondear
1 zapar

excedencia
18 demasía
5 disponibilidad

excedente
13 excesivo
6 sobrante
1 supernumerario

exceder(se)
14 abundar
24 adelantar(se)
35 alargar(se)
5 altear(se)
9 avanzar
20 aventajar(se)
6 desmandarse
15 eclipsar(se)
12 emerger
3 extralimitarse
40 ganar(se)
43 llevar(se)
48 pasar(se)
9 preceder
6 predominar
12 propasar(se)
7 rebasar
8 relucir
11 sobrar(se)
3 sobreexceder
3 sobrepasar
4 superabundar
16 superar(se)
16 abusar

9 derrochar
12 propasarse
4 sobrepujar
11 sobresalir
30 templar
58 tirar
⇨ pasarse de castaño oscuro
⇨ salirse de madre
⇨ salirse de sus casillas
27 ◁ limitar(se)

excelencia
6 alteza
18 eminencia
3 excelsitud
2 grandiosidad
17 importancia
4 sublimidad

excelente
34 brillante
16 colosal
27 delicado
12 exquisito
15 ideal
9 inestimable
11 insuperable
11 maravilloso
14 precioso
9 primoroso
7 prodigioso
10 refinado
4 selecto
5 sublime
8 estupendo
14 extraordinario
11 magnífico
2 ◁ birrioso
6 ◁ ínfimo

excelsitud
6 alteza
21 elevación
6 excelencia

excelso
33 alto(s)
11 elevado
13 eminente
40 ◁ bajo(s)
6 ◁ ínfimo

excentricidad
10 anomalía
10 singularidad

excéntrico
11 desusado
4 estrafalario
5 estrambótico
8 insólito
22 raro
13 singular
9 extravagante
11 ◁ normal

excepción
9 anormalidad
3 especificidad
2 exceptuación
12 exclusión
6 irregularidad
7 particularidad
18 rareza(s)
5 salvedad
10 singularidad
11 exención

excepcional
18 admirable
17 excelente
9 inaudito
11 increíble
8 insólito
1 inusual
11 maravilloso
7 prodigioso
8 estupendo
14 extraordinario
17 soberbio

excepto
9 aparte
1 menos
10 salvo
⇨ fuera de
⇨ hecha salvedad de

exceptuación
10 excepción
12 exclusión

exceptuado
15 apartado
6 excluido

7 independiente
10 salvo
⇨ incluido

exceptuar
26 excluir(se)
9 perdonar
10 prescindir
22 salvar(se)
28 sacar

excesivamente
4 demasiado

excesivo
4 demasiado
7 descomunal
12 disparatado
3 excedente
4 exorbitante
16 fabuloso
15 formidable
10 gigantesco
3 sobrado
6 sobrante
1 superabundante
12 enorme
23 grande
9 ◁ falto
17 ◁ escaso
14 ◁ pequeño

exceso
12 abuso
17 colmo
18 demasía
8 imposición
5 intemperancia
31 sobra(s)
7 superabundancia
2 superávit
21 violencia
9 superioridad
8 ◁ carencia

excitabilidad
2 impresionabilidad

excitable
7 agitado
6 alborotado

6 exasperado
8 furioso
8 cascarrabias
8 ◁*calmo*
13 ◁*tranquilo*

excitación
22 ardor
9 efervescencia
10 emoción
6 entusiasmo
1 exacerbamiento
26 exaltación
7 inflamación
8 intranquilidad
22 irritación
33 agitación
28 ansia
7 prendimiento

excitado
23 animado
8 febril
9 fogoso
13 frenético
8 furioso
25 caliente
7 ◁*descansado*
7 ◁*pancho*

excitador
8 amotinador
4 exasperante

excitante
8 apasionante
6 estimulante
6 incitante
8 irritante
26 ◁*apacible*
1 ◁*relajante*

excitar(se)
17 abroncar(SE)
25 acalorar(se)
8 activar
15 acuciar
40 agitar(se)
14 aguzar(se)
19 airar(se)
31 alborotar(se)
14 alentar(se)

39 alterar(se)
25 apasionar(se)
65 apretar(se)
40 atizar(se)
18 atosigar(se)
34 avivar(se)
13 azuzar(se)
38 calentar(se)
3 concitar
16 emocionar(se)
23 enardecer(se)
22 encandilar(se)
10 encorajinar(se)
9 enfervorizar(se)
17 entusiasmar(se)
20 enzarzar(se)
9 espolear
28 estimular(se)
32 exaltar(se)
8 fomentar
13 impresionar(se)
17 incitar(se)
15 inducir
19 inflamar(se)
63 irritar(se)
59 mover(se)
23 pinchar(se)
18 provocar
2 sobreexcitar(se)
11 sobresaltar(se)
10 sulfurar(se)
23 tentar(se)
10 vivificar(se)
40 cabrearse
4 cujear
4 cuquear
11 empujar
6 encabritarse
23 encender
67 enfadarse
2 enfajinar
27 enojarse
13 hurgar
10 impulsar
20 instigar
63 irritarse
3 juchar
6 vibrar
21 ◁*amansar(se)*
22 ◁*amortiguar(se)*
44 ◁*calmar(se)*
10 ◁*frenar*
7 ◁*sedar(se)*

24 ◁*sosegar(se)*
39 ◁*suavizar(se)*
6 ◁*desguanzar*

exclamación
7 grito
5 imprecación
1 interjección
11 juramento

exclamar
10 clamar
6 gritar
53 lanzar(se)
4 proferir

excluido
1 descartado
5 despreciado
1 marginado
1 repudiado
10 separado
7 tachado
4 ◁*aprobado*
◁*incluido*
◁*integrado*

excluir(se)
25 abstraer(se)
35 aislar(se)
38 alejar(se)
49 callar(se)
8 desaprobar
5 descalificar(se)
5 desterrar(se)
5 discriminar
58 echar(se)
5 exceptuar
16 excusar(se)
6 ilegitimar
8 omitir
10 prescindir
4 preterir
12 relegar(se)
21 repudiar(se)
22 salvar(se)
64 separar(se)
7 vindicar
10 eliminar
11 expulsar
13 rechazar
28 sacar

⇨ dejar fuera
⇨ prescindir de
19 ◁*admitir*
13 ◁*incluir*
14 ◁*abarcar*
17 ◁*comprender*

exclusión
1 descarte
5 destierro
7 eliminación
2 exceptuación
13 expulsión
8 omisión
3 preterición
6 rechazo
5 relegamiento
7 repudio
5 salvedad
28 separación
8 ◁*admisión*
4 ◁*inclusión*

exclusiva
6 franquicia
3 monopolio
18 patente
9 prerrogativa
6 privilegio
14 ventaja

exclusivamente
4 solamente
16 solo

exclusividad
7 peculiaridad

exclusivismo
2 racismo

exclusivo
6 aislado
1 irrepetible
2 líquido
13 singular
16 único
16 solo
10 ◁*general*

excogitar
31 pensar(se)

excomulgado
1 anatematizado
15 apartado
4 condenado
3 rechazado
6 réprobo

excomulgar
1 anatematizar
21 repudiar(se)
13 rechazar

excomunión
7 anatema
17 castigo

excoriación
3 rasponazo

excoriar
2 exulcerar

excreción
8 defecación
2 emunción

excrementicio
1 fecal

excremento
4 alhorre
1 boñiga
4 caca
2 cagarruta
8 cuita
2 deposición
1 deyección
12 heces
10 inmundicia
1 meconio
1 sirle
2 zurullo
11 mierda
34 porquería

excrementos
20 basura
5 detrito

excretor
4 emuntorio

exculpación
3 coartada
8 descargo
6 disculpa
8 dispensa
2 justificación
5 pretexto(s)

exculpado
6 absuelto

exculpar
11 absolver
11 defender
34 explicar(se)
26 remitir(se)
13 sincerar(se)
7 vindicar
10 ◁imputar

excursión
5 algara
5 caminata
7 correría
6 paseo
22 salida(s)
10 viaje

excursionista
1 andarín
3 deportista
3 paseante
3 viajero

excusa
3 coartada
8 descargo
6 disculpa
8 dispensa
2 justificación
5 pretexto(s)
3 subterfugio
6 exculpación

excusable
9 comprensible
5 justificable
4 perdonable
4 ◁inexcusable

5 ◁injustificable

excusado
18 aseo
24 baño(s)
10 exento
10 innecesario
18 libre
5 permitido
9 retrete
22 servicio(s)
4 superfluo
4 tocador
6 water
7 toilette

excusaña
7 espía

excusar(se)
11 ahorrar(se)
11 defender
11 defenderse
8 disculparse
10 dispensar
10 eludir
6 evitar
26 excluir(se)
6 eximir
34 explicar(se)
15 justificar(se)
11 librar
27 negar(se)
15 paliar
23 relevar(se)
13 ◁acusar
7 ◁culpar(se)
23 ◁imponer(se)

execrable
17 abominable
10 maldito
5 nefando
5 odioso
21 repugnante
9 asqueroso
18 ◁admirable

execración
7 anatema
15 blasfemia
5 imprecación

5 pésete
9 vituperio
8 abominación
32 aborrecimiento

execrador
10 blasfemo

execrar
8 abominar(se)
22 aborrecer(se)
12 blasfemar
4 detestar
2 imprecar
10 jurar
7 odiar(se)
10 renegar
4 taquear
⇨ decir palabrotas
⇨ echar pestes
52 ◁amar(se)

exedra
24 atrio

exégesis
8 comentario
8 glosa
13 interpretación

exégeta
6 intérprete

exención
8 descargo
8 dispensa
3 exoneración
6 franquicia
6 perdón
7 permiso
9 prerrogativa
6 privilegio
6 exculpación
10 indulto
14 ventaja

exento
1 descargado
7 desembarazado
5 dispensado
1 exonerado
7 independiente

1 indultado
18 libre
2 perdonado
14 suelto
1 exculpado
12 ◁*atado*
9 ◁*ceñido*

exequátur
27 aprobación
7 permiso
4 venia
6 ◁*rechazo*

exequias
1 funerales
⇨honras fúnebres

exequible
7 asequible

exfoliación
2 descamación
4 desgaste
6 ◁*fijación*

exfoliar
9 desmenuzar

exhalación
5 aroma
4 centella
3 emanación
20 olor
4 rayo
3 vapor
5 tufo

exhalar
21 despedir(se)
26 desprender(se)
53 lanzar(se)
42 soltar(se)

exhalarse
45 anhelar

exhaustivo
13 completo
6 total
27 absoluto

11 ◁*parcial*

exhausto
18 acabado
6 agotado
16 cansado
13 carente
9 consumido
4 derrengado
9 falto
11 fatigado
16 vacío
22 ◁*fuerte*
14 ◁*lleno*

exhibición
4 carrusel
8 circo
6 espectáculo
11 exposición
12 ostentación
7 pase
1 paseíllo
11 presentación

exhibicionismo
1 pepillismo

exhibir(se)
27 aparecer(se)
7 despechugar(se)
37 enseñar(se)
31 exponer(se)
3 exteriorizar
11 manifestar
35 mostrar(se)
9 ostentar
33 presentar(se)
14 publicar
32 ◁*arrinconar(se)*
27 ◁*velar(se)*

exhortación
14 admonición
19 advertencia
9 invitación
9 persuasión
12 consejo
26 amonestación

exhortar
14 alentar(se)
30 amonestar(se)

61 animar(se)
17 incitar(se)
15 inducir
59 mover(se)
9 rogar
6 sermonear
6 suplicar
17 pedir
22 reñir
16 reprender

exhumación
9 descubrimiento
1 desenterramiento
6 extracción
16 memoria(s)
9 recuerdo(s)
1 ◁*inhumación*
10 ◁*olvido*

exhumar
1 desenterrar

exigencia
12 abuso
18 apremio
4 compulsión
6 deber
10 formalidad
8 imposición
11 obligación
8 petición
14 precisión
6 reclamación
5 requerimiento
5 urgencia
21 arbitrariedad

exigente
19 recto
26 rígido
17 riguroso
20 severo
12 ◁*flexible*

exigible
3 cobrable

exigir
8 conminar
3 necesitar
24 ordenar(se)

4 reivindicar
11 requerir
17 mandar
17 pedir
5 reclamar
⇨hacer falta

exigüidad
5 enanismo
12 escasez
3 parvedad

exiguo
18 insignificante
12 insuficiente
6 mediocre
8 parvo
8 reducido
21 corto
17 escaso
6 mínimo
26 miserable
14 pequeño
23 ruin
29 ◁*abundante*
23 ◁*grande*

exilado
6 exiliado

exilarse
32 arrinconar(se)

exiliado
3 alejado
2 desarraigado
4 desterrado
4 emigrante
1 exilado
4 expulsado
◁*repatriado*

exiliar(se)
35 aislar(se)
32 arrinconar(se)
6 deportar
11 desarraigar(se)
5 desterrar(se)
58 echar(se)
5 expatriar(se)
18 extrañar(se)
7 proscribir

exilio

- 12 relegar(se)
- 11 expulsar
- 27 ◁ *volver(se)*

exilio
- 5 destierro
- 13 expulsión
- 4 extradición
- 6 extrañamiento
- 5 ostracismo

eximente
- 1 absolutorio
- 6 favorable
- 2 paliativo
- 6 redentor
- ◁ *agravante*
- 15 ◁ *contrario*

eximio
- 8 destacado
- 7 egregio
- 17 excelente
- 18 importante
- 11 insigne
- 34 notable(s)
- 3 relevante
- 7 sobresaliente
- 8 superior
- 18 ◁ *insignificante*

eximir
- 10 dispensar
- 7 exonerar
- 15 libertar(se)
- 11 librar
- 9 perdonar
- 23 relevar(se)
- 25 ◁ *obligar(se)*

exinanición
- 16 agotamiento

existencia
- 3 efectividad
- 13 presencia
- 14 sustancia

existencias
- 5 disponibilidad
- 12 hato

existente
- 10 actual
- 1 coetáneo
- 6 contemporáneo
- 8 efectivo
- 10 positivo
- 10 real
- 11 verdadero
- 28 vivo
- 2 ◁ *inactual*
- 8 ◁ *inexistente*

existimativo
- 1 putativo

existir
- 63 dar(se)
- 23 estar(se)
- 33 haber(es)
- 22 hallar(se)
- 19 quedar(se)
- 10 ser
- 11 vivir

éxito
- 26 gloria
- 3 consecución
- 12 culminación
- 15 fama
- 3 logro
- 9 resultado
- 2 triunfo
- 2 victoria
- 38 ◁ *caída*
- 5 ◁ *fracaso*

exitoso
- 7 triunfante

exlibris
- 6 etiqueta
- 7 grabado
- 16 marca
- 15 sello

éxodo
- 1 peregrinación
- 22 salida(s)

exoneración
- 6 desvinculación
- 7 inmunidad
- 11 exención

exonerado
- 10 exento

exonerar
- 23 degradar(se)
- 3 destituir
- 10 dispensar
- 6 eximir
- 15 libertar(se)
- 11 librar
- 23 relevar(se)

exorbitancia
- 5 exageración
- 10 exceso

exorbitante
- 7 descomunal
- 10 desmesurado
- 13 excesivo
- 12 enorme
- 6 ◁ *suficiente*

exorcismo
- 14 bendición

exorcista
- 4 conjurador
- 14 encantador
- 2 invocador
- 5 mago
- 5 ◁ *poseído*
- 7 ◁ *poseso*

exorcizar
- 10 bendecir
- 19 conjurar(se)
- 3 deshechizar

exordiar
- 6 principiar

exordio
- 15 introducción
- 10 preámbulo
- 6 prefacio
- 7 proemio
- 7 prolegómenos
- 5 prólogo
- 12 ◁ *conclusión*
- 5 ◁ *epílogo*

exornar
- 21 adornar

exósmosis
- 2 permeabilidad

exotérico
- 19 común
- 10 general
- 10 habitual
- 11 normal
- 9 vulgar
- 12 público
- 4 ◁ *esotérico*

exoticidad
- 6 extrañeza
- 18 rareza(s)

exótico
- 10 ajeno
- 4 estrafalario
- 6 extranjero
- 18 extraño
- 6 forastero
- 9 infrecuente
- 1 inusual
- 22 raro
- 9 extravagante
- 5 ◁ *nacional*
- 11 ◁ *normal*

exotismo
- 1 extranjería
- 18 rareza(s)
- 3 ◁ *casticismo*

expandir
- 20 agrandar(se)
- 11 emanar
- 29 propagar(se)

expandirse
- 19 circular
- 29 dilatar(se)

expansión
- 3 confesión
- 6 confidencia
- 6 crecimiento

21 desahogo
12 desarrollo
5 difusión
8 dilatación
16 diversión
5 esparcimiento
23 extensión
7 propagación
15 recreo
8 solaz

expansionarse
16 desahogar(se)

expansivo
7 cordial
24 abierto
16 franco
6 simpático
18 ◁*retraído*
8 ◁*hosco*

expatriación
22 ausencia

expatriado
4 emigrante
6 exiliado

expatriar(se)
30 ausentar(se)
12 emigrar
11 exiliar(se)
7 proscribir
12 relegar(se)
3 ◁*repatriar(se)*

expectable
10 respetable

expectación
13 afán
7 curiosidad
11 ilusión
15 interés
14 deseo

expectante
17 atento
6 interesado
9 ◁*descuidado*

expectativas
5 panorama

expectoración
6 escupitajo
10 gallo
6 gargajo
14 pollo
7 salivazo
18 desgarro
8 esputo

expectorar
1 desflemar
6 escupir

expedición
28 aventura(s)
3 convoy
7 correría
6 envío
2 remesa
22 salida(s)
10 viaje
3 caravana

expedidor
1 remitente

expedientar
26 castigar(se)
19 censurar
10 criticar
5 empapelar
6 sancionar
6 ◁*premiar*
8 ◁*recompensar*

expediente
11 arbitrio
3 documentación
13 informes
35 medio(s)
 papeles
5 pretexto(s)
30 recurso(s)

expedienteo
1 burocracia
3 papeleo

expedir
10 cursar
27 despachar(se)

7 enviar
26 remitir(se)

expeditivo
25 diligente
7 inmediato
5 raudo
10 veloz
25 pronto
19 rápido
11 ◁*lento*

expedito
7 desembarazado
11 desocupado
18 libre
12 despejado

expeler
21 despedir(se)
16 emitir
4 exhalar
53 lanzar(se)
10 eliminar

expendedor
7 vendedor

expendeduría
17 comercio
3 tahona
3 expendio
9 tienda

expender
27 despachar(se)
11 vender

expendio
4 expendeduría
10 despacho
9 tienda

experiencia
12 costumbre
13 hábito
17 práctica
18 cancha
6 destreza

experimentado
4 acuchillado
12 aguerrido
11 avezado
10 baqueteado
9 baquiano
8 conocedor
9 cursado
11 curtido
14 diestro
8 ducho
9 erudito
8 experto
10 granado
17 hábil
13 industrioso
13 maestro
10 perito
10 usado
8 versado
16 capaz
14 corrido
11 entendido
12 práctico
6 ◁*imberbe*
6 ◁*indocumentado*

experimental
3 empírico

experimentar
39 aguantar(se)
6 asenderear
15 avezar(se)
7 ensayar
19 probar
30 sentir(se)
12 sufrir
23 tentar(se)
8 traquear

experimento
12 examen
8 indagación
14 intento
8 investigación
20 prueba
5 experiencia

experto
11 avezado
14 diestro

expiación

- 7 ejercitado
- 23 experimentado
- 6 habituado
- 10 perito
- 8 versado
- 12 práctico
- 13 ◁ inexperto

expiación
- 12 reparación
- 20 satisfacción
- 17 castigo
- 29 pena

expiar
- 34 pagar(se)
- 6 purgar
- 44 satisfacer(se)
- 21 reparar

expiatorio
- 2 votivo

expillo
- 3 arugas
- 2 magarza
- 2 matricaria

expiración
- 11 acabamiento
- 12 conclusión
- 6 defunción
- 4 fallecimiento
- 16 final
- 11 muerte
- 9 terminación
- 3 óbito
- 16 ◁ inicio

expirar
- 53 acabar(se)
- 30 ausentar(se)
- 14 concluir
- 4 exhalar
- 12 faltar
- 28 finalizar(se)
- 25 morir(se)
- 7 terminar
- 2 vahar
- 57 cortar
- 3 diñarla
- 9 fallecer
- ⇨ estirar la pata
- ⇨ irse al otro mundo

explanación
- 4 desmonte

explanada
- 4 playa
- 18 cancha
- 6 llanura
- 19 plaza

explanar
- 41 allanar(se)
- 15 desarrollar
- 34 explicar(se)
- 31 exponer(se)
- 30 igualar(se)
- 7 nivelar
- 35 tratar(se)

explayar(se)
- 17 confiar(se)
- 16 desahogar(se)
- 29 dilatar(se)
- 32 divertir(se)
- 26 entretener(se)
- 28 esparcir(se)
- 3 espontanear(se)
- 51 extender(se)
- 5 franquearse
- 29 propagar(se)
- 23 recrear(se)
- 13 sincerar(se)
- 15 solazar(se)
- 4 dingarse
- 28 ◁ aburrir(se)

expletivo
- 11 enfático

explicable
- 5 comprobable
- 4 demostrable
- 4 disculpable
- 5 justificable
- 6 ◁ indescriptible
- 7 ◁ inexplicable

explicación
- 10 aclaración
- 4 esclarecimiento
- 8 excusa
- 14 expresión
- 13 interpretación
- 2 justificación
- 20 satisfacción
- 19 afirmación
- 7 declaración
- 6 exculpación

explicaderas
- 3 decideras

explicado
- 4 especificado

explicador
- 4 presentador

explicar(se)
- 54 aclarar(se)
- 43 afirmar(se)
- 39 anunciar(se)
- 24 apercibir(se)
- 19 argüir
- 8 comentar(se)
- 10 cursar
- 11 declarar
- 8 definir
- 15 desarrollar
- 10 describir
- 6 dilucidar
- 5 elucidar
- 37 enseñar(se)
- 6 exculpar
- 16 excusar(se)
- 7 explanar
- 31 exponer(se)
- 7 expresar
- 21 ilustrar(se)
- 8 interpretar
- 15 justificar(se)
- 3 parafrasear
- 9 profesar
- 30 rendir(se)
- 29 representar(se)
- 44 satisfacer(se)
- 22 alcanzar
- 17 comprender
- 9 entender
- 8 glosar
- ⇨ dar clase de
- ⇨ darse cuenta

explicativo
- 3 aclaratorio
- 3 esclarecedor

explícitamente
- 16 abiertamente
- 8 expresamente

explícito
- 28 claro
- 11 determinado
- 4 expreso
- 11 manifiesto
- 5 ◁ implícito

exploración
- 12 batida
- 8 indagación
- 8 investigación
- 3 auscultación

explorador
- 5 avanzado
- 12 aventurero
- 8 buscador
- 8 batidor

explorar
- 13 analizar(se)
- 6 auscultar(se)
- 25 averiguar(se)
- 40 batir(se)
- 11 estudiar
- 41 examinar(se)
- 11 indagar
- 10 inquirir
- 12 investigar
- 8 rastrear
- 22 reconocer
- 9 sondear
- 12 tantear

explosión
- 8 bombazo
- 4 detonación
- 8 estallido
- 5 estampido
- 8 fulminación
- 14 reventón
- 3 taponazo
- 3 langanazo

explosionar
10 estallar
15 volar

explosivo
1 dinamita
7 escandaloso
8 inesperado
1 nitroglicerina
8 perturbador
1 pólvora
5 repentino
12 súbito
⇨t N T

explotable
8 aprovecharle

explotación
42 acción
4 estrujamiento
10 fábrica
6 judiada
4 ordeño

explotador
3 abusador
6 abusón
9 aprovechado
1 chantajista
5 logrero
17 estafador
13 ladrón
5 ◁ dadivoso
18 ◁ generoso

explotar
47 aprovechar(se)
10 estallar
17 reventar(se)
22 servir(se)
6 utilizar
⇨gozar de

expoliación
9 privación

expoliar
11 despojar
52 destruir(se)
50 limpiar
58 quitar

14 robar

expolición
1 conmoración

expolio
bienes
5 expropiación

exponente
5 indicativo

exponer(se)
43 afirmar(se)
16 airear(se)
10 alegar
23 arriesgar(se)
17 articular(se)
21 atrever(se)
18 aventurar(se)
20 comprometer(se)
14 decir
11 declarar
15 desarrollar
10 describir
37 enseñar(se)
11 exhibir(se)
7 explanar
34 explicar(se)
8 interpretar
11 manifestar
35 mostrar(se)
11 planear
10 plantear(se)
11 razonar
30 rendir(se)
14 sacrificar(se)
4 sofaldar
9 tambalear(se)
35 tratar(se)
23 trazar(se)
21 arriscar

exportación
17 comercio
4 ◁ importación

exportar
11 comerciar
7 enviar

exposición
28 aventura(s)
7 certamen

8 exhibición
10 explicación
16 manifestación
16 muestra(s)
11 presentación
8 riesgo(s)
19 afirmación
7 declaración
4 peligro

exposímetro
1 fotómetro

expósito
1 echadillo
1 enechado
3 inclusero
1 peño

expositor
5 concurrente
4 feriante
3 mostrador

expresamente
16 abiertamente
11 adrede
8 aposta
10 claramente
2 explícitamente
4 manifiestamente
⇨a propósito

expresar
14 decir
20 hablar
11 manifestar
5 simbolizar
3 connotar
11 denotar
⇨querer decir

expresión
46 aire(s)
9 ceño
8 dicción
3 enunciado
10 explicación
11 fisonomía
5 locución
21 lugar
8 palabra

16 rasgo(s)
13 ropaje
14 término
7 vocablo
6 habla

expresionista
10 gráfico

expresiva
5 pizpireta

expresividad
1 efusividad
1 extroversión
16 pasión
12 vehemencia
7 ◁ frialdad
2 ◁ introversión
8 ◁ torpeza

expresivo
5 afectivo
28 claro
7 cordial
5 elocuente
14 inequívoco
5 lanzado
11 manifiesto
9 significativo
24 abierto
13 cariñoso
5 ◁ inexpresivo
18 ◁ retraído

expreso
28 claro
4 explícito
1 indubitable
11 manifiesto
5 ◁ tácito

exprimir
65 apretar(se)
12 comprimir(se)
5 estrujar
9 macerar(se)
24 ordeñar
6 presionar
15 consumir

expropiación

expropiación
20 apropiación
7 confiscación
7 embargo
2 expolio
2 socialización
8 ◁reposición

expropiar
6 desposeer
23 privar(se)
3 socializar

expuesto
17 arriesgado
6 aventurado
5 comprometido
14 dificultoso
5 peligroso
24 ◁fácil

expugnación
2 apoderamiento
5 arremetida
10 asalto
18 ataque
7 conquista
6 ◁rechazo
17 ◁resistencia

expugnar
11 conquistar
44 tomar(se)

expulsado
5 cesante
4 despedido
11 echado
6 exiliado

expulsar
42 arrojar(se)
21 despedir(se)
5 desterrar(se)
15 dimitir
58 echar(se)
11 exiliar(se)
18 extrañar(se)
60 largar(se)
5 expeler
14 cesar
58 tirar

expulsión
24 apartamiento
18 arrojamiento
7 cese
6 deportación
4 desahucio
8 despedida
4 despido
5 destierro
3 destronamiento
7 eliminación
3 espiración
12 exclusión
5 exilio
9 ◁infiltración

expurgar
7 purificar
50 limpiar

exquisitez
3 canela
14 finura
8 golosina
8 gollería
3 nata
13 nobleza
2 ricura
12 primor

exquisito
12 cortés
27 delicado
8 delicioso
7 educado
16 fino
7 gustoso
9 primoroso
5 sabroso
4 urbano
10 mirado
22 noble
14 rico
6 ◁desaborido

extasiado
6 admirado
12 arrobado
9 embriagado
8 ensimismado
4 extático
8 hechizado
5 maravillado
4 pasmado
2 transportado
7 ◁impasible
10 ◁indiferente

extasiar
25 admirar(se)
20 embelesar(se)
37 embriagar(se)
19 pasmar(se)

extasiarse
11 arrobar(se)
38 elevar(se)
30 enajenar(se)
15 ensimismar(se)
18 transportar(se)

éxtasis
18 admiración
11 adoración
10 arrobamiento
6 arrobo
16 delirio
21 elevación
8 embeleso
14 enajenación
9 encantamiento
8 furor
7 misticismo
9 rapto
10 viaje
13 desvarío
5 culequera
16 embriaguez

extático
29 absorto
17 enajenado
9 extasiado
15 inactivo

extemporal
6 extemporáneo

extemporáneo
4 estrafalario
11 inconveniente
10 inoportuno
7 intempestivo
9 extravagante

⇨fuera de lugar

extender(se)
17 acostar(se)
23 acrecentar(se)
11 acrecer
20 agrandar(se)
35 alargar(se)
12 ampliar(se)
2 amplificar
20 atirantar(se)
59 aumentar(se)
41 avenir(se)
11 contagiar
7 cundir
15 desarrollar
4 desdoblar
4 desenrollar
8 desparramar
5 desplegar
6 desrizar
29 difundir(se)
29 dilatar(se)
16 dispersar(se)
23 divulgar(se)
8 durar
14 ensanchar(se)
7 espaciar(se)
28 esparcir(se)
20 estirar(se)
14 explayar(se)
7 generalizar
12 infestar
53 lanzar(se)
37 llegar(se)
49 mejorar(se)
10 narrar
48 pasar(se)
7 popularizar(se)
7 prolongar
29 propagar(se)
4 propalar
7 ramificar(se)
5 redactar
20 reproducir(se)
15 tender(se)
39 tocar(se)
3 trascender
7 verter
9 vulgarizar(se)
22 alcanzar
34 correr
14 publicar

16 ◁*acortar(se)*
37 ◁*cerrar(se)*
14 ◁*concretar(se)*
14 ◁*plegar(se)*
52 ◁*reducir(se)*

extendido
12 desarrollado
7 frecuente
10 habitual
12 largo
6 tendido
3 tirado
5 yacente
23 grande
11 holgado
8 ◁*concentrado*
14 ◁*particular*
8 ◁*reducido*

extensamente
7 cumplidamente
3 latamente

extensible
1 desenrollable
1 desplegable
1 dilatable
1 prolongable
 ◁*reducible*

extensión
9 amplitud
17 anchura
11 cabida
18 campana
9 detalle
5 difusión
7 divulgación
8 eco
6 envergadura
13 expansión
5 generalización
4 horizonte
3 istmo
8 lanzamiento
3 latitud
6 longitud
6 proliferación
6 prolongación
10 reproducción
6 superficie

10 tamaño
23 aumento
14 capacidad
4 ◁*retracción*

extenso
11 dilatado
14 duradero
6 espacioso
5 interminable
12 largo
7 prolongado
5 vasto
20 amplio
7 ◁*fugaz*
8 ◁*reducido*

extensor
3 dilatador

extenuación
16 agotamiento
14 aplanamiento
9 consunción
9 depauperación
4 escualidez
12 flaqueza
8 postración

extenuado
19 abatido
18 alcanzado
9 consumido
8 lánguido
21 seco
6 tábido

extenuante
4 consuntivo
7 sobrehumano

extenuar(se)
59 abatir(se)
14 adelgazar(se)
32 agotar(se)
12 aplanar(se)
17 debilitarse
8 depauperar(se)
4 derrengarse
6 desriñonar(se)
19 enflaquecer(se)
37 fatigar(se)

12 languidecer
21 postrar(se)
41 cansarse
6 ◁*engordar*
◁*estar fresco*

exterior
24 aledaño(s)
6 externo
5 extrínseco
11 manifiesto
7 palpable
4 periferia
8 porte
 proximidades
6 superficie
13 visible
20 apariencia
39 aspecto
14 facha
16 pinta
15 traza
3 ◁*interno*
16 ◁*oculto*

exterioridad
6 superficie
39 aspecto
8 corteza

exteriorización
12 ostentación

exteriorizar
13 descubrir
11 manifestar
22 revelar(se)
49 ◁*callar(se)*

exteriormente
16 afuera(s)

exterminación
6 exterminio

exterminado
11 destruido

exterminador
4 aniquilador
6 demoledor

exterminar
53 acabar(se)
15 asolar
52 destruir(se)
24 extinguir(se)
13 suprimir
29 aniquilar
17 ◁*crear*

exterminio
16 destrucción
5 erradicación
1 exterminación
8 fulminación
2 genocidio
3 masacre

externo
4 circundante
3 cutáneo
15 exterior
5 extrínseco
4 nominal
7 suburbano
11 ◁*íntimo*
11 ◁*interior*

extinción
11 acabamiento
11 agonía
3 apagamiento
7 cese
5 declive
8 ◁*comienzo*

extinguido
9 consumido

extinguir(se)
15 abolir(se)
53 acabar(se)
11 agonizar
15 agostar(se)
32 agotar(se)
28 ahogar(se)
15 apagar(se)
4 boquear
12 caducar
14 concluir
6 consumar
8 desaparecer
11 desarraigar(se)

extinto

6 exterminar
28 finalizar(se)
12 languidecer
52 matar(se)
25 morir(se)
13 perecer
23 sofocar(se)
7 terminarse
14 expirar
9 ◁empezar(se)
15 ◁nacer
23 ◁encender

extinto
4 difunto

extintor
1 matafuego

extirpación
5 ablación
7 amputación
4 arrancamiento
2 desarraigo
1 remoción
3 supresión

extirpado
15 arrancado

extirpar
11 desarraigar(se)
5 erradicar
7 resecar(se)
13 suprimir
48 arrancar
58 quitar

extorsión
11 menoscabo
9 daño
10 perjuicio

extorsionar
6 confiscar
11 despojar
1 desvalijar
8 malograr
8 perturbar
16 abusar
21 ◁reparar

extra
6 comparsa
6 coro
5 figurante
10 mejora
6 plus
8 superior
8 estupendo
11 magnífico
17 soberbio
8 sobre

extracción
14 ascendencia
13 origen
10 procedencia
4 prospección
5 tronco
16 linaje

extractado
6 sintético

extractar
12 abreviar
5 compendiar
6 resumir
5 sintetizar
12 ◁ampliar(se)

extracto
14 compendio
3 consomé
8 minuta
11 resumen
13 sumario
6 síntesis

extradición
6 deportación
5 destierro
5 exilio
6 extrañamiento

extraditar
6 deportar
11 desarraigar(se)
5 desterrar(se)
18 extrañar(se)

extraer
8 obtener

2 desclavar
22 alcanzar
48 arrancar
28 sacar

extraerse
11 resultar

extraído
15 arrancado

extralimitación
12 abuso
10 exceso
6 irregularidad
9 alcaldada
3 ◁comedimiento

extralimitarse
48 pasar(se)
16 abusar
33 excederse

extramuros
16 afuera(s)
  alrededores
1 extrarradio
31 contornos
15 ◁centro

extranjería
2 exotismo

extranjerismo
6 barbarismo
2 galicismo

extranjerizarse
1 engringarse

extranjero
7 alienígeno
20 bárbaro
18 extraño
6 forastero
6 intruso
4 gringo
2 ◁compatriota

extrañado
15 atónito
4 pasmado

5 perplejo
13 parado
13 ◁impávido
10 ◁indiferente

extrañamiento
6 deportación
5 destierro
5 exilio
4 extradición
5 ostracismo
3 proscripción

extrañar(se)
25 admirar(se)
35 aislar(se)
31 asombrar(se)
7 confinar
12 chocar
6 deportar
11 desarraigar(se)
21 despedir(se)
5 desterrar(se)
58 echar(se)
11 exiliar(se)
4 extraditar
16 maravillar(se)
10 rehusar(se)
22 sorprender(se)
11 expulsar
27 negarse
3 ◁ambientar(se)
5 ◁connaturalizarse

extrañeza
18 admiración
10 anomalía
18 rareza(s)
10 singularidad
7 sorpresa
15 asombro

extraño
10 ajeno
16 alienado
4 estrafalario
9 exótico
6 extranjero
6 forastero
7 impropio
3 inadecuado
8 insólito

extremo

10 misterioso
34 notable(s)
22 raro
13 singular
9 sorprendente
8 chocante
9 extravagante
4 sorpresivo
⇨fuera de lugar
11 ◁normal

extraoficial
14 particular
11 privado
12 ◁público

extraordinario
8 destacado
4 esporádico
11 excepcional
18 extraño
3 inhabitual
1 inusual
34 notable(s)
22 raro
13 singular
7 sobresaliente
9 sorprendente
16 único
8 chocante
19 suave
9 ◁vulgar

extrapolar
23 aproximar(se)

extrarradio
alrededores

extraterrestre
5 celeste
2 cósmico
1 planetario

extraterritorialidad
9 concesión
7 inmunidad
9 prerrogativa
6 privilegio

extravagancia
51 absurdo
12 adefesio
32 afectación
10 anomalía
8 bufonada
16 disparate
10 humorada
6 incongruencia
11 irracionalidad
5 originalidad
18 rareza(s)
5 ringorrangos
10 singularidad
3 coroca
9 chaladura
2 discantar
2 loca
14 locura
23 manía

extravagante
4 anárquico
4 estrafalario
5 estrambótico
18 extraño
6 inadaptado
22 raro
8 chocante
3 pasota
4 sorpresivo
11 ◁normal

extraversión
6 sociabilidad

extravertido
3 sociable
24 abierto

extraviado
13 confundido
12 corrompido
9 depravado
5 descaminado
14 inmoral
2 malogrado
5 perdido
14 ◁honrado
21 ◁puro

extraviar(se)
35 abrirse
5 desacertar
2 descaminarse
7 descarriar(se)
9 desorientar(se)
7 despistar
29 desviar(se)
23 encanallar(se)
29 envilecer(se)
38 perder(se)
20 pervertir(se)
2 traspapelarse
3 nortear(se)
22 botar
54 confundirse
29 desviarse
5 empamparse
20 equivocarse
9 errar
9 fallar

extravío
10 aberración
15 ceguedad
11 despiste
19 desviación
12 inmoralidad
9 pérdida
3 ◁encauzamiento

extremado
4 demasiado
21 exagerado
13 excesivo
7 sobresaliente
9 ◁mesurado

extremar
50 apurar(se)

extremarse
11 desvelar(se)

extremaunción
4 óleo

extremidad
18 brazo
20 extremo
14 miembro
8 pata
3 pierna
26 punta

extremidades
25 cuarto

extremismo
2 intolerancia
5 obcecación
7 sectarismo
33 agitación
◁centrismo
5 ◁conservadurismo
6 ◁neutralidad
5 ◁objetividad

extremista
10 fanático
4 jacobino
10 radical
3 sectario
7 terrorista
1 ◁centrista
3 ◁desapasionado
21 ◁objetivo
3 ◁tolerante

extremo
4 demasiado
6 encarecimiento
21 exagerado
13 excesivo
4 extremado
6 extremidad
16 final
6 loa
12 ponderación
7 posterior
4 postrero
7 remate
5 sumo
9 terminación
14 término
6 último
6 frontera
19 límite
29 alabanza
26 punta
35 ◁medio(s)
9 ◁mesurado

extremos

2 ◁*primero*
19 ◁*principio(s)*

extremos
18 aspaviento

extremosidad
5 exageración
6 ◁*templanza*

extremoso
21 exagerado

extrínseco
20 accesorio
14 accidental
15 exterior
6 externo
6 superficial
7 ◁*intrínseco*

extroversión
4 expresividad

extrovertido
2 extravertido

exuberancia
28 abundancia
22 aparato
5 fasto
5 plenitud
8 profusión
10 riqueza
14 copia
13 pompa
12 ◁*escasez*

exuberante
5 frondoso
11 preñado
7 profuso
4 tetuda

14 rico

exudación
1 exudado
6 filtración
1 secreción
5 sudor

exudado
4 exudación

exudar
7 destilar
4 rezumar

exulcerar
5 corroer
1 excoriar

exultación
5 congratulación

exultante
4 alborozado
3 jocundo
7 triunfante
36 alegre
5 jubiloso
5 ◁*mohíno*
3 ◁*pesimista*
16 ◁*triste*

exultar
9 aflorar

exvoto
7 ofrenda
2 presentalla
17 presente(s)

eyaculación
18 arrojamiento
10 corrida

eyacular
34 correr

F

fa
16 diversión
15 recreo
40 borrachera
12 curda
16 embriaguez

faba
4 judía
10 alubia

fabear
9 votar

fábrica
11 bloque
9 construcción
4 edificación
8 edificio
5 explotación
3 factoría
12 industria
4 inmueble
4 manufactura
6 taller

fabricación
42 acción
6 elaboración
13 hechura
12 industria
8 industrialización
3 producción

fabricado
25 artificial

fabricador
4 fabricante

fabricante
17 creador
1 fabricador
2 industrial
5 productor

fabricar
6 confeccionar
5 construir
17 crear
11 elaborar(se)
4 forjar
33 hacer(se)
31 imaginar(se)
11 inventar
3 manufacturar
47 producir(se)
25 realizar(se)

fábula
26 alegoría
4 apólogo
9 leyenda
5 mito
4 parábola
16 cuento
10 chisme
11 hablilla
15 mentira
10 patraña
12 quimera

6 ◁verdad

fabulación
7 invención
9 maquinación
11 trama
11 ficción

fabular
31 imaginar(se)
11 inventar
6 maquinar
16 tramar(se)

fabuloso
6 erróneo
11 ficticio
12 fingido
4 imaginado
1 inadmisible
2 inventado
6 inverosímil
11 irreal
11 maravilloso
8 supuesto
8 estupendo
14 extraordinario
21 falso
11 magnífico
10 mentiroso
17 soberbio
11 ◁verdadero
26 ◁despreciable

faca
8 corvo
12 calabozo
15 cuchillo
7 navaja

facción(es)
6 bandería
10 bando
4 cuadrilla
6 hueste
16 rasgo(s)
12 rostro
8 taifa
6 tez
19 unión
41 banda
13 parcialidad
18 cara
18 círculo
22 liga
8 pandilla
26 parte
21 partida
4 visaje

faccionario
3 abanderizador

faccioso
4 amotinado
5 desobediente
8 indócil
3 insurgente

facecia

8 insurrecto
9 levantado
9 reacio
11 alzado
14 rebelde
6 sublevado
10 ◁*leal*
5 ◁*legal*

facecia
8 bufonada
8 píldora
10 paparrucha
7 trola

faceta
13 presencia
20 apariencia
39 aspecto
18 cara

facetear
14 abrillantar(se)
12 lustrar(se)

facial
2 fisonómico

facies
4 semblantes
18 cara

fácil
6 abordable
13 accesible
30 benigno
1 casquivana
9 comprensible
14 corriente
3 ejecutable
12 elemental
1 erótica
14 evidente
8 indulgente
13 liberal
23 ligero
17 liviano
11 manifiesto
12 obvio
3 realizable
16 sensual

11 comprensivo
4 factible
5 hacedero
21 llano
12 sencillo
20 simple
13 ◁*complejo*
◁*honesta*
2 ◁*irrealizable*
32 ◁*oscuro*
8 ◁*hosco*
31 ◁*pesado*

facilidad
11 comodidad
3 comprensibilidad
5 elementalidad
6 fluidez
13 hábito
8 simplicidad
3 viabilidad
11 sencillez
4 ◁*cortapisa*
11 ◁*distorsión*
12 ◁*gravedad*
2 ◁*intercepción*
7 ◁*óbice*
6 ◁*rémora*
3 ◁*valladar*
12 ◁*contrariedad*
15 ◁*dificultad*

facilitar
1 agilizar
41 allanar(se)
63 dar(se)
4 desatascar(se)
11 desembarazar(se)
11 desenredar
31 entregar(se)
2 posibilitar
22 proveer(se)
3 simplificar
39 suavizar(se)
18 suministrar(se)
11 surtir
13 ◁*dificultar(se)*

facilities
1 instalaciones
35 medio(s)

fácilmente
7 aína
7 buenamente

facineroso
3 asesino
9 bandido
10 canalla
8 criminal
12 delincuente
8 desalmado
8 forajido
4 gangster
7 malhechor
12 malvado
7 pérfido
6 sinvergüenza
17 estafador
13 ladrón
11 pillo

facistol
1 atril
15 bromista
5 juguetón
9 presumido
10 vanidoso

facsímil
8 calco
4 duplicado

factible
27 posible(s)
3 realizable
16 capaz
5 hacedero
8 ◁*imposible*

factor
9 apoderado
9 autor
12 circunstancia
1 coeficiente
5 delegado
5 encargado
1 multiplicando
8 representante
27 agente
14 causa
11 elemento

factoría
8 acería
10 fábrica
11 almacén

factoring
⇨sociedad de cobro

factótum
5 recadero
27 agente

factual
fáctico
4 ◁*nominal*

factura
17 cargo
4 contextura
17 cuenta
18 estado
6 estructura
13 hechura
24 nota
8 recibo
23 disposición

facturación
6 entrega
2 envio
8 expedición
6 liquidación
27 anotación
49 asiento
6 ◁*recepción*

facturar
20 anotar(se)
64 apuntar(se)
27 despachar(se)
31 entregar(se)
7 enviar
36 liquidar(se)
26 remitir(se)
50 cargar
17 mandar
8 ◁*recibir*

faculta
5 comadrona
2 matrona

facultad
7 autorización
17 competencia
21 dominio
15 escuela
18 habilidad
8 instituto
10 jurisdicción
16 licencia
7 permiso
43 poder(es)
9 prerrogativa
8 señorío
4 soberanía
7 talento
2 universidad
10 virtud
8 seminario
20 aptitud
14 capacidad
6 mando
4 ◁*inhabilidad*

facultades
14 atribución(es)

facultar
22 autorizar(se)
4 comisionar
6 delegar
7 encargar
25 permitir(se)
2 ◁*desautorizar*

facultativo
15 médico
6 potestativo
2 prudencial

faculto
8 ducho
23 experimentado
8 experto
9 extendido
12 ◁*inhábil*

facundia
13 desenvoltura
8 desparpajo
4 elocuencia
4 labia
5 locuacidad

13 pico
4 verbosidad
7 ◁*silencio*
11 ◁*cortedad*

facundo
11 ampuloso
14 gárrulo

facha
12 adefesio
46 aire(s)
3 fascista
10 mamarracho
4 nazi
11 plante
5 plantón
13 presencia
39 aspecto
11 birria
8 catadura
6 conservador
3 derechista
16 pinta
1 ◁*progre*

fachada
8 delantera
15 exterior
4 frontis
3 frontispicio
6 portada
20 apariencia
39 aspecto
14 facha
3 ◁*trasera*

fachenda
10 postín

fachendoso
8 fatuo
10 petulante
18 chulo
28 engreído
15 fanfarrón
10 fantasma
8 flamenco
12 jactancioso
10 vanidoso
13 ◁*humilde*

16 ◁*modesto*

fachinal
2 aguazal
8 charca
3 estero

fachoso
31 arrogante
1 fachudo

fachudo
2 fachoso

fado
10 canción

faena
13 empeño
9 gatada
17 ocupación
5 quehacer
22 trabajo(s)
13 labor
10 perjuicio
11 putada
6 tarea
⇨mala pasada
14 ◁*descanso*

faenero
5 hacendoso
7 jornalero

faetón
7 vehículo
8 carruaje
10 carro

faetonte
4 auriga
4 automedonte

fagáceo
1 cupulífero

fagocito
5 célula

faifa
3 cachimba
10 pipa

faino
22 rudo
1 rural
35 alimento
23 comida
17 rústico
10 tosco
10 zafio
4 ◁*urbano*

faite
6 camorrista
5 valentón
15 fanfarrón
7 matón
4 perdonavidas

faja
8 ceñidor
4 corsé
3 franja
17 lista
4 veta

fajada
15 acometida
9 desengaño
9 embestida
12 chasco

fajar
59 ajustar(se)
44 ceñir(se)
32 envolver(se)
33 beber
10 oprimir
6 trasegar

fajín
8 ceñidor

fajo
12 atado
7 haz
4 puñado

fajol
3 alforfón

fakir
1 faquir

falacia

falacia
28 engaño(s)
19 embuste
7 estafa
9 fraude
15 mentira
9 timo
10 trampa
6 ◁verdad

falange
7 pléyade(s)

falárica
6 arma(s)
7 lanza

falaris
3 foja
2 gallareta

falaz
12 embaucador
10 engañador
12 fingido
10 impostor
24 artero
17 estafador
21 falso
7 hipócrita
10 mentiroso
5 ◁veraz
21 ◁auténtico

falca
5 calza
6 cuña

falcar
14 calzar

falce
5 segur
4 echona
7 guadaña

falciforme
7 curvo
19 ◁recto

falcino
9 hoz

falcón
2 halcón

falconete
1 culebrina

falda
2 basquiña
2 faldellín
7 funda
3 guardainfante
4 ladera
2 miriñaque
5 pollera
12 polla
7 saya

faldamenta
9 falda

faldas
24 follón

faldellín
1 minifalda
9 falda

faldero
8 donjuan
6 mariposón
5 mujeriego
5 putero

faldeta
7 saya

faldón
4 colgadura
5 vuelo
21 cola

falencia
28 engaño(s)
3 inexactitud
5 insolvencia
7 quiebra
8 equivocación
7 error

falibilidad
9 desacierto
10 fallo

3 inexactitud
7 error

falible
7 engañoso
8 equívoco
6 erróneo
6 inexacto
1 mendoso
8 ◁infalible

falo
3 glande
8 capullo
19 cipote
5 pene
12 polla
9 verga
⇨miembro viril

falsaarmadura
1 contraarmadura

falsabraga
3 antemural
2 antemuro
1 contramuralla
1 contramuro

falsaescuadra
11 compás

falsario
3 falseador
10 impostor

falsarregla
2 falsilla

falseado
5 amañado

falseador
3 adulterador
2 falsario
3 falsificador

falseamiento
4 adulteración
7 falsificación
10 impostura
10 simulación

12 hipocresía
12 ◁sinceridad
4 ◁veracidad

falsear
7 adulterar
2 desafinar
2 discordar
24 disfrazar(se)
4 falsificar
6 ilegitimar
20 pervertir(se)
2 suplantar
7 remedar
16 corromper
11 imitar
4 mentir

falsedad
9 desacierto
18 disimulo
28 engaño(s)
10 fingimiento
18 argucia
10 chisme
7 doblez
19 embuste
7 error
15 mentira
8 ◁lealtad
1 ◁legitimidad
6 ◁verdad

falsía
3 deslealtad
10 falsedad
9 infidelidad
4 ◁veracidad

falsificación
4 adulteración
21 alteración
33 artificio
18 compostura
5 falseamiento
9 imitación
9 fraude

falsificado
1 desnaturalizado
2 mixtificado

5 amañado
21 falso
18 ◁*original*
21 ◁*auténtico*

falsificador
3 adulterador
2 defraudador
3 imitador
14 ◁*sincero*
21 ◁*auténtico*

falsificar
7 adulterar
12 falsear
1 mistificar
5 sofisticar

falsilla
1 falsarregla
27 regla(s)

falso
17 aparente
10 desleal
3 disfrazado
7 doble
7 engañoso
1 equivoco
6 espurio
9 falaz
11 ficticio
10 impostor
1 inauténtico
10 incorrecto
6 inexacto
8 inexistente
11 infiel
5 infundado
7 pérfido
5 amañado
15 embustero
10 mustio
10 traidor
11 ◁*verdadero*

falta
28 abundancia
22 ausencia
8 carencia
3 carestía
10 culpa

10 defecto
7 deficiencia
15 descuido
4 incumplimiento
15 infracción
3 inobservancia
8 pecado
7 tacha
13 ◁*presencia*

faltar
9 abstenerse
12 agraviar
10 eludir
6 evitar
9 incumplir
114 molestar(se)
3 necesitar
33 ofender(se)
11 olvidar(se)
8 omitir
5 pecar
↪hacer falta
27 ◁*cumplir(se)*
11 ◁*sobrar(se)*

faltativo
9 desatento
6 desconsiderado
7 injurioso
11 insolente
6 insultante
8 irrespetuoso

falte
9 buhonero
2 gorgotero
2 quincallero
5 mercachifle

falto
19 abandonado
13 carente
3 desprovisto
9 desvalido
14 incompleto
7 necesitado
17 escaso
12 mentecato
22 necio
14 ◁*lleno*

faltón
27 aturdido
9 frívolo
13 inconstante
8 irrespetuoso
6 veleidoso
17 ◁*atento*

faltoso
6 trastornado
5 ◁*juicioso*

faltriquera
44 bolsa
5 bolsillo
5 pocha

falúa
6 balandro
34 bote
4 carabela
8 lancha
6 piragua
9 canoa

falla
7 brecha
12 fuego
6 grieta
3 pira
5 hendidura
7 hoguera
6 raja

fallado
4 marrado

fallar
19 cebar(se)
27 decidir(se)
2 dictaminar
24 frustrar(se)
8 malograrse
13 chingar
7 fracasar
5 sentenciar
1 sonajero
12 ◁*acertar*

falleba
10 agarradero
5 cierre

17 cerradura
10 cerrojo

fallecer
53 acabar(se)
12 faltar
4 fenecer
25 morir(se)
13 perecer
7 terminar
14 expirar
1 sonajero
30 templar
15 ◁*nacer*

fallecido
11 cadáver

fallecimiento
6 defunción
11 muerte
7 tránsito
3 óbito
17 ◁*nacimiento*

fallenque
3 insolvente
14 ◁*rico*

fallido
4 marrado
16 quebrado

fallo
11 decisión
9 desacierto
3 laudo
7 pifia
15 sentencia(s)
5 veredicto
8 equivocación
7 error
5 fracaso
21 resolución

falluto
7 amedrentado
12 fingido
17 cobarde
21 falso
7 hipócrita

fama

14 ◁*sincero*

fama
11 aplauso(s)
17 boga
26 brillo
12 celebridad
15 crédito
26 exaltación
26 gloria
10 halo
12 honra
4 menta
6 notoriedad
8 popularidad
8 éxito
16 nombre
14 reputación
7 ◁*vulgaridad*
5 ◁*fracaso*

famélico
11 ansioso
5 hambriento
4 hambrón
8 insaciable
⇨muerto de hambre

familia
10 casta
11 cepa
13 descendencia
13 grado
12 hijos
8 progenie
4 prole
17 línea
9 enjambre
6 estirpe
16 linaje
7 rama

familiar
20 afín
18 allegado
11 conocido
5 deudo
20 natural
11 pariente
5 sabido
21 llano
12 sencillo
5 ◁*antinatural*
6 ◁*desconocido*

familiaridad
17 confianza
11 franqueza
7 intimidad
5 llaneza
15 ◁*ceremonia*

familiarizar
27 amistar(se)
17 habituar(se)

familiarizarse
31 acostumbrar(se)
27 amistar(se)

famoso
13 acreditado
14 afamado
9 célebre
11 conocido
20 distinguido
7 esclarecido
3 excelso
15 glorioso
13 ilustre
8 ínclito
7 inolvidable
11 insigne
6 memorable
11 notorio
14 reputado
14 señalado

fámula
6 maritornes

fámulo
7 doméstico
9 servidor
11 sirviente

fanal
10 candil
13 candileja(s)
6 redoma
22 bomba

fanático
34 apasionado
6 entusiasta
5 exaltado
14 ferviente
7 idólatra
6 intolerante
9 intransigente
2 seguidor
14 obstinado
11 partidario
7 ◁*equilibrado*

fanatismo
7 apasionamiento
6 entusiasmo
3 exacerbación
26 exaltación
11 fervor
5 fogosidad
2 intolerancia
6 intransigencia
8 lealtad
4 partidismo
13 obstinación

fanatizar(se)
12 adorar(se)
25 apasionar(se)

fandango(s)
6 baile
14 atolladero
13 barrizal
18 bullicio
19 desorden
13 tumulto

fandanguero
3 juerguista

fandanguillo
14 canto
6 fandango(s)

fané
3 ajado
8 descolorido
19 estropeado
5 lacio
3 marchito
18 feo
10 mustio

fanerógamo
1 espermafito

fanfarria
17 baladronada
1 brabuconería
9 fanfarronada
11 jactancia
12 presunción
7 vanagloria
21 bravata
8 chulería
9 desplante
7 petulancia
10 ◁*humildad*
11 ◁*modestia*

fanfarrón
2 balandrón
7 flotante
5 matasiete
6 mulero
10 petulante
7 plantilla
1 plantista
2 tragahombres
22 bravucón
7 compadre
18 chulo
13 hablador
12 jactancioso
4 perdonavidas
13 presuntuoso
13 ◁*humilde*
16 ◁*modesto*

fanfarronada
17 baladronada
10 fanfarria
2 fardada
11 jactancia
12 presunción
7 vanagloria
5 bravuconería
21 bravata
7 petulancia
10 ◁*humildad*

fanfarronear
61 animar(se)
19 blasonar
7 envalentonar(se)
7 guapear
8 vanagloriarse

2 palanganear

fanfarronería
15 bambolla
7 majeza
7 vanagloria

fangal
11 cenagal
8 charca
14 atolladero
13 barrizal
2 zoquital

fango
5 légamo
5 limo
5 lodo
3 pecina
5 tarquín
16 barro
8 cieno

fangoso
4 cenagoso

fans
3 hinchada

fantasear
31 imaginar(se)
11 inventar
9 soñar

fantasía
10 alucinación
11 antojo
6 ensueño
1 entelequia
2 espejismo
6 figuración
11 ilusión
8 imaginación
5 inventiva
11 jactancia
5 novela
7 pote
12 presunción
5 utopía
15 capricho
16 cuento
12 quimera

13 tono
7 ◁ realidad
11 ◁ sencillez

fantasioso
8 antojadizo
12 caprichoso
22 creído
8 fatuo
6 ilusorio
7 soñador
21 vano
19 hinchado
11 pavo
9 presumido
13 presuntuoso
10 vanidoso
11 ◁ realista

fantasma
22 aparato
8 aparición
13 candileja(s)
5 duende
8 espectro
6 guagua
8 pata
29 pena
15 sombra
10 visión

fantasmagórico
18 aterrador
5 espectral
7 sobrecogedor
10 ◁ real

fantasmal
5 espectral
3 soñado
8 aparecido

fantasmón
2 estantigua
6 fantoche
10 mamarracho
12 fantasioso
13 ◁ humilde
12 ◁ sencillo

fantástico
12 caprichoso
22 creído
4 estrafalario
5 estrambótico
16 fabuloso
3 fantasmagórico
8 fatuo
11 ficticio
6 ilusorio
9 imaginario
11 irreal
8 quimérico
21 vano
9 extravagante
9 presumido
13 presuntuoso
9 ◁ mesurado
11 ◁ realista

fantochada
9 fanfarronada
15 necedad(es)
6 tontada
42 tontería(s)

fantoche
8 fatuo
1 marioneta
9 muñeco
5 figurón
13 presuntuoso
6 títere

faquí
5 alfaquí

faquín
3 cargador
3 esportillero
12 ganapán

faquir
1 fakir

farabuti
11 badulaque
9 cursi
22 necio
28 ridículo

farallón
8 acantilado
11 arrecife

6 cresta
3 roca

farandulera
9 actriz

farandulero
15 bufo
4 comediante
14 cómico
11 histrión
13 hablador
5 payaso
6 trapacero

faraón
6 monarca
2 rey
10 soberano

faráudula
9 bojiganga

faraute
38 cabeza
14 mensajero

farda
13 fardo

fardacho
7 lagarto

fardada
9 fanfarronada
18 desgarro

fardar
11 abastecer(se)
4 aprovisionar
5 equipar
29 jactar(se)
22 proveer(se)
11 surtir
25 ahuecar
17 gloriar
17 pavonearse
16 presumir
12 ufanar

farde
46 aire(s)
17 baladronada

fardel

fardel
10 postín
12 presunción

fardel
44 bolsa

fardero
3 porteador

fardo
5 atadijo
24 carga
4 embalaje
12 envoltorio
1 farda
4 paca
9 paquete
6 rémora
15 bulto
15 dificultad
11 lío
10 obstáculo
11 peso

fardón
6 farolero
12 ufano
22 bravucón
18 chulo
8 gallito
13 presuntuoso

fardos
6 equipaje

farero
2 torrero

farfallear
6 tartajear
3 tartamudear

farfallón
7 embrollador

farfantón
12 baladrón
22 bravucón

farfantonada
17 baladronada
21 bravata

farfantonería
21 bravata

fárfara
3 binza
1 panículo
5 telilla

farfolla
19 embuste

farfulla
3 balbuceo

farfullar
6 balbucear
8 balbucir
1 barbotear
6 embarullar
5 mascullar
6 tartajear
3 tartamudear

farfulleo
6 mazamorra

farfullero
11 embarullador
7 embrollador
15 embustero

fargallón
14 atropellado

farináceo
1 harinoso

farinetas
3 gachas
2 sango

faringe
17 garganta

fariña
10 harina

farisaico
7 engañoso
12 fingido
5 solapado
1 disimulado

21 falso
7 hipócrita
14 ◁*sincero*

fariseísmo
10 fingimiento
10 simulación
7 doblez
12 hipocresía
11 ◁*franqueza*
12 ◁*sinceridad*

fariseo
7 hipócrita

farmacéutico
2 boticario
2 droguero
1 farmacólogo
1 farmacopola

farmacia
1 apoteca
2 botica

fármaco
6 ingrediente
17 medicina
9 medicamento
11 remedio

farmacólogo
4 farmacéutico

farmacopola
4 farmacéutico

faro
17 atalaya
4 proyector
38 alumbrado

farol
8 cenefa
8 lámpara
10 petulante
6 redoma
12 balcón
12 jactancioso
7 mirador
9 presumido

farolear
38 hinchar(se)
19 inflar(se)
29 jactar(se)
1 papelonear
11 fardar
17 pavonearse
16 presumir

farolero
9 fachendoso
1 papelero
6 papelón
2 torrero
15 fanfarrón
6 fardón

farolillo
2 campánula
⇨besico de monja

farotón
11 descarado
27 desvergonzado

farra
103 burla
15 jarana
9 juerga
8 parranda

fárrago
11 amontonamiento
7 desbarajuste
6 desconcierto
1 maremágnum
10 revoltijo
8 caos
19 confusión
19 desorden
11 lío

farragoso
8 aburrido
14 confuso
7 desordenado
7 ininteligible
11 prolijo
1 tedioso
8 cargante
28 ◁*claro*

30 ◁*divertido*

farrear
32 divertir(se)
2 juerguearse

farro
7 cebada

farruco
33 atrevido
18 audaz
3 encarado(s)
13 impávido
7 osado
9 valiente

farruto
14 canijo
6 enteco
11 delgado
16 flaco

farsa
8 bufonada
28 engaño(s)
6 mojiganga
2 pantomima
19 paso(s)
20 representación
3 sainete
18 enredo
10 entremés
15 mentira
10 patraña
10 trampa
6 ◁*verdad*

farsante
19 actor
4 caricato
4 comediante
14 cómico
12 embaucador
10 engañador
1 fingidor
10 impostor
10 mimo(s)
3 simulador
15 embustero
10 mentiroso
6 tramposo

farsear
27 bromear(se)
80 burlar(se)
5 chancear

fasces
7 haz

fascículo
4 cuadernillo

fascinación
40 alojamiento
10 alucinación
7 deslumbramiento
15 embeleco(s)
6 embrujo
14 encanto
11 hechizo
9 seducción

fascinado
2 atraído
9 encantado
1 magnetizado
10 perturbado
7 seducido
7 alucinado
  ◁*decepcionado*
2 ◁*desengañado*

fascinador
4 fascinante

fascinante
3 alucinante
18 atrayente
1 deslumbrante
1 fascinador

fascinar(se)
25 admirar(se)
17 alucinar(se)
31 asombrar(se)
14 captar
9 deleitar
18 deslumbrar(se)
2 embaír
20 embelesar(se)
22 encandilar(se)
15 encantar(se)
3 enflautar
43 engañar(se)

15 engolosinar(se)
6 hipnotizar
4 magnetizar(se)
16 maravillar(se)
16 ofuscar(se)
12 seducir
10 sugestionar(se)
9 aojar
8 embrujar
13 hechizar
4 ◁*desencantar*
12 ◁*repeler*

fascismo
2 autoritarismo
8 dictadura
4 totalitarismo
3 ◁*democracia*

fascista
4 nazi
4 totalitario
14 facha

fase
4 faceta
10 período
20 apariencia
39 aspecto
19 cambio

faséolo
10 alubia

faso
3 cigarrillo
2 pitillo

fásol
fríjol
4 judía

fastener
3 amortiguador

fastidiado
9 aguado
13 ahíto
4 damnificado
4 embromado
6 saturado
9 enfadado

16 enfermo
5 jorobado
5 pachucho
13 podrido

fastidiar(se)
22 aborrecer(se)
17 abroncar(SE)
28 abrumar(se)
28 aburrir(se)
13 acedar
11 acibarar(se)
9 aforrar(se)
27 agobiar(se)
31 ahitar(se)
12 amolar
8 apesgar(se)
13 apestar(se)
24 asar(se)
10 asediar(se)
7 baquetear
12 bruñir(se)
41 cansar(se)
14 contrariar(se)
7 crucificar
11 dañar(se)
9 defraudar
9 degenerar
10 desagradar
24 desazonar(se)
37 descomponer(se)
14 desquiciar(se)
30 deteriorar(se)
13 dificultar(se)
17 empachar(se)
6 encocorar
67 enfadar(se)
27 enojar(se)
20 entorpecer(se)
5 escachifollar(se)
28 estorbar(se)
16 exacerbar(se)
11 fustigar
7 gibar
8 hostilizar
44 incomodar(se)
28 inquietar(se)
63 irritar(se)
9 jeringar
33 llenar(se)
10 majar
7 malbaratar
20 marear(se)
6 martirizar(se)

fastidio

- 7 matraquear
- 7 moler
- 114 molestar(se)
- 23 mortificar(se)
- 5 perjudicar(se)
- 41 quebrar(se)
- 17 reventar(se)
- 47 romper(se)
- 8 tiznar(se)
- 44 tomar(se)
- 8 trajinar
- 14 vulnerar
- 39 arrugar
- 4 asicar
- 3 cantaletear
- 50 cargar
- 16 desgraciar
- 10 empalagar
- 6 enchinchar
- 4 ensillar
- 12 fregar
- 45 hartar
- 16 hastiar
- 12 hostigar
- 14 importunar
- 5 incordiar
- 9 inutilizar
- 13 jorobar
- 6 jorungar
- 3 judiar
- 5 machucar
- 5 manganear
- 4 palanquear
- 18 perseguir
- 4 ponchar
- 8 potrear
- 4 puyar
- 3 singar
- 9 trancar
- 55 ◁*acomodar(se)*
- 32 ◁*divertir(se)*

fastidio

- 12 aburrimiento
- 16 asco
- 11 cansancio
- 7 desgana
- 7 empalago
- 7 hastío
- 20 incomodidad
- 22 irritación
- 18 molestia(s)
- 18 repugnancia
- 5 tedio
- 11 enfado
- 12 enojo
- 7 friega
- 20 odio
- 8 ◁*contento*
- 12 ◁*gusto*

fastidioso

- 7 aburridor
- 4 amolador
- 10 apestoso
- 6 árido
- 6 cócora
- 8 chinchorrero
- 10 desagradable
- 9 desapacible
- 12 disparatado
- 6 engorroso
- 5 enojoso
- 10 gravoso
- 15 hediondo
- 8 inaguantable
- 6 incómodo
- 6 indigesto
- 10 insoportable
- 4 jambón
- 15 jarifo
- 34 malo
- 33 paliza(s)
- 7 patoso
- 7 pelma
- 5 pijotero
- 4 plomo
- 5 puñetero
- 8 soporífero
- 11 birria
- 8 cargante
- 8 chocante
- 12 dichoso
- 12 empalagoso
- 10 impertinente
- 10 importuno
- 5 jorungo
- 4 llenador
- 3 malaltoso
- 15 molesto
- 2 puyúo
- 2 rallón
- 2 sangripesado
- 2 solero

fastigio

- 1 frontón

fasto

- 22 aparato
- 10 esplendidez
- 9 estrépito
- 6 etiqueta
- 8 exuberancia

fastos

- 6 anales
- 24 hecho(s)
- 10 relato(s)
- 13 suceso(s)

fastuosidad

- 12 boato

fastuoso

- 6 aparatoso
- 1 deslumbrante
- 8 esplendoroso
- 14 imponente
- 5 lujoso
- 6 majestuoso
- 8 opulento
- 9 regio
- 9 vistoso
- 17 soberbio
- 16 ◁*modesto*

fatal

- 15 aciago
- 10 adverso
- 4 fatídico
- 6 forzoso
- 6 funesto
- 12 imprescindible
- 9 indefectible
- 6 ineludible
- 6 inevitable
- 4 inexcusable
- 1 irremediable
- 34 malo
- 8 necesario
- 3 nefasto
- 4 perjudicial
- 22 preciso
- 16 desdichado
- 14 desgraciado
- 6 ◁*beneficioso*

fatalidad

- 20 adversidad
- 16 azar
- 4 desventura
- 6 infelicidad
- 7 sino
- 7 desdicha
- 17 desgracia
- 22 destino
- 7 hado
- 6 infortunio
-    ◁*voluntariedad*
- 13 ◁*fortuna*

fatalizar

- 32 agotar(se)
- 4 derrengar
- 23 encanallar(se)
- 29 envilecer(se)

fati

- 17 grueso
- 5 balsón
- 31 pesado

fatídico

- 15 aciago
- 18 fatal
- 6 funesto
- 3 nefasto

fatiga(s)

- 12 acosamiento
- 16 agobio
- 16 agotamiento
- 14 ahogo
- 8 ajetreo
- 5 ajobo
- 6 aquejamiento
- 16 brega
- 11 cansancio
- 5 cansera
- 16 debilidad
- 13 desfallecimiento
- 10 lasitud
- 18 molestia(s)
- 8 molienda
- 9 náusea(s)
- 2 penalidades
- 9 privación
- 15 rendimiento
- 14 reventón
- 2 sofoco
- 5 sudor
- 22 trabajo(s)

3 disnea
33 agitación
8 congoja
4 crujida
24 follón
9 mareo
6 pela
11 pelea
29 pena
11 penalidad
7 ◁consuelo

fatigado
19 abatido
10 abrumado
10 aperreado
7 aquejoso
8 asendereado
7 calmado
10 derrotado
9 exhausto
8 lánguido
7 molido
9 rendido

fatigante
5 fatigoso

fatigar(se)
28 aburrir(se)
27 acongojar(se)
27 agobiar(se)
32 agotar(se)
28 ahogar(se)
13 ajetrear(se)
8 apesgar(se)
6 aquejar
18 atosigar(se)
3 atrafagar(se)
41 cansar(se)
4 derrengar
12 desfallecer
6 desfondar(se)
2 deslomarse
6 desriñonar(se)
15 extenuar(se)
4 herniarse
10 hipar
44 incomodar(se)
3 jadear
12 languidecer
10 mamar(se)
52 matar(se)

7 molerse
114 molestar(se)
45 pesar(se)
30 rendir(se)
23 sofocar(se)
15 acosar
41 cansarse
2 chajuanarse
6 desguanzar
14 importunar

fatigoso
8 agotador
16 cansado
1 deslomador
11 penoso
8 trabajoso

fato
15 acontecimiento(s)
24 hecho(s)
13 suceso(s)
⇨negocio turbio

fatuidad
5 ensoberbecimiento
16 estupidez
26 hinchazón
10 memez
12 presunción
42 tontería(s)
6 ufanía
14 vanidad
7 petulancia
10 ◁humildad

fatuo
9 fachendoso
10 petulante
12 ufano
21 vano
12 jactancioso
22 necio
9 presumido
⇨super ficial
13 ◁humilde

fauces
23 boca

fauna
1 animales

fauno
9 sátiro

fausto
11 magnificencia
12 ostentación
4 venturoso
14 afortunado
12 boato
12 dichoso
11 feliz
13 pompa
13 tono
14 ◁desgraciado

fautor
27 agente
15 ayudante

favor
23 altruismo
30 amparo
47 atención(es)
25 beneficio(s)
9 concesión
18 gracia(s)
8 patrocinio
3 privanza
13 protección
22 servicio(s)
9 socorro
24 auxilio
29 ayuda
12 homenaje
13 lazo
14 merced

favorable
26 apacible
6 beneficioso
11 benévolo
30 benigno
5 propicio
9 saludable
8 ◁desfavorable

favorecedor
15 amparador
8 bienhechor

favorecer
55 amparar(se)
20 asistir(se)

6 auspiciar
34 auxiliar(se)
45 ayudar(se)
19 beneficiar(se)
13 cooperar
11 patrocinar
42 proteger(se)
7 secundar
42 seguir(se)
22 servir(se)
21 socorrer(se)
⇨hacer bien
11 ◁desamparar
5 ◁perjudicar(se)

favorecido
5 aventajado
1 embellecido
3 mejorado
2 ◁aviejado
◁empeorado

favoritismo
12 injusticia
4 nepotismo
9 preferencia
3 privanza
13 parcialidad
5 ◁objetividad

favorito
6 elegido
5 mimado
3 predilecto
6 preferido
4 privilegiado
valido

fayanca
103 burla

faz
4 anverso
7 cariz
6 evolución
15 exterior
8 fachada
11 fisonomía
7 haz
12 rostro
4 semblante
6 superficie

fe
- 8 vista
- 20 apariencia
- 39 aspecto
- 18 cara
- 19 jeta
- 4 ◁*envés*

fe
- 4 aseveración
- 5 certidumbre
- 17 confianza
- 5 convicción
- 15 crédito
- 9 creencia
- 3 dogma
- 10 fidelidad
- 7 honradez
- 8 lealtad
- 4 religión
- 3 secta
- 20 seguridad
- 19 afirmación
- 10 ◁*desconfianza*
- 3 ◁*deslealtad*
- 3 ◁*incredulidad*

fea
- 5 cacatúa

fealdad
- 1 defedación
- 10 tosquedad
- 6 maluqueza
- 24 ◁*belleza*
- 8 ◁*hermosura*
- 6 ◁*preciosidad*
- 3 ◁*venus*
- 10 ◁*guapeza*

feblaje
- 6 merma

febledad
- 16 debilidad
- 12 flojera

febo
- 7 sol

febrático
- 4 calenturiento

febrera
- 18 canal
- 6 zanja

febricitante
- 14 ardoroso
- 4 calenturiento
- 15 destemplado
- 8 febril

febrícula
- 22 ardor
- 33 calor
- 10 fiebre

febrífugo
- 3 antifebril
- 2 antipirético

febril
- 7 agitado
- 4 calenturiento
- 4 desasosegado
- 6 excitado
- 9 inquieto
- 8 intranquilo
- 7 nervioso
- 4 quemante

febrilidad
- 17 acaloramiento

fecal
- 1 excrementicio

fécula
- 1 albumen

fecundación
- 1 inseminación
- 4 polinización

fecundar
- 51 cubrir(se)
- 14 engendrar
- 4 fecundizar
- 4 fertilizar(se)
- 26 incrementar(se)
- 49 mejorar(se)
- 5 preñar
- 79 unir(se)

fecundidad
- 28 abundancia
- 2 feracidad
- 5 fertilidad
- 10 riqueza
- 14 copia
- 12 ◁*escasez*
- 4 ◁*esterilidad*

fecundizar
- 26 abonar(se)
- 15 enriquecer(se)
- 8 fecundar
- 4 fertilizar(se)

fecundo
- 3 feraz
- 6 fértil
- 6 fructuoso
- 10 productivo
- 2 prolífico
- 10 ◁*estéril*

fecha
- 3 data
- 7 momento
- 10 plazo
- 13 tiempo

fechar
- 6 adiar
- 3 calendar
- 3 datar

fechoría
- 9 desafuero
- 6 felonía
- 5 trastada
- 4 travesura
- 8 canallada
- 7 maldad
- 7 traición

fedatario
- 2 notario

fedegar
- 8 amasar(se)
- 10 bregar

federación
- 20 alianza
- 5 coalición
- 4 confederación
- 10 eje
- 19 unión
- 28 asociación
- 22 liga

federado
- 15 asociado

federal
- 1 asociativo
- 3 estatal
- 1 federalista
- 1 federativo
- 2 ◁*separatista*

federalista
- 4 federal

federar(se)
- 18 aliar(se)
- 48 asociar(se)
- 15 aunar(se)
- 7 coligar(se)
- 3 confederar
- 6 confederarse
- 37 ligar(se)
- 5 mancomunar(se)
- 6 sindicar(se)
- 79 unir(se)
- 11 pactar
- 79 unirse
- 64 ◁*separarse*

federativo
- 4 federal

feedback
- 2 retroalimentación

fehaciente
- 22 cierto
- 14 evidente
- 3 fidedigno
- 11 indiscutible
- 6 irrebatible
- 10 irrefutable
- 12 obvio

felicidad
- 14 agrado
- 38 alegría(s)

16 bienestar
14 bonanza
11 comodidad
7 dicha
7 prosperidad
20 satisfacción
7 ventura
7 ◁*desencanto*
13 ◁*dolor*

felicitación
21 agasajo
9 bienvenida
5 congratulación
20 cortesía
11 cumplimiento
2 enhorabuena
4 parabién
18 cumplido

felicitaciones
13 albricias

felicitado
4 aplaudido

felicitar(se)
9 agasajar
65 alabar(se)
18 aplaudir
23 aprobar(se)
7 congratular(se)
7 contentar(se)
6 cumplimentar
1 saludar
27 alegrar(se)
17 ◁*abroncar(SE)*
8 ◁*desaprobar*
14 ◁*entristecer(se)*
5 ◁*reconvenir*

feligrés
17 beato
7 compañero(s)
17 fiel
8 camarada
3 parroquiano

feligresía
4 parroquia

feliz
25 bienaventurado
9 boyante

6 próspero
14 radiante
12 ufano
14 afortunado
36 alegre
8 contento
24 derecho
12 dichoso
5 potroso
16 ◁*triste*
14 ◁*desgraciado*

felizmente
15 afortunadamente

felón
8 alevoso
32 bellaco
10 desleal
7 engañoso
10 indigno
13 infame
7 pérfido
9 perverso
21 falso
10 traidor

felonía
7 abjuración
6 alevosía
7 fechoría
3 cangrejada
8 canallada
7 traición

felpa
1 peluche
2 terciopelo

felpar(se)
51 cubrir(se)

felpear
40 atizar(se)
20 zurrar(se)
16 reprender

felpudo
3 alfombrilla
3 esterilla

femenil
7 femenino
1 femíneo
1 feminista
5 mujeril
5 mujeriego

femenino
27 delicado
16 fino
5 mujeril
42 blando
29 afeminado
14 débil
19 suave
2 ◁*masculino*
22 ◁*rudo*

fementido
7 pérfido

femineidad
4 feminidad

femíneo
5 femenil

feminidad
7 femenino
18 gracia(s)
1 gracilidad
11 suavidad
1 ◁*masculinidad*
7 ◁*virilidad*

feminista
5 femenil

feminoide
7 femenino
4 ◁*hombruno*

fémur
14 hueso

fenal
3 prado

fenecer
53 acabar(se)
25 morir(se)
7 terminarse

9 fallecer

fenecimiento
4 fallecimiento
9 terminación

feniano
2 separatista

fénix
4 inmortalidad
5 perennidad
 perpetuidad
16 único
7 ◁*desaparición*
11 ◁*muerte*

fenomenal
18 admirable
16 colosal
7 descomunal
10 desmesurado
11 maravilloso
7 prodigioso
8 estupendo
14 extraordinario
11 magnífico
5 morrocotudo
17 soberbio
2 ◁*birrioso*

fenómeno
11 fenomenal
24 hecho(s)
8 maravilla
11 maravilloso
6 milagro
5 portento
6 prodigio
13 suceso(s)
10 acaecimiento
8 estupendo
14 extraordinario

feo
9 cursi
5 charro
10 desagradable
8 desaire
8 desprecio
11 espantoso
14 horrible

feracidad

16 horroroso
8 indecoroso
10 indigno
10 kitsch
8 macaco
7 macarra
5 repulsivo
11 vergonzoso
12 deforme
18 horrendo
10 indecente
9 ◁elegante
8 ◁bonito

feracidad
5 fecundidad
5 fertilidad

feraz
5 fecundo
6 fértil
10 productivo
10 ◁estéril
8 ◁yermo

féretro
4 ataúd
33 caja
12 cajón

feria(s)
1 atracciones
6 bazar
4 caballito(s)
4 carrusel
7 certamen
14 concurso
14 descanso
5 romería
4 tobogán
5 vacación
19 cambio
8 caos
15 embrollo
20 fiesta
18 gratificación
9 mercado
11 propina
5 trueque

feriado
2 feriar
11 festivo

feriante
3 expositor
2 tratante
7 vendedor
14 comerciante

feriar
2 feriado
6 chambear

ferino
17 fiero

fermata
6 calderón

fermentado
4 rancio

fermentar
39 alterar(se)
7 hervirse
17 pudrir(se)
20 agriar

fermento
2 catalizador
1 levadura

feroce
35 bravío

ferocidad
11 atrocidad
11 barbarie
6 bestialidad
13 crueldad
8 ensañamiento
10 fiereza
1 implacabilidad
5 inhumanidad
4 salvajismo
7 saña
21 violencia
28 ◁humanidad(es)
9 ◁piedad

feroz
25 atroz
20 bárbaro
8 bestia
18 cruel

7 despiadado
17 fiero
8 implacable
8 inhumano
6 sanguinario
6 sañudo
13 violento
15 indómito
19 salvaje

ferozmente
7 bárbaramente
11 bravamente

férreo
30 duro
17 empecinado
13 inflexible
1 irrompible
17 tenaz
22 fuerte
14 obstinado
9 resistente
42 ◁blando

ferrería
9 forja

ferretero
6 herrero

ferretreque
18 barullo
19 confusión
11 lío

ferro
11 ancla

ferrocarril
6 tren

ferrón
6 herrero

ferropea
11 grillete(s)

ferroutaje
5 carretera
1 combinado
6 mixto

ferruco
7 chica
18 chico

fértil
5 fecundo
3 feraz
4 fructífero
6 fructuoso
10 productivo
2 prolífico
10 ◁estéril

fertilidad
28 abundancia
5 fecundidad
2 feracidad
10 riqueza
14 copia
12 ◁escasez
4 ◁esterilidad

fertilización
4 polinización

fertilizante
12 abono

fertilizar(se)
26 abonar(se)
8 fecundar
4 fecundizar
5 preñar

férula
8 dictadura
21 dominio
4 tiranía
8 sujeción
6 mando

férvido
30 ardiente

ferviente
34 apasionado
30 ardiente
14 ardoroso
17 cálido
12 caluroso
8 efusivo
6 entusiasta

feudatario

10 fanático
8 febril
8 fervoroso
9 fogoso
8 furioso
12 impetuoso
12 vehemente
25 ◁ *frío*

fervor
22 ardor
7 devoción
6 entusiasmo
5 fogosidad
16 pasión
9 piedad
3 unción
12 vehemencia
33 calor
12 excitación
10 ímpetu
7 ◁ *frialdad*
2 ◁ *tibieza*

fervorar
61 animar(se)

fervorín
3 jaculatoria

fervorosa
7 beata

fervoroso
30 ardiente
14 ardoroso
12 devoto
14 ferviente
4 patriótico
9 piadoso
7 pío
9 religioso

fcseta
8 azadilla

festejado
1 cortejado

festejante
7 cortejador

festejar
9 agasajar
40 azotar(se)
16 camelar(se)
10 celebrar
4 conmemorar
12 halagar
14 obsequiar(se)
22 regalar(se)
11 rondar
20 zurrar(se)
8 cortejar
13 galantear
24 golpear
4 trapichear

festejo
10 celebración
6 conmemoración
4 cortejo
20 fiesta

festero
3 juerguista
36 alegre
30 divertido
10 ◁ *formal*
20 ◁ *serio*

festín
8 ágape
13 banquete
10 convite
4 festejo
8 gaudeamus
7 comilona
4 panzada

festinación
8 celeridad

festinar
8 activar
9 agasajar
16 apresurar(se)
14 festejar

festividad
10 celebración
6 conmemoración
7 chispeante
5 exultante
9 gozoso
10 jocoso
14 jovial
7 saleroso
8 solemnidad
25 agudo
36 alegre
9 chistoso
30 divertido
20 fiesta
23 gala
13 salado
8 ◁ *aburrido*
16 ◁ *triste*

festivo
25 bullicioso
7 burlesco
14 cómico
2 feriado
10 jaranero
10 jocoso
14 jovial
16 risueño
36 alegre
18 gracioso
2 sinservil
5 ◁ *elegiaco*
1 ◁ *laborable*

festón
8 cenefa
12 ribete(s)

festoneador
3 bordador

festonear
13 bordar
4 ribetear

fetación
12 desarrollo
6 gestación
19 embarazo

fetal
9 embrionario

fetén
18 admirable
45 bueno
16 cabal
14 evidente
3 óptimo
14 sincero
11 verdadero
21 auténtico
14 extraordinario
34 ◁ *malo*
21 ◁ *falso*

fetiche
12 amuleto
12 ídolo
1 talismán

fetichismo
7 idolatría

fetidez
2 halitosis
3 hedentina
20 olor
9 peste
2 catinga
5 hediondez
3 hedor

fétido
10 apestoso
15 hediondo
13 infecto
5 mefítico
5 pestífero

feto
4 engendro
18 horror
4 monstruo
1 muevo
1 vitelo
9 espanto

feudal
3 señorial
1 solariego

feudar
3 enfeudar

feudatario
6 súbdito
3 tributario

feudo

4 vasallo

feudo
7 circunscripción
7 dependencia
21 dominio
7 heredad
7 posesión
4 prestación
15 propiedad
8 sumisión
3 vasallaje

fez
16 hez
10 gorro

fiable
9 eficaz
12 honesto
14 honrado
14 íntegro
25 seguro
16 sólido

9 ◁*inseguro*
◁*poco de fiar*

fiaca
11 desidia
15 indolencia
12 pereza

fiado
8 confiado
6 depositado
8 ilusionado

fiador
1 abonador
3 avalista
3 garante
3 garantizador
3 rehén
1 segurador

fiambre
11 cadáver
4 conserva
4 difunto
7 embutido
11 muerto
⇨fiesta desangelada

fiambrera
1 tartera
2 guardafrenos
10 pava

fianza
19 garantía
3 rehén
9 resguardo
29 depósito
13 prenda
27 señal

fiar(se)
22 afianzar(se)
19 apostar(se)
63 apoyar(se)
6 avalar
17 confiar(se)
14 descansar
2 garantir
19 garantizar(se)
13 ilusionar(se)
20 prestar(se)
12 responder
34 liberar(se)
2 ◁*desconfiar*

fiasco
8 decepción
4 desilusión
12 chasco
5 fracaso

fiberglass
⇨fibra de vidrio

fibra
8 filamento
8 hebra
9 hilo
3 nilón
3 sisal
17 fuerza

fibrocartílago
1 menisco

fibroso
4 coriáceo
30 duro
9 enérgico

1 escleroso
3 nervudo
8 robusto
16 sólido
14 ◁*débil*

fíbula
13 alfiler
15 broche
6 hebilla
4 gacilla

ficción
11 fábula
8 imaginación
7 invención
5 mito
5 novela
5 utopía
16 caña
16 cuento
18 fantasía
12 quimera
12 sueño
7 ◁*realidad*
6 ◁*verdad*
10 ◁*vida*

ficticio
16 fabuloso
16 fantástico
12 fingido
9 imaginario
2 inventado
11 irreal
1 novelesco
8 quimérico
3 soñado
8 utópico
21 falso
11 ◁*verdadero*

ficto
17 aparente

ficha
5 bribón
5 cartón
5 papeleta
2 tarjeta
8 tunante

7 cédula
13 pieza
11 pillo
⇨data sheet

fichado
9 identificado

fichar
19 afiliar(se)
20 anotar(se)
64 apuntar(se)
8 conocer
2 desconfiar
26 registrar(se)

fichero
33 armario

fidedigno
7 fehaciente
10 leal
21 auténtico

fidelidad
10 apego
7 devoción
5 escrupulosidad
5 esmero
8 exactitud
8 lealtad
4 minuciosidad
6 perfección
4 puntualidad
4 veracidad
3 ◁*deslealtad*

fideo
79 alboroto
103 burla
19 confusión
7 chacota
11 delgado
19 desorden
16 flaco
17 pasta

fideos
17 pasta

fiduciario
3 albacea
3 crediticio

fiebre
22 ardor
1 décimas
9 destemplanza
6 entusiasmo
26 exaltación
3 hipertermia
3 temperatura
13 calentura
12 excitación
7 prendimiento
26 ◁*calma*

fiel
5 balanza
5 báscula
2 creyente
17 cuidadoso
12 devoto
13 escrupuloso
7 esmerado
14 ferviente
10 incansable
9 inseparable
3 insobornable
10 leal
6 minucioso
3 perseverante
4 practicante
7 constante
12 exacto
10 ◁*desleal*
13 ◁*inconstante*
9 ◁*descuidado*

fielato
10 aduana

fieltro
12 paño

fiemo
12 abono
5 estiércol
1 fimo

fiera
6 alimaña

fierabrás
2 ingobernable
9 inquieto

9 perverso
10 colérico
11 iracundo
14 rebelde
3 ◁*obediente*

fieramente
3 ásperamente
11 bravamente

fiereza
11 altivez
6 bestialidad
19 bravura
13 crueldad
11 ferocidad
5 indocilidad
4 salvajismo
7 saña
26 arrogancia
18 orgullo
9 ◁*dulzura*
28 ◁*humanidad(es)*
11 ◁*suavidad*

fiero
15 altanero
21 arisco
31 arrogante
8 bestia
37 bravo
18 cruel
13 feroz
5 furo
1 indomable
8 inhumano
17 intratable
6 montaraz
6 sanguinario
6 sañudo
17 altivo
19 orgulloso
19 salvaje
7 ◁*doméstico*
16 ◁*modesto*

fieros
2 bramuras

fierro
7 herramientas
7 hierro(s)

4 útiles
13 dinero
9 mosca
17 pasta

fiesta(s)
21 agasajo
38 alegría(s)
8 asueto
6 baile
14 descanso
16 diversión
6 espectáculo
4 festejo
15 halago(s)
7 procesión
5 romería
8 solemnidad
5 vacación
4 verbena
10 zalema
18 aspaviento
80 bulla
3 guateque
7 obsequio
5 zambra
12 ◁*aburrimiento*

fiestero
5 bullanguero

fifí
2 petimetre
6 pisaverde
5 canica
17 chiva
6 pito

fifiriche
10 enclenque
16 flaco
11 raquítico

fifty fifty
⇨al cincuenta por ciento
⇨a medias

fígaro
11 barbero

figón
5 merendero

11 bodega
13 boliche
8 taberna
6 tasca

figura
31 contorno(s)
9 dibujo
13 efigie
14 emblema
9 estampa
5 estatua
15 faz
36 forma(s)
3 metáfora
13 pintura
12 rostro
4 semblante
5 silueta
13 símbolo
3 anáfora
6 complexión
2 sinécdoque
4 tropo
2 zeugma
39 aspecto
12 calaña
18 cara

figuración
9 creencia
8 imaginación
14 pensamiento
13 símbolo
26 autoridad
16 dignidad
7 ◁*realidad*

figurado
4 ensoñado
2 metafórico
4 nominal
3 simbólico

figuranta
9 actriz

figurante
19 actor
14 cómico
6 comparsa
2 corista

figurar

10 extra

figurar(se)
12 antojar(se)
15 aparentar
47 brillar
6 configurar(se)
27 conformar(se)
8 conjeturar
8 creer
8 delinear
14 dibujar(se)
24 estimar(se)
10 fingir
31 imaginar(se)
3 modelar
31 pensar(se)
4 plasmar
4 protagonizar
29 representar(se)
6 simular
7 suponer
23 trazar(se)

figurativo
3 alegórico
8 representativo

figurería
31 ademán

figurilla
4 diminuto
9 muñeco
9 baratija
3 estatuilla
14 pequeño
33 ◁alto(s)
12 ◁hermoso

figurín
3 dandy
9 dibujo
5 gomoso
5 lechuguino
2 petimetre
6 pisaverde
14 currutaco
15 modelo
19 patrón

figurón
8 fatuo
21 vano

4 aviador
28 engreído
9 presumido
12 ◁sencillo

fija
5 bisagra

fijación
4 afianzamiento
13 firmeza
20 seguridad
19 unión
20 adherencia
8 sujeción
28 ◁separación

fijado
6 aglutinado
5 condicionado
15 fijo

fijador
5 bandolina
1 gomina
2 pomada
13 goma

fijamente
7 agudamente
1 establemente
1 firmemente
1 inmóvilmente
1 penetrantemente
1 seguramente
1 sólidamente

fijar(se)
5 abotonar
6 abrochar(se)
16 acampar
16 acotar
19 adherir(se)
4 afincarse
18 amojonar
16 anclar
17 angarilla(s)
39 anunciar(se)
28 arraigar(se)
52 asegurar(se)
21 asignar(se)
32 atender(se)

8 avecindar(se)
9 circunscribir
24 clavar(se)
15 consolidar(se)
11 delimitar
49 detener(se)
34 determinar(se)
6 especificar
8 estabilizar(se)
47 establecer(se)
12 grabar
18 hincar(se)
8 imprimir
6 incrustar
26 inmovilizar(se)
27 limitar(se)
38 pegar(se)
15 precisar
12 prescribir
21 reparar
14 sujetar
⇨tomar nota
6 ◁fluctuar
42 ◁soltar(se)

fijeza
22 acoplamiento
2 continuidad
7 estabilidad
3 persistencia
19 unión
20 adherencia
8 sujeción
7 trabazón
2 ◁inestabilidad

fijo
5 asegurado
2 clavado
2 consolidado
7 decidido
8 estable
1 establecido
3 fijado
13 inalterable
7 inconmovible
9 inmóvil
9 invariable
11 permanente
25 seguro
14 asentado
19 firme

11 ◁inestable

fila
16 asco
10 columna
9 letanía
18 repugnancia
5 ristra
3 rosario
8 sarta
5 sucesión
26 cadena
17 línea
32 aborrecimiento
13 animadversión
21 animosidad
23 antipatía
18 hilera
23 manía
20 odio
2 recua
22 serie
8 tirria
14 ◁atracción

filacteria
12 amuleto

filamento
3 cordón
14 cuerda
6 fibra
8 hebra
9 hilo
1 sedal
42 cabo
3 torzal

filantropía
7 abnegación
23 altruismo
53 amor
11 beneficencia
20 caballerosidad
12 caridad
6 idealismo

filantrópico
27 amoroso

filántropo
4 altruista
4 benefactor

8 bienhechor
7 caritativo
4 desinteresado
6 desprendido
12 espléndido
8 humanitario
18 generoso

filarmónico
2 acordeón
7 músico

filástica
8 filamento

filatelia
⇨colección de sellos

filático
12 caprichoso
6 tramposo
6 trapacero

filautero
7 egoísta

filazo
11 herida
4 pinchazo
56 corte

fileno
29 afeminado

filete
4 bistec
8 cenefa
2 loncha
1 randa
7 remate
12 ribete(s)
2 solomillo
1 besuqueo
17 caricias
5 dobladillo

filetear
6 incrustar

filetón
20 bordado

filfa
28 engaño(s)
18 bulo
7 estafa
18 fantasía
15 mentira
12 sueño
9 timo

filiación
3 entronque
10 generación

filial
10 agencia
8 delegación
10 procedencia
2 sucursal

filialmente
13 amorosamente

filibustero
12 aventurero
6 bucanero
1 contrabandista
3 corsario
5 pirata

filicida
1 infanticida

filicidio
9 asesinato
2 infanticidio

filiforme
2 ahilado

filigrana
12 calado
6 complejidad
13 complicación
20 delicadeza
8 ornato(s)
3 rebuscamiento
21 adorno
12 primor

filípica
3 catilinaria
16 censura

5 invectiva
7 represión
16 andanada
7 recriminación
13 regaño
17 reprimenda
15 reproche
13 sermón

film
3 filme
5 película

filmación
2 rodaje

filmar
8 rodar

filme
15 cinta
2 film
5 película

filmlet
1 cortometraje

filo
32 borde
9 tajo
9 arista
20 amorío
16 cima
14 cumbre
8 galanteo
36 represión
17 reprimenda

filología
4 crítica
6 fonética
5 fonología
5 gramática
3 lexicografía
9 lingüística
1 métrica
3 morfología
8 retórica
7 semántica
2 sintaxis

filológico
1 lingüístico

filólogo
2 gramático
6 lingüista

filomena
2 ruiseñor

filón
25 beneficio(s)
5 mina
22 negocio(s)
30 recurso(s)
13 clavo
11 chollo
8 provecho
4 veta

filoso
2 desvanecido
5 hambriento

filosofar
12 discurrir
19 especular
11 meditar
31 pensar(se)
11 razonar

filosofía
28 humanidad(es)
4 ideología

filosóficamente
7 agudamente

filósofo
27 austero
10 escritor
9 intelectual

filoxera
13 plaga

filtración
10 absorción
17 colada
6 coladura
4 exudación
6 goteo
5 gotera

filtrar(se)
10 acrisolar
50 apurar(se)

filtro
  42 atravesar(se)
  17 cerner(se)
  6 cernir
  20 colar(se)
  11 depurar(se)
  7 destilar
  7 gotear
  11 infiltrar(se)
  49 meter(se)
  48 pasar(se)
  7 purificar
  4 rezumar
  4 transpirar
  20 colarse

filtro
  7 criba
  3 diferenciación
  4 discriminación
  2 embudo
  5 especificación
  4 selección
  5 tamiz
  7 manga

filler
  12 relleno

fimo
  3 fiemo

fin
  11 acabamiento
  3 cesación
  12 conclusión
  5 consumación
  6 desenlace
  10 designio
  20 extremo
  8 finalidad
  6 finalización
  23 objeto(s)
  7 remate
  9 terminación
  14 determinación
  19 límite
  42 cabo
  10 propósito
  26 punta
  13 ◁origen
  19 ◁principio(s)

finado
  18 acabado
  4 difunto
  11 muerto

final
  11 acabamiento
  7 borne
  4 colofón
  5 consumación
  6 definitivo
  8 expiración
  20 extremo
  1 omega
  5 paradero
  5 postrimería
  9 terminación
  14 término
  5 coda
  19 límite
  42 cabo
  21 cola
  8 ◁comienzo
  10 ◁embrión
  14 ◁encabezamiento
  4 ◁inicial

finalidad
  10 designio
  8 meta
  10 motivo(s)
  21 objetivo
  23 objeto(s)
  14 determinación
  10 propósito

finalista
  1 teleológico

finalización
  16 agotamiento
  11 cumplimiento
  6 desenlace
  10 solución
  9 terminación

finalizar(se)
  53 acabar(se)
  11 agonizar
  12 caducar
  37 cerrar(se)
  4 clausurar

  12 completar
  14 concluir
  6 consumar
  11 coronar
  27 cumplir(se)
  6 enjugar
  24 extinguir(se)
  4 fenecer
  36 liquidar(se)
  52 matar(se)
  50 parar(se)
  12 prescribir
  7 rematar
  5 saldar
  13 suprimir
  7 terminar
  6 ultimar
  14 cesar
  15 decaer
  14 expirar
  8 finiquitar
  12 sellar
  9 ◁empezar(se)
  39 ◁originar(se)

financiación
  37 apoyo
  1 capitalización
  12 desarrollo
  5 subvención

financiar
  63 apoyar(se)
  4 capitalizar
  15 desarrollar
  8 fomentar
  6 subvencionar
  3 sufragar
  18 suministrar(se)
  ◁desproveer

financiero
  3 alcista
  4 bancario
  2 empresario
  3 inversionista

finanzas
  caudales
  1 inversiones
  12 hacienda

finar
  12 faltar
  25 morir(se)
  13 perecer
  15 consumir
  14 expirar
  9 fallecer

finca
  8 campo
  8 edificio
  4 inmueble
  7 posesión
  15 propiedad
  8 terreno

fincharse
  6 engreírse
  6 envanecerse

fineza
  20 cortesía
  20 delicadeza
  13 educación
  14 finura
  17 presente(s)
  9 pureza
  4 urbanidad
  7 obsequio
  16 regalo
  4 ◁zafiedad

fingido
  17 aparente
  25 artificial
  10 desleal
  7 doble
  8 encubierto
  10 engañador
  4 innatural
  6 postizo
  5 simulado
  3 teatral
  1 disimulado
  10 mentiroso
  14 ◁sincero

fingidor
  13 farsante

fingimiento
  33 artificio
  6 disfraz

28 engaño(s)
10 falsedad
1 insinceridad
10 simulación
1 solapa
7 doblez
11 ficción
12 hipocresía
7 ◁*realidad*
6 ◁*verdad*

fingir
15 aparentar
9 asacar
51 cubrir(se)
20 desfigurar(se)
24 disfrazar(se)
13 disimular
31 encubrir(se)
29 representar(se)
6 simular
↪ hacer como que

finibusterre
17 colmo
6 horca
14 término

finiquitado
18 acabado

finiquitar
53 acabar(se)
6 cancelar
14 concluir
7 rematar
5 saldar
7 terminar
29 aniquilar
10 ◁*comenzar*

finiquito
6 liquidación
7 remate
5 saldo

finito
2 limitado

fino
16 correcto
12 cortés
27 delicado

7 educado
9 elegante
12 exquisito
23 ligero
9 primoroso
12 pulcro
4 selecto
11 sutil
17 atento
18 cumplido
11 delgado
4 servicial
19 suave
◁*descortés*
17 ◁*grueso*
21 ◁*grosero*
10 ◁*zafio*

finolis
9 cursi
27 delicado
28 ridículo

finta
31 ademán
10 amago
10 simulación

finura
13 corrección
20 cortesía
20 delicadeza
13 educación
8 exquisitez
9 fineza
11 penetración
7 pulcritud
6 sagacidad
11 suavidad
8 sutileza
4 urbanidad
47 astucia
4 perspicacia
12 ◁*dureza*
6 ◁*ordinariez*
22 ◁*aspereza*

finústico
3 finolis

fiordo
9 cala
3 estuario

19 golfo

fique
8 hebra
9 hilo
4 cordel

firma
11 empresa
16 marca
5 organismo
3 refrendo
5 rúbrica
6 signatura
10 signo(s)
15 sello
27 señal
16 sociedad

firmado
18 acabado

firmamento
35 altura(s)
12 cielo
4 espacio
3 éter
↪ bóveda celeste

firmante
2 signatario

firmar
19 adherir(se)
23 aprobar(se)
8 asentir
17 certificar
12 legalizar
5 rubricar
5 signar(se)
3 suscribir

firme
10 calzada
10 compacto
30 duro
16 entero
13 impávido
10 imperturbable
7 inconmovible
13 inflexible
16 inmutable

9 intransigente
10 macizo
7 pavimento
25 seguro
16 sólido
5 quebradizo
16 cima
14 cumbre
13 pieza
9 resistente
19 ◁*caído*
10 ◁*indeciso*
9 ◁*inseguro*
6 ◁*vacilante*

firmemente
7 fijamente

firmeza
4 compacidad
11 constancia
11 decisión
12 dureza
7 estabilidad
11 fortaleza
9 inflexibilidad
3 raigambre
17 resistencia
20 seguridad
9 solidez
11 entereza
10 tenacidad
3 ◁*fragilidad*
10 ◁*indecisión*

fisán
10 alubia

fiscal
3 comprobador
2 inquisidor
4 inspector
3 interventor
13 acusador

fiscalización
10 crítica
9 inspección
5 verificación
7 vigilancia
8 ◁*abstención*

fiscalizar
15 ◁*descuido*

fiscalizar
27 calificar(se)
9 comprobar
11 indagar
10 inquirir
5 pesquisar

fisco
2 erario
6 tesoro
12 hacienda

fisga
6 arpón
103 burla

fisgador
6 fisgón

fisgar
6 fisgonear
17 husmear
11 indagar
23 pinchar(se)
8 rastrear
11 curiosear
⇨meter la nariz

fisgón
18 campana
15 curioso
1 fisgador
1 husmeador
6 intruso
9 entrometido

fisgonear
4 huronear
17 husmear
12 investigar
11 curiosear
7 fisgar
2 pastear

fisgoneo
3 acecho
1 cotillería
7 curiosidad
6 entrometimiento
1 husmeo

12 ◁*discreción*

físico
2 corporal
15 exterior
15 faz
11 fisonomía
23 material(es)
20 natural
10 real
12 rostro
19 cuerpo
18 cara

fisiología
4 anatomía
17 medicina

fisiológico
4 orgánico
7 vital
◁*psicológico*

fisiólogo
15 médico

fisión
12 escisión
19 ◁*unión*

fisípedo
1 bisulco

fisonomía
7 cariz
14 expresión
15 faz
16 rasgo(s)
12 rostro
4 semblante
20 apariencia
39 aspecto
18 cara
22 figura
7 tipo

fisonómico
15 exterior
1 facial

fistol
13 alfiler

fistra
2 ami

fístula
5 arcaduz
6 llaga

fisura
10 fallo
2 fractura
6 frustración
6 grieta
1 incisura
6 rendija
5 fracaso
5 hendidura
6 raja

fitografía
6 botánica

fitógrafo
5 botánico

fitología
6 botánica

fitting
11 ajuste

fixing
6 fijación

flabelicornio
16 abanico

flabelo
16 abanico

flaca
12 chupada
9 ◁*pandorga*

flaccidez
16 debilidad
15 decaimiento
3 enervamiento
12 flojera
7 laxitud
11 ◁*fortaleza*
6 ◁*reciedumbre*

fláccido
9 inconsistente
5 lacio
42 blando
14 débil
16 flaco
23 flojo
30 ◁*duro*

flácida
1 flaca
4 ◁*tetuda*

flaco
5 acartonado
4 amojamado
1 carniseco
9 consumido
1 desmadrado
6 enjuto
6 enteco
8 escuálido
4 esquelético
5 famélico
7 magro
21 seco
5 chupado
11 delgado
8 fideo
8 flamenco
19 ◁*gordo*

flacucho
3 liquiriche
2 revejido

flag
4 indicador
16 marca
27 señal

flagelación
18 ataque
3 azotamiento
16 censura
1 fustigamiento
4 vapuleo
17 castigo
37 golpe
9 ◁*elogio*

flagelar(se)
40 azotar(se)
3 disciplinar
11 fustigar
38 pegar(se)
31 sacudir(se)
20 zurrar(se)
18 cuartear
8 maltratar

flagelo
17 calamidad
3 catástrofe
4 epidemia
10 vara
8 verdugo
4 vergajo
8 látigo
3 zurriago

flagrante
30 ardiente
14 evidente
11 incontestable
11 incuestionable
1 indubitable
12 obvio
11 resplandeciente

flamante
34 brillante
4 centelleante
7 lúcido
12 nuevo
5 reciente
11 resplandeciente
7 rutilante
6 moderno

flameante
34 brillante
2 flamígero
9 reluciente
11 resplandeciente

flamear
23 arder
7 flotar
4 llamear
2 ondear
8 ondular(se)

flamenca
8 gitana

flamenco
3 cañí
10 gitano
9 jacarandoso
18 chulo
11 delgado
16 flaco
8 gallito
⇨picaza marina

flamero
5 candelabro

flamígero
4 flameante
8 abrasador

flámula
22 bandera
3 banderín
banderola
4 gallardete
1 grímpola
4 oriflama

flan
12 crema
10 molde
3 postre
19 dulce

flanco
21 ala(s)
6 extremidad
20 extremo
8 costado
15 lado

flanquear
44 ceñir(se)
12 cercar
37 cerrar(se)
3 circunvalar
32 envolver(se)
38 rodear(se)

flap
1 sustentador

flaquear
22 abandonar(se)
32 aflojar(se)
9 amainar
41 ceder(se)
7 cejar
8 claudicar
26 desalentar(se)
25 desanimar(se)
6 desistir
9 desmayar(se)
14 doblegar(se)
41 quebrar(se)
30 rendir(se)
40 someter(se)
15 decaer
36 rajar
⇨agachar las orejas
25 ◁resistir(se)

flaqueza
17 apatía
30 blandura
8 condescendencia
16 debilidad
7 desaliento
12 desliz
7 extenuación
13 falta
3 fragilidad
10 indecisión
5 irresolución
8 pecado
11 ◁fortaleza
7 ◁gordura

flash
6 foco

flato
46 aire(s)
11 flatulencia
22 melancolía
2 murria
20 viento(s)
13 tristeza

flatulencia
46 aire(s)
4 bufa
2 eructo
5 pedo
1 pedorreta
11 pluma
1 regüeldo
5 ventosidad
20 viento(s)
9 cuesco
6 flato

flatulento
3 pedorro

flauta
1 flautillo
1 flautín
1 tibia

flautillo
3 flauta

flautín
1 octavín

flavo
23 amarillo

flavonio
4 céfiro

flébil
13 atormentado

flebitis
7 inflamación

flebotomía
14 sangría

flebotomiano
3 sangrador

fleco
32 borde
14 canto
3 cordón
2 hilacha
21 adorno

flecha
13 ballesta
7 saeta
3 sagita
4 venablo
14 dardo
⇨chica nerviosa
⇨muchacha inquieta

flechado
15 enamorado(s)

flechar
52 amar(se)
10 asaetear(se)
37 enamorar(se)

flechaste
1 nigola

flechazo
7 enamoramiento
11 herida
9 seducción
37 golpe

flegmasía
7 inflamación
1 flogosis

fleje
7 resorte
2 zuncho

flema
17 apatía
10 lentitud
3 mucosidad
13 parsimonia
6 tardanza
9 tranquilidad
11 cachaza
26 calma
18 desgarro
7 expectoración
8 pachorra
17 pasta
1 ◁*nerviosidad*
12 ◁*prontitud*

flemático
9 cachazudo
11 calmoso
7 impasible
13 inalterable
11 lento
10 paciente
3 parsimonioso
3 posma
10 reposado
25 seguro

5 tardón
5 temperamental
13 tranquilo
19 apático
25 frío
6 joajana
2 langarote
6 pachorrudo
13 parado
7 ◁*nervioso*
10 ◁*cachondo*
8 ◁*cascarrabias*

fleme
2 ballestilla

flemón
7 inflamación
1 párulis
22 absceso
15 bulto
27 tumor

flequillo
5 fleco
7 tupé

fleta
4 fricción
1 venez
17 azotaina
7 friega
13 zurra

fletamento
11 embarque

fletar
1 embarcar
11 arrendar

flete
24 carga
20 amorío
7 conquista
2 putañero
5 putero

fletera
9 meretriz
14 prostituta

17 ramera

flexibilidad
3 ductilidad
5 elasticidad
4 lenidad
3 plasticidad
5 tolerancia
5 transigencia
5 ◁*contumacia*
6 ◁*inclemencia*
6 ◁*rigidez*
3 ◁*torpor*
6 ◁*tozudez*

flexible
7 acomodaticio
5 benevolente
10 dócil
9 dúctil
6 maleable
3 manejable
3 obediente
8 sumiso
14 tierno
4 transigente
42 blando
11 comprensivo
13 ◁*inflexible*
14 ◁*rebelde*
26 ◁*rígido*

flexionar(se)
18 arquear(se)
11 cimbrear(se)
20 combar(se)
12 curvar(se)
31 doblar

flexivo
3 desinencia

flexuoso
42 blando

flexura
6 curva
5 pliegue
7 doblez

flicker
2 parpadeo

flictena
13 ampolla

flirt
28 aventura(s)
4 coqueteo
4 flirteo
20 amorío
8 galanteo

flirteador
2 galanteador

flirtear
52 amar(se)
9 amartelar(se)
15 insinuar(se)
37 ligar(se)
9 tontear
23 alternar
5 balconear
13 galantear
18 jalar
2 miquear
6 pavear
57 picar

flirteo
4 coqueteo
7 enamoramiento
8· galanteo
8 ligue

flocadura
14 borla(s)

flocho
7 jamelgo
10 rocín

flochón
8 cargante
12 majadero

flogosis
2 flegmasía

flojear
32 aflojar(se)
9 amainar
41 ceder(se)
17 desatar(se)

18 empeorar(se)
3 laxar
19 relajar(se)
26 remitir(se)
64 estropearse
65 ◁apretar(se)
18 ◁endurecer(se)

flojedad
30 blandura
16 debilidad
15 decaimiento
15 descuido
12 flaqueza
10 incuria
15 indolencia
7 laxitud
11 negligencia
12 pereza
6 vagancia
11 ◁fortaleza
17 ◁actividad

flojel
7 bozo

flojera
22 aflojamiento
8 astenia
16 debilidad
14 dejadez
9 depauperación
13 desfallecimiento
2 febledad
5 flaccidez
15 indolencia
8 languidez
7 laxitud
15 quebranto

flojo
4 acobardado
5 amilanado
19 caído
5 desatado
6 fláccido
15 inactivo
12 insuficiente
5 lacio
34 malo
6 mediocre
6 medroso

11 negligente
14 suelto
11 tardo
42 blando
10 cagón
9 descuidado
8 fofo
15 indolente
10 morado
13 perezoso
9 pusilánime
16 vago
16 ◁apretado
33 ◁atrevido
45 ◁bueno
30 ◁duro
5 ◁trabajador

flojucho
12 frágil
4 ñurido

floppy disk
1 disquete

flor
6 auge
12 desarrollo
9 florecimiento
11 galantería
2 madrigal
8 ornato(s)
7 prosperidad
9 pureza
16 cima
10 piropo
8 requiebro

flora
14 plantas
1 vegetación

floración
1 florescencia

floral
8 floreciente

flordelisar
19 blasonar

florear
8 escoger
7 esgrimir

florecer
35 abrir(se)
24 adelantar(se)
47 brillar
10 brotar
63 dar(se)
15 desarrollarse
58 echar(se)
7 existir
5 progresar
11 vivir
6 prosperar
14 ◁entristecer(se)
3 ◁mustiarse
15 ◁decaer

florecido
8 adelantado
34 brillante
8 opulento
1 primaveral
6 próspero
24 abierto
21 ◁caduco
1 ◁invernal
7 ◁macilento

floreciente
9 boyante
34 brillante
12 desarrollado
8 esplendoroso
1 floral
9 florido
6 próspero
6 pujante
9 ◁decaído

florecimiento
6 auge
17 colmo
6 crecimiento
12 desarrollo
11 flor
10 lozanía
12 progreso
7 prosperidad
16 cima
6 ◁decadencia
8 ◁languidez

floreo
6 calderón

florero
6 búcaro
canéfora
3 jarrón
1 ramilletero
14 maceta
4 tiesto
13 vaso

florescencia
1 floración

floresta
3 alameda
4 arboleda
5 jardín
8 parque
9 bosque
4 selva

floretazo
6 sablazo

florete
7 espada

floretero
8 halagador
9 lisonjero

floricultor
1 florista
2 jardinero

florido
22 ameno
14 complicado
7 chispeante
5 elocuente
7 escogido
4 selecto
16 adornado
30 divertido
18 gracioso

florilegio
7 antología
4 crestomatía
3 miscelánea
5 repertorio
4 romancero
4 selección

floripondio

14 colección

floripondio
32 afectación
18 campana
9 dibujo
9 estampa
1 florón
5 pomposidad

florista
2 floricultor

florón
6 floripondio

flota
5 armada
9 escuadra
16 multitud

flotación
2 flote
3 ◁buceo

flotador
3 corcho
2 salvavidas
7 boya
10 burbuja
6 calabaza

flotadura
5 flete
2 flote

flotante
1 emergente
1 fluctuoso
2 insumergible
9 nebuloso
6 vaporoso
12 baladrón
15 fanfarrón

flotar
40 agitar(se)
12 emerger
5 flamear
4 nadar
2 ondear
8 ondular(se)

6 boyar
30 ◁hundir(se)

flote
1 flotación
2 flotadura

flotilla
3 flota

fluctuación
9 alternativa(s)
15 duda
9 indeterminación
5 irresolución
6 ondulación
6 oscilación
3 zigzag
33 agitación
7 vacilación
8 ◁fijeza

fluctuante
10 indeciso
4 pendular
2 tremolante
7 anfibológico

fluctuar
2 ondear
8 ondular(se)
6 oscilar
7 dudar
7 titubear
11 vacilar
27 ◁decidir(se)
39 ◁fijar(se)

fluctuoso
7 flotante

fluente
10 fluido
1 fluyente

fluidez
4 elocuencia
8 facilidad
6 licuación
1 liquidez
7 naturalidad
4 verbosidad

fluidificar
17 derretir(se)
9 diluir(se)
1 licuar
2 licuefacer
  ◁adensar
11 ◁espesar(se)

fluido
28 claro
14 corriente
2 fluente
11 limpio
2 líquido
6 vaporoso
5 acuoso
24 fácil
12 sencillo
20 simple

fluir
10 brotar
12 discurrir
4 manar
34 correr
10 derramarse
34 escaparse

flujo
14 corriente
5 derrame
11 efusión
8 evacuación
5 marea
1 marejada
5 oleada
13 soltura

fluorescencia
7 destello
9 irradiación
4 luminiscencia
10 ◁obscuridad

fluorescente
34 brillante
4 luminiscente
21 ◁obscuro

flux
13 terno

4 traje

fluxible
10 fluido

fluxión
3 catarro
7 constipado
3 resfriado

fluyente
2 fluente

fobia
16 asco
11 aversión
18 repugnancia
5 repulsión
23 manía
19 miedo
14 ◁atracción

foca
3 gorda
2 matrona
2 morsa
⇨carnero marino
⇨lobo marino

focino
9 aguijada

foco
5 bombilla
15 centro
8 lámpara
4 núcleo
13 origen
1 reflector

focos
13 candileja(s)

fofo
3 corcho
5 esponjoso
6 fláccido
19 hueco
11 muelle
1 poroso
42 blando
4 acorchado

fogaje
15 bochorno
6 calidez
12 fuego
2 sofoco
5 sonrojo
33 calor

fogarada
11 llamarada

fogaril
38 alumbrado

fogata
14 brasero
7 falla
12 fuego
5 lumbre
3 pira
7 hoguera

fogón
4 anafe
14 brasero
3 cocina
5 chimenea
12 hogar
7 horno
7 estufa

fogonadura
25 abertura

fogonazo
5 llama

fogonero
3 calderero

fogosidad
22 ardor
6 impetuosidad
12 vehemencia
23 viveza
17 actividad
3 ◁*inactividad*
6 ◁*pasividad*

10 ◁*compacto*
30 ◁*duro*
6 ◁*enjuto*

fogoso
14 ardoroso
15 arrebatado
9 brioso
5 exaltado
6 excitado
8 febril
12 impetuoso
9 impulsivo
12 vehemente
7 ◁*calmado*

fogueado
12 aguerrido

foguear(se)
15 adiestrar(se)
5 aguerrir(se)
15 avezar(se)
7 baquetearse
9 entrenar(se)
9 experimentarse
17 habituar(se)
31 acostumbrarse
10 asolear

foil
16 hoja
6 lámina

foja
2 falaris
2 gallareta
16 hoja

folclore
12 costumbre
1 folklore
9 tradición

folder
⇨ sobre comercial

folgar
5 cohabitar

folgo
44 bolsa
9 manta

folía
14 locura

foliación
5 ordenamiento
20 inscripción

folículo
2 glándula
5 conducto

folio
16 hoja
6 lámina
7 página
17 papel(es)
5 pliego

folión
3 bayoya

folklore
3 folclore

folklórico
1 costumbrista
4 pintoresco
9 popular
14 tradicional
6 ◁*extranjero*
18 ◁*extraño*

follar
13 chingar

folleo
11 pendencia
40 borrachera
16 embriaguez
11 mona
11 riña
27 tajada

folletín
5 novela
2 novelón

folleto
4 cuaderno
2 encarte
7 impreso
11 publicación
5 opúsculo

follón
3 enmarañamiento
27 holgazán
11 negligente
8 remolón
15 agarrada
79 alboroto
20 amplio
35 bronca
19 confusión
13 dejado
19 desorden
15 embrollo
7 enaguas
9 faldas
11 holgado
11 lío
8 maraña
13 marimorena
13 perezoso
12 querella
1 refajos
7 trifulca
13 tumulto
2 zapatiesta

follonero
10 engañador
10 jaranero

follosas
12 calzón

fomentar
43 alimentar(se)
34 avivar(se)
60 excitar(se)
28 mantener(se)
8 promover
18 provocar
25 sostener(se)
10 vivificar(se)
17 ◁*obstaculizar*

fomento
10 estímulo
6 pábulo
13 protección
14 sostén
32 abrigo
24 auxilio
29 ayuda

fonda

33 calor
9 medicamento

fonda
14 albergue
6 bodegón
5 hotel
4 mesón
5 parador
8 posada
8 venta
13 cama
7 cantina
2 hostal
9 pensión

fondado
11 acaudalado
8 potentado
14 rico

fondeadero
6 ancladero
2 anclaje
9 cala
3 dársena
7 bahía
7 ensenada
6 rada
10 puerto

fondeado
11 acaudalado
2 anclado
1 recalado
1 surto
14 rico

fondear
16 anclar
4 desflorar
7 desvirgar
23 emborracharse
37 embriagarse
⇨ dar fondo
⇨ tomar fondo

fondeo
3 amarre
2 anclaje
4 arribo

2 recalada

fondo
37 apoyo
19 carácter
10 cimiento
16 condición
5 culo
15 esencia
11 fortaleza
14 fundamento(s)
4 núcleo
8 raíz
17 resistencia
21 base
49 asiento
11 interior

fondongo
5 culo
6 pompis
5 trasero

fondos
bienes
14 capital

fonemática
6 fonética
4 ortología
4 prosodia

fonendoscopio
1 estetoscopio

fonética
3 fonemática
5 fonología
1 fonotáctica
1 ortofonía
9 pronunciación
4 prosodia

fonético
1 fonológico

fonetista
6 lingüista

fonje
5 esponjoso
42 blando

fono
17 sonido

fonocaptor
2 magnetofón

fonógrafo
5 gramófono
3 tocadiscos

fonolita
1 perlita

fonología
6 fonética
9 lingüística
4 ortología
4 prosodia
11 filología

fonológico
1 fonético

fonotáctica
6 fonética

fontana
3 alfaguara

fontanal
2 fontanar

fontanar
5 venero
13 manantial

fontanero
1 cañero
1 lampista
1 pocero

foque
2 velamen

forado
6 gruta

forajido
9 bandido
8 criminal
15 facineroso
4 gangster
12 malvado

4 secuestrador
8 cuatrero
6 salteador

foramen
2 taladro
37 agujero
10 hoyo

foráneo
6 forastero
4 ◁ autóctono

foranza
15 apartado
7 distante
7 remoto

forastero
2 alienígena
9 exótico
6 extranjero
1 foráneo
6 intruso
10 advenedizo
2 ◁ compatriota
20 ◁ natural

forcate
25 arado

forcejar
6 forcejear

forcejear
6 bracear
1 forcejar
10 forzar
25 resistir(se)
6 luchar
22 oponerse

forcejeo
16 brega
23 lucha

forcejón
12 esfuerzo

forcejudo
5 forzudo

foreman
4 capataz

forero
1 aforador

forestación
6 repoblación

forestal
2 silvático

forfait
⇨contrato a tanto alzado

forja
15 adiestrar(se)
29 educar(se)
1 ferrería
1 forjadura
28 formar(se)
4 fragua
13 fraguar
2 reja
2 tobera

forjado
9 armazón

forjador
6 herrero

forjadura
9 forja

forjar
11 fabricar
13 fraguar
33 hacer(se)
31 imaginar(se)

forma(s)
15 ceremonia
4 configuración
11 constitución
31 contorno(s)
9 dibujo
6 diseño
13 educación
9 estampa
9 estilo
6 estructura

3 formato
2 guisa
13 hechura
3 horma
20 imagen
30 manera(s)
10 matriz
35 medio(s)
2 modales
5 modalidad
26 modo
10 molde
3 morfología
17 práctica
21 proceder
11 procedimiento
30 recurso(s)
5 silueta
12 son
20 apariencia
39 aspecto
12 calaña
23 disposición
22 figura
15 traza

formación
3 adiestramiento
6 alineación
15 aprendizaje
11 constitución
10 creación
13 educación
7 establecimiento
7 institución
30 manera(s)
2 modales
8 cuadro
17 ◁*disolución*

formado
8 ducho
7 educado
7 ejercitado
24 hecho(s)
5 juicioso
12 maduro
8 moderado
6 sensato
3 veterano
9 ◁*bisoño*
7 ◁*novato*

7 ◁*precoz*

formaje
10 molde

formal
6 cumplidor
11 determinado
13 escrupuloso
4 explícito
4 expreso
5 juicioso
11 puntual
6 sensato
20 serio
12 exacto
9 ◁*frívolo*
7 ◁*informal*

formaleta
1 cimbria

formalidad
25 celo(s)
18 compostura
5 escrupulosidad
8 exactitud
13 exigencia
4 puntualidad
8 rectitud
4 religiosidad
7 seriedad
4 veracidad

formalidades
18 fórmula

formalista
1 formulista
4 legalista
6 ordenancista
20 ◁*natural*

formalizar
14 concretar(se)
44 incomodar(se)
114 molestar(se)
15 precisar
67 enfadarse
27 enojarse
63 irritarse

formar(se)
15 adiestrar(se)
27 aprender(se)
6 configurar(se)
7 constituir
17 crear
14 criar
6 desbastar
29 educar(se)
5 ejercitar
47 establecer(se)
11 estudiar
11 fabricar
9 forja
25 fundar(se)
18 generar
33 hacer(se)
21 ilustrar(se)
23 imponer(se)
31 iniciar(se)
5 instituir
12 integrar(se)
10 organizar
48 preparar(se)
47 producir(se)
6 alinear
30 armar
34 componer
⇨formar parte

formativo
3 didáctico
2 docente
5 educativo
3 pedagógico

formato
10 dimensión
36 forma(s)
10 tamaño

formidable
24 brutal
16 colosal
11 espantoso
13 feroz
12 genial
10 gigantesco
11 maravilloso
10 monstruoso
10 temible
14 terrible
12 tremendo

formón

12 enorme
8 estupendo
19 salvaje
17 soberbio

formón
25 arado

fórmula
13 canon(es)
15 ceremonia
6 etiqueta
1 formalidades
27 instrucción(es)
30 manera(s)
10 norma
7 pauta
3 prescripción
21 proceder
11 procedimiento
2 receta
27 regla(s)
3 secuencia
4 técnica
18 método
15 modelo
19 patrón

formulación
5 enunciación

formular
39 anunciar(se)
12 prescribir
23 trazar(se)

formulario
7 impreso

formulista
3 formalista

fornecer
4 aprovisionar
22 proveer(se)

fornecino
4 adulterino
9 bastardo

fornicación
6 coito
10 cópula

12 coyunda
15 amancebamiento
7 contubernio

fornicador
1 fornicario

fornicar
11 columpiar(se)
20 comprometer(se)
51 cubrir(se)
14 engendrar
17 gozar
8 yacer
6 culear

fornicario
1 fornicador

fornido
8 corpulento
5 forzudo
8 recio
8 robusto
14 ◁*débil*
5 ◁*escuchimizado*

fornitura
13 aderezo(s)
3 bandolera
3 correaje
25 guarnición(es)
8 provisión
7 suministro
21 adorno

foro
9 tablas

forofo
14 hincha
11 partidario

forofos
3 hinchada

forrado
11 acaudalado
7 acolchado
5 enriquecido
4 hacendado
5 multimillonario

8 opulento
8 potentado
5 pudiente
10 adinerado
13 armado
11 holgado
5 platudo

forraje
9 fárrago
2 heno
4 herbaje
9 pasto

forrar(se)
9 aforrar(se)
51 cubrir(se)
6 empajar
5 empapelar
7 encordelar
32 envolver(se)
7 lucrar(se)
15 recubrir(se)
22 tapar(se)
10 acaparar
30 atiborrarse
2 capitonear
9 chapar
15 enriquecerse
45 hartar
1 retobar
28 sacar

forro
28 engaño(s)
3 entretela
6 envoltura
7 funda
4 recubrimiento
5 vestidura
8 casquillo
10 trampa

fortachón
5 forzudo
4 hombruno
1 ◁*debilucho*

fortalecedor
5 energético
1 fortificante
3 ◁*enervante*

fortalecer(se)
61 animar(se)
7 arreciar
6 confortar(se)
12 consolar(se)
15 consolidar(se)
18 endurecer(se)
7 reconfortar(se)
9 reforzar
14 rehacer(se)
27 reponer(se)
5 robustecer
11 vigorizar
50 asentar
32 ◁*agotar(se)*
12 ◁*caducar*
8 ◁*depauperar(se)*
12 ◁*desfallecer*
11 ◁*desmedrar(se)*
18 ◁*marchitar(se)*
20 ◁*resentirse*
15 ◁*decaer*
6 ◁*desguanzar*

fortalecido
4 confirmado
9 decaído
2 entonado
3 reforzado
3 ◁*avejentado*
◁*enervado*

fortalecimiento
3 analepsia
3 tonificación
1 ◁*debilitamiento*
4 ◁*desgaste*

fortaleza
5 alcazaba
9 alcázar
10 baluarte
8 castillo
13 firmeza
17 resistencia
9 solidez
4 torreón
7 fortificación
22 fuerte
7 vigor
16 ◁*debilidad*

fortificación
2 acrópolis
9 alcázar
4 atrincheramiento
10 baluarte
6 blocao
11 fortaleza
5 fortín

fortificado
3 acasamatado
7 acorazado
9 amurallado
8 defendido
3 munido

fortificante
2 fortalecedor

fortificar
10 acerar(se)
10 acorazar(se)
2 almenar
11 amurallar(se)
61 animar(se)
13 atrincherar(se)
34 avivar(se)
6 blindar
15 consolidar(se)
18 endurecer(se)
6 flanquear
13 fortalecer(se)
11 parapetar(se)
14 reanimar(se)
9 reforzar
5 robustecer
11 vigorizar
21 reparar

fortín
2 avanzadilla
8 parapeto
7 fortificación
10 cantón
22 fuerte

fortuito
10 casual
8 impensado
10 inopinado
5 repentino
12 súbito

13 ◁*preparado*

fortuna
11 acaso
  bienes
14 capital
12 casualidad
7 dicha
9 patrimonio
5 posesiones
7 sino
7 ventura
22 destino
7 hado
22 liga
17 suerte

fortunio
9 felicidad

forúnculo
7 divieso
2 furúnculo
22 absceso

forzado
6 atrabajado
5 galeote
4 oprimido
5 presidiario
6 preso
4 raptado
4 recluso
44 afectado
7 ◁*espontáneo*
2 ◁*voluntario*

forzador
4 violador

forzamiento
7 violación
8 cohecho

forzar
7 constreñir
21 contener(se)
46 dominar(se)
25 obligar(se)
21 reprimir(se)
6 tergiversar
44 torcer(se)

20 violentar(se)
4 desflorar
9 violar

forzoso
12 imprescindible
6 ineludible
4 inexcusable
8 necesario
5 obligatorio
22 preciso
  ◁*opcional*

forzudo
2 fortachón
8 hercúleo
4 musculoso
8 robusto
22 fuerte
14 ◁*débil*

fosa
8 concavidad
5 enterramiento
6 huesa
5 oquedad
5 sepultura
10 tumba
37 agujero
10 hoyo

fosal
4 cementerio

fosca
1 calima
9 calígine

fosco
7 nublado
21 obscuro
6 tenebroso

fosfatina
9 añicos

fosforecer
47 brillar
9 centellear

fosforescencia
4 ardentía
26 brillo

7 radiación

fosforescente
34 brillante
7 chispeante
8 fulgurante
5 luminoso
6 ◁*apagado*
9 ◁*opaco*

fosforescer
47 brillar

fosfórico
13 violento
6 irritable

fósforo
3 bengala
6 mixto
3 pajuela
3 cerilla

fósil
1 osteolito
33 antiguo

fósiles
1 numulites

fosilizado
5 anticuado
15 arcaico
1 conservado
1 mineralizado
3 petrificado
10 primitivo
21 seco
10 ◁*actual*
12 ◁*nuevo*
17 ◁*presente(s)*

fosilizar
3 petrificar

fosilizarse
10 agarrotarse
13 anquilosar(se)
49 detener(se)
26 inmovilizar(se)
50 parar(se)
3 petrificarse

fosique
5 rape

foso
8 concavidad
8 pozo
5 cuenco
10 hoyo
6 zanja

fotingo
1 cochecito
9 automóvil

foto
3 fotocopia
6 fotografía
2 instantánea
8 retrato

fotocalco
3 fotocopia

fotocopia
1 fotocalco
10 reproducción
14 copia

fotocopiar
7 calcar
10 copiar
12 grabar

fotogénico
3 favorecido
16 agraciado

fotograbado
1 estereotipia
1 galvanotipia

fotograbar
12 grabar
13 impresionar(se)
8 imprimir

fotografía
1 daguerrotipia
1 daguerrotipo
4 foto
2 instantánea
2 microfilme

8 retrato

fotografiar
29 representar(se)
20 reproducir(se)
4 retratar

fotógrafo
4 retratista

fotómetro
1 exposímetro

fotón
2 cuanta

fotuto
19 arruinado
14 débil
3 empobrecido
16 enfermo

foyer
4 salón
6 vestíbulo

foz
19 estrecho
9 hoz

frac
2 chaqué
1 fraque
23 gala

fracasado
19 caído
4 marrado
4 perdedor
16 quebrado
3 ◁*ganador*
15 ◁*airoso*

fracasar
24 frustrar(se)
8 malograrse
5 naufragar
8 abortar
62 caer
1 sonajero
⇨salir mal

8 ◁*triunfar*

fracaso
8 decepción
10 desastre
4 fiasco
6 frustración
4 malogro

fracatán
12 masa
16 cantidad
14 copia
5 sinnúmero

fracción
14 brizna
4 esquirla
5 fraccionamiento
2 fraccionario
14 porción
16 quebrado
1 subdivisión
6 astilla
12 cacho
16 división
8 fragmento
26 parte
13 pedazo
8 trozo

fraccionable
3 partible

fraccionado
30 partido

7 ◁*indivisible*

fraccionamiento
6 desintegración
2 parcelación
7 partición
10 sección
56 corte
19 ◁*reunión*

fraccionar
4 compartimentar
21 dividir(se)
6 fragmentar
21 partir
41 quebrar(se)

47 romper(se)

fraccionario
16 quebrado
14 fracción

fractura
7 falla
10 rotura

fracturado
6 roto

fracturar
23 cascar(se)
21 partir
29 quebrantar(se)
41 quebrar(se)
47 romper(se)

fragancia
5 aroma
3 emanación
1 jugosidad
20 olor
7 perfume
11 frescura

fragante
5 aromático
4 oloroso
6 perfumado

frágil
21 caduco
8 endeble
15 enfermizo
2 flojucho
1 malucho
10 mortal
7 perecedero
23 agrio
5 quebradizo
14 débil
23 flojo
⇨de mírame y no me toques
18 ◁*sano*
16 ◁*sólido*
22 ◁*fuerte*

fragilidad
4 endeblez
12 flaqueza
5 labilidad
8 ◁*consistencia*
12 ◁*dureza*
7 ◁*estabilidad*
13 ◁*firmeza*
9 ◁*solidez*
17 ◁*fuerza*

fragmentable
4 resoluble
4 rompible

fragmentación
6 desintegración
5 fraccionamiento
4 troceado
56 corte

fragmentado
30 partido

fragmentar
4 astillar(se)
21 dividir(se)
6 fraccionar
12 graduar(se)
21 partir
41 quebrar(se)

fragmentario
7 defectuoso
12 elemental
9 falto
14 incompleto
12 insuficiente
17 escaso
6 ◁*total*
1 ◁*unitario*

fragmento
4 esquirla
14 porción
6 astilla
12 cacho
14 fracción
26 parte
13 pedazo
8 trozo

fragmentos
9 añicos

fragor
9 estrépito
5 estruendo
21 algarabía
24 follón
15 jaleo
19 ruido

fragoroso
11 estrepitoso
4 horrísono
7 ruidoso
8 sonoro

fragosidad
8 altibajo(s)
8 anfractuosidad
4 boscosidad
7 breña
3 inaccesibilidad
22 aspereza

fragoso
16 abrupto
18 desigual
16 escabroso
6 escarpado
11 intrincado
5 montañoso
12 montuoso
16 quebrado
21 accidentado
4 ◁*expedito*
21 ◁*llano*

fragua
18 caldera
7 fogón
9 forja
7 horno

fraguar
8 cuajar
18 endurecer(se)
4 forjar
10 idear
31 imaginar(se)
6 maquinar
11 planear

48 preparar(se)
1 programar
13 proyectar
9 solidificar(se)
16 tramar(se)
5 urdir

frailada
8 grosería

fraile
2 agustino
4 benedictino
4 carmelita
4 cenobita
1 dominico
2 escolapio
1 fray
1 jerónimo
4 jesuita
13 monje
2 oblato
9 religioso
⇨clérigo regular
⇨siervo de dios

frailillos
4 arísaro

frambuesa
1 chordón
1 sangüesa

francachela
7 bacanal
13 banquete
10 corrida
7 festín
2 merendola
14 cachondeo
7 comilona
3 cuchipanda
3 guateque
15 jarana
9 juerga
8 orgía

francamente
16 abiertamente

francés
3 galo

16 franco
3 franchute
3 gabacho

francesilla
1 marimoña

franciscano
13 monje
2 terciario

francmasón
1 masón

francmising
6 franquicia

franco
7 desembarazado
6 desprendido
5 dispensado
4 exceptuado
10 exento
4 expedito
13 liberal
18 libre
20 natural
14 sincero
24 abierto
5 dadivoso
12 despejado
18 generoso
10 liso
12 sencillo
13 ◁*retorcido*
◁*trabado*
12 ◁*tacaño*

francófilo
2 afrancesado

francotirador
1 emboscado
1 guerrillero

franchute
4 francés
3 galo
3 gabacho

franela
1 muletón

frangente

20 adulación
10 pelota

frangente
17 desgracia

frangollar
2 chapucear
13 disimular
31 encubrir(se)
27 velar(se)

frangollo
14 baturrillo
7 cebada
3 maíz
10 mezcolanza
10 revoltijo
2 trigo
2 punche

frangollón
5 chapucero

frangote
13 fardo

franja
5 faja
41 banda
11 tira

franqueable
5 salvable
2 vadeable
13 ◁*inaccesible*

franquear
19 circular
48 pasar(se)
22 salvar(se)
12 traspasar
3 trasponer

franquearse
14 explayar(se)
22 revelar(se)
4 tutear(se)

franqueo
2 mailing

franqueza
13 desprendimiento
6 franquicia
13 generosidad
11 liberalidad
5 llaneza
7 naturalidad
6 privilegio
12 sinceridad
11 exención
4 campechanía
11 sencillez
6 ◁*retorcimiento*
6 ◁*tacañería*

franquicia
4 autonomía
6 exclusiva
11 franqueza
9 fuero
11 exención
1 francmising

fraque
3 frac

frasca
5 chasca
8 hojarasca
17 algazara
80 bulla

frasco
5 balsamera
9 botella
5 cantimplora
5 pomo
6 redoma
3 limeta

frase
23 agudeza
9 cláusula
8 consigna
2 eslogan
9 máxima
12 oración
7 proposición

frasquitero
12 embaucador

15 embustero

fratás
3 llana

fratasar
21 alisar(se)

fraternal
2 fraterno

fraternidad
30 amistad
3 compañerismo
7 consanguinidad
12 hermandad
9 camaradería

fraternizar
2 confraternizar
9 hermanar(se)
4 simpatizar
35 tratar(se)
23 alternar
▷llevarse bien

fraterno
1 fraternal
4 hermanado

fratricida
3 homicida

fratricidio
9 asesinato
3 homicidio

fraude
28 engaño(s)
7 falacia
7 falsificación
103 burla
19 embuste
7 estafa
15 mentira
9 timo
10 trampa
6 ◁*verdad*

fraudulencia
28 engaño(s)
9 fraude

15 mentira

fraudulentamente
4 encubiertamente

fraudulento
7 engañoso
9 falaz
21 falso
10 mentiroso
6 tramposo
11 ◁*verdadero*

fraustina
1 maniquí

fray
14 fraile

frazada
6 cobertor
13 cobija
2 jorongo
9 manta
6 picha
5 poncho
3 pullo
2 tuja

frecuentación
12 concurrencia
5 convivencia
3 menudeo
10 trato
1 visita
22 ◁*ausencia*

frecuentado
5 abarrotado
5 concurrido
4 poblado
2 transitable
1 visitado
14 lleno
16 ◁*vacío*

frecuentar
8 codear(se)
8 conocer
8 menudear
5 soler
35 tratar(se)

frecuente
13 acostumbrado
14 corriente
10 habitual
22 ordinario
2 reiterado
5 repetido
7 usual
9 ◁*infrecuente*

free lance
7 independiente
5 trabajador

free sample
⇨*muestra gratuita*

free wheel
⇨*rueda libre*

fregadero
6 barreño
6 pila
7 pilón

fregado
19 combate
8 lavado
19 limpieza
23 lucha
19 confusión
19 desorden
15 embrollo
18 enredo
24 follón
11 lío
8 maraña
11 pelea
11 riña

fregajo
4 estropajo

fregamiento
2 fricación
4 fricción

fregancia
18 molestia(s)
4 pejiguera

fregar
40 azotar(se)
2 enjuagar
87 fastidiar(se)
14 frotar(se)
63 irritar(se)
15 lavar(se)
114 molestar(se)
2 refregar
1 restregar
24 golpear
5 incordiar
50 limpiar

fregatriz
6 fregona
15 criada

fregón
3 carota
11 descarado
10 enfadoso
18 fresco
10 importuno
15 molesto

fregona
4 asistenta
2 mandadera
15 criada
7 chica
9 moza
14 sirvienta

fregotear
8 baldear

fregoteo
4 baldeo

freidora
2 fritera

freír
23 arder
6 satirizar

fréjol(es)
17 baladronadas
2 fásol
4 judía
35 alimento
10 alubia
4 bayo
21 bravata
23 comida

frenado
3 freno

frenar
30 apaciguar(se)
44 calmar(se)
49 detener(se)
46 dominar(se)
31 moderar(se)
50 parar(se)
21 reprimir(se)
24 sosegar(se)
39 suavizar(se)
14 sujetar
34 ◁*avivar(se)*

frenazo
6 contención
14 detención(es)
11 parada

frenesí
22 ardor
16 delirio
6 entusiasmo
26 exaltación
11 furia
16 pasión
17 actividad
33 agitación
12 excitación
14 locura
6 ◁*pasividad*
9 ◁*tranquilidad*
26 ◁*calma*

frenético
26 activo
7 agitado
34 apasionado
14 ardoroso
17 enajenado
6 entusiasta
5 exaltado
6 excitado
8 furioso
12 chalado
1 chiveta
20 loco
⇨*mal de la cabeza*
7 ◁*cuerdo*
10 ◁*pasivo*

freno
8 impedimento
7 traba
10 obstáculo

frenología
siquiatría

frente
4 anverso
8 delantera
8 fachada
3 frontispicio
7 haz
18 cara
6 ◁*espalda*

fresa
14 barrena
4 berbiquí
4 fresado
4 torno

fresado
4 fresa
2 perforación
2 perforadora
56 corte

fresador
9 mecánico

fresadora
2 escariador

fresar
19 agujerear
16 barrenar

frescachona
4 robusta

frescales
17 desahogado
6 cínico
18 fresco

fresco

fresco
17 desahogado
16 helado
13 impávido
13 libertino
11 lozano
12 nuevo
5 reciente
8 robusto
18 sano
6 sinvergüenza
15 bebida
4 caradura
6 cínico
27 desvergonzado
3 frescales
25 frío
3 refresco
⇨ bien conservado
15 ◁ *enfermizo*
25 ◁ *caliente*
9 ◁ *pasado*

frescura
21 desahogo
11 deshonestidad
6 fragancia
11 insolencia
10 lisura
10 lozanía
7 tupé
32 atrevimiento
8 desfachatez
2 satería
2 valumen

fresnal
3 fresno

fresneda
3 fresno

fresnillo
3 fresno

fresno
1 fresnal
1 fresneda
1 fresnillo

fresquera
7 alacena

fresquilla
2 melocotón

fresquista
10 pintor

freudiano
1 psicoanalítico

freudismo
2 psicoanálisis

freza
1 desove

frezar
2 desovar
1 mugar

friable
10 deleznable
3 desmenuzable

frialdad
3 alejamiento
6 desafecto
5 desapego
14 desinterés
1 helor
15 indiferencia
25 frío
33 ◁ *calor*

friático
2 friolero
25 frío
22 necio

frica
17 azotaina
8 soba
8 tunda
13 zurra

fricación
4 fricción
9 rozamiento

fricar
14 frotar(se)
2 refregar
1 restregar

fricativa
1 constrictiva
1 continua
8 estridente

fricción
2 estregón
3 frote
3 rascadura
11 roce
17 ◁ *caricia*

friccionar
14 frotar(se)
7 manosear
1 restregar
17 rozar(se)
19 ◁ *acariciar(se)*

friega
3 masaje
18 molestia(s)
15 fastidio
13 regaño
17 reprimenda
8 soba
8 tunda

friera
8 callo
1 sabañón

frigidez
4 desapasionamiento
4 esterilidad
7 frialdad
6 impotencia

frígido
1 desapasionada
6 gélido
16 helado
4 impotente
25 frío
25 ◁ *caliente*

frigorífico
4 nevera

frijolizar
8 embrujar
13 hechizar

fringa
10 capote
9 manta

frío
3 alejado
6 álgido
7 calmado
3 desapasionado
1 desapegado
7 distante
7 frialdad
3 friático
frígida
6 gélido
14 glacial
16 helado
7 impasible
13 impávido
8 impersonal
10 imperturbable
10 indiferente
16 inmutable
11 insensible
4 legalista
13 tranquilo
6 cuto
19 flemático
18 fresco
3 ◁ *aspaventero*
15 ◁ *bochorno*
6 ◁ *bochornoso*
3 ◁ *calorífico*
12 ◁ *caluroso*
7 ◁ *efervescente*
5 ◁ *emotivo*
4 ◁ *entusiástico*
14 ◁ *ferviente*
7 ◁ *galante*
4 ◁ *hirviente*
8 ◁ *ilusionado*
7 ◁ *nervioso*
6 ◁ *palpitante*
9 ◁ *piadoso*
5 ◁ *temperamental*
3 ◁ *térmico*
3 ◁ *tórtolo*
5 ◁ *turbador*
4 ◁ *verriondo*
22 ◁ *amante*
25 ◁ *caliente*
17 ◁ *templado*

friolera
6 futesa
10 nadería(s)
19 bagatela
25 fruslería

friolero
4 aterido
3 friático

frior
25 frío

friso
1 rodapié

frísol
10 alubia

frisón
8 corpulento

frisuelo
10 buñuelo

fritada
10 frito
7 pisto
6 revoltillo

fritanga
10 frito
4 fritura

fritera
1 freidora
2 sartén

frito
6 dorado
6 exasperado
3 fritada
2 fritanga
4 fritura
7 nervioso
5 refrito
1 sofrito
  tomatada
17 irritado
6 ◁sosegado
13 ◁crudo

frittage
2 tostación

fritura
2 croqueta
2 fritanga
10 frito
5 refrito

frivolidad
4 intrascendencia
13 ligereza
7 liviandad
4 novelería
6 superficialidad
19 bagatela
12 ◁gravedad
8 ◁mesura
7 ◁seriedad

frívolo
14 atropellado
5 faltón
13 inconstante
9 insustancial
23 ligero
5 mundano
7 variable
12 vario
12 versátil
10 ◁formal
21 ◁grave

frómita
9 juerga
8 parranda

fronda
3 helecho
2 ramaje

fronde
3 helecho

frondio
12 cochino
5 desaseado
13 sucio

frondosidad
6 espesura

frondoso
17 agreste
10 denso
5 exuberante
2 lujuriante
6 selvático
2 ◁desértico

frontal
25 anterior
6 delantero
7 ◁posterior

frontalera
6 brida
6 correa

frontalete
11 altar
2 frontal

frontera
23 barrera
5 confín
31 contorno(s)
28 separación
20 adherencia
19 límite

fronterizo
7 limítrofe
6 rayano

frontero
3 enfrente

frontis
8 fachada
3 frontispicio
6 portada
3 testera

frontispicio
8 delantera
8 fachada
4 frontis

frontón
1 fastigio

frotación
3 frote

frotado
5 decapado

frotamiento
2 estregón
4 fricción
1 frotación
3 frote
6 rozadura
9 rozamiento

frotar(se)
9 acepillar
2 esmerilar
3 fricar
4 friccionar
4 lijar
6 limar
39 pulir(se)
5 raer
3 rallar
11 rascar(se)
1 restregar
17 rozar(se)
3 ungir
12 fregar

frote
4 fricción
1 frotación
6 frotamiento

fructífero
6 fértil
8 jugoso
3 lucrativo
8 provechoso
6 ◁infructuoso

fructificación
4 granazón

fructificante
4 fructífero
4 ◁abortivo

fructificar
63 dar(se)
4 madurar
47 producir(se)
30 rendir(se)
⇨dar fruto

fructuario
1 usufructuario

fructuoso
6 beneficioso
5 fecundo
6 fértil
4 fructífero
8 provechoso
22 útil

frugal
14 comedido
9 mesurado
8 moderado
8 parco
8 sobrio
17 templado

frugalidad
13 moderación
5 parquedad
6 sobriedad
6 templanza
9 ◁*destemplanza*
4 ◁*gula*

fruición
17 goce
17 gozo
30 placer
2 sabrosur

fruitivo
11 deleitoso

frunce
5 pliegue

fruncido
22 angustioso
14 comedido
difícil
8 moderado
6 problemático
16 triste
26 arrugado

fruncimiento
12 encogimiento

fruncir
45 apocar(se)
44 ceñir(se)

32 estrechar(se)
14 plegar(se)
52 reducir(se)
29 amilanarse
39 arrugar
31 doblar

fruncirse
45 apocar(se)

fruslería
7 bocadillo
10 buhonería
7 cominería
6 chuchería
4 friolera
10 futilidad
8 hojarasca
14 insignificancia
9 menudencia
10 nadería(s)
9 nonada
8 patarata
12 pequeñez
13 poquedad
4 vaciedad
7 vulgaridad
19 bagatela
9 baratija
13 bicoca
5 bichoronga
19 cipote
12 chiche
16 guayaba
6 maruga
9 pucho

fruslerías
11 zarandaja(s)

fruslero
18 insignificante

frustración
9 desacierto
9 desengaño
10 fallo
4 malogro
12 chasco
5 fracaso

frustrado
5 descarriado
12 hundido

frustrar(se)
12 aguar(se)
12 azarar(se)
80 burlar(se)
11 chasquear
11 chasquearse
9 defraudar
5 desencantarse
8 desengañar(se)
20 desvanecer(se)
5 escachifollar(se)
9 estrellar(se)
64 estropear(se)
8 malograr
38 perder(se)
44 torcer(se)
8 abortar
6 boyar
16 desgraciar
9 fallar
7 fracasar
3 paletear

▷echar por tierra
▷salir el tiro por la culata

13 ◁*ilusionar(se)*

fruta
10 fruto

fruto
25 beneficio(s)
11 consecuencia
1 fruta
15 interés
7 jugo
3 producción
12 producto
8 utilidad
8 provecho
9 resultado

frutos
10 cosecha

fuá
19 miedo
5 pánico

fucilar
47 brillar

fucsia
5 carmesí
8 encarnado

fucha
10 camorra
11 pelea
11 riña

fuchina
10 huida

fuego
22 ardor
3 brasa
9 combustión
6 entusiasmo
7 falla
5 incendio
5 llama
16 pasión
9 vivacidad
19 chispa
7 hoguera
10 ímpetu

fuelle
46 aire(s)
31 arruga
8 delator
42 blando
7 espía
13 acusador
5 acusón
19 chivato

fuente
14 fundamento(s)
11 germen
2 hontanar
10 motivo(s)
13 origen
19 principio(s)
5 venero
7 aljibe
11 bandeja
14 causa
13 manantial
6 plato
7 vertiente
22 ◁*destino*

fuera
16 afuera(s)
15 exterior
10 salvo
2 ◁dentro
 ◁en

fuereño
1 provinciano
14 babieca
11 paleto
18 tonto

fuero
21 dominio
6 franquicia
11 gobierno
17 ley
43 poder(es)
6 privilegio
11 exención
7 prebenda
⇨carta puebla

fuerte
27 animoso
10 compacto
8 corpulento
4 dinámico
9 enérgico
5 esforzado
4 fornido
8 hercúleo
12 impetuoso
3 invencible
1 irrompible
4 musculoso
3 nervudo
15 poderoso
9 potente
8 recio
8 robusto
16 sólido
10 cantón
18 guapo
9 resistente
9 valiente
5 ◁quebradizo
17 ◁cobarde
14 ◁débil

fuertemente
7 agudamente
7 estrechamente
2 ◁caducamente

fuerza
20 aliento
7 corpulencia
8 dinamismo
6 fibra
14 impulso
43 poder(es)
15 potencia
6 reciedumbre
17 resistencia
6 robustez
9 solidez
40 ánimo
8 canilla
49 energía
12 esfuerzo
10 ímpetu
9 nervio
16 ◁debilidad
7 ◁desaliento
3 ◁fragilidad

fuete
8 látigo

fuetiza
33 paliza(s)
8 soba
8 tunda
13 zurra

fufú
7 brujería
18 gracia(s)
9 hechicería
7 talento

fuga
3 emanación
2 escapada
7 escape
7 evasión
10 huida
10 empuje

fugacidad
18 brevedad
10 caducidad
7 rapidez

fugado
6 fugitivo

fugaz
27 breve
21 caduco
7 efímero
8 instantáneo
7 momentáneo
14 pasajero
7 perecedero
7 ◁prolongado

fugazmente
14 brevemente

fugitivo
1 escapado
2 evadido
4 prófugo
3 tránsfuga
14 corrido
5 huido

fuguillas
6 dudoso
5 excitable
1 geniudo
7 titubeante
6 vacilante
6 irritable
7 ◁decidido
10 ◁paciente
6 ◁sentado

fuina
1 garduña

fulana
14 prostituta
13 puta
17 ramera

fulano
3 perengano
10 alférez
5 mengano
4 zutano

fulero
12 imperfecto

fulgente
34 brillante
5 luminoso

fúlgido
34 brillante
14 radiante

fulgor
26 brillo
10 claridad
6 resplandor
10 ◁oscuridad

fulguración
8 fulminación
6 resplandor

fulgurante
34 brillante
11 grandioso
7 inmediato
9 intenso
5 raudo
10 veloz
12 enorme
19 rápido
11 ◁lento

fulgurar
47 brillar
9 centellear
3 espejear
9 radiar
8 relucir
10 resplandecer
4 reverberar
6 rielar
5 rutilar
6 refulgir
3 relampaguear

fuliginoso
3 ahumado
3 oscurecido
1 tiznado

fulminación

fulminación
16 censura
7 desaparición
4 detonación
7 eliminación
8 explosión
6 exterminio
5 extinción
15 sentencia(s)
3 ◁*existencia*
10 ◁*vida*

fulminar
42 arrojar(se)
53 lanzar(se)
52 matar(se)
13 suprimir
10 eliminar
5 espetar

full time
⇨dedicación exclusiva
⇨dedicación plena

fullería
12 andrómina
9 embustería
47 astucia

fullero
5 bribón
8 granuja
4 tahúr
6 sinvergüenza
17 estafador
19 roñoso
6 tramposo

fumada
12 bocanada
28 engaño(s)
3 fumarada
10 humo
12 chasco

fumar(se)
13 chupar
32 gastar(se)
1 pipar
34 escaparse
60 largarse

13 pitar
⇨hacer novillos

fumarada
12 bocanada
2 vaharada
5 fumada

fumarola
6 grieta
1 volcán

fumigación
3 desinfección
1 desinsectación
3 esterilización
19 limpieza
3 pulverización
5 saneamiento
11 purificación
14 ◁*suciedad*

fumigar
3 desinfectar
4 desinsectar
2 vaporizar

fumista
2 gasfiter

fumistería
26 broma
103 burla
7 chanza

fumosidad
5 humareda
10 humo

funámbulo
5 volatinero

función
17 cargo
15 ceremonia
6 espectáculo
8 finalidad
8 meta
17 ocupación
12 puesto
13 situación
13 aplicación

22 destino
16 dignidad
16 empleo
20 fiesta
23 gala
19 plaza
13 ◁*origen*

funcional
9 eficaz
2 utilitario
12 práctico
12 sencillo
13 ◁*complejo*

funcionamiento
12 marcha
7 mecánica

funcionar
38 andar
6 desempeñar
53 marchar
16 trabajar
⇨hacer de
50 ◁*parar(se)*
9 ◁*fallar*

funcionario
5 burócrata
8 empleado(s)
4 numerario
6 titular
3 oficinista

funciones
8 ministerio

funda
9 cubierta
12 envoltorio
14 estuche
2 manguito
9 falda
7 saya
6 vaina

fundación
11 constitución
10 creación
7 establecimiento

3 instauración
7 institución
6 legado
4 promoción
3 ◁*supresión*

fundado
3 apoyado
1 basado
7 lógico
8 ◁*quimérico*

fundador
17 creador

fundamental
4 básico
4 cardinal
6 central
9 esencial
5 nuclear
15 primordial
20 ◁*accesorio*

fundamentar(se)
10 alegar
63 apoyar(se)
14 basar(se)
8 cimentar(se)
4 estribar
25 fundar(se)
9 gravitar
50 asentar

fundamento(s)
10 cimiento
14 compendio
5 estribo
23 material(es)
10 motivo(s)
13 origen
5 pretexto(s)
19 principio(s)
8 puntal
8 raíz
14 rudimento(s)
21 base
14 causa
17 razón
11 ◁*consecuencia*

fundar(se)
58 alzar(se)
63 apoyar(se)
14 basar(se)
8 cimentar(se)
7 constituir
5 construir
17 creador
17 crear
17 descender
6 erigir
47 establecer(se)
10 estatuir(se)
4 estribar
28 formar(se)
10 fundamentar(se)
7 implantar(se)
10 instaurar
5 instituir
53 levantar(se)
10 organizar
8 poblar(se)
50 asentar

fundente
1 colicuante
1 delicuescente
1 descoagulante
1 fundible
1 licuable
1 ◁condensador

fundible
5 fundente

fundibulario
1 hondero

fundición
6 crisol
7 fusión
2 herrería
7 horno

fundido
13 confundido
4 derretido
5 disuelto
4 hermanado
1 reunido
2 licuado
3 ◁alejado

10 ◁separado

fundilludo
8 calzonazos
7 bragazas

fundir(se)
6 alear
14 amalgamar(se)
17 derretir(se)
39 deshacer(se)
3 deshelar
2 entremezclar
8 fusionar(se)
10 identificar(se)
1 licuar
36 liquidar(se)
31 mezclar(se)
2 moldear
79 unir(se)
14 vaciar(se)
7 vincular
64 ◁separar(se)
9 ◁solidificar(se)

fúnebre
5 lúgubre
4 mortuorio
13 sombrío
4 tétrico
16 triste
3 tristón
17 siniestro
36 ◁alegre

funeral
2 exequias
1 misa
1 réquiem
2 velatorio

funerales
2 exequias

funerario
4 funeral
4 mortuorio
13 sombrío

funesto
15 aciago
5 desastroso

10 infausto
7 luctuoso
3 nefasto
14 desgraciado

fungo
22 absceso
2 seta

fungosidad
22 absceso

funicular
2 teleférico

funtivo
11 conjunción

fuñenda
17 calamidad
10 desastre
12 contrariedad
16 disgusto

fuñido
20 apurado
10 jaque
4 pendenciero
19 arruinado
10 enclenque
11 raquítico

fuñique
18 desmañado
2 envarado
11 tardo
18 torpe
14 ◁diestro
17 ◁hábil

fuñir
14 adelgazar(se)
29 encoger(se)
5 enfermar
114 molestar(se)
5 perjudicar(se)
52 reducir(se)

furaco
37 agujero

furbo
50 astuto
33 pícaro

furcia
3 fulana
14 prostituta
13 puta
17 ramera

furente
15 arrebatado

furgón
10 carro
10 coche

furgoneta
2 furgón
1 camioneta

furia
10 fiereza
8 furor
6 impetuosidad
22 irritación
9 rabia
7 rencor
7 saña
5 vesania
21 violencia
11 cólera
12 enojo
8 ◁serenidad

furibundo
18 airado
4 encrespado
5 enfurecido
13 frenético
5 furo
12 impetuoso
13 rabioso
13 violento
10 colérico

furioso
18 airado
17 enajenado
4 encrespado
5 enfurecido
6 excitado

furnia

7 poseso
13 rabioso
10 colérico
7 ◁*calmado*

furnia
6 sima
4 sumidero

furo
45 áspero
35 bravío
17 fiero
9 furibundo
15 indómito

furor
6 entusiasmo
16 éxtasis
10 fiereza
11 furia
6 impetuosidad
13 inspiración
7 saña
21 violencia
8 ◁*serenidad*

furrio
34 malo
26 despreciable

furrusca
14 pelotera
11 riña

furtivamente
8 ocultamente
7 secretamente

furtivo
12 cauteloso
17 escondido
16 oculto
3 sigiloso
1 disimulado
8 ◁*alborotador*
11 ◁*manifiesto*

furúnculo
3 forúnculo
22 absceso

fusa
24 nota

fuselaje
11 casco
6 estructura
19 cuerpo

fusible
4 plomo

fusibles
4 plomos

fusiforme
4 ahusado

fusil
8 carabina
2 escopeta
5 mosquetón
2 naranjero
4 rifle
4 chopo
4 trabuco

fusilamiento
3 ajusticiamiento
6 ejecución
5 ráfaga

fusilar
10 ajusticiar
7 calcar
10 copiar
52 matar(se)
4 plagiar
11 imitar
4 tronar

fusilero
4 carabinero

fusión
4 derretimiento
4 licuefacción
2 unificación
19 unión
14 vinculación
8 amalgama
19 reunión

fusionar(se)
6 alear
14 amalgamar(se)
15 fundir(se)
74 juntar(se)
49 reunir(se)
79 unir(se)
7 vincular
4 concordar
64 ◁*separar(se)*

fusta
5 tralla
4 vergajo
15 disciplina
8 látigo

fustán
1 bombasí
7 enaguas

fustanque
14 palo
14 garrote

fustazo
5 latigazo

fuste
11 aguante
11 entidad
14 fundamento(s)
17 importancia
7 madera
14 palo
10 asta
9 nervio

fustero
1 tornero

fustigación
16 censura
7 flagelación

fustigamiento
7 flagelación

fustigar
12 aguijar(se)
19 censurar
10 criticar

87 fastidiar(se)
8 flagelar(se)
114 molestar(se)
11 vituperar
12 hostigar
57 picar
⇨poner tibio
⇨poner verde
65 ◁*alabar(se)*

fután
5 culo
4 pandero

futbolista
3 deportista
8 jugador

futesa
4 friolera
10 futilidad
14 insignificancia
8 puerilidad
19 bagatela
25 fruslería

fútil
10 anodino
10 baladí
8 huero
18 insignificante
9 insustancial
9 pueril
11 trivial
16 vacío
6 vacuo
21 corto
18 pobre
18 ◁*importante*
5 ◁*interesante*

futilidad
6 futesa
8 minucia
10 nadería(s)
9 niñería
12 pequeñez
42 tontería(s)
11 zarandaja(s)
19 bagatela
2 bobada

25 fruslería

futir
87 fastidiar(se)
114 molestar(se)
41 quebrar(se)

42 arruinarse

futuro
7 eventual
2 mañana
3 porvenir
1 venidero

24 amigo
22 destino
7 novio
5 prometido

⇨por hacer
⇨por venir

9 ◁*pasado*

fututo
28 claro
11 limpio
5 neto
21 puro

G

gabacho
4 francés
3 galo
3 franchute

gabán
6 gabardina
8 impermeable
6 trinchera
32 abrigo
10 capote
4 americana
1 chambergo
9 chaqueta
15 saco
6 sobretodo

gabardina
8 barragán
3 chubasquero
8 impermeable
6 trinchera
32 abrigo
10 gabán

gabarra
3 pontón
4 barcaza

gabarro
5 nódulo
3 pepita
10 pipa

gabasa
3 fulana
14 prostituta
17 ramera

gabela
11 arbitrio
24 carga
15 contribución
7 gravamen
8 impedimento
9 impuesto
18 molestia(s)
9 servidumbre
11 tributo
11 ◁*exención*

gabinete
9 equipo
7 estancia
7 alcoba
31 aposento
11 colectivo
25 cuarto
7 departamento
15 grupo
4 sala

gablete
2 coronación
7 remate

gacel
3 gacela

gacela
3 antílope
1 gacel
5 gamuza

gaceta
9 revista
9 diario
10 periódico
3 semanario

gacetillero
2 articulista
6 periodista
4 redactor
3 reportero

gacetista
9 informador

gacilla
15 broche
4 fíbula
4 imperdible
5 corchete

gachas
17 colada
2 farinetas
▷papilla de cereales

gacheta
4 engrudo
6 pastoso

10 ◁*fluido*
2 ◁*líquido*

gachí
6 muchacha
9 moza
▷tía buena
▷tía maciza

gacho
3 agachado

gachó
7 individuo
13 sujeto
10 hombre
2 tío

gachón
10 expresivo
35 atractivo
18 gracioso
13 salado
6 ◁*repelente*
9 ◁*soso*

gachonería
35 atractivo

gachupín
1 cachupín

gafa
3 grapa

gafar
16 desgraciar
⇨ mal fario
◁ *dar suerte*

gafas
20 anteojo(s)
18 lente(s)
3 antiparras

gafe
11 desventurado
14 infortunado
14 desgraciado
⇨ mala sombra
14 ◁ *afortunado*
2 ◁ *suertudo*

gafedad
2 lepra
2 malatía

gafo
3 leproso

gag
14 anécdota
10 chiste
10 ocurrencia

gago
5 tartaja
7 tartamudo

gaita
1 chirimía
1 dulzaina
5 engorro
11 incordio
18 molestia(s)
15 dificultad
15 fastidio
4 pejiguera
8 ◁ *placentero*

gaje
10 emolumento
11 propina

gajes
6 plus

gajo
26 parte
13 pedazo

gala(s)
5 alarde
3 argentería
6 baile
10 celebración
15 ceremonia
6 etiqueta
16 festividad
3 frac
3 kermesse
7 ornamento
8 ornato(s)
12 ostentación
15 rumbo
2 smoking
8 solemnidad
6 uniforme
16 función
21 adorno
25 atavío
20 fiesta
18 gratificación
11 propina
6 vestido
4 ◁ *harapos*
◁ *ir de trapillo*

galabardera
5 agavanzo
5 escaramujo
2 zarzaperruna

galáctico
2 cósmico

galactita
4 greda

galafate
24 alguacil

galán
2 adonis
10 artista
3 aspirante
38 bello
6 protagonista
7 cortejador
6 dragón
17 gallardo
18 guapo
7 novio
4 pretendiente
9 ◁ *antagonista*
18 ◁ *feo*

galancete
5 barbilindo

galano
9 elegante
5 emperejilado
11 sandunguero

galante
12 cortés
12 devoto
7 educado
6 obsequioso
9 rendido
16 sensual
18 amable
◁ *descortés*
25 ◁ *frío*

galanteador
1 flirteador
11 galán

galantear
8 arrullar(se)
16 camelar(se)
26 castigar(se)
11 conquistar
3 coquetear
11 rondar
8 requebrar
14 festejar
12 flirtear
8 piropear
8 tallar
⇨ hacer la corte
⇨ pelar la pava

galantemente
13 amorosamente
19 atentamente

galanteo
53 amor
5 flirt
4 flirteo
19 plan
20 amorío
7 aviación
15 coquetería
9 filo

galantería
47 atención(es)
8 concepto
20 cortesía
20 delicadeza
11 donaire
11 flor
11 gentileza
18 gracia(s)
8 miramiento
10 piropo
8 requiebro
7 ◁ *desatención*
7 ◁ *descortesía*

galanura
11 donaire
6 donosura
6 elegancia
9 estilo
11 gentileza
8 porte
11 prestancia
15 gallardía
7 ◁ *vulgaridad*

galápago
3 quelonio
1 tortuga

galardón
9 ganancia(s)
18 honor
12 honra
10 remuneración
7 retribución
15 distinción
7 recompensa

galardonado
1 estimulado
4 laureado
3 premiado
1 recompensado

2 ◁*censurado*
4 ◁*degradado*

galardonar
35 distinguir(se)
24 honrar(se)
5 laurear
6 premiar
8 recompensar
5 remunerar
7 retribuir
19 ◁*censurar*
23 ◁*degradar(se)*

galaxia
2 constelación
2 nebulosa
14 mundo

galbana
11 desidia
9 haraganería
6 holgazanería
15 indolencia
13 parsimonia
12 pereza
9 tranquilidad
6 vagancia
26 calma
3 gandinga
8 pachorra
7 ◁*laboriosidad*
16 ◁*diligencia*
9 ◁*nervio*

galbanoso
1 agalbanado

galdido
18 pobre

galega
⇨ruda cabruna

galeno
5 doctor
15 médico

galeote
8 forzado
4 penado
5 presidiario

6 preso
4 recluso

galera
3 ergástula
7 mazmorra
4 penal
5 presidio
21 cárcel
17 prisión
12 trena

galerada
⇨prueba de imprenta

galería
24 atrio
6 cenador
7 logia
6 lonja
3 museo
4 panda
3 pinacoteca
5 terraza
3 zaguán
6 claustro
15 corredor
12 balcón

galerita
4 cochevía
4 cogujada
13 copa

galerna
6 ciclón
11 tempestad
3 tifón
4 tromba
23 borrasca
11 huracán
9 tormenta
8 ◁*quietud*
26 ◁*calma*

galfaro
10 calavera
17 haragán
4 pillete

galga
11 ancla
15 cinta

3 retranca

gálgulo
2 rabilargo
9 pájaro

galiana
6 cañada

gálibo
10 calibre
6 elegancia
7 plantilla
15 proporción
15 modelo
3 ◁*desproporción*
10 ◁*tosquedad*

galicismo
6 barbarismo
2 extranjerismo
3 ◁*casticismo*

galicista
2 afrancesado

gálico
2 sífilis

galillo
2 gañote
3 gaznate
6 campanilla
3 úvula

galimatías
5 jerigonza
21 algarabía
8 caos
15 embrollo
18 enredo
24 follón
5 guirigay
9 ◁*tranquilidad*
11 ◁*sencillez*

galipote
8 alquitrán
4 brea

galo
4 francés
3 franchute
3 gabacho

galón
5 alamar
5 cairel
3 trencilla

galopada
10 carrera
1 galope
6 ◁*paseo*

galopante
12 brusco
drástico
2 vertiginoso
11 ◁*lento*
10 ◁*pausado*
11 ◁*tardo*
19 ◁*suave*

galopar
7 cabalgar

galope
2 galopada

galopillo
1 marmitón
7 pinche

galopín
5 bribón
2 galopillo
33 pícaro
11 pillo
7 truhán

galopinada
4 bribonada

galpón
9 barraca
11 cobertizo

galúa
7 tortazo
28 bofetada

galvánico

5 guantazo

galvánico
2 eléctrico

galvanización
24 baño(s)
9 cubierta
4 recubrimiento
21 capa

galvanizar
17 bañar(se)
51 cubrir(se)
15 recubrir(se)
13 ◁descubrir
58 ◁quitar

galvano
3 gomorresina
1 quina

galvanómetro
3 medidor
1 reómetro
3 voltímetro

galvanoplastia
4 galvanización
4 recubrimiento

galvanotipia
2 fotograbado

gallardete
banderola
14 emblema
19 insignia(s)
5 pendón

gallardía
9 apostura
28 arresto(s)
19 bravura
19 brío
11 donaire
8 galanura
12 garbo
11 gentileza
18 gracia(s)
11 prestancia
7 salero

24 valor
32 atrevimiento
56 corte
13 soltura
  ◁desgarbo
14 ◁cobardía
10 ◁timidez

gallardo
17 apuesto
33 atrevido
37 bravo
7 donairoso
17 excelente
9 garboso
12 garrido
17 gentil
12 hermoso
6 marchoso
4 plantado
7 saleroso
16 tieso
13 cuadrado
11 galán
18 gracioso
9 valiente
5 ◁desgarbado
30 ◁tímido
33 ◁apocado
17 ◁cobarde
9 ◁soso

gallareta
2 falaris
3 foja

gallarón
1 sisón

gallear
1 bravuconear
4 descollar
29 jactar(se)
17 mandar
11 sobresalir

galleo
23 altercación
26 arrogancia

gallera
1 gallería
4 gallinero

gallería
2 gallera

galleta
4 barquillo
3 pastilla
7 tortazo
26 amonestación
11 atasco
17 bizcocho
28 bofetada
103 burla
19 confusión
12 chasco
19 desorden
18 enredo
5 guantazo
17 pasta
36 reprensión
7 tapón
17 ◁caricia

gallina
7 amedrentado
6 cagado
6 medroso
17 cobarde
12 miedoso
7 ◁osado
9 ◁valiente

gallinaza
12 abono
5 estiércol
6 guano

gallinazo
5 buitre

gallinejas
1 menudillos

gallinero
9 cazuela
2 gallera
16 nido
13 corral

gallineta
5 becada
6 chocha

gallipavo
10 gallo
11 pavo

gallito
31 arrogante
4 mandamás
18 chulo
15 fanfarrón
6 fardón
12 jactancioso
7 matón
9 presumido
13 ◁humilde
30 ◁tímido

gallo
1 ceo
6 escupitajo
5 gorgojo
5 lapo
14 pollo
1 urogallo
6 campanilla
8 esputo
3 úvula
⇨pez de San Pedro

gallocresta
1 ormino
1 orvalle
1 rinanto

gallofa
5 comadreo
3 cotilleo
9 murmuración
16 cuento
10 chisme

gallofear
12 callejear

gallofero
1 gallofo
27 holgazán
3 pobretón
6 vagabundo

gallofo
4 gallofero

gallón
1 tepe
8 césped

gallote
33 atrevido

gama
 cierva
6 escala
6 graduación
9 matiz
3 tonalidad

gamarza
3 alhámega
1 alharma

gamba
4 harapo
9 jirón
3 langostino
9 protuberancia
25 andrajo
15 bulto
16 flaco

gambear(se)
18 arquear(se)

gamberra
1 juguetona
5 traviesa

gamberrada
12 abuso
5 animalada
26 broma

gamberro
5 juguetón
11 maleducado
6 sinvergüenza
18 chulo
27 desvergonzado
10 travieso

gambeta
12 brinco
4 contoneo
2 corveta
7 esguince

3 patizambo
5 regate

gambetear
29 saltar(se)
6 regatear

gambito
⇨apertura de ajedrez

gambusina
7 correría
16 diversión
15 jarana

gamella
6 pila
16 artesa
7 cubo
7 palangana

gameto
5 célula

gamitar
4 balar

gamitido
5 brama

gamitir
4 balitar

gamito
2 balido

gamo
4 dama
11 paleto
17 rústico
10 tosco

gamón
1 asfódelo
1 gamonita

gamonal
8 despilfarrador
11 gastador
9 ostentoso
9 cacique
12 jactancioso

gamonita
2 gamón

gamopétalo
1 monopétalo

gamuza
3 antílope
5 bayeta
2 rebeco
1 sarrio
7 trapo

gana
32 anhelo
20 apetito
12 avaricia
14 avidez
16 voluntad
28 ansia
8 codicia
14 deseo
3 freno
12 gusto
6 hambre
5 ◁*inapetencia*

ganadería
10 casta
1 zootecnia

ganadero
3 estanciero
4 hacendado
1 pecuario
7 vaquero

ganado
2 borregada
12 masa
1 mulada
7 rebaño
1 torada
6 turba
3 vacada
1 yeguada
2 recua

ganador
9 campeón
1 triunfador
2 vencedor

4 ◁*fracasado*
4 ◁*perdedor*

ganancia(s)
25 beneficio(s)
2 dividendo
10 fruto
22 negocio(s)
15 rendimiento
8 taquilla
8 utilidad
8 lucro
8 provecho
9 ◁*pérdida*

ganancioso
4 beneficiado
3 ganador
4 ◁*perjudicado*

ganapán
7 bracero
3 cargador
6 costalero
3 esportillero
6 maletero
2 mandadero
22 ordinario
22 rudo
4 soguilla
7 jornalero
11 paleto
10 tosco
7 ◁*educado*
16 ◁*fino*

ganar(se)
10 adueñarse
26 anticipar(se)
5 aquistar(se)
48 atraer(se)
20 aventajar(se)
14 captar
14 captarse
13 cautivar
10 conciliar
11 conquistar
10 derrotar
46 dominar(se)
33 exceder(se)
3 lograr
37 llegar(se)

ganchillo

43 llevar(se)
49 mejorar(se)
4 merecer
8 merendar(se)
8 obtener
35 ocupar(se)
5 progresar
10 propiciar(se)
49 reunir(se)
30 subir(se)
39 tocar(se)
44 tomar(se)
8 triunfar
40 vencer(se)
16 adquirir
22 alcanzar
7 copar
13 granjear
7 halar
7 medrar
6 prosperar
28 sacar
10 sobar
4 sobrepujar
38 ◁*perder(se)*

ganchillo
1 croché
2 crochet
14 encaje
16 gancho
13 labor

gancho
11 ancla
10 ángel
12 anzuelo
1 aquel
1 bichero
15 cebo
1 croché
2 crochet
4 garfio
18 gracia(s)
1 muñón
7 salero
8 armador
35 atractivo
7 rama
7 ramo

ganchudo
8 arqueado
7 curvado
7 curvo
◁*lineal*
19 ◁*recto*

gándara
1 erío
4 erial
3 ◁*sembrado*

gandaya
3 redecilla

gandido
11 ansioso
5 comilón
11 glotón
4 hambrón
12 voraz
1 ◁*desganado*
4 ◁*inapetente*

gandinga
17 apatía
15 indolencia
12 pereza

gandul
27 holgazán
11 lento
8 remolón
11 tardo
19 apático
11 cachaza
17 haragán
15 indolente
13 perezoso
16 vago
26 ◁*activo*
7 ◁*laborioso*
5 ◁*trabajador*

gandulear
4 haraganear
8 holgazanear
3 vaguear
30 ◁*rendir(se)*
16 ◁*trabajar*

gandulería
12 holganza
18 inacción
10 incuria
15 indolencia
5 ociosidad
12 pereza
6 pigricia
4 poltronería
6 vagancia

gandumbas
27 holgazán

ganga
6 breva
5 escoria
17 ocasión
16 residuo
7 camarón
5 canonjía
14 chamba
11 chollo
4 momio
9 sinecura
14 ventaja

gangarilla
9 bojiganga

ganglio
9 abultamiento
2 escrófula
15 bulto
21 nudo

gangorra
10 bramante
4 cordel

gangosidad
1 gangueo
1 nasalidad

gangoso
1 nasal

gangrena
1 noma

gangrenado
12 corrompido
5 infectado
1 necrosado
13 podrido
18 ◁*sano*

gangrenar(se)
16 corromperse
5 enfermar
7 infectarse
9 podrir(se)
13 viciar(se)
64 estropearse
14 ◁*sanar(se)*

gangster
9 bandido
2 pistolero
18 chulo
7 matón

gangsterismo
1 bandidaje
1 pistolerismo

ganguear
7 farfullar

gangueo
2 gangosidad

ganguero
9 aprovechado
3 ganguista

ganguista
9 aprovechado
2 ganguero
4 ventajista

gano
8 jornal
9 salario
9 sueldo

ganoso
5 acucioso
11 afanoso
4 anhelante
6 anheloso
11 ansioso
15 ávido
8 deseoso
4 ◁*desinteresado*
18 ◁*generoso*

gansada
30 bobería

ganso
7 ánade
3 ánsar
1 auca
6 cretino
18 desmañado
2 oca
75 bobo
21 grosero
11 memo
22 necio
10 pato
17 rústico
18 tonto
18 torpe
10 zafio
7 ◁*educado*
12 ◁*espabilado*
16 ◁*listo*

ganzúa
8 verdugo
16 gancho

ganzuar
10 forzar
4 sonsacar
20 violentar(se)

gañán
5 arriero
7 bracero
6 costalero
1 picamulo
1 recuero
22 rudo
21 grosero
7 jornalero
7 labrador
17 mozo
11 paleto
11 patán
17 rústico
10 zafio
7 ◁*educado*

gañido
2 ladrido
5 ronquido

gañiles
13 agalla(s)
1 fauces
1 gargueros
3 gaznates
17 garganta

gañir
10 aullar
3 graznar
16 quejar(se)
3 resollar
5 ladrar

gañote
4 galillo
17 garganta

gap
4 espacio
7 intermedio
8 intervalo
7 lindero
28 separación

garabatear
5 borrajear
10 caligrafiar
2 garrapatear

garabato
46 aire(s)
9 apostura
9 borrón
9 dibujo
12 garbo
11 gentileza
16 rasgo(s)
2 trazo
16 gancho
5 ◁*sosería*

garabito
9 garabato
3 taburete
18 chucho
16 gancho
11 penco

garaje
3 aparcamiento
1 cochera

5 estacionamiento
2 parking
2 burdel
5 lupanar
⇨casa de putas

garambullo
14 cacto

garante
12 defensor
6 fiador
3 garantizador

garantía
12 abono
4 arras
5 aserción
6 caución
7 fianza
8 patrocinio
12 precaución
1 precinto
3 rehén
9 resguardo
6 salvaguardia
20 seguridad
25 seguro
4 solvencia
19 afirmación
13 prenda
27 señal
⇨habeas corpus
5 ◁*insolvencia*
6 ◁*infundio*

garantir
12 fiar(se)
19 garantizar(se)

garantizado
5 asegurado
22 cierto
8 defendido
3 resguardado
12 protegido
8 ◁*equívoco*
16 ◁*incierto*

garantizador
3 avalista
6 fiador

3 garante

garantizar(se)
15 acreditar(se)
22 afianzar(se)
43 afirmar(se)
52 asegurar(se)
7 aseverar
6 avalar
3 caucionar
17 certificar
8 endosar
8 estabilizar(se)
12 fiar(se)
19 garantía
2 garantir
10 jurar
11 patrocinar
16 prometer(se)
12 resguardar(se)
12 responder
⇨salir fiador
11 ◁*desamparar*

garañón
3 camello
1 semental
14 macho

garapiñar
54 hurtar(se)
8 ratear
9 endulzar

garapullo
13 banderilla

garata
79 alboroto
11 pelea
11 riña
7 trifulca

garatusa(s)
21 agasajo
27 carantoña(s)
17 caricia
4 cucamonas
10 mimo(s)
8 arrumaco
3 coqueta
20 fiesta

garba

2 presumida
1 ◁*displicencia*

garba
9 gavilla
4 manojo

garbanzo
1 amarraco
1 chícharo
▷oveja negra

garbear
14 pasear(se)
6 paseo
6 trampear
6 lloviznar
16 presumir
14 robar
▷dar una vuelta

garbillar
11 cribar

garbillo
10 cedazo
7 criba
3 harnero
7 salero
2 zaranda

garbo
46 aire(s)
4 dadivosidad
14 desinterés
13 desprendimiento
6 donosura
6 elegancia
13 generosidad
11 gentileza
18 gracia(s)
8 porte
7 salero
15 gallardía
5 ◁*sosería*
6 ◁*tacañería*

garboso
4 desinteresado
6 desprendido
9 elegante
13 liberal

16 tieso
5 dadivoso
17 gallardo
18 generoso
▷bien plantado
12 ◁*tacaño*

gardenia
1 jazmín

garduña
1 fuina

garete
▷a la deriva
▷a la porra
▷sin gobierno
▷sin rumbo

garfada
12 arañazo

garfiada
15 asimiento

garfio
12 anzuelo
1 bichero
8 garrocha
16 gancho

gargajo
6 escupitajo
10 gallo
5 lapo
14 pollo
8 esputo
12 flema

garganchón
3 gaznate
17 garganta

garganta
13 angostura
12 cañón
9 cuello
6 estrechamiento
1 faringe
2 gañote
2 garganchón
3 gaznate

2 glotis
4 gola
4 gollete
3 laringe
1 tráquea
13 cama
4 congosto
8 desfiladero
▷voz del cantante
9 ◁*amplitud*

gargantilla
17 cuenta
5 collar

gargantúa
11 glotón

gárgara
3 enjuagatorio
1 gargarismo

gargarismo
2 gárgara

gargarizar
2 enjuagar

gárgola
8 caño
1 tubería
18 canal
7 canalón
9 desagüe

gargueros
5 gañiles

garifo
5 comilón
11 glotón
5 mendigo
7 orondo
7 rozagante
9 vistoso
28 vivo
10 despierto
16 listo
18 pobre
9 presumido
10 ◁*anodino*

gario
1 bielda
4 garfio
9 rastro

garipanchero
8 jugador
4 tahúr

garipota
7 obsequio
16 regalo
36 represión
17 reprimenda

garita
11 casilla
2 chiscón
12 excusado
3 oficina
9 retrete
6 tabuco
1 torrecilla
▷puerta de ciudad

garitero
4 encubridor
4 tahúr
7 fullero
14 ◁*honrado*
◁*tío legal*

garito
13 antro
12 cueva
9 ganancia(s)
5 leonera
1 mandracho
6 tabuco
15 casa
3 timba
9 ◁*pérdida*

garitón
17 atalaya
10 baluarte
6 blocao

garla
14 conversación
11 charla

7 palique

garlar
23 cascar(se)
4 cotorrear
1 chacharear
6 charlar
6 parlotear
36 rajar
2 ◁*enmudecer*

garlito
18 asechanza
9 celada
9 cepo
13 lazo
3 nasa
10 trampa

garlocha
4 garfio
8 garrocha
7 puya
10 vara
13 pica

garlopa
4 lima
9 cepillo
5 lija

garnacha
9 coacción
2 estofado
2 toga
1 uva
2 vino
21 violencia
9 compañía
6 guisado
4 melena

garnatada
28 bofetada
5 guantazo

garniel
44 bolsa
10 cinturón
2 maletín

garoso
5 comilón
11 glotón
5 hambriento
7 tragaldabas
1 ◁*desganado*
4 ◁*inapetente*

garra
19 brío
10 empuje
49 energía
17 fuerza
16 gancho
19 mano
3 pierna
15 saco
2 zarpa
12 ◁*abulia*
7 ◁*desgana*

garrafa
5 bombona
1 corchera
3 garrafón
4 poma
4 damajuana

garrafal
16 colosal
5 desastroso
7 descomunal
12 disparatado
4 exorbitante
8 gigante
10 gigantesco
9 inconcebible
1 malísimo
10 monstruoso
5 monumental
12 tremendo
12 enorme
5 morrocotudo
14 ◁*comedido*
6 ◁*mínimo*

garrafiñar
39 arrebatar(se)
48 arrancar

garrafón
10 castaña

4 damajuana
5 garrafa

garrampa
5 calambre

garranchar
26 arañar(se)
4 rasguñar

garrapata
1 ácaro
1 arañuelo
2 caparra
3 parásito
2 piojo
27 caballo
10 comadre
2 mujeruca

garrapatear
4 emborronar
3 garabatear

garrapatón
6 dislate
16 disparate

garrapiñar
8 acaramelar(se)
3 garapiñar
9 endulzar
21 ◁*amargar(se)*

garrapiñera
34 bote

garrar
16 anclar
7 garrear

garras
2 zarpa

garrear
16 anclar
7 cejar
2 garrar
6 gorronear
54 hurtar(se)
14 robar
⇨pegarse al mogollón

garrido
17 apuesto
31 arrogante
17 bizarro
9 brioso
12 desenvuelto
10 esbelto
9 garboso
17 gentil
12 marcial
11 galán
17 gallardo
⇨bien plantado
1 ◁*deslucido*
30 ◁*tímido*
33 ◁*apocado*
9 ◁*soso*

garroba
9 algarroba

garrocha
4 garfio
14 palo
5 pértiga
7 puya
1 sacaliña
10 vara
4 percha
13 pica

garrochar
23 pinchar(se)
5 varear
57 picar

garrochazo
4 pinchazo
4 puyazo

garrochear
2 agarrochar

garrochista
3 picador
1 vareador
1 varilarguero

garrochón
8 garrocha
9 rejón

garrofa
9 algarroba

garrón
2 calcañar
2 corvejón
2 espolón
9 garra
2 gorrero
2 uña
4 tarso
16 gancho

garrota
3 estaca
14 palo
14 garrote

garrotazo
6 bastonazo
4 cachiporrazo
7 cantazo
3 estacazo
6 golpazo
6 porrazo
7 varapalo
37 golpe
2 trancazo
7 varazo

garrote
11 basto
10 bordón
6 cachiporra
3 cayado
3 clava
3 estaca
8 macana
14 palo
5 tranca
5 tronco
10 vara
20 bastón
14 maceta
9 porra

garrotero
18 agarrado
18 audaz
9 bandido
9 cicatero
10 intrépido

19 mezquino
19 roñoso
6 salteador
12 tacaño
14 ◁ *honrado*
17 ◁ *cobarde*

garrotillo
1 crup
2 difteria
8 dolencia
14 palo

garrubia
9 algarroba

garrucha
5 carrillo
1 motón
3 polea
1 roldana
2 trocla
1 vigota

garrudo
18 atrayente
5 forzudo
8 robusto
5 vigoroso
8 demonio
14 diablo
14 ◁ *débil*

garrulería
5 locuacidad
6 charlatanería

gárrulo
2 facundo
4 locuaz
7 macarra
6 mediocre
1 parlero
6 pedestre
8 ramplón
9 vulgar
7 bocazas
11 cotorra
11 cutre
16 charlatán
13 hablador
9 parlanchín

garúa
5 calabobos
6 chinchín

garuga
28 abundancia
16 cantidad
14 copia

garujo
17 argamasa
9 hormigón
1 mortero

garzo
5 azulado
2 azulenco
3 azulino
1 hongo
2 zarco

garzón
8 adolescente
2 doncel
1 impúber
2 paje
14 pollo
7 zagal
6 efebo
18 chico
10 joven
8 mancebo
17 mozo
9 muchacho
22 niño

garzonear
1 desenfrenarse
13 galantear

garzonía
20 amorío

gas
4 bufa
3 emanación
10 fluido
5 pedo
3 vapor
9 cuesco
⇨ a toda velocidad

2 ◁ *despacio*

gasa
6 apósito
3 cendal
3 compresa
1 crespón
3 muselina
2 tul
6 venda

gasear
6 gasificar

gaseoducto
3 gasoducto
1 tubería

gaseosa
2 soda
3 refresco

gases
5 ventosidad

gasfiter
1 fumista
1 plomero

gasificador
2 gasógeno

gasificar
20 evaporar(se)
3 fumigar
1 gasear
5 sublimar
2 vaporizar
5 volatilizar
1 ◁ *licuar*
9 ◁ *solidificar(se)*

gasoducto
6 conducción
2 gaseoducto
1 tubería

gasógeno
1 gasificador
7 gas

gasolina
3 bencina
2 nafta
11 normal
1 súper
4 carburante
10 combustible

gasolinera
8 lancha
14 barca
29 depósito
⇨estación de servicio

gasómetro
3 tanque
29 depósito

gastable
7 borroso

gastada
4 cascada

gastado
18 acabado
12 andado
21 caduco
9 cascado
5 desaparecido
7 raído
5 roído
10 usado
22 viejo
3 jecho
3 mocato
2 ruco

gastador
9 conductor
3 dilapidador
4 disipador
1 malbaratador
7 profuso
5 soldado
11 guía
9 coladero
10 derrochador
9 manirroto
14 pródigo
4 ◁ahorrador

◁hormiguita

gastar(se)
19 absorber
53 acabar(se)
32 agotar(se)
39 ajar(se)
22 comer
14 concluir
5 corroer
13 chupar
6 desaguar
2 desembolsar
9 desgastar
52 destruir(se)
30 deteriorar(se)
26 disipar(se)
19 disminuir(se)
64 estropear(se)
7 fumar(se)
11 invertir
43 llevar(se)
7 manosear
3 menguar
39 pulir(se)
11 requemar(se)
9 roer(se)
6 utilizar
15 consumir
9 derrochar
6 dilapidar
24 emplear
8 usar
⇨rascarse el bolsillo
⇨soltar la mosca
18 ◁acumular(se)
11 ◁ahorrar(se)
5 ◁colectar
8 ◁economizar

gasto
2 carcoma
3 consumición
2 consumo
7 derroche
5 desembolso
3 dispendio
6 merma
14 sangría
20 ◁ahorro(s)

gastralgia
⇨dolor de estómago

gástrico
2 estomacal
4 digestivo

gastritis
10 acidez
22 ardor
22 irritación

gastronomía
3 cocina

gastrónomo
5 comilón
1 gourmet
8 regalado
3 sibarita
5 tragón

gata
1 madrileña
1 micifuz
1 micha
1 minina
1 miza
15 criada
5 morronga
9 moza
10 sagaz
14 sirvienta

gatada
14 añagaza
28 engaño(s)
10 faena
5 jugarreta
10 picardía
11 putada
10 trampa
5 treta
⇨mala pasada

gatatumba
1 gatería
2 pasmarota
10 simulación
4 ◁veracidad

gatazo
28 engaño(s)
9 timo

10 trampa

gatear
15 deslizar(se)
37 enamorar(se)
18 encaramar(se)
4 reptar
2 ronronear
1 serpentear
7 trepar
3 maullar
8 requebrar
43 arrastrar
8 cortejar
8 piropear

gatera
10 buhardilla
13 portillo
37 agujero

gatería
3 gatatumba

gaterías
9 angulemas

gatillo
2 detonador
2 percusor
1 percutor
8 martillo

gato
2 culebrón
1 micho
2 minino
1 morroño
6 palanca
4 prensa
50 astuto
8 equivocación
7 error
2 mercadillo
9 mercado
33 pícaro
10 sagaz
16 taimado
13 yerro
5 zorro

gatuna
2 astuta
1 detienebuey

gatuña
10 gata
3 gatuña
1 taimada

gatuña
1 arnacho
2 asnacho
5 gatuna

gatuñar
26 arañar(se)

gatuperio
6 revoltillo
9 chanchullo
15 embrollo
6 enjuague
18 enredo
11 lío
8 maraña
12 mezcla

gauchada
9 chascarrillo
10 chiste
14 ardid
13 artimaña
16 cuento
5 treta

gaucho
38 bello
10 leal
22 rudo
24 artero
50 astuto
8 bonito
18 generoso
21 grosero
8 lindo
16 taimado
10 zafio

gaudeamus
13 banquete
11 regocijo
7 comilona
20 fiesta
12 francachela
15 jarana
9 juerga
8 parranda

gavanzo
5 escaramujo

gaveta
1 cajoncillo
3 cofrecito
4 escriño
2 naveta
10 estante

gavia
2 cofa
2 rellano
1 velacho
6 meseta

gavilán
1 esparaván
1 esparvel

gavilla
1 brazada
4 cuadrilla
2 garba
12 hato
7 haz
12 junta
4 manojo
4 panda
8 pandilla

gavillero
7 bracero
8 insurrecto
10 jaque
9 levantado
4 pendenciero
8 peón
7 jornalero
7 matón
14 rebelde

gavina
1 gaviota

gavión
3 cestón
18 chulo
8 rufián
9 sombrero

gaviota
1 gavina

gaya
22 bandera
19 insignia(s)
4 urraca

gayera
4 cereza

gayola
25 cabaña
8 jaula

gayomba
2 piorno
⇨retama macho

gayuba
1 aguavilla

gaza
4 presilla
19 embuste
13 lazo
15 mentira

gazapera
2 cado
5 madriguera
11 pendencia
11 riña

gazapina
79 alboroto

gazapo
11 despiste
31 bola
16 cuento
19 embuste
8 equivocación
7 error
15 mentira
7 trola
13 yerro

gazapón
8 garito
3 toro
3 timba

gazmoñería
5 beatería
1 camandulería
3 mojigatería
2 santurronería

gazmoñero
5 gazmoño

gazmoño
1 gazmoñero
3 místico
4 mojigato
5 santurrón
7 timorato

gaznápiro
2 ceporro
6 imbécil
9 lelo
10 zoquete
75 bobo
8 capullo
7 estúpido
8 idiota
11 memo
18 tonto

gaznate
2 garganchón
4 gola
17 garganta

gaznates
5 gañiles

gazpacho
12 heces
16 residuos
9 resto
12 mezcla

gazuza
20 apetito
17 algazara
80 bulla
3 carpanta
6 chusma
11 gana
6 hambre
15 jaleo
8 plebe

gedeón
75 bobo

gedeonada
30 bobería

gehena
1 hades
12 infierno
4 averno
12 ◁cielo
6 ◁paraíso

gel
1 champú

gelatina
3 mucílago
4 viscosidad
4 jalea

gelatinoso
9 inconsistente
3 mucilaginoso
6 resbaladizo
4 viscoso
42 blando
10 adherente
6 pegajoso
30 ◁duro
  ◁trabado

gélido
4 aterido
3 congelado
14 glacial
16 helado
13 crudo
25 frío
8 ◁abrasador
25 ◁caliente

gema
20 botón
6 yema
12 alhaja
6 joya
⇨piedra preciosa

gemebundo
4 llorón
1 quejica

gemelo
20 anteojo(s)
2 botones
1 mielgo
2 prismático
1 mellizo

gemelos
20 anteojo(s)
4 binoculares
15 broche
3 catalejo
3 mancuerna
3 prismáticos
4 guares

gemido
7 lamento
3 quejido
4 sollozo
6 súplica
6 suspiro
1 zollipo
3 ◁carcajada
3 ◁risa

gemidor
2 gimiente

gemiquear
7 gimotear

gemiqueo
5 gimoteo

gemir
7 gimotear
6 plañir
16 quejar(se)
4 sollozar
6 suplicar
2 zollipar
3 ◁reir(se)

gemólogo
4 joyero

gemonias
7 correctivo
17 castigo
26 ◁exaltación

gen
1 gameto
1 gene
1 genocito

gendarme
1 pasma
20 vigilante
27 agente
19 guardia
9 madero
16 policía

gene
3 gen

genealogía
12 abolengo
6 alcurnia
9 aristocracia
1 heráldica
20 historia

generación
10 casta
2 concepción
10 creación
2 engendramiento
12 familia
2 filiación
11 formación
3 producción
8 progenie
19 género

generador
1 alternador
18 caldera
2 dinamo
3 magneto
2 turbina

generadora
10 matriz

general
19 común
14 corriente
7 frecuente
10 habitual
9 jefe
11 normal
22 ordinario
6 universal
7 usual
27 absoluto
1 ◁inusual
11 ◁parcial
14 ◁particular
4 ◁restringido

generalidad
12 colectividad
4 imprecisión
6 mayoría
25 muchedumbre
3 vaguedad
⇨cortes catalanas
4 ◁concreción

generalización
7 divulgación
23 extensión
1 pluralización
7 propagación
1 universalización
4 ◁concreción
7 ◁delimitación
7 ◁particularidad

generalizar
29 difundir(se)
3 diversificar
23 divulgar(se)
51 extender(se)
2 pluralizar
1 universalizar
14 publicar
14 ◁concretar(se)
9 ◁restringir

generar
16 aparear(se)
5 cohabitar
17 crear
29 difundir(se)
14 engendrar
28 formar(se)
1 gestar
17 gozar
30 montar(se)
4 multiplicar
39 originar(se)
3 procrear

genérico

47 producir(se)
29 propagar(se)
6 suscitar
8 yacer
6 copular
7 fornicar
36 ◁ liquidar(se)
52 ◁ matar(se)

genérico
19 común
10 general
5 global
16 ◁ único
16 ◁ solo

género
21 calidad
16 condición
11 conjunto
18 especie
9 estilo
12 familia
12 índole
30 manera(s)
3 mercancía
26 modo
20 naturaleza
20 orden
12 paño
7 tejido
3 verbo
13 artículo
17 categoría
17 clase
7 tipo

generosamente
altruistamente
15 ampliamente
6 caballerosamente
6 largamente
2 lealmente
2 noblemente

generosidad
23 altruismo
4 dadivosidad
7 derroche
3 desasimiento
14 desinterés
13 desprendimiento

10 esplendidez
4 largueza
11 liberalidad
11 magnificencia
4 munificencia
12 prodigalidad
15 rumbo
20 ◁ ahorro(s)
12 ◁ avaricia
6 ◁ tacañería

generoso
4 altruista
20 caballeroso
4 desinteresado
8 despilfarrador
6 desprendido
12 espléndido
5 fecundo
6 fértil
9 filántropo
13 liberal
1 munificente
10 productivo
8 rasgado
9 rumboso
29 abundante
5 dadivoso
9 manirroto
14 rico
4 ◁ ahorrador
18 ◁ pobre
12 ◁ tacaño

genésico
1 carnal
2 erótico
8 genital(es)
9 potente
16 sensual
3 venéreo
4 ◁ impotente
3 ◁ infecundo

genial
12 espléndido
4 extremado
7 grato
2 impar
11 maravilloso
8 placentero
7 sobresaliente

16 único
8 estupendo
6 exclusivo
11 magnífico
17 soberbio
19 ◁ común
10 ◁ desagradable

geniecillo
6 gnomo

genio
10 artista
21 calidad
19 carácter
3 científico
16 condición
2 elfo
6 gnomo
11 humor
12 índole
13 inspiración
18 inteligencia
20 naturaleza
15 sabio
7 talento
4 temperamento
5 duende
20 aptitud
17 clase
23 disposición
17 espíritu
18 fantasía

genista
3 ginesta

genital(es)
6 genésico
2 sexo
5 sexual
4 testículos
3 venéreo
6 cojones
4 huevos
26 partes

genitor
3 progenitor

geniudo
6 fuguillas

geno
6 estirpe
16 linaje

genocidio
6 exterminio
4 matanza

genocito
3 gen

genovés
11 bolsista

gens
4 cabila

gente
8 clan
12 familia
12 masa
25 muchedumbre
12 nación
1 parentela
17 presente(s)
4 tribu
6 chusma
9 gentío
12 público
17 pueblo
7 ◁ individuo

gentil
17 apuesto
17 bizarro
12 cortés
7 educado
9 garboso
12 garrido
12 hidalgo
7 idólatra
11 infiel
6 marchoso
15 airoso
18 amable
6 aristócrata
11 galán
17 gallardo
22 noble
5 pagano
21 ◁ grosero

gentileza
16 bizarría
20 cortesía
13 educación
14 finura
11 galantería
8 galanura
12 garbo
30 manera(s)
4 urbanidad
15 gallardía
13 soltura
7 ◁descortesía
8 ◁grosería

gentilicio
2 étnico
7 originario
3 oriundo

gentilidad
11 fanatismo
7 idolatría
4 paganismo
2 politeísmo
5 superstición
1 ◁cristiandad

gentilismo
7 idolatría
2 politeísmo

gentío
14 afluencia
8 aglomeración
7 caterva
8 gentuza
2 hormiguero
5 legión
12 masa
25 muchedumbre
16 multitud
7 ◁individuo

gentleman
17 caballero
12 hidalgo
5 señor
11 ◁patán

gentuza
10 canalla
8 morralla

9 patulea
4 populacho
2 turbamulta
8 manada
6 chusma
8 plebe
◁buena gente

genuflexión
5 arrodillamiento
10 reverencia
8 saludo

genuino
13 acreditado
22 cierto
9 legítimo
20 natural
10 positivo
21 puro
10 real
11 verdadero
21 auténtico
13 propio
6 ◁postizo
21 ◁falso

geodesia
7 geografía

geodésico
1 topográfico

geogonía
geogenia
7 geografía

geografía
1 cartografía
2 cosmografía
1 geodesia
2 geogonía
1 hidrografía
1 orografía
1 topografía

geómetra
3 agrimensor

geometría
7 matemáticas

geométrico
2 topológico

geranio
1 malvón

gerencia
9 administración
11 gobierno

gerente
10 administrador
6 gestor
5 organizador
27 agente

geriatría
1 gerontología

gerifalte
5 cabecilla
2 halcón
1 jefazo
4 mandamás
7 ◁esclavo
4 ◁siervo
8 ◁mandado

germanía
5 argot
1 dialecto
12 hermandad
8 jerga
7 gremio
6 habla
15 grupo
5 ◁lengua
10 ◁norma

germánico
4 norteño

germano
3 ario
1 teutón
1 tudesco
2 alemán

germen
10 cimiento
8 comienzo

10 embrión
14 impulso
13 origen
19 principio(s)
8 raíz
14 rudimento(s)
5 semilla
14 causa
9 grano
8 ◁meta
22 ◁destino

germinar
10 brotar
15 desarrollarse
11 florecer
1 gestarse
31 iniciar(se)
15 nacer
39 originar(se)
6 principiar
7 surgir

gerontología
1 geriatría

gesta
42 acción
28 aventura(s)
11 empresa
7 hazaña(s)
24 hecho(s)
6 heroicidad
9 leyenda
4 proeza

gestación
6 crecimiento
6 elaboración
9 florecimiento
4 preñez
11 preparación
19 embarazo

gestar
18 generar

gestarse
9 germinar

gestear
1 extremar
2 gesticular

gestero
3 aspaventero
21 exagerado
2 gesticulador
2 gesticulante
1 parajismero
14 ◁ *comedido*

gesticulación
11 gesto(s)
3 manoteo
3 mímica
5 mohín
4 mueca(s)
2 tic
18 aspaviento
4 visaje

gesticulaciones
4 amoricones

gesticulador
3 aspaventero
5 gestero

gesticulante
3 aspaventero
5 gestero

gesticular
5 accionar
2 gestear

gestión
30 asunto(s)
8 delegación
6 encargo
7 mandato
5 misión
22 negocio(s)
11 procedimiento
20 representación
7 trámite
16 diligencia

gestionado
7 ventilado

gestionar
16 administrar(se)
83 arreglar(se)
5 diligenciar

7 encargar
5 negociar
16 resolver(se)
5 tramitar
35 tratar(se)
17 mandar

gesto(s)
31 ademán
46 aire(s)
4 alharaca
3 mímica
5 mohín
4 mueca(s)
12 rostro
4 semblante
18 aspaviento
18 cara
4 visaje
4 ◁ *impavidez*

gestor
10 administrador
9 apoderado
5 delegado
4 gerente
3 procurador
5 productor

ghetto
7 arrabal
2 judería
2 suburbio

giba
4 corcova
5 deformidad
19 desviación
20 incomodidad
18 molestia(s)
5 chepa
11 joroba

gibar
2 corcovar
87 fastidiar(se)
44 incomodar(se)
114 molestar(se)
5 vejar
6 chinchorrear
13 jorobar
30 ◁ *agradar*

giboso
5 contrahecho
6 corcovado
8 cuzco
1 chepudo
2 protuberante
12 deforme
5 jorobado
2 ◁ *erecto*

giganta
5 girasol

gigante
4 cíclope
8 corpulento
7 descomunal
14 garrafal
4 jayán
1 ogro
1 titán
10 bimba
4 ◁ *diminuto*
13 ◁ *enano*
5 ◁ *gorgojo*

gigantesco
4 ciclópeo
16 colosal
7 descomunal
10 desmesurado
13 excesivo
8 hercúleo
14 imponente
10 monstruoso
7 titánico
12 enorme
4 ◁ *diminuto*
13 ◁ *enano*

gigantez
35 altura(s)

gigantismo
3 acromegalia
9 anormalidad
4 monstruosidad
5 ◁ *enanismo*

gigoló
1 mantenido
1 prostituto

18 chulo
8 rufián

gil
13 ingenuo
9 lelo
2 bobalicón
12 infeliz
11 memo
18 tonto
12 ◁ *espabilado*
16 ◁ *listo*

gimiente
1 gemidor
4 plañidero

gimnasia
2 atletismo

gimnasio
15 escuela
3 estudiantado

gimnasta
19 atleta
3 deportista
3 saltimbanqui
3 saltador
7 acróbata

gimoteador
6 bejín

gimotear
1 gemiquear
6 gemir
10 hipar
4 lloriquear
4 sollozar
4 suspirar
2 zollipar

gimoteo
1 gemiqueo
7 lamento
4 lloriqueo
4 sollozo
7 llanto

ginebra
80 bulla

gineceo
2 harén

ginecocracia
1 matriarcado

ginecólogo
3 comadrón
4 tocólogo

ginesta
1 genista
2 hiniesta
2 retama

gineta
4 jineta

gingidio
2 biznaga

gingivitis
1 piorrea

gira
6 excursión
6 paseo
10 viaje
1 tourné

giranta
9 meretriz
14 prostituta
17 ramera

girar
32 mudar(se)
22 retorcer(se)
8 rodar
3 rotar
1 rular
44 torcer(se)
3 voltear
5 virar

girasol
1 giganta
2 mirabel
1 mirasol
1 tornasol
2 tupinambo

giro
7 cariz
11 curso
3 letra
1 libramiento
9 matiz
3 modismo
2 molinete
8 orientación
2 rotación
16 sentido
1 viraje
2 vuelco
15 revolución
39 aspecto
45 borracho
19 cambio
14 ebrio
21 vuelta

girocompás
5 giroscopio

girola
3 ábside
3 deambulatorio

giroscopio
3 ábside
1 estabilizador
1 girocompás
1 giróscopo
11 compás

giróscopo
5 giroscopio

giróvago
3 errabundo
11 inestable
4 nómada
6 vagabundo

gis
3 clarión
9 embriagado
2 tiza
4 yeso
45 borracho
14 ebrio

giste
3 espuma

gitana
1 calé
3 cañí
2 encantadora
1 flamenca
1 graciosa
4 hechicera
1 morena
1 zalamera
10 ◁*desagradable*

gitanería
5 bohemia
6 pasteleo
35 atractivo

gitanillo
3 churumbel

gitano
10 bohemio
5 caló
3 cañí
8 errante
3 mimoso
4 nómada
11 zalamero
1 zíngaro
24 adulador
8 flamenco

glabro
2 calvete
4 lampiño
3 mondo
9 calvo
10 pelado
10 pelón
6 ◁*peludo*

glacial
8 cortante
18 cruel
9 desabrido
10 desagradable
4 despegado
6 gélido
16 helado
7 impasible
13 impávido
10 imperturbable
10 indiferente
11 antipático
19 apático
25 frío
17 ◁*cálido*
10 ◁*expresivo*
7 ◁*grato*
12 ◁*afectuoso*
25 ◁*caliente*

glaciar
3 helero
2 nevero
2 ventisquero

glacis
5 declive
4 ladera
19 pendiente
9 falda

gladiador
19 atleta

gladio
3 espadaña

gladiolo
3 espadaña
1 gladio

glamour
14 encanto
11 hechizo
13 magia
35 atractivo

glande
1 bálano
7 falo
8 capullo

glándula
2 folículo
5 órgano

glanduloso
1 adenoso

glasto
⇨hierba pastel

glauco
9 verde
1 verdemar
5 verdoso

glaucoma
15 ceguedad

gleba
15 caballón
2 terrón

glera
4 arenal
2 cantal
3 cascajar
2 desgalgadero
4 pedregal
3 pedrera
3 pedriza

glicerina
1 glicerol

glicerol
1 glicerina

glíptica
7 grabado

global
13 completo
11 conjunto
8 integral
14 íntegro
6 total
11 ◁*parcial*

globo
3 aeróstato
2 dirigible
7 esfera
2 orbe
6 planeta
8 tierra
31 bola
22 bomba
14 mundo

globoso
8 esférico
6 globular

10 abultado
17 ◁*plano*
10 ◁*liso*

globular
8 combado
8 esférico
3 globoso
3 globuloso
11 redondo
10 abultado
17 ◁*plano*
21 ◁*llano*

glóbulo
2 bolita
1 esferita
2 hematíe
1 leucocito

globuloso
8 esférico
6 globular
11 redondo

gloria
14 agrado
11 aureola
16 bienaventuranza
26 brillo
12 celebridad
12 cielo
15 crédito
8 delicia
7 empíreo
14 encanto
9 esplendor
16 grandeza
18 honor
4 inmortalidad
11 magnificencia
5 majestad
6 notoriedad
30 placer
7 renombre
3 salvación
9 suntuosidad
8 éxito
15 fama
14 reputación
2 triunfo
2 victoria

8 ◁*condenación*
12 ◁*desagrado*
10 ◁*oscuridad*
7 ◁*vulgaridad*
12 ◁*infierno*
5 ◁*fracaso*

gloriar(se)
65 alabar(se)
19 blasonar
5 complacerse
8 glorificar
29 jactar(se)
13 loar(se)
13 preciar(se)
8 vanagloriarse
9 alardear
27 alegrar(se)
6 envanecerse
11 fardar
17 pavonearse
16 presumir
12 ufanar
⇨darse pote
46 ◁*humillar(se)*

glorieta
6 cenador
3 marquesina
1 plazuela
4 quiosco
1 rotonda
19 plaza
2 plazoleta

glorificación
12 aclamación
11 aplauso(s)
7 enaltecimiento
7 encomio
4 ensalzamiento
6 loa
12 ponderación
1 santificación
29 alabanza
15 ◁*humillación*
14 ◁*ofensa*

glorificado
3 alabado
6 ensalzado

1 loado
◁*criticado*
7 ◁*humillado*

glorificador
2 ensalzador
◁*mortificador*

glorificar
65 alabar(se)
18 aplaudir
10 celebrar
8 enaltecer
5 ensalzar(se)
32 exaltar(se)
24 honrar(se)
13 loar(se)
22 ◁*deshonrar(se)*

glorioso
14 afamado
17 beato
25 bienaventurado
9 célebre
11 conocido
13 eminente
16 famoso
13 ilustre
11 insigne
6 memorable
7 prestigioso
8 renombrado
3 venerable
11 magnífico
21 santo
3 ◁*ignoto*

glosa
12 apostilla
8 comentario
4 escolio
3 exégesis
13 interpretación
5 paráfrasis
5 regañina
17 reprimenda

glosador
6 intérprete

glosar
54 aclarar(se)
6 apostillar

8 comentar(se)
34 explicar(se)
8 interpretar
3 parafrasear
22 reñir
16 reprender

glosario
7 catálogo
5 diccionario
4 lexicón
17 lista
4 vocabulario
20 relación

glosopeda
8 dolencia
13 plaga
▷ fiebre aftosa

glotis
3 laringe
17 garganta

glotología
9 lingüística

glotón
5 comilón
4 dulcero
1 gargantúa
4 hambrón
8 insaciable
7 tragaldabas
12 voraz
1 zampabollos
3 laminero
5 tragón
11 tripero
4 ◁ inapetente

glotonear
43 alimentar(se)

glotonería
4 gula
1 hambronería
5 tragonería
6 ◁ templanza

glucosa
7 azúcar
1 carbohidrato

glucosuria
1 diabetes

glúteo
6 anca
18 nalga(s)
1 posadera
11 cacha

glúteos
19 común
8 canco

glutinosidad
3 pegajosidad
20 adherencia

glutinoso
4 viscoso
10 adherente
6 pegajoso

gnómico
1 aforístico
1 moralista
5 sentencioso

gnomo
2 elfo
1 enanito
1 geniecillo
5 duende
17 espíritu
21 genio

gnoseología
16 conocimiento
2 epistemología
▷ teoría del conocimiento

gnosticismo
1 docetismo

goal
10 dócil
3 manejable
3 obediente
21 objetivo
7 manso
10 propósito

14 ◁ rebelde

gobernación
11 gobierno

gobernado
3 administrado

gobernador
10 administrador
6 dirigente(s)
9 jefe
4 regidor
8 representante

gobernalle
5 timón

gobernante
5 gobernador
9 jefe

gobernar
16 administrar(se)
36 conducir(se)
9 guiar
43 llevar(se)
10 manejar
4 presidir
2 regentar
15 regir(se)
1 timonear
17 mandar

gobernarse
10 bandear(se)
12 portar(se)
21 proceder

gobernoso
23 arreglado

gobierno
9 administración
16 dirección
9 gabinete
2 gerencia
1 gobernación
8 ministerio
43 poder(es)
3 presidencia
9 tutela
11 guía

6 mando

gobio
1 cadoce

goce
14 agrado
38 alegría(s)
6 complacencia
9 deleite
6 disfrute
9 felicidad
4 fruición
26 gloria
30 placer
7 posesión
20 satisfacción
9 uso
2 usufructo
8 contento
12 gusto
7 regodeo
5 voluptuosidad
9 ◁ malestar
16 ◁ disgusto

godeo
38 alegría(s)

godesco
36 alegre

godible
8 placentero
36 alegre
10 ◁ desagradable
16 ◁ triste

godo
6 carca
2 español
2 hispano
4 menstruación
6 conservador
14 facha
6 me
9 periodo

gofio
10 harina

gofrar
3 estampar
12 grabar

gol
16 acierto
15 centro
1 diana
19 punto(s)
5 tanto
10 ◁ *fallo*

gola
3 gorguera
21 adorno
17 garganta
8 golilla

golde
25 arado

goldre
1 aljaba
2 carcaj
21 cárcel

golear
10 derrotar
46 humillar(se)
30 hundir(se)
6 apabullar

goleta
9 barco
1 escuna
4 nave
2 velero

golfa
4 pelandusca
5 pendón
7 zorra
14 prostituta
13 puta
17 ramera

golfán
3 nenúfar

golfante
6 sinvergüenza
18 chulo

19 golfo

golfear
12 callejear
16 corromperse
23 encanallar(se)
18 enviciar(se)
38 perder(se)
12 vagabundear
3 vaguear

golfería
7 hampa
6 picaresca

golfillo
13 arrapiezo
19 golfo
11 pillo

golfín
13 ladrón

golfo
25 abertura
9 cala
4 caleta
11 concha
10 desharrapado
3 estuario
3 fiordo
1 hampón
5 perdido
2 ría
13 seno
32 abrigo
7 bahía
6 sinvergüenza
9 buche
4 pillete
11 pillo
6 títere
16 vago

gólgota
10 calvario

goliardo
10 bohemio
10 jaranero
13 libertino
6 parrandero

7 tarambana
8 tunante
6 vagabundo
33 pícaro
5 ◁ *ordenado*

golilla
4 corbata
3 corbatín
9 cuello
7 deuda
4 gola
3 gorguera
11 obligación
13 lazo

golondrina
1 andarina
1 andolina

golosina
3 caramelo
20 delicadeza
8 delicia
8 exquisitez
9 bombón
5 confite
19 dulce
9 pastel

golosinar
1 gulusmear

golosinas
2 grafioles

goloso
15 ávido
8 cuzco
27 delicado
11 glotón
4 lamerón
3 laminero

golpazo
7 aldabonazo
6 porrazo
6 portazo
3 testarazo
3 topetazo
10 garrotazo

golpe
15 acometida
10 asalto
18 ataque
7 cachete
9 cardenal
2 codazo
10 chiste
18 gracia(s)
1 leñazo
5 llamada
12 masa
4 mojicón
2 moradura
4 morrada
25 muchedumbre
10 ocurrencia
7 patada
6 percance
22 salida(s)
6 soplamocos
2 trastazo
12 tropiezo
7 equimosis
13 bicoca
4 catana
12 contrariedad
14 copia
5 coscorrón
15 chivo
7 desdicha
17 desgracia
6 empellón
5 guantazo
16 multitud
4 puñetazo
8 robo
11 toque

golpeado
5 magullado
3 maltrecho
7 molido
3 vapuleado
6 maltratado
5 ◁ *mimado*
4 ◁ *respetado*

golpeador
5 contundente

golpeadura
4 apaleamiento

golpear
11 apalear(se)
40 atizar(se)
38 calentar(se)
23 cascar(se)
1 descrismar
8 emplumar
18 encaramar(se)
11 fustigar
38 pegar(se)
2 percutir
31 sacudir(se)
7 tundir
5 zumbar
20 zurrar(se)

39 atracar
23 encender
14 festejar
12 fregar
12 sellar
10 sobar
3 sopapear
⇨abrir la cabeza
⇨medir las costillas
⇨zurrar la badana

19 ◁ *acariciar(se)*

golpecito
9 cuesco

golpetazo
2 trastazo
5 soco

gollería
20 delicadeza
18 demasía
10 exceso
8 exquisitez
14 finura
8 golosina
4 manjar
8 superfluidad

gollete
25 abertura
23 boca
9 cuello
6 estrechamiento

goma
5 adhesivo
2 aglutinante

2 condón
5 leche
2 preservativo
6 resina
3 tirador
6 caucho
22 liga
8 resaca
2 ventarrón
2 ventolera
⇨dolor de cabeza

gomaespuma
6 caucho

gomecillo
2 lazarillo

gomero
3 tirador

gomina
4 fijador

gomorresina
6 resina
13 goma
4 incienso

gomosería
32 afectación

gomoso
9 figurín
5 lechuguino
2 petimetre
6 pisaverde
14 currutaco

gonce
5 bisagra

góndola
4 ómnibus
8 autobús
14 barca
6 guagua

gonete
1 refajo

gonfalón
22 bandera
2 confalón
6 enseña
4 estandarte
5 pendón

gonfalonero
4 abanderado
2 confaloniero

gong
18 campana
4 gongo

gongo
1 batintín
2 gong
5 platillo
1 tantán

gongorino
5 culterano

gonococia
5 gonorrea

gonorrea
1 espermatorrea
2 gonococia
1 uretritis
4 blenorragia
4 purgaciones

gorda
5 foca
9 pandorga
2 machusca

gordezuelo
2 requechete

gordiflón
8 atocinado

gordinflas
8 atocinado
17 grueso

gordinflón
8 atocinado
6 bamboche

17 grueso
2 tripudo
14 currutaco
6 mampucho
9 obeso

gordo
8 atocinado
3 cebado
10 considerable
8 destacado
1 grasiento
17 grueso
18 importante
9 inflado
34 notable(s)
7 rollizo
6 voluminoso

21 grave
10 abultado
19 cipote
23 grande
19 hinchado
9 obeso
9 pocho
9 rechoncho

8 ◁ *escuálido*
16 ◁ *flaco*
14 ◁ *pequeño*

gordolobo
2 verbasco

gordura
2 adiposidad
3 carnosidad
7 corpulencia
4 obesidad
6 robustez
9 solidez
14 pesadez

7 ◁ *delgadez*

gorga
4 remolino

gorgojarse
1 agorgojarse

gorgojo
4 diminuto
13 enano

gorgor

1 larva
3 parásito
10 cuco
12 ◁desarrollado
8 ◁gigante

gorgor
1 gorgoteo

gorgorita
10 burbuja

gorgorito
14 canto
5 gorjeo
4 modulación
5 quiebro
2 trino

gorgotear
4 burbujear

gorgoteo
1 gorgor

gorgotero
9 buhonero
4 falte

gorguera
9 cuello
4 gola
8 golilla

gorila
6 antropoide
19 mono

gorjear
80 burlar(se)
8 trinar

gorjeo
14 canto
2 canturreo
5 gorgorito
4 modulación
2 trino

gorjeos
4 repiquete(s)

gormar
6 devolver
9 vomitar

gorra
4 birrete
4 boina
13 bonete
4 cofia
1 chichonera
3 montera
1 pamela
10 gorro
10 poso
16 sedimento

gorrada
1 sombrerazo
8 saludo

gorrear
8 requebrar
17 pedir
38 pegarse
8 piropear
4 sablear

gorrera
1 adúltera

gorrero
8 garrón
11 gorrón

gorrete
7 cachucha

gorrilla
4 cofia

gorrina
4 marrana

gorrino
2 cebón
14 cerdo
1 lechón
6 marrano
7 puerco
4 tocino
12 cochino
5 desaseado

9 guarro
13 sucio

gorrión
1 pardal
9 pardillo
14 pequeño

gorrista
11 gorrón

gorro
1 bombín
9 capacho
11 casco
10 gorra
1 hongo
2 panamá
1 salacot
1 tricornio
4 chistera
9 sombrero

gorrón
3 abusador
1 chupóptero
2 gorrero
1 gorrista
1 mogrollo
3 parásito
7 pegadizo
6 pegote
3 pulgón
11 sablista
7 vividor

gorronal
4 pedregal

gorronear
38 arrimar(se)
13 chupar
16 abusar
4 sablear
⇨vivir del cuento
⇨vivir del mogollón

gorullo
9 apelotonamiento
4 engrudo
3 grumo
12 masa

gota(s)
2 colirio
5 instilación
18 migaja(s)
7 pizca
13 poco
1 podagra
1 quiragra
17 ápice
19 chispa
26 parte

gotear
7 destilar
15 escurrir(se)
16 filtrar(se)
16 pringar(se)
4 rezumar
6 lloviznar
⇨caer cuatro gotas

goteo
5 destilación
6 filtración
5 instilación
22 salida(s)
2 suero
6 chorreo
1 ◁sequía

gotera
6 filtración
10 ranura
19 cercanías
31 contornos
6 inmediaciones

gotero
2 cuentagotas
2 dosificador

gótico
1 ojival

gotoso
10 decrépito

gourmet
5 gastrónomo

gozador
5 epicúreo

gozar
 5 cohabitar
 5 complacerse
 1 delectar
 48 disponer(se)
 32 divertir(se)
 4 poseer
 23 recrear(se)
 18 regocijar(se)
 4 saborear
 15 solazar(se)
 27 alegrar(se)
 6 copular
 7 disfrutar
 7 fornicar
 ⇨hacer el amor
 ⇨pasárselo bomba
 ⇨pasárselo en grande
 28 ◁aburrir(se)

gozarse
 30 placer

gozne
 1 alguaza
 5 bisagra
 5 charnela
 1 charneta
 3 pernio

gozo
 38 alegría(s)
 6 complacencia
 9 deleite
 4 fruición
 17 goce
 7 jovialidad
 9 júbilo
 5 molicie
 30 placer
 5 regusto
 20 satisfacción
 17 algazara
 8 contento
 12 gusto
 16 regalo
 7 regodeo
 5 voluptuosidad
 13 ◁dolor
 16 ◁disgusto

gozoso
 4 alborozado
 4 complacido
 9 encantado
 14 jovial
 14 radiante
 15 satisfecho
 36 alegre
 8 contento
 5 jubiloso
 7 ◁disgustado
 16 ◁triste

grabación
 12 impresión
 10 reproducción

grabado
 4 clisé
 3 cromo
 9 estampa
 15 ilustración
 20 imagen
 6 viñeta
 21 santo

grabador
 4 cincelador
 4 escultor
 9 lapidario

grabar
 27 aprender(se)
 8 burilar
 3 cincelar
 4 esculpir
 39 fijar(se)
 3 fotocopiar
 8 imprimir
 4 inculcar
 1 litografiar
 1 memorizar
 9 labrar
 8 tallar

gracejo
 1 agudez
 11 donaire
 18 gracia(s)
 1 ingeniosidad
 35 atractivo
 23 bufón

 5 payaso
 24 simpatía

gracia(s)
 27 afabilidad
 23 agudeza
 12 cordialidad
 10 chiste
 11 donaire
 15 ingenio
 4 labia
 7 misericordia
 6 perdón
 9 piedad
 7 salero
 4 tedéum
 10 indulgencia
 103 burla
 19 chispa
 8 gracejo
 24 simpatía
 ⇨juego de palabras
 9 ◁inflexibilidad

grácil
 23 ligero
 7 tenue

gracilidad
 4 feminidad

graciosa
 8 gitana

graciosidad
 23 altruismo
 24 belleza
 20 caballerosidad

gracioso
 38 agradable
 14 cómico
 8 chusco
 11 festivo
 17 gentil
 11 gratuito
 4 ocurrente
 7 saleroso
 25 agudo
 35 atractivo
 8 bonito
 25 cuarto

 9 chistoso
 30 divertido
 8 lindo
 13 salado
 6 simpático
 ⇨de balde
 10 ◁desagradable
 9 ◁soso

grada
 7 anfiteatro
 4 escalón
 2 gradería
 3 pedestal
 2 peldaño
 2 podio
 4 zanca
 9 banca
 1 escalinata

gradación
 16 disminución
 6 escala
 3 escalafón
 1 estratificación
 5 gama
 6 graduación
 9 matiz
 3 tonalidad
 2 clímax
 10 jerarquía
 22 serie

gradería
 1 graderío
 9 grada

graderío
 2 gradería

gradilla
 7 banqueta
 7 banquillo
 9 banca

grado
 21 calidad
 17 cargo
 16 condición
 20 extremo
 20 naturaleza

graduable

- 19 punto(s)
- 8 rango
- 24 valor
- 7 vínculo
- 19 límite
- 16 empleo
- 10 jerarquía
- 13 lazo

graduable
- 3 acoplable
- 1 ajustable
- 1 regulable
- 15 ◁ *fijo*

graduación
- 17 cargo
- 13 grado
- 1 medición
- 15 proporción
- 16 empleo
- 10 jerarquía

graduado
- 4 autorizado
- 3 diplomado
- 1 doctorado
- 2 investido
- 1 reconocido
- 2 titulado
- 3 universitario
- 7 licenciado

gradual
- 2 escalonado
- 6 imperceptible
- 11 lento
- 7 paulatino
- 3 progresivo
- 11 continuo
- 19 dulce
- 19 suave
- 5 ◁ *repentino*
- 19 ◁ *rápido*

graduar(se)
- 16 aquilatar(se)
- 27 calificar(se)
- 4 compartimentar
- 3 diplomar(se)
- 1 doctorarse
- 1 escalonar
- 6 fragmentar
- 10 licenciar(se)
- 17 regular(se)
- 6 egresar

grafema
- 3 letra

gráfico
- 7 boceto
- 28 claro
- 5 croquis
- 1 descriptivo
- 7 detallado
- 9 dibujo
- 1 expresionista
- 10 expresivo
- 11 manifiesto
- 17 plano

grafila
- 7 orla

grafioles
- 8 golosinas
- 17 bizcocho

grafito
- 3 carboncillo
- 1 carbono
- 5 mina
- 1 plombagina
- ⇨ lápiz plomo

grafología
- 8 caligrafía

grafólogo
- 8 arúspice
- 9 calígrafo

gragea
- 6 comprimido
- 2 oblea
- 3 pastilla
- 8 píldora
- 4 tableta

grajero
- 16 nido

grajo
- 1 arrendajo
- 1 chova
- ⇨ cuervo merendero

grama
- 12 hierba

gramalla
- 40 armadura

gramática
- 5 lengua
- 9 lingüística
- 11 filología
- 15 disciplina
- ⇨ sabiduría popular

gramatical
- 1 metalingüístico

gramático
- 2 filólogo
- 6 lingüista

grambo
- 1 mandril
- 21 cárcel

gramil
- 7 herramienta

gramínácea
- 12 cereal(es)
- 1 gramínea
- 2 mies

gramínea
- 3 graminácea

gramófono
- 2 fonógrafo
- 2 gramola
- 3 tocadiscos
- 6 plato
- ⇨ equipo de alta fidelidad

gramola
- 5 gramófono
- 3 tocadiscos

grampa
- 3 grapa

gran
- 23 grande

grana
- 5 carmesí
- 5 cochinilla
- 5 colorado
- 4 granate
- 4 granazón
- 18 rojo

granada
- 1 ciñuela
- 1 mingrana
- 1 obús
- 6 proyectil
- 22 bomba

granado
- 11 avezado
- 25 avisado
- 8 ducho
- 7 escogido
- 23 experimentado
- 8 experto
- 12 maduro
- 12 principal
- 3 seleccionado
- 4 selecto
- 4 ◁ *inmaduro*

granar
- 30 crecer(se)

granate
- 5 carmesí
- 8 encarnado
- 6 grana
- 18 rojo

granazón
- 12 desarrollo
- 9 florecimiento
- 1 fructificación
- 6 grana

granda
- 4 erial

grande
33 alto(s)
32 ancho
16 colosal
5 desmedido
10 desmesurado
6 espacioso
4 exorbitante
10 gigantesco
11 grandioso
4 ingente
12 largo
5 magnate
2 mayúsculo
5 monumental
2 prócer
12 tremendo
5 vasto
6 voluminoso
20 amplio
12 enorme
14 extraordinario
7 manso
22 noble

6 ◁*mínimo*
14 ◁*pequeño*

grandemente
15 ampliamente

grandevo
3 ajado
22 viejo

grandeza
21 elevación
9 esplendor
26 gloria
2 grandiosidad
3 grandor
12 gravedad
17 importancia
9 intensidad
4 magnanimidad
5 majestad
13 nobleza
43 poder(es)
10 tamaño
6 magnitud
12 boato
16 dignidad

grandilocuencia
2 altisonancia
3 ampulosidad
5 pomposidad
5 énfasis

grandilocuente
6 altilocuente
7 altisonante
11 altísono
16 pomposo
4 redicho
8 retórico
7 rimbombante
19 orgulloso

grandiosidad
6 excelencia
16 grandeza

grandioso
16 colosal
5 desmedido
10 desmesurado
4 exorbitante
10 gigantesco
4 ingente
2 mayúsculo
5 monumental
12 tremendo
12 enorme
14 extraordinario

grandísimo
5 monumental
7 supremo

grandisonar
1 resonar
3 retumbar

grandísono
7 altisonante

grandor
16 grandeza
10 tamaño
19 cuerpo

grandote
23 grande

grandullón
8 crecido
12 desarrollado
27 holgazán
1 mozallón
5 pendón
8 robusto
23 grande
13 ◁*enano*
14 ◁*pequeño*

graneado
6 incesante
9 intenso
3 moteado
5 picado
11 continuo
6 ininterrumpido

graneador
5 buril

granear
8 burilar

granel (a)
2 abundantemente
3 copiosamente
5 sobradamente
14 suelto
⇨sin empaquetar
⇨sin envasar

granelero
1 bulkcarrier

granero
2 almiar
2 barracón
3 cija
2 hórreo
3 pósito
6 silo
3 troj
2 cillero

granévano
1 tragacanto
3 adragante

granítico
15 acerado
3 diamantino
30 duro
6 pétreo
17 tenaz
42 ◁*blando*
23 ◁*flojo*

granizada
3 granizo
8 pedrea

granizado
3 refresco

granizar
3 apedrear(se)

granizo
2 granizada
8 pedrea
1 pedrisco

granja
7 estancia
6 finca
3 predio
6 quinta
8 rancho
13 alquería
5 cortijo
12 hacienda

granjear(se)
48 atraer(se)
14 captar
10 conciliar
24 conseguir(se)
4 convencer
40 ganar(se)
54 hurtar(se)
3 lograr
8 obtener
10 propiciar(se)
22 alcanzar
10 estafar
14 robar

granjero
1 cortijero
2 criador

grano

3 estanciero
4 ganadero
17 pastor
7 ranchero

grano
14 brizna
7 divieso
18 migaja(s)
7 pizca
5 semilla
22 absceso
17 ápice
15 bulto
6 pústula

granoso
4 granuloso

granoto
7 cebada

granuja
5 bribón
10 canalla
4 gangster
8 tunante
6 sinvergüenza
19 golfo
33 pícaro
7 truhán

granujada
10 pillería
12 rufianería

granujería
9 patulea
10 picardía

granujiento
45 áspero
10 desagradable
4 granuloso
10 ◁*liso*

granulación
4 acné

gránulos
2 polen

granuloso
45 áspero
1 granoso
3 granujiento
26 arrugado
10 ◁*liso*

granza
2 ahechadura
9 hormigón
1 mortero

grao
4 playa

grapa
1 gafa
2 laña
9 coco

grapar
9 coser
4 engrapar
2 laña
2 zuncho
64 ◁*separar(se)*
42 ◁*soltar(se)*

grasa
12 crema
3 churre
3 juarda
8 manteca(s)
3 mantequilla
2 pomada
3 sebo
4 tocino
8 aceite
8 pringue

grasero
1 escorial

grasiento
6 graso

graso
7 aceitoso
1 grasiento
5 oleoso
5 seboso
6 craso

3 pringoso

grasoso
6 graso

gratificación
10 dieta
1 iguala
10 remuneración
11 renta(s)
7 retribución
5 subvención
2 viático
18 asignación
6 aguinaldo
7 camarón
8 cerda
18 feria
23 gala
8 maraña
10 paga
9 pensión
11 propina
7 recompensa

gratificar
30 agradar
5 complacer
7 galardonar
34 pagar(se)
6 premiar
8 recompensar
5 remunerar
7 retribuir
44 satisfacer(se)

grating
2 emparrillado
1 enrejado

gratis
15 boquilla
2 gratuitamente
↪de balde
↪de bóbilis bóbilis
↪por su cara bonita

gratitud
3 agradecimiento
8 correspondencia
11 obligación
12 reconocimiento

5 ◁*ingratitud*

grato
38 agradable
18 atrayente
3 deseable
7 gustoso
8 placentero
6 satisfactorio
7 seductor
10 ◁*desagradable*
9 ◁*ingrato*

gratuitamente
5 gratis
↪de bóbilis, bóbilis

gratuito
25 arbitrario
12 caprichoso
3 improcedente
5 infundado
1 injustificado
2 inmotivado
18 libre
8 regalado
16 franco
↪de balde
↪sin cargo

gratulatorio
3 congratulatorio

grava
2 balasto
4 cascajo
4 guijarros
4 guijo

gravamen
11 arbitrio
24 carga
12 censo
1 derrama
9 impuesto
11 tributo
22 pecho

gravar
23 imponer(se)
25 obligar(se)

45 pesar(se)
50 cargar

grave
14 arduo
40 bajo(s)
8 circunspecto
5 comprometido
8 destacado
difícil
14 dificultoso
3 embarazoso
10 formal
18 importante
8 oneroso
5 peligroso
15 reservado
20 serio
7 sobresaliente
4 trascendental
8 profundo
16 enfermo
15 molesto
31 pesado
17 riguroso
9 ◁*frívolo*
23 ◁*ligero*
18 ◁*sano*
6 ◁*secundario*
25 ◁*agudo*
24 ◁*fácil*

gravedad
21 calidad
19 circunspección
19 compromiso
10 formalidad
17 importancia
2 pesantez
15 reserva(s)
7 seriedad
3 trascendencia
15 dificultad
4 peligro
14 pesadez
8 ◁*facilidad*
6 ◁*frivolidad*
13 ◁*ligereza*

gravedoso
20 serio

grávida
3 preñada

gravidez
4 preñez

grávido
10 cargado
10 pletórico
10 rotundo
29 abundante
10 colmado
14 lleno
31 pesado
9 ◁*falto*
23 ◁*ligero*
17 ◁*escaso*

gravilla
4 grava

gravitación
14 atracción
11 peso

gravitar
28 abrumar(se)
27 agobiar(se)
63 apoyar(se)
14 basar(se)
8 cimentar(se)
14 descansar
4 estribar
10 fundamentar(se)
45 pesar(se)

gravoso
8 inaguantable
7 insufrible
8 oneroso
8 cargante
10 caro
5 costoso
10 enfadoso
42 fastidioso
15 molesto
31 pesado
5 ◁*soportable*
12 ◁*barato*

graznar
14 chillar(se)
3 chirriar

5 gañir

greca
8 cenefa
12 ribete(s)

greda
5 arcilla
3 caolín
1 loes
3 marga

gredal
4 arenal
1 blanquizal
3 calvero

gredoso
3 arcilloso
2 terroso

gregario
8 adocenado
6 mediocre
⇨dónde va Vicente, donde va la gente

gregarismo
7 adocenamiento
15 docilidad
7 vulgaridad
19 ◁*carácter*
14 ◁*rebeldía*

greguería
23 agudeza
79 alboroto
80 bulla

greguescos
4 pantalones
5 calzones

grelo
1 nabizas
1 nabo

gremial
1 agrupado
1 cooperativo
3 corporativo
1 laboral

2 sindicado
7 ◁*independiente*
18 ◁*libre*

gremio
16 agrupación
9 comunidad
12 hermandad
2 sindicato
28 asociación
7 cofradía
15 corporación

grenchudo
6 greñudo

greña
4 sarmiento
36 cabello
12 gresca

greñudo
3 desmelenado
4 despeinado
4 encrespado
1 grenchudo
10 revuelto
10 erizado
12 ◁*pulcro*

gres
5 arcilla
4 greda

gresca
11 pendencia
11 reyerta
79 alboroto
19 confusión
18 disputa
24 follón
3 greña
11 lío
11 pelea
12 quimera
11 riña
7 trifulca

greta
5 escoria
16 residuo

1 litargirio

grey
2 compatriotas
12 hato
7 rebaño
8 manada

grial
2 cáliz
5 copón

griego
1 helénico
1 heleno
8 jerga
5 jerigonza

grieta
25 abertura
6 rendija
9 resquicio
9 fisura
5 hendidura
6 raja

grifa
1 marihuana

grifo
3 espita
2 válvula
12 llave
8 canilla

grillado
8 enloquecido

grillarse
34 escapar(se)
19 huir

grillera
8 jaula

grillete(s)
3 anilla
10 argolla
5 arropea
10 calceta
5 eslabón

2 esposas
1 ferropea
7 hierro(s)
26 cadena
4 carlanca
9 cepo

grillo
6 obsesión
23 manía

grillotalpa
2 cortón

grima
16 asco
11 aversión
5 dentera
12 desagrado
18 repugnancia
12 desazón
17 inquietud

grimillón
8 aglomeración
25 muchedumbre
16 multitud

grímpola
6 flámula

grinalde
5 granada

gringo
6 extranjero
2 norteamericano
21 algarabía
2 yanqui

gripar
10 agarrotarse

gripe
2 influenza
2 trancazo

griposo
4 acatarrado

gris
8 aburrido
6 apagado
4 grisáceo
6 mediocre
10 monótono
2 ◁ colorido

grisáceo
2 agrisado
2 gríseo
16 triste

gríseo
2 agrisado
4 grisáceo

grisgris
12 amuleto

grisgrís
12 amuleto

grisú
1 metano

grita
8 abucheo
11 clamor
10 gritería
4 pita
4 pitada
21 algarabía
35 bronca
8 vocerío
11 ◁ aplauso(s)

gritador
4 gritón

gritar
17 abroncar(se)
5 abuchear
8 bramar
14 chillar(se)
5 desgañitarse
5 vociferar
18 ◁ aplaudir

gritería
10 barbulla
18 batahola

8 grita
21 algarabía
17 algazara
80 bulla
18 bullicio
10 escándalo
3 escorroso
5 toletole

griterío
18 batahola
11 clamor
3 chillería
9 estrépito
5 pandemónium
17 algazara
8 vocerío

grito
8 alarido
8 aullido
9 bramido
6 chillido
7 lamento
12 queja
13 voz

gritón
8 chillón
7 escandaloso
2 vociferante
3 vocinglero
12 ◁ discreto
5 ◁ silencioso

grizzly
7 criba
7 oso

groera
37 agujero

groggy
1 k.o.
4 tambaleante

groja
26 broma
7 chanza

grojo
2 enebro

groom
2 botones

groseramente
8 bruscamente
6 ◁caballerosamente

grosería
1 bastedad
7 desatención
7 descortesía
12 inconveniencia
7 incorrección
6 ordinariez
10 tosquedad
4 zafiedad
6 ◁elegancia

grosero
6 aproximado
11 basto
14 burdo
15 cerril
5 chabacano
9 desatento
  descortés
6 inexacto
11 insolente
5 lanudo
11 maleducado
3 plebeyo
22 rudo
9 vulgar
6 craso
11 descarado
10 impertinente
11 patán
11 penco
7 soez
⇨poco más o menos
16 ◁fino

grosor
2 adiposidad
7 corpulencia
2 espesor
7 gordura
17 grueso
4 obesidad
9 volumen
19 cuerpo

7 ◁delgadez

grosura
7 basteza

grotesco
8 chocante
9 extravagante
28 ridículo
3 risible
20 ◁serio

grua
11 cabria
17 cabrestante
5 trucha

grúa
11 cabria
4 torno
17 cabrestante

gruesa
7 jamona

grueso
8 corpulento
15 espeso
2 espesor
3 fati
2 gordinflas
8 grosor
8 recio
7 rollizo
6 voluminoso
19 cuerpo
10 abultado
20 amplio
7 gordinflón
19 gordo
23 grande
9 obeso
31 pesado
19 ◁estrecho
16 ◁flaco

grulla
21 avispado
16 listo

grullo
24 alguacil
6 pegote

6 pueblerino
5 corchete
11 gorrón
11 paleto
11 patán

grumete
9 bisoño
13 inexperto
26 aprendiz

grumo
3 coágulo
3 cuajarón
5 cogollo

grumoso
5 condensado
2 cuajado
2 churretoso
13 endurecido
2 espesado
6 pegajoso
10 ◁fluido
21 ◁seco
14 ◁suelto

gruñido
8 aullido
5 respingo
5 ronquido
13 voz

gruñidor
5 ladrador

gruñir
3 chirriar
4 rechinar
9 bufar
8 murmurar
4 refunfuñar
5 rezongar

gruñón
8 malhumorado
5 protestón
1 rezongador
10 enfadoso
3 rebenque

grupa
6 anca
3 cuadril
18 nalga(s)

grupera
2 baticola

grupo
4 apiñamiento
5 conglomerado
11 conjunto
9 equipo
12 masa
6 palomilla
4 panda
41 banda
14 colección
7 corro
19 embuste
16 multitud
10 patraña
13 peña
19 reunión

gruta
5 algar
8 cavidad
12 cueva
6 espelunca
1 forado
37 agujero

guaba
6 extremidad
13 pie

guaca
5 sepultura
10 tumba
5 colitis
7 alcancía
11 diarrea
6 hucha
36 represión
17 reprimenda

guacalón
8 chillón
4 gritón

guacamayo
11 cotorra
9 loro

guacamote

4 papagayo

guacamote
2 mandioca

guacanco
14 palo
20 bastón
14 garrote

guaco
5 gemelo
1 mellizo

guachapear
54 aclarar(se)
83 arreglar(se)
15 lavar(se)
21 reparar

guáchara
19 embuste
15 mentira
7 trola

guache
4 chamaco
22 niño
7 peque

guachi
28 engaño(s)
14 ardid
10 trampa

guacho
32 borde
7 desamparado
9 desvalido
9 ilegítimo
11 maleducado
20 natural
16 solitario
7 surco
8 cría
21 grosero
5 hendidura
7 hijuelo
8 huérfano
10 zafio

guadafiones
5 maniota

guadal
5 ciénaga
6 pantano

guadamecí
5 brocado

guadaña
8 corva
2 dalla
3 falce
11 muerte
1 parca
2 segadera
9 hoz

guadañar
12 amputar
5 segar

guadañero
2 segador

guadarnés
1 armería

guagua
4 góndola
4 ómnibus
8 autobús
4 borugo
9 coco
10 fantasma

guagualón
2 bobalicón
18 chico
12 mentecato
9 muchacho
22 niño
20 simple

guaguatear
8 arrullar(se)
14 mecer(se)

guaica
13 aderezo(s)
17 cuenta
8 sarta
7 abalorio

guaico
11 basurero
23 depresión
7 hoya
5 muladar

guaina
8 adolescente
8 mancebo

guaita
9 centinela

guaja
8 almorta

guaje
75 bobo
11 memo
22 necio
18 tonto
10 trasto

guajira
35 bronca

guajolote
11 memo
22 necio
18 tonto

gualdo
23 amarillo
6 dorado

gualdrapa
6 cobertor
9 manta

gualdrapero
18 andrajoso

guama
26 broma
17 calamidad
10 desastre
103 burla
12 chasco
19 embuste
15 mentira
7 trola

guanábano
7 anona

guandoca
21 cárcel
17 prisión

guangoche
3 costal
2 morral
15 saco

guaniquí
7 bejuco

guano
5 estiércol
3 gallinaza
13 dinero
3 fiemo
9 mosca
17 pasta

guantada
7 alcachofa
7 tortazo
5 guantazo

guantazo
4 bofetón
27 bollo(s)
7 tortazo
28 bofetada
3 guantada
17 ◁caricia

guante
1 guantelete
2 manguito
1 manopla
1 mitón
15 disciplina
8 látigo

guantelete
1 manopla

guapa
4 maja
5 ◁cacatúa

guapear
21 adornar
3 baladronear
14 embellecer(se)
6 fanfarronear
10 hermosear
29 jactar(se)
11 fardar

guapetón
38 bello
22 bravucón

guapeza
9 apostura
24 belleza
11 donaire
6 donosura
11 gentileza
11 plante
24 valor
40 ánimo
32 atrevimiento
21 resolución
3 ◁ fealdad
14 ◁ cobardía

guapil
5 gemelo
1 mellizo

guapo
38 bello
12 hermoso
10 jaque
14 majo
5 matasiete
14 precioso
5 valentón
8 bonito
18 chulo
8 flamenco
22 fuerte
11 galán
8 lindo
7 matón
4 perdonavidas
9 resistente
26 rígido
20 severo
18 ◁ feo

guapura
24 belleza
10 guapeza

guara
9 dibujo
21 adorno
20 bordado

guaracha
16 diversión
4 farra
8 parranda

guarache
29 calzado

guaragua
10 lisonja(s)
2 perífrasis
19 rodeo
15 mentira
8 requiebro
7 trola

guaraguao
7 águila

guaral
14 cuerda
2 soga

guarán
18 asno

guarango
4 bohío
11 desaliñado
6 tabuco
13 presuntuoso
13 sucio
10 vanidoso
6 zarrapastroso

guarapalo
12 ganapán
11 patán
17 rústico
10 zafio

guarapear
6 deber

19 soplar
6 trasegar

guararey
25 celo(s)
2 envidia

guarda
5 conserje
22 cuidado
11 cumplimiento
7 guardián
3 observancia
9 tutela
2 tutoría
20 vigilante
4 portero

guardabarros
5 aleta

guardabosque
9 guarda

guardabrisas
3 parabrisas

guardacantón
1 guardarruedas
1 marmolillo

guardado
6 depositado

guardaequipajes
6 maletero

guardaespaldas
3 escolta
5 protector
6 salvaguardia
7 matón

guardafrenos
3 fiambrera
2 tortera

guardafuego
11 andamio

guardagujas
2 cambiador
1 cambiavía

1 guardavías

guardainfante
2 miriñaque
2 tontillo
9 armazón

guardalado
28 antepecho

guardameta
3 arquero
4 cancerbero
4 portero

guardapiés
5 brial

guardapolvo
10 bata

guardapuerta
6 cortina

guardar(se)
5 acatar
11 ahorrar(se)
15 almacenar(se)
42 amontonar(se)
55 amparar(se)
13 anidar(se)
13 apacentar
36 apañar(se)
5 archivar
6 arredilar
11 arrogar(se)
52 asegurar(se)
9 atesorar
13 atrincherar(se)
11 conservar
22 cuidar(se)
27 cumplir(se)
9 custodiar
11 defender
49 detener(se)
8 economizar
8 imprimir
7 obedecer
19 observar
16 precaver(se)
9 preservar(se)
24 prevenir(se)
14 recelar(se)

guardarrío

47 recoger(se)
22 reservar(se)
5 respaldar
8 respetar
15 retener(se)
44 satisfacer(se)
42 seguir(se)
11 soterrar(se)
19 tener(se)
6 tutelar
27 velar(se)
11 vigilar
⇨estar atento a
⇨estar precavido

23 ◁*arrostrar*
11 ◁*desamparar*
7 ◁*descuidarse*
7 ◁*desobedecer*

guardarrío
⇨martín pescador

guardarropa
33 armario
3 ropero

guardarruedas
2 guardacantón

guardasol
2 quitasol
2 sombrilla

guardavías
3 guardagujas

guardería
3 kindergarten

guardia
30 amparo
9 centinela
5 conserje
11 custodia
41 defensa
3 escolta
9 guarda
5 jura
4 municipal
11 patrulla
5 piquete
13 protección

2 retén
4 urbano
8 vigía
20 vigilante
27 agente
16 policía
4 portero

5 ◁*desamparo*

guardián
5 alcaide
4 cancerbero
5 celador
5 cuidador
5 custodio
9 guarda
4 velador

guardilla
10 buhardilla
4 trastero

guardillón
13 desván

guarecer(se)
10 abroquelar(se)
19 acoger(se)
55 amparar(se)
5 asilar
16 cobijar(se)
10 esconderse
41 ocultar(se)
11 parapetar(se)
13 refugiar(se)
12 resguardar(se)
10 retraerse
6 salvaguardar
22 salvar(se)
21 socorrer(se)
6 tutelar

11 ◁*desamparar*

guarés
12 balsa

guares
1 iguales
11 semejante(s)
7 gemelos
1 mellizo

guaricha
6 hembra
3 mujer
5 querida
9 manceba

guarida
30 amparo
7 asilo
2 cado
3 conejera
13 cubil
5 leonera
5 madriguera
16 nido
10 refugio
32 abrigo

guarismo
3 número
9 cifra

guarnecedor
1 bastero
1 guarnicionero

guarnecer(se)
11 abastecer(se)
39 acicalar(se)
3 acollarar
21 adornar
10 dotar(se)
14 embellecer(se)
5 equipar
1 guarnir
6 ornar
3 paramentar
5 pertrechar(se)
22 proveer(se)
13 refugiar(se)
12 resguardar(se)
6 salvaguardar
9 revocar

guarnecido
5 revoque

5 ◁*desmantelado*

guarnición(es)
7 acantonamiento
14 acompañamiento
13 aderezo(s)

6 albarda
7 aperos
6 arnés(es)
  arneses
9 arreo(s)
8 atalaje
14 cabestro
5 cairel
7 destacamento
7 fornitura
1 guarnicionería
7 montura
8 ornato(s)
2 paramento
2 petral
3 regimiento
2 rendaje'
8 tropa
21 adorno
15 aparejo
19 guardia
8 silla

guarnicionería
25 guarnición(es)

guarnicionero
1 talabartero

guarniel
5 burjaca

guarnimiento
21 adorno

guarnir
16 guarnecer(se)

guaro
4 aguardiente
9 loro

guarolo
6 imbécil
7 estúpido
8 idiota

guaroso
5 lujoso
7 suntuoso
15 airoso
17 gallardo

guarra
4 marrana

guarrada
4 cochinada
1 indelicadeza
5 trastada
34 porquería
11 putada
13 ◁nobleza

guarrería
5 guarrada

guarro
14 cerdo
1 lechón
6 marrano
4 tocino
9 asqueroso
12 cochino
5 desaseado
13 sucio
10 traidor
11 ◁limpio

guasa
26 broma
103 burla
6 cachada
14 cachondeo
7 chacota
7 chanza

guasábara
10 algarada
11 motín

guasanga
80 bulla

guasear
15 befar(se)

guasearse
8 chancearse
4 embromar
6 mofarse
65 ◁alabar(se)
8 ◁elogiar

guasería
12 encogimiento
11 cortedad

guaso
12 aldeano
17 campesino
21 grosero
17 rústico
10 tosco
10 zafio

guasón
15 bromista
7 burlón
5 desenfadado
30 divertido
20 ◁serio

guata
8 algodón
11 barriga
4 panza
19 embuste
15 mentira
6 vientre

guataca
9 lisonjero
11 cobista
37 golpe
11 toque

guataco
3 regordete
9 rechoncho

guatana
27 aturdido
1 atolondrado
16 distraído

guate
24 amigo
12 boato
8 camarada
13 lujo

guatear
3 enguatar

guateque
6 baile
13 banquete
20 fiesta

guatitas
19 brío
24 valor
17 fuerza

guayaba
7 amiga
6 muchacha
10 nadería(s)
9 niñería
1 novia
1 ósculo
22 amante
5 beso
7 chica
19 embuste
25 fruslería
15 mentira
9 moza
3 pierna
2 tobillo
7 trola

guayabera
16 bolero

guayabito
4 arrayán

guayabo
1 jovencita
6 muchacha
6 efebo

guayaca
12 amuleto
3 tótem
75 bobo
20 simple
18 tonto

guayaquil
5 cacao

guayar
3 rallar
8 raspar

9 roer(se)
23 emborracharse
37 embriagarse
25 esforzarse
16 trabajar

gubernamental
3 estatal
1 gubernativo

gubernativo
2 gubernamental

gubia
3 gurbia

guedeja
4 vedeja
4 mechón

guedejón
5 cabelludo
4 guedejudo

guedejudo
5 cabelludo
2 guedejón
4 melenudo
1 peloso
9 ◁calvo

gueguecho
6 imbécil
7 estúpido
18 tonto

güeldo
15 cebo

güero
5 rubio
30 divertido
18 gracioso

guerra
23 lucha
20 contienda
11 pelea
3 ◁pacifismo
10 ◁paz

guerreador
15 batallador

guerreante
15 batallador

guerrear
16 batallar
40 batir(se)
19 combatir

guerrera
6 amazona
5 pelliza

guerrero
1 bélico
10 belicoso
6 combatiente
5 luchador
12 marcial
9 militar
5 soldado
6 ⊲*pacífico*

guerrilla
6 hueste
2 maquis

guerrillero
1 partisano

guía
9 adalid
2 agenda
5 caudillo
9 conductor
10 consejero
1 guiador
9 jefe
13 maestro
5 mentor
4 vademécum
8 batidor

guiador
11 guía

guiar
28 aconsejar(se)
36 conducir(se)
56 dirigir(se)
25 encaminar(se)

11 indicar
43 llevar(se)
35 mostrar(se)
27 orientar(se)
46 señalar(se)

guija
1 callao
1 peladilla

guijarral
4 pedregal

guijarreño
22 fuerte

guijarro
14 canto
3 pedrusco
13 piedra
19 china

guijarros
4 grava

guijo
2 balasto
4 cascajo
6 cascote
4 grava

guilla
28 abundancia

guilladura
5 vesania
4 paranoia

guillarse
30 ausentar(se)

guillo
19 embuste
15 mentira
7 trola

guillotinado
5 acéfalo
3 decapitado

guillotinar
10 ajusticiar
12 amputar

57 cortar

güín
2 sacuara

guinchar
23 pinchar(se)

guincho
16 gancho
9 pincho

guinchón
7 desgarrón

guinda
17 colmo
⊳cereza póntica
⊳lo que faltaba

guindaleta
10 bramante
24 cabalgadura

guindaleza
13 cable
42 cabo

guindar
15 ahorcar(se)

guindilla
1 cerecilla
⊳pimiento de Indias

guindola
5 flotador
2 salvavidas

guinjo
4 azufaifo

guínjol
4 azufaifo

guiñada
2 guiño

guiñapiento
1 guiñaposo
6 harapiento

guiñapo
4 harapo
25 andrajo
13 regaño

guiñaposo
2 guiñapiento

guiñar
1 cucar

guiño
1 cucada
1 guiñada

guiñol
6 títere

guion
32 argumento
22 bandera
19 insignia(s)
6 síntesis
16 raya

güira
17 cobarde
9 pusilánime

guiri
5 jorungo

guirigay
18 batahola
7 galimatías
79 alboroto
13 anarquía
80 bulla

guirnalda
16 corona

güiro
20 amorío
18 enredo

guisa
36 forma(s)
30 manera(s)

guisado
13 aderezo(s)
3 adobado

9 cazuela
5 guiso
6 cocido
9 garnacha

guisador
3 guisandero

guisandero
2 cocinero
1 guisador
1 marmitón

guisante
6 arveja
3 tirabeque

guisar
16 adobar
7 cocinar
33 hacer(se)
48 preparar(se)
28 aderezar

guiso
2 estofado
4 manjar
6 cocido
23 comida
6 guisado

guisote
13 bazofia
3 bodrio
2 comistrajo
12 masa
4 ◁ *manjar*

güisqui
1 whisky

guita
10 bramante
4 cordel
25 cuarto
13 dinero
9 mosca
17 pasta
6 pelas

2 plata

guitarra
3 bandurria
1 mandolina
1 vihuela
4 billetero
11 cartera

guitarrón
50 astuto

guitonear
12 vagabundear

guitonería
3 vagabundeo

guizgar
3 engrescar

gula
14 avidez
3 glotonería
8 golosina
1 tragazón

gules
18 rojo

gulusmear
1 golosinar

gumía
6 daga

gura
16 policía

gurapas
5 presidio

gurbia
5 bribón
1 gubia
33 pícaro

gurbio
7 curvo

guro
24 alguacil

gurrufero
27 caballo

gurrumina
9 cursi
18 molestia(s)
4 pejiguera
28 ridículo

gurrumino
8 calzonazos
22 melancolía
18 chico
17 mozo
9 muchacho
13 tristeza

gurullo
3 borujo

gusanear
10 bullir

gusanillo
14 borla(s)

gusano
3 lombriz
2 oruga
2 verme
10 cuco

gusanoso
1 gusarapiento

gusarapiento
1 gusanoso

gusarapo
13 bicho

gustación
3 probadura
20 prueba

gustar
30 agradar
5 complacer

15 encantar(se)
2 paladear
30 placer
19 probar
4 saborear
44 satisfacer(se)
10 ◁ *desagradar*

gustarse
27 amistar(se)

gustazo
15 capricho

gustillo
5 regusto
8 sabor

gusto
14 agrado
11 antojo
9 deleite
8 delicia
7 embocadura
3 paladar
30 placer
8 sabor
20 satisfacción
16 voluntad
15 capricho
15 coquetería
12 ◁ *desagrado*

gustoso
38 agradable
3 apetecible
27 delicado
7 grato
8 placentero
5 sabroso
4 suculento
6 ◁ *desaborido*
10 ◁ *desagradable*

gutapercha
13 goma

gutural
10 bronco
6 ronco
22 rudo

H

haba
2 habichuela
4 judía
27 tumor

habano
8 cigarro
21 puro
2 veguero
2 banano

habeas corpus
19 garantía

haber(es)
8 acaecer
17 acontecer
28 alcance(s)
8 anualidad
29 apresar(se)
  bienes
14 capital
9 caudal
12 consignación
63 dar(se)
3 data
10 dieta
5 disponibilidad
16 efectuar(se)
10 emolumento
10 emolumentos
7 existir
10 honorarios
6 mensualidad

3 nómina
4 poseer
10 riqueza
13 suceder
19 tener(se)
6 verificarse
18 asignación
12 hacienda
8 jornal
10 paga
9 pensión
9 salario
9 sueldo
2 teneres
2 ◁debe

haberío
24 cabalgadura
12 caballería

habichuela
4 judía
10 alubia

hábil
5 apañado
25 avisado
14 diestro
4 docto
8 ducho
6 expeditivo
23 experimentado
8 experto
4 mañoso

10 perito
9 primoroso
50 astuto
16 capaz
11 competente
13 dispuesto
9 ladino
10 sagaz
13 ◁ingenuo
18 ◁torpe

habilidad
24 amaño
17 competencia
6 diplomacia
2 estrategia
18 gracia(s)
15 ingenio
18 inteligencia
5 pulso
8 tacto
8 tiento(s)
20 aptitud
14 capacidad
6 destreza
19 mano
11 maña
12 primor
13 soltura
5 treta
4 ◁incompetencia
4 ◁inhabilidad
8 ◁torpeza

habilidoso
17 hábil

habilitación
7 autorización
8 delegación
20 aptitud
14 capacidad
10 ◁incapacidad

habilitado
5 cobrador
4 recaudador
4 ◁inhabilitado

habilitar
4 comisionar
48 disponer(se)
7 encargar
5 facultar
2 investir
48 preparar(se)
3 ◁incapacitar
3 ◁inhabilitar

habitable
6 acondicionado
4 adecuado
14 apto
4 ◁inhabitable

habitación
8 domicilio
7 estancia

habitáculo

3 morada
9 residencia
10 vivienda
31 aposento
25 cuarto
4 sala

habitáculo
8 habitación

habitante
8 aborigen
9 arrendatario
4 autóctono
2 avecindado
12 ciudadano
1 conviviente
2 coterráneo
4 domiciliado
4 inquilino
2 morador
7 paisano
6 poblador
6 residente
12 vecino(s)

habitantes
12 colectividad
3 demografía
13 población
8 vecindad
17 pueblo

habitar
4 afincarse
32 aposentar(se)
28 arraigar(se)
4 domiciliarse
47 establecer(se)
23 estar(se)
3 morar
35 ocupar(se)
11 residir
11 vivir
22 alojarse
4 ◁vagar

hábito
3 andada
6 arregosto
6 balandrán
12 costumbre

20 orden
17 práctica
8 prejuicio
5 rutina
6 uniforme
4 usanza
9 uso
5 experiencia
18 método

habituado
13 acostumbrado
12 aguerrido
10 baqueteado
6 enviciado
8 experto
10 usado

habitual
13 acostumbrado
19 común
14 corriente
9 familiar
7 frecuente
5 maquinal
22 ordinario
9 ritual
14 tradicional
7 usual
1 ◁inusual

habituar(se)
13 aclimatar(se)
31 acostumbrar(se)
3 acriollarse
21 adaptar(se)
5 aguerrir(se)
7 arregostarse
15 avezar(se)
5 connaturalizarse
10 cursar
19 curtir(se)
37 enseñar(se)
2 familiarizar
9 foguear(se)
33 hacer(se)
31 acostumbrarse
33 hacerse
3 ◁desacostum-
  brar(se)
1 ◁deshabituar(se)
18 ◁extrañar(se)

habla
1 dialecto
15 discurso
14 expresión
4 idioma
4 lenguaje
5 variedad

hablador
1 boceras
1 hablanchín
8 lenguaraz
14 perico
3 vocinglero
7 bocazas
22 bravucón
11 cotorra
16 charlatán
5 chicharra
15 fanfarrón
9 parlanchín
7 sacamuelas
21 ◁callado

habladora
3 cotarrera
6 lora

habladuría
3 cotilleo
2 ripio
4 trápala
4 verborrea
5 cháchara
10 chisme
18 enredo
15 mentira
4 palabrería

habladurías
11 monsergas

hablanchín
13 hablador

hablante
4 emisor

hablar
43 afirmar(se)
8 balbucir
5 cuchichear

2 charlotear
14 decir
6 departir
5 dialogar
4 enunciar
4 exclamar
6 gritar
4 musitar
4 perorar
5 platicar
4 proferir
23 pronunciar(se)
4 susurrar
5 vociferar
13 conversar
6 charlar
8 murmurar
49 ◁callar(se)

hablilla
15 boquilla
3 cotilleo
9 habladuría
9 murmuración
16 cuento
10 chisme
18 enredo
18 fantasía
15 mentira
9 rumor
7 trola

hablista
6 conversador

habón
7 inflamación
15 bulto

hacedero
27 posible(s)
4 practicable
3 realizable
16 capaz
4 factible
8 ◁imposible
2 ◁irrealizable

hacedor
4 altísimo
9 autor
2 constructor

halagüeño

17 creador
1 todopoderoso

hacendado
8 potentado
5 pudiente
12 forrado
14 rico
18 ◁ *pobre*

hacendoso
17 cuidadoso
25 diligente
7 laborioso
5 solícito
5 trabajador
16 ◁ *vago*

hacer(se)
15 actuar
15 avezar(se)
11 caber
17 causar
7 cometer
6 confeccionar
5 connaturalizarse
5 construir
17 creador
16 efectuar(se)
19 ejecutar(se)
11 elaborar(se)
38 elevar(se)
18 endurecer(se)
14 engendrar
37 enseñar(se)
47 establecer(se)
11 fabricar
4 forjar
28 formar(se)
5 guisar
17 habituar(se)
30 montar(se)
8 obrar
3 perpetrar
7 practicar
47 producir(se)
25 realizar(se)
7 transigir
31 acostumbrarse
34 componer
32 entrar
17 habituarse

16 ◁ *desbaratar*
39 ◁ *deshacer(se)*
2 ◁ *destejer*

hacia
⇨ cara a
⇨ cerca de
⇨ en curso

hacienda
bienes
14 capital
9 caudal
9 economía(s)
2 erario
6 finca
3 fisco
7 heredad
5 posesiones
15 propiedad
6 tesoro
13 dinero

hacinado
6 congestivo

hacinamiento
5 acumulación
8 aglomeración

hacinar(se)
18 acumular(se)
15 aglomerar(se)
4 agolpar(se)
42 amontonar(se)
6 apilar
7 apretujar
31 mezclar(se)
35 ◁ *aislar(se)*
7 ◁ *espaciar(se)*
64 ◁ *separar(se)*

hacha
1 azuela
2 candela
5 cirio
1 hachote
1 hachuela
1 macheta
3 astral
7 tala
13 vela

hachazo
56 corte
37 golpe

hachero
5 blandón
2 tenebrario
7 candelero

hachís
2 cáñamo
1 kiffi
1 marihuana
5 costo

hachón
6 antorcha
1 mellón

hachote
9 hacha

hachuela
9 hacha

hada
6 maga
1 diosa
7 ninfa
17 espíritu

hades
3 gehena

hado
16 azar
9 estrella
10 fatalidad
7 sino
22 destino
13 fortuna
17 suerte

hagiografía
9 leyenda

hagiología
2 santoral

halagado
3 agasajado

halagador
6 camelador
8 halagüeño
6 lagotero
6 satisfactorio
4 turiferario
24 adulador
2 floretero
4 labioso
3 ◁ *contumelioso*

halagar
30 agradar
65 alabar(se)
5 complacer
1 enorgullecer
14 obsequiar(se)
22 regalar(se)
44 satisfacer(se)
18 adular
8 cortejar
14 festejar
11 lisonjear
6 mimar
26 ◁ *castigar(se)*
10 ◁ *desagradar*
11 ◁ *desdeñar*

halago(s)
21 agasajo
9 angulemas
27 carantoña(s)
17 caricia
4 cucamona
10 lisonja(s)
5 marrullería
10 mimo(s)
9 zalamería(s)
20 adulación
29 alabanza
8 arrumaco
12 coba
20 fiesta
7 obsequio

halagüeño
38 agradable
9 almibarado
18 atrayente
8 halagador
16 risueño
6 satisfactorio

halar

35 atractivo
6 complaciente
1 ◁desalentador

halar
48 atraer(se)
40 ganar(se)
47 recoger(se)
40 vencer(se)
15 bogar
23 emborracharse
37 embriagarse

halcón
1 falcón
4 gerifalte

halconear
20 comprometer(se)
18 provocar

halconería
2 volatería
1 cetrería

halda
7 saya

haleche
8 boquerón

halieto
3 aleto
2 pigargo

hálito
20 aliento
49 energía
17 fuerza
8 soplo
7 vigor

halitosis
20 aliento
7 fetidez

halo
18 admiración
2 aréola
11 aureola
9 cerco
9 esplendor

10 estimación
3 fulgor
7 luminosidad
13 respeto(s)
2 nimbo

hall
6 vestíbulo

hallado
12 descubierto
11 encontrado

hallar(se)
12 acertar
13 anidar(se)
27 aparecer(se)
6 atinar
13 descubrir
23 encontrar(se)
23 estar(se)
7 existir
11 inventar
7 localizar
18 notar
19 observar
6 presenciar
13 radicar(se)
11 residir
9 topar(se)
10 tropezar(se)
19 verse
28 sacar
12 ubicar
19 ver
5 ◁desacertar
38 ◁perder(se)

hallazgo
16 acierto
9 descubrimiento
9 encuentro
7 invención
10 solución

hamaca
17 angarilla(s)
5 catre
2 tumbona
8 balancín
13 cama
5 campechana

2 coi

hámago
6 amargor

hamaquear
18 atosigar(se)
80 burlar(se)
11 columpiar(se)
20 marear(se)
14 mecer(se)

hambre
20 apetito
14 avidez
4 gula
3 carpanta
11 gana
9 gazuza
7 ◁desgana

hambrear
4 malcomer

hambriento
5 famélico
11 glotón
7 tragaldabas
11 tripero
⇨muerto de hambre
13 ◁ahíto

hambrón
5 famélico
11 glotón
5 gandido
4 tepalcuana

hambronería
3 glotonería

hamo
12 anzuelo

hampa
1 bribonería
10 canalla
2 golfería
9 haraganería
16 hez
6 chusma

6 mafia

hampón
19 golfo

handicap
5 desventaja
10 perjuicio

handling
4 removido

hangar
11 cobertizo
3 techado

haragán
10 gandul
27 holgazán
15 maula
11 negligente
13 ocioso
6 tumbón
5 zángano
23 flojo
3 galfaro
11 huevón
15 indolente
5 maraca
8 ñangotado
6 ñongo
13 perezoso
3 sebón
16 vago
25 ◁diligente
5 ◁trabajador
13 ◁dispuesto

haraganear
3 gandulear
18 holgar(se)
4 magancear
8 holgazanear

haraganería
11 galbana
7 hampa
10 incuria
15 indolencia
5 ociosidad
12 pereza
6 pigricia

4 poltronería
6 vagancia

harapiento
18 astroso
10 derrotado
3 pingajoso
18 andrajoso
6 roto
⇨hecho un asco
9 ◁*aseado*
13 ◁*pulido*
9 ◁*atildado*

harapo
3 colgajo
5 pingajo
25 andrajo
3 guiñapo

harapos
2 tilinches
23 ◁*gala*

haraposo
18 andrajoso

haraquiri
harakiri
4 holocausto
6 sacrificio
3 suicidio

harca
27 batalla

hardware
⇨soporte físico

harén
1 gineceo
1 serrallo

harina
3 acemite
3 almidón
1 cernido
1 fariña
1 gofio
2 mandioca
13 dinero

9 mosca
17 pasta
2 plata

harinoso
1 farináceo

harma
3 alhámega

harmonía
30 amistad
7 consonancia
18 armonía
12 concordia

harnero
2 arel
10 cedazo
7 criba

harneruelo
2 artesonado

harpa
3 arpa

harpía
7 arpía

harpillera
3 arpillera

harrado
1 pechina

hartar(se)
28 aburrir(se)
9 aforrar(se)
31 ahitar(se)
5 apiparse
30 atiborrar(se)
14 calumniar(se)
41 cansar(se)
5 desencantarse
12 desinteresar(se)
17 empachar(se)
6 empajar
6 empanturrar(se)
10 empapuzar(se)
67 enfadar(se)
87 fastidiar(se)
20 henchir(se)

38 hinchar(se)
44 incomodar(se)
33 llenar(se)
114 molestar(se)
19 nutrir(se)
48 pasar(se)
19 saciar(se)
44 satisfacer(se)
17 saturar(se)
3 apochincharse
5 tacar(se)
6 atarragar
30 atiborrarse
2 atibunar
39 atracar
6 atucunar
41 cansarse
10 empalagar
17 forrar
16 hastiar
5 incordiar
16 infamar
12 vilipendiar
⇨ponerse como el quico
4 ◁*malcomer*
3 ◁*necesitar*
◁*quedarse con hambre*

hartazgo
2 atafea
4 atarugamiento
6 atracón
12 empacho
8 saciedad
3 tripada
15 fastidio
4 panzada
2 tupía

hartazón
6 atracón
8 saciedad

harto
8 aburrido
13 ahíto
10 atiborrado
16 cansado
2 desencantado
2 empachado
3 hastiado
7 saciado

15 satisfecho
14 lleno
10 repleto
⇨hasta el cogote
8 ◁*deseoso*
7 ◁*necesitado*
6 ◁*interesado*

hartura
28 abundancia
12 aburrimiento
5 estragamiento
3 repleción

hasta
4 comprendido
2 inclusive
1 incluso
6 ◁*excluido*

hastiado
8 aburrido
12 harto
14 obstinado

hastiales
24 atrio

hastiar(se)
22 aborrecer(se)
28 abrumar(se)
28 aburrir(se)
27 agobiar(se)
12 amolar
13 apestar(se)
5 desencantarse
12 desinteresar(se)
87 fastidiar(se)
48 pasar(se)
41 cansarse
45 hartar
12 hostigar
⇨estar hasta el cogote
⇨estar hasta la coronilla

hastío
12 aburrimiento
11 cansancio
7 desgana
14 desinterés

hataca

15 indiferencia
18 repugnancia
15 fastidio

hataca
5 cucharón

hatajo
11 conjunto
10 atajo
12 montón

hato
1 compaña
4 cuadrilla
3 existencias
13 fardo
4 panda
3 provisiones
6 víveres

41 banda
15 bulto
11 lío
8 pandilla
21 partida

haz
12 atado
1 brazada
3 fajo
9 gavilla
4 manojo
7 mazo
9 paquete

hazaleja
1 toalla

hazaña(s)
42 acción
7 biografía
11 empresa
8 gesta
6 heroicidad
4 hombrada
4 proeza

hazañería
18 aspaviento
3 remilgo

hazañero
6 melindroso

hazañoso
5 heroico
11 temerario
9 valiente
17 ◁ *cobarde*
21 ◁ *corto*

hazmerreír
12 adefesio
23 bufón
3 mochongo

hebdomadario
3 semanario

hebén
11 fútil
7 patoso
75 bobo

hebilla
15 broche
3 charretera
4 fíbula
6 pasador
3 prendedor
5 corchete

hebillón
15 broche

hebra
14 brizna
6 fibra
8 filamento
1 hila
2 hilacha
9 hilo
5 hilván
42 cabo

hebraísmo
3 judaísmo

hebras
36 cabello

hebreo
6 circunciso
1 chueta
19 estrecho
4 israelita
4 mercader
1 semita
34 avaro
10 judío
19 roñoso
12 tacaño
4 usurero

hebroso
3 ahebrado

hecatombe
4 degollina
10 desastre
10 destrozo
4 matanza
6 sacrificio
8 caos
8 carnicería

heces
13 bazofia
8 defecación
19 madre
3 solada
4 zupia
3 cuncho
14 excremento
4 gazpacho
4 lía
10 poso
11 solera
2 xaxtle

héctico
2 tuberculoso

hectógrafo
2 multicopista

hechicera
10 bruja
8 gitana
6 maga
2 meiga

hechicería
10 bebedizo
7 brujería
4 conjuro
2 ensalmo
8 filtro

736

13 magia
3 nigromancia
1 teurgia
6 maleficio

hechicero
20 adivino
38 agradable
10 bruja
7 brujo
1 cabalista
6 cautivador
4 conjurador
4 embelesador
4 embrujador
14 encantador
2 ensalmador
3 espiritista
4 fascinante
6 maga
13 mágico
5 mago
4 nigromante
3 ocultista
2 pitonisa
7 seductor
4 sibila
2 taumaturgo

35 atractivo
2 malero
2 mohán
4 nagual
2 padrejón
6 payé
2 temboruco

hechizado
4 embaucado
6 embelesado
1 embrujado
9 encantado
1 ensalmado
5 maravillado
7 seducido
3 subyugado

2 ◁ *desencantado*
5 ◁ *impertérrito*
13 ◁ *sereno*

hechizar
19 absorber
30 agradar

helenio

39 arrebatar(se)
48 atraer(se)
42 atravesar(se)
14 captar
3 enartar
15 encantar(se)
22 fascinar(se)
9 aojar
34 componer
2 enyerbar
2 frijolizar

hechizo
10 bebedizo
4 conjuro
8 embeleso
14 encanto
2 ensalmo
8 fascinación
8 filtro
9 hechicería
9 seducción
35 atractivo
6 maleficio

hecho(s)
42 acción
4 aceptado
15 acontecimiento(s)
3 acordado
13 acostumbrado
30 asunto(s)
11 avezado
7 biografía
15 compuesto
11 conforme
1 constituido
6 efemérides
5 elaborado
5 fastos
9 formado
7 hazaña(s)
11 lance
14 materia
4 proeza
13 suceso(s)
10 vida
14 acto
17 caso
10 acaecimiento

hechor
22 burro

hechura
11 composición
2 confección
2 conformación
4 contextura
6 elaboración
6 estructura
6 fabricación
36 forma(s)
20 imagen
11 talla
6 complexión
23 disposición
22 figura

hedentina
7 fetidez
6 pestilencia
3 hedor

heder
13 apestar(se)
41 cansar(se)
67 enfadar(se)
50 cargar
⇨oler mal
32 ◁divertir(se)
4 ◁perfumar

hediondez
7 fetidez
9 peste
6 pestilencia
3 hedor
5 tufo

hediondo
10 apestoso
10 desagradable
5 enojoso
5 fétido
10 lúbrico
6 maloliente
11 obsceno
8 pestilente
21 repugnante
9 asqueroso
10 enfadoso
42 fastidioso
9 guarro
15 molesto

13 sucio
5 ◁aromático
11 ◁limpio
6 ◁perfumado

hedonismo
30 placer

hedonista
3 marqués

hedor
7 fetidez
6 pestilencia
⇨mal olor

hegemonía
6 preponderancia
6 supremacía

hegemónico
6 preponderante

hégira
8 época
9 era
13 tiempo

helada
3 escarcha

heladería
22 bebedero
3 botillería

helado
4 aterido
15 atónito
12 crema
3 entumecido
7 estupefacto
6 gélido
14 glacial
1 granizado
13 impávido
4 pasmado
7 polo
9 sorprendido
16 tieso
4 yerto
25 frío
6 sorbete

2 ◁entonado
25 ◁caliente

helador
2 congelante
1 refrescante
1 refrigerador
1 refrigerante
25 ◁caliente

helamiento
3 aterimiento
4 congelación

helar
40 acobardar(se)
17 arredrar(se)
31 asombrar(se)
14 coagular(se)
16 congelar(se)
18 enfriar(se)
16 paralizar(se)
19 pasmar(se)
12 sobrecoger(se)
22 sorprender(se)
⇨dejar de una pieza
38 ◁calentar(se)

helarse
7 arrecirse
11 aterir(se)
5 crujir
18 enfriar(se)
19 pasmar(se)
11 aterirse
3 emparamarse

helear
21 amargar(se)
5 biliar

helecho
1 culantrillo
2 fronda
1 fronde

helénico
4 griego

helenio
⇨hierba del ala

helenismo
6 barbarismo

heleno
4 griego

helero
3 glaciar
2 nevero
2 ventisquero

helgadura
6 holgura
28 separación

hélice
21 ala(s)
2 bastidor
4 espiral
6 aspa
9 paleta

helicoide
4 espiral

helicónides
9 musa(s)

helicóptero
3 autogiro

helor
7 frialdad

helvético
3 suizo

hematíe
1 eritrocito
⇨glóbulo rojo

hematites
1 oligisto

hematoma
27 bollo(s)
4 contusión
2 moradura
9 chichón
10 morado

hembra
14 encaje
10 molde
3 mujer
1 tía
7 chica
9 moza

hembrilla
21 anillo
1 armella
10 embrión
11 germen

hemeroteca
5 biblioteca

hemiciclo
8 circo
1 semicírculo

hemicránea
4 jaqueca

hemiplejia
7 parálisis

hemipléjico
4 paralítico

hemisferio
1 semiesfera
8 tierra
3 universo
14 mundo

hemistiquio
5 cesura

hemocianina
1 hemoglobina

hemofilia
3 hemorragia

hemoglobina
1 hemocianina

hemoptisis
3 hemorragia

hemorragia
1 hemofilia
1 hemoptisis
8 flujo
◁ hemostasis

hemorroide
2 almorrana

hemorroo
2 cerasta

henchido
5 abarrotado
18 atestado
11 pleno
12 relleno
14 lleno

henchimiento
1 atestamiento
26 hinchazón
1 inflamiento
5 plenitud
12 relleno
◁ vaciamiento

henchir(se)
31 ahitar(se)
22 atestar(se)
30 atiborrar(se)
5 colmar
12 embutir
38 hinchar(se)
19 inflar(se)
4 invadir
33 llenar(se)
35 ocupar(se)
24 rellenar(se)
17 saturar(se)
30 atiborrarse
39 atracar
6 atucunar
45 hartar
4 retaquear
4 taconear
⇨ponerse como el quico
4 ◁ deshinchar(se)
14 ◁ vaciar(se)

hendedura
5 braguela
4 escotadura

7 surco
10 arroyada

hender
35 abrir(se)
10 agrietar(se)
42 atravesar(se)
23 cascar(se)
1 hendir
21 partir
29 quebrantar(se)
4 resquebrajar
47 romper(se)
2 sajar
57 cortar
23 emborracharse
37 embriagarse
36 rajar

henderse
18 cuartear

hendido
6 bífido
8 rasgado
24 abierto

hendidura
3 canela
6 grieta
3 resquebrajadura
9 fisura
6 raja

hendir
14 hender

henequén
1 agave
4 pita

henil
2 almiar
8 granero

heno
4 forraje
4 pienso

henojil
22 liga

heñir
8 amasar(se)

hepático
3 ictérico

hepatita
1 baritina

hepatitis
1 baritina
⇨inflamación hepática

heráldica
5 genealogía

heraldo
10 enviado
8 representante
14 mensajero

herbajar
13 apacentar
3 pacer

herbaje
4 forraje
4 pienso
12 hierba
9 pasto

herbajero
16 arrendador

herbario
5 botánico
2 herboristería

herbazal
2 herboso
5 pastizal
2 zacatal

herbolaria
6 botánica

herbolario
5 botánico
2 herboristería

herboristería
2 herbario
2 herbolario

herborización
6 botánica

herboso
3 herbazal
1 yerboso
21 ◁seco

hercúleo
4 ciclópeo
6 chicarrón
5 forzudo
10 gigantesco
2 hércules
4 jayán
9 potente
22 fuerte

hércules
8 hercúleo
22 fuerte

heredad
bienes
6 finca
7 posesión
3 predio
15 propiedad
5 cortijo
12 hacienda

heredar
14 asemejar(se)
13 suceder

heredero
5 delfín
2 kronprinz
2 sucesor

hereditario
5 dinástico

hereje
8 descreído
11 heresiarca
1 herético
5 iconoclasta

11 infiel
1 nestoriano
4 pirujo

herejía
9 cisma
1 heterodoxia
2 sacrilegio
10 apostasía
3 diablura
7 error
7 maldad

herén
3 yero

herencia
12 abolengo
22 adquisición bienes
6 legado
1 legítima
9 patrimonio
5 sucesión
12 cesión

heresiarca
5 apóstata
6 ateo
1 cismático
7 hereje
1 herético
5 iconoclasta
10 impío
9 incrédulo
11 infiel
1 relapso
3 sectario

herético
7 hereje

herida
12 arañazo
4 contusión
2 desgarradura
4 erosión
2 fractura
6 grieta
14 lesión
3 mordedura
6 rozadura

56 corte
6 llaga

herido
4 eccehomo
4 inválido
3 llagado
5 magullado
3 malherido
5 plagado
13 tocado

herir
12 agraviar
7 asestar(se)
40 batir(se)
67 enfadar(se)
27 enojar(se)
16 injuriar
16 lastimar(se)
8 lesionar(se)
5 lisiar(se)
114 molestar(se)
33 ofender(se)
38 pegar(se)
2 percutir
39 tocar(se)
24 golpear

herirse
16 desgraciar

hermafrodita
4 andrógino
3 bisexual

hermana
19 madre
11 monja
3 sor

hermanable
3 acoplable
5 comparable
11 semejante(s)

hermanado
2 fraterno
4 homologado
15 igual
18 parecido
10 ◁distinto

hermanar(se)
37 acordar(se)
7 armonizar
48 asociar(se)
41 avenir(se)
8 coordinar
10 identificar(se)
79 unir(se)
7 vincular
10 conjugar
25 ◁*desunir(se)*
21 ◁*enemistar(se)*
64 ◁*separar(se)*

hermanastro
5 hermano

hermandad
16 agrupación
30 amistad
14 avenencia
1 confraternización
2 congregación
1 mutua
19 unión
7 gremio
2 mutualidad
2 sindicato
28 asociación
7 cofradía

hermano
9 lego
1 tato
8 aparecido
8 espectro
19 mano

hermenéutica
13 interpretación

hermético
27 cerrado
2 clausurado
12 impenetrable
6 claustro

hermetismo
10 oscuridad
7 silencio
10 ◁*claridad*

hermosa
4 bella
12 cañón
3 hurí

hermoseamiento
6 acicalamiento
1 adornamiento
1 agraciamiento
6 embellecimiento
1 realzamiento

hermosear
14 afeitar(se)
8 afiligranar
4 agraciar
5 decorar
14 embellecer(se)
4 esmaltar
7 guapear
28 aderezar
27 alegrar(se)
21 arrear

hermoso
2 adonis
38 bello
14 majo
14 precioso
13 pulido
16 agraciado
8 bonito
11 galán
18 gracioso
18 guapo
8 lindo
11 magnífico
18 ◁*feo*

hermosura
24 belleza
14 encanto
6 excelencia
18 gracia(s)
2 lindura
35 atractivo
4 lindeza
12 primor
3 ◁*fealdad*

hernia
1 eventración
7 quebradura
2 relajación
8 potra

herniado
16 quebrado
9 rendido

herniarse
37 fatigar(se)
41 quebrar(se)
19 relajar(se)
41 cansarse

héroe
5 as
33 atrevido
18 audaz
9 campeón
7 personaje
11 temerario
6 protagonista
9 valiente
⇨primer actor
17 ◁*cobarde*

heroicidad
7 epopeya
8 gesta
7 hazaña(s)
4 hombrada
4 proeza
40 ánimo

heroico
27 animoso
9 caballeresco
5 cid
3 hazañoso
7 sobrehumano

heroína
7 anestésico
27 caballo
7 coca
17 droga

heroísmo
4 machada
40 ánimo

herpe
1 herpes

herpes
1 herpe

herrador
6 herrero

herradura
8 casquillo

herramienta
7 apero
24 avío(s)
1 enser
12 instrumento(s)
10 utensilio(s)
22 útil
15 aparejo

herramientas
23 material(es)
15 aparejo
6 fierro

herrar
5 encasquillar

herrería
4 fundición
79 alboroto

herrerillo
1 ollera

herrero
1 ferretero
1 ferrón
1 forjador
1 herrador
2 quincallero
1 rejero

herreruelo
1 cerrojillo

herrete
1 cabete
7 hierro(s)

herretear
61 atar

herrón
6 arandela

herrumbrarse
4 aherrumbrar(se)

herrumbre
4 orín
3 óxido
3 pátina
3 robín
1 verdín
4 cardenillo
14 roña

herrumbroso
7 mohoso
7 oxidado
19 roñoso

hervidero
28 abundancia
8 aglomeración
2 agolpamiento
2 hormiguero
12 masa
25 muchedumbre
5 oleada
4 remolino
7 torrente
16 cantidad
14 copia
16 multitud

hervido
6 cocido
8 olla
4 puchero

hervidor
3 termosifón

hervir
40 agitar(se)
23 arder
7 borbollar
2 borbotear
10 bullir
4 burbujear

8 pulular

hervirse
5 fermentar

hervor
22 ardor
4 borbotón
4 cocción
4 ebullición
9 efervescencia
6 entusiasmo
26 exaltación
11 fervor
10 burbuja
12 excitación
6 ◁pasividad

hervoroso
14 ardoroso

hesitación
10 indecisión
5 irresolución
12 perplejidad
7 vacilación

hesitar
6 fluctuar
7 dudar
7 titubear
11 vacilar
27 ◁decidir(se)

hespérides
7 pléyade(s)

hetaira
14 prostituta

heteróclito
18 extraño
12 irregular
22 raro

heterodoxia
7 herejía

heterogeneidad
11 diferencia
10 diversidad
2 multiplicidad

5 variedad
6 ◁semejanza
4 ◁uniformidad

heterogéneo
6 abigarrado
5 dispar
6 híbrido
8 impuro
9 inconexo
7 incongruente
12 vario
3 ◁homogéneo
11 ◁idéntico
15 ◁igual

hético
6 enteco
5 esmirriado
7 magro
1 tísico
2 tuberculoso
16 flaco
19 ◁gordo

hetiquez
1 tuberculosis

heurística
búsqueda
7 invención
8 investigación

hexaedro
7 dado
7 cubo

hexágono
1 sexágono

hexámetro
⇨verso de seis pies

hez
20 basura
4 carroña
5 escoria
7 hampa
19 madre
13 pie
9 precipitación
16 residuo

8 taifa
9 turbios
4 zupia
6 chusma
2 lía
34 porquería
16 sedimento
11 solera

hialino
5 diáfano
10 transparente

hiato
1 difonematismo
6 grieta
5 orificio
6 rendija
6 raja

hibernación
4 congelación

hibernal
1 invernal

hibernés
1 irlandés

hibridación
1 bastardía
10 combinación
1 cruzamiento
1 hibridez
3 mixtura
4 mestizaje
9 ◁pureza

hibridez
6 hibridación

híbrido
9 bastardo
7 cruzado
7 heterogéneo
5 mestizo
8 mezclado
6 mixto
21 ◁puro

hidalgamente
6 caballerosamente

hidalgo
12 aristocrático
20 caballeroso
12 cortés
20 distinguido
7 educado
1 hijodalgo
13 ilustre
2 infanzón
5 magnánimo
2 prócer
18 generoso
22 noble
11 ◁*maleducado*
3 ◁*plebeyo*

hidalguía
23 altruismo
20 caballerosidad

hidrante
12 llave
4 grifo
⇨toma de agua

hidrargirio
5 azogue
4 mercurio

hidrato
21 base
3 hidróxido
17 ◁*ácido*

hidria
6 ánfora
27 vasija

hidroavión
19 avión

hidrocarburo
2 carburo
1 petróleo
4 carburante

hidrocefalia
2 hidropesía

hidrodinámica
7 mecánica

hidrofobia
9 rabia

hidrófobo
13 rabioso

hidrografía
7 geografía

hidromancia
1 zahorismo

hidromel
2 hidromiel

hidromiel
1 aguamiel
1 hidromel

hidropesía
6 comalia
1 hidrocefalia

hidroplano
1 hidroavión

hidróxido
4 álcali
21 base
2 hidrato

hiel
16 amargura
15 bilis
45 pesar(se)
16 disgusto
29 pena
13 tristeza
38 ◁*alegría(s)*

hiemal
1 invernal

hienda
5 estiércol

hierático
9 religioso
7 rimbombante
2 sacerdotal
11 solemne
44 afectado

26 rígido
10 ◁*expresivo*

hieratismo
16 grandeza
5 majestad
5 pomposidad
8 solemnidad
11 ◁*sencillez*

hierba
4 forraje
1 grama
4 herbaje
1 marihuana
3 prado
1 roza
1 tepe
9 verde
1 yerba
8 césped
7 mate
9 pasto

hierbabuena
4 menta
1 poleo

hierbas
10 año(s)

hierocracia
1 teocracia

hierro(s)
11 acero
6 arma(s)
7 estigma
11 grillete(s)
16 marca
8 casquillo
6 fierro

higa
12 amuleto
6 bledo
103 burla

higadencia
7 impertinencia
14 pesadez

higadillo
4 hígado

hígado
6 asadura
3 bazo
cístico
1 higadillo

higiene
18 aseo
19 limpieza
7 pulcritud
6 profilaxis
8 ◁*infección*
14 ◁*suciedad*

higiénico
4 profiláctico

higienización
3 detersión

higienizar
4 desinsectar
4 pasterizar
8 sanear

higo
2 albacora
6 breva

higrometría
2 humedad

higuera
1 breval
3 chumbera
2 nopal

higuerilla
5 ricino

hijastro
2 alnado
2 entenado

hijo
11 consecuencia
5 descendiente
25 efecto(s)
10 fruto

hinchar

20 natural
7 originario
3 oriundo
7 procedente
2 renuevo
6 retoño
6 vástago
9 resultado

hijodalgo
12 hidalgo

hijos
13 descendencia
12 familia
4 prole

hijuela
20 accesorio
19 anexo
10 atajo

hijuelo
5 cachorro
3 rebrote
2 reguero
6 retoño
6 vástago
3 canalillo
14 guacho

hila
8 hebra

hilacha
5 fleco
8 hebra

hilada
10 corrida
1 ringlera
20 fila
18 hilera

hilado
3 ahebrado

hilar
3 devanar
12 discurrir
4 encanillar
3 enroscar

27 inferir(se)
5 ovillar(se)
1 rehilar
23 trazar(se)

hilarante
14 cómico
8 chusco

hilaridad
38 alegría(s)
79 alboroto
80 bulla

hilas
6 apósito

hilaza
9 hilo

hilera
2 alineamiento
10 corrida
5 desfile
6 escala
9 letanía
17 lista
7 procesión
1 ringla
1 ringlera
5 ristra
5 sucesión
26 cadena
11 gradación
17 línea
20 fila
2 recua
4 retahíla
22 serie

hilo
14 brizna
6 fibra
8 filamento
8 hebra
1 hilaza
2 prosecución
42 cabo
3 consecución
4 veta

hilván
11 costura
2 embaste

7 remate
19 unión
7 baste

hilvanar
9 coser

himen
3 membrana
5 película
5 telilla

himeneo
18 boda
8 matrimonio

himno
10 canción
8 cántico
5 loor
8 poema

hincada
5 arrodillamiento
3 genuflexión

hincar(se)
63 apoyar(se)
13 arrodillarse
9 atornillar
42 atravesar(se)
14 basar(se)
24 clavar(se)
12 embutir
24 encajar(se)
2 engastar
14 enterrar(se)
39 fijar(se)
31 introducir(se)
49 meter(se)
28 plantar(se)
21 postrar(se)
⇨caer de hinojos
5 ◁*extraer*
28 ◁*sacar*

hincha
10 desafección
5 desapego
10 enemistad
2 forofo
2 seguidor

13 animadversión
21 animosidad
23 antipatía
13 encono
20 fila
23 manía
20 odio
9 ojeriza
8 tirria
53 ◁*amor*
15 ◁*cariño*

hinchada
1 fans
2 forofos
1 seguidores

hinchado
7 altisonante
22 creído
10 ensoberbecido
1 hiperbólico
3 infatuado
9 inflado
16 pomposo
7 saciado
21 vano
12 harto
44 afectado
8 atracado
10 colmado
28 engreído
12 fantasioso
14 lleno
9 presumido
13 presuntuoso
10 vanidoso
5 ◁*hambriento*
13 ◁*humilde*
12 ◁*sencillo*

hinchamiento
6 abotargamiento
9 abultamiento
26 hinchazón
7 inflamación

hinchar(se)
8 abotagarse
21 abultar(se)
6 agigantar(se)
20 agrandar(se)

hinchazón

31 ahitar(se)
65 alabar(se)
59 aumentar(se)
5 congestionar(se)
8 creerse
13 deformar
4 dramatizar
12 embuchar(se)
10 empapuzar(se)
6 engreírse
14 ensanchar(se)
22 ensoberbecer(se)
9 esponjar(se)
8 exagerar
1 extremar
7 farolear
20 henchir(se)
9 infatuarse
19 inflar(se)
7 lucrar(se)
33 llenar(se)
16 ponderar
24 rellenar(se)
17 saturar(se)
8 vanagloriarse
5 tacar(se)
25 ahuecar
30 atiborrarse
39 atracar
45 hartar
16 presumir
19 soplar
⇨ponerse como el quico
4 ◁*deshinchar(se)*
3 ◁*desinflamar(se)*
46 ◁*humillar(se)*
39 ◁*rebajar(se)*

hinchazón

4 abombamiento
5 abotagamiento
22 acrecentamiento
15 bambolla
9 bodoque
13 bulbo
13 deformación
5 deformidad
9 fatuidad
5 henchimiento
2 hidropesía
4 hinchamiento
8 inflación
7 inflamación

1 inflamiento
12 presunción
9 protuberancia
9 toldo
2 tumefacción
7 vanagloria
14 vanidad
4 varice
4 edema
15 bulto
18 orgullo
4 pahua

hindú
6 indio

hinduismo
2 brahmanismo
1 vedismo

hiniesta
3 ginesta
2 retama

hinojo
2 perejil
8 postración

hinterland
alredededores
⇨zona de influencia

hipar
12 ambicionar
45 anhelar
1 ayear
5 codiciar
14 desear
37 fatigar(se)
7 gimotear
3 jadear
4 lloriquear
3 resollar

hipérbaton
5 inversión
3 anástrofe

hipérbola
18 curvatura

hipérbole
9 abultamiento
4 amplificación

5 exageración
23 aumento

hiperbólico
19 hinchado

hiperbolizar
21 abultar(se)
6 acriminar
6 agigantar(se)
6 magnificar

hiperbóreo
6 ártico
3 septentrional

hiperclorhidria
10 acidez
22 ardor

hiperhidrosis
1 sudoración

hipérico
2 corazoncillo

hipermetría
3 encabalgamiento

hipermetropía
3 ametropía
1 presbicia

hipersensibilidad
3 alergia
3 anafilaxia

hipertermia
1 pirexia
13 calentura
10 fiebre

hipertrofia
9 abultamiento
12 desarrollo
9 incremento
9 ◁*reducción*

hípica
1 equitación

hípico
8 caballar
2 ecuestre
2 equino

hipnosis
22 anestesia
6 narcosis

hipnótico
18 atrayente
1 magnético
7 seductor
4 somnífero
9 sugestivo

hipnotismo
21 dominio
11 hechizo
8 letargo
1 magnetismo
6 sugestión
12 sueño
8 trance
4 ◁*consciencia*
3 ◁*despertar(se)*

hipnotizador
2 magnetizador

hipnotizar
21 adormecer(se)
48 atraer(se)
15 encantar(se)
4 magnetizar(se)
12 seducir
10 sugestionar(se)

hipo
8 basca

hipocampo
⇨caballo de mar

hipocondría
8 languidez
22 melancolía
3 neurastenia
38 ◁*alegría(s)*
40 ◁*ánimo*

hipocondriaco
5 lúgubre
12 melancólico
3 pesimista
13 sombrío
16 triste
36 ◁*alegre*

hipocresía
32 afectación
5 beatería
1 camandulería
18 disimulo
28 engaño(s)
6 estratagema
10 falsedad
4 fariseísmo
10 fingimiento
10 simulación
7 doblez
5 duplicidad
10 ◁*claridad*
8 ◁*lealtad*
12 ◁*sinceridad*

hipócrita
7 engañoso
1 fariseo
24 artero
1 disimulado
21 falso
10 mustio
5 zorro
28 ◁*claro*

hipodérmico
1 subcutáneo

hipódromo
18 cancha
4 corredero

hipófisis
⇨glándula pituitaria

hipogeo
2 subterráneo
10 tumba

hipólogo
1 veterinario

hipopótamo
⇨caballo de agua

hipotaxis
6 subordinación

hipoteca
24 carga
12 censo
13 empeño
7 fianza
7 gravamen
3 rehén
27 señal

hipotecado
2 entrampado

hipotermia
7 frialdad

hipótesis
9 conjetura
9 creencia
6 figuración
10 posibilidad(es)
12 presunción
1 probabilidad
6 sospecha
4 suposición
8 supuesto
8 ◁*confirmación*

hipotético
8 inexistente
11 irreal
3 presunto
8 supuesto
5 teórico
5 ◁*demostrado*

hirco
⇨cabra montés

hiriente
4 humillante
6 insultante
5 ofensivo
5 sarcástico
6 cínico
2 ◁*encomiástico*
9 ◁*lisonjero*

hirma
32 borde

hirsuto
17 agreste
45 áspero
10 desagradable
30 duro
5 espinoso
3 híspido
17 intratable
3 rufo
7 enmarañado
10 erizado
11 ◁*limpio*
10 ◁*liso*

hirviente
2 borboteante
3 burbujeante
7 efervescente
3 humeante
6 ◁*apagado*
25 ◁*frío*

hisopar
11 salpicar(se)

hisopear
4 asperjar(se)

hisopillo
1 morquera

hisopo
4 asperges
3 brocha
1 pincel

hispano
4 celtíbero
8 godo

hispanoamericano
6 indio

híspido
45 áspero
6 peludo
10 hirsuto

histeria
4 histerismo
9 nerviosismo
8 perturbación
12 excitación

histerismo
15 convulsión
4 histeria
11 trastorno
12 excitación
2 ◁*relajación*
9 ◁*tranquilidad*

historia
6 anales
5 crónica
4 descripción
7 episodio
11 fábula
5 genealogía
24 hecho(s)
12 incidente
16 memoria(s)
10 relato(s)
13 suceso(s)
6 testimonio
9 tradición
10 acaecimiento
16 cuento
10 chisme
18 enredo
11 ficción
15 mentira
10 patraña

historiador
10 escritor

historial
11 antecedentes
5 crónica
13 informe
21 referencia
4 reseña
5 archivo

historiar
9 contar
10 narrar
25 referir(se)

historias
6 anales
14 decir

histórico
22 cierto
3 comprobado
10 positivo
10 real
25 seguro
14 tradicional
11 verdadero
21 auténtico
5 averiguado
16 ◁*incierto*
21 ◁*falso*

historieta
1 cómic
9 chascarrillo
10 chiste
9 dibujo
7 episodio
15 ilustración
10 relato(s)

histrión
14 cómico
6 fantoche
13 farsante
5 juglar
10 mimo(s)
1 quiromante
3 saltimbanqui
5 volatinero
23 bufón
16 charlatán
5 payaso

histrionisa
9 actriz

hit parade
⇨lista de éxitos

hit
8 éxito

hito
30 blanco
8 coto
1 diana

7 inmediato
2 muga
21 objetivo
5 pilar
7 pilón
3 testigo
11 unido
7 mojón
5 poste

hitón
13 clavo

hobachón
13 perezoso

hobby
16 afición

hocicar
8 besar(se)
1 hozar
17 remover

hocicarse
10 tropezar(se)

hocico
23 boca
12 rostro
18 cara
19 jeta
6 morro

hocicudo
12 bocón
3 jetudo

hodierno
6 contemporáneo
14 corriente
17 presente(s)

hogaño
8 actualmente
14 ahora
4 hoy
6 ◁*antes*
9 ◁*pasado*

hogar
3 cocina
5 chimenea

8 domicilio
7 fogón
4 fragua
12 fuego
7 horno
10 humo
2 lar
3 morada
10 vivienda
15 casa

hogareño
7 doméstico

hogaza
3 libreta
5 pan

hoguera
14 brasero
2 candela
7 falla
12 fuego
12 hogar
3 pira
6 fogata

hoja
11 acero
5 cuartilla
14 escrito
5 folio
4 gaceta
4 hojuela
3 holandesa
7 impreso
7 página
1 pámpano
17 papel(es)
9 rejón
15 cuchilla
9 diario
7 espada
9 filo

hojalata
16 chapa
12 lata

hojaldre
16 hoja
17 pasta

hojaranzo
3 adelfa
3 baladre

hojarasca
9 broza
8 exuberancia
1 frondosidad
1 recargamiento
2 ripio
19 bagatela
25 fruslería
8 maraña

hojas
9 broza

hojear
13 analizar(se)
41 examinar(se)
21 reparar
⇨echar un vistazo

hojilla
3 bráctea

hojuela
3 bráctea
10 buñuelo
16 hoja
4 hollejo

holandesa
16 hoja
6 lámina
7 página

holder
9 arrendatario

holding
2 trust
⇨concentración de empresas
⇨grupo empresarial

holgadamente
6 largamente

holgado
15 acomodado
12 cómodo

9 creso
11 desocupado
6 espacioso
13 ocioso
3 sobrado
20 amplio
24 follón
12 forrado
14 rico
19 ◁*estrecho*
18 ◁*pobre*

holganza
14 descanso
16 diversión
10 entretenimiento
9 gandulería
6 holgazanería
15 indolencia
9 inmovilidad
12 pereza
8 quietud
15 recreo
8 reposo
6 vagancia
12 ◁*aburrimiento*
7 ◁*laboriosidad*
17 ◁*actividad*

holgar(se)
9 abstenerse
15 aquietar(se)
14 descansar
32 divertir(se)
26 entretener(se)
3 gandulear
4 haraganear
3 pendonear
23 recrear(se)
18 regocijar(se)
14 reposar(se)
27 alegrar(se)
8 holgazanear
3 vaguear
28 ◁*aburrir(se)*
40 ◁*agitar(se)*
16 ◁*trabajar*

holgazán
8 bausán
5 bigardo

5 cesante
2 contemplativo
3 desaplicado
4 gallofero
10 gandul
1 gandumbas
7 grandullón
15 inactivo
15 maula
11 negligente
13 ocioso
10 pasivo
4 señorito
3 trashoguero
6 tumbón
6 vagabundo
4 atorrante
24 follón
17 haragán
2 mamulón
6 maquetas
2 napanga
13 perezoso
16 vago
2 verijón
2 ◁*empollón*
5 ◁*trabajador*

holgazana
9 capulina

holgazanear
58 echar(se)
3 gandulear
4 haraganear
18 holgar(se)
2 ociar
3 vegetar
3 vaguear
⇨no dar golpe
16 ◁*trabajar*

holgazanería
3 briba
11 galbana
12 holganza
5 ociosidad
12 pereza
6 vagancia
7 ◁*laboriosidad*

holgón
2 regalón

holgorio
7 bacanal
13 barahúnda

holgura
28 abundancia
9 amplitud
17 anchura
11 comodidad
10 riqueza
⇨buen pasar
10 ◁*estrechez*
10 ◁*pobreza*

holocausto
23 altruismo
harakiri
5 haraquiri
6 sacrificio

hológrafo
5 autógrafo
3 manuscrito

hollado
12 andado
14 atropellado
8 batido

holladura
7 aplastamiento
8 desprecio
1 maltratamiento
14 menosprecio
4 profanación
10 ultraje
14 atropello
8 ◁*acatamiento*
13 ◁*aprecio*
13 ◁*respeto(s)*

hollar
4 abollar
39 ajar(se)
23 atropellar(se)
8 conculcar
8 escarnecer
7 mancillar(se)
19 manchar(se)
7 pisotear
29 quebrantar(se)

14 pisar

hollejo
1 cascarilla
4 hojuela
4 pellejo
6 vaina

hollín
4 ceniza
1 tizne
14 suciedad

homarrache
10 mamarracho

hombracho
19 atleta
4 hombretón

hombrachón
19 atleta

hombrada
6 desvelo
13 empeño
6 heroicidad
4 proeza
6 ◁*pusilanimidad*
10 ◁*timidez*

hombre
8 criatura
17 humano
7 individuo
4 marido
10 mortal
4 persona
3 prójimo
11 semejante(s)
6 varón
14 macho

hombrear
34 auxiliar(se)
45 ayudar(se)
9 descargar
6 humanar(se)
42 proteger(se)
21 socorrer(se)
50 cargar

hombrecillo

⇨arrimar el hombro

hombrecillo
1 lúpulo

hombrera
3 charretera

hombretón
33 alto(s)
2 hombracho
1 musculado
22 fuerte

hombría
10 decencia
11 honestidad
1 honorabilidad
7 honradez
13 nobleza
11 ◁*deshonestidad*
9 ◁*deshonra*
9 ◁*indecencia*

hombrón
4 jayán

hombruna
6 amazona
2 machorra
1 machota
2 marimacho
1 masculina
4 sargentona
1 varona

hombruno
2 fortachón
2 masculino
1 mozancón
9 varonil
7 ◁*femenino*
1 ◁*feminoide*

homenaje
8 acatamiento
9 dedicación
10 fidelidad
12 honra
8 ofrecimiento
7 ofrenda
7 veneración

18 cumplido
11 don
16 favor
11 juramento
14 merced

homenajeado
3 agasajado
1 festejado
5 invitado
9 ◁*olvidado*

homenajear
24 honrar(se)
7 ofrendar
4 venerar
14 festejar

homeopatía
17 medicina

homicida
3 asesino
8 criminal
3 matador

homicidio
9 asesinato
8 crimen
11 muerte

homilía
3 exégesis
7 conferencia
7 panegírico
13 sermón

homogeneidad
1 homologación
9 identidad
18 parecido
4 uniformidad
11 ◁*diferencia*
5 ◁*variedad*

homogeneizar
14 asemejar(se)
30 igualar(se)
35 ◁*distinguir(se)*

homogéneo
3 indistinto
18 parecido

6 uniforme
7 ◁*heterogéneo*

homologación
4 homogeneidad

homologado
4 aprobado
3 comprobado
4 confirmado
2 estandarizado

homologar
59 ajustar(se)
7 comparar(se)
11 confrontar
4 constatar
30 igualar(se)
7 nivelar
3 ◁*desnivelar*

homólogo
4 equivalente
15 igual
18 parecido
11 semejante(s)
5 ◁*desemejante*

homomorfismo
2 isomorfismo
9 similitud

homonimia
17 igualdad

homónimo
15 igual
1 tocayo

homosexual
29 afeminado
7 marica
8 maricón
1 mariposa
4 sodomita
⇨de la acera de enfrente

homosexualismo
1 lesbianismo

honda
3 tirador

hondamente
3 intensamente
1 profundamente

hondazo
7 cantazo
3 pedrada

hondero
1 fundibulario

hondo
33 alto(s)
17 escondido
4 extremado
9 intenso
16 oculto
6 recóndito
25 agudo
8 profundo
22 fuerte
6 ◁*superficial*
13 ◁*visible*
14 ◁*débil*

hondón
8 concavidad
13 corazón
5 entresijo
21 base
29 aguja

hondonada
10 cauce
7 cuenca
1 hoyada
3 vaguada
19 barranco
18 ◁*eminencia*
21 ◁*llano*

hondura
15 abismo
35 altura(s)
23 depresión
9 intensidad
6 profundidad
6 sima
17 fuerza
6 ◁*superficialidad*

honestamente
6 rectamente

honestar
6 cohonestar

honestidad
9 castidad
20 cortesía
10 decencia
9 decoro
13 educación
12 honra
5 pudor
9 pureza
10 recato
4 urbanidad
10 virtud
3 ◁ *descoco*
7 ◁ *descortesía*
9 ◁ *deshonra*

honesto
7 casto
14 comedido
12 cortés
13 decente
4 decoroso
7 educado
14 honrado
11 limpio
4 pudoroso
21 puro
8 recatado
5 virtuoso
◁ *descortés*
12 ◁ *deshonesto*
18 ◁ *descocado*

hongo
2 seta

honor
12 celebridad
9 conciencia
33 consideración(es)
7 estima
5 hombría
12 honra
7 honradez
4 prez
7 pundonor

7 renombre
13 respeto(s)
8 condecoración
16 dignidad
15 distinción
15 fama
14 reputación
30 título
17 vergüenza
16 ◁ *deshonor*
7 ◁ *indignidad*
10 ◁ *oscuridad*

honorabilidad
5 hombría

honorable
14 afamado
6 benemérito
17 caballero
11 digno
20 distinguido
8 estimable
11 insigne
10 respetable
3 venerable

honorablemente
6 rectamente

honorar
65 alabar(se)

honorario
9 honorable
3 honorífico
2 honroso
9 imaginario
3 simbólico
5 teórico
2 ◁ *deshonroso*

honorarios
3 devengo
10 emolumentos
10 remuneración
7 retribución
9 estipendio
18 gratificación
8 jornal
10 paga
9 salario

9 sueldo

honores
15 ceremonia

honorífico
6 honorario
8 preeminente
8 representativo

honoris causa
6 honorario

honra
12 celebridad
33 consideración(es)
10 decencia
26 gloria
11 honestidad
5 pudor
10 recato
7 renombre
13 respeto(s)
15 distinción
15 fama
14 reputación
3 ◁ *descoco*

honradez
9 conciencia
5 hombría
12 honra
6 integridad
4 moralidad
4 probidad
10 virtud
12 ◁ *inmoralidad*

honrado
13 decente
1 enaltecido
5 encumbrado
6 ensalzado
1 festejado
12 honesto
9 honorable
14 íntegro
10 leal
6 moral
5 probo
5 virtuoso
19 recto

16 justo
14 ◁ *inmoral*

honrar(se)
12 adorar(se)
6 anteponer(se)
4 condecorar
2 dignificar(se)
35 distinguir(se)
4 divinizar
8 enaltecer
7 encomiar
23 encumbrar(se)
4 ennoblecer(se)
3 enorgullecerse
5 ensalzar(se)
14 favorecer
7 galardonar
8 glorificar
4 homenajear
5 laurear
5 prestigiar
8 respetar
7 reverenciar
5 solemnizar
4 venerar
14 festejar
⇨sentirse satisfecho
21 ◁ *afrentar(se)*
12 ◁ *agraviar*
14 ◁ *calumniar(se)*
22 ◁ *deshonrar(se)*
29 ◁ *envilecer(se)*
8 ◁ *macular*
9 ◁ *menospreciar*
16 ◁ *infamar*

honrilla
7 pundonor
16 dignidad
17 vergüenza
⇨amor propio

honroso
6 honorario
22 noble
7 ◁ *ignominioso*
11 ◁ *vergonzoso*
5 ◁ *vilipendioso*

hontanar
5 venero

hoque
13 manantial

hoque
6 alboroque
11 propina

hora
4 instante
7 momento
17 ocasión
13 tiempo

horaco
37 agujero

horadado
12 calado
3 cariado
24 abierto

horadar
19 agujerear
5 perforar
2 taladrar
3 escariar

horadarse
4 cariar(se)

horado
8 caverna
37 agujero

horario
6 breviario

horca
4 dogal
2 horcón
6 horquilla
5 ristra
5 cadalso
3 patíbulo

horcajadas
1 asentadillas

horcar
22 apreciar(se)
24 estimar(se)
6 valorar

horco
3 colgajo

horcón
6 horca
4 horqueta

horda
8 clan
4 populacho
4 tribu
6 turba
6 chusma

hordas
9 vulgo

hordiate
7 cebada

horizontabilidad
4 nivelación

horizontal
4 apaisado
1 decúbito
17 plano
2 prono
2 supino
6 tendido
5 yacente
21 llano
◁inhiesto
1 ◁vertical

horizonte
1 confín
23 extensión
3 perspectivas
   posibilidades

horizontes
21 desahogo

horma
2 albarrada
36 forma(s)
10 molde

hormaza
6 pared

hormiga
10 buscavidas

hormigón
17 argamasa
1 calcina
5 cemento
9 concreto
4 derretido
3 garujo
3 mazacote
1 mortero
3 nuégado

hormigos
3 nuégado

hormigueamiento
7 hormigueo

hormigueante
25 bullicioso

hormiguear
14 abundar
40 agitar(se)
10 bullir
59 mover(se)
8 pulular
2 verbenear

hormigueo
2 cosquilleo
1 hormigueamiento
7 picazón
5 picor
2 rascazón
7 reconcomio
5 prurito

hormiguero
12 hervidero
9 gentío

hormiguillo
7 hormigueo

hormona
1 secreción

hormonal
2 endocrino

hornacina
4 capilla
8 cavidad
8 concavidad
2 nicho

hornada
7 pléyade(s)
4 promoción
22 serie

hornaza
7 horno

hornear
24 asar(se)
18 dorar(se)
5 guisar
23 tostar(se)

hornero
11 casero
2 cocinero
3 confitero
2 panadero
4 pastelero

hornilla
20 botón

hornillo
17 calentador
5 estufilla
3 infernillo
2 mechero

horno
3 cocina
6 crisol
5 chimenea
7 fogón
12 hogar
2 parrilla
11 solera

horóscopo
9 augurio
10 predicción
6 pronóstico
5 vaticinio

horqueta
4 bieldo
6 horca

2 horcón
3 meandro

horquetear
1 enramar
⇨echar rama

horquilla
37 apoyo
4 bieldo
2 espoleta
6 horca
29 aguja
6 rastrillo

horrendo
18 aterrador
11 espantoso
15 espeluznante
6 execrable
10 gigantesco
14 horrible
11 horripilante
9 intenso
8 macaco
10 monstruoso
7 pavoroso
5 repulsivo
8 tremebundo
25 agudo
12 enorme
22 fuerte
23 grande
17 siniestro
38 ◁*bello*
8 ◁*delicioso*

hórreo
6 silo
8 granero

horrible
11 espantoso
15 espeluznante
10 gigantesco
11 horripilante
9 intenso
10 monstruoso
7 pavoroso
8 tremebundo
25 agudo

12 enorme
22 fuerte
23 grande
18 horrendo
17 siniestro

hórrido
14 horrible

horripilante
4 abracadabrante
18 aterrador
25 atroz
9 disforme
9 enloquecedor
14 horrible
10 temible
14 terrible
8 terrorífico
12 tremendo
18 horrendo

horripilar(se)
20 acoquinar(se)
17 alarmar(se)
17 arredrar(se)
58 asustar(se)
36 atemorizar(se)
18 aterrar(se)
9 espeluznar(se)
12 estremecer(se)
11 horrorizar(se)
29 amilanarse
7 ◁*envalentonar(se)*
21 ◁*tranquilizar(se)*

horrisonante
4 horrísono

horrísono
6 atronador
5 ensordecedor
4 fragoroso
7 retumbante
6 ◁*imperceptible*
5 ◁*silencioso*

horro
7 desembarazado
5 dispensado
10 exento

1 liberto
18 libre
2 manumiso

horror
11 atrocidad
11 aversión
5 consternación
6 fobia
1 pavura
6 rechazo
5 repulsión
8 sobresalto
5 canguelo
9 espanto
23 manía
19 miedo
20 odio
5 pánico
14 pavor
4 susto
18 temor
9 terror
8 ◁*serenidad*
14 ◁*atracción*

horrorizado
22 angustioso
5 aterrorizado
4 despavorido

horrorizar(se)
17 arredrar(se)
58 asustar(se)
18 aterrar(se)
6 escarapelar(se)
24 espantar(se)
9 espeluznar(se)
11 horripilar(se)
29 amilanarse
⇨echarse a temblar
⇨ponérsele los pelos de punta

horroroso
3 alucinante
18 aterrador
11 espantoso
15 espeluznante
10 gigantesco
14 horrible
10 monstruoso

7 pavoroso
21 repugnante
5 repulsivo
8 terrorífico
9 asqueroso
12 enorme
23 grande
18 horrendo
17 siniestro

horrura
5 escoria
10 inmundicia
5 légamo
16 barro
6 mugre
10 poso
16 sedimento
14 suciedad

hortaliza
2 legumbre
4 verdura

hortelano
1 horticultor
6 huertano
2 verdulero
7 labrador

hortera
9 cazuela
9 cursi
10 kitsch
7 macarra
5 recadero
5 escudilla
9 muchacho

horticultor
4 hortelano

hosanna
7 aleluya

hosco
45 áspero
10 desagradable
4 hermético
15 reservado
11 antipático
10 erizado

hose

9 huraño
16 taimado
6 ◁*simpático*
19 ◁*suave*

hose
2 manguera

hospedaje
14 albergue
40 alojamiento
5 caserna
7 cobijo
3 hospedería
4 hospicio
5 hotel
5 parador
8 posada
10 refugio
8 venta
13 alquería
11 fonda
6 hostería
9 pensión

hospedar(se)
19 acoger(se)
11 albergar(se)
22 alojar(se)
32 aposentar(se)
16 cobijar(se)
11 habitar
50 parar(se)
1 pernoctar
14 posar(se)
18 apear(se)

hospedería
15 hospedaje
9 pensión
4 tambo

hospiciano
4 expósito
8 huérfano

hospicio
15 hospedaje
7 hospital
2 inclusa
2 orfanato

hospital
7 asilo
5 clínica
4 dispensario
5 enfermería
4 hospicio
2 lazareto
3 sanatorio

hospitalidad
11 acogida
1 acogimiento
30 amparo
7 cobijo
41 defensa
13 protección
5 ◁*desamparo*

hospitalizar(se)
19 acoger(se)
6 internar(se)
9 recluir(se)

hosquedad
2 hermetismo
9 rudeza
7 sequedad
10 tosquedad
23 antipatía
22 aspereza
6 ◁*elegancia*
24 ◁*simpatía*

hostal
5 hotel
6 hostería

hostelero
3 mesonero
3 ventero

hostería
14 albergue
15 hospedaje
5 hotel
4 mesón
5 parador
2 hostal

hostia
⇨pan ázimo

hostigado
6 perseguido

hostigador
3 acosador
3 instigador

hostigamiento
15 acometida
12 acosamiento

hostigar
19 atacar(se)
40 azotar(se)
26 castigar(se)
17 empachar(se)
5 enzurizar
87 fastidiar(se)
44 incomodar(se)
18 acometer
15 acosar
10 empalagar
5 incordiar
18 perseguir
19 ◁*acoger(se)*
11 ◁*defender*

hostil
9 adversario
10 adverso
15 contrario
8 desfavorable
12 enfrentado
10 opuesto
10 enemigo
20 ◁*afín*
24 ◁*amigo*

hostilidad
15 acometida
9 agresión
18 ataque
6 enemiga
10 enemistad
7 rencor
21 animosidad
20 contienda
18 disputa
20 odio
9 ojeriza
30 ◁*amistad*

hostilización
11 hostilidad

hostilizar
16 agredir(se)
19 atacar(se)
87 fastidiar(se)
44 incomodar(se)
114 molestar(se)
18 acometer
5 incordiar
⇨no dejar parar
11 ◁*defender*

hotel
5 parador
11 fonda
2 hostal
6 hostería
9 pensión

hotelero
4 posadero

hovercraft
1 aerodeslizador

hoy
8 actualmente
14 ahora
7 antaño
3 hogaño

hoya
5 foso
6 huesa
8 pozo
5 sepultura
3 vaguada
10 hoyo
9 valle

hoyada
5 hondonada

hoyo
9 bache
8 concavidad
5 foso
7 hondura
7 hoya
5 mina

- **8** pozo
- **2** socavón
- **2** subterráneo
- **37** agujero

hoz
- **12** cañón
- **3** cárcava
- **8** corva
- **2** dalla
- **1** falcino
- **2** foz
- **2** segadera
- **19** barranco
- **7** guadaña

hozadura
- **17** huella

hozar
- **3** hocicar

huacalón
- **8** chillón
- **4** gritón
- **17** grueso
- **19** gordo
- **9** obeso
- **16** ◁*flaco*

huacanga
- **14** palo
- **5** tranca

huaco
- **25** abertura
- **8** cavidad
- **19** hueco
- **5** oquedad

huachafo
- **9** cursi
- **8** rebuscado
- **44** afectado

huachar
- **7** arar
- **9** labrar

huachito
- **11** retirado
- **18** retraído

- **16** solitario

huahua
- **1** nene
- **2** rorro

hualqui
- **2** morral
- **44** bolsa
- **15** saco

hucha
- **20** ahorro(s)
- **9** economía(s)
- **2** ladronera
- **2** vidriola
- **9** cata
- ⇨olla ciega

huebra
- **14** barbecho

huebrero
- **16** arrendador

hueca
- **3** azucarillo
- **4** colmena
- **2** panal

hueco
- **7** altisonante
- **11** ampuloso
- **8** cavidad
- **8** concavidad
- **4** espacio
- **5** esponjoso
- **3** infatuado
- **8** intervalo
- **10** laguna
- **3** mullido
- **5** oquedad
- **7** orondo
- **7** rimbombante
- **7** vacante
- **16** vacío
- **37** agujero
- **8** fofo
- **19** hinchado
- **19** orgulloso

huehuete
- **5** lechuguino
- **2** petimetre

- **6** pisaverde

hueleflor
- **75** bobo
- **22** necio
- **20** simple
- **18** tonto

huelga
- **8** asueto
- **16** diversión
- **12** holganza
- **12** ocio
- **5** ociosidad
- **7** paro
- ⇨inactividad laboral

huelgo
- **20** aliento
- **17** anchura
- **21** desahogo
- **6** holgura
- **11** respiración
- **3** resuello
- **10** ◁*estrechez*

huelguista
- **15** inactivo
- **13** parado
- **2** ◁*esquirol*

huella
- **3** estela
- **9** evocación
- **7** holladura
- **15** indicio(s)
- **16** marca
- **16** memoria(s)
- **6** pisada
- **9** rastro
- **9** recuerdo(s)
- **16** residuo
- **4** rodada
- **10** signo(s)
- **7** surco
- **6** vestigio
- **10** pista
- **27** señal
- **15** traza

huérfano
- **19** abandonado
- **13** carente

- **7** desamparado
- **4** expósito
- **9** falto
- **3** inclusero
- **2** pupilo
- **16** solo

huericarse
- **114** molestar(se)
- **20** disgustarse
- **67** enfadarse

huero
- **10** anodino
- **19** hueco
- **7** insípido
- **9** insulso
- **9** insustancial
- **16** vacío
- **4** putrefacto
- **9** soso
- **5** ◁*interesante*

huerta
- **3** vega
- **5** vergel
- **7** almunia
- **9** huerto
- **7** tala

huertano
- **5** colono
- **6** cultivador
- **1** horticultor
- **2** plantador
- **17** campesino
- **7** labrador

huerto
- **1** cigarral
- **4** cultivos
- **8** granja
- **4** plantación
- **5** vergel
- **7** almunia
- **12** cercado
- **5** huerta
- **7** tala

huesa
- **3** cárcava
- **7** hoya

huesear

- 5 sepultura
- 5 yacija
- 8 fosa
- 10 hoyo

huesear
- 4 mendigar
- 4 pordiosear

hueso
- 14 arduo
- 3 carozo
- 12 cruz
- difícil
- 20 incomodidad
- 6 incómodo
- 1 insalvable
- 10 pipa
- 22 trabajo(s)
- 1 zancarrón
- 9 cuesco
- 22 destino
- 16 empleo
- 29 pena
- 24 ◁ *fácil*

huesoso
- 1 óseo

huésped
- 7 anfitrión
- 6 pensionista
- 4 posadero

hueste
- 5 ejército
- 18 facción(es)
- 2 guerrilla
- 3 mesnada
- 41 banda
- 21 partida

huestear
- 7 moler
- 1 molturar

huesudo
- 4 esquelético
- 1 óseo
- 8 ◁ *robusto*
- 6 ◁ *mantecoso*

hueva
- 1 ovas

huevada
- 16 disparate
- 42 tontería(s)

huevera
- 2 madrecilla

huevo
- 10 embrión
- 11 germen
- 3 óvulo
- 4 testículo

huevón
- 5 amilanado
- 2 arredrado
- 10 gandul
- 75 bobo
- 17 cobarde
- 7 estúpido
- 17 haragán
- 22 necio
- 13 perezoso
- 18 tonto
- 16 vago
- 5 ◁ *trabajador*
- 9 ◁ *valiente*

huevos
- 8 genital(es)

hugonote
- 3 calvinista

huida
- 30 abandono
- 22 ausencia
- 7 deserción
- 1 escabullimiento
- 7 escape
- 1 estampida
- 7 evasión
- 2 éxodo
- 6 fuga
- 2 marro

huidero
- 4 huidizo

huidizo
- 4 evasivo
- 5 solapado
- 3 tránsfuga
- 16 taimado

huido
- 2 evadido
- 1 fugado
- 1 trásfuga
- 14 corrido
- 6 fugitivo

huila
- 4 inválido
- 3 tullido

huilcar
- 13 bordar
- 9 zurcir

huiliento
- 3 desarrapado
- 6 harapiento
- 18 andrajoso
- 6 roto

huilota
- 9 baboso
- 2 paloma
- 9 meretriz
- 14 prostituta
- 17 ramera
- 20 simple
- 18 tonto

huir
- 22 abandonar(se)
- 6 desertar
- 18 evadir(se)
- 20 evaporar(se)
- 5 rehuir
- 5 sortear
- 18 zafar(se)
- 48 arrancar
- 28 aventar
- 20 disparar
- 7 escabullirse
- 34 escaparse
- 5 esquivar
- fugarse
- 60 largarse

- 23 pintar
- 7 pirárselas
- 36 rajar
- 9 tejer
- 9 ◁ *permanecer*
- 33 ◁ *presentar(se)*
- 19 ◁ *quedarse*

huirica
- 21 agravio
- 10 resentimiento

huiriche
- 3 chicuelo
- 17 mozo
- 22 niño

huisache
- 1 abogadillo
- 5 escribiente
- 4 chupatintas
- 3 oficinista
- 5 picapleitos

huisachear
- 5 litigar
- 2 pleitear

huistora
- 3 quelonio
- 1 tortuga

hule
- 3 encerado
- 1 linóleo
- 6 caucho

hulla
- 5 carbón

humanal
- 17 humano

humanar(se)
- 41 avenir(se)
- 27 conformar(se)
- 8 humanizar(se)
- 22 resignar(se)
- 8 hombrear

humanidad(es)
27 afabilidad
23 altruismo
11 beneficencia
12 benevolencia
21 benignidad
27 bondad
20 caballerosidad
12 caridad
12 colectividad
8 compasión
12 cordialidad
7 corpulencia
2 filosofía
7 gordura
20 historia
3 letras
2 literatura
7 misericordia
4 obesidad
9 piedad
6 reciedumbre
2 trivio

14 mundo
24 simpatía

⇨especie humana
⇨género humano
⇨los hombres
⇨los humanos

11 ◁*barbarie*
19 ◁*bravura*
15 ◁*brutalidad*
11 ◁*ferocidad*
10 ◁*fiereza*
9 ◁*inflexibilidad*

22 ◁*aspereza*

humanitario
4 benefactor
7 caritativo
10 compasivo
8 indulgente
9 misericordioso
14 tierno

24 abierto
11 comprensivo

45 ◁*áspero*
18 ◁*cruel*
3 ◁*despótico*
34 ◁*malo*

humanizar(se)
30 ablandar(se)
12 apiadar(se)
36 aplacar(se)
2 desenfadarse
17 dulcificar(se)
6 humanar(se)
39 suavizar(se)

18 ◁*endurecer(se)*

27 ◁*enojarse*

humano
32 afable
38 agradable
2 antropomorfo
11 benévolo
30 benigno
1 bímano
1 bípedo
7 caritativo
10 compasivo
1 humanal
8 indulgente
13 liberal
9 misericordioso
14 tierno

11 comprensivo
18 generoso
19 suave

30 ◁*duro*
13 ◁*inflexible*
12 ◁*tacaño*

humarada
5 humareda

humareda
5 contaminación
3 fumarada
1 humarada
10 humo

7 nube

10 ◁*claridad*
19 ◁*limpieza*

humazo
10 humo
103 burla

humeante
3 fuliginoso
1 humoso
6 vaporoso

6 ◁*apagado*
7 ◁*enfriado*

humear
9 ahumar(se)
40 atizar(se)
38 pegar(se)
3 sahumar
20 zurrar(se)

⇨echar humo

humectación
1 impregnación

humedad
1 higrometría
4 humedecimiento

3 ◁*resecación*

humedal
11 cenagal

humedecer(se)
17 bañar(se)
25 calar(se)
20 embeber(se)
18 empapar(se)
10 impregnar(se)
21 mojar(se)
16 pringar(se)
7 regar
9 remojar(se)
4 rociar

30 ◁*secar(se)*

humedecido
2 enmohecido

humedecimiento
2 empapamiento
2 humedad
2 regado
4 saturación

5 ◁*desecación*
1 ◁*sequía*

húmedo
1 aguanoso
2 chorreante
6 empapado
11 lento
5 mojado

5 acuoso

21 ◁*seco*

humera
40 borrachera

humeral
3 cendal
41 banda

humidificación
1 impregnación

humildad
8 acatamiento
15 docilidad
11 modestia
6 obediencia
10 oscuridad
2 plebeyez
15 reserva(s)
8 sumisión

10 pobreza
10 timidez

7 ◁*nombradía*
14 ◁*rebeldía*
7 ◁*soberbia*

humilde
10 dócil
18 insignificante
16 modesto
3 obediente
32 oscuro
2 proletario
8 reducido
15 reservado
8 sumiso

30 tímido

33 apocado
14 pequeño
18 pobre

8 ◁*destacado*
23 ◁*grande*

humillación

14 ◁*rebelde*
14 ◁*rico*
17 ◁*soberbio*

humillación
1 abaldonamiento
25 abatimiento
9 abyección
3 acoceamiento
19 austeridad
13 bajeza
13 degradación
23 depresión
6 empequeñecimiento
7 indignidad
15 rendimiento
11 revolcón
7 vejación

29 apocamiento
19 confusión

4 ◁*divinización*
9 ◁*glorificación*

humillado
2 burlado
4 degradado
4 deshonrado
1 doblegado
1 insultado
2 mortificado

11 abochornado

1 ◁*loado*

humillante
3 degradante
4 denigrante
4 depresivo
11 vergonzoso

humillar(se)
3 abajarse
11 abaldonar(se)
59 abatir(se)
17 abochornar(se)
24 agachar(se)
39 ajar(se)
28 anular(se)
45 aplastar(se)
8 aplebeyar(se)
45 apocar(se)

13 arrodillarse
13 avasallar(se)
40 avergonzar(se)
40 batir(se)
8 cachifollar(se)
41 ceder(se)
54 confundir(se)
23 degradar(se)
14 deprimir(se)
4 desconsiderar
1 desendiosar
22 deshonrar(se)
14 doblegar(se)
6 domeñar
19 empequeñecer(se)
4 epatar
4 golear
10 insultar
9 macerar(se)
23 mortificar(se)
33 ofender(se)
7 pisotear
4 posponer
21 postrar(se)
2 prosternar(se)
39 rebajar(se)
5 sojuzgar
40 someter(se)

29 aniquilar
43 arrastrar
10 oprimir
2 puchar
7 retractarse
3 sobajar

6 ◁*anteponer(se)*
9 ◁*deificar*
6 ◁*endiosar(se)*
5 ◁*ensalzar(se)*
22 ◁*ensoberbecer(se)*
16 ◁*entonar(se)*
9 ◁*esponjar(se)*
38 ◁*hinchar(se)*
9 ◁*infatuarse*
29 ◁*jactar(se)*
6 ◁*magnificar*
13 ◁*preciar(se)*
5 ◁*sublimar*
9 ◁*tontear*
8 ◁*vanagloriarse*
6 ◁*envanecerse*
16 ◁*presumir*

humo
3 emanación
2 fumarola
5 humareda
2 humazo
11 ilusión
3 vapor

20 apariencia
5 fumada
7 gas
5 tufo

humor
16 condición
18 gracia(s)
7 jovialidad
3 mucosidad
1 secreción
2 serosidad
2 supuración
6 talante

21 genio
8 gracejo
24 simpatía

humorada
11 antojo
19 extravagancia
7 jocosidad
18 rareza(s)

22 arranque
15 capricho
18 fantasía
7 ironía
25 pronto
4 socarronería

humoral
1 humoroso
2 purulento
1 seroso

humorístico
7 burlón
6 irónico
5 mordaz
9 satírico
8 socarrón

↪ en broma
◁ *en serio*

humoroso
3 humoral

humos
11 altivez
20 engreimiento
5 envanecimiento
7 ínfulas
7 soberbia

humoso
3 humeante

humus
2 mantillo

hundido
8 abismado
2 abollado
3 chafado
3 debilitado
6 deprimido
3 derruido
5 deshecho
7 enterrado
8 entristecido
2 frustrado
3 inmerso
5 postrado

9 ◁*levantado*

36 ◁*alegre*

hundimiento
1 debilitamiento
6 decadencia
3 derrumbamiento
3 desmoronamiento
4 desplome
5 enterramiento
6 inmersión
4 naufragio
8 postración
25 ruina(s)

6 ◁*auge*

9 ◁*alzamiento*

hundir(se)
59 abatir(se)
13 abismar(se)
2 afondar
29 amilanar(se)
16 anegar(se)
12 anonadar(se)
6 arietar(se)
16 arrasar(se)

hurto

42 arruinar(se)
24 clavar(se)
17 debilitar
23 degradar(se)
18 derrumbar(se)
8 desaparecer
2 desmoronar(se)
26 desprender(se)
24 destrozar(se)
52 destruir(se)
4 golear
5 naufragar
16 sumergir(se)
8 sumir(se)
40 vencer(se)
10 zambullir(se)

42 arruinarse
62 caer
15 decaer
13 desplomar

▷hacer agua

27 ◁aparecer(se)
9 ◁edificar(se)
38 ◁elevar(se)
12 ◁emerger
8 ◁enaltecer
7 ◁flotar
53 ◁levantar(se)
8 ◁respetar

6 ◁boyar

húngaro
10 bohemio

huno
5 atila
19 salvaje

hura
37 agujero

huracán
6 ciclón
7 galerna
11 tempestad
12 temporal
3 tifón
15 torbellino
4 tornado
4 tromba
10 vendaval
23 borrasca

11 enredador

huracanado
17 borrascoso
10 destructor
9 intenso
3 tormentoso
2 ventoso
13 violento
6 ◁apagado
16 ◁bonancible
8 ◁calmo

hurañía
7 insociabilidad

huraño
21 arisco
4 huidizo
6 insociable
7 misántropo
18 retraído
6 esquivo
8 hosco
8 manero
16 taimado

hure
2 tinaja
8 olla

hureque
25 abertura
5 oquedad
37 agujero

hurera
37 agujero

hurgar
40 atizar(se)
13 azuzar(se)
20 enzarzar(se)
60 excitar(se)
17 incitar(se)
7 manosear
17 menear(se)
11 palpar(se)
23 pinchar(se)
17 remover
23 tentar(se)
8 trajinar

10 sobar

hurgón
6 badila

hurgonazo
2 estocada

hurgonear
40 atizar(se)

hurgonero
5 atizador
6 badila

hurí
10 beldad
3 hermosa
7 ninfa

hurón
13 cesto
5 comilón
17 intratable
4 serón
7 tragaldabas
11 tripero

huronear
6 escudriñar
6 fisgonear
17 husmear
7 fisgar

huronera
5 madriguera

¡hurra!
hurtadineros
20 ahorro(s)

hurtador
11 caco
13 ladrón
6 ratero

hurtar(se)
34 afanar(se)
58 alzar(se)
36 apañar(se)
24 apoderar(se)
51 apropiar(se)

11 despojar
6 desposeer
10 eludir
6 evitar
3 garapiñar
43 llevar(se)
16 pillar(se)
8 ratear
15 substraer(se)
44 tomar(se)
18 zafar(se)
4 destusar
2 ñapear
20 aligerar
16 apandar
70 apartarse
8 birlar
11 bolsear
5 chalequear
3 enquesarse
5 espiantar(se)
7 garrear
13 granjear
50 limpiar
3 macacinear
5 manganear
12 mangar
8 mangonear
5 manotear
6 mochar
2 nagualizar
3 ñafiar
6 pispar
13 pitar
2 punguear
58 quitar
2 raquear
6 refalar(se)
14 robar
64 separarse
7 sisar
19 soplar
10 sustraer
2 tifiar
31 tragar
2 uñar
12 ◁inmiscuir(se)

hurto
5 latrocinio
8 levante
22 liga
3 mangancia

husada

8 robo
6 sustracción

husada
3 mazorca

húsar
5 soldado

husera
2 evónimo

husmeador
6 fisgón

husmear
13 apestar(se)
20 barruntar(se)
19 brujulear
4 cotillear
7 escarbar
6 escudriñar
6 fisgonear
5 heder

4 huronear
10 inquirir
12 investigar
18 oler(se)
7 olfatear
7 olisquear
8 rastrear
11 curiosear
7 fisgar

husmeo
5 fisgoneo

huso
2 aspador
1 rueca

huta
8 choza

huyuyo
21 arisco
6 insociable
18 retraído
9 huraño

I

ibero
4 celtíbero

iberoamericano
6 indio

íbice
1 cervicabra
5 gamuza
2 rebeco

iceberg
17 banco
1 témpano

icneumón
2 mangosta

icono
13 efigie
20 imagen
8 cuadro
22 figura

iconoclasta
2 arrasador
20 bárbaro
10 destructor
7 hereje
6 vandálico

iconografía
26 alegoría
10 arqueología

iconográfico
1 pictórico

iconógrafo
3 alegorizador

iconología
26 alegoría

iconómaco
5 iconoclasta

icor
1 sanies

icoroso
1 sanioso

ictericia
4 biliosidad
1 aliacán
⇨morbo regio

ictérico
23 amarillo
6 bilioso
1 hepático

ictiología
⇨estudio de los peces

ida
4 acercamiento
6 aproximación
17 huella
14 impulso
12 marcha
9 rastro
22 arranque
10 ímpetu
21 ◁vuelta

idea
6 arquetipo
7 bosquejo
8 concepto
5 esbozo
20 imagen
4 intuición
6 obsesión
14 pensamiento
19 plan
8 prejuicio
15 proyecto
20 representación
6 sensación
16 sentimiento
6 sospecha
9 vislumbre
23 manía
15 modelo
12 paradigma

ideal
6 arquetipo
11 elevado
17 excelente
11 ilusión
9 imaginario
13 inmaterial
8 poético
15 proyecto
5 sublime
7 supremo
4 trascendental
14 deseo
15 modelo
17 soberbio
7 tipo
10 ◁real

idealismo
23 altruismo
14 desinterés
7 filantropía
13 generosidad
11 ilusión
5 utopía
2 ◁materialismo

idealista
1 idealizador
11 iluso
4 utopista
2 ◁racionalista
12 ◁práctico

idealización
1 ensoñación
11 ilusión
8 imaginación

idealizado

5 utopía
7 ◁frialdad
3 ◁materialidad

idealizado
4 ensoñado

idealizador
3 idealista

idealizar
14 embellecer(se)
1 ensoñar
1 poetizar

idear
8 concebir
5 conceptuar(se)
12 discurrir
31 imaginar(se)
13 ingeniar(se)
11 inventar
6 maquinar
11 meditar
31 pensar(se)
23 trazar(se)

ideario
8 doctrina
4 enseñanza
15 escuela
4 teoría

ideático
12 caprichoso
11 idéntico
15 igual
14 ingenioso
8 maniático
50 astuto
9 extravagante
10 sagaz
10 ◁distinto

idéntico
14 análogo
4 equivalente
3 homogéneo
15 igual
2 intercambiable
11 semejante(s)
8 similar

6 uniforme
12 exacto
5 mismo
13 propio
10 ◁distinto
7 ◁heterogéneo

identidad
10 analogía
10 coincidencia
28 conformidad
4 homogeneidad
17 igualdad
6 semejanza
1 similaridad
4 uniformidad
12 concordia
3 ◁desigualdad
11 ◁diferencia
4 ◁heterogeneidad
3 ◁inexactitud

identificable
5 determinable
1 reconocible
1 reseñable
◁irreconocible

identificado
7 coincidente
11 conforme
1 descrito
11 determinado
1 fichado
4 hermanado
1 reseñado
14 señalado
5 solidario
15 ◁contrario
10 ◁diferente
5 ◁disconforme

identificar(se)
8 coincidir
35 distinguir(se)
15 fundir(se)
9 hermanar(se)
2 homogeneizar
30 igualar(se)
22 reconocer
8 unificar

6 compenetrarse
54 confundirse
3 ◁ignorar
64 ◁separarse

ideografía
9 escritura

ideográfico
1 dibujado
10 gráfico
1 pictórico
3 simbólico

ideograma
20 representación
10 signo(s)
13 símbolo

ideología
9 creencia
2 filosofía
4 ideario
4 religión

ideólogo
2 especulativo
5 teórico
4 utopista
12 fantasioso
11 ◁realista
4 ◁técnico

idílico
38 agradable
26 apacible
9 bucólico
11 deleitoso
3 madrigalesco
5 pastoril
5 sentimental

idilio
1 amartelamiento
7 enamoramiento
5 flirt
2 noviazgo
4 relaciones
10 romance(s)
20 amorío
8 ligue

idiocia
3 oligofrenia

idioma
1 dialecto
5 lengua
4 lenguaje
6 habla

idiosincrasia
19 carácter
1 individualidad
12 índole
2 particularismo
6 personalidad
4 temperamento

idiota
6 imbécil
14 inculto
3 subnormal
7 estúpido
11 memo
22 necio
18 tonto
5 zulú

idiotez
12 badajada
7 beotismo
30 bobería
2 cretinismo
5 entontecimiento
4 idiotismo
15 necedad(es)
3 oligofrenia
4 panfilismo
6 parida
9 sandez
42 tontería(s)
11 burrada
14 locura

idiotismo
14 idiotez
12 ignorancia
13 incultura
⇨expresión idiomática

idiotizar
20 embelesar(se)

idiotizarse
9 embrutecer(se)

ido
16 alienado
12 chiflado
9 lelo
8 vesánico
12 chalado
20 loco
6 majareta
▷de atar

7 ◁cuerdo

idólatra
9 adorador
6 amador
27 amoroso
10 fanático
17 gentil
22 amante
5 pagano

idolatrado
10 amado

idolatrar
12 adorar(se)
52 amar(se)

idolatría
11 adoración
7 apasionamiento
13 culto
1 fetichismo
2 gentilismo
4 paganismo
7 veneración

ídolo
6 admirado
2 adorado
12 amuleto
13 efigie
14 emblema
9 estrella
3 fetiche
4 icono
20 imagen
6 preferido
3 tótem
4 tabú

idoneidad
2 adecuación
17 competencia
4 suficiencia
8 utilidad
20 aptitud
14 capacidad
19 conveniencia

1 ◁inadecuación
4 ◁incompetencia

idóneo
4 adecuado
14 apto
15 conveniente
22 útil
16 capaz
11 competente

3 ◁inadecuado
8 ◁incompetente

iglesia
7 basílica
4 capilla
2 catedral
2 colegiata
9 comunidad
2 congregación
1 cristiandad
3 ermita
4 parroquia
7 rebaño
4 santuario
5 templo
7 gremio

ignaciano
4 jesuita

ignaro
19 ignorante

ígneo
8 abrasador
25 caliente
5 candente
4 quemante

ignición
9 combustión
5 incendio
8 quema

ignífugo
3 incombustible

ignito
6 encendido
5 incandescente

ignominia
9 abyección
21 afrenta
12 baldón
9 descrédito
16 deshonor
9 deshonra
5 ludibrio
10 oprobio
12 infamia
17 vergüenza

ignominioso
2 afrentoso
2 deshonroso
6 infamante
6 innoble
4 oprobioso
1 vergonzante
20 abyecto

ignorado
8 anónimo
16 incierto
3 incógnito
16 oculto

11 ◁conocido
4 ◁convocado
7 ◁egregio
5 ◁implícito

ignorancia
3 desconocimiento
7 impericia
13 incultura
10 ineptitud
6 inexperiencia
11 ingenuidad
14 inocencia
15 necedad(es)
1 nesciencia
14 nulidad
10 olvido
8 torpeza
11 ◁sabiduría

20 ◁aptitud

ignorante
18 asno
1 ignaro
7 iletrado
9 insulso
5 mostrenco
1 nesciente
6 profano
13 alcornoque
75 bobo
22 burro
21 grosero
11 memo
12 mentecato
10 obtuso
10 rocín
20 simple
18 torpe
10 tosco
10 zafio

6 ◁enterado

ignorar
2 desconocer
▷estar en la luna
▷estar pez

14 ◁saber

ignoto
6 desconocido
16 incierto
2 inexplorado

7 ◁egregio
15 ◁glorioso

igual
4 equivalente
3 homogéneo
2 homónimo
11 idéntico
9 invariable
5 paralelo
10 parejo
17 plano
17 regular(se)
11 semejante(s)
4 sinónimo
6 uniforme
7 constante
5 gemelo

iguala

21 llano
2 ◁*antónimo*
10 ◁*distinto*
7 ◁*heterogéneo*

iguala
4 conducta

igualación
7 emparejamiento
9 tablas

igualada
7 emparejamiento

igualado
3 equiparado
50 astuto
10 cuco
18 descocado
27 desvergonzado
21 grosero
16 taimado

igualamiento
4 nivelación

igualar(se)
14 abalanzar(se)
4 acompasar
37 acordar(se)
12 adecuar(se)
59 ajustar(se)
41 allanar(se)
16 aparear(se)
12 aplanar(se)
16 arrasar(se)
19 balancear(se)
6 contrapesar
14 emparejar(se)
4 enrasar
5 equilibrar(se)
6 equiparar(se)
2 estandarizar
7 explanar
2 homogeneizar
6 homologar
10 identificar(se)
7 nivelar
6 rasar
23 sentar(se)
6 tipificar

8 unificar
4 uniformar
14 atusar
7 competir
11 empatar
11 pactar
5 ◁*desemparejar(se)*
4 ◁*desempatar*
4 ◁*desigualar(se)*
3 ◁*desnivelar*
4 ◁*desparejar(se)*
5 ◁*discriminar*
35 ◁*distinguir(se)*

igualatorio
1 iguala

igualdad
10 coincidencia
7 consonancia
8 correspondencia
1 ecuación
3 equidad
14 equilibrio
5 equivalencia
1 homonimia
9 identidad
12 justicia
6 nivel
5 paralelismo
9 paridad
1 ras
6 semejanza
1 sinonimia
4 uniformidad
3 ◁*desigualdad*

iguales
4 guares

igualitario
15 igual

igualmente
9 además
8 asimismo
3 también

iguana
4 camaleón

igüedo
27 cabrón

ilación
1 inferencia
5 nexo
7 trabazón

ilativo
7 correspondiente
3 derivado
6 relacionado
7 lógico
10 ◁*ajeno*
5 ◁*ilógico*

ilegal
9 ilegítimo
4 ilícito
3 indebido
12 injusto
6 prohibido

ilegalidad
1 corruptela
8 delito
9 desafuero
13 falta
1 ilegitimidad
15 infracción
12 injusticia
2 prevaricación
2 quebrantamiento
4 transgresión
3 tropelía
21 arbitrariedad
10 trampa

ilegible
17 incomprensible
9 indescifrable
7 ininteligible

ilegitimar
1 desheredar
12 despreciar
26 excluir(se)
21 repudiar(se)
16 desechar
13 rechazar
19 ◁*acoger(se)*
22 ◁*apreciar(se)*
13 ◁*incluir*

ilegitimidad
13 ilegalidad

ilegítimo
4 adulterado
9 bastardo
6 espurio
4 falsificado
5 fraudulento
5 ilegal
4 ilícito
20 natural
6 postizo

íleo
1 vólvulo

íleon
6 intestino(s)

ileso
4 inatacable
4 incólume
6 indemne
8 inexpugnable
8 intacto
6 invulnerable
11 limpio
9 saludable
18 sano
13 ◁*tocado*

iletrado
9 analfabeto
16 animal
19 ignorante
14 inculto
4 indocto
9 alfabeto
11 paleto

ilícito
5 ilegal
9 ilegítimo
3 indebido
6 prohibido

ilimitado
7 incalculable
7 indefinido
14 indeterminado
1 inespecificado

8 infinito

ilógico
51 absurdo
9 desatinado
7 descabellado
12 disparatado
6 inverosímil

ilota
7 esclavo
4 siervo

iludir
80 burlar(se)

iluminación
13 inspiración
38 alumbrado
4 ◁*apagón*
2 ◁*obscurecimiento*

iluminado
4 inspirado
2 revelandero
2 vidente
4 visionario

iluminar
54 aclarar(se)
20 alumbrar(se)
5 esclarecer
23 encender
15 ◁*apagar(se)*
54 ◁*confundir(se)*

iluminismo
2 teosofía

ilusión
13 afán
10 alucinación
32 anhelo
16 delirio
1 ensoñación
4 esperanza
13 desvarío
14 deseo
11 ficción
12 quimera
12 sueño

10 ◁*desconfianza*
2 ◁*desesperanza*

ilusionado
27 animoso
8 confiado
2 encandilado
6 entusiasta
2 esperanzado
3 fiado
6 romántico
5 optimista
2 ◁*desengañado*
11 ◁*realista*
25 ◁*frío*

ilusionar(se)
15 abrigar(se)
19 acariciar(se)
45 anhelar
48 atraer(se)
17 confiar(se)
11 delirar
14 desear
18 deslumbrar(se)
22 encandilar(se)
12 fiar(se)
12 seducir
9 soñar
4 esperar
7 ◁*decepcionar(se)*
9 ◁*defraudar*
2 ◁*desconfiar*
8 ◁*desengañar(se)*
6 ◁*desesperar(se)*
12 ◁*desfallecer*
24 ◁*frustrar(se)*

ilusionismo
13 magia
2 prestidigitación

ilusionista
1 prestidigitador

iluso
4 embaucado
9 engañado
3 idealista
1 imaginativo
13 ingenuo
1 quimerista

7 seducido
7 soñador
4 utopista
4 visionario
22 cándido

ilusorio
17 aparente
7 engañoso
11 ficticio
8 inexistente
11 irreal
21 falso
11 ◁*verdadero*

ilustración
10 aclaración
6 civilización
6 cultura
13 educación
4 erudición
4 esclarecimiento
9 estampa
10 explicación
7 grabado
27 instrucción(es)
6 lámina
11 preparación
14 saber
22 figura
21 santo
12 ◁*ignorancia*
13 ◁*incultura*

ilustrado
13 culto
4 docto
1 documentado
9 erudito
8 instruido
5 leído
15 sabio
8 versado
11 entendido
19 ◁*ignorante*

ilustrador
2 dibujante

ilustrar(se)
54 aclarar(se)
5 adoctrinar

3 afamar
20 alumbrar(se)
27 aprender(se)
2 civilizar
8 comentar(se)
10 deslindar
6 dilucidar
29 educar(se)
37 enseñar(se)
5 esclarecer
4 esmaltar
7 explanar
34 explicar(se)
28 formar(se)
23 imponer(se)
4 inculcar
11 instruir

ilustrativo
3 aclaratorio
7 categórico
28 claro
3 esclarecedor
14 ◁*confuso*
1 ◁*embrollón*

ilustre
9 célebre
20 distinguido
7 egregio
13 eminente
7 esclarecido
9 eximio
16 famoso
11 insigne
34 notable(s)
7 preclaro
7 prestigioso
8 renombrado
14 reputado
6 ◁*desconocido*

ilustrísimo
13 ilustre

imagen
13 efigie
14 emblema
9 estampa
5 estatua
7 grabado
19 idea
15 ilustración

imaginable

9 imitación
18 parecido
13 pintura
20 representación
10 reproducción
8 retrato
6 semejanza
10 signo(s)
13 símbolo
4 tropo
14 copia
22 figura
21 santo

imaginable
3 conceptible
6 ◁*inimaginable*

imaginación
6 ensueño
2 espejismo
7 invención
20 representación
5 utopía
18 fantasía
12 quimera
10 visión
7 ◁*realidad*

imaginado
16 fabuloso
8 supuesto
5 teórico
12 virtual

imaginar(se)
3 alegorizar
12 antojar(se)
14 columbrar
8 concebir
8 conjeturar
17 crear
58 echar(se)
6 entrever
19 especular
11 fabricar
4 fabular
3 fantasear
20 figurar(se)
4 forjar
13 fraguar
10 idear

13 ingeniar(se)
11 inventar
18 oler(se)
31 pensar(se)
13 proyectar
29 representar(se)
9 soñar
23 sospechar(se)
7 suponer
23 trazar(se)
8 vislumbrar
17 aprehender
16 presumir

imaginaria
19 guardia

imaginario
7 engañoso
16 fabuloso
16 fantástico
11 ficticio
12 fingido
15 ideal
11 irreal
8 utópico
21 falso
11 ◁*verdadero*

imaginativo
11 iluso

imaginero
4 escultor
4 tallista

imán
1 almuédano
3 arrastre
3 calamita
9 garra
2 magnetita
35 atractivo

imanador
2 magnetizador

imanar
19 brujulear

imantar
39 arrebatar(se)
19 brujulear

4 magnetizar(se)

imbatible
3 invencible

imbécil
75 bobo
7 estúpido
8 idiota
11 memo
22 necio
18 tonto
16 ◁*inteligente*
16 ◁*listo*

imbecilidad
8 asnería
5 entontecimiento
15 necedad(es)
42 tontería(s)

imberbe
5 barbilampiño
9 bisoño
13 inexperto
7 novato
5 principiante
11 pipiolo
6 ◁*barbudo*
23 ◁*experimentado*

imbibición
10 absorción

imbornal
37 buzón
10 alcantarilla

imborrable
14 duradero
9 indeleble
8 perdurable
7 persistente
7 ◁*efímero*

imbricación
2 encarnadura

imbricar
48 asociar(se)
51 cubrir(se)
23 interesar(se)

10 solapar(se)
1 superponer

imbuir
4 inculcar
5 infundir
14 persuadir(se)

imbuirse
18 empapar(se)

imbunche
9 hechicería
18 enredo
11 lío
6 maleficio
8 maraña

imitación
8 eco
7 falsificación
5 parodia
3 plagio
4 remedo
20 representación
10 reproducción
4 simulacro
14 copia

imitado
4 adulterado
25 artificial
5 simulado

imitador
3 falsificador
5 imitativo
4 parodista

imitar
10 copiar
6 emular
4 falsificar
16 inspirar(se)
4 parodiar
4 plagiar
20 reproducir(se)
42 seguir(se)
7 remedar
7 fusilar
21 reparar

imitativo
8 émulo
3 gregario
3 imitador
2 mimético
1 plagiario
20 ◁ *natural*
18 ◁ *original*

imoscapo
10 columna
8 fuste

impaciencia
9 ansiedad
10 desasosiego
8 intranquilidad
5 urgencia
17 inquietud

impacientado
2 expectante
4 impaciente
9 inquieto
12 vehemente
13 ◁ *tranquilo*
13 ◁ *sereno*

impacientar(se)
17 derretir(se)
9 desasosegar(se)
6 desesperar(se)
11 intranquilizar(se)
63 irritar(se)
17 preocupar(se)
17 pudrir(se)
30 quemar(se)
3 repudrir(se)
⇨ponerse negro

impaciente
11 ansioso
4 desasosegado
9 inquieto
8 intranquilo

impacto
5 mazazo

impago
7 deuda

impalpable
15 incorpóreo
13 inmaterial
4 intangible
8 invisible
5 microscópico
4 minúsculo
8 reducido
6 mínimo
3 ◁ *máximo*

impar
1 non
16 único

imparcial
4 equitativo
3 neutral
19 recto
7 ecuánime
16 justo

imparcialidad
7 ecuanimidad
3 equidad
17 igualdad
12 justicia
6 neutralidad
8 rectitud
12 ◁ *injusticia*

impartir
22 adjudicar(se)
21 asignar(se)
7 compartir
63 dar(se)
17 distribuir(se)
21 repartir(se)

impasibilidad
22 anestesia
17 apatía
3 ataraxia
4 estoicismo
6 pasividad
26 calma
15 ◁ *asombro*

impasible
4 desinteresado
13 impávido

5 impertérrito
10 imperturbable
10 indiferente
11 insensible
13 sereno
44 ◁ *afectado*

impasse
5 estancamiento
13 problema
14 atolladero
11 lío
10 ◁ *solución*

impavidez
3 ataraxia
9 imperturbabilidad
8 serenidad
40 ánimo
11 ◁ *gesto(s)*

impávido
14 arrojado
33 atrevido
5 esforzado
7 impasible
5 impertérrito
10 imperturbable
11 insensible
6 sinvergüenza
18 fresco
19 jeta
13 sereno
9 valiente
⇨cara dura
7 ◁ *amedrentado*
44 ◁ *afectado*

impecable
9 aseado
16 correcto
7 intachable
8 irreprochable
11 limpio
9 perfecto
13 ◁ *sucio*

impedancia
17 resistencia

impedido
4 anquilosado
6 baldado
4 imposibilitado
2 incapacitado
4 paralítico
3 tullido

impedimenta
12 bagaje
15 aparejo

impedimento
10 estorbo
6 rémora
7 traba
19 embarazo
15 dificultad
10 escollo
3 freno
10 obstáculo
29 ◁ *ayuda*

impedir
16 desbaratar
49 detener(se)
13 dificultar(se)
15 embarazar(se)
6 empecer
20 entorpecer(se)
6 evitar
10 frenar
7 imposibilitar(se)
17 obstaculizar
50 parar(se)
6 vedar
⇨cortar las alas
34 ◁ *auxiliar(se)*

impeditivo
4 abortivo

impelente
3 impulsor
3 motor

impeler
22 aguijonear(se)
9 espolear
28 estimular(se)
17 incitar(se)
53 lanzar(se)

impenetrable

59 mover(se)
11 empujar
10 impulsar
10 ◁ *frenar*

impenetrable
21 callado
4 hermético
8 impermeable
5 incognoscible
17 incomprensible
9 indescifrable
7 inexplicable
7 ininteligible
5 insondable
10 misterioso
15 reservado
19 secreto

impenitente
6 contumaz
8 empedernido
2 protervo
5 recalcitrante
14 obstinado
9 terco
14 ◁ *arrepentido*
6 ◁ *contrito*

impensa
11 gesto(s)

impensable
6 inimaginable

impensado
10 casual
5 fortuito
6 improvisado
7 inadvertido
8 inesperado
10 inopinado
5 repentino
12 súbito
13 ◁ *preparado*

impepinable
9 indefectible
6 inevitable

imperar
13 avasallar(se)
6 domeñar

46 dominar(se)
6 predominar
11 prevalecer
15 regir(se)
6 reinar
5 sojuzgar
40 someter(se)
9 tiranizar
17 mandar
7 ◁ *obedecer*

imperativo
9 autoritario
7 categórico
6 conminatorio
21 dominante
11 imperioso
9 perentorio
9 preceptivo
4 exigente
6 mandón

imperatorio
11 imperioso

imperceptible
9 inapreciable
3 indiscernible
3 indistinto
5 microscópico
4 minúsculo
6 mínimo
3 ◁ *máximo*

imperdible
13 alfiler
15 broche
6 pasador
4 gacilla

imperdonable
6 bochornoso
14 garrafal
2 indisculpable
4 inexcusable
13 infame
1 irremisible
11 vergonzoso
5 ◁ *justificable*

imperecedero
9 eterno
6 eviterno

5 inmortal
8 perdurable
13 perpetuo
7 constante

imperfección
10 defecto
13 falta
10 laguna
5 lunar
4 maca
4 mota
7 pero
7 tacha
10 tosquedad
9 daño
11 vicio
13 ◁ *corrección*

imperfectivo
11 permanente

imperfecto
7 defectuoso
9 falto
1 fulero
6 inacabado
14 incompleto
5 inconcluso
10 incorrecto
4 inmaduro
34 malo
12 deforme
8 manco
10 tosco

imperial
8 cigarro
21 puro
6 tejadillo
49 asiento

imperialismo
4 colonialismo
2 colonización
9 despotismo
21 dominio
10 opresión
2 ◁ *emancipación*
6 ◁ *liberación*

imperialista
3 colonizador
4 dominador
2 opresor
4 tiránico
4 totalitario
1 ◁ *demócrata*
5 ◁ *emancipador*
1 ◁ *liberador*

impericia
12 ignorancia
10 incapacidad
4 incompetencia
10 ineptitud
6 inexperiencia
4 inhabilidad
8 torpeza

imperio
21 dominio
26 autoridad
6 mando
18 orgullo
7 soberbia

imperioso
15 altanero
31 arrogante
9 autoritario
22 creído
21 dominante
12 imprescindible
13 indispensable
4 inexcusable
8 necesario
6 mandón
19 orgulloso
13 ◁ *humilde*

imperito
8 inepto

impermeabilizar
3 alquitranar
4 calafatear
3 embrear
4 encerar
2 recauchutar

impermeable
2 anorak
3 chubasquero

2 estanco
6 gabardina
12 impenetrable
10 incorruptible
3 insobornable
6 trinchera

impersonal
8 adocenado
19 común
14 corriente
2 desangelado
8 inhumano
9 vulgar
25 frío
◁actancia cero

impersonalismo
14 desinterés
13 desprendimiento

impersuasible
9 terco

impertérrito
7 impasible
13 impávido
10 imperturbable
7 inconmovible
13 sereno
44 ◁afectado

impertinencia
8 chinchorrería
12 inconveniencia
8 inoportunidad
18 molestia(s)
15 batería
14 pesadez
7 tabarra

impertinente
11 inconveniente
10 inoportuno
5 mirón
5 moscardón
8 verraco
8 cargante
42 fastidioso
9 indiscreto
15 molesto

31 pesado
3 ◁llevadero

impertinentes
20 anteojo(s)
3 gafas
18 lente(s)
1 quevedos

imperturbabilidad
4 aplomo
14 desinterés
5 despreocupación
4 estoicismo
4 impavidez
15 indiferencia
8 serenidad
9 tranquilidad
12 flema
8 ◁intranquilidad

imperturbable
7 calmado
4 desinteresado
9 despreocupado
7 impasible
13 impávido
5 impertérrito
10 indiferente
16 inmutable
13 tranquilo
13 sereno
8 ◁intranquilo

impétigo
7 erupción
1 exantema

impetra
17 bula

impetración
8 petición
6 súplica

impetrador
6 demandante
2 peticionario
5 suplicante
1 ◁recipiendario

impetrar
9 rogar
8 solicitar
6 suplicar
17 pedir

ímpetu
22 ardor
19 brío
5 fogosidad
6 impetuosidad
14 impulso
16 pasión
12 vehemencia
22 arranque
49 energía
17 fuerza
6 ◁pasividad

impetuosamente
6 briosamente

impetuosidad
5 fogosidad
11 furia
8 furor
23 viveza
17 acaloramiento
10 ímpetu

impetuoso
15 arrebatado
12 brusco
9 enérgico
8 febril
9 fogoso
7 inmediato
5 raudo
12 vehemente
13 violento
22 fuerte
25 pronto
19 rápido
10 ◁pasivo
19 ◁suave

impiedad
1 agnosticismo
10 desacato
3 incredulidad
4 irreligiosidad

10 irreverencia
1 laicismo
4 profanación

impiedoso
10 impío

impío
5 agnóstico
3 antirreligioso
6 ateo
8 descreído
7 despiadado
3 escéptico
9 incrédulo
4 irreverente
5 laico
1 sacrílego

implacabilidad
11 ferocidad

implacable
7 despiadado
2 draconiano
17 empecinado
8 empedernido
6 inexorable
13 inflexible
14 obstinado
17 riguroso

implantación
10 creación
7 establecimiento
7 fundación
3 instauración
6 realización
6 ◁anulación
3 ◁derogación

implantado
5 entronizado

implantar(se)
17 crear
5 enraizar(se)
47 establecer(se)
25 fundar(se)
10 instaurar
5 instituir
31 introducir(se)

implemento
26 adición
7 herramienta
5 trebejo
10 utensilio(s)

implicación
9 patrimonio
7 participación

implicado
14 complicado
4 cómplice
5 comprometido
8 embrollado
7 metido
14 ◁inocente

implicancia
5 incompatibilidad

implicar
21 contener(se)
11 encerrar
32 envolver(se)
42 seguir(se)
13 significar
7 suponer
13 enlazar
⇨llevar consigo
⇨traer aparejado

implicarse
21 mojar(se)
16 pringar(se)
7 ◁obviar

implícitamente
17 calladamente

implícito
21 callado
4 expreso
2 sobreentendido
5 tácito
12 virtual
6 ◁excluido
4 ◁ignorado

implorador
6 implorante

implorante
1 implorador
1 lloriqueante
1 lloroso
2 postulante
8 quejoso
5 suplicante
4 ◁exigente

implorar
12 exhortar
4 impetrar
11 instar
9 postular
9 rogar
6 suplicar

impolítico
5 chocarrero
descortés
7 incivil
11 inconveniente
10 inoportuno
11 maleducado
22 ordinario
21 grosero
10 zafio

impoluto
9 aseado
4 inmaculado
7 intachable
11 limpio
21 puro
8 ◁impuro
13 ◁sucio

imponderables
2 azares
8 contingencia(s)
1 eventualidades
8 riesgo(s)
9 ◁previsión

imponencia
16 grandeza
3 inmensidad
5 majestad
8 solemnidad

imponente
18 aterrador
7 descomunal
11 espantoso
15 espeluznante
10 gigantesco
14 horrible
16 horroroso
10 monstruoso
7 pavoroso
10 respetable
8 terrorífico
3 venerable
12 enorme
18 horrendo

imponer(se)
40 acobardar(se)
14 agravar(se)
29 amilanar(se)
40 aplicar(se)
27 aprender(se)
58 asustar(se)
18 aterrar(se)
14 calumniar(se)
7 constreñir
46 dominar(se)
37 enseñar(se)
9 exigir
28 formar(se)
4 gravar
21 ilustrar(se)
6 infligir
11 instruir
25 obligar(se)
9 señorear
40 amedrentar
50 cargar
17 mandar
16 ◁excusar(se)

impopular
5 desprestigiado
5 odioso

importación
22 adquisición
6 compra
23 entrada
15 introducción
1 ◁exportación
22 ◁salida(s)

importador
14 comerciante

importancia
28 alcance(s)
31 arrogante
21 calidad
33 consideración(es)
4 cuantía
20 engreimiento
7 enjundia
15 interés
3 monta
7 pote
11 significado
4 suficiencia
3 trascendencia
24 valor
14 vanidad
17 categoría
11 peso
4 ◁intrascendencia

importante
4 cardinal
11 conocido
10 considerable
6 copioso
8 crecido
8 destacado
3 excelso
6 fundamental
11 insigne
5 interesante
34 notable(s)
• 8 numeroso
8 renombrado
14 señalado
9 significativo
10 valioso
29 abundante
12 enorme
6 ◁desconocido
18 ◁insignificante
17 ◁escaso

importar
21 afectar(se)
23 interesar(se)
31 introducir(se)
30 montar(se)
21 sumar(se)
29 valer(se)
8 atañer
15 convenir

32 entrar
⇨hacer al caso
⇨merecer la pena

importe
8 anualidad
3 coste
4 cuantía
6 mensualidad
1 monto
11 precio
10 valía
24 valor

importunación
12 acosamiento

importunar
28 aburrir(se)
41 cansar(se)
2 chinchar
67 enfadar(se)
27 enojar(se)
87 fastidiar(se)
37 fatigar(se)
44 incomodar(se)
114 molestar(se)
50 cargar
11 empatar
13 jorobar
⇨dar la paliza
⇨no dejar vivir

importunidad
6 asedio
5 cansera
2 machanga
20 odio
4 pereque

importuno
8 chinchorrero
6 extemporáneo
10 inoportuno
7 intempestivo
33 palizas(s)
8 cargante
10 enfadoso
42 fastidioso
15 molesto
31 pesado

imposibilidad
2 impracticabilidad
5 improbabilidad
3 inverosimilitud

imposibilitado
6 baldado
6 impedido
4 paralítico
3 tullido

imposibilitar(se)
10 baldar(se)
3 incapacitar
3 inhabilitar
16 paralizar(se)
4 tullirse
13 impedir

imposible
6 impracticable
8 inaguantable
1 inalcanzable
1 insoluble
7 insufrible
17 intratable
2 irrealizable
10 colérico
27 ◁posible(s)

imposición
24 carga
12 censo
9 coacción
6 coerción
13 exigencia
7 gravamen
9 impuesto
11 tributo

impositivo
3 contributivo

impositor
4 ahorrador
1 depositante
2 ◁receptor

impostor
11 calumniador
15 camandulero
6 difamador

12 embaucador
10 engañador
2 falsario
13 farsante
3 simulador
16 charlatán
13 murmurador

impostura
6 difamación
8 engañifa
28 engaño(s)
10 falsedad
10 fingimiento
3 recoveco
8 superchería
11 calumnia
7 doblez
15 mentira

impotencia
2 agenesia
16 agotamiento
10 anonadamiento
4 frigidez
6 incapacitación
7 ineficacia

impotente
7 baldragas
21 caduco
frígida
9 indefenso
6 ◁genésico

impracticabilidad
3 imposibilidad

impracticable
8 imposible
13 inaccesible
7 infranqueable
11 insuperable
1 intransitable
2 irrealizable

imprecación
7 anatema
7 execración
9 maldición
11 juramento
19 taco

imprecador
10 blasfemo

imprecar
11 execrar
11 maldecir

imprecisamente
4 arrebujadamente

imprecisión
6 generalidad
9 indeterminación
3 vagarosidad
3 vaguedad
13 ◁rigor

impreciso
9 ambiguo
14 confuso
8 equívoco
16 incierto
7 indefinido
14 indeterminado
16 vago
14 ◁inequívoco

impregnación
10 absorción

impregnado
6 empapado

impregnar(se)
17 bañar(se)
5 colmar
20 embeber(se)
18 empapar(se)
10 humedecer(se)
33 llenar(se)
21 mojar(se)
16 pringar(se)
17 saturar(se)
50 cargar

impremeditación
9 imprevisión

impremeditado
7 espontáneo
9 imprevisto
13 irreflexivo

imprenta

8 precipitado

imprenta
1 rotativa

imprentas
28 engaño(s)
19 embuste

imprescindible
9 esencial
6 forzoso
11 imperioso
13 indispensable
7 inmediato
3 insustituible
2 irreemplazable
8 necesario
5 obligatorio
22 preciso
2 urgente
7 vital

impresentable
8 desastrado
11 negligente
9 descuidado
10 indecente
6 roto
13 sucio
23 ◁*arreglado*
11 ◁*limpio*

impresión
2 edición
25 efecto(s)
10 emoción
17 huella
1 impronta
16 marca
11 pasmo
6 sensación
6 vestigio
12 excitación
27 señal
5 tirada

impresionabilidad
1 excitabilidad
3 sensibilidad

impresionable
5 afectivo
27 delicado

5 emotivo
5 excitable
7 nervioso
15 sensible
4 sensitivo
7 susceptible
11 ◁*insensible*

impresionado
4 deslumbrado

impresionante
38 bello
34 brillante
1 deslumbrante
2 despampanante
10 emocionante
11 grandioso
5 llamativo
9 ostentoso
5 sensacional
9 sorprendente
14 terrible
12 tremendo
6 coruscante
6 ◁*apagado*
13 ◁*humilde*
9 ◁*nimio*
9 ◁*vulgar*

impresionar(se)
21 afectar(se)
39 alterar(se)
13 conmover(se)
4 convencer
4 dramatizar
60 excitar(se)
3 fotograbar
14 persuadir(se)
12 seducir
12 sobrecoger(se)
11 sobresaltar(se)
37 turbar(se)
2 aprensionarse

impreso
4 cuaderno
1 formulario
16 hoja
6 mapa
5 folleto
15 modelo

19 patrón

impresor
1 cajista
2 corrector
1 encuadernador
1 linotipista
1 prensista
1 tipógrafo

impresora
2 linotipia

imprevisible
14 accidental
5 fortuito
8 impensado
7 indeliberado
10 inopinado
5 repentino
9 sorprendente
◁*previsto*
◁*reflexionado*

imprevisión
16 azar
12 casualidad
15 descuido
1 impremeditación
10 imprudencia
6 inadvertencia
1 indeliberación
13 ligereza
11 negligencia
9 ◁*reflexión*

imprevisto
14 accidental
10 casual
5 fortuito
8 inesperado
10 inopinado
2 insospechado
5 repentino
12 súbito
3 volandero
6 ◁*forzoso*
5 ◁*sospechoso*

imprimación
13 barniz
15 aparejo

imprimar
10 aparejar
1 emprimar

imprimátur
16 licencia

imprimir
11 conservar
6 editar(se)
3 estampar
39 fijar(se)
44 guardar(se)
15 retener(se)
14 publicar
58 tirar

improbabilidad
3 imposibilidad
2 impracticabilidad
18 rareza(s)
15 dificultad
12 quimera
10 ◁*posibilidad(es)*
7 ◁*realidad*

improbable
6 dudoso
8 imposible
16 incierto
11 increíble
6 inverosímil
7 remoto
27 ◁*posible(s)*

ímprobo
11 afanoso
8 agotador
difícil
5 fatigoso
6 incómodo
7 laborioso
7 sobrehumano
8 trabajoso
31 pesado
24 ◁*fácil*

improcedencia
12 inconveniencia
8 inoportunidad
11 irracionalidad

21 arbitrariedad

improcedente
6 extemporáneo
10 inoportuno
10 impertinente

improductividad
16 agotamiento
2 aridez
4 esterilidad
1 infecundidad
4 inutilidad
28 ◁ *abundancia*
7 ◁ *eficacia*

improductivo
11 baldío
10 estéril
3 infecundo
6 infructuoso
8 yermo
6 ◁ *fértil*

impronta
17 huella

impronunciable
8 indecible

improperio
9 denuesto
2 dicterio
17 injuria
10 insulto
5 invectiva
9 maldición
5 provocación
4 pulla
5 reniego
9 vituperio
15 reproche

impropiar
7 apostrofar(se)

impropio
10 ajeno
5 discordante
18 extraño
3 improcedente
3 inadecuado

11 inconveniente
10 incorrecto

improrrogable
3 inaplazable

improsulto
33 atrevido
8 ineficaz
34 malo
7 osado
6 sinvergüenza
11 descarado
16 inútil

improvisado
7 espontáneo
4 impremeditado
20 natural
5 repentino
24 abierto
21 llano
8 ◁ *aposta*
12 ◁ *reflexivo*

improvisar
3 repentizar

imprudencia
1 atolondramiento
3 descoco
15 descuido
9 imprevisión
9 irreflexión
13 ligereza
9 precipitación
7 procacidad
9 temeridad
32 atrevimiento

imprudente
9 alocado
8 confiado
3 insensato
13 irreflexivo
23 ligero
8 precipitado
11 temerario
1 atolondrado
9 descuidado
9 incauto

9 indiscreto

imprudentemente
8 atontadamente
26 atrevidamente

impúber
13 garzón

impudencia
10 impudicia
14 impudor

impúdica
6 bacante

impudicia
3 descoco
2 impudencia
14 impudor
32 atrevimiento
4 caradura
12 cinismo
10 descaro
8 desfachatez
2 desvergüenza
7 osadía

impúdico
33 atrevido
16 escabroso
13 libertino
6 licencioso
7 osado
8 pornográfico
9 procaz
9 verde
18 cara
4 caradura
6 cínico
11 descarado
18 descocado
27 desvergonzado
18 fresco
19 jeta
10 lujurioso
14 ◁ *comedido*
8 ◁ *recatado*

impudor
3 descoco
11 deshonestidad

2 impudencia
10 impudicia
8 libertinaje
9 lujuria
7 procacidad
32 atrevimiento
4 caradura
12 cinismo
10 descaro
8 desfachatez
2 desvergüenza
7 osadía

impuesto
11 arbitrio
2 azaque
13 canon(es)
24 carga
12 censo
15 contribución
9 gabela
7 gravamen
11 tributo

impugnable
3 combatible
4 contestable

impugnación
10 crítica

impugnar
24 argumentar(se)
19 censurar
4 constatar
18 contradecir(se)
10 criticar
6 desmentir
6 objetar
6 rebatir
12 hostigar
17 ◁ *aceptar*

impulsar
22 aguijonear(se)
34 avivar(se)
28 estimular(se)
60 excitar(se)
8 impeler
17 incitar(se)
53 lanzar(se)
7 propulsar

impulsión

11 empujar
20 instigar
10 ◁*frenar*

impulsión
18 arrojamiento
14 impulso
18 arrojo

impulsivo
10 acometedor
4 arrebatoso
6 enjundioso
9 fogoso
5 temperamental
13 violento
22 niño
2 retentado
17 soberbio

impulso
2 aguijoneamiento
2 envite
10 estímulo
3 impulsión
14 incitación
3 instigación
8 lanzamiento
1 propulsión
22 salida(s)
22 arranque
6 empellón
7 empujón
12 excitación
25 pronto
3 ◁*frenazo*

impulsor
5 activista
2 impelente
5 promotor

impunidad
1 acogimiento
1 indemnidad
2 irresponsabilidad
6 perdón
20 seguridad
25 seguro
9 tranquilidad
17 ◁*castigo*

impureza
4 adulteración
4 cochinada
5 contaminación
8 corrupción
10 impudicia
8 libertinaje
13 mancha
7 pornografía
16 residuo
9 resto
12 mezcla
16 sedimento
14 suciedad

impurificar(se)
16 ensuciar(se)
8 ◁*acendrar(se)*
10 ◁*acrisolar*
50 ◁*apurar(se)*
11 ◁*refinar(se)*

impuro
4 adulterado
7 heterogéneo
12 manchado
8 mezclado
10 revuelto
9 turbio
12 cochino
13 sucio
11 ◁*limpio*

imputable
5 achacable
3 atribuible
4 denunciable

imputación
21 agravio
17 cargo
2 inculpación
27 acusación
11 calumnia

imputado
2 atribuído

imputar
13 acusar
6 achacar
33 atribuir(se)

14 emplazar(se)
3 incriminar
9 inculpar
10 reprochar(se)
8 tachar
10 delatar
11 denunciar
6 ◁*exculpar*
22 ◁*tapar(se)*

inabordable
13 inaccesible

inacabable
7 inagotable
8 infinito
5 interminable
7 ◁*eventual*

inacabado
4 cojo
3 diferido
12 imperfecto
14 incompleto
4 truncado
12 suspenso
4 ◁*vigente*

inaccesibilidad
6 fragosidad
22 aspereza
15 dificultad
10 ◁*posibilidad(es)*

inaccesible
16 abrupto
45 áspero
   difícil
16 escabroso
6 escarpado
9 fragoso
12 impenetrable
8 imposible
6 impracticable
1 inalcanzable
17 incomprensible
1 intransitable
11 intrincado
27 ◁*posible(s)*

inacción
8 abstención
33 alto(s)

3 cesantía
15 descuido
11 desidia
5 espera
9 gandulería
3 inactividad
8 inercia
9 inmovilidad
6 jubilación
6 neutralidad
5 ociosidad
9 pausa
8 quietud
8 retiro
6 tregua
6 vagancia
15 ◁*potencia*

inacentuado
2 átono

inaceptable
1 inadmisible
5 injustificable
12 injusto
2 infumable
5 ◁*potable*

inactividad
17 apatía
18 inacción
12 ocio
5 ◁*andadura*
8 ◁*celeridad*
8 ◁*dinamismo*
5 ◁*fogosidad*

inactivo
5 cesante
2 contemplativo
4 extático
8 ineficaz
9 inerte
9 inmóvil
11 negligente
13 ocioso
10 pasivo
4 pasmado
10 quieto
16 inútil
5 jubilado
13 parado

13 perezoso
5 ◁trabajador

inactual
6 extemporáneo
9 pasado

inadaptable
16 descontento
5 incompatible
8 indócil
8 refractario
3 ◁conformista
4 ◁transigente

inadaptación
6 indisciplina
14 rebeldía
16 disgusto
10 resentimiento
8 ◁sumisión

inadaptado
10 ajeno
1 desambientado
2 desavenido
3 descentrado
6 incómodo
14 rebelde
2 ◁compatible
8 ◁sumiso

inadecuación
6 incongruencia
7 ◁idoneidad

inadecuado
7 impropio
2 inapropiado
11 inconveniente

inadmisible
4 inaceptable

inadvertencia
15 descuido
16 distracción
9 irreflexión
11 negligencia
10 olvido
8 omisión

47 ◁atención(es)
16 ◁conocimiento
22 ◁cuidado

inadvertido
1 desadvertido
3 desapercibido
11 imprudente
13 irreflexivo
1 atolondrado
9 descuidado
16 distraído
17 ◁atento

inagotable
9 eterno
5 fecundo
3 inacabable
2 inextinguible
8 infinito
5 interminable
29 abundante
14 ◁pasajero

inagotablemente
4 continuamente

inaguantable
6 incómodo
10 insoportable
7 insufrible
3 intolerable
8 cargante
42 fastidioso
15 molesto
31 pesado

inajenable
4 inalienable

inalado
1 áptero

inalcanzable
8 inasequible

inalienable
3 individual
1 intrasferible
11 personal
13 propio

10 ◁ajeno
1 ◁enajenable

inalterable
15 fijo
7 impasible
13 impávido
5 impertérrito
10 imperturbable
3 incombustible
10 incorruptible
6 indestructible
9 invariable
11 permanente
7 constante
11 continuo
19 flemático
7 ◁perecedero

inane
11 fútil
8 ineficaz
6 vacuo
21 vano
16 inútil

inanición
9 depauperación
13 desfallecimiento

inanidad
14 aplanamiento

inanimado
3 exánime
11 insensible
23 material(es)
11 muerto
21 objetivo
28 ◁vivo

inapelable
6 definitivo
6 total
27 absoluto

inapetencia
7 desgana
1 disorexia
15 indiferencia
8 saciedad

2 anorexia
14 ◁deseo

inapetente
8 aburrido
17 alicaído
6 anémico
19 apático
11 ◁glotón
5 ◁gandido
4 ◁garoso

inaplazable
10 apremiante
1 improrrogable
6 inminente

inapreciable
3 indiscernible
9 inestimable
11 maravilloso
5 microscópico
14 precioso
16 único
10 valioso
6 mínimo
17 soberbio

inaprensible
6 escurridizo
8 impalpable
6 resbaladizo
◁asible

inapropiado
3 inadecuado
10 inoportuno

inaprovechable
10 descompuesto
8 ineficaz
5 inservible
16 inútil
6 roto

inarmónico
15 destemplado
9 disonante

inarticulado
9 inconexo
7 incongruente

inasequible
7 abstruso
difícil
13 inaccesible
1 inalcanzable
1 inasible
17 incomprensible
10 caro
⇨ por las nubes
12 ◁*barato*

inasible
3 inaprensible

inatacable
22 cierto
9 ileso
8 inmune
25 seguro
6 ◁*perfectible*

inaudito
25 atroz
7 escandaloso
18 extraño
11 increíble
10 monstruoso
22 raro
9 sorprendente
12 enorme
9 extravagante
11 ◁*conocido*
11 ◁*normal*
9 ◁*vulgar*

inauguración
25 abertura
7 apertura
3 estreno

inaugural
4 inicial
3 naciente
7 originario
2 primero
4 ◁*póstumo*
6 ◁*último*

inaugurar
35 abrir(se)
6 estrenar

31 iniciar(se)
6 principiar
10 comenzar
4 ◁*clausurar*

inauténtico
21 falso

inaveriguable
5 insondable

incachable
34 malo
16 inútil

incalculable
7 descomunal
5 ilimitado
5 inconmensurable
8 infinito
9 inmenso
7 innumerable

incalificable
9 inconcebible
3 inconfesable
11 inconveniente
7 indefinido
10 indigno
6 innoble
11 vergonzoso
6 vituperable

incandescencia
9 combustión
3 ignición

incandescente
30 ardiente
2 encandecido
2 ignito
5 candente
3 rusiente

incansable
7 inagotable
6 incesante
1 infatigable
3 invencible
7 laborioso
17 tenaz
5 trabajador

10 voluntarioso
14 obstinado
9 terco
1 ◁*desganado*
13 ◁*perezoso*

incansablemente
11 bravamente

incapacidad
12 escasez
12 ignorancia
4 incompetencia
10 ineptitud
6 inexperiencia
4 inhabilidad
15 necedad(es)
14 nulidad
7 penuria
8 torpeza

incapacitación
6 anulación
12 exclusión
6 impotencia
4 inutilidad
3 invalidación
2 veto
7 ◁*permiso*

incapacitado
2 descalificado
6 impedido

incapacitar
5 descalificar(se)
3 inhabilitar
2 invalidar

incapaz
10 desastre
8 incompetente
8 ineficaz
13 inexperto
14 nulidad
14 débil
17 escaso
8 inepto
12 inhábil
14 pequeño
18 torpe

incardinar
19 admitir
18 adoptar

incautación
20 apropiación
7 confiscación
7 embargo
5 requisa
8 secuestro
2 socialización
10 toma

incautar(se)
51 apropiar(se)
6 confiscar
2 decomisar
5 expoliar
3 requisar
15 retener(se)
8 secuestrar
4 usurpar

incauto
8 crédulo
11 imprudente
13 ingenuo
14 inocente
6 primo
22 cándido
10 pato
12 sencillo
20 simple
7 ◁*precavido*

incendiado
9 inflamado
3 quemado

incendiar
19 inflamar(se)
30 quemar(se)
⇨ prender fuego

incendiario
34 apasionado
15 arrebatado
7 escandaloso
1 pirómano
5 quemador
3 subversivo
13 violento

incendio
6 entusiasmo
12 fuego
16 pasión
12 vehemencia
17 siniestro

incensación
10 lisonja(s)
20 adulación

incensada
20 adulación

incensar
4 perfumar
3 sahumar
18 adular
11 lisonjear
15 pelotear
▷ dar betún
▷ dar coba

incensario
4 botafumeiro
1 turíbulo
2 turífero

incentivo
9 acicate
16 aguijón
10 aliciente
10 estímulo
3 incitativo
35 atractivo

inceptor
4 iniciador

incertidumbre
12 ambigüedad
15 duda
10 indecisión
5 irresolución
12 perplejidad
2 titubeo
2 variabilidad
4 volubilidad
19 confusión
7 vacilación
9 ◁*certeza*

incertinidad
10 incertidumbre

incesable
6 incesante

incesante
10 perenne
11 permanente
13 perpetuo
7 persistente
7 constante
11 continuo
2 ◁*ocasional*

incesantemente
4 asiduamente
4 continuamente

incestar
7 fornicar

incesto
11 deshonestidad
13 falta
13 impureza
15 infracción
8 pecado
2 quebrantamiento
10 ◁*virtud*

incestuoso
8 infractor
4 violador
1 ◁*acatador*

incidencia
15 acontecimiento(s)
4 advenimiento
7 episodio
10 ocurrencia

incidental
20 accesorio
14 accidental
1 anecdótico
3 conexo
7 eventual
3 supletorio
6 ◁*central*
18 ◁*importante*

incidente
15 acontecimiento(s)
15 cuestión
8 eventualidad
11 lance
10 ocurrencia
13 suceso(s)
17 caso
10 acaecimiento
11 altercado
18 disputa
11 pelea
11 riña

incidir
6 incurrir
62 caer

incienso
1 olíbano
1 orobias
20 adulación
29 alabanza

incierto
4 aleatorio
9 cambiante
14 confuso
6 desconocido
6 dudoso
4 ignorado
3 ignoto
13 inconstante
10 indeciso
14 indeterminado
9 inseguro
10 mudable
9 nebuloso
32 oscuro
6 vacilante
16 vago

incineración
2 abrasamiento
8 calcinación
3 cremación
1 crematorio
8 quema
5 ◁*extinción*

incinerar(se)
17 abrasar(se)
11 calcinar(se)
1 encenizar
30 quemar(se)

incipiente
1 auroral
7 novato
5 novicio
4 primerizo
3 ◁*veterano*

incisión
3 cisura
7 cortadura
4 pinchazo
1 punción
56 corte
5 hendidura

incisivo
3 afilado
7 burlón
8 cáustico
8 cortante
5 mordaz
3 punzante
9 satírico
15 acre
25 agudo
18 ◁*bonachón*
11 ◁*romo*

inciso
9 aparte
5 paréntesis

incisorio
9 incisivo

incisura
9 fisura

incitación
9 acicate
5 aguijadura
16 aguijón
10 aliciente
10 estímulo
14 impulso
1 incitamiento
5 inducción
9 invitación
9 persuasión

incitado

5 provocación
9 seducción
16 sentido
6 tentación

incitado
3 instigador

incitador
5 arrebatador
3 motor

incitamiento
14 incitación

incitante
3 incitativo
11 maravilloso
1 provocante
2 sugerente
6 tentador
35 atractivo
10 ◁ *desagradable*
1 ◁ *desalentador*

incitar
22 aguijonear(se)
61 animar(se)
20 apremiar(se)
28 estimular(se)
60 excitar(se)
8 impeler
15 inducir
12 invitar
59 mover(se)
18 provocar
15 soliviantar(se)
4 sugerir
23 tentar(se)
8 cotejar
11 empujar
20 instigar
57 picar

incitativo
16 aguijón
6 incentivo
6 incitante

incivil
descortés
10 incorrecto

11 insolente
1 inurbano
11 maleducado
21 grosero
10 zafio

incivilidad
7 incorrección
13 incultura
11 insolencia
6 ordinariez
9 rudeza
4 salvajismo
10 villanía
4 zafiedad
20 ◁ *cortesía*
20 ◁ *delicadeza*

incivilizado
6 primario

inclasificable
9 ambiguo
14 confuso
difícil
7 impreciso
2 indefinible
9 ◁ *definido*
11 ◁ *determinado*

inclemencia
12 dureza
7 frialdad
9 inflexibilidad
13 rigor
5 severidad
22 aspereza

inclemente
45 áspero
17 borrascoso
30 duro
9 inhospitalario
13 piedra
9 tempestuoso
17 riguroso
20 severo
8 ◁ *indulgente*
9 ◁ *misericordioso*

inclinación
26 afecto
10 apego

15 cabezada
5 declive
5 derrame
5 oblicuidad
19 pendiente
4 predisposición
3 proclividad
10 propensión
4 rampa
10 sesgo
10 tendencia(s)
16 afición
15 cariño
10 reverencia
8 saludo
6 talud
5 ◁ *desapego*

inclinado
5 aficionado
15 asiduo
2 descendente
12 devoto
4 encariñado
2 escorado
3 proclive
11 propenso
4 tendencioso
3 terciado
24 amigo
13 dispuesto
11 partidario
12 torcido

inclinar(se)
59 abatir(se)
7 acamar
31 acostumbrar(se)
8 afeccionar(se)
10 aficionar(se)
24 agachar(se)
7 agarbarse
27 agobiar(se)
14 amorrar(se)
13 arrodillarse
23 arrostrar
14 asemejar(se)
35 bajar(se)
14 cabecear
4 convencer
8 converger
11 decantar(se)
17 derribar(se)

1 desaplomar
13 designar(se)
29 desviar(se)
6 escorar
2 esquinar
17 incitar(se)
9 ladear(se)
59 mover(se)
6 optar
26 parecer(se)
14 persuadir(se)
1 predisponer
8 propender
3 reclinar(se)
3 recostarse
18 semejar(se)
2 sesgar
15 tender(se)
44 torcer(se)
4 volcar
43 arrastrar
13 desplomar
58 tirar
70 ◁ *apartar(se)*
6 ◁ *desistir*

ínclito
14 afamado
9 célebre
11 conocido
7 esclarecido
16 famoso
13 ilustre
11 insigne
8 renombrado
6 ◁ *desconocido*

incluir
4 adjuntar(se)
19 admitir
21 contener(se)
11 encerrar
6 englobar
3 entrañar
9 implicar
11 importar
31 introducir(se)
49 meter(se)
19 tener(se)
14 abarcar
17 comprender
26 ◁ *excluir(se)*

incomparable

48 ◁ *salir(se)*
28 ◁ *sacar*

inclusa
7 asilo
4 hospicio

inclusero
1 enechado
4 expósito
8 huérfano

inclusión
11 colocación
1 inserción
4 instalación
11 penetración
4 ◁ *despido*
22 ◁ *salida(s)*

inclusive
3 hasta
1 incluso

inclusivo
5 continente
1 incluyente
11 comprensivo
◁ *excluyente*

incluso
2 inclusive

incluyente
3 inclusivo

incoación
8 comienzo
1 encausamiento
2 enjuiciamiento
16 inicio
19 principio(s)
5 ◁ *cierre*

incoar
35 abrir(se)
9 empezar(se)
31 iniciar(se)
6 principiar
10 comenzar

incógnita
12 acertijo
4 enigma
7 intimidad
5 misterio
13 problema
15 reserva(s)
19 secreto
5 ◁ *hallazgo*
4 ◁ *publicidad*
10 ◁ *solución*

incógnito
8 anónimo
6 desconocido
4 ignorado

incognoscible
12 impenetrable
8 inescrutable
7 ininteligible
5 insondable
13 dogmático

incoherencia
51 absurdo
10 desatino
1 desconformidad
5 despropósito
13 desunión
3 discontinuidad
14 locura

incoherente
14 confuso
5 discordante
1 disgregado
3 disperso
8 embrollado
17 incomprensible
9 inconexo
7 ininteligible
7 liado
7 enmarañado

incoloro
6 apagado
8 descolorido
2 desteñido
10 transparente
3 tomado

incólume
9 ileso
8 intacto
10 salvo
18 sano
21 ◁ *accidentado*

incombustible
1 calorífugo
7 inconmovible
10 incorruptible

incomestible
4 incomible

incomible
1 incomestible
1 indigestible
21 repugnante
9 asqueroso
45 ◁ *bueno*

incomodar(se)
28 abrumar(se)
13 acedar
4 amohinar
12 amolar
6 aquejar
7 baquetear
41 cansar(se)
14 contrariar(se)
7 crucificar
10 desagradar
24 desazonar(se)
20 disgustar(se)
67 enfadar(se)
27 enojar(se)
87 fastidiar(se)
37 fatigar(se)
7 formalizar
7 gibar
8 hostilizar
28 inquietar(se)
5 lastrar
20 marcar(se)
6 martirizar(se)
7 matraquear
49 meter(se)
7 moler
114 molestar(se)
23 mortificar(se)
3 putear

17 reventar(se)
4 asicar
18 atufar
3 cantaletear
11 colear
16 corromper
8 chalanear
5 chamarrear
45 hartar
12 hostigar
14 importunar
5 incordiar
13 jorobar
4 remoler
⇨ hacer la puñeta

incomodidad
6 aquejamiento
7 atufo
6 desacomodo
12 desagrado
10 desasosiego
1 descomodidad
16 descontento
11 distorsión
7 giba
7 martirio
18 molestia(s)
12 tropiezo
3 berenjena
5 cuaba
10 choclo
15 fastidio
14 hueso
4 pejiguera
11 penalidad
10 rollo

incomodo
8 molienda

incómodo
10 desagradable
3 embarazoso
11 penoso
42 fastidioso
15 molesto
31 pesado

incomparable
12 espléndido
17 excelente

incompartible

12 genial
5 inconmensurable
5 inmejorable
14 extraordinario
11 magnífico
17 soberbio

incompartible
6 exclusivo

incompatibilidad
1 implicancia
1 incomposibilidad
7 antítesis
23 antipatía
10 contradicción
11 ◁*conjunción*

incompatible
3 contradictorio
15 contrario
5 disconforme
3 irreconciliable
10 opuesto

incompetencia
7 impericia
10 incapacidad
10 ineptitud
12 insuficiencia
18 ◁*habilidad*
7 ◁*idoneidad*
6 ◁*malabarismo*
4 ◁*virtuosismo*
20 ◁*aptitud*

incompetente
11 incapaz
1 inexperimentado
13 inexperto
8 inepto
12 inhábil
16 inútil
⇨no avezado
⇨no preparado
3 ◁*veterano*

incompleto
4 cojo
7 defectuoso

9 falto
6 fragmentario
12 imperfecto
6 inacabado
5 inconcluso
4 inmaduro
7 mutilado
11 parcial
5 rudimentario
4 troceado
4 truncado
17 escaso

incomponible
2 irreparable

incomposibilidad
5 incompatibilidad

incomposible
5 incompatible

incomprensible
9 ambiguo
9 arcano
8 enigmático
8 equívoco
4 esotérico
4 hermético
12 impenetrable
1 indemostrable
9 indescifrable
7 inexplicable
7 ininteligible
5 insondable
10 misterioso
32 oscuro
8 sibilino
9 turbio
7 anfibológico
28 ◁*claro*

incomprensión
3 alejamiento
6 desafecto
5 desapego
3 desconocimiento
14 desinterés
7 frialdad
12 ignorancia

incompresible
30 duro
6 pétreo

19 firme
11 ◁*muelle*
42 ◁*blando*

incomunicación
25 aislamiento
6 soledad

incomunicado
7 desamparado
2 encarcelado
5 encerrado
6 preso
18 retraído
16 solitario
6 ◁*comunicativo*
18 ◁*libre*
5 ◁*mundano*

incomunicar
35 aislar(se)
70 apartar(se)
7 confinar
34 retirar(se)

incomunicarse
47 recoger(se)

inconcebible
11 fenomenal
9 inaudito
11 increíble
7 inexplicable
6 inimaginable
7 ininteligible
7 pasmoso
9 sorprendente
14 extraordinario

inconciliable
7 desacorde
5 incompatible

inconcluso
6 inacabado
14 incompleto
1 irresuelto
11 parcial
19 pendiente
2 ◁*concluido*

inconcuso
22 cierto
28 claro
14 evidente
11 incontestable
11 incontrovertible
11 incuestionable
11 indiscutible
15 indudable
10 innegable
12 obvio
25 seguro
6 ◁*dudoso*

incondicionado
27 absoluto

incondicional
17 adicto
10 leal
9 prosélito
2 seguidor
6 total
27 absoluto
14 adepto
11 partidario
10 ◁*desleal*
6 ◁*relativo*

incondicionalidad
8 acatamiento

inconexión
11 irracionalidad

inconexo
6 aislado
1 desunido
1 desvinculado
7 heterogéneo
2 inarticulado
10 incoherente
7 incongruente
7 independiente
10 separado

inconfesable
8 indecible
5 nefando
11 vergonzoso

inconformismo
4 contestación

inconfundible
7 característico
6 peculiar
4 típico
13 propio
10 ◁*general*

incongruencia
19 extravagancia
1 inadecuación
7 incoherencia
6 ridiculez
42 tontería(s)
6 simpleza
5 ◁*lógica*

incongruente
7 heterogéneo
7 impropio
3 inadecuado
2 inarticulado
10 incoherente
9 inconexo
10 inoportuno

inconmensurable
5 ilimitado
5 incontable
8 infinito
9 inmenso
1 inmensurable

inconmovible
8 estable
7 impasible
13 impávido
5 impertérrito
16 inmutable
10 perenne
11 permanente
7 ◁*variable*

inconoso
5 cambiado
6 desconocido

inconquistable
8 inexpugnable
13 inflexible
3 invencible
19 firme

◁*vulnerable*

inconsciencia
22 anestesia
38 aturdimiento
2 subsconsciencia
3 knock(out)
9 ◁*conciencia*

inconsciente
9 alocado
6 automático
3 insensato
6 instintivo
6 involuntario
13 irreflexivo
5 maquinal
6 subsconsciente
20 loco

inconsecuencia
51 absurdo
1 anacoluto
8 inconstancia
11 irracionalidad
10 versatilidad

inconsecuente
51 absurdo
27 aturdido
5 ilógico
13 inconstante
23 ligero
6 veleidoso
10 voluble

inconsideración
38 aturdimiento
9 precipitación

inconsiderado
9 alocado
33 atrevido
9 desatento
descortés
11 imprudente
13 irreflexivo
8 irrespetuoso
11 maleducado
8 precipitado
11 temerario
1 atolondrado

inconsistencia
30 blandura
4 endeblez
12 inseguridad
8 ◁*cohesión*

inconsistente
8 endeble
11 fútil
16 vacío
6 vacuo
21 vano
12 frágil
5 quebradizo
14 débil
23 flojo
22 ◁*fuerte*

inconsolable
19 abatido
10 abrumado
10 acongojado
12 afligido
6 angustiado
8 apenado
16 apesadumbrado
3 desconsolado
5 desesperado
8 entristecido
7 ◁*calmado*

inconstancia
12 flaqueza
5 inconsecuencia
5 levedad
13 ligereza
11 mudanza
5 veleidad
10 versatilidad
4 volubilidad
7 ◁*estabilidad*
8 ◁*lealtad*

inconstante
9 alocado
12 caprichoso
18 desigual
9 frívolo
7 inconsecuente
23 ligero
17 liviano
7 movedizo

10 mudable
7 variable
6 veleidoso
10 voluble
12 versátil
16 ◁*inmutable*

incontable
5 inconmensurable
8 infinito
9 inmenso
7 innumerable
8 numeroso

incontaminado
11 limpio

incontenible
4 irresistible

incontestable
8 axiomático
14 evidente
11 incuestionable
11 indiscutible
1 indubitable
15 indudable
10 innegable
10 irrefutable
12 obvio
10 palmario
25 seguro

incontinencia
38 alegría(s)
9 desafuero
5 intemperancia
30 placer
10 sensualidad
1 tisuria

incontinente
5 concupiscente
7 desordenado
9 libidinoso
17 liviano
10 lúbrico
16 sensual
10 cachondo
14 salido
12 ◁*honesto*

incontinenti
  6 prontamente
  ⇨ al punto
  ⇨ en seguida

incontrastable
  6 irrebatible

incontrito
  6 impenitente

incontrolado
  9 indisciplinado
  3 insumiso
  14 suelto
  14 rebelde
  5 ◁ *encerrado*

incontrovertible
  8 axiomático
  14 evidente
  11 incontestable
  11 incuestionable
  11 indiscutible
  1 indubitable
  15 indudable
  10 innegable
  10 irrefutable
  12 obvio
  10 palmario

inconveniencia
  7 desatención
  10 desatino
  7 descortesía
  5 despropósito
  12 discordia
  2 disonancia
  8 grosería
  4 improcedencia
  6 incongruencia
  7 incorrección
  8 inoportunidad
  4 zafiedad

inconveniente
  9 desatento
  9 desatinado
     descortés
  12 deshonesto
  3 improcedente
  7 incongruente

  10 incorrecto
  10 inoportuno
  11 obsceno
  21 grosero
  10 zafio

incordiante
  8 ahuizote
  13 chinche
  7 latoso
  15 molesto

incordiar
  87 fastidiar(se)
  114 molestar(se)
  15 acosar
  12 fregar
  12 hostigar
  30 ◁ *agradar*
  8 ◁ *amenizar*

incordio
  3 agobiante
  4 buba
  18 molestia(s)
  7 pelma
  5 bubón
  15 bulto
  8 cargante
  15 fastidio
  7 impertinencia
  15 molesto
  27 tumor
  10 ◁ *amenidad*
  13 ◁ *respeto(s)*

incorporación
  7 agregación
  12 anexión

incorporado
  19 anexo
  4 inscrito
  11 unido
  20 agregado
  10 ◁ *separado*
  14 ◁ *suelto*

incorporal
  15 incorpóreo
  13 inmaterial

incorporar(se)
  4 adjuntar(se)
  19 admitir
  19 afiliar(se)
  25 agregar(se)
  17 anexar(se)
  24 añadir(se)
  64 apuntar(se)
  48 asociar(se)
  15 aunar(se)
  5 constar
  20 embeber(se)
  24 enderezar(se)
  26 incrementar(se)
  5 ingresar
  11 inscribirse
  74 juntar(se)
  49 meter(se)
  4 poseer
  8 recibir
  49 reunir(se)
  21 sumar(se)
  19 tener(se)
  14 abarcar
  32 entrar
  31 tragar
  25 ◁ *desunir(se)*
  48 ◁ *salir(se)*
  13 ◁ *rechazar*

incorpóreo
  7 abstracto
  7 espiritual
  8 etéreo
  11 ficticio
  15 ideal
  9 imaginario
  8 impalpable
  2 incorporal
  13 inmaterial
  4 intangible
  11 irreal
  4 mental
  3 metafísico
  6 sobrenatural
  4 trascendental

incorrección
  6 barbarismo
  7 desatención
  7 descortesía
  8 grosería

  12 inconveniencia
  4 zafiedad
  3 solecismo

incorrectamente
  21 mal
  19 ◁ *atentamente*

incorrecto
  2 antideportivo
  22 cierto
  12 imperfecto
  7 impropio
  7 incivil
  11 inconveniente
  10 inoportuno
  22 ordinario
  6 perfectible
  21 falso
  7 ◁ *accedente*
  5 ◁ *corregido*

incorregible
  17 empecinado
  5 recalcitrante
  2 reincidente
  17 tenaz
  7 testarudo
  11 cabezota
  14 obstinado
  9 terco
  5 ◁ *desanimado*

incorrupción
  1 incorruptibilidad

incorruptibilidad
  1 incorrupción

incorruptible
  27 austero
  12 honesto
  14 honrado
  13 inalterable
  14 íntegro
  9 invariable
  5 probo
  5 virtuoso
  19 recto
  19 firme

12 ◁*deshonesto*

incorrupto
16 entero

incrasar
4 engrasar

incredulidad
7 impiedad
4 irreligiosidad
2 volterianismo
14 ◁*fe*

incrédulo
5 agnóstico
6 ateo
8 desconfiado
8 descreído
3 escéptico
10 impío
5 irreligioso
2 nihilista
5 suspicaz
2 ◁*creyente*

increíble
29 anormal
10 descomedido
11 espantoso
11 excepcional
6 improbable
9 inaudito
9 inconcebible
6 inimaginable
6 inverosímil
9 milagroso
7 pasmoso

incrementar(se)
22 acelerar(se)
17 acentuar(se)
23 acrecentar(se)
11 acrecer
5 adicionar
4 adjuntar(se)
20 agrandar(se)
25 agregar(se)
12 ampliar(se)
24 añadir(se)
7 arreciar
59 aumentar(se)
15 desarrollar

4 desorbitar
29 dilatar(se)
11 enconar
5 engrosar
8 fecundar
26 incorporar(se)
53 levantar(se)
11 prevalecer
5 recrudecer(se)
8 redoblar
4 reduplicar
30 subir(se)
9 ◁*amainar*
19 ◁*disminuir(se)*
19 ◁*empequeñecer(se)*
12 ◁*languidecer*
21 ◁*mitigar(se)*

incremento
5 aceleración
22 acrecentamiento
26 adición
6 auge
6 crecimiento
12 desarrollo
4 espiral
3 hipertrofia
23 aumento
5 ◁*trasquiladura*

increpación
15 blasfemia
10 filípica
11 juramento
13 regaño
36 represión
17 reprimenda
11 riña
19 taco
⇨ palabra gruesa

increpar
30 amonestar(se)
16 corregir(se)
6 sermonear
12 regañar
16 reprender

incriminar
10 imputar
9 inculpar

8 tachar

incruento
38 agradable
30 benigno
9 misericordioso
9 piadoso
19 suave
18 ◁*cruel*
9 ◁*sangriento*

incrustación
22 acoplamiento

incrustado
2 alojado
7 embutido
4 encajado
2 inserto
7 metido
  ◁*desalojado*
  ◁*sacado*
14 ◁*salido*

incrustar
1 damasquinar
12 embutir
1 filetear
31 introducir(se)
49 meter(se)
3 taracear

incrustarse
6 enquistarse

incubar
7 empollar(se)
3 encobar

incuestionable
8 axiomático
14 evidente
11 incontestable
11 incontrovertible
11 indiscutible
1 indubitable
15 indudable
10 innegable
10 irrefutable
12 obvio
10 palmario

inculcar
3 imbuir
11 infiltrar(se)
5 infundir
31 introducir(se)

inculpación
5 imputación
27 acusación

inculpado
10 acusado
5 encausado
3 procesado
7 tachado

inculpador
13 acusador

inculpar
6 achacar
33 atribuir(se)
16 colgar(se)
7 culpar(se)
3 incriminar
8 recriminar
8 recusar
50 cargar
⇨ colgar el sambenito
11 ◁*absolver*

incultivable
6 árido
10 estéril
3 infecundo
8 yermo
3 ◁*feraz*

inculto
19 abandonado
9 analfabeto
3 cateto
10 estéril
19 ignorante
7 iletrado
11 maleducado
8 ramplón
21 grosero
9 pardillo
11 patán
17 rústico

incultura

8 yermo
10 zafio

3 ◁*cultivado*
5 ◁*leído*

incultura
4 analfabetismo
11 barbarie
10 fiereza
8 grosería
12 ignorancia
9 rudeza
7 rusticidad
4 salvajismo
10 tosquedad
4 zafiedad

6 simpleza
8 torpeza

⇨mala educación

11 ◁*sabiduría*
4 ◁*urbanidad*

incumbencia
17 competencia
10 jurisdicción
11 obligación

incumbir
6 competer
8 concernir
13 corresponder
11 importar
8 pertenecer
8 atañer

incumplimiento
10 culpa
13 falta
15 infracción
7 violación

6 ◁*obediencia*

incumplir
9 abstenerse
8 contravenir
10 eludir
6 evitar
12 faltar
9 infringir
29 quebrantar(se)
14 vulnerar

9 violar

32 ◁*atender(se)*
27 ◁*cumplir(se)*

incurable
6 desahuciado
1 insanable

incuria
30 abandono
14 dejadez
11 desidia
5 despreocupación
9 gandulería
9 haraganería
15 indiferencia
11 negligencia
12 pereza
6 vagancia

7 ◁*laboriosidad*
13 ◁*aplicación*

incurioso
9 descuidado

incurrimiento
8 incursión

incurrir
7 cometer
8 contravenir
2 incidir
5 pecar
10 tropezar(se)
62 caer

incursión
28 aventura(s)
12 batida
6 cabalgada
7 correría
4 exploración
4 irrupción
11 penetración
2 razzia

incurso
4 culpable

indagación
8 análisis
búsqueda

4 encuesta
12 examen
10 información
9 inspección
8 investigación
5 pesquisa

indagador
15 curioso
3 inquiridor
8 investigador

indagar
13 analizar(se)
25 averiguar(se)
41 examinar(se)
17 husmear
26 informar(se)
10 inquirir
10 inspeccionar
12 investigar
2 oliscar
11 enterar
5 pesquisar

indagatoria
22 averiguación
8 indagación
13 informe
6 pregunta

indebidamente
21 mal

indebido
5 ilegal
4 ilícito
12 injusto

indecencia
1 cochinería
11 deshonestidad
8 grosería
11 insolencia
7 liviandad
9 obscenidad
4 zafiedad
32 atrevimiento
34 porquería

indecente
33 atrevido
12 deshonesto

11 insolente
17 liviano
11 obsceno
7 puerco
7 bascoso
12 cochino
21 grosero
10 zafio

7 ◁*educado*

indecible
3 inconfesable
6 indescriptible
10 inefable
3 inenarrable
7 inexplicable
1 inexpresable
3 infando
5 nefando

indecisión
2 dilema
1 dubitación
15 duda
9 fluctuación
4 hesitación
9 indeterminación
12 perplejidad
2 titubeo
10 versatilidad
7 vacilación

indeciso
9 cambiante
6 dudoso
4 fluctuante
14 indeterminado
4 irresoluto
8 móvil
5 perplejo
7 titubeante
6 vacilante
7 variable

7 ◁*decidido*

indeclinable
6 ineludible
1 irrenunciable

indecoroso
33 atrevido
10 indigno

11 insolente
10 lúbrico
11 obsceno
12 cochino
21 grosero
10 indecente

4 ◁*pudoroso*

indefectible
6 forzoso
12 imprescindible
13 indispensable
6 inevitable
8 infalible
1 irremediable
8 necesario
22 preciso
25 seguro

16 ◁*incierto*

indefendible
5 injustificable
6 insostenible

4 ◁*disculpable*

indefensión
30 abandono
5 desamparo

indefenso
7 desamparado
3 desarmado
9 desvalido
7 extraviado
4 impotente
11 incapaz
3 inerme
5 perdido
16 solo

indefinible
5 inclasificable
7 indefinido

Indefinición
9 indeterminación
3 vaguedad

indefinido
14 confuso
5 ilimitado

7 impreciso
7 inagotable
2 indefinible
14 indeterminado
16 vago

indeformable
1 inextensible

indeleble
6 definitivo
4 durable
9 eterno
15 fijo
4 imborrable
13 inalterable
6 indestructible
9 invariable
11 permanente

indeliberación
9 imprevisión

indeliberado
6 automático
8 impensado
4 impremeditado
9 inconsciente
6 instintivo
6 involuntario
5 maquinal

indelicadeza
5 guarrada

indelicado
11 basto

indemne
10 exento
9 ileso
4 incólume
8 intacto
10 salvo
18 sano
13 ◁*tocado*
 ◁*vulnerable*
44 ◁*afectado*

indemnidad
7 impunidad

indemnización
9 compensación
12 reparación
1 resarcimiento
20 satisfacción

indemnizar
5 compensar
3 desagraviar
8 enmendar
5 equilibrar(se)
8 recompensar
11 resarcir(se)
44 satisfacer(se)
5 subsanar
21 reparar

indemostrable
17 incomprensible

independencia
3 autodeterminación
4 autonomía
2 emancipación
14 equilibrio
13 firmeza
6 imparcialidad
18 libertad
3 manumisión
6 neutralidad
4 soberanía
11 entereza
21 resolución

5 ◁*irresolución*

independiente
2 emancipado
10 exento
5 imparcial
18 libre
3 neutral
10 soberano
16 franco

12 ◁*atado*

independización
4 desligadura
2 emancipación

independizar(se)
5 emancipar(se)
42 soltar(se)

34 liberar(se)

indescifrable
8 enrevesado
4 ensortijado
3 ilegible
17 incomprensible
8 inescrutable
7 ininteligible
10 misterioso
32 oscuro
8 sibilino

indescriptible
8 indecible
3 inenarrable
11 maravilloso
9 perfecto
5 sublime
14 extraordinario

1 ◁*definible*
4 ◁*explicable*

indeseable
5 bribón
3 eludible
3 evitable
8 granuja
10 indigno
5 peligroso
3 rechazable
8 tunante
6 sinvergüenza
11 pillo

indestructible
15 fijo
13 inalterable
7 inconmovible
1 irrompible
11 permanente
7 constante

indeterminación
4 imprecisión
10 indecisión
2 indefinición
1 indistinción
5 irresolución
12 perplejidad
2 titubeo

indeterminado

3 vaguedad
7 vacilación

indeterminado
7 abstracto
14 confuso
8 equívoco
7 impreciso
10 indeciso
7 indefinido
3 indistinto
9 nebuloso
6 neutro
5 perplejo
7 titubeante
6 vacilante

13 artículo
16 vago

13 ◁*resuelto*

indiada
7 caterva

indiano
8 potentado
10 adinerado

3 ◁*pobretón*

indicación
5 abalizamiento
10 aclaración
19 advertencia
24 amaño
9 baliza
8 insinuación
4 sugerencia

34 aviso
12 alusión
7 boya
11 toque

indicado
6 aconsejado
4 adecuado
14 advertido
15 conveniente
1 sugerido
13 propio

7 ◁*impropio*
3 ◁*inadecuado*

indicador
4 amperímetro
6 panel
3 segundero
3 flag

indicar
28 aconsejar(se)
64 apuntar(se)
45 ayudar(se)
24 marcar(se)
35 mostrar(se)
27 orientar(se)
8 rayar
26 remitir(se)
46 señalar(se)
1 subrayar
6 vocear

indicativo
10 ejemplo
1 exponente
11 índice
16 muestra(s)
20 prueba

índice
32 argumento
30 asunto(s)
2 barómetro
7 catálogo
6 clasificación
5 indicativo
17 lista
4 nomenclátor
10 signo(s)
13 símbolo
13 registro

indiciar
9 asomar(se)
26 atisbar(se)
4 intuir
3 presentir
14 recelar(se)
23 sospechar(se)

8 ◁*embotar(se)*
3 ◁*ignorar*

indicio(s)
9 asomo
18 auspicio(s)
11 barrunto
9 conjetura
17 huella
20 prueba
9 rastro
12 ribete(s)
5 síntoma
6 sospecha
6 vestigio
9 vislumbre
8 cerda
10 pista
27 señal

indicioso
5 sospechoso

indiferencia
12 aburrimiento
17 apatía
10 desabrimiento
4 desamor(se)
11 desdén
7 desgana
14 desinterés
5 despego
1 displicencia
7 frialdad
9 insensibilidad
6 neutralidad
2 tibieza
18 distancia
15 fastidio

indiferenciado
3 indistinto
4 monocorde
10 monótono

indiferente
9 desabrido
8 desdeñoso
1 desganado
4 desinteresado
4 despegado
11 insensible
12 tibio
19 apático
10 displicente
25 frío

27 ◁*amoroso*

indiferentismo
12 abulia

indígena
8 aborigen
4 autóctono
7 nacido
6 nativo
20 natural
7 originario

6 ◁*extranjero*
6 ◁*forastero*

indigencia
10 estrechez
6 menesterosidad
18 necesidad
17 miseria
10 pobreza

10 ◁*riqueza*

indigente
4 menesteroso
7 necesitado
2 paupérrimo
19 arruinado
26 miserable
18 pobre

14 ◁*rico*

indigestar
10 empalagar

indigestarse
31 ahitar(se)
17 empachar(se)
6 empanturrar(se)

indigestible
4 incomible

indigestión
12 empacho
2 dispepsia

indigesto
4 incomible
7 pelma
11 antipático
12 empalagoso
42 fastidioso

31 pesado
22 ◁ ameno
3 ◁ sociable
4 ◁ digestivo

indignación
22 irritación
10 cabreo
11 enfado
12 enojo
9 ira
8 ◁ contento

indignado
11 iracundo

indignante
8 irritante

indignar(se)
39 arrebatar(se)
114 molestar(se)
40 cabrearse
6 contrapuntear(se)
15 encolerizarse
67 enfadarse
27 enojarse
63 irritarse
⇨ ponerse cárdeno
27 ◁ alegrar(se)

indignidad
9 abyección
13 bajeza
16 deshonor
4 desmerecimiento
15 humillación
10 ruindad
11 vileza

indigno
40 bajo(s)
7 impropio
3 inadecuado
11 inconveniente
34 malo
20 abyecto
26 despreciable
8 rastrero
23 ruin
12 vil

índigo
3 añil
11 azul
6 violeta

indiligencia
11 negligencia

indino
5 bribón
11 pillo

indio
1 hindú
1 hispanoamericano
1 iberoamericano
1 indostánico
1 latinoamericano
1 sudamericano

indirecta
8 bombazo
6 digresión
5 evasiva
8 insinuación
2 perífrasis
19 rodeo
4 sugerencia
12 circunloquio
12 alusión
26 punta

indirecto
5 colateral
3 oblicuo
3 transversal

indiscernible
6 imperceptible
9 inapreciable
11 insensible

indisciplina
6 desobediencia
8 insubordinación
2 insumisión
14 rebeldía
17 resistencia
11 insurrección

indisciplinado
5 desobediente
5 insubordinado
3 insumiso
8 insurrecto
9 reacio
10 remiso
5 renuente
14 rebelde
9 resistente
7 ◁ decidido

indisciplinarse
7 desobedecer
10 insubordinar(se)
3 revirar(se)

indiscreción
6 coladura
6 patinazo
7 pifia
5 planchazo
16 ◁ prudencia

indiscretamente
8 atontadamente

indiscreto
1 boquirroto
15 curioso
6 intruso
16 charlatán
9 entrometido
13 hablador
10 impertinente
10 importuno
9 parlanchín
15 ◁ reservado

indiscriminado
14 confuso
3 indistinto
32 oscuro
28 ◁ claro

indisculpable
7 imperdonable
4 inexcusable

indiscutible
14 evidente
11 incontestable
11 incontrovertible
11 incuestionable
1 indubitable
15 indudable
10 innegable
10 irrefutable
12 obvio
10 palmario
25 seguro

indisolubilidad
13 firmeza
11 fortaleza
5 perennidad
2 permanencia
16 ◁ debilidad
3 ◁ fugacidad

indisoluble
4 durable
8 estable
9 eterno
15 fijo
10 perenne
16 sólido
19 firme
22 fuerte
7 ◁ fugaz
14 ◁ débil

indispensabilidad
18 necesidad
1 obligatoriedad
4 perentoriedad

indispensable
15 conveniente
9 esencial
18 fatal
6 forzoso
12 imprescindible
9 indefectible
4 inexcusable
2 irreemplazable
8 necesario
5 obligatorio
22 preciso
22 útil
7 vital

indisponer(se)
2 accidentarse
3 desavenir
24 desazonar(se)

indisposición

37 descomponer(se)
5 desmejorarse
25 desunir(se)
2 discrepar
21 dividir(se)
7 encizañar
21 enemistar(se)
5 enfermar
5 enzurizar
4 malquistar
29 pelear(se)
9 malmeter
12 regañar
22 reñir
⇨caer en cama
⇨ponerse enfermo
16 ◁*amigar(se)*
1 ◁*quistarse*
14 ◁*sanar(se)*

indisposición
21 afección
5 destemple
8 dolencia
21 mal
9 padecimiento
1 pródromo
15 quebranto
12 achaque
12 desazón
10 enfermedad
1 ◁*salud*

indispuesto
15 destemplado
16 enfermo
5 pachucho
18 ◁*sano*

indisputable
6 irrebatible
18 patente

indistinción
9 indeterminación

indistinguible
3 indistinto
6 inmanente
11 insensible

indistinto
6 imperceptible
3 indiferenciado
3 indistinguible

indita
10 romance(s)
⇨lengua románica

individuación
1 individualización

individual
12 especial
4 inalienable
14 particular
3 ◁*borreguil*

individualidad
6 idiosincrasia
12 ◁*colectividad*

individualismo
25 aislamiento
6 egoísmo
4 egolatría
2 particularismo
23 ◁*altruismo*
19 ◁*unión*

individualista
6 aislado
4 anárquico
3 autónomo
7 independiente
6 ◁*sometido*

individualización
1 individuación

individualizar
14 concretar(se)
6 especificar
2 particularizar
11 singularizar(se)
7 ◁*generalizar*

individuo
2 ente
4 persona
3 prójimo
10 ser
13 sujeto
10 hombre
2 menda

indivisibilidad
6 unidad

indivisible
13 completo
7 individuo
3 indiviso
16 único
1 unitario
3 uno
16 solo
1 ◁*fraccionado*
30 ◁*partido*

indivisión
1 colectivismo
9 comunidad
3 condominio
3 ◁*totalidad*

indiviso
13 completo
7 indivisible
14 íntegro

indoblegable
15 indómito

indócil
5 desobediente
9 indisciplinado
5 insubordinado
3 insumiso
9 reacio
10 remiso
5 renuente
9 resistente
7 ◁*decidido*

indocilidad
17 arrostramiento
19 bravura
10 fiereza
14 rebeldía
17 resistencia

indocto
9 analfabeto
19 ignorante
7 iletrado
14 inculto

indocumentado
8 anónimo
11 incapaz
3 incógnito
5 paria
6 vagabundo
8 inepto
8 ◁*conocedor*
23 ◁*experimentado*

indoeuropeo
3 ario
2 indogermánico

indogermánico
3 ario
2 indoeuropeo

índole
19 carácter
16 condición
16 cualidad
16 entraña(s)
6 idiosincrasia
12 jaez
11 laya
17 ley
12 calaña
17 clase
19 género
21 genio

indolencia
17 apatía
14 dejadez
11 desidia
12 flojera
11 galbana
9 gandulería
9 haraganería
15 indiferencia
11 negligencia
1 pelmacería
12 pereza
4 poltronería
6 vagancia

26 calma
8 pachorra
7 ◁*laboriosidad*
23 ◁*viveza*

indolente
8 blandengue
11 calmoso
11 echado
10 gandul
10 indiferente
11 negligente
4 poltrón
13 tranquilo
19 apático
13 dejado
23 flojo
17 haragán
6 pastoso
13 perezoso
16 vago
7 ◁*laborioso*
28 ◁*vivo*

indoloro
9 calmante
10 leve
19 suave
7 ◁*doloroso*
22 ◁*fuerte*

indomable
15 indómito

indomado
15 cerril

indomesticable
8 indócil
1 indomable
6 montaraz
5 montés
12 ◁*flexible*

indomesticado
15 indómito

indoméstico
35 bravío
24 brutal

indomia
1 modernismo
19 novedad

indominable
34 apasionado

indómito
35 bravío
10 bronco
15 cerril
17 fiero
5 furo
1 indoblegable
1 indomable
1 indomesticado
2 ingobernable
6 montaraz
5 montés
17 tenaz
14 obstinado
19 salvaje
9 terco
10 ◁*dócil*
12 ◁*flexible*

indormia
11 arbitrio
11 maña

indostánico
6 indio

indrómina
11 hechizo
6 maleficio

indubitable
15 indudable

inducción
10 estímulo
14 incitación
1 inferencia
3 instigación
9 persuasión

inducir
48 atraer(se)
14 concluir
4 convencer
26 desprender(se)
28 estimular(se)
60 excitar(se)
12 exhortar
17 incitar(se)
4 inculcar
27 inferir(se)
59 mover(se)
14 persuadir(se)
15 soliviantar(se)
11 empujar
20 instigar

inductor
3 instigador
11 provocador

indudable
22 cierto
14 evidente
11 incontestable
11 incontrovertible
11 incuestionable
11 indiscutible
1 indubitable
10 innegable
10 irrefutable
11 manifiesto
12 obvio
10 palmario
10 positivo
25 seguro
7 lógico

indulgencia
21 benignidad
10 clemencia
8 compasión
10 comprensión
8 condescendencia
7 misericordia
6 perdón
9 piedad
5 tolerancia
11 absolución
7 ◁*incomprensión*
2 ◁*intolerancia*

indulgente
11 benévolo
30 benigno
5 clemente
10 compasivo
7 condescendiente
9 misericordioso
3 tolerante
11 comprensivo
8 ◁*inclemente*

indultado
10 exento
4 ◁*ejecutado*

indultar
11 absolver
5 amnistiar
2 condonar
17 consentir
6 eximir
53 levantar(se)
9 perdonar
19 relajar(se)
↪hacer la vista gorda
↪pasar por alto

indulto
7 amnistía
18 gracia(s)
6 liberación
6 perdón
2 relevación
7 remisión
4 venia
11 absolución
5 condonación
11 exención

indumentaria
13 ropaje
7 vestimenta
25 atavío
6 vestido

indumento
4 indumentaria
6 vestido

industria
6 elaboración
11 empresa
5 explotación
10 fábrica
6 fabricación
18 habilidad

industrial

10 maestría
4 manufactura
12 oficio
3 producción
6 destreza
11 maña

industrial
4 fabricante
6 sintético

industrialismo
4 capitalismo

industrialización
6 auge
12 desarrollo
13 expansión
6 fabricación
9 florecimiento
4 manufactura
7 prosperidad
11 avance

industrializar
15 desarrollar
11 elaborar(se)
11 fabricar
3 manufacturar
5 progresar
16 transformar(se)

industriar(se)
15 adiestrar(se)
36 apañar(se)
2 apañárselas
6 componérselas
13 ingeniar(se)
1 ingeniárselas
83 arreglarse

industrioso
7 ejercitado
5 esforzado
23 experimentado
8 experto
17 hábil
1 habilidoso
14 ingenioso
7 laborioso
4 mañoso
5 trabajador

50 astuto
9 ladino
33 pícaro
18 ◁ *torpe*

inebriar
2 emborrachar

inedia
12 abstinencia
20 apetito
12 ayuno

inédito
12 nuevo
18 original
18 fresco
⇨ sin publicar
11 ◁ *conocido*
22 ◁ *viejo*

ineducación
8 grosería
13 incultura

ineducado
14 inculto
21 grosero

inefable
5 divino
12 genial
1 impronunciable
8 indecible
3 inenarrable
11 maravilloso
18 original
5 sagrado
5 sublime
16 único

inefectivo
8 ineficaz

ineficacia
3 desmaña
6 impotencia
18 inacción
10 incapacidad
10 ineptitud
1 inoperancia

5 fracaso
8 ◁ *utilidad*
49 ◁ *energía*

ineficaz
10 estéril
5 improductivo
11 incapaz
6 infructuoso
15 nulo
21 vano
8 inepto
16 inútil
14 ◁ *apto*

inelegante
5 chabacano
5 charro
   descortés
10 kitsch
7 macarra
11 maleducado
8 ramplón
3 recargado
21 grosero
10 zafio
16 ◁ *fino*

ineluctable
6 ineludible

ineludible
6 forzoso
3 inapelable
6 inevitable
4 inexcusable
8 necesario
5 obligatorio

inenarrable
8 indecible
6 indescriptible
10 inefable

inepcia
51 absurdo

ineptitud
3 desmaña
12 ignorancia
7 impericia

10 incapacidad
4 incompetencia
6 inexperiencia
4 inhabilidad
4 inutilidad
14 nulidad
8 torpeza
20 ◁ *aptitud*

inepto
18 desmañado
11 incapaz
8 incompetente
13 inexperto
15 nulo
12 inhábil
16 inútil
18 torpe
14 ◁ *apto*

inequívoco
22 cierto
14 evidente
11 incontestable
11 incontrovertible
11 incuestionable
11 indiscutible
1 indubitable
15 indudable
10 innegable
10 irrefutable
12 obvio
10 palmario
7 palpable
25 seguro
16 ◁ *incierto*

inerbiarse
37 embriagar(se)

inercia
17 apatía
7 desgana
11 desidia
11 flojedad
18 inacción
9 inmovilidad
6 pasividad
12 pereza
6 ◁ *entusiasmo*
17 ◁ *actividad*

inerme
19 abandonado
3 desarmado
9 indefenso
12 ◁ *protegido*

inerte
4 desidioso
15 inactivo
10 indiferente
8 ineficaz
9 inmóvil
11 negligente
10 pasivo
23 flojo
15 indolente

inerudición
12 ignorancia

inerudito
19 ignorante

inescrutable
8 enigmático
12 impenetrable
5 incognoscible
9 indescifrable
1 inescudriñable
5 insondable
10 misterioso
21 obscuro
28 ◁ *claro*

inescudriñable
8 inescrutable

inespecificado
5 ilimitado

inespecífico
13 informe
9 laxo
6 universal
13 ◁ *propio*

inesperado
10 casual
5 fortuito
8 impensado
9 imprevisto
10 inopinado

2 insospechado
5 repentino
12 súbito

inestabilidad
12 inseguridad
3 vagarosidad
8 ◁ *consistencia*
8 ◁ *fijeza*

inestable
13 inconstante
9 inseguro
23 ligero
7 movedizo
10 mudable
6 precario
9 tornadizo
7 variable
6 veleidoso
10 voluble
12 versátil

inestimable
9 inapreciable
9 perfecto
14 precioso
8 superior
16 único
10 valioso
8 estupendo
11 magnífico
17 soberbio
12 ◁ *imperfecto*
8 ◁ *desdeñable*

inevitable
6 forzoso
3 inapelable
6 ineludible
4 inexcusable
8 necesario
5 obligatorio

inexactitud
4 falibilidad
7 error
6 falencia
9 ◁ *identidad*

inexacto
6 aproximado
7 equivocado

6 erróneo
12 imperfecto
11 infiel
21 falso
22 ◁ *cierto*

inexcusable
10 apremiante
2 indisculpable
5 injustificable
2 urgente

inexcusablemente
3 precisamente

inexhausto
7 inagotable

inexistencia
22 ausencia
8 carencia
3 cero
4 nada
3 supresión
16 vacío
8 caos
7 ◁ *realidad*
2 ◁ *todo*

inexistente
17 aparente
7 engañoso
5 hipotético
6 ilusorio
9 imaginario
11 irreal
8 supuesto
21 falso

inexorabilidad
10 fatalidad
9 inflexibilidad

inexorable
18 cruel
7 despiadado
30 duro
8 implacable
3 inapelable
13 inflexible
42 ◁ *blando*

inexperiencia
2 bisoñez
7 impericia
10 incapacidad
4 inhabilidad
3 noviciado
8 torpeza

inexperimentado
8 incompetente

inexperto
9 bisoño
6 candoroso
18 desmañado
11 incapaz
13 ingenuo
7 novato
5 novicio
5 principiante
26 aprendiz
12 inhábil
9 pardillo
20 simple
18 torpe
3 ◁ *veterano*
21 ◁ *avispado*

inexplicable
9 arcano
8 enigmático
17 incomprensible
9 inconcebible
9 indescifrable
6 indescriptible
10 misterioso

inexplorado
6 desconocido
3 ignoto

inexpresable
8 indecible

Inexpresivo
8 aburrido
15 reservado
21 seco
21 adusto
9 soso
24 ◁ *abierto*

inexpugnable
    4 inconquistable
    9 inquebrantable
   11 insuperable
    3 invencible
   16 sólido
   17 tenaz
   19 firme
   22 fuerte

inextensible
    1 indeformable

inextinguible
    3 inacabable
    5 interminable

inextricable
      difícil
   11 intrincado
    7 liado
    7 enmarañado

infacundo
    7 inexplicable

infalibilidad
    9 certeza
    5 certidumbre
    5 evidencia
   12 ◁*inseguridad*

infalible
   22 cierto
    9 eficaz
   11 incontestable
    9 indefectible
    1 indubitable
   15 indudable
   25 seguro
   11 verdadero

infamación
    6 difamación

infamador
   11 calumniador

infamante
    2 afrentoso
    3 degradante
    4 denigrante
    7 ignominioso
    4 oprobioso
    4 ultrajante

infamar
   21 afrentar(se)
   12 denigrar
   14 desacreditar(se)
    5 descalificar(se)
    2 descreer
   17 deslucir(se)
    5 deslustrar
    9 menospreciar
   16 obscurecer(se)
   33 ofender(se)
   16 pringar(se)
    7 ultrajar
    7 difamar
    5 empañar(se)
   45 hartar
   12 vilipendiar
   65 ◁*alabar(se)*
   24 ◁*honrar(se)*

infamatorio
    5 calumnioso

infame
   40 bajo(s)
    9 depravado
    2 desacreditado
    4 deshonrado
   10 indigno
    7 inicuo
    6 innoble
   34 malo
    9 perverso
   20 abyecto
   26 despreciable
   23 ruin
   12 vil

infamia
    9 abyección
   21 afrenta
   12 baldón
    8 depravación
   16 deshonor
   10 ignominia
    7 indignidad
    6 iniquidad
    8 mácula
   14 ofensa
   10 ruindad
   11 vileza

infancia
    6 niñez
    1 puericia
    5 ◁*adolescencia*
    9 ◁*vejez*

infando
   10 indigno
    5 nefando
   11 vergonzoso

infanta
    1 infantesa

infante
    2 áscari
    4 lactante
    5 párvulo
    2 príncipe

infantería
   ⇨ejército de tierra
   ⇨milicia terrestre

infantesa
    1 infanta

infanticida
    1 filicida

infanticidio
    9 asesinato
    2 filicidio

infantil
    3 aniñado
    6 candoroso
   13 ingenuo
   14 inocente
   22 cándido
   20 simple
   12 ◁*espabilado*

infantilismo
    5 candidez
   11 ingenuidad
   19 limpieza
    8 puerilidad

    6 ternura
    7 ◁*hondura*
   47 ◁*astucia*

infanzón
   12 hidalgo
   22 noble

infatigable
   10 incansable

infatuación
    8 inflación

infatuado
   19 hueco
   12 ufano
   19 hinchado

infatuarse
   21 afectar(se)
    6 engreírse
   22 ensoberbecer(se)
   38 hinchar(se)
   19 inflar(se)
   25 ahuecar
    6 envanecerse
   11 fardar
   17 pavonearse
   46 ◁*humillar(se)*

infausto
   15 aciago
   11 desventurado
    4 fatídico
    6 funesto
   14 infortunado
    4 malhadado
   16 triste
   16 desdichado
   14 desgraciado
   12 infeliz

infección
    5 contagio
    5 contaminación
    8 corrupción
    4 epidemia
    2 infestación
    5 inoculación
   13 plaga

infeccioso
7 propagación
6 apestado
3 contagioso
6 contaminado
5 infectado
13 infecto
1 inficionado
18 ◁*sano*
18 ◁*fresco*

infectado
3 contagiado
6 contaminado
5 envenenado
13 infecto
1 supurante
◁*esterilizado*
11 ◁*limpio*

infectar
11 contagiar
9 contaminar
6 emponzoñar
12 envenenar(se)
12 infestar
7 inficionar(se)
16 corromper
3 ◁*desinfectar*
7 ◁*purificar*

infectarse
6 enquistarse
6 gangrenar(se)
9 podrir(se)

infecto
10 apestoso
1 emponzoñado
5 envenenado
5 fétido
3 nauseabundo
8 pestilente
3 pútrido
6 repelente
21 repugnante
5 repulsivo
9 asqueroso
4 putrefacto
13 sucio
11 ◁*limpio*

infecundidad
5 improductividad
4 ◁*polinización*

infecundo
10 estéril
5 improductivo
6 infructuoso

infelicidad
20 adversidad
10 fatalidad
3 malaventuranza
17 desgracia
6 infortunio
17 miseria

infeliz
6 candoroso
11 desventurado
14 infortunado
13 ingenuo
2 malaventurado
33 apocado
21 corto
16 desdichado
14 desgraciado
5 jubilado
9 pardillo
20 simple
12 ◁*espabilado*
14 ◁*afortunado*

inferencia
11 consecuencia

inferior
6 ínfimo
18 insignificante
5 subordinado
8 mandado
6 mínimo
3 subalterno
8 ◁*superior*

inferioridad
7 dependencia
6 subordinación
8 sumisión
5 servilismo
6 ◁*mando*
9 ◁*superioridad*

inferir(se)
12 agraviar
19 argüir
24 argumentar(se)
20 barruntar(se)
17 causar
10 colegir(se)
14 concluir
7 deducir
17 derivar
26 desprender(se)
12 discurrir
3 educir
19 especular
8 hilar
15 inducir
6 infligir
15 nacer
7 ocasionar
33 ofender(se)
47 producir(se)
6 raciocinar
11 razonar
11 resultar
42 seguir(se)
9 entender
28 sacar

infernáculo
9 bombón
⇨reina mora

infernal
4 dañino
6 diabólico
9 endemoniado
9 endiablado
1 luciferino
3 maléfico
1 mefistofélico
14 nocivo
4 perjudicial
7 satánico

infernillo
4 anafe
3 cocina
4 hornillo

infertilidad
7 sequedad

infestación
5 contagio
8 infección

infestar
5 colmar
11 contagiar
9 contaminar
5 devastar
51 extender(se)
7 inficionar(se)
3 inocular
33 llenar(se)
16 pillar(se)
29 propagar(se)
5 saquear
16 corromper

infeudar
3 enfeudar

infibulación
5 ablación
9 castidad
1 castración

inficionado
6 infeccioso

inficionamiento
8 envenenamiento

inficionar(se)
13 apestar(se)
11 contagiar
18 enviciar(se)
7 infectar
12 infestar
3 inocular
16 corromper

infidelidad
3 adulterio
6 alevosía
3 deslealtad
3 falsía
5 ingratitud
11 vileza
10 villanía

infiel

2 sabanazo
7 traición

infiel
8 alevoso
5 apóstata
6 aproximado
10 desleal
10 felón
7 hereje
6 inexacto
7 pérfido
2 perjuro
5 pagano
10 traidor

infiernillo
4 anafe

infierno
1 érebo
5 pandemónium
3 báratro
2 orco
3 tártaro
4 averno
10 escándalo
24 follón
15 jaleo
11 lío
⇨el abismo
⇨el profundo

infigurable
13 inmaterial

infijo
8 afijo

infiltración
5 contagio
4 exudación
9 infusión
13 inspiración
15 introducción
6 invasión
9 persuasión
6 sugestión
10 influencia
5 ◁*estancamiento*
13 ◁*expulsión*

22 ◁*salida(s)*

infiltrar(se)
24 clavar(se)
20 colar(se)
20 entrometer(se)
16 filtrar(se)
3 imbuir
4 inculcar
5 infundir
16 inspirar(se)
3 instilar
31 introducir(se)

ínfimo
13 enano
6 inferior
18 insignificante
4 minúsculo
10 irrisorio
6 mínimo
24 ◁*brutal*
7 ◁*egregio*
13 ◁*eminente*
17 ◁*excelente*
3 ◁*excelso*
4 ◁*ingente*
5 ◁*inmejorable*

infinidad
11 cúmulo
3 inmensidad
25 muchedumbre
2 vastedad
16 cantidad
14 copia
16 multitud
5 sinnúmero

infinito
9 eterno
5 ilimitado
7 inagotable
7 incalculable
5 incontable
7 indefinido
5 interminable
10 perenne

infinitud
8 infinidad

infirmar
2 invalidar

inflación
3 desvalorización
20 engreimiento
5 ensoberbecimiento
5 envanecimiento
26 hinchazón
1 infatuación
2 tumefacción
14 vanidad

inflacionario
1 encarecedor
9 especulador
3 ◁*bajista*
8 ◁*baratero*

inflado
7 ahuecado
16 pomposo
11 soplado
4 turgente
19 gordo
19 hinchado
9 presumido
13 presuntuoso
10 repleto

inflamable
10 combustible

inflamación
3 congestión
26 hinchazón
8 inflación
2 tumefacción
5 flemón
5 panadizo
27 tumor

inflamado
34 apasionado
30 ardiente
3 congestionado
6 encendido
6 entusiasmado
3 llameante
3 tumefacto
19 hinchado
8 prendido
5 ◁*impertérrito*

inflamar(se)
8 abotagarse
25 acalorar(se)
61 animar(se)
25 apasionar(se)
5 congestionar(se)
7 electrizar
23 enardecer(se)
11 enconar
10 encorajinar(se)
6 enquistarse
17 entusiasmar(se)
32 exaltar(se)
60 excitar(se)
3 incendiar
23 encender
31 prender
3 ◁*desinflamar(se)*

inflamativo
30 ardiente

inflamatorio
1 calcinante
7 incendiario
3 llameante
4 quemante
1 ◁*refrescante*
2 ◁*suavizante*

inflamiento
26 hinchazón

inflar(se)
8 abotagarse
21 abultar(se)
6 engreírse
22 ensoberbecer(se)
9 esponjar(se)
8 exagerar
7 farolear
20 henchir(se)
38 hinchar(se)
9 infatuarse
16 ponderar
24 rellenar(se)
19 saciar(se)
17 saturar(se)
13 abombar(se)
25 ahuecar
16 presumir
19 soplar

inflexibilidad
19 carácter
8 ensañamiento
13 firmeza
6 inclemencia
2 inexorabilidad
6 rigidez
5 severidad
6 tozudez
11 entereza

8 ◁*compasión*
18 ◁*gracia(s)*
28 ◁*humanidad(es)*
7 ◁*misericordia*
5 ◁*tolerancia*

inflexible
4 coriáceo
5 correoso
6 disciplinado
30 duro
6 inexorable
9 inquebrantable
8 recio
16 sólido
17 tenaz
16 tieso
4 yerto
19 firme
26 rígido
42 ◁*blando*

inflexión
5 alabeo
4 comba
19 desviación
18 giro
3 máximo
4 modulación
9 terminación
3 desinencia
18 inclinación
6 mínimo
13 tono

infligir
40 aplicar(se)
17 causar
23 imponer(se)
7 ocasionar
39 originar(se)
47 producir(se)

influencia
15 crédito
21 dominio
25 efecto(s)
4 influjo
43 poder(es)
6 pujanza
10 vara
13 ascendiente
11 peso
7 prestigio

influenciar
6 influir

influenza
3 catarro
2 gripe

influible
5 excitable
15 sensible
2 sugestionable
8 ◁*inmune*

influir
63 apoyar(se)
45 ayudar(se)
10 contribuir
45 pesar(se)
29 valer(se)
6 intervenir

influirse
42 seguir(se)

influjo
13 ascendiente
26 autoridad
10 influencia
2 pul

influyente
13 acreditado
15 poderoso
7 prestigioso

información
10 aclaración
19 advertencia
2 asesoría
22 averiguación

8 indagación
8 inquisición
5 pesquisa
3 reportaje
12 llave
6 recensión

informado
25 avisado
8 conocedor
6 enterado

informador
8 confidente
4 gacetillero
1 gacetista
2 informante
6 periodista
3 reportero
7 espía
19 chivato
7 soplón
21 ◁*callado*
15 ◁*reservado*
5 ◁*silencioso*

informal
6 aproximado
5 faltón
1 malqueda
4 provisional
24 abierto
9 campechano
6 simpático

informalidad
resbaloseria

informante
3 declarante
9 informador

informar(se)
54 aclarar(se)
23 advertir
39 anunciar(se)
33 avisar(se)
18 comunicar(se)
10 documentar(se)
6 empajar
11 indagar
11 indicar

31 iniciar(se)
11 instruir
12 investigar
8 noticiar
9 notificar
15 participar
24 prevenir(se)
8 rastrear
5 reseñar
22 revelar(se)
14 saber
11 enterar
11 instruirse
14 publicar
⇨dar cuenta
⇨poner al corriente

informativo
3 esclarecedor
4 ilustrativo
4 revelador
15 ◁*reservado*
19 ◁*secreto*

informe
5 crónica
3 documentación
7 impreciso
7 indefinido
3 inespecífico
12 irregular
6 mensaje
6 testimonio
3 dossier
13 noticia
26 parte
17 razón
16 vago
9 ◁*formado*

informes
7 expediente

infortunado
15 aciago
8 calamitoso
10 desafortunado
4 gafe
10 infausto
4 malhadado
13 menguado
23 mísero

infortunio

14 desgraciado
12 infeliz
6 mabita
26 miserable
19 negro
18 pobre
12 ◁*dichoso*

infortunio
4 desventura
6 infelicidad
8 sal
7 desdicha
17 desgracia
13 salado
13 ◁*fortuna*

infracción
1 conculcación
1 contravención
10 culpa
8 delito
9 desafuero
13 falta
4 incumplimiento
3 inobservancia
10 olvido
2 quebrantamiento
7 sinvergonzonería
4 transgresión
3 tropelía
7 violación
14 atropello

infracto
16 entero
13 inflexible

infractor
3 conculcador
5 contraventor
12 delincuente
2 incestuoso
3 inobservante
5 transgresor
4 violador
4 vulnerador

in fraganti
⇨en el acto
⇨en fragante
6 ◁*antes*

◁*después*

infrangible
9 inquebrantable

infranqueable
8 imposible
6 impracticable
1 inabordable
13 inaccesible
11 insuperable
1 intransitable
3 invencible
27 ◁*posible(s)*

infrarrojo
7 radiación
4 rayo

infrascrito
2 signatario

infravalorar
4 minimizar

infrecuente
11 desusado
11 excepcional
18 extraño
8 insólito
9 peregrino
22 raro
9 sorprendente
16 único
14 extraordinario
11 ◁*normal*

infringir
8 conculcar
8 contravenir
12 faltar
9 incumplir
29 quebrantar(se)
47 romper(se)
6 transgredir
14 vulnerar
9 violar
27 ◁*cumplir(se)*

infructuoso
10 estéril
5 improductivo

8 ineficaz
3 infecundo
21 vano
16 inútil
4 ◁*fructífero*

infrutescencia
10 fruto

ínfulas
8 empaque
20 engreimiento
12 presunción
14 vanidad
10 humos
18 orgullo
7 soberbia

infumable
4 inaceptable
34 malo

infundado
11 gratuito
3 improcedente
9 inconsistente
1 injustificado
2 inmotivado

infundido
4 infuso

infundio
28 engaño(s)
5 exageración
5 buco
19 embuste
15 mentira
10 patraña
19 ◁*garantía*
6 ◁*verdad*

infundios
11 albur

infundioso
7 engañoso
5 ofensivo
15 embustero
21 falso
10 mentiroso

25 ◁*seguro*
5 ◁*veraz*

infundir
61 animar(se)
18 comunicar(se)
4 inculcar
11 infiltrar(se)
16 inspirar(se)

infurción
11 tributo

infurtir
7 apelmazar(se)
1 batanar

infusión
2 boldo
5 cocimiento
17 disolución
2 manzanilla
4 menta
1 poleo
10 solución
1 té
1 tila

infuso
5 divino
1 infundido
4 inspirado
1 revelado
23 ◁*material(es)*
7 ◁*terrenal*

infusorio
4 microbio
1 microorganismo

ingeniar(se)
8 amenizar
36 apañar(se)
40 aplicar(se)
10 bandear(se)
6 componérselas
12 discurrir
10 idear
31 imaginar(se)
8 industriar(se)
11 inventar
6 maquinar

83 arreglarse

ingeniárselas
8 industriar(se)

ingeniero
3 especialista
8 experto
10 perito
4 técnico

ingenio
23 agudeza
22 aparato
2 comicidad
11 donaire
18 gracia(s)
12 instrumento(s)
18 inteligencia
3 listeza
11 máquina
4 plantación
7 talento
10 utensilio(s)
19 chispa
21 genio
4 perspicacia

ingeniosamente
7 agudamente

ingeniosidad
15 ingenio

ingenioso
6 clarividente
14 cómico
7 chispeante
7 donairoso
17 hábil
16 inteligente
6 perspicaz
11 sutil
2 talentoso
14 vivaz
25 agudo
21 avispado
18 gracioso
16 listo
18 ◁torpe

ingénito
3 congénito
5 connatural

7 innato

ingente
6 abrumador
9 inmenso
12 enorme
23 grande
4 ◁diminuto
6 ◁ínfimo

ingenuidad
5 candidez
6 candor
2 credulidad
11 franqueza
14 inocencia
5 llaneza
7 naturalidad
12 sinceridad
11 sencillez
6 simpleza
▷buena fe
6 ◁retorcimiento

ingenuo
6 candoroso
8 crédulo
14 inocente
14 sincero
24 abierto
75 bobo
22 cándido
16 franco
21 llano
11 memo
22 necio
20 simple
18 tonto
13 ◁retorcido
1 ◁disimulado

ingerencia
2 injerencia

ingerido
17 alicaido
6 cabizbajo
16 enfermo

ingerir
31 introducir(se)
49 meter(se)

8 deglutir
31 tragar

ingestión
10 absorción
2 deglución
15 introducción
22 ◁salida(s)
9 ◁devolución

ingle
3 bragadura

inglés
1 anglosajón
1 británico

inglete
19 ángulo
9 escuadra
4 moldura
56 corte

ingobernable
6 fierabrás
15 indómito

ingratitud
10 desafección
1 desagradecimiento
3 deslealtad
9 infidelidad
10 olvido

ingrato
45 áspero
9 desabrido
6 desafecto
10 desagradable
10 desleal
11 infiel
5 olvidadizo
1 desagradecido
15 molesto

ingravidez
12 agilidad
5 levedad
13 ligereza
7 liviandad

11 suavidad
9 ◁solidez
8 ◁torpeza

ingrávido
10 leve
23 ligero
7 tenue
31 ◁pesado

ingrediente
4 componente
4 fármaco
4 integrante
14 substancia
26 parte
11 remedio

ingresar
19 afiliar(se)
64 apuntar(se)
49 meter(se)
32 entrar
▷darse de alta
48 ◁salir(se)
◁darse de baja

ingreso
3 alta
25 beneficio(s)
23 entrada
9 ganancia(s)
11 renta(s)

ingrimo
6 aislado
16 solitario
16 solo

inguandio
7 invención
19 embuste

Ingurgitación
13 trago

inhábil
5 chapucero
18 desmañado
11 incapaz

inhabilidad

inhabilidad
8 incompetente
13 inexperto
7 novato
5 principiante
13 crudo
8 inepto
15 maleta
11 pipiolo
18 torpe

inhabilidad
7 impericia
10 incapacidad
10 ineptitud
8 torpeza

inhabilitación
17 castigo

inhabilitado
3 insolvente
4 negado
11 privado
3 rechazado
4 ◁aceptado

inhabilitar
7 imposibilitar(se)
3 incapacitar
13 impedir

inhabitable
5 desmantelado
3 desolado
6 ruinoso
22 viejo
38 ◁agradable

inhabitual
11 desusado
8 inusitado
14 extraordinario
6 ◁cotidiano
10 ◁periódico

inhalación
13 aspiración

inhalar
13 aspirar
16 inspirar(se)

inherencia
1 inhesión
19 unión
2 ◁negación

inherente
14 adjunto
1 aglomerado
3 constitutivo
2 consustancial
6 inmanente
7 innato
9 junto
6 relacionado
6 relativo
5 tocante
20 agregado
13 propio
14 ◁accidental

inhesión
2 inherencia

inhibición
8 abstención
12 retraimiento
56 corte
17 vergüenza

inhibido
14 comedido

inhibir(se)
9 abstenerse
40 avergonzar(se)
28 estorbar(se)
50 parar(se)
10 retraerse
38 alejarse
70 apartarse
57 cortar
13 impedir
⇨quedarse cortado
15 ◁actuar
16 ◁mediar

inhibitorio
1 disuasorio
7 prohibitivo
1 separativo

inhonestidad
11 deshonestidad

inhonesto
12 deshonesto

inhospitalario
45 áspero
20 bárbaro
18 cruel
9 desapacible
30 duro
8 inclemente
1 inhóspito
8 inhumano
22 rudo
38 ◁agradable

inhóspito
9 inhospitalario

inhumación
3 entierro

inhumanamente
7 bárbaramente

inhumanidad
11 atrocidad
11 barbarie
13 crueldad
11 ferocidad
22 barbaridad
12 ◁caridad

inhumano
25 atroz
24 brutal
18 cruel
7 despiadado
30 duro
13 feroz
8 implacable
6 sanguinario

inhumar
14 enterrar(se)
7 sepultar

iniciación
15 aprendizaje
8 comienzo
16 inicio
11 preparación
19 principio(s)

iniciado
11 afiliado
4 catecúmeno
6 neófito
3 sectario
14 adepto
11 partidario

iniciador
17 creador
1 inceptor
4 instaurador
5 promotor

inicial
4 inaugural
1 liminar
18 original
9 preliminar
16 ◁final

iniciales
16 nombre

iniciar(se)
35 abrir(se)
19 afiliar(se)
15 afrontar
20 alumbrar(se)
19 atacar(se)
33 avisar(se)
17 derivar
6 desencadenar(se)
39 deshacer(se)
10 despuntar
9 empezar(se)
37 enseñar(se)
6 entablar
10 estallar
6 estrenar
28 formar(se)
9 germinar
5 inaugurar
5 incoar
26 informar(se)
11 instruir
53 lanzar(se)
59 mover(se)

6 principiar
8 promover
6 suscitar
35 trabar(se)
48 arrancar
10 comenzar
5 emprender
32 entrar
12 ◁caducar
6 ◁cancelar
6 ◁consumar
7 ◁terminar

iniciativa
2 adelanto
4 advenimiento
8 delantera
19 idea
5 implantación
5 iniciación
16 inicio
15 proyecto
10 propósito

inicio
7 bosquejo
8 comienzo
5 esbozo
3 estreno
14 fundamento(s)
5 iniciación
3 nociones
13 origen
3 primicias
19 principio(s)
15 proyecto
8 raíz
14 rudimento(s)
21 base
22 arranque
14 causa

inicuo
7 ignominioso
13 infame
12 injusto
12 malvado
7 pérfido
9 perverso
12 vil
45 ◁bueno

inigualado
2 impar

inimaginable
1 impensable
9 inconcebible
11 increíble
2 insospechado
6 inverosímil
14 extraordinario

inimitable
11 excepcional
4 inconfundible
6 peculiar
11 personal
13 singular
1 subjetivo

ininflamable
3 incombustible

ininteligible
9 ambiguo
difícil
8 enrevesado
5 incognoscible
17 incomprensible
9 indescifrable
32 oscuro

**ininterrumpida-
mente**
4 continuamente

ininterrumpido
3 inacabable
7 inagotable
6 incesante
7 constante
11 continuo
14 corrido
4 ◁esporádico

iniquidad
10 ignominia
12 injusticia
8 perversidad
11 vileza
12 infamia
7 maldad

27 ◁bondad

injerencia
6 entrometimiento
15 introducción

injerir
19 absorber
20 entrometer(se)
13 incluir
12 inmiscuir(se)
4 intercalar
18 interponer(se)
7 vincular
8 deglutir
3 injertar
6 intervenir
31 tragar

injerirse
20 entrometer(se)

injertar
11 injerir
31 introducir(se)
19 casar

injerto
1 enjerto

injonear
114 molestar(se)
6 zaherir

injuria
21 afrenta
21 agravio
12 baldón
15 blasfemia
8 desaire
9 deterioro
11 improperio
10 insulto
9 maldición
11 menoscabo
14 ofensa
10 oprobio
5 palabrota
10 ultraje
9 vituperio
10 perjuicio
19 taco

injuriado
4 afrentado

injuriar
21 afrentar(se)
12 agraviar
11 dañar(se)
12 denigrar
5 desairar
10 insultar
8 lacerar(se)
16 lastimar(se)
12 menoscabar
33 ofender(se)
5 perjudicar(se)
7 ultrajar
11 vituperar
14 vulnerar
11 maldecir
12 vilipendiar
65 ◁alabar(se)
14 ◁favorecer

injurioso
2 afrentoso
2 agravioso
4 humillante
8 irrespetuoso
5 ofensivo
4 ultrajante
4 vejatorio
2 ◁encomiástico

injusticia
12 abuso
4 componenda
9 desafuero
5 favoritismo
15 infracción
6 iniquidad
9 preferencia
6 privilegio
2 sinrazón
3 tropelía
13 parcialidad
14 atropello
2 ◁legalidad
1 ◁legitimidad

injustificable
4 ilícito
3 improcedente

injustificado

4 inaceptable
3 indebido
2 indefendible

injustificado
12 injusto

injusto
7 abusivo
25 arbitrario
11 desaforado
3 improcedente
4 inaceptable
3 indebido
3 inmerecido
5 leonino
5 odioso
11 parcial
13 violento
12 torcido
5 ◁*imparcial*

inllevable
7 insufrible

inmaculado
5 impoluto
11 limpio
21 puro
⇨sin mancha
8 ◁*impuro*

inmaduro
8 adelantado
7 precoz
14 tierno
9 verde

inmanencia
2 inherencia

inmanente
2 consustancial
3 indistinguible
3 ingénito
12 inherente
9 inseparable
13 propio

inmarcesible
9 eterno
6 imperecedero

1 inmarchitable
13 perpetuo

inmarchitable
4 inmarcesible

inmaterial
7 abstracto
7 espiritual
11 ficticio
15 ideal
9 imaginario
2 incorporal
15 incorpóreo
4 intangible
8 invisible
4 mental
3 metafísico
6 sobrenatural
4 trascendental
9 ◁*concreto*

inmediación
19 cercanía(s)
17 proximidad(es)
8 vecindad

inmediaciones
16 afuera(s)
34 alrededor(es)
19 cercanía(s)
31 contorno(s)
8 vecindad
5 gotera

inmediatamente
7 luego
6 prontamente
2 seguidamente
⇨a continuación
⇨acto seguido
⇨en seguida
  ◁*después*
1 ◁*tarde*

inmediatez
3 inmediación

inmediato
24 aledaño(s)
9 cercano
2 consecutivo

10 contiguo
13 próximo
12 vecino(s)
9 seguido

inmejorable
2 impar
11 insuperable
3 óptimo
8 superior
7 supremo
6 ◁*ínfimo*
2 ◁*pésimo*

inmemorable
5 inmemorial

inmemorial
3 antiquísimo
15 arcaico
4 rancio
7 remoto
33 antiguo

inmensidad
15 abismo
8 infinidad
4 imponencia

inmenso
16 colosal
4 exorbitante
10 gigantesco
5 ilimitado
7 incalculable
5 incontable
8 infinito
7 innumerable
12 enorme

inmensurable
5 inconmensurable

inmerecido
25 arbitrario
7 inicuo
12 injusto

inmersión
3 buceo
1 chapuzón

10 hundimiento
1 sumergimiento
3 sumersión
1 zambullida

inmerso
8 abismado
7 metido
3 sumido

inmigración
4 arribo
2 llegada
9 traslado
12 ◁*emigración*
22 ◁*salida(s)*

inmigrante
3 desplazado
4 emigrante
1 entrado
14 ◁*salido*

inmigrar
6 arribar
2 migrar
46 cambiar
32 entrar
12 ◁*emigrar*
46 ◁*irse*

inmigratorio
2 migratorio

inminencia
18 apremio
4 perentoriedad
17 proximidad(es)
8 vecindad
10 ◁*lentitud*
6 ◁*tardanza*
1 ◁*lejanía*

inminente
10 apremiante
9 cercano
11 imperioso
3 inaplazable
7 inmediato
13 próximo
7 ◁*remoto*

inmiscuir(se)
21 cruzar(se)
20 entrometer(se)
11 injerir
12 interceder
18 interponer(se)
31 introducir(se)
49 meter(se)
31 mezclar(se)
38 pegar(se)
6 intervenir
54 ◁*hurtar(se)*

inmisión
13 inspiración

inmoble
7 inconmovible
9 inmóvil

inmoderado
10 desenfrenado
5 desmedido
15 destemplado
21 exagerado
8 incontinente
6 intemperante
13 libertino

inmodestia
7 soberbia

inmodesto
15 altanero
31 arrogante
22 creído
8 fatuo
4 pedante
10 petulante
21 vano
17 altivo
28 engreído
12 jactancioso
9 presumido

inmolación
6 sacrificio
3 suicidio

inmolado
4 ofrendado

inmolar
52 matar(se)
26 ofrecer(se)
7 ofrendar
14 sacrificar(se)

inmoral
10 calavera
8 desaprensivo
12 deshonesto
7 disoluto
17 impúdico
8 indecoroso
6 licencioso
11 obsceno
5 perdido
7 puerco
9 verde
6 sinvergüenza
10 indecente
10 lujurioso

inmoralidad
8 depravación
14 desenfreno
11 deshonestidad
6 extravío
10 impudicia
9 indecencia
7 liviandad
9 lujuria
9 obscenidad
7 sinvergonzonería
6 vagancia
10 escándalo

inmortal
9 eterno
6 eviterno
6 imperecedero
13 perpetuo
7 sempiterno

inmortalidad
16 bienaventuranza
12 duración
4 fénix
26 gloria

inmortalizar
8 perpetuar(se)

inmotivado
5 infundado
1 injustificado

inmoto
9 inmóvil

inmovible
9 inmóvil

inmóvil
5 estático
15 fijo
2 inmoble
1 inmovible
3 petrificado
10 quieto
7 constante
19 firme
⇨de una pieza
13 ◁*inconstante*

inmovilidad
3 acinesia
4 anquilosis
4 catalepsia
12 holganza
18 inacción
8 inercia
8 quietud
8 reposo
26 calma
9 ◁*conversión*
4 ◁*tropismo*

inmovilismo
5 conservadurismo

inmovilización
4 coartación
7 embargo
1 estatismo
3 paralización
6 pasividad
4 retención
7 ◁*autorización*

inmovilizado
3 estabilizado

inmovilizar(se)
10 agarrotar
13 anquilosar(se)
15 aquietar(se)
52 asegurar(se)
15 bloquear
15 consolidar(se)
49 detener(se)
15 empantanar(se)
24 encadenar(se)
7 encallar
3 escayolar
4 esposar
13 estacionar(se)
14 estancar(se)
39 fijar(se)
6 fosilizarse
4 maniatar
16 paralizar(se)
50 parar(se)
19 pasmar(se)
9 permanecer
15 retener(se)
28 plantarse
14 sujetar
⇨quedarse de piedra
59 ◁*mover(se)*
53 ◁*marchar*

inmóvilmente
7 fijamente

inmueble
11 bloque
4 edificación
8 edificio
6 finca

inmundicia
1 asquerosidad
20 basura
11 deshonestidad
10 impudicia
13 impureza
3 cochambre
11 desperdicio
34 porquería
14 suciedad
11 vicio

inmundicias
7 barreduras

inmundo
8 impuro
3 nauseabundo

inmune

7 puerco
21 repugnante
16 vicioso

9 asqueroso
9 guarro
13 sucio

inmune
5 dispensado
10 exento
4 inatacable
1 inmunizado
3 inviolable
6 invulnerable
18 libre
12 protegido

inmunidad
8 descargo
8 dispensa
3 exoneración
2 inviolabilidad
9 prerrogativa
6 privilegio
13 protección

inmunización
41 defensa
14 prevención

inmunizado
8 inmune

inmunizar
10 acorazar(se)

inmutable
4 crónico
8 estable
5 estático
15 fijo
13 impávido
10 imperturbable
13 inalterable
7 inconmovible
2 inextinguible
9 invariable
7 persistente
20 serio
4 vigente
7 constante
11 continuo

19 firme
10 ◁ *mudable*

inmutarse
39 alterar(se)
13 conmover(se)
37 turbar(se)

innato
5 connatural
13 específico
3 ingénito
20 natural
6 peculiar
13 singular
13 propio

innatural
25 artificial
6 atrabajado
12 fingido
44 afectado

innavegable
7 infranqueable

innecesario
15 barroco
12 excusado
7 farragoso
5 infundado
18 insignificante
11 prolijo
5 redundante
6 sobrante
4 superfluo
16 inútil

innegable
14 evidente
11 incontestable
11 incontrovertible
11 incuestionable
11 indiscutible
1 indubitable
10 irrefutable
11 manifiesto
12 obvio
10 palmario

innoble
10 indigno
13 infame

20 abyecto
26 despreciable
23 ruin
12 vil

innocuo
14 inocente
6 inofensivo
14 ◁ *nocivo*

innominado
8 anónimo

innovación
19 novedad
5 originalidad
19 cambio
3 ◁ *clasicismo*

innovador
4 novedoso
7 revolucionario

innovar
17 crear
13 descubrir
1 improvisar
11 inventar
49 mejorar(se)
22 perfeccionar(se)
20 reformar(se)
13 renovar
11 ◁ *imitar*

innumerabilidad
28 abundancia

innumerable
8 crecido
5 ilimitado
7 incalculable
5 incontable
8 infinito
8 numeroso
29 abundante
17 ◁ *escaso*

innúmero
7 innumerable

inobediente
5 desobediente
3 díscolo

5 insubordinado
14 rebelde

inobservancia
13 falta
15 infracción
7 violación

inobservante
7 informal
8 infractor
11 negligente
1 ◁ *acatador*
3 ◁ *respetuoso*

inocencia
30 bobería
5 candidez
6 candor
7 honradez
11 ingenuidad
2 irresponsabilidad
9 pureza
5 virginidad
11 absolución
6 exculpación
11 sencillez
6 simpleza
⇨ buena fe
⇨ falta de culpa
 ◁ *culpabilidad*
6 ◁ *retorcimiento*

inocentada
26 broma
103 burla
6 cachada

inocente
6 candoroso
13 ingenuo
2 innocuo
6 inofensivo
11 limpio
10 papanatas
21 puro
10 salvo
1 exculpado
6 absuelto
75 bobo

22 cándido
12 sencillo
20 simple
  4 ◁*culpable*
12 ◁*espabilado*
14 ◁*nocivo*
13 ◁*retorcido*

inocentón
13 ingenuo
75 bobo
20 simple

inocuidad
⇨falta de riesgo

inoculación
5 contagio
5 contaminación
9 infiltración
8 transmisión
2 vacunación

3 ◁*esterilización*

inocular
11 contagiar
9 contaminar
3 vacunar(se)

inodoro
2 evacuatorio
12 excusado
9 retrete
6 water

inofensivo
10 anodino
3 desarmado
2 innocuo
14 inocente
3 insubstancial
6 pacífico
14 ◁*nocivo*

inolvidable
16 famoso
9 histórico
4 imborrable
6 imperecedero
18 importante
5 inmemorial
5 inmortal

inoneco
75 bobo
11 memo
20 simple

inoperable
6 desahuciado
2 incurable

inoperancia
7 ineficacia

inoperante
8 ineficaz

inopia
2 desapercibimiento
3 desconocimiento
15 descuido
5 indigencia
6 menesterosidad
18 necesidad
10 pobreza
10 ◁*riqueza*

inopinado
14 accidental
12 brusco
10 casual
5 fortuito
8 impensado
9 imprevisto
8 inesperado
5 repentino
12 súbito
19 rápido

inoportunamente
8 atontadamente

inoportunidad
7 descortesía
1 deshora
5 despropósito
16 disparate
4 improcedencia
12 inconveniencia
15 necedad(es)
7 impertinencia

inoportuno
11 desusado
6 extemporáneo

3 improcedente
3 inadecuado
2 inapropiado
7 incongruente
11 inconveniente
10 incorrecto
7 intempestivo
6 prematuro

◁*conveniente*

inorgánico
5 inanimado

in promptu
6 improvisado
5 repentino

in púribus
10 desnudo

input
2 consumo
23 entrada

inquebrantable
13 impávido
13 inalterable
6 inexorable
8 inexpugnable
13 inflexible
1 irrompible
13 resuelto
17 tenaz
7 constante
5 ◁*quebradizo*

inquietante
3 alarmante
9 amenazador
5 enardecedor
7 escalofriante
6 martirizador
5 turbador

inquietar(se)
21 afectar(se)
40 agitar(se)
17 alarmar(se)
39 alterar(se)
18 amenazar(se)
6 aquejar

35 atormentar(se)
13 conmover(se)
4 conturbar(se)
9 desasosegar(se)
24 desazonar(se)
11 desvelar(se)
16 emocionar(se)
27 enojar(se)
24 espantar(se)
87 fastidiar(se)
44 incomodar(se)
11 intranquilizar(se)
49 meter(se)
114 molestar(se)
17 preocupar(se)
9 roer(se)
11 sobresaltar(se)
8 torturar(se)
26 trastornar(se)
37 turbar(se)

4 arrebolar(se)
24 revolver

inquieto
7 agitado
1 alarmado
25 bullicioso
4 desasosegado
8 intranquilo
4 movido
7 nervioso
9 turbado
10 travieso

inquietud
12 alarma
10 desasosiego
9 fárrago
8 intranquilidad
9 nerviosismo
11 turbación
7 zozobra
33 agitación
79 alboroto
7 cominillo
8 congoja
14 conmoción
12 desazón
9 disturbio
24 follón
15 jaleo
11 preocupación

inquilinato
5 alquiler
12 cesión

inquilino
2 alquilador
9 arrendatario
3 ocupante
12 vecino(s)

inquina
11 aversión
10 enemistad
32 aborrecimiento
13 animadversión
21 animosidad
23 antipatía
23 manía
20 odio
9 ojeriza
8 tirria
53 ◁*amor*

inquiridor
3 indagador
1 inquisitivo
1 preguntón
12 ◁*discreto*

inquirir
25 averiguar(se)
7 escarbar
41 examinar(se)
17 husmear
11 indagar
12 investigar
7 olisquear
4 perquirir
6 preguntar(se)
6 sondar

inquisición
8 análisis
22 averiguación
12 examen
8 indagación
10 información
8 investigación
5 pesquisa
⇨santo Oficio

inquisidor
5 fiscal
1 inquisitivo

inquisitivo
2 inquisidor

inri
10 insulto
103 burla

insaciabilidad
14 avidez

insaciable
11 ansioso
15 ávido
11 glotón
7 tragaldabas
12 voraz
11 ambicioso
5 tragón
11 tripero

insaculación
1 sorteo
5 votación

insacular
5 sortear
9 votar

insalivación
2 salivación

insalivar
8 babear

insalubre
3 dañoso
9 insano
4 malsano
14 nocivo
4 perjudicial

insalubridad
8 infección
10 nocividad
4 ◁*higiene*

insalvable
11 insuperable

insanable
2 incurable

insania
10 nocividad
14 locura

insano
12 desequilibrado
8 furioso
5 insalubre
4 malsano
14 nocivo
4 perjudicial
12 chalado
17 demente
20 loco

insatisfecho
16 descontento
9 inquieto

inscribir
19 adherir(se)
4 adscribir
19 afiliar(se)
17 alistar(se)
20 anotar(se)
64 apuntar(se)
13 corresponder
12 grabar
23 sentar(se)
7 matricular
50 asentar

inscribirse
4 colegiarse
26 incorporar(se)
9 militar

inscripción
12 abono
4 alistamiento
3 alta
4 apuntamiento
13 cartel
4 enganche
6 etiqueta
2 foliación
11 indicación
7 letrero
3 matrícula
2 matriculación
24 nota
4 rotulación
3 epitafio
27 anotación
7 epígrafe
6 lema
10 rótulo
30 título

inscrito
14 abonado
7 anotado
4 colegiado
4 incorporado

insecticida
7 fumigación

insecto
2 avispa
2 diptero
1 miriápodo
3 parásito
13 chinche

insectos
4 artrópodos

inseguridad
16 azar
16 debilidad
15 duda
10 incertidumbre
3 inconsistencia
8 inconstancia
10 indecisión
2 inestabilidad
12 perplejidad
8 riesgo(s)
4 peligro
7 vacilación

inseguro
2 deleble
6 dudoso
16 incierto
10 indeciso
11 inestable
7 movedizo
10 mudable
6 vacilante
7 variable

inseminación
2 fecundación

inseminar
- 51 cubrir(se)
- 8 fecundar

insensatez
- 9 desacierto
- 15 desaguisado
- 16 disparate
- 10 intrepidez
- 11 irracionalidad
- 13 ligereza
- 6 parida
- 14 locura
- 16 ◁*conocimiento*
- 9 ◁*criterio*
- 12 ◁*discreción*
- 12 ◁*ponderación*
- 16 ◁*prudencia*
- 13 ◁*seso*
- 14 ◁*substancia*
- 15 ◁*juicio*
- 7 ◁*madurez*

insensato
- 9 alocado
- 20 loco
- 22 necio

insensibilidad
- 12 abulia
- 22 anestesia
- 17 apatía
- 4 catalepsia
- 13 crueldad
- 6 entumecimiento
- 15 indiferencia
- 8 letargo
- 7 parálisis
- 10 ◁*emoción*
- 16 ◁*sentimiento*

insensibilizar(se)
- 10 acorazar(se)
- 2 acorchar
- 21 adormecer(se)
- 9 anestesiar(se)
- 30 atontar(se)
- 44 calmar(se)
- 19 desentender(se)
- 1 despreocupar(se)
- 8 embotar(se)
- 30 secar(se)

insensible
- 2 desentendido
- 4 desinteresado
- 9 despreocupado
- 30 duro
- 7 impasible
- 6 imperceptible
- 9 inapreciable
- 10 indiferente
- 3 indiscernible
- 3 indistinguible
- 25 frío

inseparable
- 17 adicto
- 17 fiel
- 10 leal
- 7 ligado
- 11 unido
- 10 vinculado
- 15 asociado
- 24 amigo
- 11 partidario
- 10 ◁*desleal*

insepulto
- 9 cadavérico

inserción
- 4 inclusión

insertar
- 24 clavar(se)
- 7 entreverar
- 4 intercalar
- 31 introducir(se)
- 49 meter(se)

inserto
- 4 adherido
- 5 incrustado

inservible
- 12 deteriorado
- 19 estropeado
- 5 inaprovechable
- 21 vano
- 16 inútil

insidia
- 3 acecho
- 18 asechanza
- 9 celada
- 11 emboscada
- 7 encrucijada
- 28 engaño(s)
- 9 maquinación
- 10 conspiración
- 13 lazo
- 10 trampa

insidiar
- 5 agrazar
- 8 asechar

insidiosa
- 7 arpía

insidioso
- 3 alarmista
- 3 capcioso
- 4 reticente

insigne
- 14 afamado
- 3 celebrado
- 9 célebre
- 7 egregio
- 9 eximio
- 16 famoso
- 13 ilustre
- 7 preclaro
- 8 renombrado
- 14 reputado
- 14 señalado

insignia(s)
- 26 alegoría
- 22 bandera
- 3 banderín
- 4 colgadura
- 5 distintivo
- 7 divisa
- 14 emblema
- 6 enseña
- 4 estandarte
- 3 gaya
- 5 guión
- 16 marca
- 7 pabellón
- 5 pendón
- 6 repostero
- 10 signo(s)
- 4 lábaro
- 14 chamba
- 27 señal

insignificancia
- 6 chuchería
- 6 futesa
- 10 nadería(s)
- 9 niñería
- 2 oropel
- 9 pamplina
- 1 papanduja
- 12 pequeñez
- 42 tontería(s)
- 3 trivialidad
- 11 zarandaja(s)
- 19 bagatela
- 3 baratillo
- 25 fruslería

insignificante
- 6 apagado
- 10 baladí
- 2 desestimable
- 11 exiguo
- 1 fruslero
- 8 huero
- 13 humilde
- 6 ínfimo
- 6 mediocre
- 6 menudo
- 16 modesto
- 8 reducido
- 1 sinsubstancia
- 18 chico
- 8 desdeñable
- 26 despreciable
- 6 mínimo
- 14 pequeño
- 18 ◁*importante*
- 23 ◁*grande*

insimular
- 10 delatar

insinceridad
- 12 hipocresía

insincero
- 3 abjurable
- 4 reticente

insinuación
- 11 indicación
- 3 instigación

insinuado

2 perífrasis
19 rodeo
4 sugerencia
7 eufemismo
12 alusión
10 indirecta

insinuado
4 abocetado

insinuador
9 apuntador

insinuante
1 insinuativo
4 resbaloso
2 sugerente

insinuar(se)
9 abocetar
6 ahuevar
10 aludir(se)
64 apuntar(se)
18 aventurar(se)
4 esbozar
19 perfilar(se)
25 referir(se)
12 seducir
4 sugerir
8 cortejar
12 flirtear
⇨dar a entender
⇨dejar caer

insinuativo
3 insinuante

insipidez
5 sosería
12 desazón

insípido
6 desaborido
9 desabrido
5 inexpresivo
9 insulso
9 insustancial
20 simple
9 soso
5 ◁*sabroso*

insistencia
7 empecinamiento
18 porfía
6 terquedad
7 testarudez
12 lata
13 obstinación
7 tabarra

insistente
8 ahincado
10 apremiante
8 chinchorrero
9 pertinaz
5 recalcitrante
17 tenaz
15 porfiado
6 ◁*claudicante*

insistir
9 atornillar
16 empecinar(se)
10 perseverar
11 persistir
39 empeñarse
14 importunar
28 obstinarse
13 porfiar
⇨dar la lata
⇨dar la paliza
⇨dar la tabarra

insobornable
12 honesto
10 incorruptible
14 íntegro
◁*corrupto*

insociabilidad
25 aislamiento
4 esquivez
1 huraña
4 reclusión
6 soledad
23 antipatía
22 aspereza
38 ◁*alegría(s)*
10 ◁*trato*

insociable
21 arisco
17 intratable

7 misántropo
18 retraído
6 esquivo
9 huraño

insocial
6 insociable

insolación
1 tabardillo

insolencia
21 audacia
3 descoco
10 imprudencia
32 atrevimiento
18 cara
10 descaro
8 desfachatez
2 desvergüenza
11 frescura
19 jeta
7 osadía
3 ◁*comedimiento*

insolentarse
21 atrever(se)
5 avilantarse
12 propasar(se)

insolente
31 arrogante
33 atrevido
12 deslenguado
10 petulante
9 procaz
11 descarado
18 descocado
27 desvergonzado
18 fresco
12 jactancioso
9 presumido
14 ◁*comedido*
13 ◁*humilde*

in sólidum
5 solidario

insólito
5 desacostumbrado
18 extraño
9 infrecuente

8 inusitado
1 inusual
22 raro
9 sorprendente
9 extravagante

insoluble
8 imposible

insolvencia
10 crisis
7 deuda
5 indigencia
7 quiebra
25 ruina(s)
15 ◁*crédito*
19 ◁*garantía*

insolvente
4 inhabilitado
19 arruinado
1 fallenque
3 ◁*crediticio*

insomnio
1 despabiladura
6 desvelo
2 vigilia
13 vela

insondable
9 hondo
12 impenetrable
1 inaveriguable
5 incognoscible
8 profundo
6 ◁*superficial*

insonoro
21 callado
5 silencioso

insoportable
5 enojoso
8 inaguantable
7 insufrible
3 intolerable
8 irritante
8 cargante
10 enfadoso
42 fastidioso

15 molesto
31 pesado
38 ◁ *agradable*

insoria
18 migaja(s)
7 pizca
14 porción

insoslayable
6 ineludible
6 inevitable

insospechable
9 sorprendente

insospechado
8 inesperado
9 sorprendente

insostenible
4 contestable
1 inadmisible
2 indefendible
11 inestable
2 rebatible
3 refutable
10 ◁ *irrefutable*

inspección
3 allanamiento
16 censura
12 examen
4 fiscalización
8 indagación
12 reconocimiento
5 requisa
9 revista
4 supervisión

inspeccionar
13 analizar(se)
9 comprobar
11 controlar
41 examinar(se)
12 investigar
22 reconocer
26 registrar(se)
6 verificar
6 intervenir
11 vigilar

inspector
3 comprobador
5 fiscal
4 verificador
2 visitador

inspiración
13 arrebato
6 entusiasmo
4 estro
2 iluminación
8 lira
9 musa(s)
3 numen
4 sugerencia
6 sugestión
4 vena
12 excitación
8 soplo
10 visión

inspirado
22 ameno
6 clarividente
4 iluminado
4 infuso

inspirador
8 pontífice
5 promotor

inspirar(se)
28 aconsejar(se)
13 aspirar
5 badallar
3 bostezar
5 dictar
3 imbuir
4 inculcar
11 infiltrar(se)
5 infundir
2 inhalar
8 respirar
42 seguir(se)
4 sugerir
11 imitar
19 soplar
⇨ atender a

instable
9 cambiante
11 inestable

8 móvil
7 perecedero
6 precario
7 transitorio
7 variable
12 frágil
14 débil
11 ◁ *permanente*

instalación
10 emplazamiento
6 entronización
4 inclusión
6 repoblación

instalaciones
2 facilities

instalado
8 emplazado
5 entronizado

instalar(se)
16 acampar
55 acomodar(se)
9 acuartelar
11 albergar(se)
22 alojar(se)
36 apañar(se)
5 aparcar
32 aposentar(se)
19 apostar(se)
28 arraigar(se)
8 avecindar(se)
27 colocar(se)
48 disponer(se)
47 establecer(se)
35 poner(se)

instancia
9 apelación
11 arbitrio
14 escrito
13 informe
5 memorial
12 oficio
8 petición
8 ruego
7 solicitud
6 súplica

instantánea
4 foto
6 fotografía

instantáneamente
14 brevemente

instantaneidad
18 brevedad

instantáneo
27 breve
7 efímero
7 fugaz
7 momentáneo
5 repentino
12 súbito
21 corto
19 rápido
12 ◁ *largo*

instante
1 minuto
7 momento
5 periquete
5 santiamén

instar
20 apremiar(se)
50 apurar(se)
12 exhortar
14 pretender
9 rogar
8 solicitar
6 suplicar
4 urgir
11 insistir
17 pedir
5 reclamar
9 ◁ *exigir*

instauración
6 entronización
7 fundación
5 implantación

instaurador
8 adelantado
9 autor
17 creador
4 iniciador

instaurar
17 crear
6 erigir
47 establecer(se)

instigación
25 fundar(se)
7 implantar(se)
5 instituir
13 renovar
27 reponer(se)
19 restablecer(se)
9 restaurar

instigación
14 impulso
5 inducción
8 insinuación

instigador
15 agitador
2 inductor
10 provocativo

instigar
12 aguijar(se)
22 aguijonear(se)
14 alentar(se)
13 azuzar(se)
19 brujulear
9 espolear
28 estimular(se)
60 excitar(se)
11 fustigar
8 impeler
17 incitar(se)
15 inducir
59 mover(se)
14 persuadir(se)
23 pinchar(se)
8 promover
18 provocar
3 punzar
15 soliviantar(se)
10 impulsar

instilación
5 destilación
10 gota(s)
1 secreción
6 sugestión
10 influencia
14 ◁*desinterés*

instilar
11 infiltrar(se)
5 infundir
31 introducir(se)

instintivo
6 automático
9 inconsciente
7 indeliberado
6 involuntario
13 irreflexivo
5 maquinal
19 ◁*salvaje*

instinto
automatismo
10 corazonada
2 estimativa
20 natural
20 naturaleza
10 propensión
16 reflejo
18 inclinación

institor
9 apoderado

institución
10 erección
7 establecimiento
11 formación
7 fundación
5 organismo
12 organización
28 asociación

instituir
17 crear
6 erigir
47 establecer(se)
25 fundar(se)
10 instaurar

instituirse
10 estatuir(se)

instituto
8 academia
15 centro
15 escuela
5 estatuto
  leyes
3 liceo
7 reglamento
5 ordenanza

institutor
11 ayo

institutriz
8 azafata
8 carabina
10 chacha
2 nurse

instrucción(es)
3 adiestramiento
15 aprendizaje
5 capacitación
3 catequesis
6 civilización
16 conocimiento
9 crianza
6 cultura
13 educación
15 ejercicio
4 enseñanza
4 erudición
26 estudio
18 fórmula
15 ilustración
4 magisterio
5 mandamiento
10 normas
1 órdenes
8 orientación
17 precepto(s)
11 preparación
27 regla(s)
14 saber
3 briefing
26 amonestación
3 ◁*desconocimiento*
13 ◁*incultura*

instructivo
2 edificante
5 educativo
10 ejemplar
4 ilustrativo
3 moralizante

instructor
10 consejero
2 enseñante
13 maestro
4 monitor
5 profesor
4 tutor
11 guía

instruido
14 advertido
25 avisado
13 culto
4 docto
9 erudito
9 ilustrado
5 leído
15 sabio

instruir
15 adiestrar(se)
8 aleccionar(se)
33 avisar(se)
29 educar(se)
4 encausar
9 enjuiciar
37 enseñar(se)
21 ilustrar(se)
26 informar(se)
24 prevenir(se)
11 enterar

instruirse
27 aprender(se)
20 embeber(se)
11 estudiar
26 informar(se)
12 jubilar(se)
7 practicar

instrumentación
10 afinación
4 modulación

instrumental
12 instrumento(s)

instrumento(s)
22 aparato
6 artefacto
2 dispositivo
6 ejecutor
7 herramienta
10 intermediario
11 máquina
2 maquinaria
6 mecanismo
35 medio(s)
10 utensilio(s)
22 útil

insuave
45 áspero

insuavidad
  22 aspereza

insubordinación
  6 desobediencia
  6 indisciplina
  2 insumisión
  7 levantamiento
  14 rebeldía
  9 alzamiento
  11 rebelión
  7 sublevación

insubordinado
  9 indisciplinado
  8 indócil
  4 inobediente
  7 sedicioso
  14 rebelde

insubordinar(se)
  58 alzar(se)
  19 amotinar(se)
  7 desobedecer
  3 indisciplinarse
  1 insurgir
  12 insurreccionar(se)
  53 levantarse
  23 rebelarse
  30 ◁*rendir(se)*

insubsistente
  25 arbitrario

insubstancial
  6 inofensivo
  6 superficial
  2 vanilocuente

insubstancialidad
  1 vanilocuencia

insuceso
  17 desgracia
  6 infortunio

insuficiencia
  8 carencia
  7 deficiencia
  12 escasez
  13 falta
  12 ignorancia

  7 impericia
  10 incapacidad
  4 incompetencia
  10 ineptitud
  7 penuria
  13 poquedad
  11 cortedad

insuficiente
  13 carente
  7 deficiente
  9 falto
  19 ignorante
  11 incapaz
  8 incompetente
  14 incompleto
  12 suspenso
  17 escaso
  8 inepto
  12 inhábil
  18 torpe

insuflación
  1 inhalación
  13 inspiración

insuflar
  28 aconsejar(se)

insufrible
  7 abusivo
  1 inllevable
  10 insoportable
  11 penoso
  11 antipático
  7 latoso
  15 molesto
  23 ◁*ligero*
  6 ◁*simpático*

ínsula
  6 isla
  1 islote

insulano
  2 isleño

insular
  2 isleño

insulsez
  5 sosería

insulso
  6 desaborido
  9 desabrido
  7 insípido
  9 insustancial
  75 bobo
  22 necio
  20 simple
  9 soso
  18 tonto
  5 ◁*sabroso*

insultado
  3 denigrado

insultador
  6 insultante

insultante
  2 agraviante
  2 agravioso
  7 injurioso
  11 insolente
  5 ofensivo
  4 vejatorio
  2 ◁*encomiástico*

insultar
  12 agraviar
  14 denostar
  22 deshonrar(se)
  12 faltar
  16 injuriar
  16 lastimar(se)
  33 ofender(se)
  8 maltratar
  12 vilipendiar
  6 zaherir

insulto
  21 afrenta
  12 baldón
  9 denuesto
  2 dicterio
  11 improperio
  5 invectiva
  14 ofensa
  10 oprobio
  5 reniego
  9 vituperio

insumable
  10 desmesurado

insumergible
  9 boyante
  7 flotante

insumisión
  14 rebeldía
  7 sublevación

insumiso
  13 revoltoso
  11 alzado
  14 rebelde

insuperable
  14 arduo
  17 excelente
  2 impar
  8 imposible
  6 impracticable
  7 infranqueable
  5 inmejorable
  3 invencible
  3 óptimo
  9 perfecto
  14 extraordinario
  2 ◁*pésimo*
  4 ◁*factible*

insurgencia
  9 alzamiento

insurgente
  15 agitador
  10 faccioso
  8 insurrecto

insurgir
  10 insubordinar(se)

insurrección
  6 indisciplina
  7 levantamiento
  10 pronunciamiento
  14 rebeldía
  14 revuelta
  9 sedición
  9 subversión
  15 revolución
  8 levante
  11 motín
  7 sublevación

insurreccionar(se)
6 abanderizarse
58 alzar(se)
19 amotinar(se)
10 insubordinar(se)
53 levantarse
23 rebelar(se)
20 sublevar(se)
23 rebelarse

insurrecto
4 amotinado
10 faccioso
3 insurgente
9 levantado
7 revolucionario
7 sedicioso
14 rebelde
6 sublevado

insustancial
9 desabrido
9 frívolo
8 huero
7 insípido
9 insulso
23 ligero
11 trivial
6 vacuo
9 soso
5 ◁*sabroso*

insustituible
6 fundamental
2 irreemplazable
8 necesario

intacto
21 callado
16 cristiano
16 entero
9 ileso
4 incólume
6 indemne
18 sano
25 seguro
5 ◁*amputado*
3 ◁*desportillado*
24 ◁*abierto*
13 ◁*manido*
6 ◁*roto*

intachable
12 honesto
9 honorable
14 honrado
14 íntegro
5 probo
10 respetable
19 recto
27 ◁*desvergonzado*

intangible
8 impalpable
15 incorpóreo
13 inmaterial
8 invisible

integral
16 cabal
13 completo
3 consumado
11 pleno
6 total
10 colmado
18 cumplido
14 lleno
14 ◁*incompleto*
11 ◁*parcial*

íntegramente
5 completamente
5 enteramente
4 religiosamente

integrante
20 accesorio
4 componente
14 miembro
26 parte

integrantes
9 equipo

integrar(se)
19 afiliar(se)
24 añadir(se)
12 completar
7 constituir
11 coronar
28 formar(se)
15 participar
21 sumar(se)
2 totalizar
34 componer
32 entrar
⇨formar parte
9 ◁*desintegrar*

integridad
7 honradez
19 limpieza
4 probidad
8 rectitud
11 complemento
11 entereza
6 ◁*cascadura*

íntegro
16 cabal
13 completo
6 debido
16 entero
6 fiable
5 global
14 honrado
10 incorruptible
3 insobornable
7 intachable
8 irreprochable
5 probo
19 recto
16 justo
3 ◁*comprable*
8 ◁*rasgado*
5 ◁*talado*

intelección
18 inteligencia

intelectiva
18 inteligencia

intelectivo
9 intelectual

intelecto
10 entendimiento
18 inteligencia
14 pensamiento
17 espíritu

intelectual
4 docto
9 erudito
2 especulativo
3 filósofo
1 intelectivo
4 mental
2 pensador
15 sabio
1 teorético

inteligencia
21 acuerdo(s)
28 alcance(s)
9 captación
10 comprensión
16 conocimiento
6 discernimiento
10 entendimiento
8 imaginación
1 intelección
1 intelectiva
4 intelecto
9 mente
14 pensamiento
7 razonamiento
19 unión
28 asociación
15 juicio
17 razón

inteligente
14 comedido
8 conocedor
7 cuerdo
4 docto
6 enterado
12 espabilado
14 ingenioso
5 leído
9 mesurado
6 perspicaz
13 prudente
15 sabio
28 vivo
10 despierto
11 entendido
10 sagaz
9 ◁*alocado*
19 ◁*ignorante*
18 ◁*tonto*

inteligibilidad
3 comprensibilidad

inteligible
13 accesible
7 asequible

28 claro
9 comprensible
2 descifrable
3 legible
4 penetrable
3 ◁*ilegible*
7 ◁*ininteligible*

intemerata
32 atrevimiento
10 descaro
7 osadía

intemperado
34 apasionado

intemperancia
14 desenfreno
9 destemplanza
10 exceso
6 incontinencia
8 libertinaje
13 ◁*moderación*

intemperante
34 apasionado
15 destemplado
8 incontinente
7 inmoderado
13 libertino
14 ebrio

intemperie
16 afuera(s)
15 exterior
3 fuera
⇨al raso
⇨al sereno

2 ◁*dentro*
11 ◁*interior*

intempestivamente
3 ásperamente

intempestivo
6 extemporáneo
9 imprevisto
3 improcedente
11 inconveniente
8 inesperado
10 inopinado

10 inoportuno

intención
10 designio
13 empeño
4 mira
16 voluntad
14 determinación
9 baja
14 deseo
10 propósito

intencionadamente
11 adrede
8 aposta

intencionado
2 premeditado
13 preparado
4 ◁*impremeditado*

intencional
7 deliberado

intendencia
9 administración

intendente
10 administrador
2 mayordomo
27 agente
2 lord

intendible
17 incomprensible
7 ininteligible

intensamente
7 agudamente
7 estrechamente
2 hondamente

intensar
3 aprimar

intensidad
6 entusiasmo
26 exaltación
13 grado
12 vehemencia
21 violencia

4 virulencia
49 energía
17 fuerza
7 vigor
3 ◁*apagamiento*
11 ◁*suavidad*

intensificación
6 crecimiento
1 recrudecimiento
23 aumento
16 ◁*disminución*

intensificar
59 aumentar(se)
11 enconar
4 reduplicar
39 ◁*rebajar(se)*
6 ◁*temperar*
14 ◁*cesar*

intensión
15 esencia
17 clase

intensivo
9 intenso

intenso
9 hondo
8 penetrante
13 rabioso
13 violento
11 virulento
28 vivo
25 agudo
22 fuerte
23 grande
6 ◁*apagado*
14 ◁*débil*

intentado
6 perseguido

intentar
7 ensayar
14 pretender
10 procurar
31 querer(se)
35 tratar(se)

intento
13 afán
1 campaña
7 conato
10 designio
13 empeño
13 ensayo
8 finalidad
1 intentona
19 plan
15 proyecto
3 tentativa
8 intención
10 propósito

intentona
14 intento

intercadente
18 desigual
12 irregular
12 versátil
15 ◁*fijo*
12 ◁*exacto*

intercalación
9 superposición

intercalar
2 entremezclar
7 entreverar
5 insertar
3 interpolar

intercambiable
1 desarmable
1 recambiable
15 ◁*fijo*

intercambiar
4 canjear
3 permutar
46 cambiar
19 trocar

intercambio
5 reciprocidad
3 suplencia
5 tráfico
2 trauquinto
5 trueque

interceder
10 abogar
12 encarecer(se)
6 entremeterse
12 inmiscuir(se)
23 interesar(se)
2 intermediar
49 meter(se)
31 mezclar(se)
5 recomendar
9 rogar
6 suplicar
2 terciar

intercepción
2 neutralización
8 obstrucción
8 ◁*facilidad*

interceptación
20 apropiación

interceptar
20 entorpecer(se)
28 estorbar(se)
20 interrumpir(se)
13 impedir

interceptor
2 aislante

intercesión
11 arbitraje
2 celestinaje
6 conciliación
6 entrometimiento
2 injerencia
9 mediación
3 tercería

intercesor
6 mediador
5 tercero
5 componedor

intercolumnio
10 columna
5 módulo

interconexión
2 interface

interdependencia
5 reciprocidad

interdicción
18 disimulo
11 oposición
5 prohibición
2 veto

interdicto
5 prohibición
2 veto
12 suspensión

interés
26 afecto
   bienes
14 capital
9 ganancia(s)
5 rédito
15 rendimiento
11 renta(s)
10 tendencia(s)
8 utilidad
35 atractivo
19 conveniencia
13 fortuna
18 inclinación
8 lucro
8 provecho
14 ◁*desinterés*

interesado
9 codicioso
7 egoísta
2 ególatra
11 ambicioso
34 avaro
9 cuesco
4 ◁*desinteresado*

interesal
6 aprovechador

interesante
17 asistente(s)
18 atrayente
6 cautivador
9 sugestivo
35 atractivo

interesar(se)
8 afeccionar(se)
21 afectar(se)
30 agradar
25 apasionar(se)
47 aprovechar(se)
48 atraer(se)
13 cautivar
8 concernir
13 corresponder
37 enamorar(se)
8 encariñarse
11 enfrascar(se)
15 engolosinar(se)
5 imbricar
11 importar
12 interceder
10 motivar
34 pagar(se)
15 participar
9 prendar(se)
10 sugestionar(se)
10 zambullir(se)

8 atañer
10 ◁*desasir(se)*
10 ◁*empalagar*
45 ◁*hartar*
16 ◁*hastiar*

interesencia
11 asistencia

intereses
   bienes

interface
5 contacto
1 interconexión

interfecto
11 cadáver
4 difunto
11 muerto
28 ◁*vivo*

interferencia
7 curiosidad
10 estorbo
5 fisgoneo
10 interrupción
8 cruce
56 corte
12 ◁*discreción*
1 ◁*reanudación*

interfijo
8 afijo

interfoliar
4 intercalar
1 interpaginar

ínterin
1 provisionalmente
▷mientras tanto

interinidad
8 temporalidad
3 transitoriedad

interino
27 breve
7 eventual
7 fugaz
7 momentáneo
4 provisional
7 transitorio
14 ◁*duradero*
15 ◁*fijo*
4 ◁*numerario*

interior
6 central
15 centro
3 interno
11 íntimo
7 intrínseco
9 mente
5 nuclear
14 pensamiento
40 ánimo
15 caletre
8 magín
6 ◁*externo*
6 ◁*superficial*

interioridad
9 conciencia
7 intimidad
37 alma
14 fondo
11 interior

interjección
4 exclamación

interlínea
1 regleta

interlineado
27 anotación

interlinear
1 entrerrenglonar

interlock
6 bloqueo

interlocutor
1 colocutor
1 dialogante
1 internuncio

intérlope
5 contrabando

interludio
2 entreacto
7 intermedio
8 intervalo

intermediar
13 arbitrar(se)
12 interceder

intermediario
7 árbitro
3 concesionario
12 instrumento(s)
6 mediador
6 negociador
4 revendedor
5 tercero
1 mittelmann
27 agente
14 comerciante

intermedio
33 alto(s)
2 entreacto
5 espera
3 interludio
10 interrupción
8 intervalo
6 tregua

interminable
9 eterno
3 inacabable
7 inagotable
8 infinito
10 perenne

4 ◁provisional

interminación
19 amenaza

intermisión
10 interrupción

intermitencia
3 arritmia

intermitente
5 discontinuo
12 irregular

intermitir
20 interrumpir(se)

internación
3 internamiento

internacional
3 cosmopolita
3 mundial
6 universal

internacionalizar
29 difundir(se)
7 generalizar

internado
3 pupilaje
9 pensión

internamiento
12 encierro
1 internación
17 prisión
6 ◁liberación

internar(se)
3 hospitalizar(se)
31 introducir(se)
49 meter(se)
12 penetrar(se)
32 entrar

internista
15 médico

interno
7 intrínseco
6 pensionista
11 interior

internuncio
3 interlocutor

interpaginar
2 interfoliar

interpelación
3 requisitoria

interpelar
5 interrogar
6 preguntar(se)
11 requerir
9 rogar
8 solicitar
14 demandar
17 pedir

interplanetario
5 celeste
4 espacial
1 intersideral
7 ◁terrenal

interpolar
7 entreverar
4 intercalar
18 interponer(se)

interponer(se)
9 apelar
13 arbitrar(se)
42 atravesar(se)
21 cruzar(se)
7 entreverar
20 entrometer(se)
11 injerir
12 inmiscuir(se)
4 intercalar
12 interceder
3 interpolar
16 mediar
49 meter(se)
17 obstaculizar
2 terciar
6 intervenir

interposición
9 apelación

interpretación
28 alcance(s)
9 captación
8 comentario
10 comprensión
10 entendimiento
3 exégesis
8 glosa
1 hermenéutica
18 inteligencia
5 paráfrasis
16 sentido
11 significado
24 valor

interpretado
4 comprendido

interpretar
15 actuar
14 captar
8 comentar(se)
3 parafrasear
29 representar(se)
17 comprender
9 entender
8 glosar

intérprete
2 comentador
1 exégeta
1 glosador
1 parafraseador
3 traductor
2 trujamán

interpuesto
9 entrometido

interregno
7 lapso
5 paréntesis
12 suspensión
2 ◁permanencia

interrogación
15 cuestión
17 demanda
6 pregunta

interrogante

13 problema
1 erotema

interrogante
15 cuestión
15 duda
4 enigma
5 misterio
10 ◁*aclaración*
10 ◁*solución*

interrogar
10 inquirir
7 interpelar
6 preguntar(se)
9 sondear
14 demandar

interrogatorio
6 pregunta

interrumpido
5 discontinuo

interrumpir(se)
12 aguar(se)
15 ahorcar(se)
16 atajar(se)
10 deponer
4 desembragar
49 detener(se)
19 enganchar(se)
28 estorbar(se)
4 interceptar
1 intermitir
50 parar(se)
41 quebrar(se)
15 suspender
9 trabucar(se)
9 truncar
14 cesar
57 cortar
5 chalequear
7 ◁*continuar*

interrupción
14 detención(es)
6 digresión
2 inciso
8 intervalo
11 parada
5 paréntesis

19 rodeo
6 tregua
12 suspensión
56 corte
8 ◁*continuación*

interrupto
5 discontinuo
9 ◁*eterno*

interruptor
2 clavija
12 llave

intersección
16 bifurcación
9 encuentro
8 cruce

intersideral
3 interplanetario

intersticio
6 grieta
9 resquicio
5 hendidura
6 raja

intertrigo
5 escoriación

interusurio
9 dote
15 interés

intervalo
33 alto(s)
14 descanso
4 espacio
19 hueco
2 ínterin
3 interludio
7 intermedio
9 pausa

intervención
11 arbitraje
3 control
4 fiscalización
9 mediación
11 operación

⇨acción quirúrgica

intervenir
18 interponer(se)
49 meter(se)
15 participar
2 terciar
57 picar
⇨tomar parte

interventor
11 censor
5 fiscal
5 supervisor

interviú
14 conversación
2 entrevista

interviuvar
2 entrevistar

intestinal
2 celíaco
2 ventral

intestino(s)
16 entraña(s)
3 interno
8 tripa(s)
3 vísceras
5 mondongo
11 interior

intimación
10 emplazamiento

intimar
23 advertir
8 conminar
9 exigir
6 fraternizar
24 ordenar(se)
6 congeniar

intimidación
4 desafío
5 provocación
13 respeto(s)
19 amenaza
21 bravata
19 miedo

13 ◁*coraje*
40 ◁*ánimo*

intimidad
30 amistad
17 confianza
12 familia
4 familiaridad
5 fraternidad
12 hogar
15 casa
10 ◁*desconfianza*

intimidado
4 acobardado
5 amilanado

intimidante
6 conminatorio

intimidar(se)
20 acoquinar(se)
1 achantar
2 amedrantar
18 amenazar(se)
58 asustar(se)
36 atemorizar(se)
15 bolear(se)
26 desalentar(se)

íntimo
3 entrañable
9 familiar
9 hondo
3 interno
7 intrínseco
16 oculto
11 personal
6 recóndito
8 profundo
24 amigo
11 interior
6 ◁*externo*
6 ◁*superficial*

intitular
6 titular
33 llamar

intocable
4 intangible

intolerable
 8 inaguantable
 10 insoportable
 7 insufrible

intolerancia
 11 fanatismo
 6 intransigencia

intolerante
 10 fanático
 9 intransigente
 13 obcecado
 8 opresivo
 8 tozudo
 9 terco
 2 ◁aprobatorio
 18 ◁generoso

intoxicación
 8 envenenamiento

intoxicado
 4 drogado
 5 envenenado
 4 morfinómano
 9 pervertido
 6 saturado

intoxicar
 9 contaminar
 6 emponzoñar
 12 envenenar(se)
 16 corromper

intradós
 7 arco
 13 bóveda
 2 dovela

intramuros
 2 dentro

intranquilidad
 6 azoramiento
 10 desasosiego
 9 nerviosismo
 11 turbación
 33 agitación
 30 angustia
 12 desazón

 17 inquietud

intranquilizador
 7 acongojante
 3 alarmante
 1 conturbador
 4 excitante
 13 sombrío
 7 peliagudo
 9 ◁calmante

intranquilizar
 15 acuciar
 40 agitar(se)
 17 alarmar(se)
 39 alterar(se)
 4 conturbar(se)
 9 desasosegar(se)
 24 desazonar(se)
 10 impacientar(se)
 28 inquietar(se)
 11 sobresaltar(se)
 8 torturar(se)
 30 ◁apaciguar(se)
 36 ◁aplacar(se)
 15 ◁aquietar(se)
 52 ◁asegurar(se)
 44 ◁calmar(se)
 16 ◁desahogar(se)
 21 ◁serenar(se)
 21 ◁tranquilizar(se)
 30 ◁templar

intranquilizarse
 40 agitar(se)
 37 descomponer(se)
 17 preocupar(se)
 26 trastornar(se)

intranquilo
 7 agitado
 6 angustiado
 9 azorado
 4 desasosegado
 4 desazonado
 9 inquieto
 7 nervioso
 9 turbado

intransferible
 4 inalienable
 1 intransmisible

intransigencia
 7 empecinamiento
 11 fanatismo
 2 intolerancia
 6 terquedad
 12 cabezonería
 13 obstinación

intransigente
 24 acerbo
 4 cancerbero
 8 cortante
 10 fanático
 6 intolerante
 8 opresivo
 6 pétreo
 3 sectario
 19 firme
 7 ◁accedente
 7 ◁condescendiente

intransitable
 6 impracticable

intransmisible
 2 intransferible

intrascendencia
 6 frivolidad
 6 superficialidad
 3 trivialidad
 19 bagatela
 7 ◁hondura
 17 ◁importancia

intrascendente
 11 trivial

intrasferible
 4 inalienable

intratable
 45 áspero
 5 avinagrado
 12 brusco
 3 cardo
 27 cerrado
 9 desabrido
 1 erizo
 8 inaguantable
 6 insociable

 8 malhumorado
 7 misántropo
 21 seco
 23 agrio
 6 esquivo
 8 hosco
 9 huraño
 6 hurón
 38 ◁agradable
 24 ◁abierto

intratar
 16 injuriar
 10 insultar
 33 ofender(se)

intrauterino
 1 uterino

intrépidamente
 26 atrevidamente
 11 bravamente

intrepidez
 19 bravura
 13 coraje
 8 insensatez
 9 irreflexión
 9 temeridad
 24 valor
 18 arrojo
 32 atrevimiento
 13 denuedo
 7 osadía
 14 ◁cobardía

intrépido
 17 arriesgado
 33 atrevido
 37 bravo
 12 denodado
 3 insensato
 13 irreflexivo
 7 osado
 11 temerario
 9 valeroso
 9 valiente
 13 ◁prudente
 17 ◁cobarde

intriga(s)
 42 acción
 32 argumento

intrigante

9 complot
9 confabulación
6 cubilete
20 historia
9 maquinación
5 misterio
11 trama
14 ardid
7 contubernio
15 chivo
6 enjuague
18 enredo
10 manejo
13 maniobra
9 pastel
5 trapicheo
5 treta

intrigante
4 chanchullero
8 liante
7 maniobrero
11 enredador

intrigar(se)
19 brujulear
8 confabular(se)
6 maquinar
48 preparar(se)
16 tramar(se)
5 urdir
8 conspirar
10 manejo
9 tejer
4 trapichear

intrincado
16 abrupto
7 boscoso
14 complicado
14 confuso
 difícil
8 enrevesado
16 escabroso
4 inextricable
7 liado
10 revuelto
7 enmarañado
28 ◁*claro*
12 ◁*sencillo*

intrincar
9 abigarrar
6 tergiversar

intríngulis
15 busilis

intrínseco
6 central
3 constitutivo
9 esencial
3 interno
20 natural
11 interior
13 propio
14 ◁*accidental*

introducción
8 comienzo
23 entrada
6 exordio
4 inclusión
6 inmersión
11 penetración
10 preámbulo
6 prefacio
9 preliminar
11 preparación
19 principio(s)
7 prolegómenos
5 prólogo
23 disposición
5 inyección

introducir(se)
22 alojar(se)
24 clavar(se)
15 deslizar(se)
12 embuchar(se)
12 embutir
24 encajar(se)
13 encajonar(se)
6 ensartar
20 entrometer(se)
18 hincar(se)
7 implantar(se)
11 importar
13 incluir
6 incrustar
11 infiltrar(se)
4 ingerir
12 inmiscuir(se)

5 insertar
3 instilar
6 internar(se)
49 meter(se)
31 mezclar(se)
12 penetrar(se)
28 plantar(se)
33 presentar(se)
5 recalar
16 sumergir(se)
32 entrar
3 injertar

introductor
8 adelantado
4 instaurador
4 presentador

introito
15 introducción

intromisión
6 entrometimiento
2 injerencia
4 intrusión
3 mangoneo

introspección
9 conciencia
9 reflexión

introspectivo
3 entrañable
11 íntimo
11 interior
10 ◁*ajeno*

introversión
3 misantropía
12 retraimiento

introvertido
4 huidizo
30 tímido
21 adusto
8 hosco
9 huraño
2 ◁*extravertido*
5 ◁*mundano*

intrusión
6 entrometimiento
2 injerencia
4 intromisión
3 mangoneo

intruso
18 extraño
9 entrometido
6 fisgón
9 indiscreto
6 mangoneador
14 metomentodo

intuición
7 clarividencia
14 presentimiento
9 vislumbre
10 visión

intuir
22 adivinar
14 columbrar
6 entrever
8 vislumbrar

intuitivo
12 genial
6 instintivo
11 sutil
10 sagaz
3 ◁*estudiado*
12 ◁*reflexivo*

inundación
10 aluvión
6 crecida
14 desbordamiento
6 riada
16 avenida

inundado
7 cubierto
1 desbordado
6 empapado
2 regado
1 ◁*desecado*

inundar(se)
28 abrumar(se)
16 anegar(se)

17 bañar(se)
5 colmar
33 llenar(se)
16 sumergir(se)

inurbano
7 incivil

inusitado
29 anormal
5 desacostumbrado
11 desusado
18 extraño
3 inhabitual
8 insólito
1 inusual
22 raro

inusual
8 inusitado

inútil
10 estéril
13 excesivo
5 improductivo
5 inane
11 incapaz
8 incompetente
8 ineficaz
9 inerte
3 infecundo
6 infructuoso
5 inservible
11 prolijo
4 superfluo
21 vano
8 inepto
12 inhábil

inutilidad
5 improductividad
6 incapacitación
10 ineptitud
14 nulidad
7 ◁eficacia

inutilidades
2 trastería

inutilización
6 anulación
6 incapacitación

11 ◁preparación
8 ◁utilidad

inutilizado
5 anulado
14 arrinconado
4 postergado
10 ◁apreciado
1 ◁enaltecido

inutilizar
28 anular(se)
6 averiar(se)
64 estropear(se)
87 fastidiar(se)
3 incapacitar
3 inhabilitar
2 invalidar
47 romper(se)
50 cargar
83 ◁arreglar(se)

inútilmente
5 baldíamente

invadido
2 asaltado

invadir
11 asaltar(se)
19 atacar(se)
4 irrumpir
18 acometer

invalidable
3 anulable

invalidación
6 incapacitación
14 nulidad
10 rescisión

invalidado
15 nulo

invalidar
28 anular(se)
1 infirmar

invalidez
4 anquilosamiento
4 atrofia

16 debilidad
6 incapacitación
14 nulidad
3 torpor
8 ◁utilidad

inválido
7 herido
5 lisiado
7 mutilado
3 tullido

invariabilidad
4 monotonía

invariable
8 estable
9 eterno
15 fijo
13 inalterable
7 inconmovible
16 inmutable
10 perenne
11 permanente
7 constante

invasión
15 acometida
10 asalto
18 ataque
7 correría
8 incursión
4 irrupción

invectiva
5 apóstrofe
3 diatriba
8 sarcasmo
5 sátira
10 filípica

invectivar
7 apostrofar(se)

invencible
1 indomable
3 invicto
6 invulnerable

invención
10 creación
9 descubrimiento

28 engaño(s)
5 hallazgo
4 invento
11 ficción
15 mentira

invendible
11 muerto

inventado
9 imaginario
21 falso

inventar
8 concebir
13 descubrir
12 discurrir
23 encontrar(se)
10 fingir
22 hallar(se)
10 idear
31 imaginar(se)
13 ingeniar(se)
31 pensar(se)
23 trazar(se)

inventariar
2 listar

inventario
4 descripción
17 lista
20 relación
5 taxonomía
22 serie

inventiva
8 imaginación
13 inspiración
7 talento
18 fantasía
21 genio

invento
7 invención
6 montaje
19 novedad
18 patente

inventor
9 autor
17 creador

inverecundo
  4 descubridor
 10 padre

inverecundo
 27 desvergonzado

invernáculo
  4 conservatorio
  3 invernadero

invernadero
  4 conservatorio
  7 estufa
  2 invernáculo

invernal
  1 hibernal

inverosímil
 29 anormal
 16 fabuloso
  5 ilógico
  6 improbable
 11 increíble
  7 irracional

inverosimilitud
 51 absurdo
  3 imposibilidad
  6 incongruencia

inversión
 21 alteración
  3 anástrofe
 19 cambio
  2 hipérbaton
  5 trueque

inversiones
  3 finanzas

inversionista
  4 financiero
  1 inversor
  4 negociante

inverso
  5 alterado
  3 contradictorio
 15 contrario
 11 encontrado
 10 opuesto

  6 trastornado
  8 ◁*similar*

inversor
  3 inversionista

invertebrados
  4 artrópodos

invertido
  6 homosexual
  7 marica

invertir
 39 alterar(se)
 27 colocar(se)
 20 dedicar(se)
  5 destinar
 32 gastar(se)
 35 ocupar(se)
 35 poner(se)
 26 trastornar(se)
 46 cambiar
 24 emplear
 19 trocar

investido
  8 graduado
  4 ungido

investidura
 11 proclamación

investigación
 22 averiguación
    búsqueda
  4 encuesta
  4 exploración
  8 indagación
  5 pesquisa
  6 pregunta
  1 sondeo

investigador
  1 averiguador
  3 científico
  4 descubridor
  5 examinador
  3 indagador
 15 sabio
  4 técnico
  4 detective

investigar
 25 averiguar(se)
 24 buscar(se)
 13 explorar
  6 fisgonear
 17 husmear
 11 indagar
 10 inquirir
  7 olisquear
  6 preguntar(se)
  8 rastrear
  9 sondear
  5 pesquisar

investir
  7 conceder
  6 conferir

inveterado
  2 arraigado
 33 antiguo
 14 asentado

invicto
  1 indomable
  3 invencible
  6 invulnerable
  6 ◁*vencido*

invidencia
 10 ceguera

invidente
  9 ciego

invierno
 13 aguacero
  6 chaparrón

inviolabilidad
  6 privilegio
 11 exención
 17 ◁*igualdad*

inviolable
  8 inmune
  4 intangible
  5 sagrado

invisible
 17 escondido
  7 espiritual

  8 impalpable
 15 incorpóreo
 13 inmaterial
 10 misterioso
 16 oculto
  6 recóndito
 11 ◁*manifiesto*

invitación
 10 billete
 10 convite
  7 convocatoria
 23 entrada
  6 exhortación
 14 incitación
  7 pase
  8 ruego
  6 súplica

invitado
 17 asistente(s)
  2 comensal
  3 contertulio
  2 convidado
  4 visitante
  7 ◁*anfitrión*

invitador
  7 anfitrión

invitante
  7 anfitrión

invitar
 22 aguijonear(se)
  5 brindar
 10 convidar
 17 incitar(se)
 15 inducir
 59 mover(se)
 26 ofrecer(se)
  9 rogar
  6 suplicar
 14 demandar
 11 empujar
 20 instigar

invocación
  5 llamada
 12 oración
  8 petición
  6 preces

5 rezo
8 ruego
7 solicitud
6 súplica

invocador
4 exorcista
3 muecín

invocante
5 suplicante

invocar
8 aducir
10 alegar
10 clamar
6 implorar
9 rogar
8 solicitar
6 suplicar

involución
4 atrofia
1 regresión
6 ◁*evolución*

involucrar
54 confundir(se)
32 envolver(se)
9 implicar

involucro
3 gorguera

involuntario
6 automático
8 impensado
9 inconsciente
6 instintivo
13 irreflexivo
5 maquinal

invulnerabilidad
7 inmunidad
17 resistencia
6 robustez

invulnerable
9 ileso
8 inmune
3 invencible
3 invicto

10 salvo
25 seguro

inyección
15 introducción
4 jeringa
3 jeringuilla
5 piquete
4 transfusión

inyectar(se)
61 animar(se)

inyector
18 caldera

iñiguista
4 jesuita

iodo
3 yodo

ion
3 átomo

ipecacuana
2 bejuquillo

ir(se)
16 acudir
38 alejar(se)
38 andar
30 ausentar(se)
43 dejar(se)
11 desamparar
8 desaparecer
6 desfilar
11 desgarrar(se)
15 deslizar(se)
56 dirigir(se)
12 discurrir
9 embrutecer(se)
12 emigrar
25 encaminar(se)
60 largar(se)
37 llegar(se)
32 mudar(se)
21 partir
38 pegar(se)
35 poner(se)
47 romper(se)
48 salir(se)
64 separar(se)

44 tomar(se)
6 transitar
26 trasladar(se)
19 venir(se)
5 volatilizar
46 cambiar
8 enchuchar(se)
25 ahuecar
5 atesar
62 caer
6 congeniar
6 empuntar
5 espiantar(se)
18 jalar
53 marchar
18 mosquear
5 portear
58 quitar
14 vaciarse
23 ◁*estar(se)*
4 ◁*inmigrar*
9 ◁*permanecer*
4 ◁*tornar*
27 ◁*volver(se)*

ira
11 furia
5 indignación
22 irritación
9 rabia
5 vesania
10 cabreo
11 cólera
12 enojo
13 pica

iracundia
4 desapodera-
 miento

iracundo
18 airado
15 arrebatado
13 frenético
8 furioso
1 indignado
13 rabioso
5 cabreado
10 colérico
9 enfadado
2 irascible
6 irritable

irascibilidad
9 rabia
9 ira
⇨mal humor

irascible
8 canónigo
11 iracundo

irasco
27 cabrón

iridiscente
3 irisado

irisación
26 brillo
16 reflejo
1 tornasol
1 ◁*turbiedad*
3 ◁*opacidad*

irisado
1 iridiscente
3 nacarado
7 polícromo

irisar
47 brillar
10 resplandecer
6 refulgir
10 ◁*enturbiar(se)*
27 ◁*velar(se)*

irlandés
1 hibernés

ironía
4 causticidad
8 sarcasmo
103 burla
7 chanza
8 mordacidad
20 punta
4 songa

irónico
6 ático
7 burlón
8 cáustico
3 punzante

ironizar

5 sarcástico
8 socarrón

ironizar
80 burlar(se)
3 punzar
6 satirizar
8 ◁*elogiar*

irracional
51 absurdo
7 descabellado
12 disparatado
5 ilógico
6 inverosímil
3 paradójico
9 extravagante

irracionalidad
51 absurdo
2 desbarro
16 disparate
19 extravagancia
4 improcedencia
1 inconexión
5 inconsecuencia
8 insensatez
3 inverosimilitud
13 desvarío
14 locura

irradiación
18 arrojamiento
5 difusión
3 efluvio
3 emanación
3 fluorescencia
4 luminiscencia
7 radiación
5 radioactividad
33 calor

irradiante
14 radiante
2 reflectante

irradiar
47 brillar
9 centellear
29 difundir(se)
4 diseminar

28 esparcir(se)

irrazonable
51 absurdo
12 disparatado
6 errado
5 ilógico
16 ◁*justo*

irreal
17 aparente
7 engañoso
9 falaz
5 hipotético
15 ideal
6 ilusorio
8 inexistente
8 quimérico
8 utópico
12 virtual
21 falso
11 ◁*verdadero*

irrealizable
8 imposible
6 impracticable
27 ◁*posible(s)*

irrebatible
1 incontrastable
11 incontrovertible
11 incuestionable
11 indiscutible
2 indisputable
10 irrefutable

irrecobrable
2 irrecuperable

irreconciliable
9 adversario
12 enfrentado
10 enemigo

irrecuperable
19 abandonado
2 incurable
2 ◁*servible*
22 ◁*útil*

irredentismo
4 reivindicación

6 redención

irredento
1 reclamado
1 reivindicado
2 ◁*devuelto*
2 ◁*redimido*

irreemplazable
3 insustituible
8 necesario

irreflexión
38 aturdimiento
5 cadetada
10 imprudencia
6 inadvertencia
10 intrepidez
13 ligereza
9 precipitación
9 temeridad
32 atrevimiento
12 ◁*precaución*

irreflexivamente
8 atontadamente
11 atropelladamente

irreflexivo
9 alocado
14 atropellado
27 aturdido
6 automático
11 imprudente
9 inconsciente
7 indeliberado
3 insensato
6 instintivo
6 involuntario
5 maquinal
8 precipitado
1 atolondrado

irrefrenable
2 irreprimible

irrefutable
22 cierto
7 fehaciente
11 incontestable
11 incontrovertible
11 incuestionable

11 indiscutible
15 indudable
14 inequívoco
10 innegable
6 irrebatible
3 ◁*combatible*
6 ◁*insostenible*
5 ◁*rectificable*

irregular
13 anómalo
29 anormal
12 caprichoso
18 desigual
5 discontinuo
18 extraño
2 intermitente
1 inusual
22 raro
7 variable
10 voluble
➪no uniforme
17 ◁*regular(se)*

irregularidad
10 anomalía
9 anormalidad
28 engaño(s)
7 estafa
9 fraude
9 timo

irreligión
10 apostasía

irreligiosidad
7 herejía
7 impiedad
3 incredulidad
4 paganismo
14 ◁*fe*
4 ◁*religión*

irreligioso
5 agnóstico
6 ateo
8 descreído
10 impío
9 incrédulo

irremediable
2 irreparable

irremisible
7 imperdonable

irrenunciable
6 ineludible

irreparable
1 incomponible
1 irremediable
3 ◁compensable
4 ◁renovable

irrepetible
6 exclusivo

irreprimible
1 incontenible
1 irrefrenable

irreprochable
16 correcto
9 honorable
6 impecable
7 intachable
14 íntegro
11 limpio
5 probo
9 atildado
5 ◁desaseado
13 ◁sucio

irresistible
34 apasionado
4 arrollador
1 incontenible
6 tentador

irresolución
15 duda
10 incertidumbre
10 indecisión
12 perplejidad
7 vacilación

irresoluto
6 dudoso
10 indeciso
5 perplejo
6 vacilante
13 ◁resuelto

irrespetuosidad
10 desacato
11 insolencia
10 irreverencia
2 sacrilegio
103 burla
20 ◁cortesía
13 ◁respeto(s)

irrespetuoso
33 atrevido
9 desatento
10 descomedido
descortés
4 irreverente
18 descocado
21 grosero
10 zafio

irrespirable
3 asfixiante
8 opresivo

irresponsabilidad
10 incapacidad
13 ligereza
10 ◁formalidad
6 ◁sensatez

irresponsable
5 contraventor

irresuelto
4 irresoluto

irreverencia
15 blasfemia
10 desacato
7 descortesía
11 desdén
8 grosería
12 inconveniencia
14 menosprecio
4 profanación
2 sacrilegio
103 burla

irreverente
10 blasfemo
8 desdeñoso
10 impío

11 descarado
9 ◁religioso
10 ◁mirado

irreversible
6 definitivo
9 invariable
4 ◁mutable

irrevocable
7 decidido
3 inapelable
1 intocable
13 resuelto

irrigación
5 aspersión
1 riego
2 enema
2 ◁aridez
1 ◁sequía

irrigado
6 salpicado

irrigador
4 lavativa

irrigar
17 bañar(se)
7 regar

irrisión
8 desprecio
14 menosprecio
4 ridiculización
103 burla
7 chanza
6 mofa
13 ◁aprecio

irrisorio
14 cómico
8 chusco
2 desestimable
6 ínfimo
18 insignificante
4 minúsculo
26 despreciable
6 mínimo
28 ridículo

3 risible
8 ◁representativo
21 ◁grave

irritabilidad
22 irritación

irritable
14 atrabiliario
6 bilioso
8 canónigo
difícil
10 colérico
2 irascible

irritación
3 airamiento
7 atufo
13 coraje
12 desagrado
16 descontento
8 desesperación
8 encrespamiento
6 enfurecimiento
5 exasperación
11 furia
3 gastritis
5 indignación
1 irritabilidad
6 paroxismo
9 rabia
8 saña
10 cabreo
11 enfado
12 enojo
12 excitación
15 fastidio
9 ira

irritado
18 airado
34 apasionado
14 atrabiliario
17 borrascoso
37 bravo
16 descontento
6 encolerizado
6 exasperado
10 frito
9 tempestuoso
12 tibio
5 ardido

13 arrecho
5 carilargo
10 colérico
9 enfadado
15 molesto

irritante
10 desagradable
4 excitante
1 indignante
10 insoportable
3 lacrimógeno
4 sofocante
15 acre
8 cargante

irritar(se)
28 aburrir(se)
25 acalorar(se)
19 airar(se)
42 amontonar(se)
20 amoscar(se)
12 amostazar(se)
39 arrebatar(se)
11 atocinar(se)
20 avinagrar(se)
14 azorar(se)
13 azuzar(se)
8 berrear
40 cabrear(se)
38 calentar(se)
41 cansar(se)
3 causticar
22 condenar(se)
10 desagradar
8 embravecer(se)
23 enardecer(se)
22 encandilar(se)
8 encarnizar(se)
6 encocorar
6 encolerizar
11 enconar
10 encorajinar(se)
16 encrespar(se)
15 enchufar(se)
8 enervar(se)
67 enfadar(se)
22 enfurecer(se)
27 enojar(se)
4 entripar(se)
16 exacerbar(se)
32 exaltar(se)
15 exasperar(se)

60 excitar(se)
87 fastidiar(se)
7 formalizar
10 impacientar(se)
9 indignar(se)
9 jeringar
53 levantar(se)
114 molestar(se)
18 provocar
30 quemar(se)
20 resentirse
2 sobreexcitar(se)
20 sublevar(se)
10 sulfurar(se)
8 trinar
3 arrufar
18 atufar
7 atujar
50 cargar
7 empavar
4 enchilar
6 enchinchar
4 enfollonar
12 fregar
13 jorobar
5 rabiar
3 tibiar(se)
4 ◁*abirritar*
21 ◁*tranquilizar(se)*
9 ◁*endulzar*

írrito
15 nulo

irrompible
6 indestructible

irrumpir
17 acontecer
4 invadir
18 acometer
32 entrar

irrupción
15 acometida
18 ataque
8 incursión
6 invasión

isagoge
6 exordio
15 introducción

isatis
5 zorro

isba
8 choza

isidro
11 paleto

isla
2 atolón
11 bloque
12 cuadra
2 ínsula
1 islote
4 manzana

islam
2 islamismo
1 mahometismo

islámico
9 mahometano

islamismo
2 islam
1 mahometismo

islamita
9 mahometano
1 morisco
2 mudéjar
4 muslim
3 musulmán
5 sarraceno
8 moro
4 taba

islas
2 archipiélago

isleño
1 insulano
1 insular

isleta
11 arrecife
5 cayo

islilla
1 clavícula

islote
6 isla

ismaelita
7 agareno

isócrono
15 igual
3 medido
6 uniforme
8 acompasado
4 sincrónico
6 ◁*descompasado*
12 ◁*irregular*

isomorfismo
2 homomorfismo ⸺
⇨correspondencia biunívoca

isomorfo
11 semejante(s)
8 similar

isótopo
3 átomo
2 molécula

ispear
26 atisbar(se)
5 espiar
11 vigilar

israelí
4 israelita

israelita
1 chueta
11 hebreo
1 sefardita
10 judío

istmo
23 extensión
6 prolongación
19 unión

italiano
6 bachicha

itálica
2 bastardilla
2 cursiva

iteración
9 repetición

iterar
15 repetir(se)

itinerario
2 trayecto
26 camino

10 ruta

iza
14 prostituta
17 ramera

izar(se)
58 alzar(se)
38 elevar(se)

53 levantar(se)
30 subir(se)
10 ◁ *arriar*

izquierda
1 levógiro
1 ◁ *derecha*

izquierdista
4 progresista
18 rojo

izquierdo
17 siniestro
3 zurdo

J

jaba
5 indigencia
7 inopia
7 mochila
2 morral
12 cajón
17 miseria
15 saco
27 vasija

jabalcón
8 despeñadero
4 precipicio
3 riostra
2 travesaño
19 barranco
4 peligro

jabalconar
30 armar

Jabalí
4 jabato
⇨cerdo salvaje
⇨puerco salvaje

jabalina
3 alabarda
7 lanza
4 venablo

jabalinero
⇨perro de caza

jabalío
8 alarido
8 aullido
7 grito

jabardillo
80 bulla

jabato
37 bravo
5 esforzado
3 jabalí
9 valiente
17 ◁ *cobarde*

jábega
3 bol
7 jabeque
4 redada
14 barca

jabelgar
4 encalar
4 enjalbegar
18 blanquear

jabeque
6 cicatriz
5 cuchillada
6 chirlo
3 navajazo
2 puñalada
9 tajo
56 corte

jabí
1 quebracho
1 quiebrahacha

jabillo
⇨árbol del diablo

jabino
2 enebro
1 junípero

jabiri
2 jabirú

jabirú
5 cigüeña
1 jabiri

jable
19 arena
10 cuba
10 pipa
5 tonel
15 barril

jabón
1 adipocira
3 detergente
15 halago(s)
10 lisonja(s)
9 zalamería(s)
20 adulación
12 coba
5 servilismo

jabonada
16 censura
8 lavado
36 reprensión
17 reprimenda

jabonar
16 camelar(se)
4 enjabonar
12 halagar
18 adular

jaboncillo
1 calalú
1 esteatita

jabonera
1 lanaria
1 saponaria

jabonoso
1 saponáceo
9 turbio
4 viscoso

jabudo
5 desmedido
13 excesivo
12 enorme
23 grande
17 ◁ *escaso*

jaca

14 ◁*pequeño*

jaca
3 cuartago
5 jaco
1 yegua

jacal
25 cabaña

jacalón
1 salidizo
6 tejadillo
2 voladizo
2 saledizo

jacapucayo
17 algazara
14 cachondeo
3 cuchipanda
12 francachela
9 juerga
8 parranda
5 zambra
⇨olla de mono

jácara
7 atelana
17 baladronada
6 esperpento
79 alboroto
80 bulla

jacarandana
5 caló

jacarandoso
1 chisposo
5 desenfadado
12 desenvuelto
7 donairoso
9 garboso
6 marchoso
11 sandunguero
15 airoso
36 alegre
8 ◁*aburrido*
2 ◁*desangelado*
13 ◁*parado*
9 ◁*soso*

jacarear
31 alborotar(se)
1 bullanguear
21 cantar
6 gritar
11 rondar
⇨armar follón

jacarero
15 bromista
21 burlador
7 burlesco
36 alegre
23 bufón

jácaro
2 balandrón
14 majo
5 matasiete
18 chulo
15 fanfarrón
18 guapo
7 matón
4 perdonavidas

jácena
6 viga
9 madero

jacinto
1 bretaña
1 circón
1 topacio

jacket
4 embalaje
12 envoltorio
6 envoltura

jaco
3 jaca
7 jamelgo
6 matalón
11 penco
10 rocín

jacobino
2 demagogo
5 exaltado
7 revolucionario
13 violento
8 ◁*calmo*

6 ◁*pacífico*

jactancia
20 engreimiento
9 fatuidad
12 presunción
4 suficiencia
7 vanagloria
14 vanidad
26 arrogancia
8 chulería
18 orgullo
7 petulancia
7 soberbia
10 ◁*humildad*
11 ◁*modestia*
11 ◁*sencillez*

jactancioso
31 arrogante
22 creído
6 farolero
8 fatuo
6 mulero
10 petulante
7 plantilla
6 suficiente
18 chulo
28 engreído
15 fanfarrón
9 presumido
13 ◁*humilde*
16 ◁*modesto*
12 ◁*sencillo*

jactar(se)
21 afectar(se)
65 alabar(se)
19 blasonar
15 cacarear
6 engreírse
7 farolear
5 gallear
7 guapear
2 montantear
34 pagar(se)
17 pavonear(se)
13 preciar(se)
9 tontear
8 vanagloriarse
9 alardear

6 envanecerse
11 fardar
17 gloriar
2 palanganear
17 pavonearse
57 picar
16 presumir
12 ufanar
⇨darse pisto
⇨darse pote
⇨echárselas de
⇨presumir de
41 ◁*ceder(se)*
46 ◁*humillar(se)*
40 ◁*someter(se)*

jaculatoria
12 oración
7 plegaria
5 rezo

jaculatorias
6 preces

jaculatorio
27 breve

jachi
2 afrecho
2 moyuelo
3 salvado

jachudo
17 empecinado
5 forzudo
4 musculoso
8 robusto
17 tenaz
7 testarudo
5 vigoroso
14 obstinado
9 terco
42 ◁*blando*
14 ◁*débil*

jada
12 azada

jade
1 lemanita
⇨piedra de ijada
⇨piedra nefrítica

⇨ piedra semipreciosa

jadeante
7 agitado
4 anhelante
7 sofocado

⇨ echando el bofe

jadear
2 acezar
3 carlear
3 resollar

jadeo
3 acezo
14 ahogo
28 ansia

jaeces
9 arreo(s)
8 atalaje

jaez
21 calidad
16 condición
18 especie
6 estofa
12 índole
11 laya
9 ralea
12 calaña
17 clase
19 género
9 pelaje
7 tipo

jaezar
21 adornar
3 enjaezar

jafético
3 ario

jaguar
⇨ tigre americano

jaguarzo
⇨ estepa negra

jagüey
10 desleal
10 felón

7 pérfido
2 resabiado
10 traidor
17 ◁ *fiel*

jaiba
28 vivo
50 astuto
21 avispado
9 ladino
16 listo
33 pícaro
16 taimado
13 ◁ *ingenuo*
14 ◁ *inocente*

jaita
103 burla
12 chasco

jajá
18 agarrado
19 mezquino
26 miserable
19 roñoso
12 tacaño
5 ◁ *magnánimo*
5 ◁ *dadivoso*

jalado
bebido
10 cargado
10 cuba
9 embriagado
6 obsequioso
4 suspendido
38 alumbrado
8 beodo
45 borracho
12 curda
14 ebrio
2 pelotillero
8 ◁ *sobrio*
13 ◁ *sereno*

jalar
14 adelgazar(se)
48 atraer(se)
12 embuchar(se)
19 enflaquecer(se)

20 engullir(se)
37 ligar(se)
15 zampar(se)
43 arrastrar
12 flirtear
46 irse
9 jamar
60 largarse
8 manducar
6 manguear
53 marchar
58 tirar
31 tragar
2 trompear

jalbegar
4 encalar
4 enjalbegar
18 blanquear

jalbegue
9 blanqueo

jaldado
23 amarillo

jalde
23 amarillo

jalea
4 conserva
9 cristal
5 emulsión
3 gelatina

jalear(se)
65 alabar(se)
8 aleccionar(se)
14 alentar(se)
61 animar(se)
18 aplaudir
8 elogiar
9 espolear
5 ◁ *abuchear*

jaleo
38 alegría(s)
10 jolgorio
11 pendencia
79 alboroto
21 algarabía
11 altercado

80 bulla
18 bullicio
19 confusión
19 desorden
20 fiesta
9 gazuza
15 jarana
11 riña
7 trifulca
7 ◁ *silencio*
26 ◁ *calma*

jalifa
5 delegado
2 gobernante
4 lugarteniente
6 mandatario

jalisco
2 ajumado
bebido
10 cuba
9 embriagado
12 achispado
36 alegre
38 alumbrado
8 beodo
45 borracho
12 curda
14 ebrio
8 ◁ *sobrio*
13 ◁ *sereno*

jalón
8 época
12 hito
10 período
18 distancia
9 etapa
7 mojón
27 señal
7 trecho

jalonamiento
6 alineación

jalonar
11 delimitar
24 marcar(se)
1 señalizar
6 alinear

jallo
- 10 petulante
- 3 puntilloso
- 12 jactancioso
- 9 presumido
- 6 quisquilloso
- 7 susceptible
- 10 vanidoso
- 16 ◁*modesto*
- 13 ◁*tranquilo*

jamar
- 22 comer
- 9 devorar
- 20 engullir(se)
- 4 ingerir
- 15 zampar(se)
- 8 deglutir
- 5 embaular
- 18 jalar
- 31 tragar
- 4 ◁*ayunar*

jamás
- 2 nunca
- ⇨ de ningún modo
- ⇨ en absoluto
- ⇨ en la vida
- 4 ◁*siempre*

jamba
- 2 columnilla
- 8 puntal
- ⇨ marco de la puerta

jambado
- 5 comilón
- 11 glotón
- 4 zampón
- 5 tragón

jambaje
- 3 jamba
- 5 marco

jambón
- 8 cargante
- 42 fastidioso
- 15 molesto
- 31 pesado

jamelgo
- 1 caballejo
- 5 jaco
- 8 lira
- 6 matalón
- 9 mocho
- 11 penco
- 10 rocín

jamerdana
- 11 basurero

jamerdar
- 2 lavotear(se)

jámila
- 2 alpechín

jamón
- 6 anca
- 14 apuro(s)
- 1 muslo
- 2 pernil
- 15 dificultad
- 3 pierna

jamona
- 1 ajamonada
- 1 cuarentona
- 1 gruesa
- 8 premio
- 11 propina
- 16 regalo
- ⇨ tía buena
- ◁*delgada*
- 10 ◁*joven*

jamparo
- 34 bote
- chalupa
- 7 esquife

jampón
- 5 comilón
- 11 glotón
- 7 rollizo
- 4 zampón

jampudo
- 17 grueso
- 8 robusto
- 7 rollizo

jamugas
- 17 angarilla(s)

jamurar
- 24 achicar(se)
- 8 baldear

jan
- 3 estaca
- 14 palo
- 10 vara

janga
- 25 muchedumbre
- 9 gentío
- 16 multitud

jangada
- 12 balsa

jansenismo
- 7 herejía

japonés
- 23 amarillo
- 1 nipón

jaque
- 9 alerta
- 6 farruco
- 14 majo
- 5 matasiete
- 19 amenaza
- 18 chulo
- 18 guapo
- 7 matón
- 4 peligro
- 4 perdonavidas

jaqueca
- 1 migraña
- 1 hemicránea
- 2 neuralgia
- ⇨ dolor de cabeza

jaquetón
- 10 jaque
- 15 fanfarrón
- 4 perdonavidas
- 1 ◁*cobardón*
- 5 ◁*gallina*

jáquima
- 6 brida
- 14 cabestro
- 15 cabezada
- 6 correa
- 2 ronzal
- 40 borrachera
- 12 curda
- 14 melopea
- 27 tajada

jaquimazo
- 103 burla

jara
- 7 flecha
- 1 lada
- 7 saeta
- 4 venablo
- 3 virote

jarabe
- 1 jarope
- 17 medicina
- 12 suspensión

jaracatal
- 28 abundancia
- 14 copia
- 16 multitud
- 12 ◁*escasez*

jaraíz
- 5 lagar

jaramago
- 2 balsamita
- 1 sisimbrio

jarana
- 4 farra
- 11 pendencia
- 79 alboroto
- 17 algazara
- 80 bulla
- 14 cachondeo
- 19 desorden
- 20 fiesta
- 24 follón
- 12 francachela
- 9 juerga
- 8 parranda

11 riña
10 ruta
5 zambra
12 ◁*aburrimiento*

jaranear
61 animar(se)
27 bromear(se)
32 divertir(se)
18 regocijar(se)
8 retozar
79 alboroto
21 ◁*mitigar(se)*
24 ◁*sosegar(se)*

jaranero
8 alborotador
25 bullicioso
11 festivo
2 follonero
3 juerguista
6 marchoso
6 parrandero
4 pendenciero
10 cachondo
7 vividor
5 ◁*silencioso*
13 ◁*tranquilo*

jaranista
17 estafador
5 timador
6 tramposo

jaratar
12 cercar
3 circunvalar
38 rodear(se)

jarcia
2 arboladura
1 cordaje
15 aparejo
42 cabo

jarcio
10 cuba
3 mamado
12 achispado
38 alumbrado
45 borracho

12 curda
14 ebrio
8 ◁*sobrio*

jarcha
5 letrilla
6 estribillo

jardín
1 carmen
8 parque
4 parterre
1 pensil
5 vergel

jardinera
14 maceta

jardinero
6 cultivador
2 floricultor

járea
11 gana
9 gazuza
6 hambre

jarearse
13 bambolear(se)
18 evadir(se)
59 mover(se)
fugarse
60 largarse

jareta
5 pliegue
12 contrariedad
10 contratiempo
5 dobladillo

jaretón
4 jareta
5 dobladillo

jarifo
8 aburrido
5 desierto
1 enjoyado
10 estéril
3 infecundo
5 lucido
10 monótono

1 polvoriento
2 reseco
21 seco
10 acicalado
16 adornado
42 fastidioso
6 peripuesto
8 yermo
6 ◁*fértil*
6 ◁*húmedo*
9 ◁*entretenido*

jarillo
12 aro

jaro
12 aro

jarope
3 jarabe

jarra
5 aguamanil
5 jarro
3 pichel

jarrear
2 chaparrear

jarrero
10 ceramista

jarrete
8 corva
2 corvejón
6 curva

jarretera
4 entorchado
22 liga

jarro
5 aguamanil
6 búcaro
5 cántaro
7 florero
3 jarra

jarrón
6 búcaro
7 florero
5 jarro

jasa
1 saja
1 sajadura

jaspe
1 diaspro
1 mármol

jaspeado
2 espolvoreado
12 manchado
6 salpicado
2 veteado

jaspear
3 vetear

jaspón
1 mármol

jatear
39 empeñarse
13 porfiar

jatib
3 predicador

jauja
28 abundancia
5 baratura
3 edén
6 paraíso
10 riqueza
11 ganga
4 momio
12 ◁*escasez*
10 ◁*estrechez*

jaula
1 cávea
4 gavia
2 gayola
7 mazmorra
12 calabozo
21 cárcel
17 prisión
12 trena

jauría
1 muta
1 traílla
8 manada

jayán
- 8 gigante
- 8 hercúleo
- 1 hombrón
- 4 mallo

jazmín
- 1 gardenia

jebe
- 3 ajebe
- 4 alumbre
- 14 palo
- 6 caucho
- 14 garrote
- 13 goma

jecho
- 12 gastado
- 12 maduro
- 22 viejo

jedive
- 5 gobernador
- 2 kedive
- 2 virrey

jedrea
- 3 ajedrea

jefatura
- 16 dirección
- 21 dominio
- 11 gobierno
- 4 regencia
- 6 mando

jefazo
- 4 gerifalte

jefe
- 15 amo
- 5 cabecilla
- 5 caudillo
- 12 director
- 6 dirigente(s)
- 7 líder
- 12 principal
- 8 superior
- 38 cabeza

jején
- 28 abundancia
- 2 mosquito
- 14 copia
- 16 multitud

jelengue
- 79 alboroto
- 18 disputa

jeme
- 18 cara
- 8 palmito

jenabe
- 3 condimento
- 1 mostaza
- 8 salsa

jenable
- 1 mostaza

jerapellina
- 25 andrajo

jerarca
- 4 dignatario
- 9 jefe
- 7 personaje
- 5 figurón
- 5 ◁subordinado

jerarquía
- 17 cargo
- 6 clasificación
- 7 dependencia
- 20 orden
- 8 rango
- 6 subordinación
- 16 función
- 17 categoría
- 17 clase
- 16 empleo

jerarquizado
- 4 orgánico

jeremías
- 7 lagrimoso
- 2 llorica
- 1 quejica
- 9 quejumbroso
- 12 doliente

jerga
- 5 argot
- chino
- 7 galimatías
- 4 griego
- 4 idioma
- 5 jerigonza
- 21 algarabía
- 7 germanía

jergón
- 5 camastro
- 2 márfega
- 1 somier
- 4 colchón
- 10 tambor

jeribeque
- 31 ademán

jerigonza
- 5 argot
- chino
- 4 griego
- 8 jerga
- 7 germanía

jeringa
- 3 jeringuilla
- 2 mangueta
- 3 cánula
- 5 inyección

jeringar
- 28 aburrir(se)
- 40 cabrear(se)
- 41 cansar(se)
- 67 enfadar(se)
- 87 fastidiar(se)
- 63 irritar(se)
- 114 molestar(se)
- 23 mortificar(se)
- 6 chinchorrear
- 30 ◁agradar

jeringarse
- 12 achantarse

jeringuilla
- 1 celinda
- 4 jeringa
- 5 inyección

jerjén
- 2 mosquito

jeroglífico
- 12 acertijo
- 12 pasatiempo

jerónimo
- 14 fraile

jersey
- 6 camisa
- 2 chomba
- 1 pullover
- 1 sweater
- 3 chompa

jeruza
- 21 cárcel
- 17 prisión
- 12 trena

jervilla
- 17 bota

jesuita
- 1 ignaciano
- 1 iñiguista
- 1 disimulado
- 7 hipócrita
- 14 ◁sincero
- 16 ◁franco

jesuitismo
- 47 astucia

jet
- 1 reactor
- ⇨alta sociedad

jeta
- 33 atrevido
- 3 belfos
- 18 demasía
- 3 descoco
- 11 deshonestidad
- 1 desvergonzonería
- 15 faz
- 5 hocico
- 13 impávido

11 insolencia
16 licencia
12 rostro
32 atrevimiento
18 cara
4 caradura
8 desfachatez
6 morro
7 osadía
4 visaje

jeto
4 colmena

jetón
75 bobo
11 memo
20 simple

jetudo
1 bocudo
2 hocicudo
4 caradura

jíbaro
6 indio
11 patán
17 rústico
10 zafio

jibia
4 calamar
3 sepia

jibión
4 calamar
2 jibia

jicaque
18 bruto
19 ignorante
14 inculto

jícara
6 pocillo
1 tacita
4 taza

jicarazo
8 envenenamiento

jícaro
1 calabacero

jifero
2 matarife
2 pesero

jifia
⇨pez espada

jigra
7 mochila
2 morral

jijallo
12 barrilla
10 caramillo

jilguero
1 cardelina
1 colorín
1 pintacilgo
1 pintadillo

jincho
3 tumefacto
19 hinchado

jindama
19 miedo

jineta
3 galón
1 gineta
1 patialbillo
3 trencilla

jinetada
9 fanfarronada

jinete
17 caballero
5 caballista
2 jockey

jinetear
21 amansar(se)
7 cabalgar
19 especular
30 montar(se)

jingoísmo
11 fanatismo
3 patriotería
2 xenofobia

jingoísta
10 fanático
4 patriotero
2 xenófobo

jinquetear
29 pelear(se)
6 luchar

jiña
10 nadería(s)
9 niñería
9 nonada

jipatez
15 decaimiento
2 palidez

jipato
15 enfermizo
8 pálido
7 saciado
12 harto
8 atracado

jipi
9 sombrero

jirón
7 desgarrón
7 rasgadura
25 andrajo
12 cacho
3 guiñapo
26 parte
13 pedazo
6 piltrafa
8 trozo

jitar
14 abalanzar(se)

jiu-jitsu
3 judo
23 lucha

joajana
10 paciente
6 resignado
5 sufrido
19 flemático
19 miedo

14 pavor
13 ◁*violento*

jobear
⇨faltar a clase
⇨hacer novillos
⇨hacer pellas

jockey
5 caballista
3 jinete

joco
15 acre
23 agrio

jocosidad
23 agudeza
38 alegría(s)
2 comicidad
18 gracia(s)
7 jovialidad
7 salero
8 gracejo

jocoso
14 cómico
8 chusco
2 desternillante
11 festivo
7 saleroso
25 agudo
36 alegre
9 chistoso
30 divertido
18 gracioso
9 ◁*soso*

jocundidad
38 alegría(s)
7 jocosidad
5 placidez

jocundo
10 jocoso
7 plácido
36 alegre
10 ◁*desagradable*
16 ◁*triste*

jochear
13 azuzar(se)
114 molestar(se)

joder
37 descomponer(se)
39 deshacer(se)
7 matraquear
14 vulnerar

jodido
10 aperreado
16 arrastrado

jodienda
19 compromiso

jofaina
5 aguamanil
2 lavamanos
7 palangana

jolgorio
12 marcha
11 regocijo
80 bulla
18 bullicio
14 cachondeo
20 fiesta
15 jarana
9 juerga
8 parranda
5 zambra

jolito
26 calma

jollín
11 pendencia
79 alboroto
14 pelotera
11 riña
7 trifulca

joma
5 chepa
11 joroba

jondear
42 arrojar(se)
53 lanzar(se)
58 tirar

jonja
7 chunga
103 burla

jonjera
7 majadería
15 necedad(es)

jonjolear
17 consentir
6 mimar

jorguín
7 brujo

jornada
5 caminata
1 día
6 excursión
12 marcha
2 trayecto
10 viaje
14 acto

jornal
27 bollo(s)
10 emolumento
7 retribución
18 asignación
9 estipendio
10 paga
9 salario
9 sueldo

jornalero
9 asalariado
12 aventurero
7 bracero
8 empleado(s)
6 obrero
8 peón
2 proletario

joro
6 canasto
13 cesto

joroba
4 corcova
7 giba
18 molestia(s)
9 mortificación
5 chepa
15 fastidio
7 impertinencia
15 maleta

14 pesadez
8 petaca
1 puteo

jorobado
6 corcovado
8 cuzco
3 cheposo
10 fastidiado
7 giboso

jorobar
28 aburrir(se)
13 acedar
30 agradar
41 cansar(se)
37 descomponer(se)
87 fastidiar(se)
44 incomodar(se)
63 irritar(se)
114 molestar(se)
23 mortificar(se)
14 vulnerar
15 acosar
5 incordiar

jorobeta
6 corcovado
3 cheposo
5 jorobado

jorón
10 buhardilla
13 desván
3 sobrado

joronche
1 chepudo
7 giboso
5 jorobado

jorongo
3 colcha
8 frazada

jorungar
40 atizar(se)
87 fastidiar(se)
17 menear(se)
114 molestar(se)
5 incordiar
24 revolver

jorungo
6 extranjero
6 forastero
1 guiri
42 fastidioso
15 molesto

joto
7 mariquita
9 paquete
29 afeminado
15 bulto
11 lío

joven
8 adolescente
2 chaveta
12 nuevo
14 pollo
7 zagal
19 china
18 fresco
8 mancebo
17 mozo
9 muchacho
22 ◁viejo

jovencita
3 guayabo

jovial
25 bullicioso
14 cómico
11 festivo
6 humorístico
3 jocundo
4 movido
4 ocurrente
8 placentero
16 risueño
4 vivaracho
36 alegre
9 chistoso
30 divertido
18 gracioso
8 ◁aburrido
6 ◁apagado
16 ◁triste

jovialidad
38 alegría(s)
31 animación

6 entusiasmo
12 marcha
6 optimismo
9 vivacidad
▷buen humor
16 ◁*amargura*

joya
1 dije
5 gema
8 maravilla
12 alhaja
13 bicoca
11 chollo

joyería
4 bisutería
3 platería

joyero
1 cofrecillo
14 estuche
1 gemólogo
2 orfebre

joyo
12 cizaña

juagada
7 reconvención
13 regaño
17 reprimenda

juanear
80 burlar(se)
11 chasquear
43 engañar(se)

juanesca
18 barullo
19 confusión
12 mezcla

juanete
9 abultamiento
5 deformidad
14 hueso
13 vela
9 verga

juanillo
18 gratificación
11 propina

4 soborno

juapao
5 latigazo
7 varazo

juarda
1 suarda
8 pringue
14 suciedad

juay
15 cuchillo
7 navaja

juba
2 aljuba
5 chupa
5 vestidura

jubilación
3 desempleo
4 destitución
18 inacción
5 licenciamiento
12 ocio
8 retiro

jubilado
11 retirado
12 infeliz
2 pobrete
12 práctico
10 sagaz

jubilar(se)
70 apartar(se)
32 arrinconar(se)
10 licenciar(se)
34 retirar(se)
12 alelarse
15 decaer
16 desechar
5 ejercitarse
9 enloquecer
11 instruirse
34 retirarse
▷venir a menos

jubileo
18 gracia(s)
10 indulgencia

9 gentío
16 multitud

júbilo
10 alborozo
38 alegría(s)
6 entusiasmo
26 exaltación
9 felicidad
17 gozo
30 placer
11 regocijo
8 contento
13 ◁*tristeza*

jubiloso
4 alborozado
9 gozoso
14 radiante
36 alegre
8 contento
16 ◁*triste*

jubito
10 enclenque
7 pequeñajo

jubón
2 almilla
2 chaquetilla
8 armador

juchar
60 excitar(se)
17 incitar(se)
18 provocar

juche
4 buscona
15 alcahueta

judaico
11 hebreo
10 judío

judaísmo
1 hebraísmo
2 semitismo
4 sionismo

judas
10 desleal
11 infiel

21 falso
10 traidor

judería
4 aljama
3 ghetto

judía
2 faba
frijol
2 habichuela
10 alubia

judiada
13 crueldad
5 explotación
12 cabronada
12 infamia
11 putada
3 usura

judiar
87 fastidiar(se)
9 jeringar
114 molestar(se)
30 ◁*agradar*

judicatura
2 juzgado

judicial
1 jurídico
5 legal

judiciario
3 astrólogo

judihuela
10 alubia

judío
18 agarrado
9 cicatero
1 chueta
11 hebreo
4 israelita
1 sefardita
34 avaro
19 roñoso
12 tacaño
4 usurero
6 ◁*desprendido*

judo
jiu(jitsu
23 lucha
1 yudo

juego(s)
38 alegría(s)
8 apuesta
12 articulación
6 codo
10 combinación
11 conjunto
5 chita
16 diversión
5 enartrosis
4 engranaje
10 entretenimiento
5 esparcimiento
6 mecanismo
14 movilidad
16 muestra(s)
4 olimpiada
30 placer
2 quiniela
15 recreo
16 reflejos
8 solaz
4 surtido
11 viso(s)

8 agua
30 partido
22 serie

juera
10 cedazo

juerga
10 corrida
16 diversión
4 farra

7 aviación
18 bullicio
14 cachondeo
15 jarana
8 parranda
10 ruta

juerguear
32 divertir(se)
2 trasnochar

juerguearse
32 divertir(se)

juerguista
10 jaranero
13 libertino
6 parrandero

juey
9 codicioso
34 avaro

juez
5 arbitro
1 enjuiciador
2 magistrado
6 mediador
1 sentenciador
2 togado
10 ◁acusado
4 ◁reo

jugada
2 envite
5 jugarreta
11 lance
11 pasada
19 mano
11 putada

jugadera
2 espolín
3 lanzadera

jugador
19 atleta
4 componente
3 deportista
10 participante
4 tahúr
4 ventajista
10 cuco
7 fullero

jugar
15 actuar
19 apostar(se)
23 arriesgar(se)
32 divertir(se)
26 entretener(se)
28 esparcir(se)
5 funcionar
6 juguetear
59 mover(se)
35 poner(se)

23 recrear(se)
8 retozar
15 solazar(se)
53 marchar

jugarreta
6 jugada
11 pasada
5 trastada
12 cabronada
11 putada

juglar
8 bardo
9 poeta
4 rapsoda
3 trovador
5 vate

juglaría
1 juglería

juglería
1 juglaría

jugo
25 beneficio(s)
15 esencia
4 néctar
14 sustancia
8 utilidad
1 zumo
8 provecho

jugosidad
6 fragancia

jugoso
8 delicioso
4 fructífero
5 interesante
8 provechoso
4 suculento
22 útil
30 divertido
18 gracioso
6 ◁desaborido
5 ◁improductivo

juguete
12 instrumento(s)
9 muñeco

13 pieza

juguetear
27 bromear(se)
1 diablear
14 jugar
8 retozar
2 triscar
2 rochelear

jugueteo
5 chicoleo
21 desahogo
16 diversión
18 enredo
7 ◁hondura
7 ◁seriedad

juguetero
33 armario

juguetón
25 bullicioso
9 inquieto
4 movido
5 retozón
8 trasto

juguetona
2 gamberra

juicio
7 cordura
5 dictamen
6 discernimiento
10 entendimiento
18 inteligencia
9 opinión
26 parecer(se)
16 prudencia
6 sensatez
13 seso
5 tino
5 veredicto
49 asiento
7 madurez
17 razón
8 ◁insensatez

juicioso
7 cuerdo
13 prudente

12 reflexivo
6 sensato
21 grave
3 ◁*insensato*

juico
11 sordo
1 sordomudo

julepe
33 paliza(s)
19 miedo
14 pavor
11 penalidad
5 regañina
17 reprimenda
12 sufrimiento
13 zurra

julo
14 cabestro

juma
40 borrachera

jumarse
23 emborracharse
37 embriagarse

jumatán
8 beodo
45 borracho

jumenta
4 burra

jumental
6 asnal

jumento
18 asno
11 borrico
8 pollino
22 burro

jumera
10 ebriedad
40 borrachera
12 curda

juncada
10 buñuelo

juncal
17 apuesto
17 bizarro
12 flexible
1 junqueral
15 airoso
17 gallardo

juncia
23 comida
8 ración

junco
14 planta
21 embarcación

jungla
4 selva

junípero
2 enebro

junqueral
6 juncal

junquillo
5 baqueta
5 rota
⇨junco de Indias

junta
16 agrupación
12 articulación
27 asamblea
4 comité
2 congregación
5 juntura
6 sesión
19 unión
28 asociación
15 corporación
19 reunión
16 sociedad

juntado
6 aglutinado

20 agregado

juntar(se)
6 abarloar
3 acarrarse
22 acercar(se)
4 acolar
19 acompañar
9 acopiar(se)
30 acoplar(se)
2 acoyundar
3 acoyuntar
6 acuadrillar
18 acumular(se)
7 adosar
7 adunar
19 afiliar(se)
19 agavillar
15 aglomerar(se)
9 aglutinar
25 agregar(se)
21 agrupar(se)
4 aligar(se)
15 almacenar(se)
42 amontonar(se)
17 anexar(se)
12 anudar(se)
24 añadir(se)
6 añascar
16 aparear(se)
4 aparvar
6 apilar
21 apiñar(se)
23 aproximar(se)
26 arañar(se)
5 arramblar
7 arrebañar
14 arrebozar(se)
7 arremolinar(se)
38 arrimar(se)
17 articular(se)
4 atropar(se)
16 aunar(se)
10 colegir(se)
15 combinar
16 concurrir
4 conectar
2 congregar
8 empalmar
14 emparejar(se)
4 engrapar
4 ensamblar
8 fusionar(se)
26 incorporar(se)

39 liar(se)
31 mezclar(se)
38 pegar(se)
47 recoger(se)
9 reconcentrar(se)
4 recopilar
49 reunir(se)
5 soldar
35 trabar(se)
7 uncir
8 unificar
79 unir(se)
7 vincular
13 enlazar
7 abarraganarse
10 amancebarse
42 amontonarse
61 atar
19 casar
15 convenir
11 empatar
5 ◁*deslabonar(se)*
7 ◁*espaciar(se)*

juntiña
30 amistad
17 confianza
9 camaradería

junto
15 adyacente
24 aledaño(s)
13 anejo
3 conexo
10 contiguo
7 inmediato
4 paredaño
10 pegado
12 vecino(s)
10 ◁*separado*

juntura
22 acoplamiento
12 articulación
5 gozne
19 unión
8 empalme

jupa
11 melón
38 cabeza

juque

   6 calabaza
   5 testa

juque
   1 zambomba

jura
  19 compromiso
  10 promesa
  19 guardia
  11 juramento
  16 policía

jurado
  16 comisión
   4 comité
  12 junta
  15 grupo

juramentar(se)
  52 asegurar(se)
  19 conjurar(se)
  10 jurar
   6 maquinar
  16 prometer(se)
  16 tramar(se)
   8 conspirar

juramento
  15 blasfemia
  19 compromiso
   5 jura
   1 palabrón
   5 palabrota
  10 promesa
   7 protesta
   5 reniego
  13 voto
  19 taco
  ⇨palabra gruesa

juramentoso
  10 blasfemo

jurar
  52 asegurar(se)
  12 blasfemar
  17 certificar
  19 garantizar(se)
   2 imprecar
  16 prometer(se)
  10 renegar

   9 votar
  11 maldecir
  ⇨echar pestes

jurárselas
  18 amenazar(se)

jurel
   3 chicharro
  40 borrachera
  16 embriaguez
  19 miedo
   9 terror

jurgucear
  26 atisbar(se)
   5 espiar

jurídico
   2 judicial

jurisconsulto
   5 letrado
   7 jurista
  17 abogado
   5 leguleyo
   7 licenciado
   5 picapleitos

jurisdicción
  14 atribución(es)
  17 competencia
  15 demarcación
  21 dominio
  43 poder(es)
   4 potestad
  14 término
   9 territorio
  26 autoridad
   6 mando

jurisdiccional
   3 comarcal

jurisperito
   7 jurista
  17 abogado

jurisprudencia
   1 abogacía
  24 derecho

jurista
   5 letrado
   6 jurisconsulto
   2 jurisperito
  17 abogado
   5 leguleyo
   7 licenciado
   5 picapleitos

juruminga
  15 embrollo
  18 enredo
  11 lío

jusbarba
  12 brusco

jusilla
  15 cuchilla
   7 navaja

justa
   7 certamen
   6 competición
   5 imparcial
   4 torneo
   7 ecuánime

justamente
   1 desapasionada-
     mente
   1 equitativamente
   2 exactamente
   6 imparcialidad
   3 precisamente

justeza
   8 exactitud
   8 ◁superfluidad

justicia
   7 ecuanimidad
   3 equidad
   7 honradez
   6 imparcialidad
   2 magistrado
   6 neutralidad
   4 probidad
   8 rectitud
   2 tribunal
  24 derecho
  19 guardia

  17 razón

justiciero
   4 equitativo
  14 honrado
   5 imparcial
   3 neutral
   3 vengador
   7 ecuánime
  16 justo

justificable
   9 comprensible
   3 defendible
   4 disculpable
   4 explicable
  15 razonable
   5 ◁ilógico
   7 ◁inexplicable

justificación
   8 excusa
   6 exculpación

justificado
   3 acordado
   7 procedente
  21 auténtico
  11 ◁gratuito
  21 ◁vano

justificante
   3 comprobante
   9 factura
   8 recibo

justificar(se)
  26 abonar(se)
  15 acreditar(se)
   8 aducir
  10 alegar
  11 defender
  10 demostrar
   9 descargar
   8 disculpar
  20 evidenciar
  16 excusar(se)
  34 explicar(se)
  19 probar
  13 sincerar(se)
   6 verificar
   7 vindicar

justificativo
 4 probatorio

justillo
 9 ajustador

justipreciar
 24 estimar(se)
 7 evaluar
 8 tasar
 6 valorar

justiprecio
 8 tasación
 3 valoración
 14 ◁ menosprecio

justo
 3 acordado
 4 ajustado
 16 cabal
 13 decente
 4 equitativo
 12 honesto
 14 honrado
 6 imparcialidad
 14 íntegro
 7 justiciero
 3 neutral
 22 preciso
 11 puntual
 19 recto
 7 ecuánime
 12 exacto
 12 ◁ deshonesto
 6 ◁ inexacto

juventud
 5 adolescencia
 6 inexperiencia
 2 mocedad
 1 novatez
 4 nubilidad
 4 pubertad
 9 ◁ vejez

juyuyo
 21 arisco
 18 retraído
 9 huraño

juzgado
 1 judicatura
 7 audiencia

juzgador
 9 adversario
 11 censor
 3 crítico
 3 detractor
 5 examinador

juzgamundos
 7 cotilla
 5 criticón
 8 lenguaraz
 5 maldiciente
 13 murmurador
 12 ◁ discreto
 2 ◁ ensalzador

juzgar
 5 conceptuar(se)
 13 considerar(se)
 8 creer
 2 dictaminar
 24 estimar(se)
 6 opinar
 23 pronunciar(se)
 10 reputar(se)
 6 valorar
 9 fallar
 5 sentenciar

K

k o
9 inconsciente
1 noqueado
1 out
4 pasmado
3 knock(out)
⇨fuera de combate
⇨knock out

kaiser
3 césar
13 emperador

kaki
1 mandil
1 marronáceo
5 verdoso
19 mono
⇨ropa de faena

kan
13 emperador
2 khamake

kedive
3 jedive
2 virrey

kermesse
4 festejo
20 fiesta
23 gala

kerosene
2 queroseno
10 combustible

khamake
2 kan
5 zorro

khedive
3 jedive
2 kedive

kiffi
4 hachís

kilo
1 kilogramo
⇨un millón de pesetas

kilogramo
2 kilo

kilométrico
12 abono
10 billete
5 interminable
12 largo

kimono
3 batín
10 bata

kindergarten
1 guardería
2 parvulario
⇨jardín de infancia

kiosco
8 garita
12 puesto
2 templete

kirieleison
75 bobo
22 necio
18 tonto

kit
9 equipo

kitsch
5 chabacano
7 hortera
10 inelegante
7 macarra
4 populachero
9 prosaico
3 recargado
11 trivial
9 vulgar
18 feo

kleenex
3 moquero

knock(out)
15 desmayo
4 inconsciencia
⇨k O

k.o.
2 groggy

koiné
⇨lengua común
⇨lengua de relación

kronprinz
3 heredero
2 príncipe

L

lábaro
22 bandera
12 cruz
19 insignia(s)
9 abreviatura

laberíntico
14 complicado
14 confuso
  difícil
5 enredado
7 enmarañado
20 ◁ simple

laberinto
1 dédalo
79 alboroto
18 bullicio
8 caos
19 confusión
18 enredo
10 escándalo
11 lío
8 maraña

labia
7 facundia
13 pico
4 verbosidad
7 palique

labial
1 bilabial
1 labiodental

lábil
6 escurridizo
7 movedizo
6 precario
6 resbaladizo
7 variable
12 frágil
14 débil
19 ◁ firme
22 ◁ fuerte

labilidad
10 caducidad
16 debilidad
4 deslizamiento
3 fragilidad
2 resbalón
11 ◁ fortaleza
20 ◁ seguridad

labio
3 belfo
23 boca
5 hocico
6 morro

labiodental
2 labial

labios
3 belfo

labioso
8 halagador
11 zalamero

24 adulador
2 pelotillero

labor
11 costura
4 cultivo
14 encaje
10 faena
3 laboreo
4 labranza
17 ocupación
5 quehacer
22 trabajo(s)
17 actividad
20 bordado
15 cuchilla
6 tarea
6 ◁ pasividad

laborable
17 hábil
11 ◁ festivo

laboral
5 gremial

laborante
6 obrero
1 piropeador
5 productor
5 trabajador
2 galanteador

laborar
7 encargarse
9 gestionar
2 laborear
35 ocupar(se)
9 labrar
16 trabajar

laboratorio
6 taller

laborear
9 labrar
16 trabajar

laboreo
4 cultivo
4 labranza
13 labor

laboriosidad
13 afán
25 celo(s)
22 trabajo(s)
13 aplicación
16 diligencia
17 actividad
12 esfuerzo
6 ◁ holgazanería

laborioso
9 aplicado
  difícil

laborismo

14 dificultoso
25 diligente
5 esforzado
5 trabajador
8 trabajoso
24 ◁*fácil*
16 ◁*vago*

laborismo
1 socialismo

laborista
2 socialista

labra
5 labrado

labrada
15 broche

labrado
3 cultivado
1 labra
4 recamado
16 adornado
20 bordado

labrador
12 agricultor
12 aldeano
17 campesino
14 gañán
13 labriego
6 payés
17 rústico

labradorita
⇨piedra de la luna
⇨piedra del sol

labrantín
1 pegujalero
1 pelantrín
3 destripaterrones

labranza
4 cultivo
6 cultura
3 laboreo
13 labor

labrar
7 arar
17 causar
7 cavar
10 cultivar
7 ocasionar
39 originar(se)
47 producir(se)
2 rastrillar
5 escardar

labriego
3 arador
7 paisano
12 agricultor
12 aldeano
9 campechano
7 labrador
3 motoso
11 paleto
9 pardillo
4 pueblero
17 rústico
7 vale
15 villano

labrusca
2 parra
2 parriza
2 parrón
2 vid
⇨vid silvestre

laca
13 barniz
4 esmalte

lacar
10 barnizar

lacayo
7 doméstico
11 sirviente
⇨criado (-da)

lacear
61 atar

lacerado
2 lazarino

lacerante
7 doloroso
5 hiriente
3 punzante
8 profundo
6 ◁*superficial*

lacerar(se)
11 dañar(se)
15 herir
16 injuriar
16 lastimar(se)
5 magullar(se)
7 mancillar(se)
5 perjudicar(se)
14 vulnerar

lacería
10 estrechez
5 indigencia
18 necesidad
17 miseria
10 pobreza
10 ◁*riqueza*

lacero
8 apresador
3 trampero

lacio
6 fláccido
3 marchito
14 débil
23 flojo
10 mustio
16 ◁*tieso*

lacón
6 jamón

lacónico
10 abreviado
27 breve
8 cortante
21 seco
8 sobrio
9 sucinto
2 ◁*pormenorizado*

laconismo
18 brevedad
4 concisión

3 condensación
7 sequedad
4 ◁*verbosidad*

lacra
10 defecto
11 inconveniente
12 achaque
9 daño
10 perjuicio
11 vicio
14 ◁*ventaja*

lacrado
27 cerrado

lacrar
37 cerrar(se)

lacre
15 sello

lacrimal
14 canto

lacrimógeno
8 irritante
5 lacrimoso
5 picante
9 ◁*calmante*
2 ◁*suavizante*

lacrimoso
7 compungido
7 lagrimoso
6 lastimero
1 lloroso
16 triste

lactancia
3 amamantamiento
9 crianza

lactante
4 infante
5 mamón
2 rorro
5 bebé

lactar
43 alimentar(se)
7 amamantar(se)

14 criar
19 nutrir(se)
1 tetar
⇨dar el pecho

lácteo
1 láctico
2 lechoso

lactescente
30 blanco
14 blanquecino

láctico
2 lácteo

lacunario
2 artesonado
19 hueco
1 lagunar

lacustre
5 lago

lacha
7 pundonor
17 vergüenza

lacho
5 lechuguino
6 pisaverde
22 amante
14 querido

lada
5 jara

ládano
6 resina

ladeado
2 escorado

ladear(se)
38 andar
12 bornear
31 doblarse
37 enamorar(se)
6 escorar
43 inclinar(se)
43 inclinarse

7 soslayar
44 torcer(se)

ladeo
5 quiebro
10 sesgo
18 inclinación

ladera
5 declive
19 pendiente
3 ribazo
6 talud

ladero
15 adyacente
20 afín
24 aledaño(s)
18 allegado
7 compañero(s)
8 camarada
8 compinche

ladilla
7 cebada
2 maneta

ladillo
12 margen

ladino
2 retorrománico
2 romanche
50 astuto
16 charlatán
9 parlanchín
11 pillo
10 sagaz
16 taimado
5 zorro
14 ◁inocente

lado
32 borde
14 canto
5 flanco
21 lugar
10 paraje
13 protección
7 ribera
14 sitio

9 socorro
9 ubicación
41 banda
8 costado
24 auxilio
29 ayuda
7 orilla

ladón
5 jara
1 lada

ladrador
8 alborotador
2 aullador
10 desagradable
15 destemplado
1 gruñidor
21 ◁callado
12 ◁discreto

ladrar
10 aullar
19 censurar
10 criticar
6 gruñir
8 murmurar

ladrería
1 cisticercosis

ladrido
8 aullido
2 gañido

ladrillejo
103 burla

ladrillería
2 tejar

ladrillo
1 adobe
8 plúmbeo
6 teja
1 tocho
2 tesela
15 baldosa
8 cargante
31 pesado
11 solera

ladrocinio
5 latrocinio

ladrón
11 caco
4 carterista
1 cleptómano
9 chorro
3 descuidero
2 ganzúa
14 perico
4 saqueador
1 sisón
10 cuchara
19 chorizo
8 mangante
6 ratero

ladronear
14 robar

ladronera
7 alcancía
6 hucha

ladronería
5 latrocinio

ladronzuelo
6 maletero

lady
6 señora

lag
8 demora

lagaña
3 legaña

lagar
1 almijar
5 tino
1 trujal
4 trullo
1 jaraíz

lagartero
2 burdel
5 lupanar
⇨casa de putas

lagartija
7 lagarto

lagartijo
5 lechuguino
2 petimetre

lagarto
1 fardacho
24 artero
50 astuto
10 cuco
7 hipócrita
11 pillo
16 taimado

lago
3 albufera
9 estanque
10 laguna
3 marisma
6 pantano

lagotear
6 almibarar(se)

lagotería
27 carantoña(s)
4 cucamona
9 garatusa(s)
7 pelotilla(s)
9 zalamería(s)
3 zanguanga
20 adulación
8 soba

lagotero
8 halagador
11 zalamero
24 adulador
11 cobista
4 lameculos
2 pelotillero

lagrimear
8 llorar

lagrimoso
16 apesadumbrado
1 legañoso
1 lloroso
1 magañoso

1 pitañoso
9 quejumbroso
16 triste
5 ◁*exultante*

laguna
6 alberca
12 balsa
8 carencia
8 charca
6 embalse
9 estanque
13 falta
19 hueco
10 olvido
8 omisión

lagunajo
8 charca
4 poza
4 popal

lagunar
3 lacunario

laicismo
7 impiedad

laico
5 mundano
6 profano
8 secular
4 seglar
7 terrenal
7 ◁*espiritual*
9 ◁*religioso*

laido
18 feo

laja
2 loncha
2 rastra

lama
1 budista
7 fango
5 légamo
5 lodo
4 cardenillo
8 cieno

5 moho

lamaísmo
1 budismo

lambarero
13 ocioso
6 vagabundo

lambedor
8 rastrero
12 servil

lambeplatos
5 mendigo
5 pordiosero

lambido
11 insolente
11 descarado
9 presumido
13 presuntuoso

lambraña
9 cicatero
19 roñoso
12 tacaño
13 ◁*liberal*

lambrequín
11 blasón
1 yelmo

lambriche
11 zalamero
24 adulador

lambrija
3 lombriz

lambrijo
11 delgado
16 flaco

lambrusco
11 glotón
6 goloso

lambucear
7 arrebañar

lameculos
40 bajo(s)
20 abyecto
24 adulador
8 rastrero

lamedal
13 barrizal

lamedura
2 lenguarada
4 lengüetada

lamelibranquio
5 acéfalo

lamentable
9 deplorable
10 desagradable
5 lastimoso
11 penoso
15 sensible

lamentación
11 clamor
6 gemido
7 lamento
5 plañido
12 queja

lamentar(se)
51 afligir(se)
15 arrepentir(se)
10 clamar
13 compadecer(se)
6 deplorar
22 doler(se)
6 gemir
8 llorar
45 pesar(se)
6 plañir
16 quejar(se)
30 sentir(se)

lamento
6 gemido
5 gimoteo
7 grito
5 lamentación
12 queja
3 quejido
2 pujido

lamentoso
14 arrepentido
4 llorón

lamer
3 relamer(se)
3 lengüetear

lamerón
7 bahúno
20 abyecto
6 goloso
3 laminero

lamerse
3 relamer(se)

lametón
2 lamida

lamida
1 lametón
2 lengüetazo

lamido
4 pedante
6 rozado

lámina
9 estampa
15 ilustración
4 papiro
6 placa
9 plancha
2 foil

laminado
1 enchapado

laminar
2 enchapar
9 chapar

laminero
8 cuzco
4 lamerón
6 goloso

laminilla
2 lentejuela

lampallo
5 hambriento
12 voraz

lampar(se)
45 anhelar
13 ansiar
6 desvivirse
8 holgazanear
3 vaguear

lámpara
5 bombilla
10 candil
4 lamparilla
4 linterna
2 mechero
4 quinqué
8 farol
13 vela

lamparilla
10 candil
13 candileja(s)
8 lámpara
38 alumbrado

lámparo
19 arruinado
⇨sin blanca

lamparón
13 mancha
5 escoriación
1 ubrera

lampatán
19 china

lampazo
3 bardana
1 purpúrea
7 lapa

lampear
6 desbastar
1 escuadrar

lampiño
5 barbilampiño
6 glabro

17 bagre
9 calvo
6 ⇨*peludo*

lampión
38 alumbrado

lampista
3 fontanero

lampo
7 destello
3 relámpago
6 resplandor

lampreo
17 azotaina

lana
7 borra
2 vellón

lanar
3 ovino

lanaria
2 jabonera

lance
15 acontecimiento(s)
7 episodio
7 evento
24 hecho(s)
12 incidente
6 jugada
6 percance
13 suceso(s)
20 contienda
12 querella
11 riña

lancero
1 alabardero
1 astero
3 picador
2 rejoneador

lanceta
2 bisturí
2 sangradera

lancinante
1 desgarrador
7 doloroso
3 punzante

lancurdia
5 trucha

lancha
34 bote
chalupa
7 esquife
2 gabarra
6 falúa
14 barca
4 barcaza
21 embarcación

lanchero
4 barquero
4 batelero
2 remero

lanchón
7 alijo
8 lancha
4 barcaza

landa
6 llanura
6 páramo

landgrave
5 señor

landó
8 carruaje

landre
44 bolsa

landrilla
1 lita

langanazo
8 estallido
5 estruendo
8 explosión

lángara
16 listo
10 sagaz

lángaro
11 desocupado
11 glotón
1 largirucho
13 ocioso
6 goloso
4 mallo

langarote
9 cachazudo
19 flemático

langaruto
2 larguirucho

langosta
1 cigarra
4 saltamontes

langostín
1 cervática

langostino
1 langostín
2 quisquilla
7 gamba

languidecer
59 abatir(se)
14 adelgazar(se)
17 debilitarse
26 desalentar(se)
25 desanimar(se)
11 descorazonar(se)
19 enflaquecer(se)
15 extenuar(se)
37 fatigar(se)
9 flojear
41 cansarse
15 decaer
6 ◁engordar
26 ◁incrementar(se)

languidez
25 abatimiento
16 agotamiento
11 cansancio
7 desaliento
16 desánimo
6 descorazona-
     miento

12 flojera
8 postración
7 ◁vigor

lánguido
16 cansado
4 derrengado
8 desalentado
5 desanimado
5 descorazonado
6 extenuado
11 fatigado
14 débil
5 ◁vigoroso
22 ◁fuerte

lanilla
5 bayeta

lanoso
6 afelpado
3 algodonoso
6 aterciopelado
5 lanudo

lansquenete
5 soldado

lanudo
15 espeso
4 lanoso
6 velludo
21 grosero
10 zafio

lanza
9 aguijada
3 alabarda
1 bichero
8 garrocha
5 pértiga
13 chuzo
13 pica

lanzada
4 puyazo

lanzadera
2 espolín
2 jugadera

⇨rayo textorio

lanzado
33 atrevido
18 audaz
7 decidido
7 osado
9 valiente
13 ◁parado

lanzamiento
5 dispersión
7 divulgación
3 emanación
23 extensión
14 impulso
7 propagación
8 tiro
5 tirada

lanzar(se)
14 abalanzar(se)
7 abarrar
42 arrojar(se)
21 atrever(se)
18 aventurar(se)
27 decidir(se)
10 derramar
21 despedir(se)
8 despeñar(se)
29 difundir(se)
23 divulgar(se)
58 echar(se)
6 editar(se)
38 elevar(se)
11 emanar
6 embestir
16 emitir
8 endilgar
8 endosar
6 escupir
4 exclamar
4 exhalar
51 extender(se)
6 fulminar
8 impeler
31 iniciar(se)
5 irradiar
5 osar
20 precipitar(se)
4 propalar
6 prorrumpir

13 proyectar
42 soltar(se)
4 torpedear
7 verter
5 expeler
18 acometer
22 botar
7 chantar
16 desechar
20 disparar
11 empujar
10 impulsar
3 jondear
15 pelotear
14 publicar
15 sembrar
58 tirar
9 vomitar
15 ◁aquietar(se)

laña
3 grapa
4 grapar

lañador
9 alfarero

lapa
3 lampazo
6 concubina
3 guacamayo
9 manceba
4 papagayo
6 pegajoso
3 pringoso

lapicero
7 lápiz

lápida
3 estela
5 losa

lapidar
3 apedrear(se)

lapidario
10 abreviado
2 bisutero
6 conciso
8 cortante

larguirucho

3 grabador
4 joyero
21 seco
8 sobrio
4 tallista
2 ◁ *pormenorizado*

lapidificar(se)
3 petrificarse

lapilla
2 cinoglosa

lapislázuli
2 cianea
2 lazulita
▷azul de ultramar

lápiz
3 bolígrafo
3 carboncillo
5 grafito
1 lapicero
5 mina
2 rotulador
9 pastel

lapo
6 bastonazo
3 estacazo
14 palo
13 trago
7 varazo

lapso
12 desliz
8 intervalo
6 irregularidad
5 lapsus
10 período
3 transcurso
7 error
16 ◁ *acierto*

lapsus
12 desliz
13 falta
10 olvido
8 omisión
7 error

laqueado
34 brillante

lar
12 hogar
15 casa

larca
14 acequia
18 canal

lardear
16 pringar(se)
4 engrasar

lardero
1 grasiento

lardoso
1 grasiento
4 mugriento
1 untoso
3 pringoso

largamente
15 ampliamente
7 cumplidamente
2 espléndidamente
1 holgadamente
5 sobradamente
7 generosamente

largar(se)
32 aflojar(se)
12 ahuyentar
30 ausentar(se)
43 dejar(se)
11 desamparar
8 desaparecer
6 desertar
6 desfilar
21 despedir(se)
20 desvanecer(se)
15 eclipsar(se)
12 emigrar
25 encaminar(se)
8 endilgar
8 endosar
31 entregar(se)
34 escapar(se)
15 escurrir(se)

24 espantar(se)
18 evadir(se)
20 evaporar(se)
7 fumar(se)
32 mudar(se)
21 partir
5 pasaportar
28 plantar(se)
8 propinar
42 soltar(se)
15 volar
46 cambiar
8 enchuchar(se)
5 espetar
8 afufar
25 ahuecar
10 arriar
5 atesar
28 aventar
57 cortar
5 desmanchar
6 empuntar
7 escabullirse
18 esfumarse
5 espiantar(se)
11 expulsar
fugarse
19 huir
46 irse
18 jalar
5 jarearse
50 limpiar
53 marchar
3 plumear
58 quitar
36 rajar
9 tejer
▷ahuecar el ala
9 ◁ *permanecer*
19 ◁ *quedarse*

largas
5 dilación
1 dilatorias
5 espera
6 retraso
12 ◁ *anticipación*
18 ◁ *apremio*

largición
12 prodigalidad

largirucho
6 lángaro

largo
11 dilatado
14 duradero
12 espléndido
8 extenso
3 largura
11 lento
13 liberal
6 longitud
7 tardío
20 amplio
5 dadivoso
18 generoso
21 ◁ *corto*
12 ◁ *tacaño*

largomira
20 anteojo(s)
3 catalejo

largona
8 demora
5 dilación

largor
3 largura
6 longitud

largueado
2 listado

larguera
6 longitud

larguero
9 barrote
6 cabezal
2 travesaño

largueza
13 desprendimiento
10 esplendidez
13 generosidad
11 liberalidad
6 ◁ *tacañería*

larguirucho
5 desgalichado
13 desproporcionado

largura
- 12 largo
- 2 largor
- 6 longitud

lárice
- 1 alerce

laringe
- 1 epiglotis
- 2 glotis
- 4 nuez

larva
- 8 cría

larvado
- 3 disfrazado
- 8 encubierto
- 17 escondido
- 5 implícito
- 16 oculto
- 3 potencial
- 6 recóndito
- 19 secreto
- 1 disimulado
- 10 ◁*actual*
- 11 ◁*manifiesto*

lascar
- 16 lastimar(se)
- 17 rozar(se)

lascivia
- 11 deshonestidad
- 10 impudicia
- 7 liviandad
- 8 lubricidad
- 9 lujuria
- 9 obscenidad
- 10 sensualidad
- 4 salidismo
- 9 ◁*castidad*

lascivo
- 32 bellaco
- 17 impúdico
- 8 incontinente
- 13 libertino
- 17 liviano
- 10 lúbrico
- 11 obsceno
- 16 sensual
- 16 vicioso
- 10 cachondo
- 2 calentorro
- 10 lujurioso
- 14 salido
- 12 ◁*honesto*

láser
- 4 rayo

laserpicio
⇨comino rústico

lasitud
- 25 abatimiento
- 16 agobio
- 16 agotamiento
- 7 desaliento
- 6 descorazona- miento
- 15 desmayo
- 35 fatiga(s)
- 11 flojedad
- 8 languidez
- 8 postración
- 23 ◁*viveza*
- 7 ◁*vigor*

laso
- 19 caído

lástima
- 12 caridad
- 8 compasión
- 4 conmiseración
- 7 misericordia
- 9 piedad
- 29 pena

lastimado
- 4 perjudicado

lastimadura
- 11 herida
- 14 lesión
- 37 golpe

lastimar(se)
- 12 agraviar
- 11 dañar(se)
- 22 doler(se)
- 15 herir
- 16 injuriar
- 10 insultar
- 8 lacerar(se)
- 8 lesionar(se)
- 5 lisiar(se)
- 5 magullar(se)
- 33 ofender(se)
- 5 perjudicar(se)
- 20 resentirse
- 30 sentir(se)
- 14 vulnerar
- 2 lascar

lastimero
- 8 apenado
- 4 plañidero
- 8 quejoso
- 9 quejumbroso
- 2 sollozante
- 7 dolorido

lastimoso
- 9 deplorable
- 1 desgarrador
- 7 desolador
- 5 lamentable
- 16 triste

lastra
- 2 laja
- 5 losa

lastrar
- 27 agobiar(se)
- 44 incomodar(se)
- 5 perjudicar(se)
- 5 aplomar
- 50 cargar
- 9 ◁*descargar*
- 20 ◁*aligerar*

lastre
- 6 sensatez
- 13 seso
- 15 juicio
- 7 madurez
- 11 peso

lata
- 12 aburrimiento
- 2 hojalata
- 2 monserga
- 6 tostón
- 16 solo
- 9 envase
- 7 espada
- 14 pesadez
- 10 rollo
- 3 sable
- 7 tabarra
- 10 tambor

latamente
- 15 ampliamente
- 1 dilatadamente
- 2 extensamente
- 14 ◁*brevemente*
- ◁*ligeramente*

latas
- 19 arruinado
- ⇨sin blanca

latastro
- 2 plinto

latente
- 17 escondido
- 5 implícito
- 6 inmanente
- 16 oculto
- 3 potencial
- 6 recóndito
- 19 secreto
- 7 lógico
- 8 profundo
- 1 subyacente
- 10 ◁*actual*
- 18 ◁*patente*

lateral
- 14 accidental
- 15 adyacente
- 10 contiguo
- 2 fronterizo
- 7 limítrofe
- 6 secundario
- 12 vecino(s)
- 6 ◁*central*

látex
- 6 resina

6 caucho
13 goma

latido
3 palpitación
1 pulsación

latifundio
9 feudo
7 heredad
◁ *minifundio*

latifundista
1 terrateniente

latigazo
7 cantazo
1 fustazo
2 trallazo
2 vergajazo
1 zurriagazo

látigo
4 fusta
6 guante
5 tralla
10 vara
4 vergajo
26 azote
18 chucho
3 zurriago

latiguear
40 azotar(se)

latiguillo
1 efectismo

latinizar
1 romanizar

latinoamericano
1 hispanoamericano

latir
11 conservarse
7 existir
3 palpitar
11 vivir

latitud
9 amplitud
17 anchura
23 extensión

latitudinal
32 ancho

lato
32 ancho
8 extenso
20 amplio
27 ◁ *breve*
19 ◁ *estrecho*

latón
1 azófar
3 metal

latonero
8 almez

latoso
4 incordiante
7 pelma
8 cargante
13 chinche
15 molesto
31 pesado
7 secante

latrocinio
7 pillaje
4 rapiña
6 hurto
8 robo
6 saqueo

laucadura
7 calvicie
3 peladera

laucha
8 experto
17 hábil
50 astuto
16 listo
12 práctico
10 sagaz

laúd
3 arpa
4 bandola
3 cítara

laudable
5 elogiable
3 loable
10 meritorio
9 plausible
5 ◁ *censurable*

laudar
13 arbitrar(se)

laudatorio
1 apologético
1 elogioso
2 encomiástico
6 favorable
9 lisonjero
◁ *reprobatorio*

laude
29 alabanza

laudo
11 decisión
10 fallo
15 sentencia(s)

laureado
2 coronado
3 premiado
7 triunfante
2 vencedor

laurear
11 coronar
8 enaltecer
8 glorificar
24 honrar(se)
6 premiar
12 ◁ *despreciar*

lauredal
1 lloredo

laurel
16 corona
8 lauro
10 palma(s)

laureola
11 aureola

lauréola
16 corona

lauro
16 corona
7 galardón
26 gloria
3 laurel
10 palma(s)
8 premio
7 recompensa
2 triunfo

lauroceraso
1 loto
▷ laurel cerezo

lava
5 escoria
1 lave
3 magma

lavabo
5 aguamanil
18 aseo
24 baño(s)
2 bidé
2 lavatorio
22 servicio(s)
4 tocador
6 water
7 toilette

lavacara
3 jofaina
7 palangana

lavacaras
24 adulador

lavada
8 lavado

lavadero
24 baño(s)
4 ducha
3 fregadero
9 tina

lavado
  6 ablución
  9 blanqueo
  17 colada
  1 lavada
  6 water
  11 purificación
  6 enjuague
  4 jabonada

lavadora
  ⇨máquina de lavar

lavajo
  8 charca
  1 navazo

lavamanos
  6 ablución
  3 jofaina

lavamiento
  8 lavado
  4 lavativa

lavanco
  10 pato

lavanda
  2 espliego
  1 lavándula

lavandera
  16 aguzanieves

lavandería
  17 colada

lavándula
  2 lavanda

lavar(se)
  54 aclarar(se)
  17 asear(se)
  17 bañar(se)
  20 colar(se)
  5 duchar(se)
  2 enjuagar
  3 escarolar(se)
  4 jabonar
  2 lavotear(se)

  7 purificar
  18 blanquear
  12 fregar
  4 guachapear
  50 limpiar

lavativa
  2 colirio
  1 irrigador
  4 jeringa
  29 ayuda

lavatorio
  3 enjuagatorio
  9 lavabo

lavaza
  2 calducho
  3 espuma
  7 brebaje

lave
  3 lava

lavotear(se)
  1 jamerdar
  15 lavar(se)

laxación
  22 aflojamiento

laxante
  2 catártico
  4 correlativo
  1 laxativo
  5 purga
  5 purgante
  1 relajante
  1 solutivo

laxar
  30 ablandar(se)
  6 purgar
  39 suavizar(se)
  18 ◁*endurecer(se)*
  13 ◁*fortalecer(se)*

laxativo
  7 laxante

laxitud
  30 abandono
  5 ablandamiento
  14 dejadez
  16 desánimo
  15 desmayo
  2 distensión
  12 flojera
  11 ◁*fortaleza*
  17 ◁*actividad*
  49 ◁*energía*

laxo
  7 disoluto
  1 distendido
  3 genérico
  14 indeterminado
  3 inespecífico
  10 relajado
  14 suelto
  20 amplio
  23 flojo
  16 ◁*apretado*
  9 ◁*estricto*
  6 ◁*moral*

laya
  10 calibre
  16 condición
  18 especie
  12 índole
  12 jaez
  20 naturaleza
  9 ralea
  6 talante
  12 calaña
  19 género
  9 pelaje

layout
  6 diseño

lazada
  19 atadura
  13 lazo
  21 nudo

lazar
  29 apresar(se)
  9 cazar
  20 coger

  13 enlazar
  14 sujetar

lazareto
  1 leprosería
  2 malatería

lazarillo
  1 destrón
  1 gomecillo

lazarino
  1 lacerado
  3 leproso

lazaroso
  2 lazarino
  3 leproso

lazo
  17 afinidad
  19 atadura
  9 celada
  3 lazada
  2 ratonera
  14 vinculación
  7 vínculo
  8 conexión
  14 ardid
  7 bozo
  16 favor
  21 nudo
  10 trampa

lazulita
  2 cianea
  3 lapislázuli

leal
  12 devoto
  3 fidedigno
  17 fiel
  14 honrado
  5 legal
  2 seguidor
  14 adepto
  24 amigo
  22 noble
  11 partidario
  10 ◁*desleal*
  6 ◁*innoble*

lealmente
6 caballerosamente
7 generosamente

lealtad
21 adhesión
30 amistad
11 cumplimiento
7 devoción
10 fidelidad
7 honradez
13 nobleza
3 observancia
3 ◁*deslealtad*
2 ◁*desvergüenza*

leasing
⇨sociedad arrendataria

lebeche
20 viento(s)

lebrato
1 lebratón
1 lebroncillo

lebratón
2 lebrato

lebrillo
1 alcadafe
6 barreño
2 terrizo
11 bandeja

lebrón
3 capón
30 tímido
17 cobarde
5 gallina
9 pusilánime

lebroncillo
2 lebrato

lebruno
1 leporino

lec
6 calabaza

leca
10 alubia

lecanomancia
12 adivinación

lección
19 advertencia
5 capítulo
10 ejemplo
4 enseñanza
13 interpretación
4 lectura
34 aviso
7 conferencia
26 amonestación
17 clase
26 parte
6 variante

lectivo
5 escolar
8 oficial
◁*vacacional*
12 ◁*inhábil*

lector
5 profesor

lectura
4 leída
2 ojeada
4 repaso
2 vistazo

lechal
5 mamón

leche
17 colmo
12 crema
3 nata
6 caucho
13 goma

lechecillas
6 asadura
1 molleja

lecherear
12 discutir

6 regatear

lechería
3 cabrería
8 granja
8 vaquería

lechetrezna
1 titímalo

lechigada
2 cachillada
8 camada
8 cría

lecho
4 álveo
5 catre
10 cauce
3 tálamo
13 cama
21 capa
4 estrato
5 litera
8 petate
3 piltra
8 sobre

lechón
2 cochinillo

lechoncillo
4 sute

lechoso
14 blanquecino
14 afortunado

lechudo
2 lechoso
14 afortunado

lechuga
5 ensalada

lechuguino
3 dandy
9 figurín
5 gomoso
2 petimetre
6 pisaverde

lechuza
10 bruja
1 curuca
1 estrige
4 llorona
2 oliva
14 prostituta
17 ramera

lechuzo
1 muleto
4 recaudador

ledo
9 gozoso
7 plácido
15 satisfecho
36 alegre
8 contento
16 ◁*descontento*
16 ◁*triste*

lefa
2 esperma

legación
6 cancillería

legado
5 comisionado
7 embajador
12 encomienda(s)
8 herencia
3 manda
8 representante

legajo
3 archivador
3 dossier

legal
3 admitido
9 legítimo
5 lícito
5 permitido
16 justo
5 ◁*ilegal*

legalidad
1 legitimidad
1 licitud

legalista 850

3 ◁*bandolerismo*
4 ◁*estraperlo*
13 ◁*ilegalidad*
12 ◁*injusticia*
21 ◁*arbitrariedad*

legalista
7 distante
3 formalista
3 respetuoso
25 frío
4 ◁*anárquico*
7 ◁*desordenado*
17 ◁*humano*

legalización
27 aprobación
8 confirmación
10 firma
2 legitimación
7 ◁*desautorización*
5 ◁*prohibición*

legalizado
5 legal

legalizar
11 apadrinar
22 atestiguar(se)
22 autorizar(se)
17 certificar
10 documentar(se)
3 escriturar
8 firmar
3 patentar
20 ratificar(se)
5 refrendar
7 reglamentar
5 rubricar

légamo
7 fango
5 limo
5 lodo
16 barro
8 cieno

legamoso
4 cenagoso
2 lodoso

leganal
11 cenagal
13 barrizal

legaña
1 lagaña
1 pitaña
1 pitarra

legañoso
1 pitañoso

legar
43 dejar(se)
6 encomendar
4 transferir
17 mandar
12 traspasar

legatario
3 albacea

legendario
16 fabuloso
1 mítico
5 proverbial
8 quimérico
14 tradicional

legible
28 claro
9 comprensible
2 descifrable
3 ◁*ilegible*

legión
12 masa
25 muchedumbre
9 tropel
16 cantidad
16 multitud

legionario
5 soldado

legionense
1 leonés

legislación
4 código
9 fuero

7 reglamento

legislador
5 alfaquí

legislar
48 disponer(se)
47 establecer(se)
10 estatuir(se)
8 firmar
14 proclamar(se)
4 promulgar
6 sancionar

legislativo
27 asamblea
1 constitucional
5 legal
2 parlamentario
10 período
3 vigencia
14 parlamento

legista
5 letrado
6 jurisconsulto
17 abogado

legítima
8 herencia

legitimación
14 certificación
4 legalización

legitimar
17 certificar

legitimidad
2 legalidad

legítimo
22 cierto
10 genuino
5 legal
20 natural
5 permitido
4 probado
6 reglamentario
25 seguro
11 verdadero

21 auténtico
13 propio
25 ◁*artificial*
21 ◁*falso*

legítimo
4 concebible
10 genuino
5 legal
5 lícito
8 oficial
4 ortodoxo
5 permitido
15 razonable
21 auténtico
9 ◁*bastardo*
6 ◁*espurio*
9 ◁*ilegítimo*

lego
3 confeso
8 desconocedor
4 donado
12 hermoso
19 ignorante
6 profano
4 seglar
4 monigote
3 motilón
6 ◁*enterado*

legración
1 legradura

legradura
3 raedura

legrar
5 raer
8 raspar

leguas
⇨gran distancia
⇨gran longitud

leguleyo
1 abogaducho
6 jurisconsulto
7 jurista
17 abogado

5 picapleitos

legumbre
2 hortaliza
4 verdura

leída
4 lectura
2 ojeada
4 repaso
2 vistazo

leído
13 culto
4 docto
6 enterado
9 ilustrado
15 sabio
19 ◁*ignorante*

leitmotiv
13 tema

lejanía
18 distancia

lejano
3 alejado
7 distante
7 remoto
9 ◁*cercano*

lejía
4 álcali
2 colpa

lejos
3 alejado
5 allende
7 allí
4 apartadamente
17 atrás
8 ◁*cerca*

lelilí
2 lilaila

lelo
9 alocado
4 aturullado
5 atontado

14 babieca
75 bobo
11 memo
12 mentecato
22 necio
18 tonto
7 ◁*cuerdo*

lema
7 divisa
14 encabezamiento
7 letrero
20 inscripción
12 mote
30 título

lemanita
4 jade

lempo
13 desproporcionado
23 grande
13 pedazo
8 trozo

lemúrido
1 prosimio

lenco
5 tartaja
7 tartamudo

lending
4 prestación

lendrera
2 caspera

lendroso
5 piojoso

lene
38 agradable
26 apacible
23 ligero
6 sosegado
13 tranquilo
42 blando
19 dulce
19 suave

lengua
1 dialecto
4 idioma
6 habla
1 sinhueso
⇨modalidad idiomática

lenguado
2 suela

lenguaje
4 idioma
8 palabra
13 ropaje
6 habla

lenguarada
2 lamedura
4 lengüetada

lenguaraz
12 deslenguado
11 insolente
5 malhablado
11 descarado
27 desvergonzado
5 maldiciente
13 murmurador
⇨boca negra
2 ◁*bienhablado*
14 ◁*comedido*

lenguarico
11 insolente
8 lenguaraz
11 descarado

lenguaza
1 buglosa

lenguazo
11 calumnia
16 cuento
10 chisme

lengüe
19 advertencia
34 aviso

lengüeta
3 brasa

lengüetada
2 lamedura
1 lametón
2 lamida
2 lengüetazo

lengüetazo
2 lamida
4 lengüetada

lengüetear
4 chismorrear
2 lamer
6 parlotear

lengüicorto
21 callado
30 tímido

lenidad
12 benevolencia
30 blandura
6 flexibilidad
11 suavidad
12 ◁*dureza*

lenificación
4 reblandecimiento

lenificar
4 abirritar
30 ablandar(se)
42 aliviar(se)
44 calmar(se)

lenificativo
6 lenitivo

leninismo
4 comunismo
5 marxismo

leninista
18 rojo

lenitivo
17 alivio
3 atenuante

lenocinio
13 bálsamo
9 calmante
7 consuelo
4 emoliente

lenocinio
5 prostitución
⇨ trata de blancas

lentamente
6 quedo

lente(s)
20 anteojo(s)
5 binóculo
3 catalejo
15 espejuelo(s)
3 gafas
1 lentilla
7 luneta
2 lupa
1 monóculo
5 ocular
1 periscopio
2 prismático
1 quevedos
2 telescopio
3 antiparras
10 impertinentes

lentecer(se)
30 ablandar(se)
26 blandear(se)
6 reblandecer(se)
3 revenirse
18 ◁ *endurecer(se)*

lenteja
2 legumbre
 leguminosa

lentejuela
1 laminilla
1 planchita

lentigo
5 lunar
1 peca

lentilla
18 lente(s)

lentisco
2 almácigo
2 charneca

lentitud
5 dilación
12 duración
3 morosidad
7 sosiego
6 tardanza
9 tranquilidad
11 cachaza
26 calma
12 flema
8 pachorra
7 ◁ *rapidez*
9 ◁ *nervio*

lento
9 cachazudo
11 calmoso
8 gradual
7 moroso
7 paulatino
10 pausado
3 premioso
6 sosegado
11 tardo
13 tranquilo
19 flemático
5 ◁ *repentino*
19 ◁ *rápido*

leña
2 bauza
2 chamarasca
5 chasca
1 chavasca
1 encendajas
7 madera
33 paliza(s)
1 ramojo
1 ramullo
1 rozo
1 seroja
1 tuero
17 castigo
10 combustible
8 tunda

leñazo
37 golpe

leño
11 basto
7 madera
5 tronco
7 rama

león
17 bizarro

leona
18 batahola

leonado
5 bermejo
5 rubio

leonas
12 calzón

leonera
6 covacha
5 cuartucho
8 garita
3 timba
6 zaquizamí

leonería
16 bizarría
21 bravata

leonero
8 alborotador
10 jaranero

leonés
1 legionense

leonina
2 lepra

leonino
7 abusivo
10 desmesurado
2 desorbitado
21 exagerado
4 exorbitante

leontina
1 reloj
26 cadena

leopardo
1 pardal

leotardos
5 calzas

lepe
7 cachete
4 papirotazo
5 sorbo
13 trago

lepero
5 bribón
8 granuja
5 malhablado
50 astuto
9 ladino
33 pícaro
10 sagaz
7 soez
⇨ boca negra

leperuza
14 prostituta
17 ramera

lepidóptero
1 mariposa

leporino
1 lebruno

lepra
2 gafedad
2 malatía

leprosería
2 malatería

leproso
1 gafo
2 lazarino
1 malato

lerdera
6 abotargamiento
4 anquilosamiento
14 pesadez

lerdo
14 babieca
75 bobo
11 memo
22 necio
18 tonto

lerdón
27 tumor

lerendo
75 bobo
22 necio
18 tonto

lesbia
4 lesbiana

lesbiana
6 homosexual
1 lesbia
1 pervertida
1 tortillera

◁ heterosexual

lesbianismo
1 homosexualismo

lesear
2 bobear
9 tontear

lesión
9 cardenal
4 contusión
4 detrimento
6 dislocación
7 esguince
2 fractura
11 herida
1 lisiadura
4 magulladura
11 menoscabo
2 traumatismo
7 equimosis
9 daño
10 perjuicio

lesionado
4 contuso

lesionar(se)
14 acuchillar(se)
11 dañar(se)
4 descalabrar(se)
15 herir
16 lastimar(se)
5 lisiar(se)
5 perjudicar(se)
16 desgraciar

lesivo
4 dañino
3 dañoso
3 negativo
5 ofensivo
6 ◁ favorable
10 ◁ positivo

lesnordeste
⇨viento del nordeste

lessueste
⇨viento del sudeste

leste
⇨viento del este

letal
10 mortal
6 mortífero

letanía
15 discurso
8 invocación
5 ristra
8 ruego
8 sarta
5 sucesión
6 súplica
4 retahíla
10 rollo

letárgico
3 aletargado
1 letargoso

letargo
38 aturdimiento
15 desmayo
9 insensibilidad
7 parálisis
7 sopor

2 coma
7 modorra
8 torpeza

letargoso
2 letárgico

letificante
6 estimulante
2 regocijante

letificar
61 animar(se)

letra
19 carácter
10 signo(s)
1 grafema

letrado
13 culto
9 erudito
5 leído
6 jurisconsulto
17 abogado

letras
28 humanidad(es)
2 literatura
2 trivio

letrero
24 anuncio(s)
2 pancarta
2 pasquín
6 placa
7 epígrafe
20 inscripción
10 rótulo

letrilla
12 copla
10 romance(s)
1 rondó
2 seguidilla
2 jarcha

letrina
12 excusado
9 retrete
6 water

leucemia
⇨cáncer de la sangre

leucocito
⇨glóbulo blanco

leudar
5 fermentar

leva
4 alistamiento
4 enganche
4 reclutamiento
8 álabe

levador
8 álabe

levadura
2 fermento

levantado
33 alto(s)
5 encumbrado
3 excelso
8 fatuo
10 petulante
5 sublime
17 altivo
22 noble
19 orgulloso

levantamiento
10 pronunciamiento
14 revuelta
9 sedición
9 alzamiento
11 insurrección
11 motín
11 rebelión

levantar(se)
11 absolver
31 alborotar(se)
14 alentar(se)
58 alzar(se)
19 amotinar(se)
61 animar(se)
2 apalancar
59 aumentar(se)
12 aupar(se)
9 blandir

levante

10 brotar
5 construir
10 despegar(se)
26 desprender(se)
27 destacar(se)
9 edificar(se)
38 elevar(se)
15 empinar(se)
8 enaltecer
18 encaramar(se)
1 encopetar
16 encrespar(se)
23 encumbrar(se)
24 enderezar(se)
6 endiosar(se)
9 engrandecer
8 erguir(se)
6 erigir
25 esforzar(se)
25 fundar(se)
26 incrementar(se)
10 indultar
10 instaurar
5 instituir
10 insubordinar(se)
12 insurreccionar(se)
4 izar(se)
5 mantear
23 pronunciar(se)
23 rebelar(se)
9 resaltar
64 separar(se)
15 soliviantar(se)
30 subir(se)
20 sublevar(se)
15 suspender

30 armar
48 arrancar
22 botar
63 irritarse
58 quitar
11 sobresalir

24 ◁agachar(se)
35 ◁bajar(se)
6 ◁derruir
58 ◁echar(se)
4 ◁encamar(se)
30 ◁hundir(se)
17 ◁tumbar(se)
2 ◁vivaquear

levante
3 este
2 oriente
3 orto
6 hurto
11 insurrección
11 motín
11 rebelión
8 robo

levantisco
8 alborotador
3 díscolo
8 indócil
13 revoltoso
8 turbulento
15 indómito
14 rebelde
8 ◁sumiso

levar
3 zarpar

leve
3 ingrávido
1 intrascendente
8 lene
23 ligero
17 liviano
8 reducido
11 sutil
7 tenue
6 mínimo
14 pequeño
31 ◁pesado

levedad
5 ingravidez
13 ligereza
7 liviandad
11 suavidad
4 sutilidad
14 ◁pesadez

levemente
8 blandamente

leviatán
1 Lucifer
8 demonio
14 diablo
⇨Pedro Botero

levirato
8 casamiento

levita
2 chaqué
1 levitón
32 abrigo
4 cuácara
9 chaqueta

levitar
10 ascender

levítico
1 clerical
2 sacerdotal

levitón
5 levita

levógiro
1 izquierda

lexía
13 voz

léxico
5 diccionario
6 glosario
4 lexicón
4 vocabulario

lexicografía
9 lingüística
7 semántica
11 filología

lexicógrafo
6 lingüista

lexicología
9 lingüística
7 semántica
11 filología

lexicón
5 diccionario
6 glosario
4 léxico
4 vocabulario

ley
26 afecto
53 amor
17 bula
21 calidad
16 condición
11 constitución
5 estatuto
10 fidelidad
12 índole
8 lealtad
10 norma
7 pragmática
17 precepto(s)
27 regla(s)
7 reglamento
15 cariño
17 clase
6 ◁desafecto

leyenda
4 apólogo
7 divisa
11 fábula
5 mito
9 tradición
16 cuento
6 lema
12 mote
10 patraña

lezna
1 alesna
1 subilla

lezne
10 deleznable

lía
16 hez
11 solera

liado
8 embrollado
8 enrevesado
10 incoherente
4 inextricable
11 intrincado
8 lioso
10 revesado

liaison
2 ligazón

liana
7 bejuco
1 enredadera

liante
4 cabildero
11 embarullador
7 embrollador
10 engañador
4 intrigante
8 lioso
6 chismoso
11 enredador

liar(se)
6 abitar
15 abrigar(se)
19 agavillar
25 amarrar(se)
80 burlar(se)
20 complicar(se)
4 chismorrear
8 desarreglar(se)
19 desconcertarse
6 embarullar
9 embrollar
15 empantanar(se)
7 empaquetar
7 encordelar
43 engañar(se)
8 engatusar
7 enmarañar
18 enredarse
32 envolver(se)
37 ligar(se)
16 obscurecer(se)
3 rebujar(se)
22 retorcer(se)
9 trabucar(se)
26 trastornar(se)

7 abarraganarse
10 amancebarse
61 atar
17 atolondrarse
54 confundirse
6 empandorgar
9 encampanarse
4 enchamarrar
3 enfrijolarse

4 enguaralar
11 enrollarse
20 enzarzarse
74 juntarse
4 ◁*desenrollar*
8 ◁*desligar(se)*
24 ◁*enderezar(se)*
8 ◁*desligarse*

lías
12 heces
16 residuos
10 poso
16 sedimento

libación
1 chupe
9 cata
5 sorbo
13 trago

libar
13 chupar
33 beber
6 trasegar
⇨darle al morro

libelista
6 difamador

libelo
2 panfleto

libélula
⇨caballito del diablo

liberación
7 escape
6 fuga
10 huida
12 independencia
18 libertad
3 manumisión

liberado
6 desacomodado
18 libre
4 ◁*oprimido*
6 ◁*rodeado*
4 ◁*supeditado*

liberador
4 alfaqueque

liberal
4 altruista
1 centrista
1 democristiano
12 desenvuelto
6 desprendido
12 espléndido
7 independiente
18 libre
10 radical
9 rumboso
1 socialdemócrata
5 dadivoso
18 generoso
12 ◁*tacaño*

liberalidad
28 abundancia
23 altruismo
4 dadivosidad
7 derroche
13 desprendimiento
13 generosidad
4 larqueza
11 magnificencia
4 munificencia
9 fausto
13 lujo
6 ◁*tacañería*

liberalismo
10 comprensión
1 progresismo
1 reformismo
5 tolerancia
5 ◁*conservadurismo*
4 ◁*totalitarismo*

liberalización
3 desbloqueo
8 ◁*encarcelamiento*
4 ◁*estabilización*

liberalizar
10 dispensar
6 eximir
9 manumitir(se)
34 liberar(se)

4 ◁*recargar*

liberar(se)
11 absolver
17 confiar(se)
43 dejar(se)
2 depositar
17 desatar(se)
4 desbloquear
9 descargar
11 desenredar
8 desligar(se)
6 desocupar(se)
27 despachar(se)
16 despejar(se)
19 desvincular(se)
10 dispensar
34 escapar(se)
6 eximir
4 expedir
12 fiar(se)
4 independizar(se)
4 liberalizar
15 libertar(se)
11 librarse
10 licenciar(se)
9 manumitir(se)
23 relevar(se)
22 salvar(se)
42 soltar(se)
14 vaciar(se)
18 zafar(se)
8 desligarse
19 huir
58 quitar

11 ◁*aherrojar*
35 ◁*aislar(se)*
9 ◁*capturar*
13 ◁*cautivar*
49 ◁*detener(se)*
7 ◁*embrazar*
7 ◁*emparedar(se)*
6 ◁*encepar*
4 ◁*esposar*
4 ◁*maniatar*
15 ◁*retener(se)*
5 ◁*sojuzgar*
9 ◁*tiranizar*
17 ◁*aprehender*

libertad
3 autodeterminación

libertador

4 autonomía
9 desembarazo
14 desenfreno
11 deshonestidad
8 dispensa
4 familiaridad
11 franqueza
6 holgura
10 impudicia
12 independencia
12 inmoralidad
16 licencia

11 exención
32 atrevimiento
7 osadía
11 sencillez
13 soltura

10 ◁recato

libertador
15 amparador
5 emancipador
2 manumisor
6 redentor
4 salvador

3 ◁dictador
2 ◁opresor

9 ◁cacique

libertar(se)
11 ahorrar(se)
6 cancelar
43 dejar(se)
2 desaherrojar
1 desenjaular
5 emancipar(se)
6 eximir
7 exonerar
9 manumitir(se)
10 redimir
8 rescatar
42 soltar(se)

16 chafar
34 liberar(se)

29 ◁apresar(se)
8 ◁coercer
20 ◁coger
13 ◁encajonar(se)
10 ◁encarcelar(se)
2 ◁enceldar
11 ◁encerrar

19 ◁aprisionar

libertario
4 anárquico
4 ácrata
5 anarquista

libertina
6 bacante
2 mesalina

libertinaje
14 desenfreno
11 deshonestidad
10 impudicia
9 indecencia
12 inmoralidad
7 liviandad
9 lujuria
10 sensualidad

libertino
10 calavera
10 desenfrenado
17 impúdico
9 libidinoso
10 lúbrico
11 obsceno
5 perdido
9 perverso
16 sensual
16 vicioso

10 cachondo
10 lujurioso
14 salido

liberto
6 horro

libídine
3 cachondez

libidinoso
17 impúdico
10 lúbrico
11 obsceno
8 pornográfico
10 rijoso
16 sensual
16 vicioso

10 cachondo

14 salido

libido
⇨deseo sexual

libra
4 moneda

⇨unidad de peso

libraco
4 libro
4 mamotreto

librador
2 cogedor
1 dador
1 expedidor
1 vertedor

libramiento
3 libranza

libranza
1 libramiento
7 póliza

17 boleta

librar
43 dejar(se)
11 desenredar
10 dispensar
16 excusar(se)
6 eximir
7 exonerar
9 manumitir(se)
5 redactar
10 redimir
8 rescatar
22 salvar(se)

15 ◁retener(se)

librarse
9 desenlazar(se)
27 despachar(se)
48 salir(se)
18 zafar(se)

34 liberar(se)

libratorio
3 locutorio

libre
33 atrevido
3 autónomo
10 desenfrenado
11 desocupado
7 disoluto
5 dispensado
3 disponible
2 emancipado
10 exento
4 expedito
7 independiente
2 liberado
libertado
6 licencioso
2 manumiso
1 rescatado
14 suelto

16 franco

8 ◁recatado
◁trabado

librea
7 casaca
1 levitón
6 uniforme

librear(se)
39 acicalar(se)
21 adornarse

librecambio
4 capitalismo

2 ◁socialización

librepensador
2 racionalista

4 ácrata

librería
5 biblioteca
4 editorial
6 entrepaño

librero
2 editor

libreta
4 bloc
4 cartilla
4 cuaderno

libretista
9 autor
3 comediógrafo

librillo
4 cuaderno
4 libro

libro
3 biblia
10 ejemplar
7 tomo
9 volumen

liceísta
15 asociado

licencia
12 abuso
18 aquiescencia
11 asentimiento
7 autorización
7 beneplácito
10 desarreglo
14 desenfreno
11 deshonestidad
12 inmoralidad
7 pase
7 permiso
4 venia
32 atrevimiento
18 cara
19 jeta
7 osadía
11 ◁*modestia*
5 ◁*prohibición*

licenciado
10 bachiller
3 diplomado
5 emérito
8 graduado
6 jurisconsulto
7 jurista
17 abogado

licenciamiento
8 descargo
4 dimisión
6 jubilación
2 licenciatura
2 relevo

17 ◁*acceso*
5 ◁*ingreso*
8 ◁*recluta*

licenciar(se)
22 autorizar(se)
27 cumplir(se)
1 desmovilizar
21 despedir(se)
3 diplomar(se)
5 facultar
12 graduar(se)
12 jubilar(se)
6 egresar
34 liberar(se)
17 ◁*alistar(se)*

licenciatura
10 carrera
1 diplomatura

licencioso
10 calavera
7 crápula
10 desenfrenado
13 libertino
5 perdido
16 vicioso

liceo
15 escuela
8 instituto
8 colegio

licero
12 impetuoso
5 raudo
25 pronto

licitación
14 concurso
5 puja
2 subasta

licitador
3 licitante
1 postor

licitante
2 licitador
10 participante

1 ponedor

lícito
4 autorizado
5 legal
9 legítimo
5 permitido
16 justo
4 ◁*ilícito*

licitud
2 legalidad

licor
3 elixir
1 espirituoso

licuable
1 licuefactible

licuación
4 derretimiento
17 disolución
7 fusión
4 licuefacción
6 liquidación
2 solidificación

licuado
6 fundido
5 acuoso

licuadora
2 batidora

licuar
2 licuefacer

licuefacción
4 colicuación
7 fusión
6 licuación
1 liquefacción
4 ◁*cristalización*

licuefacer
4 fluidificar
1 licuar

licuefactible
1 licuable

lid
27 batalla
19 combate
4 controversia
5 debate
9 liza
5 polémica
20 contienda
13 discusión
18 disputa
11 pelea

líder
4 becerrada
 capea
10 corrida
12 encierro
9 jefe
3 novillada
2 tienta

liderar
10 acaudillar

lidia
4 becerrada
16 brega

lidiadera
11 altercado
13 discusión
18 disputa

lidiador
3 torero

lidiar
16 batallar
10 bregar
5 capotear
19 combatir
14 debatir(se)
12 discutir
22 disputar(se)
29 pelear(se)
4 polemizar
7 pugnar
3 torear
6 luchar

liebre
2 lebrato

liendre

30 tímido
7 bragazas
17 cobarde
14 ◁*arrojado*
9 ◁*valiente*

liendre
2 piojo

lienza
41 banda

lienzo
8 fachada
6 muro
6 panel
12 paño
2 pañuelo
12 tela
8 cuadro

liga
20 alianza
1 cenojil
15 cinta
5 coalición
4 confederación
5 faja
1 henojil
2 jarretera
1 muérdago
1 tobillera
6 venda
8 amalgama
7 federación
7 aleación
24 amigo
28 asociación
8 camarada
13 fortuna
6 hurto
12 mezcla
4 sisa
17 suerte

ligación
19 atadura

ligado
4 adherido
4 apegado
11 apresado
12 atado
3 conexo
9 inseparable
12 amarrado

ligadura
19 atadura
4 dogal
8 impedimento
7 traba
8 sujeción
13 lazo
21 nudo

ligagamba
22 liga

ligamen
7 vínculo
9 yugo
21 nudo

ligamento
1 tendón
8 sujeción

ligar(se)
30 acoplar(se)
10 agarrotar
19 agavillar
6 alear
18 aliar(se)
25 amarrar(se)
12 anudar(se)
48 asociar(se)
15 aunar(se)
7 coligar(se)
20 comprometer(se)
10 conciliar
6 confederarse
8 empalmar
14 emparejar(se)
37 enamorar(se)
7 encordelar
5 entroncar
14 federar(se)
39 liar(se)
4 maniatar
48 salir(se)
35 trabar(se)
79 unir(se)
7 vendar
7 vincular
13 enlazar
23 alternar
19 aprisionar
61 atar
8 cortejar
12 flirtear
18 jalar
6 pavear
17 ◁*desatar(se)*
8 ◁*desligar(se)*
25 ◁*desunir(se)*

ligazón
8 engarce
7 trabazón

ligereza
8 celeridad
6 frivolidad
10 imprudencia
8 inconstancia
8 insensatez
9 irreflexión
5 levedad
8 presteza
12 prontitud
7 rapidez
8 velocidad
10 versatilidad
4 volubilidad
7 ◁*seriedad*

ligero
5 alado
9 alocado
4 aturullado
9 frívolo
2 grácil
11 imprudente
13 inconstante
3 insensato
13 irreflexivo
10 leve
17 liviano
6 menudo
14 presto
5 raudo
20 serio
6 superficial
7 tenue
10 veloz
10 voluble
11 delgado
25 pronto
19 rápido
12 versátil
11 ◁*lento*
31 ◁*pesado*
3 ◁*torpón*

ligerón
7 decidido
13 resuelto

lignito
5 carbón

lignum crucis
6 reliquia

ligón
12 aventurero
12 azada
5 mujeriego

ligue
28 aventura(s)
4 entretenida
4 flirteo
19 plan
20 amorío
15 coquetería
18 enredo
8 idilio

ligustro
3 alheña
2 aligustre

lija
1 melgacho
1 pintarroja
1 zapa
50 astuto
10 sagaz

lijadura
11 imperfección
14 lesión

lijar
21 alisar(se)
1 pulimentar
39 pulir(se)
39 suavizar(se)

lila
7 malva
⇨flor de lirio

lilaila
1 lelilí
47 astucia

lilao
14 vanidad

lile
9 decaído
4 inválido
4 paralítico
14 débil

lililí
80 bulla

liliputiense
13 enano
2 pigmeo

lima
2 bergamota
3 garlopa
1 limero
10 naranja(s)

limaco
5 babosa

limadura
4 ralladura

limar
10 cercenar
16 corregir(se)
17 debilitar
6 desbastar
8 enmendar
39 pulir(se)

limaza
5 babosa

limazo
3 babaza

limbo
11 aureola
16 corona
10 halo
1 ultratumba
12 infierno

limen
5 umbral

limero
4 lima

limeta
13 ampolla
9 botella
6 frasco

liminar
4 inicial

limitación
23 barrera
4 cortapisa
15 demarcación
5 distrito
3 restricción
14 término
19 límite
7 ◁ autorización

limitado
1 finito
4 restringido
5 ◁ ilimitado

limitáneo
7 limítrofe

limitar(se)
14 acordonar
16 acortar(se)
16 acotar
3 adocenar(se)
18 amojonar
45 apocar(se)
9 atenerse
44 ceñir(se)
10 cercenar
9 circunscribir
8 coartar
8 coercer
5 colindar
14 concretar(se)
7 confinar
16 contraer(se)
11 delimitar
34 determinar(se)
6 especificar
32 estrechar(se)
39 fijar(se)
6 lindar
52 reducir(se)
9 restringir
46 señalar(se)
8 tasar
12 ◁ ampliar(se)
33 ◁ exceder(se)

límite
5 acordonamiento
24 aledaño(s)
32 borde
7 borne
5 confín
8 coto
20 extremo
13 grado
7 limitación
3 linde
7 lindero
2 máximum
5 ruedo
7 tope
6 frontera
17 línea
42 cabo
7 orilla

limítrofe
15 adyacente
24 aledaño(s)
6 colindante
3 confinante
10 contiguo
2 fronterizo
6 rayano

limo
7 fango
5 légamo
5 lodo
16 barro
8 cieno

limón
1 niñón

limonada
15 bebida
3 refresco
⇨algo fresco

limonado
23 amarillo

limonero
2 cidro
1 limero
1 toronjo

limosidad
3 sarro

limosna
12 caridad
15 donación
7 óbolo
9 socorro
24 auxilio
8 dádiva

limosnear
27 velar(se)
11 bolsear
4 mendigar
4 pordiosear

limosnero
7 caritativo
5 dadivoso
18 ◁ agarrado

limpia
17 azotaina
6 hurto
8 robo
13 zurra

limpiabarros
3 estera

limpiabotas
2 betunero
4 limpia
16 bolero

limpiachimeneas
2 deshollinador

limpiadera
9 aguijada
3 arrejada
3 béstola

limpiadientes
2 mondadientes
4 palillo

limpiador
4 abstergente
3 detergente
3 esméctico

limpiadura
20 basura
11 desperdicio

limpiamente
1 aseadamente
10 claramente
4 manifiestamente
1 nítidamente

limpiar(se)
4 absterger
8 acendrar(se)
9 acepillar
39 acicalar(se)
3 adecentar(se)
34 afanar(se)
8 alcorzar(se)
12 aliñar(se)
50 apurar(se)
17 asear(se)
14 atildar(se)
8 baldear
17 bañar(se)
15 barrer

15 bolear(se)
9 clarificar
11 depurar(se)
5 deschuponar
3 desinfectar
16 despejar(se)
3 desratizar
58 echar(se)
4 enjabonar
2 enjuagar
3 escarolar(se)
3 escarpar
1 estropajear
5 expoliar
2 expurgar
54 hurtar(se)
60 largar(se)
15 lavar(se)
6 purgar
7 purificar
5 restañar
8 sanear
2 sonarse
18 blanquear
28 aderezar
3 desempañar(se)
5 desmanchar
3 escoscar
11 expulsar
12 mangar
14 robar
19 soplar
10 sustraer
4 trapear
11 ◁*bastardear(se)*
3 ◁*desasear*
5 ◁*emporcar*
16 ◁*ensuciar(se)*
8 ◁*macular*
19 ◁*manchar(se)*
2 ◁*enchastar*

limpidez
7 blancura
9 castidad
3 diafanidad
11 honestidad
3 tersura
5 transparencia
16 ◁*deshonor*
15 ◁*sombra*

límpido
28 claro
4 cristalino
5 impoluto
4 inmaculado
21 puro
10 transparente
8 ◁*impuro*
9 ◁*turbio*

limpieza
18 aseo
6 candor
9 castidad
8 exactitud
4 higiene
11 honestidad
7 honradez
11 ingenuidad
14 inocencia
6 integridad
8 lavado
6 perfección
14 precisión
9 pureza
10 recato
5 virginidad
6 destreza
13 fregado
↔juego limpio
13 ◁*impureza*
◁juego sucio

limpio
11 acendrado
9 aseado
7 casto
15 curioso
12 honesto
1 incontaminado
4 inmaculado
2 líquido
12 pulcro
21 puro
2 virginal
8 ◁*impuro*
13 ◁*sucio*

limpión
13 regaño
17 reprimenda

linaje
6 alcurnia
14 ascendencia
21 calidad
10 casta
16 condición
18 especie
12 familia
1 prosapia
11 raza
5 sangre
17 categoría
17 clase
8 cría
6 estirpe
19 género
7 solar

linajudo
12 aristocrático
7 aseñorado
4 solariego
22 noble

lináloe
7 aloe

lince
6 clarividente
8 penetrante
6 perspicaz
50 astuto
10 sagaz
↔lobo cerval
18 ◁*torpe*

linchamiento
1 ahorcamiento
3 ajusticiamiento
6 ejecución
lapidación
6 ◁*perdón*
10 ◁*indulto*

linchar
10 ajusticiar
19 ejecutar(se)
52 matar(se)
10 ◁*indultar*
9 ◁*perdonar*

lindante
6 acotado
15 adyacente
24 aledaño(s)
7 asurcano
6 colindante
7 lindero
6 rayano
7 suburbano
12 vecino(s)

lindar
5 colindar
7 confinar
11 confrontar
27 limitar(se)
8 rayar
39 tocar(se)

lindazo
5 balate

linde
7 lindero
14 término
19 límite

lindero
6 colindante
3 confinante
9 lindante
3 linde
6 rayano
14 término
19 límite

lindeza
10 beldad
24 belleza
8 hermosura
7 majeza

lindo
38 bello
27 delicado
12 exquisito
16 fino
12 hermoso
16 agraciado
8 bonito
9 chichón
11 ◁*basto*

18 ◁*feo*

lindón
9 atajadero
15 caballón

lindura
24 belleza
8 hermosura

línea
14 ascendencia
5 confín
4 estría
8 orientación
1 renglón
1 ringlera
10 tendencia(s)
14 término
2 trazo
8 costado
19 límite
6 estirpe
20 fila
18 hilera
16 linaje
16 raya
4 veta

linear
1 cuadricular
2 pautar
8 rayar
1 subrayar

linfa
4 ganglio
11 humor
2 escrófula

linfocito
1 leucocito

lingote
20 barra
2 riel
1 tocho

lingüista
1 dialectólogo
2 filólogo
1 fonetista

2 gramático
1 lexicógrafo
1 semantista

lingüística
6 fonética
5 fonología
5 gramática
3 lexicografía
3 lexicología
3 morfología
7 semántica
2 sintaxis
11 filología

lingüístico
1 filológico

linicuije
11 delgado
16 flaco

linimento
2 ungüento

link
13 enlace
8 conexión

linóleo
3 hule

linóleum
1 linóleo

linón
2 crinolina

linotipia
1 impresora
1 linotipo

linotipista
6 impresor

linotipo
2 linotipia

lintel
1 dintel

linterna
10 candil
8 lámpara
4 proyector
38 alumbrado

linternazo
2 astazo

liñuelo
7 ramal

lío
5 atadijo
18 barullo
12 envoltorio
13 fardo
2 rebujo
15 amancebamiento
8 caos
19 confusión
19 desorden
15 embrollo
18 enredo

liorna
18 barullo
80 bulla

lioso
14 complicado
difícil
7 embrollador
5 enredado
7 liado
8 liante
16 charlatán
11 enredador
   ◁*aclarador*
   ◁*clarificador*
28 ◁*claro*

lipa
11 barriga
6 vientre

lipemanía
22 melancolía

lipidia
2 cargancia
6 terquedad

lipoide 862

7 impertinencia
17 miseria
13 obstinación
14 pesadez
10 pobreza
1 porfía
10 ◁*riqueza*

lipoide
10 grasa

lipoideo
7 aceitoso
1 grasoso
6 mantecoso
6 ◁*enjuto*
21 ◁*seco*

lipoma
22 absceso
➪tumor graso

lipotimia
15 desmayo

liquefacción
4 licuefacción

liquen
3 alga
1 hongo

liquichiri
26 miserable
19 roñoso
12 tacaño

liquidación
8 balance
7 eliminación
5 saldo
3 supresión
6 arqueo
11 ganga

liquidar(se)
11 abaratar(se)
53 acabar(se)
59 ajustar(se)
10 ajusticiar
5 amortizar(se)

6 cancelar
22 comer
14 concluir
17 derretir(se)
17 derribar(se)
52 destruir(se)
19 ejecutar(se)
20 engullir(se)
6 enjugar
9 facturar
28 finalizar(se)
15 fundir(se)
1 licuar
52 matar(se)
10 orillar
34 pagar(se)
22 regalar(se)
5 remunerar
5 saldar
7 terminar
44 tomar(se)
6 ultimar
10 vendaval
15 zampar(se)
10 eliminar
5 asesinar
4 embarrilar
8 finiquitar
31 tragar
3 valorizar
9 ◁*empezar(se)*
18 ◁*generar*
9 ◁*solidificar(se)*

liquidez
6 fluidez

líquido
10 fluido
5 acuoso

liquiriche
1 delgaducho
2 flacucho
10 enclenque

lira
4 estro
13 inspiración
9 musa(s)
3 numen

4 vena
7 jamelgo
11 penco
10 rocín

lírica
1 elegía
26 exaltación
13 inspiración
8 poesía
3 poética
6 lirismo
7 ◁*frialdad*
3 ◁*prosa*

lírico
16 fantástico
8 poético
3 empírico
12 práctico
➪en verso

lirio
1 azucena
1 lis

lirismo
24 belleza
9 dulzura
6 entusiasmo
8 poesía
12 vehemencia
33 calor

lirón
2 dormilón

lirondo
10 pelado

lironero
8 almez

lis
2 lirio

lisa
5 mújol

lisboa
8 gasto
9 uso
16 empleo

lisiado
6 baldado
6 impedido
4 inválido
7 mutilado
3 tullido
18 ◁*sano*

lisiadura
14 lesión

lisiar(se)
64 estropear(se)
15 herir
16 lastimar(se)
8 lesionar(se)
4 tullir

liso
15 igual
10 parejo
17 plano
13 pulido
2 pulimentado
24 abierto
9 campechano
16 franco
21 llano
12 sencillo
18 ◁*desigual*

lisonja(s)
11 aplauso(s)
27 carantoña(s)
15 halago(s)
7 pelotilla(s)
20 adulación
29 alabanza
3 ayuyuyes
12 coba
4 incienso
8 pata

lisonjeador
11 zalamero
24 adulador

2 pelotillero
3 ◁reparón
1 ◁reprobador

lisonjear
65 alabar(se)
18 aplaudir
5 ensalzar(se)
12 halagar
7 planchar(se)
18 adular
15 pelotear
28 sacar
10 sobar
⇨dar coba
⇨dar jabón

lisonjero
38 agradable
3 alabancero
5 laudatorio
6 satisfactorio
24 adulador
2 floretero
4 guataca
2 rascabuche
12 servil
5 ◁hiriente

lista
15 cinta
5 elenco
5 faja
3 franja
11 índice
5 inventario
9 letanía
19 plan
2 relevación
5 repertorio
5 ristra
6 tabla(s)
8 cuadro
4 retahíla
22 serie
11 tira
4 veta

listado
1 largueado
2 rayado

listar
4 enumerar
1 inventariar

listeza
12 agilidad
15 ingenio
9 vivacidad

listín
9 diario
10 periódico
3 semanario
⇨guía telefónica

listo
26 activo
2 apercibido
25 avisado
25 diligente
16 inteligente
23 ligero
6 perspicaz
14 presto
25 agudo
50 astuto
12 despejado
13 dispuesto
13 preparado
25 pronto
10 sagaz
6 saltón
18 ◁tonto

listón
9 barrote
10 filete
3 larguero
4 moldura
3 tablilla
8 cuadro

lisura
11 franqueza
11 ingenuidad
7 lustre
5 llaneza
3 pulimento
12 sinceridad
3 tersura
2 desvergüenza

11 frescura
⇨cara dura
6 ◁retorcimiento

lita
1 landrilla

litargirio
3 greta

litera
17 angarilla(s)
5 catre
5 parihuelas
13 cama
5 jergón

literal
13 completo
17 fiel
1 textual
12 exacto
10 ◁abreviado

literario
3 cultivado
5 elocuente
4 pedante
8 poético
8 rebuscado
8 retórico
44 afectado
13 ◁humilde
12 ◁sencillo

literato
9 autor
3 dramaturgo
4 ensayista
10 escritor
2 novelista
9 poeta

literatura
humanidades
3 letras

litiasis
11 cálculo

litigante
9 adversario
6 demandante
3 pleiteante
◁demandado
1 ◁denunciado

litigar
22 disputar(se)
2 pleitear
4 altercar
13 porfiar
22 reñir

litigio
4 controversia
5 debate
11 pendencia
5 pleito
5 polémica
11 altercado
18 disputa
11 riña

litigioso
5 querellante

litografía
7 grabado
12 impresión
1 litotipografía
1 offset

litografiar
12 grabar

litoral
4 costa
4 playa
7 ribera

litotipografía
4 litografía

lituo
19 insignia(s)
20 bastón

liturgia
13 culto
3 rito

litúrgico
⇨servicio divino

litúrgico
2 cultual

liúdo
5 lacio
9 laxo
23 flojo
5 ◁*tenso*

liviandad
14 desenfreno
11 deshonestidad
6 frivolidad
12 inmoralidad
6 superficialidad
4 volubilidad
2 desvergüenza
7 ◁*seriedad*

liviano
12 caprichoso
12 deshonesto
8 huero
13 inconstante
8 incontinente
14 inmoral
9 insustancial
5 pulmón
6 superficial
9 tornadizo
11 trivial
6 vacuo
21 vano
10 voluble
18 descocado
27 desvergonzado
12 versátil
8 ◁*profundo*
19 ◁*firme*

lividez
2 demacración
3 marchitamiento
2 palidez

lívido
9 cadavérico
9 demacrado
8 pálido

living-room
4 sala
4 salón
⇨cuarto de estar

liza
27 batalla
19 combate
6 competición
14 concurso
10 lid
23 lucha
20 contienda
11 pelea
11 riña

lizo
7 tejido

loa
5 ditirambo
9 elogio
7 enaltecimiento
7 encomio
5 loor
29 alabanza
14 ◁*menosprecio*

loable
2 alabable
4 encomiable
4 laudable
4 ◁*reprensible*

loado
3 glorificado
7 ◁*humillado*

loanda
3 escorbuto

loar(se)
19 aclamar
25 admirar(se)
65 alabar(se)
58 alzar(se)
18 aplaudir
4 apologizar
10 bombear(se)
8 elogiar
7 encomiar

5 ensalzar(se)
8 glorificar
17 gloriar
⇨poner por las nubes
39 ◁*rebajar(se)*

loba
15 caballón
1 sotana
40 borrachera

lobanillo
2 lupia

lobato
1 lobezno

lobby
6 vestíbulo

lobera
13 cubil
37 agujero

lobero
2 alimañero
4 cazador

lobezno
1 lobato

lobina
2 róbalo

lobo
12 cauteloso
1 chacal
50 astuto
40 borrachera
6 esquivo
9 huraño

lóbrego
6 apagado
10 desagradable
1 entenebrecido
12 melancólico
32 oscuro
13 sombrío
15 sórdido
6 tenebroso

16 triste
17 siniestro
4 ◁*iluminado*
36 ◁*alegre*

lobreguez
10 obscuridad

lobulado
3 escotado
2 ondulado
1 redondeado
19 ◁*recto*
10 ◁*liso*

lóbulo
3 cisura
4 escotadura
8 onda

lobuno
6 bestial
19 salvaje
7 ◁*manso*

loca
19 extravagancia
15 capricho

locación
12 arrendamiento

locador
16 arrendador

local
3 comarcal
4 espacial
4 espacio
13 específico
8 extenso
21 lugar
10 paraje
14 particular
19 punto(s)
14 sitio
2 territorial
19 plaza
10 ◁*general*

5 ◁*nacional*
12 ◁*temporal*

localidad
9 aldea
4 ciudad
19 hueco
21 lugar
13 población
14 sitio
4 urbe
10 villa
49 asiento
19 plaza
17 pueblo

localismo
4 regionalismo

localización
7 acantonamiento
3 detección
8 domicilio
4 enclavamiento

localizador
4 detector

localizar
27 colocar(se)
14 emplazar(se)
23 encontrar(se)
22 hallar(se)
35 poner(se)
18 situar(se)
12 ubicar
38 ◁*perder(se)*

localizarse
16 acampar
4 afincarse
15 avecinar(se)
13 radicar(se)

locar
6 alquilar(se)
11 arrendar

locatario
16 arrendador
9 arrendatario

locatis
20 loco

loción
5 colonia
12 crema
3 masaje

lock out
⇨cierre patronal

loco
9 alocado
14 arrojado
27 aturdido
12 disparatado
17 enajenado
11 imprudente
9 insano
3 insensato
6 lunático
10 perturbado
11 privado
8 vesánico
1 atolondrado
12 chalado
17 demente
8 ido
6 majareta
2 mochales
⇨como una cabra
⇨como una regadera
7 ◁*cuerdo*

locomotor
3 motriz

locomotora
11 máquina

locomotriz
1 locomotora

locuacidad
2 garrulería
13 pico
4 verborrea
6 charlatanería
4 palabrería
12 ◁*gravedad*

locuaz
14 gárrulo
16 charlatán
13 hablador
9 parlanchín
21 ◁*callado*

locución
14 expresión
18 giro
3 modismo
26 modo
⇨frase hecha

locuelo
1 atolondrado

locura
51 absurdo
8 chifladura
8 demencia
16 disparate
14 enajenación
19 extravagancia
1 folía
14 idiotez
10 imprudencia
2 insania
8 insensatez
15 necedad(es)
5 vesania
13 desvarío
7 ◁*cordura*

locutor
4 animador
5 comentarista
4 presentador
2 speaker
7 ◁*oyente*

locutorio
9 cabina
1 libratorio
⇨sala de visitas

locho
5 bermejo
6 rojizo
2 royo

4 paremia

lodazal
11 cenagal
4 champán
13 barrizal

lodo
7 fango
5 légamo
5 limo
16 barro
8 cieno

lodoño
8 almez

lodoso
4 cenagoso
2 legamoso

loes
5 arcilla

logia
7 conciliábulo
12 galería
1 masonería
8 pórtico
6 sesión
5 terraza
19 reunión

lógica
8 cautela
16 prudencia
6 sensatez
4 dialéctica
⇨sentido común

lógico
4 dialéctico
20 natural
13 prudente
9 racional
15 razonable
6 sensato
10 latente
5 ◁*ilógico*

logística
15 movimiento
8 provisión
5 transporte(s)

logogrifo
12 acertijo

logomaquia
51 absurdo

logrado
17 excelente
11 maravilloso
9 perfecto
17 soberbio

lograr
24 conseguir(se)
8 obtener
22 alcanzar

logrero
4 acaparador
9 especulador
10 judío
2 prestamista
4 usurero

logro
8 éxito
2 triunfo
2 victoria

loma
3 altozano
13 cerro
6 montículo
10 cantón
15 cuchilla
6 meseta
6 otero

lombarda
4 bombarda

lombriz
1 lambrija
1 miñosa
2 verme

lomear
6 evitar
5 rehuir
5 esquivar

lomera
6 caballete

lomillo
20 bordado

lomo
9 atajadero
15 caballón
4 dorso
6 espalda
2 espinazo
7 magro

lona
1 cotoncillo
7 lienzo
12 tela
9 toldo
13 vela

lonco
9 cuello
2 pescuezo

loncha
9 rodaja
6 cortada

long-play
5 disco

longanimidad
13 generosidad
11 liberalidad
4 magnanimidad
13 nobleza

longánimo
5 magnánimo

longaniza
4 butifarra
 salchicha
5 salchichón
6 salame

longevidad
14 ancianidad
12 duración
3 supervivencia
9 vejez
6 vitalidad
3 ◁fugacidad
6 ◁juventud

longevo
22 viejo
33 anciano
8 vetusto
7 ◁transitorio
10 ◁joven

longitud
12 duración
23 extensión
12 largo
2 largor
1 larguera
3 largura

lonja
24 atrio
12 galería
2 loncha
2 porticada
9 rodaja
6 cortada

lonjeta
6 cenador

loop
2 retroalimentación
6 bucle
⇨circuito de

loor
9 elogio
7 enaltecimiento
7 encomio
6 loa
29 alabanza

loqueo
79 alboroto
17 algazara

loquera
1 manicomio
1 psiquiátrico

loquero
4 psiquiatra

loquesco
9 alocado

lora
2 habladora
1 parlanchina
4 úlcera
11 cotorra
6 llaga
27 tumor

lord
4 alcalde
4 intendente

lordosis
4 corcova

loriga
40 armadura

lorigón
40 armadura

loro
14 perico
5 bacinilla
11 cotorra
15 cuchillo
3 guacamayo
6 moco
7 navaja
7 orinal
13 vela

lorza
5 pliegue

losa
2 lápida
2 lastra
2 terrazo
13 adoquín
15 baldosa

losar
6 enlosar

loseta
3 baldosín

lote
14 porción
26 parte
8 trozo
⇨mujer hermosa
⇨tía buena

lotear
21 dividir(se)
6 fraccionar

lotería
3 rifa
2 tómbola

loto
2 lauroceraso

loza
9 cerámica
3 porcelana

lozanía
11 altivez
11 fortaleza
1 frondosidad
6 robustez
6 ufanía
4 verdura
11 frescura
18 orgullo
7 petulancia
7 vigor
11 ◁*modestia*

lozano
5 frondoso
10 petulante
8 robusto
18 sano
12 ufano
9 verde
5 vigoroso
17 altivo
18 fresco

22 fuerte
19 orgulloso
6 ◁*árido*
16 ◁*modesto*
14 ◁*débil*

luan
6 amarillento
4 grisáceo

lubigante
1 bogavante

lubina
2 róbalo

lubricación
1 lubrificación

lubricado
7 aceitoso

lubricán
5 crepúsculo

lubricante
1 emulsionante
10 grasa
8 aceite

lubricar
1 lubrificar
4 engrasar

lubricidad
7 crápula
11 deshonestidad
10 impudicia
13 impureza
8 lascivia
9 lujuria
9 obscenidad
4 rijosidad

lúbrico
12 deshonesto
17 impúdico
11 obsceno
8 pornográfico
10 rijoso
9 verde

10 cachondo
13 lascivo
10 lujurioso
14 salido
8 ◁*recatado*

lubrificación
1 lubricación

lubrificante
3 lubricante

lubrificar
2 lubricar

lucera
2 claraboya

lucerna
2 claraboya
7 lumbrera

lucérnula
4 neguilla

lucero
13 astro
26 brillo
9 estrella
6 resplandor
6 satélite
7 cometa

luceros
14 ojo(s)

luces
13 candileja(s)
12 progreso

lucidamente
5 brillantemente

lúcidamente
10 claramente

lucidez
7 clarividencia
11 penetración
6 sagacidad
8 sutileza

4 perspicacia
8 ◁*simplicidad*

lucido
34 brillante
15 jarifo
7 rozagante
9 vistoso
15 airoso

lúcido
34 brillante
6 clarividente
8 penetrante
6 perspicaz
11 resplandeciente
11 sutil
10 sagaz
20 ◁*simple*

lucidor
34 brillante

luciente
34 brillante

luciérnaga
2 candela
1 noctiluca
⇨gusano de luz

lucifer
4 leviatán
4 luzbel
6 satanás
8 demonio
14 diablo
5 pateta
⇨el maligno
⇨Pedro Botero

Lucifer
4 leviatán

luciferino
2 demoníaco

lucilina
1 petróleo

lucimiento
lucimiento
26 brillo
12 demostración
12 ostentación
1 pavoneo
8 éxito
3 logro
13 lujo
2 triunfo
2 victoria

◁ *anonimato*
10 ◁ *humildad*
5 ◁ *fracaso*
10 ◁ *pobreza*

lucio
34 brillante

lucir(se)
14 abrillantar(se)
47 aprovechar(se)
47 brillar
12 bruñir(se)
4 descollar
27 destacar(se)
3 espejear
4 iluminar
11 manifestar
35 mostrar(se)
9 ostentar
8 relucir
5 relumbrar
10 resplandecer
23 encender
11 sobresalir

15 ◁ *apagar(se)*
10 ◁ *esconder*

lucrar(se)
47 aprovechar(se)
38 hinchar(se)
15 enriquecerse
17 forrar
28 sacar
⇨ hacerse de oro
⇨ ponerse las botas

12 ◁ *empobrecerse*

lucrativo
6 beneficioso
4 fructífero

10 productivo

5 ◁ *improductivo*

lucro
25 beneficio(s)
2 dividendo
9 ganancia(s)
15 interés
11 renta(s)
8 utilidad
6 piltrafa
8 provecho

9 ◁ *pérdida*

luctuoso
9 deplorable
7 fúnebre
6 funesto
5 lamentable
4 mortuorio
16 triste
14 desgraciado

14 ◁ *afortunado*

lucubración
15 aprendizaje

lúculo
7 anfitrión

lucha
27 batalla
12 cisco
19 combate
2 conflagración
12 conflicto
4 controversia
15 cuestión
5 debate
3 guerra
10 lid
11 pendencia
5 polémica
8 pugna
11 reyerta
15 agarrada
35 bronca
20 contienda
13 discusión
18 disputa
13 fregado

11 pelea
14 pelotera
11 riña

luchador
26 activo
27 animoso
6 combatiente
9 enérgico
2 púgil

luchar
16 batallar
10 bregar
19 combatir
12 lidiar
29 pelear(se)
4 navegar
◁ *hacer las paces*

ludibrio
15 befa
6 escarnio
10 oprobio
103 burla
6 mofa

lúe
2 sífilis

luego
6 inmediatamente
6 prontamente
25 pronto
⇨ en seguida
⇨ por consiguiente
⇨ por lo tanto
⇨ sin dilación

lúes
2 sífilis

lugar
9 aldea
17 cargo
10 emplazamiento
14 expresión
12 local
17 ocasión
14 oportunidad
10 paraje

17 pasaje
13 población
5 posición
12 puesto
19 punto(s)
14 sitio
13 situación
2 texto
13 tiempo
9 ubicación
16 empleo
17 pueblo
6 villorrio

lugarejo
9 aldea
6 caserío
17 pueblo

lugareño
6 pueblerino
12 aldeano

lugarteniente
4 autorizado
5 comisionado
5 delegado
3 subalterno

12 ◁ *director*
9 ◁ *jefe*

lugre
21 embarcación

lúgubre
7 fúnebre
13 sombrío
6 tenebroso
4 tétrico
17 siniestro

36 ◁ *alegre*

luido
6 escurridizo
6 resbaladizo

luir
39 ajar(se)
15 escurrir(se)
8 resbalar(se)

39 arrugar

lujar
12 bruñir(se)
12 lustrar(se)
39 pulir(se)

lujo
28 abundancia
18 demasía
9 esplendor
10 exceso
4 opulencia
8 profusión
10 riqueza
9 suntuosidad

4 percha

12 boato
16 cantidad
14 copia
9 fausto

12 ◁*escasez*
10 ◁*pobreza*
11 ◁*sencillez*

lujoso
8 esplendoroso
10 fastuoso
8 opulento
16 pomposo
7 suntuoso

18 ◁*pobre*
12 ◁*sencillo*

lujuria
14 desenfreno
10 Impudicia
13 impureza
8 lascivia
7 liviandad
8 lubricidad
9 obscenidad
4 rijosidad
3 verdusquería

10 ◁*recato*

lujuriante
11 lozano
29 abundante

lujuriar
5 cohabitar

lujurioso
32 bellaco
10 desenfrenado
17 impúdico
17 liviano
10 lúbrico
11 obsceno
10 rijoso
9 verde
10 cachondo
13 lascivo

8 ◁*recatado*

lulo
12 envoltorio
9 paquete
11 delgado
16 flaco
11 lío

lumbago
reuma

lumbar
5 dorsal

lumbrada
5 lumbre

lumbral
5 umbral

lumbre
26 brillo
2 candela
9 esplendor
12 fuego
5 llama

lumbrera
25 abertura
2 claraboya
2 lucerna
2 notabilidad
15 sabio
1 tragaluz
21 genio

lumbroso
5 luminoso

lumia
17 ramera

luminar
6 lucero
7 lumbrera

luminiscencia
26 brillo
3 fulgor
9 irradiación
7 luminosidad

3 ◁*opacidad*

luminiscente
34 brillante
2 fluorescente
8 fulgurante
5 luminoso

6 ◁*apagado*
9 ◁*opaco*
7 ◁*mate*

luminosamente
10 claramente

luminosidad
10 claridad
3 diafanidad
10 halo
4 luminiscencia
6 resplandor
23 viveza
19 chispa

4 ◁*encapotamiento*

luminoso
34 brillante
14 radiante
7 refulgente
11 resplandeciente
2 fulgente

9 ◁*opaco*

luminotecnia
38 alumbrado

luna
4 espejo

lunar
10 defecto
3 pigmentación
7 tacha
7 pera
11 vicio

lunario
12 calendario

lunático
12 caprichoso
8 maniático
22 raro
12 chalado
17 demente
20 loco

7 ◁*cuerdo*

lunch
7 refrigerio

luneta
20 anteojo(s)
9 cristal
18 lente(s)
2 montante
5 sillón
3 ventana
49 asiento

luneto
13 bóveda

lunfardo
5 argot
5 bribón
18 chulo
13 ladrón
6 ratero

lupa
9 cristal
18 lente(s)

lupanar
7 garaje
8 mancebía

lupia

2 burdel
⇨casa de citas
⇨casa de putas

lupia
1 lobanillo
1 quiste

lupicia
5 alopecia

lupino
2 altramuz

lúpulo
1 hombrecillo

lupus
⇨tuberculosis de la piel

luquear
14 columbrar
25 mirar
19 ver

luquete
2 alguaquida
3 pajuela

lurio
8 fatuo
4 pedante

75 bobo
18 tonto

lurte
7 alud

lustrabotas
3 limpiabotas

lustrador(a)
3 abrillantador
2 pulidor

lustral
1 depurador
1 purificador
1 ◁corruptor

lustrar(se)
14 abrillantar(se)
21 alisar(se)
7 aluciar(se)
2 alustrar
5 atezar(se)
12 bruñir(se)
4 charolar
4 encerar
18 blanquear
2 facetear
3 lujar
3 relujar
5 ◁empañar(se)

lustre
1 brillantez
26 brillo
3 charol
9 esplendor
2 oropel
3 pátina
7 realce

lustrina
1 percalina

lustro
1 quinquenio

lustrosamente
5 brillantemente

lustroso
34 brillante
8 esplendoroso
9 reluciente
11 resplandeciente
8 robusto
7 rollizo
19 gordo
4 ◁amojamado
6 ◁apagado

lútea
3 oropéndola

luteranismo
3 protestantismo

luterano
6 protestante

luto
14 duelo

lutona
17 espíritu
10 fantasma

luxación
3 descoyuntamiento
19 desviación
11 distorsión
5 torcedura

luxar
8 dislocar(se)
11 distender(se)

luz
5 bombilla
2 candela
6 foco
11 guía
7 bujía
15 modelo
19 patrón
13 vela

luzbel
8 lucifer
6 satanás
13 serpiente
14 diablo

LL

llaga
4 costurón
2 fístula
11 herida
4 playa
4 úlcera
22 absceso

llagado
7 herido
1 supurado
24 abierto
27 ◁cerrado
18 ◁sano

llagar(se)
2 ulcerar(se)

llalla
11 herida
6 llaga

llama
22 ardor
6 entusiasmo
1 fogonazo
11 llamarada
16 pasión

llamada
19 advertencia
  llamado
6 llamamiento
24 nota
14 cobardía

llamadera
9 aguijada

llamador
3 aldabón
2 picaporte
3 pulsador
6 campanilla

llamamiento
9 apelación
12 cita
5 citación
7 convocatoria
5 llamada
3 vocación

llamar(se)
19 aclamar
3 adjetivar(se)
9 apelar
14 apellidar(se)
13 aplazar(se)
48 atraer(se)
27 calificar(se)
11 citar
10 clamar
8 convocar
14 chillar(se)
8 denominar
13 designar(se)
14 emplazar(se)
6 gritar
6 implorar
17 incitar(se)
2 intitular
7 invocar
5 motejar
16 nombrar
5 nominar
49 reunir(se)
10 sugestionar(se)
1 telefonear
5 tildar
6 titular
6 vocear
40 acobardarse
40 amedrentar
24 golpear
57 picar
13 pitar

llamarada
1 fogarada
3 fulgor
5 llama
16 pasión
3 relámpago
6 resplandor
4 rubicundez
9 rubor
22 arranque
6 fogata
17 vergüenza

llamarse andana
11 desdecir(se)
19 desentender(se)

llamativo
18 atrayente
5 interesante
2 sugerente
9 sugestivo
35 atractivo
6 ◁mediocre

llame
13 lazo
10 trampa

llameante
9 inflamado
4 inflamatorio
8 abrasador

llamear
47 brillar
9 centellear
10 resplandecer
5 rutilar

llamón
6 medroso
17 cobarde
9 pusilánime
9 ◁valiente

llana

llana
1 badilejo
5 plana
3 trulla

llanada
21 llano
6 llanura
3 planicie

llancazoz
9 hechicería
6 maleficio

llaneza
4 familiaridad
11 franqueza
7 naturalidad
12 sinceridad
11 sencillez
3 ◁ *estiramiento*
6 ◁ *retorcimiento*

llano
3 aplanado
40 bajo(s)
28 claro
14 evidente
15 igual
3 llanada
11 manifiesto
12 obvio
2 paroxítono
17 plano
4 practicable
5 tratable
21 grave
24 abierto
24 fácil
16 franco
5 hacedero
10 liso
6 llanura
3 planicie
12 sencillo
◁ *difícil*
23 ◁ *montaña*
32 ◁ *oscuro*
1 ◁ *rugoso*
8 ◁ *hosco*

llanta
2 calce
6 caucho
2 sortija

llantén
1 arta
1 plantaina
1 quinquenervia

llantera
7 llanto

llantina
7 llanto

llanto
5 gimoteo
1 llorera
4 lloriqueo
6 lloro
4 sollozo
10 cuchara
5 perra
3 ◁ *risa*

llanura
3 descampado
3 llanada
4 explanada
21 llano
3 planicie
7 solar

llar
7 fogón
12 hogar
2 lar

llares
1 calamilleras

llauca
31 bola
15 mentira
7 trola

llaulle
15 cerril
8 hosco
9 huraño

llauquetu
9 rodaja
27 tajada

llave
10 dato
10 información
1 llavín
8 puerta(s)
7 zancadilla
9 cifra
4 abrazadera
26 camino
6 clave
10 pista
6 presa
21 vía

llavero
1 clavario
1 portallaves

llavín
12 llave

lleco
14 barbecho

llegada
5 arribada
2 venida
21 ◁ *partida*

llegar(se)
22 acceder
22 acercar(se)
17 acontecer
16 acudir
9 advenir
35 alargar(se)
2 alunizar
38 andar
6 arribar
38 arrimar(se)
10 ascender
6 aterrizar
9 bastar(se)
20 coger
11 conquistar
24 conseguir(se)
11 coronar
56 dirigir(se)
8 durar
25 encaminar(se)
51 extender(se)
40 ganar(se)
3 lograr
30 montar(se)
8 obtener
5 recalar
39 tocar(se)
29 valer(se)
19 venir(se)
16 aportar
22 alcanzar
21 arriscar
39 atracar
62 caer
46 irse

llena
30 crecer(se)
14 desbordamiento
6 riada
16 avenida

llenador
38 agradable
18 atrayente
8 cargante
42 fastidioso

llenar(se)
11 abarrotar(se)
30 agradar
6 arpar
20 atarugar(se)
22 atestar(se)
30 atiborrar(se)
9 bastar(se)
5 colmar
7 contentar(se)
16 cuadrar(se)
27 cumplir(se)
12 embutir
18 empapar(se)
8 empedrar
9 enfundar(se)
87 fastidiar(se)
20 henchir(se)
38 hinchar(se)
10 impregnar(se)
12 infestar
6 inundar(se)

llevada
8 porte
5 transporte(s)

llevadero
4 pasable
5 soportable
7 tolerable
3 ◁intolerable

llevar(se)
12 acarrear
39 aguantar(se)
58 alzar(se)
39 arrebatar(se)
36 conducir(se)
24 conseguir(se)
17 derivar
5 diferenciar(se)
56 dirigir(se)
25 encaminar(se)
4 estilar(se)
33 exceder(se)
40 ganar(se)
32 gastar(se)
10 gobernar
9 guiar
54 hurtar(se)
4 merecer
9 ostentar
48 pasar(se)
14 pasear(se)
16 percibir
12 portar(se)
23 privar(se)
15 regir(se)
4 simpatizar
6 soportar
16 superar(se)
8 tolerar
5 traer
18 transportar(se)
26 trasladar(se)
4 tripular
5 vestir
16 aportar
16 apandar
43 arrastrar
19 cobrar
35 distinguirse
17 mandar
5 portear

114 molestar(se)
19 nutrir(se)
35 ocupar(se)
30 placer
8 poblar(se)
24 rellenar(se)
19 saciar(se)
44 satisfacer(se)
17 saturar(se)

39 atracar
45 hartar

4 ◁deshabitar
14 ◁vaciar(se)

llenazo
14 lleno

llenero
16 cabal

llenito
19 gordo

lleno
10 atiborrado
5 henchido
11 pleno
10 pletórico
6 rebosante
7 saciado
15 satisfecho
6 saturado
12 ufano

12 harto

10 colmado
8 contento
13 manido
5 ocupado

5 ◁hambriento
16 ◁vacío

lleulle
9 bisoño
11 incapaz
7 novato

8 inepto
16 inútil

14 robar
8 traquear

llichi
2 renuevo
6 retoño

llipihue
4 cejas
1 pestañas

lloglla
6 crecida
16 avenida

lloraduelos
9 quejumbroso

llorar
6 deplorar
7 gimotear
10 hipar
1 lagrimear
15 lamentar(se)
6 plañir
30 sentir(se)
4 sollozar

1 ◁reír(se)

lloredo
1 lauredal

llorera
6 lloro

llorica
5 jeremías
4 plañidero

lloriqueante
6 implorante

lloriquear
7 gimotear
10 hipar
16 quejar(se)
4 sollozar

lloriqueo
5 gimoteo
6 lloro
4 sollozo

7 llanto

lloro
6 gemido
5 gimoteo
4 lloriqueo
5 plañido
4 sollozo

7 llanto

llorón
5 lacrimoso
2 lamentoso
1 quejica
2 sollozante

llorona
40 borrachera
1 curuja
7 lechuza
14 melopea

llorosa
3 magdalena

lloroso
5 lacrimoso

llover
16 acudir
3 diluviar
7 gotear
4 manar
19 venir(se)

6 lloviznar

⇨caer chuzos de punta
⇨venirse el cielo abajo

llovizna
14 brizna
3 cernidillo
7 pelo
5 calabobos
4 orvallo
6 páramo
7 sirimiri

lloviznar
7 garbear
7 gotear
8 llover

llueca

1 orvallar
16 pringar(se)

2 paramar

llueca
1 clueca

lluqui
3 zurdo

lluvia
28 abundancia
3 cernidillo
6 chubasco
9 precipitación
8 profusión
12 temporal
4 tromba
8 agua
13 aguacero
5 calabobos
16 cantidad
14 copia
6 chaparrón
5 diluvio
7 llovizna
16 multitud
⇨manga de agua

lluvioso
1 pluvioso

M

mabita
2 aojamiento
4 gafe
14 infortunado
16 desdichado
14 desgraciado
⇨mal de ojo
14 ◁ afortunado

mabuya
6 satanás
8 demonio
14 diablo

maca
10 defecto
7 deficiencia
11 imperfección
15 reproche

macabro
7 fúnebre
5 lúgubre
17 siniestro

macacinear
54 hurtar(se)
12 mangar
14 robar

macaco
18 insignificante
1 simio

12 deforme
8 demonio
14 diablo
18 feo
18 horrendo
19 mono

macambo
5 contrahecho
5 desgarbado

macana
7 camelo
16 disparate
2 manteleta
3 maza
16 cuento
14 garrote
10 paparrucha
9 porra

macanudo
51 absurdo
14 arduo
1 cojonudo difícil
12 disparatado
12 genial
10 portentoso
3 chipén
14 extraordinario
11 magnífico
17 soberbio

macarra
9 cursi
10 kitsch
14 majo
2 navajero
9 vulgar
18 chulo
⇨de mal gusto

macarrazo
4 macarrón

macarro
2 panecillo
13 podrido

macarrón
1 espagueti
1 macarrazo
2 tallarín
8 fideo

macarrónico
1 aproximativo
8 impuro
5 mestizo
8 mezclado
11 cutre

macatrullo
22 necio
18 tonto

18 torpe

macedonia
4 compota
5 ensalada
12 mezcla

macelo
4 matadero

macerar(se)
39 ajar(se)
26 blandear(se)
5 estrujar
7 exprimir
46 humillar(se)
11 machacar
23 mortificar(se)
3 prensar
8 maltratar

macero
3 escolta
3 heraldo

maceta
1 jardinera
2 macetero
14 planta
7 pote
34 avaro
4 cabellera
5 cuenco

14 garrote
19 mezquino
9 porra
6 ramillete
7 ramo
4 tiesto
⇨mata de pelo

macetero
14 maceta
4 tiesto

macferlán
32 abrigo

macilento
8 descolorido
3 lívido
5 mortecino
8 pálido
26 arrugado
11 delgado
16 flaco
28 ◁*vivo*

macillo
2 martinete

macizo
4 arrayán
10 compacto
17 grueso
4 parterre
12 relleno
8 robusto
16 sólido
8 cuadro
19 gordo
⇨tío bueno
19 ◁*hueco*
16 ◁*flaco*

macla
9 cristal

maco
3 escuerzo
14 ojo(s)
5 coño
5 sapo

4 vulva
⇨globo ocular

macolla
16 balaustrada
28 antepecho

macollar
1 amacollar
9 atesorar
44 guardar(se)

macrocéfalo
7 cabezón

macrocosmos
3 universo

macrogameto
3 óvulo

macuá
11 hechizo
14 ardid
6 maleficio
10 trampa

macuco
5 inservible
5 solapado
22 viejo
50 astuto
16 taimado
12 ◁*nuevo*

macuico
1 debilucho
10 enclenque
22 ◁*fuerte*

mácula
8 carencia
10 defecto
28 engaño(s)
13 mancha
7 tacha
19 embuste
15 mentira
10 trampa
6 ◁*perfección*

macular
14 calumniar(se)
22 deshonrar(se)
5 emporcar
2 enlodar
16 ensuciar(se)
7 mancillar(se)
19 manchar(se)
16 infamar
50 ◁*limpiar*

macuto
7 mochila
9 zurrón
44 bolsa

machaca
1 machacadera

machacable
5 triturable

machacadera
1 machaca

machacante
17 asistente(s)

machacar
41 cansar(se)
23 cascar(se)
10 majar
5 pulverizar
29 quebrantar(se)
3 reiterar
9 triturar
14 importunar
11 insistir
57 picar
13 porfiar
6 ◁*desistir*

machacón
4 plomo
8 plúmbeo
1 repetitivo
8 cargante
15 molesto
31 pesado
15 porfiado

machaconería
7 insistencia
5 prolijidad
2 reiteración
14 pesadez

machada
2 heroísmo
4 hombrada
12 valentía
8 patochada

machado
8 beodo
45 borracho

machanga
5 importunidad
14 pesadez

machazo
5 esforzado
10 gigantesco
12 enorme
9 valiente
17 ◁*cobarde*

machero
13 alcornoque

macheta
9 hacha

machetazo
5 cuchillada
9 tajo
37 golpe

machete
5 alfanje
4 bayoneta
1 cabritera
15 cuchillo
7 navaja

machetero
14 burdo
2 empollón
3 espadón
5 estudioso
7 laborioso

9 militar
5 trabajador
10 tosco

machihembrar
17 articular(se)
4 ensamblar
10 amancebarse
42 amontonarse

machina
11 cabria

machincuepa
17 salto
5 voltereta
⇨ cambio de chaqueta

machío
10 estéril

macho
31 arrogante
33 atrevido
18 audaz
9 mulo
8 robusto
6 varón
2 viril
22 fuerte
9 meretriz
7 modorra
13 puta
17 ramera
12 sueño
9 valiente
17 ◁ *cobarde*
23 ◁ *flojo*

machón
10 contrafuerte

machorra
7 hombruna
2 marimacho

machorrear
3 desperdiciar(se)
8 malograr

machos
3 ataderas
3 atapiernas

machota
7 hombruna

machote
33 atrevido
18 audaz
7 osado
6 varón
8 borrador
15 modelo
7 mojón
19 patrón
5 poste
9 valiente
17 ◁ *cobarde*

machucar
39 ajar(se)
41 cansar(se)
87 fastidiar(se)
3 batear
24 golpear

machucho
5 juicioso
5 ponderado
13 prudente
12 reflexivo
6 sensato
11 ◁ *imprudente*

machuelo
10 embrión

machusca
3 gorda
7 jamona

madama
5 comadrona
2 partera

madeja
4 menuceles
5 ovillo
8 tripa(s)
2 bobina

3 carrete
11 lío

madera
14 palos
9 plancha
6 tabla(s)
6 viga
15 leña
6 listón
4 tablón

maderada
2 almadía

maderamen
1 envigado
2 entibación
9 armazón

madero
4 ademe
4 aguilón
3 ariete
2 bauza
6 gendarme
2 jácena
7 pescante
6 varón
5 poste

madi
4 grisáceo

madona
⇨ Vírgen María

madraza
7 condescendiente
15 escuela

madre
4 álveo
10 cauce
14 fundamento(s)
12 heces
3 hermana
1 mamá
11 monja
13 origen
19 principio(s)

8 raíz
4 religiosa
6 señora
3 sor
14 causa
11 lecho
4 lía
10 poso
16 sedimento
11 solera

madrear(se)
9 ahilar(se)

madrecilla
1 huevera
2 oviducto

madremonte
1 endriago
4 monstruo

madreña
3 zueco

madrigal
10 canción
8 poema

madrigalesco
27 amoroso
6 romántico
14 tierno

madrigalizar
8 arrullar(se)

madriguera
13 cubil
6 escondrijo
10 guarida
10 refugio
32 abrigo

madrileña
10 gata

madrina
14 cabestro
9 mulo
1 protectora
7 rebaño

madroño

madroño
8 manada
2 cuma
7 manso

madroño
1 marojo

madrugada
7 alba
21 amanecer
6 aurora

madrugador
26 activo
3 anticipado
4 previsor
1 tempranero
5 trabajador
2 ◁noctámbulo
4 ◁trasnochador

madrugar
24 adelantar(se)
26 anticipar(se)
1 mañanear
⇨tomar delantera
17 ◁retrasar(se)
2 ◁trasnochar

madrugón
12 anticipación

maduración
8 meditación
7 madurez

madurar
12 completarse
15 desarrollarse
22 perfeccionar(se)
13 sazonar

madurez
16 prudencia
19 punto(s)
10 sazón
6 sensatez
15 juicio
⇨edad adulta
⇨sentido común

◁inmadurez
8 ◁insensatez

maduro
9 adulto
12 desarrollado
9 formado
24 hecho(s)
5 juicioso
5 machucho
2 perfeccionado
5 ponderado
13 prudente
12 reflexivo
2 sazonado
6 sensato
6 ◁infantil
4 ◁inmaduro
3 ◁insensato
9 ◁verde

maese
13 maestro

maestral
3 nornoroeste

maestralizar
19 brujulear

maestresala
2 mayordomo

maestrescuela
2 cancelario

maestría
6 cultura
13 grado
18 habilidad
12 industria
6 pericia
5 sapiencia
24 arte
26 autoridad
6 destreza
30 título
7 ◁impericia
13 ◁incultura

maestro
11 avezado
14 diestro

8 ducho
12 educador
10 ejemplo
23 experimentado
8 experto
17 hábil
7 instructor
3 orientador
6 pedagogo
5 profesor
11 guía
13 ◁inexperto

mafia
10 camorra
28 engaño(s)
1 malhechores
41 banda
14 ardid
10 trampa

maga
1 aojadora
10 bruja
4 hechicera
2 pitonisa
4 sibila
2 vidente

magan
12 enojo
15 fastidio

magancear
3 gandulear
4 haraganear
5 remolonear
3 vaguear

magaña
14 ardid

magañoso
7 lagrimoso

magarza
3 expillo
2 matricaria

magazine
9 revista

magdalena
1 desconsolada
10 inconsolable
1 llorosa

magia
12 adivinación
7 brujería
14 encanto
9 hechicería
3 nigromancia
10 predicción
2 prestidigitación
9 seducción
2 sortilegio
7 trucos
4 glamour
35 atractivo
6 maleficio

mágico
12 asombroso
7 brujo
14 encantador
4 fascinante
29 hechicero(a)
5 mago
11 maravilloso
4 nigromante
3 ocultista
1 pitoniso
7 seductor
9 sorprendente
14 extraordinario

magín
10 entendimiento
8 imaginación
15 ingenio
38 cabeza
15 caletre
11 interior
8 mollera
⇨fuero interno

magisterio
32 afectación
4 enseñanza
12 gravedad
27 instrucción(es)
11 ◁sencillez

magistrado
6 juez
2 togado

magistral
10 ejemplar
12 genial
9 perfecto
8 superior
8 estupendo
14 extraordinario
11 magnífico
17 soberbio
12 ◁*imperfecto*

magistratura
26 autoridad

magma
3 lava
12 masa
1 sial

magnanimidad
21 elevación
13 generosidad
4 longanimidad
13 nobleza
6 ◁*tacañería*

magnánimo
11 benévolo
30 benigno
31 bondadoso
20 caballeroso
12 hidalgo
5 ◁*jajá*

magnate
13 ilustre
15 poderoso
2 prócer
2 prohombre
23 grande
◁*pobre diablo*

magnético
5 hipnótico

magnetismo
7 hipnotismo

magnetita
3 calamita
6 imán

magnetizado
6 fascinado

magnetizador
1 hipnotizador
1 imanador

magnetizar(se)
48 atraer(se)
22 fascinar(se)
3 imantar
10 sugestionar(se)

magneto
5 generador
2 inductor
3 motor

magnetofón
2 magnetófono
2 cassette

magnetófono
1 dictafono
2 magnetofón

magnetoscopio
1 videotape

magnicidio
9 asesinato
10 atentado
3 regicidio

magnificar
65 alabar(se)
59 aumentar(se)
9 engrandecer
5 ensalzar(se)
8 exagerar
4 hiperbolizar
19 ◁*disminuir(se)*
46 ◁*humillar(se)*

magníficat
4 himno

magnificencia
5 alarde
22 aparato
10 esplendidez
9 esplendor
13 generosidad
16 grandeza
11 liberalidad
9 suntuosidad
12 boato
9 fausto
13 pompa
11 ◁*modestia*
6 ◁*tacañería*

magnífico
12 espléndido
10 fastuoso
12 genial
8 opulento
16 pomposo
9 regio
7 suntuoso
9 vistoso
8 estupendo
14 rico
17 soberbio
19 ◁*mezquino*
18 ◁*pobre*

magnitud
10 dimensión
6 escalar
17 importancia
15 medida
1 proporciones
10 tamaño

magno
3 excelso
9 regio
8 superior
7 supremo
14 extraordinario
11 magnífico
17 soberbio

mago
7 brujo
14 encantador
29 hechicero(a)
3 ocultista
1 prestidigitador

magosta
10 castaña
7 hoguera

magote
19 mono

magreador
1 sobón

magrear
7 manosear
11 palpar(se)
39 tocar(se)
10 sobar

magrecer
12 amojamar(se)

magreo
9 palpamiento
19 sobo
7 regodeo
11 toque

magrez
7 delgadez
4 ◁*obesidad*

magro
6 enteco
6 lomo
8 reducido
11 delgado
17 escaso
16 flaco
14 pequeño
19 ◁*gordo*
23 ◁*grande*
9 ◁*obeso*

magua
8 decepción
12 chasco

magüeto
5 novillo

magullado
4 contuso
5 golpeado
7 herido
7 dolorido
6 maltratado
5 ◁*mimado*
4 ◁*respetado*

magulladura
4 contusión
2 moradura
7 equimosis
37 golpe

magullamiento
16 apretón
31 arruga
4 contusión

magullar(se)
2 contusionar
15 herir
16 lastimar(se)
39 arrugar
24 golpear

maguncia
47 astucia
4 perspicacia

mahometano
7 agareno
1 druso
1 islámico
1 morisco
2 mudéjar
4 muslim
3 musulmán
5 sarraceno
8 islamita

mahometismo
2 islamismo

mahón
8 algodón
5 coleta
12 tela

mahonesa
2 mayonesa
8 salsa

maigo
2 hermafrodita

mailing
1 franqueo
⇨envío grande

maillot
5 bañador

maimón
3 mico

mainel
1 parteluz

maitinada
9 alboreada
21 amanecer

maitines
3 oraciones
5 rezos

maitu
12 envoltorio
4 manojo

maíz
3 borona
2 mijo
2 zara

maizudo
9 creso
8 opulento
10 adinerado
14 rico
18 ◁*pobre*

maja
4 bella
1 castiza
1 guapa
1 simpática

majada
7 aprisco
8 manada

majadear
26 abonar(se)

majadería
12 badajada
30 bobería
5 pazguatería
9 sandez
7 candinga
2 jonjera
8 patochada

majadero
6 imbécil
7 mastuerzo
9 sandio
8 verraco
75 bobo
7 estúpido
8 idiota
20 loco
11 memo
12 mentecato
22 necio
20 simple
16 ◁*listo*

majadura
33 paliza(s)
1 trituración

majamama
28 engaño(s)
19 embuste
18 enredo

majar
41 cansar(se)
23 cascar(se)
87 fastidiar(se)
11 machacar
114 molestar(se)
5 pulverizar
41 quebrar(se)
9 triturar
14 importunar
5 incordiar

majara
12 desequilibrado

majareta
16 alienado
12 chiflado
10 perturbado
8 vesánico
8 ido
20 loco

majasear
8 holgazanear
5 remolonear
3 vaguear

majestad
26 brillo
9 esplendor
16 grandeza
11 magnificencia
7 prestigio
14 ◁*insignificancia*

majestuoso
6 augusto
14 imponente
4 mayestático
3 señorial
11 solemne
5 sublime
18 ◁*insignificante*

majeza
6 acicalamiento
11 jactancia
1 vistosidad
5 bravuconería
3 fanfarronería
8 chulería
4 lindeza
12 ◁*discreción*
11 ◁*modestia*

majo
23 arreglado
38 bello
6 castizo
12 hermoso
10 acicalado

16 adornado
8 bonito
18 chulo
7 emperifollado
18 guapo
8 lindo
7 matón
4 perdonavidas
6 simpático
18 ◁*feo*

majoma
75 bobo
11 memo
22 necio

majoncho
5 desaseado
13 sucio

majuelo
1 marzoleto
1 pirlitero
3 viña

mal
16 amargura
17 calamidad
10 defecto
1 desacertadamente
8 desolación
8 dolencia
11 imperfección
1 incorrectamente
1 indebidamente
9 padecimiento
5 tara
12 achaque
9 daño
17 desgracia
10 enfermedad
6 infortunio
29 pena
10 perjuicio
20 tormento
13 tristeza
11 vicio
38 ◁*alegría(s)*
40 ◁*bien(es)*
1 ◁*salud*
10 ◁*virtud*
13 ◁*fortuna*

malabarismo
6 diplomacia
2 escamoteo
18 habilidad
2 ilusionismo
6 sagacidad
47 astucia
4 ◁*incompetencia*
8 ◁*torpeza*

malabarista
3 equilibrista
17 hábil
1 prestidigitador
4 trapecista
5 volatinero

malacate
3 baritel
17 cabrestante

malacología
1 conquiliología

malaconsejado
4 desacertado

malacostumbrado
11 consentido
9 malcriado
5 mimado
9 pervertido
8 regalado
4 viciado
7 ◁*educado*

malacostumbrar
4 malcriar
6 mimar

malacuco
11 conocido
5 sabido
9 vulgar
⇨carente de interés

malagaña
9 armazón

malagradecido
1 desagradecido
9 ingrato

malagueña
12 copla

malaltoso
8 cargante
42 fastidioso
31 pesado

malandanza
4 desventura
17 desgracia
6 infortunio
6 malaventura
13 ◁*fortuna*

malandar
14 cerdo
12 cochino

malandrín
32 bellaco
8 granuja
12 malvado
9 perverso
6 sinvergüenza
12 vil
14 ◁*honrado*

malapata
10 inoportuno
7 patoso
18 torpe

malaquita
1 azurita

malaria
4 paludismo

malasombra
10 inoportuno
7 patoso

malatería
2 lazareto
1 lepresería

malatía
2 gafedad
2 lepra

malato
3 leproso

malaventura
20 adversidad
4 malandanza
7 desdicha
17 desgracia
6 infortunio
⇨mala suerte
13 ◁*fortuna*

malaventurado
10 desafortunado
12 infeliz

malaventuranza
6 infelicidad
7 desdicha
6 infortunio
17 ◁*suerte*

malbaratado
5 desperdiciado
16 enfermo

malbaratador
11 gastador

malbaratar
64 estropear(se)
87 fastidiar(se)
2 malemplear
9 derrochar
6 despilfarrar
6 dilapidar
7 malgastar
16 ◁*administrar(se)*

malbaratarse
3 brocear(se)

malcarado
8 malhumorado
11 descarado

malcasado

18 feo

malcasado
11 infiel

malcomer
9 abstenerse
4 ayunar
1 hambrear
23 privar(se)

19 ◁*saciar(se)*
45 ◁*hartar*

malconsiderado
6 desconsiderado

malcontentadizo
2 descontentadizo

malcontento
16 descontento
8 indócil
2 insatisfecho
3 insumiso
8 perturbador
8 quejoso
13 revoltoso
14 rebelde

malcoraje
1 mercurial

malcriado
11 consentido
10 descomedido
   descortés
7 incivil
2 ineducado
6 malacostumbrado
5 mimado
21 grosero
10 zafio

malcriar
17 consentir
2 malacostumbrar
1 maleducar
6 mimar
29 ◁*educar(se)*

maldad
7 herejía
12 inmoralidad
21 mal
13 malicia
7 malignidad
8 perversidad
11 vileza
27 ◁*bondad*

maldecir
12 blasfemar
22 condenar(se)
12 denigrar
11 execrar
2 imprecar
10 jurar
10 renegar
4 taquear
7 difamar
8 murmurar
10 salar
10 ◁*bendecir*
5 ◁*ensalzar(se)*

maldiciente
12 bocón
11 calumniador
3 víbora
6 chismoso
13 murmurador

maldición
7 anatema
15 blasfemia
8 condenación
1 palabro
5 palabrota
6 rechazo
11 juramento
19 taco
↪palabra gruesa

maldijada
4 menstruación
27 regla(s)
6 me
9 periodo

maldita
7 divieso
5 lengua

3 forúnculo

maldito
9 aborrecible
3 detestable
9 endemoniado
10 insoportable
7 insufrible
3 intolerable
12 malvado
9 perverso
26 miserable
23 ruin
45 ◁*bueno*

maleabilidad
30 blandura
15 docilidad
3 ductilidad
6 obediencia
11 suavidad
12 ◁*dureza*
17 ◁*resistencia*

maleable
10 dócil
9 dúctil
8 elástico
12 flexible
3 obediente
8 sumiso
14 ◁*rebelde*
26 ◁*rígido*

maleante
12 aventurero
5 bribón
12 delincuente
8 granuja
2 navajero
6 sinvergüenza
11 pillo

malear(se)
11 contagiar
9 contaminar
11 dañar(se)
5 depravar
30 deteriorar(se)
2 enmalecer
16 ensuciar(se)

18 enviciar(se)
64 estropear(se)
4 maliciar
20 pervertir(se)
16 corromper
↪echar a perder
83 ◁*arreglar(se)*

malecón
5 escollera
3 espigón

maledicencia
3 cotilleo
5 chismorreo
1 chismorrería
1 infamación
10 insidia
9 murmuración
6 infundio

maledicente
7 cotilla
6 chismoso
13 murmurador

maleducado
14 cerdo
6 gamberro
9 impolítico
7 incivil
11 inconsiderado
14 inculto
10 inelegante
10 malmirado
9 palurdo
21 grosero
14 guacho
15 ◁*conveniente*
12 ◁*cortés*
12 ◁*hidalgo*
18 ◁*cumplido*

maleducar
4 malcriar

maleficio
2 aojamiento
6 embrujo
9 encantamiento

maleta
11 hechizo
2 sortilegio
8 ahuizote

maléfico
4 dañino
14 nocivo
4 perjudicial
6 ◁beneficioso

malemplear
3 desperdiciar(se)
7 malgastar

malencarado
5 agestado

malero
7 brujo
29 hechicero(a)

malestar
10 desasosiego
10 indisposición
8 intranquilidad
18 molestia(s)
3 pesadumbre

12 achaque
12 desazón
17 inquietud
20 tormento

1 ◁salud

maleta
5 bribón
34 malo
7 mochila
3 valija

15 alforja
11 cartera
5 chepa
12 inhábil
11 joroba
2 maletín
9 manta
8 petaca
33 pícaro
6 talega
18 torpe

maletas
12 bártulos
6 equipaje

maletero
2 carguero
1 guardaequipajes
29 depósito
1 ladronzuelo
17 mozo
6 ratero

maletín
7 mochila
15 maleta

maletón
3 becerro
5 cofre
3 cheposo
5 novillo
12 baúl
7 giboso
5 jorobado

malevolencia
10 enemistad
7 rencor
20 odio
10 resentimiento
53 ◁amor

malévolo
4 bicharraco
15 cabrito
27 cabrón
45 ◁bueno
7 ◁condescen-
   diente

maleza
7 breña
9 broza
6 espesura
8 hojarasca
6 tabuco
12 achaque
10 enfermedad
8 maraña
3 pus

malgama
8 amalgama

malgastado
5 desperdiciado
4 despilfarrado

malgastador
12 botarate
8 despilfarrador
5 disparador
18 generoso
9 manirroto
14 pródigo
4 ◁ahorrador
12 ◁tacaño

malgastar
16 desbaratar
26 disipar(se)
2 malemplear
9 derrochar
6 despilfarrar
6 dilapidar
20 disparar
16 ◁administrar(se)

malhablado
1 bocanegra
8 lenguaraz
27 desvergonzado
5 maldiciente
13 murmurador
2 ◁bienhablado

malhadado
11 desventurado
14 infortunado
16 desdichado
14 desgraciado
14 ◁afortunado

malhecho
5 contrahecho

malhechor
5 bribón
12 delincuente
8 granuja
7 maleante

6 sinvergüenza
11 pillo
6 salteador

malhechores
6 mafia

malherido
5 dañado
7 herido
21 grave
3 ◁salvado
18 ◁sano

malhumor
1 adustez
5 brusquedad
6 hosquedad
27 ◁afabilidad
38 ◁alegría(s)

malhumorado
21 arisco
12 brusco
1 contrariado
9 desabrido
7 disgustado
23 agrio
8 hosco
6 irritable
15 ◁satisfecho
18 ◁amable
13 ◁cariñoso

malicia
bellaquería
10 desconfianza
18 disimulo
7 malignidad
8 perversidad
10 picardía
6 sospecha
47 astucia
7 doblez
7 maldad
11 recelo
⇨con más conchas que un galápago
⇨mala fe
27 ◁bondad

14 ◁inocencia

maliciar
20 barruntar(se)
2 desconfiar
14 recelar(se)
23 sospechar(se)
17 ◁confiar(se)

maliciarse
16 enfangar(se)
29 envilecer(se)
14 recelar(se)

malicioso
9 ambiguo
32 bellaco
8 desconfiado
7 escamado
9 verde
50 astuto
9 ladino
33 pícaro
9 receloso
16 taimado
5 zorro
13 ◁ingenuo
14 ◁inocente

malignidad
1 perniciosidad
8 perversidad
11 vileza
4 virulencia
7 maldad
⇨mala intención
⇨mala leche
21 ◁benignidad

maligno
4 dañino
8 lucifer
11 malicioso
12 malvado
7 pérfido
4 pernicioso
9 perverso
6 satanás
5 suspicaz
11 virulento
8 demonio

14 diablo
9 receloso
12 vil
⇨Pedro Botero
30 ◁benigno
31 ◁bondadoso
8 ◁confiado

malintencionado
10 bragado
15 cabrito
27 cabrón
4 enconoso
17 siniestro
12 torcido

malinterpretar
22 retorcer(se)

malísimo
14 garrafal

malmandado
8 indócil
3 insumiso
13 revoltoso
14 rebelde

malmaridada
11 infiel

malmaridado
6 adúltero

malmeter
19 indisponer(se)
15 inducir
7 malbaratar
4 malquistar
30 quemar(se)
9 derrochar
6 despilfarrar
6 dilapidar
7 malgastar

malmirado
2 desacreditado
9 desatento
  descortés
5 desprestigiado
7 incivil

11 inconsiderado
11 maleducado
1 malvisto
21 grosero
10 zafio

malnombre
8 apodo

malo
3 ajado
40 bajo(s)
32 bellaco
4 dañino
9 depravado
10 desagradable
9 desapacible
12 deteriorado
16 difícil
14 dificultoso
19 estropeado
6 incómodo
10 indigno
3 indispuesto
9 inquieto
7 laborioso
3 maléfico
11 malicioso
15 maligno
12 malvado
14 nocivo
11 penoso
7 pérfido
4 perjudicial
9 perverso
13 revoltoso
8 trabajoso
12 doliente
16 enfermo
42 fastidioso
15 molesto
23 ruin
10 travieso
12 vil
6 ◁beneficioso
18 ◁sano
24 ◁fácil

malogrado
7 extraviado
7 temprano

malograr
5 desacertar
3 desaprovechar(se)
3 desperdiciar(se)
24 frustrar(se)
38 perder(se)
16 desgraciar
9 fallar
7 fracasar

malograrse
12 azarar(se)
9 estrellar(se)
9 fallar
7 fracasar

malogro
7 aborto
6 frustración
9 plancha
5 fracaso

maloler
13 apestar(se)

maloliente
10 apestoso
6 marrano
7 puerco
12 cochino
9 guarro
13 sucio
11 ◁limpio

maloquear
11 dañar(se)
5 perjudicar(se)

malora
11 inconveniente
10 inoportuno

malparado
12 deteriorado
3 maltrecho

malparir
8 abortar

malparto
7 aborto

malpensado
  8 aguafiestas
  11 censor

malqueda
  7 informal

malquerencia
  11 aversión
  23 antipatía
  10 inquina
  23 manía
  9 ojeriza
  8 tirria
  ⇨mala voluntad
  24 ◁*simpatía*

malquerer
  22 aborrecer(se)

malquistar
  7 encizañar
  5 enzurizar
  19 indisponer(se)
  9 malmeter

malquistarse
  21 enemistar(se)
  12 regañar

malrotar
  16 desbaratar
  26 disipar(se)
  2 malemplear
  6 despilfarrar
  7 malgastar
  16 ◁*administrar(se)*

malsano
  5 insalubre
  9 insano
  14 nocivo
  4 perjudicial

malsín
  8 delator
  19 chivato
  7 soplón
  12 vil

malsinar
  14 calumniar(se)

malsindad
  5 delación
  11 calumnia

malsonante
  9 disonante
  5 ofensivo
  21 grosero

malsufrido
  4 impaciente
  9 inquieto

malta
  8 café
  7 cebada

maltraido
  11 desaliñado
  9 descuidado

maltrapillo
  18 andrajoso

maltratado
  5 abatanado
  4 eccehomo
  5 golpeado
  5 magullado
  3 maltrecho
  5 vejado

maltratamiento
  7 holladura

maltratar
  39 ajar(se)
  30 deteriorar(se)
  64 estropear(se)
  16 injuriar
  33 ofender(se)
  5 vejar
  12 sellar
  6 zaherir

maltrato
  11 revolcón
  7 vejación

maltrecho
  19 estropeado
  2 malparado
  6 maltratado

maltusianismo
  ⇨regulación demográfica

malucón
  10 desagradable
  9 desapacible
  3 indispuesto
  13 revoltoso
  12 doliente
  10 travieso

malucho
  12 frágil

malunacas
  27 carantoña(s)
  8 arrumaco
  17 caricias

maluqueza
  8 dolencia
  3 fealdad
  18 horror
  8 perversidad
  10 ruindad
  12 achaque

malva
  31 bondadoso
  9 dúctil
  2 lila
  7 mariquita
  8 sumiso
  7 manso
  10 morado
  3 ◁*insumiso*
  34 ◁*malo*

malvada
  7 arpía

malvado
  40 bajo(s)
  32 bellaco
  9 depravado
  10 indigno
  11 malicioso
  15 maligno
  34 malo
  7 pérfido
  9 perverso
  7 satánico
  23 ruin
  12 vil
  45 ◁*bueno*

malvavisco
  1 altea

malvender
  11 abaratar(se)
  4 baratear
  10 vendaval

malversación
  13 depredación

malversar
  9 defraudar
  2 desfalcar
  24 distraer(se)

malvís
  ⇨tordo alirrojo

malvisto
  10 malmirado

malvón
  1 geranio

malla
  40 armadura
  6 cota
  8 elàstico
  1 maillot
  2 mallar
  37 agujero
  12 red

mallar
  1 enmallarse
  7 malla

mallete
  26 cadena

mallo
19 atleta
3 clava
7 mazo
8 martillo

mama
13 seno
4 teta
3 ubre
12 chiche
22 pecho

mamá
19 madre

mama
18 chucho

mamada
2 chupetón
4 succión
40 borrachera
16 embriaguez

mamado
45 borracho
14 ebrio
7 jarcio

mamalón
5 pezón

mamamama
3 abuela
3 yaya

mamandurria
11 chollo
8 enchufe
7 prebenda
9 sinecura

mamar(se)
27 aprender(se)
13 chupar
37 embriagar(se)
37 fatigar(se)
3 succionar
41 cansarse
6 cocerse

23 emborracharse
6 sorber
⇨ponerse ebrio

mamarrachada
2 payasada

mamarracho
12 adefesio
6 imbécil
75 bobo
14 facha
8 idiota
11 memo
12 mentecato
22 necio
6 piltrafa
18 tonto
16 ◁ listo

mamarrón
11 gorrón

mambla
4 túmulo
9 armazón

mameluco
75 bobo

mamerro
16 colosal
10 colmado
8 estupendo
14 lleno
11 magnífico

mamerto
6 imbécil
75 bobo
8 idiota
18 tonto

mameso
7 zozobra
17 inquietud

mamila
3 biberón
7 chupete

mamola
103 burla

mamón
3 chupón
1 lechal
1 lechón
8 idiota
5 tragón

mamona
103 burla

mamoncito
2 cochinillo
1 lechón

mamonear
17 demorar(se)
17 retrasar(se)

mamotreto
6 artefacto
2 libraco
2 novelón
12 cacharro

mampara
2 bastidor
10 biombo

mamporro
5 coscorrón
7 empujón
37 golpe

mampostería
1 calicanto

mampucho
6 chisgarabís
29 afeminado
7 gordinflón
7 marica
4 monigote
9 rechoncho

mampuesto
28 antepecho

mamulón
27 holgazán
16 vago

mamut
4 mastodonte

maná
4 manjar
35 alimento
23 comida

manada
1 cardume
4 cuadrilla
12 hato
7 rebaño
41 banda
3 bandada
15 grupo
8 pandilla

managemet
16 dirección

manager
12 director

manantial
2 fontanar
14 fundamento(s)
2 hontanar
13 origen
19 principio(s)
5 venero
7 aljibe
11 arroyo
14 causa
13 fuente
3 riachuelo
7 vertiente
⇨curso de agua

manar
10 brotar
15 nacer
7 surgir
11 surtir

manatí
2 pejemuller
3 rosmaro

manato
 3 rosmaro

manaza
 3 pezuña

manazas
 18 torpe
 17 ◁ hábil

mancar
 21 atrever(se)
 5 osar

manceba
 7 amiga
 4 furcia
 6 muchacha
 5 querida
 22 amante
 19 china
 14 prostituta
 13 puta
 17 ramera

mancebía
 5 adolescencia
 6 juventud
 2 mocedad
 2 mocerío
 5 prostíbulo
 2 burdel
 5 lupanar
 ⇨ casa de putas
 7 ◁ madurez

mancebo
 8 adolescente
 13 dependiente
 8 empleado(s)
 13 garzón
 10 joven
 17 mozo
 9 muchacho
 ⇨ criado (-da)

mancera
 25 arado

mancerina
 11 bandeja
 6 plato

mancilla
 21 afrenta
 6 desdoro
 16 deshonor
 13 mancha

mancillado
 5 desprestigiado

mancillar(se)
 10 afear
 22 deshonrar(se)
 17 deslucir(se)
 5 deslustrar
 18 enviciar(se)
 19 manchar(se)
 9 violar

manco
 25 avisado
 12 imperfecto
 6 cuto
 7 jamelgo
 3 maneto
 1 ñoco
 10 rocín
 5 soco

mancomunado
 15 asociado

mancomunar(se)
 21 agrupar(se)
 48 asociar(se)
 3 confederar
 14 federar(se)
 79 unir(se)

mancomunidad
 24 ayuntamiento
 28 asociación

mancorna
 15 broche
 4 presilla

mancornar
 14 emparejar(se)
 14 sujetar

mancuerna
 1 yunta
 7 gemelos
 3 pareja

mancha
 7 boceto
 9 borrón
 5 chafarrinón
 10 defecto
 6 desdoro
 9 deshonra
 3 lamparón
 8 mácula
 4 mancilla
 7 pero
 1 rodal
 7 tacha
 11 vicio

manchado
 3 ahumado
 2 berrendo
 2 churretoso
 8 impuro
 4 jaspeado
 7 matizado
 4 mugriento
 2 pintojo
 6 salpicado
 4 teñido
 2 veteado
 4 empatado

manchar(se)
 10 afear
 8 amancillar
 12 baldonar
 22 deshonrar(se)
 5 deslustrar
 18 empeorar(se)
 5 emporcar
 16 enfangar(se)
 10 ennegrecer
 16 ensuciar(se)
 29 envilecer(se)
 8 macular
 7 mancillar(se)
 16 pringar(se)
 11 salpicar(se)
 8 tiznar(se)
 5 empañar(se)

 10 hollar
 10 salar
 50 ◁ limpiar

manchas
 3 varicela

manchón
 13 mancha

manda
 15 donación
 6 legado
 13 voto

mandadera
 6 fregona
 ⇨ criado (-da)

mandadero
 22 ordinario
 5 recadero

mandado
 24 alguacil
 9 apoderado
 5 comisionado
 7 embajador
 5 encargado
 20 orden
 17 precepto(s)
 3 subalterno

mandamás
 4 gerifalte
 11 patrono
 8 gallito
 19 patrón

mandamiento
 27 instrucción(es)
 7 mandato
 20 orden
 17 precepto(s)
 3 prescripción

mandanga
 15 indolencia
 10 lentitud
 26 calma
 12 flema

mandar

8 pachorra
12 ◁ *prontitud*

mandar
36 conducir(se)
5 decretar
43 dejar(se)
56 dirigir(se)
48 disponer(se)
7 encargar
6 encomendar
7 enviar
47 establecer(se)
10 estatuir(se)
10 gobernar
5 legar
43 llevar(se)
24 ordenar(se)
9 preceptuar
26 remitir(se)

5 roncar

7 ◁ *obedecer*

mandarina
10 naranja(s)

mandatario
4 anfictión
9 apoderado
4 dignatario
4 jalifa
6 negociador
27 agente

mandato
16 comisión
8 delegación
5 mandamiento
20 orden
17 precepto(s)
3 prescripción
23 disposición

mandíbula
1 quijada

mandil
2 delantal

mandilete
1 guantelete
3 porta

mandinga
7 brujería
9 encantamiento
13 revoltoso
8 demonio
14 diablo
10 travieso

mandioca
1 guacamote
10 harina

mando
21 dominio
11 gobierno
43 poder(es)
8 señorío
26 autoridad
9 superioridad

mandoble
6 sablazo

mandolina
5 bandolina

mandón
9 autoritario
9 imperativo
11 imperioso
10 santón
4 sargento
6 mangoneador

mandona
4 marimandona

mandonear
3 sargentear

mandracho
8 garito

mandria
7 amedrentado
11 incapaz
13 inexperto
33 apocado
17 cobarde
8 inepto
12 inhábil

16 inútil
9 pusilánime
14 ◁ *apto*
33 ◁ *atrevido*

mandril
19 mono

manduca
4 vituallas
23 comida
5 pitanza

manducar
22 comer
20 engullir(se)
1 papear
15 zampar(se)
18 jalar
9 jamar
31 tragar
3 yantar

manducatoria
35 alimento

manea
9 manija
5 maniota

manear(se)
2 amanear
15 embarazar(se)
18 enredarse
4 maniatarse
10 tropezar(se)
61 atar
54 confundirse

manecilla
1 manezuela
7 saeta
29 aguja

manejable
1 manuable
3 portátil
2 transportable

manejar
16 administrar(se)
36 conducir(se)

56 dirigir(se)
10 gobernar
9 guiar
5 manipular
15 regir(se)
6 utilizar
24 emplear
8 usar

manejarse
12 portar(se)

manejo
2 cambalache
6 conducción
16 dirección
11 gobierno
2 manipulación
9 uso
2 utilización
13 artimaña
19 intriga
13 maniobra

manera(s)
31 ademán
3 ademanes
19 carácter
15 ceremonia
9 crianza
9 estilo
9 factura
36 forma(s)
11 formación
18 fórmula
11 gentileza
2 guisa
35 medio(s)
2 modales
5 modalidad
26 modo
8 porte
17 práctica
21 proceder
11 procedimiento
30 recurso(s)
12 son
6 talante
26 camino
19 género
18 método
17 suerte

15 traza

manero
50 astuto
10 cuco
6 esquivo
9 huraño
33 pícaro
9 receloso
10 sagaz
16 taimado
13 ◁*ingenuo*

manes
37 alma

maneta
2 ladilla
2 piojo

maneto
5 lisiado
3 patizambo
8 manco

manezuela
3 manecilla

manflorita
2 hermafrodita

manga
2 manguera
3 tifón
4 tromba
5 copón
26 parte
22 serie
3 tubo

mangajo
25 andrajo

mangancia
5 ratería
6 hurto
6 sustracción

manganear
87 fastidiar(se)
54 hurtar(se)

114 molestar(se)
14 importunar
14 robar

manganesa
2 pirolusita

manganeso
2 pirolusita

manganilla
14 ardid

mangante
4 carterista
5 chapucero
6 sinvergüenza
10 cuchara
17 estafador
13 ladrón
6 ratero
6 trapacero

mangar
54 hurtar(se)
8 ratear
15 substraer(se)
80 burlarse
50 limpiar
6 mofarse
58 quitar
14 robar
4 sablear
19 soplar
10 sustraer
⇨pedir dinero

mango
10 agarradero
7 asa
4 empuñadura
2 puño
11 cacha

mangoneador
3 bullidor
4 intrigante
6 intruso
9 entrometido
5 figurón
6 mandón

12 ◁*discreto*
8 ◁*sumiso*

mangonear
56 dirigir(se)
10 gobernar
54 hurtar(se)
5 manipular
17 mandar
14 robar
⇨cortar el bacalao
⇨tener la sartén por el mango

mangoneo
4 intromisión
4 intrusión
3 mediatización

mangorrero
26 despreciable
16 inútil

mangosta
1 civeta
1 icneumón

mangrino
14 débil
10 enclenque
11 raquítico

manguala
9 complot
9 confabulación
28 engaño(s)
10 trampa

manguear
22 comer
20 engullir(se)
7 ojear
18 jalar
31 tragar
⇨espantar la caza

manguera
7 manga
3 tubo

manguero
10 aguadero

mangueta
4 jeringa
6 palanca

manguillero
1 portaplumas

manguillo
2 palillero
4 palillo
5 mango

manguita
7 funda

manguito
5 estufilla
1 regalillo

maní
2 cacahuete
13 dinero
17 pasta

manía
11 antojo
13 arrebato
11 aversión
8 chifladura
6 desafecto
6 enemiga
19 extravagancia
8 furor
4 monomanía
6 obsesión
18 rareza(s)
5 prurito
32 aborrecimiento
33 agitación
13 animadversión
23 antipatía
11 birria
15 capricho
3 coroca
9 chaladura
9 ojeriza
8 tirria
⇨idea fija

maníaco
5 obsesionado
7 obseso
5 paranoico

maniatado
11 apresado

maniatar
26 inmovilizar(se)
37 ligar(se)
61 atar
14 sujetar
34 ◁*liberar(se)*

maniatarse
7 manear(se)

maniático
8 antojadizo
12 caprichoso
12 chiflado
1 monomaníaco
7 obseso
12 chalado
9 extravagante
20 loco
7 ◁*cuerdo*

manicio
3 esqueje
7 tallo

manicomio
2 loquera

manicorto
34 avaro

manida
14 albergue
10 mansión
10 vivienda

manido
5 anticuado
10 habitual
3 manoseado
13 sobado
3 trasnochado
5 trillado

7 usual
9 vulgar
12 doliente
16 enfermo
14 envejecido
14 lleno
10 repleto
10 ◁*actual*
8 ◁*intacto*
18 ◁*original*

maniego
1 ambidextro

manierista
15 barroco

manifactura
4 manufactura

manifestación
8 aparición
13 brote
9 ceño
12 demostración
7 eclosión
6 emersión
11 exposición
10 ocurrencia
13 presencia
20 prueba
4 rendición
2 revelación
1 sentada
2 síndrome
5 síntoma
34 aviso

manifestaciones
4 amoricones

manifestar
43 afirmar(se)
52 asegurar(se)
14 decir
11 declarar
13 descubrir
20 evidenciar
11 exhibir(se)
31 exponer(se)
35 mostrar(se)
33 presentar(se)

22 revelar(se)

manifestarse
9 advenir
27 aparecer(se)
64 apuntar(se)
10 brotar
26 parecer(se)
47 producir(se)
11 resultar
48 salir(se)
7 surgir
8 traducir(se)

manifiestamente
16 abiertamente
10 claramente
8 expresamente
4 limpiamente

manifiesto
10 bando
28 claro
14 evidente
11 notorio
12 obvio
5 ostensible
7 palpable
18 patente
3 proclama
13 visible
7 declaración
16 ◁*oculto*

manifold
1 tubería

manigua
9 bosque
19 confusión

manija
7 asa
1 guadafiones
2 manea
5 maniota
2 manubrio
2 picaporte
4 suelta
7 traba
5 mango

manijero
2 sota

manilargo
5 colador
8 despilfarrador
4 disipador
10 derrochador
6 malgastador
9 manirroto
14 pródigo
4 ◁*ahorrador*

maniluvio
24 baño(s)

manilla
10 argolla
11 brazalete
5 pomo
2 pulsera

manillar
1 asidor
11 guía

manillas
12 canana

maniobra
42 acción
3 ciaboga
10 combinación
9 complot
15 ejercicio
2 estrategia
6 evolución
9 maquinación
11 operación
10 táctica
13 artimaña
19 intriga
10 manejo

maniobrar
6 evolucionar

maniobrero
17 artificioso
12 flexible
17 hábil

4 intrigante
14 suelto
24 fácil
6 tramposo
16 ◁*franco*
22 ◁*noble*

maniota
1 guadafiones
2 manea
9 manija
4 suelta
7 traba

manipulación
13 deformación
10 manejo

manipular
5 accionar
13 deformar
10 manejar
7 manosear
8 mangonear

manípulo
4 estola

maniquí
1 fraustina

manir
7 cecinar
17 pudrir(se)
16 corromper

manirroto
12 botarate
5 colador
8 despilfarrador
4 disipador
5 disparador
7 manilargo
10 derrochador
6 malgastador
14 pródigo
4 ◁*ahorrador*

manis
7 compañero(s)

24 amigo

manivela
5 cigüeña
2 manubrio

manjar
3 comestible
3 maná
35 alimento
23 comida

manlieva
9 préstamo

mano
1 aragonés
11 asistencia
24 baño(s)
7 compañero(s)
3 dátil
18 habilidad
33 paliza(s)
43 poder(es)
9 socorro
24 amigo
24 auxilio
29 ayuda
21 capa
17 castigo
18 chico
6 destreza
5 hermano
10 influencia
6 mando

manojo
3 fajo
2 garba
9 gavilla
7 haz

manolo
14 majo
18 chulo

manopla
1 guantelete

manos
3 nomas

manoseado
5 percudido
13 sobado
13 manido

manosear
39 ajar(se)
30 deteriorar(se)
32 gastar(se)
5 manipular
11 palpar(se)
39 tocar(se)
10 sobar

manoseo
5 achuchón
15 ajamiento
3 manoteo
9 palpamiento
19 sobo
7 regodeo
2 samadero

manotada
4 manotazo

manotazo
1 manotada
2 tabalada
9 cuesco
3 guantada

manotear
5 accionar
54 hurtar(se)
1 prevaricar
14 robar
2 ucear

manoteo
8 gesticulación
7 manoseo
19 sobo
8 ◁*quietud*
8 ◁*reposo*

mansedad
7 mansedumbre

mansedumbre
27 afabilidad
12 benevolencia

21 benignidad
15 docilidad
1 domesticidad
9 dulzura
11 suavidad
14 ◁*rebeldía*

mansión
14 albergue
9 alcázar
8 castillo
2 estadía
7 estancia
3 morada
1 palacio
2 permanencia
9 residencia
10 vivienda

manso
26 apacible
10 dócil
10 reposado
6 sosegado
8 sumiso
13 tranquilo
19 suave
9 ◁*inquieto*
14 ◁*rebelde*

manta
5 bribón
3 edredón
8 frazada
8 granuja
3 rito
6 sinvergüenza
9 cata
6 cobertor
11 pillo

mantear
58 alzar(se)
14 jugar
53 levantar(se)
5 vapulear
80 burlarse
8 ◁*respetar*

manteca(s)
7 gordura
10 grasa

mantecada
  3 mantequilla
  1 margarina
  1 michelines
  1 mollas
  25 cuarto
  8 pringue

mantecada
  27 bollo(s)

mantecado
  16 helado
  12 torta

mantecón
  12 cómodo
  27 delicado

mantecoso
  3 lipoideo
  5 seboso
  7 repuesto
  8 cargante
  10 impertinente
  31 pesado
  2 ◁huesudo

mantelado
  9 amurallado

manteleta
  5 chal
  4 esclavina

mantelete
  2 echarpe

mantellina
  5 mantilla

mantención
  35 alimento

mantenedor
  10 alférez

mantener(se)
  43 afirmar(se)
  39 aguantar(se)
  43 alimentar(se)
  55 amparar(se)

  63 apoyar(se)
  11 conservar
  22 cuidar(se)
  10 cultivar
  9 custodiar
  8 economizar
  26 entretener(se)
  8 fomentar
  19 nutrir(se)
  4 perdurar
  9 permanecer
  10 perseverar
  11 persistir
  42 proteger(se)
  20 ratificar(se)
  22 reservar(se)
  25 resistir(se)
  15 retener(se)
  42 seguir(se)
  25 sostener(se)
  10 sustentar
  19 tener(se)
  7 continuar
  7 disfrutar
  7 ◁cejar
  4 ◁desasistir
  4 ◁parcelar
  4 ◁replantear
  5 ◁trasvasar

mantenida
  5 querida
  13 puta

mantenido
  4 gigoló

mantenimiento
  7 conservación
  2 sustento
  35 alimento

manteo
  5 manto
  21 capa

mantequilla
  8 manteca(s)
  1 margarina
  14 débil

mantilla
  1 mantellina
  5 manto
  8 velo
  17 cobarde
  9 pusilánime

mantillo
  1 humus
  ⇨tierra vegetal

mantillón
  8 granuja
  6 sinvergüenza
  11 pillo

manto
  2 clámide
  6 envoltura
  10 capote
  21 capa
  10 cubrimiento

mantón
  5 chal
  2 pañolón

mantoncito
  6 muchacha
  2 nena
  7 chica

mantudo
  27 delicado
  16 enfermo

manuable
  3 manejable

manual
  6 breviario
  14 compendio
  3 manejable
  1 manuable
  13 sumario
  ⇨libro de texto

manubrio
  5 cigüeña
  2 manivela

manuella
  17 cabrestante

manufactura
  10 fábrica
  12 industria
  12 producto
  23 obra

manufacturar
  11 fabricar
  6 industrializar
  47 producir(se)

manumisión
  12 independencia
  6 liberación
  6 redención

manumiso
  6 horro
  18 libre

manumisor
  5 emancipador
  5 libertador

manumitir(se)
  11 ahorrar(se)
  6 alheñar(se)
  5 emancipar(se)
  4 liberalizar
  15 libertar(se)
  11 librar
  10 redimir
  42 soltar(se)
  34 liberar(se)

manuscribir
  9 escribir

manuscrito
  2 códice
  18 original
  3 pergamino
  7 ◁impreso

manutención
  7 conservación
  3 mantenimiento
  6 sostenimiento

2 sustento
35 alimento

manyar
43 alimentar(se)
22 comer
17 comprender
9 entender

manyoreta
24 adulador
11 cobista
2 pelotillero

manzana
11 bloque
12 cuadra
6 isla
4 poma

manzanear
12 halagar
14 obsequiar(se)

manzanilla
3 camomila
9 infusión

manzano
8 camueso

maña
33 artificio
3 biblia
18 habilidad
12 industria
10 maestría
10 picardía
24 arte
47 astucia
6 destreza
19 mano
5 triquiñuela
8 ◁*torpeza*

mañana
10 futuro
3 porvenir

mañanear
4 madrugar

mañanero
5 madrugador

mañanita
21 amanecer

mañero
2 cachudo

mañoco
1 tapioca

mañosamente
8 bonitamente

mañoso
14 diestro
8 experto
17 hábil
1 habilidoso
12 ◁*inhábil*

maoísmo
4 comunismo
5 marxismo

maoista
18 rojo

mapa
18 carta
11 conjunto
1 mapamundi
5 panorama
2 planisferio
17 plano

mapamundi
6 mapa

mapeango
11 incapaz
8 incompetente
16 inútil

maque
2 laca

maquear
10 barnizar
4 charolar

maqueta
7 bosquejo
5 croquis
5 esbozo
15 proyecto
15 modelo
19 patrón

maquetas
10 gandul
27 holgazán
16 vago

maquiavélico
7 engañoso
9 falaz
10 mentiroso
16 taimado

maquiavelismo
5 perfidia
47 astucia
7 doblez
19 intriga
7 ◁*honradez*
12 ◁*sinceridad*

maquilero
2 molinero

maquillaje
6 acicalamiento
5 cosmético

maquillar
23 pintar

maquillarse
39 acicalar(se)
2 depilarse
5 empolvarse
83 arreglarse
34 componer
23 pintar

máquina
22 aparato
6 artefacto
1 autómata
10 combinación
15 ingenio

1 locomotora
3 motor
13 origen
10 solución
10 coche
13 fuente

maquinación
24 amaño
9 complot
11 composición
9 confabulación
8 imaginación
7 invención
20 arreglo
10 manejo
13 maniobra

maquinal
6 automático
7 indeliberado
6 instintivo
6 involuntario
13 irreflexivo

maquinar
13 fraguar
48 preparar(se)
16 tramar(se)
5 urdir
8 conspirar
10 intrigar(se)

maquinaria
11 máquina
6 mecanismo

maquinista
9 conductor

maquis
2 guerrilla
17 resistencia

mar
28 abundancia
8 infinidad
2 océano
3 piélago
2 ponto
4 sinfín

mara

16 cantidad
14 copia
16 multitud

mara
10 cesta
13 cesto
3 clava
41 banda
8 pandilla

marabú
5 cigüeña

maraca
10 gandul
10 zoquete
17 haragán
18 torpe
16 vago

maracure
7 bejuco

maraña
9 broza
8 hojarasca
19 confusión
15 embrollo
18 enredo
18 gratificación
11 lío
11 propina

marañal
1 coscojal

marañón
1 merey

marasmo
17 apatía
2 atonía
7 desgana
14 detención(es)
6 inmovilización
3 paralización
6 pasividad
17 ◁actividad

maravedí
3 agnusdéi
6 ardite

maravilla
18 admiración
4 estupefacción
6 extrañeza
6 milagro
11 pasmo
5 portento
6 prodigio
15 asombro

maravillado
4 asombrado
7 estupefacto
9 extasiado
9 sorprendido
12 suspenso
◁defraudado

maravillar(se)
25 admirar(se)
39 arrebatar(se)
31 asombrar(se)
74 aturdir(se)
4 epatar
24 espantar(se)
18 extrañar(se)
22 fascinar(se)
19 pasmar(se)
22 sorprender(se)
15 suspender
⇨quedarse boquiabierto
◁quedarse indiferente

maravilloso
17 excelente
16 fantástico
12 genial
9 milagroso
10 portentoso
7 prodigioso
6 sobrenatural
8 estupendo
14 extraordinario
11 magnífico
17 soberbio

marbete
6 etiqueta
1 precinto

10 rótulo

marca
4 contraseña
5 distintivo
6 etiqueta
17 huella
3 marbete
15 medida
5 módulo
2 muesca
1 precinto
1 récord
10 signo(s)
11 talla
6 lema
16 raya
10 rótulo
27 señal

marcación
5 abalizamiento

marcado
8 destacado
14 evidente
5 perceptible
2 pronunciado
14 señalado
6 ◁dudoso
7 ◁inadvertido

marcador
3 tanteador
13 contraste
7 secante

marcar(se)
17 acentuar(se)
6 amajanar
19 blasonar
13 bordar
19 brujulear
8 caracterizar(se)
11 delimitar
35 distinguir(se)
4 empegar
3 estampar
2 estampillar
11 indicar
4 jalonar
35 mostrar(se)

1 numerar
6 puntuar
8 rayar
4 remarcar
46 señalar(se)
3 timbrar
23 trazar(se)
4 abalizar
12 sellar

marcasita
2 pirita

marcial
17 apuesto
33 atrevido
18 audaz
1 bélico
2 castrense
6 combativo
12 estirado
10 intrépido
9 militar
7 osado
17 gallardo
9 valiente
17 ◁cobarde

marcialidad
4 belicosidad

marco
5 cartabón
9 cerco
21 dominio
2 recuadro
7 ámbito

marcos
9 gazuza
6 hambre

marcha
22 ausencia
11 curso
16 diversión
2 funcionamiento
8 ida
15 movimiento
11 procedimiento
10 retirada
22 salida(s)

8 velocidad
18 método
21 partida

2 ◁*permanencia*

marchamar
3 bollar

marchante
2 peineta
5 solapado
2 peine
22 amante
50 astuto
6 cliente
3 parroquiano
14 querido
16 taimado

marchar(se)
16 acudir
38 alejar(se)
38 andar
30 ausentar(se)
5 caminar
19 circular
43 dejar(se)
11 desamparar
8 desaparecer
6 desfilar
4 deshabitar
20 desvanecer(se)
56 dirigir(se)
12 emigrar
25 encaminar(se)
5 funcionar
46 ir(se)
14 jugar
60 largar(se)
59 mover(se)
32 mudar(se)
21 partir
48 pasar(se)
14 pasear(se)
38 pegar(se)
34 retirar(se)
48 salir(se)
64 separar(se)
44 tomar(se)
6 transitar
26 trasladar(se)

3 zarpar
46 cambiar
8 enchuchar(se)
25 ahuecar
38 alejarse
48 arrancar
5 atesar
28 aventar
57 cortar
6 empuntar
5 espiantar(se)
46 irse
18 jalar
60 largarse
13 pitar
34 retirarse
⇨estar en uso
26 ◁*inmovilizar(se)*
2 ◁*vivaquear*
19 ◁*quedarse*
7 ◁*regresar*

marchitamiento
15 ajamiento
3 lividez
1 marchitez

marchitar(se)
17 abrasar(se)
15 agostar(se)
32 agotar(se)
39 ajar(se)
9 amustiar(se)
16 anublar(se)
10 avejentar(se)
17 debilitarse
17 deslucir(se)
19 enflaquecer(se)
8 envejecer
3 mustiarse
48 pasar(se)
7 resecar(se)
30 secar(se)
15 decaer
11 ◁*florecer*
13 ◁*fortalecer(se)*
7 ◁*rejuvenecer(se)*

marchitez
3 marchitamiento

marchito
2 agostado
3 ajado
10 mustio
9 ◁*florido*

marchoso
23 animado
17 apuesto
9 garboso
17 gentil
3 juerguista
17 gallardo

marea
6 invasión
4 irrupción
5 oleada
1 pleamar
8 resaca

mareado
27 aturdido
bebido
4 desazonado
1 desfallecido
3 indispuesto
45 borracho
7 ◁*repuesto*
13 ◁*sereno*

mareante
8 cargante
15 molesto

marear(se)
11 abobar(se)
28 abrumar(se)
30 atontar(se)
74 aturdir(se)
9 aturullar(se)
80 burlar(se)
14 cabecear
20 desvanecer(se)
37 embriagar(se)
6 empiparse
87 fastidiar(se)
44 incomodar(se)
114 molestar(se)
23 privar(se)

5 hamaquear
14 importunar
5 incordiar
⇨perder el conocimiento
⇨perder el sentido
⇨tener una lipotimia

marejada
8 flujo

maremagnum
28 abundancia
18 barullo
8 profusión
16 cantidad
19 confusión
14 copia
15 embrollo
18 enredo
11 lío
8 maraña
16 multitud

maremágnum
9 fárrago

mareo
15 desmayo
1 lipotimia
18 molestia(s)
4 vahído
6 vértigo
11 enfado
15 fastidio
14 pesadez
9 síncope

marero
3 entibo
14 palo
5 traviesa
6 viga
5 poste
6 tirante

mareta
11 aplacamiento
79 alboroto

márfega
4 colchón
5 jergón

marfil
2 dentina

marfileño
2 eborario

marga
5 arcilla
2 esquisto
4 greda

margallón
8 palmito

margar
26 abonar(se)

margarina
3 mantequilla

margarita
2 chiribita

margen
10 acotación
7 amputación
32 borde
14 canto
4 escolio
10 motivo(s)
24 nota
17 ocasión
14 oportunidad
5 pretexto(s)
27 anotación
7 orilla

marginado
0 excluido

marginal
19 anexo
3 consonante
7 lateral
6 secundario
10 separado
6 ◁central

marginar
70 apartar(se)
5 discriminar
64 separar(se)

margrave
10 soberano

maría
4 pazote
9 coladero

mariache
18 boda
8 matrimonio
8 casamiento

marianista
13 monje

marica
6 homosexual
2 invertido
29 afeminado
8 maricón
10 pato
4 sodomita
▷ de la cera de enfrente

maricón
11 adamado
2 bujarrón
6 homosexual
6 mariposón
29 afeminado
12 culero
7 marica
4 sodomita

maridaje
9 complot
6 concordancia
11 conchabanza
9 confabulación
28 conformidad
8 correspondencia
13 enlace
14 vinculación
7 vínculo
8 conexión
13 ◁desunión

maridar
48 asociar(se)
15 aunar(se)
27 conformar(se)

5 desposar(se)
9 hermanar(se)
79 unir(se)
7 vincular
4 concordar
19 casar
64 ◁separar(se)

marido
6 consorte
3 cónyuge
3 esposo
10 hombre

mariguana
5 estupefaciente
1 marijuana
4 narcótico
17 droga

mariguanza
4 pirueta
2 volantín

marihuana
1 grifa

marijuana
4 mariguana

marimacho
2 machorra
2 virago

marimandona
1 autoritaria
21 dominante
1 mandona
1 tirana
10 ◁dócil

marimba
10 tambor

marimoña
1 francesilla

marimorena
10 camorra
10 revoltijo

79 alboroto
80 bulla
19 confusión
20 contienda
24 follón
12 gresca
15 jaleo
11 lío
11 pelea
11 riña
7 trifulca

marina
5 armada
4 costa
3 flota
3 litoral
7 ribera

marinar
16 adobar
1 amarinar

marinera
8 blusa

marinería
4 dotación
1 tripulación

marinero
6 mariño
4 navegante
1 tripulante

marino
11 azul
3 marinero
2 marítimo
3 nauta
4 navegante
5 timonel

marión
2 sollo

marioneta
6 títere

mariposa
3 polilla

mariposear
3 revolotear
7 dudar
11 vacilar
▷ moverse alrededor

mariposeo
3 revoloteo

mariposilla
3 polilla

mariposón
4 faldero
7 galante
6 homosexual
8 maricón
5 mujeriego
5 tenorio
10 ◁indiferente

mariquita
5 barbilindo
15 cabrito
7 malva
5 mujeril
14 perico
29 afeminado
5 joto

marisca
53 amor
14 atracción

mariscador
1 marisquero

marisco
2 crustáceo
5 molusco

marisma
5 ciénaga
2 marjal
6 pantano
4 ◁secano

marismo
5 álimo
4 armuelle

12 barrilla
4 orzaga

marisquero
1 mariscador

marista
13 monje

marital
2 conyugal
3 matrimonial
3 nupcial

marítimo
6 marino
2 náutico

maritornes
4 asistenta
1 fámula
15 criada
7 chica
9 moza
14 sirvienta

marjal
4 almarjal
3 marisma

marketing
1 mercadeo

marmita
5 cacerola
7 pote
5 cuenco
8 olla
4 puchero

marmitón
7 pinche

mármol
3 alabastro

marmoleño
1 marmóreo

marmolillo
2 guardacantón

marmóreo
1 marmoleño

marmota
2 dormilón

maro
2 amaro
2 bácaris
3 esclarea

marojo
1 madroño

maroma
13 cable
14 cuerda
4 sirga
2 soga

maromear
19 balancear(se)
11 columpiar(se)
8 contemporizar
7 dudar
7 titubear
11 vacilar

maromero
7 acróbata
1 disimulado
9 ladino
16 taimado

maromo
11 paleto
11 patán
17 rústico

marón
2 esturión
2 morueco

maronita
16 cristiano

marqués
4 comodón
1 hedonista
4 señorito

marquesina
7 baldaquín
6 tejadillo
2 saledizo

marquetería
2 taracea

marra
2 almádena

marrado
6 errado
1 fallado
2 fallido
4 fracasado
2 ◁conseguido
4 ◁logrado

marrajo
1 escualo
11 malicioso
2 tiburón
8 tunante
50 astuto
11 pillo
16 taimado

marrana
1 cochina
1 gorrina
1 guarra
8 cerda

marranada
1 asquerosidad
8 desprecio
17 injuria
11 vileza
12 infamia
34 porquería
14 suciedad

marranalla
10 canalla

marranchón
1 lechón

marranería
7 marranada

marrano
14 cerdo
7 puerco
4 tocino
12 cochino
5 desaseado
13 sucio

marrar
19 cebar(se)
5 desacertar
20 equivocarse
9 errar
9 fallar
⇨ no dar en el blanco

marrazo
5 machete
9 hacha

marrido
6 amarrido
22 angustioso

marro
31 ademán
10 huida

marrón
3 castaño
8 martillo
⇨ café con leche

marronáceo
5 kaki

marroquí
10 beduino
1 tafilete

marroquinería
3 tafiletería

marrueco
5 brageta
6 medroso
1 portañuela
17 cobarde
9 pusilánime

marrullería
8 engañifa
14 ardid
13 artimaña
10 trampa
5 treta

marrullero
6 innoble
4 ventajista
24 artero
50 astuto
9 ladino
7 lagarto
16 taimado
10 traidor
5 zorro
13 ◁ingenuo

marsopa
4 cetáceo

marsupial
1 didelfo

marta
1 nutria

martagón
24 artero

martellina
8 martillo

martillar
40 batir(se)
24 clavar(se)
3 reiterar
15 repetir(se)
24 golpear

martillazo
5 mazazo

martillear
5 amartillar

martillejo
2 templador

martillo
10 destructor
5 escarnecedor
3 marrón
7 mazo
2 perseguidor
26 azote
14 macho
4 mallo

martín pescador
1 alción
1 guardarrío

martinete
7 mazo
⇨ martín pescador

martingala
12 arana
5 baratería

mártir
4 martirizado
21 santo
4 ◁victimario

martirio
20 incomodidad
18 molestia(s)
3 suplicio
9 tortura
15 fastidio
12 sufrimiento
20 tormento

martirizado
13 atormentado
2 mártir
3 torturado
4 víctima
5 ◁mimado
4 ◁respetado

martirizador
1 atormentador
7 doloroso
6 inquietante
1 torturador
1 torturante
8 verdugo

12 ◁cómodo
◁tranquilizador

martirizar(se)
35 atormentar(se)
87 fastidiar(se)
44 incomodar(se)
114 molestar(se)
8 torturar(se)
5 incordiar
30 ◁agradar

martirologio
2 santoral

maruga
10 nadería(s)
9 nonada
12 pequeñez
3 sonaja
25 fruslería
1 sonajero

marxismo
4 comunismo
1 estalinismo
2 leninismo
2 maoísmo
1 trotskismo

marxista
3 comunista
2 socialista

marzoleto
3 majuelo

mas
6 aunque

masa
28 abundancia
15 compuesto
3 magma
4 pella
4 suma
2 todo
8 amalgama
16 cantidad
14 copia
16 multitud

mastuerzo

17 pasta
19 reunión

masacrado
11 aventado

masacrar
52 matar(se)
29 aniquilar

masacre
7 aniquilamiento
6 exterminio
4 matanza

masada
13 alquería
5 cortijo
4 masía
8 torre

masaje
4 fricción
1 frotación
7 friega

masamorra
13 ampolla
8 apostema

masar
5 amasadura

mascable
5 triturable

mascada
6 atracón
35 alimento

mascadeo
5 lechuguino
2 petimetre

mascar
2 masticar
9 triturar

máscara
3 antifaz
1 carátula

5 careta
6 disfraz
18 disimulo
4 embozo
28 engaño(s)
1 mascarón
8 ocultación
4 tapujo

mascarada
1 carnaval
28 engaño(s)
6 mojiganga
18 fantasía
11 ficción
12 quimera

mascarilla
3 antifaz
5 careta

mascarón
10 máscara

mascatrapos
5 mendigo
6 vagabundo

mascavidrios
8 beodo
45 borracho

mascón
4 estropajo
12 jactancioso
9 presumido

mascota
12 amuleto
3 fetiche
1 talismán

mascujar
8 balbucir
8 barbotar

masculina
7 hombruna

masculinidad
7 virilidad

4 ◁*feminidad*

masculino
9 varonil
2 viril

mascullar
6 balbucear
4 musitar
8 barbotar
8 murmurar
5 rezongar

masera
16 artesa

masería
13 alquería

masía
6 finca
6 quinta
7 almunia
13 alquería

masilla
4 engrudo
17 pasta

masita
10 deducción
2 descuento
4 retención

masivo
3 máximo
22 fuerte
23 grande

masón
1 francmasón

masonería
7 logia

masoquismo
3 perversión
2 sadismo

master
8 graduado

masticable
2 masticatorio
5 triturable
42 blando
30 ◁*duro*
1 ◁*incomestible*

masticar
2 mascar
9 triturar

masticatorio
3 chicle
3 masticable

mástil
37 apoyo
9 árbol
3 bauprés
8 fuste
2 mesana
14 palo
4 percha
10 asta
4 trinquete

mastín
7 perro

mástique
3 almáciga
6 resina

mastitis
⇨inflamación del pezón

mastodonte
16 colosal
10 gigantesco
1 mamut
6 voluminoso
4 ◁*diminuto*
13 ◁*enano*

mastranto
1 mentastro

mastuerzo
1 cardamina
6 imbécil

masturbación
  75 bobo
  8 idiota
  11 memo
  22 necio
  18 tonto

masturbación
  1 onanismo

masturbarse
  23 cascar(se)
  3 picholear

mata
  3 arbusto
  10 macizo
  1 matojo
  3 matorral

matabuey
  1 amarguera

matacabras
  2 bóreas
  13 norte

matacán
  2 ladronera

matacandelas
  2 apagador
  3 apagavelas

matacandiles
  1 baya

mataco
  12 caprichoso
  14 obstinado
  9 terco

matachín
  2 matarife
  7 matón

matadero
  1 desolladero
  1 macelo
  9 rastro
  2 tajadero

matador
  3 asesino
  8 criminal
  3 homicida

matadura
  7 deuda
  10 trampa

matafalúa
  7 anís

matafuego
  1 extintor

matafuegos
  6 bombero

matajudío
  4 capitón
  5 mújol

matalahúga
  7 anís

matalahúva
  7 anís

matalobos
  5 acónito
  5 anapelo

matalón
  12 pingo
  13 chuzo
  7 jamelgo
  9 mocho
  11 penco
  10 rocín

matalotaje
  4 catering

matalote
  4 ranga
  3 violín

matamoros
  12 baladrón

matanza
  4 degollina
  10 destrozo
  6 mortandad
  8 carnicería

matar(se)
  28 abrumar(se)
  25 acalorar(se)
  15 acogotar
  14 acuchillar(se)
  27 agobiar(se)
  15 ahorcar(se)
  10 ajusticiar
  15 apagar(se)
  8 aperrear(se)
  21 atenuar(se)
  44 calmar(se)
  5 decapitar
  11 desarraigar(se)
  27 despachar(se)
  5 destripar
  52 destruir(se)
  19 disminuir(se)
  19 ejecutar(se)
  1 electrocutar
  2 estoquear
  6 exterminar
  24 extinguir(se)
  37 fatigar(se)
  28 finalizar(se)
  6 fulminar
  4 inmolar
  3 linchar
  36 liquidar(se)
  2 masacrar
  19 saciar(se)
  14 sacrificar(se)
  44 satisfacer(se)
  5 segar
  13 suprimir
  10 eliminar
  9 apiolar
  5 asesinar
  8 birlar
  41 cansarse
  6 chicotear
  8 degollar
  16 desgraciar
  31 doblar
  4 embarrilar
  8 finiquitar
  7 fusilar
  6 pavear
  5 peinar
  30 templar
  ⇨pasar a cuchillo
  ⇨quitar de enmedio
  18 ◁*generar*

matarife
  2 jifero
  2 matachín

matarratas
  1 raticida
  4 aguardiente

matasanos
  4 cirujano
  4 curandero
  5 doctor
  1 mediquillo

matasiete
  10 jaque
  4 pendenciero
  22 bravucón
  7 matón
  4 perdonavidas

matataes
  6 cachivaches
  6 trebejos
  10 trasto

matatías
  34 avaro

match
  19 combate
  21 partida

mate
  2 amortiguado
  6 apagado
  9 opaco
  18 amargo
  12 hierba
  ⇨hierba del Paraguay
  ⇨té de los jesuitas
  34 ◁*brillante*

matemáticas
 1 álgebra
 1 aritmética
 11 cálculo
 1 geometría
   trigonometría
   topología
 ⇨ciencias exactas

matemático
 16 cabal
 22 preciso
 12 exacto
 16 justo
  6 ◁*aproximado*

materia
 30 asunto(s)
 23 material(es)
  8 móvil
 23 objeto(s)
 17 ocasión
 19 punto(s)
 14 sustancia
 19 cuerpo
 13 sujeto
 35 alimento
 11 elemento
  3 pus
 17 razón
 13 tema

material(es)
  7 aperos
 11 basto
  4 componente
  4 corpóreo
  4 enseres
 10 físico
 14 fundamento(s)
  7 herramientas
  5 inanimado
  6 ingrediente
 14 materia
  7 palpable
  4 pertrecho(s)
 19 principio(s)
 14 sustancia
  4 tangible
  7 terrenal
 10 utensilio(s)

 11 verdadero
 19 cuerpo
 11 elemento
 21 grosero
 18 torpe
  4 ◁*anímico*
  4 ◁*ensoñado*
  4 ◁*infuso*
 13 ◁*inmaterial*
 10 ◁*refinado*

materialidad
  7 realidad
  8 temporalidad
 39 aspecto
  4 ◁*idealización*

materialismo
  2 evolucionismo
  2 utilitarismo
  6 ◁*idealismo*
  3 ◁*platonismo*

materialista
  1 empirista
  5 epicúreo
  3 pragmático
 16 sensual
    ◁*espiritualista*

materialización
  4 concreción
  1 encarnación
  5 personificación
  6 realización
 20 representación
  8 ◁*imaginación*
  4 ◁*teoría*

materializar(se)
  2 corporificar(se)

maternal
 17 cuidadoso
  1 materno
 12 afectuoso
 13 cariñoso
 18 ◁*extraño*
  9 ◁*huraño*

maternidad
  1 concebimiento
  2 concepción
  2 engendramiento

materno
  4 maternal

matinal
  4 matutino

matiz
  9 cambiante
 19 carácter
  5 modalidad
  7 peculiaridad
 11 viso(s)
 11 gradación
  8 agua
 39 aspecto
 13 tono

matizado
  4 coloreado
  1 combinado
  2 entonado
  7 equilibrado
  8 graduado
 12 manchado
  4 teñido
 10 ◁*monótono*
  6 ◁*uniforme*
 10 ◁*liso*

matizar
 27 destacar(se)
  3 irisar
  4 puntualizar
 12 realzar(se)
  2 tornasolar
 ⇨poner de manifiesto

matojo
  1 tamojo

matojos
  9 broza

matón
  2 matachín
  5 matasiete

  4 pendenciero
  5 valentón
  7 compadre
  4 perdonavidas
  7 pinche

matonismo
  6 intimidación
  5 bravuconería

matorral
  3 arbusto
  4 mata
  6 tabuco

matra
  9 manta
  5 poncho

matraca
103 burla

matraquear
 87 fastidiar(se)
 44 incomodar(se)
114 molestar(se)
  5 incordiar
  4 joder
 13 jorobar
 ⇨dar la paliza
 ◁*dejar en paz*

matraz
 27 vasija

matreraje
  1 bandidaje
  3 bandolerismo

matrero
 24 artero

matriarcado
  1 ginecocracia

matricaria
  3 arugas
  3 expillo

matrícula
  1 apuntación

matriculación
20 inscripción
13 registro

matriculación
3 abanderamiento
20 inscripción

matriculado
7 anotado

matricular
4 abanderar
17 alistar(se)
64 apuntar(se)
4 empadronar
5 enrolar(se)
11 inscribir
26 registrar(se)

matrimonial
2 conyugal
3 marital
3 nupcial

matrimoniar
79 unir(se)

matrimonio
18 boda
3 cónyuges
4 desposorio
13 enlace
7 nupcias
2 himeneo
8 casamiento
3 pareja

matriz
2 cuño
1 generadora
19 madre
10 molde
12 principal
13 seno
1 troquel
2 útero
10 determinante
⇨claustro materno

matrona
5 comadrona
2 partera

matucho
14 diestro
17 hábil
13 revoltoso
50 astuto
8 demonio
14 diablo
10 travieso

matufia
15 embeleco(s)
28 engaño(s)
15 mentira

matusalén
21 caduco
22 viejo
14 vivaz
33 anciano
11 senil

matute
7 alijo
5 contrabando

matutero
1 contrabandista
2 metedor

matutinal
4 matutino

matutines
1 exorcismo

matutino
1 matinal
1 matutinal
1 tempranero
7 temprano
2 ◁nocturno
1 ◁tarde
2 ◁vespertino

maucón
6 cabeceo

maula
18 desmañado
5 dolo
28 engaño(s)

27 holgazán
13 inexperto
8 remolón
9 fraude
17 haragán
12 inhábil
13 perezoso
9 timo
18 torpe
16 vago
10 zafio
10 zopenco
5 ◁trabajador

maulería
47 astucia
7 engañapichanga

maulero
24 artero

maullar
10 aullar
3 mayar
2 miar

máuser
7 fusil
4 rifle

mausoleo
1 panteón
10 tumba

máxima
6 adagio
15 aforismo(s)
7 apotegma
8 concepto
9 dicho
7 frase
7 proverbio
6 refrán
15 sentencia(s)

máximo
8 superior
7 supremo
11 inflexión
6 ◁mínimo

máximum
3 máximo
19 límite

maya
1 margarita
2 vellorita

mayar
2 miar
3 maullar
2 ñauar

mayestático
6 augusto
14 imponente
6 majestuoso
11 solemne

mayocol
4 capataz
2 mayordomo

mayólica
9 cerámica
2 loza
3 porcelana

mayonesa
3 ajoaceite
2 mahonesa

mayor
6 antepasado
3 progenitor
8 superior
13 ascendiente
⇨teniente coronel
7 ◁menor

mayoral
1 rabadán

mayoralía
2 pastoreo
1 rebañería

mayorazgo
1 primogenitura

mayordomía
9 administración

mayordomo
1 maestresala
4 intendente

mayores
20 antecesor
6 antepasado

mayoría
3 ciudadanía
19 común
6 generalidad
1 quórum
20 representación
3 totalidad

mayoridad
22 acrecentamiento

mayorista
14 comerciante

mayormente
1 especialmente
2 principalmente
⇨ sobre todo

mayúscula
14 capital
4 inicial

mayúsculo
11 grandioso
23 grande

maza
3 clava
7 mazo
9 porra

mazacote
5 conglomerado
8 amalgama
16 amasijo

mazamorra
7 fango
1 farfulleo

11 herida
2 tartajeo
8 cieno
6 llaga

mazapán
4 turrón

mazarrón
4 almagre

mazazo
1 impacto
12 impresión
1 martillazo
6 sensación
37 golpe
15 ◁ *indiferencia*

mazdeísmo
1 zoroastrismo

mazmorra
8 celda
3 ergástula
12 calabozo
21 cárcel
7 chirona
17 prisión
12 trena

maznar
26 blandear(se)

mazo
3 clava
3 fajo
7 haz
4 manojo
3 maza
4 mallo
9 porra

mazorca
3 espigón
3 muñeca
2 panocha

mazorral
11 basto
22 rudo

21 grosero
10 tosco
10 zafio
16 ◁ *fino*

mazurca
2 danza

mea culpa
4 culpable

meada
2 micción
3 orina
3 pis
1 pises

meadero
12 excusado
3 letrina
3 mingitorio
9 retrete
5 urinario
6 water

meadura
4 meada
2 micción

meandro
6 curva
14 revuelta
6 sinuosidad

meapilas
5 santurrón
4 chupacirios

mear
4 orinar

meato
5 orificio
37 agujero
5 conducto

mecachis
6 ostra(s)

mecánica
1 cinemática
1 dinámica

2 funcionamiento
1 hidrodinámica
1 termodinámica
2 utilización
16 empleo

mecánico
9 ajustador
6 automático
1 chapista
1 fresador
9 inconsciente
7 indeliberado
6 involuntario
5 maquinal
2 soldador

mecanismo
6 artefacto
12 articulación
2 dispositivo
26 juego(s)
2 maquinaria
27 regla(s)

mecanización
12 desarrollo
8 industrialización
2 planificación
◁ *artesanía*

mecanizar
3 automatizar
1 motorizar

mecanografía
1 dactilografía
11 máquina

mecanografiar
9 escribir
1 teclear

mecanógrafo
9 calígrafo
5 escribiente

mecatazo
5 latigazo
26 azote
5 sorbo

mecedora

13 trago

mecedora
8 balancín
4 columpio

mecedura
4 bamboleo

mecenas
8 bienhechor
5 protector

mecenazgo
13 protección
29 ayuda

mecer(se)
19 balancear(se)
13 bambolear(se)
10 bandear(se)
11 columpiar(se)
8 ondular(se)
6 oscilar
4 brizar
3 cunar
2 guaguatear
5 hamaquear
7 titubear
11 vacilar

meco
21 grosero
10 zafio

meconio
14 excremento

mecha
1 pabilo
3 pajuela
103 burla
7 chanza
19 miedo
6 moco
14 pavor

mechar(se)
7 apuñalar
40 batir(se)
29 pelear(se)

mechazo
19 ardimiento

mechera
1 estafadora

mechero
2 chisquero
3 encendedor

mechón
5 chasca
2 guedeja
6 bucle
3 rizo

mechones
36 cabello

medalla
19 insignia(s)
8 condecoración

medallón
3 camafeo

médano
2 duna

media
5 calza
2 promedio
6 calcetín
4 escarpín

mediacaña
1 troquilo

mediación
21 acuerdo(s)
11 arbitraje
2 celestinaje
7 intercesión
6 intervención
3 tercería
10 alcahuetería
20 arreglo
12 concordia

mediado
14 incompleto
5 inconcluso

6 ◁ *total*

mediador
5 arbitro
3 intercesor
10 intermediario
4 pastelero
5 tercero
4 medianero

medialínea
1 versalita

medianamente
5 regularmente

medianero
15 adyacente
6 central
6 mediador
35 medio(s)

medianía
2 mediocridad
7 vulgaridad

medianidad
7 adocenamiento

mediano
4 equidistante
7 intermedio
6 mediocre
4 pasable
15 razonable
17 regular(se)
9 vulgar

medianoche
1 ensaimada
4 hora
14 pollo
⇨ pan quemado

mediar
16 amigar(se)
10 conciliar
12 encarecer(se)
18 interponer(se)
49 meter(se)
6 ocurrir
48 pasar(se)

5 recomendar
15 reconciliar(se)
5 sobrevenir
13 suceder
2 terciar
2 transcurrir
6 intervenir
⇨ abogar por
⇨ poner paz
10 ◁ *inhibir(se)*

mediasnoches
4 canapé

mediatización
6 intervención
10 influencia
3 mangoneo

mediatizar
56 dirigir(se)
6 influir
6 intervenir

mediato
19 anexo
9 cercano
13 próximo
7 ◁ *inmediato*

medible
4 ponderable

medicación
9 tratamiento

medicamento
13 específico
4 fármaco
1 medicación
17 medicina
7 brebaje
17 droga
4 mejunje
5 potingue
11 remedio

medicastro
1 medicucho

medicina
1 cirugía
13 específico
4 fármaco
2 fisiología
1 neurología
1 obstetricia
1 oftalmología
1 otorrinolaringología
pediatría
4 poción
1 psiquiatría
1 radiología
1 traumatología
1 urología

17 droga
9 medicamento
11 remedio

medición
15 medida

médico
4 cirujano
5 doctor
3 facultativo
1 fisiólogo
2 galeno
1 internista
2 neurólogo
2 oculista
1 otorrinolaringólogo
pediatra
4 psiquiatra
1 radiólogo
1 urólogo
4 tocólogo
2 traumatólogo

medicucho
1 medicastro

medida
19 circunspección
10 dimensión
6 escala
6 graduación
1 medición
8 mesura
13 moderación

5 módulo
12 precaución
14 prevención
15 proporción
12 providencia
16 prudencia
10 tamaño
23 disposición

medido
17 regular(se)
8 acompasado
5 isócrono

medidor
3 comprobador
7 contador
5 registrador

medieval
2 medievo

medievo
1 medioevo
⇨edad Media

medio(s)
10 adminículo(s)
9 ambiente
11 arbitrio
40 bien(es)
bienes
14 capital
9 caudal
6 central
15 centro
4 clima
4 espacio
7 expediente
36 forma(s)
12 instrumento(s)
7 intermedio
21 lugar
30 manera(s)
2 mitad
5 órgano
27 posible(s)
11 procedimiento
30 recurso(s)
7 resorte
10 utensilio(s)
16 diligencia

2 facilities
4 medianero
5 conducto
13 fortuna
15 traza
21 vía
5 ◁*confín*
20 ◁*extremo*
10 ◁*concho*
8 ◁*chocante*

mediocre
8 adocenado
10 anodino
18 insignificante
7 mediano
9 vulgar
8 ◁*destacado*

mediocridad
7 adocenamiento
2 medianía

mediodía
2 sur

medioevo
2 medievo

mediquillo
4 matasanos

medir(se)
4 acordelar
9 aforar
22 apreciar(se)
18 arquear(se)
11 calcular
2 calibrar
2 comedirse
5 compasar
11 confrontar
21 contener(se)
4 contrastar
1 escandir
1 escantillar
7 evaluar
1 mensurar
7 mesurar(se)
31 moderar(se)
17 regular(se)
8 tasar

meditabundo
29 absorto
6 cabizbajo
5 caviloso
5 pensativo
14 abstraído

meditación
11 abstracción
24 apartamiento
1 cogitación
12 especulación
2 introspección
14 pensamiento
9 reflexión
8 retiro

meditado
3 estudiado
2 pensado
4 razonado

meditar
13 abismar(se)
25 abstraer(se)
9 cavilar
4 cogitar
16 concentrar(se)
12 discurrir
15 ensimismar(se)
19 especular
31 pensar(se)
8 recapacitar
15 reflexionar

médium
3 espiritista

medra
23 aumento

medrado
8 floreciente
6 próspero
8 pujante
19 ◁*abatido*
6 ◁*ruinoso*

medrar
10 ascender
59 aumentar(se)
30 crecer(se)

medro

15 desarrollarse
49 mejorar(se)
5 progresar
8 chapear
19 ◁*disminuir(se)*
18 ◁*empeorar(se)*

medro
4 ascenso
6 crecimiento
12 desarrollo
10 mejora
12 progreso
23 aumento
5 ◁*empeoramiento*

medroso
1 achantado
19 asustadizo
33 apocado
17 cobarde
12 miedoso
9 pusilánime
9 ◁*valiente*

medula
13 bulbo
6 cañada
15 centro
15 esencia
14 fundamento(s)
4 núcleo
14 sustancia
3 tuétano
5 encéfalo
12 meollo
4 ◁*periferia*

médula
3 tuétano

medusa
3 aguamala
2 aguamar

meeting
19 reunión

mefistofélico
10 infernal

mefítico
5 fétido
5 insalubre
9 insano
6 maloliente
8 pestilente
5 ◁*aromático*

megáfono
3 altavoz

megalito
1 dolmen
3 menhir
5 monolito
2 monumento

mego
9 falaz
6 farisaico
13 retorcido
7 hipócrita

mehala
4 milicia

meiga
10 bruja
4 hechicera

mejengue
15 ingenio
7 talento
15 dificultad
13 dinero
10 obstáculo
17 pasta

mejicana
2 chicana

mejilla
5 carrillo
2 moflete

mejillón
2 almeja

mejor
2 preferible
8 superior
◁*peor*

mejora
2 adelanto
17 alivio
4 curación
6 medro
3 mejoramiento
6 mejoría
7 perfecciona-
  miento
12 progreso
5 puja
23 aumento
9 ◁*deterioro*
5 ◁*empeoramiento*

mejorable
1 corregible
3 superable

mejorado
5 corregido
2 regenerado
4 retocado
◁*afeado*
1 ◁*averiado*

mejoramiento
10 mejora
23 aumento
19 adelantamiento
10 ◁*degeneración*
4 ◁*desmereci-
  miento*

mejorana
3 almoraduj
1 moradux
2 sampsuco

mejorar(se)
26 abonar(se)
54 aclarar(se)
23 acrecentar(se)
24 adelantar(se)
11 afinar
4 agraciar
42 aliviar(se)
10 ascender
59 aumentar(se)
6 avalorar
9 avanzar
19 beneficiar(se)
6 bonificar(se)
8 conjuntar
3 convalecer
11 depurar(se)
15 desarrollar
23 encumbrar(se)
6 engordar
9 engrandecer
15 enriquecer(se)
6 escalar
51 extender(se)
8 fecundar
40 ganar(se)
8 innovar
22 perfeccionar(se)
5 progresar
8 promover
6 pujar
11 reaccionar
19 recobrar(se)
15 recuperar(se)
20 reformar(se)
27 reponer(se)
19 restablecer(se)
14 sanar(se)
21 serenar(se)
18 situar(se)
7 trepar
20 atemperar
13 curar
8 chapear
15 enriquecerse
11 enterar
7 medrar
6 prosperar
14 ◁*agravar(se)*
0 ◁*degenerar*
9 ◁*demacrar(se)*
19 ◁*disminuir(se)*
18 ◁*empeorar(se)*
3 ◁*reagravarse*
12 ◁*empobrecerse*

mejoría
2 adelanto
17 alivio
4 curación
10 mejora
7 perfecciona-
  miento

2 restablecimiento

mejunje
 6 pócima
 17 droga
 9 medicamento
 5 potingue

melada
 ⇨untada de miel

melado
 3 meladura

meladura
 3 jarabe
 1 melado
 2 melaza

melancolía
 8 añoranza
 4 atrabilis
 6 comalia
 23 depresión
 2 engurrio
 7 ensombrecimiento
 6 entristecimiento
 3 hipocondría
 1 lipemanía
 3 morriña
 2 murria
 5 murriña
 6 nostalgia
 3 pesimismo
 6 soledad
 48 aflicción
 6 flato
 6 gurrumino
 4 mococoa
 5 moridera
 3 mucepo
 13 tristeza

melancólico
 12 afligido
 4 añorante
 16 apesadumbrado
 4 desilusionado
 4 evocador
 8 lánguido
 5 mohíno
 2 nostálgico

 3 pesaroso
 9 taciturno
 16 triste
 10 mustio
 6 ◁encendido

melar
 9 azucarar(se)

melaza
 7 azúcar
 1 miel

melca
 4 adaza
 5 daza

melcocha
 1 arropía

meldengue
 75 bobo
 7 estúpido
 12 mentecato
 22 necio
 20 simple

melée
 24 follón
 11 lío
 11 pelea

melena
 4 mata
 4 pelambrera
 22 bomba
 4 cabellera

melenudo
 4 guedejudo
 6 peludo
 9 descuidado
 10 hirsuto
 1 ◁rapado
 9 ◁calvo

melga
 9 amelga
 7 surco

melgacho
 5 lija

melificar(se)
 14 alentar(se)
 9 azucarar(se)

melifluidad
 20 delicadeza
 1 dulzonería
 9 dulzura
 7 empalago
 11 suavidad
 42 tontería(s)
 13 dengue
 7 melindre

melifluo
 8 blandengue
 4 dulzón
 8 rebuscado
 5 remilgado
 44 afectado
 14 alfeñique
 13 dengue
 12 empalagoso
 6 melindroso
 30 ◁duro

melindre(s)
 10 mimo(s)
 2 ñoñez
 7 pamplinero
 42 tontería(s)
 17 bizcocho
 13 dengue
 3 remilgo

melindrosa
 4 ursulina

melindroso
 8 blandengue
 3 mimoso
 5 remilgado
 7 dengoso
 5 ñoño
 6 sucedido
 20 ◁natural
 2 ◁viril

melinita
 9 explosivo

melión
 2 pigargo

melisa
 6 abejera
 3 cidronela
 2 toronjil

melocotón
 1 albérchigo
 2 durazno

melocotonero
 2 durazno
 2 pérsico

melodía
 13 acordanza
 46 aire(s)
 32 argumento
 7 aria
 10 canción
 3 ◁salmodia

melódico
 7 melodioso

melodioso
 38 agradable
 3 armónico
 12 armonioso
 7 grato
 1 melódico
 5 musical
 19 dulce

melodrama
 1 dramón

melodreña
 2 asperón

melojo
 ⇨roble borne

melomanía
 1 musicomanía

melómano
7 músico

melón
17 empecinado
6 imbécil
75 bobo
7 estúpido
8 idiota
11 memo
12 mentecato
22 necio
14 obstinado
9 terco
18 tonto

melonada
8 torpeza

melopea
17 cuquillo
10 ebriedad
4 llorona
7 papalina
5 pítima
5 bebecina
10 bimba
16 bolero
22 bomba
40 borrachera
19 chispa
16 embriaguez
9 jáquima
4 pichinga

melosidad
9 dulzura

meloso
9 almibarado
4 dulzón
9 melifluo
12 empalagoso

mella
21 afección
9 deterioro
17 huella
12 impresión
11 menoscabo
6 merma
9 pérdida

mellado
3 dentado
12 deteriorado
19 estropeado
3 menoscabado
4 perjudicado
16 ◁*entero*
4 ◁*incólume*

melladura
7 mella

mellar
2 desportillar
12 ◁*amolar*

mellico
2 ombligo

mellizo
5 gemelo

mellizos
4 guares

mellón
2 hachón

memada
30 bobería

membrana
3 mucosa
5 película
1 tegumento

membrete
2 brevete

membrudo
8 corpulento
4 fornido
4 musculoso
8 robusto
5 vigoroso
22 fuerte
14 ◁*débil*
5 ◁*escuchimizado*

memela
1 tortilla

memez
12 badajada
30 bobería
9 fatuidad
15 necedad(es)
5 pavada
5 pazguatería
42 tontería(s)
4 vaciedad
11 burrada
6 simpleza

memo
6 imbécil
9 sandio
75 bobo
6 bombero
19 cipote
7 estúpido
8 idiota
12 mentecato
10 mogollón
22 necio
18 tonto

memorable
14 afamado
9 célebre
11 conocido
8 destacado
16 famoso
34 notable(s)
6 ◁*desconocido*

memorándum
10 instancia
5 memorial
7 solicitud

memorar
6 evocar
6 recordar
2 remembrar

memoria(s)
6 anales
2 autobiografía
12 encomienda(s)
14 escrito
9 evocación
11 exposición
26 gloria
20 historia
1 mnemotecnia
8 popularidad
9 recuerdo(s)
3 remembranza
2 retentiva
20 relación
15 fama
7 prestigio

memorial
6 breviario
10 instancia
3 memorándum
5 pliego
7 solicitud

memorialista
6 amanuense

memorión
1 memorioso
1 memoroso
1 retentivo
3 ◁*desmemoriado*

memorioso
3 memorión

memorismo
1 psitacismo

memorizar
12 grabar

memoroso
3 memorión

mempo
7 descomunal
10 gigantesco
12 enorme

ménade
6 bacante

menaje
8 ajuar
9 equipo

menas
17 categoría
17 clase

mención
12 cita
9 evocación
5 llamada
16 memoria(s)
9 recuerdo(s)
3 remembranza
21 referencia

mencionado
4 citado
9 dicho
6 indicado
  llamado
4 referido
9 ◁ olvidado
3 ◁ omitido

mencionar
11 citar
11 indicar
16 nombrar
8 ◁ omitir

mencionarse
1 sonajero

menda
7 individuo
3 yo

mendacidad
11 calumnia

mendaz
9 falaz
6 cínico
15 embustero
21 falso
10 mentiroso
5 ◁ veraz

mendicante
6 indigente
5 mendigo
5 pordiosero

mendicidad
1 pordiosería
1 vagabundez

mendigar
4 limosnear
17 pedir
57 picar
4 pordiosear

mendigo
6 indigente
3 mendicante
4 menesteroso
5 pordiosero
18 pobre

mendoso
5 falible

mendrugo
10 zoquete
12 cacho
5 coscorrón
2 coscurro
13 pedazo
18 tonto
18 torpe

menear(se)
40 agitar(se)
38 andar
7 bazuquear(se)
10 bullir
3 contonear(se)
14 debatir(se)
5 funcionar
59 mover(se)
17 remover
31 sacudir(se)
9 tambalear(se)
9 zarandear(se)
13 hurgar
6 jorungar
24 revolver

menegilda
⇨ criado (-da)

meneo
12 balanceo
15 convulsión
14 impulso
8 lanzamiento
15 movimiento
6 oscilación
33 paliza(s)
7 sacudida
9 temblor
4 vapuleo
3 vibración
6 somanta

menester
8 carencia
15 ejercicio
13 falta
18 necesidad
17 ocupación
16 empleo

menesteres
24 avío(s)

menesterosidad
16 debilidad
9 depauperación
5 indigencia
7 inopia
18 necesidad
5 desamparo

menesteroso
6 indigente
7 necesitado
26 miserable
18 pobre
14 ◁ rico

menestral
4 artesano
⇨ obrero manual

mengano
3 equis
3 perengano
10 alférez
4 fulano
4 zutano

mengua
22 ausencia
8 carencia
9 descrédito
6 desdoro
16 deshonor
9 deshonra
16 disminución
12 escasez
13 falta
11 menoscabo
6 merma
18 necesidad
16 vacío
9 pérdida
10 pobreza
10 ◁ mejora
10 ◁ riqueza

menguado
1 achantado
14 infortunado
6 medroso
17 cobarde
16 desdichado
14 desgraciado
12 infeliz
19 mezquino
26 miserable
9 pusilánime
19 roñoso
23 ruin
12 tacaño
6 ◁ desprendido
14 ◁ afortunado
9 ◁ valiente

menguante
1 bajamar
6 decadencia
3 decrecimiento
16 disminución
4 estiaje
1 vaciante

menguar
15 consumirse
8 decrecer
19 disminuir(se)
59 ◁ aumentar(se)

menhir
1 dolmen
4 megalito

menina

13 piedra

menina
6 camarera

meninge
3 membrana
5 encéfalo

meníngeo
4 encefálico

meningitis
2 encefalitis

menino
3 camarero
2 paje

menisco
1 fibrocartílago

menjunje
4 cocción
7 brebaje
9 chanchullo
4 mejunje

menopausia
1 amenorrea
3 climaterio
5 declive
8 transformación
4 ◁menstruación

menor
10 bordón
13 enano
4 minúsculo
18 chico
6 mínimo
2 nano
14 pequeño

menoría
2 minoría

menorista
26 aprendiz

menorragia
3 hemorragia
4 menstruación

menos
5 excepto

menoscabado
5 mellado
4 perjudicado
6 trasquilado

menoscabar
11 dañar(se)
14 desacreditar(se)
22 deshonrar(se)
17 deslucir(se)
30 deteriorar(se)
19 disminuir(se)
7 mancillar(se)
2 mermar
5 perjudicar(se)
52 reducir(se)
8 desprestigiar
12 vilipendiar

menoscabo
3 decrecimiento
9 descrédito
6 desdoro
16 deshonor
9 deterioro
4 detrimento
16 disminución
6 merma
15 quebranto
9 daño
10 perjuicio

menospreciado
14 arrinconado
13 desairado
7 ◁preferente

menospreciar
23 degradar(se)
10 desestimar(se)
22 deshonrar(se)
12 despreciar
39 rebajar(se)
12 relegar(se)
3 subestimar

7 ultrajar
12 vilipendiar
4 ◁justipreciar

menosprecio
11 desdén
9 desecho
1 desestima
16 deshonor
9 deshonra
8 desprecio
3 rebajamiento
5 relegamiento
2 subestimación
10 ultraje
7 vilipendio
103 burla
18 feo
8 postergación
13 ◁aprecio
2 ◁justiprecio

mensaje
5 comunicado
6 encargo
5 misión
6 misiva
4 recomendación
34 aviso

mensajero
8 alcahuete
5 comisionado
8 correo
7 embajador
10 enviado
6 legado
5 nuncio
22 ordinario
5 recadero
8 representante
4 trotaconventos
6 celestina
10 correveidile
13 propio

menstruación
1 menstruo
10 período
27 regla(s)
6 me

menstruar
1 opilar(se)
8 reglar(se)
⇒tener la regla

menstruo
4 menstruación

mensualidad
33 haber(es)
2 mesada
6 me
10 paga
9 salario
9 sueldo

ménsula
15 anaquel
8 balda
3 repisa

mensurable
4 ponderable
5 ◁inconmensurable

mensurar
19 medir(se)

menta
2 hierbabuena
15 fama
7 prestigio
14 reputación

mentado
16 famoso

mental
3 cerebral
7 espiritual
9 intelectual
11 interior
2 ◁corporal
15 ◁exterior

mentalidad
9 creencias
4 ideología

mentar
11 citar
6 evocar
3 mencionar
16 nombrar
6 recordar

mentastro
1 mastranto

mente
10 designio
10 entendimiento
18 inteligencia
14 pensamiento
15 caletre
8 intención
8 mollera
10 propósito
17 razón

mentecatada
30 bobería

mentecatería
30 bobería

mentecatez
12 atraso(s)
7 beotismo
30 bobería

mentecato
12 botarate
9 falto
6 imbécil
9 sandio
8 capullo
19 chorizo
7 estúpido
8 idiota
12 majadero
11 memo
7 mudo
22 necio

mentido
9 engañado

mentir
6 cernir
43 engañar(se)
4 falsificar
10 fingir

mentira
15 embeleco(s)
28 engaño(s)
7 falacia
10 falsedad
9 gazapo
8 superchería
31 bola
5 buco
16 cuento
19 embuste
18 enredo
10 paparrucha
10 patraña
9 timo
7 trola

mentiras
11 albur

mentiroso
11 badulaque
8 cuentista
13 farsante
5 mendaz
6 mulero
2 patrañero
2 trolero
16 bolero
15 embustero
21 falso
14 ◁sincero

mentís
4 desmentido

mentol
13 dinero
17 pasta

mentón
5 barbilla

mentonera
40 armadura

mentor
10 consejero
12 educador
13 maestro
5 preceptor
11 guía

menú
8 minuta

menuceles
6 madeja
3 víscera
5 mondongo
2 tercena

menudear
14 abundar
31 acostumbrar(se)
8 detallar
6 especificar
5 frecuentar
3 reiterarse
15 repetir(se)
5 soler
◁escasear

menudencia
14 insignificancia
8 minucia
10 nadería(s)
9 nonada
12 pequeñez
6 tontada
42 tontería(s)
19 bagatela
25 fruslería

menudeo
28 abundancia
2 detall
5 frecuentación

menudillos
1 gallinejas

menudo
18 insignificante
4 minúsculo
18 chico
8 desdeñable
26 despreciable
14 pequeño
18 ◁importante

23 ◁grande

meollo
15 centro
7 cordura
10 entendimiento
15 esencia
14 fundamento(s)
16 miga(s)
4 núcleo
6 sensatez
14 sustancia
21 base
14 fondo
15 juicio

meón
⇨niño pequeño

mequetrefe
7 tarambana
3 zascandil
8 trasto

merar
12 aguar(se)
14 bautizar

mercachifle
9 buhonero
4 mercader
2 trujamán
7 vendedor
14 comerciante

mercadear
11 comerciar
8 rescatar

mercadeo
1 marketing

mercader
1 negociante
4 traficante
2 tratante
14 comerciante

mercadería
8 ancheta
25 efecto(s)

mercadillo

3 mercancía

mercadillo
16 gato
9 mercado

mercado
6 bazar
5 compraventa
1 contratación
6 lonja
9 rastro
3 zoco
18 feria
16 gato
2 mercadillo

mercancía
5 atijara
25 efecto(s)
19 género

mercante
2 comercial

mercantil
2 comercial

mercantilizar
3 comercializar

mercar
9 comprar
11 vender

merced
11 arbitrio
12 benevolencia
8 compasión
7 galardón
7 misericordia
9 piedad
8 premio
16 voluntad
15 capricho
8 dádiva
11 don
16 favor
12 homenaje
7 recompensa

mercenario
9 asalariado

mercería
17 comercio paquetería
2 quincalla
1 sedería

mercero
2 quincallero
14 comerciante

mercurial
1 malcoraje

mercurio
5 azogue
2 hidrargirio
35 alimento
23 comida

merchandising
5 compraventa

merchante
14 comerciante

merdoso
13 sucio

merecedor
2 acreedor
11 digno
10 ◁*indigno*

merecer
24 conseguir(se)
40 ganar(se)
3 lograr
22 alcanzar

merecido
4 adecuado
12 apropiado
7 correctivo
11 digno
10 meritorio
8 sanción
17 castigo
16 justo

7 recompensa
3 ◁*inadecuado*
12 ◁*injusto*
8 ◁*premio*

merecimiento
1 mérito
7 ◁*demérito*

merendar(se)
24 apoderar(se)
1 cenar
22 comer
46 dominar(se)
40 ganar(se)
7 refrescar(se)
40 vencer(se)
22 alcanzar

merendero
6 comedor
5 parador
11 caramanchel
5 comedero
5 figón

merendola
8 ágape
12 francachela

merengue
14 alfeñique
14 débil
19 dulce
23 flojo

meretriz
8 azafata
10 bruja
17 cuero
7 zorra
6 concubina
14 macho
14 prostituta
13 puta
17 ramera

merey
1 marañón

mergánsar
3 cuervo

mergo
3 cuervo

mergolliná
13 dinero
2 plata

meridiana
3 siesta
49 asiento

meridiano
28 claro
14 evidente
12 obvio

meridional
3 antártico
3 austral

merienda
2 meriendacena
5 piquete
2 cena

meriendacena
2 cena
3 merienda

merino
3 ovino

mérito
1 merecimiento

meritorio
2 alabable
45 bueno
4 encomiable
8 estimable
17 excelente
4 laudable
3 loable
5 principiante
10 valioso
26 aprendiz
34 ◁*malo*
4 ◁*reprensible*

merla
1 mirlo

merlín
42 cabo

merlo
⇒zorzal marino

merluza
1 pescadilla
16 bolero
40 borrachera
12 curda
16 embriaguez
27 tajada

merma
4 detrimento
16 disminución
11 menoscabo
15 quebranto
9 pérdida
10 perjuicio

mermado
5 minusválido

mermar
8 decrecer
19 disminuir(se)

mermelada
4 confitura
9 cristal
15 embrollo
18 enredo
24 follón
4 jalea
11 lío
8 maraña

mero
1 cherna
13 emperador
5 mismo
25 pronto
13 propio

merodeador
9 rondador

2 pelle

merodear
3 revolotear
11 rondar
12 vagabundear
4 vagar

merodeo
7 curiosidad
4 exploración
12 reconocimiento
6 hurto
13 registro
8 robo
6 saqueo
2 ◁*permanencia*

mes
4 menstruación
6 mensualidad
10 período
10 remuneración
8 godo
4 maldijada

mesa
3 directorio
3 mesilla
3 presidencia
1 tablero
4 velador

mesada
5 alquiler
6 mensualidad

mesadura
16 arrancadura

mesalina
1 disoluta
2 libertina

mesana
2 arboladura
13 vela

mesar
20 estirar(se)
48 arrancar

58 tirar

meseguero
9 guarda

mesenterio
5 entresijo
7 redaño(s)

meseta
4 altiplanicie
3 descansillo
17 plano
2 rellano
15 cuchilla
21 llano

mesh
7 malla

mesianismo
17 confianza
4 esperanza

mesilla
16 balaustrada
5 mesa
28 antepecho

mesita
4 velador

mesnada
4 panda
41 banda
9 compañía

mesocracia
⇒gobierno de la burguesía

mesón
5 parador
8 venta
2 hostal
6 hostería

mesonero
2 hostelero
4 posadero
3 ventero

mesticia
48 aflicción

mestizaje
8 cincha
10 combinación
8 cruce
12 mezcla
9 ◁*pureza*

mestizo
7 cruzado
6 híbrido
6 mixto
1 zambo
4 mulato
21 ◁*puro*

mesto
2 aladierna
3 aladierno
2 rebollo
13 alcornoque

mesura
19 circunspección
7 cordura
12 gravedad
13 moderación
16 prudencia
6 sensatez
7 seriedad
15 juicio
6 ◁*frivolidad*
10 ◁*imprudencia*

mesurado
8 circunspecto
14 comedido
7 cuerdo
5 juicioso
13 prudente
3 respetuoso
6 sensato
20 serio
21 grave
4 ◁*extremado*
11 ◁*imprudente*

mesurar(se)
36 aplacar(se)
44 calmar(se)
21 contener(se)
19 medir(se)
31 moderar(se)
21 serenar(se)
21 tranquilizar(se)
32 ◁ *exaltar(se)*

meta
20 extremo
8 finalidad
21 objetivo
6 portal
8 puerta(s)
42 cabo
26 punta
16 ◁ *inicio*

metabolismo
4 asimilación
8 transformación

metacarpo
⇨ hueso de la mano

metafísica
2 filosofía

metafísico
15 incorpóreo
13 inmaterial
6 sobrenatural

metáfora
26 alegoría
12 símbolo
22 figura

metafórico
4 figurado
2 traslaticio

metal
2 bronce
21 calidad
2 latón

metálico
8 efectivo

metalingüístico
1 gramatical

metalizado
4 materialista
6 interesado

metamórfico
6 deformable

metamorfoseable
6 cambiable

metamorfoseado
3 transformado

metamorfosear
12 convertir(se)
5 transfigurar
16 transformar(se)
7 transmutar(se)
46 cambiar

metamorfosis
9 conversión
5 transfiguración
8 transformación
5 transmutación
19 cambio

metano
⇨ gas de los pantanos

metaplasmo
⇨ figura de dicción

metástasis
10 degeneración
10 reproducción

metatarso
⇨ hueso del pie

metátesis
5 transposición

meteco
10 advenedizo

metedor
1 contrabandista
2 matutero

metejón
7 enamoramiento
16 pasión
18 enredo
11 lío

metempsicosis
1 transmigración

metemuertos
1 metesillas
1 sacamuertos

meteorito
7 aerolito
8 bólido

meteoro
5 raudo
10 veloz
7 cometa
19 rápido

metepatas
75 bobo

meter(se)
22 alojar(se)
24 clavar(se)
15 deslizar(se)
12 embutir
2 empotrar
24 encajar(se)
13 encajonar(se)
0 encostar
10 encuadrar
11 enfrascar(se)
6 ensartar
20 entrometer(se)
16 filtrar(se)
18 hincar(se)
13 incluir
44 incomodar(se)
26 incorporar(se)
6 incrustar
4 ingerir
5 ingresar
12 inmiscuir(se)

28 inquietar(se)
5 insertar
12 interceder
6 internar(se)
18 interponer(se)
31 introducir(se)
16 mediar
31 mezclar(se)
21 mojar(se)
114 molestar(se)
23 mortificar(se)
15 participar
38 pegar(se)
12 penetrar(se)
28 plantar(se)
35 poner(se)
9 profesar
16 sumergir(se)
10 zambullir(se)
11 empatar
32 entrar
2 enzocar
5 incordiar
6 intervenir
48 ◁ *salir(se)*
28 ◁ *sacar*

metesillas
2 metemuertos

meticón
9 entrometido
6 fisgón

meticuloso
13 escrupuloso
6 medroso
6 minucioso
9 nimio
22 preciso
12 exacto
12 miedoso
9 pusilánime
6 ◁ *inexacto*
9 ◁ *valiente*

metida
11 penetración

metido
7 embutido
6 enfrascado

5 implicado
5 incrustado
3 inmerso
16 andanada
28 bofetada

metijón
9 entrometido
6 fisgón

metimiento
30 amistad

metódico
17 cuidadoso
5 ordenado
17 regular(se)
3 sistemático
7 ◁*desordenado*

metodismo
3 protestantismo

metodizar(se)
83 arreglar(se)

método
8 doctrina
15 escuela
18 fórmula
12 marcha
26 modo
10 norma
20 orden
11 planteamiento
14 política
17 práctica
11 procedimiento
27 regla(s)
3 regularidad
8 sistema
9 tratamiento
20 arreglo
15 disciplina
23 disposición

metodología
18 método

metomentodo
10 bachiller
14 comedido

8 cuzco
7 danzante
6 intruso
3 refitolero
6 sacristán
5 entrón
4 peruétano
2 presentado
3 sabina
3 sopón
2 toposo
2 yayero

metonimia
1 transnominación

metoposcopia
12 adivinación

metraje
6 longitud

metralla
2 balín

metralleta
3 automática
2 sub

métrica
2 versificación

métrico
8 acompasado

metrificar
3 versificar

metro
3 metropolitano
7 suburbano
2 subte

metrónomo
15 medida
11 compás

metrópoli
14 capital
4 ciudad
4 urbe

metropolitano
2 arzobispal
3 metro
7 suburbano

meucar
14 cabecear
2 dormitar

meya
1 noca

mezcla
17 argamasa
6 batiburrillo
8 cincha
10 combinación
9 fárrago
3 mixtura
20 agregado
8 amalgama
7 aleación
16 amasijo
4 entrevero
2 pupurrí

mezclado
6 abigarrado
9 ambiguo
6 híbrido
8 impuro
5 macarrónico
6 mixto
5 promiscuo
12 vario
4 ◁*acrisolado*

mezclador
2 convertidor
1 mixer

mezcladora
3 amasadera
2 batidora

mezclar(se)
9 abigarrar
4 agolpar(se)
25 agregar(se)
6 alear
14 amalgamar(se)

5 amasadura
8 amasar(se)
15 aunar(se)
14 barajar
15 combinar
20 complicar(se)
54 confundir(se)
19 desordenar(se)
6 embarullar
1 entregerir
2 entremezclar
3 entretejer
7 entreverar
20 entrometer(se)
15 fundir(se)
7 hacinar(se)
12 inmiscuir(se)
12 interceder
31 introducir(se)
74 juntar(se)
49 meter(se)
3 mixtura
79 unir(se)
18 enredar
24 revolver
5 ◁*discriminar*
3 ◁*emulsionar*
64 ◁*separar(se)*

mezcolanza
6 batiburrillo
10 diversidad
5 ensalada
9 fárrago
3 miscelánea
10 revoltijo
4 surtido
5 variedad
16 amasijo
2 pupurrí

mezquinamente
9 apretadamente

mezquindad
12 avaricia
12 escasez
10 estrechez
5 roñosería
10 ruindad
6 tacañería
6 cicatería

mezquino
  17 miseria
  10 pobreza
  14 roña
  11 ◁ liberalidad
  10 ◁ riqueza

mezquino
  9 cicatero
  4 diminuto
  11 exiguo
  4 menesteroso
  7 necesitado
  15 sórdido
  34 avaro
  11 cutre
  17 escaso
  6 interesado
  14 maceta
  26 miserable
  10 muela
  14 pequeño
  18 pobre
  19 roñoso
  23 ruin
  12 tacaño
  4 usurero
  13 ◁ liberal
  20 ◁ amplio
  14 ◁ rico

mezquita
  4 aljama

miaja
  18 migaja(s)
  12 cacho
  13 pedazo

miar
  3 mayar
  3 maullar

miasma
  3 efluvio
  3 emanación

miasmas
  2 perdices

mica
  1 vanidosa
  3 coqueta

micado
  15 amo

micción
  4 meada
  3 orina

micifuz
  10 gata

mico
  1 maimón
  1 simio
  19 mono

micosis
  8 infección

micra
  1 micrón

microbio
  5 bacilo
  1 bacteria
  3 virus
  1 microorganismo

microbiología
  9 bacteriología

microbiológico
  1 bacteriológico

micrococo
  5 bacilo

microcosmo
  1 mónada

microfilme
  6 fotografía
  5 película

micrófono
  4 auricular

microgameto
  1 espermatozoo
  1 zoosperma

micrón
  1 micra

microorganismo
  4 microbio

microplaqueta
  1 chip

microscópico
  4 diminuto
  13 enano
  8 impalpable
  6 imperceptible
  9 inapreciable

micha
  10 gata

michelines
  8 manteca(s)

micho
  16 gato

mieditis
  19 miedo
  14 pavor

miedo
  8 corva
  10 desconfianza
  18 horror
  8 julepe
  5 jurel
  7 mecha
  8 sobresalto
  14 aprensión
  15 asombro
  5 canguelo
  18 chucho
  2 mieditis
  5 pánico
  14 pavor
  11 recelo
  4 susto
  19 taco
  18 temor
  9 terror
  9 ◁ tranquilidad

miedoso
  12 aprensivo
  19 asustadizo
  8 desconfiado
  4 despavorido
  6 medroso
  7 temeroso
  7 timorato
  5 asustado
  17 bizcocho
  17 cobarde
  9 pusilánime
  9 receloso
  9 ◁ valiente

miel
  2 melaza

mielga
  1 alfalfa

mielgo
  5 gemelo

miembro
  18 brazo
  1 cojón
  4 componente
  6 extremidad
  7 falo
  4 integrante
  13 pie
  4 testículo
  8 cazo
  19 cipote
  19 mano
  26 parte
  5 pene
  3 pierna

mientras
  2 entretanto

mierda
  1 asquerosidad
  20 basura
  3 bodrio
  4 bosta
  4 caca
  1 guarrería
  1 truño
  19 chorizo

14 excremento
34 porquería
14 suciedad

mierdica
17 cobarde
9 pusilánime

mierra
2 narria

mies
3 espiga
9 grano

miga(s)
7 enjundia
15 interés
7 jugo
3 miaja
18 migaja(s)
2 migajón
13 partícula
6 quid
11 restos
31 sobra(s)
14 substancia
2 trocito
11 desperdicio
12 meollo
13 pedazo
8 trozo
28 ◁*abundancia*
5 ◁*mucho*

migaja(s)
9 adarme
4 algo
3 borona
10 gota(s)
3 miaja
16 miga(s)
13 partícula
7 pizca
11 restos
31 sobra(s)
7 triza(s)
11 desperdicio
9 grano
3 insoria
3 mirra
2 ñanga

3 pringo

migajón
17 importancia
12 meollo

migar
9 desmenuzar
1 desmigar
18 empapar(se)
9 remojar(se)
4 trocear

migración
12 emigración
2 éxodo
3 inmigración
1 transmigración

migraña
4 jaqueca

migrar
12 emigrar
4 inmigrar

migratorio
1 emigratorio
1 inmigratorio

migueleño
10 descomedido
descortés

mijo
1 millo
4 abatí

milagrero
4 conjurador

milagro
3 exvoto
11 fenómeno
8 maravilla
5 portento
2 presentalla
6 prodigio

milagroso
12 asombroso
11 increíble

7 pasmoso
10 portentoso
7 prodigioso
6 sobrenatural
9 sorprendente
8 estupendo
14 extraordinario

milano
2 azor
3 esmerejón

milaña
7 pizca
14 porción

milañero
19 mezquino
26 miserable
19 roñoso
12 tacaño

14 ◁*pródigo*

mildo
5 lacio
8 pacato
33 apocado
23 flojo

milenario
6 aniversario
15 arcaico
6 conmemoración
1 viejísimo
33 antiguo
8 vetusto
12 ◁*nuevo*
5 ◁*reciente*
6 ◁*moderno*

milenrama
1 aquilea
2 milhojas
⇨artemisa bastarda
⇨hierba meona

milete
7 cachete
37 golpe

milhojas
4 altarreina
4 milenrama

mili
5 ejército
4 milicia

milicia
5 ejército
1 mehala
2 mili
8 tropa

miliciano
5 soldado
2 voluntario

militante
11 afiliado
6 combatiente
10 participante

militar
19 afiliar(se)
17 alistar(se)
64 apuntar(se)
2 castrense
6 combatiente
7 guerrero
11 inscribirse
5 soldado
⇨tomar partido

militarada
7 sublevación

militarismo
4 agresividad
2 belicismo
4 cuartelada
10 pronunciamiento
3 ◁*pacifismo*

militarización
1 rearme

militarizar
9 movilizar(se)

mílite
9 militar

milocha
3 birlocha
7 cometa

milonga
6 baile
10 chisme
2 danza
18 enredo
11 hablilla

milpiés
5 cochinilla

miltrán
25 andrajo
6 piltrafa

milla
21 nudo

millaca
1 cañota

millo
2 mijo

millonario
11 acaudalado
8 potentado
10 adinerado

mimado
11 consentido
6 favorito
6 malacostumbrado
9 malcriado
16 vicioso
5 ◁ aporreado
4 ◁ eccehomo
5 ◁ golpeado
5 ◁ magullado
4 ◁ martirizado

mimar
19 acariciar(se)
17 consentir
12 halagar
2 malacostumbrar
4 malcriar
22 regalar(se)

mimbrar
28 abrumar(se)

mimbre
1 vimbre

mimbrero
3 cestero

mimesis
103 burla

mimético
1 copión
5 imitativo
18 ◁ original

mimetismo
8 adaptación
9 imitación
4 volubilidad
12 coba
13 ◁ firmeza
8 ◁ lealtad

mímica
31 ademán
8 gesticulación
11 gesto(s)

mimo(s)
9 angulemas
17 caricia
8 condescendencia
9 consentimiento
15 halago(s)
10 zalema
3 ayuyuyes
6 paripé
16 regalo
11 vicio

mimoso
11 consentido
27 delicado
6 melindroso

mina
5 criadero
2 yacimiento
8 filón
2 minero
26 punta

minado
6 apolillado
7 corroído

minar
42 arruinar(se)
9 desgastar
4 horadar
1 socavar
15 consumir

minarete
2 alminar
4 torreón

mineralizado
7 fosilizado

mineralizar
18 endurecer(se)
3 petrificar
30 ◁ ablandar(se)

minero
2 dinamitero
5 mina

mingar
9 rogar
17 pedir

mingitorio
6 meadero
9 retrete
5 urinario

mingrana
5 granada

miniaturista
10 pintor

minifalda
2 faldellín

minimista
26 aprendiz

minimizado
2 diminutivo

minimizar
12 despreciar
5 minusvalorar
39 rebajar(se)
3 subestimar
12 ◁ realzar(se)

mínimo
6 ínfimo
4 minúsculo
1 pequeñísimo
11 inflexión
17 cobarde
9 pusilánime
3 ◁ máximo

mínimum
6 mínimo

minina
10 gata

minino
9 cucho
16 gato

minio
1 azarcón

ministerio
9 administración
17 cargo
1 funciones
9 gabinete
11 gobierno
17 ocupación
11 profesión
16 empleo

ministril
24 alguacil
5 corchete

ministrillo
24 alguacil

ministro
6 legado
8 representante
7 secretario

minoración
2 abajamiento
16 disminución
9 reducción

minorar
16 acortar(se)
22 amortiguar(se)
21 atenuar(se)
19 disminuir(se)
21 mitigar(se)
15 paliar
52 reducir(se)
39 suavizar(se)
59 ◁aumentar(se)
12 ◁realzar(se)

minorarse
62 caer

minoría
1 menoría
1 minoridad

minoridad
2 minoría

minorista
14 comerciante
6 ◁asentador

minucia
10 futilidad
14 insignificancia
9 menudencia
10 nadería(s)
9 niñería
9 nonada
12 pequeñez
42 tontería(s)
17 ◁importancia

minuciosidad
14 detención(es)
10 fidelidad
7 pulcritud
2 puñetería

minucioso
13 escrupuloso
8 meticuloso
9 nimio
3 puntilloso
12 exacto
6 quisquilloso
6 ◁superficial

minué
2 danza

minúsculo
6 ínfimo
18 insignificante
6 mínimo
14 pequeño
23 ◁grande

minusválido
29 anormal
13 carente
9 falto
4 inválido
1 mermado
22 ◁útil

minusvalorar
12 despreciar
1 infravalorar
9 menospreciar
3 subestimar
11 desdeñar
4 ◁justipreciar

minuta
4 apuntamiento
10 apunte
18 carta
17 cuenta
6 extracto
10 honorarios
1 menú
8 borrador

minutario
1 bastardelo

minutero
7 saeta

minuto
4 instante

miñaque
14 encaje
1 randa

miñoco
7 melindre
3 remilgo

miñosa
3 lombriz

miope
1 cegatón

miopía
3 ametropía

miosota
1 raspilla

miquear
3 coquetear
12 flirtear

miqueta
7 cachete
8 sopapo

miquingo
19 mezquino
14 pequeño

mira
10 designio
19 idea
8 intención
10 propósito

mirabel
3 perantón
3 pinillo

mirabolano
2 belérico

mirada
2 ojeada
2 vistazo
10 visión

mirado
8 cauto
8 circunspecto
12 cortés
5 juicioso
13 prudente
12 reflexivo
3 respetuoso
4 atendido
17 atento
7 considerado
9 ◁desatento
11 ◁imprudente

mirador
17 atalaya
9 azotea
1 belvedere
5 terraza
15 corredor
12 balcón
8 farol

miramelindos
2 balsamina

miramiento
47 atención(es)
8 cautela
19 circunspección
33 consideración(es)
22 cuidado
16 prudencia
10 recato
13 respeto(s)
7 ◁desatención
10 ◁imprudencia

miranda
12 balcón

mirar
55 amparar(se)
34 auxiliar(se)
5 avizorar(se)
24 buscar(se)
8 concernir
13 contemplar(se)
22 cuidar(se)

mirasol
11 defender
6 divisar
11 indagar
10 inquirir
19 observar
7 ojear
5 otear
16 percibir
8 pertenecer
42 proteger(se)
22 reconocer
8 respetar
8 vislumbrar

17 acechar
8 atañer
9 chapar
19 ver
5 virar

mirasol
5 girasol

miriápodo
5 insecto

mirífico
18 admirable
11 maravilloso
10 portentoso
9 sorprendente

mirilla
4 alidada

miriñaque
2 ahuecador
9 armazón

mirlo
1 merla

mirmidón
13 enano

mirobálano
2 belérico
⇨avellana índica

mirón
7 cotilla
15 curioso
11 desocupado

6 espectador
3 observador
12 ◁discreto
8 ◁recatado

mirra
5 cinamomo
18 migaja(s)
7 pizca

mirto
4 arrayán

misa
4 funeral

misacantano
4 oficiante

misal
6 breviario
1 devocionario

misantropía
7 insociabilidad
12 retraimiento
32 aborrecimiento
4 ◁campechanía

misántropo
3 amargado
21 arisco
6 insociable
17 intratable
18 retraído
8 hosco
9 huraño
34 ◁abierto

misario
1 monaguillo

miscelánea
4 selección
5 variedad
14 colección

miserable
18 agarrado
20 apurado
10 canalla

9 cicatero
11 exiguo
13 infame
14 infortunado
4 menesteroso
23 mísero
7 necesitado
7 pérfido
9 perverso
20 abyecto
34 avaro
21 corto
18 chucho
16 desdichado
14 desgraciado
17 escaso
12 infeliz
19 mezquino
18 pobre
19 roñoso
23 ruin
12 tacaño
12 vil
29 ◁abundante
14 ◁afortunado
18 ◁generoso
14 ◁rico

miserablemente
9 apretadamente
7 estrechamente

miseria
12 avaricia
4 desventura
10 estrechez
5 indigencia
6 infelicidad
10 mezquindad
18 necesidad
7 penuria
2 piojo
2 piojos
5 roñosería
25 ruina(s)
6 tacañería
7 desdicha
17 desgracia
6 infortunio
10 pobreza
11 ◁liberalidad
10 ◁riqueza

13 ◁fortuna

misericordia
10 clemencia
8 compasión
10 comprensión
18 gracia(s)
6 lástima
6 perdón
9 piedad
9 ◁inflexibilidad

misericordioso
4 altruista
30 benigno
31 bondadoso
7 caritativo
5 clemente
10 compasivo
9 piadoso
11 comprensivo
18 generoso
7 ◁egoísta
8 ◁inclemente

mísero
19 abatido
10 abrumado
4 acobardado
1 acogotado
20 apurado
9 cicatero
11 desventurado
11 exiguo
6 indigente
14 infortunado
4 menesteroso
7 necesitado
34 avaro
21 corto
16 desdichado
14 desgraciado
17 escaso
12 infeliz
26 miserable
18 pobre
11 raquítico
19 roñoso
12 tacaño
6 ◁desprendido
29 ◁abundante

14 ◁*afortunado*
14 ◁*rico*

mishío
6 indigente
4 menesteroso
18 pobre
14 ◁*rico*

misión
4 cometido
16 comisión
8 delegación
2 embajada
6 encargo

misionero
12 apóstol
2 evangelizador
⇨sin blanca

misiva
8 anónimo
18 carta
3 epístola
5 esquela
6 mensaje
4 recado

mismamente
16 así

mismo
11 idéntico
15 igual
11 semejante(s)
5 mero
13 propio
10 ◁*distinto*

misoginia
25 aislamiento
11 cortedad
10 timidez
10 ◁*trato*
7 ◁*osadía*

misógino
21 adusto

míspero
2 níspero

miss
4 señorita

mistela
2 vino

misterio
9 arcano
12 discreción
15 reserva(s)
19 secreto
8 sigilo

misterioso
9 arcano
4 esotérico
4 hermético
17 incomprensible
9 indescifrable
7 ininteligible
16 oculto
32 oscuro
6 recóndito
19 secreto
6 ◁*exotérico*
11 ◁*manifiesto*

misticismo
30 abandono
13 arrebato
9 enajenamiento
16 éxtasis
9 piedad
4 religiosidad
3 unción

místico
4 anímico
27 austero
5 gazmoño

misticón
5 santurrón

mistificar
4 falsificar

misto
2 bobalicón
11 memo

12 mentecato

mita
3 turno
8 vez

mitaca
10 cosecha
5 recolección

mitad
15 centro
35 medio(s)

mitayo
7 cacería
11 caza

mítico
5 legendario

mitificación
4 divinización

mitigación
5 ablandamiento
17 alivio
11 aplacamiento
6 endulzamiento
13 moderación
3 sedación

mitigador
6 aplacador
4 demulcente

mitigante
4 adormecedor

mitigar(se)
4 abirritar
21 adormecer(se)
42 aliviar(se)
21 amansar(se)
14 aminorar(se)
22 amortiguar(se)
30 apaciguar(se)
15 apagar(se)
36 aplacar(se)
21 atenuar(se)
44 calmar(se)
9 descargar

17 dulcificar(se)
8 minorar
31 moderar(se)
15 paliar
52 reducir(se)
7 sedar(se)
39 suavizar(se)
20 atemperar
30 templar
26 ◁*incrementar(se)*
6 ◁*jaranear*

mitimiti
2 hermafrodita
⇨mitad y mitad

mitin
27 asamblea
6 concentración
15 discurso
7 prédica
19 reunión

mitiquería
4 gazmoñería

mito
11 fábula
9 leyenda
3 saga
5 superstición
9 tradición

mitología
26 alegoría

mitológico
16 fabuloso
5 legendario
10 ◁*real*
21 ◁*auténtico*

mitólogo
3 alegorizador

mitón
1 confortante

mitosis
2 cariocinesis

mitote
79 alboroto
18 aspaviento
80 bulla
16 cuento
10 chisme
20 fiesta
12 gresca
3 guateque
7 melindre

mitra
2 diócesis
3 obispado
7 sede
38 cabeza
5 testa

mitrado
4 prelado

mittelmann
10 intermediario

mixer
2 mezclador

mixtificación
4 adulteración

mixtificado
4 adulterino
4 falsificado

mixtificador
3 adulterador

mixtificar
7 adulterar
80 burlar(se)
24 disfrazar(se)
43 engañar(se)
2 trucar
11 embaucar

mixtión
3 mixtura

mixto
13 complejo
15 compuesto
8 mezclado

6 variado
3 cerilla
4 fósforo
20 ◁simple

mixtura
10 mezcolanza
1 mixtión
12 mezcla

miza
10 gata

mízcalo
1 níscalo

mnemotecnia
▷arte de memoria

moaré
5 seda

mobiliario
8 ajuar
3 atrezzo

moblaje
8 ajuar

moblar
10 amueblar

moca
2 atascadero
8 café
14 atolladero

mocador
3 moquero
2 pañuelo

mocarse
2 sonarse

mocato
1 averiado
12 gastado
9 pasado

mocedad
5 adolescencia
6 juventud

mocerío
8 mancebía
6 muchachada

mocetón
1 mozallón
1 mozancón
1 mozarrón
4 talludo

mocetona
4 robusta

moción
7 proposición
5 propuesta

mocita
6 niña

mocito
22 niño

moco
3 mucosidad
1 secreción
12 flema
9 loro
5 tartaja
7 tartamudo

mococoa
22 melancolía
12 doliente
16 enfermo
13 tristeza

mocoso
13 arrapiezo
4 rapazuelo
11 chiquillo

mocha
15 cabezada

mochales
12 desequilibrado

20 loco

mochar
21 despedir(se)
3 destituir
54 hurtar(se)
11 expulsar
14 robar
7 sisar

mochete
5 cernícalo

mochil
1 morillero
1 motril

mochila
3 macuto
9 zurrón
15 alforja
44 bolsa
15 maleta
2 maletín
15 saco

mocho
12 abuelo(s)
1 escoba
1 escobón
6 conservador
3 derechista
7 jamelgo
6 matalón
11 penco
2 yayo

mochongo
3 hazmerreír
23 bufón
5 payaso

mochuelo
7 búho
75 bobo

moda
12 costumbre
4 usanza
9 uso

modales
36 forma(s)
30 manera(s)

modalidad
36 forma(s)
30 manera(s)
26 modo
7 particularidad
5 variedad

modelador
4 tallista

modelar
8 delinear
4 esculpir
20 figurar(se)

modélico
2 edificante
10 ejemplar

modelo
3 dechado
10 ejemplo
9 figurín
3 horma
6 maqueta
26 modo
10 molde
16 muestra(s)
7 pauta
7 plantilla
10 machote
12 paradigma
19 patrón
6 prototipo
7 tipo

moderación
4 atenuación
3 comedimiento
18 compostura
6 continencia
7 cordura
10 decencia
16 disminución
4 frugalidad
8 mesura
6 mitigación
10 recato

6 sobriedad
6 templanza
14 ◁ *desenfreno*
9 ◁ *indecencia*

moderado
16 bonancible
6 frugal
6 módico
8 parco
15 razonable
8 sobrio
16 justo
17 templado
7 ◁ *abusivo*
4 ◁ *extremado*
7 ◁ *inmoderado*

moderador
5 conciliador
2 temperante

moderar(se)
42 aliviar(se)
9 amainar
22 amortiguar(se)
36 aplacar(se)
13 arbitrar(se)
9 atenerse
21 atenuar(se)
44 calmar(se)
44 ceñir(se)
10 conciliar
7 constreñirse
16 corregir(se)
9 descargar
19 disminuir(se)
17 dulcificar(se)
4 entibiar(se)
10 frenar
16 mediar
19 medir(se)
7 mesurar(se)
21 mitigar(se)
39 rebajar(se)
52 reducir(se)
20 reformar(se)
23 refrenar(se)
21 reprimir(se)
39 suavizar(se)
6 temperar
20 aligerar

20 atemperar
16 atentar
◁ *descomedir*
4 ◁ *dramatizar*

modernismo
2 indomia

modernización
6 rejuvenecimiento

modernizar
5 actualizar
3 remozar(se)
13 renovar

moderno
10 actual
8 flamante
12 nuevo
5 reciente
31 pesado
18 torpe
33 ◁ *antiguo*

modestia
3 comedimiento
10 decencia
9 decoro
11 honestidad
10 humildad
14 insignificancia
12 pequeñez
5 pudor
10 recato
10 pobreza
17 vergüenza
9 ◁ *indecencia*
12 ◁ *presunción*
6 ◁ *magnitud*

modesto
1 abajado
14 comedido
13 decente
9 familiar
12 honesto
13 humilde
18 insignificante
9 popular
4 pudoroso

8 recatado
11 vergonzoso
9 vulgar
17 escaso
14 pequeño
18 pobre
12 sencillo
14 ◁ *complicado*
17 ◁ *impúdico*
23 ◁ *grande*
19 ◁ *orgulloso*

módico
13 económico
2 limitado
8 parco
8 reducido
12 barato
17 escaso
10 ◁ *caro*

modificable
6 cambiable
6 deformable
8 elástico
10 mudable
5 rectificable

modificación
13 corrección
6 enmienda(s)
8 reforma
19 cambio

modificado
5 cambiado

modificador
12 atributo
6 epíteto

modificar(se)
39 alterar(se)
16 corregir(se)
24 disfrazar(se)
8 enmendar
32 mudar(se)
8 perturbar
3 reajustar
7 rectificar
20 reformar(se)

modillón

modillón
- 4 replantear
- 5 retocar
- 16 transformar(se)
- 11 variar(se)
- 46 cambiar
- 20 ◁ratificar(se)

modillón
- 2 canecillo
- 8 can

modismo
- 18 giro
- 4 idiotismo
- 5 locución

modista
- 2 modistilla
- 1 modisto

modistilla
- 1 costurera
- 2 modista

modisto
- 2 modista

modo
- 16 condición
- 4 conducta
- 20 cortesía
- 11 curso
- 13 educación
- 18 estado
- 9 estilo
- 36 forma(s)
- 18 fórmula
- 30 manera(s)
- 5 modalidad
- 13 moderación
- 11 procedimiento
- 27 regla(s)
- 15 rumbo
- 6 sensatez
- 10 sesgo
- 6 talante
- 4 técnica
- 6 templanza
- 4 urbanidad
- 16 actitud
- 23 disposición
- 19 género

- 18 método
- 21 vía
- 7 ◁descortesía
- 14 ◁desenfreno

modorra
- 38 aturdimiento
- 1 nebladura
- 5 somnolencia
- 4 soñera
- 4 torneo
- 14 macho
- 14 pesadez

modos
- 9 crianza

modoso
- 21 callado
- 8 circunspecto
- 12 discreto
- 7 educado
- 8 recatado
- 15 reservado
- 16 ◁charlatán

modulación
- 5 gorgorito
- 5 gorjeo
- 2 instrumentación
- 11 inflexión

modular
- 17 articular(se)
- 3 vocalización

módulo
- 10 canon(es)
- 27 regla(s)
- 19 patrón
- 7 tipo
- ⇨mueble auxiliar

modus vivendi
- 2 sustento

mofa
- 15 befa
- 6 escarnio
- 5 ludibrio

- 103 burla
- 7 chanza
- 6 morro

mofador
- 21 burlador

mofadura
- 103 burla

mofante
- 15 bromista
- 21 burlador

mofar(se)
- 21 afrentar(se)
- 15 befar(se)
- 27 bromear(se)
- 19 relajar(se)
- 80 burlarse
- 12 mangar

mofeta
- 1 zorrillo

moflete
- 5 carrillo
- 2 mejilla

mogate
- 4 colo

mogo
- 6 cretino
- 6 imbécil
- 9 sandio
- 75 bobo
- 22 necio
- 18 tonto

mogol
- 1 mongol

mogollo
- 24 fácil
- 5 hacedero

mogollón
- 18 barullo
- 75 bobo
- 5 canonjía

- 11 chollo
- 18 enredo
- 11 lío
- 8 maraña
- 11 memo
- 22 necio
- 18 tonto

mogote
- 6 montículo
- 1 tepe
- 15 bulto
- 8 césped
- 11 lío
- 12 montón

mogrollo
- 11 gorrón

mohán
- 7 brujo
- 29 hechicero(a)

moharra
- 7 lanza

moharracho
- 1 zaharrón

mohatra
- 9 barata
- 5 baratería
- 9 préstamo
- 9 timo

mohecer
- 2 enmohecer

mohín
- 11 gesto(s)
- 2 guiño
- 4 mueca(s)
- 2 tic
- 4 visaje

mohína
- 16 descontento
- 7 rencor
- 7 resquemor
- 11 enfado
- 12 enojo

mohíno
16 apesadumbrado
6 cabizbajo
12 melancólico
16 triste
10 mustio
8 ◁contento

moho
7 herrumbre
3 óxido
1 verdín
4 cardenillo
7 lama

mohoso
12 corrompido
6 florecido
3 herrumbroso
7 oxidado
13 podrido
4 putrefacto
19 roñoso

moisés
11 cuna

mojado
9 aguado
6 bautizado
6 empapado
6 húmedo
5 acuoso
6 ◁enjuto

mojadura
5 chupa
1 impregnación

mojama
6 cecina
1 salazón
4 tasajo

mojanazo
11 hechizo
6 maleficio

mojar(se)
17 bañar(se)
14 bautizar

25 calar(se)
20 comprometer(se)
5 duchar(se)
2 embebecer
18 empapar(se)
5 ensopar
4 entripar(se)
2 escaldar
10 humedecer(se)
9 implicarse
10 impregnar(se)
49 meter(se)
7 regar
9 remojar(se)
4 rociar
16 corromper
13 chorrear
3 enchumbar
7 sobornar
9 ◁abstenerse
30 ◁secar(se)
4 ◁solear

moje
16 caldo

mojel
11 ancla

mojera
2 mostellar

mojicón
7 cachete
8 sopapo
6 soplamocos
12 torta

mojiganga
7 atelana
8 bufonada
12 farsa
6 mascarada
11 monsergas
103 burla

mojigatería
32 afectación
1 camandulería
4 gazmoñería

mojigato
17 beato
5 gazmoño

3 puritano
5 santurrón

mojinete
6 caballete

mojón
4 catavinos
12 hito
1 moto
2 muga
6 cipo
8 jalón
10 machote

mojonar
18 amojonar

mojonera
2 clavera

molar
15 cacarear
10 muela

molde
6 cubilete
36 forma(s)
6 hembra
10 matriz
5 módulo
27 regla(s)
1 turquesa
12 paradigma
7 tipo

moldeable
9 dúctil
12 flexible
3 influible
6 maleable
2 sugestionable
30 ◁duro
26 ◁rígido

moldear
3 encofrar
15 fundir(se)

moldura
15 cinta
5 faja

10 filete
6 listón

moldurar
5 roscar

mole
7 corpulencia
12 masa
9 volumen
15 bulto

molécula
2 isótopo
11 elemento

moledor
2 molinero
4 amolado

moledura
8 molienda

moler
87 fastidiar(se)
44 incomodar(se)
114 molestar(se)
1 molturar
9 triturar
6 chinchorrear
5 incordiar

molerse
37 fatigar(se)

molestado
4 damnificado
44 afectado

molestar(se)
17 abroncar(SE)
28 abrumar(se)
28 aburrir(se)
13 acedar
11 achicharrar(se)
51 afligir(se)
27 agobiar(se)
11 agonizar
12 agraviar
12 aguar(se)
12 amolar

molestia

16 anegar(se)
3 antipatizar
8 apesgar(se)
18 aporrear(se)
50 apurar(se)
10 asaetear(se)
24 asar(se)
10 asediar(se)
10 atafagar(se)
6 atenacear(se)
35 atormentar(se)
9 atornillar
18 atosigar(se)
7 baquetear
4 brear
12 bruñir(se)
41 cansar(se)
7 crucificar
11 dañar(se)
10 desagradar
24 desazonar(se)
4 desconsiderar
20 disgustar(se)
17 empachar(se)
6 encocorar
67 enfadar(se)
22 enfurecer(se)
6 enfurruñarse
27 enojar(se)
20 entorpecer(se)
10 escocer(se)
28 estorbar(se)
16 exacerbar(se)
12 faltar
87 fastidiar(se)
37 fatigar(se)
7 formalizar
11 fustigar
7 gibar
15 herir
8 hostilizar
44 incomodar(se)
9 indignar(se)
28 inquietar(se)
63 irritar(se)
9 jeringar
33 llenar(se)
10 majar
20 marear(se)
6 martirizar(se)
7 matraquear
49 meter(se)
7 moler

23 mortificar(se)
1 mosconear
45 pesar(se)
18 provocar
3 putear
17 reventar(se)
8 tiznar(se)
44 tomar(se)
8 trajinar
8 trinar
15 acosar
7 acribillar
10 ajotar
39 arrugar
4 asicar
18 atufar
50 cargar
11 ciscar
11 colear
8 chalanear
5 chamarrear
13 chingar
10 empalagar
11 empatar
4 ensillar
12 fregar
6 fuñir
4 futir
45 hartar
12 hostigar
3 huericarse
14 importunar
5 incordiar
2 injonear
2 jochear
13 jorobar
6 jorungar
3 judiar
5 manganear
4 palanquear
18 perseguir
57 picar
4 pololear
4 ponchar
13 porfiar
8 potrear
4 puyar
4 remoler
3 sajornar
6 zaherir
42 ◁*aliviar(se)*
21 ◁*tranquilizar(se)*

molestia(s)
11 cansancio
12 desagrado
5 engorro
35 fatiga(s)
20 incomodidad
11 incordio
19 embarazo
30 angustia
7 friega
8 gaita
17 inquietud
12 lata
9 mareo
20 odio
14 pesadez
11 preocupación
7 tabarra
20 tormento
38 ◁*alegría(s)*

molesto
6 engorroso
4 incordiante
10 insoportable
8 trabajoso
11 antipático
11 birria
8 cargante
11 cuna
12 empalagoso
9 enfadado
8 enojado
42 fastidioso
17 irritado
7 latoso
31 pesado
38 ◁*agradable*
10 ◁*indiferente*

molicie
1 afeminamiento
30 blandura
11 comodidad
12 ocio
16 regalo
12 ◁*dureza*
7 ◁*virilidad*

molido
16 cansado
4 derrengado
11 fatigado
⇨en polvo
⇨hecho migas
⇨hecho papilla
⇨hecho puré
2 ◁*entonado*

molienda
35 fatiga(s)
1 incomodo
1 moledura
18 molestia(s)
8 gaita
12 lata
14 pesadez
7 tabarra

molificar(se)
30 ablandar(se)
26 blandear(se)
6 reblandecer(se)

molimiento
11 cansancio

molinero
1 maquilero
2 moledor

molinete
1 rehilandera
2 ventolera

molinillo
2 batidora
25 bullicioso
9 inquieto
2 molinete
31 pesado
5 ◁*silencioso*
13 ◁*tranquilo*

molino
3 aceña

molondra
38 cabeza

molondrón
10 cabezazo

molturar
7 moler

molusco
5 babosa
4 cefalópodo
2 marisco
3 ostro
2 vieira

molla
2 pulpa

mollar
42 blando

mollas
8 manteca(s)

mollear(se)
26 blandear(se)

molleja
1 cachuela

mollejón
42 blando

mollera
10 entendimiento
9 mente
2 pesquis
13 seso
38 cabeza
11 cacumen
15 caletre
8 magín

mollete
5 carrillo

momentáneamente
14 brevemente

momentáneo
27 breve
3 circunstancial
7 eventual

7 fugaz
8 instantáneo
14 pasajero
7 transitorio
11 ◁permanente
7 ◁prolongado

momento
12 circunstancia
4 instante
17 ocasión
6 segundo
13 tiempo
4 epoca
5 periquete

momia
⇨cuerpo embalsamado

momificación
5 disección
3 taxidermia

momificado
5 acartonado
6 acecinado
4 amojamado
11 apergaminado

momificarse
9 acartonar(se)
11 apergaminar(se)

momio
4 corbata
11 chollo
11 ganga
9 sinecura

momo
12 farsa

mona
11 altivez
1 cuadrúmana
5 pítima
1 simia
12 torta
40 borrachera
12 curda

16 embriaguez
18 orgullo
9 pastel
7 soberbia

monacal
cenobítico
1 conventual
1 monástico

monacillo
18 acólito

monacordio
2 espineta

monada
24 belleza
18 gracia(s)
8 hermosura
3 monería
6 preciosidad

mónada
1 microcosmo

monago
1 monaguillo
18 acólito

monaguillo
18 acólito

monarca
3 césar
13 emperador
2 príncipe
2 rey
10 soberano
4 sultán

monarcas
3 realeza

monarquía
16 corona
9 reino

monárquico
11 realista
4 tradicionalista
◁republicano

monasterio
4 cenobio
8 convento
3 priorato
9 clausura
5 recolección

monástico
3 monacal

monda
13 bazofia
1 mondadura
9 piel
8 cáscara
8 corteza

mondadientes
2 limpiadientes
4 palillo

mondadura
5 monda

mondar
4 descascarillar(se)
1 descortezar
22 pelar

mondo
6 glabro
9 calvo
10 pelado

mondongo
11 barriga
16 entraña(s)
6 intestino(s)
4 menuceles
8 tripa(s)

moneda
22 bomba
11 cacha
16 caña
13 dinero

monedear
4 amonedar

monedero
2 portamonedas
4 billetero
11 cartera

monería
18 gracia(s)
5 monada
8 arrumaco

monetario
3 dinerario
13 económico
4 numerario
1 pecuniario

mongol
1 mogol

mongolismo
2 cretinismo

monicaco
4 monigote

monición
26 amonestación

monigote
6 fantoche
9 lego
9 muñeco
6 pelele

monilla
7 alcachofa

monís
13 dinero
9 mosca
17 pasta
6 pelas

monís
9 mosca

monises
13 dinero

mónita
33 artificio
47 astucia

monitor
12 educador
7 instructor
5 profesor
11 guía

monitorio
19 advertencia
26 amonestación

monja
4 carmelita
1 escolapia
3 hermana
19 madre
1 novicia
1 profesa
4 religiosa
3 sor
3 teresiana
2 trapense
4 ursulina

monje
2 agustino
17 beato
4 benedictino
4 carmelita
14 fraile
2 franciscano
4 jesuita
1 marianista
1 marista
2 oblato
10 padre
9 religioso
5 hermano

mono
38 bello
2 chimpancé
9 dibujo
2 gorila
12 hermoso
8 macaco
1 mandril
3 mico
1 orangután
14 precioso
2 rodete
1 simio
8 bonito
15 capricho
16 cima
14 cumbre
18 gracioso
8 lindo
⇨síndrome de abstinencia
18 ◁feo

monoceronte
1 unicornio

monocorde
15 igual
3 indiferenciado
3 indistinto
10 monótono

monocordio
2 diapasón

monocromo
1 unicolor

monóculo
18 lente(s)

monofisismo
1 eutiquianismo

monografía
26 estudio
6 tratado

monograma
9 abreviatura
9 cifra

monolito
4 megalito
2 monumento
13 piedra
6 testimonio
27 señal

monólogo
1 soliloquio

monomanía
6 obsesión
4 paranoia
15 capricho
23 manía

monomaníaco
8 maniático

monopétalo
1 gamopétalo

monoplano
19 avión

monopolio
11 acaparamiento
6 exclusiva
2 trust

monopolista
4 acaparador

monopolizar
11 abarrotar(se)
10 acaparar
17 ◁distribuir(se)

monosabio
15 ayudante
17 mozo

monotelismo
7 herejía

monotonía
17 igualdad
1 invariabilidad
3 regularidad
4 uniformidad
11 ◁diferencia

monótono
8 aburrido
15 igual
3 indiferenciado
9 invariable
17 regular(se)
8 cargante
7 constante

11 continuo
7 latoso
31 pesado
10 ◁diferente
9 ◁entretenido

monserga
5 disco
12 lata

monsergas
9 habladurías
6 mojiganga
15 necedad(es)
8 retórica
19 confusión
16 cuento
15 embrollo
18 enredo
15 fastidio
7 impertinencia
7 tabarra
10 ◁claridad
4 ◁veracidad

monstruo
10 aberración
7 aborto
1 endriago
4 engendro

monstruosidad
3 amorfia
16 disparate
3 gigantismo
13 desvarío

monstruoso
29 anormal
16 colosal
5 contrahecho
13 desproporcionado
10 gigantesco
14 horrible
12 deforme
12 enorme
14 extraordinario
4 grotesco
14 ◁pequeño

monta
1 monto
4 suma
6 total

montacargas
1 ascensor

montado
17 caballero

montadura
21 anillo

montaje
22 acoplamiento
12 articulación
9 construcción
4 invento
7 montura
12 organización

montanera
1 bellotera

montante
7 luneta
9 armazón

montantear
20 entrometer(se)
29 jactar(se)

montaña
3 altozano
8 cabezo
13 cerro
13 collado
2 cordillera
8 impedimento
4 peñasco
2 picacho
13 pico
10 prominencia
1 serranía
5 sierra
26 cadena
29 aguja
16 cima
14 cumbre
15 dificultad
7 loma

10 muela
10 obstáculo
6 otero
13 peña
26 punta

montañero
1 escalador
5 trepador

montañés
2 lugareño
17 rústico
12 ◁ciudadano

montañoso
16 abrupto
45 áspero
6 escarpado
9 fragoso
12 montuoso
21 ◁llano

montar(se)
59 ajustar(se)
58 alzar(se)
5 amartillar
17 articular(se)
10 ascender
12 aupar(se)
7 cabalgar
51 cubrir(se)
48 disponer(se)
38 elevar(se)
10 encuadrar
2 engastar
8 fecundar
18 generar
33 hacer(se)
11 importar
37 llegar(se)
10 organizar
48 preparar(se)
24 prevenir(se)
11 remontar(se)
30 subir(se)
21 sumar(se)
7 trepar
5 trotar
29 valer(se)
4 jinetear

30 armar
35 ◁bajar(se)
5 ◁desajustar(se)
39 ◁deshacer(se)
12 ◁desmontar(se)
3 ◁despiezar

montaraz
17 agreste
35 bravío
5 montés
6 selvático
15 indómito
19 salvaje
7 ◁doméstico

monte
3 altozano
8 cabezo
13 cerro
13 collado
23 montaña
1 monto
4 peñasco
4 suma
6 total
7 loma
10 muela
6 otero
13 peña

montea
3 sagita

montecillo
8 cabezo

montepío
11 asistencia

montera
2 birreta
13 bonete
4 solideo

montería
7 cacería
11 caza
2 cinegética

montés
- 35 bravío
- 4 indomesticable
- 6 montaraz
- 15 indómito
- 19 salvaje

montículo
- 9 alcor
- 7 altillo
- 13 collado
- 21 elevación
- 18 eminencia
- 7 loma

monto
- 4 suma

montón
- 33 alto(s)
- 11 conjunto
- 11 cúmulo
- 8 infinidad
- 6 pila
- 5 porrada
- 3 rimero
- 16 cantidad
- 14 colección
- 3 hatajo
- 12 mezcla
- 5 sinnúmero

montonero
- 15 batallador
- 6 camorrista
- 4 pendenciero

montubio
- 8 hosco
- 9 huraño
- 11 patán
- 17 rústico
- 10 zafio

montuoso
- 17 agreste
- 8 altibajo(s)
- 45 áspero
- 18 desigual
- 5 enriscado
- 16 escabroso
- 6 escarpado
- 9 fragoso
- 5 montañoso
- 19 pendiente
- 21 accidentado
- 19 salvaje

montura
- 40 armadura
- 24 cabalgadura
- 12 caballería
- 4 engaste
- 25 guarnición(es)
- 6 montaje
- 9 armazón

monumental
- 7 descomunal
- 10 gigantesco
- 2 grandísimo
- 10 monstruoso
- 12 enorme
- 13 ◁enano

monumento
- 16 memoria(s)
- 9 recuerdo(s)

monzón
- ⇨viento de la India

moña
- 13 bonete
- 3 muñeca
- 40 borrachera
- 16 embriaguez

moño
- 2 rodete
- 3 zorongo
- 10 burbuja
- 36 cabello

moquero
- 1 kleenex
- 2 mocador
- 2 pañuelo

moqueta
- 13 alfombra

moquete
- 28 bofetada

moquetear
- 7 abofetear

moquillo
- 3 mucosidad
- 3 pepita

mor
- 10 tendencia(s)

mora
- 1 agarena
- 5 dilación
- 1 morisca
- 1 musulmana
- 13 pie
- 6 retraso
- 1 sarracena
- 1 sílaba
- 6 tardanza
- 2 zarzamora

morabito
- 3 ermitaño

morada
- 8 domicilio
- 12 hogar
- 9 residencia

morado
- 1 ahitado
- 6 amoratado
- 2 cárdeno
- 2 lila
- 7 saciado
- 12 harto
- 17 cobarde
- 23 flojo
- 14 lleno
- 9 pusilánime

morador
- 14 habitante
- 4 inquilino

moradura
- 9 cardenal
- 7 equimosis

moradux
- 3 mejorana

moraga
- 1 brazada
- 9 gavilla
- 4 manojo

moral
- 3 deontología
- 6 entusiasmo
- 3 ética
- 2 moreda
- 40 ánimo
- 18 arrojo

moraleja
- 12 conclusión
- 4 enseñanza
- 12 lección

moralidad
- 10 decencia
- 7 honradez
- 10 virtud
- 4 parábola
- 2 ◁amoralidad
- 12 ◁inmoralidad
- 8 ◁libertinaje
- 6 ◁picaresca
- 3 ◁venalidad
- 34 ◁porquería

moralista
- 3 gnómico

moralizante
- 1 aleccionante
- 17 beato
- 9 piadoso

moralizar
- 28 aconsejar(se)
- 30 amonestar(se)

morapio
- 2 vino

morar
- 11 habitar
- 11 residir

11 vivir

moratoria
10 aplazamiento
7 prórroga

morbidez
24 belleza
30 blandura
12 achaque

mórbido
27 delicado
15 enfermizo
4 malsano
42 blando
19 suave

morbo
21 afección
8 dolencia
9 padecimiento
10 enfermedad

morbosidad
21 afección

morboso
13 atormentado
13 retorcido

morcella
6 azulejo

morcilla
4 butifarra
8 embuchado

morcillera
18 molestia(s)
12 contrariedad

mordacidad
4 causticidad
9 mortificación
4 pulla
7 zaherimiento
14 dardo
10 indirecta
7 ironía

11 púa

mordaz
8 cáustico
9 incisivo
3 punzante
5 sarcástico
15 acre

mordaza
16 censura
8 impedimento
7 silencio
4 sujetador
6 venda
3 bozal
9 cepo
16 ◁conocimiento
4 ◁publicidad

mordedura
3 dentellada
1 mordisco
12 bocado

mordente
5 quiebro

morder
2 atarazar
5 corroer
10 criticar
9 desgastar
43 engañar(se)
1 mordisquear
6 satirizar
3 tarazar
7 difamar
10 estafar
8 murmurar

mordida
28 engaño(s)
7 estafa

mordiente
8 cáustico
17 ácido
49 energía
17 fuerza

7 vigor

mordihuí
5 gorgojo

mordisco
3 mordedura

mordisquear
11 morder

moreda
6 moral
3 morera

morena
8 gitana

moreno
10 atezado
4 bronceado
3 tostado
30 ◁blanco

morera
6 moral
2 moreda
2 zarzamora

morería
4 aljama
15 barrio

moretón
9 cardenal
2 moradura

morfema
3 desinencia

morfi
35 alimento
23 comida

morfina
4 alcaloide
7 anestésico
4 narcótico
4 sedante
8 soporífero
5 hipnótico

morfinómano
3 colgado
3 colocado
2 drogadicto
4 drogado

morfología
36 forma(s)
13 hechura
22 figura

morgalla
16 residuo
6 piltrafa

moribundo
2 agonizante
6 desahuciado
5 mortecino

moridera
22 melancolía
3 pesadumbre
9 patatús
6 soponcio
13 tristeza

morigerado
14 comedido
6 medroso
8 parco
8 sobrio
30 tímido
9 pusilánime
17 templado
4 ◁extremado

morilla
3 colmenilla

morillero
2 mochil

morir(se)
53 acabar(se)
11 agonizar
30 ausentar(se)
4 boquear
24 extinguir(se)
4 fenecer
6 finar

morisca

13 perecer
6 pirrarse
8 sucumbir
48 arrancar
62 caer
57 cortar
3 diñarla
1 espicharla
14 expirar
9 fallecer
6 palmar
1 palmarla
2 petatearse
4 pichar(se)
1 sonajero
30 templar
⇨estirar la pata
⇨pasar a mejor vida
10 ◁brotar
9 ◁empezar(se)
8 ◁subsistir
11 ◁vivir

morisca
10 mora

morisco
8 moro

morisqueta
28 engaño(s)
14 ardid
103 burla

morlaco
9 caudal
2 desorbitado
12 enorme
12 hacienda

moro
7 agareno
  berberisco
9 mahometano
1 morisco
3 musulmán
5 sarraceno
8 islamita
4 taba

morocho
8 corpulento
30 duro

3 moreno
21 seco
1 trigueño
5 gemelo
1 mellizo
9 rechoncho

morolo
13 ingenuo
14 inocente

morondo
11 limpio
16 solo
10 pelado

morosidad
5 dilación
10 lentitud
6 tardanza

moroso
11 calmoso
11 lento
15 maula
11 tardo
13 tranquilo
6 pachorrudo
⇨mal pagador

morquera
1 hisopillo

morra
38 cabeza

morrada
10 cabezazo
3 testarazo
4 tropezón
5 coscorrón

morral
3 talego
15 alforja

morralla
1 chatarra
9 desechos
5 horda

4 populacho
8 manada
9 baratija
13 boliche
6 chusma
10 ◁valía
24 ◁valor

morrazo
10 castaña

morrena
3 glaciar

morriña
8 añoranza
22 melancolía
4 saudade

morro
5 hocico
103 burla
38 cabeza
19 jeta
6 mofa
5 testa

morrocotudo
10 considerable
11 fenomenal
18 importante
20 serio
21 grave

morrón
10 batacazo
6 pimiento
6 porrazo

morronga
10 gata
5 solapado
15 criada
14 sirvienta
16 taimado

morroño
16 gato

morros
3 belfo

morrudo
12 bocón

morsa
5 foca
⇨elefante marino

mortadela
7 embutido

mortaja
1 sudario

mortal
6 abrumador
4 concluyente
10 decisivo
5 fatigoso
17 humano
2 letal
6 mortífero
7 perecedero
25 seguro
10 hombre

mortandad
4 degollina
10 desastre
3 escabechina
7 hecatombe
4 matanza
8 carnicería

mortecino
6 apagado
1 esfumado
7 tenue
14 débil
16 vago
22 ◁fuerte

mortero
1 almirez

mortífero
4 aniquilador
10 destructor
6 funesto
5 insalubre
1 irremediable
10 mortal

mortificación
- 18 ◁ sano
- 6 ◁ ventajoso

mortificación
- 19 austeridad
- 7 cilicio
- 11 penitencia
- 11 revolcón
- 7 vejación
- 12 ayuno
- 48 aflicción
- 11 joroba
- 8 mordacidad

mortificado
- 7 humillado
- 5 vejado

mortificante
- 5 enojoso
- 9 satírico
- 4 vejatorio
- 15 acre

mortificar(se)
- 11 acibarar(se)
- 51 afligir(se)
- 20 angustiar(se)
- 4 ayunar
- 40 azotar(se)
- 26 castigar(se)
- 14 contrariar(se)
- 3 disciplinarse
- 87 fastidiar(se)
- 46 humillar(se)
- 44 incomodar(se)
- 9 jeringar
- 9 macerar(se)
- 49 meter(se)
- 114 molestar(se)
- 5 motejar
- 5 vejar
- 6 chinchorrear
- 5 incordiar
- 13 jorobar
- 8 potrear
- 6 zaherir

mortuorio
- 7 fúnebre
- 7 luctuoso
- 5 lúgubre

- 13 sombrío
- 7 ◁ vital
- 36 ◁ alegre

morueco
- 2 carnero
- 2 marón

mosaico
- 3 baldosín
- 7 embutido
- 9 entarimado
- 2 taracea
- 6 teja
- 15 baldosa

mosaísmo
- 4 sionismo

mosca
- 1 monís
- 3 moscón
- 2 mosquito
- 6 sospecha
- 12 desazón
- 13 dinero
- 17 inquietud
- 6 parné
- 17 pasta

moscarda
- 5 moscardón

moscardón
- 1 moscarda
- 3 moscón
- 8 cargante
- 7 latoso
- 31 pesado

moscón
- 5 moscardón
- 2 tábano
- 9 mosca

mosconear
- 114 molestar(se)

mosconeo
- 3 abejorreo

mosén
- 16 clérigo
- 14 eclesiástico
- 2 párroco
- 9 sacerdote
- 4 vicario

mosqueado
- 7 escamado
- 3 escarmentado
- 3 moteado
- 8 resentido
- 9 receloso
- 8 ◁ confiado

mosqueador
- 6 aventador

mosquear(se)
- 20 amoscar(se)
- 8 añusgar(se)
- 40 atizar(se)
- 11 atocinar(se)
- 40 azotar(se)
- 40 cabrear(se)
- 38 pegar(se)
- 20 resentirse
- 30 sentir(se)
- 5 vapulear
- 38 alejarse
- 20 amoscarse
- 70 apartarse
- 14 atusar
- 24 golpear
- 46 irse
- 57 picar

mosquetón
- 8 carabina
- 7 fusil
- 4 rifle
- 2 tercerola
- 4 chopo

mosquito
- 1 cénzalo
- 1 violero

mostacilla
- 5 munición
- 6 perdigón

mostacho
- 2 bigote

mostachudo
- 3 bigotudo

mostajo
- 2 mostellar

mostaza
- 1 jenable

mostellar
- 1 mojera
- 1 mostajo

mostillo
- 5 mosto

mosto
- 1 arrope
- 8 concentrado
- 1 mostillo
- 4 néctar
- 1 zumo

mostración
- 11 indicación
- 11 presentación

mostrado
- 11 avezado

mostrador
- 5 mesa
- 6 tabla(s)
- 1 tablero

mostrar(se)
- 27 aparecer(se)
- 64 apuntar(se)
- 19 argüir
- 9 asomar(se)
- 10 demostrar
- 12 desmontar(se)
- 7 despechugar(se)
- 5 enarbolar
- 37 enseñar(se)
- 20 evidenciar
- 11 exhibir(se)
- 31 exponer(se)
- 9 guiar

mostrenco
11 indicar
16 lucir(se)
11 manifestar
24 marcar(se)
26 ofrecer(se)
9 ostentar
5 patentizar
33 presentar(se)
19 probar
29 representar(se)
48 salir(se)
46 señalar(se)
7 surgir
19 verse

11 denotar

11 denunciar
11 pregonar
14 publicar

49 ◁*callar(se)*
6 ◁*empavesar*
10 ◁*solapar(se)*

mostrenco
18 bruto
22 rudo

18 torpe
10 zafio
10 zote

mota
10 defecto
13 mancha
4 pella
5 tara

motacén
7 almotacén

mote
16 chapa
7 divisa
11 empresa
4 remoquete
4 sobrenombre

5 alias
8 apodo
8 equivocación
7 error
6 lema
5 tartaja
7 tartamudo

moteado
4 jaspeado
2 pintarrajeado
6 salpicado

11 ◁*limpio*
10 ◁*liso*

motejador
5 criticón

motejar
10 criticar
23 mortificar(se)
16 nombrar
33 llamar
6 zaherir

motel
14 albergue
5 parador

moteta
38 cabeza
5 testa

motete
12 baldón
12 envoltorio
8 apodo
11 lío

motilón
9 lego
9 calvo
10 pelón

motín
10 algarada
7 levantamiento
10 pronunciamiento
14 revuelta
9 sedición
9 alzamiento
19 desorden
11 insurrección
8 levante
11 rebelión
13 tumulto

motivación
9 acicate

motivar
12 acarrear
17 causar
34 determinar(se)
9 implicar
17 incitar(se)
6 influir
23 interesar(se)
39 originar(se)
47 producir(se)
6 suscitar

motivo(s)
33 consideración(es)
8 finalidad
14 fundamento(s)
14 intento
8 móvil
23 objeto(s)
13 origen
19 principio(s)
14 causa
17 razón

moto
1 motocicleta

motocicleta
1 moto

motociclista
2 motorista

motolita
16 aguzanieves
8 nevatilla

motolo
5 embotado
2 bubalicón
11 memo
22 necio
11 romo

motón
6 garrucha

motonave
21 embarcación

motor
2 causante
2 incitador

1 movedor

motora
8 lancha

motorista
9 conductor
1 motociclista

motorizar
2 mecanizar

motoso
12 aldeano
17 campesino
13 labriego

motril
2 mochil

motriz
1 locomotor
3 motor
1 propulsor

motu propio
7 espontáneo
2 voluntario

movedizo
13 inconstante
9 inseguro
4 mueble
3 portátil
2 transportable
10 voluble
12 versátil

4 ◁*inmueble*

movedor
3 motor

movedura
7 aborto

mover(se)
8 aballar(se)
5 accionar
8 activar
40 agitar(se)
4 amover
38 andar

2 apalancar
16 apresurar(se)
16 bailar
26 blandear(se)
9 blandir
12 bornear
10 bullir
14 cabecear
5 caminar
19 circular
13 conmover(se)
10 convidar
2 desplazar
9 espolear
28 estimular(se)
60 excitar(se)
12 exhortar
5 funcionar
6 hormiguear
8 impeler
17 incitar(se)
43 inclinar(se)
15 inducir
31 iniciar(se)
12 invitar
14 jugar
17 menear(se)
9 movilizar(se)
7 ocasionar
48 pasar(se)
14 persuadir(se)
23 pinchar(se)
8 promover
7 propulsar
18 provocar
2 rebullir
31 sacudir(se)
15 soliviantar(se)
9 tambalear(se)
23 tentar(se)
26 trasladar(se)
9 zarandear(se)
8 abortar
30 armar
20 disparar
11 empujar
10 impulsar
20 instigar
5 jarearse
53 marchar
24 revolver
14 ◁estancar(se)
26 ◁inmovilizar(se)

15 ◁retener(se)

movible
3 portátil

movido
13 revoltoso
10 enclenque
11 raquítico
10 travieso

móvil
3 bicicleta
14 fundamento(s)
10 motivo(s)
4 camión
10 carro
14 causa
10 coche
17 razón

movilidad
12 agilidad
8 dinamismo
6 oscilación
8 presteza
12 prontitud
7 rapidez
7 ritmo
1 tracción
6 traslación
10 variación
3 vibración
6 vitalidad
17 actividad
19 cambio
10 ◁lentitud
6 ◁pasividad

movilización
42 acción
2 congregación
10 gestión
5 llamada
4 reclutamiento
17 actividad
5 ◁licenciamiento

movilizar(se)
8 activar
17 alistar(se)

28 estimular(se)
17 incitar(se)
15 inducir
1 militarizar
59 mover(se)
4 reclutar
10 impulsar
16 ◁paralizar(se)

movimiento
21 alteración
8 dinamismo
15 ejercicio
6 evolución
7 levantamiento
12 marcha
14 movilidad
8 presteza
12 prontitud
10 pronunciamiento
7 rapidez
10 variación
17 actividad
9 alzamiento
19 cambio

moya
3 perengano
4 fulano
5 mengano
4 zutano

moyuelo
3 salvado
3 jachi

moza
10 gata
6 muchacha
2 nena
6 niña
15 criada
7 chica
19 china
6 maritornes
14 sirvienta

mozalbete
8 caballerete

mozallón
4 mocetón

mozancón
4 mocetón

mozancona
4 robusta

mozarrón
4 mocetón

mozo
9 bisoño
7 bracero
3 célibe
6 costalero
12 ganapán
7 novato
6 obrero
8 recluta
3 soltero
7 zagal
13 chuzo
7 jornalero
8 mancebo
9 muchacho
10 pelón
11 sirviente
⇨criado (-da)

mozón
15 bromista
7 burlón
4 chancero

mozuela
8 cría

muaré
1 moaré
7 tejido
12 tela

mucama
⇨criado (-da)

mucamo
11 sirviente
⇨criado (-da)

mucepo
15 decaimiento
22 melancolía

muceta

13 tristeza

muceta
6 capelo
7 capirote

mucilaginoso
5 gomoso
4 viscoso
6 pegajoso
21 ◁*seco*

mucílago
5 emulsión
4 viscosidad
13 goma

mucosa
5 cutícula
3 membrana
2 revestimiento

mucosidad
2 moquillo
1 secreción
6 moco

mucoso
3 pituitario(a)

mucre
45 áspero
15 acre

mucuto
7 alcancía
6 hucha

muchacha
6 niña
15 criada
7 chica
6 maritornes
9 moza
14 sirvienta

muchachada
6 chiquillada
1 chiquillería
2 mocerío

4 niñada
1 rapacería
4 travesura

muchachez
5 adolescencia

muchacho
9 chaval
14 pollo
11 rapaz
7 zagal
13 bicho
19 cipote
18 chico
8 mancebo
17 mozo

muchachote
6 chicarrón

muchedumbre
28 abundancia
8 auditorio
12 gente
12 hervidero
12 masa
5 oleada
4 remolino
4 séquito
4 sinfín
7 torrente
8 tropa
9 tropel
6 turba
9 vulgo
8 manada
17 asistentes
16 cantidad
3 caravana
14 copia
6 chusma
9 gentío
16 multitud
8 plebe
12 público
5 sinnúmero

mucho
14 afluencia
8 campeonato
7 estrechamente

5 asaz
16 cantidad
4 ◁*algo*
16 ◁*miga(s)*
13 ◁*poco*

muda
11 mudanza
1 remuda
19 cambio

mudable
3 alterable
3 convertible
13 inconstante
5 modificable
9 tornadizo
2 transformable
7 variable
6 veleidoso
10 voluble
12 versátil
13 ◁*inalterable*
9 ◁*invariable*

mudadizo
9 cambiante
12 caprichoso
9 tornadizo
7 variable
10 voluble
12 versátil
17 ◁*fiel*
10 ◁*formal*
10 ◁*leal*
14 ◁*sincero*

mudamente
17 calladamente

mudanza
34 accidente
21 alteración
5 inversión
7 mutación
19 novedad
6 vaivén
10 variación
3 vicisitud
15 revolución

19 cambio
6 sucedido

mudar(se)
39 alterar(se)
30 ausentar(se)
12 bornear
7 casaca
12 convertir(se)
20 desfigurar(se)
5 desnaturalizar
6 evolucionar
8 girar
14 modificar(se)
11 reaccionar
52 reducir(se)
23 relevar(se)
17 remover
13 renovar
6 tergiversar
44 torcer(se)
5 transfigurar
16 transformar(se)
7 transmutar(se)
26 trasladar(se)
5 trasplantar(se)
2 trastear(se)
11 variar(se)
46 cambiar
16 corromper
46 irse
60 largarse
53 marchar
19 trocar
15 ◁*avecinar(se)*

mudéjar
9 mahometano
8 islamita

mudenco
75 bobo
12 mentecato
7 mudo
18 tonto

mudez
3 enmudecimiento
7 silencio

mudo
21 callado
15 reservado

5 silencioso
　　9 taciturno
　75 bobo
　12 mentecato
　18 tonto
　13 ◁*hablador*

mueblaje
　8 ajuar

mueblar
　10 amueblar

mueble
　4 bargueño
　6 entredós
　7 movedizo
　3 portátil

mueblista
　2 ebanista

mueca(s)
　8 gesticulación
　11 gesto(s)
　5 mohín
　4 visaje

muecín
　3 almuecín
　1 almuédano
　2 invocador

mueco
　8 sopapo
　3 pescozón

muégano
　18 chulo
　11 pillo
　8 rufián

muela
　8 almorta
　2 guija
　2 molar
　1 quijal
　2 volandera
　17 estafador
　19 mezquino
　12 tacaño

　　6 tramposo
　　▷rueda de molino

muelle
　27 delicado
　5 escollera
　10 leve
　5 mórbido
　7 resorte
　16 sensual
　3 voluptuoso
　42 blando
　7 andén
　9 dique
　19 suave
　30 ◁*duro*

muellemente
　8 blandamente

muenda
　33 paliza(s)
　8 tunda
　13 zurra

muenga
　18 molestia(s)
　15 fastidio
　14 pesadez

muérdago
　22 liga

muerdo
　12 bocado

muérgano
　9 antigualla
　12 cacharro
　8 trasto

muermo
　11 enfriamiento

muerte
　11 acabamiento
　7 aniquilamiento
　9 asesinato
　6 defunción
　16 destrucción

　4 fallecimiento
　3 homicidio
　25 ruina(s)
　14 término
　3 óbito
　17 ◁*nacimiento*

muerto
　11 cadáver
　4 difunto
　3 exangüe
　3 exánime
　3 finado
　1 invendible
　3 marchito
　5 saldo
　4 víctima
　33 apocado
　3 occiso

muesca
　7 entalladura
　56 corte

muestra(s)
　12 demostración
　25 efecto(s)
　15 indicio(s)
　2 muestrario
　14 porción
　20 prueba
　4 selección
　10 signo(s)
　12 cacho
　14 colección
　8 fragmento
　15 modelo
　12 paradigma
　27 señal
　7 tipo
　8 trozo

muestrario
　16 muestra(s)
　14 colección

muévedo
　7 aborto

muevo
　6 feto

mufa
　15 agarrada
　35 bronca

mufla
　6 crisol
　7 horno

muftí
　6 juez

muga
　12 hito
　7 mojón

mugar
　2 frezar

mugido
　berrido
　9 bramido

mugir
　8 bramar
　1 rugir

mugre
　20 basura
　6 costra(s)
　11 cutre
　34 porquería
　8 pringue
　14 suciedad

mugriento
　8 desastrado
　12 manchado
　1 mugroso
　3 pringoso
　5 ◁*impoluto*
　11 ◁*limpio*

mugrón
　2 provena
　9 rastro

mugroso
　4 mugriento

muguete
　▷lirio de los valles

mujer

mujer
4 dama
6 hembra
6 señora

mujeriego
4 faldero
3 ligón
6 mariposón
10 rijoso
6 dragón

mujeril
5 amujerado
27 delicado
5 femenil
7 mariquita
5 mujeriego
9 ◁varonil

mujerona
7 jamona
2 marimacho
9 pandorga
4 robusta
4 sargentona
6 maritornes
◁delicada
◁femenina

mujeruca
4 robusta
8 garrapata

mujerzuela
7 coima
5 daifa
9 meretriz
14 prostituta
13 puta
17 ramera

mújol
8 cabezudo
4 capitón
1 lisa
9 liza
2 matajudío

mula
2 acémila
15 bochorno

28 engaño(s)
9 mulo
40 borrachera
16 embriaguez
9 fraude
17 vergüenza

mulada
2 recua

muladar
11 basurero
1 estercolero
5 pocilga
4 sumidero
13 corral

mulatero
3 acemilero

mulato
5 mestizo
2 ñapango
3 zambaigo
19 chorizo

muleles
6 trebejos
10 trasto

mulero
3 acemilero
5 arriero
15 embustero
15 fanfarrón
12 jactancioso
10 mentiroso

muleta
37 apoyo
14 sostén

muletilla
2 bordoncillo
6 estribillo

muleto
2 lechuzo

muletón
3 franela

mulo
2 acémila
18 bruto
6 desconsiderado
8 mula
8 robusto
5 vigoroso
22 fuerte
14 macho
19 salvaje
14 ◁débil

multa
8 sanción
8 escarmiento
17 boleta
17 castigo

multar
9 penar

multicolor
7 polícromo

multicopista
1 policopia
1 xerocopiadora

multiforme
10 distinto
12 vario

multimillonario
11 acaudalado
9 creso
8 potentado
12 forrado
14 rico

multípara
3 parturienta

múltiple
13 complejo
15 compuesto
4 diverso
12 vario
20 ◁simple

multiplicación
22 acrecentamiento
6 proliferación

10 reproducción
23 aumento

multiplicando
11 factor

multiplicar
59 aumentar(se)
30 crecer(se)
29 propagar(se)
20 reproducir(se)
19 ◁disminuir(se)

multiplicarse
7 cundir
29 propagar(se)
8 pulular

multiplicidad
10 diversidad
4 heterogeneidad

multitud
28 abundancia
12 gente
1 infinitud
12 masa
25 muchedumbre
13 rigor
4 sinfín
6 turba
9 vulgo
16 cantidad
14 copia
6 chusma
9 gentío
8 parranda
8 plebe
5 sinnúmero
12 ◁escasez

mullidamente
8 blandamente

mullido
7 acolchado
7 ahuecado
19 hueco

mullir
30 ablandar(se)
9 esponjar(se)

muna
11 tributo
9 salario

mundanal
7 terrenal

mundano
9 frívolo
6 profano
4 social
6 superficial
4 urbano

mundial
10 general
3 internacional
6 universal

mundicia
18 aseo

mundillo
1 sauquillo
31 bola
14 mundo

mundo
5 cofre
2 cosmos
10 creación
9 desembarazo
13 desenvoltura
8 desparpajo
28 humanidad(es)
2 orbe
6 planeta
8 tierra
3 universo
12 baúl
9 globo
16 sociedad

mundología
6 diplomacia
18 habilidad
6 sagacidad
8 tacto
⇨mano izquierda

mundonuevo
1 cosmorama
1 totilimundi

munición
18 balas
1 bastimento
5 cartuchos
4 pertrecho(s)
8 provisión

municionar
11 abastecer(se)
5 pertrechar(se)
22 proveer(se)

municionero
4 abastecedor

municiones
1 balería

municipal
12 ciudadano
2 comunitario
19 guardia
16 policía

municipalidad
24 ayuntamiento

munícipe
4 concejal

municipio
24 ayuntamiento
12 ciudadanos
5 concejo
8 vecindad
3 vecindario
12 vecino(s)
6 consistorio

munido
8 defendido
5 fortificado
13 armado

munificencia
10 esplendidez
13 generosidad
4 largueza
11 liberalidad
6 ◁tacañería

munificente
18 generoso

muñeca
4 moña
1 pepona
3 mazorca

muñeco
3 espantajo
6 fantoche
1 marioneta
6 pelele
3 polichinela
4 monigote
9 nervios
11 preocupación
6 títere

muñequera
6 venda

muñequería
8 afeminación

muñequilla
3 muñeca

muñidor
3 abogador
6 gestor
4 intrigante
9 entrometido
12 ◁discreto

muñir
14 amañar(se)
83 arreglar(se)
16 concertar(se)
8 convocar
10 manejar
49 reunir(se)
13 ◁dificultar(se)
16 ◁dispersar(se)

muñón
2 tocón

mur
2 ratón

mural
2 póster

muralla
1 murallón
6 muro
12 cercado

murallón
3 muralla

murar
11 amurallar(se)

murete
2 acroterio
28 antepecho

murga
12 cañón
6 comparsa
2 charanga
41 banda
12 lata
19 ruido
7 tabarra
10 ◁amenidad
9 ◁tranquilidad

muriato
2 clorhidrato

múrice
4 peñasco
4 púrpura

murmullo
3 bisbiseo
2 susurro
9 rumor

murmuración
16 censura
1 comidilla
10 crítica
9 habladuría
10 insidia
7 maledicencia
7 reprobación
11 calumnia

murmurador
10 chisme

murmurador
12 bocón
11 calumniador
11 censor
5 criticón
10 impostor
5 juzgamundos
8 lenguaraz
3 maledicente
5 malhablado
4 cuico
6 chismoso
5 maldiciente
2 triscón

murmurante
5 rumoroso

murmurar
19 censurar
10 criticar
57 cortar
10 despellejar
4 refunfuñar
5 rezongar
6 zaherir
⇨poner verde
65 ◁alabar(se)

murmurio
3 zureo

muro
3 muralla
2 paredón
9 tapia
2 tapial
12 cercado
6 pared

murria
22 melancolía
13 tristeza

murriña
22 melancolía
3 morriña
14 roña
14 suciedad

13 tristeza

murta
4 arrayán

murucuyá
2 pasiflora
2 pasionaria

murueco
3 ariete

musa(s)
14 afluencia
1 helicónides
13 inspiración
8 lira
3 numen
1 pegásides
1 piérides
4 vena
⇨coro de Apolo

musaraña
3 animalillo
26 broma
103 burla

musculado
4 hombretón

musculatura
1 carnadura

músculo
2 chicha

musculoso
4 fornido
6 membrudo
5 vigoroso
22 fuerte
14 ◁débil

muselina
7 gasa
12 tela
8 velo

museo
11 exposición
12 galería

14 colección

muserola
1 sobarba

musical
3 armónico
12 armonioso
1 melódico
7 melodioso
1 rítmico
8 ◁estridente

musicastro
3 pitoflero

músico
2 concertista
2 filarmónico
6 intérprete
13 maestro
1 melómano
2 sinfónico
4 compositor

musicomanía
1 melomanía

musiquero
33 armario
8 cargante
15 molesto
31 pesado

musitar
4 bisbisear
5 cuchichear
6 mascullar
4 susurrar

muslim
9 mahometano
3 musulmán
5 sarraceno
8 islamita

muslime
9 árabe

muslo
2 pernil

mustela
2 comadreja

mustiar
15 agostar(se)
39 ajar(se)
16 anublar(se)

mustiarse
18 marchitar(se)
11 ◁florecer

mustio
6 apagado
9 decaído
5 lacio
8 lánguido
3 marchito
12 melancólico
5 mohíno
16 triste
21 falso
7 hipócrita
36 ◁alegre

musulmán
9 mahometano
4 muslim
8 islamita

musulmana
10 mora

muta
3 jauría

mutabilidad
10 versatilidad

mutable
3 convertible
6 deformable
4 reformable
2 transformable
5 ◁estático
2 ◁irreversible

mutación
9 conversión
6 evolución
11 mudanza

8 transformación
10 variación
5 metamorfosis
19 cambio

mutilación
5 ablación
13 acortamiento
7 amputación
8 cercenamiento
5 circuncisión
16 disminución
4 truncamiento
56 corte

mutilado
3 ajado
12 deteriorado

19 estropeado
14 incompleto
4 inválido
5 lisiado
6 roto
18 ◁*sano*

mutilar
16 acortar(se)
12 amputar
2 desnarigar
2 desorejar
2 desrabar
19 disminuir(se)
64 estropear(se)
14 capar

mutis
7 desaparición
10 retirada
22 salida(s)

mutismo
7 silencio

mutua
12 hermandad

mutual
4 mutuo

mutualidad
16 agrupación
28 asociación

mutualista
8 socio

mutuo
3 bilateral
1 biunívoco
1 mutual
2 recíproco

muy
7 estrechamente
4 so
5 asaz
16 cantidad

N

naba
1 rapo
⇨nabo gallego

nabab
11 acaudalado

nabicol
15 berza

nabizas
2 grelo

nabo
2 grelo

nácar
11 concha

nacarado
34 brillante
3 irisado
3 tornasolado

nacaro
1 descascarado

nacela
2 escocia

nacencia
8 apostema
15 bulto
27 tumor

nacer
10 brotar
7 deducirse
17 derivar
10 despuntar
11 emanar
9 germinar
27 inferir(se)
6 ocurrir
39 originar(se)
21 proceder
8 provenir
48 salir(se)
42 seguir(se)
5 sobrevenir
13 suceder

nacido
8 aborigen
4 autóctono
3 congénito
5 connatural
6 indígena
7 innato
13 propio
6 ◁*extranjero*
7 ◁*impropio*

naciente
3 este
2 oriente
8 levante

nacimiento
10 casta
8 comienzo
13 descendencia
14 emergencia
6 extracción
12 familia
16 inicio
2 natalicio
2 natividad
13 origen
19 principio(s)
5 venero
12 belén
6 estirpe
13 fuente
16 linaje
13 manantial
11 ◁*muerte*

nación
3 ciudadanía
12 ciudadanos
4 nacionalidad
13 origen
10 país
8 patria
13 población
10 procedencia
11 raza
8 tierra
17 nacimiento
17 pueblo

nacional
4 autóctono
7 originario
3 oriundo
4 patrio
13 propio

nacional-socia-lismo
4 nazismo

nacional-socia-lista
4 nazi

nacionalidad
12 nación
20 naturaleza
13 origen
10 procedencia

nacionalismo
4 civismo
3 chauvinismo
3 fascismo
1 patrioterismo
2 patriotismo

nacionalista
3 patriota
1 regionalista
2 separatista
4 tradicionalista
◁*internacionalista*

nacionalización
2 socialización

nacionalizar(se)
1 estatalizar
1 estatificar
6 naturalizar(se)
3 socializar

naco
17 cobarde
19 miedo
9 pusilánime
4 susto

nada
22 ausencia
3 cero
1 nadie
1 ninguno
2 ◁todos
16 ◁cantidad

nadador
19 atleta

nadar
17 bañar(se)
7 bucear
7 flotar
1 sobrenadar

nadería(s)
6 chuchería
14 insignificancia
9 niñería
0 nonada
12 pequeñez
42 tontería(s)
11 zarandaja(s)
19 bagatela
1 chagolla
25 fruslería

nadie
1 ninguno

nafta
6 gasolina
1 petróleo

nagua
17 cobarde
7 enaguas
23 flojo
9 pusilánime

nagual
7 brujo
29 hechicero(a)
19 embuste
15 mentira

nagualizar
54 hurtar(se)
14 robar

naiboa
⇨en absoluto
⇨ni hablar

naif
12 elemental

naipe(s)
2 baraja
18 carta

nalga(s)
6 ancas
9 asentaderas
5 culo
3 grupa
4 pandero
6 pompis
5 posaderas
potosí
1 rabel
1 tafanario
3 tras
5 trasero
4 glúteo
49 asiento
11 cacha
8 canco
2 tambembe
3 tapanca

nalgada
2 pernil
26 azote

nalgatorio
9 asentaderas

nalgudo
3 culón

nana
6 arrullo
8 cántico
14 canto
3 tonadilla
7 ◁silencio

nanacho
15 igual
10 parejo

nango
6 extranjero
6 forastero
22 necio
18 tonto

nano
3 aniñado
7 menor

nansa
3 nasa

nao
9 barco
4 carabela
4 nave
5 navío
6 bajel

napa
17 cuero

napanga
27 holgazán
13 perezoso

napelo
5 acónito

napias
2 narices
2 ñatas

naranja(s)
2 anaranjado
4 cúpula
8 encarnado
4 lima
1 mandarina
4 tetas
3 toronja
19 china
⇨ni hablar

naranjada
6 ordinariez
1 zumo
15 bebida

naranjero
7 fusil
4 trabuco

narcisismo
4 egolatría
12 presunción
11 ◁sencillez

narcisista
2 egocéntrico

narciso
1 trompón
9 atildado
7 emperifollado
9 presumido

narcosis
22 anestesia
2 hipnosis
8 letargo
1 narcotismo
7 sopor
12 sueño
3 ◁despertar(se)
9 ◁vivacidad

narcótico
9 calmante
5 estupefaciente
4 somnífero
8 soporífero

narcotismo
  6 narcosis

narcotizar
  9 anestesiar(se)
  6 aletargar

nardo
  1 tuberosa
  ⇨vara de Jesé

narices
  2 napias
  2 ñatas

narigón
  1 narigudo
  1 narizotas
  9 loro

narigona
  narizota
  8 ◁*chata*

narigudo
  3 narigón

nariguera
  13 arete

narizón
  3 narigón

narizotas
  3 narigón

narración
  14 anécdota
  5 crónica
  9 chascarrillo
  10 chiste
  4 descripción
  11 exposición
  20 historia
  10 relato(s)
  16 cuento

narrador
  2 cronista
  3 relator

narrar
  9 contar
  8 detallar
  51 extender(se)
  3 historiar
  8 menudear
  3 novelar
  25 referir(se)
  3 relatar
  5 reseñar
  6 resumir

narrativa
  13 ensayo
  20 historia
  5 novela
  16 cuento

narria
  1 mierra
  2 rastra

narval
  4 ballena

nasa
  1 nansa
  1 panera
  5 copón

nasal
  1 gangoso

nasalidad
  2 gangosidad

nata
  12 crema
  8 exquisitez
  2 notabilidad

natación
  24 baño(s)

natal
  3 congénito

natalicio
  6 aniversario
  2 cumpleaños

natalidad
  3 demografía
  17 nacimiento

naterón
  1 requesón

natillas
  ⇨crema catalana

natividad
  2 navidad
  17 nacimiento

nativo
  8 aborigen
  12 hijo
  7 nacido
  20 natural
  7 originario
  3 oriundo
  6 ◁*extranjero*

nato
  5 connatural

natrón
  12 barrilla

natural
  8 aborigen
  19 común
  14 corriente
  7 espontáneo
  10 habitual
  12 hijo
  13 ingenuo
  7 nacido
  6 nativo
  11 normal
  7 originario
  3 oriundo
  21 puro
  7 usual
  11 verdadero
  24 abierto
  21 auténtico
  16 franco
  21 llano
  12 sencillo
  25 ◁*artificial*

  6 ◁*extranjero*
  1 ◁*inusual*
  13 ◁*retorcido*

naturaleza
  21 calidad
  8 campo
  19 carácter
  11 constitución
  15 esencia
  18 especie
  8 instinto
  20 natural
  10 propensión
  14 sustancia
  4 temperamento
  10 tendencia(s)
  6 complexión
  17 categoría
  17 clase
  19 género
  21 genio
  18 inclinación
  7 tipo
  ⇨aire libre

naturalidad
  25 abertura
  3 espontaneidad
  11 franqueza
  5 llaneza
  12 sinceridad
  4 campechanía
  11 sencillez
  6 ◁*retorcimiento*

naturalizar(se)
  13 aclimatar(se)
  21 adaptar(se)
  5 nacionalizar(se)
  2 reencauchar(
  11 residir

naturalmente
  16 abiertamente
  2 sí
  ⇨desde luego
  ⇨lisa y llanamente
  ⇨por supuesto
  ⇨sin duda

naturismo
1 homeopatía
1 vegetarianismo

naturista
2 vegetariano

nauchel
6 piloto

naufragar
30 hundir(se)
38 perder(se)
5 zozobrar
7 fracasar
▷ irse a pique

naufragio
10 desastre
10 hundimiento
5 fracaso
9 pérdida

naumaquia
27 batalla

náusea(s)
5 arcada(s)
16 asco
11 aversión
8 basca
35 fatiga(s)
18 repugnancia
30 angustia
16 disgusto
15 fastidio

nauseabundo
8 inmundo
21 repugnante
9 asqueroso

nausear
6 basquear

nauta
3 marinero
6 marino
4 navegante

náutica
2 navegación

náutico
2 marítimo
2 naval

nava
6 llanura
9 valle

navaja
3 automática
5 machete
6 puntilla
4 cortaplumas
15 cuchillo
4 faca
9 loro

navajada
3 navajazo

navajazo
5 cuchillada
1 navajada
2 puñalada

navajero
7 macarra
7 maleante

navajudo
9 marrullero
16 taimado

naval
2 marítimo
2 náutico

navarca
1 nearca

navazo
2 lavajo

nave
9 barco
5 navío
6 bajel
5 nao

navegación
4 cabotaje
1 náutica

navegante
3 marinero
6 marino
3 nauta
▷ lobo de mar

navegar
1 embarcar
3 surcar
6 luchar
5 padecer

naveta
5 gaveta
12 cajón

navidad
2 natividad
5 pascuas

navidades
10 año(s)

naviero
8 armador
19 patrón

navío
9 barco
4 nave
6 bajel
5 nao
21 embarcación

náyade
7 ninfa

naylon
3 nilón

nazareno
6 penitente

nazareo
1 nazareno

nazi
3 fascista
1 nacional-socialista
4 nacionalista
4 totalitario

nazismo
3 fascismo
1 nacional-socialismo
5 nacionalismo
4 totalitarismo

názula
1 requesón

nearca
1 navarca

nebladura
7 modorra

neblina
7 bruma
7 celaje
7 niebla

neblinoso
11 brumoso
9 nebuloso
6 vaporoso
24 ◁ abierto
12 ◁ despejado

nebro
2 enebro

nebulosa
13 astro
3 galaxia

nebulosidad
9 calígine

nebuloso
11 brumoso
14 confuso
7 cubierto
6 dudoso
16 incierto
1 nuboso
32 oscuro

6 problemático
16 vago
28 ◁*claro*
12 ◁*despejado*

necedad(es)
3 bobaliconería
2 cretinismo
10 desatino
5 despropósito
2 estulticia
16 estupidez
14 idiotez
12 ignorancia
4 imbecilidad
13 incultura
10 memez
42 tontería(s)
11 zarandaja(s)
2 bobada
11 sencillez

18 ◁*inteligencia*
11 ◁*sabiduría*

necesariamente
3 precisamente

necesario
6 forzoso
11 imperioso
12 imprescindible
3 inapelable
13 indispensable
4 inexcusable
1 irremediable
22 preciso

◁*opcional*

necesidad
14 ahogo
14 apuro(s)
8 carencia
12 escasez
10 fatalidad
5 indigencia
6 menester
6 menesterosidad
11 obligación
7 penuria
14 precisión
7 sino

5 urgencia
14 aprieto
7 hado
17 miseria
4 peligro
10 pobreza

28 ◁*abundancia*

necesitado
16 arrastrado
4 desheredado
6 indigente
4 menesteroso
23 mísero
26 miserable
18 pobre

14 ◁*rico*

necesitar
15 precisar
11 requerir

↪hacer falta

neciamente
8 atontadamente

necio
11 badulaque
2 ceporro
9 falto
6 imbécil
9 sandio
17 tenaz
10 zoquete
75 bobo
11 cabezota
4 crestón
19 chorizo
7 estúpido
8 idiota
12 majadero
11 memo
12 mentecato
10 mogollón
14 obstinado
4 pistola
9 terco
18 tonto
10 zopenco
16 ◁*listo*

necrología
1 obituario

necrópolis
2 camposanto
4 cementerio

necropsia
2 autopsia

necrosado
4 gangrenado

necroscopia
2 autopsia

néctar
5 ambrosía
7 jugo
5 mosto
15 bebida

nefandario
4 sodomita

nefando
17 abominable
6 execrable
7 ignominioso
13 infame
9 perverso

nefario
5 nefando

nefasto
15 aciago
6 funesto
10 ominoso
5 ◁*propicio*

nefrítico
1 renal

negación
10 denegación
3 negativa

negado
11 incapaz
8 inepto

12 inhábil
18 torpe
14 ◁*apto*

negador
denegador
2 ◁*aprobatorio*

negar(se)
14 cabecear
18 contradecir(se)
10 denegar
6 desmentir
13 disimular
28 estorbar(se)
16 excusar(se)
18 extrañar(se)
9 impugnar
41 ocultar(se)
11 prohibir(se)
10 protestar
11 reaccionar
23 rebelar(se)
7 refutar
10 rehusar(se)
8 renunciar
12 repeler
6 vedar
30 armar
5 esquivar
13 impedir
13 rechazar
6 regatear
4 retacar
↪no aceptar
↪no querer

22 ◁*acceder*
43 ◁*afirmar(se)*
23 ◁*aprobar(se)*
8 ◁*asentir*
4 ◁*dignar(se)*
25 ◁*permitir(se)*

negativa
10 denegación
6 rechazo
8 repulsa
19 ◁*afirmación*

negativo
15 contrario
10 opuesto

negligencia

- 4 perjudicial
- 10 ◁ *positivo*

negligencia
- 30 abandono
- 17 apatía
- 14 dejadez
- 1 dejamiento
- 15 descuido
- 7 desgana
- 11 desidia
- 11 flojedad
- 10 incuria
- 15 indolencia
- 8 omisión
- 13 ◁ *aplicación*
- 17 ◁ *actividad*

negligente
- 1 desganado
- 10 gandul
- 27 holgazán
- 19 apático
- 13 dejado
- 9 descuidado
- 23 flojo
- 17 haragán
- 15 indolente
- 13 perezoso
- 16 vago
- 6 ◁ *entusiasta*
- 5 ◁ *trabajador*

negligentemente
- ⇨ a la bartola

negociable
- 3 vendible

negociación
- 11 convenio(s)
- 10 trato
- 8 concierto

negociado
- 7 dependencia
- 3 oficina
- 10 sección
- 10 despacho

negociador
- 5 comisionado
- 6 gestor
- 3 intercesor
- 10 intermediario
- 6 mandatario
- 8 representante

negociante
- 4 mercader
- 4 traficante
- 2 tratante
- 14 comerciante

negociar
- 11 comerciar
- 12 discutir
- 2 mercar
- 35 tratar(se)
- 3 traficar

negocio(s)
- 42 acción
- 13 afán
- 30 asunto(s)
- 47 atención(es)
- 9 atenciones
- 25 beneficio(s)
- 17 comercio
- 11 convenio(s)
- 22 cuidado
- 15 interés
- 3 negociación
- 5 quehacer
- 5 tráfico
- 10 trato
- 8 utilidad
- 16 diligencia
- 17 actividad
- 11 almacén
- 10 despacho
- 8 provecho
- 6 rastrillo
- 9 tienda

negra
- 18 caldera

negrear
- 3 ignorar
- 8 omitir

negrecer
- 10 ennegrecer

negrillo
- 1 olmo

negro
- 15 aciago
- 16 apesadumbrado
- 3 bruno
- 11 desventurado
- 14 infortunado
- 12 melancólico
- 3 moreno
- 1 negruzco
- 32 oscuro
- 12 prieto
- 21 repugnante
- 13 sombrío
- 16 triste
- 9 asqueroso
- 19 chorizo
- 16 desdichado
- 12 infeliz
- 13 sucio
- ⇨ de color
- 30 ◁ *blanco*
- 11 ◁ *limpio*
- 14 ◁ *afortunado*
- 36 ◁ *alegre*

negruzco
- 19 negro

neguilla
- 13 candileja(s)
- 1 lucérnula
- 1 neguillón
- 1 tintero

neguillón
- 4 neguilla

negus
- 13 emperador

nejo
- 9 asqueroso
- 5 desaseado
- 13 sucio

nema
- 1 sobrescrito
- 6 lema

neme
- 2 asfalto
- 2 betún

nemoroso
- 7 boscoso
- 6 selvático

nena
- 3 mantoncito
- 9 moza

nene
- 22 niño

nenúfar
- 1 escudete
- 1 golfán
- 1 ninfea

neo
- 12 nuevo

neófito
- 9 bisoño
- 3 converso
- 13 inexperto
- 7 novato
- 5 novicio
- 2 profeso
- 3 ◁ *veterano*

neolatino
- 10 romance(s)
- 6 romántico

neoplasia
- 12 cáncer
- 27 tumor

nepe
- 15 indolencia
- 12 pereza
- 6 vagancia
- 6 mugre
- 8 pringue
- 14 suciedad

nepotismo
5 favoritismo
5 predilección
3 privanza
16 favor
3 ◁equidad
8 ◁rectitud

nereida
5 sirena

nerviación
9 nervio

nervio
1 axón
7 eficacia
1 nerviación
2 neurona
4 vena
6 vitalidad
49 energía
17 fuerza
7 vigor
7 ◁ineficacia

nervios
9 muñeco

nerviosidad
9 nerviosismo
12 ◁flema

nerviosismo
12 alarma
21 alteración
10 desasosiego
4 histeria
8 intranquilidad
7 reconcomio
12 desazón
17 inquietud
11 preocupación
4 ◁estoicismo
2 ◁filosofía

nervioso
9 enérgico
5 excitable
8 impresionable
9 inquieto

1 vasomotor
22 fuerte
6 irritable
11 ◁calmoso
23 ◁flojo

nervudo
8 robusto
5 vigoroso
22 fuerte
14 ◁débil

nesciencia
12 ignorancia

nesciente
19 ignorante

nesga
1 sesga

nesgado
3 oblicuo
6 sesgado

néspera
2 níspero

nestoriano
7 hereje

neto
28 claro
11 limpio
2 líquido
21 puro
10 transparente
9 ◁turbio

neumático
22 cámara(s)
6 caucho

neumoconiosis
1 silicosis
1 tisis

neumonía
1 pulmonía

neuralgia
2 ciática
4 jaqueca

neurálgico
6 central
7 vital
34 ◁auxiliar(se)
6 ◁secundario

neurastenia
3 hipocondría
1 neurosis
6 psicopatía

neurasténico
29 anormal
1 neurótico

neuritis
2 ciática

neurología
17 medicina

neurólogo
15 médico
4 psiquiatra

neurona
9 nervio
↪célula nerviosa

neurosis
3 neurastenia

neurótico
2 neurasténico

neutral
4 equidistante
5 imparcial
10 indiferente

neutralidad
6 imparcialidad
18 inacción
12 independencia
15 indiferencia
12 justicia
5 objetividad

4 ◁extremismo

neutralización
6 anulación
14 equilibrio

neutralizado
7 sofocado

neutralizador
1 tornasol

neutralizar
28 anular(se)
49 detener(se)
22 oponer(se)
50 parar(se)
13 suprimir

neutro
5 imparcial
10 indeciso
14 indeterminado
3 neutral
16 vago
↪género común
13 ◁específico

neutrón
3 átomo

nevada
3 cellisca
falisca
1 nevazón
2 torva
1 ventisca

nevadilla
↪sanguinaria menor

nevado
30 blanco

nevar
1 ventisquear

nevasca
1 ventisca

nevatilla
- 16 aguzanieves
- 1 andarríos
- 2 caudatrémula
- 3 doradillo
- 2 motolita
- 2 nevereta
- 1 pezpítalo
- 1 pizpita

nevazón
- 5 nevada

nevera
- 3 congelador
- 1 frigorífico
- 21 cárcel
- 17 prisión

nevereta
- 16 aguzanieves
- 8 nevatilla

nevero
- 3 glaciar
- 3 helero

neviosismo
- 17 actividad

nevoso
- 5 níveo
- 2 nivoso

nexo
- 19 unión
- 7 vínculo
- 11 conjunción
- 3 preposición
- 13 lazo

nicle
- 3 calcedonia

nicotina
- 4 alcaloide

nicotismo
- 1 tabaquismo

nictalopía
- 2 parpadeo

nicho
- 4 celdilla
- 4 hornacina

nidada
- 3 pollada

nidal
- 16 nido

nido
- 5 avispero
- 4 colmena
- 4 gallinero
- 11 germen
- 1 grajero
- 10 guarida
- 1 habitáculo
- 16 inicio
- 3 morada
- 1 nidal
- 13 origen
- 3 palomar
- 10 refugio
- 9 residencia
- 32 abrigo
- 15 casa

niebla
- 1 boira
- 7 bruma
- 1 calima
- 2 fosca
- 10 humo
- 3 neblina
- 9 caligine

nieto
- 5 descendiente
- 2 sucesor
- 6 vástago

nieve
- 7 blancura
- 16 helado
- 6 sorbete

nigola
- 1 flechaste

nigromancia
- 7 brujería
- 9 hechicería
- 13 magia

nigromante
- 20 adivino
- 7 brujo
- 29 hechicero(a)
- 5 mago

nigromántica
- 10 bruja

nigromántico
- 7 brujo

nihil obstat
- 27 aprobación

nihilismo
- 4 anarquismo
- 9 aniquilación
- 2 escepticismo
- 2 negación
- 8 caos

nihilista
- 9 incrédulo
- 4 ácrata

niké
- 2 victoria

niki
- 6 camisa

nilón
- 6 fibra
- 1 naylon
- 1 nylon

nimbar
- 11 coronar

nimbo
- 11 aureola
- 8 copo

nimiedad
- 3 ampulosidad
- 9 niñería

- 9 nonada
- 12 pequeñez
- 5 pomposidad
- 13 poquedad
- 5 prolijidad
- 42 tontería(s)
- 11 cortedad
- 19 bagatela
- 17 miseria
- 17 ◁ *importancia*
- 11 ◁ *sencillez*

nimio
- 11 ampuloso
- 7 detallado
- 11 dilatado
- 19 estrecho
- 6 minucioso
- 11 prolijo
- 34 avaro
- 19 roñoso
- 12 tacaño
- 3 ◁ *escueto*

ninfa
- 1 crisálida
- 4 hada
- 1 náyade
- 1 nereida
- 2 ondina
- 6 palomilla
- 2 dríada

ninfea
- 3 nenúfar

ninfo
- 39 afeminado

ninfomanía
- 53 amor

ningunear
- 1 infravalorar
- 9 menospreciar

ninguno
- 1 nadie

niña
- 1 chiquilla
- 1 mocita

1 pitusa
5 pupila
1 rapaza
8 cría

niñada
6 chiquillada
6 muchachada
9 niñería
8 puerilidad

niñato
3 mocoso
12 ◁*carroza*

niñera
12 ama
10 chacha
2 nurse
19 china
2 tata

niñería
6 chiquillada
14 insignificancia
6 muchachada
11 nimiedad
4 niñada
9 nonada
12 pequeñez
8 puerilidad
19 bagatela

niñeta
5 pupila

niñez
8 comienzo
2 infancia
16 inicio
13 origen
19 principio(s)
4 pubertad

niño
1 angelito
8 criatura
2 chavea
3 churumbel
5 galopín
12 hijo

9 impulsivo
13 irreflexivo
1 mocito
3 mocoso
5 párvulo
2 pollito
8 precipitado
11 rapaz
2 rorro
5 bebé
13 bicho
18 chico
11 chiquillo
13 chuzo
10 pelón
7 peque

niñón
1 limón

nioto
3 cazón

nipón
2 japonés

niquelar
3 cromar

níqueles
4 calderilla

nirvana
12 abulia
22 anestesia
12 cielo

níscalo
1 mízcalo

níspero
1 míspero
1 néspera

nítidamente
4 limpiamente

nitidez
10 claridad
19 limpieza
9 pureza
5 transparencia

3 ◁*opacidad*

nítido
28 claro
4 inmaculado
11 limpio
5 neto
21 puro
11 resplandeciente
3 terso
10 transparente
9 ◁*opaco*

nitral
2 salitral

nitrato
1 azoato

nitrería
1 salitrería

nítrico
1 azoico

nitrocelulosa
3 celuloide

nitrógeno
1 ázoe

nitroglicerina
⇨explosivo T N T

nivel
35 altura(s)
21 elevación
18 eminencia
4 horizonte
1 ras
1 rasante

nivelación
3 empate
3 enrase
1 horizontabilidad
1 igualamiento
 ◁*desempate*
 ◁*verticalidad*

nivelado
7 equilibrado

12 ◁*desequilibrado*

niveladora
2 aplanadora

nivelar
41 allanar(se)
1 apaisar
5 equilibrar(se)
6 equiparar(se)
7 explanar
30 igualar(se)
20 proporcionar(se)
7 ◁*desequilibrar(se)*
13 ◁*abombar(se)*

níveo
30 blanco
14 blanquecino
2 nevoso
2 nivoso
2 lechoso

nivoso
2 nevoso
5 níveo

nixquesa
1 cernada

no
10 naranja(s)
2 nunca
3 naiboa
2 ◁*sí*

nobiliario
22 noble

noble
8 apreciable
12 aristocrático
6 augusto
5 aventajado
17 caballero
6 central
11 digno
4 encopetado
9 esencial
8 estimable
6 fundamental

noblemente
1 hijodalgo
2 honroso
13 ilustre
2 infanzón
11 insigne
4 linajudo
7 preclaro
12 principal
5 sublime
6 aristócrata
⇨de sangre azul
6 ◁*innoble*
3 ◁*plebeyo*
6 ◁*secundario*

noblemente
6 caballerosamente
7 generosamente
4 ◁*abaldonada-
mente*

nobleza
23 altruismo
9 aristocracia
12 benevolencia
26 brillo
20 caballerosidad
21 calidad
12 crema
9 esplendor
8 exquisitez
13 generosidad
4 magnanimidad
24 valor
⇨brazo nobiliario
10 ◁*ruindad*
◁*brazo popular*

noca
1 meya

noceda
1 nogueral

nocedal
1 nogueral

nocente
4 culpable
14 nocivo

noción
16 conocimiento
19 idea
14 rudimento(s)
13 noticia

nociones
15 aprendizaje
16 inicio
14 rudimento(s)

nocividad
4 dañino
2 insania
4 lesivo
3 maléfico
4 perjudicial
4 pernicioso
2 ponzoña
2 tóxico
9 daño
4 peligro
25 ◁*beneficio(s)*
6 ◁*beneficioso*
27 ◁*bondad*

nocivo
2 antihigiénico
4 contraproducente
15 contrario
4 dañino
10 infernal
5 insalubre
9 insano
3 maléfico
34 malo
4 malsano
2 nocente
4 perjudicial
4 pernicioso
5 ponzoñoso
2 ◁*innocuo*
14 ◁*inocente*
6 ◁*inofensivo*

noctámbulo
1 nocherniego
4 trasnochador

noctiluca
3 luciérnaga

noctívago
2 noctámbulo

nocturno
4 trasnochador
3 serenata
4 ◁*amaneciente*
1 ◁*diurno*
4 ◁*matutino*

noche
15 anochecer
10 incertidumbre
9 indeterminación
10 oscuridad
3 tenebrosidad
1 tinieblas
19 confusión
15 sombra
⇨altas horas
⇨las tantas

nocherniego
2 noctámbulo

nochizo
1 avellano

nodo
5 nódulo

nodriza
⇨ama de cría

nódulo
4 concreción
1 corpúsculo
1 nodo
4 núcleo
21 nudo

nogalina
2 tinte

nogueral
1 noceda

noma
1 gangrena

nómada
11 ambulante
8 errante
2 migratorio
3 trashumante

nomas
9 garras
19 mano
2 zarpa

nombrada
12 celebridad
8 popularidad
7 renombre
15 fama
7 prestigio
14 reputación

nombradía
33 consideración(es)
24 nota
6 notoriedad
7 renombre
12 resonancia
16 nombre
19 ruido
10 ◁*humildad*

nombrado
6 antedicho
4 convocado
5 electo
8 señero

nombramiento
4 ascenso
2 credencial
1 nominación
4 promoción
7 cédula
8 denominación
12 designación
30 título

nombrar
10 aludir(se)
2 apodar
14 bautizar
27 calificar(se)
8 denominar

13 designar(se)
15 elegir(se)
8 escoger
3 mencionar
5 mentar
5 motejar
5 nominar
14 proclamar(se)
46 señalar(se)
33 llamar
⇨traer a colación

nombre
6 apelativo
10 apellido
12 celebridad
4 contraseña
1 iniciales
7 nombradía
6 notoriedad
7 renombre
5 alias
8 apodo
8 denominación
12 designación
15 fama
12 mote
14 reputación
30 título

nomen
30 título

nomenclátor
7 catálogo
11 índice
17 lista
5 repertorio

nómina
10 emolumentos
    haberes
10 paga

nominación
8 nombramiento

nominado
6 elegido

nominal
17 aparente
6 externo

4 figurado
8 representativo
1 ◁ *factual*

nominar
14 bautizar
27 calificar(se)
13 designar(se)
16 nombrar
33 llamar

non
2 impar

non plus ultra
3 máximo
5 sumo
7 supremo
6 ◁ *inferior*
6 ◁ *mínimo*

non sancto
7 maleante
4 perdulario
5 ◁ *virtuoso*

nona
3 abuela
3 yaya

nonada
14 insignificancia
9 menudencia
10 nadería(s)
11 nimiedad
12 pequeñez
6 tontada
42 tontería(s)
19 bagatela
25 fruslería

nonagenario
1 noventón
2 valetudinario
33 anciano
10 ◁ *joven*

nonio
1 nonius

nonius
1 nonio

nono
1 noveno

nonti
6 imbécil
75 bobo
7 estúpido
8 idiota
18 tonto

nopal
3 chumbera
2 tunera

noqueado
⇨k o

noquear
17 derribar(se)
40 vencer(se)

nora
3 aceña
1 anoria
2 cenia

norato
75 bobo
11 memo
22 necio

nórdico
4 norteño
2 ◁ *meridional*
1 ◁ *sureño*

noria
4 azud
2 azuda
2 cenia

norma
13 canon(es)
9 criterio
15 medida
20 orden
7 pauta
17 precepto(s)
19 principio(s)

27 regla(s)
11 guía
18 método

normal
13 acostumbrado
19 común
14 corriente
10 habitual
12 incidente
20 natural
22 ordinario
3 perpendicular
17 regular(se)
3 sistemático
7 usual
1 ◁ *inusual*
12 ◁ *irregular*
5 ◁ *paralelo*

normalidad
3 regularidad
10 ◁ *excepción*
18 ◁ *rareza(s)*

normalista
26 aprendiz

normalización
3 encauzamiento
4 enderezamiento
4 estabilización

normalizado
17 regular(se)
7 tipificado
3 standarizado

normalizar
24 ordenar(se)
17 regular(se)
5 regularizar(se)
19 ◁ *desordenar(se)*

normalmente
5 regularmente

normando
6 bucanero

normas
2 directriz
27 instrucción(es)

normativa
5 preceptiva

normativo
9 preceptivo
17 regular(se)
3 sistemático
5 ◁*ilegal*
12 ◁*irregular*

nornoroeste
1 cauro
6 coro
1 maestral

norte
2 aquilón
2 bóreas
16 dirección
8 finalidad
2 matacabras
4 mira
21 objetivo
15 rumbo
1 septentrión
11 guía
1 tramontana
4 cierzo

norteamericano
3 angloamericano
4 gringo

nortear(se)
9 desorientar(se)
21 extraviar(se)
54 confundirse

norteño
6 ártico
1 escandinavo
1 germánico
1 nórdico
3 ◁*austral*
2 ◁*meridional*

nosocomio
7 hospital

nostalgia
8 añoranza
22 melancolía
3 morriña
9 recuerdo(s)
4 saudade
⇨mal de la tierra

nostálgico
4 añorante
12 melancólico

nostramo
2 contramaestre

nota
10 acotación
12 apostilla
4 apuntamiento
10 apunte
10 calificación
4 característica
8 comentario
17 cuenta
9 evaluación
8 glosa
5 llamada
8 minuta
7 nombradía
12 observación
15 propiedad
7 renombre
3 valoración
27 anotación
49 asiento
15 fama
20 inscripción
7 prestigio
14 reputación
27 señal

notabilidad
3 nata
7 lumbrera

notable(s)
18 admirable
8 apreciable
3 atendible
1 autoridades
14 capital
11 conocido
10 considerable
6 conspicuo
15 curioso
20 distinguido
7 egregio
13 eminente
7 esclarecido
12 especial
8 estimable
9 eximio
18 extraño
13 ilustre
18 importante
1 jefazos
6 memorable
1 personalidades
4 prestante
3 relevante
14 señalado
9 significativo
16 único
10 valioso
4 connotado
8 chocante
14 extraordinario
19 gordo
23 grande
⇨digno de atención
18 ◁*insignificante*
8 ◁*pinchaúvas*

notación
9 alfabeto
6 clave

notar
23 advertir
30 amonestar(se)
20 anotar(se)
22 apreciar(se)
64 apuntar(se)
19 censurar
35 distinguir(se)
11 inscribir
19 observar
7 percatarse
16 percibir
26 registrar(se)
8 tachar
5 tildar
50 asentar
21 reparar
19 ver
⇨darse cuenta

notario
3 certificador
1 fedatario

noticia
29 comunicación(es)
16 conocimiento
18 especie
19 idea
13 informe
4 noción
19 novedad
8 nueva(s)
3 reportaje
13 suceso(s)
34 aviso
16 avenida
9 rumor

noticiar
23 advertir
33 avisar(se)
26 informar(se)
9 notificar
24 prevenir(se)
11 enterar
⇨hacer saber
⇨poner al corriente

noticiero
10 periódico

noticioso
8 conocedor
6 enterado
9 erudito
9 informador
2 sabedor
15 sabio
⇨al corriente
8 ◁*desconocedor*

notificación
19 advertencia
29 comunicación(es)

5 comunicado
34 aviso
17 boleta

notificado
25 avisado

notificar
39 anunciar(se)
33 avisar(se)
18 comunicar(se)
26 informar(se)
15 participar
22 revelar(se)
⇨dar razón
⇨hacer saber
⇨poner al corriente

noto
2 austro
11 notorio
15 sabio

notoriamente
10 claramente

notoriedad
12 celebridad
7 nombradía
7 renombre
15 fama
7 prestigio
14 reputación
10 ◁*oscuridad*

notorio
11 conocido
14 evidente
11 manifiesto
12 obvio
10 palmario
7 palpable
4 probado
5 sabido
13 visible
5 averiguado
12 público
16 ◁*oculto*
19 ◁*secreto*

noúmeno
2 ente
15 esencia

novatada
103 burla
9 chapetonada

novatez
6 juventud

novato
9 bisoño
13 inexperto
4 novel
5 principiante
26 aprendiz
12 inhábil
18 torpe
3 ◁*veterano*

novedad
18 admiración
21 alteración
18 especie
6 extrañeza
3 innovación
7 invención
4 invento
11 mudanza
7 mutación
8 nueva(s)
11 pasmo
3 primicia
7 sorpresa
13 suceso(s)
10 variación
19 cambio
13 noticia
9 rumor
5 trueque
2 ◁*permanencia*

novedoso
6 desconocido
2 innovador
12 nuevo
18 original

novel
9 bisoño
9 embrionario

7 novato
12 nuevo

novela
28 aventura(s)
2 folletín
1 melodrama
10 narración
1 policiaca

novelar
9 contar
10 describir
10 narrar

novelería
6 frivolidad
10 chisme
11 ficción
12 quimera
10 ◁*fidelidad*
7 ◁*realidad*
6 ◁*verdad*

novelero
8 antojadizo
12 caprichoso
13 inconstante
5 sentimental
7 soñador
12 vario
10 voluble
12 fantasioso
12 versátil
11 ◁*realista*

novelesco
11 ficticio

novelista
9 autor
6 literato

novelón
2 folletín
4 mamotreto

novena
8 ofrecimiento
7 ofrenda
10 promesa

5 rezo

noveno
1 nono

noventón
3 nonagenario

novia
1 prometida

noviazgo
4 relaciones
48 salir(se)

novicia
11 monja

noviciado
15 aprendizaje
8 convento
6 inexperiencia

novicio
9 bisoño
7 novato
12 nuevo
5 principiante
26 aprendiz
3 ◁*veterano*

noviero
4 enamoradizo
5 sentimental

novilunio
⇨luna nueva

novillada
2 algarrada
4 becerrada
7 líder

novillero
1 lidiador
3 torero

novillo
3 becerro
3 eral
1 magüeto

novio
7 novio
5 prometido

novio
10 futuro
5 novillo
24 amigo
1 bacía
1 escupidera
7 orinal
5 prometido

novocaína
7 anestésico

nozzle
2 tobera

nubada
28 abundancia
13 aguacero

nubarrada
6 chubasco
13 aguacero

nubarrón
7 nube

nube
7 celaje
5 cirro
8 copo
11 cúmulo
1 nubarrón
4 estrato
2 nimbo

nubilidad
4 pubertad
10 sazón
5 virginidad
7 madurez
◁ inmadurez
6 ◁ niñez

nublado
10 cargado
7 cubierto
3 encapotado
3 fosco

1 nuboso
32 oscuro
3 nublo
12 ◁ despejado

nublar(se)
9 aborrascar(se)
4 achubascarse
16 anublar(se)
51 cubrir(se)
5 desdibujar(se)
10 encapotar(se)
2 encelajarse
10 ennegrecer
10 ennegrecerse
7 ensombrecer(se)
16 obscurecer(se)
5 oscurecer(se)
50 cargar
2 opacar(se)
3 toldar(se)
35 ◁ abrirse
54 ◁ aclarar(se)
16 ◁ despejar(se)

nublo
27 cerrado
7 nublado
3 tizón

nuboso
10 adverso
9 anubarrado

nubosidad
10 obscuridad

nuboso
7 nublado

nuca
5 cogote

nuclear
4 básico
6 central
9 esencial
6 fundamental
12 principal
4 ◁ periférico

núcleo
15 centro
13 corazón
8 sistema
21 nudo
4 ◁ periferia

nucleón
1 neutrón
2 protón

nudillo
4 artejo

nudismo
1 desnudismo

nudista
1 desnudista

nudo
19 atadura
10 eje
13 enlace
14 fundamento(s)
7 incógnita
3 lazada
3 ligamen
1 milla
5 misterio
10 motivo(s)
19 unión
7 vínculo
8 conexión
15 barril
14 causa
15 dificultad
18 enredo
13 lazo
11 lío
8 maraña
28 ◁ separación

nuégado
17 argamasa
9 hormigón
1 hormigos

nuestramo
1 comunión
1 eucaristía

nueva(s)
13 albricias
18 especie
19 novedad
13 suceso(s)
34 aviso
16 avenida
13 noticia
9 rumor

nuevo
10 actual
8 flamante
4 inédito
4 novel
5 novicio
18 original
2 primigenio
5 principiante
5 reciente
26 aprendiz
18 fresco
6 moderno
5 ◁ repetido
3 ◁ veterano
22 ◁ viejo

nuez
1 cartílago
10 fruto
10 prominencia
◁ bocado de Adán

nueza
1 brionia

nulidad
6 abolición
6 anulación
5 cancelación
3 derogación
10 incapacidad
7 ineficacia
10 ineptitud
6 inexperiencia
4 inutilidad
3 invalidación
10 rescisión
4 revocación
3 supresión
8 torpeza

nulo
20 ◁ *aptitud*

nulo
3 abolido
5 anulado
6 cancelado
3 derogado
11 incapaz
8 ineficaz
13 inexperto
1 invalidado
4 inválido
1 rescindido
6 revocado
3 suprimido
8 inepto
16 inútil
18 torpe
14 ◁ *apto*

numen
4 estro
13 inspiración
9 musa(s)

numerable
5 contable

numerado
10 contado

numerador
5 ábaco

numeral
3 numérico

numerar
4 enumerar

numerario
8 efectivo
4 funcional

11 permanente
↦ en metálico

numérico
4 matemático
1 numeral
4 numerario
6 ◁ *aproximado*

número
2 guarismo
9 cifra
16 cantidad

numeroso
10 considerable
6 copioso
7 cuantioso
5 incontable
8 infinito
7 innumerable
7 nutrido
29 abundante
12 ◁ *escasez*
15 ◁ *nulo*

numismática
10 arqueología

numulites
1 fósiles

nunca
4 jamás
4 ◁ *siempre*

nunciatura
3 curia

nuncio
7 embajador
10 enviado
6 legado
8 representante
14 mensajero

nupcial
2 conyugal
3 marital
3 matrimonial
1 ◁ *divorciado*

nupcias
18 boda
4 desposorio
13 enlace
8 matrimonio
19 unión
8 casamiento
4 esponsales
1 ◁ *divorcio*
28 ◁ *separación*

nurse
4 institutriz
5 niñera

nutria
1 marta

nutricio
3 nutritivo

nutrición
5 alimentación
3 amamantamiento
4 asimilación
1 discrasia
2 distrofia
3 engorde
8 subsistencia

nutrido
1 alimentado
18 atestado
10 atiborrado
3 cebado
7 profuso
5 vigoroso
29 abundante
9 ◁ *falto*
14 ◁ *débil*
17 ◁ *escaso*

nutrir(se)
31 ahitar(se)
43 alimentar(se)
7 amamantar(se)
5 colmar
14 criar
10 dispensar
10 empapuzar(se)
8 fomentar
13 fortalecer(se)
33 llenar(se)
28 mantener(se)
22 proveer(se)
9 reforzar
5 robustecer
25 sostener(se)
10 sustentar
11 vigorizar
6 lactar
45 hartar
4 ◁ *ayunar*

nutritivo
6 alimenticio
1 nutricio
1 sustancioso

nylon
3 nilón

ñafiar
54 hurtar(se)
14 robar
7 sisar

ñame
14 inculto
10 tosco

ñandú
⇨avestruz americano

ñanga
18 migaja(s)
7 pizca

ñangada
1 mordisco
3 tarascada
7 empujón

ñángara
4 úlcera
6 llaga

ñango
40 bajo(s)
14 canijo
11 desaliñado
5 desgarbado
8 desviado
8 fatuo
3 puntilloso
21 corto
11 delgado
16 flaco
9 presumido
13 presuntuoso
6 quisquilloso
12 torcido

ñangotado
17 alicaído
7 desmoralizado
10 gandul
24 adulador
11 cobista
17 haragán
6 tiralevitas
16 vago

ñangotar(se)
24 agacharse
13 arrodillarse
25 desanimar(se)
7 desmoralizar(se)

ñanguería
10 estupidez
15 necedad(es)
103 burla
7 chanza

ñaña
12 ama
1 nodriza

ñañacas
6 cachivaches
10 trasto

ñaño
24 amigo
75 bobo
8 camarada
11 memo
22 necio

ñapango
5 mestizo
4 mulato

ñapear
54 hurtar(se)
14 robar

ñata
11 muerte
1 parca

ñatas
2 narices
2 napias

ñauar
3 mayar
3 maullar

ñausa
9 ciego
1 invidente

ñeco
5 guantazo
4 puñetazo

ñemeo
5 contrabando
4 estraperlo

ñeñe
9 sandio
75 bobo
8 idiota
22 necio

ñeque
9 enérgico
8 robusto
5 vigoroso
22 fuerte
37 golpe
5 guantazo
14 ◁débil

ñereñere
14 insignificancia
10 nadería(s)
9 nonada
12 pequeñez
6 tontada

ñero
8 camarada
8 compinche

ñica
1 pedacito
7 pizca

ñinga
4 caca
14 excremento
11 mierda

ñipa
12 excusado
3 letrina
9 retrete

ñipar
13 cagar(se)
11 defecar(se)

ñizca
9 añicos
7 pizca
14 excremento
8 fragmento
11 mierda
8 trozo

ñoco
8 manco

ñon
10 jaque
7 matón
4 perdonavidas

ñonchi
13 inalterable
16 inmutable
9 invariable
12 maduro
9 pasado

ñongo
12 embaucador
5 lisiado
7 mutilado
17 haragán
13 perezoso
6 tramposo

ñongotar(se)
44 torcer(se)

29 desviarse

ñoñería
2 ñoñez
42 tontería(s)
13 dengue
7 melindre

ñoñez
4 ñoñería
3 sensiblería

ñoño
9 quejumbroso
5 remilgado
33 apocado
7 dengoso
6 melindroso

ñopo
9 chato
5 rubio

ñu
9 chaval
11 rapaz

18 chico
17 mozo
22 niño

ñuco
22 rudo
11 patán
17 rústico
10 zafio

ñurga
4 caca
14 excremento
11 mierda

ñurido
1 debilucho
2 flojucho
10 enclenque
11 raquítico

ñutir
4 refunfuñar
5 rezongar

oasis
17 alivio
14 descanso
10 refugio

obcecación
7 empecinamiento
4 obnubilación
6 ofuscación
12 cabezonería
10 ceguera

obcecado
9 ciego
6 empacón
8 empedernido
8 empeñado
6 intolerante
5 obsesionado
7 obseso
17 tenaz
10 tesonero
7 testarudo
8 tozudo
2 rebencudo
9 terco
6 ◁*clarividente*

obcecar(se)
14 ahincar(se)
21 cegar(se)
16 empecinar(se)
39 empeñar(se)
13 emperrar(se)

16 encaprichar(se)
7 encastillarse
5 obnubilar(se)
16 ofuscar(se)
39 empeñarse
6 empuntar
28 obstinarse
⇨metérsele a uno en la cabeza
⇨ponerse cabezota

obedecer
5 acatar
41 ceder(se)
27 cumplir(se)
19 observar
20 prestar(se)
8 respetar
40 someter(se)
7 ◁*desobedecer*
25 ◁*resistirse*

obediencia
8 acatamiento
11 cumplimiento
15 docilidad
3 observancia
13 respeto(s)
8 sumisión
6 ◁*desobediencia*
4 ◁*incumplimiento*

obediente
6 disciplinado
10 dócil

8 sumiso
5 ◁*desobediente*

obelisco
29 aguja

obenque
2 estay
42 cabo

obenquiar
26 atisbar(se)
25 mirar
19 ver

obertura
9 preludio
2 sinfonía

obesidad
7 corpulencia
7 gordura
28 humanidad(es)
1 polisarcia
7 ◁*delgadez*

obeso
17 grueso
7 orondo
7 rollizo
6 voluminoso
19 cipote

7 gordinflón
19 gordo
31 pesado
9 rechoncho
16 ◁*flaco*

óbice
10 estorbo
8 impedimento
11 inconveniente
6 rémora
12 tropiezo
15 dificultad
10 obstáculo
8 ◁*facilidad*
6 ◁*incentivo*

obispado
5 mitra
7 sede
8 silla

obispillo
2 rabadilla
6 sacristán

obispo
4 prelado

óbito
6 defunción
4 fallecimiento
11 muerte

obituario

17 ◁*nacimiento*
2 ◁*alumbramiento*

obituario
1 necrología

objeción
4 contestación
1 mentís
12 observación
11 oposición
7 pero
25 reparo(s)
6 réplica
5 respuesta
15 dificultad

objetar
18 contradecir(se)
12 discutir
9 impugnar
6 rebatir
7 refutar
11 replicar
8 ◁*asentir*

objetividad
14 desinterés
14 equilibrio
7 honradez
6 imparcialidad
6 neutralidad
5 ◁*favoritismo*
12 ◁*injusticia*

objetivo
15 aplomado
30 blanco
3 desapasionado
10 designio
8 efectivo
8 finalidad
12 hito
15 ideal
8 impersonal
5 inanimado
8 meta
3 neutral
23 objeto(s)
11 realista
14 término

6 goal
22 destino
7 ecuánime
8 intención
13 norte
5 ◁*extremista*
1 ◁*subjetivo*
3 ◁*unilateral*

objeto(s)
10 adminículo(s)
30 asunto(s)
12 bártulos
30 blanco
15 centro
2 cosa
15 cuestión
10 designio
25 efecto(s)
15 esencia
8 finalidad
14 materia
10 motivo(s)
21 objetivo
14 sustancia
12 tela
14 término
19 cuerpo
8 intención
10 propósito
13 tema

oblación
7 ofrenda

oblar
34 pagar(se)
44 satisfacer(se)

oblato
14 fraile
13 monje

oblea
4 barquillo
5 gragea

oblicuamente
↪al bies
↪al sesgo
↪de refilón
↪de soslayo

oblicuidad
3 diagonal
1 sesgadura
10 sesgo
2 soslayo
18 inclinación
1 ◁*derechura*

oblicuo
19 caído
6 sesgado
12 torcido
10 ◁*directo*
19 ◁*recto*

obligación
17 atadero
9 coacción
12 cruz
17 cuenta
6 deber
13 exigencia
9 gabela
3 incumbencia
18 molestia(s)
9 servidumbre
7 vínculo

obligaciones
9 atenciones

obligacionista
5 banquero
11 bolsista

obligado
1 agradecido

obligar(se)
17 aceptar
5 acular
6 amordazar
20 apremiar(se)
65 apretar(se)
11 astringir(se)
8 compeler
20 comprometer(se)
7 constreñir
11 contratar(se)
39 empeñar(se)
14 emplazar(se)

32 estrechar(se)
9 exigir
14 favorecer
10 forzar
4 gravar
23 imponer(se)
14 obsequiar(se)
26 ofrecer(se)
15 precisar
16 prometer(se)
20 violentar(se)
43 arrastrar
6 ◁*eximir*

obligatoriedad
3 indispensabilidad

obligatorio
6 forzoso
9 imperativo
12 imprescindible
8 necesario
22 preciso
2 ◁*voluntario*

obliterar
11 obstruir
5 obturar
8 taponar(se)

oblongo
6 alargado

obnubilación
7 empecinamiento
5 obcecación
6 obsesión
4 ofuscamiento

obnubilar(se)
18 deslumbrar(se)
16 obcecar(se)
16 obscurecer(se)
5 obsesionar(se)
16 ofuscar(se)

óbolo
12 caridad
15 donación
7 donativo
14 insignificancia
12 pequeñez

8 dádiva
4 moneda
28 ◁*abundancia*
17 ◁*importancia*

obra
42 acción
2 albañilería
11 composición
8 edificio
11 empresa
14 escrito
9 escritura
6 escultura
26 estudio
10 faena
10 instancia
4 libro
4 manufactura
35 medio(s)
2 partitura
43 poder(es)
12 producto
22 trabajo(s)
10 virtud
 8 cuadro
13 labor
 9 resultado
 6 tarea

obrador
7 cantero
6 taller

obraje
4 manufactura

obrar
15 actuar
13 comportar(se)
5 construir
9 edificar(se)
11 fabricar
33 hacer(se)
12 portar(se)
21 proceder

obrero
9 asalariado
2 operario
8 peón
5 productor

2 proletario
5 trabajador

obreros
7 plantilla

obscenidad
8 concupiscencia
11 deshonestidad
13 impureza
7 liviandad
8 lubricidad
9 lujuria
7 pornografía
10 sensualidad
1 verdulería

obsceno
5 concupiscente
12 deshonesto
8 impuro
10 lúbrico
8 pornográfico
16 sensual
9 verde
10 cachondo
10 lujurioso
14 salido
18 torpe

obscurantismo
12 atraso(s)
12 ignorancia
13 incultura
1 reaccionarismo
2 ◁*adelanto*
12 ◁*progreso*

obscurecedor
4 embrutecedor

obscurecer(se)
15 anochecer
15 apagar(se)
3 atardecer
37 cerrar(se)
54 confundir(se)
51 cubrir(se)
15 eclipsar(se)
9 embrollar
10 encapotar(se)
7 ensombrecer(se)

3 entenebrecerse
39 liar(se)
16 nublar(se)
5 obnubilar(se)
16 ofuscar(se)
16 infamar
5 ◁*elucidar*
5 ◁*esclarecer*
3 ◁*espejear*
4 ◁*iluminarse*
23 ◁*encender*

obscurecimiento
4 apagón
10 interrupción
2 ◁*iluminación*

obscuridad
13 bajeza
10 humildad
1 lobreguez
6 ofuscación
4 ofuscamiento
3 tenebrosidad
7 vulgaridad
10 ceguera
19 confusión
15 sombra

obscuro
18 azaroso
40 bajo(s)
14 confuso
6 desconocido
6 dudoso
8 embrollado
8 enigmático
3 fosco
13 humilde
16 incierto
17 incomprensible
7 inexplicable
7 ininteligible
5 insondable
10 lóbrego
10 misterioso
9 opaco
5 peligroso
6 tenebroso
9 turbio
19 negro

11 ◁*manifiesto*
7 ◁*preclaro*

obsequia
4 regala

obsequiado
3 agasajado

obsequiante
8 donante

obsequiar(se)
9 agasajar
52 amar(se)
63 dar(se)
6 donar
10 dotar(se)
12 halagar
25 obligar(se)
22 regalar(se)
 8 cortejar
14 festejar
13 galantear
 2 manzanear
⇨hacer el paripé
⇨hacer la corte

obsequio
21 agasajo
15 donación
9 fineza
17 presente(s)
15 cariño
8 dádiva
16 regalo

obsequiosamente
19 atentamente

obsequiosidad
27 afabilidad
21 agasajo
2 rendibú

obsequioso
12 cortés
9 rendido
8 sumiso
17 atento
6 complaciente

observación

4 servicial

observación
8 acatamiento
10 aclaración
19 advertencia
8 análisis
13 corrección
11 cumplimiento
12 examen
24 nota
9 objeción
3 observancia
4 rectificación
25 reparo(s)

observador
15 curioso
6 espectador
5 mirón

observancia
8 acatamiento
11 cumplimiento
9 guarda

observante
1 acatador
6 cumplidor
6 disciplinado
17 fiel
20 serio

7 ◁informal
3 ◁insumiso

observar
5 acatar
23 advertir
32 atender(se)
26 atisbar(se)
13 considerar(se)
13 contemplar(se)
27 cumplir(se)
41 examinar(se)
44 guardar(se)
7 obedecer
15 reflexionar
8 respetar

17 acechar
5 espiar
25 mirar
21 reparar

19 ver
11 vigilar

⇨darse cuenta

obsesión
6 desvelo
8 prejuicio
7 zozobra

17 inquietud
23 manía

⇨idea fija

obsesionado
6 fascinado
3 maníaco
13 obcecado
6 preocupado
5 temoso

10 ◁indiferente

13 ◁sereno

obsesionar(se)
11 abobar(se)
16 empecinar(se)
5 obnubilar(se)
16 ofuscar(se)

39 empeñarse

obseso
3 maníaco
1 neurótico
13 obcecado
4 ofuscado
7 poseso

20 loco
9 terco

9 ◁despreocupado
12 ◁flexible

obsidiana
⇨espejo de los incas

obsoleto
5 anticuado

obstaculización
10 estorbo
5 prohibición

obstaculizar
20 complicar(se)
14 contrariar(se)
16 desbaratar
6 empecer
28 estorbar(se)
18 interponer(se)
11 obstruir
24 prevenir(se)
23 privar(se)
11 prohibir(se)
41 quebrar(se)
15 retener(se)
8 rezagar(se)
4 torpedear
6 vedar

13 impedir
58 quitar

41 ◁allanar(se)
8 ◁fomentar
7 ◁secundar

obstáculo
5 engorro
10 estorbo
8 impedimento
11 inconveniente
7 óbice
6 rémora
7 traba

19 embarazo
15 dificultad
3 freno

obstar
13 dificultar(se)
6 empecer
28 estorbar(se)
13 impedir

⇨ser óbice

obstetricia
17 medicina

obstinación
5 contumacia
7 empecinamiento
13 empeño
11 fanatismo
7 insistencia
6 intransigencia

7 sectarismo
6 terquedad
5 tesón
7 testarudez
6 tozudez

11 birria
12 cabezonería

obstinado
7 cabezón
6 contumaz
30 duro
6 impenitente
8 incorregible
5 recalcitrante
16 sesudo
17 tenaz
10 tesonero
7 testarudo
8 tozudo

13 armado
19 firme
9 terco

obstinar(se)
20 aferrar(se)
14 ahincar(se)
8 aperrear(se)
5 atramparse
16 atrancar(se)
17 empachar(se)
16 empecinar(se)
39 empeñar(se)
13 emperrar(se)
16 encaprichar(se)
7 encastillarse
3 entecarse
16 obcecar(se)
10 perseverar
11 persistir
11 reaccionar

7 atrincar
39 empeñarse
6 empuntar
11 insistir
13 porfiar
2 retobear
2 taimarse

⇨metérsele en la cabeza
⇨no dar el brazo a torcer
⇨seguir en sus trece

obstrucción
2 atoramiento
10 estorbo
8 impedimento
7 traba
11 atasco
15 dificultad
10 obstáculo
7 tapón

obstruido
27 cerrado
3 congestionado
6 tapado

obstruir
38 atascar(se)
16 atrancar(se)
13 dificultar(se)
15 embarazar(se)
28 estorbar(se)
17 obstaculizar
8 ocluir
22 tapar(se)
8 taponar(se)
21 atorar
13 impedir
4 ◁desatascar(se)
13 ◁facilitar

obstruirse
14 estancar(se)

obtención
22 adquisición
9 ganancia(s)
3 producción
3 consecución
3 logro

obtener
24 conseguir(se)
5 extraer
40 ganar(se)
3 lograr
47 producir(se)
16 adquirir
22 alcanzar
28 sacar
41 ◁ceder(se)

obtenido
18 alcanzado

obturado
9 ciego

obturador
5 cierre
2 válvula
7 tapón
7 ◁escape

obturar
38 atascar(se)
16 atrancar(se)
21 cegar(se)
22 tapar(se)
8 taponar(se)
4 ◁desatascar(se)

obturarse
14 estancar(se)

obtuso
5 lerdo
11 tardo
21 corto
13 cuadrado
3 despuntado
11 romo
18 torpe
9 zonzo
10 zote
⇨mayor de un recto
5 ◁aguzado
25 ◁agudo
12 ◁despejado

obús
⇨pieza de artillería

obviamente
16 abiertamente

obviar
70 apartar(se)
10 eludir
28 estorbar(se)
38 ◁perder(se)
6 evitar
5 rehuir
13 impedir
22 oponerse
17 ◁aceptar
9 ◁implicarse

obvio
28 claro
14 evidente
11 incuestionable
1 indubitable
15 indudable
6 irrebatible
11 manifiesto
11 notorio
10 palmario
18 patente
24 fácil
12 sencillo
◁difícil
16 ◁oculto

oca
7 ánade
15 ganso

ocasión
5 asidero
4 hora
10 motivo(s)
13 pie
5 pretexto(s)
15 proporción
19 punto(s)
8 riesgo(s)
10 sazón
14 término
13 tiempo
17 caso
7 coyuntura
14 causa
4 peligro
8 trance
5 tris

ocasional
14 accidental
7 eventual

ocasionar
17 causar
10 motivar
59 mover(se)
39 originar(se)
47 producir(se)
8 promover
18 provocar

ocaso
6 decadencia
5 declinación
3 occidente
2 oeste
4 poniente
11 postura
2 puesta
8 retroceso
4 ◁ascenso
6 ◁auge
2 ◁oriente
8 ◁levante

occidente
8 ocaso
2 oeste
4 poniente

occipucio
3 colodrillo

occisión
11 muerte

occiso
11 cadáver
4 difunto
11 muerto

oceánico
2 atlántico
4 pelágico

océano
9 mar
3 piélago

ociar
10 apolismar
8 holgazanear

ocio
8 asueto
14 descanso
12 holganza

ociosamente

7 huelga
18 inacción
3 inactividad
6 jubilación
7 paro
9 pausa
15 recreo
8 retiro
5 vacación

13 ◁*labor*

ociosamente
5 baldíamente

ociosidad
9 gandulería
9 haraganería
6 holgazanería
12 pereza
6 vagancia

7 ◁*laboriosidad*

ocioso
7 descansado
11 desocupado
10 gandul
15 inactivo
10 innecesario
10 relajado
11 retirado
17 haragán
16 inútil
5 jubilado
13 parado
13 perezoso
16 vago

7 ◁*laborioso*

ocluido
27 cerrado

ocluir
38 atascar(se)
16 atrancar(se)
11 encerrar
13 incluir
11 obstruir
5 obturar
22 tapar(se)
8 taponar(se)

4 ◁*desatascar(se)*

oclusión
9 cerramiento

ocre
1 sil

↪hematites amarilla
↪tierra de Holanda
↪tierra de Valencia

octavilla
5 cuartilla
2 panfleto
2 pasquín
3 propaganda

octavín
1 flautín

octeto
1 byte

octogenario
2 ochentón

ocular
9 cristal
18 lente(s)
1 oftálmico
1 vidrio
2 visual

oculista
2 oftalmólogo
3 óptico

oculta
6 agachadiza

ocultable
4 simulable

ocultación
18 disimulo
5 eclipse
2 encubrimiento
2 esoterismo
10 máscara
3 sigilación
2 soterramiento
10 cubrimiento

3 ◁*desembozo*

6 ◁*emersión*
3 ◁*encaramiento*
11 ◁*presentación*
4 ◁*reaparición*
3 ◁*vulgarización*

ocultamente
4 encubiertamente
2 furtivamente
1 reservadamente

↪a escondidas
↪de extranjis
↪de incógnito
↪de tapadillo
↪en secreto

16 ◁*abiertamente*

ocultamiento
7 evasión

7 ◁*propagación*

ocultar(se)
24 agachar(se)
19 agavillar
15 agazapar(se)
7 amagar(se)
16 anublar(se)
14 arrebozar(se)
49 callar(se)
4 camuflar
7 celar
51 cubrir(se)
8 desaparecer
20 desfigurar(se)
9 diluir(se)
24 disfrazar(se)
13 disimular
5 emboscar(se)
7 emparedar(se)
6 empavesar
31 encubrir(se)
7 enmascarar
14 enterrar(se)
32 envolver(se)
10 esconder
10 fingir
15 guarecer(se)
27 negar(se)
8 omitir
48 pasar(se)
35 poner(se)
5 recatar(se)

22 reservar(se)
7 sepultar
10 solapar(se)
11 soterrar(se)
22 tapar(se)
27 velar(se)
18 zafar(se)

12 sellar

↪pasar por alto

23 ◁*advertir*
39 ◁*anunciar(se)*
27 ◁*aparecer(se)*
24 ◁*apercibir(se)*
9 ◁*asomar(se)*
33 ◁*avisar(se)*
21 ◁*cantar*
14 ◁*decir*
13 ◁*destapar(se)*
29 ◁*difundir(se)*
16 ◁*emitir*
5 ◁*enarbolar*
5 ◁*enfatizar*
28 ◁*esparcir(se)*
33 ◁*presentar(se)*
10 ◁*delatar*
11 ◁*denunciar*
11 ◁*pregonar*

ocultismo
1 espiritismo
5 superstición

ocultista
29 hechicero(a)
13 mágico
5 mago

oculto
9 arcano
6 clandestino
7 cubierto
6 desconocido
17 escondido
5 furtivo
4 ignorado
3 incógnito
9 indescifrable
5 insondable
19 secreto
3 sigiloso
6 subrepticio
6 tapado

5 velado
10 latente
11 ◁*manifiesto*

ocupación
13 acomodo
2 apoderamiento
10 carrera
22 cuidado
10 faena
6 menester
22 negocio(s)
12 oficio
11 profesión
5 quehacer
16 diligencia
17 actividad
7 conquista
16 empleo
13 labor
6 tarea
10 toma

ocupaciones
47 atención(es)
9 atenciones

ocupado
5 agobiado
14 atareado
10 colmado
9 entretenido
14 lleno
11 ◁*desocupado*
18 ◁*libre*

ocupante
14 habitante
4 inquilino
10 enemigo

ocupar(se)
10 adueñarse
10 aludir(se)
40 aplicar(se)
24 apoderar(se)
32 aposentar(se)
51 apropiar(se)
5 colmar
27 colocar(se)

11 conquistar
14 consagrar(se)
20 dedicar(se)
5 destinar
4 ejercer
11 enfrascar(se)
5 enseñorear(se)
40 ganar(se)
11 habitar
20 henchir(se)
11 invertir
6 laborar
33 llenar(se)
35 poner(se)
5 posesionar(se)
9 profesar
44 tomar(se)
11 vivir
14 abarcar
24 emplear
16 trabajar
22 ◁*abandonar(se)*
2 ◁*desalquilar*

ocurrencia
23 agudeza
8 aparición
12 circunstancia
8 concepto
8 contingencia(s)
18 gracia(s)
16 manifestación
17 ocasión
22 salida(s)
7 coyuntura

ocurrente
7 saleroso
9 chistoso
30 divertido
18 gracioso
9 ◁*soso*

ocurrido
7 evento
9 chistoso
18 gracioso

ocurrir
8 acaecer
63 dar(se)

48 pasar(se)
5 sobrevenir
13 suceder
⇨tener lugar

ochar
22 aguijonear(se)
26 atisbar(se)
13 azuzar(se)
17 incitar(se)
5 ladrar
17 acechar

ochava
6 bisel

ochavo
6 ardite
5 céntimo

ochentón
1 octogenario
33 anciano

odalisca
2 esclava

odiar(se)
8 abominar(se)
22 aborrecer(se)
4 detestar
⇨no poder tragar
⇨no poder ver
⇨no ser santo de su devoción
⇨tener atragantado
52 ◁*amar(se)*

odio
11 aversión
6 desafecto
4 desamor(se)
6 enemiga
7 malquerencia
18 molestia(s)
7 rencor
18 repugnancia
5 repulsión
32 aborrecimiento
23 antipatía
35 bronca

13 encono
15 fastidio
20 fila
5 importunidad
10 inquina
23 manía
9 ojeriza
8 tirria

odiosear
28 aburrir(se)
41 cansar(se)

odioso
17 abominable
9 aborrecible
3 detestable
2 impopular
11 antipático
35 ◁*atractivo*
6 ◁*simpático*

odisea
28 aventura(s)
4 drama
2 éxodo
10 huida
22 trabajo(s)
11 penalidad
12 sufrimiento
7 ◁*dicha*
10 ◁*paz*

odómetro
2 podómetro

odontología
1 estomatología

odontólogo
3 dentista
2 estomatólogo

odorante
5 aromático

odorar
5 aromatizar

odorífero
5 aromático
3 fragante

odorizar
- 6 perfumado
- 6 ◁ *maloliente*

odorizar
- 3 almizclar

odre
- 3 corambre
- 17 cuero
- 4 pellejo
- 8 beodo
- 45 borracho

oeste
- 3 occidente
- 4 poniente

ofender(se)
- 11 abaldonar(se)
- 21 afrentar(se)
- 12 agraviar
- 23 atropellar(se)
- 12 baldonar
- 11 dañar(se)
- 12 denigrar
- 14 denostar
- 4 desconsiderar
- 6 despotricar
- 12 faltar
- 15 herir
- 46 humillar(se)
- 27 inferir(se)
- 16 injuriar
- 10 insultar
- 16 lastimar(se)
- 20 resentirse
- 30 sentir(se)
- 9 triturar
- 7 ultrajar
- 5 vejar
- 20 amoscarse
- 40 cabrearse
- 6 contrapuntear(se)
- 67 enfadarse
- 16 infamar
- 3 intratar
- 8 maltratar
- 57 picar
- 12 vilipendiar
- 6 zaherir
- 65 ◁ *alabar(se)*

- 2 ◁ *desenfadarse*

ofendido
- 5 vejado

ofensa
- 21 afrenta
- 21 agravio
- 3 diatriba
- 6 escarnio
- 17 injuria
- 11 insolencia
- 10 insulto
- 5 invectiva
- 14 menosprecio
- 10 oprobio
- 10 ultraje
- 9 vituperio
- 103 burla
- 10 descaro

ofensiva
- 9 acometimiento
- 18 ataque
- 27 batalla

ofensivo
- 2 afrentoso
- 2 agraviante
- 7 injurioso
- 6 insultante
- 4 ultrajante
- 2 ◁ *encomiástico*

oferente
- 1 donador
- 8 donante
- 6 obsequioso
- 18 generoso
- 2 ◁ *receptor*
- 34 ◁ *avaro*

oferta
- 15 donación
- 7 donativo
- 8 ofrecimiento
- 7 proposición
- 8 dádiva
- 11 don
- 5 propuesta
- 16 regalo

off-line
⇨ fuera de línea

offset
- 4 litografía

oficial
- 4 autorizado
- 5 burócrata
- 8 empleado(s)
- 5 legal
- 9 legítimo
- 11 manifiesto
- 3 oficinista
- 12 público
- 5 ◁ *ilegal*
- 11 ◁ *privado*

oficiante
- 1 celebrante
- 1 misacantano
- 1 preste
- 9 sacerdote

oficina
- 10 agencia
- 6 bufete
- 10 despacho

oficinesco
- 4 burocrático

oficinista
- 5 burócrata
- 4 chupatintas
- 7 pinche

oficio
- 17 cargo
- 29 comunicación(es)
- 5 comunicado
- 14 escrito
- 17 ocupación
- 11 profesión
- 5 quehacer
- 2 saluda
- 22 trabajo(s)
- 16 diligencia
- 16 función
- 16 empleo

oficiosidad
- 4 discreteo

oficioso
- 25 diligente
- 10 inoportuno
- 5 solícito
- 6 complaciente
- 9 entrometido
- 9 indiscreto
- 4 servicial
- 13 ◁ *perezoso*

ofrecer(se)
- 8 acaecer
- 17 acontecer
- 16 airear(se)
- 5 brindar
- 20 comprometer(se)
- 14 consagrar(se)
- 10 convidar
- 63 dar(se)
- 20 dedicar(se)
- 37 enseñar(se)
- 31 entregar(se)
- 4 inmolar
- 12 invitar
- 35 mostrar(se)
- 25 obligar(se)
- 6 ocurrir
- 7 ofrendar
- 33 presentar(se)
- 16 prometer(se)
- 23 proponer(se)
- 22 regalar(se)
- 14 sacrificar(se)
- 5 sobrevenir
- 13 suceder
- 9 volar

ofrecido
- 4 consagrado
- 4 dedicado
- 5 invitado
- 1 propuesto
- 1 sacrificado
- 5 prometido
- 1 ◁ *denegado*

ofrecimiento
- 19 compromiso
- 11 obligación

ojo

8 oferta
10 promesa
7 proposición
13 voto
11 juramento
5 propuesta

ofrenda
15 donación
1 oblación
6 sacrificio
6 sufragio
8 dádiva
7 obsequio
16 regalo

ofrendado
4 consagrado
4 donado
4 entregado
1 inmolado
1 ◁ *denegado*
◁ *retenido*

ofrendar
20 dedicar(se)
4 homenajear
4 inmolar
26 ofrecer(se)
33 presentar(se)
22 regalar(se)
14 sacrificar(se)

oftálmico
5 ocular

oftalmología
17 medicina

oftalmólogo
2 oculista
3 óptico

ofuscación
10 alucinación
7 deslumbramiento
9 enajenamiento
5 obcecación
4 obnubilación
10 ceguera

ofuscado
12 alelado
9 ciego
7 obseso
7 alucinado

ofuscador
4 embrutecedor

ofuscamiento
15 ceguedad
4 obnubilación
10 obscuridad
19 confusión

ofuscar(se)
17 alucinar(se)
17 atolondrar(se)
30 atontar(se)
21 cegar(se)
7 confiscación
54 confundir(se)
3 chiflar
18 deslumbrar(se)
22 encandilar(se)
22 fascinar(se)
16 obcecar(se)
5 obnubilar(se)
16 obscurecer(se)
5 obsesionar(se)
26 trastornar(se)
11 embaucar

ogro
8 gigante

oíble
3 audible

oída
9 audición

oídio
1 cenicilla
4 ceniza

oído
2 oreja

oír
32 atender(se)
6 auscultar(se)

1 entreoír
4 escuchar
⇨ aguzar el oído
⇨ hacerse cargo
⇨ prestar atención

ojal
25 abertura
5 alamar
37 agujero

ojalar
19 agujerear

ojaranzo
3 adelfa
1 carpe

ojeada
3 mirada
2 vistazo

ojear
12 ahuyentar
26 atisbar(se)
40 batir(se)
24 espantar(se)
19 observar
25 mirar
⇨ levantar la caza

ojén
7 anís
4 aguardiente

ojeo
6 acoso
12 batida
11 caza
6 persecución

ojera(s)
9 cerco
13 mancha
18 círculo

ojeriza
11 aversión
7 malquerencia
9 rabia

13 animadversión
23 antipatía
10 inquina
23 manía
20 odio
8 tirria
53 ◁ *amor*
24 ◁ *simpatía*

ojeroso
7 maciliento
3 marchito
1 ojerudo
2 trasojado
16 triste
23 ◁ *animado*
18 ◁ *fresco*

ojerudo
5 ojeroso

ojete
2 esfínter
37 agujero
4 ano
13 fortuna
7 hado
17 suerte
⇨ ojo del culo

ojetear
19 agujerear

ojituerto
7 bizco

ojiva
7 arco

ojival
1 gótico

ojo(s)
21 anillo
47 atención(es)
22 cuidado
5 orificio
3 puntería
5 venero
37 agujero

ola

3 foramen
13 fuente
6 luceros
6 maco
13 manantial
⇨globo ocular
⇨órganos de la vista

ola(s)
12 costumbre
3 moda
5 oleada
8 onda

ole
12 aclamación

oleada
7 caterva
5 porrada
8 raudal
15 torbellino
9 tropel

oleaginoso
7 aceitoso
1 grasiento
5 oleoso

olear
5 aceitar

oleario
7 aceitoso

oleastro
3 acebuche
⇨olivo silvestre

oleaza
8 aceite

oleína
8 aceite

óleo
1 extremaunción
13 pintura
8 aceite
8 cuadro

oleoducto
6 conducción
5 transporte(s)
1 tubería

oleómetro
4 areómetro

oleorresina
13 bálsamo

oleoso
7 aceitoso
1 grasiento
6 graso
1 grasoso
3 oleaginoso

oler(se)
25 averiguar(se)
20 barruntar(se)
24 buscar(se)
26 desprender(se)
17 husmear
31 imaginar(se)
11 indagar
10 inquirir
12 investigar
7 olfatear
7 olisquear
26 parecer(se)
14 recelar(se)
18 semejar(se)
23 sospechar(se)
7 suponer
3 trascender
8 vislumbrar

olfatear
25 averiguar(se)
24 buscar(se)
17 husmear
11 indagar
10 inquirir
12 investigar
7 olisquear

olfato
20 aliento
6 sagacidad

olíbano
4 incienso

oligarca
9 cacique

oligarquía
3 camarilla
8 pandilla

oligisto
1 hematites

oligofrenia
1 idiocia
14 idiotez
5 infantilismo
18 ◁*inteligencia*

olimpiada
6 competición
26 juego(s)
5 justa
20 prueba

olímpico
15 altanero
4 atlético
22 creído
1 deportivo
28 engreído
13 presuntuoso
17 soberbio
13 ◁*humilde*

olimpo
12 cielo
6 paraíso

olio
8 aceite

oliscar
25 averiguar(se)
11 indagar

olisco
5 suspicaz
6 quisquilloso

olisquear
25 averiguar(se)
24 buscar(se)
17 husmear

11 indagar
10 inquirir
12 investigar
7 olfatear

oliva
1 aceituna
7 lechuza

olivarda
1 atarraga

olivino
1 peridoto

olivo
3 acebuche

olmo
1 negrillo

ológrafo
5 autógrafo
3 manuscrito

olor
5 aroma
11 barrunto
15 esencia
7 fetidez
6 fragancia
15 indicio(s)
2 miasma
7 nombradía
7 perfume
9 peste
6 pestilencia
6 sospecha
2 tufarada
15 fama
5 hediondez
3 hedor
7 prestigio
11 recelo
14 reputación
5 tufo

oloroso
5 aromático
3 fragante
3 odorífero
6 perfumado

8 ◁*pestilente*

olotón
2 desfigurado
12 imperfecto
12 deforme

olvidadizo
3 desmemoriado
7 egoísta
1 desagradecido
16 distraído
9 ingrato

olvidado
19 abandonado
14 arrinconado
21 callado
5 despreciado
7 enterrado
4 negado
3 omitido
4 postergado
1 soterrado
10 ◁*actual*
17 ◁*presente(s)*
4 ◁*vigente*

olvidar
22 abandonar(se)
32 arrinconar(se)
43 dejar(se)
11 desatender
7 descuidar
1 desmemoriarse
8 omitir
4 preterir
3 postergar
⇨dejar de lado
⇨írsele a uno el santo al cielo
6 ◁*recordar*

olvidarse
42 aliviar(se)

olvido
38 aturdimiento
15 descuido
1 desmemoria
1 desuso

6 inadvertencia
8 omisión
3 prescripción
3 preterición
2 relegación
8 postergación

olla
5 cacerola
3 cadozo
5 guiso
5 marmita
7 pote
4 remolino
6 cocido
4 puchero

ollera
1 herrerillo

ollero
9 alfarero
10 ceramista

ombligo
3 epigastrio
1 mellico

omega
16 final

omento
2 epiplón

ominar
7 agorar

ominoso
17 abominable
15 aciago
11 desventurado
6 execrable
6 funesto
5 odioso
21 repugnante
5 repulsivo
16 desdichado
14 desgraciado
18 ◁*atrayente*
14 ◁*afortunado*

omisión
15 descuido
13 falta
6 inadvertencia
10 laguna
11 negligencia
10 olvido
17 salto
3 supresión

omiso
21 callado

omitido
21 callado
9 olvidado
10 salvo
5 ◁*mencionado*

omitir
49 callar(se)
3 ignorar
10 prescindir
29 saltar(se)
6 silenciar(se)
13 suprimir
10 eliminar
⇨pasar por alto
◁*tener en cuenta*

ómnibus
2 autocar
8 autobús
3 bus
6 guagua

omnímodo
27 absoluto

omnipotencia
11 absolutismo

omnipotente
1 todopoderoso

omnipresencia
1 ubicuidad

omnipresente
1 ubicuo

omnisciente
8 dios

omóplato
1 espaldilla
4 paletilla

on-line
⇨en línea

onagro
18 asno

onanismo
1 masturbación

oncejo
2 vencejo

oncología
1 cancerología

onda
13 actualidad
3 moda
4 ola(s)
6 ondulación
3 vibración
7 caracol
4 mechón
3 rizo

ondear
5 flamear
7 flotar

ondina
5 sirena
7 ninfa

ondulación
5 badén
18 curvatura
9 fluctuación
2 rizamiento
3 zigzag
8 onda

ondulado
12 flexible
8 sinuoso

ondulador
3 rizador

ondulante
1 ondulatorio
8 sinuoso

ondular(se)
19 balancear(se)
11 columpiar(se)
20 combar(se)
2 ensortijar
5 flamear
14 mecer(se)
2 ondear
7 rizar(se)

ondulatorio
2 ondulante

oneroso
3 dispendioso
6 engorroso
5 fatigoso
10 gravoso
10 caro
5 costoso
15 molesto
31 pesado
17 ◁*liviano*
3 ◁*llevadero*

ónice
6 ágata

onicomancia
12 adivinación

onírico
4 ensoñado

onomástica
21 santo

onoquiles
1 orcaneta
⇨palomilla de tintes

onshore
1 terrestre

ontología
2 filosofía

opa
75 bobo
22 necio
18 tonto

opacar(se)
16 nublar(se)
5 oscurecer(se)

opacidad
3 borrosidad
3 catarata
4 deslustre
26 ◁*brillo*
3 ◁*diafanidad*
3 ◁*irisación*
4 ◁*luminiscencia*
4 ◁*nitidez*
3 ◁*tersura*
2 ◁*traslucidez*

opaco
7 fúnebre
5 lúgubre
32 oscuro
13 sombrío
4 tétrico
16 triste
9 turbio
5 velado
7 mate
10 ◁*transparente*
36 ◁*alegre*

opado
5 ojeroso
8 pálido

opalino
11 azul
5 traslúcido

opaparado
27 aturdido
1 atolondrado

opción
9 alternativa(s)
3 disyuntiva

8 elección
9 preferencia
6 privilegio
4 selección
24 derecho

operación
42 acción
12 contrato
11 convenio(s)
6 ejecución
15 ejercicio
6 intervención
12 marcha
22 negocio(s)
10 trato
7 actuación
13 maniobra

operacional
1 operativo

operador
4 cirujano
7 ejecutante
3 quirúrgico
11 conjunción

operante
26 activo
9 eficaz
8 ◁*ineficaz*

operar
15 actuar
11 contratar(se)
19 ejecutar(se)
5 negociar
8 obrar
25 realizar(se)
11 pactar
6 ◁*intervenir*

operario
6 obrero
5 trabajador

operativo
1 operacional

opérculo
5 tapadera

opereta
2 zarzuela

opería
16 estupidez
9 sandez

opilación
1 amenorrea
2 hidropesía

opilar(se)
11 obstruir
3 ◁*menstruar*

opinable
5 discutible
6 problemático

opinar
22 apreciar(se)
13 considerar(se)
24 estimar(se)
11 juzgar
10 reputar(se)
6 valorar

opinión
5 convencimiento
9 criterio
5 dictamen
13 informe
26 parecer(se)
5 predicamento
15 juicio
7 prestigio
14 reputación

opio
4 alcaloide
1 aletargante
1 alienante
5 estupefaciente
4 narcótico

opíparo
6 copioso
5 sabroso
4 suculento

29 abundante
6 ◁desaborido
17 ◁escaso

opobálsamo
⇨bálsamo de Judea

oponente
13 competidor
15 contrario
8 contrincante
6 rival
2 ◁aliado
24 ◁amigo

oponer(se)
15 afrontar
19 combatir
1 contraponer
14 contrariar(se)
8 desafiar(se)
7 desobedecer
25 desunir(se)
13 dificultar(se)
15 enfrentar(se)
28 estorbar(se)
6 forcejear
5 neutralizar
7 obviar
11 prohibir(se)
10 protestar
16 quejar(se)
11 reaccionar
25 resistir(se)
6 contrarrestar
7 copar
11 replicar
4 retacar
22 ◁acceder
19 ◁admitir

oportunamente
6 acertadamente

oportunidad
28 conformidad
5 congruencia
8 exactitud
4 hora
21 lugar
17 ocasión

2 pertinencia
4 puntualidad
10 sazón
13 tiempo
17 caso
7 coyuntura
19 conveniencia
8 vez

oportunista
9 aprovechado
5 chaquetero
4 pancista

oportuno
4 adecuado
15 conveniente
6 pertinente
22 preciso
11 puntual
12 exacto
 ◁impuntual
3 ◁inadecuado

oposición
12 antagonismo
14 concurso
6 enemiga
6 enfrentamiento
12 examen
8 obstrucción
20 prueba
17 resistencia
10 contradicción
12 contrariedad
13 contraste
17 ◁igualdad

opositar
9 antagonista
8 contrincante
6 rival

opositor
9 antagonista
4 concursante
8 contrincante
5 disconforme
8 émulo
4 examinando

10 enemigo
12 ◁devoto
4 ◁transigente

opresión
12 abuso
14 ahogo
2 apretamiento
9 despotismo
7 dominación
21 dominio
5 presión
1 subyugación
4 tiranía
8 congoja

opresivo
22 angustioso
10 cargado
21 dominante
6 intolerante
9 intransigente
2 irrespirable
4 sofocante
4 tiránico
12 ◁flexible

opresor
8 déspota
2 tirano

oprimido
8 forzado
7 humillado
2 sojuzgado
13 sujeto
2 ◁liberado
14 ◁rebelde

oprimir
65 apretar(se)
13 avasallar(se)
12 comprimir(se)
46 dominar(se)
7 esclavizar
5 estrujar
9 tiranizar
16 chafar
14 sujetar
8 trincar

oprobiar
21 afrentar(se)

oprobio
21 afrenta
21 agravio
12 baldón
16 deshonor
9 deshonra
10 ignominia
17 injuria
7 vilipendio
12 infamia
17 vergüenza

oprobioso
5 calumnioso
7 ignominioso
6 infamante
11 vergonzoso

optar
27 decidir(se)
15 elegir(se)
8 escoger
43 inclinarse
4 preferir
4 triar

optativo
11 personal
6 potestativo
2 prudencial
2 voluntario
6 ◁forzoso

óptico
2 oculista
2 oftalmólogo
2 visual

optimismo
10 alborozo
38 alegría(s)
15 berza
9 bienandanza
14 bonanza
7 jovialidad
3 ◁pesimismo

optimista
7 eufórico
8 ilusionado

óptimo

13 ingenuo
36 alegre
13 pieza
3 ◁*pesimista*
16 ◁*triste*

óptimo
5 inmejorable
11 insuperable
9 fetén

opuesto
3 antagónico
12 antitético
3 contradictorio
15 contrario
11 encontrado
12 enfrentado
5 incompatible
9 reacio
8 refractario
10 enemigo
4 ◁*equivalente*
11 ◁*partidario*

opugnador
9 adversario
4 ◁*transigente*

opulencia
28 abundancia
3 aburguesamiento
10 riqueza
13 lujo

opulento
1 abundoso
6 copioso
9 creso
8 potentado
5 ubérrimo
29 abundante
12 forrado
14 rico
17 ◁*escaso*
18 ◁*pobre*

opúsculo
4 cuaderno
13 ensayo

2 monografía
13 artículo
5 folleto

oquedad
8 cavidad
19 hueco
16 vacío
37 agujero
10 hoyo

oración
5 alocución
3 declamación
2 deprecación
15 discurso
3 disertación
7 frase
3 jaculatoria
4 perorata
7 plegaria
6 preces
7 proposición
5 rezo

oraciones
15 anochecer
2 maitines
6 preces

oráculo
9 augurio
10 predicción
5 profecía
5 vaticinio

orador
3 conferenciante
2 disertador
3 predicador
16 charlatán
⇨pico de oro

oraje
13 aguacero

oral
3 bucal
1 verbal

orangután
19 mono

orante
2 arrodillado

orar
7 deprecar
6 implorar
7 invocar
5 rezar

orate
16 alienado
33 atrevido
11 imprudente
5 lanzado
11 temerario
17 demente
20 loco
8 ◁*cauto*

oratoria
4 elocuencia
7 facundia
4 labia
4 verbosidad

oratorio
4 capilla
3 ermita
4 santuario

orbe
3 universo
14 mundo

órbita
5 área
10 dimensión
21 dominio
4 espacio
7 trayectoria
7 ámbito
18 círculo

orcaneta
2 onoquiles

orco
15 abismo

12 infierno

órdago
2 envite

ordalías
20 prueba
15 juicio

orden
11 colocación
9 comunidad
5 decreto
5 edicto
6 estructura
13 hábito
8 instituto
5 mandamiento
7 mandato
17 precepto(s)
3 prescripción
27 regla(s)
8 sistema
7 cofradía
15 disciplina
23 disposición
10 jerarquía
18 método
6 plato
8 ración

ordenación
3 agrupamiento
6 alineación
16 alternación
6 clasificación
1 compaginación
12 organización
1 seriación
5 taxonomía
23 disposición

ordenado
3 estructurado
4 metódico
11 puntual
2 sistematizado
12 exacto
7 ◁*desordenado*

ordenador
3 catalogador
3 computadora

5 organizador
ordenadora
2 calculadora

ordenamiento
11 constitución
2 foliación
12 organización
7 reglamento
3 secuencia

ordenancista
4 dictatorial
3 formalista
4 legalista
6 minucioso

26 rígido
17 riguroso

12 ◁*flexible*

ordenanza
17 asistente(s)
5 estatuto
7 reglamento

4 bedel
3 subalterno

ordenar(se)
55 acomodar(se)
8 acondicionar
9 acuartelar
3 adecentar(se)
83 arreglar(se)
4 clasificar
16 concertar(se)
8 conminar
8 coordinar
5 decretar
47 establecer(se)
10 estatuir(se)
3 estructurar
9 exigir
6 intimar
3 normalizar
9 preceptuar
12 prescribir
2 recetar
7 reglamentar
17 regular(se)
5 sistematizar

2 tonsurar
17 mandar
8 ◁*desarreglar(se)*
3 ◁*desbarajustar*
19 ◁*desordenar(se)*
6 ◁*embarullar*
9 ◁*embrollar*
15 ◁*empantanar(se)*
10 ◁*enturbiar(se)*
37 ◁*turbar(se)*

2 ◁*desacotejar*

órdenes
27 instrucción(es)

ordeñar
59 ajustar(se)
4 alfabetizar
4 clasificar
8 coordinar
5 desembrollar
4 desenmarañar
11 desenredar
56 dirigir(se)
48 disponer(se)
25 encaminar(se)
24 enderezar(se)
6 esquilmar
47 establecer(se)
7 exprimir
5 extraer
1 numerar
10 organizar
9 preceptuar
12 prescribir
5 regularizar(se)
14 vaciar(se)

34 componer
17 mandar
28 sacar

5 ◁*colmar*
33 ◁*llenar(se)*

ordeño
16 agotamiento
4 estrujamiento
5 explotación
4 succión

ordinariamente
5 regularmente

ordinariez
7 descortesía
8 grosería
7 incorrección
7 rusticidad
10 tosquedad
4 zafiedad

ordinario
40 bajo(s)
19 común
14 corriente
5 chocarrero
9 familiar
7 frecuente
10 habitual
10 incorrecto
2 mandadero
11 normal
5 recadero
17 regular(se)
11 trivial
7 usual
9 vulgar

21 grosero
21 llano
11 patán
17 rústico
20 simple
7 soez
10 zafio

4 ◁*urbano*
14 ◁*extraordinario*

oreado
2 aireado

orear
16 airear(se)
9 ventilar

orégano
1 díctamo

oreja
1 oído
4 callampa

orejano
8 cauto
7 prevenido

18 retraído
9 huraño

orejear
2 desconfiar
14 recelar(se)

orejera
13 arete

orejón
75 bobo
7 bocio
3 consentidor
8 cornudo
22 necio
20 simple

orenga
7 brazal
1 cuaderna
1 varenga

oreo
46 aire(s)
2 aireación
5 desecación

oreoselino
⇨perejil de monte

orfanato
4 hospicio
2 inclusa

orfandad
30 abandono
2 desabrigo
3 desvalimiento
5 desamparo

orfebre
4 joyero
2 platero

orfebrería
4 bisutería

orfelinato
2 orfanato

orfeón
  3 coral

organdí
  8 algodón

orgánico
  3 estructurado
  1 jerarquizado
  1 organizado
  1 viviente

organigrama
  6 esqueleto

organillo
  5 cigüeña
  9 cilindro
  5 órgano

organismo
  11 entidad
  7 institución
  19 cuerpo
  15 corporación
  16 sociedad

organización
  11 constitución
  11 entidad
  6 estructura
  7 institución
  5 ordenamiento
  5 organismo
  6 regulación
  1 regularización
  20 arreglo
  15 corporación
  23 disposición
  16 sociedad

organizado
  4 orgánico

organizador
  1 coordinador
  4 gerente
  3 ordenador
  1 planificador
  5 promotor

organizar
  83 arreglar(se)
  7 constituir
  48 disponer(se)
  47 establecer(se)
  3 estructurar
  25 fundar(se)
  10 instaurar
  5 instituir
  17 regular(se)
  5 regularizar(se)

órgano
  1 armonio
  12 instrumento(s)
  35 medio(s)
  4 portavoz
  3 organillo

organografía
  4 anatomía

organología
  4 anatomía

orgasmo
  15 convulsión
  3 espasmo
  26 exaltación
  2 clímax
  12 culminación

orgía
  7 bacanal
  13 banquete
  10 desarreglo
  14 desenfreno
  6 desmesura
  7 festín
  4 saturnal
  7 aviación

orgiástico
  6 bacante
  2 báquico
  17 borrascoso
  2 crapuloso
  14 inmoral
  3 juerguista
  13 libertino
  20 ◁serio

  8 ◁sobrio
  5 ◁virtuoso

orgullo
  11 altivez
  2 endiosamiento
  20 engreimiento
  26 hinchazón
  7 ínfulas
  6 pedantería
  10 postín
  12 presunción
  20 satisfacción
  4 suficiencia
  6 ufanía
  14 vanidad
  46 aires
  26 arrogancia
  8 contento
  19 embuste
  7 petulancia
  7 soberbia

  10 ◁humildad

orgulloso
  31 arrogante
  1 endiosado
  8 fatuo
  8 grandilocuente
  11 inmodesto
  4 pedante
  10 petulante
  15 satisfecho
  6 suficiente
  12 ufano
  17 altivo
  8 contento
  28 engreído
  15 fanfarrón
  19 hinchado
  11 pintiparado
  9 presumido
  17 soberbio
  10 vanidoso

oribe
  2 orífice

orientación
  1 encarrilamiento
  3 encauzamiento
  27 instrucción(es)

  5 posición
  13 situación
  12 consejo
  11 guía
  23 disposición

orientador
  11 ayo
  10 consejero
  13 maestro

orientar(se)
  28 aconsejar(se)
  33 avisar(se)
  6 canalizar
  27 colocar(se)
  36 conducir(se)
  14 consagrar(se)
  8 converger
  63 dar(se)
  17 derivar
  13 designar(se)
  5 destinar
  56 dirigir(se)
  29 educar(se)
  25 encaminar(se)
  7 encarrilar
  9 encauzar
  24 enderezar(se)
  7 enfocar
  9 guiar
  11 indicar
  11 instruir
  35 poner(se)
  18 situar(se)
  15 tender(se)
  8 enchuchar(se)
  7 copar
  2 rumbear

oriente
  3 este
  8 levante

orífice
  2 orfebre
  1 oribe

orificio
  25 abertura
  7 boquete

9 resquicio
37 agujero
3 foramen

oriflama
22 bandera
6 flámula
7 pabellón
5 pendón

origen
14 ascendencia
8 comienzo
11 germen
16 inicio
19 principio(s)
10 procedencia
8 raíz
17 nacimiento
22 arranque
14 causa
6 estirpe
13 fuente
16 linaje
14 ◁*término*

originado
10 desenfrenado

original
18 atrayente
15 curioso
10 ejemplar
18 extraño
4 inicial
8 insólito
5 interesante
8 inusitado
16 muestra(s)
6 peculiar
11 personal
2 primero
10 primitivo
2 prístino
22 raro
13 singular
15 modelo
13 propio

originalidad
10 creación
3 esnobismo

19 extravagancia
3 innovación
18 rareza(s)

originar(se)
12 acarrear
64 apuntar(se)
48 atraer(se)
17 causar
14 criar
17 derivar
17 derivarse
17 desatar(se)
17 descender
6 desencadenar(se)
34 determinar(se)
3 dimanar
11 emanar
12 emerger
9 empezar(se)
14 engendrar
10 estallar
18 generar
9 germinar
6 infligir
10 motivar
15 nacer
7 ocasionar
21 proceder
47 producir(se)
8 promover
8 provenir
18 provocar
6 redundar
11 resultar
48 salir(se)
42 seguir(se)
6 suscitar
16 aportar
48 arrancar
43 arrastrar
10 comenzar
9 labrar
14 ◁*concluir*
28 ◁*finalizar(se)*

originario
3 congénito
12 hijo
7 innato
20 natural
3 oriundo

2 primigenio
7 procedente

orilla
32 borde
14 canto
12 margen
2 reborde
7 ribera
19 límite
19 barranco

orillado
6 rodeado

orillar
11 bordear
14 concluir
11 desenredar
10 eludir
6 evitar
36 liquidar(se)
16 resolver(se)
4 solventar
7 terminar
9 zanjar

orín
7 herrumbre
3 robín
5 moho
⇨azafrán de Marte

orina
4 meada
2 pipí
3 pis

orinal
2 dompedro
14 perico
5 bacinilla
9 loro
7 novio
10 pato
⇨vaso de noche

orinar
1 mear
⇨hacer aguas menores
⇨hacer pipí

⇨hacer pis

oriol
3 oropéndola

oriundo
20 natural
7 originario
7 procedente

orla
11 aureola
16 corona
10 filete
4 moldura
5 perfil
2 nimbo
11 tira

orladura
32 borde

orlar
19 blasonar
11 bordear
4 ribetear

orlo
2 plinto

ormino
3 gallocresta

ornamentación
2 decorado
7 ornamento
8 ornato(s)
21 adorno
1 ◁*desnudez*
11 ◁*sencillez*

ornamental
5 decorativo

ornamentar
39 acicalar(se)
21 adornar
5 decorar
17 engalanar(se)
34 componer

ornamento
13 aderezo(s)
18 compostura
5 decoración
8 ornato(s)
21 adorno
25 atavío
23 gala

ornar
21 adornar
5 decorar
14 embellecer(se)
4 empenachar
16 guarnecer(se)
5 engalibar

ornato(s)
13 aderezo(s)
18 compostura
5 decoración
7 ornamento
21 adorno
25 atavío
6 efeleoflo
23 gala

oro
2 brochado

orobanca
⇨hierba tora

orobias
4 incienso

orografía
7 relieve

orón
4 serón

orondo
3 esponjado
19 hueco
15 satisfecho
12 ufano
8 contento
19 hinchado
19 orgulloso
16 ◁*descontento*

10 ◁*macizo*

oropel
4 relumbrón
20 apariencia

oropeles
10 buhonería
25 atavío

oropéndola
1 lútea
1 oriol
3 papafigo

orozuz
3 regaliz

orquesta
16 agrupación
11 conjunto
41 banda
15 grupo
1 ◁*solista*

ortega
1 churra
8 corteza

ortiga
1 pringamoza

orto
3 naciente
13 saliente
8 levante
4 ◁*poniente*

ortodoxia
5 autenticidad
10 fidelidad
8 lealtad
9 pureza
8 rectitud
10 ◁*falsedad*
14 ◁*rebeldía*

ortodoxo
5 legal
9 legítimo

17 regular(se)
18 sano
◁*heterodoxo*

ortofonía
6 fonética

ortografía
9 escritura

ortógrafo
9 calígrafo

ortología
3 fonemática
6 fonética
5 fonología
4 prosodia

ortopedia
6 prótesis

oruga
4 gusano
1 ruqueta

orujo
5 brisa
5 casca
2 terrón

orvallar
6 lloviznar

orvalle
3 gallocresta

orvallo
2 rocío
5 calabobos
7 llovizna
7 sirimiri

orza
2 narria

orzaga
5 álimo
4 armuelle
4 marismo
3 salgadera

orzar
1 embicar

orzaya
5 niñera

orzuelo
7 divieso

osadamente
26 atrevidamente

osadía
21 audacia
11 decisión
10 intrepidez
12 valentía
18 arrojo
32 atrevimiento
11 cacha
10 ◁*timidez*

osado
14 arrojado
33 atrevido
18 audaz
7 decidido
10 intrépido
13 resuelto
9 valiente
30 ◁*tímido*

osamenta
8 caparazón
6 esqueleto

osar
15 afrontar
23 arriesgar(se)
21 atrever(se)
53 lanzar(se)
18 acometer

osario
1 calavernario
1 osero

oscilación
9 fluctuación
9 temblor
2 titubeo

6 vaivén
3 vibración
7 vacilación

oscilante
4 pendular
6 vacilante

oscilar
19 balancear(se)
6 fluctuar
8 temblar
7 titubear
11 vacilar
6 vibrar

ósculo
5 beso

oscurecer
15 anochecer
16 anublar(se)
31 asombrar(se)
7 ensombrecer(se)
5 empañar(se)
7 ◁*alborear*
9 ◁*clarificar*
5 ◁*enfatizar*

oscurecerse
9 aborrascar(se)
10 ennegrecer
10 enturbiar(se)
16 nublar(se)
2 opacar(se)

oscurecido
9 anubarrado
6 ennegrecido
3 fuliginoso

oscurecimiento
2 amaurosis
5 eclipse

oscuridad
12 ambigüedad
4 apagón
3 borrosidad
7 bruma
2 hermetismo

10 humildad
10 noche
6 profundidad
6 anfibología
9 calígine
26 ◁*brillo*
10 ◁*claridad*
3 ◁*fulgor*
26 ◁*gloria*
18 ◁*honor*
6 ◁*notoriedad*

oscuro
7 abstruso
9 ambiguo
10 atezado
7 borroso
11 brumoso
9 caliginoso
27 cerrado
14 confuso
8 enigmático
8 equívoco
13 humilde
16 incierto
17 incomprensible
9 indescifrable
3 indiscriminado
7 ininteligible
10 lóbrego
10 misterioso
9 nebuloso
7 nublado
9 opaco
3 plomizo
12 prieto
4 retinto
8 sibilino
13 sombrío
2 tapetado
6 tenebroso
9 turbio
7 anfibológico
8 profundo
19 negro
9 ◁*definido*
9 ◁*deslumbrador*
10 ◁*desnudo*
6 ◁*paladino*
4 ◁*perspicuo*
7 ◁*preclaro*

24 ◁*abierto*
24 ◁*fácil*
21 ◁*llano*

óseo
1 huesoso

osera
10 guarida

osero
2 osario

osezno
5 cachorro
1 osito

osificación
2 calcificación
2 encallecimiento
3 ◁*descalcificación*

osificar
3 calcificar(se)

osífraga
3 quebrantahuesos

osito
2 osezno

oso
5 matasiete
18 retraído
2 grizzly
22 bravucón
8 hosco
9 huraño
4 perdonavidas

ostensible
11 manifiesto
10 palmario
7 palpable
18 patente
13 visible
8 ◁*encubierto*

ostensorio
11 custodia

ostentación
22 aparato
8 exhibición
1 exteriorización
11 jactancia
12 presunción
9 suntuosidad
6 tren
7 vanagloria
12 boato
9 fausto
7 petulancia
13 pompa
10 ◁*humildad*
11 ◁*sencillez*

ostentar
37 enseñar(se)
11 exhibir(se)
3 exteriorizar
7 farolear
16 lucir(se)
43 llevar(se)
35 mostrar(se)
17 pavonear(se)
9 alardear

ostentoso
6 aparatoso
3 espectacular
12 espléndido
10 fastuoso
9 regio
7 rimbombante
7 suntuoso
3 teatral
11 magnífico

osteolito
2 fósil

osteoma
↪humor óseo

ostia
6 ostra(s)

ostiario
16 clérigo

ostra(s)
1 mecachis
1 ostia

ostracismo
3 ostro
1 rediez
8 cáscara

ostracismo
3 alejamiento
5 destierro
5 exilio
3 proscripción
8 postergación

ostro
6 ostra(s)
1 ostrón
5 molusco

ostrón
3 ostro

otario
75 bobo
22 necio
18 tonto

oteador
9 centinela
3 observador
8 vigía
20 vigilante
16 ◁ *distraído*

otear
5 atalayar
26 atisbar(se)
6 escudriñar
26 registrar(se)
25 mirar

otero
3 altozano
8 cabezo
13 cerro
10 colina
10 cantón
7 loma

oto
5 autillo

otomán
7 tejido
12 tela

otomana
49 asiento

otoñal
1 autumnal

otoño
2 entretiempo

otorgador
3 otorgante

otorgante
1 cedente
8 donante
1 otorgador
2 ◁ *receptor*

otorgar
7 conceder
9 condescender
17 consentir
10 dispensar
48 disponer(se)
47 establecer(se)
5 estipular

otorgarse
24 conseguir(se)

**otorrinolaringo-
logía**
17 medicina

**otorrinolaringó-
logo**
15 médico

otro
6 demás
◁ *alter ego*

otrora
6 antes
3 entonces
⇨ en otro tiempo
14 ◁ *ahora*

otrosí
9 además

out
⇨ k o

outsider
13 competidor

ovación
11 aplauso(s)
1 vítores
1 vivas

ovacionado
4 aplaudido

ovacionar
18 aplaudir
23 aprobar(se)
10 clamar
32 exaltar(se)
1 palmotear
4 vitorear
19 ◁ *censurar*
10 ◁ *patear*

ovar
9 aovar

ovas
1 hueva

oveja
1 borrega
1 cordera
14 prostituta
17 ramera

ovejero
3 cabrerizo
3 cabrero
1 mayoral
17 pastor

ovejuno
3 ovino

overbooking
1 sobrecontrata

overo
6 amarillento
3 blancuzco
9 turbio

5 velado

oviducto
1 huevera
2 madrecilla

ovil
7 aprisco
13 corral

ovillar(se)
9 acurrucarse
2 asobinarse
29 encogerse
8 hilar
8 azorrillar(se)

ovillejo
12 acertijo
8 adivinanza

ovillo
31 bola
19 confusión
18 enredo
11 lío
8 maraña

ovino
1 lanar
1 merino
1 ovejuno

óvulo
10 embrión
4 huevo
1 macrogameto

oxidación
3 enmohecimiento

oxidado
4 anquilosado
5 dañado
19 estropeado
3 herrumbroso
7 mohoso
11 muerto
9 olvidado
34 ◁ *brillante*
12 ◁ *nuevo*
22 ◁ *útil*

oxidarse
  4 aherrumbrar(se)
  44 tomar(se)

óxido
  7 herrumbre
  4 orín
  3 robín

oxigenación
  2 aeración

oxigenado
  4 respirable

oxigenar
  16 airear(se)

oxigenarse
  16 airear(se)
  7 purificarse
  10 vivificar(se)
  6 ◁*asfixiar(se)*

oxígeno
  46 aire(s)
  1 ozono

oxítono
  25 agudo

oyanza
  7 obsequio
  16 regalo

oyente
  17 asistente(s)
  5 escucha
  6 espectador
  18 libre
  3 observador
  17 presente(s)
  1 radio-escucha
  4 ◁*locutor*
  8 ◁*oficial*

oyentes
  8 auditorio
  12 concurrencia
  12 público

ozono
  2 oxígeno

P

pabellón
22 bandera
3 carpa
2 dosel
4 estandarte
4 oriflama
2 palio
9 tienda

pabilo
7 mecha

pábilo
8 filamento
7 mecha

pábulo
9 fomento
10 motivo(s)
17 ocasión
2 sustento
35 alimento
23 comida

paca
13 fardo
15 bulto
21 capa
11 lío

pacato
14 encogido
6 pacífico

7 timorato
13 tranquilo
30 tímido
33 apocado
13 parado
9 pusilánime
33 ◁*atrevido*

pacedura
2 apacentamiento

pacer
2 herbajar
1 pastar
2 ramonear

paciencia
11 aguante
4 estoicismo
7 mansedumbre
6 perseverancia
8 resignación
7 sosiego
5 tolerancia
9 tranquilidad
26 calma
11 entereza
12 flema
12 sufrimiento
10 ◁*desasosiego*
8 ◁*intranquilidad*

paciente
11 calmoso
6 estoico

6 resignado
6 sosegado
3 sufridor
3 tolerante
13 tranquilo
16 enfermo
19 flemático
7 manso
4 ◁*impaciente*
6 ◁*intolerante*
7 ◁*nervioso*

pacificación
1 amansamiento
3 apaciguamiento
1 aquietamiento
11 ◁*motín*
7 ◁*sublevación*

pacificador
5 conciliador
4 pacifista
5 componedor
3 ◁*controversista*
6 ◁*peleador*

pacificar(se)
41 allanar(se)
21 amansar(se)
30 apaciguar(se)
36 aplacar(se)
15 aquietar(se)
44 calmar(se)

21 serenar(se)
24 sosegar(se)
21 tranquilizar(se)
7 ◁*embregarse*
4 ◁*empelazgarse*
7 ◁*encizañar*
20 ◁*sublevar(se)*

pacífico
10 quieto
10 reposado
6 sosegado
13 tranquilo
7 manso
13 sereno
9 ◁*inquieto*
13 ◁*violento*

pacifismo
30 amistad
3 pacificación
8 serenidad
4 ◁*belicosidad*
3 ◁*guerra*

pacifista
6 inofensivo
3 neutral
3 pacificador
13 tranquilo
7 ◁*agresivo*
1 ◁*bélico*
7 ◁*guerrero*

pacincioso
11 lento
11 tardo
31 pesado

package
9 paquete

paco
1 afta
4 alpaca
6 gendarme
4 úlcera
21 falso
19 guardia
9 ladino
10 traidor

pacocha
  bienes
9 caudal

pacotilla
8 ancheta
4 cuadrilla
41 banda
8 pandilla

pacotillero
9 buhonero
5 mercachifle
17 rústico
10 zafio

pactar
59 ajustar(se)
25 amarrar(se)
8 apalabrar
16 concertar(se)
5 estipular
5 negociar
7 transigir
35 tratar(se)
19 casar
8 contemporizar
15 convenir
◁*romper el trato*

pacto
21 acuerdo(s)
11 ajuste

4 componenda
19 compromiso
12 contrato
11 convenio(s)
4 estipulación
18 inteligencia
6 tratado
10 trato
8 concierto
16 amasijo
20 arreglo
9 pastel
4 ◁*ruptura*

pachá
1 bajá

pachaco
3 achatado
6 aplastado
10 enclenque
23 flojo

pachamanga
15 desmayo
9 patatús

pachigua
12 bastante
6 suficiente
12 harto

pachol
7 rizado
7 enmarañado

pachón
5 lanudo
6 peludo

pachorra
17 apatía
6 asadura
11 concha
5 despreocupación
15 indolencia
9 tranquilidad
11 cachaza
12 flema
9 ◁*nervio*

pachorrudo
9 cachazudo
7 moroso
7 tardío
11 tardo
13 tranquilo
19 flemático

pachuchez
8 astenia

pachucho
17 alicaído
4 desmejorado
15 enfermizo
3 indispuesto
10 fastidiado

padecer
39 aguantar(se)
48 pasar(se)
6 soportar
12 sufrir
4 navegar

padecimiento
8 dolencia
21 mal
12 achaque
30 angustia
8 congoja
9 daño
7 desdicha
10 enfermedad
12 sufrimiento

padrazo
5 padrón

padre
9 autor
16 clérigo
17 creador
14 fraile
4 inventor
2 papá
3 progenitor
9 religioso
9 sacerdote
1 tonsurado

padrear
14 engendrar
18 generar

padrejón
29 hechicero(a)
5 mago

padrinazgo
30 amparo
1 apadrinamiento
13 protección
8 valimiento
16 favor

padrino
3 adoptador
15 amparador
10 alférez
7 compadre

padrinos
8 agarradera(s)

padrón
3 catastro
12 censo
3 empadronamiento
1 padrazo
13 registro

paella
3 arroz
2 sartén

paga
27 bollo(s)
5 cancho
33 haber(es)
1 pagamiento
17 pago(s)
10 remuneración
7 retribución
15 chivo
9 salario
9 sueldo
2 ◁*cobro*

pagable
5 pagadero

pagadero
12 discreto
8 moderado
1 pagable
1 remunerable
12 barato
10 ◁*caro*

pagado
14 abonado
3 envanecido
15 satisfecho
21 vano
19 orgulloso
13 presuntuoso
6 ◁*debido*
13 ◁*humilde*
20 ◁*natural*

pagador
10 administrador
8 cajero
4 contribuyente
3 tesorero
5 pagano

pagaduría
33 caja

pagamento
17 pago(s)

pagamiento
10 paga

paganismo
5 gentilidad
7 idolatría
4 irreligiosidad
2 politeísmo

pagano
7 anfitrión
17 gentil
7 idólatra
11 infiel
5 pagador
9 ◁*religioso*

pagar(se)
26 abonar(se)
10 aficionar(se)
25 apasionar(se)
2 apoquinar
21 asignar(se)
6 cancelar
4 cotizar
2 desembolsar
4 expiar
9 gratificar
23 interesar(se)
29 jactar(se)
36 liquidar(se)
9 prendar(se)
11 rascar(se)
8 recompensar
5 reembolsar
5 remunerar
12 responder
7 retribuir
5 saldar
11 salpicar(se)
44 satisfacer(se)
3 sufragar
9 alardear
6 asalariar
8 costear
11 fardar
2 oblar
6 palmar
12 ufanar
⇨rascarse el bolsillo
⇨soltar la mosca
⇨volverse loco por
12 ◁*desinteresar(se)*
19 ◁*cobrar*

pagaré
3 abonaré
19 compromiso
2 documento
11 obligación

pagaya
2 remo

pagel
2 besuguete
1 sama

página
3 carilla
5 cuartilla
5 folio
16 hoja
3 holandesa
3 llana
5 plana

pago(s)
4 amortización
10 billete
10 comarca
5 desembolso
5 distrito
10 emolumento
6 entrega
1 pagamento
8 premio
5 reembolso
2 región
3 reintegro
7 retribución
20 satisfacción
56 corte
10 paga
7 recompensa
6 ◁*cobranza*
2 ◁*cobro*

pagoda
5 templo

paguro
3 ermitaño

pahua
4 hernia
26 hinchazón
8 potra
27 tumor

paica
1 novia
7 zorra
22 amante
14 prostituta
13 puta
17 ramera

pailón
5 hondonada
19 hueco
4 remolino

paipái
16 abanico

paipay
16 abanico

país
10 comarca
18 estado
21 lugar
12 nación
10 paraje
8 patria
2 región
9 reino
2 república
9 territorio

paisaje
5 panorama
8 vista

paisajista
10 artista
10 pintor

paisano
11 civil
2 compatriota
2 conciudadano
2 coterráneo
12 aldeano
17 campesino
13 labriego
1 ◁*uniformado*

paja
14 brizna
9 broza
8 hojarasca
10 innecesario
1 masturbación
3 pajuela
2 prescindible
6 sobrante

pajar
2 almiar
3 cija
2 henil

pájara
7 cometa

pajarear
26 atisbar(se)
20 equivocarse
9 errar
7 fisgar
5 remolonear

pajarel
1 pardal
2 pechicolorado
2 petirrojo

pajarero
5 asombradizo
9 brioso
15 bromista
21 burlador
9 enérgico
5 espantadizo
36 alegre
9 entrometido

pajarilla
3 bazo

pájaro
1 avecilla
50 astuto
4 ave
10 cuco
16 distraído
7 embobado
9 ladino
16 taimado
5 zorro

pajarota
10 falsedad
18 bulo
15 mentira
7 trola

pajarraco
2 avechucho
4 ave

paje
1 escudero

⇨criado (-da)

pajecillo
2 paje
1 palanganero

pajita
6 sorbete

pajizo
23 amarillo
2 desteñido
6 dorado
1 pajoso

pajolero
10 maldito
5 puñetero

pajoso
4 pajizo

pajuela
2 luquete
3 cerilla
4 fósforo

pala
1 empella
11 laya
4 pella
2 raqueta
5 badil
10 cuchara
9 paleta

palabra
8 dicción
14 expresión
5 lengua
4 lenguaje
14 término
7 vocablo
13 voz
6 habla

palabrería
4 cacareo
9 habladuría
5 locuacidad
6 charlatanería

palabrero
4 voceras

palabro
9 maldición

palabrón
11 juramento

palabrota
7 ajo
15 blasfemia
11 juramento
19 taco

⇨palabra gruesa

palacete
3 chalet
6 quinta

palaciego
4 cortesano
2 palatino

palacio
10 mansión

paladar
8 sabor
12 gusto

⇨cielo de la boca

paladear
2 degustar
4 saborear

paladín
9 campeón
12 defensor
2 sostenedor
3 valedor

paladinamente
16 abiertamente
10 claramente

paladino
28 claro
14 evidente
11 manifiesto
10 palmario

18 patente
12 público
32 ◁oscuro
5 ◁velado

palafrén
27 caballo
7 chongo

palana
12 azada
11 laya
7 pala

palanca
3 alzaprima
1 ceprén
2 mangueta
5 pértiga
8 valimiento
10 influencia

palangana
5 aguamanil
5 balde
3 jofaina
4 taza
4 tazón
13 fuente
6 plato

palanganear
6 fanfarronear
29 jactar(se)

palanganero
2 pajecillo

palanquear
63 apoyar(se)
87 fastidiar(se)
14 favorecer
114 molestar(se)

palanquín
4 camilla
5 litera

palatalizado
42 blando

palatino
4 cortesano
2 palaciego

palay
3 arroz

palazo
4 cachiporrazo

palco
3 platea

palde
15 cuchillo
5 puñal

palé
5 lechuguino
2 petimetre

palear
11 apalear(se)

palenque
19 arena
4 estacada
9 liza
5 ruedo
19 plaza

paleografía
10 arqueología

paleógrafo
9 calígrafo

paleolítico
17 antigüedad

palera
14 cacto

paleta
3 espátula
3 llana
2 omóplato
7 pala
4 paletilla
1 tabloza
1 zafia
5 badil

10 cuchara

paletear
11 chasquearse
24 frustrar(se)
15 bogar

paleteo
17 boga

paletilla
3 espátula
2 omóplato
2 xifoides
9 paleta

paleto
14 burdo
19 ignorante
7 iletrado
14 inculto
9 palurdo
12 aldeano
17 campesino
14 gañán
13 labriego
11 patán
10 zafio
9 ◁ elegante

paletó
32 abrigo

paliación
4 atenuación

paliar
30 ablandar(se)
42 aliviar(se)
30 apaciguar(se)
21 atenuar(se)
44 calmar(se)
8 disculpar
13 disimular
19 disminuir(se)
17 dulcificar(se)
31 encubrir(se)
16 excusar(se)
21 mitigar(se)
39 suavizar(se)
20 atemperar

30 templar
14 ◁ agravar(se)

paliativo
3 atenuante
2 suavizante
◁ agravante

palidecer
5 demudar(se)
19 perfilar(se)
5 empañar(se)
⇨ perder el color

palidez
1 amarillez
3 lividez
10 ◁ lozanía

pálido
23 amarillo
9 cadavérico
3 demudado
8 descolorido
8 desvaído
3 lívido
7 macilento
5 rebajado
10 ◁ lozanía
23 ◁ viveza

palillero
1 plumilla
5 mango

palillo
2 limpiadientes
2 mondadientes
11 delgado
16 flaco

palimpsesto
2 documento
14 escrito
3 manuscrito
4 papiro
3 tablilla

palinodia
1 recantación
4 rectificación

6 retractación

palio
2 dosel
7 pabellón

palique
14 conversación
7 facundia
4 labia
4 verborrea
5 cháchara
3 garla
7 parloteo

palitroque
9 barrote
13 banderilla

paliza(s)
4 apaleamiento
5 aporreo
3 azotamiento
12 batida
8 julepe
2 majadura
12 meneo
19 sobo
5 solfa
5 tollina
4 vapuleo
7 varapalo
10 capote
17 azotaina
10 biaba
8 cargante
5 encendida
42 fastidioso
4 fuetiza
10 importuno
15 leña
19 mano
15 molesto
3 muenda
4 pana
31 pesado
3 piza
8 soba
6 somanta
4 tuesta
8 tunda
2 zafacoca

palizada

13 zurra
14 ◁*descanso*

palizada
7 valla

palma(s)
11 aplauso(s)
6 aventador
26 gloria
3 laurel
8 lauro
7 palmadas
2 palmera

8 éxito
2 triunfo
2 victoria

palmacristi
5 ricino

palmada
12 aclamación
11 aplauso(s)
4 chasquido

28 bofetada
5 guantazo
4 manotazo
19 ruido

8 ◁*abucheo*
17 ◁*caricia*
1 ◁*pateo*

palmar
26 abonar(se)
4 fenecer
25 morir(se)
34 pagar(se)
1 palmeral
9 fallecer

palmariamente
10 claramente

palmario
14 evidente
11 incuestionable
11 indiscutible
1 indubitable
11 manifiesto
11 notorio

12 obvio
7 palpable
18 patente
13 visible
10 ◁*latente*

palmarla
25 morir(se)

palmatoria
7 candelero
7 bujía
5 candelabro

palmeado
10 azotado

palmear
18 aplaudir
40 azotar(se)

palmera
3 cocotero
10 palma(s)

palmeral
6 palmar

palmetazo
⇨golpe de palmeta

palmito
1 margallón
8 porte
12 rostro
20 apariencia
18 cara
22 figura
7 tipo
⇨palma enana

palmotear
18 aplaudir

palmoteo
11 aplauso(s)

palo
4 báculo
6 bastonazo
3 cayado

3 estaca
3 estacazo
9 mástil
5 tranca
10 vara
10 asta
20 bastón
14 garrote
37 golpe
2 trancazo
7 varazo

paloduz
3 alcazuz
3 regaliz

paloma
1 palomino
7 pichón

palomar
5 criadero
16 nido
10 refugio

palomera
14 barbecho

palometas
18 cancha

palomilla
2 tornillo
15 grupo
1 mariposa
8 pandilla
5 retozón
10 travieso

palomillas
4 roseta(s)

palomina
14 excremento

palomino
⇨excremento de palomo

palomita
9 alternativa(s)

4 cotufa
3 turno
8 *vez*

palote
16 rasgo(s)
2 trazo

palpable
28 claro
11 manifiesto
5 ostensible
10 palmario
18 patente
4 tangible
13 visible

8 ◁*impalpable*
10 ◁*latente*

palpación
9 palpamiento

palpadura
9 palpamiento

palpamiento
17 caricia
4 magreo
7 manoseo
1 palpación
1 palpadura
19 sobo
8 tiento(s)
2 tocamiento
8 soba

palpar(se)
19 acariciar(se)
4 magrear
7 manosear
2 tastar
23 tentar(se)
39 tocar(se)
1 toquetear
16 atentar
13 hurgar
10 sobar

pálpebra
1 párpado

palpitación
2 latido
3 premonición
1 pulsación

palpitante
17 cálido
10 emocionante
5 interesante
4 jadeante
3 punzante
5 conmovedor
9 ◁*inerte*
11 ◁*muerto*
25 ◁*frío*

palpitar
12 estremecer(se)
4 latir
4 tiritar

pálpito
10 corazonada
7 estremecimiento
2 latido
14 presentimiento

palpo
5 tentáculo

palucha
12 presunción
14 vanidad
5 cháchara
7 parloteo

paludismo
1 cuartanas
1 malaria
1 tercianas
⇨fiebres palúdicas

paludo
15 atónito
7 magro
5 maravillado
4 pasmado
16 flaco

palurdo
11 basto
15 cerril

11 maleducado
22 ordinario
11 paleto
11 patán
17 rústico
10 tosco
10 zafio
12 ◁*exquisito*
4 ◁*urbano*

palla
9 chascarrillo
41 banda
16 cuento
8 pandilla

pallasa
4 colchón
5 jergón

palluca
19 embuste
15 mentira
7 trola

pamba
4 charco
10 laguna
3 vaguada
21 llano

pamela
9 sombrero

pamema
12 farsa
9 pamplina
2 pantomima
8 patarata
10 simulación
31 bola
18 bulo
10 paparrucha
10 patraña
7 trola

pampanilla
12 calzón

pámpano
6 pimpollo

pamplina
8 patarata
1 zadorija
31 bola
18 bulo
10 pamema
10 paparrucha
10 patraña
7 trola
⇨zapatilla de la reina

pamplinero
12 caprichoso
3 carantoñero
13 escrupuloso
1 pamplinoso
7 dengoso
7 melindre
10 mentiroso
12 ◁*honesto*
20 ◁*serio*

pamplinoso
7 pamplinero

pamporcino
1 artanica
1 ciclamino

pan
20 barra
8 chusco
2 hogaza
2 panecillo
1 trenza

pan ázimo
1 hostia

pana
33 paliza(s)
8 serenidad
24 valor
6 somanta

panacea
2 curalotodo
11 chollo
11 remedio

panadería
7 horno
3 tahona

panadero
1 tahonero
5 hornero

panadizo
1 uñero
3 forúnculo
22 absceso
8 doncella
9 grano

panal
3 azucarillo
4 colmena

panamá
10 gorro
9 sombrero

panana
13 perezoso
16 vago

panano
4 minúsculo
18 chico
14 pequeño

panca
16 abanico

pancarta
13 cartel
4 affiche

pancera
40 armadura

panceta
2 bacon
4 tocino

pancista
5 contemporizador
7 egoísta
3 oportunista
1 utilitarista

pancho
 11 barriga
 7 calmado
 10 indiferente
 4 panza
 6 sosegado
 13 tranquilo
 6 vientre
 6 ◁*excitado*

panda
 12 galería
 6 claustro
 15 grupo
 8 pandilla

pandear(se)
 7 abarquillar(se)
 15 alabear(se)
 20 combar(se)
 44 torcer(se)
 24 ◁*enderezar(se)*

pandemonio
 14 babel

pandemónium
 7 griterío
 79 alboroto
 21 algarabía
 17 algazara
 24 follón

pandemonium
 79 alboroto

pandeo
 5 abarquillamiento
 5 alabeo
 4 bombeo

pandero
 5 culo
 18 nalga(s)
 6 pompis
 5 trasero

pandilla
 7 caterva
 8 clan
 4 cuadrilla

 6 palomilla
 19 unión
 41 banda
 22 liga
 21 partida

pandillero
 9 bandido
 12 delincuente
 6 gamberro
 14 inculto
 1 pandillista
 7 ◁*educado*

pandillista
 5 pandillero

pandorga
 1 autómata
 11 barriga
 4 estafermo
 3 gorda
 6 mujerona
 9 muñeco
 4 sargentona
 1 voluminosa
 7 cometa
 1 ◁*flaca*

panecillo
 27 bollo(s)
 8 chusco

panegírico
 9 elogio
 2 encomiástico
 7 encomio
 5 laudatorio
 6 loa
 5 loor
 29 alabanza
 3 ◁*diatriba*

panegirista
 24 adulador

panel
 4 indicador
 6 muro
 6 tabla(s)

 10 sección
 8 cuadro
 16 división

panera
 3 nasa

panfilismo
 3 bobaliconería
 27 bondad
 14 idiotez
 11 ingenuidad
 12 ◁*agilidad*
 16 ◁*diligencia*

pánfilo
 9 cachazudo
 11 calmoso
 9 lelo
 10 pausado
 9 sandio
 11 tardo
 13 tranquilo
 75 bobo
 8 capullo
 11 memo
 13 parado
 18 tonto
 7 ◁*nervioso*

panfleto
 1 libelo
 4 octavilla

paniaguado
 18 allegado
 9 asalariado
 5 delfín
 3 enchufado
 3 predilecto
 12 protegido
 9 servidor
 ⇨criado (-da)

pánico
 18 horror
 9 espanto
 19 miedo
 14 pavor
 9 terror

 26 ◁*calma*

panículo
 3 fárfara

panizo
 3 maíz
 4 abatí

panocha
 2 panoja
 3 mazorca

panoja
 2 panocha
 3 mazorca

panoli
 9 lelo
 75 bobo
 11 memo
 25 ◁*diligente*
 11 ◁*competente*

panoplia
 40 armadura

panorama
 1 expectativas
 10 futuro
 4 horizonte
 2 paisaje
 8 vista

panorámico
 10 general
 6 total
 11 ◁*parcial*

pantagruélico
 7 descomunal
 10 desmesurado
 21 exagerado
 10 gigantesco

pantalón
 1 bombachos
 5 calzas
 2 zaragüelles

pantalones
 5 calzas
 2 greguescos
 2 zaragüelles
 5 calzones

pantalla
 10 biombo
 5 cine
 2 cinematografía
 6 disfraz
 16 distracción
 2 encubrimiento
 2 mampara
 3 persiana
 5 tapadera
 9 toldo

pantano
 12 balsa
 6 embalse
 10 estorbo
 10 laguna
 19 embarazo
 15 dificultad

pantanoso
 2 anegado
 4 cenagoso
 2 empantanado
 5 encharcado
 21 ◁seco

panteón
 2 mausoleo

pantógrafo
 1 diágrafo

pantomima
 9 imitación
 4 remedo

pantorrilla
 10 calceta
 8 corva
 13 batata
 18 camote
 8 canilla

pantufla
 7 babucha
 3 zapatilla

panul
 2 apio

panza
 11 barriga
 7 pancho
 8 tripa(s)
 6 vientre

panzada
 6 atracón
 7 festín
 9 hartazgo
 3 tripada

panzudo
 3 barrigón

pañal
 6 envoltura
 12 familia
 13 origen
 2 sabanilla
 11 cuna
 19 ◁*principio(s)*

pañete
 5 alcatifa

paño
 30 asunto(s)
 4 colgadura
 6 cortina
 15 cuestión
 1 estor
 14 materia
 13 situación
 12 tela
 1 veladura
 8 velo
 10 cubrimiento
 7 tapiz

pañol
 4 polvorín

pañoleta
 5 chal
 2 pañolón
 2 pañuelo
 2 toquilla
 26 punta

pañolón
 2 mantón
 2 toquilla

pañuelo
 3 moquero
 1 sonador

papa
 6 patata
 ⇨padre Santo
 ⇨Pastor Universal
 ⇨sumo Pontífice
 ⇨vicario de Cristo

papá
 10 padre
 4 taita

papada
 2 papo
 1 sobarba
 1 sotabarba

papado
 1 pontificado

papafigo
 3 oropéndola
 1 papahígo
 1 picafigo

papagayo
 2 cric
 9 cata
 11 cotorra
 9 loro

papagayos
 4 cártama

papahígo
 3 papafigo

papahuevos
 10 papanatas

papalina
 1 becoquín
 2 bicoquete
 40 borrachera
 12 curda
 16 embriaguez
 14 melopea
 27 tajada

papalote
 3 birlocha

papamoscas
 10 papanatas

papanatas
 11 badulaque
 8 crédulo
 1 papahuevos
 1 papamoscas
 1 tontaina
 7 tragaldabas
 2 bobalicón
 22 cándido
 8 pazguato
 20 simple

papanatismo
 5 pazguatería

papanduja
 14 insignificancia

papandujo
 42 blando

paparrucha
 12 andrómina
 4 facecia
 10 falsedad
 9 pamplina
 31 bola
 16 cuento
 19 embuste
 15 mentira
 10 patraña
 7 trola
 6 ◁*verdad*

papas
 2 papilla
 3 gachas

papayo
 2 lechoso

papear
 8 manducar

papel(es)
 19 carácter
 18 carta
 5 cuartilla
 2 documento
 11 entidad
 5 folio
 16 hoja
 7 impreso
 6 lámina
 8 ministerio
 4 papiro
 5 pliego
 4 prensa
 13 situación
 7 cédula
 9 diario
 10 periódico

papeleo
 1 papelorio
 7 traba
 ⇨tramitación confusa
 8 ◁*facilidad*
 11 ◁*sencillez*

papelero
 6 farolero

papeleta
 2 tarjeta
 12 tropiezo
 14 atolladero
 15 dificultad
 9 ficha

papeletear
 4 balotar

papelón
 6 fantoche
 21 vano

 19 embarazo
 19 hinchado
 9 presumido
 ⇨situación delicada
 7 ◁*cuerdo*
 12 ◁*discreto*
 6 ◁*sensato*

papelonear
 7 farolear

papelorio
 3 papeleo

papera
 5 cantimplora
 8 coto
 7 bocio
 12 canana

papilla
 5 papas
 3 gachas

papillote
 9 cuete

papiro
 16 hoja
 6 lámina
 17 papel(es)
 3 pergamino

papirotada
 4 papirotazo

papirotazo
 1 papirotada
 7 capirote
 2 capirotazo
 37 golpe
 17 ◁*caricia*

papo
 3 belfo
 3 papada

papón
 10 bruza
 9 coco

paquebote
 9 barco

paquete
 10 acompañante
 5 atadijo
 18 bala
 1 copiloto
 12 envoltorio
 13 fardo
 4 paca
 15 bulto
 11 lío

par
 11 idéntico
 15 igual
 11 semejante(s)
 1 yunta
 3 pareja
 10 ◁*distinto*

parabién
 5 congratulación
 2 enhorabuena
 8 felicitación
 3 pláceme

parabienes
 13 albricias

parábola
 26 alegoría
 18 curvatura
 10 ejemplo
 4 moralidad

parabrisas
 1 brisera
 9 cristal
 1 guardabrisas

parada
 33 alto(s)
 14 descanso
 5 desfile
 14 detención(es)
 5 espera
 5 estancamiento
 2 permanencia
 4 quite

 11 compás
 7 apeadero
 8 estación

paradero
 16 final
 8 meta
 7 apeadero
 8 estación

paradigma
 6 arquetipo
 5 declinación
 10 ejemplar
 10 ejemplo
 6 estructura
 19 idea
 10 molde
 16 muestra(s)
 7 pauta
 27 regla(s)
 15 modelo
 6 prototipo

paradigmático
 4 antonomasia

paradisiaco
 14 celestial

paradisíaco
 8 delicioso
 11 maravilloso
 12 dichoso
 11 feliz

paradislero
 4 cazador

parado
 5 cesante
 2 desempleado
 11 desocupado
 4 detenido
 1 estancado
 15 inactivo
 9 inmóvil
 13 ocioso
 8 pacato
 10 quieto
 18 retraído

30 tímido
14 cuitado
◁ *en activo*

paradoja
16 disparate
10 contradicción

paradójico
3 contradictorio
9 sorprendente
8 chocante

parador
5 merendero
4 mesón
8 posada
2 hostal
6 hostería

parafraseador
6 intérprete

parafrasear
8 comentar(se)
34 explicar(se)
8 glosar

paráfrasis
8 comentario
4 escolio
10 explicación
8 glosa
13 interpretación

paragoge
1 metaplasmo

parágrafo
9 aparte
1 párrafo
7 epígrafe

paraguas
2 quitasol
2 sombrilla

paraguay
4 papagayo
⇨ loro del Brasil

paraguaya
1 fresquilla

paragüera
2 bastonera

paragüitas
1 hongo
2 seta

parahúso
1 trincaesquinas

paraíso
35 altura(s)
12 cielo
3 edén
3 elíseo
7 empíreo
7 jauja
3 ◁*gehena*

paraje
1 andurriales
21 lugar
10 país
5 posición
19 punto(s)
14 sitio
13 situación
9 territorio
8 tierra
26 parte

parajismero
5 gestero

paralelar
7 comparar(se)
1 equivaler
18 semejar(se)
5 ◁*diferenciar(se)*

paralelismo
8 correspondencia
1 equidistancia
5 equivalencia
9 identidad
6 semejanza

paralelo
5 comparable
7 correspondiente
4 equidistante
4 equivalente
11 semejante(s)
3 ◁*perpendicular*

paralipómena
6 desenlace
5 epílogo

paralipómeno
12 conclusión

parálisis
4 anquilosamiento
14 detención(es)
2 embotamiento
6 entumecimiento
5 estancamiento
9 insensibilidad
11 parada

paralítico
6 baldado
6 impedido
4 imposibilitado
3 tullido
◁*perlático*

paralización
6 inmovilización
7 marasmo
4 truncamiento

paralizado
3 agarrotado
6 atrofiado

paralizante
4 embrutecedor

paralizar(se)
13 anquilosar(se)
16 atajar(se)
10 baldar(se)
49 detener(se)
20 entorpecer(se)
9 entumecer(se)
14 estancar(se)
28 estorbar(se)
11 helar
7 imposibilitar(se)
26 inmovilizar(se)
50 parar(se)
15 suspender
4 tullir
57 cortar

paralogismo
5 sofisma

paramar
2 chubasquear
6 lloviznar

paramentar
21 adornar
22 ataviar(se)
16 guarnecer(se)

paramento
5 decoración
21 adorno

páramo
5 desierto
5 travesía
5 calabobos
4 erial
7 llovizna
8 yermo

parangón
7 comparación
6 cotejo

parangonable
3 equiparable

parangonar
14 asemejar(se)
7 comparar(se)
31 relacionar(se)
8 cotejar
5 ◁*diferenciar(se)*

paraninfo
4 aula

paranoia
4 monomanía

9 chaladura
2 guilladura
14 locura

paranoico
12 chiflado
5 exaltado
3 maníaco
7 obseso
17 demente
7 ◁*cuerdo*
6 ◁*sensato*

paranomasia
1 aliteración
3 agnominación

parapetar(se)
10 abroquelar(se)
10 aconchar
13 atrincherar(se)
51 cubrir(se)
18 fortificar
15 guarecer(se)
16 precaver(se)
42 proteger(se)
12 resguardar(se)

1 ◁*desguarnecerse*

parapeto
6 barricada
8 cerca
41 defensa
6 muro
9 resguardo
6 trinchera
7 valla

6 parod

parapoco
33 apocado

parar(se)
53 acabar(se)
32 aposentar(se)
16 atajar(se)
11 atragantar(se)
6 averiar(se)
14 concluir
16 congelar(se)
21 contener(se)

12 convertir(se)
17 demorar(se)
49 detener(se)
15 empantanar(se)
7 encallar
24 enderezar(se)
16 enfangar(se)
13 estacionar(se)
14 estancar(se)
28 estorbar(se)
28 finalizar(se)
6 fosilizarse
10 frenar
11 habitar
10 inhibir(se)
26 inmovilizar(se)
20 interrumpir(se)
5 neutralizar
16 paralizar(se)
28 plantar(se)
19 quedar(se)
52 reducir(se)
6 remansar(se)
15 retener(se)
15 suspender
7 terminar
9 truncar
11 vivir

2 abarajar
22 alojarse
21 atorar
15 enriquecerse
8 erguirse
10 hospedarse
13 impedir
28 plantarse
6 prosperar
19 quedarse
14 sujetar

⇨acabar en
⇨dar en

19 ◁*circular*
5 ◁*funcionar*
9 ◁*permanecer*
11 ◁*reaccionar*
9 ◁*recorrer*
10 ◁*impulsar*
53 ◁*marchar*

parásito
9 aprovechado
3 chupón

5 insecto

parasol
7 entoldado
2 quitasol
2 sombrilla
1 umbela

parca
11 muerte

parcela
7 pizca
14 porción
8 terreno
7 cantero
26 parte
7 solar
8 trozo

parcelación
5 fraccionamiento
7 partición

parcelar
21 dividir(se)
6 fraccionar
21 repartir(se)
64 separar(se)
59 ◁*aumentar(se)*
28 ◁*mantener(se)*

parcia
7 compañero(s)
8 socio

parcial
18 allegado
25 arbitrario
6 fragmentario
12 imperfecto
14 incompleto
12 injusto
14 particular
6 secuaz
2 seguidor
4 truncado
11 partidario
3 ◁*neutral*
4 ◁*oponente*

parcialidad
12 abuso
1 amiguismo
30 amistad
6 bandería
10 bando
3 desigualdad
18 facción(es)
5 favoritismo
12 injusticia
9 preferencia
21 arbitrariedad
18 inclinación
30 partido

parco
11 exiguo
6 frugal
8 moderado
8 sobrio
21 corto
17 escaso
10 mirado
17 templado
8 ◁*regalado*
29 ◁*abundante*

parchazo
103 burla

parche
3 bizma
5 cataplasma
7 emplasto
3 remiendo
5 retoque
5 apaño
10 tambor

pardal
3 gorrión

pardillo
8 confiado
13 ingenuo
14 inocente
3 pajarel
2 pechicolorado
2 petirrojo
17 campesino
22 cándido

13 labriego
8 ◁ *desconfiado*

pardo
7 caquéctico
3 castaño

parear
1 banderillear

parecer(se)
45 anhelar
27 aparecer(se)
15 aparentar
14 asemejar(se)
17 asimilar(se)
3 comparecer
10 consulta
5 dictamen
43 inclinar(se)
11 manifestarse
18 oler(se)
9 opinión
33 presentar(se)
48 salir(se)
18 semejar(se)
30 sentir(se)
7 surgir
13 voto
12 consejo
39 aspecto
9 entender
15 juicio
5 requintar
1 sonajero
⇨ser parecido

parecido(s)
20 afín
17 afinidad
46 aire(s)
10 analogía
14 análogo
6 aproximado
5 comparable
28 conformidad
18 parecido
10 parejo
7 parentesco
6 parigual
11 semejante(s)
6 semejanza

9 similitud
5 gemelo
10 liso
21 llano
5 ◁ *desemejante*
11 ◁ *diferencia*

pared
2 albarrada
1 hormaza
6 muro
3 seto
9 tapia
5 tabique

paredaño
10 contiguo
7 inmediato
7 limítrofe
12 vecino(s)
3 ◁ *lejano*

paredón
6 muro
5 sillería

pareja
15 enamorado(s)
8 matrimonio
5 par

parejero
5 engolado
4 pedante
9 presumido
10 vanidoso

parejo
14 análogo
4 equivalente
15 igual
18 parecido
6 parigual
11 semejante(s)
10 liso
2 nanacho
11 pintiparado
19 suave

paremia
3 modismo
7 proverbio

6 refrán
4 locho

paremiología
6 adagio
15 aforismo(s)
2 refranero
15 sentencia(s)

parentela
12 familia

parentesco
17 afinidad
10 analogía
7 consanguinidad
17 proximidad(es)
6 semejanza
19 unión
7 vínculo

paréntesis
10 acotación
2 inciso
3 interregno
10 interrupción
9 pausa

parhilera
1 cumbrera

paria
3 apátrida
2 desarraigado
4 pelagatos
2 proletario
3 destripaterrones

pariambo
2 baquio

parián
3 zoco
9 mercado

parida
16 estupidez
14 idiotez
8 insensatez
15 necedad(es)
3 parturienta
42 tontería(s)

paridad
17 afinidad
10 analogía
7 comparación
5 equivalencia
17 igualdad
5 paralelismo
7 parentesco
17 proximidad(es)
6 semejanza
3 ◁ *desemejanza*

parido
11 desocupado

pariente
20 afín
14 análogo
5 deudo
9 familiar
18 parecido
13 próximo
6 relacionado
11 semejante(s)
11 unido
10 vinculado
15 asociado
5 ◁ *desemejante*

parietaria
⇨albahaquilla de río

parigual
20 afín
14 análogo
10 parejo
11 pariente
13 próximo
11 semejante(s)
5 ◁ *desemejante*

parihuela
4 camilla

parihuelas
17 angarilla(s)
4 camilla
9 andas
5 litera
2 tapescle

paripé
18 disimulo
28 engaño(s)
10 fingimiento
10 simulación
20 apariencia
11 ficción

parir
20 alumbrar(se)
⇨dar a luz

parking
5 estacionamiento
7 garaje

parla
5 cháchara
15 changa

parlador
16 charlatán

parlamentar
16 concertar(se)
5 conferenciar
5 dialogar
4 entrevistarse
35 tratar(se)
11 pactar

parlamentario
7 legislativo
3 senador

parlamento
3 alocución
9 arenga
27 asamblea
22 cámara(s)
3 cónclave
10 dieta
15 discurso
6 generalidad
3 proclama
4 concilio
10 congreso
5 mitin
56 corte
1 senado

parlanchín
14 gárrulo
8 lenguaraz
4 locuaz
7 bocazas
11 cotorra
16 charlatán
13 hablador
9 ladino
4 voceras
21 ◁callado

parlanchina
6 lora

parlar
3 chapurrear
14 decir
6 parlotear

parlería
4 verbosidad

parlero
14 gárrulo

parlotear
23 cascar(se)
4 cotorrear
6 garlar
3 parlar
13 conversar
36 rajar

parloteo
6 cascadura
11 charla
3 charloteo
5 cháchara
15 changa
7 palique
4 palucha

parné
27 posible(s)
25 cuarto
13 dinero
8 guita
9 mosca
17 pasta

paro
14 descanso
3 desempleo
3 desocupación
14 detención(es)
7 huelga
10 interrupción
9 pausa

parodia
2 caricatura
9 imitación
4 remedo
4 simulacro
14 copia

parodiar
6 emular
7 ridiculizar
7 remedar
11 imitar

parodista
19 actor
4 caricato
3 imitador
23 bufón

paronomasia
3 agnominación

paroxismo
9 efervescencia
26 exaltación
5 exasperación
22 irritación
17 acaloramiento
13 encono

paroxístico
34 apasionado

paroxítono
21 grave
21 llano

parpadear
1 pestañear

parpadeo
12 balanceo

1 flicker

párpado
1 pálpebra

parpalla
1 parpallota

parpallota
1 parpalla

parque
8 coto
2 dehesa
5 jardín
4 vedado
11 almacén
9 bosque
12 cercado
29 depósito

parqué
9 entarimado

parquedad
19 circunspección
13 moderación
13 parsimonia
6 sobriedad
6 templanza
7 ◁derroche

parquet
1 parqué

parra
11 cepa
2 vid

parrafada
6 confidencia
14 conversación
11 charla
15 discurso
7 conferencia
7 ◁silencio

parrafear
6 charlar

parrafeo
5 parrafada

párrafo
3 parágrafo

parral
4 emparrado
1 enrejado
3 viña
1 viñedo
9 armazón

parranda
16 diversión
10 jolgorio
80 bulla
14 copia
20 fiesta
15 jarana
9 juerga
16 multitud

parrandear
31 alborotar(se)

parrandero
5 bullanguero
3 juerguista
2 parrandista
3 zaragatero
30 divertido
7 vividor
8 ◁ *aburrido*
16 ◁ *triste*

parrandista
6 buscarruidos
6 parrandero

parraneto
4 abotargado
9 rechoncho

parricidio
9 asesinato

parrilla
3 asador
7 horno

parriza
11 cepa
5 labrusca

parro
10 pato

párroco
5 mosén
10 cura

parrón
11 cepa
5 labrusca

parroquia
3 clientela
1 feligresía
13 iglesia
5 templo

parroquiano
11 casero
5 feligrés
6 cliente

parsimonia
20 ahorro(s)
3 comedimiento
9 economía(s)
4 frugalidad
8 mesura
13 moderación
5 parquedad
6 sobriedad
6 templanza
9 tranquilidad
11 cachaza
26 calma
8 pachorra
7 ◁ *derroche*
9 ◁ *nervio*

parsimonioso
9 cachazudo
11 calmoso
13 tranquilo

parte
5 comunicado
18 facción(es)
2 gajo
2 loncha
21 lugar
1 mordisco
20 orden
14 porción
9 rodaja
6 sector
14 sitio
3 tramo
7 ámbito
34 aviso
41 banda
12 bocado
12 cacho
10 despacho
14 fracción
8 fragmento
13 noticia
30 partido
13 pedazo
8 ración
27 tajada
8 trozo

parteluz
1 mainel

partenogénesis
10 reproducción
16 división

partera
5 comadrona
2 matrona

partero
3 comadrón
4 tocólogo

parterre
5 jardín
10 macizo
2 platabanda
8 césped

partes
8 genital(es)

partible
1 distribuible
2 divisible

1 fraccionable
7 ◁ *indivisible*

partición
3 despedazamiento
10 distribución
5 fraccionamiento
2 parcelación
5 repartición
4 prorrateo
16 división

participación
4 colaboración
3 condominio
3 consorcio
4 copropiedad
2 implicación
6 intervención
34 aviso

participante
13 competidor
4 componente
5 concurrente
5 implicado
4 integrante
2 partícipe
6 rival
5 solidario
11 elemento
8 socio

participar
23 advertir
39 anunciar(se)
33 avisar(se)
6 colaborar
18 comunicar(se)
26 informar(se)
23 interesar(se)
49 meter(se)
9 notificar
13 significar
2 terciar
6 intervenir
⇨ dar parte
⇨ poner al corriente
⇨ tomar parte
49 ◁ *callarse*

partícipe
  6 consorte
  10 participante

partícula
  1 adverbio
  3 átomo
  10 gota(s)
  16 miga(s)
  18 migaja(s)
  7 triza(s)
  11 conjunción
  2 electrón
  1 neutrón
  3 preposición
  2 protón
  19 chispa
  9 grano

particular
  12 ciudadano
  13 específico
  18 extraño
  3 individual
  7 individuo
  6 peculiar
  3 privativo
  7 prodigioso
  22 raro
  13 singular
  9 sorprendente
  6 exclusivo
  14 extraordinario
  13 propio
  10 ◁*general*
  11 ◁*normal*

particularidad
  12 circunstancia
  16 cualidad
  9 detalle
  7 peculiaridad
  4 pormenor
  15 propiedad
  10 singularidad

particularismo
  6 idiosincrasia
  4 individualismo

particularizar
  5 individualizar
  11 singularizar(se)

particularizarse
  11 singularizar(se)

particularmente
  2 singularmente

partida
  30 abandono
  1 arrancada
  22 ausencia
  14 certificación
  4 cuadrilla
  3 documentación
  6 envío
  18 facción(es)
  14 fe
  8 ida
  21 lugar
  12 marcha
  10 paraje
  2 remesa
  10 retirada
  22 salida(s)
  14 sitio
  41 banda
  27 anotación
  22 arranque
  49 asiento

partidario
  17 adicto
  5 aficionado
  11 afiliado
  18 allegado
  14 inclinado
  8 incondicional
  9 prosélito
  2 seguidor
  5 simpatizante
  11 adepto
  6 interesado
  4 ◁*oponente*

partidismo
  7 apasionamiento
  3 beligerancia
  11 fanatismo
  13 parcialidad
  6 ◁*imparcialidad*

partido
  6 bandería
  10 bando
  4 capilla
  8 clan
  11 convenio(s)
  11 decisión
  5 distrito
  3 dividido
  1 fraccionado
  1 fragmentado
  15 interés
  26 juego(s)
  2 match
  8 popularidad
  3 secta
  9 territorio
  10 trato
  8 utilidad
  14 determinación
  28 asociación
  3 camarilla
  18 círculo
  19 conveniencia
  23 disposición
  16 favor
  14 pacto
  8 provecho
  21 resolución
  24 simpatía
  14 ventaja

partidor
  3 distribuidor
  1 repartidor

partidura
  16 raya

partir
  30 ausentar(se)
  4 compartimentar
  9 despedazar
  17 distribuir(se)
  21 dividir(se)
  6 fragmentar
  14 hender
  41 quebrar(se)
  21 repartir(se)
  47 romper(se)
  1 segmentar
  64 separar(se)
  57 cortar
  46 irse
  60 largarse
  53 marchar
  7 pirárselas
  2 prorratear
  36 rajar
  ▷levantar el vuelo
  ▷levar anclas
  19 ◁*quedarse*

partisano
  1 guerrillero

partitura
  11 composición
  23 obra

parto
  9 desembarazo
  2 alumbramiento

parturienta
  1 multípara
  6 parida
  2 puérpera

párulis
  5 flemón

parva
  4 trilla

parvedad
  12 escasez
  3 exigüidad
  13 poquedad
  28 ◁*abundancia*

parvo
  3 escueto
  10 resumido
  9 sucinto
  7 tenue
  29 abundante
  21 corto
  17 escaso
  14 pequeño
  1 ◁*ampliado*

parvulario
  8 academia
  3 kindergarten

párvulo
2 chavea
4 infante
11 rapaz
22 niño
7 peque

pasable
7 admisible
3 llevadero
5 soportable
7 tolerable
7 ◁insufrible

pasada
1 congrua
3 chufla
5 jugarreta
1 pasadía
5 trastada
8 escarmiento
103 burla
17 castigo
7 chanza
36 represión
17 reprimenda

pasadero
10 aceptable
3 llevadero
4 pasable
5 soportable
7 tolerable
7 ◁insufrible

pasadía
11 pasada

pasadizo
17 pasaje
3 pasillo
15 corredor

pasado
17 antigüedad
5 ayer
3 lejano
12 maduro
3 pretérito
7 remoto
33 antiguo

45 borracho
13 podrido
10 ◁futuro
9 ◁verde

pasador
15 broche
4 imperdible
2 pestillo
2 travesaño
29 aguja
10 cerrojo

pasaje
29 comunicación(es)
15 contribución
9 impuesto
3 pasadizo
3 pasillo
19 paso(s)
1 peaje
9 ronda(s)
2 texto
7 tránsito
15 corredor
8 callejón
26 camino
16 cuento
8 fragmento
6 sucedido
8 trozo

pasajero
27 breve
5 concurrido
7 efímero
7 eventual
6 frecuentado
7 fugaz
4 huidizo
7 perecedero
4 transeúnte
2 transitado
7 transitorio
3 viajero
3 viandante
21 corto
11 ◁permanente
16 ◁solitario

pasamanería
20 bordado

pasamano
16 balaustrada
28 antepecho
12 balcón

pasamanos
10 baranda

pasamontañas
4 bufanda

pasante
17 asistente(s)
34 auxiliar(se)
7 secretario
15 ayudante

pasantía
15 aprendizaje
4 ayudantía

pasaportar
21 despedir(se)
58 echar(se)
4 expedir
60 largar(se)
5 visar

pasaporte
7 pase
4 salvoconducto
3 visado

pasaportodo
12 flexible
3 tolerante

pasar(se)
53 acabar(se)
17 acontecer
39 aguantar(se)
39 ajar(se)
42 atravesar(se)
49 callar(se)
17 cerner(se)
20 colar(se)
36 conducir(se)
21 cruzar(se)
19 desentender(se)
9 desentonar
12 desinteresar(se)
6 desmandarse

13 disimular
23 divulgar(se)
10 esconder
8 exagerar
33 exceder(se)
51 extender(se)
3 extralimitarse
16 filtrar(se)
5 franquear
43 llevar(se)
18 marchitar(se)
41 ocultar(se)
6 ocurrir
9 perdonar
9 podrir(se)
29 propagar(se)
17 pudrir(se)
22 salvar(se)
6 soportar
13 suceder
12 sufrir
7 terminar
8 tolerar
2 transcurrir
6 transitar
26 trasladar(se)
14 cesar
9 derrochar
64 estropearse
45 hartar
16 hastiar
15 ruborizarse
4 sobrepujar
9 sonrojarse

pasarela
3 planchada
9 puente

pasatiempo
8 adivinanza
1 crucigrama
2 charada
16 distracción
16 diversión
10 entretenimiento
5 esparcimiento
2 jeroglífico
15 recreo
1 rompecabezas
8 solaz
⇨palabras cruzadas

pasativa
5 corrimiento
17 vergüenza

pasavante
3 pasaporte
7 permiso

pasavolante
13 arrebato

pascar
16 acampar

pascua
3 epifanía
2 navidad
1 pentecostés
2 resurrección
17 nacimiento

pascuas
2 navidad

pase
15 anuencia
7 autorización
9 consentimiento
5 desfile
8 exhibición
7 permiso
4 salvoconducto

paseana
14 descanso
4 mesón
11 parada
9 etapa
2 hostal

paseandera
3 pindonga

paseante
5 caminante
4 corretón
4 excursionista

pasear(se)
38 andar
12 callejear
5 caminar
19 circular
36 conducir(se)
7 garbear
43 llevar(se)
10 asolear
7 deambular
53 marchar
4 vagar
⇨ dar una vuelta
⇨ estirar las piernas
⇨ tomar el aire

paseata
3 callejeo

paseíllo
8 exhibición

paseo
5 caminata
2 espolón
6 excursión
5 rambla
9 ronda(s)
16 avenida

pasiflora
2 murucuyá
2 pasionaria

pasillo
3 pasadizo
17 pasaje
15 corredor

pasión
53 amor
20 apetito
13 arrebato
16 delirio
7 enamoramiento
6 entusiasmo
10 frenesí
9 padecimiento
9 preferencia
9 querencia
5 transporte(s)
12 vehemencia
22 arranque
10 fiebre
18 inclinación
12 sufrimiento

pasional
27 amoroso

pasionaria
2 murucuyá
2 pasiflora

pasionero
13 inconstante
6 veleidoso
12 versátil

pasitos
4 pinitos

pasividad
14 desinterés
6 impasibilidad
18 inacción
15 indiferencia
8 inercia
8 quietud
17 ◁ actividad

pasivo
4 desinteresado
7 impasible
15 inactivo
10 indiferente
9 inerte
9 inmóvil
10 paciente
10 quieto
3 sufridor
4 víctima

pasma
6 gendarme

pasmado
12 alelado
27 aturdido
1 atolondrado
22 necio

pasmar(se)
3 adarvar
25 admirar(se)
31 asombrar(se)
11 aterir(se)
74 aturdir(se)
20 embelesar(se)
7 encanarse
24 espantar(se)
4 extasiar(se)
11 helar
26 inmovilizar(se)
16 maravillar(se)
12 sobrecoger(se)
22 sorprender(se)
15 suspender
4 tullir
11 aterirse
16 congelarse
11 helarse

pasmarota
3 gatatumba
18 aspaviento

pasmarotada
18 aspaviento

pasmarote
12 alelado
27 aturdido
9 muñeco
5 atontado
7 embobado
3 guiñapo

pasmo
3 aterimiento
38 aturdimiento
3 catarro
7 constipado
4 estupefacción
1 pulmonía
3 resfriado
7 sorpresa
2 tétanos
12 suspensión
15 asombro

pasmón
75 bobo

pasmoso
12 asombroso
11 increíble

pastoril

11 maravilloso
10 portentoso
7 prodigioso
9 sorprendente
14 extraordinario
9 ◁vulgar

pasmuno
4 crónico
11 permanente

paso(s)
28 aventura(s)
11 lance
12 marcha
10 mejora
3 pasadizo
17 pasaje
8 porte
12 progreso
13 suceso(s)
7 trámite
5 tranco
2 zancada
7 zozobra
30 angustia
11 avance
8 boquerón
6 cortada
15 dificultad
9 picada

pasodoble
6 baile
12 marcha

pasoso
3 contagioso
6 infeccioso
3 sudoroso

pasota
10 bohemio
9 descuidado
9 extravagante

pasotismo
15 descuido

pasquín
13 cartel
2 pancarta

pasquinada
10 crítica
5 sátira

pasta
1 canelones
19 carácter
1 espaguetis
 macarrones
3 maní
12 masa
1 raviolis
1 tallarines
14 alfeñique
26 calma
25 cuarto
13 dinero
8 fideo
12 flema
8 guita
9 mosca
⇨forma de ser

pastar
3 pacer

pastear
6 fisgonear
5 espiar

pastel
9 complot
11 conchabanza
12 torta
3 tortada
10 conspiración
9 chanchullo
19 dulce
6 enjuague
19 intriga

pastelear
8 contemporizar

pasteleo
24 amaño
11 convenio(s)
3 gitanería
9 chanchullo
15 embrollo
10 trampa

10 ◁claridad
11 ◁honestidad

pastelería
1 confitería
3 repostería

pastelero
4 dulcero
6 mediador
6 repostero
5 hornero

pastelillo
27 bollo(s)

pastelista
10 pintor

pasterizar
4 esterilizar
3 higienizar
1 pasteurizar
7 purificar

pasteurizar
4 pasterizar

pastiche
9 imitación
14 copia

pastilla
6 comprimido
5 gragea
4 tableta

pastizal
3 herbazal
3 pradera
1 pradería
3 prado
9 pasto

pasto
4 forraje
4 herbaje
6 incentivo
6 pábulo
2 pastura
2 sustento

9 verde
35 alimento
12 hierba

pastor
1 albarrán
1 boyero
3 cabrero
5 caudillo
9 conductor
1 dulero
14 eclesiástico
1 mayoral
4 ovejero
1 porquerizo
4 prelado
1 rabadán
1 rehalero
7 zagal
11 guía
10 cura
7 vaquero

pastoral
5 bucólica
2 égloga
5 pastoril
1 pecuario

pastorear
13 apacentar
26 atisbar(se)
3 pacer
1 pastar
22 regalar(se)
17 acechar
8 cortejar
13 galantear
6 mimar

pastoreo
2 mayoralía
2 ramoneo

pastoricio
5 pastoril

pastoril
9 bucólico
8 campestre
7 idílico
4 pastoral

pastoso

1 pastoricio
12 ◁ciudadano

pastoso
10 denso
15 espeso
4 viscoso
15 indolente
13 perezoso
16 vago
10 ◁fluido
2 ◁líquido

pastura
4 pienso
9 pasto

pata
10 lisonja(s)
2 remo
4 zanca
20 adulación
9 coco
8 demonio
14 diablo
10 fantasma

patacón
2 moradura
7 equimosis

patache
34 bote

patacho
8 manada
2 recua

patada
3 coz
11 desdén
8 desprecio
6 pisada
1 puntapié
9 rastro
6 rechazo

patadón
7 remate
2 zapatazo

patalear
5 abuchear
10 patear
5 silbar

pataleo
12 desagrado
7 protesta

pataleta
18 ataque
3 rabieta
5 perra

patán
11 basto
3 cateto
22 ordinario
9 palurdo
22 rudo
21 grosero
11 paleto
7 soez
10 tosco
15 villano
10 zafio
16 ◁fino

patanería
8 embarrada

pataporsuelo
3 plebeyo
11 patán

patarata
27 carantoña(s)
10 mimo(s)
10 nadería(s)
9 nonada
12 pequeñez
6 tontada
10 zalema
25 fruslería

pataruco
14 burdo
22 rudo
17 cobarde
9 pusilánime

patasca
11 pendencia
11 riña

patasola
5 duende
10 fantasma

patata
7 armatoste
4 criadilla
5 papa
11 birria
12 cacharro
8 trasto

patato
40 bajo(s)
9 rechoncho

patatús
34 accidente
18 ataque
15 convulsión
15 desmayo
8 letargo
9 rapto
6 vértigo
9 síncope
6 soponcio

pateadura
2 pataleo
36 reprensión

patear
38 andar
19 censurar
10 criticar
21 cruzar(se)
3 patalear
9 recorrer
16 reprobar
6 transitar
10 derramarse
14 vaciarse
18 ◁aplaudir

patena
5 platillo

11 bandeja

patentar
11 inscribir
12 legalizar
26 registrar(se)

patente
11 arbitrio
33 artificio
14 evidente
6 exclusiva
11 incuestionable
11 indiscutible
2 indisputable
4 invento
11 manifiesto
11 notorio
12 obvio
5 ostensible
10 palmario
7 palpable
5 perceptible
6 privilegio
30 recurso(s)
13 visible
5 ◁velado
10 ◁latente

patentemente
16 abiertamente

patentizado
5 demostrado

patentizar
10 demostrar
20 evidenciar
3 exteriorizar
11 manifestar
35 mostrar(se)

pateo
5 silba
7 ◁palmada

paternal
11 benévolo
31 bondadoso
9 comprensible
7 condescendiente
12 flexible

8 indulgente
13 ◁*inflexible*

paterno
6 paternal
5 protector
12 afectuoso
21 ◁*seco*

pateta
8 lucifer
6 satanás
8 demonio
14 diablo
⇨pedro Botero

patético
10 emocionante
2 enternecedor
7 fúnebre
13 sombrío
14 tierno
5 tocante
8 trágico
16 triste
5 turbador
5 conmovedor

patetismo
3 dramatismo
5 emotividad
30 angustia
6 tragedia
13 tristeza
17 ◁*gozo*
7 ◁*sosiego*

patialbillo
4 jineta

patíbulo
6 horca
6 tablado
5 cadalso

paticojo
4 cojo

patidifuso
29 absorto
4 asombrado

15 atónito
4 extrañado
9 sorprendido

patilla
15 broche
11 resalte
9 barba

patillas
8 demonio

patín
3 esquí

pátina
13 barniz
2 revestimiento
21 capa

patinado
1 patinaje

patinaje
1 patinado

patinar
15 deslizar(se)
8 resbalar(se)
20 equivocarse
9 errar

patinazo
6 coladura
9 desacierto
4 deslizamiento
4 indiscreción
2 resbalón
7 error

patio
1 luna
3 platea

patitieso
6 admirado
4 asombrado
15 atónito
4 extrañado
9 sorprendido
12 suspenso

4 boquiabierto
5 patidifuso

patituerto
7 curvo

patizambo
1 zambo
6 gambeta
3 maneto

pato
7 ánade
3 ánsar
1 lavanco
1 parro
29 afeminado
9 bacín
22 cándido
9 incauto
7 marica
7 orinal

patochada
10 desatino
5 despropósito
16 disparate
7 majadería
15 necedad(es)
42 tontería(s)
2 bobada
8 torpeza

patógeno
3 contagioso
6 infeccioso
4 perjudicial
4 pernicioso
3 ◁*benéfico*
18 ◁*sano*

patojo
4 cojo
2 renco
19 golfo
4 pilluelo

patológico
15 enfermizo
2 morboso
16 enfermo

18 ◁*sano*

patoso
2 desangelado
18 desmañado
8 cargante
9 descuidado
42 fastidioso
15 molesto
31 pesado
17 ◁*cuidadoso*

patraña
12 andrómina
7 filfa
31 bola
16 cuento
19 embuste
15 grupo
6 infundio
15 mentira
10 pamema
7 trola
6 ◁*verdad*

patrañero
15 embustero
10 mentiroso

patraqueo
7 estafa
13 ladrón
6 ratero
9 timo

patria
12 nación
20 naturaleza
13 origen
10 país
10 procedencia
8 tierra
11 cuna
16 linaje

patriarcal
1 ancestral
7 espontáneo
9 familiar
4 rancio
33 antiguo

patriciado

12 sencillo

patriciado
9 aristocracia
13 nobleza
8 señorío
2 ◁*plebeyez*
17 ◁*pueblo*

patricio
12 aristocrático
6 aristócrata

patrimonial
13 propio

patrimonio
bienes
17 competencia
8 herencia
2 implicación
5 pertenencia
15 propiedad
1 propiedades
11 renta(s)
5 sucesión

patrio
2 comunitario
5 nacional
6 nativo
3 vernáculo
6 ◁*extranjero*
18 ◁*extraño*
6 ◁*forastero*

patriota
12 devoto
17 fiel
4 patriotero
10 ◁*desleal*
10 ◁*traidor*

patriotería
3 chauvinismo
1 chovinismo
2 xenofobia

patrioterismo
5 nacionalismo

patriotero
3 chauvinista
3 jingoísta
3 patriota
2 xenófobo

patriótico
4 entusiástico
8 fervoroso
5 nacional
4 patrio
6 ◁*apagado*
6 ◁*extranjero*

patriotismo
6 civilidad
5 nacionalismo

patrocinador
15 amparador
5 protector

patrocinar
55 amparar(se)
11 apadrinar
6 auspiciar
34 auxiliar(se)
45 ayudar(se)
11 defender
14 favorecer
19 garantizar(se)
6 salvaguardar
21 socorrer(se)
10 impulsar

patrocinio
30 amparo
41 defensa
19 garantía
5 padrinazgo
6 salvaguardia
9 socorro
24 auxilio
29 ayuda

patrón
15 amo
12 director
7 dueño
10 ejemplo
9 figurín
3 horma

9 jefe
4 mandamás
10 molde
16 muestra(s)
10 norma
18 original
11 patrono
7 pauta
5 señor
11 guía
10 machote
15 modelo
21 santo

patrona
12 ama

patronaje
18 auspicio(s)

patronato
7 fundación
8 patrocinio
1 patronazgo
13 protección
15 corporación
16 sociedad
14 ◁*desinterés*
5 ◁*desamparo*

patronazgo
6 patronato

patronímico
6 apelativo

patrono
15 amo
12 defensor
12 director
7 dueño
9 jefe
4 mandamás
5 protector
5 señor
3 valedor
19 patrón
21 santo

patrulla
22 bandera
7 destacamento

9 escuadra
3 escuadrón
8 pelotón
5 piquete
10 sección
15 batería
9 compañía
21 partida
6 tercio

patrullar
11 rondar

patulea
10 canalla
7 caterva
2 granujería
7 hampa
16 hez
4 populacho
1 soldadesca
6 turba
6 chusma
13 ◁*nobleza*
4 ◁*selección*

paturro
1 bajito
9 rechoncho

paular
11 cenagal
14 atolladero

paulatino
11 calmoso
2 escalonado
8 gradual
11 lento
10 pausado
2 sucesivo
11 tardo

paupérrimo
6 indigente
18 pobre

pausa
33 alto(s)
14 detención(es)
8 intervalo

payés

11 parada
5 paréntesis
7 sosiego
6 tardanza
26 calma
8 pachorra

9 ◁*vivacidad*

pausado
11 calmoso
8 lánguido
5 lerdo
7 moroso
12 pánfilo
7 paulatino
6 sosegado
11 tardo
13 tranquilo
18 torpe

7 ◁*nervioso*
14 ◁*vivaz*

pauta
3 dechado
10 ejemplo
10 norma
11 compás
15 modelo
12 paradigma
19 patrón

pautado
17 regular(se)

pautar
4 linear
8 rayar

pava
3 fiambrera
2 flequillo
2 penacho
1 tartera
9 bacín
103 burla
7 chanza
17 desgracia
6 infortunio
7 orinal

pavada
16 estupidez
10 memez
15 necedad(es)
42 tontería(s)
2 bobada

pavear
37 ligar(se)
52 matar(se)
5 asesinar
12 flirtear
⇨faltar a clase
⇨hacer novillos

pavés
16 broquel
7 escudo

pavesa
4 ceniza

pávido
19 asustadizo

pavimentar
4 adoquinar
2 asfaltar
2 embaldosar
8 empedrar
6 enlosar
1 entarimar
7 solar

pavimento
2 adoquinado
2 asfalto
3 embaldosado
6 empedrado
2 enlosado
7 suelo
5 tarima

pavisoso
11 pavo

pavo
6 enrojecimiento
2 gallipavo
1 pavisoso
9 rubor

75 bobo
7 estúpido
12 fantasioso
11 memo
22 necio
13 presuntuoso
18 tonto

pavón
13 barniz

pavonado
11 azul

pavonar
3 empavonar

pavoneamiento
12 presunción

pavonear(se)
65 alabar(se)
19 blasonar
22 ensoberbecer(se)
7 farolear
9 infatuarse
29 jactar(se)
9 ostentar
8 vanagloriarse
25 ahuecar
9 alardear
18 atufar
6 envanecerse
11 fardar
17 gloriar
16 presumir
12 ufanar

pavonco
9 lucimiento

pavor
8 corva
18 horror
8 julepe
7 mecha
6 acojono
5 canguelo
9 espanto
7 grima
2 mieditis
19 miedo

5 pánico
4 susto
18 temor
9 terror

9 ◁*tranquilidad*

pavoroso
11 espantoso
15 espeluznante
14 horrible
16 horroroso
14 terrible
8 terrorífico
12 tremendo

pavoso
10 desafortunado
14 desgraciado

pavura
18 horror

paya
9 chascarrillo
16 cuento

payasada
8 bufonada
1 mamarrachada

payaso
4 caricato
2 clown
23 bufón
8 gracejo
18 gracioso

payé
12 amuleto
7 brujo
9 hechicería
29 hechicero(a)
1 talismán
6 maleficio

payés
12 agricultor
12 aldeano
7 labrador

paz
21 acuerdo(s)
30 amistad
8 quietud
8 reposo
7 sosiego
9 tranquilidad
19 unión
18 armonía
26 calma
12 concordia

10 ◁enemistad
3 ◁guerra
8 ◁intranquilidad

pazco
9 desabrido
7 insípido

pazguatería
7 majadería
10 memez
4 ñoñería
1 papanatismo
3 remilgo
21 ◁audacia
15 ◁ingenio

pazguato
6 imbécil
9 sandio
75 bobo
7 estúpido
11 memo
12 mentecato
22 necio
18 tonto

pazote
2 maría
⇨hierba de Santa
⇨hierba hormiguera
⇨té salvaje

pea
40 borrachera

peaje
17 pasaje

peajero
5 cobrador

peak
26 punta

peana
3 pedestal
7 plataforma
5 tarima
12 atributo

peatón
11 ambulante
5 caminante
4 transeúnte
3 viandante
◁motorizado

pebeta
6 muchacha
6 niña

pebetero
5 aromatizador

pebre
1 pimienta

peca
5 lunar

pecado
10 culpa
12 desliz
13 falta
15 infracción
7 error
7 maldad
11 vicio
13 yerro
10 ◁virtud

pecador
5 transgresor

pecaminoso
6 bochornoso
5 censurable
14 inmoral
11 obsceno

5 picaresco
11 ◁limpio
5 ◁virtuoso

pecar
12 faltar
8 propender
15 tender(se)
9 errar
⇨tirar a

pece
17 argamasa

pecera
4 acuario

pecina
7 fango
2 piscina
16 barro

pecinal
5 ciénaga
2 piscina

peciolo
2 rabillo

pecíolo
5 cabillo

pécora
16 animal
8 bestia
12 malvado
9 perverso
1 res
12 vil

pecuario
4 ganadero

peculiar
7 característico
13 específico
14 particular
13 singular
6 exclusivo
13 propio

10 ◁general

peculiaridad
16 cualidad
3 especificidad
1 exclusividad
5 originalidad
7 particularidad
15 propiedad
10 singularidad

peculio
bienes
9 patrimonio
12 hacienda

pecuniario
4 monetario

pecha
21 violencia
14 atropello

pechar
23 atropellar(se)
3 tributar
11 empujar
4 sablear

peche
45 bueno
17 excelente
3 inclusero
11 delgado
16 flaco
8 huérfano

pechera
4 chorrera
4 peto
22 pecho

pechero
4 babero
3 babeador

pechicolorado
3 pajarel
9 pardillo

pechil
17 cerradura

pechina
1 harrado

pecho
4 busto
13 coraje
8 delantera
9 gabela
7 gravamen
9 impuesto
3 pechera
1 pechuga
13 seno
4 teta
2 tórax
11 tributo
12 valentía
24 valor

7 alacena
40 ánimo
18 chucho
12 esfuerzo
8 intención
11 interior
5 mama

⇨caja torácica

pechoño
17 beato
5 santurrón

pechuga
22 pecho

pechugón
10 batacazo

11 descarado
18 descocado

pechugona
4 tetuda

pedacito
2 ñica

pedagogía
1 didáctica

pedagógico
3 cultural
5 educativo
4 formativo

pedagogo
11 ayo
12 educador
7 instructor
13 maestro
5 mentor
5 profesor

pedal
16 embriaguez

pedanías
7 arrabal

pedante
5 engolado
2 lamido
2 repulido
44 afectado
12 ◁*sencillo*

pedantería
32 afectación
3 ampulosidad
3 estiramiento
11 jactancia
12 ostentación
5 énfasis
7 ◁*naturalidad*
11 ◁*sencillez*

pedazo
2 gajo
2 loncha
14 porción
9 rodaja
12 bocado
12 cacho
6 cipo
6 cortada
8 fragmento
26 parte
11 penco
27 tajada
8 trozo

pedazos
9 añicos

peder
4 ventosear(se)

pederasta
2 bujarrón
8 desviado
6 homosexual
2 invertido
4 sodomita
◁*heterosexual*

pederastia
2 sodomía

pedernal
18 cruel
30 duro
5 eslabón
5 granítico
2 sílex
10 sílice
9 resistente
2 yesca
14 ◁*tierno*
42 ◁*blando*
18 ◁*generoso*

pedestal
11 basa
2 podio
4 peana

pedestre
19 común
14 corriente
5 chabacano
9 vulgar
21 llano
20 simple
11 ◁*elevado*

pedicuro
1 callista

pedido
6 encargo

pedigrí
21 calidad

pedigüeño
10 bruja
5 mendigo
5 pordiosero
4 sacacuartos
11 sablista

pediluvio
24 baño(s)

pedir
17 apetecer
14 desear
9 exigir
4 impetrar
6 implorar
14 pretender
31 querer(se)
4 reivindicar
9 rogar
8 solicitar
6 suplicar
27 velar(se)
14 demandar
19 cobrar
4 mendigar
4 pordiosear
5 reclamar
63 ◁*dar(se)*

pedo
4 bufa
5 ventosidad
40 borrachera
12 curda
16 embriaguez

pedorrero
3 pedorro
1 peyón

pedorreta
11 flatulencia

pedorro
1 flatulento
2 pedorrero
2 ventoso

pedrada
7 cantazo
2 hondazo
4 pepo

pedrea
5 escaramuza
2 granizada
2 lotería
23 lucha
1 pedrisco
8 premio
79 alboroto
19 desorden
10 ◁paz
7 ◁sosiego

pedregal
3 canchal
6 cantera
3 pedriza
3 peñascal

pedregoso
1 cascajoso
6 pétreo
2 rocoso

pedrera
6 cantera
1 guijarral
4 pedregal

pedrisco
3 granizo

pedriza
3 canchal
6 cantera
4 pedregal

pedromón
5 tranca
14 garrote

pedrusco
14 canto
2 guija
4 guijarro

pedúnculo
2 rabillo

pega
14 añagaza
10 estorbo
8 impedimento
11 inconveniente
22 trabajo(s)
14 ardid
13 artimaña
15 dificultad
16 empleo
10 obstáculo

pegada
31 bola
15 mentira
7 trola

pegadero
3 lodazal
13 barrizal

pegadizo
25 artificial
3 contagioso
6 infeccioso
6 postizo
2 sugerente
35 atractivo
11 gorrón
20 ◁natural

pegado
4 adherido
14 adjunto
15 adyacente
6 aglutinado
10 contiguo
5 engomado
9 junto
6 rayano
11 unido
20 agregado

pegadura
20 adherencia

pegajosidad
2 glutinosidad
7 untuosidad

20 adherencia

pegajoso
3 contagioso
15 espeso
3 glutinoso
7 pegadizo
4 viscoso
11 gorrón

pegamento
5 cemento
4 conglutinación
4 encoladura
21 cola

pegar(se)
19 adherir(se)
9 aglutinar
38 arrimar(se)
40 atizar(se)
26 castigar(se)
11 contagiar
9 contaminar
9 coser
9 empezar(se)
6 entremeterse
20 entrometer(se)
7 infectar
7 inficionar(se)
12 inmiscuir(se)
74 juntar(se)
49 meter(se)
30 quemar(se)
11 resultar
4 socarrar(se)
23 tostar(se)
79 unir(se)
20 zurrar(se)
40 atizarse
39 atracar
10 comenzar
7 competir
15 convenir
32 entrar
24 golpear
5 gorrear
6 humear
46 irse
8 maltratar
53 marchar
8 potrear

3 rivalizar
7 sisar
15 zamparse

pegársela
43 engañar(se)

pegásides
9 musa(s)

pegata
103 burla

pegón
103 burla
12 chasco

pegote
6 apósito
13 bazofia
3 bizma
7 emplasto
4 guisote
7 parche

peguero
17 empecinado

pegujal
3 sembrado
8 terreno

pegujalero
3 labrantín

pegunta
1 empego

peguntar
4 empegar

peinado
13 tocado

peinador
10 bata
2 deshabillé

peinar
40 batir(se)
1 cardar
52 matar(se)

8 rastrear
5 asesinar

peine
2 caspera
1 lendrera

peineta
2 recogeabuelos
9 marchante

peinilla
4 bayoneta

peje
50 astuto

pejemuller
2 manatí
3 rosmaro

pejepalo
1 estocafís
2 pezpalo

pejesapo
⇨alacrán marino
⇨rana marina
⇨sapo marino

pejiguera
20 incomodidad
18 molestia(s)
12 lata
14 pesadez

pela
11 cansancio
35 fatiga(s)
26 azote
13 dinero
6 parné
13 zurra

pelada
7 calvicie
7 pifia
7 error
13 yerro
⇨la muerte
⇨la parca

peladera
7 calvicie
5 alopecia
2 laucadura

peladez
6 ordinariez
4 zafiedad
17 miseria
10 pobreza

peladilla
2 guija

pelado
10 desnudo
1 lirondo
3 mondo
4 pelagatos
11 descarado
14 desgraciado
27 desvergonzado
10 liso
10 pelón
⇨don nadie

peladura
7 despellejadura
7 despellejamiento
5 trasquiladura

pelafustán
4 pelagatos
2 pelanas

pelagallos
6 vagabundo

pelagatos
5 paria
2 pelafustán
10 pelado
18 pobre

pelágico
3 abismal
9 hondo
2 oceánico
8 profundo
6 ◁superficial

pelagra
9 murmuración
11 calumnia
⇨mal de la rosa

pelaje
21 calidad
16 cualidad
12 jaez
11 laya
9 ralea
13 ropaje
39 aspecto
21 capa
15 traza

pelambrera
7 pelo
4 vedeja
4 cabellera
4 melena

pelanas
26 despreciable
16 inútil

pelandra
50 astuto
10 sagaz

pelandrún
5 bribón
11 pillo

pelandusca
9 meretriz
14 prostituta
13 puta
17 ramera

pelantrín
3 labrantín

pelar(se)
14 desacreditar(se)
6 desbastar
4 descascarar
4 descascarillar(se)
1 descortezar
2 desplumar
4 escoriar(se)
3 mondar
5 raer
5 rapar
17 recortar(se)
14 atusar
54 confundirse
2 descamisar
8 desprestigiar
23 emborracharse
37 embriagarse
20 equivocarse
7 escabullirse
34 escaparse
3 estusar
⇨dejar sin blanca

pelas
4 monis
8 guita

pelazga
11 pendencia
18 disputa
14 pelotera

pelcha
6 pila
12 montón

peldaño
4 escalón
9 grada

pelea
16 agobio
8 ajetreo
27 batalla
19 combate
2 conflagración
35 fatiga(s)
3 guerra
10 lid
23 lucha
19 berrinche
11 riña

peleador
7 agresivo
15 batallador
5 luchador
1 peleante

peleante
- 4 pendenciero
- 7 reñidor
- 3 ◁*pacificador*
- 19 ◁*suave*

peleante
- 6 peleador

pelear(se)
- 34 afanar(se)
- 35 agarrar(se)
- 40 asir(se)
- 14 barajar
- 16 batallar
- 40 batir(se)
- 19 combatir
- 10 contender
- 12 chocar
- 7 embregarse
- 21 enemistar(se)
- 20 enzarzar(se)
- 19 indisponer(se)
- 12 lidiar
- 10 procurar
- 35 trabar(se)
- 39 atracar
- 3 colchar
- 10 conjugar
- 25 esforzarse
- 2 jinquetear
- 6 luchar
- 3 mechar(se)
- 15 pelotear
- 12 regañar
- 22 reñir
- 16 trabajar

pelele
- 11 badulaque
- 3 espantajo
- 10 mamarracho
- 9 muñeco
- 33 apocado
- 4 monigote

peleón
- 6 camorrista
- 4 encrestado

peleona
- 40 borrachera
- 16 embriaguez
- 11 mona

peletería
- 4 curtiduría

peletero
- 2 curtidor
- 1 guarnicionero

peliagudo
- 14 arduo
- 14 complicado
  difícil
- 8 enrevesado
- 11 intrincado
- 8 tortuoso
- 21 accidentado
- 24 ◁*fácil*

película
- 15 cinta
- 5 cutícula
- 2 film
- 3 membrana
- 5 telilla

pelichero
- 4 petardista
- 11 sablista

peligrar
- 23 arriesgar(se)
- 18 aventurar(se)
- ⇨correr peligro
- ⇨correr riesgo
- ⇨poner en peligro

peligro
- 11 exposición
- 4 inminencia
- 12 inseguridad
- 8 riesgo(s)

peligroso
- 3 alarmante
- 17 arriesgado
- 6 aventurado
- 5 comprometido
- 5 expuesto
- ◁*sin riesgo*

pelillo
- 7 bozo

pelirrojo
- 3 taheño

pelma
- 10 inoportuno
- 2 pelmazo
- 8 cargante
- 13 chinche
- 42 fastidioso
- 7 latoso
- 15 molesto

pelmacería
- 15 indolencia

pelmazo
- 6 cócora
- 7 pelma

pelo
- 4 pelambrera
- 3 vedija
- 1 vello
- 36 cabello
- 5 calabobos
- 7 llovizna
- 4 mechón

pelón
- 4 menesteroso
- 7 necesitado
- 9 calvo
- 8 equivocación
- 3 motilón
- 17 mozo
- 22 niño
- 10 pelado
- 18 pobre
- 13 yerro
- 14 ◁*rico*

pelona
- 7 calvicie
- 5 alopecia

pelonía
- 5 alopecia

peloso
- 4 guedejudo

pelota
- 5 balón
- 8 esférico
- 24 adulador
- 28 ansia
- 31 bola
- 19 bombo
- 11 cobista
- 5 chaquetero
- 14 deseo
- 12 rosca

pelotas
- 9 cepillo

pelotazo
- 1 balonazo
- 5 sorbo
- 13 trago

pelote
- 31 bola

pelotear
- 19 acariciar(se)
- 10 contender
- 22 disputar(se)
- 4 enjabonar
- 12 halagar
- 7 incensar
- 53 lanzar(se)
- 29 pelear(se)
- 5 rebotar(se)
- 18 adular
- 22 botar
- 11 lisonjear
- 22 reñir
- ⇨dar coba
- ⇨dar jabón

pelotera
- 10 camorra
- 15 cuestión
- 11 pendencia
- 15 agarrada
- 11 altercado
- 9 alzamiento
- 24 follón

12 gresca
12 querella
12 quimera
11 riña
4 ruptura
7 sublevación
7 trifulca

pelotilla(s)
20 adulación
24 adulador
19 chivato
10 pelota
8 rastrero
5 servilismo
3 sicote

pelotillear
5 barbear

pelotillero
24 adulador
11 barbero

pelotita
2 torunda

pelotón
9 apelotonamiento
2 avanzadilla
5 balón
7 destacamento
3 grumo
19 cuerpo
15 grupo
10 pelota

pelotudo
11 lento
11 negligente
11 tardo
13 perezoso
18 torpe
16 vago

peluca
2 bisoñé
2 peluquín
6 postizo
10 filípica
17 reprimenda

13 sermón

peluche
2 felpa

peludear(se)
38 atascar(se)
9 aturullar(se)
30 atontarse
21 atorar

peludo
3 híspido
5 lanudo
2 piloso
1 velloso
8 beodo
45 borracho
4 ◁lampiño

peluquería
1 barbería

peluquero
11 barbero

peluquín
6 peluca
36 cabello

pelusa
7 borra
25 celo(s)
2 envidia
2 plumón
1 vello

pelvis
2 bacinete

pella
5 conglomerado
12 masa
8 amalgama
16 amasijo

pellada
17 argamasa

pelle
2 merodeador
6 vagabundo

pellejería
4 curtiduría

pellejo
3 corambre
4 hollejo
5 odre
9 piel

pellica
4 chaquetón
3 zamarra

pellingajo
4 estropajo

pelliza
4 cazadora
2 guerrera
6 tabardo
3 zamarra
9 chaqueta

pellizcar(se)
35 agarrar(se)
40 asir(se)
11 atrapar(se)
20 coger
1 pizcar
16 apandar

pellizco
1 pizco

pelluzgón
9 barba

pena
9 alcor
5 casino
13 corrección
7 correctivo
13 dolor
35 fatiga(s)
4 peñasco
3 pesadumbre
15 quebranto
25 reparo(s)

3 roca
8 sanción
22 trabajo(s)
8 escarmiento
17 castigo
8 congoja
12 desazón
15 dificultad
12 esfuerzo
8 espectro
10 fantasma
15 grupo
17 inquietud
11 penalidad
9 pensión
12 sufrimiento
6 tertulia
10 timidez
17 vergüenza
38 ◁alegría(s)

penacho
4 cimera
1 pompón

penado
5 galeote
5 presidiario
6 preso
4 prisionero

penal
5 presidio
21 cárcel
17 prisión
12 trena

penalidad
35 fatiga(s)
20 incomodidad
8 julepe
18 molestia(s)
3 pesadumbre
22 trabajo(s)
48 aflicción
12 contrariedad
10 contratiempo
16 disgusto
29 pena

penalidades
10 calvario
35 fatiga(s)

penalista
1 criminalista

penalización
8 escarmiento

penalizar
22 condenar(se)

penalty
5 cerveza
9 chato
16 caña

penar
39 aguantar(se)
26 castigar(se)
22 condenar(se)
2 escarmentar
1 multar
6 sancionar
6 soportar
12 sufrir
5 padecer

penas
10 calvario

penca
14 cacto
26 azote

pencar
40 azotar(se)

penco
8 lira
13 chuzo
21 grosero
7 jamelgo
6 matalón
9 mocho
13 pedazo
10 rocín
17 rústico
8 trozo
10 zafio

pendango
17 cobarde
9 pusilánime

pendejo
8 calzonazos
1 vello
36 cabello
17 cobarde
14 desgraciado
12 infeliz
9 pusilánime
18 ◁*audaz*
9 ◁*valiente*

pendencia
10 camorra
15 cuestión
7 disensión
6 enfrentamiento
5 pleito
11 altercado
18 disputa
12 gresca
11 pelea
14 pelotera
11 riña

pendenciar
4 empelazgarse

pendenciero
6 buscarruidos
6 camorrista
7 reñidor
7 matón

pender
16 colgar(se)
14 depender
15 suspender

pendiente
3 aplazado
4 arracada
9 bajada
3 colgante
7 cuesta
3 diferido
8 empinado
6 escarpado
14 incompleto
1 irresuelto
12 montuoso
4 rampa
6 repecho
11 subida
4 suspendido
2 zarcillo
14 aprensión
18 inclinación
11 preocupación
21 ◁*llano*

pendolario
2 escribano
5 escribiente

pendolista
6 amanuense
9 calígrafo

pendón
22 bandera
7 divisa
6 enseña
4 estandarte
4 oriflama

pendonear
12 callejear
18 holgar(se)
7 deambular
16 ◁*trabajar*

pendular
2 bamboleante
4 fluctuante
2 oscilante
7 variable
15 ◁*igual*
19 ◁*firme*

péndulo
7 titubeante
6 vacilante

pene
7 falo
8 cazo
19 cipote
14 miembro
9 verga

peneque
45 borracho
4 cufifo

penetrable
28 claro
9 comprensible
7 inteligible
1 traspasable
7 ◁*ininteligible*

penetración
5 algara
7 correría
23 entrada
15 ingenio
18 inteligencia
6 invasión
1 metida
6 sagacidad
8 sutileza
7 talento
47 astucia
11 ◁*cortedad*

penetrador
3 perforador
21 avispado

penetrante
33 alto(s)
8 estridente
9 hondo
16 inteligente
6 perspicaz
11 sutil
25 agudo
8 profundo
18 ◁*tonto*

penetrantemente
7 fijamente

penetrar(se)
25 calar(se)
14 captar
20 embeber(se)
18 empapar(se)
8 interpretar
31 introducir(se)
49 meter(se)
6 compenetrarse
17 comprender
9 entender
11 enterar

32 entrar

penicilina
2 antibiótico

penique
⇨ moneda inglesa

penitencia
5 atrición
7 cilicio
3 confesión
13 corrección
7 correctivo
13 dolor
9 mortificación
45 pesar(se)
17 castigo
15 disciplina
29 pena

penitenciaría
2 correccional
4 penal
21 cárcel
17 prisión

penitenciario
2 celular

penitente
14 arrepentido
27 austero
3 ayunador
5 encapuchado
1 nazareno
10 santón

penoso
14 arduo
difícil
7 doloroso
14 encogido
5 fatigoso
6 funesto
7 laborioso
5 lamentable
8 trabajoso
16 triste
30 tímido
3 ◁ llevadero

36 ◁ *alegre*

pensado
3 meditado
2 preconcebido

pensador
5 caviloso
9 intelectual

pensadora
38 cabeza
5 testa

pensamiento
7 apotegma
10 designio
9 dicho
10 entendimiento
4 intelecto
9 máxima
9 mente
15 proyecto
15 sentencia(s)
1 trinitaria
8 intención
15 juicio
10 propósito
17 razón

pensante
3 deliberante

pensar(se)
12 antojar(se)
9 cavilar
4 cogitar
8 concebir
13 considerar(se)
8 creer
9 deliberar
12 discurrir
12 especulación
19 especular
11 estudiar
1 excogitar
20 figurar(se)
5 filosofar
10 idear
31 imaginar(se)
11 inventar
11 meditar

3 premeditar
20 programa
23 proponer(se)
13 proyectar
11 razonar
15 reflexionar
29 representar(se)
7 rumiar
7 suponer
35 tratar(se)
23 trazar(se)
9 entender
2 temar

pensativo
29 absorto
3 cogitabundo
5 meditabundo
12 reflexivo
14 abstraído

pensil
5 jardín

pensión
3 hospedería
6 mensualidad
45 pesar(se)
11 renta(s)
11 fonda
2 hostal
29 pena
13 tristeza
⇨ casa de huéspedes

pensionado
2 internado

pensionar
21 asignar(se)
4 becar

pensionario
6 pensionista

pensionista
2 albergado
3 huésped
3 interno
1 pensionario
11 retirado

5 jubilado
26 ◁ *activo*

pentecostés
5 pascua

penuria
3 carestía
12 escasez
10 estrechez
13 falta
18 necesidad
13 poquedad
17 miseria
14 ◁ *copia*

peña
23 montaña
4 peñasco
4 risco
3 roca
3 rolde
13 monte
8 can
7 club
7 corro
15 grupo
19 reunión
16 sociedad
6 tertulia

peñascal
3 canchal
4 pedregal
1 roquedal

peñasco
9 alcor
4 risco
3 roca
13 peña

peñascoso
5 enriscado
6 escarpado
2 rocoso
2 roqueño

peño
4 expósito

péñola
11 pluma

peón
11 ambulante
9 asalariado
7 bracero
4 peatón
1 trompo
3 viandante
7 jornalero
4 peonza

peonía
1 saltaojos
⇨rosa albardera

peonza
8 peón
1 trompo
4 cucarro
19 china

peoresnada
22 amante
11 galán

pepa
3 carozo
18 inteligencia
16 memoria(s)
31 bola
38 cabeza
5 canica
17 chiva
14 hueso
15 mentira
6 pito
5 testa
7 trola

pepe
3 inclusero
4 menesteroso
8 huérfano
5 pedigüeño
4 pepino

pepenar
40 asir(se)
20 coger

8 escoger
6 rebuscar

pepillismo
1 exhibicionismo

pepinillo
18 bala
22 bomba

pepino
2 cohombro
1 cucurbitácea
22 bomba
5 pepe

pepita
3 gabarro
2 moquillo
10 pipa

pepito
7 bocadillo
5 lechuguino
6 pisaverde
4 sandwich

pepitoria
6 batiburrillo
5 guiso
15 embrollo
12 mezcla
10 ◁claridad
20 ◁orden
9 ◁pureza

peplo
7 ropón

pepo
4 balazo
3 pedrada
5 sorbo
13 trago

pepón
2 sandía

pepona
3 muñeca

pepsicola
7 coca
21 cola

peque
5 párvulo
6 benjamín
18 chico
11 chiquillo
3 guache
22 niño
7 pichón

pequeña
7 chica

pequeñajo
6 desmirriado
2 renacuajo
5 chaparro
2 jubito
6 retaco
23 ruin
2 tacuaco

pequeñez
13 bajeza
7 delgadez
6 envilecimiento
12 escasez
14 insignificancia
10 mezquindad
10 nadería(s)
9 nonada
42 tontería(s)
11 cortedad
8 canallada
25 fruslería

pequeñísimo
6 mínimo

pequeño
9 chaval
2 chavea
18 insignificante
2 limitado
4 minúsculo
8 parvo
11 rapaz
8 reducido

21 corto
18 chico
17 escaso
17 mozo
9 muchacho
22 niño
23 ◁grande

pequero
8 jugador
4 tahúr

pera
7 alcachofa
2 bergamota
4 conmutador
5 lunar
3 pulsador
9 barba
4 perilla

peralte
2 desnivel

peralto
35 altura(s)

perantón
2 mirabel
3 pinillo
16 abanico

perca
3 baila
3 rano

percal
1 cocó
1 percalina

percalina
1 lustrina

percance
34 accidente
21 mal
12 contrariedad
10 contratiempo
9 daño
17 desgracia

percanta
5 querida
9 manceba

percatarse
23 advertir
22 apreciar(se)
18 notar
11 enterar
21 reparar
⇨darse cuenta
⇨ser consciente

percebe
5 escaramujo
9 sandio
75 bobo
11 memo
22 necio
18 tonto
⇨pie de cabra

percepción
1 aprehensión
6 cobranza
9 conciencia
4 recaudación
6 sensación
2 telepatía

perceptible
8 apreciable
9 comprensible
5 marcado
18 patente
15 sensible
6 ◁*imperceptible*

percibir
22 adivinar
23 advertir
35 distinguir(se)
6 divisar
5 ingresar
18 notar
19 observar
7 percatarse
4 recaudar
8 recibir
19 cobrar
17 comprender

9 entender
21 reparar
19 ver
⇨darse cuenta

percochoso
1 cochambroso
4 mugriento

percollar
10 acaparar
2 monopolizar

percudido
3 ajado
3 ajetreado
3 manoseado
19 roñoso
13 sucio
7 ◁*lustroso*
12 ◁*nuevo*

percusa
8 gentuza
6 chusma

percusor
4 gatillo
1 percutor

percutir
12 chocar
24 golpear

percutor
2 percusor

percha
7 brazal
4 colgadura
12 boato
13 lujo

perchero
3 capero

percherón
27 caballo

perchudo
9 elegante
6 peripuesto

perdedor
4 fracasado
4 perdulario
4 quebrantado
19 arruinado
3 ◁*ganador*
7 ◁*triunfante*

perder(se)
32 aflojar(se)
28 ahogar(se)
16 corromperse
10 derrotar
3 desasimilar
9 desorientar(se)
3 desperdiciar(se)
7 despistar
7 despistarse
52 destruir(se)
20 desvanecer(se)
29 desviar(se)
8 desvirtuar(se)
26 disipar(se)
5 empalidecer
23 encanallar(se)
18 enviciar(se)
34 escapar(se)
64 estropear(se)
21 extraviar(se)
24 frustrar(se)
7 golfear
2 malemplear
8 malograr
5 naufragar
20 pervertir(se)
44 torcer(se)
2 traspapelarse
5 volatilizar
22 botar
62 caer
54 confundirse
6 despilfarrar
5 empamparse
7 escabullirse
7 malgastar
4 rejundir(se)
10 ◁*adueñarse*
47 ◁*aprovechar(se)*

24 ◁*conseguir(se)*
22 ◁*cuidar(se)*
40 ◁*ganar(se)*
22 ◁*hallar(se)*
7 ◁*localizar*
8 ◁*obtener*
19 ◁*recobrar(se)*
8 ◁*rescatar*
8 ◁*triunfar*
40 ◁*vencer(se)*
22 ◁*alcanzar*

perdices
2 miasmas
⇨malos olores

perdición
53 amor

perdida
13 puta

pérdida
5 desorientación
11 despiste
6 extravío
11 menoscabo
6 merma
15 quebranto
19 confusión
9 daño
10 perjuicio

perdidamente
1 apasionadamente

perdido
10 calavera
7 extraviado
6 tronera
6 sinvergüenza
⇨mala pieza

perdidoso
4 perdedor

perdigar
24 asar(se)

perdigón
2 balín
2 bolita

perdiguero

5 munición
4 plomo
14 pollo
8 cría

perdiguero
⇨perro de caza

perdis
10 calavera
6 calvatrueno

perdón
10 clemencia
18 gracia(s)
7 remisión
11 absolución
5 condonación
10 indulto
12 ◁condena

perdonable
4 disculpable
1 dispensable
3 excusable
5 justificable
7 ◁imperdonable
21 ◁grave

perdonado
10 exento
6 absuelto
4 ◁ejecutado

perdonar
11 absolver
5 amnistiar
2 condonar
3 conmutar
10 dispensar
5 exceptuar
6 eximir
10 indultar
8 tolerar

perdonavidas
5 matasiete
5 valentón
18 chulo
18 guapo

perdulario
6 calvatrueno
4 perdedor
19 apático
⇨non sancto

perdurable
14 duradero
9 eterno
6 eviterno
6 imperecedero
5 inmortal
13 perpetuo
7 sempiterno
7 constante
7 ◁fugaz

perduración
7 perpetuación
8 subsistencia

perdurar
8 durar
28 mantener(se)
9 permanecer
8 subsistir

perecedero
27 breve
21 caduco
7 efímero
7 fugaz
14 pasajero
7 transitorio
21 corto
9 ◁eterno

perecer
53 acabar(se)
13 ansiar
17 apetecer
14 concluir
14 desear
6 desvivirse
24 extinguir(se)
4 fenecer
6 finar
25 morir(se)
6 pirrarse
8 sucumbir
7 terminar

9 ◁empezar(se)
15 ◁nacer

peregrinación
5 romería

peregrinaje
5 romería

peregrinar
8 activar
24 buscar(se)
5 caminar
21 cruzar(se)
9 gestionar
9 recorrer
2 viajar

peregrino
29 anormal
9 exótico
18 extraño
8 insólito
6 peculiar
22 raro
2 romero
14 extraordinario
⇨cobrador de autobús

perejil
2 emenagogo
2 hinojo

perendengue
13 arete
9 baratija

perengano
4 fulano
5 mengano
4 zutano

perenne
9 eterno
6 imperecedero
6 incesante
5 inmortal
8 perdurable
11 permanente
14 vivaz
7 constante

11 continuo
6 ininterrumpido
2 ◁intermitente

perennidad
8 continuación
12 duración
4 fénix
4 indisolubilidad
7 perpetuación
3 ◁transitoriedad

perentoriedad
18 apremio
14 emergencia
3 indispensabilidad
4 inminencia

perentorio
10 apremiante
20 apurado
4 concluyente
8 cortante
10 decisivo
6 definitivo
22 preciso
9 tajante
2 urgente

pereque
18 molestia(s)
79 alboroto
5 importunidad
15 jarana

perequero
7 burlón
1 guacón

pereza
1 chucha
16 desánimo
7 desgana
11 desidia
11 galbana
9 gandulería
9 haraganería
6 holgazanería
7 laxitud
11 negligencia
4 poltronería
40 ánimo

7 ◁*laboriosidad*

perezoso
11 echado
10 gandul
27 holgazán
11 negligente
4 poltrón
6 tumbón
3 caimán
4 calandria
17 haragán
15 indolente
6 pastoso
16 taimado
16 vago

5 ◁*trabajador*

perfección
11 acabamiento
17 colmo
9 pureza
10 sazón
12 culminación
7 madurez

perfeccionado
5 corregido
12 maduro

perfeccionamiento
6 desbaste
10 mejora
6 mejoría
12 progreso
8 reforma
10 sazón
19 adelantamiento

perfeccionar(se)
53 acabar(se)
8 acendrar(se)
10 acrisolar
24 adelantar(se)
8 afiligranar
11 afinar
3 aprimar
6 complementar(se)
12 completar
11 depurar(se)
15 desarrollar

29 educar(se)
15 enriquecer(se)
8 innovar
6 limar
4 madurar
49 mejorar(se)
5 progresar
39 pulir(se)
11 refinar(se)
20 reformar(se)
8 sanear
18 ◁*empeorar(se)*

perfectamente
40 bien(es)
7 cabalmente

perfectibilidad
8 carencia
10 defecto
7 deficiencia
13 falta
7 tacha
4 ◁*suficiencia*

perfectible
13 carente
7 defectuoso
10 incorrecto
2 mejorable
4 reformable
3 superable
4 ◁*inatacable*
9 ◁*perfecto*
6 ◁*suficiente*

perfectivo
1 desinente

perfecto
16 cabal
13 completo
12 genial
11 maravilloso
18 cumplido
8 estupendo
14 extraordinario
11 magnífico
17 soberbio
12 ◁*imperfecto*

pérfida
7 arpía

pérfidamente
4 abaldonadamente

perfidia
6 alevosía
18 asechanza
4 maquiavelismo
8 perversidad
47 astucia

pérfido
8 alevoso
10 desleal
10 felón
1 fementido
11 infiel
26 miserable
10 traidor

perfil
46 aire(s)
31 contorno(s)
5 silueta
20 apariencia
39 aspecto

perfilado
13 completo
7 detallado
7 esmerado
8 nítido
9 perfecto
4 retocado
3 ◁*achatado*
32 ◁*ancho*
7 ◁*impreciso*
16 ◁*vago*

perfilar(se)
9 abocetar
39 acicalar(se)
8 alcorzar(se)
25 amoldar(se)
64 apuntar(se)
83 arreglar(se)
13 bordar
20 desfigurar(se)
14 dibujar(se)

4 esbozar
4 esbozarse
15 precisar
17 recortar(se)
83 arreglarse
34 componer
15 insinuarse
4 palidecer
12 tantear

perforación
9 cala
4 fresado

perforado
12 calado

perforador
2 escariador
2 excavador
2 penetrador

perforadora
4 excavadora
4 fresado

perforar
19 agujerear
11 cribar
4 horadar
2 taladrar
12 traspasar

performance
11 cumplimiento
15 rendimiento

perfumado
5 aromático
4 balsámico
5 bienoliente
3 fragante
3 odorífero
4 oloroso
15 ◁*hediondo*

perfumador
5 aromatizador
5 balsamera
10 bujeta

perfumar
 3 almizclar
 5 aromatizar
 7 incensar
 3 sahumar
 5 ◁*heder*

perfume
 5 aroma
 3 efluvio
 3 emanación
 15 esencia
 6 fragancia
 20 olor
 ⇨agua de colonia

perfusión
 24 baño(s)

pergamino
 3 manuscrito
 4 papiro
 7 cédula

pergeñar
 83 arreglar(se)
 6 confeccionar
 48 disponer(se)
 48 preparar(se)

pergeño
 39 aspecto

pérgola
 4 emparrado
 9 armazón

periambo
 2 baquio
 1 pirriquio

periantio
 1 corola

pericana
 8 demonio
 14 diablo

pericarditis
 27 carantoña(s)

pericia
 16 conocimiento
 18 habilidad
 7 idoneidad
 17 práctica
 5 experiencia
 6 destreza
 6 ◁*inexperiencia*

periclitar
 53 acabar(se)
 9 declinar
 7 terminarse
 15 decaer
 64 estropearse
 10 ◁*ascender*
 5 ◁*progresar*

perico
 2 dompedro
 7 mariquita
 1 periquito
 9 bacín
 5 bacinilla
 8 beodo
 45 borracho
 16 charlatán
 13 hablador
 13 ladrón
 7 orinal
 10 piropo
 6 ratero
 8 requiebro

pericón
 6 aventador
 16 abanico

peridoto
 1 olivino

periferia
 24 aledaño(s)
  alrededores
 31 contorno(s)
 8 perímetro

periférico
 4 circundante
 15 exterior
 7 limítrofe

 12 vecino(s)
 3 ◁*interno*

perifollo(s)
 3 arrequives
 21 adorno
 12 alhaja
 25 atavío

perifonear
 23 divulgar(se)
 29 propagar(se)
 16 transmitir(se)

perífrasis
 19 rodeo
 12 circunloquio

perilla
 2 interruptor
 3 pulsador
 7 pera
 15 chivo

perillán
 4 ardilla
 32 bellaco
 5 bribón
 8 granuja
 9 tuno
 50 astuto
 9 ladino
 33 pícaro
 16 taimado

perímetro
 34 alrededor(es)
 9 cerco
 31 contorno(s)
 4 periferia
 6 recinto
 7 ámbito
 3 bojeo
 18 círculo

perineal
 5 anagrama

períoca
 32 argumento

periódicamente
 5 regularmente

periodicidad
 16 alternación
 3 regularidad

periódico
 4 boletín
 15 fijo
 4 gaceta
 10 habitual
 4 listín
 1 noticiero
 17 regular(se)
 5 repetido
 9 revista
 9 diario
 3 ◁*inhabitual*

periódicos
 4 prensa

periodismo
 29 comunicación(es)

periodista
 2 articulista
 5 corresponsal
 4 gacetillero
 9 informador
 4 redactor
 3 reportero

periodo
 5 edad
 8 égida
 8 época
 27 regla(s)
 5 siglo
 6 temporada
 13 tiempo
 8 godo
 4 maldijada

período
 2 ciclo
 12 circunstancia
 9 cláusula
 5 fase
 4 menstruación
 7 momento

27 regla(s)
2 texto
9 etapa
6 me

periodo
9 cláusula

peripecia
34 accidente
10 andante
9 andanza
13 suceso(s)
17 caso

periplo
6 excursión
3 recorrido
22 salida(s)
2 trayecto
10 viaje
1 circunnavegación
26 camino

peripuesto
23 arreglado
15 compuesto
5 emperejilado
10 acicalado
9 atildado
7 emperifollado
3 ◁desarrapado

periquete
4 instante
7 momento
6 rato
5 santiamén
8 soplo

periquito
14 perico

periscopio
18 lente(s)

peristilo
2 propileo

peritaje
10 carrera
1 especialización
9 evaluación
13 informe
9 opinión
3 valoración
30 título

peritar
24 estimar(se)

perito
5 apañado
8 conocedor
14 diestro
3 especialista
23 experimentado
8 experto
17 hábil
4 ingeniero
4 técnico
11 competente
13 ◁inexperto

peritoneo
2 epiplón

perjudicado
1 lastimado
3 menoscabado
4 víctima
19 arruinado
4 ◁beneficiado
2 ◁ganancioso
16 ◁agraciado

perjudicar
11 dañar(se)
30 deteriorar(se)
64 estropear(se)
87 fastidiar(se)
12 menoscabar

perjudicial
4 dañino
34 malo
14 nocivo
4 pernicioso
6 ◁beneficioso

perjuicio
5 desventaja
8 impedimento
11 inconveniente
21 mal
11 menoscabo
6 percance
15 quebranto
2 sinrazón
9 daño
15 fastidio
25 ◁beneficio(s)

perjuro
5 apóstata
11 infiel

perla
1 aljófar
1 margarita

perlar
39 acicalar(se)
21 adornar

perlino
30 blanco
14 blanquecino

perlita
1 fonolita

permanecer
23 estar(se)
11 habitar
28 mantener(se)
11 persistir
11 residir
42 seguir(se)
11 vivir
7 continuar
19 quedarse
50 ◁parar(se)
46 ◁irse

permanencia
2 estadía
9 residencia

permanente
14 duradero
8 estable
15 fijo
1 imperfectivo
13 inalterable
16 inmutable
9 invariable
1 peinado
13 tocado
7 constante
11 continuo
7 ◁eventual

permeabilidad
10 absorción
1 exósmosis

permisible
7 tolerable

permisión
2 epítrope

permisividad
18 disimulo
5 transigencia

permisivo
7 condescendiente

permiso
15 anuencia
27 aprobación
18 aquiescencia
7 autorización
9 consentimiento
16 licencia
3 plácet
5 ◁prohibición

permitido
4 aprobado
4 autorizado
11 consentido
5 legal
9 legítimo
6 ◁prohibido

permitir(se)
22 acceder
17 aceptar
19 admitir
39 aguantar(se)

permuta

41 allanar(se)
23 aprobar(se)
8 asentir
22 autorizar(se)
7 concederse
17 consentir
13 contemplar(se)
43 dejar(se)
2 desacotar
4 desbloquear
1 desvedar
13 disimular
6 donar
5 facultar
20 proporcionar(se)
5 refrendar
12 sufrir
8 tolerar
7 transigir
31 tragar

8 ◁*coercer*
10 ◁*denegar*
28 ◁*estorbar(se)*
27 ◁*negar(se)*
11 ◁*prohibir(se)*

permuta
2 canje
19 cambio
5 trueque

permutable
6 cambiable
1 canjeable
2 intercambiable
1 transferible
1 trocable
16 ◁*inmutable*
2 ◁*intransferible*

permutar
4 canjear
46 cambiar
19 trocar

pernear
38 andar

perneta
5 trastada
4 travesura

perniciosidad
7 malignidad

pernicioso
4 dañino
34 malo
14 nocivo
4 perjudicial
6 ◁*beneficioso*

pernicote
6 cecina

pernil
2 nalgada
6 jamón

pernio
5 bisagra
5 charnela
5 gozne

pernoctar
⇨hacer noche

pernos
28 engaño(s)
10 trampa

pero
10 defecto
3 empero
10 estorbo
8 impedimento
7 tacha
12 tropiezo
15 dificultad
9 ◁*acicate*
29 ◁*ayuda*

perogrullesco
14 evidente
11 notorio
12 obvio

perol
2 acetre
18 caldera
2 caldero
8 cazo

2 chuico

perola
18 caldera

peroné
⇨hueso de la pierna

peroración
12 conclusión
15 discurso
5 epílogo
1 recitación

perorante
6 conversador
2 dialogador
2 soflamero

perorar
2 discursear
1 disertar
20 hablar
2 versar

perorata
15 discurso
7 prédica
5 soflama
5 mitin

perpendicular
11 normal
2 plomada
1 vertical
5 ◁*paralelo*

perpetración
16 comisión
6 intervención
6 realización
8 ◁*abstención*

perpetrar
7 cometer
6 consumar
33 hacer(se)

perpetrarse
16 efectuar(se)

perpetua
1 sempiterna
1 siempreviva

perpetuación
10 celebración
9 glorificación
2 perduración
5 perennidad
3 persistencia
5 preservación
1 recordación
11 ◁*acabamiento*
10 ◁*olvido*

perpetuamente
4 constantemente
4 continuamente
4 siempre

perpetuar(se)
11 conservar
5 eternizar(se)
8 glorificar
1 inmortalizar
4 perdurar
7 prolongarse
8 subsistir
7 continuar

perpetuo
14 duradero
9 eterno
6 eviterno
6 imperecedero
6 incesante
5 inmortal
8 perdurable
10 poronno
7 sempiterno
3 vitalicio
7 constante
11 continuo
⇨de por vida

perplejidad
15 duda
4 estupefacción
6 extrañeza
4 hesitación
· 10 incertidumbre
10 indecisión

9 indeterminación
5 irresolución
7 sorpresa
2 titubeo
15 asombro
7 vacilación

perplejo
6 dudoso
10 indeciso
4 irresoluto
7 titubeante
6 vacilante
7 ◁*decidido*

perquirir
25 averiguar(se)
24 buscar(se)
37 buzón
10 inquirir

perra
3 pataleta
5 perrera
3 rabieta
40 borrachera
12 curda

perramus
8 impermeable
40 borrachera

perras
4 calderilla

perrenque
26 azote
8 látigo

perrera
12 encierro
8 jaula
3 rabieta
6 recinto
5 perra

perrería
9 denuesto
11 improperio
10 insulto
5 jugarreta

5 trastada
8 canallada
11 putada
⇨mala pasada

perrito
5 cachorro

perro
8 granuja
7 pérfido
6 sinvergüenza
8 can
18 chucho
10 traidor
15 villano

perruna
⇨pan de perro

perruno
3 canino
20 abyecto

persecución
12 acosamiento
28 alcance(s)
12 batida
11 caza
3 corso
4 ojeo

perseguido
1 buscado
1 hostigado
1 intentado
1 pretendido
1 rastreado
6 fugitivo
18 ◁*libre*

perseguidor
0 buscador
8 martillo

perseguir
17 acorralar
20 apremiar(se)
65 apretar(se)
24 buscar(se)

87 fastidiar(se)
5 intentar
114 molestar(se)
10 perseverar
14 pretender
3 proseguir
18 provocar
31 querer(se)
7 continuar
15 acosar
12 hostigar
14 importunar
5 incordiar
⇨pisar los talones

perseverancia
11 constancia
7 empecinamiento
13 firmeza
6 terquedad
5 tesón
13 obstinación

perseverante
10 tesonero
7 constante
19 firme

perseverar
7 encastillarse
28 mantener(se)
4 perdurar
9 permanecer
11 persistir
3 proseguir
7 continuar
39 empeñarse
11 insistir
28 obstinarse

persiana
10 biombo
5 celosía
10 pantalla

persicaria
2 duraznillo

pérsico
1 albérchigo
2 melocotonero

persignar(se)
21 cruzar(se)
4 santiguar(se)
5 signar(se)
⇨hacer la señal de la cruz

persistencia
12 duración
8 fijeza
7 perpetuación

persistente
15 asiduo
14 duradero
4 imborrable
6 incesante
16 inmutable
7 constante
11 continuo

persistir
8 durar
7 encastillarse
28 mantener(se)
4 perdurar
9 permanecer
10 perseverar
3 proseguir
7 continuar
39 empeñarse
11 insistir
28 obstinarse

persona
7 individuo
37 alma
38 cabeza
10 hombre

personaje
12 celebridad
9 estrella
7 individuo
6 personalidad
13 sujeto
11 elemento
22 figura

personal
12 colectividad
8 empleado(s)

personalidad

13 específico
12 gente
2 intransferible
25 muchedumbre
14 particular
3 privativo
1 trabajadores
16 multitud
13 propio
10 ◁*general*

personalidad
5 cachet
19 carácter
5 carisma
9 estilo
6 idiosincrasia
7 personaje
7 ◁*adocenamiento*

personalidades
34 notable(s)

personalismo
6 egoísmo

personalizar
10 aludir(se)

personarse
27 aparecer(se)
3 comparecer
33 presentar(se)

personificación
26 alegoría
13 efigie
1 iconología
5 materialización
1 prosopopeya

personilla
40 bajo(s)

perspectiva
4 esperanza
1 estereografía
39 aspecto

perspectivas
4 horizonte

perspicacia
23 agudeza
4 intuición
11 penetración
6 sagacidad

perspicaz
6 clarividente
12 largo
6 lince
8 penetrante
25 agudo
10 sagaz
18 ◁*torpe*

perspicazmente
7 agudamente

perspicuidad
10 claridad

perspicuo
28 claro
11 manifiesto
18 patente
10 transparente
32 ◁*oscuro*

persuadido
3 convencido

persuadir(se)
8 catequizar
4 convencer
27 decidir(se)
3 imbuir
13 impresionar(se)
13 inclinar(co)
15 inducir
59 mover(se)
19 probar
43 arrastrar
11 empujar
10 impulsar
20 instigar

persuasión
19 argumentación
9 certeza
5 convencimiento
5 convicción

6 exhortación
14 incitación
4 labia
13 ascendiente
10 influencia

persuasivo
5 convincente
3 suasorio

pertenecer
8 concernir
13 corresponder
6 incumbir
22 alcanzar
8 atañer
62 caer
⇨afectar a
⇨tocar a

perteneciente
7 atinente
6 relativo

pertenencia
17 competencia
21 dominio
10 jurisdicción
7 posesión
15 propiedad

pertenencias
40 bien(es)
bienes

pértica
tornadura
⇨medida agraria

pértiga
9 berlina
8 garrocha
7 lanza
6 palanca
5 timón

pértigo
5 timón

pertinacia
7 empecinamiento
7 insistencia

6 terquedad
6 tozudez
13 obstinación
10 tenacidad

pertinaz
17 empecinado
7 insistente
17 tenaz
8 tozudo
11 cabezota
7 constante
11 continuo
6 ininterrumpido
9 terco

pertinencia
14 oportunidad
10 procedencia

pertinente
6 acertado
12 apropiado
7 atinente
6 oportuno
7 procedente
6 relacionado

pertinentemente
6 acertadamente

pertrechar(se)
11 abastecer(se)
16 guarnecer(se)
3 municionar
22 proveer(se)
20 aviar

pertrecho(s)
10 adminículo(s)
23 material(es)
5 munición
15 aparejo

perturbación
21 alteración
3 desajuste
10 desarreglo
1 desarticulación
4 modificación
11 trastorno

11 turbación
19 desorden

perturbado
5 alterado
2 desarreglado
7 desordenado
17 enajenado
9 insano
6 trastornado
12 chalado
20 loco
6 majareta
▷mal de la cabeza
7 ◁*cuerdo*

perturbador
15 agitador
3 alarmante
8 amotinador
18 aterrador
9 enloquecedor
9 explosivo
8 malcontento
5 anarquista

perturbar
39 alterar(se)
5 desajustar(se)
8 desarreglar(se)
14 desarticular
19 desordenar(se)
14 modificar(se)
26 trastornar(se)
37 turbar(se)

peruétano
9 entrometido
14 metomentodo
18 torpe
10 zopenco

perversidad
8 depravación
10 ignominia
7 malignidad
5 perfidia
1 protervia
11 vileza
8 canallada
7 maldad

27 ◁*bondad*
2 ◁*santidad*

perversión
5 contagio
8 depravación
2 masoquismo

perverso
1 canallesco
9 depravado
7 ignominioso
15 maligno
34 malo
12 malvado
7 pérfido
2 protervo
12 vil
31 ◁*bondadoso*

pervertida
4 lesbiana

pervertido
11 abellacado
8 acanallado
10 cangrejo
7 desordenado
8 desviado
5 intoxicado
6 malacostumbrado
2 resabiado
16 vicioso

pervertidor
3 envilecedor
5 ◁*educativo*

pervertir(se)
10 abellacarse
9 acanallarse
11 contagiar
9 contaminar
5 depravar
5 desnaturalizar
30 deteriorar(se)
23 encanallar(se)
16 enfangar(se)
29 envilecer(se)
64 estropear(se)
21 extraviar(se)
12 falsear

13 malear(se)
4 maliciar
38 perder(se)
17 pudrir(se)
3 resabiar(se)
13 viciar(se)
16 corromper
29 ◁*educar(se)*

pesa
4 contrapeso
8 carnicería
1 chacinería

pesadez
2 cargancia
7 empecinamiento
7 gordura
8 languidez
7 laxitud
18 molestia(s)
4 obesidad
2 pesantez
6 robustez
5 somnolencia
6 terquedad
16 solo
7 impertinencia
13 obstinación
13 ◁*ligereza*

pesadilla
10 alucinación
16 delirio
7 zozobra
30 angustia
8 congoja
18 temor

pesado
8 aburrido
4 adormecedor
8 agotador
9 amazacotado
45 áspero
9 cachazudo
11 calmoso
7 doloroso
30 duro
15 espeso
3 fati

5 fatigoso
6 incómodo
10 insoportable
10 macizo
8 recio
8 soporífero
11 tardo
11 birria
8 cargante
19 gordo
8 inepto
7 latoso
6 moderno
15 molesto
9 obeso
8 petaca
7 secante
18 torpe
3 torpón
10 zopenco
14 ◁*apto*
6 ◁*estimulante*
17 ◁*liviano*
3 ◁*llevadero*
7 ◁*nervioso*
16 ◁*flaco*

pesadumbre
45 pesar(se)
16 disgusto
29 pena

pesalicores
4 areómetro

pésame
4 condolencia
14 duelo

pesantez
12 gravedad
14 pesadez

pesar(se)
2 acuitamiento
27 agobiar(se)
16 agobio
16 amargura
63 apoyar(se)
18 arrepentimiento
15 arrepentir(se)

pesaroso

6 compunción
13 considerar(se)
5 contrición
14 descansar
11 desconsuelo
8 desolación
13 dolor
14 duelo
14 espina
37 fatigar(se)
4 gravar
9 gravitar
6 hiel
6 influir
15 lamentar(se)
114 molestar(se)
11 penitencia
3 pesadumbre
16 ponderar
22 reconocer
3 remordimiento
16 sentimiento
30 sentir(se)
6 sinsabor
3 sopesar
2 tarar
11 trastorno
10 tribulación
48 aflicción
30 angustia
50 cargar
12 desazón
16 disgusto
14 importunar
5 incordiar
29 pena
9 pensión
13 tristeza

pesaroso
12 afligido
16 apesadumbrado
4 dolido

pescada
1 cecial

pescadilla
6 merluza

pescado
3 atrapado
1 cazado
5 cogido
3 pez

pescante
17 banco
13 saliente
5 soporte
6 tabla(s)
4 percha
15 aparejo
9 madero

pescar
11 atrapar(se)
9 cazar
20 coger
16 adquirir

pescozón
4 mojicón
8 sopapo
9 cuesco

pescuezo
9 cuello
17 garganta

pescuño
25 arado
6 cuña

pesebre
12 cuadra
1 dornajo
6 establo
9 canoa
5 comedero
13 corral

pesero
2 jifero
2 matarife

peseta
8 cargante
10 impertinente
15 molesto

pesetada
14 ardid
5 treta

pésete
15 blasfemia
7 execración
5 reniego
13 terno
11 juramento

pesetero
26 miserable
19 roñoso
12 tacaño

pesiar
12 blasfemar

pesimismo
8 desesperación
4 desilusión
22 melancolía
6 ◁optimismo

pesimista
5 desesperado
4 desilusionado
12 melancólico
5 ◁optimista

pésimo
10 deleznable
20 abyecto
18 ◁admirable
34 ◁brillante
45 ◁bueno
14 ◁celestial
12 ◁espléndido
5 ◁inmejorable
11 ◁insuperable
8 ◁estupendo

peso
10 calibre
11 entidad
13 fardo
2 gravitación
17 importancia
14 impulso
14 bolo
15 bulto
49 energía
17 fuerza
11 lío

pespunte
11 costura

pespuntear
9 coser

pesquis
15 caletre
8 mollera

pesquisa
22 averiguación
búsqueda
8 indagación
10 información
8 investigación

pesquisar
25 averiguar(se)
24 buscar(se)
5 fiscalizar
11 indagar
12 investigar

pesquisidor
8 buscador

pestaña
11 resalte

pestañas
2 llipihue

pestañear
1 parpadear

peste
5 contaminación
10 exceso
7 fetidez
8 infección
6 invasión
6 pestilencia
13 plaga
5 hediondez
3 hedor

pestífero
10 apestoso
5 fétido
15 hediondo
6 maloliente

pestilente
8 pestilente
5 ◁ *aromático*

pestilencia
3 hedentina
20 olor
9 peste
5 hediondez
3 hedor
5 tufo

pestilente
6 apestado
10 apestoso
5 epidémico
5 fétido
15 hediondo
13 infecto
5 mefítico
5 pestífero

4 ◁ *oloroso*

pestillo
5 cierre
10 cerrojo

pesto
17 azotaina
13 zurra

pestorejo
2 cerviguillo
8 cerviz

petaca
1 pitillera
2 tabaquera

12 baúl
5 chepa
11 joroba
15 maleta
31 pesado
3 torpón

petacudo
17 grueso
8 robusto

7 giboso
5 jorobado

petaquear(se)
16 corromperse
17 pudrir(se)
54 confundirse
9 embrollarse
8 holgazanear
3 vaguear

petar
40 azotar(se)

petardear
4 sablear
5 timar

petardista
7 águila
4 sacacuartos
11 gorrón
11 sablista

petardo
8 cohete
13 banderilla
7 estafa
9 picada
6 sablazo

petate
5 camastro
16 amasijo
15 bulto
13 cama
5 jergón
11 lío
18 tonto
18 torpe

petatearse
25 morir(se)
14 expirar

petenera
12 copla

petera
40 borrachera
12 curda

petición
17 demanda
13 exigencia

2 impetración
7 plegaria
6 reclamación
8 ruego
7 solicitud
6 súplica

peticionario
3 impetrador
5 suplicante

petigrís
4 ardilla

petimetre
5 lechuguino
6 pisaverde

petirrojo
3 pajarel
9 pardillo

petiso
27 caballo

petizo
40 bajo(s)

peto
40 armadura
3 coraza
3 pechera
13 protección

petral
6 correa
25 guarnición(es)

petraria
2 balista

petrel
1 tempestades
▷ave de las

pétreo
5 correoso
30 duro
13 inflexible
9 intransigente
3 pedregoso
2 rocoso

petrificado
29 absorto
7 fosilizado
9 inmóvil

petrificar
10 agarrotar
13 anquilosar(se)
1 fosilizar

petrificarse
6 fosilizarse
1 lapidificar(se)

petróleo
2 nafta

petrolero
7 aljibe

petrolífero
3 bituminoso

petulancia
20 engreimiento
9 fatuidad
11 insolencia
12 presunción
32 atrevimiento
19 embuste
7 osadía

10 ◁ *humildad*

petulante
33 atrevido
22 creído
8 fatuo
11 insolente
7 osado
11 descarado
28 engreído
11 pavo
9 presumido
10 vanidoso

14 ◁ *comedido*
13 ◁ *humilde*

peucédano
2 servato

peyón
2 pedorrero

peyorativo
8 desdeñoso
5 despreciativo
5 ofensivo
1 ◁ elogioso
5 ◁ laudatorio

pez
8 alquitrán
4 pescado
⇨ betún de Judea

pezón
5 cabillo
1 mamalón
1 pedúnculo
2 rabillo
2 tetilla

pezpalo
5 bacalao
2 pejepalo

pezpita
16 aguzanieves

pezpítalo
8 nevatilla

pezuña
11 casco
1 manaza
2 zarpa

piadocamente
4 religiosamente

piadoso
30 benigno
31 bondadoso
10 compasivo
12 devoto
8 fervoroso
9 misericordioso
7 pío
9 religioso
42 blando
10 ◁ impío

25 ◁ frío

piafar
2 casquear

pialar
61 atar
8 mangonear

pianista
2 concertista
7 ejecutante
6 intérprete
7 músico
1 solista

piantar
7 escabullirse
19 huir

piar
1 piular

piara
7 rebaño
8 manada

piastra
⇨ moneda india

pibe
13 arrapiezo
9 chaval
11 rapaz
22 niño

pica
3 alabarda
8 garrocha
7 lanza
3 pique
7 puya
9 rejón
10 asta
26 camino
11 cólera
13 chuzo
9 ira
10 resentimiento
12 senda

picacho
29 aguja
26 punta

picada
19 paso(s)
1 picotazo
4 pinchazo
26 camino
5 petardo
6 picadura
6 sablazo
12 senda
2 vado

picadillo
6 adobo
1 desmenuzamiento
12 relleno
4 salpicón

picado
6 graneado
4 rancio
5 roído
2 chachacuate
8 enojado

picador
3 garrochista
4 lancero
9 tajo

picadura
5 caporal
2 caries
1 picotazo
4 pinchazo
9 picada
⇨ mezcla de tabaco

picafigo
3 papafigo

picaflor
4 colibrí

picagrega
5 alcaudón

picajoso
6 quisquilloso
7 susceptible

picamulo
14 gañán

picanear
22 aguijonear(se)

picante
24 acerbo
8 cáustico
3 punzante
9 satírico
15 acre

picapedrero
7 cantero

picapleitos
5 letrado
2 pleitista
6 jurisconsulto
7 jurista
17 abogado

picaporte
5 aldaba(s)
9 manija

picar(se)
4 acidificar(se)
2 agarrochar
30 agradar
12 agraviarse
22 aguijonear(se)
19 agujerear
17 ahondar(se)
20 amoscar(se)
12 amostazar(se)
16 anclar
4 apolillar(se)
3 carcomer
4 cariar(se)
22 comer
8 desligar(se)
9 desmenuzar
3 desterronar
23 enardecer(se)
16 encrespar(se)
10 escocer(se)

9 espolear
28 estimular(se)
11 fustigar
3 garrochar
17 incitar(se)
29 jactar(se)
3 linchar
11 machacar
7 moler
114 molestar(se)
11 morder
33 ofender(se)
6 picotear
23 pinchar(se)
17 pudrir(se)
5 pulverizar
3 punzar
20 resentirse
9 roer(se)
30 sentir(se)
44 torcer(se)
9 triturar
27 volver(se)
7 acribillar
15 bogar
16 corromper
7 chucear
12 flirtear
6 intervenir
33 llamar
4 mendigar
18 mosquear
33 ofenderse
4 pordiosear
⇨pelar la pava
⇨tomar parte

picardear
8 amenizar
6 bellaquear
1 bribonear
2 tunantear
3 tunear

picardía
bellaquería
3 erotismo
2 granujería
18 habilidad
7 liviandad
10 pillería
6 sagacidad
1 verdulería

11 vileza
47 astucia

picaresca
28 engaño(s)
2 golfería
13 malicia
2 truhanería
12 rufianería
18 enredo
7 ◁honradez
4 ◁moralidad

picaresco
7 engañoso
5 pecaminoso
9 tuno
50 astuto
19 golfo
14 ◁honrado
5 ◁veraz

pícaro
10 apunte
16 arrastrado
7 avillanado
4 belitre
32 bellaco
5 bergante
5 bribón
4 carlancón
8 chusco
5 galopín
8 goliardo
8 granuja
13 industrioso
11 malicioso
8 tunante
4 ventajista
6 sinvergüenza
50 astuto
8 cuatrero
10 cuco
3 estilla
2 furbo
16 gato
3 gurbia
7 jaiba
9 lepero
15 maleta
8 manero

9 perillán
11 pillo
2 rana
16 taimado
5 zorro

picata
12 lección
7 conferencia

picatoste
1 torrija

picaza
8 azadilla
4 urraca

picazón
10 comezón
2 cosquilleo
10 desabrimiento
7 hormigueo
5 picor
16 disgusto
12 enojo

picea
4 abeto

picnic
5 piquete

pico
6 cresta
20 extremo
7 facundia
5 hocico
5 locuacidad
1 ósculo
4 verbosidad
29 aguja
5 beso
16 cima
14 cumbre
6 morro
26 punta

picón
7 burlón
12 cisco
3 contestón
8 resentido

3 respondón
2 zumbón
103 burla
6 quisquilloso

picor
10 comezón
2 cosquilleo
5 escozor
7 hormigueo
7 picazón

picoso
2 sipo

picota
35 altura(s)

picotazo
9 picada

picotear
14 cabecear
4 entresacar
8 escoger
3 causear
6 chicotear
57 picar

pictórico
1 iconográfico

picúa
40 bajo(s)
3 desarrapado
17 cobarde
26 miserable
14 prostituta
9 pusilánime
17 ramera

picudo
9 cursi
14 diestro
5 engolado
17 hábil

picuta
1 azuela
11 laya
16 cima

6 concubina
14 cumbre
9 manceba

picuyi
6 mugre
14 suciedad

picha
7 falo
8 frazada
9 manta
5 pene
12 polla
9 verga

pichancha
7 cubo
6 pozal

pichanga
1 escoba
1 escobón

pichaque
3 lodazal
13 barrizal

pichar(se)
4 fenecer
25 morir(se)
40 acobardarse
29 amilanarse

pichel
9 botella
11 casco
3 jarra

pichelero
10 ceramista

pichi
4 babero
4 meada
3 orina
3 pis
1 sayal

pichicato
9 cicatero

19 mezquino

pichincha
11 chollo
11 ganga

pichinga
3 muñeca
40 borrachera
12 curda
14 melopea

pichiñique
18 agarrado
5 bribón
8 tunante
34 avaro
11 pillo
19 roñoso
12 tacaño

pichiro
17 ácido
23 agrio

pichirre
26 miserable
19 roñoso
12 tacaño

picholear
32 divertir(se)
26 entretener(se)
2 masturbarse

pichón
7 amedrentado
13 inexperto
7 novato
2 paloma
12 miedoso
22 niño
7 peque

pichoso
1 legañoso
12 cochino
13 sucio

pidientero
5 pordiosero

pie
11 basa
10 cimiento
6 extremidad
14 fundamento(s)
10 mora
10 motivo(s)
17 ocasión
21 base
14 causa
8 pata
10 poso
6 queso
16 sedimento

piedad
10 clemencia
8 compasión
6 compunción
7 devoción
11 fervor
6 lástima
7 misericordia
6 perdón
4 religiosidad
15 ◁indiferencia
4 ◁irreligiosidad

piedra
14 canto
1 dolmen
2 guija
4 guijarro
8 inclemente
10 indiferente
13 inflexible
2 laja
3 menhir
0 podrucco
3 roca
13 adoquín
19 china
10 ◁compasivo

piedrecilla
19 china

piel
17 cuero
5 cutícula
3 cutis

3 membrana
5 película
4 pellejo
6 tez
2 dermis
2 epidermis

piélago
9 mar
2 océano
2 ponto

pienso
4 forraje
4 herbaje
2 pastura
9 pasto

piérides
9 musa(s)

pierna
2 remo
4 zanca
8 pata

pierrot
5 payaso

pieza
2 compartimento
14 porción
36 alegre
7 constante
25 cuarto
11 elemento
19 firme
8 habitación
5 optimista
26 parte
13 pedazo
4 sala
8 trozo

piezas
9 añicos

piezgo
17 cuero
5 odre

pifia
10 fallo
4 indiscreción
8 equivocación
7 error
8 torpeza
13 yerro
⇨metedura de pata

pigargo
2 halieto
1 melión

pigmalión
9 autor

pigmentación
3 cromatismo
5 lunar
6 rojez

pigmentado
4 coloreado
7 polícromo

pigmento
2 tinte

pigmeo
13 enano
2 liliputiense

pignoración
14 enajenación

pignorado
17 enajenado

pignorar
39 empeñar(se)

pigricia
15 descuido
11 desidia
9 gandulería
9 haraganería
11 negligencia
12 pereza
7 ◁*laboriosidad*

pije
9 cursi
28 ridículo

pijotada
7 cominería

pijotear
2 roñosear
3 tacañear

pijotero
8 cargante
42 fastidioso
7 latoso
15 molesto
31 pesado

pila
3 acumulador
11 cúmulo
7 pilón
3 rimero
13 fuente
12 montón

pilada
17 argamasa

pilar
37 apoyo
10 columna
5 estribo
3 pilastra
10 contrafuerte

pilastra
37 apoyo
10 columna
5 pilar

pilcha
6 hembra
3 mujer
13 prenda
6 vestido

píldora
6 comprimido
4 facecia
10 falsedad

5 gragea
4 tableta
16 cuento
19 embuste
15 mentira

píleo
6 capelo

pilero
9 alfarero

pilífero
3 capilar

pililo
6 harapiento
18 andrajoso

pilón
22 bebedero
3 fregadero
12 hito
6 pila
7 abrevadero
10 aguadero
2 pilote

píloro
1 portanario

piloso
6 peludo
6 velludo

pilotaje
16 dirección
11 guía
6 mando

pilote
7 pilón
7 abrevadero

piloto
3 comandante
2 intermitente
1 nauchel
5 timonel
4 aviador

⇨luz de situación

piltra
5 camastro
13 cama
11 lecho

piltrafa
9 desecho
9 despojo
16 residuo
6 desperdicio
8 lucro
8 provecho

piltrafoso
18 andrajoso

pilucho
10 desnudo
⇨en pelotas
6 ◁*vestido*

pillada
bellaquería
4 bribonada
9 gatada
10 pillería
1 tunantada

pillaje
4 atraco
13 depredación
5 latrocinio
4 rapiña
6 hurto
8 robo
6 saqueo

pillar(se)
34 afanar(se)
35 agarrar(se)
11 atrapar(se)
9 cazar
20 coger
16 contraer(se)
2 depredar
54 hurtar(se)
12 infestar
3 rapiñar
5 saquear

pillear

22 sorprender(se)
16 apandar
4 pescar
14 robar
10 sustraer

pillear
6 bellaquear

pillería
bellaquería
6 chiquillada
28 engaño(s)
2 granujada
10 picardía
5 pillada
5 trastada
4 travesura
7 estafa
9 fraude

pillete
9 buche
3 galfaro
19 golfo
11 pillo

pillo
4 ardilla
5 bribón
10 canalla
2 charrán
8 granuja
8 tunante
6 sinvergüenza
8 mangante
33 pícaro
4 pillete
6 tramposo

pilluelo
8 pinchaúvas
19 cipote
4 patojo
6 títere

pimentón
3 especia

pimienta
1 pebre

pimiento
4 ají
6 ardite
6 bledo
3 morrón
4 roya
2 quitahucho

pimpante
8 flamante
7 orondo
9 saludable

pimpido
1 colayo

pimpinela
1 sanguisorba

pimplar
33 beber

pimpollecer
7 retoñar

pimpollo
8 adolescente
20 botón
14 pollo
8 capullo
10 joven
17 mozo

pina
13 cama

pinabete
4 abeto

pinacoteca
12 galería
3 museo
⇨sala de exposiciones

pináculo
35 altura(s)
16 cima
14 cumbre

pinar
1 pineda

pincel
3 brocha

pincelero
1 brucero

pinchar(se)
15 acuciar
12 aguijar(se)
22 aguijonear(se)
7 apuñalar
13 azuzar(se)
3 drogarse
28 estimular(se)
2 estoquear
60 excitar(se)
3 garrochar
1 guinchar
17 incitar(se)
59 mover(se)
18 provocar
1 punchar
3 punzar
6 satirizar
11 curiosear
7 fisgar
13 hurgar
20 instigar
57 picar
6 zaherir

pinchaúvas
8 granuja
18 insignificante
3 mequetrefe
23 mísero
14 desgraciado
6 mínimo
4 pilluelo
6 ratero
10 ◁considerable
11 ◁digno
18 ◁importante
34 ◁notable(s)

pinchazo
1 picotazo
1 punción
14 reventón
9 picada

pinche
5 galopín
1 marmitón
1 sollastre

18 chulo
4 chupatintas
7 matón
3 oficinista

pincho
16 aguijón
9 elegante
4 erguido
12 garrido
6 marchoso
2 punzón
18 chucho
11 púa
26 punta

pindonga
2 callejera
1 paseandera
1 vagabunda
◁doméstica
3 ◁casera

pindonguear
12 callejear

pineda
1 pinar

pingajo
3 colgajo
4 harapo
9 jirón
25 andrajo
3 guiñapo

pingajoso
18 astroso
6 harapiento
18 andrajoso

pinganello
2 calamoco

pingar
4 brincar

pingo
5 barragana
4 entretenida
4 harapo

5 pingajo
25 andrajo
3 guiñapo
6 matalón
14 prostituta
17 ramera
10 rocín
8 trasto
10 travieso

pingüe
6 copioso
7 cuantioso
6 fértil
1 grasiento
17 grueso
29 abundante
19 gordo
17 ◁*escaso*

pingüino
⇨pájaro bobo

pinillo
2 ayuga
2 mirabel
3 perantón

pinitos
13 ensayo
1 pasitos
12 progreso
5 tanteos

pino
8 empinado
6 escarpado
19 pendiente
21 ◁*llano*

pinta
46 aire(s)
5 bribón
8 granuja
5 lunar
13 mancha
1 peca
8 tunante
6 sinvergüenza
16 actitud
20 apariencia

39 aspecto
18 cara
8 catadura
14 facha
11 pillo
15 traza

pintacilgo
4 jilguero

pintadillo
4 jilguero

pintado
4 coloreado
2 pintojo
6 revocado
4 teñido

pintamonas
1 chafalmejas
10 pintor

pintar(se)
9 abocetar
39 acicalar(se)
10 barnizar
3 colorear
4 contornear
10 describir
14 dibujar(se)
2 esbatimentar
18 esfumar(se)
11 importar
6 maquillarse
10 narrar
2 pintarrajear
43 poder(es)
15 recubrir(se)
4 retratar
13 significar
29 valer(se)
9 alardear
34 componer
34 escaparse
19 huir
16 presumir

pintarrajeado
3 moteado
4 teñido

pintarrajear
9 abocetar
23 pintar

pintarrajearse
5 repintarse

pintarroja
5 lija

pintiparado
4 ajustado
2 clavado
15 igual
10 parejo
11 semejante(s)
10 acicalado
16 adornado
17 altivo
12 exacto
16 justo
19 orgulloso
6 ◁*aproximado*
10 ◁*diferente*

pinto
18 parecido
11 semejante(s)
50 astuto
8 beodo
14 ebrio
9 ladino
10 sagaz

pintojo
12 manchado
4 pintado

pintor
2 acuarelista
1 decorador
1 empastador
1 fresquista
1 miniaturista
2 paisajista
1 pastelista
2 pintamonas
4 retratista
1 templista

pintoresco
23 animado
10 expresivo

8 jugoso
28 vivo

pintoresquismo
8 sabor

pintura
10 apunte
13 barniz
7 boceto
7 bosquejo
4 esmalte
26 estudio
6 figuración
7 lienzo
20 representación
6 tabla(s)
17 color
8 cuadro
18 fresco

pinturero
9 jacarandoso
6 marchoso

pínula
1 dioptra

pinza(s)
1 pellizco
5 pliegue
4 sujetador
1 tenacillas
2 tenaza

piña
8 aglomeración
1 ananás
4 apiñamiento

piñón
18 asno
22 burro

pío
17 beato
10 compasivo
12 devoto
8 fervoroso
9 misericordioso
9 piadoso

piocha

42 blando
13 ◁ *inflexible*

piocha
2 alcotana
9 barba
4 perilla

piojería
9 tina

piojo
1 cáncano
17 miseria

piojos
17 miseria

piojoso
1 lendroso
3 pobretón
18 andrajoso
14 desgraciado
26 miserable

piojuelo
3 pulgón

piola
42 cabo

pionero
5 avanzado

piorno
2 codeso
2 gayomba

piorrea
1 gingivitis

pipa
4 barrica
bocoy
17 bota
3 cachimba
2 candiota
1 cazoleta
10 cuba
3 pepita
5 simiente

5 tonel

pipar
7 fumar(se)

pipería
1 botamen
1 botería

pipí
3 orina
1 pitpit

pipiolo
4 achaparrado
40 bajo(s)
9 bisoño
6 desprendido
13 liberal
5 principiante
11 chiquillo
7 estúpido
18 generoso
22 niño
18 tonto
33 ◁ *anciano*

pipirigallo
1 esparceta

pipirijaina
9 bojiganga

pipo
6 porrazo
37 golpe

pipón
7 saciado
12 harto

piporro
4 bajón
8 botijo

pipote
15 barril

pique
11 enfado
12 enojo

10 resentimiento

piquera
37 agujero

piquete
3 escolta
10 sección
5 inyección
3 merienda
1 picnic

piquetero
22 creído
9 presumido

piquiña
2 envidia
7 picazón
5 picor
8 tirria

pira
7 falla
6 fogata
7 hoguera

piragón
2 pirausta

piragua
34 bote
chalupa
7 esquife
8 lancha
6 falúa
9 canoa

piral
2 pirausta

pirámide
13 acervo
7 sepulcro
10 tumba
12 montón

pirarse
34 escapar(se)

pirárselas
18 evadir(se)
20 evaporar(se)
21 partir
15 volar
8 afufar
28 aventar
19 huir

pirata
3 corsario
6 depredador
5 filibustero
1 rapiñador
4 saqueador

piratería
3 corso

pirausta
1 piragón
1 piral

pirexia
3 hipertermia

pirita
1 marcasita
⇨piedra inga

pirlitero
3 majuelo

pirolusita
1 manganesa
1 manganeso

pirómano
7 incendiario

piropeador
5 laborante

piropear
52 amar(se)
8 arrullar(se)
16 camelar(se)
37 enamorar(se)
8 requebrar
13 galantear
12 gatear

5 gorrear

piropo
27 bollo(s)
11 flor
10 lisonja(s)
2 madrigal
14 perico
5 terneza
6 ternura
20 adulación
29 alabanza
8 requiebro

pirosis
1 rescoldera

pirotecnia
8 cohetes
⇨fuegos artificiales

pirotécnico
1 artificiero
1 cohetero
1 polvorero

piroxilina
⇨algodón pólvora

pirrarse
45 anhelar
6 desvivirse
17 entusiasmar(se)
9 enloquecer
25 morirse
⇨beber los vientos

pirriquio
2 periambo

pirueta
7 cabriola
3 contorsión
17 salto
5 voltereta

piruetear
4 brincar
1 contorsionarse
7 rectificar
8 retozar

29 saltar(se)
8 contemporizar

pirujo
8 descreído
7 engañoso
7 hereje
21 falso

pirulo
8 botijo

pis
4 meada
3 orina
5 pichi

pisada
3 coz
7 holladura
17 huella
7 patada
1 pisotón
1 puntapié

pisado
12 andado

pisador
1 pisaúvas

pisar(se)
45 aplastar(se)
8 conculcar
17 demorar(se)
9 infringir
10 patear
7 pisotear
29 quebrantar(se)
9 retardar(se)
17 retrasar(se)
27 volver(se)
20 equivocarse
9 errar
10 hollar
7 regresar

pisaúvas
1 pisador

pisaverde
5 barbilindo
6 chisgarabís
5 gomoso
5 lechuguino
2 petimetre
4 repipi

pisca
40 borrachera
12 curda
14 prostituta
17 ramera

piscina
9 estanque
3 pecina

pisco
7 individuo
13 sujeto
8 beodo
45 borracho
11 elemento
7 tipo

piscoiro
15 enamorado(s)
11 galán

piscolabis
6 aperitivo
11 colación
7 refrigerio
5 tentempié

pises
4 meada

pisicorre
2 furgoneta

piso
6 apartamento
8 domicilio
3 morada
7 pavimento
9 residencia
7 suelo
10 vivienda

pisonear
11 apisonar
65 apretar(se)

pisotear
59 abatir(se)
45 aplastar(se)
8 escarnecer
46 humillar(se)
10 hollar
8 maltratar
14 pisar

pisoteo
11 revolcón
5 taconeo

pisotón
6 pisada

pispar
10 agrietar(se)
5 avizorar(se)
54 hurtar(se)
10 inquirir
36 rajar
14 robar

pispo
5 remilgado
10 amanerado

pista
3 autopista
3 autovía
5 carretera
17 huella
15 indicio(s)
9 rastro
6 vestigio
26 camino
8 cerda
27 señal

pistacho
1 alfócigo

pistar
9 aprensar
65 apretar(se)

pisto
3 fritada
17 importancia
10 mezcolanza
7 vanagloria
8 amalgama
19 confusión
12 mezcla

pistola
3 revólver
75 bobo
22 necio
18 tonto

pistolera
14 estuche
7 funda
12 canana

pistolerismo
2 gangsterismo

pistolero
4 gangster
7 terrorista

pistoletazo
4 detonación
6 disparo(s)
5 estampido
8 tiro

pistolete
1 cachorrillo

pistón
4 émbolo

pistraje
7 bebistrajo
7 brebaje

pistraque
7 bebistrajo

pita
8 abucheo
4 pitada
3 cabuya
2 henequén

pitada
8 grita
4 pita
5 silba
17 sonido

pitanza
35 alimento
23 comida
2 condumio
3 manduca
9 pasto

pitaña
3 legaña

pitañoso
1 legañoso

pitar(se)
5 abuchear
33 avisar(se)
1 chuflar
8 desaprobar
7 fumar(se)
5 funcionar
54 hurtar(se)
10 protestar
5 silbar
33 llamar
53 marchar
14 robar
⇨echar a andar
19 ◁*aclamar*

pitarra
3 legaña

pitecántropo
⇨hombre de Java

pitido
3 silbido

pitidos
5 silba

pitillera
8 petaca

pitillo
3 cigarrillo
8 cigarro

pítima
40 borrachera
12 curda
16 embriaguez
14 melopea
27 tajada

pito
7 falo
2 silbato
8 tiro
5 pene
9 verga
⇨miembro viril

pitoflero
1 musicastro
6 chismoso
9 entrometido

pitón
6 cuerno

pitonisa
2 adivinadora
2 profetisa

pitoniso
13 mágico

pitorra
5 becada
6 chocha

pitorrear
15 befar(se)

pitorrearse
15 befar(se)
27 bromear(se)
80 burlar(se)

pitorreo
15 befa
6 choteo
4 rechifla
103 burla

14 cachondeo
7 chanza
6 guasa
6 mofa

pitpit
2 pipí

pituitario(a)
3 mocoso
1 mucoso
4 viscoso

pitusa
6 niña

piular
1 piar

piusa
5 querida
9 manceba

pivotar
8 girar
6 oscilar

pivote
37 apoyo
10 eje
26 punta

piyoica
19 embuste
15 mentira

piza
33 paliza(s)
6 somanta
8 tunda

pizarra
3 encerado
2 esquisto
1 tablero

pizca
3 átomo
3 miaja
18 migaja(s)
13 partícula

10 cosecha
8 fragmento
5 recolección

pizcar
6 pellizcar(se)

pizco
1 pellizco

pizmiento
10 atezado

pizpireta
1 aguda
1 expresiva
1 vivaracha
3 coqueta
2 presumida
◁ *seria*

pizpita
16 aguzanieves

pizpitillo
16 aguzanieves

placa
13 cartel
16 chapa
16 hoja
6 lámina
9 plancha
10 rótulo

placas
2 difteria

pláceme
5 congratulación
2 enhorabuena
8 felicitación

placentero
38 agradable
22 ameno
1 confortable
9 gozoso
7 gustoso
7 plácido
36 alegre

30 divertido
10 ◁ *desagradable*

placer
30 agradar
18 aquiescencia
7 beneplácito
8 concupiscencia
7 contentar(se)
1 delectación
9 deleitar
9 deleite
16 diversión
10 entretenimiento
4 fruición
17 goce
17 gozarse
17 gozo
8 gustar
1 hedonismo
6 incontinencia
5 molicie
7 permiso
15 recreo
2 refocilo
18 regocijar(se)
44 satisfacer(se)
10 sensualidad
4 erial
12 gusto
8 regodear
7 regodeo
7 solar
5 voluptuosidad

placero
7 callejero
4 corretón

plácet
27 aprobación
28 conformidad
4 venia
8 ◁ *rechazo*

placeta
19 plaza

placible
38 agradable
8 placentero
10 quieto

13 tranquilo
19 suave
15 ◁ *arriscado*
6 ◁ *incómodo*
23 ◁ *agrio*

placidez
9 dulzura
7 sosiego
9 tranquilidad
19 apacibilidad
26 calma
8 ◁ *intranquilidad*

plácido
26 apacible
11 calmoso
6 sosegado
13 tranquilo
19 dulce
7 manso
19 suave
8 ◁ *intranquilo*

plafón
1 sofito

plaga
28 abundancia
17 calamidad
3 catástrofe
10 desastre
9 peste
4 sinfín
26 azote
16 cantidad
14 copia
6 infortunio
17 lluvia
16 multitud
5 sinnúmero
3 ◁ *parvedad*

plagado
18 atestado
10 cargado
2 castigado
7 herido
14 lleno
18 ◁ *sano*

17 ◁ *escaso*

plagar
4 afollar
8 empedrar

plagarse
6 arpar

plagiar
10 copiar
20 reproducir(se)
7 fusilar
11 imitar

plagiario
5 imitativo

plagio
9 imitación
10 reproducción
14 copia

plagióstomo
1 selacio

plagoso
8 cargante
15 molesto
31 pesado

plan
7 bosquejo
9 confabulación
5 croquis
10 designio
6 diseño
5 esbozo
6 esquema
19 idea
9 maquinación
9 previsión
20 programa
15 proyecto
20 amorío
8 borrador
8 galanteo
8 intención
19 intriga
8 ligue
10 propósito

plana
3 carilla
7 página
18 cara
6 llanura
3 planicie

plancha
16 chapa
9 desacierto
6 lámina
4 malogro
7 pifia
6 tabla(s)
8 equivocación
7 error
13 yerro

planchada
3 embarcadero
2 pasarela
7 tablazón

planchado
6 alechugado
3 almidonado
33 atrevido
5 desdoblamiento
9 elegante
8 experto
9 atildado
11 competente
9 valiente

planchar(se)
21 alisar(se)
41 allanar(se)
12 aplanar(se)
2 desarrugarse
20 estirar(se)
18 adular
11 lisonjear

planchazo
4 indiscreción
9 plancha
8 equivocación
8 torpeza
13 yerro
16 ◁*acierto*

planchita
2 lentejuela

plancho
22 raro
9 extravagante

planchón
3 glaciar
3 helero
24 adulador
10 pelota

planear
8 bosquejar
8 concebir
4 esbozar
31 exponer(se)
13 fraguar
10 idear
48 preparar(se)
23 proponer(se)
13 proyectar
4 sugerir
23 trazar(se)

planeo
6 descenso
5 vuelo

planeta
1 asteroide
13 astro
9 estrella
6 satélite
9 globo
14 mundo

planetario
3 extraterrestre

planga
1 clanga
1 dango
4 pulla

planicie
3 llanada
17 plano
6 llanura

planificación
7 bosquejo
3 mecanización

planificador
5 organizador

planificar
13 proyectar

planisferio
4 atlas
6 mapa

plano
7 bosquejo
18 carta
7 circunscripción
5 croquis
9 chato
21 dominio
5 esbozo
8 horizontal
6 mapa
7 raso
6 superficie
7 ámbito
18 cara
10 liso
21 llano
9 mocho
11 romo

planta
35 altura(s)
9 apostura
13 complejo
5 criadero
10 fábrica
12 garbo
12 industria
7 piso
4 plantación
2 plantel
1 plantío
1 vegetal
5 vergel
7 vivero

plantación
15 ingenio
14 planta

3 chaco
9 huerto

plantado
3 colocado
13 desairado
13 dispuesto
1 ridiculizado

plantador
6 huertano
12 agricultor

plantaina
3 llantén

plantaje
8 catadura
14 facha

plantar(se)
22 abandonar(se)
5 arborecer
80 burlar(se)
27 colocar(se)
16 cuadrar(se)
10 cultivar
63 dar(se)
14 decir
49 detener(se)
18 hincar(se)
26 inmovilizar(se)
31 introducir(se)
60 largar(se)
49 meter(se)
50 parar(se)
35 poner(se)
8 propinar
25 resistir(se)
18 situar(se)
42 soltar(se)
5 espetar
30 armar
50 asentar
19 quedarse
15 sembrar
⇨dar plantón
16 ◁*arrasar(se)*
17 ◁*dulcificar(se)*

plantas
2 flora

plante
46 aire(s)
22 aparato
9 apostura
16 bizarría
8 empaque
5 plantón
14 rebeldía
16 actitud
20 apariencia
14 facha
10 guapeza

planteamiento
7 bosquejo
5 croquis
6 diseño
5 esbozo
6 estructura
11 exposición
7 proposición
8 sistema
4 sugerencia
4 trazado
18 método

plantear(se)
32 atender(se)
8 bosquejar
13 considerar(se)
5 diseñar
4 esbozar
11 estudiar
31 exponer(se)
23 proponer(se)
4 sugerir
23 trazar(se)

plantel
5 criadero
7 vivero

plantilla
8 empleado(s)
6 obreros
11 personal
2 suela
17 bizcocho
15 fanfarrón
12 jactancioso

plantillero
11 insolente

22 bravucón

plantío
14 planta

plantista
15 fanfarrón

plantón
30 abandono
1 esquinazo
11 plante
8 catadura
14 facha

plañidera
1 endechadera
4 llorona

plañidero
6 lastimero
2 llorica
1 lloroso
9 quejumbroso

plañido
6 gemido
5 gimoteo
6 lloro
4 sollozo
7 llanto

plañir
6 gemir
7 gimotear
10 hipar
15 lamentar(se)
8 llorar
4 sollozar

plaqué
16 chapa
2 chapeado
6 placa

plaquín
40 armadura

plasma
1 albumoide

plasmar
14 concretar(se)
1 concretizar
20 evidenciar
11 manifestar

plasta
2 arredrado
6 pasmarote
13 parado

plasticidad
15 docilidad
6 flexibilidad
5 maleabilidad
12 ◁*dureza*
6 ◁*rigidez*

plástico
1 colorista
9 dúctil
10 expresivo
6 maleable
5 moldeable
4 pintoresco
42 blando
26 ◁*rígido*

plastrón
12 adefesio
4 chorrera
41 defensa
3 pechera
4 peto
13 protección
4 monigote

plata
10 riqueza
13 dinero

platabanda
10 arriate
4 parterre

plataforma
21 acuerdo(s)
11 convenio(s)
9 entarimado
5 palenque
6 tablado

1 tribuna
5 propuesta

plátano
3 banana

platea
1 palco
3 tabladillo
2 patio

plateado
3 argentino

platear
2 argentar

platel
11 bandeja

plateresco
15 barroco

platería
3 argentería
4 bisutería
2 joyería

platero
4 joyero
2 orfebre

plática
7 coloquio
14 conversación
11 charla
5 diálogo
15 discurso
4 homilía
7 prédica
13 sermón

platicar
6 departir
5 dialogar
20 hablar
13 conversar
4 rolar

platija
1 acedia
1 platuja

platilla
7 bocadillo

platillo
6 arandela
5 cenicero
4 gongo
2 patena
4 crótalo

platillos
2 címbalo

platino
7 bujía

plato
2 escenario
26 estudio
20 orden
11 bandeja
5 escudilla
13 fuente

platonismo
14 desinterés
1 espiritualidad
6 idealismo
2 ◁materialismo

platudo
11 acaudalado
9 creso
10 adinerado
12 forrado
14 rico
18 ◁pobre

platuja
2 platija

plausibilidad
29 alabanza

plausible
10 aceptable
7 admisible
3 atendible
6 creíble
4 encomiable
4 laudable

3 loable
10 meritorio
5 verosímil
4 ◁reprobable

playa
1 grao
4 explanada
6 llaga
7 solar

playera
12 copla

playeras
3 sandalia(s)

plaza
17 cargo
4 ciudad
4 espacio
11 localidad
21 lugar
17 ocupación
1 placeta
13 población
12 puesto
14 sitio
8 terreno
10 villa
3 zoco
49 asiento
16 empleo
4 explanada
9 mercado
2 plazoleta
17 pueblo

plazo
10 aplazamiento
4 fecha
2 moratoria
3 prescripción
7 prórroga
5 retardo
14 término
13 tiempo
6 tregua
2 vencimiento

plazoleta
7 glorieta

19 plaza

plazuela
7 glorieta

pleamar
8 flujo

plebe
12 gente
8 gentuza
4 populacho
6 turba
9 vulgo
6 chusma
9 gazuza
17 pueblo

plebeyez
10 humildad
4 ramplonería
3 ◁patriciado

plebeyo
22 ordinario
9 vulgar
21 grosero
22 ◁noble

plebiscitario
3 electoral

plebiscito
8 elección
1 referéndum
6 sufragio
5 votación

plectro
8 poesía

plegable
12 flexible

plegadera
2 cortapapeles

plegado
6 alechugado
26 arrugado

plegadura
5 pliegue

plegamiento
13 deformación

plegar(se)
22 acceder
9 amainar
25 amoldar(se)
41 ceder(se)
37 cerrar(se)
13 deformar
14 doblegar(se)
2 plisar
8 replegar(se)
40 someter(se)
39 arrugar
31 doblar
8 fruncir
51 ◁extender(se)
23 ◁rebelarse

plegaria
3 jaculatoria
12 oración
6 preces
5 rezo
3 rogativa
8 ruego
6 súplica

plegarias
6 preces

pleiteante
8 contendiente
3 litigante
5 querellante

pleitear
5 litigar
3 querellar(se)

pleitesía
8 acatamiento
8 sumisión

pleitista
3 litigante
5 picapleitos

pleito
 8 litigio
 11 pendencia
 18 disputa
 12 querella
 11 riña

plena
 3 sabana
 3 planicie

plenamente
 2 absolutamente
 5 completamente
 5 enteramente
 ⇨del todo

plenipotenciario
 3 diplomático
 7 embajador

plenitud
 10 apogeo
 6 auge
 17 colmo
 8 plétora
 12 culminación

pleno
 27 asamblea
 18 atestado
 10 atiborrado
 5 henchido
 12 junta
 6 rebosante
 6 saturado
 10 colmado
 14 lleno
 5 ocupado
 19 reunión
 16 ◁vacío

pleocroísmo
 1 policroísmo

pleon
 7 abdomen

pleonasmo
 8 redundancia

plepa
 10 buñuelo

pleque-pleque
 18 barullo
 24 follón
 11 lío

plétora
 28 abundancia
 18 demasía
 10 exceso
 4 sinfín
 7 superabundancia
 14 copia
 16 multitud
 5 sinnúmero
 12 ◁escasez

pletórico
 18 atestado
 10 atiborrado
 9 enérgico
 5 exultante
 6 rebosante
 6 saturado
 7 vital
 10 colmado
 14 lleno
 10 repleto
 16 ◁vacío

pleuresía
 1 pleuritis

pleuritis
 1 pleuresía

pleurodinia
 ⇨pleuresía falsa

plexiglás
 7 plástico

plexo
 4 ramificación
 2 retículo
 12 red

pléyade(s)
 1 falange
 1 hespérides

 3 hornada
 5 legión
 16 cantidad
 14 copia
 16 multitud

plica
 15 sello

pliego
 2 documento
 5 folio
 16 hoja
 5 memorial
 17 papel(es)

pliegue
 31 arruga
 1 frunce
 1 lorza
 1 plegadura
 7 doblez

plinto
 1 latastro
 1 orlo

plisado
 31 arruga
 5 repliegue
 26 arrugado

plisar
 14 plegar(se)
 8 replegar(se)

plomada
 3 perpendicular
 5 sonda

plombagina
 5 grafito

plomero
 2 gasfiter

plomífero
 8 aburrido
 8 soporífero
 8 cargante
 15 molesto

 31 pesado
 9 ◁entretenido

plomizo
 4 grisáceo
 32 oscuro
 9 turbio

plomo
 8 cargante
 42 fastidioso
 7 latoso
 31 pesado

plomos
 1 fusibles

plum-cake
 17 bizcocho

pluma
 3 bolígrafo
 5 cálamo
 9 estilo
 1 estilográfica
 3 grúa
 1 péñola
 7 plumaje
 2 plumón
 2 rotulador

 35 atractivo
 6 simpático
 11 ◁antipático

plumada
 8 caligrafía

plumaje
 16 condición
 2 penacho
 11 pluma
 1 plumazón
 7 plumero
 10 tendencia(s)
 7 copete

plumas
 4 cimera
 7 plumero

plumazo
 6 abolición
 14 almohada
 6 anulación
 5 prohibición
 16 rasgo(s)
 2 trazo
 4 colchón
 16 raya
 7 ◁*autorización*
 7 ◁*permiso*

plumazón
 7 plumaje

plúmbeo
 10 cargado
 7 machacón
 8 oneroso
 3 plomizo
 1 ponderoso
 6 saturado
 8 cargante
 31 pesado
 23 ◁*ligero*
 30 ◁*divertido*

plumear
 10 caligrafiar
 19 huir
 60 largarse

plumero
 1 escoba
 1 escobilla
 14 estuche
 11 plumas
 1 plumier
 33 caja
 5 zorro

plumier
 7 plumero

plumilla
 2 palillero

plumista
 9 calígrafo

plumo
 6 sosegado
 13 sereno

plumón
 11 pluma
 6 pelusa

plural
 4 diverso
 4 múltiple
 12 vario
 ⇨morfema concordante
 3 ◁*uno*

pluralidad
 12 colectividad
 10 diversidad

pluralización
 5 generalización

pluralizar
 3 diversificar
 7 generalizar
 5 ◁*individualizar*
 11 ◁*singularizar(se)*

plurilingüe
 1 poliglota

plus
 10 extra
 2 gajes
 10 remuneración
 1 sobresueldo
 18 gratificación
 11 propina

plusvalía
 ⇨aumento de valor

plúteo
 15 anaquel
 33 armario
 8 balda
 28 antepecho

plutocracia
 4 capitalismo

plutonismo
 1 vulcanismo

pluviómetro
 1 udómetro

pluvioso
 1 lluvioso

población
 9 aldea
 6 burgo
 4 ciudad
 12 ciudadanos
 14 habitantes
 21 lugar
 3 metrópoli
 4 urbe
 3 vecindarios
 12 vecino(s)
 10 villa
 17 pueblo

poblacho
 3 aduar
 6 burgo
 3 cafería

poblada
 9 sedición
 6 turba
 9 gentío
 11 motín
 11 rebelión

poblado
 6 frecuentado
 3 populoso
 3 ranchería
 17 pueblo
 2 ◁*desértico*
 5 ◁*despoblado*
 8 ◁*yermo*

poblador
 12 ciudadano
 3 colonizador
 4 emigrante
 14 habitante
 3 inmigrante
 12 vecino(s)

poblar(se)
 5 arborecer
 59 aumentar(se)
 30 crecer(se)
 1 cuajaleche
 12 emigrar
 25 fundar(se)
 24 rellenar(se)
 33 llenarse
 4 ◁*deshabitar*

pobre
 20 apurado
 13 carente
 11 desventurado
 9 falto
 6 indigente
 14 infortunado
 5 mendigo
 4 menesteroso
 7 necesitado
 2 paupérrimo
 4 pelagatos
 5 pordiosero
 15 arrancado
 21 corto
 14 desgraciado
 17 escaso
 12 infeliz
 11 raquítico
 3 ◁*sobrado*
 29 ◁*abundante*
 14 ◁*afortunado*

pobremente
 9 apretadamente
 7 estrechamente

pobrete
 33 apocado
 5 jubilado

pobretón
 4 gallofero
 5 piojoso
 4 rascuache
 2 ◁*indiano*
 3 ◁*señorón*

pobreza
 8 carencia
 3 carestía

12 escasez
10 estrechez
13 falta
5 indigencia
18 necesidad
7 penuria
17 miseria
21 vía
10 ◁*riqueza*

pocero
3 fontanero

pocilga
6 cochiquera
12 cuadra
6 establo
2 porqueriza
13 corral

pocillo
3 jícara
8 pozo
1 pozuelo
4 taza
4 tazón
5 cuenco

pócima
5 cocimiento
12 crema
2 ungüento
3 veneno
7 brebaje
5 potingue

poción
17 medicina
15 bebida
17 droga
2 puzunque

poco
11 exiguo
12 insuficiente
2 limitado
8 moderado
6 módico
8 parvo
1 poquísimo
8 sobrio

21 corto
17 escaso
10 irrisorio
11 raquítico
28 ridículo
◁*muchísimo*
5 ◁*mucho*

pocha
31 bola
5 bolsillo
19 embuste
3 faltriquera
15 mentira

pocho
6 apagado
8 descolorido
4 desmejorado
15 enfermizo
3 despuntado
19 gordo
5 pachucho
9 rechoncho
11 romo

poda
3 desmoche
5 monda

podadera
1 podón
5 segur

podagra
10 gota(s)

podar
10 ·cercenar
4 desmochar
2 escamondar
3 mondar
13 suprimir
10 eliminar
14 capar
57 cortar

poder
11 arbitrio
14 atribución(es)
7 autorización

18 brazo
5 caudillaje
17 competencia
24 conseguir(se)
21 dominio
4 ejecutivo
20 facultad
9 fuero
11 gobierno
16 grandeza
10 jurisdicción
3 lograr
10 poderío
15 potencia
4 potestad
6 predominio
6 preponderancia
4 prepotencia
9 prerrogativa
6 pujanza
8 substitución
6 supremacía
7 virtualidad
10 virtud
22 alcanzar
13 ascendiente
26 autoridad
14 capacidad
16 desgraciar
10 empuje
49 energía
17 fuerza
10 influencia
6 mando
19 mano
23 pintar
9 superioridad
7 vigor
⇨carta blanca
⇨ser capaz

poderhabiente
9 apoderado

poderío
21 dominio
10 jurisdicción
43 poder(es)
4 potestad
8 señorío
26 autoridad
49 energía

17 fuerza
6 mando
7 vigor

poderoso
11 acaudalado
26 activo
9 creso
9 eficaz
9 enérgico
3 influyente
1 omnipotente
8 opulento
9 potente
5 pudiente
10 soberano
5 vigoroso
10 adinerado
22 fuerte
14 rico
14 ◁*débil*
18 ◁*pobre*

podio
11 basa
3 pedestal

podómetro
1 cuentapasos
1 odómetro

podón
2 podadera

podre
11 podredumbre
3 pus

podrecer
17 pudrir(se)

podredumbre
1 asquerosidad
20 basura
4 carroña
8 corrupción
1 corruptela
5 escoria
14 materia
2 podre
2 prevaricación

podredura
  3 pus
  14 suciedad

podredura
  4 putrefacción

podrido
  10 descompuesto
  4 gangrenado
  13 infecto
  2 purulento
  4 rancio
  3 ulcerado
  1 asqueado
  19 bombo
  45 borracho
  10 fastidiado
  9 pasado
  9 pocho
  4 putrefacto
  9 ⊲*verde*

podrir(se)
  9 degenerar
  37 descomponer(se)
  9 desintegrar
  5 enranciar(se)
  6 gangrenar(se)
  7 infectarse
  48 pasar(se)
  17 pudrir(se)
  2 ulcerar(se)

poema
  30 asunto(s)
  10 canción
  11 composición
  15 cuestión
  0 lira
  8 poesía
  1 soneto
  2 redondilla

poesía
  11 composición
  4 estro
  13 inspiración
  6 lírica
  3 numen
  1 plectro
  8 poema
  ⇨gaya ciencia

poeta
  5 aedo
  8 bardo
  1 coplista
  5 juglar
  2 poetastro
  4 rapsoda
  2 rimador
  3 trovador
  5 vate

poetastro
  2 coplero
  9 poeta

poética
  1 estilística
  ⇨crítica literaria
  ⇨teoría de la literatura

poético
  38 bello
  9 bucólico
  2 elegíaco
  5 emotivo
  1 epigramático
  5 lírico
  4 pastoral
  15 sensible

poetizar
  3 idealizar

poi-poi
  13 ahíto
  7 saciado
  12 harto

polaca
  4 americana
  9 chaqueta

polacada
  9 desafuero
  9 alcaldada
  21 arbitrariedad

polaina
  1 sobrebota
  1 sobrecalza

polarización
  6 concentración

polarizar
  16 concentrar(se)
  8 condensar

polca
  2 danza

polcar
  16 bailar

polea
  5 carrillo
  1 carrucha
  2 trocla

poleadas
  17 colada

polémica
  4 controversia
  15 cuestión
  5 debate
  13 discusión
  18 disputa

polémico
  1 controvertido
  1 debatido
  2 discutido
  11 ⊲*indiscutible*

polemista
  4 argüidor
  6 combativo
  5 contencioso
  3 controversista
  4 dialéctico

polemizar
  19 argüir
  14 debatir(se)
  12 discutir
  6 objetar

polen
  1 gránulos
  3 polvillo

polenta
  3 gachas

poleo
  4 menta

poli
  16 policía

policía
  18 aseo
  1 bofia
  22 cuidado
  2 guindilla
  1 gura
  5 jura
  19 limpieza
  4 municipal
  20 orden
  1 poli
  1 somatén
  4 urbano
  27 agente
  19 guardia
  6 polizonte
  ⇨fuerza pública

policiaca
  5 novela

policiaco
  9 autoritario
  1 policial
  20 vigilante
  26 rígido
  18 ⊲*libre*

policial
  4 policiaco

policopia
  2 multicopista

policroísmo
  1 pleocroísmo

polícromo
  4 coloreado
  3 irisado
  1 multicolor
  2 pigmentado

3 tornasolado
6 variado
9 vistoso
6 ◁*apagado*
10 ◁*monótono*

polichinela
1 marioneta
9 muñeco
6 títere

polidipsia
7 sed

polifacético
4 múltiple
6 variado
12 vario
10 ◁*monótono*
16 ◁*único*

polifagia
20 apetito

polifónico
2 sinfónico

polígala
⇨lechera amarga

poliglota
1 plurilingüe

polígono
13 complejo
2 urbanización
22 figura

polígrafo
9 erudito
15 sabio

polilla
1 larva
2 taladro
1 mariposa

polinización
2 fecundación
1 fertilización
7 propagación

10 reproducción
1 ◁*infecundidad*

polipasto
15 aparejo

pólipo
2 medusa
⇨anémona de mar

polisarcia
4 obesidad

polisíndeton
9 repetición

polisón
2 ahuecador
5 almohadilla
9 armazón

polispasto
15 aparejo

politeísmo
2 gentilismo
4 paganismo
◁*monoteísmo*

política
20 cortesía
13 educación
2 estrategia
14 finura
18 habilidad
11 procedimiento
6 sagacidad
8 tacto
4 urbanidad
24 arte
47 astucia
18 método
⇨gramática parda
⇨mano izquierda
4 ◁*zafiedad*
8 ◁*torpeza*

político
12 cortés
3 diplomático

7 educado
1 estadista
16 fino
1 habilidoso
50 astuto
17 atento
18 cumplido
10 sagaz
18 ◁*torpe*
10 ◁*zafio*

politiqueo
11 conchabanza
9 confabulación
9 chanchullo
19 intriga

póliza
12 contrato
2 documento
9 impuesto
3 libranza
3 reintegro
5 timbre
15 sello

polizón
11 desocupado
13 ocioso
⇨viajero furtivo
26 ◁*activo*

polizonte
24 alguacil
20 botón
3 sabueso
21 cola
11 conejo
16 policía

polo
7 borne
20 extremo
16 helado
2 terminal
9 bombón
42 cabo
26 punta

pololear
114 molestar(se)

8 requebrar
13 galantear
14 importunar

pololo
2 charrán
22 amante
11 galán
13 hablador
10 impertinente
15 molesto

poltrón
8 calzonazos
15 indolente
13 perezoso
16 vago

poltrona
2 butacón
17 cargo
5 posición
12 puesto
49 asiento
9 butaca
16 empleo

poltronería
9 gandulería
9 haraganería
12 pereza
6 vagancia
7 ◁*laboriosidad*

polución
5 contaminación
8 corrupción
5 derrame
11 efusión
13 impureza
10 inmundicia
22 salida(s)
8 flujo
10 ◁*claridad*
19 ◁*limpieza*
4 ◁*retención*

polvareda
6 polvo

polvera
3 cajita
14 estuche
5 recipiente
33 caja

polvillo
19 arena
12 cisco
2 polen

polvo
24 ayuntamiento
6 coito
1 polvareda
2 tolvanera
6 mugre
14 suciedad

pólvora
9 explosivo

polvorear
28 esparcir(se)
1 espolvorear

polvorero
3 pirotécnico

polvoriento
2 pulverulento

polvorín
1 pañol
1 santabárbara
11 almacén
29 depósito

polvorizar
1 espolvorear
5 pulverizar

polvorón
2 mantecado
2 panecillo
17 bizcocho

polvoroso
7 arenoso

polla
7 falo
6 muchacha
6 niña
1 pollita
19 cipote
7 chica
9 falda
9 moza
5 pene
6 picha
7 saya
9 verga

pollada
1 nidada
1 pollazón
8 cría

pollastre
14 pollo

pollazón
3 pollada

pollera
15 andador
1 andaniño
1 tacataca
9 falda
7 saya

pollina
4 burra

pollino
18 asno
11 borrico
18 bruto
19 ignorante
4 rucio
2 ruche
22 burro
20 simple

pollita
12 polla

pollito
14 pollo
9 muchacho

pollo
3 capón
9 chaval
6 escupitajo
10 gallo
6 gargajo
1 pollastre
2 pollito
11 rapaz
7 salivazo
18 chico
8 esputo
12 flema
17 mozo
9 muchacho

poma
5 pomo
5 garrafa
4 manzana
27 vasija

pomada
12 crema
2 ungüento

pomelo
3 toronja

pomo
2 agarrador
34 bote
6 frasco
4 manilla
5 recipiente

pompa
22 aparato
15 bambolla
2 oropel
12 ostentación
4 relumbrón
8 solemnidad
9 suntuosidad
2 teatralidad
12 boato
22 bomba
10 burbuja
9 fausto
13 tono
11 ◁sencillez

pompis
5 culo
18 nalga(s)
4 pandero
5 posaderas
5 trasero
3 fondongo

pompo
5 embotado
11 romo

pompón
2 penacho

pomponearse
9 alardear

pomposidad
6 barroquismo
4 grandilocuencia
4 hieratismo
11 nimiedad
6 floripondio

pomposo
11 ampuloso
6 aparatoso
8 grandilocuente
19 hueco
9 inflado
5 lujoso
9 ostentoso
7 rimbombante
3 señorial
7 suntuoso
21 vano
11 enfático
19 hinchado
11 magnífico
9 presumido
13 presuntuoso
16 ◁modesto
21 ◁llano
12 ◁sencillo

pómulo
2 mejilla

ponchar
87 fastidiar(se)
114 molestar(se)

20 equivocarse
7 fracasar

ponche
14 sangría
12 chasco

ponchera
9 bojiganga
3 bol

poncho
8 frazada
3 rito
6 tabardo
10 capote
9 manta

ponderable
3 loable
1 medible
1 mensurable
9 plausible
◁ *imponderable*
8 ◁ *infinito*

ponderación
8 análisis
47 atención(es)
33 consideración(es)
7 cordura
6 encarecimiento
14 equilibrio
5 exageración
12 examen
13 moderación
9 reflexión
6 sensatez
4 hipérbole
7 ◁ *desatención*
8 ◁ *insensatez*

ponderado
7 cuerdo
7 equilibrado
9 mesurado
8 moderado
6 sensato
3 ◁ *insensato*

ponderar
21 abultar(se)
13 analizar(se)
5 compensar
13 considerar(se)
8 enaltecer
12 encarecer(se)
5 equilibrar(se)
11 estudiar
7 evaluar
8 exagerar
41 examinar(se)
38 hinchar(se)
19 inflar(se)
45 pesar(se)
6 valorar
⇨ poner por las nubes

ponderativo
3 apologístico

ponderoso
8 plúmbeo

ponedero
16 nido

ponedor
3 licitante

ponencia
29 comunicación(es)
13 informe
7 conferencia

ponente
1 comunicante
3 conferenciante
3 relator

poner(se)
55 acomodar(se)
21 adaptar(se)
40 aplicar(se)
19 apostar(se)
83 arreglar(se)
22 ataviar(se)
27 colocar(se)
63 dar(se)
2 desovar
48 disponer(se)
9 enfundar(se)
5 escotar
47 establecer(se)
13 estacionar(se)
18 instalar(se)
11 invertir
14 jugar
7 localizar
49 meter(se)
41 ocultar(se)
35 ocupar(se)
27 orientar(se)
28 plantar(se)
48 preparar(se)
24 prevenir(se)
18 situar(se)
10 transponer(se)
26 trasladar(se)
5 vestirse
9 aovar
50 asentar
14 calzar
46 irse
17 ◁ *remover*
10 ◁ *eliminar*
58 ◁ *quitar*

poniente
8 ocaso
3 occidente
2 oeste
4 céfiro

ponina
3 escote
8 ración

pontificado
1 papado

pontificar
37 enseñar(se)
11 instruir

pontífice
5 caudillo
12 director
2 inspirador
9 jefe
5 papa
11 guía
⇨ santo Padre
⇨ vicario de Cristo

pontificio
27 breve

ponto
9 mar
3 piélago

pontón
4 draga
2 gabarra
9 puente

ponzoña
2 tósigo
3 veneno

ponzoñoso
4 dañino
14 nocivo
4 perjudicial
2 tóxico
3 venenoso
6 ◁ *beneficioso*

pool
11 bloque
11 conjunto
14 colección

popal
5 ciénaga
8 charca
3 lagunajo
3 marisma

pope
9 sacerdote

popelín
1 popelina

popelina
1 popelín

popo
2 cañuto
3 tubo

poporo
 3 clava
 15 bulto
 9 chichón
 9 porra

población
 3 demografía

populachero
 10 kitsch
 3 plebeyo
 9 vulgar
 ⇨mass media

populacho
 10 canalla
 6 turba
 9 vulgo
 6 chusma

popular
 6 admirado
 40 bajo(s)
 19 común
 14 corriente
 7 estimado
 4 respetado
 9 vulgar
 12 público
 14 querido

popularidad
 11 aplauso(s)
 12 celebridad
 15 crédito
 10 estimación
 6 notoriedad
 7 renombre
 15 fama
 7 prestigio
  ◁impopularidad

popularizar(se)
 15 acreditar(se)
 23 divulgar(se)
 51 extender(se)
 29 propagar(se)
 4 propalar
 9 vulgarizar(se)
 10 chotear

populoso
 5 concurrido
 6 frecuentado
 4 poblado

popurrí
 14 baturrillo
 10 revoltijo

poquedad
 12 escasez
 10 nadería(s)
 11 nimiedad
 9 nonada
 6 pusilanimidad
 42 tontería(s)
 29 apocamiento
 11 cortedad
 19 bagatela
 2 bobada
 14 cobardía
 25 fruslería
 10 timidez

poquísimo
 13 poco

porcachón
 14 cerdo

porcada
 4 cochinada
 34 porquería

porcelana
 9 cerámica
 2 loza
 3 mayólica

porcentaje
 16 comisión
 15 proporción

porcino
 2 porcuno

porción
 4 cuota
 3 escote
 1 infinitud
 5 lote
 4 sinfín

 12 cacho
 14 fracción
 8 fragmento
 12 montón
 16 multitud
 26 parte
 8 ración
 5 sinnúmero
 8 trozo

porcuno
 1 cerdoso
 1 porcino

porche
 24 atrio
 2 soportal

pordiosear
 4 limosnear
 4 mendigar
 57 picar
 ⇨pedir limosna

pordiosería
 2 mendicidad

pordiosero
 3 mendicante
 5 mendigo
 5 pedigüeño
 1 pidientero
 18 pobre

porfía
 11 constancia
 5 contumacia
 7 empecinamiento
 13 empeño
 4 emperramiento
 6 terquedad
 5 tesón
 6 tozudez
 12 cabezonería
 20 contienda
 18 disputa
 8 lipidia
 23 manía
 13 obstinación
 14 pesadez
 13 tema
 10 tenacidad

 5 toletole

porfía
 17 brete

porfiado
 6 contumaz
 17 empecinado
 7 insistente
 7 machacón
 5 recalcitrante
 16 sesudo
 17 tenaz
 10 tesonero
 7 testarudo
 8 tozudo
 13 armado
 11 cabezota
 7 constante
 14 obstinado
 9 terco

porfiar
 12 discutir
 22 disputar(se)
 16 empecinar(se)
 7 encastillarse
 11 instar
 114 molestar(se)
 10 perseverar
 39 empeñarse
 14 importunar
 11 insistir
 28 obstinarse
 ⇨meterse en la cabeza
 ⇨ser constante
 6 ◁desistir

portfolio
 5 álbum

pormenor
 12 circunstancia
 9 detalle
 9 menudencia
 7 particularidad

pormenorización
 5 especificación

pormenorizado
 4 circunstanciado
 7 detallado

6 ◁*conciso*
6 ◁*lacónico*
9 ◁*lapidario*
21 ◁*seco*
9 ◁*sucinto*

pormenorizar
10 describir
8 detallar
6 especificar
7 ◁*generalizar*

pornografía
11 deshonestidad
13 impureza
9 indecencia
8 lascivia
8 lubricidad
9 lujuria
9 obscenidad

pornográfico
12 deshonesto
16 escabroso
17 impúdico
10 lúbrico
11 obsceno
9 verde
13 lascivo
10 lujurioso

poro
5 oquedad
5 orificio
37 agujero

poroso
5 esponjoso

poroto
4 judía
10 alubia

porqué
6 quid

porquería
5 animalada
8 ascosidad
1 asquerosidad
4 bacinada

5 bahorrina
5 bascosidad
20 basura
13 bazofia
8 defecación
7 desatención
7 descortesía
5 escoria
8 grosería
5 guarrada
16 hez
9 indecencia
12 inmoralidad
10 inmundicia
5 jugarreta
8 lascivia
8 lubricidad
7 marranada
9 obscenidad
13 poco
2 porcada
5 trastada

21 corto
17 escaso
11 mierda
6 mugre
8 pringue
11 putada
14 roña
14 suciedad

porqueriza
6 cochiquera
5 pocilga

porquerizo
17 pastor

porqueta
5 cochinilla

porra
10 buñuelo
6 cachiporra
3 clava
1 churro
3 maza
6 cuerno
14 maceta
11 mierda
↪hacer gárgaras

porrada
10 batacazo
38 caída
5 oleada
6 porrazo
12 montón

porrazo
10 batacazo
5 costalada
6 golpazo
5 porrada
2 trastazo
37 golpe

porreta
13 bulbo
9 cebolla

porro
↪cigarro de marihuana

porrón
8 botijo

porta
7 apertura
13 portillo
8 puerta(s)

portaaviones
1 portahelicópteros
1 portaviones

portacartas
4 cartero

portada
4 anverso
8 fachada
15 faz
6 frente
4 frontis
18 cara
◁*contraportada*

portadilla
2 portaleña
6 tronera

portaequipajes
3 baca

portaestandarte
4 abanderado

portafolio
5 álbum

portahelicópteros
2 portaaviones

portal
23 entrada
2 porche
8 pórtico
8 puerta(s)
3 zaguán
12 llave

portalada
24 atrio
8 pórtico

portaleña
2 portadilla
2 portañola

portallaves
2 llavero

portamanteo
33 caja

portamonedas
3 monedero
11 cartera

portanario
1 píloro

portante
↪paso de ambladura

portañola
2 portaleña
6 tronera

portañuela
10 trampa

portapliegos
11 cartera

portaplumas
5 mango

portar(se)
12 acarrear
15 actuar
13 comportar(se)
36 conducir(se)
10 gobernarse
43 llevar(se)
10 manejarse
8 obrar
21 proceder
18 transportar(se)

portátil
1 movible
4 mueble
5 órgano
15 ◁*fijo*

portaviones
2 portaaviones

portavoz
13 bocina
5 órgano
8 representante
3 vocero

portazo
8 desaire
8 despedida
8 desprecio
6 golpazo
12 marcha
37 golpe
13 ◁*aprecio*

porte
7 acarreo
46 aire(s)
9 apostura
13 presencia
5 transporte(s)
16 actitud
20 apariencia
39 aspecto

porteador
6 costalero
1 fardero
6 transportista

portear
12 acarrear
36 conducir(se)
43 llevar(se)
18 transportar(se)
46 irse

portento
8 maravilla
6 milagro
11 pasmo
6 prodigio
15 asombro

portentoso
18 admirable
1 bonaerense
1 deslumbrante
12 genial
11 maravilloso
7 pasmoso
7 prodigioso
8 estupendo
14 extraordinario
17 soberbio

porteño
1 bonaerense

portería
3 conserjería
8 meta
6 portal

portero
3 arquero
5 conserje
1 ujier
3 guardameta

portezuela
3 contraventana
8 puerta(s)

porticada
6 lonja
2 soportal

pórtico
24 atrio
8 comienzo
23 entrada
16 inicio
2 porche
2 portalada
2 soportal
3 zaguán

portilla
3 cancilla

portillera
3 cancilla

portillo
25 abertura
2 boquera
3 desportilladura
7 escape
3 gatera
19 hueco
7 mella
5 orificio
1 portón
1 poterna
9 resquicio
22 salida(s)
37 agujero

portón
13 portillo

poruñear
43 engañar(se)
10 estafar

porvenir
10 futuro
2 mañana
22 destino
9 ◁*pasado*

pos
17 atrás

posada
40 alojamiento
15 hospedaje
4 mesón
5 parador
8 venta
1 ventorrillo
5 figón
2 hostal

posadera
4 glúteo

posaderas
9 asentaderas
5 culo
18 nalga(s)
6 pompis
5 trasero

posadero
1 hotelero
3 huésped
3 mesonero
3 ventero

posar(se)
3 amarar
32 aposentar(se)
18 arrepentimiento
15 asolar
16 concentrar(se)
2 depositarse
14 descansar
14 reposar(se)
11 sedimentar(se)
23 sentar(se)
22 alojarse
50 asentar
10 hospedarse

posdata
1 añadido
23 aumento
⇨post scriptum

pose
11 gesto(s)
11 postura
16 actitud

poseedor
15 amo
7 dueño
1 propietario

poseer
11 conservar
17 gozar
19 tener(se)
7 disfrutar
3 ◁*carecer*

poseído
9 endemoniado
5 enfurecido
2 espiritado
8 furioso
13 rabioso

posesión
6 disfrute
21 dominio
6 finca
17 goce
5 pertenencia
3 predio
15 propiedad

posesionar(se)
22 adjudicar(se)
5 enseñorear(se)
2 investir
35 ocupar(se)
⇨tomar posesión

posesiones
5 alodio
40 bien(es)
44 bolsa
13 fortuna
12 hacienda

posesivo
10 determinante

poseso
16 alienado
9 endemoniado
13 frenético
8 hechizado
5 poseído
7 alucinado
20 loco

posibilidad(es)
bienes
9 caudal

8 contingencia(s)
8 eventualidad
4 horizonte
15 potencia
1 probabilidad
2 verosimilitud
7 virtualidad
12 hacienda

posibilitar
13 facilitar
10 propiciar(se)
6 ◁*empecer*

posible(s)
3 agible
4 alcanzable
7 asequible
3 averiguable
40 bien(es)
bienes
9 caudal
4 concebible
6 creíble
4 dable
3 ejecutable
35 medio(s)
3 potencial
8 probable
3 realizable
30 recurso(s)
5 verosímil
3 viable
12 virtual
44 bolsa
16 capaz
13 dinero
4 factible
5 hacedero
6 parné
51 ◁*absurdo*
16 ◁*difícil*
8 ◁*imposible*
6 ◁*improbable*
13 ◁*inaccesible*
7 ◁*infranqueable*
6 ◁*inverosímil*
2 ◁*irrealizable*

posiblemente
11 acaso

posición
18 estado
11 postura
13 situación
16 actitud
23 disposición

posicionamiento
11 postura
10 pronunciamiento

positivismo
2 utilitarismo

positivista
6 aprovechador
11 realista

positivo
22 cierto
8 efectivo
15 indudable
10 innegable
3 pragmático
10 real
22 útil
11 verdadero
21 auténtico
12 práctico
21 ◁*falso*
16 ◁*inútil*

pósito
5 alhóndiga
11 almacén
8 granero

posma
9 cachazudo
11 calmoso
19 flemático

poso
10 gorra
12 heces
17 huella
16 marca
16 residuo
3 solada
7 suelo
4 lía

16 sedimento
27 señal

posos
19 madre
4 lía
2 xaxtle

posponer
13 aplazar(se)
8 diferir
46 humillar(se)
3 postergar

pospuesto
8 afijo
14 atrasado
3 diferido
25 ◁*anterior*

posta
8 correo
3 estafeta

postal
2 tarjeta

poste
10 columna
9 mástil
5 pilar
10 machote
9 madero

postema
2 supuración
3 pus

póster
1 mural
4 affiche

postergación
10 aplazamiento
13 degradación
23 depresión
4 diferimiento
14 menosprecio
10 olvido
5 ostracismo
3 preterición

postergado
9 ◁ superposición

postergado
14 arrinconado
14 atrasado
3 inutilizado
9 olvidado

postergar
13 aplazar(se)
4 posponer
4 preterir
6 ◁ anteponer(se)

postergarse
28 anular(se)

posteridad
13 descendencia
12 familia
⇨ fama póstuma
⇨ generación venidera

posterior
2 consecutivo
20 extremo
4 postrero
5 subsiguiente
2 sucesivo
6 último
2 zaguero
25 ◁ anterior
2 ◁ primero

postigo
2 cuarterón
⇨ puerta falsa

postila
12 apostilla

postilar
6 apostillar

postilla
6 costra(s)
22 absceso
2 pupa
6 pústula

postillón
9 conductor
3 lacayo
11 guía
17 mozo

postín
1 fachenda
11 jactancia
12 ostentación
7 pisto
12 presunción
14 vanidad
12 boato
4 farde
8 farol
13 lujo

postinero
22 creído
5 pretencioso
44 afectado
12 jactancioso
9 presumido
13 presuntuoso
10 vanidoso
13 ◁ humilde

postizo
1 añadido
25 artificial
11 ficticio
12 fingido
8 supuesto
21 falso
20 ◁ natural
11 ◁ verdadero

postor
2 licitador

postración
25 abatimiento
14 aplanamiento
7 desaliento
16 desánimo
4 desvanecimiento
7 extenuación
8 languidez
48 aflicción

49 ◁ energía

postrado
19 abatido
2 arrodillado
19 caído
3 exangüe
12 hundido

postrar(se)
59 abatir(se)
12 adorar(se)
12 anonadar(se)
12 aplanar(se)
13 arrodillarse
18 aterrar(se)
14 deprimir(se)
17 derribar(se)
25 desanimar(se)
12 desfallecer
5 desmejorarse
8 enervar(se)
15 extenuar(se)
18 hincar(se)
46 humillar(se)
2 prosternar(se)
30 rendir(se)
40 vencer(se)
29 aniquilar
⇨ caer de hinojos

postre
1 añadido
2 sobremesa
20 agregado

postremo
1 postrero

postrero
1 postremo
3 postrimero
6 último
2 zaguero
2 ◁ primero

postrimería
11 agonía
6 decadencia
16 final
8 ocaso

postrimero
4 postrero
4 póstumo
6 último

postulado
8 axioma
4 premisa
19 principio(s)
8 supuesto

postulante
2 cuestor
6 implorante

postular
43 afirmar(se)
5 colectar
11 defender
7 deprecar
2 imprecar
9 rogar
8 solicitar
17 pedir
⇨ hacer una colecta

póstumo
7 posterior
3 postrimero
4 ulterior
6 último
2 ◁ primero

postura
11 colocación
11 convenio(s)
16 dirección
8 orientación
14 planta
8 porte
2 posicionamiento
9 preferencia
10 trato
16 actitud
14 pacto

potable
10 aceptable
7 admisible
22 bebedero
5 salvable

práctica

⇨papel higiénico
4 ◁*inaceptable*

potado
45 borracho

potaje
16 caldo
2 sopa

potala
11 ancla

pote
34 bote
17 importancia
2 tarro
7 realce
12 lata
14 maceta
4 tiesto

potencia
19 brío
21 dominio
18 estado
11 fortaleza
5 imperio
12 nación
43 poder(es)
10 poderío
10 posibilidad(es)
6 reciedumbre
6 robustez
7 virtualidad
49 energía
17 fuerza
7 vigor
11 ◁*flojedad*
14 ◁*acto*

potencial
27 posible(s)
8 probable
12 virtual
10 ◁*actual*
6 ◁*improbable*

potenciar
59 aumentar(se)
15 desarrollar

13 fortalecer(se)
17 ◁*debilitar*

potenciarse
38 elevar(se)

potentado
11 acaudalado
9 creso
3 millonario
8 opulento
5 pudiente
10 adinerado
12 forrado
14 rico
18 ◁*pobre*

potente
9 eficaz
9 enérgico
4 fornido
5 forzudo
8 hercúleo
6 membrudo
4 musculoso
15 poderoso
22 fuerte
14 ◁*débil*
23 ◁*flojo*

poterna
13 portillo

potestad
20 facultad
10 jurisdicción
43 poder(es)
26 autoridad

potestativo
2 discrecional
7 espontáneo
3 facultativo
18 libre
2 prudencial
2 voluntario
5 ◁*obligatorio*
22 ◁*preciso*

potingue
6 pócima

7 brebaje
17 droga
9 medicamento
4 mejunje

potiza
2 alcarraza
8 botijo

potoco
19 gordo
9 rechoncho

potosi
9 asentaderas
5 culo
18 nalga(s)
5 trasero
10 valioso

potra
9 bienandanza
4 hernia
7 quebradura
1 yegua
14 chamba
8 chiripa
13 fortuna
17 suerte

potranca
3 jaca
1 yegua
8 potra

potrear
87 fastidiar(se)
114 molestar(se)
23 mortificar(se)
38 pegar(se)
20 zurrar(se)
6 chinchorrear
5 incordiar
13 jorobar

potro
7 alazán
24 cabalgadura
27 caballo

potroso
3 sortudo

14 afortunado
12 dichoso
11 feliz
⇨de buena estrella
14 ◁*desgraciado*

poyo
49 asiento

poza
6 alberca
12 balsa
8 charca
3 lagunajo

pozal
5 balde
2 zafacón
7 cubo
2 pichancha
5 tacho
2 tobo

pozo
6 alberca
4 cisterna
5 foso
7 hoya
6 pocillo
37 agujero
7 aljibe
10 hoyo

pozuelo
6 pocillo

práctica
16 conocimiento
12 costumbre
1 empírica
36 forma(s)
18 habilidad
13 hábito
12 industria
30 manera(s)
26 modo
6 pericia
1 praxis
11 procedimiento
8 sistema
9 uso

practicable

5 experiencia
6 destreza
18 método

6 ◁*inexperiencia*
4 ◁*teoría*

practicable
3 ejecutable
3 realizable
4 factible
5 hacedero

6 ◁*impracticable*

practicante
7 ejecutante
17 fiel
9 religioso
26 aprendiz

practicar
15 adiestrar(se)
16 efectuar(se)
33 hacer(se)
25 realizar(se)
31 acostumbrarse
5 ejercitarse
11 instruirse

práctico
11 avezado
8 conocedor
14 diestro
23 experimentado
8 experto
17 hábil
5 lírico
10 perito
3 pragmático
11 realista
8 versado
5 jubilado

3 ◁*idealista*
13 ◁*inexperto*

pradera
5 pastizal
3 prado
8 césped

pradería
5 pastizal

prado
1 braña
3 pradera
8 césped

pragmática
5 decreto
17 ley
7 mandato
20 orden
3 proclama
7 semántica
3 semiótica

pragmático
4 materialista
10 positivo
12 práctico

prasma
6 ágata

praxis
17 práctica

preámbulo
6 digresión
6 exordio
15 introducción
1 introito
6 prefacio
9 preliminar
9 preludio
5 prólogo
19 rodeo
12 circunloquio

12 ◁*conclusión*

prebenda
7 poltrona
6 verruga
5 canonjía
11 chollo
8 enchufe
4 momio
9 sinecura

prebendado
8 canónigo

precariedad
18 brevedad

precario
7 efímero
7 eventual
11 inestable
9 inseguro
7 perecedero
12 frágil

14 ◁*duradero*

precaución
6 caución
22 cuidado
10 desconfianza
9 escama
19 garantía
13 moderación
14 prevención
16 prudencia
9 reflexión
15 reserva(s)
6 sospecha
8 tiento(s)

3 ◁*espontaneidad*
9 ◁*irreflexión*

precaver(se)
19 conjurar(se)
10 eludir
6 evitar
44 guardar(se)
7 obviar
11 parapetar(se)
24 prevenir(se)
8 prever
5 rehuir
22 reservar(se)
5 sortear
7 soslayar
5 esquivar
13 impedir

⇨curarse en salud
⇨estar sobre aviso

23 ◁*arrostrar*

◁*estar desprevenido*

precavido
12 cauteloso
8 cauto
8 circunspecto
8 desconfiado
12 discreto
4 previsor
9 receloso

5 ◁*desprevenido*
14 ◁*inocente*

precedencia
6 antelación
13 anterioridad
6 prelación

precedente
11 antecedente
6 antedicho
25 anterior
7 precoz
4 preexistente
9 preliminar
4 previo
2 primigenio
3 susodicho

5 ◁*siguiente*

precedentemente
15 anteriormente
6 antes

preceder
24 adelantar(se)
2 anteceder
26 anticipar(se)
20 aventajar(se)
33 exceder(se)
8 predominar
2 preexistir
11 prevalecer
16 superar(se)

17 ◁*retrasar(se)*
42 ◁*seguir(se)*

preceptista
12 educador

preceptiva
1 normativa
3 poética
7 reglamento

8 retórica
⇨teoría de la literatura

preceptivo
1 estatuido
10 formal
5 legal
3 normativo
5 obligatorio
2 regulado
17 regular(se)
9 ritual
3 sistemático

◁ *asistemático*
2 ◁ *voluntario*

precepto(s)
4 código
6 etiqueta
27 instrucción(es)
17 ley
5 mandamiento
7 mandato
10 norma
20 orden
5 ortodoxia
7 régimen
27 regla(s)
7 reglamento
3 rito
9 ritual
5 ordenanza
15 disciplina
23 disposición

preceptor
12 educador
3 introductor
13 maestro
5 mentor
11 guía

preceptuar
48 disponer(se)
10 estatuir(se)
3 normalizar
24 ordenar(se)
12 prescribir
7 reglamentar
17 regular(se)
5 regularizar(se)

17 mandar

preces
3 jaculatorias
3 oraciones
7 plegarias
5 rezos
8 ruegos
6 súplicas

precesión
2 reticencia

preciado
10 apreciado
14 precioso
10 valioso

preciar(se)
65 alabar(se)
22 apreciar(se)
13 considerar(se)
24 estimar(se)
29 jactar(se)
4 justipreciar
6 valorar
8 vanagloriarse
9 alardear
11 fardar
17 gloriar
16 presumir
46 ◁ *humillar(se)*
9 ◁ *menospreciar*

precinta
42 cabo

precintar
12 sellar

precinto
19 garantía

precio
21 calidad
4 costa
3 coste
10 estimación
17 importancia
6 sacrificio
8 utilidad
10 valía

24 valor
5 costo
12 esfuerzo

preciosa
7 coima
5 daifa
9 meretriz
14 prostituta
17 ramera

preciosidad
24 belleza
14 encanto
8 hermosura
6 perfección
35 atractivo
2 guapura
3 ◁ *fealdad*

preciosista
15 barroco
3 conceptista

precioso
38 bello
17 excelente
12 hermoso
9 inestimable
3 preciado
9 sugestivo
10 valioso
35 atractivo
8 bonito
5 costoso
8 estupendo
8 lindo
11 magnífico
17 soberbio
6 ◁ *chuchería*
18 ◁ *feo*

precipicio
15 abismo
8 despeñadero
6 sima
19 barranco

precipitación
5 aceleración
13 arrebato

1 atolondramiento
38 aturdimiento
10 imprudencia
2 inconsideración
9 irreflexión
10 prisa
5 urgencia

7 ◁ *sosiego*

precipitadamente
6 activamente
11 atropelladamente

precipitado
9 alocado
15 arrebatado
27 aturdido
12 impetuoso
11 imprudente
11 inconsiderado
1 atolondrado
16 sedimento

6 ◁ *sosegado*

precipitar(se)
14 abalanzar(se)
22 acelerar(se)
16 apresurar(se)
42 arrojar(se)
23 atropellar(se)
74 aturdir(se)
9 aturullar(se)
8 despeñar(se)
1 desriscarse
6 embarullarse
8 impeler
53 lanzar(se)
11 sedimentar(se)
42 arrojarse
17 atolondrarse
30 atontarse
58 echarse
11 empujar
58 tirar

21 ◁ *contener(se)*
9 ◁ *retardar(se)*
21 ◁ *serenar(se)*

precipite
5 caedizo

precisamente
- 1 inexcusablemente
- 5 justamente
- 1 necesariamente

precisar
- 14 concretar(se)
- 7 constreñir
- 8 definir
- 11 delimitar
- 34 determinar(se)
- 6 especificar
- 39 fijar(se)
- 10 forzar
- 8 impeler
- 3 necesitar
- 25 obligar(se)
- 19 perfilar(se)
- 11 requerir
- ⇨hacer falta
- ⇨ser menester

precisión
- 10 claridad
- 4 concreción
- 6 deber
- 7 delimitación
- 5 especificación
- 8 exactitud
- 13 exigencia
- 13 falta
- 8 fijeza
- 18 necesidad
- 11 obligación
- 4 puntualidad
- 3 regularidad
- 14 determinación

preciso
- 10 abreviado
- 16 cabal
- 9 ceñido
- 28 claro
- 6 conciso
- 9 definido
- 11 determinado
- 17 fiel
- 6 forzoso
- 11 imperioso
- 12 imprescindible
- 4 inexcusable
- 4 matemático
- 8 necesario
- 5 obligatorio
- 11 puntual
- 10 resumido
- 7 vital
- 12 exacto
- 16 justo
- 13 presuntuoso
- 10 vanidoso
- 14 ◁*confuso*
- 7 ◁*impreciso*
- 10 ◁*innecesario*

precitado
- 6 antedicho
- 25 anterior
- 4 referido
- 2 sobredicho
- ◁*silenciado*

precito
- 4 condenado
- 6 réprobo

preclaro
- 14 afamado
- 9 célebre
- 7 esclarecido
- 16 famoso
- 13 ilustre
- 8 ínclito
- 11 insigne
- 32 ◁*oscuro*

precocidad
- 12 anticipación

preconcebido
- 2 pensado
- 1 prejuzgado

preconcebir
- 1 prejuzgar

preconizar
- 65 alabar(se)
- 6 auspiciar
- 8 elogiar
- 7 encomiar
- 5 ensalzar(se)
- 11 patrocinar
- 16 ponderar
- 39 ◁*rebajar(se)*

precoz
- 8 adelantado
- 3 anticipado
- 4 inmaduro
- 6 prematuro
- 7 temprano
- 9 verde
- 13 crudo
- 7 ◁*tardío*

precursor
- 11 antecedente
- 20 antecesor
- 25 anterior
- 5 predecesor

predecesor
- 20 antecesor
- 6 antepasado
- 4 precursor
- 3 progenitor
- 13 ascendiente
- 5 ◁*descendiente*

predecir
- 22 adivinar
- 10 augurar(se)
- 20 barruntar(se)
- 8 conjeturar
- 6 presagiar
- 5 profetizar
- 4 pronosticar
- 5 vaticinar

predestinación
- 10 fatalidad
- 7 sino
- 22 destino
- 7 hado

predestinar
- 14 consagrar(se)
- 5 destinar
- 1 preelegir
- 22 reservar(se)

prédica
- 15 discurso
- 4 homilía
- 4 perorata
- 8 plática
- 5 soflama
- 5 mitin
- 13 sermón

predicación
- 4 apostolado
- 3 catequesis
- 4 evangelización
- 13 sermón

predicador
- 12 apóstol
- 1 jatib
- 5 orador

predicamento
- 33 consideración(es)
- 10 estimación
- 15 fama
- 7 prestigio
- 14 reputación

predicar
- 28 aconsejar(se)
- 30 amonestar(se)
- 4 evangelizar
- 12 exhortar
- 5 recomendar
- 1 sermonar
- 16 reprender

predicativo
- 9 adjetivo

predicción
- 8 adivinanza
- 9 augurio
- 9 conjetura
- 9 hipótesis
- 4 oráculo
- 11 presagio
- 9 previsión
- 5 profecía
- 6 pronóstico
- 4 suposición

predilección
- 9 preferencia
- 3 privanza

10 propensión
16 favor
18 inclinación

predilecto
6 elegido
6 favorito
6 preferido

predio
21 dominio
9 feudo
7 heredad

predisponer
43 inclinar(se)

predisposición
10 propensión
10 tendencia(s)
23 disposición
18 inclinación

predominante
3 influyente
6 preponderante
2 prestigiado
8 superior
21 ◁obscuro
33 ◁apocado

predominar
46 dominar(se)
33 exceder(se)
48 pasar(se)
2 preponderar
11 prevalecer
11 sobresalir

predominio
21 dominio
43 poder(es)
6 preponderancia
13 ascendiente
26 autoridad
9 superioridad
8 ◁sujeción

preelegir
4 predestinar

preeminencia
6 preponderancia
9 prerrogativa
6 privilegio
11 exención
9 superioridad

preeminente
33 alto(s)
7 egregio
11 elevado
3 honorífico
11 insigne
5 sublime
8 superior
7 supremo
40 ◁bajo(s)

preexistencia
13 anterioridad

preexistente
11 antecedente
25 anterior
8 existente
5 predecesor
7 ◁posterior
2 ◁sucesor

preexistir
2 anteceder
9 preceder

prefacio
6 exordio
15 introducción
9 preliminar
9 preludio
7 prolegómeno
5 prólogo
12 ◁conclusión

prefectura
17 cargo
10 comarca
7 dependencia
3 oficina
10 jerarquía
2 provincia

preferencia
5 favoritismo
5 predilección
6 primacía
3 privanza
10 propensión
10 tendencia(s)
15 distinción
18 inclinación
9 superioridad

preferencial
7 preferente

preferente
3 influyente
2 mejor
3 predilecto
8 preeminente
1 preferencial
8 superior
7 supremo
6 ◁inferior
2 ◁menospreciado
◁relegado

preferible
2 mejor
8 superior

preferido
5 dilecto
6 elegido
6 favorito
12 ídolo
3 predilecto
4 privilegiado

preferir
6 anteponer(se)
8 escoger
2 preponer
⇨poner delante
3 ◁postergar

prefijo
8 afijo

pregón
24 anuncio(s)
11 manifiesto

3 proclama

pregonado
4 publicado

pregonar
39 anunciar(se)
8 desparramar
23 divulgar(se)
8 elogiar
7 encomiar
20 evidenciar
11 manifestar
35 mostrar(se)
14 proclamar(se)
6 vocear
14 publicar
41 ◁ocultar(se)

pregonero
4 voceras

pregunta
10 consulta
15 cuestión
15 duda
5 interrogación
1 interrogatorio
10 pega

preguntar(se)
22 atestiguar(se)
8 consultar(se)
10 inquirir
7 interpelar
5 interrogar
12 investigar

preguntón
3 inquiridor

prehistoria
1 albores
1 protohistoria
10 arqueología

prehistórico
6 antediluviano
3 antiquísimo
8 vetusto

preinserto
20 antecesor

prejuicio
4 convencionalismo
12 costumbre
13 hábito
6 obsesión
9 preferencia
13 parcialidad
14 aprensión
23 manía

prejuzgado
2 preconcebido

prejuzgar
1 preconcebir

prelación
6 antelación
12 anticipación
3 precedencia
9 preferencia
6 privilegio
6 supremacía

prelado
2 arzobispo
9 cardenal
5 nuncio
1 obispo

preliminar
11 antecedente
25 anterior
6 exordio
15 introducción
6 prefacio
9 preludio
4 previo
7 prolegómenos
5 prólogo
12 ◁conclusión
5 ◁siguiente

preliminarmente
14 anticipadamente

preludiar
26 anticipar(se)
48 preparar(se)

preludio
8 comienzo
6 exordio
16 inicio
15 introducción
2 obertura
6 prefacio
9 preliminar
7 prolegómenos
5 prólogo
12 ◁conclusión

prematuramente
14 anticipadamente
⇨antemano (de)

prematuro
8 adelantado
3 anticipado
4 inmaduro
7 precoz
7 temprano
9 verde
3 ◁retrasado

premeditación
11 cálculo
9 ◁imprevisión

premeditadamente
8 aposta

premeditado
7 deliberado
2 intencionado
4 ◁impremeditado

premeditar
31 pensar(se)
48 preparar(se)
13 proyectar

premiado
4 galardonado
4 laureado
16 agraciado

premiar
7 galardonar
9 gratificar
8 recompensar
5 remunerar
7 retribuir
44 satisfacer(se)
26 ◁castigar(se)

premio
10 estímulo
7 galardón
6 incentivo
4 prima
10 remuneración
7 retribución
2 sobreprecio
7 recompensa

premiosidad
32 afectación
10 lentitud
3 morosidad
13 parsimonia
6 rigidez
8 torpeza
13 ◁ligereza
7 ◁rapidez
11 ◁sencillez

premioso
11 lento
10 pausado
11 tardo

premisa
9 conjetura
9 hipótesis
7 proposición
8 supuesto

premiso
25 anterior

premonición
9 conjetura
10 corazonada
14 presentimiento

premonitorio
8 adelantado
3 anticipado

premura
14 apuro(s)
5 urgencia
14 aprieto
6 ◁tardanza

prenda
4 arras
16 cualidad
13 empeño
7 fianza
19 garantía
7 hipoteca
3 rehén
10 virtud
21 capa
8 ropa
4 traje
6 vestido

prendado
12 chiflado

prendar(se)
10 aficionar(se)
25 apasionar(se)
3 chiflarse
37 enamorar(se)
16 encaprichar(se)
8 encariñarse
23 interesar(se)
34 pagar(se)
12 ◁desinteresar(se)

prendedera
6 camarera
14 sirvienta

prendedero
15 broche

prendedor
13 alfiler
15 broche
6 hebilla

prender(se)
20 aferrar(se)
35 agarrar(se)
15 agazapar(se)
29 apresar(se)

23 arder
8 arracimar(se)
28 arraigar(se)
21 arrestar(se)
40 asir(se)
9 capturar
13 cautivar
19 cebar(se)
20 coger
49 detener(se)
10 encarcelar(se)
6 encepar
19 enganchar(se)
18 enredarse
19 inflamar(se)
11 prevalecer

9 apiolar
17 aprehender
19 aprisionar
23 emborracharse
37 embriagarse
23 encender
10 procurarse
22 proveerse

⇨coger raíces

15 ◁apagar(se)
42 ◁soltar(se)

prendería
4 trapería

prendero
9 buhonero
4 chamarilero
3 ropavejero
2 trapero

prendido
11 apresado
30 duro
1 estreñido
9 inflamado
12 pulcro

10 acicalado
8 beodo
45 borracho

prendimiento
4 aprisionamiento
28 arresto(s)
14 detención(es)

17 acaloramiento
13 calentura
12 excitación
10 fiebre

6 ◁liberación

prensa
6 compresor
9 revistas
9 diario
10 periódico

prensado
5 compreso
4 estrujón

prensadura
16 apretón

prensar
65 apretar(se)
12 comprimir(se)
5 estrujar

prensil
5 asidero

prensista
3 tirador

preñada
1 embarazada
1 encinta
1 grávida

preñado
10 cargado
6 copioso
5 exuberante
6 gestación
7 nutrido
4 preñez
6 rebosante
19 embarazo
10 colmado
14 lleno
10 repleto
16 ◁vacío

preñar
5 ayuntar(se)
51 cubrir(se)

8 fecundar
4 fertilizar(se)
6 copular

preñez
6 gestación
1 gravidez
11 preñado
19 embarazo

preocupación
22 cuidado
1 desosiego
6 desvelo
8 intranquilidad
9 muñeco
9 nerviosismo
19 pendiente
8 prejuicio
14 prevención
10 tribulación
17 inquietud

preocupado
29 absorto
6 angustiado
5 obsesionado
6 transido
14 abstraído
8 cariacontecido
10 ◁imperturbable

preocupante
8 torvo

preocupar(se)
19 absorber
15 acuciar
51 afligir(se)
17 alarmar(se)
32 atender(se)
22 cuidar(se)
9 desasosegar(se)
11 desvelar(se)
7 esmerar(se)
10 impacientar(se)
28 inquietar(se)
11 intranquilizar(se)
6 reconcomer(se)
8 torturar(se)
37 turbar(se)

2 aprensionarse
⇨velar por

2 ◁despercatarse

preparación
22 aparato
15 aprendizaje
8 apresto
24 avío(s)
26 estudio
11 formación
27 instrucción(es)
14 prevención
12 providencia
20 arreglo
23 disposición

preparado
6 acondicionado
4 adiestrado
14 advertido
9 alerta
4 capacitado
5 elaborado
2 intencionado
14 presto
13 armado
17 atento
13 dispuesto
16 listo
25 pronto
5 ◁fortuito
8 ◁impensado

preparador
6 anatómico
3 entrenador
4 taxidermista

preparar(se)
8 acondicionar
31 acostumbrar(se)
5 adoctrinar
16 agenciar(se)
2 alertar
17 alistar(se)
25 amarrar(se)
7 aparar
7 aparatar(se)
10 aparejar
24 apercibir(se)

preparativo
27 aprender(se)
17 aprestar(se)
83 arreglar(se)
8 bosquejar
6 confeccionar
14 criar
48 disponer(se)
11 elaborar(se)
37 enseñar(se)
6 entablar
9 entrenar(se)
3 especializarse
11 estudiar
28 formar(se)
13 fraguar
5 guisar
6 habilitar
6 maquinar
30 montar(se)
10 organizar
4 pergeñar
11 planear
35 poner(se)
2 preludiar
3 premeditar
24 prevenir(se)
20 programa
13 proyectar
16 tramar(se)
5 urdir
3 vacunar(se)
28 aderezar
5 aprontar
30 armar
20 aviar
10 intrigar(se)

preparativo
8 apresto
14 prevención

preparatorio
5 preventivo

preparos
24 avío(s)
6 víveres

preponderancia
2 hegemonía
6 predominio
5 preeminencia
6 supremacía

9 superioridad
14 ventaja
4 ◁*inferioridad*

preponderante
21 dominante
1 hegemónico
4 predominante
8 preeminente
7 sobresaliente
8 superior

preponderar
6 predominar
11 prevalecer

preponer
6 anteponer(se)
4 preferir

preposición
5 nexo
13 partícula
2 regente

preposteración
9 subversión
11 trastorno
19 cambio
19 desorden

prepotencia
7 dominación
43 poder(es)
15 potencia
49 energía
16 ◁*debilidad*
4 ◁*inferioridad*

prepucio
8 capullo
5 pene

prerrogativa
8 dispensa
20 facultad
18 gracia(s)
7 inmunidad
6 privilegio
12 atributo
11 exención

24 derecho
14 ventaja

presa
1 aprehensión
4 azud
6 captura
3 represa
9 dique
10 toma

presagiar
22 adivinar
39 anunciar(se)
10 augurar(se)
3 presentir
5 profetizar
4 pronosticar

presagio
13 agüero
24 anuncio(s)
9 augurio
8 imaginación
15 indicio(s)
4 oráculo
14 presentimiento
5 profecía
4 suposición
5 vaticinio
27 señal

presagioso
3 adivinatorio

presbicia
2 hipermetropía

presbiterianismo
3 calvinismo

presbiteriano
6 protestante

presbiterio
11 altar

presbítero
6 capellán
5 ordenado
10 padre
9 sacerdote

10 cura

presciencia
12 adivinación

prescindencia
11 abstracción
3 ensimismamiento

prescindente
7 independiente
18 libre

prescindible
20 accesorio
8 paja
11 ◁*imperioso*
12 ◁*imprescindible*
13 ◁*indispensable*

prescindir
5 exceptuar
26 excluir(se)
8 omitir
4 preterir
5 rehuir
22 salvar(se)
13 suprimir
10 eliminar
16 desechar
58 quitar
19 ◁*admitir*
13 ◁*incluir*

prescribir
53 acabar(se)
12 caducar
5 dictar
39 fijar(se)
28 finalizar(se)
3 formular
24 ordenar(se)
9 preceptuar
2 recetar
46 señalar(se)
7 terminar
17 mandar

prescripción
7 mandato
20 orden

23 disposición

prescrito
3 devengado

presea
12 alhaja

presencia
46 aire(s)
8 aparición
11 asistencia
2 comparecencia
2 estadía
7 estancia
16 manifestación
9 residencia
20 apariencia
39 aspecto
14 facha
22 figura
15 traza

presencial
17 asistente(s)

presenciar
20 asistir(se)
13 contemplar(se)
22 hallar(se)
19 observar
19 ver
⇨estar presente

presentable
3 aliñado
9 aseado
16 correcto
15 curioso
11 limpio
6 ◁*impresentable*

presentación
11 asistencia
2 comparecencia
8 exhibición
6 exordio
15 introducción
2 mostración
6 prefacio
9 preludio

13 presencia
7 prolegómenos
5 prólogo
22 ◁*ausencia*
12 ◁*conclusión*
8 ◁*ocultación*

presentado
9 entrometido
14 metomentodo

presentador
2 anunciante
1 explicador
3 introductor
4 locutor

presentalla
3 exvoto
6 milagro

presentar(se)
16 acudir
8 aducir
27 aparecer(se)
20 asistir(se)
42 atravesar(se)
3 comparecer
16 concurrir
4 concursar
63 dar(se)
37 enseñar(se)
31 entregar(se)
3 escenificar
11 exhibir(se)
31 introducir(se)
11 manifestar
35 mostrar(se)
6 ocurrir
26 ofrecer(se)
7 ofrendar
26 parecer(se)
3 personarse
2 preludiar
1 prologar
23 proponer(se)
6 reaparecer
22 regalar(se)
26 registrar(se)
13 suceder
7 surgir
62 caer

⇨dejarse ver
⇨tener lugar
41 ◁*ocultar(se)*
19 ◁*huir*

presente(s)
10 actual
11 asistencia
17 asistente(s)
3 circunstantes
5 concurrente
6 espectador
12 gente
3 hodierno
7 ofrenda
17 asistentes
15 cariño
8 dádiva
11 don
6 moderno
7 obsequio
16 regalo
⇨tiempo no marcado
9 ◁*pasado*

presentemente
8 actualmente

presentimiento
24 anuncio(s)
11 barrunto
9 conjetura
10 corazonada
15 indicio(s)
5 inducción
11 presagio
12 presunción
2 presuposición
9 previsión
6 sospecha
4 suposición
13 noticia
27 señal

presentir
20 barruntar(se)
6 presagiar
23 sospechar(se)

presepio
11 caballeriza

preservación
30 amparo
7 conservación
22 cuidado
41 defensa
9 resguardo

preservador
5 preventivo

preservar(se)
55 amparar(se)
52 asegurar(se)
11 conservar
22 cuidar(se)
11 defender
8 economizar
44 guardar(se)
42 proteger(se)
12 resguardar(se)

preservativo
2 condón
13 goma

presidencia
12 cabecera
11 gobierno
5 mesa

presidente
12 director
5 gobernador
9 jefe

presidiable
8 acanallado

presidiario
6 cautivo
8 forzado
4 penado
6 preso
4 recluso

presidio
4 penitenciaría
21 cárcel
1 gurapas
17 prisión
12 trena

presidir
56 dirigir(se)
10 gobernar
15 regir(se)
⇨ estar al frente

presilla
5 alamar
19 atadura
4 gaza
2 mancorna

presión
7 aplastamiento
18 apremio
2 apretura
9 coacción
4 compresión

presionar
5 coaccionar
12 comprimir(se)
5 estrujar
7 exprimir
10 forzar
6 influir
32 ◁ aflojar(se)
41 ◁ ceder(se)
43 ◁ dejar(se)

preso
6 cautivo
8 forzado
4 penado
5 presidiario
4 prisionero
4 recluso

prestación
1 azofra
22 servicio(s)
24 auxilio
29 ayuda

prestado
25 artificial

prestamente
14 brevemente

prestamista
5 logrero

4 aviador

préstamo
2 adelanto
5 anticipo
24 avío(s)
6 barbarismo
1 empréstito
7 hipoteca
4 mohatra
3 solecismo
1 manlieva

prestancia
9 apostura
8 apresto
2 despejo
11 entidad
6 excelencia
12 garbo
3 textura
22 figura
15 gallardía
9 superioridad
7 tipo

prestante
17 excelente
34 notable(s)
8 superior
23 grande
6 ◁ inferior
34 ◁ malo

prestar(se)
22 acceder
41 allanar(se)
26 anticipar(se)
47 aprovechar(se)
41 avenir(se)
5 brindarse
27 conformar(se)
43 dejar(se)
13 facilitar
12 fiar(se)
7 obedecer
10 procurar
20 proporcionar(se)
22 resignar(se)
40 someter(se)
18 suministrar(se)

20 aviar

preste
4 oficiante

presteza
8 celeridad
13 ligereza
12 prontitud
7 rapidez
8 velocidad
16 diligencia
10 ímpetu
13 soltura

prestidigitación
2 ilusionismo
13 magia

prestidigitador
1 ilusionista

prestigiado
11 conocido
4 predominante

prestigiar
15 acreditar(se)
3 afamar
2 aureolar(se)
13 considerar(se)
24 honrar(se)
14 ◁ desacreditar(se)
39 ◁ rebajar(se)

prestigio
12 celebridad
15 crédito
4 menta
12 reconocimiento
13 ascendiente
15 fama
14 reputación
2 ◁ desprestigio

prestigioso
13 acreditado
9 célebre
16 famoso
11 insigne
9 popular

14 reputado
9 sonado
5 ◁ desprestigiado

prestímano
1 prestidigitador

presto
15 acomodado
26 activo
18 ágil
3 aparejado
1 deprisa
25 diligente
23 ligero
13 resuelto
13 dispuesto
16 listo
13 preparado
25 pronto
19 rápido
⇨ en seguida
11 ◁ lento
18 ◁ torpe

presumida
9 garatusa(s)
5 pizpireta

presumido
22 creído
8 fatuo
9 inflado
10 petulante
21 vano
28 engreído
19 hinchado
12 jactancioso
13 presuntuoso
13 ◁ humilde

presumir
65 alabar(se)
8 conjeturar
8 creerse
37 enamorar(se)
22 ensoberbecer(se)
38 hinchar(se)
31 imaginar(se)
19 inflar(se)
29 jactar(se)

23 sospechar(se)
7 suponer
8 vanagloriarse
9 alardear
8 cortejar
11 fardar
23 pintar
46 ◁*humillar(se)*

presunción
9 conjetura
20 engreimiento
5 ensoberbecimiento
9 fatuidad
26 hinchazón
11 jactancia
1 pavoneamiento
6 sospecha
4 suposición
4 farde
18 orgullo
7 petulancia
10 ◁*humildad*

presunto
2 conjetural
5 hipotético
8 supuesto

presuntuoso
22 creído
8 fatuo
9 inflado
10 petulante
22 preciso
21 vano
28 engreído
6 fardón
4 grifo
19 hinchado
12 jactancioso
11 pavo
9 presumido
13 ◁*humilde*

presuponer
20 barruntar(se)
7 suponer
50 asentar

presuposición
9 conjetura
14 presentimiento

presupuesto
9 conjetura

presura
9 acucia
18 apremio
28 ansia
14 aprieto

presuroso
5 acucioso
10 veloz
25 pronto
19 rápido

pretenciosidad
6 amaneramiento

pretencioso
11 ampuloso
9 blasonador
9 cursi
10 amanerado
7 postinero

pretender
45 anhelar
13 ansiar
13 aspirar
24 buscar(se)
14 desear
5 intentar
10 procurar
31 querer(se)
9 rogar
8 solicitar
8 cortejar
13 galantear
17 pedir
⇨tratar de

pretendido
6 perseguido

pretendiente
3 aspirante
3 candidato
7 novio
5 prometido

pretensión
32 anhelo
13 aspiración
20 engreimiento
5 ensoberbecimiento
9 fatuidad
12 presunción
14 vanidad
28 ansia
14 deseo
18 orgullo

preterición
1 pretermisión
5 relegamiento
8 postergación

preterir
26 excluir(se)
11 olvidar(se)
10 prescindir
3 postergar

pretérito
2 inactual
33 antiguo
9 pasado
17 ◁*presente(s)*

pretermisión
3 preterición

pretextar
10 alegar
9 asacar

pretexto(s)
6 disculpa
8 excusa
10 romance(s)
6 socapa
3 socolor

pretil
28 antepecho
10 baranda
2 barandilla

pretina
6 correa
6 obediencia
4 trincha
15 disciplina

prevalecer
28 arraigar(se)
59 aumentar(se)
30 crecer(se)
27 destacar(se)
2 encarnarse
26 incrementar(se)
6 predominar
2 preponderar
31 prender
11 sobresalir
⇨tomar cuerpo
19 ◁*disminuir(se)*

prevalencia
9 superioridad

prevaler(se)
47 aprovechar(se)
22 servir(se)
29 valer(se)
8 usar

prevaricación
13 ilegalidad
11 podredumbre

prevaricar
5 manotear

prevención
14 admonición
19 advertencia
8 apercibimiento
8 apresto
10 desconfianza
15 medida
12 precaución
2 preparativo
9 previsión
12 providencia
6 sospecha
20 arreglo
23 disposición
11 recelo

prevenidamente
14 anticipadamente

prevenido
14 advertido
25 avisado
8 cauto
8 próvido
8 recatado
4 orejano
9 receloso
5 ◁ desprevenido

prevenir(se)
28 aconsejar(se)
24 adelantar(se)
23 advertir
39 anunciar(se)
10 aparejar
17 aprestar(se)
83 arreglar(se)
33 avisar(se)
48 disponer(se)
6 evitar
44 guardar(se)
26 informar(se)
30 montar(se)
8 noticiar
9 notificar
17 obstaculizar
10 organizar
48 preparar(se)
8 prever
22 reservar(se)
48 arrancar
11 enterar
13 impedir
⇨ tener en cuenta

preventivamente
14 anticipadamente

preventivo
15 amparador
1 preparatorio
1 preservador
4 profiláctico
5 protector

prever
24 adelantar(se)
20 barruntar(se)
8 conjeturar
16 precaver(se)
6 presagiar
24 prevenir(se)
23 sospechar(se)
⇨ tener en cuenta

previamente
14 anticipadamente
⇨ antemano (de)

previo
11 antecedente
25 anterior
3 anticipado
9 precedente
7 ◁ posterior

previsión
12 adivinación
13 anterioridad
11 cálculo
19 plan
10 predicción
14 presentimiento
14 prevención
15 reserva(s)
8 vista
12 ◁ casualidad
3 ◁ desprevención
4 ◁ imponderables

previsor
25 avisado
8 cauto
7 precavido
13 prudente
11 ◁ imprudente

prez
26 gloria
18 honor
5 loor
15 fama

prieta
7 embutido
2 morcilla

prieto
18 agarrado
16 apretado
9 ceñido
9 cicatero
19 estrecho
23 mísero
32 oscuro
19 mezquino
26 miserable
19 negro
19 roñoso
12 tacaño
32 ◁ ancho
6 ◁ desprendido

prima
8 premio
2 sobreprecio
7 recompensa
16 regalo

primacía
21 dominio
5 preeminencia
3 prioridad
6 mando
9 superioridad
14 ventaja

primal
15 cabrito

primar
55 amparar(se)
63 apoyar(se)
24 estimar(se)
21 socorrer(se)
6 valorar

primariamente
15 anteriormente

primario
1 incivilizado
10 primitivo
22 rudo
15 primordial
17 rústico
19 salvaje
6 ◁ secundario

primate
6 antropoide
3 cuadrúmano

primavera
2 entretiempo
2 vellorita
1 vernal

primaveral
6 florecido

primaveras
10 año(s)

primeramente
15 anteriormente
6 antes
14 anticipadamente

primerizo
9 bisoño
13 inexperto
7 novato
5 principiante
3 ◁ veterano

primero
10 primitivo
15 primordial

primicerio
2 chantre

primicia
3 debut
9 desfloración
19 novedad

primicias
16 inicio
5 camarico

primigenio
18 original
7 originario

primitivamente
15 anteriormente
6 antes

primitivo
6 antediluviano
15 arcaico
9 embrionario

primo
7 fosilizado
18 original
6 primario
2 primero
2 prístino
2 tribal
33 antiguo

primo
6 candoroso
14 inocente
75 bobo
22 cándido
9 incauto
20 simple
50 ◁astuto

primogenitura
1 mayorazgo

primor
24 belleza
22 cuidado
20 delicadeza
8 exquisitez
14 finura
18 gracia(s)
18 habilidad
10 maestría
6 perfección
7 pulcritud
15 coquetería
6 destreza

primordial
4 básico
38 bello
27 delicado
9 elegante
9 esencial
12 exquisito
16 fino
6 fundamental
12 hermoso
4 selecto
11 sutil
12 afectuoso
18 amable
13 cariñoso
19 suave

primoroso
7 esmerado
4 estético
17 excelente
12 exquisito
16 fino
17 hábil
13 pulido
10 refinado
4 superferolítico

principada
12 abuso
21 arbitrariedad

principado
10 comarca
21 dominio
7 heredad
6 primacía
9 territorio
9 superioridad
14 ventaja
5 ◁desventaja
4 ◁inferioridad

principal
14 afamado
4 básico
14 capital
6 central
20 distinguido
7 esclarecido
9 esencial
6 fundamental
13 ilustre
11 insigne
5 nuclear
15 primordial
6 ◁secundario

principalía
24 ayuntamiento

principalmente
15 anteriormente
3 mayormente

príncipe
5 delfín
4 infante

principesco
8 esplendoroso
5 lujoso
11 magnífico
14 rico
17 soberbio

principiante
9 bisoño
13 inexperto
7 novato
26 aprendiz
11 pipiolo
3 ◁veterano

principiar
12 abordar
9 empezar(se)
31 iniciar(se)
42 soltar(se)
10 comenzar
5 emprender
7 ◁terminar

principio(s)
4 advenimiento
7 apertura
6 aurora
8 comienzo
14 compendio
11 constitución
10 embrión
14 fundamento(s)
11 germen
16 inicio
23 material(es)
10 norma
13 origen
17 precepto(s)
8 raíz
27 regla(s)
14 rudimento(s)
22 arranque
14 causa

pringado
6 embetunado

pringamoza
1 ortiga

pringar(se)
51 apropiar(se)
20 comprometer(se)
7 embetunar
3 empavonar
7 gotear
10 humedecer(se)
9 implicarse
10 impregnar(se)
2 lardear
19 manchar(se)
14 untar(se)
13 chorrear
2 chubasquear
4 engrasar
16 infamar
6 lloviznar

pringo
10 gota(s)
18 migaja(s)
7 pizca

pringoso
1 grasiento
4 mugriento
6 pegajoso

pringue
3 churre
10 grasa
3 sebo
11 cutre
6 mugre
34 porquería
3 quemadura
14 suciedad

prior
25 anterior
16 clérigo
14 eclesiástico
8 superior

priora
8 superior
3 superiora

priorato
5 monasterio
4 parroquia
1 rectoría

prioridad

prioridad
6 antelación
13 anterioridad
6 primacía

prisa
18 apremio
12 apresuramiento
8 celeridad
13 ligereza
3 premura
8 presteza
7 rapidez
5 urgencia
8 velocidad
23 viveza
10 ◁lentitud

prisco
5 albaricoque
1 albérchigo
13 ingenuo
22 cándido
20 simple

prisión
1 aprehensión
28 arresto(s)
34 bote
9 capacho
2 correccional
14 detención(es)
12 encierro
7 galera
7 mazmorra
4 nevera
5 presidio
4 reclusión
12 calabozo
21 cárcel
7 chirona
7 prendimiento
12 trena

prisionero
6 cautivo
4 penado
6 preso
4 recluso
18 ◁libre

prisma
5 cartabón

prismático
18 lente(s)
5 gemelo

prismáticos
20 anteojo(s)
4 binoculares
7 gemelos

prístino
18 original
10 primitivo

privación
8 carencia
9 despojo
1 desposeimiento
6 exacción
1 expoliación
13 falta
35 fatiga(s)
11 penalidad
12 sufrimiento

privado
13 carente
4 despojado
9 falto
6 favorito
11 íntimo
14 particular
11 personal
valido
8 callejón
17 demente
20 loco

privanza
5 favoritismo
8 valimiento
16 favor

privar(se)
9 abstenerse
4 ayunar
5 boicotear
6 confiscar
2 desplumar
6 desposeer
30 enajenar(se)
3 expropiar

4 malcomer
20 marear(se)
17 obstaculizar
48 pasar(se)
11 prohibir(se)
5 recatar(se)
8 renunciar
13 suprimir
6 vedar
10 eliminar
13 impedir
43 llevarse
58 quitar
⇨estar de moda
63 ◁dar(se)

privativo
6 peculiar
6 exclusivo
13 propio

privilegiado
7 escogido
6 favorito
3 predilecto
6 preferido

privilegio
17 bula
6 exclusiva
9 prerrogativa
11 exención
24 derecho
14 ventaja

proa
1 prora

probabilidad
10 posibilidad(es)
3 ◁imposibilidad

probable
5 contingente
6 creíble
7 eventual
27 posible(s)
3 realizable
5 verosímil
4 factible

5 hacedero
8 ◁imposible
6 ◁improbable

probablemente
11 acaso

probado
5 demostrado
11 legítimo
11 notorio
21 auténtico

probadura
2 gustación
20 prueba
9 cata

probanza
20 prueba

probar
13 analizar(se)
22 atestiguar(se)
24 buscar(se)
9 catar
4 convencer
10 demostrar
7 ensayar
20 evidenciar
9 experimentar
8 gustar
5 intentar
15 justificar(se)
35 mostrar(se)
2 paladear
14 persuadir(se)
10 procurar
4 saborear
5 testimoniar
35 tratar(se)

probatorio
1 acreditativo
1 justificativo
1 testifical
3 demostrativo

probatura
20 prueba

probeta
5 recipiente
3 tubo

probidad
11 honestidad
7 honradez
6 integridad
8 rectitud
11 ◁deshonestidad

problema
14 apuro(s)
30 asunto(s)
15 cuestión
15 duda
4 enigma
7 incógnita
5 misterio
18 molestia(s)
10 pega
19 punto(s)
19 embarazo
14 aprieto
15 dificultad

problemas
7 tomate

problemático
4 cuestionable
5 discutible
6 dudoso
16 incierto
9 inseguro
2 opinable
11 ◁indiscutible

probo
12 honesto
14 honrado
14 íntegro
5 virtuoso
19 recto
12 ◁deshonesto

proboscídeo
2 elefante

proboscidio
2 elefante

procacidad
3 descoco
11 deshonestidad
11 insolencia
16 licencia
32 atrevimiento
18 desgarro
2 desvergüenza

procaz
33 atrevido
3 desgarrado
12 deshonesto
11 insolente
8 lenguaraz
6 licencioso
6 sinvergüenza
18 descocado
27 desvergonzado
14 ◁comedido
8 ◁recatado

procedencia
14 fundamento(s)
2 justificación
14 oportunidad
13 origen
2 pertinencia
19 principio(s)
8 raíz
17 nacimiento
11 cuna
13 fuente

procedente
3 derivado
3 justificado
6 oportuno
7 originario
3 oriundo
6 pertinente
2 proveniente
3 ◁improcedente

proceder
4 comportamiento
13 comportar(se)
36 conducir(se)
4 conducta
17 derivarse
3 dimanar
11 emanar
36 forma(s)
10 gobernarse
30 manera(s)
26 modo
15 nacer
8 obrar
12 portar(se)
8 provenir
11 resultar
48 salir(se)
42 seguir(se)
19 venir(se)
7 actuación
48 arrancar

procedimiento
11 curso
36 forma(s)
30 manera(s)
35 medio(s)
7 régimen
27 regla(s)
15 rumbo
2 tramitación
7 actuación
26 camino
18 método

procela
23 borrasca

proceloso
17 borrascoso
9 tempestuoso

prócer
5 magnate
2 prohombre

proceridad
35 altura(s)
18 eminencia

procesado
10 acusado
4 encartado
4 inculpado

procesadora
3 computadora

procesar
5 empapelar
4 encausar
9 enjuiciar
4 encartar

procesión
1 peregrinación
5 ristra
5 romería
3 rosario
5 sucesión
20 fila
18 hilera

proceso
18 atestado
12 desarrollo
12 progreso
5 sucesión
13 sumario
3 transcurso
8 transformación
14 causa

proclama
10 bando
5 edicto
3 pregón

proclamación
24 anuncio(s)
1 atestiguación
2 coronación
12 demostración
7 divulgación
1 investidura
8 nombramiento
20 prueba
11 publicación
6 testimonio
7 declaración

proclamar(se)
19 aclamar
43 afirmar(se)
39 anunciar(se)
14 decir
11 declarar
13 designar(se)
23 divulgar(se)
15 elegir(se)

proclive

3 exteriorizar
7 legislar
11 manifestar
16 nombrar

11 pregonar
14 publicar

proclive
14 inclinado
11 propenso
3 tendente

proclividad
10 propensión

15 cariño
18 inclinación

procreador
20 antecesor

procrear
14 engendrar
18 generar
2 parir

procura
13 empeño

procurador
5 delegado
8 representante

27 agente

procurar
12 abordar
7 ensayar
9 gestionar
5 intentar
14 pretender
23 proponer(se)
5 tramitar
35 tratar(se)

18 acometer
5 emprender

procurarse
10 conciliar

16 adquirir
31 prender

procurón
15 curioso

6 fisgón

prodigado
5 desperdiciado
4 despilfarrado

prodigalidad
28 abundancia
7 derroche
4 despilfarro
2 dilapidación
3 dispendio
13 generosidad
4 largueza
11 liberalidad
8 profusión

16 cantidad
14 copia
6 desperdicio

12 ◁escasez
5 ◁roñosería

pródigamente
15 ampliamente

prodigar(se)
32 agotar(se)
5 colmar
3 desperdiciar(se)
28 esparcir(se)
7 malbaratar
9 derrochar
6 despilfarrar
6 dilapidar
7 malgastar
15 sembrar

prodigio
4 estupefacción
8 maravilla
6 milagro
11 pasmo
5 portento
15 asombro

prodigioso
12 asombroso
3 espectacular
11 maravilloso

9 milagroso
7 pasmoso
10 portentoso
9 sorprendente

pródigo
8 despilfarrador
3 dilapidador
5 disparador
3 dispendioso
11 gastador
12 largo
13 liberal
7 profuso

29 abundante
5 dadivoso
10 derrochador
18 generoso
9 manirroto
14 rico

14 ◁comedido

12 ◁tacaño

pródromo
10 indisposición

producción
10 creación
6 elaboración
6 fabricación

producido
10 desenfrenado

producir(se)
8 acaecer
12 acarrear
17 acontecer
47 aprovechar(se)
17 causar
17 creador
17 crear
14 criar
63 dar(se)
43 dejar(se)
6 desencadenar(se)
5 desplegar
34 determinar(se)
11 elaborar(se)
16 emitir
4 encastar
14 engendrar

34 explicar(se)
11 fabricar
28 formar(se)
5 fructificar
18 generar
33 hacer(se)
27 inferir(se)
6 infligir
11 manifestarse
3 manufacturar
10 motivar
8 obtener
7 ocasionar
6 ocurrir
39 originar(se)
3 procrear
25 realizar(se)
26 registrar(se)
30 rendir(se)
4 rentar
14 reportar(se)
13 suceder
6 suscitar
8 traducir(se)

16 aportar
9 labrar

⇨dar de sí
⇨dar lugar
⇨tener lugar

productividad
15 rendimiento

productivo
6 beneficioso
5 fecundo
3 feraz
6 fértil
4 fructífero
3 lucrativo
8 provechoso
3 rentable
4 retributivo

18 generoso

10 ◁estéril
5 ◁improductivo

producto
25 beneficio(s)
11 consecuencia
25 efecto(s)
10 fruto

13 hechura
3 producción
15 rendimiento
8 utilidad
8 lucro
23 obra
8 provecho
9 resultado

productor
17 creador
4 fabricante
6 gestor
6 obrero
5 laborante

proejar
15 bogar

proemio
15 introducción
10 preámbulo
6 prefacio
9 preliminar
9 preludio
7 prolegómeno
5 prólogo

5 ◁*epílogo*

proeza
7 hazaña(s)
6 heroicidad
4 hombrada
12 valentía

profanación
3 allanamiento
2 sacrilegio
7 violación
21 violencia

profanado
4 deshonrado
2 escarnecido
4 quebrantado

◁*santificado*

profanar
22 deshonrar(se)
17 deslucir(se)
5 prostituir(se)

9 violar

profano
5 aficionado
2 diletante
19 ignorante
5 laico
9 lego
4 seglar

3 ◁*especialista*

profecía
13 agüero
9 augurio
18 auspicio(s)
10 predicción
5 vaticinio

proferir
17 articular(se)
4 exclamar
23 pronunciar(se)
6 prorrumpir

profesa
11 monja

profesar
17 abrazar
19 afiliar(se)
64 apuntar(se)
6 desempeñar
4 ejercer
49 meter(se)
7 practicar
42 seguir(se)

↪darse de alta

profesión
3 confesión
9 creencia
17 ocupación
12 oficio
5 quehacer
4 religión
22 trabajo(s)
17 actividad
16 empleo
13 labor
6 tarea

profeso
6 neófito
9 religioso

profesor
12 educador
7 instructor
13 maestro
6 pedagogo
5 preceptor

profesorado
6 claustro

profeta
20 adivino
6 augur
3 vaticinador
2 vidente

profético
3 adivinatorio

profetisa
2 pitonisa
4 sibila

profetizado
6 antedicho

profetizar
10 augurar(se)
8 predecir
6 presagiar
4 pronosticar
5 vaticinar

proficiente
6 aprovechador

profiláctico
1 higiénico
2 preservativo
5 preventivo
5 protector

profilaxis
3 desinfección
4 higiene
19 limpieza
5 preservación
14 prevención
5 saneamiento

prófugo
2 desertor
2 evadido

3 tránsfuga
6 fugitivo

profundamente
2 hondamente

profundidad
12 calado
7 hondura
10 oscuridad
11 penetración
4 sutilidad
15 dificultad

profundizar
3 adentrar(se)
17 ahondar(se)
12 ampliar(se)
27 aprender(se)
7 cavar

profundo
difícil
9 hondo
16 inteligente
32 oscuro
8 penetrante
6 recóndito
10 latente
10 sagaz

profusión
28 abundancia
8 exuberancia
8 plétora
8 raudal
10 riqueza
4 sinfín
14 copia
5 sinnúmero

12 ◁*escasez*

profuso
6 copioso
5 exuberante
7 nutrido
10 pletórico
29 abundante
10 colmado
14 rico

17 ◁*escaso*

progenie
 6 alcurnia
 10 casta
 11 cepa
 12 familia
 1 prosapia
 5 sangre
 16 linaje
 7 solar

progenitor
 6 antepasado
 10 padre
 13 ascendiente

prognatismo
 ⇨mandíbula saliente

programa
 7 bosquejo
 4 código
 5 croquis
 8 doctrina
 4 emisora
 5 esbozo
 6 esquema
 11 estudiar
 20 orden
 9 pausa
 31 pensar(se)
 19 plan
 11 planear
 48 preparar(se)
 13 proyectar
 15 proyecto
 19 punto(s)
 5 sucesión
 26 cadena
 8 borrador

programar
 13 fraguar

progre
 4 progresista
 14 ◁*facha*

progresar
 15 desarrollarse
 6 evolucionar
 49 mejorar(se)

 22 perfeccionar(se)
 6 prosperar
 17 ◁*retrasar(se)*

progresión
 22 acrecentamiento
 6 crecimiento
 4 espiral
 12 progreso
 19 adelantamiento

progresismo
 4 liberalismo
 2 ◁*carlismo*

progresista
 2 demagogo
 2 izquierdista
 13 liberal
 1 progre

progresivo
 1 creciente
 8 gradual
 ⇨in crescendo
   ◁*regresivo*

progreso
 22 acrecentamiento
 2 adelanto
 6 civilización
 6 cultura
 12 desarrollo
 6 evolución
 2 luces
 6 medro
 10 mejora
 7 perfecciona-
    miento
 5 progresión
 23 aumento

prohibición
 8 impedimento
 3 negativa
 2 obstaculización
 2 veto
 4 interdicción

prohibido
 6 excluido
 5 ilegal

 9 ilegítimo
 4 ilícito
 3 indebido
 4 vedado
 5 ◁*permitido*

prohibir(se)
 15 abolir(se)
 3 contraindicar
 10 denegar
 28 estorbar(se)
 27 negar(se)
 17 obstaculizar
 23 privar(se)
 7 proscribir
 6 vedar
 13 impedir
 22 oponerse
 19 ◁*admitir*
 41 ◁*allanar(se)*
 22 ◁*autorizar(se)*
 17 ◁*consentir*
 25 ◁*permitir(se)*
 7 ◁*transigir*

prohibitivo
 5 desmedido
 21 exagerado
 13 excesivo
 4 exorbitante
 8 inasequible
 7 inmoderado
 10 caro
 15 ◁*razonable*
 12 ◁*barato*

prohijador
 3 adoptador

prohijamiento
 4 adopción

prohijar
 18 adoptar

prohombre
 5 magnate
 2 prócer

prójima
 14 prostituta
 17 ramera

prójimo
 7 individuo
 10 hombre
 8 socio

prolapso
 22 aflojamiento
 22 salida(s)

prole
 13 descendencia
 12 familia
 12 hijos
 1 churumbeles

prolegómeno
 19 advertencia
 6 exordio
 15 introducción
 6 prefacio
 9 preliminar
 9 preludio
 5 prólogo

prolegómenos
 6 exordio
 15 introducción
 9 preliminar
 9 preludio
 11 presentación

prolepsis
 12 anticipación

proletario
 6 obrero
 5 trabajador

proliferación
 28 abundancia
 12 desarrollo
 23 extensión
 4 multiplicación
 10 reproducción
 23 aumento
 12 ◁*escasez*
 9 ◁*reducción*

proliferar
 4 superabundar

prolífico
5 fecundo
6 fértil

prolijidad
9 detalle
14 detención(es)
4 machaconería
11 nimiedad
8 superfluidad

4 ◁*concisión*

prolijo
4 circunstanciado
17 cuidadoso
7 detallado
11 dilatado
7 esmerado
7 farragoso
12 largo
7 machacón
5 redundante

7 latoso
31 pesado

8 ◁*cortante*
9 ◁*sucinto*

prologal
25 anterior

prologar
33 presentar(se)

prólogo
6 exordio
15 introducción
6 prefacio
9 preliminar
7 prolegómeno

5 ◁*epílogo*

prolongable
4 extensible

prolongación
10 aplazamiento
8 continuación
23 extensión larga
1 prolongamiento
2 retardamiento

13 ◁*acortamiento*

prolongado
6 alargado
3 aplazado
2 continuado
14 duradero
9 extendido
12 largo
6 retardado

1 ◁*acortado*
21 ◁*corto*

prolongador
3 dilatador

prolongamiento
6 prolongación

prolongar
35 alargar(se)
17 atrasar(se)
8 diferir
29 dilatar(se)
51 extender(se)
9 retardar(se)
17 retrasar(se)

prolongarse
8 durar
5 eternizar(se)
8 perpetuar(se)
11 vivir

promediar
21 dividir(se)
21 repartir(se)

promedio
4 media
2 average

promesa
9 augurio
19 compromiso
4 esperanza
9 invitación
8 oferta
8 ofrecimiento
7 ofrenda
1 prometimiento
13 voto

27 señal

promesante
9 peregrino
6 vagabundo

prometer(se)
26 anticipar(se)
52 asegurar(se)
7 aseverar
5 brindar
17 certificar
20 comprometer(se)
17 confiar(se)
14 consagrar(se)
20 dedicar(se)
19 garantizar(se)
7 juramentar(se)
10 jurar
25 obligar(se)
26 ofrecer(se)
23 proponer(se)
4 esperar

prometida
1 novia

prometido
10 futuro
5 novillo
6 ofrecido
7 novio
4 pretendiente

prometimiento
10 promesa

prominencia
10 colina
13 collado
21 elevación
9 protuberancia
7 relieve
13 saliente
4 teso

15 bulto
7 loma
10 muela

6 ◁*llanura*

prominente
8 destacado
13 eminente

13 saliente

promiscuidad
10 diversidad
1 entremezclamiento
10 mezcolanza
10 revoltijo
19 confusión
4 entrevero

promiscuo
14 confuso
1 entremezclado
1 entreverado
8 mezclado
10 revuelto

promisión
19 compromiso
8 palabra
10 promesa

2 ◁*negación*
10 ◁*olvido*

promoción
4 ascenso
11 curso
10 generación
10 mejora

promocionar
38 elevar(se)

promontorio
42 cabo

promotor
4 animador
3 impulsor
4 iniciador
2 inspirador
5 organizador

promover
10 ascender
38 elevar(se)
49 mejorar(se)
59 mover(se)
39 originar(se)
10 procurar
6 suscitar

promulgar
  10 impulsar

promulgar
  29 difundir(se)
  23 divulgar(se)
  4 propalar
  14 publicar

prono
  8 horizontal
  ⇨bruces (de)

pronominal
  12 reflexivo

pronosticable
  3 evitable

pronosticado
  14 señalado

pronosticador
  9 agorero
  4 anunciador
  8 arúspice
  6 augur
  6 aurúspice

pronosticar
  10 augurar(se)
  8 predecir
  6 presagiar
  5 vaticinar

pronóstico
  5 almanaque
  9 augurio
  12 calendario
  10 predicción
  11 presagio
  5 vaticinio

prontamente
  6 activamente
  4 enseguida
  3 incontinenti
  6 inmediatamente
  7 luego
  25 pronto

prontitud
  5 aceleración
  8 celeridad
  8 presteza
  10 prisa
  7 rapidez
  12 vehemencia
  8 velocidad
  23 viveza
  16 diligencia
  17 actividad
  49 energía
  10 ímpetu

pronto
  6 acondicionado
  18 ágil
  5 aprisa
  13 arrebato
  23 arreglado
  8 febril
  14 impulso
  6 inmediatamente
  23 ligero
  10 ocurrencia
  14 presto
  4 presuroso
  6 prontamente
  5 raudo
  22 salida(s)
  10 veloz
  28 vivo

  22 arranque
  13 arrechucho
  13 dispuesto
  5 mero
  13 preparado
  19 rápido
  ⇨en seguida
  ⇨sin tardar

prontuario
  14 compendio
  2 epítome
  11 resumen

pronunciación
  12 articulación
  3 balbuceo
  1 ceceo
  2 silabeo
  2 tartajeo
  1 tartamudeo
  8 tonillo
  9 acento
  13 tono

pronunciado
  8 destacado
  5 marcado

pronunciamiento
  7 levantamiento
  2 posicionamiento
  14 rebeldía
  9 sedición
  15 revolución
  9 alzamiento
  11 insurrección
  11 rebelión
  7 sublevación
  ⇨toma de postura

pronunciar(se)
  5 altear(se)
  58 alzar(se)
  19 amotinar(se)
  17 articular(se)
  27 decidir(se)
  1 deletrear
  2 dictaminar
  58 echar(se)
  16 emitir
  7 evaluar
  20 hablar
  11 juzgar
  53 levantarse
  6 optar
  4 proferir
  23 rebelar(se)
  3 recitar
  1 silabear
  20 sublevar(se)
  23 rebelarse
  ⇨tomar partido

propagación
  29 comunicación(es)
  5 difusión
  2 diseminación
  3 efluvio
  11 publicación
  7 radiación
  8 onda
  1 ◁ocultamiento
  7 ◁silencio

propagador
  12 apóstol

propaganda
  5 difusión
  7 divulgación
  4 publicidad

propagandista
  15 agitador
  8 amotinador
  12 apóstol

propagar(se)
  15 cacarear
  19 circular
  11 contagiar
  7 cundir
  29 difundir(se)
  29 dilatar(se)
  23 divulgar(se)
  28 esparcir(se)
  3 expandir
  14 explayar(se)
  51 extender(se)
  18 generar
  12 infestar
  5 irradiar
  4 multiplicar
  4 multiplicarse
  48 pasar(se)
  3 perifonear
  7 popularizar(se)
  4 propalar
  7 ramificar(se)
  20 reproducir(se)
  3 trascender
  7 verter
  9 vulgarizar(se)
  34 correr
  14 publicar
  15 sembrar
  49 ◁callar(se)

propalado
  4 difundido

propalar
  23 divulgar(se)
  29 propagar(se)

proporción

9 vulgarizar(se)
14 publicar
49 ◁callar(se)

propalarse
34 correr

propano
10 combustible

propasar(se)
24 adelantar(se)
2 descomedirse
6 desmandarse
33 exceder(se)
3 extralimitarse
4 insolentarse
7 rebasar
16 abusar
33 excederse
30 templar
58 tirar
⇨pasarse de la raya

propender
10 aficionar(se)
25 apasionar(se)
16 encaprichar(se)
43 inclinarse
4 simpatizar
15 tender(se)
⇨pecar de
⇨tirar a

propensión
10 apego
7 devoción
4 predisposición
9 preferencia
3 proclividad
10 tendencia(s)
16 afición
14 atracción
18 inclinación
24 simpatía

propenso
17 adicto
4 apegado
12 devoto
5 expuesto

14 inclinado
3 proclive
5 simpatizante
3 tendente
13 sujeto
24 amigo
11 partidario

propiciación
11 aplacamiento

propiciador
6 aplacador

propiciar(se)
36 aplacar(se)
63 apoyar(se)
21 atenuar(se)
44 calmar(se)
24 conseguir(se)
40 ganar(se)
10 motivar
2 posibilitar
6 suscitar
13 granjear
4 ◁torpedear

propiciatorio
1 reclinatorio

propicio
4 adecuado
30 benigno
6 favorable
6 oportuno
22 útil
8 ◁desfavorable
10 ◁inoportuno

propiedad
16 cualidad
6 disfrute
8 exactitud
6 finca
17 goce
7 heredad
7 naturalidad
24 nota
7 particularidad
7 peculiaridad
5 pertenencia

7 posesión
3 predio
9 pureza
12 atributo

propiedades
9 patrimonio

propietaria
12 ama

propietario
3 poseedor

propileo
24 atrio
1 peristilo

propina
10 añadidura
10 extra
2 gaje
6 plus
10 remuneración
7 camarón
8 cerda
18 feria
23 gala
18 gratificación
8 maraña

propinar
40 atizar(se)
63 dar(se)
7 galardonar
9 gratificar
60 largar(se)
38 pegar(se)
8 recompensar
5 zumbar

propincuo
18 allegado
9 cercano
13 próximo
3 ◁lejano

propio
4 adecuado
7 característico
15 conveniente
10 enviado

13 específico
6 oportuno
1 patrimonial
6 peculiar
3 privativo
8 representante
6 exclusivo
14 mensajero
5 mero
3 ◁inespecífico
10 ◁inoportuno

proponer(se)
13 ansiar
64 apuntar(se)
13 arbitrar(se)
24 argumentar(se)
8 asesorar(se)
5 brindar
8 consultar(se)
14 desear
34 determinar(se)
5 intentar
26 ofrecer(se)
31 pensar(se)
11 planear
10 plantear(se)
33 presentar(se)
14 pretender
10 procurar
16 prometer(se)
31 querer(se)
11 razonar
18 acometer
⇨llevar idea
⇨tratar de

proporción
6 concordancia
28 conformidad
8 correspondencia
4 cupo
11 lance
17 ocasión
14 oportunidad
2 porcentaje
5 reciprocidad
10 sazón
20 relación
18 armonía
19 conveniencia

proporcionado
  26 parte
  6 simetría

proporcionado
  15 acomodado
  4 adecuado
  14 apto
  15 conveniente
  6 idóneo

  3 ◁*inadecuado*

proporcional
  3 alícuota
  3 distributivo

proporcionalidad
  4 prorrateo

proporcionar(se)
  12 acarrear
  12 adecuar(se)
  16 agenciar(se)
  20 coger
  5 compasar
  6 configurar(se)
  63 dar(se)
  10 dotar(se)
  31 entregar(se)
  5 escotar
  13 facilitar
  7 nivelar
  25 permitir(se)
  20 prestar(se)
  22 proveer(se)
  18 suministrar(se)
  44 tomar(se)

  16 aportar
  2 prorratear
  58 ◁*quitar*

proporciones
  6 magnitud

proposición
  3 enunciado
  7 frase
  8 oferta
  8 ofrecimiento
  12 oración
  10 promesa

  5 propuesta

propositar
  11 planear
  13 proyectar

propósito
  13 aspiración
  8 finalidad
  8 meta
  4 mira
  23 objeto(s)
  16 voluntad
  40 ánimo
  14 deseo
  8 intención

propuesta
  9 invitación
  8 oferta
  8 ofrecimiento
  7 proposición
  6 rastrillo

propuestas
  7 plataforma

propuesto
  6 ofrecido

propugnar
  55 amparar(se)
  34 auxiliar(se)
  11 defender
  42 proteger(se)
  ⇨ser partidario

propulsar
  8 impeler
  17 incitar(se)
  15 inducir
  59 mover(se)
  11 empujar
  10 impulsar
  20 instigar

propulsión
  14 impulso

propulsor
  3 motriz

prora
  1 proa

prorratear
  4 cotizar
  5 escotar

prorrateo
  1 derrama
  10 distribución
  1 proporcionalidad
  5 repartición

prórroga
  10 aplazamiento
  5 espera
  2 moratoria
  7 permiso
  10 plazo
  5 retardo
  6 retraso

  4 ◁*abreviación*

prorrogable
  1 aplazable
  1 demorable

prorrogar
  13 aplazar(se)
  17 demorar(se)
  9 retardar(se)
  17 retrasar(se)

prorrumpir
  27 aparecer(se)
  10 brotar
  4 exclamar
  4 proferir
  48 salir(se)
  7 surgir

prosa
  4 narrativa
  13 altanería
  26 arrogancia

  5 ◁*verso*

prosaico
  8 adocenado
  19 común
  5 chabacano
  10 kitsch

  6 pedestre
  3 plebeyo
  8 ramplón
  11 trivial
  9 vulgar

  11 ◁*elevado*

prosapia
  6 alcurnia

proscenio
  13 candileja(s)
  6 escena
  2 escenario
  6 tablado

proscribir
  7 confinar
  5 desterrar(se)
  11 exiliar(se)
  5 expatriar(se)
  11 prohibir(se)
  6 vedar
  11 expulsar

proscripción
  6 deportación
  6 extrañamiento
  5 ostracismo

proscrito
  4 encartado

prosear
  6 charlar

prosecución
  8 continuación
  6 prolongación

proseguir
  42 seguir(se)
  7 continuar
  2 reanudar

prosélito
  18 allegado
  3 converso
  13 discípulo
  10 fanático
  8 incondicional

6 neófito
6 secuaz
14 adepto
11 partidario

prosimio
1 lemúrido

prosista
10 escritor
6 literato

prosodia
3 fonemática
6 fonética
5 fonología
4 ortología

prosopopeya
5 personificación

prosopopéyico
11 altísono
11 ampuloso
44 afectado

prospección
búsqueda
26 estudio
4 exploración
1 sondeo

prospecto
4 octavilla

prósperamente
15 afortunadamente

prosperar
49 mejorar(se)
50 parar(se)
5 progresar
8 triunfar
15 enriquecerse
7 medrar
7 ◁ *fracasar*

prosperidad
6 auge
16 bienestar
14 bonanza

9 felicidad
6 medro
12 progreso
13 fortuna

próspero
9 boyante
8 floreciente
4 venturoso
12 dichoso
11 feliz
14 rico
11 ◁ *desventurado*

prosternarse
13 arrodillarse
21 postrar(se)

prostíbulo
8 mancebía
2 burdel
5 lupanar
⇨ casa de citas
⇨ casa de putas

prostitución
6 envilecimiento
2 lenocinio
4 trata
10 alcahuetería
15 amancebamiento

prostituido
7 envilecido
20 abyecto

prostituir(se)
23 degradar(se)
29 envilecer(se)
7 mancillar(se)
4 profanar
16 corromper

prostituta
8 azafata
10 bruja
4 buscona
7 coima
17 cuero
5 daifa

1 hetaira
4 oveja
4 pelandusca
2 rabiza
7 zorra
9 meretriz
13 puta
17 ramera

prostituto
4 gigoló

prosudo
7 ceremonioso
21 grave

protagonista
19 actor
5 actuante
9 estrella
9 héroe
6 intérprete
2 actante

protagonizar
15 actuar
20 figurar(se)
8 interpretar
29 representar(se)

protección
30 amparo
41 defensa
5 padrinazgo
8 patrocinio
10 refugio
9 resguardo
2 salvaguarda
9 socorro
14 sostén
9 tutela
8 valimiento
32 abrigo
24 auxilio

protector
15 amparador
8 bienhechor
12 defensor
2 patrocinador
3 valedor

protectora
7 madrina

protectorado
21 dominio
7 mandato
7 posesión
3 ◁ *metrópoli*

proteger(se)
4 abanderar
10 abogar
15 abrigar(se)
19 acoger(se)
10 aconchar
10 acorazar(se)
9 acorrer
16 acudir
4 adargar(se)
18 adoptar
11 ahijar(se)
55 amparar(se)
11 apadrinar
63 apoyar(se)
13 atrincherar(se)
45 ayudar(se)
4 becar
6 blindar
9 custodiar
11 defender
12 escudar(se)
14 favorecer
28 mantener(se)
11 parapetar(se)
11 patrocinar
9 preservar(se)
5 propugnar
12 resguardar(se)
5 respaldar
6 salvaguardar
21 socorrer(se)
25 sostener(se)
10 sustentar
22 tapar(se)
6 tutelar
29 valer(se)
27 velar(se)
7 vindicar
8 hombrear
25 mirar
22 ◁ *abandonar(se)*
11 ◁ *desamparar*

protegido
9 adoptivo
6 ahijado
7 asilado
5 bardado
8 defendido
4 enchufista
3 escoltado
5 garantizado
8 inmune
8 paniaguado
5 recubierto
　valido
3 ◁*inerme*

proteico
9 cambiante
3 evolutivo
2 proteínico

proteína
4 caseína

proteínico
2 albuminoideo
3 proteico

protervia
8 perversidad

protervo
6 impenitente
9 perverso

prótesis
22 aparato
13 corrección
1 ortopedia
6 postizo
12 reparación
8 substitución

protesta
1 afeamiento
12 condena
10 crítica
8 desaprobación
25 reparo(s)
11 juramento
15 reproche

protestante
2 anglicano
3 calvinista
1 cuáquero
3 evangelista
1 hugonote
1 luterano

protestantismo
3 calvinismo
1 luteranismo
1 metodismo

protestar
5 abuchear
5 contestar
15 enfrentar(se)
27 negar(se)
10 patear
7 refutar
5 silbar
22 oponerse
13 pitar
23 rebelarse

protesto
3 negativa
7 protesta
6 reclamación
5 requerimiento
5 ◁*aceptación*

protestón
16 descontento
1 sermoneador
13 acusador
5 gruñón
14 rebelde

protocolario
6 reglamentario

protocolo
15 ceremonia
7 ceremonial
6 etiqueta
9 ritual
13 registro

protohistoria
3 prehistoria

protón
3 átomo
⇨partícula atómica
　◁*antiprotón*
2 ◁*electrón*

prototipo
6 arquetipo
10 ejemplo
10 norma
15 modelo
12 paradigma
19 patrón

protozoario
3 protozoo

protozoo
4 microbio
1 protozoario
1 microorganismo

protuberancia
4 abombamiento
27 bollo(s)
21 elevación
26 hinchazón
10 prominencia
13 saliente
1 turgencia
4 abolladura
15 bulto

protuberante
3 culón
7 giboso

provecto
8 adelantado
21 caduco
10 decrépito
22 viejo
33 antiguo

provecho
25 beneficio(s)
10 fruto
9 ganancia(s)
15 rendimiento
11 renta(s)
8 utilidad
8 lucro
6 piltrafa

provechoso
6 beneficioso
15 conveniente
4 fructífero
6 fructuoso
3 lucrativo
10 productivo
22 útil
6 ventajoso
5 ◁*improductivo*

proveedor
4 abastecedor
1 aprovisionador
2 suministrador

proveer(se)
11 abastecer(se)
16 administrar(se)
43 alimentar(se)
4 aprovisionar
6 avituallar(se)
48 disponer(se)
13 facilitar
2 fornecer
16 guarnecer(se)
6 habilitar
3 municionar
19 nutrir(se)
5 pertrechar(se)
20 proporcionar(se)
2 repostar
16 resolver(se)
18 suministrar(se)
11 surtir
30 armar
20 aviar
11 fardar
31 prender

proveído
2 provisto

provena
6 acodo
2 mugrón

proveniente
7 originario
7 procedente

provenir
17 derivar
3 dimanar
11 emanar
15 nacer
39 originar(se)
21 proceder
48 salir(se)
19 venir(se)

proverbial
11 conocido
11 notorio
5 sabido
14 tradicional
12 público

proverbio
6 adagio
15 aforismo(s)
9 dicho
9 máxima
6 refrán
15 sentencia(s)
4 paremia

provicero
20 adivino

providencia
8 dios
9 estrella
10 fatalidad
15 medida
14 prevención
8 provisión
7 sino
22 destino
23 disposición
7 hado
21 resolución
⇨voluntad divina

providencial
4 adecuado
6 oportuno

próvido
30 benigno
17 cuidadoso
25 diligente
6 favorable

7 prevenido
4 previsor
5 propicio
10 mirado
8 ◁*desfavorable*
◁*imprevisor*

provincia
7 circunscripción
7 departamento

provincialismo
4 regionalismo

provinciano
11 paleto

provisión
6 abastecimiento
2 avituallamiento
4 despensa
4 dotación
12 providencia
7 suministro
4 vituallas
35 alimento

provisional
14 accidental
7 eventual
6 interino
14 pasajero
6 ◁*definitivo*

provisionalmente
2 ínterin

provisiones
12 hato
4 vituallas
15 alforja

provisto
1 dotado
1 proveído

provocación
2 aguijoneamiento
4 desafío
14 incitación
6 reto

12 excitación

provocador
3 abanderizador
5 activista
15 agitador
7 agresivo
8 agresor
8 amotinador
6 buscarruidos
4 encrestado
4 exasperante
2 inductor
2 retador

provocante
6 incitante

provocar
22 aguijonear(se)
40 cabrear(se)
17 causar
67 enfadar(se)
27 enojar(se)
9 espolear
28 estimular(se)
8 impeler
17 incitar(se)
63 irritar(se)
114 molestar(se)
59 mover(se)
39 originar(se)
8 promover
6 suscitar
6 devolver
10 impulsar
9 vomitar
10 ◁*frenar*

provocativo
4 excitante
8 incitante
2 inductor
3 instigador
6 insultante
10 lúbrico
5 ofensivo
16 sensual
2 cabreante
13 lascivo

proxeneta
4 trotaconventos

6 celestina
15 alcahueta
10 comadre

proxenetismo
10 alcahuetería

próximamente
4 acá
16 aproximadamente

proximidad(es)
17 afinidad
16 afuera(s)
24 aledaño(s)
34 alrededor(es)
18 brevedad
19 cercanía(s)
31 contorno(s)
5 derredor
15 exterior
3 inmediación
1 inmediatez
4 inminencia
7 parentesco
9 paridad
9 similitud
8 vecindad
31 contornos
1 ◁*lejanía*

próximo
15 adyacente
18 allegado
9 cercano
10 contiguo
9 familiar
7 inmediato
6 inminente
9 junto
7 limítrofe
11 pariente
7 posterior
12 vecino(s)
24 amigo
3 ◁*lejano*

proyección
18 arrojamiento

proyectar
42 arrojar(se)
8 concebir

proyectil

21 despedir(se)
58 echar(se)
4 esbozar
13 fraguar
10 idear
31 imaginar(se)
53 lanzar(se)
11 planear
1 planificar
23 trazar(se)
5 urdir

proyectil
18 bala
5 cartucho
5 granada
3 torpedo
22 bomba
6 chumbo

proyectista
1 decorador

proyecto
13 aspiración
7 boceto
7 bosquejo
5 croquis
10 designio
5 esbozo
19 idea
14 pensamiento
19 plan
4 trazado
8 borrador
14 deseo
8 intención
10 propósito
15 traza

proyector
3 faro
6 foco
4 linterna
1 reflector

prudencia
8 cautela
19 circunspección
7 cordura
22 cuidado
6 discernimiento

12 discreción
10 formalidad
15 medida
8 mesura
13 parsimonia
12 precaución
6 sensatez
7 seriedad
13 seso
15 juicio
7 madurez
4 ◁*indiscreción*
8 ◁*insensatez*
9 ◁*temeridad*

prudencial
2 discrecional
3 facultativo

prudenciar
21 contener(se)
13 disimular
21 reprimir(se)
8 tolerar

prudente
25 avisado
12 cauteloso
8 circunspecto
7 cuerdo
12 discreto
7 equilibrado
10 formal
5 juicioso
9 mesurado
5 ponderado
7 precavido
6 sensato
20 serio
11 ◁*imprudente*
3 ◁*insensato*
9 ◁*indiscreto*

prueba
32 argumento
9 comprobación
8 confirmación
12 demostración
13 ensayo
5 evidencia
6 experimento
2 gustación

15 indicio(s)
2 justificación
16 manifestación
16 muestra(s)
1 probanza
1 probatura
3 tentativa
5 verificación
5 experiencia
9 cata
17 razón
27 señal

pruno
5 ciruelo

prurito
32 anhelo
10 comezón
5 picor
28 ansia
14 deseo

prusiato
1 cianuro

psicoanálisis
1 freudismo
3 psicoterapia

psicoanalítico
1 freudiano

psicópata
12 desequilibrado
6 lunático
1 neurótico
7 orate
17 demente
20 loco
7 ◁*cuerdo*

psicopatía
8 demencia
2 desequilibrio
3 neurastenia
5 vesania
14 locura
23 manía

psicoterapia
2 psicoanálisis
⇨persuasión psíquica
⇨sugestión psíquica

psique
9 mente
37 alma
17 espíritu
11 interior

psiquiatra
2 alienista
2 neurólogo
1 siquiatra
⇨especialista en nervios

psiquiatría
17 medicina

psiquiátrico
2 loquera

psíquico
4 anímico
7 espiritual
10 ◁*físico*

psiquis
37 alma

psitacismo
1 memorismo

ptialismo
2 salivación

púa
16 aguijón
12 espabilado
14 espina
29 aguja
50 astuto
9 ladino
8 mordacidad
9 pincho
26 punta
10 sagaz
⇨mala leche

pub
  6 bar

pubertad
  5 adolescencia
  6 juventud
  6 niñez
  4 nubilidad
  3 ◁climaterio

pubescencia
  5 adolescencia

pubescente
  8 adolescente

pubis
  1 verija

publicable
  3 revelable

publicación
  5 difusión
  7 divulgación
  2 edición
  12 impresión
  4 libro
  7 propagación
  1 prospecto
  9 revista
  5 folleto
  5 opúsculo
  10 periódico

publicado
  2 divulgado
  1 editado
  7 impreso
  1 pregonado
  4 ◁inédito

publicar
  13 descubrir
  8 desparramar
  29 difundir(se)
  23 divulgar(se)
  6 editar(se)
  28 esparcir(se)
  51 extender(se)
  8 imprimir
  35 mostrar(se)

  4 promulgar
  29 propagar(se)
  4 propalar
  22 revelar(se)
  ⇨dar a la estampa

publicidad
  24 anuncio(s)
  5 difusión
  7 divulgación
  3 propaganda

público
  8 auditorio
  12 concurrencia
  11 conocido
  3 espectadores
  10 general
  18 libre
  11 manifiesto
  11 notorio
  8 oficial
  7 oyentes
  5 sabido
  24 abierto

pucelana
  17 cal
  5 cemento

puco
  9 cazuela
  5 escudilla

puchar
  3 abajarse
  46 humillar(se)

puchca
  17 desgracia
  6 infortunio

pucherazo
  4 cabildada
  21 arbitrariedad

puchero
  9 cazuela
  5 marmita
  10 cuchara
  8 olla

puches
  17 colada
  3 gachas

puchiche
  7 divieso
  3 forúnculo

pucho
  6 extremidad
  7 falo
  10 nadería(s)
  9 nonada
  19 bagatela
  42 cabo
  25 fruslería
  5 pene
  26 punta

pudendo
  11 íntimo
  16 oculto
  11 vergonzoso

pudibundo
  4 mojigato
  3 puritano

púdico
  7 casto
  12 honesto
  11 limpio
  4 pudoroso
  21 puro
  8 recatado
  17 ◁impúdico

pudiente
  15 acomodado
  8 opulento
  12 forrado
  14 rico
  ⇨con el riñón cubierto
  18 ◁pobre

pudor
  10 decencia
  9 decoro
  11 honestidad
  10 recato

  17 vergüenza
  11 ◁deshonestidad

pudoroso
  7 casto
  13 decente
  6 moral
  8 recatado
  14 ◁inmoral

pudrimiento
  4 putrefacción

pudrir(se)
  20 avinagrar(se)
  11 dañar(se)
  37 descomponer(se)
  30 deteriorar(se)
  2 enmohecer
  64 estropear(se)
  5 fermentar
  10 impacientar(se)
  48 pasar(se)
  20 pervertir(se)
  6 petaquear(se)
  1 podrecer
  9 podrir(se)
  2 ranciar(se)
  16 corromper
  3 manir
  57 picar

pudú
  10 cabra

pueblada
  10 algarada
  11 motín
  13 tumulto

pueblecito
  9 aldea

pueblerino
  2 lugareño
  1 rural
  12 aldeano
  17 campesino
  11 paleto
  17 rústico
  12 ◁ciudadano

pueblero

4 ◁ *urbano*

pueblero
5 lechuguino
2 petimetre
17 campesino
13 labriego

pueblo
9 aldea
10 casta
3 etnia
14 habitantes
12 nación
13 origen
13 población
4 poblado
11 raza
3 vecindario
12 vecino(s)
10 villa
9 vulgo
6 chusma
3 lugarejo
8 plebe
6 villorrio

puente
13 enlace
16 festividad
2 pasarela
3 pontón
5 vacación
7 vínculo
8 conexión
20 fiesta
⇨prótesis dental

puerco
14 cerdo
3 deseado
10 gorrino
6 marrano
4 tocino
12 cochino
13 sucio
11 ◁*limpio*

puericia
2 infancia

pueril
3 aniñado
11 fútil
6 infantil
5 infundado
13 ingenuo
14 inocente
14 tierno
11 trivial
22 cándido

puerilidad
6 candor
6 chiquillada
6 futesa
11 ingenuidad
14 inocencia
11 nimiedad
9 niñería
3 trivialidad

puérpera
6 parida
3 parturienta

puerperio
1 sobreparto

puerro
1 porro

puerta(s)
10 aduana
8 comienzo
23 entrada
3 escotilla
16 inicio
2 portezuela
2 postigo
22 salida(s)

puertaventana
3 contraventana

puerto
3 amarradero
3 dársena
3 embarcadero
8 fondeadero
19 paso(s)
7 bahía
7 ensenada

6 rada
9 abra
8 boquerón

puesta
5 crepúsculo
8 ocaso

puestecillo
12 puesto

puesto
17 cargo
21 lugar
12 oficio
5 posición
1 puestecillo
19 punto(s)
14 sitio
13 situación
5 tenderete
16 dignidad
16 empleo
19 plaza

puf
3 taburete

púgil
2 boxeador
5 luchador

pugilato
3 boxeo

pugna
27 batalla
19 combate
6 enfrentamiento
11 hostilidad
23 lucha
11 oposición
20 contienda
11 pelea

pugnante
12 antitético

pugnar
16 batallar
19 combatir
10 contender

10 procurar
25 esforzarse
6 luchar
13 porfiar

pugnaz
10 belicoso

puiño
2 tinaja

puja
3 licitación
10 mejora
2 subasta
23 aumento
9 alzamiento

pujamen
7 orilla

pujante
9 brioso
15 poderoso
9 potente
5 vigoroso
14 débil
22 fuerte

pujanza
19 brío
43 poder(es)
15 potencia
49 energía
17 fuerza
7 vigor
16 ◁*debilidad*

pujar
59 aumentar(se)
21 despedir(se)
38 elevar(se)
49 mejorar(se)
30 subir(se)
13 rechazar

puje
36 represión
17 reprimenda

pujido
  8 alarido
  7 lamento

pujo
  32 anhelo
  28 ansia

pul
  4 influjo
  10 influencia

pulcritud
  18 aseo
  22 cuidado
  20 delicadeza
  5 escrupulosidad
  5 esmero
  19 limpieza
  4 minuciosidad
  4 ◁*zafiedad*

pulcro
  9 aseado
  17 cuidadoso
  27 delicado
  13 escrupuloso
  7 esmerado
  6 impecable
  4 inmaculado
  11 limpio
  6 minucioso
  21 puro
  6 relamido
  9 atildado
  13 ◁*sucio*
  10 ◁*zafio*

pulga
  1 díptero
  13 enano
  18 insignificante
  9 nimio
  14 pequeño

pulgar
  ⇨dedo gordo

pulgón
  1 piojuelo
  11 gorrón

  7 vividor

pulguillas
  8 cascarrabias

pulidamente
  5 brillantemente

pulido
  9 aseado
  38 bello
  34 brillante
  1 bruñido
  12 hermoso
  7 lustroso
  9 primoroso
  12 pulcro
  2 pulimentado
  10 acicalado
  16 agraciado
  9 atildado
  10 liso
  6 ◁*zarrapastroso*

pulidor
  3 abrillantador
  2 lustrador(a)

pulimentado
  13 pulido
  10 liso

pulimentador
  4 abrasivo

pulimentar
  2 esmerilar

pulimento
  5 bruñidora
  7 cera
  10 lisura

pulir(se)
  14 abrillantar(se)
  53 acabar(se)
  9 acepillar
  39 acicalar(se)
  21 adornar
  8 afiligranar
  11 afinar
  2 agatizarse

  8 alcorzar(se)
  21 alisar(se)
  7 aluciar(se)
  13 bordar
  47 brillar
  12 bruñir(se)
  6 desbastar
  18 dorar(se)
  29 educar(se)
  4 encerar
  7 enlucir
  28 formar(se)
  14 frotar(se)
  32 gastar(se)
  11 instruir
  4 lijar
  6 limar
  22 perfeccionar(se)
  1 pulimentar
  11 rascar(se)
  2 redondear
  11 refinar(se)
  8 sanear
  2 satinar
  39 suavizar(se)
  2 tersar
  6 ultimar
  28 aderezar
  34 componer
  15 consumir
  3 lujar

pulmón
  3 bofe
  19 brío
  17 liviano
  49 energía
  7 vigor

pulmonía
  1 neumonía

pulpa
  4 carne
  1 molla

pulpejo
  1 talón

pulpería
  11 almacén
  16 bochinche

pulpero
  4 abacero

pulpiar
  ⇨comer bien

pulpo
  4 cefalópodo

pulposo
  1 carnoso
  8 fofo
  6 pastoso
  30 ◁*duro*
  21 ◁*seco*

pulquería
  22 bebedero

pulsación
  2 latido

pulsador
  3 encendedor
  2 interruptor
  7 pera

pulsar
  41 examinar(se)
  10 inquirir
  4 latir
  3 palpitar
  9 sondear
  1 tañer
  39 tocar(se)
  12 tantear

pulsátil
  6 palpitante
  1 pulsativo
  10 latente
  6 ◁*apagado*
  15 ◁*fijo*

pulsativo
  3 pulsátil

pulsera
  11 brazalete
  4 manilla

pulseta
5 doctor
15 médico

pulso
22 cuidado
13 firmeza
20 seguridad
8 tiento(s)
5 tino

pultáceo
42 blando

pulular
40 agitar(se)
59 aumentar(se)
10 bullir
30 crecer(se)
7 hervir
6 hormiguear
4 multiplicarse
17 removerse

pululo
13 enano
6 cuerno
6 pito
9 rechoncho

pulverización
5 aerosol
5 atomización
7 fumigación

pulverizador
1 espray

pulverizar
24 destrozar(se)
52 destruir(se)
11 machacar
3 rallar
47 romper(se)

pulverulento
7 arenoso
1 polvoriento

pulla
15 befa
103 burla
7 chacota
6 mofa

pullman
2 autocar

pullo
8 frazada
9 manta
5 poncho

pullover
5 jersey

puna
35 altura(s)
6 páramo
1 soroche
8 yermo

punción
6 incisión

punchar
23 pinchar(se)

punche
6 cocido
7 frangollo

pundonor
9 decoro
12 honra
2 puntillo
2 susceptibilidad
16 dignidad
15 fama
⇨ amor propio

pundonoroso
20 caballeroso
4 decoroso
14 honrado
3 puntilloso
10 respetable
7 susceptible

punga
13 ladrón
6 ratero

pungente
7 doloroso

pungir
3 punzar

punguear
54 hurtar(se)
14 robar

punible
1 castigable
4 condenable

punición
17 castigo

púnico
2 cartaginés

punir
6 sancionar

punta
10 actual
23 agudeza
16 aguijón
8 concepto
14 espina
2 estilete
2 picacho
13 pico
2 primero
12 principal
9 rejón
8 sutileza
29 aguja
12 alusión
4 bufanda
42 cabo
16 cantidad
13 clavo
10 indirecta
7 ironía
6 moderno
5 pañoleta
9 pincho
11 púa
5 sinnúmero

puntada
37 agujero
12 alusión

puntador
9 apuntador

puntal
37 apoyo
10 columna
5 estribo
14 fundamento(s)
5 pilar
14 sostén
10 contrafuerte
5 poste

puntapié
1 puntillazo

puntar
10 caligrafiar

punteado
12 achispado
36 alegre

puntear
64 apuntar(se)
8 burilar

puntera
2 bigotera
1 capellada

puntería
14 ojo(s)
5 tino
8 vista

puntero
21 dominante
14 palo
12 principal
10 vara
6 moderno

punterol
29 aguja

puntiagudo
5 aguzado
4 ahusado
25 agudo

puntilla
17 colmo
14 encaje
4 cortaplumas
12 culminación
7 navaja
⇨ no va más

puntillazo
1 puntapié

puntillero
4 cachetero

puntillo
7 pundonor
19 punto(s)

puntilloso
3 reparón
6 quisquilloso
7 susceptible

punto(s)
30 asunto(s)
15 cuestión
14 encaje
20 extremo
4 instante
21 lugar
14 materia
7 momento
20 programa
12 puesto
7 pundonor
2 puntillo
6 segundo
14 sitio
50 astuto
20 bordado
26 parte
13 tema
⇨ fin de período

puntuación
10 calificación
7 estima
24 nota
2 señales
10 signo(s)
2 trazos

3 valoración

puntual
22 cierto
6 cumplidor
25 diligente
14 evidente
11 indiscutible
1 indubitable
15 indudable
17 regular(se)
25 seguro
12 exacto
25 pronto
6 ◁ dudoso
  ◁ impuntual

puntualidad
8 exactitud
14 precisión
3 regularidad
16 diligencia

puntualización
10 aclaración
4 esclarecimiento

puntualizar
14 concretar(se)
8 detallar
6 matizar
3 pormenorizar

puntualmente
5 regularmente
4 religiosamente

puntuar
20 anotar(se)
27 calificar(se)
24 marcar(se)
46 señalar(se)
21 sumar(se)
6 valorar
28 ◁ anular(se)
18 ◁ borrar
10 ◁ restar

punzada
13 dolor
3 ramalazo

punzadura
5 aguijadura

punzante
3 afilado
9 satírico
25 agudo

punzar
23 pinchar(se)
1 pungir
57 picar

punzón
5 buril
2 estilete

puñada
21 seco
4 puñetazo

puñado
11 conjunto
20 agregado
15 grupo
12 montón

puñal
3 alfajor
15 cinta
8 corvo
15 cuchillo
7 navaja

puñalada
7 jabeque
3 navajazo

puñetazo
27 bollo(s)
7 tortazo
5 trompada
2 puñada

puñete
11 brazalete

puñetería
4 minuciosidad
15 fastidio

puñetero
difícil
8 cargante
42 fastidioso
15 molesto
6 quisquilloso
45 ◁ bueno
11 ◁ comprensivo
30 ◁ divertido

puño
4 empuñadura
5 mango

pupa
13 dolor
9 daño

pupas
14 desgraciado

pupila
6 niña
1 niñeta
9 meretriz
14 prostituta
17 ramera

pupilaje
40 alojamiento
15 hospedaje
9 pensión

pupilera
12 ama

pupilo
3 huésped
8 huérfano

pupitre
6 escritorio
1 secreter

puposo
8 opulento
10 adinerado
28 engreído
19 orgulloso
14 rico

18 ◁*pobre*

pupurrí
10 mezcolanza
12 mezcla

puquio
6 quinta
15 casa
13 fuente
13 manantial

purchasing
6 compra

puré
2 papilla
2 sopa
17 pasta

pureza
2 casticidad
9 castidad
10 claridad
3 diafanidad
2 doncellez
19 limpieza
2 purismo
5 virginidad
11 sencillez

purga
2 catártico
2 depuración
1 depurador
7 laxante
9 medicamento

purgaciones
2 gonococia
5 gonorrea
4 blenorragia
2 sífilis

purgante
4 calomelanos
4 colagogo
4 depurativo
2 diacatolicón
7 laxante

purgar
58 echar(se)
17 evacuar
4 expiar
7 purificar
44 satisfacer(se)
50 limpiar

purgatorio
4 expiación
11 penitencia
11 penalidad
12 sufrimiento

purificación
6 ablución
5 abstersión
5 acendramiento
4 catarsis
3 copelación
2 descontaminación
3 desinfección
3 detersión
7 fumigación
8 lavado
3 asepsia
6 ◁*envilecimiento*

purificado
11 acendrado
10 refinado

purificador
1 cornijal

purificar
8 acendrar(se)
10 acrisolar
11 cribar
11 depurar(se)
16 filtrar(se)
6 purgar
50 limpiar

purificarse
3 oxigenarse
18 ◁*enviciar(se)*

purismo
3 casticismo
1 estilismo

purista
9 académico
1 casticista
3 estilista

puritano
13 inflexible
26 rígido
20 severo

puro
12 aburrimiento
6 castizo
7 casto
8 cigarro
28 claro
16 correcto
5 depurado
10 exento
12 honesto
18 libre
11 limpio
5 neto
9 perfecto
2 virginal
19 recto
16 solo
5 mero
14 pesadez
20 simple
5 tagarnina
⇨mondo y lirondo

púrpura
5 colorado
8 encarnado
4 granate
18 rojo

purpurado
9 cardenal

purpúrea
3 lampazo

purrete
3 mocoso
11 chiquillo

purria
8 gentuza
6 turba

6 chusma

purulencia
2 supuración

purulento
3 humoral
13 podrido

pus
2 podre
11 podredumbre
9 maleza

pusilánime
1 achantado
14 encogido
6 medroso
33 apocado
17 bizcocho
17 cobarde
5 mantilla
12 miedoso
6 mínimo
9 ◁*valiente*

pusilanimidad
8 acobardamiento
13 poquedad
29 apocamiento
14 cobardía
2 rajada
10 timidez
4 ◁*hombrada*
11 ◁*entereza*

puspo
3 abombado
19 hinchado

pústula
3 empiema
3 escara
4 úlcera
22 absceso
9 grano
4 postilla

pusunque
  10 poso
  16 sedimento

puta
  4 buscona
  7 coima
  5 daifa
  1 hetaira
  2 mantenida
  4 pelandusca
  1 perdida
  12 pingo
  7 zorra
  14 macho
  9 meretriz
  14 prostituta
  17 ramera

putada
  10 faena
  9 gatada
  5 guarrada
  6 judiada
  6 jugada
  5 jugarreta
  8 perrería
  5 trastada
  4 vejamen

  12 canana
  34 porquería

putañero
  5 flete
  5 putero

putas
  10 desafortunado

putativo
  1 existimativo

putear
  27 agobiar(se)
  44 incomodar(se)
  114 molestar(se)

puteo
  11 joroba

putero
  4 faldero
  5 flete
  14 inmoral
  5 mujeriego
  2 putañero
  5 ◁*virtuoso*

puto
  2 invertido
  4 sodomita

putrefacción
  8 corrupción
  6 descomposición
  1 podredura
  1 pudrimiento

putrefacto
  12 corrompido
  10 descompuesto
  8 huero
  13 podrido

pútrido
  13 infecto
  3 nauseabundo
  21 repugnante

puya
  15 befa
  8 garrocha
  10 vara
  103 burla
  7 chanza
  6 mofa
  13 pica

puyar
  10 bregar
  87 fastidiar(se)
  114 molestar(se)
  25 esforzarse

puyazo
  2 garrochazo
  1 lanzada
  4 pinchazo
  1 rejonazo

puyo
  4 menesteroso
  15 chivo
  18 pobre

puyúo
  42 fastidioso
  10 impertinente

puzol
  17 cal

puzunque
  4 poción
  7 brebaje

puzzle
  1 rompecabezas

Q

quasimodo
5 chanflón

quebracho
2 jabí

quebrada
12 cañón
19 barranco

quebradero
1 cavilación
17 inquietud
11 preocupación

quebradizo
27 delicado
8 endeble
11 inestable
23 agrio
12 frágil
9 ◁*resistente*

quebrado
16 abrupto
3 debilitado
18 desigual
4 desmejorado
4 enflaquecido
16 escabroso
2 fallido
4 fracasado
2 fraccionario
2 herniado
4 quebrantado
8 tortuoso
21 accidentado
30 partido
5 potroso
6 roto
18 ◁*sano*
21 ◁*llano*

quebradura
7 brecha
6 grieta
4 hernia
10 rotura
18 desgarro
5 hendidura
6 raja

quebramiento
16 destrucción

quebrantado
4 perdedor
3 profanado
16 quebrado
6 roto

quebrantahuesos
3 aleto
1 osífraga
5 buitre

quebrantamiento
15 infracción
7 violación

quebrantar(se)
23 cascar(se)
8 conculcar
8 contravenir
7 desobedecer
9 despedazar
6 desriñonar(se)
5 enfermar
10 forzar
14 hender
9 incumplir
9 infringir
11 machacar
7 moler
41 quebrar(se)
20 resentirse
25 resistir(se)
47 romper(se)
6 transgredir
9 triturar
14 vulnerar
5 fracturar
10 hollar
14 pisar
36 rajar
12 traspasar
9 violar
27 ◁*cumplir(se)*

quebranto
16 agotamiento
16 debilidad
15 decaimiento
7 desaliento
16 desánimo
7 desgana
9 deterioro
4 detrimento
12 flojera
7 laxitud
11 menoscabo
48 aflicción
30 angustia
29 pena
9 pérdida

quebrar(se)
39 ajar(se)
13 angostar(se)
42 arruinar(se)
23 cascar(se)
8 conculcar
8 contravenir
7 desnucar(se)
7 desobedecer
24 destrozar(se)
52 destruir(se)
21 dividir(se)
28 estorbar(se)
9 estrellar(se)
87 fastidiar(se)
17 flaquear
6 fraccionar
6 fragmentar
4 herniarse
9 infringir
20 interrumpir(se)
10 majar

quebrazón

17 obstaculizar
21 partir
29 quebrantar(se)
19 relajar(se)
17 reventar(se)
47 romper(se)
44 torcer(se)
6 transgredir
13 tronchar(se)
14 vulnerar
31 doblar
5 fracturar
4 futir
36 rajar
12 traspasar
9 violar
⇨hacer añicos
⇨hacer papilla
⇨hacer trizas

quebrazón
20 contienda
18 disputa

queda
4 reclusión
2 recogimiento
8 retiro
34 aviso
11 toque
10 ◁*escándalo*

quedado
4 irresoluto
13 parado
7 ◁*decidido*

quedamente
6 silenciosamente

quedamiento
11 aplacamiento

quedar(se)
37 acordar(se)
59 ajustar(se)
8 apalabrar
5 chancear
49 detener(se)
23 estar(se)
7 existir

12 faltar
50 parar(se)
9 permanecer
28 plantar(se)
10 restar
11 sobrar(se)
80 burlarse
15 convenir
6 mofarse
12 ◁*emigrar*
25 ◁*encaminar(se)*
60 ◁*largar(se)*
21 ◁*partir*
15 ◁*volar*
28 ◁*aventar*
19 ◁*huir*
53 ◁*marchar*
3 ◁*trasponer*

quedo
40 bajo(s)
2 despacio
9 inmóvil
1 lentamente
10 quieto
⇨poco a poco

quehacer
10 faena
22 negocio(s)
17 ocupación
22 trabajo(s)
6 tarea

quehaceres
47 atención(es)
9 atenciones

queja
16 descontento
7 lamento
6 lloro
3 quejido
6 reclamación
4 sollozo
6 suspiro
27 acusación
12 desazón
16 disgusto
12 enojo
12 querella

quejar(se)
13 acusar
10 clamar
22 doler(se)
5 gañir
6 gemir
7 gimotear
15 lamentar(se)
4 lloriquear
10 protestar
3 querellar(se)
4 sollozar
4 suspirar
22 oponerse
5 reclamar

quejica
2 quejicoso

quejicoso
7 aquejoso
1 quejica

quejido
6 gemido
7 lamento
5 plañido

quejigal
4 quejigo

quejigar
4 quejigo

quejigo
cajiga
1 quejigal
1 quejigar
4 roble

quejoso
2 agraviado
16 descontento
7 disgustado
6 lastimero
4 llorón
9 quejumbroso
8 resentido
9 enfadado

quejumbroso
12 afligido
5 jeremías

7 lagrimoso
6 lastimero
1 lloraduelos
4 plañidero
8 quejoso
7 dolorido
5 ñoño

quelonio
2 carey
2 galápago
1 tortuga

quema
9 combustión
16 destrucción
12 fuego
3 ignición
5 incendio
9 daño
7 hoguera
4 peligro

quemado
3 abrasado
1 achicharrado
1 carbonizado

quemador
30 ardiente
4 copela
7 incendiario
4 soplete
4 quemante

quemadura
13 ampolla
6 llaga
8 pringue

quemante
30 ardiente
5 quemador
8 abrasador
4 ígneo
6 ◁*gélido*
4 ◁*helador*

quemar(se)
17 abrasar(se)
3 aburar

11 achicharrar(se)
15 agostar(se)
23 arder
40 cabrear(se)
5 carbonizar(se)
3 causticar
11 chamuscar
24 desazonar(se)
3 desperdiciar(se)
9 devorar
67 enfadar(se)
43 engañar(se)
27 enojar(se)
10 impacientar(se)
3 incendiar
4 incinerar(se)
63 irritar(se)
7 malbaratar
11 requemar(se)
23 tostar(se)
15 consumir
10 delatar
11 denunciar
6 despilfarrar
6 dilapidar
10 estafar
7 malgastar
9 malmeter

quemazón
7 resquemor
10 resentimiento

quemón
7 sorpresa
12 chasco

quenado
34 apasionado
15 enamorado(s)

quenopodiáceo
1 salsoláceo

quepis
4 ros
3 teresiana

querella
17 demanda
8 litigio
11 pendencia
5 pleito
6 reclamación
11 reyerta
11 altercado
13 discusión
18 disputa
24 follón
14 pelotera
11 riña

querellante
9 adversario
6 demandante
3 litigante
1 litigioso
3 pleiteante

querellar(se)
16 batallar
2 pleitear
16 quejar(se)

querencia
53 amor
12 costumbre
16 pasión
6 talante
10 tendencia(s)
15 capricho
15 cariño
14 deseo
24 simpatía

querencioso
11 propenso
3 tendente

querendón
22 amante
13 cariñoso

querer(se)
17 aceptar
12 adorar(se)
8 afeccionar(se)
52 amar(se)
12 ambicionar
53 amor
45 anhelar
13 ansiar
17 apetecer
22 apreciar(se)
13 aspirar
3 bienquistar
5 codiciar
27 conformar(se)
27 decidir(se)
14 desear
34 determinar(se)
4 dignar(se)
25 esforzar(se)
24 estimar(se)
9 exigir
5 intentar
14 pretender
10 procurar
11 requerir
16 resolver(se)
6 valorar
15 cariño
17 pedir
18 perseguir
⇨tener intención

querida
7 amiga
2 mantenida
22 amante
6 concubina
9 manceba

querido
26 afecto
10 amado
10 apreciado
6 bienquisto
16 cristiano
3 deseado
5 dilecto
15 enamorado(s)
9 popular
22 amante
24 amigo
18 chulo
4 lacho
9 marchante

quermese
4 verbena

queroseno
3 bencina
1 petróleo

querrequerre
8 furioso
8 enojado

querube
10 ángel
1 querubín

querubín
10 ángel

queso
2 cuajada
28 engaño(s)
13 pie
1 requesón
1 desfalco
8 robo

quevedos
18 lente(s)

quicio
3 jamba

quid
15 esencia
16 miga(s)
1 porqué
15 busilis
14 causa
17 razón

quiebra
6 bancarrota
2 fractura
10 rotura
4 crack
5 hendidura
6 raja
⇨suspensión de pagos

quiebrahacha
2 jabí

quiebro
31 ademán
7 esguince
1 mordente
5 regate

quieto

5 cuarteo

quieto
7 calmado
5 estático
15 inactivo
3 inerme
9 inmóvil
6 pacífico
6 quedo
10 reposado
13 tranquilo
7 manso
7 ◁ nervioso

quietud
14 equilibrio
18 inacción
9 inmovilidad
10 paz
8 reposo
7 sosiego
9 tranquilidad
26 calma
15 ◁ movimiento

quijada
1 mandíbula

quijal
10 muela

quijera
15 cabezada
2 tentemozo

quijones
2 ahogaviejas

quijotada
7 abnegación
23 altruismo
11 ingenuidad
15 necedad(es)
6 sacrificio
12 ◁ discreción
6 ◁ egoísmo
10 ◁ ruindad

quijote
17 caballero
11 iluso

7 soñador

quijotesco
20 caballeroso

quijotismo
23 altruismo
20 caballerosidad

quilates
6 excelencia
15 medida
9 pureza
24 valor
11 peso
4 ◁ inferioridad
14 ◁ insignificancia

quilco
2 banasto
13 cesto

quilma
15 saco

quilo
2 kilo

quilogramo
1 kilogramo
1 quilo

quilombo
25 cabaña
8 choza
2 burdel
5 lupanar

quillotra
6 concubina

quillotranza
16 amargura

quillotrar
52 amar(se)

quillotro
12 alusión
24 amigo
20 amorío

25 atavío
35 atractivo

quimba
2 abarca
14 apuro(s)
12 garbo
11 gesto(s)
4 mueca(s)
3 sandalia(s)
14 aprieto
15 gallardía
4 visaje

quimbo
5 machete
5 puñal

quimera
10 alucinación
15 cuestión
16 delirio
6 ensueño
6 figuración
11 ilusión
11 pendencia
13 desvarío
18 fantasía
12 gresca
14 pelotera
7 trifulca

quimérico
16 fabuloso
16 fantástico
12 fingido
9 imaginario
8 inexistente
11 irreal
2 irrealizable
8 utópico

quimerista
11 iluso

química
3 alquimia

quimil
15 maleta
2 maletín

quimono
7 túnica
10 bata

quin
6 topada
37 golpe

quina
2 galvano

quinar
24 argumentar(se)
11 razonar

quincalla
6 chucherías
10 trasto

quincallería
4 trapería

quincallero
1 quinquillero
1 tirolés

quinceañero
9 chaval
18 chico

quincenal
1 bisemanal
1 quincenario

quincenario
2 quincenal

quiniela
0 apuesta
26 juego(s)

quinqué
10 candil
13 candileja(s)
8 lámpara
38 alumbrado

quinquefolio
1 cincoenrama

quinquenervia
  3 llantén

quinquenio
  1 lustro

quinquillero
  2 quincallero

quinta
  2 palacete
  4 reclutamiento
  9 reemplazo
  10 villa
  4 leva
  8 torre

quintaesenciado
  10 abreviado

quintaesenciar
  7 alambicar(se)
  4 extractar
  11 refinar(se)
  3 sutilizar(se)

quintana
  40 alojamiento

quintañón
  33 anciano

quinterno
  1 cinquina

quintero
  9 arrendatario

quinto
  8 recluta
  4 sorche

quiosco
  7 glorieta
  7 pabellón
  2 pérgola
  2 templete

quipe
  7 mochila
  9 zurrón

quiquirito
  28 engreído
  19 orgulloso

quiragra
  10 gota(s)

quirite
  18 burgués

quiromante
  11 histrión

quirquincho
  2 cachicamo

quirúrgico
  4 cirujano
  2 quirurgo
  4 operador

quirurgo
  4 cirujano
  3 quirúrgico

quisca
  14 cacto

quisco
  14 cacto

quisicosa
  4 enigma
  5 misterio
  13 problema

quisnear
  44 torcer(se)
  31 doblar

quisquilla
  3 langostino
  7 camarón

quisquilloso
  5 criticón
  2 picajoso
  3 puntilloso
  16 sentido
  13 chinche
  7 susceptible

quisquir(se)
  45 apocar(se)
  29 amilanarse

quistarse
  2 congraciarse
  19 ◁*indisponer(se)*

quiste
  27 tumor

quita
  6 liberación
  6 perdón
  7 remisión

quitación
  11 renta(s)
  10 paga
  9 sueldo

quitahucho
  4 ají
  6 pimiento

quitamanchas
  1 sacamanchas

quitamotas
  24 adulador
  12 servil

quitanza
  3 finiquito

quitapelillos
  24 adulador
  12 servil

quitapenas
  5 tranca

quitapesares
  7 consuelo
  16 distracción

quitar(se)
  15 abolir(se)
  34 afanar(se)
  58 alzar(se)
  12 amputar
  70 apartar(se)
  24 apoderar(se)
  51 apropiar(se)
  7 arrebañar
  39 arrebatar(se)
  18 borrar
  11 clarear(se)
  6 chañar
  5 desapoderar
  11 desarraigar(se)
  8 descartar
  11 desembarazar(se)
  11 desnudar(se)
  9 desobstruir
  21 despedir(se)
  11 despojar
  6 desposeer
  6 escampar(se)
  28 estorbar(se)
  5 expoliar
  6 extirpar
  54 hurtar(se)
  53 levantar(se)
  17 obstaculizar
  5 obstar
  7 obviar
  10 prescindir
  23 privar(se)
  17 remover
  10 restar
  64 separar(se)
  42 soltar(se)
  15 substraer(se)
  13 suprimir
  4 usurpar
  10 eliminar
  70 apartarse
  48 arrancar
  17 arranchar
  8 birlar
  8 despintar
  9 escamotear
  10 escatimar
  11 expulsar
  13 impedir
  46 irse
  60 largarse
  34 liberar(se)
  12 mangar
  14 robar
  28 sacar
  19 soplar

quitasol

- 22 ◁*adjudicar(se)*
- 25 ◁*agregar(se)*
- 6 ◁*conferir*
- 31 ◁*entregar(se)*
- 3 ◁*galvanizar*
- 35 ◁*poner(se)*
- 20 ◁*proporcionar(se)*
- 6 ◁*empastar*

quitasol
- 4 parasol
- 2 sombrilla

quitasueño
- 6 desvelo
- 11 preocupación

quite
- 7 escape
- 11 lance
- 11 parada
- 5 regate

quitinoso
- 4 córneo
- 30 duro

- 9 resistente
- 42 ◁*blando*
- 14 ◁*débil*

quito
- 10 exento
- 18 libre

quitra
- 3 cachimba
- 10 pipa

quizá
- 11 acaso

quizás
- 11 acaso

⇨tal vez

quórum

⇨votación válida

R

rabadán
1 mayoral

rabadilla
1 curcusilla
2 obispillo

rabaneta
2 rábano

rabanillo
2 rábano

rabanito
3 comunista
2 marxista

rábano
1 rabaneta
1 rabanillo

rabasaire
5 colono

rabear
11 colear

rabel
18 nalga(s)

rabí
4 rabino

rabia
13 coraje
11 furia
8 furor
1 hidrofobia
22 irritación
19 berrinche
11 cólera
12 enojo
9 ira

rabiacana
4 arísaro

rabiar
6 desesperar(se)
22 enfurecer(se)
4 rechinar
15 encolerizarse
63 irritarse
21 ◁ tranquilizar(se)

rabiazorras
2 solano

rabicano
1 colicano

rábida
2 rápita

rabieta
3 pataleta

19 berrinche
5 perra

rabihorcado
⇨ pájaro burro

rabilargo
2 gálgulo
5 mohíno

rabillo
1 peciolo
1 pedúnculo

rabino
5 doctor
13 maestro
1 rabí
9 sacerdote

rabión
12 corredera
19 rápido

rabioso
5 desmedido
21 exagerado
13 excesivo
8 furioso
1 hidrófobo
9 intenso
12 vehemente
13 violento
10 colérico

9 enfadado
8 enojado
22 fuerte
2 irascible
9 ◁ *mesurado*
13 ◁ *tranquilo*
14 ◁ *débil*

rabiza
42 cabo
14 prostituta

rabo
14 apéndice
42 cabo
21 cola

rabón
10 desnudo
5 machete
5 puñal

raboseada
15 ajamiento

rabosear
39 ajar(se)

rabotada
1 coletazo

rabotear
2 desrabotar

rabudo
3 coludo

racial
2 étnico

racimillo
6 redrojo

racimo
5 conglomerado
11 conjunto
20 agregado

raciocinar
24 argumentar(se)
10 colegir(se)
7 deducir
12 discurrir
27 inferir(se)
11 razonar

raciocinio
19 argumentación
10 entendimiento
7 razonamiento
15 juicio
17 razón

ración
4 cuota
4 cupo
20 orden
14 porción
9 tasa
18 asignación
12 cacho
26 parte

racional
6 creíble
4 equitativo
9 plausible
8 probable
15 razonable
5 verosímil
7 lógico
7 ecuánime
16 justo
6 ◁*inverosímil*
7 ◁*irracional*

racionalidad
7 cordura
10 entendimiento
18 inteligencia
6 sensatez

racionalista
2 librepensador
4 materialista
3 ◁*idealista*

racionamiento
4 cupo
6 reparto
9 tasa
7 ◁*derroche*
    ◁*desmedida*

racionar
17 distribuir(se)
21 repartir(se)

racismo
2 antisemitismo
1 exclusivismo
    ◁*universalismo*

rack
3 cremallera

racha
7 lapso
10 período
5 ráfaga
13 tiempo

rada
9 cala
11 concha
0 fondeadero
7 bahía
7 ensenada
9 abra

radiación
1 afincamiento
4 arraigo
7 establecimiento
3 fosforescencia
3 fulgor
9 irradiación

4 luminiscencia

radiactividad
5 radioactividad

radiador
2 calefactor
3 calorífero

radiante
23 animado
34 brillante
4 centelleante
4 emisor
5 exultante
2 irradiante
5 luminoso
11 resplandeciente
7 rutilante
15 satisfecho
2 fúlgido
8 contento
6 coruscante
11 feliz
16 ◁*triste*

radiar
47 brillar
9 centellear
4 chispear
11 fulgurar
5 irradiar
1 radiodifundir
10 resplandecer
6 refulgir
8 destellar

radicación
4 arraigo

radical
13 completo
9 esencial
13 excesivo
4 extremado
5 extremista
6 fundamental
3 sustancial
9 tajante
6 total
27 absoluto

radicalismo
4 extremismo
11 fanatismo
7 sectarismo
4 ◁*eclecticismo*

radicar(se)
16 acampar
28 arraigar(se)
15 asolar
8 avecindar(se)
4 empadronarse
23 encontrar(se)
47 establecer(se)
23 estar(se)
22 hallar(se)
7 localizarse
11 residir
18 situar(se)

radio
5 radiodifusión

radio-escucha
7 oyente

radioactividad
3 emanación
9 irradiación
7 radiación
1 radiactividad
⇨emisión radioactiva

radiodifundir
9 radiar

radiodifusión
9 audición
2 emisión
7 radiación
1 radio
8 transmisión

radioescucha
2 radioyente

radiografía
4 radioscopia

radiología
17 medicina

radiólogo
15 médico

radioscopia
1 diagnóstico
12 examen
8 investigación
1 radiografía

radiotelefonía
29 comunicación(es)
1 radio
8 transmisión

radioyente
7 oyente
1 radioescucha

raedera
12 azada

raedura
1 legración
2 raimiento
5 raspadura

raeduras
5 arrebañaduras

raer
14 frotar(se)
6 limar
3 rallar
6 rasar
8 raspar

ráfaga
7 destello
3 fulgor
4 racha
15 torbellino
4 tromba

rafañoso
22 ordinario
21 grosero
10 zafio

rafe
6 costra(s)
7 relieve
11 resalte

13 saliente
8 alero
3 rugosidad

raga
103 burla
7 chanza

rahez
40 bajo(s)
26 despreciable
8 rastrero

raicilla
8 raíz

raid
12 batida
8 incursión
5 vuelo

raído
3 ajado
33 atrevido
12 gastado
11 insolente
10 usado
11 descarado
18 descocado
8 ◁ recatado

raigambre
7 estabilidad
13 firmeza
20 seguridad

raigón
8 raíz

raíl
2 riel
7 carril

raimiento
3 raedura
4 ralladura

raíz
11 cepa
14 fundamento(s)
10 motivo(s)

13 origen
19 principio(s)
1 raicilla
1 raigón
14 causa

raja
3 entalle
6 grieta
9 fisura
56 corte
5 hendidura
27 tajada

rajabroqueles
22 bravucón

rajada
6 pusilanimidad
14 cobardía

rajado
4 agrietado
8 rasgado
24 abierto
8 beodo
14 ebrio

rajadura
3 desconchadura

rajamacana
8 circunspecto
13 prudente

rajante
5 raudo
25 pronto
19 rápido

rajar(se)
35 abrir(se)
10 agrietar(se)
4 cachar
25 calar(se)
23 cascar(se)
4 cotillear
14 desacreditar(se)
11 desdecir(se)
11 desgarrar(se)
6 desistir

17 flaquear
6 garlar
20 hablar
14 hender
21 partir
29 quebrantar(se)
41 quebrar(se)
4 resquebrajar
17 reventar(se)
47 romper(se)
2 sajar
18 cuartear
6 charlar
9 derrochar
6 despilfarrar
7 difamar
20 equivocarse
9 errar
19 huir
60 largarse
6 parlotear
6 pispar
7 retractarse
2 trisar
⇨ dejarlo estar
⇨ volverse atrás

rajatablas
36 represión
17 reprimenda

rajo
8 concavidad
19 hueco

rajón
10 fastuoso
9 ostentoso
12 baladrón
17 cobarde
16 charlatán
9 pusilánime

ralada
1 deyección
14 excremento

ralea
21 calidad
16 condición
18 especie
6 estofa

ralear

11 laya
12 calaña
17 clase
19 género
9 pelaje

ralear
2 ardalear
1 arralar

ralo
28 claro
3 disperso
6 espacioso

rallador
2 rallo
3 raspador

ralladura
1 legración
3 raedura
2 raimiento
5 raspadura

rallar
14 frotar(se)
6 limar
1 restregar

rallo
2 alcarraza
2 rallador

rallón
42 fastidioso
15 molesto

rally
10 carrera
6 competición

rama
16 bifurcación
2 mugrón
7 ramal
4 ramificación
7 tallo
6 vástago
16 gancho

ramaje
1 enramada
2 fronda

ramal
16 bifurcación
14 cabestro
7 derivación
1 liñuelo
2 ronzal
42 cabo
7 rama

ramalazo
13 dolor
4 pinchazo
2 punzada

ramalear
1 cabestrear

ramas
9 broza

rambla
24 calle
10 cauce
6 paseo
3 vaguada
19 barranco

ramblazo
19 barranco

rambulero
6 camorrista
4 pendenciero

ramera
10 bruja
4 buscona
7 coima
4 cortesana
17 cuero
5 daifa
4 entretenida
1 hetaira
4 oveja
4 pelandusca
12 pingo
7 zorra
7 lechuza

14 macho
9 meretriz
14 prostituta
13 puta

ramificación
16 bifurcación
7 derivación
7 ramal
7 rama

ramificado
6 bífido
3 bifurcado

ramificar(se)
10 bifurcar(se)
21 dividir(se)
23 divulgar(se)
51 extender(se)
29 propagar(se)
1 subdividirse
79 ◁unirse

ramillete
11 conjunto
4 manojo
14 colección
14 maceta
7 ramo
22 serie

ramilletero
7 florero

ramo
4 manojo
10 sección
16 división
16 gancho
14 maceta
26 parte
6 ramillete

ramojo
15 leña

ramonear
13 apacentar
3 pacer

ramoneo
2 apacentamiento
2 pastoreo

rampa
7 cuesta
5 declive
19 pendiente
6 talud

ramplón
5 chabacano
14 inculto
22 ordinario
6 pedestre
9 vulgar
21 grosero
10 tosco
10 zafio
4 ◁selecto

ramplonamente
9 apretadamente

ramplonería
5 cazurrería
6 ordinariez
2 plebeyez
10 tosquedad
15 ◁distinción
◁finura

ramulla
5 chasca

ramullo
15 leña

rana
50 actuto
33 pícaro

rancajo
6 astilla

ranciar(se)
5 enranciar(se)
17 pudrir(se)

ranciedad
17 antigüedad

11 solera

rancio
2 añejo
1 fermentado
5 picado
33 antiguo

rancla
7 evasión
6 fuga

ranchear
32 aposentar(se)

rancheo
4 rapiña
8 robo
6 saqueo

ranchería
9 aldea
3 campamento
4 poblado

ranchero
15 cerril
2 cocinero
5 charro
3 estanciero
6 granjero
28 ridículo
9 terco

rancho
8 granja
6 revoltillo
35 alimento
13 alquería
23 comida
5 cortijo
↪casa de labor
↪olla podrida

randa
14 encaje

ranear
54 confundir(se)
6 apabullar

ranfañoso
10 desharrapado
13 sucio

ranga
2 matalote
7 jamelgo
11 penco
10 rocín

rangalido
5 desaseado
13 sucio

rangífero
2 reno

rango
6 alcurnia
11 blasón
21 calidad
16 condición
17 categoría
17 clase
7 copete
10 jerarquía

rangoso
9 rumboso
18 generoso

rangua
2 tejuelo

ranking
6 clasificación
8 rango
5 taxonomía

rano
3 baila
2 perca
↪trucha de mar

ránula
1 sapillo

ranúnculo
2 canaladura
3 entalle
4 estría

7 surco
↪botón de oro
↪hierba belida

ranura
25 abertura
31 arruga
15 boquilla
37 buzón
2 canaladura
12 corredera
4 estría
9 resquicio
7 canalón
5 gotera

ranurado
3 estriado
26 arrugado

ranzón
3 rescate

raño
3 baila
6 chope

rapabarbas
2 desuellacaras
1 peluquero
2 rapador
11 barbero

rapacería
6 muchachada

rapacidad
12 avaricia
8 codicia
3 usura

rapado
6 trasquilado
4 ◁melenudo

rapador
4 rapabarbas
11 barbero

rapadura
2 tonsura

rapagón
5 barbilampiño

rapapiés
2 buscapiés

rapapolvo
35 bronca
10 filípica
7 reconvención
5 regañina
36 represión
17 reprimenda
13 sermón
29 ◁alabanza

rapar
14 afeitar(se)
3 rasurar
19 tener(se)
7 disfrutar
22 pelar

rapavelas
6 sacristán

rapaz
7 avaricioso
9 codicioso
9 chaval
2 chavea
3 chicuelo
3 mocoso
18 chico
17 mozo
9 muchacho
4 usurero
↪ave de rapiña

rapaza
6 niña

rapazuelo
9 chaval
2 chavea
3 mocoso
18 chico

rape
  1 fosique
  3 pejesapo
  2 tabaco
  ⇨alacrán marino
  ⇨rana marina

rápidamente
  6 activamente
  5 aprisa
  14 brevemente
  4 enseguida

rapidez
  5 aceleración
  8 celeridad
  13 ligereza
  8 presteza
  10 prisa
  12 prontitud
  9 vivacidad
  10 ◁*lentitud*

rápido
  3 acelerado
  4 apresurado
  8 correo
  4 expreso
  8 febril
  23 ligero
  8 precipitado
  14 presto
  4 presuroso
  5 raudo
  1 talgo
  1 ter
  10 veloz
  2 vertiginoso
  12 despejado
  25 pronto
  2 rabión
  ⇨al punto
  ⇨en seguida
  11 ◁*calmoso*
  11 ◁*lento*

rapiña
  7 pillaje
  6 hurto
  8 robo
  6 saqueo

rapiñador
  5 pirata

rapiñar
  16 pillar(se)
  5 saquear
  14 robar

rapista
  11 barbero

rápita
  8 convento
  1 rábida

rapo
  2 naba

rapónchigo
  1 ruiponce

raposa
  2 vulpeja
  7 zorra

raposería
  28 engaño(s)
  14 ardid
  10 trampa
  5 treta

raposo
  7 engañoso
  50 astuto
  16 taimado
  6 tramposo
  5 zorro
  5 ◁*veraz*
  22 ◁*noble*

rapsoda
  5 aedo
  8 bardo
  5 juglar
  3 trovador

rapsodia
  8 poema
  8 poesía

raptado
  4 detenido
  8 forzado
  4 prisionero
  2 secuestrado
  2 ◁*devuelto*
  18 ◁*libre*

raptar
  39 arrebatar(se)
  8 secuestrar
  14 robar

rapto
  13 arrebato
  10 arrobamiento
  15 embeleco(s)
  16 éxtasis
  14 impulso
  8 secuestro
  22 arranque
  25 pronto
  8 robo

raptor
  4 secuestrador

raque
  14 canijo
  11 chollo
  10 enclenque
  11 ganga

raquear
  54 hurtar(se)
  14 robar

raqueta
  7 pala
  9 paleta

raquítico
  14 canijo
  6 enteco
  5 esmirriado
  11 exiguo
  4 movido
  21 corto
  14 débil
  17 escaso
  16 flaco

  19 mezquino
  26 miserable
  8 ◁*robusto*
  29 ◁*abundante*

raquitismo
  2 anemia
  16 debilidad
  7 delgadez
  9 depauperación
  5 enanismo
  5 enflaquecimiento
  11 ◁*fortaleza*
  1 ◁*salud*

rara avis
  10 excepción
  18 rareza(s)
  10 singularidad
  7 ◁*vulgaridad*

rarefacción
  46 aire(s)

rarefacer
  6 enrarecer

rareza(s)
  10 anomalía
  9 anormalidad
  12 escasez
  10 excepción
  2 exoticidad
  2 exotismo
  6 extrañeza
  19 extravagancia
  10 humorada
  5 improbabilidad
  5 originalidad
  13 poquedad
  22 salida(s)
  10 singularidad
  15 capricho
  3 coroca
  23 manía
  ⇨rara avis
  28 ◁*abundancia*
  7 ◁*vulgaridad*

rarificar
  6 enrarecer

raro
13 anómalo
29 anormal
5 estrambótico
7 excéntrico
11 excepcional
18 extraño
16 fantástico
9 inaudito
7 inexplicable
9 infrecuente
8 insólito
8 inusitado
1 inusual
8 maniático
18 original
9 peregrino
3 ralo
13 singular
7 sobresaliente

17 escaso
14 extraordinario
9 extravagante

9 ◁*vulgar*

29 ◁*abundante*

ras
6 nivel

rasante
6 nivel

rasar
5 equilibrar(se)
30 igualar(se)
7 nivelar
2 promediar
8 raspar
17 rozar(se)

rasca
40 borrachera
16 embriaguez

rascabuchar
3 rascabuchear

rascabuche
9 lisonjero
24 adulador

rascabuchear
1 rascabuchar
11 curiosear
7 fisgar

rascacio
3 escorpina

rascado
33 atrevido
18 audaz

8 beodo
45 borracho
8 cascarrabias
6 irritable

rascador
4 estropajo
9 cepillo

rascadura
12 arañazo
2 restregón
9 rozamiento

rascar(se)
26 arañar(se)
7 escarbar
4 friccionar
14 frotar(se)
6 limar
34 pagar(se)
39 pulir(se)
5 raer
4 rasguñar
1 restregar
⇨soltar la mosca

rascazón
10 comezón
7 hormigueo

rascuache
9 cursi
3 pobretón
26 miserable
28 ridículo
14 ◁*rico*

rasera
3 espátula
4 rasero

rasero
6 nivel
1 ras
2 rasera
17 línea

rasgado
1 desgajado
3 desgarrado
19 estropeado
3 hendido
5 dadivoso
18 generoso
5 rajado
6 roto

6 ◁*indemne*
14 ◁*íntegro*

rasgadura
4 agrietado
12 arañazo
6 arpadura
9 jirón
5 rasgón
10 rotura
7 tomate

rasgar
35 abrir(se)
26 arañar(se)
6 arpar
2 atarazar
11 desgarrar(se)
47 romper(se)

rasgo(s)
19 carácter
16 cualidad
14 expresión
18 facción(es)
11 fisonomía
9 garabato
24 nota
2 palote
7 peculiaridad
8 plumazo
15 propiedad
12 rostro
6 tez
2 trazo
12 atributo

8 catadura

rasgón
7 desgarrón
7 rasgadura
10 rotura
18 desgarro
3 siete

rasgueado
1 rasgueo

rasguear
8 pulsar
39 tocar(se)

rasgueo
1 rasgueado

rasguñar
26 arañar(se)
4 esbozar
11 rascar(se)
12 tantear

rasguño
12 arañazo
5 esbozo
5 tanteo
3 uñada

rasilla
15 baldosa

rasmillar
26 arañar(se)
4 rasguñar

raso
16 bonancible
5 escampado
17 plano
3 satén
24 abierto
18 bonachón
19 suave

raspa
16 residuo
9 arista
8 cáscara

raspador
10 bruza
3 escarpelo
2 rallador

raspadura
5 decapado
4 desgaste
3 raedura
4 ralladura
3 rasponazo

raspar
9 acepillar
26 arañar(se)
18 borrar
3 escarpar
2 legrar
5 raer
6 rasar
7 guayar

raspilla
1 miosota

raspón
3 rasponazo

rasponazo
1 excoriación
5 raspadura
1 raspón

rasposo
45 áspero
15 bromista
7 burlón
19 roñoso
12 tacaño

rastacueros
3 golfante
9 vulgar
10 advenedizo
4 caradura
19 golfo
11 ◁digno

rastel
28 antepecho

rastillar
2 rastrillar

rastra
2 narria
8 sarta

rastrar
24 buscar(se)
37 buzón

rastreado
6 perseguido

rastrear
25 averiguar(se)
40 batir(se)
24 buscar(se)
13 explorar
11 indagar
26 informar(se)
10 inquirir
11 enterar

rastreo
búsqueda
4 exploración

rastrera
2 arrastradera

rastrero
16 arrastrado
40 bajo(s)
10 indigno
6 innoble
20 abyecto
4 lameculos
6 tiralevitas
12 vil

rastrillar
1 rastillar
20 disparar

rastrillo
1 aparvadera
2 cogedor
6 horquilla
22 negocio(s)
2 rastra

5 propuesta

rastro
17 huella
15 indicio(s)
16 marca
6 pisada
2 rastra
4 rodera
6 vestigio
10 pista
6 rastrillo

rastrojal
1 rastrojera

rastrojera
1 rastrojal

rastrojo
14 barbecho
16 residuo

rasurado
3 afeitada
4 afeitado
3 barbihecho

rasurar
14 afeitar(se)
5 rapar
2 depilar

rata
4 roedor
6 ratero

rateado
6 apolillado

ratear
17 distribuir(se)
21 dividir(se)
5 escotar
54 hurtar(se)
21 repartir(se)
12 mangar
2 prorratear
14 robar

ratería
7 estafa
3 mangancia
8 robo
4 sisa
9 timo

ratero
4 carterista
6 maletero
14 perico
2 rata
10 cuchara
16 gato

raticida
2 matarratas

ratificación
3 convalidación
2 revalidación
7 ◁contraorden

ratificador
4 confirmador

ratificar(se)
43 afirmar(se)
23 aprobar(se)
52 asegurar(se)
7 aseverar
6 avalar
17 certificar
6 confesar
9 confirmar(se)
4 corroborar
12 legalizar
1 legitimar
28 mantener(se)
8 reafirmar(se)
3 reelegir
3 refirmar
3 revalidar
2 roborar
6 sancionar
25 sostener(se)
6 validar
14 ◁modificar(se)
7 ◁rectificar

ratificatorio
2 confirmatorio

ratimago
  47 astucia

ratimagueo
  4 coqueteo
  4 flirteo

rato
  4 instante
  7 lapso
  7 momento
  5 periquete
  5 santiamén
  5 tris

ratón
  1 mur
  4 roedor

ratonar
  9 desgastar
  11 morder
  9 roer(se)

ratonera
  9 cepo
  10 trampa

rauco
  6 ronco

rauda
  4 cementerio

raudal
  28 abundancia
  5 inundación
  4 sinfín
  15 torbellino
  16 avenida
  16 cantidad
  5 diluvio
  5 sinnúmero
  12 ◁escasez

raudo
  3 acelerado
  4 enseguida
  8 precipitado
  10 veloz
  19 rápido

  11 ◁lento

raviolis
  17 pasta

raya
  5 confín
  1 crencha
  20 extremo
  5 guión
  4 horizonte
  3 linde
  1 partidura
  14 término
  2 trazo
  6 frontera
  17 línea
  5 tilde
  10 escollo
  8 jornal
  2 rompiente
  9 sueldo

rayado
  2 listado
  1 renglonadura

rayano
  10 contiguo
  7 limítrofe
  9 lindante
  10 pegado
  13 próximo
  12 vecino(s)
  7 ◁distante

rayar
  7 confinar
  6 lindar
  4 linear
  24 marcar(se)
  2 pautar
  8 reglar(se)
  1 subrayar
  8 tachar

rayo
  4 centella
  7 exhalación
  3 relámpago
  19 chispa

rayón
  ⇨seda artificial

rayuelo
  6 agachadiza
  2 sorda

raza
  14 ascendencia
  10 casta
  8 clan
  18 especie
  12 familia
  9 ralea
  4 tribu
  17 clase
  19 género
  16 linaje
  7 tipo

razón
  32 argumento
  2 cómputo
  17 cuenta
  10 entendimiento
  3 equidad
  18 inteligencia
  12 justicia
  10 motivo(s)
  8 móvil
  20 prueba
  5 raciocinio
  8 rectitud
  6 verdad
  14 causa
  9 compañía
  15 juicio
  16 sociedad

razonable
  23 arreglado
  12 bastante
  3 fundado
  5 legal
  9 legítimo
  7 mediano
  8 moderado
  7 procedente
  13 prudente
  17 regular(se)
  6 sensato
  8 sobrio

  6 suficiente
  7 ecuánime
  16 justo

razonado
  3 analítico
  23 arreglado
  3 deductivo
  3 meditado

razonador
  4 dialéctico

razonamiento
  19 argumentación
  10 deducción
  12 demostración
  10 explicación
  3 ilación
  1 inferencia
  20 prueba

razonar
  8 aducir
  19 argüir
  24 argumentar(se)
  10 colegir(se)
  7 deducir
  12 discurrir
  31 exponer(se)
  27 inferir(se)
  31 pensar(se)
  23 proponer(se)
  15 reflexionar

razones
  33 consideración(es)
  2 abogaderas

razzia
  7 correría
  8 incursión

reacción
  11 oposición
  3 rebote
  16 reflejo
  4 reflujo
  6 repercusión
  17 resistencia
  5 respuesta
  8 retroceso

reaccionar
16 empecinar(se)
6 evolucionar
49 mejorar(se)
32 mudar(se)
5 progresar
14 reanimar(se)
12 responder
27 negarse
28 obstinarse
22 oponerse
13 rechazar
50 ◁*parar(se)*
30 ◁*rendir(se)*
12 ◁*retroceder*

reaccionario
6 carca
1 cavernícola
4 rancio
3 retrógrado
6 conservador
5 ◁*avanzado*

reaccionarismo
4 obscurantismo

reacio
5 desobediente
12 enfrentado
8 indócil
4 inobediente
10 opuesto
6 reluctante
10 remiso
5 renuente
14 rebelde
11 ◁*partidario*

reactor
2 jet

reafirmar(se)
63 apoyar(se)
52 asegurar(se)
7 aseverar
9 confirmar(se)
15 consolidar(se)
4 corroborar
20 ratificar(se)
6 validar

reagravarse
9 declinar
5 desmejorar
1 recaer
49 ◁*mejorar(se)*

reajustar
14 modificar(se)
13 renovar
3 reorganizar

reajuste
11 ajuste
4 modificación
8 reforma
2 reorganización

real
22 cierto
8 efectivo
8 existente
10 innegable
2 palatino
10 positivo
9 regio
1 sustantivo
11 verdadero
21 auténtico
11 ◁*irreal*

realce
26 brillo
2 caracterización
16 grandeza
7 lustre
1 polarización
7 relieve
5 énfasis

realero
9 caudal
10 riqueza

reales
40 alojamiento
3 campamento

realeza
6 monarcas
1 reyes
10 soberanos

realidad
3 efectividad
3 existencia
3 materialidad
7 naturalidad
12 sinceridad
1 sustantividad
6 verdad
7 ◁*inexistencia*

realista
6 acertado
3 descarnado
8 efectivo
4 materialista
2 monárquico
21 objetivo
2 positivista
6 sensato
11 verdadero
21 auténtico
12 práctico
◁*republicano*
5 ◁*teórico*

realizable
27 posible(s)
4 factible
5 hacedero
8 ◁*imposible*

realización
15 acontecimiento(s)
6 elaboración
5 implantación
5 materialización
3 perpetración
10 acaecimiento

realizado
4 ejecutado

realizar(se)
8 acaecer
17 acontecer
6 confeccionar
5 construir
27 cumplir(se)
63 dar(se)
15 desarrollarse
16 efectuar(se)
19 ejecutar(se)
11 elaborar(se)
17 evacuar
11 fabricar
33 hacer(se)
7 operar
4 plasmar
7 practicar
47 producir(se)
30 armar
34 componer
8 despintar
11 vender
⇨llevar a cabo
⇨llevar a efecto
8 ◁*abortar*

realmente
8 actualmente
4 efectivamente

realquilado
1 alquilado
2 cedido
1 subarrendado

realquilar
19 especular
4 subarrendar

realzado
6 ensalzado
11 enfático

realzamiento
5 hermoseamiento

realzar(se)
17 acentuar(se)
27 destacar(se)
8 enaltecer
23 encumbrar(se)
9 engrandecer
5 ensalzar(se)
6 matizar
7 recalcar
23 relevar(se)
9 resaltar
10 resplandecer
⇨poner de relieve
4 ◁*minimizar*

reamar
8 ◁*minorar*

reamar
52 amar(se)

reanimación
3 desentumecimiento
3 tonificación

reanimado
23 animado

reanimar(se)
14 alentar(se)
61 animar(se)
40 atizar(se)
34 avivar(se)
6 confortar(se)
12 consolar(se)
13 fortalecer(se)
18 fortificar
11 reaccionar
3 reavivar
7 reconfortar(se)
11 vigorizar
10 vivificar(se)
19 cobrar
25 ◁*desanimar(se)*

reanudación
4 reaparición
6 ◁*interferencia*

reanudado
7 restablecido

reanudar
3 proseguir
7 continuar

reaparecer
33 presentar(se)
1 reencarnar
7 resucitar
5 revivir
27 volver(se)
8 retornar

reaparición
1 reanudación
3 rebrote

2 regreso
9 retorno
11 ◁*muerte*
8 ◁*ocultación*

rearme
1 militarización
◁*desmilitarización*

rearticulación
5 reconstrucción

rearticular
5 reconstruir

reasumir
15 recuperar(se)
2 reanudar

reata
2 recua

reavivar
14 reanimar(se)
1 revivificar
10 vivificar(se)

rebaba
32 borde
2 reborde
11 resalte

rebaja
10 abaratamiento
1 aminoramiento
10 deducción
2 descuento
16 disminución
15 mengua
9 reducción
23 ◁*aumento*

rebajado
6 deducido
2 diminutivo
8 pálido
8 reducido
12 barato
11 ◁*elevado*

rebajamiento
13 bajeza
14 menosprecio
5 alféizar
21 ◁*elevación*

rebajar(se)
3 abajarse
11 abaratar(se)
59 abatir(se)
10 abellacarse
11 absolver
24 achicar(se)
12 amenguar
14 aminorar(se)
28 anular(se)
15 apagar(se)
45 apocar(se)
21 atenuar(se)
35 bajar(se)
6 bonificar(se)
17 debilitar
7 deducir
23 degradar(se)
3 depreciar
14 deprimir(se)
5 descalificar(se)
17 descender
1 descontar
12 despreciar
19 disminuir(se)
19 empequeñecer(se)
29 encoger(se)
46 humillar(se)
9 menospreciar
4 minimizar
31 moderar(se)
52 reducir(se)
10 restar
9 restringir
39 suavizar(se)
15 substraer(se)
43 arrastrar
62 caer
10 escatimar
14 ◁*abrillantar(se)*
19 ◁*aclamar*
65 ◁*alabar(se)*
58 ◁*alzar(se)*
10 ◁*ascender*
2 ◁*dignificar(se)*

38 ◁*elevar(se)*
8 ◁*elogiar*
8 ◁*enaltecer*
9 ◁*engrandecer*
32 ◁*exaltar(se)*
38 ◁*hinchar(se)*
3 ◁*intensificar*
13 ◁*loar(se)*
7 ◁*preconizar*
5 ◁*prestigiar*

rebajo
5 alféizar

rebalsa
6 embalse

rebanada
2 loncha
27 tajada

rebanado
5 amputado

rebanar
47 recoger(se)
8 replegar(se)
14 untar(se)

rebañaderas
1 arrebañaderas
4 garfio
16 gancho

rebañar
51 apropiar(se)
7 arrebañar

rebañería
2 mayoralía

rebaño
1 boyada
12 hato
5 pavada
2 piara
3 vacada
1 yeguada
8 manada

rebasamiento
4 superación
19 adelantamiento

rebasar
2 desbordarse
33 exceder(se)
48 pasar(se)
48 salir(se)
10 derramarse
4 sobrepujar
12 traspasar

rebatible
6 insostenible
3 refutable

rebatimiento
3 contrarréplica
10 contradicción

rebatiña
20 apropiación

rebatir
3 confutar
9 impugnar
7 refutar
25 resistir(se)
6 contrarrestar
13 rechazar

rebato
12 alarma
34 aviso

rebeca
9 chaqueta

rebeco
5 gamuza
3 íbice

rebelar(se)
58 alzar(se)
19 amotinar(se)
23 arrostrar
6 desmandarse
7 desobedecer
10 insubordinar(se)
12 insurreccionar(se)

53 levantar(se)
53 levantarse
23 pronunciar(se)
10 protestar
25 resistir(se)
15 soliviantar(se)
20 sublevar(se)
27 negarse
25 resistirse
3 revirar(se)
⇨echarse a la calle
41 ◁*allanar(se)*
14 ◁*plegar(se)*
22 ◁*resignar(se)*
4 ◁*sobrellevar*
40 ◁*someter(se)*

rebelde
4 amotinado
5 desobediente
9 indisciplinado
8 indócil
5 insubordinado
3 insumiso
8 insurrecto
9 reacio
5 recalcitrante
8 refractario
7 sedicioso
3 subversivo
11 alzado
6 sublevado

rebeldía
6 desobediencia
5 indocilidad
7 levantamiento
11 plante
10 pronunciamiento
17 resistencia
11 revuelta
15 revolución
79 alboroto
9 alzamiento
11 insurrección
11 motín
11 rebelión
7 sublevación

rebelión
22 asonada
7 levantamiento

1 militarada
10 pronunciamiento
14 rebeldía
9 sedición
1 sublevamiento
9 subversión
10 conspiración
8 levante
11 motín
8 ◁*lealtad*
6 ◁*obediencia*
15 ◁*disciplina*

rebencudo
13 obcecado
7 testarudo

rebenque
8 cascarrabias
5 gruñón
⇨anguila de cabo

reblandecer(se)
30 ablandar(se)
4 afeminar
26 blandear(se)
4 lentecer(se)
3 molificar(se)
3 emolir
18 ◁*endurecer(se)*

reblandecimiento
5 ablandamiento
1 enternecimiento
1 lenificación
5 suavización

reblar
7 cejar
6 desistir

rebocillo
5 rebozo

rebollo
4 mesto
4 roble

rebolludo
4 repolludo

9 rechoncho
16 ◁*fino*
23 ◁*ligero*

reboño
16 barro

reborde
3 rebaba
13 saliente

rebosante
7 eufórico
11 pleno
10 pletórico
11 preñado
14 lleno
10 repleto

rebosar
14 abundar
7 cundir
2 desbordarse
1 reverter
48 salir(se)
2 sobreabundar
1 trasverter
10 derramarse

rebose
10 añadidura

rebotadura
34 bote

rebotar(se)
74 aturdir(se)
25 resistir(se)
29 saltar(se)
22 botar
13 rechazar

rebote
34 bote
8 retroceso
17 salto

rebotica
1 trastienda

rebozado
7 cubierto
1 empanado
1 enharinado
4 envuelto
5 recubierto

rebozar
51 cubrir(se)
2 enharinar
32 envolver(se)
22 tapar(se)
5 empañar(se)

rebozarse
3 enarenarse

rebozo
18 disimulo
4 embozo
8 excusa
5 pretexto(s)
10 simulación

rebrotar
7 retoñar

rebrote
2 renuevo
6 retoño
7 hijuelo

rebufe
8 bufido

rebujar(se)
54 confundir(se)
7 enmarañar
39 liar(se)

rebujina
13 bullanga
80 bulla

rebujo
11 lío
8 maraña

rebullicio
80 bulla

rebullir
40 agitar(se)
59 mover(se)

rebumbio
31 animación
79 alboroto
80 bulla

reburujar
18 arrebujar(se)

reburujón
2 rebujo
11 lío

rebusca
16 busca

rebuscado
14 complicado
5 culterano
  difícil
9 elegante
3 estudiado
44 afectado
10 amanerado
9 atildado
12 ◁sencillo

rebuscador
8 buscador

rebuscamiento
6 complejidad
13 complicación
15 dificultad

rebuscar
24 buscar(se)
6 escrutar
6 escudriñar
13 explorar
11 indagar
10 inquirir

rebuznar
1 roznar

rebuzno
1 roznido

recabar
24 conseguir(se)
3 lograr
8 obtener
22 alcanzar

recadero
10 enviado
2 factótum
2 mandadero
22 ordinario
13 propio

recado
6 mensaje
6 misiva
8 provisión
34 aviso

recaer
3 reincidir

recaída
14 reventón
3 reincidencia

recaimiento
2 agudización

recalada
5 arribada
4 fondeo

recalado
5 fondeado

recalar
6 arribar
31 introducir(se)
37 llegar(se)
12 penetrar(se)
32 entrar

recalcadamente
9 apretadamente

recalcar
17 acentuar(se)
27 destacar(se)
11 machacar
12 realzar(se)
3 reiterar
15 repetir(se)
1 subrayar

recalce
1 recalzo

recalcitrante
6 contumaz
17 empecinado
7 insistente
14 obstinado
9 terco

recalentamiento
9 calentamiento

recalvastro
9 calvo

recalzo
1 recalce

recamado
4 engalanado
5 labrado
16 adornado
20 bordado

recamador
3 bordador

recamar
21 adornar
13 bordar

recámara
7 alcoba
29 depósito
2 dormitorio

recambiable
2 intercambiable

recambiar
5 remudar

recamo
20 bordado

recantación
3 palinodia

recapacitar
5 compendiar
11 meditar
4 recapitular
6 recordar
15 reflexionar
5 rememorar
6 resumir
5 sintetizar

recapitulación
14 compendio
11 resumen
13 sumario
6 recensión
6 síntesis

recapitular
5 compendiar
5 reseñar
6 resumir
5 sintetizar

recargado
15 barroco
10 kitsch
16 pomposo

recargamiento
8 hojarasca

recargar
59 aumentar(se)
12 emperifollar(se)
4 gravar
⇨adornar en exceso

recargo
7 gravamen
2 sobreprecio
23 aumento

recatado
8 cauto
13 decente
12 honesto
16 modesto
7 precavido
7 prevenido

6 púdico
15 reservado
5 ◁*desprevenido*
18 ◁*descocado*

recatar(se)
9 abstenerse
31 encubrir(se)
10 esconder
41 ocultar(se)
23 privar(se)

recato
8 cautela
19 circunspección
10 decencia
9 decoro
11 honestidad
11 modestia
5 pudor
15 reserva(s)
8 sigilo
17 vergüenza
2 ◁*desvergüenza*

recauchutar
5 impermeabilizar
2 reencauchar(

recaudable
3 cobrable

recaudación
2 cobro
4 colecta
2 cuestación
6 percepción

recaudador
1 almojarife
5 cobrador
2 exactor
2 habilitado

recaudar
1 embolsarse
16 percibir
8 recibir
19 cobrar

recaudo
7 fianza
20 seguridad

recebo
3 arenilla

recejar
12 retroceder

recelar(se)
58 asustar(se)
2 desconfiar
12 escamar(se)
44 guardar(se)
6 indiciar
4 maliciar
4 maliciarse
18 oler(se)
23 sospechar(se)
11 temer
11 temerse
7 dudar
2 orejear
6 ◁*avalar*

recelo
11 barrunto
10 desasosiego
10 desconfianza
9 escama
14 espina
13 malicia
14 prevención
6 sospecha
6 suspicacia
7 cominillo
18 temor

receloso
9 abanto
8 desconfiado
7 escamado
3 escamón
3 escarmentado
7 prevenido
5 suspicaz
7 temeroso
8 manero

recensión
7 comparación
6 cotejo

10 información
24 nota
13 artículo
4 reseña

recepción
5 aceptación
11 acogida
8 admisión
23 entrada
5 ingreso
2 recibimiento

receptáculo
8 cavidad
5 recipiente
3 tálamo

receptivo
24 abierto

recepto
7 asilo

receptor
2 aceptador
4 recibidor

receso
33 alto(s)
24 apartamiento
9 pausa

receta
18 fórmula
3 prescripción

recetar
24 ordenar(se)
10 prescribir

recibí
8 recibo

recibible
7 admisible

recibido
5 acepto
3 admitido

recibidor
  4 antesala
  12 cuadra
  1 hall
  6 vestíbulo

recibimiento
  11 acogida
  6 recepción

recibir
  17 aceptar
  19 acoger(se)
  19 admitir
  18 adoptar
  8 obtener
  16 percibir
  44 tomar(se)
  19 cobrar

recibo
  3 comprobante
  8 descargo
  3 finiquito
  3 justificante
  6 recepción
  2 recibimiento
  9 resguardo
  ⇨carta de pago

recidiva
  2 recaída

reciedumbre
  11 aguante
  13 firmeza
  11 fortaleza
  49 energía
  11 entereza
  7 vigor

reciente
  8 flamante
  12 nuevo
  25 caliente
  18 fresco
  ⇨acabado de hacer
  9 ◁*pasado*

recientemente
  últimamente

⇨hace poco

recinto
  5 circuito
  31 contorno(s)
  4 espacio
  21 lugar
  8 perímetro
  7 ámbito

recio
  9 enérgico
  17 grueso
  7 rollizo
  5 vigoroso
  10 abultado
  22 fuerte
  19 gordo
  9 obeso
  14 ◁*débil*
  16 ◁*flaco*

recipiendario
  3 cesionario
  3 ◁*impetrador*

recipiente
  6 cápsula
  3 receptáculo
  5 cuenco
  27 vasija
  13 vaso

reciprocidad
  8 correspondencia
  5 intercambio
  3 permuta
  1 biunivocidad
  20 relación

recíproco
  4 correlativo
  4 mutuo

recitación
  3 declamación

recitador
  1 declamador
  2 narrador
  9 poeta

recital
  4 lectura
  8 concierto

recitar
  2 declamar
  16 entonar(se)
  23 pronunciar(se)

reclamación
  17 demanda
  13 exigencia
  7 protesta
  4 reivindicación
  5 requerimiento
  7 solicitud

reclamado
  2 irredento

reclamante
  4 recurrente

reclamar
  9 exigir
  4 reivindicar
  8 solicitar
  19 cobrar
  17 pedir
  9 ◁*perdonar*

reclamo
  10 aliciente
  24 anuncio(s)
  6 incentivo
  3 propaganda
  4 publicidad
  9 señuelo
  34 aviso

reclinado
  5 retrepado

reclinar(se)
  63 apoyar(se)
  43 inclinar(se)
  3 recostar

reclinatorio
  1 propiciatorio

recluido
  9 arrestado
  7 asilado
  9 recogido

recluir(se)
  9 acuartelar
  35 aislar(se)
  21 arrestar(se)
  5 asilar
  7 confinar
  11 encerrar
  2 enclaustrar
  3 hospitalizar(se)
  11 soterrar(se)

reclusión
  25 aislamiento
  12 encierro
  21 cárcel
  17 prisión

recluso
  8 forzado
  5 presidiario
  6 preso
  4 prisionero

recluta
  4 alistamiento
  9 bisoño
  7 caloyo
  4 enganche
  2 quinto
  4 reclutamiento
  4 sorche
  4 leva

reclutamiento
  4 alistamiento
  4 enganche
  8 recluta
  4 leva

reclutar
  17 alistar(se)
  19 enganchar(se)
  5 enrolar(se)
  1 levar

recobrado
  7 restablecido

recobrar(se)
- 42 aliviar(se)
- 5 amortizar(se)
- 51 apropiar(se)
- 6 arribar
- 3 convalecer
- 16 desahogar(se)
- 49 mejorar(se)
- 3 reconquistar
- 15 recuperar(se)
- 27 reponer(se)
- 11 resarcir(se)
- 8 rescatar
- 19 restablecer(se)
- 9 restaurar
- 14 sanar(se)
- 19 cobrar
- 11 enterar
- 18 ◁empeorar(se)
- 38 ◁perder(se)

recobro
- 6 recuperación

recocerse
- 25 apasionar(se)
- 35 atormentar(se)

recochinearse
- 5 ensañar(se)
- 80 burlarse
- 6 mofarse
- 8 ◁respetar

recochineo
- 8 ensañamiento
- 103 burla
- 7 chacota
- 13 ◁respeto(s)

rcoodo
- 19 ángulo
- 4 esquina
- 14 revuelta

recogeabuelos
- 6 pasador
- 2 peineta

recogedor
- 7 pala
- 2 rastra

- 5 badil

recoger(se)
- 15 abrigar(se)
- 25 abstraer(se)
- 17 aceptar
- 19 acoger(se)
- 9 acorrer
- 6 acubilar
- 18 acumular(se)
- 9 acurrucarse
- 35 aislar(se)
- 15 almacenar(se)
- 42 amontonar(se)
- 6 añascar
- 7 aparar
- 51 apropiar(se)
- 7 arrebañar
- 6 arredilar
- 6 arregazar
- 32 arrinconar(se)
- 5 asilar
- 40 batir(se)
- 14 captar
- 44 ceñir(se)
- 5 colectar
- 2 congregar
- 5 cosechar
- 11 encerrarse
- 29 encoger(se)
- 15 ensimismar(se)
- 10 esconderse
- 44 guardar(se)
- 4 incomunicarse
- 74 juntar(se)
- 3 rebanar
- 4 recolectar
- 9 reconcentrar(se)
- 13 refugiar(se)
- 34 retirar(se)
- 10 retraerse
- 49 reunir(se)
- 3 sintonizar
- 3 vendimiar
- 17 aprehender
- 10 arriar
- 7 halar
- 34 retirarse
- ⇨estar en babia

recogida
- 7 codificación

recogido
- 6 aislado
- 8 ensimismado
- 3 recluido
- 1 reconcentrado
- 8 reducido
- 11 retirado
- 16 solitario
- 17 escaso
- 14 pequeño
- 3 ◁sociable
- 23 ◁grande

recogimiento
- 6 concentración
- 3 unción

recolección
- 15 acopio
- 6 cobranza
- 7 pizca
- 4 recaudación
- 10 cosecha

recolectar
- 5 cosechar
- 4 recaudar
- 47 recoger(se)
- 19 cobrar

recolectora
- 2 cosechadora

recoleto
- 27 austero
- 8 ensimismado
- 5 introvertido
- 11 retirado
- 16 solitario
- 16 solo
- 1 ◁extrovertido
- 5 ◁mundano

recomendable
- 5 aconsejable
- 5 elogiable
- 8 estimable

recomendación
- 30 amparo
- 6 mensaje

- 12 consejo
- 26 amonestación

recomendado
- 3 enchufado
- 4 enchufista

recomendante
- 15 amparador

recomendar
- 28 aconsejar(se)
- 30 amonestar(se)
- 17 confiar(se)
- 6 encomendar
- 12 exhortar

recomenzar
- 27 volver(se)

recomer(se)
- 2 concomer(se)

recompensa
- 25 beneficio(s)
- 7 coima
- 7 galardón
- 8 premio
- 10 remuneración
- 7 retribución
- 14 merced

recompensado
- 4 galardonado

recompensar
- 5 compensar
- 7 galardonar
- 9 indemnizar
- 5 laurear
- 6 premiar
- 5 remunerar
- 11 resarcir(se)
- 7 retribuir

recomponer
- 83 arreglar(se)
- 5 remendar
- 34 componer
- 21 reparar

recomposición
  5 reconstrucción
  5 retoque
  3 ◁*despedaza-
     miento*

reconcentrado
  9 recogido

reconcentrar(se)
  25 abstraer(se)
  9 cavilar
  6 centralizar
  16 concentrar(se)
  15 ensimismar(se)
  74 juntar(se)
  47 recoger(se)
  49 reunir(se)

reconciliación
  3 apaciguamiento
  9 armisticio

reconciliar(se)
  55 acomodar(se)
  37 acordar(se)
  59 ajustar(se)
  16 amigar(se)
  27 amistar(se)
  23 aproximar(se)
  10 bendecir
  10 conciliar
  7 contentar(se)
  16 mediar
  49 reunir(se)
  4 concordar
  34 componer
  ⇨hacer las paces
  21 ◁*enemistar(se)*

reconcomer
  2 concomer(se)

reconcomerse
  20 angustiar(se)
  35 atormentar(se)
  24 desazonar(se)
  2 desconfiar
  17 preocupar(se)
  15 encolerizarse
  52 ◁*asegurar(se)*

  17 ◁*confiar(se)*

reconcomido
  22 angustioso
  14 arrepentido
  6 atrito

reconcomio
  13 afán
  10 desconfianza
  9 nerviosismo
  6 sospecha
  5 prurito
  17 inquietud
  11 recelo

reconditez
  3 alejamiento

recóndito
  7 abstruso
  17 escondido
  9 hondo
  16 oculto
  19 secreto
  8 profundo
  13 ◁*visible*

reconducir
  19 acompañar

reconfortado
  7 descansado

reconfortante
  3 asimilable
  7 reparador
  4 tónico
  5 vigorizador

reconfortar(se)
  14 alentar(se)
  42 aliviar(se)
  14 aminorar(se)
  14 descansar
  13 fortalecer(se)
  14 reanimar(se)
  4 tonificar

reconocedor
  8 batidor

reconocer
  17 aceptar
  19 admitir
  4 agradecer
  13 analizar(se)
  16 aquilatar(se)
  6 auscultar(se)
  25 averiguar(se)
  2 cachear(se)
  9 enjuiciar
  11 estudiar
  41 examinar(se)
  13 explorar
  5 fiscalizar
  10 inquirir
  10 inspeccionar
  19 observar
  45 pesar(se)
  26 registrar(se)
  3 sopesar
  25 mirar
  19 ver
  ⇨dar las gracias

reconocible
  3 identificable

reconocido
  8 graduado

reconocimiento
  5 aceptación
  8 admisión
  3 agradecimiento
  8 análisis
  3 cacheo
  12 examen
  4 exploración
  4 fiscalización
  4 gratitud
  9 inspección
  12 observación
  13 registro

reconquistar
  19 recobrar(se)
  15 recuperar(se)
  1 retomar

reconstitución
  5 reconstrucción

reconstituir
  13 fortalecer(se)
  5 reconstruir
  14 rehacer(se)
  3 reorganizar
  14 sanar(se)
  11 vigorizar
  13 curar

reconstituyente
  analéptico
  4 tónico

reconstrucción
  1 rearticulación
  2 recomposición
  1 reconstitución
  1 reedificación
  2 reorganización

reconstruir
  1 rearticular
  4 recomponer
  7 reconstituir
  1 reedificar
  3 reorganizar

reconvención
  7 rapapolvo
  7 recriminación
  5 regañina
  36 represión
  17 reprimenda
  11 riña
  13 vela
  29 ◁*alabanza*

reconvenir
  10 afear
  30 amonestar(se)
  8 recriminar
  10 reprochar(se)
  22 reñir
  9 ◁*felicitar(se)*

recopilación
  7 antología
  5 compilación
  14 colección

recopilado
  6 sintético

recopilar
 1 coleccionar
 2 compilar
 74 juntar(se)
 49 reunir(se)

récord
 16 marca

record
 16 marca
 13 registro

recordación
 7 perpetuación

recordar
 37 acordar(se)
 6 evocar
 15 retener(se)
 ⇨guardar en la memoria
 ⇨hacer memoria
 ⇨no echar en el olvido
 11 ◁*olvidar(se)*

recordatorio
 2 agenda
 10 celebración
 6 conmemoración
 4 vademécum
 14 bolo

recorrer
 16 acudir
 38 andar
 83 arreglar(se)
 12 callejear
 7 peregrinar
 7 repasar
 19 venir(se)
 3 visitar
 34 correr
 50 ◁*parar(se)*

recorrida
 12 examen
 12 reconocimiento

recorrido
 2 trayecto
 26 camino
 10 ruta

recortadura
 5 recorte

recortar(se)
 14 afeitar(se)
 12 amputar
 10 cercenar
 1 desjarretar
 4 desmochar
 14 dibujar(se)
 19 empequeñe-
  cer(se)
 19 perfilar(se)
 3 rasurar
 3 rebanar
 2 sajar
 9 truncar
 14 atusar
 14 capar
 57 cortar
 22 pelar
 8 podar

recorte
 1 cercenadura
 1 recortadura
 10 sección
 26 parte
 13 pedazo

recortes
 5 arrebañaduras

recoser
 5 remendar

recosido
 4 zurcido

recostado
 5 retrepado

recostar
 7 acamar
 63 apoyar(se)
 3 reclinar(se)

recostarse
 63 apoyar(se)
 43 inclinar(se)

 1 retreparse

recoveco
 19 ángulo
 33 artificio
 10 impostura

recreación
 8 asueto
 16 distracción
 10 entretenimiento
 5 esparcimiento
 4 farra
 10 jolgorio
 15 recreo
 5 refocile
 10 reproducción
 2 restablecimiento
 8 solaz
 12 francachela
 15 jaleo
 9 juerga
 8 parranda

recrear(se)
 61 animar(se)
 6 correrla
 24 distraer(se)
 32 divertir(se)
 26 entretener(se)
 28 esparcir(se)
 14 explayar(se)
 17 gozar
 18 holgar(se)
 14 jugar
 14 refocilar(se)
 18 regocijar(se)
 20 reproducir(se)
 19 restablecer(se)
 8 retozar
 15 solazar(se)
 27 alegrar(se)

recreativo
 30 divertido
 9 entretenido

recrecer
 12 ampliar(se)
 2 amplificar
 59 aumentar(se)
 15 desarrollar

 5 engrosar
 9 reforzar
 19 ◁*disminuir(se)*

recrecido
 35 bravío

recremento
 ⇨secreción endocrina

recreo
 8 asueto
 14 descanso
 16 distracción
 10 entretenimiento
 5 esparcimiento
 4 farra
 10 jolgorio
 9 pausa
 15 recreación
 5 refocile
 8 solaz
 12 francachela
 15 jaleo
 9 juerga
 8 parranda

recriminación
 14 admonición
 20 botón
 10 filípica
 17 reprimenda
 15 reproche
 11 riña
 13 sermón
 29 ◁*alabanza*

recriminar
 13 acusar
 10 afear
 30 amonestar(se)
 5 reconvenir
 10 reprochar(se)
 22 reñir
 16 reprender
 ⇨echar en cara
 65 ◁*alabar(se)*

recrudecer(se)
 34 avivar(se)
 11 enconarse

16 *exacerbar(se)*
26 *incrementar(se)*
8 redoblarse
19 ◁*disminuir(se)*

recrudecimiento
3 intensificación

recrudescencia
22 acrecentamiento

recta
1 diámetro
3 ◁*zigzag*

rectal
2 intestinal

rectamente
1 derechamente
1 directamente
1 honestamente
1 honorablemente
1 santamente
1 virtuosamente

rectángulo
1 cuadrilongo

rectificable
5 discutible
5 modificable
1 retractable
1 revisable
2 transformable
15 ◁*fijo*
11 ◁*indiscutible*
10 ◁*irrefutable*

rectificación
13 corrección
6 enmienda(s)
4 modificación
5 retoque

rectificar
16 corregir(se)
24 enderezar(se)
8 enmendar
14 modificar(se)
20 reformar(se)
14 rehacer(se)

5 retocar
20 ◁*ratificar(se)*

rectilíneo
19 recto

rectitud
1 derechura
7 ecuanimidad
3 equidad
11 honestidad
7 honradez
6 imparcialidad
6 integridad
4 probidad
11 ◁*deshonestidad*

recto
10 directo
4 equitativo
4 erguido
12 honesto
14 honrado
5 imparcial
13 inflexible
14 íntegro
7 justiciero
5 probo
1 rectilíneo
16 tieso
1 vertical
4 ano
24 derecho
7 ecuánime
26 rígido
9 seguido
20 severo
12 ◁*deshonesto*
6 ◁*doblado*
3 ◁*indirecto*
16 ◁*quebrado*

rector
6 abad
10 administrador
16 clérigo
14 eclesiástico

rectora
3 superiora

rectoría
3 priorato

recua
1 reata
10 atajo

recuadro
4 encuadre
5 marco

recubierto
4 envuelto
3 resguardado
2 revestido
2 tapizado
12 protegido
12 ◁*descubierto*
1 ◁*destapado*

recubrimiento
4 galvanización
2 galvanoplastia
21 capa
8 forro

recubrir(se)
4 alicatar
4 bachear
10 barnizar
3 cromar
51 cubrir(se)
5 empapelar
3 encofrar
1 enlatar
6 entoldar(se)
3 galvanizar
2 laminar
17 revestir(se)
6 empastar
17 forrar
23 pintar

recuelo
8 café

recuento
2 cómputo
17 cuenta
5 inventario
6 arqueo

recuerdo(s)
12 encomienda(s)
9 evocación

16 memoria(s)
3 remembranza
4 reminiscencia
2 retentiva
15 cariño
7 consciente
10 despierto
10 ◁*olvido*

recuero
14 gañán

reculada
8 retroceso

recular
1 desandar
12 retroceder
8 retornar
⇨volver atrás

recuperable
5 reversible
3 superable

recuperación
9 compensación
5 desquite
6 mejoría
1 recobro
12 reparación
3 rescate

recuperar(se)
5 amortizar(se)
5 compensar
3 convalecer
16 desahogar(se)
2 desquitar
49 mejorar(se)
2 reasumir
19 recobrar(se)
3 reconquistar
11 resarcir(se)
8 rescatar
9 restaurar
14 sanar(se)
19 cobrar
11 enterar
18 ◁*empeorar(se)*

recurrente
6 demandante
1 reclamante
5 repetido
10 periódico
12 ◁*irregular*
◁*saltuario*

recurrir
19 acoger(se)
16 acudir
9 apelar

recurso(s)
8 agarradera(s)
7 alzacuello
6 alzada
9 apelación
11 arbitrio
bienes
3 casación
12 contra
17 demanda
5 disponibilidad
6 efugio
7 expediente
36 forma(s)
18 habilidad
15 ingenio
30 manera(s)
35 medio(s)
26 modo
18 patente
27 posible(s)
11 procedimiento
5 requerimiento
8 sutileza
7 talento
8 filón
13 dinero
11 remedio
15 traza

recusable
3 rechazable
2 repudiable

recusación
3 negativa
6 rechazo
7 repudio

8 repulsa
5 ◁*aceptación*

recusar
70 apartar(se)
9 declinar
10 denegar
10 rehusar(se)
12 repeler
21 repudiar(se)
11 desdeñar
13 rechazar

rechace
6 rechazo

rechazable
9 deplorable
10 indeseable
2 recusable

rechazado
6 conquistado
5 excomulgado
4 inhabilitado
3 ◁*admitido*
4 ◁*aplaudido*
5 ◁*electo*
6 ◁*elegido*

rechazar
70 apartar(se)
42 arrojar(se)
18 contradecir(se)
9 declinar
10 desestimar(se)
21 despedir(se)
58 echar(se)
6 pujar
7 refutar
10 rehusar(se)
12 repeler
21 repudiar(se)
11 desdeñar
20 ◁*coger*

rechazo
12 choque
3 rebote
1 rechace
7 repudio

8 retroceso
9 devolución
1 ◁*acogimiento*
14 ◁*atracción*

rechifla
15 befa
103 burla
7 chanza
6 mofa

rechiflar(se)
15 befar(se)
27 bromear(se)
80 burlar(se)
19 ◁*aclamar*

rechinante
3 chirriante

rechinar
5 crujir
3 chirriar
27 enojarse
5 rabiar

rechino
8 abucheo

rechistar
3 chistar

rechoncho
4 abotargado
7 rollizo
10 abultado
17 acalorado
19 cipote
14 currutaco
19 gordo
9 pocho
3 sudoroso
2 ◁*espigado*

rechonchón
38 agradable
18 gracioso

red
3 almadraba
9 celada
3 entramado
4 jábega
7 malla
12 organización
2 retículo
1 traína
13 boliche
5 copón
13 lazo
10 trampa

redactar
9 escribir
4 expedir
51 extender(se)
11 librar
34 componer

redactor
9 autor
10 escritor
4 gacetillero
6 periodista

redada
11 apresamiento
9 bojiganga
8 copo
4 jábega

redaje
11 lío
8 maraña

redaño(s)
13 agalla(s)
19 brío
5 entresijo
12 valentía
24 valor
6 cojones
49 energía
29 ◁*apocamiento*

redecilla
13 bonete
1 gandaya
2 retículo

rededor
31 contorno(s)
5 derredor

redel
1 almogama

redención
6 liberación
18 libertad
3 manumisión
3 rescate
3 salvación
11 absolución

redentor
4 alfaqueque
5 emancipador
4 eximente
5 libertador
3 rescatador
4 salvador

redeña
1 salabardo

redicho
8 grandilocuente
4 pedante
11 enfático
44 afectado

rediez
6 ostra(s)

redil
7 apero
7 aprisco
2 majada
18 cancha

redimido
6 restituido
6 absuelto
2 ◁*irredento*

redimir
6 cancelar
6 desempeñar
5 emancipar(se)
15 libertar(se)
11 librar
9 manumitir(se)
23 relevar(se)
8 rescatar
22 salvar(se)
42 soltar(se)

rédito
25 beneficio(s)
15 interés
15 rendimiento
11 renta(s)
8 provecho

redituar
47 aprovechar(se)
30 rendir(se)
4 rentar

redivivo
1 reencarnado
2 resucitado

redoblar
23 acrecentar(se)
11 acrecer
59 aumentar(se)
4 duplicar(se)
26 incrementar(se)
3 reiterar
15 repetir(se)
31 doblar
19 ◁*disminuir(se)*

redoblarse
5 recrudecer(se)

redoma
9 botella
6 frasco
3 garrafón
4 fanal
8 farol
5 garrafa

redomado
12 cauteloso
50 astuto
9 ladino
10 sagaz
16 taimado
13 ◁*ingenuo*

redomón
35 bravío
11 paleto
17 rústico

redonda
2 dehesa
1 semibreve

redondamente
2 categóricamente
3 rotundamente
1 terminantemente

redondeado
3 lobulado

redondear
53 acabar(se)
39 pulir(se)

redondel
21 anillo
19 arena
5 ruedo
18 círculo

redondilla
1 cuarteta
1 servertesio

redondo
18 acabado
6 acertado
28 anular(se)
16 cabal
19 circular
28 claro
9 comprensible
8 esférico
9 perfecto
10 rotundo
24 fácil
◁*difícil*
12 ◁*imperfecto*

redor
13 alfombra

redro
17 atrás

redrojo
14 canijo
2 desmedrado
8 endeble
1 racimillo
3 racimo
11 raquítico
8 ◁*robusto*
22 ◁*fuerte*

redruejo
14 atrasado

reducción
3 decrecimiento
13 degradación
16 disminución
15 mengua
11 menoscabo
6 merma
3 minoración
3 restricción
9 pérdida
23 ◁*aumento*

reducidamente
9 apretadamente

reducido
9 ceñido
5 disminuido
19 estrecho
2 limitado
5 rebajado
4 restringido
17 escaso
14 pequeño
1 ◁*aumentado*
20 ◁*amplio*

reducir(se)
12 abreviar
16 acortar(se)
24 achicar(se)
12 amenguar
14 aminorar(se)
13 angostar(se)

reducto

28 anular(se)
45 apocar(se)
3 apocopar
24 argumentar(se)
35 bajar(se)
5 boicotear
44 calmar(se)
44 ceñir(se)
10 cercenar
3 cicatear
9 circunscribir
5 compendiar
14 concretar(se)
8 condensar
7 constreñirse
7 contentar(se)
16 contraer(se)
12 convertir(se)
18 domar(se)
6 domeñar
46 dominar(se)
19 empequeñecer(se)
29 encoger(se)
32 estrechar(se)
27 limitar(se)
12 menoscabar
8 minorar
21 mitigar(se)
31 moderar(se)
32 mudar(se)
50 parar(se)
39 rebajar(se)
23 refrenar(se)
9 restringir
6 resumir
5 sintetizar
40 someter(se)
39 suavizar(se)
16 transformar(se)
40 vencer(se)
46 cambiar
20 aligerar
10 escatimar
8 fruncir
14 sujetar
12 ◁*ampliar(se)*
59 ◁*aumentar(se)*
6 ◁*complementar(se)*
51 ◁*extender(se)*

reducto
7 asilo
41 defensa
13 cobija

reductor
3 braguero
4 transformador

redundancia
18 demasía
10 exceso
1 pleonasmo
8 plétora
2 reiteración
9 repetición
31 sobra(s)
8 superfluidad

redundante
13 excesivo
2 reiterado
5 repetido
4 superfluo
⇨de sobra

redundar
17 causar
39 originar(se)
11 resultar
⇨dar pie
⇨terminar en
⇨venir a parar

reduplicar
11 acrecer
59 aumentar(se)
26 incrementar(se)
3 intensificar

reedificación
5 reconstrucción

reedificar
5 reconstruir

reeditar
1 reimprimir

reelegir
9 confirmar(se)
20 ratificar(se)

13 renovar
10 ◁*denegar*
13 ◁*rechazar*

reembolsar
31 entregar(se)
34 pagar(se)
27 reponer(se)
6 devolver
7 restituir
8 ◁*recibir*
19 ◁*cobrar*

reembolsarse
19 cobrar

reembolso
6 entrega
17 pago(s)
3 reintegro
8 reposición
9 devolución
2 ◁*cobro*
8 ◁*recibo*

reemplazable
2 intercambiable
4 renovable
1 sustituible

reemplazamiento
8 substitución

reemplazar(se)
23 relevar(se)
5 remudar
13 renovar
29 representar(se)
8 substituir
13 suceder
2 suplantar
2 suplir
2 sustituir
23 alternar

reemplazo
4 enganche
3 permuta
6 quinta
4 reclutamiento

2 relevo
3 suplencia
3 sustitución
4 leva
19 cambio

reemprender
13 renovar
7 resucitar

reencarnación
4 reaparición
1 regeneración
3 resurgimiento
2 resurrección
11 ◁*muerte*
10 ◁*olvido*

reencarnado
2 redivivo

reencarnar
6 reaparecer

reencauchar
6 naturalizar(se)
2 recauchutar

reexaminar
2 revisar

refajo
3 enagua

refajos
24 follón

refala
11 riña
7 trifulca

refalar(se)
11 despojarse
34 escapar(se)
18 esfumarse
58 quitar
14 robar

refección
1 lunch
7 refrigerio
23 comida
4 piscolabis
5 tentempié

refectorio
6 comedor
5 comedero

referencia
12 cita
10 consulta
5 correlación
5 crónica
7 dependencia
9 detalle
13 informe
10 narración
4 plebiscito
4 pormenor
10 relato(s)
7 remisión
6 semejanza
16 sentido
11 significado
6 sufragio
5 votación
20 relación
4 reseña
12 designación
13 noticia

referéndum
4 plebiscito

referente
4 alusivo
12 apropiado
7 atinente
4 concerniente
6 relativo
12 designación

referido
5 mencionado
4 precitado
5 tocante
44 afectado

referir(se)
16 acotar
6 achacar
10 aludir(se)
9 apelar
40 aplicar(se)
9 atenerse
11 citar
9 contar
24 encadenar(se)
3 historiar
15 insinuar(se)
3 mencionar
10 narrar
4 puntualizar
31 relacionar(se)
3 relatar
26 remitir(se)
5 reseñar
46 señalar(se)
4 sugerir
39 tocar(se)
11 denotar
13 enlazar
28 sacar

refinado
27 delicado
20 distinguido
11 limpio
6 minucioso
9 primoroso
2 purificado
21 puro
8 rebuscado
5 remilgado
44 afectado

refinamiento
32 afectación
20 delicadeza
7 encarnizamiento
8 ensañamiento
3 rebuscamiento
1 remilgamiento
15 distinción
12 primor

refinar(se)
8 acendrar(se)
10 acrisolar
20 colar(se)
11 cribar
6 desbastar
29 educar(se)
22 perfeccionar(se)
39 pulir(se)
7 purificar
4 quintaesenciar
4 tamizar
1 ◁*impurificar(se)*

refinería
10 fábrica
14 planta

refirmar
63 apoyar(se)
9 confirmar(se)
20 ratificar(se)

refistolear
7 farolear
16 presumir

refitolero
2 cominero
9 entrometido
14 metomentodo

reflectante
2 irradiante
2 reverberante

reflectar
4 reflejar

reflector
4 proyector

reflejar
20 evidenciar
11 manifestar
1 reflectar
4 reverberar

reflejo
6 automático
7 destello
8 eco
1 espejeo
7 espontáneo
20 imagen
8 impensado
9 inconsciente
7 indeliberado
6 involuntario
5 maquinal
16 muestra(s)
12 reflexivo
2 refracción
20 representación
1 reverberación

reflejos
7 destellos

reflexión
47 atención(es)
33 consideración(es)
12 especulación
2 introspección
8 meditación
12 ponderación
12 precaución
37 alma
26 amonestación
9 ◁*imprevisión*

reflexionar
11 calcular
7 cavar
9 cavilar
13 considerar(se)
9 deliberar
12 discurrir
19 especular
11 meditar
19 observar
31 pensar(se)
11 razonar
8 recapacitar
4 repensar
7 rumiar
24 revolver
3 ◁*repentizar*

reflexivo
29 absorto
25 avisado
5 caviloso
12 discreto
5 juicioso
5 meditabundo
5 pensativo

refluir

5 ponderado
1 pronominal
13 prudente
16 reflejo
6 sensato

9 ◁ *alocado*

refluir
12 retroceder

reflujo
1 bajamar
8 reacción
6 regolfo
8 retroceso

refocilar(se)
9 deleitarse
32 divertir(se)
26 entretener(se)
17 gozar
23 recrear(se)
18 regocijar(se)
15 solazar(se)

8 destellar
8 regodear
3 relampaguear

28 ◁ *aburrir(se)*

refocile
10 entretenimiento
15 recreación
15 recreo
8 solaz

7 regodeo

refocilo
16 diversión
30 placer

reforma
13 corrección
6 enmienda(s)
10 mejora
7 perfecciona-
miento
12 progreso
5 renovación
4 revisión
19 cambio

reformable
4 mutable
6 perfectible
4 renovable
2 transformable

15 ◁ *fijo*
19 ◁ *firme*

reformado
5 trastocado

reformador
15 agitador

reformar(se)
26 abonar(se)
8 acondicionar
36 apañar(se)
21 contener(se)
16 corregir(se)
24 enderezar(se)
8 enmendar
8 innovar
49 mejorar(se)
31 moderar(se)
14 modificar(se)
22 perfeccionar(se)
5 progresar
7 rectificar
4 refundir
6 regenerar(se)
13 renovar
19 restablecer(se)
2 revisar
46 cambiar

reformismo
4 liberalismo

reformista
3 calvinista

reforzado
7 acorazado
4 fortalecido
7 acentuado

reforzar
23 acrecentar(se)
14 alentar(se)
61 animar(se)

59 aumentar(se)
15 consolidar(se)
5 engrosar
13 fortalecer(se)
11 vigorizar
21 reparar

17 ◁ *debilitar*

refracción
16 reflejo
1 refrangibilidad

refractar
47 brillar
1 refringir

refractario
15 contrario
5 desobediente
8 indócil
3 insumiso
10 opuesto
9 reacio
10 enemigo
14 rebelde

11 ◁ *partidario*

refractivo
1 refringente

refractor
20 anteojo(s)

refrán
6 adagio
15 aforismo(s)
9 dicho
9 máxima
7 proverbio
15 sentencia(s)

refranero
4 paremiología
5 sentencioso

refrangibilidad
2 refracción

refregar
1 estregar
1 restregar

refregón
7 despellejamiento

refrenado
5 coercitivo

10 ◁ *desenfrenado*

refrenamiento
6 coerción

refrenar(se)
9 abstenerse
39 aguantar(se)
8 coartar
8 coercer
2 comedirse
12 comprimir(se)
21 contener(se)
49 detener(se)
46 dominar(se)
31 moderar(se)
52 reducir(se)
14 reportar(se)
21 reprimir(se)
9 señorear
21 serenar(se)
1 sofrenar
40 someter(se)
21 tranquilizar(se)
40 vencer(se)
20 violentar(se)

14 sujetar

⇨ parar el carro
⇨ recoger velas

refrendación
14 certificación

refrendar
23 aprobar(se)
22 autorizar(se)
12 legalizar
1 legitimar
25 permitir(se)

8 ◁ *desaprobar*

refrendatario
3 testigo

refrendo
18 aquiescencia
10 firma

6 testimonio

refreno
8 cohibimiento

refrescado
7 ventilado

refrescamiento
11 enfriamiento

refrescante
4 helador
4 ◁*inflamatorio*

refrescar(se)
5 abanicar(se)
16 congelar(se)
18 enfriar(se)
8 merendar(se)
4 refrigerar
27 reponer(se)
33 beber
25 ◁*acalorar(se)*
11 ◁*achicharrar(se)*

refresco
7 refrigerio
15 bebida
18 fresco

refriega
27 batalla
19 combate
12 choque
9 encuentro
5 escaramuza
23 lucha
11 pelea

refrigerado
7 enfriado

refrigerador
4 helador

refrigeramiento
11 enfriamiento

refrigerante
4 helador

4 ◁*achicharrante*

refrigerar
16 congelar(se)
18 enfriar(se)
11 helar
7 refrescar(se)
38 ◁*calentar(se)*

refrigerio
17 alivio
11 colación
14 descanso
4 piscolabis
5 refección
3 refresco
5 tentempié

refringente
1 refractivo

refringir
2 refractar

refrito
3 condimento
10 frito
4 fritura
9 imitación
6 revoltillo
18 ◁*original*

refuerzo
30 amparo
37 apoyo
14 concurso
5 estribo
9 socorro
5 soporte
14 sostén
24 auxilio
29 ayuda

refugiado
4 acogido
7 asilado
4 desterrado
6 exiliado
◁*repatriado*

refugiar(se)
19 acoger(se)
9 acorrer
55 amparar(se)
20 asistir(se)
16 cobijar(se)
10 esconderse
15 guarecer(se)
16 guarnecer(se)
47 recoger(se)
12 resguardar(se)
4 subvenir
1 ◁*desguarnecerse*

refugio
14 albergue
30 amparo
7 asilo
10 guarida
6 hospitalidad
8 patrocinio
13 protección
9 socorro
8 valimiento
13 cobija

refulgencia
26 brillo

refulgente
34 brillante
4 cegador
3 esplendente
5 luminoso
14 radiante
7 rutilante
6 coruscante

refulgir
47 brillar
5 esplender
11 fulgurar
5 relumbrar
10 resplandecer
5 rutilar

refundir
5 compendiar
20 reformar(se)
14 rehacer(se)
5 sintetizar

refunfuñador
2 rezongón

refunfuñar
6 gruñir
8 murmurar
5 rezongar
⇨hablar entre dientes

refunfuño
8 bufido
5 respingo

refusilo
3 relámpago

refutable
4 contestable
4 cuestionable
2 rebatible

refutación
10 contradicción

refutar
3 confutar
18 contradecir(se)
9 impugnar
27 negar(se)
6 objetar
6 rebatir
13 rechazar

regacear
6 arregazar

regado
1 humedecido
4 inundado

regajal
11 arroyo

regajo
4 reguera

regala
32 borde
11 casco
1 dona
1 obsequia

regalada
11 caballeriza

regalado
11 deleitoso
9 gozoso
7 grato
11 gratuito
7 gustoso
8 placentero
5 gratis
▷ de balde
10 ◁ *desagradable*

regalador
8 donante

regalar(se)
9 agasajar
12 arrellanar(se)
7 conceder
6 correrla
63 dar(se)
9 deleitarse
17 derretir(se)
32 divertir(se)
6 donar
10 dotar(se)
12 halagar
1 licuar
36 liquidar(se)
14 obsequiar(se)
26 ofrecer(se)
7 ofrendar
33 presentar(se)
14 festejar
6 mimar
9 pastorear

regalía
9 prerrogativa
6 privilegio

regalicia
3 regaliz

regalillo
2 manguito

regaliz
1 orozuz
2 paloduz

1 regalicia

regalo
21 agasajo
11 comodidad
20 cortesía
9 deleite
14 descanso
15 donación
9 fineza
7 ofrenda
30 placer
17 presente(s)
15 cariño
19 conveniencia
8 dádiva
11 don
12 gusto
7 obsequio

regalón
1 holgón
2 torreznero

regalonear
12 halagar
6 mimar

regañar
30 amonestar(se)
21 enemistar(se)
19 indisponer(se)
4 malquistarse
29 pelear(se)
5 reconvenir
6 sermonear
13 chorrear
13 desplomar
67 enfadarse
22 reñir
16 reprender
65 ◁ *alabar(se)*

regañina
8 glosa
10 viaje
7 reconvención
13 regaño
17 reprimenda

regaño
14 admonición

26 amonestación
25 andrajo
8 cantaleta
6 chaparrón
6 chorreo
10 filípica
7 friega
3 guiñapo
5 regañina
36 reprensión
17 reprimenda
13 sermón
29 ◁ *alabanza*

regañón
5 gruñón

regar
4 asperger
17 bañar(se)
5 duchar(se)
2 irrigar
21 mojar(se)
4 rociar
11 salpicar(se)

regata
10 carrera
6 competición

regate
1 desguince
6 efugio
7 escape
7 esguince
5 cuarteo

regatear
14 debatir(se)
10 denegar
12 discutir
27 negar(se)
10 rehusar(se)
8 regodear

regateo
2 chalanería
8 pugna
1 regatería
13 discusión
11 ◁ *liberalidad*

regatería
4 regateo

regatero
8 baratero
3 regatón
3 ◁ *carero*

regato
7 torrente
11 arroyo

regatón
1 contera
2 regatero
16 cuento

regazar
6 arregazar

regazo
30 amparo
7 cobijo
10 refugio
13 seno
9 falda

regencia
9 administración
8 substitución
9 tutela
6 mando

regeneración
4 reencarnación

regenerado
5 corregido
3 mejorado

regenerar(se)
4 recomponer
5 reconstruir
20 reformar(se)
14 rehacer(se)
19 restablecer(se)
9 restaurar

regentar
10 gobernar
15 regir(se)

regente
10 administrador
3 preposición

regicidio
9 asesinato
10 atentado
3 magnicidio

regido
3 administrado

regidor
3 corregidor
3 edil
5 gobernador
4 concejal

regiego
8 indócil
3 insumiso
14 rebelde

régimen
9 administración
4 conducta
10 dieta
11 gobierno
14 política
27 regla(s)
8 sistema

regimiento
24 ayuntamiento
7 destacamento
25 guarnición(es)

regimientos
4 brigada

regio
12 espléndido
8 esplendoroso
10 fastuoso
11 grandioso
2 lujuriante
6 majestuoso
9 ostentoso
7 suntuoso
11 magnífico

región
10 comarca
9 territorio

regional
3 comarcal

regionalismo
1 autonomismo
1 localismo
1 provincialismo
1 separatismo
6 ◁*unidad*
◁*unionismo*

regionalista
1 autonomista
◁*centralista*
4 ◁*nacionalista*

regir(se)
16 administrar(se)
32 atender(se)
10 bandear(se)
36 conducir(se)
56 dirigir(se)
10 gobernar
9 guiar
11 imperar
43 llevar(se)
10 manejar
4 presidir
2 regentar
6 reinar
42 seguir(se)
17 mandar

registrado
7 anotado

registrador
8 buscador
3 catalogador
3 medidor
2 visitador
3 voltímetro

registradora
2 calculadora
1 sumadora
33 caja

registrar(se)
20 anotar(se)
64 apuntar(se)
24 buscar(se)
2 cachear(se)
63 dar(se)
10 documentar(se)
6 escudriñar
6 fichar
11 inscribir
10 inspeccionar
18 notar
3 patentar
33 presentar(se)
47 producir(se)
8 rastrear
6 rebuscar
22 reconocer
23 sentar(se)
8 trajinar
7 matricular
50 asentar
7 cucarachear
6 chequear
7 esculcar
2 repepenar
24 revolver

registro
12 batida
16 busca
búsqueda
3 cacheo
7 catálogo
4 exploración
11 índice
8 investigación
5 protocolo
5 repertorio
5 archivo
6 arqueo
6 conservador

registrón
9 entrometido
6 fisgón

regla(s)
5 cartabón
4 código
11 constitución
9 criterio
9 escuadra
5 estatuto
2 falsilla
27 instrucción(es)
17 ley
6 mecanismo
4 menstruación
13 moderación
10 norma
7 pauta
17 precepto(s)
11 procedimiento
7 reglamento
8 sistema
9 tasa
6 templanza
11 guía
18 método
15 modelo
12 paradigma
19 patrón
9 periodo
17 razón

reglado
8 moderado
8 parco
8 sobrio
17 templado
4 ◁*extremado*

reglaje
11 ajuste
6 regulación
3 ◁*desajuste*

reglamentación
6 regulación

reglamentado
17 regular(se)

reglamentar
47 establecer(se)
12 legalizar
1 legitimar
3 normalizar
24 ordenar(se)
17 regular(se)
5 sistematizar
19 ◁*desordenar(se)*

reglamentario
- 3 acordado
- 2 convenido
- 1 establecido
- 5 legal
- 1 protocolario
- 17 regular(se)

reglamento
- 4 código
- 11 constitución
- 5 estatuto
- 17 ley
- 5 ordenamiento
- 27 regla(s)
- 5 ordenanza

reglar(se)
- 55 acomodar(se)
- 21 adaptar(se)
- 59 ajustar(se)
- 8 rayar
- 7 reglamentar
- 17 regular(se)
- 5 regularizar(se)
- 3 menstruar

regleta
- 1 interlínea

regletear
- 54 aclarar(se)

regocijado
- 4 alborozado
- 16 festividad
- 9 gozoso
- 14 radiante
- 16 risueño
- 15 satisfecho
- 12 ufano
- 36 alegre
- 8 contento
- 30 divertido
- 9 entretenido
- 5 jubiloso
- 8 ◁*aburrido*
- 16 ◁*triste*

regocijante
- 1 descacharrante
- 2 letificante

regocijar(se)
- 30 agradar
- 2 alborozarse
- 27 bromear(se)
- 7 contentar(se)
- 24 distraer(se)
- 32 divertir(se)
- 26 entretener(se)
- 17 gozar
- 18 holgar(se)
- 6 jaranear
- 30 placer
- 23 recrear(se)
- 14 refocilar(se)
- 27 alegrar(se)
- 7 disfrutar
- 4 reírse
- ⇨ echar las campanas al vuelo
- 28 ◁*aburrir(se)*
- 14 ◁*entristecer(se)*

regocijo
- 10 alborozo
- 38 alegría(s)
- 10 celebración
- 7 dicha
- 9 felicidad
- 17 gozo
- 9 júbilo
- 30 placer
- 8 contento
- 20 fiesta
- 7 regodeo
- 13 ◁*tristeza*

regodear(se)
- 27 bromear(se)
- 90 burlar(se)
- 9 deleitarse
- 30 placer
- 14 refocilar(se)
- 10 escatimar
- 6 regatear

regodeo
- 6 complacencia
- 9 deleite
- 4 magreo
- 7 manoseo
- 30 placer

5 refocile
17 caricias

regolaje
- 38 alegría(s)

regoldar
- 2 eructar

regolfo
- 9 cala
- 4 caleta
- 4 reflujo
- 3 remanso
- 8 retroceso
- 19 golfo

regomello
- 18 molestia(s)
- 7 reconcomio

regordete
- 2 guataco
- 6 retaco
- 2 saporro

regosto
- 32 anhelo

regresar
- 4 tornar
- 27 volver(se)
- 11 arrendar
- 6 devolver
- 14 pisar
- 7 restituir
- 8 retornar
- 53 ◁*marchar*

regresión
- 8 retroceso

regreso
- 9 retorno
- 21 vuelta

regüeldar
- 2 eructar

regüeldo
- 11 flatulencia

reguera
- 10 cauce
- 1 regajo
- 7 surco
- 18 canal

reguerete
- 19 confusión
- 19 desorden

reguero
- 14 acequia
- 7 hijuelo

regulable
- 3 graduable

regulación
- 15 medida
- 10 norma
- 20 orden
- 27 regla(s)
- 1 reglamentación
- 7 reglamento
- ◁*desmedida*
- 19 ◁*desorden*

regulado
- 23 arreglado
- 9 preceptivo

regulador
- 7 árbitro
- 2 reostato

regular(se)
- 4 ajustado
- 59 ajustar(se)
- 83 arreglar(se)
- 6 cadencioso
- 7 mediano
- 3 medido
- 6 mediocre
- 19 medir(se)
- 4 metódico
- 3 normalizado
- 24 ordenar(se)
- 1 pautado
- 1 reglamentado
- 7 reglamentar
- 8 reglar(se)
- 1 regularizado

⇨ni fu ni fa
45 ◁*bueno*
12 ◁*irregular*
34 ◁*malo*

regularidad
20 orden
2 periodicidad
18 método

regularización
12 organización

regularizado
17 regular(se)

regularizar(se)
83 arreglar(se)
3 normalizar
8 reglar(se)
17 regular(se)
4 uniformar

regularmente
1 medianamente
1 normalmente
1 ordinariamente
1 periódicamente
2 puntualmente
  ◁*irregularmente*

régulo
7 basilisco
2 reyezuelo

regumbio
18 barullo
79 alboroto

regurgitar
42 arrojar(se)
6 devolver
9 vomitar

regusto
5 deje
2 gustillo
1 saborcillo
7 regodeo
11 resabio

rehabilitación
5 reincorporación
3 vindicación
7 ◁*desautorización*

rehabilitado
7 restablecido
6 restituido
4 ◁*despedido*
5 ◁*vejado*

rehabilitar(se)
11 absolver
4 reivindicar
27 reponer(se)
7 restituir
4 ◁*desentronizar*

rehacer(se)
36 aplacar(se)
16 corregir(se)
13 fortalecer(se)
4 recomponer
7 reconstituir
7 rectificar
4 refundir
6 regenerar(se)
13 renovar
27 reponer(se)
19 restablecer(se)
9 restaurar
21 reparar
⇨ponerse en forma

rehala
12 hato
7 rebaño
0 manada

rehalero
17 pastor

rehelear
21 amargar(se)

rehén
7 fianza
19 garantía
13 prenda

rehervir(se)
25 apasionar(se)

rehilandera
2 molinete

rehilar
8 hilar

rehilete
2 repullo
13 banderilla

rehogar
13 sazonar

rehollar
7 pisotear
8 maltratar

rehoyo
19 barranco

rehuir
10 eludir
6 evitar
7 soslayar
5 esquivar
⇨pasar por alto
15 ◁*afrontar*

rehundido
11 basa

rehundir
4 refundir

rehusar(se)
9 declinar
6 evitar
18 extrañar(se)
5 rehuir
8 renunciar
21 repudiar(se)
7 soslayar
5 esquivar
27 negarse
13 rechazar
17 ◁*aceptar*
15 ◁*afrontar*

reimprimir
1 reeditar

reina
4 dama
1 emperatriz
5 majestad
1 soberana

reinado
7 cetro
9 reino

reinar
46 dominar(se)
10 gobernar
11 imperar
6 predominar
11 prevalecer
15 regir(se)

reincidencia
9 repetición
14 reventón
2 recaída

reincidente
8 incorregible
1 relapso

reincidir
1 recaer
3 reiterar
15 repetir(se)

reincorporación
2 rehabilitación
1 reingreso
8 reposición
9 devolución
21 vuelta

reincorporar
7 reintegrar(se)

reingreso
5 reincorporación

reino
21 dominio
7 especialidad
2 monarquía

reinstalación
12 nación
10 país
2 reinado
9 territorio
7 ámbito
5 marco

reinstalación
8 reposición

reinstaurar
9 restaurar

reintegrable
4 restituible

reintegrar(se)
1 reincorporar
27 reponer(se)
27 volver(se)
19 cobrar
6 devolver
7 restituir
8 retornar

reintegro
8 reposición
3 restitución
9 devolución

reír(se)
1 carcajearse
1 desternillarse
⇨soltar el trapo
8 ◁*llorar*

reír(se)
27 bromear(se)

reírse
18 regocijar(se)
7 ridiculizar
13 tronchar(se)
10 chotear

reiteración
9 repetición
10 reproducción

reiterado
7 frecuente
5 redundante

reiterar
15 repetir(se)
20 reproducir(se)
11 insistir

reiterarse
8 menudear

reivindicación
17 demanda
7 insistencia
8 petición
6 reclamación

reivindicado
2 irredento

reivindicar
9 exigir
14 demandar
17 pedir
5 reclamar

reja
3 verja
21 cárcel

rejada
9 aguijada
3 béstola

rejalgar
1 sandáraca

rejeada
17 azotaina
13 zurra

rejera
9 baliza
7 boya

rejero
6 herrero

rejilla
5 celosía
2 enjaretado

rejo
16 aguijón

rejón
16 aguijón
3 alabarda
11 ancla
20 barra
2 garrochón
16 hoja
10 asta
13 pica
26 punta

rejonazo
4 puyazo

rejoneador
3 jinete
1 lidiador

rejoneadora
6 amazona

rejonear
22 aguijonear(se)
12 lidiar
3 torear

rejuego
14 añagaza
79 alboroto
80 bulla
10 trampa

rejugado
9 ladino
16 taimado

rejundir(se)
10 esconder
41 ocultar(se)
38 perder(se)
2 traspapelarse

rejuvenecer(se)
17 apuntalar(se)
13 fortalecer(se)
3 remozar(se)
13 renovar
27 reponer(se)
4 reverdecer
11 vigorizar
10 ◁*avejentar(se)*
3 ◁*chochear*
17 ◁*debilitar*
15 ◁*encanecer*
8 ◁*envejecer*
18 ◁*marchitar(se)*

rejuvenecimiento
1 modernización
6 recuperación
1 remozamiento
5 renovación
12 reparación
6 redención
5 ◁*debilitación*
3 ◁*envejecimiento*

relación
30 amistad
7 catálogo
29 comunicación(es)
28 conformidad
7 consanguinidad
8 correspondencia
5 elenco
5 enumeración
3 ilación
13 informe
17 lista
16 memoria(s)
10 narración
7 parentesco
5 reciprocidad
10 relato(s)
10 trato
14 vinculación
8 conexión
17 razón

relacionado
7 atinente
4 concerniente
12 inherente
6 pertinente
10 vinculado
13 propio

10 ◁*ajeno*
18 ◁*extraño*

relacionante
11 conjunción

relacionar(se)
22 acercar(se)
16 amigar(se)
17 asimilar(se)
8 codear(se)
3 colacionar
3 compadrear
7 comparar(se)
18 comunicar(se)
8 concernir
4 conectar
9 contar
5 emparentar(se)
24 encadenar(se)
5 entroncar
10 narrar
4 parangonar
8 pertenecer
25 referir(se)
3 relatar
17 rozar(se)
35 trabar(se)
35 tratar(se)
7 vincular
3 visitarse
13 enlazar
23 alternar
8 atañer
10 conjugar
4 rolar

relaciones
2 noviazgo
9 tratamiento
20 amorío
8 idilio

relajación
17 disolución
4 hernia
5 ◁*crispamiento*
4 ◁*histerismo*

relajado
1 aflojado
12 cómodo

12 corrompido
9 depravado
5 desatado
1 desinhibido
7 encanallado
7 envilecido
9 laxo
⇨ a sus anchas
5 ◁*tenso*

relajamiento
22 aflojamiento
4 ◁*estrujamiento*

relajante
7 laxante
4 ◁*excitante*

relajar(se)
32 aflojar(se)
14 aminorar(se)
21 atenuar(se)
16 corromperse
5 depravarse
19 disminuir(se)
11 distender(se)
23 encanallar(se)
29 envilecer(se)
9 flojear
4 herniarse
10 indultar
3 laxar
41 quebrar(se)
39 suavizar(se)
80 burlarse
6 desguanzar
6 mofarse
59 ◁*aumentar(se)*

relajo
22 aflojamiento
21 arisco
26 broma
8 depravación
6 envilecimiento
9 fogoso
2 indigestión
10 indisposición
79 alboroto
103 burla
7 chanza

19 desorden
15 indómito

relamer(se)
13 chuparse
2 lamer
2 lamerse

relamido
5 engolado
4 pedante
2 repulido
44 afectado
11 descarado
18 descocado

relámpago
4 centella
4 rayo
19 chispa

relampaguear
47 brillar
11 fulgurar
14 refocilar(se)

relampuso
33 atrevido
11 descarado

relancina
12 casualidad
17 ocasión

relancino
50 astuto
10 sagaz

relapso
2 reincidente

relatar
9 contar
10 narrar
25 referir(se)

relativo
14 accidental
3 atingente
4 concerniente
11 parcial

2 perteneciente
6 referente

relato(s)
6 anales
5 crónica
4 descripción
11 exposición
5 fastos
13 informe
16 memoria(s)
10 narración
20 relación
16 cuento

relator
8 cuentista
2 narrador
3 ponente

releer
7 repasar

relegación
7 confinamiento
10 olvido

relegamiento
7 desautorización
8 desprecio
12 exclusión
14 menosprecio
3 preterición

relegar(se)
70 apartar(se)
32 arrinconar(se)
17 atrasar(se)
7 confinar
12 despreciar
5 desterrar(se)
14 enterrar(se)
26 excluir(se)
11 exiliar(se)
5 expatriar(se)
9 menospreciar
13 rechazar

releje
4 rodada
4 rodera

relente
2 rocío
3 escarcha

relentecer
26 blandear(se)

relevación
17 lista
10 indulto

relevancia
28 alcance(s)
6 envergadura
3 trascendencia

relevante
8 destacado
34 notable(s)
7 sobresaliente

relevar(se)
11 absolver
34 auxiliar(se)
3 destituir
8 enaltecer
9 engrandecer
32 exaltar(se)
16 excusar(se)
6 eximir
7 exonerar
32 mudar(se)
9 perdonar
12 realzar(se)
10 redimir
10 reemplazar(se)
5 remudar
8 substituir
2 sustituir
3 turnar(se)
46 cambiar
23 alternar
14 cesar
34 liberar(se)

relevo
3 sustitución
19 cambio

relicario
3 agnusdéi
4 edículo

1 teca

relieve
21 calidad
33 consideración(es)
17 importancia
13 saliente
3 trascendencia
7 realce
15 bulto

religa
7 aleación

religar
6 alear

religión
9 creencia
3 dogma
14 fe
17 ley

religiosa
7 beata
19 madre
11 monja
3 sor

religiosamente
1 devotamente
3 íntegramente
1 piadosamente
2 puntualmente

religiosidad
7 devoción
10 formalidad
7 misticismo
9 piedad

religioso
2 creyente
12 devoto
8 fervoroso
14 fraile
11 monja
13 monje
9 piadoso
4 practicante
2 profeso

reliquia
3 exvoto
17 huella
15 indicio(s)
16 residuo
9 resto
6 vestigio

reloj
2 cronómetro

reluciente
34 brillante
1 deslumbrante
1 destellante
3 esplendente
8 fulgurante
11 limpio
5 luminoso
12 pulcro
11 resplandeciente
6 ◁*apagado*
13 ◁*sucio*

relucir
47 brillar
27 destacar(se)
33 exceder(se)
11 fulgurar
16 lucir(se)
5 relumbrar
10 resplandecer
11 sobresalir

reluctante
5 desobediente
10 opuesto
9 reacio
4 reticente
10 enemigo
14 rebelde
11 ◁*partidario*

relujar
14 abrillantar(se)
7 embetunar
12 lustrar(se)

relumbrante
6 clamoroso
9 deslumbrador

5 efectista
7 rutilante

relumbrar
47 brillar
5 esplender
16 lucir(se)
8 relucir
10 resplandecer

relumbrón
26 brillo
7 destello
2 oropel
20 apariencia

rellano
3 descansillo
6 meseta

rellenar(se)
3 algodonar
43 alimentar(se)
41 allanar(se)
20 atarugar(se)
22 atestar(se)
30 atiborrar(se)
4 bachear
21 cegar(se)
5 colmar
12 embutir
8 empedrar
2 estopar
20 henchir(se)
38 hinchar(se)
19 inflar(se)
6 inundar(se)
33 llenar(se)
8 poblar(se)
17 saturar(se)
39 atracar
6 empastar
4 retaquear
4 taconear
⇨ponerse como el quico

relleno
20 accesorio
10 atiborrado
6 envoltura
5 henchido
4 picadillo

11 preñado
7 saciado
6 saturado
12 harto
21 adorno
10 colmado
14 lleno
16 ◁vacío

rema
9 cláusula

remachado
6 aplastado

remachar
45 aplastar(se)
6 apostillar
52 asegurar(se)
7 recalcar
3 reiterar
1 roblar

remache
7 aplastamiento
11 constancia
1 roblón
5 tesón

remador
2 remero

remadura
17 boga

remanente
16 residuo
9 resto
6 sobrante

remangado
3 arremangado
26 arrugado

remangar(se)
17 aprestar(se)
6 arregazar
4 arremangar(se)
27 decidir(se)
48 disponer(se)
21 arriscar

remango
11 decisión
8 presteza
12 prontitud
9 vivacidad
49 energía
10 ◁lentitud
8 ◁torpeza

remansar(se)
30 apaciguar(se)
15 aquietar(se)
44 calmar(se)
49 detener(se)
50 parar(se)
24 sosegar(se)

remanso
3 cadozo
8 charca
6 regolfo

remar
15 bogar

remarcar
17 acentuar(se)
24 marcar(se)
46 señalar(se)
1 subrayar
11 ◁olvidar(se)
8 ◁omitir

rematadamente
2 absolutamente
5 completamente
3 totalmente

rematado
5 desesperado
18 fatal
2 incurable
7 informal
1 insalvable
34 malo
10 travieso
20 ◁serio

rematar
53 acabar(se)
14 concluir
28 finalizar(se)
7 terminar
⇨dar cima
⇨dar por concluido
⇨dar remate
9 ◁empezar(se)

remate
4 colofón
2 chupinazo
20 extremo
2 patadón
14 término
8 empalme
26 punta

remedar
10 copiar
10 fingir
4 parodiar
6 simular
80 burlarse
11 imitar
21 reparar

remediable
3 compensable
1 corregible
3 curable
3 evitable

remediar(se)
42 aliviar(se)
34 auxiliar(se)
45 ayudar(se)
16 corregir(se)
8 enmendar
14 sanar(se)
21 socorrer(se)
5 subsanar
13 curar
21 reparar
5 ◁enfermar

remedio
12 contra
13 corrección
6 enmienda(s)
4 fármaco
17 medicina
30 recurso(s)
10 refugio
12 reparación
5 antídoto
24 auxilio
4 triaca

remedo
9 imitación
5 parodia
103 burla
14 copia

remembranza
9 evocación
16 memoria(s)
9 recuerdo(s)

remembrar
6 evocar
3 memorar

rememoración
8 añoranza

rememorar
37 acordar(se)
6 evocar
3 mencionar
5 reconstruir
6 recordar
11 ◁olvidar(se)
8 ◁omitir

rememorativo
1 conmemorativo
4 evocador

remendado
4 zurcido

remendar
36 apañar(se)
1 recoser
9 zurcir
34 componer
21 reparar

remendón
1 zapatero

remero
5 galeote
1 remador

remesa
6 envío
8 expedición

remesar
7 enviar
4 expedir
26 remitir(se)

remesón
36 cabello

remezón
7 sacudida
15 revolución

remiche
5 galeote
2 remero

remiendo
18 compostura
7 parche
5 apaño

remilgado
6 relamido
44 afectado
7 dengoso
13 dengue
6 melindroso

remilgamiento
8 refinamiento

remilgarse
2 denguear

remilgo
14 alfeñique
13 dengue
7 melindre
7 ◁*naturalidad*

reminiscencia
9 evocación
16 memoria(s)

9 recuerdo(s)
3 remembranza

remirado
8 cauto
8 circunspecto
13 escrupuloso
10 mirado

remisión
6 envío
8 expedición
6 perdón
2 remesa
11 absolución
10 indulto
21 referencia

remiso
4 irresoluto
9 reacio
8 remolón
5 renuente
4 reticente
30 tímido
13 dejado
23 flojo
13 perezoso
16 vago
26 ◁*activo*
7 ◁*decidido*

remitente
1 expedidor
2 ◁*destinatario*

remitido
6 absuelto

remitir(se)
11 absolver
18 aliar(se)
10 aludir(se)
36 aplacar(se)
13 aplazar(se)
9 atenerse
44 ceñir(se)
2 condonar
7 constreñirse
27 despachar(se)
8 diferir

7 enviar
6 exculpar
6 eximir
4 expedir
9 facturar
9 flojear
11 indicar
10 indultar
9 perdonar
25 referir(se)
3 remesar
14 sujetarse
17 mandar
3 postergar
⇨hacer referencia

remo
7 pala
3 pierna

remoción
1 removimiento

remojar(se)
17 bañar(se)
10 celebrar
1 chapoteo
5 duchar(se)
18 empapar(se)
10 humedecer(se)
21 mojar(se)
11 salpicar(se)
14 festejar

remojo
18 gratificación
11 propina

remojón
0 afución
24 baño(s)

remolacha
1 betarraga

remolcar
43 arrastrar
58 tirar

remoler
6 correrla
32 divertir(se)

44 incomodar(se)
114 molestar(se)

remolino
1 gorga
2 tolvanera
15 torbellino
1 vorágine

remolón
11 lento
11 muelle
11 tardo
19 apático
9 descuidado
23 flojo
15 indolente
13 perezoso
26 ◁*activo*

remolonear
16 colgar(se)
3 gandulear
17 retrasar(se)
8 rezagar(se)
8 holgazanear

remolonería
9 roncería

remolque
8 arrastramiento
1 roulotte

remontar(se)
58 alzar(se)
10 ascender
7 cabalgar
17 cerner(se)
38 elevar(se)
23 encumbrar(se)
6 escalar
30 montar(se)
30 subir(se)
31 doblar

remoquete
14 dardo
8 apodo
10 indirecta
12 mote

rémora
10 estorbo
8 impedimento
11 atasco
15 dificultad
3 freno
10 obstáculo
8 ◁*facilidad*

remorder
35 atormentar(se)
9 desasosegar(se)

remordido
22 angustioso
6 atrito

remordimiento
18 arrepentimiento
5 contrición
45 pesar(se)

remos
11 cacha

remosquear(se)
58 asustar(se)

remostar
1 remostecer

remostecer
1 remostar

remoto
3 alejado
15 apartado
7 distante
3 lejano
22 viejo
33 antiguo
9 pasado

remover
40 agitar(se)
39 alterar(se)
70 apartar(se)
32 arrinconar(se)
10 deponer
3 destituir
15 dimitir
58 echar(se)

17 menear(se)
32 mudar(se)
18 transportar(se)
26 trasladar(se)
46 cambiar
14 cesar
11 expulsar
58 quitar
24 revolver
35 ◁*poner(se)*

removerse
10 bullir
8 pulular

removido
4 abalado
25 bullicioso
1 handling
15 arrancado

removimiento
1 remoción

remozamiento
6 rejuvenecimiento

remozar(se)
3 modernizar
7 rejuvenecer(se)
13 renovar

rempujón
6 empellón

remuda
3 muda

remudar
1 recambiar
10 reemplazar(se)
23 relevar(se)
2 sustituir
46 cambiar

remugar
7 rumiar

remunerable
5 pagadero

remuneración
8 premio
7 retribución
6 aguinaldo
18 gratificación
8 jornal
6 me
10 paga
11 propina
7 recompensa
9 sueldo

remunerador
4 retributivo

remunerar
9 gratificar
36 liquidar(se)
34 pagar(se)
8 recompensar
7 retribuir

remunerativo
4 retributivo

renacer
7 resucitar
5 revivir

renacimiento
3 resurgimiento

renacuajo
girino
7 pequeñajo

renal
1 nefrítico

renco
4 cojo
4 patojo

rencor
6 enemiga
10 enemistad
9 rabia
32 aborrecimiento
10 inquina
20 odio
10 resentimiento

53 ◁*amor*

rencoroso
30 duro
8 resentido
3 vengativo

renculillo
3 pataleta
3 rabieta

renda
1 bina
11 renta(s)

rendaje
3 correaje
25 guarnición(es)

rendar
5 binar

rendez-vous
12 cita
2 entrevista

rendibú
21 agasajo
13 respeto(s)

rendición
7 capitulación
11 exposición
16 manifestación
11 presentación

rendidamente
13 amorosamente

rendido
8 agotado
16 cansado
4 derrengado
9 exhausto
11 fatigado
2 herniado
6 obsequioso
8 sumiso
6 vencido

rendija
25 abertura
3 agrietamiento

rendimiento

6 cascadura
6 grieta
5 hiato
9 fisura

rendimiento
16 agotamiento
25 beneficio(s)
11 cansancio
2 derrengamiento
15 docilidad
35 fatiga(s)
9 ganancia(s)
15 humillación
1 productividad
12 producto
5 rédito
11 renta(s)
8 sumisión
8 utilidad
8 provecho

7 ◁*vigor*

rendir(se)
27 agobiar(se)
32 agotar(se)
47 aprovechar(se)
13 avasallar(se)
41 cansar(se)
3 capitular
63 dar(se)
4 derrengar
6 desriñonar(se)
6 domeñar
46 dominar(se)
31 entregar(se)
34 explicar(se)
31 exponer(se)
37 fatigar(se)
17 flaquear
5 fructificar
21 postrar(se)
47 producir(se)
3 redituar
4 rentar
21 reprimir(se)
40 someter(se)
8 sucumbir
14 sujetar
⇨dar cuenta
⇨dar de sí
⇨darse por vencido

3 ◁*gandulear*
10 ◁*insubordinar(se)*
11 ◁*reaccionar*

renegado
5 apóstata

renegador
10 blasfemo

renegamiento
10 apostasía

renegar
7 abjurar
8 abominar(se)
22 aborrecer(se)
12 blasfemar
4 detestar
10 jurar
7 odiar(se)
5 apostatar
11 maldecir
⇨decir palabrotas
52 ◁*amar(se)*

renegón
10 blasfemo
5 malhablado
1 regañón
5 gruñón
⇨boca sucia

renegrido
6 ennegrecido
4 retinto

renglón
17 línea

renglonadura
2 rayado

reniego
15 blasfemia
9 maldición
5 palabrota
11 juramento
19 taco

reno
1 rangífero
1 tarando

renombrado
13 acreditado
14 afamado
9 célebre
11 conocido
7 egregio
16 famoso
11 insigne
14 reputado
6 ◁*desconocido*

renombre
12 celebridad
15 crédito
26 gloria
7 nombradía
15 fama
7 prestigio
14 reputación

renovable
6 cambiable
5 permutable
1 repetible
5 reversible
15 ◁*fijo*
2 ◁*irreparable*

renovación
2 criamiento
8 reforma
6 rejuvenecimiento
8 reposición
19 cambio

renovado
7 restablecido
6 restituido
7 ventilado

renovar
32 mudar(se)
4 recomponer
10 reemplazar(se)
2 reemprender
14 rehacer(se)
3 reiterar
15 repetir(se)

19 restablecer(se)
2 sustituir
11 variar(se)
46 cambiar
2 reanudar
19 trocar

renovarse
1 desenmohecerse
4 reverdecer

renqueante
11 achacoso

renquear
5 cojear

renta(s)
5 alquiler
12 arrendamiento
25 beneficio(s)
9 ganancia(s)
15 interés
9 patrimonio
5 rédito
15 rendimiento
8 utilidad
8 lucro
8 provecho

rentable
10 productivo
8 provechoso
22 útil

rentar
6 alquilar(se)
47 producir(se)
0 redituar
11 arrendar

rentero
16 arrendador
9 arrendatario
5 colono

rentista
8 accionista
15 acomodado
18 burgués

rentoy
11 jactancia
4 pulla
9 desplante

renuencia
17 resistencia

renuente
8 indócil
3 insumiso
9 reacio
10 remiso
4 reticente

renuevo
6 retoño
6 vástago

renuncia
30 abandono
7 abdicación
24 apartamiento
5 dejación
2 desistimiento
4 dimisión
5 ◁aceptación

renunciamiento
7 abdicación
7 abnegación

renunciante
4 dimisionario

renunciar
22 abandonar(se)
9 abdicar
43 dejar(se)
6 desistir
15 dimitir
10 rehusar(se)
27 negarse
13 rechazar
17 ◁aceptar

renuncio
10 apostasía

reñido
2 desamigado
3 disputado

8 empeñado
8 encarnizado
25 caliente

reñidor
6 camorrista
4 pendenciero
1 regañón
8 gallito
5 gruñón
7 matón
4 perdonavidas

reñir
23 advertir
30 amonestar(se)
17 articular(se)
33 avisar(se)
40 batir(se)
19 combatir
10 contender
3 desavenirse
21 enemistar(se)
5 increpar
19 indisponer(se)
29 pelear(se)
5 reconvenir
39 atracar
10 conjugar
67 enfadarse
8 glosar
6 luchar
12 regañar
16 reprender
5 rezongar
⇨ponerse a mal

reo
10 acusado
3 convicto
12 delincuente
5 encerrado
6 ◁juez

reoctava
4 octavilla

reóforo
7 borne
2 clavija

reómetro
3 galvanómetro

reorganización
4 reajuste
5 reconstrucción

reorganizar
3 reajustar
7 reconstituir
5 reconstruir

reostato
2 regulador
17 resistencia

repanchigado
4 arrellanado

repanchigarse
12 arrellanar(se)

repantigado
9 apoltronado
4 arrellanado

repantigarse
3 aclocar
12 arrellanar(se)
6 empanturrar(se)
23 sentar(se)
58 ◁echar(se)

repantingarse
9 apoltronarse

reparable
3 componible

reparación
18 compostura
2 desagravio
6 enmienda(s)
4 expiación
4 indemnización
6 prótesis
6 recuperación
6 rejuvenecimiento
25 reparo(s)
5 saneamiento
20 satisfacción
11 remedio

reparador
1 arreglador
4 reconfortante
1 regañón
2 restaurador
3 vigorizante
5 componedor
13 chinche

reparar
23 advertir
36 apañar(se)
24 apercibir(se)
83 arreglar(se)
5 compensar
3 desagraviar
4 expiar
18 notar
19 observar
7 percatarse
6 purgar
5 reconstruir
14 rehacer(se)
10 remediar(se)
11 resarcir(se)
9 restaurar
5 subsanar
7 remedar
34 componer
11 imitar
⇨darse cuenta

repararse
16 desahogar(se)

reparo(s)
19 advertencia
3 antemural
6 barricada
16 censura
18 compostura
15 duda
9 objeción
12 observación
10 pega
7 pero
7 protesta
12 reparación
15 reserva(s)
2 tiquismiquis
26 amonestación
27 anotación

reparón

28 antepecho
14 aprensión
20 arreglo
9 dique
10 escrúpulo
29 pena
15 reproche
17 vergüenza

reparón
5 criticón
13 chinche
6 quisquilloso

repartición
3 adjudicación
10 distribución
6 entrega
7 partición
6 reparto

repartidor
3 distribuidor

repartimiento
7 partición
5 repartición
6 reparto

repartir(se)
22 adjudicar(se)
21 asignar(se)
5 colectar
7 compartir
4 cotizar
10 derramar
4 desperdigar(se)
4 diseminar
12 disgregar(se)
17 distribuir(se)
21 dividir(se)
2 dosificar
7 espaciar(se)
6 impartir
4 parcelar
21 partir
2 promediar
2 racionar
8 ratear
2 prorratear
15 sembrar

reparto
5 amillaramiento
24 anuncio(s)
10 distribución
3 racionamiento
5 repartición
3 repartimiento

repasar
16 corregir(se)
6 evocar
41 examinar(se)
4 recomponer
5 rememorar
5 remendar
6 verificar

repasata
36 reprensión

repaso
4 lectura
4 leída
4 revisión
34 aviso

repatriación
2 regreso

repatriar(se)
27 volver(se)
7 regresar
8 retornar
5 ◁desterrar(se)
12 ◁emigrar
5 ◁expatriar(se)

repeche
1 buenísimo
17 excelente
11 magnífico

repecho
7 cuesta
19 pendiente
4 rampa
11 subida
3 costanilla
6 talud

repelente
5 engolado
5 odioso
4 pedante
21 repugnante
5 repulsivo
9 asqueroso

repeler
18 contradecir(se)
9 declinar
8 descartar
12 despreciar
9 impugnar
27 negar(se)
6 objetar
5 rehuir
10 rehusar(se)
21 repudiar(se)
16 desechar
13 rechazar

repelo
9 repeluzno

repelón
3 contestón
3 respondón
13 regaño
17 reprimenda

repelús
9 repeluzno
18 repugnancia

repeluzno
21 alteración
16 asco
10 contracción
1 repelo
18 repugnancia
7 sacudida
6 escalofrío
19 miedo
4 susto

repello
2 enjalbegado
4 enlucido

repensar
9 cavilar
11 meditar

16 ponderar
15 reflexionar

repentinamente
12 súbito

repentino
9 imprevisto
8 inesperado
10 inopinado
2 insospechado
12 súbito

repentizar
55 acomodar(se)
17 crear
1 improvisar
31 ◁pensar(se)
15 ◁reflexionar

repepenar
6 rebuscar
26 registrar(se)

repercusión
28 alcance(s)
8 eco
16 reflejo
3 secuela
3 trascendencia
4 corolario

repercutir
21 afectar(se)
9 implicar
3 trascender
22 alcanzar
⇨tener consecuencias
⇨traer cola

repertorio
7 catálogo
5 inventario
17 lista
14 colección
22 serie

repeso
4 adehala
11 propina

repetible
 4 renovable

repetición
 1 polisíndeton
 8 redundancia
 2 reiteración
 10 reproducción
 1 tautología
 3 anáfora
 6 complexión
 2 recaída
 3 reincidencia

repetido
 4 estereotipado
 7 frecuente
 4 recurrente
 5 redundante
 10 periódico
 12 ◁*nuevo*

repetir(se)
 2 bisar
 1 iterar
 5 martillar
 8 menudear
 1 recaer
 7 recalcar
 8 redoblar
 3 reincidir
 3 reiterar
 13 renovar
 20 reproducir(se)
 5 soler
 4 tornar
 27 volver(se)

repetitivo
 7 machacón

repicar
 1 tañer

repintarse
 39 acicalar(se)
 5 emperejilarse
 12 emperifollar(se)
 6 maquillarse
 2 pintarrajearse
 22 ◁*abandonar(se)*

repipi
 10 petulante
 4 redicho
 1 resabido
 1 sabihondo
 13 ◁*humilde*
 12 ◁*sencillo*

repique
 2 tañido
 1 volteo

repiquete(s)
 5 gorjeos
 2 trinos
 16 disgusto
 10 resentimiento

repiquetear
 2 tabletear
 1 sonajero

repiqueteo
 5 taconeo
 3 tecleo
 3 zapateado

repisa
 15 anaquel
 3 ménsula
 1 poyo

repisar
 11 apisonar

replantar
 5 trasplantar(se)

replanteamiento
 6 replanteo

replantear
 39 alterar(se)
 14 dibujar(se)
 14 modificar(se)
 23 trazar(se)
 28 ◁*mantener(se)*

replanteo
 21 alteración
 9 dibujo

 17 plano
 1 replanteamiento
 4 trazado
 19 cambio
 12 ◁*duración*
 2 ◁*permanencia*

repleción
 17 colmo
 4 hartura
 8 saciedad
 13 ◁*falta*

replegar(se)
 7 cejar
 14 plegar(se)
 2 plisar
 3 rebanar
 34 retirar(se)
 12 retroceder
 34 retirarse
 ⇨batirse en retirada
 9 ◁*avanzar*

repletar
 20 atarugar(se)
 22 atestar(se)
 4 retaquear

repleto
 13 ahíto
 9 inflado
 11 preñado
 6 rebosante
 7 saciado
 12 harto
 10 colmado
 19 hinchado
 14 lleno
 13 manido
 16 ◁*vacío*
 ◁*con gana*

réplica
 4 contestación
 10 denegación
 3 distingo
 1 mentís
 9 objeción
 5 respuesta

replicar
 19 argüir
 24 argumentar(se)
 5 contestar
 18 contradecir(se)
 10 criticar
 14 chillar(se)
 9 impugnar
 22 oponer(se)
 6 rebatir
 12 responder
 13 rechazar

replicón
 3 respondón

repliegue
 5 pliegue
 3 plisado
 1 reculada
 10 retirada
 7 doblez

repoblación
 2 asentamiento
 2 colonización
 4 cultivo
 1 forestación
 3 inmigración
 4 instalación
 30 ◁*abandono*
 ◁*descolonización*
 12 ◁*marcha*

repollo
 15 berza
 3 col
 1 coliflor
 1 lombarda

repolludo
 4 achaparrado
 7 ahuecado
 3 ampón
 2 rebolludo

reponer(se)
 42 aliviar(se)
 6 arribar
 5 contestar
 13 fortalecer(se)
 10 instaurar

reportaje

49 mejorar(se)
19 recobrar(se)
5 reconstruir
1 reedificar
5 reembolsar
7 refrescar(se)
4 rehabilitar(se)
14 rehacer(se)
7 reintegrar(se)
7 rejuvenecer(se)
13 renovar
19 restablecer(se)
9 restaurar
7 resucitar
14 sanar(se)
21 serenar(se)
21 tranquilizar(se)
19 recobrarse
21 reparar
11 replicar
7 restituir
4 ◁*desentronizar*

reportaje
5 crónica
10 información
4 reseña

reportar(se)
12 acarrear
30 apaciguar(se)
44 calmar(se)
21 contener(se)
3 lograr
7 ocasionar
47 producir(se)
23 refrenar(se)
21 reprimir(se)
24 sosegar(se)
21 tranquilizar(se)
28 sacar
⇨llevar aparejado
⇨traer consigo

reportero
4 gacetillero
9 informador
6 periodista

reposado
26 apacible
9 cachazudo

11 calmoso
7 descansado
6 pacífico
7 plácido
10 quieto
10 relajado
13 tranquilo
13 sereno

9 ◁*inquieto*

reposar(se)
7 acamar
17 acostar(se)
15 aquietar(se)
2 depositarse
14 descansar
15 dormir(se)
18 holgar(se)
14 posar(se)
2 sestear
24 sosegar(se)
17 tumbar(se)
8 yacer
50 asentar

5 ◁*zascandilear*

reposición
5 reconstrucción
5 reembolso
1 reinstalación
5 renovación
2 restauración
3 restitución
9 retorno
9 devolución

reposo
14 descanso
14 detención(es)
9 inmovilidad
9 pausa
5 placidez
8 quietud
7 sosiego
26 calma

repostar
22 proveer(se)
18 suministrar(se)

repostería
3 botillería
1 confitería

2 pastelería

repostero
3 confitero
2 panadero
12 paño
4 pastelero
1 tapicería
7 tapiz

repoyar
21 repudiar(se)
13 rechazar

repoyo
6 rechazo
7 repudio

repreguntar
22 atestiguar(se)

reprender
17 abroncar(SE)
30 amonestar(se)
19 censurar
5 increpar
5 reconvenir
10 reprochar(se)
11 vituperar
18 apear(se)
13 desplomar
8 glosar
12 regañar
22 reñir
5 rezongar
⇨cantar las cuarenta
⇨llamar a capítulo
⇨poner verde

reprensible
5 censurable
3 criticable
5 reprochable
6 vituperable

5 ◁*elogiable*

reprensión
16 censura
6 chillido
8 desaprobación
9 increpación

11 pasada
2 pateadura
8 rociada
10 serrería
10 viaje
9 vituperio
4 resolana
27 acusación
26 amonestación
16 andanada
10 biaba
35 bronca
6 chorreo
10 filípica
9 filo
16 galleta
4 garipota
8 guaca
4 jabonada
2 puje
2 rajatablas
7 rapapolvo
7 reconvención
5 regañina
13 regaño
17 reprimenda
15 reproche
11 riña
3 ronca
13 sermón
2 taquiada
13 vela

11 ◁*aplauso(s)*

represa
12 balsa
6 embalse
9 estanque

represalia
9 compensación
5 desquite
20 satisfacción
3 venganza
17 castigo

representación
13 efigie
2 epónimo
6 espectáculo
12 farsa
10 gestión

19 idea
3 ideograma
20 imagen
8 imaginación
9 imitación
5 materialización
13 pintura
16 reflejo
8 retrato
6 sensación
13 símbolo
2 display
39 aspecto
15 auto
6 cancillería

representante
5 delegado
4 lugarteniente
4 pasante
4 portavoz
2 suplente
2 sustituto
4 vicario
27 agente

representar(se)
15 actuar
12 antojar(se)
2 declamar
2 encarnar
3 escenificar
20 evidenciar
34 explicar(se)
20 figurar(se)
10 fingir
3 fotografiar
31 imaginar(se)
8 interpretar
11 manifestar
35 mostrar(se)
5 patentizar
31 pensar(se)
4 protagonizar
3 recitar
10 reemplazar(se)
20 reproducir(se)
4 retratar
13 significar
5 simbolizar
8 substituir
2 suplantar

2 suplir
2 sustituir
23 trazar(se)

representativo
7 característico
13 específico
3 honorífico
4 ideográfico
11 manifiesto
14 particular
4 típico
2 figurativo
10 ◁ *general*
9 ◁ *vulgar*

represión
9 coacción
6 coerción
6 contención
7 limitación
13 moderación
5 prohibición
3 freno

represivo
5 coercitivo

reprimenda
8 apercibimiento
8 glosa
11 pasada
6 reto
10 viaje
26 amonestación
8 cantaleta
6 chaparrón
10 filípica
9 filo
7 friega
7 reconvención
5 regañina
36 reprensión
15 reproche
11 riña
13 sermón
29 ◁ *alabanza*

reprimido
14 comedido

reprimir(se)
39 aguantar(se)
30 apaciguar(se)
15 apagar(se)
44 calmar(se)
26 castigar(se)
12 comprimir(se)
21 contener(se)
18 domar(se)
46 dominar(se)
10 forzar
10 frenar
31 moderar(se)
23 refrenar(se)
30 rendir(se)
14 reportar(se)
23 sofocar(se)
24 sosegar(se)
40 vencer(se)
20 violentar(se)
16 atentar
4 prudenciar
6 ◁ *despotricar*
6 ◁ *embestir*

reprobable
5 censurable
3 criticable
4 reprensible
6 vituperable

reprobación
7 anatema
16 censura
10 crítica
3 entredicho
9 murmuración
9 vituperio
4 boleada

reprobador
11 censor
3 ◁ *lisonjeador*

reprobar
5 abuchear
10 afear
30 amonestar(se)
3 catear
19 censurar
16 colgar(se)
22 condenar(se)

10 criticar
14 chillar(se)
8 desaprobar
5 reconvenir
5 silbar
15 suspender
11 vituperar
50 cargar
22 reñir
65 ◁ *alabar(se)*

réprobo
4 condenado
15 maligno
12 malvado
7 pérfido
2 precito
8 demonio

reprochable
5 censurable
3 criticable
4 reprensible
4 reprobable
6 vituperable
5 ◁ *elogiable*

reprochar
10 afear
30 amonestar(se)
5 reconvenir
16 reprobar
6 sermonear
12 regañar
22 reñir
16 reprender
28 sacar
⇨echar en cara
65 ◁ *alabar(se)*

reproche
20 botón
16 censura
10 defecto
4 maca
9 objeción
25 reparo(s)
7 tacha
26 amonestación
35 bronca
10 filípica

reproducción

7 reconvención
5 regañina
17 reprimenda
11 riña
13 sermón

reproducción
8 calco
5 difusión
23 extensión
9 imitación
4 multiplicación
7 propagación
2 reiteración
4 remedo
9 repetición
14 copia

reproducir(se)
7 calcar
10 copiar
4 duplicar(se)
14 engendrar
51 extender(se)
3 fotografiar
11 machacar
4 multiplicar
4 plagiar
29 propagar(se)
23 recrear(se)
3 reiterar
15 repetir(se)
29 representar(se)
7 retoñar
5 retransmitir
7 remedar
11 imitar
11 insistir
13 porfiar

reptante
4 anhelante
3 deslizante
7 pérfido
8 sinuoso
11 ambicioso
8 rastrero
12 vil
10 ◁*directo*
14 ◁*sincero*
19 ◁*recto*

reptar
18 adular
43 arrastrar
⇨ dar coba
⇨ hacer la pelota

reptil
4 saurio

república
24 ayuntamiento
10 país

repuchar(se)
15 arrepentir(se)
40 acobardarse

repudiable
17 abominable
2 recusable

repudiado
6 excluido
6 ◁*conquistado*
6 ◁*elegido*

repudiar(se)
22 abandonar(se)
8 abominar(se)
43 dejar(se)
10 denegar
10 desestimar(se)
27 despachar(se)
21 despedir(se)
12 despreciar
6 divorciar(se)
58 echar(se)
26 excluir(se)
3 excomulgar
6 ilegitimar
8 recusar
10 rehusar(se)
12 repeler
2 repoyar
11 desdeñar
6 devolver
13 rechazar
64 separarse
15 ◁*elegir(se)*

repudio
30 abandono
5 dejación

1 divorcio
6 rechazo
28 separación
32 aborrecimiento
8 repulsa

repudrir(se)
2 concomer(se)
5 corroerse
10 impacientar(se)

repuesto
20 accesorio
15 reserva(s)
7 restablecido
6 restituido
2 retén
19 gordo
6 mantecoso
6 ◁*mareado*

repugnancia
16 asco
11 aversión
5 dentera
12 desagrado
15 duda
6 fobia
7 hastío
9 náusea(s)
2 repelús
9 repeluzno
17 resistencia
23 antipatía
14 aprensión
16 disgusto
15 fastidio
20 fila
7 grima
20 odio
53 ◁*amor*
9 ◁*deleite*

repugnante
17 abominable
9 aborrecible
12 antitético
25 atroz
9 avieso
10 desagradable
6 execrable

15 hediondo
16 horroroso
4 incomible
13 infecto
8 inmundo
3 nauseabundo
10 ominoso
3 pútrido
6 repelente
5 repulsivo
7 vitando
20 abyecto
9 asqueroso
19 negro
9 ◁*adorable*
12 ◁*deleitable*
4 ◁*embrujador*
14 ◁*encantador*
7 ◁*seductor*
35 ◁*atractivo*

repugnar
3 asquear
10 desagradar
9 ◁*deleitar*
15 ◁*encantar(se)*
12 ◁*seducir*

repujado
16 adornado

repujador
4 cincelador

repujar
21 adornar

repulgado
44 afectado

repulgo
32 afectación

repulido
4 pedante
6 relamido

repulir(se)
2 denguear

repulsa
17 arrostramiento
5 boche
10 denegación
7 desautorización
3 negativa
4 recusación
7 repudio
5 repulsión

repulsión
16 asco
11 aversión
9 náusea(s)
16 disgusto
8 repulsa
14 ◁*atracción*

repulsivo
10 desagradable
3 nauseabundo
6 repelente
21 repugnante
9 asqueroso
35 ◁*atractivo*

repullo
13 ballesta
2 rehilete

reputación
10 apogeo
6 auge
17 boga
33 consideración(es)
15 crédito
4 menta
6 notoriedad
8 popularidad
4 prez
7 renombre
7 realce
15 fama
16 nombre
7 prestigio

reputado
13 acreditado
14 afamado
10 apreciado
6 bienquisto

9 célebre
28 claro
5 clásico
6 conspicuo
16 famoso
13 ilustre
11 insigne
7 prestigioso
8 renombrado
11 significado
5 ◁*electo*

reputar(se)
15 acreditar(se)
22 apreciar(se)
5 conceptuar(se)
13 considerar(se)
4 diputar(se)
24 estimar(se)
7 evaluar
11 juzgar
6 opinar
19 tener(se)

requebrar
9 agasajar
65 alabar(se)
8 cortejar
13 galantear
12 gatear
11 lisonjear
8 piropear
⇨echar flores

requechete
1 gordezuelo
9 rechoncho

requemamiento
2 resquemo

requemar(se)
5 asurar(se)
15 consumirse
11 chamuscar
10 escocer(se)
32 gastar(se)
30 quemar(se)
20 resentirse
30 secar(se)
4 socarrar(se)
23 tostar(se)

3 turrar(se)

requerido
4 convocado
8 emplazado

requeridor
4 requirente

requerimiento
17 demanda
13 exigencia
18 necesidad
8 petición
1 solicitación

requerir
23 advertir
30 amonestar(se)
6 intimar
3 necesitar
9 notificar
15 precisar
14 pretender
8 solicitar
14 demandar
17 pedir
⇨ser necesario

requesón
2 cuajada

requeté
2 carlista
4 tradicionalista

requetebién
7 buenamente
8 estupendo
11 magnífico

requiebro
27 bollo(s)
11 flor
15 halago(s)
10 lisonja(s)
2 madrigal
14 perico
29 alabanza
10 piropo

réquiem
4 funeral

requintar
14 asemejar(se)
20 atirantar(se)
20 aventajar(se)
26 parecer(se)
5 atesar

requintear
5 reconvenir
22 reñir

requinto
1 clarinete
34 avaro
19 roñoso

requirente
1 requeridor
5 suplicante
6 interesado
4 pretendiente

requisa
7 confiscación
4 decomiso
7 incautación
9 inspección
9 revista

requisador
2 exactor
◁*incautado*

requisamiento
11 acaparamiento

requisar
6 confiscar
2 decomisar
8 incautar(se)

requisito
16 condición
10 formalidad
6 menester
11 obligación
5 requerimiento

requisitoria
1 interpelación
5 requerimiento
1 requisitorio
4 ◁ contestación

requisitorio
3 requisitoria

res
38 cabeza

resabiado
6 enviciado
9 pervertido

resabiar(se)
16 corromperse
18 enviciar(se)
20 pervertir(se)

resabido
4 repipi

resabio
5 deje
7 dejo
9 rastro
5 regusto
8 sabor
10 tendencia(s)
12 achaque
18 inclinación
6 tanda
11 vicio
⇨ mala costumbre

resaca
16 hez
5 limo
5 marea
33 paliza(s)
4 populacho
16 barro
6 chusma
8 tunda

resacar
30 secar(se)

resaltar
17 acentuar(se)
58 alzar(se)
4 descollar
10 despuntar
27 destacar(se)
53 levantarse
12 realzar(se)
35 distinguirse
11 sobresalir

resalte
32 borde
4 moldura
3 patilla
1 pestaña
3 rebaba
7 relieve
3 repisa
13 saliente
7 diente
9 filo
2 saledizo

resalto
4 arimez
32 borde
15 caballón

resarcible
3 compensable

resarcimiento
4 indemnización

resarcir(se)
5 compensar
3 desagraviar
4 desquitarse
8 enmendar
9 indemnizar
8 recompensar
15 recuperar(se)
19 cobrar
19 recobrarse
21 reparar
7 restituir

resayo
19 pendiente
6 talud

resbaladizo
1 conflictivo
3 deslizante
6 escurridizo
5 peligroso
6 problemático
4 resbaloso

resbalamiento
4 botadura

resbalar(se)
15 deslizar(se)
15 escurrir(se)
1 esvarar
4 patinar
62 caer
20 equivocarse
9 errar
4 luir

resbalón
12 desliz
2 traspié

resbalosería
1 informalidad
⇨ falta de seriedad

resbaloso
3 deslizante
6 escurridizo
18 descocado
3 insinuante

rescaño
9 resto
8 fragmento

rescatado
18 libre

rescatador
5 protector
6 redentor
4 salvador
2 ◁ tirano

rescatar
15 libertar(se)
11 librar
19 recobrar(se)
3 reconquistar
15 recuperar(se)
10 redimir
2 mercadear
3 traficar
38 ◁ perder(se)

rescate
6 liberación
1 ranzón
6 redención

rescaza
3 escorpena

rescindible
3 anulable
1 derogable
2 revocable
15 ◁ fijo

rescindido
15 nulo

rescindir
15 abolir(se)
28 anular(se)
6 cancelar
2 invalidar
9 abrogar
9 ◁ confirmar(se)

rescisión
6 abolición
6 anulación
5 cancelación
7 contraorden
4 despido
7 eliminación
3 invalidación
14 nulidad
4 revocación
3 supresión

rescoldada
12 masa
25 muchedumbre
16 multitud

rescoldera
1 pirosis

rescoldo
3 brasa
17 huella
16 marca
27 señal

rescripto
27 breve
17 bula

resecación
1 agostamiento
4 deshidratación
7 sed
◁ *frescor*
2 ◁ *humedad*

resecar(se)
39 ajar(se)
3 deshidratarse
5 erradicar
6 extirpar
18 marchitar(se)
30 secar(se)
57 cortar
5 ◁ *aceitar*
11 ◁ *florecer*

resección
7 amputación
6 extirpación
3 supresión
56 corte

reseco
2 desértico
15 jarifo

resentido
6 amoscado
7 disgustado
4 dolido
5 mosqueado
8 quejoso
3 rencoroso
9 enfadado
8 picón

resentimiento
5 escozor
9 rabia
7 rencor
7 resquemor
13 animadversión
23 manía
20 odio
9 ojeriza
13 pica
8 tirria

resentir(se)
12 agraviar
20 amoscar(se)
17 debilitarse
9 desmayar(se)
10 escocer(se)
17 flaquear
16 lastimar(se)
33 ofender(se)
29 quebrantar(se)
11 requemar(se)
30 sentir(se)
40 cabrearse
20 disgustarse
27 enojarse
63 irritarse
18 mosquear
33 ofenderse
57 picar
13 ◁ *fortalecer(se)*

reseña
5 crónica
13 informe
13 artículo
6 recensión

reseñable
3 identificable

reseñado
9 identificado

reseñar
9 contar
10 describir
10 narrar
25 referir(se)
3 relatar

reserva(s)
8 cautela
19 circunspección
11 custodia
41 defensa
12 discreción
5 disponibilidad
9 guarda
9 previsión
16 prudencia
25 reparo(s)
8 sigilo
4 tapujo
7 repuesto
29 depósito
3 recámara
10 ◁ *imprudencia*
12 ◁ *sinceridad*

reservadamente
8 ocultamente

reservado
21 callado
12 cauteloso
8 cauto
8 circunspecto
14 comedido
8 desconfiado
5 esquinado
13 prudente
5 silencioso
5 solapado
9 taciturno
8 tortuoso
1 disimulado
9 receloso
↪del colmillo retorcido
11 ◁ *imprudente*
13 ◁ *hablador*

reservar(se)
18 acumular(se)
11 ahorrar(se)
15 almacenar(se)
13 aplazar(se)
49 callar(se)
7 celar
11 conservarse
2 desconfiar
8 diferir

29 dilatar(se)
8 economizar
31 encubrir(se)
44 guardar(se)
28 mantener(se)
41 ocultar(se)
16 precaver(se)
4 predestinar
24 prevenir(se)
15 retener(se)
17 retrasar(se)
6 silenciar(se)
9 ◁ *derrochar*

resfriado
3 catarro
7 constipado
3 romadizo

resfriar
3 acatarrar

resfriarse
3 acatarrarse
3 constiparse

resguardado
8 defendido
5 garantizado
5 recubierto

resguardar(se)
15 abrigar(se)
55 amparar(se)
16 atrancar(se)
11 defender
12 escudar(se)
19 garantizar(se)
15 guarecer(se)
16 guarnecer(se)
11 parapetar(se)
9 preservar(se)
42 proteger(se)
13 refugiar(se)
11 ◁ *desamparar*

resguardo
30 amparo
11 custodia
41 defensa
19 garantía
13 protección

residencia
- 8 recibo
- 9 socorro
- 24 auxilio
- 13 boleto
- 5 ◁ *desamparo*

residencia
- 16 dirección
- 8 domicilio
- 8 edificio
- 12 hogar
- 3 morada
- 5 paradero
- 18 seña(s)
- 10 vivienda
- 15 casa

residencial
- 5 lujoso
- 4 selecto
- 9 ◁ *vulgar*

residente
- 1 afincado
- 5 colono
- 4 domiciliado
- 14 habitante
- 4 inquilino
- 14 asentado
- 5 ◁ *ausente*

residir
- 28 arraigar(se)
- 8 avecindar(se)
- 14 basar(se)
- 47 establecer(se)
- 4 estribar
- 11 habitar
- 22 hallar(se)
- 3 morar
- 6 naturalizar(se)
- 13 radicar(se)
- 11 vivir

residual
- 3 remanente
- 6 secundario
- 6 sobrante

residuo
- 4 ceniza
- 9 desecho
- 5 escombro
- 4 pellejo
- 2 rastrojo
- 3 remanente
- 9 resto
- 5 saldo
- 1 serrín
- 6 sobrante
- 31 sobra(s)
- 2 viruta
- 3 raspa
- 6 desperdicio
- 10 poso
- 16 sedimento

residuos
- 7 barreduras
- 9 desecho
- 3 escurriduras
- 31 sobra(s)
- 3 babichas
- 4 gazpacho
- 4 lía

resignación
- 30 abandono
- 8 acatamiento
- 28 conformidad
- 15 docilidad
- 10 humildad
- 7 mansedumbre
- 6 renuncia
- 8 sumisión
- 7 ◁ *disconformidad*

resignado
- 1 allanado
- 11 conforme
- 10 dócil
- 13 humilde
- 8 sumiso
- 7 manso
- 5 ◁ *disconforme*
- 8 ◁ *indócil*

resignar(se)
- 22 abandonar(se)
- 9 abdicar
- 22 acceder
- 55 acomodar(se)
- 39 aguantar(se)
- 41 allanar(se)
- 41 avenir(se)
- 9 condescender
- 27 conformar(se)
- 43 dejar(se)
- 15 dimitir
- 14 doblegar(se)
- 6 humanar(se)
- 20 prestar(se)
- 14 sacrificar(se)
- 40 someter(se)
- 12 sufrir
- 11 denunciar
- 23 ◁ *rebelarse*

resina
- 3 almáciga
- 1 gutapercha
- 3 látex
- 3 mucílago
- 2 mástique
- 6 caucho

resinar
- 4 sangrar

resinífero
- 2 resinoso

resinoso
- 1 almastigado
- 1 resinífero

resistencia
- 11 aguante
- 16 asco
- 41 defensa
- 12 desagrado
- 6 desobediencia
- 11 fortaleza
- 5 indocilidad
- 6 intransigencia
- 8 obstrucción
- 11 oposición
- 15 potencia
- 14 rebeldía
- 1 renuencia
- 18 repugnancia
- 49 energía
- 17 fuerza
- 7 vigor

resistente
- 30 duro
- 10 incansable
- 1 infatigable
- 8 robusto
- 16 sólido
- 17 tenaz
- 5 vigoroso
- 22 fuerte
- 18 guapo
- 42 ◁ *blando*
- 14 ◁ *débil*

resistero
- 15 bochorno
- 3 siesta
- 33 calor

resistidero
- 3 siesta

resistir(se)
- 15 afrontar
- 39 aguantar(se)
- 58 alzar(se)
- 8 apechugar
- 23 arrostrar
- 6 bellaquear
- 18 contradecir(se)
- 4 contrastar
- 7 desobedecer
- 6 forcejear
- 28 mantener(se)
- 22 oponer(se)
- 29 quebrantar(se)
- 6 rebatir
- 23 rebelar(se)
- 5 rebotar(se)
- 6 soportar
- 12 sufrir
- 8 tolerar
- 27 volver(se)
- 6 contrarrestar
- 22 oponerse
- 28 plantarse
- 23 rebelarse
- ⇨hacer frente
- 14 ◁ *doblegar(se)*
- 17 ◁ *flaquear*

resobado
- 5 trillado

13 manido
resol
3 solana

resolana
1 resol
1 reverberación
36 reprensión
17 reprimenda

resoluble
2 divisible
2 fragmentable
1 separable
1 solucionable
7 ◁*indivisible*

resolución
4 aplomo
21 audacia
11 decisión
3 descoco
10 fallo
11 insolencia
12 prontitud
12 providencia
15 sentencia(s)
24 valor
23 viveza
14 determinación
17 actividad
40 ánimo
18 arrojo
32 atrevimiento
15 auto
10 empuje
11 entereza
10 guapeza
7 osadía
6 ◁*pasividad*

resolutivo
10 decisivo

resoluto
33 atrevido
37 bravo

resolver(se)
13 arbitrar(se)
42 arrojar(se)
21 atrever(se)
27 decidir(se)
27 despachar(se)
16 despejar(se)
34 determinar(se)
26 disipar(se)
10 enturbiar(se)
13 facilitar
4 solventar
5 tramitar
9 ventilar
9 zanjar
21 arriscar

resollar
3 jadear
2 resoplar
9 bufar

resonancia
7 divulgación
8 eco
3 murmullo
7 nombradía
6 notoriedad
4 publicidad
6 repercusión
5 sonoridad
19 bombo
15 fama
7 prestigio
9 rumor

resonante
5 ensordecedor
16 famoso
7 rimbombante
7 ruidoso

resonar
3 retumbar

resondrar
14 denostar
16 injuriar

resongón
15 bromista
21 burlador
4 chancero

resoplar
3 jadear
9 bufar

resoplido
8 bufido
7 exabrupto
11 respiración

resorción
10 absorción

resorte
13 ballesta
35 medio(s)
11 muelle
11 procedimiento
8 valimiento
8 enchufe
10 influencia

respagilar
58 echar(se)
11 expulsar

respaldado
14 abonado

respaldar
55 amparar(se)
63 apoyar(se)
44 guardar(se)
42 proteger(se)
21 socorrer(se)
11 ◁*desamparar*

respaldarse
63 apoyar(se)

respaldo
30 amparo
37 apoyo
4 envés
1 espaldera
7 haz
13 protección
14 sostén
24 auxilio
21 vuelta
5 ◁*desamparo*

respectar
8 atañer

respectivamente
1 respective

respective
1 respectivamente

respectivo
7 correspondiente
4 mutuo
2 recíproco

respecto
15 proporción
5 tocante
20 relación
17 razón
⇨acerca de
⇨referente a

respetabilidad
9 decoro
4 solvencia

respetable
5 calificado
1 caracterizado
10 considerable
20 distinguido
9 honorable
8 numeroso
2 reverenciable
3 venerable
29 abundante
23 grande
17 ◁*escaso*

respetado
10 apreciado
4 autorizado
6 bienquisto
9 popular
5 ◁*golpeado*
5 ◁*magullado*
4 ◁*martirizado*
5 ◁*talado*

respetar
5 acatar
12 adorar(se)

respeto

13 considerar(se)
24 honrar(se)
7 obedecer
7 reverenciar
42 seguir(se)
4 venerar
◁ *desacatar*

respeto(s)
8 acatamiento
18 admiración
11 adoración
47 atención(es)
9 atenciones
33 consideración(es)
13 culto
7 devoción
8 miramiento
6 obediencia
2 rendibú
7 veneración
10 reverencia

respetuosamente
19 atentamente

respetuoso
12 cortés
10 deferente
17 atento
◁ *descortés*

respingada
3 respingona

respingar
6 gruñir
4 refunfuñar
5 rezongar

respingo
4 gruñido
2 refunfuño
7 sacudida
8 sobresalto
9 timo

respingona
6 alzada
1 arremangada
1 respingada

respirable
2 aireado
1 oxigenado
21 puro
7 ventilado
2 ◁ *irrespirable*
13 ◁ *sucio*

respiración
20 aliento
3 espiración
1 estertor
5 hálito
1 inhalación
13 inspiración
3 jadeo
3 resoplido
3 resuello
2 sofoco
3 asma

respiradero
25 abertura
1 tragaluz
6 tronera

respirar
42 aliviar(se)
14 descansar
2 espirar
2 inhalar
16 inspirar(se)
3 jadear
3 resollar
2 resoplar

respiro
17 alivio
14 descanso
0 ropoco
7 sosiego
6 tregua
26 calma

resplandecer
47 brillar
27 destacar(se)
5 esplender
11 fulgurar
16 lucir(se)
12 realzar(se)
8 relucir

5 coruscar
8 destellar
11 sobresalir

resplandeciente
34 brillante
4 cegador
4 centelleante
1 deslumbrante
3 esplendente
1 luciente
9 reluciente
15 satisfecho

36 alegre
8 contento
6 coruscante

resplandor
11 aureola
26 brillo
3 fulgor
10 halo
7 luminosidad
2 nimbo

responder
8 aducir
4 agradecer
19 argüir
24 argumentar(se)
52 asegurar(se)
5 contestar
13 corresponder
19 garantizar(se)
6 objetar
34 pagar(se)
11 replicar
⇨ salir fiador

respondón
10 descomedido
12 deslenguado
1 replicón

responsabilidad
24 carga
17 competencia
19 compromiso
6 deber
7 deuda
3 incumbencia

11 obligación
9 servidumbre
7 vínculo
26 cadena

responsabilizarse
9 asumir
20 comprometer(se)

responsable
3 avalista
6 fiador
10 formal
3 garante
5 ordenado
13 prudente
20 serio

1 ◁ *irresponsable*

responso
1 responsorio

responsorio
1 responso

respuesta
11 consecuencia
4 contestación
25 efecto(s)
8 reacción
6 réplica

resquebrajado
4 agrietado
24 abierto

resquebrajadura
2 fractura
6 grieta
5 hendidura

resquebrajar
35 abrir(se)
10 agrietar(se)
18 cuartear
36 rajar

resquebrajarse
18 cuartear

resquemo
6 chamusquina
1 requemamiento

resquemor
11 aversión
1 escocimiento
5 escozor
7 rencor
13 animadversión
20 odio
10 resentimiento

resquicio
25 abertura
12 circunstancia
6 grieta
17 ocasión
14 oportunidad
5 pretexto(s)
10 ranura
7 coyuntura
5 hendidura

resta
11 diferencia
16 residuo
9 resto
7 substracción

restablecedor
5 curativo

restablecer(se)
2 antipocar
3 convalecer
13 curarse
10 instaurar
49 mejorar(se)
19 recobrar(se)
23 recrear(se)
20 reformar(se)
6 regenerar(se)
14 rehacer(se)
13 renovar
27 reponer(se)
9 restaurar
7 resucitar
14 sanar(se)
6 devolver
7 restituir

18 ◁ *empeorar(se)*
9 ◁ *abrogar*

restablecido
7 curado
2 devuelto
1 reanudado
1 recobrado
2 rehabilitado
3 renovado
7 repuesto

restablecimiento
6 mejoría
15 recreación

restado
6 deducido

restallante
2 crujiente

restallar
5 crujir
2 chascar
11 chasquear

restallido
1 crepitación
5 crujido
12 choque
19 ruido
7 ◁ *silencio*

restante
3 remanente
16 residuo
9 resto
6 sobrante

restañar
5 crujir
11 chasquear
3 restallar
14 sanar(se)
50 limpiar

restañasangre
4 alaqueca
4 cornalina

restaño
3 cauterización

restar
7 deducir
4 detraer
19 disminuir(se)
12 faltar
19 quedar(se)
39 rebajar(se)
15 substraer(se)
27 volver(se)
6 devolver
58 quitar

restauración
8 reposición
5 retoque

restaurador
4 consuntivo
7 reparador

restaurante
5 ambigú
3 botillería
2 snack-bar
6 bufet

restaurar
3 reajustar
19 recobrar(se)
4 recomponer
15 recuperar(se)
1 reinstaurar
13 renovar
19 restablecer(se)
21 reparar
7 restituir

restitución
3 reintegro
8 reposición
9 retorno

restituible
1 devolutivo
1 reintegrable
4 renovable
1 restitutorio

restituido
2 devuelto
2 redimido
2 rehabilitado
9 rendido
3 renovado
7 repuesto
◁ *quitado*

restituir
7 reintegrar(se)
27 reponer(se)
19 restablecer(se)
9 restaurar
6 devolver
7 regresar
8 retornar

restitutorio
4 restituible

resto
11 diferencia
17 huella
9 rastro
3 remanente
16 residuo
6 sobrante
6 vestigio
10 poso
27 señal

restos
5 arrebañaduras
7 barreduras
20 basura
9 broza
11 cadáver
9 despojo
16 miga(s)
18 migaja(s)
25 ruina(s)
31 sobra(s)
3 babichas

restregadura
7 despellejadura

restregar
2 refregar

restregón
3 rascadura
11 roce

restricción
4 cortapisa
7 limitación
9 reducción

restringido
9 ceñido
5 condicionado
2 limitado
8 reducido
8 ◁*extenso*
5 ◁*ilimitado*
18 ◁*libre*

restringir
16 acortar(se)
11 astringir(se)
44 ceñir(se)
10 cercenar
8 coartar
6 limar
27 limitar(se)
52 reducir(se)
8 podar

resucitado
4 colibrí
2 redivivo

resucitar
2 reemprender
2 renacer
27 reponer(se)
19 restablecer(se)
9 restaurar
4 resurgir
5 revivir

resudar
4 rezumar
4 sudar

resueltamente
6 briosamente

resuelto
14 arrojado
33 atrevido
18 audaz
7 decidido
12 denodado
11 determinado
25 diligente
4 expedito
10 intrépido
18 libre
7 osado
25 pronto
9 valiente
4 ◁*irresoluto*

resuello
20 aliento
5 hálito
2 vaharada

resulta
11 consecuencia
10 fruto
12 producto
3 secuela
9 resultado

resultado
11 consecuencia
7 derivación
6 desenlace
25 efecto(s)
10 fruto
12 producto
5 resulta
3 secuela

resultados
7 salpicadura(s)

resultando
5 considerando

resultante
11 consecuencia
10 fruto
12 producto
3 secuela
9 resultado
11 ◁*antecedente*
4 ◁*premisa*

resultar
27 aparecer(se)
42 arrojar(se)
7 deducirse
17 derivar
20 evidenciarse
5 extraerse
9 implicar
27 inferir(se)
11 manifestarse
28 sacarse
48 salir(se)

resultón
17 aparente

resumen
4 abreviación
14 compendio
6 extracto
6 manual
3 prontuario
5 recapitulación
3 recopilación
5 repertorio
3 sinopsis
13 sumario
6 síntesis

resumidero
5 cloaca
10 alcantarilla

resumido
10 abreviado
5 compendioso
9 concreto
5 condensado
8 parvo
22 preciso
3 sinóptico
6 sintético
9 sucinto
13 sumario

resumir
12 abreviar
5 compendiar
4 extractar
4 recapitular
52 reducir(se)
5 sintetizar
12 ◁*ampliar(se)*

resurgimiento
4 reaparición
1 renacimiento
1 vivificación

resurgir
6 reaparecer
1 rebrotar
7 resucitar
5 revivir

resurrección
5 pascua
4 reencarnación

resurtida
3 rebote
6 rechazo
8 retroceso

resurtir
5 rebotar(se)
12 retroceder
13 rechazar

retablo
12 abuelo(s)
11 altar
33 anciano
33 antiguo
14 envejecido
11 senil
8 vetusto

retacar
27 negarse
22 oponerse
5 remolonear
3 vaguear

retacear
19 disminuir(se)
10 escatimar

retaco
14 canijo
13 enano
3 regordete
7 pequeñajo
9 rechoncho
6 tachuela

retador
1 desafiante
11 provocador

retaguardia
6 culata
1 rezaga
4 zaga

retahíla
9 letanía
17 lista
4 retreta
8 sarta

retajadura
5 circuncisión
56 corte

retajo
9 despojo
1 oblación
4 pellejo
1 tajadura
9 tajo
56 corte
6 piltrafa

retal
15 maula
5 recorte
1 retazo

retama
3 ginesta
2 hiniesta

retaquear
5 colmar
20 henchir(se)
24 rellenar(se)
3 repletar

retar
8 desafiar(se)
18 provocar

retardación
12 atraso(s)
8 demora

retardado
9 cachazudo
11 calmoso
11 lento
3 premioso
3 retrasado
4 rezagado
19 ◁*rápido*

retardamiento
6 prolongación
6 retraso

retardar
13 aplazar(se)
17 demorar(se)
8 diferir
29 dilatar(se)
4 posponer
4 prorrogar
17 retrasar(se)
3 postergar
⇨dar largas
24 ◁*adelantar(se)*

retardatario
3 retrógrado

retardo
10 aplazamiento
8 demora
5 dilación
2 entorpecimiento
6 retraso

retazo
3 retal

retejar
1 trastejar

retemblar
3 dentellear
8 temblar
7 trepidar
6 vibrar

retén
9 refuerzo
7 repuesto

retención
6 contención
14 detención(es)
15 reserva(s)
1 retenimiento

retener(se)
4 ayunar
11 conservar
49 detener(se)
13 dificultar(se)
14 estancar(se)
44 guardar(se)
26 inmovilizar(se)
28 mantener(se)
17 obstaculizar
50 parar(se)
6 sobreponer(se)
15 suspender
12 achantarse
9 apiolar
13 impedir
6 ◁*embestir*
13 ◁*facilitar*
11 ◁*librar*
59 ◁*mover(se)*
42 ◁*soltar(se)*
34 ◁*liberar(se)*

retenimiento
4 retención

retentado
9 impulsivo
12 vehemente

retentiva
16 memoria(s)
9 recuerdo(s)

retentivo
3 memorión

retesar
5 atiesar(se)
20 atirantar(se)

reticencia
1 precesión
4 retintín

reticente
9 ambiguo
3 insidioso
2 insincero
15 reservado
28 ◁*claro*

10 ◁*directo*
16 ◁*franco*

rético
2 retorrománico
2 romanche
9 ladino

retículo
7 malla
12 red

retintín
12 arañazo
2 reticencia
8 sarcasmo
3 sonsonete

retinto
3 castaño
6 ennegrecido
32 oscuro
2 renegrido
28 ◁*claro*

retirada
25 aislamiento
1 enclaustramiento
4 reclusión
5 repliegue
8 retiro
9 retorno
12 retraimiento
8 retroceso
9 clausura
21 vuelta

retirado
3 alejado
15 apartado
7 distante
15 inactivo
3 lejano
7 misántropo
18 retraído
10 separado
16 solitario
9 huraño
5 jubilado
9 ◁*cercano*

retiramiento

24 ◁*abierto*
◁*en activo*

retiramiento
25 aislamiento

retirar(se)
15 abolir(se)
17 acostar(se)
24 agachar(se)
35 aislar(se)
38 alejar(se)
70 apartar(se)
32 arrinconar(se)
9 arrumbar(se)
30 ausentar(se)
43 dejar(se)
5 desapoderar
11 despojar
11 encerrarse
17 evacuar
4 incomunicar
12 jubilar(se)
47 recoger(se)
8 replegar(se)
10 retraerse
12 retroceder
64 separar(se)
9 abrogar
35 aislarse
48 arrancar
28 aventar
8 despintar
60 largarse
53 marchar
58 quitar
⇨irse a la cama

retiro
25 aislamiento
24 apartamiento
12 encierro
6 jubilación
2 recogimiento
12 retraimiento
6 soledad
9 clausura

reto
7 desafío
5 provocación

19 amenaza
26 amonestación
21 bravata
17 reprimenda

retobado
12 cauteloso
3 contestón
7 disgustado
3 respondón
50 astuto
9 enfadado
15 indómito
14 rebelde

retobar
17 forrar

retobear
39 empeñarse
28 obstinarse

retobo
9 desecho
5 regusto
6 desperdicio
11 resabio

retocado
5 corregido
5 elaborado
3 mejorado
6 perfilado

retocar
83 arreglar(se)
14 modificar(se)
4 recomponer
9 restaurar
46 cambiar

retomar
3 reconquistar

retoñar
1 pimpollecer
6 reaparecer
1 rebrotar
20 reproducir(se)
5 revivir
1 serpollar
27 volver(se)

retoño
13 brote
3 rebrote
2 renuevo
1 serpollo
6 vástago
7 hijuelo

retoque
4 modificación
2 recomposición
2 restauración
20 arreglo
19 cambio

retorcer(se)
7 abarquillar(se)
24 argumentar(se)
18 arquear(se)
20 combar(se)
54 confundir(se)
13 deformar
6 distorsionar
5 emburujar(se)
16 encrespar(se)
2 ensortijar
8 girar
39 liar(se)
1 malinterpretar
2 retorcijar
7 rizar(se)
5 sofisticar
44 torcer(se)
20 violentar(se)
31 doblar
4 encarrujar(se)
3 encorcovar

retorcido
5 abarquillado
5 alabeado
8 arqueado
17 artificioso
7 curvo
6 doblado
4 encrespado
4 ensortijado
4 maquiavélico
7 rizado
8 sinuoso
8 tortuoso
12 torcido

28 ◁*claro*

retorcijar
2 ensortijar
22 retorcer(se)

retorcimiento
3 contorsión
10 fingimiento
13 malicia
10 simulación
6 torsión
7 doblez

retórica
1 alambicamiento
33 artificio
4 oratoria
2 perífrasis
3 poética
3 rebuscamiento
1 retoricismo
12 circunloquio

retoricismo
8 retórica

retórico
7 altisonante
11 ampuloso
5 campanudo
8 grandilocuente
19 hueco
16 pomposo
11 enfático
19 hinchado
12 ◁*sencillo*

retornar
5 reembolsar
7 reintegrar(se)
4 tornar
27 volver(se)
11 arrendar
6 devolver
7 regresar
7 restituir

retorno
3 permuta
5 reembolso

retratar

2 regreso
3 reintegro
3 restitución
19 cambio
9 devolución
5 trueque
21 vuelta

retorrománico
3 rético
9 ladino

retorsión
6 retorcimiento

retorta
27 vasija

retortijón
7 cólico
6 retorcimiento

retozar
4 brincar
1 corretear
14 jugar
6 juguetear
29 saltar(se)
2 travesear
2 triscar
34 correr

retozón
5 juguetón
6 palomilla
3 saltarín
36 alegre
10 travieso

retracción
10 contracción
16 disminución
6 merma
9 reducción
4 ◁ampliación
23 ◁extensión

retractable
5 rectificable

retractación
7 abjuración
7 contraorden
9 conversión
3 palinodia
4 revocación
10 apostasía

retractarse
7 abjurar
11 desdecir(se)
7 rectificar
9 revocar
6 culear
36 rajar
⇨volverse atrás
43 ◁afirmar(se)

retracto
4 retención
1 retroventa
5 tanteo
6 ◁entrega

retraer
17 arredrar(se)
29 encoger(se)

retraerse
19 acoger(se)
55 amparar(se)
2 enclaustrarse
15 guarecer(se)
47 recoger(se)
12 retroceder
35 aislarse
38 alejarse
70 apartarse
34 retirarse

retraído
5 acomplejado
7 búho
6 incomunicado
6 insociable
7 misántropo
11 retirado
16 solitario
30 tímido
21 adusto

33 apocado
3 encuevado
3 huachito
9 huraño
4 huyuyo
3 juyuyo
4 orejano
7 oso
13 parado
4 ◁expansivo
10 ◁expresivo

retraimiento
3 alejamiento
24 apartamiento
4 escondite
10 guarida
7 insociabilidad
3 misantropía
10 refugio
15 reserva(s)
8 retiro
6 soledad
11 cortedad
10 timidez

retranca
3 galga
5 ataharre
3 freno

retranquear
12 bornear
27 colocar(se)
14 emplazar(se)
18 transportar(se)
26 trasladar(se)

retransmisión
29 comunicación(es)
2 emisión
8 transmisión

retransmitir
18 comunicar(se)
29 difundir(se)
16 emitir
20 reproducir(se)
16 transmitir(se)
49 ◁callar(se)

6 ◁silenciar(se)

retrasado
3 diferido
6 retardado
7 tardío
8 ◁adelantado
5 ◁aventajado
12 ◁desarrollado
6 ◁prematuro
7 ◁temprano

retrasar(se)
13 aplazar(se)
17 atrasar(se)
16 colgar(se)
17 demorar(se)
8 diferir
29 dilatar(se)
20 entorpecer(se)
7 prolongar
4 prorrogar
22 reservar(se)
9 retardar(se)
8 rezagar(se)
3 tardar
4 transferir
2 mamonear
14 pisar
5 remolonear
24 ◁adelantar(se)
26 ◁anticipar(se)
20 ◁aventajar(se)
30 ◁crecer(se)
4 ◁madrugar
9 ◁preceder
5 ◁progresar

retraso
10 aplazamiento
12 atraso(s)
8 demora
5 dilación
2 retardamiento
5 retardo
2 ◁adelanto

retratar
14 dibujar(se)
3 fotografiar
29 representar(se)

retratista

23 pintar

retratista
2 acuarelista
2 dibujante
1 fotógrafo
10 pintor

retrato
13 efigie
4 foto
6 fotografía
20 imagen
13 pintura
20 representación
8 cuadro
22 figura

retrechar
12 retroceder

retrechero
35 atractivo

retrepado
3 apoyado
4 arrellanado
7 descansado
1 reclinado
1 recostado
9 ◁levantado

retreparse
3 recostarse

retreta
12 son
4 retahíla
22 serie
11 toque

retrete
18 aseo
19 común
12 excusado
3 letrina
3 mingitorio
22 servicio(s)
5 urinario
6 water
7 toilette

retribución
17 pago(s)
8 premio
10 remuneración
20 satisfacción
18 gratificación
10 paga
7 recompensa

retribuir
9 gratificar
9 indemnizar
34 pagar(se)
6 premiar
8 recompensar
5 remunerar
44 satisfacer(se)

retributivo
10 productivo
1 remunerador
1 remunerativo
22 útil
  ◁desventajoso
5 ◁improductivo

retroalimentación
1 feedback
3 loop

retroceder
5 rebotar(se)
1 recejar
4 recular
1 refluir
8 replegar(se)
3 resurtir
1 retrechar
1 retrogradar
27 volver(se)
7 regresar
34 retirarse
8 retornar
9 ◁avanzar

retroceso
3 rebote
1 reculada
4 reflujo
2 regreso
5 repliegue
10 retirada

9 retorno
21 vuelta
11 ◁avance

retrogradar
12 retroceder

retrógrado
14 atrasado
4 rancio
1 retardatario
5 ◁avanzado

retronar
3 retumbar

retrospectivo
4 evocador
3 pretérito
2 sugerente
17 ◁presente(s)

retrotraer
17 atrasar(se)

retroventa
3 retracto

retruécano
4 conmutación
8 equívoco
11 albur

retruque
4 contestación
6 réplica

retumbante
6 atronador
5 campanudo
5 ensordecedor
9 estruendoso
9 ostentoso
7 rimbombante
7 ruidoso
5 ◁silencioso

retumbar
5 atronar(se)
1 resonar
1 retronar

reúma
1 lumbago

reunido
6 fundido

reunión
16 agrupación
27 asamblea
4 comité
3 cónclave
11 conjunto
6 coro
10 dieta
3 piña
3 rolde
3 sarao
1 velada
10 congreso
8 can
7 corro
5 chicharra
20 fiesta
15 grupo
8 pandilla
13 peña

reunir(se)
4 acabildar
9 acopiar(se)
30 acoplar(se)
3 acoyuntar
18 acumular(se)
9 afluir
15 aglomerar(se)
9 aglutinar
6 agremiar(se)
21 agrupar(se)
15 almacenar(se)
4 allegar(se)
42 amontonar(se)
19 amotinar(se)
6 añascar
7 apandillar
4 aparvar
14 apellidar(se)
6 apilar
21 apiñar(se)
48 asociar(se)
4 atropar(se)
12 avistar(se)
4 capitalizar

6 centralizar
5 colectar
4 colegiarse
2 compilar
16 concentrar(se)
16 concurrir
2 congregar
8 conjuntar
8 convocar
8 empalmar
14 emparejar(se)
8 fusionar(se)
40 ganar(se)
26 incorporar(se)
74 juntar(se)
6 muñir
47 recoger(se)
9 reconcentrar(se)
15 reconciliar(se)
4 recopilar
7 vincular
61 atar
15 convenir
33 llamar
5 ◁descentralizar
4 ◁desparejar(se)

revalidación
8 confirmación
2 ratificación

revalidar
9 confirmar(se)
4 corroborar
20 ratificar(se)

revancha
5 desquite

revejido
6 enteco
2 flacucho

revelable
3 confesable
5 ostensible
1 publicable
8 ◁indecible

revelación
9 descubrimiento
16 manifestación

revelado
4 infuso

revelador
3 informativo
2 revelandero
4 sintomático
4 detector

revelandero
4 iluminado
4 revelador

revelar(se)
35 abrirse
39 anunciar(se)
33 avisar(se)
21 cantar
6 confesar
13 descubrir
3 desembuchar
23 divulgar(se)
3 espontanear(se)
20 evidenciar
3 exteriorizar
5 franquearse
26 informar(se)
11 manifestar
9 notificar
5 patentizar
13 sincerar(se)
3 teologizar
10 delatar
11 pregonar
14 publicar
9 vomitar
31 ◁encubrir(se)

revellín
15 dificultad
10 obstáculo

revendedor
9 especulador
10 intermediario
6 mediador
4 ventajista

revender
19 especular
16 mediar
8 trajinar

11 vender
9 ◁comprar

revenirse
5 acidular(se)
20 avinagrar(se)
20 agriar

reventadero
8 ajetreo

reventador
11 censor

reventar(se)
35 abrirse
9 aforrar(se)
45 anhelar
25 apasionar(se)
8 apesgar(se)
45 aplastar(se)
41 cansar(se)
27 enojar(se)
10 estallar
6 explotar
87 fastidiar(se)
44 incomodar(se)
114 molestar(se)
41 quebrar(se)
6 chinchorrear
4 despachurrar
36 rajar

reventazón
5 estribo
7 inflamación
10 contrafuerte
22 absceso

reventón
14 ahogo
14 apuro(s)
8 bombazo
11 cansancio
1 deflagración
8 estallido
5 estampido
8 explosión
35 fatiga(s)
14 aprieto
6 empellón

7 empujón
2 recaída
3 reincidencia

rever
2 revisar

reverberación
2 reverbero

reverberante
2 reflectante
1 reflector
9 ◁opaco

reverberar
3 espejear
11 fulgurar
10 resplandecer
8 destellar

reverbero
1 reverberación
38 alumbrado

reverdecer
7 rejuvenecer(se)
13 renovarse
1 verdecer
11 vigorizarse

reverencia
8 acatamiento
18 admiración
15 cabezada
13 respeto(s)
8 sumisión
7 veneración
3 caravana
7 comitiva
18 inclinación
8 saludo

reverenciable
6 augusto
10 respetable

reverenciar
5 acatar
25 admirar(se)
12 adorar(se)

reversible

8 respetar
4 venerar
⇨poner por las nubes
⇨tener en un altar

reversible
6 cambiable
3 curable
10 mudable
2 recuperable
7 variable
15 ◁*fijo*
2 ◁*irreversible*

reverso
12 cruz
4 dorso
4 envés
6 espalda
19 revés
5 verso

reverter
8 rebosar

revés
17 calamidad
1 contrahaz
12 cruz
15 derrota
10 desastre
4 dorso
4 envés
6 espalda
11 mudanza
6 reverso
5 verso
1 vuelto
19 cambio
12 contrariedad
17 desgracia
5 fracaso
6 infortunio
9 pérdida
21 vuelta

revesado
dificil
8 embrollado
8 enrevesado
9 inquieto
11 intrincado

7 liado
4 movido
7 enmarañado
11 enredador
10 travieso
24 ◁*fácil*

revesero
7 burlón
10 desleal
5 mordaz
10 traidor

revesino
6 carambola
5 mohíno
42 cabo

revestido
7 acolchado
5 recubierto

revestimiento
4 cobertura
6 envoltura

revestir(se)
10 acorazar(se)
4 alicatar
3 aporcar
51 cubrir(se)
24 disfrazar(se)
13 disimular
9 embozar(se)
31 encubrir(se)
6 entoldar(se)
32 envolver(se)
5 rebozar
16 recubrir(se)
3 tapizar
27 velar(se)
5 vestir
9 chapar

revirado
3 díscolo
14 rebelde

revirar(se)
11 bordear
3 indisciplinarse

23 rebelarse

revisable
5 rectificable

revisar
1 reexaminar
7 repasar

revisión
9 comprobación
12 examen
4 repaso
9 revista

revisor
5 supervisor

revista
5 alarde
8 análisis
5 desfile
12 examen
9 inspección
16 muestra(s)
11 parada
11 publicación
10 periódico

revistas
4 prensa

revivificar
3 reavivar

revivir
1 rebrotar
2 renacer
13 renovar
7 resucitar
4 resurgir

revocable
3 anulable
3 rescindible
4 ◁*irrevocable*

revocación
6 anulación
5 cancelación
3 derogación
10 rescisión

revocado
3 abolido
5 anulado
7 cubierto
3 derogado
2 estucado
4 pintado
1 ◁*deslucido*
◁*reinante*
13 ◁*sucio*

revocar
28 anular(se)
6 cancelar
2 enfoscar
4 enjalbegar
7 enlucir
16 guarnecer(se)
5 rescindir
6 derogar
⇨dejar sin efecto

revoco
4 encaladura
5 revoque

revolcadero
1 envolvimiento

revolcar(se)
7 calabacear
3 catear
16 colgar(se)
17 derribar(se)
3 revolear(se)
15 suspender
40 vencer(se)
43 arrastrar
24 revolver

revolcón
7 cate
15 derrota
15 humillación
2 maltrato
9 mortificación
14 ofensa
2 pisoteo
2 revuelco
8 escarmiento
12 suspenso

2 triunfo
4 ◁*aprobado*
7 ◁*levantamiento*

revolear(se)
17 derribar(se)
9 revolcar(se)
43 arrastrar

revolica
18 barullo
18 enredo

revolotear
6 alear
4 mariposear
15 volar
35 ◁*bajar(se)*
17 ◁*descender*

revoloteo
1 mariposeo
4 revuelo
5 vuelo
9 ◁*bajada*
6 ◁*descenso*

revoltijo
6 batiburrillo
5 ensalada
10 mezcolanza
2 popurrí
6 revoltillo
16 amasijo
19 confusión
15 embrollo
18 enredo
11 lío

revoltillo
9 fárrago
3 fritada
5 guiso
10 mezcolanza
10 revoltijo
12 mezcla
6 ◁*unidad*
11 ◁*sencillez*

revoltoso
15 agitador
4 amotinado

9 inquieto
8 insurrecto
4 movido
7 revolucionario
10 revuelto
7 sedicioso
3 subversivo
8 turbulento
11 enredador
14 rebelde
10 travieso

revolú
79 alboroto
11 motín
13 tumulto

revolución
21 alteración
22 asonada
18 giro
7 levantamiento
7 mutación
14 revuelta
2 rotación
9 sedición
11 trastorno
33 agitación
19 cambio
11 insurrección
11 motín
7 sublevación
21 vuelta

revolucionar
19 amotinar(se)

revolucionario
15 agitador
8 alborotador
2 innovador
8 insurrecto
4 novedoso
7 sedicioso
3 subversivo

revolutis
19 confusión
18 enredo

revolver
13 ajetrear(se)
14 amalgamar(se)

18 arrebujar(se)
14 barajar
7 bazuquear(se)
12 bornear
9 embrollar
7 enmarañar
17 menear(se)
31 mezclar(se)
59 mover(se)
17 remover
9 revolcar(se)
31 sacudir(se)
9 trabucar(se)
6 trastocar(se)
6 jorungar
19 trocar
11 ◁*sedimentar(se)*

revólver
23 bufón
9 cuete
4 pistola

revolver(se)
9 aborrascar(se)
40 agitar(se)
39 alterar(se)
23 arrostrar
10 bullir
14 desarticular
37 descomponer(se)
19 desordenar(se)
9 desorganizar
12 discurrir
21 enemistar(se)
8 girar
28 inquietar(se)
11 meditar
17 menear(se)
59 mover(se)
6 rebuscar
15 reflexionar
26 registrar(se)
3 rotar
15 soliviantar(se)
5 escardar
⇨arrancar hierbas
⇨dar vueltas

revoque
2 enfoscado
2 enjalbegado

4 enlucido
1 guarnecido
2 revoco

revuelco
38 caída
11 revolcón

revuelo
3 revoloteo
11 tempestad
15 torbellino
33 agitación
4 ◁*chiticalla*

revuelta
10 algarada
22 asonada
11 pendencia
3 recodo
9 sedición
15 revolución
79 alboroto
18 disputa
6 escarda
11 insurrección
11 motín
11 riña
13 tumulto
21 vuelta

revuelto
5 alterado
14 confuso
8 embrollado
6 greñudo
8 impuro
11 intrincado
5 promiscuo
13 revoltoso
5 trastocado
8 turbulento

revulsar
6 devolver
9 vomitar

revulsión
3 congestión
7 inflamación

revulsivo
2 epispástico
3 rubefaciente

rey
6 monarca
10 soberano

reyerta
12 cisco
15 cuestión
11 pendencia
11 altercado
35 bronca
18 disputa
12 gresca
11 pelea
14 pelotera
11 riña
7 trifulca

reyes
3 realeza

reyezuelo
3 abadejo
2 régulo

rezaga
3 retaguardia

rezagado
4 distanciado
6 retardado
5 subdesarrollado
12 culero

rezagar(se)
17 atrasar(se)
49 detener(se)
20 entorpecer(se)
17 obstaculizar
9 retardar(se)
17 retrasar(se)
5 remolonear
⇨quedarse atrás

rezandero
15 camandulero

rezar
6 implorar
4 orar
13 significar
17 pedir
⇨querer decir

rezno
5 ricino
1 rosón

rezo
3 jaculatoria
12 oración
7 plegaria
6 preces
3 rogativa

rezón
11 ancla

rezondrar
14 denostar
16 injuriar

rezongador
5 gruñón

rezongar
6 gruñir
5 mascullar
4 refunfuñar
22 reñir
16 reprender

rezongón
1 refunfuñador
5 gruñón

rezos
2 maitines
6 preces

rezumar
2 exudar
16 filtrar(se)
4 sudar
4 transpirar

rezumbar
33 beber
6 trasegar

ría
2 desembocadura
3 estuario
17 ◁*nacimiento*
13 ◁*manantial*

riachuelo
2 regato
11 arroyo
10 toma

riada
10 aluvión
6 crecida
14 desbordamiento
5 inundación
4 llena
16 avenida

ribazo
12 margen
7 ribera
7 orilla

ribera
32 borde
4 costa
3 litoral
12 margen
4 playa
3 ribazo
7 orilla

ribereño
2 costeño
2 costero
4 periférico
11 ◁*interior*

ribete(s)
22 acrecentamiento
26 adición
9 asomo
9 asomos
14 encaje
6 entredós
2 festón
17 huella
15 indicio(s)
18 seña(s)
23 aumento
27 señal

ribetear
21 adornar
14 cabecear
2 festonear
3 orlar

ribo
7 ribera
7 orilla

ricachón
11 acaudalado

ricial
1 rizal

ricino
1 cherva
1 higuerilla
1 palmacristi
2 rezno
⇨higuera del infierno

rico
11 acaudalado
15 acomodado
15 apetitoso
6 copioso
9 creso
12 exquisito
5 exuberante
7 gustoso
8 opulento
7 pingüe
8 potentado
5 pudiente
5 sabroso
29 abundante
6 ◁*desaborido*
17 ◁*escaso*
18 ◁*pobre*

ricohombre
12 hidalgo
6 aristócrata
22 noble
3 ◁*plebeyo*

15 ◁*villano*

rictus
10 contracción
5 crispamiento
3 espasmo
11 gesto(s)

ricura
8 exquisitez
6 preciosidad

ridícula
5 cacatúa

ridiculez
12 adefesio
10 anomalía
6 cursilería
6 incongruencia
2 vanistorio
103 burla

ridiculización
2 caricatura
8 desprecio
6 escarnio
5 solfa
13 ◁*aprecio*
9 ◁*elogio*

ridiculizado
4 plantado

ridiculizar
4 caricaturizar
8 chancearse
4 parodiar
8 satirizar
7 remedar
80 burlarse
4 reírse

ridículo
51 absurdo
13 anómalo
4 arlequín
15 bufo
7 burlesco
8 calandrajo
4 gurrumina

13 poco
5 solfa
21 corto
3 chérchere
13 dengue
30 divertido
17 escaso
9 extravagante
4 farabuti
18 gracioso
4 grotesco
10 irrisorio
6 melindroso
5 ñoño
8 pazguato
14 pequeño
2 pije
18 pobre
7 ranchero
4 rascuache
3 risible
29 ◁*abundante*

riego
3 irrigación

riel
2 raíl
7 carril

rielar
47 brillar
2 cabrillear
5 esplender
11 fulgurar
10 resplandecer
5 coruscar

rienda(s)
6 brida
15 cabezada
6 contención
16 dirección
21 dominio
11 gobierno
13 moderación
8 sujeción
3 freno
6 mando

riente
5 exultante
14 radiante

12 regocijado
16 risueño
13 ◁*sombrío*
16 ◁*triste*

riesgo(s)
8 contingencia(s)
11 exposición
4 imponderables
12 inseguridad
11 lance
10 posibilidad(es)
4 peligro
8 trance

rifa
2 lotería
1 sorteo
2 tómbola

rifar
5 sortear
35 distinguirse
11 sobresalir

rifeño
6 bereber

rifirrafe
80 bulla
12 gresca

rifle
8 carabina
2 escopeta
7 fusil
5 mosquetón

rigidez
12 dureza
10 erección
9 inflexibilidad
13 rigor
5 severidad
4 tiesura

rígido
3 agarrotado
3 almidonado
45 áspero

27 austero
6 disciplinado
30 duro
13 endurecido
2 envarado
4 erguido
9 estricto
6 hierático
13 inflexible
6 ordenancista
4 policiaco
3 puritano
4 sumarísimo
5 tenso
16 tieso
4 yerto
19 recto
21 adusto
8 atracado
4 exigente
18 guapo
20 severo
6 tirante
4 ◁*adaptable*
4 ◁*contentadizo*
8 ◁*elástico*
2 ◁*enrollable*
6 ◁*maleable*
5 ◁*moldeable*
7 ◁*plástico*

rigola
14 acequia
18 canal

rigor
10 acrimonia
6 acritud
12 dureza
8 exactitud
6 inclemencia
6 perfección
14 precisión
15 propiedad
9 rudeza
5 severidad
22 aspereza
16 cantidad
16 multitud
14 ◁*bonanza*
4 ◁*imprecisión*

rigorismo
19 austeridad

rigorista
27 austero

rigurosidad
19 austeridad

riguroso
4 ajustado
45 áspero
27 austero
16 cabal
7 detallado
30 duro
4 extremado
8 inclemente
6 inexorable
13 inflexible
22 preciso
22 rudo
8 sobrio
15 acre
13 crudo
20 severo
17 templado
16 ◁*bonancible*
7 ◁*impreciso*

rijosidad
8 lubricidad
9 lujuria
8 salacidad
10 sensualidad

rijoso
9 baboso
9 libidinoso
10 lúbrico
10 salaz
9 sátiro
16 sensual
9 verde
13 arrecho
10 lujurioso
5 mujeriego

rima
22 asonada
1 asonancia

rimador
2 coplero
9 poeta

rimar
3 escariar
⇨hacer versos

rimbombancia
3 ampulosidad

rimbombante
7 altisonante
5 campanudo
9 florido
8 grandilocuente
19 hueco
5 llamativo
9 ostentoso
16 ◁*modesto*

rimbombar
1 resonar
3 retumbar

rimero
11 cúmulo
6 pila
12 montón

rinanto
3 gallocresta

rincón
19 ángulo
6 codo
4 esquina

rinconada
19 ángulo

rinconera
1 cantonera

rinche
10 colmado
14 lleno

ringla
18 hilera

ringle
10 corrida

ringlera
18 hilera

ringletear
12 callejear
12 vagabundear

ringorrangos
1 arrequifes
10 exceso
19 extravagancia
8 superfluidad
2 trazos
18 ◁*necesidad*
6 ◁*sobriedad*

rinoceronte
2 abada
2 bada

riña
15 cuestión
11 pendencia
11 reyerta
11 altercado
19 berrinche
20 contienda
18 disputa
8 engarce
11 pelea
12 querella
12 quimera

riostra
9 refuerzo
2 travesaño
6 jabalcón

riostrar
30 armar

ripiado
6 harapiento
18 andrajoso

ripiar
54 confundir(se)
38 pegar(se)

6 apabullar
9 derrochar
6 dilapidar
24 golpear
7 malgastar

ripio
9 habladuría
8 hojarasca

riqueza
28 abundancia
13 acomodo
16 bienestar
8 exuberancia
5 fertilidad
6 holgura
4 opulencia
8 profusión
16 cantidad
14 copia
12 ◁*escasez*
10 ◁*pobreza*

risa
3 carcajada
1 risotada
1 sonrisa

risco
7 breña
4 peñasco
6 cortada
13 peña

riscoso
5 enriscado
16 escabroso

risible
10 irrisorio
5 payaso
28 ridículo

risotada
3 carcajada

ristolero
36 alegre

ristra
6 horca
1 ringlera
8 sarta
7 ramo
22 serie

risueño
38 agradable
6 beneficioso
3 benéfico
1 carialegre
4 complacido
12 deleitable
11 deleitoso
6 favorable
11 festivo
3 jocundo
14 jovial
8 placentero
5 propicio
6 satisfactorio
36 alegre
8 contento
10 ◁*desagradable*
4 ◁*perjudicial*
13 ◁*sombrío*
16 ◁*triste*

rítmico
6 cadencioso

ritmo
14 equilibrio
1 métrica
20 orden
15 proporción
3 regularidad
2 versificación
6 simetría
2 ◁*desequilibrio*

rito
15 ceremonia
9 manta
5 poncho

ritual
7 ceremonial
7 ceremonioso
2 cultual

10 habitual
9 preceptivo
17 precepto(s)
5 protocolo
11 solemne
8 solemnidad

rival
9 adversario
9 antagonista
13 competidor
8 contrincante
8 émulo
10 enemigo

rivalidad
12 antagonismo
17 competencia
2 emulación
10 enemistad
6 enfrentamiento
30 ◁*amistad*.

rivalizar
38 pegar(se)
7 competir
↪entrar en competición

rivera
11 arroyo

riza
7 cebada

rizado
6 alechugado
2 enrizado
5 enrollado
4 ensortijado
13 retorcido
26 arrugado
2 pachol

rizador
2 bigudí
1 ondulador
5 rulo

rizal
1 ricial

rizamiento
6 ondulación
3 rizo
3 ◁*estiramiento*

rizar(se)
1 alechugar
16 encrespar(se)
9 engarzar
2 ensortijar
8 ondular(se)
22 retorcer(se)
39 arrugar
6 ◁*desrizar*

rizo
19 compromiso
6 bucle
7 caracol

rizón
11 ancla

rizos
11 choco

roa
1 roda

róbalo
2 céfalo
1 lubina

robar
34 afanar(se)
54 hurtar(se)
16 pillar(se)
3 rapiñar
5 saquear
20 aligerar
10 estafar
13 granjear
50 limpiar
12 mangar
8 mangonear
58 quitar
5 timar
31 tragar

robín
7 herrumbre
4 orín

3 óxido

robinia
3 acacia

robiñano
1 cualquiera
3 perengano
4 fulano
5 mengano
4 zutano

robla
6 alboroque
1 roda

roblar
6 remachar

roble
1 carvallo
8 robusto
5 vigoroso
22 fuerte

robledal
1 carvajal
1 robledo

robledo
2 robledal

roblón
4 remache

roblonar
45 aplastar(se)

robo
11 avance
16 barro
8 cieno
7 estafa
6 hurto
8 levante
6 queso
9 timo

roborar
22 afianzar(se)
20 ratificar(se)

robot
3 androide
1 autómata

robótica
4 cibernética

robra
6 alboroque
2 corrobra

robusta
1 frescachona
1 mocetona
1 mozancona
2 mujeruca
◁ canija
◁ enana

robustecer
10 acerar(se)
16 entonar(se)
13 fortalecer(se)
18 fortificar
19 nutrir(se)

robustecerse
18 endurecer(se)

robustez
7 gordura
3 invulnerabilidad
10 lozanía
15 potencia
17 fuerza
14 pesadez
4 ◁ escualidez

robusto
30 duro
9 enérgico
8 recio
9 saludable
18 sano
5 vigoroso
22 fuerte
19 gordo
15 ◁ enfermizo
14 ◁ débil
16 ◁ flaco

roca
3 pedrusco
4 peñasco
13 peña

rocadero
1 capillo

rocalla
7 abalorio

roce
29 comunicación(es)
15 cuestión
4 fricción
2 restregón
11 reyerta
9 rozamiento
10 trato
11 altercado
20 contienda
18 disputa
11 pelea

rocería
5 derribo
4 desmonte

rociada
9 chorro
2 rocío
3 rosada
7 salpicadura(s)
7 reconvención
5 regañina
36 represión
17 reprimenda

rociado
6 salpicado

rociador
1 aspersor
1 pulverizador
1 salpicador

rociadura
4 asperges
5 aspersión

rociar
4 asperger
8 desparramar
28 esparcir(se)
11 salpicar(se)

rocín
16 animal
18 asno
24 cabalgadura
19 ignorante
5 jaco
27 caballo
7 jamelgo
6 matalón
11 penco
4 ranga

rocinal
8 caballar

rocinante
24 cabalgadura

rocino
27 caballo

rocío
8 rociada
3 rosada

rococó
15 barroco

rocoso
16 escabroso
4 peñascoso

rocha
1 roza

rochela
79 alboroto
17 algazara

rochelear
6 juguetear
8 retozar

roda
1 roa

rodaballo
1 rombo

rodada
2 carrilada
2 releje
4 rodera
7 carril

rodadero
8 despeñadero
4 precipicio

rodado
8 adaptación
1 filmación
2 rodamiento
10 rueda(s)
9 uso

rodaja
6 lámina
2 loncha
6 lonja
8 roncha
3 sonaja
6 cortada
26 parte
13 pedazo
12 rosca

rodaje
1 filmación
1 ablande

rodal
13 mancha

rodamiento
3 cojinete
31 bola

rodancho
16 broquel

rodapié
1 friso

rodar
8 girar
4 merodear
3 rotar
12 vagabundear
17 aprehender

19 aprisionar
9 errar
⇨dar vueltas

rodeado
6 acotado
1 asediado
2 limitado
1 orillado
1 sitiado
12 cercado
2 ◁*liberado*
18 ◁*libre*

rodear(se)
17 abrazar
14 acordonar
17 acorralar
35 alargar(se)
2 ambages
38 andar
15 bloquear
11 bordear
44 ceñir(se)
12 cercar
2 circuir
4 circundar
3 circunvalar
4 contornear
2 descamino
19 desviación
12 desvío
6 digresión
10 eludir
32 envolver(se)
5 evasiva
6 evitar
6 flanquear
2 perífrasis
11 rondar
4 sitiar
7 soslayar
3 subterfugio
12 circunloquio
14 abarcar
38 alejarse
17 comprender
7 copar
29 desviarse
7 enchiquerar
5 esquivar
64 separarse

8 ◁*alcorzar(se)*

rodela
16 broquel

rodeo(s)
4 acorralamiento
12 ambigüedad
7 arco
9 cerco
6 circunvolución
8 copo
19 desviación
5 divagación
1 envolvimiento
5 evasiva
8 insinuación
10 interrupción
2 perífrasis
10 preámbulo
4 soslayamiento
12 circunloquio
10 indirecta
2 sanguarañas
21 vuelta

rodera
2 carrilada
2 releje
4 rodada
7 carril

rodete
4 moño
12 rosca

rodilla
2 hinojo

rodillazo
5 arrodillamiento
15 chivo

rodillo
9 cilindro
5 rulo

rodillona
2 solterona

rododafne
3 adelfa

rodomiel
⇨miel rosada

rodriga
3 rodrigón

rodrigar
1 arrodrigonar
1 enrodrigonar

rodrigón
3 estaca
1 rodriga
4 tutor

roedor
4 ardilla
1 nutria
2 rata
2 ratón

roer(se)
51 afligir(se)
35 atormentar(se)
3 carcomer
5 corroer
9 desgastar
32 gastar(se)
28 inquietar(se)
37 turbar(se)
57 picar

rogar
7 deprecar
4 impetrar
6 implorar
4 orar
5 rezar
8 solicitar
6 suplicar
17 pedir
5 reclamar

rogativa
12 oración
7 plegaria
5 rezo

roído
6 apolillado
4 carcomido
4 desgastado
12 gastado
5 picado

rojeces
3 cabrilla

rojez
6 enrojecimiento
1 eritema
13 mancha
3 pigmentación
4 rubicundez
9 rubor
7 ◁*blancura*
2 ◁*palidez*

rojizo
7 alazán
5 bermejo
2 buriel
18 rojo
1 rúbeo
4 locho

rojo
5 bermejo
5 colorado
3 coral
8 encarnado
2 escarlata
1 estalinista
6 grana
4 granate
2 izquierdista
1 leninista
1 maoista
2 marxista
4 progresista
4 púrpura
6 rojizo
2 royo
salmón
1 trostkista

rol
3 cadozo
7 pote
8 olla

rolar

4 puchero

rolar
5 platicar
31 relacionar(se)
23 alternar
13 conversar

roldana
6 garrucha

rolde
7 corro
15 grupo
13 peña

roleo
5 enrollado

rolo
5 soldado
4 sorche
20 bastón
14 garrote

rolla
3 alheña
5 niñera

rollizo
 cilíndrico
4 fornido
17 grueso
11 redondo
8 robusto
19 gordo
9 obeso
16 ◁*flaco*

rollo
12 aburrimiento
30 asunto(s)
9 cilindro
12 circunstancia
15 cuestión
20 incomodidad
18 molestia(s)
5 rulo
14 pesadez
13 tema

rollona
12 ama
5 niñera

roma
8 chata

romadizo
3 catarro
7 constipado
3 resfriado

romana
5 balanza
5 báscula

romance(s)
26 alegoría
5 épica
8 excusas
5 letrilla
2 neolatino
5 pretexto(s)
1 románico
20 amorío
14 corrido
8 idilio

romancear
37 enamorar(se)
8 cortejar

romancero
8 cuentista
16 charlatán
13 hablador
31 pesado
12 ◁*discreto*

romanche
3 rético
9 ladino

románico
10 romance(s)

romanizar
1 latinizar

romano
6 católico
16 cristiano

romántico
34 apasionado
27 delicado
16 fantástico
9 novelero
15 sensible
14 tierno

romanza
32 argumento
7 aria
10 canción

rombo
1 rodaballo

romería
1 peregrinación
1 peregrinaje
7 procesión
18 feria
20 fiesta

romero
9 peregrino
1 rosmarino

romí
4 cártama

romín
3 alazor

romo
3 achatado
5 boto
9 chato
5 embotado
75 bobo
11 memo
22 necio
10 obtuso
9 pocho
18 torpe
9 zonzo
3 ◁*afilado*
16 ◁*listo*

rompecabezas
1 puzzle

rompecamisa
1 cartílago
1 ternilla

rompegalas
18 andrajoso
9 descuidado

rompehuelgas
2 esquirol

rompenueces
1 cascanueces

rompeolas
5 escollera
9 dique
2 malecón

romper(se)
3 arrejacar
3 artigar
4 astillar(se)
6 averiar(se)
10 brotar
23 cascar(se)
16 desbaratar
2 descacharrar
37 descomponer(se)
11 desgarrar(se)
39 deshacer(se)
9 desintegrar
9 desmenuzar
2 desportillar
14 desquiciar(se)
2 destrizar(se)
24 destrozar(se)
52 destruir(se)
30 deteriorar(se)
12 disolver(se)
21 dividir(se)
3 endentecer
5 espachurrar
10 estallar
9 estrellar(se)
64 estropear(se)
87 fastidiar(se)
6 fraccionar
14 hender

roñería

9 infringir
15 nacer
21 partir
5 pulverizar
29 quebrantar(se)
41 quebrar(se)
6 rasgar
10 rotura
2 roturar
48 salir(se)
13 tronchar(se)
40 vencer(se)
50 cargar
5 fracturar
9 inutilizar
9 labrar
36 rajar
35 ◁abrir(se)
83 ◁arreglar(se)

rompesacos
2 egílope

rompible
1 deteriorable
2 fragmentable
12 frágil
5 quebradizo
14 ◁duradero
1 ◁irrompible

rompiente
11 arrecife
10 escollo

rompimiento
15 cuestión
10 desavenencia
10 destrozo
5 estropicio
2 fractura
7 quiebra
10 rotura
20 contienda
18 disputa
11 pelea
11 riña
4 ruptura

ronca
5 brama

36 reprensión
17 reprimenda

roncal
2 ruiseñor

roncar
8 bramar
56 dirigir(se)
6 gruñir
1 rugir
17 mandar

roncear
18 adular

roncería
27 carantoña(s)
15 halago(s)
10 lentitud
10 mimo(s)
3 posma
1 remolonería
6 tardanza
11 cachaza
8 pachorra
9 ◁nervio

roncero
24 adulador

ronco
4 afónico
45 áspero
10 bronco
30 duro
22 rudo
1 rauco

roncha
9 cardenal
2 moradura
2 rebanada
9 rodaja
10 rueda(s)
7 equimosis
6 cortada
27 tajada

ronchar
2 ronzar

ronda(s)
34 alrededor(es)
9 centinela
10 convite
10 distribución
9 invitación
7 partición
6 reparto
7 vigilancia
19 guardia

rondador
7 callejero
15 enamorado(s)
3 escolta
5 furtivo
2 merodeador
8 vigía
20 vigilante
7 cortejador
13 sereno
2 ◁sedentario

rondalla
16 agrupación
3 estudiantina
9 ronda(s)
16 cuento
10 chisme
18 fantasía
15 grupo
10 paparrucha
7 ◁realidad
6 ◁verdad

rondar
22 acercar(se)
10 asediar(se)
3 circunvalar
1 patrullar
38 rodear(se)
8 requebrar
8 cortejar
13 galantear
14 importunar
⇨dar la paliza
⇨hacer rondas

rondó
5 letrilla

ronquear
1 enronquecer

ronquera
2 carraspera
2 enronquecimiento
4 afonía
27 tajada

ronquez
4 afonía

ronquido
2 carraspeo
2 gañido
4 gruñido
11 respiración
3 resuello
6 ◁suspiro

ronronear
6 gruñir
3 maullar

ronzal
14 cabestro
7 ramal

ronzar
2 apalancar
1 ronchar

roña
18 agarrado
16 apretado
1 asquerosidad
7 herrumbre
5 murriña
4 orín
22 aspereza
34 avaro
11 cutre
6 mugre
34 porquería
3 rugosidad
2 sarna
14 suciedad

roñería
12 avaricia
10 mezquindad

roñero

6 tacañería
6 cicatería
13 ◁desprendimiento

roñero
13 perezoso
16 vago

roñosear
10 escatimar
2 pijotear

roñosería
12 escasez
10 mezquindad
10 ruindad
6 tacañería
17 miseria
12 ◁prodigalidad

roñoso
18 agarrado
　avariento
9 cicatero
3 herrumbroso
6 marrano
7 mohoso
4 mugriento
7 oxidado
7 puerco
1 sarnoso
9 asqueroso
34 avaro
12 cochino
11 cuna
7 fullero
26 miserable
10 sucio
12 tacaño
6 tramposo
13 ◁liberal

ropa
4 indumentaria
12 paño
7 tejido
12 tela
7 vestimenta
19 género
4 traje

6 vestido

ropaje
6 disfraz
6 envoltura
14 expresión
4 indumentaria
12 jaez
4 lenguaje
5 vestidura
39 aspecto
10 cubrimiento
9 pelaje
16 pinta
4 traje
6 vestido

ropavejero
4 baratillero
4 prendero
2 trapero

ropería
2 guardarropa
3 ropero
11 almacén

ropero
10 aparador
33 armario
2 guardarropa

ropilla
1 camisola
3 jubón
6 vestido

ropo
14 cuerda
4 cordel

ropón
3 chilaba
1 peplo
3 sayón
1 sotana
2 toga
7 túnica
10 capote

roquedal
3 peñascal

roqueño
4 peñascoso
2 rocoso

roqueta
17 atalaya

roquete
1 sobrepelliz

rorro
5 bebé
⇨niño de pecho

ros
1 chacó
2 quepis
3 teresiana
10 gorro

rosa
16 bifurcación
8 encarnado
1 rosetón

rosada
8 rociada
2 rocío
3 escarcha

rosadelfa
1 azalea

rosario
5 ristra
8 sarta
22 serie

rosca
27 bollo(s)
2 rebanada
9 rodaja
2 rosquilla
10 rueda(s)
20 adulación
3 camarilla
12 coba
13 discusión

18 disputa
10 pelota
⇨pan quemado

roscar
1 arroscar
2 aterrajar
11 enrollar(se)
3 enroscar
1 moldurar
　　◁desenroscar

rosco
4 roscón
9 chipa

roscón
3 cero
2 rosco
12 suspenso
12 rosca
4 ◁aprobado

roseta(s)
16 chapa
3 maíz
6 palomillas
4 palomita

rosetón
3 rosa

rosmarino
2 romero

rosmaro
2 manatí
1 manato
⇨pez mujer

rosón
2 rezno

rosqueta
2 rosquilla

rosquilla
8 golosina
1 rosqueta

rostro
  facciones
  2 facies
  15 faz
  11 fisonomía
  16 rasgo(s)
  4 semblante
  20 apariencia
  39 aspecto
  18 cara
  8 desfachatez
  2 desvergüenza
  19 jeta

rota
  15 derrota
  2 roten
  3 junquillo
  ⇨caña de Bengala
  ⇨junco de Indias

rotación
  18 giro
  21 vuelta

rotar
  8 girar
  8 rodar
  24 revolver

rotativa
  1 imprenta

rotatorio
  2 alternativo
  2 intermitente

roten
  5 rota
  20 bastón

roto
  8 destrozado
  19 estropeado
  1 fracturado
  6 harapiento
  16 quebrado
  18 andrajoso
  8 ◁*intacto*

rotonda
  7 glorieta

rótula
  1 menisco

rotulación
  1 titulación
  20 inscripción
  10 rótulo
  30 título

rotulador
  7 lápiz
  11 pluma

rotular
  6 titular

rótulo
  24 anuncio(s)
  14 encabezamiento
  6 etiqueta
  7 letrero
  3 marbete
  2 pasquín
  5 rúbrica
  4 affiche
  7 epígrafe
  20 inscripción

rotundamente
  10 claramente
  3 redondamente
  5 secamente

rotundo
  28 claro
  4 concluyente
  9 definido
  6 definitivo
  9 perentorio
  22 preciso
  8 sonoro
  9 tajante
  6 terminante
  14 lleno

rotura
  7 brecha
  3 cisura

  10 destrozo
  5 estropicio
  2 fractura
  7 quebradura
  7 quiebra
  7 rasgadura
  18 desgarro
  3 siete

roturar
  7 arar
  47 romper(se)

roulotte
  2 remolque

roya
  3 alheña
  7 herrumbre
  6 pimiento
  3 sarro

royalty
  13 canon(es)
  2 regalía
  11 tributo

royo
  18 rojo
  4 locho

roza
  1 rocha

rozadera
  2 rozón

rozado
  3 ajado
  8 destrozado
  19 estropeado
  2 lamido
  14 señalado
  13 sobado

rozadura
  12 arañazo
  4 fricción
  3 rasponazo
  11 roce
  9 rozamiento
  5 escoriación

rozagante
  34 brillante
  5 lucido
  5 llamativo
  15 satisfecho
  12 ufano
  9 vistoso
  19 orgulloso

rozamiento
  10 desavenencia
  12 discordia
  7 disensión
  4 fricción
  11 roce
  6 rozadura
  20 contienda
  16 disgusto
  11 pelea

rozar(se)
  19 acariciar(se)
  22 acercar(se)
  39 ajar(se)
  2 apropincuarse
  23 aproximar(se)
  64 apuntar(se)
  8 besar(se)
  5 colindar
  4 friccionar
  14 frotar(se)
  2 lamer
  6 rasar
  31 relacionar(se)
  35 tratar(se)
  2 lascar
  ⇨entrar en contacto

roznar
  1 rebuznar

roznido
  1 rebuzno

rozno
  18 asno
  11 borrico
  22 burro

rozo
  15 leña

rozón
1 címbara
1 rozadera

rúa
24 calle
8 callejón
21 vía

ruanada
7 rusticidad
6 simpleza

ruano
27 caballo

ruante
15 andador

ruar
52 amar(se)
38 andar
12 callejear

rubefacción
6 rojez
4 rubicundez
5 sonrojo
7 ◁*blancura*
2 ◁*palidez*

rubefaciente
2 epispástico
5 repulsivo
1 vesicante

rúbeo
6 rojizo

rubí
1 carbunclo
1 rubín
10 piropo

rubia
3 granza

rubianco
23 amarillo

rubicundez
3 congestión
6 enrojecimiento
3 rubefacción
1 sonrojamiento
2 ◁*palidez*

rubicundo
5 colorado
1 sanguíneo
1 sonrosado

rubiera
7 fechoría
5 trastada

rubín
3 rubí

rubio
5 bermejo
1 blondo
42 blando
8 beodo
14 ebrio

rubión
12 cereal(es)

rubor
15 bochorno
1 colores
5 corrimiento
12 empacho
2 sofoco
5 sonrojo
11 turbación
11 pavo
17 vergüenza

ruborizado
15 arrebatado
11 abochornado

ruborizar(se)
17 abochornar(se)
17 abrasar(se)
40 avergonzar(se)
2 enrojecer
48 pasar(se)
23 sofocar(se)

9 sonrojar(se)
11 ciscar
7 empavar
23 encender
9 sonrojarse
⇨ponerse colorado
⇨subirse el pavo

ruboroso
5 colorado
3 pudendo
30 tímido
11 abochornado
6 melindroso

rúbrica
10 firma
6 signatura
7 epígrafe
10 rótulo
30 título

rubricar
8 firmar
12 legalizar
5 refrendar
5 signar(se)
5 visar

rucio
18 asno
11 borrico
8 pollino
22 burro

ruco
12 gastado
22 viejo

ruche
8 pollino
22 burro

rucho
18 asno
45 áspero
12 maduro
1 rugoso
22 burro
9 pasado

rudamente
8 bruscamente

rudeza
5 brusquedad
6 descomedimiento
7 descortesía
2 estulticia
16 estupidez
8 grosería
10 tosquedad
4 zafiedad
22 aspereza
14 ◁*finura*
11 ◁*suavidad*

rudimentario
12 elemental
9 embrionario
5 somero
6 superficial
⇨que apunta
12 ◁*desarrollado*

rudimento(s)
10 apunte
7 bosquejo
14 compendio
5 croquis
10 embrión
2 epítome
5 esbozo
14 fundamento(s)
11 germen
16 inicio
4 noción
3 nociones
19 principio(s)

rudo
24 acerbo
21 arisco
45 áspero
11 basto
5 boto
12 brusco
10 descomedido
descortés
12 impetuoso
5 lanzado
6 montaraz
1 porro

13 violento
21 grosero
10 obtuso
11 romo
19 salvaje
18 torpe
10 tosco
10 zafio
10 zopenco
10 zote
1 ◁civilizado
16 ◁listo
19 ◁suave

rueca
2 huso

rueda(s)
5 disco
2 loncha
2 rebanada
6 cortada
5 rodado
27 tajada
6 tanda
3 turno
8 vez
8 volante

ruedo
19 arena
31 contorno(s)
4 redondel
19 límite
19 plaza

ruego
5 imprecación
10 instancia
12 oración
8 petición
7 plegaria
5 rezo
7 solicitud
6 súplica

ruegos
6 preces

rufián
5 bribón
8 granuja

8 tunante
6 sinvergüenza
36 alegre
8 contento
4 gavión
11 pillo

rufianear
7 alcahuetear

rufianería
13 bajeza
5 baratería
   bellaquería
2 chantaje
2 granujada
6 picaresca
10 ruindad
11 vileza
10 alcahuetería
8 canallada
8 chulería
12 infamia

rufo
5 colorado
8 encarnado
18 rojo

ruga
31 arruga

rugar(se)
39 arrugar

rugido
9 bramido

rugidor
4 rugiente

rugiente
6 atronador
3 bramador
7 retumbante
1 rugidor
21 ◁callado
19 ◁suave

rugir
8 bramar

rugosidad
31 arruga
5 pliegue
14 roña

rugoso
26 arrugado
10 ◁liso

ruido
5 crujido
4 chasquido
4 detonación
8 estallido
5 estampido
9 estrépito
4 estridencia
5 estruendo
6 fragor
7 nombradía
8 popularidad
2 zumbido
79 alboroto
21 algarabía
9 balumba
13 barahúnda
10 escándalo
15 fama
9 rumor

ruidoso
6 atronador
9 célebre
5 ensordecedor
11 estrepitoso
16 famoso
4 fragoroso
9 popular
5 ◁silencioso

ruin
18 agarrado
40 bajo(s)
2 desmedrado
19 estrecho
10 indigno
6 innoble
18 insignificante
15 maligno
34 malo
7 pérfido
9 perverso

34 avaro
19 chivato
26 despreciable
10 enclenque
5 escuchimizado
19 mezquino
26 miserable
7 pequeñajo
11 raquítico
19 roñoso
12 tacaño
12 vil
8 ◁apreciable
12 ◁espléndido
4 ◁fornido

ruina(s)
5 acabóse
10 anonadamiento
6 bancarrota
9 barquinazo
4 caedura
6 decadencia
15 decaimiento
4 demolición
23 depresión
10 desastre
8 desolación
10 destrozo
16 destrucción
4 devastación
5 escombros
10 hundimiento
5 insolvencia
11 muerte
7 quiebra
11 restos
14 sangría
4 crack
3 arranquera
17 desgracia
17 miseria

ruindad
12 avaricia
13 bajeza
10 ignominia
14 insignificancia
12 pequeñez
5 roñosería
6 tacañería
11 vileza

6 cicatería
12 infamia
13 ◁*desprendimiento*
13 ◁*nobleza*

ruinmente
4 abaldonadamente

ruinoso
5 deshecho
5 desmantelado
8 destrozado
19 arruinado
10 caro
5 costoso
12 ◁*barato*

ruiponce
1 rapónchigo

ruiseñor
1 filomena
1 roncal

rular
8 girar

rulo
9 cilindro
3 rizador
2 rodillo
31 bola
10 rollo

ruma
3 rimero
12 montón

rumantela
80 bulla

rumbacha
12 francachela
9 juerga

rumbear
38 andar
27 orientar(se)

rumbo
22 aparato
15 derrota
5 derrotero
14 desinterés
13 desprendimiento
16 dirección
13 generosidad
11 liberalidad
11 magnificencia
12 ostentación
2 trayecto
12 boato
26 camino
23 gala
13 pompa
6 ◁*tacañería*

rumboso
1 alardeante
6 aparatoso
4 desinteresado
6 desprendido
13 liberal
9 ostentoso
16 pomposo
5 dadivoso
18 generoso
12 ◁*sencillo*
12 ◁*tacaño*

rumiante
1 bóvido

rumiar
13 considerar(se)
11 estudiar
41 examinar(se)
11 meditar
31 pensar(se)
15 reflexionar
1 remugar

rumor
15 boquilla
3 murmullo
3 runrún
12 son
2 zumbido
10 chisme
11 hablilla

19 ruido
⇨tole tole

rumorear(se)
14 decirse
3 discretear
1 runrunear
4 susurrar
1 sonajero
⇨correr de boca en boca

rumoroso
2 continuado
1 murmurante
8 sonoro
2 susurrante
7 tenue
21 ◁*callado*
22 ◁*fuerte*

runa
40 bajo(s)
12 vil

runcho
19 ignorante
14 inculto
34 avaro
12 tacaño

rundir
10 esconder
41 ocultar(se)

runfla
19 confusión
19 desorden

runrún
3 tole
9 rumor
8 vocerío

runrunear
6 rumorear(se)

rupestre
3 prehistórico

ruptor
1 delco

ruptura
10 desavenencia
11 pendencia
14 pelotera
11 riña
12 ◁*concordia*

ruqueta
2 oruga

rural
17 campesino

rus
1 zumaque

rusiente
5 incandescente
25 caliente
5 candente

rusticidad
7 basteza
8 grosería
13 incultura
6 ordinariez
9 rudeza
10 tosquedad
4 zafiedad
◁*fin ura*

rústico
17 agreste
14 burdo
0 campestre
descortés
22 ordinario
1 rural
12 aldeano
11 alzado
17 campesino
7 labrador
13 labriego
11 patán
11 penco
10 tosco
15 villano
10 zafio

⇨del campo
   4 ◁*urbano*

rustir
24 asar(se)
23 tostar(se)

ruta
5 derrotero
16 dirección
3 itinerario
15 rumbo
2 trayecto
26 camino

15 jarana
9 juerga
12 senda
21 vía

rutilante
34 brillante
3 esplendente
8 fulgurante
5 luminoso
4 relumbrante
11 resplandeciente
6 coruscante
6 ◁*apagado*

rutilar
47 brillar
11 fulgurar
5 relumbrar
10 resplandecer
5 coruscar

rútilo
9 áureo

rutina
12 costumbre
13 hábito
17 práctica

4 usanza
9 uso

rutinario
8 aburrido
13 acostumbrado
3 inveterado
10 monótono
14 tradicional
7 usual
⇨de siempre
   4 ◁*novedoso*
   9 ◁*entretenido*

S

sábalo
1 alosa
1 saboga
1 trisa

sabana
6 llanura
6 páramo
3 planicie

sábana
5 manto
2 sabanilla
⇨pieza de lienzo

sabanazo
9 infidelidad
20 amorío

sabandija
6 alimaña

sabanear
42 seguir(se)
18 adular
11 lisonjear
18 perseguir

sabanera
9 meretriz
14 prostituta
17 ramera

sabanero
10 jaque
7 matón

sabanilla
5 pañal
3 sábana

sabañón
2 friera

sabatina
4 badana
79 alboroto
19 confusión
15 jaleo
13 zurra

sabedor
8 conocedor
6 enterado

sabelotodo
1 sabidillo

saber
12 ciencia
8 conocer
16 conocimiento
6 cultura
46 dominar(se)
4 erudición
15 ilustración
26 informar(se)
18 inteligencia
11 sabiduría
5 sapiencia
11 enterar
⇨estar al corriente
⇨estar al tanto
3 ◁*ignorar*

sabichoso
2 sabedor
11 entendido

sabidillo
1 sabelotodo

sabido
9 familiar
11 notorio
5 proverbial
4 malacuco
12 público
4 ◁*esfinge*

sabiduría
12 ciencia
7 cordura
6 cultura
4 erudición
15 ilustración
8 mesura
16 prudencia
14 saber
6 sensatez
13 seso
15 juicio
12 ◁*ignorancia*

sabihondo
4 repipi

sabina
3 cedro
9 entrometido
14 metomentodo

sabio
7 cuerdo
13 culto
4 docto
9 erudito
12 espabilado
9 ilustrado
16 inteligente
5 juicioso
5 letrado
13 prudente
1 sapiente
6 sensato
8 versado
16 listo
7 lumbrera
19 ◁*ignorante*
3 ◁*insensato*
18 ◁*tonto*

sablazo
1 cintarazo
3 extorsión

sable

1 mandoble
13 banderilla
5 petardo
9 picada

sable
1 charrasca
6 chafarote
12 lata

sablear
4 pechar
2 petardear
12 mangar
⇨ dar un sablazo

sablista
7 águila
10 bruja
4 sacacuartos
3 sacadineros
5 sopista
2 esgrimista
11 gorrón
5 pedigüeño
2 pelichero
4 petardista
7 vividor

sablón
19 arena

saboga
3 sábalo

sabonera
3 sayón

sabor
9 ambiente
23 boca
1 colorismo
7 dejo
7 embocadura
3 paladar
1 pintoresquismo
12 gusto

saborcillo
5 regusto

saborear
9 catar
8 gustar
2 paladear
19 probar

saborearse
43 alimentar(se)

sabotaje
10 atentado

saboteador
7 terrorista

sabroso
15 apetitoso
8 delicioso
7 gustoso
4 suculento
14 rico
7 ⊲insípido

sabrosur
9 deleite
4 fruición

sabuco
2 saúco

sabueso
4 detective
16 policía
6 polizonte

sabugo
2 saúco

sábulo
19 arena

sabuloso
7 arenoso

saca
3 costal
6 extracción
3 talego

sacabalas
2 sacatrapos

sacabocados
14 barrena
4 berbiquí

sacabotas
3 calzador

sacabuche
6 chisgarabís

sacaclavos
4 alicates
2 tenaza

sacacorchos
1 descorchador
4 tirabuzón

sacacuartos
9 aprovechado
3 sacadineros
11 gorrón
11 sablista
9 ⊲incauto

sacadineros
4 sacacuartos
4 petardista
11 sablista

sacaliña
8 garrocha

sacamanchas
1 quitamanchas

sacamantas
2 alcabalero

sacamuelas
7 cotilla
3 dentista
2 odontólogo
11 cotorra
16 charlatán
13 hablador
9 parlanchín

sacamuertos
2 metemuertos

sacaniguas
2 buscapiés
8 cohete

sacapotras
4 cirujano

sacapuntas
1 cortalápices

sacar
70 apartar(se)
11 citar
10 colegir(se)
14 concluir
24 conseguir(se)
7 deducir
15 elegir(se)
5 exceptuar
26 excluir(se)
5 extraer
40 ganar(se)
27 inferir(se)
3 lograr
7 lucrar(se)
3 mencionar
16 nombrar
8 obtener
25 referir(se)
10 reprochar(se)
10 restar
9 votar
18 adular
22 alcanzar
48 arrancar
17 forrar
11 lisonjear
58 quitar
⇨ echar en cara

sacarificar
9 azucarar(se)

sacarina
1 edulcorante

sacarino
8 azucarado

sacarosa
7 azúcar

sacarse
11 resultar

sacasillas
10 impertinente
10 importuno

sacatrapos
3 descargador
1 sacabalas

sacerdotal
6 hierático
2 levítico

sacerdote
6 capellán
16 clérigo
14 eclesiástico
5 mosén
10 padre
5 presbítero
9 religioso
1 tonsurado
10 cura

sacerdotisa
3 vestal

saciado
13 ahíto
10 atiborrado
1 empapuzado
12 harto
19 hinchado
14 lleno
10 repleto
5 ◁ hambriento

saciar(se)
6 abrevar
31 ahitar(se)
5 apiparse
5 colmar
10 empapuzar(se)
19 inflar(se)
33 llenar(se)
52 matar(se)
44 satisfacer(se)
17 saturar(se)
3 apochincharse

6 atarragar
30 atiborrarse
39 atracar
45 hartar
33 llenarse
4 ◁ malcomer
◁ quedar con hambre

saciedad
16 asco
11 cansancio
12 empacho
7 empalago
1 empipada
9 hartazgo
2 hartazón
15 fastidio

saco
10 asalto
4 bolso
3 costal
1 desvalijamiento
3 macuto
2 morral
4 rapiña
9 zurrón
32 abrigo
4 americana
9 chaqueta
10 gabán
6 saqueo
6 talega

sacocha
44 bolsa

sacomano
13 depredación

sacón
5 acusón
24 adulador
11 cobista
10 pelota
7 soplón

sacralizar
14 consagrar(se)
9 deificar

sacramentado
6 bautizado

sacramento
5 misterio

sacre
11 caco
11 gorrón

sacrificado
6 ofrecido

sacrificar(se)
9 abstenerse
39 aguantar(se)
23 arriesgar(se)
27 conformar(se)
7 crucificar
31 entregar(se)
31 exponer(se)
4 inmolar
52 matar(se)
26 ofrecer(se)
7 ofrendar
22 resignar(se)
10 eliminar
8 degollar

sacrificio
7 abnegación
14 desinterés
4 holocausto
2 inmolación
1 oblación
7 ofrenda

sacrilegio
7 impiedad
4 profanación

sacrílego
10 impío

sacristán
  cetrero
2 obispillo
4 chupacirios
9 entrometido
14 metomentodo
1 rapavelas

sacro
5 sagrado

sacrosanto
5 sagrado

sacuara
7 bohordo
1 güín

sacudida
15 convulsión
2 sacudimiento
8 sobresalto
33 agitación
14 conmoción
37 golpe
7 zarandeo

sacudido
21 arisco
33 atrevido
18 audaz
12 brusco
1 desempachado
5 desenfadado
4 despegado
8 indócil
17 intratable
7 osado
13 resuelto
30 ◁ tímido

sacudimiento
7 sacudida
7 zarandeo

sacudir(se)
12 abordar
40 agitar(se)
4 agramar
38 alejar(se)
11 apalear(se)
70 apartar(se)
18 aporrear(se)
42 arrojar(se)
7 asestar(se)
40 atizar(se)
40 azotar(se)
4 batanear
40 batir(se)
7 bazuquear(se)

sachar
4 bejuquear
13 conmover(se)
58 echar(se)
8 flagelar(se)
17 menear(se)
59 mover(se)
38 pegar(se)
17 remover
2 solmenar
18 zafar(se)
9 zarandear(se)
20 zurrar(se)

40 amedrentar
24 golpear
13 rechazar
24 revolver
58 tirar

sachar
2 desyerbar
2 sallar
5 escardar

sacho
7 almocafre
1 escardillo
9 garabato
2 zarcillo

sádico
6 bestial
18 cruel
7 despiadado

sadismo
13 crueldad
2 masoquismo

saeta
2 cante
12 copla
7 flecha
3 manecilla
2 saetilla
14 dardo
29 aguja

saetear
6 alancear

saetera
3 aspillera
6 tronera

saetero
3 arquero
2 ballestero
3 sagitario

saetía
5 buhedera

saetilla
7 saeta
29 aguja

saetín
13 ballesta

safacoca
18 barullo
19 confusión

safado
33 atrevido
7 osado

saga
11 fábula
9 leyenda
16 cuento

sagacidad
8 cautela
18 disimulo
2 olfato
47 astucia
7 doblez
4 perspicacia

sagapeno
1 serapino

sagarrera
14 pelotera
11 riña

sagaz
12 fingido
6 perspicaz
11 sutil
24 artero
50 astuto
21 avispado
5 jubilado
9 ladino
5 lija
16 taimado
13 ◁ingenuo
22 ◁noble

sagita
7 flecha
1 montea
14 dardo

sagitario
3 arquero
2 ballestero
3 saetero

ságoma
2 escantillón

sagrado
4 intangible
3 inviolable
1 sacro
1 sacrosanto
21 santo
6 ◁profano

sagrario
11 custodia
4 tabernáculo

saharahui
6 bereber

saharaui
10 beduino

sahumado
45 borracho
14 ebrio

sahumar
5 aromatizar
7 incensar
4 perfumar

saibó
10 aparador
2 trinchante

sainar
19 cebar(se)
6 engordar

sainete
12 farsa
19 paso(s)
10 entremés

saja
2 jasa

sajador
3 sangrador

sajadura
2 jasa

sajar
57 cortar
36 rajar

sajornar
114 molestar(se)
14 importunar
5 incordiar

sal
11 donaire
6 donosura
12 garbo
18 gracia(s)
7 salero
19 chispa
17 desgracia
6 infortunio

sala
12 cuadra
8 habitación
13 pieza
4 salón

salabardo
1 redeña

salacidad
11 deshonestidad
13 impureza
8 lascivia
8 lubricidad

9 lujuria
7 pornografía
4 rijosidad
3 verdusquería

salacot
10 gorro

saladero
5 conservas

salado
1 despepitante
2 desternillante
14 ingenioso
4 ocurrente
1 salobre
25 agudo
10 caro
5 costoso
9 chistoso
14 desgraciado
30 divertido
18 gracioso
6 infortunio

8 ◁ *aburrido*
19 ◁ *dulce*
9 ◁ *soso*

salamandra
14 brasero
15 calefacción
17 calentador
3 salamanquesa
7 estufa

salamanquesa
1 estelión
1 lagartija
5 salamandra

salame
7 embutido
4 longaniza
5 salchichón
19 chorizo
14 desgraciado
12 infeliz

salar
5 acecinar
6 condimentar

22 deshonrar(se)
19 manchar(se)
1 salobrar
3 salpimentar
13 sazonar

9 aojar
13 curar
11 maldecir

salario
10 emolumento
haberes
6 mensualidad
6 soldada
15 chivo
9 estipendio
8 jornal
10 paga
9 sueldo

salaz
12 deshonesto
14 inmoral
10 lúbrico
8 pornográfico
10 rijoso
9 verde
10 cachondo
13 lascivo
10 lujurioso
14 salido

7 ◁ *casto*

salazón
4 conserva

salce
2 salguera
4 sauce

salceda
1 sauceda
1 saucedal

salchichón
4 butifarra
8 embuchado
7 embutido
4 longaniza
salchicha

salchucho
80 bulla

saldado
12 barato

saldar
14 concluir
28 finalizar(se)
36 liquidar(se)
7 terminar
8 finiquitar

saldista
4 baratillero

saldo
4 almoneda
3 finiquito
6 liquidación
3 retal

⇨ resto de serie

saledizo
2 voladizo
8 alero

salema
2 salpa

salero
23 agudeza
11 donaire
6 donosura
12 garbo
18 gracia(s)
8 sal
19 chispa

saleroso
7 donairoso
14 ingenioso
4 ocurrente
25 agudo
9 chistoso
30 divertido
18 gracioso

8 ◁ *aburrido*

saleta
7 informal
12 versátil

salgada
5 álimo
4 armuelle

salgadera
5 álimo
4 armuelle
4 orzaga

salguera
2 salce
4 sauce

salguero
4 sauce

salicor
1 sapina

salida(s)
25 abertura
23 boca
1 campillo
10 chiste
6 efugio
4 ejido
8 escapatoria
5 evasiva
6 excursión
18 gracia(s)
1 ingeniosidad
12 marcha
10 ocurrencia
19 paso(s)
1 pedido
5 pretexto(s)
18 rareza(s)
3 subterfugio
8 venta
10 viaje
10 despacho
21 partida

salidismo
8 concupiscencia
8 lascivia
10 sensualidad
2 verriondez

salidizo
4 jacalón

salido
4 braguetero
8 incontinente
13 libertino
9 libidinoso
10 lúbrico
11 obsceno
10 salaz
9 sátiro
16 sensual
9 verde
4 verriondo
10 cachondo
25 caliente
13 lascivo
5 ◁incrustado
3 ◁inmigrante

salidor
27 animoso
9 brioso

saliente
17 aparente
8 destacado
3 este
14 evidente
11 manifiesto
12 obvio
2 oriente
3 prominente
7 relieve
11 resalte
22 salida(s)
7 sobresaliente
8 levante

salientes
9 asomos

salina
1 espumero
1 salobral

salir(se)
35 alargar(se)
58 alzar(se)
27 aparecer(se)
64 apuntar(se)
14 asemejar(se)
3 borbotar
10 brotar
13 descubrirse
11 desembarazar(se)
4 desembocar
15 deslizar(se)
10 despegar(se)
3 dimanar
12 emerger
25 encaminar(se)
20 evidenciarse
11 librarse
37 ligar(se)
4 manar
11 manifestarse
35 mostrar(se)
15 nacer
2 noviazgo
39 originar(se)
26 parecer(se)
21 partir
21 proceder
6 prorrumpir
8 provenir
7 rebasar
8 rebosar
11 resultar
47 romper(se)
7 surgir
11 surtir
3 zarpar
25 ahuecar
38 alejarse
48 arrancar
14 cesar
6 egresar
46 irse
53 marchar
⇨ir a parar
⇨levar anclas
⇨tener relaciones

3 ◁adentrar(se)
11 ◁albergar(se)
32 ◁arrinconar(se)
6 ◁enquistarse
13 ◁incluir
26 ◁incorporar(se)
5 ◁ingresar
49 ◁meter(se)
32 ◁entrar

salita
6 comedor

salitral
1 nitral
1 salitrera

salitre
3 arenilla

salitrera
2 salitral

salitrería
1 nitrería

salitroso
2 salitral

saliva
8 baba
7 espumarajo

salivación
1 insalivación
1 ptialismo

salivar
8 babear
6 babosear
1 espumarajear

salivazo
6 escupitajo
10 gallo
6 gargajo
14 pollo
8 esputo
7 expectoración
12 flema

salmo
8 cántico
3 salmodia

salmodia
2 canturreo
9 repetición
7 tabarra
5 ◁melodía

salmodiar
21 cantar

salmonete
4 trilla
⇨barbo de mar

salmorear
30 amonestar(se)
16 reprender

salobral
2 salina

salobrar
10 salar

salobre
13 salado

salón
31 aposento
8 habitación
13 pieza
4 sala

salpa
1 pámpano
1 salema

salpicado
1 aspergeado
2 espolvoreado
1 irrigado
4 jaspeado
12 manchado
1 rociado

salpicador
3 rociador

salpicadura(s)
5 aspersión
11 consecuencias
25 efecto(s)
8 rociada
4 salpicón
1 salpique
9 resultado

salpicar(se)
26 abonar(se)
21 afectar(se)
4 asperjar(se)

17 bañar(se)
28 esparcir(se)
1 espolvorear
1 hisopar
9 implicar
2 irrigar
34 pagar(se)
5 pulverizar

salpicón
6 adobo
5 guiso
4 picadillo
23 comida

salpimentación
11 aliño

salpimentar
16 adobar
6 condimentar
13 sazonar

salpique
7 salpicadura(s)

salpresar
7 cecinar

salpullido
4 sarpullido

salsa
6 adobo
16 caldo
3 condimento
18 gracia(s)
15 interés
7 jugo
17 azotaina
13 zurra

salsoláceo
1 quenopodiáceo

saltabanco
1 prestidigitador
3 saltimbanqui
4 trapecista
5 volatinero

saltabardales
9 alocado

saltación
6 baile

saltadero
6 trampolín

saltadizo
27 delicado
12 frágil
5 quebradizo
14 débil
30 ◁ *duro*
22 ◁ *fuerte*

saltador
19 atleta
6 brincador
5 gimnasta

saltamontes
1 caballeta
1 cigarrón
2 langosta
6 saltón

saltante
6 brincador

saltaojos
2 peonía

saltaparedes
9 alocado
27 aturdido
10 travieso

saltar(se)
42 arrojar(se)
3 atrabancar
4 brincar
40 cabrear(se)
5 cabriolar
49 callar(se)
4 caracolear
8 conculcar
2 corcovar
6 desconchar(se)
26 desprender(se)
27 destacar(se)
2 gambetear
11 olvidar(se)
8 omitir
6 piruetear
5 rebotar(se)
9 resaltar
8 retozar
22 salvar(se)
6 silenciar(se)
42 soltar(se)
2 triscar
15 volar
18 acometer
22 botar
11 sobresalir
⇨dejar pasar
⇨pasar por alto
32 ◁ *atender(se)*

saltarín
5 bailarín
6 brincador
5 retozón

saltarina
8 bailarina

salteador
8 atracador
9 bandido
1 bandolero
7 malhechor
16 bolero
13 ladrón

saltear
11 asaltar(se)
23 alternar
39 atracar
14 robar

salterio
1 dulcemele

saltero
35 bravío

saltimbanqui
4 saltabanco
4 trapecista

5 volatinero

salto
34 bote
12 brinco
7 cabriola
4 cascada
3 catarata
3 corcovo
8 despeñadero
10 olvido
8 omisión
19 paso(s)
4 pirueta
4 precipicio
3 rebote
7 tránsito
10 variación
4 volatín
2 zancada

saltón
3 abombado
1 cóncavo
4 turgente
50 astuto
21 avispado
16 listo

salubre
9 saludable
2 salutífero
18 sano
5 ◁ *insalubre*

salubridad
4 higiene
19 limpieza
1 salud
2 sanidad

salud
4 salubridad
10 ◁ *enfermedad*

saluda
3 besalamano
29 comunicación(es)

saludable
6 beneficioso
15 conveniente

saludar
11 lozano
8 provechoso
18 sano
5 vigoroso
18 fresco
22 fuerte
⇨en forma
15 ◁enfermizo
11 ◁inconveniente

saludar
6 cumplimentar

saludo
31 ademán
21 agasajo
15 cabezada
20 cortesía
2 salutación
10 zalema
18 inclinación
10 reverencia

salumbre
⇨flor de la sal

salutación
4 salve
8 saludo

salutífero
3 salubre
18 sano

salva
9 descarga

salvable
3 oluctable
2 franqueable
5 potable
3 soslayable
3 superable

salvación
1 salud
1 salvamento
6 redención

salvacoches
8 acera

salvadera
1 arenillero

salvado
2 afrecho
2 moyuelo
1 tástara

salvador
30 amparo
12 defensor
5 protector
6 redentor

salvaguarda
16 broquel
13 protección

salvaguardar
55 amparar(se)
34 auxiliar(se)
11 defender
15 guarecer(se)
16 guarnecer(se)
42 proteger(se)

salvaguardia
1 aseguramiento
19 garantía
3 pasaporte
4 salvoconducto
25 seguro

salvajada
11 atrocidad
6 bestialidad
15 brutalidad
4 salvajismo
2 vandalismo
22 barbaridad

salvaje
17 agreste
16 animal
8 bestia
6 bestial
35 bravío
10 bronco
24 brutal
18 bruto
7 cafre
13 feroz

2 huno
6 montaraz
5 montés
12 montuoso
22 rudo
6 selvático
10 silvestre
2 vándalo
5 zulú

salvajemente
7 bárbaramente

salvajismo
5 animalada
6 bestialidad
15 brutalidad
6 salvajada

salvamento
3 salvación

salvar(se)
55 amparar(se)
52 asegurar(se)
42 atravesar(se)
19 circular
11 defender
46 dominar(se)
5 emancipar(se)
6 escalar
5 exceptuar
26 excluir(se)
5 franquear
15 guarecer(se)
11 librar
48 pasar(se)
10 prescindir
10 redimir
29 saltar(se)
16 superar(se)
40 vencer(se)
34 liberar(se)
12 traspasar

salvavidas
5 flotador
2 guindola

salve
12 oración
5 rezo

2 salutación
8 saludo

salvedad
19 advertencia
4 cortapisa
10 excepción
7 limitación
12 observación

salvilla
11 bandeja

salvo
4 exceptuado
9 ileso
4 incólume
6 indemne
8 inexpugnable
6 invulnerable
18 libre
3 omitido
25 seguro
19 firme
◁incluido

salvoconducto
16 licencia
3 pasaporte
7 permiso

sallar
3 sachar
5 escardar

sama
2 pagel

samadero
7 manoseo
3 toqueteo

sámago
5 albura

samaquear
9 zarandear(se)
8 maltratar

samba
1 zamba

sambambé
11 pendencia
7 trifulca

sambenitar
14 desacreditar(se)
11 vituperar
16 infamar

sambenito
9 descrédito
6 difamación

sambeta
4 cortaplumas
7 navaja

sambrote
6 revoltillo
19 desorden

samotana
80 bulla
15 jaleo

samovar
1 tetera

sampablera
10 escándalo
11 lío

samplegorio
19 confusión
19 desorden

sampsuco
3 almoraduj
3 mejorana

sana
8 ensañamiento
11 furia
8 furor
22 irritación
9 rabia
11 cólera
13 encono
9 ira

sanable
3 curable
2 ◁incurable

sanabria
2 carlota
5 zanahoria

sanalotodo
2 curalotodo

sanano
75 bobo
11 memo
22 necio
18 tonto

sanar(se)
42 aliviar(se)
2 ensalmar
49 mejorar(se)
19 recobrar(se)
7 reconstituir
15 recuperar(se)
10 remediar(se)
27 reponer(se)
19 restablecer(se)
5 restañar
13 curar
11 enterar
19 recobrarse
9 ◁demacrar(se)
37 ◁descomponer(se)
5 ◁desmejorarse
18 ◁empeorar(se)
11 ◁enconar
5 ◁enfermar
19 ◁indisponer(se)

sanatorio
2 ambulatorio
5 clínica
7 hospital

sanca
4 bosta
14 excremento

sanción
5 aceptación
15 anuencia
27 aprobación
7 autorización
7 permiso
4 venia
17 castigo
29 pena

sancionar
23 aprobar(se)
22 autorizar(se)
26 castigar(se)
9 confirmar(se)
1 punir
20 ratificar(se)
2 ◁desautorizar
6 ◁premiar

sanco
5 lodo
16 barro

sancho
1 res
38 cabeza

sanchopancesco
7 acomodaticio
4 materialista

sandalia(s)
6 chancla
4 chancleta
1 playeras

sandáraca
1 rejalgar

sandez
30 bobería
5 despropósito
16 estupidez
14 idiotez
7 majadería
15 necedad(es)
42 tontería(s)
4 vaciedad
6 simpleza

sandía
1 pepón
⇨melón de agua

sandio
6 imbécil
75 bobo
7 estúpido
8 idiota
12 majadero
11 memo
12 mentecato
18 tonto
10 zote

sandunguero
8 chusco
7 donairoso
3 galano
4 guasón
10 jocoso
4 ocurrente
3 refitolero
9 chistoso
30 divertido
18 gracioso
13 salado
8 ◁aburrido

sandwich
7 bocadillo
5 emparedado
4 canapé
4 pepito

saneado
15 conveniente
5 depurado
18 libre
11 limpio
5 neto
10 ◁gravoso
13 ◁sucio

saneamiento
18 compostura
4 higiene
19 limpieza
12 reparación
20 arreglo

sanear
83 arreglar(se)
17 asear(se)
3 higienizar

sanedrín

22 perfeccionar(se)
39 pulir(se)
7 purificar
50 limpiar
21 reparar
16 ◁ensuciar(se)

sanedrín
1 sinedrio

sango
2 farinetas
3 gachas

sangradera
2 bisturí
2 lanceta

sangrador
4 cirujano
1 sajador
1 flebotomiano

sangrante
18 cruel
1 cruento
5 ofensivo

sangrar
35 abrir(se)
2 sajar
9 escamotear
7 sisar

sangraza
1 sanguaza

sangre
10 casta
12 familia
7 parentesco
11 raza
16 linaje

sangredo
17 araña

sangría
8 desangramiento
6 exacción
3 hemorragia

6 incisión
2 ponche
25 ruina(s)
1 flebotomía
56 corte
9 daño
8 flujo
9 pérdida
3 refresco
8 robo
4 sisa

sangriento
1 cruento
13 inflexible
7 injurioso
6 insultante
15 maligno
6 mortífero
5 ofensivo
6 sanguinario
1 sanguinolento
5 ◁incruento

sangripesado
11 antipático
42 fastidioso

sanguarañas
12 circunloquios
19 rodeo

sanguaza
1 sangraza

sangüeño
5 cornejo

sangüesa
2 frambuesa

sanguijuela
1 sanguisuela
1 sanguja

sanguinario
18 cruel
13 feroz
13 inflexible
8 inhumano
15 maligno
3 vengativo

sanguíneo
3 rubicundo

sanguino
5 cornejo
2 sanguiñuelo

sanguinolento
9 sangriento

sanguiñuelo
4 durillo
2 sanguino

sanguisorba
1 pimpinela

sanguisuela
2 sanguijuela

sanguja
2 sanguijuela

sanidad
4 higiene
4 salubridad
2 ◁insalubridad

sanies
1 icor

sanioso
1 icoroso

sanjuanear
40 azotar(se)
20 zurrar(se)

sano
4 bienintencionado
13 completo
16 entero
12 honesto
14 honrado
9 ileso
6 indemne
8 intacto
11 lozano
8 robusto
3 rubicundo
3 salubre
9 saludable

2 salutífero
14 sincero
19 recto
18 fresco
22 fuerte
15 ◁enfermizo
5 ◁insalubre
6 ◁roto

sanseacabó
2 concluido
4 concluyente
7 decidido
13 resuelto
4 terminado
10 ◁indeciso

sansirolé
75 bobo

sansón
2 hércules
22 fuerte

santa
7 beata

santabárbara
4 polvorín

santamente
6 rectamente

santería
5 beatería

santero
17 beato
2 limosnero

santiamén
4 instante
7 momento
6 rato
6 segundo
5 periquete

santidad
1 santimonia
10 virtud

santificación
  2 canonización

santificar(se)
  50 apurar(se)
  5 beatificar
  10 bendecir
  3 canonizar
  14 consagrar(se)
  9 deificar
  8 glorificar

santiguar(se)
  21 cruzar(se)
  5 persignar(se)
  5 signar(se)

santimonia
  2 santidad

santo
  12 apóstol
  17 beato
  45 bueno
  4 contraseña
  9 dibujo
  9 estampa
  12 honesto
  15 ilustración
  14 inocente
  3 inviolable
  2 mártir
  1 onomástica
  9 perfecto
  21 puro
  5 sagrado
  18 seña(s)
  3 venerable
  6 viñeta
  5 virtuoso
  6 clave
  16 justo
  34 ◁ *malo*

santón
  6 anacoreta
  7 asceta
  17 beato
  5 eremita
  6 penitente
  7 personaje
  5 santurrón

  9 cacique
  7 hipócrita
  6 mandón

santónico
  ⇨tomillo blanco

santopié
  7 ciempiés

santoral
  1 hagiología
  1 martirologio

santuario
  4 capilla
  13 iglesia
  3 oratorio
  5 templo

santurrón
  17 beato
  5 gazmoño
  2 meapilas
  1 misticón
  4 mojigato

santurronería
  5 beatería
  4 gazmoñería

saña
  8 ensañamiento
  11 ferocidad
  10 fiereza
  11 furia
  8 furor
  32 aborrecimiento
  13 encono

sañudamente
  4 abaldonadamente

sañudo
  18 airado
  18 cruel
  8 furioso
  8 implacable
  13 inflexible
  11 virulento

sapance
  6 montaraz
  19 salvaje

sapaneco
  4 abotargado
  9 rechoncho

sapear
  17 acechar
  5 espiar

sapería
  2 burdel
  5 lupanar

sapiencia
  6 cultura
  4 erudición
  15 ilustración
  14 saber
  11 sabiduría

sapiente
  15 sabio

sapillo
  1 ránula

sapina
  1 salicor

sapino
  4 abeto

sapo
  3 escuerzo
  7 acusica
  24 artero
  1 disimulado
  7 soplón

saponáceo
  3 jabonoso

saponaria
  2 jabonera

saporro
  3 regordete
  9 rechoncho

saque
  20 apetito
  ⇨comienzo de juego

saqueador
  3 asaltante
  1 desvalijador
  13 ladrón
  6 salteador

saquear
  11 asaltar(se)
  2 depredar
  3 rapiñar
  39 atracar
  14 robar

saqueo
  10 asalto
  4 atraco
  13 depredación
  5 latrocinio
  7 pillaje
  11 avance

saquillo
  5 bolsillo

sarao
  6 recepción
  20 fiesta
  19 reunión

sarasa
  2 invertido
  29 afeminado
  7 marica

sarazo
  4 calamocano
  12 achispado
  36 alegre

sarcasmo
  4 causticidad
  4 pulla
  4 retintín
  3 veneno
  12 alusión
  10 indirecta

sarcástico
7 ironía
8 mordacidad

sarcástico
7 agresivo
8 cáustico
6 irónico
3 punzante
5 sardónico
27 ◁ delicado

sarcófago
7 sepulcro
10 tumba
4 ataúd

sarcoma
12 cáncer

sarda
2 caballa

sardina
5 anchoa

sardinel
42 cabo

sardineta
5 alamar
4 entorchado
3 galón
19 insignia(s)
5 latigazo
21 adorno
37 golpe

sardo
21 anillo
2 sortija

sardónice
6 ágata

sardónico
8 cáustico
9 incisivo
5 mordaz
3 punzante
5 sarcástico

sarga
1 estameña
12 tela

sargantana
1 lagartija

sargazo
3 alga

sargenta
1 corpulenta
7 hombruna
2 marimacho
6 mujerona
4 sargentona
   ◁ delicada
   ◁ femenina

sargentear
10 gobernar
1 mandonear
17 mandar
7 ◁ obedecer

sargento
4 marimandona
3 suboficial
6 mandón
20 severo
12 ◁ flexible
11 ◁ comprensivo

sargentona
7 hombruna
6 mujerona
9 pandorga
5 sargenta

sarilla
3 almoraduj

sarmentado
11 apergaminado

sarmiento
4 codal
2 mugrón
1 pámpano
3 greña

sarna
18 cancha
14 roña

sarnoso
19 roñoso

sarpullido
1 salpullido
3 urticaria
6 eczema
9 chapetonada

sarracena
10 mora

sarraceno
7 agareno
9 mahometano
4 muslim
3 musulmán
8 moro

sarrieta
1 soturno

sarrillo
2 alcatraz

sarrio
5 gamuza

sarro
1 limosidad
1 toba
3 tártaro

sarsaganeta
7 llovizna
7 sirimiri

sarta
9 letanía
1 ringlera
5 ristra
3 rosario
5 sucesión
20 fila
4 retahíla
22 serie

sartén
9 cazuela
2 paella

sastre
1 alfayate
1 costurero
1 modisto

satán
6 satanás

satanás
8 lucifer
4 luzbel
15 maligno
1 satán
8 demonio
14 diablo

satánico
9 depravado
6 diabólico
10 infernal
15 maligno
34 malo
12 malvado
9 perverso

satélite
3 adlátere
1 luna
8 paniaguado
6 planeta
6 secuaz
8 mandado

satén
7 raso
1 satín
12 tela

satería
15 coquetería
11 frescura

satín
3 satén

satinado
7 lustroso
13 pulido

3 terso

satinar
39 pulir(se)
2 tersar

sátira
10 crítica
3 diatriba
5 invectiva
1 libelo
5 soflama

satírico
8 cáustico
9 incisivo
6 irónico
5 mordaz
4 mortificante
5 picante
3 punzante
5 sarcástico
5 sardónico

19 ◁ *suave*

satirizar
19 censurar
10 criticar
2 freír
5 motejar
23 pinchar(se)
6 zaherir

sátiro
12 deshonesto
9 libidinoso
10 lúbrico
11 obsceno
10 rijoso
9 verde
10 cachondo
13 lascivo
14 salido

satis
8 asueto

satisfacción
14 agrado
6 complacencia
11 cumplimiento
8 descargo

6 disculpa
10 distribución
5 ensoberbecimiento
8 excusa
4 indemnización
3 observancia
17 pago(s)
30 placer
12 presunción
10 remuneración
12 reparación
7 vanagloria
14 vanidad

8 contento
12 gusto
18 orgullo

satisfacer(se)
26 abonar(se)
12 acallar(se)
30 agradar
31 ahitar(se)
36 aplacar(se)
2 apoquinar
15 aquietar(se)
32 atender(se)
9 bastar(se)
5 colmar
5 compensar
5 complacer
7 contentar(se)
16 cuadrar(se)
1 cuajaleche
27 cumplir(se)
6 enjugar
4 expiar
34 explicar(se)
9 gratificar
44 guardar(se)
8 gustar
12 halagar
9 indemnizar
33 llenar(se)
52 matar(se)
19 observar
34 pagar(se)
30 placer
6 premiar
6 purgar
16 resolver(se)
7 retribuir
19 saciar(se)

5 saldar
4 solventar
21 tranquilizar(se)
27 alegrar(se)
8 costear
45 hartar
2 oblar
21 reparar

satisfactorio
38 agradable
22 ameno
6 favorable
7 grato
8 halagador
9 lisonjero
8 ◁ *desfavorable*
◁ *insatisfactorio*

satisfecho
13 ahíto
5 campante
4 complacido
22 creído
14 radiante
7 saciado
12 ufano
12 harto
8 contento
12 dichoso
11 feliz
14 lleno
19 orgulloso
9 presumido
13 presuntuoso
5 ◁ *hambriento*
13 ◁ *humilde*
2 ◁ *insatisfecho*

sato
10 lúbrico
18 descocado
18 fresco
13 lascivo

sátrapa
50 astuto

saturación
5 abarrotamiento
3 congestión

4 humedecimiento
2 superproducción

saturadamente
6 bastantemente

saturado
8 aburrido
10 atiborrado
12 relleno
7 saciado
12 harto
10 fastidiado
13 ◁ *carente*
2 ◁ *insatisfecho*
9 ◁ *entretenido*

saturar(se)
11 abarrotar(se)
6 abrevar
31 ahitar(se)
30 atiborrar(se)
5 colmar
6 empanturrar(se)
10 empapuzar(se)
20 henchir(se)
38 hinchar(se)
10 impregnar(se)
19 inflar(se)
33 llenar(se)
24 rellenar(se)
19 saciar(se)
10 empalagar
45 hartar
14 ◁ *vaciar(se)*

saturnal
14 desenfreno
10 escándalo
20 fiesta
8 orgía
20 ◁ *orden*

saturnino
5 mohíno
9 taciturno
3 tristón
8 ◁ *contento*

sauce
2 salce
2 salguera

sauceda
- 1 salguero
- 1 saz

sauceda
- 2 salceda

saucedal
- 2 salceda

saucillo
- 3 centinodia
- 4 correhuela
- ⇨sanguinaria mayor

saúco
- 1 sabuco
- 1 sabugo

saudade
- 8 añoranza
- 22 melancolía
- 3 morriña
- 6 nostalgia

sauna
- 1 sudadero
- 1 vaporario

sauquillo
- 3 mundillo

saurio
- 4 cocodrilo
- 1 reptil
- 3 caimán
- 7 lagarto

sauzgatillo
- ⇨pimienta loca

savia
- 6 resina
- 49 energía
- 17 fuerza
- 13 goma
- 3 suco
- 7 vigor

saving
- 20 ahorro(s)

saya
- 15 centro
- 1 faldeta
- 7 funda
- 1 halda
- 5 pollera
- 9 falda
- 12 polla

sayal
- 5 pichi

sayo
- 7 casaca
- 5 vestidura
- 7 vestimenta
- 10 capote
- 25 atavío
- 4 traje
- 6 vestido

sayón
- 24 alguacil
- 1 sabonera
- 5 corchete

sayona
- 3 espantajo
- 1 espantapájaros
- 8 espectro
- 10 fantasma

saz
- 4 sauce

sazón
- 11 acabamiento
- 11 cumplimiento
- 11 lance
- 17 ocasión
- 14 oportunidad
- 6 perfección
- 7 perfeccionamiento
- 19 punto(s)
- 7 coyuntura
- 7 madurez
- 7 ◁*agraz*
- 11 ◁*imperfección*

sazonado
- 3 adobado
- 12 maduro

sazonar
- 16 adobar
- 12 aliñar(se)
- 50 apurar(se)
- 9 azucarar(se)
- 14 concluir
- 6 condimentar
- 1 especiar
- 4 madurar
- 7 rematar
- 3 salpimentar
- 28 aderezar
- 9 endulzar
- 10 salar

scanner
- 2 analizador

schedule
- 20 programa

sebe
- 8 barda

sebear
- 8 cortejar
- 13 galantear

sebo
- 10 grasa
- 5 unto
- 8 pringue

sebón
- 10 gandul
- 17 haragán
- 16 vago

seboso
- 7 aceitoso
- 1 grasiento
- 5 untuoso
- 6 mantecoso
- 3 pringoso

seca
- 4 secano
- 1 sequía

secadal
- 4 secano

secadero
- 4 escurridor
- 1 tendedero

secado
- 5 desecación

secador
- 1 tendedero

secafirmas
- 3 arenilla
- 1 salvadera
- 7 secante

secamente
- 3 ásperamente
- 2 categóricamente
- 4 desabridamente
- 3 rotundamente
- 1 tajantemente

secamiento
- 5 desecación

secano
- 2 seca
- 1 secadal
- 1 sequero
- 1 sequío

secante
- 3 chupón
- 1 desecador
- 1 enjugador
- 8 cargante
- 7 latoso
- 3 marcador
- 31 pesado

secar(se)
- 19 absorber
- 28 aburrir(se)
- 9 acartonar(se)
- 5 acecinar
- 5 acorcharse
- 14 adelgazar(se)
- 15 agostar(se)
- 32 agotar(se)

16 airear(se)
12 amojamar(se)
9 anestesiar(se)
13 anquilosar(se)
11 apergaminar(se)
7 atrofiar(se)
4 desecar
2 deshumedecer(se)
7 drenaje
18 endurecer(se)
19 enflaquecer(se)
6 enjugar
15 escurrir(se)
10 insensibilizar(se)
18 marchitar(se)
2 orear
11 requemar(se)
1 resacar
7 resecar(se)
4 solear
9 ventilar
15 ◁empantanar(se)
18 ◁empapar(se)
4 ◁encharcar(se)
5 ◁ensopar
21 ◁mojar(se)
13 ◁chorrear
3 ◁enchumbar

secatón
6 desaborido
9 insulso
18 torpe

sección
7 cortadura
12 escisión
14 porción
6 sector
12 cacho
56 corte
7 departamento
16 división
15 grupo
26 parte

seccionado
5 amputado
4 escindido

seccionador
2 chopper

seccionar
21 dividir(se)
3 escindir
6 fraccionar
14 hender
21 partir
57 cortar
38 ◁pegar(se)

secesión
24 apartamiento
2 segregación
28 separación
19 ◁unión

seco
2 agostado
6 árido
45 áspero
6 conciso
9 desabrido
10 desagradable
6 enjuto
3 escueto
10 estéril
6 extenuado
6 lacónico
7 magro
3 marchito
11 muerto
21 adusto
11 antipático
5 coscorrón
5 chupado
11 delgado
16 flaco
2 puñada
6 ◁fértil
2 ◁pormenorizado
28 ◁vivo
19 ◁gordo
6 ◁simpático

secreción
4 exudación

secretamente
1 clandestinamente
2 furtivamente
8 ocultamente
1 subrepticiamente
↪bajo cuerda
↪de tapadillo
↪en secreto

secretar
7 segregar(se)

secretaria
9 administración
3 oficina

secretario
5 administrativo
6 amanuense
5 escribiente
3 ministro
4 pasante
5 vocal
27 agente

secretear
3 discretear

secreteo
4 discreteo

secreter
2 pupitre

secreto
9 arcano
21 callado
6 clandestino
2 confidencial
8 enigmático
17 escondido
4 escondite
6 escondrijo
4 esotérico
5 furtivo
7 incógnita
3 incógnito
11 íntimo
5 madriguera
5 misterio
10 misterioso
16 oculto
15 reservado
3 sigiloso

secretorio
4 emuntorio
2 endocrino

secta
9 cisma
5 disidencia
7 herejía

sectario
10 fanático
9 intransigente
13 dogmático

sectarismo
5 disidencia
11 fanatismo
5 fogosidad
2 intolerancia
4 partidismo
12 vehemencia
13 parcialidad
10 ◁comprensión
7 ◁frialdad
5 ◁objetividad

sector
2 compartimento
10 sección
7 departamento
16 división
15 grupo
26 parte

secuaz
17 adicto
17 fiel
11 parcial
2 seguidor
14 adepto
11 partidario
4 ◁oponente

secuela
11 consecuencia
4 corolario
9 resultado

secuencia
5 ordenamiento
5 sucesión
22 serie

secuestrado
11 apresado
4 raptado

secuestrador
9 bandido
8 forajido
1 raptor
7 terrorista

secuestrar
6 confiscar
1 embargar
8 incautar(se)
3 raptar
3 requisar
15 retener(se)
5 saquear
14 robar

secuestro
7 confiscación
7 embargo
7 incautación
9 rapto
5 requisa
4 retención
8 robo
6 saqueo

secular
2 añejo
11 civil
5 laico
4 seglar
12 temporal
7 terrenal
14 tradicional
33 antiguo
5 ◁ *divino*
5 ◁ *reciente*
9 ◁ *religioso*

secularización
8 temporalidad

secularizar
1 temporalizar

século
7 basilisco

secundar
63 apoyar(se)
34 auxiliar(se)
7 coadyuvar
13 cooperar
14 favorecer
⇨ arrimar el hombro
⇨ echar una mano
17 ◁ *obstaculizar*

secundario
20 accesorio
14 accidental
14 adjunto
5 complementario
3 episódico
3 supletorio
9 ◁ *esencial*
12 ◁ *principal*

sed
1 anadipsia
32 anhelo
20 apetito
18 necesidad
1 polidipsia
28 ansia
14 deseo

seda
4 brocatel
1 chiné
1 moaré
3 tisú
8 cerda

sedación
0 apaciguamiento
6 mitigación
1 tranquilización

sedal
8 filamento

sedante
10 anodino
9 calmante
3 sedativo
2 tranquilizante
4 ◁ *excitante*

sedar(se)
21 adormecer(se)
30 apaciguar(se)
36 aplacar(se)
44 calmar(se)
21 mitigar(se)
24 sosegar(se)
21 tranquilizar(se)
60 ◁ *excitar(se)*

sedativo
6 aplacador
9 calmante
4 sedante

sede
2 diócesis
10 emplazamiento
3 obispado
1 trono
9 ubicación
49 asiento
8 silla

sedentario
9 inmóvil
10 quieto
2 ◁ *migratorio*
4 ◁ *nómada*

sedera
3 brocha

sedería
4 mercería

sedición
10 algarada
7 levantamiento
9 alzamiento
24 follón
11 insurrección
11 motín
11 rebelión
7 sublevación
13 tumulto

sedicioso
4 amotinado
10 faccioso
5 insubordinado
8 insurrecto
11 alzado
14 rebelde
6 sublevado

sediento
4 anhelante
11 ansioso
8 deseoso
3 dipsómano

sedimentación
5 decantación

sedimentar(se)
30 apaciguar(se)
15 asolar
44 calmar(se)
9 clarificar
16 concentrar(se)
14 posar(se)
20 precipitar(se)
23 sentar(se)
24 sosegar(se)
21 tranquilizar(se)
50 asentar
24 ◁ *revolver*

sedimento
11 flor
10 gorra
16 hez
19 madre
13 pie
8 precipitado
16 residuo
9 solada
7 suelo
9 turbios
4 zupia
49 asiento
4 lía
10 poso
11 solera
14 suciedad

sedimentos
20 basura
19 madre
4 lía

sedoso
27 delicado
16 fino
19 suave
45 ◁*áspero*

seducción
21 agasajo
9 captación
17 caricia
15 halago(s)
14 incitación
10 mimo(s)
6 sugestión
10 zalema
14 atracción

seducido
6 conquistado
6 embelesado
15 enamorado(s)
6 fascinado
8 hechizado
8 ilusionado
7 embobado

seducir
48 atraer(se)
13 cautivar
4 embobar(se)
37 enamorar(se)
22 encandilar(se)
15 encantar(se)
43 engañar(se)
22 fascinar(se)
23 tentar(se)
43 arrastrar
16 corromper
13 galantear
2 ◁*repugnar*

seductor
18 atrayente
6 cautivador
15 enamorado(s)
4 fascinante
29 hechicero(a)
35 atractivo
11 galán
21 ◁*repugnante*

sefardí
10 judío

sefardita
1 sefardí

segadera
7 guadaña
9 hoz

segador
1 dallador
1 guadañero

segadora
2 cortacésped
2 cosechadora

segallo
15 cabrito

segar
1 dallar
2 guadañar
52 matar(se)
13 suprimir
10 eliminar

segazón
1 siega

seglar
11 civil
5 laico
9 lego
8 secular
9 ◁*religioso*

segmentación
16 división

segmentar
21 partir

segmento
14 porción
10 sección
12 cacho
14 fracción
26 parte
7 rama

8 trozo

segregación
3 desglose
3 secesión

segregar(se)
70 apartar(se)
2 desglosar
6 desmembrar(se)
5 discriminar
21 dividir(se)
1 secretar
64 separar(se)

seguidamente
4 enseguida
6 inmediatamente

seguidilla
2 estrofa
2 danza

seguido
2 consecutivo
10 directo
6 incesante
7 inmediato
5 subsiguiente
2 sucesivo
19 recto
11 continuo
14 corrido

seguidor
13 discípulo
11 partidario
2 ◁*perseguidor*

seguidores
3 hinchada

seguimiento
8 continuación
25 efecto(s)
5 sucesión
9 resultado

seguir(se)
17 abrazar
19 acompañar

18 adoptar
10 colegir(se)
11 conservar
10 copiar
10 cursar
7 deducirse
17 derivar
17 derivarse
17 descender
26 desprender(se)
19 ejecutar(se)
23 encontrar(se)
4 escoltar
14 favorecer
44 guardar(se)
9 implicar
27 inferir(se)
6 influirse
16 inspirar(se)
28 mantener(se)
15 nacer
39 originar(se)
9 permanecer
7 practicar
21 proceder
9 profesar
3 proseguir
15 regir(se)
8 respetar
11 resultar
22 servir(se)
13 suceder
7 continuar
15 acosar
32 entrar
11 imitar
18 perseguir
4 sabanear
⇨ir detrás
3 ◁*diversificar*
9 ◁*preceder*

segundero
4 indicador
3 manecilla
29 aguja

segundo
34 auxiliar(se)
4 lugarteniente
7 posterior
5 siguiente

2 suplente
15 ayudante

segur
2 dalla
3 falce
2 podadera
7 guadaña
9 hoz

segurador
6 fiador

seguramente
7 fijamente

seguridad
30 amparo
7 asilo
6 caución
9 certeza
5 certidumbre
17 confianza
41 defensa
7 estabilidad
7 fianza
13 firmeza
19 garantía
7 inmunidad
3 invulnerabilidad
3 pasaporte
7 pase
13 protección
9 tranquilidad
24 auxilio
26 calma

seguro
22 cierto
8 estable
6 fiable
15 fijo
19 garantía
9 ileso
4 inatacable
6 indemne
15 indudable
8 inexpugnable
8 infalible
8 intacto
1 intocable
6 invulnerable

10 positivo
10 salvo
4 salvoconducto
18 sano
16 sólido
13 tranquilo
19 firme
19 flemático
13 sereno
⇨de confianza
6 ◁*dudoso*
11 ◁*inestable*
13 ◁*tocado*

seise
18 acólito

seísmo
5 cataclismo
3 terremoto
⇨temblor de tierra

selacio
1 plagióstomo

selección
8 elección
7 opción
9 preferencia
15 distinción

seleccionado
5 electo
10 granado
4 selecto

seleccionador
2 chopper

seleccionar
27 destacar(se)
35 distinguir(se)
15 elegir(se)
8 escoger
6 optar
4 preferir

selectas
3 analectas
7 antología
4 crestomatía

selecto
20 distinguido
6 elegido
7 escogido
3 seleccionado

seltz
2 soda

selva
1 boscaje
6 espesura
6 floresta
9 bosque

selvático
17 agreste
14 inculto
6 montaraz
22 rudo
19 salvaje
10 tosco

selvatiquez
4 boscosidad

selvoso
7 boscoso

sellado
3 acuñación
27 cerrado
3 sigilación

selladura
4 timbrado

sellar
14 concluir
51 cubrir(se)
10 esconder
2 estampillar
28 finalizar(se)
41 ocultar(se)
22 tapar(se)
7 terminar
3 timbrar
27 velar(se)
24 golpear
8 maltratar

sello
5 cachet
19 carácter
16 cualidad
3 estampilla
12 impresión
1 lacre
16 marca
7 peculiaridad
1 plica
4 plomo
7 póliza
1 precinto
15 propiedad
5 timbre
27 señal

semanal
2 dominical
3 semanario

semanario
1 hebdomadario
4 listín
2 semanal

semántica
3 lexicografía
3 lexicología
1 semasiología
16 sentido
11 significado
24 valor
⇨análisis componencial

semantista
6 lingüista

semasiología
7 semántica

semblante
15 faz
12 rostro
39 aspecto
18 cara

semblantear
11 indagar
10 inquirir
12 investigar

semblantes
2 facies

semblanza
7 panegírico

sembradío
9 amelga
3 arijo

sembrado
9 amelga
2 pegujal
2 senara

sembrados
8 campo

sembrar
3 amelgar
42 arrojar(se)
17 derribar(se)
8 desparramar
29 difundir(se)
4 diseminar
23 divulgar(se)
28 esparcir(se)
53 lanzar(se)
28 plantar(se)
29 propagar(se)
21 repartir(se)
1 volear
14 publicar
⇨echar por tierra

semejante(s)
20 afín
14 análogo
4 equivalente
4 homólogo
11 idéntico
2 isomorfo
10 parejo
11 pariente
6 parigual
12 vecino(s)
4 guares
5 ◁desemejante

semejanza
17 afinidad
10 analogía

28 conformidad
5 equivalencia
18 parecido
9 similitud
3 ◁desemejanza

semejar(se)
15 aparentar
23 aproximar(se)
14 asemejar(se)
17 asimilar(se)
3 consonar
43 inclinarse
18 oler(se)
3 paralelar
26 parecer(se)
8 propender
8 rayar
15 tender(se)
1 sonajero
⇨darse un aire
⇨saber a
⇨salir a

semen
2 esperma
5 simiente

semental
3 garañón

sementera
2 senara
1 siembra

sementero
6 semillero

semibreve
2 redonda

semicírculo
2 hemiciclo

semicromático
4 cromático

semidiós
9 héroe

semidormido
3 amodorrado

semiesfera
4 hemisferio

semifuso
4 yerto
5 patidifuso

**semiincons-
ciencia**
1 hibernación

semilla
3 pepita
5 simiente
9 cuesco
9 grano
14 hueso

semillero
13 origen
19 principio(s)
1 sementero
8 seminario
14 causa
13 fuente

seminario
11 curso
15 escuela
7 establecimiento
14 fundamento(s)
19 principio(s)
6 semillero
17 clase
8 colegio
11 ◁consecuencia

semiología
3 semiótica

semiótica
7 pragmática
1 semiología
⇨teoría de los signos

semita
11 hebreo

semitismo
3 judaísmo
4 sionismo

sémola
9 ganado
2 sopa
17 pasta

sempiterna
2 perpetua

sempiterno
9 eterno
6 eviterno
8 infinito
5 inmortal
8 perdurable
10 perenne
13 perpetuo

senado
27 asamblea

senador
2 asambleísta
4 congresista
2 parlamentario

senara
3 sembrado
2 sementera

sencillamente
16 abiertamente
7 aína
7 buenamente

sencillez
27 afabilidad
5 candidez
8 facilidad
11 franqueza
11 ingenuidad
5 llaneza
7 naturalidad
15 necedad(es)
12 sinceridad
42 tontería(s)
2 bobada
7 ◁engolamiento

sencillo

6 ◁*retorcimiento*

sencillo
6 cantor
13 ingenuo
14 inocente
20 natural
14 sincero
24 abierto
9 chichón
24 fácil
16 franco
10 liso
21 llano
20 simple
　◁*difícil*
13 ◁*retorcido*

senda
16 dirección
4 sendero
2 trayecto
10 atajo
26 camino
18 cancha
13 pica
9 picada
4 trilla
5 trocha
6 variante
7 vereda

sendero
10 atajo
12 senda
5 trocha
7 vereda

senectud
14 ancianidad
5 decrepitud
1 encarrozamiento
1 senilidad
9 vejez
4 vetustez
6 chochez
6 ◁*juventud*

senil
21 caduco
10 decrépito

3 longevo
5 provecto
22 viejo
33 anciano
12 carroza
9 chocho
5 matusalén
7 retablo
8 vetusto
10 ◁*joven*

senilidad
7 senectud

senilmente
2 caducamente

seno
2 bajía
8 concavidad
16 entraña(s)
19 hueco
10 matriz
5 oquedad
6 sinuosidad
4 teta
2 útero
7 ensenada
19 golfo
5 mama
22 pecho

sensación
10 emoción
20 imagen
12 impresión
16 pasión
6 percepción
20 representación

sensacional
8 destacado
13 impresionante
8 chocante
14 extraordinario
17 soberbio

sensacionalista
8 cuentista
5 efectista
7 escandaloso

4 populachero
12 ◁*discreto*

sensatez
8 cautela
19 circunspección
7 cordura
12 discreción
13 moderación
16 prudencia
8 ◁*insensatez*

sensato
7 cuerdo
12 discreto
5 juicioso
5 ponderado
13 prudente
12 reflexivo
3 ◁*insensato*

sensibilidad
20 delicadeza
4 intuición
16 sentimiento

sensible
8 apreciable
27 delicado
9 deplorable
7 doloroso
14 evidente
8 impresionable
5 lamentable
11 manifiesto
5 ostensible
18 patente
5 perceptible
4 sensitivo
5 sentimental
14 tierno
13 visible
6 ◁*imperceptible*
11 ◁*insensible*

sensiblería
6 cursilería
2 sentimentalismo
12 excitación
13 ◁*moderación*
5 ◁*objetividad*

◁*realismo*

sensiblero
5 emotivo

sensitivo
4 emocional
8 impresionable
15 sensible
16 sensual

sensorial
16 sensual

sensual
5 concupiscente
11 deleitoso
12 deshonesto
7 gustoso
8 incontinente
10 lúbrico
10 rijoso
4 sensitivo
1 sensorial
1 sibarítico
9 verde
3 voluptuoso
10 cachondo
13 lascivo
10 lujurioso
14 salido
　◁*frígida*

sensualidad
8 concupiscencia
11 deshonestidad
6 incontinencia
8 lascivia
8 lubricidad
9 lujuria
4 rijosidad
3 verdusquería
4 salidismo
5 voluptuosidad
4 ◁*frigidez*

sentada
16 manifestación

sentado
6 pacífico
10 quieto

señalado

10 reposado
1 sésil
6 sosegado
13 tranquilo

sentar(se)
54 aclarar(se)
41 allanar(se)
20 anotar(se)
12 aplanar(se)
32 aposentar(se)
64 apuntar(se)
12 arrellanar(se)
2 azemar(se)
54 confundir(se)
16 cuadrar(se)
2 digerir
30 igualar(se)
11 inscribir
14 posar(se)
8 recibir
26 registrar(se)
4 repantigarse
11 sedimentar(se)
6 apabullar
50 asentar
62 caer
15 convenir
1 emplastar

sentencia(s)
6 adagio
15 aforismo(s)
7 apotegma
11 decisión
5 dictamen
9 dicho
10 fallo
9 máxima
12 oración
4 paremiología
7 proposición
7 proverbio
6 refrán
5 veredicto
21 resolución

sentenciador
6 juez

sentenciar
22 condenar(se)
16 resolver(se)

9 fallar
⇨declarar culpable
⇨dictar sentencia

sentencioso
5 proverbial
2 refranero
11 solemne
11 enfático
21 grave
20 ◁natural

sentido
14 añagaza
15 cebo
27 delicado
6 discernimiento
10 entendimiento
8 impresionable
6 incentivo
14 incitación
6 sensatez
15 sensible
8 significación
11 significado
35 atractivo
12 designación
17 razón
⇨sentido común

sentimental
10 emocionante
5 emotivo
15 sensible
14 tierno
5 conmovedor

sentimentalismo
5 emotividad
3 sensiblería

sentimiento
2 afectividad
38 alegría(s)
20 delicadeza
13 dolor
5 emotividad
17 gozo
11 humor
45 pesar(se)
3 sensibilidad

7 temple
48 aflicción
8 contento
23 disposición
29 pena
13 tristeza
⇨estado de ánimo
9 ◁insensibilidad

sentina
10 albañal
5 cloaca
4 sumidero

sentir(se)
51 afligir(se)
12 agraviarse
15 arrepentir(se)
13 conmover(se)
6 deplorar
5 dictamen
2 dictaminar
22 doler(se)
14 entristecer(se)
10 escocer(se)
23 estar(se)
9 experimentar
11 juzgar
15 lamentar(se)
16 lastimar(se)
8 llorar
33 ofender(se)
6 opinar
9 opinión
26 parecer(se)
16 percibir
45 pesar(se)
20 resentirse
20 amoscarse
15 juicio
18 mosquear
57 picar

sentón
10 batacazo
5 costalada

seña(s)
31 ademán
4 amoricones
9 asomo
16 dirección

8 domicilio
11 gesto(s)
17 huella
15 indicio(s)
4 mueca(s)
20 prueba
9 rastro
9 residencia
12 ribete(s)
6 vestigio
10 pista
21 santo
27 señal
4 visaje

señal
5 anticipo
9 asomo
29 comunicación(es)
19 garantía
12 hito
17 huella
20 imagen
15 indicio(s)
5 lunar
13 mancha
16 marca
2 muesca
20 prueba
9 rastro
12 ribete(s)
10 signo(s)
13 símbolo
3 tatuaje
6 vestigio
34 aviso
8 cerda
8 jalón
7 mojón
10 pista
5 poste
13 prenda
15 sello

señalado
1 anunciado
1 conjeturado
6 conspicuo
8 destacado
20 distinguido
16 famoso
13 ilustre

señalamiento

18 importante
6 indicado
11 insigne
34 notable(s)
7 prestigioso
1 pronosticado
13 singular

señalamiento
4 amojonamiento
14 atribución(es)
12 demostración
3 detección
11 indicación
14 determinación

señalar(se)
4 acordelar
16 acotar
23 advertir
31 ahitar(se)
4 almagrar
10 aludir(se)
6 amajanar
18 amenazar(se)
6 anteponer(se)
64 apuntar(se)
11 arrogar(se)
21 asignar(se)
5 baraustar
20 barruntar(se)
19 brujulear
8 caracterizar(se)
10 demostrar
8 denominar
13 designar(se)
27 destacar(se)
34 determinar(se)
5 diagnosticar
37 enseñar(se)
9 guiar
11 indicar
27 limitar(se)
24 marcar(se)
3 mencionar
35 mostrar(se)
16 nombrar
12 prescribir
6 puntuar
25 referir(se)
4 remarcar
9 resaltar
11 singularizar(se)

1 subrayar
4 sugerir
3 tatuar
11 denotar
4 abalizar
11 denunciar
35 distinguirse
11 sobresalir

señalero
4 abanderado

señales
18 auspicio(s)
7 puntuación

señalización
5 abalizamiento

señalizar
4 jalonar

señero
6 aislado
9 célebre
8 destacado
16 famoso
13 ilustre
11 insigne
4 nombrado
10 separado

señor
15 amo
17 caballero
12 ciudadano
7 dueño
1 propietario

señora
12 ama
3 cónyuge
4 dama
2 esposa
2 matrona
3 mujer

señorear
58 alzar(se)
27 destacar(se)
6 domeñar
46 dominar(se)

11 imperar
23 refrenar(se)
9 resaltar
11 sobresalir
14 sujetar

señorial
2 feudal
6 majestuoso
16 pomposo

señorialmente
6 caballerosamente

señoril
12 aristocrático
7 aseñorado

señorío
8 behetría
20 caballerosidad
3 condado
20 facultad
3 patriciado
10 poderío
4 soberanía
6 mando

señorita
12 ama
2 comadreja
10 chacha
1 miss

señoritingo
4 señorito

señorito
5 lechuguino
6 pisaverde
1 señoritingo
10 joven

señorón
18 burgués
7 personaje
5 figurón
3 ◁*pobretón*
14 ◁*desgraciado*

señuelo
9 acicate
10 aliciente
14 añagaza
12 arana
15 cebo
2 cimbel
10 estímulo
7 reclamo
17 droga

seo
2 catedral

separable
4 resoluble

separación
5 ablación
25 aislamiento
3 alejamiento
4 amojonamiento
8 análisis
24 apartamiento
16 arrancadura
22 ausencia
9 cisma
6 clasificación
3 copelación
5 decantación
6 desbandada
4 desligadura
13 desunión
19 desviación
6 desvinculación
12 discordia
17 disolución
12 escisión
12 exclusión
2 helgadura
7 repudio
3 secesión
8 cruce
6 frontera
5 gap
18 distancia
4 ◁*acercamiento*
3 ◁*anastomosis*
4 ◁*careo*
4 ◁*concomitancia*
2 ◁*conglomeración*
5 ◁*conglomerado*

3 ◁conjugación
3 ◁connotación
7 ◁emparejamiento
9 ◁encadena-
  miento
13 ◁enlace
7 ◁nupcias
3 ◁yuxtaposición
20 ◁adherencia
8 ◁empalme
6 ◁fijación
21 ◁nudo

separadamente
4 apartadamente
9 aparte
2 singularmente
12 ◁acorde(s)

separado
6 aislado
2 descasado
7 distante
4 divergente
4 escindido
6 excluido
9 inconexo
11 retirado
8 señero
5 marginal
2 ◁acoplado
4 ◁adherido
14 ◁adjunto
26 ◁afecto
11 ◁conjunto
10 ◁contiguo
7 ◁emparentado
8 ◁fundido
4 ◁incorporado
9 ◁junto
5 ◁solidario
28 ◁asociación

separar(se)
6 abanderizarse
9 abdicar
25 abstraer(se)
35 aislar(se)
38 alejar(se)
12 amputar
13 analizar(se)

70 apartar(se)
17 arredrar(se)
3 beldar
10 bifurcar(se)
7 cejar
17 cerner(se)
4 clasificar
11 cribar
5 desajustar(se)
5 desapoderar
2 desarrimar(se)
4 descascarar
3 desconexionar
4 desembragar
2 desencolar
4 deshilvanar
6 desistir
5 deslabonar(se)
8 desligar(se)
6 desmembrar(se)
9 desmenuzar
10 despegar(se)
26 desprender(se)
25 desunir(se)
29 desviar(se)
19 desvincular(se)
5 diferenciar(se)
5 discriminar
8 disociar(se)
12 disolver(se)
35 distinguir(se)
21 dividir(se)
6 divorciar(se)
26 excluir(se)
54 hurtar(se)
53 levantar(se)
3 marginar
4 parcelar
21 partir
21 repudiar(se)
38 rodear(se)
7 segregar(se)
42 soltar(se)
5 abalear
38 alejarse
70 apartarse
48 arrancar
57 cortar
16 desechar
2 desenyuntar
3 desflecar
35 distinguirse
46 irse

53 marchar
58 quitar
10 sustraer
9 ◁abigarrar
13 ◁abocar(se)
7 ◁adunar
15 ◁aglomerar(se)
6 ◁agremiar(se)
4 ◁aligar(se)
14 ◁amalgamar(se)
17 ◁anexar(se)
7 ◁anexionar(se)
24 ◁añadir(se)
15 ◁aunar(se)
6 ◁centralizar
4 ◁colegiarse
5 ◁colindar
8 ◁empalmar
14 ◁emparejar(se)
5 ◁emparentar(se)
9 ◁engarzar
2 ◁enyugar
14 ◁federar(se)
15 ◁fundir(se)
8 ◁fusionar(se)
4 ◁grapar
7 ◁hacinar(se)
9 ◁hermanar(se)
10 ◁identificar(se)
9 ◁maridar
31 ◁mezclar(se)
35 ◁trabar(se)
7 ◁uncir
8 ◁unificar
10 ◁conjugar
11 ◁empatar

separata
4 colaboración
22 trabajo(s)
13 artículo
⇨tirada aparte

separatismo
4 regionalismo

separatista
1 feniano
4 nacionalista
4 ◁federal

separativo
3 inhibitorio

sepelio
5 enterramiento
3 entierro
1 inhumación

sepelir
14 enterrar(se)
7 sepultar

sepia
4 calamar
4 cefalópodo
2 jibia

septentrión
13 norte

septentrional
6 ártico
2 boreal
2 hiperbóreo
3 ◁austral

septicemia
5 contagio
5 contaminación
8 infección

sepulcro
1 catafalco
2 monumento
2 nicho
3 sarcófago
10 tumba
4 túmulo
8 fosa

sepultado
7 enterrado

sepultar
31 encubrir(se)
14 enterrar(se)
10 esconder
2 inhumar
41 ocultar(se)
11 soterrar(se)
27 velar(se)

sepultura
5 enterramiento
6 huesa

sepulturero

5 yacija
8 fosa
10 hoyo

sepulturero
2 enterrador

sequedad
2 aridez
5 brusquedad
10 desabrimiento
12 dureza
1 infertilidad
9 rudeza
22 aspereza
9 ◁*dulzura*

sequero
4 secano

sequía
2 seca

sequío
4 secano

séquito
14 acompañamiento
6 comparsa
4 cortejo
7 comitiva

ser
8 criatura
2 ente
11 entidad
15 esencia
33 estar(se)
7 existir
7 individuo
14 substancia
11 vivir
37 alma

sera
9 capacho
5 espuerta

seráfico
14 angelical

serafín
10 ángel
38 bello

serapino
1 sagapeno

serenar(se)
5 abonanzar(se)
35 abrir(se)
12 acallar(se)
54 aclarar(se)
30 apaciguar(se)
15 aquietar(se)
44 calmar(se)
21 contener(se)
1 descapotarse
46 dominar(se)
18 enfriar(se)
6 escampar(se)
49 mejorar(se)
7 mesurar(se)
9 pacificar(se)
23 refrenar(se)
27 reponer(se)
24 sosegar(se)
21 tranquilizar(se)
9 ◁*achispar(se)*
5 ◁*ajumarse*
17 ◁*alucinar(se)*
74 ◁*aturdir(se)*
9 ◁*aturullar(se)*
11 ◁*desencajar(se)*
23 ◁*enardecer(se)*
2 ◁*enfoscar*
32 ◁*exaltar(se)*
11 ◁*intranquilizar(se)*
20 ◁*precipitar(se)*
8 ◁*trinar*
37 ◁*turbar(se)*

serenata
10 jolgorio
2 nocturno
9 ronda(s)

serenidad
21 dominio
4 impavidez
7 sosiego
7 temple
9 tranquilidad

26 calma
8 pachorra
⇨sangre fría

sereno
26 apacible
7 calmado
28 claro
5 escampado
13 impávido
10 relajado
2 relente
6 sosegado
13 tranquilo
20 vigilante
12 despejado
19 guardia
17 templado

seriación
9 ordenación

seriar
21 agrupar(se)
1 catalogar
4 clasificar
19 ◁*desordenar(se)*
9 ◁*desorganizar*

sérico
16 fino
3 sedoso
19 suave
45 ◁*áspero*

serie
3 hornada
5 inventario
26 juego(s)
17 lista
5 repertorio
4 retreta
5 ristra
3 rosario
8 sarta
3 secuencia
5 sucesión
26 cadena
8 camada
11 gradación
14 colección

9 chicote
19 chorizo
20 fila
18 hilera
7 manga
6 ramillete
4 retahíla

seriedad
19 circunspección
10 formalidad
12 gravedad
17 importancia
7 malignidad
8 mesura
16 prudencia
6 ◁*frivolidad*

serio
3 ceñudo
22 cierto
8 circunspecto
10 considerable
8 destacado
8 efectivo
10 formal
18 importante
8 malhumorado
10 positivo
13 prudente
10 real
6 sensato
6 sentado
22 útil
11 verdadero
21 grave
21 adusto
12 enorme
23 grande
7 ◁*informal*
36 ◁*alegre*
21 ◁*falso*
14 ◁*pequeño*

sermón
14 admonición
8 plática
7 prédica
4 predicación
26 amonestación
10 filípica

7 reconvención
7 recriminación
5 regañina
13 regaño
36 represión
17 reprimenda
11 riña
29 ◁ alabanza

sermonar
7 predicar

sermoneado
14 advertido

sermoneador
5 protestón

sermonear
30 amonestar(se)
14 chillar(se)
5 reconvenir
12 regañar
22 reñir
16 reprender
65 ◁ alabar(se)

seroja
1 borusca

serón
9 capacho
5 espuerta
1 orón
6 hurón

serosidad
11 humor
4 edema

seroso
3 humoral

serpear
38 andar

serpentaria
7 dragontea

serpenteante
8 sinuoso

serpentear
12 gatear

serpenteo
3 culebreo
3 zigzag

serpentín
4 alambique
5 conducto

serpentina
15 cinta
41 banda
11 tira

serpiente
1 anaconda
4 boa
4 cascabel
2 cobra
8 lucifer
4 luzbel
1 pitón
6 satanás
2 sierpe
3 víbora
10 culebra
8 demonio
14 diablo

serpollar
7 retoñar

serpollo
6 retoño

serrado
6 cortado
3 dentado
12 irregular
8 sinuoso
17 ◁ regular(se)
10 ◁ liso

serrallo
2 harén

serranía
23 montaña

serrería
1 aserradero
26 amonestación
6 chorreo
10 filípica
7 reconvención
5 regañina
36 represión
17 reprimenda
11 riña
13 sermón

serreta
5 sierra

serrín
16 residuo

serrucho
5 sierra
9 meretriz
14 prostituta
17 ramera

servato
1 peucédano
⇨hierba de Túnez

serventesio
2 redondilla

servible
3 aprovechable
5 utilizable
5 ◁ inservible

servicial
14 comedido
6 cumplidor
6 obsequioso
6 complaciente

servicialmente
19 atentamente

servicio(s)
18 aseo
25 beneficio(s)
4 colaboración
8 cooperación
12 excusado
18 gracia(s)
9 lavabo
9 retrete
2 servidores
9 servidumbre
8 utilidad
6 water
24 auxilio
29 ayuda
56 corte
27 criado
11 don
16 favor
7 obsequio
8 provecho
16 regalo
7 toilette

servidero
8 aprovecharle

servidor
6 aquí
17 asistente(s)
7 doméstico
3 fámulo
17 presente(s)
2 sí
17 mozo
11 sirviente
⇨criado (-da)

servidores
22 servicio(s)
9 servidumbre

servidumbre
24 carga
7 esclavitud
11 obligación
22 servicio(s)
2 servidores
3 vasallaje
9 yugo
8 sujeción
27 criado

servil
40 bajo(s)
13 humilde
9 lisonjero

servilismo
9 vulgar
20 abyecto
24 adulador
3 adulón
9 cepillo
11 cobista
2 pelotillero
8 rastrero
12 vil

servilismo
10 lisonja(s)
7 pelotilla(s)
20 adulación
12 coba
8 jabón

servilla
17 bota

servilleta
4 babero

servilletero
21 anillo

serviola
11 ancla

servir(se)
47 aprovechar(se)
19 beneficiar(se)
20 cogerse
10 convidar
13 chupar
4 dignar(se)
31 entregar(se)
6 explotar
14 favorecer
7 obedecer
5 prevaler(se)
42 seguir(se)
44 tomar(se)
6 utilizar
29 valer(se)
8 cortejar
58 echarse
13 galantear
8 usar
⇨ser útil
⇨tener a bien

sesada
5 encéfalo

sésamo
2 ajonjolí

sesera
38 cabeza
11 cacumen
15 caletre

sesga
1 nesga

sesgado
3 diagonal
2 nesgado
3 oblicuo
2 soslayo
3 transversal
12 torcido

sesgadura
5 oblicuidad

sesgar
16 atajar(se)
43 inclinar(se)

sesgo
11 curso
5 derrotero
16 dirección
12 marcha
5 oblicuidad
15 rumbo
2 soslayo
1 torcimiento
26 camino
18 inclinación

sésil
6 sentado

sesión
9 audición
12 junta
7 logia
8 vista
6 cabildo
2 tenida

seso
13 bulbo
2 cerebelo
13 cerebro
19 circunspección
7 cordura
12 discreción
8 mesura
13 moderación
16 prudencia
6 sensatez
5 encéfalo
15 juicio
⇨sentido común
8 ◁insensatez

sesteadero
1 sestil

sestear
14 descansar
14 reposar(se)

sestil
1 sesteadero

sesudo
3 cerebral
8 circunspecto
7 cuerdo
12 discreto
16 inteligente
5 juicioso
12 maduro
9 mesurado
5 ponderado
13 prudente
12 reflexivo
6 sensato
16 listo
14 obstinado
15 porfiado
9 terco
3 ◁insensato
18 ◁tonto

seta
1 hongo
2 fungo

seto
10 macizo
6 pared
5 tabique

seudónimo
8 apodo

severidad
12 dureza
9 inflexibilidad
6 rigidez
13 rigor
22 aspereza
30 ◁blandura

severo
16 cabal
3 ceñudo
7 despiadado
2 draconiano
9 estricto
8 implacable
8 inclemente
13 inflexible
4 matemático
11 puntual
20 serio
21 grave
21 adusto
12 amarrado
12 exacto
4 exigente
18 guapo
26 rígido
17 riguroso
17 templado
6 ◁aproximado

sexágono
1 hexágono

sexo
7 pornografía
19 género

sexual
2 amatorio
2 erótico
8 genital(es)
11 íntimo

3 venéreo

sexualidad
53 amor

shacar
10 estafar
5 timar

shock
12 impresión

sí
1 afirmativamente
2 evidentemente
2 ◁negación

sial
3 magma

sialismo
1 ptialismo
2 salivación

sibanco
3 rincón
14 sitio

sibarita
5 epicúreo
10 refinado
16 sensual
7 ◁morigerado

sibarítico
16 sensual

sibaritismo
5 epicureísmo

sibil
12 cueva
6 silo
2 subterráneo

sibila
2 adivinadora
6 maga
2 pitonisa
2 profetisa

sibilante
8 cortante
1 silbante
1 siseante
25 agudo
6 ◁apagado
21 ◁grave

sibilino
9 ambiguo
14 confuso
8 equívoco
9 indescifrable
4 inextricable
7 ininteligible
10 misterioso
32 oscuro
28 ◁claro

sic
16 así
⇨de esta manera

sicalipsis
5 escabrosidad
9 obscenidad

sicalíptico
16 escabroso
5 picaresco
9 verde

sicario
2 esbirro
6 secuaz

sicofanta
11 calumniador

sicofante
11 calumniador

sicote
7 pelotilla(s)
3 cochambre
6 mugre

sideral
1 estelar
3 astral

sidéreo
3 astral

siderita
2 siderosa

siderosa
1 siderita
⇨hierro espático

siderurgia
8 acería

sidra
4 champán

sidrería
1 chigre

siega
1 segazón

siembra
2 sementera

siempre
4 constantemente
4 continuamente
3 perpetuamente
⇨en todo momento

siempreviva
⇨perpetua amarilla

sien
1 templa

sierpe
13 serpiente
10 culebra

sierra
2 cordillera
1 serreta
26 cadena
4 serrucho
⇨sistema montañoso

siervo
6 cautivo
7 esclavo
4 prisionero
2 ilota
18 ◁libre

sieso
4 ano

siesta
2 meridiana
3 resistero
1 resistidero

siete
7 desgarrón
5 rasgón
6 roto

sietecueros
5 panadizo

sietemesino
14 canijo
5 esmirriado
2 renacuajo
11 raquítico
8 ◁robusto
22 ◁fuerte

sífilis
1 gálico
1 lúe

sifón
9 botella
5 recipiente
1 tubería
5 conducto

sifué
1 sobrecincha

sigilación
8 ocultación
3 sellado
7 silencio

sigilar
49 callar(se)

sigilo
8 cautela
12 discreción
18 disimulo
4 plomo
15 reserva(s)
19 secreto
7 silencio
15 sello

sigilosamente
17 calladamente
4 encubiertamente

sigiloso
12 cauteloso
12 discreto
5 silencioso
7 ◁*ruidoso*

sigla
9 abreviatura

siglo
2 centuria
5 edad
9 era
4 epoca
9 periodo

signar(se)
8 firmar
5 persignar(se)
5 rubricar
4 santiguar(se)
⇨hacer la señal de la cruz

signatario
1 firmante
1 infrascrito

signatura
5 distintivo
10 firma
16 marca
5 rúbrica
6 lema

27 señal

significación
4 acepción
28 alcance(s)
17 importancia
16 sentido
11 significado
3 trascendencia
24 valor
12 designación

significado
4 acepción
28 alcance(s)
11 conocido
8 destacado
17 importancia
14 reputado
16 sentido
8 significación
3 trascendencia
24 valor
12 designación

significar
18 comunicar(se)
11 declarar
13 designar(se)
11 importar
11 manifestar
9 notificar
29 representar(se)
5 simbolizar
4 sugerir
29 valer(se)
3 connotar
11 denotar
⇨querer decir

significarse
8 caracterizar(se)

significativo
7 característico
11 conocido
8 destacado
5 elocuente
16 famoso
5 indicativo
34 notable(s)
8 representativo

11 significado
6 ◁*desconocido*

signo(s)
17 huella
4 icono
11 índice
15 indicio(s)
16 marca
7 puntuación
13 símbolo
6 vestigio
27 señal
15 traza

sigui
18 chulo
8 rufián

siguiente
7 posterior
1 subsecuente
5 subsiguiente
2 sucesivo
4 ulterior
25 ◁*anterior*

sil
4 ocre

sílaba
10 mora

silabario
4 catón

silabear
23 pronunciar(se)

silabeo
3 balbuceo
9 pronunciación

silba
8 abucheo
1 pateo
4 pita
4 pitada
1 pitidos

silbante
4 sibilante

silbar
17 abroncar(SE)
5 abuchear
3 chiflar
3 patalear
13 pitar

silbato
1 chiflato
6 pito

silbido
1 pitido
5 silba
1 silbo

silbo
3 silbido

silenciar(se)
2 enmudecer
8 omitir
22 reservar(se)
29 saltarse
⇨guardarse para sí
⇨pasar por alto

silenciario
21 callado

silencio
8 cautela
12 discreción
2 mudez
1 mutismo
9 pausa
15 reserva(s)
8 sigilo

silenciosamente
17 calladamente
1 quedamente
6 quedo
⇨sin chistar
⇨sin decir ni pío
⇨sin decir oxte ni moxte
◁*ruidosamente*

silencioso
21 callado
2 insonoro
15 reservado
2 silente
9 taciturno
7 ◁ruidoso
13 ◁hablador

silente
21 callado
5 silencioso

sílex
8 pedernal
10 sílice

sílfide
12 estirado
16 fino
7 ninfa
11 delgado
16 flaco
19 ◁gordo

silga
4 sirga

silgado
11 delgado
16 flaco

sílice
6 ágata
1 cuarzo
8 pedernal
2 silex
1 ónice
⇨cuarzo ahumado
⇨cuarzo lechoso
⇨falsa amatista
⇨falso topacio
⇨jacinto de Compostela

silicosis
2 neumoconiosis

silo
1 alfalfa
2 hórreo
3 troj
2 cilla
8 granero
2 trébol

silogismo
32 argumento
10 deducción
5 lógica
7 razonamiento
4 dialéctica
17 razón

silueta
31 contorno(s)
11 entidad
5 perfil
39 aspecto
15 sombra

silva
7 estancia

silvático
7 boscoso
1 forestal

silvestre
17 agreste
8 campestre
15 cerril
14 inculto
6 montaraz
22 rudo
6 selvático
15 indómito
11 patán
10 zafio
3 ◁cultivado
2 ◁domesticado
10 ◁refinado

silvoso
2 nemoroso

silla
17 cargo
3 obispado
12 puesto
7 sede
5 sillón
49 asiento
9 butaca
16 dignidad

sillar
10 cimiento
1 sillarejo

sillarejo
2 sillar

sillería
6 muro
2 paramento
2 paredón
15 aparejo
6 pared

silleta
30 duro

sillón
2 butacón
17 cargo
7 poltrona
12 puesto
16 dignidad

sima
15 abismo
8 concavidad
23 depresión
5 oquedad
19 barranco
8 fosa

simado
3 abismal

simba
15 cinta

simbiosis
5 coexistencia

simbólico
3 alegórico
4 figurado
2 traslaticio
10 ◁real

simbolizar
2 encarnar
29 representar(se)
13 significar
⇨estar en vez de
⇨valer por

símbolo
26 alegoría
22 bandera
2 caduceo
7 divisa
2 epónimo
6 figuración
3 ideograma
20 imagen
11 indicación
10 signo(s)
12 atributo
22 figura
27 señal

simbombo
75 bobo
7 estúpido
22 necio
18 tonto

simetría
28 conformidad
3 desproporción
14 equilibrio
15 proporción
7 ritmo
18 armonía
4 ◁asimetría

simétrico
12 armonioso
1 compensado
4 equidistante
7 equilibrado
5 proporcionado

simia
11 mona

simiente
11 germen
3 pepita
5 semilla

símil

9 grano
14 hueso

símil
7 comparación
6 semejanza

similar
14 análogo
5 comparable
4 equivalente
11 idéntico
2 isomorfo
18 parecido
13 próximo
11 semejante(s)
5 ◁desemejante
10 ◁diferente

similaridad
9 identidad

similicadencia
1 asonancia
7 consonancia

similitud
10 analogía
19 cercanía(s)
5 equivalencia
2 homomorfismo
9 identidad
2 isomorfismo
18 parecido
17 proximidad(es)
6 semejanza
3 ◁desemejanza
11 ◁diferencia

simio
19 mono

simonía
8 delito
8 pecado

simoníaco
1 mercenario
4 negociante

simpa
36 cabello

simpar
4 trenzar

simpatía
21 afección
26 afecto
17 afinidad
14 amabilidad
30 amistad
10 apego
12 benevolencia
6 bienquerencia
10 coincidencia
4 congraciamiento
7 consonancia
12 desenfado
11 humor
15 interés
10 propensión
9 querencia
2 corronguera
16 afición
18 armonía
14 atracción
15 cariño
8 gracejo
18 inclinación
30 partido
11 ◁aversión
4 ◁biliosidad
5 ◁brusquedad
10 ◁desafección
5 ◁disidencia
4 ◁esquivez
6 ◁hosquedad
7 ◁malquerencia
13 ◁animadversión
23 ◁antipatía
9 ◁ojeriza

simpática
4 maja

simpáticamente
13 amorosamente

simpático
38 agradable
14 encantador
8 invisible
11 pluma

35 atractivo
18 gracioso
10 ◁desagradable

simpatizante
4 admirador
9 prosélito
2 seguidor
14 adepto
11 partidario
15 ◁contrario
7 ◁hostil
10 ◁enemigo

simpatizar
41 avenir(se)
6 congeniar
43 llevarse
⇨caer bien
12 ◁repeler

simple
3 escueto
9 estricto
13 ingenuo
14 inocente
3 mequetrefe
5 neto
21 puro
16 solo
75 bobo
22 cándido
24 fácil
9 incauto
11 memo
22 necio
8 pazguato
10 pelado
12 sencillo
18 tonto
5 zanahoria
⇨mondo y lirondo
13 ◁complejo
16 ◁listo

simplería
30 bobería

simpleza
16 estupidez
10 memez

15 necedad(es)
42 tontería(s)
7 anona
2 bobada

simplicidad
6 candor
8 facilidad
4 homogeneidad
11 ingenuidad
14 inocencia
9 pureza
6 unidad
11 sencillez
6 ◁complejidad
6 ◁retorcimiento

simplicio
75 bobo

simplificación
13 acortamiento

simplificado
10 abreviado
4 esquemático

simplificar
12 abreviar
5 compendiar
6 resumir
12 ◁ampliar(se)

simplón
13 ingenuo
75 bobo

simposio
10 congreso
19 reunión

simulable
1 camuflable
1 disimulable
1 enmascarable
1 ocultable
28 ◁claro
14 ◁evidente

simulación
16 comedia
12 farsa
10 fingimiento
5 rebozo
4 simulacro
20 apariencia
7 doblez
11 ficción
10 pamema
6 paripé
6 ◁verdad

simulacro
13 efigie
9 imitación
5 parodia
10 simulación

simulado
17 aparente
3 imitado
6 postizo
1 disimulado
21 falso
10 ◁real

simulador
13 farsante
10 impostor
4 superchero

simular
15 aparentar
13 disimular
12 falsear
4 falsificar
10 fingir
11 imitar
54 ◁aclarar(se)

simultáneamente
3 conjuntamente

simultaneidad
5 coexistencia
10 coincidencia
4 concomitancia
12 concurrencia
6 sincronía

7 ◁divergencia

simultáneo
1 coexistente
7 coincidente
5 concomitante
5 concurrente
4 ◁divergente
4 ◁sincrónico

simún
1 siroco

sin
3 desprovisto
2 ◁todavía

sin embargo
3 empero
⇨no obstante

sinagoga
4 aljama
7 conciliábulo

sinalagmático
3 bilateral

sinalefa
4 aféresis
10 contracción

sinapismo
3 bizma
7 emplasto
7 parche

sinartrosis
12 articulación

sinceramente
16 abiertamente

sincerar(se)
35 abrirse
11 defender
16 desahogar(se)
9 descargar
11 desnudar(se)
11 distender(se)

8 endilgar
6 exculpar
14 explayar(se)
15 justificar(se)
22 revelar(se)
⇨cantar las cuarenta
⇨poner los puntos sobre las íes
13 ◁disimular

sinceridad
5 candidez
6 candor
3 espontaneidad
4 familiaridad
11 franqueza
11 honestidad
7 honradez
11 ingenuidad
8 lealtad
7 naturalidad
4 veracidad
11 sencillez
3 ◁deslealtad
10 ◁falsedad
6 ◁retorcimiento
12 ◁hipocresía

sincero
6 candoroso
4 confianzudo
7 espontáneo
11 honestidad
7 honradez
13 ingenuo
8 lealtad
20 natural
5 veraz
24 abierto
22 cándido
16 franco
12 sencillo
20 simple
3 ◁deslealtad
13 ◁retorcido
21 ◁falso
7 ◁hipócrita

sinclinal
6 ancón

síncopa
9 reducción
3 supresión
4 ◁ampliación

sincopado
7 movedizo
1 rítmico
11 ◁lento
10 ◁quieto

sincopar
12 abreviar
57 cortar

síncope
13 desfallecimiento
15 desmayo
4 desvanecimiento
4 vahído
8 congoja
9 mareo
9 patatús
6 soponcio
3 telele

sincronía
5 coexistencia
10 coincidencia
12 concurrencia
5 paralelismo
5 simultaneidad
1 sincronismo
3 ◁desigualdad
11 ◁diferencia

sincrónico
7 coincidente
6 contemporáneo
4 simultáneo
5 isócrono
◁diacrónico

sincronismo
6 sincronía

sindicación
3 agremiación

sindicado
4 colegiado
5 gremial

sindical

sindical
4 social

sindicar(se)
6 agremiar(se)
48 asociar(se)
4 colegiarse
14 federar(se)

sindicato
7 gremio
28 asociación

síndrome
16 manifestación
5 síntoma

sine die
5 ilimitado
7 indefinido

sine qua non
5 condicionado
13 indispensable

sinécdoque
4 tropo
22 figura

sinecura
9 botella
7 poltrona
6 verruga
21 cola
11 chollo
8 enchufe
4 momio
7 prebenda
14 ventaja

sinedrio
1 sanedrín

sinéresis
4 compresión
10 contracción

sinergia
14 concurso
5 correlación
19 unión

8 concierto
13 ◁*desunión*

sinfín
8 infinidad
16 cantidad
16 multitud
5 sinnúmero

sínfisis
12 articulación

sínfito
2 consuelda
2 suelda

sinfonía
15 introducción
2 obertura

sinfónico
7 músico
1 polifónico

singa
17 boga

singar
87 fastidiar(se)
15 bogar
14 importunar

singladura
3 recorrido
26 camino
18 distancia

singuizarra
13 trapatiesta
7 trifulca

singular
51 absurdo
29 anormal
12 especial
7 excéntrico
18 extraño
2 impar
18 original
14 particular
22 raro

16 único
16 solo
14 extraordinario
9 extravagante
4 ◁*plural*

singularidad
10 anomalía
21 calidad
6 excelencia
2 excentricidad
19 extravagancia
24 nota
7 particularidad
7 peculiaridad
15 propiedad
15 distinción

singularización
9 accésit

singularizar(se)
8 caracterizar(se)
27 destacar(se)
5 diferenciar(se)
5 individualizar
2 particularizar
2 particularizarse
9 resaltar
46 señalar(se)
35 distinguirse
11 sobresalir
2 ◁*pluralizar*

singularmente
1 particularmente
3 separadamente

sinhueso
5 lengua

siniestro
15 aciago
9 avieso
3 catástrofe
7 curvo
10 desastre
6 funesto
7 hecatombe
10 infausto
2 izquierdo

6 malintencionado
9 perverso
8 trágico
9 daño
17 desgracia
14 desgraciado
3 zurdo

⇨mala sangre

4 ◁*bienintencionado*
14 ◁*diestro*
14 ◁*afortunado*

sinnúmero
8 infinidad
4 sinfín
16 cantidad
16 multitud
26 punta

sino
3 empero
9 estrella
7 pero
7 ventura
22 destino
7 hado
17 suerte

sínodo
4 concilio

sinonimia
17 igualdad

sinónimo
1 equisignificativo
4 equivalente
18 parecido
11 semejante(s)
2 ◁*antónimo*

sinopsis
14 compendio
11 resumen
6 síntesis

sinóptico
27 breve
28 claro

10 resumido
1 ◁ampliado
14 ◁confuso

sinrazón
9 desafuero
12 injusticia

sinsabor
3 pesadumbre
45 pesar(se)
12 contrariedad
12 desazón
16 disgusto
29 pena
38 ◁alegría(s)

sinservil
15 bromista
11 festivo

sinsubstancia
18 insignificante

sintagmático
3 bilateral

sintaxis
9 construcción
9 ordenación

síntesis
19 argumentación
10 deducción
5 recapitulación
11 resumen
3 sinopsis
4 vademécum
8 ◁análisis

sintético
4 adulterado
25 artificial
1 extractado
2 industrial
1 recopilado
10 resumido
1 ◁aumentado
20 ◁natural

sintetizado
10 abreviado

sintetizar
12 abreviar
5 compendiar
8 condensar
4 extractar
6 resumir
12 ◁ampliar(se)

síntoma
15 indicio(s)
16 manifestación
10 signo(s)
2 síndrome
27 señal

sintomático
11 manifiesto
4 revelador
9 significativo
13 propio
7 ◁impropio

sintonización
9 captación
6 recepción
8 conexión

sintonizar
14 captar
8 recibir
47 recoger(se)

sinuosidad
8 anfractuosidad
6 circunvolución
18 curvatura
3 meandro
13 seno
9 señuelo

sinuoso
2 ondulado
2 ondulante
16 quebrado
13 retorcido
1 serpenteante
8 tortuoso
1 disimulado

7 hipócrita
19 ◁recto
16 ◁franco

sinusitis
7 inflamación

sinvergonzonería
15 infracción
12 inmoralidad
11 vileza
10 villanía
18 desgarro
14 suciedad
11 vicio

sinvergüenza
9 bandido
5 bribón
8 granuja
13 impávido
33 pícaro
11 pillo

sionismo
1 hebraísmo
3 judaísmo
1 mosaísmo
2 semitismo

sipo
1 picoso
1 virolento

siquiatra
4 psiquiatra

siquiera
6 aunque
2 ya
⇨bien que
⇨tan solo

sir
5 señor

sirca
4 vena
4 veta

sirena
13 bocina
1 náyade
2 ondina
7 ninfa
6 pito

sirga
13 cable
4 maroma
1 silga
42 cabo

sirgar
5 atoar
43 arrastrar
15 bogar

sirimbo
12 mentecato
18 tonto

sirimiri
14 brizna
5 calabobos
6 chinchín
7 llovizna
4 orvallo
2 sarsaganeta
2 tapayagüe

siringa
3 flauta
3 zampoña

siripa
15 desmayo
9 mareo

sirle
2 cagarruta

siroco
1 simún

sirria
8 chirle
5 estiércol

sirte
11 arrecife

sirvienta
- 6 camarera
- 10 chacha
- 3 domestica
- 6 fregona
- 10 gata
- 6 muchacha
- 7 chica
- 19 china
- 8 doncella
- 6 maritornes
- 5 morronga
- 9 moza
- 2 prendedera
- ⇨criado (-da)

sirviente
- 17 asistente(s)
- 2 botones
- 3 camarero
- 7 doméstico
- 3 fámulo
- 3 lacayo
- 2 paje
- 17 mozo
- 9 servidor
- 5 zanahoria
- ⇨criado (-da)
- 15 ◁amo

sisa
- 5 ratería
- 7 substracción
- 6 hurto
- 22 liga

sisador
- 2 defraudador
- 2 escamoteador
- 1 sisón
- 13 ladrón
- 14 ◁honrado
- ◁restituidor

sisal
- 14 cuerda
- 6 fibra
- 9 hilo

sisallo
- 10 caramillo

sisar
- 19 adherir(se)
- 34 afanar(se)
- 54 hurtar(se)
- 38 pegar(se)
- 9 escamotear
- 12 mangar
- 10 sustraer

siseante
- 4 sibilante

sisear
- 5 cuchichear

siseo
- 8 abucheo

sisimbrio
- 2 jaramago

sismar
- 9 cavilar
- 11 meditar

sismatiquería
- 7 melindre
- 3 remilgo

sismo
- 3 seísmo
- 3 terremoto
- ⇨temblor de tierra

sisón
- 1 gallarón

sistema
- 2 arquitectura
- 6 estructura
- 10 norma
- 12 organización
- 19 plan
- 11 procedimiento
- 27 regla(s)
- 18 método

sistemático
- 4 metódico
- 17 regular(se)
- 7 constante
- ◁asistemático

sistematización
- 7 codificación

sistematizado
- 23 arreglado
- 5 ordenado

sistematizar
- 3 estructurar
- 3 normalizar
- 24 ordenar(se)
- 10 organizar
- 7 reglamentar

sístole
- ⇨contracción del corazón

sitiado
- 6 rodeado

sitiador
- 3 acosador

sitial
- 2 solio
- 1 trono

sitiar
- 10 asediar(se)
- 15 bloquear
- 12 cercar
- 38 rodear(se)

sitio
- 6 asedio
- 6 bloqueo
- 9 cerco
- 7 esfera
- 4 espacio
- 11 localidad
- 21 lugar
- 10 paraje
- 13 población
- 12 puesto
- 19 punto(s)
- 13 situación
- 9 ubicación
- 26 parte

situación
- 17 cargo
- 12 circunstancia
- 11 colocación
- 16 condición
- 10 emplazamiento
- 18 estado
- 5 fase
- 14 sitio
- 9 ubicación
- 39 aspecto
- 23 disposición
- 16 empleo
- 9 etapa

situado
- 15 acomodado
- 5 enriquecido
- 5 entronizado

situar(se)
- 55 acomodar(se)
- 19 apostar(se)
- 27 colocar(se)
- 14 emplazar(se)
- 5 enraizar(se)
- 13 estacionar(se)
- 7 localizar
- 49 mejorar(se)
- 27 orientar(se)
- 28 plantar(se)
- 35 poner(se)
- 13 radicar(se)
- 50 asentar
- 24 emplear
- 7 medrar
- 6 prosperar
- 12 ubicar

siutiquería
- 6 cursilería
- 2 chabacanada

sketch
- 7 bosquejo
- 6 escena

ski
- 3 esquí

slabbing
- ⇨tren desbastador

slip
 5 bañador

slogan
 8 consigna

smoking
 9 chaqueta
 23 gala

snack-bar
 2 cafetería
 4 restaurante

snob
 5 efectista

snobismo
 3 esnobismo
 3 moda

so
 40 bajo(s)
 4 debajo más
 4 muy
 2 ◁encima

soasar
 24 asar(se)
 23 tostar(se)

soba
 2 aporreamiento
 33 paliza(s)
 13 sobado
 19 sobo
 4 vapuleo
 7 friega
 8 tunda
 13 zurra

sobaco
 4 axila
 2 enjuta

sobada
 27 bollo(s)

sobado
 3 ajado
 27 bollo(s)

 11 conocido
 4 desgastado
 3 manoseado
 4 mugriento
 5 pan
 12 torta
 5 trillado
 10 usado
 19 arruinado
 13 manido
 9 pasado
 8 ◁flamante

sobadura
 19 sobo

sobajamiento
 15 ajamiento

sobajar
 59 abatir(se)
 39 ajar(se)
 46 humillar(se)

sobajeo
 15 ajamiento

sobaquina
 5 sudor
 3 hedor

sobar
 39 ajar(se)
 8 amasar(se)
 30 deteriorar(se)
 64 estropear(se)
 40 ganar(se)
 7 manosear
 11 palpar(se)
 40 vencer(se)
 18 adular
 11 lisonjear

sobarba
 3 papada

sobarbada
 2 sofrenada

sobarbo
 8 álabe

sobe
 11 toque

soberana
 4 reina

soberanía
 21 dominio
 11 gobierno
 8 señorío
 6 mando

soberano
 7 egregio
 13 emperador
 17 excelente
 11 insigne
 6 monarca
 2 príncipe
 2 rey
 5 señor
 7 supremo
 23 grande

soberanos
 3 realeza

soberbia
 11 altivez
 1 inmodestia
 12 presunción
 46 aires
 13 altanería
 26 arrogancia
 18 orgullo

soberbio
 15 altanero
 15 arrebatado
 31 arrogante
 17 excelente
 9 fogoso
 12 genial
 9 impulsivo
 11 inmodesto
 5 lanzado
 9 perfecto
 5 sublime
 17 altivo
 11 alzado
 8 estupendo

 11 magnífico
 19 orgulloso
 9 presumido

sobo
 15 ajamiento
 2 decoloración
 4 desgaste
 4 magreo
 7 manoseo
 3 masaje
 18 molestia(s)
 33 paliza(s)
 1 sobadura
 2 tocamiento
 3 toqueteo
 1 tundidura
 9 uso
 4 vapuleo
 15 fastidio
 14 pesadez
 8 soba
 6 somanta
 8 tunda

sobón
 1 magreador

sobornable
 3 comprable
 3 corruptible
 2 venal

sobornal
 1 sobrecarga

sobornar
 21 mojar(se)
 39 tocar(se)
 14 untar(se)
 3 cohechar
 9 comprar
 16 corromper
 ⇨tapar la boca

soborno
 6 cañonazo
 6 compra
 8 corrupción
 8 cohecho

sobra(s)
28 abundancia
4 albaquía
5 arrebañaduras
20 basura
13 bazofia
6 coladura
17 colmo
18 demasía
14 desbordamiento
9 desecho
9 desechos
9 despojo
5 detrito
3 escurriduras
10 exceso
8 exuberancia
16 miga(s)
18 migaja(s)
8 plétora
8 redundancia
16 residuo
16 residuos
11 restos
2 superávit
8 superfluidad
3 babichas
6 bachicha
14 copia
6 desperdicio
8 ◁carencia
12 ◁escasez

sobradamente
15 ampliamente
6 bastantemente
4 demasiado
6 largamente
⇨granel (a)

sobradero
3 aliviadero

sobrado
13 desván
2 anaquelería
2 vasar

sobrante
4 demasiado
3 excedente
13 excesivo

10 innecesario
1 sobrero
4 superfluo

sobrantes
3 escurriduras

sobrar(se)
14 abundar
10 convidar
33 exceder(se)
12 invitar
19 quedar(se)
7 rebasar
10 restar
16 superar(se)
9 derrochar
4 sobrepujar
⇨estar de más
3 ◁carecer
12 ◁faltar

sobre
9 cubierta
2 encima
6 aguinaldo
13 cama
11 lecho
⇨en cuanto a
⇨en relación con
⇨respecto a

**sobreabundante-
mente**
4 demasiado

sobreabundar
14 abundar
8 rebosar

sobrealimentar
19 cebar(se)

sobrealzar
59 aumentar(se)

sobrearar
5 binar

sobreasar
24 asar(se)

sobrebota
2 polaina

sobrecalza
2 polaina

sobrecama
3 colcha
1 cubrecama

sobrecarga
1 sobornal

sobreceja
4 ceja

sobrecejo
9 ceño

sobrecielo
2 dosel
9 toldo

sobrecincha
1 sifué

sobrecogedor
3 dramático
10 emocionante
11 espantoso
15 espeluznante
4 estremecedor
14 imponente
14 terrible
38 ◁agradable
◁aliviador
36 ◁alegre

sobrecoger(se)
25 admirar(se)
31 asombrar(se)
58 asustar(se)
24 espantar(se)
11 helar
13 impresionar(se)
8 intimidar(se)
19 pasmar(se)
22 sorprender(se)
11 temer
40 amedrentar
11 aterirse

21 ◁tranquilizar(se)

sobrecogido
5 aterrorizado

sobrecontrata
1 overbooking

sobrecubierta
9 cubierta
8 forro

sobrecuello
7 alzacuello

sobredicho
6 antedicho
3 susodicho

sobredorar
8 disculpar
13 disimular
18 dorar(se)

sobreentendido
5 implícito
5 tácito
4 ◁explícito

sobreexceder
20 aventajar(se)
33 exceder(se)
16 superar(se)

sobreexcitar(se)
60 excitar(se)
63 irritarse

sobrefaz
1 sobrehaz

sobrefrenada
2 sofrenada

sobreganar
24 adelantar(se)
20 aventajar(se)

sobrehaz
1 sobrefaz

sobrehilar
9 coser

sobrehumano
3 agobiante
10 ejemplar
2 extenuante
5 heroico
6 sobrenatural
9 ímprobo
31 pesado
40 ◁*bajo(s)*
7 ◁*terrenal*
24 ◁*fácil*

sobrellevar
39 aguantar(se)
6 soportar
12 sufrir
8 tolerar
23 ◁*rebelarse*

sobremesa
11 charla
6 tertulia

sobrenadar
7 flotar

sobrenatural
13 mágico
3 metafísico
9 milagroso
7 prodigioso
7 sobrehumano
4 taumatúrgico

sobrenombre
12 calificativo
5 alias
8 apodo
12 mote

sobrentender
49 callar(se)

sobrentendido
21 callado

sobreparto
1 puerperio

sobrepasado
18 alcanzado

sobrepasar
33 exceder(se)
7 rebasar
16 superar(se)

sobrepelliz
1 roquete

sobreponer(se)
24 añadir(se)
40 aplicar(se)
21 contener(se)
46 dominar(se)
15 retener(se)
1 superponer

sobreposición
13 aplicación

sobreprecio
3 recargo
23 aumento

sobrepuesto
5 adicional

sobrepujar
20 aventajar(se)
33 exceder(se)
7 rebasar
16 superar(se)

sobrero
6 sobrante

sobresaliente
5 aventajado
1 cimero
8 destacado
17 excelente
8 superior
7 supremo
11 magnífico

sobresalir
20 aventajar(se)
1 campar
4 descollar
10 despuntar
27 destacar(se)
46 dominar(se)
11 prevalecer
9 resaltar
3 rifar
35 distinguirse
4 sobrepujar

sobresaltar(se)
17 alarmar(se)
39 alterar(se)
58 asustar(se)
36 atemorizar(se)
14 azorar(se)
60 excitar(se)
13 impresionar(se)
28 inquietar(se)
11 intranquilizar(se)
37 turbar(se)
40 amedrentar

sobresalto
21 alteración
11 turbación
17 inquietud
19 miedo
5 pánico
14 pavor
4 susto
18 temor

sobrescrito
2 nema

sobreseer
13 aplazar(se)
8 diferir

sobrestante
2 sota

sobresueldo
6 plus

sobretodo
5 pelliza
1 trenka

3 zamarra
32 abrigo
10 capote
10 gabán

sobrevenida
4 advenimiento
10 acaecimiento

sobrevenir
8 acaecer
17 acontecer
63 dar(se)
6 ocurrir
13 suceder

sobreventar
2 barloventear

sobreveste
40 armadura

sobreviviente
1 superviviente

sobrevolar
15 deslizar(se)
48 pasar(se)
1 trasvolar
15 volar

sobriedad
12 escasez
4 frugalidad
8 mesura
13 moderación
5 parquedad
6 templanza
◁*inmoderación*

sobrio
3 escueto
6 frugal
9 mesurado
8 moderado
8 parco
12 sencillo
20 simple
17 templado
14 ◁*complicado*
7 ◁*inmoderado*

soca

soca
13 brote
3 fulana
6 retoño
40 borrachera
16 embriaguez
14 prostituta
17 ramera

socaire
41 defensa
13 protección
10 refugio
32 abrigo
5 ◁*intemperie*
5 ◁*desamparo*

socaliña
33 artificio

socaliñar
43 engañar(se)
4 sonsacar

socaliñero
50 astuto
6 tramposo

socapa
6 disfraz
18 disimulo
8 excusa
5 pretexto(s)
5 rebozo
20 apariencia

socapar
13 disimular
31 encubrir(se)

socarra
6 chamusquina
8 socarrón

socarrar(se)
11 calcinar(se)
38 pegar(se)
11 requemar(se)
23 tostar(se)

socarrón
7 burlón
4 guasón
6 irónico
5 solapado
24 artero
50 astuto
9 ladino
16 taimado
16 ◁*franco*

socarronería
5 cazurrería
10 humorada
2 sorna
47 astucia

socava
2 alcorque

socavar
5 minar

socavón
10 hundimiento
37 agujero

sociabilidad
6 civilidad
12 cordialidad
20 cortesía
5 llaneza
10 trato
4 campechanía
1 ◁*adustez*
23 ◁*antipatía*

sociable
6 comunicativo
5 tratable
24 abierto
7 ◁*misántropo*

social
10 general
4 mutuo
1 sindical
11 colectivo
◁*antisocial*

11 ◁*privado*

socialdemócrata
13 liberal

socialismo
1 laborismo
4 ◁*capitalismo*

socialista
1 laborista
2 marxista

socialización
7 incautación
1 nacionalización
4 ◁*capitalismo*
1 ◁*librecambio*

socializar
3 expropiar
5 nacionalizar(se)
4 transferir

sociedad
16 agrupación
3 ateneo
5 casino
12 colectividad
9 comunidad
3 consorcio
2 cooperativa
12 hermandad
7 gremio
2 mutualidad
2 sindicato
28 asociación
18 círculo
7 cofradía
9 compañía
13 peña

socio
4 alicates
7 individuo
3 prójimo
15 asociado
13 sujeto
8 camarada
8 compinche
3 copartícipe

soco
2 golpetazo
1 muñón
2 tocón
8 manco
2 puñada

socolar
1 desbrozar
4 desmochar
3 trasquilar
5 esquilar

socolor
8 excusa
5 pretexto(s)
6 socapa

socollada
1 estrechón

socollón
7 estremecimiento
7 sacudida

soconusco
3 chocolate

socorrer(se)
9 acorrer
16 acudir
55 amparar(se)
20 asistir(se)
34 auxiliar(se)
45 ayudar(se)
6 convoyar(se)
13 cooperar
14 favorecer
15 guarecer(se)
11 patrocinar
5 primar
42 proteger(se)
10 remediar(se)
5 respaldar
25 sostener(se)
6 subvencionar
4 subvenir
3 sufragar
29 valer(se)
8 hombrear

socorrido
14 corriente
10 habitual

9 vulgar
11 ◁*excepcional*

socorrista
2 bañero

socorro
30 amparo
11 asistencia
13 protección
7 subsidio
6 sufragio
24 auxilio
29 ayuda
16 favor
11 remedio
5 ◁*desamparo*

socrático
4 dialéctico
1 dialogante

sochantre
1 veintenero
2 capiscol

soda
2 gaseosa
1 seltz

sodomía
1 pederastia
⇨pecado nefando

sodomita
2 invertido
5 pederasta
12 culero
8 maricón

soez
40 bajo(s)
11 basto
9 procaz
7 bascoso
21 grosero
10 indecente
12 vil
11 ◁*elevado*

sofá
5 diván
4 canapé

sofaldar
58 alzar(se)
13 descubrir
37 enseñar(se)
31 exponer(se)
35 ◁*bajar(se)*
51 ◁*cubrir(se)*

sofí
10 soberano

sofión
8 bufido

sofisma
33 artificio
7 falacia
10 falsedad
1 paralogismo
18 argucia
3 ◁*dogma*
6 ◁*verdad*

sofisticado
5 antinatural
5 elaborado
5 amañado

sofisticar
7 adulterar
7 alambicar(se)
12 falsear
4 falsificar
22 retorcer(se)

sofístico
25 artificial

sofito
1 plafón

soflama
15 discurso
4 perorata
7 prédica
9 rubor

17 acaloramiento

soflamar
17 abochornar(se)
21 afrentar(se)
4 arengar
40 avergonzar(se)
23 tostar(se)

soflamero
3 perorante
16 charlatán

sofocación
16 agobio
16 ahogamiento
15 bochorno
15 asfixia
17 acaloramiento
19 berrinche

sofocado
5 ahogado
6 apagado
5 avergonzado
9 azorado
1 neutralizado
2 sonrojado
17 acalorado
9 ◁*inflamado*
7 ◁*ventilado*

sofocador
2 ahogador

sofocamiento
15 bochorno

sofocante
3 asfixiante
3 enervante
8 irritante
4 tórrido

sofocar(se)
17 abochornar(se)
25 acalorar(se)
27 agobiar(se)
28 ahogar(se)
39 alterar(se)
15 apagar(se)

6 asfixiar(se)
10 atafagar(se)
40 avergonzar(se)
46 dominar(se)
5 estrangular
24 extinguir(se)
37 fatigar(se)
21 reprimir(se)
15 ruborizar(se)
9 sonrojar(se)
40 vencer(se)
34 correr
23 ◁*encender*

sofoco
12 desazón
16 disgusto

sofocón
38 aturdimiento

sofrenada
1 sobarbada
1 sobrefrenada

sofrenar
23 refrenar(se)

sofrito
10 frito

software
⇨soporte lógico

soga
14 cuerda
4 maroma

soguear
21 amansar(se)
8 chancearse
5 domesticar
80 burlarse

soguilla
4 bastaje
6 costalero
12 ganapán
3 cuan

sojuzgado
4 oprimido
13 sujeto

sojuzgador
21 dominante

sojuzgar
13 avasallar(se)
46 dominar(se)
40 someter(se)
5 subyugar
14 sujetar
34 ◁*liberar(se)*

sol
13 astro
14 brasero
17 calentador
14 encaje
1 febo
33 calor
7 estufa

sola
49 asiento

solada
12 heces
10 poso
16 sedimento

solado
2 adoquinado
1 asfaltado
3 embaldosado
6 empedrado
9 entarimado
7 pavimento
7 suelo

solamente
2 exclusivamente
2 sólo
3 únicamente
↪nada más

solana
9 azotea
1 resol

4 solario

solano
1 rabiazorras
↪hierba mora

solapa
10 fingimiento

solapado
12 cauteloso
50 astuto
1 disimulado
9 ladino
16 taimado
24 ◁*abierto*

solapar(se)
24 disfrazar(se)
13 disimular
31 encubrir(se)
5 entrecruzarse
5 imbricar
41 ocultar(se)
1 superponerse
22 tapar(se)
27 velar(se)
79 unirse
35 ◁*mostrar(se)*

solapo
9 cubierta
9 escama
2 revestimiento
6 tabla(s)
6 teja
1 traslapo
8 tapa

solar
14 ascendencia
3 descampado
30 placer
4 playa
8 terreno
15 casa
16 linaje

solariego
9 familiar
4 linajudo

7 originario
33 antiguo
5 ◁*reciente*
10 ◁*advenedizo*

solario
1 carasol
3 solana
1 solarium
5 terraza

solarium
4 solario

solaz
17 alivio
8 asueto
14 descanso
16 diversión
10 entretenimiento
5 esparcimiento
15 recreo
5 refocile

solazar(se)
4 desfogar(se)
32 divertir(se)
26 entretener(se)
28 esparcir(se)
14 explayar(se)
17 gozar
14 jugar
23 recrear(se)
14 refocilar(se)
27 alegrar(se)

soldada
10 emolumentos
18 asignación
9 estipendio
8 jornal
10 paga
9 sueldo

soldadesca
9 patulea

soldado
7 guerrero
9 militar
2 quinto

8 recluta
4 sorche

soldador
9 mecánico
4 soplete

soldadura
2 calcificación
2 sutura
20 adherencia

soldar
19 adherir(se)
1 estañar
74 juntar(se)
38 pegar(se)
79 unir(se)

soleado
38 agradable
17 cálido
36 alegre
4 asoleado
21 ◁*obscuro*
6 ◁*tenebroso*
16 ◁*triste*

solear
30 secar(se)
3 tenedor
9 ventilar
10 asolear
10 ◁*humedecer(se)*
21 ◁*mojar(se)*

solecismo
6 barbarismo
7 incorrección
9 préstamo

soledad
8 añoranza
24 apartamiento
2 incomunicación
22 melancolía
8 retiro
29 pena

solemne
7 ceremonioso
10 fastuoso

10 formal
11 grandioso
14 imponente
6 majestuoso
4 mayestático
9 ritual
7 suntuoso
9 válido
19 firme
7 ◁informal

solemnidad
22 aparato
15 ceremonia
6 etiqueta
16 festividad
5 protocolo
9 ritual
20 fiesta
23 gala

solemnizar
10 celebrar
12 encarecer(se)
8 glorificar
24 honrar(se)
14 festejar

solenoide
5 circuito
2 bobina

soler
31 acostumbrar(se)
5 frecuentar
15 repetir(se)
11 insistir
8 usar
8 ◁omitir

solera
17 antigüedad
12 heces
19 madre
3 raigambre
7 suelo
9 tradición
15 baldosa
9 ladrillo
2 lía

10 poso
16 sedimento

solercia
47 astucia

solería
47 astucia

solero
42 fastidioso
7 latoso

solfa
2 aporreamiento
33 paliza(s)
103 burla
28 ridículo
13 zurra

solfatara
5 azufre

solfear
3 vocalización

solfeo
13 zurra

solicitación
5 requerimiento

solicitado
4 convocado

solícitamente
19 atentamente

solicitante
3 aspirante
4 pretendiente

solicitar
48 atraer(se)
11 instar
12 invitar
14 pretender
11 requerir
9 rogar
23 tentar(se)
17 pedir

solícito
26 activo
11 afanoso
17 cuidadoso
25 diligente
6 interesado
4 ◁desinteresado

solicitud
47 atención(es)
22 cuidado
10 instancia
15 interés
5 memorial
8 petición
16 diligencia
15 ◁descuido

sólidamente
7 fijamente

solidar
15 consolidar(se)
9 solidificar(se)

solidaridad
21 adhesión
53 amor
37 apoyo
7 devoción
5 fraternidad
12 hermandad
13 protección
6 ◁egoísmo
5 ◁desamparo

solidario
4 adherido
13 anejo
7 responsable
11 unido
3 copartícipe
10 ◁separado

solidarizar(se)
19 adherir(se)
48 asociar(se)

solideo
4 birrete
4 boina

3 montera
13 bicoca

solidez
8 consistencia
12 dureza
13 firmeza
11 fortaleza
11 honestidad
6 profundidad
17 resistencia
7 seriedad
9 volumen
3 ◁fragilidad
6 ◁superficialidad

solidificación
4 cristalización
6 licuación
4 ◁deshielo

solidificado
8 concentrado

solidificar(se)
3 agrumar(se)
14 coagular(se)
8 condensar
16 congelar(se)
8 cuajar
18 endurecer(se)
13 fraguar
11 helar
2 solidar
3 ◁deshelar
15 ◁fundir(se)
6 ◁gasificar
1 ◁licuar
36 ◁liquidar(se)

sólido
3 apelmazado
2 arraigado
4 consistente
2 consolidado
10 denso
30 duro
8 estable
1 establecido
10 macizo
12 masa
17 tenaz

soliloquiar

19 cuerpo
14 asentado
19 firme
22 fuerte
9 resistente
10 ◁ *fluido*
4 ◁ *provisional*
12 ◁ *frágil*

soliloquiar
13 abismar(se)

soliloquio
1 monólogo

solio
2 sitial
1 trono

solípedo
24 cabalgadura
12 caballería

solista
5 pianista
4 ◁ *orquesta*

solitaria
1 tenia

solitario
6 anacoreta
34 brillante
7 desamparado
4 deshabitado
5 desierto
5 despoblado
1 diamante
6 cremita
3 ermitaño
7 misántropo
11 retirado
18 retraído
2 sólo
16 único
6 exclusivo
9 huraño
3 ◁ *sociable*

soliviantado
17 acalorado

soliviantador
5 enardecedor

soliviantar(se)
31 alborotar(se)
58 alzar(se)
19 amotinar(se)
17 incitar(se)
15 inducir
53 levantarse
59 mover(se)
23 rebelar(se)
20 sublevar(se)
10 impulsar
20 instigar
23 rebelarse
24 revolver

44 ◁ *calmar(se)*

solmenar
40 agitar(se)
31 sacudir(se)

solo
6 aislado
4 deshabitado
5 desierto
5 despoblado
2 exclusivamente
6 incomunicado
8 señero
13 singular
4 solamente
16 solitario
16 único
27 absoluto
12 lata
14 pocadez
3 únicamente

↪nada más

◁ *acompañado*
4 ◁ *plural*

sólo
4 solamente
16 solitario

solomillo
4 bistec
10 filete

soltar(se)
55 acomodar(se)
21 adaptar(se)
32 aflojar(se)
35 alargar(se)
70 apartar(se)
42 arrojar(se)
43 dejar(se)
1 desabotonar
3 desabrochar
2 desaherrojar
10 desasir(se)
2 desatacar
17 desatar(se)
5 desceñir(se)
2 desenganchar
9 desenlazar(se)
11 desenredar
8 desligar(se)
21 despedir(se)
26 desprender(se)
1 desuncir
19 desvincular(se)
8 endilgar
4 exhalar
4 independizar(se)
53 lanzar(se)
60 largar(se)
15 libertar(se)
9 manumitir(se)
28 plantar(se)
6 principiar
10 redimir
29 saltar(se)
64 separar(se)
44 tomar(se)
18 zafar(se)
31 acostumbrarse
10 arriar
34 liberar(se)
58 quitar

35 ◁ *agarrar(se)*
25 ◁ *amarrar(se)*
3 ◁ *apercollar*
29 ◁ *apresar(se)*
65 ◁ *apretar(se)*
6 ◁ *atenacear(se)*
2 ◁ *atenazar*
11 ◁ *atrapar(se)*
20 ◁ *coger*
12 ◁ *comprimir(se)*
7 ◁ *embrazar*
12 ◁ *embutir*

4 ◁ *empuñar*
24 ◁ *encadenar(se)*
7 ◁ *encordelar*
5 ◁ *encorsetar*
4 ◁ *engrapar*
5 ◁ *enseñorear(se)*
5 ◁ *espachurrar*
39 ◁ *fijar(se)*
4 ◁ *grapar*
15 ◁ *retener(se)*
35 ◁ *trabar(se)*

10 ◁ *acaparar*
17 ◁ *aprehender*
19 ◁ *aprisionar*
5 ◁ *cinchar*
19 ◁ *cobrar*
14 ◁ *sujetar*

soltería
1 celibato

4 ◁ *desposorio*

soltero
3 célibe
8 mancebo
17 mozo

solterona
17 cuero
1 rodillona

soltura
12 agilidad
9 desembarazo
13 desenvoltura
2 despejo
4 elocuencia
18 habilidad
4 labia
5 lucidez

56 corte
18 desgarro
6 destreza
11 diarrea
8 flujo

soluble
1 disoluble
1 licuable
3 realizable
3 viable

24 fácil
12 sencillo
8 ◁*imposible*
2 ◁*irrealizable*

solución
12 conclusión
6 desenlace
17 disolución
6 enmienda(s)
6 finalización
5 respuesta
9 terminación
20 arreglo
21 resolución
9 resultado
16 ◁*inicio*

solucionable
4 resoluble

solucionar
83 arreglar(se)
16 resolver(se)
4 solventar
9 zanjar
34 componer

solutivo
7 laxante

solvencia
19 garantía
7 honradez
2 respetabilidad
7 seriedad
5 ◁*insolvencia*
2 ◁*irresponsabilidad*

solventar
83 arreglar(se)
16 resolver(se)
5 solucionar
9 zanjar

solvente
13 acreditado
3 crediticio
1 diluente
2 disolvente

10 formal
7 responsable
6 satisfactorio
10 adinerado
2 ◁*desacreditado*
2 ◁*entrampado*
3 ◁*insolvente*

sollastre
7 pinche

sollisparse
2 desconfiar
12 escamar(se)

sollo
2 esturión
1 marión

sollozante
6 lastimero
4 llorón

sollozar
7 gimotear
4 lloriquear
16 quejar(se)
⇨hacer pucheros

sollozo
6 gemido
4 lloriqueo
12 queja
6 suspiro

soma
2 cabezuela

somanta
12 batida
33 paliza(s)
4 tanga
7 friega
8 tunda
13 zurra

somatén
16 policía

somático
2 corporal

somatología
4 anatomía

sombra
8 aparición
7 celaje
10 defecto
13 mancha
9 opaco
6 semejanza
7 tacha
1 umbría
9 vislumbre
20 apariencia
8 espectro
10 fantasma
13 fortuna
17 suerte
10 visión

sombrajo
7 entoldado

sombras
10 noche

sombreado
13 sombrío
2 umbroso

sombrear
2 esbatimentar

sombrerazo
2 gorrada

sombrerera
33 caja

sombrerete
3 cachirulo
1 sombrerillo

sombrerillo
2 sombrerete

sombrero
13 bonete
9 capacho
1 cordobés
10 gorra
1 hongo

3 montera
2 panamá
9 buche
4 chistera

sombrilla
4 parasol
2 quitasol

sombrío
5 lúgubre
12 melancólico
9 opaco
32 oscuro
2 sombreado
9 taciturno
6 tenebroso
4 tétrico
16 triste
1 umbrío
2 umbroso
19 negro
17 siniestro
28 ◁*claro*
4 ◁*soleado*
36 ◁*alegre*

somero
3 epidérmico
4 periférico
9 sucinto
13 sumario
6 superficial
8 ◁*profundo*

someter(se)
22 acceder
17 aceptar
55 acomodar(se)
24 agachar(se)
59 ajustar(se)
41 allanar(se)
25 amoldar(se)
13 avasallar(se)
41 avenir(se)
13 cautivar
41 ceder(se)
8 claudicar
17 confiar(se)
14 doblegar(se)
2 docilitar

sometido

18 domar(se)
6 domeñar
46 dominar(se)
7 encargar
6 encomendar
31 entregar(se)
17 flaquear
46 humillar(se)
11 imperar
7 obedecer
14 plegar(se)
20 prestar(se)
52 reducir(se)
23 refrenar(se)
30 rendir(se)
22 resignar(se)
5 sojuzgar
3 subordinar(se)
5 subyugar
8 sucumbir
9 tiranizar
40 vencer(se)

14 sujetar
7 supeditar

19 ◁desvincular(se)
29 ◁jactar(se)
23 ◁rebelar(se)
20 ◁sublevar(se)

sometido
11 dominado
7 esclavo
3 obediente
4 siervo
8 sumiso
4 supeditado

3 ◁insumiso
7 ◁levantisco

sometimiento
8 acatamiento
7 claudicación
7 esclavitud

5 ◁caudillaje
4 ◁desligadura

somier
⇨colchón de muelle

somnífero
9 calmante
8 soporífero

2 tranquilizante
5 hipnótico

somnolencia
6 abotargamiento
7 adormecimiento
7 sopor
14 pesadez
12 sueño

somontano
4 ceja

somorgujador
3 buzo

somorgujar(se)
7 bucear
4 chapuzar(se)
16 sumergir(se)

somormujo
1 zaramagullón

son
36 forma(s)
2 guisa
30 manera(s)
26 modo
17 sonido
6 talante
3 tenor
13 voz
15 fama
13 noticia
19 ruido
9 rumor

sonado
13 acreditado
9 célebre
11 conocido
3 espectacular
16 famoso
9 popular
8 renombrado
7 ruidoso
5 sensacional

sonador
2 pañuelo

sonaja
4 cascabel
4 pandero
9 rodaja

sonajero
1 cascabelero

sonante
8 sonoro

sonar
3 tintinear

sonarse
1 mocarse
50 limpiar

sonda
4 algalia
1 escandallo
2 plomada
2 tienta
3 catéter

sondar
25 averiguar(se)
24 buscar(se)
1 escandallar
7 fondear
10 inquirir
8 rastrear

sondear
17 ahondar(se)
25 averiguar(se)
7 ensayar
10 excavar
13 explorar
5 interrogar
12 investigar
8 pulsar
4 sonsacar

sondeo
1 sonsaca

sonecillo
2 soniquete

sonería
18 campana
3 carillón

soneto
8 poema

songa
2 chabacanada
103 burla
3 chocarrería
7 ironía

songo
2 zumbido
50 astuto
22 necio
19 ruido
16 taimado
18 tonto

sonido
1 alófono
14 canto
5 crujido
4 chirrido
9 estrépito
5 estruendo
6 fragor
4 pitada
3 silbido
12 son
2 tañido
13 voz
2 zumbido
1 fono
21 algarabía
18 bullicio
19 ruido

soniquete
0 sonsonete
8 tonillo

sonoridad
8 eco
5 estruendo
12 resonancia
3 vibración
18 armonía

3 ◁apagamiento
7 ◁silencio

sonoro
6 clamoroso
3 espectacular

sonsacar
11 indagar
9 sondear
28 sacar
⇨tirar de la lengua

sonsonete
4 retintín
2 soniquete
8 tonillo

soñado
7 codiciado
3 fantasmal
11 ficticio

soñador
5 caviloso
1 ensoñador
11 iluso
9 novelero
3 quijote
4 utopista
12 fantasioso

soñar
45 anhelar
13 ansiar
5 codiciar
14 desear
8 divagar
1 ensoñar
3 fantasear
13 ilusionar(se)
31 imaginar(se)

soñarrera
9 amodorramiento

soñera
1 dormidera
5 somnolencia
7 sopor
5 transposición

soñolencia
5 somnolencia
7 sopor
7 modorra
6 ◁desvelo
2 ◁vigilia

8 estridente
9 estruendoso
4 fragoroso
4 resonante
7 ruidoso
1 sonante

sonriente
16 risueño

sonrisa
3 risa

sonrodarse
38 atascar(se)

sonrojado
7 sofocado
11 abochornado

sonrojamiento
4 rubicundez

sonrojar(se)
17 abochornar(se)
17 abrasar(se)
40 avergonzar(se)
48 pasar(se)
15 ruborizar(se)
23 sofocar(se)
10 ajotar
7 empavar
23 encender

sonrojo
4 arrebol
9 rubor
2 sofoco
11 pavo
17 vergüenza

sonrosado
3 rubicundo

sonsaca
1 sondeo

sonsacamiento
22 averiguación

sopa
3 bodrio
16 caldo

sopanda
1 correón

sopapear
18 aporrear(se)
7 abofetear
24 golpear

sopapo
4 bofetón
7 cachete
3 mamporro
4 mojicón
6 soplamocos
12 torta
28 bofetada
3 pescozón

sopear
5 ensopar

sopero
10 correveidile
6 chismoso

sopesar
13 considerar(se)
16 ponderar
12 tantear

sopetear
5 ensopar

sopicaldo
16 caldo

sopista
4 estudiante
5 mendigo
5 pedigüeño
11 sablista
3 sopón
8 ◁opulento

sopitipando
34 accidente

soplado
23 arreglado
15 compuesto
3 envanecido
12 estirado
19 hueco
9 inflado
13 pulido
10 acicalado
28 engreído
19 hinchado
13 presuntuoso

soplador
16 abanico

sopladura
4 edema
27 tumor

soplamocos
4 mojicón
8 sopapo
12 torta
5 trompada
28 bofetada
37 golpe

soplar
13 acusar
34 afanar(se)
64 apuntar(se)
38 hinchar(se)
54 hurtar(se)
16 inspirar(se)
30 atiborrarse
33 beber
8 birlar
9 bufar
10 delatar
11 denunciar
23 emborracharse
37 embriagarse
50 limpiar
33 llenarse
12 mangar
58 quitar
14 robar

soplarse
43 alimentar(se)

soplete

33 beber

soplete
7 herramienta
5 quemador
2 soldador
4 pistola

soplido
8 bufido
8 soplo

soplillo
16 abanico

soplo
20 aliento
5 delación
5 hálito
4 instante
7 momento
2 soplido
27 acusación
5 tris

soplón
8 delator
4 malsín
13 acusador
7 acusica
19 chivato
8 denunciante
5 sapo

soplona
15 alcahueta

sopón
5 sopista
9 entrometido
14 metomentodo

soponcio
18 ataque
15 desmayo
4 desvanecimiento
9 mareo
9 patatús
9 síncope

sopor
6 abotargamiento
7 adormecimiento
8 letargo
5 somnolencia
4 soñera
7 modorra
14 pesadez

soporífero
4 adormecedor
4 alcaloide
5 estupefaciente
6 morfina
4 narcótico
5 plomífero
4 somnífero
31 pesado

soportable
6 aguantable
3 llevadero
4 pasable
2 sufrible
7 tolerable
7 ◁insufrible

soportal
2 porche
2 porticada

soportales
24 atrio

soportar
39 aguantar(se)
43 llevar(se)
4 sobrellevar
25 sostener(se)
12 sufrir
8 tolerar
25 ◁resistirse

soporte
37 apoyo
9 basamento
14 sostén
4 sustentáculo
21 base

soprano
7 cantante

sor
3 hermana
11 monja
4 religiosa

sorber
19 absorber
13 aspirar
13 chupar
4 libar
10 mamar(se)
15 bogar

sorbete
8 canuto
16 helado
2 mantecado
7 polo
3 cánula
1 pajita

sorbo
12 bocanada
2 buchada
7 cantazo
16 caña
19 taco

sorche
2 quinto
8 recluta
5 soldado
4 rolo

sorda
6 agachadiza
2 rayuelo
◁sonora

sordamente
4 encubiertamente
8 ocultamente
7 secretamente

sordidez
12 avaricia
23 ◁altruismo

sórdido
12 deshonesto
7 escandaloso

19 estrecho
8 impuro
5 lúgubre
34 avaro
5 desaseado
10 indecente
19 mezquino
26 miserable
19 roñoso
23 ruin
17 siniestro
13 sucio
12 tacaño
18 ◁generoso

sordo
5 ahogado
2 amortiguado
21 callado
2 desentendido
4 desinteresado
10 indiferente
11 insensible
9 opaco
5 silencioso
11 tardo
1 teniente
7 ◁ruidoso

sordomudo
2 juico

sorgo
4 adaza
5 daza

soriano
18 agarrado

sorites
5 raciocinio
6 silogismo

sorna
7 ironía
4 socarronería

soroche
4 puna

sorprendente
18 admirable
11 desusado

4 estrafalario
18 extraño
11 maravilloso
9 peregrino
22 raro
14 extraordinario
9 extravagante
11 ◁normal

sorprender(se)
3 adarvar
25 admirar(se)
11 asaltar(se)
31 asombrar(se)
11 atrapar(se)
74 aturdir(se)
9 cazar
20 coger
13 conmover(se)
12 chocar
19 desconcertar(se)
7 encanarse
18 extrañar(se)
11 helar
16 maravillar(se)
19 pasmar(se)
16 pillar(se)
12 sobrecoger(se)
37 turbar(se)
4 pescar
8 trincar
↪quedarse estupefacto

sorprendido
15 atónito
4 deslumbrado
5 despatarrado
7 estupefacto
16 helado
5 maravillado
8 patitieso
5 patidifuso
6 turulato

sorpresa
18 admiración
6 desconcierto
3 estupor
8 maravilla
11 pasmo
8 sobresalto

15 asombro

sorpresivo
18 extraño
9 imprevisto
12 súbito
9 extravagante

sorquín
37 golpe
3 pescozón

sorra
11 barriga

sortear
10 eludir
1 escabullir
6 evitar
5 rehuir
7 soslayar

sorteo
3 rifa

sortija
21 anillo
3 llanta

sortijilla
6 bucle

sortilegio
6 embrujo
11 hechizo

sortudo
11 tiñoso
4 venturoso
5 potroso

SOS
↪save our souls

sosa
4 álcali
12 barrilla
2 colpa

sosadas
11 zarandaja(s)

sosco
13 pedazo
8 trozo

sosegado
11 calmoso
6 pacífico
10 quieto
10 reposado
13 tranquilo
7 manso
4 ◁movido

sosegar(se)
12 acallar(se)
21 adormecer(se)
21 amansar(se)
30 apaciguar(se)
36 aplacar(se)
15 aquietar(se)
44 calmar(se)
14 descansar
15 dormir(se)
17 dulcificar(se)
18 enfriar(se)
10 frenar
9 pacificar(se)
6 remansar(se)
14 reportar(se)
14 reposar(se)
21 reprimir(se)
7 sedar(se)
11 sedimentar(se)
21 serenar(se)
6 temperar
21 tranquilizar(se)
9 endulzar
30 templar
16 ◁apresurar(se)
9 ◁desasosegar(se)
24 ◁desazonar(se)
16 ◁emocionar(se)
11 ◁enconar
20 ◁enzarzar(se)
60 ◁excitar(se)
11 ◁intranquilizar(se)
6 ◁jaranear
17 ◁preocupar(se)
7 ◁empavar
23 ◁encender

sosegate
7 cachete
5 coscorrón

sosera
5 sosería

sosería
2 insipidez
1 insulsez
5 pavada
1 sosera
1 zoncería
23 ◁agudeza

sosia
7 doble
5 par
18 parecido
5 gemelo
10 ◁distinto

sosiego
14 descanso
10 paz
5 placidez
8 quietud
8 reposo
9 tranquilidad
26 calma
8 ◁intranquilidad

soslayable
3 eludible
3 evitable
5 salvable
1 ◁insalvable
2 ◁insoslayable

soslayado
2 evadido

soslayamiento
7 evasión
5 evasiva
10 huida
19 rodeo

soslayar
10 eludir
6 evitar

soslayo

9 ladear(se)
5 rehuir
5 sortear
5 esquivar
⇨ pasar por alto
15 ◁ afrontar

soslayo
3 oblicuo
6 sesgado

soso
10 anodino
6 desaborido
2 desangelado
5 inexpresivo
7 insípido
9 insulso
19 bombo
11 pavo
9 zonzo
7 ◁ gustoso
18 ◁ gracioso

sospecha
11 barrunto
10 desconfianza
9 escama
14 prevención
6 suspicacia
11 recelo

sospechar(se)
12 antojar(se)
20 barruntar(se)
14 columbrar
8 conjeturar
2 desconfiar
6 entrever
12 escamar(se)
31 imaginar(se)
6 indiciar
4 maliciar
18 oler(se)
3 presentir
8 prever
14 recelar(se)
11 temer
11 temerse
8 vislumbrar

7 dudar
16 presumir
⇨ dar mala espina
⇨ dar que pensar
⇨ estar mosca
17 ◁ confiar(se)

sospechoso
8 equívoco
1 indicioso
9 turbio
2 carroso
5 emponchado
9 ◁ imprevisto

sostén
30 amparo
37 apoyo
15 arrimo
4 corsé
41 defensa
3 mantenimiento
5 manutención
13 protección
6 sostenimiento
4 sujetador
4 sustentáculo
2 sustento
24 auxilio
29 ayuda

sostenedor
9 campeón
4 paladín

sostener(se)
9 acodar(se)
43 afirmar(se)
39 aguantar(se)
43 alimentar(se)
55 amparar(se)
63 apoyar(se)
17 apuntalar(se)
52 asegurar(se)
34 auxiliar(se)
45 ayudar(se)
14 decir
11 defender
7 embrazar
4 empuñar
6 escorar

8 fomentar
28 mantener(se)
19 nutrir(se)
42 proteger(se)
20 ratificar(se)
21 socorrer(se)
6 soportar
10 sustentar
19 tener(se)
62 ◁ caer

sostenible
3 sustentable

sostenido
15 asiduo
7 constante
11 continuo
6 ininterrumpido
9 seguido

sostenimiento
37 apoyo
5 manutención
5 soporte
14 sostén
4 sustentáculo
2 sustento

sota
1 manijero
1 sobrestante

sotabanco
10 buhardilla
13 desván
6 zaquizamí

sotabarba
3 papada

sotacola
5 ataharre

sotana
3 loba

sótano
12 cueva
2 subterráneo
6 ◁ ático

soterrado
9 olvidado

soterramiento
5 enterramiento
8 ocultación

soterraño
2 subterráneo

soterrar(se)
11 encerrar
31 encubrir(se)
14 enterrar(se)
10 esconder
44 guardar(se)
2 inhumar
41 ocultar(se)
7 sepultar
27 velar(se)
35 aislarse
9 recluirse

soto
4 arboleda
1 bosquecillo

sotreta
17 cobarde
13 perezoso
9 pusilánime
16 vago

sotuer
6 aspa

soturno
1 sarrieta

soviético
3 comunista

speaker
4 locutor
5 orador

sport
2 deporte

sportman
3 deportista

spray
2 aerógrafo
5 aerosol

sprint
14 impulso
12 esfuerzo

stalinismo
4 comunismo

stand
3 caseta
7 pabellón
12 puesto

standard
6 nivel
6 uniforme
7 tipo

standarizado
4 homologado
3 normalizado
7 tipificado

standing
17 categoría
14 reputación

status
18 estado
13 situación
⇨ posición social

stock
15 acopio
15 reserva(s)
29 depósito

stop
11 parada

stork
6 cortina
9 toldo

stress
9 consunción

strip-tease
10 desnudo
5 desvestirse

suarda
3 juarda

suasorio
5 convincente
75 bobo
22 necio

suave
38 agradable
26 apacible
27 delicado
16 fino
7 gustoso
11 lento
8 moderado
11 muelle
10 parejo
13 pulido
10 quieto
7 raso
13 tranquilo
42 blando
19 dulce
12 enorme
14 extraordinario
10 liso
7 manso
10 ◁*desagradable*
30 ◁*duro*
9 ◁*inquieto*
1 ◁*rugoso*
19 ◁*rápido*

suavemente
8 blandamente
10 ◁*acremente*
7 ◁*bárbaramente*
8 ◁*bruscamente*

suavidad
30 blandura
20 delicadeza
9 dulzura
14 finura
10 lentitud
10 lisura

13 moderación
5 regusto
9 tranquilidad
19 apacibilidad
26 calma
12 ◁*dureza*
7 ◁*rapidez*
23 ◁*viveza*
3 ◁*rugosidad*

suavización
4 atenuación
6 desbaste
16 disminución
6 endulzamiento
4 reblandecimiento

suavizante
4 balsámico
2 paliativo
4 ◁*inflamatorio*
3 ◁*lacrimógeno*

suavizar(se)
30 ablandar(se)
5 aceitar
42 aliviar(se)
22 amortiguar(se)
30 apaciguar(se)
36 aplacar(se)
1 asedar
21 atenuar(se)
9 azucarar(se)
12 bruñir(se)
44 calmar(se)
12 consolar(se)
16 corregir(se)
9 descargar
2 desembravecer
19 disminuir(se)
18 dorar(se)
17 dulcificar(se)
4 edulcorar
13 facilitar
10 frenar
8 humanizar(se)
3 laxar
4 lijar
8 minorar
21 mitigar(se)
31 moderar(se)
15 paliar

1 pulimentar
39 pulir(se)
39 rebajar(se)
52 reducir(se)
19 relajar(se)
6 temperar
3 emolir
20 aligerar
20 atemperar
9 endulzar
30 templar
4 ◁*acidificar(se)*
5 ◁*acidular(se)*
4 ◁*agudizar(se)*
60 ◁*excitar(se)*

sub
40 bajo(s)
4 debajo
2 ◁*encima*

subalquilar
4 subarrendar

subalterno
5 celador
13 dependiente
8 mandado

subarrendado
3 realquilado

subarrendar
11 contratar(se)
2 realquilar
1 subalquilar
11 arrendar

subarriendo
12 arrendamiento
7 arriendo

subasta
4 almoneda
3 licitación

subconsciencia
4 consciencia
4 inconsciencia

subconsciente
1 atavismo
6 automático
4 consciencia
6 instintivo
6 involuntario
2 subconsciencia
16 ◁voluntad

subcutáneo
1 hipodérmico

subdesarrollado
14 atrasado
14 inculto
23 mísero
4 rezagado
18 pobre
8 ◁adelantado
3 ◁progresivo

subdesarrollo
12 atraso(s)
13 incultura
6 retraso
10 pobreza
2 ◁adelanto

súbdito
12 ciudadano
3 feudatario
14 habitante
4 siervo
3 tributario
4 vasallo
2 ◁gobernante
26 ◁autoridad

subdividirse
7 ramificar(se)

subdivisión
14 fracción

subestimación
8 desprecio
14 menosprecio

subestimar
9 menospreciar
4 minimizar

⇨tener a menos
 ◁sobreestimar

subida
7 alza
4 ascenso
7 cuesta
21 elevación
6 encarecimiento
10 erección
7 levantamiento
3 monta
19 pendiente
23 aumento
9 trepa
9 ◁baja

subido
11 acendrado
11 elevado
13 excesivo
16 fino
9 intenso

subilla
2 lezna

subir(se)
23 acrecentar(se)
35 alargar(se)
58 alzar(se)
10 ascender
59 aumentar(se)
12 aupar(se)
30 crecer(se)
38 elevar(se)
15 encanecer
12 encarecer(se)
23 encumbrar(se)
7 engarabitar(se)
6 escalar
40 ganar(se)
11 importar
26 incrementar(se)
4 izar(se)
53 levantar(se)
30 montar(se)
6 pujar
11 remontar(se)
21 sumar(se)
7 trepar

7 empericarse
2 encorquetarse
35 ◁bajar(se)
17 ◁descender
12 ◁desmontar(se)
19 ◁disminuir(se)
18 ◁apear(se)
2 ◁decurrir

súbitamente
12 súbito

súbito
12 brusco
8 impensado
12 impetuoso
9 imprevisto
8 inesperado
10 inopinado
8 precipitado
1 repentinamente
5 repentino
1 súbitamente
13 violento
19 rápido
7 ◁paulatino

subjetivo
11 personal

sublevación
7 levantamiento
10 pronunciamiento
9 alzamiento
11 insurrección
11 motín
14 pelotera
11 rebelión

sublevado
4 amotinado
6 exasperado
10 faccioso
7 sedicioso
11 alzado
14 rebelde

sublevamiento
11 rebelión

sublevar(se)
6 abanderizarse
31 alborotar(se)
58 alzar(se)
12 amostazar(se)
19 amotinar(se)
12 insurreccionar(se)
53 levantar(se)
53 levantarse
23 pronunciar(se)
23 rebelar(se)
15 soliviantar(se)
67 enfadarse
27 enojarse
63 irritarse
23 rebelarse

⇨echarse al monte
9 ◁pacificar(se)
40 ◁someter(se)
3 ◁subordinar(se)

sublimar
8 enaltecer
9 engrandecer
5 ensalzar(se)
32 exaltar(se)
8 glorificar
46 ◁humillar(se)

sublimarse
17 cerner(se)

sublime
11 elevado
13 eminente
3 excelso
11 grandioso
14 extraordinario

sublimidad
6 alteza
24 belleza
18 eminencia
6 excelencia

sublimizar
50 apurar(se)

submarino
6 anfibio

submúltiplo
1 divisor
11 factor

subnormal
29 anormal
7 deficiente
5 minusválido

suboficial
4 brigada
4 sargento
3 subalterno

subordinación
8 acatamiento
7 dependencia
6 obediencia
8 sumisión
1 hipotaxis
8 sujeción

subordinado
13 dependiente
6 inferior
6 sometido
13 sujeto
3 subalterno

subordinar(se)
8 condicionar
40 someter(se)
14 sujetar
20 ◁*sublevar(se)*

subrayar
7 recalcar

subrepticiamente
7 secretamente
16 ◁*abiertamente*

subrepticio
8 encubierto
5 furtivo
16 oculto
8 tortuoso
1 disimulado
⇨a las claras

subrogación
9 reemplazo
2 relevo
3 sustitución

subsanar
16 corregir(se)
8 enmendar
7 rectificar
10 remediar(se)
21 reparar
3 ◁*reiterar*

subscribir(se)
26 abonar(se)
22 acceder
19 adherir(se)
8 asentir
17 consentir
8 firmar
5 rubricar

subscripción
12 abono

subsecuente
5 siguiente

subsidiario
20 accesorio
6 secundario
12 ◁*principal*

subsidio
24 carga
15 contribución
9 gabela
9 impuesto
9 socorro
24 auxilio
29 ayuda

subsidios
4 consueta

subsiguiente
7 posterior
5 siguiente
2 sucesivo
4 ulterior
9 seguido

subsistencia
5 alimentación
7 conservación
7 estabilidad
3 mantenimiento
5 manutención
7 nutrición
2 perduración
2 permanencia

subsistente
valido

subsistir
8 durar
4 perdurar
9 permanecer
11 persistir
11 vivir
7 continuar
10 amancebarse
4 engolfarse
25 ◁*morir(se)*

substancia
11 entidad
17 importancia
20 naturaleza
4 núcleo
6 quid
10 ser
13 seso
24 valor
37 alma
17 espíritu
14 fondo
7 madurez
12 meollo
⇨sentido común
8 ◁*insensatez*

substanciación
2 tramitación

substancial
9 esencial
12 inherente
7 innato
7 intrínseco
20 natural
13 propio

substancioso
6 alimenticio
8 jugoso
3 nutritivo
5 sabroso
4 suculento

substitución
3 permuta
poderes
1 reemplazamiento
9 reemplazo
2 relevo
3 subrogación
19 cambio
⇨quid pro quo
2 ◁*permanencia*

substituir
10 reemplazar(se)
23 relevar(se)
29 representar(se)
2 suplantar
2 suplir
46 cambiar
19 trocar
⇨hacer las veces

substituto
2 suplente

substracción
2 detracción
16 disminución
6 merma
4 resta
6 hurto
8 robo
4 sisa

substraer(se)
7 deducir
4 detraer
10 eludir
18 evadir(se)
6 evitar
54 hurtar(se)
39 rebajar(se)
10 rehusar(se)
10 restar

2 chorizar
9 escamotear
12 mangar
58 quitar
14 robar
7 sisar
15 ◁afrontar
24 ◁añadir(se)

subte
3 metro
7 suburbano

subterfugio
8 excusa
5 pretexto(s)
5 triquiñuela

subterráneo
2 sótano
1 soterraño

suburbano
4 circundante
15 exterior
6 externo
9 lindante
3 metro
3 metropolitano
4 periférico
6 ◁central
1 ◁céntrico

suburbio
16 afuera(s)
7 arrabal

subvalorar
3 depreciar
12 despreciar
19 disminuir(se)

subvención
9 socorro
7 subsidio
6 sufragio
24 auxilio
29 ayuda

subvencionar
34 auxiliar(se)
45 ayudar(se)

13 cooperar
7 financiar
21 socorrer(se)
3 sufragar

subvenir
55 amparar(se)
34 auxiliar(se)
45 ayudar(se)
21 socorrer(se)

subversión
7 levantamiento
8 perturbación
11 trastorno
9 alzamiento
14 conmoción
11 insurrección
11 motín
11 rebelión
7 sublevación

subversivo
13 revoltoso
7 revolucionario
7 sedicioso

subvertir
2 conmocionar
8 perturbar
6 trastocar(se)
26 trastornar(se)

subyacente
10 latente

subyugación
10 opresión

subyugado
7 esclavo
8 hechizado
8 sumiso

subyugador
21 dominante

subyugar
13 avasallar(se)
6 domeñar
46 dominar(se)
5 sojuzgar

40 someter(se)

succión
12 chupada
4 mamada
3 ventosa
4 ordeño

succionar
19 absorber
13 chupar
6 sorber

sucedáneo
1 sustitutivo

suceder
8 acaecer
17 acontecer
27 cumplir(se)
63 dar(se)
6 devenir
2 heredar
6 ocurrir
48 pasar(se)
10 reemplazar(se)
42 seguir(se)
5 sobrevenir
2 sustituir
6 verificarse

sucederse
23 alternar

sucedido
24 hecho(s)
17 pasaje
13 suceso(s)
17 caso
7 dengoso
6 melindroso

sucesión
13 descendencia
8 herencia
4 prole
3 secuencia
22 serie

sucesivo
5 siguiente
5 subsiguiente

9 ◁precedente

suceso(s)
15 acontecimiento(s)
28 aventura(s)
7 biografía
6 efemérides
7 evento
5 fastos
24 hecho(s)
12 incidente
11 lance
5 peripecia
17 caso
10 acaecimiento
6 sucedido

sucesor
5 descendiente
3 heredero

sucesores
13 descendencia

sucesorio
5 dinástico

sucia
11 chancha

suciedad
1 asquerosidad
20 basura
4 cochinada
5 contaminación
11 deshonestidad
1 guarrería
12 inmoralidad
10 inmundicia
7 marranada
5 murriña
8 polución
7 sinvergonzonería
3 cochambre
14 roña

sucinto
10 abreviado
1 acortado
16 apretado
9 ceñido
2 compendiado

6 conciso	**sucursal**	**suela**	24 fácil
6 lacónico	10 agencia	1 lenguado	19 rápido
10 resumido	4 filial	7 plantilla	12 sencillo
5 somero			11 ◁*lento*
8 ◁*extenso*	**sucusumucu**	**suelda**	18 ◁*torpe*
2 ◁*pormenorizado*	1 arteramente	2 consuelda	
14 ◁*suelto*	2 taimadamente	2 sínfito	**sueño**
			7 adormecimiento
sucio	**suche**	**sueldo**	15 cabezada
19 abandonado	8 alcahuete	10 emolumentos	6 ensueño
12 deshonesto	2 soga	haberes	11 ilusión
14 inmoral	9 verde	10 honorarios	8 letargo
8 inmundo	23 agrio	10 remuneración	5 somnolencia
6 innoble	16 barro	9 estipendio	4 soñera
6 marrano	5 espinilla	8 jornal	5 dormida
4 mugriento	13 lazo	10 paga	18 fantasía
27 anotación	8 rufián	16 raya	14 macho
9 asqueroso		9 salario	14 pesadez
12 cochino	**sudadero**		12 quimera
13 dejado	2 sauna	**suelear**	
5 desaseado		42 arrojar(se)	**suero**
9 guarro	**sudamericano**	58 tirar	2 amboceptor
11 ◁*limpio*	6 indio		6 goteo
		suelo	
suco	**sudar**	9 basamento	**suerte**
5 bermejo	2 exudar	7 pavimento	19 carácter
1 pelirrojo	4 rezumar	7 piso	16 condición
6 savia	4 transpirar	8 terreno	9 estrella
	1 trasudar	8 tierra	9 felicidad
sucucho		49 asiento	36 forma(s)
19 ángulo	**sudario**	7 solar	30 manera(s)
	1 mortaja		26 modo
súcula		**suelta**	7 sino
17 cabrestante	**sudeste**	30 abandono	7 ventura
	1 sureste	2 excarcelación	14 chamba
suculento		9 manija	8 chiripa
12 exquisito	**sudor**	5 maniota	22 destino
7 gustoso	35 fatiga(s)	4 ◁*acorralamiento*	8 éxito
8 jugoso	22 trabajo(s)	4 ◁*cogida*	13 fortuna
5 sabroso	1 transpiración		7 hado
6 ◁*desaborido*	1 trasudor	**suelto**	22 liga
	30 angustia	18 ágil	8 potra
sucumbir		33 atrevido	5 ◁*fracaso*
31 entregar(se)	**sudoración**	14 corriente	
4 fenecer	1 hiperhidrosis	7 desembarazado	**suertoso**
25 morir(se)		14 diestro	14 afortunado
13 perecer	**sudoroso**	4 expedito	
30 rendir(se)	7 calmado	17 hábil	**suertudo**
40 someter(se)	3 pasoso	18 libre	14 afortunado
9 fallecer	9 rechoncho	23 ligero	16 agraciado
⇨estirar la pata		5 raudo	4 ◁*gafe*
		10 veloz	

sueste
40 borrachera
16 embriaguez
19 miedo
14 pavor

suéter
3 chompa

suficiencia
18 habilidad
7 idoneidad
20 aptitud
14 capacidad
12 ◁insuficiencia

suficiente
14 apto
12 bastante
17 hábil
5 asaz
16 capaz
11 competente
12 ◁insuficiente

suficientemente
6 bastantemente

sufijo
8 afijo

sufragáneo
13 dependiente
5 subordinado

sufragar
6 subvencionar
4 subvenir
8 costear

sufragio
5 comicio(s)
4 funeral
1 responso
5 votación
13 voto
⇨honras fúnebres

sufragios
4 consueta

sufragismo
⇨reivindicación igualitaria

sufrible
5 soportable
7 tolerable
7 ◁insufrible

sufrido
1 conformado
10 paciente
6 resignado
3 tolerante
9 resistente

sufridor
10 paciente
10 pasivo
4 sufriente

sufriente
10 paciente
5 sufrido
3 sufridor
12 doliente
14 ◁rebelde

sufrimiento
11 aguante
28 conformidad
13 dolor
4 estoicismo
8 julepe
7 martirio
9 padecimiento
8 resignación
48 aflicción
11 entereza
29 pena
20 tormento

sufrir
39 aguantar(se)
27 conformar(se)
6 conllevar
9 experimentar
48 pasar(se)
22 resignar(se)
25 resistir(se)
6 soportar
8 tolerar
7 transigir
5 padecer

sugerencia
11 indicación
8 insinuación
6 sugestión
10 indirecta

sugerente
9 sugestivo
3 insinuante

sugerido
6 indicado

sugerir
28 aconsejar(se)
17 incitar(se)
15 insinuar(se)
⇨dar a entender

sugestión
8 fascinación
11 hechizo
8 insinuación
4 sugerencia
5 duende
35 atractivo

sugestionable
3 influible
5 moldeable

sugestionado
3 convencido

sugestionar(se)
39 arrebatar(se)
5 dictar
22 encandilar(se)
22 fascinar(se)
6 hipnotizar
23 interesar(se)
4 magnetizar(se)
6 bajear
33 llamar

sugestivo
9 adorable
4 evocador
5 interesante
5 llamativo
14 precioso
2 sugerente
6 tentador
5 hipnótico
18 amable

suicida
4 dañino
5 desesperado
10 destructor
4 perjudicial
6 ◁sensato
6 ◁ventajoso

suicidio
2 inmolación
11 muerte
6 sacrificio

suiche
4 conmutador
12 llave

suiza
80 bulla
6 somanta
13 zurra

suizo
27 bollo(s)
12 torta
⇨pan quemado

sujeción
8 cohibimiento

sujeción
12 anticipación
19 atadura
4 constreñimiento
7 dependencia
2 ligamento
6 subordinación
6 fijación
7 trabazón

sujetador
3 braguero
7 mordaza
5 pinza(s)
14 sostén

sujetar
22 afianzar(se)
35 agarrar(se)
40 asir(se)
13 avasallar(se)
20 coger
6 domeñar
46 dominar(se)
26 inmovilizar(se)
15 retener(se)
5 sojuzgar
40 someter(se)
5 subyugar
35 trabar(se)
9 apiolar
42 ◁*soltar(se)*

sujetarse
59 ajustar(se)
41 allanar(se)
25 amoldar(se)
9 atenerse
26 remitir(se)
40 vencer(se)

sujeto
11 dominado
8 estable
5 expuesto
15 fijo
7 individuo
9 inmóvil
11 propenso
2 sojuzgado
8 sumiso
11 elemento
19 firme
4 gachó
7 tipo
18 ◁*libre*
14 ◁*suelto*

sujo
7 individuo
13 sujeto

sulco
7 surco

sulfamida
2 antibiótico

sulfatar
4 azufrar

sulfatara
5 azufre

sulfhídrico
3 azufrado

sulfurar(se)
4 azufrar
6 encolerizar
10 encorajinar(se)
15 exasperar(se)
60 excitar(se)
63 irritar(se)
40 cabrearse
15 encolerizarse
27 enojarse
63 irritarse

sulfúrico
3 azufrado
8 cascarrabias
2 irascible

sulfuroso
3 azufrado

sultán
5 gobernador
4 jalifa
6 monarca
2 príncipe

suma
26 adición
11 conjunto
20 agregado
14 colección

sumado
5 adicional

sumadora
2 calculadora

sumar(se)
19 acompañar
5 adicionar
18 adoptar
20 agrandar(se)
25 agregar(se)
7 anexionar(se)
24 añadir(se)
63 apoyar(se)
10 ascender
59 aumentar(se)
12 completar
4 corroborar
38 elevar(se)
11 importar
26 incorporar(se)
12 integrar(se)
30 montar(se)
6 puntuar
30 subir(se)
29 valer(se)
10 ◁*restar*

sumario
10 abreviado
14 compendio
4 comprendido
2 epítome
6 extracto
5 repertorio
11 resumen
10 resumido
3 sinopsis
5 somero
9 sucinto
14 causa
15 juicio
1 ◁*ampliado*

sumarísimo
27 breve
19 rápido
26 rígido
20 severo
1 ◁*demorado*
42 ◁*blando*

sumergido
8 abismado

sumergimiento
6 inmersión

sumergir(se)
13 abismar(se)
28 ahogar(se)
16 anegar(se)
17 bañar(se)
7 bucear
4 chapuzar(se)
30 hundir(se)
31 introducir(se)
6 inundar(se)
49 meter(se)
3 somorgujar(se)
8 sumir(se)
10 zambullir(se)
15 consumir

sumersión
24 baño(s)
3 buceo
6 inmersión

sumidad
20 extremo
17 ápice
14 cumbre
3 ◁*bajura*
13 ◁*pie*

sumidero
10 albañal
5 cloaca
10 alcantarilla
9 desagüe

sumido
8 abismado
6 enfrascado
3 inmerso

suministrador
4 abastecedor
3 proveedor

suministrar(se)
11 abastecer(se)
16 administrar(se)
43 alimentar(se)
3 aperar

suministro

6 avituallar(se)
31 entregar(se)
5 equipar
13 facilitar
7 financiar
20 prestar(se)
10 procurar
20 proporcionar(se)
22 proveer(se)
2 repostar
11 surtir
20 aviar
7 supeditar

suministro
6 abastecimiento
8 abasto
24 avío(s)
4 dotación
9 equipo
8 provisión
6 víveres

sumir(se)
13 abismar(se)
30 hundir(se)
16 sumergir(se)
40 acobardarse
12 achantarse
49 callarse
⇨cerrar la boca

sumisión
8 acatamiento
7 capitulación
15 docilidad
6 entrega
10 humildad
7 mansedumbre
15 rendimiento
6 subordinación

sumiso
3 avasallado
10 dócil
3 obediente
9 rendido
6 sometido
5 subordinado
3 subyugado
13 sujeto

5 ◁*desobediente*

sumo
4 altísimo
11 elevado
16 fabuloso
3 máximo
7 supremo

suncuan
75 bobo
18 tonto

sunsuniar
38 pegar(se)
24 golpear

suntuario
5 lujoso
9 ostentoso
7 suntuoso
5 costoso
13 ◁*humilde*
16 ◁*modesto*

suntuosidad
5 alarde
22 aparato
10 esplendidez
9 esplendor
11 magnificencia
12 boato
9 fausto
13 lujo
13 pompa
11 ◁*sencillez*

suntuoso
12 espléndido
5 lujoso
8 opulento
16 pomposo
9 regio
23 grande
11 magnífico

supeditación
7 dependencia
6 subordinación
8 sujeción

supeditado
3 avasallado
6 doblado
6 sometido
5 subordinado
2 ◁*liberado*
14 ◁*rebelde*

supeditar(se)
9 aprensar
8 condicionar
63 dar(se)
14 doblegar(se)
40 someter(se)
18 suministrar(se)
14 sujetar

super
18 demasía
2 encima
17 excelente
10 exceso
8 superior
8 sobre
6 ◁*inferior*
34 ◁*malo*

súper
6 gasolina

superable
2 recuperable
5 salvable
2 vadeable
◁*difícil*
11 ◁*insuperable*

superabundancia
17 colmo
2 copiosidad
18 demasía
7 derroche
10 exceso
8 exuberancia
8 plétora

superabundante
13 excesivo

superabundar
14 abundar
10 derramar

33 exceder(se)
1 proliferar
16 ◁*concentrar(se)*
◁*escasear*
12 ◁*faltar*

superación
21 dominio
2 rebasamiento
2 vencimiento
2 victoria

superar(se)
41 allanar(se)
20 aventajar(se)
46 dominar(se)
33 exceder(se)
43 llevar(se)
9 preceder
7 rebasar
22 salvar(se)
11 sobrar(se)
3 sobreexceder
3 sobrepasar
8 triunfar
40 vencer(se)
18 apear(se)
4 sobrepujar
3 ◁*adocenar(se)*

superávit
10 exceso
31 sobra(s)

superchería
8 engañifa
28 engaño(s)
7 falacia
7 invención
7 estafa
9 fraude
15 mentira
9 timo

superchero
1 engatusador
3 simulador
15 embustero
6 tramposo
14 ◁*honrado*
14 ◁*sincero*

superferolítico
9 cursi
9 primoroso
13 pulido
8 rebuscado
8 ◁*sobrio*
12 ◁*sencillo*

superficial
15 exterior
8 huero
3 insubstancial
23 ligero
4 periférico
21 vano
21 ◁*grave*
11 ◁*interior*

superficialidad
6 frivolidad
8 inconstancia
13 ligereza
8 puerilidad
20 apariencia
6 simpleza
7 ◁*hondura*
6 ◁*sensatez*

superficie
23 extensión
3 exterioridad
4 periferia
17 plano
18 cara
6 llanura

superfluidad
17 colmo
18 demasía
7 derroche
10 exceso
9 fárrago
5 prolijidad
8 redundancia
7 superabundancia
1 ◁*justeza*

superfluo
10 innecesario
5 redundante

6 sobrante
16 inútil

superhombre
9 campeón
3 deidad
9 héroe
1 semidiós
13 ◁*enano*
   ◁*homúnculo*

superhumeral
1 efod

superior
33 alto(s)
7 culminante
8 preeminente
12 principal
4 prior
2 priora
7 sobresaliente
7 supremo

superiora
1 abadesa
2 priora
1 rectora

superioridad
16 dirección
5 jefatura
6 predominio
5 preeminencia
6 preponderancia
1 prevalencia
6 primacía
6 mando
3 usura

supernumerario
3 excedente

superponer
6 sobreponer(se)

superponerse
10 solapar(se)

superposición
1 anteposición
1 añadido

11 colocación
1 intercalación
6 montaje
7 solapo
19 confusión
16 favor
12 mezcla
8 ◁*postergación*

superproducción
10 exceso
4 saturación

superpuesto
6 tapado

superrealismo
1 surrealismo

superstición
3 fetiche
9 hechicería
7 idolatría
13 magia
4 tabú

supérstite
1 superviviente

supervisar
9 comprobar
10 inspeccionar
19 observar
6 intervenir
11 vigilar
22 ◁*abandonar(se)*
7 ◁*descuidar*

supervisión
9 inspección
6 intervención
5 verificación
7 vigilancia
30 ◁*abandono*
15 ◁*descuido*

supervisor
3 interventor
3 observador
1 revisor
4 verificador

20 vigilante

supervivencia
11 aguante
12 duración
5 longevidad
5 ◁*extinción*
11 ◁*muerte*

superviviente
1 sobreviviente

supino
8 horizontal
6 tendido
1 ◁*vertical*

súpito
12 brusco
9 lelo
12 súbito
13 violento
1 atolondrado

suplantar
10 reemplazar(se)
2 sustituir

suplementar
25 agregar(se)
6 complementar(se)

suplementario
20 accesorio
5 adicional
5 complementario
2 subsidiario
12 ◁*principal*

suplemento
26 adición
13 anejo
14 apéndice
20 agregado
11 complemento
⇨complemento preposicional

suplencia
5 intercambio
9 reemplazo

suplente
   8 substitución
   5 ◁jefatura
     ◁titularidad

suplente
   2 sustituto
   4 vicario

supletorio
   20 accesorio
   10 extra
   6 secundario
   12 ◁principal

súplica
   9 apelación
   17 demanda
   2 impetración
   10 instancia
   8 ruego
   7 solicitud

suplicante
   6 implorante
   1 invocante
   2 peticionario
   5 pedigüeño
   4 pretendiente
   5 ◁abstinente

suplicar
   4 impetrar
   6 implorar
   11 instar
   9 rogar
   14 demandar
   17 pedir
   7 ◁conceder

súplicas
   6 preces

suplicatorio
   29 comunicación(es)
   10 instancia

supliciar
   6 martirizar(se)
   8 torturar(se)
   19 ◁acariciar(se)
   22 ◁cuidar(se)

suplicio
   7 martirio
   9 tortura
   20 tormento

suplir
   10 reemplazar(se)
   2 sustituir

suponer
   12 antojar(se)
   8 conjeturar
   8 creer
   20 figurar(se)
   31 imaginar(se)
   31 pensar(se)
   3 presuponer

suposición
   9 conjetura
   9 hipótesis
   12 presunción
   6 sospecha

supositorio
   9 cala
   29 ayuda

supremacía
   21 dominio
   2 hegemonía
   6 predominio
   5 preeminencia
   6 preponderancia
   9 superioridad

supremo
   4 altísimo
   7 culminante
   10 decisivo
   1 elevadísimo
   2 grandísimo
   5 sumo
   10 determinante

supresión
   6 anulación
   7 eliminación
   8 omisión

suprimido
   5 desaparecido
   11 destruido
   15 nulo

suprimir
   15 abolir(se)
   28 anular(se)
   49 callar(se)
   11 desarraigar(se)
   39 deshacer(se)
   52 destruir(se)
   1 elidir
   6 exterminar
   6 extirpar
   8 omitir
   10 eliminar
   29 aniquilar
   58 quitar

supuesto
   2 conjetural
   11 gratuito
   9 hipótesis
   5 hipotético
   4 imaginado
   5 infundado
   3 presunto
   4 suposición
   3 ◁comprobado

supuración
   1 purulencia
   3 pus

supurado
   3 llagado

supurante
   5 infectado

suputación
   11 cálculo

suputar
   11 calcular

sur
   2 austro
   1 mediodía

surcado
   6 acanillado
   26 arrugado

surcar
   42 atravesar(se)
   14 hender
   57 cortar

surco
   31 arruga
   4 hendedura
   1 sulco
   7 carril
   6 raja
   27 señal
   ⇨pata de gallo

sureño
   2 meridional

sureste
   1 sudeste

surgimiento
   7 eclosión
   14 emergencia
   6 emersión
   8 estallido

surgir
   58 alzar(se)
   27 aparecer(se)
   9 asomar(se)
   10 brotar
   11 manifestarse
   33 presentar(se)
   48 salir(se)

surimba
   17 azotaina
   13 zurra

suripanta
   2 corista
   6 mujerzuela
   14 prostituta

surmenage
   16 agotamiento

surrealismo
1 superrealismo

surtidero
37 buzón

surtido
11 conjunto
5 repertorio
14 colección
12 mezcla

surtidor
13 fuente
13 manantial

surtimiento
6 abastecimiento

surtir
11 abastecer(se)
4 aprovisionar
10 brotar
5 equipar
13 facilitar
4 manar
22 proveer(se)
48 salir(se)
18 suministrar(se)
22 botar
11 fardar

surto
5 fondeado

suruca
79 alboroto
12 gresca

suruco
12 achispado
36 alegre

sus
40 bajo(s)
6 inferior
2 sub

susano
13 próximo
8 superior

susceptibilidad
20 delicadeza
7 pundonor

susceptible
14 apto
6 idóneo
2 picajoso
16 capaz
2 irascible
6 irritable
6 quisquilloso
10 ◁paciente

suscitar
34 determinar(se)
14 engendrar
7 ocasionar
39 originar(se)
47 producir(se)
8 promover

suscribir
22 acceder
17 consentir
8 firmar

suscripción
12 abono
3 alta
4 colecta

suscrito
14 abonado

susodicho
1 aludido
4 citado
5 mencionado

suspender
25 admirar(se)
31 asombrar(se)
3 catear
16 colgar(se)
8 desaprobar
49 detener(se)
20 embelesar(se)
20 interrumpir(se)
53 levantar(se)
16 maravillar(se)
50 parar(se)
19 pasmar(se)
16 reprobar
50 cargar
⇨dar calabazas

suspendido
5 ahorcado
5 cesante
19 pendiente
12 jalado

suspense
3 tensión
30 angustia
19 intriga

suspensión
18 admiración
6 calderón
3 cesación
14 detención(es)
15 embeleco(s)
9 enajenamiento
10 interrupción
8 maravilla
11 parada
11 pasmo
9 pausa
15 asombro

suspenso
6 admirado
4 asombrado
15 atónito
10 cargado
1 cateado
3 colgado
7 deficiente
10 indeciso
12 insuficiente
5 maravillado
4 pasmado
5 perplejo

suspensorio
4 calzoncillos
14 sostén
1 vendaje
5 calzones

suspicacia
9 escama
13 malicia
14 prevención
7 reconcomio
2 reticencia
11 recelo

suspicaz
8 desconfiado
7 escamado
4 reticente
9 receloso
⇨mal pensado

suspirado
7 codiciado

suspirar
45 anhelar
13 ansiar
17 apetecer
14 desear

suspiro
7 exhalación
8 golosina
12 queja
3 quejido
11 respiración
19 dulce

susquinear
10 eludir
6 evitar
7 soslayar

sustancia
7 enjundia
11 entidad
15 esencia
3 existencia
7 jugo
14 materia
23 material(es)
10 medula
20 naturaleza
23 objeto(s)
37 alma
17 espíritu
12 meollo
21 vuelta

sustancial
9 esencial
6 fundamental
6 substancial
20 ◁ *accesorio*

sustancioso
3 nutritivo

sustantividad
7 realidad

sustantivo
10 real

sustentable
3 defendible
15 razonable
1 sostenible
6 ◁ *insostenible*

sustentáculo
37 apoyo
9 basamento
5 soporte
14 sostén

sustentador
1 flap

sustentar
39 aguantar(se)
43 alimentar(se)
55 amparar(se)
34 auxiliar(se)
11 defender
28 mantener(se)
19 nutrir(se)
42 proteger(se)
6 soportar
25 sostener(se)

sustento
5 manutención
35 alimento

sustitución
9 reemplazo
2 relevo
3 subrogación

sustituible
3 reemplazable
3 ◁ *insustituible*

sustituir
10 reemplazar(se)
2 suplir

sustitutivo
1 sucedáneo

sustituto
8 representante
2 suplente

susto
12 alarma
8 sobresalto
7 sorpresa
15 asombro

sustracción
1 afane
4 resta
7 substracción
6 hurto
3 mangancia
8 robo

sustraer
34 afanar(se)
70 apartar(se)
4 detraer

54 hurtar(se)
10 restar
64 separar(se)
2 chorizar
12 mangar
58 quitar
14 robar

sustraerse
10 eludir

susubano
12 alelado
4 pasmado
7 embobado

susurrante
3 arrullador
5 rumoroso

susurrar
4 bisbisear
5 cuchichear
4 musitar
8 murmurar

susurro
3 murmullo
9 rumor

sute
14 canijo
13 enano
1 lechoncillo
12 cochino

sutil
27 delicado
8 etéreo
16 fino
14 ingenioso
6 perspicaz

7 tenue
6 vaporoso
25 agudo
21 avispado
11 delgado
19 suave
18 ◁ *torpe*

sutileza
23 agudeza
9 fineza
15 ingenio
1 ingeniosidad
4 sutilidad
18 argucia
47 astucia
4 perspicacia

sutilidad
12 agilidad
5 levedad
6 profundidad
8 sutileza

sutilizar(se)
9 ahilar(se)
7 alambicar(se)
5 sofisticar

sutilmente
7 agudamente

sutura
11 costura
3 soldadura

suturar
5 cicatrizar

sweater
5 jersey

switch
4 conmutador

T

taba
9 árabe
5 astrágalo
8 islamita
8 moro

tabaco
5 caporal
5 rape

tabalada
38 caída
4 manotazo

tabalear
2 tamborilear
39 tocar(se)

tabanazo
28 bofetada

tábano
5 moscardón
3 moscón

tabaquera
33 caja
8 petaca

tabaquería
2 estanco

tabaquero
3 moquero
2 pañuelo

tabaquismo
1 nicotismo

tabardillo
16 pinta

tabardo
8 barragán
7 casaca
5 pelliza
32 abrigo
10 capote
5 poncho

tabarra
11 incordio
7 insistencia
18 molestia(s)
6 tostón
7 impertinencia
12 lata
14 pesadez

tabear
13 conversar
6 charlar

taberna
22 bebedero
12 consignación
1 chiringuito
8 taquilla
6 bar

16 bochinche
13 boliche
6 tasca

tabernáculo
40 alojamiento
11 altar
4 edículo
2 sagrario

tabes
9 consunción

tabicado
27 cerrado

tabicar
37 cerrar(se)
22 condenar(se)

tábido
9 consumido
12 corrompido
4 enflaquecido
6 extenuado
14 débil
13 podrido
18 ◁*sano*
22 ◁*fuerte*

tabique
6 muro
3 seto

8 alero
6 cornisa
6 pared

tabla
16 chapa
5 faja
9 plancha
8 terreno
10 estante
3 mostrador

tablacho
1 compuerta

tabladillo
9 entarimado
3 platea
6 tablado

tablado
11 andamio
7 plataforma
4 proscenio
3 tabladillo
5 cadalso
3 patíbulo

tablaje
7 tablazón

tablar
4 adral

tablas
23 barrera
9 desembarazo
13 desenvoltura
8 desparpajo
3 empate
2 escenario
1 foro
2 igualación
4 proscenio

tablazón
3 entablado
1 entabladura
9 entarimado
1 tablaje
5 tarima
9 armazón
8 forro

tableado
26 arrugado

tablear(se)
39 arrugar

tablero
8 cuadro

tableta
6 comprimido
5 gragea
3 pastilla
8 píldora

tabletear
5 entrechocar
2 repiquetear

tablilla
2 duela
5 palimpsesto
6 listón

tablón
7 madera
6 varón
40 borrachera
16 embriaguez

tablonazo
28 engaño(s)

10 trampa

tabloza
9 paleta

tabú
18 disimulo
12 ídolo
5 superstición
7 eufemismo

tabuco
2 covachuela
6 cuchitril
6 tugurio
9 maleza
3 matorral
6 zaquizamí

taburete
3 alzapiés
7 banquillo
1 puf

taca
7 alacena

tacán
12 caprichoso
15 porfiado

tacanear
11 apisonar
45 aplastar(se)

tacañear
8 economizar
10 escatimar
2 pijotear

tacañería
12 avaricia
10 estrechez
10 mezquindad
5 roñosería
6 cicatería
17 miseria
13 ◁*generosidad*

tacaño
18 agarrado
9 cicatero
19 estrecho
12 amarrado
34 avaro
11 cuna
18 chucho
19 mezquino
26 miserable
10 muela
19 roñoso
⇨de la Virgen del Puño
18 ◁*generoso*

tacar(se)
31 ahitar(se)
30 atiborrar(se)
5 colmar
38 hinchar(se)
45 hartar

tacataca
5 pollera

taceta
18 caldera

tacifiro
15 cuchillo
5 puñal

tacita
3 jícara

tácitamente
17 calladamente

tácito
21 callado
5 implícito
15 reservado
5 silencioso
2 sobreentendido
4 ◁*explícito*
13 ◁*hablador*

taciturnidad
8 languidez
6 nostalgia
3 pesadumbre

15 reserva(s)
12 retraimiento
13 tristeza
38 ◁*alegría(s)*
5 ◁*locuacidad*

taciturno
16 apesadumbrado
21 callado
5 lúgubre
12 melancólico
5 mohíno
3 pesaroso
15 reservado
5 silencioso
16 triste
36 ◁*alegre*

taco
15 blasfemia
11 bloque
8 grosería
6 ordinariez
5 palabrota
6 pila
5 reniego
11 atasco
9 atildado
7 emperifollado
11 juramento
11 lío
19 miedo
10 obstáculo
5 sorbo
18 temor
13 trago
⇨palabra gruesa
⇨sapos y culebras

tacómetro
4 cuentarrevoluciones

tacón
7 alza
17 salto
5 soporte
1 talón

taconear
5 colmar
20 henchir(se)

24 rellenar(se)
2 zapatear

taconeo
6 pisada
2 pisoteo
3 repiqueteo
19 ruido
3 zapateado

tacotal
1 matojo
3 lodazal
13 barrizal
3 matorral

táctica
20 delicadeza
6 diplomacia
18 habilidad
8 sutileza
8 tacto
8 tiento(s)
18 argucia
13 artimaña
13 maniobra
⇨mano izquierda
8 ⊲*torpeza*

táctico
15 batallador

tacto
20 delicadeza
6 diplomacia
18 habilidad
6 sagacidad
8 sutileza
10 táctica
8 tiento(s)
⇨mano izquierda
8 ⊲*torpeza*

tacuaco
7 pequeñajo
6 retaco

tacuil
12 envoltorio
15 bulto

11 lío

tacha
9 borrón
10 defecto
6 desdoro
13 impureza
8 mácula
13 mancha
5 tilde

tachado
10 acusado
1 borrado
5 calificado
7 cruzado
6 excluido
4 inculpado
1 tildado
1 ⊲*añadido*
 ⊲*incluido*

tachadura
6 anulación
9 borrón
13 corrección
6 enmienda(s)
3 supresión
3 tachón
16 raya

tachar
18 borrar
3 incriminar
9 inculpar
18 notar
8 rayar
13 suprimir
5 tildar
10 eliminar

tacho
8 cazo
7 cubo
8 olla
6 pozal
4 puchero

tachón
14 borla(s)
8 borradura
7 tachadura

tachonado
4 recamado
6 salpicado
16 adornado
1 ⊲*diseminado*

tachonar
24 clavar(se)

tachuela
40 bajo(s)
8 cazo
13 clavo
5 escudilla
26 punta
6 retaco

tafanario
18 nalga(s)

tafetán
4 esparadrapo

tafilete
2 marroquí

tafiletería
11 curtido
1 marroquinería
1 talabartería

tagarnina
2 cardillo
8 cigarro
21 puro
40 borrachera
16 embriaguez

tagarote
1 baharí

tahalí
3 bandolera
6 correa
10 cinturón

taheño
2 barbitaheño
5 bermejo
1 pelirrojo

tahona
4 expendeduría
7 horno
2 panadería

tahonero
2 panadero

tahúr
4 chamarilero
8 jugador
7 fullero
6 tramposo

taifa
7 caterva
15 demarcación
18 facción(es)
7 hampa
9 reino
6 chusma
16 división
21 partida

taima
47 astucia

taimada
5 gatuna

taimadamente
4 encubiertamente
2 sucusumucu

taimado
32 bellaco
5 bribón
5 esquinado
8 granuja
8 tunante
9 tuno
50 astuto
10 displicente
8 hosco
9 huraño
9 ladino
13 perezoso
33 pícaro
11 pillo
5 zorro
⇨del colmillo retorcido

taimarse
16 empecinar(se)
28 obstinarse

taimería
47 astucia

taita
10 padre
2 papá
5 valentón
18 guapo

tajada
17 cuquillo
6 chirlo
10 ebriedad
7 papalina
5 pítima
2 rebanada
8 roncha
10 rueda(s)
4 tasajo
35 alimento
5 bebecina
16 bolero
40 borrachera
12 cacho
6 cortada
12 curda
19 chispa
16 división
16 embriaguez
6 folleo
9 jáquima
2 llauquetu
6 merluza
26 parte
13 pedazo
6 raja
4 ronquera

tajadera
1 compuerta
1 esclusa

tajadero
4 matadero
9 tajo

tajadura
7 retajo

tajamar
3 acrostolio
12 balsa
2 espolón
2 malecón
6 presa

tajante
15 acerado
3 afilado
8 cortante
9 perentorio
10 radical
10 rotundo
6 terminante
27 absoluto
13 dogmático

tajantemente
5 secamente

tajar
21 dividir(se)
14 hender
21 partir
2 sajar
6 seccionar
57 cortar

tajarria
5 pelliza
3 zamarra

tajo
10 faena
3 picador
2 tajadero
22 trabajo(s)
10 sección
56 corte
5 hendidura
13 labor
6 tarea

tajona
5 tralla
8 látigo

tajonear
12 callejear
12 vagabundear

tal
15 igual
18 parecido
11 semejante(s)

tala
1 billarda
2 toña
3 astral
56 corte
9 hacha
5 huerta
9 huerto

talabarte
8 ceñidor
10 cinturón

talabartería
3 tafiletería

talabartero
1 guarnicionero

talado
2 cercenado
6 cortado
1 desmochado
4 desmontado
2 devastado
14 ◁íntegro
4 ◁respetado

taladrar
19 agujerear
5 perforar

taladro
4 berbiquí
4 broca

tálamo
3 receptáculo
13 cama
11 lecho

talante
11 humor
9 querencia
16 voluntad
16 actitud
14 deseo
23 disposición

talar
16 arrasar(se)
42 arruinar(se)
52 destruir(se)
5 erradicar
13 suprimir
10 eliminar
57 cortar

talco
17 cal

talcualillo
7 mediano
17 regular(se)

tálea
7 empalizada
9 valle

talega
10 cesta
3 cojinete
15 alforja
44 bolsa
15 maleta
15 saco

talegazo
6 porrazo

talego
3 costal
3 saca
15 saco

talegón
14 débil
23 flojo

talento
10 entendimiento
7 idoneidad
15 ingenio
18 inteligencia
11 preparación
20 aptitud
14 capacidad

10 ◁*ineptitud*

talentoso
14 ingenioso
21 avispado

talgo
19 rápido

talión
5 desquite
5 represalia
3 venganza
10 ◁*olvido*
6 ◁*perdón*

talionar
26 castigar(se)
5 vengar(se)

talismán
12 amuleto

taliste
22 viejo
33 anciano

talofita
3 alga
1 hongo
2 liquen

talón
2 calcañar

talonario
11 bloque
4 cartilla
4 cuadernillo
3 libreta

talonazo
10 estímulo

talonear
38 andar

talquina
3 deslealtad
7 traición

talud
4 ladera
4 rampa
6 repecho
2 resayo
19 barranco
18 inclinación

talla
35 altura(s)
6 alzada
21 calidad
6 escultura
5 estatua
17 importancia
6 notoriedad
24 valor
31 bola
19 embuste
22 figura

tallado
7 entalladura

tallar
22 apreciar(se)
6 entallar
7 evaluar
8 tasar
13 conversar
8 cortejar
6 charlar
13 galantear

tallarín
4 macarrón
17 pasta

tallarines
17 pasta

talle
2 cintura
20 apariencia
39 aspecto
22 figura
15 traza

taller
26 estudio
1 laboratorio

3 oficina
7 cantero
10 despacho
2 obrador

tallero
15 embustero
10 mentiroso

tallista
4 escultor
2 imaginero
9 lapidario
1 modelador

tallo
20 botón
13 brote
1 pámpano
2 renuevo
5 tronco
2 troncho
16 caña

talludito
12 desarrollado

talludo
33 alto(s)
8 crecido
4 mocetón
8 robusto
40 ◁*bajo(s)*

tamal
31 bola

tamañito
3 achicado
27 aturdido

tamaño
10 dimensión
23 extensión
1 gran
3 grandor
6 superficie
2 tan
5 tanto
9 volumen
6 magnitud

14 capacidad

tamarisco
2 tamariz
2 taray

tamariz
2 tamarisco
2 taray

tambaleante
2 bamboleante
11 inestable
6 vacilante
2 groggy
7 ◁*decidido*
25 ◁*seguro*

tambalear(se)
23 arriesgar(se)
13 bambolear(se)
7 desequilibrar(se)
31 exponer(se)
17 menear(se)
59 mover(se)
6 oscilar
5 peligrar
11 vacilar

tambar
20 engullir(se)
15 zampar(se)

tambarillo
33 caja

tambarria
10 jolgorio
5 figón
15 jaleo
8 taberna

tambembe
18 nalga(s)
5 posaderas

también
8 asimismo
3 igualmente
⇨de la misma manera

tambo
3 hospedería
8 posada
8 vaquería
11 fonda

tambor
7 parche
2 tamboril
3 timbal
10 batuque
33 caja
11 cangilón
4 colchón
9 envase
5 jergón
12 lata

tambora
10 chisme
10 patraña

tamborcillo
6 atabal

tamboril
6 atabal
10 tambor

tamborilear
2 tabalear
39 tocar(se)

tamborilete
6 asentador

tambre
4 azud
6 presa

taminia
3 estafisagria

tamiz
10 cedazo
4 cernedor
7 criba
8 filtro
9 coladero

tamizar
17 cerner(se)
20 colar(se)
11 cribar
6 seleccionar

tamo
8 algodón

tamojo
1 matojo

tampoco
4 nada
2 nunca
3 también
4 ◁*algo*

tamuga
2 morral
3 talego
9 zurrón

tan
10 tamaño
5 tanto

tanate
12 bártulos
6 cachivaches

tanda
7 momento
17 ocasión
11 resabio
3 turno
8 vez
11 vicio

tandariola
18 bullicio
10 escándalo

tandear
27 bromear(se)
5 chancear

tándem
3 bicicleta

tandeo
16 alternación

tanga
5 bañador
6 somanta
2 taparrabos
13 zurra

tanganazo
6 bastonazo
10 garrotazo

tángano
4 achaparrado
6 retaco

tangencia
2 contigüidad
7 razonamiento

tangible
4 corpóreo
23 material(es)
7 palpable
2 tocable
13 ◁*inmaterial*
4 ◁*intangible*

tango
4 chito

tanguear
16 bailar

tanque
4 cisterna
29 depósito
carro de combate

tantán
4 gongo

tantarantán
7 sacudida
37 golpe

tanteador
3 medidor
5 ábaco
3 marcador

tantear
22 acercar(se)
13 analizar(se)
23 aproximar(se)
8 bosquejar
11 delimitar
7 ensayar
4 esbozar
41 examinar(se)
19 perfilar(se)
19 probar
17 acechar
11 vigilar

tanteo
22 averiguación
13 ensayo
4 rasguño
3 retracto
8 tasación

tanteos
4 pinitos

tantico
4 algo
13 poco

tanto
16 acierto
30 blanco
1 diana
1 gran
2 tan

tañer
39 tocar(se)

tañido
12 son
11 toque

tapa
6 aperitivo
23 boca
37 buzón
9 cubierta
23 entrada
5 tapadera
10 entremés
7 tapón

tapaboca
28 bofetada

tapabocas
4 bufanda

tapaculos
5 agavanzo

tapada
4 desmentido
1 mentís

tapadera
9 cubierta
4 encubridor
1 opérculo
10 pantalla
8 tapa

tapado
27 cerrado
8 encubierto
3 obstruido
16 oculto
5 rebozado
1 superpuesto
1 ◁ *destapado*
24 ◁ *abierto*

tapadura
5 burlete

tapanca
2 gualdrapa
18 nalga(s)
5 posaderas

tapanco
10 buhardilla
13 desván

tapaplés
5 brial

tapar(se)
15 abrigar(se)
38 atascar(se)
5 atramparse
37 cerrar(se)
51 cubrir(se)

24 disfrazar(se)
13 disimular
9 embozar(se)
31 encubrir(se)
9 enfundar(se)
11 obstruir
5 obturar
41 ocultar(se)
42 proteger(se)
10 solapar(se)
6 tapiar
3 vallar
27 velar(se)
21 atorar
2 enjerir
15 enriquecerse
17 forrar
35 ◁ *abrir(se)*
3 ◁ *desgolletarse*
12 ◁ *desmontar(se)*

tápara
2 alcaparra

taparero
16 cuento
10 chisme

táparo
16 inteligente
16 listo

taparrabo
12 calzón

taparrabos
5 bañador
4 tanga

tapatarro
8 demonio
14 diablo

tapayagüe
5 calabobos
7 sirimiri

tape
16 chapa

tapequearse
11 abastecer(se)
4 aprovisionarse

taperujo
6 desaliño

tapescle
17 angarilla(s)
5 parihuelas

tapetado
32 oscuro
19 negro

tapete
9 cubierta

tapeteado
14 obstinado
9 terco

tapia
5 atajadizo
23 barrera
8 cerca
7 empalizada
6 muro
7 valla
5 cierro
6 pared
2 tepantle

tapiado
27 cerrado

tapial
6 muro
4 adral

tapiar
12 cercar
37 cerrar(se)
22 condenar(se)
3 empalizar
7 emparedar(se)
22 tapar(se)

tapicería
6 repostero

tapioca
1 mañoco

tapir
2 danta

tapiz
4 antipendio
4 colgadura
6 cortina
12 paño
6 repostero
5 alcatifa
13 alfombra

tapizado
7 acolchado
5 recubierto

tapizar
4 acolchar
51 cubrir(se)
17 revestir(se)

tapón
37 buzón
9 cerramiento
4 cortacircuito
8 obstrucción
3 obturador
16 galleta
8 tapa

taponamiento
5 cierre
11 atasco
◁ *desatasco*

taponar(se)
5 atramparse
4 calafatear
21 cegar(se)
15 empantanar(se)
3 obliterar
11 obstruir
5 obturar
8 ocluir
3 ◁ *destaponar*

taponazo
4 detonación
8 explosión
19 ruido
7 ◁ *silencio*

tapujo
18 disimulo
10 máscara
15 reserva(s)
7 eufemismo

taquear
22 atestar(se)
30 atiborrar(se)
10 jurar
11 maldecir

taquería
4 atildamiento
12 desenfado
6 elegancia
10 descaro

taquero
12 deslenguado

taquiada
36 reprensión
17 reprimenda

taquicardia
⇨aceleración del corazón

taquigrafía
9 escritura

taquigrafiar
9 escribir

taquígrafo
1 estenógrafo

taquilla
33 armario
25 beneficio(s)
9 ganancia(s)
4 recaudación
1 ventanilla
7 alacena
8 taberna
6 tasca

taquillón
33 armario

taquín
5 astrágalo

tara
10 defecto
7 deficiencia
5 deformidad
21 mal
4 mota

taracea
1 marquetería
6 mosaico

taraceado
16 adornado

taracear
30 acoplar(se)
21 adornar
6 incrustar

tarado
29 anormal
7 defectuoso
7 degenerado
19 estropeado

tarambana
9 alocado
4 aturullado
11 imprudente
3 insensato
13 irreflexivo
23 ligero
20 loco

tarando
2 reno

taranta
15 desmayo
4 desvanecimiento

tarantinear
26 registrar(se)
13 hurgar

tarántula
17 araña

tarantulado
9 inquieto
5 espantado

tarar
1 descontar
45 pesar(se)

tararear
21 cantar

tarareo
21 cantar
2 canturreo
16 entonar(se)

tararira
12 botarate
79 alboroto

tarasca
5 comilón
11 gastador
11 glotón
10 derrochador
9 manirroto

tarascada
1 mordisco
7 patada
37 golpe

tarascar(se)
20 aferrar(se)
35 agarrar(se)

taray
2 tamarisco
2 tamariz

tarazana
10 aduana

tarazar
17 acuitar
35 atormentar(se)
11 morder

tarazón
12 bocado

tardanza
8 demora
5 dilación
10 lentitud
6 retraso
26 calma
8 pachorra

tardar
17 demorar(se)
29 dilatar(se)
17 retrasar(se)

tarde
3 atardecer
6 ◁*inmediatamente*
4 ◁*matutino*

tardío
11 calmoso
2 despacioso
11 lento
10 pausado
3 retrasado
11 tardo
6 pachorrudo
14 ◁*vivaz*

tardo
5 boto
11 calmoso
2 despacioso
11 lento
10 pausado
22 rudo
7 tardío
6 pachorrudo
18 torpe
10 tosco
10 zafio
14 ◁*vivaz*

tardón
9 cachazudo
17 hábil
10 indiferente
7 moroso
7 tardío
8 ◁*adelantado*
20 ◁*serio*

tarea
30 asunto(s)
11 empresa
10 faena
22 trabajo(s)
13 labor
23 obra

tareco
7 armatoste
6 cachivache
8 trasto

tarifa
7 arancel
11 precio

tarima
3 entablado
2 estrado
7 pavimento
7 tablazón
4 peana

tarja
16 broquel

tarjar
8 rayar
8 tachar

tarjeta
5 papeleta
9 ficha

tarjetero
4 billetero
14 bolsa

tarjetón
5 cartón

tarquín
7 fango
5 légamo
5 limo
16 barro
8 cieno

tarrajazo
17 desgracia
6 infortunio

tarrasbaquiña
3 pataleta
3 rabieta

tarrico
10 caramillo

tarro
34 bote
9 envase

tarso
8 corva
2 corvejón
2 espolón
8 garrón

tarta
bienes
3 existencia
1 tartaleta
10 botín
13 dinero
9 pastel

tartaja
3 zazo
2 gago
2 lenco
6 moco
12 mote

tartajear
6 balbucear
8 balbucir
8 cancanear
2 farfallear
7 farfullar
3 tartamudear

tartajeo
9 pronunciación
6 mazamorra

tartajoso
3 zazo

tartaleta
6 tarta

tartamudear
8 cancanear
7 farfullar
6 tartajear

tartamudeo
9 pronunciación

tartamudez
1 distemia

tartamudo
9 azorado
4 entrecortado
3 zazo
2 gago
2 lenco
6 moco
12 mote

tártaro
15 abismo
3 sarro
12 infierno

tartera
3 fiambrera

tartufo
5 santurrón
7 hipócrita

tarugo
11 tardo
10 zoquete
13 alcornoque
11 memo
22 necio
19 taco
18 tonto
18 torpe

tarusa
4 chito

tas
⇨en paz

tasa
25 apreciación
3 control

10 estimación
9 evaluación
15 medida
10 norma
7 pauta
27 regla(s)
3 valoración

tasación
10 estimación
9 evaluación
10 honorarios
9 impuesto
2 justiprecio
5 tanteo
9 tasa
24 derecho
11 ◁exención

tasado
4 valorado

tasador
5 arbitro
1 estimador
8 experto
6 juez
10 perito
11 entendido

tasajo
2 loncha
2 rebanada
6 cortada
27 tajada

tasar
22 apreciar(se)
24 estimar(se)
7 evaluar
27 limitar(se)
19 medir(se)
17 regular(se)
5 regularizar(se)
6 valorar

tasca
12 consignación
8 taquilla
7 cantina
11 caramanchel

tascar

5 figón
8 taberna

tascar
2 mascar

tastar
11 palpar(se)
19 probar

tástara
3 salvado

tastasiarse
12 chocar

tasugo
1 tejón

tata
10 chacha
5 niñera

tataranieto
1 chozno

tato
5 hermano

tatolear
8 conspirar
⇨ponerse de acuerdo

tatuaje
9 dibujo
7 grabado
27 señal

tatuar
14 dibujar(se)
12 grabar
46 señalar(se)

tatuca
3 jícara
27 vasija

taúca
11 cúmulo
9 paquete
15 bulto

12 montón

taumatúrgico
13 mágico
11 maravilloso
9 milagroso
7 prodigioso

taumaturgo
29 hechicero(a)
5 mago

taurino
1 taurófilo
1 taurómaco

taurófilo
2 taurino

taurómaco
2 taurino

tautología
9 repetición

taxativo
10 determinante

taxi
9 automóvil
10 concho

taxidermia
1 disecación
5 disección
2 momificación

taxidermista
3 disecador
2 embalsamador
3 preparador
6 conservador

taxímetro
2 cuentakilómetros
9 automóvil

taxista
5 automovilista

taxonomía
7 catálogo
6 clasificación
5 inventario
9 ordenación
3 ranking

taza
3 jícara
4 tazón
7 palangana
27 vasija

tazar
39 ajar(se)

tazón
3 bol
6 pocillo
4 taza
7 palangana

té
9 infusión

tea
1 cuelmo

teatral
12 fingido
9 ostentoso
10 amanerado

teatralidad
6 amaneramiento
13 pompa

teatralizar
15 aparentar

teatro
7 anfiteatro
19 arena
bienes
16 comedia

teca
3 relicario

tecla
20 botón
11 incordio
18 molestia(s)
6 tostón
12 lata
14 pesadez

tecle
13 andarivel
8 tembloroso
3 trémulo

teclear
2 mecanografiar

tecleo
1 pulsación
3 repiqueteo
11 toque

técnica
12 ciencia
18 fórmula
26 modo
24 arte

técnico
4 actuario
4 ingeniero
10 perito
8 investigador
4 ◁*ideólogo*

tecnocracia
1 burocracia

tecúan
12 voraz
5 tragón
11 tripero

techado
11 cobertizo
2 hangar
13 cobija

techo
14 albergue
8 domicilio

12 hogar
3 morada
10 refugio
2 techumbre
4 tejado
10 vivienda
15 casa

techumbre
9 techo
4 tejado

tedéum
8 cántico
18 gracia(s)
4 himno
6 preces

tediar
22 aborrecer(se)

tedio
12 aburrimiento
7 desgana
7 hastío
8 languidez
⇨mala gana

tedioso
8 aburrido
9 ◁entretenido

tefe
9 jirón
2 moradura
7 equimosis
11 tira

tegua
4 curandero

tegumento
3 membrana

teja
8 encarnado
6 mosaico
7 solapo
8 álabe
15 baldosa
9 ladrillo

tejadillo
3 capota
11 cobertizo
3 marquesina
4 imperial
11 caramanchel
4 jacalón

tejado
13 bóveda
9 cubierta
9 techo
2 techumbre

tejar
1 ladrillería
1 tejería

tejaroz
5 aleta
8 alero

tejavana
11 cobertizo

tejedor
1 zapatero

tejedora
1 telar
17 araña

tejemaneje
42 acción
13 afán
30 asunto(s)
17 actividad

tejer
18 enredarse
2 entrelazar
16 tramar(se)
4 trenzar
5 urdir
18 enredar
19 huir
10 intrigar(se)
60 largarse

tejería
2 tejar

tejido
6 estructura
12 paño
12 tela
2 urdimbre
19 cuerpo
11 trama
9 armazón

tejo
2 cospel
5 chita
2 tejuelo

tejoletas
2 simplón
2 bobalicón

tejón
1 tasugo

tejuelo
1 rangua
3 tejo

tela
30 asunto(s)
15 cuestión
7 lienzo
14 materia
23 objeto(s)
12 paño
7 tejido
7 trapo
19 embuste
18 enredo
8 maraña
13 tema

telamón
1 atlante

telar
2 tejedora

telaraña
5 telilla

telearrastre
2 teleférico

telebrejo
6 chisgarabís
3 mequetrefe

telecomunicación
29 comunicación(es)
8 transmisión

teleférico
1 telearrastre
1 telesilla

telefonazo
29 comunicación(es)
5 llamada
⇨conversación telefónica

telefonear
33 llamar

telefonía
1 teléfono

teléfono
1 telefonía

teléfonos
29 comunicación(es)

telegrafía
1 telégrafo

telegrafiar
18 comunicar(se)
27 despachar(se)
16 transmitir(se)

telegráfico
27 breve
2 urgente
11 ◁lento

telégrafo
1 telegrafía

telégrafos
29 comunicación(es)

teleimpresor
1 teletipo

telele
9 patatús
9 síncope
6 soponcio

teleológico
1 finalista

telepatía
6 percepción
8 transmisión

telescopio
20 anteojo(s)
18 lente(s)

telesilla
2 teleférico

telespectador
8 auditorio
1 televidente

teletipo
1 teleimpresor

televidente
2 telespectador

televisar
9 radiar
16 transmitir(se)

televisión
22 aparato
4 cámara
26 estudio
2 receptor

telilla
3 binza
5 película
1 telaraña
3 fárfara
3 himen

telón
3 cortinaje

telliz
8 caparazón

telliza
2 sobrecama
6 cobertor

tema
30 asunto(s)
15 cuestión
18 especie
19 idea
14 materia
23 objeto(s)
6 obsesión
14 pensamiento
13 sujeto
10 acaecimiento
23 manía
1 porfía
9 tópico

temar
9 cavilar
31 pensar(se)

temario
4 cuestionario

tembladal
13 barrizal

tembladera
7 tiritona
3 torpedo

temblante
11 brazalete

temblar
58 asustar(se)
3 palpitar
4 retemblar
2 temblequear
11 temer
4 tiritar
7 trepidar
6 vibrar

temblequear
2 castañetear
3 dentellear

temblequeo
6 escalofrío

temblón
3 trémulo

temblor
15 convulsión
7 estremecimiento
3 seísmo
3 terremoto
3 tiritera
3 trepidación
3 vibración
33 agitación
6 escalofrío

tembloroso
10 acongojado
7 agitado
3 convulso
6 espasmódico
5 trepidante
3 tecle
2 terebeco
3 trémulo

tembo
75 bobo
18 tonto

temboruco
7 brujo
29 hechicero(a)

temedor
19 asustadizo

temer
58 asustar(se)
4 aterrorizar(se)
14 azorar(se)
24 espantar(se)
14 recelar(se)
12 sobrecoger(se)
23 sospechar(se)
40 amedrentar
⇨morirse del susto
⇨no llegar la camisa al cuerpo
⇨no tenerlas todas consigo
17 ◁confiar(se)

temerariamente
26 atrevidamente

temerario
17 arriesgado
33 atrevido
18 audaz
11 imprudente
11 inconsiderado
5 infundado
2 inmotivado
3 insensato
13 irreflexivo
7 osado
9 pusilánime

temeridad
21 audacia
11 decisión
10 imprudencia
10 intrepidez
9 irreflexión
18 arrojo
32 atrevimiento
14 locura
7 osadía
10 ◁indecisión

temeroso
11 espantoso
16 horroroso
6 medroso
7 pavoroso
7 timorato
30 tímido
12 miedoso
33 ◁atrevido

temerse
12 antojar(se)
14 recelar(se)
23 sospechar(se)

temible
11 espantoso
15 espeluznante

14 horrible
11 horripilante
7 pavoroso
14 terrible
8 terrorífico
8 tremebundo
12 tremendo
18 horrendo

temor
12 alarma
8 corva
10 desconfianza
8 sobresalto
6 sospecha
11 turbación
6 acojono
14 aprensión
3 cagalera
5 canguelo
18 chucho
9 espanto
19 miedo
14 pavor
11 recelo
4 susto
19 taco
9 terror
24 ◁*valor*

temoso
17 empecinado
17 tenaz
14 obstinado
15 porfiado
9 terco

tempanar
3 entonelar

témpano
2 carámbano

temperación
17 alivio
13 moderación
6 templanza

temperamental
34 apasionado
5 exaltado
9 impulsivo

12 vehemente
19 flemático
5 ◁*inexpresivo*
25 ◁*frío*

temperamento
19 carácter
11 constitución
20 naturaleza
6 complexión

temperante
9 calmante
2 moderador

temperar
42 aliviar(se)
30 apaciguar(se)
44 calmar(se)
24 sosegar(se)
39 suavizar(se)
30 templar
3 ◁*intensificar*

temperatura
33 calor
6 escalofrío
10 fiebre

tempestad
6 ciclón
4 revuelo
12 temporal
4 tornado
4 tromba
13 aguacero
5 diluvio
24 follón
11 huracán
11 lío
9 tormenta
26 ◁*calma*

tempestades
2 petrel

tempestuoso
7 agitado
17 borrascoso
6 encolerizado

8 furioso
8 inclemente
2 proceloso
13 violento
11 iracundo
17 irritado
7 ◁*calmado*
13 ◁*tranquilo*

templa
1 sien

templado
33 atrevido
18 audaz
17 cálido
6 frugal
13 impávido
9 mesurado
8 moderado
7 osado
8 parco
13 prudente
8 sobrio
12 tibio
11 competente
11 entendido
17 riguroso
20 severo
9 valiente
4 ◁*extremado*
17 ◁*cobarde*
25 ◁*frío*

templador
1 afinador
1 martillejo

templanza
6 continencia
13 moderación
5 parquedad
16 prudencia
6 sobriedad
8 tiento(s)
1 ◁*extremosidad*

templar(se)
30 ablandar(se)
10 acerar(se)
11 afinar

42 aliviar(se)
14 aminorar(se)
36 aplacar(se)
5 atiesar(se)
20 atirantar(se)
6 caldear(se)
38 calentar(se)
44 calmar(se)
21 contener(se)
16 corregir(se)
18 enfriar(se)
4 entibiar(se)
20 estirar(se)
52 matar(se)
21 mitigar(se)
25 morir(se)
15 paliar
24 sosegar(se)
39 suavizar(se)
6 temperar
21 tranquilizar(se)
20 aligerar
5 asesinar
20 atemperar
33 excederse
9 fallecer
12 propasarse
11 ◁*intranquilizar(se)*

temple
19 carácter
11 humor
20 naturaleza
10 propensión
16 actitud
23 disposición
18 inclinación

templete
7 pabellón
4 quiosco

templista
10 pintor

templo
7 basílica
3 ermita
13 iglesia
3 oratorio
4 santuario

temporada
7 momento
13 tiempo
4 epoca
8 estación
9 etapa
9 periodo

temporal
6 ciclón
7 efímero
5 laico
14 pasajero
4 provisional
8 secular
11 tempestad
4 tornado
7 transitorio
4 tromba
11 huracán
9 tormenta
11 ◁permanente
9 ◁religioso

temporalidad
25 beneficio(s)
8 eventualidad
3 fugacidad
2 interinidad
3 materialidad
7 retribución
1 secularización
7 recompensa
1 ◁divinidad
1 ◁espiritualidad

temporalizar
1 secularizar

témporas
10 año(s)

tempranamente
14 anticipadamente

tempranero
5 madrugador

tempranito
14 anticipadamente

temprano
8 adelantado
3 anticipado
4 inmaduro
2 malogrado
7 precoz
6 prematuro
9 verde
3 ◁retrasado

temulencia
40 borrachera

temulento
36 alegre
45 borracho

tenacidad
11 constancia
7 empecinamiento
13 firmeza
5 obcecación
6 pertinacia
5 tesón
6 tozudez
12 cabezonería
13 obstinación
1 porfía
8 ◁inconstancia

tenacillas
5 pinza(s)

tenaz
30 duro
10 incansable
13 inflexible
7 insistente
13 obcecado
9 pertinaz
16 sólido
5 temoso
7 testarudo
8 tozudo
11 cabezota
7 constante
11 continuo
14 obstinado
15 porfiado
9 resistente
9 terco

tenaza
7 avaricioso
9 codicioso

tenazas
5 pinza(s)
1 tenacillas

tendal
8 campo
7 entoldado
7 parcela

tendedero
1 secador

tendejón
9 barraca
11 cobertizo
4 tinglado
6 tugurio

tendel
3 tortada

tendencia(s)
10 apego
1 mor
7 plumaje
9 preferencia
10 propensión
9 querencia
16 afición
12 gusto
18 inclinación
24 simpatía

tendenciosidad
18 bulo

tendencioso
4 apegado
12 desequilibrado
10 fanático
14 inclinado
7 ◁ecuánime

tendente
3 proclive
11 propenso
2 querencioso

tender
7 acamar
8 converger
56 dirigir(se)
43 inclinar(se)
5 pecar
8 propender
18 semejar(se)
58 tirar

ténder
3 vagón
8 carruaje

tender(se)
17 acostar(se)
35 bajar(se)
5 desplegar
58 echar(se)
4 encamar(se)
51 extender(se)
43 inclinarse
27 orientar(se)
8 propender
17 tumbar(se)
8 yacer
43 arrastrar
58 echarse
⇨tirar a

tenderete
4 quiosco
1 tendedero
3 tenducho
1 tiendecilla
6 tugurio

tendero
4 abacero
1 almacenista
5 colono
7 vendedor
14 comerciante

tendido
5 acostado
7 anfiteatro
11 echado
9 extendido
8 horizontal
2 supino

tendón
2 ligamento

tenducho
5 tenderete
4 trapería
5 trucha

tenebrario
3 hachero
5 candelabro

tenebrosidad
10 noche
10 obscuridad
9 calígine

tenebroso
3 fosco
5 lúgubre
32 oscuro
13 sombrío
16 triste
17 siniestro
5 ◁ luminoso

tenedor
7 cubierto
4 solear
5 contable

tenencia
6 disfrute
7 posesión
2 usufructo
29 depósito

tener(se)
35 agarrar(se)
63 apoyar(se)
40 asir(se)
13 considerar(se)
9 contar
21 contener(se)
24 estimar(se)
44 guardar(se)
33 haber(es)
13 incluir
26 incorporar(se)
11 juzgar
28 mantener(se)

4 poseer
5 rapar
10 reputar(se)
25 sostener(se)
17 comprender
7 disfrutar

teneres
bienes
haberes

tenería
4 curtiduría

tengue
3 acacia

tenia
1 solitaria

tenida
6 sesión
19 reunión

teniente
11 sordo

tenor
7 cantante
16 cualidad
12 son

tenorio
27 amoroso
3 casanova
8 donjuan
6 mariposón
7 conquistador

tensar
20 atirantar(se)
20 estirar(se)
2 tesar

tensión
4 compresión
4 tiesura
2 tirantez
11 ◁ flojedad

tenso
12 estirado
4 teso
16 tieso
26 rígido
6 tirante
23 ◁ flojo

tentación
9 acicate
10 estímulo
8 fascinación
14 incitación
6 sugestión
12 excitación

tentáculo
14 apéndice
6 extremidad
1 palpo
6 prolongación
14 miembro

tentadero
2 encerradero
12 encierro
12 cercado
13 corral

tentado
9 inquieto
10 travieso

tentador
18 atrayente
6 estimulante
4 excitante
4 irresistible
7 seductor
9 sugestivo

tentar(se)
18 aventurar(se)
7 ensayar
60 excitar(se)
9 experimentar
8 gustar
17 incitar(se)
15 inducir
5 intentar
4 magrear

59 mover(se)
11 palpar(se)
19 probar
10 procurar
8 promover
18 provocar
12 seducir
8 solicitar
39 tocar(se)
16 atentar
13 hurgar
20 instigar
10 sobar

tentativa
13 ensayo
6 experimento
20 prueba

tentemozo
10 cabra
2 quijera

tentempié
6 aperitivo
11 colación
7 refrigerio
14 causa
4 piscolabis

tenue
27 delicado
2 grácil
23 ligero
6 menudo
11 sutil
6 vaporoso
11 delgado
17 ◁ grueso

teñido
12 manchado
4 pintado
2 pintarrajeado
3 tornasolado
2 ◁ desteñido

teñir
1 colorar
3 colorear
1 entintar

teobroma

1 tinturar

teobroma
5 cacao

teocracia
1 hierocracia

teodolito
⇨útil topográfico

teologal
4 escatológico

teología
1 escatología

teológico
4 escatológico

teologizar
1 espiritualizar
1 estigmatizar
22 revelar(se)

teorema
8 axioma
7 proposición

teorético
9 intelectual

teoría
11 curso
12 definición
8 doctrina
4 ideario
5 ◁materialización
17 ◁práctica

teórico
5 hipotético
15 ideal
4 imaginado
9 imaginario
8 supuesto
12 ◁práctico

teosofía
1 iluminismo
2 ocultismo

tepalcuana
11 glotón
4 hambrón
6 concubina
9 manceba

tepantle
6 muro
9 tapia

tepe
2 gallón

tepeterepe
9 patatús
6 soponcio

tequiar
11 dañar(se)
5 perjudicar(se)

ter
19 rápido

terapéutica
17 medicina
9 tratamiento

teratológico
29 anormal
10 monstruoso
12 deforme

tercena
4 menuceles
8 carnicería

tercera
4 trotaconventos
6 celestina
15 alcahueta

tercerear
16 mediar
2 terciar

tercería
7 intercesión
9 mediación
10 alcahuetería

tercero
8 alcahuete
5 arbitro
10 intermediario
6 mediador
10 correveidile

tercerola
7 fusil
5 mosquetón

terceto
2 terna
3 triunvirato

terciado
6 atravesado
14 inclinado
3 oblicuo
8 ◁horizontal
19 ◁recto

tercianas
4 paludismo

terciar
18 interponer(se)
16 mediar

terciario
4 carmelita
2 franciscano

tercio
7 individuo
11 patrulla
13 sujeto
11 elemento
4 fulano
7 tipo

terciopelo
2 felpa
2 velludillo

terco
17 empecinado
6 impenitente
8 incorregible
13 obcecado
16 sesudo

13 armado
11 cabezota
14 obstinado
15 porfiado
4 ◁desinteresado

terebeco
8 tembloroso
3 trémulo

teresiana
2 quepis
4 ros
10 gorro

tergiversación
3 enmarañamiento
8 escapatoria
5 evasiva
3 subterfugio
18 argucia
19 confusión
18 enredo

tergiversado
7 apócrifo

tergiversar
54 confundir(se)
7 enmarañar
2 intrincar
44 torcer(se)
9 trabucar(se)
18 enredar
54 ◁aclarar(se)

terina
3 jofaina
7 palangana

terliz
1 cutí

terma
2 burga

termas
4 balneario
5 caldas

termes
2 carcoma
1 comeján
1 termita

térmico
17 cálido
7 calinoso
25 caliente
16 ◁helado
25 ◁frío

terminación
12 conclusión
5 consumación
6 desenlace
5 extinción
16 final
6 finalización
7 remate
9 clausura
5 ◁iniciación

terminado
18 acabado
13 completo
5 sanseacabó
7 ventilado

terminal
3 eléctrodo
7 polo

terminante
1 conclusivo
4 concluyente
8 cortante
6 definitivo
9 perentorio
9 tajante

terminantemente
3 redondamente

terminar
53 acabar(se)
12 completar
14 concluir
28 finalizar(se)
6 ultimar
12 sellar

⇨dar fin
9 ◁empezar(se)

terminarse
24 extinguir(se)
4 fenecer
5 periclitar

terminista
4 pedante
8 rebuscado
44 afectado

término
11 acabamiento
12 conclusión
14 expresión
16 final
12 hito
8 meta
21 objetivo
23 objeto(s)
8 palabra
9 terminación
7 vocablo
13 voz
7 mojón

termita
3 termes

termo
5 cantimplora
5 recipiente
27 vasija

termodinámica
7 mecánica

termosifón
17 calentador
1 hervidor
3 termo

termostato
⇨regulador de temperatura

terna
2 terceto
1 trío

ternasco
15 cabrito
5 cordero

terne
4 fornido
8 robusto
18 sano
8 tozudo
22 bravucón
14 obstinado
4 perdonavidas
9 terco
1 ◁cobardón
9 ◁dúctil
14 ◁débil

ternejo
9 enérgico
5 vigoroso

ternero
3 eral
9 choto

terneza
20 delicadeza
11 suavidad
6 ternura
10 piropo
8 requiebro
15 ◁brutalidad

ternilla
1 cartílago

terno
15 blasfemia
4 exclamación
5 imprecación
4 indumentaria
10 insulto
10 irreverencia
5 palabrota
13 ropaje
5 vestidura
13 voto
11 juramento
19 taco
4 traje

ternura
26 afecto
20 delicadeza
10 mimo(s)
11 suavidad
5 terneza
15 cariño
15 ◁brutalidad

terquedad
5 contumacia
7 empecinamiento
18 porfía
7 testarudez
6 tozudez
13 obstinación
14 ◁desinterés

terracota
6 escultura
5 figurilla
3 estatuilla

terrado
9 azotea
5 terraza

terrajero
16 arrendador

terraplén
41 defensa
4 desmonte
2 desnivel
8 parapeto
19 pendiente
1 terrapleno

terrapleno
6 terraplén

terrateniente
1 latifundista

terraza
9 azotea
12 galería
2 terrado
12 balcón
7 mirador

terrazo
5 losa
15 baldosa

terrecer
58 asustar(se)

terremoto
7 sacudida
3 seísmo
9 temblor

terrenal
9 concreto
23 material(es)
4 tangible
12 temporal
8 terreno
1 terrestre
7 transitorio
14 ◁celestial
4 ◁intangible
10 ◁perenne

terreno
8 campo
7 circunscripción
15 demarcación
21 dominio
2 pegujal
7 ámbito
7 parcela
7 solar

terrera
3 caladre
4 copetuda
9 alondra

terrestre
7 terrenal

terrible
25 atroz
10 desmesurado
11 espantoso
15 espeluznante
15 formidable
10 gigantesco
11 grandioso
14 horrible

11 horripilante
8 terrorífico
8 tremebundo
12 tremendo
12 enorme
18 horrendo

terrífico
18 aterrador

territorial
3 comarcal
12 local

territorio
7 circunscripción
10 comarca
15 demarcación
5 distrito
21 lugar
10 país
10 paraje
2 región
14 sitio

terrizo
6 barreño
4 lebrillo

terrón
2 gleba
2 tormo

terror
1 espeluzno
5 jurel
6 acojono
3 cagalera
5 canguelo
9 espanto
19 miedo
5 pánico
14 pavor

terrorífico
18 aterrador
11 espantoso
15 espeluznante
14 horrible
11 horripilante
7 pavoroso
14 terrible

18 horrendo

terrorismo
3 extorsión
19 amenaza
9 terror

terrorista
1 chantajista
2 dinamitero
1 guerrillero
2 pistolero
7 revolucionario
1 saboteador
4 secuestrador
4 ◁pacifista

terroso
3 arcilloso
2 gredoso

terruño
17 pueblo
⇨patria chica
⇨tierra natal

tersar
12 bruñir(se)
39 pulir(se)

tersidad
26 brillo

terso
34 brillante
8 nítido
3 satinado
26 ◁arrugado

tersura
10 claridad
6 limpidez
5 transparencia
3 ◁opacidad

tertulia
14 conversación
11 charla
8 can
7 club
5 chicharra

13 peña

tertuliano
3 contertulio

teruteru
12 espabilado
21 avispado

tesar
20 atirantar(se)
20 estirar(se)
32 ◁aflojar(se)

tesela
15 baldosa
9 ladrillo

tesina
3 tesis

tesis
3 disertación
9 hipótesis
8 supuesto

tesitura
16 actitud
23 disposición

teso
12 estirado
5 tenso
16 tieso
6 tirante
23 ◁flojo

tesón
11 constancia
7 empecinamiento
13 empeño
13 firmeza
6 perseverancia
8 ◁inconstancia

tesonero
13 obcecado
3 perseverante
17 tenaz
10 voluntarioso
11 cabezota

7 constante
19 firme
14 obstinado
15 porfiado
9 terco
13 ◁*inconstante*

tesorería
9 administración
1 pagaduría

tesorero
1 bolsero
8 cajero
5 pagador

tesoro
2 erario
3 fisco
8 maravilla
6 prodigio
11 chollo
12 hacienda

test
20 prueba

testa
9 azotea
5 mitra
38 cabeza
4 chola
6 morro

testación
1 testamento

testaferro
27 agente

testamentario
3 albacea
3 cabezalero

testamento
1 testación

testar
43 dejar(se)
5 legar
7 otorgar

16 transmitir(se)

testarada
15 cabezada
3 testarazo

testarazo
10 cabezazo
6 golpazo
37 golpe

testarudez
7 empecinamiento
5 obcecación
6 pertinacia
18 porfía
6 terquedad
6 tozudez
12 cabezonería

testarudo
17 empecinado
13 obcecado
9 pertinaz
8 tozudo
11 cabezota
15 porfiado
9 terco
13 ◁*inconstante*

testera
15 exterior
4 frontis
1 testero

testerear
12 chocar
9 topar(se)

testero
3 testera

testículo
4 criadilla
1 dídimo
4 huevo
14 miembro

testículos
8 genital(es)
2 tlalayote

testificación
4 atestación
14 certificación
19 afirmación

testifical
4 probatorio

testificar
43 afirmar(se)
52 asegurar(se)
7 aseverar
5 testimoniar
⇨dar testimonio

testigo
3 declarante
1 refrendatario
6 listón

testimoniales
18 atestados

testimoniar
7 adverar
22 atestar(se)
22 atestiguar(se)
19 probar
5 testificar

testimonio
4 aseveración
14 certificación
3 enunciado
20 prueba
3 refrendo
19 afirmación

testo
8 aburrido
12 harto
14 lleno
10 repleto

testuz
6 frente
38 cabeza

teta
5 pezón
3 ubre

5 mama
22 pecho

tétanos
3 agarrotamiento
6 rigidez

tetar
6 lactar

tetas
10 naranja(s)

tête à tête
⇨entrevista en directo

tetera
1 samovar

tetero
3 biberón

tetilla
4 teta
1 tetina

tetina
2 tetilla

tetona
4 tetuda

tetrágono
1 cuadrilátero

tétrico
7 fúnebre
10 lóbrego
13 sombrío
17 siniestro
36 ◁*alegre*

tetuda
1 abundosa
5 exuberante
1 pechugona
1 tetona
◁*escasa*
1 ◁*flácida*

tetudo
11 memo
18 tonto

teurgia
9 hechicería

teutón
4 germano

texto
1 párrafo
17 pasaje

textual
4 literal

textura
4 contextura
2 urdimbre
23 disposición

tez
facciones
16 rasgo(s)
12 rostro
4 semblante
18 cara
4 visaje

tia
3 chelfa

tía
6 hembra

tialina
8 baba

tiara
16 corona
5 mitra

tibante
15 altanero
19 orgulloso

tiberio
79 alboroto
19 confusión
24 follón

12 gresca
11 lío

tibia
5 espinilla

tibiar(se)
25 acalorar(se)
15 encolerizarse
63 irritarse

tibieza
11 enfriamiento
15 indiferencia
22 ◁*ardor*
11 ◁*fervor*

tibio
19 abandonado
17 cálido
11 negligente
9 verde
42 blando
10 colérico
9 descuidado
8 enojado
23 flojo
17 irritado
17 templado
▻cual chupa de dómine
25 ◁*diligente*
25 ◁*frío*

tibor
2 dompedro
7 orinal

tiburón
1 escualo
7 marrajo

tic
10 contracción
11 gesto(s)

ticket
10 billete

tictac
7 ritmo

7 ◁*silencio*

tiemblo
1 álamo
4 chopo

tiemple
53 amor
16 pasión

tiempo
15 ejercicio
8 intervalo
7 lapso
7 momento
15 movimiento
17 ocasión
10 ocurrencia
14 oportunidad
10 sazón
6 temporada
7 coyuntura
4 epoca
9 periodo

tienda
6 bazar
17 comercio
4 expendeduría
22 negocio(s)
12 puesto
11 almacén
11 bodega
12 cajón
10 despacho

tiendecilla
5 tenderete

tienta
9 cala
1 sondeo

tiento(s)
8 cautela
19 circunspección
33 consideración(es)
22 cuidado
8 miramiento
16 prudencia
5 tino

18 bullicio
1 ◁*desconsideración*
10 ◁*imprudencia*

tiernamente
13 amorosamente
8 blandamente

tierno
27 delicado
12 flexible
8 impresionable
4 inmaduro
11 muelle
5 reciente
15 sensible
9 verde
42 blando
12 afectuoso
13 cariñoso
14 débil
23 flojo
19 suave
9 ◁*desabrido*
22 ◁*fuerte*

tierra
10 comarca
10 país
2 región
7 suelo
6 superficie
9 territorio
14 mundo
▻globo terráqueo

tieso
15 altanero
27 animoso
8 circunspecto
22 creído
7 decidido
5 empingorotado
2 envarado
12 estirado
20 serio
5 tenso
9 presumido
13 presuntuoso
26 rígido

6 tirante
9 valiente
10 vanidoso
13 ◁ *humilde*
23 ◁ *flojo*
9 ◁ *pusilánime*

tiesta
32 borde

tiesto
7 florero
2 macetero
38 cabeza
14 maceta

tiesura
32 afectación
10 erección
6 rigidez
3 tensión

tifiar
54 hurtar(se)
14 robar

tífico
1 tifoideo

tifitili
6 hurto
8 robo

tifo
3 tifus

tifoideo
1 tífico

tifón
15 torbellino
4 tromba
7 manga

tifus
1 claque
1 tabardillo
1 tifo

tigiciar
11 ahorrar(se)
42 amontonar(se)

tigrero
10 intrépido
9 valiente

tijera
5 criticón

tijeras
1 cizalla
3 tijereta

tijereta
1 cortapicos
2 zarcillo
2 tijera

tijeretear
10 criticar
8 murmurar

tila
9 infusión

tildado
7 tachado

tildar
18 borrar
13 designar(se)
18 notar
8 tachar
33 llamar

tilde
9 borrón
13 mancha
9 abreviatura
9 acento
3 vírgula

tildón
8 borradura

tilico
33 apocado
17 cobarde
10 enclenque

23 flojo

tilinches
4 harapos
25 andrajo

tilinte
13 ahíto
9 elegante
12 harto
9 atildado

tilo
6 batel

tiloso
4 mugriento
9 asqueroso

timado
9 engañado

timador
5 buscón
9 chorro
3 cubero
16 charlatán
3 jaranista

timar
43 engañar(se)
8 engatusar
2 petardear
13 chorrear
10 estafar

timba
8 garito
2 matute
6 vientre

timbal
6 atabal
19 bombo
10 tambor

timbo
5 duende
10 fantasma

timbrado
1 estampillado
16 marca
1 precinto
1 selladura

timbrar
3 estampar
24 marcar(se)
12 sellar

timbrazo
7 campanada

timbre
3 estampilla
4 llamador
7 póliza
6 campanilla
15 sello

timeleácea
2 bolaga

timidez
12 encogimiento
5 irresolución
6 pusilanimidad
29 apocamiento
11 cortedad
19 embarazo
14 cobardía
29 pena
18 temor
7 vacilación
24 ◁ *valor*
32 ◁ *atrevimiento*

tímido
5 amilanado
12 aprensivo
19 asustadizo
19 atacado
12 atado
9 azorado
8 blandengue
11 caco
3 doctrino
13 humilde
5 introvertido
2 lengüicorto

timo

4 liebre
7 morigerado
8 pacato
11 penoso
10 remiso
18 retraído
5 ruboroso
7 temeroso
11 vergonzoso
5 lebrón
33 apocado
10 cagón
17 cobarde
21 corto
14 cuitado
4 chuto
2 entumido
13 parado
4 ◁*arrebatoso*
4 ◁*arrollador*
3 ◁*casanova*
6 ◁*castigador*
10 ◁*corajoso*
6 ◁*envalentonado*
4 ◁*escarramanado*
12 ◁*garrido*
7 ◁*osado*
11 ◁*sacudido*
7 ◁*cortejador*
17 ◁*gallardo*
8 ◁*gallito*

timo

31 arruga
5 dolo
28 engaño(s)
4 mohatra
5 respingo
7 cubo
7 estafa
9 fraude
8 robo

timón

16 dirección
1 gobernalle
11 gobierno
5 pértiga
6 mando

timonear

10 gobernar

timonel

9 conductor
6 marino
6 piloto
1 timonero
11 guía

timonero

5 timonel

timorato

19 asustadizo
8 blandengue
5 gazmoño
8 pacato
7 temeroso
33 apocado
12 miedoso
7 ◁*decidido*

timpanitis

↪ inflamación del tímpano

tímpano

6 atabal

tina

12 avaricia
6 barreño
10 cuba
10 mezquindad
1 piojería
14 chamba
8 chiripa
14 roña
17 suerte

tinaco

2 alpechín

tinaja

6 pocillo
27 vasija

tinajero

10 ceramista

tinca

10 asalto
18 ataque

14 presentimiento
6 sensación

tincazo

28 bofetada

tingazo

37 golpe
4 papirotazo

tinglado

14 añagaza
7 armatoste
33 artificio
6 montaje

tinieblas

10 noche

tino

8 cautela
16 prudencia
3 puntería
8 tiento(s)
6 destreza
10 ◁*imprudencia*

tinta

2 tinte

tintar

10 barnizar
3 ungir

tinte

1 tinta
2 tintura

tintero

4 neguilla

tintinar

3 tintinear

tintinear

1 resonar
1 sonar
1 tintinar

tintineo

7 campanada

tinto

5 colorado
18 rojo
19 negro

tintura

6 afeite(s)
5 cosmético

tinturar

4 teñir

tiña

7 calvicie
18 cara

tiñoso

18 agarrado
7 avaricioso
7 individuo
5 piojoso
3 sortudo
13 sujeto
14 afortunado
11 elemento
19 mezquino
26 miserable
19 roñoso
14 ◁*desgraciado*
18 ◁*generoso*

tío

6 varón
4 gachó

tiovivo

4 carrusel

típico

7 característico
13 específico
4 inconfundible
13 propio

tipificado

2 estandarizado
4 homologado
10 norma
3 normalizado
1 uniformado

15 modelo
6 prototipo
18 ◁*desigual*
7 ◁*variable*

tipificar
59 ajustar(se)
16 concertar(se)
30 igualar(se)
3 normalizar
8 unificar
4 uniformar
2 ◁*discrepar*
11 ◁*variar(se)*

tipismo
3 casticismo

tiple
7 cantante

tipo
1 espécimen
7 individuo
16 muestra(s)
13 sujeto
11 elemento
4 gachó
15 modelo

tipógrafo
6 impresor

tiquet
10 billete
13 boleto
7 vale

tiquismiquis
25 reparo(s)
10 escrúpulo

tira
15 cinta
6 correa
5 faja
3 franja
17 lista
41 banda
26 camino

16 cantidad
16 multitud
8 ropa
6 vestido

tirabeque
1 bisalto
3 tirador
2 guisante

tirabotas
3 calzador

tirabuzón
2 sacacorchos
6 bucle
36 cabello
5 colocho

tiracantos
4 echacantos

tirada
2 dejada
28 engaño(s)
12 impresión
8 lanzamiento
103 burla

tiradera
26 cadena

tirado
40 bajo(s)
12 barato
⇨a buen precio
10 ◁*caro*

tirador
2 agarrador
7 asa
4 empuñadura

tirajo
41 banda

tiralevitas
15 camandulero
6 camelador
24 adulador

5 chaquetero
8 ñangotado
8 rastrero

tiralíneas
11 compás

tiramiento
8 arrastramiento

tirana
4 marimandona

tiranía
12 abuso
9 despotismo
8 imposición
10 opresión

tiránico
25 arbitrario
5 imperialista
8 opresivo
4 totalitario

tiranizar
13 avasallar(se)
6 domeñar
46 dominar(se)
7 esclavizar
5 sojuzgar
40 someter(se)
5 subyugar
10 oprimir
⇨meter en cintura
34 ◁*liberar(se)*

tirano
8 déspota
3 dictador

tirante
12 estirado
5 estudioso
5 tenso
4 teso
8 investigador
26 rígido
23 ◁*flojo*

tirantez
6 enfrentamiento
11 hostilidad

tirar(se)
14 abalanzar(se)
5 aballestar
7 abarrar
35 alargar(se)
23 arder
42 arrojar(se)
10 asaetear(se)
48 atraer(se)
36 conducir(se)
17 derribar(se)
6 derruir
18 derrumbar(se)
9 descargar
21 despedir(se)
16 despejar(se)
3 desperdiciar(se)
52 destruir(se)
58 echar(se)
6 editar(se)
3 estampar
20 estirar(se)
4 exhalar
10 forzar
8 imprimir
43 inclinarse
53 lanzar(se)
3 mesar
20 precipitar(se)
8 propender
2 remolcar
31 sacudir(se)
15 tender(se)
18 transportar(se)
17 tumbar(se)
5 atoar
16 abusar
18 acometer
43 arrastrar
28 aventar
22 botar
11 colear
7 chantar
9 derrochar
16 desechar
6 despilfarrar
6 dilapidar
20 disparar
11 empujar

tirata

33 excederse
11 expulsar
18 jalar
3 jondear
7 malgastar
12 propasarse
2 suelear
9 violar

tirata
26 broma
103 burla

tiricia
4 biliosidad

tirilla
9 cuello

tirillas
4 trincha

tiritar
2 castañetear
12 estremecer(se)
3 palpitar
8 temblar

tiritera
9 temblor
7 tiritona
6 escalofrío

tiritón
7 tiritona

tiritona
1 castañeteo
7 estremecimiento
2 tembladera
9 temblor
3 tiritera
1 tiritón
10 fiebre

tiro
4 detonación
6 disparo(s)
8 estallido
5 estampido
18 argucia

13 artimaña
5 canica
6 pito

tirocinio
15 aprendizaje

tiroidismo
7 bocio

tirolés
2 quincallero

tirón
8 arrastramiento
4 enganchón
26 aprendiz
7 cimbrón

tironear
48 atraer(se)
17 incitar(se)
43 arrastrar

tirotear
31 doblar

tiroteo
4 balazos
19 combate
6 disparo(s)
9 encuentro
7 refriega
6 baleo

tirria
5 repulsión
32 aborrecimiento
13 animadversión
23 antipatía
35 bronca
23 manía
20 odio
9 ojeriza
53 ◁ amor

tisana
5 cocimiento
9 infusión
7 brebaje

tísico
6 hético

tisis
1 tuberculosis

tisú
5 brocado
5 seda
12 tela

tisuria
6 incontinencia

titán
8 gigante

titánico
16 colosal
5 desmedido
10 desmesurado
13 desproporcionado
16 fabuloso
10 gigantesco
12 enorme

titear(se)
8 chancearse
80 burlarse

títere(s)
9 acrobacia
1 guiñol
1 marioneta
9 muñeco
19 golfo
4 pilluelo

titilar
9 centellear
5 coruscar

titímalo
1 lechetrezna

titímico
8 beodo
14 ebrio

titiritero
7 acróbata

tito
8 almorta
3 cicércula
9 bacín

titubeante
8 errante
6 fuguillas
10 indeciso
14 indeterminado
5 perplejo
6 vacilante
2 péndulo

titubear
8 balbucir
7 farfullar
7 dudar
7 trepidar
11 vacilar
⇨ estar dudoso
⇨ estar perplejo
27 ◁ decidir(se)

titubeo
15 duda
7 vacilación

titulación
4 rotulación

titulado
3 diplomado
8 graduado

titular
11 apellidar(se)
14 bautizar
8 denominar
16 nombrar
1 rotular
⇨ dar nombre

título
15 apartado
21 calidad
12 calificativo
2 conde
4 condestable
6 ejecutoria
14 encabezamiento

14 fundamento(s)
18 honor
10 maestría
10 motivo(s)
8 nombramiento
7 peritaje
4 rotulación
5 rúbrica
13 artículo
6 aristócrata
14 causa
8 denominación
12 designación
10 despacho
7 epígrafe
20 inscripción
6 lema
22 noble
16 nombre
1 nomen
17 razón
10 rótulo

tiza
3 clarión
6 gis

tizar
5 diseñar
23 trazar(se)

tiznado
3 fuliginoso

tiznar(se)
5 atezar(se)
5 emporcar
16 ensuciar(se)
87 fastidiar(se)
19 manchar(se)
114 molestar(se)
23 emborracharse
37 embriagarse

tizne
3 hollín

tizón
3 brasa
3 nublo
3 quemadura

tizona
7 espada

tlacote
7 divieso
3 forúnculo

tlachar
26 atisbar(se)
25 mirar

tlalayote
4 testículos
6 cojones

tlalpiloya
21 cárcel
17 prisión

tlapegual
9 celada
11 emboscada

toa
4 maroma

toalla
1 hazaleja

toar
5 atoar

toba
⇨carbón vegetal

tobar
8 calera

tobera
7 manga
3 tubo

tobillera
6 venda

tobillo
8 canilla
5 espinilla

tobo
7 cubo
6 pozal

tobogán
5 declive
1 deslizadero
18 feria
10 pista

toca
2 toquilla
1 turbante
6 casquete

tocable
7 palpable
4 tangible
4 ◁intangible

tocadiscos
2 fonógrafo
5 gramófono
2 gramola

tocado
13 aderezo(s)
18 alcanzado
12 alelado
11 composición
7 herido
9 lelo
6 lunático
1 peinado
10 perturbado
20 arreglo
12 chalado
20 loco
6 majareta
7 ◁cuerdo

tocador
18 aseo
24 baño(s)
9 lavabo
22 servicio(s)

tocamiento
9 palpamiento
19 sobo

tocante
3 atingente
4 referido
6 relativo
5 conmovedor
10 patético

tocar(se)
12 abordar
19 acariciar(se)
21 afectar(se)
8 besar(se)
11 caber
5 colindar
6 competer
8 concernir
5 conexionar
7 confinar
24 conseguir(se)
13 corresponder
51 cubrir(se)
51 extender(se)
40 ganar(se)
15 herir
11 importar
6 lindar
37 llegar(se)
4 magrear
7 manosear
11 palpar(se)
2 percutir
8 pertenecer
8 pulsar
2 rasguear
25 referir(se)
2 tabalear
2 tamborilear
1 tañer
23 tentar(se)
22 alcanzar
8 atañer
62 caer
16 corromper
10 sobar
7 sobornar
⇨estar relacionado familiarmente
⇨ser de la misma familia

tocatoca
9 inquieto
10 travieso

tocayo
2 homónimo

tocinería
8 carnicería

tocino
14 cerdo
6 marrano
7 puerco
12 cochino

toco
3 taburete
49 asiento
12 cacho
13 pedazo

tocólogo
3 comadrón
2 ginecólogo
2 partero
⇨especialista en obstetricia

tocomocho
9 timo

tocón
3 chueca
5 tronco

tocho
9 ladrillo

todabuena
1 castellar

todasana
6 androsemo

todavía
1 aún
1 incluso
2 ◁*nunca*
1 ◁*sin*

todo
11 conjunto
12 masa
9 ◁*detalle*

7 ◁*inexistencia*

todopoderoso
1 omnipotente

tofoso
5 exuberante
14 rico

toga
2 clámide
7 ropón

togado
6 juez
2 magistrado

toilette
6 afeite(s)
18 aseo
24 baño(s)
18 compostura
9 lavabo
22 servicio(s)
20 arreglo

toisón
19 insignia(s)
20 orden
4 vedeja
2 vellón
16 dignidad

tojo
9 alondra
5 gemelo
1 mellizo

toldar(se)
51 cubrir(se)
6 entoldar(se)
16 nublar(se)

toldería
40 alojamiento

toldilla
9 cubierta
1 chupeta

toldillo
17 angarilla(s)

toldo
20 engreimiento
7 entoldado
26 hinchazón
7 pabellón
12 presunción
2 quitasol
14 vanidad
9 tienda
⇨aires de grandeza
10 ◁*humildad*

tole
3 bisbiseo
3 runrún
9 rumor

tolerable
7 admisible
6 aguantable
3 llevadero
4 pasable
1 permisible
5 soportable
2 sufrible
7 ◁*insufrible*
6 ◁*prohibido*

tolerancia
11 aguante
8 condescendencia
6 flexibilidad
12 paciencia
⇨mano ancha
9 ◁*inflexibilidad*

tolerante
7 condescendiente
12 flexible
10 paciente
13 ◁*inflexible*

tolerar
17 aceptar
19 admitir
39 aguantar(se)
9 condescender

25 permitir(se)
25 resistir(se)
6 soportar
12 sufrir

tolete
12 cacho
14 garrote
13 pedazo
9 porra

toletole
10 gritería
3 vagabundeo
18 bullicio
13 obstinación
1 porfía

tolinga
11 muerte
1 parca

tolmera
1 tormagal
1 tormera

tolmo
2 berrueco
2 tormo

tolo
11 memo
22 necio

tolondro
27 aturdido
27 bollo(s)
9 desatinado
9 chichón
3 torpón

tolondrón
9 chichón

tolva
3 receptáculo
5 recipiente
29 depósito

tolvanera
4 remolino

6 polvo

tolla
16 artesa

tolladar
14 atolladero

tollina
2 felpa
33 paliza(s)
6 somanta
8 tunda
13 zurra

tollo
3 cazón
8 charca

toma
20 apropiación
7 confiscación
4 decomiso
7 incautación
17 ocupación

11 arroyo
7 conquista
9 dique
6 presa
3 riachuelo

tomado
5 incoloro
45 borracho
14 ebrio

tomador
3 adquisidor
4 apropiador

tomar(se)
19 absorber
17 aceptar
19 admitir
18 adoptar
10 adueñarse
4 aherrumbrar(se)
36 apañar(se)
7 aparar
24 apoderar(se)
29 apresar(se)
51 apropiar(se)

39 arrebatar(se)
40 asir(se)
9 capturar
20 coger
22 comer
11 conquistar
13 chupar
56 dirigir(se)
25 encaminar(se)
2 expugnar
87 fastidiar(se)
40 ganar(se)
54 hurtar(se)
4 ingerir
36 liquidar(se)
114 molestar(se)
8 obtener
35 ocupar(se)
3 oxidarse
20 proporcionar(se)
8 recibir
22 servir(se)
42 soltar(se)

16 adquirir
22 alcanzar
17 aprehender
33 beber
8 birlar
9 escamotear
46 irse
53 marchar
14 robar

41 ◁ceder(se)

tomate
dificultades
13 problemas
7 rasgadura
37 agujero
11 pelea
6 roto
⇨cosas oscuras

tomatillo
4 cereza

tomavistas
22 cámara(s)

tómbola
2 lotería
3 rifa

tomineja
4 colibrí

tominero
34 avaro
19 roñoso

tomismo
1 escolasticismo

tomo
33 consideración(es)
10 ejemplar
11 entidad
17 importancia
4 libro
2 texto
9 volumen

tonada
10 canción
14 canto
12 copla
3 sonsonete
3 tonadilla
8 tonillo
13 tono

tonadilla
3 cuplé
4 nana
7 tonada

tonadillera
1 cupletista

tonalidad
5 gama
9 matiz
4 veta

tonante
9 estruendoso
8 sonoro
2 irascible
5 ◁silencioso
6 ◁sosegado

tondino
2 armilla

tonel
4 barrica
bocoy
10 cuba
10 pipa
15 barril

tonelaje
11 cabida
6 arqueo
14 capacidad

tonelete
40 armadura
5 brial

tonga
21 capa

tongada
21 capa

tongo
24 amaño
10 falsedad
20 arreglo
11 ficción

tónico
4 reconfortante
2 reconstituyente
7 reparador
3 vigorizante

tonificación
10 estímulo
2 fortalecimiento
2 reanimación
5 ◁debilitación

tonificar
7 reconfortar(se)
7 reconstituir
9 reforzar
11 vigorizar

tonillo
3 dejillo
7 dejo
9 pronunciación
2 soniquete

tonina

3 sonsonete
7 tonada
9 acento
13 tono

tonina
3 arroaz
5 delfín
2 atún

tono
46 aire(s)
19 carácter
5 deje
8 intervalo
9 matiz
8 tonillo
11 inflexión
39 aspecto
49 energía
9 fausto
17 fuerza
13 pompa
7 vigor

tonsila
2 amígdala

tonsura
16 corona
1 rapadura

tonsurado
5 ordenado

tonsurar
24 ordenar(se)
5 rapar

tontada
30 bobería
4 fantochada
9 menudencia
9 nonada
8 patarata
5 ñereñere

tontaina
18 tonto

tontamente
8 atontadamente

tontarrón
18 tonto

tontear
2 bobear
3 coquetear
7 disparatar
37 enamorar(se)
29 jactar(se)
8 cortejar
12 flirtear
16 presumir
◁hacer tonterías
46 ◁*humillar(se)*

tontera
42 tontería(s)

tontería(s)
51 absurdo
3 arate
8 asnería
5 bachillería
12 badajada
30 bobería
2 chicada
6 chuchería
4 fantochada
9 fatuidad
10 futilidad
6 incongruencia
14 insignificancia
8 melifluidad
9 menudencia
8 minucia
10 nadería(s)
15 necedad(es)
11 nimiedad
9 nonada
4 ñoñería
6 parida
5 pavada
12 pequeñez
13 poquedad
9 sandez
1 tontera
4 vaciedad
3 cangrejada

7 anona
3 babosada
19 bagatela
9 baratija
11 burrada
13 dengue
8 embarrada
25 fruslería
2 huevada
7 melindre
8 patochada
11 sencillez
6 simpleza

tonterías
11 zarandaja(s)

tontillo
2 miriñaque
3 polisón

tonto
6 imbécil
3 panoli
9 sandio
7 anona
14 babieca
75 bobo
44 bolsa
6 bombero
7 estúpido
8 idiota
12 majadero
11 memo
12 mentecato
10 mogollón
7 mudo
22 necio
8 petate
4 pistola
16 ◁*listo*

tontuna
30 bobería

tonudo
10 fastuoso
5 lujoso

toña
12 torta
7 tala

topacio
3 berilo

topada
12 colisión
12 choque
9 encuentro
3 topetazo
12 tropiezo
2 quin

topado
11 encontrado

topadora
2 bulldozer
1 dozer

topar(se)
12 abordar
12 acertar
3 cornear
12 chocar
63 dar(se)
23 encontrar(se)
22 hallar(se)
10 tropezar(se)
2 testerear

tope
12 choque
6 extremidad
20 extremo
2 topetón
6 frontera
19 límite

topera
13 cubil

topetada
10 cabezazo

topetazo
6 golpazo
6 porrazo
6 topada

topetón
6 encontronazo
7 tope

tópico(s)
8 adocenado
6 apósito
30 asunto(s)
11 trivial
3 trivialidad
2 visto
9 vulgar
13 manido
13 tema
18 ◁original

topo
13 alfiler
13 cerro
10 colina

topografía
7 geografía

topográfico
1 geodésico

topógrafo
3 agrimensor

topológico
4 espacial
1 geométrico

toposo
9 entrometido
14 metomentodo

toque
14 admonición
19 advertencia
11 indicación
4 magreo
1 sobe
12 son
2 tañido
3 toqueteo
27 señal
3 turno
8 vez

toquetear
11 palpar(se)

toqueteo
19 sobo

2 samadero
11 toque

toquilla
3 toca
5 pañoleta

torada
9 ganado

tórax
4 busto
22 pecho

torbellino
8 aglomeración
14 atropellado
27 aturdido
12 impetuoso
5 lanzado
25 muchedumbre
5 ráfaga
4 remolino
4 revuelo
20 viento(s)
13 violento
28 vivo
17 algazara
19 confusión
16 multitud
8 ◁calmo
3 ◁cerebral
5 ◁juicioso

torcedura
3 contorsión
6 dislocación
7 esguince
4 luxación
6 torsión

torcer(se)
3 abangar(se)
7 abarquillar(se)
15 alabear(se)
18 arquear(se)
4 arrequesonarse
20 avinagrar(se)
10 bizcar
12 bornear
11 cimbrear(se)
20 combar(se)

12 curvar(se)
13 deformar
29 desviar(se)
8 dislocar(se)
11 distender(se)
14 encorvar(se)
6 escorar
10 forzar
24 frustrar(se)
8 girar
43 inclinar(se)
9 ladear(se)
32 mudar(se)
5 pandear(se)
38 perder(se)
41 quebrar(se)
22 retorcer(se)
6 tergiversar
13 tronchar(se)
13 viciar(se)
20 agriar
46 cambiar
16 apandar
31 doblar
3 encorcovar
64 estropearse
2 ñongotar(se)
57 picar
2 quisnear
19 trocar
5 virar
29 ◁educar(se)
83 ◁arreglarse

torcido
8 arqueado
8 combado
6 doblado
14 inclinado
6 malintencionado
3 oblicuo
9 perverso
6 sesgado
8 sinuoso
8 tortuoso
16 desdichado
14 desgraciado
19 ◁recto

torcimiento
10 sesgo

tordo
2 berrendo
15 médico
17 abogado

torear
10 eludir
18 zafar(se)
5 esquivar

toreo
10 corrida

torera
16 bolero

torero
14 diestro
2 novillero
7 espada

torés
11 basa

toril
12 cuadra
13 corral
4 redil

torillo
3 eral

tormagal
2 tolmera

tormenta
17 calamidad
12 temporal
10 vendaval
13 aguacero
23 borrasca
21 bravata
17 desgracia
5 diluvio
6 infortunio

tormento
16 aguijón
16 amargura
7 cilicio
8 desolación

tormentoso

13 dolor
21 mal
9 malestar
7 martirio
18 molestia(s)
3 suplicio
9 tortura
7 traspaso
10 tribulación
9 viacrucis
48 aflicción
30 angustia
4 catana
16 disgusto
12 sufrimiento
13 tristeza

tormentoso
9 anubarrado
17 borrascoso
6 huracanado

tormera
2 tolmera

tormo
2 terrón
2 tolmo

torna(s)
2 regreso
9 devolución

tornadizo
9 cambiante
12 caprichoso
18 desigual
11 inestable
17 liviano
10 mudable
6 mudadizo
7 voltario
10 voluble

tornado
6 ciclón
11 tempestad
12 temporal
11 huracán

tornar
27 volver(se)

6 devolver
7 regresar
7 restituir
46 ◁ir(se)

tornasol
1 neutralizador

tornasolado
3 nacarado
7 polícromo
4 teñido

tornasolar
47 brillar
6 matizar

tornavirón
28 bofetada

tornavoz
13 bocina

torneo
19 combate
5 justa
10 lid
11 pelea

tornero
1 fustero

tornillero
2 desertor

tornillo
6 palomilla
13 clavo

tornisón
1 pellizco

torno
11 cabria
4 fresa
3 grúa
17 cabrestante

toro
5 astado
3 gazapón

4 búfalo

toronja
2 cidro
10 naranja(s)
1 pomelo

toronjil
6 abejera
3 cidronela

toronjo
3 limonero

torozón
7 cólico
12 cacho
8 trozo

torpe
5 boto
18 desmañado
17 impúdico
8 indecoroso
10 lúbrico
7 anona
19 avión
13 crudo
13 cuadrado
10 indecente
12 inhábil
13 lascivo
15 maleta
6 moderno
10 obtuso
8 petate
10 zopenco
10 zote

torpedear
42 arrojar(se)
53 lanzar(se)
17 obstaculizar
13 impedir
10 ◁propiciar(se)
15 ◁retener(se)

torpedo
1 obús
6 proyectil
2 tembladera

torpeza
38 aturdimiento
9 desacierto
7 impericia
10 ineptitud
6 inexperiencia
4 inhabilidad
7 error
13 yerro

torpón
5 tolondro
31 pesado
8 petaca
23 ◁ligero

torpor
6 entumecimiento
7 sopor
8 torpeza
6 ◁flexibilidad
3 ◁sensibilidad

torrado
2 torrefacto
6 tostón

torrar(se)
5 asurar(se)
11 calcinar(se)
23 tostar(se)
10 asolear

torre
17 atalaya
8 granja
4 torreón
7 almunia
13 alquería
5 cortijo
12 hacienda
4 masía

torrecilla
8 garita

torrefacto
2 torrado
3 tostado

torrente
10 aluvión
12 masa
2 regato
11 arroyo
16 cantidad
16 multitud
3 riachuelo

torrentera
3 vaguada
11 arroyo
19 barranco

torreón
8 castillo
11 fortaleza
2 minarete
8 torre

torrero
1 farero
8 vigía

torreta
29 aguja

torreznero
2 regalón
16 vago

tórrido
30 ardiente
4 sofocante
8 abrasador
4 quemante

torrija
1 picatoste

torsión
18 curvatura
13 deformación
14 descalabro
1 detorsión
6 retorcimiento
5 torcedura

torso
4 busto
5 tronco

torta
27 bollo(s)
7 cachete
1 ensaimada
4 mojicón
13 sobado
8 sopapo
6 soplamocos
2 toña
7 tortazo
17 bizcocho
28 bofetada
11 mona

tortada
27 bollo(s)
1 tendel
9 pastel

tortazo
3 galúa
12 torta
28 bofetada
16 galleta
3 guantada
5 guantazo
4 puñetazo

tortear
18 aplaudir
1 palmotear

tortera
10 cesta
2 guardafrenos

tortícolis
⇨rigidez de la nuca

tortilla
12 torta

tortillera
4 lesbiana

tortita
27 bollo(s)

tórtola
2 paloma

tortolito
9 bisoño
13 inexperto
7 novato

tórtolo
12 acaramelado
3 amartelado
27 amoroso
10 ◁ indiferente
25 ◁ frío

tortuga
2 galápago

tortuoso
9 anfractuoso
13 retorcido
8 sinuoso
50 astuto
1 disimulado
7 hipócrita
9 ladino
16 taimado
19 ◁ recto
12 ◁ sencillo

tortura
7 martirio
3 suplicio
7 zozobra
48 aflicción
30 angustia
8 congoja
17 inquietud
29 pena
20 tormento

torturado
6 angustiado
13 atormentado
9 inquieto
◁ consolado

torturador
6 martirizador

torturante
6 martirizador

torturar(se)
27 acongojar(se)
20 angustiar(se)
34 apenar(se)
35 atormentar(se)
28 inquietar(se)
11 intranquilizar(se)
6 martirizar(se)
17 preocupar(se)
44 ◁ calmar(se)

toruca
8 espectro
10 fantasma

torunda
9 apelotonamiento
1 pelotita

toruno
33 anciano
8 vetusto

torva
5 nevada
13 aguacero

torvisco
2 bolaga

torvo
18 airado
9 amenazador
15 espeluznante
17 fiero
1 preocupante
14 terrible
8 hosco
9 huraño
24 ◁ abierto

torzal
19 atadura
9 ceroso
8 filamento

torzón
7 cólico

tos
2 carraspeo

tosco
11 basto
14 burdo
5 chabacano
22 ordinario
9 palurdo
11 alzado
6 craso
21 grosero
11 patán
10 zafio
27 ◁delicado
16 ◁fino

toser
2 carraspear

tósigo
2 ponzoña
3 veneno

tosigoso
4 asmático

tosquedad
4 chabacanería
3 fealdad
8 grosería
11 imperfección
13 incultura
6 ordinariez
4 ramplonería
7 rusticidad
4 zafiedad
22 aspereza
20 ◁delicadeza
14 ◁finura

tostación
8 calcinación
1 frittage

tostada
1 biscotte
2 rebanada
12 lata
14 pesadez
7 tabarra

tostado
10 atezado
11 curtido
3 moreno
3 ◁blancuzco

tostador
8 cafetera

tostadura
8 calcinación

tostar(se)
17 abrasar(se)
11 achicharrar(se)
8 afogarar(se)
23 arder
24 asar(se)
9 broncear(se)
11 calcinar(se)
5 carbonizar(se)
19 curtir(se)
18 dorar(se)
4 hornear
38 pegar(se)
30 quemar(se)
11 requemar(se)
2 rustir
2 soasar
4 socarrar(se)
5 soflamar
4 torrar(se)
10 asolear
⇨ponerse moreno

tostón
2 torrado
5 tostada
15 fastidio
12 lata
14 pesadez
7 tabarra
16 ◁diversión
30 ◁placer

total
13 completo
11 conjunto
16 entero
8 integral
4 suma
3 totalidad
11 ◁parcial

totalidad
11 conjunto
6 mayoría
6 total

totalitario
4 absolutista
4 dictatorial
3 fascista
4 tiránico
1 ◁democrático
13 ◁liberal

totalitarismo
11 absolutismo
8 dictadura
4 liberalismo
21 arbitrariedad
3 ◁democracia

totalizar
4 costar
12 integrar(se)

totalmente
5 completamente
5 enteramente
3 rematadamente

totear
35 abrirse
17 reventar(se)

tótem
3 deidad
12 ídolo
1 talismán

totilimundi
2 mundonuevo

totopo
12 inhábil
18 torpe

totora
6 androsemo

totovía
4 cochevía
4 cogujada

13 copa

totuma
38 cabeza
5 testa

tour
6 excursión
6 paseo
10 viaje
21 vuelta

tour de force
7 hazaña(s)
12 esfuerzo

tourné
4 gira

tova
4 cogujada

tóxico
5 ponzoñoso
3 venenoso

toxina
3 virus

tozudez
9 inflexibilidad
4 machaconería
7 testarudez
12 cabezonería
13 obstinación
1 porfia

tozudo
17 empecinado
13 inflexible
13 obcecado
5 recalcitrante
7 testarudo
11 cabezota
15 porfiado
9 terco

traba
4 constreñimiento
10 estorbo
8 impedimento

- 11 inconveniente
- 7 ligadura
- 13 lazo
- 10 obstáculo
- 29 ◁ayuda

trabada
- 40 armadura

trabadero
- 5 cuartilla

trabajado
- 10 aperreado
- 5 aporreado

trabajador
- 9 aplicado
- 1 infatigable
- 7 laborioso
- 6 obrero
- 2 operario
- 16 ◁vago

trabajadores
- 11 personal

trabajar
- 15 actuar
- 34 afanar(se)
- 6 bracear
- 10 bregar
- 27 colocar(se)
- 6 desvivirse
- 5 funcionar
- 6 laborar
- 2 laborear
- 35 ocupar(se)
- 29 pelear(se)
- 8 trajinar
- 10 asolear
- 5 cinchar
- 9 chapar
- 7 guayar
- 3 ◁gandulear
- 18 ◁holgar(se)
- 3 ◁pendonear
- 6 ◁zanganear
- 8 ◁holgazanear
- 3 ◁vaguear

trabajo(s)
- 42 acción
- 47 atención(es)
- 9 atenciones
- 10 calvario
- 10 faena
- 35 fatiga(s)
- 18 molestia(s)
- 17 ocupación
- 3 producción
- 12 producto
- 56 corte
- 5 costo
- 14 chamba
- 15 dificultad
- 16 empleo
- 12 esfuerzo
- 13 labor
- 23 obra
- 11 penalidad
- 9 resultado
- 6 tarea
- 6 tragedia

trabajosamente
- 10 apenas

trabajoso
- 14 arduo
- difícil
- 14 dificultoso
- 30 duro
- 7 laborioso
- 11 penoso
- 10 enfadoso
- 15 molesto
- 3 ◁llevadero

trabar(se)
- 35 agarrar(se)
- 4 aligar(se)
- 17 articular(se)
- 40 asir(se)
- 48 asociar(se)
- 38 atascar(se)
- 4 azocar(se)
- 20 coger
- 19 combatir
- 5 conexionar
- 10 contender
- 8 coordinar
- 39 empeñar(se)
- 9 empezar(se)
- 24 encadenar(se)
- 15 enchufar(se)
- 19 enganchar(se)
- 6 entablar
- 5 entrecruzar
- 31 iniciar(se)
- 74 juntar(se)
- 12 lidiar
- 37 ligar(se)
- 29 pelear(se)
- 31 relacionar(se)
- 79 unir(se)
- 7 vincular
- 4 concordar
- 13 enlazar
- 17 aprehender
- 61 atar
- 14 calzar
- 10 comenzar
- 6 luchar
- 14 sujetar
- 64 ◁separar(se)
- 42 ◁soltar(se)
- 7 ◁terminar

trabazón
- 16 agrupación
- 4 coordinación
- 13 enlace
- 14 vinculación
- 8 conexión
- 8 sujeción
- 28 asociación
- 2 ◁desconexión

trabón
- 5 arropea
- 17 atadero
- 5 cuchillada
- 3 navajazo

trabucar(se)
- 54 confundir(se)
- 7 enmarañar
- 20 interrumpir(se)
- 39 liar(se)
- 6 tergiversar
- 6 trastocar(se)
- 26 trastornar(se)
- 18 enredar
- 24 revolver
- 54 ◁aclarar(se)

trabuco
- 2 arcabuz
- 1 bocarda
- 12 bocón
- 2 naranjero

tracamandaca
- 2 zumba
- 103 burla

tracamundana
- 79 alboroto

tracción
- 3 arrastre

tracoma
- 15 ceguedad

tractor
- 9 automóvil

tradición
- 13 acervo
- 3 clasicismo
- 12 costumbre
- 3 folclore
- 13 hábito
- 20 historia
- 9 leyenda
- 5 mito
- 11 solera

tradicional
- 13 acostumbrado
- 15 arcaico
- 6 castizo
- 6 consuetudinario
- 4 folklórico
- 10 habitual
- 9 histórico
- 5 legendario
- 5 proverbial
- 7 rutinario
- 8 secular
- 33 antiguo
- 5 arqueológico
- 3 derechista

tradicionalismo
2 carlismo

tradicionalista
2 carlista
2 monárquico
4 nacionalista
2 requeté

traducción
6 traslación
3 versión

traducir(se)
17 derivar
8 interpretar
11 manifestarse
47 producir(se)
11 resultar
26 trasladar(se)
7 verter
⇨dar como resultado

traductor
6 intérprete
2 truchimán
3 dragomán

traer
12 acarrear
13 comportar(se)
36 conducir(se)
8 convocar
43 llevar(se)

traeres
25 atavío

trafagón
26 activo

trafalmejas
33 atrevido
25 bullicioso

traficante
9 buhonero
4 chamarilero
4 negociante
14 comerciante

traficar
11 comerciar
5 negociar
8 rescatar

tráfico
6 circulación
17 comercio
5 intercambio
22 negocio(s)
7 tránsito

tragacanto
2 granévano

tragaderas
20 apetito
23 boca
5 estómago

tragadero
23 boca

tragahombres
22 bravucón
15 fanfarrón

tragaldabas
5 comilón
8 crédulo
13 ingenuo
14 inocente
22 cándido
5 tragón
11 tripero
50 ◁astuto

tragaleguas
1 andarín

tragaluz
2 claraboya

tragantona
13 banquete

tragaperras
5 báscula

tragar(se)
19 absorber
19 admitir
43 alimentar(se)
8 apechugar
40 atizar(se)
22 comer
58 echar(se)
12 embuchar(se)
12 embutir
20 engullir(se)
54 hurtar(se)
26 incorporar(se)
4 ingerir
11 injerir
36 liquidar(se)
48 pasar(se)
25 permitir(se)
8 recibir
6 soportar
8 tolerar
15 zampar(se)

21 arrear
33 beber
7 chantar
8 deglutir
5 embaular
18 jalar
9 jamar
8 manducar
6 manguear
14 robar

tragazón
4 gula

tragedia
14 apuro(s)
17 calamidad
3 catástrofe
10 desastre
22 trabajo(s)
17 desgracia

trágica
9 actriz

trágico
8 calamitoso
6 funesto
14 horrible
10 infausto
5 nefando
14 terrible
16 desdichado
14 desgraciado
3 ◁benéfico

tragicomedia
16 comedia
12 farsa
1 melodrama
6 tragedia

trago
7 cantazo
4 chorrillo
1 ingurgitación
5 lapo
3 pelotazo
4 trasiego

16 caña
7 cascarazo
4 lepe
4 libación
4 mecatazo
4 pepo
19 taco

tragón
15 ávido
5 comilón
7 tragaldabas
4 zampón

11 tripero

tragonear
22 comer
9 devorar

tragonería
14 avidez
3 glotonería
4 gula
1 tragonía
6 hambre

5 ◁inapetencia
13 ◁moderación
6 ◁sobriedad

tragonía
5 tragonería

tragontina
12 aro

traición
6 alevosía
3 deslealtad
3 falsía
6 felonía
9 infidelidad
3 cangrejada
⇨ mala fe

traicionar
7 abjurar
10 vendaval

traicionero
7 aleve
10 traidor

traída
1 canalización
6 conducción
5 transporte(s)

traidor
8 alevoso
9 ambiguo
10 cangrejo
10 desleal
6 dudoso
10 felón
11 infiel
2 traicionero
21 falso
⇨ poco de fiar

traidora
4 circe

traílla
3 jauría

traína
12 red

trainera
8 lancha
14 barca
4 barcaza
21 embarcación

traje
15 centro
13 terno
8 ropa
6 vestido

trajín
8 ajetreo
24 follón

trajinante
5 arriero
6 transportista

trajinar
19 circular
87 fastidiar(se)
6 laborar
114 molestar(se)
26 registrar(se)
6 transitar
13 hurgar
16 trabajar

trajinero
5 arriero

tralla
14 cuerda
4 fusta
4 vergajo
8 látigo
2 tajona

trallazo
2 vergajazo
5 latigazo

trama
32 argumento
9 confabulación
6 estructura
11 fábula
20 historia
2 urdimbre
9 armazón
10 conspiración
23 disposición
18 enredo
19 intriga

tramar(se)
7 cocinar
8 confabular(se)
19 conjurar(se)
3 entretejer
4 fabular
13 fraguar
7 juramentar(se)
6 maquinar
10 organizar
48 preparar(se)
5 urdir
8 conspirar
9 embrollarse
20 enzarzarse
10 intrigar(se)
9 tejer

tramazón
19 confusión
12 gresca

tramilla
5 balduque
10 bramante

tramitación
11 procedimiento
1 substanciación

tramitar
10 cursar
27 despachar(se)
9 gestionar
10 procurar
16 resolver(se)

trámite
20 accesorio
14 accidental
19 paso(s)
11 procedimiento
6 secundario
6 superficial
16 diligencia
6 ◁ central

tramo
7 ramal
7 trecho
8 trozo

tramojo
14 apuro(s)

tramontana
13 norte

tramoya
2 decorado
2 escenografía

tramoyista
15 embustero
6 tramposo

tramp
⇨ buque mercante

trampa
2 armadija
28 engaño(s)
14 ardid
18 argucia
11 conejo
4 chapuza
19 embuste
8 forro
13 lazo
6 mafia

trampal
11 cenagal
14 atolladero

trampantojo
33 artificio

trampas
2 pernos

trampear
2 cubiletear
13 deformar
7 garbear
5 trapacear
2 trucar
10 estafar

trampero
2 alimañero
4 cazador
2 lacero

trampilla
5 bragueta

trampolín
6 ascensión
9 plancha
7 prosperidad
10 riqueza
1 saltadero
14 ventaja
5 ◁*desventaja*
10 ◁*pobreza*

tramposería
28 engaño(s)

tramposo
15 embustero
17 estafador
21 falso
10 mentiroso
10 muela
19 roñoso

tranca
11 basto
14 palo
1 quitapenas
20 bastón
14 garrote

trancada
26 broma
103 burla
5 regañina
17 reprimenda

trancaporros
14 pelotera
7 trifulca

trancar
11 astringir(se)
16 atrancar(se)
37 cerrar(se)
1 estreñir
64 estropear(se)
87 fastidiar(se)
11 obstruir
22 reñir
16 reprender

trancazo
3 catarro
2 gripe

trance
19 compromiso
10 crisis
7 hipnotismo
17 ocasión
8 riesgo(s)
14 acto
14 aprieto
17 brete

tranco
28 aventura(s)
12 brinco
19 paso(s)
5 umbral
2 zancada

tranchete
1 cheira

tranquear
16 atrancar(se)

tranquilamente
8 bonitamente
↪a la bartola

tranquilidad
3 apaciguamiento
7 laxitud
10 lentitud
10 paz
8 quietud
8 reposo
7 sosiego
26 calma
8 pachorra
8 ◁*intranquilidad*
23 ◁*viveza*

tranquilización
3 sedación

tranquilizado
23 animado
4 ◁*desasosegado*

tranquilizante
4 sedante
4 somnífero
6 ◁*espasmódico*

tranquilizar(se)
12 acallar(se)
42 aliviar(se)
21 amansar(se)
30 apaciguar(se)
36 aplacar(se)
15 aquietar(se)
52 asegurar(se)
44 calmar(se)
12 consolar(se)
16 desahogar(se)
7 mesurar(se)
9 pacificar(se)
23 refrenar(se)
27 reponer(se)
14 reportar(se)
44 satisfacer(se)
7 sedar(se)
11 sedimentar(se)
21 serenar(se)
24 sosegar(se)
30 templar
20 ◁*acoquinar(se)*
15 ◁*acuciar*
17 ◁*acuitar*
19 ◁*airar(se)*
39 ◁*alterar(se)*
20 ◁*angustiar(se)*
20 ◁*apremiar(se)*
39 ◁*arrebatar(se)*
35 ◁*atormentar(se)*
6 ◁*atribular(se)*
13 ◁*azuzar(se)*
4 ◁*conturbar(se)*
37 ◁*descomponer(se)*
7 ◁*electrizar*
16 ◁*emocionar(se)*
11 ◁*enconar*
16 ◁*encrespar(se)*
24 ◁*espantar(se)*
16 ◁*exacerbar(se)*
11 ◁*horripilar(se)*
10 ◁*impacientar(se)*
28 ◁*inquietar(se)*
11 ◁*intranquilizar(se)*
63 ◁*irritar(se)*
114 ◁*molestar(se)*
17 ◁*preocupar(se)*
12 ◁*sobrecoger(se)*
11 ◁*sobresaltar(se)*
26 ◁*trastornar(se)*
7 ◁*empavar*
6 ◁*encabritarse*
5 ◁*rabiar*

tranquilo
26 apacible
9 cachazudo
11 calmoso
9 despreocupado
11 lento
6 pacífico
10 reposado
6 sosegado
36 alegre
8 contento
11 feliz
7 manso
6 pachorrudo
8 ◁*intranquilo*
7 ◁*nervioso*
14 ◁*vivaz*

tranquillo
6 estribillo

transacción
13 acomodo
21 acuerdo(s)
11 ajuste
14 avenencia
6 concordancia
22 negocio(s)
5 transigencia
10 trato
5 apaño
20 arreglo
10 ◁*desavenencia*

transar
41 ceder(se)
9 condescender

transatlántico
6 buque
4 nave
5 navío

transitado

21 embarcación

transbordador
5 barquilla
1 funicular
7 plataforma
1 trasbordador
3 lanchón

transbordar
5 alijar

transbordo
2 transferencia
9 traslado

transcribir
10 copiar
26 trasladar(se)
7 verter

transcurrido
14 corrido

transcurrir
48 pasar(se)
34 correr

transcurso
11 curso
19 paso(s)
5 sucesión

transeunte
5 caminante
4 peatón
3 viandante

transeúnte
15 andador
14 pasajero
4 peatón
3 viandante

transferencia
9 traslado
7 traspaso

transferible
5 permutable

transferir
48 pasar(se)
9 retardar(se)
17 retrasar(se)
26 trasladar(se)

transfiguración
21 alteración
11 mudanza
8 transformación
5 metamorfosis
19 cambio

transfigurar
39 alterar(se)
32 mudar(se)
16 transformar(se)
46 cambiar
5 metamorfosear

transformable
3 convertible
4 mutable
15 ◁fijo

transformación
21 alteración
4 modificación
11 mudanza
5 transfiguración
5 transmutación
10 variación
5 metamorfosis
19 cambio

transformado
5 alterado
2 desfigurado
1 metamorfoseado
4 ◁detenido
11 ◁permanente

transformador
2 amplificador
2 convertidor
2 reductor
4 elevador

transformar(se)
39 alterar(se)
20 desfigurar(se)
8 desvirtuar(se)
6 distorsionar
11 elaborar(se)
6 evolucionar
6 industrializar
14 modificar(se)
32 mudar(se)
52 reducir(se)
5 transfigurar
7 transmutar(se)
11 variar(se)
46 cambiar
5 metamorfosear
9 ◁permanecer

transformismo
2 evolucionismo

tránsfuga
2 desertor
4 prófugo
6 fugitivo

transfundir
5 trasvasar

transfusión
7 suministro
1 trasfundición
3 trasvase
5 inyección

transgredir
8 conculcar
7 desobedecer
9 infringir
29 quebrantar(se)
14 vulnerar
9 violar
27 ◁cumplir(se)

transgresión
6 desobediencia
15 infracción
2 quebrantamiento
7 violación
11 ◁cumplimiento

transgresor
5 contraventor
5 desobediente
8 infractor
3 inobservante
1 pecador
3 ◁respetuoso
5 ◁virtuoso

transido
10 acongojado
9 inquieto
8 intranquilo
6 preocupado
7 temeroso
5 asustado

transigencia
8 condescendencia
9 consentimiento
6 flexibilidad
2 permisividad
5 tolerancia
2 ◁intolerancia

transigente
11 benévolo
11 conforme
5 contemporizador
3 tolerante
9 ◁intransigente
7 ◁opositor
1 ◁opugnador

transigir
41 allanar(se)
9 condescender
17 consentir
25 permitir(se)
6 soportar
8 tolerar
33 hacerse
11 ◁prohibir(se)

transitable
2 franqueable
4 practicable
1 ◁intransitable

transitado
8 batido
14 pasajero

transitar
38 andar
5 caminar
19 circular
46 ir(se)
48 pasar(se)
53 marchar

tránsito
25 abertura
6 circulación
4 fallecimiento
11 muerte
19 paso(s)
5 tráfico
3 óbito

transitoriedad
3 fugacidad
2 interinidad
11 cortedad
2 ◁*eternidad*
5 ◁*perennidad*

transitorio
5 discontinuo
7 eventual
7 momentáneo
14 pasajero
7 perecedero
4 provisional
12 temporal
6 ◁*imperecedero*
11 ◁*permanente*

transmarino
5 ultramarino(s)

transmigración
1 metempsicosis

transmigrar
12 emigrar
48 pasar(se)
9 ◁*permanecer*

transmisión
3 cigüeñal
29 comunicación(es)
5 contagio
8 infección
2 transferencia
7 traspaso
5 enunciación
12 cesión

transmisor
9 conductor
4 emisor
4 emisora

transmitir(se)
22 adjudicar(se)
39 anunciar(se)
41 ceder(se)
18 comunicar(se)
11 contagiar
6 embragar
8 endosar
31 entregar(se)
7 inficionar(se)
3 perifonear
5 retransmitir
3 telegrafiar
2 televisar
4 testar
11 enterar
12 traspasar

transmudación
8 transformación
9 traslado
1 trasmudación

transmutación
21 alteración
11 mudanza
8 transformación
10 variación
19 cambio
2 ◁*permanencia*

transmutar(se)
39 alterar(se)
12 convertir(se)
32 mudar(se)
16 transformar(se)
46 cambiar
5 metamorfosear
9 ◁*permanecer*

transnominación
1 metonimia

transparencia
10 claridad
3 diorama
6 limpidez
4 nitidez
3 tersura

transparentar(se)
11 clarear(se)
6 traslucir(se)
1 traspintarse
19 verse

transparente
28 claro
4 cristalino
5 diáfano
12 honesto
6 límpido
6 moral
21 puro
20 serio
5 traslúcido
21 grave
12 ◁*deshonesto*
9 ◁*opaco*
9 ◁*turbio*

transpirable
4 respirable

transpiración
5 sudor

transpirar
4 exhalar
2 resudar
4 rezumar
4 sudar

transponer(se)
21 adormecer(se)
3 adormilarse
42 atravesar(se)
21 cruzar(se)
48 pasar(se)
35 poner(se)
11 variar(se)
4 abotargarse
30 atontarse
12 traspasar
3 ◁*despertar(se)*

transportable
3 manejable
7 movedizo

transportado
34 apasionado
9 extasiado

transportador
6 transportista

transportar(se)
8 aballar(se)
12 acarrear
17 alucinar(se)
11 arrobar(se)
36 conducir(se)
37 embriagar(se)
5 extasiar(se)
9 guiar
43 llevar(se)
12 portar(se)
17 remover
26 trasladar(se)
5 retranquear
43 arrastrar
5 portear
58 tirar

transporte(s)
7 acarreo
29 comunicación(es)
6 conducción
2 llevada
3 traída

transportista
5 arriero
22 ordinario
3 porteador
2 trajinante
1 transportador
14 mensajero

transposición
5 anagrama
1 metátesis

trasaltar

4 soñera
6 traslación
10 variación

transtornar(se)
25 apasionar(se)

transustanciación
19 cambio

transvasar
13 abocar(se)

transvase
6 traslación

transversal
5 colateral
3 oblicuo
6 sesgado
19 ◁*recto*

trapa
4 trápala
79 alboroto
19 ruido
⇨orden trapense
7 ◁*silencio*
26 ◁*calma*

trapacear
9 embrollar
43 engañar(se)
6 trampear
18 enredar
4 mentir

trapacería
28 engaño(s)
7 estafa
9 fraude
9 timo

trapacero
37 bravo
10 engañador
7 farandulero
3 filático
8 mangante
2 vaqueta

trapajo
25 andrajo

trápala
9 habladuría
4 trapa
80 bulla
19 embuste

trapalear
31 alborotar(se)
1 charlatanear
18 enredar

trapalón
3 alarmista

trapatiesta
10 algarada
30 benigno
13 berenjenal
12 belén
15 agarrada
79 alboroto
21 algarabía
17 algazara
16 bochinche
35 bronca
80 bulla
20 contienda
2 singuisarra

trapear
10 insultar
12 fregar
50 limpiar
⇨poner verde

trapecio
1 cuadrilátero
3 polígono
4 columpio

trapecista
5 malabarista
4 saltabanco
3 saltimbanqui
5 volatinero

trapense
4 benedictino
2 cisterciense

trapería
17 comercio
1 prendería
1 quincallería
3 tenducho

trapero
2 quincallero
3 ropavejero

trapichear
11 comerciar
4 chamarilear
8 cortejar
14 festejar

trapicheo
2 cambalache
4 regateo
19 confusión
15 embrollo
19 intriga
7 ◁*honradez*
13 ◁*nobleza*
12 ◁*sinceridad*

trapillo
20 ahorro(s)

trapío
19 bravura
13 coraje
12 valentía
2 velamen
15 gallardía
5 ◁*sosería*
14 ◁*cobardía*

trapisonda
79 alboroto
19 confusión
19 desorden
15 embrollo
18 enredo
15 jaleo
11 lío
8 maraña

trapisondista
11 enredador

trapo
4 harapo
9 jirón
12 paño
12 pingo
12 tela
25 andrajo
19 género

tráquea
17 garganta

traquear
20 embelesar(se)
7 embobar(se)
37 enseñar(se)
9 entrenar(se)
9- experimentar
43 llevar(se)
19 probar
26 trasladar(se)

traquetear
13 ajetrear(se)
7 baquetear
7 bazuquear(se)
9 broncear(se)
8 cancanear
3 chacolotear
7 trepidar

traqueteo
15 movimiento
3 vibración
33 agitación

traquido
5 crujido
9 rumor

tras
3 detrás
18 nalga(s)
5 trasero
◁*antes que*
◁*delante de*

trasaltar
11 altar

trasbordador
5 transbordador

trascendencia
11 entidad
17 importancia
3 relevancia
4 ◁intrascendencia

trascendental
15 ideal
15 incorpóreo
13 inmaterial
21 grave

**trascendenta-
lismo**
2 apriorismo

trascender
29 difundir(se)
51 extender(se)
29 propagar(se)

trascendido
8 penetrante
25 agudo
10 sagaz
3 ◁torpón

trasconejarse
17 atrasar(se)

trasechar
8 asechar

trasegador
10 botana

trasegar
11 apalear(se)
4 libar
5 trasvasar
6 fajar
3 guarapear
2 rezumbar

trasera
6 culata
5 trasero
4 zaga

trasero
9 asentaderas
5 culo
18 nalga(s)
6 pompis
5 posaderas

trasfijo
6 atravesado

trasfuego
3 trashoguero

trásfuga
5 huido

trasfundición
4 transfusión

trasgo
7 basilisco

trashoguero
27 holgazán
1 trasfuego
13 perezoso
5 ◁trabajador

trashumancia
12 emigración

trashumante
3 errabundo
4 nómada
6 vagabundo
2 ◁sedentario

trashumar
48 pasar(se)
9 errar
50 ◁asentar

trasiego
11 mudanza
9 traslado
3 trasvase
13 trago
2 ◁asentamiento

traslación
11 mudanza
1 remoción
5 transposición
1 transvase
9 traslado
19 cambio
8 ◁quietud

trasladar(se)
16 acudir
38 andar
5 caminar
10 copiar
56 dirigir(se)
25 encaminar(se)
46 ir(se)
43 llevar(se)
59 mover(se)
32 mudar(se)
48 pasar(se)
35 poner(se)
17 remover
8 traducir(se)
3 transcribir
4 transferir
18 transportar(se)
5 trasplantar(se)
5 trasvasar
11 variar(se)
46 cambiar
5 retranquear
53 marchar
8 traquear
12 traspasar
◁desavecindarse
9 ◁permanecer

traslado
7 acarreo
3 inmigración
2 transbordo
2 transferencia
3 transmudación
4 trasiego
6 traslación
19 cambio
14 copia

traslapo
7 solapo

traslaticio
2 metafórico
3 simbólico

trasloar
65 alabar(se)

traslucidez
10 claridad
3 diafanidad
3 ◁opacidad

traslúcido
2 alabastrado
5 diáfano
2 opalino
10 transparente
1 trasluciente
9 ◁opaco
13 ◁sucio

trasluciente
5 traslúcido

traslucir(se)
22 adivinarse
11 clarear(se)
8 conjeturarse
4 transparentar(se)
8 vislumbrarse

trasmano (a)
15 apartado
16 solitario
9 ◁cercano

trasmudación
3 transmudación

trasnochada
7 sorpresa
1 velada
7 vigilancia
2 vigilia

trasnochado
4 anacrónico
5 anticuado
⇨pasado de moda

trasnochador
10 calavera
3 juerguista
2 noctámbulo
2 nocturno
5 ◁*madrugador*
21 ◁*grave*

trasnochar
6 correrla
2 juerguear

trasojado
7 bizco
5 ojeroso

traspapelarse
21 extraviar(se)
38 perder(se)

trasparentarse
11 clarear(se)

traspasable
4 penetrable

traspasado
17 enajenado

traspasar
41 ceder(se)
21 cruzar(se)
31 entregar(se)
5 franquear
4 horadar
48 pasar(se)
5 perforar
7 rebasar
22 salvar(se)
4 transferir
6 transgredir
16 abusar

traspasarse
7 arrecirse

traspaso
6 entrega
2 transferencia
8 transmisión
48 aflicción

12 cesión
8 congoja
20 tormento

traspié
2 resbalón
4 tropezón

traspintarse
4 transparentar(se)

trasplantar(se)
1 esquejar
32 mudar(se)
1 replantar
26 trasladar(se)
46 cambiar

trasplante
11 colocación
5 implantación
11 mudanza
19 cambio
3 ◁*mantenimiento*
2 ◁*permanencia*

trasponer
7 amodorrar(se)
42 atravesar(se)
5 franquear
19 ◁*quedarse*

traspuesto
27 aturdido

traspunte
9 apuntador
10 apunte

traspuntín
14 almohada

trasquila
5 trasquiladura

trasquilado
1 esquilado
14 incompleto
3 menoscabado
1 rapado
8 reducido

10 pelado
1 ◁*aumentado*

trasquiladura
2 esquila
11 menoscabo
3 peladura
9 reducción
1 trasquila
9 ◁*incremento*
23 ◁*aumento*

trasquilar
14 afeitar(se)
5 esquilar
4 socolar

trastada
4 bribonada
5 jugarreta
10 picardía
12 cabronada
11 putada

trastazo
2 golpetazo
6 porrazo

traste
5 culo
5 posaderas

trastear(se)
32 mudar(se)
⇨cambiarse de casa

trastejar
1 retejar

trastejo
8 ajetreo
19 confusión

trasteo
33 agitación

trastería
9 desechos
1 inutilidades

trastero
10 buhardilla
13 desván
2 guardilla
5 leonera

trastienda
1 rebotica

trasto
7 herramienta
9 inquieto
4 movido
12 pingo
10 utensilio(s)
22 útil
3 zascandil
10 travieso

trastocado
13 confundido
1 reformado
10 revuelto
12 chalado
20 loco

trastocar(se)
39 alterar(se)
8 perturbar
4 subvertir
9 trabucar(se)
9 enloquecer
24 revolver

trastornado
6 caótico
7 desquiciado
8 enloquecido
1 faltoso
6 inverso
10 perturbado

trastornador
8 apasionante

trastornar(se)
9 abigarrar
31 alborotar(se)
39 alterar(se)
17 atolondrar(se)
14 barajar
54 confundir(se)

4 chalarse
8 desarreglar(se)
3 desbarajustar
19 desordenar(se)
9 embrollar
7 enmarañar
28 inquietar(se)
11 intranquilizar(se)
11 invertir
39 liar(se)
16 ofuscar(se)
8 perturbar
4 subvertir
9 trabucar(se)
37 turbar(se)
12 alelarse
20 disgustarse
9 enloquecer
18 enredar
⇨ponerse nervioso
54 ◁aclarar(se)

trastorno
10 desarreglo
10 desasosiego
8 perturbación
45 pesar(se)
11 turbación
30 angustia
19 confusión
19 desorden
18 enredo
17 inquietud
11 lío

trastos
24 avío(s)
12 bártulos
4 enseres
2 quincalla
17 chiva
5 guaje
3 matataes
2 muleles
2 ñañacas

trastrocar
11 invertir
27 volver(se)

trasudar
4 sudar

trasudor
5 sudor

trasunto
14 copia

trasvasar
1 debrocar
5 embotellar(se)
1 transfundir
26 trasladar(se)
6 trasegar
28 ◁mantener(se)
15 ◁retener(se)

trasvase
5 decantación
4 transfusión
4 trasiego

trasverter
8 rebosar

trasvolar
4 sobrevolar

trata
17 comercio
5 prostitución
5 tráfico
10 alcahuetería

tratable
32 afable
4 expansivo
3 sociable
24 abierto
18 amable
17 ◁intratable

tratadista
9 erudito
3 especialista

tratado
21 acuerdo(s)
11 convenio(s)
14 escrito
4 libro
2 texto
14 pacto

tratamiento
29 comunicación(es)
11 procedimiento
27 regla(s)
4 relaciones
8 sistema
10 trato
16 dignidad
18 método
30 título

tratante
4 traficante
14 comerciante

tratar(se)
27 amistar(se)
8 apalabrar
8 codear(se)
11 comerciar
8 conocer
14 debatir(se)
9 deliberar
15 desarrollar
12 discutir
9 escribir
5 estipular
11 estudiar
41 examinar(se)
7 explanar
31 exponer(se)
6 fraternizar
5 frecuentar
9 gestionar
20 hablar
5 intentar
6 intimar
5 negociar
6 parlamentar
31 pensar(se)
14 pretender
19 probar
10 procurar
31 relacionar(se)
17 rozar(se)
9 ventilar
23 alternar
11 pactar

trato
21 acuerdo(s)
17 confianza
12 contrato
11 convenio(s)
4 familiaridad
7 intimidad
9 camaradería
20 relación
20 arreglo
14 pacto

trauma
13 complejo

traumatismo
19 confusión
37 golpe

traumatología
17 medicina

traumatólogo
15 médico
4 compositor

trauquinto
5 compraventa
5 intercambio

travesaño
20 barra
9 barrote

travesar
42 atravesar(se)

travesear
12 avispar(se)
8 retozar

travesía
5 calleja
3 recorrido
2 trayecto
10 viaje
8 callejón

travestido
3 bisexual
3 disfrazado

travesura
9 barrabasada
6 chiquillada

trastada 5
diablura 3

traviesa
4 aguilón
8 apuesta
2 gamberra
6 marero
8 balancín

travieso
2 diablillo
7 guerrero
9 inquieto
5 juguetón
4 movido
6 palomilla
12 pingo
13 revoltoso
11 enredador
5 retozón

trayecto
3 itinerario
3 recorrido

trayectoria
10 carrera
4 conducta
16 dirección
7 órbita
21 proceder
7 actuación
26 camino

traza
11 arbitrio
36 forma(s)
30 manera(s)
35 medio(s)
26 modo
19 plan
14 planta
11 procedimiento
30 recurso(s)
11 alzado
20 apariencia
39 aspecto
18 cara
9 pelaje
16 pinta

trazado
6 alineación
11 planteamiento
15 proyecto
6 replanteo

trazar(se)
10 caligrafiar
8 delinear
10 describir
14 dibujar(se)
12 discurrir
5 diseñar
4 esbozar
31 exponer(se)
20 figurar(se)
3 formular
8 hilar
10 idear
31 imaginar(se)
11 inventar
24 marcar(se)
31 pensar(se)
11 planear
10 plantear(se)
13 proyectar
8 rayar
4 replantear
29 representar(se)
2 tizar

trazo
17 línea
16 raya

trazos
7 puntuación
5 ringorrangos

treballa
8 salsa

trébede
2 trípode

trebejo
7 apero
10 utensilio(s)
22 útil
12 cacharro
4 implemento

trebejos
24 avío(s)
12 bártulos
2 tremotiles
17 chiva
3 matataes
2 muleles

trébol
6 silo
1 trifolio

trecho
4 espacio
8 intervalo
13 tiempo
3 tramo
3 transcurso
18 distancia
8 jalón

tregua
8 asueto
14 descanso
10 interrupción
16 licencia
9 pausa
12 suspensión
18 ◁*porfía*

tremebundo
11 espantoso
15 espeluznante
15 formidable
10 gigantesco
10 monstruoso
14 terrible
8 terrorífico
12 enorme

tremedal
11 cenagal
13 barrizal

tremendo
11 espantoso
15 espeluznante
15 formidable
10 gigantesco
14 horrible
11 horripilante
10 monstruoso
14 terrible
8 terrorífico
8 tremebundo
12 enorme
18 horrendo

tremens
4 alcoholismo

trementina
1 aguarrás
3 pez
6 resina

tremolante
4 fluctuante
7 movedizo
15 ◁*fijo*
10 ◁*quieto*

tremolar
40 agitar(se)
5 enarbolar
2 ondear

tremolina
79 alboroto
8 caos
19 confusión
19 desorden
24 follón
15 jaleo
11 lío

tremotiles
12 bártulos
6 trebejos

trémulo
1 temblón
3 tecle
8 tembloroso
13 ◁*tranquilo*

tren
1 ferrocarril
12 ostentación
7 suburbano
12 boato
9 fausto

trena

13 pompa

trena
12 encierro
7 galera
8 jaula
7 mazmorra
4 penal
5 presidio
4 trullo
41 banda
3 bartolina
7 chirona
3 jeruza
17 prisión

trenca
10 capote

trencilla
5 balduque
3 galón
4 jineta

trenka
6 sobretodo

trenza
5 coleta

trenzadera
19 atadura
15 cinta

trenzar
16 bailar
7 encordelar
1 simpar
9 tejer

trepa
3 arribista
5 dolo
28 engaño(s)
10 advenedizo
7 estafa
9 fraude
4 pancista
9 timo
7 vividor

trepado
37 agujero

trepador
5 alpinista
3 arribista
1 escalador
6 interesado
6 tramposo

trepanar
19 agujerear
4 horadar
5 perforar
2 taladrar

trépano
14 barrena

trepar
10 ascender
18 encaramar(se)
23 encumbrar(se)
6 escalar
49 mejorar(se)
30 montar(se)
30 subir(se)
35 ◁bajar(se)

trepe
17 injuria
10 insulto

trepidación
9 temblor
3 traqueteo
3 vibración

trepidante
7 agitado
3 convulso
5 vibrante
1 vibratorio
8 tembloroso
11 ◁lento
10 ◁quieto

trepidar
8 cancanear
8 temblar
7 dudar
7 titubear
7 traquetear
11 vacilar
6 vibrar

tresdoble
3 triple

tresillo
2 sofá
4 canapé

tresnal
2 treznal

trestanto
3 triple

treta
15 ingenio
14 ardid
18 argucia
13 artimaña
47 astucia

treznal
7 haz
1 tresnal

triaca
12 contra
5 antídoto
4 contraveneno
11 remedio

triar
15 elegir(se)
4 entresacar
0 escoger
6 seleccionar

tribal
10 primitivo
19 salvaje
6 ◁moderno

tribu
8 clan
3 etnia
11 raza
17 pueblo

tribulación
16 amargura
8 cuita
15 quebranto
48 aflicción
30 angustia
8 congoja
29 pena
11 preocupación
12 sufrimiento
20 tormento
8 ◁contento

tríbulo
4 abrojo

tribuna
2 estrado

tribunal
12 justicia
7 audiencia

tributar
10 contribuir
3 enfeudar
4 pechar

tributario
13 dependiente
3 feudatario
13 sujeto
7 ◁independiente

tributo
11 arbitrio
21 carga
12 censo
1 derrama
5 diezmo
9 gabela
12 galería
9 impuesto
4 ventanal
15 corredor
22 pecho

triciclo
3 bicicleta

triclinio
49 asiento

tricornio
10 gorro

tricotomía
19 argumentación

tridente
6 arpón

trifolio
2 trébol

triforme
3 bifurcado

trifulca
79 alboroto
19 confusión
19 desorden
24 follón
15 jaleo
11 lío
12 quimera

trigo
12 cereal(es)
7 frangollo

trigueño
8 morocho

triguero
10 cedazo

trilla
1 despajo
2 apaleo
12 senda
7 vereda

trillado
8 aburrido
8 adocenado
19 común
2 visto
9 vulgar
18 ◁ *original*

trillar
1 desparvar
2 rastrillar
5 abalear

trillo
4 bieldo

trimotor
17 aeronave

trinar
4 amohinarse
2 gorjear
114 molestar(se)
1 piar
40 cabrearse
67 enfadarse
27 enojarse
63 irritarse
21 ◁ *serenar(se)*

trinca
19 atadura
12 encierro
3 triunvirato

trincaesquinas
1 parahúso

trincar
65 apretar(se)
10 encarcelar(se)
5 enjaular
22 sorprender(se)
13 enlazar
10 oprimir
14 sujetar
⇨ coger in fraganti

trincha
9 ajustador
8 ceñidor
1 tirillas
4 pretina

trinchante
10 aparador
5 cómoda

trinchar
1 capolar
9 desmenuzar
21 partir
3 rebanar
6 seccionar
57 cortar

trinchera
41 defensa
5 foso
6 gabardina
8 impermeable
8 parapeto
6 zanja

trinchero
10 aparador
33 armario

trinchete
4 chaira

trineo
1 troika

trinitaria
14 pensamiento

trino
5 gorgorito
5 gorjeo

trinos
4 repiquete(s)

trinquete
9 mástil
17 cerradura
7 estafa
9 timo

trío
2 terna

tripa(s)
11 barriga
6 intestino(s)
6 madeja
4 panza
3 vísceras
7 abdomen
5 mondongo
6 vientre

tripada
6 atracón
12 empacho
9 hartazgo

tripería
3 casquería

tripero
15 ávido
5 comilón
11 glotón
5 hambriento
8 insaciable
7 tragaldabas
4 tumbaollas
12 voraz
6 hurón
3 tecúan
5 tragón

triplano
17 aeronave

triple
1 tresdoble
1 trestanto
1 tríplice

tríplice
3 triple

trípode
10 cabra
1 trébede

tripudo
1 panzudo
7 gordinflón

tripulación
4 dotación

tripulante
3 marinero

tripular
36 conducir(se)
10 gobernar
9 guiar
43 llevar(se)

tripulina
79 alboroto
19 confusión

triquina
4 gusano
1 triquinosis

triquinosis
2 triquina

triquiñuela
3 subterfugio
14 ardid
18 argucia
13 artimaña
47 astucia

tris
4 instante
6 rato
5 periquete
5 santiamén
8 soplo

trisa
3 sábalo

trisar
14 hender
36 rajar

triscar
6 juguetear
8 retozar

triscón
5 criticón
13 murmurador

trisecar
21 dividir(se)

trismo
10 contracción
6 rigidez

triste
12 afligido
3 amargado
8 apenado
16 apesadumbrado
2 atribulado
9 deplorable
10 desafortunado
4 desazonado
3 desconsolado
5 lamentable
12 melancólico
5 mohíno
3 pesaroso
9 taciturno
8 cariacontecido
14 desgraciado
36 ◁*alegre*

tristeza
16 amargura
8 cuita
11 desconsuelo
22 melancolía
3 pesadumbre
45 pesar(se)
15 quebranto
10 tribulación
48 aflicción
12 desazón
29 pena
9 pensión
20 tormento
38 ◁*alegría(s)*

tristón
13 atormentado
7 fúnebre
3 saturnino
10 ◁*cachondo*
9 ◁*campechano*

triturable
3 desmenuzable
1 machacable
1 mascable
3 masticable
4 rompible
1 ◁*irrompible*

trituración
2 majadura

triturar
9 desmenuzar
16 injuriar
11 machacar
10 majar
1 molturar
33 ofender(se)
5 vejar
8 maltratar
57 picar

triunfador
2 vencedor

triunfal
15 glorioso
3 invicto
7 triunfante
4 victorioso

triunfante
3 apoteósico
1 exitoso
5 exultante
4 laureado
4 triunfal
4 victorioso
15 airoso
4 ◁*perdedor*

triunfar
45 aplastar(se)
8 arrollar
10 derrotar
52 destruir(se)
40 ganar(se)
16 superar(se)
40 vencer(se)
⇨ganar la partida
38 ◁*perder(se)*

triunfo
8 éxito
2 victoria

triunvirato
2 terceto
2 terna
3 trinca

triunviro
5 gobernador
2 gobernante
2 magistrado

trivial
10 baladí
19 común
5 chabacano
10 kitsch
22 ordinario
6 pedestre
9 prosaico
8 ramplón
7 usual
9 vulgar
13 manido
18 ◁*original*

trivialidad
7 vulgaridad
9 tópico
⇨lugar común
5 ◁*originalidad*

trivio
humanidades
3 letras

triza(s)
9 añicos
18 migaja(s)
13 partícula
7 pizca
2 trocito
17 ápice
12 cacho

trizar
10 agrietar(se)
4 resquebrajar

trocable
5 permutable

trocar(se)
4 canjear
3 conmutar
20 desfigurar(se)
24 disfrazar(se)
4 intercambiar

11 invertir
32 mudar(se)
3 permutar
13 renovar
8 substituir
44 torcer(se)
2 trastrocar
46 cambiar
23 alternar
9 comprar
6 chambear
24 revolver
11 vender

troceado
3 despedazamiento
4 fragmentación
14 incompleto
5 descuartizado

trocear
39 deshacer(se)
9 desmenuzar
9 despedazar
⇨hacer trizas

trocito
16 miga(s)
7 triza(s)

trocla
6 garrucha
3 polea

trocha
4 sendero
10 atajo
26 camino
12 senda
7 vereda

trofeo
9 despojo
19 insignia(s)
8 premio
8 condecoración
10 botín

troglodita
20 bárbaro
1 cavernario

1 cavernícola
5 comilón
11 glotón
6 insociable
17 intratable
5 rudimentario
21 grosero
8 hosco
10 tosco
10 ◁actual

troika
1 trineo

troj
6 silo
11 bodega
8 granero

troje
3 algorín

trola
11 fábula
4 facecia
10 falsedad
31 bola
16 cuento
19 embuste
10 patraña
6 ◁verdad

trolebús
8 autobús
3 bus
6 guagua

trolero
15 embustero
10 mentiroso

tromba
6 ciclón
3 tifón
15 torbellino
7 manga

trombosis
8 obstrucción

trompa
13 bocina
3 cuerna
19 china

trompada
7 cachete
8 sopapo
6 soplamocos
28 bofetada
5 guantazo

trompazo
10 batacazo
6 porrazo
37 golpe

trompear
22 comer
18 jalar

trompeta
1 clarín
8 beodo
45 borracho

trompetazo
2 clarinada
4 estridencia
17 sonido
11 toque
7 ◁silencio

trompetilla
13 bocina

trompicar(se)
8 resbalar(se)
10 tropezar(se)

trompicón
4 tropezón

trompo
4 peonza

trompón
4 narciso

tronada
23 borrasca

tronado
3 ajado
12 alelado
12 deteriorado
19 estropeado
3 maltrecho
7 raído
12 chalado
8 ido
7 ◁cuerdo
9 ◁elegante

tronar
2 detonar
19 ejecutar(se)
10 estallar
7 fusilar

tronarse
8 depauperar(se)

tronco
14 ascendencia
13 origen
2 troncho
19 cuerpo
16 linaje

troncha
11 chollo
11 ganga

tronchado
6 cuto

tronchar(se)
1 desternillarse
24 destrozar(se)
52 destruir(se)
6 fraccionar
21 partir
41 quebrar(se)
47 romper(se)
44 torcer(se)
9 truncar
29 desviarse
4 reírse

troncho
7 tallo
5 tronco

tronera
3 carota
5 perdido
3 respiradero
1 tragaluz
2 ventanuco
6 sinvergüenza

tronío
12 ostentación
12 boato
13 lujo
13 pompa
10 ◁*humildad*
11 ◁*sencillez*

trono
2 sitial

tronzar(se)
39 arrugar

tropa
5 ejército
6 hueste
12 masa
3 mesnada
4 milicia
25 muchedumbre
16 multitud
21 partida

tropel
12 hervidero
5 oleada
4 remolino
7 torrente
19 confusión
19 desorden
9 enjambre
11 lío
8 maraña

tropelía
12 abuso
9 desafuero
21 arbitrariedad

tropezar(se)
12 chocar
15 deslizar(se)
23 encontrar(se)
22 hallar(se)
3 hocicarse
6 incurrir
9 topar(se)
2 trompicar(se)
7 manear(se)
▷darse de morros

tropezón
12 choque
6 encontronazo
2 traspié
1 trompicón

tropical
17 cálido
25 caliente

trópico
5 paralelo
18 círculo

tropiezo
12 choque
12 desliz
6 encontronazo
13 falta
20 incomodidad
18 molestia(s)
6 topada
4 tropezón
15 dificultad
8 equivocación
7 error
13 yerro

tropismo
16 dirección
15 movimiento
8 orientación
21 vuelta
9 ◁*inmovilidad*

tropo
20 imagen
13 símbolo

2 sinécdoque
22 figura

troquel
2 cuño

troquelado
3 acuñación

troquelar
12 acuñar

troqueo
1 coreo

troquilo
1 mediacaña

trosas
17 angarilla(s)

trostkista
18 rojo

trotaconventos
3 tercera
6 celestina
15 alcahueta
10 comadre

trotamundos
6 vagabundo

trotar
38 andar
16 apresurar(se)
7 cabalgar
5 caminar
30 montar(se)

trote
1 aperreo
10 faena
15 jaleo

trotón
24 cabalgadura
27 caballo

trotona
12 ama

trotonería
6 cabalgada

trotskismo
5 marxismo

trova
21 cantar

trovador
5 aedo
8 bardo
5 juglar

trovar
54 confundir(se)
10 copiar
6 tergiversar
3 versificar
11 imitar
54 ◁*aclarar(se)*
◁*prosificar*

trovero
23 bufón

troza
4 leño
5 tronco

trozo
14 porción
10 sección
12 cacho
6 cipo
8 fragmento
26 parte
13 pedazo
11 penco

trozos
9 añicos
6 ñizca

trua
40 borrachera
16 embriaguez

trucado
25 artificial

trucar
83 arreglar(se)
6 trampear

truco
6 estratagema
3 subterfugio
14 ardid
18 argucia
13 artimaña
10 trampa
5 treta

trucos
13 magia

truculento
25 atroz
18 cruel
30 duro
14 terrible
13 violento
42 ◁blando

trucha
11 cabria
3 grua
1 lancurdia
12 puesto
3 tenducho

truchimán
6 intérprete
3 traductor

trueque
5 intercambio
11 mudanza
10 variación
19 cambio
18 feria

trufa
4 criadilla

trufar
43 engañar(se)

truhán
32 bellaco
8 granuja
8 tunante

6 sinvergüenza
17 estafador
11 pillo
⇨mal bicho

truhanear
6 bellaquear
27 bromear(se)

truhanería
6 picaresca
8 canallada

truja
3 algorín

trujal
5 lagar

trujamán
6 intérprete
5 mercachifle

trulla
3 llana
9 tropel
80 bulla

trullo
12 calabozo
21 cárcel
17 prisión
12 trena

truncado
6 inacabado
14 incompleto
11 parcial
6 cuto

truncamiento
3 decapitación
6 frustración
8 mutilación
3 paralización

truncar
49 detener(se)
6 fraccionar
20 interrumpir(se)
8 omitir

50 parar(se)
21 partir
6 seccionar
13 suprimir
57 cortar

truño
11 mierda

trust
3 monopolio
3 holding

tuareg
10 beduino
6 bereber

tuba
2 bugle

túbano
8 cigarro
21 puro

tuberculosis
1 tisis

tuberculoso
1 héctico
6 hético

tubería
3 cañería

tuberosa
2 nardo

tubito
5 bombilla

tubo
8 caño
12 copla
5 conducto

tuco
2 colmillo
7 diente
13 pedazo
8 trozo

tuche
16 residuo
9 resto

tudesco
4 germano

tueco
11 choco

tuero
15 leña

tuerto
11 choco

tuesta
33 paliza(s)
40 borrachera
12 curda
8 tunda

tueste
8 calcinación

tuétano
1 médula
16 caña
12 meollo

tufarada
3 emanación
2 vaharada

tufillas
8 cascarrabias
6 irritable
7 susceptible

tufo
9 peste
6 pestilencia
2 vaharada
5 vaho
3 hedor

tugurio
13 antro
25 cabaña
6 cuchitril
8 choza

tuja

- 6 tabuco
- 6 zaquizamí

tuja
- 8 frazada
- 9 manta

tul
- 5 burato
- 7 gasa

tullido
- 6 impedido
- 4 imposibilitado
- 5 minusválido

tullir
- 10 baldar(se)
- 5 lisiar(se)
- 16 paralizar(se)
- 19 pasmar(se)

tullirse
- 7 imposibilitar(se)

tumba
- 5 enterramiento
- 6 huesa
- 2 mausoleo
- 8 rancho
- 7 sepulcro
- 4 túmulo
- 12 cacho
- 8 fosa
- 6 piltrafa
- ⇨ olla podrida

tumbacuartillos
- 45 borracho

tumbado
- 5 acostado
- 5 despatarrado
- 11 echado
- 21 accidentado
- 5 ◁ enhiesto
- 24 ◁ derecho

tumbaga
- 21 anillo

tumbaollas
- 11 glotón
- 7 tragaldabas
- 5 tragón
- 11 tripero

tumbar(se)
- 59 abatir(se)
- 7 acamar
- 9 acodar(se)
- 17 acostar(se)
- 3 catear
- 17 derribar(se)
- 58 echar(se)
- 4 encamar(se)
- 14 reposar(se)
- 15 suspender
- 15 tender(se)
- 8 yacer
- 9 apoltronarse
- 22 botar
- 58 tirar
- 23 ◁ aprobar(se)
- 53 ◁ levantarse

tumbía
- 6 canasto
- 13 cesto

tumbo
- 6 oscilación
- 7 vacilación

tumbón
- 10 gandul
- 27 holgazán
- 17 haragán
- 15 indolente
- 13 perezoso
- 16 vago
- 5 ◁ trabajador

tumbona
- 5 diván
- 7 hamaca

tumefacción
- 26 hinchazón
- 7 inflamación

tumefacto
- 3 congestionado
- 9 inflamado
- 2 jincho

tumor
- 4 agallón
- 13 ampolla
- 3 aneurisma
- 2 ántrax
- 2 berrueco
- 10 bruza
- 5 cirro
- 1 escirro
- 3 haba
- 11 incordio
- 7 inflamación
- 1 lerdón
- 3 nacencia
- 2 neoplasia
- 1 quiste
- 4 úlcera
- 8 apostema
- 22 absceso
- 7 bocio
- 5 bubón
- 15 bulto
- 12 cáncer
- 3 epitelioma
- 5 flemón
- 6 lora
- 4 pahua
- 2 sopladura

tumorcillo
- 10 bruza

tumoroso
- 3 canceroso

túmulo
- 1 catafalco
- 7 sepulcro
- 10 tumba
- 2 mambla

tumulto
- 10 algarada
- 6 fandango(s)
- 7 levantamiento
- 10 pronunciamiento
- 14 revuelta
- 9 sedición
- 79 alboroto
- 9 alzamiento
- 31 bola
- 15 jaleo
- 11 motín
- 11 rebelión
- 19 ruido

tumultuar
- 31 alborotar(se)
- 19 amotinar(se)

tumultuoso
- 7 agitado
- 6 alborotado
- 7 desordenado
- 1 desorganizado
- 7 efervescente

tuna
- 3 chumbera
- 3 estudiantina

tunal
- 3 chumbera
- 2 nopal

tunanta
- 1 bribona
- 14 prostituta

tunantada
- 5 pillada

tunante
- 5 bribón
- 8 granuja
- 6 sinvergüenza
- 50 astuto
- 9 ladino
- 33 pícaro
- 11 pillo
- 16 taimado

tunantear
- 7 golfear
- 5 picardear

tunco
- 14 incompleto
- 5 lisiado

7 mutilado
11 parcial

tunda
12 batida
2 felpa
33 paliza(s)
10 capote
17 azotaina
7 friega
6 somanta
13 zurra

tundido
5 aporreado
4 contuso

tundidora
2 cortacésped

tundidura
19 sobo

tundir
8 abatanar
4 agramar
18 aporrear(se)
10 baldar(se)
21 arrear
5 esquilar
24 golpear

tunear
7 golfear
5 picardear
2 tunantear

túnel
12 galería
15 corredor

tunera
14 cacto
2 nopal

tungsteno
1 wolframio

túnica
5 brial
6 camisa

3 casulla
3 chilaba
2 quimono
7 ropón
8 blusa

tuno
5 bribón
8 granuja
6 sinvergüenza
50 astuto
9 ladino
11 pillo
10 sagaz
16 taimado
7 truhán

tuñuño
34 avaro
19 mezquino
26 miserable

tupé
2 flequillo
32 atrevimiento
18 cara
7 copete
8 desfachatez
11 frescura
19 jeta

tupía
1 ahitamiento
9 hartazgo

tupido
10 compacto
15 espeso

tupinambo
3 aguaturma
5 girasol

tupir
9 apachurrar(se)
7 apelmazar(se)
65 apretar(se)
19 atacar(se)
4 azocar(se)
5 azolvar
21 atorar

turba
8 aglomeración
5 carbón
12 masa
25 muchedumbre
2 turbamulta
16 multitud

turbación
21 alteración
38 aturdimiento
10 desarreglo
8 desorganización
8 perturbación
11 trastorno
19 embarazo
19 confusión
56 corte
19 desorden
17 vergüenza

turbado
10 acongojado
27 aturdido
18 azaroso
14 confuso
4 desasosegado
7 desquiciado
9 inquieto
8 intranquilo
8 cariacontecido

turbador
4 desconcertante
10 emocionante
6 inquietante
7 sobrecogedor
8 chocante
◁ sosegador
25 ◁ frío

turbamulta
8 gentuza
6 turba

turbante
3 toca

turbar(se)
9 abigarrar
11 acibarar(se)
40 agitar(se)

12 aguar(se)
39 alterar(se)
45 apocar(se)
11 atragantar(se)
74 aturdir(se)
9 aturullar(se)
12 azarar(se)
14 azorar(se)
7 confiscación
13 conmover(se)
4 conturbar(se)
8 desarreglar(se)
19 desconcertar(se)
18 deslumbrar(se)
19 desordenar(se)
9 desorganizar
15 embarazar(se)
16 emocionar(se)
12 estremecer(se)
13 impresionar(se)
3 inmutarse
28 inquietar(se)
8 perturbar
17 preocupar(se)
9 roer(se)
11 sobresaltar(se)
22 sorprender(se)
26 trastornar(se)
2 abatatar
13 abombar(se)
15 consumir
57 cortar
7 empavar
21 ◁ serenar(se)

turbidez
9 turbulencia
6 ◁ limpidez

turbiedad
4 deslustre
3 ◁ irisación

turbina
5 generador
3 motor

turbinto
⇨ pimentero falso

turbio
9 ambiguo
12 deshonesto

turbión

6 dudoso
8 equívoco
14 inmoral
32 oscuro
5 sospechoso
8 turbulento
13 sucio
28 ◁*claro*
6 ◁*límpido*

turbión
7 manga

turbios
16 hez
16 sedimento

turbonada
11 tempestad
1 turbión

turbulencia
10 algarada
12 cisco
14 revuelta
1 turbidez
79 alboroto
19 desorden
24 follón
15 jaleo
11 motín
6 ◁*limpidez*

turbulento
7 agitado
8 intranquilo
13 revoltoso
7 revolucionario
10 revuelto
7 sedicioso
5 tumultuoso
9 turbio
28 ◁*claro*

turca
40 borrachera
12 curda

túrdiga
8 sanción
41 banda

17 castigo

turgencia
9 protuberancia

turgente
4 abotargado
9 inflado
10 abultado
19 hinchado
10 ◁*liso*

turibulario
4 turiferario

turíbulo
3 incensario

turiferario
8 halagador
1 turibulario
2 turífero
24 adulador
5 ◁*criticón*
3 ◁*detractor*

turífero
3 incensario
4 turiferario

turificación
15 halago(s)
10 lisonja(s)
7 perfume
4 incienso
16 ◁*censura*
10 ◁*crítica*
9 ◁*vituperio*

turista
3 veraneante
4 visitante

turma
4 criadilla

turmalina
1 chorlo

turnar(se)
23 relevar(se)
23 alternar

turno
6 tanda
11 toque
8 vez

turquesa
1 calaíta

turrar(se)
24 asar(se)
11 calcinar(se)
11 requemar(se)

turrón
8 golosina
12 masa
19 dulce
17 pasta

turronería
2 pastelería

turulato
29 absorto
6 admirado
12 alelado
15 atónito
7 estupefacto
9 sorprendido

turumbón
9 chichón

tusa
7 zozobra
28 ansia
14 deseo
9 meretriz
17 ramera
4 susto

tusar
14 atusar
5 esquilar

tusón
24 cabalgadura

27 caballo

tuste
38 cabeza
5 testa

tutear(se)
16 amigar(se)
5 franquearse
6 intimar
6 congeniar
38 ◁*alejarse*

tutela
30 amparo
11 custodia
41 defensa
9 guarda
13 protección
9 socorro
2 tutoría
24 auxilio
29 ayuda

tutelar
55 amparar(se)
9 custodiar
11 defender
44 guardar(se)
15 guarecer(se)
42 proteger(se)
1 ◁*desguarnecer*

tutor
15 amparador
5 custodio
12 defensor
5 protector

tutoría
9 guarda
9 tutela

tutti-fruti
12 mezcla

tutuca
15 bulto
9 chichón

tutureco
18 torpe
10 zopenco

U

ubérrimo
5 fecundo
3 óptimo
8 opulento
10 pletórico
29 abundante

ubicación
3 aparcamiento
14 descanso
8 domicilio
4 enclavamiento
21 lugar
7 sede
14 sitio
13 situación
15 lado

ubicado
8 emplazado

ubicar(se)
27 colocar(se)
48 disponer(se)
23 encontrar(se)
23 estar(se)
22 hallar(se)
7 localizar
18 situar(se)
50 asentar
24 emplear

ubicuidad
1 omnipresencia

ubicuo
1 omnipresente

ubiquitario
6 protestante

ubre
5 pezón
4 teta
5 mama

ubrera
3 lamparón

ucase
18 apremio
5 decreto
20 orden

ucear
1 palmotear
5 manotear

udómetro
1 pluviómetro

ufanar(se)
6 engreírse
22 ensoberbecer(se)
29 jactar(se)
34 pagar(se)
17 pavonear(se)
8 vanagloriarse

9 alardear
6 envanecerse
11 fardar
17 gloriar
16 presumir
40 ◁ *avergonzar(se)*

ufanía
38 alegría(s)
13 desenvoltura
10 lozanía
10 postín
14 vanidad
26 arrogancia
13 ◁ *tristeza*

ufano
22 creído
3 envanecido
3 infatuado
15 satisfecho
36 alegre
8 contento
28 engreído
6 fardón
11 feliz
19 orgulloso
9 presumido
13 presuntuoso
16 ◁ *descontento*
13 ◁ *humilde*

ujier
4 portero

úlcera
11 herida
6 llaga
6 pústula
27 tumor

ulcerado
3 cariado
4 enconoso
13 podrido

ulcerar(se)
1 llagar(se)
9 podrir(se)

ulterior
2 consiguiente
7 posterior
5 siguiente
5 subsiguiente
25 ◁ *anterior*

ultílogo
19 advertencia

ultimar
53 acabar(se)
37 cerrar(se)
14 concluir
28 finalizar(se)
7 terminar
8 finiquitar
9 ◁ *empezar(se)*

ultimátum
19 amenaza

último
10 bordón
20 extremo
7 posterior
4 postrero
4 póstumo
6 benjamín
5 ◁*avanzado*
4 ◁*inaugural*

ultra
6 carca
5 reaccionario
6 conservador

ultrajante
3 contumelioso
6 infamante
7 injurioso
5 ofensivo

ultrajar
12 agraviar
22 deshonrar(se)
16 injuriar
10 insultar
7 mancillar(se)
33 ofender(se)
12 vilipendiar

ultraje
21 afrenta
21 agravio
16 deshonor
9 deshonra
17 injuria
10 insulto
4 mancilla
13 mancha
14 ofensa
7 vilipendio

ultramar
5 ultramarino(s)

ultramarino(s)
1 colonial
2 coloniales
4 comestibles
1 transmarino
1 ultramar

ultramarinos
10 abacería
10 colmado

ultramontano
6 carca
5 reaccionario
3 ultra
6 conservador

ultrasonido
17 sonido
3 vibración

ultratumba
⇨otro mundo

úlula
5 autillo

ulular
10 aullar
10 clamar

ululato
9 bramido

umbela
4 parasol

umbral
8 comienzo
16 inicio
1 limen
19 principio(s)
5 tranco

umbría
15 sombra

umbrío
13 sombrío

umbroso
2 sombreado
13 sombrío
5 ◁*luminoso*

umpé
1 grisú
1 mofeta

unánime
12 acorde(s)
avenido
3 concorde

unanimidad
14 avenencia
6 concordancia
10 ◁*desavenencia*

unción
7 devoción
11 fervor
9 piedad

uncir
48 asociar(se)
4 conectar
8 coordinar
2 enyugar
74 juntar(se)
79 unir(se)
7 vincular
64 ◁*separar(se)*

underflow
⇨flujo inferior

ungido
4 consagrado
2 coronado
2 investido
14 señalado
◁*destronado*

ungir
14 frotar(se)
2 tintar
14 untar(se)

ungüento
13 bálsamo
2 pomada

únicamente
10 apenas
4 solamente
16 solo

único
12 especial
4 fénix
12 genial
2 impar
9 inapreciable
7 indivisible
10 inefable
9 inestimable
9 infrecuente
2 líquido
13 singular
16 solitario
16 solo
27 absoluto
6 exclusivo
14 extraordinario
4 ◁*colegiado*
3 ◁*equiparable*
3 ◁*genérico*
3 ◁*polifacético*

unicolor
1 monocromo

unicornio
1 monoceronte

unidad
21 acuerdo(s)
6 concordancia
28 conformidad
19 unión
14 vinculación
8 conexión
13 ◁*desunión*

unido
2 aliado
7 casado
7 coincidente
3 desposado
6 fundido
4 hermanado
9 identificado
4 incorporado
9 junto
10 pegado
15 asociado

3 ◁*alejado*
1 ◁*desunido*
10 ◁*distinto*

unificación
3 conjugación
7 fusión

unificar
48 asociar(se)
5 conexionar
9 hermanar(se)
30 igualar(se)
74 juntar(se)
4 uniformar
79 unir(se)
7 vincular
64 ◁*separar(se)*

uniformado
7 tipificado
7 ◁*paisano*

uniformar
30 igualar(se)
5 regularizar(se)
6 tipificar
8 unificar

uniforme
4 equivalente
13 hábito
15 igual
3 indistinto
4 traje
6 vestido

uniformidad
4 homogeneidad
9 identidad
17 igualdad
4 monotonía
4 ◁*heterogeneidad*
10 ◁*variación*
5 ◁*variedad*

unilateral
19 estrecho
2 limitado

11 parcial
5 ◁*ilimitado*
5 ◁*imparcial*
21 ◁*objetivo*

unilateralidad
7 limitación
13 parcialidad

unión
21 acuerdo(s)
1 aglomerado
20 alianza
14 avenencia
1 coligamiento
10 combinación
4 confederación
9 encadenamiento
13 enlace
7 fusión
8 matrimonio
7 nupcias
14 vinculación
8 conexión
7 federación
8 casamiento
12 concordia
22 liga
12 mezcla

unir(se)
13 abocar(se)
12 abordar
6 abrochar(se)
3 acarrarse
22 acercar(se)
4 acolar
19 acompañar
30 acoplar(se)
19 adherir(se)
4 adjuntar(se)
7 adunar
19 afiliar(se)
15 aglomerar(se)
9 aglutinar
25 agregar(se)
6 agremiar(se)
21 agrupar(se)
18 aliar(se)
4 aligar(se)
14 amalgamar(se)
25 amarrar(se)

16 amigar(se)
17 anexar(se)
7 anexionar(se)
12 anudar(se)
16 aparear(se)
38 arrimar(se)
17 articular(se)
48 asociar(se)
15 aunar(se)
41 avenir(se)
7 coligar(se)
15 combinar
7 concatenación
16 concertar(se)
4 conectar
5 conexionar
6 confederarse
3 conglutinar
8 conjuntar
8 empalmar
14 emparejar(se)
4 empentar
24 encadenar(se)
15 enchufar(se)
9 engarzar
4 ensamblar
4 esposar
8 fecundar
14 federar(se)
15 fundir(se)
8 fusionar(se)
9 hermanar(se)
74 juntar(se)
37 ligar(se)
5 mancomunar(se)
9 maridar
1 matrimoniar
31 mezclar(se)
38 pegar(se)
10 solapar(se)
5 soldar
35 trabar(se)
7 uncir
8 unificar
7 vincular
4 concordar
13 enlazar
61 atar
39 atracar
19 casar
4 conglomerar
10 conjugar
11 empatar

70 ◁*apartar(se)*
5 ◁*desajustar(se)*
3 ◁*descentrar*
4 ◁*deshilvanar*
5 ◁*deslabonar(se)*
6 ◁*desmembrar(se)*
9 ◁*desmenuzar*
25 ◁*desunir(se)*
12 ◁*disgregar(se)*
12 ◁*disolver(se)*
21 ◁*dividir(se)*
3 ◁*emulsionar*
7 ◁*encizañar*
7 ◁*ramificar(se)*
64 ◁*separar(se)*
2 ◁*desenyuntar*

unitario
7 indivisible
6 ◁*fragmentario*

universal
19 común
3 cosmopolita
10 general
3 inespecífico
3 internacional
3 mundial
14 ◁*particular*

universalización
5 generalización

universalizar
7 generalizar

universidad
20 facultad
8 seminario

universitario
9 académico
5 colegial
2 docente

universo
2 cosmos
2 orbe
14 mundo

uno
4 alguno
7 indivisible
14 íntegro
13 ◁ complejo
4 ◁ plural

unos
4 algunos

untado
2 engrasado
4 empatado

untar(se)
51 apropiar(se)
7 arrebañar
63 dar(se)
7 embetunar
3 embrear
3 empavonar
4 encerar
16 pringar(se)
3 rebanar
3 ungir
9 comprar
16 corromper
4 engrasar
7 sobornar

unto
16 caldo
4 engrase
3 sebo
8 cohecho
6 embrocación

untoso
4 lardoso

untuosidad
1 crasitud
7 empalago
2 glutinosidad
3 pegajosidad
4 viscosidad
9 zalamería(s)
5 servilismo
7 ◁ sequedad
11 ◁ sencillez

untuoso
7 aceitoso
1 grasiento
9 melifluo
11 zalamero
6 craso

untura
9 calmante
6 embrocación

uña
11 casco
3 pezuña

uñada
12 arañazo
4 rasguño
2 zarpazo

uñar
54 hurtar(se)
14 robar

uñero
5 panadizo

uñón
13 ladrón
8 mangante

upar
12 aupar(se)

upupa
1 abubilla

uranografía
4 astronomía
2 astrónomo

uranolito
7 aerolito
8 bólido

uranometría
4 astronomía

urbanamente
19 atentamente

urbanidad
20 cortesía
13 educación
11 formación
2 modales
8 ◁ grosería

urbanización
13 complejo
3 polígono

urbanizar
9 edificar(se)

urbano
12 ciudadano
27 agente
19 guardia
16 policía
1 ◁ rural

urbe
14 capital
4 ciudad
3 metrópoli
10 villa
17 ◁ pueblo

urca
34 bote

urce
5 brezo

urdimbre
6 estructura
9 armazón

urdir
13 fraguar
6 maquinar
10 organizar
48 preparar(se)
16 tramar(se)

urente
30 ardiente
15 acre
8 abrasador

uretritis
5 gonorrea

urgencia
13 exigencia
18 necesidad
14 precisión
3 premura
10 prisa

urgente
10 apremiante
9 perentorio

urgir
22 acelerar(se)
20 apremiar(se)
50 apurar(se)
11 instar

urinario
12 excusado
6 meadero
3 mingitorio
9 retrete
6 water

urna
7 arca
4 ataúd
33 caja

urodelo
6 anfibio
4 batracio

urogallo
10 gallo

urología
17 medicina

urólogo
15 médico

urraca
3 gaya
2 picaza
11 cotorra
7 marica

ursulina
9 cursi
1 melindrosa
11 monja
13 dengue

urticante
1 escocedor
5 picante
3 punzante
4 quemante
9 ◁*calmante*
4 ◁*emoliente*

urticaria
7 erupción
7 picazón
4 sarpullido

usado
3 ajado
12 deteriorado
8 ducho
19 estropeado
23 experimentado
8 experto
12 gastado
6 habituado
7 raído
22 viejo
13 ◁*inexperto*
12 ◁*nuevo*

usagre
7 erupción
2 sarna

usanza
12 costumbre
13 hábito
17 práctica
9 uso

usar
31 acostumbrar(se)
4 estilar(se)
32 gastar(se)
22 servir(se)
5 soler
6 utilizar
50 cargar

24 emplear

uso
12 costumbre
9 estilo
8 gasto
13 hábito
3 moda
17 práctica
4 usanza
2 utilización
16 empleo

ustible
10 combustible

usual
13 acostumbrado
19 común
7 frecuente
10 general
10 habitual
11 normal
22 ordinario
1 ◁*inusual*

usuario
3 beneficiario
3 comprador
3 consumidor
6 cliente
6 interesado

usufructo
6 disfrute
17 goce

usufructuar
47 aprovechar(se)

usufructuario
1 fructuario

usura
8 lucro
9 superioridad
14 ventaja

usurero
34 avaro
19 mezquino
26 miserable

12 tacaño
12 ◁*espléndido*

usurpación
22 adquisición
10 caducidad
21 dominio
5 extinción
14 término
2 usufructo
8 ◁*reposición*
3 ◁*vigencia*

usurpador
4 apropiador

usurpar
3 detentar
48 arrancar
58 quitar
14 robar

usuta
6 chancla
3 sandalia(s)

utensilio(s)
24 avío(s)
12 bártulos
4 enseres
7 herramienta
23 material(es)
35 medio(s)
5 trebejo
22 útil
12 cacharro

uterino
1 intrauterino

útero
10 matriz
13 seno

útil
9 apatusco
7 apero
9 aprovechado
8 aprovecharle
45 bueno
15 conveniente

4 fructífero
7 herramienta
6 idóneo
13 indispensable
12 instrumento(s)
8 jugoso
10 positivo
5 propicio
8 provechoso
3 rentable
4 retributivo
20 serio
10 utensilio(s)
5 utilizable
10 valioso
8 trasto
18 ◁*acabado*
11 ◁*baldío*
5 ◁*inservible*
2 ◁*irrecuperable*
5 ◁*minusválido*
7 ◁*oxidado*
16 ◁*inútil*

útiles
12 bártulos
25 efecto(s)
4 enseres
6 fierro

utilidad
10 fruto
9 ganancia(s)
7 idoneidad
15 rendimiento
20 aptitud
14 capacidad
8 lucro
8 provecho
10 ◁*incapacidad*

utilitario
6 aprovechador
4 funcional

utilitarismo
2 materialismo
1 positivismo

utilitarista
4 pancista

utilizable
  3 aprovechable
  14 apto
  3 disponible
  6 idóneo
  22 útil

  ◁ *inutilizable*

utilización
  9 uso
  16 empleo

utilizado
  4 dedicado

utilizar
  32 gastar(se)
  10 manejar
  22 servir(se)
  29 valer(se)
  24 emplear
  8 usar

  9 ◁*inutilizar*

utopía
  51 absurdo
  4 idealización
  8 imaginación
  18 fantasía
  11 ficción

utópico
  16 fantástico
  11 ficticio

  15 ideal
  6 ilusorio
  9 imaginario
  8 quimérico
  8 supuesto
  21 vano
  10 ◁*real*

utopista
  3 idealista
  13 ingenuo
  7 soñador
  4 visionario

uva
  9 garnacha

úvula
  4 galillo
  10 gallo
  6 campanilla

uxoricida
  3 asesino
  8 criminal

uyanza
  7 obsequio
  16 regalo

uzo
  2 postigo
  8 puerta(s)

V

vaca
8 corpulento
4 cuadrilla
8 robusto
41 banda

vacación
8 asueto
14 descanso
12 ocio
15 recreo
8 reposo
22 ◁*trabajo(s)*

vacada
9 ganado
7 rebaño
8 vaquería

vacante
4 deshabitado
5 desierto
11 desocupado
3 disponible
12 puesto
16 empleo
19 plaza

vacar
14 cesar

vaciado
4 afiladura

vaciador
2 afilador

vaciante
6 menguante

vaciar(se)
9 afluir
12 amolar
10 derramar
6 desaguar
4 deshabitar
1 desinflar
6 desocupar(se)
16 despejar(se)
6 embrocar
15 fundir(se)
24 ordeñar
10 patear
7 verter
34 liberar(se)
11 ◁*abarrotar(se)*
22 ◁*atestar(se)*
30 ◁*atiborrar(se)*
5 ◁*colmar*
12 ◁*embutir*
20 ◁*henchir(se)*
33 ◁*llenar(se)*
17 ◁*saturar(se)*
50 ◁*cargar*
6 ◁*empastar*

vaciedad
10 memez
15 necedad(es)
42 tontería(s)
25 fruslería

vacilación
15 duda
10 incertidumbre
10 indecisión
9 indeterminación
12 perplejidad
2 titubeo
7 cominillo

vacilante
1 basculante
10 indeciso
4 irresoluto
2 oscilante
7 titubeante
12 versátil
7 ◁*decidido*

vacilar
19 balancear(se)
13 bambolear(se)
8 chancearse
4 embromar
6 fluctuar
6 oscilar
9 tambalear(se)
7 dudar
12 tantear
7 titubear
7 trepidar

27 ◁*decidir(se)*

vacío
8 concavidad
22 creído
4 deshabitado
5 desierto
11 desocupado
5 despoblado
8 fatuo
19 hueco
18 libre
5 oquedad
7 vacante
6 vacuo
37 agujero
28 engreído
19 hinchado
13 presuntuoso
13 ◁*humilde*
14 ◁*lleno*

vacunación
9 bacteriología
5 inoculación

vacunar(se)
3 inocular
48 preparar(se)
24 prevenir(se)

vacuno
3 bovino
2 boyal

vacuo
6 imbécil
9 insustancial
75 bobo
11 memo
12 mentecato
22 necio
8 ◁profundo

vade
15 bulto
4 cartapacio

vadeable
2 franqueable
3 superable

vadear
42 atravesar(se)
21 cruzar(se)
48 pasar(se)

vademécum
6 manual
3 prontuario
2 texto
6 síntesis

vado
19 paso(s)
9 picada

vaga
14 prostituta
17 ramera

vagabunda
3 pindonga

vagabundear
4 barzonear
19 brujulear
12 callejear
8 divagar
7 golfear
1 guitonear
4 merodear
8 rodar
6 zanganear
2 ringletear
2 tajonear

4 vagar

vagabundeo
3 callejeo
1 guitonería
5 toletole

vagabundez
2 mendicidad

vagabundo
27 holgazán
4 nómada
1 trotamundos
4 vagamundo
13 perezoso
16 vago

2 ◁sedentario

vagamundo
11 ambulante
10 bohemio
8 errante
6 vagabundo

vagancia
9 gandulería
9 haraganería
6 holgazanería
15 indolencia
5 ociosidad
12 pereza

7 ◁laboriosidad

vagar
4 mariposear
4 merodear
7 repasar
12 vagabundear

vagarosidad
4 imprecisión
2 inestabilidad
3 vaguedad

vagaroso
7 impreciso
11 inestable
16 vago

vagina
11 conejo
9 chocho

vago
10 gandul
7 impreciso
7 indefinido
14 indeterminado
10 leve
23 ligero
4 poltrón
8 remolón
11 sutil
3 caimán
4 calandria
17 haragán
15 indolente
6 pastoso
13 perezoso
19 suave

5 ◁trabajador

vagón
2 furgón
7 vehículo
10 coche

vagoneta
5 cigüeña
7 cumbo

vaguada
6 cañada
5 rambla
3 torrentera

vaguear
18 holgar(se)
3 vegetar
8 holgazanear

16 ◁trabajar

vaguedad
4 imprecisión
2 indefinición
9 indeterminación

vaguido
4 vahído

vahar
6 bajear
14 expirar

vaharada
20 aliento
8 soplo

vahído
15 desmayo
4 desvanecimiento
6 vértigo
9 mareo

vaho
20 aliento
5 hálito
3 neblina
7 niebla
3 vapor

vaina
9 cubierta
7 funda
12 contrariedad
12 desazón
16 inútil
16 vago

vainica
11 costura
1 deshilado

vaivén
12 balanceo
8 inconstancia
6 oscilación
5 veleidad
3 zigzag
15 capricho

vajilla
22 servicio(s)

vale
10 billete
7 pase
1 talón
13 boleto
17 campesino
7 cédula

13 labriego

valedero
9 válido
4 vigente

valedor
12 defensor
5 protector
4 tutor

valentía
13 agalla(s)
28 arresto(s)
19 brío
13 coraje
10 intrepidez
7 temple
24 valor
40 ánimo
32 atrevimiento
6 cojones
13 denuedo
7 osadía
14 ◁cobardía

valentón
10 jaque
5 matasiete
18 chulo
15 fanfarrón
18 guapo

valentonada
5 bravuconada

valer(se)
55 amparar(se)
63 apoyar(se)
47 aprovechar(se)
10 ascender
34 auxiliar(se)
45 ayudar(se)
10 bandear(se)
4 costar
38 elevar(se)
11 entidad
23 estar(se)
32 gastar(se)
11 importar
6 influir
37 llegar(se)

30 montar(se)
11 patrocinar
5 prevaler(se)
42 proteger(se)
22 servir(se)
13 significar
21 socorrer(se)
21 sumar(se)
6 utilizar
24 emplear
23 pintar
8 usar

valerosamente
26 atrevidamente

valeroso
27 animoso
32 bellaco
37 bravo
12 denodado
5 esforzado
13 impávido
10 intrépido
7 osado
9 valiente
17 ◁cobarde

valetudinario
6 cacoquimio
3 nonagenario

valía
9 caudal
33 consideración(es)
3 coste
10 estimación
17 importancia
15 interés
1 mérito
3 monta
11 precio
24 valor

validar
23 aprobar(se)
22 autorizar(se)
17 certificar
6 homologar
20 ratificar(se)
6 sancionar

validez
5 autenticidad
8 utilidad
24 valor
3 vigencia
17 fuerza

válido
7 admisible
4 autorizado
11 privado
11 solemne
1 subsistente
2 valedero
4 vigente
19 firme
12 protegido
4 ◁inválido
5 ◁minusválido
15 ◁nulo

valiente
27 animoso
32 bellaco
37 bravo
12 denodado
5 esforzado
13 impávido
10 intrépido
7 osado
9 valeroso
17 ◁cobarde

valientemente
26 atrevidamente
11 bravamente

valija
12 baúl
33 caja
15 maleta

valimiento
30 amparo
41 defensa
3 privanza
13 protección
13 ascendiente
24 auxilio
29 ayuda
16 favor

valioso
26 activo
18 admirable
9 eficaz
8 estimable
10 meritorio
3 preciado
8 provechoso
22 útil
10 caro
14 rico
8 ◁ineficaz
26 ◁despreciable
◁sin valor

valor
18 admiración
13 agalla(s)
13 aprecio
19 brío
21 calidad
13 coraje
3 coste
11 entidad
10 estimación
7 idoneidad
17 importancia
10 intrepidez
3 monta
11 precio
8 significación
12 valentía
10 valía
40 ánimo
20 aptitud
19 ardimiento
14 capacidad
6 cojones
13 denuedo
12 esfuerzo
10 ◁incapacidad
14 ◁cobardía

valoración
9 evaluación
2 justiprecio
8 tasación

valorado
4 ajustado
4 cotizado

valorar

7 estimado
1 tasado

valorar
22 apreciar(se)
24 estimar(se)
7 evaluar
4 justipreciar
31 querer(se)
8 tasar

valores
9 banca

valorizar
6 avalorar
36 liquidar(se)
5 saldar

valsar
16 bailar

valuar
9 aforar
22 apreciar(se)

valumen
10 lozanía
11 frescura

valva
11 concha

válvula
1 diodo
8 lámpara

valla
0 cerca
4 estacada
6 muro
1 palizada
9 tapia
9 vallado
12 cercado

valladar
23 barrera
41 defensa
10 obstáculo
8 ◁*facilidad*

vallado
3 acasamatado
8 barda
23 barrera
8 cerca
27 cerrado
7 cuenca
7 empalizada
7 valla
5 cierro

vallar
12 cercar
37 cerrar(se)
7 emparedar(se)
35 ◁*abrir(se)*
◁*descercar*

valle
12 cañón
7 cuenca
23 depresión
7 hoya
2 nava
2 tálea
10 arroyada
12 cajón
6 campiña

vampiro
11 cadáver

vanagloria
20 engreimiento
5 envanecimiento
9 fatuidad
26 hinchazón
11 jactancia
12 presunción
3 fanfarronería
10 ◁*humildad*

vanagloriarse
6 engreírse
6 fanfarronear
38 hinchar(se)
29 jactar(se)
9 alardear
6 envanecerse
16 presumir
12 ufanar

46 ◁*humillar(se)*

vanamente
5 baldíamente

vandálico
18 cruel
6 demoledor
7 despiadado
5 devastador
8 encarnizado
19 salvaje
1 ◁*civilizado*

vandalismo
15 brutalidad
6 salvajada

vándalo
24 brutal
19 salvaje

vanguardia
4 avanzada
12 desarrollo
6 evolución
6 frente
12 progreso
14 ◁*detención(es)*
3 ◁*retaguardia*

vanguardista
33 atrevido
18 audaz
6 moderno
33 ◁*antiguo*
21 ◁*corto*

vanidad
22 aparato
20 engreimiento
5 envanecimiento
26 hinchazón
11 jactancia
12 presunción
8 solemnidad
6 ufanía
9 fausto
13 lujo
18 orgullo

7 petulancia
13 pompa
7 soberbia
10 ◁*humildad*

vanidosa
2 mica

vanidoso
22 creído
8 fatuo
22 preciso
28 engreído
15 fanfarrón
12 jactancioso
19 orgulloso
9 presumido
13 presuntuoso
17 soberbio
13 ◁*humilde*

vanilocuencia
1 insubstancialidad

vanilocuente
3 insubstancial
4 locuaz

vanistorio
6 ridiculez
14 vanidad

vano
22 creído
16 fantástico
8 fatuo
19 hueco
11 incapaz
0 ineficaz
6 infructuoso
5 infundado
1 injustificado
9 insustancial
11 irreal
5 oquedad
8 quimérico
16 vacío
37 agujero
28 engreído
19 hinchado
16 inútil
9 presumido

13 presuntuoso
10 vanidoso
13 ◁humilde

vapor
3 neblina
7 niebla
5 vaho

vaporario
2 sauna

vaporización
5 aerosol

vaporizar
3 fumigar
6 gasificar

vaporoso
27 delicado
16 fino
23 ligero
11 sutil
7 tenue
11 delgado
4 ◁consistente

vapulación
17 azotaina

vapulado
10 azotado

vapular
40 azotar(se)

vapuleado
5 abatanado
10 azotado
5 golpeado

vapulear
40 atizar(se)
23 cascar(se)
38 pegar(se)
20 zurrar(se)
24 golpear

vapuleo
2 felpa
33 paliza(s)

6 somanta
13 zurra

vápulo
17 azotaina
26 azote

vaquería
8 granja
4 grey
3 lechería
8 rancho
7 rebaño
3 vacada
8 manada
4 tambo

vaquerizo
7 vaquero

vaquero
4 ganadero
2 novillero
17 pastor
1 vaquerizo
26 azote
8 látigo
⇨estudiante que hace novillos

vaqueta
7 informal
6 trapacero

vaquetón
11 calmoso
13 tranquilo
11 descarado
27 desvergonzado

vara
8 garrocha
14 palo
7 puya
13 ascendiente
26 autoridad
20 bastón
14 garrote
10 influencia
6 listón
13 pica

varadura
2 anclado

varapalo
6 bastonazo
3 estacazo
2 felpa
33 paliza(s)
4 vapuleo
10 garrotazo
6 somanta

varar
7 encallar

varazo
6 bastonazo
4 cachiporrazo
7 cantazo
5 lapo
14 palo
10 garrotazo
2 juapao

varbasco
1 gordolobo
2 verbasco

vareador
3 garrochista

varear
11 apalear(se)
2 bastonear
1 batojar
4 bejuquear
3 garrochar

varenga
3 orenga

vareta
12 alusión
13 banderilla

variabilidad
10 incertidumbre
10 versatilidad

variable
9 cambiante
9 frívolo

7 incógnita
11 inestable
10 mudable
6 veleidoso
12 versátil
20 ◁serio
7 ◁constante

variación
21 alteración
6 complejidad
4 heterogeneidad
11 mudanza
8 transformación
5 transposición
6 traslación
5 variedad
19 cambio
12 mezcla
2 ◁permanencia
4 ◁uniformidad

variado
5 cambiado
15 compuesto
6 mixto
7 polícromo
3 polifacético
21 accidentado

variante
4 circunvalación
12 desvío
2 encurtido
10 atajo
12 senda
7 vereda

variar(se)
39 alterar(se)
19 brujulear
3 diversificar
14 modificar(se)
32 mudar(se)
13 renovar
16 transformar(se)
10 transponer(se)
26 trasladar(se)
46 cambiar
9 ◁permanecer

6 ◁*tipificar*

varice
9 abultamiento
8 dilatación
26 hinchazón
1 variz

varicela
6 costra(s)
7 erupción
13 manchas

variedad
6 complejidad
11 diferencia
10 diversidad
4 heterogeneidad
10 variación
4 ◁*uniformidad*

varilarguero
3 garrochista

varilla
3 asador
5 baqueta
20 barra
9 barrote
4 batuta
3 cabilla
18 molestia(s)
10 perjuicio

varillaje
2 bastidor
3 entramado
9 armazón

vario
9 cambiante
13 complejo
10 diferente
10 distinto
4 diverso
9 frívolo
7 heterogéneo
13 inconstante
11 inestable
8 mezclado
10 mudable
6 veleidoso

3 ◁*homogéneo*

varios
4 algunos

variz
4 varice

varón
10 hombre
14 macho
10 machote
9 madero
4 tablón
2 tío

6 ◁*hembra*

varona
7 hombruna

varonil
2 agalludo
27 animoso
9 brioso
12 denodado
5 esforzado
2 masculino
2 viril
9 valeroso
9 valiente

7 ◁*femenino*
17 ◁*cobarde*

vasallaje
1 enfeudación
2 pleitesía
12 reconocimiento

vasallo
12 ciudadano
3 feudatario
6 súbdito
3 tributario

vasar
15 anaquel
3 sobrado

vasco
1 eusquera
1 vascuence

1 vizcaíno

vascuence
3 vasco

vasera
11 bandeja

vasija
13 ampolla
6 ánfora
8 barquino
6 barreño
8 belez
5 bombona
34 bote
8 botijo
6 búcaro
18 caldera
5 cantimplora
2 hidria
1 matraz
4 poma
5 recipiente
1 retorta
4 taza
3 termo
2 tinaja
6 cambímbora
1 bacía
4 callana
8 canco
7 cantina
5 cuenco
8 jaba
2 tatuca

vasito
6 cubilete

vaso
7 arteria
5 bernegal
6 búcaro
2 cáliz
11 casco
9 cristal
6 cubilete
9 chato
7 florero
5 recipiente
7 cantina

13 copa
5 cuenco

vasomotor
7 nervioso

vástago
13 brote
5 descendiente
12 hijo
2 renuevo
6 retoño
7 hijuelo

vastedad
9 amplitud
8 infinidad

vasto
32 ancho
11 dilatado
9 extendido
8 extenso
20 amplio

19 ◁*estrecho*

vate
5 aedo
8 bardo
5 juglar
9 poeta
4 rapsoda

vaticinador
20 adivino
4 anunciador
4 profeta

vaticinar
39 anunciar(se)
10 augurar(se)
8 predecir
5 profetizar
4 pronosticar

vaticinio
9 augurio
10 predicción
5 profecía
10 promesa
6 pronóstico

vaya
103 burla

véase
4 vide

vecina
10 comadre

vecindad
19 cercanía(s)
12 ciudadanos
14 habitantes
1 inmediatez
17 proximidad(es)
3 vecindario
31 contornos
6 inmediaciones

vecindario
7 municipio
8 vecindad
17 pueblo

vecindarios
13 población

vecino(s)
15 adyacente
24 aledaño(s)
10 contiguo
14 habitante
7 limítrofe
9 lindante
2 morador
7 municipio
18 parecido
13 población
11 semejante(s)
17 pueblo
3 ◁alejado
5 ◁desemejante

veda
1 concia
8 coto
8 impedimento
5 prohibición
1 vedamiento
2 veto
7 ◁autorización

18 ◁libertad

vedado
6 acotado
8 parque
12 cercado
6 prohibido

vedamiento
6 veda

vedar
15 embarazar(se)
28 estorbar(se)
17 obstaculizar
23 privar(se)
11 prohibir(se)
13 impedir
25 ◁permitir(se)

vedegambre
1 eléboro

vedeja
2 guedeja
4 pelambrera
4 cabellera
4 melena
7 ◁calvicie

vedija
7 pelo
36 cabello
3 greña

vedismo
2 hinduismo

vega
5 jardín
5 vergel
5 huerta

vegetación
2 flora

vegetal
14 planta

vegetalista
2 vegetariano

vegetar
9 apoltronarse
8 holgazanear
3 vaguear

vegetarianismo
2 naturismo

vegetariano
1 naturista
1 vegetalista

veguer
6 juez
2 magistrado

veguero
8 cigarro
4 habano

vehemencia
22 ardor
6 descomedimiento
5 fogosidad
12 fuego
11 furia
9 intensidad
16 pasión
21 violencia
4 virulencia
23 viveza
10 fiebre
10 ímpetu
6 ◁contención
26 ◁calma

vehemente
18 airado
34 apasionado
14 ardoroso
1 enfebrecido
1 enfervorizado
5 exaltado
1 extremoso
8 febril
9 fogoso
12 impetuoso
13 rabioso
11 virulento

11 ◁calmoso

vehículo
3 ambulancia
17 disolución
3 faetón
3 vagón
4 volquete
15 auto
10 coche

veinteañero
8 adolescente

veintenero
2 sochantre

vejación
8 desprecio
6 difamación
15 humillación
2 maltrato
9 mortificación
14 ofensa
7 chacota
33 ◁consideración(es)
9 ◁elogio
29 ◁alabanza

vejado
3 avasallado
2 mortificado
1 ofendido
6 perseguido
6 maltratado
1 ◁elogiado
1 ◁enaltecido
2 ◁rehabilitado

vejamen
21 afrenta
14 ofensa
12 cabronada
11 putada

vejar
13 avasallar(se)
8 escarnecer
23 mortificar(se)
33 ofender(se)

vejatorio

10 oprimir

vejatorio
5 avasallador
5 escarnecedor
4 mortificante
5 ofensivo

vejestorio
17 cuero
22 viejo
33 anciano

vejete
33 anciano

vejez
14 ancianidad
17 antigüedad
2 carrocería
5 decrepitud
4 desgaste
5 longevidad
7 senectud
4 vetustez
6 chochez
6 ◁ niñez

vejiga
13 ampolla
1 zambomba
10 burbuja
3 copucha

vejiguilla
2 alquequenje

vejuco
1 barbasco

vela
2 candela
9 centinela
5 cirio
22 cuidado
5 lona
2 velamen
7 vigilancia
7 bujía
19 guardia
9 hacha

9 loro
7 reconvención
36 represión

velacho
4 gavia

velada
6 tertulia

velado
7 cubierto
17 escondido
16 oculto
6 tapado
1 disimulado
11 ◁ manifiesto

velador
5 celador
7 guardián
1 mesita
20 vigilante

veladura
12 paño

velamen
5 trapío
13 vela

velar(se)
32 atender(se)
7 celar
51 cubrir(se)
22 cuidar(se)
9 custodiar
20 desfigurar(se)
24 disfrazar(se)
13 disimular
31 encubrir(se)
7 enmascarar
32 envolver(se)
10 esconder
44 guardar(se)
41 ocultar(se)
42 proteger(se)
17 revestir(se)
7 sepultar
10 solapar(se)
11 soterrar(se)
22 tapar(se)

2 trasnochar
2 entaparar
4 limosnear
17 pedir
12 sellar
11 vigilar
13 ◁ destapar(se)
11 ◁ exhibir(se)
9 ◁ notificar

velatorio
14 acompañamiento
13 vela

veleidad
11 antojo
8 inconstancia
13 ligereza
10 versatilidad
15 capricho

veleidoso
8 antojadizo
12 caprichoso
13 inconstante
23 ligero
10 mudable
12 versátil

velejero
11 malicioso
9 perverso

velero
9 barco
4 goleta

veleta
9 frívolo

veliz
2 maletín
⇨ fin de semana

velo
18 disimulo
8 excusa
5 manto
5 pretexto(s)
3 subterfugio

21 capa
13 cobija
5 mantilla

velocidad
12 agilidad
8 celeridad
8 presteza
12 prontitud
7 rapidez
23 viveza
16 diligencia
17 actividad
10 ◁ lentitud
8 ◁ torpeza

velocímetro
2 cuentakilómetros

velón
38 alumbrado

veloz
3 acelerado
15 arrebatado
8 febril
12 impetuoso
23 ligero
4 presuroso
5 raudo
28 vivo
25 pronto
19 rápido
11 ◁ calmoso
11 ◁ lento

vellera
11 barbero

vello
6 pelusa

vellón
2 lana
5 toisón

vellorita
2 maya
3 primavera

velloso
6 velludo

velludillo
2 felpa
2 terciopelo

velludo
6 afelpado
6 algodonado
6 aterciopelado
5 lanudo
2 piloso
1 velloso
4 ◁lampiño

vena
13 inspiración
3 numen
8 filón
4 veta

venablo
7 flecha
7 lanza
7 saeta
14 dardo

venación
11 caza

venado
1 ciervo
5 contrabando
3 corzo
2 matute
9 meretriz
17 ramera

venal
3 corruptible
3 sobornable
10 ◁incorruptible

venalidad
8 corrupción
12 inmoralidad
4 soborno
7 ◁honradez

venático
8 maniático
20 loco

venatorio
1 cinegético

vencedor
3 ganador
1 triunfador
4 ◁perdedor

vencejo
2 arrejaque
1 oncejo

vencer(se)
15 acogotar
39 aguantar(se)
41 allanar(se)
45 aplastar(se)
8 arrollar
20 aventajar(se)
40 batir(se)
21 contener(se)
10 derrotar
39 deshacer(se)
24 destrozar(se)
18 domar(se)
46 dominar(se)
40 ganar(se)
30 hundir(se)
8 merendar(se)
2 noquear
21 postrar(se)
52 reducir(se)
23 refrenar(se)
21 reprimir(se)
9 revolcar(se)
47 romper(se)
22 salvar(se)
23 sofocar(se)
40 someter(se)
14 sujetarse
16 superar(se)
8 triunfar
29 aniquilar
18 apear(se)
16 atentar
8 azorrillar(se)
3 causear
7 copar

3 engubiar
7 halar
10 sobar
38 ◁perder(se)

vencible
3 eluctable

vencido
19 caído
11 decadente
10 desharrapado
8 destrozado
3 devengado
9 rendido
3 ◁invicto
7 ◁conquistador

vencimiento
10 plazo
14 término

venda
6 apósito
5 faja
7 gasa
4 suspensorio
41 banda
11 tira

vendaje
6 apósito

vendar
2 entablillar
4 enyesar
3 escayolar
37 ligar(se)
61 atar
6 fajar
14 sujetar

vendaval
27 despachar(se)
30 enajenar(se)
36 liquidar(se)
7 malbaratar
3 malvender
5 saldar
2 traicionar
10 delatar

11 denunciar
11 huracán
9 ◁comprar

vendedor
5 chalán
8 empleado(s)
1 expendedor
4 feriante
14 comerciante
5 mercachifle
5 tendero

vender
8 alienar(se)
11 comerciar
27 despachar(se)
30 enajenar(se)
19 especular
2 expender
2 mercar
25 realizar(se)
4 revender
12 conchabar
19 trocar
16 ◁adquirir
9 ◁comprar

vendetta
3 venganza

vendible
1 enajenable
1 negociable
2 venal
1 ◁invendible

vendido
2 cedido
8 delator
17 enajenado
8 denunciante
10 traidor
10 ◁leal
22 ◁noble

vendimia
10 cosecha

vendimiar
5 cosechar
47 recoger(se)

veneno

   4 recolectar
 15 ◁*sembrar*

veneno
 10 bebedizo
  2 ponzoña
  2 tósigo

venenoso
  2 letal
  5 mefítico
  5 ponzoñoso
    ◁*inocuo*

venerable
  8 estimable
  9 honorable
 10 respetable

veneración
  8 acatamiento
 13 culto
  6 entronización
  7 idolatría
 13 respeto(s)
 12 homenaje
 10 reverencia

venerador
  4 cultor

venerar
 12 adorar(se)
 24 honrar(se)
  8 respetar
  7 reverenciar
 22 ◁*deshonrar(se)*

venéreo
  6 genésico
  8 genital(es)
  5 sexual

venero
 13 origen
 19 principio(s)
 14 causa
 13 fuente
 13 manantial

venez
  5 fleta

vengador
  7 justiciero
  3 vengativo
  1 vindicatorio
    ◁*perdonador*

venganza
  5 desquite
  5 represalia
  1 revancha
  6 ◁*perdón*

vengar(se)
  2 desquitar
  4 desquitarse
  2 talionar
  7 vindicar
 19 cobrar
  9 ◁*perdonar*

vengativo
  3 rencoroso
  6 sanguinario
  3 vengador

venia
 15 anuencia
  7 autorización
 16 licencia
  7 permiso
  5 ◁*prohibición*

venial
  1 intrascendente
 23 ligero
  7 menor
 14 pequeño
 10 ◁*mortal*

venida
  4 advenimiento
  2 llegada

venidero
 10 futuro

venir(se)
 17 acontecer
  9 advenir
 38 andar
 27 aparecer(se)
  6 arribar
  3 comparecer
 63 dar(se)
 11 emanar
 46 ir(se)
 37 llegar(se)
  6 ocurrir
 21 proceder
  8 provenir
  9 recorrer
 13 suceder
 27 volver(se)
 62 caer
  7 regresar
  8 retornar
 25 ◁*encaminar(se)*
 21 ◁*partir*

venoso
  3 capilar

venta
 14 enajenación
  4 mesón
  5 parador
  8 posada
 10 transacción
 12 cesión
 11 fonda
  2 hostal
  6 ◁*compra*

ventaja
  6 breva
  6 excelencia
 10 fruto
  9 ganancia(s)
  5 preeminencia
  6 prelación
  8 utilidad
 19 adelantamiento
 11 chollo
 11 ganga
  4 momio
  8 provecho
  9 superioridad
  3 usura

  5 ◁*desventaja*

ventajista
  9 aprovechado
  8 desaprensivo
  3 oportunista
 33 pícaro
 13 ◁*escrupuloso*
  6 ◁*moral*

ventajosamente
 15 afortunadamente

ventajoso
  5 aconsejable
  5 aventajado
 45 bueno
 12 cómodo
  4 convenible
  8 provechoso
  4 ◁*contraproducente*
  6 ◁*mortífero*
  4 ◁*suicida*

ventalle
  5 brisa
 14 aura
 16 abanico

ventana
 13 portillo
  1 tragaluz
  3 ventano

ventanal
  2 ajimez
 11 tributo
  3 vidriera
 12 balcón

ventanilla
  8 taquilla

ventano
  6 tronera
  3 ventana
  2 ventanuco

ventanuco
  6 tronera
  3 ventano

ventarrón
10 vendaval
13 goma

ventear
26 atisbar(se)
6 engreírse
17 husmear
6 envanecerse
7 fisgar

ventero
2 hostelero
3 mesonero
4 posadero

ventilación
2 aeración
46 aire(s)
2 aireación

ventilado
2 aireado
1 gestionado
1 refrescado
3 renovado
13 resuelto
21 seco
4 terminado

3 ◁asfixiante
10 ◁cargado
19 ◁pendiente

ventilador
22 aparato
2 molinete

ventilar
16 airear(se)
13 analizar(se)
6 dilucidar
11 estudiar
41 examinar(se)
2 orear
7 purificar
16 resolver(se)
35 tratar(se)

ventilarse
2 desapolillarse

ventisca
1 nevasca

ventisquear
1 nevar

ventisquero
3 glaciar
3 helero

ventolera
2 molinete
13 goma

ventolín
10 buhardilla
13 desván

ventorrero
6 alcarria

ventorrillo
8 posada

ventosa
25 abertura
3 respiradero
4 succión

ventosear(se)
1 peder
2 zullarse
9 bufar
16 desgraciar

ventosidad
11 flatulencia
1 gases
1 mofeta
5 pedo
9 cuesco

ventoso
6 huracanado
3 pedorro

ventral
1 abdominal
2 intestinal

ventregada
2 cachillada

ventrera
10 cinturón

ventriculo
8 cavidad
5 oquedad

ventura
11 acaso
8 contingencia(s)
7 dicha
9 felicidad
13 fortuna
6 sucedido
17 suerte
4 ◁desventura

venturosamente
15 afortunadamente

venturoso
3 sortudo
14 afortunado
12 dichoso
11 feliz
14 ◁desgraciado

venus
10 beldad
24 belleza
8 hermosura
3 ◁fealdad

venustez
24 belleza

venustidad
10 beldad
24 belleza

venusto
38 bello
12 hermoso

ver
22 adivinar
25 admirar(se)
24 apercibir(se)

12 avistar(se)
9 catar
14 columbrar
13 contemplar(se)
35 distinguir(se)
6 divisar
22 hallar(se)
18 notar
19 observar
16 percibir
6 presenciar
22 reconocer
3 luquear
25 mirar
3 obenquiar
5 virar

vera
32 borde

veracidad
10 fidelidad
10 formalidad
12 sinceridad
6 verdad

5 ◁bluf
5 ◁falseamiento
3 ◁falsía
3 ◁gatatumba
11 ◁monsergas

veralca
13 alfombra

veranda
6 cenador

veraneante
6 forastero
13 ocioso
2 turista

veraniego
1 estival

verano
1 estío

veraz
14 sincero
2 verídico
24 abierto

verbal

21 auténtico
16 franco
10 ◁*mentiroso*

verbal
2 oral

verbasco
1 gordolobo
2 varbasco

verbena
3 sarao
1 velada
20 fiesta
3 guateque

verbenear
10 bullir
6 hormiguear

verbenero
5 concurrido
36 alegre
21 ◁*callado*
5 ◁*silencioso*

verberación
17 azotaina

verberar
40 azotar(se)

verbo
8 palabra
17 clase
19 género

verborrea
3 decideras
9 habladuría
5 locuacidad
7 palique

verbosidad
4 labia
5 locuacidad
1 parlería
6 charlatanería
4 ◁*concisión*

15 ◁*reserva(s)*

verdad
9 certeza
3 efectividad
11 franqueza
7 realidad
12 sinceridad
4 veracidad
10 ◁*falsedad*
15 ◁*mentira*

verdaderamente
8 actualmente

verdadero
22 cierto
4 corpóreo
8 efectivo
23 material(es)
10 positivo
10 real
14 sincero
5 veraz
2 verídico
3 empírico
16 franco
13 ◁*inmaterial*
21 ◁*falso*
10 ◁*mentiroso*

verde
10 lúbrico
5 picante
10 rijoso
10 cachondo
12 hierba
13 lascivo
10 lujurioso
9 pasto
14 salido

verdear
1 rebrotar
4 reverdecer

verdecer
4 reverdecer

verdecillo
4 verderón

verdemar
3 glauco

verderol
2 berberecho
4 verderón

verderón
2 berberecho
1 verdecillo
2 verderol
1 verdezuelo

verdezuela
3 colleja

verdezuelo
4 verderón

verdín
4 cardenillo

verdor
6 juventud
10 lozanía
7 vigor

verdoso
2 aceitunado
7 caquéctico
6 cetrino
3 glauco
5 kaki

verdugazo
7 flagelación
5 latigazo
26 azote
17 castigo
22 ◁*cuidado*
10 ◁*mimo(s)*

verdugo
5 alcaudón
6 castigador
8 flagelo
2 ganzúa
6 martirizador
4 victimario
34 avaro
26 azote

verdugón
18 camote

verduguillo
1 estoque
19 pendiente

verdulería
6 ordinariez

verdulero
1 bercero
4 hortelano

verdura
3 colleja
2 hortaliza
2 legumbre
10 lozanía

verdusquería
9 lujuria
8 salacidad
10 sensualidad

vereco
7 bizco
3 estrábico

verecundo
5 avergonzado

vereda
8 acera
10 atajo
26 camino
12 senda
4 trilla
5 trocha
6 variante

veredicto
11 arbitraje
5 dictamen
10 fallo
15 sentencia(s)
15 juicio

verga
4 botavara
7 falo
5 juanete

1 entena
15 disciplina
5 pene
6 picha
6 pito
12 polla

vergajazo
2 trallazo
5 latigazo

vergajo
4 fusta
5 tralla
26 azote
8 látigo

vergel
6 espesura
5 jardín
9 bosque
5 huerta
4 selva

vergonzante
7 ignominioso

vergonzoso
3 atemorizado
2 deshonroso
14 encogido
4 oprobioso
30 tímido
20 abyecto
33 apocado
21 corto
6 melindroso
9 receloso
12 vil
33 ◁ *atrevido*

vergüenza
9 abyección
15 bochorno
5 corrimiento
12 empacho
6 enrojecimiento
5 pudor
7 pundonor
25 reparo(s)
9 rubor

2 sofoco
5 sonrojo
11 vileza
6 cojones
56 corte
10 escándalo
12 infamia
29 pena
7 ◁ *osadía*

verguer
24 alguacil

verguero
24 alguacil

vericueto
10 atajo

verídico
5 veraz
11 verdadero

verificable
5 comprobable
4 demostrable

verificación
15 acontecimiento(s)
4 fiscalización
20 prueba
4 supervisión
13 contraste

verificador
3 comprobador
1 demostrador
5 examinador
4 inspector

verificar
9 comprobar
9 confirmar(se)
10 demostrar
20 evidenciar
15 justificar(se)
19 probar

verificarse
17 acontecer
27 cumplir(se)
16 efectuar(se)

33 haber(es)
13 suceder

verija
1 pubis

verijón
27 holgazán
13 perezoso

veril
32 borde

veringo
10 desnudo
1 despelotado

verja
1 cancela
8 cerca
2 reja

verme
4 gusano
3 lombriz

vermiforme
2 agusanado

vermífugo
4 calomelanos

vermut
6 aperitivo
2 vino

vernáculo
13 específico
6 nativo
13 propio

vernal
3 primavera

verosímil
10 aceptable
6 creíble
9 plausible
27 posible(s)
8 probable
6 ◁ *inverosímil*

verosimilitud
10 posibilidad(es)
20 apariencia
3 ◁ *inverosimilitud*

verraco
14 cerdo
10 gorrino
6 marrano
7 puerco
4 tocino
12 cochino
10 impertinente
12 majadero

verriondez
25 celo(s)
4 salidismo

verriondo
30 ardiente
3 encelado
10 cachondo
14 salido
25 ◁ *frío*

verruga
9 abultamiento
3 carnosidad
15 bulto
11 chollo
7 prebenda
9 sinecura

versado
14 diestro
8 ducho
7 ejercitado
23 experimentado
8 experto
8 instruido
10 perito
12 práctico
13 ◁ *inexperto*

versalita
1 medialínea

versallesco
12 cortés
7 galante

versar
20 hablar
4 perorar

versátil
8 antojadizo
15 camandulero
9 cambiante
12 caprichoso
9 frívolo
7 inconsecuente
13 inconstante
23 ligero
10 mudable
7 variable
6 veleidoso
10 voluble

versatilidad
11 antojo
10 diversidad
5 inconsecuencia
8 inconstancia
13 ligereza
1 mutabilidad
2 variabilidad
4 volubilidad
15 capricho
7 vacilación
2 ◁*permanencia*

verse
22 hallar(se)
35 mostrar(se)
4 transparentar(se)

versículo
2 antífona

versificación
1 métrica
7 ritmo

versificar
1 metrificar
2 rimar
5 trovar

versión
3 exégesis
10 explicación
13 interpretación

verso
10 bordón
4 envés
6 reverso
19 revés
21 vuelta
3 ◁*prosa*

versus
12 contra
6 frente

versuto
11 malicioso
50 astuto

vertedera
25 arado

vertedero
10 albañal
5 cloaca
7 aljibe
↪pozo negro

vertedor
4 librador

verter
10 derramar
29 difundir(se)
4 diseminar
51 extender(se)
29 propagar(se)
14 vaciar(se)
4 volcar

vertical
3 perpendicular

vértice
3 cenit
3 cúspide
19 punto(s)
17 ápice
26 punta
13 ◁*pie*
21 ◁*base*

verticidad
18 giro
8 orientación

verticilo
2 androceo

vertiente
2 costanera
4 ladera
9 matiz
15 lado
39 aspecto
13 fuente
13 manantial

vertiginoso
3 galopante
19 rápido

vértigo
15 desmayo
4 desvanecimiento
4 vahído
9 mareo
9 patatús
6 soponcio

vertimiento
8 desangramiento

vesania
8 demencia
9 enajenamiento
9 chaladura
2 guilladura
14 locura
7 ◁*cordura*

vesánico
12 alelado
17 enajenado
12 chalado
17 demente
8 ido
20 loco
6 majareta
↪mal de la cabeza
7 ◁*cuerdo*

vesicante
3 rubefaciente

vesícula
13 ampolla

vesperal
2 vespertino

véspero
3 atardecer

vespertino
1 crepuscular
1 vesperal

vestal
2 pitonisa
1 sacerdotisa
1 virgen

vestíbulo
4 antesala
12 cuadra
2 foyer
1 hall
1 lobby
4 recibidor

vestido
4 indumentaria
13 terno
7 vestimenta
8 ropa
11 tira
4 traje

vestidura
3 juba
13 ropaje
7 sayo
13 terno
8 forro

vestigio
17 huella
15 indicio(s)
16 marca
9 rastro
9 resto
27 señal

vestimenta
7 atuendo
24 avío(s)
13 hábito
4 indumentaria
7 sayo
8 ropa
6 vestido

vestir
51 cubrir(se)
5 empapelar
32 envolver(se)
43 llevar(se)
17 revestir(se)

vestirse
9 enfundar(se)
35 poner(se)
11 ◁*desnudar(se)*
11 ◁*despojar*
6 ◁*empelotarse*

vestón
4 americana
9 chaqueta

vestuario
9 equipo

veta
4 vena
10 capote
8 filón
13 clavo

veteado
1 estampado
12 manchado

vetear
1 jaspear
2 listar
8 rayar

veterano
12 aguerrido
11 avezado
9 formado
9 ◁*bisoño*
9 ◁*embrionario*

4 ◁*incipiente*
8 ◁*incompetente*
13 ◁*inexperto*
6 ◁*neófito*
7 ◁*novato*
5 ◁*novicio*
12 ◁*nuevo*
4 ◁*primerizo*
5 ◁*principiante*

veterinario
1 albéitar

vetevé
2 sofá
4 canapé

veto
8 impedimento
5 prohibición

vetustez
14 ancianidad
17 antigüedad
7 senectud
9 vejez

vetusto
2 añejo
3 longevo
5 provecto
22 viejo
33 anciano
33 antiguo
12 carroza
7 retablo
12 ◁*nuevo*
10 ◁*joven*

vez
16 alternación
14 oportunidad
10 rueda(s)
2 mita
4 palomita
6 tanda
11 toque
3 turno

veza
9 algarroba
6 arveja

vía
7 arteria
24 calle
6 cañada
5 carretera
35 medio(s)
26 modo
6 paseo
11 procedimiento
9 ronda(s)
3 rúa
2 trayecto
12 llave
16 avenida
26 camino
7 carril
5 desamparo
10 pista
10 pobreza
10 ruta
12 senda

viabilidad
8 facilidad
10 posibilidad(es)
20 aptitud
15 ◁*dificultad*

viable
27 posible(s)
4 factible
5 hacedero
◁*inviable*

viacrucis
10 calvario
13 dolor
2 estaciones
7 martirio
9 padecimiento
3 recorrido
48 aflicción
12 sufrimiento
20 tormento
14 ◁*descanso*
7 ◁*dicha*
20 ◁*satisfacción*

viajante
15 corredor

viajar
7 peregrinar
34 correr

viaje
10 alucinación
6 excursión
16 éxtasis
12 marcha
3 recorrido
5 travesía
2 trayecto
5 regañina
36 represión
17 reprimenda

viajero
5 caminante
4 excursionista
14 pasajero

vial
17 acceso
24 calle

vianda
4 manjar
35 alimento
23 comida

viandante
5 caminante
4 peatón
4 transeúnte

viandas
8 abarrote

viaraza
11 furia
11 cólera

viático
35 alimento
18 gratificación

víbora
13 serpiente
3 áspid
5 maldiciente

viborear
- 4 caracolear
- 1 culebrear

vibración
- 6 oscilación
- 9 temblor
- 33 agitación

vibrador
- 1 buzzer

vibrante
- 1 cimbreante
- 4 excitante
- 9 intenso
- 1 vibrátil
- 22 fuerte
- 14 ◁débil

vibrar
- 9 blandir
- 8 cancanear
- 11 cimbrear(se)
- 16 emocionar(se)
- 60 excitar(se)
- ⇨ponerse en vilo

vibrátil
- 5 vibrante

vibratorio
- 5 trepidante

vicario
- 5 mosén
- 9 religioso
- 9 sacerdote
- 10 cura

vicia
- 6 arveja

viciado
- 9 depravado
- 16 vicioso
- 13 podrido
- 4 putrefacto
- 6 ◁moral
- 21 ◁puro

viciar(se)
- 7 adulterar
- 13 apestar(se)
- 11 bastardear(se)
- 17 consentir
- 5 depravar
- 29 envilecer(se)
- 4 falsificar
- 6 gangrenar(se)
- 6 mixtificar
- 20 pervertir(se)
- 6 tergiversar
- 44 torcer(se)
- 16 corromper
- 29 ◁educar(se)

vicio
- 7 crápula
- 10 defecto
- 14 desenfreno
- 11 deshonestidad
- 11 imperfección
- 12 inmoralidad
- 12 insuficiencia
- 6 lacra
- 7 sinvergonzonería
- 11 resabio
- 6 tanda
- 10 ◁virtud
- 14 ◁ventaja

vicioso
- 10 calavera
- 11 consentido
- 11 deleitoso
- 7 disoluto
- 9 libidinoso
- 10 lúbrico
- 9 malcriado
- 5 mimado
- 9 perverso
- 9 pervertido
- 2 provisto
- 6 tronera
- 6 sinvergüenza
- 29 abundante
- 13 lascivo
- 14 rico

vicisitud
- 15 acontecimiento(s)
- 13 suceso(s)
- 11 albur

víctima
- 4 martirizado
- 11 muerto
- 10 pasivo
- 4 perjudicado
- 4 ◁victimario

victimario
- 3 asesino
- 8 criminal
- 4 culpable
- 8 verdugo
- 2 ◁mártir
- 4 ◁víctima

victo
- 35 alimento

victoria
- 8 éxito
- 2 triunfo
- 15 ◁derrota

victorioso
- 3 ganador
- 3 invicto
- 7 triunfante
- 2 vencedor
- 4 ◁perdedor

vicuña
- 4 alpaca

vichar
- 5 espiar
- 7 ficgar

vid
- 11 cepa
- 2 parra

vida
- 7 biografía
- 8 dinamismo
- 3 existencia
- 24 hecho(s)
- 6 vitalidad
- 11 vivir
- 17 actividad
- 49 energía
- 17 fuerza
- 7 vigor

vide
- 5 llamada
- 24 nota
- 1 véase
- 21 referencia

videncia
- 4 aruspicina

vidente
- 20 adivino
- 1 médium

videotape
- 1 magnetoscopio

vidorra
- 11 comodidad
- 14 descanso
- 12 holganza
- 12 ocio

vidriado
- 13 barniz

vidriar
- 10 barnizar

vidriera
- 1 cristalera
- 4 ventanal
- 1 vitral

vidriero
- 2 cristalero

vidrio
- 9 cristal

vidriola
- 7 alcancía
- 6 hucha

vidrioso
- 27 delicado
- 5 espinoso
- 6 problemático
- 12 frágil

vieira
11 concha
5 molusco

vieja
3 abuela
7 ◁chica

viejísimo
6 milenario

viejo
18 acabado
3 ajado
15 arcaico
21 caduco
10 decrépito
11 desusado
12 deteriorado
19 estropeado
12 gastado
2 inactual
3 longevo
12 maduro
33 anciano
33 antiguo
3 carcamal
12 carroza
9 chocho
5 matusalén
9 pasado
11 senil
3 vejestorio
8 vetusto
12 ◁nuevo
10 ◁joven

vientecillo
5 brisa
14 aura
4 céfiro

viento(s)
46 aire(s)
5 brisa
4 bufa

14 corriente
12 costumbres
9 creencias
11 flatulencia
13 hábitos
1 lebeche
5 pedo
4 racha
15 torbellino
10 vendaval
5 ventosidad
14 aura
4 céfiro
4 chiflón
6 flato
2 ventarrón

vientre
11 barriga
4 panza
8 tripa(s)
7 abdomen
2 andorga
3 timba

vierteaguas
1 bateaguas
4 moldura
8 puerta(s)
3 ventana

viga
3 arquitrabe
4 bao
2 blinda
2 jácena
7 madera
6 marero

vigencia
7 eficacia
7 legislativo
5 validez
6 ◁abolición

vigente
9 eficaz
16 inmutable
2 valedero
9 válido
6 ◁cancelado

5 quebradizo
1 ◁irrompible
◁sin problemas

4 ◁dimisionario
6 ◁inacabado
9 ◁olvidado

vigía
6 acechador
17 atalaya
9 centinela
4 oteador
9 rondador
2 torrero
2 atisba
19 guardia

vigilado
3 escoltado

vigilancia
47 atención(es)
25 celo(s)
22 cuidado
11 custodia
12 observación
9 ronda(s)
19 guardia
5 ◁despreocupación

vigilante
5 alcaide
9 alerta
4 alerto
5 apostado
8 apresador
4 argos
4 capataz
4 carabinero
5 celador
5 cuidador
5 custodio
6 gendarme
9 guarda
4 oteador
4 policiaco
9 rondador
5 supervisor
4 velador
19 guardia
13 sereno

vigilar
32 atender(se)
22 cuidar(se)

9 custodiar
41 examinar(se)
44 guardar(se)
10 inspeccionar
19 observar
13 curar
10 chotear
12 tantear
⇨estar al tanto
11 ◁desatender

vigilia
4 insomnio
4 trasnochada
3 ◁soñolencia

vigor
20 aliento
6 vitalidad
23 viveza
17 actividad
8 canilla
49 energía
17 fuerza
4 ◁endeblez

vigorizador
6 beneficioso
5 energético
1 fortificante
4 reconfortante
7 reparador

vigorizante
5 energético
7 reparador
4 tónico

vigorizar
10 acerar(se)
20 atirantar(se)
16 entonar(se)
13 fortalecer(se)
18 fortificar
19 nutrir(se)
14 reanimar(se)
7 reconstituir
9 reforzar
7 rejuvenecer(se)
4 tonificar

vigorizarse
4 reverdecer

vigorosamente
26 atrevidamente

vigoroso
26 activo
9 enérgico
8 robusto
7 vital
22 fuerte
14 ◁débil

vigota
6 garrucha

vihuela
5 guitarra

vil
8 alevoso
40 bajo(s)
32 bellaco
10 canalla
8 granuja
10 indigno
13 infame
4 malsín
6 sinvergüenza
20 abyecto
19 chivato
11 pillo

vilayato
9 territorio
2 provincia

vilera
19 atadura

vileza
9 abyección
  bellaquería
3 deslealtad
7 indignidad
9 infidelidad
10 ruindad
7 sinvergonzonería
10 villanía
12 infamia

7 maldad
7 traición

vilipendiador
5 vituperador

vilipendiar
14 denostar
12 despreciar
16 injuriar
10 insultar
9 menospreciar
33 ofender(se)
45 hartar
16 infamar
⇨echar pestes
⇨hablar mal
⇨hacer de menos
⇨poner verde

vilipendio
21 afrenta
11 denigración
9 deshonra
6 difamación
14 menosprecio
10 oprobio
10 ultraje

vilipendioso
2 afrentoso
11 calumniador
4 denigrante
5 escarnecedor
7 ignominioso
2 ◁alabancioso
2 ◁honroso

vilmente
4 abaldonadamente

vilordo
11 calmoso

vilorta
25 arado

vilote
17 cobarde
9 pusilánime

vilque
6 ánfora
2 tinaja

villa
24 ayuntamiento
6 burgo
4 ciudad
11 localidad
13 población
6 quinta
4 urbe
31 aposento
19 plaza
17 pueblo

villancico
10 canción
21 cantar
8 cántico
8 poesía
7 tonada

villanesca
10 canción
2 danza

villanía
6 alevosía
13 bajeza
3 deslealtad
7 indignidad
9 infidelidad
10 ruindad
7 sinvergonzonería
11 vileza
12 infamia
7 traición

villano
8 alevoso
32 bellaco
10 desleal
10 indigno
13 infame
2 lugareño
6 sinvergüenza
20 abyecto
12 aldeano
17 campesino
13 labriego

11 patán
17 rústico
10 traidor
12 vil

villoría
13 alquería

villorrio
3 aduar
9 aldea
6 burgo
21 lugar
6 caserío
17 pueblo

vimbre
1 mimbre

vinagrera
2 acedera
4 acedía

vinagreras
1 aceiteras
17 angarilla(s)
1 vinajeras

vinagreta
6 adobo
11 aliño
3 condimento
8 salsa

vinajeras
3 vinagreras

vinculación
5 coherencia
7 consonancia
8 correspondencia
7 dependencia
13 enlace
7 fusión
10 maridaje
6 unidad
19 unión
11 conjunción
8 empalme
20 relación
13 lazo
7 trabazón

vinculado
13 anejo
19 anexo
7 casado
5 concomitante
3 conexo
7 emparentado
9 inseparable
11 pariente
6 relacionado
10 adherente

vincular
48 asociar(se)
5 conexionar
8 coordinar
7 entreverar
74 juntar(se)
49 reunir(se)
79 unir(se)
64 ◁*separar(se)*

vincularse
48 asociar(se)
7 coligar(se)
5 entroncar
61 atar
19 ◁*desvincular(se)*

vínculo
19 atadura
3 ligamen
19 unión
8 conexión
28 asociación
13 lazo
19 reunión

vindicación
2 rehabilitación
4 reivindicación
3 venganza

vindicar
55 amparar(se)
11 defender
8 disculpar
26 excluir(se)
6 exculpar
42 proteger(se)
5 vengar(se)

vindicatorio
3 vengador

viniebla
2 cinoglosa

vino
16 caldo
1 morapio

vinoso
7 alazán
2 báquico

viña
8 campo
3 majuelo
5 parral

viñedo
5 parral

viñeta
9 dibujo
5 distintivo
14 emblema
15 ilustración
19 insignia(s)
21 adorno

violáceo
6 amoratado
6 violeta

violación
2 forzamiento
4 incumplimiento
15 infracción
3 inobservancia
2 quebrantamiento
4 transgresión
17 fuerza

violado
6 violeta

violador
12 delincuente
1 forzador
8 infractor
4 vulnerador

violar
8 conculcar
10 forzar
9 infringir
29 quebrantar(se)
41 quebrar(se)
6 transgredir
20 violentar(se)
14 vulnerar
14 calzar
27 ◁*cumplir(se)*

violencia
5 acometividad
9 agresión
13 arrebato
5 brusquedad
9 coacción
4 constreñimiento
13 crueldad
9 desfloración
12 dureza
8 ensañamiento
7 exabrupto
10 exceso
11 ferocidad
11 furia
8 furor
9 intensidad
4 profanación
12 vehemencia
14 atropello
9 garnacha
2 pecha

violentar(se)
40 agitar(se)
19 airar(se)
6 amordazar
80 burlar(se)
21 contener(se)
6 crispar(se)
8 desvirtuar(se)
46 dominar(se)
9 exigir
10 forzar
3 ganzuar
25 obligar(se)
23 refrenar(se)
21 reprimir(se)
22 retorcer(se)
6 tergiversar

violar
18 acometer
16 atentar
7 desvirgar
9 violar

violento
7 agresivo
18 airado
15 arrebatado
12 brusco
30 duro
9 enérgico
13 feroz
12 impetuoso
8 implacable
9 impulsivo
12 vehemente
22 fuerte
11 iracundo
13 ◁*tranquilo*
42 ◁*blando*

violero
2 mosquito

violeta
6 amoratado
3 índigo
7 malva
2 violáceo
1 violado
10 morado

violín
2 matalote
7 jamelgo
10 rocín

violón
1 contrabajo

violoncelo
1 chelo

vira
3 cerquillo

virador
17 cabrestante

virago
2 machorra
2 marimacho

viraje
18 giro

virar
8 girar
44 torcer(se)
29 desviarse
25 mirar
19 ver

virgen
8 doncella

virgiliano
9 bucólico

virginal
11 limpio
21 puro

virginidad
6 candor
2 doncellez
11 ingenuidad
9 pureza
11 sencillez
6 ◁retorcimiento

virgo
3 membrana
5 película
5 virginidad
3 himen

virguería
10 exceso
8 refinamiento
21 adorno
6 ◁sobriedad

vírgula
9 abreviatura
9 acento
5 tilde

viril
2 masculino
9 varonil

virilidad
5 hombría
1 masculinidad
6 reciedumbre
24 valor
49 energía
11 entereza
7 madurez
1 ◁femineidad
10 ◁timidez

virola
21 anillo

virolento
2 sipo

virote
13 ballesta
5 jara
103 burla

virrey
3 jedive
2 kedive

virtual
17 aparente
7 eventual
4 imaginado
9 imaginario
5 implícito
7 intrínseco
11 irreal
27 posible(s)
3 potencial
8 probable
8 supuesto
5 tácito
10 ◁actual
4 ◁explícito

virtualidad
7 eficacia
43 poder(es)
15 potencia
10 virtud

14 capacidad
49 energía
17 fuerza

virtud
27 bondad
7 eficacia
11 honestidad
4 moralidad
43 poder(es)
15 potencia
7 virtualidad
14 capacidad
49 energía
17 fuerza
11 ◁vicio

virtuosamente
6 rectamente

virtuosismo
17 competencia
18 habilidad
5 experiencia
24 arte
12 ◁ignorancia
4 ◁incompetencia

virtuoso
10 artista
45 bueno
12 honesto
6 moral
18 sano
12 ◁deshonesto

virulencia
10 acrimonia
9 intensidad
7 malignidad
12 vehemencia

virulento
7 agresivo
9 intenso
11 malicioso
5 ponzoñoso
6 sañudo
2 tóxico
3 venenoso
15 acre

12 enorme
22 fuerte
23 grande
◁inocuo
19 ◁suave

virus
5 bacilo
4 microbio
1 toxina

viruta
16 residuo
5 colocho

vis à vis
3 encarado(s)
12 enfrentados

vis cómica
18 gracia(s)

visa
3 visado

visado
2 documento
7 permiso
1 visa
5 ◁prohibición

visaje
31 ademán
11 gesto(s)
4 mueca(s)
18 cara

visar
23 aprobar(se)
22 atestiguar(se)
17 certificar
5 pasaportar
5 rubricar

víscera
1 chichorra
16 entraña(s)
4 menuceles

vísceras
6 asadura
6 intestino(s)

8 tripa(s)

viscosidad
3 gelatina
3 mucílago
7 untuosidad
20 adherencia

viscoso
3 glutinoso
3 mucilaginoso
7 pegadizo
6 pegajoso

visera
10 biombo
25 cabaña

visible
28 claro
6 conspicuo
8 destacado
14 evidente
18 importante
11 incuestionable
1 indubitable
15 indudable
11 manifiesto
12 obvio
5 ostensible
10 palmario
7 palpable
5 ◁*velado*

visiblemente
10 claramente

visillo
4 colgadura
6 cortina
1 cortinilla

visión
12 adefesio
8 aparición
3 espantajo
8 vista
8 espectro
10 fantasma
3 guiñapo
4 monigote

15 sombra
19 ver

visionario
3 espiritista
4 iluminado
11 iluso
4 utopista

visita
2 entrevista

visitado
6 frecuentado

visitador
4 inspector
5 registrador

visitante
6 forastero
5 invitado
2 turista
1 visita
7 ◁*anfitrión*
6 ◁*indígena*

visitar
6 cumplimentar
2 entrevistar
1 saludar

visitarse
31 relacionar(se)

vislumbrar
20 barruntar(se)
14 columbrar
8 conjeturar
6 entrever
31 imaginar(se)
18 oler(se)
23 sospechar(se)
⇨dar en la nariz

vislumbrarse
6 traslucir(se)

vislumbre
11 barrunto
3 centelleo
9 conjetura

7 destello
8 imaginación
15 indicio(s)
16 reflejo
6 resplandor
6 sospecha

viso(s)
3 centelleo
7 destello
3 enagua
15 exterior
26 juego(s)
16 reflejo
6 resplandor
20 apariencia
39 aspecto
22 figura
7 saya

visor
4 mira
5 ocular

vísperas
15 anochecer

vista
9 previsión
6 sagacidad
6 sesión
47 astucia
14 causa
15 juicio
19 ver
10 visión
9 ◁*imprevisión*

vistazo
3 mirada
2 ojeada

visto
5 trillado
9 tópico

vistosidad
7 majeza

vistoso
38 bello
34 brillante

3 esplendente
8 fulgurante
12 hermoso
5 lucido
14 precioso
11 resplandeciente
35 atractivo
6 ◁*apagado*

visual
5 ocular
3 óptico

visualización
2 display

vital
2 fisiológico
12 imprescindible
13 indispensable
2 neurálgico
10 pletórico
22 preciso
5 vigoroso
4 ◁*mortuorio*

vitalicio
14 duradero
9 eterno
7 indefinido
5 ◁*pasadero*
7 ◁*transitorio*

vitalidad
5 longevidad
14 movilidad
10 vida
10 empuje
9 nervio
7 vigor
2 ◁*atonía*
4 ◁*encanijamiento*
22 ◁*melancolía*

vitaminado
6 alimenticio

vitamínico
5 energético

vitando
17 abominable
9 aborrecible
1 desechable
5 odioso
21 repugnante
9 asqueroso
26 despreciable
35 ◁ *atractivo*

vitelo
6 feto

vitola
5 faja
16 marca
41 banda
39 aspecto
14 facha

vítor
12 aclamación
11 aplauso(s)

vitorear
19 aclamar
65 alabar(se)
18 aplaudir
6 ovacionar

vítores
3 ovación

vitral
3 vidriera

vítreo
4 cristalino
6 límpido
10 transparente
5 quebradizo
1 ◁ *irrompible*
9 ◁ *opaco*

vitrina
33 armario
3 escaparate

vituallas
3 provisiones
6 víveres

23 comida
3 manduca

vituperable
17 abominable
2 blasfemable
8 incalificable
4 reprensible
4 reprobable
5 reprochable
5 ◁ *elogiable*

vituperado
10 acusado
2 calumniado
4 despellejado
3 difamado
1 insultado
3 ◁ *alabado*
7 ◁ *estimado*

vituperador
11 calumniador
3 detractor
6 difamador
1 vilipendiador
13 acusador
2 ◁ *ensalzador*

vituperar
19 censurar
10 criticar
11 execrar
8 recriminar
16 reprobar
10 reprochar(se)
22 reñir
16 reprender
⇨echar en cara
⇨poner cual chupa de dómine
⇨poner verde
65 ◁ *alabar(se)*

vituperio
16 censura
10 crítica
7 execración
7 reprobación
7 recriminación

5 regañina
36 represión
17 reprimenda
15 reproche
29 ◁ *alabanza*

vituperioso
2 afrentoso
6 insultante
5 ofensivo

viudedad
18 asignación

vivac
7 acantonamiento
3 campamento

vivacidad
23 agudeza
18 inteligencia
3 listeza
6 sagacidad
49 energía
17 fuerza
10 ímpetu
9 nervio
7 vigor
3 ◁ *apagamiento*
8 ◁ *torpeza*

vivamente
6 activamente
7 agudamente

vivaque
40 alojamiento

vivaquear
16 acampar
9 acuartelarse
14 descansar
53 ◁ *levantar(se)*
53 ◁ *marchar*

vivar
1 conejar

vivaracha
5 pizpireta

vivaracho
13 bullebulle
14 jovial
36 alegre
21 avispado

vivas
3 ovación

vivaz
9 brioso
9 enérgico
12 impetuoso
16 inteligente
3 longevo
6 perspicaz
5 vigoroso
25 agudo
12 carroza
22 fuerte
16 listo
5 matusalén
10 sagaz
⇨con nervio
6 ◁ *apagado*
18 ◁ *torpe*

víveres
24 avío(s)
12 hato
7 suministro
4 vituallas
15 alforja
2 preparos

vivero
4 acuario
3 almáciga
9 amelga
10 arbolado
5 criadero
14 planta
2 plantel

viveza
12 agilidad
23 agudeza
22 ardor
26 brillo
19 brío
9 esplendor

6 impetuosidad
5 lucidez
7 luminosidad
7 lustre
8 ornato(s)
8 presteza
12 prontitud
7 rapidez
4 relumbrón
6 sagacidad
12 vehemencia
47 astucia
17 fuerza
10 ímpetu
9 nervio
4 perspicacia
13 pompa
3 ◁apagamiento
10 ◁lentitud
8 ◁torpeza

vívido
28 claro
5 elocuente
10 expresivo

vividor
26 activo
9 aprovechado
17 hábil
3 pulgón
5 trabajador
11 gorrón
11 sablista
14 ◁pródigo
16 ◁vago

vivienda
6 apartamento
11 bloque
8 domicilio
4 edificación
8 edificio
26 estudio
1 habitáculo
3 morada
7 piso
15 casa

viviente
4 orgánico

vivificación
3 resurgimiento

vivificador
8 almo

vivificar(se)
14 alentar(se)
61 animar(se)
34 avivar(se)
4 desentumecer
60 excitar(se)
8 fomentar
3 oxigenarse
14 reanimar(se)
3 reavivar
13 renovar
44 ◁calmar(se)

vivir
35 alargar(se)
11 albergar(se)
8 durar
23 estar(se)
7 existir
11 habitar
3 morar
50 parar(se)
7 prolongarse
11 residir
10 ser
25 ◁morir(se)

vivisección
5 disección
56 corte

vivisector
6 anatómico

vivo
26 activo
18 ágil
9 brioso
8 destacado
25 diligente
9 enérgico
12 espabilado
10 expresivo
14 ingenioso
9 intenso
5 llamativo

34 notable(s)
6 perspicaz
9 potente
14 presto
5 raudo
11 sutil
25 agudo
24 artero
50 astuto
22 fuerte
9 ladino
16 listo
25 pronto
19 rápido
10 sagaz
16 taimado
5 zorro
6 ◁apagado
11 ◁lento
14 ◁débil
16 ◁franco
18 ◁tonto

vizcaíno
3 vasco

vocablo
8 dicción
23 entrada
14 expresión
8 palabra
14 término
13 voz
13 artículo

vocabulario
5 diccionario
6 glosario
4 lexicón
6 tesoro

vocación
9 preferencia
10 tendencia(s)
18 inclinación

vocal
4 componente
10 consejero
1 consultor
3 letra

7 secretario
3 ◁consonante

vocalización
16 entonar(se)
2 modular
1 solfear

voceador
6 baladrero

vocear
10 aullar
14 chillar(se)
5 desgañitarse
6 gritar
5 vociferar
⇨dar voces
49 ◁callar(se)

voceras
1 palabrero
1 pregonero
6 chismoso
9 parlanchín
21 ◁callado
8 ◁moderado

vocería
10 barbulla
80 bulla
18 bullicio

vocerío
11 clamor
7 griterío
3 runrún
2 vinglería
79 alboroto
21 algarabía
24 follón
15 jaleo

vocero
5 delegado
4 portavoz
17 abogado

vociferante
3 bramador
4 gritón

vociferar
- 8 berrear
- 8 bramar
- 6 gritar
- 20 hablar
- 6 vocear

vocinglera
- 80 bulla

vociglería
- 80 bulla
- 8 vocerío

vocinglero
- 6 clamoroso
- 4 gritón
- 13 hablador

vodevil
- 16 comedia
- 9 revista

vodka
- 4 aguardiente

voladizo
- 8 alero
- 2 saledizo

voladura
- 18 arrojamiento
- 8 bombazo

volandera
- 6 arandela
- 10 muela

volandero
- 14 accidental
- 27 breve
- 9 imprevisto

volante
- 3 besalamano
- 10 billete
- 10 biombo
- 6 cupón
- 14 escrito
- 10 rueda(s)
- 17 boleta
- 13 boleto

volantín
- 7 chupete
- 2 mariguanza

volar
- 22 acelerar(se)
- 16 apresurar(se)
- 8 desaparecer
- 34 escapar(se)
- 10 estallar
- 11 planear
- 29 saltar(se)
- 18 esfumarse
- 19 huir
- 60 largarse
- 4 navegar
- 7 pirárselas
- ⇨darse prisa
- ⇨poner pies en polvorosa
- ⇨poner tierra por medio
- 19 ◁*quedarse*

volatería
- 4 ave
- 1 cetrería

volátil
- 5 aéreo
- 8 etéreo

volatilización
- 7 desaparición
- 2 evaporación
- 1 evaporización

volatilizar
- 8 desaparecer
- 20 evaporar(se)
- 38 perder(se)
- 15 volar
- 46 irse

volatilizarse
- 20 evaporar(se)

volatín
- 9 acrobacia
- 7 cabriola
- 4 pirueta
- 17 salto

volatinero
- 3 equilibrista
- 1 funámbulo
- 3 saltimbanqui
- 4 trapecista
- 5 gimnasta

volatines
- 9 acrobacia

volcán
- 2 fumarola

volcánico
- 34 apasionado
- 4 eruptivo

volcar
- 80 burlar(se)
- 6 embrocar
- 43 inclinar(se)
- 7 verter

volea
- 7 patada
- 37 golpe

volear
- 15 sembrar

voleyball
- 1 balonvolea

volquete
- 7 vehículo
- 4 camión
- 2 carretilla
- 10 carro

voltario
- 13 inconstante
- 11 inestable
- 10 mudable
- 9 tornadizo
- 6 veleidoso
- 10 voluble
- 12 versátil

voltear
- 5 cabriolar
- 4 caracolear
- 9 girar

volteo
- 2 repique

voltereta
- 7 cabriola
- 4 pirueta
- 17 salto
- 2 tumbo
- 4 volatín

volterianismo
- 2 escepticismo
- 3 incredulidad

voltímetro
- 7 contador
- 3 medidor
- 5 registrador

voltizo
- 4 ensortijado

volubilidad
- 8 inconstancia
- 5 levedad
- 11 mudanza
- 15 capricho
- 13 ◁*firmeza*
- 8 ◁*lealtad*

voluble
- 8 antojadizo
- 12 caprichoso
- 13 inconstante
- 11 inestable
- 10 mudable
- 9 tornadizo
- 7 variable
- 6 veleidoso
- 7 voltario
- 12 versátil

volumen
- 7 corpulencia
- 11 entidad
- 17 importancia

4 libro
15 proporción
10 tamaño
2 texto
7 tomo
6 magnitud

voluminosa
9 pandorga

voluminoso
4 abotargado
10 gigantesco
10 abultado
12 enorme
23 grande
19 hinchado
8 ◁reducido

voluntad
26 afecto
53 amor
15 anuencia
18 aquiescencia
4 esperanza
7 mandato
20 orden
7 permiso
16 afición
40 ánimo
15 cariño
14 deseo
23 disposición
12 gusto
8 intención
10 propósito
11 ◁obligación

voluntariamente
7 buenamente

voluntario
7 espontáneo
20 natural
8 ◁forzado

voluntarioso
8 antojadizo
12 caprichoso
17 empecinado
17 tenaz

6 veleidoso
10 voluble
7 constante
19 firme
14 obstinado
12 versátil
13 ◁inconstante

voluptuosa
6 bacante

voluptuosidad
5 epicureísmo
17 goce
17 gozo
30 placer
10 sensualidad

voluptuoso
5 epicúreo
11 muelle
16 sensual

voluta
5 enrollado

volver(se)
20 avinagrar(se)
10 bizcar
6 reaparecer
1 recomenzar
7 reintegrar(se)
3 reiterar
3 repatriar(se)
15 repetir(se)
25 resistir(se)
10 restar
7 retoñar
12 retroceder
4 tornar
2 trastrocar
19 venir(se)
20 agriar.
11 arrendar
6 devolver
57 picar
14 pisar
2 reanudar
7 regresar
7 restituir
8 retornar

⇨dar marcha atrás
11 ◁exiliar(se)

vólvulo
1 íleo

vomitado
2 devuelto

vomitar
42 arrojar(se)
6 confesar
13 descubrir
58 echar(se)
53 lanzar(se)
18 provocar
3 regurgitar
22 revelar(se)
6 devolver

vomitivo
1 emético

vómito
5 arcada(s)
8 basca
9 devolución

vomitorio
17 acceso
8 puerta(s)
22 salida(s)
1 vomitivo
2 ◁astringente

voracidad
1 adefagia
7 apetencia
12 avaricia
14 avidez
6 egoísmo
3 glotonería
4 gula
5 tragonería
8 codicia
7 ◁desgana
14 ◁desinterés
6 ◁sobriedad

vorágine
4 remolino

vorahúnda
80 bulla

voraz
26 activo
34 apasionado
5 comilón
10 destructor
4 devorador
9 enérgico
9 intenso
7 tragaldabas
12 vehemente
22 fuerte
5 tragón
11 tripero

votación
8 elección
2 insaculación
4 plebiscito
6 sufragio
21 referencia

votado
5 electo
3 ◁votante

votador
2 elector
3 votante

votante
1 compromisario
2 elector
2 votador
1 ◁nominado

votar
15 elegir(se)
10 jurar
10 renegar
6 seleccionar
4 triar
11 maldecir
⇨decir palabrotas
⇨echar pestes
⇨proferir maldiciones

votivo
1 expiatorio
4 ofrendado

voto
  7 ajo
  5 comicio(s)
 19 compromiso
  8 elección
  9 maldición
  9 opinión
  5 palabrota
 26 parecer(se)
 10 promesa
  6 sufragio
 13 terno
 11 juramento
 19 taco

voz
  8 aullido
  6 chillido
  8 dicción
 23 entrada
  7 grito
  4 gruñido
  1 lexía
  6 notoriedad
  8 palabra
 14 término
  7 vocablo
 13 artículo
 15 fama

vuelco
  9 barquinazo
 18 giro

vuelo
 17 anchura
  3 faldón
  2 planeo
  3 raid
  3 revoloteo

vuelta
  9 cerco
  4 circunvalación

  6 contenido
  4 envés
 18 giro
  4 modificación
  8 reforma
  2 regreso
  9 retorno
  8 retroceso
  6 reverso
 19 rodeo
 16 sentido
 14 sustancia
  8 transformación
  5 verso
 15 revolución
 19 cambio
  9 devolución
 11 interior
 ⇨marcha atrás
  4 ◁anverso
  8 ◁ida

vuelto
 19 revés

vulcanismo
  1 plutonismo

vulgar
 19 común
 14 corriente
  5 chabacano
 10 general
 10 habitual
 10 kitsch
 11 normal
 22 ordinario
  3 plebeyo
 12 ◁especial
 10 ◁refinado

vulgaridad
  4 chabacanería
  8 grosería

 10 nadería(s)
  6 ordinariez
  3 trivialidad
  4 zafiedad
 25 fruslería

vulgarización
  7 adocenamiento
  7 divulgación
  5 generalización
  7 ◁limitación
  8 ◁ocultación

vulgarizar(se)
  3 adocenar(se)
 29 difundir(se)
 23 divulgar(se)
 51 extender(se)
  7 generalizar
  7 popularizar(se)
 29 propagar(se)
  4 propalar
 10 chotear

vulgo
  3 ciudadanía
 19 común
 12 gente
  5 hordas
 12 masa
  4 populacho
  6 chusma
  8 plebe
 17 pueblo

vulneración
 11 herida
 15 infracción
  7 violación
  9 daño
 10 perjuicio
  8 ◁acatamiento

 25 ◁beneficio(s)

vulnerador
  5 contraventor
  8 infractor
  4 violador
 14 rebelde
  6 ◁cumplidor
  5 ◁observante

vulnerar
  8 contravenir
 11 dañar(se)
  7 desobedecer
 64 estropear(se)
 87 fastidiar(se)
  9 incumplir
  9 infringir
 16 lastimar(se)
  5 perjudicar(se)
 29 quebrantar(se)
 41 quebrar(se)
  4 joder
 13 jorobar
  9 violar
 27 ◁cumplir(se)

vulpeja
 rabosa
  7 zorra

vulturno
 11 calina
 33 calor

vulturnoso
  7 calinoso

vulva
 27 bollo(s)
 11 concha
 17 bizcocho
  6 maco

wagon
   3 vagón

wagon-lit
  10 coche
  ⇨coche cama

walkie-talkie
   4 emisor

warning
   6 caución

water
  18 aseo
  12 excusado

   9 lavabo
   3 letrina
   9 retrete
   7 toilette

weekend
   8 asueto
  14 descanso

⇨fin de semana

whisky
   1 güisqui

wolframio
   1 tungsteno

xaxtle
12 heces
10 poso

xenofobia
3 chauvinismo
3 patriotería

xenófobo
3 chauvinista
4 patriotero

xerocopia
3 fotocopia

xerocopiadora
2 multicopista

xerocopiar
10 copiar

xerografía
10 reproducción

xifoides
4 paletilla

2 esternón

xilografía
⇨grabado en madera

xopepe
3 cucaracha

X

ya
14 ahora
⇨en este momento

yacaré
4 cocodrilo

yacente
5 acostado
1 decumbente
3 durmiente
9 extendido
8 horizontal

yacer
14 descansar
15 dormir(se)
14 reposar(se)
15 tender(se)
17 tumbar(se)
7 fornicar
⇨echar una cabezada
⇨hacer el amor

yaciente
11 echado

yacija
5 camastro
5 catre
5 enterramiento
5 sepultura
10 tumba

yacimiento
3 arrugia
5 mina

yanqui
3 angloamericano
4 gringo

yantar
22 comer
35 alimento
8 manducar

yapa
11 propina
16 regalo

yatagán
5 alfanje
3 sable

yate
6 balandro
9 barco

yaya
3 abuela
2 mamamama
2 nona

yayero
9 entrometido
14 metomentodo

yayo
12 abuelo(s)
9 mocho

yegua
8 potra

yeguada
1 yegüería

yeguar
8 caballar

yegüería
1 yeguada

yegüerizo
3 acemilero
1 yegüero

yegüero
2 yegüerizo

yelmo
11 casco

yema
20 botón
13 brote
4 confitura
3 grumo
2 renuevo
19 dulce

yerba
12 hierba

yerboso
2 herboso

yermar
15 asolar

yermo
19 abandonado
4 deshabitado
5 desierto
5 despoblado
10 estéril
6 infructuoso
16 solitario
⇨sin cultivar
3 ◁cultivado

yero
1 alcarceña
1 herén
1 yervo

yerro
10 culpa
15 descuido
13 falta
6 inadvertencia
10 olvido
8 omisión
8 pecado

8 equivocación
7 error
16 gato
10 pelón
8 torpeza
⇨metedura de pata
16 ◁*acierto*

yerto
12 estirado
4 teso
16 tieso
26 rígido

yervo
3 yero

yesal
1 aljezar

yesca
7 deuda
8 pedernal

yeso
3 clarión
2 tiza
⇨espato de Islandia
⇨punta de flecha

yesón
1 aljezón

yezgo
2 cimicaria

yo
2 menda
⇨este cura
⇨un servidor

yodo
3 antiséptico
4 desinfectante
5 lodo

yoga
1 ascética

yogur
2 cuajada

yola
14 barca

yubero
3 yuntero

yuca
7 inopia
31 bola
3 cangle
19 embuste
10 pobreza

yudo
3 judo

yugada
1 yunta

yugo
19 atadura
24 carga
21 dominio
7 esclavitud
3 ligamen
18 molestia(s)
10 opresión
8 sujeción
13 lazo

yuguero
3 yuntero

yugula
4 azufaifo

yugular
5 decapitar
57 cortar
8 chapear
8 degollar

yunque
10 azacán

yunta
1 yugada

yuntería
11 caballeriza

yuntero
1 yubero
1 yuguero

⇨mozo de labranza

yuquilla
3 cúrcuma

yusión
20 orden
17 precepto(s)

yuso
2 ayuso

yute
3 arpillera
⇨fibra textil

yuxtaponer
22 acercar(se)
7 adosar
40 aplicar(se)

yuxtaposición
4 acercamiento
6 aproximación
19 unión
24 ◁*apartamiento*
28 ◁*separación*

yuxtapuesto
15 adyacente
20 agregado

yuyuscar
3 desherbar
5 escardar

Z

zabazoque
7 almotacén

zabila
7 aloe
2 azabara

zabordar
7 encallar
1 varar

zabucar
7 bazuquear(se)

zacapela
80 bulla

zacatal
3 herbazal
5 pastizal

zacateca
2 enterrador
1 sepulturero

zacatillo
13 dinero
17 pasta

zacatín
9 mercado
19 plaza

zacear
1 cecear

zadorija
9 pamplina

zafacoca
33 paliza(s)
13 zurra

zafacón
7 cubo
6 pozal

zafar(se)
39 acicalar(se)
21 adornar
11 desembarazar(se)
12 emperifollar(se)
17 engalanar(se)
18 evadir(se)
20 evaporar(se)
54 hurtar(se)
11 librarse
41 ocultar(se)
31 sacudir(se)
42 soltar(se)
3 torear
34 escaparse
5 esquivar
19 huir
34 liberar(se)

zafarrancho
10 algarada

11 pelea
11 riña

zafia
9 paleta

zafiedad
4 chabacanería
6 ordinariez
7 rusticidad
10 tosquedad
14 ◁*finura*

zafio
3 cateto
5 chabacano
2 ineducado
5 lanudo
22 ordinario
22 rudo
21 grosero
11 patán
11 penco
10 tosco

zafiro
3 corindón

zafo
5 excepto
10 salvo

zafra
6 cascotes
9 desechos

5 escombro
5 escombros

zaga
4 dorso
6 espalda
6 reverso
3 trasera

zagal
8 adolescente
9 chaval
2 chavea
18 chico
10 joven
17 mozo
9 muchacho

zagala
5 niñera

zagalón
6 chicarrón

zaguán
24 atrio
12 galería
8 pórtico

zaguanete
24 atrio

zaguero
7 posterior
4 postrero

zahareño
35 bravío
23 agrio

zaharrón
1 moharracho

zaherimiento
6 escarnio
18 molestia(s)
14 ofensa
4 pulla
4 vejamen
14 dardo
6 mofa

zaherir
8 escarnecer
114 molestar(se)
23 mortificar(se)
33 ofender(se)
23 pinchar(se)
5 vejar
30 ◁agradar

zahína
4 adaza
5 daza

zahondar
17 ahondar(se)
7 cavar
10 excavar

zahora
80 bulla

zahorar
31 alborotar(se)

zahorí
20 adivino

zahorismo
1 hidromancia

zahúrda
11 basurero
6 cuchitril
6 zaquizamí

zaina
44 bolsa

zaino
3 castaño

zaite
16 aguijón
11 púa

zalagarda
9 celada
11 emboscada
11 pendencia
79 alboroto
9 chanchullo
24 follón
11 lío
10 manejo
10 trampa

zalamera
8 gitana

zalamería(s)
27 carantoña(s)
4 cucamonas
1 dingolondango
15 halago(s)
8 lagotería
7 untuosidad
3 zanguanga
20 adulación
8 jabón

zalamero
7 acariciador
5 empalicador
10 gitano
6 lagotero
3 lisonjeador
5 untuoso
24 adulador
12 empalagoso
2 espión
4 labioso
2 lambriche

zalea
5 pelliza
3 zamarra

zalema
17 caricia
20 cortesía
5 chicoleo
10 mimo(s)
8 patarata
2 rendibú
9 seducción
9 zalamería(s)
20 fiesta
8 saludo

zalemas
9 angulemas
27 carantoña(s)
18 aspaviento

zaleo
8 arrastramiento

zamacuco
4 abrutado
50 astuto
40 borrachera

zamarra
2 anorak
4 chaquetón
5 pelliza

zamarrico
44 bolsa

zamarro
50 astuto

zamba
1 samba

zambaigo
5 mestizo
1 zambo
4 mulato

zambardo
12 avería
5 estropicio
8 chiripa
17 suerte

zambo
3 patizambo

zamboa
2 azamboa

zambomba
4 vejiga

zambombazo
8 bombazo
8 estallido
5 estampido

zamborrotudo
4 achaparrado

zambra
10 jolgorio
79 alboroto
17 algazara
14 cachondeo
15 jaleo

zambullida
6 inmersión

zambullidor
3 buzo

zambullir(se)
28 ahogar(se)
7 bucear
4 chapuzar(se)
30 hundir(se)
23 interesar(se)
49 meter(se)
12 penetrar(se)
16 sumergir(se)
15 consumir

zampabollos
11 glotón

zampar(se)
43 alimentar(se)
22 comer
9 devorar
12 embuchar(se)
12 embutir
20 engullir(se)
36 liquidar(se)

38 pegar(se)
  8 deglutir
  5 embaular
 18 jalar
  9 jamar
  8 manducar
  2 tambar
 31 tragar

zampón
  5 comilón
  4 jampón
  4 jambado
  5 tragón

zampoña
  5 avena
 10 caramillo
  2 siringa

zanahoria
  2 carlota
 75 bobo
 20 simple
 11 sirviente
 ⇨criado (-da)

zanca
 13 alfiler
  9 grada
  8 pata
  3 pierna

zancada
 19 paso(s)
  5 tranco

zancadilla
  9 celada
 28 engaño(s)
  5 soflama
  2 traspié
 12 tropiezo
 47 astucia
 10 trampa

zancajiento
 18 andrajoso

zancajo
 14 hueso

zancarrón
 14 hueso

zancuda
  1 alcaraván

zancudo
  1 zanquilargo

zangamanga
 47 astucia

zanganear
  4 merodear
 12 vagabundear
  8 holgazanear
  5 remolonear
  4 vagar
  3 vaguear
 16 ◁trabajar

zángano
 10 gandul
  8 remolón
 17 haragán
 13 perezoso
 16 vago
  5 ◁trabajador

zangarriana
  6 comalia
 48 aflicción

zangolotear
  5 zascandilear

zangoloteo
  1 zascandileo

zanguanga
 12 farsa
  9 zalamería(s)
 11 ficción

zanja
  1 canalera
  2 cuneta
  6 trinchera
 11 cangilón
 14 chamba

 10 hoyo

zanjar
 53 acabar(se)
 83 arreglar(se)
  2 dirimir
 10 eludir
  7 obviar
 10 orillar
 16 resolver(se)
  7 terminar
 ⇨dejar de lado
 15 ◁*afrontar*

zanjón
  8 despeñadero
  4 precipicio

zanqueador
 15 andador

zanquilargo
  1 zancudo

zapa
  7 pala

zapador
 ⇨soldado de ingenieros

zapallada
 15 necedad(es)
  9 sandez

zapapico
  2 alcotana
 12 azada

zapar
  7 cavar

zapata
 29 calzado

zapatazo
  2 patadón
  1 puntapié

zapateado
  3 repiqueteo
  5 taconeo

  1 zapateo

zapatear
 16 bailar
  4 taconear

zapateo
  3 zapateado

zapatería
  1 alpargatería
 29 calzados

zapatero
  1 remendón

zapateta
 38 alegría(s)

zapatiesta
 12 belén
 24 follón

zapatilla
  7 babucha
  6 chancla
  2 pantufla

zapato
 29 calzado

zapatón
 17 bota
  5 correoso
 30 duro
 10 botín

zape
  9 amadamado

zapo
 50 astuto
  1 disimulado

zaporro
 13 enano
  6 retaco

zapotazo
 38 caída
  5 costalada

zaquizamí
5 cuartucho
6 cuchitril
3 sotabanco
6 tabuco
6 tugurio
3 zahúrda

zar
13 emperador

zara
3 maíz
4 abatí

zarabanda
10 jolgorio
17 algazara
80 bulla
14 cachondeo
15 jaleo

zarabandista
8 bailarina

zaragata
19 combate
23 lucha
11 pelea

zaragatero
25 bullicioso
11 embarullador
6 parrandero

zaragüelles
4 calzoncillos
4 pantalones

zaragutero
11 embarullador

zarajo
23 comida

zaramagullón
1 somormujo

zarambote
6 revoltillo
19 confusión

zaranda
7 criba
5 garbillo

zarandaja(s)
20 accesorio
1 chuminadas
10 futilidad
14 insignificancia
10 nadería(s) necedades
1 sosadas
42 tontería(s)
19 bagatela
25 fruslería

zarandar
13 ajetrear(se)

zarandear(se)
14 acuchillar(se)
40 agitar(se)
13 ajetrear(se)
17 menear(se)
59 mover(se)
31 sacudir(se)
7 abalar
2 samaquear

zarandeo
8 ajetreo
1 azacaneo
12 meneo
2 sacudimiento
3 traqueteo
17 actividad
33 agitación
8 ◁*quietud*
26 ◁*calma*

zarandillo
18 ágil

zarazón
12 achispado
14 ebrio

zarcillo
7 almocafre
3 tijereta

zarco
11 azul
5 garzo

zarpa
3 dátil
9 garra

zarpar
48 salir(se)
53 marchar
⇨levar anclas

zarpas
3 nomas

zarpazo
12 arañazo
3 uñada

zarpear
26 arañar(se)
4 rociar
11 salpicar(se)

zarrapastra
3 cazcarria

zarrapastroso
18 astroso
11 desaliñado
6 harapiento
18 andrajoso
5 desaseado
9 descuidado

zarria
3 colgajo
4 harapo
12 pingo

zarrio
6 cachivache
8 trasto

zarza
2 cambrón
5 escaramujo
2 espino

zarzamora
10 mora
3 morera

zarzaparrilla
3 refresco

zarzaperruna
3 galabardera
⇨mosqueta silvestre

zarzo
21 anillo
13 ingenuo
4 adral
12 aro
7 barbacoa
18 tonto

zarzuela
1 opereta
⇨comedia lírica

zascandil
6 chisgarabís
3 mequetrefe
11 enredador

zascandilear
12 callejear
4 cotillear
1 zangolotear
6 charlar
18 enredar
14 ◁*reposar(se)*

zascandileo
1 zangoloteo

zata
12 balsa

zatara
5 armadía
9 armazón

zazo
1 tartajoso
5 tartaja
7 tartamudo

zebra
1 cebra

zepelín
17 aeronave
19 avión

zeugma
3 adjunción
22 figura

zigzag
3 culebreo
6 ondulación
2 serpenteo
1 ◁ *derechura*
1 ◁ *recta*

zigzaguear
11 bordear

zigzagueo
3 culebreo

zíngaro
10 gitano

ziper
3 cremallera

zipizape
13 bullanga
12 cisco
79 alboroto
35 bronca

zoantropía
14 locura
23 manía

zócalo
11 basa
9 basamento
21 base

zoclo
2 chanclo
3 zueco

zoco
9 rastro

3 baratillo
9 mercado

zocucho
6 tabuco
6 zaquizamí

zofra
13 alfombra

zolocho
27 aturdido

zollipar
6 gemir
7 gimotear

zollipo
6 gemido

zoma
2 cabezuela

zompo
18 tonto
18 torpe

zona
10 aduana
7 circunscripción
41 banda

zoncería
5 sosería

zonzo
1 desustanciado
19 avión
75 bobo
19 bombo
19 cipote
11 memo
22 necio
9 soso
18 tonto
16 ◁ *listo*

zoosperma
2 microgameto

zootecnia
2 ganadería

zopas
2 ceceante

zopenco
8 bestia
18 bruto
13 inexperto
10 zoquete
13 adoquín
13 alcornoque
9 alfabeto
12 inhábil
12 mentecato
18 torpe
16 ◁ *listo*

zopilote
5 buitre

zopisa
8 alquitrán
4 brea

zoquete
6 imbécil
75 bobo
7 estúpido
8 idiota
11 memo
12 mentecato
22 necio
19 taco
8 tarugo
18 tonto

zoquital
5 fangal
3 lodazal

zorcico
2 danza

zoroastrismo
1 mazdeísmo

zorollo
42 blando

zorongo
3 cachirulo
2 pañuelo
4 moño

zorra
7 coima
2 raposa
2 vulpeja
9 meretriz
14 prostituta
13 puta
17 ramera

zorral
17 tenaz
8 cargante
31 pesado
15 porfiado

zorrería
8 cautela
8 sutileza
14 ardid
13 artimaña
47 astucia
4 perspicacia
11 ◁ *ingenuidad*

zorrero
50 astuto

zorrillo
1 mofeta

zorro
50 astuto
9 ladino
33 pícaro
10 sagaz
16 taimado
13 ◁ *ingenuo*

zorrocloco
27 carantoña(s)
8 arrumaco
7 melindre

zorrón
7 zorra

zorros
50 astuto
40 borrachera
11 mona
13 puta
17 ramera

zorros
7 plumero

zorzalino
11 deleitoso
8 placentero

zote
19 ignorante
14 inculto
13 adoquín
9 alfabeto
11 memo
12 mentecato
11 patán
18 tonto
18 torpe
10 zafio

zozobra
9 ansiedad
22 cuidado
6 acojono
30 angustia
8 congoja
17 inquietud
11 preocupación
9 ◁tranquilidad

zozobrar
87 fastidiar(se)
5 naufragar
64 estropearse
7 fracasar
⇨irse a pique

zuaca
26 broma
103 burla

zuda
4 azud

zueco
2 almadreña
2 chanclo

10 choclo

zulú
7 cafre
13 adoquín
13 alcornoque
8 idiota
19 salvaje

zulla
2 zurullo

zullarse
11 defecar(se)
4 ventosear(se)

zumaque
1 rus

zumaya
9 capacho

zumba
7 chunga
103 burla

zumbador
5 timbre
5 chicharra

zumbar
4 brear
27 bromear(se)
8 propinar
24 golpear
1 sonajero

zumbido
1 chiflido
3 silbido

zumbón
7 burlón
4 guasón

zumillo
7 dragontea

zumo
7 jugo

zuncho
2 fleje
4 grapar

zupia
12 heces
16 residuo
10 poso
16 sedimento

zuque
6 porrazo
37 golpe

zurcevoluntades
6 celestina

zurcido
18 compostura
1 recosido
1 remendado
3 remiendo
6 ◁roto

zurcir
25 agregar(se)
36 apañar(se)
1 corcusir
9 coser
5 remendar
28 aderezar
34 componer
4 enrejar
2 huilcar

zurdo
7 curvo
2 izquierdo
17 siniestro

zurear
8 arrullar(se)

zureo
6 arrullo
2 canturreo
1 murmurio

zurita
1 tórtola

zurra
12 batida
2 felpa

4 limpia
33 paliza(s)
8 salsa
1 solfeo
1 sotana
4 tanga
4 vapuleo
17 azotaina
21 capa
6 somanta
8 tunda

zurrado
5 aporreado
9 azorado
10 azotado
14 corrido

zurrar(se)
18 aporrear(se)
36 atemorizar(se)
40 azotar(se)
23 cascar(se)
8 emplumar
18 encaramar(se)
8 flagelar(se)
38 pegar(se)
31 sacudir(se)
5 vapulear
40 amedrentar
39 atracar
6 chicotear
32 entrar
3 felpear
14 festejar
24 golpear
6 humear
8 potrear
2 sanjuanear

zurriagazo
5 latigazo

zurriago
10 bordón
8 flagelo
8 látigo

zurriburri
19 confusión
11 lío
8 maraña

zurrón
3 macuto
7 mochila
15 alforja
44 bolsa
3 chiba
17 chiva

2 quipe
15 saco
3 tamuga

zurullo
3 grumo
1 zulla

zurupeto
11 bolsista

zutano
3 perengano

10 alférez
4 fulano
5 mengano

zuzón
⇨hierba cana

ELIHU BURRITT LIBRARY
CENTRAL CONNECTICUT STATE UNIVERSITY
NEW BRITAIN, CONNECTICUT 06050